五

佛教與傳統總部

詔令部

南北朝分部

《陳書・後主傳》（太建十四年夏四月丙申）詔曰，朕臨御區宇，撫育黔黎，方欲康濟澆薄，蠲省繁費，奢僭乖衷，實宜防斷。應鏤金銀薄及庶物化生土木人綵花之屬，及布帛幅尺短狹輕疎者，並傷財廢業，尤成蠹患。又僧尼道士挾邪左道，不依經律。民間淫祀，祆書諸珍怪事，詳爲條制，並皆禁絕。

《北齊書・文宣帝紀》（天保元年八月）庚寅，詔曰，朕以虛寡，嗣弘王業，思所以贊揚盛績，播之萬古。雖史官執筆，有聞無墜。猶恐緒言遺美，時或未書。在位王公文武大小，降及民庶，爰至僧徒，或親奉音旨，或承傳傍說，凡可載之文籍，悉宜條錄封上。

《北周書・武帝上》（建德二年）十二月癸巳，集羣臣及沙門道士等，帝升高座，辨釋三教先後。以儒教爲先，道教爲次，佛教爲後。【略】（三年五月）丙子，初斷佛道二教，經像悉毀。罷沙門道士，並令還民。并禁諸淫祠。禮典所不載者，盡除之。六月【略】戊午詔曰，至道弘深，混成無際。體包空有，理極幽玄。但岐路既分，派源逾遠。淳離朴散，形氣斯乖。遂使三墨八儒，朱紫交競。九流七畧，異說相騰。道隱小成，其來舊矣。不有會歸，爭驅靡息。今可立通道觀，聖哲微言，先賢典訓，金科玉篆，秘賾玄文，所以濟養黎元扶成教義者，並宜弘闡，一以貫之。俾夫翫培塿者識嵩岱之崇，崫守磧礫者悟渤澥之泓澄，不亦可乎。

隋唐分部

《隋书・高祖紀下》（開皇二十年十二月）辛巳，詔曰，佛法深妙，道教虛融，咸降大慈，濟度羣品。凡在含識，皆蒙覆護。所以雕鑄靈相，圖寫真形，率土瞻仰，用申誠敬。其五嶽四鎮，節宣雲雨，江河淮海，浸潤區域。並生養萬物，利益兆人，故建廟立祀，以時恭敬。敢有毀壞偷盜佛及天尊像，嶽鎮海瀆神形者，以不道論。沙門壞佛像，道士壞天尊者，以惡逆論。

《唐大詔令集》卷一一三　唐太宗《爲殞身戎陣者立寺剎詔》　至人虛已，忘彼我於胸懷，釋教慈心，均異同於平等。是知上聖惻隱，無隔萬方，大悲弘濟，義猶一子。有隋失道，九服沸騰，朕親總元戎，致茲明罰，誓牧登陑，曾無寧歲。其桀犬愚惑，嬰此湯羅，銜鬚義憤，終身握節，各殉所奉，咸有可嘉。日往月來，逝川斯遠，雖復項籍放命，封樹紀於丘墳，紀信捐生，丹書著於圖象，猶恐九泉之下尚淪鼎鑊，八難之間永纏水火。愀然疚懷，用忘興寢，思所以樹立福田，濟其營魄。可於建義已來交兵之處，爲義士凶徒殞身戎陣者立寺剎焉。貞觀三年閏十二月。

又唐太宗《道士女冠在僧尼之上詔》　老君垂範，義在於清虛，釋迦遺文，理存於因果。詳其教也，汲引之迹殊途，永其宗也，弘益之風齊致。然則大道之行，肇於遂古，源出無名之始，事高有外之形，邁兩儀而運行，包萬物而亭育。故能興邦致泰，反朴還淳。至如佛法之興，基於西域，爰自東漢，方被中華，神變之理多方，報應之緣匪一。洎乎近世，崇信滋深，人冀當年之福，家懼來生之禍。由是滯俗者聞玄宗而大笑，好異者望真諦而多歸。始波湧於閭里，終風靡於朝廷。遂使殊方之典，鬱爲眾妙之先，諸華之教，翻居一乘之後，流遁忘反，於茲累代。朕夙夜寅畏，緬惟至道，思革前弊，納諸軌物。況朕之本系起自柱下，鼎祚克昌，既凴上德之慶，天下大定，亦賴無爲之功，宜有改張，闡茲玄化。自今已後，齋供行玄法，至於稱謂，道士女冠可在僧尼之前。庶敦本之俗暢於九有，尊祖之風貽諸萬葉。貞觀十一年二月。

又唐高宗《僧尼不得受父母拜詔》　釋典沖虛，有無兼謝，正覺凝寂，彼我俱亡，豈自尊崇，然後爲法。聖人心主於慈孝，父子君臣之際，長幼仁義之序，與夫周孔之教異軫同歸。弃禮悖德，朕所不取。僧尼之徒自云離欲，先自貴高。父母之親，人倫已極，整容端坐，受其禮拜。自餘尊屬，莫不皆然。有傷名教，實斁彝典。自今已後，僧尼不得受父母及尊者禮拜。所司明爲法制，即宜禁斷。顯慶二年二月。

又武則天《釋教在道法之上制》 朕先蒙金口之記，又承寶偈之文，歷教表於當今，本願摽於曩劫。大雲闡奧，明王國之楨符，方等發揚，顯自在之丕業。馭一境而敦化，宏五戒以訓人。爰開革命之階，方啓惟新之運，宜叶隨時之義，以申自我之規。雖實際如如，理忘於先後，翹心懇懇，畏展於勤誠。自今已後，釋教宜在道法之上，緇服處黄冠之前。庶得道有識以歸依，極羣生於迴向。布告遐邇，知朕意焉。天授二年三月。

又《條流佛道二教制》 佛道二教同歸於善，無爲究竟皆是一宗。比有淺識之徒競于物我，或因懟怨，各出醜言。僧既排斥老君，道士乃誹謗佛法，更相訾毀，務在加諸。人而無知，一至於此。且出家之人須崇業行，非聖犯義，豈是法門。自今僧及道士敢毀謗佛道者，先決杖，即令還俗。聖歷元年正月。

又《禁葬舍利骨制》 釋氏垂教，本離死生，示滅之儀，固非正法。如聞天中寺僧徒今年七月十五日下舍利骨，素服哭泣，不達妙理，輕徇常情。恐學者有疑，曽不謗毀。宜令所管州縣，即加禁斷。聖歷三年五月。

又唐睿宗《僧道齊行並進制》 朕聞釋及玄宗理均跡異，拯人救俗，教别功齊，豈有於其中間妄生彼我，不遵善下之旨，相高無上之法。有殊聖教，頗失道源。自今每緣法事集會，僧尼道士女冠等宜齊行並進。景雲二年。

又唐玄宗《令僧尼道士女冠拜父母勅》 勅。夫孝者，天之經，地之義，人之行。故自天子下至庶人，資於敬愛以事父母，所謂冠五帝之表，稱百行之先。如或不由，其何以訓。如聞道士女冠僧尼等有不拜父母之禮，朕用思之，茫然罔識。且道釋之教，蓋懲惡而勸善，父子之儀，豈緣情而易制。安有同人代而離怙恃哉。哀哀父母，生我勞瘁，故六親有不和之戒，十號有報恩之旨。此又窮源本而啓宗極也。今若爲子而忘其生，傲親而徇於末，日背禮而強名教，傷於教則不可行，行教而不廢禮，合於禮則無不遂。二親之與二教，復何異焉。自今已後，道士女冠僧尼等並令拜父母，喪紀變除亦依月數。庶能正此頽弊，用明典則，罔虧愛敬之風，自叶眞仙之意。開元二年閏二月三日。

又《斷書經及鑄佛像勅》 佛教者，在於清淨，存乎利益。今兩京城內寺宇相望，凡欲歸依，足申化敬。下人淺近，不悟精微，覩葉希金，望崐思水，浸以流蕩，頗成蠹弊。如聞坊巷之內，開鋪書經，公然鑄佛，口食酒肉，手漫羶腥。尊敬之道既虧，慢神之心遂起。百姓等或緣求福，因致飢寒，言念愚蒙，深用嗟悼。殊不知佛非在外，法本居心，近取諸身，道則不遠。溺於積習，實藉申明。自今已後，州縣坊市等不得輒更鑄佛寫經典。須瞻仰尊容者，任就寺禮拜，須經典讀誦者，勤於寺贖取。如經本少，僧爲寫供。諸州觀並宜準此。開元二年七月。

又蘇頲《禁斷妖訛等勅》 勅。釋氏汲引，本歸正法，仁王護持，先去邪道。失其宗旨，爲般若之罪人，成其詭怪，豈涅槃之信士。不存懲革，遂廢津梁，眷彼愚蒙，將陷坑穽。比有白衣長髮假託彌勒下生，因爲妖訛，廣集徒侶，稱解禪觀，妄說災祥。或别作小經，詐云佛說，或輒畜弟子，號爲和尚。多不婚娶，眩惑閭閻，觸類實繁，蠹政爲甚。刺史縣令，職在親人，拙於撫馭，是生姦宄。自今已後，宜嚴加捉搦，仍令按察使採訪。如州縣不能覺察所由，長官並量狀貶降。開元三年十一月十七日。

又《誡勵僧尼勅》 釋迦設教，出自外方，漢主中年，漸于東土。說兹因果，廣樹筌蹄，事涉虛玄，眇同河漢。故三皇作乂，五帝乘時，未蒙方便之門，自有雍熙之化。朕念彼流俗，深迷至眞，盡軀命以求緣，竭資財而作福，未來之勝因莫効，見在之家業以空。事等繫風，曽無所悔，愚人寡識，屢陷刑科。近日僧尼，此風尤甚，因依講說，惑煽閭閻，谿壑無厭，唯財是斂。津梁自壞，其教安施。無益於人，有蠹於俗。或出入州縣，假託威權，或巡歷村鄉，恣行教化。因其聚會，便有宿宵，左道不常，異端斯起。自今已後，僧尼除講律之外，一切禁斷。六時禮懺，須依律儀，午夜不行，宜守俗制。如有犯者，先斷還俗，仍依法科罪。所在州縣不能捉搦，并官吏輒與往還，各量事科貶。開元十九年四月。

又《不許私度僧尼及住蘭若勅》 夫釋氏之教，義歸眞寂，爰置僧徒，以奉其法。而趨末忘本，去實據華，假託方便之門，以爲利養之府，徒蠲賦役，積有奸訛，至使浮俗奔馳，左道穿鑿，言念淨域，浸成道奸。非所以叶和至理，弘振王猷，宜有澄淸，以正風俗。朕先知此弊，故預塞其源，不度人來，向二十載，訪聞在外，有三十已下小僧尼，宜令所司及府縣括責處分。又惟彼釋道，同歸凝寂，各有寺觀，自合住持。或寓跡幽閈，或潛行閭里，陷於非僻，有足傷嗟。如聞遠就山林，别爲蘭若，兼亦聚衆，公然往來，或妄託生緣，輒有俗家居止，即宜一切禁斷。開元十九年七月。

又《僧尼拜父母勅》 道教釋教，其歸一體，都忘彼我，不自貴高。近者道士女冠稱君子之禮，僧尼企踵勤誠請之義，以爲佛初滅度，付囑國王，猥當負荷，願在宣布。蓋欲崇其教而先於朕也。自今以後，僧尼一依道士女冠兼拜其父母，宜增修戒行，無違僧律。興行至道，俾在於茲。開元二十一年十月。

又孫逖《令天下寺觀修功德勅》 勅。道釋二門，玄通衆妙，濟時育物，皆有明徵。是所依憑，豈忘尊奉。其天下寺觀，並令修功德，用齊三聖之教，以答百靈之心。宜副虛懷，各陳至敬。

又《條貫僧尼勅》 道釋二教，用存善誘，至於像設，必在尊崇。如聞州縣公私多借寺觀居止，因茲褻瀆，切宜禁斷。務令清肅其寺觀，除三綱并老病不能支持者，餘並俾每日二時行道禮拜。如有弛慢，並量加科罰。又崇敬清淨，禮避嫌疑。其僧尼道士非本師教主，及齋會禮謁，不得妄託事故，輒有往來。非時聚會，並委所由長官勾當。所有犯者準法處分，亦不得因茲攪擾。分明告示，咸使知悉。寶應元年八月。

又常袞《禁天下寺觀停客制》 勅。釋教本以助化，道家先於理國。懲惡勸善，以齊死生，薰然慈仁，美利天下，所庇者大，所益者深，故歷代崇尚而弗易也。朕以玄元烈祖慶我昌運，西方聖人福茲下土，常所盡敬，敢忘致誠。且至眞之體，尙於精潔，流俗所尊，不宜褻慢。如聞天下寺觀多被軍士及官吏諸客居止，狎而黷之，曾不畏忌緇黃屏竄，堂居毁撤，寢處於象設之門，庖廚於廊廡之下。緬然遐想，愧歎良深。自今已後，切宜禁斷。其軍士委州縣長吏與本將商量，移於穩便處安置。其官吏諸客等頻有處分，自合遵承仰。勅到當時發遣。應尊像有損壞處，俾隨事脩補。其有諸神所居，載在祀典，靈跡昭著，福及生人者，如有毁廢，亦宜增葺。且王者以清淨統法，聖人以神道設教，精意所在，感而遂通，非徼福於朕躬，期降祥於黎獻。申明詔旨，用悉勞懷。

又常袞《禁僧道卜筮制》 勅。左道疑衆，王制無捨，妖言蠹時，國朝尤禁。且緇黃之教，本以少思寡欲也，陰陽者流，所以教授人時也。而有學非而辨，性狎於邪，輒窺天道之遠，妄騐國家之事，仍又託於卜筮，假說災祥，豈直閭閻之內恣其誑惑，兼亦衣冠之家多有厭勝。將恐寖成其俗，以生禍亂之萌。時艱已來，禁網疎闊，致令此輩尙有矯誣，害政之深莫過於此。將歸正道，必絶姦源。宜令所司，舉舊條處分。

又《條流僧尼勅》 朕齋居法宮，詳念至理，思欲建皇極，端化源，大蘇生靈，漸復古道，矧伊耗蠹，必在澄清。而釋氏一宗來自西國，殷周已前何嘗有此，唐虞之際寧匪盛時。逮至漢明，因夢以言徵，傳毅猝詞而臆對遠承，像教從此流行，蕩然相傳，垂七百祀。黎庶信若空之説，衣冠敬方便之門，異同之論雖多，俗尙之訛未革，遂使風馳成俗，雲構滿途，丁壯苟避於征徭，孤窮實困於誘奪。永言斯弊，宜峻科條。自今已後，京兆府委功德使，外州府委所在長吏，嚴加捉搦，不得度人爲僧尼。累有明勅，切在提舉，惟我元元，務在長育。擅有髡削，亦宜禁斷。比來京城及諸州府，三長齋月，置講集衆兼戒懺，及七月十五日解夏後，巡門家提，剝割生人，妄稱度脱者，並宜禁斷。且僧尼本律科戒甚嚴，苟有違犯，便勒還俗。若有自願還俗者，官司不須制立。如聞兩街功德使近有條約，不許僧尼午後行遊，雖曰緇徒，無非赤子，有妨自遂，亦軫予懷。從今以後，午後任行。其僧尼在城委功德使，其諸州府委本任長吏試經。僧尼並須讀得五百紙文字，通流免有舛誤，兼數内念得三百紙，則爲及格。京城勅下後，諸州府勅到後，許三箇月溫習，然後試練。如不及格，便勒還俗。其有年過五十以上，筋力既衰，及年齒未至，夙嬰痼疾，幷瘖聾跛躄，不能自存者，並不在試經限。若有戒律清高，修持堅苦，風塵不雜，徒衆共知者，亦不在試經限。天下更不得創造寺院。普通蘭若等如因破壞，即任修葺。於戲，理國之本在正風俗，故王化首婚姻之道，所以序人倫，霸圖著胎養之令，所以務生聚。況一夫不耕，人受其飢，一女不織，人受其寒，安有廢中夏之人，習外夷無生之法。略期疎滌，用潔源流，俾爾齊甿，去末歸本。庶富之漸，其在斯乎。凡厥司存，勉率吾教，各勤檢馭，稱朕意焉。太和年。

又唐武宗《拆寺制》 朕聞三代以前未嘗言佛，漢魏之後像教寖興。是逢季時，傳此異俗，因緣染習，蔓衍滋多，以至於蠹耗國風而漸不覺，以至於誘惑人意而衆益迷。洎於九有山原，兩京城闕僧徒日廣，佛寺日崇，勞人力於土木之功，奪人利於金寶之飾，移君親於師資之際，違配偶於戒律之間，壞法害人，無逾此道。且一夫不田，有羅其餒者，一婦不織，有羅其寒者。今天下僧尼不可勝數，皆待農而食，待蠶而衣。寺宇招提莫知紀極，皆雲構藻飾，僭擬宫居。晉宋齊梁物力凋殘，風俗澆詐，莫不由是而致也。况我高祖太宗，以武定禍亂，以文理華夏，執此二柄，足以經邦，豈可以區區西方之教，與我抗衡哉。貞觀、開元亦嘗釐革，剗除不盡，流衍轉滋。朕博覽前言，旁求輿議，弊之可革，斷在不疑。而中外誠臣叶心正意，條疏至當，宜在必行。懲千古之蠹源，成百王之典法，濟人利衆，予不讓焉。其天下所拆寺四千六百餘，所還俗僧尼二十六萬五十人，收充兩税户，拆招提蘭若四萬餘，所收膏腴上田數千萬頃，收奴婢爲兩税户十五萬人，并隸僧尼屬主客，顯明外國之教，勒大秦穆護拔二千餘人，並令還俗，不雜中華之風。於戲，前古未行，似將有待，及今盡去，豈謂無時。驅游墮不業之徒已踰百萬，廢丹雘無用之屋何啻億千。自此清淨訓人，慕無爲之理，易簡齊政，成一俗之功，將使六合黔黎，同歸皇化。尚以革弊之始，日用不知，下制明廷，宜體予意。宣布中外，咸使聞知。會昌五年八月。

又《迎鳳翔真身德音》　朕以寡德，纘承鴻業十有四年矣，頃屬蠻寇猖狂，王師未息。朕憂勤在位，愛育生靈，遂乃尊崇釋教，致敬玄門，迎請眞身，蓋爲萬姓祈福。今者觀覩之衆隘塞路岐，載念陛庭，寢興在慮，嗟我黎人，陷於刑辟，况漸當暑毒，繫於縲絏，或身積幽冤，有傷和氣，或門連追擾，有妨農務。其京畿及天下州府見禁囚徒，除十惡五逆，故意殺人，官典犯贓，令造毒藥，放火持仗，開發墳墓外，其餘罪無輕重，節級遞減一等。其京城軍鎮限兩日內疏理訖，聞奏，天下州府勅到三日內疏理，聞奏。咸通十三年四月。

宋元分部

《東都事略》卷二《宋太祖禁火葬詔》　王者設棺椁之品，建封樹之制，所以厚人倫而一風化也。近代以來，遵用夷法，率多火葬，甚愆典禮，自今宜禁之。

《宋大詔令集》卷二二三《宋太祖禁以鐵鑄佛像詔》　塔廟之設，像教所宗，耕農之設，生人是賴。而末俗迷妄，競相誇誘，以至施耒耜之器，邀浮圖之福，空極勞費，諒乖利益。自今兩京及諸道州府寺舍，除造器用道具外，不得以鐵鑄佛像。仍委所在長吏，常加察訪。

又《宋太祖禁尼與僧司統攝詔》　男女有別，時在《禮》經，僧尼無間，實紊教法。自今應兩京及諸道州府，尼有合度者，只許于本寺趣壇受戒，令尼大德主之。其尼院公事，大者申送所在長吏鞫斷，小者委逐寺三綱區分，無得與僧司更相統攝。如違，重寘其罪。

《宋會要輯稿》道釋一之一四《宋太祖放僧數目詔》　自今諸路據僧帳見管數目，七十人至百三十人，每年放一人，至百七八十人放兩人，如六十已下，據見在數積累年歲，候及前件分數，依例放一人。

《宋大詔令集》卷二二三《宋太祖限數度僧尼詔》　釋門崇教，實自前王，歲試度人，宜有定數。苟誦持之未至，則行業以何觀？特示明規，庶懲濫得。應諸道州府管內僧尼，自今後逐年據帳，每一百人只許度有經業童行一人。仍令尚書祠部專切檢點，如有額外度人者，并須退落。

又《宋太祖禁灌頂道場水陸齋會夜集士女詔》　像法眞宗，適當崇闡，緇徒戒行，尤在精嚴。如聞灌頂道場水陸齋會，並夜集士女，就寺開設，深爲褻黷，無益修持。宜令功德司及尚書祠部告諭兩京、諸道州府，並禁止之。

《宋大詔令集》卷一七九《宋太宗建平晉寺詔》　并門底定，鑾輅凱旋，宜崇眾善之因，以紀一戎之業。其行在所創爲佛寺，仍賜號平晉寺，御製《平晉記》，建于寺內。

《宋會要輯稿》道釋一之一四《宋太宗特許先係帳沙彌剃度給牒詔》

朕方隆教法，用福邦家。眷言求度之人，頗限有司之制，俾申素欲，式表殊恩。應先係帳沙彌長髮未剃度者，并特許剃度，祠部即給牒。今後不得爲例。不得將不係帳人夾帶充數，犯者當行決配。

《太宗皇帝實錄》卷二十七《宋太宗禁僧道之人入貢舉進士舉人試墨義詔》　朝廷比設貢舉，以待賢材。如聞緇褐之流，多棄釋老之業，反襄褒博，來竊科名。自今貢舉人內有曾爲僧道者，并須禁斷。其進士、舉人，只務彫刻之工，罕通緗素之學，不曉經義，何以官人？自今宜令禮部貢院特免帖經，只試墨義二十道，較其能否，以定黜陟。其諸科舉人于本業外，別試法書、墨義十道。著爲定制。

《太宗皇帝實錄》卷三十二《宋太宗禁請建置佛寺道宫詔》 應天下佛寺道宫，自來累有詔書約束，除舊有名籍者存之，所在不得上請建置。

《太宗皇帝實錄》卷七十七《宋太宗淮南等處歲度僧尼如江浙福建之例詔》 淮南、西川、峽路等處州、府、軍、監，每歲度僧尼，并如江浙、福建之例。

《續資治通鑑長編》卷四七《宋真宗禁與僧公憑往緣邊游禮詔》 諸州毋得給公憑與僧往緣邊游禮。

《宋會要輯稿》道釋一之一七《宋真宗西京白馬寺兩院承天節度行者各一人詔》 西京白馬寺兩院，每年承天節時，逐院度行者一人。

又《宋真宗僧尼道士等年十歲取逐處綱維寺主結罪委保詔》 在京并府略外縣僧、尼、道士、女冠下行者、童子、長髮等，今後實年十歲，取逐處綱維寺主結罪委保，委是正身，方得係帳。仍須定法名申官，不得將小名供報。尼年十五，僧年十八，方許剃度受戒。道士、女冠即依舊例，十八許受戒。不得交互禮師，擅移院舍。如本師身亡，或移居院宇，即仰逐時申官，候改正帳籍，方得回禮師。遷移居處所有轉念經紙數、卷數，一準久例施行，更不增減。

《宋會要輯稿》道釋一之一八《宋真宗無籍僧人令自首詔》 僧人等或全無出家文字及受業處簿籍、主首法眷保明買得祠部者，限一月內自首。自首者放罪任便歸俗，或出限不自首者，依法斷違（違，疑應作遣。）。仍勒還俗。如內有自來曾作兇惡過犯者，即配軍。

《續資治通鑑長編》卷六〇《宋真宗選名行僧主廬山太平興國乾明寺詔》 廬山太平興國、乾明寺田稅十之三充葺寺宇經像，令江州置籍檢校，選名行僧主之。

《續資治通鑑長編》卷六十一《宋真宗群臣所奏僧道紫衣師號具行業保任以聞詔》 承天節群臣所奏僧道紫衣師號，自今具行業保任以聞。

《宋大詔令集》卷二二三《宋真宗僧尼道士童行十人外更放一人詔》 能仁垂教，蓋誘于羣迷，老氏立言，實宗于衆妙。方資善利，用廣化樞。應兩京、諸路州、府、軍、監、縣、鎮僧尼道士，係帳童行，各于元額十人外更放一人，其寺觀院舍及住房僧道童行不及十人者童，（原作同，據《宋會要輯稿》改。）每院特放一人。並取係帳年深從上者度，勿試經業，委祠部即給文牒。

《宋會要輯稿》道釋一之一九《宋真宗特放僧尼詔》 兩畿及孟、鄭州僧尼道士，係帳童行，五人內特放一人人，（原作行，據《續資治通鑑長編》改。）住房僧道不及五人者，逐院特放一人。

《宋會要輯稿》道釋一之一九《宋真宗崇德院每年特度行者三人詔》 西京右街崇德院，每年特與度行者三人。

又《宋真宗西京永昌禪院逐年剃度行者詔》 西京永昌禪院今後逐年許剃度行者五人，仍勘會的實係帳月日編排，并逐年依上名下次剃度，不得驀越。候度到行者并舊管僧人共五十人爲額，更不在此。若今後額內有闕，逐年遇承天節，即時剃度行者充填，不得過五人，兼依例逐年具帳通計人數以聞，不得將本院差出及遊禮諸處僧人，便爲闕額。

《宋會要輯稿》道釋一之二十《宋真宗特度童行詔》 天下僧尼童行除合放數外，見係帳童行每百人試驗經業，特度二人，不及百人處亦與二人。道士弟子在宫觀，與一人披戴。

《宋大詔令集》卷二二三《宋真宗特度僧道詔》 朕拜貺膺符，升中展禮，遂行慶賜，仰答神休。爰均雷雨之恩，普及緇黄之衆。冀因善利，永福蒼黔。應兩京、諸路州府軍監僧尼，除準敕度人數外，逐處見係帳童行，每百人試驗經業精熟者更度兩人，不滿百人處亦如之。道士每宫觀特度一人。

《宋會要輯稿》道釋一之二十《宋真宗嘉州白水普賢寺等三寺每年各度行者三人詔》 嘉州白水普賢寺、黑水華藏寺、中峰乾明寺三寺，每年各度行者三人。

《宋大詔令集》卷三十六《宋真宗皇第七妹陳國長公主封吳國長公主號報慈正覺大師制》 惇族之仁，御邦之本。洪惟列聖，誕啟昌源，當錫羨之垂祥，有肅雍之成德。被服公宫之訓，便蕃封邑之榮，緬慕眞宗，克隆道味，協兹雅志，申以徽章。皇第七妹陳國長公主，爰自先朝，特鍾慈愛。出于至性，不茹葷辛。資夙習以非常，悟清幾而迴異，專師沖寂，深厭紛華。尤軫聖考之懷，俾服空王之教。朕頃侍左右，嘗聆誨言，早以仲妹之賢，已達竺乾之旨，棲心有素，從欲靡違。懿兹同氣之親，能繼出塵之跡，睿訓斯在，欽念惟寅。屢稽釐降之文，備形惇諭之意。而潔齋無改，至願彌堅。期以脩練之勤，上報劬勞之德。矧先志之允屬，且素範之不渝，良難重違，徒積多尙。是用擇徽名于梵苑，疏茂渥于脂田。國邑進封，禪林錫號，併伸寵數，式示褒揚。可進封吳國長公主，號報慈正覺大師，賜紫，法名清裕，仍令所司擇日備禮册命。

《宋會要輯稿》食貨五五之一六《宋真宗崇真資聖禪院于雜買務買物具數以聞詔》 崇眞資聖禪院于雜買務買物，慮其擾人，今後具數以聞。

《宋會要輯稿》道釋一之二十《宋真宗吳國長公主出家普度僧道詔》 天下僧尼、道士、係帳童行，每寺觀十人內度一人，不及十人及住房各禮師者亦度一人，取係帳童深上名者，更不試經業。

又《宋真宗曾賜得太宗御書寺觀特度一人詔》 天下寺觀曾賜得太宗御書處，自今除天節比試額定數外，于見在童行外從上名特度一人。

《宋大詔令集》卷一九九《宋真宗令粘竿彈弓等不得携入宫觀寺院詔》 朕承天育物，體道臨人，宗上聖之無爲，期有生之咸遂。况列眞秘宇，大覺仁祠，式示欽崇，豈宜褻瀆？自今應傷生鷙禽之類，粘竿彈弓等物不得攜入宫觀寺院，及有屠宰，違者論如法。仍令開封府條約民間，無使廣有采捕。

《宋會要輯稿》職官十三之一七《宋真宗本州判官勾鑿祠部給僧道牒詔》 祠部給僧尼道士牒，將本州帳勘會注給訖，本州判官押書勾鑿。應僧尼遇恩澤、試經中剃度童行給祠部者，將帳照證，亦勾鑿訖，遞送逐州。所給戒牒，如本人將到剃度受戒六念勘會文帳，印書給付。

《宋會要輯稿》道釋一之二一《宋真宗承天節感聖院經閣院特與從上名度行者詔》 瀛州感聖閣院係帳舊管行者，每年承天節特與從上名度二人名，原作各，據下文例改。 順安軍靜雲寺經閣院係帳童行者，每二年承天節特與從上名度一人，并不試經業。

《宋會要輯稿》職官十三之一七《宋真宗開封府界度放童行剃度牒依外州例給付詔》 今後開封府界逐年承天節試經及非時度放童行，其剃度牒委祠部一依外州例封送進奏院，發與開封府，勾逐寺主首取保明狀，當官責領給付。

《續資治通鑑長編》卷七十四《宋真宗誕聖節皇親近臣所奏道釋須披度五年以上方得奏請詔》 自今須披度五年以上，方得奏請，仍具鄉里居止、年齒行業以聞。

《宋會要輯稿》職官一三之一八《宋真宗入案收掌寺院法名人數詔》 祠部給剃度牒，并于案檢計寺院法名若干人數，入案收掌。

《宋會要輯稿》職官一三之二《宋真宗寺院宫觀士庶之家私記禁私鑄詔》 寺院宫觀士庶之家所用私記，今後并方一寸，雕木爲文，不得私鑄。

《宋大詔令集》卷二二三《宋真宗誌公謚真覺大師詔》 大乘闡教，誕顯于圓明，開士膺期，夙彰于覺悟。頃于福地，嘗獲秘文，述景命之延洪，叙上眞之保佑。而况先朝欽矚，命服已加，眇德纘承，微言斯契。焕然偉度，允洽于慶靈，仰止遺風，益思于崇薦。誌公宜加謚曰眞覺大師。

《續資治通鑑長編》卷八十《宋真宗令兩浙寺觀及民家藏銅像限期陳首詔》 兩浙諸州軍寺觀及民家藏銅像，限兩月內陳首，委本處依銅鐘磬例勒知州、通判名銜，給令依舊供善。

《宋會要輯稿》職官一三之一八《宋真宗禁住房僧擅立院額入帳度童行詔》 京兩街僧錄供三年造僧帳之時，其住房僧不得擅立院額入帳度童行。

《宋會要輯稿》道释一之二一《宋真宗童行剃度須官吏試驗及主首僧保明詔》 自今諸寺院童行，令所在官吏試經業，責主首僧保明行止，乃得剃度。如試驗不公，及保明失實者，并寘深罪。

《宋大詔令集》卷二二三《宋真宗開寶寺舍利塔賜名靈感詔》 烈祖開基，禪宫載葺，神宗撫運，寶刹斯崇。建淨梵之浮圖，瘞祇園之舍利。屢臻祥應，備極莊嚴。邇者禪物薦彰，景輝延曜，念先猷之燕翼，荷丕慶之克昭，恭創鴻名，永宣殊貺。開寶寺舍利塔宜以靈感爲名。

《宋大詔令集》卷二二三《宋真宗誌公加號道林真覺大師自今公私文字勿斥其名詔》 誌公眞覺大師，誕粹西夏，顯異南梁。學超頓漸之門，識達人天之際，向加美謚，用表靈蹤。而流俗之間，懵于崇尙，每因談述，必斥其名。出自朕心，聿增懿號。宜加爲道林眞覺大師，自今公私文字勿斥其名。

《宋大詔令集》卷二二三《宋真宗泗州僧伽大師加號普照明覺大師伽字公私文字不得指斥詔》　能仁闡教，敷佑于羣生，等覺儲靈，流慈于應物。顧丕功而莫大，在欽尚以攸宜。眷彼清淮，峙兹妙塔，示圓明之惠力，存妙寂之法身，俾薦名稱，用申嚴奉。泗州僧伽大師宜加號曰普照明覺大師，其伽字公私文字不得指斥。仍遣屯田員外郎孟隆說往彼致告。

《宋會要輯稿》道釋一之二一《宋真宗承天節開寶寺特度行者詔》　開寶寺靈感塔福聖禪院主紹龍、知塔沙門守願，除逐年依例撥放七人外，每年承天節紹龍特與度行者五人，守願特與度行者一人。

又《宋真宗延壽寺輪係帳行者專切看管所貯御書經閣詔》　兗州延壽寺十九院之中，今後于逐院內從上名輪係帳行者一人，專切看管所貯御書經閣，候一年，別無遺闕，待與剃度。

《宋大詔令集》卷二二三《宋真宗以太宗御製妙覺集編入佛經大藏詔》　恭以太宗皇帝撫寧萬宇，寵芘群元，致周道之和平，發堯文之炳煥。游心釋部，觀妙眞宗，演暢一音，輔昭至理。得靈山之密印，冠汾水之英辭。朕仰奉威神，思流金石，爰稽類次，式就編聯，昭示無窮，用傳景鑠。宜以太宗《御製妙覺集》五卷編入佛經大藏。

《宋會要輯稿》道釋一之一一《宋真宗諸州軍補僧道正詔》　今後諸州、軍，監僧道正有闕，委知州、通判于見管僧道內從上選擇。若是上名人不任勾當，即以次揀選有名行經業及無遇犯、爲眾所推、堪任勾當者，申轉運司體量詣實，令本州軍差補勾當訖奏，候及五周年，依先降指揮施行。

《群書考索》後集卷六三《宋真宗禁創修寺觀院宮詔》　不許創修寺觀院宮，州縣常行覺察。如造一間以上，許人陳告，所犯者依法科罪。州縣不切覺察，亦行朝典。公主、戚里、節度至刺史已上不得奏請創造寺院，開置戒壇，如違，御史彈奏。

《宋會要輯稿》道釋一之二二《宋真宗禁祖父母父母在別無子息侍養及刑責姦細等人出家詔》　祖父母、父母在，別無子息侍養，及刑責、姦細、惡黨、山林亡命賊徒，負罪潛竄，及曾在軍帶瑕痕者，並不得出家。寺觀容受者，本人及師主、三綱知事僧尼、鄰房、同住並科罪，有能陳告收捉者，以本犯人衣鉢充賞。其志願出家者，並取祖父母、父母處分，已孤者取問同居尊長處分。其師主須得聽許文字，方得容受。童行長髮候祠部，方許剃髮爲沙彌，如私剃者，勒還俗，本師主徒二年，三綱知事、僧尼杖八十，並勒還俗。

《宋會要輯稿》道釋一之二三《宋真宗開壇受戒詔》　三京及諸路州軍，委知州軍、通判等據今來普度僧尼，催促逐處并與開壇受戒。如本處元無戒壇，即發遣就近鄰有處受戒。候畢，具逐州縣人數單名開坐入急遞以聞。仍仰祠部便出給戒牒，空留受戒州軍名目，候到本州軍書塡。仍依發祠部例，于提舉發遞普度祠部所送納，堪會入遞赴本州軍。

《宋大詔令集》卷三十六《宋仁宗建國長公主進封申國大長公主依前報慈正覺大師制》　門下：國家三葉重熙，萬邦承式，猥惟眇質，獲嗣丕基。且念夙侍先朝，恭聞聖訓，惟孝恭可以奉祖考，惟恩禮可以睦宗親。佩服於兹，造次不忘。屬惟新於景命，宜特舉於徽章。建國長公主、報慈正覺大師，賜名清裕，寶婺分輝，絳河稟慶。肅雍表於賢德，柔婉彰於令儀。鑑圖史之言，克成懿範，習紘綖之藝，載茂芳猷。而又靡尚世紛，深探眞諦，辭疏榮於外館，願棲志於空門。光景屢遷，薰修益至。方均渥霈，式示褒揚。發芝檢於中宸，賦粉田於大國，仍遵彝制，茂建崇名。冀體至懷，荷此成命。可特封申國大長公主，依前報慈正覺大師。

《宋會要輯稿》食貨五十之二《宋仁宗禁在京禪院舟船不依次駕放并欺壓百姓舟船詔》　在京諸禪院各有舟船在河般買供用物，自今不得於船頭排牌，不依次駕放，并妄外欺壓百姓舟船。并仰開封府收捉在船僧人、道士并行者及主捉舟船人等勘逐區分，如顯有兇豪，及不伏止約，依法斷訖，收禁奏裁。緣河州府縣鎮及撥發巡檢催綱排岸斗門使臣覺察，三司每季舉行宣命，無令違犯。

《宋會要輯稿》職官三一之二《宋仁宗閑人僧道不得出入司天監私習天文詔》　司天監，近日多有閑人、僧道於監中出入止宿，私習乾象。又街市小術之人，妄談天道災祥，動惑人民，令開封府密切捉捕，嚴行止絕。

《宋大詔令集》卷一四三《宋仁宗慈孝寺真宗神御殿皇太后塑像於側詔》　頃者肇營梵宇，追薦禰宮，仰駐靈遊，肆開秘殿。皇太后緬懷遺烈，濬發精衷，密戒工人，塑像侍側。興言懿實，曾未布聞，宜詔近司，宣示於外。

《續資治通鑑長編》卷一一〇《宋仁宗長寧節度僧道詔》　長寧節度僧道，舊制三百人放一人者，今增至四百人，一百人放一人者，增至二百人。

《宋大詔令集》卷十四《宋仁宗皇太后寢疾赦天下普度僧尼制》　朕膺列聖之鴻圖，撫萬方之億衆。遹守前王之格訓，內承哲后之深慈。夷夏交歡，昆蟲遂性。皇太后受先帝之定保，佑沖人之嚮明，仗台輔之協謀，御宸闈而聽政。而旰昃靡暇，憂勞所侵，發於腠理之微，浸成寒暑之疾。朕仰稟懿誨，恭侍晬顔，日至寢門，親嘗藥劑，遍詢於良苦攻治，并走乎上下神祇，稍獲安和，更資護助。且念寰海至廣，休戚殊途，犯法冒令者多，遷善遠罪者寡。以至嬰離者未解，向隅者可傷。或佝隸遐陬，或未離謫籍。將以渙散幽冤之志，介延丕祉之祥。非大施曠蕩之恩，何以召和平之氣？且復以植福之趣，能仁所宗，特推雨露之榮，廣度苾蒭之侶。幷發乎朕志，上奉乎母儀。心虔切而弗遑，澤滂沱而曷恡？夫聖職教化，天鑑誠明，允期精意之獲申，所冀維祺之來顧。可大赦天下。云云。於戲，惟孝者德之本，將以悅千里之人，作解者吉之苻，於以濟□□之象。期爾百官之同志，共祝萬壽之無疆。粵乃具僚，宜體茲意。

《續資治通鑑長編》卷一一四《宋仁宗乾元節度僧道賜紫衣師號名額詔》　乾元節度僧道及賜紫衣、師號，皆以一百人爲額，仍令入內侍省置簿拘轄之。

《宋大詔令集》卷三十六《宋仁宗皇第八女保慈崇祐大師幼悟封鄧國公主仍舊師號制》　朕執契當天，膺圖纂極。荷高穹之孚佑，席厚德之流光。蕃衍開祥，早洽公宮之慶，柔明就德，宜疏封國之榮。皇第八女保慈崇祐大師幼悟懿度夙成，童心早斷。彼月斯主，上分寶婺之輝，與佛有緣，遂嚮金仙之教。超然覺路，攝以戒珠。車服之華，雖不施於魯邑，空色之盛，顧無累於竺園。宜考舊章，用加美稱。於戲，度門示法，本由清淨之源，人道因親，必屬孝慈之性。按圖善壤，比秩諸王，服是寵靈，副予仁愛。可特封鄧國公主，仍舊保慈崇祐大師，及令所司擇日備禮冊命。

《續資治通鑑長編》卷一七六《宋仁宗乾元節度僧尼詔》　乾元節度僧尼，自今兩浙、江南、福建、淮南、益、梓、利、夔等路，率限僧百人度一人，尼五十人度一人，京師及他路僧尼率五十人，道士及女冠不以路分，率二十人度一人。

《續資治通鑑長編》卷一七七《宋仁宗五台山諸寺收童行須保任詔》　代州五台山諸寺收童行者，非有人保任，毋得係籍。

《續資治通鑑長編》卷一九九《宋英宗京師別置南北福田院詔》　京師老疾孤窮匃者，雖有東、西福田院，給錢米者才二十四人。可別置南、北福田院，并東、西各蓋屋五十間，所養各以三百人爲額。歲出內藏五千貫給之。

《羅湖野錄》卷一《宋英宗賜懷璉詔》　大覺禪師懷璉受先帝聖眷，累賜宸章，屢貢款誠，乞歸林下，今從所請，俾遂閒心。凡經過小可庵院，隨性住持，或十方禪林，不得抑逼堅請。

《宋會要輯稿》食貨四一之三七《宋神宗左右街僧道錄貢銀賀大禮事詔》　左右街僧道錄每遇大禮畢，例皆貢銀稱賀，令客省引進訖，即時當官給付元進奉人。

《宋會要輯稿》職官一三之二一《宋神宗僧尼道士女冠身亡繳抹原受披剃文牒戒牒事詔》　尚書祠部遍牒四京及諸道州府軍監，今後應僧尼道士女冠身亡事故，其元受披剃文牒、戒牒等並仰逐處依舊例抹訖，更於行空處批鑿身亡事故年月因依，本州軍官押字用印訖，具狀繳連入遞申納本部。仍仰本部即時具交收道數年月附遞回牒本州司，候到鈎銷照證，其繳到文牒等即仰依舊詔施行。

《續資治通鑑長編》卷二一八《宋神宗僧志滿補福聖院主事詔》　開封給牒差。自今寺院有闕當宣補者按文義，闕疑爲闕之形誤。罷宣補及差官定奪，止令開封府指揮僧錄司定奪。準此給牒。

《續資治通鑑長編》卷二三九《宋神宗提舉在京宮觀寺院詔》　提舉在京宮觀寺院，自今武臣橫行使及兩省押班以上爲提舉，餘爲提點。

《宋大詔令集》卷二三五《宋神宗賜夏國主乞贖大藏經詔》　詔夏國主：省表乞收贖釋典一大藏并簽帙複帕。前後新舊翻譯經文，惟覬宸慈，特降旨命，令有司點勘，無至脫漏卷目。所有印造裝成紙墨工直，並依例進馬七十疋，聊充資費，早賜近年宣給。事具悉。維是佛乘，著爲象教。

載覽需章之奏，懇求具譯之編。已降允俞，特行賜予。眷言信嚮，良用歎嘉。所請贖經文已指揮印經所，應有經本，並如法印造給賜，令保安軍移牒宥州，差人於界首交割，至可領也。所有馬七十疋，更不用進來。故茲詔示，想宜知悉。春寒，比平安好，遣書指不多及。

《續資治通鑑長編》卷二六五《宋神宗增超化寺度僧人數御批》　寺乃釋迦佛舍利所在，於畿内最爲靈迹，近兩禱雨即隨獲嘉應。聞歲止度僧一人，頗闕人修奉。

《續資治通鑑長編》卷二六七《宋神宗寺觀主首僧道正祠部給帖詔》　内外宫觀、寺院主首及僧、道正，舊降宣敕差補者，自今尚書祠部給帖。

《續資治通鑑長編》卷二六七《宋神宗英宗潛邸建佛寺賜額興德禪院手詔》　先皇帝自齊州防禦使入繼大統，治平二年建爲興德軍。今潛邸建佛寺，宜以本封之鎮名之，可賜額興德禪院，賜淤田三十頃。

又卷二七九《宋神宗鈐轄司差指使引伴高麗僧赴闕御批》　高麗僧三人，見寓杭州天竺寺，可令鈐轄司差指使一名，乘驛引伴赴闕。

又卷二八六《宋神宗賜李神福墳寺爲褒勤禪院御批》　故宣慶使、昭州防禦使李神福幼事晉邸，及即位，給事左右，親信特異，中禁密務，咸委辦之。今裔孫舜舉以家藏宸翰十餘幅來上，可賜神福墳寺爲褒勤禪院，每二年度一僧，毋得爲例。

又卷二九二《宋神宗建水陸道場爲邕州死者薦福詔》　邕州昨自交賊殘殺人民，至今戾氣未息，水火疫癘相繼，近又土像動搖，尤可駭異。宜下轉運司差官同本州長吏，集鄰部修潔僧，建水陸道場，爲死者薦福。令曾布、陳倩同相度遷城利害以聞。

又卷二九三《宋神宗根究相國寺僧宗梵告行親孫純事御批》　宗梵緣其主僧行親擅用官給常住粥錢，推其費錢之狀，乃出前知祥符縣孫純借錢文字。案法，貣貸之人各合有罪，而主司以純聯近臣之親，特爲停抑其辭，仍累使人諭純，止令私償所負。可送無干礙官司根究。

又卷三〇〇《宋神宗以太皇太后不豫度僧尼道士詔》　度在京宫觀寺院童行年四十、長髮童子年三十五以上、三帳及十年者爲僧尼、道士，令御藥院於啟聖院作大會，以度牒授之。

《續資治通鑑長編》卷三〇三《宋神宗高麗學法僧覺真等賜號詔》　高麗學法僧覺眞賜號法照大師，曇眞法遠大師，麗賢明悟大師，仍賜紫方袍，聽隨貢使歸國。

《續資治通鑑長編》卷三四〇《宋神宗歲給度僧牒五百應副宜州蠻事詔》　歲給度僧牒五百，限五年止，爲錢三十二萬五千緡，付廣南西路經略司應副宜州蠻事，以其餘糴糧。

《續資治通鑑長編》卷三四二《宋神宗賢妃邢氏所修寺賜名多慶禪院詔》　賢妃邢氏於奉先資福院側修佛寺，賜名多慶禪院，歲度僧二人，紫衣或賜號一人，仍給官田十頃。

《續資治通鑑長編》卷三四三《宋神宗令禮部別定高麗王子僧統等儐勞之儀詔》　高麗王子僧統從其徒三十人來遊學，非入貢也，其令禮部別定儐勞之儀。

又《宋神宗明州奏迎送高麗告哀使及王子僧統事御批》　宜令本州通判引伴赴闕，其待遇禮數，專下馬玹依倣王子赴闕已定式，令從僧俗權宜裁定，一面施行訖奏，即不得稍有削薄，虧損朝廷待遇恩意。其安下去處，即令火急選擇本州將好僧院一所，併治整潔，仍令差下引伴赴闕通判官同在本院筵伴上宿，仍隨所闕器用、諸般物色逐旋差僧一一畢備齊足，不得小有闕悮。仍從急遞中指揮，更不送門下省。其僧統左右得親近者三兩人，比附上節例施行。元豐七年二月十七日下。

又《宋神宗奉國軍奏高麗欲遣僧來御批》　除迎候王子僧統自從別降朝旨外，餘並依常使例，惟不用花樂。仍仰轉牒緣路州軍準此。元豐七年二月十七日下。

《續資治通鑑長編》卷三四五《宋神宗皇后父祖墳寺左街資福禪院同天節度僧詔》　皇后父祖墳寺左街資福禪院可除每年撥放外，遇同天節，度僧二人，紫衣一人。

又《宋神宗净源答高麗王子僧統書即明州移牒報之詔》　高麗人齎王子僧統書及金銀遺秀州僧淨源，源有答書，即明州移牒報之。

又卷三四六《宋神宗賜迎祥院額詔》　西京左藏庫使、吉州刺史、入内副都知石得一以所賜管地建僧寺，賜迎祥院爲額，遇同天節，度僧一人。

又卷三五一《宋神宗京城内外官吏軍民僧道所建祈福道場滿日罷詔》　聞京城内外官吏軍民僧道各建祈福道場，今已安和，可令所司慰諭，勿重勞費，其已設道場聽滿日罷。

《宋大詔令集》卷二三七《宋神宗賜設齋祝聖回書》　勑權知高麗國王事王徽：人使金良鑑等至，省所申奏於大相國寺、興國寺、啟聖寺、泗州普照王寺、杭州天竺寺、潤州金山寺等設齋祝聖，事具悉。卿嚮順王庭，歸崇像教，因使航之入貢，即梵刹以祝延。載惟忠款之勤，彌注眷懷之厚。故茲示諭，想宜知悉。春暄，卿比平安好，遣書指不多及。

《續資治通鑑長編》卷四二四《宋哲宗禁士庶之家婦人輒入在京禪僧寺院遊觀詔》　在京禪僧寺院，今後士庶之家婦人非遇開寺，不得輒入遊觀，及不得禮謁參請。其官員入寺，不得衣童行服，及於僧人坐下禮拜侍立。官員委御史、餘委開封府糾察以聞。

又卷四二四《宋哲宗杭州管病坊僧人賜紫衣等詔》　杭州管病坊僧人每三年醫較千人以上，特賜紫衣及度牒一道。

《宋會要輯稿》食貨一四之七《宋哲宗諸處寺觀不得有免役錢詔》　奉慈觀有本命殿，特有免役錢，諸處不得爲例。

《續資治通鑑長編》卷四九六《宋哲宗誡約士庶婦女不得輒入在京禪僧寺院詔》　今後在京禪僧寺院，士庶之家婦女除同本家男夫作齋會聽人入外，餘輒入者並杖一百。夫、子知而聽行，及主首不舉，各一等科罪。

《宋會要輯稿》禮一八之一六《宋哲宗祈雨詔》　輔臣分詣天地、宗廟、社稷、宮觀、寺院等處祈雨，諸路闕雨州軍令長吏於管下嶽瀆名山并諸祠廟自來祈禱感應之處，選日精虔祈求。其合用祝文，令學士院依例修撰。

《續資治通鑑長編》卷五〇七《宋哲宗開在京宮觀寺院五日詔》　時雨稍愆，開在京宮觀寺院五日。

《宋會要輯稿》禮五之一五《宋徽宗答蔡京等請賜天下州軍崇寧寺額詔》　依所奏，仍賜敕額。每逢天寧節，鎮州與紫衣、度牒各一道，其餘州軍監各與度牒一道。許令任意修蓋，候了逐旋奏取旨賜經一藏。

《宋會要輯稿》禮五之一五《宋徽宗修蓋崇寧寺觀詔》　崇寧寺觀並依十方住持，其披剃并紫衣自崇寧二年天寧節爲始。如未有童行，即仰所差主管僧道保明手下童行披剃。崇寧三年以後，即依此施行。所修寺觀不拘州城縣郭及名山福地，除係禁山林并禁地外，如有官地，不以有無拘礙，並許申監司指射撥充訖奏。應有無名額寺觀可以增廣就充，或可移併，並許本州一面施行。或舊係甲乙住持大寺觀，僧道只有三五人可以撥充者，亦仰申尚書省，許諸色人緣化并州軍擘畫修建，即不得接便搔擾。應修建竹木物料，所在州軍給文憑前去計置，與免緣略收稅。

《宋會要輯稿》禮五之一五《宋徽宗崇寧寺行香事詔》　崇寧寺惟得建置祝聖壽道場行香及祈求外，其餘行香，並令就他寺。

又禮五之一六《宋徽宗禁借出萬壽寺宣賜經等詔》　應天下萬壽寺宣賜經及常住什物，不許借出，不得客人賫攜葷酒飲宴。

又《宋徽宗崇寧寺觀鑄闕銅許就場收買詔》　諸路崇寧寺觀鑄闕銅，許給公據前去就場買銅。

又《宋徽宗捨田土頃畝在崇寧寺觀免納役錢詔》　諸路人戶捨田土頃畝在崇寧寺觀，與免納役錢。

《通鑑長編紀事本末》卷一二二《宋徽宗罷元祐姦惡墳寺御批》　元祐姦惡即今皆有墳寺，歲度僧行及紫衣師號等尚如故，未曾降指揮衝改。可令從今並住罷，更不施行，以戒爲臣之不忠者。

《茅山志》卷三《宋徽宗釋徒營佛事以天帝爲鬼神令有司削除詔》　有天下者尊事上帝，敕命惟幾，敢有弗虔？而釋氏之徒修營佛事，妄以天帝次於鬼神之列。瀆神踰分，莫此之甚，其能克享上帝之心乎？可令有司檢會削除，以稱朕嚴恭寅畏之意。

《通鑑長編紀事本末》卷一二七《宋徽宗道士女冠序位在僧尼上御批》　道士序位，令在僧上，女冠在尼上。

《宋會要輯稿》禮十三之六《宋徽宗應天禪院依信武殿指揮嚴奉手詔》　應天禪院嚴奉祖宗，禮當隆備，而殺核薦獻之禮與帷幄皿器之具，率皆菲薄故弊，殊失尊事之意，聞之惕然。可並依信武殿指揮，仍差內侍省官一員管幹。所有崇福宮神御，亦依信武殿已得指揮，令隸陵臺使司提按。

《宋會要輯稿》兵十七之七《宋徽宗北界歸明僧人支錢詔》　每月支錢三貫文。應歸明北僧支錢者並依此，舊多者從多給。

《宋會要輯稿》刑法二之五十《宋徽宗禁福建事佛樂等愚俗御批》

遠方愚俗，殘忍薄惡，莫此之甚，有害風教，當行禁止。仰本路走馬承受密切體量有無實狀以聞，候到，立法禁止。如有違犯，州縣不切窮治，守倅令佐並當重行竄黜，吏人決配千里。

《宋會要輯稿》刑法二之五十《宋徽宗禁見任或寄居官居占宫觀寺院詔》 京畿并諸路州軍宫觀寺院，比來所屬不切檢舉已降指揮，公然容縱在任或寄居官居住安下，縱意改造，或貯積官物，或權泊軍兵，甚至於因像設以築垣牆，就廚堂以爲廄廁，産乳屠宰。黷教慢神，莫此爲甚。可勘當舊制，重別修立。除經過暫居不得過十日外，其餘見任或寄居官并軍兵及官物居占，並限一季起移，或尚敢留，並以違制論。仍許寺觀越訴，州委守倅、路委監司按劾施行，如稍涉容庇，並與同罪。

《宋大詔令集》卷一七九《宋徽宗在京罷修天寧萬壽寺批何執中劄子御筆》 象教之設，誘進愚鈍，薦嚴往生。若謂營構梵宫，懇禱壽祺，則未諭也。前旨本緣撙節浮費，省惜土木工料，仍舊名額，非爲廢寺。歸美報上，嘉乃忠誠，擇地建修，理難反汗。所請宜不允，遵依已降指揮施行。

《政和五禮新儀》卷首《宋徽宗令議禮局議景靈兩宫可否用釋教儀制御筆》 士庶每歲中元節折竹爲樓，紙作偶人如僧居其側，號曰盂蘭盆，釋子曰薦嚴亡者，解脱地獄，往生天界，以供者聽行於世俗可矣。景靈兩宫，祖考靈遊所在，不應俯狥流俗，曲信金狄不根而設此物。縱復釋教藏典具載此等，在先儒典籍有何據執？并是日於帝后神御座上鋪陳麻株綀葉，以藉瓜花，不委逐項可與不可施之宗廟？詳議以聞。佛乃西方得道之士，自漢明帝感夢之後，像教流於中國，以世之九卿視之。見今景靈兩宫帝后忌辰，用釋教設水陸齋會，盛陳幃幄，揭榜曰帝號浴室，僧從召請，曰不違佛勅，來降道場。以祖宗在天之靈，遽從佛勅之呼召，不亦瀆侮之甚乎？况胡佛可以稱呼勅旨乎？有何典常可檢，引條陳實封進入。犬之爲物，在道教中謂之厭獸，人且罕食，而歲時祭祀，備於禮科，登於鼎俎，於典禮經據何如該載？可檢閱因依，詳陳進入。

《政和五禮新儀》卷首《宋徽宗答議禮局議帝后忌辰釋教禮御筆》 第一、第三項依所議，並罷第二項，令禮部取索冊潤聞奏。

《宋會要輯稿》刑法二之五六《宋徽宗答臣僚言禁士大夫詣僧寺參請入室詔》 士大夫習聖人之正道，服先王之法服，而反易緇素，擎跽曲拳於釋子之前，曾無愧恥。觀此流且以純素恬淡寡合自高，要譽於鄉曲之間，較其實則奔競躁進，毁譽是非，未必不甚於常輩。加之婦女出入，揉雜無間，誠宜禁止。可依所奏。

《宋會要輯稿》刑法二之五六《宋徽宗禁以佛教法毁傷人體詔》 毁傷人體，有害民教。况夷人之教，中華豈可效之？宜增賞禁止，監司不舉同罪。

《通鑑長編紀事本末》卷一二七《宋徽宗禁釋教道場將道教神位相參詔》 釋教修懺水陸及祈禳道場，輒將道教神位相參者，僧尼以違制論，主首知而不舉，與同罪。著爲令。

《愧郯錄》卷六《宋徽宗禁以釋教法毁傷支體詔》 毁傷支體，有害風教，况夷人之法，中華豈可效之？累降處分，終未能革。可徧行下，違者以大不恭論，添賞錢三千貫文，監司、守臣知而不舉，與同罪，京師委開封府尹嚴行禁止。

《通鑑長編紀事本末》卷一三〇《宋徽宗蔣山太平興國寺田産米斛等依王安石及妻吴氏在日事理施行詔》 王安石熙寧中賜江寧府蔣山太平興國寺爲本家功德寺。訪聞近歲林木砍伐殆盡，寺宇荒廢，塋域無人灑掃。悉緣過房孫王棣自擅，至今無人管勾。限此指揮到日，仰王棣不得干與，應田産、米斛、錢物等，並令依王安石及其妻吴氏在日事理施行。所有蔣山住持僧下兩街僧録選差前去。應林木不得輒有砍伐。庶以上稱神考待遇安石之意。

《宋會要輯稿》刑法二之六六《宋徽宗禁僧誘民捨身詔》 訪聞相州林慮縣、邢州龍岡縣天平、陵霄二山，高崖之上有捨身臺，每歲春月，村民燒香，聞有僧行誘惑，使人捨身者，導以法事，欲悔不能。僧行利其貲財衣物，愚民無罪而就死地，不有禁止，何以愛民？仰本州縣當職官常切覺察，犯者以故殺論，仍令主僧償命，許人告捕，每名支賞錢一千貫，白身與補進義校尉，有官人轉兩官，諸色人轉兩資，並不原赦，官司失覺察，以違御筆論。仍版牓揭示二縣山路。監司、走馬失按劾者，與同罪。仍著爲令。

《通鑑長編紀事本末》卷一二七《宋徽宗許僧徒歸心道門御筆》 如

有僧徒歸心道門，願改作披戴爲道士者，許赴輔正亭陳訴，立賜度牒紫衣。

《宋大詔令集》卷二二三《宋徽宗敢言毀拆寺院沙汰僧徒者以違御筆論詔》 流俗勝而大道熄，千有餘歲，古之大全，世不復見。作而興之，使歸根復命，清淨自化，追還古風。比以天下道宮數少，又卑隘圮壞，不足以寅奉上眞，悉欲營建。深慮勞民動衆，材木之費，必至科擾，故以僧寺改充，僧宇猥多，不勞而易辦。訪聞姦人造言，謂將毀拆寺院，沙汰僧徒，搖惑衆心，中外駭聽。夫道一而已，沖虛無名，眞空不二，本自不殊，隆此而廢彼，豈朕志哉？可布告中外，敢有造言者，賞錢一千貫，以違御筆論。

《宋會要輯稿》刑法二之六九《宋徽宗禁作葬佛會詔》 訪聞拱州每年社會賽城隍土地，聚集百姓軍人，張黃羅繖，及唱喝排立、起居行列。兼本州南寺幹辦年例作葬佛會，多是僧行預散帖子，糾率縣下鄉民戶百姓男女同處，身服布衣，首施紙花，沿路引迎紙佛，及經由道路林木，皆用紙錢裝掛，選地焚燒，數千餘人並行舉哭事。奉御筆，爲累經赦宥，特免根究，可下本州禁止。今後除宮觀崇奉天神許存留紅黃繖扇外，餘遍下諸路，州軍委知通，縣委令佐，官司躬親契勘，有處仍與免罪，當官焚毀訖，申本路轉運司覈實保明有無漏落以聞。所有葬佛服縞素等舉哭一節仰止絕，如日後有犯，爲首糾率人並杖脊，黥配遠惡去處，預會人各等第科罪。州縣守令常切覺察，仍遍行下。守倅失覺察，徒二年，監司按劾，廉訪使者互察。

《宋大詔令集》卷二二四《宋徽宗佛號大覺金仙餘爲仙人大士之號等事御筆手詔》 先王之教，用夏變夷，衣服有常，以臨其民，而奇言異行，莫不有禁，故道德一，風俗同。自先王之澤竭，佛教始行于中國，雖其言不同，要其歸與道爲一，世賴以趨于善者，亦非一日。然異俗方言，祝髮毀膚，偏袒橫服，棄君親之分，忘族姓之辨，循西方之禮，蓋千有餘歲。朕方敦禮義，遹追三代，其教雖不可廢，而害中國禮義者，豈可不革？應寺院屋宇田產常住一切如舊，永不改革，敢有議者，以違御筆論。其服飾、其名稱，其禮其言，並改從中國。佛號大覺金仙，餘爲仙人、大士之號。僧稱德士，寺爲宮，院爲觀，即住持之人爲知宮觀事。不廢其教，不害其禮而已。言念四方萬里之遠，其徒之衆，不悉茲意，可令每路委監司一員總其事，郡守寮佐召集播告，咸使知之。

《通鑑長編紀事本末》卷一二七《宋徽宗毀僧尼銅鈸等御筆》 天下僧尼已改宮觀，其銅鈸、銅像、塔等，按《先天紀》，鈸乃黃帝戰蚩尤之兵器，胡人之凶具，中國自不合用。可通行天下，應僧尼寺院并士庶之家于逐路已改宮觀監司處，限十日送納，不得隱匿，毀棄類聚，斤重具數奏聞。

又《宋徽宗改僧錄司爲德士司等御筆》 僧尼已降詔改爲德士，所有僧錄司可改作德士司，左右街道錄院可改作道德院，德士司隸屬道德院，蔡攸通行提舉。天下州府僧正司可並爲德士司。

又《宋徽宗存留佛像詔》 已降旨揮，鐃鈸佛像等限十日納官，可除鐃鈸依已降旨揮，佛像並存留，依所錫敕號添用冠服，偏行天下。

又《宋徽宗改易德士冠服御筆》 德士冠並依道流見戴諸色冠樣，止不飾日月星辰。除有官職者許服皂襈紫道服，執牙簡，餘已有紫衣人並紫道服褐衣改銀褐道服，皆木簡。並稱姓氏，舊有師號者仍舊。在京自三月一日依此，外州軍候指揮到日，限一季改易。

又《宋徽宗功德寺佛菩薩等改名御筆》 寺院已改爲宮觀，諸陵佛寺改爲明眞宮，臣庶墳寺改兩字，下用黃籙院。自合設禮，合掌和南不審，並改作擎拳稽首。賜天尊服，仍改塑菩薩、羅漢，並改道服冠簪。佛封大覺金仙，文殊菩薩封安惠文靜大士，普賢菩薩封安樂妙靜大士，泗洲大聖封巨濟大士，雙林傅大士封應化大士，初祖達摩封元一大士，二祖封同慧大士，三祖封善明大士，四祖封靈大士，五祖封靜心大士，六祖封德明大士，永嘉速覺封全德大士。經文合改佛稱金仙，菩薩稱仙人，羅漢稱無漏，金剛稱力士，僧伽稱修善。銅像不納，並許改塑。僧已降詔爲德士，所有寺院撥放、試經、進疏、度牒，並改作披戴爲德士。

又《宋徽宗僧尼改換新式度牒詔》 僧尼昨改德士、女德日，有未曾批改度牒人，特與放罪，許依近降指揮改換新式度牒。外路僧尼復用鐃鈸，令於在京官司收買。

《宋會要輯稿》兵一七之一五《宋徽宗歸朝僧尼於見居寺院就便寄攢僧帳詔》 應歸朝僧尼只於見居寺院就便寄攢僧帳，所貴各得安存，免致失所。

《宋會要輯稿》食貨五十之八《宋徽宗宮觀寺并臣僚之家舟船依舊收稅詔》　應宮觀寺并臣僚之家舟船收稅，並依舊法，其專降免稅指揮並更不施行。

《靖康要錄》卷三《宋欽宗致祭死傷士卒良民詔》　金人侵擾京畿，至良民横被殺傷，士卒殞身行陣。除内中已開建道場追薦，朕食素膳親詣行香，并令在京宮觀僧道各設齋醮懺會，仍遣使分就四郊嚴潔致祭。

《宋會要輯稿》食貨六一之六三《宋欽宗宮觀僧道及臣僚之家指占外路官地房廊並拘籍入官詔》　應宮觀僧道及臣僚之家指外路民戶見佃官地、房廊充常住并已業者，並拘籍入官，以其業還給元佃人。

《建炎以來繫年要錄》卷八《宋高宗天下諸州建祈福道場詔》　天下諸州於天寧節並前一月，即寺觀建祈福道場，靖康聖節依此。

《建炎以來繫年要錄》卷十二《宋高宗寺院改宮觀者仍還寺院詔》　應崇寧以來諸寺院改爲宮觀者，自天寧觀外，餘悉還之。

《宋會要輯稿》職官以一三之三十《宋高宗許僧尼道士女冠將已書填黃白紙度牒等赴禮部納换詔》　應僧、尼、道士、女冠願將已書填黃白紙度牒等赴禮部納换者聽。内度牒每道貼納工墨錢一十貫文省，紫衣師號減半，令禮部一就書填，及有緣賊馬毀失度牒，經官自陳給到公據願就禮部納换者，亦令依此。

《宋會要輯稿》職官一三之三一《宋高宗許僧道尼自陳因盜賊散失度牒詔》　諸路僧道尼應因盜賊散失度牒，並許召保，限一季内於所在州軍自陳，保明申部，出給公據。

《中興禮書》卷二三六《宋高宗爲道君皇帝寧德皇后修建道場七晝夜詔》　諸路州縣管内寺觀，各爲道君皇帝、寧德皇后修建道場七晝夜，仍令諸州縣禁屠宰三日。

《宋會要輯稿》兵二一之三三《宋孝宗御馬院給還侵占鹽地民産寺觀等業詔》　御馬院放牧馬草地，除承買承佃並係官地並依舊存留外，應侵占鹽地、民産、寺觀等業，並取干照，日下給還，勿縱官吏因事苛擾。

《宋會要輯稿》瑞異二之二三《宋孝宗日輪侍從官前去明慶寺燒香祈雨詔》　近日雨澤稍愆，臨安府已迎請上天竺靈感觀音，就明慶寺祈禱。令日輪侍從官一員前去燒香。

《宋會要輯稿》職官一一之七三《宋孝宗僧道度牒等權用雜花綾充詔》　令吏部將僧道度牒、將仕郎助教綾紙並權用雜花綾充，仍自七月一日爲始。

《咸淳臨安志》卷四二《宋孝宗賜佛照禪師御札》　禪師所奏菩薩十地，乃是修行漸次，從凡入聖，夫復何疑。方知腳踏實處，十二時中曾無斷間，以至圓熟，雜染純淨俱成障礙。任作止滅，脱此禪病，當如禪師之言，揮劍刃，卓起脊梁。發心精進，猶恐退墮。每思到此，兢兢業業，未嘗敢忘。今俗人乃有以禪爲虚空，以語爲戲論，其不知道也如此。兹事至大，豈在筆下可窮也？聊叙所得耳。

《杭州上天竺講寺志》卷一一《宋孝宗誦金剛般若經降上天竺住持訥法師御劄》　平昔以來，所食禽魚之類，傷害爲多。今仗般若，爲除此過，庶使羣生，俱承解脱。

附宋孝宗《原道辨》　觀韓愈《原道》，因言佛老之相混，三教之相絀，未有能辨之者。但文繁而理迂，揆聖人之用心，則未昭然矣。何則？釋氏專窮性命，棄外形骸，不染萬相，而於世事了不相關，又何與禮樂仁義哉？然尚猶立五戒，曰：不殺，不淫，不盗，不飲酒，不妄語。夫不殺，仁也，不淫，禮也，不盗，義也，不飲酒，智也，不妄語，信也。如此，於仲尼又何遠乎？孔子從容中道，聖人也。聖人之所爲，孰非禮樂，孰非仁義，又烏得而名焉？譬如天地運行，陰陽循環之無端，豈有意爲春夏秋冬之别哉？皆聖人强名之耳。亦猶仁義禮樂之别，聖人所以設教治世，不得不然也。因其强名，推而求之，則道也者，仁義禮樂之宗也，仁義禮樂者，固道之用也。彼揚雄以老氏棄仁義，滅禮樂，今迹老子之書，其所寶者三：曰慈、曰儉、曰不敢爲天下先。孔子則曰：溫良恭儉讓。又曰：惟仁爲大。老子之所謂慈，豈非仁之大者耶？曰不敢爲天下先，豈非讓之大者耶？至其言治道則互見偏舉，所貴者清静寧一，而與孔聖果相背馳乎？蓋三教末流，昧者執之，自爲異耳。夫佛、老絶念無爲，修一身而已矣，孔子立五教以治天下者也，特所施不同耳。譬猶以耒耜而織，機杼而耕，後世徒紛紛而惑，固失其理。或曰當如何哉？曰，以佛修心，以道養生，以儒治世則可也，又何惑焉？愈之論從其迹而已，不言其所以同者，故作《原道辨》。《鄮峯眞隱漫錄》卷一〇，參校《玉海》卷三十二，《佛法金湯編》卷十四，《雲卧紀談》卷上，《釋氏資鑑》卷十一。

附宋孝宗《佛法論》 此虚妄心，若無六塵，則不能有。前次已說身心安和，藥病何在？近又得圓覺之旨：幻化者，煩惱也，覺性者，解脱也。如繩縛體，當求脱去，言對除也。本無所縛，於脱何有？此佛法也。

經中説六十二處十八界，不盡其妙理否？色聲香味，不執於離，覺性妙明，湛然常住。《咸淳臨安志》卷四十二

《宋會要輯稿》食貨六六之一七《宋光宗免諸路州縣僧道年六十以上合納身丁錢詔》 諸路州縣僧道年六十以上合納丁錢，特與放免一年，或已納在官，與理充將來之數。如敢卻行催理，許越訴。監司覺察以聞。

《宋會要輯稿》禮一八之二五《宋光宗祈雨詔》 雨澤稍愆，恐妨禾稼，可日輪侍從一員詣上天竺靈感觀音前精加祈禱，務要速獲感應。

《宋會要輯稿》禮一八之三四《宋光宗遣官祈晴詔》 陰雨未已，日輪侍從一員詣上天竺靈感觀音前祈晴。

《宋會要輯稿》帝系七之二八《宋寧宗登極赦文》 宗子見入道或爲僧，願歸家者聽，元有官者依舊。

《宋會要輯稿》職官一三之三八《宋寧宗僧道毁失度牒事詔》 今後僧道毁失度牒，從條限十日，就本路提刑司投詞，下所屬州縣召本色二人、仍元受業寺觀法眷二人、綱維主首委保。如本寺觀無僧道，即僧道正司保明元牒有無批鑿過犯，申提刑司，令召左選官一員甘朝典狀，批書印紙，及上等戶三名結罪委保，從所在州軍具去失之因再加保明，申提刑司，申禮部勘驗，出給公據，州軍不得擅給。

《宋會要輯稿》禮五十之一五《宋寧宗顯親勝果寺特與蠲免科敷詔》 鎮江府顯親勝果寺係壽成惠慈太皇太后功德寺，特與蠲免科敷、措借及官員指占、安泊，仍關州縣不許差使墳寺占破擺鋪軍兵、宣借兵士等人。

《西天目祖山志》卷四《宋理宗請曇印禪師説法詔》 和尚蘊道西山，超宗上地，祚國導民，多所饒益。遣内侍王福榮馳諭，願聆法要，寧望來儀。

《宋史》卷四十七《瀛國公紀》《宋恭帝收貴戚釋道租税詔》 邊費浩繁，吾民重困，貴戚釋道，田連阡陌，安居暇食。有司覈其租税收之。

釋念常《佛祖歷代通載》卷二一 僧道二家辯析，特奉聖旨：

長生天氣力裏大福廕護助裏皇帝聖旨，道與中書省樞密院御史臺隨路宣慰司按察司達嚕噶齊管民官管軍站人匠等官並衆先生每，在前孟克皇帝聖旨裏，戊午年和上先生每折證佛法，先生每輸底，上頭教十七箇先生剃頭做了和尚。將先生每説謊做來的《化胡》等經並印板教燒燬了者。隨路觀院裏畫着的石碑，鐫着底八十一化圖，盡行燒燬了者麼道。如今都功德使司奏隨路先生每將合毁的經文印板至今藏着，卻不曾毁了。更保定眞定太原平陽河中府王祖師庵頭關西等處，有道藏經板這般奏的。上頭教張平章張左丞焦尚書泉總統呼圖克伊蘇翰林院衆學士中書省客省使圖嚕省宣使舒蘇丁淵僧錄眞藏僧判衆講主長老等張天師祈眞人李眞人杜眞人衆先生每，一同於長春宫内分揀去來。如今張平章等衆人回奏，這先生家藏經，除《道德經》是老子眞實經旨，其餘皆後人造作演説，多有詆毁釋教偷竊佛語，更有收入陰陽醫藥諸子等書，往往改易名號，傳註訛外，失其本眞。僞造符呪，妄言佩之令人商賈倍利，夫妻和合有如鴛鴦，子嗣蕃息男壽女貞，誑惑萬民非止一端。意欲貪圖財利誘説妻女。其有教人非望，佩符在臂，男爲君相，女爲后妃。入水不溺，入火不焚。刀劍不能傷害等語。及今張天師祁眞人李眞人杜眞人試之於火，皆求哀請命，自稱僞妄，不敢試驗。今擬得，除老子《道德經》外，隨路但有道儀説謊經文並印板，盡宜焚去。又據祁眞人李眞人杜眞人等奏告，據《道藏》經内除老子《道德經》外，但係後人揑合不實文字，情願盡行燒毁了，俺也乾淨。準奏。今後先生每依着老子《道德經》裏行者。如有愛佛經的，做和尚去者。若不願爲僧娶妻爲民者，除《道德經》外，説謊做來的《道藏》經文並印板，盡行燒毁了者。今差諸路釋教泉總統中書省客省使圖嚕前去，聖旨到日，不以是何官吏先生道姑秀才軍民人匠鷹房打捕諸色人等，應有收藏道家一切經文，本處達嚕噶齊管民官添氣力用心拘刷，見數分曉，分付差去官眼同焚毁。更觀院裏畫着的石鐫着的八十一化圖，盡行除毁了者。自宣諭已後，如有隱匿道家一切説謊揑合毁謗釋教偷竊佛語窺圖財利誘説妻女，此誑惑百姓符呪文字及道家大小經文，若所在官司不添氣力拘刷與隱藏之人，一體要罪過者外，民間諸子醫藥等書自有板本，不在禁限。準此。至元十八年十二月二十日。

明代分部

《明太祖文集》卷一朱元璋《護持朵甘思烏思藏詔》　大矣哉，大覺金仙。行矣哉，出無量歷阿僧下兜率生梵宮。異哉，雪嶺之修世人過者乎。天上人間，經刼既廣，忍辱愈多，方成佛道。善被人世，法張寰宇。人有從斯道者，天鑒神扶。身後同遊於佛境。若違斯道而慢佛者，則天鑒神知，羈困地獄，與鬼同處。直候拂石刼盡而方生。其斯憂乎，苦乎，一念同佛，則百禍煙消，化爲諸福。

今朵甘思烏思藏兩衛地方諸院上師，踵如來之大教，備五印之多經，代謂闡揚，化兇頑以從善，啟人心以滌愆。朕謂佛爲衆生若是，今多院諸師亦爲佛若是，而爲暗理王綱，與民多福，敢有不尊佛教而慢諸上師者，就本處都指揮司如律施行毋怠。

又《諭西番罕都必喇等詔》（洪武十年六月二十四日）　奉天承運的皇帝教說與西番地面裏應有的土官每知道者。俺將一切強歹的人都拿了，俺大位子裏坐地，有爲這般上頭諸處裏人都來我行拜見了，俺與了賞賜名分，教他依舊本地面裏快活去了，似這般呵，已自十年了也。止有西番罕都必喇拜桑，他每這火人爲甚麼不將差發來，又不與俺馬匹牛羊。今便差人將俺的言語去開與西番每知道。若將合納的差發認了送將來時，便不征他。若不差人將差發來呵，俺著人馬往那裏行也者。教西番每知道。俺聽得說，你每釋伽佛根前，和尚每根前，好生多與布施麼道，那的是十分好勾當。你每做了者那的，便是修那再生的福。有俺如今掌管著眼前的禍福俚。你西番每怕也那不怕。你若怕時節呵，將俺每禮拜著，將差發敬將來者，俺便教你每快活者。不著軍馬到你地面裏來。你衆西番每知道者。

又《明太祖文集》卷二《賜西番國師詔》　佛教興於西土，善因博被華夷。雖無律以繩頑，惟仁心而是則。大矣哉，妙覺難窮。昔從斯道者，頓悟三空，脫塵輪而出苦趣。永離幽冥，使生者懷而死者慕，豈不聖人者歟。邇來西番入貢，有僧恭格嘉勒燦伊實藏布，乃昔元帕克斯巴帝師之後。人云踵師之道，深通奧典，獨志尤堅，化愚頑以從善，起仁心以滌愆。雖是遙聞，特加爾圓智妙覺弘教大國師，統治僧民，名當時之善人，永爲教中之稱首。於戲，寂寞山房，儔青燈而讀誦，觀皓月以吟風。疊膝盤陀之上，草衣木食，方契善符。

《禮部志稿》卷二《清釋道之訓》　永樂五年，直隸及浙江諸郡軍民子弟私披剃爲僧赴京冒度請者千八百餘人，禮部以聞。上怒甚，曰，皇考之制，民年四十以上始聽出家。今犯禁若此，是不知有朝廷矣。命悉付兵部編軍籍發戍遼東甘肅。又嘆曰，朕遵承舊制，一不敢忽，下人尚縱肆如此，何況後來，此不可宥。此輩皆民螟螣，不可蕃育。

又直隸蘇州府嘉定縣僧會司奏，縣舊有僧六百餘人，今僅存其半，請以民之願爲僧者令披剃給度牒，不聽。上諭禮部臣曰，國家之民，服田力穡，養父母出租賦以供國用，僧坐食，於民何補。國家度民爲僧，舊有禁令，違者必罪。

永樂十五年五月，上謂禮部臣曰，佛道二教，本以清淨利益羣生。今天下僧道多不守戒律，民間修齋誦經，動輒較厚利，又無誠心，甚至飲酒食肉，遊蕩荒淫，略無顧忌。又有一種無知愚民，妄稱道人，一槩蠱惑，男女雜處無別，敗壞風化。洪武中，僧道不務祖風，及俗人行瑜珈法稱火居道士者，俱有嚴禁。即揭申明，違者殺不赦。

永樂十六年十月，上以天下僧道不通經典而私簪剃者多，命禮部定通制榜示天下。今後願爲僧道者，府不過四十人，州不過三十人，縣不過二十人。限年十四以上二十以下，父母皆允，方許陳告有司。行鄰里保勘無礙，然後得投寺觀從師授業。俟五年後，諸經習熟，然後赴僧錄司考試。果諳經典，始立法名給與度牒。不通者，罷爲民。若童子與父母不願，及有祖父母父母無他子孫侍養者，皆不許出家。有亡命避罪出家者，併寺觀住持罪之。

又卷三《給度牒之訓》　宣德元年，上罷朝，御右順門，謂行在禮部尚書胡濙曰，今僧道行童請給度牒甚多，中間豈無有罪之人潛隱其中者。宜令科道官取勘，如果無之，爾禮部同翰林院官禮科給事中及僧道官同考試。能通大經則給與度牒。在七月十九日以後及不通經者，皆不給。

又《禁出家之訓》　宣德五年，行在禮部尚書胡濙言，總兵官都督譚廣於宣府建彌陀寺，朝觀請度官軍之家幼童爲僧道初見洪武中不許軍匠灶站違礙之人出家今廣所言非舊制上曰宣府邊地官軍家屬正當勤耕稼精武藝固封守以攘外夷爲僧道何益昔南唐時青倹攻城急城中盡召諸僧令與軍民皆誦佛救護竟不免敗亡此事是爲明戒況祖宗舊制其可違乎若寺觀已完欲僧守之則於他郡邑分與之。

卷十八《士庶巾服》（洪武）十四年，又令僧道服色。禪僧茶褐，常服青絛玉色袈裟。講僧玉色，常服緑絛淺紅袈裟。教僧皁，常服黑絛淺紅袈裟。僧官皆如之。道士常服青。法服朝服皆用赤色，道官亦如之。惟僧録司官袈裟，道録司官法服朝服，皆緑紋，飾以金。

《禮部志稿》卷三四《僧道》釋道二教自漢唐以來，通於民俗，難以盡廢。惟嚴行禁約，毋使滋蔓。令甲具在，最爲詳密云。

凡僧道給度。洪武五年令，給僧道度牒罷免丁錢。僧錄道錄司造周知冊頒行天下寺觀。凡與僧道即與對冊。其父兄籍貫告度日月如有不同，即爲僞冒。二十六年令，各司每三年考試，能通經典者申送到部具奏，出給度牒。永樂元年令，三年一給度牒。宣德元年，以僧道行童請給度牒甚多，諭禮部，先令僧道官取勘。禮部同翰林院官禮科給事中及僧道官考試，能通經典方準給與。

正統十四年令，僧道應給度牒者，各僧道衙門先行勘試申送有司，審係額內并籍貫明白，仍試，精通經典方許申送禮部覆試。中式，然後具奏請給。景泰六年令，僧道務要持行脩潔。本戸丁多不係軍匠鹽竈等籍，里老保結呈縣覆實具申府司類呈該部，方許收度。仍勘各寺觀原定額數。如已數多，不與出給。嘉靖十八年奏準，僧道照國初額設定數，每僧道一名納銀十兩。在内於兩京工部，在外於各布政司。直隸於各府上納類解免其赴京。其兩京給度，在京準二千名，南京一千名。三十三年，題準各府州縣納解年終造冊，連庫收繳送戸部，給與號紙一張。咨送禮部塡給度牒。三十七年議準，每名量減銀四兩。隆慶六年題準禮部印發空頭度牒，通行各處召納。如有來京請給者，赴戸部納銀五兩，發號紙送禮部給牒。

僧道禁例：

洪武二十年令，民年二十以上者不許爲僧。二十四年令，佛經番譯已定者，不許增減辭語。道士設醮亦不許拜奏青詞。各遵頒降科儀。民有效瑜珈教稱爲善友假張眞人名私造符籙者，各治以重罪。二十七年令榜示天下寺觀，凡歸併大寺，設砧基道人一名以主差税。每大觀道士編成班次，每班一年高者率領，餘僧道俱不許奔走於外及交搆有司，以書冊稱爲題疏，強求人財。其一二人於崇山深谷修禪及學全眞者，聽，三四人不許。毋得私刱庵堂。若遊方問道，必自備路費，毋索取於民。所至僧寺必揭周知冊驗實，不同者拏送有司。僧道有妻妾者，許諸人趕逐。相容隱者罪之，願還俗者聽，亦不許收留民間兒童爲僧，違者并兒童父母皆坐以罪。年二十以下願爲僧者，亦須父母具告有司具奏方許。三年後赴京考試，通經典者始給度牒，不通者杖爲民。有稱白蓮靈寶火居及僧道不務祖風妄爲議論沮令者，皆治重罪。二十八年奏準，天下僧道赴京考試不通經典者，黜還俗。年六十以上者免試。

永樂六年令，軍民子弟僮奴自削髮爲僧者，并其父母送京師，發五台山做工，畢日就北京爲民種田及盧龍牧馬。寺主僧擅容留者，亦發北京爲民種田。十年諭禮部，天下僧道多不守戒律，民間脩齋誦經動輒較利厚薄，又無誠心，甚至飲酒食肉，遊蕩荒淫，略無顧忌。又有無知愚民妄稱道人，一槩蠱惑男女雜處無別，敗壞風化。洪武中，僧道不務祖風及俗人行瑜珈法稱火居道士者，俱有嚴禁。即揭榜申明，違者殺無赦。十六年定天下僧道，府不過四十人，州不過三十人，縣不過二十人。限年十四以上二十以下，父母皆允，方許陳告有司行鄰里勘保無礙，然後得投寺觀從師受業。五年後諸經習熟，然後赴僧道錄司考試。果諳經典始立法名給與度牒，不通者罷還爲民。若童子與父母不願及有祖父母父母無他子孫侍養者，皆不許。有年三四十以上先曾出家而還俗及亡命黥刺，亦不許。寺觀住持容留違者治之。

宣德八年令，天下有司關津，但遇削髮之人捕送原籍治罪如律。十年，禁僧道私自簪剃及妄言惑衆者。正統六年令，僧道多有壞亂心術不務祖風，混同世俗傷壞風化，都察院即遵洪武舊例出榜禁約，違者罪之。天順八年令，各處僧人年二十以上無度牒者，即便還俗。有隱瞞年歲者并其師治罪。成化二十三年令，僧道有父兄見存無人侍養者，不問有無度牒，令還俗養親。嘉靖八年奏準，凡宦戚施捨寺觀，不許容令婦女出入及多蓄行童。若有私自簪剃并犯姦者，各照律例問擬。

清理寺觀　洪武二十四年令，清理釋道二教。凡各府州縣寺觀但存寬大可容衆者一所併居之，不許雜處於外，違者治以重罪。親故相隱者流，願還俗者聽。又令天下僧道有刱立庵堂寺觀非舊額者，悉毀之。三十五年令，清理釋道二教，凡歷代以來及洪武十五年以前寺觀有名額者，不必歸併。新刱者歸併如舊。永樂十五年禁僧尼私刱庵院。正統六年令新刱寺觀曾有賜額者聽其居住，今後再不許私自刱建。成化十三年禁約，遊方僧人，凡僧道住持勑建寺觀許二人，勑賜幷在外寺觀各止許一人。正德十六年奏準，今後再有私刱庵院寺觀私度僧道尼姑女冠者，挐問治罪，寺觀拆毀入官。嘉靖六年奏準，尼僧道姑發還原籍出嫁，其庵寺房屋土地盡數入官。十四年，大興隆寺燬令，永不許復併。大慈恩寺一應修齋俱革，僧徒聽告就各寺依住。有歸化者量給原寺田畝。仍免差徭六年。十六年題準各該有司，欽遵聖諭。化正僧徒願自還俗者聽，其自求安便。各處寺院年久，宮殿任其頹壞，不許修葺。民間幼童不許捨入爲僧私自披剃。如有此等罪其父母及其鄰佑。二十二年令毀大慈恩寺。

萬歷元年令，五城御史查各寺觀庵院，有遊食僧道驅令回籍，仍比照居民保甲法置立油牌，開寫年貌籍貫，以便稽查。其有私自簪剃及不穿戴本等冠服者，訪挐治罪。

禁止戒壇　嘉靖四十五年令，在外行撫按衙門督率有司，各查本居僧寺若干，僧徒若干，明白登簿，不時查點，不到者罪坐住持立限投銷。一切寄住遊僧發回原籍當差。在京廠衛衙門及五城御史將京城內外地方大小僧寺嚴加巡緝，有指稱受戒姦淫不法者，訪挐重治。萬歷元年詔，禁革萬壽廣善二壇僧人戒法。

保舉僧道　洪武二十六年令，各布政司幷直隸府州縣申呈開設僧道衙門保舉到僧人劄付僧錄司，道士劄付道錄司考試，如果中式就申吏部施行。

僧道罪犯　弘治七年令，僧道尼姑女冠有犯姦淫者，就於本寺門首枷號一箇月，滿日發落。十三年奏準，僧道官僧人道士有犯挾妓飲酒者，俱發原籍爲民。若姦拜認義父母親屬，俱發邊衛充軍。凡僧道額外擅收徒弟者，問發口外爲民還俗。僧道官知而不舉者，罷職。凡漢人出家習學番教，不論曾否關給度牒，俱問發原籍。各該軍衛有司當差，若漢人冒作番人，發邊衛充軍。

尼姑女冠　洪武六年令，民家女子年未及四十者，不許爲尼姑女冠。

《禮部志稿》卷八九《僧道備考・僧道禁令》　洪武中，僧道不務祖風及俗人行瑜珈法稱火居者，有禁。即揭榜申明，違者殺不赦。洪武十六年定天下僧道，府不過四十人，州不過三十人，縣不過二十人。洪武二十四年令，佛經番譯已定者不許增減辭語，道士設醮亦不許奏青詞，各遵頒降科儀。民有效瑜珈法稱爲善友，假張眞人名私造符錄者，重罪。洪武二十四年令，清理釋道二家。凡各府州縣寺觀但存寬大一所併居之，不許雜處於外。違者重罪。親故相隱者流，願還俗者聽還。今天下僧道有刱立庵堂寺觀非舊額者，悉毀之。洪武二十七年令，榜示天下，毋得私刱庵堂。僧道有妻妾者，許諸人趕逐，亦不得收民間兒童爲僧。

永樂十年諭禮部，天下多不守戒律，民間修齋誦經無誠心，甚至飲酒食肉遊蕩荒滛。又有無知愚民妄稱道人，鼓惑男女雜處無別，敗壞風化，悉禁之。宣德七年三月，申嚴僧人化緣之禁。上謂都御史顧佐曰，佛本化人爲善，今僧人多不守戒律，務祖風，徃徃以創寺爲名，鞏舁佛像遍歷州郡化緣，所得財物皆非禮耗費。其申明洪武中禁令，違者必罪之。嘉靖十四年，大興隆寺燬，永不復。幷大慈恩寺俱革。凡眞人名號，洪武中革前代所稱天師，止稱正一眞人。隆慶二年勒令繳納眞人府印，止承襲上清觀提點。

罷度牒錢　洪武五年給僧道度牒，時天下僧尼道士女冠五萬七千二百餘人，皆給度牒，以防僞濫。禮部言，前代之給度牒，皆計名鬻錢，以資國用，號免丁錢。詔罷之，著爲令。

僧道銓補例　洪武十五年定，各寺觀住持有缺，從僧道官舉有戒行通經典者，送僧錄司道錄司考中，具申禮部奏聞，方許。州縣僧道未有度牒者，亦從本官申送如前考試。禮部類奏出給。

三年一次給牒　洪武十七年，禮部尙書趙瑁言，自設置僧道二司未及三年，天下僧道已二萬九百五十四人，今來者益多，其實假此以避有司差役。請三年一次出給度牒，且嚴加考試，庶革其弊。從之。

榜示僧道禁約　洪武二十七年正月，命禮部榜示天下僧道觀。凡歸併大寺，設砧基道人一人以主差稅。每大觀道士編成班次，每班一年高者率之，餘僧道俱不許奔走於外及交搆有司，以書策稱爲題疏，強求人財。其一二人於崇山深谷修禪及學全眞者聽，三四人勿許。仍毋得創庵堂。若遊方問道，必自備道里費，毋索取於民，民亦毋得輒自侮慢。凡所至僧寺必揭周知冊以驗其實，不同者獲送有司。僧道有妻妾者，諸人許捶逐，相容隱者罪之，願還俗者聽。亦不許收民兒童爲僧，違者併兒童父母皆坐以罪。年二十以下願爲僧者，亦須父母具告有司奏聞方許，三年後赴京考試，通經典者始給度牒，不通者杖爲民。有稱白蓮靈寶大居及僧道不務祖風，妄爲議論沮令者，治重罪。

黜僧道不通經典　洪武二十八年己未，禮部言，今天下僧道數多皆不務本敎，宜令赴京考試。不通經典者黜之，詔從其言。年六十以上者免試。

清理寺觀　永樂元年，命禮部清理釋道二教。凡歷代以來，若漢晉唐宋金元及本朝洪武十五年以前寺觀有名額者，不必歸併，其新創者悉歸併如舊。

違禁請度僧編戍　永樂五年正月，直隸及浙江諸郡軍民子弟私披剃爲僧赴京冒請度牒者千八百餘人，禮部以聞，上怒甚，曰，皇考之制，民年四十以上始聽出家。今犯此禁，此是不知有朝廷矣。令悉付兵部編軍籍發戍遼東甘肅。又嘆曰，朕承遵舊制，一不敢忽，下尚縱肆如此，何况後來，此不可宥。且此輩皆民螟螣，不可蓄育。

私剃遣發輸作　永樂六年六月命禮部移文。中外凡軍民子弟僮奴自削髮爲僧者，并其父兄送京師發五台山輸作，異日就北京爲民種田及盧龍牧馬。寺主僧擅容留者亦發北京爲民種田。

榜示僧尼禁　永樂十五年，禁僧尼私建庵院。上以洪武年間天下寺院皆已歸併，近有不務祖風者，仍於僻處私建庵院，僧尼混處，屢犯憲章。乃命禮部榜示天下，俾守清規，違者必誅。

僧道服制　永樂十六年，上以天下僧道多不通經典而私簪剃敗辱教門，命禮部定通制，今後願爲僧道者，府不過四十人，州不過三十人，縣不過二十人。限年十四以上二十以下，父母皆允，方許陳告有司行鄰里保勘無礙，然後得投寺觀從師受業。俟五年後諸經習熟，然後赴僧錄道錄司考試。果諳經典，始立法名，給與度牒。不通者罷還爲民。若童子與父母不願及有祖父母父母無他子孫侍養者，皆不許出家。有年三十四十以上先曾出家而還俗及亡命黥刺者，亦不許出家。若寺觀，住持不檢察而容留者，罪之。仍命禮部諭天下。

不崇佛事　宣德四年四月，慶壽寺僧志了奏，城西故有萬安寺，乆廢，請化緣於民重作之。上諭行在禮部尚書胡濙曰，化緣者巧取誑奪，以蠹吾民，不可聽。宣德六年五月，行在工部尚書吳中言，昨山西代州圓果寺奏，本寺是古跡道場，爲國祝釐之所，舊塔損壞，乞役爲之。上曰，卿欲藉此永福乎。朕以安民爲福，其止之，勿勞吾民。宣德六年九月，行在戸部言，宛平縣民以果園地施崇國寺，請蠲其稅。上曰，民地衣食之資，乃以賜僧，又求免稅，甚無謂。令亟以還民。宣德九年十二月，有僧自陳，欲化緣修寺，祝延聖壽者。上斥之。既朝罷，顧謂侍臣曰，人情莫不欲壽，古之人君，若商中宗高宗祖甲周文王，皆享國綿遠，其時豈有僧道，豈有神仙之說。秦皇漢武求神仙，梁武事佛，宋徽宗好道，效驗可見矣。世之人終不悟，甚可嘆也。

復造冊查牒法　正統二年，行在禮部尚書胡濙等奏，洪武間天下僧道給過度牒者，令僧錄司道錄司造冊頒行天下寺觀，凡遇僧道即與對冊，其父兄貫籍告度月日如有不同，即爲僞冒。迨今年乆，前令寖廢，有忘歿遺留度牒未經銷繳爲他人有者，逃匿軍民及囚犯僞造者，有盜賣影射及私自簪剃者，姦弊百端，眞僞莫辨。乞自今以後給度牒者，仍造冊頒行天下寺觀，以防奸詐，從之。

依欽定額數給度　正統五年，進士張諫言，僧道之數已有定額，近因希求請給，數千百衆奄至京師，非寄跡寺觀即潛住民間，黄冠緇衣布滿街市。究其所學，無益於國，而所食悉出於農。且今饑饉之年，尤宜痛加裁抑。甚者其中亦有犯姦及爲盜賊者，耗損民財傷敗風化，莫此爲甚。乞令錦衣衛五城兵馬司挨查除，原隸在京寺觀者仍舊存留，其餘悉令勒回本土。如是雖不能遽弭天變，而亦可以少甦民困矣。事下禮部議，僧道依太宗欽定額數給度，其恃頑潛隱民間者，并罪窩家，從之。

建言黜佛寺　正統十四年，禮部聽選知縣單宇言，佛本夷教，前代事之，俱致禍亂。近年以來修蓋寺觀偏滿京師，男女出家累千百萬，不事耕織蠹食於民，所以世風壞而人心惑也。況所費木石銅鐵不可勝計。以有用之財爲無用之費，請折其木石改造軍衛，銷其銅鐵以備兵仗，遣其僧尼還俗生理。庶幾皇風清穆異敎不行矣。事下所司。

罪納賄度僧　景泰三年，治僧錄司右善世南浦等納賄度僧之罪。時天下僧童數萬赴京度。有詔兩京各度一千名，各府四十名，各州三十名，縣二十名，不必查勘。稽留左闡敎清讓等令各僧童拈鬮定數，逼取銀萬餘兩。事覺，命法司擒治。南浦等分授其銀，欲爲掩護，朦朧奏乞。將天下僧童普度以息爭訟。於是六科給事中十三道御史劾奏南浦等奸欺四罪。禮部奏乞雲南土僧不給度，僧錄司卻奏欲給度。取利肥已，致蒙允許一也。戶部奏準令僧童運米實邊，僧童情願報効。僧錄司卻奏稱其艱難，致蒙免運二也。給事中陳嘉猷奏準，依舊制查考各僧投文應試。僧錄司不肯遵依，回申並無一僧投文，奏蒙免考三也。恐訐出奸弊，奏要普度，暗要人心四也。夫前次令其運米，則云行童艱難。今收度乃得銀鉅萬。前次要行查，則云無僧。今給度則稱一縣有一百餘名，八九十名。臣等看得南浦等閭閻小輩，無賴奸人，曩祝髮以爲僧，實逃名而避役，不耕不蠶而衣食。實四體之不勤，不忠不孝而生存。誠三綱之莫究，飲酒茹葷全無忌憚，貪財縱欲略不慚惶，俱宜擒送法司明正其罪。時禮部尚書胡濙等亦奏各僧官累次進本煩瀆，其欲普度者特設計爲規利之媒，其言爭訟者特欺詞爲文奸之術，雖名清淨，穢濁無倫，惟號慈悲，貪饕無厭。况所收之人但取銀物，或假張作李，或稱老爲少，或縱容軍囚竈站濫及遊手白丁，或人不到而借倩代替，或揑虛名而貨買與人，欺君玩法，律所難容。命法司悉擒治。

審覈收度　景泰六年，命禮部移文天下，今後僧道務要本戶丁多，本人持行修潔，不係軍匠鹽灶等籍，里老保結呈縣覆實具申府司類呈該部，方許收度。如有扶捏詐冒不實者，巡按御史按察司將本人幷保送僉書吏一體治罪。仍勘本寺觀原定額數，如有不及給與度牒，如有數多不與出給，從巡按河南監察御史程亨言也。

僧牒賑饑　成化元年，命禮部給度牒鬻僧以賑饑民。巡撫淮揚都御史林聰處一萬，每名納米一十石。南京禮部五千，每名納米十五石。其各處僧見在京師者，每名納銀五兩，從監察御史焦顯給事中侯祥南京守備官議請也。

止度牒濟賑例　成化八年五月，總督漕運兼巡撫淮揚左僉都御史張鵬奏，請給僧道空名度牒一萬道，鬻米濟荒。禮部尚書鄒幹言，成化二年已度僧道一十三萬有奇，今未及十年，不宜更啟其端。上曰，僧道給度不宜太濫。且鬻米之數其得幾何，而所損於國者多矣。其在官吏監生尚不可以爲常，况此輩乎。勿許。

九月癸巳禮部奏，巡撫山東右僉都御史牟俸以山東旱災，奏乞給空名牒十萬度僧道取銀，以助賑濟。戶部奏行本部出給。緣僧道例，必十年一度。自天順元年至成化二年已度一十二萬二千二百餘人，今若先期特度於山東，則僧道行童必羣聚其地，反爲擾擾，詔不必行。

禁遊僧　成化十四年命禁約遊僧。監察御史陳鼎奏，自成化二年起至十二年，共度僧道一十四萬五千餘人，而私造度牒者尚未知其數。此輩遊食天下，姦盜詐僞，靡所不爲。使不早爲處置，大則嘯山林謀爲不軌，小則興妖言扇惑人心，爲患非細。今蘇州等處累獲強盜，多係僧人。乞敕所司禁約。禮部覆奏，命通天下禁之。

照年例起送給度　成化二十年禮部奏，舊例十年一次給度天下僧道。今成化二十二年給度在邇，除兩京幷鳳陽大龍興寺大嶽太和山龍虎山僧道至期別議，宜令天下有司查勘本處額，設寺觀及見在僧道如額數不足，方許起送，務加詳審如例。仍令按監察御史嚴督毋得冒濫，且令各處，亢陽爲虐，來年米價必至騰涌。若今僧道羣聚於京，恐有意外之虞，或暫停止，令有司毋輒起送，以俟豐年尤便。有旨，額數不足者，還照年例起送給度，不許冒濫。其如所奏禁之。

預度賑荒　成化二十年十二月乙夘，預度天下僧道六萬人。時山西陝西饑，許江浙等處願爲僧道者輸粟賑濟，給以度牒已萬人矣。戶部言，陝西饑尤甚，乞再度六萬人，各輸銀十二兩。下禮部覆奏，僧道十年一度，宜以前後所度七萬，準後二十二年該度之數。仍令天下有司照數類送，從之。七月，禮部言，成化十二年度過天下僧道一萬三千三百四人，近陝西山西饑荒，已預度七萬人，銀一十二兩，準作二十二年該度之數。視前加至數倍，恐各處僧道行童仍前行來京貪緣囑託，乞行沿途關津嚴加盤詰。而在京巡街御史嚴督五城兵馬察捕。照如所奏，但不許一槩溷逐。

該度年例酌處　成化二十一年禮部奏，成化二十二年例，該度僧道，兩京神樂觀該度道童計五百十六人。近因山西陝西救荒，預度七萬人，準作改度之數。而兩神樂觀止度二百六十人，數實不足，臨期恐難再請，而僧道錄司亦稱在京寺觀俱無田糧，銀無所措，宜移山陝所遺空牒六千均之。兩京及天下名山兩神樂觀共增以六百五十人，俱免納糧。餘皆分與僧道錄司及鳳陽大龍興寺五台太和龍虎三茅四大山，銀已納觧部，未納減作五兩，制可。銀未納者俱免之。

禮部請行給度僧道七萬定數於天下。大率僧不過五萬人，道二萬人。如道數不足即補以僧。僧道錄官無得紛擾。兩京神樂觀幷僧道錄司及天下名山七千八百人，十三布政司共五萬二千人。浙江湖廣江西四川山東河南山西陝西各五千，貴州一千雲南二千廣東廣西福建各三千，南直隸共六千九百，蘇州七百，應天常州松江鳳陽揚州淮安各五百，鎭江徽州寧國廬州安慶各四百，太平池州各三百，廣德州二百，徐州滁州各一百五十，和州一百，北直隸共三千三百，順天眞定各五百，河間保定永平各四百，大名順宣廣各三百五十，隆慶州五十。詔可。

停十年一度會　弘治九年，禮科給事中彭城等奏，舊制僧道各有定額，府不過四十人，州不過三十人，縣不過二十人。槩天下計之，其請給者亦不過三萬六千餘名。陛下即位之初，凡左道亂正敗俗傷化之人一切屛斥，天下臣民以爲太平盛德之事復見於今日。茲者當十年開度之期，各處僧道將復請給。臣等查得成化二年給度過僧道十三萬二千二百餘名，成化十二年一萬三千三百餘名，成化二十二年二萬四千五百餘名，前此給度又不知其幾何。比之舊額已爲十倍。況今四方災異流行，饑饉薦至，若不預爲禁約，恐遠近效尤，爲患非細，乞敕該部查照舊額，將十年一度事例特賜停止，通行各處巡按等官清查寺觀見在僧道行童，除已度者不必追奪，未度者額外不許存留，悉令還俗。候正額有缺，方許起送赴部考選給度，違者仍照先年充軍事例發遣。南京福建道監察御史洪遠等亦以爲言，俱下所司知之。

五月，南京大龍興寺左覺義發直等奏，請起送行童給度。禮部勘其啟釁開端，故違成命，請寘之法。上曰，僧道雖額過多，但自弘治年來，未嘗給度，爾等其議處停當以聞，不許仍前過濫。禮科給事中屈伸極論之，工科都給事中柴昇亦請勿度僧道，俱下其奏於所司。禮部議處，給度僧道事宜，謂我朝給度舊制甚嚴，額數不足則照缺度補，無則止。誠以此輩蠹食生民，姦僞無所不至，若不痛加裁抑，其弊將無紀極。弘治年間，人民方免兵革，僧道尙少。故太祖皇帝有三年一給度之制。以後日漸增多，故太祖皇帝改爲五年一度。天順二年，因冒濫益甚，英宗皇帝復改爲十年一度，皆斟酌多寡，因時制宜，初無一定之制。況三年所度止三五百人，則三十年不過三五千人。五年所度止一萬人，則五十年不過十萬而止。使此制常行，則額數必不過濫。皇上曩因左都御史馬文升之言，停十年一度之例。後因本部之請，復有預止來京之禁。乃者謂自初元以來，未經開度，方興允給之。念即有過濫之戒，仁義並行，雖古之聖帝明王，曷能遠過。伏望仍鑒累朝禁約，敕旨今次所度名數，特賜裁抑。或俯從臣等之請，定爲經久之計。自後或二十年二十五年一次開度。當度之年，照例施行，庶僧道可漸復額內之制，而百姓不胥爲緇黃之歸矣。上從之。在京準度八千名，南京五千名，直隸及各布政司府州縣原額有缺，照數保送來京。仍令禮部會官審驗考試，非齎有明文及實能背誦本教經典，不準收度。有扶同作弊致冒濫者，必罪不宥。

命女冠還俗　宣德四年六月，順天府眞元觀女冠成志賢等九人請給度牒。禮部言，太宗皇帝時，命尼僧皆還俗。今成志賢等亦宜遣還父母家。上命遵先朝令，仍嚴女婦出家之禁。欽依。

禁革尼僧　嘉靖二十二年六月，禮部題稱，尼僧本以女流托名戒行，晝掩外門夜閉門戶，實爲風俗治道之累。合行五城曉諭禁約等，因節奉聖旨，卿等說的是。尼僧庵寺數多，男女混雜，有傷風俗，依擬禁約，欽此。又查本年十二月內節奉聖諭，禮部奏，將尼姑庵院查毀。朕思此輩委傷風化，著盡行拆毀。又查得嘉靖十六年三月，南京守備太監潘眞等題稱，尼姑俱係良家子女敗壞風俗等因，該本部議擬合行彼處五城禁革，奉聖旨，是，欽此。俱經通行欽遵去後，但日久人玩，前弊復生。近訪得尼僧仍復潛聚京師，或私置房屋，或投託親知，誘引良家婦女，恣肆多端，不可枚舉。若不申明先年論旨嚴加禁革，則縱慾導淫傷風敗俗愈甚而不可制。除行據五城兵馬指揮司許榜等各呈稱，尼僧眞寶等共約三百名，及近據錦衣衛舍餘劉瓚亦奏前事，本部看得，在京尼僧委的縱肆奸淫，斁傷風化，誠爲可惡。仰惟我皇上臨御以來，敦化立教，崇正闢邪，天下嚮風，固已翕然成俗矣。伏見近日撤除番寺，欽奉聖諭，爾等遵行，弗得黨邪穢正。臣等仰嘆大聖人所爲，眞足以超邁百王，垂訓萬世也。臣等恭司邦禮，敢不仰贊休德。竊照前項，尼僧外假清戒以惑愚民，內實淫姦以壞名節節，經本部題奉欽依，禁革還俗，而依然尚存，蔑視無忌，眞爲世道民風之累。合候命下移咨都察院轉行五城巡視衙門，嚴加曉諭禁約，責令蓄髮還俗。及咨南部禮部，并通行南北直隸各省撫按官，一體禁革。其私刱尼姑庵院，不拘在京在外，未拆毀者通行查出拆毀。其有私置房產投託親知誘引非爲者，在京聽緝事衙門訪獲究治，在外聽撫按官究查。及照舊存尼姑院，本爲匱乏不給并老髦無歸者居住。今訪得年少尼僧亦有潛匿其間者，合幷行該城巡視衙門督令兵馬司清查名口，若干貧老者照舊按挿，毋行引度以敗風俗。年少者隨令還俗嫁配，及不許仍前藏匿。別處違者，許地方幷兩隣首告再查。有等遊方僧人等項，常在街市沿門持鉢化緣，或多係奸細之徒，假以爲緣，卒未可辨。合行五城地方盡行逐去。奉聖旨，依擬著實舉行。有不遵奉的，著緝事衙門巡城御史訪拏重治，欽此。

私自簪剃禁約　嘉靖十年閏六月，禮部題，該監生萬民奏稱，天下軍民逃避差役，卻乃私自簪剃投入寺院爲僧道，乞要立法，但有一童私自簪剃，全戶連坐等因。本部議，擬通行緝事衙門巡視御史轉行該各府州縣嚴加禁約寺觀，不許仍收行童，私自簪剃，寄名出家逃避差役。如有私刱寺觀庵院，即與拆毀入官，亦不許與人修齋設醮并奏青詞燃點天燈等項，仍照依近奉敕諭事理僧道，除正額，府不過四十名，州不過三十名，縣不過二十名外，其餘有度牒者化正還俗，無度牒查革爲民當差，仍具化革過及有無緣繇，巡按御史奏報查考等因，奉聖旨，這僧尼已有勅諭，著行各府州縣化正還俗，別著行撫按官查考具奏，餘依擬通行禁約。欽此。

處尼僧寺　嘉靖六年十二月，禮部尚書方獻夫等言，僧尼道姑有傷風化，欲將見在者發回改嫁，以廣生聚。年老者量給養贍，依親居住。其庵寺拆毀變賣。敕賜尊經護勅等項追奪，戒諭勳戚之家，不得私度，詔悉如其言。獻夫復言，皇姑寺係祖宗敕建，宜留之以安緝年老無依尼僧道姑。上曰，變賣庵寺如議行，年老而貧者量給銀贍養，各聽其父兄親黨收之，不必處之皇姑寺。上復諭獻夫曰，昨霍韜言，僧道無度牒者，其令有司盡爲查革，自今永不開度。及私刱寺院庵觀犯者，罪無赦。會江西提學副使徐一鳴以拆毀寺院被逮至京，獻夫乃與詹事府霍韜，少詹事王綰，右僉都御史熊浹上疏，乞宥一鳴，上不悅。乃盡發其前後章疏，下大學士楊一清等票處。因降諭曰，尼僧與僧道不同，風俗之壞更甚。今因尚書桂萼奏禁約尼僧毀其寺宇，已行了。旨出之後，三四日不知何人哀奏兩宮，皇伯母差人諭朕曰，皇姑寺乃孝宗朝所建，似不可毀，吾心不安。尼僧逐日無處安身，皇帝可遵吾言。聖母亦差人諭朕曰，聞皇帝有旨，著拆毀尼寺，吾甚不安。其皇姑寺，聞是孝宗時所建，且其中佛像多，若毀之恐不可。尼僧逐出也無處安身，可不必拆。朕謹聽訖未對。意以爲必是愚頑小人進以禍福之言，故兩宮皇太后一時傳諭。隨即令回奏伯母云，適奉慈諭，以奉禁治尼僧事宜，欲將皇姑寺留下，以稱伯考建造之意，姪敢不將順。但尼僧有傷治化，且於伊敎有玷。況此寺雖有皇伯考賜與勅建，原非我皇伯考聖意所爲，不過請乞之耳。今已令查處，伏請聖慈鑒之安心勿慮。而又差人回奏聖母同前。次日該朝聖母又諭朕云，昨說拆寺一事，恐不可動。其中佛像作何處置。況昭聖皇太后有諭，皇帝何不從之。吾今也要建一座寺，或將此寺與我亦好。朕聞即面奏曰，近日因禮部臣奏，要禁僧尼寺，已從其請。兩宮尊諭，子敢不奉行。但尼僧甚壞風俗，若不先將皇姑寺首毀之，餘難禁約。伏望聖母勿聽非人之言。禍與福惟天降之，惟人所召，豈釋道所能干乎。有一等愚人深信，故以惑奏。子亦聞之。兩宮慈訓皇帝不遵，是爲不孝。反依外臣之言，惟聖母察之。聖母云，隨皇帝與大臣議行。朕退思兩宮尊意，只是恐致災也。此寺中多皇親內官供給信施，而禮部必有請告之者。今方獻夫等論救徐一鳴言不罪之請查究黎鑑，其一鳴係提調學校之官，無人指理此等事，乃擅將古建寺觀溷同拆毀，笞逐僧道，是見爲擾害地方，巡按坐視回護，不得不言。又江西比之京師，孰重輕。京師根本之地，江西寺觀以一鳴拆之，爲當京師反縱而回護，卿等加詳票旨來。一清等奏，獻夫等疏詞前後矛盾，皇上責之甚當。但皇姑寺既建自先朝，如聖母堅欲留之，則姑從而命。將禮部本權且如擬存留，以全人子承顏順志之意，似亦無害。上報曰，禮部本只管批出，庶見崇正之意。假四五日間再有諭，及見傳旨留之，亦未遲也。已而上復諭曰，前日卿言皇姑寺，今日皇伯母又差人諭朕留之。朕回奏云，既尊訓兩頒，宜即順命。但懲惡須去本，庶免後患。今遵慈訓，將此寺房留與無歸尼僧暫住，止著終身，不許復引此類。其我祖宗時所賜勅額追回，只可如此，伏惟尊鑒。蒙允曰，若有他安身之地，足矣。朕併奏聞，聖母諭卿，知一清等言，聖裁允當。臣等即當奉行。乃擬旨以上。上報曰，得卿議來旨草，深合朕意。於朕既不違親，又以見崇正闢邪之意，一舉而兩得。朕又將此寺額名之意併告卿知。夫順天保明者，是我朝國號。言之僧尼之祖能順聖祖奉天開極建國垂統，惟皇上命之，何待後日。以一妖尼能保大明也哉。又云皇姑者，尤不好聽。言我皇家之姑也。當時原非祖宗本意，蓋被羣小傳說之耳。故此寺云勅賜，既是官建，何不云勅建。於此便可見非我祖宗本意也。故朕深嫉之。

《禮部志稿》卷九二《處番僧·優禮歸國》 洪武十四年九月，遣西域僧噶瑪拉實哩薩木丹實哩等還國。先是西域僧班迪達同其徒噶瑪拉實哩等十二人，自中印度來朝，命遊五台山，凡六年，還京師，居鍾山佛寺。既而班迪達死。至是噶瑪拉實哩等乞歸西域。上勅禮部曰：昔班迪達來時，觀其資貌端潔，戒行精慎，朕甚嘉之。及居中國甚夂，吾中國僧俗亦重其善行。班迪達死，而噶瑪拉實哩等篤奉師教，敬如存日，可謂不背其師者矣。今乞歸本國，且欲以所歷中國風土人物歸語其國王，使王不出戶庭，坐知中國之盛，特賜僧號曰孝淨戒師，俾西還，凡經歷諸國及諸酋長，或問僧何來所歷者，幾國僧必具奏言，使彼知之。且僧來時，朕嘗詢其所歷之地，聞其景物之異，朕亦喜焉。況彼聞吾中國之大者乎。爾禮部備錄朕諭，俾僧持歸，仍令所至諸國及諸酋長，遇僧至，宜善送之。

買茶自備車輛 正統四年，禮部奏，番僧旺布桑嘉依嘉勒燦等來朝，欲買茶六千斤帶回，已有明禁，未敢擅許。上以番僧僻處遠方，非可以中國法令拘也。禁之則拂其情，順之則爲民害。宜令減半，自備車輛載回。

禁番僧僭擬 成化四年，禮部尚書姚夔等言，近給事中魏元監察御史康永韶等，陳言修德弭災，及番僧服用僭擬。臣以番僧者異端外教，蠱惑人心汙染華夏，宜從所言施行。詔曰，番僧在祖宗朝已有之，若一旦遣去，恐失遠人之心。踰制服用，別行禁止。

限番僧授職 成化十八年禮部奏，在京番僧既無化導番人之功，且有夷人冒充之弊。一授之職輒請誥勅，殊與京官必待三年考滿乃給，及僧錄司官不給勅命例不同，實濫恩典。乞自今除邊境并外番及在京國師禪師重職外，餘在京覺義都綱等職，俱不得妄請，庶名器重而事不繁。從之。

驗番人給度 成化二十二年，喇嘛國師扎實巴勒忠鼐奏，乞度番僧。禮部欲遵成化二年例，以三千四百名數度之。上命禮部官督僧錄司驗，其果係番人者給度，毋容冒濫。

節約番僧營建 正德十年，禮部尚書劉春奏，西番俗信佛教，故祖宗以來承前代之舊，設主烏思藏諸司闡化闡教諸王，以至陝西洮岷四川松潘諸寺，令化導夷人，許其朝貢。然每貢止許數人，貢期亦有定限。比年各夷僻遠，莫辨眞僞。至有逃移軍匠人等習學番語，私自祝髮，輒來朝貢，希求賞賜。又或多創寺宇，奏乞名額。即爲勅賜，朝貢不絕。以故營建日增，朝貢愈廣。此皆藉民財以充宴賞，繼繼不已。雖神輸鬼運，其何能應無窮之用哉。乞酌爲定例，嚴其限期。每寺給勘合十道。陝西四川等處兵備，仍給勘合底簿。每當貢期，比號相同，方許起送。其人數不得過多。自後再不得濫自營建。則遠夷知戒，民財可省。詔顯慶等二寺及洪福寺，以後番僧來貢者，賞賜視寶淨諸寺例，餘如所議行之。頒給番僧誥勅。

嘉靖二十八年，以烏思藏等處番僧琳沁嘉勒燦等三十八名各襲同師禪師都綱喇嘛職事，駁回。查勘納木喀嘉勒燦等三十一名，禮部因奏，今歲入貢番僧中，多去年已賞。今次復來，或同一師僧而襲職異名，或同一職銜而住坐異地，請以後襲誥勅，俱開住坐地方及某師某名，不得混冒。又諸番節年襲職守候誥勅日夂，輒令帶原賚誥勅回番，待後入貢之年，赴京補給。以故諸番得假借冒頂，夤緣行私。及今不處，則舊誥勅終無銷繳之期。非但夷情怠玩，抑且國體未尊。請以後番僧襲職，令將賚來誥勅納還內府，不得如故賚回。其新給誥勅速與關領，庶絕弊端。又各處番僧襲職進貢，本部立文簿一扇。各僧賚到舊給誥勅所載師僧職，頒給年月，及今襲替僧徒名字住坐地方，分別已未領有新誥勅，逐一登記備行。布政司照式置造。如有應貢年分，即以前冊查對。如係年代夂遠，果有老疾，方得起送承襲。如係已襲未領誥勅，許起送一二人，其餘無得濫放。報可。

裁四川番僧貢人 嘉靖四十年，四川威州保縣金川寺番僧，每三年一貢例，用五百五十人，其來已夂。至嘉靖三十六年，禮部據《會典》中所載永樂初例，裁其四百人。至是復當貢例。該寺演化寺禪師遣都綱番僧拉咯等仍五百五十人來貢，執稱自永樂間勅本寺貢方物一百五十分，其都綱噶瑪拉等寨方物共五百五十分，俱認守各山界隘口，又係舊數，原非後來增添，勢難減革。乞準如舊。守臣以聞。祇令拉咯等百五十人入京，餘四百人留境上待命。禮部請以《會典》額内百五十人給全賞，餘四百人既稱各有認守，地方亦準給賞。於中各減絹二疋。詔可。

清代分部

《太宗文皇帝聖訓》卷六《禁異端》　天聰五年辛未閏十一月庚戌上諭：姦民欲避差徭，多相率爲僧。舊歲已令稽察寺廟，毋得私行建造。今除明朝舊建寺廟外，其餘地方妄行新造者，反較前更多。該部貝勒大臣，可再詳確稽察。先經察過準留者若干，後違法新造者若干。其違法新造者，務治其罪。至於喇嘛班第和尚，亦必清察人數。如係眞喇嘛班第和尚，許居城外清淨寺廟焚修，毋得容留婦女。有犯清規，若本無誠潔之心，詐稱喇嘛和尚，容留婦女，不守清規者，勒令還俗。

佛教本清淨正直，以潔誠事之，自可獲福。若以邪念事之，反生罪孽。嗣後若有違法，擅稱喇嘛和尚及私建廟宇者，依律治罪。其願爲喇嘛和尚及修造寺廟，須啓明該部貝勒，方免其罪。凡有給喇嘛班第和尚飲食者，令男子饋送於寺。如男子他出，毋得私邀至家給之飲食。違者以姦論罪，有首發者，即將首發之人準其離主。再，滿洲蒙古漢人士默特喀喇沁巫覡星士等，妄言吉凶蠱惑婦女誘取財物者，實繁有徒。此等滿洲蒙古漢人，豈無本主該管，何以不加禁止，任其妄行。嗣後若不嚴行禁止，有被獲者，將此妄行之人，必殺無赦。該管牛錄額眞章京及本主，各坐以應得之罪。有用巫覡星士者，亦坐以應得之罪。若道士及持齋之人妄行惑衆，亦一體治罪。

又　天聰十年丙子三月庚申上諭：諸臣曰，喇嘛等口作訛言，假以供佛持戒爲名，潛肆邪淫，貪圖財物，悖逆造罪，又索取生人財帛牲畜，詭稱使人免罪於幽冥，其誕妄爲尤甚。

喇嘛等不過身在世間，造作罪孽欺誑，無知之人耳。

乃蒙古等深信喇嘛，糜費財物，懺悔罪過，欲求冥魂超生福地，是以有懸轉輪結布旛之事，甚屬愚謬。嗣後俱宜禁止。

又　崇德七年壬午五月戊寅上諭禮部：自古僧以供佛爲事，道以祀神爲事，近有善友邪教，非僧非道，一無所歸，實係左道也。且人生而爲善，則死亦無罪，若無罪戾，何用立善友之名。既有罪戾，雖爲善友何益。與其積惡而爲善友，何若行善之爲愈乎。語云，行善者天降以福，善原在心，非不食肉之謂也。今因善友康養民等，合羣結黨，私造印劄，惑世誣民，紊亂綱常，凡列名於籍者三百餘人，法司俱擬死罪。朕加寬宥，止誅爲首十六人。自今以後除僧道外，凡從善友邪教者，不論老少男婦，爾部永行禁止。如有不遵禁約者，或被他人首發，或經衙門察獲，殺無赦。該管各牛錄章京撥什庫，及本主不行察究者，一例治罪。

《世宗憲皇帝上諭八旗》卷五　雍正五年四月初八日大學士九卿等奉上諭：

今日爲佛誕之期，恰遇西洋國使臣上表稱賀，兩事適然相値，故於在廷諸臣奏事之暇，偶將朕意宣諭爾等知之。

向來僧道家極口詆毀西洋教，而西洋人又極詆佛老之非。彼此互相訕謗，指爲異端。此等識見，皆以同乎己者爲正道，而以異乎己者爲異端。非聖人之所謂異端也。

孔子曰，攻乎異端，斯害也已。孔子豈以異乎己者，概斥之爲異端乎。凡中國外國所設之教，用之不以其正而爲世道人心之害者，皆異端也。如西洋人崇尚天主，夫天以陰陽五行化生萬物，故曰萬物本乎天，此即主宰也。自古以來有不知敬天之人乎，有不敬天之教乎。如西洋教之敬天，有何異乎。若云天轉世化人身以救度世人，似此荒誕之詞，乃借天之名蠱惑狂愚率從其教耳。此即西洋之異端也。

朕意西洋立教之初，其人爲本國所敬信，或者尊之如天。倘謂立教之人，居然自稱爲天主，此理之所無者也。釋氏原以清淨無爲爲本，以明心見性爲功，所以自修自全之道莫善於此。若云必昧君臣之義，妄父子之親，棄置倫常，同歸寂滅，更有妄談禍福，煽惑凡庸，藉口空門，潛藏奸宄，此則佛教中之異端也。儒者守先王之道，讀聖賢之書，凡厥庶民奉爲坊表，倘或以詩書爲弋取功名之具，視科目爲廣通聲氣之途，又或逞其流言邪說，以動人之聽聞，工爲艷詞淫曲，以蕩人之心志，此則儒中之異端也。即如巫醫二者，雖聖人之所不棄，然亦近於異端，而巫以祀神祇，醫以療疾病，皆不得不用者。至村巫誘人爲非，庸醫傷人之命，此即巫醫中之異端也。安可因其異端有害於人，而不用藥乎。不獨此也，即一器一物，皆以備用。乃位置不得其宜，或破損失其本體，便成異端矣。子疾病，子路請禱，子曰某之禱久矣。蓋子路之禱，異端也。夫子之禱，正道也。同一事，而其中之是非邪正分焉，是者正者即爲正道，非者邪者即爲異端。故所論只在是非邪正之間，而不在人己異同之迹也。

凡天下中外設教之意，未有不以忠君孝親獎善懲惡戒淫戒殺明己性端人品爲本務者，其初創設之人，自然非尋常凡夫俗子，必有可取，方能令人久久奉行也。至末學後人敷衍支離，而生種種無理悖謬之説，遂成異端矣。與其教有何涉乎。中國有中國之教，西洋有西洋之教。彼西洋之教必不行於中國，亦如中國之教豈能行於西洋。如蘇努之子烏爾陳等愚昧不法之輩，背祖宗違朝廷，甘蹈刑戮而不恤，豈不怪乎。西洋天主化身之説，尤爲誕幻。天主既司令於冥冥之中，又何必託體於人世。若云奉天主之教者即爲天主後身，則服堯之服誦堯之言者，皆堯之後身乎。此則悖理謬妄之甚者也。西洋人精於歷法，國家用之。且其國王慕義抒誠，虔修職貢，數十年來海洋寧謐，其善亦不可泯。蒙古之人尊信佛教，惟言是從，故欲約束蒙古，則喇嘛之教亦不輕棄，而不知者輒妄生疑議，乃淺近狹小之見也。

總之，天下之人存心不公見理不明，每以同乎己者爲是，以異乎己者爲非，遂致互相譏誹，幾同仇敵。不知人之品類不齊，習尚亦不一，不能强之使異，亦不能强之使同，且各有所長，各有所短，惟存其長而棄其短，知其短而不昧其所長，則彼此可以相安，人人得遂其用，方得聖帝賢王明通公溥之道，而成太和之宇宙矣。特諭。

《世宗憲皇帝上諭內閣》卷五一　初八日又奉上諭：

朕在藩邸時，披閲經史之餘，每觀釋氏內典，實契性宗之旨，因時與禪僧相接。惟性音深悟圓通，能闡微妙。其人品見地，超越諸僧之上。

朕於西山建大覺寺，爲其靜修之所。及朕嗣登寶位，凡體國經邦一應庶務，自有古帝王治世大法。佛氏見性明心之學，與治道無涉。且若以舊邸熟識僧人，仍令主席京師天下。或以朕有好佛之心，深有未可。且有累於性音之清行，而性音亦力辭歸隱，遂安禪於廬山隱居寺。四年於兹，謹守律規，謝絶塵境，即本省大吏盡不知不聞也。

今聞其圓寂，朕心深爲軫恤，著照玉林加恩之例，追贈國師，并賜與謚號，交內閣撰擬。其語録乃近代僧人所罕能者，著入經藏，以彰其眞修翼善之功。

《世宗憲皇帝硃批諭旨》卷五一　雍正二年八月初八日總督倉場戶部右侍郎臣法敏謹奏：

爲奏聞事，本年八月初八日，有僧人正修，自稱王府替僧求見。臣即令筆帖式問伊住址及來此何事。據云，僧名四和尚，在百齡寺住持，係阿哥替僧，從五台歸來，有通州經紀張崑山素係相識，特來求見，請將張崑山放天字號經紀等語。查天字號經紀，係總理一年運務之役，臣等以運務所關，不容狗私受賄，於去年點放之時，令滿漢坐糧廳，公擇經紀。內身家殷實十餘人，臣等當堂鬮定，以杜賌緣。今僧人正修，輒敢指名囑託，殊駭聽聞，理合密奏，請旨批示遵行。謹奏。

王府豈有此等替僧，一毫影響全無之事也，殊屬大膽可惡之極，即嚴拏夾訊，審明定擬具奏。此奏并朕此諭，皆不必敘入本內。

附：清靳輔《文襄奏疏》卷七　臣竊聞釋老諸書，雖旨趣各有不同，而其要總，欲使人棄捐倫理，歸於虛無寂寞之鄉，其究至於使天下之人盡爲仙佛，斷絶人類而後止。

嗚呼，成仙成佛之説，怪誕不經，姑置勿論。設人類而果有可絶之理，何妨任其妄言乎。且即使人類必不可絶，而聽其怪誕之説，不至於殃民蠹國，又何妨任其妄言乎。

殊不知自有天地以來，即有萬物，而萬物之中惟人最靈，故與天地參而爲三。人之有男女，猶天地之有陰陽。男女生生不窮之道，猶日月運行之有晝夜，歲時往來之有寒暑也。聖人知其然，而又慮其雜亂無章，爭鬬靡已也。是故爲之君以統之，爲之師以教之，爲之立三綱之道五倫之理。又慮其頑而不變也，復爲之明五刑，以弼五教。

夫如是，是以天下之民皆知事君當忠，事親當孝，事夫當順，親上死長之道油然而生，而四海之大賴以久安長治也。

今佛老之説，欲使天下斷絶人類，猶之欲强日月之爲晝不爲夜，歲時之爲暑不爲寒，其可得乎。不惟是也，天下如此其大，萬民如此其衆，政刑井井尚不克使之有恥且格，必待德禮兼施始可化民成俗。

今朝廷之上方在整齊，而草野之間遍爲鼓惑，使天下戴君之心易爲戴佛，事親之力移而事僧，信其可以懺悔免禍之説，而輕於犯法，信其可以誦經求福之説，而濫爲施財。至於父兄宗族鄉黨戚友之間，雖升斗之粟些微之資不肯假借，而修祠建廟塑像飯僧，則雖千百之多揮之如土。親疏厚薄顛倒若此，而方且自喜其操小祝奢洋洋得意。不知所操之小者已去，而所祝之奢者必不可來。而途窮無告，鬱鬱不得志之輩，與干犯法律無所逃罪之徒，往往竄入其中，或談經說法，或念咒書符，或擊磬敲鐘，或遊方托盋，千百成羣，悉皆喪其天良，以惑此愚夫愚婦，究竟姦盜詐僞之事，若輩仍無所不爲。即有所謂實在焚修恪守其教者，亦正如不肖子弟舍六親而隨匪類，不亦大可悲乎。

至於乞丐一途，言之似屬可憫，而其弊不可勝言。文王發政施仁，必先鰥寡孤獨，以其無力自食窮而莫告也。後世設養濟院以待孤貧，亦猶文王遺意。豈知近來乞丐大半皆屬壯夫，手齎穢毒之物以窘良民，而總屬之者更有丐頭，其孤貧口糧俱係丐頭領出，與蠹役分肥，不得充實在孤貧之腹。且民間凡有吉凶慶弔之事，必先喚丐頭，勞以酒食，給以銀錢，否則羣丐立聚其門，撒潑呼號，無所不至，而城市開張鋪面之家，羣丐亦不時橫索，恃其汚穢，百端無狀，使人敢怒而不敢吝。其所得之銀錢半爲本丐醉飽街衢，而以半奉丐頭。是以富庶地方之丐頭，類皆各擁厚貲優遊坐食，其溫飽氣象反勝於士農工賈之家，而坐而得食相因成俗，遂有將良家幼童子女暗地拐去，或折其肢體，或去其耳目，畜養長大以接續其衣盋者焉。言念及此，殊堪痛恨矣。他如說書唱曲打把勢搬戲法賣假藥請仙扶鸞煉丹禱禳偷雞剪綹之徒，不可悉數，此何爲者耶。

韓愈曰，古之爲民者四，今之爲民者六。農之家一而食粟之家六，工之家一而用器之家六，賈之家一而資焉之家六，此正指佛老二氏而言也。又孰知近世除佛老之外，更增此無限游惰之民，莫不仰給於各地方之良善乎。夫天下之民求其樂歲有餘，凶年有備，全在力農者之多於士工賈，故十人之中科農民七，而士工賈三，良以農民七人所穫七分之粟，除自食其半，仍有餘粟三分五釐以售士工賈，而士工賈亦止須食其三分，尚可餘半分以爲儲積也。自佛老之說興，不得不於農民七人之中驅一人以爲佛老，加以乞丐游惰之民，悉皆徒手求食者，又去半人，而農民七人者僅存五人有奇矣。

矧佛老之飲食衣服器具資財，俱不下於士工賈，固已非若農民之儉約，而其營造之費等于王侯，則又百倍于士工賈焉。

夫佛老無神輸鬼運之術也，勢不得不又驅農民半人以爲其工賈，是十人之中農民僅居其五，而士工賈與異端游惰之民以及異端之工賈亦居其五。夫向之士工賈三人，全賴力農七人之餘粟三分五釐以資食用，是以常見有餘。今農民七人僅存五人，是止餘粟二分五釐矣。以二分五釐餘粟，食向有之士工賈三人尚恐不足，而況益以異端游惰與爲異端工賈者之二人羣起而爭食乎。無怪樂歲之不免凍餓，而凶年之死亡相枕籍也。此生者寡而食者衆之弊也。

嗟夫，此三弊者，攸關於民生國計最切最深，安可不亟爲早圖耶。圖之之道，惟在修明水利，水利修則遍處皆係沃壤，然後準什一之制，辨土責貢則賦不輕，而民不惰。更將一切異端游惰之民，嚴行禁絕，不許官民施舍，盡令改爲良民，各各給與地土，編入版圖，使之自食其力，而以餘力奉上。如是則不出十年，民康物阜，賦稅繁增，永免司農仰屋之歎矣。【略】

查佛老之徒，百計設法以誘天下之財，莫不懸鐘鼓擊磬盋，以爲招來之具。其鐘之小者重數百觔，大者重數千觔，甚有重至數萬觔者。直隸十四省遍處皆有，而浙江爲最。約而計之，何止有鐘數萬口，有銅數千萬觔耶。此皆農夫織婦之血汗，精神錙銖積累而成者，與其置之無益之地，惑愚夫亂聖化，何若盡取鑄錢散於天下，俾之足國用而利民生乎。

然或者曰，佛老之說從來甚久，三教竝興已非一朝一夕矣。而一旦盡收其鐘，是盡廢其教矣，無乃不可乎。此或人之見云，然而臣則有以解之也。

夫聖王宰御萬方，欲使天下知所尊親而不爲叛亂，必以一道同風爲首務，故曰書同文，良以教之不可雜，猶之一國之中而共事一君也。今天下所賴以有君臣父子之義者，惟此聖人之教。若又任佛老之雜亂於其間，是猶一國而三公矣。將在下之民何所適從乎，又何怪鬬爭擾亂之靡已乎。況天下之人，賴聖人之教得生於綱常倫理之間，以有其衣食與安富尊榮。乃既得其衣食與安富尊榮，而旋棄聖人倫理之教，以崇信異端，是何忍心害理之一至此也。且三代以上從無佛老，孟子曰，我非堯舜之道不敢以陳於王前，故齊人莫如我敬王也。王珪曰，恥君不及堯舜，臣不如魏徵。故人臣事君必以匡君爲堯舜，始爲敬君之立極。今皇上敬天勤民，事事必法堯舜，則凡在臣工，又安可姑容三代以下之惡弊，而不請皇上亟去之乎。

非正史紀佛部

政书类分部

王溥《唐會要》卷四七　議釋教上：

武德七年七月十四，太史令傅奕上疏，請去釋教。高祖付羣官詳議。太僕卿張道源稱奕奏合理，尚書右僕射蕭瑀與之爭論，曰佛聖人也，奕爲此議，非聖人無法，請置嚴刑。奕曰，禮本事親而終於奉上，而佛踰城出家，逃背其父，以匹夫而抗天子，以繼體而悖所親。蕭瑀非出空桑，乃遵無父之教。瑀不能荅，合掌云，地獄所設，正謂是人。其後，上臨朝，謂奕曰，佛道玄妙，聖迹可師，卿獨不悟，何也。奕對曰，佛是國中桀黠，欺誑夷俗，遵尚其道，皆是邪僻小人模寫莊老玄言，文飾妖幻之教耳。於百姓無補，於國家有害。上然之。至九年二月二十二日，以沙門道士虧違教跡，留京師寺三所，觀二所，選耆老高行以實之。餘皆罷廢。至六月四日敕文，其僧尼道士女冠宜依舊定。

貞觀八年，上謂長孫無忌曰，在外百姓大似信佛，上封事，欲令我每日將十箇大德共達官同入，令我禮拜，觀此乃是道人教上。其事侍中魏徵對曰，佛道法本貴清淨，以退浮競，昔釋道安如此名德，符永固與之同輿，權翼以爲不可，釋惠琳非無才俊，宋文帝引之升殿，顔延之云三台之位，豈可使刑餘之人居之。今陛下縱欲崇信佛教，亦不須道人日到參議。

顯慶二年，詔曰，釋典冲虚，有無兼謝，正覺凝寂，彼我俱忘，豈自遵崇，然後爲法。聖人之心主於慈孝，父子君臣之際，長幼仁義之序，與夫周孔之教，異轍同歸。棄禮悖德，朕所不取。僧尼之徒自云離俗，先自遵高。父母之親，人倫以極，整容端坐，受其禮拜。自餘尊屬，莫不皆然。有傷名教，實斁彞典。自今以後，僧尼不得受父母及尊者禮拜。所司明爲法制，即宜禁斷。

至開元二年閏三月三日，敕，自今以後，道士女冠僧尼等並令拜父母，至於喪祀輕重及尊屬，禮數一準常儀。庶能正此頽斃，用明典則。

開元二年正月，中書令姚崇奏言，自神龍以來，公王及外戚皆奏請度人，有出私財造寺者，每一出敕，則因爲姦濫，富戸強丁皆經營避役，遠近充滿，損汚精藍。且佛不在遠近，在于心，但發心慈悲，行事利益，使蒼生安樂，即是佛身，何用妄度姦人，令壞正法。上乃令有司，精加銓擇，天下僧尼僞濫還俗者三萬餘人。

大歷十三年四月，劍南東川觀察使李叔明奏請澄汰佛道二教，下尚書省集議。都官員外郎彭偃獻議曰，王者之政，變人心爲上，因人心次之，不變不因，循常守故者爲下，故非有獨見之明，不能行非常之事。今陛下以維新之政爲萬代法，若不革舊風，令歸正道者，非也。當今道士，有名無實，時俗鮮耻，亂政猶輕，唯有僧尼頗爲穢雜。自西方之教被於中國，去聖日遠，空門不行五濁，比丘但行麄法。爰自後漢，至於陳隋，僧之興滅，其亦數四，或至坑殺，殆無遺餘。前代帝王豈惡僧道之善如此之深耶。蓋其亂人，亦已甚矣。且佛之立教，淸淨無爲，若以色見即是形法，開示悟入惟有一門，所以三乘之人比之外道。況今出家者皆是無識下劣之流，縱其戒行高潔，在於王者已無用矣。今聖明之心甚善，然臣恐其奸吏詆欺，而去者未必非，留者不必是，無益於國，不能息奸。既不變人心，亦不因人心，強制力持，難致遠耳。臣聞天生蒸民，必將有職，游行浮食，王制所禁。故有才者受爵祿，不肖者出租稅，此古之常道也。今天下僧尼不耕而食，不織而衣，廣作危言險語，以惑愚者。一僧衣食歲計三萬有餘，五丁所出不能致此。舉一僧以計天下，其費可知。陛下日旰憂勤，將去人害，此而不救，奚其爲政。臣伏請僧道未滿五十者，每年輸絹四疋，尼及女道士未滿五十者，輸絹二疋，其雜色役與百姓同。有才智者令入仕還俗，爲平人者聽但令就役輸課，爲僧何傷。臣竊料其所出不下今之租賦三分之一，然則陛下之國富矣，蒼生之害除矣。其年五十者，請皆免之。夫子曰五十而知天命，列子曰不斑白不知道。人年五十歲，嗜慾已衰，縱不出家，心已近道，況戒律檢其性情哉。臣以爲此令既行，僧尼規避還俗者固已大半，其年老精脩者必盡爲人師，斯道釋二教，益重明矣。上深嘉之。

元和十三年，功德使奏鳳翔府法門寺有護國眞身塔，塔內有釋迦牟尼佛指骨一節，其本傳以爲當三千年一開，開則歲豐人安，至來年合發。詔許之，命中使領禁兵與僧徒迎護至京。上開光順門以納之，留禁中三日，乃送京城佛寺。王公士庶，瞻禮舍施，如恐不及。百姓有廢業竭產，燒頂灼臂而云供養者，又有開肆惡子不苦焚烙之痛，請謡言供養，而爇其肌膚。繇是佛骨所在，往往盜發，既擒獲，皆向之自灼者。農人多廢東作，奔走京城。於是刑部侍郎韓愈上疏，極諫曰，臣伏以佛者，夷狄之一法耳。自後漢時始流入中國，上古未嘗有也。黄帝在位百年，百一十歲。少昊在位八十年，年百歲。顓頊在位七十九年，年九十八歲。帝嚳在位七十年，年百五歲。帝堯在位九十八年，年百一十八歲。帝舜及禹，年皆百歲。此時天下太平，百姓安樂壽考，而中國未有佛法也。後殷湯亦年百歲。湯孫太戊在位七十五年，武丁在位五十九年，書史不言其壽年數，蓋亦不減百歲。周文王年九十七歲，武王年九十三歲，穆王在位百年。此時佛法亦未入中國，非事佛而致此也。漢明帝時始有佛法，在位纔十八年。其後亂亡相繼，運祚不永。宋齊梁陳魏已下，事佛漸謹，年代尤促。唯梁武帝在位四十八年，前後三度捨身施佛，宗廟之祭不用牲牢，晝一餐止於菜菓，其後竟爲侯景所逼，餓死臺城，國亦尋滅。事佛求福，乃更得禍。由此觀之，佛不足信事，亦可知矣。高祖始受隋禪，則議除之。當時羣臣材識不能深知先王之道，古今之宜，推闡聖明，以救斯弊，其事遂止。臣常恨焉。伏惟睿聖文武皇帝陛下，聖神英武，數千百年以來未有倫比。即位之初，即不許度人爲僧尼道士，又不許創立寺觀。臣常以爲高祖之志，必行于陛下之手。今縱未能即行，豈可恣之轉令盛也。今聞陛下令京都僧於鳳翔迎取佛骨，御樓以觀，舁入大內，令諸寺遞迎供養。臣雖至愚，必知陛下不惑於佛，作此崇奉以祈福祥也。直以年豐人樂，爲京師士庶設詭異之觀，戲翫之具耳。安有聖明若此，而肯信此等事哉。然百姓愚冥，易惑難曉，苟見陛下如此，將謂眞心信佛，皆云天子大聖，猶一心敬信，百姓賤微，於佛豈合更惜身命。焚頂燒指，百千爲羣，解衣散錢，自朝至暮，轉相倣效，惟恐後時，老少奔波，棄其生業。若不即加禁遏，更歷諸寺，必有斷臂臠身，以爲供養者，傷風敗俗，傳笑四方，非細事也。夫佛，夷狄之人，與中國言語不通，衣服殊製，口不言先王之法言，身不服先王之法服，不知君臣父子之情，假如其身尚在，奉其國命來朝京師，陛下容而接之，不過宣政一見，禮賓一設，賜衣一襲，衛而出之於境，不令惑於衆也。況其身死已久，枯朽之骨，凶穢之餘，豈宜以入宮禁。孔子曰，敬鬼神而遠之。古諸侯行弔於國，尚令巫祝先以桃茢祓除不祥，然後進弔。今無故取朽穢之物，親臨觀之，巫祝不先，桃茢不用，羣臣不言其非，御史不舉其失，臣實恥之。乞以此骨付有司，投諸水火，永絕根本，斷天下之疑，絕萬代之惑，使天下知大聖之所作爲出於尋常萬萬也。豈不盛哉。佛如有靈，能作禍祟，凡有殃咎，請加臣身。上天鑒臨，臣不怨悔。疏奏，上怒甚。間一日，出以示宰臣，將加重法。裴度、崔羣對曰，韓愈上忤尊聽，誠宜得罪。然非內懷忠懇，不避黜責，豈能至此。伏乞稍賜寬容，以來諫者。上曰，愈言我奉佛太過，我猶爲容之。至謂東漢奉佛之後，帝王咸致夭促，何乖剌也。愈爲人臣而敢爾狂忽，不可赦。於是人情驚惋，至於國戚亦以罪愈爲人臣戒，而給事中崔植洎諸諫官皆上疏論救，不納。遂貶潮州刺史。

會昌五年八月，制。朕聞三代以前未嘗言佛，漢魏之後象法寖興。是逢季時，傳此異俗，因緣染習，滋蔓侈多，以至於耗蠹國風而漸不覺，以至於誘惑人心而衆益迷。洎乎九有山原，兩京城闕，僧徒日廣，佛寺日崇。勞人力於土木之功，奪人利爲金寶之飾，移君親於師資之際，違配偶於戒律之間，壞法害人，莫過於此。且一夫不田有受其餒，一婦不織有受其寒者，今天下僧尼不勝數，皆待蠶而衣，待農而食，寺宇招提莫知紀極，皆雲構藻飾，僭擬宮殿。晉宋齊梁，物力凋瘵，風俗澆詐，莫不由是而致也。況高祖太宗，以武定禍亂，以文理華夏，執此二柄，足以經邦，而豈可以區區西方之教，與我抗衡哉。貞觀開元，亦嘗釐革，剗除不盡，流衍滋多。朕博覽前言，旁求輿議，弊之可革，斷在不疑。而中外正臣，叶予至意，條疏至當，宜從所請。懲千古之蠹源，成百王之典法，濟人利衆，予不讓焉。其天下坼寺四千六百餘，所還俗僧尼二千六萬餘人，收充兩稅戶。坼招提，蘭若四萬餘，收膏腴上田數千萬頃，收奴婢爲兩稅戶十五萬人，隸僧尼屬主客，顯明外國之教，勒大秦穆護祆二萬餘人違俗，不雜中華之風。於戲。前古未行，已將有待，及今盡去，豈謂無時。驅遊惰不業之徒已踰千萬，廢丹艧無用之屋何啻億千。自此清淨訓人，慕無爲之理，簡易爲政，成一俗之功，將使六合黔黎，同歸皇化。儻以革弊之始，日用不知，下制明廷，宜體予志，宣布中外，咸使聞知。

又《唐會要》卷四八 議釋教下：

大中六年十二月，祠部奏當司伏準累年赦文及別敕建置佛堂并剃度僧尼等。伏以陛下護持釋教，以濟羣生，自出聖慈，孰不知感。非欲華飾寺宇，廣度僧尼，興作勞人，匱竭物力。近日天下未諭聖心，建置漸多，剃度彌廣，相尚以日繫時。臣恐黎甿，因兹受弊。臣職司其局，不敢曠官，當陛下求理納諫之時，是小臣罄竭肝膽之日。伏乞允臣所奏，明立新規，舊弊永除，天下知禁。如此見佛法可久，民不告勞。時，宰臣因是上言，伏以西方之教，清淨爲宗，拯濟爲業，國家弘闡已久，實助皇風。然度僧不精則戒法隳壞，造寺無節則損費過多。有司舉陳，實當職分，但須酌量中道，使可久行。自今後，應諸州準元敕置寺外，如有勝地名山，古蹤靈跡，實可留情爲衆所知者，即任量事修建，卻依舊名。其諸縣有戶口繁盛，商旅輻湊，願依香火以濟津梁，亦任量事各置院一所於州下，抽三五人住。其有山谷險難，道途危苦，羸車重負須暫憩留，亦任因依舊基卻置蘭若，並須是有力人自發心營造，不得令姦黨因此遂抑斂鄉閭。此外，更不得輒有起建。如引別敕處分，不在此限。其僧尼踰濫之源，皆緣私度本教，遮止條律極嚴，不得輒有建。如可容姦，必在禁絕。犯者準元敕科斷訖，仍具鄉貫姓號，申祠部上文歷。其官度僧尼數內有闕，即仰本州集律僧衆同議，揀擇聰敏有道性，已經修鍊可以傳習參學者度之。貴在教法得人，不以年齒爲限，若惟求長老，即難奉律儀。剃度訖，仍具鄉貫姓號，申祠部請告牒。其僧中有志行堅精，願尋師遊，但有本州公驗，即任遠近遊行，在所闕防，切宜覺察，不致眞僞相雜，藏庇姦人。制可。

咸通二年，上以志奉釋氏，怠於朝政，左散騎常侍蕭倣上疏，論之曰，臣聞玄祖之道用慈儉爲先，素王之風以仁義爲本，如佛者尙外之教，非帝王所能慕也。昔貞觀中，高宗在東宮，以長孫皇后疾厲，上言度僧以資福事。后曰，佛者，異方之教，存而勿論。豈以一女子而紊王道乎。故謚曰文德。且母后之論，尙能若此，哲王之心，安可反是哉。疏奏，上甚嘉之。

六年，尙書右丞李蔚復上疏，諫曰，臣聞孔某聖者也，言必稱周任之言，苻融賢者也，議必稱王猛之諫。誠以事求師古，辭貴達誠。陛下自纘丕圖，克崇佛事，臣累採本朝名臣啟奏之言，以證奉佛始終之要。天后時曾營大像，狄仁傑諫曰，功不使鬼，必在役人，物不天來，皆從地出。中宗時公主貴戚奏度僧尼，姚崇諫曰，佛不在外，求之于心。睿宗爲金仙玉眞二公主造二道宮，辛替否諫曰，自夏以來，滛雨不解，穀荒於壟，麥爛於場。陛下聖人也，遠無不知，陛下明君也，細無不見，而造不急之觀，賈六合之怨。又諫造寺曰，釋教以清淨爲基，慈悲爲主。三時之月穿池沼，損命也，殫府庫，損人也，廣殿宇，營身也。損命則不慈悲，營身則不清淨。臣觀仁傑，天后時上公也，崇，開元時賢相也，替否，睿宗之直臣也。每覽斯言，未嘗不廢卷，痛惜其言之行也。伏望詳前事之安危，覽昔賢之啓奏。營繕之間，稍宜停減。疏奏，優詔嘉之。

又《寺》 西京：

開業寺 在豐樂坊。本隋仙都宮，武德元年高祖爲尼明照廢宮，置證果寺。貞觀九年廢寺，立爲高祖別廟，號靜安宮。儀鳳元年十一月十五日，敕廢宮，立開業寺。其宮中人內移，就獻陵。

會昌寺 在金城坊。本隋海陵公賀若誼宅，義寧元年義師入關，太宗領兵於此，武德元年因置爲寺。

崇義寺 在長壽坊。本隋延公于銓宅，武德三年桂陽宮主爲駙馬趙慈景所立。

楚國寺 在晉昌坊。本隋廢興道寺，高祖起義太原，第五子智雲在京爲留守陰世師所害，後追封楚王，因此立寺。

興聖寺 在通義坊。本高祖潛龍舊宅，武德元年以爲通義宮。貞觀元年立爲尼寺。

龍興寺 在頒政坊。貞觀五年太子承乾立爲並光寺，神龍元年二月改名。

興福寺 在修德坊。本王君廓宅，貞觀八年太宗爲太穆皇后追福，立爲弘福寺，神龍元年改名。

西明寺 在延康坊。本隋越國公楊素宅，武德初萬春公主居住。貞觀中賜濮王泰，泰死，乃立爲寺。

慈恩寺 在晉昌坊。隋無漏廢寺，貞觀二十二年十二月二十四日，高宗在春宮爲文德正后立爲寺，故以慈恩爲名。寺內浮圖，永徽三年沙門玄奘所立。

青龍寺　在新昌坊。本隋廢靈感寺，龍朔二年宜城公主奏立爲觀音寺，景雲二年改名。

崇敬寺　在靜寧坊。本隋廢寺，高祖爲長安公主立爲尼，高祖崩後改爲宮，以爲別廟，後又爲寺。

資聖寺　在崇仁坊。本太尉長孫無忌宅，龍朔三年爲文德皇后追福，立爲尼，咸亨四年復爲僧寺。

招福寺　在崇儀坊。本乾封二年睿宗在藩所立，其地本隋正覺慶寺。南北門額並睿宗親題之。

崇福寺　在休祥坊。本侍中楊恭仁宅，咸亨二年九月二日，以武后外氏宅立太原寺。垂拱三年十二月，改爲魏國寺，載初元年五月六日，改爲崇福寺。

光宅寺　在光宅坊。儀鳳二年，望氣者言此坊有異氣，敕令掘，得石，留得舍利萬粒，遂於此地立爲寺。

薦福寺　在開化坊半已東。隋煬帝在藩舊宅，武德中賜尚書右僕射蕭瑀爲園，後瑀子鋭尚襄城公主，不欲與姑異居，遂於園後地造宅，公主卒後，官市爲英王宅。文明元年三月十二日，敕爲高宗造，太后立爲罔極寺、獻福寺。至六年十一月，賜額改爲薦福寺也。

興唐寺　在太寧坊。神龍元年三月十二日，敕太平公主爲天后立爲罔極寺。開元二十年六月七日，改爲興唐寺。

永壽寺　在永樂坊。景龍三年爲永壽公主所立。

安國寺　在長樂坊。景雲元年九月十一日，敕捨龍潛舊宅爲寺，便以本封安國爲名。

章敬寺　在通化門外。大歷二年七月十九日，內侍魚朝恩請以城東莊爲章敬皇后立爲寺，因坼哥舒翰宅及曲江百司看屋及觀風樓造焉。

寶應寺　在道正坊。大歷四年正月二十九日，門下侍郎王縉捨宅，奏爲寺，以年號爲名。

又《寺》　東京：……

龍興寺　在寧仁坊。貞觀七年立爲衆香寺，至神龍元年二月改爲中興寺。右補闕張景佚上疏曰，伏見天下諸州各置一大唐中興寺觀，固以式標昌運，光贊鴻名。竊有未安，芻言是獻。至如永昌登封，創之爲縣名者，是先聖受圖勒名之所，陛下思而奉之，不令更改。今聖善報慈，題之爲閣者，是陛下深仁至孝之德。古先帝代，未之前聞，况唐運自崇，周親撫政，母子成業，周替唐興。雖有三朝而化侔一統，况承顧復，非謂中興。夫言中興者，中有阻間，不承統歷。既奉成周之業，實揚先聖之資，君親臨之，厚莫之重，中興立號，未益前規。以臣愚見，所置大唐中興寺觀及圖史，并出制誥，咸請除中興之名。直以臣愚見，所置大唐中興寺，龍興爲名，庶望前後君親，俱承正統，周唐寶歷，共叶神聽。上納之，因降敕曰，文叔之起春陵，少康之因陶正，中興之號理異於兹，思革前非，以歸事實。自今以後，不得言中興之號。其天下大唐中興寺觀，諸如此例，並即令改。

天宮寺　在觀善坊。高祖龍潛舊宅，貞觀六年立爲寺。

天女寺　在敦業坊。貞觀九年置爲景福寺，武太后改之。

敬愛寺　在懷仁坊。顯慶二年孝敬在宮爲高宗武太后立之，以敬愛寺爲名。制度與西明寺同。天授二年改爲佛授記寺，其後又改爲敬愛寺。

福先寺　在遊藝坊。武太后母楊氏宅。上元二年立爲太原寺，垂拱三年二月改爲魏國寺，天授二年改爲福先寺。

長壽寺　在嘉善坊。長壽元年武后稱齒生髮變，大赦改元，仍置長壽寺。

崇先寺　證聖元年正月十八日，以崇先府爲寺。開元二十四年九月一日，改爲廣福寺。

聖善寺　在章善坊。神龍元年二月立爲中興寺，二年中宗爲武太后追福，改爲聖善寺。寺內報慈閣，中宗爲韋后所立。景龍三年正月二十八日，制東都改造聖善寺，更開拓五十餘步以廣僧房，計破百姓數十家。監察御史宋務光上疏，諫曰，陛下孝思罔極，崇建明因，土木之功莊嚴斯畢，僧房精舍宴坐有餘，禪宇道場經營已足，更事開拓，奪人便利，貧者有顛擠之憂，富者無安堵之所，行非急切，何至於斯以陽和發生，播植伊始，興復丁匠，廢業農功。一夫不耕，必有饑者，三時之務，安可奪焉。臣聞失鬼神之心可因巫祝而謝，失君長之心可因左右而謝，失父母之心可因親戚而謝，惟失百姓之心不可解也。陛下以萬邦爲念，何用傷一物之心。應須拓寺，諸侯農隙。疏奏，上不納。

安國寺　在宣教坊。本節愍太子宅，神龍二年立爲崇恩寺，後改爲衛國寺，景雲元年十二月六日改爲安國寺。

荷澤寺　在宜人坊。太極元年二月十七日，睿宗在藩爲武太后追佛所立，初名慈澤寺，神龍二年改爲荷澤寺。其時於西京亦立荷恩。

奉國寺　在修行坊。本張易之宅，未成而易之敗，後賜太平公主乳母奉國夫人，尋奏爲寺。

昭成寺　在道光坊。本沙苑監之地，景龍元年韋庶人立爲安樂寺。韋氏誅，改爲景雲寺，尋爲昭成皇后追福，改爲昭成寺。

華嚴寺　在景行坊。景雲三年立爲寺。開元二十一年改爲同德寺。

唐興寺　貞觀二年十二月一日，詔。有隋失道，九服沸騰，朕親總元戎，致茲明伐，誓牧登陑，曾無寧歲。思所以樹立福田，濟其營魄，可於建議以來，交兵之處，爲義士凶徒隕身戎陣者各建寺剎，招延勝流。望法鼓所振，變炎火於青蓮，清梵所聞，易苦海於甘露。所司宜量定處所，並立寺名，支配僧徒，及修院宇，具爲事條，以聞。仍命虞世南、李百藥、褚遂良、顏師古、岑文本、許敬宗、朱子奢等，爲碑記銘功業。破劉武周於汾州，立宏濟寺，宗正卿李百藥爲碑銘。破宋老生於莒州，立普濟寺，著作郎許敬宗爲碑銘。破宋金剛於晉州，立慈雲寺，起居郎褚遂良爲碑銘。破王世充於邙山，立昭覺寺，著作郎虞世南爲碑銘。破竇建德於汜水，立等慈寺，秘書監顏師古爲碑銘。破劉黑闥於洺州，立昭福寺，中書侍郎岑文本爲碑銘。已上並貞觀四年五月建造畢。

慈德寺　在京兆府武功縣慶善宮西百步。貞觀五年爲太穆皇后故，並以慈德名之。

永徽六年正月三日，昭陵側置一寺。尚書右僕射褚遂良諫曰，關中既是陛下所都，自長安而制四海，其間衛士已上，悉是陛下牙爪，陛下必欲乘釁勑遼，若不役關中人，不能濟事，由此言之，理須愛惜。今者昭陵爲公造寺，惟欲早成其功名，雖云知顧，皆是催迫發遣。豳州已北，岐州已西，或一百里，或二百里，皆來赴作，遂積時月，豈其所願。陛下昔嘗語弘福寺僧云，我義活蒼生，最爲功德。且又今者所造，制度準禪定寺，則大弘福寺，自不可大於弘福。既有東道征役，此寺亦宜漸次脩營，三二年得成亦未爲遲。

乾封元年正月十七日，兗州置觀寺各三所。其觀以紫雲仙鶴，萬歲爲稱寺以封岳，非煙重輪爲名，各度二十人。

天授元年十月二十九日，兩京及天下諸州各置大雲寺一所，至開元二十六年六月一日並改爲開元寺。

景雲二年七月，左拾遺辛替否疏，諫曰，夫釋教以清淨爲本，慈悲爲主，故恆體道以濟物，不爲利欲以損人，故恆去已以全真，不爲營身以害教。三時之月，掘山穿池，損命也，殫府虛帑，損人也，廣殿長廊，營身也。損命則不慈悲，損人則不濟物，營身則不清淨，豈大聖大神乎。臣以爲非崇教也。自像王西下，佛教東傳，青螺不入於周前，白馬方行於漢後。風流雨散，千帝百王，飾彌盛而國彌空，信彌重而禍彌大。覆車繼軌，曾不改圖，晉臣以奉佛取議，梁王以捨身構隟。若以造寺爲其理體，養人不足以經邦，則殷周已往皆暗亂，漢魏以降皆聖明，殷周已往爲不長，漢魏已降爲不短。臣聞夏爲天子二十餘代而殷受之，殷爲天子二十餘代而周受之，周爲天子三十餘代而漢受之，自漢已後，歷代可知也。何者。有道之長，無道之短，豈因其窮金玉，修塔廟，方見享祚乎。臣以爲，減雕琢之費以賑貧人，是有如來之德，息穿掘之苦以全昆蟲，是有如來之仁，罷營構之直以給邊陲，是有湯武之功，迴不急之祿以購廉清，是有唐虞之理。陛下緩其所急，急其所緩，親未來而疎見在，失眞實而冀虛無，重俗人之所爲，輕天子之功業，臣竊痛之矣。當今出財依勢者盡度爲沙彌，避役姦訛者盡度爲沙彌，其所未度惟貧與善人爾。將何以作範乎，將何以租賦乎，將何以力役乎。臣以爲，出家者捨塵俗，離朋黨，無私愛，是致人以毀道，非廣道以求人。伏見今之宮觀臺樹，惟京師之與洛陽不增修飾，猶恐奢麗。陛下嘗欲塡池塹，捐苑囿，以贍貧人無產業者，今天下佛寺蓋無其數，一寺堂殿倍陛下一宮，壯麗甚之矣，用度過之矣。是十分天下之財而佛有其七八，陛下何有之矣，百姓何食之矣。臣竊痛之。

景龍二年九月，幷州清源縣尉呂元泰上疏曰，陛下六合爲家，萬邦作宗，布慈悲於沙界，樹功業於玄穹，蜺旌寶蓋，接影都畿，鳳剎龍宮，相望都邑。然釋氏眞教平等爲宗，本之以慈悲，加之以布施。伏願陛下廣平施之德，成養育之恩，回營構之資，充疆場之費，則如來布施之法也。賜之穀帛，惠及饑寒，則如來慈悲之化也。經綸既行，中化胥悅，則如來平等之教也。臣謹按金剛般若經云，若以色見我，以音聲求我，是人行邪道不能見如來。是知大乘之宗聲色不見，豈釋迦之意在雕琢之功。今之作者，臣所未諭。三年正月二十七日，宴侍臣近親於梨園，因問以時政得失。絳州刺史成珏對曰，夫釋教之設，以慈悲爲主，蓋欲饒益萬姓，濟牧羣生。若乃邃宇珍臺，層軒寶塔，耗竭府庫，勞役生人，俱非菩薩善利之心，或異如來大悲之旨。臣備職方岳，叨膺洪運，敢陳芻蕘，狂妄死罪。中書令蕭至忠奏曰，方今百姓貧乏，邊境未寧，府藏內空，倉廩不實，誠宜節財用之費，省土木之功，務存農事，愛惜人力，寺觀之役，實可且停。成珏之言，伏希採納。兵部尚書同中書門下三品韋嗣立上疏曰，臣竊見比者營造寺觀，其數極多，皆務宏博，競崇瓌麗，大則費一二十萬，小則尚用三五萬餘，畧計都用資財動至千萬已上。運轉木石，人牛不停，廢人功，害農務，事既非急，時多怨咨。故曰不作無益害有益，功乃成，不貴異物賤用物，人乃足。誠哉此言。且玄象秘妙，歸於空寂，苟非修心定慧，諸法皆涉有爲。至如土木雕刻諸功，惟是殫竭人力，但學相誇壯麗，豈關降伏身心。凡所興功皆須掘鑿，蟄蟲在土，種類最多，每日殺傷，動即萬計，連年如此，損害可知。於至道既有乖，在生人極爲損。陛下豈不深思之。

貞元十三年四月，敕。曲江南彌勒閣宜賜名貞元普濟寺。

元和二年九月，敕。成都府宜置聖壽、南平二佛寺。十月，河中觀察使薛平奏中條山蘭若營搆之初，有兩泉湧出，請賜額爲太和寺。從之。

十二年二月，置元和、聖壽佛寺於右神策軍。

長慶元年三月，劉總請以幽州私第爲佛寺，詔以報恩名之。仍遣中官焦仙晟以寺額賜之。

會昌五年七月，中書門下奏天下諸州府寺據令式上州以上並合國忌日集官吏行香。臣等商量，上州已上合行香，州各留寺一所，充國忌日行香，列聖眞容便移入，合留寺中。其下州寺並合廢毀。敕旨，所合留寺如舍宇精華者即留，如是廢壞不堪者亦宜毀除。但國忌日當州宮觀內行香，不必定取寺名。餘依。其月又奏請兩街合留寺十所，每寺留僧十人。敕旨，宜每街各留寺兩所，每寺各留三十人。

六年正月，左右街功德使奏，準今月五日赦書節文，上都兩街先各留寺兩所，依前委功德使収管。其所添寺，於廢寺中揀擇堪修建者。臣今左街，謹具揀擇，置寺八所，及數內回改名額，分析如後。兩所依前名額興唐寺、保壽寺。六所改名舊額，僧寺四所，寶應寺改爲資善寺，青龍寺改爲護國寺，菩提寺改爲保唐寺，清輝寺改爲安國寺，緣間架數少，取華陽寺連接。充尼寺二所，法雲寺改爲唐安寺，崇敬寺。右街置八所，二所先準敕留西明寺，請改爲福祐寺，莊嚴寺。八所添置二所，請依舊名額，僧寺一所千聖寺，尼寺一所興聖寺。六所請改名，僧寺五所，化度寺改爲崇福寺，永奏寺改爲萬壽寺，清福寺改爲崇聖寺，經行寺改爲龍興寺，奉恩寺改爲興福寺。尼寺一所，萬善寺改爲延唐寺。謹定揀擇添置及改名額，分析如前。敕旨，宜依。

大中元年閏三月，敕。會昌季年，并省寺宇，雖云異方之教，無損爲政之源。中國之人乆行其道，釐革過當，事體未弘。其靈山勝境，天下州府會昌五年四月所廢寺，如有舊宿名僧復能修創，一任住持所由，不得禁止。二年正月三日，敕節文。上都除元置寺外，每皆更名，添置寺五所。東都共添置五所，二所尼寺仍每寺度五十人。益荆楊潤汴并蒲襄等八道，除元置寺五所外，更添置僧寺一所，尼寺一所。諸道節度刺史州除元置寺外，更添置各一所，並充僧寺，合度三十人。諸道管內州未置寺處，宜置僧尼寺各一所，每寺度三人。五台山宜置僧寺四所，尼寺一所，如有見存者，便令修飾，每寺度五十人。其僧尼年幾限約并諸條流，並準會昌六年五月五日條例處分。

五年正月，詔。京畿及郡縣，士庶要建寺宇，村邑勿禁，兼許度僧尼住持營造。七月宰臣奏，陛下崇奉釋教，臣子皆願奔走。慮士庶等物力不逮，擾人生事，望令兩畿及州府長吏，與審度事宜，撙節聞奏，不必廣爲建造，驅役黎甿。其所請度僧，亦須選有道行，爲州縣所稱信者，不得容隱凶惡之流，卻非敬道。望委長吏精加揀擇。其村邑佛堂，望且待兵罷後，建置爲便。十月十七日，宰臣等上言，近有敕許罷兵後建置佛堂、蘭若，若今邊事寧息，必恐奏請繼來，若不先議條流，臨事恐難止約。伏以釋門之教，本貴正眞，奉之精嚴，則人用加敬。今諸州府，寺宇新添，功悉未畢，百姓等若志願崇奉，則宜併力同修。自今已後，有請置佛堂、蘭若者，望所在長吏分明曉示，待一切畢後，或有去州府遠處大縣，即許量事建置一所。其餘村坊，不在更置佛堂、蘭若限。制可。

又《卷四九像》 久視元年八月十五日將造大像，稅天下僧尼，人出一錢。內史狄仁傑上疏曰，今之伽藍，制逾宮闕，功不使鬼，必役於人，物不天來，終須地出，不損百姓，將何以求。生之有時，用之無度，編戶所奉，恆苦不充，痛切肌膚，不辭箠楚。僧道一說，矯陳禍福，剪髮解衣，仍嫌其少，亦有離間骨肉，事均路人，身自納妻，謂無彼我，皆託佛法，詿誤生人。里閈動有經坊，闤闠亦有精舍，化誘倍急，切於官徵，法事所須，嚴於制勑。逃丁避罪，併集法門，無知之僧，凡有幾萬。且一夫不耕，猶受其弊，浮食者衆，又劫人財。臣每思惟，實所悲痛。今之大像若無官助，義無得成，若費官財，又盡人力，一旦有難，將誰救之。

大足元年正月，成均祭酒李嶠諫曰，臣以法王慈敏，菩薩護持，唯擬饒益衆生，非要營修土木。佛殿處處皆有，見在足憑供養，無煩更有修營。竊見白司馬坂欲造大像，雖稅非戶口，錢出僧尼，不得州縣私承，必是不能濟辦，終須科率，豈免會伏聞造修之錢見有一十七萬餘貫，若將散施，廣濟貧窮，人與一千，自然濟得一十七萬餘戶。拯飢寒之弊，省勞役之勤，順諸佛慈悲之心，沾聖君亭毒之意，人神胥悅，功德無窮。方作過後因緣，豈如見在果報。垂九霄之澤，收萬姓之心，聞此恩造，誰不感悅。

長安四年十月九日，勑。大像宜於白司馬坂造爲定，仍令春官尚書建安王攸寧充撿校大像使。監察御史張廷珪諫曰，夫佛者，以覺知爲義，因心而成，不可以諸相窺也。故云若以色見我，以音聲求我，是人行邪道，不能見如來。此明眞如來不外求也。陛下信心歸依，裝其塔廟，已遍於天下矣。蓋有住於相而行布施，非最上第一希之法。何以言之。經云，若人滿三千，大千世界七寶以用布施，及恆河沙等身命布施，其福甚多。若人於經中受持及四句偈等爲人演說，其福勝彼。如佛所言，則陛下傾四海之財，殫萬人之力，窮山之木以爲塔，極冶之金以爲像，雖勞則甚矣，費則多矣，而所獲福緣不逾於殫勞之匹夫。沙門之末學，受持精進，端坐思惟，理亦明矣，臣竊爲陛下小之。今陛下廣樹薰修，又置精舍，則經云菩薩所作福德，不應貪著，蓋有爲之法不足尚也。況此營造，事殷土木，或開發磅礴，峻築階陛，或填塞川澗，通轉採斫，碾壓蟲蟻，動盈巨億，豈佛標坐夏之義，慜蠢動而不忍害其生哉。今陛下何以爲之。又役鬼不可唯人是營，通計工匠，率多貧窶，朝驅暮役，勞筋苦骨，簞食瓢飲，晨炊星飯，飢渴所致，疾疫交集，豈佛標徒行之義，慜畜獸而不忍殘其刀哉。今陛下何以爲之。伏惟慎之重之，思菩薩之行爲，利益一切衆生。應如是布施，則經所謂不作色布施，不作聲香味。觸法布施，其福德□，東西南北，四維上下，虛空不可思量矣。何必勤勤於住相，彫蒼生之財，崇不急之務。臣以時政論之，則宜先邊境，蓄府庫，養生力。以釋教言之，則宜救苦厄，滅諸相，崇無爲。伏惟陛下察臣之愚，行佛之意，務以理爲上，不以人廢言。

建中元年四月，妃父王景仙、駙馬高怡獻金銅佛像以爲壽。上使謂曰，有爲功德，吾不欲爲久矣。舁而還之。

元和五年十月，新羅王遣其子獻金銀佛像，勑祠部主客爲復合，令鴻臚寺收管。宜分析，奏來者。天下僧尼，國朝已來並隸鴻臚寺，至天寶二年隸祠部。臣等據大唐六典，祠部掌天下宗廟大祭，與僧事殊不相及。當萬務根本，合歸尚書省，爲鴻臚寺亦未允當。又據六典，掌朝首之國七十餘番，五天竺國並在數內。釋氏出自天竺國，今陛下以其非中國之教，已有釐革，僧尼名籍，便令係主客，不隸祠部及鴻臚寺，至爲允當。從之。

六年五月制，僧尼依前令兩街功德使收管，不要更主客所度僧尼令祠部給牒。

又《雜録》 貞觀二年五月十九日，勑。章敬寺是先朝創造，從今已後，每至先朝忌日，常令設齋行香，仍永爲恆式。

開元二年二月十九日，勑。天下寺觀，屋宇先成，自今已後，更不得創造。若有破壞事，須條理，仍經所司陳牒，檢驗先後所詳。七月十三日，勑。如聞百官家多以僧尼道士等爲門徒，往還妻子等，無所避忌，或詭託禪觀，禍福妄陳，事涉左道，深斁大猷。自今已後，百官家不得輒容僧尼等至家。緣吉凶要須齋者，皆依州縣陳牒，牒寺觀後，依數所云。二十九日，勑。佛教者，在乎清淨，存乎利益。今兩京城內寺宇相望，凡欲歸依，足申禮敬。如聞坊巷之內，開鋪寫經，公然鑄佛。自今已後，村坊市等不得輒更鑄佛寫經爲業。須瞻仰尊顔者，任就寺禮拜。須經典讀誦者，勒於寺贖取。如經本少，僧爲寫供。諸州寺觀，亦宜準此。

十二年六月二十六日，勅。有司試天下僧尼，年六十已下者限誦二百紙經，每一年限誦七十三紙。三年一試，落者還俗，不得以坐禪對策義試。諸寺三階院宜入寺大院。

十九年六月二十八日，勅。朕先知僧徒至弊，故先塞其源，不度人來，向二十餘載。訪聞在外，有二十已下小僧尼，宜令所司及府縣檢責處分。

又會昌五年七月，中書門下奏以天下廢寺銅像及鐘磬等，委諸道鑄事，具泉貨門。其月，又奏天下士庶之家所有銅像，並限勅到一月內送官。如違此限，並準鹽鐵使舊禁銅條件處分。其土木等像，並不禁，所由不得因此擾人。其京城及畿內諸縣，衣冠百姓家有銅像，並望送納京兆府。自拆寺已來，應有銅像等衣冠百姓家収得，亦限一月內陳首送納。如輙有隱藏，並準舊條處分。勅旨，宜依。八月，中書門下奏諸道廢毀寺鐵像，望令所在銷爲農器，鍮石之像，望令銷付度支。勅旨，依。

六年八月，勅。準今年五月三日赦書節文。如緣修飾佛像，但用土木足以致敬，不得用金銀銅鐵及寶玉等。如有犯衣冠，録名聞奏。

又《僧道立位》 貞觀十一年正月十五日，詔。道士女冠宜在僧尼之前。至上元元年八月二十四日詔，凡有公私齋會及參集之處，道士女冠在東，僧尼在西，不須更爲先後。至天授二年四月二日勅，釋教宜在道教之上，僧尼處道士之前。至景雲二年四月八日詔，自今已後，僧尼道士女冠，並宜齊行並集。

又《僧尼所隸》 延載元年五月十一日，勅。天下僧尼隸祠部，不須屬司賓。

開元二十四年七月二十八日，中書門下奏，臣等商量，緣老子至流沙闡化，而佛法本西方興教，使同客禮，割屬鴻臚，自爾已久，因循積久。聖心以玄元本系，移就宗正，誠如天旨，非愚慮所及。伏望過元日後，承春令便宜。其道僧等，既緣改革，亦望此時同處分。從之。至二十五年七月七日制，道士女冠宜隸宗正寺，僧尼令祠部檢校。至天寶二年三月十三日制，僧尼隸祠部，道士宜令司封檢校，不須隸宗正寺。

元和二年二月，詔。僧尼道士同隸左街右街功德使，自是祠部司封不復聞奏。會昌五年七月，中書門下奏奉宣僧尼不隸祠部，合係屬各有寺觀，自宜住持。如聞遠就山林，別爲蘭若，兼亦聚衆，公然來往，妄說生緣，輙在俗家居止，即宜一切禁斷。

天寶五載二月二十五日，京兆尹蕭炅奏私度僧尼等，自今已後，有犯請委臣府司，男夫並一房家口移隸磧西。

王溥撰《五代會要》卷一二寺 後唐天成元年十一月勅，應今日已前修葢得寺院，無令毀廢。自此後，不得輙有建造。如有願在僧門，亦宜準佛法格例官壇受戒，不得衷私剃度。

二年六月七日，勅。應天下大寺及勅賜名額院宇，兼有功德，堂殿樓閣已成就者，各勒住持。其餘小小占射或舍施及置買，目下屋宇雖多，未有佛像者，並須量事估價，一時任公私收買，其住持僧便委功德使及隨處長吏均配於大寺安止。如院在僻靜之處，舍宇無多，不堪人承買者，便仰毀拆，其材木給付本僧，田地任人請射，仍限勅到後十日內，並須通勘騰併了絕。如敢遷延及有故違其所犯，僧徒二年，尼杖七十，並勒還俗。若有形勢借庇，當移不移，誑惑官中，更求院額，既達聽聞，所之人不係官位高低，並行朝典。如要增修福利，則任於合留寺院內興功。

晉天福四年十二月，勅。今後諸道州府，城郭村坊，不得剏造寺宇。所有自前葢者，聽依舊住持。

開運二年七月，左諫議大夫李元龜奏天下寺宇房屋，近日多開，元住僧轉與相典貼，伏乞明行止絕。從之。

周顯德二年五月六日勅，條流僧尼，畫一如後。

一諸道州府、縣鎮村坊應有勅額者，一切仍舊，其無勅額者，並仰停廢。所有功德神像及僧尼，與限一月騰，併於逐處州軍縣鎮合留寺院內安置。所有殿堂屋宇，仰封鎖收管，所有資財衣鉢，斛斗孳畜什物，並仰分付本主。

一天下諸縣，城郭內若無勅額寺院，只於停廢寺院內選功德屋宇最多者，或寺或院，僧尼各留一所。若無尼處，只留僧寺院一所。其在軍鎮及偏鎮坊郭，戶及二百戶已上者，亦依諸縣例。指揮所違邊遠，郡無勅額寺院處，於停廢寺院內，僧尼各留兩所。

一而京諸道州府，除見留寺院外，今後不限城郭村坊，山林勝境，古迹之地，並不得剏造寺院、蘭若。如有僧尼俗士輒違勅命者，其主首及同勾當人並徒三年，仍配役，其僧尼勒還。族本州府錄事參軍、本判官本縣令佐並除名，配流地分廂鎮。職員所由，當並嚴斷。長吏奏請進止。

一王公戚里、諸道節刺已上，今後不得奏請剏造寺院，及請開置戒壇，如違仰御史臺彈奏。四年九月，賜京城内新修四寺額，以天清、顯静、顯寧、聖壽爲名。

又《燃燈》 梁開平三年正月，勅。兵革方偃，久廢燃燈。屬在上春，務達陽氣，宜於正月上元前後三晝夜開坊市門，一任公私燃燈祈福。

周廣順三年七月，京城民晁諸殷等爲永壽節，請各於門首齋僧、燃燈三晝夜。從之。

又《雜録》 後唐天成元年十月十一日，勅。上國兩街僧道，自前賜師號，不數人而已，至於賜紫，並係特恩。近日諸道州府，因應聖節，表薦僧道頗多。宜令中書門下，此後凡有諸處不係應聖節及横薦僧道，不得等閒申發章表，請行命服師號。切思。

清泰二年三月，兩街功德使奏，每年誕聖節，諸道州府奏薦僧尼紫衣師號，今欲量立條，試講論科，試講經表白各三科，文章應制十三科，持念一科，禪科、聲讚科並於本技能中條貫。從之。

晉天福二年十二月二日，勅節文。祠部奏請不置官壇剃度，但於皇帝降聖之辰，即於本住處州府陳狀，便比試本業，勘詳事行不虚，則容剃削。及取本鄉里五人已上耆宿保明文狀，具言已前實是良善，兼須結罪，如爲僧之後，別行惡事，即罪甘連坐。如是外來百姓，不得輒有容許。候剃訖，仍具鄉貫姓號，申祠部請告牒者。當司欲依前勅，再舉條流。如此後遇皇帝降聖之辰，即於逐州府投狀剃落，仍驗所習經業不虚，即具出家。因依本居鄉里、俗姓、法名、年幾，申省請給告牒，始永爲公據。若有不遵條理，衷私剃度者，便委逐州府本判官追收勘責，事由不虚，其新剃度之人，並請重行決斷，發遣歸本鄉里收管色役。其元招引師生及保人等，先具勘責，違犯條流愆罪，亦請痛行決斷。常住所在，仍具流號寺院因由申省。如是州府不遵勅命，衷私剃度，不申請祠部告牒，其原行官吏，請行朝典。奉勅宜依。

周廣順二年四月，勅。永壽節，每年諸道節度、防禦團練使、刺史奏薦僧尼道士紫衣師號，今後見任帶使相共奏二人，見任防禦團練、刺史只許奏一人。在朝文武臣寮及前任官，今後更不得奏薦。

顯德二年五月六日，勅。條流僧尼，畫一如後。

一今後僧尼不得私剃頭，應有人志願出家者，並許父母、祖父母處分，已孤者取同居伯叔兄處分，候聽許，得出家。其師生須得本人家長聽許文字，得容受。男十五已上，念得經文一百紙，或讀得經文三百紙，方得經本州陳狀乞剃頭。委錄事參軍、本判官試驗經文，合勅條者，只仰聞奏。其來剃頭，間留髮髻。如有私剃頭者，卻勒還俗。其本師主徒三年，勒還俗，役三年。其本寺院三綱知事僧尼杖八十，並勒還俗。

一僧尼今後不得私受戒，只於兩京、大名府、京兆府、青州府戒壇候受戒。時兩京委祠部差官引試前項所習經業，其大名府等三處戒壇，只委本判官、錄事參軍引試，合勅條者，分析聞奏。如有私受戒者，其本人、本師主、臨壇三綱知事僧尼，並同私剃頭例科罪。如引試經業不精，輒與剃頭受戒者，本試官當行朝典。一應合剃頭受戒人等，仰逐處於天清節一月前，具姓名、鄉貫、寺院、年幾及所習經業申奏。候勅下，委祠部給付憑由，方得剃頭受戒，不得非時施行。起今後，應有僧尼剃頭受戒，無祠部憑由者，所由並還俗。

一應男子有父母、祖父母在，別無兒侍養，不聽出家。如違，其本師主重行科斷。

一應曾有犯遭官司刑責之人，及棄背祖父母、父母逃亡，如奴婢姦人細作，惡逆徒黨，山林亡命，未獲賊徒，負罪潛竄人等，並不得出家剃頭。如有寺院輒容受者，其本人及師主、三綱知事僧尼、鄰房同住僧，仰收捉禁勘，申奏取裁。其地方巡司官吏不能覺察者，仰暨申奏。

一自前多有逃遁軍人投寺院出家，在所僧徒不畏官方，便與剃削。起今後，有向曾在軍門，面帶瑕痕，逐處寺院輒敢容受者，其本人及師主、三綱知事、鄰房同住僧等，仰密切收捉禁勘，申奏地方官。所由不能覺察，重行科斷。

一應有僧尼衷私剏置院舍，私與人剃頭受戒，及容賊盜惡逆，徒黨姦細，背軍之人，輒披剃者，其僧俗中有能告官，及地方分所由節級自收捉到者，以本犯僧尼衣鉢貲財，給充優賞。

一應有僧尼俗士自前多有捨身燒臂鍊指，釘截手足，帶鈴燃燈，諸般毀壞肢體，戲弄符篆，左道妖惑之類，今後一切止絶。如此色人，仰所在嚴斷，遣配邊遠，仍勒歸俗。其所犯罪重者，準格律處分。所有居停寺院知事僧尼，地方廂鎮職員所由公然容縱者，重行科斷。

一應有懷才抱器，或武或文，寄跡空門，莫遂展志，其中有願出仕宦者，仰逐處長吏發遣赴闕。少壯驍勇之人，願在軍門者，亦仰申奏，必當量材錄用。若僧尼中有情願歸俗者，一切聽許，所在不得攪擾。

《明會典》卷九《僧道・諸司職掌》 一，僧道度牒欽依三年一出給，仍要各司考試。能通經典者申送到部具奏出給。

一，各布政司并直隸府州縣申呈開設僧道衙門舉保道，僧人劄付僧錄司，道士劄付道錄司考試。如果中試就申吏部施行。

又《事例》 洪武五年給僧道度牒，令僧錄道錄司造周知冊頒行天下寺觀。凡遇僧道即與對冊，其父兄貫籍告度日月。如有不同，即爲僞冒。六年，令各府州縣止存大寺觀一所併處，其徒擇有戒行者領之。若請給度牒，必考試，精通經典者方許。民家女子未及四十者不許爲尼姑女冠。

二十年令，民年二十以上者不許爲僧。

二十四年令，清理釋道二教。凡各府州縣寺觀但存寬大可容衆者一所，併居之，不許雜處于外，違者治以重罪。親故相隱者流，願還俗者聽。其佛經畨譯已定者不許增減詞語。道士設醮亦不許拜奏青詞。各遵頒降科儀。民有效瑜珈教稱爲善友，假張眞人名私造符籙者，皆治以重罪。又令天下僧道有刱立菴堂寺觀非舊額者，悉毀之。

二十六年，道士請給度牒者審皆逃民，發錦衣衛令習工匠。

二十七年令榜示天下寺觀，凡歸併大寺，設砧基道人一人以主差稅。每大觀道士編成班次，每班一年高者率領。餘僧道俱不許奔走於外及交搆有司，以書冊稱爲題疏，強求人財。其一二人於崇山深谷修禪及學全眞者，聽。三四人不許。毋得私刱菴堂。若遊方問道，必自備路費，毋索取於民。所至僧寺，必揭周知冊驗實，不同者拏送有司。僧道有妻妾者，許諸人趕逐。相容隱者罪之。願還俗者聽。亦不許收民間兒童爲僧，違者并兒童父母皆坐以罪。年二十以下願爲僧者，亦須父母具告，有司具奏方許。三年後赴京考試。通經典者始給度牒，不通者杖爲民。有稱白蓮靈寶火居及僧道不務祖風妄爲議論沮令者，皆治重罪。

二十八年奏準，天下僧道赴京考試不通經典者黜還俗。年六十以上者免試。三十五年，令清理釋道二教。凡歷代以來及洪武十五年以前寺觀有名額者不必歸併，新刱者歸併如舊。

永樂元年，令三年一給度牒。六年，令軍民子弟僮奴自削髮爲僧者，并其父兄送京師發五台山做工，畢日就北京爲民種田及盧龍牧馬。寺主僧擅容留者亦發北京爲民種田。

十年，諭本部，天下僧道多不守戒律，民間修齋誦經，動輒較利厚薄，又無誠心。甚至飲酒食肉，遊蕩荒淫，略無顧忌。又有無知愚民妄稱道人，一槩蠱惑，男女雜處無別，敗壞風化。洪武中僧道不務祖風及俗人行瑜珈法稱火居道士者，俱有嚴禁。即揭榜申明，違者殺不赦。

十五年禁僧尼私建菴院。十六年定天下僧道府不過四十人，州不過三十人，縣不過二十人。限年十四以上二十以下，父母皆允，方許陳告。有司行鄉里保勘無礙，然後得投寺觀從師受業。五年後諸經習熟，然後赴僧道錄司考試。果諳經典，始立法名給與度牒。不通者罷還爲民。若童子與父母不願，及有祖父母父母無他子孫侍養者，皆不許。有年三四十以上先曾出家而還俗及亡命黥刺，亦不許寺觀住持容留，違者罪之。

宣德元年諭本部，僧道行童請給度牒甚多，宜令僧道官取勘，本部同翰林院官禮科給事中及僧道官考試，能通大經給與度牒。八年令天下有司關津，但遇削髮之人捕送原籍治罪如律。十年，禁僧道私自簪剃及妄言惑衆者。

正統元年奏準，僧道給度牒者仍照洪武年間例造冊頒行天下寺觀，以防姦僞。六年令，僧道多有壞亂心術不務祖風混同世俗傷壞風化，都察院即遵洪武舊例出榜禁約，違者罪之。新創寺觀曽有贈額者聽其居住。今後再不許私自創建。十四年令僧道應給牒者，先令僧道衙門勘試申送有司，審係額內并貫籍明白仍試，精通本教經典方許申送，本部覆試中式然後具奏請給。

景泰六年令，今後僧道務要本戸丁多，本人持行修潔，不係軍匠塩竈等籍，里老保結呈縣覆實，具申府司類呈該部，方許收度。仍勘各寺觀原定額數。如有數多不與出給。

成化十三年，禁約遊方僧人。凡僧道住持勅建寺觀許二人，勅賜并在外寺觀各止許一人。

弘治十三年奏準，僧道有犯挾妓飲酒者，俱問，發原籍爲民。若姦拜認義父母親屬俱發邊衛充軍。武職有犯容止僧尼在家與人姦宿者，公侯伯問。擬住俸戴頭巾閑住。都督都指揮指揮千百戶鎮撫帶俸閑住。有犯挾妓飲酒者，公侯伯罰俸一年，不許侍衛管軍管事都督以下帶俸差操，原係帶俸者常川帶俸。凡漢人出家習學番教，不拘軍民曾否關給度牒，俱問發原籍。各該軍衛有司當差。若漢人冒作番人者，發邊衛充軍。

《大清律例》卷四《名例律上・條例》　一僧道官有犯，徑自提問，及僧道有犯姦盜詐僞，並一應贓私罪名，責令還俗。仍依律例科斷。其公事失錯，因人連累及過誤致罪者，悉準納贖，各還職爲僧爲道。

又《除名當差》　僧道犯罪曾經決罰者，追收度牒。並令還俗。職官僧道之原籍。

又卷五《名例律下・稱道士女冠》　凡律稱道士女冠者，僧尼同。如道士女冠犯姦，加凡人罪二等，僧尼亦然。若於其受業師與伯叔父母同。如俗人罵伯叔父母，杖六十，徒一年。道冠僧尼罵師，罪同。受業師，謂於寺觀之內親承經教合爲師主者。其於弟子與兄弟之子同。如俗人毆殺兄弟之子，杖一百，徒三年。道冠僧尼毆殺弟子，同罪。

又卷八《戶律・戶役・私創庵院及私度僧道》　凡寺觀庵院，除見在處所先年額設外不許私自。創建增置，違者杖一百。僧道還俗，發邊遠充軍。尼僧女冠，入官爲奴。地基材料入官。

若僧道不給度牒，私自簪剃者，杖八十。若由家長，家長當罪。寺觀住持及受業師私度者，與同罪，並還俗。入籍當差。

又《條例》　一民間子弟戶內不及三丁或在十六以上而出家者，俱枷號一箇月，並罪坐所由。僧道官及住持。知而不舉者，各罷職還俗。

一僧道犯罪雖漏給度牒，悉照僧道科斷。該還俗者，查發各原籍當差。若仍於原寺觀庵院或他寺觀庵院潛住者，並枷號一箇月，照舊還俗。其僧道官及住持知而不舉者，照違令律治罪。

一民間有願創造寺觀神祠者，呈明該督撫，具題奉旨方許營建。若不俟題請擅行興造者，依違制律論。

一由禮部頒發度牒給在京及各省僧綱司等，如情願出家之人，必須給予度牒方準披剃。仍飭地方官嚴查僧官胥吏，毋得借端需索擾累僧徒，違者從重治罪。

一僧道凡有事故，將原領牒照追出彙繳，毋許改名更替。如有暗行隱匿及私相授受者，僧道照違制律治罪。僧道官斥革還俗，地方官照失察例處分。

一現在應付火居等項，僧道止於優給本身牒照，不準招受生徒。其合例應招生徒之僧道，所有許其招受之人，即於伊師原發牒照上註明年貌籍貫簪剃年月。伊師身故之日，即爲本人之牒照，不必另行給發。該州縣歲底彙報該撫，該撫隨五年審丁之期，另具清冊報部。如所招之人身犯姦盜重罪，除將伊師牒照內名字除去外，伊師亦不準再行續招。如所招之人無罪犯而病故者，準另招一人爲徒，亦於牒照內註明身故續招緣由。其牒照有水火盜賊遺失等情，準其呈明地方官，咨部另給。

一僧道年逾四十方準招受生徒一人，如有年未四十即行招受及招受不止一人者，照違令律笞五十。僧道官容隱者，罪同地方官。不行查明，交部照例議處。所招生徒勒令還俗。

一僧道如有爲匪不法等事，責令僧綱道紀等司隨時舉報。倘瞻徇故縱，別經發覺犯係逆案者，將該管僧綱道紀照知情故縱，逆犯本律，分別已行未行定罪。若止失於覺察者，照不應重律杖八十。

又卷一〇《戶律・婚姻・僧道娶妻》　凡僧道娶妻妾者，杖八十，還俗。女家主婚人同罪，離異財禮入官。寺觀住持知情與同罪，不知者不坐。以因人連累，不在還俗之限。

若僧道假託親屬或僮僕爲名求娶，而僧道自占者，以姦論。以僧道犯姦，加凡人和姦罪二等論。婦女還親，財禮入官，係強者以強姦論。

又卷一六《禮律・祭祀・褻瀆神明》　若僧道修齋設醮，而拜奏青詞表文及祈禳火災者，同罪還俗。重在拜奏，若止修齋祈禳而不拜奏青詞表文者，不禁。

若有官及軍民之家，縱令妻女於寺觀神廟燒香者，笞四十，罪坐夫男。無夫男者，罪坐本婦。其寺觀神廟住持及守門之人，不爲禁止者與同罪。

又《條例》 一凡僧道軍民人等，於各寺觀神廟刁姦婦女，因而引誘逃走，或誆騙財物者，問各杖一百，姦夫發三千里充軍，財物照追給主。若軍民人等縱令婦女於寺觀神廟有犯者，杖七十，枷號一箇月，發落。

又《禁止師巫邪術》 凡師巫假降邪神書符咒水扶鸞禱聖，自號端公太保師婆名色及妄稱彌勒佛白蓮社明尊教白雲宗等會，一應左道異端之術，或隱藏圖像，燒香集衆，夜聚曉散，佯修善事，煽惑人民爲首者，絞監候。爲從者，各杖一百，流三千里。若軍民裝扮神像，鳴鑼擊鼓，迎神賽會者，杖一百，罪坐爲首之人。

又《條例》 一各處官吏軍民僧道人等來京，妄稱諳曉扶鸞禱聖書符咒水，一切左道異端邪術，煽惑人民爲從者，及稱燒煉丹藥，出入內外官家，或擅入皇城夤緣作弊，希求進用，屬軍衛者，發近邊充軍。屬有司者，發邊外爲民。若容留潛住及薦舉引用，鄰甲，知情不舉，并皇城各門守衛官軍，不行關防拏者，各參究治罪。

一凡左道惑衆之人，或燒香集徒，夜聚曉散爲從者，及稱爲善友求討布施，至十人以上，并軍民人等，不問來歷，窩藏接引，或寺觀住持，容留披剃冠簪探聽境內事情，若審實探聽軍情，以姦細論。及被誘軍民捨與應禁鐵器等項事發，屬軍衛者，發近邊充軍。屬有司者，發邊外爲民。

又卷一七《禮律・儀制・服舍違式》 凡官民房舍車服器物之類，各有等第，若違式僭用，有官者杖一百，罷職不敘，無官者笞五十，罪坐家長工匠，並笞五十。

又《條例》 一軍民僧道人等，服飾器用俱有定制，若常服僭用錦綺紵絲綾羅彩繡，器物用戧金描金，酒器純用金銀，及將大紅銷金製爲帳幔被褥之類，

事發俱照律治罪，服飾器用等物，並追入官。

又《僧道拜父母》 凡僧尼道士女冠并令拜父母，祭祀祖先本宗親屬在內，喪服等第，皆與常人同。謂斬衰期功緦麻之類。違者杖一百還俗。

若僧道衣服止許用紬絹布疋，不得用紵絲綾羅，違者笞五十還俗，衣服入官。其袈裟道服，不在禁限。

又《喪葬》 凡有喪之家，必須依禮安葬。若惑於風水，及托故停柩在家，經年暴露不葬者，杖八十。其從尊長遺言，將屍燒化及棄置水中者，杖一百。

其居喪之家，修齋設醮，若男女混雜飲酒食肉者，家長杖八十，僧道同罪還俗。

又《條例》 一民間喪祭之事，凡有用絲竹管弦演唱佛戲之處，該地方官嚴行禁止。違者，照違制律治罪。

又卷二〇《兵律・關津・盤詰姦細》 凡緣邊關塞及腹裏地面，但有境內姦細走透消息於外人，及境外姦細入境內探聽事情者，盤獲到官，須要鞫問接引入內起謀出外之人，得實不分首從皆斬監候。經過去處守把之人，知而故縱，及隱匿不首者，並與犯人同罪至死減等。失於盤詰者，官杖一百，軍兵杖九十。罪坐直日者。

又《條例》 一凡州縣城鄉十戶立一牌頭，十牌立一甲頭，十甲立一保長。戶給印牌一張，書寫姓名丁數，出則註明所往，入則稽其所來。其客店亦令各立一簿，每夜宿客姓名幾人，行李牲口幾何，作何生理，往來何處，逐一登記明白。至於寺觀亦分給印牌，上寫僧道口數姓名，稽察出入。如有虛文應事，徒委，捕官吏胥需索擾害者，該上司查參治罪。

又卷二七《刑律・鬭毆上・毆受業師》 凡毆受業師者，加凡人二等，死者斬。凡者非徒指儒言，百工技藝亦在內。儒師終身如一，其餘學未成，或易別業，則不坐。如學業已成，罪亦與儒並科。

又《條例》 一僧尼謀殺受業師者，照謀殺大功尊長律。已殺者，斬決。已傷者，絞決。已行未傷者，流二千里。毆故殺者，亦照毆故殺大功尊長律，斬決。

一凡僧尼道士，如因弟子違犯教令，以理毆責者，照尊長毆卑幼律。非折傷勿論。折傷以上，減凡人三等，至死者，照毆殺堂姪律，杖一百流三千里。僧尼毆受業師，亦照卑幼毆大功尊長律問擬。若僧尼道士因姦盜別情，謀殺弟子者，無論已傷未傷，已殺未殺，悉照凡人分別定擬。其有挾嫌逞兇故殺弟子，及毆殺內執持金刃兇器非理扎毆致死者，亦同。凡論匠藝人等致死弟子者，亦如之。

又卷三三《刑律・犯姦・居喪及僧道犯姦》 凡居父母及夫喪，若僧尼道士女冠犯姦者，各加凡姦罪二等，相姦之人，以凡姦論。強者姦夫絞

監候，婦女不坐。

又《**條例**》　一僧道官僧人道士，有犯挾妓飲酒者，俱杖一百，發原籍爲民。

一僧道尼僧女冠，有犯和姦者，於本寺觀菴院門首枷號兩個月，杖一百。其僧道姦有夫之婦及刁姦者，照律加二等，分別杖徒治罪，仍於本寺觀菴院門首，各加枷號兩個月。

又卷四〇《**總類（節錄）**》　笞五十：僧道衣服，止許用紬絹布疋，不得用紵絲綾羅，違者。僧道拜父母律。

一僧道犯罪該還俗者，若仍於原寺觀菴院或他寺觀菴院潛住，枷號一個月。僧道官及住持，知而不舉者。

一僧道年未四十，招受生徒及招受不止一人者，僧道官容隱者。私創菴院及私度僧道。

又卷四一《**總類（節錄）**》　杖八十：僧道不給度牒私自簪剃者。寺觀住持及受業師，私度者。私創庵院及私度僧道律。

僧道娶妻妾者。女家主婚人同罪。寺觀住持知情者。僧道娶妻律。

若僧道拜奏青詞表文，及祈禳火災者。褻瀆神明律。

有喪之家，停柩經年暴露不葬者。從卑幼遺言，將屍燒化及棄置水中者。居喪之家，修齋設醮若男女混雜飲酒食肉者，家長僧道同罪。喪葬律。

一僧道爲匪不法，僧綱道紀失於覺察者。私剏庵院及私度僧道例。

又《**杖一百**》　僧道假託親屬，或僮僕爲名求娶，而自占者。僧道娶妻律

僧尼道士女冠併令拜父母祭祀祖先喪服等，第皆與常人同違者。僧道拜父母律

居父母夫喪，及僧尼道士女冠犯和姦者。居喪及僧道犯姦律

僧道已將原領牒照追繳，毋許改名更替，如有暗行隱匿及私相授受者。私剏庵院及私度僧道例。

僧道軍民人等，於各寺觀神廟刁姦婦女，因而引誘逃走，或誆騙財物者。姦婦、褻瀆神明例

僧道官僧人道士，有挾妓飲酒者。

僧道尼僧女冠，有犯和姦者，於本寺觀庵院門首枷號兩個月。居喪及僧道犯姦例

又卷四二《**總類（節錄）**》　徒一年半：居父母及夫喪犯刁姦，及僧尼道士女冠犯刁姦者。居喪及僧道犯姦律

僧道不分有無度牒，及尼僧女冠犯刁姦者，枷號一箇月。居喪及僧道犯姦例

又卷四三《**總類（節錄）**》　實犯流罪二千里：僧尼謀殺受業師，已行而未傷者。毆受業師例

又　實犯流罪三千里：僧道軍民人等，於各寺觀神廟刁姦婦女，因而引誘逃走，或誆騙財物者。姦夫褻瀆神明例

僧尼道士，因弟子違犯教令，毆責至死者。毆受業師例

又卷四五《**邊外爲民（節錄）**》　官吏軍民僧道人等來京，左道異端邪術煽惑人民爲從者，及稱煉丹出入官家，或擅入皇城夤緣作弊，希求進用屬有司者。

左道惑衆爲從者，及稱爲善友求討布施至十人以上，并不問來歷，窩藏接引，或寺觀容留剃簪探聽事情誘拴禁器屬有司者。禁止師巫邪術例

寺觀庵院，不許私自剏建，增置，違者。私剏庵院及私度僧道律。

官吏軍民僧道人等來京，左道邪術煽惑人民爲從者，及稱煉丹出入官家，或擅入皇城，夤緣作弊，希求進用，屬軍衛者。

左道惑衆爲從者，及稱爲善友求討布施至十人以上，并不問來歷，窩藏接引，或寺觀容留剃簪探聽事情誘拴禁器屬軍衛者。禁止師巫邪術例。

軍民人等，將爭競不明并賣過，及民間起科，僧道將寺觀各田地，子孫將公共祖墳山地，朦朧投獻王府，及內外官豪勢要之家，私捏文契典賣者，投獻之人。

又卷四六《**總類（節錄）**》　雜犯死罪　絞罪監候：喇嘛和尙等，強姦致死人命爲從者。

絞罪決不待時

僧尼謀殺受業師已傷者。毆受業師例

斬罪決不待時

喇嘛和尙等，強姦致死人命爲首者。威逼人死例。

僧尼謀殺受業師已殺者。毆故殺者。毆受業師例

又卷四七《總類（節錄）》　比引律條：僧道徒弟與師共犯罪，徒弟比依家人共犯，免免科。

《欽定大清會典》卷五五《禮部　方伎（節錄）》　凡民有出家爲僧道者，置首領以約束之。在京師者曰僧錄司，左右善世二人正六品，闡教二人從六品，講經二人正八品，覺義二人從八品。曰道錄司，左右正一二人正六品，演法二人從六品，至靈二人正八品，至義二人從八品。由部選擇移吏部補授。在直省者，府曰僧綱道紀，州曰僧正道正，縣曰僧會道會。府二人，州縣各一人。均未入流。由直省咨部給劄，均擇其樸謹者爲之。仍服方外衣冠，不得與職官並列。

僧道不守規律者，聽所司究治。若所犯事涉軍民，聽有司訊鞫。有作姦犯科者，論如法，編管爲民。

僧尼受戒者，給度牒。道士女冠，給執照。年逾四十，許授徒一人，以牒照相傳。若僧未受戒及道有室者，不得授徒。牒照止其身，送部彙銷。

寺觀以僧道爲廟祝，有遠方僧道投止，驗無牒照即報有司訊究。私留者論。婦女入廟游觀，廟祝不禁拒者，罪與本人同。

僧道不得於市肆，誦經托鉢，陳說因果，歛聚金錢，違者懲責。游手頑民，託名方外，或指稱仙佛，謬許前知，以惑民聽者，從重治之。若創立無爲白蓮焚香聞香混元龍元洪陽圓通大乘等教，誘致愚民男女擾雜，擊鼓鳴金，迎神賽會者，論如律。步軍統領五城司坊及直省守土官，嚴行禁止。

又卷五七《禮部（節錄）》　凡賓館饔餼東南西徼外及海島諸國朝貢使者，日給脯資。餼牽部劄光祿寺，二日一送館。西北諸番部落遣使，西域番僧遣徒，盛京及陝甘邊境諸寺番僧朝貢至京者，由理藩院咨部轉劄光祿寺供備。

又卷七八《盛京戶部（節錄）》　凡賞給服物，三陵官署執役軍校廚匠飼牲人，歲給春秋衣，三歲給冬裘。獵取虎皮送部。官兵賞布帛。黑龍江以北入貢貂皮水獺皮，官役及各寺廟喇嘛番僧賞帛絹紗布，均移戶部領取。

又《盛京禮部（節錄）》　勅建寺廟，歲各致祭。香蠟之需及僧道歲給米鹽衣服，各有定數，均移盛京戶部工部內務府分給。

又卷七九《理藩院（節錄）》　典屬清吏司郎中，滿洲蒙古各一人。員外郎，滿五人，蒙古四人。主事，滿洲、蒙古各一人。掌喀爾喀及西徼蒙古厄魯特諸部落封爵、會盟、準疆、屯田、游牧、察哈爾喇嘛番僧承襲之事。

柔遠清吏司郎中，滿一人。員外郎，滿二人，蒙古三人。主事，蒙古一人，掌喀爾喀等部落及喇嘛番僧朝貢祿賜之事。

又卷八〇《理藩院（節錄）》　見補授：凡喇嘛道行至高者曰胡圖克圖，轉世者曰胡畢爾汗，其秩之貴者曰國師，曰禪師，次曰扎薩克大喇嘛，副扎薩克大喇嘛，扎薩克喇嘛，又次曰大喇嘛，副喇嘛，閒散喇嘛，扎薩克喇嘛。以上給印，餘給劄付。其徒有德木齊格思規格隆班第之差。陝甘洮岷諸寺住持，番僧曰都綱，曰僧綱，曰僧正，各給劄付。有不守戒規者，論如法。

京師總管喇嘛班第扎薩克大喇嘛一人，副扎薩克大喇嘛一人，扎薩克喇嘛四人，大喇嘛十有八人，副喇嘛七人，閒散喇嘛十人。

歸化城扎薩克大喇嘛一人，副扎薩克大喇嘛一人，明扎薩克喇嘛六人，多倫諾爾扎薩克大喇嘛一人，大喇嘛二人副喇嘛一人。

盛京實勝寺大喇嘛一人，永安寺大喇嘛一人，瑪哈噶喇樓大喇嘛二人，東西南北四塔大喇嘛各一人。

西勒圖庫倫扎薩克大喇嘛一人，扎薩克喇嘛四人。

西安廣仁寺大喇嘛一人。

五台山扎薩克喇嘛一人，射虎川臺麓寺大喇嘛一人。屬五臺山扎薩克喇嘛管轄。

科爾沁以下二十四部落大喇嘛各一人。

西寧大喇嘛察汗諾們汗一人。

松山報恩寺大喇嘛達克隆胡圖克圖一人。

紅山堡報恩寺都綱一人。

河州普綱寺靈慶寺弘化寺都綱各一人。

西寧縣西那寺塔爾寺扎藏寺元覺寺沙衝寺仙密寺佑寧寺僧綱各一人。

碾伯縣瞿曇寺弘通寺羊爾貫寺普化寺僧綱各一人。

大同衛廣化寺僧綱一人。

歸德所二疊闡寺僧綱一人。

洮州衛禪定寺國師一人。停襲。

垂巴廟瑪尼寺著落族僧綱各一人。

閻家寺龍元寺圓成寺僧正各一人。

凡慶祝禮即丹舒克，西藏達賴喇嘛暨班臣額爾德尼，間年一進。喀爾喀澤卜尊丹、巴胡圖克圖，遇國家有大慶典則進貢物，有佛像金經銀塔五色帕，八吉祥之屬。各具奏書，遣使以聞。達賴喇嘛班臣額爾德尼，於慶祝之外，別具壽帕珊瑚琥珀數珠藏香氆氌以貢。貢使還國，均降勅慰問，賜金幣有差。【略】

其番僧入貢者，紅山報恩寺五年一貢，貢道由莊浪衛。圓覺等二十六寺，分四班，三年一貢，貢道由岷州衛。貢物各以馬及延壽果青木香之屬。西寧瞿曇等九寺，西納演教寺河州弘化等寺，均入貢。貢無常物，亦無定期。或力不能來，即交所在有司官轉進。貢使還，賞澤卜尊丹、巴胡圖克圖銀幣，番僧表裏各有差。

又卷八五《光禄寺》（節録）　衍聖公來朝，安南、琉球、西洋、暹羅、緬甸、蘇祿、南掌諸國貢使，朝鮮國押貢官，都綱喇嘛番僧，用六等筵，均滿席。

盛京住持，西藏番僧，遣徒入貢，陝西岷州諸寺，番僧來京朝貢，日給牲牽肉鹽，分飭四署供具。

又卷八八《内務府》　凡浴佛之禮，歲以孟夏上旬八日，司俎官率執事人等，自大内請佛至堂，于祭神殿陳香鐙獻餻酒，王公各遣人獻餻，執事設盥盤贊祀二人。浴佛畢，六酌獻三致禱如儀禮成，奉佛還御。是日大内及軍民人等，不祈禱不祭神，禁屠宰，不理刑名。

又卷九二《内廐》　歸化城兩旗蒙古歲貢馬，喀爾喀澤卜尊丹巴胡圖克圖歲貢馬駝，陝西岷州各寺番僧歲貢馬，均由理藩院咨送，發各廐芻秣，其發南苑貢馬，掌御馬大臣率本院侍衛，詣廐盤試辨御馬內馬公馬之屬，疏其等以聞。

《欽定大清會典則例》卷八《吏部（節録）》　内外陰陽醫學僧道等官，康熙十三年議準，均由禮部察明，咨送照咨注冊，仍咨禮部知會各該衙門。

又卷二〇《吏部（節録）》　僧道度牒：乾隆四年奏準，僧尼道士凡有事故，將原領牒照追繳，勿許改名更替。但恐地方官漫無覺察，以致不肖僧道將已故之牒照暗行隱匿，將見在之牒照私相授受。應責成地方官不時稽察，其應繳牒照年終彙繳，不得遺漏。如有隱匿影射情弊，地方官不行察出，照失察例罰俸三月，僧道勒令還俗。僧道必年逾四十，方準招受生徒一人。如年未四十即行招受及招受不止一人，地方官不行察明，照失察例罰俸三月。所招生徒，勒令還俗。

又奏準各省地方官，遇有眞人府法官傳度散帖之事，不行拏究及濫行詳請咨部者，府州縣官罰俸一年，督撫司道罰俸六月。至嗣教眞人，如有差委法官前往各省開壇傳度之處，咨部請示禮部堂司官濫行咨準者，將該司官罰俸一年，堂官罰俸六月。

又卷二七《吏部（節録）》　二十五年奏準，地方内有迎神進香擊鼓鳴鑼聚衆張旗等項，肆行無忌，倡衆爲首者，若該管官不行察拏，繫民將司坊官，府州縣官每案罰俸半年。五城御史布按司道，每案罰俸三月。總督巡撫，每案罰俸兩月。若繫僧道，將該管僧道官革職。

又卷三三《户部（節録）》　保甲州縣城鄉，十戶立一牌頭，十牌立一甲頭，十甲立一保長。戶給印牌一張，備書姓名丁數，出則注明所往，入則稽其所來。其客店亦令各立一簿，每夜宿客姓名人數、行李、牲口幾何，作何生理往來何處，逐一登記明白。至於寺觀，亦分給印牌，備書僧道口數姓名，稽察出入。

又卷三六《户部（節録）》　乾隆元年覆準，福建寺田有繫官掌者，其租原以四分給僧養贍，六分歸官，代僧納糧。今將寺田全歸僧收，停止官掌，每畝應徵銀二錢，即向僧人催徵，造冊報銷。

又卷三九《户部（節録）》　盛京吉林寧古塔索倫八旗厄魯特等處，送物來京人員，欽安殿道士，内監，各處番僧，以及匠役口糧，全改秈米。薊易二州每年截留白糧米亦減半，以秈米抵給。

雍正四年覆準，凡地方倉廒有滲漏，及牆垣木植不堅全者，所需工費無多，該地方官即爲修補。若年久傾圯瓴瓦木植破碎朽壞者，該地方官即詳明上司，委官估計工費，報部即動支正項修蓋。其有地方厫座無多，將倉糧寄貯僧寺道院者，或並無寄貯之處，將米穀露囤者，該地方官即詳請督撫察勘確實，將作何建倉之處，酌量具題。倘州縣官漫不經心，因循怠玩不修補倉厫，不詳請修蓋，以致米穀霉爛者，照溺職例革職。限一年內照動帑買補之數賠完，如限內不完，即照侵蝕錢糧例，以未完米穀之數，依律治罪。倉厫既經修造，猶有托名霉爛虧空者，察出即照侵蝕例治罪。

又卷五〇《戶部（節錄）》 雜賦禁例，順治二年題準，凡通接西番關隘處，所撥官軍巡守有夾帶私茶出境者，拏解治罪。其番僧若有夾帶姦人並私茶者，沿途官司檢出，茶貨入官，伴送夾帶人送官治罪。若該衙門官縱容私買茶貨，及私受餽送增改關文者，聽巡按察究。

又題準，進貢番僧應賞食茶，須給勘合撥發，由茶倉所照數支放，不許收買私茶。

又卷六三《禮部（節錄）》 僧錄司道錄司銅印，方二寸二分，厚四分五釐。六科銅印，方二寸四分，厚五分。中書科、行人司、通政使司、鑾儀衛、經歷司、工部營繕所、太常寺典簿、光祿寺典簿、詹事府主簿、京府經歷司、京衛、外衛、經歷司、按察使司、經歷司、外縣鹽運使司、經歷司、宣慰司、經歷司，銅印方二寸一分，厚四分四釐。

稅課司茶馬司陰陽學醫學僧綱司道紀司巡檢司，銅印方一寸九分，厚四分。教坊司，銅印方一寸四分，厚二分。以上均直紐九疊篆文。

京城僧錄道錄銅印，直省僧綱道紀等銅關防，均用垂露篆。

又卷六五《禮部（節錄）》 冠服：僧道服除袈裟法衣外，準用紬絹紡絲素紗各色布。其袍用土黃色緇色。奴僕及優人皂隸，準用狐貉沙狐皮帽。

十二年題準，喇嘛格隆服用黃紅色，非奉上賜不得用五爪龍團。花班第用黃帽紅衣，伍巴什伍巴三察服用灰色。

僧道除袈裟法衣外，服用與民同。

又卷七六《禮部（節錄）》 太歲壇舊有樂章，惟神祇壇向無樂章，應交與律呂正義館撰定。其僧道建壇祈雨，實非古制，應請停止設壇。止令僧道官督率僧道，在顯佑宮等五廟虔誠祈禱。禮部分遣司官察看，並禁止屠宰，不理刑名。

又卷八二《禮部（節錄）》 五年諭，聖祖仁皇帝聖誕，舊例禁止屠宰，至聖先師孔子師表萬世聖誕日，亦應虔誠致祭。朕惟君師功德恩被億載普天率土，尊親之戴，永永不忘，而於誕日尤當加謹，以展恪恭思慕之忱，非以佛誕爲比擬也。著大學士九卿會議具奏。欽此。

遵旨議準，每歲三月十八日聖祖仁皇帝聖誕，每歲八月二十七日至聖先師孔子誕辰。恭值此二日，自大內至王公文武各官以及軍民人等，均應致齋一日，不理刑名，禁止屠宰。永著爲令。

又卷九二《禮部（節錄）》 僧道：天聰六年，定各廟僧道設僧錄司道錄司，總之凡通曉經義恪守清規者，給與度牒。

又定僧道不許買人爲徒，違者治罪。

崇德五年題準，新收僧人納銀，送戶部覈收，隨給用印度牒，令僧綱司分發。

又定滿洲蒙古漢軍，有爲巫師道士跳神驅鬼逐邪以惑民心者，處死。其延請逐邪者，亦治罪。

順治二年定，內外僧道均給度牒，以防姦僞。其納銀之例停止。凡寺廟庵觀若干處，僧道若干名，各令住持詳詢籍貫具結，投僧道官。僧道官加具總結，在京城內外者，均令呈部。在直省者，赴所在地方官呈送彙申撫。按解部頒給度牒，不許冒充溷領，事發罪坐經管官。

又定內外僧道，有不守清規及犯罪人爲僧道者，令住持舉首隱匿，不舉一并治罪，頂名冒領度牒者，嚴究治罪。

又定內外寺廟庵觀，凡有明朝舊勅盡令繳部，不許隱藏。又嚴禁京城內外不許擅造寺廟佛像，必報部方許建造。其現在寺廟佛像，亦不許私毀。僧道住處不許私遷移出佛像，及自置緣簿募化，並不許私削髮爲僧。僧道官住持縱隱，一并治罪。

三年定，在京寺廟庵觀，不許僧尼道士溷處，及閒雜人居住。工部及五城察明僧道官有容隱者，一例重懲。

又定，嚴禁京城僧道沿街設置神像念誦經咒，或持擊梆磬募化者。該管僧道官，即行重治。如住持募化罪，及闔寺如散衆募化罪，坐住持及該管僧道官一并治罪。

六年題準，內外僧道，必有度牒方準住持焚修，該部刊刻度牒印發各布政使司及順天府，察境內僧道素無過犯者，每名納銀四兩，給與度牒一紙。各州縣於歲底申解該司，彙解戶部，仍報部考覈，從前給過度牒，一幷追繳。

八年奉旨，僧道均免納銀。如有請給度牒者，該州縣察覈呈報，司府呈禮部，照數給發。

是年定，皇城內不許作道場。

九年諭，僧尼道士，已領度牒者，務恪守清規，用本等衣帽住居本寺廟。如未領度牒私自爲僧尼道士，及用番僧衣服往來者，照例治罪。欽此。

十一年定，禁止創建寺廟，其修理頹壞寺廟聽從其便，但不得改建廣大。

十五年題準，直省僧尼道士已經給過漢字度牒者，盡令繳出送部，照數換給清漢字度牒，並確覈先年已納銀者換給新牒，未納銀者納銀給牒。

十七年議準，僧道度牒免其納銀，令各該撫詳開年貌籍貫及焚修寺廟，備造清冊，並送紙張投部，印給度牒。

康熙元年定，凡作道場者，止許在本家院內其當家建設席棚，揚旛懸榜，及僧道張繖奉持香帛遶街行走，取水畫地，開酆都，穿戴甲冑等項，悉行禁止。違者僧道，杖二十爲民，該管僧道官革職。其作道場之家繫官，交該部議處。繫民治以違禁之罪。

又定，凡有邪病請巫師道士醫治者，須領巫師道士，稟知各都統副都統用印文報部，方許醫治。違者將巫師道士交刑部正法，其請醫治之人交部議罪。

四年題準，興京盛京及京城寺廟僧道，均遵旨建設外，其前代勅建寺廟，應各設僧道十名。私建大寺廟，各設八名，次等寺廟，各設六名，小寺廟各設四名，最小寺廟，各設二名。

又題準，本戶不及三丁及十六歲以上，不許出家，違例者治罪。僧道官及住持知而不舉者，一幷治罪，罷職還俗。

六年，禮部通計直省勅建大寺廟共六千七十有三，小寺廟共六千四百有九，私建大寺廟共八千四百五十有八，小寺廟共五萬八千六百八十有二，僧十有一萬二百九十二名，道二萬一千二百八十六名，尼八千六百十有五名，共計寺廟七萬九千六百二十有二，僧尼道士十有四萬一百九十三名。

十二年議準，無爲白蓮焚香聞香混元龍元洪陽圓通大乘等邪敎，惑衆聚會，念經執旗，鳴金聚衆拈香者，通行八旗直省，嚴行禁飭，違者照例懲責。

十三年定，僧錄司善世闡教講經覺義左右各二人，左善世由右善世補，右善世由左闡教補，左闡教由右闡教補，右闡教由左講經補，左講經由右講經補，右講經由左覺義補，左覺義由右覺義補，右覺義以候補。僧官補道錄司，正一演法，至靈至義，左右各二人，左正一由右正一補，右正一由左演法補，左演法由右演法補，右演法由左至靈補，左至靈由右至靈補，右至靈由左至義補，左至義由右至義補，右至義以候補道官補。如無候補之人，行僧錄道錄司選取在京僧道送部，部出題考試，取經典諳熟並爲人端潔者十名，或取二十名，咨送吏部存案，按名遞補，皆不支俸。

又議準，在外僧道府所屬僧綱司道紀司，州屬僧正司道正司，縣屬僧會司道會司，均由各該撫將應補。僧綱道紀之人，咨部詳察，轉咨吏部補，授準其注冊，停止具題，仍知會到部，塡給劄付，移咨該撫，行令任事。

又定，內外僧道官，專管天下僧道，恪守戒律清規，違者聽其究治。若所犯與軍民相涉者，在京申部酌審，在外聽有司斷理。

又定，京城內外寺院庵廟宮觀祠宇，不許容留無度牒僧道及閑雜人等居住歇宿。

十五年題準，凡僧尼道士，不領度牒，私自出家者，杖八十爲民，有將逃亡事故，度牒頂名冒替者，笞四十。度牒入官，該管僧道官皆革職還俗。

又題準，直省僧道，停止給與度牒。

十六年定，京城內寺廟庵院，不許設敎聚會男女溷雜，並不許建設高台，演劇斂錢，酬神賽會，僧道錄司及該管僧道官，不時稽察。有違禁者，執送到部，將本人及寺廟住持一幷治罪。該管僧道官不行稽察，由部處分。

二十二年議準，盛京僧道，仍給與度牒。

二十三年議準，福建臺灣僧道，舊牒追繳，送部換給新度牒。

二十六年覆準，無賴狂徒假藉僧道爲名，或稱祖師降乩，或妄逞邪說託言前知，或以虚妄之談鼓動愚蒙，至有羣相禮拜甘作徒從者，嗣後此等邪教通行八旗五城，各省督撫地方官，令其嚴行禁止。

四十八年覆準，鳴金擊鼓聚衆燒香男女溷雜等弊，曾經嚴禁在案，恐相沿日久，舊俗復熾，再扶鸞書符招搖斂緣之輩，皆應永行禁止。嗣後如有仍前擅行者，該地方官即行究治。如不實心察究，在京或經該部察，出外省或經督撫察，出將該管官指名題參。

五十年諭，直省創建寺廟多占據百姓田廬，既成之後，愚民又爲僧道，日用糾集銀錢，購買田地給與，以致民田漸少。且游民充爲僧道，藏匿逃亡罪犯，行事不法，實擾亂地方。向原行禁止，因日久漸弛，著各督撫暨地方官，除原有寺廟外，其創建增造永行禁止。欽此。

又覆準，直隸各省嚴飭地方官，概不許創造寺廟。該僧道官不時稽察，取具甘結呈報，並不得容留外來可疑之人。如有故違致生事端，依律治罪。

雍正元年覆準，江南浙江等省，禁止婦女遊山入寺。

二年覆準，愚昧之徒縱令婦女成羣聚會往寺廟進香，有壞風俗，嗣後將寺廟進香起會之處，嚴行禁止，犯者照例治罪。其住持及守門人不禁者，同罪。

又覆準，寺廟，禁軍民妻女入廟燒香，及扮神賽會。其民閒春秋義社祈報者，不在此例。著都察院分晰出示，並令司坊官明白曉諭。

七年覆準，遊方僧道等，責令僧道官管轄。地方官遴選恪守清規者，咨部照例給劄。

十三年十一月諭，四民之中，惟農夫作苦，自食其力，最爲無愧。飭庀八材，以利民用，非百工莫備。士則學大夫之學，故祿其賢者能者。至於商賈阜通貨賄，亦未嘗無益於人。而古昔聖王尙慮逐末者多，令不得衣絲乘車，推擇爲吏，以重抑之。令僧之中有號爲應付者，各分房頭，世守田宅，飮酒食肉，並無顧忌。甚者且畜妻子，道士之火居者亦然。夫一夫不耕，或受之饑。一女不織，或受之寒。多一僧道，則少一農民。乃若輩不惟不耕而食，食必精良，不惟不織而衣，且衣必細美，室廬器用，玩好百物，爭取華靡。計上農夫三人，肉袒深耕，尙不足以給僧道一人，不亦悖乎。朕與二氏之學，皆洞悉其源流。今降此旨，並非博不尙佛老之名也。

蓋見今之學佛人，豈獨如佛祖者無有，即如近代高僧，實能外形骸清靜超悟者亦稀。今之道士豈獨如老莊者無有，即如前世山澤之癯，實能凝神氣養恬壽命者亦稀。然茍能遵守戒律，焚修於山林寂寞之區，布衣粗食，獨善其身，猶於民無害也。今則不事作業，甘食美衣，十百爲羣，農工商賈，終身竭蹶以奉之，而蕩檢踰閑於其師之說，亦毫不能守。是不獨在國家爲游民，即繩以佛老之教亦爲敗類，而可聽其耗民財溷民俗乎。

著直省督撫飭各州縣，按籍稽察，除名山古剎，收接十方叢林，及雖在城市而願受度牒遵守戒律閉戶清修者不問，外其餘房頭應付僧火居道士皆集衆面問。願還俗者聽之，願守寺院者亦聽之。但身領度牒，不得招受生徒，所有資產，如何量給，還俗及守寺院者，爲衣食計，其餘歸公，留爲地方養濟窮民之用。並道士亦給度牒之法，該部詳悉妥議具奏。欽此。

乾隆元年諭，朕前以應付僧火居道士，竊二氏之名，而無修持之實，甚且作姦犯科，難於稽察約束，是以酌復度牒之法。使有志修行者永守清規，而無賴之徒不得竄入其中，以爲佛老之玷。其情願還俗者，量給資產，其餘歸公，留爲養濟窮民之用。此亦專爲應付僧火居道士而言也。名山古剎，閉戶清修者，在所不問。

前降諭旨甚明，見交與王大臣九卿會議。乃聞外省傳述錯誤，一切僧道皆有惶惑不安之意。恐將資產歸公，遂爾弊端百出，有將己身田宅詭寄他人戸下，希圖藏匿者，有謀囑書吏分立花戸詭名，以多報少者，有減價速求售賣，變銀入橐者，且有局外匪類，從中藉名索詐者。夫此僧道既謀利戀財如是，揆之仙佛之法乃糠秕稂莠也。即取其私橐歸公以養濟貧民，亦何不可之有，天下後世自有公論。但朕之本意，原以天地好生之心爲心，一物不得其所，如已推而納之溝中，此庸愚無知之僧道，亦天下之一物耳。朕何忍視同膜外，況朕先所降旨甚明，原以護持僧道，而非有意苛削僧道。今觀伊等情形，是愚昧無知，被人恐嚇，而不知原降之諭旨也。

著該部先行曉諭，去其迷惑。至於應付僧火居道士之資產，因無所歸著，是以有養濟窮民之說，究竟國家養濟窮民，豈需此區區之財物，亦可不必稽察歸公。此處著重議具奏。

又聞外閒有尼僧一種，其中年老無依情，願削髮者，尚無他故。其餘年少出家之人，心志未定，而強令寂守空門，往往蕩閑踰檢爲人心風俗之害。且聞江浙地方竟有未削髮而號稱比邱者，尤可詫異。似亦應照僧道之例，不許招受生徒，免致牽引日衆。有情願爲尼者，必待年齒四十以上，其餘概行禁止。著將此一并入於會議中妥議，具奏。欽此。

遵旨議準嗣後，僧錄等令地方官，於戒僧內選擇樸實謹慎之人，報部充補道錄等。應於道士內無家室，實在住廟者，詳慎選擇充補。其現在受戒僧人全眞道士，素守清規，具有保結者，均應頒給度牒。若經僧道等官之手，易滋需索擾累應行。令順天府奉天府直省督撫轉飭該地方官，將各僧道年貌籍貫並焚修所在，繕造清冊，取具互結，加具印結，申送該督撫彙齊，報部照冊，給發度牒。仍飭各地方官，當堂給各僧道收執，遇有事故將原領度牒追繳。如有改名更替，或藉名影射及私行出家者，皆照違制律治罪。至於應付僧人，令該地方官傳集面詢，果繫實心出家，情願受戒者，準其給與度牒。不願受戒者，即令還俗，編入里甲爲民。若老邁殘疾既難受戒又難還俗者，察實亦給與度牒，許其看守寺廟，以終天年。又如深山僻壤寺廟僧人，不能遠出受戒，及俗家並無所歸者，亦姑給與度牒，仍別注冊，永不許招受生徒。至在京及直省道士，果無家室實心住廟焚修者，應給與部照，無庸給牒。火居道士，則勒令還俗。如有年老別無營運者，亦暫給與部照，永不許招受生徒。其尼僧一項，亦應照僧道之例，願還俗者聽其還俗，無歸者亦暫給與度牒，不得招受少年女徒。嗣後婦女有年未四十出家者，該地方官嚴行禁止。至各寺廟所有資產，應免稽察，以省紛擾。頒發牒照所需紙板工價等項，均於戶工二部支取，歲終奏銷。

又覆準，年少沙彌道童，察其果無父兄可依者，應暫留寺觀造冊備案。年至二十不願受戒，及二十以內力能謀生願還俗者，聽。至年少女尼不準暫留庵廟，惟四體偏廢五官闕陷，及實無所歸，應照原題內僧道殘疾之例，暫行給牒以贍餘生。

又覆準，八旗人等，不得入天主教。應令各該旗都統等，通行曉諭禁止，違者從重治罪。

三年議準，直省僧尼道士，頒發牒，照宜豫籌清釐之法。俾有成數可稽。見在應付火居人等，止給本身牒照，不準招受生徒。庶牒照止有繳銷而無續增，其合例應招生徒之僧道，亦必年逾四十始，許招徒一人，所招之人即於其師原領牒照，由地方官注明所招者之年貌籍貫，簪剃年月，用印鈐蓋，取具五人互結存案，師故即爲本人之牒照，次第相傳，不必別給。該州縣歲終彙報該撫，該撫隨五年審丁之期，別具清冊報部。如所招之人身有過犯，應還俗問罪者，即於其師牒照內除名，亦不準其師續招。若招徒無過病故者，準其報明地方官，再行招受，即於牒照內注明，以防影射。因水火盜賊而遺失牒照，亦許呈明咨部再給，若其師收徒之後犯罪，應追繳牒照者，應將牒照即行繳銷。所招生徒願還俗者，聽願出家者，別聽投師，注名牒照。至已故之牒照，不得暗行隱匿。見在之牒照，不得私相授受。均責成僧道官實力稽察，地方官不時察覈。如有隱匿影射情弊，將僧尼道士勒令還俗，治以頂替假冒之罪。僧道官容隱者，斥革還俗，仍照違令律笞責。地方官不行察覈者，照失察例罰俸三月。僧道等年未四十而招受生徒，或招受不止一人者，照違令律笞責。僧道官容隱罪同，地方官失察奪俸。

四年覆準，僧道情願投師者，該師將所招之人報地方官，察明年貌籍貫，並取具鄰族地保，並無過犯，甘結存案。至遠來投師之人，應令居停住持呈地方官，咨取原籍地方印甘各結，到日方準簪剃。

是年奏準，自乾隆元年起至四年止，共頒發過順天奉天直隸各省度牒部照三十四萬一百十有二紙。遵照原議令其師徒次第相傳，不必再行給發。各督撫仍於五年審丁之期，別具清冊報部。

又覆準，應付僧火居道士，內有老邁殘疾及深山僻壤俗家無可歸者，姑給印照。仍令該地方官察明，此項牒照即大書，不許招受生徒字樣，鈐蓋印信。其年終彙繳之牒，照令該管僧道官當堂面繳，即將銷字印記牒照並截去一角，繳送督撫報部覈銷。

五年諭，僧道亦窮民之一，朕不忍概從沙汰，故復行頒給度牒，使有所覈察。今禮部頒發牒照已三十餘萬張，而各省繳到者尚少，是或仍事因循僅奉行故事，則甚非朕所以禁游惰勸力作之本意矣。著該督撫留意，善爲經理，並著於歲終將所減實數具奏。欽此。

七年覆準，直省僧道由部於歲終將僧道所減實數奏聞，業經令各該督撫繕黃冊進呈，別造清冊送部察覈。逐年冊籍井然可稽，應將隨五年審丁之期，造冊報部停止。

八年覆準，直省有未曾領牒照之僧道，游手托名，察明曾經過犯，即勒令還俗，編管爲民。若素無過犯實心出家者，準令投師傳牒，別欵附冊，年終奏報。至於外來投歇驗無牒照者，許令住持報地保鄰甲呈官，驅逐回籍。若違例私自容留，犯案事發，將住持僧道分別治罪，地方官徇隱議處。

十八年覆準，聚衆爲匪之案，多由姦邪僧道主謀，平時煽惑愚民，日漸釀成大案。應令該地方文武各官，察照元年四年議準僧道牒照確取保結詳咨授受頂給之定例，實力奉行。如遇公事之便，就近親至庵廟寺觀細加體訪，務使姦宄之徒不能溷跡。僧道以削患於未萌，如文武官仍視爲具文，以致藏姦匿匪煽惑愚民釀成逆案，一經發覺，將該管地方官及該管上司並武職各官，皆照不能察緝姦民例分別議處。再僧綱道紀等司，乃專管僧道之人，如該管內有爲匪不法之徒，即應隨時稽察舉首，如坐視不問，瞻徇隱匿，別經發覺者，將僧綱道紀等司嚴提究審。如果明知縱容犯繫逆案者，即照知情故縱逆犯本律，分別已行未行按律定擬。若止失於稽察，並無徇縱情弊，亦當咎其平日不能約束，坐以不應重律，杖八十。

十九年諭，前經降旨禮部，頒發僧道牒照，復令各督撫歲終將所減實數具奏。此原欲敺游手爲良農，畧示沙汰之意耳。乃十餘年來，各省奏報不過具文從事，且若輩即盡令歸農，安得餘田而與之轉，不免無籍爲匪耳。據實嚴察，或滋擾有名無實，甚無謂。此綜理日久所悉正，不必襲復古闢異之跡也。欽此。

又《番僧禁例》 天聰七年定，喇嘛班第出居城外清淨之所，有請念梵經治病者，家主治罪。

又定，喇嘛班第，有容留婦女及不呈請到部，私爲番僧私蓋寺廟者，治罪。

順治四年定，番僧不許私自遊方，有遊方到京者，著發回原籍。

十八年題準，京城內白塔居住番僧九名，西大達廟居住番僧八名，及額木齊喇嘛應照舊留住外，其餘喇嘛班第，均令於城外居住。如有擅自進城居住者，將喇嘛送刑部，照違法例治罪。

康熙六年議準，凡喇嘛班第令該管大喇嘛，逐日詳察，由部每月詳察。有請誦經治病者，於大喇嘛處言明準去，仍令交還大喇嘛。

二十三年覆準，嗣後番僧所到處不過三日，即令起程，違者留住，家長寺廟住持及失察官員，皆令治罪。番僧除犯死罪外，所犯別罪，停其入官，仍照律治罪，遞解原籍。

又定，班第不許服用金黃色黃色，伍巴什伍巴三察不許服用金黃色黃紅色。如上賜者準用，違者治罪。

乾隆元年諭，從前部議給發僧道度牒一事，每歲發給數目作何題奏，未經議及，恐有司視爲具文，無從稽考，著各省將給過實數及事故開除者，每年詳晰造冊報部，該部於歲終彙題。今年初次奉行其題奏之處，著於乾隆二年爲始，至番僧給發度牒，亦照此例行。欽此。

又卷一〇〇《樂部（節錄）》

慶隆舞樂章：

佑啟哲嗣，光闡前猷。昭宗駿德，誕迓天庥。
攜貳綏懷，朝鮮歸欵。世奉東藩，鼇爾圭瓚。
三十五部，厥角稱臣。西被佛土，重譯來賓。
濯征有明，耀師齊魯。電掃郊圻，有而弗取。
畧地松杏，屢殪敵軍。百戰百克，用集大勳。

右第四章

古歌：

八種成壞兮，實人世之常墮。迷網中兮，慾鎖與情韁。
愚人無識兮，樂茲殊未央執。空爲有兮，謬語其奚當。

如意寶：

不澡心於羣經，具本性而無明。不服膺於佛乘，說妙行而聽熒。

肖者吟：

滅除已罪，仗佛眞言。如欲療病，惟良藥存。
菩提鐙兮，出衆生於黑暗。智慧梳兮，櫛六慾之糾纏。

大龍馬吟：

疇知幻騙，秘此佛性。疇不退轉，佛恩來證。
上德隨落，疇其知病。下士頓超，疇其知競。

三章：

敬遵佛勅，如兹甘雨。莫行邪惡，種兹罪苦。

僧寶吟：

投誠皈命，即安且吉。如佛塔廟，云胡遠別。和樂且耽，手足提攜。如姊如娣，云胡遠離。

又卷一〇八《兵部（節録）》 至失察蓄髮僧人入城者，官罰俸一月。兵丁交刑部治罪。

又議準，城門領城門吏門千總，容留閒人近門住宿者，罰俸六月。故縱閒人近門烤火，延燒城門者，革職，領催兵丁，交刑部治罪。失察蓄髮僧人入城者，罰俸一月，領催兵丁，鞭四十。

又卷一三四《刑部（節録）》 僧道犯罪，曾經決罰者，追收度牒，並令還俗。

又卷一三八《工部（節録）》 賜岷州衛等處番僧段袍袈裟，及各經廠念經内監袍服，各寺廟取用掛旛絨繩，由庫造給。

又卷一三九《盛京戶部（節録）》 戶禮工三部屯莊、官丁、僧道各項人等地畝，率領各該管官公同勘丈，務期詳悉清楚。丈完之日，將丈過地畝數目造册送部，倘有隱匿不清之處，發覺日將勘丈之官從重治罪。

盛京將軍各部及各城守尉邊口衙門僧録道録司等處，需用心紅紙張，鐙油木棉。據各該衙門來文給發。宮殿及各寺廟糊飾所用紙張、油麪等物，據該衙門來文給發。

賞給僧道。興京顯佑宮道士八名，歲給衣服。地藏寺僧綱一名，僧三十二名，歲給衣服，每月米一斗，鹽一斤。盛京景佑宮道士十有六名，歲給衣服，每名歲給鹽二十斤。永寧寺喇嘛及格隆三名班第七名，實勝寺大喇嘛一人，格隆九名，班第三十五名，嘛哈噶喇廟大喇嘛二人，班第六名，東塔永光寺、南塔廣慈寺、西塔慈壽寺，各大喇嘛一人，格隆三名，班第十有六名，北塔法輪寺大喇嘛一人，格隆二名，班第十有七名，永寧寺喇嘛班第，歲給衣服。實勝寺、嘛哈噶喇廟、四塔寺喇嘛，三歲給衣服。格隆班第，二歲給衣服。喇嘛歲給貂皮帽，格隆歲給狐皮帽。遼陽大安、龍泉二寺，共僧十有五名，二歲給衣服。每寺歲給米五石。蓮花寺僧十名，三歲給衣服，每名歲給鹽十斤。永寧寺喇嘛移內務府取給，餘移盛京戶部動帑市買支給。

又卷一四二《理藩院（節録）》 西藏唐宋爲吐番，元明爲烏思藏。崇德七年，番僧遣使歸誠。順治十年來朝，賜金册金印，授爲西天大善自在佛，領天下釋教，普通瓦赤喇怛喇達賴喇嘛，俗稱其國曰圖伯特，又曰唐古忒，最尊者曰達賴喇嘛，班臣喇嘛代喇嘛理事者曰第巴。又有汗則蒙古部長爲之，康熙三十二年封第巴爲圖伯特國王，賜金印後潛與厄魯特噶爾丹通。四十四年，達賴汗之子拉藏誅第巴以聞，四十五年，封拉藏爲輔教恭順汗，賜金。

册金印，四十九年，允拉藏所請，封伊西扎穆蘇爲六世達賴喇嘛，賜金。

册金印，五十三年，準噶爾侵藏，殺拉藏，旋即平定。六十年，封康濟鼐阿爾布巴爲貝子，隆布鼐爲公總理其地。雍正五年，阿爾布巴等殺康濟鼐以叛。後藏辦理噶卜隆事務之扎薩克台吉頗羅鼐，走避以聞。六年，阿爾布巴等伏誅，封頗羅鼐爲固山貝子。七年，封達賴喇嘛之父索諾穆達爾扎爲輔國公。九年，封頗羅鼐爲多羅貝勒，給册印，轄衛藏噶卜倫事務。封頗羅鼐之長子珠爾瑪特車卜登爲輔國公，封噶錫巴納穆扎爾塞卜騰爲輔國公。十二年，封頗羅鼐之弟諾顏和紹齊爲扎薩克台吉。乾隆四年，晉封頗羅鼐爲多羅郡王。十二年，以頗羅鼐之次子珠爾默特納穆扎爾襲封多羅郡王。十五年，珠爾默特納穆扎爾以罪伏誅。十六年，議設噶卜倫四人，代貢五人，各頒給勅諭第巴三人，堪布一人，均給本院執照，分轄藏務，受駐藏大臣及達賴喇嘛管轄。

四年議準，駐劄西藏辦事司官筆帖式，照駐劄哈密瓜州司官筆帖式例，定爲二年一換，不必交錯更代，俟新去之司官筆帖式到後，舊駐劄之人留住三月，將舊事交代明白再令回京。

乾隆五年議準，唐古忒學助教，原爲教訓學生及繙譯所降達賴喇嘛之旨並西藏送到一應文書而設。八旗滿洲蒙古各學舍皆有額設助教，嗣後唐古忒學助教亦定爲額設之官。

又《喇嘛封號》 勅印

順治十年，前藏五世達賴喇嘛來朝，賜以金册金印，授爲西天大善自在佛，領天下釋教普通瓦赤喇怛喇達賴喇嘛。

十八年，給喀爾喀丹津喇嘛勅印。

康熙十五年，後藏班臣胡圖克圖遣使來京進貢。

十八年題準，扎薩克大喇嘛給與印信，其餘格隆班第等給與禁條度牒不給印信。

三十年，喀爾喀庫倫澤卜尊丹巴胡圖克圖率領喀爾喀七旗，於多倫諾爾地方朝覲。

三十二年，封澤卜尊丹巴胡圖克圖爲大喇嘛，於喀爾喀地方立爲庫倫，廣演黃教。

三十七年，封扎薩克大喇嘛默爾根綽爾濟爲灌頂普惠宏善大國師，給以勅印。

四十四年，封章嘉胡圖克圖爲灌頂普善廣慈大國師，給以誥勅印。

四十九年，封前藏伊西扎穆蘇爲六世達賴喇嘛，賜以金印金冊，後廢。

五十二年議準，班臣胡圖克圖勤修釋教，敬謹納貢，應照達賴喇嘛之例給與金冊金印勅書，錫封班臣額爾德尼。

五十七年覆準，西寧衮布廟喇嘛達賴諾們汗，奏請封號，授爲西勒圖達賴諾們汗，給以勅印。

五十八年議準，拉牙察木道兩處首領喇嘛羅卜藏納木扎爾胡圖克圖吉窐帕克巴拉丹拜尼瑪胡圖克圖，從前因遣往雪山之使，豫備烏拉，敬謹奉行，今呈請名號，賜拉牙胡圖克圖爲闡揚黃教諸們汗察木道，胡圖克圖爲大闡黃教額爾德尼諾們汗，均給與封號勅印。

五十九年，封前藏噶爾藏堅木錯爲興教度衆六世達賴喇嘛，給金印金冊。

又覆準，西寧衮布廟阿旺喇嘛，奏請封號，授爲扶佑黃教額爾德尼諾們汗，給以勅印。

又覆準，青海親王羅卜藏丹晉，奏請垂卜藏胡圖克圖封號，授爲資教額爾德尼諾們汗，給以勅印。

六十年覆準，西寧衮布廟西勒圖達賴諾們汗，照伊封號，給以勅印。

雍正元年議準，達賴喇嘛印冊，照五世達賴喇嘛之銜換給，并增蒙古字，別給勅書，令其辦理噶卜倫事務。

又覆準，澤卜尊丹巴胡圖克圖，應照班臣達賴喇嘛之例，給與封號賜金印勅書，授爲啓法澤卜尊丹巴喇嘛。

又議準，多爾濟萬楚克，給以掌管澤卜尊丹巴胡圖克圖徒衆辦理庫倫事務。額爾德尼商卓忒巴之號堪布諾們汗，給以掌管澤卜尊丹巴胡圖克圖經壇，總理番僧事務。堪布諾們汗之號，各給以勅印。

又覆準，甘珠爾巴噶卜楚額爾濟格特諾們汗，均繫大喇嘛，應封甘珠爾巴噶卜楚爲述教甘珠爾巴默爾根諾們汗，額爾濟格特諾們汗爲興教善知識諸們汗，各給以勅印。

又議準，裡業烏齊廟喇嘛阿旺扎布陳勒胡圖克圖嘉喇廟喇嘛阿旺胡圖克圖，均給與胡圖克圖封號，勅印。

五年具奏，達錫吹品爾托音奉使西域齎回班臣達賴喇嘛之文，稱澤卜尊丹巴胡圖克圖再生衆喀爾喀，遣使請封，應將額駙敦多卜多爾濟之子，準爲澤卜尊丹巴胡圖克圖之胡畢爾汗，奉旨理藩院奏請，勅封澤卜尊丹巴胡圖克圖之後身澤卜尊丹巴胡圖克圖其鍾靈大有根源，乃與達賴喇嘛班臣額爾德尼相等之大喇嘛也。衆喀爾喀，皆尊敬供奉，且其所居庫倫弟子甚衆，著動用帑銀十萬兩，修建大剎封伊後身。

九年諭，澤卜尊丹巴胡圖克圖之胡畢爾汗年幼，達錫吹品爾托音又甚年老，今當準噶爾賊人騷擾之際，令在庫倫居住，甚不妥協。庫倫地方廟宇尚未完工，多倫諾爾所修廟宇業已告竣，應俟明春草萌時，將胡畢爾汗同達錫吹品爾托音等移至多倫諾爾廟內居住，俟軍務平定再回庫倫。欽此。

十二年覆準，封土官胡圖克圖爲靜修禪師，給以勅印。

又覆準，封西藏達賴喇嘛之師道都溫都遜堪布，爲闡揚黃教阿齊圖諾們汗，給以勅印

又覆準，封噶爾旦西勒圖爲慧悟禪師，給以勅印。

又覆準，封布魯克巴胡畢爾汗喇嘛扎爾西里布魯克顧濟，爲掌管布魯克巴黃教。扎爾西里胡畢爾汗諾顏林沁齊雷喇卜濟，爲額爾德尼第巴噶畢冬魯卜，爲掌管地方噶畢冬魯卜喇嘛，各給以勅印。

又覆準，章嘉胡圖克圖胡畢爾汗，來歷甚明，於經典性宗皆能通曉，不昧前因，實爲喇嘛內特出之人，應照前身冊封國師之號，其原賜灌頂普

善廣慈大國師印，見在其徒衆收貯，毋庸頒給，外辦給誥命勅書。

乾隆二年議準，喀爾喀額爾德尼班達胡圖克圖，各徒衆甚多，一應官差出兵，皆與扎薩克佐領下人等一同行走，應各給與管理徒衆印信。

三年諭，澤卜尊丹巴胡圖克圖，前身乃衆喀爾喀汗王等，以師禮供養有名之大喇嘛也。皇祖皇考皆特恩軫䘏，皇考命錫冊印，封爲啟法澤卜尊丹巴喇嘛。今看此胡畢爾汗，賦性聰明，舉止端重，儀表甚好，曾蒙皇考睿鑒降旨云，此實繫澤卜尊丹巴喇嘛之後身。今胡圖克圖既奏請來京，其頒給冊印勅封之處，著理藩院察例議奏。欽此。

遵旨議準將澤卜尊丹巴胡圖克圖之後身，仍照前身錫號冊封前賜啟法澤卜尊丹巴喇嘛之印，照常存留外，別製新冊頒給。

四年議準，澤卜尊丹巴胡圖克圖之師東科爾滿珠西里胡圖克圖，給與封號印信。

五年議準，班臣額爾德尼之胡畢爾汗經達賴喇嘛等，驗明是實，應送往後藏坐牀。

又議準，見今準噶爾軍務平定澤卜尊丹巴胡圖克圖，仍應移往喀爾喀庫倫地方居住。遣本院司官一人會同照看，胡圖克圖之侍衛等送往。奉旨，胡圖克圖今歲遷移，計文到彼處，束裝起程，將屆暑熱，著俟明歲青草發萌，再行遷移。臨行時，著賜銀萬兩。

六年諭，從前恐準噶爾人等，潛入喀爾喀地方窺伺，澤卜尊丹巴胡圖克圖之胡畢爾汗曾蒙皇考特降諭旨，將胡圖克圖移至多倫諾爾地方居住。今因軍務已竣，將胡圖克圖仍移於喀爾喀之庫倫地方居住。但準噶爾向來狡詐，反覆不常，今雖敬順求和，猶恐一時改變，別起釁端，又發兵前來窺伺。胡圖克圖，亦未可定其保固防備之處若。不豫爲籌畫，似屬可慮。著行文額駙策凌等，如何將澤卜尊丹巴胡圖克圖所在庫倫地方保護防備，若遇有警，如何將胡圖克圖移住內地。務計萬全辦理，並會同喀爾喀四部落之副將軍大扎薩克等及管理胡圖克圖庫倫事務之土謝圖汗敦丹多爾濟額駙敦多卜多爾濟等，商酌詳悉議奏。從前胡圖克圖在多倫諾爾地方居住時，曾差侍衛二人輪班照管。今胡圖克圖初移徙前去，仍照前例差侍衛二人每年一換，令在胡圖克圖處照管。胡圖克圖處，有朕之侍衛照管，不但諸事有益，其胡圖克圖在彼安居，身體康泰之處，朕亦不時得聞。欽此。

遵旨議準，後庫倫廟建於衣奔地方，與邊界相近應，令澤卜尊丹巴胡圖克圖在見駐之庫倫居住，撥喀爾喀四部落兵三百名。胡圖克圖之沙畢納爾兵二百名，令扎薩克一人官二人駐劄管轄。如遇有警，由軍營即速馳報，著額駙敦多卜多爾濟率此官兵保護。胡圖克圖移進多倫諾爾地方居住，欽差之侍衛二人，亦著一同護送。

又議準，班臣額爾德尼之胡畢爾汗，坐牀未久，正在年幼，勤學經典，專心務業之時，不便遽議換給冊書，俟過數年，通曉經典再議換給。

十三年覆準，瀚海地方連年亢旱，喀爾喀生計不足，請將照看澤卜尊丹巴胡圖克圖之喀爾喀兵三百名徹回。其胡圖克圖之沙畢納爾兵二百名，令親王額林沁多爾濟會同商卓忒巴，定議報院。

又奏準，胡圖克圖之沙畢納爾兵二百名，亦令徹去。若遇調遣，即刻齊集。仍著親王額林沁多爾濟，將此情由曉諭。

十六年議準，喀爾喀額爾德尼諾顏綽爾濟羅卜藏諾爾布，屬下徒衆甚多，照額爾德尼班第達胡圖克圖等之例，給與印信。

十八年議準，封吉隆胡圖克圖爲慧通禪師，給以勅印。

二十年奉旨，準噶爾既已平定，所有駐劄庫倫輪班照管之侍衛，著徹回。

又覆準，封喀爾喀額爾德尼諾顏綽爾濟羅卜藏諾爾布，爲青蘇珠克圖諾們汗，換給總管喀爾喀青蘇珠克圖額爾德尼諾顏綽爾濟徒衆之印，分鐫滿洲蒙古西番三體字。

又奏準，章嘉胡圖克圖，屬下徒衆甚多，照喀爾喀多爾濟汪舒克拖音，給以總管澤卜尊丹巴胡圖克圖屬下徒衆。額爾德尼商卓特巴印信之例，給與羅卜藏吹音丕爾總管章嘉胡圖克圖屬下徒衆，扎薩克喇嘛商卓特巴印信。

二十一年特旨，加封喀爾喀澤卜尊丹巴胡圖克圖爲隆教安生澤卜尊丹巴胡圖克圖，給以冊印。

又議奏，按雍正元年甘珠爾巴噶卜楚，封爲述敎甘珠爾巴默爾根諾們汗，給與勅印。後經圓寂，交伊徒大喇嘛額爾克綽爾濟阿旺顏品爾收存。至乾隆五年，胡畢爾汗出世，經院奏明，令其師徒見面。今甘珠爾巴默爾根諸們汗之胡畢爾汗見年二十三歲，前給勅印，應否仍行賞給。奉旨準給。

二十二年奏準，給青蘇珠克圖諾們汗勅一道。

二十四年議準，達賴喇嘛圓寂之後，西藏事務不可無總辦之人。奉旨第穆胡圖克圖封爲秉持黃教大德汗，管理西藏事務，仍給冊一道，銀印一顆。

又議準，慧通禪師吉隆胡圖克圖圓寂，所有勅印交伊徒收貯外，按吉隆胡圖克圖所屬噶木地方，廟宇徒衆甚多，且西番人等亦其所轄見，今雖繫吉隆胡圖克圖之弟阿旺諾爾布暫行管理，但未奏明，不足以資彈壓。奉旨，胡圖克圖之弟阿旺諾爾布着賞給關防，欽此。

遵旨議給統轄吉隆胡圖克圖屬下巴克碩特等，十八廟宇生徒唐古忒等，扎薩克喇嘛之關防。

又奏準，喀爾喀諾顏胡圖克圖羅卜藏扎木揚丹津屬下，徒衆別編一佐領，令其管轄，仍附入本部落內當差，並給與總管喀爾喀諾顏胡圖克圖徒衆之印，分鐫滿洲、蒙古、西番三體字。

二十六年覆準，噶爾旦西勒圖胡圖克圖之徒弟昆楚克敦珠布，賞給總管噶爾旦西勒圖胡圖克圖屬下徒衆，扎薩克喇嘛商卓特巴印信。

二十七年議奏，按康熙五十九年西寧袞布廟阿旺喇嘛奏請封號，授爲扶佑黃敎額爾德尼諾們汗，給以勅印。今章嘉胡圖克圖呈報阿旺喇嘛之胡畢爾汗來歷甚明，在西藏學習經典甚好，各蒙古籲請將前給扶佑黃敎額爾德尼諾們汗勅印，仍行換給。奉旨仍賞給。

又奏請，達賴喇嘛之胡畢爾汗轉世，所有達賴喇嘛冊印或即行換給。或竢數年後再行換給。奉旨，再待數年。

又議準，嗣後胡畢爾汗轉世，其原有胡圖克圖封號者，即移詢達賴喇嘛班臣額爾德尼拉穆吹仲果有確據者，具奏準其迎回，與徒聚處，如原無胡圖克圖封號之胡畢爾汗令扎薩克察，其前世清規何如，所習教典曾否能至其分之處，詳細報明。仍令達賴喇嘛等覈實具奏，亦準其迎回與徒聚處，其餘概不準爲胡畢爾汗。其近年辦過游牧察哈爾等旗下之達喇嘛，扎米延鍾累等七名胡畢爾汗，應交章嘉胡圖克圖等覆覈，分別去留，報院注冊。

又《喇嘛進貢》 達賴喇嘛班臣額爾德尼間年輪班遣使進貢，貢道由西寧至京師，寓居西黃寺。貢物有壽帕銅佛舍利珊瑚琥珀數珠藏香氆氌之屬，來使各附進壽帕銅佛藏香氆氌有差。又貢慶祝禮有五色壽帕銀滿達七珍八寶八吉祥佛像金字經銀塔紅花諸物，除照例折賞外，回時皆奉旨慰問，加賜達賴喇嘛重六十兩鍍金銀，茶筩一，鍍金銀缾一，銀鍾一，各色段三十，大壽帕五，小壽帕四十五，色壽帕十。正使二等，雕鞍一重，三十兩銀，茶筩一，茶盆一，段三十，毛青布四百，豹皮一，虎皮三，江獺皮五。副使三等，蟒段一，方補段一，大段一。番名丹舒克，三梭布二十四，從人彭段各一，三梭布各八。加賜班臣額爾德尼重三十兩銀，茶筩一，缾一，鍾一，各色大段二十，大小壽帕各十。來使，金黃蟒袍一，重三十兩銀，茶盆一，段一，毛青布六十二。從人，段各二，毛青布各二十。從役，段各一，毛青布各十。日給正使銀二錢，副使銀一錢五分，從人各一錢，覈給四十日路費，送至西寧。

康熙二十三年覆準，達賴喇嘛來使從人多至數百名，嗣後使人至西寧關口時，令西寧總兵官察明人數，造冊報院。至奉使差往喇嘛人役，亦應裁減，倘有隱瞞數目，多帶人來往者，罪之。

雍正三年議準，達賴喇嘛班臣額爾德尼，向例每年遣人在打箭鑪等處徵收番人貿易稅銀，應永行停止。按其所得之分加賜，每年折給達賴喇嘛茶葉五千斤，班臣額爾德尼二千五百斤。均由四川雅州滎經縣置辦，運至打箭鑪賞給。

四年議準，達賴喇嘛來使，令在西安□旨其所奏事件，著駐劄西寧辦理青海事務之大臣承接轉奏，奉旨後再行遣回。

六年議準，從前班臣額爾德尼遣人來貢，至西寧地方由院差官迎接，馳驛來京。今班臣額爾德尼遣人請安駐劄西寧，辦理蒙古事務處，見有司官筆帖式毋庸別差人員，應令司官筆帖式就近迎接，雇覔騎馱，由關口進京，不必動用驛站。

乾隆二年議準，恭按雍正六年諭，達賴喇嘛班臣額爾德尼來使堪布著，閒年一次，貝勒頗羅鼐之□素，著每年一次。欽此。今班臣額爾德尼圓寂，暫不遣人，應令頗羅鼐與達賴喇嘛，間年一次，遣使前來。

三年諭，聞西藏大小寺廟約有千數，各寺廟費用養贍衆番僧及往來行走番僧並送布施人等費用，皆達賴喇嘛給與，所費甚多，用度不敷。從前皇祖皇考皆眷顧達賴喇嘛，不時加恩賞賚。今達賴喇嘛費用不敷，著於打箭鑪所収稅銀內，每年撥給五千兩，於達賴喇嘛遣人至打箭鑪領取。茶葉之便，將此項銀一并帶往。欽此。

五年奏準，自康熙年間至雍正六年，西藏達賴喇嘛等遣使進貢，均令馳驛。後因軍興，值班臣額爾德尼遣使進貢由院奏準，停止馳驛。照伊時價雇羸，今應將累年辦給羸數奏聞，奉旨知道了。嗣後羸數著詳細覈減，不得過二百。

七年諭，從前達賴喇嘛班臣額爾德尼，每年輪班遣使請安，進獻方物。郡王頗羅鼐亦遣使相伴同來，嗣因班臣額爾德尼圓寂，朕念達賴喇嘛頗羅鼐每年遣使殊屬勞苦，曾經降旨，定爲間年一次。去年適值達賴喇嘛郡王頗羅鼐遣使之班，班臣額爾德尼胡畢爾汗因伊坐牀，亦遣使進獻丹舒克請安前來。若照前例輪班遣使，則今年又值班臣額爾德尼遣使之班，如屢次遣使，其辦理牲畜口糧起程等事，唐古忒民人未免勞苦。班臣額爾德尼胡畢爾汗之使，甫經前來，今年不必按班。下次再照從前輪班遣使。再郡王頗羅鼐之使原繫每年相伴同來，嗣後達賴喇嘛遣使之班，著照舊相伴同來。班臣額爾德尼胡畢爾汗之班，頗羅鼐不必遣使同來。欽此。

八年奏準，西藏公班第達等七人，間年進貢，向例貢物，均交達賴喇嘛等來使赴京附進。今達賴喇嘛等遣使入京，騎駄之羸，已定額數。公班第達等貢物，難以附進，增給駄羸三十，著爲定例。

十六年奏準，向例達賴喇嘛遣正副使入貢，續因頗羅鼐進貢將副使改爲伊遣之使，今仍照舊例堪布。囊素均由達賴喇嘛差遣，所有前定二百騎駄羸內，減去四十。

又議準，察木道帕克巴拉丹拜尼瑪胡圖克圖遣使來朝進貢，金椀黃連照例折賞外，賜帕克巴拉丹拜尼瑪胡圖克圖重三十兩銀，茶筩一，各色大段十有二，大小壽帕各七。正使三等，蟒段一，段二，布二十。四副使，段二，布十有二。從人，布六。回時由院差領催，一名照看，照例雇給騎駄之羸。正使，日給銀二錢，副使一錢五分。從人一錢。覈給四十日路費。由西安一路送至四川，至四川界由總督遣人伴送至打箭鑪，令其自回。嗣後帕克巴拉胡圖克圖遣使來朝，該督即照例辦給騎駄之羸。如私帶貿易貨物，令其自辦，不在官給之例。至京後照澤卜尊丹巴胡圖克圖來使之例，給與廩給四十日，事竣即令起程。

二十七年奏準，佳克拉胡圖克圖遣使來朝，進貢銅佛藏香壽帕，又恭進丹舒克有銅佛壽帕金滿達銅塔藏香諸物，除照例折賞外，仍降旨慰問，賜佳克拉胡圖克圖大段六，彭段四，來使大段彭段各一，布二十，從人三名，每人布五。回時由院遣員照看，照例雇給騎駄之羸，給四十日路費，由西安一帶送至西寧口外，令其自回。至京後，照帕克巴拉丹拜尼瑪胡圖克圖之例，廩給事竣，偕班臣額爾德尼來使同回。

又《京師番僧》 扎薩克大喇嘛一人，其徒衆格隆六人，班第六人，副扎薩克大喇嘛一人，其徒衆格隆五人，班第六人，扎薩克喇嘛四人，其徒衆格隆各四人，班第各六人，各寺廟大喇嘛十有八人，其徒衆格隆各二人，班第各六人，副大喇嘛七人，其徒衆格隆各二人，班第各四人，閒散喇嘛十人，其徒衆班第各二人，德木齊二十九人，其徒衆班第各一人，格思規四十九人，其徒衆班第各一人。各寺廟格隆班第共千二百七十三人，雍和宮灌頂普善廣慈大國師章嘉胡圖克圖，其徒衆扎薩克喇嘛商卓特巴一人，格隆六人，班第六人，屬下格隆班第二十人，又閒散喇嘛三人，其徒衆班第各二人慧悟禪師噶爾丹錫勒圖胡圖克圖慧通禪師吉隆胡圖克圖其徒衆均與大國師同學習經典，閒散喇嘛格隆班第五百人。

乾隆元年議準，在京各寺廟原有度牒之喇嘛格隆班第共九百五十九名，後增福佑等寺食錢糧之格隆班第，共三百十有四名，皆未得度牒，應按名補給。再扎薩克大喇嘛以下，德木齊格思規以上，皆有隨分食糧之徒弟，若無度牒，難以稽察約束。除章嘉胡圖克圖等自藏帶來之徒衆不給度牒外，其隨分食糧之喇嘛徒衆應一并給與度牒。至並未食糧又無度牒之六百七十五人，繫額外所収之徒，不給度牒。但伊等既習經典，請於各寺廟每食糧徒衆十名，酌留一名，作爲額外僧徒，給與度牒。其餘暫行注冊。遇食糧者有闕，即將額外之人充補額外之闕，即於注冊人內選補。仍令該管大喇嘛，每年二季將並無額外多収及私爲班第之處，具結報院察覈。

又《後黃寺》 順治八年創建後黃寺，剃度番僧百有八人，均以內府三旗內管領，下及五旗王公府屬管領下人披剃，如上三旗有闕，移咨禮部行文，內務府。於本旗內管領下選一人頂補。下五旗有闕，移咨禮部行文，各該王公於府屬管領下送一人頂補。

九年題準，每歲正月初八日至十五日，後黄寺集内府三旗二十四人，五旗各府屬八十四人，喇嘛格隆班第誦經，凡需用之物，均由禮部光祿寺支給。

十四年題準，後黄寺每年誦經喇嘛格隆班第，定爲四百人。

又題準，後黄寺誦經喇嘛格隆班第，每年賞銀千兩，由戶部支領。

康熙十一年題準，在内王等取充後黄寺班第百有八人，額闕將默爾根綽爾濟額外冊内有名之班第頂補。若無頂補之人，仍行禮部於各原主名下取人充補。逃走自歸者，革退班第，交還原主。

四十六年議準，本院見已設立銀庫，將後黄寺每年誦經應用香供等費銀八十二兩七錢四分五釐，及賞給喇嘛格隆班第等銀千兩，均改於本院庫内支給。一分駐番僧盛京實勝寺大喇嘛一人，永安寺即御花園大喇嘛一人，瑪哈噶喇樓大喇嘛二人，東西南北四塔大喇嘛各一人。西勒圖庫倫扎薩克大喇嘛一人，扎薩克喇嘛四人。西安廣仁寺大喇嘛一人。西寧西勒圖達賴諾們汗大喇嘛一人。五台山菩薩頂扎薩克喇嘛一人，射虎川臺麓寺大喇嘛一人。屬五台山扎薩克喇嘛管轄。歸化城扎薩克大喇嘛一人，副扎薩克大喇嘛一人，扎薩克喇嘛六人。多倫諾爾會中善因二寺扎薩克大喇嘛一人，大喇嘛二人，副大喇嘛二人。科爾沁等二十四部落大喇嘛各一人。

康熙十四年題準，盛京西勒圖庫倫歸化城等處大喇嘛以下各設德木齊一人一番僧服色。順治十二年題準喇嘛格隆服用黄紅色，非奉上賜不許用五爪團龍。班第用黄帽黄衣。

康熙六年題準，喇嘛等許服金黄明黄大紅等色，班第等許服大紅色，其餘不得擅服。曾蒙恩賞賜者，各色均準服用，違者，大喇嘛罰牲畜一九，班第以下鞭一百，一番僧禁例，順治十四年題準格隆班第等如爲人治病，必告知大喇嘛，限定日期方許前往，若有私往違限並擅宿人家，或借端留婦女於寺廟者，皆依律治罪。再遊方之徒，不得擅留，違者亦治罪。

十五年題準，喇嘛徒衆，除院冊有名外，不準增設。

十七年題準，歸化城喇嘛有事往厄魯特喀爾喀地方者，均令具題請往，都統不時稽察，毋許妄爲。厄魯特喀爾喀往來人格隆班第等，亦不許擅留，違者治罪。

康熙元年題準，外藩蒙古八旗游牧察哈爾蒙古等，欲送家人爲番僧徒弟及留住外來之格隆班第，皆令開具姓名，送院注冊，違者坐以隱丁之罪。

五年題準，在京喇嘛等，奉使達賴喇嘛，地方擅帶彼處班第等回來者，罪之。

十年題準，唐古忒處喇嘛徒衆，非奉旨不許私來。

又題準，凡喇嘛將自己家奴及受他姓送到之人作爲班第，並容留無籍之格隆班第者，將該管之大喇嘛革退，罰牲畜三九，格隆班第等，各罰三九。如内地家人作爲班第，送至喇嘛處，或隱匿在家，及容留無籍遊行之格隆班第者，將都統以下領催以上，同本人一幷交部分別議處治罪。再外番蒙古地方除冊籍有名之番僧外，其游牧之番僧班第，皆著驅逐。倘不行驅逐，或隱匿容留，及將各該屬家奴私爲班第者，事發，王貝勒貝子公扎薩克台吉等，各罰俸一年，無俸之台吉，罰馬五十匹入官，仍革職閒散鞭一百。該管之王貝勒貝子公台吉等，各罰俸九月，都統副都統等，各罰牲畜一九，佐領驍騎校各罰二九，領催什長各鞭一百，所罰牲畜給首告人三分之一。如經屬下家奴首出，即準開戶，將私爲班第及收留之番僧班第勒令還俗，撥回本旗，給還原主。其八旗游牧察哈爾馬場人等，有犯亦照此例。

又定，凡蒙古地方驍騎壯丁不準私爲伍巴什，違者照私爲格隆班第例治罪。其年老殘廢丁冊除名之人，願爲伍巴什者聽。

又定，蒙古婦女不準私爲齊巴罕察，違者亦照私爲班第例罪之。

四十二年諭，以民田展修廟宇有關民生，嗣後凡修廟有礙民地者，著永行禁止。欽此。

雍正三年題準，洮岷地方番僧以治病禳災爲名誆騙蒙古，應令扎薩克嚴禁。如果治病有益，分別保留，其餘一概逐回原籍。嗣後有隱藏者發覺，將扎薩克等一幷議處。

六年議準，五台山乃名山清淨佛地，若埋葬尸骨有汚淨土，嗣後凡喇嘛僧道旗民蒙古人等骨殖，禁止送往五台山埋葬。如外藩蒙古大即尼僧喇嘛等，有願將骨殖送往五台山埋葬者，該部請旨具奏。其本處喇嘛僧道尸骨，亦令其遠寺廟埋葬。

乾隆二十七年奏準，凡胡圖克圖大喇嘛等圓寂，其本人所食錢糧停止給發，其徒衆所食錢糧，俟伊師骨殖起程之日再行裁汰。

又《西番各寺》 順治七年題準，河州宏化等寺，總理國師韓禪巴遣徒繳明時所給敕書一道，銅印一顆，均準換給。

八年題準，顯慶寺灌頂大國師丹巴堅錯，繳明時所給鍍金銀印一顆，都綱銅印一顆。誥命敕諭各一道。又宏化寺普應禪師諾爾布堅錯，繳明時所給銀印一顆，都綱司銅印一顆。又紅山堡報恩寺番僧盧老藏靈珍，繳明時所給劄付一紙，一并換給。

十年，番僧閻老藏靈珍，繳明時所給都綱敕印，照舊換給。

又，西寧瞿曇等寺國師禪師都綱等，各將明時所給誥敕印劄繳還，懇請換給。瞿曇寺國師公葛丹淨封爲灌頂淨覺宏濟大國師給鍍金銀印，渣思歡卓爾封爲灌頂廣濟宏善國師給慈光普照象牙圖書，各給誥敕一道。其都綱拉思俄卓爾，給銅印敕諭一道。淨寧菩提寺國師沙拉索南，封爲妙勝惠濟灌頂大國師，給鍍金銀印誥敕各一道，劄付一紙。淨覺寺國師班珠兒堅錯，封爲淨慈優善國師，給銀印誥敕各一道。國師所屬喇嘛查西堅錯，給弘修善道象牙圖書。靈珍堅錯給心性了無象牙圖書丹巴舍拉，給堅修梵性象牙圖書，各給敕諭一道。慈利寺國師札思巴統諸，封爲宏善演教國師，給銀印敕諭一道，劄付一紙。禪師毛錯南宮哈封爲妙勝禪師，給銀印敕諭一道，劄付一紙。延壽寺張舍拉朋錯，封爲廣濟宏修國師，給銀印誥敕各一道。普法寺國師丹進堅錯，封爲妙善通惠國師，給銀印誥敕各一道。國師所屬喇嘛索南巴爾丹，給妙靜弘修象牙圖書敕諭一道。吉祥寺禪師洛藏拉旦，封爲福教禪師，給銀印誥敕各一道。伊兒結寺喇嘛格拉堅錯，給弘演宗尚象牙圖書。

又，西納演敎寺喇嘛班珠兒岔錯，繳明時所給敕印執照，封班珠兒岔錯爲國師，換給誥敕各一道。又賜給通慧淨覺銀印。

又，端嚴寺喇嘛山丹乇柱，繳明時所給敕書劄付圖書，換給敕書一道，劄付一紙，靖敕法界象牙圖書一方。

十七年題準，岷州衛二十六寺內圓覺寺大崇敎寺番僧后只即丹子，繳明時所給誥命一道，敕書二十一道，肅謹戒行圖書一方，換給敕書一道，銅印一顆，授爲護印。僧綱司命鈴束岷州各寺番僧其繳送敕書二十一道，均應換給。惟成化年間所封宏濟光教大國師，一敕不準換給。

康熙二年題準，岷州圓覺寺大崇教寺，講堂寺刹藏寺，宏教寺，洪福寺，法藏寺，朝定寺，石崖寺，魯班寺，永安寺，廣善寺，照慈寺，洪濟寺，廣德寺，羊圈寺，崇隆寺，照慈寺，寫兒朵寺，讃林寺，永寧寺，諸番僧繳送舊敕，一例換給。

五年題準，三竹裕竜藏經三寺，既經修葺，應給發敕書。其茘川工布二寺，俟修理告竣，再行請給。

十一年，延壽寺廣濟宏修國師張哈完卜，承襲換給誥敕。

十四年題準，據甘肅提督奏稱，圓覺寺番僧后只即丹子，恪守敕印，糾兵攻賊，其前所請宏濟光教大國師之職，準其承襲，應頒誥命，並給與鍍金銀印。其番僧綱司敕印，仍令掣繳送部。

十五年題準，法藏寺僧丁桑節落旦，應授爲法藏寺僧綱司，洮州著落寺番僧楊多剛，應授爲僧正，均給與敕書。

二十一年題準，圓覺等寺番僧后只即丹子等謝恩進貢，並請給國師頂帽及番僧俸祿，給高頂僧帽一具，撥賜岷州衛屬官地五頃，免其納糧。

三十年覆準，圓覺寺國師后只即丹子親姪首徒后丹子達節，襲封岷州衛宏濟光教大國師。

三十六年覆準，瞿曇寺灌頂淨覺宏濟大國師，以公葛丹淨之孫觀著圓思多榮進承襲。

又，西納演教寺通慧淨覺國師，以班珠兒岔錯之孫達爾吉承襲。

三十七年覆準，松山來之達克隆胡圖克圖，奏請封典，給與敕印。

三十八年覆準，法藏寺番僧丁桑節落旦，前以軍功議叙給與僧綱司敕書原無世襲字樣，今該僧據報病故，著繳送內閣換給護敕。

四十三年題準，西寧敎化寺僧羅卜藏欽璋寶貝寺僧羅卜藏納木，查繳明時所給誥命敕書，並繳舊印。又肅州歸化寺僧恭阿扎木蘇，奏請承襲，均換給誥命敕印。

四十六年奏準，達克隆胡圖克圖病故，換給伊姪藍占巴羅雷丹達爾敕書，令約束僧衆。

四十九年覆準，國師名爵甚大，非有功績不得濫授。岷州國師后丹子達節其師后只即丹子，初授爲護印番僧綱司，後因攻賊有功，升授國師，給與鍍金銀印，業已承襲一次。今后丹子達節以年老辭職，其徒后尖采寧布並無功績，不得仍襲國師。著照初封之職，授爲護印番僧綱司，給與銅印勅書，舊給國師印信誥命，著繳送內閣。

五十二年題準，洮州闡定寺喇嘛楊昂望，繳明時所給崇梵靜覺國師勅印，準其換給。

雍正四年議準，西寧所屬百里外，約其僧寺九十四處，河州所屬僅止三處，此內有名國師禪師而有勅印者，有名國師而無勅印者，有名爲寺廟實無寺廟者，有不名爲寺廟而名爲部落者，其各處番僧或自二三名以至百六七十名不等，此等處所原繫土番雜處，明初頒給勅印之後，我朝亦曾頒有勅印，緣邊居之人，野性難化，故令其信任有名之喇嘛承襲管轄若，因循舊制，不酌量更定，恐相沿日久，竟恃爲世守，所關匪細，應令各寺族佃歸幷內地爲民，所給勅印盡行收取，不令管轄番落其如何，給與喇嘛空銜俸祿之處，令該督詳議，具奏到日再議。

乾隆八年題準，洮州闡定寺崇梵靜覺國師，以楊昂望之姪楊琢□珞瓚承襲。

又奏準，朝鮮、琉球、南掌、安南、暹羅、蘇祿等國封䘏事宜，均由禮部辦理。其蒙古王公台吉內外番夷喇嘛等封䘏事宜，均由理藩院承辦。惟《會典》內載有陝西甘肅洮岷喇嘛承襲國師禪師都綱並給與勅印等事由，禮部具題累年，有禮部專辦者，有理藩院會同辦理者。伏思蒙古內外番僧既屬理藩院所轄，則陝西洮岷三處番僧，嗣後承襲國師禪師都綱等事，均應歸幷理藩院承辦。至請給勅印之事，仍令理藩院會同禮部辦理。

九年奏準，河州宏化顯慶兩寺國師兼都綱章珞柱堅錯之姪章敦柱堅錯，請襲前來，從前議叙國師禪師，一應勅書，其作何酌給空銜俸祿，尚未議定。今章敦柱堅錯請襲國師應，俟該督議覆到日再辦。其都綱印信，原爲辦理事務管束屬人而設，應令國師章珞柱堅錯之姪章敦柱堅錯，暫行管理都綱印務。

又奏準，換給松山報恩寺達克隆胡圖克圖胡畢爾汗勅書。

十二年議準，甘肅所屬各寺廟喇嘛，自収國師禪師印信以來，各自梵守靜修，其屬下衆僧，雖各設有法臺，但約束不無渙散，自應照依地方之大小番僧之多寡定爲職銜，以備稽察。河州普綱寺靈慶寺宏化寺，應各設都綱一人。西寧縣之西那寺塔爾寺、扎藏寺元覺寺、沙衝寺仙密寺、佑寧寺碾伯縣之瞿曇寺宏、通寺羊爾貫寺普化寺、大同衛之廣化寺、歸德所之二疊闡寺、垂巴寺馬尼寺，應各設僧綱一人。洮州衛之閻家寺、龍元寺圓成寺，應各設僧正一人。均由院給與劄付。其松山報恩寺喇嘛達克隆胡圖克圖胡畢爾汗、紅山堡報恩寺、都綱閻南木加岷州圓覺寺僧綱候章楊恩柱、河州宏化寺都綱章敦柱堅錯，皆有都綱僧綱印信，毋庸再給。此次所授僧綱僧正，既皆議給劄付。其從前所給岷州圓覺寺僧綱候章楊恩柱之勅書著徹回，換給劄付。嗣後國師之號，均不準承襲。所有洮州闡定寺國師楊琢璞珞瓚之印勅，暫準存留，俟闕出停止復襲。今將原領印勅交禮部察銷。又揚松羅布迦木燦年力富強，才具明晰，應授爲僧綱，令該督將揚松羅布迦木燦年貌並住持何廟之處，詢明送院，塡給劄付。

十三年覆準，揚松羅布迦木燦並無居住寺廟，原居住著落族應照原議將揚松羅布迦木燦，授爲僧綱給與劄付。

又卷一四三《理藩院》 額給 京師喇嘛錢糧，掌印扎薩克大喇嘛，月給折色銀四兩五錢三分五釐四毫三絲，乳牛三頭，坐馬四匹。副扎薩克大喇嘛扎薩克喇嘛大喇嘛副喇嘛，各月給折色銀四兩二錢一分二釐二毫四絲，乳牛二頭，坐馬二匹。閒散喇嘛，各月給錢糧銀二兩，坐馬一匹。以上各月給米七斗五升。其餘格隆格蘇爾班第，月給折色銀自八錢六分五釐二毫七絲二忽及八錢九分九釐一毫六絲，至一二兩不等。月給米自三斗一升一合二勺五抄，至七斗五升不等。每月應給折色銀米，由戶部覈給，小建扣除，每牛一頭日給豆一升，穀草羊草各一束，馬一匹，豆二升，穀草羊草各一束。亦由戶部給發。一

又《西番各寺》 順治八年河州宏化顯慶寺，各遣番僧貢舍利，銅塔佛像，番犬，及馬駝，氆氇豹皮，酥油諸物。

十年，西寧瞿曇寺國師，貢舍利，藏菩提數珠，琥珀，氆氇猞猁猻皮，狼皮，狐皮，酥油。馬淨寧菩提寺國師淨覺寺國師，慈利寺國師禪師，延壽寺國師普法寺國師，吉祥寺禪師，伊爾結寺番僧，各進貢方物與宏化顯慶寺相等。自瞿曇至伊爾結止，八寺慈利寺國師禪師各自爲貢，故稱九寺。賞給各寺國師禪師采叚表裏各一，紵絲衣各一襲，靴韈各一雙，班第僧徒紅布衣各一襲，靴韈各一雙，國師加采叚各二，漆鞍各一，禪師

暨喇嘛頭目加采叚各一，漆鞍各一。貢馬者，每馬給表叚一，裏一，絹一。貢駝者，每駝給采叚表裏各三，絹四。

又，西寧西納演教寺國師，貢舍利琥珀數珠，珊瑚數珠，青金石數珠，菩提數珠，花毯，西域毯氆氌腰刀，猞猁猻皮，艾葉豹皮，金錢豹皮，狼皮，狐皮，馬駝，牛酥油諸物，賞國師采叚表裏各一，紵絲衣一襲，布一，靴韈各一雙，加賞銀茶筩一，茶盆一，漆鞍一，紅叚袈裟一件，叚四，茶千二百斤。其馬駝之賞，與瞿曇等九寺同。其餘隨貢之番僧，采叚表裏各一，布各一，靴韈各一雙，衣各一件。

又，河州端嚴宏化等寺番僧，進貢喇嘛，每名賞給紵絲衣一襲，布一，采，叚表裏各一，靴韈各一雙，茶六十斤。貢馬，每匹給紵絲一，絹一。或折銀貢駝之賞如瞿曇等寺，靴韈皆折銀。內惟端嚴寺加叚一，漆鞍一。其初貢之佛像銅塔番犬，後皆免進。

又，莊浪衛紅山堡報恩寺都綱進貢，貢物與河州諸寺同。賞都綱金黃紬衣一襲，袈裟一襲，班第等紅布夾衣各一襲，所貢馬，共給表裏叚各四。

十七年，岷州衛圓覺等二十六寺，進貢馬青木香等物，舊有畫佛，舍利，珊瑚，棗，酥油，杵力麻，延壽果，鵰翎諸物，後皆免進。

康熙二年題準，圓覺等二十六寺番僧，定期三年一貢。分爲四班，圓覺大崇教講堂剎藏宏教洪福等寺爲一班，法藏朝定藏經裕竜三竹石崖等寺爲一班，魯班羊圈永安廣善昭慈洪濟廣德等寺爲一班，崇隆寶淨寫兒朵讃林永寧等寺爲一班。越三年則一班入貢，每寺貢馬一，青木香二筩，每馬給表叚一，裏一，絹一。賞班首番僧頭目表叚三，裏二，紅叚夾衣一襲，袈裟一，裙一，靴韈各一雙，漆鞍一。各寺頭目減表叚一，餘皆同賞。小番僧表叚實二十。四寺，其荔川寺工布寺不入班各一，裏各一，紅布夾衣各一襲，靴韈各一雙，僕從布各四，在部賜燕一次，著爲定例。

四年題準，金川寺僧請三年一次進貢，每貢不得過百人，止令八人赴京，餘皆留邊。

三十九年，莊浪紅花堡報恩寺都綱等進貢，除貢物察收，照例賞給外，準其照岷州衛二十六寺番僧例，三年一貢。並令照扎薩克喇嘛等例，自備盤費，不給勘合糧單。

四十二年覆準，喇嘛等事，非緊急不便，給與驛遞。報恩寺進貢之期，改爲五年一次，貢物隨其所辦，或力不能來，即交地方官轉進，賞賜視岷州諸寺。

四十五年，歸化寺國師等三族頭目喇嘛進貢，準其所請照岷州圓覺寺之例，三年一貢。

五十二年，報恩寺都綱遲至十年進貢，緣在赦前，免其治罪。本年貢物，照例察收。所闕貢典，仍令下次補進。

五十七年，圓覺等寺，循例進貢，外加馬二匹，不給賞。

乾隆八年，禮部奏準陝西甘肅洮岷等處番僧請安進貢等，事向由本部具題。但蒙古內外番僧，既屬理藩院所轄，則陝甘洮岷等處番僧，嗣後朝貢等事，歸幷理藩院承辦。自是本院將陝甘洮岷各寺，一應番僧朝貢貢物貢期燕賚，悉照禮部定例辦理。

又《邪教》　康熙五年定：凡邪教惑衆，該司坊官不行嚴禁，五城御史不行糾參，一幷議處。

十六年題準，凡揑造俚歌刊刻傳頌沿街唱和者，內外地方官即時察拏，照不應重律治罪。若繫妖言惑衆等辭，照律擬罪。

十八年議準，凡迎神進香鳴鑼擊鼓肆行無忌者，爲首之人照邪教惑衆律治罪，爲從者枷三月責四十板，不準折贖。五城御史及司坊官不行察拏，分別議處。

二十六年覆準，無賴狂徒假籍僧道爲名，或稱祖師降乩，或妄逞邪說託言前知，或以虛妄之談蠱惑愚蒙，至有羣相禮拜，甘作徒從者，此等邪教行，令五城官嚴行禁止。

四十八年覆準，凡鳴鑼擊鼓聚衆燒香男女溷雜等弊，曾經嚴禁，恐相沿日久，舊俗復熾，再扶鸞書符招搖貪緣之輩，概永行禁止。違者，該司坊官究治。

雍正二年題準，婦人成羣聚會往寺廟進香者，令五城司坊官嚴禁。又覆準除軍民妻女禁止入廟燒香及扮神賽會外，其民間春秋里社祈報者，不在此例。著都察院分晰出示，並令司坊官明白曉諭。

又卷一五四《光禄寺》　誦經供品：喇嘛僧道啓建道場，誦經經棚供獻齋筵應用品物，均依掌儀司來文，由寺委官辦送監經官，每餐人各素饌一席，十二器，執事各官每餐二人，合素饌一席，由寺備供喇嘛僧道等，所需齋食各折價給銀，大喇嘛日給銀四錢五分文，贊德木齊日給銀三錢，衆番僧日給銀一錢五分，掌印僧道官日給銀三錢九分，僧道官日給銀二錢六分，衆僧道日給銀一錢三分，鋪排日給銀九分，鼓手日給銀六分五釐，步軍日給銀四分。如有薰壇，各給七日半齋銀。

壽皇殿等處所用酥油，據內務府來文開數覈銷。番僧誦經用乳酒，據內務府來文給發。每椀重一斤，於尚膳房取用。

又卷一六六《內務府》 又定，歸化城兩旗蒙古，每年四季貢馬一百六十三匹。喀爾喀澤卜尊丹巴胡圖克圖，每年進貢白馬八匹，白駝一匹。陝西岷州衛二十四寺番僧，分爲四班，每班間三年進貢一次。均由理藩院奏送本院，交各廐芻秣。

又卷一七九《步軍統領》 又定，看守城門官弁縱令奴僕依城搭蓋蓆棚賃人取租者，罰俸六月，奴僕鞭八十。如容閒雜人等近門歇宿，將直班城門領城門吏門千總罰俸六月。若縱容閒雜人近門爇火致延燒城門者，直班城門領城門吏門千總革職領催步軍交刑部治罪。若將蓄髮僧人不行察拏致入城門者，將直班城門領城門吏門千總各罰俸一月。領催步軍鞭四十。若蓄髮僧人入城棲止，該汛步軍尉拏獲者，免議。如被旁人拏獲者，將該汛步軍尉罰俸一月。

又定，皇城內住居人家，遇有喪事，但令僧道誦經禮懺外，不許大作鼓吹。送喪日皇城內，不得撒颺紙錢。

康熙十三年定，每歲小暑起至立秋止，由禮部移知傳行三營，禁止砍伐樹木，焚化紙錢。清明節由禮部知會行內九門，禁止掛紙錢佛朵出城。

金石紀佛部

晉與南北朝分部

綜　述

《張伯通造像記》　晉太康御龍有三季五月廿八日，佛弟子張伯通，妻殷，爲亡父母、姊殷善光，造彌勒像一區。上爲皇帝，下及眾生正覺。

張伯通造像記　晉太康三年五月二十八日造。

《沮渠安周造像記》　中書郎中夏□□仕【略】形，原始興於六度，考終著乎慈悲。□□欟理翰者，罔遊其方，悕宗研味者，莫究其極。豈玄扉沖邃【略】頹其城壍，無明鄣其神慧。故使陵天之□，不出於三界，希□之韻，莫闡於域中。非夫拔迹緣起之津【略】□，覺滯寢於昏夢，拯弱喪於炎墟。爰有含□□之士，軔日月於方寸，具十號以降生。顧塵海之飇濫，懼□□□□，□□櫂於駭浪，望道流而載馳。朝飢思鐥，雨甘□□潛貸，幽處莫曉，□慧日以啟旦。二邊稟正遍以洞照，四倒□□□□□□。□□化功之不建，道世之或□，故虛懷不□□□□隆法祚之弘。□勒菩薩，□一乘以莨駈，超二漸而玄詣，□□□□□左右虛空藏。積苦行於十地，隨所化而現生。□□□□，表爲郢匠，□王震希音以移風，大士運四以攝護持。□□□□□□，三塗革爲道場，□起滅以離□，入定窟以澄□。□□□扣，則儀形□前，乃誠孟浪，則永劫莫覩。斯信敬者所□□□，□□□所以自惕。

涼王大且渠安周，誕妙識於靈府，味□猷而獨詠。雖統人理物，日日萬機，而謕議之心不忘造次□□□□之寄逆旅，猶飛軒之佇唐肆，罪福之報行業，□□□□□形聲。一念□善，成菩提之果，瞬息之德，嬰累劫之苦。殖□□□之中，不弘解脫之致，隨巨波以輪迴，受後有而不息。□執轡於天衢，□□駕於無擇，乃虛懷潛思，遠惟冥救。構常□□□，□不二之韻，圖法身之妙，證無生之玄。謕束教迷方者，覿眞容以遐興，離本逐末者，守清篤以致極。規謨存於兼拯，經□□□成，兆庶欣然，咸發道心。於是隆業之右，惟一匱之不倦，熙神功以悟世，爰命史臣，載藉垂訓，有鄙之微思，不□類□，□□之□幸，遇交泰於當年。目覩盛美，心生隨喜，嗟嘆不足，刊石杼懷。

□□□邃，扣之者尠。實際無崖，曠代莫踐。妙哉正覺，朗鑒獨眄。不退之輪，不二而轉。彼岸之遐，超昇其巘。既昇其巘，又鈞其□。□□中流，濟彼二邊。我見不斷，我疾弗閑。果而不證，滅而無刋。隨化現生，壹變大千。道不孤運，德必有隣。乾乾匪懈，聖敬□□。□請之友，自遠而臻。補處之覺，對揚清塵。拯隧三塗，弘道交淪。雖曰法王，亦賴輔仁。於鑠彌勒，妙識淵鏡。業以行隆，土□□□。始覆惟勤，一匱彌競。道與世與，負荷顧命。恢恢大猷，弘在嗣正。藹藹龍華，寢斤俟聘。名以表實，像亦載形。虛空無際，□□□名。功載寶莊，來□法庭。玄珠一曜，億玉皆明。何得何證，利益我生。有□斯應，無求不盈。邈矣哲王，寔天終讚。覽彼華□，□□欉散。澡流洗心，望欟理翰。稽式兜率，經始法館。興因民□，崇不終□。□蔚其麗，有炳其煥。德輶難舉，剋在信心。須達□□，應□虛衿。沖懷冥契，古亦猶今。豈伊寶蓋，發意華簪。英右□興，齊高等□。□憑斯致，永闡法林。俾我億兆，飜飛寸蔭。

□□□平三年，歲次大梁，月呂無射，量功興造，龍集星紀，朱明啓辰都竟，監□□師法鎧，典作御史索寧。

沮渠安周造像記　十六國北涼承平三年刻。現藏德國柏林博物院。

《大巍神瑞元年甲寅沙門淨悟藏眞浮圖記》　淨悟法師，遠公師之法派也。幼姿性了悟，道力貞堅。初落髮于天□□隱寺，後渡江，遠遊關隴，遂□□□太乙山之雲岩寺，品行高□，廣建道場，眾檀越大會香花。師棲茲寺十七年，於永興四年冬十二月圓寂於法室，蓮蕚現影，貝葉生香。爰諏神瑞元年正月，眾建浮圖，藏師眞骸，用示千烁萬禩，永記西方，佛界同臻，舍利以勖。

大檀越主任妙宗，施化力主花之僧，香火院主陳起言仝造。

淨悟浮圖記　北魏神瑞元年正月刻。

《侯太妃自造像記》　景明四年十月七日，廣川王祖母大妃侯，自以流歷彌劫，於法喻遠，囑遇像教，身乘達士，雖奉聯紫暉，早傾片體，孤育幼孫，以紹蕃國，冰薄之心，□歸眞寂。今造彌勒像一區，願此微因，資潤神識，現身永康，朗悟旨覺。遠除曠世無明惚業，又延未來空宗妙果。又願孫息延年，神志速就，胤嗣繁昌，慶光萬世，帝祚永隆，弘宣妙法，昏愚未悟，咸發菩提。

侯太妃自造像記　北魏景明四年十月七日刻。石在河南洛陽龍門石窟。

《敕賜嵩顯禪寺碑記》　【略】化於億載□□□大千，燭茲昏□，且隱顯弗恆，契乎【略】非運資廣因，樹應曩世，豈能開扇道風，施汩法雨者哉。仰□皇帝陛下，纂統重光，紹隆累聖，德洽三才，道均五緯。故極辰【略】源，遊神法苑。慧鼓既振，普天聞般若之音，頹綱更開，率土悟火宅□□【略】埸斯趣矣。自惟啓蹤冀方，樹基勃海，□世□宛，著姓□州，靈□盛□【略】浮盛聯朝旭昵親□□。內秉望舒之讚，外慭阿衡之翼，入□謀□，出【略】沖波坤津潛液寒□貫春日之榮幽，附沾夏辰之蔚輝，顯哉□而□【略】渥而涓心罔謝，遂仰慕皇緯報施之功，亦尋聖經緣果之旨，瑞詳群【略】蘭厥靈岑，擇茲颾嶺，上涌沖天之峰，下帶□岫之險，重□雲構，□級【略】桀屈虯電，暐豔現成，琌若資神。乃四□□沉，堅翠□外，□麗□新□□【略】希世之相，千像吐琦，萬形挺妙。苕苕焉暉赫萃乎□□，修修焉□發【略】斯誠，冀微功鍾於至德，顯福應於道祚，述遵休風，遂興頌曰：

修哉渾源，冥化琨成。道氣既開，伊像垂形。紛華競耀，□猷□□。聖覺匪□，□□□□。恢恢至謨，苕苕遐宣。道流三界，化溢大千。幽徽啓轍，靜境□埏。□顯□□，□□□□。聖皇沖感，靈液遐融。潤均法□，扇協道風。悟因□□，果隨業□。□區□□，□□□□。靈降盛德，二后經綸。內光椒掖，外允九臣。齊思渭陽，嘉爵交臻。誓彼□□，□□□□。□□賁螯，峰□□星。風雲交液，吐化□□。玄堂□豔，聖容啓靈。樹銘□□，□□□□。

【略】四月□□□□□乙卯使持節□□□□【略】

嵩顯寺碑　北魏永平二年四月八日立。在甘肅涇縣文廟。

《元燮造像記》　皇魏永平四年歲次辛卯十月十六日，假節督華州諸軍事征虜將軍華州刺史安定王，仰爲亡祖親太妃、亡□太傅靜王、亡妣蔣妃，敬造石窟一軀。依巖褒宇，刊崇沖室，妙鐫靈像，□相顯發，工繢嚴儀，凝華□極。□恃此福，上資先□，□使□此塵軀，即彼眞境。□趣六通，明矚□□，値遇□□，早登十地。又願居眷□□，□祥照□，永作山河，□□□世。一切含生，普同□□【略】尼□法進。

元燮造像記　北魏永平四年十月十六日刻。石在河南洛陽龍門石窟大佛洞。爲龍門二十品之一。

《華州刺史安定王造石窟像記》　皇魏永平四年歲次辛卯十月十六日，假節督華州諸軍事征虜將軍華州刺史安定王，仰爲亡祖親□大妃，亡考太傅靜王，亡妣蔣妃，敬造石窟一軀。依巖抱宇，刊崇沖室。妙鐫靈像，外相顯發。工繢嚴儀，凝華□極。敬恃此福，上資先尊□使，捨此塵軀，卽波眞境。□□六通□矚□□値遇□□早登十地。又居□□□□祥照□永作山河□□□世一切含生，普同□願。

石橫廣一尺五寸，高一尺四分。十五行，行十字。正書。在洛陽龍門。

《敬羽高衡造像記》　大魏神龜二年歲次癸巳二月丙辰朔一日□亥，魏中書平東將軍豫州刺史敬羽高衡勃海。蓋三教大聖人，以期其造化之理，盡其敎化之法，善其萬世□會之氣，幾同生一時，分途牖導，天帝實式臨之。後人惡其流弊，而不惡儒流，以亦弊執滯不察，摘其一名一字，輒加毀謗侮聖違天，只以掇拾藝，希卜青紫，何若堂堂福林，蕩蕩難名。仰思三寶之蹤，恨本（似爲未之誤）逢如來之際，減己家珎，玄心獨拔，敬造彌勒下生石像一軀。願以建立之功，使津通之益，仰爲家國，己身眷屬，永斷苦因，常與佛會。七世先亡，神升淨境。親表內外，齊沐法澤。一切等類，共沾惠液。

敬羽高衡造像記　北魏神龜二年二月一日刻。

《劉根四十一人等造像記》　夫水盡則影亡，谷盈則響滅。娑羅現北首之期，負杖發山頹之歎。物分以然，理趣無爽。故憂塡戀道，鑄眞金以寫靈容，目連慕德，尅□檀而啚聖像。違顏儵忽，尙或如斯，況劉根等，托於冥冥之中，生於千載之下，進不値鷲嶺初軒，退未遇龍華寶駕，而不豫殖微因，心存祈向，何以拔此昏疆，遠邀三會。樹因菩提者，必資緣於善友，入海求珎者，亦憑導於水師。故世王之愆，藉耆婆而曉；須達之倒，假門神而悟。由此而言，自金剛以還，未有不須友而成者也。於此迭相奬動，異心影附，法義之衆，遂至卌一人有餘。各竭己家珎，並勸一切，仰爲皇帝陛下、皇太后、中宮、眷屬、士官僚庶、法界有形，敬造三級塼浮啚一區。藉此微因，周滿世性，慧雲彌布，慧波洪澍，令一切含零，悉入智海，學窮首楞，究竟常果。大誓庄嚴，理無虚應，十方淨覺，現爲我證。

大魏正光五年歲次甲辰五月庚戌朔卅日己卯建訖

佛弟子劉根卌一人等敬造刊記。

侍中車騎大將軍儀同三司右衛將軍御史中尉領領左右武陽縣開國公侯剛

前將軍武衛將軍領細作令寧國伯乞伏寶

武衛將軍景明寺都將元衍

冠軍將軍中散大夫華林都將領右衛司馬孟永

浮啚主袁茂、浮啚主張纂、浮啚主劉顯、浮啚主趙貴、齋主王道隆、維那浮啚主叚永、浮啚主趙遵、浮啚主劉根、浮啚主祝顯、浮啚主邢昇、主劉根、維那主張纂、維那潘伯年、

邑子劉昇、王儁、郝神、張通、成秜、李遷、吳奴、王欟、儀延、韓□、王明、王隆、田龜、耿洛、程順、沮顯、朱達、黄和、李文、孟穎、車周、王奇、蔡雄、常起、王欣、綦檀、張臺、張老、伯儁、趙賓、董珎。

劉根四十一人等造像記 北魏正光五年五月三十日刻於河南洛陽，民國初年出土，後歸鄭清湖，今藏開封博物館。此石出土後有四種翻刻本，此爲原石拓本。

《陳天寶造像記》 夫至貌希微，非世賞之能模，眞姿妙滅，豈情近情之髣髴？然經著歸依，顯洞導之尊章，教播聲鎊，揚萇住之續像。故鐫金鏤玉，繼童裝於修沙，素瑩雕塗，宗彈合于指掌。有揚州丹陽郡溧陽縣右鄉西里佛弟子陳天寶，因茅齊都，輪官魏闕，宿薄無良，風患縈痾，方醫未効，奄加痳疾，厎於枕席，莫知憑祈，欸託三寶，覬救危隧。乃於中練里私宅，造塔三級，并建石像一區，光趺三尺，啚侍備設，庶藉兹誠，所患雲消，有願從心，上及七世父母，下暨現在眷屬，値佛聞法，朗悟正覺，輪樂兜率，恆與善會。大魏武泰元年歲次戊申四月八日乙未刊。

陳天寶造像記 北魏武泰元年四月八日刻於江蘇溧陽。

《介休等造像記》 唯大魏普泰二年歲次壬子七月辛丑朔十五日，鎮遠將軍介休男邢安周，敬造塼浮啚一級，石像一區，上爲七世所生父母，現存居眷，士進高榮。伏願國祚□康。浮啚主白水郡沙門都比丘僧進，願道經堅固，四恩□有，普蒙斯慶，所願從心。

介休等造像記 北魏普泰二年七月十五日刻。

《沙門璨造像銘》 洛州靈巖寺沙門璨，敬造石像一堪。

夫巍巍大覺，穆穆天尊，淡若智漚，曠若□源。塵累消亡，靈智□存，□此一相，慼彼重昏。先權後實，化盡有緣，娑羅悪曜，息迹入眞。璨儁高朗，解縛去羈，割愛辭親，法眼是被。鏡曉三空，□鑒四非。和光接俗，傾傾馳馳，唯善是勲，體勞忘疲。訪召名匠，思紹幽微，鏤出眞容，刋啟超奇。雜綵塗瑩，世□唯希，身相暉著，衆好嚴儀。西帶巖□，□□□□，□□熙怡，曠□所歸。仰報四恩，增感增悲，等□□心，迴向菩提。

大魏大統七年大歲□酉正月十五日訖。

沙門璨造像銘 西魏大統七年正月十五日刻，在河南洛陽龍門山靈巖寺。此本係清嘉慶、道光年間拓本，曾爲沈樹鏞、吳伯宛遞藏。

《中岳嵩陽寺碑銘序》 夫至理空淨，非大智無以寄其言，法身凝寂，非妙信無以感其像。故託金軀於至敬之國，布慈雲於多士之世，顯皮紙骨筆之重，半偈亡身之貴。是以須達崇善，塡金弗恡，優王仰戀，鐫檀寫眞，斯皆聖人留軌，爲物樹業故然。乃遺形八萬，還昇慧頂。有大德沙門生禪師，遊三空以歸眞，汎法流而御世，控三車而徽蹤，秉常樂以係軌，隱顯無方，沉浮崧嶺，道風遠被，德香普薰，乃皇帝傾心以師資，朝野望風而屈膝。

此山先來，未有塔廟。禪師將欲接引四生，永辞沸鑊，拯拔群品，遠離炎鑪，卜兹福地，創立神埸。當中岳之要害，對衆術之樞耳。乃北背高峯，南臨廣陌，西帶濬澗，東接脩林。於太和八年，歲次甲子，建造伽藍，築立塔殿，布置僧坊，略深梗概。公王卿士，咸發布向之心，凡厥庶民，並欣喜捨之志。司空公裴衍，昔在齊都，欽承師德，願歸中國，爲寺

檀主。本願既従，雲歸表節。禪師乃構千善靈塔一十五層，始就七級，緣差中止。而七層之狀，遠望則迢亭魏峩，仰參天漢，近視則□嵬嚴嶷，旁魄絶望。自佛法光興，未有斯壯也。禪師指麾，成之匪日。禪師背後，雖復名工巧匠，無能陟其嶮峭。

禪師大弟子沙門統倫、豔二法師，並妙思淵賾，神智難量，継軌四依，津□□世，覺華散藻，戒香盛馥。□諸同志，以師遺功，成茲洪業，分稟□塼，更窄兩塔，並各七層。仰副師願，殊特妙巧，□創秀出，塔殿宮堂，星羅棊布。內外圖寫本生逕曰十方尊儀，無量億數，□□金爲相，裁玉成豪，瓌碧煜爍，丹彩絢燿，色煥□□，光輝宇宙。異類衆多，罔知厝緒。龕房禪室，側□環逶，逕閣通門，前後樓榭。牆廊重複，菀衍逶迤，規而有楷，矩而有則。溝霤雙泉，四殖甘菓，柳裊長條，松擎圓蓋。池荷炤灼，翠葉紅輝，微波碧澈，潺流濽漱。異禽巡獸，飲啄相鳴，碩學名賢，踵武相望。引房清誦，列舘法言，洪鍾一扣，應眞四集。唄響八飛，香煙似霧，虔禮禪寂，六時靡輟。方爲衆聖萬刼之靈塲，八輩十方三世之苑囿也。

天平二季四月八日，倫、豔二統，乃刊石樹碑，雕鎸尊像，賛貽嘉福，顯彰聖儀。高足大沙門統遵法師，忘懷體道，戒珠皎潔，仁智明敏，噐宇汪庠。開妙思於三空之表，顯眞如於四忍之外，接引群生，舟航巨海。率諸邑義，繕立天宮，愗脩嚴麗，兼造白玉像一龕，眷屬侍御，剞劂鐫磨，妙匠精巧。三十二滿，八十好圓，色揜耀靈，光暉夜兔。以諸勝善，仰資皇帝聖曆無窮，國境寧泰，太后德被蒼海，永保仁齡。預捨一豪，同登我淨，若見若聞，等一常樂。傍盡邊塵，後窮來際，咸鍾此福。其詞曰：

昞昞大聖，皎皎無著。至寂至妙，湛然常樂。無像無言，形名應世。七步舉手，播宣苦諦。聲光振動，濯我塵滯。化息雙林，終歸實際。金儀言寢，塔像勃興。香尊避坐，多寶踴昇。爲摸爲揩，永刼祗承。維大沙門，權機應傳。英風秀朗，弘通常住。道德芳烈，帝后欽裕。搆造靈基，朝野傾務。遠摹妙喜，近光祗樹。唯聖唯賢，爰依爰附。億兆來蘊，天龍虔仰。城芥千空，此基無爽。

嵩陽寺碑　東魏天平二年四月八日立於河南登封嵩陽觀。唐麟德元年九月十五日移至會善寺，清康熙四十八年又移立於寺西之戒壇。此本失拓。

《**大魏比丘淨智師圓寂塔銘**》　夫佛教遠訖，自西徂東，普天率土，咸與企仰，良以至道無上，括六合而靡遺，堂奧可窺，攝衆生而迅悟也。淨智師以太和六年戒念奉佛，超神塵壤，藐衣冠之藻繪，契禪悦之通靈。是以河雒沙門，識解無此敏慧，鄴都緇侶，講貫遜其靜深。春秋七十有三，於元象元年四月十一日，圓寂於隆慮山摩雲峰下淨室。諸檀越建嶸一堛，永懷高潔，長挹古芳，蓮花淨土，貝葉上乘。時華淹苒，冀釋迦其再生，日月遞輝，悵如來其何逝。陵谷有遷，佛圖久在。銘曰：

法力幽邃，超生眾妙，降龍緯神，伏虎證道。至德無爲，廣慧深造，一旦圓寂，雲煙去邈。建茲顯嶸，卓然物表，以寄高瞻，日星炳耀。

淨智塔銘　東魏元象元年四月十一日卒。陝西西安暴子欣舊藏。

《**圓寂□□師僧會政公南宗和尚之塔**》　師世家砂候社水峪村人氏，稟性溫良，仁慈好善，爲僧戒行。正光二年，僉於有司，薦僧會司官，續西天之妙理，傳東土指人心，遠近咸歸，無不交賛。至天平四年，辭老退居丈室。時光掩歿，日月急流，享年八十有五，忽證泥洹。召門弟子文華，與同氣至親，及法門中若長若幼，聽師付囑，勤修善道，遠榮辱，去浮華，崇德履道，修慝立身，省心克己，寂然長往。弟子文華，痛念師德，慈惠至純，深通奧義。至理簡要，求其妙則一字皆原於佛心，語其功則一言可成於正覺。功德無量，實爲難名，聊表寸心，泣血謹白。復後有偈：

吾師掌教異非常，戒德純成孰可量。心地明明渾似鏡，性天凜凜恰如霜。簫宮久遠爲僧首，梵刹時常作棟梁。九九永年歸去也，白雲影裏現神光。

元象元年歲次己未五月吉日，門徒文華泣血謹書。

門徒：文全、文顯、文華、文章。

孫徒：義昭、義字、義恣、義準。

姪男：魏禮、魏景、魏祥。

南宗和尚塔銘　東魏元象元年五月刻。文華撰並正書。

《**禪靜寺刹前銘　敬史君之碑**》　公名□，字顯儁，平陽泰平人，蓋虞舜之苗裔，田敬仲之後也。舜有康哉之唱，敬有和鳴之應，德徽書史，道合無名。自茲以降，世阜哲人，龜組繼襲，英聲不朽。公資黃中之雅氣，稟川岳之粹靈，苞一德於懷抱，淵萬頃於匈衿。摻節端華，風神雅峻，博學多通，無所成名。振徽音於綺歲，播九德於冠年，豈伊一日千里，寔曰王佐之才。解褐奉朝請，於時女后稱制，權移外戚，黨樹私門，謀危王室。公秉義發憤，肆忠奉國，結周公河西之略，咨義眞折角之恥。掛冠辭闕，杖劍歸鄉，虎步方州，翹心日角。孝莊統歷，攝履還朝，帝嘉迺功用優勳，賞封泰平縣開國子，除晉州別駕。永安云季，元兇伏罪，殘醜遺燼，更相鳩率，始資賈詡之計，終成李郭之舉。責罪宣平，交兵象闕，長戟百萬，胡騎千群。大承相勃海王，德隆齊晉，作牧唐都，志存匡合，克剪封鯨。以公器宇淵亮，民望所歸，特申情抱，委以經謀。公深識時雄，罔計強弱，豹變從時，應機而起。毗文贊武，專按劍之功，帷籌野戰，參斷鰲之力。長虵既剿，龜鼎惟新，策勳有典，式酬功効，進封永安侯，食邑千戸，拜車騎將軍、度支尚書，俄遷都官尚書。公位居省闥，職在樞機，竭忠奉上，庶情求瘼，獎進英賢，糾癡奸慝，宿滯必申，頹綱由整。今上德配玄黃，融齊日月，鑒殷徙御，未遑外略。秦隴放命，乘此憑陵，駈率戎虜，擾我生民，汾晉邊遐，偏被其毒。惟捍所寄，事符賢桀。迺以公爲汾州刺史，尋轉晉州刺史，車騎侯如故。公秉麾出閫，佩錦歸鄉，明賞罰以觀元戎，敷仁澤以字黎庶，乘機迭出，智勇兼奮。□聿未周，奸淚遁跡，百城旆檡，四民歸堵，敢飯之喀不息，安居之詠更新。雖李牧禦邊，細侯治雍，不能尚也。又燕司失馭，編荒作逆，連黑山之衆，峙黃巾之勢，縱橫海表，陸梁幽冀，震感皇衷，命公是討。公運六奇於帷幄，忘七尺於戎行，探淮陰平趙之略，協段頴破羌之謀，廣張旗幟，厲怒三軍，紛紜馳突，遂夷兇醜。凱旆而歸，增隆寵秩，拜儀同三司。韓地邊嶮，繡連蠻楚，夏風攸改，彰僞成俗，客人不恭，鵄張螇蜜。黠虜因資，玩威壇埸，歷政爲鯁，莫能芟遏，百姓彫傷，流離畧盡。天子悼兆民之荼炭，惟邊祏之須才，終朝忘食，夜分不寢。以公畧不世，德効累彰，除殘拯溺，非莫可加，拜驃騎大將軍穎州刺史大都督穎州諸軍事，儀同三司，開國如故。公深惟臣辱，職不求易，憘遇盤根，薄言來踐，輕賦斂以阜民財，勞吐握以招賢俊。嚴治烽候，宿旅輕肥，權火或舉，豹騎爭先。鬼出電入，梟囚萬計，賞不踰功，罰必當罪。人物輻輳，繈負雲歸，玉燭登年，絃歌不息。亦既芟夷世難，功濟生民，復惟舟梁苦海，運茲迷溺，敬崇三寶，翹翥九刧，望維衛以虛心，念毗耶而延佇。此地寔爲高敞，眺實遐隆，遠乘山岳，邇帶池閣，惟金剛之妙宅，諒神基之淨土。故平陽太守穎川太守使持節秦州刺史梁洪雅，攝情物外，宅志道埸，爰建精廬，鬱茲形勝。水火亟交，年歲攸積，龍宮梵室，彫落朽故。公廼勉率僚佐，肅心營造，遠訪名工，窮盡巧麗。建七層之寶剎，寫雙樹之光儀，金瓊疊照，朱紫聯華。長廊四密，廣夏淸疎，名僧遠萃，大法津流。憑此至誠，仰願皇帝陛下，祚隆天地，齊光九劫，化漸三塗，率偕四果，□日晢昜，順終如始。有滅有生，無虧八萬之因，無生無滅，濟此娑婆之苦。湛露易晞，貞剛惟久，式裁金石，永昭不朽。作頌曰：

惟聖之後，達者克昌。代綰珪組，世有蘭芳。挺茲明德，隆贊霸王。齊鑣管范，閑步蕭張。弱齡聰璿，岐年秀發。藉蔭聖童，侚齊初月。疾惡如風，趣善如蹶。百行斯兼，三省無闕。作牧西蕃，君臨南甸。荒服來庭，鯨鯢由剪。政行保鄣，化猾絲繭。大啟千乘，職聯三鉉。發揚拯壓，開織道曚。飛甍架雨，寶剎分虹。月光照曜，日映玲瓏。業茲世福，永樹來功。

新除使持節都督穎州諸軍事驃騎將軍穎州刺史當州都督崔叔仁
施地檀越故穎川太守王儒
檀越元囿鸞施地作拾畝
檀越□景和儀和施地卅畝
檀越朱景略息恩和施地廿畝
維大魏興和二年龍集庚申

（碑陰題名）

（第一欄）邑子中軍將軍穎州長史宋果、安東將軍銀青光祿大夫穎州督府長史趙懃之、持節鎮南將軍穎川太守高沖、持節假征西將軍太中大夫陽翟太守敬鴻縣、持節假安東將軍許昌太守呂道興、陳留太守敬忻小郎君敬淸奴、州錄事參軍敬遵顯騎兵敬穆、州別駕薛宗邑子長流袁孝則、州治中崔叔亮邑子外兵柴軌、州司馬崔子卭邑子外兵王貴、州治中毛集邑子州散騎楊業、州治中敬伏護邑子散騎匡乾、中軍將軍敬景儁郎中郭延買、中兵敬乾歡穎川郡承孟延和、主簿敬頻、中兵參軍薛劍、主簿敬子瑜、功曹參軍薛畧、鎮城樊後興、集曹參軍李弁、萇社令魏族、都督井盆、許昌令楊悦、都督敬世、臨潁令郭叔、都督郝冲、潁陰令柴興、都督劉朏、許昌令柴儁、都督敬玠、隱陵令孫祖、都督裴祥、扶溝令張靜、都督索闇、州都陳始和、都督薛賓、州都郭德甝、都督伏愛、州主簿陳延、都督陳族、中兵梁蘭景、都督王和、長流胡長儁、都督思和、鎧曹賈思慶、都督王顯。

（第二欄）司馬彭預、都督王遷、都督張賓、都督李柱、都督庾翫、都督王榮、都督趙玠、都督韓畧、都督韓章、都督薛璨、都督元志、城圖魏孫、士曹李遠、默曹姚泰、士曹宋孫、功曹鄒卓、門下程遠、祭酒唐慕、祭酒元源、祭酒孫欣、西曹石慕、西曹楊玠、主簿張秀、主簿趙安、邑子姜思賓、邑子姜始宗、邑子龍伯達、邑子龍讚、邑子李遵、邑子和祖。

（第三欄）中堅將軍潁川驃大府倉曹參軍向邕、許昌太守趙文光、謝遠、民望沈清、州主簿別駕陳遵、趙亮、民望孫獻、郡功曹陳敬、都民望陳樹、民望許容、邑子陳始明、民望陳世用、民望藥璨、都督陳胡、民望孫世通、長史苟樂、都督王挨、民望宋大業、民望趙玠、都督靳輝、民望孫騰達、民望李愛、都督介歡、民望姜江玠、騎兵朱海、都督張艷、民望趙龍光、月令戴翔、都督許祖、民望劉元才、西曹馬超、都督趙遵、民望許天扶、錄事董景、都督傢延、民望韓次賓、民望許寶、□□□賓、民望孫陽爾、省事趙謙、都督□融、民望孫長和、道人惠哲、都督□祖、民望孫法凝、西曹張徽、博士□化、民望張永洛、李臺尉姨、都督敬難弛、民望韓係叔、司馬王貝暉、都督毛季業、民望韓海□、外兵司馬景、都督萬孟津、民望趙方達、外兵王景嵩、都督孫承明、民望仇猛虎、帳內王鸞海、都督王遵賢、民望聶保壽、民望劉彥始、都督王買、助教聶染虎、黨司徒始隆、五宦成勇沈貴遠、蔡萇洛、邑子韓長茂、民望伏生顯當世、毛仲賢、都督敬文賢、民望景嵩趙永隆、屈伯奴、丘哲、王乾、長流張尚尹洛祖、吉苟子、趙常、鍾遵、民望力和韓道顯、馬伏貴、張穆、閻翔、民望鄭明陳隆國、王叔爾、龍顯、閻乾、邑子王仕元邑子成淵、胡女休、韓亮、焦弁。

（第四欄）參軍賈充、民望宋方、隊主石猛、邑吳成奇、黨許洪朗。

（五六欄前一行）持節假征西將軍平西將軍陽翟鎮將帶陽翟太守晉州平陽郡晉秋鄉吉遷里人敬鴻顯

（第五欄）潁州沙門統慧元、潁州沙門統曇永、司州沙門統道鐔、陽州沙門統道慈、潁州沙門都道業、潁州沙門都慧範、潁州沙門都智定、潁州沙門都曇佳、潁州大律師靜遵、潁州沙門都僧雅、法師晉州都靈洪、法師司徒寺慧辯、長社縣維那法嵩、張顯公寺主法敬、法師寧國寺曇愬、法師寧國寺法豫、法師丈八寺僧慶、法師司徒寺僧景、元領軍寺主法興、臨潁縣維那道顯、潁川郡維那僧度、許昌郡維那法炬、陽翟郡維那道希、法師祖寺僧遠、敬公門師慧哲、齋主白塔寺道場、前禪靜寺主智遵、前禪靜寺主法榮。

（第六欄）當營搆寺主道智、營福都維那慧荅、長兼都維那慧生、長兼都維那靜意、長兼都維那道果、長兼都維那道海。

敬顯儁碑　東魏興和二年刻於河南長葛。乾隆三年長葛縣知縣許蓮峰於地下發現，移存陘山書院。正書。陰題名，並有乾隆年間沈青厓刻跋。

《道奣造像記》　維大魏武定元年十二月二日，萬善寺道奣，敬造珀玉觀音像一軀。上爲皇帝，己身眷屬，法界群生，俱昇彼岸。

道奣造像記　東魏武定元年十二月二日刻。

《朱永隆等七十人造像銘》　夫鏡日輝元，啓妙識於淨海，澄波洍壑，運境目於生源。是以八相同紛，闢重關於幽夜，三輪眪轍，闡神機於正路，使游子歸衢，輕車迅駕，炎宅止熌，氷池攸淥。故能振馨風於沖漠之野，擊玉磬於無聲之鄉。遂大鵬奮霄，龍翔競湊，六合□龖，十方斯集。金言演暢，豪光九照，法界融蕩，瓊花七瑩。乃塵沙涉靜浪之舟，□形蒙龐棹之緣，於是騰超彼岸，濟度無崖。正以朝露易晞，浮霜難固，提河早流，皓林促變，隱影靈遷，圓明息曜。三界悲動，四生號慕，賢徒泣血能言瀝地。大聖垂慈，敷十二以流導，悲愍將來，布舍利以昌迹。故優塡鐫姿，育王建塔，所在模容，流芳萬國，自爾暨今，邁餘千載。

寺有魏大法師故沙門都法恩，起妙因於初心，建淨業於無始，故童年去惑，高步緇門，逍遙法苑，矯志松蘭，緼思元蹤，物我俱懷。遂捨衣鉢之餘，採石名山，訪巧求能，願雕眞容。但無常驚逝，峯烟激速，創福未周，奄從物化。門徒嘷戀，精感彌篤。又弟子法度，戒行氷朗，智超空有，仰稟師則，磬志忠誠，更崇妍琢，妙鏤金顔。釋迦怡怡，若兜率之趣琦殿，彌勒昂昂，狀龍華之啓三會。多寶同坐，事等湧出，飛堪絙虚，旋瓔反入。維摩權形，嘿言於方丈，文殊十辯，表門疾於平等。菩薩諸天，簫瑟芙麗，金剛密跡，獻目楊堦。鎸像雖訖，嵩塔未備，而度曉夕慇，□成神宇，不謂暴疾所鐘，潛魂深夜，致使營啚中癈，爲山止匱。

復有此寺上坐僧惠，寺主法合，並湛潔内融，□志方外，□四攝於胸衿，騁七龍於神膺，洞博羣經，智游無礙，緇素同遵，歸依若流。又邑主朱永隆、唐豐七十人等，各槃根蘭冑，挺茂華芳，絛葩槐棘，籍潤斯遠，發悟自天，契達幽旨，普相率厲，敦崇□義。以其處也，碧地流泉，勢俠中都，金豪屼洫，鬱澤新鮮，翁林翠栢，璨然在目，布寶求薗，謂莫斯過。遂採楝雲臺，代木方巖，班匠麗功，造天宫乙堰。巍巍赫弈，媚若祇桓，堂堂昞煥，婉踰神塔。迷者一闚，則洗惑於先源，慧者暫覩，則啟悟於後際。可謂福潤含生，祚隆彌㘞。酬功報德，鎸石遐芳。其詞曰：

皎皎淨性，洸洸境日。湛波啓旭，騰源曜質。現託王宫，曠周遐悉。浮烟鸞翔，法□斯一。大音唱諭，名義弗違。淨光電掃，輕舟返飛。浮烟靜霧，赫日早□。致遷景覺，人天罔歸。三千號慟，冲影潛空。愍彼長迷，繫此幽綜。爰有□士，紹隆聖蹤。彫珉鎸像，以表靈容。英信等悟，磬寶脩啚。福延彌㘞，鏡水非虚。善潤□家，祚融唐虞。蠢爾同津，咸契凝如。

大魏武定三年歲次乙丑七月戊寅朔十五日壬辰樹

朱永隆等七十人造像銘　東魏武定三年七月十五日刻於河南沁陽唐村。背側像主及邑子題名，此本未收。

《道瓊碑記》　都維那光景夫萬相具朗，非有非無，是非雙寂，人莫知其元。所以然者，皆由積善空王之前，苦行授記之後，便能契眞貝樹，定想三九。亦能麾五指以伏狂象，併鬼王於壙野，把火龍而盤掌，指熾焱而爲長流。特挺孤秀，英奇若此，遺顯伏致滅者矣。況聚沙霑□，甯無壞乎。是以此法師名道諱瓊，洒承波長漢，赤龍之胤，元在河閒，今寄居易陽人也。棄諸宫城，割愛辭親，倍加韶響，非情所翫。遂寫素服，懃心道君。雖同生滅，遠鑒始終，古今競曉。絜行桑門，纖理靡損，持禁帶浮，羅剎狂塞，懼念傷蘭，斷息繼草。清清志絜，春松無以侔其鮮，希希獨穎，夜炬無以匹其照。方欲拔苦窟宅，雲昇彼岸，都不復以世慕爲榮也。便率諸英烈信心令俊一百餘人，共裁己貴，同尊上道。且使育王盡藏，湏達傾珍，無以比其福。即乃運石荆巖，左置文碑，右法勇塔。雕錯漏彩，連□□之質，狀如眞見。㘓矖若丹霞之斑金瓔，㝛窕如曜靈之入魚淵，兼下神蔡，奇章異分，亦治形影，漢朝感夢，宋君猶勇。陵風拊伏，若眞鎮神川於中庭，顯志長衢，遊人之矚目者也。珞珞若七疊之紀天，巖巖如五岳之綱地。馨風遐振，璨爛彌遠，聲震北海，飛響南冥。故爲作頌曰：

彌㘞長遠，積善空王。行端萬有，難比難方。散髮要請，必求所長。苦行二三，銘記定光。世雄無匹，廣救一切。五指現師，狂象乃滯。伏鬼壙野，兩炊同翳。舍利乃悟，人生得濟。熾火冰流，咸獲淨地。沙門□□，規矩古今。守禁待淨，羅剎息心。每懼傷蘭，結草□沉。雲昇彼岸，與聖相尋。率諸令儁，裁捨□□。□□上道，剋像贊神。育王不並，湏達豈申。抽斬截骨，早求出因。取石荆丘，雕彩異彰。啚形眞見，煥如故常。㘓矖鮮多，㝛窕雜光。塵驚嚮應，風𩙸鏘鏘。其下神龜，能聖復妭。形影漢庭，夢感宋朝。置之神川，宇宙照曜。紀天綱地，名遐遠霄。

（記上題名）象塔寺都主兩縣令桓肆周供養侍佛。妻樊無字供養侍佛。息盆生供養侍佛。息慶哲供養侍佛。孫子穆供養侍佛。孫子崇供養侍佛。瓊周貴姿光叔女。比邱像邑主道勝供養。（居中刻佛像）比邱像邑主僧敎供養。象寺都主平東將軍前昌樂縣令桓小成供養侍佛。妻車杜文供養侍佛。息僧朗供養侍佛。息妻張世玉供養侍佛。孫道業供養侍佛。孫子業供養侍。

（記後題名）比邱僧道仙、比邱僧惠目、比邱僧道觀、比邱僧道元、昌陽縣開国□□□太守光棂祖

（記後記）瓊記：此碑直東敧南□□步有水。直北五十步殖松□樹供養。直東一百□西□邈曲□流，是常住僧伽藍地。瓊記。

道瓊碑記　東魏武定七年四月八日刻。石在山西長治縣。

《劉洛眞造像記》　延昌元年歲次壬辰十一月丁亥朔四日，清信士弟子劉洛眞兄弟，爲亡父母敬造彌勒像二區，使亡父母託生紫微安樂之處。還願七世父母，師僧眷屬，見在居門，老者延年，少者益筭。使法□□生，一時□佛，咸願如是。

《金石萃編》卷二七，北魏一。

石不知高幾許。記十一行，行八字。

《邑主仇池楊大眼爲孝文皇帝造象記》 夫靈光弗曜，大千懷永夜之□。□蹤不遘，葉生啥靡導之檝。是以如來應羣緣以顯迹，爰暨□□□像遂著。降及後王，兹功厥作。輔國將軍直閤將軍□□□梁州大中正安戎縣開國子仇池楊大眼，誕承龍曜之資，遠踵應符之玄。稟英奇於弱年，挺超羣於始狩。其□也垂仁聲於未聞，揮光也摧百萬於一掌。震英勇則九宇□駟，存侍納則朝野必附。清王衢於三紛，掃雲鯨於天路。南穢既澄，震旅歸闕。軍次□行，路逕石窟。覽先皇之明蹤，覩盛聖之麗迹。矚目□霄，泫然流感，遂爲孝文皇帝造石像一區。凡及衆形，罔□备列。刊名記功，示之云爾。武。

《金石萃編》卷二十八，北魏二。《續修四庫全書》。

碑連額高三尺九寸，廣一尺七寸四分。十一行，行廿三字。正書。額題邑子像三字，亦正書。在洛陽伊闕。

《魏靈藏造像記》 夫靈跡誕遘，必表光大之迹。玄功既敷，亦標希世之作。自雙林改照，大千懷綴暎之悲。慧日潛暉，含生銜道慕之痛。是以應眞悼三乘之靡憑，遂騰空以刊像。爰暨下代，兹容厥作。鉅鏕魏靈藏、河東薛法紹二人等，求豪光東照之資，闕兜率翅頭之益。敢輒罄家財，造石像一區。凡及衆形，罔不備列。願乾祚興遐，萬方朝貫。願藏等挺三槐於孤峰，秀九棘於華菀。芳實再繁，荆榛獨茂。合門榮葩，福流弈葉。命終之後，飛逢千聖，神颷六通，智周三達。曠世所生，元身眷屬，捨百郋則鵬遨龍花，悟無生則鳳昇道樹。五道羣生，咸同斯慶。

陸渾縣功曹魏靈藏。

《金石萃編》卷二八，北魏二。《續修四庫全書》。

碑連額高三尺九寸五分，廣一尺七寸四分。十行，行廿三字。正書。額題魏靈藏薛法紹釋迦像九字。在洛陽伊闕。

《中岳嵩陽寺碑銘序》 夫至理空淨，非大智無以寄其言。法身凝寂，非妙信無以感其像。故託金軀於至敬之國，布慈雲於多士之世。顯皮紙骨筆之重，半偈亡身之貴。是以須達崇善，塡金弗吝。優主仰戀，鐫檀寫眞。斯皆聖人，留軌爲物，樹業故然。乃遺形八方，還昇慧頂。有大德沙門生禪師，遊三空以歸眞，汎法流而御世。控三車而徽蹤，秉常樂以撐軌。隱顯無方，沉浮崧嶺。道風遠被，德香普薰。乃皇帝傾心以師資，朝野望風而屈膝。

此山先來未有塔廟，禪師將欲接引四生，永辞沸鑊。拯援群品，遠離炎爐。卜兹福地，創立神場。當中岳之要害，對衆術之樞紐。乃北背高峯，南臨廣陌。西帶濬澗，東接脩林。於太和八年歲次甲子，建造伽藍，築立塔殿。布置僧坊，略深梗概。王公卿士，咸發布向之心。凡厥庶民，並欣喜捨之志。司空公裴衍，昔在齊都，欽承師德，願歸中國，爲寺檀主。本願既從，雲歸□□。禪師乃構千善靈塔一十五層，始就七級，緣差中止。而七層之狀，遠望則迢亭魏峩，仰參天漢。近視則□嵬嚴嶷，旁魄絕望。自佛法光興，未有斯壯也。禪師指麾成之，匪曰禪師背後，雖復名工巧匠，無能陟其嶮峭。禪師大弟子沙門一統、倫豔二法師，並妙思淵賾，神智難量。継軌四依，津□□世。覺華散藻，戒香氛馥。與諸同志，以師遺功，成兹洪業。分稟餘塼，更窜兩塔，並各七層。仰副師願，殊特妙巧，剏創秀出。塔殿宮堂，星羅棊布。內外圖寫本生涯曰十□尊儀，無量億數。□□金爲相，裁玉成豪。瓌碧煜爍，丹彩絢燿。色煥□□，光煇宇宙。異類衆多，罔知厝緒。龕房禪室，側□環遶。逕閣通門，前後樓樹。牆廊重複，苑衍逶迤。規而有楷，矩而有則。溝靈雙泉，四殖甘菓。柳裊長條，松擎圓蓋。池荷炤灼，翠葉紅輝。微波碧澈，潺流瀆潄。異禽馴獸，飲啄相鳴。碩學名賢，踵武相望。引房清誦，列舘法言。洪鍾一扣，應眞四集。唄響八飛，香煙似霧。虔禮禪家，六時靡輟。方爲衆聖萬刧之靈場，八輩十方三世之苑囿也。天平二秊四月八日，倫豔二統乃刊石樹碑，雕鐫尊像。賛貽嘉福，顯彰聖儀。高足大沙門統遵法師忘懷體道，戒珠皎潔。仁智明敏，嚻宇汪洋。開妙思於三空之表，顯眞如於四忍之外。接引群生，舟航巨海。率諸邑義，繕立天宮，敕脩嚴麗，兼造白玉像一龕。眷屬侍御，剞劂鐫磨，妙匠精巧。三十二滿，八十好，圓色揄耀，靈光暉夜。□以諸勝善仰資皇帝，聖曆無窮，國境寧泰。太后德被蒼海，永保仁齡。預捨一豪，同登我淨，若見若聞，等一常樂。傍盡邊塵，後窮來際，咸鍾此福。其詞曰，

朙朙大聖，皎皎無著。至寂至妙，湛然常樂。無像無言，形名應世。七步舉手，播宣苦諦。聲光振動，濯我塵滯。化息雙林，終歸實際。金儀

言寢，塔像勃興。香尊避坐，多寶踴昇。爲摸爲揩，永刼祇承。維大沙門，權機應傳。英風秀朗，弘通常住。道德芳烈，帝后欽裕。搆造靈基，朝野傾務。遠摹妙喜，近光祇樹。唯聖唯賢，爰依爰附。億兆來蕪，天龍虔仰。城芥千空，此基無爽。

大唐麟德元年歲次甲子九月景午朔十五日庚申，從嵩陽觀移來會善寺立。

《金石萃編》卷三〇，東魏一。《續修四庫全書》。

碑高三尺二寸五分，廣四尺五寸。共三十九行，行三十八字。隸書。末後移立年月一行，正書。今在嵩山會善寺戒壇。

《比邱洪寶造像銘》

夫霊眞弘廓，妙絕難測。非言莫能宣其旨，非像無以表其狀。言宣二六之敎，像跡四八之瓏。豈不淵弘冲漠，魏魏惟極者哉。是以務聖寺檀主張法壽，能於五葢重羅之下，契斷恩愛塵勞之繒網，於熙平二年，捨宅造寺。宿願暫像，福不止已，煩度法界。尋其羅絡，情苞聖境。自非藉因積刼，莫貴累世者，熟能發兹宏闊願行者焉。息榮遷修和，行慈仁孝，世習精懿，志慕幽寂。妙眞遐願，刊石建像，釋迦文佛，觀音文殊，仰述亡考平康奮願。復於像側隱出無量壽佛，福洽法界考妣等神，捨兹質形，悉稟淨境，同曉薩雲，覺道成佛。

大魏天平二年歲次乙卯四月十一日，比丘洪寶銘。

《金石萃編》卷三〇，東魏一。《續修四庫全書》。

石高四尺六分，廣九寸三分。上截像，下截銘。九行，行二十七字。正書。

《武德于府君等義橋石像之碑》

夫梵燈遐廓，長夜襲其明。慧教洞開，群迷啓其目。是以神光未滅，感膺於西胡。金儀雖謝，夢現於東漢。抑亦愍世多艱，下生思土。運濟貫心，慈悲注意。歸依者塵霧莫侵，迴向者雷電不撓。信是苦海之靈舟，酷旱之甘露矣。惟此區域，號稱舊邦。舜禹懷譚之地，殷周畿甸之土。晉啓山陽，鄭錫河後。隸趙稱都，入魏爲鎭。及秦呑六雄，跨有四海。罷侯置守，一統九服。項羽改名殷國，漢高復立爲郡。自兹以還，爲河內下邑。屬皇朝遷鼎，卜食漳濱。遂方割四縣，在古州城置武德郡焉。北通燕趙，堂堂之風相洽。南引鞏雒，穆穆之化□清。西瞻軹塞，則連山萬叠。東望平皐，則曠野千里。長河帶其前，太行環其後。車馬之所混□，舳艫之所湊集。頗是一都之要害，實爲三魏之逵道。若其沈溴雙吐，丹絕竝納。勢等周原，美齊陸海。袂散成帷，人縈若繡。禮樂尙繁，風儀未革。然郡土遼廓，沁水攢流。源自羊頭之山，發於歷谷之□。滔滔晉域，作紀懷方。引溉過於鄭白，流穢踰於汾澮。但波漸臺雉，岸谷崢嶸。揭厲多危，往來受害。至於秋雨時降，水潦□騰。馬牛雖辨，公私頓廢。有准乘車之義，事切朝涉之艱。軍威將軍懷州長史行武德置事河南于子建，車騎將軍左光祿大夫平皐令京兆杜護宗，前將軍懷縣令趙郡李同賓，征西將軍州縣令扶風馬周洛，殄難將軍溫縣令廣□燕景裕，征虜將軍郡丞東平呂思哲，或分竹專城，或擇木百里。鵲起來官，共治民瘼。況同覩艱辛，俱看危滯。一物可矜，納隍在念。敬思包鹿濟難之仁，俯□□龜報恩之惠。雖無武庫造梁之工術，且□沙彌訪津之慇懃。普啚問俗，便獲□□。軓躅雖亡，遺柱在目。父□□傳，咸屬周時，稱其板構，與城俱廢。乃於農隙之月，各率祿力□□及□朝文武□懷憙願，七月六日經始此橋。助福者比肩，獻義者聯轂。人百其功，共陳心力。至廿四日，所□便訖。不煩遐邇荷擔之勞，未傷士民尺寸之木。雖無匪石之美，庶省浹辰之費。脩柱揭以插臯，華表欝而軼漢。紅□交架以□□，綺蘭聯緜而雲布。引北山之饒，則人無遺力。積南市之富，而家有餘資。昔伯度記功，勒燕然□□。文淵表□，□象林之銅。作述之理雖殊，刊錄之情不異。況四生蹐駮，同悲欣之境。十因還迊，勁風電之力。□不歸依寶□，□□神教。遠擬彼岸之喻，近取成務之言。恐沮勸之道未宣，晝扸之功虛爐。乃運石立碑，敬鐫啚像。窮般馬之巧，盡金艧之餝。使四部往來，起歎慕之心。六道奔趣，識風雲之會。其詞曰，

淸虛曰道，正直爲神。有一於此，用表生民。淵乎大覺，至矣能仁。行成元吉，德伏波旬。其一。芒芒禹績，渺渺桓功。爲□左衽，逖聽前風。九州咸載，五等攸同。分壇敷土，俾侯樹公。其二。美兹舊甸，麗其新邑。憑帶山河，苞茸原隰。禮樂仍賁，風徽猶緝。青蒭可剪，潢流可挹。其三。粤余承乏，謬廁官方。政慚春雨，威愧秋霜。情深履虛，意等納隍。慕彼醫藥，眷此津梁。其四。渾渾沁水，冀道名川。旣難揭厲，又阻□□。爰始經謀，義勸競塡。辰不再浹，斯構已宣。其五。落落太虛，繞繞群有。來同聚沫，去齊過牖。敬託三尊，資憑四部。髣髴彼岸，依希可久。

大魏武定七季歲次己巳四月丙戌朔八日癸巳建，楊膺寺，金城寺，雍

城寺，恆安寺，苟塚寺，朱營寺，管令寺諸師等，見風燭以生悲，覩泡沫
而興歎。遂乃落髮以□玄門，抽簪而□梵轍。嗟往還巨難，愍揭厲多辛。
咸施材木，構造橋樑。楊膺寺發善之源，以爲橋主。

碑陰

碑陰左右名列銜名一行，中横十三列，行數多寡及字數全闕，俱不
齊。竝正書。

闕中正闕武德郡功曹張□□　前河南郡功曹張義興。
此行在碑右。
闕中正張闕　闕司馬闕　武德闕　武德郡光初功曹闕　武德郡□丞闕
武德郡孝□學　闕　闕大都督王闕　郡功曹□子武德郡主□王朗伯闕中散
大夫闕　張光闕　梁世闕　將軍給事中□□大都督張景哲　闕董□和　闕
前冠軍主防鄉都督李方貴
全闕　全闕　闕　一行　一行　一行
功曹闕二縣令闕　闕河内郡闕　闕平皐令闕　闕中正司空闕　闕郡功曹
闕　闕從事闕　闕郡中正闕　闕郡中正闕　全闕　一行　全闕　一行
以上第一列。
闕都道雄　闕都曇定　闕將軍武德郡丞呂哲　樂善寺主僧湛　郡沙門
都維那法雲　平皐縣闕　陽普泰寺僧法□　河内郡中正州西曹書佐張思賢
前州都司馬洪囧　旨授定州刺史馮雙安　前河内郡闕寄　旨授勃海太守
張法安　旨授洛陽令張蓋周　闕郎中□極　威烈將軍闕　郡光初中正李惟
孶　全闕　全闕　全闕　闕　一行　一行　一行　遠軍奉朝請梁闕　闕賓闕　闕
永孝　全闕　全闕　全闕　全闕　一行　一行　一行　一行
以上第二列。
王智延　張思顯　馮洪騰　張智達　馮務顯　張清虛　王顯樹　文顯
明　郭遵業　王元穆　王承業　王副賓　秦永貴　王洪略　王迴憘　董珍
寶　傅珍貴　王元纂　呂榮族　蘇顯業　王文讀　程顯樹　王金生　古子
融　薛卿婢
以上第三列。
高匡生　王暎宗　繁含國　張子獻　王櫆勝　樂僧櫆　邢子邕　郭義
賢　邢連昌　王延和　王延明　栞思和　馬晞賢　孟待賢　尋市和　王延
遇　王子尙　王思政　王景琛　張思集　王道廣　陶歸洛　黃永遵　泠榮
顯　孟子輝
以上第四列。
趙和順　張□敬　□貴興　梁□□　□□龍　許□龍　馮神寶　史衆
慶　梁景輝　蘇儁　史元邁　王洪景　張洪輝　王始和　張顯穆　高思纂
尋元允　王神和　王元貴　袁延康　王難陁　王慶先　馮仲連　李顯榮
古元穆
以上第五列。
衡野叉　祁延慶　古伏寶　李崇賢　朱子暠　□景穆　李景和　賀伯
和　栞元儁　王義和　史仲和　王市和　張當遷　臨慶波　高元伯　張叔
業　王顯貴　□惠各　劉逵□　王士□　鄭景□　繁桃樹　賈弁岳　邢
季宗
以上第六列。
孫元和　張起宗　周乾輝　王清伾　郭領孫　陶名遠　張貴和　祁智
達　楊桃樹　樂買德　董景興　張法神　邢伯業　范景輝　馬大□　薛桃
□　趙道□　張尙賓　藺道成　宋方伯　梁勳戎　王叔業　宋市和　劉景
伯　張洪儁
以上第七列。
向元□　江輝略　山子雲　薛義賓　李榮業　趙元和　馮延和　史起
族　卑顯業　宋元達　王長伾　王神惠　徐和生　祁景振　丘小才　馬元
集　牛顯族　王法大　許子伾　中叔珍　繁狃鵶　王野馬　馬天族　司馬
郎仁　張柒虎
以上第八列。
郭敬始　□□鬼　張景賢　王善□　張始貴　宋子誕　董道和　張僧
敬　馮元爽　薛洪達　邢小興　劉子雄　謝五逵　韓舍興　賀景珍　郭元
廣　王景輝　袁及先　王洪運　泠永初　續子輝　王元盛　董顯遵　朱神
仲　李元暉
以上第九列。
張思祖　蘇方先　馬景伯　張山寶　楊元輝　楊山恆　張惡婢　趙樹
見　張廷賓　李彌陁　劉方進　趙仵醜　衛顯義　張顏淵　高顯賓　衛溫
和　韓胡婢　姚奚奴　史甑生　劉遵士　古顯哲　魏僧遵　任僧賓　公孫

伓　韓敬賓

以上第十列。

梁子剛　王伯醜　路思慚　程子巖　竺永寧　原子穆　王登生　馬靜光　王醜婢　孫舍婢　續伯和　劉清仁　馬桃生　孔世遇　吳世榮　李敬賢　宋天開　崔仲產　吳孛遵　无丘宗　張廣業　馮清□　繁龍騰　泠伓慕　張世珎

以上第十一列。

武德郡兼功曹柳□　州縣中正兼郡主薄□永和　都盟主張屯賓　都盟主孟延貴　民望荀買婢　民望史文祖　民望姬舍族　郡兼功曹来靈皓　宣威將軍王龍欑

以上第十二列。

全闕一行　□安宗　□天□　闕一行　牛承明　王文雅　馬通達　呂顯珎　生以下闕四行　等闕　眞假之源闕喜樂闕　趣◇闕　慈以下闕三行　施力以下俱闕

以上第十三列。

伏波將軍前懷州防城司馬穆洛書。此行在碑左。

《金石萃編》卷三二，東魏二。《續修四庫全書》

碑連額高七尺五寸，廣三尺三寸。上截二十六行，行四十二字。下截二十七行，行三字。正書。今在河內武德鎮。

《凝禪寺三級浮啚碑》　□纖景凝麗，則海鏡啚明。皇秀潛暎，則□□暫□□□聖□薇尼而顯淵蹤，現元吉而輝沖原作淨旨。故高蹈七步，耀天人之儀。駕遊四門，悲生老爲苦。啓明光昡於長夜，流電彩敻於重昏。玄鑒洞於眞機，靈照渙於寂像。无言之論，拂石記年。沙童之說，彈指爲證。權影哀於羣宗，應響悽於類族。靡身不即即也而流仁，無音不曉曉也而知覺，斯實不思議之至妙也。然化歷二境，教盡四域之鄉。靈軒迻軔，遷隱雙樹金顏。雖遙經啚，流範是用。育王之塔，東土隆基。優闐之像，西域彌搆。法輪滿世，妙露斯光。但群品異途，行乖殊致。令迷之禽，自亡於木罥。百首之鱗，懸鰓於釣庸。貪愛溺於死河，春蠶圓絲入繭。自非抽顯神峯，迢然孤秀者，焉能於滄浪之津，而拯彼岸哉。今正信佛弟子趙居士，名融，字祖和，元氏人也。其先與秦同姓，至周穆王，造父有騄駬之勳，賜姓趙氏，又匡弼晉□。暨於武靈王，布錦千城，散綺萬國。鬱鬱顯於篆冊，穆穆聰至於斯矣。遠祖□漢司徒公征東軍都督內外諸軍事、冀州刺史趙郡公纂珪芳於遐葉，遂曰封此焉。

居士融蘊沖惔之妙性，如荔□之瑤聲沈作馨。懷珠照寂，若霄漢之朗月。雅志貞素，行潔儒流。清風峻遠，栖心文史。恆以甘禪育命，滄經養年。化無徹邇，人不量言。霜齡長碧，雪月含清。不闚玉帛之門，不踐縉紳之尸。靖夜閑吟，任運衰榮。卓絕天倫，可謂沖㨗自然矣。

居士融每常嘆曰，蟻螻無夕命，椿柯亦彫零。神飄生滅境，如雀飛空瓶。鄉□覆詠斯文，則涙沾變石。居士融正以妙味自怡，何假珠瓔之榮乎。□怡尙其仁，素伴貴其清。方朝飮木蘭之泆露兮，夕湌秋菊之落英。矯菌桂以緦蕙兮，索胡繩之纚纚。安貧樂道，井丹之流乎。忠清淳信，子良之徒乎。輕金樹福，須達之倫乎。嗒然孤舉之輪，逍遙出塵之志，是故鄉彥呼之曰居士。融乃怳然而嘆曰，觀世之歸死也，何異飛蛾之夕火焉。慘隼羽之度牖，悼蝴蝶之變靈。怨蟬啼之漏促，悲霜蒂而涙盈。即共長兄浮陽太守文奴、元氏令文□、邯鄲令甙奴、元氏令靈和、房子令靈宣、長兼參軍市□兄弟等，孝友恭良，頤居茂於紫荆。皆宦叙衣冠，□錦百里。率鄉賢道侶二千餘人等，竝信敬玄深，體空虛寂，詳造三級浮啚凝禪寺。□搆蕭廓，寶堂密靖。層甍耀於霞漢，玉繢華於寶珉。餝以丹碧，雕以仙形。松栁翠欎，井級凄凉。鴻飜則雲波，風嘯百籟吟。居士融復衢設義湌，珎膳盈案。善迎愧送，穆於文質。至其處，□瞻堎埠，霰霏之所蘩薈。北城峻峙，百王之固綿基。東有村□，蓊蔚連煙。西嵢□岌，虞光翳而迴。薄其寺，妙像精異，遊眠忘歸。所造之福，仰資皇猷兼隆，丞相休永。王公百司，師僧父母，識性之類，梵水洗心，常生淨樂。居士之善，上昇人天，下離鬼壤。鄉義僉言曰，昔容之功，尙詠於金蒿。片瓦之施，猶頌於遺表。況居士融建斯景福，豈得箴聞哉。恐靈迹勝因，空傳無記。故鄉人中兵參軍鄭鑒，邑義二千等，慕海春之餘韻，羨雙鴈之追仁。乃相與託鍾山以詮妙軌，刋玄石以騙鴻芳。當使渌竹之彩，長摇於紫風。清松之碧，永輝於素月。其詞曰，

𡗗𡗗沖覺，寂寂虛清。塵中獨鏡，霧里孤明。龍□現跡，素木歸靈。玄夢垂影，雪山流紅。□顏同習，分言共聲。明珠泣醉，羊鹿悲嬰。林藹水淥，虬翔雲枝。嵔鷲風遠，給孤化移。金粟愛集，文殊來儀。梯重秀，

枯蓮更猗。遺芳之軌，妙猷仍玄。濁浪澄曦，眴哮凝淵。□士祖和，兄弟貞賢。體茲四空，五有非㳘。將率鄉儒，營斯福田。津流遐刧，果鍾人天。秖菀還日，提河再年。恵風躅拂，昬境除煙。

大魏元象二年遂在申二月乙未朔□□五日己酉造刋□沈作俱。訖。沈有耳字。

下截題名

撫軍將軍殷州長史河東侯薛安民【略】

高八尺，廣四尺。額高尺許，篆書，五行，題凝禪寺三級浮啚之碑頌十字，陽文。上截高四尺餘，三十四行，行三十五字。下截三尺，十三列，列三十八行題名。並正書。在直隸元氏縣。

《興化寺高嶺諸村造象記》 唯大巍武定七年歲在己巳四月丙戌朔八日癸巳，肆州永安郡定襄縣高嶺以東諸村邑儀道俗等，敬白十方諸佛，一切賢聖，過□□善，生遭季運，前不值釋加初興，後未遭彌勒三會。二聖中間，日有□歎。先有願，共相要約，建立法儀，造像一區，平治道路。刋石立碑，以□之功。上為皇帝陛下，渤海大王，延祚無窮。三寶永隆，累級□德。□世父母，現存眷屬，復願生生之處，遭賢遇聖，值佛聞法。常脩善業，□至菩提，誓不退轉。願法界啥生，同獲此願，一時儀道。

《金石續編》卷二，東魏。《續修四庫全書》。

高三尺，廣一尺。七行，行二十六字。正書。在山西盂縣城北四十里興道村。

《邢多五十人等造象記》 夫乾坤振極，遂通三才。靈像告徵，廓有開闢。覆載潤流，蠢茲黎庶。是以天生之民，樹之以君。非君無以理其民，非民無以顯其君。聲動嚮應，今故相承。是以干戈震動，出自非今。堂堯至聖，尚致阪泉之師。周武之化，亦興不期之旅。是以黑太逋寇，假息閑壟。侯景拔扈，苟存江左。鼠竊之徒，敢闚問鼎。今我大齐，格天心如承主，廓四海以為居。坐太極如受禪，闔與契如同符。巍巍乎以白日如並，光堂堂如無能名焉。若用梟禽二虜，必如指掌。未即誅勠，寬待歸順。是以廣□嚮豪，立為督將。弟相部領，切茲醜豎。邢多五十人等，昔日封而居，子孫留偶，今在肆土，為人領袖。其人可謂天姿桀邁，幹鮮明才。圓弓連發，飛刀搖刃。為帝所知，召國□□。武藝之土，實自孤絕。一時偃蹇酋勇，亦難量者哉。遂在合州，誒弘大願。願令軍侶行還，造□像一區。經營尋就，藉曰斯福，咸□誒上願。令皇祚遐□，業化清熈。澤洽九區，恩過八極。復令先亡現在，合情能蠢，同歸妙境。

維大齊天保二年歲次辛未七月壬申朔十五日丙戌定。

《金石續編》卷二，北齊。《續修四庫全書》。

高二尺八寸，廣二尺。十六行，行二十二字。正書。在山西盂縣城北四十里興道村興化寺。

《宋顯伯等造像龕記并陰側》 夫靈智沖廓，應化之理不測。□言微妙，津悟之徑難究。是以迷途失馭，下缺刧心若轉蓬，逐秋風而飄質。隨緣取愛，任著宇化。如浮泡之遊水，等烈下缺使力釣巨鼇，能陷五山。會與陽雪同消，落葩俱往。生滅相資，解脫元期下缺世圓光普照。品衆生如赤子，等萬類於胸中。吐法水以蕩昬心，舉恵登而下缺是。群盲啓目，終或僉曉。然則五駒證道於鹿菀之始，須跋獲果於下缺。渡之宜既周，現滅之跡斯顯。於是鷲嶺潛下缺實相凝然，曾無去來。但以應現無方，所下缺現於前周，金色降於後漢。是以像法日下缺

邑社宋顯伯等四十餘人，皆體識苦空，洞下缺毗救鴿之念，下愍羊嗷屠割之痛。下缺二八血祠之祈，専崇法社。滅饍之下缺菩提之路，禽獸之命，盡脩短之壽下缺用今在野王越內廣福寺建塼下缺宮穻華麗，奇狀罕譬。彫容見相下文缺金儀重見爾。其寺也，房堂下缺雜樹蔚茂。人居四面，星羅若下缺響風馳，遐邇雲會。信是元下缺殺啟善，通養牲之途。詮攵表況演說。隨下缺育王起塔，傳帆中國。歷葉継蹤，虔成不或。息緣去愛，貪下缺顯顯霛寺，勢置西宮。靜行練僧，像敎日隆。朝尋聖旨，夕下缺郡迷聚會，悟心洞誒。止殺存生，減饌自罰。絜己傲俗以上碑陽。

碑缺下截。存者高三尺，廣二尺，厚七寸。正中像龕左右及下方刻造像記。碑陰五層。上層佛像，次層横列邑社朞思等石像之碑九字，篆書。以下三層並像主題名，後二行刻撰書人及建碑歲月，兩側刻像并像主題名。並正書。在河南河內縣。

《李清造報德像碑》 大齊天保六年歲次乙亥七月己卯朔一日庚辰，鄉郡鄉縣李清言，蓋聞益天之明者，莫若於日月。益人之善者，莫若於脩福。是以一飡之恵，扶輪之報。為前兗雍七兵尚書陽巢定五州刺史義同文靜公趙郡李憲，司空文簡公李希宗二公父子以禮待清，得奉朝請。而清德乏故賢，無刎頸之報。去家五百里，就井陘開榆交貳萬里萇途百州路側，造報德像碑。磨巖刋石，萬世不朽。東越海崖，西過秦壟。車馬殷上，無

日不有云爾。

夫乾坤以蕳易可久，聖賢以作述爲大。麗天欘懸像之用，鎮地表成務之功。顯晦唯丈人之迹，語嘿蓋君子之道。二經混其無爲，五緯彰其區別。仰觀俯則，遠物近身。備諸禽跡，可略言矣。至於六十四卦，藏用顯仁。言先王者，主於聖王。言后者，通諸羣后。言大人者，大有聖德之人。言君子者，博聞有德。三百五篇，無邪以弊，皆欲納民軌物。其於剋己復禮，方之釋典，曾何髣髴。岱宗小宇宙，混閻狹秋水，較之末舉馬豪察之，殊少麟角。愛河湛湛，掬指於舟中。朽宅炎炎，爤頷於車下。方知誓願尅成，降鑒世界。慈忍既就，視現王宮。放光明於大千，燎華燈於深夜。陽九作沵，濡足於堯季。陰六爲災，授手於湯日。覆載比兩儀，亭毒猶一子。擾擾四生，䗖䗖三界。何止拱之如北極，仰之如東君者乎。若迺千里一曲之河，派崐崘而屬牛斗。萬舟避風之水，導岷峨而直井絡。連城之寶，必挺於楚山。照車之玠，宜產於隨國。馬形淑問，尅昌於千古。龍德淳風，必祀於百世。懷月動夢，嗽天成祉。類任姒之興周，等陰馬之隆漢。光遠彌燿，條布增芳。非積祜之餘榮，其孰能與於此。

今皇后，趙國栢仁縣永寧鄉陰灌里人也，分裂山河之盛，懷握瑾瑜之美。史無闕文，我略辭費。祖儀同文靜公金桙玉質，取貴當季。考司空文蕳公桂茂蘭薰，名揚身後。唯此二公，先聖所遵，後皇欽德葉，各產子十人，五男五女，再世如一。男懷衛玠王承之操，咸體潤珪璋。女履恭姜伯姬之節，皆心貞琬琰。至如馬族丈夫，五常取目。璩氏婦人，三賢擅美。何竿張鈞，子孫繁盛。黄羊白環，允嗣丕顯。論家語德，我實兼之。有姓名者，承華遠葉，分流濬源。附驥尾而絶塵，託龍髯而高翥。乘車食肉，不假長鋏之謠。升堂入室，無勞囊錐之請。葭莩之親，迺枝遙十世。丘山之顧，則潤過九里。朝履淸階，鄉居右軄。增榮改價，二公之造焉。加以宿殖善曰，洞悟空假。投軀正覺，傾心大乘。體瞬息之不留，識泡炎之必盡。營資糧於曠路，樹功業於福田。初未脫於生死，終不離於苦空。波輪迴，星流電滅。

昔孔丘既歿，子貢六季不返。向苗已逝，始春三載不歸。戸改辭，吉門通德。召奭甘棠勿剪，韓起嘉樹無忘。竊以石槨蜄炭，無益於速朽。珠襦玉匣，有加於戮尸。鑒覆車於往塗，思改轍於今軌。負土城墳之力，用於鷲山。傳蘭蔦菊之財，施於鹿野。斯則之先覺，作範後昆。有義存焉，可不尚歟。民無德而稱焉。烏菟輪虧，寒暑迴復，滄海爲原，水將湛於金剛，火垂燎於華想。式刊鼎彝，永作橋梁。其詞曰：

管窺行健，蠡測淥流。眞蹤遐闊，壁此忮求。唯佊調御，鑒我閻浮。揚舲沸海，舉燭重幽。注水不竭，傳火逾留。明懸離坎，德邁迴游。滔滔甕口，巖巖峯石。合浦徑寸，藍田盈尺。汁光失亨，蒼精承唐。我有微音，正位宮掖。親試經典，躬勞紡績。高崖斯潤，長瀾增激。其裘不墜，冠蓋成林。家藏桓玉，世挺南金。男賢慕蕳，女潔還陰。十六比德，二義齊音。俱淳萬頃，竝竦千尋。指掌拾芥，跨古騰今。爰有宗人，老成夙惠。託生正識，投誠眞諦。食椹泮林，庇陰聚桂。薄言報德，營斯莊麗。功大造，推心弘濟。陳信貞石，傳芳來裔。空聞海竭，孰俟河淸。隟駒易往，日烏難停。春氷始泮，水淥山淸。秋風將肅，葉下霜明。民非城是，淵實丘平。嗟嗟後世，識此生榮。燕州釋仙書。

《金石續編》卷二，北齊。

摩崖，高六尺五寸，廣四尺六寸。三十行，行四十一字。正書。在山東平定州東三十餘里石門口長國寺前岩上。

《僧惠等造天宮像記》 夫鏡日輝元，啓妙識於淨海。澄波洭壑，運境目於生源。是以八相同紛，闢重關於幽夜。三輪昞轍，闡神機於正路。使游子歸衢，輕車軌駕。炎宅止熕，氷池修□。故能振馨風於沖漠之野，擊玉磬於无聲之響。遂大鵬奮霄，龍翔竝湊。六合□飜，十方斯集。金言演暢，豪光九照。法界融蕩，瓊花七瑩。乃塵沙涉靜浪之舟，□形蒙麾棹之緣。於是騰超彼岸，濟度无崖。正以朝露易晞，浮霜難固。提河早流，皓林促變。隱影靈遷，圓明息曜。三界悲動，四生號慕。賢徒泣血，能言瀝地。大聖垂慈，敷十二以流導。悲愍將來，布舍利以昌迹。故優塡鐫姿，育王建塔。所在模容，流芳萬國。自爾暨今，邁餘千載。寺有魏大法師故沙門都法恩起妙因於初心，建淨業於无始。故童年去惑，高步緇門，逍遙法菀，矯志松蘭，縕思元蹤，物我俱懷。遂捨衣鉢之餘，採石名山。訪巧求能，願雕眞容。但无常驚逝，峯烟激速。創福未周，奄從物化。門徒嗥戀，精感彌篤。又弟子法度，戒行氷朗，智超空有。□稟師則，磬志忠誠。更崇妍琢，妙鏤金顏。釋迦怡怡，若兜率之趣琦殿。彌勒昂昂，狀龍華之啓三會。多寶同坐，事等湧出。飛堪紘虚，旋瓔反入。維摩權形，嘿言於方丈。文殊十辯，表門疾於平等。菩薩諸天，簫瑟妖麗。金剛密跡，獻目楊堦。鎊像雖訖，嵩塔未備。而度曉夕慇，現成神宇。不謂暴疾所鍾，潛魂深夜。致使□啚中癈，爲山止匱。復有此寺上坐僧惠，寺主法合，並湛潔內融，□志方外。□四攝於胸衿，騁七龍於神膺。洞博羣經，智游无礙。緇素同遵，歸依◇流。又邑主朱永隆、唐豐七十人等，各粲根蘭胄，梃茂□芳。翛葩槐棘，籍潤斯遠。發悟自天，契達幽旨。普相率厲，敦崇□義。以其處也，碧地流泉，勢俠中都。金豪屼洫，鬱澤新鮮。翁林翠栢，璨然在目。布寶求薗，謂莫斯過。遂採楝雲臺，代木方巖。班匠麗功，造天宮乙塸。巍巍赫弈，媚若祇桓。堂堂昞煥，婉踰神塔。迷者一闞，則洗惑於先源。慧者暫覩，則啟悟於後際。可謂福潤含生，祚隆彌刧。酬功報德，鐫石遐芳。其詞曰，

皎皎淨性，洸洸境日。湛波啓旭，騰源曜質。現託王宮，曠周遐悉。鸞翔□翥，法□斯一。大音唱諭，名義弗違。淨光電掃，輕舟返飛。浮烟靜霧，赫日早□。致遷景覺，人天同歸。三千號慟，冲影潛空。愍彼長迷，繫此幽綜。爰有□士，紹隆聖蹤。彫珉鐫像，以表靈容。英信等悟，磬寶脩啚。福延彌刧，鏡水非虛。善潤□家，潤融唐虞。蠢爾同津，咸契凝如。

大魏武定三年歲次乙丑七月戊寅朔十五日壬辰樹

龕右題名

維摩主冠軍將軍安西府長史板授洛陽令後授武德太守程日龍

右二行一列。

高連龕四尺八寸，龕下方二尺七寸。記廿八行，行三十字。字徑七分。年月一行小字，直界格。龕兩旁題名各三列。均正書。在河內清化鎮唐村。

《高叡定國寺塔銘碑》　蓋聞珠林琁室，現峴崙之中。銀闕金宫，跱蓬萊之上。居之□幽，登之乃靈。逐雨隨風，懸殊六通之□。黃衣丹椹，□非四□之味。況□陽山□之洞，有□□大帝之□。□□生半天之山，七盧入香煙之岳。伏膺道術，始學牛毛。於我法門，事均驢乳。次復月光童子，戲天台之傍。仁祠浮圖，繞嵩高之側。行藏比於幻化，出沒放於淨土。弗□□□，罕逢濡足。及於金臺羅漢，遠住東海。瓊樹聲聞，遙家西域。承風問道，此實闕如。豈若太元所都，化作經行之境。眞人所府，飜成息心之地。黃河之北，忽出育王之龕。葱□之東，別有迦維之國。然燈避風之處，服藥息務之所。和合戾止，有朱山焉。其地則上應琁星，下分全趙。邑邇靈邱，念黑貂之爲珥。峯連牛飲，吐白陸之滋川。重嶺㮣雲，□人或凡。曲澗無底，瞻天謂窓。晨光東壑，類湯谷密邇。暮色西巘，恠崦嵫咫尺。陰氷夏素，想逼燭龍。陽木冬青，意近火鼠。重巖之面，有曝布焉。至於春泉初涌，秋水時至。蕭條圓注，擬虹氛而上昇。散亂高流，收天河之懸瀉。若乃金花瓊實，暎日香風。玉酒石膏，除飢卻老。羊腸九坂，虵盤九曲。駈龍從虎，一見而不歸。椌鵠乘鸞，蹔遊而忘返。

定州定國寺禪師僧儭，身重戒珠，心倫堅石。時和人俗，不染世塵。以其山處閑虛，林幽爽曠。香珍叶住地之德，淸靜賞仁人之心。乃施淨財，云爲禪室，於茲廿有餘季矣。背兎頭之嶺，搆柏堂之谷。別房凫崎屼之岫，離館逐低昂之巘。交藤代幄，懸葛當帷。鑿石開塗，披榛置徑。因山結宇，無勞一匱之勤。即水縈池，非求百姓之力。霧集懃定之侶，雲歸無漏之人。正念不虧，息心相繼。頭堪孕鳥，心成竹虵。桴撮茅屋，蔾羹粟飯。七益不受，三淨不食。是眞苦行，是實頭陀。鐘韻應霜，梵聲傳谷。虎音䰟振，風神散非時之花。魚鱗已舉，雨伯造淸涼之氣。百鳥競鳴，學黑蜂之唱無我。萬籟爭響，寫天樂之娛法王。聞和雅音，咸無生忍。屬大齊之馭九有，累聖重規。羲軒之流，炎昊之輩。出東震，握北升。擊玉鼓，轉金輪。前疑後承，左賢右僟。數當於天運，名上於河啚。入作股肱，出爲蕃屏。使持節都督定幽安平東燕滄瀛諸軍事撫軍將軍儀同三司定州刺史六州大都督趙郡王高叡，枝流姜水，氣別大風。昔殷周以稷契立功，虞漢藉軒唐之德。復有揔農皇之緒，廉尙父之勳。光奄宇宙，義高前篆。祖同王季彰積德之符，孝即劉文協內謀之議。休徵迭降，爰誕異人。封自東門，圡分北社。多能將聖，上稟天知。幼秉虵珠，雀臺擒□。□成麟角，虎殿論儒。辯樂三雄，富河澗之典。驂駕四馬，高稻樑之勾。吐握思賢，安勞郭隗之榮。水鏡知士，何有鄒陽之書。故令司馬願遊，因解武騎，邯鄲對見，雅伏天人。忠以奉公，惠以施□。□神敬鬼，織天成地。心將冥會，非復文衆攸知。迹出人表，亦豈名言所測。劉蒼德茂，彌事謙下。馬孚尊寵，不以爲榮。至夫恆嶺崇高，虞巡北岳。中山舊國，漢

號東蕃。□摯唐侯，昔封此邑。魏文太子，復鎮斯城。五陘傍通，四關斜指。荆卿易水，含燕寒而北流。□覇呼沲，浮漢氷而南脈。地中天府，聞蘇子之言。境寔神州，具盧□之説。海城七十，僅譬閭井。雲夢八九，甯方藪澤。連甍接棟，煦氣成虹。炫服靚裝，揮汗如雨。先公佐啓，嘗歷斯蕃。皇弟分陜，每爲是牧。帝室維翰，莫此之尤。劇齊中之□□，□河內之擇士。遂乃褰襜明視，戴冕來遊。繡轂朱輪，聯清塵於往迹。鳴金繁唱，接高風之遺響。前後韋氏，大小馮君。扙德談榮，飛天伏地。屈其大道，亨乎小鮮。張瑟調琴，裁縠製錦。賤分陰於尺璧，子黎庶而蒲蘆。始布六條，尋能一反。移風化俗，詎待七年。去敵勝殘，何求百歲。政明民訟，蚩郭賀之荆州。甄屈捜賢，鄙山濤之冀部。百城順軌，四時感德。陰陽隨意，綱目如旨。甯復二縣不雨，方待車行。三郡無堪，更令黴黜。德既行焉，功亦成焉。田有遺糧，菓無外授。蹶虺虵而尾虎豹，窺烏鵲而養鳳凰。□車迄今，初歷七祀。自人皇出谷，分長九州。秉旄作扙，蓋無常限。然梁習臨并，止餘十載。神蒿處益，唯乞一季。恐須正階台，載馳綸綍。借君請帝，向天門而難止。凹道興□，望雲車而無極。四民所以相告，萬里所以先憂。尋夫羊公剡□，□□連率。梁楚宗令，周邵親賢。並播樹蘭，俱懸日月。未甞矜萬物，觀一己。脆同蘆葦，空似□蕉。縱四毒之□，任五情之馬。與夫解所未解，度所未度，安可以相論哉。

我王夙殖善根，□□利種。以爲靈光之殿遠謝微紗之臺。黼黻之衣誠乖精進之鎧。故以先覺而寤後覺，後炟而助先燈。將欲遠持三界，盡置十善。何直經緯文武，粉澤禮樂唯然而已乎。□聞道塲，攝心迴向。隨憘供設，爲福田□。因以其寺，名粤□□。宣尼論至道之時，乃有斯稱。軒轅念天師之敎，且符今旨。淨心所宅，豈與同年。兼於此伽藍，更興靈塔。光光流曜，比秋月之華。蓬蓬茂出，如白雲之舉。銅槃上竦，遠承仙露。金鐸相鳴，遙驚山鬼。又復運藍田之玉，採荊山之珎。鏤殫變化，圖窮相好。緇渥不污，用□無染之身。夜光逼體，因現神通之色。於是竹間精舍，樹下講堂。光餝倖青鳥之蓮，珎華奪白牛之駕。仙靈拖棟，或眞聖之乘煙。雲氣垂甍，亂峯巇之觸石。是知無生無□，□有鵠林。不即不離，茲亦鷲嶺。道本一唯，勿輕像法之期。佛乃無邊，何偏王舍之界。寺去州城餘二百里，扶桒初曉，楊枝始嚼。塵消氣滅，霧卷霞除。昇高峯，望都邑。朱□紫閣，眞雲中之化欲來。綠樹丹城，像域外之飛將至。分明可見，異隴首之望平川。竦散高淸，踰岱宗之小天下。壯哉峻極，麗矣莊嚴。何但名相佛土，頗棃爲地。法明出世，天宮近人。齊聖廣淵也如彼，菩提道身也如此。自可生蓮花於鬲子，槊烈火於魔宮。屛息而獲法雲，翹足而俟授記。甯□延皇家卜季之數，增我后王佐之功。井藤相促，城芬將滿。庶願力護持，羣神肅翼。須珎腐敗，勝地莫渝。元圃飛浮，神山恆固。今歲在赤奮，時惟青秖。陽殖官杏，日望月桂。斲磨城玏，明楊皷鍾。縱漢帝種桃，屢獲花菓。麻姑看海，數移陵陸。猶望有類粟山，記戊申之歲。更同荊峴，見望拜之碑，無愧之詞。乃爲銘曰：

即林嘉道，歸山長往。未極人天，猶居塵壤。我有福地，同疑安養。閣暎珠羅，樓懸金剛。峯高萬刃，澗遠千尋。煙雲出入，仙聖登臨。谷幽虛囀，松高自吟。紫芝咸冽，丹桂成□。彼有人焉，創茲虛境。高窓蔭柏，危欄承嶺。野曠村稀，巖空人靜。草呼風氣，池搖月影。嘌形端拱，凝神邱壑。搖錫褰衣，遨遊林薄。思滅毒火，求分良藥。遠棄形骸，蕭然寥□。厤窮於坎，倉精受命。陵躪百王，懸衡七政。洛荇効祉，河文欙聖。朝衆水神，國多天鏡。本枝磐石，如珪如璧。龍變成章，鵬飛舉翮。閤延髦士，庭多捐客。高義盈門，淸談滿席。燕南趙北，竒士爰臻。盧河通氣，白壤飄塵。陰陽所合，風雨攸均。輕軒高蓋，來慰斯民。卬泥作豉，牧羊調馬。德通靈物，謠成風雅。寬猛春秋，愛畏冬夏。并州陵段，異方踰□。爰觀六趣，尙想三塗。香珎匍匐，道慕拘盧。化城度嶮，抨酪求蘇。旣雕宮觀，有類蓬壺。百雉攸遠，九成迷遭。薄霧輕籠，微煙少蔽。光風新靜，暾暉初麗。極目相望，地乘天際。斗迴南北，日轉西東。遑遑馳驟，抵速人中。地煎熱水，天壞災風。願將此處，懸置虛空。

大齊天保八季歲在丁丑□□戊辰十五日壬午刊記。

《八瓊室金石補正》卷二〇，北齊一。《續修四庫全書》

高五尺二寸，廣三尺四分。三十八行，行六十四字。字徑五分，正書，方界格。額失搨。在靈壽祁林院。

《宋敬業等造塔頌》　曦望晷速，三曜不停。春還秋往，陰陽□遷。有始將終，有生必滅。唯旡上大覺，躰宿常湛。故使人知覆護，勿識皈依。是乃佛弟子宋敬業、崔海寶、郭小德、張鵲子等，洞識苦空，洞知八解。兼識財稱分聚，身名假合。見蘆葦之空虛，知芭蕉之匪實。何以逢除孽彰，輕拔旡明。方欲寄煎三毒之苦，永入解脱之門。因茲勝地，建旡上之功。大齊天保九年歲次戊寅三月甲午朔六日癸亥，仰爲廣固南寺大衆等，敬造寶塔一區。萬刃名山，峭崿峙其北。清淵滌池，遄流亘其前。神仙之宮，詎淂方其麗。踴出鑚天，可以比其暉。乘斯福□，仰資七世，凝入閑門，龍登初會，拔淈現存，超□□位。帝祚長延，法界蒙澤。若不刊石流芳，□□易滅。其頌粵：

□灼法炬，晃朗慧目。悟彼迷徒，出茲闇室。門稱不二，義唯歸一。位登旡上，果緑周畢。麗同玉室，□似銀宮。彫曦漏日，鐸嚮花風。將如地踴，若現空中。恃斯勝善，同履虛冲。

法師在碑右像旁。

《八瓊室金石補正》卷二十一，北齊二。《續修四庫全書》。

高一尺五寸五分，廣三尺四寸。中間頌十八行，行十八字。字徑五六分，方界格。右方題名存二字。正書。

《鼓山唐邕寫經銘并經刻》 粵若稽古，逖聽風聲。握神紀以應物，遊靈教而至道者有矣。咸宏之在人，道不虛泄。然則軒從七聖，蘭葉傳文。舜共三公，芝渥觀字。周朝關令，望東氣而稽首。邱門弟子，向北升而磬折。天書道記，可略言也。蓋不出於九流，且未聞於三世。我大齊之君，區有義在。不思家傳天帝之尊，世祚輪王之貴。一人示見，百辟應生。俯順龜龍，託迹雲火。翠鳳將寶幢共舉，靈鼉與灋鼓俱震。萬機兼十善之化，四門雜三乘之賔。自迦葉結集，蔡愔遊返。持縱之經，盛於茲日。龍宮斯盡，象載未勝。特進驃騎大將軍開府儀同三司尚書令并州大中正食司州濮陽郡幹長安縣開國侯晉昌郡開國公唐邕，挺固理時，生而爲世。秉文經武，來處庿堂。從扣而鳴，隨病與藥。待群方而似鏡，應衆務其如響。四海仰以彌高，千官挹而滿驄。眷言法寶，是所歸依。以爲縑緗有壞，簡策非久。金牒難永，皮紙易滅。於是發七處之印，開七寶之函。訪蓮華之書，命銀鈎之迹。一音所說，盡勒名山。於鼓山石窟之所，寫《維摩詰經》一部，《勝鬘經》一部，《孝經》一部，《彌勒成佛經》一部。起天統四年三月一日，盡武平三年歲次壬辰五月廿八日。澗谷虛靜，邑居閑曠。林疑極妙，艸匹文柔。禽繞空中，獸依樹下。水音發而覺道，風響動而悟物。戒行之徒允集，慧定之侶攸歸。如日貫雲，常轉不息。山非恐畏，未苦風寒。石比夜光，非待螢雪。毗沙上度，勑衆鬼而護持。大梵來遊，領群神而作衞。善因普被，願力薰脩。當使世界同於淨土，皇基固於大地，量六道於十山，沐四生於八水。乃及無邊，皆取正覺。海收經籍，斯文必傳。山從水火，此方無壞。重宣茲義，乃作銘曰：

天文星象，人文書契。先聖後賢，道繩身世。惟皇建國，教通群藝。德實無爲，化窮兼滲。諸法爲祖，諸經亦王。一文半偈，與物行藏。天縱上士，時應有方。群迷升極，至道津梁。殺青有缺，韋編有絕。一託貞堅，永垂昭晰。天神左右，天王擁衞。書未仙遊，字無飛滅。地遙常寂，山空避喧。承風覺道，海滯難論。水流可閱，日去無飜。乘茲誓願，福地常存。

《八瓊室金石補正》卷二十二，北齊三。《續修四庫全書》。

高四尺七寸，廣三尺二寸。廿行，行卅四字。字徑一寸三分，分書。在磁州鼓山。

《李顯族合邑造像碑并陰側》 夫旨理虛冲，妙絕於言像之外。凝湛澹泊，超出於無形之境。所以現應金容，諗言布敎者，實由見聞之徒三千，同感以是。大聖降鑒，慈情曲接。影赴塵羈，悲拔昏識。故能託迹淨土，搶現元吉。開三爲級小之心，演一爲接大之則。虛心冥照，理無不統。深是如來，處有不有，居無不無者矣。但以衆生福盡，不善諸業，百八雲張，邪風競扇。致令靈曜潛暉，遷感異域。自聖去遙延世，華道茫然。今季末李次、李顯族百餘人，籍胄軒皇，蘭枝玉葉。望美海欄，仁英逢烈。厥祖乃宗，出自趙蘢。因官爰處，即居黎境。乘此數分，胤隆千室。雖寄異方，抱馨轉馥。子孫孤挺，夙姿天哲。附蔦相承，聯光槐棘。復能顯揚大法，咸皆信敬內□□隆三寶。故勸我見以識苦空，導迷徒以曉八正。情乖獨善之非，思同物樂者耳。於是敦契齊心，同發洪願。即於村中，造寺一堰。僧坊四周，講堂已就。建塔陵雲，靈圖岳峻。列彩星分，金光煥□。其時宇宙清夷，靜安皇祚。民豐世樸，率誘相從。□善增歡，妙悟日益。競捨□珍，重興勝福。復於村南二里大河北岸，萬路交過，水陸俱要。滄海之賔攸攸，伊洛之客亦屆。逕春溫之苦渴，涉夏暑之炎燠。愍茲行流，故於路傍，造石□一口，種樹兩十根，以息渴乏。由斯建立，遐邇稱善。自前生後，信心彌著。重福輕珎，復竭家玩，次造天宮浮圖四軀，交龍石碑像一軀。訪匠妙盡於寰中，召能募出於宇內。靈姿赫奕，若金山之夜朗。布彩烟霄，雲張字列。圖飾巖麗，暉明照灼。鏤玉尅金，衆寶廁填。論妙拔，歎所不能窮。語相好，思所不能及。巍巍焉若須彌之顯海，堂堂乎有相而難名。成因感果，須達未足爲殊。得報獲益，祇陁豈曰非譬。古者尚存名竹帛，況今焉有不流述者耳。故刊石記功，聲傳後代。而作頌曰，

寂寂虛冲，眇漠難名，赴感隨緣，應物以形。通虛縱任，王□託生。振威雷動，六合歆傾。魔道歸降，亡魂喪精。圓音報萬，正法暉明。暉明照世，緣盡喪逝。堂堂妙身，遷感以沒。娑羅北首，聲光唱滅。大衆哀請，三葉燋裂。不果所願，徒流灑血。嗚呼慈父，追號難逮。難逮叵追，分留異處。念念遷謝，彌歸聖去。無主無親，衆生戀慕。憶想金顏，尅雕鎊素。匠玉鏤珉，表容感悟。斯等異人，置立方處。方處臨河，據村南東。平原顯敞，行路過逢。人瞻歸仰，府設虔恭。唅咏□心，報福冥鐘。冥鐘之福，願如金剛。當使皇祚晏安，甯靜邊方。合邑慶賴，耆幼休昌。逮及七世，現在存亡。潤兼法界，同生安養。

都唯那大像碑主李顯族

開二佛光明主洛州從事李豹以上二行在額龕左右。

都邑金像義井主長樂太守李次　金像主李逵此行在頌尾之下。

連額龕高三尺五寸六分，廣二尺七分。二十七行，行三十四字。字徑七分，正書。

《建興寺軌禪師及道俗一百人造像碑》　若夫冲宗凝寂，體絕□無。據其□也，則曠周法界。論其如理，圓同莫二。成道乃過無量塵沙，來壽倍千伯數。澄神在於法身湛然，而安兩諦。正以三界群生，曾有繫寶之曰，還感大聖本化。於是慈愍創生，現處於閻浮，應爲丈六。語其權道，自始及終，從凡至聖，積骨成山，秖莫劫數。復現隨類之刑，憐飢捨肉，或入湯炭而度迷。亦投身高巖，而滲勿命。四弘累劫，萬行圓備。儵忽金剛□然常樂，設三車於火宅，欲度六道於滄波。現生右脇，託蔭摩耶，假懷憂惚。權脩鹿野，現覺道樹。光發曜於三千，嚮振列於大地。法藥降而無窮，甘露注而不竭。摧恆沙之魔梵，度塵數之衆生。但群徒感盡，致使大聖滅應歸眞。捶胷拍頭，頂砰安及。自爾以來，餘逕千記。今象教之中厽國大沙門建興寺軌禪師，抱德峻崿，越萬嶺而抽峯。懷珠演說，若千河而獨注。陃十二頓，在於胷懷。所觀法界，若視掌中之菓。故能曠發四弘之慈悲，拔彼衆生猛炎之湯炭。復能合率道俗一百人等，乃是藉□天基，地乘崐岳。門帶海流，雲柯獨欝。正信之嚮風，遍於四海。崇善之音聲，蓋於厽化。□□如夢財等五家，割捨名珎，安置三寶。廓祏平川之中，寛槃萬頃之澤。東望崐□巧崎之巘□，西瞻二字擠刊一格。洙泗長波之浩汗。北帶高峯之□壑，南臨寶澗之甘泉。地刑平坦，高下相宜。天中之處，置此伽藍。其處也，僧房則冬溫而而涼，祇桓寶塔峨嵯，陵雲而宵漢。寶室嚴堂，籠天以罩日。北欝著樂之士，覩以悟眞門。南浮之輩，盼而以二字併格。得道。弗婆之僧，遙瞻而共禮。西居之德，歸命而嘆仰。豈非□丈之風，更舉於時年。靈山之事，重來於此世。是以僧徒以上一面。□集紏□雲□十二□理，日夜而敷演。兩諦之音，□常不絕。宴坐之□□□寶室以□三□□神之僧不移，早坐而證四果。沙門軌禪師及道俗法義一百人等，恨生身不値佛，不住渴仰。放波斯之慕眞容，等優聖以悕聖伏。道俗人等，敬造金像廿軀，造玉石像廿軀，造一切經佛輩幷像五軀，都合悉罷莆，取日下之奇功，窮世上之名巧。其尊也，並具八十之妍，等備卅二好。與□寶之無殊，比涌□而不異。乃使看土捨刑而長歸，行者徘徊而發路。以此功德，仰㤅皇帝陛下，臣僚百官，州郡令長，師僧父母，一切衆生，蠢動之流，同會聖道。法義人等，仰寄□尊轉□，流名後代。

太歲在甲午七月己未朔廿二日□寅□□刊書訖□滲塹竟也七字特大。

以上一面。

像主比邱尼智度　像主比邱道軌　以上在正面龕右邊。缺僧滲僧安　都像主道□以上在正面首行右。

像主比邱尼僧練　菩薩主惠□圓果道保□暈以上在正面龕左邊，末一字占下截記末首行一格。

像主比邱僧海在側上一層龕右。　像主星秋在側下一層龕左。

《八瓊室金石補正續編》卷十，北齊。《續修四庫全書》。

正側兩面，連上截龕二層高五尺九寸，正面廣一尺五寸七分。除第一行題名外，記十五行。側廣九寸六分，八行，共二十三行。前六行各三十六字，餘皆空末格，行三十五字。方界格，徑一寸。側龕左右各題名一行。均正書。

《誌法師墓誌銘》　陸倕

法師自說姓朱，名寶誌。其生緣桑梓，莫能知之。齊故特進吳人張

緒，興皇寺僧釋法義，並見法師於宋太始初，出入鍾山，往來都邑，年可五六十歲，未知其異也。齊宋之交，稍顯靈迹。被髮徒跣，負杖挾鏡。或徵索酒餚，或數日不食。豫言未兆，懸識他心。一時之中，分身數處。天監十三年，卽化於華林園之佛堂。先是，忽移寺之金剛，出置戶外。語僧衆云，菩薩當去耳。後旬日，無疾而殞。沈舟之痛，有切皇心。殯葬資須，事豐供厚。望方墳而隕涕，瞻白帳而拊心。爰詔有司，式刊景行。辭曰，

欲化毗城，金粟降靈。猗歟大士，權迹帝京。緒胄莫詳，邑居罕見。譬彼涌出，猶如空現。哀茲景像，愍此風電。將導舟梁，假我方便。形煩心寂，外荒內辯。觀往測來，覩微知顯。動足虛立，發言風偃。業窮難詔，因謝弗援。慧雲晝歇，慈燈夜昏。

《句容金石記》卷一。《先秦秦漢魏晉南北朝石刻史料全編》。

《七寶山靈光寺造像記》 夫至理幽玄，非善教無以宣其□。曉昧理殊，非形像無以暢其化。是以冥感甫現，眞應並陳。仰尋如來變應，發自玄壇。往儀曜世，十號具足。視曉□◇卯正◇◇終感盡隱跡謝暉。於是七寶山靈光寺道人慧顏、慧端等，自惟殖因淨□果逢塵凝生永眞顏目覩□西那恆府慨終□同□。上爲皇帝陛下，造七佛彌勒下生當來千佛。統御天下者，非賢聖無以承其先。開基定業者，非能哲何能纂其次。羲皇垂代之初，堯舜遵而成軌。夏殷周剬禮興隆，漢魏述而知法。劉石增暉，符姚重煥。太武孝文皇帝，可謂中代賢君。是以子孫紹襲，國祚永隆。今高王褫聖，重光翼弼。大魏蕩定天下，使平世累葉，芬葩無窮。當今八風相和，六律相應。雨澤以時，五穀豐熟。民安足食，兵鉀不起。四海晏安，中夏清密。禮樂日新，政和民悅。今慧顏、慧端，業果閻浮，如德可◇。◇善爲先，同子入法。非宣揚慈訓，何能暢其正覺。咸願四海羣賢英儁等，迭相率化入，邑崇千佛。又願香火，一切合生，及善知識，所生父母，七世父母，因緣眷屬，託生西方妙樂國土。上至兆率，與彌勒佛會。下生人間，公王長者，衣食自華。見存安隱，魔事□□□災息體萬善□處當須來世慶同。上願福鍾皇家，綿歷延緒，八荒欽風，◇□歸仁，變彼戎夷，莫不來往。□□先邊衆生，□□眞果，普登菩提。

祖師比丘慧參王寄王榮宗劉寵

和上比丘慧伏

大代天平三年歲次甲辰

九月己亥朔　廿七日立

漆寶山靈光寺刱建碑刊記以上十一字，字徑一寸、二寸不等。

碑係磨崖。高三尺九寸，廣三尺二寸。分上下兩層。上層文三十行，行十六字。下層題名三十四行，行字不等，字徑八分。均正書。在七巖山千佛殿中。

《周高麗玉龍寺洞眞大師塔碑》 通直郎正衛翰林學士賜丹金魚袋臣金廷彥奉制撰

門弟子沙門臣釋玄可奉制書

恭惟法身動寂，道體希夷。塵區懸見聖之心，沙界掛求仁之念。大雄西降，眞法東傳。於是僧會遊吳，摩騰赴漢。佩梵仙之密印，演禪伯之祕宗。遂使學佛化人，習禪濟俗。蓋亦生寶月於楞伽之上，杳想金人。得玄珠於赤水之中，高憑罔象。爰因默默，只在心心。懸目鏡以西遊，苞含衆妙。瑩心珠而東返，攝化群生。釋門高關於風丘，玄道聿興於震域。佛者覺也，師而行之，大師其人矣。

法諱慶甫，字光宗，俗姓金氏，鳩林人也。父益良位閼粲，鼇岫降靈，毓光華之餘慶。雞林誕粹，騰弈葉之彌芳。母朴氏，行葉風清，心花露裛。中饋無非於壺政，內和有是於家肥。於咸通九年相月哉生明，夜夢白鼠，銜青琉璃珠一顆而來。遂人語曰，此物是希代之奇珍，乃玄門之上寶。懷須護念，出必輝光。因有娠，虔心齋戒。如來出世之月二十日，誕生大師。誕彌月，以無蕃果，髫季而有慶。則是法芽尚早，勝果逆修。雖居兒戲之中，猶在童年之上。季登幼學，纔傾鼓篋之心。德貴老成，既有緇門之志。廼告二親曰，願得離塵之請，覬修登地之因。雖乏惠柯，唯期法棟。父母潸然歎曰，成己仁也，成物智也，合內外之道也。汝棲禪而美則美矣，我割愛而悲莫悲兮。大師志在其親，心期即佛。父母乃曰，人所欲者，天且從之。豈將愛子之因，猶有嚴君之拒。遂泣而訪眞，往夫仁山寺落采。

因栖學藪，未樂禪山。迅足空留，宀心尚住。魂友之夕，金僊摩頂提耳。廼授之方袍曰，汝其衣之，所以衛身而行乎。且此地□□學者栖遲之所，亟去之，不亦宜乎。大師即以形開，因而警戒。以爲道之將行，時不

可失。昧爽坐以待旦，挈山裝鳥逝。乃詣白雞山，謁道乘和尚，請爲弟子。修菩薩道，入如來家。覩奥之眼□開，知幾之心既寤。以爲非智無以護其法，非戒無以防其違。秊十有八，稟具於月遊山華嚴寺。忍草抽芽，浮囊濟浪。益驗戒香之馥，孔彰心石之堅。坐雨方終，出雲還似。復往白雞山，辤大□□，因謂曰，汝其志不可奪，勢不可遏。汝以吾爲東家□，末如之何。遂笑而聽去。

自爾遊有泛覽，學無常師。歷謁聖住無染大師，崛山梵日大師。譚柄纔麾，玄機了見。念言于以採玉，于以探□，辶遠乎我，行之則是。遂於景福元年壬子春，出山翽翽，竝海飄飄。爰傾入漢之心，廼告淩波之客。許之寓載，忻以同行。已過秦橋，旋臻漢地。雲心訪道，浪跡尋師。廼詣撫州踈山，謁匡仁和尚。亻□□格汝蘇海龍子耶大師，玄言遂颺，祕說爰諮。許以昇堂，因而入室。方資目擊，既得心傳。仁公大喜，因謂曰，其有東流之說，西學之求者，則可與言道者鮮矣。東人可目語者唯子□□□□傳燈，因心授印。汝其盤桃山側，擣佛日以再中。蒸棗海隅，導禪河而更廣，必矣。自是僧之眞者必詣，境之絕者必搜。

去謁江西老善和尚，和尚廼欲聽其言，觀其行。因謂曰，白雲鎖彩□□名。龕曰，自有青霄路，白雲那得留。和尚以大師捷對不羈，颺言無礙，廼送之曰，利有攸往，時然後行。

大師以鵬必變於南溟，鶴須歸於東海。思欲罷遊華夏，返照桑津。適值歸舟，因而東□。天祐十八年夏，達全州臨陂郡，而屬道虛行之，際時不利之初。粵有州尊都統甄太傅萱，統戎于萬民堰也。太傅夲自善根，生於將種，方申壯志，雖先擒縱之謀。暨謁慈顔，倍勵瞻依之志。□□遇吾師而雖晚，爲弟子以何遲。避席拳拳，書紳慥慥。遂請住州之離地南福禪院。大師曰，鳥能擇木，吾豈匏瓜。廼以白雞山玉龍寺者，是故師爲樂道之清齋，乃安禪之勝踐。雲谿空在，枕漱最宜。遂言於太傅，許之，移而住焉。實謂筏既捨於歸塘，珠復還於舊浦。踵慈軒之往轍，繼智炬之餘輝。於是絕學者遂相慶曰，雖護懊頃年，泰山有其頽之歎。且歡今日，介衆無安仰之悲。摳衣者寔繁有徒，曳衲者其麗不億。

大師一居雲水，二紀星霜。朗鏡忘罷，洪鍾待扣。循然善誘，于扶桑瀕。及乎清泰三年丙申秋，我太祖神聖大王躬擐周衣，手提漢劒。龔行天罰，丕□海隅。協和三韓，奄有四郡。加復輯寍君子國，瞻仰梵王家。聞大師雲遊西土以有歸，霧隱南山而無悶。栖眞絕境，貯福寰區。太祖於是企望清風，遙瞻日月。遽飛芝檢，徵赴玉京。及其目覩鳳來儀，耳聆龍變化。雖是歸僧之禮，方同奉佛之儀。大師乃月過蒼天，雲歸碧岫。寂寂葆光於塵外，玄玄施化於域中。所謂不肅而成，無爲而治。竝犇馳於善道，俱出入於福門。

未幾，龍遽墮髯，魚難在藻。杞國有天崩之歎，咸池無日蘸之光。義恭大王，奉以遺風，繼之先志。注精心而亹亹，祈法力以孜孜。奄弃人間，已歸天上。文明大王，陟崗致美，莅阼重光。聯華弘天竺之風，握鏡照海邦之俗。仍飛鳳筆，佇降象軒。

越三秊龍集協洽四月二十日，大師將化往，盥浴已訖，房前命衆，悉至于庭。廼遺戒曰，我既將行，衆其好住。塵俗有貴賤，空門無尊卑。水月澄心，煙霞抗跡。衣必均服，食無異糧。止宜以採薇爲裏糧，以禪悅爲飫味。則是吾徒也，適我願兮。吾道有何觀，行無餘力，爾衆致我塔以藏遺體，碑以紀行事。無以爲也，不亦宜乎。則是贍玄福於亡師矣。言畢入房，倚繩牀，趺坐儼然，而示滅于玉龍上院。

嗚呼，存父母體八十春，入菩薩位六十二夏。是晨也，於玄武山嶺頭，有如四五個嬰兒之呱呱者。日慘香庭，風悲寶刹。松栢帶哀哀之色，人靈含惴惴之聲。翌日，奉遷神座於白雞山龕，權施石戸封閉。文明大王聞之震悼，恨不憖遺。廼使馳弔以書曰，吹□□禪和尚片月遊空，孤雲出岫。乘桴西泛，掬琺東歸。慈風吹萬里之邊，禪月照九天之外者，唯實吾師矣。故追謚洞眞大師，塔號寶雲。仍令國工，攻石封層塚。越二秊，門人等開龕叱□□□□廼號，奉色身竪塔于白雞山東之雲巖崗，遵顧命也。

爾其霞岑屏擁，雲澗鏡清。誠毓慶之神區，乃歸眞之祕宅。彼入雞足山待慈氏者，聯鑣竝軌，非我而誰。大師出世奇姿，□□□□。□仁由己，以德分人。使禪子莘莘，法孫濟濟。心燈紹焰，行葉傳芳。厥有傳法大弟子泉通禪師等，竝執心喪，追攀眼訣。廼相議曰，吾輩確奉先志，堅守遺言。若不法碣銘勳，禪碑紀□□□□先於是乎在尊祖其所由來。遂抗表請幼婦之文辭，紀先師之事業。制曰可。豈悟號弓遽値，勒石仍稽。故乃門人等，空悲雞岫之韜光，哀深擗地。更紀虎溪之潛影，聲有

□□。□□□□

今上瓊萼聯芳，瑤圖襲慶。聿修祖業，光啓先風。常輪百行之誠，益勵三歸之志。遂詔翰林學士臣金廷彥曰，故玉龍大師，身生有截，心學無邊。去傳迦葉之玄宗，□□□□□頹俗。能以靜利利人，世不言其所利，大矣哉。以爲將酬大士之恩，立言不朽。須在外孫之作，垂裕無窮。若宜以鴻筆書勳，龜珉紀事。示玄蹤於世世，旌景行於生生。臣汗流浹背，拜稽首。遂言曰，臣載筆無能，編苫有媿。纂色絲而無能爲也，分空縷以不亦難乎。請筆路斯避。上曰，仗義而行，當仁不讓。臣也茲晨承詔，實無賈勇之餘。他日受辛，空取效顰之誚。斲憂傷手，求甚剜身。遂絆猿心，強搖兎翰。重宣其義，而爲頌曰，

教無非奧，禪無非空。道何心外，佛即身中。煦之慧晷，扇以眞風。早認予佛，唯我禪公。其一。勝葉扶疎，鉢花蓓蕾。休有道光，不因詞彩。佩印踈山，傳燈碧海。桃李不言，稻麻斯在。其二。說不可說，玄之又玄。化人有赫，弘道無邊。君臣際會，士庶因緣。洪名絕後，懿躅光前。其三。濟世慈威，寰區美利。月墜禪庭，山頹聖地。虀臼屬辭，芥城有備。雖媿斯文，直書其事。其四。

顯德五秊歲次敦牂八月十五日立

高八尺三寸，廣四尺六寸。三十八行，末行無字，行七十二字。正書。

《海東金石苑》補遺卷一。《先秦秦漢魏晉南北朝石刻史料全編》

《頭陀寺碑》　蓋聞挹朝夕之池者，無以測其淺深。仰蒼倉之色者，不足知其遠近。況視聽之外，若存若亡。心行之表，不生不滅者哉。是以掩室摩竭，用啓息言之津。杜口毗邪，以通得意之路。然語彝倫者，必求宗於九疇。談陰陽者，亦研幾於六位。是故三才既辨，識妙物之功。萬象已陳，悟太極之致。言之不可以已，其在茲乎。然爻繫所筌，窮於此域。則稱謂所絕，形乎彼岸矣。彼岸者，引之於有則高謝四流，推之於無則俯弘六度。名言不得其性相，隨迎不見其終始。不可以學地知，不可以意生及，其涅盤之蘊也。夫幽谷無私，有至斯響。洪鐘虛受，無來不應。況法身圓對，規矩冥立。一音稱物，宮商潛運。是以如來利見迦維，託生王室。憑五衍之軾，拯溺逝川。開八正之門，大庇交喪。於是玄關幽鍵，感而遂通。遙源濬波，酌而不竭。行不捨之檀而施洽羣有，唱無緣之慈而澤周萬物。演勿照之明而鑒窮沙界，導亡機之權而功濟塵劫。時義遠矣，能事畢矣。然後拂衣雙樹，脫屣金沙。惟怳惟惚，不皦不昧。莫繫於去來，復歸於無物。因斯而談，則棲遑大千，無爲之寂不撓。焚燎堅林，不盡之靈無歇，大矣哉。正法既沒，象教陵夷。穿鑿異端者，以違方爲得一。順非辯僞者，比微言於目論。於是馬鳴幽讚，龍樹虛求。並振頹綱，俱維絕紐。蔭法雲於眞際，則火宅晨涼。曜慧日於康衢，則重昏夜曉。故能使三十七品，有樽俎之師。九十六種，無藩籬之固。既而方廣東被，教肄南移。周魯二莊，親昭夜景之鑒。漢晉兩朝，並勒丹青之飾。然後遺文間出，列刹相望。澄什結轍於山西，林遠肩隨乎江左矣。

頭陀寺者，沙門釋慧宗之所立也。南則大川浩汗，雲霞之所沃蕩。北則層峯削成，日月之所迴薄。西眺城邑，百雉紆餘。東望平皐，千里超忽。信楚都之勝地也。宗法師行潔珪璧，擁錫來游。以爲宅生者緣，業空則緣廢。存軀者惑，理勝則惑亡。遂欲捨百齡於中身，殉肌膚於猛鷙。班荊蔭松者久之，宋大明五年，始立方文茅茨，以庇經象。後軍長史江夏內史會稽孔府君諱覬，爲之薙草開林，置經行之室。安西將軍郢州刺史江安伯濟陽蔡使君諱興宗，復爲崇基表刹，立禪誦之堂焉。以法師景行大迦葉，故以頭陀爲稱首。後有僧勤法師，貞節苦心，求仁養志。纂修堂宇，未就而沒。高軌難追，藏舟易遠。僧徒闃其無人，榱椽毀而莫構，可爲長太息矣。

惟齊繼五帝洪名，紐三王絕業。祖武宗文之德，昭升嚴配。格天光表之功，弘啓興復。是以惟新舊物，康濟多難。步中雅頌，驟合韶濩。炎區九譯，沙場一候，粵在於建武焉。乃詔西中郎將郢州刺史江夏王，觀政藩維，樹風江漢。擇方城之令典，酌龜蒙之故實。政肅刑清，於是乎在。寧遠將軍長史江夏內史行事彭城劉府君諱詛，智刃所遊，日新月故。道勝之韻，虛往實歸。以此寺業廢於已安，功墜於幾立。慨深覆簣，悲同棄井。因百姓之有餘，間天下之無事。庀徒揆日，各有司存。於是民以悅來，工以心競。亘丘被陵，因高就遠。層軒延袤，上出雲霓。飛閣逶迤，下臨無地。夕露爲珠網，朝霞爲丹雘。九衢之草千計，四照之化萬品。崖谷共清，風泉相渙。金姿寶相，永籍閑安。息心了意，終焉游集。法師釋曇珍，業行淳修，理懷淵遠。今屈知寺任，永奉神居。夫民勞事功，既鏤文

於鐘鼎。言時稱代，亦樹碑於宗廟。世彌積而功宣，身逾遠而名劭。敢寓言於彫篆，庶髣髴乎眾妙。其辭曰，

質判玄黄，氣分清濁。涉器千名，含靈萬族。淳源上派，澆風下黷。愛流成海，情塵爲岳。皇矣能仁，撫期命世。乃睠中土，聿來迦衛。奄有大千，遂荒三界。殷鑒四門，幽求六歲。亦既成德，妙盡無爲。帝獻方石，天開淥池。祥河輟水，寶樹低枝。通莊九折，安步三危。川靜波澄，龍翔雲起。耆山廣運，給園多士。金粟來儀，文殊戾止。應乾動寂，順民終始。法本不然，金則無滅。象正雖闌，希夷未缺。於昭有齊，式揚洪烈。釋網更維，玄津重枻。惟此名區，禪慧攸託。倚據崇巖，臨眺通壑。溝池湘漢，堆阜衡霍。膴膴亭皐，幽幽林薄。媚茲邦后，法流是挹。氣茂三明，情超六入。眷言靈宇，載懷興葺。丹刻翬飛，輪奐離立。象設既闢，睟容已安。桂深冬燠，松疎夏寒。神足游息，靈心往還。勝幡西振，貞石南刊。

《湖北金石志》卷三。《先秦秦漢魏晉南北朝石刻史料全編》

《荆州放生寺碑》　魚從流水，本在桃花之源。龍處大林，恆念浮雲之格。豈謂陵陽垂釣，失雲失水。莊子懸竿，呑鉤呑餌。雖復玄龜夜夢，終見取於宋王。朱鷺晨飛，尚張羅於漢后。譬如黄雀伺蟬，不知隨彈應至。青鶻逐兔，詎識扛鼎方前。北海之滄鸊鵜，未始非人。西王之使傳信，誰云賤鳥。故知魚鳥一觀，俱在好生。欲使金牀之鴈，更及衡陽之侶。雪山之鹿，不充食萃之晏。

《湖北金石志》卷三。《先秦秦漢魏晉南北朝石刻史料全編》

《荆州長沙寺阿育王像碑》　蓋聞璇璣玉衡，穹昊所以紀物。金版玉文，淳精所以播氣。何則咸秩社首，義盡於寰中。鑄鼎馮翊，未窮於系表。況復道冠萬靈，理超千聖。智周十地，行圓四宇。等變海成蘇，移山入芥。鉢鋒廣說，藕絲見道。惠音八種，面門五色。組鉢生華，入青樓而吐耀。金牀照彩，出紫殿而相輝。纔渡蓮河，既處天冠之寺。始遊羅衛，更居堅固之林。斯蓋俯應閻浮，未臻常樂。降情誘接，豈窮妄相。若乃境無引汲，智生淺深。明同一體，惑起千重。七地初刃，方稱變易。三達後心，因窮智種。然俱冥四德，脫屣雙林。示表金棺，現焚檀椁，浩浩焉不可知矣。卻望五津，距青蓮之洞。臨三峽，帶明月之流。下缺。

《湖北金石志》卷三。《先秦秦漢魏晉南北朝石刻史料全編》

《暉福寺碑》　夫元宗缺二字，非名相之所詮。至韻沖莫，非稱謂之所攝。妙絕稱謂，微言以之載揚。體非名相，圓像以之而應。故羣有殊致，道以經焉。萬流競津，法以紀焉。是以神曦騰曜，鏡重昏于大千。三乘肇唱，拯沈黎于炎宅。用能慈泇流于當時，惠慶光于曠刧。自世道交喪，靈燭潛暉。攸攸羣夢，靡照靡矜。我皇文明自天，超世高悟。鼓淳風以懷萬缺一字，灑靈澤以霑九服。兼遐想虛宗，遵崇道教。太皇太后，聖慮淵詳，道心幽暢。協宣皇極，百揆挻惟新之明。緝熙庶績，八表流擊壤之詠。雖智周卅紀，而方外之志不虧。形應萬機，而悟素之眞弗擾。故能優遊紫宮，憲章遺法。紹靈鷲于溥天，募祇桓于震碑作振旦。非夫天縱在躬，量齊虛受，其孰能英風藹而重扇，元猷淪而再揚哉。散騎常侍安西將軍吏部內行尚書宕昌公王慶旹，資性明茂，秉心淵懿。位亞台衡，任摠機密。翼贊之功，光于帝庭。忠規之節，彰于朝司。每惟畲施之誠罔申，謝生之勳莫報。庶憑冥津，元期有寄。乃磬竭丹誠，于本鄉南北舊宅上，爲二聖造三級佛圖各一區。規崇爽塏，擇形勝之地。臨沃衍，據條剛。面修瀫而帶洛川，佩黄河而負龍門。伐良松于華畎之陰，掇文瑤于荆山之陽。旌功銳巧，窮妙極思。爰自經始，三載而就。崇基重構，層櫩疊起。法堂禪室，通閣連暉。翠林淥流，含榮遞暎。蔚若靈椿之茂春陽，嵬若翔雲之籠缺一字氾。金儀赫曜，彩絢光備。覩之者則澄發道心，藻除塵垢。悕元者則陶眞煉和，遺形忘返。諒罕代之神規，當今之壯觀者矣。夫功高德盛，徽聲播于管弦。業隆曠載，利迹流于後昆。所以光宣軌摹，永垂不朽。故姻舊慶慈善之至，邑里感惠訓之誠。遂鐫石立言，式揚暉烈。庶洪因鍾于聖躬，微津延于先仕。其辭曰，

淵哉沖猷，微矣虛宗。昏邪交扇，氛徒競鋒。有覺爰興，超悟神蹤。志懃淨境，開拯塵蒙。於顯大代，長發其祥。景運承符，世有喆王。后皇高悟，道風載揚。哀此羣或，照彼祈鄉。化因道感，道由人敷。愔愔安西，秉德陳謨。冥期幽屬，齊茲靈圖。曾是暉福，慶宗皇居。爰建靈寺，妙契天規。飛甍雲翔，浮櫩籠曦。金儀燭曜，功殫世奇。蔚如崐峰，瑍若珠麗。閑堂寂寥，禪室虛沖。朱櫺吐霞，翠戶含風。僧徒遊宴，幽宗是融。心栖化表，形寓俗中。靈津匪遠，缺二字則鏡。蜺神豈緬，藻荃則淨。

庶運微因，慶鍾皇聖。爰覬先慈，永超塵徑。

《澄城縣志》卷二十，金石上，魏。《先秦秦漢魏晉南北朝石刻史料全編》

《北魏追遠寺造相碑》　太和元年八月二十五日，遷州前長史別駕杜國祭國公府參軍權彥、弟隴右府參軍景暉等，稽首和南。蓋聞法輪停轉，因茲鳴頌。慧日潛暉，由斯像法。是以優塡世界，鑄寶爲容。波斯國土，彫檀成相。若乃生因搆造，住相殂遷。霜露之悲，百身不贖。風樹之感，萬恨無追。以朱明謝節，白露生晨。敬爲亡弟景略，造石浮圖一軀。工窮世上，鏤極金丹。彫飾眞容，象相炳麗。庶以茲善，幸願亡弟捨身受身，同超有色。習□果報，俱入無生。願七世祖宗，沐浴彌陁之水，迴向功德之林。不爲刧數所遷，不爲塵功所染。願□母德合珪璋，行爲儀表。澄□如□丹，堅持如大地。又願內外宗親，永離三途，長辭八難。碑陰上排。

弟子權彥供養佛　弟子權徽供養佛　清信女王妃供養佛　清信女王妙供養佛　清信女王俗供養佛　弟子權睹供養佛　弟子權□供養佛　清信女男營供養佛　清信女道妙供養佛　清信女陽善供養佛　清信女男容供養佛

清□□□□供養佛　下排。從兄長史顯□　從弟景逸　弟姪帛棠

□□□子超　姪憧□□受　姪善□□□　姪善恭　從兄光　姪軍遠　外生王陽皮　姪□□　清信□□□信□□

《隴右金石錄》卷一，北魏。《先秦秦漢魏晉南北朝石刻史料全編》

《報德像碑》　大齊天保六年歲次乙亥七月己卯朔一日庚辰，鄉郡鄉縣李清言：蓋聞益天之明者，莫若於日月，益人之善者，莫若於脩福，是以一湌之恵，扶輪之報。爲前兗雍七兵尙書陽巢定五州刺史義同文靜公趙郡李憲、司空文簡公李希宗二公父子，以禮待清，得奉朝請。而清德乏故賢，無刎頸之報，去家五百里，就井陘閞榆交式，萬里蓑途，百州路側，造報德像碑，磨巖刊石，萬世不朽。東越海崖，西過秦甿，車馬殷上，無日不有云爾。

夫乾坤以簡易可久，聖賢以作述爲大，麗天欄懸像之用，鎭地表成務之功，顯晦唯丈人之迹，語嘿蓋君子之道。二經混其無爲，五緯彰其區別，仰觀俯則，遠物近身，備諸禽跡，可略言矣。至於六十四卦，藏用顯仁，言先王者主於聖王，言后者通諸羣后，言大人者大有聖德之人，言君子者愽閑有德，三百五篇無耶以蔽，皆欲納民軌物，其於尅己復禮，方之釋典，曾何髣髴。岱宗小宇宙，泯闊狹秋水，較之末舉馬豪，察之殊少麟角。愛河湛湛，掬指於舟中，杇宅炎炎，爤頷於車下。方知誓願尅成，降鑒世界，慈忍既就，視現王宮，放光明於大千，燎華燈於深夜。陽九作沴，濡足於堯秊，陰六爲災，授手於湯日。覆載比兩儀，亭毒猶一子，擾擾四生，皺皺三界，何止拱之如北極，仰之如東君者乎。若迺千里一曲之河，派崐崘而屬牛斗，方舟避風之水，導岷峨而直井絡。連城之寶，必挺於楚山，照車之珎，冝產於隨國。馬形淑問，尅昌於千古，龍德淳風，必祀於百世。懷月動夢，嗽天成祉，類任姒之興周，等陰馬之隆漢。光遠彌燿，條布增芳，非積祜之餘榮，其孰能與於此。

今皇后，趙國柏仁縣永寧鄉□□里人也，分裂山河之盛，懷握瑾瑜之美。史無闕文，我略辭費。祖儀同文靜公，金稓玉質，取貴當秊。考司空文簡公，桂茂蘭薰，名揚身後。唯此公二，先聖所遵，復皇欽德葉，各產子十人，五男五女，再世如一。男懷衛珎王承之操，咸體潤珪璋，女履恭姜伯姬之節，皆心貞琬琰。至如馬族丈夫，五常取目，璩氏婦人，三賢擅美。何竿張鈎，子孫繁盛，黃羊白環，胤嗣不顯。論家語德，我實兼之。有姓名者，承華遠葉，分流濬源，附驥尾而絕塵，託龍髯而高翥。乘車食肉，不假長鋏之謠，升堂入室，無勞囊錐之請。葭莩之親，迺枝遙十世，丘山之顧，則潤過九里。朝履清階，鄉居右職，增榮改價，二公之造焉。加以宿殖善因，洞悟空假，投軀正覺，傾心大乘，體瞬息之不留，識泡炎之必盡，營資糧於曠路，樹功業於福田。初未脫於生死，終不離於苦空。波輪迴，星流電滅，昔孔丘既歿，子貢六秊不返，向苗已逝，始春三載不歸。戶改辭亶門通德，召奭甘棠勿剪，韓起嘉樹無忘。竊以石槨蜃炭，無益於速朽，珠襦玉匣，有加於戮尸。鑒覆車於徃塗，思改轍於今軌。負土城墳之力，用於鷲山，傳蘭薦菊之財，施於鹿野。斯則之先覺作範，後昆有義存焉，可不尙歟，民無德而稱焉。烏兎輪虧，寒暑迴復，滄海爲原，水將湛於金剛，火垂燎於華想，式刊鼎彝，永作橋梁。其詞曰：

管窺行健，蠡測淙流。眞蹤遐闊，壁此披求。唯彼調御，鑒我閻浮。揚舲沸海，舉燭重幽。注水不竭，傳火逾留。明懸離坎，德邁迴游。滔滔甕口，巖巖峯石。合浦俓寸，藍田盈尺。汁光失序，蒼精承啓。我有微音，正位宮掖。親試經典，躬勞紡績。高湝斯潤，長瀾增激。其裘不墜，

冠蓋成林。家藏桓玉，世挺南金。男賢慕蕳，女潔還陰。十六比德，二義齊音。俱停萬頃，競竦千尋。指掌拾芥，跨古騰今。爰有宗人，老成夙惠。託生正識，投誠眞諦。食椹泮林，庇陰蘩桂。薄言報德，營斯莊麗。功大造，推心弘濟。陳信貞石，傳芳來裔。空聞海竭，孰俟河清。隟駒易往，目鳥難停。春氷始泮，水淥山清。秋風將肅，葉下霜明。民非城是，淵實丘平。嗟嗟後世，識此生榮。

燕州釋仙書

報德像碑　北齊天保六年七月一日刻。在山西平定東三十餘里石門口長國寺前。摩崖刻。李清撰文，釋仙正書。陸增祥贊其書法高渾，爲北朝傑作。

《僧靜明等修塔造像碑》　蓋玄宗凝湛，至道沖煥，旣幽且遠，似滅如存。雖復天旋地遊，不究空寂之境，日住月來，詎盡微妙之域。至於出入四生，迴還六道，無不顧己愛身，䀩陰惜日，智惠莫之留，神力不能保。而大慈應世，法輪旣轉，群生於是迴向，庶類所以歸依。智禪師弟子靜明，知生生之非有，覺滅滅之爲空，思運己於法舩，欲澡心於正水，以大齊天保八年歲次丁丑十一月廿九日，勸化邑義等，脩孫崗上故塔并石象一區。嵩山帶其左，神堆俠其右，南望脩嶺，北眺萇河。擢玆勝地，建此良因，於是名僧慕義，上德依仁。庶以此福，普及群生，使國祚大康，世業永固。合邑諸人，俱昇寶舟，同濟彼岸。年往如流，時事焉屬。唯刊與石，永爲不朽。其詞曰：

神宗無極，空寂難元。唯見生滅，交互相飜。仁師遠識，建此良因。東西勸化，邑義同津。脩營故塔，宛麗初新。寶舟共汎，捨僞歸眞。

（碑陽題名第一欄）邑子垣周、邑子垣世、邑子垣豫球、維那垣纂業、邑子垣雙鸞、邑子垣景和、邑子垣世遵、邑子垣懿、邑子垣景翼、邑子垣景淵、邑子垣伽伽、邑子垣抱大、邑子垣子嵩、邑子垣子宏、邑子皇甫子翼、邑子垣景崇、邑子垣炎之、邑子垣清崔、邑子垣貴和、邑子張慶球、邑子程黑奴、邑子垣春長、邑子垣秋生、清信衛阿姜、清信程思兒、清信程顯姿、清信李清伾、清信郭醜光、清信王明妃、清信張明月、清信王綠葉、清信李董。

（第二欄）唯那焦外、邑子郭仲興、邑子郭業興、唯那郭景安、邑子郭子嵩、邑子郭世欃、邑子樂隆、邑子左智欃、唯那王明太、邑子劉回周、邑子輔要顯、邑子田暈儁、邑子傅奴、邑子王元、邑子郭豊、邑子張遵和、邑子仇顯敬、邑子張天秩、邑子尹恵万、邑子劉係佰、邑子樂甑生、邑子樂始洛、邑子楊顯宗、邑子王洪達、邑子趙幼賢、邑子王長嵩、邑子梁市顯、邑子李子巖、邑子姜敬賢、邑子郭買、邑子田僡、邑子上官猛略、邑子孫遵。

（第三欄）大唯那楊昕、邑子梁胡仁、唯那梁買奴、邑子辛景邈、邑子梁雀、邑子梁英略、邑子楊僧蕳、邑子梁移都、邑子尹思集、邑子梁和宗、邑子梁思慶、邑子𤚁子哲、邑子楊荒、邑子𤚁滲、邑子程買、邑子梁仲達、邑子梁純陁、邑子范元尙、邑子梁伯蘢、邑子郭虎仁、邑子尹元勝、邑子梁遵峠、邑子楊長猷、清信梁阿好、清信宋歲姬、清信宋景姬、清信冦義姬、清信垣阿貴、清信梁客、清信梁獨憐、清信張令容、清信張康女。

（第四欄）邑子梁祖業、邑子梁遺興、邑子梁遵叔、唯那梁思達、唯那梁廣、邑子梁仲孫、邑子鮑元海、邑子姜仲侯、邑子楊廣球、邑子張萇洛、邑子趙景達、邑子鮑元儁、邑子李萬洛、邑子鮑子洪、邑子趙苟仁、邑子陳買歡、邑子𤚁景仿、邑子楊仲禮、邑子鮑買、邑子王嵩辨、邑子鮑士達、邑子鮑先、邑子梁磚、邑子李石奴、邑子姜士忿、邑子鮑侯羅、清信姜漢女、清信張令暈、清信韋業顏、清信溫元容、清信梁先妃、清信馮暎瑱。

（第五欄）邑子楊紹、邑子尹榮球、邑子嚴伏、邑子尹神龍、邑子郭慶遵、邑子陳叔纂、邑子石永興、邑子楊幼儒、邑子江方陵、邑子嚴長春、邑主韋廣、邑子梁虎、邑子梁奉恩、邑子梁盛、邑子梁慶恩、邑子梁欃、邑子梁能、邑子梁進、邑子梁鐵虎、邑子王曇和、邑子袁寶、邑子垣奴、邑子垣明哲、邑子垣榮貴、唯那趙方成、邑子趙慶達、邑子趙智業、邑子趙俱羅、邑子趙野蟲、邑子田外達、邑子崔胡子、邑子支昕茂、邑子楊幼畧。

（第六欄）唯那梁元相、唯那吉璝頭、邑子楊迴興、邑子吉清仁、邑子吉元可、邑子吉先葷、邑子白、邑子尤永康、邑子楊暫、邑子張棖達、邑子張世球、邑子鮑龍、邑子姜叔寒、邑子姜石虎、邑子姜虎頭、邑子垣始儁、邑子垣嵩寶、邑子垣羅漢、邑子垣沙彌、邑子垣太、邑子垣小倪、邑子垣師子、邑子垣杲獲、邑子羊僧安、邑子羊貴宗、邑子垣略、邑子垣小奴、邑子垣榮世、邑子垣永安、邑子垣長昕。

（第七欄）邑子楊長琰、邑子郭仲景、邑子姜虎、邑子姜永、邑子尹豊洛、邑子王冝弟、邑子郭盆生、邑子張慶和、邑子楊加奴、邑子楊神寶、邑子陽清和、邑子楊法良、邑子梁仲和、邑子梁仲達、邑子尹照茂、邑子趙明遠、邑子梁醜奴、邑子秦寶達、邑子傅轉興、邑子孫永貴、邑子程洪敬、邑子垣子信、邑子尹懷德、邑子田琳、邑子梁長儒、邑子尹景季。

（一側題名）比丘僧法應、比丘僧僧諭、比丘僧道紊、比丘僧僧岳、比丘僧景略、比丘僧□略、比丘僧法遷、比丘僧僧度、比丘僧僧暢、清信女梁定妃、都邑主楊幼蕳、都唯那梁楷、邑忠正垣雙鸞、都齋主梁慶卌四仁等

（另側題名）比丘尼智朗、比丘尼僧和、比丘尼靜淵、比丘尼僧照、比丘尼恵通、比丘尼光輝、比丘尼道香、比丘尼道希、比丘尼恵要、比丘尼恵壽、比丘尼恵寶。天宮主龍相府仕曺參軍洛州陽城令青州樂安郡太守梁胡仁，妻韋五光等。

僧靜明等修塔造像碑　北齊天保八年十一月二十九日刻。石在河南登封。額刻記，碑及兩側題邑主姓名。《金石續編》著録作『邑義垣周等造像記』。

《劉碑造像銘》　夫妙靜虛凝，聖蹤難尋，淡泊無相，非有心能知。雖形言幽絕，誕迹三千，慈悲內發，欲濟危拔苦，演十二而曉群情，喻三車以運諸子。權應歸空，潛神眞境。然篤信佛弟子劉碑，河澗人也。寶冑唐資，瓊基漢緒，襲踵前王，衣冠萬代，因官隨爵，芳柯嵩左。此人善識四非，深解五業，纂募鄉挹酋領，懷珠獨照。皆是軒姬茯蔬，英裔之孤挺，晉魏九域，磐根之樑棟，叡昞皇朝，飛聲齊室。故能同率緇素異心，共遵等意，採石金山，遠求名匠，奇思罕聞，巧殊世外，四挾靈鷲之顯，西據王舍之陽，派流濟濟，建像一區。構基三泉，首騰霄月，眞容凝然，化流無礙。光曜十方，空空遍滿，視之者目中花生，觀之者我心寂滅。仰爲皇祚永隆，宰輔顯上。以此果緣，福鍾師僧七世。願使神登紫宮，形昇妙境，見在寧康，子孫興茂，辨智超才，表心六藝，宦極台相，位累九坐。生隨歡諧，來栖道跡，往往逢賢，處處遇聖。蠢動普沾，同照十日，身當正覺，遊濟彼岸。刋鏤金芳，願言不朽。其辭曰：

如來聖跡，邈矣難尋。究竟歸空，妙理實深。出沒自在，顯滅雙林。欲隨而去，攝以愚心。龕龕有佛，相望若語。菩薩立侍，含聲未吐。師子護坐，豎日相覿。諸天作樂，□□對儛。金剛力仕，在戶之傍。耶捲口目，偃蹇相當。波旬請死，欲退無方。道俗肩隨，慶會天堂。肅啇法師，寂寂道場。崇之若近，尋之芒芒。垂誘下士，上接携將。六□解羅，三有暉光。俄俄禪定，神歸空外。眞化無礙，心寧三昧。脫骨王子，廣度一切。夙樹珪璋，垂羅天闕。冠冕世襲，金柯秀發。辨隆待仕，殊今古越。儁邁機驚，皎然若月。信士英英，契悟福期。鐫鏤金石，相好巍巍。嵯峨妙絕，是難是希。終天畢地，永爲萇基。

維那樊元貞

劉碑造像銘　北齊天保八年刻。在河南登封。

《鏤石班經記》　大齊天保元季，靈山寺僧方法師，故雲陽公子林等，率諸邑人，刋此巖窟，髣像眞容。至六季中，國師大德稠禪師重塋脩成，相好斯備。方欲刋記金言，光流末季，但運感將移，暨乾明元年歲次庚辰，於雲門帝寺奄從遷化。衆等仰惟先師，依準觀法，遂鏤石班經，傳之不朽。

華嚴經偈讚：定光如來明普照，諸吉祥中最無上。彼佛曾來入此處，是故此地最吉祥。十方國土勝妙華，無價寶珠殊異香。皆悉自然從手出，供養道樹諸最勝。一切十方諸伎樂，無量和雅妙音聲。及以種種衆妙偈，讚歎諸佛實功德。盧舍那佛恵無礙。諸吉祥中最無上。彼佛曾來入此室。是故此地最吉祥。

大般涅槃經聖行品（經文不録）

鏤石班經記　北齊乾明元年刻。在河南安陽善應村洹水北岸。隸書。此記爲寶山石刻之一。

《法懃塔銘》　雲門寺法懃禪師，俗姓張氏，原出南陽白水襲爵河東伊氏縣人也。割素景明寺，據邑鉅鏕，蓋龍潛迅起，黐翥入道之心，裁華轂繡，驚飛出塵之意。理御七支，栖禪照智。流珠散玉，綺麗變略之才，清章雅韻，妙會八音之響。義搯眞玄，嗣依宏化。懷方擬物，伺機情而卷舒，移耶奬正，駕風儀而偃草。收聲罷應，影謝遷靈，時季六十九臘，大

寧二季歲在壬午正月辛未朔五日薨於雲門寺。奉殯龍巖，致使岫帶霜衣，山被素草，猿啼逗谷，鳥墜高林。鐫石銘記，芳傳不朽。其辭曰：

跨風誕應，接物昇沈。亘變莫惻，細入難尋。形山匪秀，量海非深。祕引三車，説辯八音。育同春日，均潤過霽。世羨若玉，益物如金。聲轂雜會，影託花林。哀哉喪蔭，群方痛心。悽雲雨血，悲木啼吟。聊記短韻，百代思欽。

法懃塔銘　北齊太寧二年正月五日卒。河南安陽出土。隸書。此拓爲北平圖書館舊藏本。

《義慈惠石柱頌》（第一紙題名）

老上座張季邕　老上座田天愛　都寺主田鸞峰　寺主石顯周　大居士馮昆
上座李雙貴　上座張買奴　寺主吳景賓　寺主曹承仙　居士姚神龍
上座任敬和　上座梁孝慈　寺主陳洪業　寺主劉阿禮　居士梁令奴
上座田僧壽　上座張明範　寺主李思賓　寺主趙僧首　居士陳伯仁
上座趙榮族　上座梁景智　寺主格元穆　寺主趙僧定　居士張順和
上座龍難憎　上座孟阿和　寺主史長孫　居士田遠達
上座齊貴宗　上座趙珍業　寺主王元仲　居士張世遷
上座成顯伯　上座陳令舉　居士尹貳洛
上座任明軌　上座牛顯榮　寺主苟承伯　寺主牛暉預　居士皁元紹
上座陳景洛　上座甯石墨　寺主史同珍　寺主陳顯達　居士邢子邦

（第二紙大字標題）標異鄉義慈惠石柱頌

元造義王興國。義主路和仁。

（標題下小字）元鄉老十人等如左：田市貴、滑榮祖、梁令奴、田寶獲、陳顯仁、鮮于法珎、田顯和、鄭暎世、田勍順、史靈貴。元貢義四人如左：田鸞𥓓、鄭貴和、陳靈奴、賈魏珎。

（標題左右側題記）標義門使范陽郡功曹盧宣儒、典西曹掾解寶憐、范陽縣使丞李承叔、典西曹掾龍仲裕。大齊大甯二年四月十七日省符下標。

（第三紙題名）李孝端、田子承、張士謙、趙士產、田□□、郭□奴、李子貳、李元暉、勒阿□、劉□□、□□□、賈□□、楊□□、呂遵貴、□阿□、□□達、趙阿□、□□□、梁阿邕、郗阿根、李僧偃、殷道弁、王表好、陳阿季、□□虎、張曇賔、牛景貴、任如悦、楊子經、胡阿□、曺□□、王買苟、張榮進、董龍虎、解□□、董□□、董□羅、牛季紹、石洪達、陳僧伽、孫阿略、牛阿□、賈阿冲、鮮于勒□、□□長、張愛仁、□叔□、牛子道、陳□□、□□□、賈方思、沈子遠、□廣、任仲業、□□量、史伽、□士遠、成同稱、董長雲、鮮于沙門、鮮于仲□、王子才、李□□、李子慈、□□畂、鮮于文禮、李敬□、任□□、□阿□、□道□、田士才、孫□悦、田□□、張□□、□士謙、鮮于暉紹、成子休、鮮于阿侯、丁同和、張阿□、張子紹、□□舉、趙市海、趙連□、□伯□、田□□、田□賢、□□子、董元軌、劉□孝、沈□遵、齊仲□、□□文達、鮮于士榮、焚阿伏、張阿堆、梁阿沙、姚紹業、梁元賢、史阿冬、田明仁、□□□、□□□、□□□、□元□、張□□、李阿貴、□阿□、□□太、董子遠、賈衍□、□宗、駱阿業、李醜漢、鮮于榮顯、趙市興、梁士□、史仲產、□阿□、龐□禮、鮮于士□□□□田□□□□叔、祖脩羅、史子恭、史江海、張阿紹、王阿義、胡仲軌、張士□、周繼纂、路榮貴、王子□、王□魔、田□□、田子才、史□獻、□阿□、田延望、史元□、李□□、衛道□、田孝讓、鮮于孟禮、郗神敬、張市□、趙軌□、□□□、趙孟舉。

（第四紙大字題名二行）明使君大行臺尚書令斛律荊山王。

（第五紙）義眾壹切經。生姜子察。

明使君斛律令公長息，安東將軍使持節岐州諸軍事岐州刺史儀同三司内備身正都督臨邑縣開國子世達，奉勅觀省，假滿還，過義，致敬王像，納供忻喜。因見標柱刋載大父名德，遂降意手書官爵，遺銘行由，奠紹徽緒。

公第九息，儀同三司駙馬都尉世遷，貴乘天資，孝心淳至，媛娶公主，過義禮拜，因見（下接第六紙右中下部）俳佪，並有大祖咸陽王像，令公爾朱郡君二菩薩立侍像側，致敬無量。公與銘名，爲俳佪主，方許財力，營搆義福。

（第六紙上記後題記）寶息長賔定州軍士呂貴觀，爲亡父母施地入義。

（第六紙上側題名）施主李叔賢、施主李伯悅、施主李允寶、施主李阿楷、施主嚴僧安、施主嚴阿承、施主嚴光璨、施主嚴市顯、施主嚴道榮、施主嚴惠仙、施主嚴市念、施主嚴天保。

（第六紙左中下施地題記）初施義園宅地主篤信弟子嚴僧安、故人嚴□、嚴法允、嚴僧芝、嚴道業、嚴惠仙、嚴平仁等，並解苦空，仰慕祇陁之惠，設供招納，捨地置坊。僧安并自身穿井，定基立宅，實是起義檀越。今義坊園地，西至舊官道中，東盡明武城壙，悉是嚴氏世業課田，皆爲種善來資，忻捨無悔。施主僧安夙植定因，遭災無難，荒後寶育男女，並各端慧。長子懷秀，次息奉悅，第三息懷達，第四要欣性，並恭孝敬，從父命。立義十載有餘，重施義南課田八十畝。東至城門，西屆舊官道，中平坦良，立文永施。任義園食，眾領蒔果，普天共味，隨時禮念。願資福主，因茲感悟，宗房相與，廣施如左。

施主嚴承，長息侍伯，伯弟阿繼，孝心純至，爲父母重施義東城壕城南兩段廿畝地，任義拓園，種殖供賔。冥資施主，冀若把土，來招輪報。

施主嚴光璨，璨弟市顯，兄弟門華禮，風儀並著，兒孫端質，鄉閭敬尙。施心彌隆，念福重義，有甚□人。璨弟市顯，顯息士林，璨息惠房第三定興，璨孫洪略，共施武郭莊田四頃。施心堅固，眾雖廢莊，任眾迴便賣買莊田收利，福用見脩薄拘之因，求受署提無盡之果。

（第七紙上側題名）施主李令弟、施主李小買、施主嚴僧芝、施主陳獨憐。

（第七紙下側施地題記）施主嚴道業，業長息桃賔父子，重義輕財，爲福捨地，現招十利，當獲提伽心寶。施主嚴惠仙，仙長子阿懷，第二蘭懷、天保等，□義精誠，弗↑世報。各施地廿畝，任眾造園，種收濟義，心度如海，捨著爲念。施主嚴市念，念大兒□長，長弟阿禮、阿灰，兄弟□順，仰慕亡考，捨地廿畝，博嚴奉地，與義作園，利供一切。願資亡考，□能存亡，博惠離車。淨畢非□。

（第八紙題名）施主嚴阿頭、施主嚴智嚴、施主嚴樂平、施主嚴智岳、施主嚴遠郡、施主嚴紹建、施主嚴松林、施主嚴道嵩、施主嚴智順、施主嚴阿戢、施主嚴海賔。

（第九至第十二紙記文）夫至宗幽微，非輕重可以挹其源，大道沖曠，何香凫所能究其始。自非旃檀在東，暫似牛頭，飛水騰虛，嚮如釵股，壹月常圓，十火恆備，焉足致六師於河中，集法軍於不退地者也。是以斧利雖盈，不可濟其終身，鞭樞責罪，寧復救其時困。靡求度世之資，而罰渥牛之厄，穀賊不易，可除摩戾。何由能待，當須淸淨六塵，洗結煩惱，行六波羅蜜，具三不退轉。成熟秔米，卽此誰興，柔濡子草，於茲何立。無蒔善牙之子，而責寶池八流，不入毗尼之菀，欲悉律提之囿。斯蓋孤寒之守斫杖，絕羽之向淸天，自可斷膂於長眠之地，槃錯於溟溟之水。安能變三有而受樂，出過壹切苦而已者矣。値魏孝昌之季，塵驚塞表，杜葛猖狂，乘風閒發，蟻集蜂聚，毒掠中原，桒乾爲虜馬之池，燕趙成亂兵之地。士不芸鉏，女無機杼，行路阻絕，音信虛懸。殘害村薄，鄰伍哀不相及，屠戮城社，所在皆如麻亂。形骸曝露，相看聚作邱山，流血如河，遠近飜爲丹地。仍有韓婁豹勃，鳥集驚危，趣走葥城，鵄視藏戶。遂復王道重艱，原壄再絕，由茲圮岸，皇化未均。

矚我大齊神武皇帝，應期受命，威靈自天，掃除兇醜，廓淸宇宙。雄劒壹麾，塵消萬里，飄迸之徒，於斯獲賴。時有故人王興國七人等，住帶□城，皆宿乘美業，渡三災而弗壞，經八難而不朽。無待梧邱之訴，自起大慈之心，非關驛庭之哭，共發哀憐之念。乃磬心相率，駈車歷境，緣滱東西，拾諸離骨。既不能辯其男女，誰復究其姓名，乃合作壹墳，稱爲鄉塟。設供集僧，情同親里，於是乎人倫哀酸，禽烏悲咽。言念其酷，誰不痛歟。墳墓於斯，遂有處焉。

其時雖復公路遠通，私塗尙阻，百里絕烟，投厝靡託。仍有興國市貴，去來墓傍，休歇塚側，嗟同塟之因緣，念往人之業報。遂興誓願，賙給萬有，各勸妻孥，抽割衣食，負釜提壺，就茲墓左，共設義食，以拯饑虛。於後荏苒，因搆義堂。

武定二季，有國統光師弟子沙門三藏法師曇遵，稟資大德，歷承沖旨，體具五通，心懷十力，常以智惠，救諸煩惱，名盛南州，邀致無因。有摩訶檀越大都督盧文翼，范陽涿人也，望重寰中，親交帝室。沖素起於弱年，風槩宏於壯歲，洞鮮十號之方，深達具足之海。既承芳實，朝夕敬慕，久而通請，方致神座。仍及居士馮叔平、居士路和仁等道俗弟子五十餘人，別立清館，四事供養，敷揚祕教，流通大乘。五冬六夏，首尾相繼，鱗羽感其德音，緇素服其惠了。貴賤往來，於是乎盛。便於此義，深助功德。時有勑請，法師始復乖阻。都督息士朗者，蓋是鳳室之雛，龍家龍子，氣岸天過，風光遠逸。優游物外，無以世務在懷，昂藏自得，甯將榮祿革意，直置逍遙正道，坐臥清虛。仍憂此義，便爲檀越。與善無徵，摧芳盛歲，人(下接第十紙)百弗及，四徒何仰。馮居士昆者，字叔平，瀛州高陽人，本與法師同味相親，造次不捨，因請至此。其人愛善若流，不忘朝夕，重信如山，行之必覆。雅素清逸，率有國士之風，器度閑閏，義當吐納之遠。諸子既爲世宗，五經足稱軌物，擧必由規，動則成矩。眞言祕典，幽途玄趣，隨情立教，方便開張。如彼鳴鐘，應不能已，如似懸流，寫不知竭，常於此義，專心扶獎。壹悑既迴，衆情傾慕，功業久存，良實是歸。但餘慶難憑，白駒易驗，哲人其頹，誰不悲仰。天保八年，葬於義左，因此刋勒，冀永清音。

武定四年，神武北狩，勑道西移，舊堂寥廓，行人稍莭。乃復依隨官路，改卜今營。爰其經始，厥堵靡立。便有篤信弟子嚴僧安合宗，夙藉道因，早通幽旨，握鏡懷珠，金聲玉振。見善猶如不及，聞惡恨非千里，重三寶其如天，輕七珎同垢穢。若父若子，乃識乃親，或前或後，非貧非富，正向十方，壹心大道。氣與壹切合衣生，願共恆河聯口命，各捨課田，同營此業。方圓多少，皆如別題。俱若布金，誓無退易。長陸於茲爲洗浴之池，平原由此成福業之海。今生來生，現世去世，百億千億，有身無身，至功大業，皆由此誠，萬世不朽，寔鍾斯德。地其形勢也，左跨明武，右帶長逵，卻負清洳，面臨觀臺。花菓綺迾，懸同鹿埜之苑，棟宇參差，綽踰祇桓之舍。軒駕馳彩，類鄉雲之五色，士女間雜，狀丹素之紛披。

天保三季，景烈皇帝駕指湯谷離宮，義所時鳶壹湌，深蒙優讚。有路和仁者，字思穆，陽平清淵人也。與馮生綢繆往日，依隨法師聯翩積歲。昔遊青齊之地，時號□儒，曾過淄潁之間，世稱千里。識洞百家氏族，宛若目□，□諏六典經史，併同掌物。乃厭此囂塵，仍懷至業。誅六賊於心中，拔四蚍於胷內，吐納清虛，優遊正道。窮智惠於德義場，追散花於慈悲室，卽於此義，專□□□。而法師向幷，仁從衣屣，蒙預內齋，時經壹歲，每以此義殷懃告請，賴有勑許，始得言歸。於是獨□義徒，晨夜吐握，寤寐驚拊，巨細不違。季過知命，□□□娶，首垂白髮，篤意彌厚，良實行伏鄉閭，德兼邑外。乃脩造門堂，改創牆院。寶塔連雲，共落照以爭輝，甍宇接漢，將危峯以虧迾。雖曰義坊，無異茄藍，□□□園，何殊柰菀。莊矣麗矣，難得而稱。天保蚕蟲之歲，長圍作起之春，公私往還，南北滿路。若軍若漢，或文或武，且發者千羣，暮來者萬隊。猶若純陁之□□□窮舍利香積，曾何云媿。兼復病者給藥，死者塼埋，齋送追悼，皆如親戚。仍以河清遭澇，人多飢斃，父子分張，不相存救。於此義食，終不暫捨。貴□□□□城市此之□□，孰可具而論之。

天保十季，獨孤使君寬仁愛厚，慈流廣被，不限微細，有效必申。便遣州都兼別駕李士合、范陽郡功曹皇甫遵(下接第十一紙)□□□□首王興國、義主路和仁、義夫田鸞㦸、劉子賢、尹貳樂、孔明遠、張宗悅、賈陁仁、孟阿鳳、王世標、賈定興、鮮于洪甯、鄭阿仲、趙元伯、鄭伯遠、趙士交、□□□□子路、梁曇尚、賈孟良、張思邕、龐猛雀、張叔遵、鮮于脩羅、王元方、宋子產、董大邕、鄭阿林、楊那仁七十九人等，具狀奏聞。時蒙優旨，依式欄□□□□年，尋有苻下，于時草創，未及旌建。

河清二年，故范陽太守郭府君智，見此至誠，感降天旨，喜於早擧，明發不忘。遂遣海懿鄉重郡功曺盧宣□□□典從，來至義堂，令權立木柱，以□□□。自爾於今，未曾刋頌。新令普班，舊文改創，諸爲邑義，例聽縣置二百餘人，壹身免役，以彰厥美，仍復季常考，列定其進□。便蒙令公□狀□申□□下□具□明業。於是信心邑義維那張市甯、牛阿邕、李恆同、呂季秀、楊景賓、范崇禮、龍叔良、陳叔希、王僧彫、李遠□、史苟仁、田元休、韓仲珎、蔡顯邕、劉高貴、李同遵、孫阿長、史茂貞、習定景、周顯叔、李惡仁、李羅雲、陳氵仙、田叔產、董子產、范貳興、劉子剛、趙黃頭、史景遵、傅子漢、鮮于孟昌、田子長，合二百人等，皆如貢表，悉是賢良。可謂荊山之側，白玉應生，麗水之濱，黃金自出。翩翩有泗上之風，雝雝秉槐下之節。輕財重義，眾意協和，羽蓋莫不霄依，飛軒靡不盡集。此義書契已來，未之有也。我皇聖既無名，神不可測。或瞻雲歸附，望氣來賓，□復文景成康，豈得同堂而語哉。

明使君大行臺尚書令斛律公，名羨，字豐落，朔州部落人也。公累葉重輝，其來自遠，親踰梁鄧，勳邁伊姜，存意六韜，留心三略。既偏脫立戍，架谷爲城，民安桑井之忻，卒無擊柝之慮。威振六蕃，恩加百姓。馳馬入覲，屢過於此，向寺若歸，如父他還。百里停湌，屈□方食，慰同慈母，賚殊僧俗。脫驂解駕，敬造尊像，□捨珎物，共造義湌。達□好施於前，公復踵福於後。仍能不遺陋業，曲照纖微，每於斯義，恆存經紀。□木柱之易朽，芳徽之不固，天統三年十月八日，敎下□縣，以石代焉。義士等□竭愚誠，不憚財力，遠訪名山，窮尋異谷，遂得石柱壹枚，長壹丈九尺。既類瑠璃，還如紺色，庶其鐫美無窮，流芳永扇。

車騎大將軍范陽太守劉府君，名仙，字士逸，定州中山人也。公流馨積代，軒冕相仍，稟性溫恭，懷仁操義。幼步紫庭，爵倫華伍，毗讚青岳，德聞天聽。勑使鄙郡，慈風預被，□□下里□由此□□義徒□加信敬，竝厲妻子，減徹行資。中外忻悅，共拯飢□。枽下之士，翻同晉世，馮翼進粥，於茲更新。莅政未幾，弘澤沾濡，境內滂□，枯榮□潤。冀□徽猷，以銘惠□。郡功曺釋壽者，都督盧文翼之孝孫，義堂檀越士朗之元子，體度□□，□卷從時，敦崇禮義。少慕父（下接第十二紙）風，每言先人析薪，豈不負荷者哉。還爲義檀越，志存世業，財力匡究。

有建忠將軍范陽縣令劉明府，名□，字康買，□州高柳人也。其人世藉餘芳，家傳冠蓋。曉悟機變，抱節歸誠，入毗王室，出宰百里。察姦超於西門，慈政隆於浮虎，濟上安民，寔曰明君。仍好至理，深慕清淨，愛□頭眼，樂非妻子。以石柱高偉，起功難立，遂捨家資，共相扶佐。壹力既齊，眾情咸奮，□聲□□，長碣□起。□異寶幢初建，梵音布於原野，法鼓新擊，歌讚遍於村邑。但山扌萬尋，尚有成壑之期，海深千刃，猶致桑田之會。未如金石壹鐫，共未有而同有，芳留銘柱，將百代而常存。乃爲頌曰：

玄哉大□，□矣眞人。難逢難値，誰識誰親。□之靡際，欲住無因。空瞻池水，虛想金身。飛河既易，騰火不難。所嗟斧利，弗救饑寒。法軍雖□，終謝香檀。來如□□，空中試看。眞□不□，瀍中□□。生亡環堵，死無□□。譬彼黃塵，隨風阡陌。不識皮毛，誰辯骸骼。矚茲大聖，虎據龍驤。剪除羣醜，再立天綱。千家如壹，萬里歸鄉。云誰之力，賴我神皇。有茲善信，仁沾枯朽。義等妻孥，恩同父母。拾□骴骸，共成壹有。既與天長，還從地久。宇宙壹淸，塵消萬里。城邑猶蕳，村薄未幾。去來女婦，往還公子。駱驛長途，靡所厥止。仍茲四資，心懷十力。念此浮魂，嗟於遊息。近減家資，遠憑此識。於此塚傍，遂爲義食。義存於此，良實有季。惟公惟□，或愚或賢。深相優讚，雅助留連。因茲爽塏，仍成福田。壹心堅固，萬□傾迴。既如殞撵，復似風雷。三途可滅，八難終摧。云何濟彼，唯善斯媒。靈圖既作，降勑仍隆。標建堂宇，用表始終。高山可□，海水易窮。其如金石，永樹天中。法界圓□，體空如如。妄想紛搆，三有星居。□知悟理，佛法僧徒。梵音付傳，說論經書。進脩始終，賢聖凡夫。行因獲果，隆業差殊。善惡不忘，勿□厥愚。敷衍五乘，仁義非虛。五常之行，仁義先序。惠輶如毛，民鮮尅舉。周觀齊域，唯茲邑侶。嚴氏施地，安承創興。坊類伽藍，給孤詎汝。羣英居之，昭世若炬。興國元首，和仁爲主。賢哉卓異，皎皎獨竪。公主垂眄，守令識覩。毗讚傾席，百僚揖語。德伏鄉邦，歸同雲雨。樂捨財力，弗辭貧苦。營造供賓，無避寒暑。愍育路人，如母茲父。恩沾灰厄，病瘦得愈。美聞朝野，州貢天府。御注依式，省判通許。覆覈事實，苻賜欄柱。衆情共立，遺建義所。旌題首領，衆免役苦。梵厲後學，言行稽古。彫刊美跡，流芳齊寓。鑿石彰名，遐刼不腐。

義慈惠石柱頌　北齊太寧二年四月十七日刻。在河北定興城西二十里石柱村。隸書。王興國等立。

《唐邕刻經記》

粤若稽古，逖聽風聲，握神紀以應物，遊靈敎而至道者有矣，咸弘之在人，道不虛泄。然則軒從七聖，蘭葉傳文，舜共三公，芝渥觀字。周朝闕令，望東氣而稽首，丘門弟子，向北斗而磬折。天書道記，可略言也，蓋不出於九流，且未聞於三世。我大齊之君，區有

□□。不思家傳天帝之尊，世祚輪王之貴，一人示見，百辟應生。俯順龜龍，託迹雲火。翠鳳將寶幢共舉，靈鼉與瀵鼓俱震，萬機兼十善之化，四門雜三乘之賓。自迦葉結集，蔡愔遊返，持綖之經，盛於茲日，龍宮斯盡，象載未勝。特進驃騎大將軍開府儀同三司尚書令并州大中正食司州濮陽郡幹長安縣開國侯冒昌郡開國公唐邕，挺固理時，生而爲世，秉文經武，來處庿堂。從扣而鳴，隨病與藥，待群方而似鏡，應衆務其如響。四海仰以彌高，千官挹而滿腹，眷言法寶，是所歸依。以爲縑緗有壞，簡筴非久，金牒難永，皮紙易滅。於是發七處之印，開七寶之函，訪蓮華之書，命銀鉤之迹，一音所說，盡勒名山。於鼓山石窟之所，寫《維摩詰經》一部，《勝鬘經》一部，《孝經》一部，《彌勒成佛經》一部。起天統四年三月一日，盡武平三年歲次壬辰五月廿八日。澗谷虛靜，邑居閑曠，林疑極妙，艸匹文柔。禽遶空中，獸依樹下，水音發而覺道，風響動而悟物。戒行之徒允集，慧定之侶攸歸，如日貫雲，常轉不息。□非恐畏，未苦風寒，石比夜光，非待螢雪。毗沙上度，勑衆鬼而護持，大梵來遊，領群神而作衞。善因普被，願力薰脩，當使世界同於淨土，皇基固於大地。置六道於十山，沐四生於八□，乃及無邊，皆取正覺。海收經籍，斯文必傳，山從水火，此方無壞。重宣茲義，乃作銘曰：

天文星象，人文書契。先聖後賢，道纔身世。惟皇建國，教通群藝。德實無爲，化竆兼濟。諸法爲祖，諸經亦王。一文半偈，與物行藏。天縱上士，時應有方。群迷升極，至道津梁。殺青有缺，韋編有絕。一託貞堅，永垂昭晰。天神左右，天王擁衞。書未仙遊，字無飛滅。地遙常寂，山空避喧。承風覺道，海滞難論。水流可閱，日去無飜。乘茲誓願，福地常存。

唐邕刻經記 北齊武平三年五月二十八日刻。在河北磁縣鼓山。隸書。此拓爲原北平圖書館舊藏本。

隋唐分部

《詔立僧尼二寺記》 昔夫老子注上下之經，纔表清虛之妙。莊生著內外之義，且論出卋之高。無申業報之言，豈暢因緣之旨。眷言大道，未爲盡得。是知神理微密，眞趣幽玄。心期之侶，起惑興障。若非達聖膺運，至德降靈。熟能敷化大千，□□彼岸。暨□通漢夢，炭驗昆明。法輪西闡，像教東被。自爾迄今，將千歲矣。雖神功妙迹，迥出天人。應物隨方，多有□□。□□玄風遂扇，緒□更繁。或廢或興，隨時出沒。良由心塗所隔，業緣致壅。故耳我大隨膺千齡之會，處五運□□□□道先天協命皇帝，統玄乘元，欽明御宇。秉金輪以治在，懸玉鏡而照臨。聲逸萬古，澤被遐外。好生惡煞，泣辜解網。輕茲小道，慕波大乘。欲歸一諦，會由三寶。乃詔州縣，各立僧尼二寺。襲聖軌之將頹，繼金言之蹔缺。使君建安公衣冠水鏡，縉紳模楷。入朝見羨，出外稱賢。含柔履慎，率由成則。德流異部，聲播殊方。念法界以歸依，弘慈善以訓物。申命懃至，不捨斯須。縣令西河宋景輔國將軍內散復州別駕治長史宜昌竟陵二郡□□都督，允文允武，所在稱奇。製錦一同，弦歌千室。志懷清愼，□若履氷。能官之美，今古獨絕。深悟非常，情存釋典。聽訟之暇，無忘福田。丞大梁齊相尉博陵張服河閒張欐，並以明哲，來賛專城。清懃自處，譽宣隣邑。俱申迴向之心，共忻眞淨之路。心意精實，不行自遠。遂仰依明勑，府厲宿誠。乃於形勝之所，崇搆尼寺。縣官七職，爰及鄉正之徒，感斯福德，忻然營助。寺主道辯、等覺、法紬，上坐智最、緩稱等，咸以戒捺端嚴，音儀匪忒。煩惱已棄，業行聿脩。相與經始，不日而就爾。其勢極弘麗，地惟爽塏。房廡深重，長廊交暎。連甍雲合，比屋霞舒。寶鐸迎風，雕樑照日。至於莊嚴□殿，飾盡丹青。相好非常，光明特絕。舊尼宿德，深覩律藏。莫不負錫來遊，有懷樂土。竊惟靈應微遠，無迹可尋。但理□□□，言由事發。故探賾索隱，更顯法於將來。幽賛神明，亦了達於未悟。然則立德之美，從斯而見。著述之義，其在□□。今盛業既彰，大功剋搆。而徽猷其記，非所以曉示來葉者也。是以敬勒他山，式遵前學。庶使無上功德，與山□□□傳。其詞曰：

逖聽前脩，曾聞莊老。可名非名，可道非道。逍遙爲貴，齊物爲寶。緣報不由，理尚未好。遙哉上覺，□□神功。四禪無像，三界畢空。□非迹應，事不感通。無因達聖，何以開蒙。於惟我皇，自天攸縱。九有懷德，八方咸統。治尚無爲，民隨日用。淳風既□，式歌□誦。功參佐命，來牧蕃惟。秉茲德實，是導是綏。民知禮讓，俗尚謙撝。過則稱己，功必

□□。寔爲良宰，撥煩理□。既經德化，風移俗易。仁不獨善，贊輔斯益。共保令名，嘉命可適。爰有明詔，誥波四方。玄風更闡，遺教重昌。同□□德，上下紀綱。伽藍仍建，迥刹高驤。物愛雕修，人榮寶鎊。畫堂晈晈，華攘翼翼。名德卜居，宴坐止息。歸依一□，□□□□。溫溫哲人，穆穆明右。作我橋樑。弘玆善誘。有緣必應，言立不朽。敬勒斯銘，天長地久。

大隋開皇十一年歲次辛亥六月辛□

《金石萃編》卷三十八，隋一。《續修四庫全書》。

碑高五尺二寸五分，廣三尺五分。二十二行，行四十四字。隸書。

《龍藏寺碑》 竊以空王之道，離諸名相，大人之法，非有去來。斯故將喻師子，明自在如無畏，取譬金剛，信畢竟而不毀。□□□□□，□□□□□，隔愛慾之長河，閉生死之大海。無舩求度，既似龜毛，無翅願飛，還同兔角。故以五通八解，名教攸生，二諦□□，□□□□。□□攝細，良資汲引之風，挽滿陷深，雅得修行之致。若論乾闥之城皆妄，芭蕉之樹盡空，應化詎眞，權假寧實。釋□□□□□□，□□提豈證果之人。然則習因之指安歸，求道之趣奚向。如幻如夢，誰其受苦，如影如嚮，誰其得福。是故維摩詰□□□□，□□□□斯來，舍利弗盡其神通，天女之花不去。故知業行有優劣，福報有輕重。若至凡夫之與聖人，天堂之與地獄，詳□□□□□，□□□□日而論哉。

往者四魔毀聖，六師謗法，拔髮翹足，變象吞牀。李園之內，結其惡黨，竹林之下，亡其善聚。護戒比丘，□□□□，□□□□，□□□蓮。慧殿仙宮，寂寥安在，珠臺銀閣，荒涼無處。離離綴彩，寧勞周客，含含奏曲，詎假殷人。我大隋乘御金□，□□□□，□□□□，□順民心。飛行而建鴻名，揖讓而升大寶。匪結農軒之陣，誰侚湯武之師。稱臣妾者遍於十方，弗□□□□□，□□□□□□□□，□陷防風之禍。斯乃天啓至聖，大造區域。垂衣化俗，負扆字民，味旦紫宮，終朝青殿。道高羲燧，德盛□□，□□□□，衆睨□集，□□□月，搖蓮含風。沉壁觀書，龍負握河之紀。功成治定，神奉益地之圖。於是東暨西漸，南徂北邁，隆禮□□，□□□□。□天地而動鬼神，辯尊卑而明貴賤。而尙勞己亡倦，求衣靡息，豈非攸攸黔首，垢障未除，擾擾蒼生，葢纏仍擁。所以金編寶字，玉□綸言，滿封□□，□飛雨散。慈愛之旨形於翰墨，哀愍之情發於衿抱。日月所照，咸賴陶甄，陰陽所生，皆蒙鞠養。故能津濟率土，救護溥天，□獎愚□，□導聾瞽。澍玆法雨，使潤道牙，燒此戒香，令薰佛慧。修苐壹之果，建取勝之幢，拯既滅之文，匡已墜之典。恩辱之鎧滿□□都，微妙之臺充於赤縣。豈直道安羅什，有寄宏通，故亦迦葉目連，聖僧斯在。

龍藏寺者，其地蓋近於燕南。昔伯珪取其謠言，□□□□，毋恤往而得寶，窺代常山。世祖南旋，至高邑而踐祚，靈王北出，登望臺而臨海。青□斂霧，淥水揚波，路欵晉而適秦，途通□而指衞。□□之落，矩步非遥，平原之樓，規行詎遠。尋派避世，彼亦河人，幽閑博敞，良爲福地。

太師上柱國大威公之世子，使持節□武衞將□□開府儀同三司恆州諸軍事恆州刺史鄂國公金城王孝僊，世業重於金張，器識逾於許郭。軍府號爲飛將，朝廷稱爲□□，領袖諸□，冠冕羣儁。探賾索隱，應變知機，著義尙訓御之勲，立勳功事勞之績。廊廟推其偉器，柱石揖其大材。自馳傳莅蕃，建旟□□，招懷□逸，蠲復逃亡。遠視廣聽，賈琮之按冀部，賞善戮惡，徐邈之處涼州，異軫齊奔，古今一致。下車未幾，善政斯歸。瞻彼伽藍，□□草創，□奉勑勸獎州内士庶壹萬人等，共廣福田。公爰啓至誠，虔心從石，施逾奉蓋，檀等布金。竭黑水之銅，罄赤岸之玉，結瑠璃之寶□，鎊瓔珞之珎臺。於是靈刹霞舒，寶坊雲構，崢嶸嵺葛，穹隆譎詭。九重壹柱之殿，三休七寶之宮，彫梁刻桷之奇，圖雲畫藻之異。□銀成地，有類悉覺之談，黃金鏤楯，非關句踐之獻。其内閑房靜室，陰牖陽窓，圓井垂蓮，方疎度日。曜明璫於朱戶，殖芳卉於紫墀。□□金沙，似遊安養之國，蒼隱天樹，疑入歡喜之園。夜漏將竭，聽鳴鍾於寺内，曉相既分，見承露於雲表。不□床坐，來會之衆□憂，□□飲食，持鉢之侶奚念。粤以開皇六年歲次鶉火，莊嚴粗就，庶使皇隋寶祚，與天長而地久，種覺花臺，將神護而鬼衞。□□詞□：

多羅秘藏，毗尼覺道。斯文不滅，憑於大造。誰薰種智，誰壞煩惚。猗歟我皇，實宏三寶。慧燈翻照，法炬還明。菩提果殖，救護心□。香樓並搆，貝塔俱營。充遍世界，彌滿國域。憬彼大林，當途向術。於穆州后，仁風遐拂。金粟施僧，珠纓奉佛。結瑤茸宇，搆瓊起室。鳳□築日，虹梁入雲。電飛窓戶，雷驚擦棼。綺籠金鏤，縹壁椒薰。綈錦亂色，丹素成文。髣髴雪宮，依稀月殿。明室結幌，幽堂啓扇。□虎未□，□彪誰見。帶風蕭瑟，含烟蔥蒨。西臨天井，北拒吾臺。州谷苞異，山林育材。蕪秦說反，樂毅奔來。鄒魯媿俗，汝潁慙能。惟此大城，□□□踐。踈鍾嚮度，層磐露泫。八聖四禪，五通七辯。戒香恆馥，法輪常轉。

開皇六年十二月五日題寫

齊開府長兼行參軍九門□□□□□

《惠鬱等造像記》 大隋開皇五年歲次乙巳八月乙酉朔十五日己亥，前定州沙門都故魏七帝舊寺主惠鬱，像主玄凝等，以先師僧暈，去太和十六年，敬造三丈八彌勒金像。至後周建德六年歲次丁酉，破滅大象，僧尼還俗。至七年六月，周帝宇文邕，因滅三寶，見受迦摩羅之患，權扶天元承帝，改爲宣政。至二年，以父壞法破僧，願造大像，即改爲大象元年。但周將滅，未即禪位。大隋國帝主楊堅，建元開皇。自聖君馭宇，俗易風移，國太民寧，八方調順。護持三寶，率遣興修，前詔後勅，佛法爲首。惠鬱共弟子玄凝等，願欲修理本寺，願復前像，舊處屬他，悲號無及，黍離之詠，泣誦心口。賴摩訶檀越前定州贊治并州摠管府戶曹參軍博陵人崔子石，前薩甫下司錄商人何永康二人，同贖得七帝寺院，價等布金，貴餘祇樹。一發檀那，雙心俱施，並爲俗寺主。從開皇元年造像頭手，并錮大鐘，至五年素起身跗，兼修寶殿，計柒匝柱像，用布一萬七千五百斤，用柒十二斛，黃金八萬七千薄。釿像及殿，合用錢五千七百貫。忽蒙勅旨，大縣別聽立僧尼兩寺。安憙令裴世元，王劉二尉等，以七帝舊所像殿俱興，遂申州表省，置爲縣寺。兼道引群僚，勸率二長，詳崇結邑，尊事伽藍。并十二州左開府其元兵、右開府和元志、副儀同宇文乂，演說軍人，契心歸善。胡漢士女邑義一千五百人，三邑併心，四方並助。前刺史昌平公元巖，後刺史南陳公豆盧通，並首尾匡究，慰喻經紀。像成殿就，并賴二公。但周帝滅像，患報非輕，勸今世後世，持須尊重。像跗之下，不安寶物，慮有奸盜，破毁[redacted]財。敬之敬之，銘示千載。

寺僧曇識、僧道乘、僧寶觀、僧修靜、僧道澤、僧昞□、僧洪顧、僧明儒、僧弁明、僧曇理，合寺一千三百僧。

都維那郭仲淵、王貴洛、鄧僧敬、董景賓、衛煞鬼、牛洪、段暈伯、王胡子、許神度、董叔仁、宋遵、楊零賓、王純陁、李波利、楊伽。

素像匠形洪演、趙文遠、蕪奉仁

柒匠劉松柏、路元和

大殿木匠王炟、李孝威、益君英。

銘文王良預

書手劉雅

銘石匠楊靜巖、郭登、郭悅

都當維那東方景沖、劉洪遵

惠鬱等造像記　隋開皇五年八月十五日刻。正書。

《權苟造像記》 （陽記）唯天皇六年歲次在丙午二月己亥朔，佛弟子權苟與多，減割家珎，爲七世父母，及妄女□郎，見在眷屬，贖觀世像一區，并有石碑。願令妄者神生淨土，託生西方無量壽國。又願見在眷屬，及國土眾生，普同成願。

（陰題名）弟子權苟與多，妻豆慶妃，息善識，息善和，孫子路，孫顏淵，孫子國，孫遠□。清信嫗□小清。清信姉郭何足。孫女容輝。孫女陽暉。妄曾祖興安，祖母廣陵。父信德。母妙香。母慶香。兄孟初。弟珎侯仁。妄女只郎。妄女善妃。妄息善裏。妄孫慶妃。妄孫漢德。妄孫洛生。妄孫午（下接一側）□。妄孫女毛□。妄呂阿清。妄姉甘花。妄妹江妃。妄呂淵容。

（另側題記）弟子習生權虎供養佛時記。

《蘇豐國等造像記》 （記前題名）邑長陳暉亥、邑主陳僧奴、東面香火主陳明達、東面化主郭元慶、東面佛檀主魏絡、北面香火主馬老爲父、北面化主梁美任、北面佛檀越主梁須。

（記）夫如來眞形，諍妙難見，寂絕之外，圓通無礙。應化於檀度，修明□之三味，眾生尋教貂箕，沉咽大理無棄聲而入實，揆昔優塡鑄寶，目連剋檀假槲，洼悕高步者也。開皇十年歲次庚戌四月戊午朔八日乙丑，依仁坊蘇豐國等，敬造釋加石像一區。今爲皇帝及百官，四恩三有，法界眾生，同登彼岸。

（記後題名）都化主蘇豐國、南面佛檀越主楊陳興、南面化主郭元輝、南面香火馬熾、西面佛檀越主□恆、西面化主郭睦、西面香火李定國、邑子蘭苟子、邑子李保貴、邑謂來金頭、邑錄李保明、邑錄張仕熾、邑子黨子顏、邑子賈義德。

蘇豐國等造像記　隋開皇十年四月八日刻。石在陝西耀縣。正書。

《宋景構尼寺造像碑》（記）昔夫老子作上下之經，纔表清虛之妙，莊生著內外之義，且論出世之高。無申業報之言，豈暢因緣之旨，眘言大□，未爲盡得。是知神理微密，眞趣幽玄。心期之侶，起惑興障，若非達聖膺運，至德降靈，熟能敷化大千，□□彼岸。暨□通漢夢，炭驗昆明，法輪西闡，像教東被，自爾迄今，將千歲矣。雖神功妙迹，迥出天人，應物隨方，多有□□。□□玄□遂扇，緇徒更繁，或廢或興，隨時出沒。良由心塗所隔，業緣致壅故耳。我大隨膺千齡之會，處五運□□□□道，先天協命，皇帝統曆乘元，欽明御宇。秉金輪以治世，懸玉鏡而照臨。聲逸萬古，澤被遐外，好生惡煞，泣辜解網。輕茲小道，慕彼大乘，欲歸一諦，會由三寶。乃詔州縣，各立僧尼二寺，襲聖軌之將頹，継金言之暫缺。使君建安公，衣冠水鏡，縉紳模楷，入朝見美，出牧稱賢。含柔履順，率由成則，德流異部，聲播殊方。念法界以歸依，弘慈善以訓□，申命懃至，不捨斯須。縣令西河宋景，輔國將軍內散復州別駕治長史宜昌竟陵二郡□□□都督，允文允武，所在稱奇，製錦一同，弦歌千室。志懷清愼，恆若履冰，能官之美，今古獨絕。深悟非常，情存釋典，聽訟之暇，無忘福田。丞大梁齊相尉、博陵張服、河閒張劚，並以明哲，來贊專城，清懃自處，譽宣隣邑。俱申迴向之心，共忻眞淨之路，心意精實，不行自遠。遂仰依明勑，府厲宿誠，乃於形勝之所，崇構尼寺。縣官七職，爰及鄉正之徒，感斯福德，忻然營助。寺主道辯、等覺、法紬，上坐智最、緩稱等，咸以戒捺端嚴，音儀匪忒，煩惱已棄，業行聿修。相與經始，不日而就。爾其勢極弘麗，地惟爽塏，房廡深重，長廊交暎。連甍雲合，比屋霞舒，寶鐸迎風，雕樑照日。至於莊嚴□殿，飾盡丹青，相好非常，光明特絕。舊尼宿德，深覩律藏，莫不負錫來遊，有懷樂土。竊惟靈應微遠，無迹可尋，但理□□□，言由事發。故探賾索隱，更顯法於將來，幽贊神明，亦了達於未悟。然則立德之美，從斯而見，著述之義，其在□□。今盛業既彰，大功剋搆，而徽猷莫記，非所以曉示來葉者也。是以敬勒他山，式遵前學，庶使無上功德，與山□□□傳。其詞曰：

逖聽前修，曾聞莊老。可名非名，可道非道。逍遙爲貴，齊物爲寶。□非緣報不申，理尚未好。遙哉上覺，曠□神功。四禪無像，三界畢□。□非迹應，事不感通。無因達聖，何以開蒙。於惟我皇，自天攸縱。九有懷德，八方咸統。治尚□□，民隨日用。淳風既□，式歌□誦。功參佐命，□□。寔爲良宰，撥煩理□。既經德化，風移俗易。仁不獨善，贊輔斯益。共保令名，嘉命可適。爰有明詔，誥彼四方。玄風更闡，遺教重昌。同□□德，上下紀綱。伽籃仍建，迴刹高□。物愛雕修，人榮寶餝。畫堂皎皎，華攘翼翼。名德卜居，宴坐止息。歸依一□，□□□□。溫溫哲人，穆穆明后。作我橋樑，弘茲善誘。有緣必應，言立不朽。敬勒斯銘，天長地久。

大隋開皇十一年歲次辛亥六月辛□□

宋景構尼寺造像碑　隋開皇十一年六月刻。碑在河北南宮。隸書。《金石萃編》作『詔立僧尼二寺記』。

《馬長和等造像記》大隋國開皇十一年，易州易縣固安陵雲鄉民，以地居蕃省，北與沙莫以相連，齊闕周通，宇文治末，遂使撥亂未釐，岑軍不狄，乃致突厥抄掠此間，父南子北，全亡不練。見在之徒，忽遇楊帝開皇，萬里大定，三寶興世，振威暇及。至十一年，斯人內懷桑梓之思，□訪□止，同業功德，往詣定州洪山，敬造玉石大像，一佛二菩薩，有敬運來。佛像丈八，七寶□□，類眞形，如相好。凡人覩見，不覺崩騰如頂禮。州主南鄉公親來奉□，正容合掌，割捨祿物，上下勸成，光茲士庶。以此功德，仰報皇恩慈威之澤，下及法界三有眾生，貌異心同，希望共善。

（記後題名）上儀同三司左衛修政府車騎將軍菩薩主馬長和。都督司兵參軍李昌。都督任遊道、劉永裕。菩薩主陳世通、母史暉。菩薩主楊上仙、父洪度。□長伯、周興達、朱通仁。

馬長和等造像記　隋開皇十一年刻。石在北京房山。隸書。

《故比丘尼釋修梵石室誌銘》比丘尼諱修梵，俗姓張氏，清河東武城人，瀛州刺史烈之第三女，幼而爽晤，規範閑明。有同縣崔居士，南青使君之第五子，以德義故歸焉。未獲偕老，而君子先逝，遂發菩提心，出家入道。不意法水常流，刧火將滅，以開皇十三年八月廿三日，終于俗宅，春秋九十有一。十五年十月廿四日，窆于石室。兄弟相撫，貫截肝心，烏鳥之心，終天莫報。先王制禮，抑不敢過。馮翊吉子，才高學博，請摸其詞，式昭玄壤。

留城祚土，趙都建国。代有喆人，門多通德。王祖王父，有文有則。駐馬期童，褰襜述職。載梃淑質，天資柔惠。梁婦辭榮，萊妻避世。心遊正覺，行依眞諦。超彼勝津，憑茲善誓。電多急影，泡是□緣。形歸掩石，神住開蓮。春鶯朝喚，秋螢夜燃。徒令孺泣，匍匐空山。

修梵石室誌銘　隋開皇十五年十月二十四日葬。石在山東益都，諸城李文世舊藏。正書。

《青州勝福寺舍利塔下銘》　維大隋仁壽元年歲辛酉十月辛亥朔十五日乙丑，皇帝普爲一切法界幽顯生靈，謹於青州逢山縣勝福寺，奉安舍利，敬造靈塔。願太祖武元皇帝、元明皇后、皇帝、皇后、皇太子、諸王子孫等，并內外群官，爰及民庶，六道三塗，人非人等，生生世世，值佛聞法，永離苦空，同升妙果。

勑使大德僧智能、侍者曇巧言、侍者善才、勑使羽騎尉李德諶、長史邢祖俊、司馬李信則、錄事參軍丘文安、司功參軍李佸。

孟弼書

《大隋皇帝舍利寶塔下銘》　大覺湛然，昭極空有，慈愍庶類，救護羣生。雖靈眞儀示同滅度，而遺形散體，尚興教□。皇帝歸依正法，紹隆三寶，思與率土共崇善業，敬以舍利分布諸州。精誠懇切，大聖垂祐，爰在宮殿興居之所，舍利應現，前後非一，頂戴歡愔，敬仰彌深。以仁壽二年歲次壬戌四月戊申朔八日乙卯，謹於鄧州大興國寺奉安舍利，崇建神塔。以此功德，願四方上下，虛空法界，一切含識，幽顯生靈，俱免蓋緾，咸登妙果。

鄧州舍利塔下銘　隋仁壽二年四月八日刻。石在河南開封，舊藏河南開封布政司庫。正書。此拓本係飲冰室舊藏。

《隋故栢尖山寺曇詢禪師碑》　詳夫鴻溟泱漭，八風鼓滔天之浪。識海瀰漫，六境興澎濞之波。庶類以此漂流，蒼生因而沉溺。雖復道登十轉，莫不以魂魄爲勞煩。位超三有，皆悉以精神爲累紲。是知心之爲患，大矣哉，大矣哉。縱使以形體等於枯槁，終非除桎梏之方。說心慮同於死灰，豈爲滅見諍之論。未若灋王大覺，應世挺生。欲使調伏心蝯，澂清識浪。坐菩提樹，啓修行禪定之門。入花林堂，說賢聖嘿然之灋。故使五通神變，莫匪安波之功。七漏斷除，咸滋般舟之力。乃有沖天返地之異，道播迦維。蓮花師子之奇，名高振旦。至如德超五舶，妙善六門，獨我禪師仁祠上首。禪師姓楊氏，諱曇詢。弘農華陰人也，後乃遷宅河東郡焉。昔秉無三惑，震懼四知。王孫薄葬之廉，德祖看碑之儁。爰洎禪師，仁賢不鄖。

禪師稟天地之醇素，滋川嶽之精靈。散花彰誕育之徵，荅果衷孩童之傑。幼而敦學，既類過庭。孝自天心，還同嚙指。悟善來爲出離，不顧簪纓。體塵俗是煩籠，常思脫屣。年二十有二，遠訪巖叢，乃逢曇準灋師於霖落泉寺。禪師以降渡欲海，必假舟航。名僧勝地，甯復過此。乃事準上爲師，仍從鬀鉻。剃捨巾髮，便興曠濟之□。始服灋衣，有□□之志。出俗一載，方受具足。律儀園備，又誦《灋華》。以戒珠而瑩七支，用智水而滋六念。既登初夏，乃投蒼谷伏膺禰禪師受灋，修習定門。濯八解之波瀾，證九次之功德。聲聞花水之諭，未足相儔。菩薩黍木之談，纔云可擬。後於三夏，移就鹿肚谷修禪。遂使涸沼飛泉，麏麚繞院。時因請灋，暫住雲門。値徑險霧昏，便成失道。山神示路，方會本途。此乃化感幽冥，神明翊衛者也。

灋護之清流更續，自可連蹤。曇猷之白茭致訶，曾何比迹。時有盜者竊蔬，羣蠭競螫。賴上人垂救，得免災厄。葛僊收飯之奇，詎能加此。後値虎熊共鬬，禪師乃以杖麾之。遂使竝釋怨心，俱還本穴。昔卞莊刺兩之策，實爽大慈。今除二忿之謀，方稱滅諍。遊四禪而七日，傳僧顯方仍未奇。處一院踰十年，董仲舒比而多媿。曾經老子山側，怖鳥投以全身。又至車箱水濱，驚鹿歸而獲免。雖復樹無青雀，異能仁之向道場。而□循白虎，等慧明之尻巖岫。諸爲神迹，曠代希奇。小碣輕才，豈能具述。今之所記，粗言如已。

乃化流河朔，盛闡禪門。杖錫裹糧，鱗歸霧集。梵徒肅肅，類靈育之在林陽。禪侶詵詵，若佛賢之尻灊岸。神王巖藪，煙霞拂入定之龕。道足林皐，泉石麗經行之所。矯然高蹈，支遁愧於逢迎。寂爾沖虛，賈遠同其冢廓。太祖文皇帝據九五而臨萬國，弘十善以導八方。闢蔛纊而聽德音，致遙誠以彰虔仰。爰勑儀同三司元壽，親送璽書，兼奉妙香，以表皇敬。釋道安之同興東苑，本謝幽冺。竺圖澄之遣使西蕃，有慙高賚。昔供羅雙樹，奠設兩楹。二聖猶示歸眞，百年詎能長保。以開皇十九年歲次己未十二月十三日，禪師乃於栢尖山寺，現疾而逝。春秋八十也，五十有五夏焉。將昇泥白，神光爲迎識之徵。欲歸大漸，香風作送魂之瑞。滅度之後，幽顯咸哀。虎叫既悲鳴於兩霄，雲昏亦含愁於三日。復有赤鳥白頭，銜噱於院內。青山翠石，崩落於高巖。其爲感應，皆斯類也。豈獨一鳥泣楊震之墓，雙鴈悲虞國之喪。王喬逝喘葉縣之牛，任公亡折武擔之石而已。

至如傳燈蘭葉，稟敎禪林。慟甚提河，逾於匡岫。方欲瘞之泉壤，恐爽五天之儀。所以燎此香薪，遠慕雙林之式。乃□大唐武德五年歲次壬午十二月十三日，闍毗遺體，謹收舍利，用建偸婆。冀寶宮以荅恩，望靈刹而興想。焚香萬束，與此何殊。架塔九層，足爲連類者矣。但道□禮謝，慧舸無重漾之期。智火長泯，心燈罷更然之焰。哀哉品庶，痛矣羣黎。既喪指南，返迷何日。大弟子瀞休、道願、慧方等，以炎寒遞謝，恐徽猷之永淪。夙諸不序，懼靈驗之長殞。既等僧祐，追師建鍾嶺之碣。更同僧道，旌德起麓山之碑。庶使天傾西北，地毀東南。景迹芳音，傳之更遠。乃爲銘曰：

忎瀌欲浪，輪迴莫休。無邊出沒，有源隨流。瀌王神足，安尻鷲頭。澂潭定水，搖漾禪舟。粵有開士，𠁅裔弘農。盪昏佛日，吹塵慧風。身嚴七聚，意寂三空。霑斯瀌雨，潤此禪叢。涸沼清冷，覆麋環互。德和二忿，慈安兩怖。季父依室，殊欺木路。三陘一紀，曾何跬步。經行巖壑，宴坐林泉。麈尾松韻，香鑪栢煙。七眾武接，四郡蹤連。瀉瓶傳燈，實傳負扆。慕道冕旒，欽德爰降。絲綸後傳，安息現疾。林下泥洹，巖側香染。八風光垂，五色迴峯。隤石高林鳥噱。悲虎夜叫，愁雲晝低。緇素哀感，從屬酸迷。焚薪燎質，乃搆支提。禪艘既毀，瀌流長絕。昔歸小定，今還大滅。九次六門，無由重說。冀揚清范，勒茲玄碣。

《八瓊室金石補正續編》卷十五。《續修四庫全書》。

高五尺七寸餘，廣三尺。二十六行，行六十一字。字橫徑一寸，分書。

《李淵爲子祈疾疏》　鄭州刺史李淵，爲男世民因患，先於此寺求佛，蒙佛恩力，其患得損。今爲男敬造石碑像一鋪，願此功德，資益弟子男，及合家大小，福德具足，永無災鄣。弟子李淵，一心供養。大業二年正月八日建立。

李淵爲子祈疾疏　隋大業二年正月八日刻。石在陝西戶縣草堂寺。行書。原石久佚，此爲元人重摹本。

《齊故華陽王長史杜府君夫人鄭氏墓誌銘》　夫人姓鄭，諱善妃，滎陽人也。自洪源美裔，芳遠慶流，基趾隆峻，宗枝森鬱，詳乎史傳，可略而言。祖僧護大都督光州司馬，父世方開府儀同三司領軍廿四府驃騎，莫不佐六條之政術，捴百府之戎權，惠化既行，武功斯備。夫人育訓邦族，稟規素閫，兆允令儀，優閑茂則。年廿七，作配君子，言告言歸，莫不禮謙組織，敬盡鐫珮。箕帚既虔，衿褵是肅，婦指已彰，女師斯備。加復専精圖史，明曉蔵誡，辭遠諷椒，文高讃菊。兼信了內法，弘宣釋典，流通五時之教，研鮮三藏之宗。明珠是護，練金斯熟，行深提后，德重勝鬘。方希眉壽，享茲遐慶，如何福善，冥昧無徵，玉瘞藍田，蘭摧芳畹。大業十三年五月一日，逝於宮城內史省，春秋六十六。以其年十月七日，葬於河南縣千金鄉。嗚呼哀哉，子君相、君榮、君徹等，並剋任荷負，榮顯朝次。痛慈顏之永遠，泣淵泉之幽邃，慮桑海之遷移，書玄石以旌記。迺爲銘曰：

因邦得姓，稟斯新鄭。長發有暉，福流餘慶。冠冕葉傳，珪璋世盛。展如淑德，國華徽映。女則闓彰，婦儀內正。絺組爲模，針縷成詠。撫事裁蔵，臨圖作鏡。宣弘釋典，薰修道性。研習四禪，虔恭八聖。春秋遄運，福善難籌。如何不永，容儀遽收。玄燈黯黯，泉夜倏倏。雲昏素柳，風卷丹旒。白楊飄落，黃鳥飛遊。唯當萬代，永播芳猷。

杜君妻鄭善妃墓誌　隋大業十三年十月七日葬。河南洛陽出土。正書。

《秦王告少林寺主教》　太尉尚書令陝東道益州道行臺雍州牧左右武候大將軍使持節涼州捴管上柱國秦王世民，告柏谷塢少林寺上座寺主以下徒衆，及軍民首領士庶等，比者天下喪亂，萬方乏主。世界傾淪，三乘道絕。遂使閻浮蕩覆，戎馬載馳。神州糜沸，羣魔競起。我國家膺圖受籙，護持正諦。馭象飛輪，光臨大寶。故能德通黎首，化闡淄林。既沐來蘇之恩，俱承彼岸之惠。王世充叨竊非據，敢逆天常。窺覦法境，肆行悖業。今仁風遠扇，慧炬照臨。開八正之塗，復九宇之跡。法師等並能深悟機變，早識妙回。克建嘉猷，同歸福地。擒彼兇孽，廓茲淨土。奉順輪忠之効方著闕庭，證果脩眞之道更宏像觀。聞以欣尚，不可思議。供養優賞，理殊恆數。今東都危急，旦夕殄除。並宜勉終茂功，以垂令範。各安舊業，永保休祐。故遣上柱國德廣郡開國公安遠，往彼指宣所懷，可令一二首領立功者來此相見。不復多悉。

四月卅日。

《金石萃編》卷四十一，唐一。《續修四庫全書》。

碑上橫列十一字，日巳上七字開元神武皇帝書。文即刻碑上層。三十九行，行八字。正書，隸額。在少林寺。

《唐故卧龍寺黃葉和尚墓誌銘》

守黃門侍郎許敬宗製　文館學士歐陽詢書

和尚自說姓張名眞，誌其生緣，乗梓莫能知之。隨故特進蜀人叚經、興善寺僧釋永蒨，並見和尚於太清初，出入中條，往來都邑。年可五六十歲，未知其異也。隨氏末年，稍顯靈跡。被髮徒跣，負杖挾鏡。或徵索酒肴，或十餘日不食。預言未兆，懸識他心。一時之中，分形數處。屬我皇應運，率土崩裂。和尚竟著先知，住錫黃龍寺。迨於定鼎，果護奇驗。以武德二年五月廿有九日，卽化於卧龍寺之禪堂。先是，移寺之金剛像，出置戶外。語僧衆曰，菩薩當去爾。越旬日，無疾而逝。沉舟之痛，有切皇心。殯葬資須，事豐□厚。迺以武德三年秋九月四日，葬於萬年縣鳳□原。望□墳而揜涕，□白幕而驚心。爰詔有司，式刊景行。其銘□：

□化毗城，金粟降靈。猗歟大士，權跡帝京。緒□莫明，邑居孰見。譬彼湧出，猶如空現。五塵□離，三條□依。戒珠靡□，忍鎧無違。智燈含焰，慧駕□騑。哀茲景像，悲斯風電。將導舟梁，貽我方便。形煩心寂，□□□□。觀往測來，覩微知顯。石□亡儒，星開□賢。反初息假，薪絕火然。神明何許，暗石空傳。

《八瓊室金石祛僞》。《隋唐五代石刻文獻全編》。

《大唐故關君墓誌之銘并序》

君諱道愛，字僧護，河東安邑人也。其先禹王之苗裔，承相龍逢之後，位侔比干，甄忠列於夏后，志同正則，旌直道於武公。派源浩汗。導江河而洸瀁，析基巉峭，峙山岳以巍峨。翰墨□□，圖牒攸紀。祖胄，魏河東太守安邑男，□襲土茅，閥傳組綬。父海，齊尉氏縣令，清字百里，恩莅千室。代有忠廉，徽猷克嗣。君挺生世德，降誕弄璋，孝友天然，仁義庭獎。瀾横萬頃，似黃陂之巨澄，牆高數仞，類孔室之難覩。締交輿仲叔，連鑣晤語，將施周方駕，蹈禮腹信，枕矩杖規，名淑閭閈，問重州邑。隨晉十科，德行再舉，固辭不起，彌守其操。弓車莫往，丘園自逸，負墎二頃，修家千金，聊以卒歲，餘資散撤。精心佛道，棲志人□，瑩像千身，書經一切。覺會離之非久，察盛衰之不定，端想四生，虔依三寶。波羅願發，菩薩行修，先身後身，從施恆施。方□果圓徵福，善構資軀，豈期溘謝百齡，靡終千月，武德九年四月十七日，痼疾終于私第，春秋六十六。夫人管氏，夷吾之□，沛縣令安之女也。淑媛笄歲，來宜室家，百兩旣迎，四德閑□。與子偕老，合巹初期，之死靡他，同穴終契。以唐貞觀元年丁亥二月甲寅十九日壬申，合葬千金里邙山。子君□，恐田成海，懼帶方河，瘞誌泉闥，封窆山阿。銘曰：

龜呈號兆，虵現□萌。四聖攸祚，三司代榮。緬古王霸，季世公卿。忠諫無弭，君承有靈。其一

器度規矩，志氣岐嶷。交惇晏敬，言逾史德。八字□該，二乘洞識。期□不違，可順□□。其二

墳埏爽塏，窆骸湮邃。山悽悲調，人零珠淚。表□□□，□□流□。白□徒□，玄扃永閟。其三

關道愛墓誌　唐貞觀元年二月十九日葬。河南洛陽出土，張坊舊藏。隸書。

《朗空大師塔銘》

新羅國故兩朝國師教謚朗空大師白月栖雲之塔碑銘并序　門人翰林學士守兵部侍郎知端書院事賜紫金魚袋臣崔仁滾奉教撰　金生書　釋端目集

聞夫眞境希夷，玄津杳渺。澄如滄海，邈苦太虛。智舟何以達其涯，慧駕莫能尋其際。況復去聖逾遠，滯凡既深。靡制心猿，難調意馬。由是徇虛弃實者，俱懷逐塊之情。執有迷空者，盡起趂炎之想。若非哲人出世，開士乘時。高演眞宗，廣宣善誘。何以爰拚重玄之理，得歸衆妙之門。潛認髻珠，密傳心印。達斯道者，豈異人乎，大師是也。

大師法諱行寂，俗姓崔氏。其先周朝之尚父，遐苗齊國之丁公，遠裔

其後。使乎兎郡，留寓雞林，今爲京萬河南人也。祖諱全，避世辭榮，幽居養志。父諱佩常，年登九歲，學冠三冬。長牽投筆之心，仍效止戈之藝。所以繫名軍旅，充職戎行。母薛氏，夢見僧謂曰，宿因所追，願爲阿孃之子。覺後感其霊瑞，俻啓所天。自屏膻腴，勤爲胎教。以大和六年十二月三十日，誕生大師。生標奇骨，有異凡流。遊戲之時，須爲佛事。每聚沙而造塔，常摘葉以爲香。爰自青襟，尋師絳帳。請業則都忘寢食，臨文則惣括宗源。甞以深信金言，志遺塵俗。謂父曰，所願出家修道，以報罔極之恩。其父知有宿根，合符前夢。不阻其志，愛而許之。遂迺削染披緇，苦求遊學。

欲尋學海，歷選名山。至於伽耶海印寺，便謁宗師，精探經論。統雜花之妙義，玩貝葉之眞文。師謂學徒曰，釋子多聞，顔生好學。昔聞其語，今見其人。豈與青眼赤髭，同年而語哉。大中九年，於福泉寺官壇受其具戒。旣而浮囊志切，繫草情深。像敎之宗，已勞力學。玄機之旨，盍以心求。所以杖筞挈瓶，下山尋路。徑詣崛山，謁通曉大師。自投五體，虔啓衷懷。大師便許昇堂，遂令入室。從此服膺數載，勤苦多方。雖至道□□，目擊成山之志。而常齊淡薄，神疲增煮海之勞。則知歷試諸難，多能鄙事。每於坐卧，只念遊方。遂於咸通十一年，投入俻朝使金公緊榮□笑之心，備陳所志。金公情深傾蓋，許以同舟。無何，利涉大川，達于西岸此際。不遠千里，至於上都。尋蒙有司特具事由，奏聞天聽。降勅，宜令左街寶堂寺孔雀子院安置，大師所喜，神居駐足，勝境栖心。未幾，降誕之辰，勑徵入內。懿宗皇帝遽弘至化，虔仰玄風。問大師曰，遠涉滄溟，有何求事。大師對勑曰，貧道幸獲觀風上國，問道中華。今日叨沐鴻恩，得窺盛事。所求遍遊靈跡，追尋赤水之珠。還耀吾鄉，更作青丘之印。天子厚加寵賚，甚善其言。猶如法秀之逢晉文，曇鸞之對梁武。古今雖異，名德尤同。

以後至五臺山，投花嚴寺，求感於文殊大聖。先上中臺，忽遇神人。鬢眉皓爾，叩頭作禮，膜拜祈恩，謂大師曰，不易遠來，善哉佛子，莫淹此地，速向南方。認其五色之霜，必沐曇摩之雨。大師含悲頂別，漸次南行。乾符二年，至成都俯，巡謁到靜衆精舍，禮無相大師影堂。大師新羅人也，因謁寫眞，具聞遺美。爲唐帝導師，玄宗之師。同鄉唯恨異其時，後代所求追其迹。企聞石霜慶諸和尙，啓如來之室，演迦葉之宗。道樹之陰，禪流所聚。大師殷勤禮足，曲盡虔誠。仍栖方便之門，果得摩尼之寶。俄而追遊衡岳，參知識之禪居。遠至曹溪，禮祖師之寶塔。傍東山之遐秀，採六葉之遺芳。四遠參尋，無方不到。雖觀空色，豈忘偏陲。以中和五年，來歸故國。

時也至於崛嶺，重謁大師。大師云，且喜早歸，豈期相見。後學各得其賜，念茲在茲。所以再託扉蓮，不離左右。中間忽携缾鉢，重訪水雲。或錫飛於五嶽之初，暫栖天柱。或盃渡於三河之後，方住水精。至文德二年四月中，崛山大師寢疾。便往故山，精勤侍疾。至於歸化，付囑傳心者，唯在大師一人而已。初憩錫於翔州之建子，若纔修茅舍，始啓山門。來者如雲，朝三暮四。頃歲時當厄，運世屬此。蒙災星長照於三韓，毒露常鋪於四郡。况於巖谷，無計潛藏。乾寧初，至止王城，薰薝蔔於焚香之寺。光化末，旋歸野郡，植栴檀於薙草之墟。所恨正値魔軍，將宣佛道。孝恭大王驟登寶位，欽重禪宗。以大師獨步海東，孤摽天下。特遣僧正法賢等，聊飛鳳筆，徵赴皇居。

大師謂門人曰，自欲安禪，終須助化吾道之流，於末代外護之恩也。乃以天祐三年秋九月初，忽出溟郊，方歸京邑。至十六日，引登秘殿，孤坐禪床之上。預淨宸襟，整其冕服。待以國師之禮，虔申鑽仰之情。大師辭色從容，神儀自若。尊道說羲軒之術，治邦談堯舜之風。鏡忘疲，洪鍾待扣。有親從上殿者四人，曰行謙，遽安，信宗，讓規，讓景。行超十哲，名蓋三禪。探玄鄉之秘宗，論絕境之幽枝。聖人見頻迴塵尾，甚悅龍顔。忽於明年夏末，乍別京畿，略遊海嶠。至金海府蘇公忠子知府及弟律凞領軍，莫不斂衽欽風，開襟慕道。請居名寺，奠福蒼生。十大師可以栖遲，暗垂慈化。掃妖煙於塞外，灑甘露於山中。神德大王，光統丕圖，寵徵赴闕。

至貞明元年春，大師遽攜禪衆，來至帝鄉，依前命，南山實際寺安之。此寺則先是聖上以黃閤潛龍，禪扃附鳳。尋付大師，永爲禪宇。此時奉迎行在，重謁慈顔。爰開有待之心，再聽無爲之說。辭還之際，特結良因。爰有女弟子明瑤夫人，鼇島宗枝，鳩林冠族。仰止高山，尊崇佛理。以石南山寺請爲収領，永以住持。秋七月，大師以甚愜雅懷，始謀栖止。

此寺也，遠連四岳，高壓南溟。溪澗爭流，酷似金輿之谷。巖巒鬪峻，疑如紫蓋之峯。誠招隱之幽居，亦栖禪之佳境者也。大師遍探霊巘，未有定居。初至此山，以爲終焉之所。至明年春二月初，大師覺其不悆，稱染微痾。至十二日詰旦，告衆曰，生也有涯，吾將行矣。守而勿失，汝等勉旃。趺坐繩床，儼然就滅。報齡八十五，僧臘六十一。于時雲霧晦冥，山巒震動。有山下人望山頂者，五色光氣，衝於空中。中有一物上天，宛然金柱。豈止智順則天垂花蓋，法成則空斂霊棺而已哉。

於是門人等，傷割五情，若亡天屬。至十七日，敬奉色身，假肆于西峯之麓。聖考大王，忽聆遷化，良惻仙襟。特遣中使，監護葬儀，仍令吊祭。至三年十一月中，改塟於東巒之頂，法寺三百來步。全身不散，神色如常。門下等重覩慈顔，不勝感慕，仍施石戶封閉。大師資霊河嶽，稟氣星辰。居褸褐之英，應黃裳之吉。由是早捿禪境，久拂客塵。禆二主於兩朝，濟羣生於三界。邦家安太，魔賊歸降。則知大覺眞身，觀音後體。啟玄開而敷揚至理，開慈室而汲引玄流。生命示亡，效鶴樹歸眞之跡。化身如在，追雞峯住寂之心。存歿化人，始終弘道。可謂定慧無方，神通自在者焉。弟子信宗禪師，周解禪師，林侶禪師等五百來人，共保一心，皆居上足。常勤守護，永切追攀。每念巨海塵飛，高風電絶。累趍魏闕，請樹豊碑。

今上克纘洪基，恭承寶籙。欽崇禪化，不異前朝。贈謚曰朗空大師，塔名白月栖雲之塔。爰命微臣，宜修藿臼。仁滾固辭不免，唯命是從。輒課菲詞，式揚餘烈。譬如提壺酌海，莫知溟渤之深。執管闚天，難測穹蒼之闊。然而早蒙慈誨，眷以宗盟。唯以援筆有情，著文無愧。強名玄道，將報法恩。其詞曰：

至道無爲　猶如大地　萬法同歸　千門一致　粵惟正覺　誘彼群類
聖凡有殊　開悟無異　懿歟禪伯　生我海東　明同日月　量等虛空　名由
德顯　智與慈融　去傳法要　來化童蒙　水月澄心　煙霞匿曜　忽飛美譽
頻降佳名　扶賛兩朝　闡揚玄敎　瓴破燈明　雲開月照　哲人去世　緇
素傷心　門徒顧切　國主恩深　塔封巒頂　碑倚溪潯　芥城雖盡　永曜
禪林

碑陰

十八行，行四十七字。又年月大字一行，題名三行。

新羅國石南山故國師碑銘後記

門人法孫釋純白述

恭惟我國大師，始自出昭，終於沒齒。生緣眷屬，觸事因緣。即門生金長老允正所修錄，具門人崔大相仁滾所撰碑述之，今白之所記者。恭以大師於唐新羅國景明王之天祐年中化緣畢已，明王謚號銘塔，仍勑崔仁滾侍郎，使撰碑文。然以世雜人猾，難爲盛事。是以年新月古，未立碑文。至後高麗國，凡平四郡，鼎正三韓。以顯德元年七月十五日，樹此豊碑於太子山者，良有良緣者乎。爰有國師之門神足國主寺之僧頭乾聖院和尚者，法諱讓景，俗姓金氏，字曰舉國。爲師而或躰或心，爲王而乍耳乍目。將恐芳塵風埽，美跡雲消。黃絹將爛，翠琰弗植。師恩雀報，自立龜碑。和尚王父藹元，聖王之表來孫，憲康王之外庶舅。清廉謠聒於街路，忠孝譽酣於尊卑。內知執事侍郎，外任須江都護。父訪禮，才兼六藝，學貫五經。月下風前，屬緣情體物之句。春花秋月，呈撫絃韻竹之聲。內至執事含香，外赴朔州長史。和尚始自華色，終於叟身。動止言談，行蹤風格。可備別錄，此畧言焉。且國師碑之與錄，可記而未記者，曰龍潭式照，乾聖讓景，藹口惠希，宥襟允正，請龍善現，霊長玄甫，石南迥閑，嵩山可定，太子本定，右九師者，國師存日，羽翼在卯，未翥青雲之際。國師沒後，角足成體，始遊碧海之中。師之在時，法席牛毛之數。師之入滅，禪座財鐘乳之多。人謂之評曰，九乳若鐘，養九方之佛子。一面如鏡，正一國之君臣。古所謂翼衆銑銑，茲焉在焉。其允正長老者，乾聖同胎之弟也。戒高持者，名出有人。存歿言行，門人別錄。其母氏夢任盈之日，日入於寢室。娠季之月，月入於密窟。果誕乾聖與宥襟也。豈翅曇諦阿母，夢二物之徵。慧住阿孃，獲二果之瑞而已哉。仁滾者，辰韓茂竣人也。人所謂一代三崔，金榜題迴，曰崔致遠，曰崔仁滾，曰崔承祐，扌中中人也。學圍海岳，加二車於五車。才包風雲，除三步於七步。實君子國之君子，亦大人鄉之大人。是或折桂中花，扇香風於上國。得葱羅域，推學究於東鄉。承大師重席之恩，撰大師鴻碑之記。白也執尺占天，那終近遠。傾蠡酌海，豈度少多。然則言而不常，默猶不可。後來君子，取之捨之而已。

顯德元年歲在甲寅七月十五日立。
勾當事僧　迴虛長老
刻字僧　嵩太尙座　秀規尙座　淸直師　惠超師　院主僧　惠賢長老
典座僧　淸良　維那僧　秀宗　史僧　日定　直歲僧　規定

《平津館金石萃編補編》，新羅。《續修四庫全書》。
顯德元年七月。

《忠湛大師塔碑》

碑高九尺，廣四尺三寸。卅一行，行八十三字。今在高麗國。

高麗國原州靈下缺　臣崔光胤奉敎集太宗文皇下缺

蓋聞微言立敎，始開下缺嗣位。至於馬鳴繼美，垂妙法於三乘。龍樹揚芳，見其□□□□相離相，非身是身。降及下缺聞圓覺，東入梁朝。始見大弘，北遊魏室。於是師資所契，□□□□。祖法相承，心燈不絕。所以下缺者焉。大師法號忠湛，俗姓金氏。其先雞林冠族，兎郡宗枝。□□島以分榮，託桑津而別派。遠祖多下缺陶潛而不事王侯，希賈誼而寧求祿位。所以考槃樂道，早攻莊列之書。招隱攀吟，常避市朝之譽。母下缺賢之子，豈無修聖善之心。感此靈奇，求生法胤。以咸通十年八月一日，誕生大師。生有殊相，弱無戲言。下缺性靈超衆，神悟絕倫。槐市橫經，杏園命筆。二親嘗邀相者相之云，若至甘羅之歲，鳳擧難量。終臻賈誼之下缺至。失於怙恃，惟恨棲遑。

爰有長純禪師，是導師修度世之緣，當亡父結空門之友。大師隨其長老，得居下缺俗塵，方登僧位。尋令昇堂覩奧，入室鈎深。迅足駸駸，後發先至。覺枝脈脈，前開晩成。所以偃仰禪林，優游下缺認印度重光。終至相傳，窺楞伽再闡。迺於龍紀元年，受具戒於武州靈神寺。既而習其相部，精究毗尼。捧下缺宗論道。謂學人曰，淺溜穿石，同心斷金。鑽燧之勤，寫瓶之易，皆由積微不已。跬步遄征，俄成學海之功。永就下缺釋子天日禪僧，此間觀曝骨之墟，見殭屍之處。他日靜境，豈無避地之方。此地危邦，終絕居山之計。□□□辶華下缺者同載而征，達於彼岸。此時徑登雲蓋禪宇，虔禮淨圓大師。大師是棲雲壑之居，佩石霜之印。知大師遠離下缺圖南，迥奮垂雲之翼。豫章向上，高揮拂日之枝。大師謂曰，汝還認其到此階梯，預呈其遷喬□□所以不離寶所下缺河東，參禪門於紫嶽。故能初窺聖典，久棲禹穴之旁。始覽靈蹤，方到燕臺之畔。迺於天祐十□年六月中，得達於下缺學俱於問訊，慶忭交深。數月論禪，周年問法。惟彌天發□，及離日搖脣。量語路之端，酌言□之□。此日揣於兩地，心下缺之光，愁見甲兵之色。所以便辭金海，遙指玉京。行道遲遲，於焉入境。不惟摩勒重敷，兼亦優曇一現。奉迎內殿，尋以下缺遙，屢吐象王之說。重重避席，恭披弟子之儀。一一書紳，結以王師之禮。翌日，請移□於□□□之水淨精廬，永玄下缺術。

大師遠從丹[illegible]，再到京畿。所以別飾玉堂，令昇繩榻。問大師曰，寡人少尙威武，未精學□。不曉先王之典，寧下缺存亡之志。所喜不勞漢夢，仍覩秦星。世宗之遇摩騰，梁武之逢寶誌，無以加也。生生世世，永修香火之因。子子孫孫，下缺吉祥之地。尙論往美，更知延福之庭。志有終焉，心無悔矣。然則遂於此地，高敞禪扃。□□如雲，學人如霧。依舊琉璃下缺聞興法之談，不受大師之誨者。處處精舍，其徒擯之終日，了無與言，一宵堅不留宿。

豈期大師素無疾疹，富有下缺五年七月十八日詰旦，告門人曰，萬灋皆空，吾將去矣。一心爲本，汝等勉旃。顏貌如常，寂然坐滅。俗年七十有二，僧下缺悲盈四部，天人增絕學之哀。寡人惟慟徹諸方。士庶泣亡師之痛。寡人忽聆遷化，尤慟於懷。追切洪德，不能已已。特下缺萬壽之遐，長乖羣情之敬仰。今則果雖核矣，室可修焉。然則先忻於水積魚歸，後恨於林傾鳥散。所冀早儀明禮，正當下缺之塔。惟大師雪山成道，煙洞證心。傳十八代之祖宗，統三千年之禪敎。則知浹洽浮世，擧其廣則誰。曰黃輿周下缺忘機，仍引狎鷗之興。幾多肸蠁，無限昭彰。可謂闡揚身毒之風，敷演竺乾之法者矣。門徒弟子五百下缺成田，陳情而特請龜文，瀝懇而頻干鳳德。所冀顯無爲之化，留在水雲。期不朽之緣，刻於金石。下缺之心。歸美栢臺，旌國士追攀之志。乃爲銘曰：

上缺蘇。認已藏寶，知印慈航。沒浪慧炬，沈光銀燈。石下缺

《平津館金石萃編》補編，高麗。《續修四庫全書》。
天福五年七月十八日。
碑斷爲三，失其中截。高共存七尺五寸，廣五尺。文卅行，行字不可紀。今在高麗國。

《大唐皇帝等慈寺之碑》

若夫有功可大，盛業光於四表，有親可久，

厚德加於萬類。救災撥亂，闡宏威以□天，立愛宣慈，垂至仁而濟物。其於司牧黎獻，汲引群生，窮高極深，道□□□，□□□□力，摧破波旬之兵，開方便門，消滅尼揵之罪。斯蓋法王聖跡，調御善權，不可思□，莫知邊際者矣。

自隋曆云季，政綱不綱，海岳沸騰，函夏圮裂。繩樞競起，□挺構兵，□□□數，妖精晝隕。五山並食，九嬰爲害，交相呑噬，恣行剞斮。仰籲蒼昊，跼跡靡依，□□塗炭，息肩無所。剝極則亨，否終斯泰，用集明命，爰啓眞人。我大唐皇帝，□發靈圖，祚□寶籙，撫茲歸運，拯彼横流。惟神惟幾，迺文迺武，聰明時乂，勇智自天。猗歟□□，聖質苞其純懿，大哉七德，宸鑒測其幽遠。至如封胡異說，力牧奇篇，玄女黄石之精微，玉帳□宮之秘要，莫不裁成睿思，捻□深□，超冠清靈之表，得諸耳目□□。爰茲草昧，□彼參□，投袂□足，東征西怨。克剪方命，鯨鯢斯盡，芟夷□紀，□域底平。掃欃槍於天衢，匪遑寧處，戮猰狂於地表，無思不服。阪泉涿鹿之師，語勤已陋，共□□扈之戰，固多慚色。載籍所傳，孰可侔其髣髴，言象所寄，安足紀其希夷。

武德之初，諸華未緝，轂□□□，尚阻朝風。念彼王充，偷安假息，悼干戈之日用，悵烽燧之多□，□是親□元戎，授茲戚鉞，建瓴東下，將一車書。北據崇芒，南屯伊闕，雲羅既布，指期滌蕩。然而賊□□□德，往因多難，夙長亂階，僞黨寔繁，凶毒孔熾。妄作玄圭之瑞，竊□□王，驅扇黑山之旅，擅強河朔。破邑屠城，斬祀殺厲，矯誣上帝，多歷年所。又以逞其狙詐，乘彼阽危，□□許之人徒，收亡隨之文物。遂乃憑淩濟岱，薦食徐兗，驟勝愈驕，□□作氣。惟茲勍寇，同惡相求，䏣此役也，寔來赴援。泝流西□，奄至滎陽，閒使□馳，潛申約結，將規合勢，以抗我師。首足互資，實同夏屋之獸，前後迭至，冀效常山之虵。□□所甄，□其曲折，中權所稟，見可而進。是以引麾北制，移蹕東□，天策頻加，神鋒累奮。其後酋渠相命，妖孽並臻，鑿齒之類爲羣，窫窳之徒成列。發自板渚，迄于茲□，□猤爭先，陸梁競出。比角舉尾，飲竭洪流，呑石噉沙，聚蔽陽景。皇赫斯怒，爰勑六軍，飛廉翊衡，豐隆先路。然後置天地之陳，揚日月之旗，震夔鼓以申嚴，鏗虬鐘而大□。□流電擊，鳳矯龍騰，丘巒爲之□跳，梗林於是靡拉。陷堅挫猛，刮野掃地，喋血僵尸，塡坑滿谷。禽茲元惡，未及旋踵，仍執醜虜，曾靡孑遺。渙若冰消，灌同魚爛，氛祲祛□，□□融□。列代神璽，莫不畢收，前王彝器，此□□獲。既而乘轅西返，蒨旆右臨，奮決水之威，乘破竹之勢，廓清萬里，大定三川，散馬華陽，飲至豐鎬。豈如漢王□競，屢見屈於□□，魏武爭□，久連兵於官渡。

□□□有截，宇內無虞，執玉帛以臨朝，垂衣裳而班治。珎符雜沓，繁祉絪緼，甘雨薫風，時和歲稔。正簫韶之樂，非止咸□，□郊雍之禮，□□□豆。跂行喙息，跖實排虛，□陘游原，遐闊泳末。攫挐忘嘴距之用，夷狄齊冠帶之倫，外戶常開，內機不作。實含靈於仁壽，變品庶於陶甄，思廣舟航，無隔□顯。靜言官□，□悼行間，□埋輪而棄野。愍疏屬之罪，方滯迷塗，念刑天之魂，久淪長夜。以爲拔除苦累，必藉勝因，增益善根，寔資淨土。乃命克敵之處，普建道場，情均□□，恩洽同異。爰立此寺，□號等慈。境實鄭州，縣稱汜水。

班倕既集，矩矱斯備，式搆寶坊，樹茲靈塔。飛梁虹指，浮柱星懸，層閣崢嶸，修廊黮䨴。朝雲暫起，華礎流津，曉露□□，□盤□溽。茹蘆在阪，化爲瞻蔔之林，熠燿宵行，翻暎摩尼之彩。傍開奈菀，敷淨花而韡曄，卻帶蓮池，積定水而澄湛。結衣萃止，振錫來儀，戒品齊芳，禪枝並茂。其地□□□□□，夏后□所發祥，近眺襄城，軒轅於是訪道。舳艫控引，循金提以偪側，冠蓋往來，趣玉門而隱軫。勢居爽塏，物稱衍沃，誠原陸之膏腴，信康莊之都會。豈唯致罰之□，□免汙□，□懸所懲，□其京觀。乃令深入緣起，永□蓋纏，普賴法財，同歸妙樂。悠悠曠刧，憑慧力而靡偏，亹亹恆沙，譬福聚而無盡。南山之壽，既彌茂於億年，北極之尊，□□寵於萬代。竊惟望雲就日，博貫多能，理極寰中，道臻繫本。考覈篆籀，徧詳流略，定儒墨之短長，窶刑名之苛繞。纖微必舉，幽賾□應，不能遁其隱奧，無所潛其肸響。五□□□□□，□□□□□，□□□□□，□□□□。□食忘勞，昧旦□顯，尚想巖穴，愽逮芻蕘，俱幸滿堂之歡，猶興納隍之慮。愛踰□網，仁兼扇暍，降玄覽而游藝，觀人文□□成。賤□梁之短篇，鄙苦寒之危調。轉規注河之論，聽者開神，定□垂露之書，覩者眩目。飛蝯妙術，抑兕神工，制律呂之輕重，知草木之情狀。鬱哉煥乎，弗可記已。

重明□□，守□光於匕邑，琁□樂善，作固列於維城。□儀抑抑，□□赳赳，文□蘊金錫之姿，武臣表熊羆之狀。耕田鑿井，雖受賜而無跡，擊壤鼓腹，諒日用而不知。百年然後□□，□尼之言斯闊，三脊之茅難致，夷吾所志爲小。蓋夫植操恆久，莫□□金石，盛德形容，聿宣於歌頌。末臣庸謏，預奉鴻猷，雖罄□才，未揚休烈。其詞曰：

肇自元極，初分太清。二儀定位，四大居貞。緬求邃古，逖聽遐聲。質文遞變，□□□名。其一。

季業紛詭，政荒道喪。逐鹿爭驅，乘龍有亢。亟罹□造，時逢無妄。至治莫興，嘉生靡暢。其二。

滔德既厭，炎運將徂。鴻飛野□，狼入朝蕪。綠林叛換，青犢睢盱。中外板蕩，□□淪胥。其三。

聖帝膺期，愍彼□覆。始建天柱，初安地軸。方□畢夷，羣凶盡戮。芒芒率土，俱荷亭育。其四。

壽華纍社，用康國步。陽紆䰟慝，實清王度。牧野非艱，鳴條豈固。勢踰擣□，□同榮注。其五。

魔衆既摧，勝幡斯立。釋茲罪□，俾伸幽執。施以無畏，斷其餘習。即此戎墟，招提攸葺。其六。

□□赫熚，月殿玲瓏。冬延愛景，夏納清風。白蘋齊業，丹桂連蘗。綺疏□□，繡桷凌空。其七。

金繩吐□，寶鈴和響。香繞梵音，花飛仙掌。妙相凝寂，眞容煥朗。開士宅心，伊蒲瞻仰。其八。

崇巖秀峙，迅流長邁。石城迴矚，龍池斜界。左顧敖碻，右通汜際。寔□□境，誕標靈怪。其九。

至人惠利，正覺津梁。偕登萬善，普照十方。深慈□博，□慶遐長。式光勿替，永播無疆。其十。

通議大夫行秘書少監輕車都尉琅邪縣開國子□□師古奉勅□

（等慈寺碑　唐貞觀三年閏十二月刻。碑在河南滎陽。顏師古撰。正書，額陽文篆書。刻碑年月據《新唐書》補。《金石錄》作貞觀三年，《唐會要》用貞觀四年五月。）

《幽州昭仁寺碑文》　守諫議大夫騎都尉臣朱子奢奉勅撰

大哉乾元，寒暑違而成歲，赫矣上聖，禪代乖而爲道。斯則淳源既往，弧矢開戡翦之利，天下爲公，揖讓盛皇王之業。是知聖無自我，不背時以成務，仁惟濟物，乃當流而義行。豈好異哉，蓋因世而已矣。若乃執契提象，繼天理物，張八極，叶五緯，坐玄扈，遊翠嬀，受昭華而錫天佩，觀榮河而巡溫洛，補石於媧皇之世，奠山於文命之初，殊質文於車服，改正朔於寅丑，順天地而財成，奄宇縣而光宅，斯固神宗與汜水一致，文祖將晦野同歸者也。

隨政悖道，區夏殲潰，星亡日鬪，天瘥地反。馭朽無秋駕之術，履薄罕春冰之懼，竭人力於醉飽，輕神器於弈棊。玉杯非藜藿之用，金柱乃驕淫之靡，旌蹕遍天下，馳道窮華裔。暴師韓濊，宿兵遼碣，貪石田之地，忘金鏡之寶。盜驂之乘，鶩崦山而不息，黿鼉之梁，泛蒼波其無已。五岳維塵，三川咸震，大盜負其扃鐍，長鯨衝其漏網。介胄不能匡其禍，衣冠無以靜其亂，伊尹去而夏亡，辛甲奔而殷滅。人怨神怒，衆叛親離，觸瑟無漢臣之忠，夢驂成秦宮之陷。於是九畿幅裂，竊名假號，四方圓視，蜂飛蝟結。赤眉起劉樊之衆，白挺奮陳吳之兵，徇趙北而圖王，反淮南而稱帝。鉤爪鋸牙，遞相吞滅，茫茫禹迹，溝壑無歸，蒼蒼彼天，何其罔極。

若乃崇替相襲，天地恆其道，靈貺所歸，三五更其運。是以秦人弛御，豊沛膺赤帝之符，夏道云衰，景亳得白狼之瑞。殷憂啓聖，必將有主，撲原靜海，上元有屬。我皇帝受之皇帝，兆出震之靈，稟樞電之精，開日月之明，審正氣之貞。潛德而隱，凝玄姑射之側，感而遂通，應迹廟堂之上。乘龍之夢，夙符於神道，斷鼇之心，早發於靈鑒。蘊風雲於藏用，納宇宙於胷懷，濡足授手，救焚是急。於是御太一，把鉤陳，驅天駟，迴地軸，乾行岳止，雷驚麟震。得兵鈐於玄女，吞戎韜於黃石。龍飛晉水，鳳翥河干，命蒼兕以泛流，麾鳥旗以長邁。以仁爲本，扶義而西，傳檄百城，轉鬪千里，戰無交兵之虜，攻無湯池之固。望鳳墟而一息，登灞上而迴首，觀釁而動，俟天休命。壺漿溢陌，厥篚盈塗，鬼神叶贊，華夷載佇。紲秦嬰於枳道，拜殷士於商郊。旌臺之珠，畢散於邦國，諸侯之玉，不留於服御。眷言兆庶，企景來蘇。

薛舉往因天隙，偸安隴坻，藉九州之險，成五幡之暴。推鋒東嚮，結壘西夏，同惡如市，轉相煽合，帶州連郡，豺虺爲羣。無竇融之先覺，有隗嚻之迷謬，遊魂放命，豕突函梁。雖大風之作梗青丘，有苗之稱亂丹浦，均強比逆，異代同季。豈不以道喪鶉居，讓王義隱，時惟龍戰，爭帝理開者乎。是以軒轅三十一伐，殷后廿七征，翦暴壽華之澤，戮凶絕轡之野，非文德之可綏，乃雄略之攸震。天子躬御武節，親總元戎。灑沉災而括地象，正斗極而淸天步，倚長劍以肅威，佇中區以傍矚。運投水轉規之智，蓄禮樂慈愛之兵，韜百戰百勝之謀，總天關天梁之術。驅駕韓白，鞭繫雷電，命招搖以啟行，詔參伐以前掃。殉義之士，聽鼓鞞而竊誓，蹈恩之衆，望旌斾而張膽，呼吸則河海沸盪，指麾則崑岱掎拔。

聖上順天道好生之德，體周王掩胔之仁，將欲克亂，在權善師，非戰兵交使，在弘其自革。而茅旌不建，輿櫬莫從，告捨既違，行迷遂往。吠堯之犬，終成桀用，剌田之客，俱爲跖徒。鳥啄獸窮，來犯鋒刃。比角爲城池之固，召雨恣屈強之力，非折箠之可笞，豈亭長之攸制。于時攝提在歲，黃鍾紀月，義勇同奮，賁育爭先，下神兵於九天，決叡圖於萬里。逆順斯懸，轟然大潰，僵尸蔽莽，委甲成山。擁秦涇而不流，投過澗而自滿，焚巢掃窟，野無遺寇。正傾旻於西北，紐缺地於東南，卷氛祲於辰象，反光華於日月。九伐已施，載櫜於武庫，五兵罷用，偃伯於靈臺。分蒨旆於應畢，誓山河於將率。帝圖咸舉，邦政斯澄，革汙俗於惟新，正王風於舊物。鼓之以道德，懷之以仁義，春雨以潤之，秋陽以暴之。解罔深湯帝之慈，焚書下漢皇之詔，布以新政，刑用輕典。四海之內，靡然嚮風，八荒之表，奔走無斁。卻塞蹛林之北，開郡銅柱之南，菀蔥山而池鹽澤，踰盤木而跨熱阪。鄒生環海，自入提封，方朔炎洲，同歸王會。豈止菌鶴短□，西鶼東鰈之貢而已哉。

若夫至人忘己，義期拯物，黃屋非汾水之榮，玄珪豈具茨之貴，聖道運而不積，神功爲而莫宰。雖復大橫固祉，長發啓祥，猶且置璽陳謙，避河爲讓，道外天下，情遺尊極。而巖廊餘事，人神之望難拒，符命儻來，曆數之期安避。仰遵上玄之心，俯順域中之請，然後履乘石，握神珠，開黃玉之圖，臨紫辰之位，冠百王而稱首，與三代而同風。巍巍乎，蕩蕩乎，粵不可名也。於是衢室闢扉，賓門啓路，延攬英彥，鑒□幽仄。用人不偏於世族，得賢無棄於農瑣。故非熊非彪，致光景之佐，爲舟爲楫，獲營求之士。等五臣之亮采，同六相之訏謨，崇臺非一木之枝，硃裘乃千金之麗。濟濟多士，皇家以寧。重以制禮作樂，移風也，勝殘去殺，刑措也。藏金舜嶺，菲膳堯宮，雉裘非先王之服，寶馬豈鸞旗之用。運玄覽以照物，推赤心以期下。萬方罪己，軫推溝之慮，百姓爲心，順天從之欲。若乃上嗣重光之美，元良萬國，棣華璿蕚之宗，木枝百壵。咸幼陶慈訓，言提自昔，奉審喩於宸極，得樂善於軒殿。非藉保傅之勤，寧因師友之力，踰啓誦而高視，越郇韓而上征。

既而休氣和年，祥風薦祉，威鳳爲寶，麟趾遊郊。若煙非煙，浮曉空而下映，似月非月，麗宵天而成象。禎不絕書，靈無遁迹，猗歟偉歟，事高圖史。至於登輿下輦，省方巡岳，應感必彰，形言彌著，道盛金奏，每盈玉簡。叶馭思於泉涌，諧神功於日用，陋栢梁之詞，掩南風之曲，聖作物覩，求貽千載者焉。

抑又聞之，羲農遐邈，軒頊悠緬，絕傳信於故老，非取接於聞見。百壵可知，斯言殆息，七代更立，求之豈易。今之視昔，遙然未覩，將何以分素青於三后，辯天地於九皇。遂能歷選列辟，詳觀羣帝，得茂實於千古，驗英聲於萬葉。斯道何哉。將由孔丘登岱，紀金繩者七十，管仲對齊，陳玉檢者十二。亦有漢廓帝圖，魏開王業，樹豊碑於泗水，譔貞石於繁昌。莫不垂鴻名，騰顯號，播休風於六儛，歌盛德於九韶，與天壤而無窮，懸貞明而可久。刋勒之美，不其懋歟。然則事止寰中，道流方外，未辯西方之聖，莫知東被之法。求眞之理，我則未聞。雖御辯崆峒，非趨涅槃之岸，乘雲谷口，寧遊波若之門，莫不同陟耶山，俱沉業浪，生死無際，苦集相因。詎照重昏之日，誰翦稠林之樹。比夫眞如實相，解脫妙津，道王三千，功彌百億，何異吹劍首於雷門，巢蚊睫於鵬運者哉。是知伊蘭無實，有爲終假，漂溺四流，邅迴九結，踐畏塗而卒歲，趨捷徑其長往。大夢無曉，可爲歎息。

粵若能仁深宏慈獎，雖寂泊爲道，無來無去，乘機誘發，垣璽必追。住一子地，開方便門，翔入正道，示如來藏。飄香風於有頂，灑甘露於無邊，慧炬明而幽夜朗，法橋搆而憑河息。但爲仁由己，履道自衷，表立影從，因果非外。今我所以仰勝緣於千號，紀武功於七德，眞俗二諦，兼而用之。

皇上昔居因地，早宏誓力，應迹忍土，荷負羣生。屬憂火燎原，稽天方割，飄林無自靜之木，震海豈澄源之水。東戡西翦，南征北怨，旆鉞所次，酣戰兹邦。君輕散千金之賞，士重酬九死之命，莫不競淩鋒鏑，爭赴水火。雖制勝之道，允歸上略，而兵凶戰危，時或殞喪。褰裳不顧，結纓荒野，忠爲令德，沒有餘雄。同艱難於昔晨，異歡泰於兹日。有懷亮烈，用切旒扆，仍於戰地，爰搆神居。變穢土於寶城，開蓮花於火宅。高烽罷昭，慈燈載朗，虣旗輟警，勝幡斯立。拔無明於棘林，導焦熱於渴井，盡諸有結，永除苦際。雖復去順效逆，同歸咎徒，中涓穎從，實惟義重。而上忍所被，旃檀與利刃兼忘，大慈所覃，怨賊將義夫齊指。俱潤法雨，同乘大轅，迴向菩提，無上平等。

爾乃仰圖景□，東井躔其分野，下料物土，西河限其封域。琱戈是錫，尸臣啓邦之所，幽館斯開，公劉建都之地。梁山南枕，甘泉東指，面雕雲之鬱蓊，想玉樹之青蔥。沃野千里，平原超忽，先王之桑梓，西州之都會。於是詔司空，相原隰，四衢如砥，八道傍通，考極星之曜，測土圭之景。選杞梓於南郢，徵琬琰於西崑，匠石奮斤，公輸審墨。高門洞啓，曾甍有亢，藻井瞰煙霞之路，步櫩拖虹蜺之色。徘徊珠柱，陸離琁題，春牖前臨，秋窻左闢。月殿合影，金波上而相照，日宮吐曜，羲和沉而猶朗。何止四柱成臺，高多羅之樹，五王立寺，臨伽尸之水，信足上圖駕御，傍擬醍醐，望鷲山而非遠，想雞林而可即。法徒萃止，應供來遊，咸珠戒無缺，威儀莫犯，杖錫四禪之林，攝齊三明之路。有寶所焉，有名僧焉，至矣哉，伽藍之爲盛也。雖復高天已燼，大海成田，我皇基與淨刻，終永永而常傳。其詞曰：

三界雲擾，六趣波揚。苦流方割，憂火炎崗。俱迷津濟，莫導舟航。長夜無曉，非徒未央。於昭十號，四生是愍。道王大千，智周上忍。慧刀已裂，化城斯引。教有殊塗，乘無異軫。甘露朝灑，慈雲夕布。品物以亨，羣迷式悟。捷逕坦道，耶山啓路。不有善權，誰澄惡趣。炎行弛德，廢道毀常。王弩驚猋，金宿騰芒。俯震瀛壑，仰紊乾綱。九野鯨奮，八極鴟張。亂離瘼矣，孰濟生靈。黄星表曜，赤伏開禎。大君應曆，粵御神兵。乃聖乃武，如雷如霆。於鑠王旅，除凶靜暴。闢右長驅，唐郊大號。壞裂逋醜，家離浞羿。刷野屠袄，空山剿盜。見危殞轡，懷忠死綏。驚燐宵遠，窮魂夜飛。我有慈被，深仁莫違。建斯淨域，永樹歸依。歸依伊何，俱消五縛。淨域伊何，同升妙覺。架漢開宇，憑霞竦閣。木麗瓊丹，地嚴金雘。鷲山非遠，雞林可求。七寶佰樹，八解疏流。瑞蓮開曉，天花不秋。戒定攸息，應供來遊。凡厥慈衆，俱宏上善。稠林以闢，愛枝爰翦。九結冰泮，四禪自緬。彼岸可歸，法輪恆轉。金剛不壞，瑎祚惟長。慧室常湛，皇基載昌。僧祇可筭，恆沙易量。悠哉天曆，永配無疆。

昭仁寺碑　唐貞觀四年十一月刻。碑在陝西長武。朱子奢撰。正書。碑陰刻宋元豐五年十一月七日張淳書，歐陽修撰跋及宋人題名等。

《順禪師塔銘》　僧順禪師者，韓州涉縣人也，俗姓張氏。七歲出家，隨師聽學。遍求諸法卌餘年，忽遇當根佛法，認惡推善，乞食頭陀，道場觀佛，精懃盡命。嗚呼哀哉，春秋八十有五，以貞觀十三年二月十八日卒於光天寺。門徒亘痛，五內崩摧，有緣悲慕，無不感切。廿二日，送柩於屍陁林所。弟子等謹依林葬之法，收取舍利，建塔於名山，仍刊石啚形，傳至於歷代。乃爲銘曰：

心存認惡，普敬爲宗。息緣觀佛，不擱秋冬。頭陁苦行，積德銷容。捨身林葬，鐫石紀功。

順禪師塔銘　唐貞觀十三年二月二十二日葬於河南安陽寶山。正書。

《唐故慧靜法師靈塔之銘》　法師諱慧靜，河東聞喜人也。俗姓裴氏，晉吏部郎楷之裔冑。師幼懷穎悟，器宇澄明。信冠蓋如浮雲，棄簪纓猶脱屣。年十有四，發志出家，望大道而孤征，趣菩提而一息。至於三藏奥典，精思幽求，十二博文，討窮漁獵。於是鈎深致遠之照，恬悦性靈，符幽洞玄之鑒，惔焉自逸。法師雖復群經遍學，而《十地》偏工。伏膺有年，談麈方舉。但以屬逢隋季，像教陵遲，紺髮金言，櫛風沐雨。感斯流慟，悽斷惕心。遂輟聞思，盛修功德。經凡一切，像集數軀，特造一堂，莊嚴供養。爾其雕欂畫栱，粉壁朱墀，像則鎣以丹青，經則闕文續寫。豐功粗畢，景業且周，師寢疾彌留，漸衰不愈。春秋六十有九，以大唐貞觀十五年四月廿三日卒於寺所。弟子法演，早蒙訓誘，幸得立身，陟岵銜恩，展申誠孝，闍維碎骨，遷奉靈灰，鑿鏤山楹，圖形起塔。銘諸景行，寄此雕鐫，盛德徽猷，庶傳不朽。其銘曰：

奕葉冠蓋，蟬聯世襲。有覺煩籠，簪纓□縶。四生難寄，三寶易依。通人憬悟，落髮爰歸。戒定慧□，聞思克勵。彼岸未窮，奄辭人世。孝誠追感，圖形畫像。顒覲神儀，時申敬仰。山虛谷靜，松勁風清。勒諸巖岫，永播鴻名。

慧靜塔銘　唐貞觀十五年四月二十三日卒。石在河南安陽寶山。正書。

《靈裕大法師行記》　大唐貞觀六年歲次壬辰八月壬午朔廿日辛丑建，大法師行記弟子海雲集。

夫聖生西域，影示現於東川。教被當□，氵波□於萬代。故如來滅後，千年之中，廿有四聖人法師□傳法也。千年之後，次有凡夫法師，亦傳法也。暨大魏太和廿二□□，天竺優迦城有大法師名勒那麼提□云寶意□□□乘，備照五明。求道精勤，聖賢未簡。而悲矜苦海，志存傳化。遂從彼中□持《十地論》，振斯東夏，授此土沙□□光禪師。其□□師□□教授如瓶寫水，不失一滴。其光律師俗姓楊，盧奴□□□□弟子，名振齊魏，十有餘人謂□□□□詢□□□□師此等十德，皆有別傳。四字添註。若大乘筌旨，深會取捨之方。秘教隨機，洞照卷□□□者，其唯道憑法師之一人也。泐九字。人也□成弟子廿餘人，若十地秘論，固本垂綱而傳燈更甚泐五字。法師之一人也。蓋明法師□□泐十字。中□當千年之後之上首也。又是光律師之孫，憑法師之泐五字。之曾孫矣。法師道諱靈泐十二字，靈下《安陽志》作裕。八□中涉學學且散矣。薄言從宅巡衢野望繁霜滿泐五字。怖□□猛，倚樹嘆息拭泐十二字。命也。忠情既發，留者誰乎。不計危亡，專投隱覺於臘月。泐九字。此日而受出家泐十二字。穀歲已向周有人言曰，此非佛法矣。求仙之念，從是泐十一字。而兼餌誦泐十三字。念言吾當學問，於閻浮提中，作最大法師。若□不爾泐十一字。伴難逢踟泐十四字。到上一字，《安陽志》作㕣，未確。到已遂奉大法師聽十地地持其法師也道諱道泐十一字。本在從泐十五字。之威巍巍自任，薄有四王之德。師於夏日輒患目泐十二字。此泐十六字。還向定州，而受具戒，受已翺翔復返上京。秊廿泐二十七字。亦訖秊廿六，從隱律師學於《四分》。其律師也，業想清高，泐二十八字。秊廿九，向彼白鹿李潛下寺首尾一周，時造十地疏泐二十八字。冬還鄴，更訪名醫。又患求師栖勤之苦，遂披□九泐二十七字。壽□□一首，大法師記德碑文一首。秊卅一更泐二十四字。《集□□疏》兩卷，《集勝鬘疏》一卷，《集菩薩戒本》一卷，《集寶泐二十八字。□論師聽雜何毗曇四有餘遍。兩遍既周，私抄泐二十九字秊卅四，齊天保元年冬，在鄴京講《十地論》泐三十字。旨□一卷，合十三卷矣。秊卅三，聊講《華嚴》，時有檀泐二十七字。牆一□庰覆牀而已。於此庰下，隨力撰制，謂集泐十三字。《集央掘魔羅疏》一卷，《集無量壽經疏》一卷，集泐二十九字。卷，《集溫室疏》一卷，《集遺教論疏》一卷，《集衆經宗要泐二十八字。信三寶論》一卷，《集食穀雞卵成煞有罪論》一卷，凡泐二十八字。成林矣。秊卅七，赴請范陽，隨宜闡說，三智薄流。時遇□德泐二十三字。齊祚，併願聖駕在運。三寶頓以上一面。壞殘，僧驚竄逃趣無。於時有俗弟子將入清嚴泐六字。九旬泐十三字。玆□想，作《十慈頌》十首，作《十志頌》十首，作《齊已消日頌》廿七首，作《觸事申□頌》泐二十七字。集《滅法記》一卷，集《老綱》一卷，集《莊紀》一卷，集《五兆書》一卷，集《華嚴涅槃泐二十二字。記》一卷，集《申情書》一卷。秊六十四，赴請定州，遂歷燕趙，重泐五字，《安陽志》作閫聖轍雖無。堂泐二十二字。邊，奉得舍利世尊一粒。秊六十六，返迹洺州，於俗弟子泐六字，《安陽志》作盧永□幹遏奉。得辟支泐二十一字。集《四分戒本疏》一卷，集《金剛般若論疏》一卷，集《破寺泐六字，《安陽志》作報□□卷□奠。世□中泐二十二字。雅字上《安陽志》作世。雅頌一卷。秊七十四，爲文皇帝命入咸陽，策杖泐六字，《安陽志》第四字作往。已後還相州泐二十字。佛法東行，譯經法師言□集《上首御衆法》一卷，集泐六字，《安陽志》下三字作義記一。卷，集《寒陵山泐二十一字。一日，終於安陽演□寺。哀哉慧日，此時歿矣。嗟泐五字，《安陽志》三四字作夜懸。絶矣其志也事泐二十字，而上一字，《安陽志》作老。而不惓，勤講勤說，死□方止。講經講論，護法爲泐九字，《安陽志》第四字作奉，第八九字作爲意。敬理敬教泐六字。唯上補衣鹿食事盡一□婦女及尼，交遊迹絶。骨肉泐九字，《安陽志》肉作向，向下作親聖往來。時誨泐六字。黜□□對□□生泐六字厭俗愛道，本非學得。志□事省，不求繁務。雖居邑泐十字，《安陽志》邑下作□郭每樂山。蓬風來泐六字，《安陽志》作□中心□□弱。水□至遂泐九字。物。其講也，聲氣雄亮，□緩而終急。《華嚴經》講九泐十一字，《安陽志》九下作□十六遍。百餘遍泐六字。蓮華經觀泐十三字。講七遍，《□槃經》講三遍，《毋經》講一泐十一字。《安陽志》第三四字作然解。叄旨最□地泐十五字。論□□開□□其若豎□夜別一人僧次耄長極泐十一字，《安陽志》第三四字作五臘。時唯使大僧□遣沙彌講衆□居燈泐十六字。受菩薩戒後弘化大隋泐十一字。高餘於□□□上而短，下細而不泐十七字。閻浮一所聖賢不憚五泐十一字，又空一格。東土傳化，起於漢明，摩騰迦葉來此，流行下泐。中天之地城名優迦法泐十四字，又空一格。悲風內鼓，遊茲洛邑。專弘大乘，精成難下泐。龍象遞出，法輪相繼。泐十五字，又空一格。《安陽志》第二字作人。師時十八，出家求學，造此緇門。唯悕下泐。二十有一，南遊鄴京。大師泐十二字，又空一格。三十有四，講說住持，如龍處雲雨下泐。其閑講結內外俱駕八十有泐十一字，又空二格。哀哉法雨，此時雲滅。來世蒼生，傳名靡下泐。

右在記後上列。

十方佛名

佛名不錄

十二部此三字今石本已泐，據《安陽志》補之，部下當更有經字。

七地諸菩薩僧　諸菩薩不錄二行。

攝大乘論中諸菩薩緣佛法身七念偈　偈不錄二行。

利依止五喜偈　偈不錄二行。

右在十方佛名一列之下。

《八瓊室金石補正續編》卷十六。《續修四庫全書》。

兩面周刻。高四尺九寸，廣二尺七寸六分。陰廣三尺一寸四分。正面二十八行，行四十八字。陰三十二行，行五十字。方界格，徑一寸。碑尾十一行，分兩列。上列十四格，下列行末皆泐，存三十餘格。正書。在安陽寶山。

《僧順禪師塔銘》　僧順禪師者，韓州涉縣人也。俗姓張氏，七歲出家。隨師聽學，遍求諸法卅餘年，忽遇當根佛法，認惡推善，乞食頭陀。道場觀佛，精懃盡命，嗚呼哀哉。春秋八十有五，以貞觀十三年二月十八日卒於光天寺。門徒亘痛，五內崩摧，有緣悲慕，無不感切。廿二日，送柩於屍陁林。弟子等謹依林葬之法，收取舍利，建塔於名山。仍刊石啚形，傳至於歷代。乃爲銘曰：

心存認惡，普敬爲宗。息緣觀佛，不擱秋冬。頭陁苦行，積德銷容。捨身林葬，鐫石紀功。

《八瓊室金石補正續編》卷十八。《續修四庫全書》。

高一尺四寸五分，廣一尺三寸五分。十三行，行十四字。字徑八分，正書。在安陽。

《唐故慧靜法師靈塔之銘》　法師諱慧靜，河東聞喜人也。俗姓裴氏，晉吏缺郎楷之裔胄。師幼懷穎悟，器宇澄明。信冠蓋缺浮雲，棄簪纓猶脫屣。年十有四，發志出家。望缺道而孤征，趣菩提而一息。至於三藏奧典，精缺幽求。十二博文，討窮漁獵。於是鈎深致遠，缺照恬悅性靈符幽洞玄之鑒，惔焉自逸。法師缺復群經遍學，而十地偏工。伏膺有年，談麈方缺。但以屬逢隋季，像教陵遲。紺髮金言，櫛風沐缺。感斯流慟，悽斷惕心。遂輟聞思，盛修功德。經缺一切，像集數軀，特造一堂，莊嚴供養。爾其雕缺畫栱，粉壁朱墀。像則鑒以丹青，經則□文續寫。豐功粗畢，景業且周。師寢疾彌□，漸衰不愈。春秋石裂，空八格。六十有九，以大唐貞觀十五年四石裂，空八格。月廿三日卒於寺所。弟子法演早蒙訓誘，幸得立身。陟岵銜恩，展申誠孝。闍維碎骨，遷奉靈灰。鑿鏤山楹，圖形起塔。銘諸景行，寄此雕鐫。盛德徽猷，庶傳不朽。其銘曰：

奕葉冠蓋，蟬聯世襲。有覺煩籠，簪纓□縶。四生難寄，三寶易依。通人憬悟，落髮爰歸。戒定慧□，聞思克勵。彼岸未窮，奄辭人世。孝誠追感，圖形畫像。顗勤神儀，時申敬仰。山虛谷靜，松勁風淸。勒諸巖岫，永播鴻名。

《八瓊室金石補正續編》卷十八。《續修四庫全書》。

高二尺餘，廣二尺七寸。二十三行，行十八字。銘每行二十一字。字徑八分，正書兼隸筆。在安陽。

《慈潤寺故大論師慧休法師刻石記德文》　法師諱慧休，河間平舒人也。俗姓樂氏，晉大夫樂王鮒之後焉。僕射之剛正抗直，恥素飡于漢朝。吏部之淸白貞淳，飛英聲于晉室。衣纓耄彥，可略而不言。法師夙樹勝因，早膺妙果。文舉讓梨之歲，志在出塵。陸績懷橘之年，便欣入道。及天仙接髮之日，即事靈裕法師，爲息慈弟子。□聽明慧，勤於藝業。每披覽經論，不俟研求。一經於心，莫不怡然理順。雖仲任之閱市默記，正平之背碑闇寫。方之上人，彼所多媿。始受業於僧樹律師，習毗尼五部。星紀未周，即洞曉玄妙。遂乃馳鶩三藏，邀遊十門。修□蠹露之文，龍樹馬鳴之說。莫不剖折豪釐，窮盡隩秘。於是勝幢斯建，法輪遂轉。懷經負笈者，靡辭勞於□舍。請益質疑者，不憚勤於千里。於是門徒濟濟，學侶詵詵。同萬流之歸渤澥，類眾星之環辰極。法師所製《十地地持義記》，

《成實論義章》及疏，《毗婆沙論》、《迦旃延經》、《雜阿毗曇》等疏，《小乘義□□□》，《□大乘論義疏》，又續遠法師《華嚴疏》，又著《大乘義章》，凡卅八卷。並皆探賾玄宗，敷通幽揵。暢十誦之□典，演五時之精義。其辭約而旨微，其文華而理奥。誠先達之領袖，寔後賢之冠冕。及開講解釋，辯若懸河。聽之者忘疲，飡之者心醉兮。時天下甯宴，佛日載明。龍象問望，風塵相接。各樹勝幡，俱鳴法鼓。法師儼然高視，擅名當世。雖弘論未交，則望塵而旗靡。辭鋒纔接，亦灌然而轍亂。於是昇其堂者，如承慧解之談。入其室者，似寤傳鐙之説。由是茂實嘉名，騰芳于函夏。貞觀八年，奉詔入京都。法師年將九十，志性沉靜，深憚諠譁。乃辭以老病，得停遠涉。慈潤僧坊，屢有災火。每將發之際，即有善神來告法師，令爲火防。如此數四，以有備獲免。靈泉道場，自齊亡之後，堂閣朽壞，水泉枯竭，荊棘荒蕪，累經歲稔。至開皇三年，始加脩復。法師躬自開剪，招引僧徒。乃歎曰，伽藍雖建，山寺無水，經行法侶，豈得安居。於是思惟深念，不過信次，飛泉奔涌。災火不焚，無假欒巴之術。枯泉自溢，豈藉耿恭之拜。此固法師業行所致，精誠所感。法師每至啟蟄之後，瑾戶之前，齋供乃絕於蔬菜。欲有所之，手執長箒，掃地方行。惟恐食踐有生，損傷物命。大慈大悲，念念相續。爰始齠齔，終乎眉壽。德素□美，徽猷日新。雖十業之心已淨，未出生死之流。百年之期斯盡，遂見花萎之相。貞觀廿年歲次敦牂季春旬有五日，法師藻嗽訖，因右脅而卧，又□□念。色貌如常，出息難保，奄然遷化。春秋九十有九，夏臘七十有七。即以其月廿日，遷窆於安陽縣西之□□□山。法師體金剛之性，堅固不染。戒行圓滿，明淨無瑕。博綜羣典，該玄窮妙。視怨親惟一相，達生滅之泐七字間，湛然而已。使持節揚州都督相州刺史越王，以開士乃佛法之棟梁，眾生旁注之津濟。奄捐□□言歸□□□命詞人，戒昭景行。乃爲文曰：

□□界之□廻，念四生之沉溺。投愛河而不懼，玩火宅而無惕。識莫寤於眞假，智常昏於動寂。何大覺之□□，□大□於大千。示三車之快樂，實六趣之福田。雖慧日之暫隱，乃慧炬而猶傳。彼上人之應跡，暢微言之遺旨。開不二之法門，闡會三之妙理。整威儀與器度，信卓然而高視。惟諸行之無常，究境□□□□。痛哲人之云逝，于玄石而記烈。雖陵遷而海變，恕徽音之無絕。

高四尺八寸，廣三尺二寸。二十八行，行四十二字。字徑一寸。正書兼隸體。在安陽。

《八瓊室金石補正續編》卷十九。《續修四庫全書》。

《岑文本等造像記》　大唐貞觀十五年六月五日，岑文本敬造西□一□二菩薩，岑嗣宗敬造東坩一佛二菩薩。仰願一切含識，速登正覺。

岑文本等造像記　唐貞觀十五年六月五日刻。石在河南洛陽龍門賓陽洞。正書。

《善才寺文蕩律師塔碑銘》　昔者混元既闢，生法世始。舟車莫用，言教不施。愛憎之心未生，爭奪之源未起。則昔賢劫，如原冊弟一葉。來無爲而化者矣。其後人懷惡人，資變淳風。刀俎遍於三界，生死繁於六道。我慈氏大憐庶品，弘茲秘藏。甘露正法，爰啓□石之資。身穴手足，竭其負擔之用。披地輿而考勝，列龜謀而弟二葉。定域。或陟在巘，或降在原。倘佯焉，仿徨焉。而得於夏城之隅□以觀其□背增巖，前臨平野。居然曠望，四時有霜雨遞來。直置孤標，千里與雲虹競秀。信安神之妙境，有塔之宏□者焉。弟三葉。越□神龍十一年十月十七日己酉，奉迎律師全身，寧於茲塔。寺主昔承灌頂，今爲則天偉之，乃移法服，授以榮班，拜游擊將軍，非其好也。寺主道風素遠，□爵自高。朱紱方□，弟四葉。雅操難奪。固讓朝命，願復緇衣。則天多之，□特□勑授善才寺主，并賜內府絹壹百疋，雜綵三十段。仍許至□大敎法會，以光其業。寺主常以爲徒弘願衣服卧具甘□。拯明昏溺，弟五葉。雖報如來之恩。蕪沒塋園，未盡師資之禮。於是撞鐘定策，糺面門。恆沙眾生，咸從頂受。其有位階十地，身現四生。守遮制之科，宮牆莫測。運慈悲並行廣大難思者，其惟我律師乎。俗姓弟六葉。藥氏，河南密人也。□正見家，含天仁性。清心自樂，宴坐窮年。納芥而羣有頓無，觀身而眾妙皆盡，若是乎。律師常持《金剛經》，心禪口誦，不捨須臾。□則天樂自鳴，中夜則異香頻降。故爲弟七葉。道俗之所欣然，人天之所歸仰也。春秋七十有五，以大唐七年五月九日夜□□悟色相之皆空，示生滅而警眾。嗚呼，風雲昏闇，眾鳥悲鳴。朝野悽慘，元開震驚。以其年五月十一□，權弟八葉。殯於夏城□有大弟□寺主八智，俗姓張氏，清河郡人。德業弘深，風神秀遠。所作已辦，在邦必聞。證聖中，則天聞而嘉焉，召見於同明殿。因陳濟國安人之道。神足復於塔右置弟九葉。立香園，率訶門徒，親□□掃，手植松柏，千有餘株。寺主早悟色空，念茲生滅。觀石火之非久，歎芭蕉之不堅。預於下層，自託終制。誡門弟子曰，吾自幼出家，奉事和上。和上者，則我慈父，弟十葉。生我法身。吾欲萬劫歸依，兩肩負荷。既沒之後，無背吾言。故其塔下層，卽寺主之所宅也。至矣哉，寺主之爲道，仁不忘本，孝極尊師。自非六行總持，十力無畏，安能預於斯乎。次有弟子弟十一葉。延祐等三十人□嵩潁名家，法門□寶。戒珠淸靜，心猨調伏。咸能叶贊封樹，同規祠塔。僉共謀可久之迹，垂無窮之紀。恐汗簡之難存，勒高碑而播美。銘曰：

至哉聖覺，淵乎調弟十二葉。御。開拓慧境，昭融昏趣。演偈孤園，全功雙樹。魔風不競，法流長注。其一猗歟碩德，像教護持。禪薰廣被，戒靜難思。經窮貝葉，劫盡天衣。高燈正朗，墜露俄晞。其二爰有上人，心源猛利。擯落朝弟十三葉。組，周旋了義。丘首垂仁，騈胝答施。尊師踴塔，如佛無異。其三岌岌孤秀，迢迢削成。金繩□綴，寶鐸風鳴。香烟作雨，伏檻流星。房廊遶護，花蘂經行。其四夏后城池，至今猶在。此□□□，千年豈弟十四葉。改。有道貧賤，浮生危殆。託遺跡於後賢，儻斯文之可采。弟十五葉。

《八瓊室金石補正續編》卷二十六。《續修四庫全書》。

翦裝舊本，高廣尺寸行字俱無考。字徑一寸弱，正書。臨川李氏家藏。

《伊闕佛龕碑》　□夫藏室□閣之舊典，蓬萊宛委之遺文，其教始於六經，其流終□□氏，莫不美天地爲廣大，嘉富貴爲崇高。□□□□，□上聖□□發育，御氣乘雲，則列仙體其變化。茲乃盡域中之事業，殫方外之天府，踰繫表而稱篤論，□帝先而謂窮神。豈非徇淼漫於埳井者，未從海若而泳天地也，矜峻極於塊阜者，未託山祇而窺地軸也。烏識夫無邊慧日，垂鴻暉於四衢，無相法寶，韞善價於三藏。洎乎出□□之外，寂焉超筌蹄之表。三界方於禹跡也，猶大林之匹豪端，四天視於侯服也，若龍宮之方蝸舍。升彼岸而捨六度，則周孔尙溺於□淪，證常樂而捐一乘，則松喬莫追其軌轍。由是見眞如之寂滅，悟俗諦之幻化。八儒三墨之所稱，其人塡□隴矣，柱史園吏之所述，其□猶糠粃矣。若夫七覺開□，□正分塗，離生滅而降靈，排色空而現相，唯妙也，掩室以標其實，唯神也，降魔以顯其權。故登十號而御六□，絕智於無形之□，□□□而冥五道，應物於有爲之域。是以慈悲所及，跨恆沙而同跬步，業緣既啓，積僧祇而比崇朝。故能使百億日月，蕩無明於□□，□□□□，隮法雲於下土。然則功成道樹，非練金之初，跡滅堅林，豈斷籌之末。功既成，俟奧典而垂範，跡既滅，假靈儀而圖妙。是□□□□，□其化於迦維，載飾丹靑，發其善於震旦。繩繩乎，方便之力至矣，魏魏乎，饒益之義大矣。

文德皇后，道高軒曜，□□□□，淑聖表於無壃，柔明極於光大。沙麓蕃祉，塗山發祥，來翼家邦，嗣徽而贊王□，聿修陰敎，正位而叶帝圖。求賢顯重輪之明，逮下□厚載之德，忠謀著於房闥，□敬申於宗祀。至誠所感，淸胐魄於上，至柔所被，蕩震騰於下。心繫憂勤，行歸儉約。胎敎□□，本枝冠於三代，閫政攸叙，宮掖光於二南。陋錦繪之華，身安大帛，賤珠玉之寶，志絕名璫。九族所以增睦，萬邦所以至道。宏覽圖籍，雅好藝文，酌黃老之淸靜，窮詩書之溥博。立德之茂，合大兩儀，立言之美，齊明五緯。加以宿殖遠因，早成妙果，降神渭涘，明四諦以契無生，應蹟昭陽，馳三車以濟有結。故緜區表刹，布金猶須達之園，排空散花，踴現同多寶之塔。諒以高視四禪，俯輕末利，深入八藏，顧□勝鬘。豈止釐降媯蕤，軼有嫣之三女。載祀騰實，越高辛之四妃而已哉。

左武候大將軍相州都督雍州牧魏王，體明德以居宗，膺茂親而作屛，發暉才藝，兼苞禮樂。朝讀百篇，揔九流於學海，日擒三賦，備萬物於詞林。驅魯衛以驂鑣，駁梁楚使扶轂。長人稱善，□□千里之□，通神曰孝，橫□四海之濱。結巨痛於風枝，纏深哀於霜露。陽陵永翳，懷鏡匳而不追，閟宮如在，望階除而增慕。思欲弭□鷲岳，申陟屺之悲，鼓栧龍池，寄寒泉之思。方願捨白亭而遐舉，瑩明珠於兜率，度黃陵而撫運，蔭寶樹於安養。博求報恩之津，歷選集靈之域。以爲百王建國，圖大必揆於中州，千尊託生，成道不□於邊地。惟此三川，寔總六合。王城設險，曲阜營定鼎之基，伊闕帶冋，文命闢襄陵之□。穹隆極天，崢嶸無景，幽林招隱，洞穴藏金。雲生翠谷，橫石室而成蓋，霞舒丹巘，臨松門而建摽。密基拒於嵩山，依希雪嶺，□流注於德水，彷彿連河。斯固眞俗之名區，人祇之絕境也。王乃罄心而宏喜捨，開藏而散龜貝，楚般竭其思，宋墨騁其奇。疏絕壁於玉繩之表，而靈龕星列，雕□石於金波之外，而尊容月舉。或仍舊而增嚴，或維新而極妙。白豪流明，掩蓮花之質，紺髮揚暉，分檀林之侶。是故近瞻寶相，儼若全身，遠鑒神光，湛如留影。嗤鏤玉之爲劣，鄙刻檀之末工。杲杲焉，踰日輪之麗長漢，峨峨焉，邁金山之映巨壑。耆闍在目，那竭可想。寶花降祥，蔽□雲之色，天樂振響，奮□□之音。是以覩法身之妙，而八難自殄，聞大覺之風，而六天可陟。非正眞者，其孰能與於此也。善建佛事，以報鞠□之慈，廣修福□，以□□提之業。非純孝者，其孰能與於此也。昔簡狄生商，既□迴於名相，公旦胙魯，亦□遁於國城，猶且雅頌□其功，同和於天地，管弦詠其德，□□□鬼神。況乎慧燈普照，甘露徧灑，任姒尊名，具之以妙覺，閒平茂實，成之以種智。是用勒紺碣於不朽，譬彼法幢，陳讃述於無窮，□□□□。俾夫衣銷劫□，與金剛而比堅，芥納須彌，隨鐵□□齊固。□□□□，迺作頌曰：

十號開緒，二諦分源。有爲非寶，無相稱尊。光宅沙界，大居給園。仁舟戢溺，智炬排昏。緣發現□，□終還淨。色身蹔掩，靈照遠鏡。布金降眞，攻玉圖聖。五道有截，三乘無競。帝唐御紀，文以定祥。功濟赤縣，德穆紫房。十品散馥，三慧騰光。廣闢香地，載紐玄綱。卓爾英主，□□茂則。丹青神甸，鹽梅王國。擲□□□，横海□德。孝思不匱，報恩罔忒。聿修淨業，于兹勝境。梯危紫□，□□翠嶺。□石表相，因山摹□。【略】

伊闕佛龕碑 唐貞觀十五年十一月刻。碑在河南洛陽。岑文本撰，褚遂良正書。額篆書題「伊闕佛龕之碑」，失拓。撰書人及立碑年月據《集古録》補。

《崔法師龕銘》 法師俗姓崔，博陵人也。祖父苗裔，本出定州。因仕□居，遂□留相部。年十有二，落髮玄門，一入僧徒，志操安靜，處於衆侶，卓爾不羣。年滿進戒，學律聽經，精勤未久，律文通利，講宣《十地》、《維摩》兩部妙典。法師意欲啟般若之門，開無爲之路，運乘大車，舟航受河，遂使道俗慕欽，衆徒歸仰。但□本不滅，生亦不生，□無爲心，示有爲法。春秋七十有八，大唐貞觀十七年八月四日遷神於光天寺所。弟子等，哀慧日之潛暉，痛慈燈之永滅，乃依經上葬，收其舍利，粤以貞觀十八年歲次甲辰十一月十五日，於此名山，鐫高崖而起塔，寫神儀於龕內，録行德於廟側。覬劫盡山灰，形名久嗣。乃爲銘曰：

遏彼遙津，萬古紛綸。會燃智炬，乃滅煩薪。舍恩棄俗，入道求眞。持律通經，開悟無聞。松生常翠，竹挺恆青。如何法匠，忽爾將傾。近雕素石，遠署嘉聲。千秋萬古，留此芳名。

弟子普閏、善昂、愛道，及諸同學等，爲亡師敬造。

崔法師龕銘 唐貞觀十八年十一月十五日葬。石在河南安陽寶山。正書。

《故大優婆塞晉州洪洞縣令孫佰悦灰身塔銘》 優婆塞姓孫，字佰悦，相州堯城人也，世衣纓，苗裔無墜。身居薄官，情遠苦空，每厭塵勞，心希彼岸。雖處居家，不願三界，見有妻子，常忻梵行。悦去隋朝身故，未經大殯。悦有出家女尼，字智覺，住聖道寺，念父生育之恩，又憶出家解脱之路，不重俗家遷窆，意慕大聖泥洹，今以大唐貞觀廿年十月十五日，起塔於寶山之谷，冀居婆塞之類，同沾釋氏之流。今故勒石，當使劫盡年終，表心無墜。善哉善哉，乃爲銘曰：

哲人厭世，不貴俗榮。苦空非有，隨緣受生。身世磨滅，未萵雄英。高墳曠壠，唯矚荒荊。且乖俗類，同彼如□。俱知不善，唯願明明。

孫佰悦塔記 唐貞觀二十年十月十五日葬。石河南安陽寶山。正書。

《清信女劉造像記》 清信士女佛弟子劉，夜忽夢於闕峽水東昇山覆壁，夢中惶懼，願造千佛，寤便思惟，心開情悦。如夢即作，恐千像微小，久久磨滅，迴造阿彌□像一區，以遂夢中之願。經言，佛一身爲多，多身爲一。恃斯神力，一切含生，同發菩提，俱登正覺。大唐永徽元年十月一日。

清信女劉造像記 唐永徽元年十月一日刻於河南洛陽龍門山。正書。

《大唐信法寺弥陀象碑》 原夫有或染性之初，無明住地之始，家犬羸而易遣，野鹿柔而尙□。曁乎結賊締交，俄成六十有二，□□□□，□□□□□□。□□□□既殷，輪迴之勞詎息。攸攸□趣，積骨踰乎嵩華，擾擾四生，洩淚擬乎溟渤。既横流於欲水，亦奔駭於嗔焱，殷憂期於啟聖，拯溺在乎□□。若乃五眼傍羅，知見之功已大，三身光被，攝受之道斯弘。藹藹玄猷，禪慧爲其力用，堂堂相好，慈忍爲其風骨。畢竟清淨，識法海之常□，□性眞明，知佛日之恆照。何□。法本不然，非雙林之所能滅，空即是色，豈千母之所能生。斯乃□□歸無，唯識假有，示變□而非去，□□□而無來。故能奄有十方，□荒三界，或權或實，且俗且眞，□智莫之闚，睿辯所不測。豈與夫繙經演□，□其優劣者哉。是以龍象具瞻，釋梵歸仰，□□□□，無得而稱。至如慧刃霜飛，解凝脂之愛網，智□風舉，摧怖畏之壞絣。遂使闍王蠲□於身心，難陁脫屣於妻子，不其然歟。

信法寺者，比丘尼□□□□□□□，□川灌其北，叢臺跱其南。原野阡眠，室宇膠葛，士韞斷金之奇意，女呈如玉之華姿。有列仙之遺風，居全趙之勝地，處窮巷而非隘，迫鄽里而非諠。不豊不陋，不□不野，合至道之要妙，據方便之岐劇。詵詵法侶，俗定水而去猨心，濟濟仙儀，櫂虛舟而昇慧岸。清風將梵響爭流，芳芷與香雲競馥，夜鐸吟鸞鳳之曲，曉幡曳虹蜺之影。徘徊四照，含日露而揚輝，霏靡九衢，掩蘭蕙而矜色。於是祁祁士女，習習紈素，憧憧不絕，□□相□，咸淨七枝，俱捐三毒。觧疑釋累，叩鴻鐘而不窮，虛往實歸，酌衢樽而靡竭。雖目連駭儀而改服，斯那聞戒而歸虔，無以過也。

大唐□□道□，神功遐暢，德澤共二儀潛運，冥化與七曜齊光，播五禮以移風，□六□而成俗。太宗文皇帝，重光御極，體睿凝□。始自憂勤，寧群飛於海外，賜之仁壽，拯塗地於寰中。氈裘板屋之酋，入堤封而請吏，雕題鏤胷之長，疑郊甸以相趍。蠢尔三韓，不供貢職，肆梟鏡於君主，施鴆毒於萌黎，士□憂惶，道路以目。既軫納隍之慮，爰奮赫斯之怒。爾乃□□□略，問罪遼東，義勇爭先，水陸齊舉。柱國李□徵、都那飛騎尉杜遺願合應募一百人等，懷志應募，蓄銳□□，被組練之衣，參熊羆之旅。雖以王者之師，有征無戰，而蠭蠆有毒，儻或兵凶，遂乃同德同心，願造彌陁像一鋪。既而登□皋以電邁，跨渤澥而天臨，一戰搴旗，瓦解冰泮。擒鑿齒於華野，繳大風於青丘，刻琬琰於□都，飲驊□於□渚。元氏縣一百人等，並推鋒於漂杵之地，賈勇於先鳴之晨，廁丘山之隆賞，預川坻之嘉會。名節書於王府，勳庸被於管絃，竟免毀於髮膚，終不離於霧露。豈□幽明叶贊，神功不測者乎。

於是思報慈恩，□申本願，傍求斑尔，嗣彼優塡。摹寫眞容，極茲神變，員光共□輪同照，□□與菡萏俱青。丹脣紺髮之表，紫□白珂之色，丈六顯其尊儀，一□□□□□。□□沆瀁，既控法流，寶樹參差，還生淨果。淒鏘鶴奏，含夕吹而方清，搖曳蜺裳，亂煙雲而且至。皇皇侍衞，旃檀爲貞實之林，弈弈仙宮，瑠璃爲正觀之地。莫不覩相增善，結願往生，低頭而入正定，舉手而成佛道。趙州刺史李振、長史潘祐、司馬韋慜，並□□□□，□□英靈，布四序之和風，賛六條之善政。鉤距既設，則卞吏不欺，驥足風驅，則上京馳譽。元氏縣令李守節，源流深遠，地望清華，□□□刃，漪瀾萬頃。和如琴瑟，簡類亨鮮，水鏡爲心，冰霜成操。琅琅高致，月旦與瓊珮齊聲，亭亭孤竦，歲暮將寒松比色。不可得而近，不可得而疎。寺主比丘尼通達、上坐曇叡、都維那員應、員意等，並渴仰大乘，征營小罪。合募人等，咸冀除心垢，耘耨身田，莫不異□賛成，同□□□。惟懼柏薪交謝，舟壑潛移，形無常主，生亦有崖，不□鐫勒，輝光□□。乃爲銘曰：

實相之相，無名之名。惟怳惟忽，非色非聲。不來不去，誰滅誰生。彼宅火宅，斯城化城。至矣能仁，猗歟善逝。救焚拯溺，通幽起滯。既達性源，還依本際。佛日長朗，廣運潛□。□都勝地，列眞□□。□□□□，□□□□。□□□□，還同柰閣。方傳法鼓，恆流聖鐸。明明□帝，光宅神州。蠢茲荒卉，不率王猷。爰揔□□，屆于青丘。□□暫舉，渤澥安流。無言不讎，無德不報。矧乃先覺，人天善道。幽賛之功，叶于□到。傍求八絕，摹茲一號。神□卬卬，寶相堂堂。目華蓮淨，□□雪光。池含瑤碧，樹挺琳琅。淒清鶴奏，搖曳蜺裳。亹亹循佐，彬彬良宰。捴勁□□，□芳蘭茝。玄功□立，勝因□在。□□□□，同歸法海。一□虛假，四相遷移。□□□□，日月交馳。流芳頌美，文不在□。式刊貞石，永樹豐碑。

前縣承鄭萬英撰文

顯慶三年四月八日□□

信法寺彌陀像碑　唐顯慶三年四月八日刻。在河北元氏雲起寺。鄭萬英撰。正書，額陽文篆書。陰及側題名，此本失拓。

《大唐光明寺故大德僧慧了法師銘》　法師□慧了，俗姓宋氏。若夫西京纂歷，車騎建其英謀，東漢握符，司徒鼎其鴻業。曾搆與靈山比峻，昌原共德水俱長。人物備在典□，□烈煥乎篆籀。法師道心天縱，解行自然。不假薰脩，已達四禪之趣，無勞雕琢，便登八正之途。七歲出家，久著老成之德，十三依衆，早識性相之原。有信行禪師者，釋氏之冠冕，棄門之棟梁。達究竟於沖襟，窮權實於靈府。濟羣生於正覺，闢衆品於重昏。一見法師，歎之良久。曰，紹隆三寶，非仏子而誰。法師遊刃三乘，括囊十地。闡龍宮之奧旨，演鹿野之微言。遠近歸依，道俗鑽仰。爾乃心敦寂滅，志絶攀緣。晦跡林泉，韜光巖谷。文帝既行輪王之聖教，將窮正法之玄宗。勑令太子太保宋公瑀，大德僧内，銓簡三人。所以辟召法師，方擬對揚宸極。宋公共論法相，鄙吝便祛。似遇天親，如逢無著。因而居□□範，緇徒其有。鍱腹決疑，杖錫請法。咸剖錯節，俱釋盤根。但□□居諸，晦明迭代。俺光易落，閱水難留。既傷壞木之哥，還切□舟之歎。顯慶元年八月五日寢疾，遷神於光明寺禪坊，春□□十有四。即以二年二月十五日，於終南山梗梓谷，禪師□□□骨起塔。昔郭泰飛英漢室，尚勒無愧之文。賈逵擅譽□□，□□不朽之頌。況津梁六道，濟度四生。理須播美縑緗，□□□□。□爲銘曰：

偉哉開士，道濟群生。跨躡龍樹，牢籠馬鳴。□□□□，□□□□。既登勝果，永斷無明。

太子太傅尚書左僕射監修國史上柱國下缺

《金石續編》卷五，唐二。《續修四庫全書》

縱横二尺二寸。二十四行，行二十四字。正書。下方左角缺三十餘字。在陝西西安府終南山。

《大唐故翻經大德益州多寶寺道因法師碑文并序》　大哉乾元，播物垂象，肇有書契，文籍生焉。雖十翼精微，陰陽之化不測，九流沉奧，仁義之塗斯闡，而勞生蠢蠢，豈厭塵門，闇海茫茫，恆漂苦浪。亦有寶經浮說，錦籍寓詞，駕鳳升雲，驂龍棲月，跡均轉縷，空溺志於邪山，事比繫繩，詎知方於覺路。孰若訓昭金口，道祕瓊箱，靜痛毒於三漏，拯横流於五濁。是生是滅，發蓮化之音，非色非空，被栴檀之蔄。曁乎鶴林税軫，涅槃之岸先登，鳥筆記言，摠持之苑斯闢。結集之侶，揚其實諦，傳授之賓，弘其妙理。然則紹宣神典，幽贊玄宗，跨生、肇以遐騫，追安、什而曾騖，可以聲融繡石，采絢雕圖，則於我法師而見之矣。

法師諱道因，俗姓侯氏，濮陽人也。自繞樞凝祉，紀雲而錫胤，貫昴擕祥，奠川而分緒，司徒以威容之盛，垂範漢朝，侍中以才晤之奇，飛芳晉牒，衣冠繼及，代有人焉。祖闞，齊冀州長史，父瑒，隨栢仁縣令，竝琢磨道德，砥錫文藝，或題輿展驥，贊務於千里，或亨鱻製錦，馳聲乎一同。法師稟祐居醇，含章縱哲，覃訏之歲，粹采多奇，髫齔之辰，殊姿獨茂。孝愛之節，慈順之風，率志斯在，因心以極。年甫七歲，丁于内艱，嗌粒絶漿，殆乎滅性。成人之德，見稱州里，免喪之後，乃發弘誓，而以風樹不停，浮生何恃，思去髮膚之愛，將酬罔極之恩，便詣靈巖道場，從師習誦。而識韻恬爽，聰晤絶羣，曾不浹旬，誦《涅槃》二袠，舉衆嗟駭，以爲神童。逮乎初丱，方蒙落髮。於是砥行飭躬，架德緝道，篋蚶能翦，心猨久制。遡流增智，望井加勤，在疑必請，見義思益。尋講《涅槃》、《十地》，洞盡幽微，宿齒名流，咸所歎異。及受具戒，彌復精苦，若浮囊之貞全，譬圓珠之朗潔。始聽律義，遍訖便講，辯析文理，綜核指歸。《十誦》之端，《五篇》之賾，寫瓶均美，傳燈在照。

又於彭城嵩論師所，聽《攝大乘》。嵩公懿德玄猷，蘭薫月暎，門徒學侶，魚貫梟集，講室談筵，爲之闐隘。遂依科戒，而爲節文，年少沙門，且令習律，曉《四分》者，方許入聽。法師夏臘雖幼，業行攸高，獨於衆中，迥見推挹。每敷《攝論》，即令覆講，而披演詳悉，詞韻清暢，諸方翹俊，靡弗歸仰。於是遍窺釋典，咸通密藏。五乘之說，四印之宗，照盡幾初，言窮慮始。每摳衣講席，隱几雕堂，舉以玉柄，敷其金牒，渙乎冰釋，頤然理順。延惠風而不倦，同彼清流，膺來響而無疲，類夫虚谷。搢紳之客，慕義波騰，緇黄之侶，承規景赴。

法師志求冥寂，深厭躢滓，乃負麥褰裳，銷聲太嶽。寢谿扃岫，飲露餐霞，樹偃禪枝，泉開定水。凡經四載，將詣洛中，屬昏季陵夷，法網嚴峻，僧無徒侶，弗許遊涉。於是杖錫出山，孑焉孤邁，恐罹刑憲，靜念觀音。少選之間，有僧欻至，皓然白首，請與俱行。迨至銅街，暨於金地，俯仰之際，莫知所在。咸謂善逝之力，有感斯見，非夫確至，曷以臻乎。

既而黄靄興祆，丹風起孽，中原蕩覆，具禍以蠢。法師乘杯西邁，避地三蜀，居于成都多寶之寺。而靈關之右，是曰隩區，遠接荆舒，近通邛僰。邑居隱軫，人物駢湊，宏才巨彦，碩德高僧，咸挹芳猷，歸心接足。

及金符啓聖，寶曆乘時，運屬和平，人多好事，導玄流於已絶，闢妙門之重鍵。法師以精博之敏，爲道俗所遵，每設講筵，畢先招迓。常講《維摩》、《攝論》，聽者千人。時有寶暹法師，東海人也，植藝該洽，尤善大乘。昔在隨朝，英塵久播，學徒來請，接武磨肩。暹公傲爾其間，仰之彌峻。每至法師論義，肅然改容，沉吟久之，方用酬遣。法師抗音馳辯，雷驚波注，盡妙窮微，藏牙折角。

益州揔管鄧國公竇璡，行臺左僕射贊國公竇軌，長史申國公高士廉，范陽公盧承慶，及前後首僚，并西南嶽牧，竝國華朝秀，重望崇班，共籍聲芳，俱申虔仰。由是梁峪之地，庸濮之甿，飲德餐仁，雲奔雨集。法師隨緣誨誘，虛往實歸。昔曇翼高奇，敎闡沉犀之壤，法和通敏，道著蹲鴟之域，協時揆事，抑亦是同，考業疇聲，彼則非裕。而以久居都會，情異假眞，養中晦跡，可求天解。復於彭門山寺，習道安居。

此寺往經廢毀，院宇凋弊，法師慨然構懷，專事營葺。若乃危巒岧遰，俯瞰龍隄，絕磴逶迤，斜臨隝水。近對青城之巘，遙瞻赤里之街，雲榭參差，星橋縈暎。於是分巖列棟，架壑疏基，窈窕陵空，俳佪罩景。松吟竹嘯，共寶鐸以諧聲，月上霞舒，與琁題而竝色。仙花祕草，冬夏開榮，擾獸馴禽，晨昏度響。諒息心之勝境，毓道之淨場乎。而以九部微言，三界式仰，緬惟法盡，將翳龍宮。揮兔豪而匪固，籀魚網而終滅，未若鐫勒名山，永昭弗朽。遂於寺北巖上，刻石書經，窮多羅之秘奥，盡毗尼之妙義。縱洪瀾下注，巨火上焚，俾此靈文，永傳遐劫。豈直迷生之類，覩之而發心，後學之徒，詳之而悟道。

既而清猷遠暢，峻業遐昭，遂簡宸衷，乃紆天綍，追赴京邑，止大慈恩寺，與玄奘法師，證釋梵本。奘法師道軼通賢，德隣將聖。竭遊天竺，集梵文而爰止，旋謁皇京，奉綸言而載譯。以法師宿望，特所欽重，瑣義片詞，咸取刊證，斯文弗墜，我有其緣。

慧日寺主楷法師者，聰爽溫贍，聲藹鴻都，乃首建法筵，請□奧義。帝城緇俗，具來諮稟，欣焉相顧，得所未聞。諸寺英翹，濾然祇服，咸敷師子之坐，用佇頻伽之音。法師振以玄詞，宣乎幽偈，同炙輠而逾暢，譬連環而靡絕。耆年粹德，曠士通儒，粉滯稽疑，雲消霧蕩，伏膺請益，于嗟來暮。惟法師姿韻端凝，履識清敏，粹圖內蘊，溫采外融，運柔嘉以成性，體齋遬而行己。峻節孤上，夷險同貫，沖懷不撓，是非齊躅。加復研幾史籍，尤好老莊，咀其菁華，含其腴潤。包四始於風律，綜五聲於文緒，宿植勝因，恬榮祿欲。善來佛子，落采菴園，開意花於福庭，濯玄波於妙境。而貞苦之操，絕衆超倫，聰亮之姿，踰今邁昔。信法徒之冠冕，釋氏之棟梁乎。

凡講《涅槃》、《華嚴》、《大品》、《維摩》、《法華》、《楞伽》等經，《十地》、《地持》、《毗曇》、《智度》、《攝論》、《對法》、《佛地》等論，及《四分》等律。其《攝論》、《維摩》，仍出章疏。既而能事畢矣，弘濟多矣，脫屣於夢境，棲神於淨域。春秋七十有二，以顯慶三年三月十一日，終於長安慧日之寺。梵宇殲良，眞門喪善，悲纏素侶，慟結緇徒。即以四年正月旋乎益部，二月八日窆於彭門光化寺石經之側。道俗門人，星流波委，銜哀追送，衆有數千。巖谷爲之傳響，風雲於是變色。慧日寺徒衆，竝躅邪迪妙，綜理探微，保素眞源，歸玄正道。自法師戾止，咸共遵崇，追思靡及，情深軫慕。弟子玄凝等，稟訓餐風，斯稱上足，而以慈燈罷照，崇山無仰，循堂室而濡涕，對几拂而流慟。敬於此寺，刊金撰德，氣序雖遷，音塵方煽。亦猶道林英範，託繡礎以長存，慧遠徽猷，寄雕碑而不朽。其詞曰：

緬哉佛性，廓矣玄門。功昭曠劫，化拯重昏。沖儀已謝，妙道斯存。匪伊開士，孰暢其言。於顯法師，誕靈傑起。如松之秀，如巖之峙。穆穆風規，堂堂容止。行窮隱括，識洞名理。爰初紐錦，早厭樊籠。□從落飾，乃沐玄風。將超八難，即晤三空。貞圖可仰，峻範彌融。鹿野微詞，猴江粹典。源流畢究，奧隅咸踐。法鏡攸懸，信花彌闡。振嶽符論，奔濤喻辯。昔在昏虐，時逢禍亂。東去戢道，西遊違難。天□聖期，光華在旦。□□□□，騰聲巴漢。爰雕淨境，于彼曾岑。分楣架壑，聳塔依林。搜經緝義，篆石琱金。芥城斯盡，勝跡無侵。載奉王言，來遊帝宅。慧義資演，眞宗佇譯。紫庭之彥，丹臺□客。竝企清儀，俱餐妙賾。淪羲□□，□□□光。遽嗟分岸，永泣摧梁。龕留舊影，室泛殘香。書芬紀藹，地久天長。

龍朔三年歲次癸亥十月辛巳朔十日庚寅建

華原縣常長壽、范素鐫

道因法師碑　唐龍朔三年十月十日刻。碑在陝西西安，陝西博物館藏。李儼撰，歐陽通正書。

《唐故處士許君墓誌銘并序》　處士諱國，字進國，穎川人也，今貫洛陽縣上東鄉□氏。茓溜疏源，控長川而波委，庭蘭構本，竦遠榦而分枝。故西漢納言，取高名於八舍，東京太尉，實望重於三槐，即處士□先也。祖□父護，俱懷郢璞，並藴秦鑑，情潤芝田，性湛珠浦。道□□遠，棲雲霞以□□，意藻澄明，照冰霜而獨弘。揔茲微尚，安此[redacted]光。處士藉祖考之志榮，得逍遙於桑梓，池分碧條，遠暎青疇之歡，畹茂□蘭，近趣□□之賞。家惇孝友，鄉協溫恭，盡資敬於潘園，肅言信於布節。既而性崇釋教，意篤伽跎。朝景銷零，悔情波於法雨，曛鐘夜警，摧意岳於輪風。所以減己之資，開闡經教。每年於諸寺常轉一切經，溫室盂蘭盆供養家內，造彌勒尊容聖僧菩薩神王師子一塔，寫《法華經》一部。並虔恭外境，罄率中誠，願果大千，延慶不二。所以法雲霞布，流潤景於三朝，像設閑安，煥神儀於百輻。方巽西光緩轡，期暮齒以投誠，北陸雲陰，奄曉魄而沉照。春秋七十，越以乾封二年十二月十二日，終毓財坊私第。以其年歲次丁卯閏十二月景辰朔五日庚申，權葬於洛陽縣清風鄉北邙之陽，禮也。恐栢臺風勁，松聲晚清，水無岸於洄沼，鳥頡頏於山楹，霏霏昏霧重，靄靄朝雲輕，挽歌隨曲絕，音徽終不□，乃爲銘曰：

穎川波鎣，其嶠騰暉。肸蠁英俊，交柯庶幾。仁高春露，義踵霜霏。聲華里閈，芳列王畿。其一。

苻彩英明，機神辯晤。清藻夙紛，貞祥凝固。孝篤金芳，信揚璿路。洽志一明，諧情六度。其二。

冥默輔仁，□□與善。劍去沉暉，凫飛不見。楊德音於玄石，庶松銘而增絢。風有絕於薤歌，響乘方而無殿。其三。

許國墓誌　唐乾封二年閏十二月五日葬。河南洛陽出土，李根源舊藏，後贈蘇州文管會，現存南京博物院。正書。誌刻於磨洗之舊誌上，故有舊誌殘字。

《延慶寺碑》

詳夫迨千里之遠者，始□一足，極萬仭之高者，基於簣土。孰能不行而自至，不爲而自成。非□□□□□而□□者也□□聖，發跡無閒，瑩智珠而輝闇室，□靈有外，浮教栰而濟玄波。兼乎八正相資，賡施野戰之策，七□歸□，功邁八元。十力匡輔，耳陳帷幄之謀，九惚流荒，勛逾十亂。思欲弘道播德，固折檻以抗心王，息競杜貪，必理輪而□結使。設以大風拔木，未動於情塵，洪水□陵，詎驚於識浪。既而問罪三界，拯慾海之沉淪，亭育四生，救火宅之塗炭。若乃擊法鼓而作氣，惚敵靡旗，建勝幡而□武，邪軍亂轍。封豕無所呈其□，長蛇安可肆其毒。於是融光百億之日，廓清無筭之天，免六賊之疊鼓，釋四魔之面縛。昌言大事斯畢，渠魁已悟。鑄智慧之劍，利用生人，散神通之馬，於焉自逸。禪林挺茂，舒翠幹以蔭祇園，德水圓明，涌碧漪而帶恆液。

悲夫，道隨化往，教逐機遷，鷲嶺與沙鹿俱崩，柰菀共桃源竝失。僉以雲霾鶴樹，光沉類月之姿，潦竭猴江，艷委如蓮之目。既惑不□之趣，咸疑無□之文。以離色爲眞空，乃尋詮以忘證。或遊心於眾妙，觸事同塵，或任性於宗師，高卑入夢。因以業風動物，滋稠邪見之林，慧火韜光，增逐無明之宅。其後呈休隆漢，降祉宗周，沃四趣之濫觴，運五乘之俶落。於是月宮霜皦，楹翔大法之雲，日殿霞明，櫚□妙智之雨。

此延慶道場，創自齊代。其地瞻梁闢野，下屬參墟，□帝開疆，上躔昴宿。西連牛首，隱婺女而映香臺，東接鵷池，鏡僊人而照銀牓。前窺台嶺，峰含舉足之蓮，卻指龍崗，晉流灌頂之水。幽房晝晦，步月踈庭，朗室霄融，迎風立觀。□以有隋喪道，禍被生人，蕪淨境於黍離，鞠梵壇爲茂艸。昔三車挂轊之軌，夕鬭麕鼯，六度踵武之場，朝羅虺蜮。俄而天心返德，祥披綠錯之圖，人事□遷，神開赤縣之象。高祖武皇帝，武嘯中原，膺雄風而偃□□，掎□鹿而拯橫流。太宗文皇帝，龍吟方澤，卷氛而廓□天，定周爽而庇交喪。皇帝系日垂明，承乾□大，仁高鳳紀，□□鶉火之禽，德甚龍名，亟進玄枵之獸。禮無形體，碩化外彰，樂匪音聲，鴻勛內立。傅野之辰星波委，共搆天隅，渭濱之熊兆山連，永維地□。每□黃屋而垂拱，神眖三脊，彌怯乘奔，負黼扆而無言，靈瑞□彩，深勞夕惕。□僊篆而周覽，祉爲道臻，極□□以遐觀，休非譴及。知物情之可順，識□命之難違，所以踐泰巘而渥金，蹈梁阿而刻玉。雖七十二代，昭著前書，類此言之，其蔑如也。猶是斷情山而塡慾塹，禦遏塵勞，決法海而□福田，襟帶區宇。

沙河縣令趙德朏，乃天池駿骨，丹穴鳳毛，斂修翼以卑栖，跼遠趾而微步。言驚武戲，笑漢宗之處不其，威肅權豪，譏少平之□洛下。丞元仁福，志尚廉貞，情存簡約。故得贊調琴而變曲，政茂歌鸞，毗製錦以隨機，仁陵歎雉。主簿劉尚廉，少府丘仲任等，並崐山玉璞，漢水珠胎。至於□業誠盈，頻窺損益之卦，居平履順，屢觀欹器之圖。共立淨因，俱捐苦諦。提攜在志，勸勉於傾寶之園，誘進居心，隨喜於聚沙之塔。縣人劉君路，探信□於二藏，虛往實歸，騁戒足於三危，瞬息千里。乃顧瞻頹績，肇發深懷，行必影隨，聲必響起。與鄉人鄭懷藝五十人等，以乾封二年，重成勝業。爾其峻陛迴風，接芝栭於惠氣，高欄寫月，交璧礎於淸輝。橫虹蜺以架飛梁，□玉繩而綴輕網。流朝霞而替丹雘，色異染成，凝夕露以當玕璣，姸殊巧制。重欒□隊，勢趣險而逾安，積拱疑傾，形臨危而轉固。桷龍呈象，望卿雲以振雕鱗，甍鳳潛儀，怨王風而揚彩翮。豪敷五色，照日次以重光，香爇六銖，薰戒品而增□。瓊林寶地，妙樂無極，四王諸天，憑神戾止，所以勸善也。刀山火鑊，楚毒綿劫，三界之子，託業來遊，所以懲惡也。

觀夫聖人之立教，顯而晦，有而無，理幽遠以難知，言河漢而不測。大菩薩未足盡其源底，況慧區區者哉。且至道之極，不出於無，至無之極，不離於有。成天地不撓其慮，匠萬物不勞其巧，用之億載而不竭，冲之千劫而未盈。明之者守僕而維奇，闇之者加雕而益陋，已得遣之而不去，未證徵之而莫□。故隱提河而不滅，見迦維以不生，孔司寇罔察其名，李柱下詎詳誰子。惟怳惟惚，渾和於元氣之中，不皦不昧，分離於心行之表。化身之用也如彼，法界之量也如此。論其像姿無定源，不可以冥眼決，語其法理有變通，寧得以凡情斷。所爲足遊僊館，目擊神尻，未敢讚頌天師，庶以記其人力。竊謂靈光巋然，審其狀者文考，景福軒翥，明其代者平叔。斯竝文乖報應，事關果因。詠漢室之不朽，賦魏國以恆新，伊梵宮之閑偉，豈寢嘿於名津。其詞曰：

天紘肇闢，地區初形。神開萬品，氣變千名。□消□派，風鼓澆聲。誰知安本，心爲幻城。

皇哉□氏，誕叡應機。是舟是檝，爲導爲醫。言□而要，義簡而微。絶施恆捨，息照逾輝。

跡窮虛壤，超登彼岸。色癊冰離，塵勞葉散。天神明請，地祇幽讚。惑網高褰，迷塗景旦。

慧日西沉，勝幡東立。釋蓋祛累，挫紛解繁。神足遐□，靈心迴集。德山難仰，法海誰挹。

道缺隋綱，人多貪釁。愛水分流，邪林交映。於赫有唐，享茲玄命。載爇心燈，重懸法鏡。

曰此勝場，寔惟全趙。臺接龍阜，池連鵷沼。禪慧相襲，英雄□紹。道隱無名，□心□曉。

□□□彥，允屬時昌。心淸鏡水，行潔珪璋。逝川不息，傳火非常。哀生覆簣，爰搆頹梁。

命事庀徒，旣營且度。蹋地崇基，舒天遠幕。夕□含□，朝霞□雘。霧卷亭皐，雲霏林薄。

靈宮旣就，神姿已居。松新蓋小，柳細帷踈。花龕錦煥，綵壁霞舒。乃□雕飾，□忝其初。

階壇閑曠，林野肅淸。衣□化□，芥□□城。□楊水□，火燎仙庭。庶三乘之齊軌，轢千劫以飛聲。

修文人靈刹寺僧叅慧

郭行端書

古折碑頭，鐫延慶寺之碑。天保三年歲次戊申四□□摠題僧名，今恐忘失古迹，故重嗣新□。

延慶寺碑 唐乾封二年建。僧參慧撰，郭行端正書。此拓係姚景庭舊藏本。

《鄭惠王造石塔記》 王諱（留空未刻），字（留空未刻），隴西狄道人也。曾祖太祖景皇帝，祖元皇帝，父高祖太武皇帝，王即太武皇帝之第拾叁子。往任潞州日，於此山奉爲先聖敬造石舍利塔壹所，下幷有勑賜舍利骨叁漆粒，造藏經三千卷。觀夫大造遠契，洪猷永貞，庶績咸熙，彝倫式敘，莫不分茅土，建諸侯，延帝子於維藩，降天孫於伯牧者矣。伏惟大王通源聖澤，寵位皇華，松姿孤堅，玉氣柔潤。鎭靜方岳，聲政洽聞，都督荊安，惟德是順，出守絳潞，非賢勿居，即何暮海沂之謠，不足儔其匹也。而乃洗心覺路，虔誠妙門，慈林山中，雕礱寶塔，智乘寺所，裝飾眞容。藻繪具周，慶讚將畢，洪滿親承敎旨，躬奉綸言，以拙補勤，猥當檢校。恐河海傾竭，陵谷變移，謹件先皇子孫，勒諸貞石。

嗣鄭王郢州刺史璥

第二王子呂國公琛

第三王子樂平公珪

第四王子尙庸公琰

第五王子樂陵公□

第六王子武安公琨
第七王子南海公璿
第八王子安德公琳
第九王子新平公璲
第十王子邵陵公珩
咸亨四年十月八日，檢校功德僧洪滿建。
鄭惠王造石塔記 唐咸亨四年十月八日建於山西長子法興寺。釋洪滿撰，行書。

《攝山栖霞寺明徵君之碑》 御制

朝議郎行左金吾衛長史侍相王書臣高正臣奉勅書
朝散大夫守太子洗馬王知敬篆書

朕聞鍾山玉闕，羽駕之所巡遊，崐嶽金臺，蜺衣之所翔集，雖復眞宗窅眇，神理希微，猶居三界之中，未出九天之外。唯有乘如廣運，妙覺圓明，因無生以濟有生，就無象而成大象。道隔去來之際，筌系靡得其端，理忘動寂之機，隨迎罕窺其奧。得其門者，如髻寶之希逢，臻其極者，似曇花之難遇。

南齊徵君明僧紹者，平原人也。仲雍誕其緜允，井伯播其靈苗，芳源肇於孟明，因即以明爲姓。曾祖忱，晉著作郎，祖玩，晉建威將軍，鳳經流譽，雅韻隆於八儒，豹略申威，香名高於七校。父略，宋平原太守中書侍郎，朱明出撫，揚惠化而傍霑，紫誥攸司，罄忠規而奉上。徵君早植淨因，宿苞種智，悟眞空於綺歲，體法性於青襟，照與神通，心將道合。遺榮軒冕，少無塵雜之情，讬志林岩，自葉幽貞之趣。亭亭秀氣，掩璧月而架丹霄，皎皎清衿，潄瓊湍而凌碧瀨。即相非相，指萬象爲虛空，無我無人，等四流於寂滅。加以學窮儒肆，該綜典墳，論極元津，精通《老》《易》。至若鹿野龍宮之秘，猿江鶴樹之文，莫不遞貫清衷，總持丹府。班荊坐樾，獨神王於亭皐，朗嘯長吟，乃情超於宇宙。蒲輪每至，攀桂之節逾高，玉帛屢陳，枕石之誠彌固。遂乃緬懷飛遁，抗跡嶗山，托岫疏階，憑林結棟。紉蘭制芰，方輕藻火之衣，爽籟風松，自代管弦之響。橫經者四集，請益者千餘，高鳳愧以韜光，張超謝其成市。于時南風不競，東土構屯，人厭豺狼之毒，家充虵豕之餌，盜仍有道，望境歸仁，共結盟誓之言，不犯徵君之界，豈非至誠攸感，木石開心者乎。及玄曆告終，青光啟祚，齊高祖希風佇德，側席傍求，屢下徵書，確乎不拔。其後又移居鬱洲掩榆山棲雲精舍，情親魚鳥，志狎煙霞，蛻影樊籠，蕭然獨往。齊建元元年，又下詔徵爲散騎侍郎，又不就。既而濟岱淪胥，公私蕩覆，稽天之浸，將湮蹈海之居，燎原之火，欲燼藏山之璞。乃鴻騫鳳舉，騰萬仞以高翔，擇木選君，相九土而遙集。凌江迴憩，遂屆南京，負杖泉邱，遊睨林壑。暦觀勝境，行次攝山，神谷仙巖，特符心賞。於是披榛薙草，定跡深棲，樹槿疏池，有終焉之志。此山其狀如繖，故亦號曰繖山。丹穴紅泉，共星河而競瀉，珠林鏡巘，與月桂而交輝。鳥哢嚴虛，猨吟澗靜。松門杳靄。去來千裏之雲，花楥豐茸，含吐十枝之日。實息心之勝地，乃宴坐之名區，爰集法流，於焉講肆。音容秀澈，宇量端凝，投論會奇，興言入妙。若洪鍾之虛受，有擊必揚，似明鏡之忘疲，無來不應。於時玄儒兼闡，道俗同歸，俱號淨名，以旌至德。先是，山多猛噬，人罕登臨，昇岩有仙谷之危，越澗等憑河之險。徵君心不忤物，總萬類以敷仁，故使物乃革心，屏三毒而歸惠。興風斂暴，遽承探鯁之恩，遊霧含辛，自埒報珠之感。於時齊道方修，寤寐求賢。永明元年，又徵爲國子博士。徵君隱居求志，義越乎由光，不降凝心，跡高於園綺。鑿壞貞遁，潄石忘歸，鶴版載臨，豹姿逾遠。俄有法師僧辯，承風景慕，翼徒振錫，翻然戾止。法師業隆三藏，道邁四依，戒行堅明，律軌嚴淨。欣然一遇，叶契幹齡，子琴爲莫逆之交，溫雪豈容聲之友。因即鄰岩構宇，別起梵居，聳嶠飛柯，含風吐霧，棲霞之寺，由此創名。福地裁基，肇發初心之誓，法門落構，遽鍾後說之辰。安居頃之，辯師遷化。六年頂拜，雖開青石之壇，千日威光，未建紫金之岳。徵君積緣登妙，至感入微，嘗夢法身，冠於曾巘。後因乘眺，屣步林亭，乃有浮磬吟空，寫圓音於帷樹，飛香散迥，騰寶氣於鑪峰。又睹眞顔於岩之首，神光駭矚，若登靈鷲之山，妙力難思，如遊聱龍之邑。豈止無垢佛國，獨蔭珠雲，淨德王家，方承珂雪。是知不行而至，冥通應感之符，爲法而來，實昭光啟之福。非夫慧因宿植，其孰與於此哉。於是拜受嘉徵，願言經始，將於巖壁，造大尊儀。乃眷爲山，未遑初簣。遽而西州智士，與曉嶽而俱傾，東國高人，隨夜星而共沒。瓊瑤落彩，峰岫沈暉。永明二年，奄遷舟壑。第二子臨沂公仲璋，顧慕曾巒，既崩心於岵望，徘徊曩構，更泣血於楹書。遂琢彼翠屏，爰開葉座，捨茲碧題，式建花宮。上憲優填之區，仰鏤能仁之像，校美何充之宅，遽興崇德之闡，逖彼蕭宗，大弘釋典。文惠太子及竟陵王，或澄少海之源派，朝宗於法海，或茂本枝之穎發，萌柢於禪枝，咸捨淨財，光隆慧業。時有沙門法度，爲智殿之棟樑，即此舊基，更興新制，又造尊像十有餘龕，及粱運載興，銳心迴向，大林精舍，並事莊嚴。臨川王，載剖竹符，宣化惟揚之境，言尋柰苑，興想拔茅之義。以天監一十五載造無量壽像一區，帶地連光，合高五丈。滿月之瑞，湛珠鏡以出雲崖，聚日之輝，昇璧輪而皎煙路。參差四注，周以鳥翅之房，迢遰千尋，飾以魚鱗之瓦。擊鳴乾於爽籟，則步影齊歸，麗停午於高曦，則息心攸萃。逾錦城而特建，掩銀界而孤標。良由積慧所符，大士著甚深之業，用能遙誠克果，永代增稀有之緣。以曠劫之隆因，開含生之至福。偉哉壯觀，無得而稱。

朕肅纂禎圖，丕承寶曆，澄九溟而有截，宴八表而無爲。紫塞丹岑，接封畿於上苑，白門青野，款賝贄於仙闈。將使率土蒼生，鎭昇仁壽之域，普天黔首，永蹈淳古之源，崇慶越於兩儀，景運逾於萬劫。屬以冕旒多暇，物色傍求，瞻江海而載懷，詠林泉而興想。欽風味道，恨不同時。古往今來，無運化而雖寂，德崇業著，眷神理而猶存。寤寐遺塵，有兼前烈，瞻言勝軌，歎佇唯深。今故於彼度人，常滿七七，各兼衣鉢錢二百貫，絹二百匹，蘇叁拾斛，繡像，織成像，新舊翻譯一切經一藏，並幡華等物。憑幽尋之曩跡，光顯德門，托嘉遁之名區，追崇仁里。就福宇而延福，即祥基以締祥。冀緣金圅之庭，近叶珠囊之耀，所願通因法岸，契果禪林，九鼎與元極同安，七廟與紫微齊固。總三千之淨土，並沐薰歌，罄百億之恆沙，長爲壽筭。鐵圍之所苞括，玉燭之所照臨，常飡六氣之和，俱藻一音之聽。夫象以盡意，意非象而不申，言以會情，情非言而不暢。是以發揮二諦，弘演四依，迴託蓮花之峯，遙刻芝英之字。庶海桑頻變，孤超弇岳之碑，城芥屢空，獨跨稽岑之篆。式陳茂實，乃作銘云：

攸攸法界，揔揔含生。輪迴欲海，起滅身城。俱安大夜，共習無明。愛塵岳聚，毒樹雲平。其一。

邈矣遍知，超然獨悟。遽乘五演，高被六度。大空善說，中天巧諭。引彼迷途，歸之覺路。其二。

猗歟淨行，育彩昆田。家承珪組，代著忠賢。戒支宿習，種智斯圓。棟樑三寶，薰修四禪。其三。

爰始筮賔，薛蘿攸整。蹈海沉跡，棲巖滅影。天地構屯，干戈互警。北林罔庇，南轅載騁。其四。

翻飛澤國，歷考山圖。言瞻碧磴，自韞玄珠。憑峰架室，枕壑通衢。罈庭廣跨，馬帳宏敷。其五。

同氣相求，善鄰遙託。道符久敬，心均常樂。對闢金園，竝疏銀閣。谷停帝馬，巒歸梵鶴。其六。

空分瑞塔，地積香臺。□□霄暎，珠雲旦來。千光霧起，七淨霞開。谷邊飛錫，澗下乘杯。其七。

桂巘參差，松亭隱靄。石壇照錦，瑤泉瀉籟。岫接香鑪，峯承寶蓋。翔鳧演法，毒龍銷害。其八。

梵宮既啟，福海長深。噬彪忘穴，飛鴞革音。羣生普戴，奕祀同欽。不有高節，寧符宿心。其九。

禦辰多閑，聞風逖想。茂軌遐邵，清暉遽往。佇契業於圓明，冀崇緣於方廣。鏤飛篆於曾岳，齊勝基於穹壤。其十。

□□□□□□□□景子四月戊戌朔廿五日壬戌建

明徵君（僧紹）碑　唐上元三年四月二十五日刻。碑在江蘇江寧棲霞寺。李治撰，高正臣行書。王知敬篆額『明徵君碑』。

《大唐聖帝感舍利之銘》　夫八相分容，應物而弘攝受，二乘命駕，自我而開軌轍。是以迷方罕託，入寂舍而嬪法妻，弱喪無歸，赴摧門而戴慈父。俯幻機而踐迹，道格四生，隨滿願而呈姿，仁涵六趣。櫛沐三災之運，舟航八苦之津，有念必從，無求不應。然後藏山示盡，促耆嶺之朝峯，變海歸空，急恆源之夜水。雙林頋命，仍留住世之恩，千疊遺身，詎隕將來之相。可謂生滅慈護，終始經營，永闢悲田，長弘願力者矣。舍利者，即釋迦牟尼如來般涅槃之眞體也，分形梵國，作瑞神京，乘至獎而幽通，降天慈而光被。通議大夫使持節潞州諸軍事守潞州刺史上騎都尉賀拔正，面承恩授，頂戴而還。凡四十九粒，爲青白二色，流瓶轉匣，吐照含明。離若分珠，爭開日月之彩，合如聚米，各富天地之容。一見一聞，永清三業，且瞻且仰，長擯六塵。曰以大唐儀鳳三年歲在戊寅四月丁亥朔八日甲午，安厝於梵境寺舊塔之下，恭皇綍也。爾其重扃製玉，疊槨鎔金，徵郢石而陳謨，命班輸而作範，極雕礱之變態，究象設之閑安。朝散大夫守潞州長史崔承休、司馬戴安業羣僚等，並洗心申敬，濯影投誠，如登剎利之期，若睹闍維之會。僧尼雲委，士女風趍，同瞻四升之姿，共慘千行之目。願乘茲介福，普證菩提，假此妙緣，俱清煩惱。刊石紀日，即修後善，對衆起信，誓斷前惡。凡在道場，念茲在茲矣。

其文當州學仕張毅製之。

舍利塔銘　唐儀鳳三年四月八日刻。石在山西長治，明萬曆年間發現，後又被掩埋地下，清光緒五年始掘出，移置城東官莊寺。張毅撰。正書。

《大唐濟度寺故比丘尼法樂法師墓誌銘并序》　法師諱法樂，俗姓蕭氏，蘭陵人也。梁武皇帝之五代孫，高祖昭明皇帝，曾祖宣皇帝，祖孝明皇帝。父瑀，梁新安王、隨金紫光祿大夫行內史侍郎，皇朝中書令尚書左右僕射特進太子太保上柱國宋國公，贈司空。赫奕蟬聯，編諸史諜，芳猷盛烈，可得而詳。法師則太保之長女也。勤懇之節，乃自幼童，玄妙之體，發於岐嶷。年甫三齡，歸誠六度，脫屣高族，落髮祇園。既而禪室淪精，羈象心而有裕，法場探秘，蘊龍偈而無遺，覺侶攸宗，眞門取範。而念想云促，景落須彌之峰，福應斯甄，神升兜率之殿。以咸亨三年九月十九日，遷化於蒲州相好之伽藍，春秋七十有四，權殯于河東。以永隆二年歲次辛巳三月庚午朔廿三日辛卯，歸窆於雍州明堂縣義川鄉南原，禮也。恐松坰難固，柏棱終虧，式鐫貞石，用勒芳規。迺爲銘曰：

華宗襲慶，寶系承仙。爰誕柔質，歸心福田。功登十地，業贊三天。神遊法末，覺在童先。喻筏俄捨，慈舟遽捐。幽扉永晦，雅譽空傳。

法樂墓誌　唐永隆二年三月二十三日葬。陝西西安出土，趙乾生、吳大澂、端方遞藏。正書。

《濟度寺尼蕭法願墓志》　法師諱法願，俗姓蕭氏，蘭陵蘭陵人，梁武帝之六葉孫唐故司空宋國公之第三女也。原夫微子去殷，昭茂勳於抱樂。文終起沛，兆峻伐於收圖。瓊搆鬱而臨雲，珠源淼而浴日。延禎錫祚，開鳳曆於朱方。疊慶聯規，纂龍符於紫蓋。逮鼎遷南服，青徙東周。英靈冠上國之先，軒冕宅中州之半。

法師乘因夐劫，植本遐生。孕月仙姿，稟清規於帝渚。儀星寶態，降淑範於台門。襁褓之辰，先標婉質。髫亂之歲，遽挺柔淸。聰悟發於生知，孝友基乎天縱。中外姻族，莫不異焉。加以骨象無儔，韶姸獨立。鉛華不御，彩絢春桃。玉顏含澤，光韜朝蕣。年將十歲，頗自矜莊。整飾持容，端懷撿操。每留神於鞶筑，特紆情於紝組。瓊環金翠之珎，茵簟衾幬之飾。必殫華妙，取翫閨闈。麗而不奢，盈而不溢。既而疏襟學府，繹慮詞條。一覽而隅隩咸該，再覩而英華畢搴。豪飛八體，究軒史之奇文。法兼二妙，符衛姬之逸迹。羣藝式甄，女儀逾劭。

宋公特深撫異，將求嘉匹。載佇孫龍，以光宋鯉。而嚴庭垂訓，早沐慈波。鼎室承規，幼明眞諦。飄花兒雪，初陪太傅之歡。擿葉爲香，遽警息慈之念。爰發宏誓，思證菩提。懼塵情於六禮，乃翹誠於十誦。承間薦謁，請離俗緣。宋公論道槐端，丹青神化。虔襟柰苑，棟梁正法。重違雅志，許以出家。

甫及笄年，爰披法服。乃於濟度伽藍，別營禪次。庭標鴈塔，遠蔑娀臺。藏寫龍宮，遙嗤魯館。於是沿空寂念，襲慧薰心。悅彼□衣，俄捐綺縠。甘茲蔬膳，遽斥膻腥。戒行與松栢齊貞，慧解共冰泉等澈。超焉拔類，恬然宴坐。若乃弟兄辦供，親屬設齋。九乳流音，六銖含馥。瓶錫咸萃，冠蓋畢臻。唯是瞻仰屏帷，遙申禮謁。自非至戚，罕有覩其形儀者焉。加以討尋經論，探窮閫域。覈茹路之微言，括毗尼之邃旨。至於《法華》、《般若》、《攝論》、《維摩》，晨夕披誦，兼之講說。持戒弟子，近數十人。莫不仰味眞乘，競趍丹枕。傍窺淨室，爭詣元扉。肅肅焉，濟濟焉。七衆之仰曇彌，何以尚也。

重以深明九次，閑想禪枝。洞曉三空，澄襟定水。厭此纏蓋，忽規身疾。大漸之晨，謂諸親屬曰，是身無我，取譬水萍。是身有累，同夫風葉。生死循環，寔均晝夜。然則淨名申誡，本乎速朽。能仁垂則，期於早化。金棺乃示滅之機，玉匣豈栖神之宅。誠宜捐軀摯鳥，委形噬獸。歛矜正念，奄然無言。粤以龍朔三季八月廿六日，捨壽於濟度寺之別院，春秋六十三。

姊弟永懷，汎痛不忍。依承遺約，乃以其季十月十七日，營空於少陵原之側，儉以從事，律也。法師夙盥禪池，資慶源而毓彩。□□道樹，託華宗而降靈。蘊地義於閑和，苞天情於婉愜。覩一善則怡然自悅，聞一惡則愵爾疚懷。激仁義於談端，明色空於慮表。故能辞台閫，託禪門。捨七彌，袪八膳。精苦之行，□映緇徒。戒律之儀，鎦銖法侶。佇津梁於苦海，奄滅度於仁祠。棣萼分華，悲素秋之改色。荆株析幹，望青枝而增感。所懼塵飛海帶，將迷渭涘之塋。石盡仙衣，不辯檀溪之隧。重宣此義，乃爲頌曰：

□有殊稱，法無異源。爭驅意馬，俱制心猿。志擾情紊，神凝理存。展如淑範，獨趣玄門。璇彩□分，瑤姿月舉。舍芳槐路，疏貞桂序。雲吐荆臺，霞霏洛渚。學兼班媛，詞彬蔡女。奠禽匪志，□□昭仁。捐華台室，沐道玄津。法關開揵，心衢屏塵。九流遣累，八定栖眞。忍藥分滋，戒香□烈。傳燈不倦，寫瓶無竭。奄愴神遷，空悲眼滅。式鐫柔範，終天靡絕。

《金石萃編》卷五十四，唐十四。《續修四庫全書》。
石方廣二尺三寸。三十四行，行三十四字。正書。在西安府學。

《法燈墓誌》 法師諱法燈，俗姓蕭氏，蘭陵人也。梁武皇帝之五代孫。高祖昭明皇帝，曾祖宣皇帝，祖孝明皇帝。父瑀，梁新安王、隨金紫光祿大夫行內史侍郎，皇朝中書令尚書左右僕射特進太子太保上柱國宋國公，贈司空。崇基茂趾，國史家諜詳焉。法師即太保第五女也。年甫二八，□行四諦，膏澤無施，鉛華靡飾。精誠懇至，慕雙樹之高蹤，童子出家，殊柏舟之自誓。具戒無闕，傳燈不盡，姊弟四人，同出三界。花台演妙，疑開棠棣之林，成等至眞，還如十方之號。豈□□輪才轉，道器先摧，以總章二年十月五日遷□於蒲州相好寺，春秋卅有九，權殯于河東縣境。□永隆二年歲次辛巳三月庚午朔廿三日辛卯，歸窆於雍州明堂縣義川鄉南原，禮也。恐陵谷貿遷，田海變易，式題貞礎，用紀芳猷。乃爲銘曰：

丞相輔漢，司徒佐唐。功格天下，奄有大梁。曁茲令淑，爰慕武皇。家風靡替，法侶成行。慈雲比影，慧炬傳光。中枝犯雪，小葉摧霜。未登下壽，忽往西方。一超欲界，千載餘芳。

法燈墓誌　唐永隆二年三月二十三日葬。陝西西安出土，正書，蓋篆書。此本爲陳粟園舊藏。

《比邱尼惠源誌銘》 嘗聞見性爲本，知常曰明。幽探玄珠，相付法印。必將有主，人無閒言，故如來立三世之事也。大師諱惠源，俗姓蕭氏，南蘭陵人也。曾門梁孝明皇帝□□諱瑀，皇中書令尚書左右僕射司空宋國公。父諱銳，給事中利州刺史。紛綸葳蕤，奕世名家。

原大師之始誕也，惠音清越，閒氣沖亮。稟天眞於太和，集神祜於純嘏。及數歲後，養必申敬，動皆合理。發跡契道，出言有章。屏金翠而窒其繁華，絕葷羶而割其嗜欲。超然戰勝，但思出家。天鑒孔明，精心上感。年廿二，詔度爲濟度寺尼，如始願也。受戒和上，□□寺大德尼□□，道之崇也。羯磨闍梨，太原寺大德律師薄塵，法之良也。迺延師立證，登壇進律。僧夏歲潔，戒珠日明。奉以周旋，不敢失墜。

初，大師纔至九歲，遘先大夫之酷。廿有七，執先夫人之憂。皆泣血茹哀，絕漿柴毀。古之孝子，烏足道哉。每秋天露下，衰林風早。棘心欒欒，若在喪紀，不忘孝也。亦能上規伯仲，旁訓弟姪。嗢噦閨門，俾其勿壞。則天倫之性，過人數級。夫其內炳圓融，外示方便。恂恂善誘，從化如流。亦猶師子一吼，魔宮大隤，則感激有如此者。行住坐卧，應必皆空。慈悲喜捨，用而常寂。黃裳元吉，清風穆如，則龜鏡有如此者。後遇高僧義福者，常晏坐清禪，止觀傳明，殊禮印可。又有尼慈和者，世莫之識，知微通神，見色無礙，時人謂之觀音菩薩。嘗於大衆中目大師曰十六沙彌，卽《法華》中本師釋迦牟尼之往號也。非大師心同如來，孰能至于此。而更精承密行，親佩耿光。十數年閒，演其後事。

他日大師厭世示疾，以開元廿五年秋九月二日，從容而謂門人曰，死生者，天之常道。身沒之後，於少陵原爲空，遷吾神也。言卒，右脇而卧，怡然歸寂，始知至人不滯於物矣。嗚呼天喪，門人曷以仰，曷以律。時大師享年七十有六，卽以十一月旬有二日，從事于空，遵理命也。志無彊之德，旌不刊之典，不亦可乎。銘曰：

猗那明行　足不復還　至人去兮　逍遙天地之間

九月廿有三日鐫

《金石萃編》卷八十二，唐四十二。《續修四庫全書》。
石高二尺五寸，廣二尺二寸四分。二十七行，行二十七字。正書。

《少林寺柏谷塢莊碑》 少林寺賜地肆拾頃，賜水碾壹具。教前件地及碾，寺癈之日，國司取以置莊。寺今既立，地等宜並還寺。

武德八年二月十五日，兼記室參軍臨淄侯房玄齡宣。

兼主簿元道白奉敎如右，請付外奉行，謹諮。

武德八年二月十五日

二月十六日錄事郭君信受

錄事參軍事師仁付田曹

依諮此二字行書。

陝東道大行臺尚書省　牒少林寺

牒今得京省秦王府牒稱奉　敎連寫如右此已佳。

敎下洛州幷牒秦府留後國司準　敎牒至準敎故牒

武德八年二月廿二日令史胥威幹牒

主事

膳部郎中判屯田君允

司戶　牒少林寺　賜地肆拾頃　水碾壹具

牒上件地及碾被符奉敎前件地及碾寺癈之日國司取以置莊，寺今既立

地等宜並還寺者。以狀錄牒任即準　敎故牒

武德八年二月廿七日史張德威

尉權判丞張開

太宗文皇帝敎書一本　御書碑額一本

牒奉勅付一行師賜少林寺謹牒

開元十一年十一月四日內品官陳忠牒

《金石萃編》卷七十四，唐三十四。《續修四庫全書》。

石高三尺二寸八分，橫廣五尺一寸。三十八行，行二十六字。正書。在少林寺。

《少林寺賜田勅》　少林寺今得牒稱，上件地往國寺莊飜城歸國，有大殊勳，據格合得良田一百頃。去武德八年二月，蒙勅賜寺，前件地爲常住僧田供養僧衆，計勳仍少六十頃。至九年，爲都維那故惠義不閑勑意，妄注賜地爲口分田。僧等比來知此非理，每欲諮改。今既有勑，普令改正，請依籍次，附爲賜田者。又問僧彥等，既云飜城有勳，準格合得賜田，當時因何不早陳論。飜城之時，頭首是誰，復誰委知。得款稱，但少林及栢谷莊，去武德四年四月飜城歸國，其時即蒙賞物千段，準格合得者未被酬賚之閒。至五年，以寺居僞地，摠被癈省，僧徒還俗，各從傜役。於後以有飜城之功，不伏減省，上表申訴。至七年七月，蒙別勑，少林寺聽依舊置立。至八年二月，又蒙別勑，少林寺賜地肆拾頃，水碾磑一具。前寺癈之日，國司取以置莊，寺今既立，地等並宜還寺。其敎勑案今並在府縣。少林若無功勳，即是雷同癈限，以有勳勤，別勑更聽存立。其地既張頃數，恩勑還僧。尋省事原，豈非賜田不早改正，只是僧等不閑憲法，今謹量審，始復申論。

其飜城僧曇宗、志操、惠瑒等，餘僧合寺爲從僧等，不願官爵，唯求出家，行道報國。若論少林功勳，與武牢不殊。武牢勳賞，合地一百頃，自餘合賞物及闕地數，不敢重論。其地肆拾頃，特勑還寺。既蒙此賚，請爲賜田，乞附籍從正。又準格以論，未蒙僉賞，但以出家之人不求榮利，少亦爲足。

其飜城之時，是誰知委者。僞轘州司馬趙孝宰，僞羅州縣令劉翁重，及李昌運、王少逸等，並具委者。依問僧彥，孝宰等所在，欵稱其人屬遊仙鄉，任饒州弋陽縣令。無身劉翁重住在偃師縣，李昌運、王少逸等二人屬當縣見在者。依狀牒，偃師勘問翁重，得報稱，依追劉重勘問，得報稱，少林寺去武德四年四月內，衆僧等飜轘州歸國，是實當飜城之時，重見在城所志者。又追李昌運等問得，欵與翁重牒狀扶同者。又問僧彥等八年二月，奉勑還僧地肆拾頃，勑書今並見在。當時即授僧等官職，但僧等止願出家，行道禮拜，仰報國恩，不取官位。其寺僧曇宗蒙授大將軍，趙孝宰蒙授上開府，李昌運蒙授儀同，身並見在者并追在手勑教，及還僧地符等，勘驗有實者。

少林僧等先在世充僞地，寺經癈省，爲其有功，飜柏谷塢，功績可嘉，道俗俱蒙官賞。特勑依舊置立其寺，寺即蒙立，還地不計俗數。足明賚田非惑，今以狀牒帳次，準勑從實改正，不得因茲，浪有出沒，故牒。

貞觀六年六月廿九日

丞萬壽　佐董師史吉海

敕麗正殿修書使
牒少林寺主慧覺
牒謹運敕白如前事須處分牒東都使中書令判牒東都留守及河南府幷錄
敕牒少林寺主撿校了日狀報敕書額及太宗與寺衆書並分付寺主慧覺師取領
者準判牒所由者此已各牒訖，牒至準狀，故牒。
開元十一年十二月廿一日牒
判官殿中侍御史趙冬曦
用秘書行從印
副使國子祭酒徐堅
中書令都知麗正修書張說
《金石萃編》卷七十四，唐三十四。《續修四庫全書》。
碑高五尺九寸五分，廣二尺六寸六分。二十行，行五十三字。正書。

少林寺戒壇銘

粵以長安四年歲次甲辰四月七日，此寺綱維寺主義獎，上座智寶，都維那大舉法濟禪師及德衆，是以少林山寺重結戒壇，欲令受戒懺儀，共遵其處。迺遂之都下，屈諸大德，殷勤致禮，延就山門。是時，我老苾蒭義淨及護律師、瑳禪師、思禪師、恂禪師、暉律師、恪律師、威律師等，既至寺所，解舊結新。僉議此邊名爲小戒，摽相永定，冀無疑惑。于是獲鷲珎之嘉士，無召自來。得草結之英賢，不期而會。數逾一百，行道三旬。共繫頸珠，俱脩趺足。誠五濁之希有，慕四依之住持。虛往實歸，紹隆無替。庶乎桑田屢改，長存立石之基。砂界時遷，無爽布金之地。恐地成碧海，領變青川，迷此結辰，乃爲銘曰：
揭磨法在，聖教不淪。式傳金□，是敬是遵。目觀西域，杖錫東埵。覩盛事而隨喜，略刊紀乎斯文。
開元三年正月十五日建
沙門如通立石　伏靈芝刻字
《金石萃編》卷七十，唐三十。《續修四庫全書》。

石橫廣一尺四寸六分，高一尺三寸。二十一行，行十八字。正書。

《少林寺詩書》　陪鑾遊奈苑，侍賞出欄闈。雲偃攢峯蓋，霞低插浪旍。日宮疏澗戶，月殿啟巖扉。金輪轉金地，香閣曳香衣。鐸吟輕吹發，幡搖薄霧霏。昔遇焚芝火，山紅迎野飛。花臺無半影，蓮塔有全輝。寔賴能仁力，攸資善逝威。慈緣興福緒，於此罄歸依。風枝不可靜，泣血竟何追。

暑候將闌，炎序彌溽，山林靜寂，梵宇清虛，宴坐經行，想當休愈。弟子前隨鳳駕，過謁鷲岩，觀寶塔以徘徊，覩先妃之淨業薰修之所，猶未畢功，一見悲驚，萬感兼集。攀光寶樹，載深風樹之哀，吊影珠泉，更積寒泉之思。弟子自惟薄祐，鎮切煢懷，每屆秋期，倍軫椎心之痛，炎涼遞運，愈添切骨之哀。未極三旬，頻鐘二忌，恨乘時而更恨，悲踐露而愈悲。唯託福田，少申荒思。今欲續成先志，重整莊嚴，故遣三思，齎金絹等物往彼，就師平章，幸識斯意，即務修營，望及諱辰，終此功德。所冀罄斯誠懇，以奉津梁，稍宜資助之懷，微慰煢迷之緒。略書示意，指不多云。

永淳二年九月廿五日，司門郎中太孫諮議王知敬書。
少林寺詩書碑　唐永淳二年九月二十五日刻。碑在河南開封。武曌撰，王知敬正書，額篆書。

《玉泉寺大通禪師碑》　諜夫扶四大者，成乎身矣。立萬灋者，主乎□□。□□□□，卽身見空，始同妙用。□非實也，觀心若幻，乃等眞如。名數入焉妙本乖，言說出焉眞宗隱。故如來有意傳要道，□持至德。萬刦而□付灋印，一念而頓受佛身。誰其宏之，實大通禪師其人也。

禪師尊稱大通，諱神秀。本姓李，□□尉氏人。心洞□□，懸解先覺。身長八尺，秀眉大耳。應王伯之象，合聖賢之度。少爲諸生，遊問江表。老莊元旨，□易大義。三乘經論，四□□儀。說通訓詁，音參吳晉。爛乎如籠孔翠，玲然如振金玉。既而獨鑒潛發，多聞傍弛。逮知天命之年，自拔人閒之世。企聞蘄州有忍禪師，禪門之灋胤也。自菩提達摩天竺東來，以灋傳惠可，可傳僧璨，璨傳道信，信傳宏忍，繼明重□，相承五光。乃不遠遐阻，翻飛謁詣。虛受與沃心懸會，高悟與眞乘同嚴。劃捐妄識，□見本心。住寂滅境，行無是處。有□而成，卽然燈佛所。無依而說，是空王瀍門。服勤六年，不捨晝夜。大師歎曰，東山之瀍，盡在秀矣。命之洗足，引之竝坐。於是涕辭而去，退藏於密。

儀鳳中，始隸玉泉，名在僧錄。寺東一里，地坦山雄，目之曰，此正楞伽孤峰，度門蘭若。蔭松藉草，吾將老焉。雲從龍，風從虎。大道出，賢人覩。岐陽之地，就去成都。華陰之山，學來如市，未云多也。後進□以□□有趍四禪，昇堂七十，味道三千，不是過也。爾其開瀍大略，則專念以息□，□力以攝心。其入也，品均□□。其到也，行無前後。趣定之前，萬緣盡閉。發惠之後，一切皆如。特奉楞伽，遞爲心要。過此以往，未之或知。

久□年禪師春秋高矣，□□而來。趺坐覲君，肩輿上殿。屈萬乘而稽首，灑九重而宴居。傳聖道者不北面，有盛德者無臣禮。遂推爲兩京瀍主，□□國師。仰佛日之再中，慶優曇之一現。然□都邑，□其秘旨。每帝王分座，后妃臨席。鵷鷺四币，□□□繞。時熾炭□□□□嘿而心降時□飢投味□告約而義領。一雨溥□於衆緣，萬籟各吹於本分。非夫安住無畏，應變無方者，孰能□□乎。聖□□宗，□□代積。當陽初會。會之所，置寺曰度門。尉氏先人之宅，置寺曰報恩。軾閭名鄉，比德非儗。局猷諠輩，長懷虛壑。累乞還山，既聽□□□□懥，無他患苦。報散神全，形遺力謝。神龍二年二月廿八日夜中，顧命扶坐，泊如化滅。禪師武德八年乙酉，受具於天宮。至□□□□於此寺，蓋僧臘八十二。生於隨末，百有餘年。未嘗自言，故人莫審其數也。

三界火心，四部氷背。檁崩梁壞，雷慟雨泣。凡諸寶□□□□□故其喪□□□視□詔使弔□侯王歸賵。三月二日，冊謚大通，展飾終之義，禮也。時厥五日，假安闕塞緩反葬之□□□宸駕臨□□□□□□□□□伊水羽儀□設至山□仲秋既望還，詔將下，帝諾先許冥遂宿□□□卿□□□□城門郎護監喪葬□□□□□□□□龍門□□櫬。登高停蹕，目盡迴輿。自伊及江，扶道哀候。幡花百輩，香雲千里。維十月哉生□□舊居後崗安神□□□□□□□□□□巨鐘是先帝所鑄，羣經是後皇所錫。金榜御題，□典□□塔寺尊□遠稱摽絕初禪□□□□□□□南□日氣積晦於禪山，素蓮寄生於□樹。則雙林變色，泗水逆流。至人違代，同花異□。□□□哭也在龍花□設大會□□□□□□□□□□□□□□□道場如□會時萬□菩薩乞施後宮。寶衣盈廂，珎價敵國。親□□□□□巡香其廣□□因存歿如此□□□□□□□□□□□□□□□□□□□□遽失恨踴塔之遲開石城之歎也不孤盧 □□□□ 作竊 □□□ 貢之論夫子也 □□□□ 不□□□□□□□□□□□□□□□廣深強名無□以慰其心。銘曰：

□□□□□□□□□□□□□□□□□□□□□□□樂。不入度門，孰探瀍要。□ 哉禪 □□□□ 功 □□□□□ 名假詣無□□□□□□□□□□□□□□□□□□□□□爲父爲師。露清熱惱，光射昏疑。冀將住杏， □□□□□□ 過 □□□ 去之□我□□□□□□□□□□□□□□□□□□□□□覺。念茲在□，敢告無學。

高七尺八寸，廣四尺五寸。廿八行，行五十二字。字徑一寸二分，分書。在當陽。

《八瓊室金石補正》卷五十，唐二十二。《續修四庫全書》。

《唐中岳沙門釋法如禪師行狀》

大師諱法如，姓王氏，上黨人也。幼隨舅任澧陽，事青布明爲師。年十九出家，志求大法。明內隱禪智，當人見讓云，蘄州忍禪師所行三昧，汝宜往諮受。曰，敬聞命矣。其後到彼會中，稽請畢已，祖師默辯先機，即授其道。開佛密意，頓入一乘。數緣非緣，二種都盡。到清涼池，入空寂舍。可謂不動眞際，而知萬象者也。天竺相承，本無文字。入此門者，唯意相傳。故廬山遠法師《禪經序》云，則是阿難，曲承音詔。遇非其人，必藏之靈。幽關莫闢，罕窺其庭。如來泥曰未久，阿難傳末田地，末田地傳舍那婆斯。此三應眞，冥契于昔，功在言外。經所不辯，必闇軌元匠，孱然無差。又有達前善變，出處無際，晦名寄迹，無聞無示。斯人不可以名部分別有宗明矣。

者即南天竺三藏法師菩提達摩，紹隆此宗，武步東鄰之國。傳曰神化，幽賾入魏。傳可，可傳粲，粲傳信，信傳忍，忍傳如。當傳之不可言者。非曰其人，孰能傳哉。至咸亨五年，祖師滅度，始終奉侍十六載。既淮南化掩，北遊中岳。後居少林寺，處衆三年，人不知其量。所以守本全朴，弃世浮榮。廉讓之德，賢士之靈也。外藏名嚣，內洽玄功。庶幾之道，高遁之風也。對問辭藺，窮精入微。出有之計，鮮空之圍也。權智勇略，能建法城。安人之友，師者之明也。

垂拱二年，四海標領僧衆，集少林精舍，請開禪法。僉曰始自後魏，爰降于唐。帝代有五，年將二百。而命世之德，時時間出。咸以無上大寶，貽諸後昆。今若再振玄綱，使朝聞者，光復正化。師聞請已，辭對之曰，言寂則意不亡，以智則慮未滅。若順諸賢之命，用隆先勝之道，如何敢矣。猶是謙退三讓，久乃許焉。觀乎至人之意，廣矣大矣，深矣遠矣。今唯此一法，能令聖凡同入，決定勇猛。當應諦受，如人出火，不容中斷。衆皆屈申臂頃，便得本心。師以一印之淸，容印於衆意。世界不現，則是法界。此法如空中月影出現，應度者心，子勤行之道在其中矣。

而大化既敷，其事廣博。羣機隱變之度，毫釐不差。自後頻誨，學人所疑，咸速發問。俄然現疾，乃先覺有徵尔。最後一夜，端坐樹下，告以遺訓，重明宗極。顯七日而爲一切，悟彈指而震大千。法無去來，延促思盡。即永昌元年歲次己丑七月二十七日午時，寂然卒世，春秋五十有二，瘞于少室山之原也。詣受業沙門，北就高頂，起塔置石。優塡王，釋迦像，并累師之行狀，勒在佛碑。㚖夤奉廟廷，覩文以自誡曰，我師利見，動寂無方。陶均萬累，廣世爲梁。登微有階，庶勤必咸。遺功罔極，日月齊光。

《金石續編》卷六，唐三。《續修四庫全書》。

石高四尺，廣二尺五寸。二十三行，行三十七字。隸書。在河南登封縣。

《大唐嵩岳閑居寺故大德珪禪師塔記》　大師諱元珪，李氏，河南伊闕人也。上元弍載，孝敬崩度，隸寺焉。宿殖德本，無師自悟。及少林尊者開示大乘，諮稟至道。晚年居龐塢阿蘭若，遠近緇素，受道者不復勝記。至開元四年歲次景辰秋八月申辰朔十日癸丑，終于龐塢，春秋七十有三。十三日景辰，權厝于寺北崗之東。至十一年歲次癸亥秋七月，乃營塔於浮啚東嶺之佐大師味淨之所，而庭栢存焉。癸巳晦，奉遷于塔，從僧儀也。弟子比丘僧仁素等刊此貞石，以旌不朽。

《金石萃編》卷七十三，唐三十三。《續修四庫全書》。

石高一尺四寸，橫廣二尺。十五行，行十二字。隸書。

《佛頂尊勝陁羅尼經幢》　《佛頂尊勝陁羅尼經》者，婆羅門僧佛陁波利，儀鳳元年，從西國來至此土。到五臺山次，遂五體投地，向山頂禮曰：如來滅後，衆聖潛靈，惟有大士文殊師利於此山中汲引蒼生，教諸菩薩。波利所恨，生逢八難，不覩聖容。遠涉流沙，故來敬謁。伏乞大慈大悲普覆，令見尊儀。言已悲泣雨淚。向山頂禮已，舉頭忽見一老人從山中出來，遂作婆羅門語謂僧曰：法師情存慕道，追訪聖蹤，不憚劬勞，遠尋遺跡。然漢地衆生多造罪業，出家之輩亦多犯戒律。惟有《佛頂尊勝陁羅尼經》，能滅衆惡業。未知法師頗將此經來不。僧曰：貧道直來禮謁，不將經來。老人曰：既不將經，空來何益。縱見文殊，亦何必識。師可到向西國，取此經來，流傳漢土。即是遍奉衆聖，廣利羣生，極濟顯冥，報諸佛恩也。師取經來至此，弟子當示師文殊師利菩薩所在。僧聞此語，不勝喜□，□裁抑悲淚，至心敬禮。舉頭之頃，忽不見老人。其僧驚愕，倍更虔心，繫念□□，迴還西國，取《佛頂尊勝陁羅尼經》。至永淳二年，迴至西京，□以上事聞奏天帝。天帝遂將其本入內，請日照三藏□□勅司賓寺典客令杜行顗等，共譯此經。施僧絹卅疋，其經本禁在內不出。其僧悲泣奏曰：貧道捐軀委命，遠取經來，情望普濟羣生，救拔苦難。不以財寶爲念，不以名利關懷。請還經本流行，庶望含靈同益。帝遂留翻得之經，還僧梵本。其僧得梵本，將向西明寺，訪得善梵語漢僧順貞，奏共翻譯。帝隨其請。僧遂對諸大德，共貞翻譯。僧將梵本向五臺山，入山，於今不出。今前後所翻兩本，並流行於代，小小語有不同者，幸勿怪焉。至垂拱三年，定覺寺主僧志靜，因停置神都魏國東寺，親見日照三藏法師，問其逗留，一如上說。志靜遂就三藏法師諮受神咒，法師於是口宣梵音。經二七日，句句委授，具足梵音，一無差失。仍更取舊翻梵本勘校，所有脫錯，悉皆改定，其咒初注云最後別翻者是也。其咒句稍異於杜令所翻者，其新咒改定不錯，并注其音訖。後有學者，幸詳此焉。至永昌元年八月，於大敬受寺見西明寺上座澄法師，問其逗留，亦如前說。其翻僧順貞，見在住西明寺。此經救拔幽顯，最不可思議。恐學者不知，故具錄委曲，以傳未悟。

佛頂尊勝陁羅尼經

罽賓沙門佛陁波利奉制譯

（經不錄）

《觀世音菩薩像銘》　原夫釋教之爲義也，大矣哉，至矣哉，智識之不能名，視聽之莫能及。浩浩蕩蕩，慈悲等於太虛，窅窅冥冥，喜舍逾於限量。方便神力，亘百億以聳禪枝，種智難思，映大千而揚慧炬。法齊法體，非言所言者□爾其助，聖辯雄證，法雲之妙果傳持演化，庶有性之含靈，成摩訶衍行。次補正覺位者，即觀世音菩薩□謂也。分身百億，歷無極以拯漂，次救苦萬端，盡有緣而泛願。袱娑婆大尊之主，號曰本師，兜率擁敎之□，發明神智。所以此土秉性，咸共歸依，祈上善於生前，構虹梁於歿後。弟子孝門上護軍杜山威，弟山藏等，乘宿業之巨因，悟將來之勝果，達苦空之性寂，泯般若於波羅。遂能敬造十一面觀世音像一區，其□也，□浮□□，昤曨三界之中，捧足蓮花，暉煖九天之外。璀璨瓔珞，鏡眾目以飛英，隱暎奇姿，皎清心而□禮。白毫感物，興善種於端襟，紺髮生慈，啟福田於敬信。上爲聖神皇帝，道化無窮，鴻基永保，下爲七代父母，法界蒼生，及一切含靈，乘是福力，等逢善友，發菩提心，一時共成佛。其像也，雖負石名，堅□同於舍利，弥逾珣質，不刊等於無身。二鼠寢銷，獨立之榮長守，三災息妒，津俗之惠常存。聖德自任，神力不共，僧祇孤秀，沙劫彌隆。乃爲銘曰：

毫暉皎寂，紺采凝空。三明發耀，十方相同。一音演妙，六度響通。清信宿種，仰□□風。除禪雪嶺，遺智玉宮。西方派德，東國陶恩。兜率垂化，此土共尊。弘慈罔際，巨慧無垠。智參佛□，體道□分。功果浩汗，非凡所論。達己無常，預葺虹梁。栖神福地，冀遠業殃。環貨敬施，機巧馳長。□茲翠琰，相好殊方。尊容端雅，物莫之忘。功德難名，唯妙唯精。大千溥燭，百億齊明。無始掞福，有遇流英。三災斂毒，一實孤□。淨智常用，會理道成。□□所造，棄同芻草。迴施一切，供養三寶。般若方便，解礫煩惱。逍遙自在，彼岸壽考。福運羣生，等成佛道。

大周天授二年歲次辛卯九月□□七日甲戌，河東縣壽昌鄉孝門杜山威，弟山藏，合家敬造。

觀世音菩薩像銘　唐天授二年九月七日刻。陝西出土，藏美國華盛頓博物院。正書。

《大雲寺弥勒重閣碑》　蓋□神功不可得之於有□，□□□窮之於絕境。法本無法，出三界之幽賾，空則不□，□□乘□妙理。其精□□無極，難筌天物□□。歸根莫曉，聖人乃分身百億，授手三千，提寶藏而遐開，運香輪而不息。須彌□主，長懸正法之堂，兜率天中，□□神居之□。故能調意馬，□心猨，上士勤行慈悲，勸其無住，下人大□方便，開其□欲。玉豪流彩，遠燭千光，金口遺文，旁羅十誦。大矣哉□覺，不可得而言也，亦天人之奧乎。

彌勒重閣者，古老相傳之故癈白禪寺也。自雲龍代革，木火徂遷，瞻棟宇而烟荒，對階墀而霧積。空梁落搆，唯餘鷰雀之居，古壁頹形，無復神仙之氣。國家受天地之明命，契神道之財成，徵曆數而坐巖廊，用元亨而登寓縣。淳和作化，不忘軒頊之年，揖讓爲尊，自得唐虞之代。聖神皇帝，以斷鼇立極，執象開元，應黃神而□慶，□□媯而受籙。深明因果，方崇釋氏之門，弘濟艱難，自得輪王之稱。東西南北，遠扇玄風，宇宙山川，高揚佛日。雖如來上聖，自安忉利之天，而彌勒下生，或濟閻浮之境。時既□矣，道又行焉，莫不功窮妙□，□盡虔心。燕室神堂，咸有情而仰首，築園精舍，並勸誠而報德。豈可使生平福宇，而令荒毀者哉。

時有神部太平寺上座義通，河東猗氏人也。糠粃軒冕，景行頭陁，心惟江水之傍，涕下城門之側。以爲商人請□，□解□基，童子歸心，猶能捧土。遂乃勵茲雅俗，建此尊容，同修聖地之因，共樹生天之業。有經營之志，六趣歸依，聞誘誨之言，一時迴向。復有佛弟子王行師等，並勝緣重德，善寂資生，爰率親朋，同開捨施。爾其已居顯敞，川原秀麗。汾河德水，周王出鼎之鄉，姑射名山，唐帝乘鸞之地。信禪居之形勝，福地之良緣者也。若乃徵梓匠，選瓌材，居士勞其七返，國人悅其三利。牽牛獻石，即使成堦，驅馬馱錢，方來布地。平臨汗漫，直上岧嶤，圖丹出秀之奇□，刻鳳雕龍之逸變。危擔曲砌，懸夜月而暴日河，鏤檻文軒，柘雲根而臨雨足。疑□□之創造，若□子之乘來。五鳳軒而不逮，八龍翥而何仰。金人列坐，見光彩於樓中，玉女巡遊，動容輝於閣上。雖復畧□雙掌，壞寶七重，梵帝諸天，金銀一柱，豈同年而語哉。

又有祥芝數莖，□於重□。□□□□，橫棟宇而□開，車馬之形，指康莊而欲動。色有四時之變，香多三秀之奇。雖涵德池中，何階等級，甘泉宮裏，未足禎祥。自非有感必通，至誠斯召，則何以□茲聖造，旁契神心者焉。然以道樹祈攀，法橋斯搆。瞿曇屬意，運花開宴坐之居，妙淨歸心，香水灑經行之處。又於碑上，造涅槃變一鋪。多羅樹下，徒有生成，偈行宮中，終歸寂滅。俾夫色空爲患，明假說於三身，愛縛成迷，示忘情於四大。

鄉望文林郎王元敬、將仕郎孫愃、右玉鈐衛護都府左果毅都尉上柱國陽善機、承務郎守寧戎府兵曹參軍趙仁最等，山河秀氣，唐魏高風，合素朴之光輝，保黃裳之元吉。並栖心淨域，方捐有待之身，滌慮玄門，共坐無憂之樹。怯風霜之峻莭，恐迫塵容，託龍鳳之高碑，長懸寶偈。雖復八禪寥廓，永離風火之災，三變須申，坐息高深之懼。其詞曰：

空有爲道，而人成德。蘊在無明，蔵乎不惻。化周萬類，功超八極。幽賛生靈，發揮玄黙。隨緣則契，有應能通。五苦心遠，三明道隆。驅馳未息，誘誨何窮。[illegible]因明主，廣扇玄風。於赫我后，重安神器。龍出河圖，龜開洛字。道苻得一，心融不二。既啟千年，還疏十地。爰有緇服，願答皇恩。勸率凡士，經營法門。同超永夜，共闢重昏。報德何所，勤誠有言。遠近桑梓，周環苐宅。不恡刀銼，無論金帛。迴向靈宇，追思勝迹。築室開基，雕金鏤碧。平臨烟雨，上出雲雷。地則仙化，人爲子來。金扉日映，珠綴星開。繙桷龍躍，文甍鳳迴。已畢神功，旋徵福祐。偃蹇重栿，參差三秀。道契生成，仁資宇宙。心識方絕，因緣必就。旁稽匠石，遠□雕鐫。永出三界，長歸四禪。岸流爲谷，海變成田。天長地久，永立碑焉。

天授二年二月二十四日準制，置爲大雲寺。至三年正月十八日準制，迴換額爲仁壽寺。

同造碑人：趙志遠、楊文達、陳師有、楊行表、楊泉、劉舍郎、雲騎尉胡公辯張師昱、馮福仁、前府史太原王行師、前大州府兵曹參軍趙嘉賔、錄事樊元超、景龍感、隊正張志辯、陪戎副尉景仁軌、寧戎府參軍趙仁最、姚行褒、楊安都、騎都尉王文端、邢待徵、前府史張諍思、陪戎副尉滑思廉、上護軍楊君武、張思玄、隊正景法意、文林郎王元敬、陪戎校尉楊武貴、隊正范玄慶、文林郎周師廊、景師智、雲騎尉李懷慶、邢智言、上騎都尉張元楷、王玄昉、景思敬、景思徵、王行冲、張公策、楊伏度、帳內趙仁湊、程獻否、陳法臧、景仁則、景智表。已上人等，並爲七代父母，及見存家口。

□□恭爲亡父母

趙釗爲亡父及見存母

楊景休爲見存父母

孫行敏爲見存父母

當寺修造功德主僧思忠

□□□及修基堦施主趙公素，乞合家平安。

大雲寺彌勒重閣碑　唐天授三年正月十八日刻。碑在山西臨猗仁壽寺。杜澄撰，荊師善行書，李檀度造。

《龍龕道場銘并序》　蓋聞中天顯跡，千刼誠希遇之因，月相騰暉，三界標獨尊之稱。悟其指則直心是道塲，契其源則淨身爲佛土。可以神（漏刻一字），事絕於筌蹄，難以名言，理歸於冥寂。故八十種好，不可以色覩眞容，十二部經，不可以詞詮至理。然而煩惱鄣重，貪愛河深，六趣輪迴，劒葉與刀山競起，四生堙沒，毒虵將惡獸交馳。由是法雨横流，慈雲普覆，弘化城於巘路，朗惠炬於迷津。大乘小乘，隨淺深而晤道，中莖中葉，逐性分以含慈。皆所以安樂群生，提孩衆品，施殷憂以無畏，息多難以夷途。大矣哉，無得而名也。此龍龕者，受形於渾沌之□，擢秀於開闢之日。孤峰峻峙，罩□□而出雲霞，危壁削成，排星辰而□霓漢。峭崿秀麗，爲衆巖之欽挹，花藥奇卉，實仙聖之安憩。是故龍出龍入，每脫骨於巖中，仙隱仙棲，屢承空於香氣。因得龍骨，故曰龍龕。

去武德四年，有摩訶大檀越永寧縣令陳普光，因此經行，遂迴心□，願立道場。即有僧惠積，宿緣善業，響應相從。惠積情慕純陁，巧自天性。即於龕之北壁，畫當陽像。左右兩廂，飛仙寶塔，羅漢聖僧。雖年代久遠，丹雘如照，粉色微沈，彩影由在。洪鍾一扣，響徹卅三天，石磬再鳴，還聞十八地獄。虹旛外颺，彩影亂於雲霓，香煙內騰，素氣通於迴巘。故得法流荒俗，釋教被於無垠，玄化遐覃，振錫窮於有截。豈如白馬馱經，翟泉創於方丈，緇衣闡教，盧山頓其威儀者哉。既而年代侵遠，石龕無毀壞之期，歲序淹派，粉黛有沈堙之理。昔之惠積早隨刼而爲灰，寶亮亦投身於餓虎，兩僧勇猛，志貫白雲，雖學不出境，而精情自溢。上元年，光男叔瓊，不弃前蹤，龕中造立當陽連地尊象一軀。近有交趾郡僧寶聰，弱歲出家，即詣江左，尋師問道。不惑嵒南，聞有此龕，振杖頂禮。覩佛寺之摧殘，心目悲眩，共成勝因。及檀越主善勞縣令陳叔珪、陳叔璋、陳叔玹，痛先君之肇建，悲像教之陵遲，敦勸門宗，更於道場之南，造釋迦尊像一座。遂得不日而成，功德圓滿，爲七代之父母，修六道之緣。屬聖神皇帝，御紺殿以撫十方，動金輪以光八表，弘護大乘，紹隆正教。覆載之恩，均黔黎於赤子，雲雨之施，等潤澤於蒼旻，地平天成，河溓海晏。雖復道被區中，而凝懷俗表，將使比屋之化，契法俗以證菩提，垂拱之風，叶至眞而成正覺，就日與慧日俱明，油雲共法雲同覆。遠矣大矣，無得言焉。是知觀夫稟氣含靈，有生之類，七識已具，六精斯起，攀緣於虛妄之境，馳騖於名色之間。譬彼騰猿，猶茲狂象，栖託於愛河之內，遨遊於火宅之中。方石幾銷，冰炭之羣不息，須彌屢盡，鼎鑊之報無窮。輪迴長夜，終焉莫曉，同亡異術，豈不哀哉。大矣能仁，隨機誘喻，或宣四諦，或導一乘，潤小枝而弗遺，淨滿月以圓燭。繫想於方寸之間，而神超於□塵之表，喻起生死，歸乎寂滅，其唯淨室禪龕者也。志求鐫勒，以希不朽。爰命鮮釖之夫，運茲不斌之筆，庶海變桑田，終無毀日。敬題年紀，不文而質。其詞曰：

巖巖石室，欝欝禪枝。五門淸靜，八解連漪。神高習海，道溢須彌。欲求蟬蛻，良津在斯。其一

龕自天工，室惟地絡。石磬長懸，洪鍾不著。無假樑棟，自然花藥。掩室杜口，何憂何樂。其二

爰飾金繩，于兼勝境。□象畢修，雕礱咸整。雲起山牕，花開蓮井。蕭尔閑曠，悠然虛靜。其三

篤矣淸信，共弘利益。或捨衣資，或傾銀帛。詎勞斤斲，無煩匠石。湛然眞相，嶷尔無斁。其四

卅二相，八十種好。佛日之日，天□之寶。猛虎夜宿，波□降早。闡六度於迷津，踐三乘之悟道。

聖曆二年歲次己亥二月二十三日鐫

大檀越主孫登仕郎守賣州錄事參軍事上騎都尉忠感、雲感、萬感

勸率主從孫前檢挍梧州孟陵縣令靈託

玄孫童生都撿主

□□□從孫前□陵州□律縣令羅積

道場主僧承務

龍龕道場銘　唐聖曆二年二月二十三日刻。石在廣東羅定龍龕巖內石壁上。陳集原撰。正書。首尾淸道光九年顧廣圻題跋三款。此本係淸拓本。刻石月份《寰宇訪碑錄》等著錄爲「一月」。

《大周相州安陽靈泉寺故寺主大德智□師像塔之銘并序》　法師諱朗，字□智，俗姓王氏。其先周靈王子□□□鄴城人也。□祖惟禰芬馥神禪師生□神□□□塵濁。年七歲，投大慈寺主大德起法師□□□誦維經□□至年十二，屬大唐太宗□武聖皇帝廣闢度門俱蒙□□□弱冠□□□支依本寺曇源律師習毗□業。業□之後，又□慈潤寺主大德智神論師學□□雲□復進學《□摩》、《金剛般若》并《中觀》等三經二論。□□源流□□敷揚。或研精默識，加以純之□一分□溫於□易臯玄文方同三絕老莊《素問》博泛羣□。年五十，□持《金剛般若》及《尊勝咒》等，各二萬遍文。梵音轉□，首出緇□。春秋六十有八，夏臘卌□□訖於□安二年六月五日，蛻遷識蓋□大□云逝，孰不悲傷。門徒大雲寺僧玄皎、玄果、零泉，寺僧玄晤、玄暉等，攀慕慈誨，思報莫由。遂於州西南六十餘里本寺□懸壁山之陽，起塔供養。粵以三年十月廿五日□□永畢塔內，便造以彌勒像一鋪，圖形奉侍□□事□□以跡宣，敬託彫刊。乃爲銘曰：

子晉之後，命氏爲王。颯流遠派，爰宅直章。父功祖德，令聞令望。降生才子，玉質金相。面樹來白，天花肅黃。稻□夙被，檀□早芳。經泉折玉，戒海浮香。迦旃妙教，羅□鳴莊。嚴壇□頂，捨筏金剛。亐講亐誦，無怠無荒。積誠□□，□心自疆。中宗懸解，外法通方。歌唄特妙，唱導尤長。以□□□，南北宏揚。胚胎有裕，利樂無□。鞅□早□，□□□□。輪脫輻消殿摧□，粵有子尙□師剛。披山建□，剖石開堂。敬□來聖，勤廟亐傍。身命有□，供侍無忘。安厝既畢，銘頌攸彰。禆同遵於大道，庶共□□□常。

《安陽縣金石錄》卷三。《隋唐五代石刻文獻全編》

《大唐易州石亭府左果毅都尉蓟縣田義起石浮圖頌》　詳夫釋氏大慈，能仁廣運，一揮惠劒，則結嶽峯摧，蹔駕寶舩，則流海波息。若迺豊牛步坦，香象登津，福祉夙昭，解行先備，非功德修淨，其有與於此乎。浮圖主石亭府果毅田公者，孝乎惟孝，忠爲令德，秉武腰文，遊仁踐義。冨潤石室，貨積銅山，保性里閈，榮足知止。尊崇法門，福求無上，奉爲七代先亡，見存太夫人，合家大小，敬造石浮圖七級，釋迦像、二菩薩、神王等一鋪。爾其索寶幽谷，獲琰崇巖，異濟北之神期，匪河西之馬瑞。欻焉

搆迴，不日而成。狀雀離之從天，猶多寶之湧地，虬簷霧舉，寶鐸風吟。睟容如在，神儀儼若，旲朝日以舒鑒，爍幽霄以放光。伏願冥資，先需七代，爰以昭祐，慶及見存，與惠日而長懸，同定水之無竭。贊歎功德，而述頌云：

惟佛與佛，法所皆空。能仁富智，廣度多功。有清信士，產積豊崇。檀波羅密，琬琰雕礱。輪高擢露，鐸迴吟風。睟穆如在，與天地終。福需一切，於何不隆。

和州歷陽丞王利貞文

太極元年四月八日建

弟燕州大雲寺僧智崇，妹明度寺尼護念，弟義沖陪戎副尉上杜國，弟義隆昭武挍尉上杜國雍州興國府右果毅都尉，合家供養。

田義起造石浮圖銘　唐太極元年四月八日刻。在北京房山雲居寺。王利貞撰，行書。

《思言禪師塔銘》　夫法尚應權，言貴稱物，無違於俗，有利於人。所以不捨凡流而登覺路，未階十地便入一乘者，其惟禪師乎。禪師法諱思言，俗姓衡氏，京兆櫟陽人也。幼標定慧，早悟眞空，戒珠明朗，心田獨王。四分十誦，自得地靈，三門九法，揔攝天口。無解而解，善惡俱亡，非空自空，物我齊泯。不現身意，行住涅槃，雖假言談，長存波若。由是隨緣起念，自關洛而徂遊，應物虛於經海，沂而演授，昭化煩惑。□盪塵冥，法侶雲趍，俗徒霧委，請益無倦，屢照忘疲。蓮以香焚，膏緣明盡，因茲不悆，遂遘清羸。日居月諸，奄先朝露，以延和元年五月二十二日，捨化於浚郊大梁之域，遂就闍維。嗚呼哀哉，春秋六十有九，四十夏。祥河輟潤，惠炬潛光，井邑生悲，風雲改色。即以開元二年歲次甲寅閏二月己未朔十二日庚午，姪沙門悊，及道俗等，敬收舍利，於終南梗梓谷大善知識林後本師域所，起塔供養。俯臨寶刹，仍從梵眾之遊，卻背皇居，尚起杜多之□。緇素如失，道俗生哀。嗚呼，蓮華會上，空聞說法之名，荊棘林中，獨結哀歌之恨。梁摧道逝，涕實何依，氣竭恩深，敢爲銘曰：

本有之有，三千大千。人超佛地，法證眞天。智飛一覺，神亡二邊。佛住而住，雖牽不□。參羅萬像，愚智皆賢。悲深性域，化洽情□。形隨物弊，身將刼遷。哀纒沒後，痛結生前。變通誰□，起現何年。

思言禪師塔銘　唐開元二年二月十一日葬。清光緒初年陝西西安出土。正書。此拓爲姚景庭舊藏。

《侯莫陳大師壽塔銘》　昔者如來滅後，正法常存。二十四賢，遞相付囑，俱持寶印，各護明珠。自師子云亡，遺音殄瘁，或龍荒之際，像教不行，或差別之時，薰修乃異。有達摩禪師者，懸解正一之理，深入不二之門，克復一乘，紹隆三寶。自茲厥後，凡經八代，傳法燈而不昧，等慧日而長明。若乃蘊龍象之姿，積梯航之用，誨人不倦，惠我無疆，同橐籥而罔窮，等洪鍾而必應，圓融三教，混合一家，□未悟之心，杜遊談之口者，則我大師有之矣。大師姓侯莫陳，諱琰之，法名智達，京兆長安人也。族大龍坰，賞延龜紐，地衈公侯之胤，人承孝友之家。宿植因果，生知夢幻。大莖大葉，自毓彩於冥前，玄之又玄，坐□揮於度內。年甫弱冠，便入嵩山，初事安闍梨，晚歸秀和上，並理符心會，意授口訣。二十餘年，遂獲道果。和上曰：汝已智達，辯才無礙，宜以智達爲名。道在白衣，吾無憂矣。既承授記之音，復傳秘密之藏，欲導引迷俗，故往來人間。時遊洛中，或詣河北，迎門擁彗，不可勝紀，因而得度者，歲有其人焉。此寺有比丘尼無上、比丘尼導師者，俗姓裴氏，河東聞喜人也。代揖清通，已推於茂族，時稱領袖，復見於靈苗。姊妹二人，分形共業，乘銀臺而直往，守金道而無迴，白黒遵崇，遐邇敬仰。大師曰：雖稱極樂，終非究竟。於是睠彼二尼，不遠千里，正師資之禮，具函杖之儀，披如來衣，坐如來室，直示捻持之要，宏開頓悟之宗。師等慄然有同冰釋，更西面而請益，知東方之靡窮。欲濟逢舟，頻鑽見火，一二年內，俱獲菩提。乃相與言曰：上恩已洽，至德難忘。古先哲人，仍爲壽藏，惠愛於物，必建生祠。凡厥吾徒，可不戮力。遂於此地，爲大師立三級浮圖焉。若乃人物形勝，林麓藪澤，傍連牧野，前徒百勝之場，卻負商郊，近古千年之業。周武王之問罪，殷有忠臣，吳季札之觀風，衛多君子，代閱今古，事摽靈異。夫其壯也，仰太行之合沓，夫其麗也，俯淇澳之清泠。珎木逈地以攢羅，奇峯□天而競糺。雜花交映，楊慧日於金輪，衆鳥和鳴，韻祥風於寶鐸。實嚴淨之勝境，信靈祇之所託者乎。

既疏迴向之因，復闡歸依之地。走雖不敏，輒亦庶幾，恍忽之閒，若已再昇者矣。大師隨方演暢，應物出處，其往也，恬焉淡焉，其來也，惟寂惟漠。徒觀其精意練魄，凝神滌慮，無法通妙法之源，非身入大身之境，所以稱不可得，是故□難思議。啟方便之門，咸蒙善誘，示眞實之相，俱令解脫。因塔廟之在斯，粗可得而陳也。爾時弟子，欲重宣此義，敬作銘云：

行波羅密，惟精惟一。俱詣道場，咸希秘密。法衷思妙，相中求實。未得其門，何階入室。其一

涅槃之際，付囑高僧。既云迦葉，復現摩騰。得所不見，聞所未曾。爰有證者，至今傳燈。其二

衆生輪轉，未始有極。遇茲大師，捨彼大力。曉示如藏，諦觀師臆。凡厥勝因，偶善知識。其三

裴氏比丘，宿植薫修。銀臺宴坐，金地嬉遊。欲泛鯤壑，先逢鷁舟。遂登彼岸，云何不酬。其四

蒼山之南，濁河之北。經始塔廟，闡揚功德。信類給孤，施如檀特。永習師保，長懷楷則。其五

開元二年六月十日入涅槃

弟子崔寵、弟子裴炯、弟子崔玄悊、弟子僧重瑩

造塔匠左思仁

書手王玄貞

弟子田普光

（侯莫陳大師壽塔銘　唐開元二年六月十日葬。塔在河南汲縣六度寺。崔寬撰，王玄眞正書。）

《法藏塔銘》　世之□生滅若輪環者，則雖塵沙作數，草木爲籌，了無遺纖哉。吁，不可知者，其惟流浪乎。夫木性生火，水中有月，以凡筌聖，從道場而至道場，□因及果，非前際而於後際，行之於彼，得之於此。

禪師諱法藏，緣氏諸葛，蘇州吳縣人。昔羣雄角力，三方鼎峙，蜀光有龍，吳恃其虎，瑾之後裕，蟬聯姑蘇。曾祖辯，吳郡太守蘇州刺史秘書監銀青光祿大夫上柱國開國男。大父顥，隨閬州刺史銀青光祿大夫。父禮，皇唐少府監丞。吳會旗裳，東南旖旎，洗墨而清夷落，衣錦而燭江鄉。山海禁錢，蓬萊秘府，屢遊清貫，歷拜寵章。禪師即蘇州使君之曾孫，少府監丞之第二子也。年甫二六，其殆庶幾，知微知章，克岐克嶷。此寺大德欽禪師，廣世界津航，人非鑽仰。禪師伏膺叔行，禮備師資，因誦經。至永徽中，頗以妙年，經業優長，奉勑爲濮王度，所謂天孫利益，禪門得人。禪師自少出家，即與衆生作大善知識，道行第一，人天殊勝，開普門之幽鑰，酌慈源之蜜波。由恐日月居諸，天地消息，每對□龍八部，晝夜六時，如救頭然，曾未暫捨。非乞之食不以食，以至于頭陁，非掃之衣不以衣，得之於蘭若。禪師自少于老，駞騾象馬，莫之聞乘也。以爲鎔金爲像，非本也，裂素抄經，是末也。欲使賤末貴本，背僞歸眞，求諸如來，取諸佛性。卅二相，八十種好，衆生對面而不識，奈何修假以望眞。且夫萬行之宗，衆相之本，生善之地，修善之境，禪師了見之矣。

夫鍾鼓在庭，聲出于外。如意元年，大聖天后聞禪師解行精最，奉制請於東都大福先寺檢校無盡藏。長安年，又奉制請檢校化度寺無盡藏。其年又奉制請爲薦福寺大德。非禪師戒固居龍象之首，清淨開人倫之目，不然焉使天文屢降，和衆相推。揚覺路之威儀，總禪庭之準的，護珠圓朗，智刃雄鳴。伏違順之鬼魔，碎身心之株杌，廢情屬境，卑以自居。如谷王之流謙，百川委輸，若周公之吐哺，天下歸心。菩薩下人，名在衆生之上。

悲哉，三界□火宅之所，四大將歲時之速。既從道來，亦從道去，遂拂衣掩室，脫屣繩牀。惟惚惟慌，不驚不怖，粵以開元二年十二月十九日，捨生于寺，報齡七十有八。門人若喪考妣，乃相謂曰：和上云亡，吾徒安放。乃拉血相視，仰天椎心。即以其年十二月廿□日，施身于終南山梗梓谷屍陁林。由是積以香薪，然諸花疊，收其舍利，建窣睹波于禪師塔右。自佛般入涅槃，于今千五百年矣，聖人不見，正法陵夷。即有善華月法師，樂見離車菩薩，愍茲絕紐，並演三階。其教未行，咸遭弒戮。有隨信行禪師，與在世造舟爲梁，大開普敬認惡之宗，將藥破病之說，撰成數十餘卷，名曰《三階集錄》。禪師靡不探賾索隱，鈎深致遠，守而勿失，作禮奉行。是故弟子將恐頹其風聲，乃掇諸景行，記之于石。銘曰：

有若禪人，凝稜心不易兮。身世澒洞，探討眞賾兮。寂行沖融，渙若冰釋兮。軒裳蟬聯，晴暉相射兮。弈裔不染，乾乾衣錫兮。蕭灑誼譁，地自虛僻兮。玄關洞開，亡珠可索兮。吾將斯人，兎夫過隙兮。魂兮何之，

聲流道格，若使天地長久而可知。即相與摭實，刋之于石兮。

開元四年歲次景辰五月景子朔廿七日壬寅建

开元

《**正覺浮圖銘**》 夫登涅槃山者，要馮戒足，入佛法海者，必藉慈航。幽栖寺尼正覺，□香爨馥，定水澄清，潤三草而布慈雲，警四生而雷法鼓。不謂三龍從毒，蔭宅將兇，二鼠挺災，憂殘意樹。遂即傾天秘寶，搆此蜂臺，竭地藏珎，將營鴈塔。其塔乃岧嶤入漢，與玉兎而爭暉，嵬嶪侵雲，共金烏而合曜。即願危藤永茂，朽樹長春，覩遺情塵，聞銷意垢。其詞曰：

皎見頠高，葺此臺塔。姸巖疑語，凝源擬業。

開元六年歲次戊午七月癸巳朔十五日丁未建

《**唐興寺碑**》 先萬物者，始道德爲宗，窮言象者，以乾坤爲大。豈若道洽沙界，盤古無以化其跡，功包鐵圍，隸首不能紀其要。前後際斷，衆妙入於眞乘，色相皆空，定慧生於正覺。言之不極，其波若之藴乎。聞喜唐興寺者，我國家草昧之所置也。時櫜弓矢，締搆龍宮，懸玉鏡於方丈，運寶圖於羅衛。將袪八難，式護四禪，乃於西山，建斯精舍。布金幽逕，樹福琁衡，經始險蹊，人跡罕到。雖三空屢說，給園之衆不俱，八解常流，方廣之途尚阻。甿俗常迷於夢幻，聚落不聞□□□，□使十地空存，四生無拯。爰初搆趾，數十百年，舊令因循，不改其制。長者居士，既渴日於寶坊，清信比丘，徒挈缾於諦議。

時縣令朝議大夫東海于公名光庭，即銀青光祿大夫瀛州刺史東海郡公士俊之孫，金紫光祿大夫中書侍郎同中書門下三品東海憲公之第五子也。承五鼎之華胄，稟三辰之粹精，陰德未沬，亢宗有後。在躬而禮義克舉，餘力而文章見稱。好學多能，以爲入官之具，清慎寡欲，彌見在公之心。由也四科，參乎一貫，理必合於投刃，事無遺於下轓。故能變蟋蟀之風，展蒲盧之化。始鄉退而修里，我有昌言，終里退而修家，人無遺善。此其操刀有裕，彈琴自閑。亦既底於王程，將又崇於佛事。爲蒲之所不及，理鄴之所未行，加以識洞眞扃，智融覺鍵，伏忍於三昧，懸解於六通，身若明珠，淨無瑕穢，心猶平地，能生衆善。且循調御，時現宰官，精三異之妙術，敷六度之津要。由是歷請天府，將徙梵宮，雙樹移堅固之林，八座改耆闍之岫。金山赫赫，與紫殿而飛來，紺宇耽耽，化青樓而涌出。城池故絳，井邑新田，士女溢於康莊，象馬闐於里閈。一一香蓋，懸寶縷之幢，種種天花，散金燈之地。得未曾有，聞所未聞。方將洗貪欲之腸胃，開盲聾之耳目，納須彌於小芥，詎是難思，置海水於虚空，未爲希有。僉以法雲西蓄，佛日有蔀家之昧，今智炬東摧，迷途昭牽復之象，豈非如來滅後，將有住持。

時夏縣威神寺法師，俗姓張，法名忽律，其先衣冠出南陽。精持律儀，薰修戒行，德超於四果，理貫於三伊。大道未行，同孔丘之歷聘，衆生有病，等醫王之授手。遂乘杯涑□，振錫兆亭，扶聾俗於愛河，誘焚如於火宅，示方便品，導波若流。亡羊於九部之津，去馬於三乘之際，莫不爭持寶蓋，競解□□。□耨池之棟宇，爲苦海之舟航，起予者商，繄我明宰。

時縣丞清河張佑仁，主簿弘農楊浩，尉太原王臨，尉太原王銑等，竝瑚璉名器，鸞皇勁翮，才無滯用，政有異聲。鄉三老進而言曰：今敦禮勸農，嘉惠也，樹法拯人，深慈也。我宰君善化，前古罕儔，豈使浚儀豐碑，空銘景行，龍宮後偈，獨閟微言。載勒堅金，永傳沙界。銘曰：

佛言能淨一剎土，是謂世間良福田。今我莊嚴招□宇，度脱功德海無邊。

猶如法雲覆羣品，亦如佛日在中天。皆是宰官惠明德，羣甿安樂離苦緣。

樹碑紀功永不朽，銖衣拂石億萬年。

開元六年歲次戊午九月壬辰朔二日癸巳建

唐興寺碑 唐開元六年九月二日刻。碑在山西聞喜。許景先撰，僧師□隸書。

《**修定寺記碑**》 蓋聞赤驥西幸，啟聲教於隆周，白馬東巡，降靈儀於盛漢。圖澄北邁，息威怒於趙邦，僧會南遊，止邪謗於吳國。安上馭秦□之乘，飛令譽於彌天，生公居宋帝之宮，播芳猷於席地。遂致人王頂敬，天主歸心，修邸第以擬金園，塋陵臺而模像設。八解流液，注溟渤以漣漪，七覺敷榮，冠嵩華而共峙。是以金場寶刹，鱗次於郊畿，振錫乘杯，羽翊於都邑矣。修定寺者，後魏蘭若，沙門釋僧猛之所立也。法師俗姓張氏，少遊鄴境，唯工弋獵。道緣將發，爰降異徵，於此山下，遇一□鹿，應機飲羽，因即墮胎，曲躬遮護，更無懼意。乃歎曰：昔聞此獸，死不擇陰，今者懷戀犢夭，輕命若是。我雖人也，誠不及之。悲慟潸泫，遂挫拉弓矢，即於此地結構草庵，誓求眞覺。割愛網於人世，委形質於林泉，獸狎無驚，禽馴不擾。棲遲此谷，積十餘年，有二神虎，常□翊衛。于時金行運否，水德潛通，五馬逸於江湖，二龍徙於河洛。太和十有八載，六軍自北徂南，陳萬騎於此山，設三驅之盛禮。大緣既下，此虎來奔，猛以衲衣覆裹，安置繩牀之下。逐者尋至猛房前，溫涼纔訖，即陳本意。猛謂彼曰：若不屠戮，在近不遙，必擬殺傷，定難可得。彼矯荅，猛乃抱彪還，羣虞崩駭，莫敢前受。既睹稀有，遂以奏聞，孝文驚其靈異，鑾駕親矚。素崇玄化，是用彌殷，庶旌厥事，爰詔立寺。以此谷四面山勢狀類城埤，因此給額名天城寺。

次有沙門法上者，汲郡朝歌人也。業行優裕，聲聞天朝。興和三（下接碑陰）年，大將軍尚書令高澄□請入鄴，爲昭玄沙門都維那，居大定□寺，而充道首。既非所好，辭樂幽閑，不違所請，移居此寺。澄又別改本號爲城山寺焉。

魏曆既革，禪位大齊，文宣登極，敬奉逾甚。天保元年八月，巡幸此山，禮謁法師，進受菩薩戒，布髮於地，令師踐之，因以爲大統。既見二水，寺前合流，又改爲合水寺焉。封方十里，禁人樵采射獵，仍給武官兵士，守衛修營，三時視覲，四事無闕。師以什物餘積，□□支提，有一工人忽然而至，入定思慮，出觀剞劂。窮陶甄之藝能，□□鏤之微妙，寫慈天之寶帳，圖釋主之金容，雖無優之役龍神，無□□也。

自後齊師失律，鼎遷於周。建德六年，武帝納張賓邪諫，先廢釋□，鄴城三縣，二千餘寺，限十日內，並使燬除。此寺于時，亦同毁滅，賴□者深重三寶，不忍全除，雖奉嚴敕，纔燒欄檻階砌，拆去露盤仙掌□已。是以齊國靈跡，此塔獨存也。

自後周氏無道，神器授隋。文皇踐祚，大弘佛法。開皇三年十月十五日，下敕修理，度人配住，改名爲修定寺。封疆賜給，一同齊日。

皇朝武德七年又被省廢。至貞觀十年四月，敕爲皇后虛風日久，未善痊除，修復廢寺，以希福力。天下三百九十二所佛事院宇，並好山水形勝有寶塔者，並依舊名置立。相州六所，同時得額，均人配住，名修定寺，故今則因其號也。

開元七年歲次己未，律師僧玄昉建。

修定寺記碑　唐開元七年刻。碑在河南安陽清涼山，後移置村人趙希昌家中。隸書，額篆書。

《淨業法師塔銘》　禪月西隱，戒燈東炤。談眞利俗，稀代稱賢。智炬增輝，法師一人矣。法師諱象，字淨業，趙姓。族著天水，代家南陽。冠冕相輝，才名繼美。因官從屬，今爲京兆人也。父辿天馬監，沉默攸傳，安畀適務。時英間出，弈葉於儒門。從法化生，獨鍾於釋子。法師卽監之仲子也，器宇恢嶷，風儀宏偉。長河毓量，汪然栝地之姿。秀岳摽形，峻矣干天之氣。髫年慕法，弱冠辭榮。高宗忌辰，方階落彩。帔緇七日，旋登法座。觀經疑論，剖析元微。念定生因，抑揚理要。法師夙棹元津，早開靈鍵。入如來密藏，踐菩薩之空門。凡所闡揚，無不悅可，歎未曾有。發菩提心，稟其歸戒者，日逾千計。法師博濟冥懷，沖用利物。嘗以大雄既沒，法僧爲本。每至元正，創啓周飾淨場，廣延高僧，轉讀眞詮。洊興勝會，法服精鮮。受用道資，出於百品。預茲位者，應其成數。所施之物，各發一願。願力宏博，量其志焉，風雨不已廿餘載。菩薩以定慧力，而大捨法財，此之謂也。無適非可，住必營建。厥功居多，思力如竭。粵延和元年龍集壬子，而身見微疾，心清志凝。夫依風以興，隨煙而散。來既無所，去復何歸。夏六月十五日，誡誨門賢，端坐瞪視，念佛告滅。嗚呼，生歷五十有八，卽以其年十月廿五日陪窆于神禾原大善導闍梨域內崇靈塔也。道俗闐湊，號惋盈衢，不可制止者，億百千矣。門人思頊等，乃追芳舊簡，摭美遺編。永言風軌，思崇前迹。空留鎖骨之形，敢勒銖衣之石。其銘曰：

佛日既隱，賢雲乃生。傳持正法，必寄時英。時英伊何，猗嗟上人。捐軀利物，愛道忘身。磨而不磷，涅而不緇。博濟羣有，是眞法師。定慧通悟，檀那上施。願力宏廣，成無住義。應貢而來，代謝而往。哀哀門人，撫膺何仰。靈德若在，休風可想。敢勒遺塵，銘徽泉壤。

開元十二年甲子之歲六月十五日建

《金石萃編》卷七十五，唐三十五。《續修四庫全書》。

石高二尺六寸，廣二尺八寸。二十六行，行二十四字。正書。在長安縣香積寺。

《賀蘭務溫墓誌》　公諱務溫，字茂弘，河南洛陽人也。其先太公之後，代爲慶氏，至侍中純，避漢安帝父諱，改爲賀氏。洎後魏尚書令訥，以元舅之貴，定建立之策，封賀蘭國君，始賜姓賀蘭氏。鴻源蟠乎代祿，異才騈於累構，故奮鱗雲飛，鬱爲茂族。曾祖蕃，周開府儀同三司，隨禮部尚書，成安郡公。祖師仁，皇朝銀青光祿大夫，散騎常侍，應山公。父越石，朝散大夫，洛州長史。通門盛德，列侯繼軌，并勳藏王府，錫光彝器。公滋靈元和，挺秀清茂，干櫓載藉，五服訓慶，故詞翰卓起，草玄詣神，禮樂自持，士林獨步。若乃天機尚乎雅澹，心境忘乎喧雜，發言造微而轍跡不見，履行惟古而芳聲允答。有不得已，舉茂異，與太原王適，隴西李逈秀，並對冊高第。解褐，授鄭州參軍，非所好也。尋授右領軍兵曹。載初中，應大禮舉，召問前殿，天子異其冊，拜家令丞。時中書令岑公雅所歎伏，特薦公知制誥。屢奏赤墀之下，將矯青雲之翼。屬太后親政，獄連皇枝，公婚結河間，官因左退，貶授泉州莆田主薄。大牢外休，二令□重，貶汴州司倉。時姚韋便禁闈，是平生密友，歎是□□，□言朝廷，尋而有勑，改括蒼令。公自流落方偶十七八年，遊心老莊，取樂閑放而已。夫扙不羣之量，懷獨見之明，必□屯夷，始濟經□。故轗軻遷竄，周流江湘，窺夢渚之孤煙，折縉雲之芳草。久矣哉，苟垂翅取安，守道自得，故無慚於泥蟠矣。

中宗龍飛，再張日月，洗是幽滯，始趍天闕，入拜少府監丞，仍加朝散，累遷主客員外祠部郎中。時以爲騫翥掖垣，□蕩綸翰甫矣。屢韋氏用章，政出椒房，□修佛道，廣崇彫飾，招提積於金碧，僧藉盈於浮僞。至乃牆衣朱□，室窮丹雘，避丁背役者，愛是偷樂，如歸市焉。公深鑒蠹時，惠以易軌，因大閱名薄，一時綜覈，奏正還俗二萬餘人。于時緇服以清祭然式敍禮部尚書薛稷，熏灼當代，欲搖動此流。公固執如一，不爲之撓。及入秉機務，縱心高下。

梁鴻五噫，不收天下之才，張衡四愁，且拜河間之相。古猶今也，因而左出，拜儀州刺史。未幾，除楊州司馬。時長史爲按察，每入奏出巡，多不在郡，政之大小，咸決於公。公以廣陵要衝，天下所湊，刈姦詰暴，因而大理。朝廷懋是聲績，欲徵近侍，會舊鄰遺壤，有夫淩城，帝思俾□恭膺作牧，拜相州諸軍事相州刺史，戢暴以勝□，陁威以輯俗，導人以本，不奪其時。柔寬式暢，禮讓潛滋，是以逋亡獲首丘之感，畎畒欣故年之業。懷我美政，夫耕妻饁，是用惠問帝塞，休聲四流。方驤首泰階，謁見雲陛，享年不永，終於官舍，春秋六十五。官屬僚馭等，駿奔良醫名巫，陽以啗請，逢天之慼赴喪位以驚慟。暨靈輀發軔，象物列途，人吏傳哭，響接郡界。雖鄭喪國產，亦不是過焉。

有子晉、臨、賁、恆等，銜恤在疚，偏然靡奉，粵以開元九年十月廿三日，遷厝於邙山之原，禮也。公絕世風流，卓然秀異，渥檢苞於羣品，精密該於庶事。□再升臺郎，三典郡國，每雲霧一覩，聲華曖然。所與士君子，結蘭桂，交桃李，莫不飛管氏之雲鴻，泛孔明之魚水。和我鼎實，光哉寶臣，而不踐亨衢，永淪荒隧。敢圖遺跡，刊於幽誌。銘曰：

岳降神兮才爲時，門載昌兮德潛滋。導禮樂兮操自持，韞珪璋兮逢聖期。出入臺省兮增懋益，典牧州郡兮多異績。宜參兮弼諧，光是典刑。天方休兮喪寶臣，朝雪泣兮代思人。雖奮鱗翼於羲唐之運，惜不與稷禹兮爲隣。邙之陽兮洛之涘，見河山之表裏。龍隧開兮清月愁，松柏生兮悲風起。有南州之故吏，述芳聲兮是紀。

賀蘭務溫墓誌　唐開元九年十月二十三日葬。河南洛陽出土，張鈁舊藏。李昇期撰，正書。此本爲原北平圖書館舊藏。

《思恒墓誌》　道不虛行，必將有授受聖教者，非律師而誰。律師諱思恆，□□顧氏，吳郡人也。曾祖明，周左監門大將軍。祖元，隨門下上儀同三司蓀蕪郡開國公使持節洪州諸軍事行洪州刺史。父藝，皇朝恆州錄事參軍。並東南之美，江海之靈。係丞相之端嚴，散騎之仁厚，以積善之慶，是用誕我律師焉。律師稟正眞之氣，含太和之粹，生而有志，出乎其類。越在幼沖，性與道合，兒戲則聚沙爲塔，冥感而然指誓心，乃受業於持世法師。咸亨中，勑召大德入太原寺，而持世與薄塵法師皆預焉。律師深爲塵公所重，每歎曰：興聖教者，其在茲乎。遂承制而度，年廿而登具戒。經八夏，即預臨壇參修素律師新疏，講八十餘遍，弟子五千餘人。以爲一切諸經，所以通覺路也。如來金口之言，靡不該涉，菩薩寶坊之論，皆所研精。天下靈境，所以示聖跡也，乃陟方山五臺，聞空聲異氣，幽巖勝寺，無不經行。感而遂通，所以昭靈應也，嘗致舍利七粒，後自增多，移在新絣，潛歸舊所。有爲之福，所以濟群品也，造菩提像一鋪，施者不能愛其寶，建塗山寺一所，仁者於是子而來。洗僧乞食，以生爲限，寫經設齋，惟財所極。忘形杜口，所以歸定門也，詣秀禪師，受微妙理，一悟眞諦，果符宿心。寂尔無生，而法身常在，湛然不動，而至化滂流。於是能事畢矣，福德具矣，以見身爲過去，則弃愛易明，以遺形爲息言，則證理斯切，乃脫落人世，示歸其眞。開元十四年十一月廿六日，終於京大薦福寺，年七十有六。

初，和帝代召入內道場，命爲菩薩戒師，充十大德，統知天下佛法僧事。圖像於林光殿，御製畫讃云云。律師固辭恩命，屢請歸閑，歲餘方見許焉。其靜退皆此類也。屬纊之夜，靈香滿室，空樂臨門，悠尔而逝，若有迎者。蓋應世斯來，自天宮而暫降，終事則往，非人寰之可留。弟子智舟等，彼岸仍遙，津梁中奪，心猨未去，龍象先歸。禪座何依，但追墳塔，法侶悲送，且傾都鄙。其年十二月十五日，葬神禾原塗山寺東。名願託勝因，思陳盛美。法敎常轉，自等於圓珠，雕劉斯文，有慙於方石。銘曰：

聖立萬法，法無二門。以身觀化，從流討源。有爲捨栰，無生定猨。
律師盡妙，像敎斯存。我有至靜，永用息言。示以形逝，留乎道尊。
有緣有福，求我祇園。

思恆墓誌　唐開元十四年十二月十五日葬。陝西西安出土，端方舊藏。常□名撰，正書。此拓爲原北平圖書館舊藏。蓋篆書題「大唐故大德思恆律師墓誌文」，此本失拓。

《敬節法師塔銘》　夫王而作則者大雄，見而謚者大寶。聲被周漢，義逸齊梁。學比犛毛，富如崐玉。道餝其行，俗賞其音。或內秘靈和，或外見常迹。起伏不拘於代，出沒所謂於須臾。孰有以兼之，公得其門也。

惟大德俗姓盧，諱敬節，范陽人也。祖尚書遠□，棲志丘園。父樂司徒季英，閑居遁世。愍于穉子，遏以群流。放令出家，不從文秩。上可以益后，下可以利人。不累莊嚴，足陪淨臧。令投虔和上受業。年甫什歲，日誦千言。維摩妙高，飛峰□海。法華素月，吐照情田。奏梵音以雲揚，感神明而電激。厭俗之垢，王澤遐沾。落髮之貞，天魔爲慴。至二十九，入道具臘寺。

舉都維那二十載，清拔僧務。造長廊四十間，不日克就。光嚴帝宇，粹表祇園。結棟凌霞，飛簷振景。士拜左顧，靡怯風搖。人謁右旋，非憂雨散。亦嘗柔外以定，定力振振。順中以如，如心弈弈。吁，法槁而虹斷，切義舫之神移。莫不悼哉，何嗟及矣。以開元十七年七月十五日，終于私房，春秋七十有五。窆於神和原，律也。

門人處王璿延祚等，念松迥茂，仰蕙遙芬。悵頹景之不留，恨驚風之早落。師魂遠何至，資影痛何孤。恐岸成川，起塔崇禮。式爲銘曰：

迹滿三界，神放六通。敎令通囑，德位常融。轉延像世，運及都公。木選寒柏，山寶舒虹。行高奬下，言貴居忠。俗承遠聲色，道洽化無窮。水搖魚徙□，人斷院悲空。日影何旋北，山陰遽已東。荒郊悲慘慘，烟氣亂苍苍。式修營兮妙塔，用表列於仁雄。柩窆歸於泉壤，性遙拔於樊籠。挫一代之濁命，流千古之清風。

《金石續編》卷七，唐四。《續修四庫全書》。

高二尺二寸，廣二尺六寸。二十六行，行二十一字。正書。在陝西長安縣杜永村。

少林寺碑

原夫星垂梵界，聖緣開萬化之先。日照王宮，神跡蘊三靈之始。包至虛以見世，象敎久傳於曠刧。籠羣有以示凡，法身初應於中古。見神通之力，廣救苦因。開智惠之門，深明樂界。鶴林變色，觀其戀慕之心。鴈塔開扉，通其瞻仰之路。

少林寺者，後魏孝文之所立也。東京近甸，大室西偏。正氣居六合之中，清都控九州之會。緱山北峙，亘宛洛之天門。潁水南流，連荊河之雲澤。信帝畿之靈境，陽城之福地。沙門跋陁者，天竺人也。空心元粹，恵性淹遠。傳不二法門，有甚深道業。緬自西域來遊國都，孝文屈黄屋之尊，申緇林之敬。太和中，詔有司於此寺處之淨供，法衣取給公府。法師迺於寺西臺，造舍利塔，塔後造飜經堂。香水成塗，金繩爲約。苦心精力，俾夜作晝。多寶全身之地，不日就功。如來金口之說，連雲可庇。西緣長澗，夾松栢之蕭森。北拒深崖，覆筠篁之冥密。烟花濃靄，暝下天香。泉籟清音，曉傳空樂。跋陁息心玆地，樂靜安居。感而遂通，境來斯證。寤寐之際，若有神入。致石磬一，長四尺，規制自然，聲律咸具。得之河曲，空聞漢使之談。浮于泗濵，徒入夏王之貢。管絃風夜，合淸響於中天。鍾梵霜晨，諧妙因於上刼。

時有三藏法師勒那，飜譯經論，遊集剎土。稠禪師探求正法，住持塔廟。虬箭不居，光塵易遠。虹梁所指，象設猶存。周武帝建德中，□元嵩之說，斷釋老之教。率土伽藍，咸從廢毀。明皇帝繼明正位，追崇景福。大象中，初復佛象及天尊象。廼於兩京，各立一寺。因孝思所置，以陟岵爲名。其洛中陟岵，卽此寺也。隨高祖受禪，正朔旣改，徽號已殊。唯此寺名，特令仍舊。開皇中有詔，二教初興，四方普洽。山林學徒，歸依者衆。其栢谷屯地一百頃，冝賜少林寺。大業之末，九服分崩，羣盜攻剽，無限眞俗。此寺爲山賊所刼，僧徒拒之。賊遂縱火焚塔院，院中衆宇，倏焉同滅。瞻言靈塔，巋然獨存。天龍保持，山祇福護。神力所及，昔未曾有。

寺西北五十里，有栢谷墅，羣峯合沓，深谷逶迤。複磴緣雲，俯窺龍界。高頂拂日，傍臨鳥道。居晉成塢，在齊爲郡。王充僭號，署曰轅州。乘其地險，以立峯戍。擁兵洛邑，將圖梵宮。皇唐應五運之休期，受千齡之景命。掃長虵薦食之患，拯生人塗炭之災。太宗文皇帝龍躍太原，軍次廣武。大開幕府，躬踐戎行。僧志操、惠瑒、曇宗等，審靈睠之所往，辯謳歌之有屬。率衆以拒僞師，抗表以明大順。執充姪仁則，以歸本朝。太宗嘉其義烈，頻降璽書宣慰。旣奉優敎，兼承寵錫。賜地卌頃，水碾一具，卽栢谷莊是也。

迨海宇旣平，憲章云始。僞主寺觀，盡令廢除。僧善護洞曉二門，遠該三行。詣闕進表，特蒙置立。武德中，寺有白雀見。貞觀中，明禪師造重塔之辰，白雀復瑞。璿圖肇啓，初欲呈祥。寶殿纔興，遽聞相賀。高宗天皇大帝光紹鴻業，欽明至理。嘗因豫遊，每延聖敬。咸亨中，乘輿戾止，御飛白書，題金字波若碑，留幡象及施物。永淳中，御札又飛白書一飛字題寺壁。雲開顧鶴，電搏遊龍。神草競秀於椒塗，雲泉迥飛於錦石。雕甍增耀，若綴春葩。金疊分輝，似懸秋露。天皇升遐，則天大聖皇后爲先聖造功德。垂拱中，有冬竹抽笋，塔院後復有藤生。證聖中，中使送錢，於藤生處，修理階陛。寺上方普光堂功德，隨日修造，自爾飛鳥莫敢翔集。此寺跋陁疏置，業造神微。皇家尊崇，事光幽秘。珍苻薦臻於動植，靈應亟發於庭除。累聖屬心，每頒渥澤。王言宸翰，旣疊暎於雞峯。寶像珠幡，亦交馳於龍壑。皇上睿圖廣運，神用多能。藉明臺之化淸，繹天池之墨妙。以此寺有先聖締搆之跡，御書碑額七字。十一年冬，爰降恩旨，付一行師，賜少林寺鐫勒。梵天宮殿，懸日月之光華。佛地園林，動煙雲之氣色。漢元魏武，徒衒奇於篆素。鍾繇蔡雍，虛致美於緗簡。日者明勑，令天下寺觀田莊，一切括責。皇上以此寺地及碾，先聖光錫，多歷年所。襟帶名山，延袤靈跡。羣仙是宅，邁羅閱之金峯。上德居之，掩育王之石室。特還寺衆，不入官收。曾是國土崇絕，天人歸仰。固以名冠諸境，禮殊恆剎矣。

高僧跋陁，明三藏心禪。諸門弟子惠光、道房、稠禪師等，精勤梵行，克傳勝業。惠光弟子僧達、曇隱、法上法師等十大德，亦號十英。復有達摩禪師，深入惠門，津梁是寄。弟子惠可禪師等，元悟法寶，嘗託玆山。周大象中，寺初復，選沙門中德業灼然者，置菩薩僧一百廿人，惠遠法師、洪遵律師卽其數也。皇唐貞觀之後，有明遵、慈雲、元素、智勤律師，虛求一義，洞眞諦之源。復有大師諱法如，爲定門之首，傳燈妙理。弟子惠超，妙思奇枝，遠契元蹤。文翰煥然，宗塗易曉。

景龍中，勑中岳少林寺置大德十人數，內有闕，寺中抽補。人不外假，座無虛授。澄什聯華，林遠接武。星霜殆周於二紀，蘭菊每芳於十步。上座寺主都維那等，牢籠法藏，遊息禪林。德鎣神珠，戒成甘露。海內靈岳，莫如嵩山。山中道□，玆爲勝殿。二室迴合，八谷潺湲。地逈貝花，門連石柱。妙樓香閣，俯暎高林。金剎寶鈴，上搖淸漢。法界之幽賛如彼，皇家之福應如此。天長地久，不傳忉利之宮。刼盡塵微，孰記鐵圍之會。精求貞石，博訪良工。將因墨客之詞，或頌金仙之德。聿宣了義，遠喻眞空。其詞曰：

恆沙國土，微塵品類。妄見飛奔，正心蘊櫝。昏途莫曉，淨根將墜。

樂於蓋纏，若要夢寐。丞哉大聖，降跡閻浮。潛迴寶軸，廣運慈舟。實無滅度，示有降柔。紺宮西闢，白馬東流。迷因慢生，悟爲信起。玉刹斯逮，寶山載峙。花臺竹林，清泉妙水。靜唯眞相，湛然攸止。巖巖嵩嶺，河洛巨鎮。下屬九溪，上干千仞。天磴重阻，仙都清峻。式創招提，是資誘進。婉彼上德，載誕耆闍。傳業西土，演教中華。孝文申敬，恩錫仍加。經營宴室，迴出雲霞。中岳北阯，嵩高西麓。斜界玉池，洞開栢谷。紆餘崗澗，連延水木。欝起旃檀，云誰卜築。吾師苦行，淸修道場。勵精像宇，專力經堂。金界繩直，椒塗水香。散花有地，栖禪得方。解空應眞，黙識開士。乘盃遊集，振錫戾止。飜譯幽偈，牋揮妙理。仙馨感靈，神雀降祉。運交土木，代歷周隨。劫火逓起，魔風競吹。法身咸翳，淨國同隳。或聞興復，詎振崩離。神堯應期，撥亂反正。皇矣覺力，大宏福慶。式遏醜徒，聿恢興聖。累降恩旨，兼敷錫命。高宗時豫，先后卜征。亟迴雕輦，屢倚虹旌。巖題玉札，地振金聲。珎苻薦至，在物斯呈。我皇龍興，有典咸秩。懿兹上界，式諸神筆。雲搖天闔，鸞迴少室。草垂仙露，林昇佛日。護持八正，每候能仁。跋陁降德，稠公有隣。厥後眞侶，更傳了因。辯才高行，無替淸塵。倬焉梵衆，代有明哲。今我諸公，蘊彼禪悅。芳越蘅杜，淨踰氷雪。逺綿津梁，無非苦節。穎上靈岳，山間寶殿。秀出梵天，孤摽神縣。芥城可竭，粜田有變。貞石永刊，靈花常遍。

開元十六年七月十五日建

《金石萃編》卷七十七，唐三十七。《續修四庫全書》。

碑高八尺七寸，廣五尺三寸。三十九行，行六十餘字不等。正書。在登封少林寺鐘樓下。

《法澄塔銘》 法師諱法澄，字無所得，俗姓孫氏，樂安人也，吴帝權之後。祖榮，涪州刺史。父同，同州馮翊縣令。法師弟二女，降精粹之氣，含弘量之誠，大惠宿持，靈心早啓，鑒浮生不住，知常樂可依，託事蔣王，求爲離俗。遂於上元二年出家，威儀戒行，覺觀禪思，跡履眞如，空用恆捨。遂持瓶鉢一十八事，頭陁山林，有豹隨行，逢神擁護。於至相寺康藏師處聽法，探微洞悟，同彼善才，調伏堅持，寧殊海意。康藏師每指法師謂師徒曰：住持佛法者，即此師也。

如意之歲，淫刑肆逞，誣及法師，將扶汝南，謀其義舉，坐入宮掖。故法師於是大開聖教，宣揚正法，歸投者如羽翮趍林藪，若鱗介赴江海。昔菩薩化爲女身，於王後宮說法，今古雖殊，利人一也。中宗和帝知名放出，中使供承，朝夕不絕。景龍二年，大德三藏等奏請法師爲紹唐寺主，勅依所請。今上在春宮，幸興聖寺，施錢一千貫，充修理寺。以法師德望崇高，勅補爲興聖寺主。法師修緝畢功，不逾旬月，又於寺內畫花嚴海藏變，造八角浮啚，馬頭空起舍利塔，皆法師指受規模及造。自餘功德，不可稱數。

融心濟物，遍法界以馳神，廣運冥功，滿虛空而遇化。不能祇理事塗，請解寺主。遂抄《花嚴疏義》三卷，及翻《盂蘭盆經》、《溫室經》等，專精博思，日起異聞，疲厭不生，誦經行道，視同居士。風疾現身，乃卧經二旬，飲食絕口。起謂弟子曰：我欲捨壽，不知死亦大難，爲當因緣未盡。後月餘，儼然坐繩床，七日不動，唯聞齋時鍾聲，即喫水。忽謂弟子曰：扶我卧，我不能坐死。卧訖遷神，春秋九十，開元十七年十一月三日也。以其月廿三日，安神於龍首山馬頭空塔所。

門人師徒弟子等，未登證果，豈知鶴林非永滅之場，鷲嶺是安禪之所，號慕之情，有如雙樹。法師仁孝幼懷，容儀美麗，講經論義，應對如流。王公等所施，悉爲功德。弟子嗣彭王、女尼彌多羅等，恐人事隨化，陵谷遷移，紀德鐫功，乃爲不朽。銘曰：

易高惟一，道尊自然。大法雄振，豈曰同年。優陁花色，曇彌善賢。錯落倫次，師在其閒。濟彼愛河，拯斯苦海。導引羣類，將離纏蓋。不虛不溢，常住三昧。是相無定，隨現去來。雙林言滅，金棺復開。有緣既盡，歸向蓮臺。衆生戀慕，今古同哀。

宗正卿上柱國嗣彭王志暕撰并書

刻字朱曜光

法澄塔銘　唐開元十七年十一月二十三日葬。陝西西安出土。清光緒十五年歸黃子壽。李志暕『李志暕』，皇族，襲爵彭王。底本作『王志暕』，誤。撰并正書，朱曜光刻。此拓係原北平圖書館舊藏本。

《唐故方律師像塔之銘》 律師諱竇手，字玄方，俗姓王氏。其先太原人也，後代因官鄴京，遂宅於斯，又爲鄴下人焉。師道性天稟，法器神資。年十三，就當縣大慈寺投大德度律師□和上誦《法花》、《維摩》等經。年廿三□神龍元年，恩勅落髮，配住龍興寺，依□大德恪律師進受戒品。五夏未周，備閑持□，於是衆所知識仇屬光隆，法侶傾心，□任當寺律帥。十餘年間，□□理□□身心益靜。春秋三十有七，□□□凡一□□五。以開元十年三月一日，脫形遷識。嗚呼，大士云逝，孰不悲傷。門徒玄超、玄秀、玄英等，攀慕慈誨，遂於靈泉寺懸壁山陽，起塔供養，粤以開元十五年三月一日安厝。言因事顯，頌以迹宣。乃爲銘曰：

大士攝生，不貪代榮，堅法幢兮。諷詠葉典，玄章要闡，隳邪教兮。增善法戒，累鄣腐敗，摧苦輪兮。生必歸滅，悲哉傷哲，懷哀戀兮。建塔山陽，刊石傳芳，□□□□。

《安陽縣金石録》卷三。《隋唐五代石刻文獻全編》，北京圖書館出版社。

《義福塔銘》 禪師諱義福，俗姓姜氏，潞國銅鞮人。曾祖仲遷，隨武陟丞鴈門令。大父子胤，烈考解脫，並丘園養德，隱居不仕。禪師體不生之□神，綱無染之絕韻，爰在悼齔，遊不狎羣。遂更童長，身無擇行，峻節比夫嵩華，雅量方於溟渤。初好老莊書易之說，亟歷淇澳漳滏之閒，以非度門，一皆謝絕。齒邁三十，適預緇流，慧音共芝若同芬，戒相與蓮花比潔。大通之在荆南也，慈導風行，聲如鼓鍾，應同鳴鶴。乃裹糧修謁，偏袒請命，逮得法要，式□勵精。浹辰之間，豁然大悟，三摩隨入，順忍現前。大通印可，密□付囑。自是多歷名山，普雨甘露，經行如市，宴坐成林。門下求謁，固嗤三年之滯，衆中樂聞，常兼五十之喜。則我禪伯之徽業，實亦駿揚于耿光。及遊涉上都，載□咸洛，法梁是荷，人寶歸尊。有如王公四累，下逮裨販百族，明發求哀，涕淚勤請。則亦俯授悲誨，朗振圓音，應器而甌缶必盈，返根則條枚盡洽。如摩尼皆隨衆色，入薝蔔不齅餘香，所可修行，分獲契證，昇堂或落落□出，其餘則滔滔皆是。前年輿駕東幸，禪師後旋□洛，閉關靜慮，猶□□言。或趺坐通宵，或冥寂終日。門弟子有觀異相，竊或怪之，知化緣將終，接衽悲侍。開元廿四年夏五月廿五日，右脇徂逝，春秋七十九，僧夏□□八。粤六月十有七日，恩勅追號大智禪師。秋七月六日甲申，遷神於奉先寺之西原，起塔守護，禮也。禪師以道分人，運慈濟物，凡所利樂，率先弘溥。其茂德殊行，則刊在世碑，冥覩神迹，則詳夫外傳。簡茲盡美，略而不書，猶迷變海之期，示勒開山之記。銘曰：

闕塞西麓，相縈抱兮。極目南臨，伊汝道兮。永錫大智，神所保兮。達人□已，豈多藏兮。率由代教，駿發祥兮。子蔭法嗣，道有光兮。

義福塔銘 唐開元二十四年七月六日刻於河南洛陽。舊藏洛陽存古閣。杜昱撰，正書。

《義福禪師碑》 夫聖人以仁德育物者，則醴泉潛應而湧，嘉禾不播而植。神功以不宰寧運者，則玄宗會境而立，正法由因而備。然則有靈允答，爰九疇而式叙，無爲克成，超萬象而弘濟。曁今上文明，大開淨業，溥福利眞慈之澤，闢權智衆善之門，精求覺藏，汲引僧寶，往必與親，念則隨應，張皇通達之路，騰演元亨之衢者，其惟我大智禪師乎。

禪師諱義福，上黨銅鞮人也，俗姓姜氏。系本於齊，官因於潞，載鴻休於邦諜，踐貞軌於家範。曾祖鴈門令，大父烈考，並棲尚衡門。禪師始能言，已見聰哲，稍有識，便離貪取。先慈矜異，遺訓出家。年甫十五，遊於衛，觀藝於鄴。雖在白衣，已奉持沙門清淨律行，始爲鄴衛之松栢矣。乃遠迹尋詣，探極冥搜，至汝南中流山靈泉寺，讀《法華》、《維摩》等經，勤力不倦。時月遍誦，略無所遺。後於夜分端唱經偈，忽聞庭際若風雨聲。視之，乃空中落舍利數百粒。又於都福先寺師事朏法師，廣習大乘經論，區折理義，多所通栝。以爲未臻玄極，深求典奧。時嵩嶽大師法如，演不思議要用，特生信重，夕惕不遑。既至而如公遷謝，悵然悲憤，追踐經行者久之。載初歲，遂落髮具戒，律行貞苦。自爾分衛，一食而已。

聞荆州玉泉道場大通禪師，以禪惠兼化，加刻意誓行，苦身勵節，將投勝緣，則席不暇暖，願依慈救，故遊不滯方。既謁大師，率呈操業，一面盡敬，以爲眞吾師也。大師乃應根會識，垢散惱除。既而攝念慮，棲榛林，練五門，入七淨，毀譽不關於視聽，榮辱豈繫於人我。或處雪霜，衣食罄匱，未嘗見於顏色有厭苦之容。積年鑽求，確然大悟，造微而內外無寄，適用而威儀不捨。大師乃授以空藏，印以揔持。周旋十年，不失一念，雖大法未備，其超步之迹，固以遠矣。後大師應召至東都天宮寺現疾，因廣明有身之患，唯禪師親在左右，密有傳付，人莫能知。後聖僧萬迴遇見禪師，謂衆人曰：弘通正法，必此人也。

神龍歲，自嵩山嶽寺爲羣公所請，邀至京師。遊於終南化感寺，棲置法堂，濱際林水，外示離俗，內得安神，宴居寥廓廿年所。時有息心貞信之士，抗迹隱淪之輩，雖負才藉貴，鴻名碩德，皆割弃愛欲，洗心清淨，齋莊肅敬，供施無方，或請發菩提，或參扣禪契。有好慕而求進修者，有厭苦而求利益者，莫不懇誓專一，披露塵惱。禪師由是開演先師之業，懋宣至聖之教，語則無像，應不以情。規濟方圓，各以其器，陶津緣性，必詣其實。廣燎明哲之燈，洞鑒昏沉之路。心無所伏，故物無不伏，功不自己，乃功無不成。迷識者以悟日新，愛形者由化能革。不遠千里，曾未旬時，騰湊道場，延袤山谷。所謂旃檀移植，異類同薰，摩尼迴曜，衆珍自積，其若是乎。如來以四諦法，濟三乘衆生，以八正道，示一切迷惑。其或繼之者善，成之者性，非夫行可與眞靜齊致，道可與澹身同體者，固難議於斯。

開元十年，長安道俗請禪師住京城慈恩寺。十三年，皇帝東巡河洛，特令赴都，居福先寺。十五年，放還京師。廿一年，恩旨復令入都。至南龍興寺，曰此人境之靜也，遂留憩焉。沙門四輩，靡然向風者，日有千數。其因環里市絕葷茹而歸向者，不可勝計。廿三年秋八月，始現衰疾，閉關晦養，不接人事。誡諸門徒曰：吾聞道在心不在事，法由己非由人。當自勤力，以濟神用。衆以爲付屬之萌也。明年夏五月，加疾減膳。廿四日申酉之間，有白虹十餘道，通亘輝映，久而不滅。廿五日際晚，攝念開顏，謂近侍數人云：本師釋迦示現受生七十有九，乃般涅槃。吾今得佛之同年，更何所住。又云：臥去坐去，亦何差別。便右脇枕手，壘足而臥。此則知身非實，處疾不亂，奄忽棄世，無覺知者。皇帝降中使，特加慰賵，尋苐謚號曰大智禪師。即大智本行，皆悉成就，以禪師能備此本行也。

禪師法輪始自天竺達摩，大敎東派三百餘年，獨稱東山學門也。自可、璨、信、忍至大通，遞相印屬。大通之傳付者，河東普寂與禪師二人，即東山德，七代于茲矣。禪師性篤仁厚，天姿通簡，取捨自在，深淨無邊，苦己任眞，曠心濟物。居道訓俗，不忘於忠孝，虛往實歸，尤見其困默。有無不足定其體，名數安能極其稱。弘波難挹，高棟云摧，既離形器之表，當會神通之域。粵七月六日，遷神于龍門奉先寺之北岡。威儀法事，盡令官給。搢紳縞素者數百人，士庶喪服者有萬計，自鼎門至于塔所，雲集雷慟，信宿不絕。棺將臨壙，有五色祥雲，白鶴數十，雲光鶴影，皆臨棺上，欝靄俳佪，候掩而散。近古歸墓靈相，未有如斯之盛也。

禪師之季曰道深，力方墳而心盡。弟子莊濟等，營豐碑而志勤。伊余識昧，昔嘗面稟，非以文詞取拙，將爲剋慕在懷。覽江夏立銘，涕增橫墜，覩太原成論，悲甚慨然。攀緣苦集，願望都斷。有太僕卿濮陽杜昱者，與余法利同事，共集禪師衆所知見實錄。其餘傳聞，不必盡記。且離生滅是究竟無餘，鏤盤盂乃古今難沫。顧才不稱物，短綆汲深，猶昔人稽首東向，獻心廬嶽者，以爲懇慕之極，況鐫刻永世，不猶愈乎。其銘曰：

契眞慈者，道爲物先。靈力幽授，降切生賢。爰茲大士，寂照弘宣。惠超三業，心空四禪。德溥甘露，言感清泉。翺軒宗極，念護無邊。猶彼檀施兮，福未嘗有。如彼戒瓶兮，物無不受。石無磷兮白不湼，栢耐霜兮竹停雪。今將遺世兮無有量，永離蓋纒兮辭生滅。門人法侶兮無歸仰，刻琰瑀金兮狀高節。望盧山兮摧慕，瞻郎谷兮悲絕。

開元廿四年歲在丙子九月丁丑朔十八日甲午建

史子華刻字

義福禪師碑　唐開元二十四年九月十八日刻於陝西西安。嚴挺之撰，史惟則隸書并篆額，史子華刻。此本額失拓。陰見開元二十九年五月十八日《義福禪師碑陰記》。

《空寂寺大福和上碑》 水之流也，微風以成其波。人之生也，積行以成其道。木有火，石有金。火非燧而莫出，金非鍊而莫見。則知定以慧發，覺爲行先。淂之卒無，求之不有。首自釋迦，□傳達摩，末傳於我大師矣。師族于張，家于豊。含育在胎，異氣所感。誕厥彌月，其目猶閇。有異僧見而驚曰，此西夏之聖者，當度衆累，以宏大乘。雙眸忽開，允符授記。其卝也，識泯智葉，意栽道牙。其緇也，行苦業淨，福薰果孰。初於西明寺精五分律，後於南荆州宗大通師默領法印，潛通幽鍵。大通謂師曰，萌乃花，花乃實，可不勉矣。師聞之惕息，言下而悟。以爲不生者生，起心即妄。無說是說，對境皆空。師淂法而還，大師承詔而至，雖有靈山之別，不異龍花之會。

無何，大通居東洛師，師願偕往。大通錫以如意杖曰，吾道盡在於茲。以爲如意杖者，比如意珠也，用之不盡，可敎西土之衆。於是我師遂留，施物以安，誘物以漸。慈攝神鬼，威伏虎狼。昆蟲草木，罔不霑潤。景龍歲，勑授塗山寺上座。嘗有神僧宴居曰，後四十年間，當有勝士，継□是處。事由冥契，曰以宿感，我師應焉。又授薦福、慶山、龍興三寺上座，皆承天詔，允從人願。時之彊名，於我何有。

後經行於聊浮東山，曰，思公有記生之石，豈惟南岳，古猶今也，此地□可終焉。開廿六年五月五日，果勑置空寂寺。泉出景中，花雨象外。我師未兆而見，亦先天而不違。岑嶺廻厥川源，沃□實爲勝□，愜於所淂，道侶精構安國寺。以睿宗舊邸，肅宗躍龍之所，資於法噐，以住持也。揔持寺扌遠□□又請安居。□凡及聖，推賤等貴。

久而謂門人曰，理本無礙，甯繫我身。物皆有終，甯住於世。以天寶二年二月廿二日，右脇而卧，隨化□也。國動悲號，天地變色。八十九甲子矣，六十三僧臘矣。精氣已去，容狀不改。眉生髮長，與世殊異。其年八月十八日入塔□□□□靈□□□水咽歸槐□□□長道之□國人哀送是切情之終。

色界皆空，法身不滅。具天之□育□□功□□之所□□□□□□□□傳□□也不□者安淂異僧，而所稱焉。師之敎也，不可以智知。師之道也，不可以□□知□□□□□□□□□□□□□□□□□爲榮也□□夫能息念念，獨證如如。付屬弟于大雄大□倶契心眞，僉□□□□□□□□眞□□□自在故上□□□□□□□□悟□梵宮成五佛刹。入室弟子上座□福寺主□□等，材以天而生，器以□而就。精修由己□□□曰□□也□□□□□也誓存於守□釋氏之塔，猶儒士之墳。□□□□□□□在注以甘露□□人天□理□自如而相□悲□□使大刼將□而妙敎常存。爰刊貞石，紀其銘曰：

眞空□□　□□□生　□慧西方　□□東土　□□川□　出生死苦
我師懸觧　尚資於學　□□□□　□□□□　□□□□　□□□□　□□
倶□　湛然夲□　怖鴿既棲　騰猿亦定　□其□□　□寺□□　□呑日月
□□□□　□□□塔　雨泣門人　空山之巓　松柏蒼然

貞元□六磨泐，不知幾字。月丁酉五日辛丑當寺門人比邱□□□□校法
□持國天王寺主志澄等建
刻字比邱實悟此行字畀較擠。

《八瓊室金石補正》卷六十七，唐三十九。《續修四庫全書》。

高七尺二寸二分，廣三尺七寸五分。廿五行，行四十七字。字徑一寸，行書。在陝西。

《浄土寺明演塔銘》　明經劉鈞書

如來滅後，五濁惡世，厥有悟最上乘者，即我大師歟。大師俗姓柳，法號明演，累代家於相州湯陰縣。幼而溫敏，長而良逸。藴顔子德，昇孔氏之堂。天寶季，擢明經苐。寶應中，調補濮州臨濮尉，後遷濮陽丞。清能肅下，威能慴豪。芳名振於齊魯之間，孰出其右。因詣方袍士，語及無生，喟然歎曰，萬法歸空，一身偕幻。瑣瑣名位，曷足控搏。遂投紱捐璽，適于京師。

時□□都知兵馬使検校御史大夫王駕鶴奏曰，前件人捨官入道，樂在法門。今因章敬皇后忌辰，伏請度爲僧。詔曰可。乃隷名於洛陽縣敬愛寺，因具戒於嵩岳壇場。厥後口茹一廡，身衣百納。洞達五方便，探賾脩多羅。雖思代居梁，仏啚在趙，方玆蔑如也。興元初，延長定覺，念定舍那。七八年間，歷抵開法，龍象鱗萃，冠蓋雲集。濟濟焉，鏘鏘焉，得其門者或寡矣。欻思振錫，步及於鞏縣淨土寺。

縣尹隴西李公閑㝛夫人吳郡張氏，禮足歸依，虔心諦聽。淨財珎服，捨而勿悋。由是景附響和者，不可勝筭。非夫慧日懸空，寶炬破闇，其孰能臻於此乎。且逈出四流，既遠離於煩惱。遽成三點，徒示相於涅盤。以貞元十七年二月五日整三衣，掩一室，□然坐化，容貌如生。四衆漣洳，奔走織路。俗齡六十有九，僧臘三十有三。

門弟子淨土寺主智德，律坐主常隱，神昭寺三綱寶燈、堅志、如印等，因心起孝，扶力議事。言於同學曰，不建塔曷以旌盛德，不刊石曷以紀高行。謀之既臧，罔不率從。不遷朔。縞素疊委，泉穀交積。傭工度地，梴埴爲甎。不傷財，不害人，格于十旬，傑其高跱。以明年春，繩牀趺座，歸于厥中。左瞰名區，前臨清洛。浮雲朗月，松檟飀飀。叶從宦於玆，嘗陪高論。援毫含欷，遂作銘云：

於休上人，偉貌昂藏。遺榮濮上，練行嵩陽。淤泥自濁，荷花自□。澄思一室，聞名四方。了悟眞詮，門人駢闐。雙林遽變，孤磬空懸。屹立素塔，遐對清川。憧憧行路，孰不悽然。

大唐貞元十八歲次壬午正月廿二日建

僧弟子等僧常湛　如寶　惟正　師德　義嵩　惠寂　以上一列　恆義　元通　智深　元應　志安　寶珎　二列　尼弟子寶詮　智燈　元一　堅秀　惟堅　澄心　三列　淨滿　眞見　霊恵　常□　道堅　□眞　四列　惠英　超海　常進　廣恩　珎寶　常秀　五列　法立□　在常進下　堅滿　堅政　廣濟　六列　造塔匠梁榮璨　鎸字焦獻直

俗門人等　李秀　王幹　馮景　賈秀　白仙鶴　馬進　馬宰　王昇　車仙　曺榮　薛詳樂興　張端　李滔　劉玉　□望　游善　石玉　王寬　游進誠　張昌　張翼　擅□　張元素　張□　楊旻　□□　翟季華　女弟子等　威嚴　眞藏　常清　淨智　藏蓮　華藏　政□　常不輕　嚴正　不若智□□　菩提海　□□　觀自在　圓滿　福莊嚴　尊勝□旃檀□　阿妙□自在　擾曇　寶莊嚴　滿藏　寶光明　法海　蓮花藏　花鮮　四无量　燕女　功德山　淨□　柔調

《八瓊室金石補正》卷六十七，唐三十九。《續修四庫全書》。

高一尺八寸二分，廣二尺三寸五分。三十五行，序銘廿五行。行廿三至廿九字前後不一。字徑四分。下方姓氏三十三行，行字不一。正書。在鞏縣。

《會善寺大律德惠海塔銘》　詳夫金人應世，迦維誕生。玉豪騰耀於八方，敎法流傳于此土。三乘並駕，五部齊驅，澄混不雜者，唯律宗焉。中有紹繼挺生者，卽吾師矣。諱惠海，俗姓張。漢司徒之胤，今爲河東猗頓人也。七歲尋師，于妙道寺精持寶偈，卽《維摩》、《法華》□一部。自年逾弱冠，具戒此山當寺。遂抆遊二洛，精研律宗。前後敷揚，約廿餘遍。自貞元七載，奉勅臨壇，傳敎度人，莫紀其數。至貞元之末，情慕大乘，伏膺於魏府門下，精通《楞伽》《思益》。搜賾元微，名貫三秦。而數郡邀請，匪度物之將倦，而志居雲壑者矣。伏惟和尚德重邱嶽，釋門孤秀。包綜三藏，精通一乘。稟稟兮如萬丈寒松，皎皎兮似一潭秋月。若乃香壇弘法，得度者而數越稻麻。親授衣珠者，人踰數百。理應高懸佡日，重耀昏衢。豈期宏願未終，化緣將畢。享年六十有五，僧臘卅有九。於元和七年壬辰之歲十二月廿六日，示疾端坐。念茲旡生，乃告門人，言歸寂戒。門人惟峯、遍澄等，隳裂肝膽，聲悲涕流。悵長夜之忙忙，望靈儀而恍惚。遂乃召以良匠，罄以衣資，下于名山，崇玆塔席。其塔也，聳湧雲除，陵層碧空。左挾天中之古祠，右俯玉華之壯氣。前臨潁水之瀑布，卻倚群峯之屹聳。彫白玉以爲門，疊龍鱗而成質。卽知匪其銘也無以彰吾師之德，匪其塔也何以表師資之孝誠。余雖不才，聊爲銘曰：

玉豪隱耀兮西土　三乘並駕兮東馳　律宗委囑兮波離　後有吾師兮繼之　白雲起兮青山暗　戒月沉兮世界昏　不知迷子何時悟　萬古空餘鴈塔存

維元和十秊歲次乙未三月庚辰朔二日癸酉建　懷亮　元應　門人子弟等　道超善集　法晧　曇泌　零惲　曇貞　英秀此二字旁注於行左。　智興　文賁

道光戊申春，得自戒壇故址智水。此刻在碑尾界道之外。

《八瓊室金石補正》卷六十九，唐四十一。《續修四庫全書》。

高一尺三寸，廣二尺。廿六行，行字不一。字徑五分，首二行較大。行書，四周有界道。在登封。

《支提龕銘》　原夫至道寥廓，等寂寞以無言。眞智如如，湛然□□之外。應權變化，運神用於無邊。至於無生之生，示現非相之相。灑甘露於塵界，普洽四生。轉法輪於大千，哀矜六趣。□大悲□□，孰能預於斯焉。我大師造化神功，此地多形勝之所。金門梵響，振萬古之音聲。祇谷伽藍，樹芳囙於億劫。隣茲福階之□□，靈瑞之幽巖。仰瞻鷲嶽之峯，俯接祇園之地。非直溪谷幽邃，抑亦聖跡昭然。康哉大哉，故無德而稱矣。爰有遺法弟子義紭、乾壽等，宿乘妙業，俱崇勝因。稟質天資，人靈特秀。懼暴流之叵度，建愛渚之津梁。□乃運用奇功，依巖起塔。雕龕鏤室，窮匠□之神。綺錯莊嚴，竭工輸之妙。望之如日，目有昭昭之暉。仰之如天，非復蒼蒼之色。大千世界，悉現於寶蓋之中。應化三尊，處□思議之一室。梵宮晃耀，此乃非殊。相好圓明，光同月愛。恐乘田變海，陵谷俄遷。用紀微功，刊茲貞石。其詞曰：

邈矣大聖，耀質金軀。三身化現，四智如如。不生不滅，非實非虛。有無所有，無無所無。其一　眞容毫相，光流月愛。常遊十方，恆在三昧。示入生滅，無罣無礙。脫屣躧塵，超然物外。其二　粵我三尊，惠力難量。慈雲廣被，普洽無壃。應權利物，導引隨方。群生舟檝，苦海津梁。其三

仙巖聖跡，式建支提。斜連麓岫，俯瞰幽溪。天長地久，日月昭迴。金門動響，石室方開。其四

述二大德道行記　弟子蔡景□

大德檀越，門徒情深。道義惠燈，傳照朗晤。心靈示誨之恩，砕軀難報。今囑讚佛之次，述二師之至誠。輒申毫末之辞，式頌彌天之德。庶望將來君子，知三寶之住持。敬題行記，書之如左。

法師義紭，字弘濟，東魏鄴城人也。俗姓張氏。年七歲，依□馬寺□□□□□息玆弟子天縱英靈，聰惠明哲。文明初歲，落髮染衣。住栱谷寺，勤於藝業。内外俱贍，解行雙美。妙善悉曇，奉勅徵□。□□□□二京翻譯。於是參詳聖旨，□闡梵言。譯《金光明經》、《薩婆多律》、《掌珎論》等三百餘卷，並詮辞證義，筆授綴文。又補充□僧統司修寕堵波撿校，尋被抽入薦福寺滿世大德。百坐講説，頻登勝席。殿庭論議，擢以令名。法師學海宏深，辞林迴茂。闡揚□□，名播二京。其時僧衆，咸號法師東魏大乘紭矣。又補京慈悲寺都維那，復於内道塲佛光殿，轉經行道。面奉□□□□□菩提，迎接經像。至乾陁羅國，迎得三藏鄔帝弟婆。將眞容畫像廿鋪，舍利千餘粒，三藏梵本二部，至京聞奏。聖□嚴駕□□法師，馳駰王城，方窮異域。往來四載，途經一萬八千。供奉二朝，十有三記。前後勅賜法衣道具，隨得轉施，不以自資。□□之懷，無以加也。覲省重奏請歸□，道俗欽風，屈爲栱谷寺主。其時州將賀蘭滔，六條儒雅，八正居懷。輟□寺□□□補充太雲寺法師教授。於是宣揚妙旨，成庶品之津梁。演暢微言，啓含生之耳目。衆又舉法師以爲上座，綱紀寺衆。□□□□□□準勅，再滌釋門，甄明戒律，重補充清滌上座。法師精勤攝念，筞勵持經。《維摩》、《法華》，日誦一遍。戒定惠解，詎測浅□。□□□□，式題斯記。

法師乾壽，字崇詮，義紭同郡人也，俗姓李氏。年廿歲，依化樂寺崇□法師爲傳法弟子。學《法華經》、《唯識》、《俱舍》、《因明》等論，皆理極精微，妙窮法相。證聖之歲，剃落披緇，住栱谷寺。奉別勅，補充當寺教授。法師於是廣演談玄，深攻理趣。威儀肅物，雅操超群。又補都維那，綱紀衆事，利益常住。軌範僧亻，修復伽藍，咸皆壯麗。故得寶坊金地，月殿重明。嚴飾山門，光揚佛日。緇徒濟濟，士庶鏘鏘。三寶欝興，四衆攸仰者，其惟法師住持之德也。又以崎嶇山路，剪拓修夷。枯涸川原，疏泉汲引。哀矜物類，濟乏賙無。悲敬雙修，廣行□捨。此者，法師大悲之行也。又乃天資妙□，巧惠殊倫。智用合宜，動中規矩。内懷至孝，無忝所親。生事愛敬，死事哀慼，是謂孝道畢矣。恭穆仁慈，謹敬謙□，是謂禮儀備矣。未有已任孝別起津梁者哉，故經云，孝名爲戒，亦名制止。法師志崇清淨之福，以報鞠育之恩。神用研精，敬□□室。於是依山搆宇，備設堂儀。鑿石疏□，宏開洞室。池引八功之水，爐焚六銖之香。七物咸珎，衆事周贍。長時供養，通浴聖凡。法師四攝利生，三悲霽□。融心二諦，觀照五停。積德難量，解行彌廣。略陳綱紀，題斯記焉。

唐開元十九年歲次辛未九月廿五日建

《金石萃編》卷七十八，唐三十八。《續修四庫全書》
石約高六尺，廣四尺。三十二行，行四十八字。行書。

《堅行禪師塔銘》　禪師諱堅行，俗姓魚氏，京兆府櫟陽人也。惟師貞儀苦節，精懃厥志。捐別修而遵普道，欽四行而造眞門。豈荼晨霜易晞，夕露難久。寢疾牀枕，藥餌無徵。嗚呼哀哉，以開元十二年十月廿一日，遷化於本院，春秋七十有六，夏卌矣。臨命遺囑，令門人等造空施身。至開元廿一年，親弟大雲僧志叶、弟子四禪、賢首、法空、淨意等，收骨起塔，以申仰荅岡極之志。閏三月十日。

《金石萃編》卷七十八，唐三十八。《續修四庫全書》
石高八寸，廣六寸七分。十二行，行十三字。正書。在西安府城南。

《景賢大師身塔記》　大師諱景賢，菩提大通法廟諱也。本姓薛氏，汾陰人，世爲著族。容貌秀偉，見者肅然。幼而神明，周覽傳記。弱冠投心大覺，宿好都遺。問道於□□智寶禪師，師言法王大寶，世傳其人。今運鍾江陵玉泉次，一佛出世，亦難遭矣。則星馳駿邁，而得大通。發言求哀，揮汗成血。大通照彼精懇，喻以方便，一見悟入，囧然照洗。屬世議迫隘，遠迹幽絶，客居巴峽三抗山中。山尋覓必□□虎搏噬，毒癘蒸欝。而我歲時宴居，初無惱害。豈□爲之守，而神靈保綏，良可知也。久之，廣大圓極，悉心以獻。大通怡然，克荷相許。付寶藏，傳明燈，爲不讓矣。時神龍□□□中宗聞風，詔請内度。法衆仰德，□晋都下。大師雅尚山林，迫以祈懇。或出或處，存乎利濟。化自南國，被乎東京。向風靡

然，一變於代。蓋三世諸佛□□□印妙極之用，言外之功，不可得而聞也。觀乎□□蠢蠢於黑闇，千界熙熙於熱毒。如來有以登大明，灑甘露，□相示寂滅而業遵龍象則我先佛法身湛然常□者矣。始先祖師達磨西來，歷五葉而授大通。赫赫大通，濟濟□□。寂成福藏，爛□□□。同波派流，分景並照，亦東□之盛也。嘻，世相不實□盡誰□菩薩知時□□於物。開元十一年龍集癸亥歲八月，在嵩山會善道場，現有微疾。沐浴宴坐，神情儼然。翌日而謝，春秋六十有四。雲山慘毒，庭樹凋摧。矧夫情靈，痛可言也。門人比丘法宣、比丘慧巘、比丘敬言、比丘慧林等，不勝感戀，奉爲建塔迢亭，艳赫出於嵩半。主上追懷震悼，賜書塔額，署曰□恩。存沒榮幸，山川光燭。廿年，又起身塔於北巖下，永奉安焉。若其積微成著之勤，乘定發慧之用，堅剛勇猛之操，大悲廣衍之□，率皆碑版所詳，不復多載也。

開元廿五年歲次乙亥八月十二日建。

羊愉撰，沙門溫方行書。開元二十五年八月葉封日。

《金石萃編》卷七十八，唐三十八。《續修四庫全書》

碑高三尺，橫廣四尺五分。三十行，行二十一字，行書。在嵩山會善寺。

《光業寺碑并陰及兩側題名》

粵若稽古，我國家祖元宗道，欽若辰極，乘乾出震，光宅天下。駈除繩契之后，兆朕乎萬八千年。抑揚禮樂之臣，經營乎七十二代。五嶽班瑞，四海奉圖。萬象昭回而□極三元□□□□□□□形於彳衛輪王儼若而護持。希夷歎於正朔，空有歸於律呂。豈直周王柱史，降生迦葉如來。魯國脩文，更是儒童菩薩而已。湛恩汪濊，充溢紘極。巍巍乎神通自在，無得而稱者也。

光業寺者，蓋□□□□□宣皇帝、七代祖光皇帝陵園之福田也。總章之年，奉敕置是，額曰光業焉。於戲，宣皇帝始以宣簡公任瀛州刺史，今瀛州大廳事尚曰宣簡公廟云，亦猶室起□□□□□□城□□信仍名趙信之城。國風詠其甘棠，闕里傳其綠竹。攀援遺愛，其若是乎。自玄元皇帝，累聖重光。百姓日用而罔思，四海困窮而有屬。天之寶命，乃大集乎。我皇□□□□□□□離□三靈改卜，二祖在天。暨乎天下文明，宗禋復禮。豐沛故事，俯遂有司。貞觀廿年，累遣使臣左驍衛府長史長孫尊師與邢州刺史李寬、趙州刺史杜□等，驗謁塋域，畫圖進上。麟德元年，□□□□□□□懿王陵墓並在趙州，各宜配守衛戶卅人，仍令所管縣令專知檢校，刺史歲別壹巡。

逮乎儀鳳之年，追上尊號曰，蓋開聖皇闡運，景業本乎承祧。先哲纘圖，大孝在於尊祖。故商□創□，□□相土之儀。豐邑建家，克邁古公之烈。是則上靈迺眷，德盛者光流。明命攸鍾，化隆者祚廣。永惟紹統，肇自高陽。重規累聖之功，充溢區宇。積仁行義之道，光被黎元。長發開其遠祥，錫類紹其鴻緒。朕以虛薄，嗣膺寶位。當宸極之重，無忘冰谷。荷宗社之明靈，匪甯夙夜。聿懷先構，感結於因心。欽若舊章誕睿惟幾韞識。任總六戎，勛高八命。皇祖懿王，天□英哲，縱靈文武。翼亮帝圖，蕃輔王室。斯固迹隆綿瓞，道光承幹。疏封丹社，茂績藹於當年。演慶玄珪，鼎命流於異代。豈得含弘簡久之業，尚闕郊歌。大蒸殷薦之儀，有虧祀典。敬詢故實，允迪鴻名。皇祖宣簡公，謹追上尊號，謚宣皇帝。皇祖妣夫人張氏，謹追上尊號，謚宣莊皇后。皇祖懿王，謹追上尊號，謚光皇帝。皇祖妣妃賈氏，謹追上尊號，謚光懿皇后。庶昭報之義，□極齊尊。列文之德，儀天配永。仍令所司備禮，昭告宗廟。思叶慎終，以申孝享。主者施行中書令臣李敬玄宣，中書侍郎門下三品臣薛元超奉，中書舍人弘文館學士上柱國臣郭正一行，侍中太子賓客假□議大夫守黃門侍郎同中書門下三品上騎都尉臣恆，奉詔書如右。

臣聞惟盛啟圖，烈鴻名以光七廟。惟皇纂統，明至道以親九族。是以追奉大王，踰梁之業彌峻。加尊宣后，踐鄗之祚斯隆。伏惟天皇出震膺符，體元立極。垂衣而化天下，執矩而清寓縣。發揮庶政，黼藻神功。克脩文武之烈，寅亮祖宗之道。緬懷先□，欽惟累聖之功。思上尊名，咸洽因心之禮。追崇大號，慶延長發。式敷敦大之風，允迪無疆之祉。凡在黎獻，感慰兼深。奉詔付外施行。至其年五月敕，皇祖宣皇帝陵，以建昌爲名。皇祖光皇帝陵，以延光爲名。有司依式。中書令臣李敬玄宣，中書侍郎同中書門下三品臣薛元超奉，中書舍人臣劉禕之行。既而禮備昭告，恭維奉行。明□之重咸崇，察道之尊斯著。欽若勤脩之果，寔光帝業者歟。

借如影散貞巖，仍留寶塔。函分舍利，尚積珠臺。況乎劍履前湖，不無仙館。桑梓舊國，須□法宮。於是乎百堵齊舉，千櫨普設。工倍斯巧，不日而成。爾其地也，□則若丹陵舊墟，白水前壤。祇樹給園之勝踐，初地本際之神鄉。堯臺翊其前脩，禹堤匡其遠業。瞻言渤澥，森□岸之旃檀。睠彼清涼，盡他方之菩薩。金繩界邢任之國，寶刹舞燕趙之衢。雜樹扶疏，共搖禪影。郡峯邐迤，竟襲香煙。國土清淨於遠郊，更得醫巫閭鎮。恆衛既從而委輸，即是尼連禪河。斜界城池，參差舍衛。高□畢昴，依稀佛星。宮宇於是虛亭，樓觀此焉飛跱。自然檀山不遠，行謁□王。兜率何遙，坐看天寺。不生妖木怪草，無問小根大莖。從來雨露所搏，是曰珊瑚之樹。廊廡脩注，自致幽深。庭除砥平，無有高下。銀函藏經，竺蘭之所未傳。玉露仙槃，長老歎其希有。大士持論，則高舉勝幡。南雲雨香，則迴浮華蓋。豈只六年，道樹乃肆經行。但於一處，花林皆堪悟法。

然寺有阿育王素像壹鋪，景皇帝玉石眞容壹鋪，銘勒如在。故總章勅云，爲像爲陵置寺焉。自雙林變彩，萬相潛輝。爪髮掩於珠函，天衣藏於銀疊。雖則風雨如晦，或現神光。□岫窈冥，乍留眞影。而鷲山空寂，終悲說法之堂。雪嶺深岑，永痛安居之寺。於是乎像教住法，塔廟瞻仰。神鬼八萬，爭圖滿月之容。巧工卅，共畫開蓮之像。羅漢取雄黃之樹，即日成龕。沙門奉交露之珠，爾時營塔。是以育王申願，果見分軀。景帝歸依，湛然常樂。叢臺袨服之女，咸希娑碣龍宮。平原珠履之賓，並願跋摩開士。誓弘深海，願啟仁祠。志景高山，祈安妙相。

乃有初建佛堂前寺主僧道慶，續脩上座僧玄測，立碑寺主僧玄靜，並性相圓明，住持堅苦。傳經不疲於骨筆，救俗靡憚於殘軀。心水澄活，身田寂靜。擯落囂滓，拂衣高蹈。前上坐僧惠超，至開元十□年，次營寺主僧慧山，上座僧守義，都維那僧知定，僧弁藏，僧智藏，僧敬秀，僧志成，合寺門徒等，並宿植果因，早聞經佛。若勤沙劫，無捨刹那。能開方便之門，從其喜舍之願。本縣都維那蓋壹、孟壹、李亮、霍貞、杜□、李舟、王爽、陳淳、王威、周四、□後孫文行、長瑜，爲政、弘詮、君徹、珍寶、二寶、宗預，栢鄉縣維那董眾、李名、李芝、孟白、牛寶、霍模、趙僧、趙思、王廉、宋蔭，任縣維那王徽、張收、張惲、趙貢、李靜、趙脊、李惲、王操、孟岸，凡厥兩州三縣，以其得姓□封，或里仁從宦，必復公侯之德，務本于農。聿脩祖考之規，揚名於代。植杖耦耕之稅，盡入檀財。辭金勸學之賢，歡聞施捨。

爰用麟州文杏，雜以徂來之松。逮乎象林香桂，糅之新甫之栢。匠者乃自水作皋，從星直繩。斤動而風生，札飛簷而江滿。瓔珹彩致，瓔玫鱗彬。將畫壁而龍來，始飛簷而鳳跂。上三休而超色慾，左墄右平。臨四柱而絕風煙，琁題刻桷。綠墀青瑣，莫匪瑠璃。繡楣雲楣，多連瑪瑙。千葉生於倒井，百福現於豪光。眞疑彌勒下生，好似蓮花後會。天龍八部，即仰螺宮。童子三乘，且歡沙塔。動滴瀝而成響，何啻魯靈光。若摛霞而曜天，空傳魏景福。寶蓋並諸天樂下，梵響與眾籟俱吟。棟宇而來，斯亦大壯矣。

于時使持節趙州諸軍事趙州刺史上柱國田再思，四豪芳冑，六國英髦。拾紫脩明，思皇亮采。歷試僉允，惟良寄深。碩學與碧海連波，宏文共珠星絢美。坐而論道，且讓德於台階。視以褰帷，恭助理于方牧。以仁恤隱，以惠愛人。威武足以清刑，公忠足以信俗。家家似懸明鏡，人人若仰慈親，經曰，君親臨之，厚莫重焉，其此之謂也。時因歲謁帝陵，是用歸依法宇。作禮恭敬，讚歎甚深。若庇豪光，如親付囑。縣宰朝議□□城縣令宗文素，承坐嘯之清規，述鳴琴之雅政。行惟時表，□乃人師。德義在躬，聲芳自遠。動靜無二，退食自公。始終如壹，自公退□。百姓仰之如父母，寮吏敬之若神明。《詩》云，愷悌君子，人之父母，則宗□□人也。每以四諦三□之徒，與香雲而畢會。六度十善之侶，乘妙音而□來。長無狂象之虞，永絕魔王之警。晉惟虛菲，解袟南昌。言理桑田，薄遊東海。去留惜別，長幼相趨。祈作此文，原空二格。用旌法會。辭不獲免，茲焉課虛。將以桂長而輪虧，桑生而海淺。人代以之超忽，陵谷於是遷移。庶征南之碑，雖江沉而山在。而遼東之柱，憶城是而人非。以是因緣，爲之不朽。空。其詞曰：

□王桑梓，本際城池。陵園肅穆，祠闕參差。千齡寶祚，萬代宗枝。符彩紛鬱，光陰陸離。惠化仁壽，至理無爲。道德營衛，人天羽儀。其一羽儀伊何，聿遵昭報。克綏多福，感勤綸誥。爲像爲陵，以師以導。招提乃立，光業之號。杖錫清規，乘杯雅操。忉利高遠，毗邪深奧。其二地界金繩，經藏銀疊。始敷蘋果，終傳貝葉。定水橫流，禪林迴接。殑伽沙□，俱眩灰劫。生自無生，法應非法。不於人我，同歸淨業。其三爲法施者，爲法來者。大千法界，壹四天下。共縛心猿，同袪害馬。火宅斯壞，水月斯假。飲食衣服，歡喜施捨。是仰仁祠，欣然大廈。其四神圖既集，法宇斯崇。丹雘霞起，光明日融。龍盤畫壁，鳳跂簷風。樹春梁下，花明幄中。琁題入月，高甍拂空。如來分土，蓮花會同。其五國王大臣，州牧縣宰。濟美福業，勤脩亮采。如露平施，如雲自在。展敬陵園，歸誠法海。諦聽茲肅，瞻顔無怠。凡厥有情，□百斯倍。其六摩訶功德，不可思議。座滿師子，地盡瑠璃。蜂王送蜜，樹葉低枝。毛滴海水，芥納須彌。無□劫石泐，原空三字。數，未幾毫釐。生滅爲樂，城宅虚危。其七過往現存，俱來眷屬。性漸空有，情超色慾。歡喜讚歎，頭面禮足。虹暎朝曦，龍然夜燭。行看泡幻，坐驚浮浞。願牓書銀，思函檢玉。其八皇家聖理，佛□石缺處，原空十七格。高懸。三千法界，億萬斯年。天傾柱折，地缺鼇遷。風淪萬籟，火燎三天。谷深陵阜，海淺桑田。□斯貞石，常樂超然。其九

大像主光業寺上坐僧慧超，上爲皇帝皇后，師僧父母，泐二十二行，字既鐫而鑿去者。法界蒼生，普同供養。右十四行在題額之佛像下，正書。

邢州任縣

朝議郎行邢州任縣令韋延祚

承務郎守邢州任縣丞李晟

宣義郎行邢州任縣尉張恕己

朝散郎行邢州任縣主簿周折滯

文林郎行邢州任縣尉邵濟之

雲騎尉録事李守忠

雲騎尉宋神徵　□□□□□寘

右十二行在碑陰左額，字徑一寸。

北王村張惠方王神□王智廣王仁恭王玄哲梁阿文王迎玉王元興梁宗師□□□張□□王知足□□□王小苟王遵禮王遵義王遵喜南杜村杜慶賀杜玄奬杜班超杜玄珪楊感寂王仁美王法恭王乾貞□□冲王神貞王漢子王神湛王友益□智果王玄□王貞□□□王神□王好客王崇一韓德藝息□琮霍令欽霍神□霍鳳祥　南楊村楊□□霍善義霍仁欽楊□□

右二行在左側前稜上截。

柏仁縣都維那張文貴宋立言北宋村宋□□□宋□□宋□□宋

右二行在左側前稜下截。

□□□□霍村霍□□□宋文思上柱國□山□息□□霍令威霍元禄霍元□□□霍遊□霍文上霍處監王文□霍□楊□□霍□□霍神在霍神□霍思義下缺。□□□趙□□宋□□□宋楚寘弟楚客馮嘉寘宋令章□趙村趙智□趙□□趙□趙令□趙守忠趙利寘趙令詮趙伯□趙什郎趙元安趙崇貞趙玄貞宋貝郎息元□楊解愁楊□玉楊□前别奏霍張思楊當霍下缺。上泐。郝思順韓上元韓浚宋鳳寬韓嘉猷亓仁□郭智□息元寘張嘉祚□處思霍□□母孟息□下泐。第四行全泐。上泐。張思貞陳嘉□王元□下泐。上泐。薄思敏□鳳仙□素高下泐。第七八行全泐。上泐。眞□李什二趙泐。張阿□□尚下泐。

右九行在左側。

上泐。張□恭息崇□張思前張思悊范定□張思慶□□□阿淨尚淨因尚毛兒尚慈顔尚下泐。□□寘息阿善孫英雄段思敬息神憲侯仲零□元實大女五□思貢張思慎李思斌張名遠張友□泐。淨妙尚□□尚下泐。

右二行在左側後稜。

謙德昭弘闉師儁玄德師進師德師利弘□元劭元縱林宗弘贍仁望暎宗仁法澄寂思閏受禄審玄巖隱思貞六福巖昻知禮思慎克禮客子克託待昌長安玄重思安嘉彦受金阿浪巖恭

趙孟村孟弘慶息名泰景質立功審禮趙令詮息友孝友忠王仁則息師古孟惠玠息欽賛欽恭趙玄堪息仁度王處期息思寬思洽眘王處方王處愻息思誨孟仁挺息名悊□建勤息□泐。孟仁□息名□□仁泐。泐。趙玄節息思初思令趙思□趙思□泐。期孟元貞張仁預劉讓闊李景倩孟泐。孟休徵孟玄欽孟思貞孟神□孟□泐。楊賀孟□王諫村李行元李阿□陳□陳長義陳思□宋阿甑宋高李思經孟阿愁孫幼陳順李□誨李寂李□

右碑陰之右第一列，末行直下與第三列齊。

張瑜村魯玉張內孟信冲息棣州蒲臺主簿弘期孫處默李士良息玄嗣李大通息眞鳳鳳息思古張士端息元禮李大道息處元處善處義□玄師息去疑張阿才息知鳳張胡仁息知讓智鳳知義張英雄張贇息高岸□貞蓋守一息待昭李伏陁息明令張無愁息思靜思太張無二息思越思憲思貢張一明息咸亨□言張大悲息阿奴張玄儉女娥兒張大行息智藏賈□度蓋元佳息思義蓋□□息道惲楚玉□□李貞幹息知運張無意息思□思言李伏道息務泐。息思隱張四明息元道張貞息乾勤張延慶息思□泐。息玄靈李行滿孫敬信范士□息思直張文德

息思古□元隱息欽省張思禮息南山李□□息榮貴賈知節息□□張知禮息湃
實范思□息文憲張阿果
右碑陰之右第二列。
南衛村孫慈敏息思經孫慈閏孫慈感息守一守節孫作仁息守禮孟弘恪喬
思彳喬思言王仁智息阿香阿莊呂新來李思敬趙小雞胡知什謝如意胡遊寂李
鳳林胡阿鸞
北衛村范呂師息君彥處恂王□意息文慶孟仁廓劉□天白仁其李重光孟
大獎李元秀李仁□李仁表李希遇侯尚玄侯尚武衛務眞李歸祚盧乾震盧乾則
衛莫論李豹子赫連七賢
右碑陰之右第三列。
聖佛村王師行息玄保玄筞慈感玄廓孟君俠息玄爽周師閏息仵奴周元禮
息玄萠承最趙師節息萬寬萬威孟仁俠息德琮簫元興蕭絢藻石師感息漢子石
師廓息玄欽石師奴息玄隱畾君明息仁靜王□言牛愼疑李鳳來任待求畾七郎
秦思泰石守素畾□期息神護
崔村崔阿六崔智滿
右碑陰之右第四列。
南栢社村前省事李守□李處靜楊英徹楊阿獠陳弘慶高□仁楊玄達霍寶
延霍一奴霍希良馬懷□□希遇楊知一王晉客曺敬霍乾應宋□且楊万□李審
德馬懷操李周賔
東栢社尹處悊王思□趙嘉惲李德乾解玄昱李思歸李思恭宋彥琮陳奉詵
解憲孟弘慶□□□孟楚珪
西栢社李德素李思忠霍思齊楊留生趙遠慶陳名褫張守礼李若蘭王二顒
蘇守訥王玄感楊處珎
北栢社賈守一弟思慶陳令瓌息楚璧杜德均趙國慶陳梅子樂脩昱杜德亮
趙智亮杜阿漢杜守鳳霍阿昞陳令均霍趙□□□尙
右碑陰之右第五列。
中霍村霍玄方霍□□□恆眞五典洺州博士霍恪衛四朗息神嘗霍弘禮息
嗣徵霍崇賔霍玄貢霍思慶樂阿禹孔仁慶霍玄昱樂欽□霍無纇霍永昌孔德備
樂敬賔賈玄礼賈善學霍嘉運霍阿化霍思安霍伏安衛阿恭霍阿什霍思謹霍奴
樂本

南霍村寇玄度王義賢霍思禮寇玄恭寇文貢任元容宋文遠朱文幹陳本立
張仁□宋儀鳳霍處玄霍二朗
烏子村管文旭蘇仲由趙澄彥菀玄達鄭昌嗣菀克勤李元貞馬李生
西霍村霍文義息乾訓阿什義弟輕車都尉義春息玄眞玄楚程玄惠霍處曜
程阿匡程思恭程思貞董崇眞李玄期霍思貞霍阿貓霍永昌程擇文
東霍村霍仁本王金石王遇賢李乾運張知古霍知仁霍去煩李元可張友賢
張守忠霍思烈趙承業霍思言霍思璧
右碑陰之右第六列。
玉璧村劉名振劉四朗劉名順劉玄質劉李生趙留生劉張宜劉定□
寺西村孟朗琛息白胡胡息僧悊霍胡仁息文英霍行恭息仁憂霍行斌息知
愼息知隱霍義安息欽俊霍行義霍行本息嘉贍趙神惠息元思孟君玉息仕元息
智元孟保安息金相霍行萠孟神智息龍鸞
中宋村李奉一宋玄搽宋玄恭宋遺璧息德素宋玄則宋外來趙玄收宋處敬
宋元樂趙玄安李禮賔李思庄劉高瑜
北宋村宋大舉宋賢士宋玄貴宋德晟宋齡運
右碑陰中閒第一列。
王尹村王行其息漢□息名懿王仁瓘息黑廉孟安喜息神旭趙才仕息玄僧
王仁瑒孟元相尹神柱孟神昶息遠容尹惠澄孟秀忄王守素
六角井村李澄芝弟龍芝賈秀叡息思約賈祖贇息思禮息思文尹仁軌王玄
義息神秀李神通息崇禮張威瑒息思愼李知愼李阿八王玄萠賈思恭息尙賔李
龍會張玄龍彭玄恭尹元憂尹元思尹阿七彭玄興李嘉嗣尹龍瓊李遊愛尹阿敬
尹小僧劉延宗
右第二列。
王仁最息思勣孟智□息元□尹珎景息智方王伏安息忠輔王玄志息仁朏
尹伏護孟尹恭尹孟常息守義王守貞宋大寧
南宋村宋伏興宋仕操息玄獎宋惠琴弟惠則宋神指陪戎校尉宋立言陪戎
尉弟思隱弟履冰弟立功弟主賓弟宗獎宋神徵宋義晟宋仁慶宋之秀宋阿仵宋
嘉猷宋虔禮王山□宋元豐宋元藻宋子由宋仁敬宋運昌宋懷玉
右第三列。
張村翊麾副尉張文貴張仁武王□明張元貞張阿六王公靜張跋涉張行質

耿玄玉張元智張之朗張處藝張叔度張九郎張孝期張留恭張元奥張元爽張留
惠張思貢
李村李公愜息玄敏李名實息照李名亮李遺禮李阿綰李思慎李霍生李阿
忠李居蔺賈智達彭待問
彪塚村董信尺趙善習趙善遇霍君模郝知警王遠郝仁郝仁舉董玄度郝君
尙郝全郝郎宋名昌宋思慎郝神遇趙善興宋名實宋守忠趙承縈趙思可王神雷
郝萬客王仁方張神岳宋元楷郝奉劒郝昇朝王文貢
右第四列。
東賈村李義徹息仁方孫景融息道□董堪韓息大興文絢孫元智處實董才
幹息文感知九文愛董幼幹息文莫文皓文慶霍君實息知賢劉仁雪薄仁操息知
惲知敏賈莫問息玄梵賈鳳愛息承昭賈黑奴息令昭賈知禮霍文鍳賈伯皆賈爰
綴霍元禮賈名振賈爰繹賈獨步薄威節霍庭運賈文超李阿愛賈處忠
西賈村賈德瑜息貞愷貞愼賈道備息文玉賈處仁息德經賈大義息仁哲賈
行琬息文思賈伏暢息行軌賈大鈞息嘉惠任外長賈玄忠賈留客息仁昉賈爲訥
賈麟鳳賈神堪賈行愜賈爲勣賈思約賈懸憶賈爲誨李思質賈承恩賈洪慶賈承
嗣李守忠
右第五列。
□璧村劉趙六趙元貞劉靈愼董元思劉文禮劉敬嗣趙知儉妹李娘姪男
名□
八王村李處名李思歸李友文王天敬王文才李山客息知一李思恭李阿奴
李處樂李仁英妹阿娥牛文度牛文瑜李名友女法留李仁靜李處方牛修羅王天
感李迎豐李伏買牛甘羅李齋一李潛珎李懷璧李敬言李仁知李知禮李思儼李
善貴
南王村王大通息知玄午文要息武德王鐵團息方直王李師牛文寶王叡仲
息神瓌牛文經息七賢有八李玄應息敬遠王智經息知愼王善覺牛奴仁息無字
王買王知友牛祿專王玄靜王玄廓王玄監王義寶息知謹思寘侯仁起王玄獎息
阿鼪牛文慶息武恭牛文堪息外寘外貞王阿黃王玄振侯九思牛義直五慈力牛
義徵王知敬牛武興
西八王村韓英哲息思恭思隱韓處言息思誨韓徵峻息乾禖韓九思韓貴林
韓徽蔺牛思直牛思應牛希寘牛湛逞韓神堪韓玄寘韓敬德牛惠恪韓玄言張文
貴韓惠辯韓蔺昭潘乾嗣牛思孝韓仁俊薄琴牛崇一牛玄祐牛朝讓薄懷寘韓澄
蔺韓□奴張思豐
郝村王德猛郝敦見郝思禮郝守令郝如珪宋元憲郝餘慶韓金樹李處義
右第六列。
寺南村趙道仁息義成義方成息文祐文貞文惠陳師表息君楚君嶷君曄君
儼嶷息文度曄息思禮儼息承寘度息弄章趙德雅息善坻善顒坻息思謹顒息思
安趙德斐息懷璨懷珎息敬順趙晉信息師明行滿明息貴樂滿息貴珎樂息元鳳
菀續息文昱懷璧名高昱息阿鳳鳳興鳳獎鳳息阿王五元哲息神聽息雲騎尉絢
己張君藝息八朗文息福仙張伏德息文友文愜趙宗舉息思昚趙祖允息文賢玄
太才仕趙慶樂趙神惠息元思侯智勤
右碑陰之左第一列。
王村上柱國王鳳獎王恂謩息永徽玄筞王恂昱息仁愜仁俠仁綺王玄亮息
遊京王玄貢近守禮靈龜王恂皎息仁軌孟雲鵠息守蔺餘慶君客王恂照宋大慈
趙信師息洪期王處期王萬友王思順趙玉卿息行恭思本王文徵息有知王懷善
息文堪王玄珪王奴仁王知古王八解王乾陟王有信王元瓘王知秀王知文趙神
解趙思哲趙思可王奉克王明法王去惑王神筞王子張彭子乾張嘉運宋沖李承
秀王什郎李思恭趙玄憲王乾風趙思慶趙神逖趙亮王知禮趙思貞趙待寘王阿
仵王愼知趙員滿息元亨克昌文林郎趙思禮息日休日愔
右第二列。
張村張婆琢息致果副尉貴寘息貴恪息士寧張君藝費縣主薄士叡張雄儁
息魏收息進楚息進苻息謝莊張元高息守忠息守節張元興張元實息守定守蔺
山石宋玄毅張榮宗息文憲張定方息奉僧張叵知息嘉會神符張盆仁息浪賭孫
玄順孫伏德息玄敬玄智玄□張開強孫有直馮幼贊息僧念僧靜侯行撫息阿奴
侯行機息思恭李乞養息□愻李君拓孫阿沖崔靈愻張樂珎息思泰思恩阿□
右第三列。
新趙村趙才寬息洪道道息待貢趙師瑞息元贍元贊贍息嘉祥趙思襲息懷
珎範懷節懷策懷哲懷幹孫息善期忠諫李神舉息洪暹洪託洪靜洪應什力趙文
廓息僧紹嘉昚九郎趙文堪息僧敏嘉愻嘉祚嘉猷趙文託息有禮趙行仙孟仁昉
孟仁贊李祖宜息摩奴趙元掞李黑奴孟仁貴趙元仲賈毛朗趙思誨趙楚珪賈思
禮孫名愻趙李八趙貞節張阿毛趙公秤趙思忠趙思惲趙爲最趙楚瓊趙嘉隱趙

嘉賓趙庭
右第四列。
新市村□南縣主簿李神表息璆息嘉慶馮士幹息宗嗣李神祐息嘉惲李猶廓息神獎神智獎息元太元珪元忠忠息高□周玄昱息守愼守蕑蕑息建昌周玄勣李万徹王神周周玄秀周知文李法力李嘉言李守賓李崇瓌劉仁弁周策文李洪富馮獠仁周玄遇周威善周明智李元欽李七朗李知愼馮山竹李守節李文堪李星星周蕑用周守悔馮元珪李元楷李元貞王克忻周懷恩馮自遠李文□李楷周惠柱李敬賓王元超趙善期息元鳳趙去非趙貞趙洪爽李處信趙洪亮李處言李知紀趙什盧趙謹節李去塵李阿神李神本王敬忠李九思王敬賓趙龍泉趙士期趙玄殊趙元興趙思社李嘉祚李抱成息知約李玄蕑孟奉照王神恪
右第五列。
聶村聶玄茂聶神慶尹楚節聶承宗聶舜甚聶伯仁上柱國聶仁恭息神度聶神寬尹知尚聶玄敢息神遠聶洪礼尹知恪尹知武聶二朗聶庭瓌聶嘉靈董元嗣尹楚璧
城北王村王咳仁息玄太王弘朗息思悊王智羨王智成王玄謨王智允王脩身王掌忠王元質王元亮曺思敬
凌後七葉張李村李珪李綺李周李玄忠李獎李豐高李小羊李嗣卿息昭禮李昭賢李毛朗李嘉璧李季林息守素李奉訓李阿獠李嘉言李思紀李乾獎彭二奴息恩子張沙門李守素李元實李阿專李隱暎李知務李操李仙鄉李行義李敬玄李洪寬
宋□□承恩張楚□張審礼張克奇王師會趙阿仵□□□
右第六列。
任縣都維那王難陁孫義臣馮宗問賈文壹張玄明李神最王義林王義宗柳元賓王懷操王宗雲李思簡楊洪慶息德亮此行字徑一寸五分，下十餘字漸小。
張村張六朗張義瓊張守蕑張守隱張玄則張玄明張奉此二行在上行亮字下。
劉劒師王友期師□妃尚趙妹尚阿博尚張七尚□□□迴雪尚阿貴尚阿□
楊九娘
固北村三字與前行尚阿博三字平。
南李村陪戎副尉李騏此下搨本未全。此行與上固北村字約空五寸餘。
右在碑側後棱。

東薄村薄師楷息處靜孟洪閏息鳳祥上柱國孟志開息□岸王寶登息文欣陪戎校尉孟開允息云期王金寶息文恭賈玄感息友知友質王嗣宗息七朗□□賈仁昉息友欽友義孟子朗息貴悊李仁表息思忠賈德昉息友隱承九什郎陪戎校尉孟開徹息云貞上柱國孟開壽息云咊孟玄亮息仁靜王文□柳行□息師靜上騎都尉柳師起息元隱孟□徵息玉□賓崇福孟平□孟知難息守□孟文智李文晟息景雲賈思愼柳師賢賈□明韓會凌賈仁□周□王六朗□□薄□□息嘉□息嘉昌孟□□□師文息元□元儼王□慶賈長□王玄寂孟仁封孟惟秀□師莊王尚裕馬思默王儀鳳薄思元孟云昌孟云□薄行謙柳師悊孟宗礼王大滿王大獎王祖恭楊小興李靈子
右碑右側之前第一列。
雙塔王村上柱國王元操息□藻王玄軌王□庄孟元禮張文令張思□張賢□王崇瓌蕭思九王楚璧張行廣王仁表王乾本李浪賭王九郎王名礼李思忠李玄徹王思祚田未莊田思礼王承烈王思敬游知新王守眞王守素王敬子□思忠空二字。李子雲王文節王處忠王守詮孟義瑞王思賓張德行王六朗耿斌德王思謹孫遊泰王阿什王高亮田文一劉思振王□王□王處礼王秀□張思言李思忠王知恭陳浪奴賈行褒耿高德耿高亮王伏玉王阿猛王遐靈王智成王守素李崇德孫龍寂孫遊客張思太李僧賓
右第二列。
訓張九朗張懷恩王崇瓌蕭他仁彭高礼張玄方張思明張務孝李欽先李承光張克晟王守祚張思泰張守忠蕭阿七王駼馬張思令張元方張留生張阿□李去俗□大娘王留尚
右第三列，似與後棱張村一段兩行連屬，訓字與行末張奉二字爲一人。
蕭村蕭思善蕭思賢蕭蘭弥息高岸李天愛霍解惑桓安期李乾獎郭處期蕭思韞吳思忠霍定方李思忠蕭儉□蕭元亮
右第四列。
□□□王阿度王知蕑郝奉眞蓋洪義張留生息元文王嘉會彭遊藝李奉法李思文彭行實彭行贇彭處□彭靈贇張知效王莫問彭處乾
右第五列。
子待舉李守玄李下缺。李崇期李嘉惲息下缺。□思徵李待蕑下缺。桓安期張玄成下缺。玄帥劉思憲下缺。思□張敬義□下缺。
右第六列，似與後棱南李村陪戎副尉一行連屬。

栢仁縣都四字特大，跨兩行，以下仍分行刻。維那王漢子賈貞脊韓思恭王猛牛威李賢王約李龍芝

右碑右側之左第一列。

兌子王村王行秀息思亮王六仁王定戎王洪爽王知喜王處直王元開王思忠劉應賢霍彌積馮知文

右第二列。

寺西村孟二郎息玄遠遠息處珎彭玄慶息洪信趙萬金息洪敏霍行義女阿之霍行蔺息知節趙山楷息名遠李思忠息鄭庄孟玄志孫休祥趙元礼

右第三列。

王尹村王仁筠息守貞王尙智霍思蔺霍思慶霍思藝陳阿吳尹敬澄趙元貞尹欽止王秀客息尙禮欽俊尹□遠下缺。王名超王仲昭孟阿秀王什仟畦沉默畦知仟王愛仁孟秀珎尹待賔

右第四列。

建立人李行文

牛村牛玄懿牛神苻牛知古楊亮牛楚延牛龍敏下缺。

薄村薄神裕孫守蔺薄行褒息敬禮薄乾鸞李陵廣姉金顆姪歸質薄乾鳳李嘉賢霍什霍知惲霍□□□龍霍□言霍零□下缺。

右在末行，與栢仁縣都四字平列，在第一列第三行之上。

□樂寺寺主僧曇覺

右在右側前棱之上。

□座僧曇則神替師神可師神瓌師鳳奬師辯空師靈運師思悟師李八師崇賢村王守貞弟承先王□□□□歸霍辯師王祖義

右二行在右側前棱第二列。

《八瓊室金石補正續編》卷二十六。《續修四庫全書》。

高八尺一寸五分，廣四尺一寸。碑陰同兩側各廣一尺。每側前後各有一棱，廣三寸。正面文三十九行，行八十字。中間題六行，各七十二字。題名前中後。

《神寶寺碑》　觀夫三皇五帝氏王，夏殷周漢氏作，淳源竭而不流，澆俗紛其方扇。雖孔門將聖，老氏谷神，遊龍之道德西浮，歎鳳之詩書不返，竟不能庇交喪，拯□遠，驅彼黎俗，登兹仁壽，徒存紫氣之言，終絕素王□□。曷若金□化跡，超十地而孤尊，寶樹應期，乘四輪而廣運。大雄有已見即生溺之苦海，於是虖橫寶筏而濟之。大雄有已見諸子迷之朽宅，於是虖駕□航而出之，視之以五蘊皆空，明之以諸漏以盡。洎玉毫騰彩，□賢劫之象位，金儀入門，現神通之日月。經傳白馬，眇閣岨以移來，剎起青龍，□閻浮而錯峙。遂令有國有家者得其道，而四海以寧，元元蠢蠢者得其門，而六塵高謝。豈與夫向時之二教，同日而言焉。

神寶寺者，寶山□面，岱宗北陰，崗巒隱轔而石壁萬尋，林藪蒙蘢而澗壑千仞。貔豹躑躅，人絕登臨，虺蟒縱橫，鳥通飛路。粤有沙門諱明，不知何許人也。律師德隆四輩，名優六通，僧徒興起，群生宗仰。晨遊棘園，四念經行，夜宿榛檀，六時禮敬。貔豹枕□，禪心寂而不驚，虺蟒縈身，戒定澄而不亂。水瓶朝滿，羽仗夜來，事跡非凡，故非凡測。親題節記，自敘因由曰：明以正光元年，象運仲秌，于時振錫登臨，思同鷲嶺，徘徊引望，想若鷄□。□彈指發聲，此爲福地，遂表請國主，驅策人神，立此伽藍，以靜然爲號。自梁齊已來，不易題牓。屬隋季經綸，生人版蕩，革鼎推變，眞俗盈虛，今之所存，殆將半矣。至我大唐御宇，重遷九鼎，再補二儀，四海廓清，萬邦壹統。用光正道，建三寶以傳燈，化洽垂衣，統□生於壽域。迺格命天下，有固廢伽藍先有額者，並使重修。于時□鄉人王□應答，州縣申聞。以此寺北有寶山，東有神谷，因改爲神寶寺爾。

其寺也，望魯開基，臨齊作鎮。堂宇弘壯，樓閣岧嶢，砌壁瑤璸，階塗金碧。法容有睟，瑞相無違，發妙彩於天金，罄奇遺於龍石。手輪含字，臨□綴而披網，眉宇舒毫，鑒璧瑫而上月。寺內有石浮啚兩所，各十一級。舍利塔一所，衆寶莊嚴。胡門洞啓，石戶交暉，返宇鏘鏘，飛檐轍轍。半天鵬起，遙遙煙霧之容，壹地龍盤，宛宛丹青之色。挹朝霞之昕昕，湛夜月之濯濯，風牽則寶鐸鎗鎗，日照則花盆晶晶。迢迢亭亭，鬱鬱青青，皓皓旰旰，煥煥爛爛。遠而望之，炳若初日照灼皎扶桑，迫而察之，壹似素雲靄對□夕陽。方之鴈塔，有似飛來，譬以化城，還疑湧出。寔瞻仰之形勝，是歸依之福田。

寺內先代大德僧明幹，提智惠燈，照無明闇。僧彥休，護惜浮囊，微塵不犯。僧元質，積行勤苦，軌範僧倫。僧神解，□樹論幢，摧諸慉子。僧弘哲，持經得驗，舍利猶存。僧惠沖，殷念西方，期心安養，所造功德，觸類滋多。僧景淳，釋戶綱宗，玄門樞紐。僧貞固，勵心弘護，結念

修營。僧瀍將，齠齔出家，童顏落彩，三齊負笈，猛探麟角之先，九洛求荃，迴出牛毛之外。並俱沐聖恩，僉成道器。忽鷁□風急，鹿苑□飛，早謝傳燈，空懸錫影。

現在諸大德，寺主僧慧珍，戒珠澄月，道骨含星，堪忍作衣，瀍空成座。六時禮念，脇不至床，壹食摽心，口不再飲。是慈悲父，是良福田，廣濟蒼生，普心供養。大都維那僧惠沼，摽格千仞，崖岸萬里，吐妙瀍於脣吻，納山岳於心胷，縱横道門，□達無礙。上座僧塵外，戒香紛馥，有賔頭盧之軌儀。都維那僧敬祥，惠劒如霜，繼舍利弗之談說。僧敬崇，柰苑良材，擯愛河而濟群溺。僧智山，祇園杞梓，敵瀍宇而庇蒼生。並騰麟俊藪，矯鳳仙途，飾厚柱於春臺，撫定輪於𫔭駕。祥煙飛錫，來遊歡喜之園，宴坐經行，寔名和合之衆，故同鐫寶碣，高旌福門。

大唐開元神武皇帝陛下，朝宗萬國，整頓八宏，金鏡合七曜之輝，玉燭和四時之氣。慶雲澄彩，瑞鳥呈祥，仁動上玄，力侔□造。瀚海天山之地，盡入隄封，龍庭鳳穴之鄉，咸沾敎化。封金岱嶺，刻玉僊閭，榮鏡乾坤，光華日月。刺史盧諱全義，門有卿相，家襲銀璜。強幹則不發私書，清肅則遽然官燭。矜孤恤隱，愛士慕賢，故能詠入來蘇，謌登至晚。山仕縣令梁曰大夏，幹局貞敏，神情警悟。風琴寫韻，則瑞雉爭馴，冰鏡澄淸，則祥鸞自舞。誠梵王之福地，眞釋帝之名區。

爾其澗戶深沈，山扉窈窱。玉床霤乳，問抱朴而頻疑，石壁藍經，訪嚴遵而不識。奇卉怪木，如窺須達之園，瑞藥僊苗，似入提伽之境。象王獻菓，下甘露於珠盤，鳳女持花，拂靈香於寶帳。迦陵頻伽之鳥，百囀間關，優曇鉢羅之花，九光淩亂。漢皐遊女，對玉洞以傾心，季梁賢臣，仰瓊堂而頓首。庶使文殊過去，憶妙說之清塵，彌勒下生，見神功於貞石。式鐫寶碣，而爲頌云：

大雄降跡，□山本元。□有三界，非無二門。不生不滅，若亡若存。遍看郡有，無如我尊。

鴈門惠遠，罽賔羅什。明公繼玆，伽藍此立。俗戶易窺，眞門難入。遁□龍象，前後相及。

大唐壽命，當宇握鏡。化洽萬邦，功齊七政。錄圖舒卷，紫雲迴暎。惠日再暉，薰風在詠。

門庭華敞，□□□奐。蓮臺畫閣，危樓飛觀。竹韻宮商，花然灼□。僧衆虔仰，士女稱歎。

亭亭妙刹，灼灼精廬。彫盤瞰□，鏤檻淩虛。珠懸日淨，鐸迴風□。□甍栖鳳，倒井□蕖。

峩峩寶碣，落落神軒。邪山整岫，苦海澄源。錦雲霞烈，縠霧風翻。此中何地，給孤獨園。

維開元廿四年歲次景子十月丁未朔五日辛亥樹刻工畢

【略】僧惠□、僧普□、□□□、僧惠深、僧□□、僧法□，右大德等，並名繼此寺，一一遷神，勒之在銘，紀於來代。

神寶寺碑　唐開元二十四年十月五日刻於山東長清。李竇撰并隸書，額篆書。側刻行書心經，此本失拓。

《臨高寺碑》　聞夫謂天蓋高，敬授羲和之職，謂地蓋廣，俯窮章亥之步。玄珪降瑞，故別於九州，玉衡正時，廼分於七曜。伊恍惚其尙爾，况泡幻之爲言。豈若世雄湛然，不生不滅，在有爲而是空，入無閒而非假，豪光發照，徧近遠而咸燭，法雨散霑，普大小而同潤，運其自在，海變成蘇，現以威神，移山□□，□輕舟於彼岸，濟以浮生，儼高駕於長衢，誘其愚子，示方便力，說最上乘，難可以聲求，難可以色見，智慧具足，功德巍巍者歟。

臨高寺者，西魏□書□劉謙之宅，捨充寺焉。處高臨下，玆以建號。杏檀竹徑，舞□□樓，孰爲列戟之門，俄成布金之地。溉白石之澗，斜帶逶迤，枕黃軒之原，傍連□□。□□更興替，代易侯王。川嶽多沸騰，征戍匪遑，晏祿去公室，政行私門。天綱□□不恢，法輪由其暫息，樂崩禮壞，寧復云乎。遂令像敎凋殘，梵字□□。歇滅之望雖異，歎於蕪城，惶惶之遊未殊，悲於火宅。若行若坐，每是思惟：於戲我唐，德淳仁洽，歲無荒札，邊盡封守。鴻儒碩秀，繼踵於□臺，赤烏朱鴈，接翼於祥府。仍精想道意，銳念眞寂，昇乾用尊於九五，世界載廣於三千。

有若大比丘上座釋法震，俗閻氏也。寺主智琬，俗楊氏也。□祖種美於魏公，續伯見賢於太傅。行袪五濁，心淸六塵，登於仁壽之路，超以閻浮之境。都維那曇一，俗賈氏□，朝廷獲寵，恃外戚而相國，洛陽馳聲，勞文章而佐郡。濟拔貪著，汲引津梁，搖玉柄而開談，鴈聽不去，坐銀牀而入定，鳥乳何驚。衆比丘釋惠琬、彥莊、嘉□、法琇、法會、法海、道林、□超、談論、曇晞、希逸、惠靜等，並庇影禪林，凝情定水，已除疑網，共振頹綱。彌天掞天之才，詞光麗藻，東山北山之部，義了精微。力役將候於子來，制作□符於造化。□是或杖錫，或乘杯，踰嶮槎木以攸往，泳淙編桴而利涉。途窮理迫，便作是念：言順志柔，而爲譬諭，喜檀施之衆，以大伽藍，磬衣鉢之餘，以崇輪奐。事惟靡盬，誠無怠遑。諦聽則被物如雲，降伏則偃人猶草，資供霧瀁，輻轤霆砰。然後詳共工之度費，審班匠之施巧，經之營之，不盈不縮。珠貝之寶，非獨漢臯，松石之材，寧專岱畎。再加剞劂，重肆彫礱，勢耽善以攢倚，狀支離而分赴。造宮觀於天路，□□出入於其閒，浮梁柱於星躔，烟霞棲洽於其表。千櫨競糺，大鵬垂而欲飛，百栱爭高，翔□仰而何逮。松搖塵尾，直對香爐，巖聳鷲頭，下臨禪窟。長廊窈窱，曲榭周流，□堦珠草而未名，倒井瑞蓮而幾色。璀璀粲粲，金碧炯晃而燐亂，煒煒煌煌，丹青炳煥而昭彰。映以甘泉之玉樹，隱以崑崙之銀闕。北據竹箭，激波浪以成池，南岠□衡，□峯巒以層閣。塵飛刼石，似拂雲衣，風觸鳴琴，乍傳天樂。故知功高由志，業廣由勤，功成而其頌可宣，業就而其名可著。將持聖勣，在勒豐碑，陵谷可遷，相好常住。敢憑此義，不朽斯文。銘曰：

皇矣能仁，空即是眞。青蓮曜目，丹菓開唇。恆沙世界，累刼微塵。作禮圍遶，誰之與鄰。其一

若日比丘，仁精行修。究竟微妙，洞達玄幽。言驚黑鼠，先乘白牛。欲設方便，思□其柔。其二

聲高道安，業尊惠遠。禪林永邁，寂路忘返。德洽雲搖，信行風偃。將植龍樹，先經鹿苑。其三

爰始結搆，廣茲□宇。鐸迴風吟，□□雲聚。叢倚□立，杈牙邪竪。壁露銀泥，繩交金縷。其四

遠瞻迢遰，迴望崔嵬。文以粟玉，藻以玫瑰。彫甍鳳翥，畫壁龍來。自然風角，何必天台。其五

雲蔚霞爍，赫弈彰灼。下極窅冥，上肆寥廓。瑤林瓊樹，蕙樓芸閣。海變成田，此其如昨。其六

大唐殿內西鋪大像主上柱國劉知音

開元廿五年歲在丁丑四月□巳廿八日壬申□

臨高寺碑 唐開元二十五年四月二十八日刻於河南靈寶。常允之撰，常演之行書。

此本有額、陰、側，均失拓。

《不空法師塔記》 大唐開元二拾三年，三藏無畏卒，春秋九十有九。詔鴻臚丞李現監護喪事，塔于龍門之西山廣化寺，藏其全身。畏本釋種，甘露飯王之後，以讓國出家，道德名稱爲天竺之冠。所至講法，必有異相。初在烏茶國演《遮那經》，須臾，衆會咸見空中有毘盧遮那四金字，各尋文排列，久之而沒。又嘗過龍河，一托駞負經沒水，畏懼失經，遽隨之入水。於是龍王邀之入宮講法，不許。彼請堅至，爲留三宿而出，所載梵夾，不濕一字。其神異多類此。

是歲，三藏不空於師子國從普賢阿闍棃，求開十八會金剛灌頂，及大悲胎藏建壇之法。其王一日調象，俄而群象逸，莫敢禦之者。不空遽於衢路安坐，及狂象奔至，見不空，皆頓止跪伏，少頃而去。由是舉國神敬之。

論曰：自大教東流，諸僧間以神異助化，是皆功行成熟，契徹心源，自覺本智，現量發聖，絕非呪力幻術所致也。殆自東晉尸利密巳降，宣譯祕呪，要其大歸，不過祀鬼神，驅邪妄，爲人禳災釋患而已。其間往往不□無假名比丘，自外國來，挾術驚愚。有所謂羅漢法者，正幺麼邪術，下劣之技，亦猶道家雷公法之類也。茲豈高道巨德，弘禪主教者歯哉。及開元中，西域金剛智、無畏、不空三大士，始傳密教，以玄言德祥，開佑至尊。即其神功顯効，幾與造化之力均焉。故三大士雖宏密教，抑本智現量發聖與。嘗慨《資治通鑑》稱貞觀中有□自西域來，善呪術，能令人立死，復呪之使蘇。太宗擇飛騎中壯者試之，皆如其言。因以問傅弈，弈曰：此邪術也。臣聞邪不干正，請使呪臣，必不能行。帝命僧呪弈，弈初無所覺。須臾，僧忽僵仆，若爲物所擊，遂不復蘇。此恐好事者曲爲之辭。何則，若使果有是，則僧非眞僧，呪非眞呪，正謂邪術耳，固不足以張吾教之疵也。矧萬萬無此理。向使彼能自西域遠至長安，厥術能死人而復蘇，乃不暇自衛其身，對常人無故而僵死，雖兒童莫之信也。又當是時，三大士者雖俱未至，若京城大德僧惠乘、玄琬、法琳、明贍諸公，其肯坐視絕域僞僧，破壞教門，不請峻治，乃留帝命傅弈辨耶。佛制戒律，

雖春蹊生草，猶不許比丘踐之，恐害其生。況說斷人命呪，傳于世乎。故予謂好事者曲爲之辭，斷可見矣。

開元二十五年歲次丁丑仲秋八月吉旦刊

不空法師塔記　唐開元二十五年八月刻於陝西咸陽。正書。錢大昕定此刻爲後人妄託。

《惠隱塔銘》　禪師俗姓榮，京兆人，其家第四女也，族望北平。曾祖權，隨金紫光祿大夫散騎常侍兵部尚書東阿郡開國公。祖建緒，銀青光祿大夫使持節息始洪諸軍事三州刺史東阿郡開國公。叔祖思九，黄門侍郎。父懷節，夷州綏陽縣令。外祖韋氏，字孝基，皇中書舍人逍遙公之孫也。禪師聰識內敏，幼挺奇操，粤自髫齓，敬慕道門，專志誦經七百餘紙，業行精著，簡練出家。自削髮染衣，安心佛道，尋求法要，歷奉諸師，如說修行，曾無懈倦。捐軀委命，不以爲難，戒行無虧，冰霜比潔。或斷穀服氣，宴坐禪忘，或煉臂試心，以堅其志。動靜語默，恆在定中，凡所施爲，不輟持誦。雖居有漏，密契無爲，雅韻孤標，高風獨遠。嗚呼，驚波不息，隙影難留，生滅無恆，遽隨遷謝。以開元二十二年七月十一日，壽終於安國道場，春秋七十有六，右脇而臥，奄然滅度。臨涅盤時，遺曰：吾緣師僧父母，並在龍門，可安吾於彼處，與尊者同一山也。弟子尼圓德，博通三藏，才行清高，生事竭仁孝之心，禮葬盡精誠之志，追痛永遠，建塔茲山。縱陵谷有遷，庶遺芳不朽。乃爲銘曰：

至道希夷，代罕能窺。探秘究妙，夫惟我師。其一。

爰自齠年，訖於晚歲。精念護攝，虔誠不替。肅肅戒行，明明定惠。淨業滋熏，與佛同契。其二。

逝川不駐，隙駟難留。奄隨運往，萬古千秋。嗟永感而無極，式雕紀於芳猷。其三。

開元廿六年歲次戊寅二月六日建

惠隱塔銘　唐開元二十六年二月六日刻於河南洛陽。正書。

《薛氏妻優婆夷未曾有塔銘》　優婆夷諱未曾有，俗姓盧氏，范陽人。曾祖義恭，皇朝工部侍郎。祖少儒，衛州刺史。父廣慶，魏州司馬。代業冠冕，詳載碑牒。優婆夷即魏州府君有齋季女也。夙稟成訓，猗承柔範，開惠照於人圖，浚敏發於天性。祇婉娩以自式，鳴環佩而有行。展如克家，實佐君子，尸季蘭之饋，賦採蘋之什。內睦伯姊，外和六姻，婦功爛於昌族，芬譽騰於眾口。聖善慈顧，遹來歸寧，沉念在慰而兩絕，舊屙承驩而自愈。專業禪門，用滋介祉，觀不空而捨妄，寤無染以得心。雖承教之日淺，而見實之理深。摧莖若於未秀，泣瓊環而先絕，開元廿六年正月己卯，右脇而臥，告終於城南別業，春秋廿有二。是月景申，遷神於闕塞之西崗，禮也。

優婆夷髫丱多智，潛識邁倫，事不違同，義然後取。九歲聞人誦《般若》，便暗習於心，句無遺言，如經師授。或時見僮□給役，母兄有抶罰過當，怡色諫止，允叶其中。自宗師大智，茂修禪法。生子男舊矣，孩笑可娛，鍾遘時疢，遂見夭奪。以短長有源，置而不問。其割棄情愛，卓拔流俗。嘗以諸佛秘密，式是總持，誦《千眼》、《尊勝》等呪，數逾巨億，則聲輪字合，如聞一音，而心閑口敏，更了多字。假使金盤轉圓，玉壺傾注，傳厥盡美，未云能喻。身抱羸恙，愛語忘勞，資迫屢空，惠施不倦。夫其守道純深，奉戒精一，居常而靜慮不亂，臨困而景行彌高。先是未疾之辰，密有遺囑，令卜宅之所，要近吾師，曠然遠望，以慰平昔。後之人，慈悼兼極，不敢加焉。其殊致豐裁，猶略而不舉，故銘窣堵波，用彰其徽烈。必後成正覺，當示獻珠之奇，如未轉女身，且爲散花之侶。其詞曰：

起窣堵波，量有二兮。誕惟輪王，一切智兮。於鑠忍界，光文字兮。永播芳烈，齊天地兮。

開元廿六年歲次戊寅五月十五日建

張乾愛刻字

薛氏妻優婆夷未曾有塔銘　唐開元二十六年五月十五日刻。杜昱撰并正書，張乾愛刻。此本係原北平圖書館舊藏。

《易州鐵像頌碑》　自我大師□□化，不有像設，人何以依。小大之功，蓋存乎願。瞻彼朔易，有大像□，厥高羌而不可乎□度，則我前太守盧君之所立。盧君諱暉，字子晃，自尚書郎，保釐我郡，□皇軍容，簡而明，□而肅，害必革，利必興。爰徙軍，爰置邑，翔闤闠，飾招提，遠者懷，近者悅。戈甲以理，奪虜氣於塞□，童耋以樂，被甿謠於域中。然猶躬行屬縣，求人之瘼。相彼村閭，古多精舍，□往阤陊，而法鼓存焉。

或播或柞，或爵或震，莫睹筍簴之狀，寧聞宮徵之音。君曰咨。時□□若黃耇鮐背□□數百人，隨車而請曰：惟是衆多之金，委於草莽，不敢散爲凡器以速戾，□□合爲眞容以□□。君曰善。且俾五臺沙門大端慮事，樂施之力一惟百，精誠之心百惟□。□嶺屬，爐谷□，□雲屯，橐雷動。黃白之氣竭，青氣生焉。於是化天下之至剛，爲天下之至柔，□至柔入無間，亦既成像，復歸於剛。衆奔走而觀之，則三十二相備矣。計功者蓋莫知其衆寡，□駭其不日而成也。度財者又莫知其少多，徒歎其不召而至也。非我人心之歸於君，君慧之及於人，何以能之。□舉也，可以觀政矣。間一□使臣以君政尤異，聞於帝。帝用嘉之，錫以□帛，有由然也。伊□琢之功，未既而惠，盧君遷于瀛田。君至自靈，誕敷至化，纘戎前功，爛朗景□，飾道盡矣。戊寅歲，易人思邵父美、杜母嘉，願力謀不朽，是用託頌於端。端文館之吏也，敢不祗若。頌曰：

崇崇晬容，法之尊兮。優優庶政，直而溫兮。如茨如陵，不騫不崩，福永存兮。

大唐開元二十七年歲次己卯五月壬辰朔三日甲午建

開北山通車道三所：官坐鎮、白楊谷、義院。置縣三：五迴、樓亭、板城。每驛傍造店一百間。抱陽寺造長廊一百卅間。移高陽軍營入城，造廳及廊宇二百間。造水碾四所。已上並盧君造。

鐫人王希貞、解崇光

易州鐵像頌碑　唐開元二十七年五月三日刻於河北易縣。王端撰，蘇靈芝行書，王希眞、解崇光鐫。

《多寶塔銘》　夫朗質浮乾，高明無以秘其象，眞儀括牝，厚載安可遁其形。惟□界亘千，大海寫浮珠之偈，商城六度，提河啟浮囊之山。故得慈航並泛，香軫分驅，濟七水之沉淪，演三乘而弘懿。爰有郭楚貞昆弟□等太夫人李氏，自開元七年受持《法華經》弟八、《金剛》、《觀經》、《尊勝》、《藥師》等經，每日夜持頌一遍。修詞進業，蹠實謙虛，棄五濁之煩籠，居四緣之淨域。又捨緣身裙帔等數十事，造多寶塔一所，上爲過去，下緣見在。嗚呼，性均泣扇，哀埒跪書，故能智炬潛輝，通《四分》而外朗，慧根夙潔，演十頌而齊貞。醍醐灑煩惱之津，寶地鏤業因之果。于時營構宇，託勝裁規，采昆門之名珍，琢鍾巖之美玉。霧竦雲立，月映星離，類天上之飛來，疑地中之湧出。勒以琬琰，鐫以琳琅，知靈心之凜凜，表禪識之□□。其詞曰：

彼美昆弟，粵有尊堂。攀緣性相，經構津梁。情擯東岱，常樂西方。傾企精進，長緣頂王。

開元廿九年歲次辛巳閏四月辛巳朔十八日戊戌建立

《懷惲墓碑》　昔吾師因地求眞，衆魔紛嬈，果到成佛，龍天捧圍。自作鎮靈山，法躬靡易，告滅雙樹，示跡倫凡，微言不傳，慧燭潛照。屆夫歲邁千秋，時淹五濁，欲海騰沸，邪山紛糺，於是釋防東逝，爰稱兆應，漢夢西通，方崇像法。或青眸接軫，競扇玄風，或白足相趍，爭開佛日。至欲繼前賢之令軌，爲後進之康衢，照燭重昏，慈舟苦泒，人能弘道，斯之謂歟。

法師諱懷惲，俗張姓，南陽人也。遠祖因宦，播遷京兆。廿一代祖安，晉丞相，襲爵鴻臚公。高祖融，守黃門郎，遷太子庶子。祖英，唐解褐太常太祝，襲爵天平公，尋轉吳王祭酒，握蘭奏位，清陪雅列。法師聰敏爲其性相，慈善資其風骨。母常山夫人，樂姓，降胎之月，不味羶腥，載誕之辰，情欣禁戒。暨年登廿歲，特異諸童，或焚葉爲香，或聚沙爲塔。雖飛軒繡轂，未嘗留步，月宇香樓，怡然忘返。高宗天皇大帝，乘乾撫運，出震披圖，虛已求賢，明敭待士。總章元載，夢覩法師，倏降綸言，遠令虔辟。於是臨丹檻，邇青蒲，廣獻眞誠，特蒙褒讚。帝乃親授朱紱，令處鳳池之榮，師乃固請緇衣，願託鸎林之地。奉勑於西明剃落，善來忽唱，惡業疑銷，既挂三衣，俄陪四衆。翹勤遽積，思五分而非遙，精苦逾深，想三祇而未遠。時有親證三昧大德善導闍梨，慈樹森踈，悲花照灼。情祛□漏，擁藤井於蓮臺，叡化無涯，驅鐵圍於寶國。既聞盛烈，雅締師資，祈解脫規，發菩提願。一承妙旨，十有餘齡，秘偈眞乘，親蒙付囑。自惟薄祐，師資早喪，相遭烈而崩心，顧餘恩而雨面，爰思宅兆，式建墳塋，遂於鳳城南神和原崇靈塔也。

其地，前終峯之南鎮，後帝城之北里。哥鍾沸出，移上界於陰門，泉流激灑，比連河於陽面。仍於塔側，廣搆伽藍，莫不堂殿崢嶸，遠摸忉利，樓臺岌業，直寫祇園。神木靈草，淩歲寒而獨秀，葉暗花明，逾嚴霜而靡萃。豈直風高氣爽，一聲聞進道之場，故亦臨水面山，菩薩全眞之地。

又於寺院，造大窣堵波塔，周迴二百步，直上一十三級。或□星揆□，或候日裁規，得天帝芳蹤，有龍王之秘跡。重重佛事，窮鷲嶺之分身，種種莊嚴，盡崐丘之異寶。但以至誠多感，能事冥資，故能遠降宸衷，令賚舍利計千餘粒，加以七珎函笥，隨此勝緣，百寶幡花，令興供養。

則天大聖皇后，承九玄之眷命，躡三聖之休期，猶尚志想金園，情欣勝躅，或頻臨淨刹，傾海國之名珎，或屢訪炎涼，捨河宮之秘寶。法師誠盈而散，並入檀那。法師業行高□，利益繁多，故得名振九重，芳盈四部。奉永昌元年勅，徵法師爲寺主，於是綱紀僧徒，規摸釋族，緇門濟濟，戒德峻而彌堅，紺宇詵詵，常住豊而更實。猶是才稱物寶，道爲時尊，知與不知，仰醍醐於句偈，識與不識，詢法乳於波瀾。法師以慈誘內懷，敷揚外積，冀傳聖旨，用酬來望。每講《觀經》、《賢護》、《彌陀》等經，各數十遍。夫我域者，扇激風火，嬰抱結漏，系諸生（漏刻滅字），止無常之短期，研乎事眞，攀不亟之虛朕。若不乘佛願力，託質淨方，則恐淪溺長往，清昇永隔。於是言論之際，懇勸時衆，四儀之中，一心專念阿彌陀佛。願乘此勝因，祈生淨域。又以般若神咒，能令速證菩提，彌陀佛名，亦望橫超惡趣。諸餘妙典，雖並積心臺，於此勝緣，頗偏遊智府。嘗誦《大般若咒》向盈卌萬，又誦《彌陀眞偈》十萬餘遍。理復使精眞厥想，念雖微而必就，二三于行，功唐捐而靡得。豈直諸佛現前，神人捧錫而已矣。

師爲諸重擔，攝尔羣生，舉洪灼於耶山，棹寶航於見海。悲夫娑婆國中，久多弊惡，雖復珎臺寶界，因勝侶而歸心，至欲逸翥遐征，藉良緣而克進。敢憑此義，爰發誠心，於是廣勸有緣，奉爲九重萬乘，四生六趣，造淨土堂一所。莫不虬棟淩虛，虹梁架迴，丹楹艷日，青璅延風，無春而返井舒花，不瞑而重簷積霧。於是神螭戾趾，遠鎮瓊階，寶鳳來儀，還陪桂戶。彫甍畫拱之異，窮造化之規摸，圓瑠方鏡之奇，極人天之巧妙。又於堂內，造阿彌陀佛及觀音、勢至，又造織成像，并餘功德，並相好奇特，顏容湛粹。山豪演妙，若照三千，海目摛華，如觀百億。或因繪命采，有慈氏之全身，或散扎馳芳，得憂塡之逸思。何獨如來自在，疑降上界之魔，故亦菩薩熙怡，似救下方之苦。

夫以宅生者心，心勞則生喪，栖神者志，志擾則神亡。然菩薩以濟物捐軀，上善以遺形徇節。法師情存拯救，式奉殷繁，汲引雖曰忘懷，形質焉能靡累。於是忽嬰風瘵，病與時侵，靈藥弗痊，胚器俄逝。豈夫八林齊白，我佛稱於寂滅，梁木其壞，吾師等於死生。以大足元年十月廿二日神遷，春秋六十有二。臨終之際，正念無虧，顏色怡悅，似有瞻矚，北首面西，奄然而化。

悲夫，烈烈歲陰，蒼蒼天色。乾兮何負，殲我惟良，業也何孤，喪茲賢哲。豈直悲盈四部，嗟鹿苑之荒涼，抑亦哀悼兩宮，痛蜂臺之閴寂。猶是俯迴天睠，載紆仙豪，遠降恩波，爰加制贈。奉神龍元年勅：實際寺主懷惲，示居三界，遠離六塵，等心境於虛空，混榮枯於物我。棟梁紺宇，領袖緇徒，包杖錫之規模，躡乘抷之懿躅。雖已歸寂滅，無待於褒揚，然寵洽友于無忘，於縟禮可贈隆闡大法師，主者施行。上人以至德聿修，良因累著，故得天降成烈，用讚芳規，追遠愼終，生榮死贈。足可光輝淨刹，歷塵芥而長存，旌賁玄門，共河山而永久。弟子大溫國寺主思莊等，並攀號積慮，哀慕居懷，嗟覆護而無時，仰音顏而靡日。猶恐居諸易遠，淑善湮沉，敬想淸徽，勒茲玄琰。詞曰：

娑婆種覺，賢刼能人。三祇殄妄，五分祈眞。即相離相，非身是身。猶施慧柢，廣濟迷津。其一

十方化備，雙林滅度。三界空虛，四生哀慕。正教既隱，微言遽斁。式啟先悊，用資後悟。其二

芳猷廣被，至烈彌殷。青眸演聖，白足呈眞。遠導蒻芥，遐宣墨塵。玄門不絕，代有其人。其三

猗歟令德，遠嗣前英。聲高四部，譽重三明。慈周有識，智契無生。法雲葉落，道樹滋榮。其四

豈啚宿殃，師資遽亡。乾兮何負，殲我惟良。徒嗟授几，空念傳香。非夫勝緣，孰答恩光。其五

邈矣坰野，慈顏壙側。敬發誠心，爰憑淨域。眞容湛粹，樓臺巋嶷。希此善根，遠酬明德。其六

天寶二年歲次癸未十二月景寅朔十一日景子建

懷惲墓碑　唐天寶二年十二月十一日刻。碑在陝西西安，現存西安碑林。思莊撰，行書。此本爲明拓。撰者據《全唐文》補。首題下『懷惲及書』係後人妄刻。

《圓濟塔銘》稱佛謂何，本期於覺，覺則無念，乃去妄源。歸法謂何，本期於了，了則達彼，乃到眞乘。此謂度門，誰能弘矣。故法昌寺主圓濟和上，即其人也。派裔重華之後，生緣讓畔之鄉，揔□敏聰，諸法懸解。傳本寺先和上仁藻之密印，承旨出家，遊西京不住相之緇徒，袒肩受具。法雖示其未捨，心已湛於眞如，同須菩提第一解空，終優波離不忘持律。十餘霜露，杖錫歸來，充本寺律師，尤高精義，□□徒衆，抑進綱維。和上違之恐住着□貽，就之恐福養受損，乃曰：捨粟麥十萬圭，用補常住。因知僧事，豈怠功勤，智慧無涯，倉儲益贍。心符妙用，故不滯□來，迹混有爲，故不虧崇樹。於本寺爲過往和上建功德塔一十一級，在身心爲砂界含生持《蓮花淨品》日餘一遍。凡卅載，隨因證果，出有入無。千里□緣，從師者如市，一門釋子，落髮者數十人。和上夏五十九，壽八十一，以天寶二載癸未歲冬十二月遘疾，忽於夜曰：吾此室內，朗明如晝，此非非相，吾將逝焉。至廿八日，泊如長逝。弟子法燈等，號慟靡及，安神於寺西北一里。護持喪事者繼踵，贈賵助哀者傾城，龍象咽而雲悲，虞芮慘而雨泣。身塔創起，琬琰未刊。僕此邑西人，備聞厥事，慙越境而訪拙，課鄙述以成銘。其雄狀龍鱗，疊級□錯，半插雲漢，常對虛空。此則萬掌合而攸歸，千目迴而悉仰，余不紀矣，獨舉德焉。偈曰：

我師深入度門玄密藏，窅默誰窺焉。今解形以示滅，吾不知夫所以然。

進士韓詮撰

進士董光朝書

趙嶠鐫

圓濟塔銘　唐天寶二年十二月二十八日卒。石在山西芮城。韓詮撰，董光朝正書，趙嶠鐫。

《浮圖頌》原夫窣堵波塔者，自我眞如金口之所説也。南天竺國，譯錦字於皇家，崯閣崛山，流梵音於帝里。闡揚道化，振大法鼓，門開八萬四千，教被十方無量。易天地□茲始，暨海隅而作則。達於無生，莊種種相，視於彼岸，致幽幽深。不可以智識知，□可以探求測。爰有清信士弘農楊瓚，字玄鳳，遊情法海，散志玄門，覩泡幻之無□，知隟駒之易度。妻天水趙氏，已從物化，魂魄登仙，俄而墳草再黄，塋樹成栱。無子以繼後，有女以適人。減賦稅之餘貲，建中天之妙塔。既啓□相，用鐫礱石。召良匠於名下，捨淨財於力田。向用十千，俄經一歲，自天寶二年□□□□之所建也。設無遮供，請有緣人。棧鐙俱施，榑閣兼設，臨萬仞以俯視，□□□□□□。峨峨鳳剎，隨風律以翱翔，帟帟龍龕，□雲河而霮䨴。圖寫五色，□□□□□，□雜千名，□（下接陰）□□□□□。天神遠降，□□相於鋒端，地祇下□，□□人而貌取。□圖□□，□□形名，善者以示於將來，惡者庶懲於後世。其詞曰：

岹岹嶢嶢，薄天涯兮窺赤霄。
彤彤曨曨，暎河宫兮入桂叢。
下臨地府兮鎭固，上參雲漢兮冥濛。
千齡萬代兮不朽，群飛衆類兮斯同。
鳥道峨峨兮彩煙裏，中有金輪兮暎天起。
夜含明月兮浦珠來，曉振清風兮被君子。
庶乾像兮共壽，與月諸兮齊美。
晤有爲兮居益，覺色空兮此始。
既覩毫相，殲我貪原。攝諸苦惱，玄之又玄。
功超八解，高蹈四禪。崯閣廣聽，奈菀祛煩。
大雄至聖，法流海島。慧日同暉，風光共掃。
親善愍惡，優孤恤老。彼我俱無，名諸大道。
才虧七步，學昧三玄。輒揚敘贊，朽性難鐫。
以嬴挹海，用管瞻天。詞雖淺末，□耀長懸。

女夫尹良珣，男劉娘，男小劉。

女夫張□景，男□兒，女平等□□等（下接側）塔主楊玄鳳，女無比、天女、無雙，義男段令□，姪□、□明。妻兄趙□方、□趙立舉、□妻弟趙遺福。弟遵景，□歸賢□懷書、□景，景祚、懷贊，栱子。姪吳□□□□。堂叔楊玄習、楊奴奴。

運石車主孟平遼、張乾遜、張元鳳、張知新、楊僚子、孟高奴、孟待賓、丁二朗、李靈運、李佛生、李簡任。妹夫張指南。

浮圖頌　唐天寶二年刻。在山東益都。行書。

《淨藏塔銘》大師諱藏，俗姓戲，濟陰郡人也。十九出家，六載持誦《金剛般若》、《楞伽》、《思益》等經，寫瓶貫綖，諷味精純。來至嵩岳，遇安大師，親承諮問十有餘年。大師化後，遂往韶郡，詣能和上，諮玄問道，言下流涕。遂至荆南，尋覩大師，親承五載，能遂印可，付法傳燈。□而北歸，至大雄山玉像蘭若，一從栖寓，三十餘周，名聞四流，衆所知識。復至嵩南會善西塔安禪師院，覩茲靈跡，實可奇耳，遂於茲住。闕乎聖典，乃造寫藏經五千餘卷。師乃如如生象，空空烈跡。可粲信忍宗旨，密傳七祖，流通起自中岳。師亦心苞萬有，慧照五明，爲法侶津梁，作禪門龜鏡。於是化流河洛，屢積歲辰，不憚劬勞，成崇聖教。春秋七十有二，夏三十八臘，無疾示疾，憩息禪堂，端坐往生，歸乎寂滅。即以其歲天寶五載歲次丙丁十月廿六日午時，奄將神謝。門人慧雲、智祥，法俗弟子等，莫不攀慕教緣，奢花雨淚，哀戀摧慟，良可悲哉。敬重師恩，勒銘建塔，舉高四丈，給砌一層。念多寶之全身，想釋迦之半座，標心孝道，以偈而宣：

猗歟高僧，嵩巖劫增。心星聚照，智月清昇。坐功深遠，靈迹時徵。粵惟上德，成茲法興。其一

五法三性，八萬四千。帝京河洛，流化通宣。不憚劬勞，三五載間。造寫三藏，頓悟四禪。其二

三摩鉢底，定力孤堅。悲通法界，慈洽人天。法身圓淨，無言可詮。門人至孝，建塔靈山。其三

淨藏塔銘　唐天寶五年十月二十六日刻。石在河南登封會善寺。行書。

《淨覺墓誌》　禪師本姓李，名隸。於崇敬寺日，稱曰淨覺，號之□方使慈，衆稱之曰大慈。春秋五十九，僧臘凡卅矣，開元初，悟三世之有，□萬物之緣，捨俗出家，懇心趣道。住持禁戒，受具聲聞，已殖三千大千之所，非唯一刧二刧之漸。初趣於大智和上，懸解禪門，後謁於大照禪師，胳合心地。其後，住終南諸寺，亦十餘稔。或投陁曠野，或宴居山林，外示端嚴，內□汲引，而心入於無□勞矣。天寶五載十月廿九日，化滅於長安靜恭里弟。今終於弟，不於僧房者，蓋在俗有子曰收，致其憂也。臨終日塗[illegible]，禮也。法門儉，吾徒衆，於是攀援泣血，罔極崩心。□何昊天，□貽大戾。□望不見，何恃何依。頃葬於萬年縣洪因鄉畢原之東南。至七載十一月甲申，建塔於此原之腹。縣改咸寧，而改葬焉。其葬具順僧事，而從遺命也。已相川原，將樹松檟，茲塔如踴，惟靈永□。日月□除，□身荼毒。咨惟小子前□□軍衛倉曹□□□□□而頌。頌曰：

□□□，心湛然。相不□，度□□。

淨覺墓誌　唐天寶七年十一月十八日葬。石在陝西西安。正書。此拓爲原北平圖書館舊藏。

《玄林禪師碑》　法本無生之謂眞，心因不染之謂寂，孰有求眞之謂著，體眞歸寂之謂如。非夫善發惠源，深窮定窟，何足以大明觀行，獨秉禪宗，使定惠兼修，空有俱遣，道流東夏，聖齊北山哉。禪師諱玄林，堯城人也，俗姓路氏，黃帝之後，封于路國，因而爲氏。捕虜將軍端見爲後燕錄豫州刺史永出晉中興書邁種于人。嗣有明德禪師，襟靈爽岸，神氣雋遠，生而克歧，弱不好弄。初遊神書府，精意儒術，覩百氏之奧，窮九流之源。平叔之疑義兩存，康成之未詳多闕，莫不窮賾至妙，剖析玄理，渙若冰釋，朗然雲開。至如枝拒蹶張，步騎彈射，人則曠刧，藝皆絕倫。後讀阿毗曇藏，遂發心入道，依龍興寺解律師學業，依年受具，隸居靈泉佛寺。

摳衣之歲，惠遠即風雅書生，落髮之年，道融乃聰明釋子。以戒爲行本，經是佛緣，雅閑持犯，克傳秘密。學者號爲律虎，時人因爲義龍。推步渾儀，昭明歷象，天竺跋陁之妙，沙門法願之能，道契生知，理符神授。既習空觀，遂得眞如，身常出塵，心則離念。將在此以超彼，不自利以利他，不來相而來，不見相而見。梵天香以崇發弘願，鳴法皷以召集有緣，聲振兩河，敎被千里。樹林水鳥，竹葦稻麻，願結道緣，爭味禪悅。雖先生槐市，夫子杏壇，攝齊之徒，未足爲喻。

於是廣度羣有，大庇庶情，應悟攝心，隨分授益。大雲含潤，草木無幽而不芳，明鏡懸空，妍蚩有形而各兆。嘗至城邑，因過巷肆，屠說停刀，酒趙釋爵。擁路作禮，望塵瞻顏，師必欸曲以情，悅可其意。捨資財以攝其利，言力役以勤其生，漸去客塵，令入佛智。有苛吏敗俗，蠹政虐人，伏以剛強，示之簡易。見方便力，去貢高心，破其重昏，歸以實相。

夫學偏者量褊，道廣者業弘。禪師智括有情，德通無礙，體含虛韻，性有異能，妙窮音律，雅好圖畫。季長公瑾，別有新聲，凱之僧繇，皆德眞跡。以是好事君子，翕然向風。擅爲施心，居無長物。有流離道路，羈

旅風霜，鄉隔山川，親無強近，饑者推之以食，寒者解之以衣。人中之急難，法中之慈濟也。

景龍三年，勑追與僧玄散同爲翻譯大德，累表（下接碑陰）□□，詔許還山。禪師自居此寺，凡六十年，或宴坐林中，累日忘返，或經行巖下，踰月不還。跡異人間，行標物表。每遊峯選勝，建塔崇功，驚若飛來，隖如踴出。官□杖標之所，得自神人，破隖移燈之處，傳諸耆老。今山上數十處，有窣堵波者，即其事也。

自金人入夢，白馬負來，譯音議於天竺，布文字於震旦。是爲教本，實曰道因。禪師遍寫藏經，以導學者，德實無量，行非有涯，不惟摠持辯才，禪定智惠而已。故騰聲洛下，獨步鄴中，齊達叡之大名，繼稠融之遐躅。

噫，日月大地，咸歸有盡之源，河海高山，不出無常之境。天寶五載十二月十日，因閱僧務，詣至德里，迴首西方，端坐如定，不疾而化。春秋九十餘，僧臘七十一。日黑震驚，車徒奔集，雷慟雨泣，隘谷塡山。粤以其月十七日，遷靈坐于本寺。禪師眞身，忽然流汗，是知因生有滅，乃現眞空，示聖出凡，獨標靈相。以八載二月十五日，即身塔於寺之西北隅，以安神也。其夜霜霰霑凝，山□草木，皓然如素。東帶雲門，西連硤谷，一佛二佛，前身後身，接林嶺之風烟，成鄴衛之松柏。禪師洞合神契，妙通法源，義則解空，智能藏往。

先是，寺中新植衆菓，弱未成林，悉令沙彌扶之以杖，其夜大雪，折樹摧枯，唯時小枝不動如故。師之冥感，多此類也。門人等味道通經，連州跨境，歸宗雖倍，入法益稀。三千門徒，皆傳經於闕里，四百弟子，空問道於襄陽。弟子大通，親奉音塵，常陪庭院。承宮之歲，初執勞以求師，智稱之年，載弃俗而從道。調九候以除五疾，明六度以伏四魔，感自舊恩，錄憑故事。龕塔山古，霜露歲深。虎溪爲陵，高蹤不亡於別傳，龍山若礪，盛德常存乎此詞。其銘曰：

□有非有，覩相非相，日離諸妄。得法捨法，悟空非空，是出羣蒙。
日景常朗，雲藏其□，□雲自照。佛性常在，欲生其塵，無欲爲眞。
無相捨有，出空離法，大師弘業。覩日除□，無欲歸佛，大師秘密。
茫茫羣有，溺于中流，濟之以舟。冉冉八苦，沒於五濁，導之以□。
因心發惠，惠契于定，道澄其性。憑緣有生，生歸於無，理不存軀。
恆沙一刼，藏舟閲水，□身去矣。連□萬古，雲門靈泉，飛塔巋然。

玄林禪師碑，唐天寶八年十月十五日刻。碑在河南安陽寶山。陸長源撰，行書。陰續刻碑文。兩側刻宋大觀、金大定年間題記，此本未拓。

《唐少林寺靈運禪師功德塔碑銘并序》　虛空廣大乎其體，智慧圓融乎其用，凝而不生，湛爾常寂，離修離證，非色非心。歷微塵刧，遍□沙界，無量國土皆清淨，無量昏暗皆光明。誰其得之，吾聞諸上人矣。

上人諱靈運，蕭姓，蘭陵人，梁武帝後。皇考翥，虢州恆農縣尉。初，上人之生也，戒珠孕於母胎，定水澂於孩性。內典宿植，外學生知，白雲凝其高志，明冰峻其苦節。泛如也，時不能知。常以爲：幻境非實，泡身是妄，五色令人昏，五音令人聾，五味令人爽。噫，輪彼生滅，無時息焉，吾將歸根，以復于正。因遊嵩山，至少林寺，有始終之意焉。會舅氏掾于高□，而上人遂緇於此郡。玉立凡石，不可喻其烱然；日映衆星，無以方其明者。竟移隸茲寺，□副乎夙心。無何，習禪決於龐塢珪大師，潛契密得，以眞貫理。照十方於自空，脱三界於彼著。慧眼既淨，色身亦如，始知夫心外無法，所得者皆夢幻耳。然後觀大地土木，無非佛刹焉。空山蒼然，窮歲默坐，猿對茶椀，鳥棲禪庵。彼嶺雲無心，即我心矣；彼澗水無性，即我性矣。夫如是，孰能以凡聖量之乎。故吾在造化中，如夢中也。

粤開元十有七祀夏五月廿二日，不示以疾，泊然而終。苦霧晦黃於天地，悲風哀咽於草木。吁，崩吾禪山，涸吾法海，空吾世界，使凡百含識，大千有情，荼於是，火於是，可勝言哉。故門人堅順，獨建靈塔於茲山，奉遺教也。夫碩德不發，不有超世先覺，而出夫等夷者，則曷能傳我法印，以一燈然千萬燈乎。彼上人者，嶷然倬立，以定慧爲藏，以涅槃爲山，圓通於不□之境，出沒於無涯之域。適來時也，適去順也。今則絕矣，瞻仰如之何。夫事往則迹移，歲遷則物換，況法與化永，念從心積，豈可使上人之高，歿而不紀，是斲于石，以旌斯文。銘曰：

上人伊何，傳我法印。其體也寂，其行也順。
紛彼識浪，汩夫夢情。非照不曙，非澄不清。
作大毉王，爲大禪伯。岳立松古，蓮青月白。

一朝化滅，六合悽愴。世界颯空，雲山忽曠。

色身□兮法體存，金界慘兮鐵圍昏。噫，我所留者唯心源。

天寶九載四月十五日門人堅順建

靈運禪師塔銘　唐天寶九年四月十五日刻。石在河南登封少林寺。崔琪撰，僧勤□行書。兩側爲《靈運禪師畫像》及元和十二年《辛秘題名》。額題『寺西石塔靈運師墳即梁帝皇嗣者也』，陰刻高岑正書《陀羅尼經咒》，此本失拓。（底本不清，校以網絡圖片。）

《永泰寺碑》　觀夫聖應無方，等曜靈之流萬象，覺海元曠，若溟渤之含百川。凝然居衆妙之先，煥矣處有空之際。於是慈光西燭，慧液東飛，廣開權實之門，爰啟布金之義。粤兹寶界，創自後魏正光二載。即孝明帝之賢妹也，乃居寵若驚，克修雅志，確乎出俗，入道爲尼。以誠信有徵，勑爲置明練之寺，兼度士庶女等百有人矣。頃遇周武不敏，正教□□。至隨氏開皇，重加修復，又度尼廿一人，以崇景福。□有唐貞觀三載，議將尼寺居山，慮恐非人侵擾，勑令移額於偃師縣下置，此因廢焉。

至神龍二載七□廿五日，有嵩岳寺都維那僧道瑩奏聞，此故寺依山帶水，形勝幽棲，不假多工，便堪居住。伏惟故永泰公主，器韞冲和，承規帝闕，庶增瓊萼，冀保瑤枝。何圖厭代辭榮，遷神遂遠。二聖痛金娥之殞，兆人興玉碎之悲，凡厥有情，孰不傷悼。至論潛祐，必賴薰修，伏望天恩，爲永泰公主，於前件故伽藍，置寺一所，請以永泰爲名。特望度僧二七人，庶使福資冥路。竊惟聖不孤運，會緣必興。建寺立僧，寔由於此。

自兹已降，曁乎至今，亦有別勑配居，或牒兩京名德，翼翼清衆五十餘人，咸以軌範端融，心澄海月，鵝珠育物，禮誦無虧，常懷報國之恩，庶願福增皇祚。千佛二古塔者，昔明練之所起。亭亭四照，嶷嶷搖空，龕室睢曨，重光迴暎。其間大窣堵波者，隨仁壽二載之所置。文帝應命，感異稀奇，忽得舍利一瓶，雪亳璨爛，火焚益固，擊之逾明。乃詔天下梵場，令起塔供養，爲蒼生之祈福也。□制妙絕，神工未方，永鎮檀林，以昭盛烈。

東有兩支提者，昔寺主道瑩，上座崇敬，遺教門人之所造也。二長老僧［某心］國寶，振古超今，息化歸眞，法俗追悼，故起斯塔。前門樓、浴室、食堂、經藏者，即大德曇陟律之所搆也。律師宿智圓明，知微察物，少編僧錄，風骨天然，精持大乘，玄通數部，不住無相，兼崇有爲。沙門思晤者，心燈獨知，跡無住處，諸佛遺旨，必能竭其筋力，諸魔□念，必不愛其死生。乃跋涉江山，樸斲杞梓，食堂之力，□有助云。九級浮圖者，比丘眞一，敬爲故兄寺主眞藏之所建也。禪師積德累仁，果曾慈□，玉昆金友，倶離塵籠。弟子沙門志堅，乃陳留郡封禪□都維那。僧希晏等，敬爲和上，樹兹景業。藏寺主，絢彩凝華，心鏡虛朗，再成寶殿，重立尊□。□有闕遺，盡加營葺。并鑄大銅鐘一口，重四千斤，函□石。裝飾嚴麗，備物惟新。金容將滿月齊暉，玉相與日輪爭曜。簷宇四繞，迴廊復周，蹬道淩虛，懸階數帀。風鈴夜警，聲聲流解脫之音，曉梵朝吟，一一讚苦空之偈。嘉木繁植，祥花接異菓恆春，青柳垂幡，喬松結蓋而雲際。

前寺主道演，前上座智光，前都維那元順，皆體道歸一，異本同源，逍遙林泉，躧履雲壑。復有沙門法意、敬一等，至樂大乘，沉心不二。一日必葺，當賈勇而行諸，六時精勤，縱力極而不廢。其寺也，嵩巖右脅，龍津左傍，前眺案崗，萬公居後。地形澄籤，幽磎對靈鎮之臺，山勢巍峨，峯頂與曾巒倶峻。昔跋陁三藏，懸記此方，人安衆和，福利彌廣。時上座明信，寺主道俊，都維那敬一，並操履霜潔，動成紀綱，德義相資，同知寺任。但恐三輪一轉，海際塵驚，若不刊勒貞瑯，何以表之靈跡。靖彰內慙深定，外謝多聞，敢違宿心，昧揚休烈。其詞曰：

佛性微，遍含識，隱顯自在兮，無量力。
開秘藏，耀無疆，寶刹嚴凝兮，仙路長。
韻慈鐘，震懸極，警衆沉昬兮，清闔域。
光勝宅，啟津梁，淨彼地獄兮，與天堂。
昔明練，今永泰，跋陁遠記兮，斯爲大。
刻珎石，炳微言，曠代昭宣兮，萬祀□。

天寶十一載歲次壬辰閏三月五日建

潁川處士荀望書

永泰寺碑　唐天寶十一年閏三月五日刻。碑在河南登封。僧靖彰撰，荀望正書，額篆書。拓本有硬傷。此碑書法結體茂密。

《多寶塔碑》粤《妙法蓮華》，諸佛之秘藏也，多寶佛塔，證經之踴現也。發明資乎十力，弘建在於四依。有禪師，法號楚金，姓程，廣平人也。祖、父並信著釋門，慶歸法胤。母高氏，久而無妊，夜夢諸佛，覺而有娠，是生龍象之徵，無取熊羆之兆。誕彌厥月，炳然殊相，岐嶷絶於葷茹，髫齔不爲童遊。道樹萌牙，聳豫章之楨幹，禪池畎澮，涵巨海之波濤。年甫七歲，居然厭俗，自誓出家。禮藏探經，《法華》在手。宿命潛悟，如識金環，總持不遺，若注瓶水。九歲落髮，住西京龍興寺，從僧籙也。進具之年，昇座講法。頓收珎藏，異窮子之疾走，直詣寶山，無化城而可息。爾後因靜夜持誦，至《多寶塔品》，身心泊然，如入禪定。忽見寶塔，宛在目前，釋迦分身，遍滿空界。行勤聖現，業淨感深，悲生悟中，淚下如雨。遂布衣一食，不出戶庭。期滿六年，誓建茲塔。

既而許王瓘，及居士趙崇、信女普意，善來稽首，咸捨珎財。禪師以爲，輯莊嚴之因，資爽塏之地，利見千福，默議於心。時千福有懷忍禪師，忽於中夜，見有一水，發源龍興，流注千福，清澄泛灩，中有方舟。又見寶塔，自空而下，久之乃滅，即今建塔處也。寺內淨人名法相，先於其地，復見燈光。遠望則明，近尋即滅。竊以水流開於法性，舟泛表於慈航，塔現兆於有成，燈明示於無盡。非至德精感，其孰能與於此。及禪師建言，雜然歡愜，負畚荷插，于橐于囊，登登憑憑，是板是築。灑以香水，隱以金鎚。我能竭誠，工乃用壯。禪師每夜於築階所，懇志誦經，勵精行道。衆聞天樂，咸嗅異香。喜歎之音，聖凡相半。至天寶元載，創構材木，肇安相輪。禪師理會佛心，感通帝夢。七月十三日，勑內侍趙思偘，求諸寶坊，驗以所夢。入寺見塔，禮問禪師，聖夢有孚，法名惟肖。其日賜錢五十萬，絹千匹，助建修也。則知精一之行，雖先天而不違，純如之心，當後佛之授記。

昔漢明永平之日，大化初流，我皇天寶之年，寶塔斯建，同符千古，昭有烈光。於時道俗景附，檀施山積，庀徒度財，功百其倍矣。至二載，勑中使楊順景宣旨，令禪師于花萼樓下，迎多寶塔額。遂總僧事，備法儀，宸睠俯臨，額書下降。又賜絹百疋。聖札飛毫，動雲龍之氣象，天文挂塔，駐日月之光輝。至四載，塔事將就，表請慶齋，歸功帝力。時僧道四部，會逾萬人，有五色雲，團輔塔頂，衆盡瞻覩，莫不崩悅。大哉觀佛之光，利用賓于法王。禪師謂同學曰：鵬運滄溟，非雲羅之可頓，心遊寂滅，豈愛網之能加。精進法門，菩薩以自強不息。本期同行，復遂宿心。鑿井見泥，去水不遠，鑽木未熱，得火何階。凡我七僧，聿懷一志，晝夜塔下，誦持《法華》。香煙不斷，經聲遞續，炯以爲常，沒身不替。自三載，每春秋二時，集同行大德四十九人，行《法華》三昧。尋奉恩旨，許爲恒式。前後道場所感舍利，凡三千七十粒。至六載，欲葬舍利，預嚴道場，又降一百八粒。畫普賢變，於筆鋒上聯得一十九粒，莫不圓體自動，浮光瑩然。

禪師無我觀身，了空求法，先刺血寫《法華經》一部，《菩薩戒》一卷，《觀普賢行經》一卷，乃取舍利三千粒，盛以石函，兼造自身石影，跪而戴之，同置塔下，表至敬也。使夫舟遷夜壑，無變度門，劫算墨塵，永垂貞範。又奉爲主上及蒼生，寫《妙法蓮華經》一千部，金字三十六部，用鎮寶塔。又寫一千部，散施受持。靈應既多，具如本傳其載。勑內侍吳懷實，賜金銅香鑪，高一丈五尺。奉表陳謝，手詔批云：師弘濟之願，感達人天，莊嚴之心，義成因果，則法施財施，信所宜先也。

主上握至道之靈符，受如來之法印。非禪師大慧超悟，無以感於宸衷，非主上至聖文明，無以鑒於誠願。倬彼寶塔，爲章梵宮，經始之功，眞僧是葺，克成之業，聖主斯崇。爾其爲狀也，則岳聳蓮披，雲垂蓋偃，下欻崛以踴地，上亭盈而媚空，中晻晻其靜深，旁赫赫以弘敞。礝碱承陛，琅玕綷檻，玉瑱居楹，銀黃拂戶。重簷疊於畫栱，反宇環其璧璫，坤靈贔屭以負砌，天祇儼雅而翊戶。或復肩架摯鳥，肘擐修虵，冠盤巨龍，帽抱猛獸。勃如戰色，有奭其容，窮繪事之筆精，選朝英之偈贊。若乃開扃鐍，窺奧秘，二尊分座，疑對鷲山，千帙發題，若觀龍藏，金碧炅晃，環珮葳蕤。至于列三乘，分八部，聖徒翕習，佛事森羅，方寸千名，盈尺萬象。大身現小，廣座能卑，須彌之容，欻入芥子，寶蓋之狀，頓覆三千。昔衡岳思大禪師，以法華三昧，傳悟天台智者，爾來寂寥，罕契眞要。法不可以久廢，生我禪師，克嗣其業，繼明二祖，相望百年。

夫其《法華》之教也，開玄關於一念，照圓鏡於十方，指陰界爲妙門，驅塵勞爲法侶，聚沙能成佛道，合掌已入聖流。三乘教門，總而歸一，八萬法藏，我爲最雄。譬猶滿月麗天，螢光列宿，山王映海，蟻垤羣峯。嗟乎，三界之沉寐久矣，佛以《法華》爲木鐸。惟我禪師，超然深悟。其貌也，岳瀆之秀，冰雪之姿，果脣貝齒，蓮目月面。望之厲，即之溫，覩相未言，而降伏之心已過半矣。同行禪師，抱玉飛錫，襲衡台之秘躅，傳止觀之精義，或名高帝選，或行密衆師，共弘開示之宗，盡契圓常之理。門人苾蒭如巖、靈悟、淨眞、眞空、法濟等，以定慧爲文質，以戒忍爲剛柔，含朴玉之光輝，等旃檀之圍繞。夫發行者因，因圓則福廣，起因者相，相遣則慧深。求無爲於有爲，通解脱於文字，舉事徵理，含毫強名。偈曰：

佛有妙法，比象蓮華。圓頓深入，眞淨無瑕。慧通法界，福利恆沙。直至寶所，俱乘大車。其一

於戲上士，發行正勤。緬想寶塔，思弘勝因。圓階已就，層覆初陳。乃昭帝夢，福應天人。其二

輪奐斯崇，爲章淨域。眞僧草創，聖主增飾。中座耽耽，飛簷翼翼。薦臻靈感，歸我帝力。其三

念彼後學，心滯迷封。昏衢未曉，中道難逢。常驚夜杌，還懼眞龍。不有禪伯，誰明大宗。其四

大海吞流，崇山納壤。教門稱頓，慈力能廣。功起聚沙，德成合掌。開佛知見，法爲無上。其五

情塵雖雜，性海無漏。定養聖胎，染生迷鷇。斷常起縛，空色同謬。薝蔔現前，餘香何嗅。其六

彤彤法宇，繄我四依。事該理暢，玉粹金輝。慧鏡無垢，慈燈照微。空王可託，本願同歸。其七

天寶十一載歲次壬辰四月乙丑朔廿二日戊戌建

勅撿挍塔使正議大夫行内侍趙思侃

判官内府丞車冲

撿挍僧義方

河南史華□

多寶塔碑　唐天寶十一年四月二十二日刻。碑在陝西西安碑林。岑勛撰，顔眞卿正書，徐浩隸書額。此本爲明拓。有鄭孝胥、楊守敬題記。

《智通塔銘》　惟佛有覺海，酌其流者爲得一，佛有慧日，赫其照者爲至道。夫能航逝川，適寶所者，吾師矣。師諱智通，姓張氏，虞鄉七級人也。童年有濟世之量，請益於大智尊者，晚節當付屬之重，善誘我尭之封人。天與淳和，聲振關輔，粉藻德行，澄滅使流。降心魔，嚴道品，砥操厲能，終朝獨王。前刺史裴寬，以師繼然一燈，請傳覺印。後太守韓朝宗，以師道高五衆，請師爲僧。寶非隨侯，明月難掇，有卞氏連城增價，不其然乎。於是雲峯之下，軒冕如川，巖花之前，摳衣成市。除沙鹵之株杌，甘露清田，酌肥膩之菁華，醍醐灌頂。行有餘力，綴己惠人，綆汲群蒙，衣珠密繫。使夫股肱之人，一變至于道者，十八九焉。嗚呼，世界無常，生靈起滅，將示絶紘之迹，俄增遷奪之痛。翌日不救，藏舟夜□，以天寶十載十一月廿七日，終於住寺，春秋六十有九。爲厭毒而歸休耶，爲傳薪而火滅耶。生生之與化化，其可左右。門人有奢花之痛，道俗懷苦海之憂。寺主令賓，師之同志，恨寶渚無梁，衢樽莫挹，鶴林墜月，狂象易奔。與弟子惠照、饒益寺上座崇道等，冀佛影之猶存，以封灰而建塔。俾傳能事，授手於予。復珪辱在緇門，豈忘提拙。銘曰：

開示佛乘，住無所住。傳衣佛國，去無所去。拯洽四流，梯航六度。誰其悟入，我師調御。其一

行佛能事，事果而往。水竭龍移，山空澗響。灰封殯塔，珠沉帝網。留影雞峯，提河列像。其二

啜泣之痛，潸然灑地。蘭若空虛，緇林殄悴。閱水藏舟，藤埜及隧。豈惟羊祜，方稱墮淚。其三

天寶十三載甲午歲六月三日，寺主創新鍾之晨建。

造塔大匠京兆王光

河東張伽刻字

智通塔銘　唐天寶十三年六月三日刻。石在山西永濟棲巖寺。僧復珪撰，行書，張伽刻。

《少林寺神王師子記》　大周天冊萬歲金輪聖神皇帝如意元年，迎神王入内。其神王元是泥素彩裝，其皇帝敬□神王，脱空□佇，□以金裝。爲年歲多日，金薄彫落。後開元廿年，僧弘器□以金裝。恐後□□貴勝，不知□由，立一小碑，述久視元年還神王勅，具錄如後：

少林寺神王□右，去如意之年，奉勅將前件神王入内。比不敢陳請，

今內出功德，散與諸寺。其□□神王，送在大□先寺。但山寺去都稍遠，巧人難遇。前件神王元在少林上坊普光佛堂，□□現闕。其大福先□惣得神王一十五軀，望請前件兩軀得還少林，令本處尊儀具足，巢得□山功德，不闕莊嚴，□往來有所瞻仰。謹詣光政門，奉狀陳請以聞，伏希恩旨。久視元年九月十三日，少林寺主義獎等狀。僧弘□。勑：好，還少林寺。

門司李阿乇宣

□監門直長路尙賓

左監門直長成思貞

押門長上果毅杜行敦

周還少林寺師子勑一道

少林寺師子二，師子□二，右件師子等，並是少林寺普光堂前隨神王功德。其神王奉今月十三日勑，還少林寺。爲前狀不別顯師子等，福先寺綱維但付神王，未付師子。旣是隨神王一鋪功德，望請□將還山供養。謹詣光政門，□狀以聞，伏聽勑旨。久視元年九月廿九日，少林寺主僧義獎等狀。勑：好。

九月廿九日門司李仁福牒

右監門直長路尙賓

左監門直長成思貞

押門長上果杜行敦

周少林寺賀師子勑一道

少林寺僧義獎等言，伏奉九月十三日恩勑，賜還神王。又奉其月廿九日恩勑，兼還師子。恩波洊委，喜懼兼深。僧義□□誠□誠恐，死罪死罪。但此功德，昔是素裝，忽覩靈姿，□如金飾，玄工再造，天巧自然。□神之力，巍巍如是。緇徒踊影，若攀兜率之宮，靈相生光，似降莊嚴之國。手舞足蹈，倍百恆□，無任荷懼屛營之至。謹附表陳謝以聞，謹言。

久視元年十月日少林寺主僧義獎等上□。勑：好，放阿師去。

久視元年十月六日門司陳□逸牒

普光堂內一佛二菩薩，迦葉阿難，及門外二金剛，二神王，二師子，城內少有傳聞。□士姓李名雅，永平年造此尊像，奇妙少雙。菩薩儀容，卒不可有。阿難迦葉，貌相肅然，合掌虔恭，實難希有。門外二金剛，鳥鵲不汙，□承稱說，異相屢現。其師子者，乍□□容，或嗔或□，□工巧□，不可圖容。二師子郎，常相□□。此一鋪功德，不可思議。

天寶十四載八□□五日建

普光院立碑僧弘器

修造僧智通法師

同修造僧同光□□【略】

少林寺神王師子記　唐天寶十四年八月十五日刻。石在河南登封。正書，張景昇刻。

《淨善塔銘》和尙姓張氏，法號淨善，京兆雲陽人也。幼而神淸，長益靈悟。誠請旣深，緣愛自淨，廼授經於惠雲，溯源窮委，靡弗徹貫，以故業行高超，利益弘溥。知與不知，□宣示，咸得□解脫朗悟，信大道之津梁也。以乾元元年二月六日告行於興唐寺。門人惠信等，與俗侶白衣會葬，近千人焉。以其年九月九日，起塔於畢原高岡，式昭大道，庶慰永懷。銘曰：

佛有妙法，使皆淸淨。世界罕聞，□然莫正。大哉我師，降厥慈悲。開示寂樂，破其惑迷。法相旣圓，色空自離。千萬大衆，歎泣而隨。功成身去，自契自藏。銘於塔石，與天同長。

門徒惠信等立石。

芢　指南後學□□□□

淨善塔銘　唐乾元元年九月九日刻。王延昌撰，顏眞卿正書。此拓爲翻刻本。

《了悟塔銘》僧本智，諱了悟，俗姓來氏，□隋榮國公之裔，廣陵人也。生有慧殖，長則厭俗。年十九，潔誠薰沐，問道於淨慈師。□知前因，說□法之法。玄機通徹，已悟三空。剃髮受具戒，爲比丘僧，服忍衣，傳心法，得除塵世之煩。設議墩，演三乘，說華嚴之道。心存普度，念棄塵勞。正期淨定，超拔三途，豈料災生，冥□俄至。以乾元二年己亥四月十六日，歸寂于揚州江陽縣道化坊之長生禪寺，享齡五十，道臘四。遺命火焚，建塔東偏嘉禾村地內，即于其年十月乙亥八日丙辰歸焉。爰志塵跡，刻茲塔銘。銘曰：

嗟呼本智，有生而悟。道宗普賢，寂證三果。脫離苦惱兮歸西土，塔門永閉兮垂千古。

了悟塔銘　唐乾元二年十月八日葬。江蘇揚州出土，端方舊藏。正書。此拓爲原北平圖書館舊藏。

《義琬墓誌》　□山禪師諱義琬，字思靖，俗姓董氏，河南陽翟人，紹嵩岳會善大安禪師智印。法歲廿七，世齡五十九，開元十九年七月十九日，長天色慘，塞樹凝霜，頂白方，面赤方，右肱枕席，左臂垂膝，言次寂默，奄魂而歸，舉體香軟，容華轉鮮。感瑞嘉祥，具載碑錄。師未泥洹，先則玄記：吾滅度後卅年內，有大功臣置寺，度遺法居士爲僧。卅五年後焚身，留吾菓園，待其時也。

果廿八年，有文武朝綱□國老忠義司徒尚書左僕射朔方大使相國郭公，上額於居士，拜首受僧，奏塔梵宮，牓乾元寺。法孫明演，授禪父託，葬祖黃金，述德於中書令汾陽郡王郭公，徹天請號焚葬，借威儀，所由撿挍。

大曆三年二月汾陽表曰：義琬禪行素高，爲智海舟航，是釋門龍象。心超覺路，遠近歸依，身歿道存，實資褒異。伏望允其所請，光彼法流。其月十八日勑：義琬宜賜謚號大演禪師，餘依。擇吉辰八月十九日荼毗入塔。今卌載無記，不從大禪翁也。行慈悲海，得王髻珠，施惠若春，研芳吐翠。破邪□□，見網皆除。業爲學山，萬法包納，練行凝寂，方能動□。□□青霄，砌下雲起，星龕月戶，面河背山，清淨神靈。□□□曰：

□破羣邪，業爲學海。戒月青空，心珠自在。□□長伊，鈴搖岳風。動天威力，無住無空。

義琬墓誌　唐大曆三年八月十九日葬。石在河南洛陽乾元寺，端方舊藏。正書。

《懷素自叙石刻》　懷素家長沙，幼而事佛。經禪之暇，頗好筆翰。然恨未能遠覩古人之奇迹，所見甚淺。遂擔笈杖錫，西遊上國。謁見當代名公，錯綜其事。遺編絕簡，往往遇之。豁然心胸，略無凝滯。魚箋素絹，多所點壓，士大夫不以爲怪焉。顏刑部書家者流，精極筆法，水鏡之辨，許在末行。又以尚書司勳郎盧象小宗伯張正言曾爲歌詩，叙之曰，開士懷素，僧中之英。氣概通疎，性靈豁暢。精心草聖，積有歲時。江嶺之間，其名大著。故吏部侍郎韋公陟覩其筆力，勗以有成。今禮部侍郎張公，謂賞其不羈，引以游處。兼好事者同作歌以贊之，動盈卷軸。夫草藁之作，起於漢代，杜度、崔瑗，始以妙聞。迨乎伯英，尤擅其美。義獻茲降，虞陸相承，口訣手授，以至於吳郡張旭長史。雖姿性顛逸，超絕古今。而楷精法詳，特爲真正。真卿早歲常接游居，屢蒙激昂，教以筆法。資質劣弱，又嬰物務，不能懇習，迄以無成。追思一言，何可復得。忽見師作，縱橫不羣，迅疾駭人，若還舊觀。向使師得親承善誘，亟挹規模，則入室之賓，舍子奚適。嗟歎不足，聊書此以冠諸篇首。其後繼作不絕，溢乎箱篋。

其述形似，則有張禮部云，奔蛇走虺勢入座，驟雨旋風聲滿堂。盧員外云，初疑輕烟澹古松，又似山開萬仞峯。王永州邕曰，寒猿飲水撼枯藤，壯士拔山伸勁鐵。朱處士遙云，筆下唯看激電流，字成只畏盤龍走。叙機格則有李御史舟云，昔張旭之作也，時人謂之張顛。今懷素之爲也，余實謂之狂僧。以狂繼顛，誰曰不可。張公又云，稽山賀老粗知名，吳郡張顛曾不易。許御史瑤云，志在新奇無定則，古瘦灕驪半無墨。醉來信手兩三行，醒後卻書書不得。戴御史叔倫云，心手相師勢轉奇，詭形怪狀翻合宜。人人欲問此中妙，懷素自言初不知。語疾速則有竇御史冀云，粉壁長廊數十間，興來小豁胷中氣。忽然絕叫三五聲，滿壁縱橫千萬字。戴公又云，馳豪驟墨列奔駟，滿座失身看不及。目愚劣則有從父司勳員外郎吳興錢起詩云，遠錫無前侶，孤雲寄太虛。狂來輕世界，醉裏得真如。皆辭旨激切，理識元奧，固非虛蕩之所敢當，徒增愧畏耳。時大曆丁巳冬十月廿有八日。

《金石續編》卷八，唐五。《續修四庫全書》。

《懷素東陵聖母帖》　聖母聞□主□□疾□釋，遂奉上清之敎，旋登列聖之位。仙階崇者靈感遠，豐功邁者神應速。乃有真人劉君擁節乘麟，降于庭內。劉君名綱，貴真也。以聖母道應竇籙，才合上仙。授之秘府，餌以珍藥。遂神儀爽變，膚骼纖妍。脫異俗流，鄙遠塵愛。杜氏初怒，責我婦禮。聖母翛然，不經聽慮。久之生訟，至于幽圄，拘同羑里。倏□霓裳仙駕降空，卿雲臨戶。顧召二女，踐虛同升。旭日初照，聳身直上。旌幢彩煥，輝耀莫倫。異樂殊音，□空方□。康帝以爲中興之瑞，詔於其所，置仙宮觀，慶殊祥也。因號曰東陵聖母，家于廣陵，仙于東土，曰東陵焉。二女從升，曰聖母焉。邃宇既崇，真儀麗□。遠近歸赴，傾市江淮。水旱札瘥，無不禱請。神貺昭答，人用太康。姦盜之徒，或未引咎，則有鳥禽翔其廬上。靈徵既降，罪必斯獲。閭井之間，無隱慝焉。自昔曁隨，年將三百。都鄙精奉，車徒奔屬。及煬帝東遷，運終多忌，苛禁道侶。元元九聖丕承，慕揚至道，眞宮祕府，罔不□建。况靈縱可□，道化在人。雖蕪翳荒頹，而奠禱雲集。棟宇未復，耆艾銜悲，誰其興之。粵因碩德從叔父淮南節度觀察使禮部尙書監軍使太原郡公，道冠方隅，勳崇南服。淮沂既□□作而不朽，存乎頌聲。貞元九年歲在癸酉己月。

《金石續編》卷九，唐六。《續修四庫全書》。

《大證禪師碑》 石高二尺，寬四尺。上下兩截，草書。首尾計五十行，行字不等。

醴泉湧而蠲疾，寶炬然而破暗。蓮花無染而獨淨，夜光不繫而自得，其惟上智乎。夫上智之身，曲隨世界。上智之心，密遊聖境。或宿植德本，乘願復來。或意生人間，用宏開示。非慧見□，孰能知之。

大德號曇眞，姓邊，陳留開封人也。厥初爲孩，禀知特異。亦既有識，用晦如愚。家有耕桑未嘗問，鄉有學校未嘗顧。則曰處豐屋何如方丈，馳良馬何如振錫。珪組耀世，不如被褐。金玉滿堂，不如虛白。食珍者豈觀飯來香積，聽樂者豈聞梵唱云何。戰既勝矣，出門絕迹。潛嵩少間，專於讀誦。年至二十，遂適太原，受聲聞戒，習根本律。性甚聰敏，博涉經論。時同學者仰之爲師。久而嘆曰，大聖要道，存乎解脫。不入其門，非佛之子。乃損落枝葉，澄清泉源，詣長老大照，醒迷解縛。開心地如毛頭，掃意塵於色界。從此日益，唯師能知。於四威儀之中，無一刹那有怠。不住以至於大寂，無作以至於恆用。我正無所，虛空未爲廣。我照能遍，日月未爲明。震雷破山，聞不聞等。烈風拔樹，見在見等。是身無主，與四大假合。方寸無生，於一切離相，猶以爲未出心量。彌勒深入，大照既沒，又尋廣德大師。一見而拱手，再見而分座。問之於了，荅之以默。俱詣等妙，忽合自他。梵網之行，楞伽之心，密契久矣。廣德又謝，學徒嗷嗷。相顧靡依，來求於我。嗣續前教，皆以實歸。出宅諸子，俾稱所乘。渡河三獸，自止於分。天寶季年，祿山作逆。陷我洛陽，亂兵蜂螯。大德澹然，獨在本處。天龍潛衛於左右，豺狼仰瞻而讚嘆。施財獻供，終朝盈門。於善惡等以慈，於苦厄人以忍。言說不得，無畏故也。動靜皆如，自在故也。度衆無邊，大願力也。依報無量，邁種福也。夫修行之有宗旨，如水木之有本源。始自達摩，傳付慧可。可傳僧璨，璨傳道信，信傳弘忍，忍傳大通。大通傳大照，大照傳廣德，廣德傳大師。一一授手，一一摩頂。相承如嫡，密付法印。惟聖智所澄，非思議能測也。

大德既捨眷屬，竊爲沙彌，身不顧名，志在成道。聲稱寖遠，歸依如林。天寶八年，緇侶領袖，舉以上聞。乃蒙正度，初隸東都衛國寺，旋爲敬愛寺請充大德，遷彼與住此，有緣非無因。地離人天之會，法如雲門之施。衆有塵勞之悟，寺盈河潤之福。今學與其進，當學起其信。善誘不倦，得賢則喜。利往者導之以捷，覩奧者辨之以正。深在定者戒於貪，悟所覺者使之遠。視彼來學，如菴摩勒果。冀其出世，如優曇鉢花。齊我者稀，故我貴矣。

寶應二年正月十四日，趺坐如生，薪盡火滅，年六十，夏十四。哀纏門人，悲及塵衆。樹爲之變色，獸爲之失聲。棟折航沉，佛土蕭索。其年九月，葬於嵩岳寺之北阜。大歷二年，有司奏謚。上聞惻然，乃賜號曰大證禪師。縉嘗官登封，因學於大照，又與廣德素爲知友。大德弟子正順，即十哲之一也。視縉猶父，心用感焉。以諸因緣爲之強述。銘曰：

上德不德，興慈運悲。現於獨界，俯爲人師。以我無思，破彼塵思。爾方厭俗，我則隨時。由多分別，妄生垢淨。根不緣塵，象豈染鏡。法不可著，空即是病。無得之得，絕聖而聖。文字非文字，言語非言語。云何以解脫，云何而語汝。隨宜說方便，究竟非我與。舍利依嵩山，寂寥松栢所。

大歷四年歲次己酉□□二十四日

檢校僧敬愛寺談振　聖善寺僧義辯　安定劉英模勒　河南屈集臣鐫

《金石萃編》卷九十五，唐五十五。《續修四庫全書》，校以《四庫全書》本。

《眞化寺尼如願墓誌》 碑高八尺，廣三尺九寸三分。二十五行，行五十二字。正書。在登封縣嵩嶽寺後。

大曆十年歲次乙卯五月廿九日，律師薨于長安眞化寺之本院。律師法諱如願，俗姓李氏，隴西人也，申公之裔。簪裾之盛，眞豈寶乎。律師天生道牙，自然神秀。十一詔度，二十具圓彌沙塞律。其所務也，分氈之義不殊，拈金之理斯在。律師僅登十臘，聲實兩高。邀臨香壇，辤不見允。望之儼然，即之溫然。其慧也月照于潭，其操也松寒萬嶺。乃曰威儀三千，吾鏡之矣。度門八萬，復焉在哉。遂習以羅浮雙峰無生之觀，位居元匠矣。我皇帝慕聖，君臨千佛。付囑貴妃獨孤氏，葛蕈蘊德，十亂匡時。受道紫宸，登壇黃屋。因賜律師紫架裟一副，前後所錫錦綺繒帛，凡數千疋，以旌其高。璨乎盈庭，了無是相，道何深也。由此勑書壘篋，中使相望。御馬每下於雲霄，天花屢點於玉砌。締搆多寶塔，繕寫蓮華經。環廊繚絙，金刹耀耀。額題御札，光赫宇宙。皆吾君之特建，亦貴妃之爲國。宏哉噫，律師擲鉢他方，應遽還於靜室。散花上境，何便住於香天。顏貌如生，若在深定。曲肱右脇，湛然已滅。春秋七十六，法夏五十六。具以上聞，皇情憫焉。中使臨吊，賻贈之禮，有加常等。律師累聖欽若，三都取則。意澹江海，心閑虛空。而今而後，恐難繼美。於戲，六宮誰授其髻寶，八部孰示於衣珠。覺路醒而卻迷，人花茂而還落。哀哉，弟子長樂公主與當院嗣法門人登壇十大德尼常眞，勑賜弟子證道、政定，證果寺大德凝照、惠照、凝寂、悟眞，資敬寺上座洪演，寺主孝因，律師眞一、遠塵，法雲寺律師遍照等，凡數千人，則懿戚相門，愛道花色，而爲上首。忽喪宗匠，如覩鶴林。即以其年七月十八日，奉勑法葬于長安城南畢原塔之，禮也。素幡悽於道路，丹旐慘於郊扃。式揚國師，敢爲銘曰：

紫袈裟者彼何人，已了如來淸淨身。登壇不向明光殿，去去應超生死津。

廣平程用之刻字。

《金石萃編》卷一百，唐六十。《續修四庫全書》。

石高廣俱二尺二寸八分。二十七行，行二十八字。蓋題唐國師故如願律師謚大正覺禪師誌銘十六字。並正書。

《三教道場文》　四維無涯，玄黃混其體，精氣相射，陰陽孕乎中。寒暑推移，日月所以交會，道德敷暢，仁義所以表儀。即有金人流化，開悟方便之門，寶籙□□，中融自然之理。法本無別，道亦強名，隨化所生，同歸妙用。故知二儀生一，萬象起三，殊途而歸，體本無異。至哉廣運，玄之又玄，方丈之間，示我三敎。察其規製，即資州刺史叱干公，作禮虔誠，大曆二年十月，奉爲我國家之所造也。公六德居邦，千里作鎮，心貫白日，志勵秋霜。出畝忘家，長安不徒甲第，以身許國，閫域獨作長城，公之忠也。每厭黑山尙屯，常以丹誠望闕，所經幽異，志誠感神，上啟靈祇，誓清壤裔，公之義也。今南方已定，全蜀無虞，戰馬歸山，衆落附欵，公之力也。襟帶無外，書軌永同，至于海隅，罔不咸若，公之明也。所以建此道場，上答神理，公之信也。天地合應，鬼神共資，磅礴山川，毖□祠宇。□□智力，誰啟此門。巍巍乎視現不窮，蕩蕩乎思量無及。人世幻影，盡證虛無，衆聖眞容，超然利見。無言說法，無色現身，不動如如，能生此會。黃金照曜，上有白毫放光，紫氣氤氳，下有眞人現世。漢崇褒聖，已表儒風，唐號文宣，彌尊德位。仙雲法雨，併灑虛空，東序西庠，盡涵霧露。別爲世界，更有神形，手持寶刀，常親護法。枝葉本根，則後周之苗裔也。位尊茅土，再忝文王之名，班列將軍，特□龍驤之號。羅列四部，變現十方，迴向之間，不覺恍惚。想之□□，人理並行，聽之無言，風樹傳法。悲夫造化，未出陶鈞，稽首歸依，願離生死，跼蹐勒石，用紀斯文。其詞曰：

西方大聖，爲法現身。不生不滅，無我無人。甘露□□，□□□□。
心澄智□，道引迷津。湛然不動，永絕諸因。

混元難測，杳杳冥冥。恍惚有物，想像無形。□□辯位，四方□星。
中含仙道，下育人靈。法傳不死，空餘老經。

廣學成海，煥文麗天。光□十哲，軌範三千。獲麟悲鳳，讚易窮玄。
首唱忠孝，跡重仁賢。其道不朽，今古稱先。

門師京兆府萬年縣沙門智順

書人樂安郡任惟謙

鐫字人平原郡雍慈順

都料丈六彌勒佛匠雍慈敏

大曆六年歲次辛亥孟夏月十五日記

三教道場文　唐大歷六年四月十五日刻。石在四川簡陽。李去泰撰，任惟謙正書，雍慈順鐫。此本爲陸和九舊藏。

《同光塔銘》　嘗聞示現有緣，緣隨生滅，色空無性，性盡眞如，契之者即爲導師，了之者如登正覺。契了之義，其在我禪師歟。禪師法諱同光，晉人也，道心天縱，法性生知。俯及幼童，已悟無爲之理，纔過弱冠，便歸不二之門。早歲出家，旋進具戒。以修行之大，莫大於律儀，究竟之心，須終於禪寂，禪律之道，其在斯乎。及持鉢東山，歸心禪祖大照，屢蒙授記，許爲人師。及大照遷神，敬終恆禮，乃遁跡林野，敢爲人先。雖情發於衷，而聲聞於外。辭不獲已，乃演大法義，開大法門。二十餘年，振動中外，從師授業，不可勝言。三十餘禪僧，盡了心地，隨身化度，不離几杖。或往來嵩少，捿息荆蠻。用大自在之深心，開悟知見，行不思議之密行，拯拔昏迷，不可得而名言也。則知法輪常轉，經行豈指於一方，佛法現前，宴坐寧勞於十刧。嗚呼禪師，嗚呼禪師，既隨緣而生，亦隨緣而滅。春秋七十有一，僧臘四十有五，以大曆五年六月二十七日，於少林寺禪院，結跏趺坐，怡然即瞑。弟子等心傳衣鉢，得了義於無生，淚盡泥洹，示現存之有相。乃於寺東北六十餘步，列蒔松檟，建玆塔廟，蒼蒼煙雲，以永終古。湜，在俗弟子也，叨承頑眄之餘，未盡平生之志，多慙翰墨，有媿荒蕪，乃爲銘曰：

世尊滅度後，得道轉法輪。于今無量刧，不知凡幾人。禪師自河汾，杖錫來問道。禪祖爲授記，可以繼僧寶。三身與三業，如電亦如露。生滅既有緣，輪迴自無數。唯有成道者，□入諸禪定。外現泡幻身，內示眞如性。一切漏已盡，無復諸□惱。過去與未來，皆共成佛道。太室西兮少室東，風雨交兮天地中。禪師一去不復返，長夜冥冥空是空。

大□六年歲次辛亥六月景辰朔廿七曰壬午建

造塔弟子寺主僧惟濟

上座曇則

傳法弟子道眞、堅□、眞觀、寶藏、法琳、智信、承恩、忠順、超岸、深信等

□州金明府別將屈集臣鐫

造塔博士宋玉

同光塔銘　唐大歷六年六月二十七日刻。石在河南登封少林寺。郭湜撰，僧靈迅正書，屈集臣鐫。

《不空和尚碑》　和尚諱不空，西域人也。氏族不聞於中夏，故不書。玄宗□知至道，特見高卬。訖肅宗、代宗三朝，皆爲灌頂國師。以玄旨德祥，開右至尊。代□初，以特進大鴻臚褒表之。及示疾不起，又就臥內，加開府儀同三司肅國公。皆牢讓不允，特錫法號曰大廣智三藏。大曆□□夏六月癸未，滅度於京師大興善寺。代宗爲□癈朝三日，贈司空，追謚大辯正廣智三藏和尚。荼毗之時，□遣中謁者齎祝文祖祭，申如在之敬。睿詞□切，嘉薦令芳，禮冠羣倫，舉無與比。明年九月，□以舍利起塔於舊居寺院。

和尚性聰朗，博貫前佛萬法要指，緇門獨立，邈邈其無雙。稽夫眞言字義之憲度，灌頂升壇之軌迹，則時成佛之速，應聲儲祉之妙，天麗且彌，地普而深，固非末學□能詳也。敢以槪見，序其大歸。昔金剛薩埵，親於毗盧遮那佛前，受瑜伽最上乘義。後數百歲，傳於龍猛菩薩。龍猛又數百歲，□於龍智阿闍梨。龍智傳金剛智阿闍梨。金剛智東來，傳於和尚。和尚又西遊天竺師子等國，詣龍智阿闍梨，揚攉十八會法。□化相承，自毗盧遮那如來，貤於和尚，凡六葉矣。每齋□留中，道迎善氣。登禮皆答，福應較然。溫樹不言，莫可記已。

西域隘巷，□象奔突，以慈眼視之，不旋踵而象伏不起。南海半渡，□吳鼓駭，以定力對之，未移晷而海靜無浪。其生也，母氏有毫光照燭之瑞。其歿也，精舍有池水竭涸之異。凡僧夏五十，享年七十。自成童至于晚暮，常飾共具，坐道場，浴蘭焚香，入佛知見。五十餘年，晨夜寒暑，未曾須臾有傾搖懈倦之色。過人絕遠，乃如是者。後學升堂誦說，有法者非一。而沙門惠朗，受次補之記，得傳燈之旨，繼明佛日，紹六爲七，至矣哉。於戲，法子永懷梁木，將紀本行，託余勒崇。昔承微言，今見几杖，光容眇漠，壇宇淸愴，簒書昭銘，□子何讓。銘曰：

嗚呼大士，右我三宗。道爲帝師，秩爲儀同。昔在廣成，軒□順風。歲逾三千，復有肅公。瑜伽上乘，眞語密契。六葉授受，傳燈相繼。述者牒之，爛然有第。陸伏狂象，水息天吳。慈心制暴，慧□降愚。寂然感通，其可測乎。兩楹夢奠，雙樹變色。司空寵終，辯正旌德。天使祖祭，宸衷悽惻。詔起寶塔，舊□之隅。下藏舍利，上飾浮屠。跡殊生滅，法離有無。刻石爲偈，傳之大都。

建中二年歲次辛酉十一月乙□□十五日己巳建

不空和尚碑　唐建中二年十一月十五日刻。碑在陝西西安。嚴郢撰，徐浩正書。側刻大中八年四月十五日再立題字，此本失拓。

《正性墓誌》 夫釋氏正法浸遠，像法頽靡，其捨家求道，率自草野鄽閈而入，由是六識昧暗，難悟知見。如或佛性照融，宿惠圓朗，澄心利智，默契眞諦者，見之於闍梨。闍梨裴族，釋號正性，河東聞喜人。曾祖諱光庭，皇朝侍中吏部尚書忠獻公。祖諱稹，祠部員外郎贈太子賓客正平公。考諱倚，駕部郎中御史中丞。闍梨即郎中之愛女。胤襲卿相，福流聰明，翛然離塵，資於積善。故能弃鉛華而甘落髮，斥綺縠而披壞衣，繁曜不捿於心，嗜愛永離於著。則定惠之香，常樂之淨，不待詞而昭昭可覩也。嗚呼，貞元六年八月十日，現滅於櫟陽縣修善鄉之別墅。稟春秋之年，四十有八，受菩提之夏，二十有三。以其年十月八日，遷神於城南神禾原，□郎中之塋，從俗禮也。闍梨初隸上都法界寺，嘗云清淨者心，心常解脫，故生不居伽藍之地，嚴飾者相，相本無形，故歿不建荼毗之塔，從始願也。夫垂空文，刻貞石，非所以頌休美於泉扃，亦虞陵谷之遷變。銘曰：

崇崇相門，克生至仁。捐俗從道，觀空悟眞。此生何生，此滅何滅。想法身兮常寂，痛世心兮永絕。

正性墓誌 唐貞元六年十月八日葬。陝西西安出土，端方舊藏。正書。此拓爲原北平圖書館舊藏。

《慧照塔銘》 嘗聞前師祖末，□心與心，江□異流，□□不別□有熖性，因人爇之，道方是行，吾師然矣。大師□姓喬氏，法諱慧照，晉州洪同人也。可謂家傳鼎族，承先緒餘，稟氣挺生，風骨猶乂。素有文墨，札亂松風，遂屏儒書，精□釋教，博聞經律，專學一乘。唯慈是修，唯□□務。之少林寺，師授心印，豁悟眞宗。□□□□，晦跡藏用。後福聚寺寥廡致請大□□□□智燈□鏡幽暗。屬士馬□動，飛□懷□□□□善積等寺及諸王請留□禕問道，庖丁□□，□業參尋，慢俗閑儒，無不僉伏。和上春秋六十有七，臘四十六，時貞元五年八月十一日，示疾未久，隨生順流。至十四日，不捨威儀，儼然而化。其日奇雲五色，悲鶴旋空，啼鴉噪林。舉川□慟，攀慕無及。迴□去疑，方知定慧有功，□登不退。有門人神祐、義廣、普耀、法空、□意等，入方便門，悟眞實相，咸共扶護，□□□山，哀哀□□，□□心疚。樹偃風拔，神將□來於靈山之寺，河壖勝地，周迴□峯，起塔供養。于時良工競能，屹立孤起，殫此所有，用將報恩。圖寫眞儀，刊石紀德。迺爲頌曰：

亭亭法雄，祖末之嫡。人自推先，方知禪□。□□邐迤，投師問疑。爾來何晚，蓮臺有期。□猿夜萃，林鳥朝喧。塔廟寂□，門人何攀。孜孜利生，自昏達署。舟□不迴，問津無處。

貞元七年歲次辛未正月壬戌

慧照塔銘 唐貞元七年正月刻。石在河南淇縣靈山寺。僧潭衍撰，正書。

《法玩塔銘》 禪師諱法玩，俗姓張氏，其先魏人也。年十八學道於大照大師，廿受具戒。報年七十六，僧夏五十七，以貞元六年秋八月十三日，寂滅于東都敬愛寺。越十九日，門弟子等奉全身建塔于嵩丘少林寺之西偏。繞杖執紼，赴喪會葬者以萬數。弟子安國寺尼，法名寂然，師以志性堅操，菩提心猛利，故號爲精進軍，即予之從母也，躬護厥事。其明年冬十月，新塔既立，將以抒門人永慕之志，播先師玄邈之風，俾予叙銘，以示來裔。曰：

嘗聞拯羣迷者根乎道，弘至道者存乎人。至若布甘露於法林，架慈舟於苦海，反邪歸正，化昏作明，教被湹洛，德高嵩少，實我禪師其人也。夫紀無相之士，□略其族譜，述無爲之教，宜捨其示現。故不書姓系，不□□行，直言祕旨，用闡眞宗而已。

自像教東流，法門弘闡，□戒律攝妄行，以禪寂滅諸相，以辯惠通無礙。禪師惣斯三學，濟彼羣生，或居嵩高，或住洛邑。道俗師仰，遐邇攸歸，應用無方，稱物施化。惠日恆照，無暗不除，寶鏡常懸，有昏斯朗。嘗謂門人曰：正法無著，眞性不起。苟能覩衆色，聽衆聲，辯衆香，味衆味，受衆觸，演衆法，而心恆湛然，道斯得矣。大凡禪師設教導人，必形於行。以爲法無憎愛，故喜慍不見於色。以爲法無分別，故貴賤視之若一。以爲法無取捨，故齊於得喪。以爲法無去來，故泯於生滅。是以訪道者聽言昏解，觀行學成。非夫心契眞如，識通妙有，孰能修身演化，如此其盛者歟。淸川東注，白日西匿，歸眞於此，空山杳然。銘曰：

嵩山之陽兮靈塔尊，色身旣滅兮妙法誌，存此貞石兮弘敎門。

少林寺弟子上座淨業、寺主靈湊、都維那智寰、專檢校修塔智圓、開法道義、明悟、寶壽、臨檀智詮、臨檀義暉、惟肅、秀清、惟淸、惟秀、道悟、幽湛、常賁、明進、智惠、照心、□□。敬愛寺開法志堅、講律圓暉、體悟、恆濬、行滿、□勝。會善寺臨壇靈珎。永泰寺曇藏、□善、臨壇智深、靈鋭、道詮。善才寺上座法液、寺主法俊、寺主詮表、都維那迥秀。修行寺尼寺主明詮。寧刹寺尼臨壇契一。安國寺尼志元、惠凝。

貞元七年十月廿八日新塔建立

扶風馬士瞻書

清河張文湊等刻字

法玩塔銘　唐貞元七年十月二十八日刻。石在河南登封少林寺。李充撰，馬士瞻正書，張文湊等鐫。此拓爲原北平圖書館舊藏。

《澄空塔銘》 律德號澄空，長安功德寺尼德淨因之子弟，姓皇甫氏，世迺予之郡人也。贈楊州都督諱瓘之愛女。元兄浙東觀察使兼御史大夫贈太子太師郊國公曰溫。勳業恩榮，光于史諜。師幼無華飾，性與道俱，未式又以持心，元身淨而進戒。宗崇福疏，誦讀精通，惣詣部律，周徵制止。洛中事法嘗闕，共難其人，蓋求者多而讓者寡，師以疾辭之而不免，皆舊德之所與也。首度弟子尼道徽，念茲慧悟，庶可傳持。堂置法筵，身移正寢，永爲弘闡，將利後徒，事未行而報齡謝，業已著而理命從，致眞俗之情禮矣。貞元九年夏四月廿六日，委順於本寺所居院，享年五十七，自恣三十四。懷菩薩行，體物歸根，奉毗尼藏，臨終無懼。秋八月癸酉，就窆于龍門西南所置之藏，□居大智和尚□之右，金剛三藏塔之左。若隱香山、乾元等寺，得清罡之勝界，其□□□，皆知法同人，修行上德，物無□用，禮備□□□□□□超源，教育恩深，執喪孺慕，□戒以□，□□□□於□愼所從也。□□□□周所惠也。□□□□□□□□□□□省校□姪□□□□行見□□□□□□□□□□□□曰：

慈善道品，□□律儀。優遊□□，□伏七支。智度方便，菩薩父母。□□□□，□生淨土。卜建靈塔，叶從名山。朝踞□□，龍禽勢全。晨昭旭日，世□伊□。嗚呼自性，與月常圓。

澄空塔銘　唐貞元九年八月二十七日葬。河南洛陽出土，吳興徐森玉舊藏。梁寧撰，皇甫閱正書。此拓爲原北平圖書館舊藏。

《會善寺戒壇碑》 嵩高得天下之中也，所謂名山福地，異人靈跡，往往而有。漢晉間，高僧植貝多子於西峯，一年三花，因爲浮圖，遂爲寰中之眞境。又有兩阜中斷，豁爲石門，飛流縈同以噴薄，喬木森竦以布護。先是，有高僧玄同律師、一行禪師，鏟林崖之欹傾，塡乳竇之窈窱，甃玉立殿，結瓊搆廊。栴檀爲香林，琉璃爲寶地，遂置五佛正思惟戒壇。思惟者，以佛在貝多樹下思惟，因名貝多爲思惟，即三花之義在此。自河洛煙塵，塔廟崩褫，上都安國寺臨壇大德乘如，修慈業廣，秉律道尊，志度有緣，瀀庇群動。慨茲堙墜，遂爲聞徹。尋有詔申命安國寺上座藏用、聖善寺大德行嚴、會善寺大德靈珎、惠海等住持，每年建方等道場，四時講律。藏用上人，逸躅徧尋，高情獨邁，美殿塔之嚴麗，賞泉石之勝絕，其跡不朽，其教益弘。於是鍾梵相聞，幡蓋交蔭，豈獨鑪峯名嶽，空記遠公之行，沃洲精舍，重述道林之跡。時貞元十一祀龍集乙亥大火西流之月也。

塡闕大德照□、道顒、了眞、道覺

登封縣令徐量

寺主懷賁、都維那明徹、前都維那幽蘭

河南陸郢書并篆額

弘農楊誠刻

會善寺戒壇碑　唐貞元十一年七月刻。碑在河南登封嵩山。陸長源撰，陸郢隸書幷篆額，楊誠刻。刻於大曆二年《會善寺戒壇勅牒》之陰。此本額失拓。

《智力禪師碑》 自國□釋風，幾遭興廢，肇成寶界，福襲生靈，則我大德禪師諱智力焉。【略】家本上京，其門緒簪纓，已標青史，故不書。禪師生乃聰敏，長而貞謹。內蘊【略】慈，早厭世榮，剃落從釋。及擢戒秉持，律儀稱則，摳衣訪道，涉水驟山。居海島而□□□釋而向法，志堅雪立，鍊想空門。經二紀，乃得珠龍泉，弘教燕塞。燈傳千照，杖錫南來。永泰年初【略】芥相遇，果感宿緣，聞名覯顏，啓顙歸一。醍醐灌於恆岳，薝蔔薰於曲陽，味道趍風者【略】禪師久探松寂，□智宗情，遂買地山泉，經始福舍。開田鑿井，倏爲須達之園，殄險芟榛，【略】建普通院一所。未愜素懷，更於此北二俱廬舍，瞻選形勝，爲上方像刹，菴居澗飲，伐麓【略】爲命。於是四衆奔湊，千里投誠，供獻川盈，覶捨山積。工倫繼踵，良木輸途。月殿雄崇，映林巒而□□，□□□□，齊巘崿而臨空。曲宇迴廊，聯甍翼棟。或經行宴坐，目瞰雲峯，乘輿登攀，嵐翠可【略】□覽也。

成德軍故相李公，聞而邀迎，躬禮前席。和上啟論，切願請奏寺名。允表上陳，聖題慧炬之號。隨額度僧，皆吾師入室之賢也。乃殷辭南府，卻至東林，以寂滅圓通是本，依□□□已辯，理歸涅盤，於大曆九年冬季月八日，無疾告囑，怡然坐終，享齡八十六，僧臘五十七。嗚呼，痛竭提河，□纏雙樹。門人僧道生等，俱承訓要，咸沐法流，悲戀遺音，禮旌靈塔，叶和淨務，爭効勤勞。架上法衣，□無私於己有，盂中香飯，每至時而讓飱，義越鶺鴒，行同持遠。白衣弟子李惠全，信植曩成，契□□最，行參俗諦，志徹眞乘。傾捨珎財，建功德塔廟，飾殫金碧，酬薦師資。且院控□天，千峯不掩，門瞻迴漢，萬井可分。立功立事，仰託於前規，紀德紀名，永傳於後葉。靈曜濫陪釋族，才謝□□，梗概其文，媿銘貞石。頌曰：

天慶釋祚，挺生上人。紹弘像季，洞悟玄眞。禪林已茂，戒月難鄰。伏魔拔苦，佛日重春。

得地□山，布金酬價。石立高墉，材成廣廈。俯逸征鴻，傍瞻野馬。臺殿崛起，力同造化。

結搆爰畢，良圖亦終。舟沉巨海，光散長空。懷仁仰教，輪施求工。禮茲靈塔，如揖清風。

長河□□，斜漢悠悠。翠華可採，令德難留。風悲谷響，雲慘人愁。頌諸琬琰，垂裕千秋。

貞元十五年正月十日樹

沙門靈曜撰

□□□□則書

□淨寺大悟題額【略】

智力禪師碑　唐貞元十五年正月十日刻。碑在河北曲陽慧炬寺。僧靈曜撰，□□則正書，僧大悟題額。

《慧炬寺僧智力神道影堂紀德碑》　言立所以理弘，象建所以眞取。功大者必書迹于金石，名至者是流美于無窮。外作玄敎之藩隍，內盡塵勞之起動。代嶽之下，禪師一人。空九字。禪師諱智力，俗姓馮，長安人也。祖考季父，皆從容爵位，鳴玉拖紳。姊爲邠王妃，寔與玄宗近□。每優遊宮禁，飛息空六字。帝闈。久視元年，禪師方踰齠齔，遇安和上，則天太后之師也，因隨落髮，住西明寺。未冠而□氣自高，又以地鄰黃屋，眾所賓許，任以典綱。開元八年，始焉歎惋。念捨榮族，思去豪逸。則魚畏網以深鱗，鳥驚弦而上翼。迺步屣河朔，鑽仰幾猷。

聞米㟁山有天竺道人，可三百餘歲。不以波泛途阻，北面師之。諮受本源，琢磨宗向。繁疑頓拔，猶商秋之卷霄。眞性自凝，譬黃金之陶冶。與到次山明禪師俱爲門下，後太史占曰，東北海中，望見一燈，邦之寶也。國詔范陽節度安公專使詢訪，以彰所在。爰□□島，見僧徒甚多，遐俗秘鋒，聿求既濟，故時人莫之覿也。具以表聞，尋制移居到次。先師遣明禪師洎禪師皆出化人，膏腴品物。或□限有遠近，殊績有疎密。智顗反師於思大，多聞迴席於飮光。而禪師拜首明公，猶孔堂之顔氏也。明公獨之到次，禪師徧留都□。廣資檀福，拯給往來，殆廿年。庶鄰投刃，復屆百丈山，峭險幽陰，處隆猛噬，風雨晦雜，輒弃居人。

禪師深入定門，嘿通玄境。毒龍□之窺顧，材□無以恡害。晚年又搖錫中山，州伯張南容待以安亻之禮。一門趍敬，四部逢迎。自素所以星馳，軒綬由而波委。思以□利封而淨性亡，欲求長而大道喪。永泰初，卜選荒閑，有終焉之計。遂次老翁山之朝陽，實恆岫之南趾。孤眾嶺以迥出，秀萬木而遐映。□翅前向，羣峰北嶙。禪師徘徊企之，謂期頤之宅也。而開鑿巖穴，剪夷梗塞。傾巨坎以補壑，發地甃而危聳。刱五間佛殿，列三世尊容。粉澤盡土木之奇，彩塑極丹青之兆。載葺堂宇，爲演法之場。漸熙盤礴，廣經行之地。淥泉泌於石上，靈虵叜於林下。清風旋環，白雲滿室，固胎聖之原藪也。因所修掘得古代銘云，北齊天保年之舊伽藍。日月緬焉，荊榛茂曠。非禪師冥感嘉應，孰能舉茲沉迹。

山南十里，置供養招提，召堪忍精苦者四十餘人，播穀藝桒，躬行壟鬫。同一衣以寒暑，共一飯而晝夜。勤倦不以宣訴，鞭責剿之怨色。由是上下康濟，暄靜均立。故成德軍節度李公聆而邀之，偉其勝行。禪師亟辭耄疾，願訖林泉。大歷九年，爲申寺額，勑曰慧炬。仍度僧一十人，灑掃守護。於戲，功未半興，化緣俄盡。即以其年十二月八日，奄歸大寂。春秋八十六，僧夏五十七。四輩行喪，天人慟哭。十一年十二月八日，建塔荼毗，飾以終禮。

禪師自少捨家，栖遑出要。身戒心惠，是所羈縻。憑道德爲宗繩，杖慈仁爲規憲。且體無緩速，寧拘頓漸之門。理絕中邊，疇繫有空之敎。對六塵而不動，逆八風以安然。一食精麄，迄將五紀。脇非到席，過六十年。故所歷之邦，侯王鄭重，宰官貴俗，尤見欽承。若朗鑒之孤懸，等洪鐘之虛受。而影登垂夕，神用清英。卻掃深松，冲融不撓。是以還源之日，草木聲悲。焚燎之辰，山川黯色。所居南麓，無故自崩。兩處白光，一道終七。非夫罙探七覺，研會三禪，其孰能若此者乎。

門人寺主僧道，上座僧□實，都維那道暉，僧惠海、无優、道滿等，稟教一期，誓終九仞。筌簣輔佐，良有勳焉。豈謂甘露中傾，舟人遽棄。空喪五內，徒碎百身。俱追歿後之勤，共荷生前之誨。續揚大業，倍益崇成。自火疊推遷，已多霜稔。衣不我有，食無異他。全故師之晟轍，守遺蹤而不廢者，諸徒之力也。比丘貴道，俗姓馬氏，常山人也。幼入山門，獨有確焉之志。早從禪師，偏懷方外之情。義則由衷，孝因天性。博聞強識，眾所高之。一伴孤峰，三□餘載。迹稀塵俗，心用規謀。仂紹經營，不違晝夜。必躬勞役，過半是修。俾後事之有今，纘前芳而不墜者，律師之故也。近與同流計議，建影堂一口，貌先師容止，寫存歿門生。嶷然面南，左右引翼。依稀本質，若雲外之飛來。髣髴學徒，似林中之化出。曩時利往，盡圖方丈之間。舊日威儀，咸象簷楹之下。一以報大師之恩德，一以旌休烈之可觀。律師恐滄海爲山，劫燼經行之處。歷陽成水，風飄金地之塵。憑余小才，式陳大略。良說以聖開之暇，曾頗工文。再奉所求，則從三請。其詞曰：

渭川浩浩，秦嶺峩峩。抱茲勝氣，以生禪那。孤舟濿海，□到米陎。爲無上道，處處經過。迴錫岳陽，嘿之林樹。手揆伽藍，心灰動慮。棟梁遺教，天人筏喻。能事未終，奄此字添註。焉斯去。有後匡繼，□□□蹤。平巒咽壑，不墜前功。華堂粉迹，更貌尊容。門生列武，晝與眞同。寂寂精廬，寥寥松月。雲變四時，風驚八節。余念念以非昔，鳥□□而聲別。鴻休與稾籥俱春，大名共陶鈞無歇。

永貞元年歲次乙酉十二月景申朔八日癸卯建

《八瓊室金石補正續編》卷三十四。《續修四庫全書》。

高四尺二寸，廣二尺八寸八分。三十二行，行四十九字至五十三字不等。字徑七分，正書。在曲陽。

《尼明空墓誌銘》 大德諱明空，姓段氏，齊郡人也。大王父貫，皇鎭軍大將軍守懷州刺史襲褒國公。王父皎，皇彭州參軍事贈資州刺史。皇考興宗，皇鳳翔府司録。大德生此德門，幼而聰敏。當在齠齔，有老成之風。中外咸氣，無不推重。迨至笄年，爰議行適，得隴西公李君俞者，亦當世之茂族。其他略而不書，及李氏將歿，因茲出家。律範僧容，特爲人表，非熟舊莫可得而知也。以大和八年十一月廿日疾作，薨于唐安精舍。享年九十春，僧臘六十夏。有女子一人，痛幼沖之早孤，吊形影之單孑。不衣綵，不茹葷。齋心落髮，便請歸依。遂得終養高堂，實懿範之可佳也。法名圓淨，哀號泣血，杖而後起。以其年十二月廿日護□窆于萬年縣寧安鄉北李村，不祔先塋，以其歸佛故也。銘曰：

旌旐轜車遲以驅　漫漫長夜　寂寂幽衢　嗚呼哀哉永爲訣　古原月冷霜風切

《八瓊室金石補正續編》卷三十五。《續修四庫全書》。

高廣未詳，就接粘處度之，約高一尺四寸。十八行，行十九字。字徑六分，正書。據京師工部郎中端方所得剪◇本。

《明演塔銘》 如來滅後，五濁惡世，厥有悟最上乘者，即我大師歟。大師俗姓柳，法號明演，累代家於相州湯陰縣。幼而溫敏，長而良逸，蘊顏子德，昇孔氏之堂。天寶季，擢明經第。寶應中，調補濮州臨濮尉，後遷濮陽丞。清能肅下，威能慴豪，芳名振於齊魯之間，孰出其右。因詣方袍士，語及無生，喟然歎曰：萬法歸空，一身偕幻，瑣瑣名位，曷足控搏。遂投紱捐璽，適于京師。

時於□都知兵馬使檢校御史大夫王駕鶴奏曰：前件人捨官入道，樂在法門。今因章敬皇后忌辰，伏請度爲僧。詔曰可。乃隸名於洛陽縣敬愛寺，因具戒於嵩岳壇場。厥後口茹一麻，□衣百衲，洞達五方便，探賾修多羅。雖思代居梁，佛圖在趙，方茲蔑如也。興元初，延□定覺，念定舍那。七八年間，歷□開法，龍象鱗萃，冠蓋雲集。濟濟焉，鏘鏘焉，得其門者或寡矣。

欵思振錫，步及於鞏縣淨土寺。縣尹隴西李公閑息夫人吳郡張氏，禮足歸依，虔心諦聽，淨財珎服，捨而勿悋。由是景附響和者，不可勝筭。非夫慧日懸空，寶炬破闇，其孰能臻於此乎。且逈出四流，既遠離於煩惱，遽成三點，徒示相於涅盤。以貞元十七年二月五日，整三衣，掩一室，□然坐化，容貌如生。四眾漣洳，奔走織路，俗齡六十有九，僧臘三十有三。

門弟子淨土寺主智德，律坐主常隱，神昭寺三綱寶燈、堅志、如印等，因心起孝，扶力議事。言於同學曰：不建塔，曷以旌盛德，不刊石，曷以紀高行。謀之既臧，罔不率從。未遷朔，縞素疊委，泉穀交積，傭工度地，挻埴爲甎。不傷財，不害人，格于十旬，傑其高峙。以明年春，繩牀趺座，歸于厥中。左瀰名區，前臨清洛，浮雲朗月，松檟飃飋。叶從宦於茲，嘗陪高論，援毫含欷，遂作銘云：

於休上人，偉貌昂藏。遺榮濮上，練行嵩陽。淤泥自濁，荷花自□。澄思一室，聞名四方。了悟眞詮，門人駢闐。雙林遽變，孤磬空懸。屹立素塔，遐對清川。憧憧行路，孰不悽然。

大唐貞元十八歲次壬午正月廿二日建

僧弟子等：僧常湛、如寶、惟正、師德、義嵩、惠寂、恆義、元通、智深、元應、志安、寶珎。

尼弟子：寶詮、智燈、元一、堅秀、惟堅、澄心、淨滿、眞見、靈惠、常□、道堅、□眞、惠英、超海、常進、廣恩、珎寶、常秀、法立□、堅滿、堅政、廣濟。

俗門人等：李秀、王幹、馮景、賈秀、白仙鶴、馬進、馬宰、王昇、車仙、曹榮、薛詳、樂興、張端、李□、劉玉、□望、游善、石玉、王寬、游進誠、張昌、張翼、擅□、張元素、張□、楊旻、□□、翟季華。

女弟子等：威嚴、眞藏、常清、淨智、藏蓮、華藏、政□、常不輕、嚴正、不若智、□□、菩提海、□□、觀自在、圓滿、福莊嚴、尊勝、旃檀□、阿妙、□自在、擾曇、寶莊嚴、滿藏、寶光明、法海、蓮花藏、花鮮、四无量、燕女、功德山、淨□、柔調。

造塔匠梁榮璨

鐫字焦獻直

明演塔銘　唐貞元十八年正月二十二日刻。石在河南鞏縣石窟寺。楊叶撰，劉鈞正書。下截刻題名。

《幼覺大師墓誌》　大師諱幼覺，姓寇氏，其先有周康叔之胤，上谷人也。貞元十八年七月十日，示疾歸終，俗年八十八，僧臘六十七，嗚呼哀哉。曾祖考諱思遠，曹州長史。皇祖考府君諱溶，京兆府武功縣丞。大師即府君第三女也。弇世父三人，宦歷清要，備詳時論，故不敘焉。大師六歲出家，依年進具，業以學茂，德唯行精。化眾生而愛博，敦骨肉而孝極。捴我心要，還歸本源，熙熙然同乎大道，無得而稱矣。弇之從父妹如璨，早契玄關，津梁後士，今爲都城臨壇大德。追惟訓導，感慕深慈，陳罔極而求卹，解身衣以襄事。至誠有輔，克展哀誠。以其月廿二日，葬于邙山瀍水西原先師塔次，從像法也。弇等猶子也，常聞無著之宗，當斷紹於文字。敢託推高，碩德光乎萬世，故泣血而爲銘云：

法性無邊，金口難宣，大師傳兮。佛度有情，玉毫光明，大師行兮。盛德弗滅兮天地久，勒茲貞石兮弘不朽。

幼覺大師墓誌　唐貞元十八年七月二十二日葬於河南洛陽。寇弇、寇亮等撰，正書。

《楚金禪師碑》　潭碧千丈，無隱月容，松青萬嶺，莫靜風響。夫德充于內，而聲聞于天者，有以見之於禪師矣。禪師法諱楚金，程氏之子，本廣平郡，今爲京兆之盩厔人焉。祖宗閥閱，存而不論。母渤海高氏，夜夢諸佛，是生禪師，眞可謂法王之子者也。行素顏玉，神和氣清。七歲諷花經，十八講花義，三十搆多寶於千福。四十入帝夢於九重，上覩法名，下見金字，詰朝使問，罔不有孚，聲沸江海，豈唯京轂。於是傾玉帛，引金繩，千梁攢空，一塔聳漢，迴廊飛閣，無不創焉。風起而鈴鳴半天，珠懸而月生絕頂，清淨眼耳，駿奔香花。度如恆沙，而無所度者有之矣。嘗於翠微悟眞，捫蘿靈趾，乃曰：此吾棲遁之所。遂奏兩寺各建一塔，咸以多寶爲名。度緇衣在白雲，昭其靜也。矧夫心洞琉璃，思出常境。工人杍匠，僉訝生知，毗首所未悟，斑輸所愕視。若然則浮啚之化，髻珠之敎，風靡千界，皆禪師之力，豈止眞丹五天而已哉。

禪師雲雷發空谷之響，金石吐鏗鏘之音，吟詠妙經，六千餘遍。寶樹之下，髣髴見於分身，靈山之上，依俙覿於三變。心無所得，舌流甘露，瑞鳥金碧，棲于手中。天樂清泠，奏于空際，凡諸休應，皆不有之。乃曰：法本無名，焉用彼相，長而不宰，其在茲焉。若非法花三昧，稟自衡陽，正觀一門，傳乎台嶺，安能迂象王之法駕，迴聖主之宸睠。承明三入，弘道六宮，后妃長跪於御筵，天花每散而不著。玄宗題額，肅宗賜幡。鵲返雲中，住香樓而不下，龍蟠天上，挂金刹而常飛。玉衣盈箱，璽書滿篋。寫千經，滴瀝而垂露，答萬乘，渙汗之渥澤。夔龍貂冕，下黄道以整襟，隱逸高僧，入青蓮而扣寂。微塵知識，如從百城而至，無邊勝士，若自千花而來。豈榮冠於一時，亦庶幾於佛在也。雖林茂鳥歸，人高物向，澄渟天地之鏡，委曲虛空之姿。無來乃來，不往而往，所作已訖，吾將去乎。有夢綵座前迎，諸天獻菓。粤以乾元二年七月七日子時右脇，薪盡火滅，雪顔如在，昭乎上生於安養之國矣。享齡六十二，法臘三十七。天子憫焉，中使弔焉。尋勑驃騎大將軍朱光暉監護，即以其年八月十二日，法葬于長安城西龍首原法華蘭若。塔之，禮也。

於戲，禪師齠年詔度，初配龍興。中歲觀心，閉關千福。罷玉柄，葆天光，悟炎宅清涼，駕一乘獨運。乃夢塔從地涌，因用模焉。今之所製，抑有由矣。至若神光熠耀於其巔，聖燈明滅於其下，晝普賢則舍利飛筆，會羣釋乃卿雲澹空。頂中之血，剌寫經王，衣裏之珠，指呈醉士。當其無，有其用，不立心境，同乎大通。彼五色之相宣，我摩尼之何有，豁如也。縑纊皮革，多由損生，屬徒衣布，寒加艾納，慈至也。若乃降龍之鉢，解虎之枝，蓮花之衣，甘露之飯，凡諸法物，率多勑賜，不住於相，咸將施焉。室不貯於金錢，堂每流乎香積，澹然閑任，爲天人師，允所謂利見於大雄，釋門之亞聖者也。又曰：吾自知終於六十有二矣，爾曹誌之。以其言，驗其實，宛如也。噫，八部增怛，萬國同哀。有詔令荼毗，遵天竺故事。於是金棺閉，香木燒，玉兔馴，白鶴唳，霧咽松櫝，風棲郊坰，月飛青天，無照玄夜。法花弟子，當院比丘，慧空、法岸、浩然等，表妹萬善寺上座契元，萬善寺建多寶塔比丘尼正覺，資敬寺建法華塔比丘尼奔叱利等，眞白凡數萬人，悲化城之不住，痛寶所而長往。貝葉飜手，執指宗通，金磬發林，誰宣了義。以予分座御榻，同習天台，爰託斯文，鏤之貞石。式揚眞古，敢不銘云：

天上雲飄，海中日出。如何落照，大明奄失。蓮花之外，別有蓮花。寥廓之表，又逢寥廓。法離去來，道無今昨。松門一塔兮，誰爲寂寞。寂而常照，死而不亡。其響彌高兮，其德彌彰。白鶴雙雙，飛香鬱鬱。明月既出，更無星宿。

建塔國師奉勑追謚號記

以貞元十三年四月十三日，左街功德使開府邠國公竇文場奏，千福寺先師楚金，是臣和尚。於天寶初，爲國建多寶塔，置法華道場。經今六十餘祀，僧等六時禮念，經聲不斷，以歷四朝，未蒙旌德。伏乞聖慈，特加謚號，以廣前修。奉勑，宜賜謚曰大圓禪師，中書門下準勑施行者。今合院梵侶，敬承恩旨，頂奉修持，用資皇壽。將恐代隔時遷，眞□靡固，輒刊碑末，以紀芳猷。遠追鷲嶺之風，聿光不朽之跡。

貞元廿一年歲在乙酉七月戊辰朔廿五日壬辰建

廣平宋湥摸刻

楚金禪師碑　唐貞元二十一年七月二十五日刻。碑在陝西西安碑林。僧飛錫撰，吳通微正書，宋湥模刻。

《禪師影堂紀德碑》　言立所以理弘，象建所以眞取，功大者必書迹于金石，名至者是流美于無窮。外作玄敎之藩隍，內盡塵勞之起動，代嶽之下，禪師一人。

禪師諱智力，俗姓馮，長安人也。祖考季父，皆從容爵位，鳴玉拖紳。姊爲邠王妃，寔與玄宗近□，每優遊宮禁，飛息帝闈。久視元年，禪師方踰齠齔，遇安和上，則天太后之師也，因隨落髮，住西明寺。未冠而□氣自高。又以地鄰黄屋，眾所賓許，任以典綱。開元八年，始焉歎惋，念捨榮族，思去豪逸，則魚畏網以深鱗，鳥驚弦而上翼，洒步屣河朔，鑽□幾獻。

聞米陎山有天竺道人，可三百餘歲，不以波泛塗阻，北面師之，諮受本源，琢磨宗向。繁疑頓拔，猶商秋之卷霄，眞性自凝，譬黄金之陶冶。與到次山明禪師俱爲門下。後太史占曰：東北海中望見一燈，邦之寶也。國詔范陽節度安公専使詢訪，以彰所在。爰□□□，見僧徒甚多，遯俗□鋒，聿求既濟，故時人莫之覿也。具以表聞，尋制移居到次。先師遣明禪師洎禪師，皆出化人，膏腴品物，或□限有遠近，殊績有疎密。智顗反師於思大，多聞迴席於飲光，而禪師拜首明公，猶孔堂之顔氏也。明公獨之到次，禪師偏留□□，廣資檀福，拯給往來殆廿年，庶鄰投刃，復屆百丈山，峭險幽陰，處隆猛□，風雨晦雜，輒弃居人。禪師深入定門，嘿通玄境，毒龍□□□□，□□無以□害。

晚年又搖錫中山，州伯張南容待以安仲之禮。一門趍敬，四部逢迎，皀素所以星馳，軒綬由而波委。思以□利封而淨性亡，欲求長而大道喪。永泰初，卜選荒閑，有終焉之計。遂次老翁山之朝陽，實恆岫之南趾，孤眾嶺以迴出，秀萬木而遐映，□翅前向，羣峰北嶙。禪師徘徊企之，謂期頤之宅也。而開鑿巖穴，剪夷梗塞，傾巨坎以補壑，發地甃而危聳。刱五間佛殿，列三世尊容，□澤盡土木之奇，彩塑極丹青之兆。載葺堂宇，爲演法之場，漸熙盤礴，廣經行之地。淥泉泌於石上，靈虵窔於林下，清風旋環，白雲滿室，固胎聖之原藪也。因所修掘，得古代銘，云北齊天保年之舊伽藍。日月緬焉，荊榛茂曠，非禪師冥感嘉應，孰能舉茲沉迹。山南十里，置供養招提，召堪忍精苦者四十餘人，播穀藝桑，躬行墾闢。同一衣以寒暑，共一飯而晝夜，勤倦不以宣訴，鞭責剿之怨色。由是上下康□，暄靜均立。故成德軍節度李公，聆而邀之，偉其勝行。禪師亟辭耄疾，願訖林泉。大曆九年，爲申寺額，勑曰慧炬，仍度僧一十人，掃灑守護。於戲，功未半興，化緣俄盡，即以其年十二月八日，奄歸大寂，春秋八十六，僧夏五十七。四輩行喪，天人慟哭。十一年十二月八日，建塔茶毗，飾以終禮。

禪師自少捨家，栖遑出要，身戒心惠，是所羈縻。憑道德爲宗繩，杖慈仁爲規憲。且體無緩速，寧拘頓漸之門，理絕中邊，曠繫有空之敎。對六塵而不動，逆八風以安然。一食精麄，迄將五紀，脇非到席，過六十年。故所歷之邦，侯王鄭重，宰官貴俗，尤見欽承。若朗鑒之孤懸，等洪鐘之虛受，而影登垂夕，神用清英，卻掃深松，冲融不撓。是以還源之日，草木聲悲，焚燎之辰，山川黯色。所居南麓，無故自崩，兩處白光，一道終七。非夫深探七覺，研會三禪，其孰能若此者乎。

門人寺主僧道□，上座僧安□，都維那道暉，僧惠海、无優、道滿等，稟敎一期，誓終九仞，笙簧輔佐，良有勳焉。豈謂甘露中傾，舟人遽棄，空喪五內，徒碎百身。俱□歿後之勤，共荷生前之誨，續揚大業，倍益崇成。自火疊推遷，已多霜稔，衣不我有，食無異他。全故師之晟轍，守遺□而不廢者，諸徒之□也。比丘貴道，俗姓馬氏，常山人也。幼入山門，獨有確焉之志，早從禪師，偏懷方外之情。義則由衷，孝因天性，博聞強識，眾所高之。一件孤峰，三□餘載，迹稀塵俗，心用規謀，仂紹經營，不違晝夜，必躬勞役，過半是修。俾後事之有今，纘前芳而不墜者，律師之故也。□與同流計議，建□□一口，貌先師容止，寫存歿門生，嶷然面南，左右引翼。依稀本質，若雲外之飛來，髣髴學徒，似林中之化出。曩時利往，盡圖方丈之間，□□威儀，咸象簷楹之下。一以報大師之恩德，一以旌休烈之可觀。律師恐滄海爲山，劫燼經行之處，歷陽成冰，風飄金地之塵。憑□小才，式陳大略。良說以聖開之暇，曾頗工文，再奉所求，則從三請。其詞曰：

渭川浩浩，秦嶺峩峩。抱茲勝氣，以生禪那。孤舟□□，□到米陎。爲無上道，處□經過。迴錫岳陽，嘿之林樹。手揆伽藍，心灰動慮。棟梁遺敎，天人筏喻。能事未終，奄焉斯去。有後匡繼，□□□蹤。平巒咽壑，不墜前功。華堂粉迹，更貌尊容。門生列武，畫與眞同。寂寂精廬，寥寥松月。雲變四時，風驚八節。余念念以非昔，鳥□□而聲別。鴻休與槖籥俱春，大名共陶鈞無歇。

永貞元年歲次乙酉十二月景申朔八日癸卯建

禪師影堂紀德碑　唐永貞元年十二月八日刻。碑在河北曲陽慧炬寺。僧良說撰，僧貴道行書并篆額，馮惟政、鄭重逸等鐫。

《大德慧堅禪師碑》　昔老聃將之流沙，謂門人曰：竺乾有古先生，吾之師也。仲尼亦稱：西方有聖人焉。古先生者，非釋迦歟。夫敎之大者曰道與儒。仲尼既學禮於老聃，伯陽亦將師於釋氏。由是而推，則佛之尊，道之廣，宏覆萬物，獨爲世雄，大矣哉。若觀其會通，則天地之運不足駭也，極其源流，則江海之浸不足大也。固已越乾坤，遺造化，離生死，證空寂，豈文字稱謂能名言哉。

洎菩提達摩捨天竺之王位，紹釋門之法胤，遠詣中夏，大闡上乘，云自釋迦，迦葉，師師相授，至於其身。乃以心印密傳惠可。四葉相授，至弘忍大師，奉菩提之記，當次補之位。至乃荷忍大師之付囑，承本師之緒業，則能大師，居漕溪。其授人也，頓示佛心，直入法界，敎離次第，行無處所。厥後，奉漕溪之統紀，爲道俗之歸依，則荷澤大師諱神會，謂之七祖。升神會之堂室，持玄關之管鍵，度禪定之域，入智慧之門，則慧堅禪師乎。

禪師俗姓朱氏，陳州淮陽人也。漢左丞相之裔孫，唐金吾將軍之第三子也。稟四氣之和，五行之秀，生知道極，動合德符，爰自成童，逮于弱冠，不師俗學，常慕眞宗。去坳塘而遊滄溟，拔冥塵而棲沆瀣，以無住爲入室，以無利爲出家。求法於無所求，得師於無所得，密印玄契，天機洞開。於是大師悅之，付以心要。禪師以爲：成菩提者，萬法必周，隨迴向者，六度皆等。乃解塵服於洛陽，受淨戒於汾州。

聞抱腹山，靈仙之所棲息，聖賢之所遊化，負笈振錫而往依焉。其宴坐也，逾於靜慮，其修行也，萬行皆空。弘先佛之知見，爲後學之儀形。仰之者，如鱗介之附龜龍，歸之者，如畎澮之岠江海。於是漕溪之道，衰而復興。時有猛獸伺人，近禪師之居無所犯，隕霜害稼，近禪師之居無所傷。非道德之感通，神明之保衛，孰能如此。故其受鑒也如止水，其應化也如浮雲。

乃去山居，遊洛下。時嗣虢王巨，以宗室之重，保釐成周。慕禪師之道，展門人之敬，乃奏請住聖善寺。屬幽陵肇亂，伊川爲戎馮淩，我王城蕩，我佛刹高閣隨於煙焰，修廊倏爲煨燼。唯禪師之室，巋然獨存，則火中之蓮，非足異也。時虜寇方壯，東郊不開。禪師以菩薩有違難之戒，聖人存遊方之旨，乃隨緣應感，西止京師，止化度、慧日二寺。秦人奉之，如望歲者之仰膏雨，未渡者之得舟楫。弘闡奥義，滌除昏疑，若太陽之照幽陰，大雲之潤□木。

大曆中，睿文孝武皇帝以大道馭萬國，至化統群元。聞禪師僧臘之高，法門之秀，特降詔命，移居招聖，俾領學者，且爲宗師。遂命造觀音堂，並續七祖遺像，施錢於内府，征役於尚方。當炎夏赫曦之辰，昆蟲蠢蠕之盛，畚插皆作，慮傷厥生。師乃焚香祝之，咸自徙穴，異類旁感，契於至誠。

貞元初，詔譯新經，俾充鑒義大德。皇上方以玄聖沖妙之旨，素王中和之教，稽合内典，輔成化源。後當誕聖之日，命入禁中，人天相見，龍象畢會。大君設重雲之講，儲后降洊雷之貴，乃問禪師見性之義。答曰：性者，體也。見，其用乎。體寂則不生，性空則無見。於是聽者朗然，若長雲秋霽，宿霧朝徹。又奉詔與諸長老辯佛法邪正，定南北兩宗。禪師以爲：開示之時，頓受非漸，修行之地，漸淨非頓。知法空則法無邪正，悟宗通則宗無南北。孰爲分別而假名哉。其智慧高朗，謂若此也。

貞元八年壬申歲正月廿六日，忽謂門人曰：死生者，晝夜之道也，若氣之聚，雲之散，寒暑之運行，日月之虧盈。返於無形，會於無性，乃合眞識，同於法身。言訖趺坐，薪盡火滅。弟子普濟等，懷瞻仰之戀，申顧復之思，若涉大水而失津涯，若構大廈而折榱棟。自示滅，春秋七十四，僧夏四十三。遂建塔於長安龍首西原，禮也。至于入滅之後，殆經兩旬，儼如在定，髭髮猶長，神護其質，衆疑於生，靈表昭著，咸所歎異。非夫識洞有漏，神遊無迹，其孰能返其順化如此之自在也。見命譔德，庶無媿詞。銘曰：

法本無性，會於淸淨。心本無生，度諸禪定。弘茲正眞，存乎其人。宗源濬澈，慧用怡神。三乘非乘，一相無相。粵自達摩，默傳秘藏。繼統相授，至于禪師。丕承七葉，大拯群疑。發乎天光，應以天籟。敻超學地，直入法界。如鏡之鑒，不將不迎。如雲之散，無滅無生。適來以時，適去以順。上續教父，下傳法胤。式刊貞石，以永休問。

元和元年景戌歲夏四月旬有五日建

天水強瓊刻字

民國三十四年四月，率民工三千人擴修西安機場，掘得此碑，完整無缺，特誌。臨潼縣長史直題。

慧堅禪師碑　唐元和元年四月十五日建。碑在陝西西安。徐岱撰，孫藏器行書，額隷書，強瓊鐫。尾刻民國三十四年四月史直跋。

《大德三乘墓誌》　大唐元和元年三月十四日，長安昭成寺尼大德三乘行歸寂于義寧里之私第，春秋七十九，戒臘一十九。伏惟神兮，俗姓姜氏，望本天水，以簪纓承繼，家寄兩都。自頓駕長安，貫移上國，今則長安高陵人也。故中散大夫贈太子左贊善大夫執珪之女，適昭陵令贈通州刺史李昕之妻。婦德自天，毋儀生稟。事君子之門，敬姜比德，方擇鄰之愛，敖母其明。神儀惠和，體量凝肅。有二子。長曰誼，終杭州餘杭縣令。幼曰調，終溫州安固縣尉。有嗣孫五人：定、寅、寓、寧、寔。皆夙承嚴訓，克孝克忠，或位崇百里之榮，或再班黃綬之職。神兮，自中年鍾移天之禍，晚歲割餘杭之愛，由是頓悟空寂，宴息禪林。自貞元四年，隸名於此寺。嗚呼，蓮宮始構，法棟斯摧。定等哀慕悲號，攀援何及。以元和二年二月八日，敬奉靈輿，歸窆于城南高陽原，禮也。白日晝昏，悲風慟起，玄雲低壟上之野，苦霧暗行輴之衢。芻靈已陳，窆戶斯掩。泌追承遺則，泣而爲銘，勒石紀文，以永終譽。其詞曰：

神假溫恭，天資淑德。無言成教，有儀是則。捨故里之喧喧，歸夜堂之寂寂。朝雲出谷兮行雨散，暮烏悲鳴兮去無跡。流光西沒，逝水東極。閉泉壤兮千秋，烈餘薰□□石。

大德三乘墓誌　唐元和二年二月八日葬。陝西西安出土，端方舊藏。正書。又稱『李昕妻姜氏墓誌』。

《甄叔大師塔銘》　□岐大師法號甄叔，幼而聰敏，倜儻不羣。心目貞明，具大人相。觀死生輪，上見三聚，羣迷猶如，雖□處在□□勝妙欲樂□嚼蠟無味。遂投簪削頂，具佛□式。求正覺了義，扣大寂禪門。一造玄機，萬慮都寂。乃曰羣靈本源，假名爲佛。體竭形消而□滅，金□朴散而常存。性海無風，金波自湧。心霊絕兆，萬象齊照。體斯理者，不行而遍歷沙界，不□而□荔廟諱化。如何背覺，反合塵勞。於蔭界中，妄自因縶。於是形同水月，浪跡人天。見楊岐山羣峯□□乃曰坤□作鎮，造我法城。纔發一言，千巖響荅。松開月殿，星布雲廊。青嵐色中，化出金堺。一□□四十餘年，滿室金光，晝夜常照。□□□緣已畢，幾感難留。元和庚午歲正月十三日，忽弃塵區，還歸□定。門□□□□□□□□心沒悲□海，哀聲動山。如月隱天衢，羣星失曜。大□衆木，積爲香樓。用建□毗□舍利七百□，於東峯下建窣堵波。巖掟錦□列其前，澗撲銀河落其後。永光法嗣，用鎮山門。上足僧有任運者，飽飲法乳，誓報深恩。涉萬重山，經三千里。來投於我，請述斯文。將□其心，式旌□□。銘曰：

吾師內外皆明澈　如淨瑠璃含寶□　常□□水灑羣霊　大注禪□未曾竭
獨步楊岐山頂上　建出花□勝仙闕　樓臺壯勢射虛空　魔界輪幢盡摧折
閻浮月隱須彌角　一念收光歸寂滅　長留舍利鎮山河　光透支提照巖□
猶如薝蔔花飛去　枝上餘香長不歇　無限門人嗅此香　□□□□□□□

刺史鄭　縣令闕　書碑人僧元幽　當臺缺

唐大和六年歲次壬子四月癸亥朔廿日壬辰

《金石萃編》卷一百八，唐六十八。《續修四庫全書》。

碑連額高八尺三寸三分，廣三尺九寸。十九行，行三十三字。正書。

《乘廣禪師碑》　天生人而不能使情欲有節，君牧人而不能去威勢以理，至有乘天工之隟，以補其化，釋王者之位，以遷其人。則素王立中區之教，懋建大中，慈氏起西方之教，習登正覺。至哉，乾坤定位，而聖人之道參行乎其中，亦猶水火異氣，其成味也同德，輪轅異象，其致遠也同功。然則儒以中道御羣生，罕言性命，故世衰而寖息。佛以大悲救諸苦，廣啓因業，故刼濁而益尊。自白馬東來，而人知像教，佛以始傳，而人知心法。弘以權實，示其攝修。味眞實者，即清淨以觀空，存相好者，怖威神而遷善。厚□□□，植□□覬福，□□□□，□業以銷冤。□□□冥昧之閒，泯愛緣於死生之際。陰助教化，捻持□天，所□生成之外，別有陶冶。刑□不及，曲爲調柔，其方可言，其旨不可得而言也。惟四海之大，羣倫之富，必有□其門而會其宗者，爲世導師焉。

禪師諱乘廣，其生容州，姓張氏。□歲尙儒，以俎豆爲戲，十三慕道，遵壞削之儀。至衡陽依天柱想公，以啟初地，至洛陽依菏澤會公，以契眞乘。洪鐘蘊聲，扣至斯應，陽燧含焰，晞之乃明。始由見性，終得自在，常謂機有淺深，法無高下。分二宗者，衆生存頓漸之見，說三乘者，如來開方便之門。名自外得，故生分別，道由內證，則無異同。遂以攝化爲心，經行不倦。愍彼南裔，不聞佛經，繇是結廬此山，心與境寂，應念以起教，隨方而立因。居涉旬而善根者知歸，逮周月而滯縛者漸悟。□月倍日，以年倍時，瘖□□開，荒憬潛草。邑中長者，鳧十方善衆，咸發信願，大其藩垣。法堂四□，□弘僧舍，身心恆寂，象馬交馳，隨其去來，皆得利益。踰嶺之北，涉□□南，仰□□□□□有所在。此地□盡，翛然化俱，神歸佛境，悲結人世。自趺坐而滅，至于荼毗，三百有六□髮加長，容澤差衰。眞子號□，圍繞薪火，□□□如珠璣□，數十百焉。□□宵圓方之形，故寂滅以□盡，入菩提□位，故殊相□地靈。□猶鳳毛□□，麟角生肉，必□以異，□知其然。於是服勤聞法之上首□甄叔，乃率其徒道進、圓寂、道宏、加亮、如海等，相與抆淚，具役建塔于禪堂之右端，從衆也。

初，廣公始生之辰，歲在丁巳，當□宗之中元。生三十而受具，更臘五十□而終。□之夕，歲直戊寅，當德宗之後元三月既望之又十日也。後九年，其門人還源以爲，崇塔以存神，與建銘以垂休，皆憑像寄懷，不可以闕一。□謂予爲習於文者，故跰足千里，以誠相攻。大懼其先師之德音與時浸遠，且曰白月中□，東川無還，颺于金石，傳信億刼。彼墮淚之感，豈儒家者流專之。敬□斯言，銘□眞俗。宜春得良守齊□理行□一，雅有護持之功，化被于邑之庶寮，及里之右族，咸能迴向，如邦君之志□偕其爵里名氏，列于其陰。文曰：

如來說法，遍滿大千。得勝義者，強名爲禪。至道不二，至言無辯。心法東行，羣迷丕變。七葉無嗣，四魔潛扇。佛衣生塵，□法如線。吾師覺者，冥極道樞。承受密印，端如貫珠。一室寥寥，高山之隅。爲□□□，百千人俱。裔民蚩蚩，戸有犀渠。攝以方便，家藏佛書。願力既普，度門斯盛。合爲一乘，散爲萬行。即動求靜，故能嘗宗。絕□離覺，乃得究竟。生非我樂，死非我病。現滅者身，常圓者性。本無言說，付囑其誰。等空無得，後覺得之。像□靈塔，跡留□祠。十方□輩，瞻禮□斯。

元和二年五月二十七日建

乘廣禪師碑　唐元和二年五月二十七日刻。碑在江西萍鄉縣楊岐山。劉禹錫撰并正書，劉申錫篆額。此本額失拓。

《修禪道場碑》　天台山自國清上登十數里曰佛壠，蓋智者大師現身得道之所，前佛大教重光之地。陳朝崇之，置寺曰修禪。及隋建國清，廢修禪之號，號爲道場。自大師歿一百九十餘載，大比丘然公，光昭大師之遺訓，以啟後學。門人比丘法智，灑掃大師□□居，以護寶所。門人安定梁肅，銘勒大師之遺烈，以示後世云。

大師諱智顗，字德安，姓陳氏，潁川人也，尊稱智者。感應緣□，□在別傳。夫治世之經，非仲尼則三王四代之訓寢而不章，出世之道，非大師則三乘四教之旨晦而不明。昔如來乘一大□因緣，菩薩以普門示現，自《花嚴》肇基，至靈鷲高會，無小無大，同歸佛界。及大雄示滅，學路派別，世既下衰，教亦陵遲，故龍樹大士病之，用道種智，制諸外道，括十二部經，發明宗極。微言東流，我惠文禪師得之於文字中，入不二法門，以授南嶽思大師。當時教尚簡密，不能廣被，而空有諸宗，扇惑方夏。及大師受之，於是開止觀法門。其教大略，即身心而指定慧，即言說而詮解脫，演善權以鹿苑爲初，明一實用法花爲宗，合十如十界之妙，趣三觀三智之極。自發心至于上聖，行位昭明，無相奪倫。然後誕敷契經，而會同之，煥然冰釋，心路不惑。窺其教者，藏焉修焉，蓋無入而不自得焉，大師之設教也如此。若夫弛張體用，開闔語默，高步海內，爲兩朝宗師。大明在天，光被四表，大雲注雨，滂施萬物。繇是言佛法者，以天台爲司南，殊塗異論，往往退息。緣離化滅，涅槃茲山。是歲，隋開皇十七年也。

夫名者實之賓，教者道之門，大師溷其賓，闢其門。自言地位，示有證入，故感而應之，應之之事，可得而知也。若安住法界，現爲比丘，等覺歟，妙覺歟，不可得而知也。當是時，得大師之門者千數，得深心者三十有二人。纂其言，施行於後世者，曰章安大師，諱灌頂。灌頂傳縉雲威禪師，禪師傳東陽。東陽與縉雲同號，時謂小威。小威傳左溪朗禪師。自縉雲至左溪□，玄珠相付，向晦宴息而已。

左溪門人之上首，今湛然大師，道高識遠，超悟辯達。凡祖師所施之教，形於章句者，必引而申之。後來資之以崇德辯惑者，不可悉數。蓋嘗謂肅曰：是山之佛隴，亦鄒魯之洙泗，妙法之耿光。先師之遺塵，爰集于茲。自上元寶應之際，此邦寇擾，緇錫駭散。而比丘法智，實營守塔廟，莊嚴佛土。迴向之徒，有所依歸，繄斯人是賴。汝□徒也，盍紀於文言，刻諸金石，俾千載之下，知吾道之所以然。小子稽首受命，故大師之本迹，教門之繼明，後裔之住持，皆見乎辭。其文曰：

諸佛出世，惟一大事。天台教源，與佛同意。赫赫大師，開示奧祕。載弘要道，安住圓位。白日麗天，天下文明。大師出現，國土化城。無生而生，生化兩宜。薪盡火滅，山空道行。五世之後，間生上德。微言在茲，德音允塞。惟彼法子，護持淨域。此山有壞，此教不極。

陳修古篆額

唐元和六年十一月十二日僧行滿建

修禪道場碑　唐元和六年十一月十二日刻。碑在浙江天台大慈寺。梁肅撰，徐放正書，陳修古篆額。此拓爲原北平圖書館舊藏。

《性忠墓誌》　有唐元和十年五月六日，東都安國寺尼大德，奄化於伊闕縣馬迴山居，春秋五十有四。大德俗姓劉氏，法諱性忠，唐右相林甫公五葉孫。曾祖齊敬，□州司馬。祖正心，趙州平棘縣令。考從乂，鄭州滎陽□令。妣隴西李氏。大德即滎陽府君長女也，器比□□，門承高烈。生知厭俗，不尙浮華，童齡出家，稟性端潔。纔七歲，師事於姑。年廿，授戒於佛。持經五部，玄理精通，秉律三千，條貫博達。內鑒融朗，不捨慈悲，外相端莊，已捐執縛。嗚呼，積善無疆，不授福於今世，色身有滅，當獲果於未來。妹性貞，弟陟，門人辯能、恆靜等，痛手足彫缺，哀法幢傾摧，咸願百身，流涕雙樹。以其年七月十三日，歸窆於龍門望仙鄉護保村先師姑塔右，宗道敎也。慮歲紀綿邈，陵谷頹夷，陟不揆才拙，粗書於石。憤深感切，悲不成文。銘曰：

色身示滅，法性常存。慈悲濟苦，雅操殊倫。超然厭俗，邈矣歸眞。道雖離著，思豈忘親。仰德如在，瞻容靡因。寂寂空山，悠悠白雲。涕泗橫集，□哀爲文。

性忠墓誌　唐元和十年七月十三日葬於河南洛陽。端方舊藏。劉陟撰，正書。

《權奉常墓誌》　殤子祔先祖之域，其世官代業，不復備書。大父德輿，山南西道節度使扶風郡公。父璩，前監察御史重行扶風縣男。母河東裴氏，河南尹諝之孫，鄠縣尉儀之女。殤子稟內外大父曾祖之慶澤，生而沉靜孝愛，便文字書札，質貌秀異，六親多憐之。父母有不懌，不離其側，從容得其歡則退。骨肉間有凶慼，則長思雪涕，歔欷如不勝。每退自庠序，諸兒或戲遊逐樂，獨以筆札錄所讀書凡數通，用以自娛。大父嘗以爲此子似我，衆孫中時異之。生之日，大父始爲太常，故以奉常名焉。凡中與外，皆意其多壽多祉，克纂克緒。一日得瘡痏，侵淫潰發，百術不能治。遂落發歸桑門，僧號法延，以爲清淨之教，足以蠲六疾。玄理難扣，終不獲助。以元和十二年六月廿四日，夭于興元大父理所，享年九歲。以其年七月壬寅，祔于曾王父之左，元兄之後。縣曰洛陽，鄉曰平陰。其父以嘗奉改卜之事，不見其□。其母以沉痛在體，不臨其喪。嗚呼，藥石雖備，不獲其□耶，饌羞雖精，反致其痾耶。由此生哀，哀至難禦。自前歲以至今歲，喪爾兄弟，于今三人。雖過壯年，已有衰貌。不可吐，不可茹，天乎，天乎。併與之，一何惠於前，併奪之，一何讉於後。天爲之，地爲之，鬼神爲之，□□氣□其□。銘其墓曰：

育之何艱兮晦明九年，夭之何易乎死生立分。智氣□□兮復歸於空，萬有千古兮北邙之中。

權奉常墓誌　唐元和十二年七月十五日葬。河南洛陽出土，張鈁舊藏。正書。此拓係原北平圖書館舊藏。

《契義墓誌》　大德姓韋氏，法號契義，京兆杜陵人也。元和戊戌歲四月庚辰，恬然化滅，報年六十六，僧夏四十五。粵以七月乙酉，遷神於萬年縣洪固鄉之畢原。遺命不墳不塔，積土爲壇，植尊勝幢其前，亦浮圖敎也。曾王父諱安石，皇尙書左僕射中書令。大父諱斌，皇中書舍人臨汝郡太守。烈考諱衮，皇司門郎中眉州刺史。家承卿相，德勳之盛族，爲關內士林之冠。始，先妣范陽盧夫人以賢德宜家，蕃其子姓，故同氣八人，而行居其次，在女列則長焉。自始孩，蘊靜端介潔之性，及成人，鄙鉛華靡麗之飾。密賁心於清淨教，親戚制奪，其持愈堅。年十九，得請而剃落焉。大曆六年，制隸龍花寺，受具戒於照空和尙。居然法身，本於天性，嚴護律度，釋氏高之。

國家崇其善敎，樂於度人，勑東西街置大德十員，登內外壇場，俾後學依歸，傳諸佛心要。旣膺是選，其道益光。門人宗師，信士嚮仰，如水走下，匪我求蒙，持一心之修繕佛宇，來四輩之施捨金幣，高閣山聳，長廊鳥跂。象設旣固，律儀甚嚴，率徒宣經，與衆均福。故聞者敬而觀者信，如來之教，知所慕焉。嘗從容鄉里，指於北原，而告其諸弟曰：此吾之所息也，爲其識之。嗚呼，生歸於佛，歿歸於鄉，至哉其孝乎，所以報生育劬勞之恩備矣。窀穸之制，咸所遵承。弟子比丘尼如壹等，服勤有年，號奉遺敎。杖而會葬者數百千人，極釋氏之哀榮。難乎如此，迺沉礎而志于墓云：

迷方之人，妄聚之身。白月下臨，苦海無津。我得度門，性□□□。亦旣落髮，於焉報親。孝乎終始，歸于故里。石幢□□，□□南趾。

契義墓誌　唐元和十三年七月三日葬於陝西西安。韋同翊撰，正書。

《憲超塔銘》　上座俗姓太原王氏，累世京兆涇陽人也。童子事師，年過受戒。報終七十有六，僧夏而五十焉。業精妙法，於大曆八年試業得度，隸名住興國寺也。上座行操寒松，戒德霜白，道洽羣物，而悲敬齊行。持念無虧，經聲不輟，優曇花之句偈，曉夕相仍，分陁利之開敷，香風不絕，向萬餘徧。稟學定於揔持東院，繼七業之蹤，爇心燈於巨夜之中，明終不絕。而忽於今年，覺是身虛僞，氣力漸微，絕粒罷飡，唯茶與乳，右脅而卧，四旬如生。命入室門人上座子良、都維那智誠等曰：吾今色身，應將謝矣。怒力勤策，法乳相親。金泉磑及梨園鋪，吾之衣鉢，將入常住，以爲永業。言已怗然累足而去也。門人子良等，號呼慟天，空□血灑，澗流汨咽，庭樹摧枝，川原無色，悲風慘然。巍峨鴈塔，崛起於西原，飂飅松吹，金龜之田。即於其年三月七日，於興國下莊浄室飛香，神顔不易，狀若平生，黯爾終矣。門人子良等，採以荆珉，徵搜哲匠，鏤於金石，刻之以銘，欲使後賢而知今矣。詞曰：

戒行嚴潔，松篁比貞。秉志堅直，如崐如荆。衣珠内瑩，獨耀心靈。精持妙法，德冠羣英。四旬絶粒，而亡内逼。諸漏蠲除，聖賢不測。

唐元和十三年歲次戊戌十月辛亥廿日庚午崇建金龜鄉卧龍里紀也。

門人子弟：上座子良、都維那智誠、子昇、子顒、子琮、子倫、子英、尼弟子戒盈、童子阿萬、姪王鋑、仇元誠、史湊、趙旃。

法華邑人：史清、趙杞、房慎疑、牛雲、劉興、韋牧、宗悦、張政、敬鐶等。

憲超塔銘　唐元和十三年十月二十日葬於陝西淳化。僧玄應撰并正書。此本係原北平圖書館舊藏。

《**慧遠遺跡記**》　硤石巖巖，靈氣膺候，千載之□不□，詳其志，自北齊、周、隋，物接耳目，自遠公之居，以成其道。既修涅槃□疏，絕筆石巓，擲上太虚，得以明眞契，示其同。法師稱號惠遠，生敦煌李氏之族。家數世居霍秀里，本宅猶存。舊塠與硤石西北連，崗□跗前。晉有匡山慧遠，南朝時論所宗。四百餘年至法師，占澤州。遠當周氏□齊，并除塔廟，異人大集，獨抗震霆之下，正辭無屈，面折武帝，以阿鼻地獄，不論貴賤。響非幽證，其能及此。竟隱汲郡西山。大隋受命，出詣上京。文帝始引曇延爲大師，詔公掌校譯經，行僧中統理，耀臨一時，表儀八尺，立衆清莊。開皇十二年，沒於京淨影寺。是日輟朝，帝曰：喪吾國寶矣。驗擲筆故處，丹流中貫，危石最峭。後之人實目曰擲筆臺，邑里時朝禮之，想在容聲。有唐寶曆元年夏四月，傳學沙門紫羽請刻石臺上，河東薛重玄刊錄，故志云。

薛唐夫書

上官幹，妻牛氏，圓滿相實花林。

施主陳六娘。

施主毛順，妻李氏。侯義、劉志誠、張重翼、王如泉、王順、金藏□、王儼、侯德恭、郭曇、楊朝幹、僧惠儼。

慧遠遺跡記　唐寶曆元年四月刻。石在陝西西安。上圖，中記，下題名。薛唐夫正書。此本爲陸和九舊藏。

《**能師墓誌**》　達乎□□之妙用，總乎聖智之殊奥，先天而生，斯所謂道。道也者，故不可斯須而去焉。我大師得之矣。師姓能氏，諱去塵，其先華陰人也。曾祖昌仁，皇沙州刺史，贈太子太保。祖元浩，皇禮部尚書淄青兖鄆等八州節度使。父暹，皇銀青光禄大夫光禄卿，娶趙郡李氏，是生我師。柔儀惠範，不□閫訓，早悟玄默，匪因嚴師。洎其始笄，承奉敬教，歸于鍾離令河南閻君，不幸先歿。喪禮終畢，遂於黄籙壇場，投跡從道。以眞儀籙法，無不該盡，乃職總觀務，實司紀綱。

嗚呼，天有晦明，物有殂落，時或興替，道將隨之。師體道之要，安得無生滅之事乎。以大和四年二月十五日，歸化于絳臺之私宇也，享齡六十三。

有子二人。長曰方素，前絳州絳縣主簿。次曰處願，夙了空寂，歸佛出家。皆泣血茹荼，以其年十月廿日，權葬于絳郡九原山之塋，禮也。慮以陵谷更變，故請銘于石。詞曰：

大均渾居，靡不相謝。惟歟我師，順道而化。或曰經營，爲其有生。今則示往，以存芳馨。永穆式瞻，佳城帝里，海塵嶽水，光□□祼。

能師墓誌　唐大和四年十月二十日葬於山西新絳。嚴軻撰，正書。

《**辯空塔銘**》　天地之德至大，非風雷日月之用，不能贊其化育而發生乎萬物。釋氏之敎至精，非聰達惠覺之士，不能揚其妙道而化度乎群疑。天生法師，克契斯義，用安一世，以垂化後云。法師諱辯空，姓任氏，弱而神清，幼而不群。年八歲，心已嚮佛，誠請既行，緣愛自去。遂授經于惠雲，卒學景鸞。耳所一聞，亦旣懸解，目所一覽，又若夙習。□陳精奥，師皆歎異。知□其法，非天縱之，孰能如斯。法師常謂弟子曰：我靜觀衆生，或瞽或聾，嗷嗷嗤嗤，溺於狂妄。若智者不能拔，仁者不之慈，雖獨揭厲于清源，則大聖之教，又將安施。於是張善惡報應，驅僻邪於中正，導眞如之理，解拘縛之勞，登高抗音，化所不化。侍代宗則聲仁王之文，言發而歸于大中，理貫而合於至正。故君聞而仁，臣聞而忠，推而廣之，夙化斯變。詔法師與天竺三藏譯《六波羅蜜經》，功畢上獻，天子感歎，錫賴有加。雖異方之奉斯學者，知有所本矣。由是大敎揚，溢于海內，惠風漸漬于人心。朝廷垂衣，刑措于下，其或有助乎。嗚呼，時將不幸，人其無依，以貞元十年正月十五日，告行于興唐寺，報年六十一。弟子惠見等，與俗侶白衣，會葬服縗者千人。□以其年三月四日，弟子智誠等，共起□塔于畢原高崗。旣相與號慕不逮，因諮鄙人，刊銘于石，述其妙道，用慰永懷。銘曰：

佛有妙法，使皆淸淨。世界罕聞，色塵皆盛。其一

心逐于妄，情亂于性。扇爲頹風，蕩然莫止。其二

大哉我師，降厥慈悲。開示寂樂，破摧昏疑。其三

法相旣圓，色空自離。千萬大衆，歎泣而隨。其四

大敎旣揚，威德亦光。除彼煩□，化爲淸涼。其五

功成身去，自契□藏。銘于塔石，與天俱□。□□

大和七年歲在癸丑八月十五日比丘智亮等建

從一、法源、超秀、惟□、□安、惟永、智謙、日榮、海印、惟曉、惟旭、自謙、善惠、少游

京兆田復書

辯空塔銘　唐大和七年八月十五日刻。石在陝西西安。王申伯撰，田復正書。

《泛舟禪師塔銘》　禪師皇之姓指樹，釋之號泛舟。調御丈夫以太子踰城，故師以王孫脫屣。叔祖玄宗，祖邠王，貴可知也。降祥興夢，照瑞誕辰，異可知也。夫以貴異之資，爲悟解之發。以修習之漸，爲定慧之牢。是故萬石之中，自生片玉。百流之廣，忽耀一珠。根性非常，豈由開染。情趣所得，安俟老成。佩觿之年，愛捐於□角。行水之日，事顯於空瓶。亦旣戒圓，遂從師止安國神都□□楚擢繁枝玉泉荆國之華峯標曠野。琵琶寺內，時比道安。芙蓉漏前，人矜惠要。旁通儒典，借□□□，妙入□乘。登臨或遠，毛璩重翼，豈但設中。孫綽比咸，何慚致禮。大歷年，河東朔方節度使汾□□福□□居寶泉精舍，隨機啟導，應物調柔。甘露自均，慈雲普蔭。迷趍悟返，虛詣實還。爲□□□德水之涯，作瞻仰於中條之首。道聞天界，響應神州。德宗皇帝希妙力於維城，厥御筵□□□□

稱石之美，宋文疑日之能。靑眼之侶攸歸，白足之徒盡湊。禪師義唯弘濟，志匪拘留。龍既升□，□□去國。掌窺□朕，鈐報端倪。蒲坂倏遺，陝郊遄往。時逢艱食，求莫充腸。散騎乍遊，功曹或寓。置緇□□閑曠，歸錫杖於偸藏。減分施蟲，行乞知蟲。緜是類王珣之欽引，齊孟顗之歸依。貞元五年，陝許節度使曲公，富貴還鄉，霜露逾感。輪金買地，營寺酬恩。陟圯之名，實邀僧惠。閑心之號，由起興宗。師以宓德妙方，聲臻意集。刹迎流□，靑告埋鍾。迅若化成，儼如兆率。無幾何，從容西望，顧步東偏。睨立匪朝，閑周即夕。不言而以錫扣，孰測其微。逮九年獻歲，方顯前知，居乎晏若。旬有六日，過中猶坐。咸謂禪安，以衣蒙頭。衆驚神往豆房，則靄然煙馥塵尾，而颯矣松飄。景淡風凄，城空巷涕。凡生於己卯，滅於壬申，僧臘三十四。曲公以上將營護，陝伯姚公以日俸衞供，邑宰崔君躬飭吏辦，其他有焚有露，猶滯執迷，今則全體全歸，奚傷解脫。遵大師躊躇之選，窆于寺之春，崒建窣堵波，以爲瞻慕思惟之嚮也。有大弟子義集，證超躋覺，以先師之行業玄懿，授于清信男子，重於銘曰：

蓬戶朱門　躍翥愛恩　精微潔淨　登得禪聖　神本將形　不爲形使

神去形留　水過停滓　滓亦無滓　塔亦無塔　尊敎敬師　傳者斯荅

長慶二年壬寅歲五月廿日鐫

承後大德沙門彼岸　門人等弁眞　超進　智英　昭敏　惠貞　惠亮

《山右石刻叢編》卷八。《隋唐五代石刻文獻全編》，北京圖書館出版社。

石高二尺七寸，廣一尺九寸六分。文左行。標題一行，行十九字。又結銜一行，行二十六字。文二十一行，行四十字。正書。今在安邑縣。

《阿育王寺常住田碑》　我聞語寂滅者，本之以不生，而菩薩不能去，資生立法。談逍遙者，存之於無待，而神人不能亡，有待爲煩。吉□之降，帝農敎以耒耜，蒼靈之下，后稷俾其播種。故維摩之毗耶，稽首持鉢，尙詣於香積，釋迦之給孤，洗足著衣，猶乞食於舍□。□□夫食者不獨乎人天，農者豈唯乎政本。阿育王靈塔寺者，晉義熙元年之所置也。昔孔雀□宿童子之因果，當金人之授記，曁鐵輪位正，寶塔功成，計鳥道之千里，占人寰之一勝，夜叉密跡以飛行，神僧護影而圍繞。雖方壇氣象，已萌靑石之符，而員頂光明，未質□雲之狀。迨觀音應現而□□，利賓虛

求以昭發。全身涌出，悉如多寶之音，一瓜圓開，宛是樓那之相。神其不滅，道在兹乎。

晉安帝允釐三才，成就六度，聿圖蘭若，式印招提。景行阿育土，故以育王靈塔爲稱首。徒觀夫輪奐規矩，鈎繩刱製，珠軒翠檻，延袤中霄，玉雷金池，周羅上界。環海之下流元氣，大地爲衣，團山之上結太清，諸天作蓋。信方廣一都之會也。左赤岸而千里，右青□□曲。霞標莽蒼，幽幽述鬼谷之祠，日刹晶明，的的識文人之館。天花未雨，宿傳龍界之香，地籟無風，時起魚山之梵。則知定光諸佛，悔天台之赤城，羅漢群仙，謬崐崙之玄圃。□□□惟神授，道乃人□，向使輸柯王昧巴連之因，初微此塔，迦葉佛晦閻浮之跡，殆曠兹山。蓋虚明之絶境，不可得而思議者也。

粤寺東十五里塔墅常住田者，宋元嘉二年奉□□所立也。宋文帝秉籙御乾，作娑羅之外護，感闍耶于砂糗之供，制賜是田。梁武皇握樞臨極，爲寶應之下生，見阿育王金粟之果，勑蠲其賦。日月盈止，既有命以自天，陵谷□□，□□動其如地。梁普通□，沙門僧綬，兹寺之應眞也，以發行爲道場，以直心爲淨土，聞純陁良田之喻，遂篤志焉。既種既戒，載芟載柞，察地道之化成，觀天道之時變。晤是□無□□□始以常住名焉。次有僧濟上人，虚己淨心，紬兹惠業，披衣畫其塍埒，持戒整其彊畔。苗而不秀，有恨何及。洎陳隋之季，喪亂薦臻，農野蕭條，鞠爲茂草。我皇家執大象，乘飛龍，陟丕上帝之耿命，紹復先王之大業。有山棲曠和上，道尊人傑，德貴天師。中宗孝和皇帝，親降璽書，願同金輦，擊皷而陳其入國，造船而捧其登座。故知二乘行道，□□朱□，四果適時，還陞紫殿。雖植衆德本，作南山之福田，種諸善根，存東皋之淨業。

初，湖之左右夾壤二區，榛梗始芟，菑畬粗立。僧徒理勝，力未贍農，童牧因間，私竊種藝。和上□蒙俗之貪垢，負冥期之幽報，乃推湖西易疇，讓爲閑田。歎諍歸之，春稅就給。唯割湖東十頃，復古賜地。窮海北漸，曾山南麓，棲子根盤以東峙，富都股引而西注，眞陸水膏腴之沃壤，實神靈灌液之奧區。於是奠其畛畷，孚其版籍，農野罷侵，田畯至喜，人到於今稱焉。前寺主簡皎二法師，僧祇之龍象也，就先疇之畎畝，敦老農之底績。蒇事作製，蓑笠來思者久之。歲功未成，生厓共盡，流沙忽去，荒涼紫陌之田，影壁空存，搖落青園之寺，可爲長太息者矣。有惠炬闍梨，德業淳修，曾統綱領。道勝之韻，生而能言，禪悅之味，老而彌篤。用能纂其□始，高軌可追，庀其委積，長筭斯遠。與法言沙門，俗姓喻氏，貞己密行，惠心苦節，今屈知墅任，垂將十年。

先是，舄鹵未斥，塗洫未濬，臺稗翳薈，漫于農郊。夫其心畬制度，目□曲折，荷鍤畚土，堙窪鏟凸，隤竹落，揵石留，漑高湊仰，增卑陪薄，分煞水怒，承達土氣。塡淤遊盪而時至，餘波寬緩而不迫，終古旱害，浸以汙瀆。冬不祈於積雪，夏無禜乎小雨，由是湖有千金之號焉。當其春鳸司載，田事既飭，產孚甲，毓萌牙，或叶或褎，實穎實發。上農臺而課長贏，汶陽之稼如雲矣。及夫寒蟬記時，□□登穀，皃積聚，築埸圃，孚不遺秉，贏無□□。□□□而督收成，海陵之倉非衍矣。詩云，倬彼碩田，歲取十千。其是之謂乎。

百穀既蒸，萬供既設，滿以衆香之鉢，薰以毗耶之城。或異聲聞，若化菩薩，虚高座以影集，時洪鍾而□□。□座而坐，飯食經行，臭若香風，味同甘露。遍滿一刼，周流十方，聞之者得未曾有，食之者咸登正位。白衣之會龍國，無掘欝金之香，緇裳之集雞寺，不碎庵羅之末。三藏□□，□□□之可貴，一器沙彌，識麨坋之非重。資我飯色，師之力歟。都維那玄綜，遊方觀化，大□慈誘，火耕水耨，常有助於上農，飛杖浮杯，今載行乎中國。上座釋辯疑，十城之僧主也，□□□合，金杵發其休徵。寺主釋惠敏，九州之維那也，風骨天成，鐵鎖起其靈相。咸能以如來之衣衣，分如來之座坐。護育王之靈塔，願貿金錢，□育王之聖田，思摸石柱。弟子早挍蘭書，式典騏驎之閣，晚遊蓮跡，每參鸚鵡之林。賓頭盧之下空，亟見有能師子，舍那私之入寺，豈謂無知老人。□□博文，才非能賦，阮公不事，曾供香花。顧越有緣，遂瞻碑版。滿笈多之石室，未擲其籌，對輪王之金地，且耕其筆。多羅之葉，而書偈云：

渾儀草昧，象物紛拏。或甲而乙，或萌而牙。萬殊成類，百寶攸嘉。故后稷布其種，神農嘗其華。其一。

燧人更運，火正司職。教以鼎飪，炊之黍稷。易兹毛茹，成此粒食。是之爲人天，是之□皇極。其二。

我聞維摩，曾語舍利。如來大慈，甘露上味。又見阿難，問是香氣。

亦有以飲食，以之爲佛事。其三。

若長者主，若聲聞人。天諸居士，地虛空神。如聞飯氣，而亦來臻。況□之□□，有待之爲身。其四。

猗與童子，供資砂糗。法主大慈，冷然虛受。伊鐵輪以授記，從滅度後。何寶塔之莊嚴，得未曾有。其五。

鳥道於許，人寰在哉。鬼神冥運，風雨潛來。白雲涌出，青□□開。□千輪之蓮跡，建百福之花臺。其六。

宋帝下生，梁皇外護。太稷賜疇，司農蠲賦。皋壤暵發，湖源灌注。既魚鱗以左右，亦犬牙而盤互。其七。

菑畬平秩，臺笠□思。爰疏畛畷，是務鋤犁。三農□□，萬畝祈祈。自膏腴而兼倍，矧雨露與華滋。其八。

懿茲開士，賞功司過。□以犒勤，形以肅惰。東作方□，西成是課。始象耕而鳥耘，終牛舂而馬簸。其九。

千箱既積，五穀斯分。味蒸甘露，□涌香雲。孰云菩薩，而謂聲聞。摶須彌所不能盡，曷毗耶之足薰。其十。

藐爾赤松，猶田白玉。矧伊塔寺，神通□□。信矣育王，能生金粟。彼鄭國之泥紫，如富都之水綠。十一。

我來自東，經行成趣。淨業斯闢，善根方樹。式紀因緣，匪存章句。庶金田與石柱，□巍巍以常住。

育王寺碑後記

此寺碑記，嘗爲寇盜隳壞，久無竪立。有好事僧惠印，錄其舊文，藏於篋笥。又與老宿僧明秀、志詮，寺主僧志□，上座僧栖雲，都維那僧巨嵩，會議重建其碑焉。余美其樂善，會刻越間，有隱逸之士曰范的，業文功書，未遇於時，常萍泊雲水間。一日扁舟至明，余邀以書之，添勝境遊觀之一事，略紀端由於碑後云。大和七年十二月一日明州刺史于季友記。

范處士在育王寺書碑，因以寄贈

明州刺史于季友

墨妙復辭雄，扁舟訪遠公。雪天書梵字，霜月步蓮宮。跡寄雙林下，名留刼石中。遙知松逕望，棠葉滿山紅。

時在育王寺書石字，奉酬中丞使君寄贈四韻，依次用本韻

處士范的上

拙藝荷才雄，新詩起謝公。開緘光佛域，望景動星宮。風雪文章裏，書鐫琬琰中。將誰比佳句，霞綺散成紅。

阿育王寺常住田碑　唐大和七年十二月一日刻。碑在浙江鄞縣。萬齊融撰，范的行書幷篆額，韓持鐫。尾刻于季友《育王寺碑後記》及《于季友與范的贈答詩》。

《寂照墓碑》　釋氏徒毗尼者，雖不輟乎意地，而形骸之外，是缸是輻，大宅熵烘，羊鹿効駕，亦各也視中夏聖人。刑自墨數三千，或由性戾，將墨而之贖金也，將贖而之盡衣慙懼也。以至蹙蒻視袷，未嘗犯者。信生于互，鄉可約束，至顏氏子也。西方聖人，設戒二百五十，俾隄限身口，徑出生死。今言法者，轂喉舌，鏑鎧其人我，性鏝戾垢，不嘗澡雪，近非延焚，或不能孕業人天也。言禪者，失之理圯，漸磴一念五位。不及能者，吾見其爲泥人，若射箭也。至乎畛生死之流，闌身口之歧，其在毗尼乎。

國初，有宣聲乎毗尼，寂寂然將二百年，有照公嗣焉。大德號寂照，字法廣，族龐氏，京兆興平人。父詮，灌鍾府折衝，鎮于咸陽馬跑泉精祠。母竇氏，嘗夢禮掌塔，既而有娠，不嗜葷腴。及產，吮而不啼，憖而始誰。竇氏日滋善種，福塍顯碩，請介處不饐，其夫許之。塊然若居士之室，太常之齋也，雖蚖口于牀，將蓋不觸。遂同謁揔持寺積禪師，始具五戒。大德隸執箑，年昉七歲，宇泰定者，仡如顛日。積公異之，父即留爲童，俾勤汲煬，不難離別。初讀《法華經》，五行俱下。次授《維摩經》、《俱舍論》，未終執際，腹三百幅，衆號聖童。遂毀髪焉。如匠之度木，中若蠹蝎，心入震火，叩之其聲虛嘶，爲桴則速腐，不能久持大廈。故皷地之桐，大士之種也。澗梓之腹，大士之聲也。荆氏之林，大士之用也。而猊弦虢鐘，一鼓殷然。

大曆十四年，西明寺遇方等□試得度，隸于慈悲寺。初肄《四分》，勤不交睫。即開講於海覺寺，著名兩街。後弋志於《涅槃經》、《起信論》，功汰六麄，理混四生，壞隄瀵激，宗流于性。或有墨守慢堞，利喙三尺，一被偈答，暗革埏範，固毗耶比丘不足以解疑悔也。貞元六年，詔啓無優王寺舍利，因遊鳳翔，擅律學者從而響臻。大德規規不怠，處衆如表，影惟直矣。或珥多羅葉者，鉢蒲萄蔓者，不病面而鑑壁者，染爪而半月形

者，悉慙，由右門而出也。

十年春，將夏于清涼山。清涼山，曼殊大士是司，鱗長遊之。不誠，必有疾雷烈風。大德胝趼膜拜，終日不息。見若白構而梁，木散而釭，虞乳剽於霓末，戟綱□於曦表。其光大而綆直，細而瑩滴，詭狀雲互，瞥影電熲，千變萬化，不可窮極。居山雪首者驚曰：自有此山，未有此相，由大德行潔誠著也。因履及蔚州，入到此山。險如楞伽，勢如喬陟，梗檜駢植，衢柯四布，夏籟所及，百儁苔色。其下褐車夜，千綵攣芊芊，相傳云普賢地也。大德望麓一禮，五雲觸石。越二年，之大白，復賓于虢，止法會福慶寺，往來於渭濱郿塢間。十餘年後，教授於隴州，稠林槎枿，魔界日蹙。時昭義劉公邕在普潤，息女出家，請大德具戒焉。元和初，疊鐘創鉅，戚難跂及。至三年，於咸陽魏店立尊勝幢，祈褫法界也。其年功德使請住安國寺，尋移聖容院，俾二望僧主之，錫二時服，各隸七人，大德一數也。

自長慶中，寶曆末，大和初，皆駕幸安國寺。大德導于前蹕，儀形偈答，不隔旒纊，因詔入內，夏于神龍寺。大和二年，來延唐寺，數乎菩隄，恤乎禪那。洎七年冬季，上弦而疾，下弦而病。將化之夕，異香滿風，體可折支。其月閣維於寺北原，僧年七十六，僧夏五十七。置幢于積祖師塔院，門人神晏、啓初，紀日于幢，其詞蔚然矣。

門人律大德智文，其行惟肖。門人契玄，駕說者也。大德設臯玄構，心跡規矩，若日出于湯谷，至于昆吾，是謂正中。其徒化之，賓賓然不差淨觸。噫，大德之去，佛日虞泉矣。門人興善寺實相上人，惡俗決疣，顀處塵外，嗣師之志以成式，腹笥三藏，請詞其德。銘曰：

汗汗玄流，導于港溝。覺路坦夷，搀礰其軸。燧明厚夜，業白東晷。由之不懈，二乘其軓。惟宣斯述，惟寂斯紹。傴螯椮枉，影直其表。性若擢筠，狠寒聳冰。珠數絕貫，衣持壞塍。志完海囊，爲正法朋。隄防意地，林猨不騰。瞻蔔惟嗅，多羅不斷。鳴癡翼慧，無明破卵。燼其業苐，弦厥乘緩。駃絕中流，平漚抆潭。一雨濯枝，嵐颸鼓翰。偈古雲碧，庭秋桂丹。羣木繩方，衆景圭端。資糧趼跣，長途僅半。翛然而往，慧曦晼晚。卯樹蟺實，柰萎霜苑。甚垢斯濘，眾縛斯蠠。覺源昉醮，大宅災熚。迪毫詎昏，品蓮詎凋。行著高石，刼窮不消。

少華山樹谷僧無可書

處士顧玄篆額

刻玉冊官李郢刻字

寂照墓碑　唐大和七年十二月卒。碑原在陝西咸陽馬跑泉鎮，後移至安國寺。段成式撰，僧無可正書，顧玄篆額，李郢鐫。

《大泉寺新三門記》　句曲之東，寔曰崙峯，居峯之陽，厥生大泉，寺因泉而題焉。後劉宋開明二年，有邑令顏繼祖捨宅移寺，南去泉五里而遙。年代寖遠，碑記埋沒。粗所詳者，乃顏氏十三代孫，今寺之惠誠也。

大和初，監寺僧惠明與寺僧道琳等，見三門破壞，乃言於衆曰：此教東流，設象爲法。牢落如是，瞻仰何依。乃請今寺主僧常誼，昔旅于是者，勠力誓心，慕緣祈化。如響斯應，人咸歸之，遠近趍走，投施委積。筭財度費，功用果足，乃革舊制，恢新謀，延袤縱廣，中閾無改。自大和庚戌，至于癸丑，凡七年，厥功告成。崇軒峨峨，三闔其□，飛簷翼張，丹栱霞煥。矧茲寺以重崗疊嶺，深入崖谷，行樹蔥翠，煙蘿蒙密，雲收霧卷，宛若仙闕。俾得道者同指歸於覺路，由徑者詎深着於迷途。非我師之志誠，其孰能逮於此。

今天下學佛□者，多宗旨於五臺，靈聖蹤跡，往往而在，如吾黨之依於丘門也。誼本鄭人，冠歲因往遊焉，遂剃髮於五臺金閣寺。元和再歲，乃於渭州龍興寺依年具戒。振錫經行，見色相之皆空，識衣珠之無價。又六年，始到江南。初止於近寺蘭若。其明春，又之嶺南，詣禪訪道，酌水步雲，心契如期，不遠千里。十一年，還至茲寺。初，寺每有僧俗大會五千餘衆，號曰龍華，常患錡釜之器不周於用，物有所闕，人多告勞。誼乃發願，鑄一大鑊，求布金之長者，得鎔範之良工。歸依一念之間，成就堅牢之質，濩落有用，碩大無朋。使天人畢會於龍花，香積普沾於法味，由此故也。寺衆僉曰：誼實有力於寺者，非宿習德本，沾諸善緣，豈能誘掖羣心，終成喜捨。大和初歲，乃聞諸府邑，請隸名焉。繇是三門薦興，功致一貫。則誼之行業前修，推可鏡矣。人有語余於師爲文者，誼因錄所事，請識門焉。寺之備新，記詳矣。辭曰：

寺之興，大泉是生。觱沸猶在，既溫且靈。寺之移，顏氏之基。□室舊邑，桑野離離。寺之終，誼實是工。大鼎渠渠，三門崇崇。煙霞棟梁，松桂香風。周迎巖壑，警迷其鍾。文入于石，播之無窮。

西河郡欒弘慶鐫，并開成三年歲次戊午十一月乙卯廿六日庚辰立記。

勾當功德主寺主僧常誼

大泉寺新三門記　唐開成三年十一月二十六日刻。石在江蘇句容。姚謩撰，僧齊操行書，額篆書，欒弘慶鐫并記。

《玄奘塔銘》　歲丁巳，開成紀元之明年，有具壽沙門曰令撿，自上京抵洛師，以縹囊盛三藏遺文傳記，訪余柴門于行修里。且曰：聞夫子斧藻羣言舊矣，詎直專聲於班馬，能不爲釋氏董狐耶。抑豈不聞貞觀初慈恩三藏之事乎。敢矢厥來旨，云：三藏事跡，載國史及《慈恩傳》，今塔在長安城南三十里。初，高宗塔於白鹿原，後徙于此。中宗製《影贊》，謚大遍覺。肅宗賜塔額曰興敎，因爲興敎寺。寺在少陵原之陽，年歲寖遠，塔無主，寺無僧，荒涼殘委，游者傷目。長慶初，有納衣僧曇景始葺之。大和二年，安國寺三敎談論大德內供奉賜紫義林，修三藏忌齋于寺。齋衆方食，見塔上有光，圓如覆鏡，道俗異之。林乃上聞，乃與兩街三學人共修身塔，兼礱一石於塔。至三年修畢，林乃化，遺言於門人令撿曰：爾必求文士銘之。撿泣奉遺敎，直以銘爲請。非法胤之冡嫡，誰何至此乎。輒三讓不可，乃略而銘之。

三藏諱玄奘，俗陳姓，河南緱氏人。曾父欽，後魏上黨太守。祖康，北齊國子博士。父惠英，長八尺，美鬚眉，魁岸沉厚，號通儒，時人方漢郭林宗。有子四人，奘其季也。年十三，依兄捷，出家於洛。屬隋季失御，乃從高祖神堯於晉陽。俄又入蜀，學《攝論》、《毘曇》於基暹二法師。武德五年，受具於成都。精究篇聚。又學《成實》於趙州深，學《俱舍》於長安岳。於是西經前來者，無不貫綜矣。初，中國學者多以實相性空通貫羣說，俾象象蹄筌，往往失魚兎於得意之路。至於星羅碁布，五法三性，析秋毫以矢名相，界地生彙，各有攸處，曾未暇也。大遍覺乃興言曰：佛理圓極，片言支說，未足師決。固是經來未盡，吾當求所未聞，俾跛眇兒視履，必使解行如函蓋，始可爲具人矣。且法顯、智嚴何人也，猶能孤遊天竺，而我安能坐致耶。

初，三藏之生母氏夢法師白衣西去，母曰：何去。曰：求法。貞觀三年，忽夢海中蘇迷盧山，遽凌波而入，乃見石蓮波外承足。山險不可上，試踴身騰踔，颯然飆舉升中，四望廓澈無際。覺而自占曰：我西行決矣。至涼州，都督李大亮防禁持切，逼法師還京。法師乃宵遁，渡瓠蘆河，出玉門，經莫賀延磧。艱難險阻，仆而復起者，何止百十耶。自爾涉流沙，次伊吾。高昌王麴文泰遣貴臣以駝馬迓法師於白力城，王與太妃及統師大臣等，尊以師禮。王親跪於座側，俾法師躡履而上。資贈甚厚，送至葉護可汗衙。又以廿四封書，通屈支等廿四國。獻花綃五百疋於可汗，稱法師是奴弟，欲求大法於婆羅門國，願可汗憐師如憐奴。其所歷諸國，爲其王禮重，多此類也。自爾支提梵刹，神奇靈跡，往往而有。法師皆瀝誠盡敬，耳目所得，孕成多聞。與夫世稱博物者，何相萬耶。詳載如傳。

唯至中印度那爛陁寺，寺遣下座廿人明詳儀注者，引參正法藏，即戒賢法師也。既入謁，肘膝著地，嗚足已，然後起。法藏訊所從來，曰：自支那，欲依師學《瑜伽論》。法藏聞則涕泗曰：解我三年前夢金人之說，佇爾久矣。遂館於幼日王院覺賢房第四重閣，日供擔步羅葉一百廿枚，大人米等稱是，其尊敬如此。法師既名流五印，三學之士，仰之如天。故大乘師號法師爲摩訶天，小乘師號解脫天。乃白大法藏，請留之。法師曰：師等豈不欲支那之人開佛惠眼耶。不數日，東印度王拘摩迎法師。戒日王聞法師在拘摩處，遣使謂拘摩曰：急送支那僧來。拘摩曰：我頭可得，僧不可得。戒日神武雄勇，名震諸國。乃怒曰：爾言頭可得，可將頭來。拘摩懼，乃嚴象軍二萬，舡三萬，與法師同溯殑伽河，築行宮于河北。拘摩自迎戒日于河南。戒日曰：支那何不來。拘摩曰：大王可屈就。王既見法師，接足盡敬。且曰：弟子聞支那國有秦王破陣樂，乃問秦王是何人。法師盛談太宗應天順人事，王曰：不如此，何以爲支那主。因令法師出《制惡見論》。然小乘外道，未即推伏。請於曲女城集五印沙門、婆羅門等，兼十八國王，觀支那法師之論。凡十八日，無敢當其鋒者。

戒日知法師無留意，厚以象馬橐裝餞法師，又以素疊印書使達官送法師，所經諸國令兵衛。達漢境，法師卻次于闐。因高昌商胡入朝，附表奏自西域還。太宗特降天使迎勞，仍制于闐等道送法師，令燉煌迎于流沙，鄯鄯迎于沮沫。時帝在洛陽，勑西京留守梁國公玄齡倫有司迎待。是日，宿于漕上。十九年春三月景子，留守自漕奉迎于都亭。有司頒諸寺帳輿花幡，送經於弘福。翌日，大會於朱雀街之南，陳列法師於西域所得經像舍利等，其梵文凡五百廿夾，六百五十七部，以廿馬負而至。自朱雀至弘福十餘里，傾都士女，夾道鱗次，若人非人，曾不知幾俱胝矣。

壬辰，法師謁文武聖皇帝於洛陽宮。二月己亥，對於儀鸞殿，因廣問雪嶺已西諸國風俗，法師皆條陳所歷，若指諸掌。太宗大悅，謂趙公無忌曰：昔苻堅稱□安爲神器，今法師出之更遠。時帝將征遼，法師請於嵩之少林翻譯。太宗曰：師西去後，朕爲穆太后於西京造弘福寺，寺有禪院，可就翻譯。三月己巳，徙弘福。夏五月丁卯，法師方開貝葉。廿年秋七月，法師進新譯經論，仍請製經序，幷進奉勅撰《西域記》十二卷。太宗美法師風儀，又有公輔才，俾法師褐緇褐，襲金紫。法師因以五義褒揚聖德，乞不奪其志。遂問《瑜伽》十七地義，太宗謂侍臣曰：朕觀佛經，猶瞻天望海。法師能於異域得是深法，非唯法師順力，亦朕與公等宿殖所會。及《三藏聖教序》成，神筆自寫，太宗居慶福殿，百寮陪位，坐法師，命弘文館學士上官儀對羣寮讀之。廿二年夏六月，天皇大帝居春宮，又製《述聖記》及《菩薩藏經後序》。太宗因問功德何最，法師對以度人。自隋季，天下祠宇殘毀，緇伍殆絕。太宗自此勅天下諸州寺，宜各度五人，弘福寺度五十人。戊申，皇太子宣令，請法師爲慈恩上座，仍造翻經院，脩儀禮，自弘福迎法師。太宗與皇太子、後宮等，於安福門執香爐，目而送之至寺門。勅趙公英、中書令褚引入于殿內，奏九部樂、破陣舞及百戲于庭而還。

廿三年夏四月，法師隨駕于翠微宮，談賞終日。太宗前席攘袂曰：恨相逢已晚。翌日，太宗崩於含風殿。高宗即位，法師還慈恩，專務翻譯。

永徽三年春三月，法師於寺端門之陽，造石浮圖。高宗恐功大難成，令改用甎。塔有七級，凡一百八十尺，層層中心皆有舍利。冬十月，中宮方娠，請法師加祐。既誕，神光滿院，則中宗孝和皇帝也。請號爲佛光王，受三歸，服袈裟，度七人，請法師爲王剃髮。及滿月，法師進金字《般若心經》及道具等。顯慶二年春二月，駕幸洛陽，法師與佛光王發於駕前。既到館，于積翠宮終譯《發智》、《婆沙》。法師早喪所天，因扈從，還訪故里，得張氏姉。問塋壠，已平矣。乃捧遺柩，改葬于西原。高宗勅所司公給，備喪禮，盡飾終之道。洛下道俗，赴者萬餘人，釋氏榮之。三年正月，駕還西京，勅法師徙居西明寺。高宗以法師先朝所重，禮敬彌厚。中使旁午，朝臣慰問。及錫賚無虛日，法師隨得隨散。

中國重於《般若》，前代雖翻譯，猶未備，衆請翻焉。法師以功大恐難就，乃請於玉華宮翻譯。四年十月，法師如玉華，館於肅成院。五年春正月一日，始翻梵本，惣廿萬偈。法師汲汲然，常恐不得卒業。每厲譯徒，必當人百其心。至龍朔三年，方絕筆。法師翻《般若》後，精力刓耗，謂門人曰：吾所事畢矣。吾瞑目後，可以遽篨爲親身物。門人雨泣，且曰：和上何遽發此言。法師曰：吾知之矣。麟德元年春正月八日，門人玄覺夢一大浮圖倒，法師曰：此吾滅度之兆。遂命嘉尚法師，具錄所翻經論，合七十四部，惣一千三百卌八卷。又造俱胝畫像、彌勒像各一千禎，又造素像十俱胝，供養悲敬二田各萬人，燒百千燈，贖數萬生。乃與寺衆辭，三稱慈尊，願生內眷。至二月五日夜，弟子光□問云：和上決定得生彌勒內衆否。頷云：得生。俄而去，春秋六十九矣。

初，高宗聞法師疾作，御醫相望於道。及坊州奏至，帝哀慟，爲之罷朝三日。勅坊州刺史竇師倫，令官給葬事。又勅宜聽京城僧尼送至塔所。門人奉柩於慈恩翻經堂，道俗奔赴者，日盈千萬。以四月十四日，葬于滻東京畿。五百里內，送者百餘萬人。至總章二年四月八日有勅，徙於樊川北原，傷聖情也。

法師長七尺，眉目若畫，直視不顧，端嚴若神。自大教東流，翻譯之盛，未有如法師者。雖滕蘭澄什，康會竺護之流，無等級以寄言。其彬彬鬱鬱，已布唐梵新經矣。自示疾至於昇神，奇應不可殫紀，蓋莫詳位次，非上地其孰能如此乎。文曰：

三藏之生，本乘願來。入自聖胎，出于鳳堆。大業之季，龍潛于幷。孺子謁帝，與兄偕行。神堯奇之，善果度之。不爲人臣，必爲人師。師法未足，自洛徂蜀。學無常師，鳥必擇木。跡窮夷夏，更討身毒。寺入爛陁，師遇尸羅。王逢戒日，論得瑜伽。瑜伽師地，藏教泉府。蝟燦名數，璽抽聖緒。我握其樞，赤幡仍豎。名高曲女，歸我眞主。主當文皇，臣當蔡粱。天下貞觀，佛氏以光。光光三藏，是護是付。付得其人，經論彬彬。梵語華言，胡漢相宣。台臣筆受，御滕前席。積翠飛花，恩光奕奕。太宗序教，天皇述聖。揚于王庭，百辟流詠。三藏慰喜，靈祇介祉。篋彼滕什，曾無此事。我功成矣，我名遂矣。脫屣玉華，昇神睹史。發棺開殮，天香馥馥。地位孰分，神人是卜。中南地高，樊川氣清。修塔者誰，林公是營。門人令撿，實尸其事。銘勒塔旁，撿眞法子。

安國寺內供奉講論沙門建初書

開成四年五月十六日馮翊沙門令撿修建

廣平宋弘度刻字

玄奘塔銘　唐開成四年五月十六日刻。石在陝西西安。劉軻撰，僧建初行書，宋弘度刻。

《基公塔銘》 按吏部李侍郎乂碣文，法師以皇唐永淳元年仲冬壬寅日，卒於慈恩寺翻譯院，有生五十一歲也。後十日，陪葬於樊川玄奘法師塔，亦起塔焉，塔有院。大和二年二月五日異時，門人安國寺三教大德賜紫法師義林，見先師舊塔摧圮，遂唱其首，率東西街僧之右者，奏發舊塔，起新塔，功未半而疾作。會其徒千人，盡出常所服玩，洎向來筐斂金帛，命高足僧令撿俾卒其事。明年七月十三日，令撿奉行師言，啟其故塔，得全軀。依西國法，焚而瘞之，其上起塔焉。又明年十月，賫行狀，請弘慶撰其銘。予熟聞師之本末，不能牢讓。

師姓尉遲，諱基，字弘道。其先朔州人，累世以功名致爵祿。先考宗，松州都督。伯父鄂國公，國初有大勳力。弘道身長六尺五寸，性敏悟，能屬文，尤善於句讀。凡經史，皆一覽無遺。三藏法師玄奘者，多聞第一。見弘道，頗加竦敬，曰：若得斯人傳授釋教，則流行不竭矣。因請於鄂公。鄂公感其言，奏報天子，許之，時年一十七。既脫儒服，披緇衣，伏膺奘公，未幾而冰寒於水矣。以師先有儒學詞藻，詔講譯佛經論卅餘部，草疏義一百本，大行於時，謂之慈恩疏。其餘崇飾佛像，日持經戒，瑞光感應者，不可勝數。嗟乎，弘道其家，世在朔漠，宜以茹毛飲血，鬪爭煞戮，背義妄信爲事。今慕浮屠教，苦節希聖，深入其奧，與夫鄂公佐聖立國，公成身退，出于其類，爲一代賢人。實稟閒氣，習俗不能染也，明矣。退爲銘曰：

佳城之南兮面南山，玄奘法師兮葬其閒。基公既歿兮陪其後，甲子一百兮四十九。碣文移入兮本寺中，曇景取信兮田舍翁。義林高足兮曰令撿，親承師言兮精誠感。試具畚鍤兮發玄堂，全身不朽兮滿異香。銘誌分明兮是弘道，齒白骨鮮兮無銷耗。瑞雲甘雨兮晝濛濛，神祇悉窣兮羅壽宮。依教荼毗兮得舍利，金瓶盛之兮埋厚地。建塔其上兮高巍巍，銘勒貞石兮無媿辭。深谷爲岸兮田爲瀛，此道寂然兮感則靈。

左街僧錄勝業寺沙門體虛

前安國上座沙門智峯

右街僧錄法海寺賜紫雲端

安國寺上座內供奉內外臨壇大德方璘，寺主內供奉灌頂，都維那內供奉懷津，院主曇景，同勾當僧懷眞、德循、惠皐、惠章

興教寺上座惠溫，寺主超願，都維那全契，僧道榮、僧道恩、僧瓊播、義方

巡官宋元義

安國寺內供奉講論大德建初書

開成四年五月十六日講論沙門令撿修建

基公塔銘　唐開成四年五月十六日刻於陝西西安慈恩寺。李弘慶撰，僧建初行書。

《往生社碑》 唐開成五年歲次庚申，皇帝昇極。是歲夏五月，會計禹寺請玄英法師講《金剛經》於餘姚平原精舍。會次慕一千二百五十人，結九品往生社。夫爲善者迷於所趣，無量壽佛，返念不息。遺民掛冕，康樂投簪，史氏稱之，其風不泯。冀公學我眞教，挹其遺蹤。施有等差，階陳九品，旁求貞石，書其姓字。不以予管見，命序其事云。

第一品：僧處訥、僧永端、（空六行）徐十一娘。

第二品：

第三品：蔣漸進。

第四品、朱甯。

第五品：僧良捷、僧陟霄、僧獻通、僧惠平、潘禹、魏峸、邵仕興、蔣沛、呂三娘、張菩提、梁出世、陳卅一娘、胡大惠。

第六品：僧雅操、僧智源、蕪約、梁十一娘、邵玘、陸遂、徐文政、方榮進、鄭大娘、馬超、朱趙七、尼淨嚴。

第七品：僧閑居、僧清辯、僧履言、潘雅、傳成、申屠儉、潘存約、陳卅娘、項卿、朱清淨、尼宛輪。

第八品：尼堅持、李皐、高二娘、鄭簡、盧倣、朱智明、許三娘、宋十四娘、僧法勛、僧元宥。

第九品：方榮進、鄭師簡、危倫、吳貫之、許玩、楊成、方常和、徐式、繆阡從、繆岑、繆陶婆、鄭恊、繆日華、李瑜、戚通、方子明、邵強、謝行恭、翁珎、周慶徽、馬詗、徐公佐、蘓澄、尼契能、尼深淨、尼志常、尼宏政、尼宏辯、尼契虛、尼圓政、尼遠照、尼體常、尼契端、尼目淨、尼妙喜、潘妙性、梁出世、徐十二娘、徐三娘、朱十二娘、方二娘、姜三娘、張圓滿、沈十一娘、鄭三娘、丁蓮花、邵六娘、董法超、劉智滿、胡二娘、梅十二娘、張八娘、施十一娘、劉一娘、周三娘、胡福相、沈九娘、虞清淨、黄二娘、王三娘、葉四娘、吳卅娘、江十一娘、李志圓、黄三娘、李圓滿、繆眞姓、鍾元成、宋怦、胡仲芳、劉叔、俞子興、朱珵、蔣仕琳、夏用、陸嵩、劉文皋、賈政、沈簡、龔榮、盛望、陳可津。

往生社碑　唐開成五年刻。碑在浙江紹興禹寺，清道光二十八年僧人鋤地時發現。沙門處訥撰，正書。尾刻清道光二十八年十二月徐榮題記及方可中題字，又二十九年二月瞿世英觀款一則。

《大達法師玄秘塔碑》　玄秘塔者，大法師端甫□骨之所歸也。於戲，爲丈夫者，在家則張仁義禮樂，輔天子以扶世導俗，出家則運慈悲定慧，佐如來以闡教利生。捨此□以爲丈夫也，背此無以爲達道也。和尚其出家之雄乎。天水趙氏，世爲秦人。□母張夫人夢梵僧謂曰：當生貴子。即出囊中舍利使吞之。□誕，所夢僧白晝入其室，摩其頂曰：必當大弘法教。言訖而滅。既成人，高顙深目，□頤方口，長六尺五寸，其音如鍾。夫將欲荷如來之菩提，□生靈之耳目，固必有殊祥奇表歟。始十歲，依崇福寺道悟禪師爲沙彌。十七正度爲比丘，隸安國寺。具威儀於西明寺照律師，稟持犯於崇□□昇律師，傳唯識大義於安國寺素法師，通涅槃大旨於福林寺崟法師。復夢梵僧以舍利滿琉璃器使吞之，且曰：三藏大教，盡貯汝腹矣。□□經律論，無敵於天下。囊括川注，逢源會委，滔滔然莫能濟其畔岸矣。夫將欲伐株杌於情田，雨甘露於法種者，固必有勇智宏辯歟。無何，□文殊於清涼，衆聖皆現，演大經於太原，傾都畢會。

德宗皇帝聞其名，徵之，一見大悅。常出入禁中，與儒道議論，賜紫方袍。歲□□施，異於他等。復詔侍皇太子於東朝。順宗皇帝深仰其風，親之若昆弟，相與卧起，恩禮特隆。憲宗皇帝數幸其寺，待□□寵友，常承顧問，注納偏厚。而和尚符彩超邁，詞理響捷，迎合上旨，皆契眞乘，雖造次應對，未嘗不以闡揚爲務。繇是天子益知佛爲大聖人，其教有大不思議事。當是時，朝廷方削平區夏，縛吳斡蜀，瀦蔡蕩鄆，而天子端拱無事，詔和□□緇屬，迎眞骨於靈山，開法場於秘殿，爲人請福，親奉香燈。既而刑不殘，兵不黷，赤子無愁聲，蒼海無驚浪。蓋參用眞宗，以毗□□政之明効也。夫將欲顯大不思議之道，輔大有爲之君，固必有冥符玄契歟。

掌內殿法儀，錄左街僧事，以標表淨衆者，凡一十年。講涅□□識經論，處當仁，傳授宗主，以開誘道俗者，凡一百六十座。運三密於瑜伽，契無生於悉地，日持諸部十餘萬遍。指淨土爲息肩之地，嚴金□□報法之恩，前後供施數十百萬，悉以崇飾殿宇，窮極雕繪，而方丈匡床，靜慮自得。貴臣盛族，皆所依慕，豪俠工賈，莫不瞻嚮。薦金寶以致誠，□端嚴而禮足，日有千數，不可殫書。而和尚即衆生以觀佛，離四相以修善，心下如地，坦無丘陵，王公輿臺，皆以誠接。議者以爲成就常□輕行者，唯和尚而已。夫將欲駕橫海之大航，拯迷途於彼岸者，固必有奇功妙道歟。

以開成元年六月一日，西向右脅而滅。當暑而尊容□生，竟夕而異香猶欝。其年七月六日，遷於長樂之南原。遺命茶毗，得舍利三百餘粒，方熾而神光月皎，既燼而靈骨珠圓。賜謚曰大達，塔曰□祕。俗壽六十七，僧臘卌八。門弟子比丘比丘尼，約千餘輩，或講論玄言，或紀綱大寺，修禪秉律，分作人師，五十其徒，皆爲達者。於戲，和尚□出家之雄乎。不然，何至德殊祥，如此其盛也。承襲弟子義均、自政、正言等，克荷先業，虔守遺風。大懼徽猷有時堙沒，而今閤門使劉公法□最深，道契彌固，亦以爲請，願播清塵。休嘗遊其藩，備其事，隨喜讚歎，蓋無愧辭。銘曰：

賢刼千佛，第四能仁。哀我生靈，出經破塵。教綱高張，孰辯孰分。有大法師，如從親聞。經律論藏，戒定慧學。深淺同源，先後相覺。異宗偏義，孰正孰駮。有大法師，爲作霜□。趣眞則滯，涉俗則流。象狂猿輕，鈎檻莫收。柅制刀斷，尚生瘡疣。有大法師，絶念而遊。巨唐啟運，大雄垂教。千載冥符，三乘迭□。寵重恩顧，顯闡讚導。有大法師，逢時感召。空門正闢，法宇方開。崢嶸棟梁，一旦而摧。水月鏡像，無心去來。徒令後學，瞻仰徘徊。

會昌元年十二月廿八日建

刻玉册官邵建和幷弟建初鐫

大達法師玄秘塔碑　唐會昌元年十二月二十八日刻。碑在陝西西安。裴休撰，柳公權正書幷篆額，邵建和、邵建初鐫。此本額失拓。

《杜順和尚行記》　釋垂範忍辱爲戒，空寂爲體。求而非眞，智而可識。不遠□□，□之□□。□□雪山，我佛當其諭道，裹裹白馬，金字闡于亘唐。粤以有京兆人者，堯之苗裔，生雩國南門外村里，簪□継□，□□鎊躬，馨香内外，逮三千餘祀。俄扇雩西方之盛，降茲吾師。師□□□，□邁人表。未登十歲，綏集同年，生陟一基，而以敷足嶷然，旋吐大乘□□□□瞻善男子，善女人，無間大小，奔而趍而，虔心諦聽。一演而伸，衆闐道□，□□舞之，忘親愛而自聳。復次□機運巧，指事成績，洞然些有，祥瑞連縈□□□力矻矻，其異不一，寔可繁詞。弱冠，師之兄有軍□之患，欲赴，跪而啓□兮母兮，厥而賡□，允斯所命。被甲鎧，汪汪執戈，慷慨逼至。魚麗勝而多捷，卓爾哉出羣，隱而靡究，慈惠霑濡一師之卒。渠百結，師補綴焉。渠有咎，酷笞刑，師受笞焉。負薪爨火，汲水燃之。渠盥濯，師之躬焉。渠役烽火，遊外，師之當焉。昔魏禪師，師主也，異曰：倍□之日，臨流未濟，杖之功，登嶺有去虎之妙哉。員來婦人，有一子求之□□睞擲□□□中而復見胡旬反，乃是宿根深債。歷縣側，因睹畋獵，化□□□盛與□□□士交會，因勵承勵，而息心歸依。師之門人，動意尋五臺靈境，欲覺□菩薩，給五銖道糧，乃失師事。今有秦人王元順，承家穆穆，文武潤身，在世有濟拔之惠，效主懷歳寒之心。□師之裔孫也，已履儒迹，心□□岸，每躭儒典之暇，劇趣眞心。師之聖，寔非翰墨之能鎊。大中六年□月二十四日記。

鐫玉册官邵建初刻字

院主僧談□

杜順和尚行記　唐大中六年□月二十四日刻。石在陝西西安。杜殷撰，董景仁行書，邵建初刻。

《圭峰傳法碑》　圭峯禪師號宗密，姓何氏，果州西充縣人，釋迦如來三十九代法孫也。釋迦如來在世八十年，爲無量人天聲聞菩薩說五戒八戒、大小乘戒、四諦十二緣起、六波羅密、四無量心、三明六通、三十七品、十力、四無畏、十八不共法、世諦、第一義諦，無量諸解脱三昧惣持門，菩提涅槃，常住法性，莊嚴佛土，成就衆生，度天人，教菩薩，一切妙道，可謂廣大周密，廓法界於無疆，徹性海於無際，權實頓漸，無遺事矣。最後獨以法眼付大迦葉，令祖祖相傳，別行於世。非私於迦葉，而外人天聲聞菩薩也。顧此法，衆生之本源，諸佛之所證，超一切理，離一切相，不可以言語智識，有無隱顯，推求而得，但心心相印，印印相契，使自證知光明受用而已。

自迦葉至達摩，凡二十八世。達摩傳可，可傳璨，璨傳信，信傳忍，爲五祖。又傳融，爲牛頭宗。忍傳能爲六祖，又傳秀爲北宗。能傳會，爲荷澤宗，荷澤於宗爲七祖。又傳讓，讓傳馬，馬於其法爲江西宗。荷澤傳磁州如，如傳荆南張，張傳遂州圓。又傳東京照圓，傳大師。大師於荷澤爲五世，於達摩爲十一世，於迦葉爲三十八世，其法宗之系也如此。

大師本豪家，少通儒書，欲干世以活生靈。偶謁遂州，遂州未與語。退遊徒中，見其儼然若思而無念，朗然若照而無覺。欣然慕之，遂削染。敎受道成，乃謁荆南，荆南曰：傳敎人也，當盛於帝都。復謁東京照，照曰：菩薩人也，誰能識之。後謁上都花嚴觀，觀曰：毗盧花藏，能隨我遊者，其汝乎。初在蜀，因齋次受經，得《圓覺》十三章，深遊義趣，遂傳《圓覺》。在漢上，因病僧付《花嚴》句義，未嘗聽受，遂講《花嚴》。自後乃著《圓覺》、《花嚴》及《涅槃》、《金剛》、《起信》、《唯識》、《盂蘭》、《法界觀》、《行願經》等疏抄，及《法義類例》、《禮懺修證圖傳纂略》，又集諸宗禪言爲《禪藏》，捴而敘之，幷酬答書偈議論等，凡九十餘卷。皆本一心而貫諸法，顯眞體而融事理，超群有於對待，冥物我而獨運矣。

議者以大師不守禪行，而廣講經論，遊名邑大都，以興建爲務，乃爲多聞之所役乎，豈聲利之所未忘乎。嘻，議者爲知大道之所趣哉。夫一心者，萬法之捴也，分而爲戒定慧，開而爲六度，散而爲萬行。萬行未嘗非一心，一心未嘗違萬行。禪者，六度之一耳，何能捴諸法哉。且如來以法眼付迦葉，不以法行。故自心而證者爲法，隨願而起者爲行，未必常同也。然則一心者，萬法之所生，而不屬於萬法。得之者則於法自在矣，見之者則於敎無礙矣。本非法，不可以法說，本非敎，不可以敎傳，豈可以軌跡而尋哉。

自迦葉至富那奢，凡十祖，皆羅漢，所度亦羅漢。馬鳴、龍樹、提婆、天親始開摩訶衍，著論釋經，摧滅外道，爲菩薩唱首。而尊者闍夜，獨以戒力爲威神。尊者摩羅，獨以苦行爲道跡。其他諸祖，或廣行法教，或專心禪寂，或蟬蛻而去，或火化而滅，或攀樹以示終，或受害而償債，是乃法必同，而行不必同也。且循轍跡者非善行，守規墨者非善巧，不迅疾無以爲大牛，不超過無以爲大士。故大師之爲道也，以知見爲妙門，寂淨爲正味，慈忍爲甲盾，慧斷爲劍矛，破内魔之高壘，陷外賊之堅陣，鎮撫邪雜，解釋縲籠。遇窮子則叱而使歸其家，見貧女則訶而使照其室。窮子不歸，貧女不富，吾師耻之。三乘不興，四分不振，吾師耻之。忠孝不並化，荷擔不勝任，吾師耻之。避名滯相，匿我增慢，吾師耻之。及逭逭於濟拔，汲汲於開誘，不以一行自高，不以一德自聳，人有依歸者，不俟請則往矣，有求益者，不俟憤則啟矣。雖童幼不簡於敬接，雖驁佷不怠於叩勵。其以闡教度生，助國家之化也如此。故親大師之法者，貪則施，暴則斂，剛則隨，戾則順，昏則開，墮則奮，自榮者慊，自堅者化，徇私者公，溺情者義。凡士俗有捨其家，與妻子同入其法，分寺而居者。有變活業，絶血食，持戒法，起家爲近住者。有出而修政理，以救疾苦爲道者。有退而奉父母，以豐供養爲行者。其餘憧憧而來，欣欣而去，揚袂而至，實腹而歸，所在甚衆，不可以紀。眞如來付囑之菩薩，衆生不請之良友。其四依之人乎，其十地之人乎。吾不識其境界庭宇之廣狹深淺矣，議者又焉知大道之所趣哉。

大師以建中元年生於世，元和二年印心於圓和尚，又受具於拯律師。大和二年慶成節，徵入内殿，問法要，賜紫方袍，爲大德。尋請歸山。會昌元年正月六日，坐滅於興福塔院，儼然如生，容貌益悅。七日而後遷於函，其自證之力可知矣。其月二十二日，道俗等奉全身于圭峯。二月十三日荼毗，初得舍利數十粒，明白潤大，後門人泣而求諸煨中，必得而歸，今悉斂而藏于石室。其無緣之慈可知矣。俗歲六十二，僧臘三十四。遺戒深明：形質不可以久駐，而眞靈永刼以長存。乃知化者無常，存者是我，死後舉施蟲犬，焚其骨而散之，勿墓勿塔，勿悲慕以亂禪觀。每清明上山，必講道七日而後去。其餘住持法行，皆有儀則，違者非我弟子。

今皇帝再闡眞宗，追謚定慧禪師，青蓮之塔。則塔不可以不建，石不可以不斷，且使其教自爲一宗，而學者有所摽仰也。門人達者甚衆，皆明如來知見，而善說法要，或巖穴而息念，或都會而傳教，或斷臂以酬德，或白衣以淪跡。其餘一禮而悟道，終身而守護者，僧尼四衆，數千百人。得其氏族道行可傳於後者，紀於別傳。

休與大師，於法爲昆仲，於義爲交友，於恩爲善知識，於教爲内外護，故得詳而叙之，他人則不詳。銘曰：

如來知見，大事因緣。祖祖相承，燈燈相燃。分光並照，顯說密傳。摧邪破魔，證聖證賢。漸之者入，頓之者全。孰紹孰興，圭峯在焉。甚大慈悲，不捨周旋。以引以翼，恐迷恐顛。直示心宗，傍羅義筌。廣收遠取，無弃無捐。金湯魔城，株杌情田。鏟竭芟伐，大道坦然。功高覺場，會盛法筵。不染而住，淤泥青蓮。性無去來，運有推遷。順世而歎，衆生可憐。風號□□，□□□□。□□而去，溺者誰前。巖崖荊榛，阻絶危懸。輕錫而過，蹻者誰肩。不有極慈，孰能後先。吾師何處，復建橋舩。法指一靈，徒餘三千。無負法恩，永以乾乾。

□□□□□□□□□□□□□□□□□□□□□□□□□□□□□□□□□王元宥施碑石。大中七年正月十五日□奏請塔額謚號，當日【略】碑石

大中九年十月十三日建

鐫玉册官邵建初刻字

圭峯傳法碑　唐大中九年十月十三日刻。碑在陝西戶縣。裴休撰并正書，柳公權篆額。此碑書法清勁瀟灑。

《廣惠塔銘》　維像教東度，秘疊南飜，玄元云吾師竺乾，宣尼稱西方有聖。厥後感夢孝明，漸于中國。菩提達摩，降及大照禪師，七葉相承，謂之七祖，心印傳示，爲最上乘。羣生以癡蓋愛網纏覆身宅，不以慧炬燭之，慈航濟之，即皆蹈昏溺之中，迷方便之路矣。於戲，文殊戾止，金粟來儀，窮象譯之微言，罄龍宫之奥典，即我唐安大德其人也。

大德諱廣惠，俗姓韋氏，漢丞相之遺祉，周司空之遠孫。地承華緒，門藉清流，靈根夙殖，道性天授，積金翠之莫飾，視葷腴而不味。於是分瓶灌頂，染法壞衣，奉乾越之眞諦，識瑜伽之要義。賓波羅窟，深入禪菁，阿耨達池，恆藏戒水，傍灑甘露，俛導蒙塵。運智慧之妙，其動也雲

舒曾漢，了般若之性，其息也月鑒澄泉。帝□□徒，皆以宗師，敬受初法。我皇十年，以名臘隆抗，充外臨壇大德。德彌高而身彌遜，聲愈廣而志愈冲。負笈執經，扣鶴林者，請益如市。無明有漏，傳心印者，皆脱其網。豈謂毗城示老，雪山現疾，雖菩薩之善本，生没是常，而金剛之威力，堅持不壞。以大中十三年夏五月廿六日，寂然入滅，報齡五十七，僧臘卅八。弟子性通等，號奉衣屨，如將復生。以其年六月十八日，幢蓋香花，遷瘞於韋曲之右。嗚呼，如來留影之壁，石室空存，舍利全身之函，珠臺永閟。專微眇凡品，因緣甚親，嘗蒙引諭人天，粗探眞覺。承筵作禮，肩繞玉之師子，出蹦入淨，同生火之蓮花。追荷法誘，爰薦菲詞，慙非陸氏之□文，終謝蔡侯之健筆。銘曰：

四流易染，萬類難化。世同驚飈，色如奔馬。非習調御，孰明般若。非習能仁，寧有喜捨。生既不有，滅亦不空。無去無來，大觀□同。至寶深藏，慧光不息。松塔新成兮秦山北，後天地不泯者，惟師之德。

孔□□書

廣惠塔銘　唐大中十三年六月十八日葬。石在陝西西安，端方舊藏。令狐專撰，孔□□正書。尾刻清道光十一年李殿淳隸書跋。

《支鍊師墓誌》　師姊第卅二法號志堅，小字新娘子。曾祖諱平，皇江州潯陽丞。祖諱成，皇太子少詹事贈殿中監。顯考諱（空一格），皇鴻臚卿致仕贈工部尚書。先妣汝南譚氏，追封汝南縣太君。繼親清河崔氏，封魯國太夫人。長兄裕，早世。防，終澤州端氏令。愛弟向，終鄂州司士。詢、謙，少亡。訥、誨、謨、詳、讓、訢、諺，迭居官秩，咸在班朝。

永惟尊靈，天植懿德，不恃不怙，再罹憫凶，惟孝惟慈，性能均壹。稚齒抱幽憂之疾，九歲奉浮圖之教，潔行晨夕，不居伽藍。或骨肉間有痾恙災咎，南北支離，來（未）嘗不繫月長齋，剋日持念。孝悌之至，通於神明。年十八，鐘汝南太君艱疚，居喪之禮，至性過人，柴毁偷生，感動頑艶。江塞浮泛，溫清無違，訓勉諸弟，惟恐不立。好古慕謝女之學，擇鄰遵孟母之規，雖指臂不施，而心力俱盡。中途佛難，易服玄門。自大中七載，因鄂州房傾落之際，託其主孤，猶女孀婦，不離瞬息。

今天子之明年，訥兄蒙授藤州牧，傳聞土宜，不異淮浙，嘉蔬香稻，粗可充腸。願執卑弟奉養之勤，得申令姊慰心之道，假路東洛，扶侍南州。到官逾旬，旋屬蠻擾，方安藤水，忽改富陽。日夕有徵發饋漕之勞，食膳闕甘辛豐脆之美，因涵癘氣，奄然終天，端坐寄辭，沉守無撓。春秋五十，咸通二年九月十二日，沒于富州之公舍。

嗚呼哀哉，冥理茫昧，積德者不壽，至仁者不華。謨、詳忝官，未遂迎覲，寸心莫報，上清所臨。出富至伊，此旐歸祔，以三年十月八日，葬于河南府河南縣平樂鄉杜翟村陪大塋西北原，禮也。時謨縻職國庫，乞假東歸，卜宅附棺，庶必情信。刀腸刻石，抆血濡毫，臨壙籲天，哀音永訣。文不足以達志，禮有防陵谷之變而已。其銘云：

昭昭彼蒼，隱見微遠。忽忽浮生，孰明舒卷。常聞輔德，何期罰善。金堅玉貞，鶴去松偃。難言者命，莫問者天。乳哺驚疾，身世纏綿。釋氏稟教，玄元養賢。口持經律，心遊法田。我性不動，我形屬遷。纔及中歲，未爲得年。奄化桂嶠，安靈邙阡。嵩雲自東，洛波居前。壽堂斯鐍，幽魂歸仙。剜身斷手，摧裂銘焉。

支鍊師墓誌　唐咸通三年十月八日葬。河南洛陽出土，張鈁舊藏。支謨撰，正書。

《大光和尚神異碑》　賢劫千佛，生於後世，法輪遞轉，應現隨相。或國王大臣，宰官居士，降生有地，不以色相。故如來言，以色見我，以音聲求我，爲行邪道。故不以金色瑞相，蓮花化生，降胎示報，以潛靈聖。上人姓唐氏，生於邑之安吉。母楊氏，奇孕而夢協靈祥，在娠而不茹葷血。既生能言，不爲戲弄。未齓之歲，即思求佛乘，發念《法華》三月通貫。傳梵音於性稟，精護念於神契。經聲一發，而頑鄙革心。晝夜持而七部圓滿，音聲從容，指顧閑雅。雖捷□利辨者，皆隨慕念。及登戒之歲，僧儀首冠西。遊長安，祥風達於函關，瑞相通於帝夢。上人以持經爲國，詣闕請見。肅宗皇帝召對禁中，上拱而歎曰，昔夢吳僧□念大乘，五光隨發，音容宛若，協我嘉徵。因賜名曰大光，以瑞唐姓。肅宗元年，降誕之辰，會齋於定因寺。因賜上人墨詔，許以天下名寺持意經者住持，令內臣趙思送於千福寺。持經道場，經日四七，而吳音清亮，常達聖聽。上異其事，令高力士以宣諭焉。後居藍田精舍，先期而寺僧夢天童來降，稱曰大光。經聲達於峯頂，師既晏坐，自見神手，從天而降，拊光之心。師乃憶先達抱玉大師常志師言，令高法音，當有神輔。夕夢神僧乳見於心，命光內飲。自是功力顯暢，神形不勞。尋山探幽，偶墜窮谷，龍泉莫測，淪溺其間。心靈了然，無所惑亂。因以本經多寶塔爲誠願，持十萬遍。恍然出泉，若有神捧。紹後住資聖寺，大師以慈親在吴，未答慈力，表請歸養，恩未許還。猶繫煩惱之念，遂生無妄之疾。策蹇強力，將投於泉。驢伏不前，羣鳥拂頂。心既時覺，疾乃隨瘳。昔如來雙鵲巢頂，而定慧聖明。大師羣鳥摩首，而煩疑解脱。乃以寶軸加飾，首戴《法華》，於千福寺行道，日夜俟命。有詔許還。既止烏程，崇修寶塔，日持《法華》偈，以成往願焉。永泰元年，浙西廉察使韋元輔表大師爲六郡別駕道場將念之首。大曆癸丑歲，文忠公顏眞卿領郡，予先人主邑烏程。予生未期歲，乳病暴作，而不啼不鑒者七辰。師至，命乳母洗滌焚香，乃卽念《法華》。至《功德品》，遂起席而坐，拱而開目。師飲以杯水，遂命乳哺，疾乃隨愈。大師視而笑曰，汝何顧返之速乎。因以法師，易予幼名。貞元中，予甫弱冠，再游霅上。舟泊之次，大師竚於溪側而笑，戲拊如兒童焉。予爲州將，飲醉於館。大師引宿於道場，夜分將醒，白光滿室，朗然如晝。覩大師晏坐，妙音方闡，若開毫相。經音既息，光亦隨斂。於是午西邁，辭大師於法筵。撫予頂曰，爾得住山之言，我則無以爲諭，行矣自愛，去留有時，空王教平等者護念。大師于永貞元年十二月黑月既夕，示滅於法華寺之經院。獸號鳥墜，山木驚震。異香飄馥，三日不息。是月，告刺史顏防曰，去矣，人世無牽夢泡。大師熙和暢達，無入不得，隨機見教，經行無閡，維摩詰之儔也。知機洞如，藏往察來，嘿而不顯，晉寶公之倫也。經通梵界，瑞降天童，靈相神光，昭融顯見，曇上人之徒也。大哉明德，慈悲護世。通異相於王宫，示法輪之寶重。昏外識於黎庶，懼色相之迷妄。是以居若長橋，動如浮雲。隨鷗自親，入獸不亂。一衲四十歲無浣濯，而居常香馥一飯，七十載資禪悦，而睿體溫然。予遭大師留駐於世，而不覩大師寂滅之日。年逾耳順，昏寄塵勞，無法舸以濟河，悲火宅之迷室。忝門徒者，追晝梵宫。時予烏臺舊僚天官郎敬君守郡吴興，寄言刊石。銘曰：

多寶如來，開經誦塔。伴厄闡教，以宏正法。受持三世，以成賢劫。或降忉利，或生人天。金相不顯，眞如嘿傳。明燭繼焰，水月分圓。示抱金德，資於上賢。體寶戒珠，心惟法鏡。懷寶不迷，含光不竟。希夷要妙，法凝清淨。發諭開蒙，藏機匿聖。瑞協皇夢，功致天童。聲宣梵界，響達宸聰。降臨神手，捧溺龍宫。跡隱三昧，心符六通。金粟分身，普賢馳象。譬諭言詞，光明顯相。仁滋一雨，功歸無量。法性天高，慈門海曠。我昔嬰兒，迷夢疾痼。靡日沈魄，返年師住。梵音耳聽，神光目覩。白馬先鑣，迷津莫溯。鼓音已息，慈雲不浮。寶樹摧華，祥泉涸流。稠林喪斧，苦海沈舟。色相歸空，洪身無際。莫測來往，誰分顯晦。三表闡仁，深乎晏締。

附記：萬歷壬午，余偕石公、及松師游白雀，空無一椽，僅見尼摠持石龕在寒雲荒草中耳。松師發願重建茲刹，余與石公，笑其聚沙作窣堵波，談何容易。後十五年，爲丙申之臘，重游此地。則見龍象巍峨，寶殿雲堂，光射青漢。寺將落成，而師颯然老矣。余謂師良苦，師云，微二三宰官，及諸檀信之功德，此刹將從毘盧現乎，山僧何力之有。是役也，陸太宰倡之，潘司空繼之，司空之配施夫人洎諸公子里成之。若夫周旋始終，罔憚勞勩，克竣勝果，里人張瑤之福田也。寺故有唐相李公垂撰大光禪師碑，歲久湮滅。潘公子稚圭伐石，俾余重書，因述其槩於後。余笑問師，諸公以財法爲布施王，居士以筆墨作因緣，亦可稱檀波羅蜜乎。師首肯。惜石公遠在燕谷，不共作此一轉語。

有明萬歷丙申歲十一月長至日吴郡廣長庵主王穉登書　越城王九思恭泐

《吴興金石記》卷五。《隋唐五代石刻文獻全編》，北京圖書館出版社。

《真性神道碑》　昔者金人敎演西方，化流東土，神功莫測，妙用難窮。日月不能擬其明，聖賢無以究其奥。歷河沙之世界，論億劫之修行，既立三乘，又開不二。執之則纖毫有別，契之則絲髮無差。共證菩提，俱登解脱，巍巍蕩蕩，無得而稱。末代宗徒，隨性而入。

大德諱眞性，俗姓□氏，涿郡范陽人也。爰祖及父，晦跡夷名，嘉遁林泉，勤業臯壠。大德逸步孤立，介然而貞，性自天鍾，議非師得。觀色身之假立，潛趣眞宗，知至道之可求，精修梵行。既端清而秉志，乃受具以依年，薰然律風，輝振前古。萬行由茲浸起，六事於是齊修，堅剛迴持，清淨靡雜。狂風雖振，寧搖赤箭之莖，欲浪徒翻，不着青蓮之色。割煩惱之繫，利蘊剃鍾，斷貪□之緣，鋌含切玉。而乃聽讀忘倦，慈忍兼習，操持勇猛，佩服精進。非唯二百五十淨戒，洞達玄關，抑以八萬四千法門，游泳眞際。則知鴻鵠飛翔，必造雲霄之上，龍象騰躍，寧留沼沚之間。繇是四遠嚮從，□方瞻敬，高行苦節，時爲美談。

頃者合寺耆年，至于初學，同誠壹志，請舉寺綱。大德固執撝謙，抑而不許。乃曰：雲山異境，禪律雜居，若非通明，何以悦眾。大德曰：顧無揵連統眾之術，且乏末田乞地之功。凡練紀綱，必資德業，非安於己，不利于人。寺眾愈堅其辭，志不可奪，乃唱言曰：佛刹戒嚴，固難條貫，考祥視履，非上德而誰。師之不從，吾將安附。三請而後許之，四眾欣然，合寺相賀。

大德至性平等，慧用圓明，規繩既陳，高卑自序。奉精勤以敬，策墮慢以嚴，共樂推誠，咸稱悦服。遂使施財者松門繼踵，賫供者溪路相望，佛宇益崇，常住滋贍。是知道行高而歸依雲赴，福德具而感應響從。又以巾錫之餘，牀榻之外，曾於本院，別起道場，請高行數人，轉藏經七徧。大德宿植精進，專至饒益，糯寒飫餧，每損節其衣盂，拯溺持癲，寧顧蹈其水火。殊蹤異行，難可思量，寒暑屢移，始終一貫。元和中，廉察使相國彭城劉公，慕其高節，亟請臨壇，手字疊飛，使車交織。大德以情田不產，鑒用忘機，久處山林，已遂平生之志，那能師證，更登名利之場。徒觀馬勝之威儀，誰識羅侯之密行，懇寫牢讓，持堅不迴。

暨大和有九祀，方伯司徒史公之領戎也，常目重山，聆風仰德。乃曰：昔三藏傳經於天竺，六祖弘化於曹溪，方知涿鹿名區，時有異人間出，佛法漸遠，吾宗繼明。益傾南望之誠，兼陳北巷之敬。奇香異藥，上服名衣，使命往來，難可稱計。以其年季秋□旬有三日示疾，歸寂於本寺東院，俗年八十四，法歲六十五。猿鳥悲鳴，松筠改色，淒涼士庶，喟悼元戎。

於戲，火宅方然，羊車脱輻，師之已矣，人何歸依。大德學行該通，威德端肅。所依上足，皆是名人，雖具升堂，□書入室，曰仲説、恆智、鑒直、惠增、志千、文展、寶定等七人焉。惟增也，早歲辭鄉，游京就學，曾於薦福寺，講《大花嚴經》，聲振洪都，藝交清級，眾稱開士，時謂入流。細行密用，難具詳紀。直與千，業擅小乘，學游多地，盡得南山之要，皆揚東塔之能。彼四人者，精通秘奧，博達多聞，虎步蓮宮，鸞翔梵苑。感師之敎，報師之恩，焚棺於碧岫之陽，起塔於清流之左。雖朝昏展敬，未盡所誠，更議刊乎貞珉，紀其盛德。良工方購，朴而未形，俄屬先朝大興沙汰，寺皆毀廢，僧遁林巖。洎佛日重明，屢更星歲，七人之內，惟寶定存焉。其誠則深，其力不置。有説公門人前寺主僧弘信，即釋門之孫也，戒律清肅，義心堅勇。悲本師之早歿，宿志未陳，與定公之相扶，再議崇立。訪余以至，感而直書，冀巡禮往來，披文知行。銘曰：

圓覺眞乘，多不能造。吾師正性，盡入其奧。操持淨行，契叶深敎。利根意馬忘奔，心猿不踔。戒月圓滿，律風清涼。白璧無點，明珠有光。精進，密行包藏。破暗燈炬，濟難舟航。宰寺開經，施財供食。但益勤勵，曾無退息。時遵其義，眾悦其德。不可思議，多所饒益。法性無滅，色身有移。悲纏上足，追慕先師。既崇靈塔，又立豐碑。遺風餘烈，千古長垂。

咸通八年丁亥歲十一月四日建

眞性神道碑　唐咸通八年十一月四日刻。石在北京房山雲居寺。何籌撰，張景琮行書幷篆額。

《善悟塔銘》　尼大德諱善悟，俗姓王，廣陵人也。幼挺端莊，長全貞淑。笄年移天于高陽許公諱實，凡二十年而先逝。男二人，寇士、海客，皆沐過庭之訓，敦節義之風。大德以宿殖勝緣，冥符會證，爰因持讀，遂潔薰修，乃造雙峯師，問禪那之旨。師知其根性無倫，説無法之法。既而妙果玄通，道眼斯得，因請剃髮受具戒，爲比丘尼。既服忍衣，乃傳心法。一百八之煩惱，仰戒日以霜消，五十五之聖階，乘智舟而海越。心心絕跡，念念離塵，去留不礙於浮雲，生死是同於逆旅。解劫波巾結，一六俱亡，曜圓鏡智光，大千周遍。由刹那頃，洞十方空，用寂照而不疲，馭寶乘而無退。山塵海劫，定惠長圓，斯爲盡道之極耳。以禪寂之餘，經行雲壑，思遊淨域，奄弃幻身。以乾符六年九月六日，歸寂于信州懷玉山應天禪院，享齡四十三，道臘有二。遺令火焚，從拘尸城之制也。嗣子寇士，號痛罔極，見星而行，請收靈骨，以起塔焉。于時狂寇蟻聚，往迴皆徑其傍，一無驚畏，將至孝之感歟。營塔于揚州江陽縣道化坊謝楚地內，以廣明元年庚子秋七月癸丑九日辛酉歸焉。雖河沙有盡，而弘願無邊，故志塵跡，以刻貞石。其銘曰：

熾然貪欲，刧濁亂時。籠破鳥飛，尸羅爲師。心宗達摩，出世良醫。付囑有在，我其護之。身心絕慮，知見斯微。生死已空，圓寂惟歸。孤峯春秀，日月秋暉。宴坐不起，庭花自飛。玉山示滅，神往形留。香木荼毗，金壇是收。哀哀嗣子，跋涉來求。狂盜不驚，冥獲天休。蕭蕭松塔，羃羃寒煙。靈骨茲崇，億刼罔遷。休傳寶偈，罷汲瓶全。□□孝思，道風式傳。

善悟塔銘　唐廣明元年七月九日葬於江蘇江都。正書。

《甘泉院僧曉方塔記》　性相湛然，是無來去。光陰飄忽，故有悲哀。無常必見於有常，生滅期歸於寂滅。遺光尚在，過隟難追。則有躬侍梵筵，心傳法寶。極追攀於痛悼，盡愛敬於師資。鏤字支提，用彰先覺。故甘泉禪院大德，諱曉方，蘇州常熟縣人也。師事五渫山靈默大師，姓氏經遊，未之嘗言，故莫詳悉。其於慈悲以濟物，勇猛以化人。橫身塞河決之波，舉手正山崩之勢。碎裂魔網，高張法雲。得岸抛舟，不師文字。上天燒尾，別刱風雷。方岳公侯，連城守宰。偃風渴道，靡不歸依。牽迷手於正歸，破石心於難捨。三獸極淺深之渡，百草滋甘露之芽。皇哉巍乎，則置院之碑詳矣。咸通十一年三月十日，遷神於此山。報齡七十七，僧夏五十八。嗟乎，歷陽陷兮柏梁爇，九鼎沉兮□山折。乃千乃百哭盈庭，山慘雲愁淚成血。□□日兮人失目，推臆頓頭皆慟絕。世尊當歿□□羅，空有闍維禮容設。予即聞風企仰，臨紙酸悽。以師之形，則遷流委順矣。以師之神，□光明清淨矣。以師之法，則一燈然百千燈矣。故門人法順等，悉心勤力，肇建靈龕，於院西南一百步盤龍山首焉。以明年　月　日，奉遷神坐於是山。日往月來，懼移高岸，人亡地□，是紀色絲。比金石而彌貞，擬蘭蓀而可久。後之人觀斯文而知其行，則姬公謚法，得其一端者耶。時大唐咸通十二年歲次辛卯閏八月甲辰朔十三日丙辰，盧龍節度衙前兵馬使前攝幽推朝議郎試大理司直中山郎肅記。

右北平采思倫書

《八瓊室金石補正續編》卷三十七。《續修四庫全書》。

高一尺五寸，廣二尺八寸。三十行，行十六字至二十字不等。字徑七分，正書，直界格。在大興，今歸繆太史荃孫處。

《惠融和尚碑》　日月□悠久之象也，有時而盡。泡幻質斯湏之形也，奄忽而無。延促之諒則□□終下闕於□大師，不猒三界而來，不樂三界而去。可謂深得自在，□照□體下闕□俗姓吳氏，江陵府人也。一牛志行，人所鮮及。心不縱逸，率恭儉在己下闕不易時食均最下。萬境紛起，無一物當情。於人爲達人，於義下闕之日，有伯仲二人，相諭相規，超然弃俗。兄法號行□時彳弟一於下闕其季曰，恢弘理門，吾不如汝矣。由是方軫齊駕，□□乘俱下闕理精粹博。綜莊老之至言，揖禪河之濫觴。窮物下闕端良則道噐非外取，心顛倒則□性不現前。遂迮下闕馬和尚敷座而坐，虔跪請益，將撥剮同異也，心光洞契下闕以其靈，外列臺五，一指一顧，未嘗不有異相呈焉。蓋斤下闕燠更變。又南次文水縣□□山□頭□亦如下闕十指請大師移居甘泉山門，傳心地法□十方□□無上菩提。時下闕年暮冬月，隨緣行行，不告而去。爰達于東□永□縣鹿苑下闕十一日，起居間小有不康，趺坐就滅。報齡六十五，僧夏四十五。門人等下闕有再中之□。深□奧義，永無重問之期。敬以其年九月下闕珠耀如也保護將返于甘泉山門，途中憩古陶唐城，敬展省禮下闕泣珍之贈在□□□靈眖之祥。起塔山門，式彰永敬。嘉以崇崩崛起下闕琦，傳乎不朽者也。其銘曰：

眼界無染　心燈嗣輝　不下闕　鮮行齊歸　倏尔示滅　教將疇依　其一

故國漢南高名海內　下闕　謹壤流輩　一旦云亡　時來不再　其二

掞詞貞石　銘德傳芳　下闕　追慕如昨　遐猷不忘　其三

唐太和六年歲次壬子十月庚申朔一日下闕

《山右石刻叢編》卷九。《隋唐五代石刻文獻全編》，北京圖書館出版社。

碑已殘裂，就搨本計之，連額高二尺七寸，廣一尺七寸。二十三行，字數難計。正書。額題故惠融禪和尚之碑銘九字，篆書。今在文永縣。

《悟玄序》　夫嘉運難可再遭，既遭必修其業，身死不可更生，既生必修其志。是以遭時無功，先賢所以悼歎，有身無名，昔人以之爲耻。高士不可以興事爲功，功在於無事，至人不可以自顯爲名，名在於寂默。夫無事之功，功所不能功焉，寂默之名，名所不能名矣。名所不能名，則大名振矣，功所不能功，則至功成矣。至功雖成，不可以形相見，大名雖振，不可以音聲聞。故云大象無形，大音希聲，然後乃悟玄道。夫玄道者不可以設功德，聖智者不可以有心知，眞諦者不可以存我會，至功者不可以營事爲。是以忘功者可以道合，虛懷者可以理通，明心者可以眞契，達智者可以聖同。雖云道合，無心於合，合者合焉，雖云聖同，不求於同，同者同焉。無心於合，則無合無散，不求於同，則無異無同。超非於百非之外，非所不能非焉，忘是於萬是之前，是所不能是矣。是所不能是，則無是矣，非所不能非，則無非矣。無異無同，則冤親不異，無是無非，則毀□常一，然則幾於道乎。吾設於五濁之下，攀雲根以翹足，長寢大夜之中，仰朝霞以飡服，是以心念口言，記之毫紙。惟懷道君子，同此鑒焉。戊戌季夏望日。

悟玄序　唐某年六月十五日刻。石在陝西戶縣。端方舊藏。僧羅什撰，僧紹希行書，左行。

《龍壽院光化大師碑銘》

大師俗姓劉氏，法諱懷溢。本無諸倚，郭闆縣人也，即亘唐相國彭城劉公瞻之次子也。童年慕道，不習儒宗。時齠齓之歲，厥父儁同詣京師，固辭弗往。漸登九歲，俄自發心，弃捐俗務，投立磨山普資院杜禪師門下，求爲弟子，願侍巾缾。禪師立性孤僻，抱直嚴難。未許昇堂，不容入室。且堅苦節，每勵勞形。涉歷年華，經逾炎冷。身齊槁木，心類寒灰。一自入山，久淹出谷。十年精□，午夜志疲。師長念及功勲，知爲志器。于年十九，方與落髮披結束法衣，遣求和合。恭丞嚴旨，高別林泉，星夜登途，望風取路。遙山獨步，峻嶺孤征。時往日來，俄之中嶽會善寺瑠璃壇。欣逢法侶，勅啟霜壇。大扇律風，高懸戒月。夙緣諧偶，曩善冥苻。不上牛車，便探衣寶。併三衣而爲一納，弃五事而整一盂。松下塚間，行頭陁行。雖行是行，參問匪忘。遍歷遐方，訪尋知識。無道塲不逢古德，有請皆遇宗師。其奈不奏玄機，情源擁塞。如渠聚土，狀棘當衢。須議芟薙，終期決抉。而乃直抛衡嶽，專筵灌溪。函杖而誓扣玄關，摳衣而立融堦雪。澧源和尚，一觀奇特，許廁門牆。久而彌方，漸昇堂室。况乎居猶學地，道未博通。仍於異時，侍立左右。和尚演于法頌云，五蘊山中古佛堂，毗盧晝夜放圓光。大師纔聆妙說，頓入清涼。悟即剎那，迷流沙劫。一言契合，萬慮情亡。豁若雲開，皎同月朗。既除疑帶，不慕遊方。澧襲傳燈，嗣何宗禰。

即曹溪六祖，付法讓大師。讓大師授馬祖，馬祖傳百丈。百丈分黃蘗，黃蘗之林際，得林際密旨者，唯灌溪焉。入灌溪室，續熖挑燈者誰，即雲蓋大師矣。大師然以玄天月白，覺海波清。眞燈未燭於祖堂，雷振停開於蟄戶。維廣明初之上都，値黃戎犯闕，僖宗皇帝駕幸三峯，暫避狂徒。勅選十員禪律經論詩賦文章大德，駕前供奉，和尚禪宗一位也，勅賜福田禪師。止三峯，再賜大自在禪師。爾後狼煙息爇，草孽停爭。時屬太平，寰宇寧靜。光宅四海，慶洽萬邦。特軫睿毫，更于歲號，爲光化元年。實謂山呼海蹈，舜日堯雲。百辟稱慶於龍廷，三寶丞歡於帝澤。悉衛雨露，亟被沾濡。和尚特光化大師，仍頒命，服禪袍改爲椹色，簡誥逈錫皇恩。旋聞海晏河清，遠播民舒物泰。鑾駕將迴於萬乘，寶位卻復於九重。帝績丕昌，龜圖鼇負。皇帝昇于大內，慶叶千靈。金鷄纔樹於琅玕，瑞渥霶流於遐邇。遂抽御槧，揮當玉扆之前。柔發金言，綴向霜牋之上。遂改光化爲天復元年。當年秋，上表乞養疾以歸南，別天顏而出北。既遙鳳闕，堅駐龍沙山二年。

時有唐鎭南軍節度使中書令南平王鍾公作鎭乘時，虛襟扣寂。位崇列土，心仰玄門。一禮慈悲，三申延請。洪鍾預扣，難藏衆耳之音。幽谷傳聲，已播多人之口。和尚弗能違命，遂許宣揚。志出池隍，深奇水石。府主鍾公，捐清俸，矗白源。立山雲□，爲稱伐材。搆院奏額，龍壽彰名。既畢莊嚴，遂陳延請。開堂演法，垂手度人。蟻聚禪徒，蜂來道侶。於茲三十餘載，問法千萬數人。於吳大和六年甲午歲杪夏十一日示疾松堂，迨于中秋二十八日夜子時，歸眞丈室。俗齡八十八，僧臈六十七。當年冬十月二十□日，移龕瘞乎眞塔，去院法堂東北隅二十步之外。初終覼覶，罄樹豐碑。事集一時，彌流永古。上足小師充，院主道歸，典座小師道環，維那僧紹微，直歲小師道聰，堂中上座僧照，照徒衆僧師蕩等，並禪河舟楫，萘苑芝蘭。咸佇分燈，續開籌室。慮以先師歲華迢遠，莫紀芳猷。故鏤貞珉，命爲斯記。溉儒宗後派，學苑微材。恨罔侍於指南，嗟未親於丈室。恭承來命，合掌虔誠。頂想慈悲，敢爲銘曰：

開士垂儀　覺皇眞子　洞究玄微　達乎志理　不受毫釐　寧容彼此
法嗣灌溪　燈分林際　水上呈靴　長安駿驥　拽杖京師　皈崇明帝　師號紫衣　僖宗恩賜　處世界兮　如把虛空　若蓮華兮　眞不著水　故演慈悲
強云出世　南平鍾公　虔迎駐止　群生緣盡　化終已矣　出沒難拘　浮沉自在　月隱玄天　龍潛覺海　師示來兮　混四生中　師歸去兮　超三界外　勞生戀兮　謾自悲傷　若蟬蛻兮　有何憎愛

吳天祚二年歲次丙申七月丁亥朔二十七日壬子立　侍者僧神達　住持

院主僧道歸

太原王文通刻字

碑連額高五尺八寸，廣三尺一寸五分。三十行，行五十字。正書。在南昌府。

《金石萃編》卷一百二十二，五代四。《續修四庫全書》。

《龍興寺鍾欵識》　安邊忠武切臣宣猛將軍前守池州刺史池州團練使寧化軍節度副使在城馬步都軍使知楊州軍府事武信軍節度使鎮海軍節度使寧國軍節度使建武軍節度使守左神衛軍統軍本軍都軍使國城都城修開城濠都檢校使武昌軍節度使兼營□使靜江軍節度使知南都留守檢校太尉兼侍中南昌尹開國侯食邑一千戶林仁肇，捨奉錢重鑄龍興寺銅鍾一口，永充供養。觀夫善人宏願，冶氏畢功。簨簴高懸，蒱牢迭應。無閑始息，奪震響於春雷。羣動初驚，壓雄聲於曉鼓。結界之地，布金之園。設比堅牢，同爲壯觀。伏願上窮碧落，歷淨方而聽必咸歡。下徹泥犂，遍業趣而聞皆離苦。觸類聞此，俱脫羽鱗。然後軍庶之間，城隍之外。兵耳俱登於善道，正心長叶於妙因。宗社興隆，皇王福履。以止仁肇，身宮克固，祿位恆延。保眷屬之利貞，踐歲華而安吉。所有信心衆士，福利同增。仗此良因，永爲不朽。時唐乾德五年太歲丁卯二月庚申朔二十五日甲申記。

勾當鑄鐘講經論僧文機　僧惠　徵臨壇　僧洪節

左街首座申報左右街僧錄司公事長講經論大德賜紫洪義

鑄鐘匠人王思　王昭　王洪　郭德

此鍾是先南平大王捨於保大十一年內，因外莚火入寺燒損。今來留守林侍中奉聞，自捨俸料錢，雇匠人重鑄過，得聲相圓滿。願先南平鍾大王，同霑福利。

□□□□□□□□□□□乾德五年南唐南昌尹林仁肇捨鑄，中更兵火，寺以焚毀，惟鍾獨存。普□浴室尊聖諸院相繼□葺，因得中建鍾樓。逮乾道八年歲當壬辰，府卽寺舊基，剏造仰山二王行祠。鍾適在南夾牆中，朝暮叩擊，聲不遠聞。守端竊念佛垂教法，設大聲音，發悟品類，功德無量。況此寶鍾，餘二百年，不可使□默不彰。遂發己財，得一百緡，又樂諸檀信，叶助餘力。相地爽塏，徙建樓宇於普賢院之左，以□舊鍾。曾不閱月，復振鴻音。普願四方上下，凡在聽聞沉𣲖幽□獲解脫□□□滯，悉得警省□□□

□□□□

院僧守端謹識。

《金石萃編》卷一百二十二，五代四。《續修四庫全書》。

欵識凡兩層四區。區高二尺六寸五分，廣二尺二寸五分。其第一區十五行，行二十二至二十三字。其第二區止三行鑄鍾人姓名。第三區刻此鍾云云，六行，行十二字。下層亦四區，橫廣三尺，高六十五分。三十行，行八字。正書在。南昌府。

《大覺寺僧文偃碑》　原夫眞空無相，刼火銷而性相何來。妙法有緣，元氣剖而因緣何起。造化莫能爲關鍵，元黃不可爲種根。乩乎十號之尊，出彼三祇之刼。增莫知而減甯覩，詎究始終。望不見而名無言，孰明去住。不有中有，不空中空。匪動匪搖，常寂常樂。拘留孫之過去，釋種圓明。毗婆尸之下生，元符合契。繇是修行道者，相好業成。爰授記於定光，洒度人於摩揭。自是一音演說，二諦宏宣。開八萬法門，化三千世界。大乘六而小乘九，慧業難基。欲界四而色界三，昏波易染。所以興行六度，接引四生。求眞者競洗六塵，修果者咸超十地。盡使昏衢之內，俱萌捨筏之心。大廕人天，俾居淨土。其後衣纏白氎，屣脫金沙。示無住之身，現有終之理。

於是迦葉結集，阿難證眞。遞付心珠，任持法藏。象教遠流於千載，覺花遍滿於十方。馬鳴興護法之功，龍樹顯降魔之力。師師相受，法法相承。大化無窮，不可思議。而自空十一格我祖承運，明帝御乾。符聖夢以西來，圖粹容而東化。金言玉偈，摩騰行首譯之文。鹿苑鷄林，佛朔遂身遊之化。迨于魏晉，迄至隋唐。達理者甚多，得道者非少。其如歷帝歷代，有廢有興。未若空十四格當今聖明，欽崇教相者也。

伏惟睿聖文武隆德高明宏道大光孝皇帝陛下，德參覆載，道合照臨。叶九五之龍飛，應一千之鳳麻。承帝嚳有堯之慶，鴻業敦興。體下武繼文之基，聖功崛起。每念八紘紛擾，九土艱虞。耀干戈弧矢以宣威，救生靈炭。用文物聲明而闡教，致寰宇雍熙。櫛沐忘勞，鑒大禹之所未鑿。造化不測，開巨靈之所未開。慶雲呈而甘露垂，嘉穀生而芝草出。其於儒也，則石渠金馬，刊定古今。八索九邱，洞窮淵奧。其於道也，則探元抱朴，得太上之妙門。寶籙靈符，授虛皇之秘訣。於機暇既崇於儒道，注宸衷雙重於佛僧。是以奉三寶於虛空，福萬民於寰宇。紺宮金刹，在處增修。白足黃頭，聯辰受供。而乃頻彰瑞感，顯應昌期。矧以韶石奥區，漕溪勝地。

昔西來智藥三藏，駐錫於漕溪曰，一百七十年後，當有無上法寶，肉身菩薩，於此興化，學道者如林，故號漕溪曰寶林也。二十八祖之心印，達磨東傳。三十三代之法衣，祖師南授。洎六祖大師，登正果之後。所謂學者如林，天下高僧，無不臻湊者矣。大慈雲匡聖宏明大師者，則別穎一枝也。大師澄眞不渾，定性自然。馳記別之高名，踵迦維之密行。惠燈呈耀，智劒發硎。六根淨而五眼清，不染不著。四果證而三明朗，自悟自修。啓禪關而定水泓澄，搜律藏而戒珠瑩澈。水上之蓮花千葉，清淨芬芳。空中之桂魄一輪，孤高皎潔。機無細而不應，道有請而必行。固得百福莊嚴，萬行圓滿。盡諸有漏，達彼無爲。

大師諱文偃，姓張氏，吳越蘇州嘉興人也。生而聰敏，幼足神風。不雜時流，自高釋性。纔逾丱歲，便慕出家。乃受業於嘉興空王寺律師志澄，下爲上足。披經懌偈，一覽無遺，勤苦而成。依季具尸羅于常州戒壇。初習小乘，次通中道。因聞睦州道蹤禪師，關鑰高險，往而謁之。來去數月，忽一日，禪師發問曰，頻頻來作什麽。對曰，學人己事不明。禪師以手推出云，秦時䡛轢鑽。師因是發明，徵而有理。經數載，筞杖入閩，造于雪峯會，于三禮之後，雪峯和尚頗形器重之色。是時千人學業，四衆咸歸肅穆之中，凡聖莫測。師朝昬參問，寒燠屢遷。昂鶴態於羣流，閈禪扉於方寸。因有僧問雪峯曰，如何是觸目不見道，運足焉知路。雪峯曰吽，其僧不明，舉問師，此意如何。師曰，兩斤麻，一疋布。僧又不明，復問何義。師曰，更奉三尺竹。僧後聞於雪峯，峯曰，噫，我常疑箇布納。其後頗有言句，繁而不書。乃於衆中，密有傳授。因是出會，遊訪諸山。

後雪峯遷化，學徒問曰，和尚佛法付誰。峯曰，遇松偃處□。學徒莫測，偃者，則師之法號也。遺誡至今，雪峯不立尊宿。辛未屆于漕溪，旋謁靈樹故知聖大師如敏長老，以識心相見，靜本略同，儔侶接延。僅逾八載，丁丑，知聖忽一日召師及學徒語曰，吾若滅後，必遇無上人，爲吾茶毗。及戊寅歲，知聖大師順寂，恰遇高祖天皇大帝駕幸韶陽，至于靈樹，勅爲梵爇，果契前言也。師是旹奉詔對數，便令說法，授以章服。次年，又賜於本州爲軍民開堂。師據知聖筵，說雪峯法。牧守何希範禮足曰，弟子請益。師曰，前無異草。是日，問禪者接踵，其對荅備傳於世。

師爾後倦於延接，志在幽清。奏乞移庵，帝命俞允。癸未，領衆開雲門山，搆創梵宮，數載而畢。莫不因高就遠，審地爲基。層軒邃宇而湧成，花界金繩而化出。曉霞低覆，絳帷微襯於雕楹。夕露散垂，珠網輕籠於碧瓦。叵匝盡奇峯秀嶺，逶迤皆撥黛堆藍。泉幽而聲激珠璣，松老而勢拏空碧。由是裝嚴寶相，合雜香廚。摳衣者歲溢千人，擁錫者雲來四表。菴羅衛之林畔，景象無殊。耆闍崛之山中，規摸匪異。院主師僧，表奏造院畢功，勅賜額曰光泰禪院。

至戊戌歲，高祖天皇大帝詔師入闕，朝對有容，因宣問曰，作麽去是本來心。師曰，舉起分明。帝知師洞韞元機，益加欽敬。其日，欲□師左右街大僧錄，遜讓再三而免。翊日，賜師號曰匡眞大師。延駐浹旬，賜內帑銀絹香藥，遣迴本院。厥後，常注宸衷，頻加錫賚。尋伏遇中宗文武光聖明孝皇帝纘承鴻業，廣布皇風。廓靜九圍，常敬三寶。復降詔旨，命師入于內殿。供養月餘，仍賜六銖衣錢絹香藥等，卻旋武水，并預賜塔院額曰瑞雲之院，寶光之塔。

師禪河浩淼，聞必驚人。有問禪者，則云，正好□。有問道者，則云透出一字。有問祖師意者，則云□裏看山。凡所接對言機，大約如此。了義元□，法藏幽微。化席一興，歲華三紀。師於生滅處，在色空中。來若鳳儀，作僧中之異瑞。去同蟬蛻，爲天外之浮雲。於屠維作噩之歲四月十日寢膳微爽，動止無妨。忽謂學徒曰，來去是常，吾常行拓本損三字侍者奉湯，師付湯椀於侍者曰，第一是吾着便，第二是汝着便。亟令修表，告別空十二字君王。乃自扎遺誡曰，吾滅後，不得斆俗，着孝衣哭泣，備喪車之禮，則違我損二字也。付法于白雲山實性大師志庠。其日子時，瞑目怡顏，疊足而化。

嗚呼，化緣有盡，示相無生。端然不壞之身，寂爾歸眞之性。惠海雖乾於此界，法山復化於何方。峯雲慘澹以低垂，衆鳥悲□而不散。學徒感極，瞻鴈塔以銜哀。門客戀深，拜禪龕而雪涕。以當月二十有五日，諸山尊宿，四界道俗，送師入塔。壽齡八十六，僧臘六十六。香飄數里，坔□一隅。護法□神，出虛空而閃爍。受戒陰騭，現髣髴之形容。其後諸國侯王，普天僧衆，聞師圓寂，競致齋羞。而後二十七年，我皇帝陛下應天順人，垂衣御極。順三靈而啓聖，紹四葉之耿光。大振堯風，中興佛法。

至大寶六年歲次癸亥八月，有雄武軍節度推官院紹莊，忽於夢中見大師在佛殿之上，天色明朗，以拂子招紹莊。報云，吾在塔多時，汝可言於李特進，秀華宮使特進李托也。託他奏聞，爲吾開塔。紹莊應對之次，驚覺歴然。是時，李托奉勑在韶州，於諸山門寺院，修建道塲，因是得述斯夢。修齋事畢，迴京奏聞。聖上謂近臣曰，此師道果圓滿，坐化多年。今若託奏來，必有顯現。宜降勑，命指揮韶州都監軍府事梁延鄂同本府官吏，往雲門山開塔。如無所壞，則奏聞迎取入京。梁延鄂於是準勑致齋，然後用功開鑿。菩薩相依稀旋覩，蓮花香馥鬱先聞。須臾，寶塔豁開，法身如故。眼半合而珠光欲轉，口微啓而珂雪密排。髭髮復生，手足猶軟。放神光於方丈，晃耀移時。興瑞霧於周迴，氤氳永日。卽道卽俗，觀者數千。靈異既彰，尋乃具表聞奏。勑旨宜令李托部署人舩，往雲門修齋迎請。天吳息浪，風伯淸塵。直濟中流，俄達上國。勑旨於崛峽步駐泊，翊日，左右兩街諸寺僧衆，東西教坊四部伶倫。迎引靈龕，入于大內。螺鈸鏗鏘於玉闕，幡花羅列於天衢。聖上別注敬誠，賜昇秘殿。大陳供養，疊啓齋筵。排內帑之瓌珎，饌天廚之藴藻。列砌之驪珠斛滿，盈盤之虹王花明。浮紫氣於皇城，炫靈光於淸禁。

聖上親臨寶輦，重換法衣。謂侍臣曰，朕聞金剛不壞之身，此之謂也。於是許羣寮士庶，四海沓商，俱入內庭，各得瞻禮。瑤林畔千燈接晝，寶山前百戲聯宵。施利錢銀，不可殫紀。以十月十六日，乃下制曰，定水澄源，火蓮發艶。夙悟無生之理，永留不朽之名。萬象都捐，但秘西乾之印。一眞不動，惟餘南祖之燈。韶州雲門山證眞禪寺匡眞大師，早契宗乘，洞超眞覺。雖雙林示滅，十七年靡易金軀。隻履遺蹤，數萬里應迴慈嶺。朕□膺麻數，續嗣丕圖。洎三朝而並切皈依，乃一心而不忘迴向。仰我師而獨登果位，在沖人而良所嘆嘉。宜行封賞之文，用示褒崇之典。可贈大慈雲匡聖宏明大師，證眞禪寺宜昇爲大覺禪寺。重臣將命，乳糞伸儀。太常行禮於天墀，綸誥宣恩於虞陛。固可冥垂慈眖，密運神通。資聖壽於延長，保皇基於廣大。

師在內一月餘日，聖澤優隆，七寶裝龕，六銖裁服。頒賜所厚，今古難倫。當月二十九日，宣下李托部署，卻迴山門。有參學小師雙峯山長老廣悟大師賜紫竟欽，溫門山感悟大師契本，雲門山上足小師應悟大師常寶等，同部署眞身到闕，亦在內庭受供，恩渥異常。其諸上足門人常厚等四十餘人，各是章衣師號，散在諸方。或性達禪機，或名高長老。在京小師悟明大師，都監內諸寺賜紫常一等六十餘人，或典謀法教，或領袖沙門。臣才異披沙，學同鑄水。虔膺鳳旨，紀實性以難周。愧匪雄詞，勒貞珉於不朽。乃爲銘曰：

於穆大雄　教數百億　亭育二儀　提攜八極　不滅不生　無聲無色　卓爾神功　昭然慧力　其一　化無不周　道無不備　法既流矣　教既布矣　爰示滅樂　歸乎妙理　實性眞宗　枝分風靡　其二　祖祖傳心　燈燈散燭　詮諦騰鑣　聖賢交躅　種種津梁　門門杼軸　正覺廣焉　尋之不足　其三　厥有寶林　重芳一葉　布無上乘　登無上檝　法炬朣朧　尼珠煒煜　拯溺迷津　救焚塵刼　其四　南北學徒　摳衣朝夕　無醉不醒　無昏不釋　示其生焉　來彰慧績　示其滅焉　歸圓眞寂　其五　湛然不動　塔閟寶光　玉毫彌赫　金相彌莊　時乎未矣　我則晦藏　時乎至矣　我則昭彰　其六　爰於明朝　現兹法質　如撥障雲　重舒朗日　瑞應皇基　福隆帝室　聖覽禎祥　恩頒洋溢　其七　三翼沿泝　十里請迎　迎來丹闕　設在三淸　金銀羅列　瓊璧惟盈　俄生紫氣　潛覆皇城　其八　日陳供席　夜奏笙歌　施億寶貝　捨萬綺羅　神傾蒼蔔　天降曼陁　前佛後佛　顯應斯多　其九　明明聖君　仁仁慈主　聖比和風　慈同甘雨　祚與天長　教將地固　勒之貞珉　永芳千古　其十

維大寶七年歲次甲子四月丁未朔，列聖宮使甘泉宮使秀華宮使翫華宮使開府儀同三司行內侍監上柱國臣李托，玉淸宮使德陵使龍德宮使開府儀同三司行內侍監上柱國武昌縣開國男食邑三百戶臣龔澄樞承旨建。

右街大乾亨寺內殿供奉講論兼表白意法大師賜紫沙門臣行修奉勑書。

右龍虎軍挫鶴將軍陪戎副尉臣孔廷謂、臣孔廷津、臣陳延嗣、臣鄧懷忠等鐫字。

跋語原缺。

《八瓊室金石補正》卷八十，後漢。《續修四庫全書》。

高五尺六寸，廣三尺八寸。五十七行，行六十六字至七十七字不等。銜名二行，較多。字徑五分，行書。在曲江。

《雲門山匡眞大師塔銘》

詳夫水月定形，覺浮生之可幻。火蓮發豔，知覺性之宜修。故妙果圓明，寂爾而不生不滅。眞如常住，湛然而無去無來。袪其華則是色皆空，存其實則眾魔咸折。亦由山藏白玉，泥塗不能汙其珍。沼出青蓮，塵垢不能染其質者也。

故匡眞大師，業傳西裔，性達南宗。戒珠朗而慧日融光，覺海揚而慈霖普潤。示非法無法之說，若電翻輝。應眞空不空之談，如鐘逐扣。以心惟清淨，道本慈悲。常挑智慧之燈，洞照昏衢之路。將使化周有截，終期證後無爲。故我釋迦如來，厭綺羅絲竹之音，痛生老病死之苦。踰金城而學道，依檀寺而修眞。六載成功，萬法俱熟。爲四十九年慈父，演八萬四千法門。現百億化身，遍娑婆世界。說多多緣起，開種種導門。誓化迷淪，令超正覺。於時求法寶者，是諸沙數。得道果者，於意云何。小則證須陀洹斯陀含，大則超阿羅漢辟支佛。卷舒自在，蓮花中藏十二音聲。變現無窮，芥子內納三千國土。爾後化緣將卒，示滅雙林。卽以法衣，傳於迦葉。葉傳阿難，難傳商和那修，修傳優波毱多。如此展轉相傳，俾令常住世不滅矣。洎至曹侯溪大圓滿至眞起覺大師，是爲第三十三世祖。若祇認達磨禪師，傳衣法至於曹溪，則中華推爲第六祖焉。故西來智藥三藏駐錫曹溪云，一百七十年後，當有無上法寶，肉身菩薩，於曹溪興化，學道者如林。故號曹溪爲寶林。自祖師成等正覺後，現一百六十九□志作員。生身菩薩，遍在諸方行化。爾後得道，莫知其數，皆曹溪之裔也，故匡眞大師嗣於一葉焉。

師諱文偃，姓張氏，晉王冏東曹參軍翰十三代孫也。翰知世將泯，見機休緣，徙於江浙，故胤及我祖，生於蘇州嘉興縣。師幼慕出塵，乃棲於嘉興空王寺志澄律師下爲童，凡諸經無煩再閱。及長落髮，具足於常州壇。後侍澄公講數年，領家數，分指歸，乃辭澄，謁睦州道蹤禪師，則黃蘗之派也。一室常閉，四壁唯空。或復接人，無容佇思。師卷舒得志，徑往扣門。禪師問誰，師曰文偃。師關門云，頻頻來作什麼。師云，學人已事不明。禪師曰，秦時𨍏轢鑽。以手推出，閉門。師因是發明。又經數載，禪師以心機祕密關鑰彌堅，知師終爲法海要津，定作禪天朗月。因語師云，吾非汝師，莫住。師遂入閩，纔登象骨，直奮鵬程。因造雪峯會，三禮欲施，雪峯乃云，何得到詰麼。師不移絲髮，重印全機。雖等截流，還同戴角。由是學徒千餘，凡聖莫審。師昏旭參問，寒燠屢遷。揾衣惟切於虛心，得果冥輪於實腹。因有僧問雪峯云，如何是觸目不見道，運足焉知路。雪峯云，蒼天。僧不明，問師。師曰，三斤麻，一疋布。僧後問於峯，峯云，嘻，我常疑箇布衲。師於會裏密契元機，因是出會，遍謁諸山尊宿，頗有言句，世所聞知。

後雪峯遷化，學徒乃問峯，佛法付誰。峯云，遇松偃處住。學徒莫識其機。偃者，蓋師名也。至今雪峯遺誡，不立尊宿。辛未，禮於曹溪。旋謁靈樹故知聖大師，以心機相露，膠漆契情。歲在丁丑，知聖大師一日召師及學徒曰，吾若滅後，必遇無上人，爲吾荼毘。至戊寅，高祖天皇大帝巡狩韶石，幸於靈樹。知聖遷化，果契前約。敕爲爇之，獲舍利，塑形於方丈。於時詔師入見，特恩賜紫。次敕師於本州廳開堂。師於是踞知聖筵，說雪峯法。實謂禪河洶湧，佛日輝華。道俗數千，問答應響。郡守何公希範禮足曰，弟子請益。師曰，目前無異草。有人問，如何是本來心。師云，舉起分明。別有言句，錄行於世。

爾後大師心唯恬默，奏乞移菴，奉敕俞允。癸未，領學志開雲門山，五載功成，四周雲合。殿宇之簷楹翼翥，房廊之高下鱗差。邃壑幽泉，挫暑月而寒生戶牖。喬松修竹，冒香風而韻襍宮商。近於三十來秋，不減半千之眾。歲納他方之供，日豐香積之廚。有殊舍衛之城，何異靈山之會。院主師傳大德表奏造院畢功，敕賜光泰禪院額及朱記。至戊戌歲，高祖天皇大帝詔師入闕。帝問，如何是禪。師云，聖人有問，臣僧有對。帝曰，作麼生對。師云，請陛下鑒臣前語。帝悅云，知師孤戒，朕早欽敬。宣下授師左右街僧錄，師默而不對。復宣下左右曰，此師修行，已知蹊徑，應不樂榮祿。乃詔曰，放師歸山，可乎。師欣然山呼萬歲。翌日，賜內帑香藥，施利鹽貨等迴山，并加號曰匡眞。厥後每年頻降頒宣，繁不盡記。

恭惟我當今大聖文武元德大明至道大廣孝皇帝，歲在單閼，運聖謨而手平內難，奮神武而力建中興。恩極八紘，道宏三教。乃詔師入內，經月供養。賜六銖衣一襲，香藥施利等而迴。并御製塔額，預賜爲寶光之塔瑞雲之院。師自從示眾，卓爾宗風。凡在應機，實當奇特。常一時見眾集，久乃云，汝若不會，三十年莫道不見老僧。時有三僧一時出來禮足，師云，三人一狀。有問禪者，則云正好辨。有問道者，則云透出一宗。有問祖師意者，則云日裏看山。有纔跨門者，則以杖打之。有時示眾云，直下無事，早是埋沒也。迷緣不已，豈是徒然。畧舉大綱，將裨往代。師以法無定相，學無準常。每修一□□志作忌齊。用酬二□□志作嗣諱。師一坐道場三十餘載，求法寶者，雲來四表。得心印者，葉散諸山。則知覺路程開，雙林果滿。諸漏已盡，萬法皆空。雖假卧譚，未少妨於參問。終云虛幻，乃示寂以韜光。侍者奉湯，師付盌子曰，第一是吾著便，第二是汝著便。記取修表，祝別皇王。乃自札遺誡曰，吾滅後，汝等弗可效俗，教著孝服，哭泣喪車之禮，則違佛制，有紊禪宗也。付法於白雲山實性大師志庠，師會下已匡徒眾。

己酉歲四月十日子時，師順世。嗚呼，慈舟壞兮，輪迴失渡。法山摧兮，飛走何依。緇倫感薤露之悲，檀信動式微之詠。宋雲遇處，但儁隻履以無還。慈氏來時，應召三峯而再出。月二十有五，諸山尊宿具威儀，道俗千數，送師於浮圖，靈容如昔。依師訓，塔於當山方丈內。法齡七紀二，僧臘六旬六。於日行雲歛態，隴樹無春。覻嶽孤猿，啼助哀傷之苦。穿林幽鳥，聲添惜別之愁。弔客掩襟，佇立以泣。在會參學小師守堅，始終荷贊，洞契無爲。門人淨本大師常實等三十六人知事，皆明佛性，雅得師宗也。在京弟子報恩寺內供奉七十餘人，皆出自宮闈，素精道行，敕賜與師爲弟子。法經內僧錄六通大師，教中大法師道聽，洞容本門，尤精外學也。嶽鏤冰藝薄，映雪功疎。自愧斐然，濫承厚辟。編成實性，紀彼貞珉。銘云：

師歸何處，超然寂然。愛河萬頃，涉若晴川。

恩超四果，難降眾魔。迷則眾劫，悟則剎那。

是色非色，眞空則空。如水涵象，若燭隨風。

雖云有佛，難窮於佛。如地有芽，逢春自出。

菩提無種，覺花無子。妙果如成，有何生死。

是法非法，恍惚難尋。無內無外，旣心傳心。

劫名成灰兮邱陵潛燬，大海爲田兮人倫斯改。紀師實性兮刻於貞珉，龍華會開兮師蹤如在。

漢大寶元年歲次戊午十二月一日建《乳源縣志》。

《南漢金石志》卷一。《隋唐五代石刻文獻全編》，北京圖書館出版社。

《王子山院長老和尚舍利塔記》

詳夫蒼蒼稱大，測竹管以猶知。杲杲雖明，聚土圭而可驗。則知四時代謝，五靈無以出其闕七字。不能逃其性。與夫我佛三祇練行，六度化緣。齊空色而混圓通，斷煩惱而登正覺。一乘調御，中天共號闕五字。居尊三界，獨稱其上士。因滿果滿，智圓福圓。騁威力以無邊，得神通而自在。稱域中之大，彼分爲三。盡天下之能，我居其一。洎乎□輪託蔭，寶樹化生。神光上貫於紫微，周星隱耀。聖教聿來於中夏，漢夢先徵。其後貝文翻譯，寶偈喧騰。飛錫爭馳，白蓮競結。僧會東下，吳帝從風。羅什西來，秦人大化。佛圖澄揚名河冀，陸居士混迹荆蠻。盛事芳蹤，不可備載。

今有王子山院長老者，法字棟梁，空門瑚璉。持戒珠而月滿，淬惠釼以霜明。桂質清貞，根自生於高岳。蓮心芳潔，葉不染於飛塵。五蘊皆空，諸漏已盡。等杉松而並操，異蘭菊以同英。扌妙道於他方，情非有待。達慈舟於彼岸，理在無言。何須玉出荆山，偏推思靜。不必珠生漢水，獨比道汪。夫大小佛乘，二三禪定。皆波濤於口海，咸馳驟於心田。洋洋焉，赫赫焉，不可得而論也。至於呪石飛泉，化龍行雨。蓮生鉢內，虎伏庵前，乃是尋常之事，抑蓋東土之菩薩也。

長老自言，代州人也。生而有異，弱而能言。忽謂父母，□□身如石火風燈，電光露彩，不可得久也。惟願彌勒，可能免矣。聚塵之歲，五臺佛光寺出家，侍塔院長老爲師。既而因辭師遊河東，假以聽學。數年將行，謂其僧侶曰，□諸經言，法王之筌蹄。其旨惟《法華經》，大乘經也，□如來解脫之門。□入天井山，長誦《法華經》一部。猿供山果，且不異於世瑜。魚聽江舡，□何殊於淨範。

時□□□緣頭李鈞聞長老之名，糺諸檀越，請長老來住此山院。其山也，林泉勢異，峯巒秀絕。掌燕擘趙，礙日凌天。洞乳凝華，光連碧落。巖□結氣，瑞接青城。若非忽生忘形者，不可得而□□。長老於是忘機內境，棲戀玄關。擬高閣於天台，狀重樓於勾曲。蓮宮化出長廊，四合以環周。寶座飛來正殿，中央而岳立。龍泉漱玉，磬韻敲金。架飛岀以長懸，捎雲門而下激。雨翻石□，□□瓔珞之巖。花坼松庵，香惹瑠璃之地。九斯異跡，不可殫□。蓋菩薩之洞天，神仙之福地也。

長老自天井山來，住此五十餘年，而不下山。開惠遠之匡廬，空七格，與前菴字下一格俱原石剝損處。影無出矣。賓頭盧之化寺，人莫知。前後所度門人，亦五十餘人，皆方道人心中弟子，咸連其桂字，取其高高絕塵之義也。大唐天祐中，時府主先令公來祭岳，侍從甚盛。獻罷，因遊山寺，覩斯勝境，樹貞石，復田稅，兼賜米一百碩。□惠約於褚淵，靡閒減俸。同竺潛於王導，不立豐碑。比夫長老，遠有慚德。至漢朝乾祐之元年也，忽振錫往飛狐。彼之戍守張公，久聞長老德行，又葢院，因留之，舉家歸敬。日月不從，春秋已矣。忽逢灰刧，遽奄泥洹。以顯德元年秋九月二日，遷化於彼院，季年八十也。張公悲慟，舉闔城，盛威儀。尋荼毗於郭之外，三日而收其舍利。

初，長老□終，謂張公曰，吾本院在定州曲陽縣，有門人焉。吾歸空之□，幸石剝損，空四字。爲召之。及歿，張公如其言。門人桂巖等，尋亦遙知之。令同□□□□□二人往取而歸之。其在鎮□□□□□□□□□□□□□自有來而致果，由無取以相歡。遂各捨家財，共助□石損，空二格。於院之東南一里夕寶山前，永爲供養。天長地久，□□□晬之容。日月來往，咸荷因緣之福。起□讚同范泰，律謝張融。過去中賢刧泐一字，空三格。佛雖知已矣。未來世龍華三會，當願逢之。敢石剝損，空三格。同□郡之功朞，幸作山陰之都講。時大周顯德四年歲次丁巳二月己未朔十五日建。定州開元寺業《百法論》大德賜紫守諲書。

銀青光祿大夫檢校太子賓客監察御史大夫前龍泉鎮使索君進　銀青光祿大夫檢校太子賓客兼殿□侍御史雲騎都尉前副鎮霍廷翰　隨使軍將前鎮都虞侯董福感　□□□押衙銀青光祿大夫檢校太子賓客兼殿中侍御史充龍泉鎮使鈐轄瓷窯商稅務使馮翺　隨使討紫副使充龍泉副鎮馮全禮　隨使討繫副使充龍泉鎮都虞侯王泐

《八瓊室金石補正續編》卷四十。《續修四庫全書》。

高五尺五分，廣三尺四分。三十行，行四十九字至五十六字不等。字徑八分，正書。在曲陽北六十里王子寺。

《千佛院僧智堅塔記》　噫，生兮究理，殞乎歸眞。聖賢有以示同，貴賤無以逃此。先和尚諱智堅，姓曺氏，即范陽人也。志僻好山，雲遊屆洛。慕空門，離染懷。隻履絕塵，遂禮本院，從公以剃髮。至同光元年受戒，凡一聞多悟，而內淨外嚴，爲處直心，勸人苦口。無私入己，有順於師。師之師謂以得仁，因付院宇。洎天成初住，修持一院，華麗可觀。供養眾僧，勤勞莫竝。檀越以之沽善，王侯以是欽風。奈何春秋遞顔，日月催限。雖一眞性立，而四大身非。緣畢東陲，果圓西去。時歲在戊午仲秋月十二日遷化，亨壽七十有九。徒弟號悲，士庶抵掌，用荼毗之禮也。夏臺大王，夙仰其風，傷聆掩化。洒蠲俸賄，樹鴈塔焉。門人法倫等，咸固遺風，共和進道。今雲愁水噎，境是送終。地久天長，名傳不朽。時庚申歲春二月辛未朔九日己卯敘記。

法眷師叔智悟　智溫　小師院主賜紫法倫　賜紫法寬　法順　法照
法光　法朗　法廣　法澄　法新　法遵　法德　法美　法義

《八瓊室金石補正續編》卷四十。《續修四庫全書》。

縱一尺，廣一尺二寸五分。十九行，行十六字至十八字不等。字徑五分，正書。在

《漳州三平大師碑銘並序》　得菩提一乘，嗣達摩正統。誌其修證，俾人知方。則有大師，法名義中，俗姓楊氏。爲高陵人，因父仕閩，生於福唐縣。年十四，宋州律師玄用剃髮。二十七具戒。先修三摩鉢提，後修奢摩他禪那。大師幻悟法印，不汨幻機。日損薰結，玄超冥觀。先依百巖懷暉大師，歷奉西堂百丈石鞏，後依大顛大師。寶歷初，到漳州。州有三平山，因芟薙住持，敞爲招提。學人不遠荒服，請法者常有三百餘人。示以俗諦，勉其如幻解脫。示以眞空，顯非秘密度門。虛往實歸，皆悅義味。知性無量，於無量中，以習氣所拘，推爲性分。知智無異，於無異中，以隨生所繫，推爲業智。以此演教，證可知也。大師一日疾背疽，閉戶七日，不通問。洎出，疽已潰矣。無何，門人以母喪聞，又閉戶七日，不食飲。武宗皇帝簡併佛刹，冠帶僧徒，大師止於三平深巖。至宣宗皇帝，稍復佛法。有巡禮僧常肇、惟建等二十人，刺史故太子鄭少師薰，俾蒇其事。旬歲內，寺宇一新，因舊額標曰開元。於戲，知物不終，完成之以裨教。知像不盡，法約之以表微。晦其用而不知其方，本乎跡而不知其常。咸通十三年十一月六日，宴坐示滅。享年九十二，僧臘六十五。諷自吏部侍郎以旁累謫守漳浦，至止二日，訪之。但和容瞪目，久而無言。徵

其意，備得行止事實，相見無閒然也。問曰，《周易》經歷三聖，皆合天旨神道。注之者以至虛而苦應，則以道爲稱。以不思而玄覽，則以神爲名。達理者也。經云，隱而顯，不言而喻，不疾而速，不行而至。後之通儒，有何疑也。異日又訪之，適有刑獄，因語及，師曰，孝之至也，無所不善，有其跡乃匹夫之令節。法之至也，莫得而私，一其政則國之彝典。其於適道適權又如此。言訖頷之，不復更言。今亡矣夫，彊擬諸形容，因爲銘曰：

觀跡知證，語默明焉。觀證知教，權實形焉。體用如一，曷以言宣。太素浩然，吾師亦然。觀其定容，見其正性。不閱外塵，朗然內淨。智圓則神，理通則聖。師能得之，隨順無競。吾之行止，師何以知。得性之分，識時之機。達心大師，邈不可追。

（民國）《福建通志》金石志卷三。《隋唐五代石刻文獻全編》，北京圖書館出版社。

《宗一禪師塔誌》

大師諱師備，生緣福州城南十里外江南溫泉鄉歸化里，俗姓謝氏。唐咸通二年，入芙蓉山，出家得度。受戒後，住梅溪場玄沙山。經一十九載，至光化元年，蒙府主令公大王請於城北住安國院，兼發章表申奏，蒙天恩賜，號宗一大師，並頒紫衣。冬夏參徒七百餘衆。梁開平二年冬，忽示微疾，至十一月二十七日五更時，奄然歸寂。春秋七十四，僧臘四十五。梁開平十二月十一日，靈龕窆於茲地，故記。

（民國）《福建通志》金石志卷五。《隋唐五代石刻文獻全編》，北京圖書館出版社。

《唐新羅真鏡大師塔銘》

余聞高高天象，非唯占廣闊之名。厚厚地儀，不獨稱幽玄之號。豈若栖禪上士，悟法眞人。跨四大而遊化觀風，避三端而宴居翫月。遂使假威禪伯，歸魔□□離亂之時。追命法王，扶釋教於昇平之際。以至慈雲再蔭，佛日重輝。外道咸賓，彌天率服。持秘印而發揮奧旨，舉玄網而弘闡眞宗。雄我大師，卽其人□。

大師諱審希，俗姓新金氏。其先任那王族，草拔聖枝。每苦鄰兵投於我國，遠祖興武大王，鰲山稟氣，鯨水騰精。握文符而出自相庭，攜武略而高扶王室。□□終平二敵，永安兎郡之人。克奉三朝，遐撫辰韓之俗。考盃相，道高莊老，志慕松喬。水雲雖縱其閑居，朝野恨其無貴仕。妣朴氏，嘗以坐而假寐，夢得休□。□後追思，因驚有娠。便以斷其葷血，虛此身心。潛感幽靈，巢生智子。以大中九年十二月十日，誕生大師。

異姿贍發，神色融明。綺紈而未有童心，齠齓而□□佛事。聚沙成塔，摘葉獻香。年九歲，徑往惠目山謁圓鑒大師。大師知有惠牙，許栖祇樹。歲年雖少，心意尚精。勤勞則高鳳推功，敏捷則揚烏讓美。俾踐僧□，□離法堂。咸通九年，先大師寢疾，乃召大師云，此法本自西天，東來中國。一花啓發，六葉敷榮。歷代相承，不令斷絕。我曩遊中土，曾事百巖。百巖承嗣於□□，江西繼明於南嶽，南岳則漕溪之冢子，是嵩嶺之玄孫。雖信衣不傳，而心印相授。遠嗣如來之教，長開迦葉之宗。汝傳以心燈，吾付爲法信。寂然無語，自□□洹。大師目訣悲深，心喪愁切。尤積亡師之慟，實增絕學之憂。十有九，受具足戒。

既而草繫興懷，蓬飄託跡。何勞跋涉，卽事巡遊。訪名山而仰止高山，探□□而終尋絕境。或問曰，大師雖倦遊此土，遍謁玄開。而巡歷他方，須參碩彥。大師答云，自達摩付法，惠可傳心。禪宗所以□□，學者何由西去。貧道已□□目，方接芳塵。豈將捨筏之心，猶軫乘桴之志。文德初歲，乾寧末年。先宴坐於松溪，學人雨聚。暫栖遲於雪嶽，禪客風馳。何往不臧，曷維其已。眞聖大王，遽飛睿札，徵赴彤庭。大師雖猥奉王言，而寧隳祖業。以脩途多梗，附表固辭。可謂天外鶴聲，早達於雞林之畔。人中龍德，難邀於象闕之旁。□□因避煙塵，欻離雲水。投溟州而駐足，託山寺以栖心。千里乂安，一方蘇息。

無何，遠聞金海西有福林，忽別此山，言歸南界。及乎達於進禮，暫以踟躕。爰有□□進禮城諸軍事金律熙，慕道情深，聞風志切。候於境外，迎入城中。仍葺精廬，諮留法軑。猶如孤兒之逢慈父，衆病之遇醫王。孝恭大王，特遣政法大德如奐，迥降綸言，遙祈法力。佐紫泥而兼送薰鉢，憑專介而俾披信心。其國主歸依，時人敬仰，皆此類也。豈惟肉身菩薩，遠蒙聖□□尊。青眼律師，頻感群賢之重而已哉。

此寺雖地連山脈，而門倚牆根。大師以水石探奇，煙霞選勝。驂遊西岫，梟唳舊墟。豈謂果宜大士之情，深愜神人□□。所以刱修茅舍，方止蓑輿。改號鳳林，重開禪宇。先是，知金海府進禮城諸軍事明義將軍金仁匡，鯉庭稟訓，龍闕馳誠。歸仰禪門，助修寶所。大師心憐□□，意有終焉。高演玄宗，廣揚佛道。寮人袪膺丕搆，嗣統洪基。欲資安遠之風，期致禹湯之運。聞大師時尊天下，獨步海隅。久栖北岳之陰，請授東山之法。□□興輪寺上座釋彥琳，中事省內養金文式，卑辭厚禮，至切嘉招。大師謂衆云，雖在深山，屬於率土。況因付囑，難拒王臣。貞明四年冬十月，忽出門，屆于□□輦。至十一月四日，寮人整其冕服，禆淨襟懷。延入蘂宮，敬邀蘭殿。特表師資之禮，恭申鑽仰之儀。大師高拂毳衣，眞昇繩榻。說理國安民之術，敷歸僧□□之方。寮人喜仰慈顏，親聞妙旨。感激而重重避席，忻歡而一一書紳。此日隨大師上殿者八十人，徒中有上足景質禪師，仰扣鍾鳴，潛迴鏡智。大師□□橦擊，聲在春容。曉日之暎群山，清風之和萬籟。縱容演法，偏超空有之邊。慷慨譚禪，實出境塵之表。莫知其極，誰識其端。翌日，遂命百寮，詣於所止，同列稱□。仍差高品，上尊號號曰法膺大師。此則盡爲師表，常仰德尊，恭鴻名以光玄教。

其後大師已歸舊隱，重啓芳筵。諭諸學於道灰，俱傳法要。援羣生於塗炭，□施慈風。則必忽患微痾，猶多羸色。大衆疑入兩楹之夢，預含雙樹之悲。龍德三年四月二十四日詰旦，告衆曰，諸法皆空，萬緣俱寂。言其寄世，宛若行雲。汝等勤以住持，愼無悲哭。右脅而臥，示滅於鳳林禪堂。俗年七十，僧臘五十。于時天色氛氳，日光慘澹。山崩川竭，草悴樹枯。山禽於是苦啼，野獸以之悲吼。門人等號奉色身，假于寺之北嶺。寮人忽聆遷化，深惻慟情。仍遣昭玄僧榮會法師，先令吊祭。至于三七，特差中使，賫送賻資。又以贈謚眞鏡大師，塔名寶月凌空之塔。大師天資惠悟，嶽降精霊。懸慈鏡於霊臺，挂戒珠於識宇。於是隨方弘化，逐境示慈。知無不爲，綽有餘　。至於終世，心牢無暫起之情。雖在片時，體正絕塵勞之染。傳法弟子景質禪師等五百餘人，皆傳心印，各保髻珠。俱栖寶塔之旁，共守禪林之閫。遠陳行狀，請勒貞珉。寮人才謝凌雲，學非對□。柔翰敢揚其禪德，菲詞希播其道風。遽裁熊耳之銘，焉慙梁武。追製天台之揭，不媿隋皇。其詞云：

釋迦法付大龜氏，千刼流轉示後來。心滅法流何日絕，道存人去幾時迴。偉矣哲人憂迷路，生于浮世降聖胎。慾海波高撗一葦，邪山路險軫三材。方忻宴坐銀花發，忽歎泥洹寶月摧。霜霑鶴樹悲長悴，霧暗雞山待一開。

龍德四年歲次甲申四月一日建　門下僧性林刊字

《海東金石苑》卷二。《隋唐五代石刻文獻全編》，北京圖書館出版社。

高五尺二寸，廣三尺。三十三行，行六十字。正書。

《唐高麗廣照寺眞澈禪師碑》　昔者肉身菩薩惠可禪師，每聞老生談天竺。吾師夫子言西□□□□達摩大師乃總持之林苑，不二之川澤也。於是遠賫祖法下闕。梁，而又迸化魏朝，往尋嵩岳。非人不授，始遇大弘。回物表心，付衣爲信。猶亦優曇一現，洎于五葉相承。其道彌尊，不令斷絕。格於天鑒，元學咸宗。殊見所生，信衣斯止。是故曹溪爲祖，法水長流，波□□，滔天浩浩。猶魯公之政，先奉文王。康叔之風，以尊周室。則知當仁秀出者唯二，曰讓曰思。寔繁有徒，蕃衍無極。承其讓者大寂，嗣其思者石頭。石頭傳于藥山，藥山傳于雲巖，雲巖傳于洞山，洞山傳于雲居，雲居傳于大師。傳法繼明，煥乎本藉。

且曰大師法諱利嚴，俗姓金氏，其先雞林人也。考其國史，實星漢之苗。遠祖世道凌夷，斯盧多難，偶隨萍梗，流落熊川。父章，深愛雲泉，因寓富城之野。故大師生於蘋泰，相表多奇。所以竹馬之年，終無□□。年十二，往迦耶岬寺，投德良法師，懇露所懷，求爲師事。自此半年之內，三藏俻探。師謂曰，儒室之顔生，釋門之歡喜。是知後生可畏，於子驗之者矣。則非久植宿因，其孰能至於此。然則母氏初於有娠，夢神僧來寄青蓮，永爲徵信。則知絕塵合契，懷日同符。中和六年，受具足戒於本寺道堅律師。旣而油鉢無傾，浮囊不漏。桒門託位，不唯守夏之勤。草繫懸心，寧止終年之懇。其後情深問道，志在觀□。結瓶下山，飛錫沿海。乾寧三年，忽遇入浙使崔藝熙大夫，方將西泛，佗跡而西，所以高掛雲颿，遽超雪浪。不銷數日，得抵鄞江。於時企聞雲居道膺大師，禪門之法胤也。不遠千里，直詣玄關。大師謂曰，曾別匪遙，再逢何早。師對云，未曾親侍，寧道復來。大師默而許之。潛愜玄契，所以服勤六載，寒苦彌堅。大師謂曰，道不遠人，人能弘道。東山之旨，不在他人。法之中興，唯我與汝。吾道東矣，念茲在茲。

師不勞圯上之期，潛受法王之印。以後嶺南河北，巡禮其六窣堵波。湖外江西，遍參其諸善知識。遂乃北遊恆岱，無處不遊。南抵衡廬，無山不抵。謁諸侯而獻剌，投列國以觀風。四遠參尋，遍於吳漢。迺於天祐八年，乘查巨寖，達于羅州之會津。此際大師一自維舟，偏宜捨筏。珎重屛翳，邏迤東征。爰有金海府知軍府事蘇公律熙，選勝光山，仍修堂宇。傾誠願海，請住煙霞。桃李無言，稻麻成列。一栖眞境，四換周星。大師雖心愛禪林，遁世無悶。而地連賊窟，圖身莫安。所以亂邦不居，於是乎在。十二年，途出沙火，得到遵岑永同郡南靈覺山北，尋謀駐足，乍此踟躕。緇素聞風，歸心者衆矣。今上聞大師道高天下，聲蓋海東。想對龍頤，頻飛鶴版。大師謂衆曰，居於率土者，敢拒綸音。儻遂朝天者，須霑顧問。付囑之故，吾將赴都。所以便逐皇華，來儀帝壤。上重光大業，仰止高山。所以脩葺泰興，請停慈蓋。粤以明年二月中，特遣前侍中權說太相朴守文，迎入舍那内院，虔請住持。無何，迺飭藥宮，高敷蓮座。待以師資之禮，恭披鑽仰之儀。猶如西域摩騰，先陟漢皇之殿。康居僧會，始昇吳主之車。遂以麈尾發揮，龍顔欣悦。其於瞻仰，偏動宸襟。此時魚水增歡，不可同年而語哉。

他時乘閒之夕，略詣禪扉。問曰，弟子恭對慈顔，直申素懇。今則國讐稍擾，隣敵交侵。猶似楚漢相持，雄雌未決。至於三紀，常俻二兇。雖切好生，漸深相殺。寡人曾蒙佛誡，暗發慈心。恐遺玩寇之愆，仍致危身之禍。大師不辭萬里，來化三韓。救爇崑崗，昌言有待。對曰，夫道在心不在事，法由己不由人。且帝王與疋夫所修各異，雖行軍旅，且愍黎元，何則。王者以四海爲家，萬民爲子。不殺無辜之輩，焉論有罪之徒。所以諸善奉行，是爲弘濟。上乃撫機歎曰，夫俗人迷於遠理，預懼閻摩。至如大師所言，可與言天人之際矣。所以救其死罪，時緩虔劉。憐我生靈，出于塗炭。此大師之化也。其後大師自栖京輦，頻改歲時。每以注目山川，欲擇終焉之地。隱霧之志懇到，聞□天上。莫阻道情，潛憂生別。思惟良久，久乃許焉。大師臨別之閒，特披悲感云，仁王弘誓，護法爲心。遙垂外護之恩，永蓄蒼生之福。所以長興三年，下敎於開京西北海州之陽，遽擇靈峯，爲構精舍，寺名廣照，請以居之。

是日，大師略領門徒，就栖院宇。學流盈室，禪客滿堂。若融歸北海之居，疑惠結東林之社。所以誨人不勌，如鏡忘疲。其衆如麻，其門如市。然則不貲分衞，唯免在陳。此乃官莊則分錫三莊，供事則具頒四事。況復近從當郡，傍及隣州。咸發深心，並修淨行。則知花惟蒼蔔，如投寶樹之園。林是梅檀，似赴菴蘿之會。大師先來於踏地，備自銓山。師至魂交，神來頂謁。獻粲輪玉泉之供，披誠指廬阜之居。其爲神理歸依，皆如此類。大師謂衆曰，今歲法緣當盡，必往他方。吾與大王，曩有曰緣，今當際會。須爲面訣，以副心期。便挈山裝，旋臻輦下。

此時上蹔驅龍旆，問罪馬津。大師病甚虛羸，任特不得。詣螭頭留語，入雞足有期。豈惟昔在竺乾，迦葉別闍王之恨。曾於華夏，伯陽辞開令之嗟而已矣哉。明日，肩輿到五龍山，頤使招諸弟子云，佛有嚴誡，汝曹勉旃。清泰三年八月十七中夜，順化於當寺法堂。俗年六十有七，僧臘四十有八。于時日慘風悲，雲愁水咽。門下僧等，不勝感慕，俱切攀號。以其月二十日，奉遷神座於本山，窆于寺之西嶺，去寺三百步，雅奉遺敎也。士庶闐川，香華溢谷。送終之盛，前古所無者矣。上乃旋在省方，忽聞遷化。爰切折梁之慟，亦增亡鏡之悲。自此特命親官，遙申吊祭。大師風神天假，智惠日新。生知而衆妙會心，宿植而玄機藏粹。所以事惟善誘，譚以微言。引彼蒙泉，歸於性海。其柰山輝川媚，秀氣難逃。故始自光山，終於彌嶺。可謂栖遲兩地，各分韞匵之珎。戾止三河，俱示摩尼之寶者矣。

傳業弟子處光、道忍、貞朏、慶崇，並昇上足，皆保傳心。或早牽尼父之悲，或堅護卜商之業。所恨寶塔雖聳，洪銘未刊。然則扣不朽之緣，於在家弟子左丞相皇甫悌恭，前王子太相王儒，前侍中太相李陟良，廣評侍郎鄭承休，俱早調夏鼎，常艤殷舟。誠仁國之金湯，亦法城之牆壍。與昭元大統敎訓，斷金相應，深感法恩，請贈大名，以光禪敎。詔曰可，故追謚眞澈大師，塔名寶月乘空之塔。申命下臣，式揚高躅。彥撝才慙薦石，學謝螢光。以有限微才，記無爲景行。杳猶行海，難甚緣山。潛測高深，莫知涯際。爰有門徒玄照上人，夙傳金口，親奉玉音。因趣龜文，數臨蝸舍。所以得於無得，聞所未聞。譬涼月之遊空，如猛風之掃霧。唯以數陳厚旨，齊賛成功。所冀翠碣披文，感國主亡師之憾。豊碑相質，嗟門人絕學之愁。言莫愼諸，直書其事。銘曰：

禪宗之胤，代代堂堂。人中師子，世上法王。玄關閫閾，覺路津梁。
遠從天竺，來化海鄉。偉矣吾師，生于遼左。何陋之有，豈論夷夏。
冰姿雪膚，言說溫雅。乘査兮雪浪中，問道兮雲居下。命之入室，仍以傳心。
栖遲道樹，偃仰禪林。鯨津返棹，忽遇知音。

便昇金殿，欽仰殊深。卜地海壖，曹溪接武。唯我導師，謂之慈父。忽歎泥洹，天收法雨。贈謚兮感法恩，流慈兮光禪宇。

淸泰四年十月二十日立　刻字軍尹常信

《海東金石苑》卷三。《隋唐五代石刻文獻全編》，北京圖書館出版社。拓本，下截損三十七字，故高不可計。廣四尺四寸七分。三十六行，行七十七字。正書。

《後晉高麗大鏡大師玄機塔碑》　釋氏之宗，其來久矣。伽譚曰甚，聖道天開。然則八萬度門，重光三昧。莊嚴佛土，成就衆生。最後涅槃之時，付囑之故，獨以法眼，授於飲光迦葉。奉以周旋，別行於世。至於鞠多，偏能守護，彌闡斯宗。目擊道存，不勞口舌。不可以多聞識，不可以博達知。爰有達摩，從此來儀，本求付法恵可，傾誠雪立，心以傳心。其後法水東流，慈雲普覆。由是漕溪之下，首出其門者，曰讓曰思。思之嗣遷，遷之嗣徹，徹之嗣晟，晟之嗣價，價之嗣膺，膺之嗣大師。故其補處相懸，見諸本藉。人能弘道，此之謂歟。

且曰，大師法諱麗嚴，俗姓金氏，其先雞林人也。遠祖出於華胄，蕃衍王城。其後隨宦西征，徙居藍浦。父思義，追攀祖德，五柳逃名。母朴氏，甞以晝眠，得其殊夢。驚覺而霊光滿室，未幾而娠大師焉。生而能言，弱不好弄。年登九歲，志切離塵。父母不阻所求，便令削染。徃無量壽寺，投住宗法師。初讀《雜華》，屢經槐柳，所貴半年誦百千偈，一日敵三十夫。廣明元年，始具大戒。其於守夏，草繫如囚。然而漸認敎宗，覺非眞實。傾心玄境，寓目寶林。此時西向望嵩嚴山，遠聞有善知識。忽攜瓶錫，潛徃依焉。廣宗大師始見初來，方聞所志，許爲入室。數換星霜，光啓三年冬，大師寂滅。其後不遠千里，邐迤□行，至於霊覺山中，虔謁深光和尚，是大師師兄長老也。早藴摩尼，人中師子。以爲崇嚴之嗣，學者咸宗。然則桃李成蹊，其門如市。朝三暮四，虛徃實歸。大師事殷勤，服膺數歲。由是擲守株之志，抛縁木之心。挈瓶下山，沿其西海，乘査之客，邂逅相逢，託足而西，迆凌巨霈。弥重夷洲之浪，直衝禹冗之煙。此時江表假途，次於洪府。行行西上，禮見雲居大師。謂曰，暌別匪遙，相逢於此。運斤之際，猶喜子來。吾師問義不休，爲仁由己。屢經星紀，寒苦彌堅。以抵驪水，得認探珠之契。仍登鳥徑，方諧採玉之符。大師雖則觀空，豈□忘本。忽念歸歟之詠，潛含暮矣之愁。欲別禪尻，先陳血懇。大師謂曰，飛鳴在彼，且莫因循。所冀敷演眞宗，以光吾道。保持法要，知在汝曹。可謂龍躍天池，鶴歸日域。其於來往，不失其時。以此傳大覺之心，佩雲居之印。重超航水，再至鯷岑。此時天祐六年七月，達于武州之昇平。

此際捨筏東征，抵于月嶽。難諆宴坐，不奈多賓。窺世路以含酸，願人間而飲恨。雖攀依水石，而漸近煙塵。路出奈霊，行臻佳境。望彌峯而隱霧，投小伯以栖霞。爰有知基州諸軍事上國康公萱，寶樹欽風，禪林慕道。竊承大師遠辞危國，來到樂郊。因傾蓋以祗迎，每攝齋而問訊。歸依禪德，倍感玄風。知是鳴鶴在陰，衆雛相應。白雲扶日，佳氣表祥。東望之時，頻窺霊瑞。寧踰數日，謹具聞天。今上聞大師道冠中華，名高兩地。遽飛鳳筆，徵赴龍墀。越一年，欻出巇扃，來儀玉輦。上忽披離日情在下風，鑽仰之深，異於他等。蕭武之尊崇釋教，不可同年而語哉。

中間蹔自歸山，重脩遺址。不久，特令貴使，虔請入朝。於是難拒芝泥，再昇蘭殿。披雲之際，奉對龍顏。曰國富民安，不讓於望庭之境。堯仁舜德，唯侔於華夏之朝。上對曰，三五之時，太平之運。寡人虛薄，何以當之。仍念故山，去京猶遠。捨菩提寺，請以住持。此際深感聖恩，往而停駕。其寺也，山川勝美，志有終焉。所以從善之徒，不呼而集。誨人不勧，譱誘孜孜。有人問大師，酌盡淸流時如何。師荅，盡後事作摩生。對曰，豈同淸流者。大師乃許之。以同光七年十一月二十八日示疾，明年二月十七日，善化於法堂。春秋六十有九，僧臘五十。于時日慘風悲，雲愁水咽。天人痛□，道俗摧傷。况又紺馬騰空，青烏卜地。歸寂之瑞，前古罕聞。上欻聽泥洹，潛增慟哭。特令予贈，禮重國師。門人僧等，以其月十九日，共擧靈龕，入于□□□之西隅三百餘步。傳業弟子融闡、昕政等五百來人，恭叙遺德，表以上聞。謚曰大鏡大師，塔名玄機之塔。

噫，大師璞玉呈祥，渾金演慶。志無低俗，言不由機。終身有布納之名，後世欽緼袍之譽。遊方施化，赴國觀光。然則楚問江萍，便引童謠之荅。齊諮海乘，方徵國語之訓。其爲時所歸依，皆如此類也。此際他山之石，未勒高文。所以門徒每度傷心，莫窺墮淚。所恨洎于入滅，首尾十春，下臣頃歲，幸謁堯墀，仍居董地。蓬飄風急，桂老霜沉。豈期捧瑤撿於□□，銘石墳於蓮宇。叨因代斵，恐貽傷手之憂。實類編苫，甘受解頤之誚。雖粗窮故實，莫測高深。而聊著斯文，纔陳梗槩。強搖柔翰，深愧斐然。銘曰：

□□立教　迦葉傳心　東山之法　遠□雞林　幾經年代　來抵鼇潯　雲居之子　雷振法音

天福四年歲次己亥四月十五日立　弟子京內人崔文尹奉敎刻

《海東金石苑》卷三。《隋唐五代石刻文獻全編》，北京圖書館出版社。

石高五尺五寸，廣二尺八寸。三十一行，行五十八字。正書。

《後晉高麗國朗圓大師悟真塔碑銘》 原夫鷲頭巖上，世雄開立教之宗。雞足山中，迦葉表傳心之旨。則知認於三佛，知有心王。觀空而其道希夷，見性而本源清淨。繇是西從天竺，東屆海隅。至人則早綰眞宗，禪伯則曾尋玄契。驪壑探珠，謂傳黃帝之珠。鵲溪□印，如得法王之印。於是倘虛失實，遐刼而久滯凡間。捐妄歸眞，刹那而俄登佛位。

大師諱開清，俗姓金氏，辰韓雞林人也。其先東溟冠族，本國宗枝。祖守貞，蘭省爲郎，柏臺作吏。考有車，宦遊康郡，早諧避地之心。流寓淥鄉，終□朝天之志。母復寶氏，魂交之夕，忽得休祥。神僧欻自空來，立於階下。懷裏出木金雙印，示之曰，何者要之。母氏脈脈無言，其僧即留金印而去。覺後方知有娠，因斷葷辛，肅設仁祠，虔修佛事。以大中八年四月十五日，誕生大師。面如滿月，唇似紅蓮。纔有童心，靜無兒戲。八歲而初爲鼓篋，十年而暗効揁經。甘羅入仕之年，學窮儒典。子晉昇仙之歲，才冠孔門。此時特啓所天，懇求入道。謂曰，潛思前夢，宛若同符。愛而許之，難拒先度。是以即爲負笈，兼以擔書。既□浮海之囊，遂□□泥之髪。尋師於華嚴山寺，問道於正行法師。法師知此歸心，許令駐足。其於師事，倍盡素誠。志翫《雜華》，求栖祇樹。高山仰止，倍探鷲嶺之宗。學海栖遲，勤覽猴池之旨。大中末年，受具足戒於康州嚴川寺官壇。既而忍苦尸羅，忘勞草繫。傷鴨之慈心愈切，護鵝之慜念彌深。守夏已闌，卻歸本寺。再探衆典，以導群迷。超懽喜之多聞，邁顔生之好學。此時遠聞蓬島中有錦山，乘盃而欻涉鼇波，飛錫而尋投鹿菀。栖禪之際隅，覽藏經，披玉軸。一音得金□三昧十□□□□正覺之心。三歲滄松，異證菩提之果。勤參之際，忽有老人瞻仰之中，纔爲禪客。粲然發玉，皓爾垂□。謂大師曰，師宜亟傍窮途，先尋□嶺。彼有乘時大士，出世神人。悟楞伽寶月之心，知印度諸天之性。大師不遠千里，行至五臺，謁通曉大師。大師曰，來何暮矣，待汝多時。因見趍庭，便令入室。心深求法，禮事師□。一栖道樹之旁，幾改階蓂之序。所以始傳心印，常保髻珠。不出巘□，□栖雲水。大師年德皆至，耄期不任，極倦誨人，無疲看客。教禪師事同法□，勤接來徒。牛頭添上妙香之麈尾，代玄譚之柄。可謂猶如洪州大寂地藏，□誘□之門。有若魯國宣尼子夏，代師資之道者矣。

文德二年夏，大師歸寂，和尚墨巾。□增絶學之悲，恆切忘師之恨。所以敬修寶塔，遽立豐碑。兼以常守松門，幾遭草寇。□遮洞裏，惟深護法之懷。堅操汀邊，志助栖禪之懇。爰有當門慕法弟子閔規，閼湌，欽風志切，慕道情深。早侍禪扉，頻申勤欵。仍捨普賢山寺，請以住持。大師對曰，深感檀那，有緣則住，逡巡秭入，便副禪襟。廣□丘原，遐邇道路。又以高修殿塔，迥啓門牆。來者如雲，納之似海。深喜吉祥之地，慧月當軒。共依功德之林，慈雲覆室。亦有知當州軍州事太匡王公荀息，鳳毛演慶，龍額呈祥。趍理窟以探奇，詣禪山而仰異。人中師子，扣山陰翫月之門。天上騏驎，投烈縣栖霞之舍。本國景哀大王聞大師德高天下，名重海東。□闕迎門，逕申避席。仍遣中使崔映，高飛鳳詔，遠詣鴦廬。請扶王道之危，仍表國師之禮。此際太匡齊攜，僚佐直赴。禪門共陳，列賀受儀。皆□群黎之慶，况復隣州比縣。典郡居官冠□□□道途不□大師此時暫移慈蓋，來至郡城。□州師勤王，讀邑人之奉佛。川南止觀，長流福慧之泉。嶺外言歸，仰見清涼之月。

纔臻舊隱，忽患微痾。漸□危虛，潛知去矣。以同光八年秋九月二十四日，示滅於普賢山寺法堂。俗年九十有六，僧臘七十有二。于時山崩海竭，地裂溪枯。道俗悲哀，人天感慟。門人不勝追慕，國士徒切恨嗟。其月二十八日，號奉色身，假隸于當寺西峯石室，去寺三百來步。大師功成億劫，運值千年。神通則龍樹推，變化則馬鳴讓美。故得紹興三寶，降伏四魔。道情早冠於鐙蘭，心路曾超於安遠。所以欲出迷途，焚慧炬於□衢之畔。將超彼岸，艤慈航於苦海之中。可謂智慧無礙，神心叵量。一切之導師，生人之先覺者矣。上足弟子神鏡、聰靜、越皛、奐言、恵如、明然、弘琳禪師等，俱栖慧菀，共守禪扃。思法乳以年深，想慈顔而日遠。切恐鯨池灰起，先憂陵谷之遷。鯨海塵飛，忽恨歲年之往。所冀記大師之言説，遠示無窮。流吾道之祖宗，傳於不朽。由是門徒抗表，頻扣金門。衆懇聞天，達於玉扆。今上聖文世出，神武天資。三駈而克定三韓，一舉而齊成一統。今則高懸金鏡，普照青丘。所以振恤黎民，已致中興之運。歸依釋氏，皆披外護之恩。以此錫謚曰朗圓大師，塔名悟眞之塔。申命下臣，式揚高躅。彥撝詞林末學，禁苑微臣。叨奉綸言，仰銘禪德。譚劉珉之山高海闊，盧湛焉知。美郭泰之龍聖龜神，蔡邕不愧。重宣前義，乃作銘云：

奥哉正覺　利見迦維　傳心鷲嶺　立敎猴池
爰有至人　生於海裔　□出尋師　潛傳玄契
賢岫□衆　顯示眞宗　高懸法鏡　迥掛洪鐘
方忻宴坐　忽歎歸滅　日慘雲愁　天黲地裂
大君悲咽　門下感傷　燈傳□巘　塔聳雲崗

天福五年七月三十日立

《海東金石苑》卷三。《隋唐五代石刻文獻全編》，北京圖書館出版社。

石高五尺八寸，廣三尺一寸。三十三行，行六十字。正書。

《晉高麗浄土寺法鏡大師慈鐙塔銘》　原夫曉月遐昇，照雪於四方之外。春風廣被，揚塵於千嶺之旁。然則木星著明，散發生之玄霧。青暈廻耀，浮芳序之法雲。或沍色凝寒，或陽和解凍。聚此太平之美，□于離日之暉。所以二氣相承，三光助化。可謂麗天之影，瞻望所宗。此則弘之在言，拾此於實，甞試論之。尺璧非寶，亡羊則唯貴寸陰。玄珠是珎，罔象則眞探秋露。故知儒風則《詩》惟三百，老教則經乃五千。孔譚仁義之源，聃演玄虚之理。然而雖念忘□，敢言得理。此則域中之教，方内之譚。曷若正覺道成，知一心之可得。眞如淨，在三際之非殊。故知澡慧六通，不生不滅。凝情三昧，無取無行。蓋因方便之門，猶認秘微之義。事惟善誘，心在眞宗。然而至道希夷，匪稱謂之能鑒。玄宗杳邈，非名言之所鈐。於是各守一隅，難通三返。筌蹄之外，慧業所資。而又雖渴鹿趣炎，謂至淸池之畔。盲龜游沼，猶逢浮木之中。則知法本不生，因生起見。見其可取，法則常如。然則淨零法雨之滋，便淸熱惱。虔謁微塵之衆，俄濟迷流。菩提涅槃，法性常住。用此莊嚴佛土，成就衆生。度天人，教菩薩。方思妙用，可謂周勤。

然則昔者如來爲五比丘，説三乘教。化緣已畢，尋以遷儀。臨涅槃之時，以無上法寶，密傳迦葉，流布世間。日護念勤修，無令斷絶。自大迦葉得其法眼，付屬阿難。祖祖相傳，心心共保。爰有應眞菩薩同覺大師，惠□中□，非人不授。至唐承襲者，竊惟六人。摩傳可，可傳璨，璨傳信，信傳忍，忍傳能。能其後分而爲二，其一曰讓，其一曰思。其下昭昭，此則何述焉。洎于像末，逾益澆訛。大道云喪，微言且絶。則非探奇上士，契理眞人，何以一匡頽俗，再□法輪。必有涉進玄鄉，心行靜處，時時間出，代有其人者焉。

大師法諱玄暉，俗姓李氏。其先周朝闕德柱史逃榮，苦縣地靈，知有猶龍之聖。鄒鄉天寶，昔聞歎鳳之君。故言匪魯司寇，無以知之者也。遠祖初自聖唐，遠征遼左。從軍到此，苦役忘歸，今爲全州南原人也。父諱德順，尤明《老》《易》，雅好琴詩。當白駒捿谷之時，是鳴鶴在陰之處。高尚其事，素無宦情。母傳氏，假寐之時，須臾得夢。阿娑布施，證鳩摩羅馱之祥。聖善因緣，呈鶴勒夜那之瑞。歿賢曾爾，唯我亦然。況又在孕之時，十有三月。免懷之際，元正伍時。以乾符六年孟陬之朔，誕生大師。生有聖姿，幼無兒戲。行惟合掌，坐乃趺跏。畫墁堆砂，必摸像塔。分飡汲水，湏給蟲魚。然則因覩牛涔，冀游鼇壑。潛辭塵世，實欲出家。聞於二親，志切且慊。父母謂曰，今思前夢，宛若同符。始覺曩因，猶如合契。汝前佛所度，汝亦度之。任你東西，早登佛位。導師慈父，便是其人。所以永遂離塵，尋山陟嶺東去。

獲投靈覺山寺，謁深光大師。傾蓋如新，忻然自得。追念東山之法，實謂得人。倍切歡娛，寧知昏旭。闡揚吾道，不在他人。所以仰惟祖宗，仍是崇嚴之子。猶認先系，亦爲麻谷之孫也。足見聖道所傳，曹溪爲祖。代代相契，至于大師。所以來自江西，泒於海左。海隅聖住，天下無雙。於是許與探玄，殷勤學佛。不出蓮宇，常住草堂。大師實勞我心，談不容口。後生可畏，其德維新。自非宿植善芽，生知靈性，其孰能至於此。軋寧五年，受具於伽耶山寺。既而戒珠更淨，油盋彌堅。脩善逝之禪，靈臺不動。契文殊之慧，照境無□。演三藏之文，解行相應。闡四分之律，勤修兩存。所以問詰絕吟，吐言尊道。口不談俗，身猶蘊眞。然則窮理在三，體元含一。必能興仁壽域，拯物阽危。此時雖聖運三千，而艱期百六。火辰照地，金虎司方。此際風聞南在武州此中安處，可能避難，修保殘生。所以大師與同侶十一人，行道茫茫，至于其所。果然群黎翕集，所在康寧。然則竊承南海，多有昭提，實堪駐足，不久往於彼處，謂云何以捿遲者焉。居無何，忽遇緑林潛侵，玄室便爲卻剝。俱煞同行訖，次至大師。大師臨白刃而神色怡然，志青雲而目光瑩爾。唯無悚懼，自若從容。魁首觀其風度怡怡，語聲切切。投劒羅拜，請師事焉。至於豺狼革心，冦賊知禮。譬如玄奘三藏，抛西域之爲牲。慧忠大師，免南陽之遇禍。夫先聖之遭難也如彼，我大師之化人也若斯。萬里同風，其歸一揆。大師其後謂曰，終居此地，必滯前程。

天祐三年，獨行沿海，尋遇乘槎之者，請以俱西。以此寓載，凌洋達于彼岸。邐迤西上，行道遲遲。路出東陽，經過彭澤。遂至九峯山下，虔謁道乾大師。大師廣庭望塵，膜拜方半。大師問曰，闍梨頭白。對曰，玄暉自不知，闍梨自己爲什物不知。對曰，自己頭不白。追思別汝，稍似無多。寧期此中，更以相遇。所喜昇堂覩奧，入室參禪。纔留一旬，密付心要，受茲玄契。如瀉德缾，若備中和。易直之心，而得升降周旋之節。於義爲非義，於人爲半人。恭惟世間出世間，皆歸佛性。體無分別，俱會一乘。所以一託松門，十經槐律。獨提缾錫，四遠參尋。境之幽兮往遊，山之秀兮留駐。所以天台仰異，地境觀風。嶺外擔簦，虔禮祖師之塔。湖南負笈，遠投禪伯之居。其後況復北抵幽燕，西臻叩蜀。或假途諸道，或偷路百城。以此隅到四朙，忽逢三鳥。只賫音信，至自東方。竊承本國祁山霧収，漸海波息。皆銷外難，再致中興。

迺於同光二年，來歸舊國。國人相慶，歡響動天。可謂交趾珠還，趙邦璧返。唯知優曇一現，摩勒重榮。上乃特遣使臣，奉迎郊外。寵榮之盛，冠絕當時。翌日延入九重，降於三等。虔心鑽仰，待以國師。大師披霧之時，頻摇麈尾。上乃望風之際，甚悅龍顔。所以大師語路風流，言泉境絕。得所無得，玄之又玄。忽聽玄譚，盡去煩襟之悶。仍承雅況，終懷瑩慮之規。然則大師曰，群縁體無，衆法歸一。若靈藥毒草，同在林中。甘泉淤泥，共生泉下。能令分別，不有迷之。上事佛精勤，深求親近。仍□中州淨土蘭若，請以住持。大師自此纔涉滄溟，每思幽谷。捨茲奚適，適我願兮。於是便挈山裝，尋凌漢廣。悠悠騫嶺，往以居之。境地偏佳，山泉甚美。當州聞風而悅，詣者百千。大師暫駐慈軒，尋鋪禪榻。四方來者，皆滿茅堂。森若稻麻，誨之不倦。所以先難後獲，霧集雲歸。大師誘引學流，敷陳宗旨。理妙詞簡，幾深義精。六度之龜麟，人天之海嶽也。

爰有佐丞劉權說者，殷傅說之流也。於國忠臣，在家弟子。鑽仰尼父，必同顔氏之徒。服膺釋迦，須並阿難之類。特趍禪境，敬禮慈顔。便申避席之儀，深展摳衣之懇。其後下國之賢，求仁所聚。中原之士，慕德成群。祗奉儀形者，白蓮開於眼界。敬聞言說者，甘露降於心源。然則可謂主僧子，天君法兄，曰禪林御衆，開道人天子之軒。寶樹居尊，施澆季法王之化者也。而又知上法易，行上法難。修上法易，證上法難。或問，萬行皆空，云何故行。對曰，本無苦樂，妄習爲因。衆生妄除，我苦隨盡。更於何處，猶覓菩提。然則朝廷士流，銜命來往。路出中府，終秊幾千。萬一之流，忙於王事，不踐門閾，以爲大羞。若乃虔謁禪關，仰承一盼。每聞曉誨，如洗朝飢。及其撞鍾大鳴，入海同味。觀法無本，觀心不生。惟最上乘，止於中道。涼風旣至，百實皆成。汝能惣持，吾亦隨喜。由是無上覺路，分爲此宗。

大師謂大衆曰，曾修香火之因，於大王殿下，永言付囑，虔託王臣。所以老僧忍病趍風，貪程就日。冀於一訣，不在它求。以此即到上都，親申誠懇。上荅曰，瀍由國興，誠不虛語。實願大師安心道念，久護生靈。弟子牆壍法城，金湯祇樹。大師對曰，菩薩弘誓，上乘發言。護法爲心，流慈是務，正應如是，今窺聖朝。又問修行功用，遠近當殊。荅曰，滴水下巖，卽知朝海。又問，了言相信，先會暗同，爭奈童蒙，如何勸發。曰，兒喉旣閉，乳母奚爲。夫金韞於山，則山稱寶嶽。珠藏於水，則水號珎川。其道念茲，亦同於此。此情何已，俱在前言。此際宴坐禪牀，經行慧苑。演心法玄玄之話，論信根切切之譚。然則眞空無象，實際絕言。豈惟慧日光沈，方感泥洹之早。慈雲色斂，忽牽滅度之悲而已矣哉。

天福六年十一月二十六日詰旦，告門人曰，去留有期，來往無住。於焉示化，所在如然。汝勉旃奉行遺誡，不隳宗旨，以報吾恩也。未示滅之前夕，弟子問，和尚欲去，付囑何人。師曰，燈燈自有童子點。問，彼童子如何示展。曰，星布靑天裏，於中那得知。言竟坐滅。俗年六十有三，僧臘四十有一。于時雲日慘凄，風泉鳴咽。山川震動，鳥獸悲啼。諸天唱言，人無眼目。列郡含恨，世且空虛。天人感傷，斷可知矣。聖感靈應，豈誣也哉。弟子閭行等三百餘人號奉，以其月二十八日，窆于北峯之陽，遵像教也。臨終之際，奉表告辭云，老僧不遂素懷，永辭聖代矣。上乃披覽，皇情悼焉。乃贈謚曰法鏡大師，塔名慈燈之塔。則知尊師之道焯然，追遠之儀賅矣。於是乎在，莫之與京。

惟大師惟岳降靈，哲人生世。敷揚釋敎，闡示禪宗。然則爲物現生，憂人弘道。貌和言寡，飢至飽歸。所以心樹花鮮，法流水淨。月朗江闊，木落山高。故能薝蔔神香，醍醐勝味。正道無說，權機有言。由是四方施捨之緣，歸於大衆。一世有無之屬，贍彼窮人。然則可謂問道楞伽，尋師印度。求深斷臂，志切傳心。遂使一國歸仁，實助帝王之化。千門入善，偏霑黎庶之心。下臣忽捧芝泥，令修齏臼。臣才非吞鳥，學謝聚螢。強措菲詞，式揚禪德。所具垂于不朽，永示無窮。國主追□鳳篆，彰亡師之慟。門人感慕龜文，表絕學之悲。銘曰：

懿歟大覺，慜我群生。休飮炎水，莫趍化城。色則非色，名惟假名。知惟眞實，試是慧明。悼哉至人，庥谷孫子。具體則圓，猶如顔氏。道冠憐鷹，慈超救蟻。□悟眞宗，潛傳閟旨。紹隆三寶，祇接四依。玄情乘運，妙用息機。智流激爽，心路知歸。聞所未聞，得其無得。法無去來，宗判南北。靡見聖心，誰尊禪德。佛戒恆行，師言不忒。心傳靈嵒，道贊聖朝。化被群惑，威摧衆妭。初從宴坐，屢赴嘉招。惟思惟慮，匪斷匪雕。服煖緹廣，食甘禪悅。大君感傷，眞宰思渴。唯喜學人，並無中輟。

天福八年歲次癸卯六月丁未朔五日辛亥立

鐫字僧　光乂　壯超　幸聡　行□

《海東金石苑》卷三。《隋唐五代石刻文獻全編》，北京圖書館出版社。

石高九尺八寸，廣四尺五寸。四十一行，行八十九字。正書。

《晉高麗五龍寺法鏡大師塔碑銘》

蓋聞鷲嶺開宗，摽立敎無爲之化。雞山入定，止傳心有待之風。或先□微言，或始□善□。所以別行法眼，深□全軀。無非解脫□□□□□□□□□仰呈雪立之誠。唯知道存，方駐雲遊之志。所以英靈間出，祖□相承。其道日新，遍□天下。今猶古也，□有人焉。

大師法諱慶猷，俗姓張氏。其先南陽冠族，大漢宗枝。遠祖偶涉鯨波，來栖兎郡。父曰□□□知禮樂□□□侍□孔門詩□老□□道□□□□□□□守道奉公，終身從事。母孟氏，嘗於假寐，忽得禎祥。驚覺之時，自知有娠。常修淨念，便斷葷辛。以咸通十二年四月十一日，誕生□□□□□□□□□□之年，五行俱下。子晉昇仙之歲，三尅便成。其後志切離塵，心求□而諮□父母□託宗師。二親囑曰，莫以因□彌□苦□以此□□□□□□□□□歸寂滅。冢子訓宗，長老部署。門徒不出松門，頻經槐律。此際大師年纔十五，志冠□□。所願□□□終□□□□□□□□□□□□□令削染，許於入室，猶剩迎門。光啓四年，受具於近度寺靈宗律師。□瑩戒珠，□歸慈室。聞一知十，德成敎尊。□則□□□□□□□□□□□□□□兎之時，所以挈瓶出門，飛錫遵路。所冀因待朝天之使，偶逢泛海之時。西南得朋，解適□過。大師虔陳素□氵泗□□□□□□□□□□□□□□□□遄達西津。此時華亭繫舟，桂菀尋徑。望東林之佳境，瞻北渚之樂郊。□企聞雲居道膺和尚，道冠楞伽，功高□逝□寶□之□□□□之□人□□□□□逈微麗嚴利嚴共海東，謂之四無畏大士也。和尚曰，聞言識士，見面知人。萬里同□，千季一遇。所以四賢情深，避席□切□堂以後□繫□□□□□□□□之契，暗諧目擊之符。於是潛付慈燈，密傳法要。遂曰，吾道東矣，慶猷一人。起予者商，於是乎在。所謂廣弘佛道，何言□□之□。遐演禪□，□□□□□□□力何假他心門覩此門本離文字。每思心境，終拂客塵。慜彼偏方，迷於得理。好佩雲尻之印，期□□域之流。是則眞宰□□，道人勞止。忘其□□□□□□□周應忙返魯迎。

於天祐五年七月，達于武州之會津。此時兵戎滿地，賊寇滔天。三鍾所居，四郊多壘。大師深藏巖穴，遠避煙塵。□□□□逢□□□□□衡水媚，當大溟暎月之□。玉透山輝，是深洞聞風之豦。先王直從北發，專重南征。匍地□行，逃天者少。特差草□，先詣禪扃。奉□□□□令□□□□大師欸聆帝命，寧滯王程。及其方到，柳營便邀，蘭殿留連。再三付囑，重疊寮人。遽迴德斾，衸□鳳儀。大師□赴輿續□□□□□□彳

□□□□則曾覿藏經，仍窺僧史。宋武平敵覺賢，遂附鳳之誠。隋文省方法瓚，膺從龍之□。一心重瀍，千載同符。豈期神器將傾，□□始墜。□□□□□□□□□□兇翻刻忠貞之佐，凌夷之漸，實冠夏殷。此時共恨獨夫，潛思明主。無何羣兇竝起，是秦朝鹿死之年。大憝皆銷，唯漢室龍興之歲。

今上西鍾定議，北極居尊。懸聖日於琹津，掃妖塵於□海。忽聞大師久窺恵日，曽聽玄風。亘浪乘杯，中華問道。上乃□□□□□□□□□□尤深量海，而欽承愈切。每迴稽首，恭申捨瑟之儀。常以鞠躬，猥罄摳衣之禮。所以屢祈警誡，更切歸依。特以王師助君臨之□□□□□□□□□太弟太匡王信，便取摩納袈裟一領，鍮石盋盂一口。上乃登時迊捧，跪獻大師。然則敬佛之心，尊師之道。元親奉僧祠之□□□□□□□□□如斯之盛者也。然則栖遅奈苑，宴坐蓮扉。來者如雲，納之似海。稻麻有列，猶如長者之園。桃李成蹊，亦若仙人之市。

貞明七年三月□□□□□□□□仍聞刀戰之聲，則是奉迎之騎，示滅于日月寺法堂。俗年五十有二，僧臈三十有三。于時天昏地裂，霧黯雲愁。山禽悲啼，□□□□□□□□懷。至翢年正月十九日，遷神座於踴巘山之東峯，去寺三百來步。惟大師天資□氣，岳降英靈。探幽而衆□□□而□□□□□□四魔。冠薰修於三覺，超應化於眞如。况又曾聽玉音，夙傳金口。可謂禪山藴美，□資□輔之風□□□慈□□天之□□□□□奉聖心。恭承汲引之暮，正受流傳之旨。上迺仍飛丹詔，以慰門人曰，懿彼□法□□爲一國□父，今則□□□□□□□□□□訓用報法恩。正當追福之辰，宜舉易名之典。乃賜謚曰法鏡，塔名普照慧光。申命下臣，式揚洪烈。辝而不克，率爾成章。□□□□□□□□□□夐，莫尋荆岫之高。所以聊著期文，雖集褒稱之美。直書其傳，恨非雅麗之工。其詞曰：

偉矣吾龜氏，堂堂到處春。可畏囊中寶，唯知席上珎。倬哉玄敎主，生我海東濵。曹溪祖塔□，□□□□。□□□□□，□□□□□。□□□□□，□□□□□。君王重捨瑟，宰輔屢書紳。學徒探法□，來者結良因。宴坐方注目，泥洹忽傷□。寶月沉下缺。

天福九年龍集甲辰五月壬申朔二十九日庚子立

石匠□□□

《海東金石苑》卷三。《隋唐五代石刻文獻全編》，北京圖書館出版社。

石高六尺五寸，廣三尺一寸。三十二行，行六十一字。正書。

《後晉高麗先覺大師塔碑》　蓋聞佛陁出世，鷲頭開利物之門。迦葉乘時，雞足闔歸全之室。□越□□去聖身毒懷仁。傷鶴樹之昇遐，竢龍華之□□。□悵□□隱其風漸衰。豈謂祖祖傳心，當具體而微之侶。師師接踵，有高山仰止之流。至於圓覺深仁，遠居南海。大弘碩德，曾栖□山。有待之心，諧於郢匠。一蓮啓處，六葉重光。中間徒□上之□□継在雲居之嗣。人能弘道，保□祖宗，唯我大師則其人也。

大師法諱逈微，俗姓崔氏。其先博陵冠蓋，雄府棟梁。奉使雞林，流恩□郡。所以栖心雲水，寓蹟海壖。今爲武州□□人□□□權早閑莊老，□愛琴書。松□□招隱之篇，蕭寺結空門之友。母金氏，魂交之夕，忽得休徵。見胡僧入房，擎玉案爲寄。欻焉驚覺，尋報藁砧荅云，必生懷寶之兒，先告弄璋之慶。□後□□室內每有鐙□之□□子之□□證定光之瑞。以咸通五年四月十日，誕生大師。生有殊相，幼無雜友。洎于志學之年，潛藴辝家之念。此時忽垂雙淚，虔告二親曰，切欲去塵，投其□□。父母不□□志唯言□□□□爲山莫恆□□遂乃斜登歧路，直詣寶林，謁體燈禪師。禪師法胤相承，東田孫子也。和尚雖云一見，便□相知。謂曰，昔別稍遙，今來何暮。許令□室□□茲敬□禪宗□□□□□□□釋子□□於救蟻。沙彌勤苦增勞，不離左右。至於中和二年，受具戒於華嚴寺官壇。大師□□□□□爲安坐。白虹之氣，來覆法堂。□是□□□有□□□□□□之□□□□傾油□□□戒珠。敢虧草繫之心，尤保尸羅之律。及其夏末，往度倫山，禮見融堅長□□□□□僧陳問□□□西河之上，追思北海之中。所以□□論禪中霄□言長□□□□□□□道知在□人盍雲巘披雲，藥山采藥，老僧恨不隨他西笑。問徑上游，禮祖塔於曹溪。巡□□□地□□□利涉，莫以因循，時不待人。曷維其已□屬遠從岡象□玄珠於□□湞□辶黃□□法鏡於青丘之畔。洎于大順二年春首，忽遇入朝使車，託足而西，達于彼岸。維舟鏡水，指路鍾陵。企□□□道膺大師先佛□□□□□□□□□□□之兆，實沿付囑之心。行道遲遲，遠經□□□□□□□□□□□□□□□□大師若披皇覺大師謂曰，吾子歸矣，早知汝來。□□昇堂□其實□所喜者□□室家之美□□禪教之宗由是覩奧幽扃，探玄理窟。參尋□□□□□□□□□□□□□豈惟迦維演法，阿難之獨步釋門。闕里談經，顏子之□□□室而已矣哉。

景福三年，潭州節師馬公□，節度副使金公敻，聞風欽仰，拂霧敬恭。□□□□□□□□□□□□請□居。其爲時所瞻依，皆如此類也。洎於天祐二年六月□□□武州□□□此□知州□□王公池本，竊承大師纔諧捨筏，已抵平津。□地□□攀□□□□□□□□□□慈□每以趍塵，如窺慧日。常於四事，遠假天廚。實展□□□□□仍以□那山無爲岬寺，請以住持。大師唯命是聽，徙居靈境。此寺也，林泉□意寂□□□□□□□□□□地。然則重修基址，八換星霜。來者如雲，納之似海。□□□□□時□□□□□於□□之年，亂甚於劉曹之代。上無聖主，猶鋪猬聚之徒。下有□□，莫□鯨□之難。物□□□□□如□四海沸騰，三韓騷擾。至九年八月中，前主永平北□□□□□□□□發舳艫，親駈車駕。此時羅州歸命，屯軍於浦嶼之旁。武府逆鱗，動衆於郊畿之□。□□□時大王聞大師近從吳越，新到秦韓。匿摩尼於海隅，藏□□於□□。□□□□飛丹詔，遽屈道竿。大師捧制奔波，趍風猛浪。親窺虎翼，暗縮龍□。僧□□□吳玉轉明之□□□無以加也。其後斑師之際，特請同歸。信宿之間，臻于北岸。遂於□那□□□□□□供給之資，出於內庫。所恨群魔雖伏，衆病莫除。唯奉法以栖眞，洎□□□□□□今□禍者□□□□枉殺無辜。而乃遭艱者塡其雲屯，同歸有罪。然則□□道□，敢悛胡石之兇。慧始仁慈，寧止赫連之暴。況又永言移國，唯唱□□□謂多疑者□□信以十□□□□□日大王驟飛鳳筆，令赴龍庭。奠聞絕跡之譚，猶認□言之理。大師狼□□□主上鶚立當軒，難測端倪，失於舉指，豈思就日玄高之□□□君無□□□□□遭僞□是□謂業對將，至因緣靡逃。兼被崔皓懷奸寇馮□□大王謂大師曰，吾師人閒慈父，世上導師。何有存非，不無彼此。大師方知禍急，罔避危期。言曰，□□□□，□嬰呂僕之謀。仁者懷恩，寧崱商臣之惡。然而壹言不納，遷□以加。捨□之時□□□俗年五十有四，僧臘三十有五。于時川池忽竭，日月無光。道俗香聲，人天變色。豈謂秦原□□□□□即世之□漢室龍興，當今上居尊之際，謂群臣曰，竊惟故大師道高十地，德□□□。遠出□方，來儀樂土。寡人早□□仰恭□歸依。願思有得之緣，常切亡師之痛。仍於雨泣實慟□□追□□俾修□□至明年三月日，遂召門弟子閑俊、化白等曰，聞州之□□□□之□昭□此山也，山崗勝美，地脈平安，宜爲置冢之踞，必致□尊宗之祐。可師等與有司，亘速修山寺，尋造石壇者。至其月日，先起仁祠，便成高塔。塔成，師等號奉色身，遷葬于所建之冢。越二年，詔曰，式旌禪德，宜賜嘉名。賜謚爲先覺大師，塔名爲遍光靈塔。乃錫其寺額，勅號太安。追遠之榮未有□□之□□□下臣謬因宦學，叨典樞機。辞潤色於仙才，謝知言於哲匠。先是玉堂獻賦，金牓題名。何期降紫泥於華門，銘黃絹於蓮宇。所奠強搖柔翰，申大君崇法之由。聊著鮮文，慰門下送終之悲。銘曰：

奧哉靈境，□□□□。禪□爲食，道情是兵。即色非色，惟名假名。雖云方便，祇爲衆生。爰有僧英，□□禪伯。能□魔軍，克歸□□。雨中稻麻，霜後松栢。須拜昌言，莫欺雅□。動爲佛事，黐被人□。眞衰俗盛，法弱魔□。身辱名高，命終道光。無憾遺跡，□師舊芳。紀德于茲，傳於不朽。神足傷心，□□□□。塔□□□，□□□□。□刧頻移，天長地久。

開運三年歲次丙午五月庚寅朔二十九日戊午立

金文元崔奐規

《海東金石苑》卷三。《隋唐五代石刻文獻全編》，北京圖書館出版社。

石高七尺九寸，廣三尺五寸六分。三十五行，行七十一字。正書。

宋代分部

《龍光院元寂塔碑》　□婆迦婆，以清淨妙心，付迦葉波。迦葉而下，以心□□一十六尊□聯印度一花五葉，香散支那。降及聱豁，得灋者衆。然則以一念攝於多灋，以一塵統乎沙界。此念此塵，彼界彼灋。二俱不有，空亦非斷。明是灋者，於大悲海，運普濟舟。開無相行，演不二灋。

化有情於一旨，獲當果於上乘。是之謂大善知識者，元寂禪師其人也。

師名隱微，預章新淦人也。夫其珠生媚澤，玉藴良山。菑潤入緾，必歸族姓，故有楊氏之託焉。異人之生□□□應既□□□亦表□靈，故有光硎鑒室之祥焉。軒冕爲累身之資，鼎鐘乃爽□之具。孔翠彬蔚，網罟隨之。鴻鶴清潔，霄漢自得，故有棄俗之誓焉。開無師智，歸不二門。夫爲在家，則有師□。七歲詣□邑石□院道□禪師□苐子二十。依洪州龍光寺智稱律師受具戒，既還而歎曰，沙門者，達本識心之謂也。且戒惠之學，未足明也，□滅之宗，方爲了義。青山有路，白雲無心。我之持行，豈復他日。遂徧尋名嶽，歷抵禪林。順義中，卷衣南行，遐趨五嶺。羅山灋寶大師，巖頭眞子，德嶺桂孫。智鏡當臺，共仰不疲之鑒。鴻鐘在簴，咸聆應扣之音。師既解槖雲堂，端襟下榻。玉處□而光華尙隱，虎在□而淸嘯難藏。扣我機縁，自知時節。

先是，羅山有師子在窟出窟之句，海內風傳。一日灋塵高登，海徒雲萃。師遽蒋而禮，峻發問端。羅山道眼素明，偉師嶍崪，抗聲**酷**詰，衆莫之知。俄於敬諾之間，豁然大悟。自是朝昏隨衆，語默全眞，放曠四儀，盤桓數稔。異日，羅山以師大縁將至，苦諷還鄉。太和中，杖策離羣，擔簦度嶺。漸冋江介，涂次龍泉，邑宰李孟俊一覩道姿，深加凝注。邑有十善蘭若，經廢時多，願言□興，強師駐錫。冀揚大灋，用福烝民。師具順隨之□，盡檀那之請。元徒輻湊，淨供山儲。應接隨宜，了無滯礙。有問如何是十善橋，云嶮過者。如何云喪，參乎，祖道一以貫之。問而數窮，合有餘□，□深理妙，斯之謂歟。

時先朝端拱，萬機穆清。大寶遠懷道德，思結深因。保大元季，始自龍泉，詔歸鳳闕，命住龍光梵刹，賜號覺寤禪師。高闡一音，將逾數歲，改賜奉先禪院，用邇皇居。辛酉歲春，將有事於省方，利建邦於洪井。千乘萬騎，咸從於和鑾。奇士高人，必先於行在。師首預淸列，簡自宸衷。既抵新都，復住天甯禪院。誨人無斁，學者有歸。迨于鼎成之期，難預因山之會。言念三世諸佛，皆入涅槃，吾獨何人，自甘遲暮。其歲十月，見病者相，臥方丈中。是月二十七日，剃髮浴身，升堂別衆。勤宣祖意，勉勗後流。語訖而□，形留氣盡。俗壽七十六，僧臘五十六。謚元寂禪師，塔名常寂。歲在壬戌二月六日，歸葬于吉州吉水縣仁壽鄉太平里之原，遵遺誡也。

今元師鄭王備嘗道味，時任保釐。亘捨信財，俾營塔廟。惟師夙宏妙願，應生像季。道峻德充，名符寔備。皃孤神王，語淡氣幽。情高而月冷秋空，格峭而雲生碧嶠。以慈音而演法，用實智以化人。故得外契主臣，心歸緇素。俄昏慧拒，永絶微言。瞻道貌以長乖，覽淸徽而徒在。龍泉廣福十善禪院嗣灋弟子契任、常相、續住持□師自明、自滿七十三人，懼歲時之寖遠，恐陵谷之貿遷。願紀金碑，以旌元壤。其辤曰：

三界茫然兮，四生蠢爾。背覺合塵兮，死此生彼。有爍開士兮，乘悲應世。端坐寶牀兮，片言折理。道價既高兮，回心天子。慈風又扇兮，伏膺多士。遠近瞻渴兮，慕羶以至。白黑奔禮兮，得抵皆止。大縁告終兮，魔雲忽□。覺日云沈兮，灋幢遂靡。傳心羅山兮，訓徒帝里。韜眞預章兮，歸歟吉水。金骨藏山兮，德音無已。寶塔鎭地兮，來者斯企。

開寶二季歲次己巳仲夏月建　勾當小師自通自寶院主僧宏成典座僧曇琰在家弟子張從誨　　鐫字姚如憲

《八瓊室金石補正》卷八十一，宋。《續修四庫全書》。

高六尺九寸，廣三尺六寸五分。廿三行，行七十四字。分書。在吉水。

《開業寺釋孝信等舍利石函銘》　竊聞八國之風，欽慈氏之聖體。三分之教，重惠日之法身。於是□刹浮空巖，遺形於法界。棟梁㦸日飾，現化於大千。遂得覩相銘心，潤法牙於道樹。觀形息慮，蕩纏或於菩提。四八之兆，自此而興。萬德之由，從茲顯著。大開業寺主仏弟子釋孝信等，重雙林之八相，敬柰苑之□身。囙寺莊之搆營，得周朝之故像。奉爲二聖，造堂以覆等容。謹於開耀元年十月廿三日，於仏堂基中間內，下七粒舍利。將恐桑田變改，陵谷遷移。鐫此石函，勒茲銘敘。其詞曰：

四德圓明，越煩惱海。雙林匿影，□同變改。諸主欽重，人天共分。碎身如粒，以拔沉昏。建堂脩塔，以覆眞容。二聖千載，蒼生不空。日月遷移，海陸無準。寄茲乙二，傳燈無盡。

《八瓊室金石補正續編》卷二十二。《續修四庫全書》。

刻石三面。高四寸七分，弟一面廣七寸，十四行。弟二面廣六寸三分，十一行。弟三面廣七寸，五行，後空七行。行俱八字，字徑五分。正書。

《願力寺瞻法師塔銘》 夫大士遊心，必歸先覺之境。高人建德，要開後覺之門。所以攝倒海而就安波，湛圓空而收動界。其有出生五□，駕御下缺七字。辰作世閒之燈燭者，其唯我上人乎。

上人諱神瞻，俗姓邵氏，相州安陽人也。其先有周太保北燕伯邵公奭之後，上下缺。冠族厥宅不移。碑表列於墳塋，譜牒傳於家國，今此不復談矣。曾祖日磾，齊任司州刺史使持節行軍揔管諸軍下缺。平州盧龍縣令兼撿校盧龍鎭將。父琰，唐任晉州神山縣尉，日諷萬言，三葉相承，聲馳宇內。惟文與武，併在一門。下缺。靈賢族，金精玉骨，卓絕常倫。日誦五千言，工屬文，善談吐。年廿一，遍閱九經，備閑三史。泛覽諸子，涉獵羣書。陰陽圖下缺。說，莫不咸陳掌上，揔納胷中。以爲並是糟粕之餘詞，膻腥之陋業。不足以揚眉闊步，畢志息心。解纓絡於寰中，縱□下缺。道，迴向釋門，投毗曇□師智神寺主作一邊依止。

於是棄聽《中論》，且學小乘。入理致，即鏡寫精微。演法相□□□□下缺。年賈□山之慶，爰啟度門。刺史許平恩妙體一乘，先通三論。傾風見閱，高預染衣，於是更就烘谷操禪師鍊摩八品。自此律行彌嚴，溫尋轉富。講《四分律》并《羯磨》、《維摩》、《法華》、《金剛般若》、《勝天王般若》、《護國仁王般若》及《中論》、《毗曇》，馳騁兩乘，包羅三藏。橫五豎五之義，三車九轍之途。不思議之奧宗，無住相之深旨。花貫泉涌，而澍雷驚，法澤所加，枯悴者莫不霑潤。心燈所耀，黑暗者咸悉承光。廿年閒爲仏法將，紹隆饒益，胡可勝談。又以講誦之餘，禪觀之暇，撰《出像住持同異論》一卷，《浮圖澄法師碑文》一首，《修定琬寺主碑文》一首，更有諸餘雜文數首，並事在光揚，不之繁目。

但有來必往，緣終告化。春秋卌三，以大唐垂拱二年四月十二日，端拱蛻生，夏凡廿。烏呼哀哉，雖靈心湛然，去留無在。而世間攀戀，有慟梁摧。門□□□五十人等，追慕敎緣，以大周天授二年四月八日於相州城西五十里寶山別谷，敬焚靈骨，起塔供養。式圖影像，遂勒銘云：

伊大人之處世兮，寔在物而先悟。□□士之開心兮，亦橫舟而俯度。架三界之天梁兮，杜四生之險路。作眞諦之耿光兮，爲◇法之弘護。其一

俄族姓之尊者兮，裔燕邵之層源。隘三有之危界兮，陋萬卷之浮言。起埃塵而遐騁兮，建勝義之高幡。宣法王之示敎兮，洗濁世之諠煩。其二

彼利益之云周兮，就後代而長往。玄搆落而疇依兮，法日墜而安仰。疏□崿以◇塔兮，□崇巖而鏤像。留銘頌於山阿兮，庶芳風之肸蠁。其三

《八瓊室金石補正續編》卷二十三。《續修四庫全書》。

二紙。一下缺，存高三尺五寸餘，廣七寸。八行，行存四十五字。一高四尺一寸五分，廣九寸。十一行，行五十二字。字徑七分，正書。在安陽。

《鳳翔府停廢寺院牒》 準顯德二年五月七日勅文應天下僧尼寺院除已指揮存留外其餘並行停廢毀圻者牒，奉勅訪聞諸處，多有山門，皆是靈境古跡之地，亦在停廢之數，宜令指揮，其逐處山寺，如未經毀坼者，並與存留。如山下有屬山寺下院，亦與依此指揮，仍具存留去處屋宇佛事數目聞奏。其州縣軍鎮城郭村坊，經停廢寺院，一依元勅處分。牒至準勅，故牒。

建隆元年二月十二日牒

右僕射兼中書侍郎平章事

司空兼門下侍郎平章事

司徒兼侍中

山門兄弟法名凡二十六名，不具錄。

《金石萃編》卷一百二十三，《續修四庫全書》。

石高二尺七寸，廣二尺。分上中下三截，上十七行，行十一、十三、十四字不等。中十二行，皆書法名。下刻長興萬壽禪院牒。行書。

《重脩開元寺行廊功德碑并序》 詳夫元氣分形寥廓，俄成於幻境。大明引曜運行，莫息於流光。六根滋嗜慾之萌，□化窘榮枯之制。究成住壞空之理，得見聞知覺之心。想乎百億須彌，不出死生之□。三千□土，未離煩惱之端。則知實際常存，眞空不壞。一塵一切，筭壽量以寧窮。非女非男，思了因之難解。指無生示生之域，歸無滅言滅之鄉。窮數知來，鳳歷不能考禪天之數。運情□變，龍機不能測恵地之情。於戲，愛浪飜空，昏衢漲日。無上覺皇之旨，設號能仁。有緣群類之心，藏諸頓詣。斷因物起遷之見，恢化人不倦之慈。決性海之本源，塞□山之支徑。廣導四依之衆，大開八正之門。矧其靈跡相追，法輪不退。月氏音支。使者，初傳石室之經。踈勒國王，遠奉金欄之貢。發揮聖道，遂質疑心。覩佛日之載隆，扇玄風而益遠。

昔唐之季也，四維幅裂，九鼎毛輕。長庚襲月以騰芒，大盜尋戈而移

國。帝車薄狩，夜逐流螢。民屋俱焚，林巢歸鷰。銀闕綺都之壯麗，坐變丘墟。螺宮鴈塔之精嚴，僅餘煨燼。天祐甲子歲，華州連師許國韓公建，遷爲居守，重務域民。既香刹之新崇，列寶坊之舊號。閱今存之院額，皆昔廢之寺名。當其製度權輿，經營草創。時移事改，鳥雀喧於壞簷。風去雨還，榛蕪[illegible]於荒砌。今皇帝開階立極，御辯登皇。握上帝之靈苻，睠先王之寶命。綠綈白撿，出廌榮河。紫蓋黃旗，欝爲嘉氣。五方述職，八表同文。百神趍駕象之塵，四塞守輸龍之約。冰天月窟，咸葦責以來庭。衢室綛街，每翹旌而舉善。庶人不議，多士以寧。禹會塗山，思朝萬國。湯興景亳，將顯七名。

明年，太師中書令瑯琊王公，言自岐陽，入趍魏闕。欲量能而處位，先議賞以疇庸。蒨旆守方，俾鎭咸秦之地。丹書著誓，永傳帶礪之勳。幢莭再臨，室家相慶。我公玉麟廌瑞，金虎儲精。壯氣雄風，早負人中之勇。高牙暢轂，屢揚閫外之權。縱攅而識洞機先，薰灼而名居實下。忠規孝道，獨暎緹緗。偉度冲襟，旁吞江漢。暨扼車致化，□刃皆虛。導民而引義正身，詢事而推恩廣下。去蝎政蠹民之弊，喧昔襦今袴之謠。里巷相懽，姧豪屛跡。杜驕期於過侈，防巧詆於深文。接畛連疇，污萊盡闢。充衢塞隧，貨買咸臻。昔者獻月捷以告功，翼天飛而佐命。徐城既陷，漢莭滋加。言念平陽，實隣幷土。邊鄙有蕩搖之懼，壃埸疲侵軼之勞。仰奉帝兪，遂膺朝選。屬雲中塞候，罷警高烽。河內咽喉，方求□將。拔攅槊據橋之勇，授擁旄仗鉞之恩。領蒲坂之山河，移璧田之屛翰。察俗於剪鶉之野，頒條於鳴鳳之郊。入境咸蘇，從風率化。而又薦臨舊治，益煥殊恩。輝焯數朝，便蕃八鎭。養堂侍膳，獨耀班衣。台袞鳴環，首親文陛。所居卽化，所去見思。奉晏子之一心，脩淨名之十行。立勳勞於討伐，屢積恩封。享富貴於崇高，潛明福報。居常則怡情法樂，扣寂禪樞。再臨北斗之城，每結東林之社。政成事簡，潛會冥苻。

越有文慧大師，賜紫嗣麟。淨行出塵，□名跨世。念滅而心隨境滅，圓通而眼入大通。夙明三報之冥緣，共讓十方之達識。登峯造極，仰之彌高。振壑澄瀾，挹之無際。潔操而金潭暎月，孤貞而玉笥當秋。比西竺之七賢，纔堪把袂。方北山之二聖，聊可差肩。迴薰脩漸信之疑，調懮悷難馴之性。大師以赤縣神州之故地，黃圖帝里之舊都。每願聳激道心，闡揚法教。靖嵩之遊京口，士庶遠迎。支遁之入吳興，高低延接。主事等虔伸膜拜，勤請住持。許奉興脩，力行講化。昇蜂臺而演秘，揮象扇以談經。施財則霧集行檀，馳辯則雷驚蟄戶。一音斯暢，千里不違。其有樊鄭豪華，金張意氣。皆願焚身作供，刺血灑塵。罷綺樹之瓌材，咸充法宇。輟瓊廚之豊膳，並作齋羞。於是慕匠庀徒，計功蕆事。採丹梁於崿谷，礱碧礎於崑陵。不周歲而倏若化成，不勞人而盡驚神速。長廊迴合，峻宇崢嶸。飛甍抗翼以排虛，鏤棨含葩而布藻。增華崇麗，散彩交輝。煒煒煌煌，望之則形離而勢合。燐燐亂亂，察之則魂驚而魄褫。遂於四廊及講堂諸壁畫高僧，計四百五十尊。然後訪彩筆於菰城，鎊彫牆於奈苑。得長康之妙手，邁表蒨之奇工。會稽徒尙於洸摽，廬岳頓輕於宗炳。遂按實唱僧錄，道宣僧傳。武昌石碌，不自他求。蜀郡鉛華，咸能自致。含毫酌妙，浣腸塗掌之流。賦彩傳神，白足青肸之士。殊姿異相，如歸七葉之巖。寶鎊珎裝，競列千花之帳。已而悉知悉見，若天若人。袪服靚粧，繼日而掎裳連袂。鮮車怒馬，凌晨而結轍齊駈。非上士不能勤行，非賢侯不能諦信。恢張溢美，仰助雍熙。終夜有聲，似聽魚山之梵。繁雲上覆，遠聞龍界之香。觀之者輻湊千祥，禮之者冰銷萬咎。慈心所化，盡歸不二之門。願力所持，可舉大千之界。

邑人等以我公推誠布慧，服義酬恩。留邵伯之棠者，不足稱多。立欒公之社者，未爲盡善。願於梵刹，乞寫眞容。漢閣議功，已畫耿弇之像。□州好德，爭圖陳寔之儀。盡四體之妍媸，加三毛於俊識。兼於邪廊諸壁畫，邑人別樹豊碑，紀其名氏。僧正崇法大師賜紫宗著，圍陁聚學，震旦馳名。六入既除，萬緣俱寂。髻珠心印，密奉嚴持。犀杌貂裘，不違檀施。僧判顯教大師賜紫希廣，多聞增智，屢照無疲。執惠劍以降魔，觸虛舟而不怒。籌盈室內，已成過去之因。芥落針頭，更待未來之果。邑人等或賢侯幕府，珠綦瑇席之賓。或上將爪牙，楚鍔燕弧之士。或七貴伐冰之冑，或五陵藏鏹之家。或柞塞戍邊，或蒲珪宰邑。並皆聿成勝事，共締良因，從乂也。學謝該通，才非濬發。謂中軍之小品，莫剖精微。依上相之初筵，霊塵厚遇。誤承見託，勉述斯文。贊彌勒之眞容，合歸傅亮。銘釋迦之畫像，遠媿隱侯。永賁□林，用刊翠琰。乃爲銘曰：

大雄示現，故號能仁。三祇鍊行，百福嚴身。位登正覺，刧筭微塵。難窮壽量，逈拔沉淪。其一。

具四攝心，運六通力。迦維妙典，娑婆靈跡。闢解脱門，鑿慈悲室。道濟羣生，化周含識。其二。

昭宗之季，大盜挺災。鶉郊聚㩧，鳳闕飛灰。都城谷變，幕府洞開。招提乍建，法侶方來。其三。

年祀既深，棟梁摧朽。越有高德，善行慈誘。駭聾俗耳，作師子吼。來集萬善，去離三垢。其四。

戒珠含月，智刃飛霜。其功不伐，其道彌光。廣化檀施，脩崇寶坊。畫徵顧覬，材搜豫章。其五。

玳瑁□排，鴛鴦瓦密。刻桷高□，飛簷矯翼。布藻垂文，增華崇飾。翠屋凝煙，丹楹赤日。其六。

衆香爲地，諸寶成宮。覺身常樂，眞相自空。菡萏出泥，旃檀逆風。法王無礙，神化難窮。其七。

僧寫五天，廊成千步。棹舉迷津，榛披覺路。白黑千衆，人天八部。遠近歸依，高低仰慕。其八。

象王獻果，龍女持花。聲傳贍部，教纇耆闍。蓮開定水，轂變燋牙。功隨願力，福等河沙。其九。

於鑠賢侯，薦承聖寄。不忘付囑，共成滕利。貞石是刋，芳猷不墜。再動毗嵐，長存此地。其十。

建隆四年七月十七日建立

推誠奉義翊戴功臣永興軍莭度管內觀察處置等使特進撿挍太師兼中書令行京兆尹上柱國瑯琊郡開國公食邑四千五百戸食實封一千三百戸王彦超

都料安宏　姪仁祚刻字

《金石萃編》卷一百二十三，《續修四庫全書》。

碑高八尺六寸四分，廣四尺三寸。三十八行，行六十七字。正書，篆額。在咸寧縣。

《正定府龍興寺鑄銅像記》　伏自太祖皇帝，鴻基刱立，道合乾坤。致四海以歸降，使八方之貢獻，西□□浙昇府淮南，盡以稱臣，梯抗進奉。唯有太原一境，未順明朝。太祖皇帝至開寶二年歲次己巳三月，駕親征晉地，領二十萬之軍，至於太原城下，安營下寨，水浸攻城。前後六十餘日，並未獲聖捷。至閏五月內，大駕巡境桉邊，至眞定府歇駕。第三日，遂問朝臣，在此何人，久在衙府。近臣奏曰，今有在衙孔目官紀裔，見久在衙勾當。皇帝宣喚到紀裔，遂問言，先在此處金銅大悲菩薩，今在何處。紀裔奏曰，今在城西郭外大悲寺內見在。皇帝宣下諸寺院主首三綱紫衣大德，來日於城西大悲寺內接駕。

於齋時前後，大駕親臨，於閣前下馬，上殿燒香。宣問大師大德，菩薩畢竟是銅是泥菩薩。有一人大師法名可儔奏曰，元是銅菩薩，値契丹犯界，燒卻大悲閣，鎔卻菩薩胷臆已上。自後城中□□再修卻，自後又奉世宗皇帝，天下毀銅像，嚴鑄於錢。又薦起菩薩上面，取卻下面銅。自後城中檀那，又補塑卻，今來全是泥菩□。皇帝曰，朕憶得先皇顯德年中，世宗納近臣之議，以爲奄有封略，不過千里。所調租庸，不豐邊備。校貫屢空於軍實，筭□莫濟於時□。於是詔天下毀銅像，鑄以爲錢，貨利用，以資帑財。金人其萎，梁木斯壞。化身從革，通有無於市征。國府流形，豈執着於我相。千人聚萬人□見成功不毀，雖卜議以出財，皇帝執議以不迴。洎像壞之際，於蓮花之中有字曰，遇顯卽毀，遇宋卽興。無乃前定之數乎。物不以脩隳，必授之以興復，時不可以脩否，必授之以降昌。我國家應乎天，順乎人，革有周之正朔，造皇帝之基業。今爲菩□□於□外，與大德移菩薩在郭內，得也。是時，可儔大師越班奏曰，臣僧相傳聞，觀音菩薩揀得此一方之地，應是於此地有緣。帝言郭內踏逐寛大寺舍，別鑄一尊金銅像觀音大悲菩薩。尋時差三道，殿頭一道，入龍興寺量度田地寛狹，遂喚畫匠，特第畫地圖。一道入開元寺，一道入永泰寺，亦畫地圖，三寺並將進呈。宣下於龍興寺內，最處寛大，別鑄金銅像，蓋大悲閣。

於後五月內，駕卻歸帝闕，並無消息。龍興寺寅夜於菜園內，常放赤光一道，時人皆見。寺僧遂請喚陰陽官占此，言道地下必有銅物極多，前後三年□絕。後至開寶四年六月內，天降雲雨，於五臺山北衢澍下枋欐約及千餘條，於頫龍河內一條大木，前面攔住，見在河內，未敢般取。□□□具表文奏，直詣天庭。皇帝覽表，龍顔大悅。五臺山文殊菩薩送下木植，來與鎭府大悲菩薩蓋閣也。尋時宣下一道，使臣□□眞定府般取河內木植，於龍興寺下納宣頭一道，差軍器庫使劉審瓊監脩菩薩，差衞州刺史兵馬鈐轄慕容得業監脩菩薩，通判軍府事范德明監脩閣像，奉宣鑄錢監內差李延福、王延光脩鑄大悲菩薩，差八作司十將徐謙蓋大悲閣，差當府教練使郭延福、雄勝指揮員寮王大將，南能曹司鄭乂，天塲燒瑠璃瓦瓮匠人鄭延勳等，監脩鑄蓋閣。

至開寶四年七月二十日，下手脩鑄大悲菩薩。諸節度軍州差取到下軍三千人工役，於閣下基北，坼卻九間講堂，掘地朸基，至於黃泉。用一重礓礫，一重土石，一重石炭，一重土，至於地平。留六尺深海子，自方四十尺。海子內栽七條熟鐵柱，每一條鐵柱，七條鐵簡合就，上而用鐵虵七條，鐵柱皆如此。海子內生鐵鑄滿六尺，用大木於鐵柱，於胎上塑立大悲菩薩形像。先塑蓮花臺，上面安腳足，至頭頂，舉高七十三尺。四十二臂，寶相穹嶐。瞻之彌高，叩之益躬。三度畫相儀進呈，方得圓滿。第一度先鑄蓮臺座，第二度鑄至腳膝已下，第三度至臍輪，第四度鑄至胷臆已下，第五度至腋已下，第六度至肩膊，第七度鑄至頭頂，上下七接鑄就。所有四十二臂，並是鑄銅筒子，用雕木爲手，上面用布裹，一重漆，一重布，方始用金箔貼成相儀。千手千眼具足，四十二臂周圓，相好端嚴，威容自在，尋聲救苦。衆生以三業歸依，菩薩以六通垂濟。帝乃傾心崇建，四衆懇切歸依。並願當來，同登樂果。講經論僧惠演，知雖不愍，聊序脩鑄之因，顯示後人，用貫通於耳目。

大宋乾德元年歲次五月八日記

《金石萃編》卷一百二十三，《續修四庫全書》。

碑高五尺一寸五分，廣二尺九寸。二十八行，行五十二字。正書。

《重修龍興寺東塔記》 若夫致情自逸，聖人生博奕之談。騐性迷方，諸祖散指月之諭。是以珠沉於海，俾罔象之忘機。補竅於身，使混沌之返□。則必逍遙委化，復歸何有之鄉。淸淨居眞，共安無過之地。何須窮泰極侈，恣嗜慾於心胷。入聖從凡，味修行於眼耳。唯釋氏之教，興於曠刧。金剛三昧，爲法界之歸依。玉毫六通，作人天之瞻仰。灑醍醐以霈潤澤，則無不舒蘇。震法樂而激聲教，則俱聞踴躍。是故衆魔旣伏，列仙共歡。得樹神之精勤，感輪王之迴向。擎拳合掌，悟法相之皆空。落髮披緇，學菩提之無上。其過去未來之因果，龍藏名言脩矣，此何足以稱揚。覺皇受波旬之請，而入涅槃。雖化身強焚，而金質自永。舍利之寶，散入支那。同州龍興寺東塔，是其一也。

截翠嶽於半天，影太陽於中道。隨氏之將興，祥兆見焉。金陵電滅，浮喜氣於東南。火運炎空，籠祥光於中夏。夾輔王室，方嚴承相之尊。纂成帝功，競塞神尼之讖。隨文因以所居宅，是□此寺。自後紅樓翠殿，高危上入於雲霄。寶鐸珠輪，光彩傍侵於河洛。然則年代深遠，功績漸隳。瓦墜梁傾，歎風摧而雨敗。物存基在，但日往而月來。不有否也，其何泰乎。有恆農楊氏，名繼宗，乃左馮一長者也。金玉其貞，冰霜勵己。干以非道，有難犯之容。動以觀時，多不平之色。以布施修崇爲己任，以謙和儉約爲身謀。人倫之中，不可多得。以爲芝蘭在佩，不如戒定之香。嵇呂成交，爭似聲聞之果。其是院之西，又有長興萬壽院。其住院僧前僧正法諱智峯，師號嚴靜，章服副焉，秋袍自擁，夏臘甚高。羅什博通，識五天之儀範。道安講唱，明三界之因緣。萬二千五百衆，咸願登門。一切十恆河沙，亦將共貫。恆農與之爲道侶而甚密，亦猶昔之蓮花社也。高秋八月，演摩詰之玄談。宴坐一時，味如來之眞語。許檀那爲布施，奉內財以供佛。用精進爲梵修，依法身而潔己。居一日，乃謂峯上人言曰，東院眞身舍利塔，毀頹缺漏久矣，此不爲修，如之何有能興者。師欣然賛成其事，於是集工人籌度之。鳩衆材，聚丹雘。無曉無夜，經營架構。于時卽日而就，約其費用，將百萬計。雲煙乍歛，若漢日之再中。星月共臨，疑天樞之獨立。非夫有大力量，有大志願，豈能成此殊常之功德哉。

先是，此寺鍾樓斜杇凋壞，及峯上人院西殿幷中尊列侍，並隨室時興塑，以之寖久，中間縱有貼補，亦罕能全功。恆農一旦皆以家財呼匠，巧取材用，及金翠瓦甋之屬，並附益修飾之，十分之數，彌縫其七八焉。信矣夫，世尊之感應，長者之護持，非獨聞於往昔也。阿育王之志氣，功滿行修。給孤園之淸涼，法興敎立。遂使淸信上士，盡生降伏之心。懦悍衆生，頓換柔和之性。其誘化補報也如此。府主連帥太師，鍾一千年之亨運，應五百載之閒生。衛社惠民，恤刑欽政。視匈奴如草芥，舞陽侯之橫行。驅樓蘭若狐狸，傅介子之深入。方持虎節，顯鎮侯藩。帳中號令之嚴，秋風偃草。門下平章之命，禁殿宣麻。通惣隴右公，朱研益丹，玉焚須冷。宰衡餘慶，自高定國之門。聖祖沖元，必握眞人之籙。觀風譙郡夏侯公，威稜有執，如松栢之負擔雪霜。忠信罔忒，比春秋之應日月。此際且登於蓮幕，匪朝卽列於蓂階。嘻，道與時來，時與賢會。元戎物望，多憐共治之榮。調御音容，不爽付囑之意。恆農以功願既畢，乃率以文之。岵也德行無取，文學甚虛。進未能輔相帝王，立萬年之運祚。退不能交朋巢許，傲列嶽之風雲。而猶勞役風塵，徘徊州縣。賦慙鸚鵡，肯爲席上之珍。雨助蛟龍，□是池中之物。強搜鄙拙，用以紀云。

大宋開寶八年乙亥歲四月辛巳朔二十九日辛未建

碑高五尺五寸，廣三尺。文二十六行，行四十六字。正書。在同州。

《金石萃編》卷一百二十五，《續修四庫全書》。

《新譯三藏聖教序》

大矣哉，我佛之教也。化導羣迷，闡揚宗性。廣博宏辯，英彥莫能究其旨。精微妙說，庸愚豈可度其源。義理幽玄，眞空莫測。苞括萬象，譬喻無垠。綜濾網之紀綱，演無際之正教。拔四生於苦海，譯三藏之秘言。天地變化乎陰陽，日月盈虧乎寒暑。大則說諸善惡，細則比於恆沙。含識萬端，弗可盡述。若窺像濾，如影隨形。離六情以長存，歷千劫而可久。須彌納藏於芥子，如來坦蕩於無邊。達磨西來，濾傳東土。宣揚妙理，順從指歸。彼岸菩提，愛河生滅。用行於五濁惡趣，撫溺於三業途中。經垂世以難窮，道無私而永泰。雪山貝葉，若銀臺之耀目。歲月煙蘿，超香界之自遠。巍巍罕側，杳杳難名。所以道資十聖，德被三賢。至道起於乾元，衆妙生乎太易。揔緜形類，窺鑿昏明。絕彼是非，開茲蒙昧。有西域濾師天息災等，常持四忍，早悟三乘。翻貝葉之眞詮，續人天之聖教。芳猷重啓，運偶昌時。潤五聲於文章，暢四始於風律。堂堂容止，穆穆輝華。曠劫而昏墊重明，玄門昭顯。□範而彌光妙法，淨界騰音。利益有情，俱登覺岸。無成障礙，救諸疲羸。冥昧慈悲，浩汙物表。柔伏貪狠，啓滌昏愚。演小乘聲聞合其儀，論大乘正覺立其性。含靈悟而蒙福，藏教缺而重興。幻化迷途，火宅深喻。雖設其教，不知者多。善念生而無量潛臻，惡業興而隨緣皆墮。調御四衆，積行十方。澍華雨於金輪，護恆沙於玉闕。有頃之風不可壞，無際之水弗能禦。澄寂湛然，圓明清淨之智慧。性空無染，妄想解脫之因緣。可以離煩惱於心田，可以得清涼於宇宙。朕慙非博學，釋典微閑。豈戢序文，以示來者。如麇螢爝火，不足比之於皦日。將微蠡量海，未能窮盡於深囦者哉。

端拱元年歲次戊□□月甲寅朔七日庚申建

碑高六尺八寸三分，廣四尺五寸。二十行，行四十字。隸書，篆額。在西安府。

《鳳翔府萬壽禪院記》

右扶風郡，北盤岐山，南據秦嶺，地之形勝，甲於關輔。秦嶺之南，蜀山北走音奏，突霄磨霓，磅礴萬里。至是崪然，若奔而駐，其秀絕者，曰青峯山。涵碧孕翠，畜靈積粹。崔嵬迴漢，四峭如削。故自山麓，緣危磴，陟猿徑，殆將百里，至于是峯。人跡夐絕，窅若物外。中有洞穴，深莫知其際。舊傳阿羅漢隱息于此，然自昔未嘗有精藍，天其或者必俟開士而后興焉。同光初，有釋傳楚者，本陳倉人。幼抱高志，辭親隸道。奄有頓法，遂荒智地。景行大迦葉，悟卽心卽佛之旨。乃曰，昔人普詣百城，叅契妙理。我雖懸解，豈廢軌則。故南之嶺外，東適江表，振錫法會，印可知識。僅逾一紀，長興末，旋自吳會，戾于故里，將爲人天，開示大法。時清泰主潛隱斯地，爲重法故，奉禪師若師傅。禪師遽請結茅茲峯，以爲禪誦宴坐之所。繇是經營締搆，棟宇大備。峩峩梵刹，不日成之。四方游學歸之，與山谷曹谿相侔。清泰中，以舊恩，降璽書勞問，賜命服及彰勝大師之號，禪師授而弗有。昔賢首語文殊言，一切無礙人，一道出生死。禪師所傳，正得是法。直指本心，更無佗要。故言下解脫者，不可勝紀。化事云畢，示寂適去，卽晉天福二年秋八月二十有二日也。禪師上足曰清兔，善繼先志，亦師子吼。兔復去世，其法季曰清悅嗣之。悅終，兔之門人曰義成繼主其事。自肇建禪宇，于今七十有三載矣，而未暇刻石，識其盛烈。嘗虞年祀浸遠，後之人無以知所由來。會予奉詔，假守是邦，而僧成條其狀，願爲之記。且曰，將俾斯文，與是山俱隆汚。謹弗敢讓，而爲之實錄云。時景德二年歲在乙巳正月十五日甲子書。安璨鐫字。

《金石萃編》卷一百二十六，《續修四庫全書》。

碑高六尺五寸七分，廣三尺三寸。十八行，行三十六字。正書。在岐山縣。

《汧陽縣普濟禪院碑》

偉哉大雄氏之設教也，始自周昭，降乎西土。終傳漢度，乃遍中華。羣生得悟於三乘，萬化爰歸於一印。超騰聖果，變金地而有因。指救迷塗，周沙界於無際。於是人寰之內，梵刹傾依。塵網之間，法輪常轉。上以助皇王之異政，下以玻洪海之長瀾。歷代承宗，空門相望。並著龜而取鑑，酌善惡以歧分。□無古以無今，知有名而有統。栖禪聚學，莊嚴須輯於祇園。行道司時，翕習勤瞻於佛相。普天之下，眞風揔持。率土之濱，清淨求本。探龍宮而何極，窮花藏以尤深。齊日月以爭輝，共乾坤而可久。縱陵谷遷易，難搖於四洲。而風雨晦明，常登於五位。闡揚解脫之理，尋除煩惱之根。億萬斯年，人天作會。圓通了義，瑞應彌彰。噫，非上士勤行之者，其孰能與於此乎。

今汧陽縣龍泉山普濟禪院，起自唐武德中創建，邇後因時而毀，鞠爲茂草。形勝基搆，宛爾在焉。直至開平四年，豐德山僧鑒幽屆此參遊，企慕靈跡，曰，栖足之地，賢聖擇之。化俗之方，資緣可已。負畚荷插，就巖谷之平□。是板是築，架臺殿以浮光。脩竹叢林，乍迎春景。緇流梵唱，豈異仙居。同光二年，完葺未周。有天盞山宏表禪師，惠然而來，移住於此。於廣順元年奄化，付門人進明。僅四十餘載，值顯德中廢置，建隆內存留。洎開寶元年，賜紫僧進詞又繼明以居之，經營度財，弗違寧息。重疊興替，益增感□。太平興國三年，方降勅，改爲普濟禪院。

今之院主僧定莊，克嗣其裔，懇志虔恪。續世五代，聯綿永昌。踰時百年，光景如昨。觀其峻宇高下，飛泉淺深。據汧隴之東陲，面寶鷄之南極。古木轉虬龍之狀，秋霞張綺繡之輝。金磬初聞，似傳聲於碧落。朱樓半出，疑接影於清涼。非凡喜喻於王城，安衆靡殊於鷲嶺。晨昏動止，俱生十智之心。歲月香燈，對守八關之禁。前走長安之道，高連吳岳之雲。其□異也，可以攀七葉岳。其虛廣也，可以召千羅漢。凋楹刻桷，妙用神機。曲檻迴廊，丹青絕筆。比往之制度，十倍其功。當今之規摸，獨處其上。若夫太華之陟屺，樊川之花巖。天台之國清，中條之萬固。皆幽奇貫絕，車蓋罕到之處。而或列於茲境者，亦未許同日而論耳。曾何必瓊瑤瑪瑙，凝□於堦除。琉璃旃檀，累成於龕室。然後以言其眞淨福利也，惟達識而能議之。

于以見主斯院者，夙夜而不怠其事焉。其定莊早猒煩籠，堅持法□。紹分流之派，滋蓮葉之榮。擔拔糞掃之衣，式報眞如之願。察其舉措，諒足多焉。至於蔬國新畦，松蘿舊塢。彩繪塑像，金碧盈堂。道俗咸欽，檀施餘積。率從心匠，匪曰天成。是使戒聚之徒，尋訪以如畿。吉祥之譽，歡愜而動人。仲卿景德四載冬，罷守于鄭，來牧隴右。涉汧陽路次之北，賞其山之鬱秀，或對曰龍泉山院。明年秋，奉上旨給假，西都遷袝，乃紆步以登于是焉。其塽塏雅致，則精微萬態，目不能捨，任鋪舒而罔及也。忽有定昭、定暉率羣僧進言，謂院之得額，而實無碑。情激再三，不敢固請。仲卿以其脫灑拔塵，事狀可錄。式因公餘，含毫盡瀲，理而摭實，復爲銘曰：

惟此南洲，尊崇佛事。傳由西土，森羅漢寺。現自毫相，布黃金地。代歷幾千，法稱不二。其一。天地覆載，聖教攸先。日月臨照，梵刹相連。禪宗有覺，沙界無邊。清淨之化，聲色之緣。其二。高懸慧日，下燭重昏。塵勞解網，方便開門。修持之道，布施之源。體若夫子，記諸善言。其三。莊嚴多般，種種供養。環寶窮奢，重重瞻仰。其神自通，其文彌廣。鑒或足徵，報應寧爽。其四。汧陽指東，龍泉居北。院宇隆盛，嵐煙登陟。園林蔽空，雲霞隱色。基搆□旋，嘉名永得。其五。峨眉西顧，彩鳳東隣。門臨四達，勢接三秦。風清銷署，地暖涵春。顯茲勝槩，貽之後人。其六。殿閣孤摽，工巧增飾。中座眈眈，飛簷翼翼。樹老飄紅，潭腥湧黑。安樂道場，何往弗克。其七。端齊鶴樹，儼若蓮宮。諸漏已盡，空王大宗。美哉靈跡，厥揚眞風。一垂貞□，將播無窮。其八。

武威安文璨刻字

碑高六尺七寸，廣三尺七寸五分。三十二行，行五十五字。行書，篆額。在汧陽縣。

《摩騰入漢靈異記》　己巳之歲四月八日，孝明皇帝駕幸鴻臚卿寺，謁二三藏，問對數次，彌加禮重。得迦葉摩騰□，陛下曰，寺之東鄰，是何館室。皇帝曰，彼中疇昔無故忽然勇起，可及丈餘。人或之平，尋復隆皋。其上往往時發光明，民所異之。乃聞上國政，因該祀典，遂名洛陽土地之神。其所皋者，土俗謂之聖塚，今在庭中。凡所祝告，皆隨懇願。自□而下，蟬聯命享，情未知由。三藏曰，噫，余嘗於中印度，躬覽合藏。其中所云，如來滅度百年之後，有阿恕伽王，起八方四千七寶塔，安佛舍利。那闊羅漢運以神通，將右手掩日，放八萬四千光，攝衆寶塔，□彼光內。旁視四維，上極空界。八萬四千，同時而葬。文曰東土支那，有一十九處云□有□□時而出。余今至此，屢目神光，無異中印□光明□今陛下所言聖塚者，乃十九數中之一，必不虛焉。

是時二三藏遂命皇帝□百寮，同詣彼廟列聖塚之前。三藏敷座，興而歸禮，皇帝與宰臣亦禮。當禮次，聖塚上現一圓相，影二三藏禮皇帝三身，如鑑照容，分明內現。其餘臣寮，但覩其光，不現其身。□相謂曰，我輩寡福，不現其身，由是□□□各見□身獨在光內，皆曰其□偏照於我。已而二三藏以梵語□□而衆咸稱，未之如也。時皇帝聖情悅懌□□素□感恨流涕，語二三藏曰，朕若不偶二師，□能覺佛遺祐矣。自是方深信釋迦牟尼眞身舍利之塔也。

皇帝遂勑所師，令稟三藏制度，崇是浮啚。自是年二月一日起□至庚午歲十二月八日□功告畢，凡□□高五百尺。岌若岳峙，塔□齊雲，寺通白馬。至後周二年四月八日，塔上現五色神光，天香氛氳，罔知何至。而自光中□一金掌，持起寶塔，可高尺餘。色如瑠璃，內外明澈。自午及申，□□方隱。時皇帝洎宰臣并士庶，咸瞻勝相，欽玩無數。人之右遶，光亦右遶。人之左旋，光亦左旋。皆悉嘆仰，不知所以然而然也。當是□□□千衆中，有梵僧九□僧伽摩羅等，咸謂正是阿恕伽王□□所造之塔□樣也。竺乾亦有三處，我曾數禮奉。因是靈感，彌益信心，□流終古。長興二年二月八日記。

巨宋天禧五年正月七日重建

西蜀武都山僧景遵書

西京□□□白馬寺主淨□大師賜紫文翊

《金石萃編》卷一百三十，《續修四庫全書》。

碑橫廣六尺，高二尺七寸。三十五行，行二十五六七字不等。行書。在洛陽白馬寺。

《棲霞寺碑》 蓋聞天有神宮，地云靈府。桑欽博記，始叙四衢之塔。金朔著經，因知千步之寺。至如峯形甑累，岫勢堂密，亦烏足言哉。南徐州瑯琊郡江乘縣界，有攝山者，其狀似繖，亦名繖山。尹先生記曰，山多草藥，可以攝養，故以攝爲名焉。南瞻舊落，顧悌鎮戍之塢。北望荒村，扈謙卜筮之宅。此山西南隅，有外道館地，俄而疫癘磨滅。三清遺法，未明五怖之災。萬善開宗，遂變四禪之境。倏見齊居士平原明僧紹，空解淵深，至理高妙。遺榮軒冕，遁跡巖穴。宋泰始中，嘗遊此山，仍有終焉之志。村民野老，競來諫曰，山多狼虎毒虵，所以久絕行踐。僧紹曰，毒中之毒，無過三毒。忠信可蹈水火，猛烈亦何能爲。乃刊木駕峯，薙草開逕。披拂蓁梗，結構茆茨，廿許年不事人世。渡河息暴，擾篋無立，皆曰誠至所感。

有法度禪師，家本黃龍，來遊白社。梵行殫苦，法性純脩，與僧紹冥契甚善。嘗於山舍，講《無量壽経》，中夜忽見金光照室，光中如有臺館形像。豈止一念之間，人王照其香蓋。八未曾有，淵石朗其夜室。居士遂捨本宅，欲成此寺。卽齊永明七年正月三日，度上人之所搆也。山情率易，野製踈朴。崖擔峻絕，澗戶幽深。卉木滋榮，四時助其彫綺。煙霞舒卷，五色成其藻絢。居士嘗夢此巖，有如來光彩。又因閑居，依俙目見。昔寶海梵志，睡覩花臺。智猛比丘，行逢影窟。故知神應非遠，靈相斯在。居士有懷創造，俄而物故。其第二子仲璋，爲臨沂令。克荷先業，莊嚴龕像。首於西峯石壁，與度禪師鐫造無量壽佛坐身，三丈一尺五寸，通座四丈。并二菩薩，倚高三丈三寸。若乃圖寫瓌奇，刻削宏壯。蓮花瑩日，石鏡沉暉。藕絲縈髮，雲崖失彩。頂日流影，東方韜其大明。面月馳光，西照匿其成魄。大同二年，龕頂放光，以色身相，晃若炎山。林間樹下，艶如火殿。

禪師自識終期，欣瞻瑞應。以建武四年，於此寺順寂。豈非六和精進，十念允諧。向沐寶池，方登金地者也。齊文惠太子、豫章文獻王、竟陵文宣始安王等，慧心開槳，信力明悟。各捨泉貝，共成福業。宋太宰江夏王霍姬，蕃閨內德。齊雍州刺史田奐，方牧貴臣。深曉正見，妙識來果。並於此巖阿，廣抽財施，琢磨巨石，影擬法身。梁太尉臨川靖慧王，道契眞如，心弘檀蜜。見此山製置踈闊，功用稀少。以天監十年八月，爰撤帑藏，復加瑩飾。續以丹青，鏤之銑鋈。五分照發，千輪啟煥。排天堂廡，玉露分色。接岫軒墀，翠微抽影。八定之侶，步纖草而揚梵。三慧之僧，挹飛泉而動色。喜園凝靜，豈傲吏之凡遊。深谷虛玄，非愚公之俗路。是以王公搢紳之輩，郎吏胥史之屬。步林壑，陟皐壤。升精舍，拜道場。莫不洗滌無明，澣濯闇暗。非直心之砥路，孰能如斯者乎。

慧振法師，志業該練，心力精確。度上人將就遷神，深相付囑。法師聿修厥緒，勸助衆功。基業田園，多所創置。先有名德僧朗法師者，去鄉遼水，問道京華。清規挺出，碩學精詣。早成波若之性，夙植尸羅之本。闡方等之指歸，弘中道之宗致。北山之北，南山之南。不遊皇都，將涉三紀。梁武皇帝，能行四等，善悟三空。以法師累降徵書，確乎不拔。天監十一年，帝乃遣中寺釋僧懷、靈根寺釋慧令等十僧，詣山諮受三論大義。

賈誼曰，學聖道，如日之明。孫卿云，登高山，知天之峻。今之探賢，其此之謂。南蘭陵蕭眕，幽栖抗志，獨法絕羣。遁世茲山，多歷年所。臨終遺言，葬法師墓側。還符田豫，託西門之家。更似梁鴻，偶要離之瘞。

又按《神錄》云，楚靳神在今臨沂縣，齊永明初，神詣法度道人受戒，自通曰靳尚，卽楚大夫之靈也。大同元年二月五日，神又見形，著菩薩巾，披袈裟，閑雅甚都。來入禪堂，請寺衆說法。崑嶺之中，百神所在。首陽之路，八駟並驅。未有修淨戒之品，詣得道之僧。整忍辱之衣，入安禪之室。是知名山大澤，靈異憑依者矣。慧布法師，幼落煩惱，早出塵勞。律儀明白，貞節峻遠。貫綜三乘，不身媒衒。指模七衆，無所詆訶。曩日靜憩鍾巖，余便覿止，飡仁飲德，十有餘年。頃於攝阜，受持珠戒。佩服之敬，雖敢怠於斯須。汲引之勞，且曷伸於報効。夫言意難盡，鉛槧易凋。固比河山，莫如金石。凡諸徵應，并預隨喜，並勒于碑左。乃爲頌曰：

漫漫心火，冥冥世流。論生若寄，喻死如休。三明未了，十智難周。盡纏癡愛，豈離瘡疣。敬仰雞足，恭聞鷲頭。斯風可羨，其路何由。我開梵宇，面壑臨丘。我圖靈跡，果植因修。兼金盡繪，汤石彫鎪。連雲出沒，泄雨沉浮。经行松磴，禪坐蕙樓。澗風長瀉，崖溜懸抽。花臺似雪，夏室疑秋。名僧宴息，勝侶薫修。三乘謂筏，六度爲舟。金幢合蓋，寶駕驅輈。地祇來格，天衆追遊。五時無爽，七處相侔。爵題翠琰，字勒銀鈎。賢乎藥餌，過客宜留。

此碑經唐會昌毁廢，後已曾重立。至今其石斷缺，文字訛隱。前充寺主僧契先，自捨囊貲，購石依本寫之，康定元年□月十七日鐫立本寺。維那僧肅澄，上座僧智達，寺主僧元聳謹記。袁文雅刻字。

《金石萃編》卷一百三十二，《續修四庫全書》

《江寧崇教寺辟支佛塔記》　牛首雙峯，高插雲漢。寔金陵之巨屏，東夏之福地。林樹葱鬱，泉石相暎。聖賢大士，多所捿宅。故宋明帝嘗問道林誌云，牛首有何神聖。曰，文殊領一萬菩薩，冬居於此。又辟支迦入定之所，卽稱爲佛窟寺。上有巖洞，幽滑磅礴，中鏁眞隱，世傳辟支宴坐之洞也。西竺曰辟支迦，唐云緣覺，因觀十二因緣，而覺性明悟。又云獨覺，觀四時之凋變，知諸識之何依。无師自悟，稱之獨覺。其或靈山隱秀，名洞捿眞。因其所居，卽爲化境矣。若夫道之汚隆，地有興替，得其盛者，繫於人焉。當寺自天聖年中，有僧德銓，戮力自效，遍慕擅信，欲於山頂，建造塼塔，以摽勝跡。歲月茲久，工力未就。乃有府城信人高懷義，嘆之因循，慨其湮沒。遂集衆力，同而成之。卽於洞前，按圖定址。審曲面勢，下葬舍利。上建塼塔，惣高四丈五尺。中安辟支佛夾苧像一軀，粹容儼若，寶塔高妙。瞻者覩者，罔不發菩提心耶。噫，人之生，以寒暑之勞，朝營夕謀，豐衣厚食，不啚一善。至於齒覩髮華，乾沒于世者有之矣。若高氏，生能搆斯善，鳩舉衆類，建是塔，作是緣，鎭此名藍，摽于勝槩，是不朽之矣。長干圓照大師普莊，因覩斯善，合掌讚嘆云爾。皇祐二年歲次庚寅春三月三日起工，八月望日落成，後三日謹記。

興塔僧德銓　殿主僧德勤　維那僧德誠　寺主僧處眞

《金石萃編》卷一百三十四，《續修四庫全書》

《海公壽塔記》　石高二尺五寸五分，廣二尺三寸一分。十九行，行二十六字。正書。在江寧。

大師名智海，字濟叔，姓劉氏，耀州三原留冊民家子也。生於祥符三年庚戌之歲，旣滿月，張慶席，會親于家。有善相者曰，此兒異日非塵埃中物，但幼齡多患，而不利所天耳。甫八歲，果得疾，未瘳而父先朝露。母王氏事佛尤篤，日常一食，以求其安。越三年，夜夢梵僧撫師之頂，謂王氏曰，此法器也，亟歸諸釋氏，則其病自愈。翌日，王氏焚香像前，稽首而諾之。月餘病間。天聖元年，始辭家入長安，依香城主僧承瑜習浮屠法。八年，去氏削髮。明年，受具爲比丘。從而植學經論之塲，左右釆獲，深達義趣。加之性行醇謹，多爲宿德之所推許。未幾，舉充慶安寺主。繩衆以寬，集事以勤，上下稱治。由厥師順寂還院，充維那。紀綱不紊，寘主胥悅。尋以本府表嘆闕員，又補師以尸其局。皇祐三年，殿前太尉許公懷德，德師素深，遂薦章服。嘉祐四年，又領府命，主澄衿院事。熙寧三年，府尹左丞錢公明逸謂百塔興教禪院，昔賢之遺迹，古都之上遊。宜於諸寺擇高行僧，以董其衆。師首膺其選，僉謂得人。居凡二年，度門弟子七人。以善感主僧承詰化去，乃徇衆命，歸嗣院事。

其爲治也，安而不擾，簡而有成。嘗患院之舊井，鹵不可用。一日，領其徒於中門之外東北之隅，以卜井地。恪誠再拜，祈佛冥加，果得甘泉，𠥓沸淸冷，殿中丞侯可記之詳矣。師能以四攝歸人，故輔翼之儔，樂宣其力。致院務多暇，披擥貝書，手不釋卷。閱大藏經一遍，《法華》、《金剛經》各周一藏，並營蒲塞以慶之。既而名聞上都，美傳戚里。都尉王公詵，奏號廣慈，以旌行業。師嘗念新新生滅，駃於犇馬。豈以後事，累其徒耶。乃於萬年縣龍首鄉滻水之西原，預卜葬地。壘塔既成，走介抵洛，丐余文以次其實。余兩遊長安，皆館師之院，粗稔其迹，故直書不讓也。自祥符庚戌至元豐戊午，師之壽六十有九，師之臘四十有九。兩院度門弟子共二十六人，後之可紀者，非余所知，在師之賢二三子而續之云。時元豐改元秋九月重陽前一日，寓三陵永昌院文辯大師慧觀記。

師弟賜紫沙門德邕立石　安民師刊

《金石萃編》卷一百三十七，《續修四庫全書》。

碑連額高五尺七寸八分，廣二尺九寸三分。一十二行，行三十四字。正書，篆額。在咸寧縣。

《方圓菴記》天竺辨才法師，以智者教傳四十年，學者如歸，四方風靡。於是晦者明，窒者通。大小之機，無不遂者。不居其功，不宿於名，乃辭其交游，去其弟子，而求于寂寞之濱，得龍井之居以隱焉。南山守一往見之，過龍泓，登風篁嶺，引目周覽，以索其居。岌然羣峯密圍，滔□□不蔽翳，四顧若失，莫知其鄉。逡巡下危蹬，行深林，得之于烟雲髣髴之間，遂造而揖之。法師引予並席而坐，相視而笑。徐曰，子胡來。予曰，願有觀焉。法師曰，子固觀矣，而又將奚觀。予笑曰，然。法師命予入，由照閣，經寂室，指其庵而言曰，此吾佛亦如之，使吾黨祝髮以圓其頂，壞色以方其袍，乃欲其煩惱盡而理體圓，定慧修而德相顯也。蓋溺於理而不達於事，迷於事而不明於理者，皆不可謂之沙門。以制禮樂，爲衣裳，至於舟車器械，宮室之爲，皆則而象之。故儒者冠圓冠以知天時，履句屨以知地形。蓋蔽於天而不知人，蔽於人而不知天者，皆不可謂之眞儒矣。唯能通天地人者，眞儒矣。唯能理事一如，向無異觀者，其眞沙門歟。噫，人之處乎覆載之內，陶乎教化之中。具其形，服其服，用其器，而於其居也，特不然哉，吾所以爲是庵也。然則吾直以是爲蘧廬爾。若夫以法性之圓，事相之方，而規矩一切，則之所以休息乎此也。窺其制，則圓蓋而方址。

予謁之曰，夫釋子之寢，或爲方丈，或爲圓廬。而是庵也，胡爲而然哉。法師曰，子既得之矣。雖然，試爲子言之。夫形而上者，渾淪周徧，非方非圓，而能成方圓者也。形而下者，或得於方，或得於圓，或兼斯二者，而不能無悖者也。大至於天地，近止乎一身，無不然。故天得之則運而無積，地得之則靜而無變。是以天圓而地方，人位乎天地之間，則首足具二者之形矣。蓋宇宙雖大，不離其內。秋毫雖小，待之成躰。故凡有貌象聲色者，無巨細，無古今，皆不能出於方圓之內也，所以古先哲王因之也。雖然，此遊方之內者也。至於諸法同體而無自位，萬物各得而不相知，皆藏乎不深之度，而游乎無端之紀。則是庵也，爲無相之庵，而吾亦將以無所住而住焉。當是時也，子奚往而觀乎。嗚呼，理圓也，語方也。吾當忘言，與之以無所觀而觀之。於是，嗒然隱几。予出，以法師之說授其門弟子，使記焉。

元豐癸亥四月九日慧日峯守一記。不二作此文成，過予，愛之，因書。鹿門居士米元章。

《金石萃編》卷一百三十八，《續修四庫全書》。

碑高五尺六寸五分，廣三尺五寸七分。十七行，行四十八或四十九字。行書。在錢塘縣。

《惠明寺舍利塔銘》太平興國四年春，太宗皇帝征劉繼元於河東。夏五月癸未，繼元降，詔壞故城，遷□民於新邑。而惠明寺實創於隋仁壽之初，而其塔則佛書以爲阿育王所造舍利塔八萬四千之一也。既壞而光見，詔爲之復建。咸平二年三月壬戌，大震雷風，寺塔災。六年冬，朝廷遣內侍王守眞等，發諸州兵一千三百人修之。景德三年七月，塔成。累甓九級，其崇一百五十有八尺。詔以汾州僧啓璘主寺事，賜金書。隨求九軸，歲度僧五人。大中祥符二年，詔廣堂廬五十有四間，以東封泰山所得芝草十有一本賜之。自塔復建至今元豐八年，凡八十有一年矣。而惠卿使河東，實兼領太原軍府事，寺僧惠素以碑刻未立，□文以紀之。

惠卿嘗觀自有書契以來，望人之得志行乎中國者，其聲教所暨，不過文軌之所同而已。則其在下而傳其道，以服乎天下者，從可知也。至西方有佛□者出，則非嘗得志而行乎中國，又非傳其道以服乎天下者也。而浮行之所通，聞見之所接，雖殊言異聞，莫不爲之累譯，以習其書。雖易服變貌，莫不爲之設祠，以禮其像。非特若是也，幽至於山岳之祇靈，深至於江海之龍怪，凡有情狀者，亦莫不□聞欽嚮。此固多見博識之士所其知者也，夫豈以爵位利勢，名聲諷說□使之然哉。彼以典教則□行有止，此以神化故其運無方也。以是觀之，則所謂阿育王役鬼神，以佛舍利爲八萬□千寶塔，其在中國者一十，而惠明居其一，亦奚足異哉。惠明之建，雖始於隋之仁壽。而舍利子之至中國，則不知自何代，更若干年也。然自隋唐五代以至我有宋，凡四百餘□□□雖時變代易，人□天災，而舍利之神異，終不□□□。故既壞而復興，已楚而復建，則佛之在相者尚或如此，則其法身非相金剛不壞者，宜如何也。

竊惟我太祖皇帝，以天授人與，既來四方矣。而劉氏獨阻太□，當是時，舉天下之力，以定一國，宜無不克者。而承鈞以漢祀爲辭，則終其身爲之不加兵。至于繼元迷不知變，我太宗皇帝親討不享，城雖垂拔，猶且力拒□爲□卻師，以開其降。遂脱一國之民死，則我一祖一宗之至德深仁，亦曠古之所罕見者也。□我有宋國祚之長遠，雖與佛日照臨於無窮，豈不宜哉。惠卿□□平日嘗以佛書洗其心，因得造華藏之眞遊，覿金光之妙相。則於其教像，宜所稱讚，以開未悟，而酬大恩。而又□□□□綏斯民，當使之知我有□□□□□生之造，不翅如天地父母。則欣載樂推，雖歷千萬世而不斁者，故其知也。故因惠素之請，樂爲之敘其本末，而以詩□之。其辭曰：

大道微妙含虛空　其大無旁小無中　西方有聖維大雄　其性如是相亦
充　聲教非特文軌同　幽顯環嚮逮天龍　金身未滅本非終　舍利傳布流無
窮　阿育寶塔非世工　八萬四千□穹隆　世間之智有盲聾　誰知此相與理
融　惠明隋室初建崇　舍利來至知何從　歷唐五季時□□　逢辰泰定此亦
通　問誰相繼揚眞風　惟我有宋祖與宗　太原形勢控胡戎　唐俗猶在其邑
豐　承鈞哀祈全故封　捨置度外開涵容　繼元拒守迷不恭　矜脱屠戮麾臨
衝　瑞光□□□□　既壞復立益以穹　佛日發汝多生蒙　君天賜汝再造
功　悲慈憫仁均□□　嗟汝勿□□□忠

元豐八年八月初一日建　太原□既摸刻

碑高九尺四寸五分，廣四尺六寸。共二十四行，行六十二字。正書。在太原府。

《金石萃編》卷一百三十八，《續修四庫全書》。

《鄠縣利師塔記》　夫寂滅之道，寒暑無以迭遷。妙極之源，生死無以交謝。良由空華生乎翳目，輪轉出乎妄心。若匪大明，難除重闇。況廼滅無所滅，生無所生。身存身亡，誰取誰捨。不以驚懼于懷者，卽白雲和尚矣。師諱得利，字子益，姓王氏，京兆府高陵人也。祖父並儒門之士，母性仁慈。始自紛年，不爲童戲。宿植善本，深慕玄門。誓志出家，辭親棄俗。遂依鄠縣白雲山淨居禪院守鑒大師肄承佛業，朝參夕奉，未嘗懈然。於天禧三年，慶蒙眷澤，削髮受具，著如來衣。脱三界之塵累，履一眞之正路。宏道爲美，積德爲欣。乃南訪禪宗，研味經律。定根益固，慧目增明。既還白雲，住持淨刹。締搆華宇，繪飾聖容，不以榮辱而見憂喜。非施則不受，非時則不食。焚誦無綴，孜孜是務。持《法華》、《金剛》、《上生》三經，計十大藏。由是心地無塵，慈雲有潤。德風遠振，高譽遐飛。復詣鄉邑，住毗沙隆昌寺。度小師一人，法稱恵滿，實慶歷三年乾元聖節，試中經業。抑亦性閑了義，續慧熠以長暉。拔濟含霊，俾正法而悠久。自非師資敦遇，宿契宏因者，何其使然耶。師以治平三年十一月十一日，託疾而化。僧臘四十七，俗壽七十一。門人恵滿荼毗收骨，瘞于幡竿村古佛院所。迄元符元年，建成窣堵。每歲開闡眞乘，仰伸報効。以其先師之道業，願得爲記。余深愧無文，直而書之。二年已卯十月庚子鄜時趙宗輔記。

元孫善明　宗緣　曾孫澄愚　澄意　澄觀　澄照　澄譽　澄月　講《金剛》《圓覺經》僧澄靖　孫講《圓覺經》僧道因

小師講經律論傳戒僧恵滿立石　安民刊

碑連額高四尺五寸，廣二尺二寸五分。共十八行，行三十二字。額題宋故利公塔記，並正書。在鄠縣。

《金石萃編》卷一百四十二，《續修四庫全書》。

《圓測法師佛舍利塔銘》　法師諱文雅，字圓測，新羅國王之孫也。三歲出家，十五請業。初於常辯二法師聽論，天聰警越，雖數千萬言，一歷其耳，不忘於心。正觀中，太宗文皇帝度爲僧，住京元法寺。乃覽《毗曇》、《成實》、《俱舍》、《婆沙》等論，暨古今章疏，無不閑曉，名聲藹著。三藏法師奘公自天竺將還，法師預夢婆羅門授菓滿懷，其所證應，勝因夙會。及奘公一見，契合莫逆，卽命付《瑜伽》、《成唯識》等論，兼所翻大小乘經論，皎若生知。後被召爲西明寺大德，撰《成唯識論疏》十卷，解《深密經疏》十卷，《仁王經疏》三卷，《金剛般若觀所緣論》，《般若心經》、《無量義經》等疏。羽翼祕典，耳目時人。所以贊佐奘公，使佛法東流，大興無窮之教者也。

法師性樂山水，往依終南山雲際寺。又去寺三十餘里閒居一所，靜志八年。西明寺僧徒邀屈還寺，講《成唯識論》。時有中天竺三藏地婆訶羅至京，奉勑簡召大德五人，令與譯《密嚴》等經，法師即居其首。後又召入東都，講譯新《華嚴經》，卷軸未終，遷化於佛授記寺，實萬歲通天元年七月二十二日也，春秋八十有四。以其月二十五日，燔於龍門香山寺北谷，便立白塔。在京學徒西明寺主慈善法師，大薦福寺大德勝莊法師等，當時已患禮奉無依，遂於香山葬所，分骸一節，盛以寶函石椁，別葬於終南山豐德寺東嶺上，法師嘗昔往游之地。墓上起塔，塔基內安舍利四十九粒。今其路幾不通矣，峭壁嶄絶，茂林鬱閉，險僻藏疾，人跡罕到。埋光蔽德，徒有歲年，孰知歸仰。由是同州龍興寺仁王院廣越法師，勤成至願，以大宋政和五年四月八日，乃就豐德分供養，并諸佛舍利，又葬於興教寺奘公塔之左，創起新塔，規範基公之塔，一體無異。并基公之塔，即舊而新之。金輪寶鐸，層構雙聳，矗如幻成。其下各環以廣廡，神像崇邃左右，以祔奘公焉。俾至者景慕起信，不知何時而已也。及於塔之前創修獻殿六楹，落成慶賛之日，不暇求能成文者，丐余直序其事，繫之以銘。銘曰：

貝葉西來兮其功大，敎流中區兮斯永賴。法匠有憑兮誠際會，香山迢遙兮閟幽宮。豐德峻阻兮藏靈蹤，後人依歸兮何適從。有越作緣兮神助力，雙塔屹立兮基是式。以祔奘公兮豈窮極，終南相高兮峻倚天。盛德巍然兮銘石鐫，來者瞻仰兮千萬年。

《金石萃編》卷一百四十六，《續修四庫全書》。

石横廣三尺一寸，高二尺一寸。三十六行，行二十四字。正書。在咸寧縣。

《重修薦福寺塔記》 長安城之西南三里餘，有寺曰大薦福。自唐高宗時，立爲獻福寺。至天授元年，始改薦福，并御書飛白額。中宗大加營飾，以神龍年後，翻譯佛經，並於此院。按《兩京記》，西北隅有薦福寺浮圖院，實景龍中，宮人率錢造立。浮圖凡一十五級，高三百尺，爲祈福之地。自景龍至本朝政和丙申，三百九十二年，風雨摧剝，簷角墊毀。有山谷迂叟，因出往遊，偶見是事，喟然傷乎，歲月浸久，將就傾圮。使夫妙緣聖跡寂寥，數百年來未有修崇之者，衆但咨嗟，莫能辦集。蓋此巍然寶塔，寔爲諸佛無量劫來薫修妙行，誓願所成。靈牙舍利，悉貯其中。普爲一切衆生，作大高廣福田。故我喜於修完，勇躍成就。願此殊勝淨行，利樂無窮，普沐妙因，豈不韙哉。於是負糧裹費，自竭其力，雖一毫不假於人。以是年二月己卯興功，越四月戊寅告成。洎以徘徊副屋，墮塼所擊，上漏下濕，損弊尤甚，悉皆修完，遂復一新。由是觀者如堵，湊沓瞻仰。衆復歸向，溥發善緣。始山谷子廬於臨涇之白龍庵中，方宴坐間，嗒然隱几而寐。夢現一寶塔，白光亘天。躊躇之間，傍有人云，此乃般若寶塔也，子欲遊乎。夢中謂曰，寶光充塞，殆不能前。又若有云，但隨吾行。於光明中，往來升降，洞徹無礙。蘧然驚覺，所夢寶塔，猶在目前，移時方散。後二年，獲修此塔，以白堊飾之。素光耀日，銀色貫空，正如夢中所見之像，略無少異，何報應之若是耶。願力冥契，成就斯緣。喜揭慶讃，聊紀梗槩云。大宋丙申政和六年五月二十七日李埜記。

勸緣住持傳法沙門永明立石

《金石萃編》卷一百四十七，《續修四庫全書》。

碑高六尺八寸五分，廣三尺二寸。十七行，行三十一字。正書，篆額。在咸寧縣。

《法門寺浴室院靈異記》 法門寺浴室院暴雨衝注，唯浴鑊器，獨不漂沒。靈異記古者，諸侯亦有史，大事書之於□，小事簡牘而已。尙采野史，以廣所聞。蓋欲明好惡，示懲勸，以資治本，亦爲政之方也。今所書者，則府城之東，岐山之陽，有釋迦如來眞身寶塔。因塔置寺，寺號法門。隨時廢興，垂百千祀。人天恭敬，龍神守護。不思議事，豈可殫論。寺之東南隅有浴室院，或供會□湊，緇侶雲集，凡聖混同，日浴千數。洎百年已還，迄于今日，檀那相継，未嘗廢墜。早者歲在乙亥，月搖林鍾，二十日夜，戌亥之際，飄風忽作，驟雨如傾。電火雷車，驚魂駭目。洪波浩浩，莫見津涯。黔首惶惶，但虞墊溺。洎乎風雨初霽，川原始分。水注之地，悉無完堵。唯浴室鑊器，獨不濡濕。其水跡上高數尺，踰驀而過，觀者靡不驚歎。又至丁丑歲秋七月十有八日□丑，塘雨復作，驚飆四吹。漂溺有情，傷害苗稼。盈川注壑，壞屋頹垣，愈甚於前。其浴室器用，一無霑污，亦復如初。噫，尙慮反道敗德，越禮違謙者，不悞龍神振怒，未能悛心，而致於是。不然者，迅雷烈風，何以薦臨於聖境。傲誕之輩，宜改往以修來。懷道之士，可加功而用行。斯則景風靈雨，不期而至矣。浴室社長王重順與社衆等，早植善根，將成法器。期生内院，猶假外緣。於此精懃，多歷年所。覩茲靈應，不可闕書。遂請前節度推官毛文恪，文而識音至之。欲令千古已降，斯言不泯，咸得聞知。時大宋太平興國三年歲次戊寅四月記。

常年結緣社衆具姓名列之於後

揚延昭　張鐸　索仁義　曺知溫　謝知遠　趙延昌　王思　董延美

趙景順　李敬順　張思順　李思義　藺仁美　郭景□　馬延水　宋廷訓

宗君武　胡思義　皇甫堯　張溫　曹彦溫　康鈞　雷進　趙思順　路從遇

揚知權　李□□　鮮卑鈞　張保珣　馬知信　房□□　劉延康　輔□□

孟□□　馬知謙　劉□□

《金石續編》卷十三，《續修四庫全書》。

石縱橫各二尺。二十二行，行二十八、九字不等。正書。在陝西扶風縣本寺。

《廣慈禪院修瑞象記》　夫以立瑞像者，重其本也。崇訓誥者，演其教也。像非其貌故不可以盡文，經非了義故不可以復思。其謂常心，有茲歸向。若或覩像如在，看經不虛。乃響接以必然，即因緣之博矣。其瑞像者，即經藏王僧義省新修也。熠輪金灼，儀相月圓。自假相以裝嚴，且託眞而教導。其諸瞻禮，即香燭以載陳。其又信心，乃夢魂而常在。暨乎釋捨中正，柔麗大和。成六年戰野之功，超十地得朋之操。因空得性，無相成眞。尚從馴致之能，方證圓明之果。出諸體化，離以言名。有願是從，無響不應。毫珠電轉，心印星羅。隨造化以有初，莫窮其始。育玄黃而在後，罔測其終。任草木以榮枯，吾非大覺。在陰陽之隱顯，吾不自知。洎一氣分元，三才互用。龍馬□闢於上下，烏兔分照於東西。運變形名，陶甄物類。剛柔著矣，大小數焉。將及指名，罔窮元造。確乎性也，其何言哉。且翕歛於四時，復含章於萬物。如來也，融光五蘊，馳化六虛。不可以聲色所言，不可以智慧所議。既受我命，復生我神。惟命與神，可大可久。不化而化，不言而言。乃謂神極而必通，感誠而後應。其法相也言與，其聲教也自行。妙不可表於人寰，至不可言乎沙界。乃因瑞像，略以明辭。辭不可盡乎聖理，像不可述乎聖容。蓋自有情，響於福壽者也。讚曰：

我丞三味，無終善始。我丞大極，得通善至。履和盡妙，感誠無思。惟眞日忘，惟法是利。匪我神通，神通自致。匪我法輪，法輪自熾。偉哉像設，教流大地。大寂淵奥，雲施雨行。大寂圓朗，電激雷驚。或出或處，萬物含英。且易且簡，萬物生成。至極至變，非色非聲。至感至應，不滅不生。我法非法，我名非名。誰書誰洩，自枯自榮。噫哉瑞像，歸於物情。大樂無聲，且鼓且舞。大權無名，且默且語。我味天供，匪寒匪暑。我聲天樂，惟律惟吕。爲世慈悲，百靈相與。

大宋雍熙二年歲次乙酉三月戊辰朔十八日壬戌　僧義省建　武威郡安文璲并弟文璨鐫字

院主賜紫沙門師忠　維那恵英大師　賜紫師政供養　主僧義全　典座僧義能　鄉貢學究拓拔説施碑石　觀察支使中散大夫撿校尚書刑部員外郎柱國賜紫金魚袋劉□□　朝散大夫行左拾遺通判永興軍府事柱國韓□□

觀察推官登仕郎試大理評事張擢　節度推官儒林郎試大理評事解汾　殿直永興軍華耀商乾等州同巡檢謝融

《金石續編》卷十三，《續修四庫全書》。

《廣慈禪院莊地碑》　守忠啓，守忠於永興軍萬年縣春明門有莊壹所，并磑貳所，涇陽縣界臨涇有莊壹所，今將兩處田土莊舍，並捨與廣慈院内，永充常住每年齋供，僧資薦父母。所有莊下舍屋間架桑樹，并諸雜樹木，兼逐年所收課利，諸般數目，並在□内，一□子細開説到日，請院主大師，於勾當人張崇吉手中，逐件分明點檢收管，永充貴院常住。即將逐年所收課利，據數合齋供得多數，每年見示功德疏一道。並將資薦先亡父母□條，即充□院添修，及置供養香燭之屬。所有莊貳所，天福六年賜到□賜宣頭一道，省牒一道，並書後連粘印押將去，請永遠爲據。謹修狀諮聞，伏惟照察。謹狀。

淳化二年四月　日，瀛州防禦使檢校太保知雄州軍州事兼馬步軍步安守忠守忠二字上有瀛州防禦使印一顆。　晉昌軍節度使安審琦奏，臣近於莊宅營田務，請射到萬年縣春明門陳知溫莊壹所，涇陽臨涇教坊莊、孫藏用莊、王思讓莊三所營田，依例輸納，夏秋省租。逐莊元不管薗林桑棗樹木牛具，只有沿莊舊管田土，一切見係莊宅司管屬，欲割歸縣，久遠承佃，供輸兩稅。伏候指揮。

右件莊可賜安審琦，充爲永業，宜令安審琦収管，依例供輸差務。仍下三司，指揮交割，付安審琦。準此。天福六年八月廿五日。廿五二字上有御□之印一顆。

戶部牒，晉昌軍節度使準宣頭晉昌軍節度使安審其奏，臣近於莊宅管田務，請射到萬年縣春明門陳知溫莊壹所，涇陽臨涇教坊莊，孫藏用、王思讓三所營田，依例輸納，夏秋省租。其逐莊元不管薗林桑棗樹木牛具，只有緣舊管田土，緣見係莊宅司管屬，欲乞割歸州縣，永遠承佃，供輸兩稅，伏候指揮者。前件莊可賜安審琦，充爲永業。宜令安審琦収管，依例供輸差稅。仍下三司，指揮交割，付三司，準此者。牒具如前，已牒晉昌軍，莊宅務仰切詳，宣命指揮，使交割與本道節度使訖。具逐莊所管荒熟頃畝數目，交割月日，分拆申上。所有未割日已前合納課租，即仰務司，據數管係徵納□絕訖。申其隨莊，合著係縣正稅，亦仰具狀牒，與本縣管徵，無令漏落事。須懷晉昌軍節度，亦請差人，交割収管，充爲永業，依例供輸差稅者，謹牒。

天福六年八月二十七日牒。七日二字上有三司使□□□一顆。

度支推官權判將仕郎試大理司直兼殿中侍御史許押

度寺判官權判朝議大夫尚書金部郎中上柱國賜紫金魚袋薛押

副使檢校司空右監門衛將軍董押

宣徽北院使判三司檢校司徒右監門衛大將軍劉押

廣慈禪院主賜紫師忠

右師忠當院昨於去歲中，蒙瀛州安太傅，捨到永興軍萬年縣春明門莊壹所，涇陽縣臨涇教坊莊壹所，設僧供，資薦先王。尋給得捨狀，及元賜宣頭幷戶部牒共三本文書。近者再蒙安太傅尊旨，令將前件三宗文字，書呈監稅司徒侍御。伏乞尊慈，特免雷司納稅，卑情無任惶懼激切之至。謹具狀告聞，謹錄狀上牒狀如前，謹牒。

淳化三年正月　日廣慈禪院主賜紫師忠狀。

九日。

本院東西兩莊地土下項

一、東莊一所，水磑二所。南畔東西長一百六十三步半，東闊六十步，西闊一百三十步，北長同南。計一頃四畝三分。東自西自南□□岸□。

一、莊西一段，南長五百五十九步，北長五百五十步，東闊七十三步，西闊一百二十七步。計二頃四十二畝六分。東自西古城，南自北河岸。

一、沉香亭牆東道南堀地，南北長二百一十六步，南北各闊一百六十八步。計一頃五十一畝二分。東自西九龍池南古牆，北自

一、連段往東堀地，南北古牆端長三百四十三步，南北各闊六十步二尺五寸。計八十六畝四分八厘。東自西自南廗，北自

一、連往東堀地，南北長四百五步，各闊二十七步半。計四十六畝四分。東自西自南至西高塚南二十□步半，北自

一、連段往東，長四百四十三步，各闊三百六十四步。計七頃二畝二分。東自西自南小道南高岸。北自

一、次東連段。南北畔西長四百一十一步，南闊二百六十七步，東長二百三十四步，北闊二百八十四步。計三頃六十一畝八分。東至東塚東四十步爲界，西自南至西塚南一十一步爲界，北自

一、河南直尖角，東長八十步，西南闊十八步。計五畝。東小⿰土僉，西南小⿰土僉北河。

一、河北尖角，長六十步，西闊一十五步。計一畝九分。東尖西自南河北小⿰土僉。

一、莊東長一百一十步，東西各闊六十步。計三十七畝五分。東西南自北小⿰土僉。

一、莊西北上河北⿰土僉下，計一畝五分。東小⿰土僉西尖，南河北岸。

一、次西河□⿰土僉上尖斜，南闊六十八步，北闊六十步，東尖西闊四十步。計五畝四分□厘。東河西⿰土僉，南自北河。

已上東莊，共計地一十七頃三十四畝二分。

一、北莊臨涇莊一所。

一、□槐斗二十六段，共計三頃四十六畝。

一、小劉斗一十八段，共計四頃六畝。

一、村斗三十四段，共計一十六頃三十四畝。

一、店西斗二十七段，共計七頃五十二畝。

一、店東斗二十段，共計七頃七十二畝。

一、李相公斗八段，共計四頃七畝。

一、□安寺東二段，共計一頃一十九畝。

已上北莊，共計四十頃三十六畝。

淳化三年六月日廣慈禪院主賜紫師忠立石

《金石續編》卷十三，《續修四庫全書》。

《說文偏旁字源并序及郭忠恕答書》　篆書目錄偏旁字源五百四十部，其建首立一爲端，畢終於亥。

南岳卧雲叟宣義大師賜紫夢英書兼自序　安文粲鐫字以上碑首隸書一行。

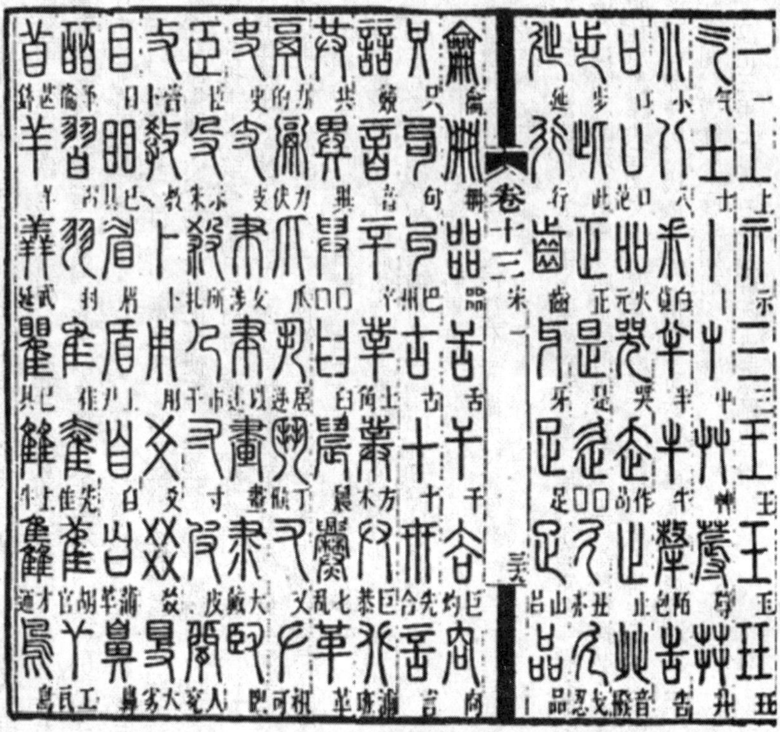

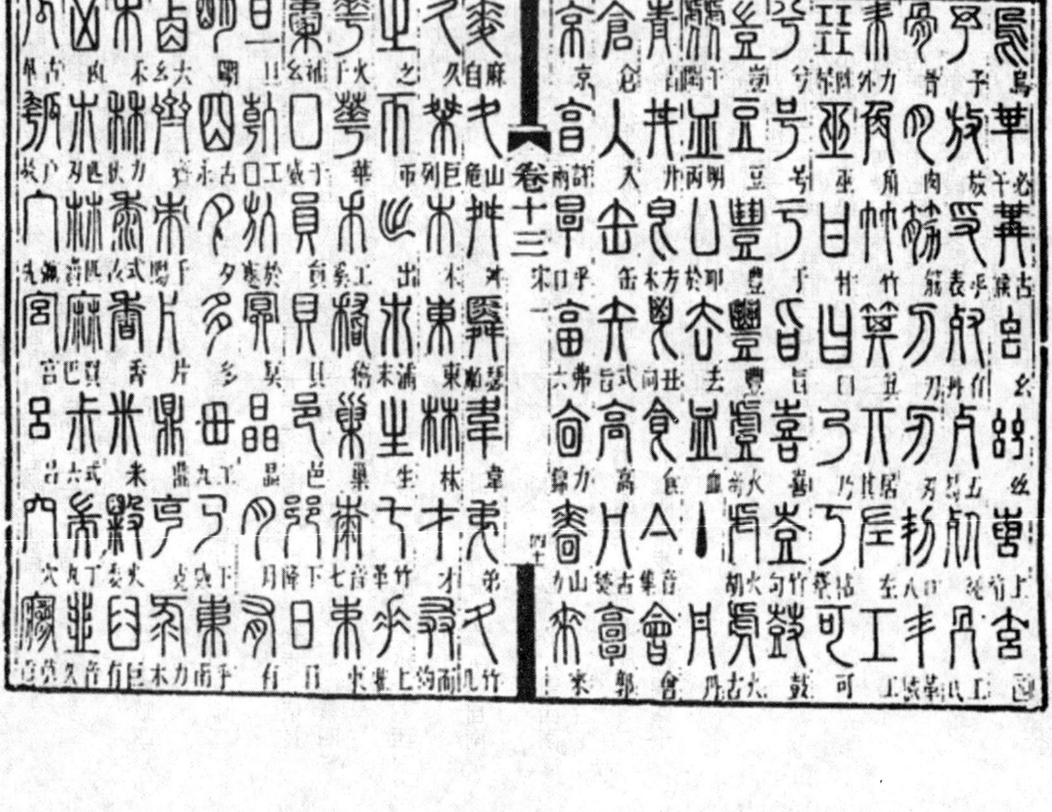

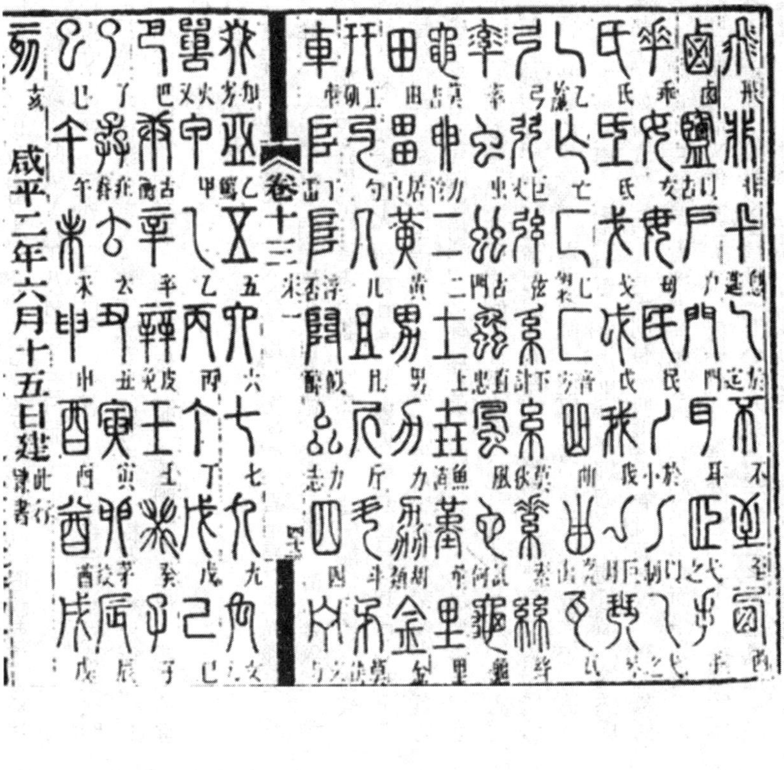

昔秦相李斯變蒼頡史籀之文，謂之小篆。其摹勒方圓之狀，則曲盡其妙，然於點畫簡略爲之。時以法令滋章，簿書委積，故程邈又省小篆爲隸，蓋趨便捷之用也。是以篆籀之法，鮮爲世珍。至炎漢中興，復置小學。許叔重乃集籀篆古文數家之學，以隸書訓釋，爲《說文》三十卷。學者從之，自漢而下，無稽之作，迭相馳競。故六書之法，蕩而無守焉。至唐，則李監陽氷，力扶壞本，下筆反古，有若神授。時好事者獲其眞蹟，櫝器而藏之，謂之墨寶。則懸黎夜光，比之瓴甋焉。自陽氷之後，篆書之法，世絕人工。唯汾陽郭忠恕共余，繼李監之美，於夏之日，冬之夜，未嘗不揮毫染素，乃至千百幅，反正無下筆之所，方可捨諸。及手肘胼胝，了無倦色。考三代之文，窮六書之法。俱落筆無滯，從橫得宜。大者縮其勢而漏其白，小者均其勢而引其畫。伸而無倚，撓而無折。其鳥獸草木之象，山川蟲魚之形者，如飛走動植於竹帛之上矣，蓋言象形字也。今依刊定《說文》，重書偏旁字源目錄五百四十部，貞石於長安故都文宣王廟。使千載之後，知余振古風，明籀篆，引工學者，取法於茲也。夢英自序。正書。

汾陽郭忠恕致書荅英公大師書已見十八體篆書碑，惟結衽不嫌於心亂句，嫌於心三字。時用數字句，用數字三字。又《集解》中誤收去部在注中句，文集二字，去字。英公大師座前句，座前二字。十八體碑均泐，此碑全。

太原郡元守全立　瑯琊王審亮同　武威郡安懷玉勾當建立

推忠宣力翊戴功臣建武軍節度觀察留後知永興軍府事兼都提轄永興軍華耀乾商兵甲捉賊公事光祿大夫檢校太傅兼御史大夫上柱國彭城郡開國公食邑四千五百戶實封七百戶劉知信

推誠宣力翊戴功臣鎮寧軍節度澶州管內觀察處置河堤等使金紫光祿大夫撿校太傅使持節澶州諸軍事行澶州刺史兼御史大夫知涇州軍州事兼管界都巡檢使上柱國平陽郡開國公食邑四千二百戶食實封一千戶柴禹錫

《金石續編》卷十三，《續修四庫全書》。

高六尺四寸，廣三尺。隸書一行，篆書十七行，行三十三字。正書十一行，字不等。在陝西西安府學碑林。

《逍遥棲禪寺水磨記》　夫開市農田之賦，邦國所以備於年儲。疏流變磨之功，人世所以資于日用。矧茲匠妙，俾自輪行。實濟物之殊功，乃廚湏之要務。長安鄠邑有逍遙精舍焉，即後秦三藏法師什公譯經之地也。此寺名標勝概，面對終南。况草木以靈奇，嘗高僧而間出。秦洎隋唐，皆高僧譯經之地也。境稱絕異，具載豐碑。此不復序。寺之東南隅三里已來，案圖經曰高觀之谷，其谷口有隟地，先是尚行溫之地，乃前寺主崇恩端拱年中以金帛易之。從始迄今，皆以荒墟，曾未田種。今寺主法普，始一日與同志曰，此處地壖澗口，水會潨流。欲樹建於磨亳，似不煩於巨力。既陳厥議，咸以悅隨。遂乃剪伐蓁蕪，鑿開峻岸。方興功力，會乏資財。有信士張彥實，施以青蚨百緡，助充營建。是以掄材聚墨，選匠鳩工。徘徊盡合於規模，巧拙皆依於制度。是以危樓崛起，疑蜃吐而雲成。駭浪奔輪，若虬蟠而轉影。且觀其源也，危峯巇岫，狀怪形奇。下之水也，瑩碧澄潭，深沉無底。人而過者，莫敢而窺。故九夏絕於炎殃，則可滋于稼穡。一方溉於畦壠，則挹之弗窮。其磨亭正座五間，都成七架。西開客館，東敞僧房。俾來者洗以塵，醒乎耳目。望遼天而空潤，夜月良多。覩雨霽於秋光，屏觀疊嶂。閴然世外，杜絕喧繁。噫，豈止獨利於禪林，抑亦務資於閭里。約費羨鏹三百餘緡，歲月未周，土木功畢。是知地之興也，故有其時。物之盛衰，良因其主。今守主法普，與供養主法明，並以精勤無怠，道行有聞。皆繼踵於眞宗，爲鄉閭之所仰也。苟非積於勤儉，安以樹於勝因者哉。乃以厥事既周，慮遷陵谷。志陸猥承見託，固讓弗遑。輙述蕪辭，誌於翠琰。時天聖八年八月二十五日記。

住持寺主法普　法瓅　□□行寶　行感　當寺監寺法全　供養主法明

磨主行達典座行素　廣恵禪院主恵安　前寺主師榮樹石　維那行□　其磨地窠東至高觀澗，南至澗，西至坡堎上頭，堎頭通人過往，北至草堂寺。已上四至。

《金石續編》卷十四，《續修四庫全書》。

《法門寺修九子母記》　夫九子母，學浮啚氏者，言之在異趣矣。始則憑負怪力，突戾慈忍。洎大雄氏示現威德，攝以正道。故力殫氣沮，神弗克競。而旋能服義畏威，降志下體，慄然歸順。逮夫能仁之教，流被震旦。嚴祠善刹，充滿天下。故存其像貌，儼列左右，蓋錄其背邪鄉正之道，亦足尊尚矣。法門寺東廊下，有故像一堂。以其子孫衆多，耆舊傳云，寡續乏後者，苟蠲禋精禱，則身枝蕃茂，而席其福。然年禩寖久，堂宇傾圮，雖有陳形弊質，亦不克副瞻仰者之恭畏也。景祐丙子歲，里人試匠簿，鉅鹿魏德宣與同閈人清河房君有鄰，武威奉職安君召，相與建啚，再議裝緝。時屬西夏跋扈，邊鄙興師，供億頗勞，故不果蚤就其志。迨今年五月中，方畢其事，繢塑一新。其母則慈柔婉約，且麗且淑。端然處中，視諸子，如有撫育之態。其子則有裸而攜者，有襁而負者，有因戲而欲啼者，有被責而含怒者，有迷藏而相失者。有羈丱牽衣而爭恩者二人焉，有勝冠服膺而夾侍者二人焉。擁戀庭闈，天姿騃冶，不可得而談悉。非施者之心專勤，匠氏之工精妙，亦不能允臻其極□□君子之肇意也。以家鐘餘慶，業茂素封。惟茲有後，未□兟兟。因相爲祝，寅罄迺衷。功未及終，咸遂其應。噫，神道冥昧，昭感之績，信未可誣。爽不佞，辱見請文其事，讓不獲已，因敢聊序其大略云爾。時慶歷五年閏五月一日記。進士魏戩書。塑人王澤。畫人任文德。

眞身塔主兼都修造主正辯大師賜紫法能立石

院主僧廣隨　勾管本殿僧廣嚴　張遵刻字

《金石續編》卷十四，《續修四庫全書》。

高二尺三寸，廣二尺五寸。二十三行，行二十二字。行書。在陝西扶風縣本寺。

《阿育王寺宸奎閣碑》　皇祐中有詔，廬山僧懷璉住京師十方淨因禪院。召對化成殿，問佛法大意。奏對稱旨，賜號大覺禪師。是時，北方之爲佛者，皆留於名相，囿於因果。以故士之聰明超逸者，皆鄙其言，詆爲蠻夷下俚之說。璉獨舉其妙與孔老合者，其言文而眞，其行峻而通。故一時士大夫，喜從之遊。遇休沐日，璉未盥漱，而戶外之屨滿矣。仁宗以天縱之能，不由師傳，自然得道。與璉問荅，親書頌詩以賜之，凡十有七篇。至和中，上書乞歸老山中。上曰，山即如如體也，將安歸乎。不許。治平中再乞，堅甚，英宗留之，不可，賜詔許自便。璉既渡江，少留于金山、西湖，遂歸老于四明之阿育王山廣利寺。四明之人，相與出力，建大閣，藏所賜頌詩，榜之宸奎。時京師始建寶文閣，詔取其副本藏焉，且命歲度僧一人。

璉歸山二十有二年，年八十有三，臣出守杭州。其徒使來告曰，宸奎閣未有銘，君逮事昭陵，而與吾師遊最舊，其可以辭。臣謹案，古之人君，號知佛者，必曰漢明、梁武，其徒蓋常以藉口，而繪其像于壁者。漢明以察爲明，而梁武以弱爲仁。皆緣名失實，去佛遠甚。恭惟仁宗，在位四十二年，未嘗廣度僧尼，崇侈寺廟。干戈斧質，未嘗有所私貸。而升遐之日，天下歸仁焉。此所謂得佛心法者，古今一人而已。璉雖以出世法度人，而持律嚴甚。上嘗賜以龍腦鉢盂，璉對使者焚之曰，吾法以壞色衣，以瓦鐵食，此鉢非法。使者歸奏，上嘉歎久之。銘曰：

巍巍仁皇，體合自然。神曜得道，非有師傳。維道人璉，逍遙自在。禪律並行，不相留礙。於穆頌詩，我既其文。惟佛與佛，乃識其眞。咨尓東南，山君海王。時節來朝，以謹其藏。

元祐六年正月癸亥，龍圖閣學士左朝奉郎知杭州軍州事兼管內勸農使充兩浙西路兵馬鈐轄兼提舉本路兵馬巡檢公事武功縣開國子食邑六百戶輕車都尉賜紫金魚袋臣蘇軾撰幷書。

《金石續編》卷十六，《續修四庫全書》。

高八尺，廣三尺五寸。十七行，行四十三字。正書。在浙江鄞縣。

《昭化寺政禪師行狀》　方山昭化禪觀政和尚，姓羅氏，太原府平晉縣古城北洞子鎭人，通《華嚴經》論。熙寧五年，壽陽縣父老于方山上西靈松嵓下金剛泉側，以石累爲龕，請師居龕，講《華嚴經》。一方士俗，蒙益趍善。共購置度牒，請師就本院，撫僧落髮出家。熙寧五年，南遊諸參，至潤州甘露寺，依廣照禪師。一日，辭廣照，遊廬山。廣照問師，此與廬山，是同是別。師禮拜，依位而立。廣照然之。又謂曰，女他日當坐古菩薩道場，有肉身大士，先已爲汝發揚化衆興建也。元祐初，至西京大字院看藏經，縣郭三社與山前六村善友，仝狀經官陳述，請師住持。官從之，師受請。至紹聖中，開墾山田，建下莊院一所，歲收蓄粟千斛。淨侶雲集，鳴魚擊鼓，无待於外。崇寧二年，張公來觀文在中堂，奏請勅題，幷逐年撥放童行一名。勅下之日，山前布金色銀色世界，種種化現，遠近人心，益堅信嚮，與五臺等矣。此地舊名神福山，今賜號方山，寺稱昭化禪院，長者謚號顯教妙嚴。又蒙蔡公元度樞密親書長者祠堂碑額，師悉親□於大觀三年，鑄洪鍾一口，重一萬斤，其聲嚮徹兩縣。度門人弟子有宗悟等一十六人，幷汾之間士庶，無論貧富大小，悉心化而誠服。

政咊三年，師無疾不食，唯飲凈水。衆善友柴和、趙百祥等數十人聞之，皆來集會，圍繞師左右，謂曰，欲得師久住世間，興隆佛法，願和尚慈悲，順我等請。師曰，時至即行，諸佛亦然。衆皆不散。師問小師宗弁曰，日在何時。弁應云，午時。師曰，從來道底。衆云，是什麼。師曰，清風吹不盡，明月照還晶。師偃息，乃留頌曰，天長地久，莫之能守。涅盤妙心，幾人能透。拊床一下，卧右脇而終。遂收舍利一千粒，俗壽七十一，僧臈五十三。師門弟子宗悟，持師行狀，千求相公，銘師之塔。公曰，汝持戒僧也，決不妄語，可依實而書焉，用吾文。宗悟奉命書。朝奉大夫致仕郭瑗書，晉山李永常摸刊。

《金石續編》卷十六，《續修四庫全書》。

高六尺，廣三尺。十八行，行三十七、八字不等。行書。額題政綽師三字。在山西壽陽縣方山。

《昭化寺李長者龕記》　予元祐戊辰，奉使河東，行太原壽陽縣，詣方山，瞻李長者像。至則荒萊蔽嶺，數十里前後無人煙。有古破殿屋三間，長者堂三間。村僧一名，丐食于縣，未嘗在山。予於破竹經架中，得長者《修行決疑論》四卷，《十元六相論》一卷，《十二緣生論》一卷。梵夾如新，從此遂頓悟華嚴宗旨。邑人以予知其長者也，相與勸勉，擇集賢嶺下，改建今昭化院。予去彼三十年，有住持僧宗悟來言，方山非昔日方山也。松柏林木，高大茂盛，不植而生，皆應古記。又於長者造論處，發見龕基，以磚石甃砌，前建軒閣，古跡歷然。僧徒粥飦，不求於外。遊人士庶，不絶於道。相公開其始，悟之先師政成其終。願得相公隻字，以爲法門之光。予曰，汝持戒人也，必不妄語，可自紀其實，以傳後人。政和戊戌十月望日，觀文殿大學士張商英題付宗悟。商英名上加□郡公之印一方，五字，篆書。

朝請大夫直祕閣權發遣河東路計度轉運使公事賜紫金魚袋陳知質篆額。

迪功郎前房州司戶曹事圓頓居士高淳、并姸志居士范圓焞施石。

宣和庚子歲七月庚申日，從政郎前麟州州學教授權太原府壽陽縣事田孝孫立石。

《金石續編》卷十六，《續修四庫全書》。

高五尺五寸，廣三尺二寸。十五行，行二十四字。正書。額題長者龕記四字，篆書。在山西壽陽縣方山。

《大鑒禪師殿記》　大鑒禪師，顯跡於唐，至我宋益昌。今光孝寺菩提樹是師落髮處，風幡堂是師説法處，遺跡如在。故釋子因爲祖師殿，以妥厥靈。歲久蠹生，重以欝攸爲孌，遂成荒阯。歲在己巳，住持僧祖中重新起造，既成而請記于余。余因謂禪師以四句偈傳衣，正以菩提無樹，明鏡非臺。今爲之殿宇，而加像設焉，得無惹塵埃乎。師又謂，心不着法，道即通流。心若着法，乃成自縛。晨香夕燈之奉，爲着法乎，爲不着法乎。請者未有以對。余語之曰，道無古今，佛無去來，謂師爲存而不沒乎。自唐迄今，幾七百年，世界如寒暑遷，人生如花葉換，逝水何可挽也。謂師爲沒而不存乎。庭前之木幹換根存，堂中之僧貌殊性一，羣瞻列跪，何見而恭敬。口誦心惟，何慕而歸依。飲水知源，自覺自悟，師豈遠乎哉。惟番禺，大都會也，禪師大道場也。地大則衆雜而俗厖，道大則教行而類應。師初出遠遊，而終返于是，豈無説邪。以寂照法，鮮炎氛毒。然則僧家爲殿以崇之，吾握筆爲汝記之，皆善緣也。咸淳五年十一月初七日，華文閣直學士通奉大夫廣南東路經略安撫使馬步軍都總管兼知廣州軍州事兼管內勸農使陳宗禮記，朝散大夫提舉廣南東路常平義倉茶鹽公事兼權運判冷應澂題蓋，宣教郎知廣州南海縣主管勸農公事兼弓手寨兵軍正王應麟書。　建安陳士可刻。

《金石續編》卷十九，《續修四庫全書》。

高五尺二寸，廣三尺。十九行，行二十五字。上題六祖大鑒禪師殿記八字，四行，並正書。在廣東廣州府光孝寺。

《宋遂寧府蓬溪縣新修淨戒院記》　東蜀地險且隘，非山即川。閒有平原，隨其陸之大小，以建郡邑。故土地廣闊，比之他路，蓋爲少矣。然士民信嚮釋學，多喜其教。人不以盜賊爲意，雖村落之民，逈居郊野，未嘗有驚竊之虞。由是僧居禪律相半，亦何盛耶。遂寧府東北去城四十里，夾於蓬溪，道左有寺曰淨戒，乃唐乾寧閒所建。昔號大輪，今名之所賜，寔自本朝。始有大佛與五百羅漢二殿，基構規模，依山附險，纔蔽風雨而已。然地之所占，殊爲勝概。林茂巒秀，周覆密欝，環蔭於下。古藤盤繞，垂結喬木之閒，掩暎滿目，眞若圖畫，使善繪者有不能也。人一到之，無不惋愛，以爲絶景佳處，往往留連徘徊，忘其去而不能捨爾。前有僧德脩，及見管句祖善，慨然有志，出於誠心。惜其舍廡未廣，供事未盡，欲興完而增大之。於是夙夜匪懈，奔走水陸，未始敢已。務在緣化以畢其願。孳孳始終，相繼踰三十年，方得就緒。取院之上巖，依廣闊形勢，爲釋迦、彌勒二大石像。隨其高下，設重閣三層，以嚴奉之。又置大部經四，列於閣之左右。則二僧先後積力之勤，眞可謂不負其志矣。德脩歸寂既久，獨祖善尚存，雖不識之，今將以是而觀其修建之由，亦可知其勤也已。宣和辛丑六月僕守遂寧。癸卯將及瓜期，府學正陳諮有請曰，鄉僧祖善，念其師德脩興院之功，世莫或知。以諮辱在門下，願因請記其事，丐文以叙之。又松楸密邇，歲時必造，竊不敢隱，區區幸被光榮焉。

陳侯一鄉之善士，耿介有持守，特爲邦人所推重。曩嘗以八行薦之於朝，今既來請，義不可拒。其詞曰：

武信東隅望艮兮　山原秀峻何崔嵬　茂林古木欝參差　下有古剎建路岐　唐昔創修經幾時　當年起者人爲誰　中閒隘陋且復衰　棟宇傾欹將即隳　釋子結緣志不移　奔馳水陸念在斯　德脩興創立規儀　確守挺然誠無欺　祖善繼脩能扶持　合謀成就遵其師　邇來營繕敢怠疲　歲月殷懃功益彌　三踰周星匪緩治　一朝金碧驚神爲　聞皆歎息觀生咨　大像巍峩閣相宜　四部經藏列於茲　使來瞻仰生懽怡　壯哉示此眞慈悲　如是能觀復何疑

宋宣和五年六月十八日，從政郎前充資州州學教授馮耘書。

《金石苑》卷三，《續修四庫全書》。

石高八尺，廣四尺六寸。二十三行，行四十字。字徑寸八分，正書。

《宋請能公開堂疏》　渠州延請能公長老，住持祥符，爲國開堂演法者。

右伏以尋迷智海，當問津梁。接踵法門，先開扃鐍。惟祥符之古剎，實衲子之群居。當日住持，久示維摩之病。至今印證，誰明達摩之心。宜得作家，付以是事。共惟能公長老，禪林巨植，覺地靈苗。頓入深機，盡祛邪見。謂教本來於西竺，何必費草鞋錢。雖足不履於南宗，亦能作師子吼。宜升高廣坐，直開方便門。與佛有緣，正可以指喻指。逢場作戲，何異在家出家。俯爲眾人，佇聞一諾謹疏。

紹興二十五年九月。

《金石苑》卷三，《續修四庫全書》。

石連額高五尺一寸，廣三尺。十一行，行二十三四五字不等。字徑寸餘至二寸不等。行書。結銜五行，前四行行四列，字徑六分。末行字徑寸。正書。額六字，字徑三寸餘，篆書。

《宋南山新開三伯佛記》　凡天下名山洞府，聖跡所在，沿路必爲佛像，所以示聖境也。惟七曲洞天未有，仲午到官，即欲爲之。父老云，去廟南不里許，有懸崖揭道旁，其高如闕，其方如切，俗傳謂之神印。往年有匠欲鑿之，斧鑿纔動，雷雨即至，如是者數四矣。仲午曰，嘻，有是哉，此殆帝君之意，欲留以爲今日用。試以之爲佛，帝意可占矣。遂命工鑿爲巨像者三，小像者十有一，雷亦不動，雨亦不作，衆然後信。因命沿道五六里內，凡懸崖所在，皆鑿爲佛，得三伯尊。自是道路鳴指聲不絕，豈非視聽之間，有以起其善心使之然耶。繼自今，吾蜀士夫謁七曲者，入是境，先覩雙松佐神之威嚴，繼覩沿路松官之森列，繼覩夾道諸佛之顯見，雖未見帝君，起敬起畏之心，已肅然萌於中，跬步不敢懈矣。此尙區區今日鑴佛之意也，其可不書。嘉定庚辰五月　日，迪功郎隆慶府梓潼縣主簿提振廟事新奏差資州資陽縣令主管勸農公事眉山杜仲午記。

《金石苑》卷四，《續修四庫全書》。

高四尺，廣三尺。十八行，行二十四字。字徑寸，正書。

《華州別駕杜承訓尊勝幢記》　蓋聞西極之土，有金人焉。具無量威德，植無量福田。發大悲心，救一切苦。有無兼謝，覺夢都忘。證十號以庇羣生，拔三塗而福幽界。尊勝陀羅尼者，我佛惣持之教，人雄方便之門。燭彼昏衢，燃以智慧炬。濟諸苦海，泛以般□舟。不可思議，廣大利益。未來過去，悉所歸依。凡報父母慈育之恩，荅怙恃劬勞之力。非伩如來眞諦，以資勝利，則安能成人子之道，伸罔極之情哉。大宋開寶七載冬閏十月二十八日，京兆前攝華州別駕杜承訓，奉爲先考府君諱澄字德潤，亡妣夫人周氏，建茲幢焉。自唐封杜，因國命周。書契已還，罕敵大姓。府君以恪恭之美，佑彼侯藩。夫人以貞懿之行，宜其家室。有慈有義，可法可象。銘誌斯在，行謀備詳。府君寄骨於晉陽，夫人啓殯於茲地。庶合周人之禮，□□楚相之魂。敬鐫龍藏之文，少寫蘭陔之恨。汝弼早悟苦空，深信因果。聞是請命，歡喜踊躍。恭敬合掌，謹述偈言：

我佛大慈悲　能滅諸苦惱　乘是功德山　速成無上道　下空。

次男銀青光祿大夫前攝相州別駕兼監察御史承詡長新婦呂氏　次新婦趙氏　孫男五人　長曰繼明　前攝華州觀察巡官　新婦吳氏　次曰繼昇　前攝相州司馬　次曰繼宗　前攝華州長史　次曰喜哥　次曰重喜　孫女四人　長曰相哥　次曰邢哥　次曰妹兒　次曰洛姐　重孫男汴哥　女鳳姐

《八瓊室金石補正》卷八十二，《續修四庫全書》。

高三尺二寸五分。八面，面廣四寸。《尊勝大悲眞言》五面，面五行，字徑六分。《心經》一面，六行，字徑四分。記二面，面五行，字徑四分。行字均不一。正書。在洛陽存古閣。

《法師義從尊勝幢記》　佛頂尊勝陁羅尼　洛陽開字人翟靈芝

法師諱義從，本鄭州管城人也。幼歲出家，年十二，於本郡龍興寺石佛院禮範大德爲師。至年十六，剃髮爲沙彌。十七受具。自後辭師，雲遊諸處，習諸經論，不捨晝夜。至年二十三，爲衆講《百法論》近二十餘遍。自後，講《彌勒上生經》三十餘遍。志求兜率，願覲慈尊，本所願也。於天聖年中蒙請，於寶應蓮宮講《百法上生》十五餘遍。俗壽六十三，僧臘四十六。於明道二年正月二十九，無疾而終於寶應之房。學法門人近二十餘人，不能具錄其名矣。當年五月中，建此幢記。講經律論傳大小乘戒同行願賜紫沙門德政書。

《八瓊室金石補正》卷八十二，《續修四庫全書》。

高二尺五寸。八面，面廣三寸七分。三行，行廿一字。字徑寸許。第八面記文，五行，行四十字，字徑七分。俱正書。在洛陽存古閣。

《十善業道經要略碑》　如是我聞，一時佛在娑竭羅龍宮，告龍王言，一切衆生，心想異故，造業亦異。由是故有諸趣輪轉，靡不由心。而心無色，不可見取。但是虚妄諸法集起，畢竟無主，無我我所。雖各隨業，所現不同，而實於中，無有作者。故一切法，皆不思議。自性如幻，智者知已，應修善業。汝觀佛身，諸相莊嚴，光明顯曜。諸大菩薩，妙色嚴净，皆由修集善業福德而生。今大海中，所有衆生，形色麤鄙，或大或小，亦由自心，造不善業。是故隨業，各自受報。汝當於此，正見不動，勿復墮在，斷常見中。當知菩薩有一法，能斷一切諸惡道苦。何等爲一，謂於晝夜，常念思惟觀察善法。今諸善法，念念增長，不容分毫不善閒雜。是則能令諸惡永斷，善法圓滿，常得親近諸佛菩薩，及餘聖衆。言善法者，謂人天身，聲聞獨覺，無上菩提，皆依此法，以爲根本，而得成就，故名善法。此法即是，十善業道。何等爲十，一者不殺生，二者不偷盜，三者不邪行，三事爲身業。四者不妄語，五者不兩舌，六者不惡口，七者不綺語，四事爲口業。八者不貪欲，九者不瞋恚，十者不邪見。三事爲意業。

若能永離殺生，即得十種離惱法。一者於諸衆生，普施無畏。二者常於衆生，起大慈心。三者永斷一切，瞋恚習氣。四者身常無病。五者壽命長遠。六者恆爲非人之所守護。七者常無惡夢，寢興快樂。八者滅除怨結，衆怨自解。九者無惡道怖。十□□□□□。若能迴向阿□□□□□三菩提，後成佛時，得佛隨心自在壽命。

若能永離偷盜，即得十種可保信法。一者資財盈積，王賊水火，不能散滅。二者多人愛念。三者人不欺負。四者十方□美。五者不憂損害。六者□□流布。七者處衆無畏。八者財命色力，安樂辯才，具足無缺。九者常懷施意。十者命終生天。若能迴向阿耨多羅三藐三菩提，後成佛時，得證清淨大菩提智。

若能永離邪行，即得四種智所讚法。一者諸根調順，二者永離諠掉，三者世所稱歎，四者妻莫能侵。若能迴向阿耨多羅三藐三菩提，後成佛時，得佛丈夫，隱密藏相。

若能永離妄語，即得八種天所讚法。一者□常清淨優鉢花香。二者爲諸世間之所信伏。三者發言成諦。四者常以愛語，安慰衆生。五者得勝意樂，三業清淨，六者言無誤失，心常歡喜。七者發言尊重，人天奉行。八者智慧殊勝，無能制伏。若能迴向阿耨多羅三藐三菩提，後成佛時，得如來眞實語。

若能永離兩舌，即得五種不可壞法。一者得不壞身，□能害故。二者得不壞眷屬，無能破故。三者得不壞信，順本業故。四者得不壞□行，所修堅固故。五者得□□□，知識不誑惑故。若能迴向阿耨多羅三藐三菩提，後成佛時，得正眷屬，諸魔外道，不能沮壞。

若能永離惡□，即得八種淨業。一者言不乖度，二者言皆利益，三者言必契理，四□□詞美妙，五者言可承□，□□言即信用，七者言無可譏，八者言盡愛樂。若能迴向阿耨多羅三藐三菩提，後成佛時，具足如來梵音聲相。

若能永離綺語，即得三種決定。一者定爲智人所愛，二者定能以智如實荅問，三者定於人天威德最勝，無有虚妄。若能迴向阿耨多羅三藐三菩提，後成佛時，得如來諸所受記，皆不唐捐。

若能永離貪欲，即得五種自在。一者三業自在，諸根具足故。二者財自在，一切怨賊，不能奪故。三者福德自在，隨心所欲，物皆備故。四者玉位自在，珍奇妙物，皆奉獻故。五者所獲之物，過本所求，百倍殊勝，由於昔時，不慳嫉故。若能迴向阿耨多羅三藐三菩提，後成佛時，三界特尊，皆共敬養。若能永離瞋恚，即得八種心。一者無煩惱心，二者無瞋恚心，三者無諍訟心，四者柔和質直心，五者得聖者慈心，六者常作利益安衆生心。七者身相端嚴，衆共尊敬。八者以和忍故，速生梵世。若能迴向阿耨多羅三藐三菩提，後成佛時，得佛無礙心，觀者無猒。

若能永離邪見，即得十種功德法。一者得眞善意樂，眞善等侶。二者深信因果，寗殞身命，終不作惡。三者唯皈依佛，非餘天等。四者直心正見，永離一切，吉凶疑網。五者常生人天，不更惡道。六者無量福德，轉轉增勝。七者永離邪道，行於聖道。八者不起身見，捨諸□業。九者住無礙見。十者不墮諸難。若能迴向阿耨多羅三藐三菩提，後成佛時，速證一切佛法，成就自在神通。

右已上是凡夫位中，所修十善業道。修此業道，則常於人天，受大福報。若能知心是佛，知法無常，樂修佛乘，猒離五欲，欲自度脱，先須度人。廣運慈悲，濟拔羣品。以此十善爲本，而行菩薩妙心，是名迴向阿耨多羅三藐三菩提。唐言無上正眞道，是一切衆生本心，一切諸佛所證，更無一法過於此法也。欲證自心，須觀法性，降伏三毒，除去我人。而發四宏誓願，衆生無邊誓願度，法門無邊誓願學，煩惱無邊誓願斷，無上佛道誓願成。行六波羅蜜，一布施，二持戒，三忍辱，四精進，五禪定，六智慧。以十善爲本，而行此六波羅蜜，便入菩薩位。修四無量心，一慈心，二悲心，三喜心，四捨心。以十善爲本，而行此四心，便入菩薩位。運四攝法，一布施，二愛語，三利行，四同事。以十善爲本，而行此四攝，以攝衆生，便入菩薩位。及三十七品助菩提道，皆以十善爲本，而次第修行。以莊嚴菩提之心，拔濟衆生之苦，即得速成佛果，超過人天。

《華嚴經》金剛藏菩薩說，菩薩從第一歡喜地，入第二離垢地，始能順性，行十善道。從凡夫位，乃至地前，但順理而修，登地已後，習以成性而修也。佛子菩薩，住離垢地，性自遠離，一切殺生。不畜刀杖，不懷怨恨。有慙有愧，仁恕具足。於一切衆生，有命之者，常生利益慈念之心。是菩薩尚不惡心惱諸衆生，何况於他起衆生想，而行殺害。

性不偸盜。菩薩於自資財，常知止足，於他慈恕，不欲侵損。若物屬他，起他物想，終不於此，而生盜心。乃至草葉，不與不取，何况其餘，資生之具。

性不邪婬。菩薩於自妻知足，不求他妻。於他妻妾，他所護女，親族媒定，及爲法所護，尚不生於貪染之心，何况從事。

性不妄語。菩薩常作實語，實語時語，乃至夢中，亦不忍作，覆藏之語。無心欲作，何况故犯。

性不兩舌。菩薩於諸衆生，無離間心，無惱害心。不作離閒說，不說離□語。若實若不實，不將此□，爲破彼故，而向彼說。不將彼語，爲破此故，而向此說。未破者不令破，已破者不令增長。

性不惡口。所謂毒害語，麤獷語，苦他語，令他瞋恨語，現前語，不現前語，鄙惡語，庸賤語，不可樂聞語，聞者不悅語，瞋忿語，如火燒心語，怨結語，熱惱語，不可愛語，不可樂語，能壞自身他身語。如是等語，皆悉捨離。常作潤澤語，柔軟語，說意語，可樂聞語，聞者喜悅語，善人人心語，風雅典則語，多人愛樂語，多人悅樂語，身心踴悅語。

性不綺語。菩薩常樂思審語，時實語，義語，法語，順道理語，巧調伏語，隨時籌量決定語。是菩薩乃至戲笑，尚恆思審，何况故出散亂之語。

性不貪欲。菩薩於他財物，他所資用，不生貪心，不願不求。

性離瞋恚。菩薩於一切衆生，恆起慈心，利益心，哀愍心，歡喜心，和潤心，攝受心。永捨瞋恨怨害熱惱，常思順行，仁慈祐益。

性離邪見。菩薩住於正道，不行占卜，不受惡戒。心見正直，無誑無諂。於佛法僧，起決定信。

佛子，菩薩摩訶薩，如是護持十善業道，常無閒斷。復作是念，一切衆生，墮惡趣者，莫不皆以，十不善業。是故我當，自修正行，亦勸於他，令修正行。何以故。若自不能修行正行，令他修者，無有是處。

佛子，此菩薩摩訶薩，復作是念，十不善業道，是地獄畜生餓鬼受生因。十善業道，是人天乃至有頂處受生因。據大經義，十善大分爲上下品，細分爲五品。此段是人天十善，都爲下品，以其皆不出三界淪迴也。又此上品，十善業道，以智慧修習，心愜劣故，怖三界故，闕大悲故。他聞聲而解了，故是聲聞乘。自此於上品中，分爲四段。此段明聲聞乘十善，以其出離三界淪迴，永斷煩惱，故爲上品。以其尙怖三界，闕大悲心，疾取洹槃，且安寂靜，故爲小乘。又此上品，十善業道，修治清淨，不從他教。自覺悟故，大悲方便，不具足故。悟解甚深，因緣法故，成獨覺乘。此段明獨覺乘十善，以其不從他教，自悟甚深因緣法，故爲□品。以其大悲方便，尚未具足，故爲中乘。又此上品，十善業道，修治清淨，心廣無量故，具足悲愍故，方便所攝故，發生大願故，不捨衆生故，希求諸佛大智故，淨治菩薩諸地故，淨修一切諸度故，成菩薩廣大行。此段明菩薩十善，以其廣大悲愍，不捨衆生，淨治菩薩諸地，故上品。以其希求諸佛大智，一切佛得圓滿，未得超過品位，故爲菩薩乘。又此上上，十善業道，一切種清淨故，乃至證十力四無畏故，一切佛法，皆得成就。是故我令守行十善，應令一切，具足清淨。如是方便，菩薩當學。此段明佛果十善。以其十力四無畏，一切佛法皆成就，圓證無有等量，故爲上上品。佛子，此菩薩摩訶薩，又作是念。十不善業道，上者地獄因，中者畜生因，下者餓鬼因。

殺生之罪，能令衆生，墮於地獄，畜生餓鬼。若生人中，得二種果報，一者短命，二者多病。

偸盜之罪，亦令衆生，墮三惡道。若生人中，得二種果報，一者貧窮，二者共財，不得自在。

邪婬之罪，亦令衆生，墮三惡道。若生人中，得二種果報，一者妻不貞良，二者不得隨意眷屬。

妄語之罪，亦令衆生，墮三惡道。若生人中，得二種果報，一者多被誹謗，二者爲他所誑。

兩舌之罪，亦令衆生，墮三惡道。若生人中，得二種果報，一者眷屬乖離，二者親族弊惡。

惡□之罪，亦令衆生，墮三惡道。若生人中，得二種果報，一者常聞惡聲，二者言多諍訟。

綺語之罪，亦令衆生，墮三惡道。若生人中，得二種果報，一者言無人受，二者語不明了。

貪欲之罪，亦令□□，墮三惡道。若生人中，得二種果報，一者心不知足，二者多欲無猒。

瞋恚之罪，亦令衆生，墮三惡道。若生人中，得二種果報，一者生邪見家，二者其心諂曲。

佛子，十不善業道，能生此等，無量無邊，衆大苦聚。是故菩薩，作如是念。我當遠離，十不善道。以十善道，爲法園苑。愛樂安住，自住其中。亦勸他人，令住其中。

右已上是菩薩地中，所修十善。自凡夫至地前，約理而修。登地以後，順性而修。又十善約分五品，人天爲下品，聲聞第二品，緣覺第三品，菩薩第四品，佛爲上品。諸經具明，前注已釋。又案經云，往昔佛在舍衛國祇陁精舍，告舍利弗，若受十善，不持八戒，終不就成。若毁八戒，十善俱滅。應當從今清旦，至明清旦，至心堅持，八戒歸依。於佛持心，如佛歸依。於法持心，如法歸依。於僧持心，如僧入戒齋者。是過去現在，諸佛如來，爲在家人，制出家法。一者不殺，二者不盜，三者不婬，四者不妄語，五者不飲酒。六者不花髮纓絡，香油塗身，倡優伎樂，及故往觀聽。七者不坐高廣大床，八者不過中食。持此齋戒功德，不墮地獄，不墮餓鬼，不墮畜生，不墮阿修羅，常生人中。正見出家，得涅槃道。十善自可啓告，諸佛菩薩，堅心受持。八戒事須請師，依法而受。或一日，或十日，乃至終身，隨力受持，永無三惡淪迴之苦。

右十善八戒，是滅罪生福之妙道，從凡入聖之初門。不妨俗緣，不礙世務。不必勞苦，不要資財。唯在近取諸身，調制三業。若未猒生死，則常於人天，廣受福德。若深求出離，則永遊絕路，疾證菩提。下視三塗，横截苦海，有此大利，何若不爲。顧此浮生，早爲身計，無自沉棄，後悔難追。

十善業道經要略

佛說天請問經不錄。

重立十善業道經要略石壁功德，伏願君王萬歲，永致太平。臣佐千秋，長扶明盛。文武品位，中外官寮，將吏緇黄，諸軍萬姓，俱臻富壽，咸遂樂康然。次願天平地成，河清海晏，風調雨順，歲稔時豐，祥瑞畢臻，災害不作。三塗之罪苦永謝，諸天之福報長崇。佛道興行，法輪常轉。三界九地，六類四生，盡於虛空，一切含識，乘斯善道，同證眞如。

大宋太平興國二年歲次丁丑十月戊午朔八日乙丑重建

鄉貢進士趙安仁書

都維那朝散大夫行尚書水部員外郎柱國沈　繼宗

副維那朝散郎守國子監丞監復州榷貨務趙　孚

東頭供奉官銀青光祿大夫撿挍兵部尚書兼御史大夫上柱國吳　載

右班殿直沈　繼明

朝奉郎守國子書學博士李　護

徵事郎試大理司直前守貝州清陽縣令田　誠
前攝河南軍節度推官沈　旴
將仕郎試祕書省校書郎時　貞吉
銀青光祿大夫撿校太子賓客兼殿中侍御史雲騎尉李　延溫
銀青光祿大夫撿挍太子賓客兼殿中侍御史雲騎尉韓　奉進
鄉貢進士宋　元興
當寺講《金剛經》《百法論》賜紫沙門　志蘊
修塔功德主沙門　鴻徹

《八瓊室金石補正》卷八十四，《續修四庫全書》。六石。石高二尺七寸三分，廣一尺二寸至一尺四寸不等。三列，列廿三行至廿五行不等。行十字，字徑七分。後幅題記銜名，廿四行，行字大小均不一。均正書。在開封府繁臺塔內。

《昭慶寺夢筆橋記》　昔者昭明綴集，里巷開于東府。子雲著書，亭□揭于西蜀。席前倏之能事，崇近古之殊稱。此賢者所以飛令聲，布嘉躅也。若夫經星著象，牽牛列于關梁。周官分職，司險達于川澤。觀天根而庀事，聽輿謀而順圖。此作者所以啓上功，廣成務也。其或流風可挹，遂泯滅而無聞。陳迹有基，忽廢墜而不舉。斯亦平津之館，永歎於屈氂。宛邱之道，深譏於單子者已。

浰河之東偏，會稽爲右郡。伯禹啓書而興夏，勾踐保栖而霸越。青巖交映，佳山水之秀奇。茂林森蔚，美竹箭之滋殖。地方百里者八，而蕭山居其一焉。縣目伽藍者五，而昭慶第爲甲焉。夢筆橋者，乃直寺門，絕河流而建之也。初，齊建元中，左衛江公歸依法乘，脫略塵境。捨所居宅，爲大福田。則斯橋之興，與寺偕始。其賦名索義，亦緜此物也。自會昌流禍，池臺起傾平之愴。大中再造，土木極文繡之華。唯造舟之制，曠日不復。物豈終否，有時而傾。天聖紀號之二年冬十有二月，隴西李君以廷尉評實宰是邑。君明習吏事，詳練理體。牽絲沿牒，至必連最。批卻導窾，居多餘地。其始至也，去害吏，撫瘵民。激揚積弊，僂振紘領。越明年，政以凝，民用甯。訟無留牘，漁不改夜。於是以成法視文奏，以暇刻起隳圮。位署必葺，邑居惟新。一日，周爰井疆，鋪觀圖籍。感釋子之能誌，惜二氏之寖微。且懼乎褰裳厲深，爲斯民病。漸帷涉難，貽來者羞。乃諭居僧，俾募信施。其坐堂上之客，必得邑中之豪。寺僧智明、利眞、有邦、德成、有章、自南，同與是謀，式幹斯蠱。三四佛之攸種，咸植善根。百千金之所直，悉歸寶塔。府帑不費，里旅不煩。山虞致木而叢倚，郢人運斤而風集。經始不日，而功用有成。晴虹倚空而半環，浮鼉跨波而欲度。雕楹矗而端聳，鉤楯繚而橫絕。肩摩轂擊，控夷路而下馳。飛艎鳴艣，貫清流而直逝。以材之豐羨，稽工之簡隙，又作駐楫亭于橋之北涘。艇子兩槳，足以憇行者之勤。傳車一□，可以勞□□之集。是知創橋以表寺，先賢之遺懿益光。由亭而視橋，□人之用心兼至。建一物而二美具，故君子謂李君爲能。若乃度羣迷，超彼岸，演竺乾之筏喻。從善政，均大惠，易國僑之輈濟。又豈止題柱伸馬卿之志，墮履紀黃石之書。臨清水以綈材，徒言呂母。架渭河而建利，止號崔公而已哉。李君謂予春秋之流，可謹歲月之實。折簡馳問，託辭傳信。愧無馬遷之善敘，聊傳邱明之新作云爾。時巨宋天聖四年春三月甲申日記，東越吳則之書幷篆額，錢塘趙世明鐫。
文林郎守縣尉兼主簿王式
儒林郎行縣尉兼主簿宋昌期
朝奉郎行大理評事知縣事飛騎尉李宋卿
景祐五年冬十一月既望，承奉郎守大理寺丞知縣事苗振重立。

《八瓊室金石補正》卷九十四，《續修四庫全書》。去邊高五尺，廣三尺一寸。廿一行，行四十八字。字徑六分，正書。額高一尺一寸，廣一尺二寸五分。三行，行三字。字徑二寸許。題越州蕭山縣夢筆橋記九字，篆書。在蕭山。

《釋迦成道記》　觀夫釋迦如來之垂化也，淨法界身，本無出沒。大悲願力，示現受生。洎乎兜率天宮爲護明菩薩，降迦毗羅國號一切義成。金團天子選其家，淨飯聖王爲其父。玉象乘日，示來於大術胎中。金輪作王，降誕於無憂樹下。現八十種隨形之妙好，粲若芬花。示三十二大士之相儀，皎如圓月。十方而各行七步，九水而共沐一身。現優曇花，作師子吼。言胎分之已盡，早證常身。爲度生以還來，重垂化跡。於是還羈禰祼，示類嬰孩。爲占相也，悲暢於阿私陀仙。往郊祠也，驚起於大自在廟。或爲童子，或學聲明，爲講武也，箭塔箭井猶存。爲捔力也，象沒象坑仍在。

受慾樂於十歲，現遊觀於四門。樂沙門身，猒老病死。於是澡缾天子，以警覺彰伎女之醜容。淨居天子，以捧持躍車匿而嚴駕。踰春城於八夜，捿雪嶺於六年。人辭愴戀主之心，馬舐落連珠之淚。揮寶刀而落紺髮，塔起天宮。將袞服以貿皮衣，形參麋鹿。扣林仙之所得，了世定之非眞。食麥食麻，降苦降樂。且夫瑤琴奏曲，必自中而曲成。佛果圓因，亦假因而果滿。由是擇其處也過龍窟，沐其身也入連河。示其食也受難陁之乳糜，示其座也受吉祥之茆草。以最後之聖體，詣菩提之道場。圓解脫之深因，登金剛之瀍座。一百四十之功德，不共二乘。八萬四千之法門，高超十地。由是魔軍威懾於慈力，愁怖旋歸。媚女敗毒於定心，嬉羸變質。於是堅牢地神，踴躍以作證。虛空天子，展轉而報知。類蓮華而出水，赫煥無方。若桂月以懸空，光明洞澈。經七日受提衛之麨蜜，警以少小之身。垂一音受賈客之戒歸，賜與人天之福。

旣成佛已，觀所化緣。悲二仙而不遇雷音，喜五人而堪從佛化。然以塵根昧劣，聖智淵深。順其瀍則法不應根，順其根則根無逹法。莫不爲愛河之所溺，緣癡樂之所盲。苟不利於當聞，仍假言而入滅。於是忉利帝釋，雲駈於三十三天。堪忍界王，霧擁於一十八梵。頭面作禮，致敬精專。請轉法輪，勸隨宜說。如來尋念，善逝通規。順古佛之佳謨，應群機之鄙欲。於是十方佛現，同興讚美之詞。一法乘分，共創塵勞之域。由是起道樹，詣鹿園。三月調根，五人得度。憍陳如悟慈尊之首唱，創解標名。舍利弗逢馬勝以傳言，於途見諦。採菽氏繼踵以師事，率門屬以同歸。迦葉氏曇跡以降心，領火徒而迴席。莫不以甘露洪注，末尼普熏。

天界人界，鷲林鹿林。或鷺池，或鷲嶺。或海甸，或菴園。或獼猴江，或火龍窟。或住波羅柰，或居摩竭提。或依堅守林，或止音樂樹。或海濵楞伽頂，或山際補陁巖。或迦蘭陀竹林，或舍衛國金地。或應念而空現，或沒山而出宮。或說法假於六方，或變身而爲三尺。或掌覆指變，或光流佛來。或一身普集於多身，或此界便明於他界。其間所說阿含四有，般若八空。密嚴華嚴，佛藏地藏。思益天之請問，楞伽頂之悟心。萬行首楞嚴，一乘無量義。大悲芬陀利，瀍炬陀羅尼。無垢稱之說經，湏達拏之瑞應。本事本生之別，諷誦重誦之殊。象馬兔之三獸渡河，羊鹿牛之三車出宅。或謂之有守邊中也，或謂之無轉照持也。或謂之頓也漸也，或謂之半也滿也。無小而不大，無邊而不中。三乘同入一佛乘，三性同歸一佛性。眞可謂父母孩孺，導師嶮巇。懸朗月於幽霄，布慈航於幻海。爲雲爲雨，使枯槁以還滋。爲救爲歸，指窮途於壽域。

於是所作已辦，功成不居。將返本以還源，類薪盡而火滅。繇是指力地，詣金河。光流面門，相驚塵刹。山搖地動，俱興苦痛之聲。異類變容，同現奢華之血。受純陀之妙供，納毗夜之眞言。唱四德以顯三伊，指萬有而歸一性。酬多羅迦葉四十二請問已周度，湏跋陁羅八十一化緣咸畢。破十仙之擴計，使獲朝聞。建四塔之崇規，遐分末葉。將欲明有爲之有滅，表無相之無生。上昇金剛身，往復虛空界。日月猶其墜落，螢光如何久留。誠有常身，使無放逸。於是還登玉座，首臥鶴林。偏遊三昧之門，將復一身之性。逆入順入，全超半超。依四禪之等持，湛三點之圓寂。是時也，天人叫躃，鳥獸哀號。飄風驟雲，山吼波逆。按輪王之古式，方俟葬儀。命力士以捧持，竟無能動。由是金棺自舉，繞拘尸之大城。寶炬不然，駐闍維之盛禮。莫不未生怨在於王舍，創結夢於十號慈尊。大迦葉遠下鷄峯，將盛禮於千輻輪足。必以兜羅緻氎，聖自火焚。藕王衆旃檀之薪，澍帝釋澡缾之水。彼願力猶在，悲心尚薰。碎金剛之勝身，爲舍利之遺骨。於是八國嚴衛，四兵肅容。各自捧於金罎，競爭興於寶塔。於是若牙若髮，迦葉波禮於忉利天宮。或炭或灰，無憂王建於贍部洲界。

若乃金言道在，塵刧法存。象王去而象子隨，一燈滅而一燈續。莫不大迦葉雲迎千衆，阿難陁雷吼三輪。商那表定於未來，毱多化籌而滿室。始自壞梁之感，終乎流乳之祥。瓶器異而水必同，燈點殊而光終一。是以大乘之眞空妙有，文殊彌勒異其宗。小乘而分氎析金，上座大衆元其部。或十支橫闡，或千部鬱興。或馬鳴龍樹繼其芳，或無著天親播其美。或提婆鼙眸而作嚚，或陳那吼石以飛聲。或百偈齊袪於外宗，或十師翊贊於遺頌。或聞經而夜昇兜率，或待佛而窟寄脩羅。或劒誓首以邀期，或象駝金而請譯。或賞能而食邑，或得勝以建幢。或論般若之理也名燈，或究俱舍之非也名雹。莫不殊途異轍，終會一源。自有及空，皆成萬德。自商周見虹貫，炎漢夢金人。教及神州，聲流華夏。見聞盡爾，宗致昭然。蓋委遺文，不復備而言也。乃爲銘曰：

化起從本源，功成應賢劫。萬行顯眞宗，三祇積鴻業。爲法出於世，降霊示分脅。眉攢天帝弓，目帶靑蓮葉。仙師相垂淚，地神驚捧接。灌頂當在宮，飛輪化彌帖。宗乘天日貴，象權師子頰。善教誰與傳，抨彈獨豪俠。遊觀驚老死，踰城弃臣妾。落髮親寶刀，貿衣遇群獵。寄跡狎麋鹿，苔身示羸怯。食麋人盡知，坐草魔方懾。潔若蓮出水，明逾鏡開匣。山海類高深，雲雷等詞捷。三時教彌闡，萬類根自愜。四句聊欲酬，十仙度相躡。補處記慈氏，遺文囑迦葉。卧樹徒載春，香薪已焚氎。悲心及綿遠，舍利光暐煜。獨感生後時，餘波幸沾涉。

沙門元耀書并題額。

大宋元豐五年七月，立石於湖州飛英寺浴院。管内都僧監賜紫永淇寺主賜紫淸己，副寺主賜紫道純，沙門曇潤、用慈、希顔、淸道、子賛、省中、則端，住報本傳法沙門惠元，攝長史王賓，弟子沈沃、王宗簡、朱紹宗、莫仲雍、徐舉、莊椿、魯詢、杭梵忠、欽郢、吳眞、傳諒、欽珙、徐覺、傳選、居震、妻周六娘，各施財開石。

東海徐稷鐫字在首行下。

《八瓊室金石補正》卷一百五，《續修四庫全書》。

高七尺五寸，廣二尺八寸。三十四行，行六十四字。字徑七分，正書。隸額，橫題釋迦成道記五字，字徑三寸。在歸安。

《惠因院教藏記》 資政殿學士太中大夫蒲公鎭錢唐之明年，政成民樂。春正月，請晉水淨源闍黎住持南山惠因道場，又施金立賢首華梵七祖之像設帳座而祠焉。轉運使許懋、孫昌齡，同繪善財童子參善知識五十四軸，并供具三十事。通判軍州事朝散郎李孝先、姚舜諧，共置經函六百餘枚。高麗國祐世僧統義天，聆芳咀潤，禮足承教。印造經論疏鈔，捻七千三百餘帙。莊嚴壯麗，金碧相輝。其弟子希仲等，欲光昭偉蹟，以文見屬。因語之曰，昔者無上法王，出現於世。以空化執，以福利化。欲以緣業化妄，以地獄化愚。故五蘊九識十八界，膠固循環，回復於生老病死之中者，咸歸度門。至於妙用無迹，眞空無體。本源淸淨，覺照圓明。卽華嚴海會稱性極談，無大無小，同證菩提。恢恢焉，炳炳焉，不可得而思議也。息乎，能仁滅而法網散，宗途異而諍辯興。馬鳴菩薩乃造《起信論》，發明大乘，以摧邪說。龍勝得之，開章釋義，又入龍宮誦《華嚴》，以傳于世。帝心尊者，應跡終南。挾論集觀，以授雲華。于時機感尚微，法雷未振。於是賢首菩薩，統一心，宏五教。大明既升，爝火斯息。大雨普注，群物咸潤。淸涼、定慧二大士，又從而演之通之，如貫意珠，圓融無盡。噫，去聖益遠，精義漸隱。源公以超悟浩博之才力，扶祖訓，集注大經，著述疏記，無慮數十萬言。始建教藏于蘇之報恩、法華，秀之密印、寶閣、普照、善住。今惠因虛席，又偶當世明公，相與協力而興之，闡揚尤盛，學者如歸。隨根器，破疑惑，能脫纏縛者，入正解，悟本覺，離我人相者，比比有之。宜乎名流天下，化行東表。俾世之言佛法者，知賢首之爲正宗。刻之金石，無愧辭矣。元祐元年十二月十八日，朝散大夫提舉杭州洞霄宮護軍吳興縣開國男食邑三百戶賜紫金魚袋章衡記。

承事郎監杭州都酒務兼權市舶司唐之問書。

奉議郎簽書昭慶軍節度判官廳公事賜緋魚袋文勛篆額。

資政殿學士太中大夫知杭州軍州事兼管内勸農使充兩浙西路兵馬鈐轄兼提舉本路兵馬巡檢公事輕車都尉河東郡開國侯食邑一千六百戶食實封壹百戶蒲宗孟立石。

《八瓊室金石補正》卷一百五，《續修四庫全書》。

高五尺二寸，廣三尺。十六行，行四十字。立石書篆。銜名三行，行字不一。字徑九分，正書。篆額四行，存因賢教記四字。在紹興府學。

《淨土寺惠深碑銘》 噫，佛滅浸久，法住浸微。有能輶舉妙德，勤任大事。承雙林之善囑，致萬乘之外護。畀此土含識，聆音覩相，跂希有心，入不邊地。自幼至老，利樂群品。缺二字。順世，人仰遺化，吾見於寶月大師焉。

師法諱惠深，世姓楊氏，趙州柏鄉人。夙植德本，生不童戲。七歲，禮邢州龍華院僧宗順出家。眞宗天禧缺二字。詔度，係藉童行，例蒙剃染。明年具戒。甫九齡，爾志尚超邈，誓斷諸漏。聞譚法師講《百法論》，往依止焉。專精問辨，未幾悟入，頓絶倫類。兼通《四分律》、《上生》、《盂蘭缺二字。諸經。既敏且勤，殆忘寢食。而處衆謙抑，外貌如愚。同學歆慕，多就咨決。又從隱法師探《惟識》之奥隱，許以入室，遂代居法席，時年十七。尤精《菩薩戒經》，異時缺二字。盂蘭，悒然歎曰，孝至德也，一切如來，此其本行。菩提薩埵，依以爲戒。吾豈徒言耶。於是罄其衣資，於堯山縣遵善寺羅漢院，爲父祖而上，設無㝵齋，請律師缺二字。施四衆大乘淨戒七晝夜，建陁羅尼石幢，會七世之喪於下。時龍興願和尚戒德稱首，師志深般若，業在毗尼。乃具燈燭果饌，妙供三千，奉十方佛飦。道俗缺二字。禮願求戒。自是律範精潔，諸方宗仰。行住坐卧，無非佛事。造慈氏聖像，施財者三百萬。課慈氏尊名，攝心者二億衆。善緣熏滋，勝驗殊特。

嘉祐初，入洛禮金缺二字。爲僧雲寶等，與鞏之官屬邑衆，請住淨土。兹寺之興，肇自元魏。規模甚壯，舊容千僧。經亂墮廢，基址石洞存焉。厥後有高行僧三人，分修以居。至皇祐四年，勑賜十方之額。初有廣和尚者，住持未久遷謝，師繼之，慨然有志興葺。檀信之士，聞風響臻。始營前後僧堂并廚，共二十八間。續建法堂及步廊，総二百間缺二字。法藏中央寘金，裝旃檀瑞像一軀。妙相月滿，慈視三界。函袟周遶，髹柒相鮮。印經律論，下洎傳記以充之。修羅漢洞四十二間，五百應眞，分處巖岫。剞劂綵缺二字。極精巧，費金無慮二千八百五十餘萬。

名德之盛，上動宸極。慈聖光獻皇后，體佛深心，佑我上治。素加崇禮，入内懺悔。廷賜紫方袍，又御封佛□寶匣，用嚴資戒道場，仍錫寶月師號焉。熙甯二年同天節，師飦僧二萬人，人施袈裟一條，以祝聖壽。每山門法會，香燭茶果錢帛等，恩賜相屬。五年，大具供施，往泗上禮普照塔。慈聖降香，及金鉢以助緣。還自唐鄧，所過欣仰，迎迓延請。緇素之衆，朝夕盈前。金繒之施，奔走恐後。六年，自京師鑄鐘，重六千斤。慈聖臨幸興國寺廣嚴殿，畀師迎歸，以薦福昭厚諸陵。八年，開寶寺栩崇因閣，復召師赴闕下修佛事，以慶其成。恩旨特留，懇辭還山。乃就慶壽宮，塑師眞儀，送閣上，以足羅漢之數。慈聖皇后卒哭，神宗皇帝遣二中使，與内典寘樊夫人，賫御前劄子，許乘兜轎，及祠部度牒五道，錢五百貫，綵六十疋，召師赴内道場。先是，慈聖嘗令本寺歲度僧一名，上僊乃止。上聞之，即令依舊，遂爲永式。眷禮之重，夐無前比。

元豐七年冬示疾，十二月二十二日晨鍾時，囑累訖，右脇告寂。壽七十有五，僧臘六十六。師氣貌溫厚，舉止祥順。遇人無高下，和容卑詞，猆於至誠。雖甚剛梗，見輒調伏。寺初營繕，僧寮屢易。有麁行狂悖者，忿其遷動，大詬以來。師方宴坐室中，遽掑其胷，負之以出。且曰，吾與若俱沉於洛爾。師神色不動，方止衆譟。及河，衆憤猆奪取，將訴諸官。師怡然譬解曰，吾與之戲爾。聞者無不嗟服。山門無田業，日贍幾五百口，化導殆半天下。有以僞借名其間者，衆謂此不隱辯，恐敗信心。師遽遏其端，退而告之曰，利養均所趍也，利我以害彼，如佛意何。且辨僞則眞亦疑矣。頃之歲荒，民流諸方，徒衆多亦居。師延納有加於常，知事以爲言，師笑曰，與子共此者，甯力致耶。不思議事，未易以一期歉足較也。解裝者倍多，又日飴飢民於庭。然饋送之家，不遠千里，蓋未嘗闕供也。施雖奉己，一付諸庫。口不與會計，目不領券要。是以愈久益信，至今人以爲法焉。

師奉戒精苦，汔無纖缺。日諷《菩薩戒經》七返，《俱胝眞言》五百過。月與其徒誦戒懺悔，講經論一百二十次。復延名師，竝開法席，歲不下五六。學者歸之，戸屨嘗滿。瞻護病疾，必加勤渠。營捄生命，不可筭數。住持者三十年，弟子淨恵等五十三人，稟大戒。宗裕等四十八人，多爲名僧，受經論。善詮等三十二人，各專法會。爲四輩圓授菩薩洎五八戒，三十餘萬人，皆有籍記，其法緣如此。明年二月十五日，塔於寺西北隅。啟棺，異香彌覆，顏貌如生。衣衾間得舍利，光白無數。有祈請者，或掇諸土中，或落自空際。宣仁聖烈皇后，賜香合椽燭，賻絹五十疋。將窆，道俗齋送，空邑落而遍原野。四遠奔赴，不啻萬人。風景淒變，烏鳥號集。悲戀贊歎，聲動山谷。其感應又如此。紹聖三年春，其徒淨良，持稟戒門人有誠等所録事狀，來謁文。顧余投迹甚邇，聆風且舊。即爲篹而次之，猶恨闕略。知師者謂師之頭陁行可及也，其方便智不可及也。豈菩薩應世示現說法者歟，抑證無生忍大善知識也已。銘曰：

忍無上業，萬德之筌。師踐履之，同符往僊。行寓諸戒，智通乃禪。於像法季，有大因緣。彼正律藏，率緊宣傳。所至歸德，其聚成廛。慈柔漸平，移龍□□。二后淑聖，恩禮後先。神皇欽明，眷接加虔。誠動幽顯，供浹人天。視若不足，乃終沛然。山門增輝，聿世其年。報盡理顯，示人有遷。散設利缺七字。半百，法施大千。良則是圖，不惟其賢。寺之乾維，松柏森焉。來者瞻慕，潤生敬田。

紹聖三年十二月二十二日，小師淨良，寺主賜紫法輪，住持傳戒廣恵，永定陵都監供備庫使李宗立立石。

《八瓊室金石補正》卷一百七,《續修四庫全書》。

高六尺二寸,廣二尺八寸五分。三十三行,行六十一字。字徑八分,正書。篆額,題有宋法師深公碑銘八字。陽文。在鞏縣。

《大悲成道傳贊》 前缺臣既至,妙善聽命,卽謂尼衆,汝等速避,吾當受誅。妙善乃出就死,將嬰刃次,龍山山神,知妙善大權菩薩,將證道果,救度衆生。無道父王,誤將斬首,以神通力,缺冥暴風雷電,攝取妙善,置於山下。使臣既失妙善所在,馳奔奏王。王復驚怒,驅五百軍,盡斬尼衆,悉焚舍宇。夫人王族,莫不慟哭。謂女已死,欲救無及。王謂夫人曰,□勿哀哭,此少女者,非我眷屬,當是魔怪,來生我家。朕得除去妖魔,甚可爲喜。妙善既以神力,攝至龍山之下。環視無人,卽徐步登山。忽聞腥穢,又念山林幽寂,安有□氣。山神化爲老人,見妙善曰,仁者欲往何所。妙善曰,我欲入此山脩道。老人曰,此山之中,乃鱗介羽毛所居,非仁者脩行之地。妙善曰,此名何山。□龍山也,龍居此山,故以名之。此去西嶺若何。曰,亦龍所居,是故謂之小龍山。惟二山之中,有一小嶺,號曰香山。此處清淨,乃仁者脩行之地。妙善曰,汝是何人,指吾居處。老人曰,弟子□人也,乃此山神。仁者將證道果,弟子誓當守護。言訖不見。妙善乃入香山,登頂四望,闃無人蹤。卽自念言,此處是吾化緣之地。故就山頂,葺宇脩行。草衣木食,人莫□知,已三年矣。

爾時父王以是罪業,故感迦摩羅疾,偏於膚體,寢息無安。竭國妙醫,不能救療。夫人王族,夙夜憂念。一日,有異僧立於內前,曰,吾有神方,可療王病。左□聞語,急以奏王。王聞,召僧入內。僧奏,貧道有藥,救王疾病。王曰,汝有何藥,可治吾病。僧曰,貧道有方,應用兩種大藥。王曰,如何。僧曰,用無嗔人手眼,可成此藥。王曰,□毋戲論,取人手眼,寧不嗔乎。僧曰,王國有之。王曰,今在何處。僧曰,王國西南有山,號曰香山。山頂有仙人,脩行功著,人無知者,此人無嗔。王曰,如何可得其手眼。僧□,它人莫求,惟王可得。此仙人者,過去與王,有大因緣。得其手眼,王之此疾,立愈無疑。王聞之,乃焚香禱告曰,朕之大病,果獲痊平,願此仙人,施我手眼,無所吝惜。禱□,卽令使臣,持香入山。

使臣至已,見茅庵中,有一仙人。身相端嚴,趺坐而坐。卽焚妙香,宣王勑命,曰,國王爲患迦摩羅疾,及今三年。竭國神醫妙藥,莫能治者。有僧進方,用無嗔人手眼,乃可成藥。今者竊聞仙人脩行功著,諒必無嗔。敢告仙人,求乞手眼,救王之病。使臣再拜。妙善思念,我之父王,不敬三寶,毀滅佛法,焚燒刹宇,誅斬尼衆,招此疾報。吾將手眼,以救王厄。既發念已,謂使臣曰,汝之國王,膺此惡疾,當是不信三寶所致。吾將手眼,以充王藥。惟願藥病相應,除王額疾。王當發心,歸向三寶,乃得痊愈。言訖,以刀自抉兩眼,復令使臣,斷其兩手。

爾時徧山震動,虛空有聲,贊曰,希有希有,能救衆生,行此世間,難行之事。使臣大怖。仙人曰,勿怖勿怖,持我手眼,還報於王,記吾所言。使臣受之,還以奏王。王得手眼,深生慙愧。令僧合藥,王乃服之。未及旬日,王病悉愈。王及夫人,戚里臣庶,下逮國人,皆生歡喜。王乃召僧供養,謝曰,朕之大病,非師莫救。僧曰,非貧道之力,王無仙人手眼,安得愈乎。王當入山,供謝仙人。言訖不見。王大驚,右掌曰,朕之薄緣,乃感聖僧來救。遂勑左右,朕以翼日,往詣香山,供謝仙人。

明日,王與夫人,二女宮族,嚴駕出城,來入香山。至仙人庵所,廣陳妙供。王焚香致謝曰,朕嬰此惡疾,非仙人手眼,難以痊愈,故朕今日,親攜骨肉,來詣山中,供謝仙人。王與夫人宮嬪皆前瞻,覩仙人無有手眼,悉生哀念。以仙人身不完具,由王所致。夫人審問瞻相,謂王曰,觀仙人形相,頗類我女。言訖,不覺哽噎,涕淚悲泣。仙人忽言曰,阿母夫人,勿憶妙善,我身是也。父王惡疾,兒奉手眼,上報王恩。王與夫人,聞是語已,抱持大哭,哀動天地。曰,朕之無道,乃令我女,手眼不全,受茲痛楚。朕將以舌,舐兒兩眼,續兒兩手。願天地神靈,令兒枯眼重生,斷臂復完。王發願已,口未至眼,忽失妙善所在。

爾時天地震動,光明晃耀,祥雲周覆,天樂發響。乃見千手千眼大悲觀音,身相端嚴,光明晃耀,巍巍堂堂,如星中月。王與夫人宮嬪,覩菩薩形相,舉身自撲,撫膺號慟,揚聲懺悔。弟子肉眼不識聖人,惡業障心,願垂救護,以免前愆。弟子從今以往,迴向三寶,重興佛刹。願菩薩慈悲,還復本體,令我供養。須臾,仙人復還本身,手眼完具,趺坐合掌,儼然而化,如入禪定。王與夫人,焚香發願,弟子供辦香薪,闍維聖體,還宮造塔,永永供養。王發願已,乃以種種淨香,圍繞靈軀,投火燃之。香薪已盡，靈軀屹然，舉之不動。王又發願，必是菩薩，不肯離於此地，欲令一切衆生，見聞供養。如是言已，與夫人昇之，即時輕舉。王乃恭置寶龕，內菩薩眞身，外營寶塔莊嚴，葬于山頂庵基之下。與宮眷在山守護，晝夜不寢。久乃歸國，重建梵宇，增度僧尼，敬奉三寶。出內庫財，於香山建塔十三層，以覆菩薩眞身。

弟子蒙師問及菩薩靈蹤，略述大指。若夫菩薩微密應化，非弟子所知。律師□問，香山寶塔，今復如何。天神曰，塔久已廢，今但止浮屠而已，人罕知者。聖人示跡，興廢有時。後三百年，當重興耳。律師聞已，合掌贊曰，觀音大士，神力如是。非菩薩□願廣大，莫能顯其跡。非彼土衆生緣熟，不能感其應。巍巍乎功德無量，不可得而思議哉。命弟子義常誌之。實聖厤二年仲夏十五日也。

贊曰，香山千手千眼大悲菩薩，乃觀音化身，異哉。元苻二年仲冬晦日，余出守汝州，而香山實在境內。住持沙門懷晝訪予，語及菩薩因緣。已而持一編書□，且言此月之吉，有比邱入山，風貌甚古，三衣藍縷。問之，曰居於長安終南山，聞香山有大悲菩薩，故來瞻禮。乃延館之。是夕，僧遶塔行道遠，旦已乃造方丈，□晝曰，貧道昔在南山靈感寺古屋經堆中，得一卷書，題曰《香山大悲成道傳》。乃終南宣律師所聞天神之語，敘菩薩應化之跡，藏之積年。晚聞京西汝州香□，卽菩薩成道之地，故跋涉而來，冀獲瞻禮，果有靈蹤在焉。遂出傳示晝。晝自念住持於此久矣，欲求其傳而未之得。是僧實攜以來，豈非緣契。遂錄傳之□日既暮，僧輒告去，固留不止，遂行。晝曰，日已夕矣，彼僧何詣。命追之，莫知所止。晝亦不知其凡耶，聖耶，因以其傳爲示。予讀之，本末甚詳。但其語或俚俗，豈□常者少文而失天神本語耶。然至菩薩之言，皆卓然奇特，入理之極談。予以菩薩之顯化香山若此，而未有傳。比余至汝，其書適出。豈大悲付囑，欲予譔著□。遂爲論次，刊滅俚辭，采菩薩實語，著于篇。噫，天神所謂後三百年重興者，豈在是哉，豈在是哉。

元符二年歲次庚辰九月朔書。

崇寧三年五月二日，杭州天竺寺僧道育重立。

朱炳男□同□。

《八瓊室金石補正》卷一百九，《續修四庫全書》。

高六尺八寸五分，廣六尺。傳廿七行，行六十二三字。贊七行，行六十字。年月一行。字徑七分。横額，存悲之傳三字。並正書。在紹興府學。

《南嶽觀音贊》 覺印禪師子英，少爲比邱，事善知識，於諸佛法，未得悟入。嘗居南嶽寺，一夕，夢觀世音菩薩坐其室中。英稽首求哀，觀世音不答，徐舉淨瓶，稍稍振之。瓶中有聲，如百千妙樂，合奏成文。曲終召英，灌以香水滿掬。英頓覺心耳娛悅，神情開達。後數日，豁然契悟。遂圖觀世音菩薩像如夢中所見者。凡六坐道場，必以自隨。大觀四年春，罷普照禪席，將遊嵩少。忽謂法照童子曰，汝法器也，宜奉此像。乃以授之。童子歡喜，歸示其父雪川張大亨。父卽頂禮觀世音菩薩足已，爲敘其事。且欲重宣此義，而說頌言，

廣大智慧無與比　普觀一切皆圓音　根塵旋復自聞聞　是故得斯清淨耳
衆生垢重不自覺　隨聲轉故迷本聞　大士慈力爲冥資　示以普門如幻法
我觀瓶相如虛空　以大悲故流香水　恆出種種解脫音　聞者悉成無上果
願此童子及我等　一切皆得從中證　還於莊嚴衆具中　演說如是普門法

政和元年五月初五日，覽廣信軍通判朝奉嘉甫《觀音菩薩贊》，深契妙理，寄普照覺印老師智通等，特刊石於少林祖師道場，傳布四方。使見聞者，悉證普門三昧。前住持嗣法智通，住持嗣法孫惠初同立。

陳忠顯刊。在首行下。

《八瓊室金石補正》卷一百一十，《續修四庫全書》。

高二尺八寸，廣一尺六寸。十七行，行廿八字。字徑七分。正書。在登封。

《西河普濟寺記》 距馮翊郡之北九十里，其屬邑曰澄城縣。縣西三里，澗行而南百餘步，谷曰金沙。有泉出于山谷之間，世傳曰洗腸泉，卽東晉高僧佛圖澄開脇浴腸之地也。師之靈異，《晉記》言之詳矣。遼遼曠古，聖跡具存。高山蒼蒼，流水湯湯。孤雲裴回，仰清風而不忘。觀其圓明一鑑，涵畜萬象。升之可以致雲雨，酌之可以愈疾病。故民間水旱痁疫，必禱焉，應驗如響。人加畏信，相與勸飭，刱寺宇於泉上，以爲大衆祈禳歸依福地。

大觀丁亥冬，馮翊久不雪，麥苗未滋。且慮來歲之歉，郡侯郭公長卿遣使，具蒲塞之饌，嚴潔致祀，迎酌泉水，而供事之。越翌日，而瑞雪應

祈，闔境霑之，歲迺大熟。郭侯表其事于朝，天子嘉賞。至大觀戊子四月，錫師以眞顯法師之號。大觀己丑有詔，毀天下寺之無名額者。太守李公慎由，從邑人之請，具以霊泉寺屋滿三十楹之數上之，詔遂不毀，仍勑普濟之名，以爲寺額。李侯親書其榜，揭示無窮。亦使後世知寺獲普濟名者，自李侯始也。舊泉之東上皆土山，其高數百尺。岧嶤斬絶，雖樵夫牧孺，不能留足。其地邑之大姓曹師仁之所有也，曹念法師神異，綿歷七百餘祀。今既膺天子寵命，蓋宜崇飾梵宇，奉安神像，使之輪煥壯麗，以爲邑人美觀，不亦可乎。於是盡施泉上之地，以爲寺址。有比邱尼法遠，苦形勵志，力願成就。命工鑿齗，刬土山而平之，刳攘榛穢，始□始基。法遠布衣一襲，糲飲一盂，卑辭下色，謹募檀越。往來城中，日十數返。冽寒酷暑，志不少替。邑人視遠之勤，嘉遠之志，揮金爭施，樂助緣事。桴棟瓴甋，遝邇輦至。鳩工聚材，卜日而就。三門峻峙，而廡翼立。堂屋廚庫，皆有法度。粥魚齋磬，罔不嚴肅。東啟高閣，層倚巖腹，眞顯之像處其下。西構清軒，俯臨溪流，以爲士庶行樂宴賞之勝。

然寺踞河上，高倍十丈，每歲夏秋之交，雨水暴漲。泉之東岸，旋葺旋壞。大觀庚寅，汶陽王公浹授天子命，作宰是邑。或爲民祈請，或行春布令。梠車駐旆，屢至寺下。一日，據軒愕視曰，水所以爲東偏患者，以河西巨石礙礴，隱伏地中，障田水勢，而不得西，此所以東岸受其患也。因自給俸廩，募石工疏鑿，以殺水東之勢。乃諭遠以丐化石，如柱礎大者，三千有奇，積起爲岸，以護河水泛溢之患，以爲永遠堅固之利。遠如大夫指，閱歲而功告成。自是，躭躭沈沈，莊嚴靜深，爲香花之芬馥，閑鍾磬之清音。楩楠杉檜，翠陰蕭森。溪聲漱玉，巘溜鳴琴。禪侶燕坐，如鷲峯之與雙林。又有桃李以茂陽春之華，亦有松竹以固歲寒之節。夏風如焚，則就濯貫谷金沙之泉。秋霄氣清，則坐延堯山金粟之月。顧寺之興，豈特法師蓮鉢一勺之水，可以爲雲雨，而澤萬物。至於四時敷榮之景，凡可以供耳目之娛者，又且使人樂之而不猒，卽以利物，又以便人。孰不曰瞿曇氏之教。政和壬辰孟冬初吉，邑人曹景儉記。少陵王岦書。

陳仲文刊。

《八瓊室金石補正》卷一百一十，《續修四庫全書》。

高三尺三寸，廣一尺九寸。廿三行，行四十四字。字徑五分，正書。在澄城。

《李昌孺示初公頌》 昔日曾聞師子音，淸風匝地滿叢林。不須更問西來意，曉月亭亭正露金。

又

一見師來契此心，更於何處問知音。要尋達磨當年事，只是如今舊少林。

政和六年孟夏旦日，通仕郎新鄭州司兵𠁊事劉卞上石。

□□□□□。

《八瓊室金石補正》卷一百一十一，《續修四庫全書》。

高二尺七寸，廣一尺二寸七分。六行，行字不一。字徑一寸三分，行書。上石人名小字二行。正書。在登封。

《天慶院顯達塔銘》 師諱顯達，字彥濟，姓劉氏，其先洛陽人也。母始保妊時，每兆熊羆。誕毓六歲，一日遽語母曰，兒願求出世，要寄浮生於夢幻矣。母愕然異其語，遂與父亟議從之。出家，禮住持妙慧大師道聰爲親教師。師雖幼稚，一入梵刹，不繩而自循規範。凡誦諸妙典，殊無凝滯。豈非夙習近胞，安能通慧如是耶。天聖五禩五月內，遇乾元節，特恩披剃。明年，授具足戒。師十七歲，遠趍天庭簾前，賜紫方袍。熙甯元年，掌院帑。至元祐元年，知院莊。以師幹辦風力，絶人遠甚，德行高潔，衆所推重。逮元祐四年，陞領住持院事，崇奉益懃。自是，日加營葺，內外增修，雅飾一新。惟以□誦《法華》、《梵網》，雖祁寒畏暑，時無輟焉。以智慧導有衆，方便誘檀那。一切世間，無取無捨，無憎無愛，無彼無此，無可無不可。周旋委曲，深得眞空般若之趣。統領院務二十餘載，晨昏精進，略無少懈。於大觀三年十二月始三日，儼然示化正寢，享年九十二。

夫富貴壽夭，天也。賢者必貴，仁者必壽，師兼得之。嗚呼，其生兮若浮萍，其死兮若流水。臨終不昧，獲悟眞如。逝化昭明，定超覺地。粵大觀四年閏八月十五日，奉師柩，葬于河南府洛陽縣杜澤村原先塋之次，禮也。是時建塔，紀銘不具，誠爲闕典。今宰院知庫遵昇二大師，率諸小師妙端等，恊龜筮，以宣和五年二月十五日，起塔紀銘，刻諸翠珉，以永其傳。度小師一十一人，曰妙端，妙遇，妙方，妙威，妙開，妙倫，妙太，賜紫妙褒，賜紫妙亨，賜紫妙章，妙演。一日，遽蒙遵昇二大師惠然見臨，囑予爲銘，不得辭者，義也。勉爲之銘曰：

師先洛汭　童稚通慧　夢幻知非　樂歸釋第　梵網法華　殊無凝滯
智慧導衆　方便誘厲　院帑豐資　莊糧盈計　宰院承流　無敢違戾　寬猛
得中　群膺伏制　年高益懃　五福俱契　欝茂松楸　窀穸永閟　卜兆斯年
慶傳後裔

小師妙端等，知庫賜紫妙昇，知事賜紫妙賢，住持賜紫妙遵立石。

《八瓊室金石補正》卷一百一十一，《續修四庫全書》。

高二尺五分，廣二尺一寸六分。廿七行，行廿六字。弟十六行多一字。字徑五分，正書。在洛陽。

《壽聖院泛海觀音記讚》　菩薩於天聖元年五月中，泛大海，至於江陰。有客舟邂逅菩薩於中流，隨舩放光而行。舟師以篙柭退，如是者三，放光不已。相次至江岸小石灣，住彼不去。是夜，現白衣人，託夢於邑人吳信云，緣化右臂。信曰，臂實難捨，餘可奉從。白衣人曰，此邑雜賣李氏家有香檀，可以作臂。信候天明，驚異尋訪。有市人相傳江岸有觀音泛海而來，其長及丈。信往視之，果見菩薩，仍無右臂。於是信宣言於衆曰，菩薩託夢，以求此臂。我今發心，圓滿功德。後果得檀木於李氏家，長五尺許，乃能成就。自是，邑人迎請，歸壽聖奉安，廣興供養，祈禱屢獲感應。宣和甲辰二月二十二日，孝竭被旨按兵，同常倅王松抵是邑，暫憩壽聖，遂獲瞻禮。時長老祕源持菩薩示跡，請記本末。庶幾見聞，發心歸嚮。夫大士應願滿心，令諸有情，獲安樂地。隨緣赴感，現六神通。以妙智力，使彼衆生，觀其音聲，而得解脫。應得度者，即現其身。此亦瀕江近海，大士度人應世悲願之一也。王孝竭稽首爲記，以書事實。讚曰：

大士願力　如彼慈雲　隨聲救苦　普濟羣倫　泛波滄海　來斯江津
楊枝淨水　洗三業根　示現脫臂　于彼邑人　與士與庶　作果作因　三塗
八難　平等寃親　於一念際　合覺背塵　頓能顯脫　了達見聞　信彼大士
百億分身　在微塵刹　轉妙法輪　巍巍堂堂　人天所尊

通直郎知常州江陰縣管句勸農公事兼管勾兵馬司公事余恂立石。

宣教郎權通判常州軍州同管句神霄玉淸萬壽宫借緋魚袋王松，邵詳，幷男擇模□。

《八瓊室金石補正》卷一百一十一，《續修四庫全書》。

高二尺七寸，廣二尺五寸。廿一行，行廿六、廿五字。字徑寸許，行書。銜名二行，行字不一。字徑六分，正書。在江陰。

《靈泉寺新殿記》　元祐三年，始以柳州靈泉寺爲十方。崇甯中，改曰天甯萬壽禪寺。柳治水北幾五百年，靈泉在水南□立魚山趾，寺蔽於僊奕之腋。唐刺史柳侯記二山水石洞穴，魚鳥草木最詳，寺獨不錄，又不得例大雲，見於它文。問之父老，昔蓋陋甚，自變律爲禪，乃始大作。門堂樓殿，欲以冠冕南方，未訖者十一。建炎初，住持僧覺昕見初寮道人王安中於象郡，且求記。即應之曰，昕嘗從眞如慕，結游京師，居法雲慧林智海諸禪，能髣髴乎，□吾將觀焉。後六年，果至柳，而殿適成。先是，丞相儀眞吳公登後山，面立魚而笑，有得於華亭離釣三寸之意。昕爲作釣軒山上，安中從公與丞相新安汪公憑軒，俯見殿宇而壯之，以爲廣右第一。嗚呼，佛法出西域，而盛於東□。禪學出嶺南，而盛於中州。今西域浮圖氏至中國者，無復騰蘭達磨之流□，而嶺南禪者益少，塔廟荒蕪。柳距京師六千里，獨能於空山野水之間，興此偉傑勝麗之觀，移人心目，忘其去國之遠。撞鐘出迎，四方來棲之士，指以千計，是則希有。夫道法廢興，雖若有數，而願力之至，爲無不成，道豈遠人乎哉。因大書其榜曰能仁之殿，而説偈言：

南山古佛家靈泉　紺殿飛出玻瓈天　雙龍戲珠扶屋椽　上有碧井垂青
蓮　王城梵宫墮目前　祥光夜燭牂柯川　樓鐘橫撞震大千　僊者輟奕鶴駕
翩　石魚立舞雷鼓闐　我來時從兩貂蟬　父老驚嘆相後先　號佛稽首願力
堅　泰一下趣羲和鞭　往迎兩宫日馭旋　百神呵護敢不虔　盡嶺南北際海
壖　天河洗兵人晏眠　摧伏颶母掃瘴煙　普雨萬國常豐年

紹興二年四月十七日，住持淨悟大師覺昕立石。

《八瓊室金石補正》卷二百十二，《續修四庫全書》。

高六尺九寸，廣六尺六寸。廿四行，行廿五字。字徑二寸五分，正書。在馬平。

《大用菴銘》　廓然之宗，空而不空。智游方外，妙入環中。環中湛存，用之不痕。揔造化柄，見離微根。窮極離微，元樞活機。河横滄蕩，斗轉依稀。依稀成用，用與體共。象未中形，功初內動。動而影彰，靜而智藏。光容天地，兆變陰陽。陰陽變兆，用得之要。春在百花，風號萬竅。竅竅中虛，雖有而無。聲不礙器，色不染珠。珠兮走盤，不見其端。

壁立千仞，赤肉一團。一團赤肉，應緣具足。像兮臨鑑，神兮居谷。谷神是誰，靈靈自知。說用如鼻，眺用如眉。用之立換，寄世而玩。彈指開門，相招隔岸。隔岸相招，拈卻木橋。等閑一喚，適用全超。超用較些，相逢作家。雨雲翻覆，雪刃交加。交加不傷，用純愈光。拍拍是令，人人當行。當行往還，用亡險艱。如石含玉，似地擎山。山畜海藏，規圓矩方。頭頭得用，恰恰相當。相當函蓋，混成三昧。宛轉機圓，縱橫用大。大用現前，不存軌則。推倒藩籬，東西南北。南北東西，歸去來兮。混之不得，類之不齊。隨類而游，閑閑自由。天上天下，雲行水流。四明天童山苾蒭正覺述。

普覺圓照大師曇讚，戒行清苦，築庵於義烏之僊山，予爲名曰大用，久欲作銘而未果。紹興九年，予守四明，與天童老款，偶縱談及此，以銘屬之。覺欣然不辭，其筆力痛快，殆與《信心銘》相爲後先。明年秋九月己未，始授讚，俾鐫之石。左朝散郎充徽猷閣待制提舉亳州明道宮潘良貴書。

門人慧暉立石。鐫者陳璋男曦。

《八瓊室金石補正》卷一百十二，《續修四庫全書》。

高四尺八寸五分，廣二尺三寸。十五行，行三十三字。字徑七分，行書。隸額，題大用菴銘四字。在鄞縣。

《宏智禪師妙光塔碑》 紹興戊寅春二月詔，謚故明州天童山景德寺僧正覺宏智禪師，塔曰妙光。其徒相與侈上德意，刻之琬琰，傳示永久。且使來告，求銘師塔。余聞中國自東漢始有經像，學焉者率以有爲爲功德，逮梁益甚。達磨自竺乾西來，傳佛心印，佛道由是大明。至唐褒崇諸祖，有易名名塔之號，其去圓寂，或已百年，或二百年。今師亡未幾，而蒙上四字之褒，所以寵光之至矣。非能荷佛法棟梁，得祖師命脈，攝化緇素，爲人天師，出入生死，如游戲事，何以得此哉。迺摭其示世之實，序而銘之。

師姓李，正覺名也。隰州隰州人，祖寂，父宗道，世學般若。母趙氏，嘗夢五臺山一僧解右臂環予之，已而有娠，遂屏葷茹。及師之生，右臂隆起，如環狀。年甫七歲，警悟絕人，日誦數千言。十一出家，十五落髮，十八游方。三十四出世，得度於淨名寺本宗大師，得戒於晉州慈雲寺智瓊禪師，得瀌於鄧州丹霞山德淳禪師。初住泗州普照禪寺，繼住舒州太平，江州圓通、能仁，眞州長蘆，晚乃住今天童。初，師過舒蘄，偏禮祖塔。夢至一山寺，長松夾道，有句紀之曰，松徑森森窈窕門，到時微月正黃昏。及至天童，宛如昔夢，故有終焉之志。歲在戊午，被旨住臨安府靈隱寺。未閱月丐歸，故於天童最久。

唯祖道自達磨五傳，而離爲南能北秀，其後益離而爲五家宗派。今潙仰、瀌眼二宗中絕，而臨際、雲門、曹洞三家鼎盛。顧其徒未必深究其師之道，而各襲其跡，更相詆訶，未有能一之者。師嘗曰，佛祖之燈，以悟爲則，惟證乃知。若執其區區之跡，則初祖見神州有大乘氣象，崎嶇數萬里而來，使有方便，豈不顯以示人。而少林九年，似專修壁觀者。六祖云，道由心悟，豈在坐也。大慧亦云，坐禪豈能成佛。學者可便以是爲初祖之過耶。蓋師初以宴坐入道，淳以空刧自己示之，廓然大悟。其後誨人，專明空刧前事。惟師徹證佛祖根源，機鋒峻激，非中下之流所能湊泊。而晝夜不眠，與眾危坐。三輪俱寂，六用不痕。宗通盡善盡美，故其持身也嚴，其倡道也文。其莊嚴佛事，接引迷塗，亦唯恐不至。自初得戒，坐必跏趺，食不過午。所至施者相踵，悉歸之常住，間以與餓疾者。而一缾一鉢，丈室蕭然。然諸行方厲，而一性常如，非出于矯拂也。淳作頌古，今師敘其首。

芙蓉楷禪師見之曰，僧中復有此耶，吾宗不隊矣。其返能仁，受長蘆之請。適游雲居，圜悟勁禪師見其提倡，以偈送之，有一千五百老禪將之語。然辯才三昧，自然成文，非出於思惟也。其在天童前後幾三十年，寺爲一新。即三門爲大閣，廣三十楹，安奉千佛。又建盧舍那閣，傍設五十三善知識。燈鑑相臨，光景云入。觀者如游華藏界海，所以暉耀塵世，使生厭離，以發起善根。而僧堂眾寮，臥具飲食器，所以處其徒者，亦皆精緻華好，如寶坊化城。又即濱海之隙，築堤障其鹹鹵而耕之，以給僧供。末年至不發化人，而齋廚豐衍，甲於他方，學者無一不滿，得以專意於道。然師所規畫，人競趍之。不動聲色，坐以告辦，疑有鬼神，陰爲之助，而師無作相也。然則師之在，願一見威儀，聞謦欬，效供養，示歸依者，越□百千里，襁負而至。戶外之屨，常踰千數。其辦道之勤，得道之多，獨冠一時。而識曹谿之路者，必能牧潙山之牛。非因眾力推出，不肯輕以爲人。當時賢士大夫，亦樂與之游者，内外進也。

乙丑秋九月壬申，師入四明。又命舟至越上，徧見常所往來者，若與之別。冬十月己亥，始還山飯客，闢語無異平日。翌旦，作遺書與佛日杲禪師，且爲其徒書四句偈，投筆而逝。自佛日□育王，與師相得驩甚。嘗戲曰，脫我先去，公當主後事。及佛日得遺書，夜至天童，凡送終之禮，悉主之。因舉師弟子瀀爲繼席，識者方知二尊宿各傳一宗，而以道相予，初無彼此之間也。龕留七日，顔色如生。初議荼毗，以收舍利。或曰，師嘗薙髮，有墮火中者，輒成舍利。自是遺髮，人所爭取，豈嫌無舍利也耶。丙午，乃奉全身，葬山之東谷。自師之化，風雨晦冥，至葬開霽，迄事復雨。送者踰萬人，彌亘山谷，無不涕慕歎仰者。壽六十七，僧臘五十三。度弟子二百八十人，嗣法者嗣宗、法智、世釗、道琳、法潤、信悟、法爲、慧暉、了默、師秀、行從、宗榮、法聽、清萃、正光、集成、道圓、法濟、明慧、中翼、法恭、子靈、師儼、師全、覺照、法海，皆於諸方，坐大道場。若其分化幽遠，晦迹林泉，則又未易悉紀也。銘曰：

師昔侍佛靈鷲山　受佛屬絫來人閒　慧刀慈力鐫世頑　出入生死非其難
一性常如萬行圓　筆端三峽爲波瀾　化城仍作寶所先　華藏界海生塵寰
攝化四海犇入天　學者爭趍曹洞關　示以自己空刦前　得無所得非言傳
弟子所至闡法筵　無盡之燈耀大千　海山秀處東谷原　我作銘詩詒永年

紹興二十九年七月望日，住持嗣祖瀀姪比邱宗珏立石。
四明陳奇陳曦模刊。

《八瓊室金石補正》卷一百一十四，《續修四庫全書》。
高六尺九寸，廣三尺八寸五分。三十一行，行六十九字。字徑寸許，正書。篆額，失拓。在鄞縣。

《重脩卧龍寺記》　君臣大義，與天地並。自昔帝王所以維持世教，爲千世不窮之計者，皆是物也，容可以一日廢乎。卯金失馭，孟德與仲謀輩，方耽耽虎視於中原。謀臣策士，皆靡然歸嚮之不暇。而諸葛孔明，方且高卧隆中，抱膝長嘯，視之若將浼焉。及劉公玄德以帝室遺胄，三枉駕而訪之，則幡然而起，披心腹，露肝膽，確然以身許之。豈孔明懵於去取，捨富強之國，而甘心於困躓無聊之地哉。特以夫漢賊不兩立，王業不偏安，君臣之義在此而不在彼焉耳。故自漢迄今，千有餘歲，雖愚夫愚婦，一聞孔明之名之德，皆悚然起敬起愛。此其義槩英風，直可以摩日月而齊嵩華，豈一旦所能泯滅哉。

沅江之西，有山曰雲從，有寺曰卧龍，乃孔明舊游之地。後之人思其德，而託以是名者也。厥寺之陰，有水一泓，復以洗墨名焉，且以爲孔明湔墨之地。嗟夫，裴公遠矣，而緑野以裴公而傳。少陵往矣，而草堂以少陵而著。則卧龍古刹，凡所謂雲從，所謂洗墨，亦在乎人，不在乎山水之間也。寺之初基，止茅舍數椽，有僧宗性居焉。未幾，厄於回祿。甲申間，宗辯復繼之，亦惟刈草建廬而已，得非存昔者草廬之意乎。至乾道二祺，始以衣傳子溫。既而子溫以是存之行遵，慨然語諸徒曰，吾寺乃孔明之舊，昔人所以著其大義，而傳之萬世者也。苟惟因陋就簡，輪奐不新，龍象不設，非所以崇吾法教，繼吾先志也。於是吹大法螺，擊大法鼓，以大願力，現大神通。又得大檀越張仁英，共創三門佛殿，法堂鐘閣，兩廊屋宇。楊徽捨塑釋迦大佛，率先而爲之唱。故凡流水長者，如曾隆、金琢，夏友聞，徐安仁，梅氏，李邦直，皆翕然捨力捨財，裝塑文殊、普賢九尊，部落後殿觀音，十八羅漢尊者，善法堂上無量壽佛、觀音、勢至，諸殿堂内，各安泗州溫神，地藏十王，護教伽藍，大聖二聖，已上共柒十餘尊，各有龕帳供臺，以一洗前人之故陋。易草菅而爲杞梓，飾粉墨而爲丹青。萬玉森立於四圍，一碧周遭於萬頃。像設巍然，金碧煥然，遂爲沅江一邑之冠冕。

厥後又以餘力，置買第四都地，名三姑，托孟世興、孟友勛、徐卿等田十畝，洎易家山柴山田地等，以贍山門，以傳不朽。凡昔人所欲爲而未至者，皆一切優爲之。若子行遵者，亦可謂空。善繼人之志，善述人之事，傑出於衆流者歟。光發先人徽，與子溫爲方外友，不啻若伯仲。然一且行遵偕空。住持子溫，攜所建寺本末以示予曰，本寺係甲乙住持，綿歷累代，不啻百有餘年。其締創艱難，有如空二格。此者，且欲筆此爲記。余喟然語之曰，子溫於今則有先人之友義，孔明於古則有君臣之大義。因今空二格。之義，以紀其實。考古之義，以存其迹，其得已於言乎。於是乎書。若夫建置節目，物産界隔，則列于碑陰焉。聖天子龍飛之歲寶慶改元季夏既望，免省進士楊光發撰并書。

卧龍寺創建本末，玆晝一述于后。一寺基一所，東抵張仁英水洧心，南抵湖心，内有放生池。西抵張瓘田水洧心。向北尋寺僧塔土牆曲轉，向東抵寺山脚，帀爲界。一契地名和尚畲地一段。田三垧，東抵嶺心南，西抵李仕維地坟，北抵喻選地。

一前住持本師　宗辯度到小師　子溫　子濬

一住持僧　子溫度到小師　行遵　行昌　行周

一住持僧　行遵度到小師僧　道賢　道侁　道瑄　道琮　道瑺　道璨　道琇

一行昌度小師　道瑛　一　行周度到僧　道圓　一僧　道侁度到小師僧　德畯

歲次乙酉主意造碑住持僧行遵，同本師子溫立。

儒林郎知常德府沅江縣主管勸農營田公事兼義勇民兵軍正事佘百簡

龍牙石匠譚如震

《八瓊室金石補正》卷一百一十八，《續修四庫全書》。

高三尺八寸五分，廣三尺。三十行，行四十字。字徑七分。正書。篆額，横列，題卧龍寺重修記六字，字徑三寸六分。在沅江諸葛廟。

《福聖院結界記》　會稽郡江北纂風鎮福聖院，昔錢氏有吳越廣順元年鄉宦蔣欽等狀，乞以嚴可瑛所捨之地，建堂屋三間，以爲鄉衆焚修設齋植福之處，仍請興福院省證主之。得旨依申，以延壽爲額。厥後徒侶既衆，舍宇漸增。本朝祥符初，天下寺觀，例賜名額，始易今號。然雖堂殿完密，像設嚴整，而往世因循，未嘗結界。伽藍制度，有所未備。□城開元時，講僧履淵結生□□募道俗一萬人，同修淨業。化緣屆此，人頗從之。又觀院衆率多□學，各尚稟修。於是率諭上下，具疏展禮，命予□□待結界法，隨方立標，區別於中外。約量集衆，檢校於和，别唱相以告之，秉法以加之。三相無差，十緣斯具。自從衆□□可舉而行，攝僧護淨，各有分齊。上從標際，下徹金輪。無作神功，住持常在。故使龍天之所翼衛，焚刜不能漂□。政和元年十月二十五日也，餘杭靈芝蘭若釋元照記。

行事儀式。

此院刱建已來，未嘗結界。□戒壇經羯磨疏，行三反重結，第一反先結大界。依僧祇不可分别，聚落集僧法堂，行法□貢，標狹四向，各取六十三□。比邱元照秉羯磨，比邱守頎唱相，比邱彦琳答法。第二反解前大界。比邱彦琳秉羯磨，比邱景觀答法。第三反再結大界。比邱元照秉羯磨，比邱清印唱相，比邱彦琳答法。次結淨地。此院衆庫别房，各有庖舍。準四分，本宗别結淨地。比邱守頎秉羯磨，比邱景觀唱相，比邱清印答法。

攝僧界相。

從此院外東南角石標外角旁籬外，西下至籬角石標，望西直下，至石標旁籬外。西下至曲角旁籬外，南出至轉角旁籬外，西下跨籬門，過徹至西□角石標外角。從此旁籬外，隨屈曲北入，跨水濱，過復旁籬外。北入至曲角，跨籬門西下，至轉角石標旁籬外。北入徹至西北角石標外角，從此旁籬外，東上跨籬門，過至曲角旁籬外。北入跨籬門，過至轉角石標旁籬外。東上至轉角旁籬外。南入至曲角屋柱，循柱外轉，旁閬外稜。東上至屋柱，循柱外轉，旁閬外稜。南出至曲角旁籬外。東上徹至東北角石標外角，從此旁籬外。南出至曲角旁籬外。東上至轉角石標旁籬外。南出至轉角石標旁籬外。西下至曲角石標，望南直□□□頭石標旁籬外。西下至曲角石標旁籬外。南出，還至東南角石標外角攝食，界相此院。今將東向廚屋三間，雜物閣兩間，并諸僧□房内廚屋分齊處，四向蔬園果樹下，並作淨地。左右淨池，各立石牌。

□□□士胡舉母親陳氏一娘與家眷等，施財立石。僧衆希□　仲賢　希□　□□　梵文　仲□　梵宣　仲才　□□　道因　□□　□□　□□　梵□　下闕。希湜　道□　仲祥　希用　希鑒　子槐　□□　□當結界下闕。

賜紫下闕。　講經論首座希□　住持沙門　希□下闕。

□□陶揆刻

（光緒）《上虞縣志校續》卷四十，《宋代石刻文獻全編》，北京圖書館出版社。

《月公道者塔記》　道者俗姓馬氏，諱紹月，冀州衡水縣人也。盛宗華裔，其來甚遠。空根至理，獨嬗於茲。初於眞定府從師，尋即受具。後辭出家院，學業潛已通禪。洎乎振錫西來，眞鑒洞了。獲安樂之地，斷煩惱之源。任意浮沉，抑有年祀。始則寓隆福之金地，廣設化緣。終則遷萬固之精藍，適因騰併。多開方便，普用慈悲。師之道行，如水善下。衆所心悟，若蟻慕膻。於是諠闐，大作利益。丹碧照野，棟宇干霄。有感必通，無求不應。夙願未集，法海□枯。粤自開寶五載正月二十日子時，遷化於本寺。享年五十八，僧臘三十二。凡度門人一十三人。于時中外號慟，如喪考妣。謀斯起塔，貴覩眞儀。亡而若存，垂於不朽。永證聚沙之果，長留多寶之石。故用直書，以示來者。時歲作噩月臨□洗。

開寶六年三月十一日記。

寺主僧守謙　供養主僧紹坦

門人一十三人　希詮　希隱　希德　希通　希覺　文證　文遂　文顯

文海　文達　文遇　文義　文安

施石人張氏博作張紹　焦贇鐫字

《山右石刻叢編》卷十一，《宋代石刻文獻全編》，北京圖書館出版社。

石高一尺三寸，廣二尺。二十行，行十九字至二十二字不等。行書。今在永濟縣。

《保寧禪院記》　伊尹放太甲之地，僉曰桐宮。漢武下尉他之年，乃更聞喜。惟東之戍，實大且繁。崗巒糺紛，川陸秀異。鄉曲有清通之範，風俗歸空寂之門。睠彼大招提，棲于善知識。角立傑出，何代無人。驗以前文明唐興之舊額，稽諸近勑煥保寧之新恩。先長老諱法柔，即當縣清河氏之華胄焉。晚歲出家，一言悟道，心源瑩澈，滿輪之月印湘潭。眼界馨香，千葉之蓮開剡浦。允謂作人天之師長，立僧籍之紀綱。度脫緇黃，輝暎今古。始謀挂錫，獲此遺基。變荒榛爲寶方，敞大廈爲精舍。陰虬負檐，丹霧觸楹。瞻之在前，凜凜紫金之像。寂然不動，霏霏白毫之光。

露往霜來，時異事變。偶周世宗皇帝頒宣詔命，澄汰釋門。時當院然合存留，亦動煩惱。蓋以字人黷貨，堅欲從新。◇◇飛章，不令改作。士庶聞之而讃嘆，龍神衛之以歡忻。建隆庚申秋，修法堂畢功。次年辛酉仲春月上旬，長老遺囑門人舒，右脇而化。享壽七十四載，開堂二十八年。伸荼毗則異於常倫，獲舍利乃何可勝計。居人供養，時無暫閑。猗歟幻化之身，有玄有感。眞如之性，不滅不生。乾德二祀甲子，營石塔于院之西北原。

今院主緣正上人克紹清風，咸推白足。飛雨花於天際，始未談空。攝龍火於鉢中，方明得果。感四眾歸依之外，崇一日必葺之功。開寶癸酉歲，搆彼麗譙，懸于法鼓。髣髴百尺，照灼於虛空。鏘洋一聲，啓抶於昏瞶。又於興國己卯歲修經藏，乃金乃碧，曲盡於莊嚴。以日以時，常臻於利益。龍宮海藏，莫之與京。觀夫金口微言，既悉緘于秘邃。貝多妙跡，俄愈極于光華。

我后嗣位之七年，三原師博陵崔公奏，今院主加命服，篋中藏天子之書，恩唯有偉。衣上染眞人之氣，本實無心。諸法眷徒弟等，並堅固住持，歡喜圍遶。祗陁樹下，長爲授蔭之人。阿耨池邊，免作迷津之客。緘也夙慕金方之教，幸趁玉笋之班。居士指歸，粗能分曉。覺皇付囑，敢昧讃揚。聊書建刹之因，兼紀出塵之德。刻于貞石，以示後昆。時淳化元年歲次庚寅七月甲戌朔十五日戊子建。

修造主僧智靄　典座僧普諄　石匠人賈福進弟文密　弟文義　男莜均

恩門感德軍節度使特進撿校太傅博陵郡開國侯崔翰

院主沙門賜紫緣正

《山右石刻叢編》卷十一，《宋代石刻文獻全編》，北京圖書館出版社。

石高四尺五寸五分，廣二尺三寸。二十一行，行四十三字。正書。今在聞喜縣。

《五臺山燈臺頌》　上爲開元神武皇帝，師僧父母，太子諸王，文武百寮，州牧縣宰。

蓋聞能仁不測，宏開八政之門。眞相無邊，廣闢二乘之路。雖復日宮煥爛，尙假慈燈。月殿昤曨，猶資慧炬。欲使騰輝法界，有冥皆明。散彩恆沙，無幽不燭。故知像之不滅，燈乃常明。照曜諸塵，不生不滅。衆生蠢蠢，五濁俱懷。三毒四蛇，競相催逼。又乃貪居惡室，恆日荒迷。久在泥黎，蹤橫被縛。近者方知自悟，虛度終朝。各發善緣，擬茲來路。導別禪師，釋名無礙，住寺僧文愛，及合村宿老憂婆夷等，人人勵己，各各用心。抽減淨財，將充捨施。亦能衣中減縷，食內抽飧。同發善因，敬造燈光明臺一所。其臺也，置五臺山爲坐，昉五岳而立其形。中臺池有玉華，池裏演生其幹。幹上雲花，五色散蓋。叠叠重重，四窓逬在。天宮八闥，不離其內。兼加八柱，遞代相承。燈盞汪汪，中心汎曜。其散蓋也，蘭簷紫栢，椽用沉香。升拱飛仙，純金帖作。雲花曖曖，雜彩鮮明。舞鳳吹笙，百禽皆足。其五臺山也，五百毒龍，居此一方。菩薩同臻，兼加密跡金剛，頗亦不知其數。臺臺供養，累道來巡。他國遠方，皆來奔湊。置寺名當一百，蘭若約有數千。每年禮謁諸臺，道俗過一萬。西方淨土，與此無殊。邈摸鐫形，非加不妙。至如般若妙詞，已闡燃燈之義。法化奧旨，復載燈光之文。灌頂章表於延齡，阿那律得其天眼。燈之爲福，其若是乎。欲報合村之恩，須憑法王之力。於是共申洪願，各捨微資。雕鐫光焰之牢，建立長明之炬。其臺也，俯臨鴈塞，方限鳳遊之儀。北接㵎滮，以青蓮之吐秀。明如法鏡，足豪相之神光。皎若意珠，助玉容之妙色。庶使彼岸之際，壯瑞彩於樓舩。釋林之中，散祥殊於火樹。其詞曰：

鳳遊山傍，名望東張。伽藍妙寺，亞次西方。釋僧文愛，端坐禪房。精心供養，灑掃是常。悲敬二福，不乏米糧。其一。他方一僧，釋名元凝。誘引諸子，皆無向背。法水流布，滅除其罪。兼造燈臺，眞誠可愛。遍布觀望，世泰□□，□國無□。其二。東張一□奇異哉，精心鍊行揔下闕

大宋至道三年二月二十五日重修建

東張村主戶老人等

趙溫　杜習　卜金　梁珂　張毅　杜全　郝訓　范進　薛斌　賈榮　張訓　胡序

修造主卜延超　重修中臺新婦張氏　男伴叔　弟延義　重修東臺新婦康氏　男唐哥　奴哥　弟延斌　重修南臺新婦張氏　亡弟新婦冀氏　重修西臺男劉十一　留得任父　長男守明　重修北臺新婦因氏

匠常泰貞　聶希忠

《山右石刻叢編》卷十一，《宋代石刻文獻全編》，北京圖書館出版社。

石刻八面。高一尺四寸，每面廣三寸六分。二行至七行不等，字亦不等。正書。今在代州。

《棲巖寺四至記》　棲巖寺自魏永熙之季，大隋太祖武元皇帝之所勑建。仁壽元年，建舍利塔，命寺主僧明達禪師定其壃界四至，周圍約二十餘里。南至阿奴谷底分本爲界，西至谷口過路，北至新羅嶺，東至鷂子嶺東凹底。乾化五年，西平王命寺主僧藏昑重止認壃界，差牽攏官十將張重進十人巡林一月。至清泰潛龍之日，亦差牽攏官十將李重遇七人巡林一月。至乾祐元年，周高祖與寺主僧洪泰出牓，今後應有房廊屋宇，及近寺園林，軍人百姓，輒不得斫伐一根一條，并坼拽屋宇。便仰本寺收捉，申送本府，當行嚴斷。至顯德五年，張太師令主僧希遠，并差親事官節級王延嗣五人，豎立摽竿，出牓二道，巡林一月。至郭令公出牓，亦差都頭李進七人巡林一月。兼貼河東縣，勒近寺耆長，所由巡檢，不得採斫林木。至太平興國三年，蒙知府李補闕出牓，亦差馬軍節級羅崇嗣，與縣司弓手耆長等九人，巡林半月。至太平興國五年，蒙知府王學士與主僧希海出牓貼，差耆長巡林。到至道元年七月內，蒙柴給事出牓，亦貼河東縣，近寺耆長所由，常切巡檢。至咸平二年六月內，蒙杜太傅與主僧元夔出牓，亦貼河東縣耆長三人巡撿。應有入山採斫柴薪軍人百姓等，並須勒於元係屬寺園林界畔外遠處採斫，不得輒令侵着近寺園林斫樹木。如有故違，便仰本寺收捉，申送上府，痛行決責，的無容恕。

魏寶刊

《山右石刻叢編》卷十一，《宋代石刻文獻全編》，北京圖書館出版社。

碑連額高三尺四寸八分，廣一尺七寸八分。十七行，行三十字。額題六字。皆正書。今在永濟縣。

《永安禪院碑》　夫以法身冲邃，非證百以何歸。實相澄凝，匪標式而莫覩。至若如如妙住，體業無方下闕。身寂照恆一。我釋迦慈父，廣運悲心。降跡正宮，證眞道樹。演無說之說，示無形之形。下闕。相表乎儀，八十種好彰乎瑞。洎連河現滅，鶴樹遷神。飲光永化於芳蹤，慶喜傳燈於盛躅。下闕。正法像法，昭然煥然。爰自法化西來，騰蘭東被。漢明弘集，洛陽寺典。爾後大建精藍，廣修下闕。致使普天普地，知菩提歸仗之門。使令萬國萬家，了福田爲究竟之路。

即有功德主僧宗感下闕。以定香馚馥，戒月澄明。同成建造之功，共辨葺修之事。而有功德主郝光璉等，並乃汾□英下闕。衛名儒。五常俱身，三端立德。言本有則，行謹無虧。逈然標方外之心，志誠出人天之見。當下闕。連巨泊，西接號河。前窺抱腹之峯，後對子夏之谷。去武定八年三月八日，當院石記自本下闕。郡主郭翼之所奏，勑賜名爲定國永安禪院。村衆與院主僧弘演，共力修崇堂殿房下闕。計陸拾間椽。此舊記之所載也。邇後頻遭兵火，數遇戎夷。殿宇焚燒，名額廢墜。空存石記，□識院名。又去天福七年，再畨古殿三間，內釋迦一會，四壁功德周圓。後面慈氏堂三間，內□氏功德一會。周足功德主僧泉盛，俗功德主郝光璉，淨土太子因弟功德主郝訓、李勛等，藥師□殊女弟子張氏等，觀音一鋪功

德主田榮，羅漢堂、僧房、庫房、功德樓廚房各三間。

去淳化□□□大宋統天應運順聖孝明文武皇帝勑命指揮，有修蓋到寺院無名額者，並湏毀廢，不得存留。况斯院尤是宿舊□□□有石記指說，勑賜名額。官員驗詳，遂得存留。又準淳化元年十二月十五日勑，宜令轉運司遍行指揮管屬州府軍監內有文，係河東僞命，州軍自尅復，後來剏修下闕。院，雖未勑賜名額，並與存留者。所願皇基永固，帝道遐隆。太子諸王，福延萬葉。郡主寵澤唯新，福資壽筭。塞土之戈鋋永息下闕。甬肅清，雨順風調，時康道泰。伏慮年華綿邈，故刊貞民。永立布金之田，長鎭新安之地。但弘下闕。夢曰學不談天，輒述瓦礫之辭，獲紀金石之德。幸承□來命，難以推延。略序歲華，直書其□。

旹景德二年歲次乙巳四月戊寅朔五日壬午建

鄉貢學究李自新書

院主僧宗感傳上主金剛心經業法花維摩

門人誦法花經僧継隆

門人誦法花經行者継凝

石匠都料幷刊字郭泰美　弟下闕。

《山右石刻叢編》卷十一，《宋代石刻文獻全編》，北京圖書館出版社。

碑高三尺，廣二尺二寸。二十五行。下截殘闕，字數難稽。正書。今在汾陽縣北辛安村。

《萬固寺舍利塔記》　蒲坂奥區，中條福地。精藍錯峙，靈迹紛敷。世出異人，代傳勝事。披圖考傳，以昔準今。詳究淵源，誠非妄矣。茲郡開元寺，有僧令操者，秊德邁倫，姿度英偉。咸平中，率遊岐陽，忽於天柱佛宮，得西域梵僧壁藏釋迦舍利七千餘粒。其所得之始，應現祥異，不可勝言。自爾齎歸本院，虔發至誠。將募有緣，崇建窣堵。迨乎乾興初，方謀蔵事，掘地爲宮。當置葬之前，廣備香燈，俾人瞻禮。於是晝融渥彩，宵炳神光。遠邇沓臻，逾旬若市。乃有同事比丘道臻者，瀝泣於師，懇求數粒。願於行住，常切奉持。師乃顧謂門人曰，玆實恪至，其可拒乎。由是塞其厚意，以三粒授之。自時厥後，參請勤劬，二時不輟。其寅畏精謹，與夫奉紫金妙相於秖園也，將無異焉。居無何，焚誦圜遶之間，覺有警窸。密邇視之，乃生感應一粒。圓明瑩澈，燦然可觀。臻公且喜且懼，再禮再瞻。歸向之心，倍百其意。乃曰，佛以慈悲爲本，悉度一切有情。凡起良因，必招勝果。吾當擇高顯之地，甃甎豎塔，瘞而藏諸。令四衆仰視，萬目遐觀。咸植善根，共資法廕。則自利利他，其在茲乎。由是度寶坊之震位，託翠嶠之宏基。揆日程功，籌資計用。殫衣盂而具費，召檀施以樂成。甓匠陶人，遽然集事。爰經始於仲春，迺告成於初夏。屹立九層，高踰數仞。提封百里，如視掌中。若非操師創意於前，臻公繼美於後。則巍巍之狀，疇能迭興。是知法本付人，非人何託。人能奉法，非法何依。足以彰中冀之丕休，是能畢開士之鴻願者也。沃寔郡人，周知始末。時寓金地，溫肄斯文。臻公祗肅爲恭，勤求紀事。固讓不獲，聊摭耿槩云耳。

時天聖二秊歲在乙丑四月八日記。

典座僧永熙　維那僧永祥　山主住持沙門智欽　功德主講經律論臨壇沙門道臻立

宣德郎行大理評事監河中府都塩稅院事劉璹書　逯有恭刻

《山右石刻叢編》卷十二，《宋代石刻文獻全編》，北京圖書館出版社。

碑高二尺五寸，廣二尺六寸。二十六行，行二十五字。正書。今在永濟縣。

《壽聖寺牒》　奉軍帖，仰付此收管寺額黃文，謹照寫石貴之上。

中書門下牒，平定軍奏，準都進奏院牒，準中書劄子，昨降勑，下諸路州府軍監縣鎭等，應今月以前，諸處無名額寺院宮觀，已蓋及三十間以上，見有功德佛像者，委州縣撿勘保明聞奏，特與序留，係帳拘管，仍並以壽聖爲額。軍司若委平定縣尉張備卿，樂平縣尉張仲達，躬親下縣界，逐鄉村撿覷到無名額寺院，共二十三所，並係未降勑日前，僧人住持，修蓋到佛殿房廊屋宇，各三十間已上，有功德佛像，見有僧人住持。詣實結罪保明文狀，在案軍司官吏保明，並是詣實，候勑旨。內樂平縣石馬村寺一所，僧善德，俗姓李，見今住持，宜特賜壽聖寺爲額。牒奉勑如前，宜令平定軍黏錄勑黃，降付逐寺院，依今來勑命所定名額。至準勑，故牒。

熙寧元年三月二十六日牒

給事中參知政事唐

右諫議大夫參知政事趙

左僕射兼門下侍郎平章事

軍帖内𨶒錄勑黄頭連仰依給寺收管照會者

熙寧元年五月三日帖

太原王允濟書

簽書判官廳公事鮮于

知軍事蔣

專獲京師聽問名額永安院座主僧清福

安定胡君奭刻字

《山右石刻叢編》卷十四，《宋代石刻文獻全編》，北京圖書館出版社。

碑高三尺四寸，廣二尺四寸。十九行，行二十六七字不等。正書。今在平定州。

《義宗和尚塔記》 師諱義宗，姓賈氏，太平縣人也。生而相好，幼不味葷。年十五，投本州崇勝院出家，禮主僧□□爲師。以乾興元年誕聖節中，選爲沙彌。越明年，受具足戒。純和秉姓，介絜枤俗。夙負天聰，爲學日益。稟嵩陽之嚴訓，了法華廣文。襲南山之遺風，精毗尼淵義。厥後嗣續傳燈，飛揚英實。大膺來學，無遠弗屆。布衣一食，以戒律自居。嘗謂其徒曰，夫人之生也，其姓元寂，蓋七情動于内，庶物汩于外，儻非以戒律繩之，是猶猿之輕佻，馬之隴戾，而不加之以羈鞅耳。塗炭重苦，立可待焉。吾佛於是發慈悲願，垂戒律制，俾其來者遷善遠辠，達本復性。是知十地之位，甞不賴此途而陞矣。汝曹宜知之。其黨動止有稍不如其律者，必類而沮之。繇斯座下之賔，畏愛長相半也。心不蹶榮，手不執寶。雖金張之權門，猗頓之富戸，未甞斯須折腰，取容而盤桓其下，戲其高蹈也。

如此未幾，適會朝廷奉仁廟遺旨，天下僧寺，舊隸省籍存留者，特與勑額，今大善寺預焉。先是，釋啓仙主之，服師大名，遂舍此寺爲十方住持。師以福德廕其寺，仁心安其衆，慈悲化其俗，禮律齊其徒。故兹寺未期年而豐備，頓殊於向日，莫不賴師住持之洪福也。熙寧丙辰歲，自夏徂秋，亢陽爲沴，密雲雖布於西郊，良農失望於南畝。師於是懇志結壇，七日獲報，生平祥應，多類如此。懼誣譖者以爲妖説，故不具書。元豐初春正月，禮五臺山文殊眞像。率清白二衆僅千餘人，大集繒帛，金鉢銀幡，七寶袈裟，渾銀錫杖，其它供養之物，靡弗具焉。偕同好輩，跪獻臺所。感攝身菩薩光，水墨羅漢像，聖燈天花金橋之類，悉現其前。非夫夙值善本，願力斯成，其孰能致于此乎。又造彌勒像一區，日誦菩薩戒一遍，結一衆於普和，化僧一衆爲上生會於普和寺，至今行焉。建崇塔於翼邑，斯咸生内院之緣也，師寔能之。

加以汲汲眞乘，不遑寧處。雖毫髮之善，分寸之陰，未甞有所廢也。師之存心，師之尊道，不其偉歟。凡講《法華》、《梵網》等經，《四分》等律，及臨壇度人，授以三歸五八十善菩薩等戒者，不可勝紀。既而能事畢矣，弘濟多矣，脱屣於夢境，棲神于淨方。以元豐四年十二月八日，終於本州龍興寺閣西院。俗壽七十有七，僧夏六十有五。于時道俗悲慟，若有所失。奉西域法而燔之，獲舍利百餘粒。以明年七月，旋歸本寺，葬於寺之北原，塔以表之。門人圓海等，錄其行狀，見求鄙辭，讓且弗獲，聊紀本末云耳。

元豐壬戌歲孟冬晦日，太原王宥記。

門人圓戒圓善圓慶元定圓果　監寺僧圓哲　庫頭僧圓宗　副修造僧圓滿

門人典座僧圓因　都修造主僧紹俊　當講沙門鴻濟門人講《唯識》等論住持沙門圓海立石

安定胡志鐸刋

《山右石刻叢編》卷十四，《宋代石刻文獻全編》，北京圖書館出版社。

碑高三尺五寸七分，廣一尺八寸三分。二十行，行四十四字。正書。今在稷山縣。

《興化寺佛殿記》 中條之山，自蒲距陝，東西相接踰二百里。其巉然而秀，聳然而異者，曰方山，曰五老峯，曰天柱峯。其佛宮之盛者，曰栖巖，曰萬固，曰靈峯，曰延祚，曰栢梯。俱占中條之勝，而屬蒲阪之界。自隋唐已來，世有高僧，繼處於其間。故遠近信嚮，經營塔廟，崇基隆構，壯麗奇偉，雄冠於一方。靜林谷者，亦條山之界，而蒲之舊地也。中有古寺，載於圖經。唐乾寧中，錫以妙覺之號。漢乾祐初，始屬於解。至本朝太平興國二年，易以今名。歷歲寖久，頽垣壞屋，莫之能興。

慶曆中，有僧號普眞者，雲遊至此，徘徊周覽。愛其山川之秀，可以爲住錫之地，乃營庵於其側。鄉人知其篤行，相與出力，崇起殿閣，創修塼塔。繼而得絳僧文玉者，與普眞同其志，願誓棲隱於斯地。其徒從之者衆，廼度地之勢，以廣一寺之基。日修月葺，講論有堂，燕息有室。於是二人復相謂曰，夫浮屠氏之道，以寬容泛愛爲心，而不可以有偏係之，拘其於吾之儕類也。當來則受之，而不可拒也。乃請於官，乞敷奏以十方爲名，朝廷從之。至是歲時，設齋大會，環千里之內外，衣冠士女，雲集輻湊。其盛遂與棲巖、萬固之類相埒，而爲解地之盛遊。

歷三十年，而正殿獨闕。有沙門洪濟者，繼爲主僧，慨然欲以建立爲意。乃告於有力者，郡人試將作監主簿婁應，夙植善根，素崇像教。與濟相善，因告之以無他求，應當獨力以辦。遂聚材鳩工，以築以構。曁始成，廼刻盧舍那像，以中居之。而兩邊之廡，護崖之舍，與夫四壁丹青之事，及棟宇藻繪之功，俱未之畢。而洪濟化去，婁君繼卒。其子綬，念先人之志，遵釋氏之敎，欲廣修功德以薦。乃告於主僧元杲，乞繼而成之。增廣廊廡，至七十餘間。凡用工前後踰十年，其費幾二萬緡，一出於婁氏。至是一殿之飾，左右上下粲然，罔不完矣。觀其四隅角立，巨棟下臨，窓牖相鮮，門欄競爽。雖參差不齊，而高低交映。盡繩墨之巧，窮丹漆之工。使遊覽之者，如入於兜率之中，淸都之上。煥其炳兮，溢群目也。雖且峻兮，駭衆心也。信哉，非佛之有大威德，孰能使人必信若是哉。

噫，佛法入於中國，千有餘年，盛於晉魏梁陳之間。而民之所以奔趍歸仰之不暇者，以其徒能篤行。其敎於民，以謂順之則或生天界，逆之則或墮地獄。故斯民悅服而信深，以至罄室之財以捨之而不吝，殺己之身以奉之而弗辭。則凡吾之所謂天之禍福，神之吉凶，一皆出於其徒而已，則佛之徒唱其敎亦大矣。若夫梵宇之興廢，亦繫其所主之人如何爾。則是寺也，非普眞、文玉經始於其前，而洪濟、元杲善承於其後。俱有大信行，足以感動於人，則孰能使人竭誠盡力，以增修善完若是其盛哉。予嘉前後主僧得其人，其所以用心如此。又歎婁氏父子相承之若彼，因述此寺肇興之迹，而論佛法入於中國之盛，而詳言之。若夫盧舍那佛之事，則載於釋典，而其徒皆能道之，此予所以不紀也。然《春秋》之法，所作必書者，所以志是非也。而後之爲文者，凡舉事必皆有記，則記亦從來尚矣。乃因其請，而爲之誌其歲月，以告後人云爾。

元祐三年十二月初一日癸酉朔記。陝州閿鄉縣主簿南熈立石。

朝散郎通判解州軍州兼管內勸農及提舉兩池塩場公事護軍賜緋魚袋蓋瑜

朝請郎知解州軍州兼管內勸農及提舉兩池塩場公事上輕車都尉借紫陳安壽　焦元吉刻

《山右石刻叢編》卷十五，《宋代石刻文獻全編》，北京圖書館出版社。碑高四尺七寸四分，廣二尺二寸二分。二十五行，行五十四字。正書。今在解州西紅臉溝靜林寺。

《紫巖院大悲殿記》　智無自性，而能分別。有分別然後有癡愛，有癡愛然後有執取，有執取然後有生死苦樂。苦至於極，樂不可得。智者悟苦諦之本空，復而歸於無苦。樂至於窮，衆苦隨之。智者觀樂性之自離，復而歸於無樂。苦樂執盡，則眞智現前。眞智現前，則十方平等，皆吾之智體也。三界蕩然，皆吾之智境也。諸佛諸大菩薩證此之智，出世間矣，而不斷世間之法。非衆生矣，而不壞衆生之相。所以者何，吾之大智無作，而不以大悲運用，入廛利物，則六趣起沒，誰拯誰拔。且也滯寂沉空，欣眞猒妄，爲聲聞，爲緣覺，爲淨土菩薩而已耳。

是故觀世音大士，於過去無量億刧千光王靜住如來所聞，持廣大圓滿無礙大悲心陀羅尼，生大精進，即發誓言，我若當來，堪作利益。願我此身，生千手眼。㸔是願已，其身即生千手千眼具足。從是已後，所生之身，不受胎藏。於金光師子，遊戲佛土，蓮花化生。問彼佛言，諸供養中，何者最勝。佛言，以慈心回向菩提，是爲最勝。於是發大誓願，當於萬億刧，大悲度衆生。復次，於觀世音佛所，得耳門圓照三昧，六根玄用法門。彼佛授記觀世音號，故能現八萬四千毋陀羅臂，清淨寶眼。此大悲之因也。

唐初，天竺婆羅門僧持細氎圖繪千手千眼像，及千手千張陁羅尼梵本來。又北天竺婆羅門蘓伽陁，傳壇場印呪之法。自是，中國始有千手千眼大悲像。其說大抵以大悲爲觀世音之變，而降伏魔怪之迹。或以印呪而入寂滅定，或以印呪而得解脫神通，或以印呪而見百千淨妙刹土，或以印呪而呼召龍鬼，或以印呪而袪除疾癘。或於壇場中，現阿難身而說法。商英三復其書而疑之，殆樂著小法者流通之舛也，何以明之。

華德藏菩薩問釋迦佛曰，觀世音云何，得如幻三昧，以善方便，隨眾形類，所成善根，而爲說法。佛言，菩薩成就一法，謂無依止，不依三界，不依外，不依內，於無所依，得正觀察。正觀察已，即得正盡。由此言之，則壇場印呪，尚何依乎。菩薩以愛語同事利生，三十二應，隨類現形，則千手千眼，亦何施乎。然則千手千眼者，無千之千，而非一十百千之千也。千手者，示引迷接物之多也。千眼者，示放光照闇之廣也。八萬四千者，衆生塵勞也。衆生塵勞無盡，菩薩慈悲亦無盡。一一塵勞，具一一寶手，華手，香手，普手，無量手，乃至八萬四千手。一一塵勞，具一一智眼，法眼，慧眼，天眼，最勝眼，乃至八萬四千眼。苟無衆生，無塵勞，則一指不存，而況千萬臂乎。一瞬不具，而況千萬目乎。夫智者菩薩之所獨悲者，菩薩之所共。獨而不共，或障則淨。共而不獨，或障則染。故善財問菩薩道於善知識，往見觀世音於金剛山之西阿，而東方正趣菩薩自空中來，與觀世音同會。西方陰慘而爲悲，東方陽舒而爲智。智悲會融，則佛之體用全矣，此觀世音之所以爲大悲也。而索之於殊形異相，千變萬化，何其詭哉。或曰，現未曾有身，以折伏九十五種外道。則維摩詰以一手接妙喜世界，毗耶會中，豈亦有外道乎。會上黨紫巖寺大悲像殊特端妙，礱巨石以待記者四十年矣。主僧聞商英之判大悲也，合掌讚曰，善哉，眞得佛意。謁官之文，以破俗疑。乃辯其宗，著之于篇。

元祐四年五月六日。

太原任旣摸刻。

朝奉郎權知潞州軍州兼管內勸農事兼提舉澤潞晉絳慈遼州威勝軍兵馬巡檢公事上柱國借紫韓宗古立石。

《山右石刻叢編》卷十五，《宋代石刻文獻全編》，北京圖書館出版社。

碑高五尺四寸二分，廣二尺六寸。二十三行，行五十五字。正書。今在襄垣縣。

《打地和尚塔銘》　打地和尚旣傳心要於江西馬祖，退而隱於忻之定襄間，往來深山，與虎豹群居。蹤迹神異，人莫之測。有以佛法問者，以杖打地三下。或匿其杖而問焉，則開口而已。大曆十三年六月十有三日，跏趺入滅。門人奉眞身葬之，今鄽村塔是也。元祐四年六月三日，予行縣往謁焉。瞻其容儀如生，而歎其院宇摧陋。謂父老曰，古佛也，緣在若境，胡不少莊嚴之。對曰，懷是心久矣，官以告我，我之願也。是時涉夏不雨，田疇焦槁，村民所以祈請者，靡所不至。越二日，有白氣絪緼，起於塔頂。父老以報縣令孟君友，友馳馬至，則其氣渙而爲油雲甘澤，優渥沾浹，禾黍再茂。於是富者輸財，壯者輸力，巧者輸工。羨於歡心，出於新敬。而向之庳□頹剝，化爲宏敞煥麗。嗟乎，父老若之成斯宇也，以打地知之乎，以白氣知之乎。揆若之所知，不過以亘空之白氣爲靈且異爾，若又焉知三世諸佛，東西祖師，無量光明，百千變化，曾不出一舉杖之間乎。若嘗以是知之，雖火其骸，毀其塔可也，況又能增崇而嚴事之乎。

元祐庚午二月初一日記。

忻州定襄縣令孫參書額

朝請郎知眞定府元氏縣事上輕車都尉賜緋魚袋曹景書額

左朝請郎通判忻州軍州兼管內勸農事護軍賜緋魚袋郝師民立石

左藏宗庫副儀使知忻州軍州兼管內勸農事上騎都尉董昭敘題額

輕車都尉李佑

《山右石刻叢編》卷十五，《宋代石刻文獻全編》，北京圖書館出版社。

碑連額高三尺三寸五分，廣二尺八寸。二十行，行二十六字。正書。額題打地和尚塔院六字，正書，上又蓋以草書。今在定襄縣。

《太安寺額記》　文中子以佛爲西方之聖人，自漢明帝，其法聿來。流晉宋而益崇，涉齊梁而大盛。率天下而從其教者唯唯然，無異於持羶而蟻附矣，其故何哉。豈佛氏之法，爲能因生民甚惡欲之情，諭之以死生禍福之事而導耶。蓋其說以謂，早年爲學，晚年向佛，足以消早年之孽，一世積禍。一日向佛，足以滌一世之禍。雖生前禍孽貫盈，逮死不悟，有能爲之誦佛書，作佛事，猶可救護於幽冥之間，而轉災爲福。況其常自修潔，勤敬不倦，所獲享者，又可知矣。若然，則人豈得有不從而信奉之，不從而歸依之，以求其福報者乎。佛氏其亦善導於人者矣，宜乎象教熾于天下，凡大都小邑，暨名山勝境，靡不廣闢淨土，開設仁祠。棟宇之規，□然壯麗，使人因之起恭生信。其有日齋嚴其容，月給費其產，敬奉僧徒，依憑佛力，影隨響應，無有稍怠之心。如是，則有以大法之光揚□□所歸仰也。

茲陝服芮城者，乃西周之舊封也。南去大河十里，河之側曰忠孝鄉，則有佛廟在焉。前瞻荆山，羣峯而岌岌。左右有泉，交流而泠泠。朝而白雲飛，暮而白雲歸。纖埃不生，衆卉以茂，實一邑之勝境也。然寺額未立，院宇荒涼，瓦敗木朽，無以待苾芻之流，豈不惜哉。治平四年春正月，應諸處無名額寺院僧人修蓋及三十間者，準勅存留，仍得陳乞其額。是時，兹院弗葺，幾爲廢地矣。

其年中，有浮屠自懷者，遊禮至斯，愛而不能去。曰眞吾徒所樂之地也，吾居之以老，斯足矣。頓倦飛錫之遊，因念二梵之福。遇斯盛時，力圖名額。於是施方便之力，開善誘之門。悉心募衆，以崇修建之功。時得里中好佛之士儀成、張延義、陳懷保、李繼明輩四人，相率民錢，崇揭土木。復於舊址，因而屋之。揔三十餘間，不日而成。以熙寧二年狀申而請命焉，至次歲三月有詔，以壽聖名其院。

自懷事以住持志於完葺，故能黜衣貶食，悉用於佛，使人傾信而悅助之。雖其地褊狹，難廣修營，而制作之間，亦可小觀焉。立寢廬講堂，重門客次，齋庖之房，栖徒之舍，咸以加新，各有其序。峻宇迴合，軒窗洞開，于以見釋門之大壯，而足以瞻嚮於俗也。雖其力皆出兹四人，然篤行自信，唱事而不倦者，自懷之志也。自懷之來居至於斯，三十年矣。世姓樊氏，本桑泉人也。受業本縣彰敎院，乃惠勤大師之徒弟也。丙子歲季春月，師求予文以叙其事，予不獲已，而爲之記。噫，予自幼從學於儒，逮今行年四十有二。進不能成致君澤民之業，退不能樂道講習，以盛集衣冠之衆，相與尊崇吾宣聖之教。反視斯徒，良有愧焉。

紹聖三年六月十五日，安昌進士劉覺記。

芮城縣尉兼主簿事耿壽康

左班殿直新差管勾在京城東廂煙火賊盜公事權監芮城縣酒稅柴亢

宣德郎知解州芮城縣事薛昌國

河中府臨晉縣彰敎藥師院住持講經律論傳戒賜紫沙門惠勤　修造功德主僧住持　沙門自懷立石　勾當小師講經賜紫沙門智□　蒲人焦元亨刻

《山右石刻叢編》卷十六，《宋代石刻文獻全編》，北京圖書館出版社。

碑連額高四尺，廣一尺六寸五分。二十三行，行五十字。正書。額題敕賜壽聖之寺六字，分書。今在芮城縣南十里太安村。

《西山治平寺莊帳記》

物之廢興，雖係乎數。而事之理亂，寔由乎人。西北距太原城二十里，有詔以治平名其寺者，即古并之雲谿也。道人限公甞居焉，有能詩□，頗爲縉紳先生所推重。陳文惠之鎭并也，□□□□賁山谷，由是檀施交至。就座之徒，晨暮參請，惟恐其後。逮限公沒，數十年間，皷板鐘魚，寂寥不爾。我有田疇，他人是保。頹垣壞屋，僅有存者。中有義永落髮未幾，爲衆所推，遂主其事。義永雖文藻□逮限公，而業履精進過之，盂衲之外無餘資。所謂拾枯松，煑瀑布者也。復故起廢，殿宇屹然可觀。嗚呼，余之所謂事之理亂，必由乎人者，豈不信哉。然執券誅負之家，未盡去門，而其徒已有誣告者矣。邑大夫張公神明其政，乃曰，義永之幹局，豪戶之兼并，吾與聞之矣。遂首正其罪，仍以狀聞帥庭，盡根栝舊產，以付義永，又命刻石以誌之。余既嘉義永之能嗣家風，又喜吾邑大夫之政，雖深山窮谷之中，幽微必燭，因援筆記之而無辭。

大觀二年五月望日，晉陽焦稹序并書。

《山右石刻叢編》卷十六，《宋代石刻文獻全編》，北京圖書館出版社。

碑連額高二尺七寸，廣二尺五寸五分。二十行，行十八字。額題八字。均行書。今在陽曲縣西三十里虎狼山治平寺。

《惠潤和尚塔銘》

和尚名惠潤，生于太原之平晉。父劉成，母畢氏。幼知其爲法器，逮年二十，遣即其邑崇聖寺，禮僧崇海爲師，當嘉祐六年正月也。改治平之四年，會紹天皇帝誕節，試天下僧尼童，而師以誦經得度，以是年三月祝髮，且從其府之資聖院式壇授戒，自是撿身持律。以不見道不足以償出家之本意，廼趍西都龍門，就眞戒大師悟眞而學焉。由熙甯庚戌終丙辰，更七春秋，而盡傳其業。所通經論，若《唯識》之秘言，《法華》之妙旨，靡不該究，爲衆所推。蓋其警悟開敏，精進勇力如此。

蒲之普救，知名寺也。師始往升座講說，後學之徒，聽者以百數。復從其郡開元寺法師，因公授大乘戒，是爲戒師。暨元豐初，芮僧文智，與邑之信善士姚拯輩詣師，恭欽作禮，懇請於此住持。時是院一丘墟故寺基爾，師至而化衆檀越，相與經營締構，餘三十年。凡今之殿塔鐘閣，門廡廚庖，法堂僧室，脩廊邃宇，雕鏤繪塑，金碧焜耀，窮壯極麗者，皆師之所爲也。所度弟子智深而降，凡一十七人。迺若游習京師，克嗣院事，則有衣紫僧智廣。□開演經論，傳師之學，則有座主僧智雅者。其餘亦皆醇古幹力，恪奉師訓，見者知其爲潤公門人也。

師以大觀四年歲庚寅正月丁巳初，無疾恙，召群弟子，屬以後事，右脇而化。壽六十九，臘四十四。逮政和改元夏四月，智廣與其法眷帛弟，共作甓室，以厝其眞軀。舉事之日，邑之衆大和會，至百千人，咸往觀焉。噫，潤公起身民家，曁爲僧，能以行業自顯，蓋所謂豪傑之士矣。生而化其人，作衆難，事成若反掌。殁猶使人忻慕感悅而不忘也。顧豈獨能以因果禍福之説撼其心哉，亦必有不言而誠，以得諸人者。邑學尹稱孝，聞其風而悅之，因爲論次而書其事。且系以銘云：

維是壽聖，昔爲法昌。造自旣廢，恢焉未遑。爰有大士，來從冀方。增庫易陋，崇起道場。成已厭離，寂歸何鄉。碧潭秋月，俄晦其光。厲級突兀，澄觀云亡。猊座凝塵，生公一堂。遺軀示幻，不火而藏。龕置甓室，如植寶幢。至者作禮，爲道津梁。凡境中人，欽信毋忘。

有宋政和辛卯中元日，門人智演、智光、智盛、智輪、智寶、智浩、智明、智圓、智淋、智雅、智文、智廣、善琮，曁師孫師贊、師敏、智岳、師計、師海、師眞、智隱、智嚴、師正、海雲共建，時恩辯、瓊深已化。

《山右石刻叢編》卷十六，《宋代石刻文獻全編》，北京圖書館出版社。

石連額高二尺五寸，廣二尺。二十六行，行三十字。額題戒師潤公塔銘六字。均正書。今在芮城縣。

《曇延法師碑銘》 法師曇延，俗姓王氏，蒲州桑泉人。家世豪族，宦齊周間。年十六，妙法師講《涅槃經》，探悟微旨，遂捨俗服膺。出言清越，厲然不群。爰在弱冠，便就講説。詞辯優給，弘雅方裕。每云佛性妙理，洒涅槃宗極。長九尺五寸，垂手過膝，目光外彂，長尺餘。容止雍肅，慈誘沈博。視前直顧，必轉身。及受具戒，器度日新。機鑒儁拔，遐邇屬目。雖大觀奥典，而理在膚寸。乃更聽《華嚴》大論，自顧影言曰，與爾沈淪日久，飄泊何歸。今可挾道潛形，精思出要。遂隱於南部太行山百梯寺，即中條山也。時山中有薛居士者，學揔玄儒，多所該覽。聞師少年知道，夙悟超倫，遂從而謁焉。言謔相高，薛乃戲題四字曰，方圓動静，命師荅之。師應聲曰，方如方等城，圓如智慧日，動則識波浪，静類涅槃室。薛驚異歎曰，斯人希世挺生也。爾後每來尋造質疑。

師幽居靜志，欲著《涅槃大疏》，恐有滯凡情，每祈誠。寤寐，夜夢有人被白衣，乘白馬，尾駿屬地而導授經旨。師執馬駿與之言，覺後因曰，此必馬鳴大士，授我義端。執駿者，知其宗旨也。便述疏説偈曰，歸命如來藏，不可思議法。纂撰既訖，猶恐不合正理。遂持經及疏，陳於州之仁壽寺舍利塔前，燒香誓曰，弟子猥以凡度，仰測聖心。銓釋已就，具如別卷。若幽致微達，願示明靈。如無所感，誓不傳授。言訖，《涅槃》卷軸，放大光明，通夕呈祥，道俗稱慶。塔中舍利，亦放神光，三日三夜，照耀不絕。上屬天漢，下逮山河，合境望光，皆來謁拜。其光相所照，與妙法師大同。則師資感通，斷可識矣。乃表聞，帝大悅，勑師就講。既感斯瑞，即演所著，行之於世。時僉比遠公所製，遠乃文句惬當，世亦罕加。而標舉宏綱，通鏡長騖，則師爲過之。

周太祖素揖道聲，躬事講主，親聽法言。遠近馳萃，觀採如市。而所獲供事，曽不預懷。性好恬虛，罔干時政。太祖以百梯遠絕，咨省路難，遂於中峯西嶺形勝之所，爲之立寺曰雲居。有陳聘使周弘正者，博考經籍，辯等懸河，遊説三國。以周建德中年，銜命入秦。帝聞其機捷，舉朝傾嚮。勑境内能言士，不限道俗，及校採嵒穴遁逸，俾與弘正對論，不得墜辱國風。時蒲州刺史中山公宇文氏，夙承令範，乃表曰，曇延法師，器識弘偉，風神爽拔。年雖未立，而英辯難繼。帝乃揔集賢能，期日釋奠，躬御禮筵，朝宰畢至。時周國僧望二人，倫次登座。彂言將畢，尋被弘正，詰難重疊，投解莫通。帝及群僚，相顧失色。師座居末，不忍斯恥，因不次而起。帝曰，位叙未至，何事輒起。師曰，若是它方大士，可藉大德相臨。今乃遠國微臣，小僧足堪支敵。師徑升座。帝曰，何不禮三寳乎。荅曰，法力所資，不假聖賢爲助。帝大悅，遂構責陳難，引義闔闢。而弘正亦頗挾機排調，鋭前殿後。師乘執挫拉，事等摧枯。因即頂拜服膺，恨知歸之晚。自陳云，弟子履歷三國，訪可師之師，今日乃遇。即受戒，晝夜諮請。及返陳之時，師所著義門并其儀範，竝錄以歸國。每北嚮頂禮，呼曇延菩薩焉。初，弘正辞師曰，預構風雲山海詩四十首，竝抽奇戞思，留以爲別。師一經目，命筆追和，如宿構酬。弘正異焉，乃跪而啟曰，願示一言，緘諸胷臆。師曰，爲寘設席寘不坐，離人極遠熱如火，規矩之用皮中裹。弘正曰，斯言當佩服矣。帝以師悟彂天眞，五衆傾仰，則便授爲國統，使夫周壤導達。

至武帝將廢二教，極諫不從，便隱於太行山，屛迹人世。後帝召師出輔，中使屬達，而確乎履操，更深巖處，累起不獲。逮天元遘疾，追悔昔愆，肖立儀像，且度百二十人爲菩薩僧。師預在上班，尙以同俗，還藏林藪。隋文創業，未嘗度僧。師初聞改政，即事祝髮，緇衣執錫，來至王庭。未及敕慰，先陳曰，敬問皇帝，四海爲務，無乃勞神。帝曰，弟子久思此意，所恨不周。師曰，貧道昔聞堯舜，今日再逢。帝曰，奉聞雅度，欣泰本懷。共論開法之模，孚化之本。師以寺宇未廣，教法方隆，奏請度僧，以應二百五十比丘百童子之數。敕遂總度一千餘人，以副師請。此皇隋釋化之開業也，爾後別請度者，有四千餘僧。周廢伽藍請興復，三寶再弘，師之力也。

移都龍首，有敕，於廣恩坊給地立衆。開皇四年，勑改其地，以爲延興寺。皆中天佛履之門，遂有瞿曇之號。今國城奉師所諱，抑亦其倫。又改本住雲居，以爲棲巖寺。敕太樂令齊樹提造中條山佛曲傳，以供養敕賚。蠟炬未及就爇，自然發焰。師奇之，以事聞，帝因改寺名光明。師曰，弘化須廣，未可自專。以額重奏，別立一所。帝然之，今之光明寺是也。

至六年，天旱閔雨，朝野憂之。敕請三百僧，於正殿祈求，粲日無應。帝曰，天不降雨，何也。師曰，由一二事。帝退與僚宰議之，不達其意。故敕京兆太守蘇威問師，一二所由，荅曰，陛下萬機之主，群臣毗賛之官。竝通治術，具愆玄化，故雨與不雨，事由一二耳。帝遂躬事祈雨，請師於大興殿登御座，南面授法。帝及朝宰五品已上，咸席地北面，而受八戒。授戒畢，日正中天，出片雲，須臾遍布，雨大降。遠邇咸感，帝悅，賜絹三百段。

師虛懷物我不滯，慈忍爲心，凡有貲財，散給悲敬。故四遠投告偏多，一時齋糧將盡，寺主道睦告云，僧料可支兩食，意欲散衆。師曰，當使盡乃散耳。明日，文帝送米三十車，大衆由是安堵，謂師有先見之明。故停衆待供。未幾，帝又遺米五百斛。于時歲屬薦飢，賴此以濟。帝既稟爲師傅之重，又敕密戚懿親，咸受歸戒。至於食息之際，帝躬奉飲食卧具醫藥，執弟子禮。其爲時君禮重如此。沙門有犯刑網者，皆對之泣淚，令彼折服從化。

以隋開皇八年八月十三日，終於所住。春秋七十有三。臨終遺啟文帝曰，曇延逢法王御世，最荷深恩。往緣業淺，蚤相乖背。仰願至尊，護持三寶，始終莫二。但末代凡僧，雖不如法，簡善度之，自招勝福。帝聞之哀慟，敕王公已下往弔臨，罷朝三日，贈物五百段，設千僧齋。初，師告門人曰，吾亡後，以身施禽獸，餘骸依法焚揚。弟子沙門童真、洪義、通幽、覺朗、道遜、玄琬、法常等，皆一代名流，并文武具僚如滕王等，被髮徒跣而從喪。至於林所，又敕於終南設三千僧齋訖，焚之，天容清朗無雲，而降小雨，若闍毗如來之時。大衆驚嗟。隋文學呂叔珽碑其景行，文如別集。

師每以西方爲正住，語默之際，注想不移。侍人觀之，若在深定。屬告寂之始，寺側有任金寶者，父子信向，見空中幡蓋，列於柩前。出延興寺門，南達於山，斯亦幽冥叶贊，諒非徒然。師執捻權衡，而卑牧自居。解冠群術，行動物情，故爲七衆心師。及聞入滅，無不涕零，各修銘誄，贊揚盛業。時內史薛道衡云，曇延法師，弱齡捨俗，高蹈塵表。志度恢弘，釋理精悟。靈臺神寓，可仰而不可窺。智海法源，可涉而不可測。同夫明鏡，屢照不疲。譬彼洪鐘，有來斯應。往逢道喪玄維，落日栖幽巖，確乎不拔。高位厚禮，不能回其慮。嚴威峻法，未足以懼其心。經行宴坐，夷險莫二。戒德律儀，終始如一。聖皇迭運，像法再興。卓爾緇衣，鬱爲稱首。屈宸極之重，申師資之義。三寶由其弘護，二諦藉以宣揚。信足追蹤澄什，超邁安遠。不意法柱忽傾，仁舟遽沒。匪直悲纏四部，固亦酸感一人。師等杖錫挈缾，夙承訓導。升堂入室，具體而微。在三之情理，百常慟往矣。柰何其爲時悊，珎重如此。所著《涅槃義疏》十五卷，《寶性》、《勝鬘》、《仁王》等疏。門人弟子，紹緒厥風，具見別傳云。雎陽王千稽首贊之曰：

齊周之交猬沸毛，三災歘起兵革勞，日星掩翳道伏銷。羯胡恣睢葦擅操，智藏瘵在民逋逃，無義戰所爭一毫。絕棄二教迷天弢，師於此時苾芻豪，服屈萬乘同戲僚。開山南部境彌高，蘇抹旱枯渼新苗，千年塔廟山之椒。貽福及遠餘孤標。得傳琅函去牙鏊。系序以贊義則昭，來者尙禮毋遊遨。

河中栖巖，爲郡勝遊。及莫春者，太守既至，巷無居人。寺有曇延法師閣，孤絕敻出。每歲旱，禱焉輒應。朝奉郎通判河中軍府事蜀郡王時雍字朝美，謹信士，甞求傳於大寶藏高僧間，又屬予刊正重複，書之于石。以永彰幽光，揭示來裔。因系之贊。宣和庚子歲冬十月，朝請郎提舉陝西路茶事王千誼伯書。

蒲津傳宣刻

《山右石刻叢編》卷十八，《宋代石刻文獻全編》，北京圖書館出版社。

碑連額高三尺八寸，廣一尺八寸。三十七行，行七十五字。正書。額題高僧傳三字，飛白書。今在永濟縣棲巖寺。

《宋天台般若新寺甎塔記》 按《越都圖經》□古碑云，梁朝岳陽王者，是昭明太子第三子，卽梁蕭詧是第二生梁王是也。於赤城山頂，造甎塔三所，中有如來舍利四十九顆。其塔至唐會昌五年乙丑歲七月，勅廢。至咸通六年乙酉歲，僧宗立并居士倪求、徐師約與衆信士，同修一所。至八年丁亥歲七月，功畢。霜星綿遠，其塔甎石隳墮。爰至顯德七年庚申，載般若寺沙門德韶重建造。纔啟舊甎石，感雷電風雨驚衆，現如來身光，項佩毫光。光中又現阿育王寶塔，塔中亦放五色祥光。遂□獲舍利四十九粒，迎歸紫凝山，香花□饍。并衆僧各燃頂臂，種種供養。遂累甎石，僧俗雲◇，逾一祀圓就，再安□舍利二十八顆，前後可三十。餘瑞現光，與前無異。留舍利二十一顆，散安東都府內并應天寺甎塔中。吳武丘寺甎塔，國清寺甎塔，東塲中興寺甎塔，各一顆。當寺二塔，盡是□□捨□□□金親造，各安舍利三顆。上贊皇王帝業□□□□樂康云耳。辛酉歲大□建隆二年十一月十日。

《台州金石錄》卷二，《宋代石刻文獻全編》，北京圖書館出版社。

碑高□尺□寸，廣□尺□寸□分。文十六行，行二十□字。正書。徑□□□□。在天台縣護國寺。

《宋玉溪院龍王記》 管內都僧正都監壇選練明智大師賜紫景堯撰

天台講僧子華書文篆額

地誌云，臨海郡，吳朝所置，在州北大固山，縣鎮附焉。吳尚書屈晃宅是山，晃早歿，母氏遇一老丈，造之投宿，因通而孕。尋誕子，名坦長，有神變，乃蛟螭之類也。一旦思川澤，興雷雨，與母氏往廣度東北山而隱，人莫測之，因號此山爲屈母山。山高一千五百丈，周一百三十里。中有三潭，卽其窟宅也。潛躍自由，雲霧時起。隋平陳之後，更臨海郡爲海州。開皇九年，釋智者大師自建業適始豐，假道於茲。無何薄暮，睹一大厦，扣門良久，老母啓關。師他心已通，知非人境。於是老母具實而荅，知師遠來，化潭爲宅，以相待之。輒欲請師受戒，願聞正法。師徇其命，仍有屬焉。郡邑間歲或大旱，汝可溥施甘澤，以濟民田。龍母與眷屬唯唯而已。師翌日登途，夜來所泊之處，唯湫灤耳。自此或値亢陽，郡牧嚴備威儀，遠迎潭水，入城供養，感應聿彰。已至隣州，不無禱請，遺秉滯穗，可致豐登。唐武德二年，太史占星，改海州爲台。以屈氏之故第乃爲鈴閣，咸曰城隍神卽其子也。洎元和五年，建湫水院，選僧住持。及創龍王殿，塑龍王像。長興三年，錢氏有國，武肅王改屈母山爲龍母山，謚龍王爲湫水通靈王。迄今生聚所依，蒸甞不絕。院主慶祥，積善修德，和衆安僧，眞法器也。比丘惠儔，無諸人戾止有年矣，常誦《孔雀王經》，以道自怡。於利不畜，一食終日，一納終身。造立橋梁，開拓路徑，作大利益，爲出世因。屬以今聖皇帝纂嗣丕業，率服萬邦。以百姓爲心，無一物失所。戊申歲，將封泰嶽，預降廣恩，應諸伽藍，改賜勅額。茲院昔名湫水，今號玉溪，斯乃龍王之靈祐也。儔公欲紀歲序，請余爲文。余僶俛抽毫，得無愧色。時鉅宋大中祥符三年冬十二月望日記。陳文惠刊字。

首座志明大◇惠洪　知庫僧慶能　徒弟僧慶琮　同緣前教練使奚仁福

菩薩戒弟子葉善覺　徐仁澤　許居惠　祝師葉仁寶

《台州金石錄》卷二，《宋代石刻文獻全編》，北京圖書館出版社。

碑高六尺五寸，廣三尺二寸。額篆書龍王之記四字，橫列，直徑三寸三分。十八行，行三十六字，字徑一寸二分。末題名一行，字徑八分。並正書。在寧海縣東南八十里龍母山。

《宋正眞院記》 覺皇應跡，尚依止於祇桓。像敎東漸，悉崇隆於梵剎。昔者佛初成道，瓶沙王率統內官士庶，禦於郊野，因以迦蘭陀竹園爲佛寶舍。原其伽藍，由茲始也。爾後歷代諸祖迭興，未嘗不以經律論學爲住持之眉宇焉。苟不然，則以植福營利，預於十科之列。

靈龜山正眞院，疇昔舊址在院之前坡，巖崖突屼，石徑榛隘。庵室數間，窘窄猥陋，不能容衆，是亦可嗟。沙門惟　，髫齓厭俗，有志爲僧。默爾介懷，終圖遷革。至熙寧初，進納剃度，稟具已，不忘夙志。卜地于此，始於元豐三季秋，擇日築基。首創方丈一所，峙峻高顯，聳出中峰，卽庚申歲也。其年復建法堂一座，粗以宏壯。次於辛酉冬，率籲其衆，造寶殿一所。疊石爲址，高下相映，漸而可觀。仍從舊處，車載中尊等七身，歸就新殿。雖半千人工，運架牽挽，跋涉迃壠，其聖像儼然不動，杳無損於纖痕。若神助之，來無遲礙，觀者莫不歎仰。復於紹聖二祺乙亥歲，建僧堂一座，懺室一區，三門兩廊，東司浴室，鱗次而起。崇寧三季，建鍾樓一所。簾櫳凌空，鯨音震谷。門外敞橋亭，使來者少休於此。卽大觀二季戊子歲而成焉。院雖周匝，唯廚庫未備。而又罄乎囊鉢，募彼衆緣，於己丑冬，建蓋畢矣。上棟下宇，前後内外，油飾悉完。又慮洪流漲溪，將有衝毀之患。乃倩工負石作岸，泄水開田，俾其永固。最後預立墳亭，以俟其卒。

偉歟，始因一簣，終見爲山。遹溝出乎一身，蹤跡垂於千古。儻恣情慾，撥棄因果，飽食逸居，不修毫善。則永劫沈淪，生死苦海，險難惡道，欲出無期，徒追後悔。公上人性淡而純，志堅而遠。丁茲像季，而能建立伽藍，光顯三寶。區區歲月，亹亹忘劬。起造已來，勠力之外，所獲施利，悉資衆用，不作己想。凡運土木瓦石，手擕肩荷，拼重分輕，力同庸鄙，未始憚勞。至於冰霜凛骨，常穿草履，驅馳奔走，不顧形骸，其所存之用心，乃取益於後世。今之緇倫，罕有偕者，人或謂開山祖師之先身耳。今得一院鼎新，林泉幽勝，景趣蕭灑，若自然化成。異日居者偃傲自樂，豈知勞績如斯艱乎。福善等於太虛，普濟均於沙界。足以報在三之義，允昭國家，覓受其福。世或有譏造作爲住相，排馳神爲虛妄。固執無相爲是，而以有相爲非。殊不知有相元無，妄生詆訐，吾知其泥無相者，是亦眞有相也，謬矣哉。時政和改元太歲辛卯二月望日，應命敘其歲月云。

天台翠屏學教沙門仲能書丹
管内僧正監壇選練傳教賜紫公濟大師若舟篆額
攝參軍監台州大田商稅茶鹽務吳興郡姚日拱立石

《台州金石錄》卷四，《宋代石刻文獻全編》，北京圖書館出版社。
碑高四尺四寸，廣二尺八寸。額篆書正眞院記四字，横列，徑四寸二分。記二十一行，行三十八字。行書，徑八分。在臨海東鄉正眞院。

《宋正眞院結界記》　予乃熙寧六年，脱白受具。至次年，交紹先師小庵山院一所，其院柺損，不任整頓。立衆難安，風水不便。遂於元豐三年，摽志移就山下，選定開基，建立院庭，永作流通。羣生瞻仰，化化不斷。佛種現前，願心已畢。昨所交受住持，並無絲毫穀帛，給資財寶，什物家事。予年年營辨，歲歲支持，漸而成矣。常住自昔以來，係籍水田，足圓貳拾畝。後於院側四畔，開作水田，添戥堂廚，接待二時，及十方凡聖。先則然雖施主捨過物業，未係資税。於己未歲五月内，蒙本縣曉示，許人請首山攗。此時抱狀詣廳陳請，山檨下都打量壹伯伍拾畝，永歸常住，逐年送資税。其有界至，具在于后。

東至大坑，　上水源爲界。南至舊庵分界。西至洋梵嶺，及興福院分水爲界。北至山脊爲界。永爲摽記，以示見聞。伏以佛詞建立者，蓋取解脱之義也。登之則有相皆空，履之則無爲俱實。願兹巨利，最上福田。先則祝扶今上皇帝聖壽，州縣官寮，六軍萬姓，仍報四恩，普資三有者。

政和元年十月　日建立　開山僧惟侃立
徒弟　義香　義詮　義珪　賜紫　梵宣　梵琦　梵安　清璉　了全
了通
齊文富法名圓淨捨一貫
葉大娘法名善道捨一貫
陳德智捨五伯文

《台州金石錄》卷四，《宋代石刻文獻全編》，北京圖書館出版社。
刻高二尺四寸二分，廣三尺一寸。共二十二行，行字不等。行書，徑一寸。在臨海縣東鄉，刻在正眞院記碑陰上列。

《宋德禪師塔銘》　師潘氏，系溫州瑞安人。生十一年，弃家，從常寧寺僧慧眞游。始名惟德，試經得度，辭師走四方。晚聞道於覺印禪師，世所謂英蓬頭者。崇寧乙酉，起應樞副王公幼安，先聘□法席於海州天寧，已而徒居寶藏□之經方臘之變，寺爲煨燼。師所以經營繕葺之甚力，遠邇嚮慕。建炎庚戌三月二十五日，説偈示衆，安然蛻去。□□年夏，世壽六十有六，藏其骨於寺之西崦。余尋山至寶藏，其子崇勝以行狀來乞銘。余不及識師，□問山中耆衲，多稱其志行孤潔，見地明白。且觀其臨終區造院宇，頗有條理，知其爲賢有道者，因爲之銘。銘曰，

有寶藏　大希奇　翩然來　住者誰　翛然去　又何之　絶去來　叵思議　咄猷子　知不知　直下薦　已是遲　若不會　且狐疑　別占靈山月

任運落前谿

迪功郎臨海縣尉陳熚立石。

首坐擇思、了如、梵襄，小師智圓、智助、智球、智□、智燈、智□、惠休，幷志岑居士楊□等同立。夾寫銘下。

《台州金石錄》卷五，《宋代石刻文獻全編》，北京圖書館出版社。

碑高三尺二寸，廣二尺三寸。額楷書德禪師塔銘五字，横列，徑三寸。十九行，行二十二字。字徑七分。首座等題名二行，字徑四分。並正書。在臨海縣西鄉寶藏寺。

《宋重修普安禪院記》　出臨海郡治之西四十五里，曰寶藏巖。衆山環合，一峰特秀。有古招提，相傳權輿於蕭梁之世。舊爲安衆院，治平中，改賜今額。其爲十方以長老住持，久矣。睦寇之亂，焚圮赤地。歷數代十有餘年，頗復興緝。而院小力薄，當往來之交，日不暇給。趣過目前，訖無全功。紹興閼逢攝提格之歲，故丞相高平范公過之，慨然以語郡守睢陽劉公棐曰，物之廢興繫其人，盍擇所授，庶可復乎。於是選於叢林，以保寧璣之子彦筠主之。筠游方罷參，衆推耆宿。至則因殘就窘，左支右補。俾住者安居，游者飽食。然後斥其贏餘，助以檀施。次第建立，不亟不徐。飭故創新，以底於大備。庫有司，衆有寮，爨有廚，浴有室。安僧說法，各有堂宇。而佛殿巋然居中，三門兩廡，旁帶前揖。荒基砦址，復爲寶坊。齋鍾粥魚，鏗隱林壑。師曰，吾院具矣，然山號寶藏，而經龕梵夾，闕焉不設，名實不相副。乃書抵瀘南帥馮公，檝得經五千四十八卷，規爲轉輪大藏，中栖千函，外覆大屋，學者恣取觀之。哀其施入，用佐供饋。一日，其徒來告曰，師之爲勤矣，勞身苦思，垂二十年，乃克成，而未有紀述。惜其遠且無傳，敢以爲請。予舊與筠游，其始來茲山，謂余曰，刹無小，顧爲之如何。古人住山，披茨棘，蹈庯虺，孤坐巖谷，衣草木而食其實。徒屬從之，贅聚其旁，苫蓋茅草。及道孚而化行，來者益多，則稍◇棟宇，以漸至於華大。後人安享之，謂是固然，而不知厥初之艱勤也。夫利人之資，而享其逸，孰且不能。今吾刹雖隳敝之餘，不猶愈乎。姑寘吾力焉，爰憂弗集。予疑其落落難合，及今而信。嗚呼，筠可謂克踐其言者矣。予樂其志之有成，又喜其不予欺也，故書俾刻之。

紹興二十年三月三日記，郡士王賞刻字。

《台州金石錄》卷五，《宋代石刻文獻全編》，北京圖書館出版社。

碑高七尺八寸五分，廣三尺八寸。額篆書重修普安禪院之記八字，四行，直徑□寸□分。二十行，行三十五字。正書，徑□寸□分。有陰。在臨海縣西鄉寶藏寺。

《崇明寺大佛殿莊功德記》　眞俗互即，故聖凡所以交歸。相用同時，而理智所以融會。然而現身雲於金地，布法雨於祇園者，豈徒爲哉。蓋悲憫於有情，而示迹以受生。故也繇是佛佛紹補，彌勒將次于降神。燈燈繼明，天親夙承於顧命。教所謂不動眞際，而爲諸法立處者，乃聖人之能事矣。句容崇明寺，即西晉之義和也。曁唐以會昌之難，因而見廢。宣宗即位，從而復之。皇朝太平中，改賜今額。其正殿乃尊彌勒像焉，綿歷歲遠，相好日昏。有大比丘紹明，喟然歎曰，吾輩爲法王子，享如來蔭。像貌勿嚴，甚非其徒所以奉崇之意，將曷以報恩於至德哉。因議寺有歲輸之粟，既得請，又出囊貲及募緣，適周其用。與文殊普賢侍衛之神凡七軀，中有儀制未備者，增而飾之。於是繪事畢集，而心匠惟精。彰彩燦然，而英華盡美。聚紫金體，端穆穆之聖容。秀青蓮眸，湛昭昭之離象。諒彼兜率之妙相，寶宮之梵儀，其能異於此乎。使夫擎跽而瞻嚮者，心惇景慕，誠加肅敬，茲豈獨弭罪希福而已哉。致一信之善，將見乎有以自性之本，其爲拯物之利，亦以大矣。

明公嘗學諸方，得法於廬山棲賢遷禪師。既而歸以駐錫，每見其衆共之所，有□《江寧金石記》作以。未完，慨然圖治，孜孜焉過於己居之急。若鍾樓傾敝，則新之以大壯。庭堦荒蘙，則甓之以如砥。凡先後材用之費，計其緡錢，無啻二百萬，皆出於誘化之力，實自精誠之致也。余以謂釋子之學者，或專習禪那，輒忘興於佛事。或勤脩梵行，遂復昧於己靈。且聖人之意，烏乎相戾哉，蓋所趣者異也。今明公解與行兼，而兩得之，故樂爲之道。時元符庚辰正月望日，山陽李潛記幷書。

比丘　希文　表白比丘慶實　表白比丘惠□《江寧金石記》作良。　寺主比丘應滿

勸緣監寺比丘紹明　首座講經論充本府壇長比丘從覺　立石

莊功德記碑側

當寺僧惠明募緣卌五千文，僧清儼募緣一百五十千文，僧令皐募緣一十七千文，僧惟政七千文，僧惠連七千文，僧惟淸五千文，僧志約五千文，僧惟德三千文，僧惟梵三千文，僧惠誠二千文，僧志康二千文，僧普

誠二千文，僧澄寂一千五百文，僧志遠一千五百文，僧道晏一千五百文，僧鑒宗三千文。以上第一列。第二列云，各一千文，僧志仲，僧懷一，僧惟恭，僧常皎，僧惠禹。二千文，僧智平，僧智藏，僧智幹，僧可周。第三列云，寺各二千文，僧從慶，僧德元，僧義和，僧義良，僧道通，義和寺常住二千文，僧清鍊一千五百文，僧全義一千文，僧懷穡，僧虛敞，僧常定，僧楚宗。第四列云，□寺各一千文，同永興寺僧紹完，僧道華。國願寺各一千文，僧文用，僧元一，僧元應，僧明誓，僧義朗，僧文雅，僧可立，僧志孚，僧寶倫，僧懷建，僧悔藏，僧智盈，僧常□，僧智從，僧懷習，僧惠擇，僧志誠，第五列云，陳泰寺僧道堅，僧明廓，僧令臯，僧堅法。彭山寺一千文，業行寺一千文，新興寺僧智顯一千文，寶城寺僧胡雲，觀音塔僧法政三千文，棲霞寺僧道智五百文。第六列云，僧堅智一千文，僧志臯三千文，僧志全三百文，僧存信三百文，僧道華一千文。

《句容金石記》卷四，《宋代石刻文獻全編》北京圖書館出版社。

《圓寂寺碑記》 句容縣之西南三十有五里，有山曰赤山。曩時邑民之避亂者嘗棲焉，群盜旁午而卒無患，相謂山之神有以相我。願致力於佛，以報神會。比丘景倫自溧陽來上元縣之香林院，素聞其名，相與出錢買地留之。而知縣鄒惟叙助爲之請，且言於府，乞以紹興十一年六月詔書，移故圓寂寺之額於此。知府事葉公夢得許之。景倫芟夷蓬藋，規度庭宇，功未十一，而景倫卒。景倫之徒道願，來主寺事，而同門道忠，實資助之。銖積寸累，凡檀施之入，一錢不私槖中。通倫之世三十年，而寺始成。蓋有殿以嚴像設，有室以安耆故舊，有堂以待方來之衆。寢廬齋庖，各以其序。而瓦甓金石之用，丹堊髹彤之飾，又皆稱其事也。道願圖其寺之所在，而以書來言曰，此邑中耆舊之願，而先師之未能者也。今幸成矣，願乞文以爲記。

余發書按圖，爲之歎息。夫天下之事，方其勢之可以速成也，孰不願徼幸焉。苟或事相齟齬，而歲月不可計，則釋之而去者亦多矣。惟其如是故，事卒不立。今是縣界於兩州之間，而地又僻。且縣之籍，初未嘗有是寺也。歷年之久，向之願施者凋喪略盡。後生晚出，排咲者半。而道願不撓不隨，獨能有成，良亦勞矣，故吾於此有感焉。聞之其邑人，道願持律嚴甚，其學者詵詵奉其教，不敢少犯。是寺之興，未易量也，故以爲之記。圓寂本梁同泰寺，治平間始賜今額云。

《句容金石記》卷五，《宋代石刻文獻全編》北京圖書館出版社。

《壽聖淵禪師壞像記》 禪師姓董氏，名海淵，開封人。生不茹葷，九歲侍其親官瀟湘，指雲蓋山曰，吾舊居境界，願割天屬愛，而棲遲焉。清己師摹其頂曰，法器也。其親以已有德，使依之。慶曆二年，貢乾元祝壽疏，被恩剃染。及游廬阜，遇暹公，謂同志曰，海上横行，是此老子。遂袒肩作禮，既傳其妙，卽去。而暹公送之以偈云，六年止開先，三載爲侍者。此日下層巒，但慮知音寡。爾本簪纓族，來入金僊社。立雪幾忘形，問心已閑暇。草木如今處處青，靈雲謾說桃花謝。時江陰壽聖初搆，吾祖施金，應寫貝文，祕諸巨屋。師至，視□目笑曰，復爲觸膍蠅爾，與夫用心而他者有閒。故首尾飫讀番次，不知其他。客至與語，不及世務，唯諸法因緣而已。

壽聖法席偶虛，欲得善知識者主焉。元豐直講王彥魯沇之與先人莫逆，每曰，有韞匱妙實，而光彩自昭，如淵禪客者是。已邑中長者，咸譽其行。先人狀諸有司，三命而師方從之。臨江何公正臣自侍從師金陵，念于渭陽，將以大刹駐其錫。師雖往，曰吾視身猶蛻，此大而彼小，孰區別耶。舟還浮玉，佛印元老指師如左右手。乃會于妙高臺表，元曰，別後何所得。師曰，相見又無事。元曰，太儆骨也。師曰，不來還憶君。元將修供，款曲無生話，遽聞㲀音，亟視之，而一葉已夷猶於中泠。元謂其徒曰，吾與伊人，同燈分焰，宜有契分，其忘情尙爾，況於金陵乎。

貴人有問冤結解以何術，師曰，胸中無黑，焉解爲。邑宰者以暴很服民，羣小負炎而蟻聚。僧居壽聖，最爲冗地。烹鱗烙毛，晝踐夜喧，衆莫敢議。或請師誨，師曰，惟鱗惟毛，從善人所惡中來。一烹一烙，蓋其分也。負炎者悟，往往跪謝。鼠盜劫衣，以刃刺師口，師齧刃不怖。盜畏，躡瓦而去。衆駭以視，然猶定而不傷。或問其故，師曰，吾疑夢也。且師定所，蚊蚋獨無。晚年竟夜無睡，弟子窺之。俄有扣關者，師啟扉，而白衣並拜曰，久事左右，幸無過。師予之茗而辭。明日，師語其衆曰，吾來四十三年，而代者隨至，吾倦矣。止欲盈尺之地以宴寂，無恆吾化。諸兄沂天與津以師爲先人友，見師數告休，而衆亦不能強，卽奉于西堂。等覺源師故自晉陵從請，遂升法席。師曰，之子吾知其來源之生是。

師初解包曰，雲門纔遊方，而敏公知之，事幾類此。未幾，澡身換衣，結跏于牀。適持戒者饋饌，師食竟，操筆書曰四句偈，嗒爾而化。實大觀二年十月二十八日，得壽八十四。後七日，善男子以香木五百斤火于君山之陽。師平居下視，雖與人而首不舉。及化也，面若對物。至焰觸龕裂，則如如不動，豈古人所謂骨強者歟。諸年少競指其腹云，此破必穢。聞道家尤忌，引去是宜。已而風旋煙撲，其氣芬馥，如芝蘭然。觀者合爪斂灰之日，不壞者三，齒舌晴爾。衆□堅固子，無不滿意。至有紅色舍利，如豆者焉。善男子不忍流其灰，請和以香泥爲師像。像成，而其徒惠宗等錄其行，俾沖記。且沖仕進，不以文目笑於聾俗，設勉力爲書，奚使人信。雖然，夙奉過訓，目擊紙上語，酷好爲古言，求諸己固無歉。今邑中豪傑不少，屈彼大手筆，當信於後人，沖請辭。惠宗曰，先德與師猶陶令之於遠公也，子念先德，毋拒我。沖三復之，不敢拒，於是作記。贊曰：

維道與貌天與形　形貌於吾非實相　既返太虛離諸妄　云何卽妄復求眞　欲認爲眞惑愈深　諸佛應須偸眼笑　彼美莊嚴三十二　不是如來妙色身　苟非如是現眾生　安得聾盲劇病瞙　是故邑中善男子　塑香成像擬自然　滿阬滿谷儻可尋　當卽有靈同見在　我今洗滌身口意　頂禮壽聖淵禪師　然燈爲燭淨土容　願此慧光長不滅

小師惠宗　惠澄　句當立石惠沔　典座沙門慶才　維那沙門惠則　監院沙門海潛首座禪鑑大師正自　住持傳法賜紫等覺大師祕源

大觀三年十月二十三日，練江居士孫沂奉母親唐氏命施石。　毗陵潘震同男允升刊。

（民國）《江陰縣續志》卷二十一，《宋代石刻文獻全編》，北京圖書館出版社。拓本。高四尺五寸，廣二尺九寸。三十行，行四十八九字。字徑六分，行書。

《壽聖禪院莊田記》　宋皇祐五年秋，大父瑞安府君與四明僧楚祥游，一日謂祥曰，吾邑梵宇皆律居，擬建廣廈爲禪林，屈師肇祖，可乎。祥曰唯。卽發籫金廩粟，立木百楹，書貝文幾萬卷，雄冠吳楚。齋蔬用度，靡弗周給。其徒洞偕董是役，祥歸鄞江，傳席于偕。遇治平詔音，錫壽聖額。大父不幸捐館，偕與先君議置膏壤。王母李氏悅聞，樂傾奩蓄，貿良田數拾畦，施供其衆。歲在熙寧，偕如雲嵓，有海淵續燈。厥後，逮崇寧末，因祥符院以泛海觀音訟，令佐命淵遷像在茲，士庶咸稱昌隆之可俟。淵休居，覬勢薦者八九人，衆議不允。時等覺大師祕源主法席，居青城。予欲召之，紊書諸名，俱授密器，取決於泛海。前三闔而皆得源，僉曰然，誠慰所望。大觀初夏四月，果趍予請源來。未久，弊陋鼎新，稚老欽崇，緇流雲會。既安之以中匱，彌憂念茲。乃懷四年春縣西舜城近事，何瑕造丈室。願將己疇，平裂奉施。迺曰，身猶夢幻，物如泡影，此固無悋。輒惠書契，逕具情陳于公。而田畝之數伍伯伍拾，以其年七月十二日，大會僧俗，伸慶懺焉。嗚呼，吾□祖基，肯搆者惟我先君。或謂功德竭出一家，尤慳小惠。獨何君良悟世諦，卓然特達，豈隆殺之理，各有時歟。得非源之善化，而符合致此歟。抑亦衆力之贊而成其美歟。固知興哀之自然，非人之所能爲也。鄕黨傳爲盛事，源乞記於沂。欲述祖構之因，遂從其請。政和元年重陽日，練江居士孫沂記。男茀書。

莊主沙門　道浚　浴主沙門　慶才　藏主沙門　靜瑞　典座沙門　道初　維那賜紫沙門　惠則　監院賜紫沙門　宗僅　首座禪鑑大師　正自　住持傳法等覺大師　祕源　立石　梁溪邵詳刊

（民國）《江陰縣續志》卷二十一，《宋代石刻文獻全編》，北京圖書館出版社。拓本。連額高四尺三寸，廣三尺五寸。行書，二十行，行三十一字，字逕一寸許。額三行，行二字。正書，字逕五寸許。

《秀峰寺公據》　右僧榮契勘本寺□□□居，元豐三年，改作十方。圓照揮師自大相國寺□林禪院退居，無際大師慧□接續住持。更修闔寺屋宇□□三十餘年，始得完備。崇寧年蒙恩，皆賜塔名號。圓照曰法空禪師瑞光之塔，無際曰無際之塔。尋有本府楊朝散宅，捨到莊田壹伯捌拾畝，充逐塔香火。初以常住闕乏，遂收所得花利，盡入常住。切慮歲久有違揚宅元捨心願，今擬立定，欲乞於其本數內，每年撥米貳拾肆碩入圓照法空禪師塔，壹拾貳碩入無際塔，供備香火，以爲永例。須至具狀申使府，欲乞判府徽猷，特賜台判，付本寺刊石，永遠爲照。伏候台判。

宣和五年二月　日，靈巖山秀峰寺住持傳法賜紫僧榮

執狀依所乞

押◇

廿八日

（民國）《江蘇省通志稿》藝文志三，金石十。《宋代石刻文獻全編》，北京圖書館出版社。

在吳縣靈岩山。拓本。高一尺六寸，廣一尺九寸。正書，十四行，行字不等，字逕五分。後批草書一行。

《高座寺新公塔銘》　師諱慧新，姓曹氏，南京楚丘人也。年廿四歲，依本府名街顯慈寺卧佛院僧明德爲師。建炎改元，授具足戒。四年發志，荷負慈母劉氏，往南海禮補陁觀音。一久至海濱，遇一老翁，爲師曰，汝何往也。師曰，欲禮補陁觀音。老翁曰，觀音不在南方，汝途中蹉過爾，可速歸。老翁言訖，遂失所在。師恍然如夢醒，知是異人。方悟觀音隨心即現爾，既迴臨安。紹興二年，結菴龍山，發心齋僧，供贍長講。五年，之建康之普光菴，接待往來雲侶。次遷高座寺東，借隅隙地，築基架屋。西北諸師，輻輳兹地，師不倦供給，香火益嚴。六軍將帥、四方信人聞之，送供略無虚日。十五年，雕造慈氏聖像，帶座連光，高一丈八尺。金碧莊嚴，爛然奪月。落成之日，作會激揚，觀者如市。十六年冬，行朝諸將帥堅招師往，以砌御路爲請。師不得辭，緣事方畢，十七年二月十二日，示微疾告終。師世壽四十八，僧臘廿一。齋僧廿萬計，妙嚴勝會修崇，不可殫紀。嗚呼，我佛之徒，後五百歲，像法之末，罕得其人。而師之稟性淳古，出言誠諦，以苦節爲務，以利物爲心。賢穩聖師，莫不供承。勝地名山，莫不瞻仰。心田德密，行業孤標。以有爲身，易無漏智。能事斯辦，鏡像翛然。決取涅盤，現寂滅相。薪盡火滅，收骨舍利，復還建康，卜地宋興，建兹靈塔四碑，衆有所皈嚮焉。其徒義從，持師之狀，來京口楞伽頂，丐余爲銘，將刻諸石。余與師有契，義不可辭。謹以師行業次第之。乃爲銘曰，

脱世塵勞　念求出離　著壞色衣　勤恪不替　以如幻心　興如幻智　誘彼信人　作利益事　補陁觀音　蹟混廛市　不在南方　斯言有味　齋僧福田　講演奥義　彫刻中天　內宮慈氏　天街御路　廣平心地　能事告終　二月十二　收設利羅　歸金陵寺　巍巍浮圖　永爲津濟

住持建康府興教院賜紫僧中彦東京太平興國寺主賜紫普照大師德明同造塔

紹興十九年歲次己巳九月甲戌朔八日辛巳立石

（民國）《江蘇省通志稿》藝文志三，金石十。《宋代石刻文獻全編》，北京圖書館出版社。

拓本。連額高二尺五寸，廣一尺六寸。正書，二十三行，行三十六字，字徑八分許。篆額，六字横列字，逕三寸許。

《廣照和尚忌辰追薦公據》　右德訢等，伏爲先師廣照逸和尚，前住持本院一十二年，爲國焚修，並無踈虞。及節次施錢，修蓋屋宇，於山門頗有功績。昨於乾道元年三月初七日遷化，骨殖舍利，已就本山安葬建塔。每遇忌辰，雖承山門已依例追着，第恐十方禪院，歲月流易，前後主執之人，恐有更廢，深失德訢等孝誠之心。今來幸蒙堂頭佛慧卿和尚，剏置柴蕩，供應常住，年計□用。又承山門已將先師在日椿管長生衣鉢米壹伯壹拾碩，轉變見錢叁伯叁拾貫文足。并徒弟僧□等三十人，共率錢貳伯柒拾貫文，共揍前項米錢，計陸伯貫文足，添置柴蕩伍伯䦆，在崐山□□□永入本院爲業。每至忌辰，乞依例就常住辦食齋僧，一堂設位，供養僧衆，諷誦追□□□塔宇年□弊損，乞院門及時修葺，免致頽毁。切恐向後年遠，事有更易，臨時難以告說，有乙自□□至□具□◇告判府直閣，伏乞台判，付本院刻石，永遠照表。於後亂有更易，即仰具狀，經官陳理施行，未敢自專，伏候台旨。

乾道三年十二月　日徒弟僧

德元　德省　祖照　德興　德音　智通
德圓　德賢　德照　德雨　德隆　德儔
德洪　德休　德瓌　德滿　德淵　德靜
德全　德剛　德亨　德璘　德濬　德彦
頭首　德潤　師禮　智湧
知事　慧英　德靜　德雨　本圓
拾陸日　執
住持傳法佛慧大師

（民國）《江蘇省通志稿》藝文志三，金石十二。《宋代石刻文獻全編》，北京圖書館出版社。

在吳縣光福寺。拓本。連額高三尺，廣一尺五寸。正書，十五行，行三十九字，字逕五分。在蘇州靈巖山光福寺。

《慧日禪院公據》　本邑崇素鄉山陽里西徐保嚴塘下蘇小娘，管界居

住奉三寶捨度僧曰弟子樊璟，并男□杞楷闔家眷屬等，意者伏覩慧日禪院，係是十方叢林，行道玄處。所有行者，名次微薄，謹守年深，不能成僧，今承前住當山鐵牛和尚募緣創立。璟謹發誠□力置到租米貳百碩，捨入選僧堂，每歲度僧二員。歲歲生生，永爲福記。所將逐年收買度牒功動，先爲祝延聖壽無疆，保國安民，祈求豐稔。次伸祝獻，護法諸天，滿空眞宰，闔家各人，本命元辰，吉凶星斗。仍伸報薦亡翁樊小四承事，婆太君黃氏，婆太君姚氏，考樊七七承事，妣太君姚氏，妻太君吳氏，叔僧明公大師。爰及門中近遠三代宗親，一切尊魂，超生淨界，成就佛果菩提。乞回福利，保扶◇家門清吉，庫業興隆，男女團圓，子孫綿遠。四時無災，八節有慶。火盜公私，悉皆平善。凡在時中，吉祥如意。四恩普報，三有偏資。法界衆生，俱出苦輪，齊登覺道者。

時嘉泰元年仲冬一日，捨度僧曰弟子樊璟謹題。

縣司

據慧日禪院知事僧慧燈狀稱，本院係十方禪林，安衆行道，祝聖道場。切緣常住基業微薄素，不曾置立行者名次，度僧恩澤。致令行者不能存心，遵守規矩，以致□老無成。今堂頭和尚祖印，募到本縣檀越樊璟承事，一力備錢，置到諸鄉苗田，計得租米貳百碩，入本院。并本院元有度僧田五十一碩，共湊貳百五十碩，入本院。除送納官賦外，每歲度僧二員，祝延聖壽。切慮本院係是十方禪院，前後更易住持知事不一，不體今來山及檀越之意，亂有更改，臨期難以分雪，實爲利害。向係□□□似此等事，即許當守名次行者等具狀，徑經所屬陳理，不以犯上爲諱。庶得永遠度僧，不致廢壞。案出給公據，付本縣入石，永爲照證。奉台判案給，須至行遣右給公據，付慧日禪院照應。

嘉泰元年陸月拾叁日給

迪功郎主簿趙

承事郎知縣丞丘

宣教郎知平江府常熟縣事兼兵馬監押何

（民國）《江蘇省通志稿》藝文志三，金石十三。《宋代石刻文獻全編》，北京圖書館出版社。

在常熟。拓本。高三尺四寸，廣二尺三寸。正書。二截。上截十七行，行廿五字。下截公據，字難辨。後大字清楚。在昭文內本寺。

《上方教院捨田銜名》　伏以釋迦世尊，接引娑婆衆生，有異方便，說《華嚴經》。塵塵佛刹，大千經卷，不可窮盡。善財參請，逾百十城，見五十四位大善知識，求解脱法門。直欲明心達理，救末世衆生。粵有上方教院，每月傳《華嚴經》。四遠男女，雲集生然，念佛慇懃，飢餒疲苶。有一信人陳蘊，同妻朱氏，妙智發心，傾囊竭力。置辦點心，供給四衆，助其精進。始從歲旦，直至季冬，周而復始，無有窮盡，福報非輕。隴西彭擇稽首讚歎。

伏承光福市東弟子陳三公名蘊，同妻朱氏，妙智發心施財，置到田地共租米麥十□碩，充常住每月初一日正信男女念佛傳經會點心。所集功德，伏用荅報四恩三有。仍薦考陳十一郎，妣陸氏六娘子，亡前妻錢氏一娘子，超昇淨土。夫婦俱懺罪瑕，莊嚴福壽者。仍捨碑石一片。嘉泰元年仲冬日誌。

（民國）《江蘇省通志稿》藝文志三，金石十四。《宋代石刻文獻全編》，北京圖書館出版社。

在吳縣光福寺。拓本。連額高二尺六寸，廣一尺七寸。正書。二截刻。上截十五行，行十二字。下截八行，行十七字。字逕五分。在吳縣光福寺。

《方山上定林寺記》　古者四民各有所居，故居士於學，居農於田，居工於肆，居商於市是。時釋老二氏未興，其奚居，此王政之所必無也。逮漢之東，始居僧於寺。歷代相因，訖于今，釋教之盛極矣。凡城郭山林，寺之占勝者多，而其徒之居山，尤爲人所重。豈不以是道之妙，非求之於寂寞之濱，則不可得。苟其徒不以精勤枯淡爲心，亦必不能久安於此，其取重以是乎。方山上定林寺，蓋即山而居者也。當乾道末年，有秦髙僧善鑑，始來是山，結廬行道。未幾，遠近信慕，施者踵至。於是率其徒疏泉蒔松，徙石闢塗，土木之工，次第而舉。無何，有殿以奉佛，有堂以會法，有室以安衆。以至門廡庖湢，莫不畢具。方其事之權輿也，即詣府，請移鍾山梁朝廢寺上定林額於此。其地故有山川登臨之美，爲荆榛所蔽，爲狐狸所嗥，爲樵夫牧子所過，而不睍不知幾年。一旦雪脊朱甍，隱然出於煙霏空翠間，號清淨伽藍，信其地有待歟。鑑尋示滅，其弟子義瓊主之，已而今義城代焉。繇薦得人，閲三十稔隄，瀕河之田，而歲有計。

建轉輪之藏，而曰有資。此其師疇昔之志，卒待瓊珹而後成其勤至矣。洎珹領事，猶以身先人。葢思脩其所闕，壯其所居，以稱其山之高且大也，駸駸乎與諸雄刹亢。一日，踵僕門告曰，寺之成已久，曾無紀述。惟累世經營之難，恐寖就曖昧。子與我善，且習知其詳，盍記之。僕固辭不獲，則爲叙其本末，又從而爲之說。釋氏以寂滅爲宗，以苦空爲行，以慈悲爲願，以遠去塵囂爲高。從上諸祖師，以是道密相付屬。故其建立，往往壯巖谷荒寒之境。疑若過淸難居，而必棲其徒於此者，葢使其朝夕所接，不見異物，無害於心，惟佛法是求。如此則於一切經行坐卧去處，覺水鳥風林，無非宣揚第一義諦。惟恐山之不深，林之不密，此所以爲眞實堅固不可退轉也歟。今定林爲寺，誠得其所。而鑑之遺範，所謂向钁頭邊取人者。嘉定庚辰正月望，免觧進士建康府校正書籍朱舜庸記。迪功郎新平江府錄事參軍秦鑄書，從政郎辟差充江南東路安撫司準備差遣危和篆額，住山義珹立。

（民國）《江蘇省通志稿》藝文志三，金石十五。《宋代石刻文獻全編》，北京圖書館出版社。

在江寧本寺。拓本。連額高五尺四寸，廣二尺八寸。正書，十八行，行三十四字，字逕一寸許。

《上方教院免差役公據》 據平江府吳縣光福敎寺住持僧師義狀，本寺係專一崇奉靈感銅像觀音道場，臺府三司，爲民祈禱雨暘去處。每遇禱請，隨即感彰。伏覩臨安府上天竺敎寺、紹興府圓通敎寺等處，皆係菩薩爲民祈求之地，與師義本寺，事體一同，並已蠲免差役科敷柳配等事。本寺雖已曾經本府得與明榜蠲免，所合經省部陳乞給據，庶得收久。乞台判證上竺、圓通等處體例，與免差役科敷等事，符本府證應，仍給據付本寺收執。候台旨奉判，符本府證例，蠲免科役，仍給示本部。除已符本府施行外，須至指揮。

右告示僧師義仰詳此知委

紹定四年九月 日

下截

吳縣長山鄉十九都光福銅像觀音賢首敎寺知事僧了傳

右符本寺係大士道場，臺府祈禱雨暘，連年感應，有如影響。紹定四年內，準省部符下本府證，臨安府上天竺敎寺、紹興府圓通敎寺例，一體蠲免差役科敷，及給部據，付本寺照應遵守。不謂縣吏欺凌，住持更易不常，時復輒差敷詐擾常住。緫不滿意，擒捉僧行，生事苦害，謀意變亂。省部約束僧人守分，不敢陳乞追究，以致爲害不已。今錄白部據連狀告，投大使判府節制提領大觀文相公，伏乞鈞判執狀，付本寺備部據立石，永爲照驗，庶免被所屬不時差敷搔擾，伏候鈞旨。

寶祐六年二月 日 知事僧了傳狀

執

平府貳月初貳日

（民國）《江蘇省通志稿》藝文志三，金石十六。《宋代石刻文獻全編》，北京圖書館出版社。

在吳縣光福寺。拓本。高二尺五寸，廣一尺六寸。兩截刻。正書。上告示十一行，行二十七字。下截僧了傳記，十行，行二十九字。字逕五分。官銜年月均大字。

《北禪廣福禪院經界寺基圖記》 照得本寺基地，坐落坊郭揚名鄉河西第三□，紹興十五年經界砧基□載圖形二號，共一拾叚，打量計地貳阡壹伯壹拾壹丈三尺九分三厘。東止運河，西止四□君廟街，南止寺巷街，北止新街巷街。週廻一片，即無外人寸土間隔。經歷年深，被數戶冒占，□爲己業，私行交易。辛亥淳祐十一年，幸遇朝省履行經界，本寺業經州縣陳理，蒙判府科院王郎中帖沈仙尉，追還元地，與各戶量立租地錢。今來□□祖戶，各已入租契，在寺承賃，起造浮屋營運。切慮年深，復被人戶包占，今具各家租戶姓名數目于后。

圖 寺基 山門

東止官運河

西止四郎君廟街

南止寺前大街

北止新街巷街

下截

夫仁政必自經界始，此儒者之言也。衲僧明爲而□之，不曰目擊其言，躬□其惠，有感於斯言之當，所以言之不置也。淳祐辛亥，上在宥之二十九年也，宵旰之際，垂炤幽仄。考戶部版籍，獨毗陵之弊壞爲甚，詔守臣洊任，專以晝清井畝爲職。詔旨謂有一赤之地，則有一赤之賦，豪民占籍，有至廣而匿影者，曾無圭□之賦入官，貧弱有產去稅存之患。況自思陵南渡以來，民戶率冒西北流寓，爲辭據尤多，此舉行經界本旨也。若州若縣，奉承惟謹，榜諭明曉。凡有此如前所條之類，並許本主整直歸業。本寺即古鳳光寺也，崇寧間易賜今額。寺基初至□闊，自建炎陸兵之後，侵占殆半。德恢濫膺灑掃，適逢此千載莫遇之機，一念爰興，龍天嘿祐。今蒙鄉貴士堂尤貳卿倡善表率，以本寺之地，捨入常住，自此莫不從風而靡達。貴齊府李府戴宅王宅，陸續喜捨者幾盡。然其間有固負者，堅確一意，謂初交易面得，抗此說而不□。遂□老僧不得已破無諍之戒，經州縣陳理，續後冒占之家，各已立契，承抱本寺租地錢。使久假不歸之地，復入寺籍矣。德恢雖忝主席，然土木形骸之人。况本寺歷祀半千，住持者不知幾千百輩。所謂此屋閱人如傳舍，固無戀棧□宿之桒，重惟千年常住一朝僧之說。值此希闊之會，捨此不爲，復何望焉。所以只得出手，非嚚訟也。繼承此志，不毋望於該之來者。故勒于樂石，以壽其傳。并畫地形，及載判使府公據，使知其本末。後之繼□□者，毋以此小事忽諸。淳祐壬子四月結制日，住山復翁德恢謹識。

（民國）《江蘇省通志稿》藝文志三，金石十八。《宋代石刻文獻全編》，北京圖書館出版社。

拓本。連額高四尺六寸，廣二尺六寸半。上圖下記。二十三行，行二十三字，字逕□分。

《棲霞寺牒》　尚書省牒江甯府嚴因崇報禪院

禮部狀，準都省送下資政殿大學士右光祿大夫知揚州事充淮南東路兵馬鈐轄張璪奏，勘會先任中書侍郎日曾奏乞，將江甯府攝山棲霞寺，充先臣墳寺，乞以嚴因崇福禪院爲額，已蒙改賜訖。臣今欲乞將上件所賜寺額，改作嚴因崇報禪院爲名。如允乞下，合屬去處照會改正施行。本部勘，當欲依本官所乞事理施行，伏候指揮。

牒奉勅，宜賜嚴因崇報禪院爲額。牒至準勅，故勅牒。上二行俱草書。

元祐八年六月二十五日牒

太中大夫守右丞鄭　左光祿大夫守左僕射

碑末刻朝奉新差知舒州桐城縣管勾學事管勾勸農事兼兵馬都監張裕民上石，政和三年癸巳九月，重陽住持傳法賜紫沙門元慧、金陵駱文舉刻。

《江寧金石記》卷四，《宋代石刻文獻全編》，北京圖書館出版社。

《有隋相州天禧鎮寶山靈泉寺傳法高僧靈裕法師傳并序》　釋靈裕

法師，姓趙氏，定州曲陽人也。在幼童時，每見沙門佛像，必拜禮。聞屠宰聲，必加悲愴。年七歲，卽欲捐俗，父母不許，遂博覽羣書。及十五，丁父憂，苫塊哀瘠杖而後起。事親篤孝，編之史冊。服畢，遂往趙郡應覺寺出家。後聞慧光律師在鄴都，卽往從之。會光已歿，乃投道凴法師，授《十地論》及《華嚴》、《涅槃》等經。皆晨夜研究，博尋舊解，闡發新異，衆翕然稱之。時齊方興釋典，有法上者，爲僧大統，學者望風嚮附，惟裕專精獨立，不偶倫類，後法上頗欽服之。裕常與諸僧共談儒教，旁設講席，聽者同集，兩得所聞。覆述句義，無一遺者。自是，擅名鄴下，遠近師附，俗呼爲裕菩薩，多從之受戒焉。裕持性剛潔，器識堅明，志存遠大，不局偏授。每有傳講，必恭恪勤厚延請乃赴。既臨講席，聽者莫不肅然自持。一夕，布薩說戒，靜影惠遠法師造《涅槃經疏》，詳練撿覆，緣此傳　。師勵聲曰，惠遠讀疏，言是法師因緣。衆僧說戒，豈是魔說。遠聞而憚之。自爾罔不趍筵，稟於戒範。女人尼衆，莫敢面參，其嚴毅如此。

嘗與鄴下諸法師連坐開講，齊安東王婁叡拜諸僧次，禮至裕前，不覺怖畏，流汗退。詢厥由，知其戒行精苦，遂奉爲戒師，造寶山寺以居之。裕通達三乘，辯對乘機。前後所講科目無常，時同學者或譏之。裕曰，此乃大士之宏規也，豈拘拘於常情哉。後周滅齊，廢毀釋教，裕乃衣斬纕冠布絰，與同侶二十餘人，潛遁村落。晝誦儒書，夜理佛經。時歲饑穀貴，裕乃造卜書一卷，占◇◇米二升而已，負米者相繼。裕歎曰，先民有言，秖密仭傷，驗於今矣。乃取卜書，對衆焚之。更以所得，供饋同厄。及隋興復釋教，始去纕絰，改襲舊儀。眞緋正紫，五大色服，正背之衣，凡乘律則，並不入室。常服祁支，纔過其肘。人或誚之，法師若此，將非邀譽耶。師對曰，君子求名，小人求利，亦何爽乎。誚者赧然心服。

開皇三年，相州刺史樊叔略創立講會，延集名僧。有詔令立僧官，叔畧乃舉裕爲都統。裕語叔畧曰，都統之德，裕德非其德。都統之用，裕用非其用。既德用非器，事理難從。叔畧不聽，裕廼潛游燕趙。久之，還居相州大慈寺。開皇十一年，文帝詔裕入長安，令住興善寺。延入宮掖，與皇后獨孤氏歸敬之，禮求受菩薩戒。師曰，至尊是萬基之主靈，裕乃凡庸比邱，詎敢爲師也。遜辭不已，方始從受。未幾，詔爲國統。裕因辭，請歸於鄴。文帝許之，乃命左僕射高熲，右僕射蘇威，納言虞慶則，捴管賀若弼等，詣寺宣旨，代帝復受戒懺罪，并送綾錦衣服，絹三百段，助營寶山寺。御自注額，改號靈泉，蓋取八山之泉，師之上字合，以爲稱聖意，欲存師名之不朽耳。

旣還相州，更住演空寺，今淨明寺是也。及仁壽中，分布舍利，諸州起塔，多有變瑞，時人咸以爲吉祥。裕聞歎曰，此相禍福兼表。夫白花白樹白塔白雲，豈非凶兆耶。未幾，果應獻后安養之徵，衆始傳裕言爲信。相州刺史薛胄所居堂礎變爲玉，胄喜，設齋慶之。裕曰，此乃琉璃耳，誡之愼之，宜禳禍祈福。胄不從。後楊諒作逆，胄竟坐累，流之邊裔。裕之明識，皆此類也。裕以大業元年，終於演空寺，道俗相與殯於寶山靈泉寺側。裕所有經律◇◇及詩頌雜集百餘卷，行於當世。嘗製寺十誥，以法御徒◇◇釋氏宗而奉之，其他可知也。有弟子日光寺法礪、慈潤、詩惠休，定國寺道昂并曇榮等，皆以明律習禪，一時宗匠，各有別傳，以載德業云。

元祐八稔秋九月，天禧仕人牛彥景命余就弟敷演旬有二日，乘暇領徒遊目寶山，攀蘿捫石，越壑登峯，矚巖隈靈龕，尋林泉勝概。考其名實，雅符史傳。至於元林塔像，道憑石堂，魏齊隆普之基，周隋廢興之跡，遺緒脩存，勒之琬□。獨師盛德徽猷，顯拔衆表，牆仞法力，功莫大焉，而杳無支提，良用 然。乃募信士郭文眞率衆，於寺之東南隅岑麓之上，建塔設像。俾好古觀風之士，瞻仰有歸矣。時紹聖元年十二月八日，釋德殊叙并題額，習《唯識論》小童師慶書。

相州衛弁洞天浩宗儀刊　修塔匠人張宣

《安陽縣金石錄》卷七。《宋代石刻文獻全編》，北京圖書館出版社。

《衡山澄心院捨山記》　衡山於姑孰爲名山，在郡城之東六十里。山之麗古僧坊曰澄心院，即故隱居院也。院即□貞白先生書堂舊址，隱居所以賓其寶也。摩挲蘚刻，謂先生樂之，墓于此山之下，翳然林莽間，鬣封纍纍，相傳爲陶氏墓，疑即其處。院平湖橫其前，鏡如也。羣峯環其後，屛如也。突兀老蒼，千夫拱立，谽谺蹲伏，百鬼獻奇。雨態烟顔，月痕風調。有古意，有壯氣。有姸靚娟好貌，有六律五聲八音錯奏樂，有萬幅鷄溪絹水墨圖。蓋搜奇擥勝，據其會而專其有者也。院之東曰十保山者，民業也。其主名爲八家者十，而氏夏氏趙氏陶居多焉。主◇席普春，立堅思心，持因果說，日匈請於其門。喜機感觸，響畣翕如。共呼蒼頭拭瓦研磨松煤，大書爲券。名氏鴉塗盡紙尾，杖者奉以歸普春。普春合爪稱謝再三，一以示其徒，口口慙愧，不能休。亟持上郡，乞志章以識。已迺謁賢寓爲公坦之圖，爲世世萬佛燈計。公樂善好義，爲請于邑大夫夏公武昇公文爲質。又謂不可無以紀事，始傳不朽。

介公書來謁記，辭不可，因語之曰。汝祖師思窮刻苦，幾槁死。俱把茅蓋頭，屋百楹乎。芽產穴膝，坐重茵乎。深崖層巘，卓錫立道場，爲修行，爲說法耳。樵蘇之不給，芻牧之不禁，暇憂乎哉。汝今得此山一木一石，灑然清淨。一喙一蹄，快哉極樂。汝能向丹◇悟病死苦，粒砂入口，煩惱頓息。汝能向五井識無垢淨，滴水下咽，熱沸盡洗。汝能向月池舉揚，空明圓覺，不二法門，心心相印。無諸障礙，大千沙界，盡起善念，作善事，成無萬數佛子矣。不然，澗愧林慙，佛訶祖罵，奈之何。普春唯唯而退。雖然，此瞿曇氏說也，余復於是深有感焉。貞白之在梁，藉使朝不食，夕不食，至不能出門戶，有能憐而食之者乎，無也。今具荆書荒址爲浮屠居，則有協衆心，捐一山，供其香積炊者。異哉，今之不古若也。賢人才士，與凡學孔氏者，寠於我隣，瘠於我里，飢餓於我土地。寸縷圭黍，靳不能割。用黄面老子法款其門，則嚮赴惟恐落人後。有能移是心慕吾所謂道，吾徒當無拾橡實，垂鶉結，僵臥雪屋下者。雖然，餓死事小，失節事大。世之賢人才士，與凡學孔氏者，必毋以此乞憐，要官巨室，則其心泰然，具氣浩然。其體舒舒然，何往而非自得之境，奚有於普春之立心之持說者哉。噫，一法通，萬法同，普春其毋駭余言。

寶祐丙辰八月初吉謹記。太學內舍正奏名杜子源譔。迪功郎新差充和州州學教授李仲龍書。從政郎宜差監行在雜賣場兼尙書省印契局褚坦之篆額。

開具捨山檀越名御于后。

趙元亨　趙宗達　趙文亮　楊進聰　楊進興　夏端　夏興邦　夏壽年
夏文亨　夏文高　夏文可　夏恭敬　夏忠太　夏彥圓　夏瑫　夏大興

夏子瑫　夏安勝　夏子明　夏文甫　夏施彥　夏施和　夏施臨　夏施敬　夏施俊　夏施瓊　夏施秀　夏施平　夏施亨　夏施崇　夏施澤　夏施宗　夏施新　夏施祖　夏施成　夏施津　夏施圓　趙公濟　趙公勝　趙元勝　趙元達　趙元通　趙元德　趙宗困　趙時舉　趙壽　趙伯通　趙大新　趙宗勝　趙宗彥　趙大全　趙世成　趙文廣　趙大聰　趙壽全　陶景宗　陶文廣　陶應龍　陶恭慶　陶大彬　陶恭敬　陶誥之　陶大之　陶大言　陶大全　陶大餘　陶大彪　陶時賢　陶時言　陶壽圓　陶茂青　陶万五　夏彥明　夏陶從　陶之德　陶子旺　陶伯成　陶世旺　陶世成　陶伯榮　夏陶亨　夏陶明　夏陶滿　夏陶永　夏彥　夏陶興　夏王忠　夏王春　夏王成　夏德才　夏程進　夏圓　陶時達　陶時政　陶文舉　陶之慶　州學學諭戴元德　同勸化山前住持僧普能　普昇　都勸緣捨山檀越夏興邦　夏文甫　趙元亨　趙元勝　都權緣住持普春立石　本州石匠作頭許惠刊

在當塗縣。拓本。高五尺，廣二尺六寸。二十五行，行四十七字。正書，額篆書。

《安徽通志稿》金石古物考，石刻碑誌三。《宋代石刻文獻全編》，北京圖書館出版社。

《宋觀音像》

圓相觀音菩薩瑞像，無爲子楊傑次公祕本，熙州慧日禪院僧彥泯頌。妙覺慈悲主，身雲瑩碧霞。光輪停夜月，瓔珞綴于花。無畏全心普，分形應類差。圓通斯第一，名號遍恆沙。處處傳消息，頭頭感歎嗟。和風飛語燕，斜日噪寒鴉。昂首清塵眼，稱名斷苦芽。諦觀圓滿相，砧杵落誰家。

政和八年戊戌孟冬三日，邠州白雲居士麻應伸跋，永壽仇璋書丹，鳳翔府扶風縣横壠華嚴庵小師僧崇□立石，解梁張崇智刊。

《扶風縣石刻記》下。《宋代石刻文獻全編》，北京圖書館出版社。

《報恩光孝禪寺賜田免税公據碑》

上截

上缺外姚缺申令□湖州缺申依□□親往□缺得報恩□缺古跡□係是田因爲□□缺姚大□沈□□□包□□□白缺其田□西南□□並係官缺委無□缺清等各甘立賞缺報恩□□□卽□係礙□□□去缺指揮施行所據申述□□□□會施行省上缺中待□施行去訖，須至指揮。

右曉示僧慧智仰詳此知委。

紹興三十一年九月十九日

□□指揮缺住□時偕行□修如官田撥賜不足，請缺田宅山林幷將□□到將造錢□買補□本寺，於紹興十九年内，缺田伍□柒拾伍畝，申明本州□□給牓約束□□依缺後來至紹興二十三年内，因□下人侵占，蘋湖及楊缺水去起毀拆□特□官一例得新圖缺侍郎□不受理□□掘◇肆百玖拾□畝不當，遂經缺委是本寺買置姚大成□古跡田畝，並無缺本州備申缺本部□□轉運司究實□本司下秀州委□鹽縣丞陳缺定一同，並無諸般違礙□畫田圖保明上泐本司保明□申缺指定合◇如何施行□□□運幹已收□□秀州元委□官定缺溺不爲□□申發改正再□缺下浙西提舉司使仰□見當來本寺□出有無□缺保明□狀申提舉司行下湖州缺證定委□古跡祖產田，卽不礙缺礙官□保明□□□蒙本州備申缺湖州及提舉司仰□提舉司所申□正結絕重念慧智缺理□□今五年□□了絕缺侍郎□□□定□理特賜造絕。切慮本州□□行人吏尚有□□不爲依公，卽行缺改正給還□□本寺無以照□須至再□□□□缺詳□所□事理特賜缺已符事理，出給照據，收執歸寺，永遠□□遵守。庶使常住得以安存，僧缺

第二截

行在尚書戶部

據湖州報恩光孝禪寺知事僧缺奉□聖旨，專以追崇徽宗皇帝缺十三年十二月一日，□天下州軍各賜寺額以缺各給□□□田□拾頃，充常住供眾缺所賜田土，並與充給二税，及免納役錢，諸般差遣改賜。天甯政和七年七月九日，續降指揮，如官田□賜不足，許各戶捨施田宅山林。如不足，後有收到戶絕沒官等田，逐旋撥入本寺。又不足，卽令本寺持緣化修造錢收買□拾頃之□戶部看詳指揮應諸路州軍崇甯寺觀，所賜田土，並與免税□坐指揮狀後批勘會。崇甯四年十一月六日，指揮天甯寺觀所賜田，並無限定數目。其本寺觀田土，不以多少，但係所賜之數，並各依上件指揮放免。及崇甯四年二月八日，指揮許免納役錢。當年五月二十五日，奉聖旨，據捨施在崇甯寺觀田土頃畝，與免納役錢。諸路□此。紹興七年四月十三日，恭奉聖旨，改賜今額，專一追崇徽宗皇帝香火。紹興九年八月二十九日，三省同奉聖旨，諸路報恩光孝寺觀，不許狥占安下，及不得□寄，仍免非時□借，抑配擾擾。紹興十六年正月二十八日，奉聖旨，□部□行□坐條法指揮卽與其他寺院不同，仍監司守宰，常切檢察，免致違

戾。切念本寺承受遵缺恤，今五十餘年蠲免，常住不當送納二稅。因經界均出苗稅，本寺具因依陳理，蒙歸□□會平江府□常熟縣檢□回文□□鄉司沈元等供□□本府報恩光孝禪寺田產，係在元降指揮拾□數內。所有□稅及□抑配□從前及經界不□□□，蒙本縣□諸鄉書平□到本寺，撥賜田場貳伯陸拾來□，并續置到田，止紹興十九年內，方□及元額於□所。紹興二十三年，故知州王侍郎□同掘□肆伯玖拾參畝，累經監司及本州□證保明□□卽無違礙，已蒙本部特賜結絕，符下本州及提舉司□應結絕改正外。重念本寺於□年四月內，□被本縣人吏沈允成到來乞覓不從，輒有違背聖旨□帶人戶由州稱本寺二稅不納，致本州□□係知事□□住持師本錄白指揮，并本縣元結免稅公據具狀，同僧眾□本州陳理。不明知府董侍郎嫌疑住持師本更，不容雪訴，便將住持師本□頃抑勒立，便監納紹興二十九年并三十年夏稅，絹捌疋叁丈有零。本縣今年準前追催苗稅役錢科配，不住擾擾，以致師本退除前去，僧□星散，事□□抑因此敗壞，寺院有□有人不便從此本州及轉運司陳狀，乞照應□降指揮，依除蠲免。今來亦是不住追催，無田斷絕。不免錄白歸安縣元給免稅公據，并臨安府報恩寺紹興二十七年轉運司給府公據□例，於九月二十六日，經尙書戶部陳乞□照，累降指揮行，下轉運司□臨安府報恩寺□例，出給公據□□□免。蒙判部侍郎明察，特□台判，行下湖州照會，及符轉運司詳狀施行。且慧智具狀陳乞，依省部已符事理，照應臨安府報恩寺□例，出給公據，歸寺蠲免，以憑遵守。□台到具呈，卽行契勘。今來僧慧智陳乞，依崇甯年中到降，指改本司送簽廳檢坐。紹與九年內，指揮寺觀田□並依□□條法，輸納所有。臨安府報恩寺係有紹興二十七年□降指揮□□不同，乞下□□□及□省內事理施行□□本寺□□指揮免納二稅明文，卽與其他寺院不同。今來轉運司簽廳□承行人吏更不服，應□降指揮□例檢坐。紹興九年□行指揮行下湖州，伏念本寺□□□四年至紹興三十年，依元降指揮□□□納，既紹興九年指揮卽不□改諸缺行人吏觀望請求，故作泛濫，滅裂□同檢坐□行指揮行下本州缺臨安府報恩寺，乞依崇甯四年十一月七日指揮，係諸路報恩寺□例，省部符湖州嚴州□州取索□降指揮貞□□詳本遵副上殿，面奉聖旨，依□□四年指揮與免□拾頃二稅，體例一同。兼湖州係本路所屬去處，合依元降指揮蠲免。卽不是今來□外□乞日，合體朝廷崇奉徽宗皇帝香火，合行依例蠲免。切緣本州今來不住追催擾擾，事理切害，不免再抱狀告投。伏乞台慈，詳酌所陳事理，特賜台判指揮，從本部檢坐勘當，行下湖州，依條蠲免施行，伏候台旨。省部除已符兩浙運司仰詳今來本人狀詞，及已符事理照應見行條法指揮施行，并符湖州照會外，須至指揮紹興重修常平免役令，諸崇奉聖祖及廟祖宗神御陵寢觀寺，免投錢勿輸。紹興二十七年十一月二日勅中書門下省、尙書省，送至右朝議大夫直秘閣權兩浙路計度轉運副使臣李邦獻奏，近有本司職事，於今月四日上殿奏陳，面奉聖旨，報恩光孝禪寺元撥賜田壹拾頃，合依元降指揮，與免二稅。□除已恭依聖旨指揮施行外，依條合行奏審，伏候聖旨。十一月二日聖旨，依已除指揮。

第三截

歸安縣

準使引近，準行在尙書戶部符，□浙西常平司申，準戶部符，準都省批下湖州報恩光孝禪寺知事僧慧智狀，昨奉聖旨指揮，就本州撥田拾頃充常住，供僧焚修。當時只撥得官田貳伯餘畝，自後無田可撥。於紹興十九年內，將緣化□修造錢，置買到嚴遝村姚大成等古迹祖產伍伯柒拾餘畝，以爲見埁岸坦損，重行修整布種。卻被湖州王侍郎作侵占□湖新圍成田□礙蓄水於內，掘毀肆伯玖拾畝。已節次經州陳訴，蒙委官看定證定，供申戶部，乞行改正。垂蒙符下轉運司，委海鹽陳縣丞究實卽非□湖回申轉運司被運幹廳人吏，不爲申發。遂進狀及經都省陳理，批送戶部，詳狀本部曉示。上件事係承指揮毀折，既見得不合毀折，因何當時不便陳乞改正。直至毀折了當，經隔年歲，方行陳乞，顯有違礙。撿□條法指揮行轉運司，遵依見行條法指揮施行，告示知委。□況本寺爲從王侍郎脇勢抑勒，毀折其田，卽時陳訴，不肯披覽，卽非不行卽時陳乞等事，符本司仰取見當來本寺□田，有無礙瀦蓄水去處。及於本處，有無妨礙，子細契勘保明文狀供申。遂牒湖州，請詳省符，備據本寺僧慧智所陳事理，疾速委官前去相視。當來掘毀圍田，委的有無礙瀦蓄水去處，及於本處，有無妨礙，取見詣實，係一子細契勘具狀保明供申。今據湖州申，州司遂送委歸安縣尉依應相□□據右從政郎歸安縣主□學事榮茀申依稟，躬親往詣地所，追集地分父宿保正田隣丘彥淸等，出官對眾相視。扌丘產淸等委證，得報恩寺元置姚奉禮等田參頃數內，掘毁貳圍，約肆伯玖拾□畝。古跡元係是田，因爲埁岸坍損，荒白田畝在保，係報恩寺於紹興十九年內，將錢置買姚大成、沈教授等宅前項荒白田畝。後來本寺增□泥土，修整舊來埁岸，施工布種，充常住。其田東西南□至，係官民戶常□田產。及北至運河官檣通□去處卽不□是□蓄水去處，及於本處，委無妨礙。并民田去處，並不關絕水勢，妨害違礙等事件。如所供不實虛妄，彥淸等各甘立賞錢壹伯貫文入官，仍甘利罪文狀入案。外人相視，得報恩寺□田卽不保□瀦蓄水去處，及於本處，亦無□□□保明諸□申□指揮施行州司契勘，報恩光孝禪寺上件□係屬歸安縣管下，至奉台判□□樹盡□申。今據歸安縣尉并打畫到圖子□□□具取呈奉台判照行下押到下縣伸詳省符□旨揮依提舉司所申結絕施行。縣司又據本寺僧慧智陳乞，出給公據爲照，奉判案呈給。縣司又據僧慧智錄到戶部免稅前後指揮，具錄在前，須至行遣。右除已關鄉照會，更不起稅外，今出給公據，付報恩光孝禪寺，仰照詳備，去使引內指揮收執，照紹興下缺

第四截

歸安縣據報恩光孝禪寺知事僧慧智狀，本寺係徽宗皇帝香火道□。昨奉聖旨指揮，就本州撥賜□官田壹拾頃，充供□僧行如官□□不足□將人□□施緣化□置於缺紹興十九年內缺古跡□田伍伯□□□畝數內肆伯玖拾畝。至紹興二十三年，軍官侵占，蘋湖□楊缺蓄水勢毁折。聞其時□□□王侍郎脇勢吏不□理抑勒□同一缺第紹本州陳理。蒙下所屬定驗，委官覆□□是本寺將錢置缺田段，別無違礙保明□實回申□本州保明，備申省部。蒙本部符下轉運司，再行究實，委□□州海鹽□陳□□□到地所相視，追集父宿耆保，保明供證一同，並無違礙。打畫田圍圖子保明□□轉運司保明回申省部。再蒙符下指定合作如何施行□委缺間因人吏觀望遷延□都省及登聞檢院進狀，蒙降付都省，下戶部詳狀施行。本部行下浙西提舉司缺本寺圍田有□□□水去處，有無妨礙，子細契勘，保明文狀。蒙提舉行下本州□委歸安□縣尉相□追集父老田□保甲重立罪□證定委□古迹田缺蓄水去處，并□田並不□絕水□等事，官吏保明詣實申□第申上司得省部行下本州及提舉司結□前知府陳吏部台判照行下本縣及尉司，照行改正外。□實再具前□□□陳乞，已蒙本縣出給公據文牓，付本寺照證，重行修整埁岸，充常住。今來轉運司承準指揮毁掘□□圍田有□□塞水去處，合行毁掘。今來已判縣朝議知丞，朝議親到田所相視，追集父老田□耆保對□證缺罪，及將本寺元蒙省部曉示，并執狀抱。照得前後省部節次委監司□□事理結絕一宗文字。本寺上件田，委係姚奉禮等宅古跡產田。卽不是壅塞妨礙水□去處，不合毁折。已蒙保明具申，今錄白元，蒙省部執狀并曉示，於四月十五日，經都運行衙投判，蒙備錄行下本州牒缺如狀詞不虛，已不礙水勢。具狀保明，申依指揮，不得□先具承受知□狀申乞，出給公據文牓，付本寺收執，永遠以□崇奉香火，安存僧行。縣司契勘□□運行衙牒，承降聖旨，指揮施行。州縣相視根括新□成田如委實有□水勢，卽行□□及根括到本縣有重□已折圍田折圍數內貳□其肆伯玖拾畝，在松亭鄉十八都□□村利□橋南坐落，係報恩光孝寺田。據保正長田□父宿丘仲等，及本寺知事僧慧智狀，賫到元承戶部告示并執狀，委證其田元係姚奉禮等古跡產，因埁岸坍損，荒田在保，經界作草□□量後，係報恩寺於紹興十九年內，將錢置買增□。紹興二十四年內，因軍官侵占蘋湖及楊少傅□草蕩圍□成田礙蓄水勢□同折毁。續係僧慧智節次經□部□□陳理，蒙□本縣尉榮文林及秀州海鹽縣陳縣丞，并黃運幹定驗，并於戶部投狀□行□□目人委實不□壅塞水勢去處供由□□行衙續□使行衙帖契勘報恩寺田缺奉台判

下截

軍州法司供呈，準行在都進奏院牒，及提刑提□□□衙牒，準行在缺日已□□隆興元年十月六日勅中書門下省缺宣賜御書御□之類，或缺臣□里之家無功德院，多方陳請劃降□□數指揮曾不知寺觀之大者，比民間中下之家，不啻數百戶。其田產之科數，及□買預借折□之類，悉行蠲免。及將州縣科數書縣士民□使民受困，不勝大恩□切觀前後條法該載，如內外□□有額寺院，充□寺□德院□行集止□大觀三年指揮也。今後臣僚陳乞墳寺，並依祖宗法。此紹興六年指揮也。諸寺觀田產不得免稅租，夫役折□等寺事，此紹興賦役令也。朝廷成法，非不著明。今昔置而不問，使前件甲令，互委爲虛設。臣愚欲望聖慈，特降指揮，應諸路寺院宮觀，除天慶觀、報恩光孝寺係崇奉祖宗外，其餘不以久近，劃降指揮，並不施行。乞將寺觀物力，與民間物方□同一例科數。庶幾億兆之民，實被均一

之德，仰副陛下勤恤之誠，天下幸甚，取進止。十月一日，三省同奉聖旨，除天慶、報恩光孝寺觀外，其餘宮觀寺□，今後並不免科數。奉勅如右，牒到奉行。前批十月七日辰時付戸司施行，仍關禮部及今□去處，今關請一依今來勅命指揮施行。仍關合屬去處，牒州施行。

右今出給公據，付報恩光孝寺收執，永遠爲照，不管損失。

乾道二年　日給。

右廸功郎縣尉主管學事吳　右廸功郎主簿主管學事黃　右承議郎知縣丞主管學事趙　右奉議郎知縣主管學事勸農事賜緋魚袋郭　□□節度判官廳公事□

僧正司仰詳省符内備坐勅命指揮□□符到

隆興二年　日下

《吳興金石記》卷九。《宋代石刻文獻全編》，北京圖書館出版社。

《報國寺布施記碑》　本寺伏承大檀越華李七府幹名文勝，自剏業以來，凡遇山門大小緣事，無不施財，發揚成就，今劃一開具事日于后。

一　施財貳伯貫文，置造大錫花瓶幷架子一對，雕裝蓮花二瓶，充大佛殿供養。

一　施財貳伯貫文，鑄造大鐵香爐貳座，充大佛殿、觀音殿供養。

一　施財伍伯貫文，一力甃砌法堂、三門、兩廡地面。

一　施財叁伯貫文，印置《大般若經》六百卷入寶藏。

一　施財叁伯貫文，布漆銀珠大佛殿桐身柱肆口。

一　施財捌拾貫文，置普賢黑光廚一口。

一　施財壹伯貫文，鞔造大法鼓一面。

一　施財壹伯貫文，建造鐘樓及普賢殿。

一　施財壹伯貫文，建造三門。

一　施財叁伯貫文，建造釋迦寶殿。

一　施財壹伯伍拾貫文，甃砌大佛殿地面。

一　施財壹伯貫文，建造庫堂。

一　施財壹伯柒拾貫文，鑄造大鑊一口。

一　施財壹阡貫文，建造千佛寶閣大柱捌口。

一　施財壹伯貫文，裝塑佛殿涌壁羅漢一龕。

一　施財捌伯伍拾貫文，置到吳江縣界田貳拾畝，遞年收租。十月十七日，伏值先妻太君潘氏一娘子愍忌之辰，啟建西資蓮社念佛勝會一永日，設位供養，資悼尊魂，往生淨土者。

一　施財壹伯貫文，鑄造寶藏内壽山福海。

右具如前，謹刻堅珉，請輪年知事僧循守成規，嚴與修崇，毋致更易。庶幾圓滿願心，因果不昧。所求現生之内，福樂百年。他報之中，二嚴克備者。

嘉熙元年二月　日監寺僧淨月立石。

勲舊　德政　守中　德暉　頭首　廣聞　廣宣　知事　淨明

開山住持　宗偉

霅川王震刋五字在邊闌外。

報國寺布施記碑陰

檀越施財置田名銜

南林報國寺

本寺伏承當邑□檀越蔣八宣義生前置田壹拾畝貳角入常住，遞年收租。七月二十日，值先考八承事諱辰，齋僧一堂。附薦先妣太君沈氏六娘子雙魂，往生淨土。

潯溪檀越朱三五承事生前置田壹拾肆畝入常住，遞年收租。三月十八日，值承事諱辰，啟建西資念佛勝會一永日。又於九月十二日，值朱二承事諱辰，齋僧一堂，設位供養。追悼神儀，往生淨土。

後廬檀越施王承事生前置田壹拾貳畝入常住，每歲收租。三月二十五日，值承事諱辰，羞設齋僧一堂，晨粥一堂，沐浴一堂，設位供養。上薦神儀，往生淨土。

堀墟檀越許廿三迪功生前置田伍畝入常住，每歲收租。七月十五日，值先妻孺人徐氏二十娘子忌辰，於盂蘭盆會修設六道斛食壹器，燃燈壹座，仍供養致政、迪功二位神儀，同生淨土。

潯溪檀越陳三五太君、沈氏八娘子生前置平江府常熟縣界田柒畝貳拾貳步入常住，遞年收租。五月二十二日，值太君忌辰，齋僧一堂。資悼懿魂，往生淨土。

當邑檀越陳十七太君、閔氏六娘置田參畝叁角臺拾伍步入常住，遞年收租。九月九日，遇太君生日，齋僧一堂，祝扶壽算延長。

船居檀越賀四五承事生前置平江府吳江縣界田柒畝貳角人常住，遞年收租供眾。仍立祖先位牌，入祠堂供養，用悼往生者。

當寺華沈三四道公施己財置田壹拾畝叁角令壹拾叁步入常住收租，每歲三月初五日，遇華道公生辰，齋僧一堂。百年報終之後，移作忌日，修崇植福無盡。

船居檀越徐四將仕名可用置田伍畝入常住，遞年收租。六月二十三日，值先考三九承事忌辰，齋僧一堂。所集功德，上薦神儀，往生淨土者。

於塔檀越蔣十四將仕名文慨置田伍畝入常住收租，每年十一月初一日，遇妻吳氏十娘生辰，就月會誦《蓮經》，保扶各人，身位安康，吉祥如意。

右具如前，謹刊堅珉。請輪年知事僧參照檀越生日忌辰，嚴與修崇，毋致更易，庶幾圓滿，願心因果不昧者。

嘉熙元年二月　日監寺僧淨月立石

勤舊　守中　德暉　頭首　廣聞　廣宣　德宣　德政

知事　淨明

開山住持　宗偉

以上上層，三十二行。

檀越施財修崇名銜

南林報國寺

山門伏承平江府吳江縣倚投檀越沈十五承事諱琇，生前捨官會伍伯貫文，入本寺長生庫管運，證例二分育息。每歲六月十四日，值承事諱辰，仰庫司就長生庫關給息錢壹伯貳拾貫文，官會修設天地冥陽水陸一會，用資冥福，追悼神儀，往生淨土。

船居檀越東陽二十承事沈公，生前捨錢壹伯貫文官會入常住。每年十二月初七日，值承事愍忌，請僧道共貳拾員，看誦《妙法蓮華經》一會。又承太君李氏三娘子生前捨錢壹伯肆拾貫文官會入常住，每年三月初四日，值太君愍忌之辰，齋僧一堂，設位供養。上薦二位尊魂，同生佛界。

當邑檀越張四十太君、曹氏三九娘，捨錢壹伯貫文官會入常住。每年五月初十日，伏值亡公張四六承事諱辰，啟建西資念佛勝會一永日。附薦亡婆太君朱氏十七娘子，亡夫張四十將仕超昇者。

船居檀越徐三九太君、張氏六娘，捨錢壹伯肆拾貫文官會入本寺長生庫營運，證例貳分育息。每年二月十一日，遇太君生辰，仰庫司就長生庫關給息錢叁拾叁貫陸伯文官會，請僧道貳拾員，看誦《妙法蓮華經》一會。百年報滿之後，移作□辰，修崇功德，利益無窮者。

當邑檀越張三乙將仕名顯祖，捨錢壹伯貫文官會入本寺長生庫營運，證例貳分育息。每歲正月十四日，值先考三承事諱辰，仰庫司就長生庫關給息錢叁拾陸貫文官會，啟建西資蓮社念佛勝會一永日。所鳩功德，追薦尊魂，往生淨土者。

右謹具如前，請遞年知事僧，嚴與修崇，□無更易。預請檀越拈香證明，庶幾因果綿綿，無窮之利，已鐫諸石不朽者。

嘉熙元年二月　日監寺僧　淨月　立石

勤舊　守中　德暉　頭首　廣聞　廣宣　知事　淨明

開山住持　宗偉

苕溪王震刊五字在邊闌外。

以上下層二十八行。

《吳興金石記》卷十一。《宋代石刻文獻全編》，北京圖書館出版社。

《資教大師卯塔記》　蓋聞諸行無常，是生滅法。生滅滅已，寂滅爲樂。未證寂滅之因，豈逭死生之苦者矣。故資教大師賜紫尼諱體訓，俗姓馬氏，即故棣州史君之妹也。童年落髮，長夜誦經。心鏡朗而秋月當空，慈雲潤而春膏及物。悟水泡之非久，知風燭以寧長。忽一日謂門人曰，吾受業中山，寓居洛水。□戒持徑，□可□□紫衣師號兄所及焉。若夫年已裏暮，疾漸沉痾。俟我終，葬我於太保墳側，吾無恨焉。乃以開寶四年十月十七，終於本寺。春秋七十有□，夏臘五十三。荼毗之後，舍利甚多。

彭城郡夫人劉　抽清淨之財，特建靈塔於先太保塋之前，不違其願也。安灰骨於其下。時大宋開寶六年歲次癸酉十月辛巳朔二十九日己酉記。

《芒洛冢墓遺文》下。《宋代石刻文獻全編》，北京圖書館出版社。

高一尺一寸四分，廣二尺一寸五分。二十行，行十二字至十五字不等。唐風樓藏石。

《達大師塔記》 師諱顯達，字彦濟，姓劉氏。其先洛陽人也。母始保妊時，每兆能羆。誕毓六歲，一日，遽語母曰，兒願求出世，要寄浮生於夢幻矣。母愕然異其語，遂與父亟議，從之。出家，禮住持妙慧大師道聰爲親教師。師雖幼稚，一入梵刹，不繩而自循規範。凡誦諸妙典，殊無凝滯，豈非夙習近胞，安能通慧如是耶。天聖五禩五月內，遇乾元節，特恩披剃。明年，授具足戒。師十七歲，逺趍天庭簾前，賜紫方袍。熙寧元年，掌院帑。至元祐元年，知院莊。以師幹辦風力，絶人逺甚，德行高潔，衆所推重。逮元祐四年，陞領住持，院事崇奉益懃。自是，日加營葺。内外增修，雅飾一新。惟以□誦《法華》、《梵網》，維祁寒畏暑，時無輟焉。以智慧導有衆，方便誘檀那。一切世間，無取無捨，無憎無愛，無彼無此，無可無不可。周旋委曲，深得眞空般若之趣。統領院務二十餘載，晨昏精進，略無少懈。於大觀三年十二月始三日，儼然示化正寢，享年九十二。夫貴賤壽夭，天也。賢者必貴，仁者必壽，師兼得之。嗚呼，其生兮若浮萍，其死兮若流水。臨終不昧，獲悟眞如。逝化昭明，定超覺地。粤大觀四年閏八月十五日，舉師柩葬于河南府洛陽縣杜澤村原先塋之次，禮也。是時建塔，紀銘不具，誠爲闕典。今宰院知庫遵昇二大師，率諸小師妙端等，協龜筮，以宣和五年二月十五日起塔紀銘，刻諸翠珉，以永其傳。度小師十一人，曰妙端，妙遇，妙方，妙威，妙開，妙倫，妙太，賜紫妙褒，賜紫妙亨，賜紫妙章，妙演。一日，遽蒙遵昇二大師恵然見臨，囑予爲銘，不得辭者，義也。勉爲之銘曰：

師先洛納，童稚通慧。夢幻知非，樂歸釋第。
《梵網》、《法華》，殊無凝滯。智慧導衆，方便誘厲。
院帑豐資，莊糧盈計。宰院承流，無敢違戾。
寬猛得中，群膺伏制。年高益懃，五福俱契。
欝茂松楸，窀穸永閟。卜兆斯年，慶傳後裔。

王淵刋。

小師妙端等，知庫賜紫妙昇，知事賜紫妙賢，住持賜紫妙遵立石。

《芒洛冢墓遺文》下。《宋代石刻文獻全編》，北京圖書館出版社。

高二尺八寸，廣三尺一寸。二十七行，二十六字。正書。

《釋青了開井發願文》 皈命頂禮，徧滿法界，十方三世，諸佛如來，大乘至教，秘密眞詮，甚深法寶，十方和合，大菩薩僧。同賜洪慈證知。我今開井，志求洪泉。現在未來，饒益一切。我居兹地，江水回環。由有高峯，孤然秀出。伽藍久剏，其已歲賒。一衆僧居，乏水飲用。我諦詳審，乃禱觀音，於此山心，祈求清水。興二七日，感夢吉祥。後方見泉，洪漸而大。但當仰荷，佛力沾濡。於一點中，流出無盡。如我觀察，無異思惟。以仗願言，莊嚴佛果。願此泉水，流注無窮。通徹金剛，輪際乳海。具足充滿，八功德泉。涌現井中，常獲盈滿。願以此水，盡未來時，供給往來，十方清衆。餘沾遐邇，一切等人。一滴所滋，成佛緣種。願以此水，廣益衆生。飲此水時，如味甘露。悉令增益，色力命安。咸悟妙心，發生妙慧。願飲此水，皆得智槳，流灌心田，道芽增長。諸根明利，正念圓成。深遠法源，傳佛心印。願飲此水，得大總持，世世生生，感通正法。泛般若舟，到無依處。坐法空座，建大法幢。潤益衆生，紹隆佛種。願飲此水，身心圓明，與諸如來，法流水接。入佛慧海，了最上乘。等如來心，齊如來見。願飲此水，生如來家，受諸覺王，法水灌頂。獲無生記，登不退階。莊嚴十方，諸佛淨土。願飲此水，皆悉登於，大菩提場，齊成佛道。坐菩提樹，轉大法輪。廣度衆生，證寂滅樂。然我今者，觀性相空，承佛威神，故發斯願。以無所得，爲方便門。於我身心，都無所願。我開井日，先與諸天，堅牢地神，而有其約。若得見水，當於井中，鐫佛密言。廣發大願，以鎮其底，永作智山。變此井泉，俱成法水。願皆安順，同證作乘。先作佛時，遞相度脱。如我此懇，今已獲遂。將此菩提善根，普皆回向。十方法界，一切有情衆生，平等共有，齊於實際，徧於虚空。三有同霑，四恩共報。怨親等及，諸證菩提，普願衆生，咸登究竟。

《東甌金石志》卷六。《宋代石刻文獻全編》，北京圖書館出版社。

《宋刻心印銘》 浩浩羣生，或動或靜，或幽或明。旁魄六合，運用五行，莫不因其心而寓其形。波流火馳，出入如機，如環無端，莫知其歸。或細不可視，或大不可圍。日月至明，或以爲昏。秋毫至微，或以爲繁。或囊包天地，或渴飲四海。舒卷變化，惟心所在。天壽得喪，惟心所宰。心遷境遷，心廣境廣。物無定心，心無定像。明則有天人，幽則有鬼神。若樂相紛，如絲之棼。有無云云，不可勝言。抑末也已，本則不然。惟本之爲體，寂兮浩兮，不可道兮。顯矣默矣，不可測矣。統萬有於纖芥，視億載于屈指。外而不入，內而不出。不闔不闢，不虛不實。無感不應，無應不神。在天而天，在人而人。常存而未始或存，常昏而未嘗不昏。豈惟我然，蓋無物不然。豈惟我得，蓋無物不得。混而爲一，莫覩其極。故曰心生法生，心滅法滅。離一切相，則名諸佛。錢唐講律僧冲羽書。陶翼并男拱鐫字。大宋皇祐癸巳歲七月，草堂僧慎微糾同志刊于石龍院之崖。

《兩浙金石志》卷五。《宋代石刻文獻全編》，北京圖書館出版社。

《宋淨土院釋迦殿記》　臨安，吳之臨水縣也，晉武始更名焉。梁開平中，改爲安國，而今則因川昔名。臨安之盛，肇於晉永和中。許遠游◇之始，自桐廬移入西山，登巖茹芝，有終焉之志。故嘗遺王羲之書云，自山陰南至臨安，多有金堂玉室，仙人芝草。左元放之徒，漢末諸得道者皆在焉。由是，臨安山水之名爆聞於時，卓卓與羅浮、天台埒矣。唐之末世，實生具美。爲武肅王至，其氣象先見於牛斗間，則其地勢之雄奇可知矣。武肅既貴，乃名其城爲安國。衣錦軍而錢氏兼有吳越，四世相授，歷唐晉漢周，襲王爵者幾百年，不亦盛哉。逮眞人勃興，四表臣妾，錢氏知天命之會，達人事之變，鑒諸國之桀驁，兵連禍結，卒墟其宗廟。於是束兵卷甲，納境效順，吳越之民，賴以不見屠戮之傷。而室家相保，完安至今者，此錢氏之遺德也。方錢氏之貴也，奉佛尤篤。其塗雘棟宇，極丹漆之華。雕飾龍像，窮金木之珍。臨安又其故里也，崇建梵宇，比它邑爲尤多。凡一山之勝，一水之麗，必建立浮屠宮。故百里之境，而佛刹幾百數。其間最盛者，南宗徑山是也。分□氏之一支，爲如來之別子。流教演道，是爲法雄。其餘則鱗張翼舒，相夸紺園。星羅棊布，咸號精舍。以故家家務乎薰脩，人人習乎歌唄，亦可以爲樂土矣。

縣之東南隅，左倚功臣，右帶石鏡，曰淨土者，乃故武肅王之子，僧統慧日普光大師法號令因之塔院也。以寶大元年十二月九日，歸窆于塔，實嚴香刹，以奉供養。而歲久堙圮，棟梁弗支。住院僧其瑩與其徒德全、惠普者，痛其頹沒，相與合謀而作新之。惟惠普者□□精進勇鋭，鎦求銖斂，鳩工聚材，彌歷寒暑。經始於元祐四年己巳之正月，而告成於紹聖元年甲戌九月二十二日之庚申。噫，亦已勤矣。

夫臨安壤地狹隘，生齒夥繁。而佛寺相望，其徒之多，無慮千數。故土木之費，齋供之給，取之土人，力有不贍，而檀施尤難得。若其弊而增飾，闕而葺補者，已艱其力矣。又況於基構寶殿，延袤門閣，費且若干。非其有不惰之勤，不退之勇，毅然以莊嚴佛土爲己洪願者，其能終此利緣勝果邪。嘗聞世尊説，若能補故寺，是謂二梵之福。惠普師能此，其於補故寺之功，不啻十百矣。予甚嘉之，故因其請記落成之歲月，而喜爲之書。若夫佛之所以攝受者，實相非實相，善法非善法。與夫人之所以歸依者，布施非布施，福德非福德。此乃如來之眞語，所以詔後世者，故予皆略而不著。

紹聖二年四月望日記。同句當造殿行者法揔募緣開石。縣尉鄒起撰，新授明州定海縣尉駱閎書，右班殿直監茶税張安泰篆額。主簿朱世儒、縣丞毛寬、三班奉職監酒務魏珣、左宣德郎知縣事徐濟立石。

《兩浙金石志》卷七。《宋代石刻文獻全編》，北京圖書館出版社。

《佛窟巖塗田記碑》　台之爲郡，負山並海，阪田陿薄，下上塗泥，側耕危穫，較計毫氂。以是富者無連阡陌，中人皆爭尋常。惟海濱廣斥之地，聚人力焉，以防止水。趨時如猛獸鷙鳥之發，收穫如寇盜之至，或可以得大利，農之知此者多矣。過之者挾其槍刈耨鎛，咸有擊菓疾耰之心。幸而得請於官，又主伯亞旅，強弱之力有限。比閭族黨，鄉州之心不同。則人棄我取，多歸於佛之徒矣。自佛法之入中國，逃賦役而去業，着幽禪以爲高，此唐韓愈氏之所病也。然佛之法大抵以舍身利物，而無所在着爲心，則韓子之譏學佛者之過也。

台之南二十里，有山曰佛窟，其院曰昌國。周廣順間，吳越國撿挍刑部尚書包彥暉之所建，眞宗朝改賜今名。當南走瑞巖，北入都城大道上，傳車轂擊，僧衲肩摩，寢於斯，食於斯，殆無虛時，而歲乏蓋藏。院之檀越左朝奉郎通判湖州左君譽嘗爲之謀曰，院北廿里，有堰曰高湖，岸之塗泥可田也。左君既亡，而事不就。紹興庚申季春，僧宗辯來主是刹，首發左君之遺意以語其徒，願供租賦以奉公上，出力役以給往來。院衆復因等皆是其説，則狀其事於縣丞。程君時攝邑事，以爲無傷於民，而利於公，遂從其請。東西盡衆田，南伍師山，北及下渡，斷長補短爲田。於是富者出財，少壯者出力，能者出技。或棄菴而爲廬，或捨地而增址。暑不避暴炙，寒不避厚薄。四時之間，無日休息。沾體塗足，以旦暮從事於斯。固壅塞以防決，蓄灌溉而能旱。二年而成，廼有積倉，取供十方齋廚，以給飛錫而來者，皆大歡喜。則具石，將列檀施之名於左方，且求文以記。有僧崇教大師宗敏語宗辯曰，左君之善謀，而師克成之。得所與左善者而記之，則檀施悦矣。今謝祠曹故善左別駕，若求文於謝，其無辭乎。辯來請記如敏說，余曰，左君吾先人之所知也，善與人謀，嘗一言而爲玆山永久之利，樂辯能成其意。故爲之書，以示不知者。時紹興十二年三月上澣日記。

住持傳法默菴苾蒭宗辯立石　郡士王賞摹刊

碑陰

今具列捨　名銜

胡承璋并妻阮三娘一百千牛一頭。童居允并妻丁十二娘一百千牛一頭。柯宗海并妻董十八娘，孫可壽捨莊基一片。姜廿八娘捨山一片。高容，王安上各捨田一畝。比丘用□一十千。住瑞嵓訥堂如勝比丘德從、道滋、尼景一、淨覺、彥□、眞了、柯壽胥、柯壽朋、鄭悳昌、柯壽祺、杞綽，各一十千。劉珵將、端卿、陳懷喜、張彥端、李元各六千。盧充堯、盧積、周子瑠、林頗、□公信、鄭十娘各□千。林與齡、林鶚、何允從、徐友直、呂文、柯有璋、□文立、盧元沖、林文芝、丘元政、丘大臻、高章、周思、□慶之、厲德慶、徐元富、李敦仁、胡獻麟、蔣□□□□劉□□、俞德嚴、蔣宗信、何德通、尼彥永□□□、比丘敬□、比丘如一、宗式、景仁、惠印、元靜、□澄、宗觀、智明、梵淸、元曉、用瑠、法□□淨辯、妙靜、王五娘、呂八娘、祝十二娘、盧三娘、□□娘、高四七娘，各三千。左調、左勁、左勑、葛子文、俞允升、蔣思恭、丘子永、朱允琮、周宗強、盧仲壽、盧瓊、盧良、詹珉、楊宗靖、林元重、徐敦□、林宗茂、林宗懿、王旻、丘璋、比丘體心、元翼、文素、宗譯、尼法會、彥欽、元用、元曉、沈七娘、吳九娘、楊廿七娘、□十娘、王廿五娘、汪廿二娘、牟十九娘、陳四娘、陳九娘，各二千。楊宗貴、王珙、金十四娘、徐允崇、金堯、李爽，各二千五百。盧元白、盧元呆、周宗旦、丘子堯、□進益、祝宗□、孟瑶、盧允元、解智、丁彥明、蔣宗暉、周文立、梁才□□□張彥彬、張侔、宋旮、曹惟實、章□之、章反□、陳宗有、比丘宗敏、惠超、擇基、梵威、景安、□□了方、文約、文萃、智誠、陳九娘、鄭十娘、張廿二娘、楊廿娘、丁十六娘、丁十四娘、祝二十娘、卓七娘、李承富各一□。李文富、林忠、厲公賢、公竦、公舉□□各三千。楊端復、端臣、端一。

當山助緣僧靈悟道權文　觀梵圓梵宗行淳文表梵規文一文紹義榮了威慧嚴道奇可詠如外國雲宗一如月　幹當僧復因　知殿宗逸　知藏了存　知庫彥濤　維那如鑑　副院梵規　監院德敦　住持傳法苾蒭寶因

《兩浙金石志》卷八。《宋代石刻文獻全編》，北京圖書館出版社。

《宋延慶寺初祖達大師畫像》師姓刹帝利，名菩提多羅，南天竺香至國王第三子。後遇二十七祖般若多羅至本國，知師蜜迹，令與二兄辨寶珠。時二王子皆曰，此珠七寶中尊，固無踰者。唯師獨曰，此是世實，未足爲上。於諸寶中，法寶爲上。此珠光明，不能自照。要假智光，光辨於此。既辨此已，卽知是珠。既知是珠，卽明其寶。若明其寶，寶不自寶。若辨其珠，珠不自珠。珠不自珠者，要假智珠而辨世珠。寶不自寶者，要假智寶以明法寶。然則師有其道，其寶卽現。衆生有道，心寶亦然。祖嘉其辯慧，謂曰，夫達磨者，通大之義也。因易名菩提達磨。梁普通八年，航海至金陵。見武帝，語不契，乃折蘆渡江，造嵩山少林，面壁九年。後以衣法付慧可，說偈曰，吾本來玆土，傳法救迷情。一花開五葉，結果自然成。至魏太和十九年十月五日示寂，葬于熊耳山之定林。越三載，魏宋雲奉使西域迴，遇師于葱嶺，翩翩獨逝。雲歸，具奏其事。帝令啓壙，唯空棺隻履存焉。唐太宗謚圓覺大師，塔曰空觀。

《兩浙金石志》卷九。《宋代石刻文獻全編》，北京圖書館出版社。

《宋延慶寺四祖信大師畫像》師諱道信，姓司馬，蘄州廣濟人。生而卓異。年十四，謁三祖粲大師曰，願和尚慈悲，乞與解脫法門。祖曰，誰縛汝。曰，無人縛。曰，何更求解脫乎。師於言下大悟。自是，攝心無寐，脅不至席，垂六十年。唐武德甲申，始返蘄春破頭山。於時學徒殆若雲委，後傳衣法于忍大師。說偈曰，花種有生性，因地華生生。大緣與信合，當生生不生。迄高宗永徽辛亥閏九月四日，忽垂誡門人曰，一切諸法，悉皆解脫。汝等各自護念，流化未來。言訖，安坐而逝，壽七十二，塔于本山。明年四月八日，塔戸自開，儀相如生。後人不敢復閉。代宗謚大懿禪師，慈雲之塔。

《兩浙金石志》卷九。《宋代石刻文獻全編》，北京圖書館出版社。

《宋興福院碑》　一天下之德，在乎盡性。通天下之志，在乎窮理。窮理盡性者，誠而明者也。誠而明則愚者可化爲智也，不肖者可革而爲賢也。所化者賢且愚焉，能化者果如何哉。而縛魯吉諦大士，以聞薰聞修《金剛經》三昧無作妙力，普門示現，乃無化而不化也。我最上乘人，聞而思之，思而脩之，體茲三慧，卽空假中，名不思議者，興福堂上慧觀公其人也。公諱師肇，字先之，本秀之華亭繆氏子也。年甫四歲，志趣不凡。超果慧照和尚見而異之，勉令出家。十二剃染，十三升壇，納上品具戒。四威儀中，而心堅鐵石，行皎冰霜。遂負笈來虎林城，初從淨住普明淨教主游，講肄台宗大部。探賾精微，發揮道妙，儕侶咸欽慕之。爾後移錫上竺，獨步於大法師玉慧覺之門。商畧古今，抑揚其說。偶吉祥廣福虛席，有司期集諸山，衆推公揮麈于斯。致大雄出世大事因緣，若赫日當天，無幽不燭。時名緇解履大儒稽首，濟濟焉何其盛哉。每頂一紫旃檀像，翹跪如意輪，祕呪課滿萬數，晝夜孜孜，未始疲薾。

左丞相薛公昂，鄉先生也，與時爲忘年之交。凡室之長少，間有所苦，師卽加趺，入如幻三摩提，掬水令飲，罔不痊損。或歲虞旱澇，民遭癘疾，恪誠禱請，悉獲昭格。丞相嘗贈詩美之，有持誦功尤異，祈禳妙入神之句。乃請諸朝，錫紫方袍，厥號慧觀。既而思之，吾佛稱兩足尊，而不捨穿針之福。顗祖以一心三觀，傳無盡燈，嘗崇梵苑三十有六所。先覺尚爾，我何人斯。行將卜肇基之域，開最勝福田矣。丞相曰，余有花藥小圃，去仁和縣治之北一俱盧舍，自方可五千五百餘弓。無諸丘坑，地平如掌，松篁環衛，風露涓涓，蓋爲勝絶。師乃結廬于此，榜曰擇勝焉。

師素蘊克誠，景行動佛，仁聲普聞，檀信歸投。諸大夫士，凡遇休沐，必愒息其舍。公乃炷寶薰淪犀夲，品藻圖書，辨析理義，語氣淸壯，可喜可愕。坐久，具蒲肴佳實，一切敷設，毅然不鄙。紹興丁卯夏六月，太師循王俊撰工掄材，爲建圓通懺堂，安奉香火。續蒙節使劉侯懋，正信存誠，勇施金帛，再新雕鑾靈感觀音瑞像一壇，永充德壽。貴妃丙午本命長生道場，請移興福古額，揭于茲宇。命乃子乃孫，甲乙承續。公載懷興繕次，其的嗣智韶者，志行權奇，力任斯事。乃建三門廊廡，鴻鐘之臺，瀌寶輪藏。營別殿，宅西方三聖，龔淨土七經，天龍部屬，森介壁間。塗金塈碧，烜赫照耀，爲一方之鎮。矯矯諸孫，能糾合豪右，圖住世應眞位置周阿。峯巒峻峙，怪木盤結。烟雲杳靄之際，如覺天橋聖燈，烱然在目。諸孫爲誰，曰慧勤，慧常，義欽也。噫嚱，是中桴革檛金，擊木拊石，其聲皆具第一義諦，等示眞觀，曲施苦應。聞如是者，咸一根返源，六根解脱，豈曰小補哉。銘曰，

止止吉宅兮，瞻之仰之。恢恢德網兮，賢斯俊斯。熏香膏火兮，日新于茲。有子有孫兮，嗣事維時。

時神宋淳熙辛丑夏六月二十有九日，當院住持比丘釋智韶立石，開封杜友聞刊。

《兩浙金石志》卷十。《宋代石刻文獻全編》，北京圖書館出版社。

《宋廣壽慧雲禪寺碑》　紹熙元年春月辛丑，故循王之曾孫宣義郎直祕閣前通判臨安軍府事張鎡請於朝曰，願以城東北新宅一區，效前賢，捨爲佛寺。仍割田六十頃有奇，贍其徒薰脩植福，以伸歸美報上之志。上曰可，賜額廣壽慧雲禪寺。張君勳門佳裔，自幼刻苦問學。年未強仕，澹然無意于榮途。閒居遠聲色，薄滋味，終日矻矻，攻爲詩文，自處不異布衣臞儒，人所難能。茲又捐所重以創精藍，尤難能者。既得請，乃一意崇飭，以侈上賜。徹堂爲殿，凡佛屋之未備者，悉力經營。土木堅好，金碧煥發，隱然叢林，爲寓都壯觀，見者起敬焉。落成，以書禱予爲記。

予每嘆世人苟貴若富，必思廣其居，務極雄麗，以貽厥後，而夸無窮。然歷世未幾，生息繁衍，宏敞化爲湫隘，又從而分裂之。蜂房蟻垤，各開戸牖，無復前日耽耽氣象。矧或不競，求售它人，一再過而爲墟者有之。固不若釋客驕，齊物我，推己所有，與衆共之，爲長且久也。異時寢處瞑游之地，千載儼然。子孫登覽，企想風烈，必有慷慨激昂濟其美者。世人識慮及此，已定爲達。而張君之志，則又過之。蓋自其先王受國隆恩，河潤澤及，迄茲涵浸一身，眇然圖報無所，故爲是舉，以紓厥忠，匪直爲其私也。若夫鐘魚震動，雲水鼎來，演上乘而祝帝齡，錫餘福以佑黎庶。茲念一興，亘千萬禩，不能磨滅。如佛氏所謂願力者，張君之忠，寧有既耶。予嘉其志，故爲之書。太師保寧軍節度使致仕魏國公史浩撰，中

大夫權吏部尚書兼直學士院兼實錄院修撰兼侍讀樓鑰書幷題額。

先大父少卿捨宅一區，以築梵宮。割田□□畝有奇，以給僧飯。獨力營刱，不假他緣。蓋思忠報之不已，而植香火之無窮也。時丞相留公奏請賜額，太師越王史公作記，攻媿大□樓公書丹。及先大父所著發願文雄碑，對峙叢林，逮今傳誦。紹定，危于刧火，寺雖重建，而記文皆不存。蜀人許居士所藏發願文舊刻，卽先大父手筆。慨然捐金礱石，併寺記重勒，以成山中之闕典，請跋于予。追慕感嘆，非惟敬承先志，以詔後人。且使緇流知安居暇食之源，而聞者亦足以戒云。景定壬戌重陽後十日，孫承信郎閤門看班祗候張欅百拜謹書，玉冊官余楠摹刊。

《兩浙金石志》卷十。《宋代石刻文獻全編》，北京圖書館出版社。

《宋徑山興聖萬壽禪寺碑》 徑山，天下奇處也。由雙徑而上，至高絕之地，五峯巉然。中本龍湫，化爲寶所，國一禪師開山于天寶之初，特爲偉異。天作地藏，待斯人而□□□□□□□□□□宗爲之執弟子禮，將相不得與大丈夫事繼之以無上又之以法濟坐鎮，羣魔刀斮禪牀，而色不動。識錢武肅王于微時，故吳越爲世崇奉尤謹。皇朝至道中，太宗皇帝賜以御書，幷佛骨舍利。元祐五年，內翰蘇公知杭州，革爲十方，祖印悟公爲第一代住持。紹興七年，大慧禪師來主法席，衲子雲集，至千七百衆。末年南歸重來，跆而復振，人境相與映發，道俗趨仰，龍神亦隨指麾而定。顯仁皇后在慈寧宮，高宗皇帝在德壽宮時，皆嘗游幸，就書龍遊閣扁牓。孝宗皇帝書興聖萬壽禪寺，又賜以《圓覺經解》。天下叢林，拱稱第一。大慧以來，名德繼起，神龍靈響素著。國家民庶，有禱輒應。纍封神應德濟顯佑廣澤王廟，爲靈澤，且有玉圭、玉帶、黃金、瓶鑪、祭器之賜，其盛極矣。

然而廢興有數，不可預知。國一之後，以會昌沙汰而廢。咸通間，無上興之。又後八十餘年，慶賞始以感夢，起廢爲屋三百楹。剪去樗櫟，手植樅檜，不知其幾。今之參天合抱之木，皆是也。蒙庵禪師元聰以慶元三年自福之雪峯，被旨而來。道譽隆洽，不媿前人。五年仲冬，行化浙西。而回祿挺災，烈風佐之，延燔棟宇，一息而盡。異哉，人皆以爲四百年積累之業，一旦掃地，有能興之，非磨以歲月，未易就也。先是，寺基屈於五峯之間，又規模不出一手。雖有屋甚夥，高下奢儉，各隨其時。因陋就簡，亦復有之。衆爲之請曰，大慧無恙時，豈不能撤而更之，顧其勢未可。茲焉火起龍堂，瞬息埃滅，豈龍神欲一新之乎。況祖師之象，出於烈焰而不燬。開山之庵，四面焦灼而茅不傷。師與國一，俱姓朱氏，或疑以爲後身。比移醬壇，涌泉成井，今日安知非暫廢而當復大興邪。聰曰，有是哉，微我誰當爲之。乃出衣盂，爲之倡率。學徒元韶、可遠等，所在緣化。兩宮加以錫賚，施者聞風日集，動以萬計。又命南悟等廣募閩浙江東西良工，伐木于山。日役千輩，斤斧之聲，震動山谷。凡食於山者，無問比丘、優婆塞，相與勸勉。智者獻謀，壯者出力。夙夜經營，不翅己私。

開拓舊址，首於東偏爲龍王殿，以嚴香火之奉。繼爲香積廚，以給伊蒲之饌。延湖海大衆，則有雲堂。供水陸大齋，則列西廡。此皆一日不可緩，寺之所以立也。寶殿中峙，號普光明。長廊樓觀，外接三門。門臨雙徑，駕五鳳樓九間，奉安五百應眞。翼以行道閣□□□五十三善知識。仍造千僧閣，以補山之闕處。前聳百尺之樓，以安洪鍾。下爲觀音殿，而以其東西序庋毘盧大藏經函。鑿山之東北，以廣庫堂。輦其土石，置後山巨壑中。開毘方丈于法堂之上，復層其屋，以尊閣思陵宸翰御榻。修復妙喜塔亭，仍建蒙庵于明月池上。爲香水海以沐浴，爲天慧堂以選僧。禪房客館，內外周備。象設雄尊，金碧璀璨。法器什物，所宜有者，纖悉必具，不可勝書。蓋其百工競起，衆志孚應。經始於六年之春，成於嘉泰改元之夏。閱月才十餘，而變瓦礫之區爲大寶坊。始者蕩廢於一彈指頃，若甚慘矣。及其興之神速，則高掩前古。而又雄壯傑特，絕過於舊。按圖而作，井井有條。雲棟雪脊，翬飛層疊，迥出於煙霏空翠之表。春秋二會，來者益衆，奔湊瞻仰，如見化城。驚瞿踴躍，稱未曾有，徑山於是乎□□矣。

余嘗登含暉之亭，如踏半空。左眺雲海，視日初出。前望都城，自西湖浙江以至越山，歷歷如指諸掌，眞絕景也。爲別峯寶印賦詩，有百萬樅松雙徑杳，三千樓閣五峯寒之句。印爲之撫掌，且曰山中之景，幾無餘蘊矣。是時新創大閣，丹雘未施，上下一色，如凝霜雪。涉二十年，猶屬夢境。今則土木之盛，何止十倍，恨未能一寓目也。聰忽以書相尋於寂寞之濵，屬以記文。遺僧契日，携書來見，備道始末。辭之曰，年侵學落，筆力隨衰。子之師願力宏深，成如許大佛事，不求于重望雄文之士，而爲此來，何其舛耶。求之再三，拙庵又助之請，遂隱括其語，爲之大書。且告之曰，大慧千僧閣之成，一時稱爲盛舉。善乎，李資政之記，以爲杲公何足道，而循襲齷齪者以爲奇特□□□甚矣哉，聽之爲此，初豈有意於興作者。因鬱攸之奇變，偶人情之響合。上資國力，廣集喜捨。時節因緣，有相之道，以濟登玆，是固不可不記以傳遠。然於師何□□□□□之初，本無可傳之法。其後瞻禮之衆，傾於億兆。財施之廣，盈於十萬。視之如幻，等之如空。居惟一室，室惟一牀。布褐陶匏，弊衣糲食。其視寵榮震耀何如□□□□□□□□□□語讚歎有爲功德，多言益足爲贅，是故言盡于此，師其以爲然乎。三年重午日，顯謨閣直學士通議大夫提舉江州太平興國宮奉化縣開國下闕山門脩造僧慧球法然都監寺僧下闕

《兩浙金石志》卷十。《宋代石刻文獻全編》，北京圖書館出版社。

《宋高麗寺尚書省牒碑》　臨安府狀，準尚書省批送下南山高麗慧因教寺知事僧慧機狀，本寺住僧如訥，已於拾貳月貳拾伍日歸寂。切緣本寺目今期懺在卽，難以久缺住持，乞付臨安府下諸山公定期，集有道行講人，前來住持。後批送臨安府，公定伍名，申尚書省。本府除已遵稟指揮，送僧司集諸山公定伍名，申府去後。今據僧司申繳，上天竺靈感觀音教寺住持僧思義等，申集諸山禪講，就上天竺寺白雲堂雲集，公定期集□僧清遠等五名，一□住持平江府吳江縣華嚴寶塔教院僧清遠，一見住持紹興府□□□教寺僧如介，一前住持嘉興府華亭縣□□教院僧懷□，一前住持紹興府如意教院僧宗□，一見住持嘉興府□□□福教院僧□果。其□僧各有道行堪充，于內點差，前去住持。思義等同諸山禪講保明是實，乞備申施行。本府據申述，合行具申朝廷施行，伏候旨揮。正月貳拾叁日，奉聖旨，依□僧清遠，今尚書省出給敕牒。楷書十三行。

付南山高麗慧因教寺。寶慶叁年正月貳拾叁日。大楷字二行。尚書省印一。

少師右丞相魯國公押封尚書省印二。

《兩浙金石志》卷十一。《宋代石刻文獻全編》，北京圖書館出版社。

《宋城東慈雲院部據府帖碑》　據慈雲院住持僧崇寧狀，右崇寧本院荒蕪，數僧同住，額係十方，常住素無田產。自崇寧戊午年內，恭奉聖旨，指揮行下使府，給帖充應住持。入院之初，常住應千動用什物，皆爲前住僧搬挈一空。崇寧竭力置辦，將週遭欹斜破屋，修葺一新。止有鐘樓輪藏，次第重建，稍成倫序。竊見本院柒拾年內，捌易住持，無非毀壞，常住全不以修造爲念。今崇寧非敢固執住持，竊恐復有貪緣之人，前來破壞，委是可惜。近覩小隱、竹閣、玉泉、法雨等處，元係十方去處，後緣脩造，僅成次第，深慮他日，爲十方人廢壞，尚改作徒弟，永充甲乙住持。況崇寧荒蕪小院，欲照此例，乞台判送案行，下臨安府，將本院照小隱等例，改作徒弟，永充甲乙住持，仍給據付本院照應。永遠香火，祝延聖壽，爲國梵修，實出主盟之賜。候台旨奉判呈。尋呈奉判，送僧司契勘申本部。除已送僧司契勘申部去後，據臨安府都僧正司申，準尚書禮部台判，送下慈雲院住持僧崇寧狀，乞將本院，照竹閣、資國、法雨等處，改爲甲乙徒弟院事。本司承準指揮，照得慈雲院坐落仁和縣馬婆巷，元係十方教院，單丁去處。近因僧崇寧住持以來，修葺整頓一新。安著僧行，爲國梵修，頗成次序。今來崇寧經省部陳乞，欲照竹閣、資國等寺，改爲甲乙，永遠住持。卽與前件體例，壹同契勘是實。所合具申尚書禮部，取自指揮施行，申部候指揮。尋呈奉判，備僧司所申下，仍示本部，除已符臨安府仰照省符內所判事理施行外，須至指揮。小字，正書，十五行。

右出給告示，付慈雲院住持僧崇寧仰收執照應。景定肆年十月尚書禮部之印日正書，二行，官徑一寸。官押正書，徑二寸餘。

臨安府大字，正書。帖文細楷書，十八行，與前同，不錄。

右今給帖付慈雲院印照應，甲乙傳流住持，焚修香火。景定伍年貳月臨安府印。日正書，二行，逕一寸。使押正書，逕二寸。玉冊官余木吳顯刊細楷書。

《兩浙金石志》卷十二。《宋代石刻文獻全編》，北京圖書館出版社。

《延昌寺僧祖紹捨田碑》　韓吏部□喜佛老，作《原道》曰，博愛之謂仁，行而宜之謂之義。以彼去仁義而利言，意者惡其愛不博，行不宜也。今有人焉，名雖梵流，至於父作子述，愛能博以周，行能宜以當，名爲暗合天理者，延昌紹公師弟子是也。師自少侍太師祖主院事，盡誠翌贊，寬厚平直，有補常住。沒衣鉢羨餘，造塔宇爲報本地，置土田爲歲齋糧，仁義已萌于是。歲在寶祐乙卯，□總卿葉公孫請住集報庵。方淸閒自適，壽不副德，甫三載而歸寂。其嗣若彬、若洵，俱善繼述。戊午春，安

厝師于塔之右穴中，連本師祖正公之位，左爲師。視恭公之儲，别用淤地，貿易塔基。乃以師田租捌石柒斗入院充忌供，復以師義父母葉氏夫婦侑供，仍捨租叁碩餘入悟空院，爲師所生二親忌禮。是乃親疏遠近如一，愛博而行得宜。於此可見佛家所謂平等，儒家所謂絜矩，道家所謂不町畦，盡兼之矣。余於師爲契分，謹摭實紀事，庶使來者遵奉，師名不朽爾。噫，忌租乃仁義心中流出，明黙共知，固不以有記而顯，亦不以無記而泯。若夫三上人父子之懿，功□之美，必此可□而出之。師名祖紹，俗姓徐。二孫守詮、守律。歲在戊午，鄉貢進士葉酉慶謹譔。

一鄭家園淤地壹片，計壹畝三十五步，換塔基。

一茆竹田貳處，計租玖碩。

一北部田四處，計租貳碩柒斗。

已上爲師紹和尚三月十八日忌，備供養捨椀楪齋食七品。

附薦南陽千七承事葉公、太君毛氏二位。

寶祐六年季春甲子日，當院小師比邱若彬、若洵立石。

永嘉黃端仁刊。

師義父母男葉昱孫又捨北部田壹處，計租壹碩伍斗，爲考妣師忌□供。

《續栝蒼金石志》卷二。《宋代石刻文獻全編》，北京圖書館出版社。

碑高五尺，廣三尺二寸。二十行，行三十字。正書，徑一寸。額六字，正書，徑四寸。碑首泐其半。

《宏農楊氏捨田記》　釋六度以施爲先，儒八政以食爲首。其視飢由己，發於中，形於外，不待求而與者，蓋仁之惻隱者也。有如漂母之一飯，淨名之一鉢，不過濟一時之飢，豈若樂捨其田，爲萬世之良因哉。揆一歲則歲歲無窮，燃一燈則燈燈無盡，是謂一念中無窮無盡之藏也，豈不偉歟。邑之揚大亨罹兵火，遁于梨山之精舍。其子寄老哮吼於獅子窟中，宛有三生石上氣象。於是夫妻自相謂曰，吾二人老矣，此子有空門志，何如從其所好，歸之於墨。竟將所置之田，捨入常住，永傳不朽。遂以此意白於主僧景杓，僧曰，此亦世所罕有者，可不嘉尚而受之。克謙因訪此山，目其事，且告之曰，古人有云，集十日之食以飯一僧，不亦泰乎。今揚君捨田以裕香積，囑子以續祖燈，其功大矣，其志遠矣，豈可以飯一僧者同日而語哉。不住相而布施者，即其人也。然非色非聲，非香味觸法，一切俱非，不滯人我，惟道是從。是則不見施者，不見受者。雖然，受食之人，又當體食之用。古人云，坐鑒杯水則百川在吾一浥中見。然念所到處，普偏莊嚴。爲出世法，即醍醐食，即法喜食，即禪悅食。即此一心，周偏法界。即空即假即中，即色即香即味，一□俱即法味盈空，撞着一箇半箇，飽嚊嚊底，咬着砂時，豈小補哉。然所貴者，又在乎自蕓耳，可不重加念乎。是名大施門中，具足檀波羅密秘密寶藏也。刼雖壞，此田愈固。刼雖空，此燈愈明。然後供一佛二佛，乃至百千億佛，佛佛道同，寶崇善果。燃一燈二燈，乃至百千萬燈，燈燈艷續，永耀宗風。心田萬頃褁乾坤，難把丹青與描摸。料此田如如意珠，盡未來際常豐足。時歲在戊寅臘月　日。

前宣教郎知處州縉雲縣兼弓手寨兵軍正金華揚　克謙記

前修職郎台州天台縣尉兼權縣事金華章　天昇篆額

劄差靈峯禪院住持傳法沙門釋　顯堂書

當院住山沙門釋景杓立石

《栝蒼金石志補遺》卷三。《宋代石刻文獻全編》，北京圖書館出版社。

祥興元年。據拓本錄入，不計高廣。記連年月共十六行，行三十五字。末行十字。後譔記篆額書碑立石人名四行，均徑七八分，俱正書。額四行，行二字，篆書，徑一寸三分。

《宋石佛禪院大德行狀石幢》　佛頂尊勝陁羅尼啟請　大唐不空三藏大廣智奉詔譯

以下爲啟請，共六行，與前李恕石幢啟請幷同，惟缺去福流沙界以下二句。下爲陁羅尼呪，共十四行，不同於他幢者，多滅罪眞言行。餘不俱錄。

大宋青州石佛禪院主講經論大德行狀　業《唯識》《因明論》沙門紹演撰　小師講《無量壽經》習《唯識論》比邱道初書

粤教理尊勝，是佛頂心，號大總持，名眞法印。秘密而雄宣神呪，威靈而摧伏魔情。功消七返之殃，力拔三塗之苦。即有當院主公本滄州樂陵人也，俗姓掌氏，法諱廣誠。祖襲門風，削繁不敘。北飲崆峒之氣，上吞卯畢之光。誕而旣端，長而旣偉。從丱力學，及冠業精。以禮傳譽志，淳素和光。忽自謂曰，識環記井，可驗於死往生來。拜骨鞭屍，方信於惡殃善慶。覺浮生之得固，知妙道之堪歸。廣順元年，投當院主先師報恩求度焉，卽棣州金刹院坐化高僧門弟也。誠公顯德二年披落授具畢，性躭渾璞，戒憑淨虛。高談一諸之經，大演十師之論。兼傳《百法》，被曉《五明》。住持四十年，增修五七倍。蓋彌勒殿一座，刱眾僧堂三間。造渾金佛像兩尊，誦滿字經呪六萬。掃地而不傷蚯蚓，燃燈而護惜飛蛾。石磬辰敲，遏春鶯而結舌。金經夜唱，逼秋猿以呑聲。淸節有徵，壽高無恙。加以學行德業，活其道而飾其身。身喜捨慈悲，利其人而濟其物。觀身如夢幻，知命似風燈。大宋咸平六年十月八日，不疾而殞化矣。僧臘五十餘，俗齡七十七。噫，將終之際，囑事昭然。莫墜前蹤，宜芳後葉。

兩人師弟，七箇門資。圍坐而共評，交眸而樂膺。父母生我質，本師度我身。雖承鞠育之恩，未及法乳之惠。欲旌孝懇，何報爲良。厥次師弟顯公上人，稟性淳和，立身耿介。內以秉執安其分，外以儉素廉其身。觸目多能，運心饒益。時呼法姪道隆等，立而受言。痛憶師兄，悲而難會。答酬師主，勞而勿辭。我捐其財，汝竭其力。乃命良匠琢貞珉，鐫眞言，列行狀。龍津之北，月殿之前。下瘞靈軀，上安幢記。塵霑影覆，資歸長樂之鄉。覩像披文，薦入眞如之界。親敎弟子七人，或精梵利，或務增修。或密行澄心，或傳燈利眾。咸推俊朗，皆仰高雄。石佛流光，晃營邱之乾位。金刹展耀，赫無棣之良宮。祖胎結而子子孫孫，庭樹芳而枝枝葉葉。以紹演才智雙腐，辭器全暗。既受堅呼，強編盛蹤。時咸平六年十一月十五日建。

同學師弟比邱法顯　同學師弟比邱法圓　小師比邱道隆　小師比邱永光　小師講《無量壽經》習《唯識論》道初　小師道澄　小師道悟　小師道英　小師道凝

《益都金石記》卷二。《宋代石刻文獻全編》，北京圖書館出版社。

《宋雲門山僧守忠碑》　鎭海軍雲門山大雲寺王僧守忠，本貫沂州沂水縣顏溫保劉田社胡家莊，俗姓霍。自大中祥符六祀夏四月初，父母聽許出家，遂□斯地。聆惠一上人禮行淸廉，性宗嚴潔。山門東志□頂安禪，經業精研，性情勤肅，守忠方禮爲師。頭陁苦行，跣足數年，歷盡艱辛，曾無疲倦。至天禧五年，幸遇眞宗皇帝聖恩，特降普度，□頭爲僧，當年便授具戒。既蒙披剃，大發願心，□□□□化導諸方，葺修院宇。興建□堂，雕鐫成畫栱雲楣。特蓋房廊，刻鏤出飛仙鳳翼。亭臺鬪起，洞戶相鮮。裝嚴數座金容，修塑一堂羅漢。丹靑煥赫，粉繪圓朗。欄檻開四季之花，庭際植千年之竹。一城官吏，閑乘鼓吹而遊。滿郡檀那，時逞威儀而至。輪蹄輻輳，士女駢闐。聚會登臨，競齎香供。斗羅幡蓋，寶帳花幢。蠟炬香燈，異花珍菓。三元點照，六時焚修。鑿山爲門，計度約七八千功。穿石作井，費用盡百十萬金。出自十方，爰因眾力。此皆裏誠有信，以實立功。更無緣飾之詞，宜書時以自紀謝。

蒙曹太尉特奏，小師一人志惠繼續院門，□願皇帝萬歲，沙門比邱僧守忠酬願齋僧一百萬心願，請僧就院看讀蓮經，不定藏數。或齋主供養諸佛菩薩羅漢，龍華三會結緣，願多生受衣受食，人天快樂。或會眾供養諸佛□□□漢，或施衣施食施別財寶，多生足衣足食，龍華三會結緣。或施燈，或施香，爲將來護眼明智惠。或施供米，或施供麥，或施別財寶疋帛，齋僧一萬三百有餘□，酬願□僧報佛恩，報法恩，報國主恩，報施□恩。願天下太平，風雨順時，一切人安。小師賜紫志來。嘉祐三年四月十二日記。　李世昌書　楊懷慶□　內志惠二字甚小。

《益都金石記》卷二。《宋代石刻文獻全編》，北京圖書館出版社。

《宋智淸靈骨記石幢》　座主法諱智淸，俗姓張，本貫當州壽光縣鳳停人也。景祐元年出家，禮院主尼善能爲師。康定二年試經得度，慶歷四年具戒。講《上生經》，參禪進道爲業。於元豐六年四月十六日，微疾而終，俗壽七十四，僧臘四十三。得度小師五人，因葬座主師姐，次泊先師姑二人靈骨。葬訖，元豐七年四月十二日，報恩寺大聖院主尼智淨立石。先師姑度小師二人，智淸，智淨。師姐座主度小師五人，崇志，崇福，崇安，請法界觀崇秀，崇恩。劉素刻。

以上記，共六行。

尊勝陁羅尼啟請

稽首三身調御主，歸依四果大聲聞。他方此界眾如來，三賢十聖諸菩薩。瑜伽五部加持主，九十九億世尊宣。誦者希銷七返身，聞時願滅三生業。八部龍天幷眷屬，六方結護藥叉王。淨水楊枝灑六塵，持花獻果除三毒。八熱八寒停苦所，披鱗戴角捨愆瑕。絕嗣孤魂早託生，有識含靈皆覺悟。弟子前亡并後沒，各淨身心到道場。聞此加持神咒聲，獲大惣持皆解脫。

以上啟請，共六行。下爲尊勝陁羅尼，共十四行，不俱錄。

《益都金石記》卷三。《宋代石刻文獻全編》，北京圖書館出版社。

《宋高麗靜眞大師圓悟塔碑銘》　嘗聞八極之中，括地貴者曰身毒。三界之内，推位尊者曰勃陁。西顧之德天彰，東流之教日遠。是故伯陽著我師之論，尼父發聖人之譚。矧復殞星紀於魯書，金姿放曜。亻□徵於漢夢，玉□傳聲。轉四諦□，說三乘法。化緣已畢，臨涅槃時。告迦葉兼付其無上法寶，欲令廣大宣流。宜護念以常勤，俾脫苦於生死。由是大迦葉以所得法眼，付囑阿難。自此傳承，未嘗斷絶。中則馬鳴、龍樹，末惟鶴勒鳩摩。相付已來二十七代，後有達摩大師，是謂應眞菩薩。□大□□，東夏傳風。護心印以無刓，授信衣而不墜。東山之法，漸獲南行。至于曹溪，又六代矣。自爾繼明重跡，嫡嗣聯綿。曹溪傳南岳讓，讓傳江西一。一傳滄州鑒，鑒猶東顧，傳于海東。誰其繼者，即南嶽雙磎慧明禪師焉。明復傳賢磎王師道憲，憲傳康川伯嚴楊孚禪師，□即我大師嚴師也。

大師諱兢讓，俗姓王氏，公州人也。祖淑長，父亮吉。竝戴仁履義，務存達己之心。積德豊功，貴播貽孫之業。勞筋骨而服職，抱霜雪以淸心。州里稱長者之名，遠近□賢哉之譽。況自□曾之世咸推，郡邑之豪戶不難知，故無載。此母金氏，女功無敵，婦道有規。擬截髮以専情，指斷機而勵節。敬恭僧佛，禮事舅姑。俄夢流星入懷，其大如甕，色甚黃潤。因有娠焉。由是味撤葷腥，事勤齋護。循胎敎以無已，幾過期而誕生。大師天骨特異，神彩英奇。□曳萊衣，迨跨竹騎。縱爲兒戲，猶似老成。坐必加趺，行須合掌。聚沙畫墁，模像搭以依俙。採葉摘花，擬供具而陳列。年至鼓篋，日甚帶經。訓詩禮於鯉庭，聽講論於鱣肆。頗勤三絶，謂險九流。乃懇白於慈母嚴君，固請許於出家入道。投於本州西穴院如解禪師，因爲削髮，便以留身。志在朝聞，學期日益。實由功倍，誰曰行遲。桴乍援之鐘遽聑矣，於是知有赫曦之曜，伏窺突奧之光。出□四方，行擇三友。遂以乾寧四載，於雞龍山普願精舍稟持犯。然後坐雨心堅，卧雲念切。護戒珠而不類，磨慧劍以無鈋。能持繫草之心，轉勵出塵之趣。唯勤請益，靡滯遊方。遂謁西穴院揚孚禪師，禪師豁靑眼以邀迎，推赤心而接待。於是持其由瑟，皷在丘門。既名知十之能，或展在三之禮。服膺不怠，就養惟勤。

俄歎曰，急景如駒，流年似箭。若踢牛涔之底，未浮鼇海之波。難詣寶洲，焉窮彼岸。乃以□□三年，伺鷁舟之西泛，逐雕運以南飛。匪踰信宿之閒，獲達江淮之境。纔越天塹，將往雪峯。到飛猿嶺上，遇般米禪徒。同路而行，一時共歇。徒中有一僧指枯榕曰，枯木獨占定，春來不復榮。大師接曰，逈然塵境外，長年樂道情。於是衆皆歎伏，無不吟傳。縱煩皷舌之勞，□叶傳心之旨。遂隮于台嶺，謁遍禪居。或杖虎錫於雪嶠雲岑，或洗龍鉢於飛溪懸澗。既多適願，愈切尋幽。詣於谷山，謁道緣和尚，是石霜之適嗣也。乃問曰，石霜宗旨，的意如何。和尚對云，代代不曾承□。大師言下大悟，遂得默達玄機，密傳秘印。似照秦皇之鏡，如深黃帝之珠。洞究一眞，增修三昧。□□沮色，珠火耀光。標領袖於禪門，占笙鏞法苑。何啻赳赳，實是錚錚者矣。大師又製偈子呈和尚曰，十個仙才同及第，牓頭若過總得閒。雖然一個不迴頭，自有九人出世間。和尚覽之驚歎，因造《三生頌》，許令衆和。大師養勇有餘，當仁不讓。搦兔毫而□理，編鳳藻以成章。莫不價重碧雲，韻高白雪。豈眞理之究竟，併綴緝之研精。於世流傳，故不載錄。

大師心澄止水，跡寄斷雲。異境靈山，必盡覽遊之興。江南河北，靡辝跋涉之勞。以梁龍德四年春，跳出谷山，路指幽代。將禮五臺聖跡，遠履萬里險途。屆於觀音寺，憩歇之際，晝夜俄經。忽患面上赤瘡，致阻參尋之便。未逢肘後秘術，莫資療理之功。久不蠲除，漸至危篤。遂乃獨坐涅槃堂上，暗持菩薩願心。頃刻之閒，有一老僧入門，問曰，汝從何所，所苦何如。大師對曰，來從海左，久寓江南，苦是毒瘡弗愈而已。乃曰，且莫憂苦，宿冤使然。便以注水如醴，洗之頓愈。謂曰，我主此山，暫來問慰。唯勤將護，用事巡遊。辝而出歸，豁如夢覺。皮膚不損，瘢痏亦無者。蓋爲大師躬踐淸涼，親瞻妙德。由早承於龜氏宗旨，果獲遇於龍種聖尊。不可思議，於是乎在。厥後西經雲蓋，南歷洞山。境之異者必臻，僧之高者必覲。

後唐同光二年七月迴歸，達于全州喜安縣浦口。泊至維舟，深諧捨筏。是猶孟嘗之珠還在浦，雷煥之劍復入池。德既耀於寶身，志益堅於高蹈。矧屬天芒伏鼉，地出蒼鵝。野寇山戎，各競忿爭之力。巖眉岫峴，半□焚□之災。爰遵避地之□，仍抗絕塵之跡。效玄豹之隱霧，畏鳴鶴之聞天。庇影山中，韜光廡下。而乃雖曰煙霞之洞，漸成桃李之蹊。莫遂潛藏，更議遷徙。康□伯嚴寺，是西穴故師所修刼移住也。以自先師謝世，法匠歸眞。門人多安仰之悲，信士發靡依之歎。況又雲□煙嶺，四時之變態相高。松韻竹聲，百籟之和唫不斷。宛秀東林之境，堪傳西域之宗。越以天成二年，就而居焉。大師臺法鏡以常磨，照通無硋。□禪□而待扣，響應有緣。遂使歸萬彙之心，拭四方之目。訪道者雲蒸霧涌，請益者接踵聯肩。化遍海隅，聲振日域。

新羅景□□憑玄杖，擬整洪綱。雖當像季之時，願奉禪那之教。乃遣使寓書曰，恭聞□師早踰溟渤，遠屆曹溪。牓心中之秘印，探頷下之明珠。繼燃慧炬之光，廣導迷津之路。禪河以之汩汩，法山於是峩峩。冀令雞□之玄風，播在鳩林之遠地。則豈一邦之倚賴，寔千載之□□。□上□□曰奉宗大師焉。大師方寸海納，無所拒違。唯弘善誘之功，□愼見機之道。

至清泰二年，念言弘道，必在擇山。決計而已備行裝，猶預而未謀離發。忽爾雲霧晦暗，咫尺難分。有神人降，謂大師曰，捨此奚適，適須莫遠。於是衆咸致惑，固請淹遲。大師確然不從，□以□去。有虎哮吼，或前或後。行可三十里，又有一虎中路相接，左右引導，似爲翼衞。至于曦陽山麓，血餘印跡，方始迴歸。大師既寓鳳巖，尤增雀躍。是以陟彼峯巒，視其□面。千層翌巘，萬疊丹崖。屬賊火之焚燒，致刼灰之飛撲。重巒複澗，固無遷變之□。佛闥僧房，半是荊榛之地。屹爾者龜猶戴石，禪德鐫銘。巋然者像是□金，霊光照耀。既銳聿修之志，寧辞必葺之功。追迦葉之踏泥，效揵連之掃地。營搆禪室，誘引學徒。寒燠未遷，竹葦成列。大師誘人不倦，利物有功。至使商人遽息於化城，□子咸歸於寶□。□樹而梅□馥鬱，滿庭而菡萏紛敷。恢弘禪祖之風，光闡法王之教。恩均兼濟，德贍和光。雖守靜默於山中，而示威猛於域內。潛振降魔之術，顯揚助順之功。遂使蟻聚兇徒，虵奔逆黨。遽改□迷之性，勿矜強暴之心。漸罷爭田，各期安堵。時清泰乙未歲也。

我太祖以運合夷兇，時膺定亂。命之良將，授以全師。指百濟之狡窟梟巢，展六韜之奇謀異略。桴皷而山河雷振，張旗而草樹霞舒。我則鷹揚，彼皆魚爛。□□辛於牧野，敗楚□於烏江。竭海刳鯨，傾□□□。四□□□氛有暗，一朝而掃蕩無遺。是用封墓軾□，繼周王之高躅。重僧歸佛，遵梁帝之遺風。摸五天而像飾，爰崇闢四門，而英賢是召。於是道人輻湊，禪侶雲臻。爭論上德之宗，高賛太平之業。此際大師不待鵠版，便出虎溪。動白足以步□□□□□□喜□□□□□府，府有鍊珠院，院主芮帛常誦楞□□□□□□夜夢仙豎從　堵波頂上合掌下來曰，當有羅漢僧經過，宜以預辦供待者。翌旦集衆，言其所夢，衆皆歎異。灑埽門庭，竚立以望。至于日夕，果大師來。及詣京師，太祖見□□□□□□□□□□□□莫不應對如流懊見大師□□□□□□曰，自玄奘法師往遊西域，復歸咸京。譯出金言，秘在寶藏。降及貞元已來，新本經論寖多，故近歲遣使□□大藏眞本，常令轉讀弘宣。今幸兵火已熸，釋風可振。欲令更□一本，分置兩都，於意如何。大師□曰，此實有爲功德，不妨無上菩提。□□□□□□□其佛恩與王化，可地久以天高。福利無邊，功名不朽矣。自尒一心敬仰，四事傾勤。或闢紫宸而懇請邀延，或詣紺宇而親加問訊。而乃鶴情猶企，戀雲洞以日□□□鳳扆是辞出天衢而電逝。是以命僧史以援送，厚淨施以寵行。道路爲之□□□□□□□歸霞嶠七換星槐。每傳驛之往來，寔香茗之饋遺。俄聞九天之鼎駕昇遐，四海之金絲遏密。雖是□言之者，豈無出涕之哀。

暨惠宗纂承丕搆，継稟先朝。遣乘軺之可使，稱負扆之有因。由是大師馳僧介以飛奏章，慶王統之光嗣緒。遙伸祈祐，未暇締緣。雖崆峒之請有期，奈蒼梧之巡不返。迨于定宗繼明御宇，離隱統天。常注意於釋門，冀飫味於禪悅。惟大□不辞跋履，步至京華。設暨國之藥，言喩從繩則木正。事如投水，道洽補天。潑心有餘，書紳可驗。乃以新製磨納袈裟一領寄之。及乎歸山，又以新寫義熙本《華嚴經》八帙送之。葢爲大師色空無異，語默□同。每鬱金□，常披玉軸故也。

今聖膺暉虹渚，毓德龍淵。顯膺千載之期，光嗣九天之位。功高立極，業盛承基。將安東土之人，深奉西乾之教。勤庶政於君道，種多福於僧田。定水於禪河，泛慈波於□□。宸澤楞迦之門，大啓揔持之苑。廣開□欲遠迓，慈軒親瞻慧眼。以聖朝光德二年春，馳之駟騎，寓以龍緘。敘相遇之必諧，懇來儀之是望。大師亦擬出東林，將朝北闕。催淨人之晨爨，趁從者之行裝。時寺有一面皷架在法堂上，忽然自鳴，厥聲坎坎。若山上之砰磕，猶谷底之颼飀。衆耳皆驚，同心請駐。大師確不從，請便以出行。□□□中，果遇中使。禪侶則來經月岳，王人則去涉漢江。既忻邂逅之逢，不議逡巡之退。洎乎路入圻甸，禮備郊迎。仍令諸寺僧徒，滿朝臣宰，冒紅塵而導從，步紫陌以陪隨。尋於護國帝釋□安下，詰旦□□□高闢天門，別張淨室。親迎雲毳特□齋□□鑽仰□□□□諮諏於政道。大師既諧就日，必擬迴天。言忘言之言，說無說之說。豈獨資乎道味，抑能導乎政風。雅弘開濟之功，終叶歸依之懇。

廼以其年四月，移住舍那禪院，仍送磨衲袈裟一領，兼營齋設□□□上謂郡臣曰，□惟幼種獲承□□□當伺□□□討史籍之文。昔自軒皇，逮于周發。僉有師保，用匡不逮。故曰君民也，師臣則王，友臣則霸。況師高尚者，可謂其利博哉。今覩曦陽大師，眞爲化身菩薩矣，□不展師資之禮乎。僉言可矣，罔有異辭。□□上命兩街僧揔大德法興內議□□□□□□□□詣禪扃，備傳聖旨。續遣中使，送錦緣磨納袈裟一領，并頂踵之飾等。然後上領文虎兩班及僧官暫出珠宮，親臨金地。手擎鵲尾，面對龍頤。仍詔翰林學士太相□兵部令金岳宣綸□□□□□□□遠公傾心頂戴□王逢於僧會禮足□□□□□傳古今美事。寮人雖德慙往哲，而志敬空門。勵行孜孜，修心惕惕。大師優曇一現，慧日重明。瞻蓮眼而煩惱自銷，覩果脣而塵勞頓息。多生因果，今世遭逢。敢啓至心，仰聞淸聽。願展爲師之禮，冀成累刧之緣。躬詣松關，面伸棗懇。伏希慈鑒俯許，誠祈請□□□加尊號爲證空大師。刼刧生生，託慈航之濟渡。在在處處，攀慧幟以游揚。頓首謹白於是。道俗具寮，齊列賀禮，無違者道益尊焉。大師跡現四依，功修萬刼。言必契理，行乃過人。既交香火之緣，有期切利之行。開示希夷之旨，發揚淸淨之風。顯□□□□□□□傳法寶。實使金輪悠久，益能玉扆光輝。慈燈之焰透三韓，甘露之澤均一國。

自棲輦轂，屢換星霜。化導之功已成，肥遁之身是退。越以周廣順三年秋，還歸故山焉。□□□□以摳衣避席從請益以□虧遠致高情，奈忘機之不輟，躬攀法軑泣□□□杖□□恣鶴步於三秋曠野。拂衣輕舉，尋鳥道於萬里舊山。爾後軺騎聯翩，王人往復。交轡道路，綴影巘磎。贈之以香盌水瓶，極彫鏤之工巧。副之以鳩◇□海，窮□味之芳馨。慶□既多，□恭益切。□顯德三年秋八月十九日，忽告衆曰，吾西學東歸，將踰三□□□□住誘□後來借以青山白雲，導彼迷津失路。每或披尋玉偈，資國福緣。今風燭水泡，未能以久。難將作矣，吾欲往焉。各執爾心，勉遵佛訓。又謂傳法之首迪超禪師曰，□□搆室，繼以傳燈。唯事光前□□□□者。言訖，□泊然坐滅。享齡七十九，歷夏六十。是日□□□□，地動山搖。鳥獸悲鳴，杉栝萎悴。於是緇素學流，遠近耆幼。覩變異之非常，含悲憂而競集。灑泣流於原野，哀響振於山溪。豈唯魯聖發壞木之歌，闍王驚折梁之夢而已哉。上□□震悼，哭諸寢焉。乃遣使左僧□大德□猷元尹守殿中監韓潤弼等，□□□□□名□又遣論號塔名，使元輔金俊巖，使副佐尹前廣評侍郎金廷範等，贈淨諡曰靜眞大師，圓悟之塔。仍命有司，寫眞影一鋪，錦緣金軸，不日而成，并題讃述。因令右僧維大德宗乂、正輔金瑛、□衛兵部卿金靈祐等，充送眞影使，兼營齋設□□□□□□□□逡使飾終之禮著矣，尊師之道焯焉。

大師立性純樸，抱氣英奇。眼點珠明，骨聯金細。汪汪焉波澄萬頃，磊磊若嶽聳千尋。每以勸勵學徒，語簡旨遠。故或門□不離左右□□□者何□□□□也□識闍梨問，彼此不相識時如何。師云，東西不辶□□□□□□□□一處活。師云，暘日轉高，後代何憂。其所謂簡遠，多此類也。豈土木之形骸，無毫釐之差錯。所稟護□一缺遺，故得年漸逼於桑榆，身轉輕於黍累。或當盥灬坐在盆中□若□□未嘗□沒。又衲衣故弊，縱不澣濯。體無所食，蟣蝨不生。若此已來殆餘□□□□□□□夢坐于三層石浮圖上者。衆中有解者云，大師必見，三度加號，爲萬乘師事矣。聽者歎驚，來如牆進。尋時致賀，後實果焉。及臨滅時，寺之東峯西嶺，蒼柏寒松，色變慘凋，倅於鶴樹。又山之北面，無故崩墜，約百餘丈高。亦有於□從東南崗繞寺行□□□□□□動溪洞，聯於晝夜，靡有斷絕。洎門下僧表請樹碑紀蹟，耀于不朽。上許之。乃爲石版，可者尤難。命於南海之濱汝湄縣掘取，以船運至。筭其勞費，何翅千萬。裁及使人到彼，□役興功。門人忽於本山之麓，□獲石版。狀其高闊，色惟青白。不煩琢磨，□□□□□□雅符神授。具以表聞，上乃悅許。此者以今寺內有故禪師法碣，是新羅末見進士崔姓名致遠者所撰文，其石亦自南海而至。至今多說役使興譏故□大師在世之時，奇祥秘說□使□之竹□南山□之波乾東海，豈能備言而具載矣。臣夢□□□□□，學寡雞牕。奉綸言，莫抗固辞之禮。覬彰碩德，輒書直筆之詞。而乃蠡碧沼以傾蠡，空迷深淺。仰青天而測管，莫究星辰。語類寒蟬，行同跛鼈。苟任抽毫之寄，釄招傷手之憂。乃爲銘曰：

□上之法，不二□傳。月影難掬，露珠莫穿。信衣爰授，智炬□□。□□赫，照耀無邊。非動非靜，何後何先。誰其覺者，我大師焉。靈資太一，誕叶半千。志探儀領，身泛驪淵。雲遊華夏，浪跡幽燕。清涼山畔，妙德堂前。瞻龍種聖，企雞足禪。仰石霜□，承谷□緣。□□覩奧，□道探玄。游眞如海，扣般若舩。方迴征棹，偶値戎煙。鶴歸有□，□□□□。暨平寇壘，大闡僧田。倚賴罔極，鑽仰彌堅。道贊四主，名占一賢。恩流朝野，德及人天。吾皇避席，禮甚袒肩。實供四事，何假九筵。跳出京輦，歸卧雲泉。□溪月浸，曙洞霞塡。隨身瓶錫，滿□山川。問誶往復，傳驛聯翩。法唯常住，化乃俄遷。慈室壞矣，慧柯缺□。□□□□，池慘白蓮。碑撐山巘，塔聳巖巔。斯文不朽，永耀蓬壖。

乾德三年歲在乙丑□月辛未朔二十一日辛卯立

雕割業僧□□律奉勅刻字

《海東金石苑》卷四。《宋代石刻文獻全編》，北京圖書館出版社。

石高八尺五寸，廣四尺四寸。五十三行，行一百三字。正書。

《宋高麗法印三重大師寶乘塔銘》

恭惟覺帝釋迦鵠樹昇遐之後，儲君彌勒龍華嗣位之前。代有其仁，心同彼佛。佛者覺也，師而行之。故使蒸棗海隅，引玄津而更廣。蟠桃山側，摛慧日以重光。即以道之尊，爲王者師。德之厚，爲衆生父。況乃釋氏三藏有六義，內爲戒定慧，禪之根也。外爲經論律，教之門也。誰其全之，實大師矣。

大師法號坦文，字大悟。俗緣高氏，廣州高烽人也。祖陟，種德無疆，成功有　。曾作一同之長，果彰三異之芳。父能，花縣名家，蘭庭茂族。遂襲家風之慶，蔚爲邑長之尊。母田氏，唯修聖善之心，願得神通之子。奉行婦道，愼守母儀。魂交覩一梵僧，授金色奇菓，因有娠。誕彌厥月，父亦申夢。法幢豎于中庭，梵旆掛其上。隨風搖曳，映日翩翻。衆人集其下，觀者如堵。乾寧七年龍集涒灘秋八月十四日，天欲曙，誕生大師。其胎遶頸而垂，如著方袍。生有奇骨，弱無放言。覩金像以虔心，對桑門而合掌。有以見其根殆熟，善芽尙早。

年甫五歲，情敦出俗，志在離塵。願託迹於緇門，即寄心於金界。先白母，母念疇昔之夢，泣曰，訡願度來世，吾不復撓倚門之念也已。後謁父，父喜曰善。即以落髮辞親，修心學佛，去謁鄉山大寺大德和尙。和尙見大師鳳毛奇相，螺髻殊姿。因謂曰，方當童稚之年，既飽老成之德。如子者，以吾爲師，是猶守株待兔，緣木求魚。吾非汝師，可往勝處。大師方欲僧之眞者必訪，跡之古者必尋。會歸覲曰，古老相傳，鄉城山內有佛寺之墟，昔元曉菩薩義想大德俱歷居所憩。大師既聞斯聖跡，盍詣彼玄基以習善。遂茇于其舊墟，檻心猿，枊意馬。于以休足，于以齋心。經歷數年，時號之聖沙彌。

大師迺聞信嚴大德，住莊義山寺，說雜華者。希作名公之弟子，願爲眞佛之法孫。特詣蓮扉，財執巾輿。乃肯讀以雜華□一卷，一日誦無孑遺，嚴公器之，大喜曰，古師所謂賢一日敵三十夫，後發前至，將非是歟。果驗，拳拳服膺，師逸功倍。龍樹化人之說，即得心傳。佛華論道之譚，何勞目語。雖然妙覺，猶有律儀。年十五，遂受具於莊義山寺。初，律師夢一神僧謂之曰，其有新受戒沙彌名文者，唯此沙彌，非常之人，於其法花，嚴大器何必勞身受戒。覺推之，迺大師名是也。律師奇之，乃說前夢，因謂曰，神人警誡其然，何湏稟具。大師迺言曰，我心匪石，其退轉乎。願言佛陁孫，合受菩薩戒。戒香遂受，行葉彌芳。由是聲九臯，應千里。故太祖聞大師緇林拔萃，覺樹慧柯。制曰，既幼年之表異，碑聖沙彌。宜今日之標奇，稱別和尙。是謂逃名名我隨，避聲聲我追者也。

龍德元年，置海會，選緇徒。制曰，莊義別和尙，何必更爲居士，方作名僧。遂擢爲問者。譬如撞鐘大鳴，春容於是乎在。同光紀歷丙戌司年冬十月，大祖以劉王后因有娠得殊夢，爲其賴□心之丹願，詎玉裕之英姿。遂請大師祈法力。於是香爇金鑪，經開玉軸。願維熊之吉夢，叶如牵之誕生。果驗日角奇姿，天顏異相有以見。端居鶴禁，嗣守鴻圖，是大成王也。實大師□佛□深，奉天力厚。妙感祈◇於垂裕，玄功薦祉於繼明矣。太祖甚忍之，飛手詔優勞。尒後邃住於九龍山寺，講《花嚴》，有群鳥遶房前，於兔伏階下者。門人等圓視戰慄，大師怡顏自若。曰，若無讜，唯此沵飛奇走，歸法依僧而已。明年春，以大師行修草繫之心，德冠花嚴之首，擢授別大德。於是偱偱然善誘，自是請益者其觳不億，寔繁有徒。

太祖方欲糺合龍邦，欽崇象敎。淸泰初，聞西伯山神朗太大德簒覺賢之餘烈，演方廣之秘宗。今年迫桑榆，貌衰蒲柳。遂請大師追朗公具麈玉柄，演金言聞法者。大師遂往西伯聽，雜華三本。則何異善逝密傳於迦葉，淨名黙封於文殊者哉。朗公應對有慙色曰，昔儒童菩薩所謂起予者商，故乃花嚴大敎，於斯爲盛矣。天福七年秋七月，塩白二州地界螟蝗害稼。大師爲法主，講《大般若經》，一音纔演法，百塍不爲災。是歲，□致年豊，翻成物泰。恵宗嗣位，寫《花嚴經》三本裁竟，即於天成殿像設法筵，請大師講覧，兼申慶讃。爲其弘宣寶偈，永締芳緣。附大師送納於九龍山寺，別贈法衣，贄之沵茗，副以仙香。定宗踐阼，遂於九龍山寺置譚筵，大師爲法主□□賴□□□爲□君臨之多福。及大成大王即位，增脩十善，益勵三歸。仰展素衷，倍增丹願。每覩吾師之尊貌，如瞻彼佛之睟容。請大師祈法力。大師僧泉之麈麈尾，恵弼之動龍頤。宣莅阼之玄功，講化邦之妙法。故乃時康道泰，國阜家殷矣。□□□伏爲大王奉金姿，宣玉偈。欽若法王之道，煥乎君子之邦，造釋迦三尊金像。光宗御宇四年春，大師得佛舍利三粒，以瑠璃甖盛，安置法宇。數日後，夜夢□七僧自東方來云，今爲妙願俱圓，靈姿遍化，故來。覺，見其甖舍利旋旋爲三□□□□□置地□金之刹，起補天練石之龕。所以延帝齡，扶聖化也。

顯德二年夏，大師法躰乖和，嚬容示疾。夜夢有居士三十餘人，艤舟而來，欲載大師西泛。大師方謂是吾乘仁舟，而西逝矣。乃言曰，吾自出世志於道，願欲敬敷天敎，誧濟海□□□□□□世奈何急，其居士等聽之迴舟，有後期而去矣。爾後得年筭之遐長，致貫花之益盛。是謂神通夢寐，靈驗幽明矣。大師告門人曰，聖君致我稱師，報君以佛。奉爲祝玉皇之萬壽，鑄金像之三尊。因得鳳曆惟新，鴻圖有赫。乾□□□□□大內置大藏經法會，遽飛芝撿徵赴珠宮。大師別山寺之蓮扉，到京師之金地。大王遣緇素重使，迎入內道場。禮之加焯然，敬之如如來。別獻磨衲袈裟，幷白碼碯念珠。是歲秋九月，以新刱歸法寺，水潺湲而練遠，山巑崿以屏開。像殿□□□□時乃開士宴居之淨境，寔眞人栖息之淸齋，遂請大師住焉。大師往居之，儼若化城。別送罽錦袈裟，幷法衣。儲后信向吾師，誠如聖旨。別獻法衣，幷漢茗蠻香等。

是歲冬十月，大王以大師釋門宗主，險道導師。演組纘之秘宗，化扶桑□□□□於是尊崇宿德，深感大慈。迺遣緇素重使，奉疏請爲王師。大師迺讓曰，心珠靡瑩，目鏡無懸。謬爲王師，即僧豈敢。大王乃言曰，高山仰止，何日忘之。將開混沌之源，寔切崆峒之請。大師乃言，僧唯有心於歸佛，苟無力於致君。尙以過沐□□□末由膠讓。迺使太相金遵巖等，奉徽號爲王師弘道三重大師。翌日，大王躬詣內道場，拜爲師。於是爲君經國之方，法天注意。依佛化人之道，觀海沃心。遂乃颺以藥言，施之箴誡。所以仰依法力，倍罄精心。別獻罽錦袈裟，幷黃黑碼碯念珠。開寶五年大師特爲儲后年齊鶴筭，日盛龍樓。扶玉扆以儲休，佐瑤圖而演慶。迺入千佛道場，焚禱經七日夜。夢有五百僧來曰，師所願者，佛之聽之。故奏請畫師敬畫五百羅漢，安置於安禪報國院。大師乃言之，昔吾在普願寺，奉持三本《華嚴經》。每以中夜，經行像殿。不絕數年，忽一夜，三寶前有一僧問曰，僧來奚自。乃曰，聖住院住持五百僧隨緣赴感，□過此地，遣僧起居。乃往三寶洗脚訖，向吾房而去。吾先歸房請入，不應而去。驟雨忽滂沲，詰旦，向司存問，夜有客僧來。曰終夜無僧來，滿□有虎跡。迺驗，爲吾持十萬雜華，歸依玉像。故五百羅漢，光降蓮宮。故爲感靈姿，醻聖德。每春秋之佳節，設羅漢之妙齋。所以然而然也，弟子識之。

開寶八年春正月，大師以適當衰皃，請歸故山。大王尙慊別慈顏，請住歸法寺。遂言曰，末尼上沵，匿耀□深山，其可耶。請見在人閒，炤透三千界，弟子之願也。大師乃言曰，僧不爲栖身碧洞以過年年，寓目青山而閑日日。但緣有始有卒，念茲在茲。大王雖戀玉毫，難留蓮步。乃以爲大師身與雲栖洞，心齊月在空。慧化一方，德馨四遠。□宜君臣鑽仰，邦國師資。□□咸懷寶月之光，盡入慈雲之蔭。則是今生際會，多刧因緣。致敬謙謙，言懷懇懇。奉徽號，請爲國師，大師辞以老且病。大王傾心請矣，稽首言之，大師言曰，僧學道功做，爲師德薄，猶且荷聖之恩不淺，當仁之讓無由。大王躬詣道場，服冕拜爲□□□□之以避席之儀，展之以書紳之禮。于以問道，于以乞言。大師言曰，僧但緣當蒲柳之先衰，憇煙蘿之淨境。身歸松徑，心在藥宮。仰戀龍顏，唯祈鳳祚而已。大王謝曰，法雲聯蔭，甘露繼垂。弟子蒙法化以非遙，展精誠而益切。方當別路，爲備行裝。□以紫羅法衣，僧伽帽，紫結絲鞋，雲茗天香，霜縑霧縠等，艿命僧維釋、惠允、元輔蔡玄等衛送。大王率百官幸東郊祖席，與儲后親獻茶菓。仍寵許大師門下僧有名行者，可大師大德二十人。納南畝一千頃，佛奴五十人。國師謝曰，優加聖澤，壯觀僧田。千生之福不唐捐，萬刼之功何勝計矣。上頂拜曰，弟子倚慈威而修己，歸妙法以化人。必望法體復初，它心如舊。再歸京邑，永示慈悲。大師言，宿締因緣，今生國土。荷皇王之恩重，勝滄海之波深。今歸故山，得延餘喘。即望再赴雲闕，更對天顏。儻若逝水難停，殘生莫駐。即願必當來世，更作沙門。益驗法緣，仰醻王化。日云暮矣，拜稽首泣別。望象軒而目送，想虎錫以心傾。于以停鑾，于以駐蹕。繼降起居之星使，頻傳愴戀之綸言。自是黑白奔波，神祇擁路。仰致傾心之敬，何殊布髮之迎。行至迦耶山寺，其僧徒等，如迎佛，具仙樂。於是幡蓋雲飛，鉢螺雷吼。敎禪一千餘人，迎奉入寺。大師艿命門弟子等曰，吾當逝矣，爲石室安厝之，汝曹相其地。便捨衣鉢，隨身法具，施與門徒等。大王命尙醫供奉侍郎直文別賚仙藥，晨夕侍護。大師曰，老僧之病，更無救藥。請侍郎旋歸象闕，好侍龍墀。何爲老僧，久滯出寺。可謂維摩之疾不假桐君之藥。大師心爲身主，身作心師。食不異糧，衣必均服。其六十餘年行事也如是。大師大王必當禮足於吾師，何異歸心於彼佛。故乃禮之厚，寵之優。贈之以罽錦法衣，問之以絲綸仙札。贊無虛月，筆不絕書。彼漢帝之敬摩騰，吳主之尊僧會，不可同年而語哉。

開寶八年龍集乙亥春三月十九日，大師將化，往盥浴訖，房前命衆，洒遺訓曰，人有老少，法無先後。雙樹告滅，萬法歸空。吾將遠遊，爾曹好住。如來正戒，護之勗之哉。言畢入房，儼然趺坐示滅于當寺法堂。俗年七十六，僧臈六十一。是晨也，山頹聖地，月墜香庭。人靈於是哀哀，松栢因而慘慘。門下僧等，起其萎之歎，含安仰之悲。擗踴慟哭，聲振巖谷。奉遷神座于迦耶山西崗，權施石戸封閉。色慘金地，聲聞玉京。光宗大王聞之震悼，嗟覺花之先落，慨慧月之早沈。吊以書，賵以穀。所以資淨供，贍玄福。敬造眞影壹幀，仍令國工封層冢。門人等器奉色身，豎塔于迦耶山西崗，遵像法矣。厥有傳法大弟子三重大師靈撰，一光大師明會，芮林，倫慶，彥玄，弘□大德法悟，靈遠，玄光，眞幸等，竝釋門龜鏡，法苑鯨鍾。繼智炬之餘輝，踵慈軒之往轍。感師恩而篆骨，歸聖化以懸心。

伏遇今上當璧承祧，夢齡襲美。扇仁風而濟俗，撝佛日以尊僧。制曰，先朝國師故迦耶山弘道大師，考鷲嶺之玄言，究龍宮之奧旨。聿興聖敎，光化仁方。故乃聖考奉以爲師，敬之如佛。玄化誕敷於普率，慈風光被於寰瀛。余尙慊天不憖遺，衆其絕學。繼之先志，奉以遹追。欲旌崇德之因，遠舉易名之典。故追謚曰法印，塔名寶乘。爲其示以彌芳，傳之不朽。乃許勒本末石，耀雲松門。乃門弟子等相慶曰，感玄造於先朝，哀榮罔極。沭鴻恩於今日，寵遇方深。奉大王恩，狀大師行進。上乃詔廷彥曰，乃甞爲國史，躬覽載籍絲綸。遂掌蔡藿傾心。顧先王加學士以待之，若宜銘國師以報之。提鴻筆以立言，勒龜珉而紀德。臣謝曰，殿下謂臣彩毫比事，蠶臼屬辭。俾報德以文，探玄紀茂。而臣詞慙幼婦，學謝客兒。以淺近之麼才，記玄微之芳躅。其猶車之弱也載重，綆之短者汲深。空有効顰，實無賈勇。啓心雖切，傷手是慙。上曰，兪，汝勉之，退惟之。蓋所謂當無責有，扣寂求音。□有言而莫覩山輝，龜無顧而唯聞澗媿。敢言載筆，空媿伐柯。尙以如琢如磨，自適其適。設使東隊蓬嶋，西空芥城。期妙蹟之猶存，望玄功之可久。因敢重宣其義，遂爲銘云：

大觀沙界，中有金僊。施仁不測，示敎無邊。括囊眞俗，光被人天。恩加百億，化度三千。其一

道豈遠而，行之則是。誰其識之，唯我大士。眞佛傳心，覺賢襲美。宴坐仁山，優游法水。其二

早修勝果，益驗善芽。道高龍樹，識洞佛華。誘人桃李，濟衆稻麻。爲師王國，垂範邦家。其三

水上之蓮，星中之月。凡有歸心，何殊布髮。圓照溥天，葆光如佛。仰之彌高，酌之不竭。其四

如龍變化，似鳳來儀。或爲敎父，或作導師。千手千眼，大慈大悲。是則是効，念茲在茲。其五

方謂法身，只期常住。傷哉兩楹，已矣雙樹。法碣□銘，慈顏曷遇。

泣雨空垂，器天莫駐。其六

太平興國三年龍集攝提四月日立

金承廉刻字

《海東金石苑》卷四。《宋代石刻文獻全編》，北京圖書館出版社。

石高九尺八寸五分，廣四尺八寸五分。四十六行，行九十九字。正書。

《宋高麗淨土寺宏法大禪師碑銘》 原夫大覺玄風，廣扇三無之表。上乘法雨，均霑下闕而挺秀，永傳慈蔭，闊庇仁方者，唯我大禪師是下闕僧著僧伽帽，喚母曰，予以連城璧與儞。因擲於母腹上，便入懷下闕二親，求請出家入道，背僞向眞。阿姐憶前年瑞夢，仍與下闕稍得發童蒙。逮長興元年仲呂月，造北山摩訶岬壇受具足戒下闕門益勵棗誠。擬遊華壤，隨入朝使侍郎玄信舡利涉雲濤初屆下闕岸邊語甚深語將來對曰，深中無異事，那敢語將來。自此經行下闕地聽芭蕉有譬之譚，悟瀇性之皆空。觀色身之若幻何常，師有下闕覩雪眉遽披雲褐大師云，儞來這裏作什麼。對曰，久向□□師云下闕奉師云，闍梨尊親在東國，爲什摩道親奉。荅曰，淘金不爲□□師下闕蓋中華路經閩府以暫留，筆展虎頭之絕藝，圖山□索月下闕有尨眉僧衆擡手指示，便達前程。仍憑後素，繪成十六聲下闕□賢之妙像，惠被三吳。不繫爲懷，能遷是貴。乘桴西泛，去探赤水之下闕待扣有問皆□臨臺之智鏡忘疲，無幽不燭。矧復居常小暇，觸類多能下闕自從六祖高演四禪，代代相傳，燈燈繼爇。凡云胤嗣，皆悉驗□下闕□門稠疊成宗文懿大王如天禪師，穆宗宣讓大王下闕之□尤積服膺之懇，仍勸移住奉恩寺□□□□□□□聞者□下闕□□安車當出郊之次，大駕備親□之儀□□□□贈送以下闕□□祝皇齡。然後屈于開天山淨土招提，遁世韜光，忘機遂性。下闕古□今你等莫墜龜氏之宗，慎守鷲峯之教。語訖結跏趺坐而下闕遺□營葬于淨土寺坎方怪石峯前，悲感涕泣。先王聞之震悼□下闕供□贍玄福。特奉易名之古典，將傳不朽之徽猷。謚曰弘法，塔名實相。下闕詞非黃絹，靦□翠珉。忝承出綍之言，莫逭編苫之作。冀憑貞石，永□下闕：

佛降迦維　情深大慈　恢張三教　化度兩儀

自從圓寂　別有提下闕　慧能修衒　令子神孫

俊乂奇特　玄兔域邊　蒼龍海壖　粵有開下闕

法鏡光瑩　戒珠耀赫　請益書紳　當陽避席

稽顙情偏　服膺下闕　靈絕狼煙　直木先摧

甘泉易涸　權示往還　實歸寥廓　冢下闕

歲次丁巳六月

《海東金石苑》卷四。《宋代石刻文獻全編》，北京圖書館出版社。

石下闕字。高三尺三寸，廣三尺二寸。三十行，行存二十六七字不等。正書。額題開天山淨土寺故國師弘法大禪師之碑，横列，十六字，篆書。

《宋高麗興福寺姜邯瓚造塔記》 菩薩戒弟子平章事姜邯瓚奉爲邦家永泰，遐邇常安，敬造此塔，永充供養。

時天禧五年五月　日也

《海東金石苑》卷四。《宋代石刻文獻全編》，北京圖書館出版社。

拓本。高一尺二寸，廣一尺。六行，行字不等。正書。

《宋高麗大覺國師碑銘》 上嗣位之四年乙巳秋七月庚午，大覺國師門人都僧統澄儼等，具師之行事以聞。曰，吾先師即世久矣，而碑銘未著，常懼其德業有所磨滅而不記，惟下缺可觀，其可蓋而不章乎。遂授臣富軾以行狀，曰，汝其銘之。臣讓不獲命，退而敘曰，以臣觀之，師於聖人之道，可謂性得而生知者也。何以知其然哉，□下缺賢而祖述之，不幸短命，而其所樹立如此。子思有言，自誠而明者，其是類乎。

師諱釋煦，俗姓王氏，字義天。後以名犯哲宗諱，以字行。我太祖□下缺至乙未秋九月二十八日，生於宮中。時有香氣鬱然，久而後歇。師少超悟，讀書屬辭，精敏若宿習。兄弟皆有賢行，而師傑然出鋒穎上。一日，謂諸子下缺前夢貴徵，竊惜之，而業已受君命，叵如之何。乙巳五月十四日，徵景德國師，於內殿剃髮。上再拜之，許隨師出居靈通寺。冬十月，就佛日寺戒下缺至年甫壯，益自勤苦。早夜矻矻，務博覽強記，而無常師。道之所存，則從而學之。自賢首教觀及頓漸大小乘經律論章疏，無不探索。又餘力外學□聞淵下缺騁，袞袞無津涯。雖老師宿德，皆自以爲不及。聲名流聞，時謂法門有宗匠矣。丁未七月乙酉，教書褒爲祐世僧統。

師嘗有志，如宋問道。聞晉下缺甚至宣王在位第二年，是宋元豊七年春正月，入內誠，請上會群臣議，皆以爲不可。師於上前與群臣言下缺意許之，而群臣議確，依違而罷。至明年四月庚午，夜留書上王及太后，率弟子壽介微服至貞州，寓商客舩發下缺以來朝之意，皇帝命主客員外郎蘇注廷導之。秋七月，入京師啓聖寺，以中書舍人范百祿爲主。數日，見垂拱殿待下缺高才碩學，堪爲師範者。兩街推薦誠師至是，僧統摳衣下風，欲行弟子之禮，誠師三辭而後受之。乃進曰，某甲海外之鄙下缺能行之，可謂難矣。願同志一乘，同修萬行，以游華藏海者，吾之願也。於是僧統請問云云，歎曰，辭旨婉切，善啓重關。非法王下缺公如見誠公之禮。源公儼然而坐，僧統進曰，某甲仰慕道誼，以日爲歲，不憚險艱，百舍來謁，願開金口玉音，以卒覺悟。源公曰，下缺就□有問有荅，盡其春容。源公因知州蒲公宗孟之請，入南山慧因院開講周譯經。僧統施錢營齋，以延學下缺教藏七千五百餘卷。及還國，又以金書大經三本歸之，以祝聖壽。慧因本禪院改爲講院，特免租稅下缺日朝辭至秀州眞如寺，見楞嚴疏主塔亭傾圮，慨然歎之，以金屬寺僧修葺。楊公曰，璿公今日始遇知下缺千燈相續而無窮。遂授經書爐拂以爲信，非特僧統資源公而道益進，源公名所以益高，以僧統揚之也。禮下缺凡十有四月，所至名山勝境，諸有聖迹，無不瞻禮。所遇高僧五十餘人，亦皆咨問法要。若源公雅所望以爲下缺慧林善淵。戒律則擇其元照，梵學則天吉祥紹德。此皆卓然可尚，故資其所長者已。及將歸，禪講宗師各率徒下缺學之悉備，此眞重法大菩薩者也。然非是始學，欲以己所得與諸師相試，故來耳。故其所贈詩有孰若祐世師下缺三韓王子西求法，鑿齒彌天兩勍敵。其爲時賢推尊，類皆然也。

夏五月二十日，隨本國朝賀回使放洋。二十九日下缺上及左右，無不感動。皇帝所贈金繒，國王太后寄送財寶，以臣萬計，舉施諸道場及所聞法諸師□少下缺師誕年肇基既成，多歷年。國家每議其主，而難其人。至是宣演教理，盡妙窮神。學者海會，得未曾有。上及群臣下缺怠不講，故官勝私褚，亡散幾盡。遂重購求書於中國以及契丹、日本。又於辛未春，南遊搜索，所得書無慮四千卷，皆塵下缺欣賴。甲戌春二月，初入洪圓寺，其教學如故居興王。初，順王寢痾，召師言，寡人嘗願作大伽藍，額號洪圓。今病篤下缺海印寺溪山自適，浩然有終焉之志。獻王再徵，不能致。乙亥冬十月八日，肅祖即位，數遣近臣□□迎之，固辭下缺不我顧。古之達者，非夷非惠，與時卷舒，冀或一來，副我意焉。師翻然曰，備禮厚辭，義不可拒。乃赴都，復居興王寺，教學如下缺一日忘於心。仁睿太后聞而悅之，經始此寺。肅祖繼之，以畢厥功。師於此之時，依文而顯理，究理而盡下缺師百世不遷之宗，渠不信哉。戊寅夏四月庚寅，上命第五子侍之。師手落其髮，今都僧統是也。

辛巳春二月下缺師所定也。秋八月遘疾，隱几而坐，或觀心，或持經，不以疲憊自止。門人請修佛事，曰，事佛久矣。上遣中使問體，夕下缺其志，伏望至誠外護，以副如來遺教，則死且不朽。冬十月五日壬辰，右脇而化。享年四十七，僧臘三十六。是前，或夢寶下缺於五冠山靈通寺之震方，從本教也。

佛法以梁大通元年丁未肇入新羅，後一百餘年，義想、元曉作。是二師者，以聖種下缺乎利學益浮淺，涉獵典籍，磔裂文句，置之齒牙閒，吸吸以自好。後來者承誤襲謬，往而不返。師於是疾習俗之蔽蒙也，下缺閒雖有心服而悅隨者，而群邪疾正，謗毀沸騰。以道自處，恬不動心。終而翕然，寖變於正。異時僻見妄溯者，革面遷慮，務下缺指三藏十二分教，蒭狗也，糟粕也，又烏足觀者，不亦誤乎。乃勸學《楞伽》、《起信》等經論。又天性至孝，善父母不怠。及其□則窮下缺之道。又其文辭平澹而有味，故士大夫承風而披靡，稍厭彫琢，而趣雅正焉。至於俗吏虎臣，不以文學自業。及宦道異術相背下缺適宋時，泗上禮僧伽塔，上有光明如燈火。天竺寺禮觀音，放素光，赫赫然。又在海下寺講經，堂宇忽動，有驚起者。睿考在東下缺新前路，是百郡之所出入，舊有館院而壞亡。即指授門人作新之，名館曰指南，院曰兼濟。至睿考錫以土田，始師之功太下缺亦不能盡書。師既爲一國尊親，有大政事，必款密諮決。故所與上論列國家事甚多，而有陰德於人民亦厚，世莫得而盡知。師下缺於教，以爲釋苑詞林，而未及參定，至後乃成，故去取失當。門人集所著詩文殘編斷稾，存者無幾，紬次爲二十卷。此皆率爾落筆，非將以下缺疏抄六千九百餘卷。其餘文書藥物金帛，至不可勝計。燕京法師雲諝，高昌國阿闍梨尸羅嚩底，亦皆尊嚮，以策書法服爲問。遼人來使者下缺碑誌。其名顯四方，爲異國所尊又如此。師嘗召臣先兄釋玄湛與之遊，甚歡相知之分，非啻期牙。臣由是得以一謁，容色睟清，若覩靑天白日下缺無何，師入滅。噫，士爲知己者用，假令死而可作，雖布髮而藉足，亦所忻慕焉。況以文字掛

名於碑石之下，豈不爲榮幸也哉。而學術固陋，辭語澁吶下缺
義想西學　傳佛圓音　元蹟獨見　窮幽極深
或出或處　脗然同心　香薰霧潤　學者林林
道與世□　日薄月偷下缺　不塞不流　否終則傾
異人挺生　不留富貴　天趣高明　誰謂宋遠
木道乃行　索焉而獲　爲焉而成　理無不盡下缺
不動一步　周行靈空　横流湯湯　獨□之防
□其百泒　東至于洋　始則不信　狺狺衆狂
終隨而革　磨淬發光下缺　幾格清夷　飄然遠舉
則挽留之　其道之大　如天如地　淵源之深
固不敢議　其出於時　土苴而已　如霄寸雲下缺
上曰其然　乃命臣軾　臣拜獻辭　貽厥罔極

碑陰

高廣同上。左右刻事跡記，十五行，行存四十餘至六十餘字不等。中刻門徒職名二十七行，存十五字。正書。

大覺國師墓室及碑銘安立事跡記

國師墓室在霊通寺東北隅，大史令崔資顥，春官正全幹，奉肅祖聖旨，卜定其地，員外郎朴浩奉宣述墓誌。三重普滋翼玄、重大師融介、暹顯、朗機、都下缺三百人作之。歸法寺重大師妙悅、忠現等五百人輸大石覆其墓，皆三重翼玄督視之。既而營祭堂三間于墓南，霊通寺重大師得嚴、法善等五十人作之。又役霊通寺僧四百五十人下缺恆式。又造家墓下，引白丁四人居之，給衣食，使守墓。壬午五月日，知奏事尹瓘奉聖旨，許立國師碑霊通寺。至甲申年，經始敬先院。宣命大史令崔資顥、春官正全幹卜地下缺普滋永寧院主三重翼玄、重閣院主重大師德滋、香海院主重大師眞介歧、房主等，都管句役事重大師得妙、毗羅房主主㱿、重大師勝流、眞觀寺主材、重大師融介、天台院主主石、主□賢善爲執事，稟下缺定宏等助手，役僧二十五人，興王寺重大師碩從爲石工首。大師有英、神妙、眞憲、德甫等助手，役僧二十五人，成賛加金，三人作鍜也。至癸巳年十一月日，敬先院成。伐青石于沒頡山，三重翼下缺兼鍜事，與石工重大師碩從助之，役歸法寺僧三十五人。既伐石下山，此三十五人及興王寺薦福院白丁四十人，幷用牛三十三首，輸石到濟危寶。歸法寺主首座應先，領衆五百餘人出助下缺，此碑之左方。勒堂遣歸法衆還之。翌日，以霊通寺衆五百餘人，輸置敬先院東閣。普光院田中有石半入于地，石工重大師碩從石匠俊下缺心收集勇勵也。一七日間，斵作龜形，安置敬先院東閣。踰八歲，至辛卯年，省奏大覺國師碑在寺西北根脈，於勢不便，宜更下缺元忠，春官正全幹到寺，與門徒名公卜擇，得食堂南廊外平地，即今此地是也。明年二月，以興王寺衆一千六百七十人下缺慧宣，霊通寺、普炤院、興王寺、正覺院主、福興寺住持、僧統翼玄、霊通寺、重閣院、興王寺、無相院主、崇善寺住持首座夢英、梅香寺住持下缺興王寺重大師、世賢、神現、碩從、玄漢、霊通寺重大師、占惠、洪惠、志一、性冲、碩㺯、◇現、朗冲、善解、眞憲、德甫、爲介、妙賢、幸照、賢覽下缺等，刻字畫士朴瓘書其緣，石匠校尉林旦刻之，至十二月二十日畢工。重大師世賢、碩從、申現指事，以霊通寺□四百五下缺樸琭畫緣，校尉林旦刻之。

門人師子等住持悟下缺，此在碑之右方。

大覺國師門徒職名開坐碑陰如左

門人見佛寺住持沙門慧素奉宣書

僧統

祖元本是景德門人，師少時所咨稟者，爲弘護寺第一代主。　稱道景德門人。理琦本景德門人，師少時所承受者。　俊詔　□闡　樂眞本是景德門人，從師入宋求法。至睿考時，封爲王師。　器英　聰諝　慧宣下缺

首座

學淵　仁允　爽英　霊善　南曉　靈憲　祖之　融諝　顥深下缺　講明　宿堅　占先　充世　神悟　普滋下缺　承照　夢英　惟儼　彥沖　霊育　法智　顯雄　處常　道隣從師入宋者。　代眞　則由　承冠　賢濬　慧溫

三重

令玄　善機　幹英　敎英　英闡　廣慈已上本景德門人。
芳古　洪悅　道眞　善嚴　壽介從師入宋者。　應宣
成俊下缺　圓璉　神景　利崇　裕幹　挺賢

靈印　清慧　戒膺　惟淸　昶均　正玄
曇杜　德稱　資守　慧示下缺
重大師
應周　向玄　應守　聰智　紹餘　教琛
占沖　明諝　戒豐　継明　照眞　順明
守明　在宗　從海下缺，已上本景德門人。　上機　日滋
先器　講眞　應成　俊神　占崇　亮□
惟哲　成諝　志明　英冠　法緣　應沖下缺
諝資　融現　守南　玄諝　應淸　壽千
迪之　義滋　挺英　處英　義持　珎諝
仁賢　成裕　幸□下缺　慧沖　緇秀　得機
念眞　妙慈　靈致　慧高　洪機　猶吾
玄派　継成　良辯從師入宋者。　慧芳下缺　裕貞　周冠
廣賢　性英　諝貞　法常　法暢　崇諝
順雄　惟順　融介　暹現　法悟　介□下缺
景猷　潤諝　成璉　勝流　釋雲　因俊
道雲　眞鑑　復元　惟勝　元亮　宗鑑
稱現下缺　慧素　慧謙　觀宣　慧幢　慧觀
慧妙　慧南　慧悟　俊隣　彥覺　法□
惟照　海瓊下缺　慧嚴　明介　辯眞　周敏
周潤　教珎　定韶　性觀　懷遠　慧臻
英瑾　英□　継玄下缺　慧仁　善連　正眞
性眞　戒雄　雄照　戒瑚　慧敬　慧良
慧約　戒如下缺　道宗　尙先　成信　銳觀
玄悟　顯機　慧深　景純　崇妙　證玄
釋詮下缺
大師
思俊　唱英　利英　湛靈　挺成　慶融
淸璉　慧先　宗哲　義宏　自強　慧□下缺
利宜　慧干　敎元　照常
大德
自寧　慧俊　慧均　性如　冠規　仁永
惟白　慧善　正端　志圓　占常　法規下缺

右奉聖旨施行。

《海東金石苑》卷五。《宋代石刻文獻全編》，北京圖書館出版社。

碑存上截。高八尺三寸，廣四尺五寸。五十一行，行字八十餘。正書。額題贈謚大覺國師碑銘八字，計四行，行二字，篆書。

《宋高麗重修文殊院記》　春州清平山者，古之慶雲山。而文殊院者，古之普賢院也。初，禪師永玄自唐下缺泰二年也。至光廟二十四年，禪師始來，于慶雲山創蘭若曰白巖禪院。下泐李公顗爲春州道監倉使，愛慶雲勝境，乃即白巖之舊址置寺，曰普賢院。時下泐又再見文殊冥應，咨決法要，乃易院名曰文殊，而仍加營葺。希夷子即李公之下泐樂署丞，弃官逃世。行至臨津，過江自誓曰，此去不復入京城矣。其學蓋無所不窺下泐坐於此，言下豁然自悟。從此以後，於佛祖言教，更無疑滯。既而徧遊海東名山，尋訪下泐納衣以儉約清淨爲樂。院外別洞，搆閒燕之所。其庵堂亭軒，凡十有餘處。堂曰聞下泐□□之而學者浸盛。睿廟再命內臣等，以茶香金繒特加下泐□□德請赴行在，仍以親製手書詩一首賜之，曰，願得下泐□□上曰，道德之老，積年傾慕，不可以臣禮見下泐禪理，公於是述進《心要》一篇。既而固請還山，乃賜茶下泐特開楞嚴講會，而諸方學者，來集聽受。四年，今下泐安葬之地。一日，謂門人曰，吾不久住，吾沒後，門人下泐勿爲戚，以道爲懷。言訖，申時入寂，臨終聰明不亂下泐祐四年至宣和七年，住山凡三十七年，享年六十下泐歌頌一卷，《布袋頌》一卷。

嘗試論之，自古高人下泐而能終身於林下者，未之聞也。公以富貴之下泐不異哉。又況公之族親，累世外戚，爲三韓之甲下泐德風者，無不愛而敬之。蓋諭人以忠，待物以信下泐俱隱龐公之居，峴山之陽也，未嘗入城府。然有妻下泐凜然清風，常照人心膽，眞可爲高人隱君子，蓋古今一人而下泐水洞壑之幽勝，實東方之美者。將以待能文之士賦之，此不及下泐

大宋建炎四年庚戌十一月　日門人靖國安下泐

《海東金石苑》卷五。《宋代石刻文獻全編》，北京圖書館出版社。

石泐下截，存上截。高三尺八寸，廣三尺。二十五行，行存十七字至三十二字不等。行書。額題眞樂公重修□平山文殊院記，六行，行二字，正書。

《宋高麗祭眞樂公文》 維乙巳年八月日，門人坦然等，謹以茶果肴饌之奠，敬告于淸平山隴西眞下缺嗚呼，道常無名，言而非道，長於上古而不爲老。靈山會拈花示要，唯大迦葉下缺虛無物，希夷寂滅。正法眼中，不留金屑。茲事精微，一何奇絶。如洪爐中一點下缺方丈空虛，亦有龐公語默。自如是二大士遊物之初，緊我居士聞下缺情粃糠富貴，螻蟻公卿。道與之飾，軒冕非榮。山林臯壤，適我下缺乾坤自爲主盟。雲門之髓，雪竇之英。囊括玄機，終始發明。端下缺神無卻。智照皆忘，善惡都釋。惟寂惟寞，守德之宅。飢餐香飯，渴下缺玄沙偃溪，靈雲桃花。側耳寓目，佛事諠譁。雖立於獨，物所炊累學下缺滴隨器普被。既以與人，而己不匱。明鏡當臺，□漢斯現。乘機應變，迅下缺經鍊。消融妄想，如雪見晛。行不崖異，□□其光。與□爭席，人鳥同行。彷徨下缺形令德，物莫之傷。問以緖餘，發爲文章。恬和平湛，不露鋒鋩。或歌或頌，惟道下缺其流茫洋。厭弃人世，神遊寥廓。何方之依，天堂極樂。臨絶從容，辭氣自若。下缺酢。顧予數子，舊遊門庭。獲聞謦欬，稍有惺惺。息我之黥，曉我冥冥。行雨蒙潤，下缺其頹，梁木其毀。世界空虛，吾將疇倚。我果惟時，我看惟旨。設祭陳辭，情鍾於此。

《海東金石苑》卷五。《宋代石刻文獻全編》，北京圖書館出版社。

高三尺，廣二尺五寸。下截損缺。十六行，行存二十餘字不等。正書。

《宋高麗大覺國師碑銘》 上御宇十年。歲在大淵獻壯月七日。詔臣存撰海東天台始祖大覺國師之碑銘。即具表辭以不能，而不獲命，敢再拜稽首而言曰，嘗聞毗盧遮那華藏世界，其中所顯諸佛世界，窮刼不可說。唯此娑婆世界，其佛毗盧遮那，則凡在大千世界者，在毗盧遮那法中，爲最親近。况爲大□因緣，出顯於世。西天竺國，去此不遠，則大雲之遍覆，一雨之同霑，宜無不被者。故自新羅大法漸洎，我大祖創萬世之業，西天竺國三藏摩睺羅，不召自來。於是知大法之將興，益憑願力，耆定神功。貽厥孫謀，以弘揚佛道爲首務。故涉五代及宋，嘗選名僧，越海求法。而機根所局，僅得其一宗之旨，來傳於其徒者有矣。至於代佛出世，猶假問道，□祖家風，轉大法輪者，如優曇花，乃一得而見之。

師文祖第四子，母仁睿大后，諱釋煦，字義天。二聖與師夙植夙緣，妙契壹時。師生而有異，稍長行藝，儼若成人。年十一，承文祖宿志，投景德國師剃度，受賢首教觀。景德卒，與其徒講學不止。又廣會諸宗學者，相與講論。凡有所得卓尔，非凡老師宿德之跂及。文祖二十三年，賜號祐世，授職爲僧統。於是擬於方來，欲坐道場，發師子吼，演說百千法門，度人天無量之衆。則將以己之所得者，質之於人，以取信於時。故嘗請入宋求法，文祖心許，未降指揮。洎宣祖卽位，屢請不已。宣祖難之，議於羣臣，咸以爲大弟之重，不宜越海。肅祖在蕃邸，嘗一日同謁大后，偶語及之，曰，天台三觀，最上眞乘，此土宗門未立，甚可惜也。臣竊有志焉。大后深垂隨喜，肅祖亦願爲外護。宣祖三年，師知時至，更請求法。雖羣議沮之，二聖似欲從之，於是浩然決乘桴之計。

四月八日，絶海洋，初抵密州界。哲宗聞之，迎置京師啓聖院，御垂拱殿迎見，禮遇備至。師請遍參名德，於是詔華嚴法師有誠，宋止別院使，與遊處相從。夫聖人不憚屈己以兼人之善，故孔子師萇弘、師襄、老聃、郯子之徒。師自密州指京，聞有知一法，持壹行者，無不遍致咨問。及此固請，以弟子之禮致謁。是日往返問荅賢首、天台，判教同異，及兩宗幽眇之義，曲盡其說。後自詣相國寺，參元炤禪師宗本。元炤昇堂說法，継而說偈云，誰人萬里洪波上，爲法忘軀効善財。想得閻浮應罕有，優曇花向火中開。又詣興國寺，參西天三藏天吉祥，問西天事甚詳。閱月上章，請往杭州華嚴座主淨源講下受業，以償素志。詔從之，差主客員外郎楊傑伴行。過金山，謁佛印禪師了元。稀世之遇，如夫子見溫伯雪子，目擊而道存。到杭州，參源公法師。法師見法器非常，恨相逢之晚，以傳道爲事。且餘杭山水，甲於天下，諸宗之老，遺世宴坐者，視天下爲多見。師割愛忘勢，萬里求法，則雖積道藏□，膠其□而不傳者，猶且倒廩傾囷，羅列而進。故諸宗法義，多得於此。

越明年，宣祖述母后意，表請遣師還國。遂詔到闕辭還。師欲登道，慈辯大師從諫著詩一首，贈手爐如意。師在本□，聳聞慈辯高誼之日久矣。既至杭，特請慈辯講天台一宗經論，每與主客及諸弟子聽受，故今有是付囑。既抵京，皇帝又御垂拱殿迎見，留數日，遂復入辭。到杭州，源公法師日講華嚴大義。講畢，贈以爐拂，以爲付法之信。次詣天台山謁智者大師浮圖，述發願文，誓於塔前曰，嘗聞大師以□時八教，判釋東流。一代聖言，罄無不盡。本國古有諦觀者，傳得教觀。今承習久絶，予發憤忘身，尋師問道。今已錢塘慈辯講下，承稟教觀。他日還鄉，盡命傳揚。及到明州，往育王廣利寺謁大覺禪師懷璉。仁宗尤重此老，以爲福田。今歸老於此，□師至，昇堂說法，甚契本來。既浮□達國界，上表乞擅行之罪。迴詔大加褒奬，迎致撫慰，禮貌之盛，殆不勝言。

師之往求法，非止遍參歷問，記在靈府。其所求來經書，大半本朝所未嘗行者。臨行，主客謂諸禪□諸公曰，自古聖賢越海求法者多矣，豈如僧統，一來上國，所有天台、賢首、南山、慈恩、曹溪，西天梵學，一時傳了。眞弘法大菩薩之行者。此眞實義諦，非溢美之言也。昔孔子自衛返魯，然後樂正，雅頌各得其所。國師自宋返國，然後諸宗之教，各得其正。況天台一宗，雖或濫觴於諦觀智宗輩，而此土未立其宗，學者久絶。《法華經》云，日月燈明佛出顯於世，說四諦十二因緣六波羅蜜。佛告舍利弗，如來但以一佛乘故，爲衆生說法，無有餘乘。若二若三，然不離此座，直了二三會之圓妙。一法眞觀，已備於纓絡。空假名及中道第一義諦，補處大士金□親承。如來滅後五百餘年，異端並作。龍樹菩薩作《智度論》，發明中道。故荊谿云，况復三觀本宗纓珞一家教門，遠稟佛經，以《法華》爲□骨，以《智論》爲指南。自龍樹至荊谿，世歷九祖，其教大行於中國。寥寥四百餘年，此土未立宗教，何哉。蓋如來久默遺旨，是將有待。

師以命世大任之才，其於諸宗之學，靡不刳心。而其自許以爲己任者，在於賢首、天台兩宗者。當其時節因緣，故其求法初還所上表云，涉萬里之洪波，參百城之善友。備尋眞教，蓋賴聖威。以至天台、賢首之宗，晉水孤出之旨。濫傳爐拂，謬事箕裘。於是慕可與弘道者德麟、翼宗、景蘭、連妙，各率其徒，齒於弟子。大后尋舊大願，欲起伽藍，引揚宗教，□其號曰國淸。大願未集，僊駕上天。肅祖繼而經營，功既畢，詔師兼住。法駕親臨落成，一宗學者及諸宗碩德，無慮數千百人，聞風競會。師昇座，振海潮音，演未曾有一宗妙義。無□根機，多得中道，無生法忍。肅祖又尋大願，欲創今所謂天壽寺，以奉教觀。經始未畢，龍馭遺弓。睿考肯堂，而肅祖之願大成，以永庇于三韓。且今者四方兵動，蒼生墮於塗炭。唯此海内，晏然無虞。雞鳴狗吠，達乎四境。男耕於野，女織于室。不失其富壽，此豈人力哉。緊國師當去佛既遠之後，不惜身命，遠求法寶，傳之無窮。而大后、肅祖、睿考洎今上，發自至誠，隨喜外護。繼志述事，使妙法常住，而爲諸佛之所護念，諸天之所擁□之力也耶。

師卒，贈冊爲國師，定謚曰大覺。先是，肅祖欲以二字爲師之號，懇讓曰，大覺，佛之德，何敢濫而據焉。卒不受。及是，使有司議謚，復不出二字。昔靈公死，卜葬沙丘，得石槨，有銘曰，靈公奪而埋之。則夫靈公之爲靈公也久矣。以是觀之，今師之爲大覺，亦已久矣。而又師求法在杭州，主客曰，昨日惠松子粥時，有淨慈本長老至，遂與喫。長老悚然曰，予數年前宿龍山寺，夢有神人與□松粥。問之，曰從東方不動佛國來。今日之粥，無異夢中所見。夫師之所證知見，皆不可思議境界。則其所顯於事者，亦復如是也。大禪師順善，禪師教雄、流淸，皆師之法孫。相謂曰，我之宗門，此土未行。遇師首唱而力創，如達摩大士，爲震旦禪那始祖。今未有碑記其事，後世其有所歸咎哉。一達其語，契上尊德樂道，欲光揚遺德之意。詔碑於南嵩山寺立之，使法孫相續而住，勿絶傳揚其遺教。銘曰：

欲說空法　則不可測　空即是色　欲執假名
亦豈可窮　色即是空　作如是觀　名爲中道
循而發之　圓覺普炤　三世諸佛　由此塗出
大覺西遊　教觀東流　是故詔立　始祖之碑
嵩山高高　碑與山宜

門人天壽寺大德智遷刋字

《海東金石苑》卷五。《宋代石刻文獻全編》，北京圖書館出版社。高七尺，廣三尺二寸。三十七行，行七十一字。正書。額題天台始祖大覺國師碑銘，五行，行二字，篆書。

《宋高麗元景大和尚碑銘》　上即政之三年，元景王師門人首座覺純等告于朝曰，先師下缺詔臣富佾曰，汝可爲之銘。臣適得執筆玉堂，奉明令，謹昧死上言，臣□□□□興下缺起有若勝光曇育智明圓乘之輩，皆能奉佛之遺訓，爲人之導師。□其所謂□者，不下缺始行于時。及世之云季，道亦漸衰。一時學者，或奔小徑，或趣異塗下缺者或從而和之，或贊而成之。致一代之聖教，諸祖之微言，復興下缺門前有異僧來見之，謂曰，是子有淑質，出家必當爲□器善護下缺具戒。咸雍四戊申歲，赴大選場，受大德自是□離景德之下缺覺嘗勞之曰，非子之至誠奉法，何能如是□□□在氵◇下缺不明久矣。吾欲西遊於宋，求得其法，從我者唯子歟。師曰，□學下缺商船浮海，上聞之驚歎，命師及大師慧宣、道隣等追之。自下缺師隨後請益，多所啓發。杭州恵因院晉水法師，一見如舊下缺比再授誥勅，後當爲王者師。丙寅歲仲夏二十九日，自大宋還下缺一柄爲餽贐曰，昔晉水法師以爐拂傳我，我以傳之於子，宜勉之。揚下缺師講大經，奉嚴冥福，又贈以詩偈曰，佛祖垂文統，底事只應傳授下缺衣御手親授焉。甲申季夏，制加僧統。睿王之在東宮，於華嚴教下缺法匠凡國朝有水旱災變，必請師爲邀福之事。師自來常讀經於生下缺經律論三藏，計五千四百五十卷。常自講讀，以勸後學之業。辛□興王寺教下缺引師等義學名僧，相與技正，乃命工鏤板。使既逸之典再行，於師多有力下缺門人首座覺純等，重加詳定，以類相從，編爲二百五十卷，至是告畢焉。戊子歲，移下缺每言迦棄甞踏泥，況吾儕豈敢自安乎。是以所至人樂□□甲□春下缺又加法號曰悟空通慧。師之法號初受□應究理，自後累加演奧下缺上以歸法寺爲師燕息之所，以法水寺爲師香火之所，疾命御毉往□之。師曰，下缺雙舃不踐私□之□六根不著欲界之塵，此吾之所自許□□之所共知□國家過釒下缺訖，須臾入滅□□□□法夏六十。上聞之震悼，遣侍□祭慰，贈甚厚，追謚曰元景下缺院越庚子歲十□遷神于陜州管内台爐縣般若寺安□東南崗，依本下缺是門人相謂曰，梵言般若，唐言智慧，其義一也。豈非吾師□安坐于此下缺春以風樹之憂，富居僧舍，與其徒游，聞其所謂法，其大旨與□辞無思也。于此下缺持在於名迹而已。況今朝廷肅正法□脩明□刑□□征傜□肖頌下缺

時有今古　法無中□　南□□□　東□□□下缺
昔焉西上　視險如夷　今□東返　扶教于衰
□揚□□　□□□□下缺

《海東金石苑》卷五。《宋代石刻文獻全編》，北京圖書館出版社。

高六尺八寸，廣三尺四寸。下截漫沒。三十三行，行存二十餘字至三十餘字不等。正書。額題贈謚元景王師碑銘，四行，行二字，陽刻，篆書。

《宋高麗大慈恩玄化寺》臣聞有天地已來，爲君聖明者，唯唐堯與虞舜。以其堯至仁而理天下，舜大孝而化域中。故得炳煥古今，光輝史籍。其後或□中夏主，洎諸侯王。凡有位之君，孰不思繼其踵而闡其風，用乎教而理乎國。然而修仁者仁不至矣，行孝者孝不全矣。御衆興邦，不能始終其事，例皆中道而廢。得非唐虞之理，奧乎難繼。仁孝之道，大乎難守歟。法是道而無中輟者，其惟我聖君乎。聖上豹隱之際，竭侍養之心，長有寢門之問。龍飛之後，念劬勞之恩，每積風樹之歎。以爲追尊之禮行矣，祔廟之儀備矣。考彼禮典，雖曰已周，在朕孝心，有所未足。飾終追遠，既取仲尼之訓。修善崇眞，宜舉迦文之教。思欲營立精舍，資薦亡靈。俾夫淨業益增，道果速證。報二親之慈愛，應諸佛之誓願，不其美乎。皇考安宗孝懿大王，太祖親子，仁邦本枝。禮樂詩書，尤勤於志。溫良恭儉，併集于身。□眞王者之才，秉古人之行。

成宗文懿大王之季年也，癸巳冬，因契丹不道，無故興兵。侵擾我封疆，動亂我民庶。鄰兵漸近，我伐用張。成宗大王親領雄師，出摧巨敵。未行之前，先差中樞副使給事中崔肅傳宣曰，今者鄰敵來侵，邦家有□。朕親領衆，出拒彼兵。所恐京都或成離亂□□君宜將家屬蹔出南方，就彼安居，以避斯難。纔候邊方寧靜，則期命駕迴還。遂差內謁者監高元爲先排，使賜御槽鞍馬，衣服匹帛，酒食銀器，幷在彼田宅奴婢等，差使衛送，直至泗州。聖上侍行，問安尤謹。到彼州已，忽爾搆疹，厥疾弗瘳，以統和十四年丙申七月初七日，殂落于彼。日月不居，卜地而葬，乃得地於是州焉。成宗大王遽獲班師，更期永逸。乃思歡好，與彼通和，因此軍民更無勞動。未暇迎復，遄聞逝焉。悲季父之將亡，實猶子之所痛。舉哀之儀成矣，輟朝之式施矣。賻贈之禮，頗越常規。哀悼之情，固無蹔捨。卻請聖上迴復本宮，尉諭益深，後囑頗切。皇妣孝肅仁惠王太后，戴宗大王之愛女，成宗大王之次姊也。裔自王門，族本宗室。儉遵大練，奢誚金蓮。鸞鳳之匹和諧，琴瑟之音婉順。女功婦道，行之有容。四德三從，守之無爽。不遂偕老，先皇考而亡。以淳化四年暮春，倏忽搆疾。成宗大王親幸問疾，旦暮尤專。遣秦國之良毉，屢加救療。送神農之妙藥，每使煎調。復抽御用之珎奇，捨入祇園。而祜祝僊齡不永，禱之無徵。以其年三

月十九日，崩于大內之寶華宮。成宗大王悲喪至親，痛傷心膂。既此天年之限，雖獲善終。且我月姊之容，無由再見。穆宗大王時在潛龍，乃差爲監護，移殯於三司廳內。仍率諸宮嬪妃，及文武兩班，舉哀於金鳳門前。朝晡祭奠，俱是親臨。泣淚漣漣，傷心切切。尋差宰臣等，上冊謚曰獻貞王后。復命大卜監遷地而葬，果得吉地於京城艮方，備禮葬焉。陵號曰元陵，其葬禮悉差宰輔及近臣爲都監。

聖上卽位，上冊謚曰皇考爲安宗憲景孝懿大王，皇妣爲孝肅仁惠王太后。聖上以妣陵在近，不須改移。考陵處遠，行四時之享，有千里之勞。乃命所司，備禮改葬，所期元寢，將近王都。當開墓也，仍遣中樞副使推忠佐理功臣大中大夫守尚書吏部侍郎上柱國守安縣開國男食邑三百戶賜紫金魚袋尹徵古，迎護靈柩。疊差推忠盡節衞社功臣金紫興祿大夫內史侍郎同內史門下平章事監修國史上柱國清河縣開國伯食邑七百戶崔沆爲監護。靈柩洎至，上京嚴備，法駕幸東郊迎奉，權殯於歸法寺。己親率百寮，於京城東北約三十里金身山，遷定葬地。青烏告吉，白鶴呈祥。披圖合山水之經，占兆契陰陽之理。山陵日定，盡依如初之儀。哀摧而五內分崩，感動而二儀悽慘。以天德元年丁巳四月，葬于乾陵。葬禮既畢，廢不急之務，伺農隙之時，乃於近陵靈鷲山，創立是寺焉。

羣岫之閒，山勢迴抱。畿甸之外，囂塵莫侵。聖上以造作之務，繁冗之最。儻無成德，難濟其事，乃差推忠佐理同德功臣開府儀同三司檢校太傅守門下侍郎同內史門下平章事判三司事上柱國清河郡開國侯食邑一千戶崔士威爲別監使。宰臣崔士威爲人廉平，受性剛直。仁慈外著，梵行內修。聞他之善，若己之有。承命之後，不宿於家。棲息其所，籌畫其宜。經營制置，皆出心計。是以木石不取於他山，工役只徵於遊手。日累月積，四載而成。堂殿崇嚴，宛類乎兜率內院。形勢周帀，無殊乎給孤獨園。別立殿一座，俾安考妣眞影，及□出聖容入殿。乃備禮，加上徽號，皇考曰英文，皇妣曰順聖。夫子曰，有始有卒，其惟聖人乎。則我后之功德，冠絕于古今矣。

洎表奏功畢，鑾駕親臨。龍顏兌悅，重瞳徧覽。頗協宸衷，列辟同瞻，讚非凡界。淩晨至止，日側忘還。乃下詔曰，率是寺者，須藉高僧。苟匪其人，奚匡大衆。遂命三川寺主王師都僧統法鏡住持，領衆傳法，納田地二千頃，奴婢一百人，牛馬供具等，以充常住。寺主王師都僧純一乘法匠，大敎宗師。了悟眞乘，窮通佛性。訓導後學，多達玄言。于時四方學徒，仰之若日，來者如雲。未至朞年，約聚千衆。聖上復曰，既茲勝槩，廣集緇徒。須求龍藏之眞詮，俾壯蜂臺之盛事。特差專介，具錄厥由。乘風駕濤，浮深涉廣。遠朝中國，表請藏經。天子覽其奏，嘉其孝。錫漢詔十行以褒之，送釋典一藏以助之。詔曰，卿克奠大邦，聿承先業。念蘭陔之失養，感風樹以時思。梵刹載崇，誠心內發。恭陳露奏，願獲全文。況純孝之可嘉，且傾輸而是獎。俾還進納，特命頒宣。當體寵恩，所宜祇受。今特賜卿大藏經一藏幷匣帊全至，可領也。雖助善緣，克彰孝感。繇是殿有像，內外列香燈之供。藏有經，且暮聞演讀之聲。植福崇善，莫之與京。我聖君孝行功果，於是乎彰矣。前所謂法是道而無中輟者，其在茲乎。勝事畢就，思刻貞珉，欲立豊碑，將示後代。特降綸旨，命臣撰詞。臣雖愧非才，讓不獲已。固拒君親之命，又乖臣子之誠。絕妙好辭，既乏曹娥之碑讚。披文相質，復虧陸機之賦言。深負厚顏，直書其事。述而不備，賡之以銘。其辭曰：

古之聖君　堯舜其人　道德理國　仁孝化民
舜理以孝　堯理以仁　上行下效　俗厚風淳　其一
後人繼嗣　咸思其理　雖用仁孝　罕能終始
初心則行　中道而止　是以簡編　不聞褒美　其二
惟我明主　爲政師古　體堯撫俗　法舜御宇
聿修厥德　無念爾祖　至孝人歸　至德天輔　其三
慈攝萬物　孝冠百行　我后所行　於斯爲盛
伊何曰聖　德惟善政　安上理民　祖尊親敬　其四
承祧之後　每念劬勞　追尊之禮　懿號崇高
改葬之事　玄寢堅牢　儒典既奉　釋敎敢逃　其五
靈鷲山下　形勢相亞　嵐色谿光　連山亘野
鑿定基址　立成精舍　主得山川　經來中夏　其六
頻聞虬藏　屢動龍顏　傳揚四衆　講貫六時
福覃存歿　利物神祇　一人奉孝　萬姓順之　其七
親之慈愛　報之無改　佛之誓願　行之無倦

善或修崇　佛乃讚歎　化被邇遐　事光幽顯　其八

報荅生前　上感皇天　資薦歿後　下及黄泉

佛事大作　祖業永延　德斯厚矣　孝莫大焉　其九

植福之地　此是良田　追往之法　餘非善緣

刧移海竭　谷變陵遷　吾君孝道　萬代流傳　其十

皇宋天禧五年歲次重光作噩秋七月甲戌朔二十一日甲午樹

大德賜紫沙門臣定眞、秘書省祗候臣慧仁、臣能會等奉宣鐫字

遊擊將軍臣金位奉宣刻造

碑陰記

石高尺寸同前。四十行，行七十二字，字徑寸，行書。

高麗國靈鷲山大慈恩玄化寺碑陰記

推忠盡節衛社輔國功臣興祿大夫檢校太尉守内史侍郎同内史門下平章事兼太子少傅上柱國濟陽郡開國侯食邑一千戶臣蔡忠順奉宣撰幷書

臣聞聖人之至鑒也，儒書韞□□志，勤修則政教是興。佛法在心，虔敬則福緣克就。所謂雖各名三教，而共在一源。眞理内融，化門外顯者也。所以於儒則無先其仁孝。故先王云，孝者，德之本歟，教之所由生也。是以先王之以孝理天下也，其教不肅而成，其政不嚴而理。天下和平，災害不生矣。於佛則亦説《父母恩重經》，具如卷中之旨也，更不勞剖宣。可謂儒釋二門，皆宗於孝。孝之至矣，德所厚焉。又《金光明經》云，因集業，故生於人中。王領國土，故稱人王。處在胎中，諸天守護。或先守護，然後入胎。雖在人中，生爲人王。是知我當今聖上，諸天守護，生爲人王。出統青方□□乃懷玄德，尊居萬乘，性稟四聰。三教至宗，一心明炤。仁施道著，孝理化成。百姓樂推，八方忻戴。院内遵以佛教，又外化以儒風。内外含融，古今洞曉。所云聖鑒，合先生諸佛之道者，卽我當今之謂也。

昨者我聖上有言曰，自從寡人初登大寶已來，以皇考乾陵在泗州稍遠，奈緣向者邦家未靜，征戰相仍，是致久淹，未諧移近。以至于擇定去丁巳年四月内吉晨，乃得遷就乎亘陁利山下勝地，備禮而葬矣。遂於陵東近處，有山水繞迴之勢，朝揖重重。見杉松蒼翠之形，嶄巖鬱鬱。闊狹稱殿堂之搆，高低符堦砌之排。風景引人，煙霞逐步。隱之曠載，現乃于今。若神人藏着於多年，必期有待。應聖主要求於此日，入用無乖。對之可憐，望之如畫。旣宫人之嘉也，乃聖主之忻然。便令就此妙境，刱置此名藍一所。冀欲追薦親用，資冥福者也。果符天鑒以祐，日邦得見。北朝差人，再來請和結好。及至戈戟偃藏，人民穌息。金地之刱工方畢，玉毫之妙相圓明。仍命於寺内西北地，別開眞殿一座，安置我皇考安宗憲景英文孝懿大王，皇妣孝肅仁惠順聖大王太后，幷皇姊成穆長公主元貞王后眞影，以奉良緣，冀伸如在。

必藉佛天之福善，亦承靈鑒之儲祥。爰及庚申歲十月内，於皇妣聖卿黄州南面感得，有眞身舍利出現，光明浮耀。兼又於皇考山陵之近處，有普明寺内，更得靈牙出現。聖上乃備儀仗，駕出郊外迎來。以其深可虔敬，有不可思議之感應。遂於當寺，刱造石塔一座七層，安置靈牙一隻，幷舍利五十粒，用伸◇敬。續又於辛酉月内，於尙州管内中牟縣，復有舍利五百餘粒出現，浮動炤耀。仍差近臣中樞副使尙書右承李可道往彼迎來，聖上亦備禮郊迎。果覩白紅二色，各有光明。遂令分減五十餘粒，來就當寺，於主佛中心安置了。乃令揑塑裝成，供養其餘。並將入安置内殿道場，親自供養。又有靈驗奇異者，初從刱立當寺之時，剗理講堂地基之内，忽拾得有黑水精珠一顆。後又於去庚申歲内，剗修金殿地基之次，更拾得紫水精珠一顆，乃於主佛毫間安着。事符相應，足可□歎降。

兼以昨令差使，將紙墨價資，去入中華奏告事由，欲求大藏經，特蒙許送金文一藏，卻不收納所將去價資物色。仍蒙宣送彩色有二千餘兩，俾充隨願。乃得於當寺佛殿法堂眞殿，並能如法彩畫裝飾。旣而金鐘法鼓，鑄造皆畢。乃命鑾駕，君臣備禮行幸。爰共撞鐘，共之隨喜。聖上親捨納租穀三千餘頃，郡臣兩班，各有施納，數如文案，別立號爲金鐘寶施行。又有諸宫院，共遵大孝，各施獻田地，助成勝事。聖上又發心立願，爲祝邦家鼎盛，社稷益安，許令每於春四月八日起首，限三日三夜，開設彌勒菩薩會。又□□立願，爲欲追薦二親冥福，亦令每於秋七月十五日起首，限三日三夜，修設彌陀佛會。加又特命工人彫造《大般若經》六百卷，幷三本《華嚴經》、《金光明經》、《妙法蓮華經》等印板，着於此寺，仍別立號，爲般若經寶，永令印施十方。

聖上以檢校太傅守門下侍郎同内史門下平章事崔士威，昨自別監已

來，盡乃小心，助茲大願。不歸私第，長在精廬。力謹指揮，目親句當。剏造纏綿有備，裝修邐迤無虧。恰應聖懷，固憑賢略。乃加爲侍中，餘如故。其已下成造都監使禮賓卿皇甫兪義，副使前殿中少監柳僧虔，將作少監李英，禮賓少卿龍運，判官中樞日直刑部郎中兼御史雜端安鴻漸錄事四人，內神虎衛長史李徵佐，內史主書白思孝，少府丞崔延嘏，尚書都事李成子，其有道官使左街昔借錄大師光肅，副使左街副僧錄彥宏，左街副僧錄釋眞，判官右街僧正成甫，并其僧記事二人，俗記事五人，并有地理業三重大通鄭雄、重大通金得義等，各加恩澤有差。用念同心同德，貴彰必信必誠。妙願將周，嘉猷盍記。爰命翰林學士承旨周仁碑之於初，續遣行吏部尙書參知政事蔡忠順書之于次。便發良工刻字畢而臨，欲其豎此際。

聖上駕幸親覽之日，稍符睿鑒，深悅聖情。於是親就刋石之上，乃援筆以御扎碑之篆額，并其御書篆額四字，亦親御扎。不唯其御翰揮來，若龍般於雲水。抑亦其宸襟炤處，必龜感於光榮。是以隨駕百寮，皆就拜覩，莫不共呼萬歲，仰而歎之。及至於眞殿安置考妣聖影之際，御自修述謚冊而行禮。欲以親表丹誠，必通玄鑒，并有御製其眞殿讚，則令寫在於殿內東西壁上，其詩則令板寫釘著於殿之門外。別有御製詩，則卻令板寫釘在於法堂門外，並爲永傳宣示。斯乃孝感皇天，道光聖日。可謂允文之詞藻，金地擲金聲。堪觀克哲之謨猷，玉京傳玉振。遊客起登山之興，高僧添定水之情。自古罕聞，于今方覩。而又宣許羣臣，各呈眞讚，並令寫在於眞殿內壁上。并有詩，亦皆板寫釘著於殿外廊下者。遂有宰寮樞密，翰苑綸闈，鳳閣宏才，鴛行逸學，凡二十一人。復有呈□□慶讚此寺之詩，乃皆寫釘于法堂之外者，亦有四十四人。豈非麗句排於簷下，好辭列乎牖間。錦繡交輝，珠璣互映。兼以方言風俗，雖則不同。讚事敘陳，意皆無異。斯蓋詩所云，嗟歎之不足，故詠謌之。詠謌之不足，故舞之蹈之之義是也。聖上乃御製依鄉風體歌，遂宣許臣下獻慶讚詩腦歌者，亦有十一人，並令板寫釘于法堂之外。庶使遊觀者各隨所習，俱知雅旨之淸。兗令尋訪者只仰所懸，莫識高吟之趣。俾以嘉聲通遍，致乎達理周旋而已。復以其大藏經記，乃命門下侍郎平章事姜邯贊而製。以金殿記，別遣內史侍郎平章事崔沆而撰。以鐘銘，更差中樞使李龔而綴。以眞殿記，遂令翰林學士郭元而述。崇慶殿記，爰命中樞直學士金猛而編。以慶州玄化寺詩都序，乃敎翰林學士承旨周佇而錄。以眞殿讚詩都序，卻使起居舍人崔冲而作。蓬萊殿記，亦許致仕翰林學士承旨孫夢周而紀之矣。各陳盛美，俱載玄眞。演彼佛之化門，讚我皇之德敎。皆如釘掛，眾所看觀。但以具彼細徵，早屬色絲之絹。搜諸餘剩，方容繼組之廡。由是乃命臣忠順撰之碑陰，奈以臣筆之如椽，學虧鑿壁。叨承明命，唯竭虔衷。捨外孫稱著之遺，庶全所美。儻君子歷觀之際，敢逞所爲。有黷英明，無遑悚愧者哉。

太平二年歲次玄黓閹茂秋相月□日□□□謹記

大德賜紫沙門臣釋定眞屬秘書省祗候臣慧仁祗候臣能會等奉宣刻字

《海東金石苑》附錄上。《宋代石刻文獻全編》，北京圖書館出版社。

碑銘石高七尺四寸，廣三尺九寸。四十三行，行六十四字。正書。額四行，行三字，篆書。

《宋浮石寺圓融國師碑銘》

歲在甲午璿柄指卯月，臣使松漠國紫水書曰，故圓融國師，世界津梁，人天眼目，今逝矣。無縫存，盍圖于黃絹，期於琬琰，寫厥芳蕤，若爲其文奏來。臣趨織珠簾前，拜石葉爐下。表讓云，聖朝筆推振綺，詞足潤金者，不甚寡。其掞好辭，乞歸大手。降批尾勑曰，命若無它。李翱問道，早近藥山之鶴形。孫經餐風，久親支遁之鷹室。以熟師之爲人，以是故也，不煩來章。臣手舞謝已，撿門人所授實錄，國師應化之殊跡甚詳矣，臣但摭紀大略而已。

夫毛羣之衆也，必瑞其麟。羽族之多也，必聖其鳳。若麟之出，騈頭萃於野藪。鳳之降，累翼盈于園梧。則羊駒鶯鶡麟鳳矣，烏謂其瑞且聖也。所以異於毛羽者，應於仁，覽於德，希代一來故也。國師當螺髻之慈隱，犛蘇之敎醯。千百歲後，閒生而持法。使覺華萎而更榮，海涸而重濬。於幅員之曠，圓首之叢。爲瑞爲聖，其不謂人之麟鳳乎。

師諱決凝，字慧日，俗姓金氏，其先溟州人也。大王父諱英吉，善報所鍾，華豪冠代。鑄金璧繚垣，時號甓金公，猶漢時萬石君也。王父諱善熙，位升大保，器瑾宏洪，名榮彰灼。考諱光律，歷金穀卿。起忠開直，以磨厥君。興事樹功，以澤當世。以師于歲使常安城，不返溟州，負海邦也，人多感孕。其水桃蟠木，曲龍浮萊。精粹之華，英靈之氣也。不然，何代生理偉傑之人。妣房氏，江陵郡夫人內議令康明息女也。□織訓子，提壺考家。所止恆奉歡喜世界主象，手執炷檀，心甘如薺。洎娩師之期，私第啟道場。有寓乾聖寺漢僧，來預講席。瞥乘睡虵，見著衲擎錫者。此家誕產將臨，何不開門。其僧驚寤還寺。是日寅初，國師生焉。即大宋乾德二年甲子七月二十日甲午也。

年十二，就龍興寺天只之弟蕁首座廣宏。佛殿之草于以鉏，稻塍之衣于以染。首座魂栩之際，吹螺打鉢，迎薩羅國師。決言禮謁畢，諦視，乃吾師也，遂象國師而名之。開寶八年，於福興寺官壇受具。國師綺年捨俗，經誥研精。鑒紉於幽微，恢遊於盤結。一聞千解，青厚冰涼。靈源湛而朕絕方流，我則暗記其玉。覺域迢而路多歧亂，我則靡亾其羊。年二八，赴選佛場，捷獲選經大德。授我大師，穆宗也。授我首座，聖考也。授我僧統，靖宗也。於列聖蔚爲敬田，咸被珍遇。聖考顧闕東妙智寺嚻世非邈，俗埃不飛。黛嶂錦雲，四望新晴。展怪畫幽禽，爽籟數聲。靜夜彈會，受焰臂之記摩。即今日見晴，衆馥煙以纔飄，羣飛水以聿止，得展盛禮矣。今上分身珂齒，嗣位璧庭。千萬壽年，協繡龜之◇。泰平天子，應文石之祥。運洽熙寧，懇崇衆妙。何況救世菩薩當來，解脫相遇之秋。故命稷君以講蕝，降德牧以嗛書。幸于鳶宮，拜爲國師。知積奉智，勝如來藥王，勤雷音正覺，其累朝優待如此。國師始言時啇絃，實軒皇訪道之勝概也，故詔師住之。

重熙十載，靖宗欲封爲王師，遣中樞知奏事兵部侍郎王寵之先之宣諭，上裁□誥以三迂，師執□山而疊讓，宸請彌確，不獲已而就之。其年六月，幸城南聖祖留眞之大精舍，日奉恩行摳衣之禮。茲日雨絲纔灑，霑服爲憂。國師以聖上及卑素等，勞於淹延，於象堂把鵲尾禱云，若弟子將來奉龍枝之靈，引聖善之衣。乞往外祖令公宅，號咷不已。母夫人從志而行，其所居火災發，識蓋誌其祥也。自崇善寺赴講內庭，經由負兒山西德禪院。院僧告師云，昨夜慈氏佛云，明日吾友見過，汝宜奉待。今日憩此者唯師耳，師必三悉地人也。到京輦寄宿，昵親者以爲佛長者，以羊鹿權車引諸子出火宅，相隣也。又童亂之年，夢遊龜山寺，中路有人曰，汝之懷中有二鑑子，一者日，一者月也。師聞而開胷，異光忽出，遍炤山野。師之字慧日。冬官侍郎姜彥第，侍郎午夜立中庭，聞師諷經劉喨。侍郎就房而聽，即師睡□聲也。卻到前處，聞亦經韻如故。師之寤寐，常在華嚴三昧之所感也。

癸未歲，靖宗迎師於文德殿，祈甘霤。講掉綺紋，而一雨普潤。此槃雜花憑彎几，而五雲塡空，舉爾縷不盡也。國師虬睛紺閃，象步安詳。瓌秀之儀，蓮鎮翠峩於霽甸。穆淸之韻，仙竽靜皷于天風。一切有爲，皆是幻泡。國師於幻泡中，得眞如地。一切有想，皆是顚倒。國師于顚倒中，獲常樂城。對者如近球序瓊林，凜乎毛骨。見者如味連山十翼，洗然心神。其或藻翰暫摛，河陽之春樹。珠囊兼究，幹瓜末之天津。晚歲於恭梓之鄉，造置一寺。瑤構森青冥，起諸金仄。寶容滿桂魄，跏大葩中。上賜額曰華嚴安國寺。重熙十載，謂門人曰，泉石可以濯昏蒙，松蘿可以遺身世。吾以此始，亦以此終。遂乞還舊山。上以爲白雲非釘纜而留，瑄玉豈隍池之畜。乃釋迦以靈鷲山爲七寶淨土，常安黯魂，齊斗積珍，賷歸而寵路。命內史舍人任從一，左街僧正得生，衛送至山。國師實黃屋而瞻赫赫，罷眞龍之遊。出紅塵而摩蒼蒼，爲逸鵠之舉。屆浮石寺，媿本師從其請。尋以巇鸞動輅，出餞以住也。

是寺也，義相師遊方西華，傳炷智後，還而所創也。像殿內唯造阿彌陁佛像，無補處，亦不立影塔。弟子問之，相師曰，師智儼云，一乘阿彌陁，無入涅槃。以十方淨土爲體，無生滅相。故《華嚴經·入法界品》云，或見阿彌陁、觀世音菩薩灌頂授記者，充諸法界補處，補闕也。佛不涅槃，無有闕時，故補處不立影塔，此一乘深旨也。儼師以此傳相師，相師傳法嗣暨于國師，國師故始末住寺焉。林公名嶽既寢，紫霞摇心。周子草堂休嗟，明□經五白。癸巳，告門徒曰，形氣蛻歸於變嬗，逍遙鄉在於無何，吾必不得久淹世間。以前印寫大藏經一部，藝藏于安國寺，遣門人綱幹者設畢，其夕不起，即四月十七日也。是日，二青龍升天，一從柴浦驛，一從寺南澗。門徒雨涕以聞釦墀，皇上訣佩，日賁璽書，贈謚曰圓融，贈賻異常。兼遣副僧錄恵英等，監護葬事。以五月四日，窆于浮石寺東崗，禮也。于時山林爲門掩扇，鳴戲，蒼蔔香滅，法界以腥。菩提樹摧，吾人何蔭。師報年九十，僧臘七十八。門人有首座曰廣證，三重大觀、證海、秀蘭、作賢、元昶，大師曰觀玉、看成、海元、聯胤等，一千四百三十八人。或得師之髓，或得師之□。皆強學吐璣，蜚鳥行空，叵量於涯際。抃鼇冠石，但速於輕欺，謹爲銘曰：

飛有九色　毳侶之萃　走有一角　圓融其豪　覺珠以還　我守法海

魔陣皆北　我揚忍鎧　南列□□　牀兩朝函　車于童蒙　一佛于季　象其
文□　夢迎變國統　睡聲振潮音　啼母出下缺

上缺大夫尚書禮部侍郎知制誥賜紫金魚袋臣高聽奉宣撰

儒林郎尚書都官郎中賜緋銀魚袋臣林顥奉宣書幷篆

《海東金石苑》附錄上。《宋代石刻文獻全編》，北京圖書館出版社。

裝本。尺寸行字數均未詳。正書。

《放生池記》　天地之大德曰生，聖人贊天地，範陰陽，裁成滋育之化，以蕃庶類之殖。羽騰䖵遶，鱗流食息，蠢動根荄，均被其德，澤亦大矣。紹興癸亥夏，詔郡縣設唐舊迹，置放生池，申嚴法禁，以敦忠厚之風潮。於西山之麓，堙湖餘壤，僅存步畝蓮池，以奉約束。索魚於筌，傾缶以注，邀禽於籠，拊掌而揚，沿襲寖久，罔有革之者。恭惟太上皇帝，體堯舜以推至仁，稽商周以恢洪業。量包溟渤，恩沛雨露。霽志宏廓，豈以尋常之邱壑，縱喻喁啾唧之惠爲哉。

今上皇帝虔奉嚴訓，篤承丕緒。好生之德，洽於邇遐。羣黎萬物，咸薰陶於泰和之域。乾道乙酉秋，守臣曾造來涖茲邦，政事條舉，朞年而至。乃詢元者，有臨江立界之意，命海陽邑令張某相所以易之。爲城之東，清江浩漫，遠源而眾會，晝夜之流，混混不停。於是即其要津，累塞建閣，以際泓深。礲石刻名於其側，揭標上下共十里，以禁採捕。涉旬而號孚誠，允稱於承宣之職矣。噫，濟以乘輿，曷若杠梁之爲便。灌以桔槔，曷若霡霂之爲渥。鱔鮪之溝，奚可以活鱣鮪。鷦鷯之枝，奚可以舒鴻鵠。詳斯池之規，方于曩制，曠邈優裕，任其自適。廣平多眾，巨細之兼容，無一物之不得其所。是以前瞻則晨峯弄暉而征鴻和，西顧則暮雲歸岫而棲翮集。南觀則靈湖噓吸而鯨鱷潛，北望則層巒幽翳而麋鹿伏。徒倚而環視之，頒首莘尾，漾鬐歔鬣，油油洋洋於波濤間。而鳧鷺鴂鶺之屬，迴翔乎煙渚，翅昂乎沙磧，迄無網罟矰弋之虞。仰而思之，躊躇而釋之，永與聖壽長久，等於生生不窮之道焉。《書》載咸若之訓，《詩》詠於物之章，其見於今日乎。老臣居枕江湄，時樂斯樂，故特書於石。

《海陽縣志》卷三十。《宋代石刻文獻全編》，北京圖書館出版社。

《龍興寺大悲閣記》　距眞定府城之西三四里，有大悲寺，唐自覺禪師所造金銅大悲菩薩像在焉，因以名寺。五代之亂，契丹犯境，燒寺，鎔毀其半，□□以香泥補完之。周顯德中，國用空虛，掌計者無遠圖，收羅天下銅佛鑄錢，以資調度。於是菩薩之像，又以泥易其半。宋興，太祖皇帝開寶二年討晉不庭，駐蹕眞定，召羣僧而問焉。得像之興□本末，欲徙置城中，不可。且言像壞之時，有文在其中，曰遇顯即毀，遇宋即興。於是詔遣中使相地，於龍興寺佛殿之北，將復建閣，鑄銅像以慰鎮人之意。□駕還京師，未幾，寺之菜園有祥光出其上，凡三年不滅。望氣者占之，得古銅物，不可勝數。時暴雨大作，浮棟梁材千萬計。自五臺山而下，至頰龍河止。州以事上聞，詔以銅鑄像，以木建閣。內遣軍器使與州鈐轄等領其事，工人冶者與夫力役之輩，皆妙選能者。凡所經費，悉從官給。像成，其身七十三尺，其臂四十有二。威容烜赫，相好圓成。善者見之而心開，不善者瞻之而生敬。有生之類，遷善□罪於冥冥不可見之間，其爲利也，豈小補哉。

謹案內典，大悲菩薩乃觀音大士應現之身，正法明如來降迹之體也。於曩劫來□□□脩入三摩地，成妙功德，獲勝圓通。上合十方諸佛本原妙心，同一慈力。下合六道衆生融通無礙，同一悲仰。能成三十二應，入國土之身，超過六十二億沙數。菩薩之智顯現衆多，妙容宣說，無邊神呪。通身是眼，不見纖塵。多手護持，拔提諸趣。不動眞際，得大自在。故觀音名遍十方國，是故世人聞名起敬，植大福緣。覩相悟心，直趍正覺。非夫大慈愍護衆生之力，何以感攝羣動。非夫大聖人天錫勇智，有應天順人之功，何以能保佑斯人，成就妙用。矧讖文先定，響應無差。金木之來，神物冥助。恭惟我宋之興，積功累行，盛德大業，繼繼承承，傳千萬世，豈特人爲之力哉。抑亦幽贊之道，非智之所能知，非情之所能測也。

景祐中，寺僧惠演錄其興建之迹甚詳，言不雅馴。今大帥寶文吳公以道存心，以德惠民。觀寶像雄壯，圓悟不思議之旨，灼見太祖皇帝道涖天下之意。欲以發揮聖人難名之勳業，傳之無窮，以是使蘩因舊文而爲之記。蘩聞聖本無心，以百姓心爲心。道本無言，不得已而後言。故起心爲物者，卒乎無心。爲道而言者，卒乎無言。大悲菩薩已成佛道於無量劫前，而我太祖皇帝撥亂反正於五季之後，救民出塗炭之苦，與菩薩度生之誓，若合符契。興閣建像，作大莊嚴，皆欲福被□□，使人趍善而歸於道，可謂無心之化矣，且得有言乎。蓋寶文公之意欲尊朝廷，而明大道之本。虆也學淺而文不工，故言多而道不見。雖然，道豈可見也哉。將使觀是文者，知聖人之心存乎道，妙圓超悟，而不滯於文句之閒。則言雖多，亦志於無言而已矣。紹聖四年二月望日，朝奉郎管勾眞定府路都總管安撫司機宜文字驍騎尉賜緋魚袋葛虆記。

碑陰

鑄金銅象菩薩并蓋大悲寶閣序

二十八行，行五十二字。正書。乾德元年五月八日立。

眞定府龍興寺鑄金銅像菩薩并蓋大悲寶閣序

伏自太祖皇帝鴻基捌立，道合乾坤。致四海以歸降，使八方之貢獻。西□□浙，昇府淮南，盡以稱臣，梯抗進奉。□有太原一境，未順明朝。太祖皇帝至開寶二年歲次己巳三月，大駕親征晉地，領二十萬之軍，至於太原城下，安營下寨，水浸攻城。前後六十餘日，並未獲聖捷。至閏五月內，大駕巡境按邊，至眞定府歇駕。第三日，遂問，朝臣在此何人，久在衙府。近臣奏曰，今有在衙孔目官紀裔見久在衙勾當。皇帝宣喚到紀裔，遂問言，先在此處金銅大悲菩薩，今在何家。紀裔奏曰，今在城西郭外大悲寺內見在。皇帝宣下諸寺院主首三綱紫衣大德來日於城西大悲寺內接駕，於齋時前後，大駕親臨於閣前，下馬上殿燒香。宣問大師，大德菩薩，畢竟是銅是泥菩薩。有一人大師法名可儔奏曰，元是銅菩薩，値契丹犯界，燒卻大悲閣，鎔卻菩薩胷臆已上。自後城中□□再修，卻自後，又奉世宗皇帝，天下毁銅像，嚴鑄於錢。又薦起菩薩上面，取卻下面銅。自後城中檀那又補塑，卻今來全是泥菩薩。皇帝曰，朕憶得先皇顯德年中，世宗納近臣之議，以爲奄有封略，不過千里。所調租庸，不豐邊備。校貫屢空於軍實，筭□莫濟於時頃。於是詔天下毁銅像，鑄以爲錢貨利用，以資帑財。金人其萎，梁木斯壞。化身從革，通有無於市征，國府流形，豈執着於我相。千人聚，萬人計，見成功不毁，雖卜議以出財，皇帝執議以不迴。洎像壞之際，於蓮花之中有字曰，遇顯即毁，遇宋即興。無乃前定之數乎。物不以脩隳，必授之以興復。時不可以脩否，必授之以降昌。我國家應乎天，順乎人，革有周之正朔，造皇帝之基業。今爲菩薩□於聖外與，大德移菩薩在郭內得也。

是時，可儔大師越班奏曰，臣僧相傳聞，觀音菩薩揀得此一方之地，應是於此地有緣。帝言，郭內踏逐寛大寺舍，別鑄一尊金銅像觀音大悲菩薩。尋時差三道殿頭，一道入龍興寺，量度田地寛狹，逐喚畫匠，特第畫地圖。一道入開元寺，一道入永泰寺，亦畫地圖。三寺並將進呈，宣下，於龍興寺內取處寛大，別鑄金銅像，蓋大悲閣。於後五月內，□駕卻歸帝闕，並無消息。龍興寺寅夜於菜園內常放赤光一道，時人皆見。寺僧遂請喚陰陽官占此，言道地下必有銅物極多，前後三年□絕。後至開寶四年六月內，天降雲雨，於五臺山北衝澍下枋欄約及千餘條於滹龍河內。一條大木，前而攔住，見在河內，未敢般取□□□具表文奏，直詣天庭。皇帝覽表，龍顏大悦。五臺山文殊菩薩送下木植來，與鎮府大悲菩薩蓋閣也。

尋時宣下一道使臣□□眞定府般取河內木植，於龍興寺，下納宣頭一道，差軍器庫使劉審瓊監脩菩薩，差衛州刺史兵馬鈐轄慕容得業監脩菩薩，通判軍府事范德明監脩閣像，奉宣鑄錢監內差李延福、王延光脩鑄大悲菩薩。差八作司十將徐謙蓋大悲閣，差當府教練使郭延福、雄勝指揮員寮王大將，南能曹司鄭乂、天場燒瑠璃瓦瓮匠人鄭延勳等，監脩鑄蓋閣。至開寶四年七月二十日，下手脩鑄大悲菩薩，諸節度軍州差取到下軍三千人工役，於閣下基址岸卻九間講堂。掘地捌基，至於黄泉，用一重礓礫，一重土石，一重石炭，一重至於地平，留六尺深海子，自方四十尺。海子內栽七條熟鐵柱，每一條鐵柱七條鐵簡合，就上面用鐵虵，七條鐵柱皆如此。海子內生鐵鑄滿六尺，用大木於鐵柱於胎上塑立大悲菩薩形像。先塑蓮花臺，上面安腳足，至頭頂，舉高七十三尺。四十二臂，寶相穹崨，瞻之彌高，仰之益躬。三度畫相儀進呈，方得圓滿。第一度先鑄蓮臺座，第二度鑄至腳膝已下，第三度至臍輪，第四度鑄至胷臆已下，第五度至腋已下，第六度至肩膊，第七度鑄至頭頂。上下七接，鑄就所有。四十二臂並是鑄銅筒子，用雕木爲手，上面用布裹，一重漆，一重布，方始用金箔貼成相儀。千手千眼具足，四十二臂周圓。相好端嚴，威容自在。尋聲救苦，衆生以三業歸依，菩薩以六通垂濟。帝乃傾心崇建，四衆懇切歸依。並願當來，同登樂果。講經論僧惠演，知雖不慜，聊序脩鑄之因，顯示後人，用貫通於耳目。大宋乾德元年歲次五月八日記。

《常山貞石志》卷十二。《宋代石刻文獻全編》，北京圖書館出版社。

碑高三尺九寸，廣二尺二寸。二十二行，行五十字。正書。紹聖四年二月望日立。

有陰。今在正定府城內隆興寺。

《封崇寺創鑄鐘記》 伏聞周王踐祚，聖慈出化於西方。漢帝龍飛，大教流傳於中國。式彰無爲之法，原崇至善之宗。是蠢動以含靈，乃咸遵於佛性。及後緜歷累代，像法崇修。迄有聖朝至化，式九圍而康靜，秩百祀以齋莊。恭欽釋教之門，啓迪眞靈之皃。群氓歸善，庶類咸寧。伽藍建於萬州，精舍修於天下。茲寺者，三門前望，正殿當陽。像閣巍峩，塔湊霄漢。講堂寢室，中衢兩挾。廚庫寮室，相連方位。僧宇高敞，精華長簷。尊容大殿，聖貌半千。兩廊輔翼，悉皆嚴飾。僧吟梵詠，磬韻相和。萍遊緇徒，且霄常託。鄉郭人議，唯闕乾稚。一日，王匠語僧福慧曰，師若肯掌，不費有成。福慧喜然，偶斯同志，遂擇良地，匠之刻模，僧勞營求，諸合所用。政和二年夏四月念日，爐安十所鍋鎔一千五百，工扇通霄，燒空炎焰，搆汁三盆。覩人及萬鼓聲齊注，一無塞滯。須臾析模，不有纖缺。自爾又營漸漸力，成懸之時擊，式賛皇基之永固，福懷生而去禍來祥。此假歷任官寮坊郭檀信始終垂護，而致光陰迅速，時移事異。聊紀其實，用彰來者云爾。

時宣和三年歲次辛丑四月癸巳朔二十四日戊子立。

鑄鍾◇鍾樓僧福慧

尙座請經洪濟大師福海　中山府匠人楊仲刋

市戶官人王

市戶承信郎楊名

承節郎監市易務兼抵當庫鄭郭

保義郎縣尉專切管勾教閱保甲仇

廸功郎主簿權縣丞專切管勾教閱保甲鄭

忠訓郎監酒稅劉

承議郎知縣管勾勸農公事兼兵馬都監專切管勾教閱保甲賜緋魚袋姚

右上截。

下截僧衆名不錄。

《常山貞石志》卷十三。《宋代石刻文獻全編》，北京圖書館出版社。

碑高六尺八寸五分，廣二尺八寸五分。上截刻記並銜名，共二十七行，行二十五字。下截題名二十七行，行字不等。額題大宋眞定府行唐縣封崇寺創鑄鐘之記十六字，並正書。宣和三年四月二十四日立。今在行唐縣封崇寺。

《覺苑寺大悲閣記》 淛江南滸，其地名曰蕭山，往來吳越之閒者，橫流而濟，望錢唐與蕭山，相爲歸焉。方其人蹈風波不測之虞，怵生北一時之命，必有動於中者。於是大雄之尊，能仁之道，有以勝焉。覺苑寺大悲閣者，沙門智源之所造也。源爲其像工未半而入滅，慧嚴繼之。嚴爲像矣，以其事死非命，太原王承渙乃與緣廣謀其閣焉。閣未就而廣與承渙皆卒，於是中廢垂三十年，人不敢復視，而聖像委仆在地，其閣爲墟矣。天台教主榮上人早以其道爲人嚮，一日，慨然將興之，使門弟子允中尸其事。且僝工，而中又不幸，說者莫不以其像爲不偶，而上人獨拳拳不懈，決信不疑。熙寧元年秋八月旣望，遂克終事，大啓法席，以落其成。

善哉，紫金之相，巍巍堂堂。千手應現，千眼光明。其崇三丈有六尺，重構外周，寶華相鮮，厥容千具，於是人人知是爲吉祥善事也。其始卜基，廼教院之法堂，而上人之道場也。大衆圍繞，咸相稱賛曰，聖像多難，師旣成之，則是師道場，傳于後來，以殖以薰。其有能嗣師以教導人者則爲主，不能嗣師者，斥毋以私爲累，自今爲始。大衆曰善。於是其徒走錢唐，爲余言其始卒之致，將刻之。余欲以偈賛功德之盛，會病未果，姑叙其大方，以俟它日云。是歲十一月十五日，錢唐沈遼記。

朝散大夫守光祿卿直昭文館知福州軍州事兼管內勸農使兼福建路屯駐駐泊兵馬鈐轄護軍永安縣開國男食邑三百戶賜紫金魚袋程師孟立

《越中金石記》卷二。《宋代石刻文獻全編》，北京圖書館出版社。

碑高八尺四寸，廣四尺一寸。額楷書◇越州蕭山大悲閣記九字，三行，徑五寸。記十四行，行三十字，正書，徑二寸。又立石銜名一行，徑一寸五分。

《惠因院賢首教藏記》 資政殿學士太中大夫蒲公鎮錢唐之明年，政成民樂。春正月，請晉水淨源闍棃住持南山惠因道場，又施金立賢首華梵七祖之像設帳座而祠焉。轉運使許懋、孫昌齡同繪善財童子參善知識五十四軸，幷供具三十事。通判軍州事朝散郎李孝先、姚舜諧共置經函□□餘枚。高麗國祐世僧統義天聆芳咀潤，禮足承教，印造經論疏鈔，捴七千三百餘帙。莊嚴壯麗，金碧□輝。其弟子希仲等，欲光昭偉蹟，以文見屬。因語之曰，昔者無上法王，出現於世。以空化執，以福利化欲，以緣業化妄，以地獄化愚。故五蘊九識十八界，膠固循環回復於生老病死之中者，咸歸度門。至於妙用無迹，眞空無體，本源清淨，覺照圓明，卽華嚴海會稱性極談，無大無小，同證菩提。恢恢焉，炳炳焉，不可得而思議也。息乎，能仁滅而法網散，宗途異而諍辯興。馬鳴菩薩乃造《起信論》，發明大乘，以摧邪說。龍勝得之，開章釋義，又入龍宮誦《華嚴》，以傳于世。帝心尊者應跡終南，挾論集觀，以授雲華。于時機感尚微，法雷未振。於是賢首菩薩，統一心，宏五教，大明既升，爝火始息。大雨普注，羣物咸潤。清涼、定慧二大士，又從而演之通之，如貫意珠，圓融無盡。噫，去聖益遠，精義漸隱。源公以超悟浩博之才力，扶祖訓，集注大經，著述疏記，無慮數十萬言。始建教藏于蘇之報恩、法華，秀之密印、寶閣，普照、善住。今惠因虛席，又偶當世明公相與協力而興之，闡揚尤盛，學者如歸，隨根器破疑惑，能脫纏縛者，入正解悟本覺，離我人相者，比比有之。宜乎名流天下，化行東表。俾世之言佛法者，知賢首之爲正宗，刻之金石，無愧辭矣。元祐元年十二月十八日，朝散大夫提舉杭州洞霄宮護軍吳興縣開國男食邑三百戶賜紫金魚袋章衡記。

承事郎監杭州都酒務兼權市舶司唐之問書

奉議郎簽書昭慶軍節度判官廳公事賜緋魚袋文勛篆額

資政殿學士太中大夫知杭州軍州事兼管內勸農使充兩浙西路兵馬鈐轄兼提舉本路兵馬巡檢公事輕車都尉河東郡開國侯食邑一千六百戶食實封壹百戶蒲宗孟立石

《越中金石記》卷三。《宋代石刻文獻全編》，北京圖書館出版社。

碑高七尺一寸五分，廣四尺。額存下截，篆書因賢教記四字，四行，徑三寸六分。記十六行，行四十字，徑一寸三分。又書篆銜名二行，字徑一寸一分。立石銜名一行，字徑一寸。俱正書。

《積慶教寺碑》　臣聞天子有善，遜德於天。人臣有善，歸諸天子。故天應以謙遜之福，而君人者，亦將下下，以成其政焉。天人上下之閒，非相爲賜，所以示順也。天保之作合，《鹿鳴》諸詩以相成也。曰除曰庶曰宜曰興曰增，以祝君之福矣。又等之以山阜，尊之以日月。下至於論祠烝嘗之事，苟可致其敬愛者，猶期以萬壽無疆之休，報之至也。既又望其如松柏之茂，舉羣臣庶民，無不顯承庇覆，以遂其千萬年尊戴之願。詩人祝嘏之旨，抑又深矣。

臣恭惟皇帝陛下，睿明天縱，聖敬日躋。以六經校德論功，不在五帝資材之下。與三后協心底道，欲同萬世家國之休。故賚臣嘉賓，得盡其心。而羣黎百姓，詒爾多福。迨我今暇，不遺故舊之思。倬彼昭回，時侈雲章之賜。迺寶祐甲寅之歲月，旅薤賓清燕之閒，親灑宸翰，賜臣積慶教寺四大字，合梅梁爛谿諸扁，爲字八十有一。龍光賁于□□，虹氣貫乎山川。臣捧拜之餘，感天荷聖，懽呼蹈舞，榮耀無極。退伏惟念臣世受國恩，父子弟兄，俱玷事任。而臣出藩入從，取數尤多。雖十年閑退於山林，而一飯不忘於君父。輒援李丹國清之比，以效韓琦龍興之祝。不謂上關睿聽，俯賚天題。嘉微臣報上之忱，有詩人祝嘏之義。臣之愚陋，曷克稱蒙。蓋嘗考之故典，厥有二臣。賀知章賜觀千秋，魏少游錫寺寶應。雖則寵嘉於臣節，未聞肇授於天書。伊今之逢，可謂千一。臣既祇若宸旨，昭揭寶坊。乃與梵侶開士，名香普熏，載拜稽首，而揚言曰：天下無德外之福，故詩人祝君以福，必本諸德。天保定爾，既欲安定爾位，使之堅固也。俾爾單厚，俾爾多益。又欲每事極乎仁厚，多所益利也。蓋有一之未厚未益，非君德之大全也。厚則不薄於人，益則無所損於下。爲民爲物，安得不蕃且庶乎。天子之福，在乎養人。積是不已，則受天之慶。宜君宜王，宜民宜人，無所往而不順矣。豈特微臣一門，受陛下安吉之福哉。臣不佞，敢以詩人歸美責善之誼，誦爲陛下獻。惟聖明留神，臣不勝拳拳。

寶祐四年四月吉日，正奉大夫奉化郡開國侯食邑一千五百戶食實封壹伯戶臣史岩之拜手稽首恭書。

□□□同□奎刊

《越中金石記》卷六。《宋代石刻文獻全編》，北京圖書館出版社。

碑存半截。高七尺四寸，廣九尺七寸。分二列，上列大字二行，正書，徑三尺五寸。下列跋四十八行，行二十字，正書，徑一寸。

《大宋萊州萊陽縣趣果寺新修大聖殿記》　文中子曰，佛聖人也，其教西方之教也。以其然者，謂能設方便，究苦空之理。作善者昇之天堂，受樂無極。爲惡者囚諸地獄，所□不盡。故使□者懦，而兇者歸乎善矣。是以知佛之神聖，不可象盡也已。始稱一佛，復證果者七，名曰祖焉。自茲以降，枝葉扶疎。厥名繁夥，等於河沙。以至□名號者阿彌陀，萬計億數。然則數千年後，飛塵不足齊其多矣。且佛生長於西方，設其教，教其俗，猶謂克艱。矧流諸中夏，綿邈億萬里。含齒之倫，家家信奉，人人尊拜，若己師焉。苟曰不神，奚數千年閒，使繢容彩像，密處重屋。厥徒誂誂，手爐燔香，旦暮拜祝。目不識蠶，而被純綿之密麗。手不執耕，而飫膏粱之珍美。墉陛彩篆，土木文繡，煥赫厥居，熾擬王室，盛而弗泯者哉。亦常有傑出流輩，通明教旨者。擁徒百數，儼然肅□□據禪坐，寅暢厥義。使懵者知而昏者明，寂滅超陷之理，悟而開焉。圍繞瞻禮，謂之出世。噫，廣我聖人之道，明我聖人之旨。章縫衣冠，聲振海□者，其徒不及二三者，誠無他焉。止所謂蠶然後衣，耕然後食，又什一之賦在其中矣。完厥室廬，止可以蔽乎風雨，烏足與彩篆文繡之熾，髣髴而談也。

嗚呼，佛之教，始於漢明，寖於梁武。迨乎我朝，受禪周祚，皇澤帝化，日月所照，靡不被及。北有五臺清涼之境，西有峨嵋駕象之所。南有泗濱生聖之藩，中迺都城集福之地。佛廟之勝，無土無之。皆金碧誇漾，紺瓦鱗次。列刹相望，樓閣臺殿，高下參差，門戶千萬。每歲會皇上誕辰，落髮稱大比丘者，不減千數。天下業經試可籍名奏御者，又不知幾千焉。故知百民五僧，不爲誣矣。方今之盛，頗近蕭梁。以天下之廣，緇田之衆，豈無能樹教飾像，發輝前佛之心者哉。

今和上俗姓吳，法號方教，東牟黃山人也。幼惡塵累，知佛之可以歸依也。始年十二，南來昌陽，禮寺僧志虔師焉。十九剃頭，二十受具足戒。披大如來衣，日化四方，廣增善利。一日，捨己錢三十萬，遣徒南抵餘杭，購白檀模大聖眞像。入境之日，擊鼓吹螺，緇俗淆混，驩扶笑引，合雜道路。至止之初，和上復勑其徒曰，眞像既覩，秘宇未備，可共化緣。信衆樂從，命工鳩植，成側殿於院之巽隅，面乃金方，便乎旦夕之禮。已而丹梁虹伸，雕甍鳥企。既壯且麗，以落厥功。於戲，能樹西聖人之教，章西聖人之道，若天之高，地之廣，日之明，俾無窮盡，非和上則誰與。振邑子也，被率紀實，固艱牢讓。搦管遺辭，覥顏弗既。鑱諸堅石，用傳不朽。

慶曆命元五載太歲乙酉九月癸未朔九日建

三班借職監酒稅邊用　僧志明書桑華刻字　將仕
郎守主簿劉昭益　密州盧山安國院講《百法論》沙門初成　僧文悅　將仕
郎守秘書省著作佐郎知縣事監兵馬監押張芳　前表白僧方曉　僧方迪　僧
方悅　僧方甯　寺主僧淡全　維那僧德清　僧守閑　僧崇明　表白僧懷清

大聖院□僧方教　小師守崇　守潤　守用　守辨　守元　守一　閣主僧
懷鑒　僧知先　以上碑面。

碑陰題名

在縣坊內　鄉貢學究張從諫　張□　張濬　張信　張吉　張明　張祐
楊祐　馬◇　冷朋　冷湘　冷化　段溝　徐安　蕭明　趙一　趙昇　趙
著　趙信　喬信　唐元　劉裔　孫文白　王旦　戰儒　張忠荏　□□　陸
一　王宗　邱勳　蕭□　劉秀　蘇人張象王象□
進士郝茲　郝禮　進士郝朴　郝經　郝◇　蓋良　蓋式　蓋述　蓋□
蓋□　李誠　季□　李慶　閻明　閻頭　孫誠　逄秀　鞠用　欒慶　徐
聞　徐新　于海　劉慶　劉政　劉迪　隨冲　李方　滿選　孟田　辛開
孫仙　隨千　隨琛琮　段昱
萊鳳鄉三樵保施主廣文館進士徐振　柳寧　柳規　徐□　徐欽　喬舉
劉誠　宋旦隨美　楊主□　楊安民　于質　萬□　段穆　刁湘　張江
張誠　鄒政　潘布　隨演　陳遷　觀□　吳慶　孫贇　吳辶　王慶　欒成
李倫
北首宋善問　隨甫　隨記　姜隆　矯鋭　張寧　王安　王華　于裔
于乂　孫象　姜臻　遲清　王海　孫昷　孫何　孫悅　姜新　戰問　于忠
于寧　于恭　于選　蕭乂　蕭質　楊進　姜旦　姜信　劉冲邱氏　鄒行
劉鳳□□□□選　姜諮
開元鄉◇山保施主進士宮樞　校書宮謂　學究宮瑞　柳裴　焦充　郝
經　□□都遂　王策　王戒　王鑒　于慶　于縉　□宋　韓明　柳垂　林
盈　林昌　□□□□□王琛　□氏　冷新　魯沂　徐乂　□□　辛秀
董□
劉疃保維那車田　于彖　王輔　矯書　矯思　矯光　矯之　矯錫　矯
荇　于政　林之于侶　張翼　杜常　杜簾　于準　紀一　李旦　柳信　柳
尙　柳袞　柳顯　柳行　柳鐘　柳安　閻□　閻臻　閻隆　閻良　閻信
王忠　王討　李屾　戰福　□□□倪□
◇目周敏　周□　周澤　周諫　周□□□□孫明　周峯　周藏　郭
象　周鼎　周輦　周謙　甯方　隨隆　姜察　□□□舉　孟元　于隆
女弟子譚氏　王裔　王華　于重　于譚　孫筠　王隆

永福鄉灰村保施主許事王□□ 王宣 王度 于亢 □□ 于海
禮泉鄉呂疃保維那房□ 維那張□□□顯 房惠 房北 房陶 房行 姜顯 姜元 房化楊澄 王玘 王鳳 孫方 滿選 劉慶 劉成 路安 王顥 隨氏 劉珎 解玘 □□□□□□□ 胡氏 高□ 劉□□□ 吳思 吳俊 吳坦 吳義 維那門德□□王團 王尚 王舉 曹平 于元 于誠 林澄 趙◇ 姜彳 姜甯 初環 王故 周忠 于閏 周遂 □□ 王秀 蘭選 王選 柳華 □□ 王慶
掖縣界義感鄉周季保 校書路儀 路◇ 路翼 路盛 徐道 鮑希□□維那王華郭氏 ◇乂 于玘 于淸 于新 母親紀氏□□砌匠人楊遵福
德孝鄉南徐保鮑良 薛久 王基 南錫 李慶 吉選 李澄 李譚 呂選 宋明 崔澤 閻密 崔□ 盧隆妻劉氏 張昌母王氏
當□鄉鍾樓功德主僧法同 僧□仙 僧宗得
燈明寺尼守堅 尼遇緣 尼□□ 尼智明 尼從聽 尼守德□□□□□□□□□□郭美

《萊陽縣志》卷三之三下。《宋代石刻文獻全編》，北京圖書館出版社。

《僧祖華修寺記》 桂城西之羣山秀屬，於離美之□辛平田陸水澗閒草圃中，獨卓一峰，號曰中隱嵓之佛子，谷穿戶牖，巖壑幽奇。其最上者，內有靈蹤石像，歲歷彌遠，莫測所淵。採樵放牧之童，每遇雨暘盛，而遂棲巖竇，以避不虞。忽覩此像，頗有神異，傳於鄉民，湊其觀瞻，轉有顯瑞。漸插茅蘆，引爲庵室，延僧居之。香火繁茂，自後年閒旱澇疫疾所生，禱叩者無不通感。稼苗既稔，災病釋除。憂危者樂業營家，恐怖者安然坐食。時當紹興歲在乙丑□隅衆信會于里邑不已，榮辱幼稚之人湊於是巖，議營佛刹。以賢至愚，聞斯盛事，無不加額，忻然維持。頃仰積施，遂敦請府下永寧寺僧祖華，以董其事。接爲香火，焚修住持，度材鳩工，不日而成。精舍嚴備，雖去城十里之餘，而路嶮人稀，奈車馬不倦，數百步而常習耳。以癸酉秋，府判狀元汪公正字見其希有，以撥廢福緣名額，於是□作崇奉新興精宇。甲戌春，經略戶部呂公出郊，覩于聖槪靈異，以施俸金，建三門齋廳。乾道丁亥，大師紫微張公舍人，創山亭於巖右。庚寅初，經略徽猷張公，植壽松五百餘本，以蔭柴居。當年秋末，閒僧祖華見其殿宇敝陋，巖室上下，不能相應。與道者唐法超募緣十方，重建佛殿，嚴飾聖像，壁繪眞如。丹青雘落，樑棟華麗，鴛瓦交輝。設味表揚，以彰于後。謹鑱石，聊叙歲焉。時大宋乾道九年癸巳歲上元日，住山修造建寺沙門祖華記。

化錢建殿道者唐法超。本坊建寺檀越李昶、周義、李祐、李學、李京、唐廣、秦覺、黃誼、徐士德。建殿都勸首周順、龔志誠。前住山勸緣修造克擇沙門義觀。西峰禪院住持海印大師賜紫日澄撰，行者惠通書，朱十八刋字。眞書，徑五分。

《粵西金石略》卷八。《宋代石刻文獻全編》，北京圖書館出版社。

《創庫本記》 使司眞書，徑一寸五分。據湘山報恩光孝禪寺住持僧□□申，先於癸巳年十月初三日，交割院事。乃見常住坐□通債叁百餘貫，百色空虛，惟東庫所存本錢貳百捌拾□貫貳拾捌文市。祖潮入院之後，革除浮□，支遣不一二年，□填還舊債本利肆百餘貫。接□供衆，剏造堂殿廊廡等，□修葢寶塔，增置塔內供養銀器，送納田畝官會，見今常□大小債負，分文還足，勾銷文簿，卽無罣欠外。照得東庫□本今已揍一庫錢，共肆百貫文市，逐月運息，支俵僧行，祝聖䞉錢餘外，添納免□錢貫外，祖潮新剏西庫一座，今亦揍足庫本錢四百貫文市。除已令管庫僧如海、德聰收附庫簿，逐月申呈使府簽押外。照得本寺往年之閒，動輒欠債叁伍百阡，皆因餘鹽之端。今祖潮所剏西庫，逐月運息，買鹽供衆，實爲利益。切緣本寺十方去處，住持知事，更換不一心。向後主首知事庫子與庫僧，通同移易，不時借借。因少積多，侵用庫本，向來倒敗之由，皆因此弊。實計利害，申乞送案，出給公據照應，仍取兩庫僧如海、德聰等知委，須管坐胎欄解，不得懸空失借，亦不許今後與主首、知事、庫子等人，輒與常住私自借借分文。嚴立賞錢壹百貫足，並許書□徒弟等人，將犯人明告官府，嚴行根究，監納賞錢，重作□行，庶得綿遠。中州奉判。府郎中台判給，須至給據，當代住持賜紫慧鑑大□等庵道慈，謹施衣資貳拾壹貫文市，添湊免丁庫本□伍百貫文市，永爲常住運息者。眞書，徑五分。以上第一層。

右出公據付湘山報恩禪寺收執照應 嘉熙二年叁月拾日給 湘山縣丞兼簽廳林 司理兼簽廳張 軍事推官趙 眞書，徑一寸許。俱有押。 通判軍

州事許　知軍州事林　眞書，徑三寸，俱有押。以上第二層。

湘山住持，所貴乎得人也，尚矣。居無何，近年以來，了無前代住持規範，往往爲己之念重，而爲香火之念輕，視湘山有如傳舍。升斯堂者，苟可以遂其營私之計，雖朝參而夕去之，弗顧也。由是，檀施零星，香火冷落，帑藏枵然，逋負山積，岌岌乎若不能以一朝居也。信士竇康民，平時奉佛惟勤，不忍坐視，乃屬其耆老而相告曰，香火則一，興廢在人。誠欲剗積年之蠹弊而一新之，秪在乎得人而已矣。僧祖潮，曩住金州萬春，實出於大資參政相公李公鳴復之命也。若非當人，何以與李公門牆桃李之數。於是合辭以請於本路憲臺。是歲癸巳冬十月，祖潮懷帖入院。未朞年，果而檀信雲從，捐金施谷。近悅遠來，晨昏齋粥，殆綽有餘裕。山門之事，以次而舉。言其御書，則有閣矣。言其淸白，則有堂矣。古塔之已壞復修，東庫之虧數復補。凡而殿塔之增修，僧舍之葺治，種種周圓，色色全好，視前人稍有振作。自常□觀之，姑以是粗塞其責足矣。惟潮也寸絲不掛，粒粟不粘。凡一毫有益於常住，必盡力而爲之。因思山閒日用，惟鹽爲最急，以日而會，所費尤不貲。於是復以其修造之贏餘，銖積寸累，僅四百緡，創爲西庫。月收息可十二緡，僅足償一月市鹽之費。成規一定，爲之申請於州，給公文以爲之據。尋刻諸石，不惟與十方來者同享生生不窮之利，抑且使十目所視，有以貽永永不朽之傳。噫嘻，潮公其殆庶幾乎。抑論之天下無兩立之理也，損上者乃能益下，節用者乃能愛人。厚己者未有不薄人者也，肥己者未有不瘠人者也。使潮公苟有一毫爲己之私，則隨波效尤，侵漁席卷。事之當爲者且不暇，况望其爲人之所不爲也哉。余於是益以見潮公有志於湘山香火之眞心也，故喜而爲書。嘉熙戊戌六月既望，迪功郎新昭州立山縣尉兼主簿唐桂謹跋。山門監寺僧紹隆立石。行書，徑三分許。以上第三層。

右刻在全州湘山寺，使司下有道州營道縣進士蔣夢良捨錢記二段，文不錄。

《粵西金石略》卷十二。《宋代石刻文獻全編》，北京圖書館出版社。

《慧通禪院歸柔和尚碑》　稽自古以來，名垂不朽者，則非苟一時之美，而得行後世之風也。必先廓仁義之派，彰道路之源。濟億兆黎民，闡無窮教化。使居內者有去惡之念，處外者知慕善之誠。舉其類則殊途，資於人則一揆。同有厥德，其可謂聖賢乎。然立功於前者，非自執持於後代。蓋則代生其□傳而□之非其人，則無能爲也。是故一如來入涅槃之時，以正法付摩訶迦葉。其下則馬烏鳴三師子比邱，至佛馱先那，以至覺至可至燦至信至忍至能，謂之六祖。吾以六祖之後，繼踵於後者，非先師和尚其□可論哉。

和尚諱歸柔，本魏府觀城縣再淸鄉人也，俗姓靳氏。於有唐天祐十三載，投本府興福院光□□出家落髮。越明年，受戒。性深覺悟，不雜羣近。遂負瓶鉢，參遊大知。不逾歲間，獲悟於韶州雲門山眞師之座也。自是，放曠□□，優游道源，迭二十餘年，扣寂尋冥。廣順元祀，屆於郢城城之東南有□曰仙女□□奇秀，扼荆楚之異□，和尚乃隱於斯，息蔑塵慮。飡黃菁以蒙養，絕顆粒以擄閑。龍虎既降，魑魅潛遁。枕怪石□寒□□十□秋不交世俗。乾德五年，隣巖雙流村胡可傳等，備辭於公，始請住是山慧通禪院也。□之□院□□別記，此不復說。□□□□□□大啟徽猷□□開而日月爭光，行業生而烟霞幷彩。歸□者如□，慕□者如□。生靈既濟於遐邇，惠愛益超於今古。中下之士，孰不瞻依。

今皇上□□□載雍熙元年十二月初六日夜，則和尚遷化之辰也。俗壽八十六，僧臘六十七。當月二十日，殯於塔廟。洎雍熙□年九月十四日，將□塔□□十三夜降夢於□之弟子紹因曰，爲吾開其塔，無宜久蔽□□□土因公既覺□和尚有歸□之望淩晨，以夢中事白於檀那。約十八日，會眾於塔前，開而視之。方□眞身有不壞之異□是香湯百和沐浴□□□容飾就儼若禪定，嚴粧座宇，香燈晨夕。噫，何須兜率天上，方明天道。直恐□□會中□□□身□□□得祈求有□齋供霧集，稼穡枯燋之際，使法雨潤之於高下者哉。其如□□□□隨□應召三□□顯□□□□善彌彰於六合。令德斯博，又不可勝紀者也。是□生□佛事，普濟羣生，俾中下之流，明而不息，其□國之情也如此。死有神化，克洽天功，使旱潦之兆□而不作，其惠民之義也如此。刋之□□既崇且□□釋氏已來，同於是者，其亦鮮矣。太歲丙申因至斯□□□□□蘭陵君延□於□□□□□見住山門□□□□上人請致其文，光輔不以學□□內典，聊屬詞以序其□□將垂先師和尚□□於墜矣。碑成而□□銘云：

生有其惠　死亦垂利　惠布生靈　利□□□

教先濟時　功後□祈　眞身不墮　盛德如之
巍巍趙山　巍巍□□　因□□名　□□□□
歲月雖邁　□猷永賴　刊銘于碑　庶光其大
至道三年□月□日建　匠人曹廷演鐫字
直歲僧紹勳□座僧□新維那僧海眞住持沙門紹因
將仕郎京山縣尉同徵科事□用文林郎京山縣令尉遲懷師□歸藹

《湖北金石志》卷七。《宋代石刻文獻全編》，北京圖書館出版社。

《靈峰禪寺記》　元祐二年秋九月詔，隨州大洪山靈峰寺革律爲禪。紹聖元年，外臺始請移洛陽少林寺長老報恩住持。崇□元年正月，使來求十方禪寺記，迺書曰，大洪山在隨西南，盤基百餘里，峰頂俯視漢東諸國，林巒丘嶺，猶平川也。以耆舊所聞考之，洪或曰胡，或曰湖，未詳所謂。今以地理考之，四山之閒，昔爲大湖神龍所居，洪波洋溢，莫測涯涘。其後二龍鬥，擗開層崖，湖水南落，故今負山之鄉，謂之落湖管，此大洪所以得名也。

唐元和中，洪州開元寺僧善信，卽山之慈忍靈濟大師也。師從馬祖，密傳心要。北遊五臺山禮文殊師利，瞻覩殊勝，自慶於菩薩有緣，發願爲衆僧執炊爨三年。寺僧卻之，師流涕嗟戚。有老父曰，子緣不在此，往矣行焉。逢隨卽止，遇湖卽往。師卽南邁，以寶曆二年秋七月抵隨州。遠望高峰，問鄉人曰，何山也。鄉人曰，大湖山也。師默契前語，尋山轉麓，至於湖側。屬歲亢旱，鄉民張武陵具羊豕，將用之，以祈於湖龍。師見而悲之，謂武陵曰，雨暘不時，本因人心口業所感。害命濟命，重增乃罪，可且勿殺。少須三日，吾爲爾祈。武陵亦異人也，聞師之言，敬信之。師卽披榛捫石，乃得山北之巖穴，泊然宴坐。運誠冥禱，雷雨大作。霽後數日，武陵迹而求之，師方在定，蛛絲幕面，號耳搓體，久之乃覺。武陵卽施此山，爲師興建精舍，以二子給侍左右。學徒依嚮，遂成法席。太和元年五月二十九日，師密語龍神曰，吾前以身代牲，輟汝血食。今捨身償汝，汝可享吾肉。卽引利刀截右膝，復左膝。門人奔持其刃，膝不克斷。白液流出，儼然入滅。張氏二子，立觀而化。山南東道奏上其狀，文宗嘉之，賜所居額爲幽濟禪院。晉天福中，改爲奇峰寺。本朝元豐元年，又改爲靈峰寺，皆以禱祈獲應也。

自師滅至今三百餘年，而漢廣汝墳之閒十數州，民尊嚴奉事，如赴約束。金帛粒米，相尾於道。豈強法弱，僧範乃革。前此山峰高峻，堂殿樓閣，依山製形，後前不倫，向背靡序。恩老至山，熟閱形勝，闢途南入，以正賓主。鑱崖壘澗，鏟巇補坳，嵯峨萬仞，化爲平頂。三門堂殿，翼舒繩直。通廊大廡，疏戶四達。淨侶雲集，藹爲叢林。峨嵋之寶燈瑞相，清源之金橋圓光。他方詭觀，異境同視。方其廢故而興新也，律之徒懷土而呶呶。會予謫爲郡守，合禪律而計之曰，律以甲乙，禪以十方。而所謂甲乙者，甲從何來，乙從何立，而必曰我慈忍之子孫也。今取人於十方，則慈忍之後絕矣。且夫乙在子孫，則甲在慈忍。乙在慈忍，則甲在馬祖。乙在馬祖，則甲在南岳。乙在南岳，則甲在曹溪。推而上之，甲乙乃在乎菩提達摩，西天四七，則而所謂甲乙者，果安在哉。又而所謂十方者，十從何生，方從何起。世閒之法，以一生二，二二爲三，二三爲六，三三爲九，九者究也，復歸於一。一九爲十，十義乃成，不應突然，無一有十。而所謂方者，上爲方邪，下爲方邪，東爲方邪，西爲方來，南爲方邪，北爲方。亦以上爲方，則諸天所居，非而境界。以下爲方，則風輪所持，非而居止。以東爲方，則弗婆提人，形如半月。以北爲方，則鬱單越人，壽命久長。以西爲方，則瞿耶尼洲，滄波浩渺。以南爲方，則閻浮提洲，象馬殊國。然則甲乙無定，十方無依。競律競禪，奚是奚非。律之徒曰，世尊嘗居給孤獨園竹林精舍，必如太守言，世尊非邪。予曰，汝豈不聞，以大圓覺爲我伽藍，身心安居，平等性智。此非我說，乃是佛說。於是律之徒默然而去。禪者曰，方外之士，一瓶一缽，涉世無求。如鳥飛空，遇枝則休。如龜浮海，值木則浮。來如聚梗，去如滅漚。不識使君，將甲乙之乎，十方之乎。予曰，善哉，佛子不往內，不往外，不往中閒，不往四維。上下虛空，應無所往，而往持是，眞十方住持矣。尚何言哉，尚何言哉。

崇寧元年正月上元日記。住持傳法沙門報恩建。宣和六□□辰歲五月初五日癸丑，住持傳法沙門慧照大師慶預重立石。
朝散大夫權知隨州軍州管句神□管內勸農事借紫金魚袋王俁
慶元改元乙卯歲十月初五日□保壽禪院住持傳法沙門祖光書
功德主覃道鍾監院僧宗邃再立石

《湖北金石志》卷十。《宋代石刻文獻全編》，北京圖書館出版社。

《僧伽妙應塔記》 紹聖二年，余以史竄黔，出道江陵，寓承天，以補紉春服。時住持僧智珠，方撤舊僧伽浮圖於地，瓦木如山，而屬余曰，成功之後，願乞文記之。余笑曰，作記不難，顧成功爲難耳。後六年，余蒙恩東歸，則七級浮圖，巋然立於雲霄之上矣。因問其緣，珠曰，此皆出於眾力，以費萬緡。糾工於丁丑，落成於壬午。其難者既成功矣，其不難者敢乞之。余曰諾。

謹按，承天禪院僧伽浮圖，作於高氏有荊州時。既壞，而主者非其人，支撑以度歲月。有知進者，住持一十八年，守常而已。知珠初問心法於清源奇道者，而自閩中來，則佐知進主院事。道俗欣欣，皆曰，起廢扶傾，惟此道人能之。於是六年作而新之者過半。知進沒，眾歸珠而不釋，此浮圖遂崇成耳。

僧伽本起於盱眙，於今寶祠徧天下，何哉，豈釋氏所謂願力普及者乎。儒者嘗論一佛寺之費，中民萬家之產，實生民穀帛之蠹。雖余亦謂之然，然自余省事以來，觀天下財力屈竭之端，國家無大軍旅勤民丁賦之政，則蝗旱水溢，或疾疫連數十州，此蓋生民之共業，盈虛有數，非人力所能勝者邪。然天下之善人少，而不善之人常多。王者之刑賞以治其外，佛者之禍福以治其內。則於世教，豈小補哉。而儒者嘗欲合而軋之，是眞何理哉。因珠乞文記其化緣，故併論其事。智珠，古田人，有智略而無心。與人爲崖岸，又不爲翕翕熱，故久而人益信之。買石者鄧永年，篆額黃乘，作記者黃庭堅，立石者馬成。

大元至正七年歲次丁亥十二月戊辰朔十五日壬午重建

荆南吳從周刻

四明沙門士瑩

當代住山天瑤

佛光普照大禪師前住當山具住公安大二聖禪□宗主下泐。

《湖北金石志》卷十。《宋代石刻文獻全編》，北京圖書館出版社。

《恩禪師塔銘》 昔曹溪付法於青原，實爲嫡嗣五傳，而有洞山價，又傳而有曹山寂。由是曹洞一宗，如懸日月，其道尤孤高峻潔，自昔嘗難其人。至大陽明安禪師寧，其宗絕不輕印可，乃以衣履屬浮山圓鑒。鑒晚得投子青禪師，而後付之。世俗謂青非親授，不知聖無先後，以契爲傳。其所從來，若執券相質，貫珠相承。蓋有冥會，非偶然者。投子既復振斯道，而後異人閒出，大洪禪師乃其法嗣也。師諱報恩，其先衞州黎陽劉氏，世以武進。家喜事佛，其母牛氏初禱子，夢佛指所謂阿羅漢者畀之。既娠生師，果有殊相。嘗遇異僧若化身者撫之曰，我輩人也。熙寧九年未冠，舉方略擢第，調官北都。忽喟然歎曰，是區區者，何足以了此生。願謝簪紱，求出世法。有司以聞詔詰其故，師云，臣祖死王事，顧無以報厚恩，惟有薰修之功，庶資幽冥之助。制曰可。師先名欽，憲神宗皇帝親灑宸翰，改賜今諱。於是就禮北都福壽寺僧智深爲祝髮師，既受其戒，遊歷諸方。謙約退靜，枵然山澤人也。

聞青禪師之道而悅之，乃往依焉，青識其法器。師一日淩晨入室，青問，天明未。師曰，明矣。云，明則卷簾。師從之，頓爾開悟，心地洞然。遂以所得白青，青韙之，留侍巾匜，頗有年數。逮青順世，又從圓通、圜照二禪師遊。二公甚器異之。丞相韓公尹河南，延師住持嵩山少林寺。席未煖，紹聖元年，詔改隨州大洪山律寺爲禪院，人謂大洪基構甚大，而蕪廢已久，非有道德服人，不可以興起，部使者奏請師住持。已而丞相范公守隨，復左右之。師普施法雨，遠邇悅服。於是富貴者薦貨，貧者獻力，闢荆榛蓬藋之場爲像設堂皇，化豺狼狐狸之區爲鐘魚梵唄。而又以其餘，建戒壇，掩枯骴。更定禪儀，大新軌範。由是大洪精舍，壯觀天下禪林矣。崇寧二年有詔，命師住東京法雲禪寺，從駙馬都尉張公請也。師志尚閑遠，安於清曠，曾不閱歲，懇還林澤。朝廷重違其請，聽以意。徑詣嵩山，旋趨大陽。屬大洪虛席，守臣念師之有德於茲山也，五年再奏，還師於舊。固辭不獲，復坐道場。凡前日之未遑暇者，咸彌綸而成就焉。師勤於誨勵，晨夕不倦。緇徒輻輳，幾三百人。既遐振宗風，而自持戒律甚嚴，終身壞衣，略不加飾。張公雖嘗奏賜紫方袍，卒盤辟不敢當。故權貴欲以師號言者，皆無復措意矣。

政和元年六月初一日示疾，七月十四日，僧問師，久演直諦，冀垂一言。師舉目示之。又問，師將生西方邪。師曰，超方者委。又問，畢竟生邪死邪。師曰，間不容髮。言訖，趺坐而逝。留三日，儀相如生，咸至瞻禮，罔不讚歎。二十五日，葬於南塔，師異時欲築室退居之所也。俗壽五十四，僧臘三十二。度弟子宗言等一百三十一人，嗣法出世者慶旦等一十三人。有語錄三卷，集《曹洞宗派錄》三卷，《授菩提心戒文》一卷，《落髮受戒儀文》一卷，並傳於世。惟佛之道，未嘗有起滅興衰也。然必付之豪傑之士，然後足以發明秘奥津梁。後來苟非其人，道終不顯。若師以絕俗之姿，薄功名富貴，而不爲振衣塵外，高步妙峰。使斯人知所歸向，名聞天下，言立後世，嗚呼，可謂盛矣。銘曰：

祖提心印　惠於後昆　曹洞承之　與祖同源

源深流遠　亹亹諸孫　惟大洪老　爲世導師

蟬蛻冠綬　毗尼焉依　法雷既震　聞於九圍

實作司南　衆乃弗迷　闡教利物　爲時一出

出沒者渠　非生滅質　其來無迹　其去無還

光風霽月　依舊雲山

政和三年癸巳四月七日

朝請郎通判隨州軍州管句學事兼管内勸農事賜緋魚袋李綬

奉直大夫知隨州軍州事管句學事兼管内勸農使賜紫金魚袋宋昭年

法姪崇寧保壽禪住持傳法妙門守恭立石

《湖北金石志》卷十。《宋代石刻文獻全編》，北京圖書館出版社。

《淳禪師塔銘》

甚矣哉，道之難明也。分宗列派，所以互揚隱顯，而彼我之論紛起。迴塗轉位，所以妙叶理事，而同異之說熾然。趣眞者滯於空迹，涉俗者汨於緣塵。履踐相應，絕念而游，抑又何其難也。有導師出焉，虛而不疑，照而常寂，言行無玷，内外一如，自利利他，曾微間斷，先洪山淳禪師是也。師諱德淳，俗姓賈氏，劍州梓潼縣人。自幼不喜葷辛，依縣之大安寺出家。年二十七，祝髮受具，禮道凝上人爲師。初卽講席，探究教典，頗通義學。既而幡然改曰，名相累人，如泥塗溺足。乃拂袖遊方，徧參知識。歷大溈眞如喆禪師，寶峰眞淨文禪師，大洪恩禪師室，皆承獎待。後至大陽訪道楷禪師，今沂川芙蓉老人是也。一見師，器之，老人垂示，但云退步就己，萬不失一。又云，空劫承當，佛未出世時體會。師忽妙契，由是迥超，根塵頓忘，如見老人。後住大洪，命師立僧學，識威儀，爲衆標表。崢嶸道望，推重一方。崇寧三年甲申，王公信玉按刑京右，雅聞師名德，乃徇衆願，請住南陽丹霞山天然道場。將行，老人歷以佛祖傳法偈及諸家宗旨因緣勘辨，師應機響答，煥若冰釋。老人尤歎異。

丹霞叢席久廢，先時，圓明大師住持，宗門軌範，稍復舊貫。至師，乃大振起之。雲水高人，風聞輻輳。師於是益闢田疇，繕室宇，以廣延納事，爲之制條端有倫，一衆蕭然，安禪靜慮。山中素闕典，師啓意導化，曲盡經營。迄至有成，靡不蒙益。南陽之人，每歲來會，奉持齋律，悟明性宗者，莫可殫計。環山十餘里，葷辛不敢入。雖邑吏田夫，猶能漸漬陶染，遷善遠罪，以順師教，況服膺至道者乎。如是旬歲，初終不少懈。人根寖熟，祖令益振。乃辭疾，退居於唐州大乘山之西庵。有泉若醴，得於庵之前，汲之不竭，殆爲師而出也。

政和五年，隨州大守向公再請師住洪山保壽禪院。院經回祿之後，巍峩雲構，化爲荒墟。師至，悉力營繕，增壯於前。逾年之間，復就者十八。衲子依投，衆幾五百。方緣盛道廣，七年丁酉春，示有微疾。三月十日，忽謂侍僧曰，勿復進藥，時將至矣，安可久留。翌日，書偈云，來亦無言，去亦無說。無後無前，一輪明月。是夜五更，僧正覺至問訊，師乃云，我當自在去矣。良久，端坐而逝。世壽五十四，僧臘二十七。度弟子悟興等四十三人，嗣法出世者二人。利昇今住唐州大乘山普嚴禪院，慶預今住隨州水南太平興國禪院。有語錄偈頌頌古四卷，行於世。師沒後八日戊申，門人奉全身，建窣堵波於山之南恩禪師搭右。緇素戀慕，雲物哀慘。

師平生道行孤潔，貌古而氣和，心眞而言厲。昔自潁川訪師於丹山，每言吾今生以來，未嘗敢造業，當知業不可造，爲患甚深。蓋師自齠齔立志超邁，擺脫塵勞。及趣空門，勇猛堅定，卓爾不羣，可謂眞丈夫矣。其操行也深，其見法也徹。以忘機爲化本，以離識爲宗通。故能妙倡偏圓，傳持曹洞。使沂川之道，光燄烜赫。至於接物度生，慈悲懇切，殆忘身以徇之。而住壽若此，弗克永世，茲所以望失羣生，而悲摧法梁也。韶風荷獎提，慙微報稱，門人見屬以銘，義不得辭。銘曰：

正法眼藏　孰敢擬議　普應羣機　不受一切

大哉師宗　曠然絕謂　了無所了　味兮忘味

師生潼川　岷峨秀氣　善財門開　遍參方外

別有雲山　妙高聳峙　針芥投機　空刧神會
冰霜一色　水乳相契　理事兼融　體用無滯
愍諸迷津　悲願洪誓　兩坐道場　無說顯示
虛舟以遊　應緣絶意　龍象攝伏　遠邇咸至
甘露法雨　普霑庶類　言發成章　乃其餘事
拈出古今　頌明宗旨　白雪陽春　遠繼投子
茫茫羣生　巨川將濟　洪浪滔天　慈航忽逝
惟其不沒　清規垂世　嗣有顯德　宗風未墜
白雲卷舒　青山秀異　我銘師塔　忱辭無愧

政和八年戊戌九月初一日庚辰，住持傳法妙門善智立石。

《湖北金石志》卷十。《宋代石刻文獻全編》，北京圖書館出版社。

《楷禪師塔銘》　政和八年夏五月乙未，芙蓉禪師以偈示衆，書遺誡付囑門人，沐浴更衣，吉祥示寂。越三日丁酉，荼毗收靈骨。秋九月甲午，塔藏芙蓉湖後。七年，住持大洪山慧照禪師慶預，師之受業高弟，嗣法的孫也。念湖山遠在海隅，奉塔廟之禮常缺，喟然歎曰，吾昔嘗侍老師住大陽，遷居此山，凡五年。天下衲子，輻輳雲萃，不遠千里而來。當時升堂入室者，散之四方，皆續佛壽命，爲人天師。今住世者如焦山成、大隋璉、鹿門燈、石門易、寶峰照，卽其人也。昔人藏衣曹溪，葬履熊耳。豈不以恩大難酬，示不忘本邪。乃遣其徒宗幾，遷致師靈骨，建浮圖於大洪山之陽。冬十一月，塔成。明年冬，彬謁慧照於山中，慧照喜謂彬曰，吾芙蓉老師，法海舟航，佛門梁棟，三十七年於大地衆生作陰凉機緣在世，不獨衲子能言，搢紳士大夫咸知之。今新塔未銘也，敢以爲請。彬旣仰慕芙蓉之高風，又重違慧照之勤意，義不獲辭，退而銘之云：

師諱道楷，俗姓崔氏，沂州費縣人。少學神仙，得辟穀術，隱伊陽山中。旣久，知非究竟，乃棄所學，游京師，詣述聖院出家，禮德遲爲師。熙寧六年，試經用度。明年，受具戒。游歷諸方，偏參知識。最後至舒州投子山，見青禪師。一言造妙，師資深契，青以明安衣履付焉。去之韶山，結茆虎穴旁，虎爲伏馴。探穴取子，初忤也。師雖宴坐山林，然道價四馳，千里嚮風。自元豐五年出世至示寂，凡七坐道場。最初住沂州仙洞山，又遷西京乾元招提，郢之大陽，隨之大洪，皆當世元老名公卿以禮延請。後被詔住東京十方淨因，又徙住天寧萬壽，皆中使奉命，恩禮兼隆，諸方榮之。師所至無緇素貴賤，皆直造室內。其來京師，諸公卿貴人，日夕問訊。每與道人處士雜坐，師皆一目之。

師行解相應，履踐篤至，無明妄心，一毫不立。故不能矯情徇世，避人道之患。竟坐辭身章師號，忤上意，得罪居淄州。久之，上察其無它，聽自便。復有旨下開封府，訪師還其故服。師聞之，書四句偈，遺中貴人王松年云，石田焦穀又生芽，暮種朝收濟幾家。巢父飲牛牛不飲，漁翁撥棹入蘆花。衆口傳播。尹李公孝壽得之，察其誠心，乃爲敷奏，因從其志。師始欲游天台、雁蕩，過故里，爲父老留，不得去。樞密劉公奉世捨俸金，買芙蓉湖田，築室延師。四方衲子歸之，俄成叢林，今賜額興化焉。

先是，芙蓉湖衆水鍾聚，瀰漫百餘里。師嘗謂，若決而歸之川，可得良田數千頃。常平使者聞其言，使邑令詣師受規畫。鑿渠疏導，悉如師說。異時菰蒲沮洳之地，皆爲沃壤。鄉人德之，乃相率舍田於寺。歲入旣豐，又推其餘，以與馬鞍山，後亦贍數百衆。師喜營建梵刹，見棟宇卑陋，則崇飾更新，規模宏壯。疑若基構艱難，然人以師故，施財助力，咸說樂之。工役未嘗踰時，纔成卽棄去，不迴顧也。師本田家子，爲兒童時，父令驅田中飛蝗。師舍己之田，先驅隣人者。詰之則曰，損他利己，所不忍爲。其利它之行，蓋天性也。師享年七十有六，僧臘四十二。度弟子九十三人，法嗣得骨髓出世者二十九人，皆緣法盛行於時。而丹霞淳公，其後尤大。今慶預在大洪，禪子至二千。清了在長蘆，正覺在普照，亦至千衆。蓋天下三大禪刹，曹洞之宗，至是大振矣。師應接機緣，已見語錄及德洪所撰《僧寶傳》，承議郎韓韶臨沂塔舊銘，鹿門法燈禪師塔中記載之，已詳盡云。銘曰：

諸佛出世　爲一大事　以心傳心　莫難承嗣
日在明安　得人惟艱　正法眼藏　託于浮山
道未喪世　遺言不墜　異苗翻茂　卒如師偈
堂堂青公　法中之龍　針芥投機　復有芙蓉
自師承宗　曹洞始大　良價不亡　大陽猶在
凡今宗師　鮮克全提　不滯空刼　則落今時

惟師當機　正偏互唱　木女謳歌　百人撫掌
薦承明詔　七坐道場　三十七年　爲衆舉揚
夢身幻宅　誰主誰客　不有榮名　孰爲罪謫
一辭帝闕　終老海濱　國師塔樣　分付兒孫
漢東沂上　十方天壤　一切含情　萬古瞻仰

靖康二年夏四月十五日，大洪山崇寧保壽禪院住持嗣祖法孫慧照大師慶預立石，玉冊官武宗古刊。

《湖北金石志》卷十。《宋代石刻文獻全編》，北京圖書館出版社。

《栽松庵記》　《僧史補》曰，四祖道信禪師，以唐武德七年，至破頭山。愛其洞壑深秀，有終焉之志。禪者相尋而來，遂成叢林。有僧不言名氏，日以種松爲務。私請祖曰，衣法可以見付乎。祖師老之曰，汝能再來，乃可耳。於是僧出山至濁港，見女子浣，呼曰，我託宿，可否。女曰，我家具有父兄，可從問之。僧曰，汝諾我乎。女曰，諾。女，周氏之季也。僧卽還山中危坐而化，周氏之女因有娠，父母怒而逐之。於衆屋之中，日傭紡里閈間，已而生子，女以爲不祥，棄濁港中。明日視之，踟趺波間，泝流而上。異之，收養。七歲，隨母往來黄梅道中。四祖偶見，問曰，童子何姓。曰，姓固有，但非常姓。祖曰，是何姓。對曰，是佛性。祖曰，然則汝無姓邪。對曰，惟空故無。於是四祖笑之，乞於其母，爲剃落。二十，授以衣法，爲第五祖。卽游雙峰，見栽松之全身。又至東山，見周氏之全身。濁港周氏子孫之盛殆今，黄梅三尺童能言其事。僧贊寧《僧史》曰，五祖宏忍禪師者，姓周氏。本河南，遷止蘄之黄梅。誕生之夕，異香滿室。此矯誣之詞也，然可證佐者，母既出於周氏，而曰祖師姓周乎。僧契嵩作《定祖圖》，亦不能辨，何也。豈當衲子以常理疑之乎。夫聖人之託化，豈假父母之緣。如伊尹生於空桑，寶公生於鷹巢，獨不論父母之緣邪。自唐至今，學者疑信相半，不能決也。建炎元年十一月記。

《湖北金石志》卷十一。《宋代石刻文獻全編》，北京圖書館出版社。

《雙峰正覺禪師院涅槃堂記》　大江之北，夢澤之東。萬山走趨，屹立兩峰。蟠岸千楹，寶勢翔空。煙雲開遮，戶窗青紅。天花墮飄，舞雨旋風。疑登梵釋，龍天之宮。大鐘橫撞，山空玲瓏。犀顱戢戢，走趨肅雍。祖印禪師，蓋其長雄。寛而邊幅，壯而疎通。謙以自牧，衆所追崇。如海下之，百川則宗。論其世家，非侯則公。棄之恥言，安樂巖叢。與彼假我，染衣安庸，垂涎富貴，忘其頂童，雀盧自誣者，則若不同也。余自襄沔，南歸新豐。道由淮上，託宿山中。欣然見我，如舊游從。日陪杖屨，摧頹兩翁。偶立小語，又指役工，紛然斧斤，聲雜鼓鐘。坐僧日多，其來無窮，庸免包藏，衰老篤癃，跛盲失心，不祥之凶。作堂館之工，行告終矣。要子卽之，周行廡廊。入門疎快，密室虛窗。搴幃設簾，宜溫宜涼。濯衣柵榻，負暄燈牀。藥罏茶鼎，可劑可湯。頤指如意，失其異鄉。及戲問之，欲資抵掌，豈有少年，如邃青狂，法戰不勝，舁入此堂者乎。豈有垂死，如剖倔彊，而敢横機，摩壘太陽者乎。豈有英靈如黄，涅槃杖擿病者，遂起激昂者乎。豈有病瘉枵然，空房而嘗臥處，尙多痂瘡，以火燒之，皆熏陸香者乎。豈有頭陀，以紙爲裳，而其迅機，石火電光，方酬洞山，言訖而亡者乎。祖印愕然，視余嗟咨。如子精敏，亦迷怪奇，甘棄坦塗，而行險巇。子知太平無象可窺，雨露霜雪，自然四時。我廩既高，里無呼追。雞豚社飲，老幼扶攜，安用麟鳳之與菌芝耶。昔維摩病臥，毗耶離敎，誨天◇魔，使令艷姬，手提大千，戲而擲之。世尊有疾，則異於是。背痛乃臥，須乳作糜，而己何嘗變化，怖駭羣兒乎。余聞其說，乃加敬虔。而僧祖禰祖印所賢，而余里閈，又掌寺權，婆娑獻誠，願舍此言，匃余文之爲記，以傳夫千里水，濫觴其源，若合衆流，遂成大川。則知以堂衆檀成焉，增土爲阜，增毛成氈。兩尼勤勤，嘉其精專，同其調度。所費緡錢，蓋六十萬，淨願乃圓。有僧道齊，以身率先，雜衆工中，唱叫挽牽。十方之多，道俗嗟羨。咨爾堂衆，諦觀病緣。此四大軀，無可肈堅。生死之趣，愛見所纏。雖相扶持，終各棄捐。當令以觀，常自現前。授與此疾，非人非天。是我自業，成熟則然。受盡還無，如雞出焬。此心自住，如珠在淵。觀苦進道，諸佛憫憐。歲在丁未建炎改元季冬初吉集者，駢肩敘多率衆二百九員，領衲景修、守珂、守詮，至其綱維，又揀耆年辨衆法欽，牧衆法璉，叢林精神，照映林泉。祖印爲誰，住持仲宣。而作記者，寂音老禪。

《湖北金石志》卷十一。《宋代石刻文獻全編》，北京圖書館出版社。

《蘄州黄梅山貞慧禪院法堂記》　教外别傳，正法眼藏，自達摩西來，至忍大師，爲震旦第五祖。然後祖道流通，宗分南北，繇一燈傳百千燈，至於無窮，得法者不可勝數。豈具信根，久乃純熟，堪任大事。而一華五葉，時節因緣，自應爾邪。蘄州黄梅五祖山眞慧禪院祖師道場，爲天下名刹。而法堂歲久，雲蒸木腐，將有傾壓之虞。住持者募緣修建，邑人蔡氏，聞而喜捨，捐家資三百餘萬，鳩工掄材，煥然一新。堂之高五十有二尺，其深如之，其廣倍之。修梁虹亘，層簷翬飛。宏博嚴麗，遂爲江右諸刹之冠。經始於宣和壬寅之秋，落成於乙巳之冬。始之者長老自表也，成之者長老宗紱也。

堂成後三年歲次戊申，余被命居武昌，假道溢浦，紱不遠百里過予，求爲之記。余謂紱曰，一切諸法，皆非實相。雖佛菩薩，爲法出世，記夢如幻，況其餘乎。今子建堂説法，土木之所，假合丹雘之所粉飾，其堂然也，以何爲法。直指心源，見性成佛，其法然也，以何爲説。撞鐘擊鼓，升堂廣坐，有問有答，敷演舉揚，是説法邪。瞬目揚眉，捻搥舉拂，屈伸動靜，四威儀中，是説法邪。夫説法者，實無所説。而聞法者，亦無所聞。故併卻咽喉脣吻道將來，乃能問。待有廣長舌相向汝道，乃能答。此無一法與人，彼無一法可得。以法名堂，因法顯法，已爲贅矣，而又何以記爲哉。紱曰，雖然如是，佛法門中，闕一不可。故諸佛土，有以聲音言説，而爲佛事者。有以樓閣莊嚴，而爲佛事者。此堂倚白蓮峰，下瞰九江，前揖廬阜。清靜爽塏，具勝妙境。而水鳥林巒，熾然常説。牆壁瓦礫，咸助法機。妙法宣明，不暇開示。至於不得已而示人，提唱宗風，應機接物，縱横卷舒，或語或默，無非第一義者。夫言語解脱文字相，空於夢幻中，即夢幻而作佛事，乃佛菩薩之旨也。得公之文，以記歲月，作大字榜楹間，使游方具眼衲子，登斯堂者，有悟入處。向上事直下承當，末後句目前薦取。省仕山翁半力，不亦可乎。余輾然一笑，乃爲之書。建炎二年四月二十日，具位李某記。

《湖北金石志》卷十一。《宋代石刻文獻全編》，北京圖書館出版社。

《資福法堂記碑》 資福禪院在金沙斗方之北，奇峰峻岡，環繞以掩映。風林雲壑，祕邃以曠平。自非逃世絶人俗，忘軀爲法者，無因而至。崇寧間，蜀僧文慧嗣百丈九肅禪師，説法此山。求心之所決擇，發趣之所歸投。凡叢林之所服用，寺宇之所宜有者，十八九矣。建炎元年十月，住持沙門九琛以書抵印曰，寺僧紹恂者，無諸人惠，公之高弟，有行業，淮山道俗愛敬之。惠公以政和五年遠化諸大檀越，重修潮音堂一所。俾知法上首，臨衆演法，以上祝天子之萬壽，恂欣然從之。於是遠近聞之，富者輸財，貧者輸力，藝者輸巧，勸者輸語。越明年七月，而堂克成。凡用緡百萬有餘，乃設無遮大會，飯凡聖僧，而落成之。未有文以記其事，公爲我記之。

印曰，自後漢摩騰竺法蘭來至五天，館於洛陽鴻臚寺，有經而未有精舍。至吴赤烏中，康僧會入建康，架茅茨，與其徒以行道，有精舍而未有僧。三日男子朱士行最初落髮，有僧而未分禪律。迨唐之朝，禪律並行，曹谿獨號禪宗，而律學乃不敢與之抗行。元和中，百丈大智禪師方建叢林，廢蜂房螘穴之衆，爲九州四海而建大法堂以總衆，至於天下禪席宗之。知比丘因法相逢，以法爲親。主者升座而坐，學徒雁序而聽，示尊法也。恂能化檀衆，以成斯堂，其知本者與。資祐院爲此邦之福田，道俗男女，貴賤老幼者，較授之者，得長老升堂，布法雨以滋灌之。令善種福芽，叢生而並茁。其爲惠利，豈有既乎。不可以無書。

《湖北金石志》卷十一。《宋代石刻文獻全編》，北京圖書館出版社。

《資福院逢禪師碑銘》 自達摩入中國，授二祖心要，而以衣爲信。故六世爲之單傳，至曹谿，藏其衣。故諸方得者輩出，其魁壘絶類，碩大光明，有若衡山觀音，廬陵清原者，特爲學者之所宗仰，天下號二甘露門。令逢禪師者，清原九世之嫡孫，黄龍機公之高弟也。此先蓋福州閩縣人，生於陳氏。自其少時，英特開爽，不愛處俗，耆年愛敬之。唐乾元初，落髮於隱眞寺。明年，受具足戒，即策杖游方。聞黄龍參出巖頭，門峰孤峻，自荆楚舟漢江，抵鄂渚。而機公杜門卻掃，棧絶世路，學者皆望崖而退。師獨叩其戶，俄聞疾呼曰，擊門者爲誰。答曰，令逢。曰，未來此間，亦不失答。曰，若失，爭辭與麼來。曰，來底事作麼生。答曰，昨日親自渡江。黄龍於是開扉，笑而器許之。師從容遊詠，日聞智證。雖不事接納，而戶外之屨常滿。痛自韜晦，而人間之譽益著。

以順義癸未之秋，辭黄龍北遊，戾止蘄陽月峰之下，刜爲茅茨，一飯，奉跏趺終日。學者追隨而至，川輸雲委。前刺史奇章公拜謁受法要，而請升座。道俗懽呼，謂一佛出世，遂成叢林，號南禪。男子張弘甫施宅爲寺，莊嚴之妙，疑絳闕清都，從空而墮也。歲在戊子夏，淨髮更衣而坐，謂門弟子曰，吾委息後，衣廝饌客。號踴哭泣，皆不可爲。苟違吾言，則非吾法侶。於是以書偏辭檀信。六月八日，示微疾，泊然而化。閲世五十有一，坐三十四夏。塔於郡城之北。太和中，忽見夢於父老曰，吾欲出塔，大作佛事。於是啓塔，而顔貌如生。萬衆作禮，龕而供事之。自是，則能指揮造化，縱奪禍福，使雨陽時若，百穀茂遂。民建寺其旁，世以父子傳器，夜燈午梵，自唐迄今不替。

政和之間，禪林易之，更兩代荒殘，如逃亡人家。宣和太守林公以嘉祐寺彌勒院僧擇文主之，從檀之請也。文疎通解事，材智有餘，道行信於邦人。初至之夕，適大雨，九徙其牀。一年而施者塡門，冠蓋無虛日。二年而修廡密室，綠疎青鎖。三年而崇殿傑閣，間見層出。遊僧過客，摩肩仍袂。已至者忘去，方來者如歸。余嘗與林敏功子仁曰，寺以律名，而禪規不減諸方。廩無餘粟，食堂日集千指，非有以大過人，何以臻此。余曰，昔臨濟北歸，仰山歎曰，此人它日道行吳越，但遇風則止。潙山問，有續之者乎。對曰，將此深心奉塵刹，是則名爲報佛恩。故世稱念法華爲仰山後身，庸詎知文非逢公邪。子仁曰，彼以荷擔大法此方，從事有爲，仰山逢公，若是班乎。余曰，昔普淨禪師不務說法，庵於王城之東，日浴萬衆。曰時機淺昧，難提正令，姑使善法流行足矣。又安知逢公之意，不出於此乎。明年冬，遣其徒來乞文。又系之以辭曰：

我懷巖頭，僧中之龍。本無實法，但識綱宗。乾笑德山，怒呵雲峰。如獅子吼，香象失縱。又如麒麟，不可擊羈。羅山控勒，明招追隨。逢則晚出，天骨權奇。振鬣長鳴，萬馬不嘶。清溪之上，駐我巾瓶。笑示死生，洞開戶庭。意行出入，不施鐍扃。至今城北，白塔亭亭。寶鈴和鳴，上干層霄。下有全身，百神來朝。劫火洞然，大千焚燒。而此堅固，無有動搖。咨爾邦民，當加敬虔。蓋此大士，是汝福田。如黄琳公，如和寶禪。刻此鈔詩，以壽山川。

《湖北金石志》卷十一。《宋代石刻文獻全編》，北京圖書館出版社。

《慧照禪師塔銘》 芙蓉道楷禪師有三賢孫，近年以道鳴於世者，曰慶預，曰清了，曰正覺。二公遊方時，預已坐漢東兩大刹，厥聲籍甚。既而鼎立東南，問望迭勝，如磨醯□羅王，眼眼明徹。由是天下之慕空術者，翕然益知佛事之有人，洞山之有源，芙蓉之有孫，預實首倡之也。曩余識芙蓉於京師，晚得二公於江浙，猶以未面預公爲恨。今公之子大洪居寧老乃狀其行，來乞銘。老孀顧皇暇乎此，雖然有一，又烏可以已。余聞預居隨之大洪也，當羣盜擾攘間。羣盜環山如林，預恬不爲意，日據繩牀，頤指閒暇。外飭其役之強毅者，固守圉以折豺虎之衝。內帥其徒之靜專者，謹禪誦以覬國威之立。若是者凡幾年，卒與山巋然不拔，所活何翅萬人。士大夫之家賴以生者，猶七八百數。雖艱難中，所設施舉中禮法，往往迄今頗能道之者。然則預豈惟有補於佛氏者邪，故余勉爲之書。

寧之言曰，師胡姓也，世居郢之京山。生十有四年，依楷祖家於大陽。又十年，遂□楷落髮子，受具戒。久之，楷器其所證，遣佐丹霞德淳禪師。淳道熟而世疎，得師爲重。政和三年，草寇李高者竊發於鄧之鄙，寺之運糧丁數十輩，偶爲賊所掩，盡奪其糧以去。已而賊得吏因視布囊有舟丹霞字者，謂賊所從來，將網而坐之。主事僧俱駭竄，莫敢睨。師時主藏事，獨惻然憫其無辜，以謂不已此□若，殆且廢，或玷吾釋氏。乃越而代之，請以身訊，陀於囹圄者踰半年。事竟辨白，識者高其行。南陽之民，至有以預羅漢命之者。夫豈其平日荷法之心，微已兆於是與。後淳遷大洪，復以師從，仍總院事。

七年，水南興國虛席，隨守命師主之。聞於朝，賜慧照大師之號。開堂謂衆曰，昔芙蓉老人處知其名，得其地，丹霞師兄處忘其名，失其地。既然血脈是同，豈可枝柯背異。遂爲淳嗣法子。宣和三年，徙於大洪，居一紀餘，猶一日。凡兩告去，皆弗克。及歸，則一再有圓光之瑞。咸疑慈忍所忻相云，而師未始異也。紹興癸丑秋，乃遂引去。下廬阜，入七閩，閉關於雪峰之西室。閩帥大參張公□稔其名，以府城之乾元延致之。居亡幾，移住雪峰崇聖。雪峰古稱海內甲刹，時眞歇了公□廣大緣法鼓之適，謝事而師繼至，獨靜重自持，其盛不減前日，叢林尤以爲難云。

十年夏，忽示微疾，因索筆書偈曰，末後一句□難名，轉步回頭十萬程。除卻我家諸的子，更誰敢向裏頭行。俄顧謝大衆，遂吉祥而逝，實六月二十二日也。後七日荼毗，得舍利五色，不知其幾，瘞骨于雪峰、大洪之兩塔。俗壽六十有三，僧臘三十有八。住山凡四處，說法凡二十三年。凡得度若惠雨者四百五十餘人，得法若鶖湖子亨者二十餘人。其餘隨根器而悟解者，散在四方，蓋未可以名數計也。此其幻住之大略爾，若夫生世之穎異，學佛之精到，奉身之簡約，董眾之篤勤，語錄播傳，搢紳之歸重，茲不敢喋焉以請，是猶加金以黃，助蘭以香者也。居寧得幸於公之久，矧公知芙蓉者，雖先師之不遇，寧之遇，猶先師之遇也，公其銘之。

銘曰：

道本一源　孰坎孰淵　徹其源者　一滴百川
猗嗟末流　鼓波自渾　不心其心　徒言於言
偉矣慧照　樂于晨昏　履危坦若　其道乃尊
惟肅惟通　惟誠惟惇　芙蓉之子　芙蓉之孫
千眾拱環　無位而位　功而不居　示以游戲
閩漢渺緜　星河一天　慧照斯在　宛其儼然
維彼靈峰　誰再造汝　□□此銘　無替千古

紹興二十三年七月一日，左朝請郎權發遣隨州軍主管學事兼管內勸農營田事借紫金魚袋田孝孫立石。

《湖北金石志》卷十一。《宋代石刻文獻全編》，北京圖書館出版社。

《淨嚴大師塔銘》　師諱宗邃，遂寧府蓬溪章氏子也。家世業儒，奉佛尤篤。母初懷妊，頗有吉祥。既生在襁褓間，見僧卽喜。幼不茹葷酒，不隨童戲。年十三，父母顧之曰，此兒終非塵中人。迺攜諸本邑南巖院，託僧自慶爲師。年二十七得度，纔受具，卽辭師往依講席。復徧歷吾蜀諸禪，究明己事。因緣未契，束包南遊。初抵玉泉，見勲禪師，勲器之，命副院事。歲餘，罄囊中所積歸常住，惟杖屨參訪襄漢一時尊宿。次依棲大洪開山□禪師，□看俱胝豎指因緣。一日，於僧堂方展坐具，忽見小蟲飛墮於地，遽拂之隨手，豁然大悟。開山肯之。於是服勤數載，乃命總院事。政和辛卯，恩順寂師，畢後事，乃□江浙□山，值智禪師住持，偪仍舊職。政和戊戌，郡東雙泉禪院虛席，隨守袁公灼命師出世。衲子奔湊，傳道不暇。袁公欽師道德，奏賜浮嚴師號。俄改住水南禪院，□望益著，遐邇細徒，聞風而至。

靖康丁未，退止德安嶺山，會延福禪院方丈闕人，安守李公公濟命師繼踵。未幾，兵戈蜂起，凶寇將至。郡官命師領眾入城，因建化城庵居之，訓徒如故。賊圍城久，米升四十金，時眾尚廣，日惟一粥，師獨請半。士大夫分惠糧儲之類，卽均贍大眾。晨夕提振祖命，愈懃不輟。賊勢甚緊，高聲唱言，城破但存延福長老。攻既不利，而曰城中果有異士，遂引去。鎮撫陳公規聞而謂眾曰，異士乃吾淨嚴也。紹興乙卯，師退居東堂。未數月，宣撫使司居大洪，時以襄漢纔復百里，絕人荆榛塞路，虎狼交跡山頂，僧行散逃餒死，所存不過百數。日湌野菜橡麋，以度朝昏。供利阻隔，屋宇墮頽。莊夫耕具，十無一二。師方定居，勸勉細徒，開通供路，招置人牛，□闢田圃。未期歲間，四方禪衲，駢肩而來。檀越社供，如赴約束。逾年，僧及半千，次滿七百。復修院宇，追述先範，大闡綱宗。自此靈濟道場，廢而復興。師住持十有三年，叢林再盛，不減疇昔。

紹興丁卯春，師示疾，誡侍者曰，每聞鐘魚，方進粥飯，過午則不復啜耳。示化前一日，囑門弟子曰，吾今將往，信任自緣。汝等壯年，當此佛法陵替，各宜勉力辦道，勿違佛戒。至三月四日，問侍者曰，今日是幾者。曰，初四。師令備浴水，齋罷沐浴更衣，歸方丈熟寢。至昏黃，遽起，時知事小師環遶侍立，師顧視左右，斂容端坐。少頃，暴風驟作，丈室搖振，土崩瓦墜。眾謂屋摧，四散驚出。唯副院宗舒疑師長往，侍立不動。良久，端然示蜕。傍有聞龍神殿內嗚指噓聲，方丈後石崖忽摧，山之四周，人望峰頂紅光燦爛，皆疑遺火。詰旦登山，始知師逝。於是連霄風雪陡作，峰巒變白。四眾號慟，禽獸哀鳴。留三日，入龕。後七日，窆全身於院之陽同光塔之右。葬日，晴明風和日暖。示化之夕，郡官夢師訪于公宇，茶話之久，辭曰，老僧去矣。次日，接師遺書，駭歎異之。

師平昔精持毗尼，絲毫無玷。不服縑纊，布衣紙衾。不執財寶，不背眾食。檀越所得施利，並歸常住。士大夫惠以玩好，隨得隨施。生平與物無忤，至於蚤蝨，不忍弃之。師世壽七十六，僧臘四十九。□坐道場三十載，提振祖令，度門弟子宗肅等百餘人，嗣法已出世者數人。師垂手接人，雖慈悲生誨，而不順世情。入室普說，寒暑無倦。禪徒不時參扣，並無阻卻。因僧問如何是佛，師云，休瞌睡。叢林以爲龜鑑。得師之道者，無慮百數。師卽恩禪師嫡嗣，曹溪十四世孫也。禪宴接人之外，一毫之善弗遺。結十萬人念阿彌陀佛，刊《華嚴》、《遺教》諸經集傳注解，《四十二章》、《遺教經》、《潙山警策》。有語錄偈頌，並行於世。紹興庚申夏，師稍違和，有景陵檀越吳興施財預建塔亭，以備後事。師病起，折充院前歇亭。知事眾謂，恐違檀越意，乃懇止之。師因示誡文，其略曰，予欲以吳君所造塔亭，下止以甎　壘一同歸塔。欲自予已往，當山住持者，同葬遺骸於其中。所貴省緣，免致唐勞，從事無益。爲可勤傳正眼，令慧命不絕。則斯道綿遠無窮，幸同道者察予鄙志。師既歸寂，後人以重欽奉，輕於違師之志。同歸之義，衆議寢焉。其小師宗善狀師行實，自洪山不遠數千里而來，求銘於予。予於師爲同鄉，且以道契，每欽其道行，爲里閭之光，義不當辭。

嗚乎，歲不寒無以知松柏之後彫，火不烈無以驗眞金之不變，事不難無以見高人之節守。今世之所謂高僧者，莫大乎闡揚教典，傳授祖燈。護戒精嚴，存心慈忍。禪定不亂，精勤匪懈。身不衣帛，囊無積財。力興叢林，善荷徒衆。長齋不昧，坐脫立亡。有一於此，號曰名德。儻卒然臨之禍患憂危之變，鮮有其心不搖奪者。而師于衆善，則兼而有之，而又能爲高尚者之所難能。粵若逢時厄運，羣盜四起。德安大府，環繞幾徧。師乃入城，創庵居之，與衆同患。米貴如珠，不忍散衆。闔郡驚惶，師無懼色。提振祖令，宛若平時。聲傳賊耳，自唱言，城破但存淨嚴一人。師雖聞此，惟以利衆爲心，誓與闔城俱存亡。既以道德，保護一方。賊遂攻擊不利，而曰城中果有異士，從而引去。賊既解而師退，在他人則追念前日虎口之危，亦且少休，或求安靜之地以自養，是爲得計。而洪山全仰遠供，以贍多衆。時則賊去未久，供路不通。山頂屋宇，大半頹圮。僧徒餓殍，十喪八九。所存餘衆，惟以野菜橡麋，僅充口腹。聞者莫不遠避，而宣撫司命師往住持，而師亦毅然從之。既至，躬率其徒，開通供路，葺治田圃。魚鼓之聲復聞，未幾，社供復來，衲子奔湊。於是重修院宇，百廢具興。卒安□百餘衆，靈濟道場，燦然復新，有加於昔焉。嗚乎，師於傳道修行之外，又爲人之所難能，有如此者。求僧中之名德，罕見其比。非夫夙植德本，而道力深厚，疇克然邪。銘曰：

大洪之巔，靈濟開山。始自恩公，更律爲禪。嗣法淨嚴，繼踵而住。有十三年，道行化普。師生遂寧，幼願出塵。受具之後，周遊問津。徧登講筵，復歷禪苑。既通教乘，欲窮法派。因緣未契，束包南遊。竟遇洪山，針芥相投。俱胝一指，洞徹源底。佛祖機緣，更無餘旨。宗說俱通，解行相應。能博能約，有規有繩。精持毗尼，常恐弗及。食不背衆，衣不衣帛。不弃蚤蝨，不畜資財。人所愛惡，己獨忘懷。高士所爲，獨兼衆美。臨患難而不變，世莫得而倫擬。若居德安，會賊四圍。闔城震恐，日懼顚危。師行祖令，宛類平時。賊謂有異人而引去，庸非賴道德之慈威。逮兵禍之稍平，亦可休而少息。洪山供利，久已隔絕。淩晨無粥，而正晝無食。□殍而死者過半，幸免而存者十一。師被宣司之請，不復辭難而往。芟荆榛以登陟，闢虎狼而趨上。野菜橡麋，與衆同餉。率其徒以開路，招檀施而贍養。曾未逾年，衲子奔湊。田圃丘墟，俄復耕耨。寺宇傾摧，鼎新卑陋。卒安七百高僧，名藍廢而復舊。此舉世之難能，師優爲之而不以爲難。致緇素之皈重，宜幽明之共尊。圓寂之夕，暴風遽作。龍神嗚指而長噓，山崖裂石而崩落。時當暮春，大雪降格。禽獸哀號，林巒變白。紅光現於峰頂，化體初無改色。巍巍聳塔瑞雲中，高示遺規爲永則。

左朝奉大夫權發遣隨州軍州主管學事兼管內勸農營田事借紫金魚袋田孝孫立石。

紹興二十六年上元日，受戒弟子賀善崇、張善堅等共施財，命福唐鄭彥輝、陳元仲刊。

《湖北金石志》卷十一。《宋代石刻文獻全編》，北京圖書館出版社。

《明悟大師塔銘》

夫野人之居于深山，所與游嘯而燕息者，草木之臭味，麋鹿之資性，適其所自適而已。其於身後榮名，與王公大人借勢以爲光寵，不惟地偏事左，非其所便利，而其世故緣法，不相關涉，莫或夢想及之也。大洪山崇寧保壽禪院第十一代住持傳法沙門慶顯，蜀之廣安□，族姓王氏。雖本儒家子，幼不爲聲利起念。因誦《十二時歌》，至未了之人聽一言，只這而今雖動□，豁有深省。出家，從長老惟益學，以鈔疏□非究竟。惟益令參大死卻活之句。既打住，銳然發憤，參敬什方。嘗詣泰佛性，佛性蓋熟視之，令參堂。未幾，佛性圓寂，徙詣果月庵，詰以一雙鴻鴈，泊地高飛，兩隻鴛鴦，池邊獨立。凡二年，針芥不相投。值月庵赴怡山招禮，師乃詣天童見宏智覺禪師。一見心服，然當機不發。

閱三年，辭去。宏智指示云，子見吾叔淨嚴，遂當爲子重師。奉教徑趨大洪，始至，淨嚴問云，今夏離什麼處。師云，天童淨嚴。云，曾見水磨否。師云，見。淨嚴云，左轉邪，右轉邪。師云，阿轆轆地。淨嚴云，活頭漢。師云，非但某甲，佛祖亦然。一日，隨衆入室，淨嚴問，仰世界即是覆世界，覆世界即是仰世界，汝作麼生。曾舉未竟，師於言下大悟。

因轉一匝去，浮嚴把住云，弄精魂作麼。師云，波斯入大唐。浮嚴云，汝可歇去。師首肯。自此日就月將，作用綿密。又三年，賢洞山補處，浮嚴遺師□贊。臨歧付囑曰，汝善護持，他日孤峰絕頂，建大法幢，亢吾宗矣。夫淨嚴人天導師，許可如《春秋》直筆。

師游歷諸方，不爲苟且，直得大死更活。一旦同時啐啄，如風雲感會。嗣淨嚴法□，住大洪山。京西帥漕，漢東守倅，共論薦之。朝廷下省帖照應舉請，蓋自師始也。師壞色以爲衣，糲粱以爲食。空苦寂滅，□□其學力。於曹洞宗，自明一色邊事。夫既死灰其心，槁朽其形。以法語爲夢語，道號爲牧蛇。其於世，泊然無所起。其於塵慾，淡然無所嗜。視榮名貴勢，何有於我者。夫孰肯措心積慮，拚援傳會，儌一日之幸，求快其志爲哉。然而縉紳名流，參敬以求開發。聞望日隆，檀信日盛。獨坐洪峰孤絕之田，方來雲衲輻輳，鱗集法幢，果大克建。蒙恩頒降覺照慧空佛智明悟大師，凡八字。由是牧蛇之，聲偏滿江湖。轉轉聞上，表其眞實義諦，夫既光明盛大矣。東宮爲之親灑翰墨，作牧蛇庵三大字，以標榜叢林。此蓋前輩衲僧，遭逢當世，得未曾有也。山中徒弟，揭之塔庵。牧蛇旨要，四方知歸焉。

且其說曰，三界虛僞，惟是一心。離心則無一切境界相狀。太虛本無相狀，萬象豈有根源。奈何末世眾生，感失正念，俱受輪轉。蓋由三毒蛇之所噬齧，五蘊相之所奔馳，墮聲色中，逐流忘返多矣。且牧蛇之意，其義謂何。以眼耳鼻舌身爲蛇邪，以心意識爲蛇邪。以髮毛爪齒爲蛇邪，以森羅萬象爲蛇邪。若以眼耳鼻舌身爲蛇者，則色聲香味觸，如幻化，如影象，如空中花，如芭蕉□。若以心意識爲蛇者，則心如工伎兒，意如和伎者。五識爲伴侶，妄想所成，大圓鏡中，無如是事。若以髮毛爪齒爲蛇者，則四大之聚沫，如鏡□之微塵。動靜去來，風□□轉。若以森羅萬象爲蛇者，則清淨本然，云何忽生山河大地。如是觀之，身心一如，身外無餘。來無所從，去無所至。其中間誰是牧者，是固牧蛇老人所以爲人垂示云爾。人之入乎其中，發眞□源，知所自牧，所謂雪裏蘆花，無塵無對。山林朝市，誰往誰返。儻來之利名，彼將何自入也。

一時名公卿有若丞相虞公，郎中陶公，殿撰陳公，左司丁公，皆當路主司者，一見而忘勢交之，出口薦之。其在山中，天龍鬼神，佐佑靈濟。而出雲雨見怪物者，□師稱讚，咸增爵秩。嗚乎，此非必勢諸名卿，以相提掖，唯其德盛仁熟，誠之不可揜娩。夫草中之蘭，人服媚之，以爲國香，決非拚援傳會所得也。師住世年七十八，坐夏臘五十三。受具弟子宗仞而下二百餘人。窣堵波既成，宗瑄、宗花求銘于余。凡二年，其求愈力，不可但已也。銘曰：

說法大洪　多曹洞宗　懿厥牧蛇　宗通說通
孰駕其說　郎星卿月　天宮帝子　爲綸爲綍
牧蛇一時　名振宗師　曹洞如綫　孔□大之
實蕃學徒　佩服師摹　一色邊事　有鄰不孤

宋淳熙九年壬寅秋八月二十四日，小師宗瑄、宗邃等立石。

《湖北金石志》卷十二。《宋代石刻文獻全編》，北京圖書館出版社。

《叢蘭精舍記》　臨川羅季能以荆州制司幕府，寓治江陵，即承天院故基爲叢蘭精舍，而移書渠陽曰，子爲我書之。且承天院以黃太史重固也，而叢蘭之名何居，乃復以請。季能曰，是院也，世傳爲晉侍中羅君章之故居也。君章致仕還荆，而叢蘭生於階庭。人謂德行之感，子爲我並識，所以作予觀世之論。君章者，不過謂其感異鳥之夢，藻思日新，其譽魯直者，亦曰詞人之巨擘耳。噫，張華、蕭繹嘗博物矣，朱异、江總嘗屬文矣。近世如丁夏呂王，亦能操觚染翰而他無足云，祇足爲國家妖孽，則君子奚貴焉。君章之事，於史罕記。其僅見者，湘中之寶，荆楚之材，江左之秀耳。然觀其從庾元規，友謝仁祖，則猶未免爲曠逸之士。惟是桓溫氣焰赫翕，公卿大臣皆卑躬屈膝惟恐後，雖謝安石之賢也而不免。君章獨以居近囂塵，結茅於城西之小洲。布衣蔬食，居之晏如也。他日，溫大會寮吏，君章雍容末坐，若有氣呑姦雄之勇。以其世論之，不謂賢乎。黃魯直所遭，則又有人所甚難者。章惇爲政，蔡卞論諸人，首治吏事，魯直坐謫黜戍，凡八年。僅以徽宗初政，起之謫籍，道出江陵，爲承天院作浮圖記。而轉運判官陳舉承望趙挺之風指，又謫其蝗旱疾疫等因，以爲幸災謗國，坐徙宜陽。嗚呼，彼所謂卑躬屈膝，所謂望承風指，洋洋然自謂得矣，朝榮暮槁，糞壤同腐。而矯矯獨立者，垂芳簡策，其爲蘭蕙，不已多乎。況君章耒陽人也，江陵特仕國耳，且渚宮故事，謂其厭喧嗜寂，徙居城西三十，而盛弘之《荆州記》，乃謂距城西者百餘里，瞰洲爲樓，因名羅公洲。按此二記說，則前後凡三遷。今承天院故址，或始居，或改卜，未可知也。而劉明之假其宅，若有見其像貌。杜子美貽詩厥弟，亦卷卷於短牆喬木之間。以是知賢者所寓，雖名存實廢，而隱乎斯人之心者，常與所寓俱存。此天理之良感，閱千載如一日也。《承天塔記》，豫章集以其因是被禍，不忍錄。而七十三年後，勒石於故居，又以知士大夫正心修身，當以千載自期。苟有所好樂恐懼而不得其正，祗以自遏其躬耳矣。季能名愚，文恭公之子也。家有蘭蘜，而紉芳結華於簡策，尚友古人，此其好學之誠，未有窮也。余故謂二賢不專以文藝稱，亦冀季能光而大之，必至於師友古之聖賢，明善誠身，而後爲學焉。紹定四年□月夏□□□□□□□了翁□。

大元至正七年歲次丁亥十月望日山門重立石

當寺首座□□書丹篆

當代住山天瑤旨授光普照禪師前住當山□□公號天□聖禪寺宗主□師可主照

《湖北金石志》卷十二。《宋代石刻文獻全編》，北京圖書館出版社。

《大華嚴寺慶寺疏》

國家自辛未年中，爰捨金帛，命所司建精舍，仍鑄天冠菩薩梵容。斤斧功成，藻繪事就，謹捨銅金帛三百八十七千八百一十八文，建道場一會，修設五千僧功德慶讚，兼捨本州鐵金帛二千繩，充長生供給。常住差靈隱寺副寺主辦隆爲寺主數年掛意，今日召工。

《福建金石志》卷六。《宋代石刻文獻全編》，北京圖書館出版社。

《戒山頭齋會碑》

使州體問，自來風俗被喪之家，言有靡用，破賣產業，置辦酒食齋筵，名爲孝行。至有亡歿之人，本家不敢哭臨，先將田屋出帳典賣，得人就頭商量，打了定錢，方敢舉殯。外殉人情，中抑哀毀，是不孝之人也。出殯之夕，鄰里識與不識，盡來卽問，恣食酒肉，包攜歸家，至使喪家費用無極。其於人情，鄰里當有贈遺，以資喪家慰吊之際，豈可恣食酒肉，以爲宴樂，是無禮之人也。山頭齋筵，僧俗之中，本非知識。齋食不足，每人散錢二百文。如有少缺，便卽忿怒。送葬之禮，雖出於古，豈有本無哀情，只趂齋食，喪家竭力不給，此與乞丐何異，是無恥之人也。若不斷絕，民間轉見不易，禮義之日遠。右仰喪葬之家，喪夜宴客，不得置酒讌樂山頭，不得廣置齋筵聚會，幷分散錢物，以充齋價。如有輒敢，罪在家長。幷城外僧院，不得與人辦置山頭齋。及坊廣侯耆長，常切覺察。

《福建金石志》卷七。《宋代石刻文獻全編》，北京圖書館出版社。

《宏智禪師後錄石刻》

天童覺和尚，河東隰州人，俗姓李氏。其祖父久參佛陀禪師，時號李行者。母夢梵僧與一隨球環，覺而有娠，誕生禪師。夜屋發光，比鄰皆驚。及師長成，左股腕上有肉痕，若隨球相，不欲示人，而間有見者。師自童穉喜佛典，天性機敏，自達宗理。每白父母出家，再四，方從其志。十五歲祝髮，受具足戒。十九始行腳，徧參諸方，在處爲衆推重。後見丹霞淳和尚，不數載，機警相投，大明曹洞宗旨。二十四歲，遷入書司。又隨淳和尚徙住大洪山，令具立僧。淳和尚遷化，眞歇禪師住長蘆，虛首座席以待之。此皆僕昔在廬山侯溪上塔閒居之時，親覩是事。禪師初來，首與貧庵傳道者照闍提，雲居高庵秀峯祥叉手，皆一時宗匠，共爲莫逆之交。僕一日凌漂乘舟，作別於山下，有偈云，與君攜手下山隅，霜滿平川月滿蘆。珍重□人善行李，小橋流水不相辜。師甚肯之。自後聲價愈高，道義益盛。泗洲普照虛席甚久，始爲向藏林用諸禪所舉，乃爲出世。次爲先兄置制，開法圓通。眞歇退長蘆，師繼其後。建炎間，兵火犯境，避地浙東四明。將訪眞歇於寶陀山，州府敦請爲天童主人，師堅辭不就。後爲雲水肩至法座，不得已而受之。人情嚮合，禪林增光，馨香大佈。紹興九年，被旨移錫靈隱。未兩月獲旨，再住天童。三十年間，道俗欽仰。傳法之外，院宇一新。王公大人，樂與之遊。衲子奔輳，如水就下，常滿一千二百衆。紹興二十六年，育王缺人，師舉妙喜佛日禪師主之，親爲勸請文。妙喜住育王城府開堂，師居上首，白椎傾倒，劇談闊論。妙喜執其手云，吾二人皆老大，惟吾二人，你唱我和，我歌你拍。苟一旦有先盍然，則存者爲主其事。爾後圓寂，留頌遺余，以示永訣。而妙喜竟爲主喪，不渝盟也。眞可謂南山與秋色氣勢兩相高，於二公見之矣。今越帥舍弟深亦推重，延入府庭，問道旬日。十月十七日，始還山。次日午飯，對客從容，談笑自若。索湯沐浴，易衣需紙，揮染育王書，囑以後事，及書偈告衆，末後一著，光明四布，歎未曾有，在生之日。語錄偈頌言句，一一不遺。師於常所用扇，惟書菩提二字，甚不凡也。延平慕南上人不負平日法義，求序於余。余曰更請佛日大禪老，爲末後句，始得功案大備。此老不動聲氣，拈佛祖命脈，以接雲水。老人當更問，不涉廉纖語如何話。會佛日慣得其便，上人恐未免竹篦也。急著眼，減一半參。

紹興戊寅四月初吉，皇叔慶遠軍承宣使提舉江州太平興國宮安定郡王趙令衿序。

《鄞縣志》卷五十九。《宋代石刻文獻全編》，北京圖書館出版社。

《天童寺別山智禪師塔銘》 慶元之景德招提，甲於東南。自宏智覺禪師據丈室，唱洞山價之道。行解孤絕，戶外屨滿，至無容跡。覺乃因其舊而宏敞之，層樓複閣，幻出佛境。僧坊寶所，架造凌虛。由是一新來者之耳目，盡著四方之包笠，勤亦至矣。歲丙辰，不幸燬於火，蕩無一存，瓦礫眯目。一方稺耋每對之，相與歎息咨嗟涕洟，惜其舊而難其新也。或有曰，智天王乃無準範嫡子，眞知密行，四衆推服。且心念眞實，屢試名刹，植仆起僵，有成效矣。倘得此人主持，庶幾可復舊觀。於是本州帥守吳公潛以興議聞於朝，有旨召師主其山。師聞命，毅然曰，經始用力，獨非人歟，吾其可不逮其志。則一囊一鉢亟前，無難色。始至，掃去灰燼，剔除瓦礫。縛數椽，茆於其間，與廝役雜處，欲以歲月遲其成。會慶元閔雨，請師禱焉。師默祝於心曰，此寺若有緣再造，當隨禱爲霖，以起衆志。登座舉揚，雲行雨施，盡三日，田疇告足。朝家聞其事，以僧牒五十賜之。由是，人情大和會，士夫耆舊，慫慂出力惟恐後。殿宇像設，不三年落成。金碧輝映，輪奐斬新，視舊無一殺。旁觀者訝，騰口者息。智天王之名愈播衆口，而師自視猶欿然，如未始著力者。

名山勝地，雖廢興有時，苟非其人，道不虛行。天童始於興禪師，盛於宏智應庵，再造於師。前後千百年，如出一人。機緣匝帀，豈其默有司之者，不可以智慮疇量耶。師諱祖智，俗楊氏，蜀之順慶人。母滿娠，夢一僧龐然，形狀瑰偉，遽來求寄宿地，已而孕。師生而頎然，稍長，性不好弄。甫七歲，有僧紹印訪其家，見其相與常兒異，試出言，求爲行童。師卽欣然，隨往其廬。印授以圭峯《圓覺序》，一脫口卽成誦，如夙習者。十四歲祝髮。十九歲往成都昭覺，依拗牛全，始學出世法。後出峽抵公安，聞僧誦六巖語，喜之，徑往蘇之穹窿謁巖。巖著之堂中，因閱《華嚴・法界品》善財見彌勒樓閣因緣，入已還閉之語，恍然如夢而覺，如醉而醒。遂頌靈雲見桃花機緣云，萬綠叢中紅一點，幾人歡喜幾人嗔。巖頷之。隨衆二年，往見浙翁琰，無際派，高源泉，淳庵淨，妙峯善，皆有頭角之譽。最後見無準範於雪竇，範知其爲法器，以峻絕門庭待之，棒喝俱下，一語不假貸。師擬賡對輒噤，不能發諸口。由是知解俱喪，而服膺焉。久之，或作而曰，吾平生伎倆皆死法，今見無準範，死行活路矣。準被命往育王，令師歸藏司。未幾，移徑山，請分座。

嘉熙戊戌，洞庭天王虛席，郡守趙公與遴選於衆，濬德以師爲請。師至，百廢俱舉，規式一新。夙參如西巖慧，高峯密，兀庵甯，別翁甄，皆同志者，住後互擊扣焉。時癡絕沖住靈隱，衲子往來，道師提唱，稱賞不容口，由是名聲藉甚。丞相游公侶以西余招之，金陵留守王公埜以蔣山招之，師皆任緣汎往，鉢袋隨身。或久或近，俱無適莫。而學徒從之不舍，所至叢林，名播遠近。會寶祐丙辰，天童之景德罹火，而師以夙緣受請，事事赤立，無以妥衆，人不堪其憂。師以忍力夙願，皆不介意。風饕霧宿，糲食不充，始始終終，曾不告勞。會機緣成就，而僧牒至焉。幾何梵宮巍然，如神力變現，突出目前。人無智愚，普指贊歎，驚詫未有。而師之精力，亦疲於是矣。師本無宿疾，領衆如常。歲庚申九月旦，忽示衆云，雲澹月華新，木脫山露骨。有天有地求，幾個眼睛活。於是老參宿衲，始疑師有出末後句者，自是不復出丈室矣。有省問者，遽曰不及相見，各宜努力。後十日夜分，呼侍者屬後事，無一語亂，珍重大衆。叉手長寂，壽六十一，臘四十七。師嘗日囑其徒，令從火浴。已而寺衆謂師於本山有大功，甯忍，遂塔全身於中峯密庵之右。送者嗔塞，皆掩袖飲泣，如喪至戚。

浮圖氏有殿宇坊居，皆像季法。然化緣安衆，於是乎在世。有肯爲衆服勞，而智解不足服人者。有道眼明白，而不屑於從事力役者。有念慮及此，而機緣不偶者。有一於此，皆不潰於成。師知見踐履皆絕人，爲衆一念，出於眞實，故其成就如此。四處住山，皆名刹。道號別山，而衲子但以智天王目之，耳根習熟故也。平生爲衆激揚語言三昧，其徒錄之別楮。吁，師以眞正眼目，名播江湖，爲龍天推出，辦如上事。學者願其年登上壽，爲本山住一二十年主人。以臨濟、興化之傳，成就學徒，續佛慧命。而緣法至此，此可深痛也。復之素不識師，而知其名。寶祐戊午，司臬湖北，師之徒化士德淵□□□□道統相勉，語不他及。今□楷猶在而□□已移他所□□之後，感慨三嘆。師之參學永言會徹狀師平生，求刻諸銘。於是不推其請而繫之以辭曰：

少林一脈，法以心傳。心本無心，言那可詮。後來夸毘，譫說徒喧。師於雪竇，得魚忘筌。事事活路，著著機先。匪傳匪授，匪法匪禪。寶坊載締，克還其前。匪師之故，孰相其緣。惟山太白，高高矗天。惟寺景德，久久福田。智天王之名，惟千萬年。

《鄞縣志》卷五十九。《宋代石刻文獻全編》，北京圖書館出版社。

《韶州光運寺寂通證誓大師碑》 乾道九年仲冬朔，光運住持僧正成謁孫子曰，儒佛之道，相爲表裏。如來以心印相授，不立文字，非通儒啓其關楗，學者莫知所從入。曹溪老盧，親傳黄梅衣鉢，必得柳宗元、劉禹錫潤飾之，然後其道益尊。今吾招提，寂通證誓大師道場也。一方信嚮，欲雨欲暘，應祈如響。碑刻蔑然無述，舊有行狀，建炎兵火，煨燼弗存。流俗相傳，訛鄙失眞。子摭以記顛末，吾將鑱石焉。予復之曰，此吾素心也。春二月望，先君捐館，卜三月五日。窆期將及，雨淫不止。余窘甚，奉香哀禱于師。又明日，陰雲剝散，霽色舒麗，遂克襄事。未知報師之所，秉筆紀實，其何敢辭。

於戲，師之生，歲在己巳，唐高宗總章二年也。師之寂，歲在癸巳，明皇天寶二年也。距今癸巳之歲，遙遙四百三十載，其詳不得而聞矣。攷諸余襄公塔銘，及韶川圖經，僅得其略焉。謹按，師郴人，姓朱氏，法名道廣。幼而悟空，長而棄俗。禮衡州超和尚，祝髮於福田寺，受具於南嶽。梵行孤潔，法相嚴令。振錫興遊，止於韶州仁壽臺。羣丐所居，與臺密邇。師日持盂化食比屋，以所得蔬飯，同之一器，爲和羅飯，先飼貧病，羣丐飫足，自餐其餘，行之悠久不勸。天寶元年，韶大旱，農畝龜坼。郡守馮君，失其名。雩祀亡應。師慨然嘆曰，吾食於人，旱魃肆虐，當與人同病。徑詣眞武二水合流處，浮坐具水上，合爪正坐，沿流下官灘，遡洄而歸。謂人曰，雨且至。老稚懽迎于臺，見庭中井霧氣上騰，黑龍躍起，密雲布空，大雨沛然，千里沾潤，變凶爲豐。明年冬十月二日，趣門人具湯澡盥罷，跪坐瞑而寂，異香盈室。門人築浮圖以安師像。壽七十五，臘五十五。網羅舊聞，可書之事，止於此爾。余以是知師心廣大慈悲，此師所以證果成佛也。

今寺建於隋初，仁壽臺以年名也。及師居之，世呼廣和尚院。唐僖宗時，郡守謝君肇惡其斥師名，改曰廣明院，亦以年名也。□劉專制，謚師曰輔聖，名其塔曰寶元，寺曰光運。具龍舟以迎師，與六祖同入宮，加謚證眞寂照焉。皇朝元豐五年，賜謚寂通證誓大師，寺塔名仍其舊。建炎五年，郴寇竊境，欲刼師以歸。前期郡守管君因可夢師假館，既寤，奉師坐亡之像于州治。寇至無所得，焚宇而去。紹興八年，副總管韓侯京起其廢，規模比舊差隘，塔不復治。寺成，奉師眞像以歸。余既書師事，系之以偈。偈曰：

佛法從西來，暗與儒道合。吾儒惻隱端，即是佛慈悲。慈悲與惻隱，同實而異名。若有善男子，哀愍濟衆生。普視大千界，願同沾利樂。不起自私心，反手成佛道。稽首寂通師，性根大智慧。一念百千念，不離慈悲心。常持和羅飯，先飼貧病者。不自厚其身，無有不厭足。同憂歲大旱，浮水現法力。驅龍洒甘雨，無有不沾潤。師心本湛然，未嘗有作爲。及其有作爲，哀愍衆生故。師寂四百歲，慈悲如在時。雨暘或愆期，應禱如枹鼓。願終惠此方，淨洗千刼塵。歲歲是豐年，在在成樂土。咸知大慈悲，信嚮永不怠。

淳熙三年八月朔，本寺住持傳法沙門正成立石，免解進士章貢孫時敏撰并書，文林郎知梅州程鄉縣事主管學事周南張槩題額。

《廣東通志》卷二百十一。《宋代石刻文獻全編》，北京圖書館出版社。

《眞應大師賜號碑》 上即位之十二年，詔改熙寧爲元豐，是季春，盛次仲得邑慈溪，而邑經饑疫之後，幸歲薦登，民僅安集。越三年，自溯以東，春暘生旱，苗立將槁，民有懼心。遂率縣尉源鈞走境內之名山靈潭，涉旬雨不報。惕然問諸鄉人，皆曰，香山寺常寂大師可禱。與源宿齋晨往，雪心稽首，直以至誠抵之曰，師有惠於人，而縣令未之信也。今日之請，民心迫矣。惟能不崇朝而雨，乃師之致。若然，當詣府言狀，祈易師之僞號於本朝，以爲之報。既禱就次，方且躊躇，而仰視天日，天無纖雲，日光如赭，顧源失色，彷徉以歸。行未十里，油然雲作，晚照尚明，雨已追道。甫及東郭，而霶沱矣。酒官田仲孫空邑人迓於五里，艾稚驩叫遮道，踴躍而忘其頂踵之濡也。是歲，旁邑訴旱，慈溪獨大稔。及白府如祝詞，太守朝議王公誨不以縣令之言爲輕，而壅於上聞具奏，而天子可其奏，付禮官易號。明年六月勑下，賜號眞應大師。

謹按本縣圖經與行狀，大師名惟實。唐開元中，示跡於杭州富春之湯氏，受道於越州會稽之宗本。師演化於明州慈溪達篷山之佛迹庵，而建寺於庵下之香山，迨今踰三百年矣。寺之東南隅，眞身在焉。常寂乃錢武肅之僞號也，凡六鄉之民，祈禳水旱，保求嗣續，行狀載之甚詳。今民閒以湯字其子者，識所佑也。故予列於府云，如蒙本朝顯號，不獨爲民崇報，可以助三登於聖世，保百男於天支，則號曰眞應，不亦宜乎。塔南十舉武，有連理木二根。一本聳秀凌雲，而造物之理，殆不可窮。其生與師俱生，而人莫之識。是日見之，因圖以上府，而亦得奏御焉。

嗚呼，大師佛性解徹，超出□劫，豈有意於身後之名哉。方其與物出入，立相□化。則出而示相，所以生者，葢未嘗生也。入而不寂，所以死者，葢未嘗死也。是將眞機付迹，妙應隨方，使見聞者知所嚮悟。則凡有名者可爲人也，又况得名於聖人平治之時，而垂無窮光耀於海隅泯昧之地，則爲人者，不其高明廣大歟。勑下之日，予已代歸，今縣令沈禮實奉承之。住持僧觀超乞記其事，而令以首事於予也，故屬以爲之記云。元豐五年六月日記。

慈溪縣尉□師成　前慈溪縣尉源鈞　慈溪縣主簿劉斧　左班殿直監慈溪縣茶塩酒稅田仲孫　慈溪縣令沈禮　權明州觀察推官葉仲詢　權奉國軍節度推官龔士震　奉議郎簽書奉國軍節度判官廳公事騎都尉王修　承議郎通判明州軍州兼管內勸農事上騎都尉賜緋魚袋盛僑

朝議大夫知明州軍州事兼管內勸農使柱國太原縣開國男食邑三百戶賜紫金魚袋王誨立

郡人陳奕模勒

（光緒）《慈谿縣志》卷五一。《宋代石刻文獻全編》，北京圖書館出版社。

碑高九尺九寸，廣四尺七寸。額篆書香山智度寺眞應大師賜號碑十二字，六行，徑四寸七分。文二十五行，行五十字。正書。徑一寸一分。在香山寺。

《常寂大師行狀碑》　大師諱惟實，俗姓楊，杭州富春人也。祖◇不顯，故亡其諱。初，母夢呑明星，因而感孕。生於唐開元十二年甲子四月二日，祥光照室，異香襲人。父母隣里，皆驚視之。生四歲不語，及失所怙，忽謂母曰，生鞠之德，天高地深，願歸佛圖，以報罔極。母氏知其不凡，爲投會稽秦望山善慧禪師出家焉。大師天資明了，夙悟佛性。十五落髮，二十受具。初探律藏，戒行自嚴。一日，辞其師曰，禪寂之理，爲最上趣，安用守此陳迹，空老歲時。於是自吳返越，從宗本禪師密受微言。入室未幾，頓然超衆。師曰，道無隱見，一以貫之。其在實也，東有名山，實可往矣。遂振錫至慈溪縣之若嶼山，欲居而神人夜告曰，達蓬聖迹名山宜矣。大師以謂冥合師言，待旦而行，果得所謂達蓬山者。深嵓絶壑，石壁削立，而壁閒隱然有大佛足迹，遂結庵焉。

時天寶十四年乙未也，大師齒方三十有二。聚徒講道，遠近歸心。會海寇袁晁黨散掠淛東，俄有數百人突庵威侮，衆皆奔散。唯大師據石瞑坐，群寇迺剷石塞洞，又驅巨石，欲斷穴口。大師從禪定起，喑嗚作聲，以一掌擧之。盜相驚顧呼，以爲神，遂攝心引謝。大師乃顧酋魁，爲開論善信，而人人叩頭嚮化，相與肩石，爲堦爲垣，爲門牖，爲牀坐，致恭效力而退。後歲餘，語其徒曰，難復作矣，汝等避之，吾亦當邁。比冬大饑，盜賊蜂起，公行刼掠，野無噍類。明年難息，復還其居。至代宗廣德二年甲辰，大師以巖居不足以容大衆，乃投錫山麓，開基建寺。鄉人助順，不日而成。大歷八年，刺史裴儆奏請，謂山接仙蓬，地控溟海，聖迹在石，崖谷流香，乞以香山寺爲額。優詔從之，仍歲許度僧七人。

大師始自天寶化行甬東，餘三十載，道德名實，加於上下。故刺史裴儆、趙恆、李長、司馬陳護、邑大夫周頌、閻信美、張濤、周曜、宋革、柳寬，皆當時名公，承風問道而恭事焉。以貞元二年十二月二十八日中夜，順寂趺坐而逝。僧夏四十三，天壽六十二。受業弟子智藏，智辯，智眞，智通，智稜，智全等，建塔于寺之巽隅百步。越明年二月一日，擧全身葬焉。開成三年，寺僧南瑤刻銘塔　，以紀妙行。咸通十四年癸巳八月，忽有途人負漆器五百事入寺曰，湯和尚於浙西丐緣，先遣至此。衆以寺無湯僧外化，而問其所在，曰溪邊濯足，隨將至矣。衆趨出迎，闃無所見，惟濡迹草逕，直抵墳塔，而遺履在傍，乃悟大師之示相焉。既聞，公發塔，其全身儼坐，而髭髮秀長，神色如生。負者曰卽湯僧也。尋具幡唄儀，引出壙殿以奉之。昭宗乾寧三年丙辰四月，有睦州陳氏至曰，家有幼子，久攖沈疾，值湯僧行化，因以情告，而敎某立疏爲祐。約至十六歲，來明州慈溪香山寺還解。其子既安，如期來謝。僧好食糖餅，今亦脩供衆。曰此眞身顯化爾，遂延至堂上，一見愕然。自後遠近士庶，奔走瞻奉。或保佑男女，丐乞嗣續，誠之所投，罔不感格。至於水旱祈禳，應如響荅。

天福七年八月，吳越王聞而降制曰，惟實禪師，自超彼岸。空仰芳塵，掩其禪扃。在兹國土，必有以儼眞乘於象外，助主化以風行。宜錫殊恩，以光遺相。可追謚常寂大師賜紫。及錢中令出爲州牧，即迎致府廷，初未篤信。乃索針剌膚，而應針飛血，惕然悔謝，願留城中之興國寺，以就晨夕之敬。舁及臺門，舉者莫前，加力雖倍，屹如山立。公曰，師其欲故山乎。焚香以驗之，煙果西嚮，遂遣使送歸。大師經時髭髮或長，淨心者多爲之剃削。後因一比丘尼輒願結緣，未釋刀，似有壞相，始加漆飾彩繪焉。

大師晦身僻尤，聞於時者，久多遺落。其略亦見於宋通慧《高僧傳》。所居之庵，佛跡與飛錫之地涌泉，及平生所用銅淨瓶，手巾筒仍在，唯錫杖髮囊幷道具，爲有力者取之，今則亡矣。我生不辰，聞此有道，不敢以告人，但私記其髣髴。庶幾福民應物之迹，不泯於後世。而遭遇聖代，當有知大師者云。謹狀。

元豐三年秋，本縣以祈雨之驗，太守朝議大夫王公詵奏其事。蒙朝廷下禮官易謚，禮官牒州，須大師行狀而索之。住持僧觀超乃得此本，其跋尾但云天聖八年秋，住持僧惟德重錄，而莫知其何時人撰次也。明年夏，既奉勅更謚眞應大師，而子已代去，因歸其故本。而惜其字多漫滅，又考其文，有聖代當知大師之言，則今日之知應矣。然則斯文所作，亦有道者乎。遂手自謄寫，以付觀超，庶久其傳焉。五年壬戌六月己巳，宣德郎知開封府陳留事盛次仲居中書。

邑人朱宗昭、宗立施財立石。

（光緒）《慈谿縣志》卷五十。《宋代石刻文獻全編》，北京圖書館出版社。

右刻眞應大師賜號碑陰。高九尺九寸，廣四尺七寸。額篆書眞身常寂大師行狀八字，四行，徑六寸。文三十行，行五十五字，行書，徑九分。在香山寺。

《招慶禪院大佛頂陁羅尼幢記》　大佛頂陁羅尼者，蓋總持之林苑也。祕諸佛之玄旨，包萬法之大源。其爲用也，列邪見之網羅，明正慧之燈燭。拔三塗之滯跡，滅多刼深□所。其千聖共傳，衆靈攸仰。欲存廣益，必藉流通。兹佛頂幢者，即當州清信長者劉熙與弟闓，同發菩提心，捨淨地之所建也。奉爲當今皇帝，在郡朝賢，法界龍神，亡過父母，四大六趣，一切有情，三塗地法，受苦衆生，爰及自身，闔家眷屬，同資福利。二公以崇善至切，奉佛心堅。涉萬里之滄波，買他山之翠琰。琢觚楞之奇狀，刊祕密之梵文。繇是選勝崇基，果符夙願。我招慶禪師傳佛心印，繼祖師燈。眞機雖逗於生根，善誘不忘於衆品。許就金園之內，安于寶殿之前。其幢高二十五尺，下列神儀，上嚴聖像。風搖鐸韻，和清梵以虛徐。日映珠光，對玉毫而熠燿。天龍由是發歡喜之心，鬼神於斯撤瞋恚之業。諒乎難思之利，存夫不朽之功。齊日月以無窮，與乾坤而等固。感通斯在，報應昭然。慈雲覆而福樹花春，慧日輝而愛河浪竭。

時淳化元年庚寅歲十二月二十八日□□

大佛頂陁羅尼啟請

稽首光明大佛頂　如來萬行首楞嚴
開無相門圓寂宗　字字觀照金剛定
瑜伽妙旨傳心印　摩訶衍行揔持王
十方法界諸如來　行住坐臥每隨身
八萬四千金剛衆　不持戒者名持戒
不持齋者是持齋　三昧智印海無邊
菩提力大虛空量　解脫法身金剛句
說其祕密悉恒多　護念加威受持者
念滿一萬八千遍　遍遍入於無相定
號稱堅固金剛幢　自在得名人勝佛
縱使罵詈不爲過　諸天常聞說法贊
神通變化不思議　陁羅尼門最第一
大聖放光佛頂力　掩惡揚善證菩提
唯聞念者薝蔔香　不讓一切餘香氣
僧破二百五十戒　比丘尼犯八波羅
聞念佛頂大明王　還得具足聲聞戒
若人殺害怨家衆　常行十惡罪無邊

暫聞佛頂不思議　恆沙罪障皆消滅
現受阿鼻大地獄　鑊湯爐炭黑繩人
若發菩提片善心　一聞永得生天道
我今依經說偈讚　無量功德普莊嚴
聽者念者得惣持　同獲涅槃寂滅樂

大佛頂如來廣放光明聚摩訶悉怛多鉢怛囉最勝金輪頂大自在王無比大威德惣集百千方陁羅尼性海都攝一切明王更無有上最勝金剛三昧帝祖羅施十方如來清淨海眼祕密伽他微妙章句金剛無礙大道場白傘蓋頂輪王大陁羅尼曰以下皆梵語經咒，凡五十三行。

《閩中金石略》卷三。《宋代石刻文獻全編》，北京圖書館出版社。

幢高四尺四寸。八面，各廣八寸。第一面七行，每行字數不等。餘七面各九行，行大十字。正書。

《承天寺陁羅尼經幢》　竊以佛頂陁羅尼幢者，具等特之勝力，惣無為之妙門。能令欲海塵飛，我山冰泮。足使含靈之類，俱臻彼岸之程。是以大婆茄婆，特所稱讚。善崇斯績，弘及無垠。皇宋改元淳化之二載，泉城壽寧寺嚴福沙門處巒，以勤度心，得不思議。善捐所愛，庸導羣情。自備工直，於所居寺大殿之西陛，為今聖上，嚴建是幢一座。庶上窮非想，下括泥犂。遍周夷夏之民人，遐格飛潛之品彙。盡沐慈悲之澤，同苻惠施之因。□以□郢呈能，貞珉就琢。巍層儼若，勝績煒如。然願奉此玄功，□資宸扆，俾帝祚與輪王而竝軌，壽山將刧石以齊基。□□□□永鎮□□是歲冬十有一月誌之。琅邪王乘　僧元□

幢身高四尺。八面圍，共五尺。三十二行，行二十三四字不等。正書。在晉江承天寺。

《南山薦福院方氏祠堂記》　忠惠方公用《太史公自敘》法，論述其世次甚遠。至唐末諱琡者，為都督府長史。子諱殷符，為威王府諮議。以平巢功，進銀青兼御史中丞，僖宗中和四年也。中丞七子，第三子諱庭範，歷宰長溪、古田、長樂三邑，遂定居于莆。愴念中原，藁葬祖父衣冠於烏齊豐田。及卒，葬靈隱中。以子貴，贈金紫。而古老相傳，猶號長管。云長官嘗欲營精舍，以奉先合族而未果。六子水部員外郎仁逸，祕書少監仁岳，著作郎仁瑞，大理司直仁遜，禮部郎中仁載，正字仁遠，叶力以成父志。請隙地于官，買南寺某司業圃以益之，於是薦福始有院。既共施寶石全莊田三十石種，又施南箕田七石種，南門田三石種，祕監也。施漈上田三石種，正字也。施濠浦田十石種，禮部也。增景祥橫圳田六石，稱僧祖叔住山有麟也。計種五十九石，產錢七貫二百六十五文，於是薦福始有田。見於莆田令君呂承祐之記。舊祠長史、中丞、長官三世及六房始祖於法堂，遇中丞祖妣、長官祖二妣忌則追嚴，中元、盂蘭供則合祭。六房之後，各來瞻敬，集者幾千人。自創院逾三百年，香火如一日。後稍衰落，賴寶謨公、忠惠公後先扶持，而復振。

至景定庚申，院貧屋老，賦急債重。主僧寶熏，計無所出，將委之而逃。忠惠子寺丞君憫七祖垂垂廢祀，慨出私錢，輸官平債。經理兩年，銖寸絫積，一新門廡殿堂。乃帥宗族，白于郡曰，郡計取辟僧刹久矣，新住持納助軍錢十分，滿十年換帖者亦如之，歲首輸官。主僧許本宗官□者選舉。又曰，院以葺理而興，以科敷而廢。今後除聖節大禮二稅免丁醋息坑冶米麵船甲翎毛知通儀從，悉照古例輸送。惟諸色泛敷，如修造司需求陪補僧正借腳試案等，官司所濟無幾，小院被擾無窮，並乞蠲免。郡照所陳給據，仍伸漕臺禮部，禮部亦從，申符下郡縣。乃諗于廣族曰，南山祝聖道場也，歲滿散日，族之命士，有隨班佛殿而不詣祠堂者。自今祝香畢，並拜祠飲福院辦麵飯，併勞僕夫。又靈隱金紫墓，昔拘丞嘗分數命士，舉人監學生多不預祭。自今省謁，院辦酒食，請衆拜掃。內赴官入京人，免分胙。衆議曰，宜著為規約，願世守之。寺丞屬余記其事。

余惟古之尚論世家者，曰種德，曰積善。然成季宣孟無後，皋陶庭堅不祀，非種德之不善，殆顯揚之未至。初，長官以孤身仕閩，猶為唐官。及五季分裂，仕者各就其方，六子皆仕王氏。入宋，長官諸孫擢甲科，以文章事業著見，號名臣者，項背相望，遂為本朝故家甲族。余讀忠惠序譜之言曰，合天下諸方，莫如莆之盛。合莆之諸方，莫如長官之盛。蓋祕監五傳而有宗卿焉，禮部九傳而有忠惠。宗卿哭奏陵寢，淚濺御袍。忠惠昌言倫紀，語觸天顏。聞其風者，百世興起。七祖種積於前，二賢顯揚於後。其世祀也宜哉。新祠成，併祀二賢于兩傍，以為萬世臣子軌，則非直修方氏一門衣冠之盛而已。寺丞方盛年而繼先志，捐移財而倡義舉，力善進德未已。余當屢書不一書。宗卿諱庭實，忠惠諱大琮，寶謨諱信孺，寺丞名演孫，方需次建昌守。主僧法通嘗刺血書《楞嚴》、《法華》二經者，寺丞之所選舉。始院惟一僧，通至未幾，變律爲禪，今十有二僧，略如叢林云。咸淳元年六月日，煥章閣學士通奉大夫致仕莆田縣開國男食邑六百戶劉克莊記，中大夫直寶謨閣福清縣開國男食邑三百戶林希逸書。

《閩中金石略》卷十。《宋代石刻文獻全編》，北京圖書館出版社。

碑高七尺二寸，廣四尺分。五層。上層篆書南山薦福禪院方氏祠堂之許十二字，餘層各二十四行，每層行十二字。正書。在莆田。

《宋昭孝禪院主辯證大師塔銘》 神宗皇帝以孝治天下，凡世之所以奉先追遠之事，靡不舉焉。熙寧初詔，即永昭□厚陵建浮圖氏居，以修梵福。五年功畢，敕額曰昭孝禪院，御書其榜。乃推擇名德，將使主其事。凡得二十人，又選於其中，得啟聖禪院僧重表，於是宣補住持。特度其弟子十人，以寵榮之。師侈上之賜，心有以□天子追奉之誠。莅事之日，謀善於始，約以持己，寬以御物。殿既飾，以致焚修之勤。堂既崇，以蔵講誦之席。有容焉則以安清衆，有廚焉則以薦香積。不敢爲妄，悅雖無刑而嚴。不敢爲妄，怒雖無賞而和。是以聚徒百衆，直侍◇◇過之，而大小皆得其情，且樂爲之用。故師處之裕如，而金穀滋衍。垣墉者皆塈茨矣，樸斲者皆丹雘矣。師猶不自暇豫，日底□□祐初，太皇太后聞其行，詔坤成節，別賜度牒三道，紫衣二道，爲莊嚴聖像之用。繇是人益歸嚮，善緣日廣。師未嘗畜衣盂至于服用，取纔足而已。住持凡二十年，人無閒言，度其弟子至一百六十餘人。以元祐六年十一月二十日疾，召門弟子語之曰，有爲之法，豈異電光雲影哉。吾嘗修淨土觀，緣殆◇矣。語畢，右脇而□，蓋西嚮也，聞者皆驚歎焉。俗壽七十二，僧臘◇十一。管□嵩山崇福宮朝請郎君景施一方爲塔域，直昭孝之西三里，曰孝義橋西地之原。明年正月二日，弟子具禮儀而葬之。既葬八月，其法屬弟啟聖禪院供養◇□通大師，守僧弟子明教大師昭智等，來請余誌其塔。

按師姓張氏，洺州曲周人也。自童□時，已異諸□□長□事生産業。一日告其母曰，聞佛氏有出家法，願歸心焉。景祐四年來京師，往謁啟聖禪院主明智大師惠◇志明智壯◇之師，喜且歎曰，既已棄吾親而來，可不淬勵以成吾身哉。執役之間，未始輟焚誦也。康定二年，以誦經及格披剃。明年受□□。自是篤志律儀，尤樂濟衆之行。主院者稍委以事，師謹力以辯之。後益掌金帛，衆服其清。尤喜賓客，頗爲士大夫所知。嘉□中□□宋莒公奏，授命服本院，又奏賜師號。故及是神□詔主昭孝院事，人多識其能，以爲必善其任也。師之始終，可紀如此。故余喜爲□其事而著之銘曰：

於妙神考　致孝□先　乃卽陵寢　作□祇□　□佛塔廟　既成有嚴
榜曰昭孝　帝意攸虔　孰◇其事　□聽僉言　得辯證師　往始法緣　師既
□止　廣佛所傳　食藥□行　貫花肆筵　焚修之功　二后在天　作者既艱
居者孔安　既基而堂　則師之賢　來嗣觀德　考銘新阡

表白廣照大師　昭惠　知庫賜紫　昭用　典座寶慈大師昭隆　維那圓照大師照寧　供養主慧覺大師昭遇　勅補住持院主明教大師昭智立石　玉冊官趙隱刊

元祐八年六月望日建

（民國）《鞏縣志》卷十七。《宋代石刻文獻全編》，北京圖書館出版社。

正書。元祐八年六月王詵撰書，顧臨篆額。今在縣西二十三里康店洛岸。石高□尺□寸□分，廣□尺□寸□分。

《宋尊勝經幢序》 大師諱昭用，姓張氏，其先青州千乘人。資性純厚，未嘗妄笑語。自幼不天，事母以孝稱。既長，喜內典學，乃辭其家人，杖遊入河南祖宗薦福地服勞，爲經幢子。熙寧六年，以同天節恩例始除氏削髮，依辯證大師，遂得世嗣法統。又十年，進加命服。於是懇其師曰，學人父母云亡，今旅櫬有年矣，願亟歸以掩其親。師惻然且多之，因許其歸。既事，卽雲衲草履，遍禮四方靈跡，踰年始還。及興龍節，再以恩得賜號普慧。又元符三年，以勅補主其衆。師既住持，卽自奉甚約，接人益厚。故他方高道禪德，跂風來依者，常數十百人，其撫之一如也。後年辟地起層舍，貯盧舍那佛，金碧繪飾，不再月告成。得上所賜名，曰奉先昭孝之閣，玆功德是爲希有。今前翰林學士范公，雅與師善，嘗以院之廊廡穢汙弊特，請于朝，尋可其奏，俱命輪奐。然後那刹屹屹，始與陵園稱矣。三緣事實以師致然也。

政和二年五月一日，師圜寂入滅。得壽六十九，僧臘四十年。度法裔永先等百十有三人。既滅，悉閱鉢中，夐無一物。自削髮來，戒行不渝，恬淡朴素，眞出家道人也。以其年其月二十八日，歛骨歸葬于永安縣鳳臺鄉橋西里，從法兆之次。今嗣其後者，猶以行業紹家風焉。弟子永堯狀其事，屬余誌之，以垂不朽。嗚呼，如師者且喜爲書也，於是乎書。

普慧大師徒弟如後
永先　永光　永朝　永明　永訢　永謙　永見　永珎　永齊　永節
永洙　永思　永衮　永潺　永仁　永濟　永遵　永石　永延　永遜　永
傑　永常　永從　永遂　永連　永滿　永歡　永習　永脩　永漸　永昂
永琳　永加　永嵒　永迢　永琛　永顔　永堯　永幾　永賓　永涓　永章
永善　永孚　永華　永遷　永震　永權　永衡　永柔　永清　永福　永
登　永丕　永饒　永寬　永慶　永莊　永津　永嘉　永敏　永璞　永亨
永輔　永倫　永奉　永瞻　永高　永鑒　永扶　永賛　永宛　永元　永曜
永勛　永槩　永禦　永正　永睦　永礭　永定　永孝　永辯　永密　永
悟　永慈　永瑑　永琚　永素　永周　永优　永□　□□　永言　永香
永謀　永依　永宣　永雲　永愼　永資　永杲　永興　永亮　永完　永亢
永太　永訓　永璿　永玘　永生　永□　□□

壽聖禪院主首知事如左
副表白□□　副庫頭□□　副典座永章　副維那永洙　經藏主賜紫昭俊　資福殿□□　◇白　奉先閣主賜紫昭閑　表白賜紫孝弼　知庫賜紫昭承　典座賜紫永堯　維那賜紫孝綽　供養主賜紫通慧大師昭竦　勑補院主海慧大師昭純　立石
政和三年歲次己巳三月清明日建

（民國）《鞏縣志》卷十七。《宋代石刻文獻全編》，北京圖書館出版社。
政和三年。今在縣西二十里康店壽聖寺仆。石高五尺一寸。八面，面廣四寸五分。字六行，正書。

《宋寧神禪院智涵塔碑》　釋氏之敎，興於漢，盛於唐。本朝建寺，追奉陵寢，以昭聖孝。講誦有常，負薦無已。蓋兩漢以孝紀號，本朝以孝爲德。邈乎遼哉，奚翅可以相方也。天下佛祠衆矣，而獨奉陵寢者，恩禮加厚，推釋付畀，□難其人。故其總衆行道，類能善其生。精進戒定，有能善其死，一何崇信利益之足以相資也。寶應正覺通公惠然見隙，謂光弼曰，寧神禪院法照大師滅度，弟子廣昶等狀師行事，哀請至于再三。正覺通公戒行，高人之所畏仰，光弼既不敢辭，而又廣昶等倦倦孝誠，有足嘉者，乃爲論次而銘之。

師諱智涵，字仲見，俗姓勵氏。其先洪人也，後徙居河南，今爲永安人。師爲兒時，常聚瓦礫築塔爲戲，喜誦佛言。父母歎曰，此兒非吾家所能畜也。稍長辭親，禮永昌院淨慧大師爲師。元豐元年同天節，奏名披剃。明年，具麼訶衍戒。又五年，賜紫衣方袍。元祐八年，用羑之武氏誕日恩，賜號法照大師。初，朝廷修奉裕陵，建寧神院以薦在天之福，選永昌僧四十員爲焚誦衆。又於其中，舉用六人，總領院事。師當典座，奉敎勤謹，大衆推服。崇寧元年，寧禪院事，院每歲行度僧賜紫衣一會，兼追奉泰陵。師請加恩例，有司上其事，於是歲增度僧二，賜紫衣一，廣資給常住□數。四年，又增度僧二，賜田一千畝。政和中，師再有請，遂就輦下，賜房廊泉三千百金。自是供佛飯僧之具益厚，所以爲福益嚴。師曰，院事詣問隅左右街衆入內道場，特旨命師同赴。旋被委供進花木，昭懷皇后歲給度，除千道白金二百兩，禪師持誦追薦泰陵，皆異眷也。政和三年，師嘗力請退居，尋復被旨住持。向北名德顯著，奉事恪勤，何以臻此。

師賦性厚重，多行方便，與衆歡喜。一時貴人往來奏告，師將迎盡禮，無不得其意者。一幷坐丈室，謂門弟子曰，我聞雲生霧散，不離太虛。月謝潭空，何勞捕影。有者必盡，行者必歸。乃罄衣盂，爲六師懺悔會。命大衆多誦慈氏如來，西嚮依歸。飲冰不食，曲肱而化。時宣和三年閏五月二十一日也，春秋六十有七，僧臘四十有三。度小師二百五十人，廣昶等以其年七月十一日，葬師于河南府永安軍芝田鄉蘇村祖塔之次。銘曰：

巍巍裕陵　慶流萬世　爰建道場　薦祉金池　命師法照　典領奉事
俄兼泰陵　吉祥協至　越數十年　大衆歡喜　受諸供養　還以普濟　能圓
能方　無怖無畏　若小若大　若賤若貴　應酬得宜　各盡其意　推生知死
別履委蛻　作大功德　證此了義　三百其徒　寶封舍利

小師表白　慧覺大師廣顔　知庫崇辯大師廣昶　法姪典座慧海大師廣瓊　權院事寶覺大師廣永等立石
河南□霍琳刋

故金照大師徒弟名
記□□□道曰天地，四姓出家，號同釋子。故削姓而歸二氏，標名而興俗流。永裕永泰陵寧神禪院故管勾法照大師湎□□□□十餘年，度門弟子凡二百五十人。或以敷揚三藏，作衆軌□□□□命。或維持掌握法門，或雅號表奇華袍旌。微微然萃構檀於一林，璨璨然會◇奇於大海。
刻碑陰
廣龜　廣□　廣□　廣安　廣顔　廣照賜紫　廣威賜紫　廣滿　廣韶　廣鈞賜紫　廣熙　廣誘　廣□賜紫　廣容賜紫　廣益　廣誨　廣登賜紫　廣勛　廣歇賜紫　廣超　廣權　廣睦　廣素　廣殊　廣□　廣演　廣□慧照大師　廣越普明大師　廣澤賜紫　廣澄　廣濬　廣潛賜紫　廣溫　廣謂　廣鼎　廣□　廣淳　廣周　廣寶　廣啟賜紫　廣欽賜紫　廣端　廣忠　廣琛　廣璨賜紫　廣謹　廣資賜紫　廣珠　廣輝　廣眞普　廣深　廣謐　廣源賜紫　廣知賜紫　廣運　廣仙賜紫　廣遵　廣方　廣昌　廣親　廣澶　廣祥　廣康　廣涓　廣慥　廣恭　廣愨賜紫　廣願賜紫　廣仲　廣禦　廣幽　廣長　廣華賜紫　廣嘉　廣和　廣審　廣禮　廣□賜紫　廣絢　廣密　廣全賜紫　廣暕　廣湛　廣功　廣覺　廣逸　廣傳　廣茂　廣□　廣□　廣紹　廣張　廣廣學　廣洵賜紫　廣泰　廣生　廣稷　廣潤　廣敬　廣□　廣隆　廣□　廣謙　廣覽賜紫　廣文　廣喜　廣觀　廣□　廣昇　廣□　廣□　廣□　廣□　廣初　廣開　廣曜賜紫　廣興　廣者　廣果　廣洛　廣興　廣□　廣□　廣□　廣□　廣晛賜紫　廣嗣　廣贖　廣璿　廣緒　廣愈　廣昕　廣行　廣□　廣□　廣孫　廣□　廣堅　廣軒　廣賓　廣參賜紫　廣警　廣貢　廣用　廣衞　廣□　廣□　廣勤　廣堯　廣鞏　廣旻　廣航　廣述　廣恕　廣常　廣喬　廣順　廣琰　廣□　廣確　廣□　廣通　廣布　廣□　廣渙　廣逢　廣直　廣川　廣邕　廣懷　廣濼　廣孝　廣哲　廣□　廣□　廣□　廣□　廣輅　廣習　廣□　廣紀　廣瑞　廣□　廣緲　廣□　廣博　廣□　廣□　廣□　廣□　廣藹　廣夤　廣□　廣襄　廣□　廣溛　廣□　廣約　廣崇　廣祕　廣□　廣□　廣□　廣莊　廣閤　廣修　廣□　廣孚　廣臻　廣經　廣存　廣克　廣祈　廣朋　廣□　廣舒　廣坊　廣定　廣爽　廣□　廣恪　廣南　廣□　廣□　廣游　廣協　廣億　廣山　廣紱　廣□　廣□　廣□　等一十人立　在廣權一班之上
　宣和三年七月氵水經論賜紫淨慧大師慈永序并書
（民國）《鞏縣志》卷十七。《宋代石刻文獻全編》，北京圖書館出版社。
行書。宣和三年許光弼撰，僧慈永正書。今在縣西南八陵寧神寺中。石高五尺五寸，廣二尺四寸，厚六寸七分。題額三行，行三字。文二十四行，行四十七字。

《定平縣傳燈禪院記》　乾維巨屏，實曰邠郊。其地險固，其氣剛勁。被宗周信厚之澤，詠王業艱難之風。是故人知微福之方，俗嚴慈氏之敎。精廬靜宇，隱轔相望。定平縣傳燈禪院者，帶位署之左方，據郭邑之勝勢。四面環其趾，涇水盪其胸。卻倚崇岡，爰標龍尾之號。上寫寒澗，仍有天河之稱。◇爾鮮原，鬱然佳氣。昔居唐室之季，四海崩離。中和四年，有禪師從一者，挺秀宗門，從師臨海，避難高擧，擇地遐征。萬里而來，稅駕於此。相其爽塏，有志盤桓。羣心翕然，助成其事。買地築室者咸集，橫經跪履者亦臻。十年之間，百堵斯建。守官嘉尙，請命于朝。景福二年，詔賜題署，天光所及，道譽彌高。
　一公化去，弟子佐範，克嗣其業。範之弟子知信，復繼其任，守之以恪，加之以勤，感召益多，法事增廣。殿堂像設，靡不莊嚴。儲峙器用，無乏供億。而經典猶闕，講誦弗聞。以爲居今識古者存乎書，觀象得意者存乎言。金匱石室之宏規，名山京師之故事。此而不務，何以爲能。乾德四年秋，肇啓精誠，指期繕寫。邑人石遷等，聞風而悅，叶比其謀。日就月將，惟力是視。卷以緗秩，貯之琅函。邑人高玘奉其家山，以脩□室。米伐之備，夫役未充。俄而暴雨猥至，山溜奔激。屹然巨石，自至院前。取以給用，宛契心匠。雖廬岳神運之殿，石頭後渚之梁。感通冥符，無以過也。旣而信公復沒，以屬弟子令熙。熙也遵行，弗敢失墜。而民非兆萬，俗空猗陶。漸以化之，靜以俟之。二十許年，猶未訖事。會中使王君卽日僝工。俾下帷鑿壁者，得肆其勤。研精索隱者，不愆其義。眞風無泯，介福來臻。繄高士四世之勤，垂本宗百代之憲。宜其篆刻金石，永示方來。知余有好善之專，舊史之學求我，是用直書。於時歲次壬辰淳化三年春三月記。
《隴右金石錄》卷三。《宋代石刻文獻全編》，北京圖書館出版社。

《廣仁禪院碑》　王師既開西疆，郡縣皆復，名山大川，悉在封內。惟是人物之未阜，思所以繁庶之理。風俗之未復，求所以變革之道。詩書禮樂之外，蓋有佛氏之道大焉。乃敕數州，皆建佛寺。岷州之寺曰廣仁禪院，於是守臣爲之力，哲僧爲之幹，酋豪爲之助。雖經歷累歲，而數百區之盛，若一旦而就。初，前守神侯度爽塏之地，於川之西南，背山面川，規可以容數百區之廣，以爲不如是之宏大，則不足稱佛宇之尊。今守張侯謂經營之既久，而恐勤者有惰，日加戒促，以底厥成功。初，岷州之復也，詔以秦州長道、大潭二縣隸之。長道有僧曰海淵，居於漢源之骨谷，其道信於一方，遠近歸慕者衆，州乃迎海淵以主其事。其道勤身以率下，愛人而及物。始至則程其力之所及，必使力勝其事，事足其日。又有藥病呪水之術，老幼爭趨，或以車致，或以馬馱，健者則扶持而至，人大歸信。郡之豪酋曰趙醇忠，包順，包誠，皆施財造像。荆榛薙而宮殿巍然，門扉闢而金人煥然。次則范鐘以鼓其時，藏經以尊其道。徒有常居，客有攸舍。儲峙有廩，涓潔有庖。最其凡四百六十區，其衆瞻之，於高山大川，深林巨郭之際，來者趨，過者下。咸曰壯哉，吾土之未嘗有也。

吾昔之所謂佛居，而持其教，知爲□矣。岷州故和政郡，通吐谷渾青海之塞，南直白馬氏之地。大山重複以環繞，洮水蕩潏於其中。山川之勝，可以言天下之壯偉。前日之頹垣廢壘，今雉堞樓櫓以衛之。前日之板屋聚落，今棟宇衢巷以列之。又得佛宮塔廟，以壯其城邑。凡言阜人物變風俗者，信無以過此也。西羌之俗，自知佛教。每計其部人之多寡，推擇其可奉佛者使爲之。其誦貝葉傍行之書，雖侏儷鴃舌之不可辨，其音琅然，如千丈之水赴壑而不知止。又有秋冬之間，聚糧不出，安坐於廬室之中，曰坐禪。是其心豈無精粹識理者，但世莫知之耳。雖然，其人多知佛，而不知戒。故妻子具而淫殺不止，□腹縱而葷酣不厭。非中土之教爲之開示隄防，而導其本心，則其精誠直質，且不知自有也。傳曰，用夏變夷，信哉其言乎。

恭惟聖主之服遠也，不以羈縻怳忽之道待其人，必全以中國法教馭之。故強之并弱，大之凌小，則有甲兵刑罰以威之。擅山澤，專障管，則或賦或祿以易之。鳥獸驚駭，則文告期會以束之。閒田沃壤，則置兵募士以耕之。書勞告勤，則金帛爵命以寵之。爭訟不決，則置吏案法以平之。知佛而不知戒，則塔廟尊嚴以示之。日計之不足，歲計之有餘。必世而後仁，盡在於是矣。元豐初，予以市國馬數至其郡，見海淵首其事，其後繼之，則見其功之半。今年遂自來告其功畢，請予記其終始。予謂海淵既能信其衆，又能必其成，復能知其終，必以示後，皆非苟且者，乃爲書之。七年八月十四日記。

《隴右金石錄》卷三。《宋代石刻文獻全編》，北京圖書館出版社。

《勝相塔石刻》　禮部狀，準都省付下岷州奏，據長道縣骨谷鎮壽聖院住持賜紫僧道永陳狀，患癩疾，遍身膿血，院中不準安下。每日祇於街市，求乞酒肉。至晚，同一黑犬□城內坐化。其身光潔，端嚴白皙，火化之後，於燄中生紫色蝴蝶無數，舍利萬□，像菩薩於塔內，常放毫光。及出蝴蝶，如燕子大，亦糞舍利不少。每遇水旱及□□重移於法堂基上，別造地宮，內有磚一□，上有字九個，太平出金天塔永明王，常有毫光及紅紫蝴蝶□□□乞一塔名。州司尋牒通判按驗到不虛，及熙河蘭岷路第肆將張熙亦到彼□□部勘當，欲依本州所乞事理施行，伏乞指揮□送到熙河蘭岷路經略安撫中缺大中大夫右丞鄭，右光祿大夫左丞鄧，紹聖元年。第一級。石刻半埋土中。

送□君直弟之官岷州　戌感共孤苦，西岷難與行。荒村衝曉霧，野館聽寒更。霜雪饒窮塞，風沙足古城。黯然空灑涕，臨別若爲情。又執手相看何忍去，紛紛淚落空無數，百歲浮生能幾時，還是三年阻歧路。趙使君直來權本鎮酒稅□□練有詩餞行，觀其詞□遒美意愛敬篤誠可尚也，余深嘉之。亦因君直之□，遂摸諸石。紹聖二年二月望日，梁臺俞賁謹識。右侍禁監岷州骨谷鎮酒稅倉草場趙士埒立石。第二級。

信佛弟子張惟政，伏聞玉像者，始以不二相，行化於彼。人皆罪業閑障，莫識其眞。及見涅槃，方悟聖人。自後復現種種蝴蝶相，普化一切有情。遠近信心，歸依甚正。惟政遂發虔心，特捨淨財，修塔之第四級。願將布施福德，上祝皇帝萬歲，臣佐千秋。仍願惟政闔家老幼，福德增崇。次及法界衆生，同沾此善。時紹聖元年歲次甲戌五月庚午朔六日壬寅，信佛弟子張惟政記。第三級。

舒孝忠自壽聖院永公重新興修興相塔，發願誓修塔第五級。未幾施工，不幸逝去。臨終遺言，囑於長子元禮，將所願修塔，早與了畢。元禮依父之旨，將淨財捨於茲院，令工正修完畢。將此功德，伏願亡考四郎，及亡妣梁氏，乘斯妙果，永離惡趣，超昇淨土。終願闔家，老幼咸康。紹聖二年歲次乙亥七月十五日誌，施主孤子舒元禮。第五級。

第六級塔記

夫釋教者，乃空門澄淡化通幽，超之三界之□於六塵所爲，佛教之至理也。今者漢陽北山有聖賢現化，於今一百廿餘載。首先顯化爲僧居此，人皆厭而惡視之。遂擇地遷化。衆中亦有好事者，敬而焚之。驀然之中，有數色蝴蝶及□散□殖，大半變爲舍利。人皆恭禮，葬於□山，爲一小浮圖。及將所坐鐫爲一羅漢，安置於塔之中。市人常以□香，而禮待之。後忽天旱，全無潤澤，遍諸靈宇，求之無應。衆中數發心欲接壇而迎羅漢告雨，遂盡悅之。及迎之於壇，膏澤溥足，人皆轉而敬之。自後衆結緣而興建爲寺，院宇甚麗。後靈感行沙門住持，市人與主持僧共欲發心，爲大塼浮圖。抄掠市民，聚賄作塼，致滯不成。後有斯院游禮僧道永，萍踪數郡，深知戒法，於是院葺茅菴而獨處之。持三時六念之法，澄性戒行，不動六賊，靜而持念，日夕敷坐而持課。市民衆嘗謁之，皆言行之德行，可爲浮圖之創舉。衆請爲之，道永遂從而創之，不告衆擇地而遷之。及開聖骨，便有雷震白氣，現光百里。卜日葬之，夜見數蝴蝶。僧尼道俗婦女，共禮者數千，以葬於別地，修之浮圖。自後有蝴蝶數十，衆人皆歸禮，捨之財物，各占其級數。革因以夢見一僧，形及四尺餘，面光射目，在居處後園。言之敎化汝夫婦，入揖入家，蒼忙欲恭待之。忽驚覺。次日，又蝴蝶飛於佛前。妻張氏發心與夫革同議，可輟年費，占修浮圖第六級。今則爲文，以石鐫之，建立於塔□□於後世。銘曰：佛化生黎，教之敦厚。現异極高，世中罕有。◇往可人，施財奔輳。朝廷賜額，浮圖永久。鐫石爲文，萬年不朽。捨賄姓名，列之於后。發心修塔人梁革。紹聖二年六月十三日建，金臺杜徽之撰文。

又六級寶塔記　免解進士尹脩撰

粵若龍官勝事，愛藉□□，□刹良因，實資衆力，非大檀越其能成乎。故我石像菩薩現靈□□示塵勞，運神通，以破聾瞶。聞者見者，皆起信心。或智或愚，悉依正覺。是以宸極賜名，寶構俄峙。岌岌華址，巍巍巨基。不有斯人，孰興盛蹟。此王君所以深奉其敎，而能成就寶塔者也。然圓明實□，非相之可觀。故清淨法身，非形之所諭。卽心返照，法譚昭然。認境迷聲，去之遠矣。蓋念修□證之果，積習者佛之因。慧燈之明，萬惡自破。法雨纔布，羣疑已亡。如登高山，起於□步。跬步不已，其高可至。如爲植佳，起於毫毛。毫毛不已，其大□□。菩提之果，並復如是。積而不倦，何所不到邪。而謂無修無證，無果無因。放之自然，亦非通論。□□既已學吾聖人之道，而又能仰遵釋迦之法。佛之與儒，其名□□□而其道未始有□迹則異而其歸未始不同。苟造理以深□□□明仁義者，終身之原□身是爲戒行盡性者□□之要悟□是爲禪定□本不二，人皆自迷。儻得諸心，何有諸方□邪。紹聖三年六月十□日誌。第六級。

聞玉像大士者，福智俱圓，空有皆法。常於無相之中，現莫窮之境界。於此有情，得度者衆。次重興大塔以來，於惟晟家内，數現蝴蝶之像。惟晟與妻男議曰，菩薩依幾度接引，必度當來，同登虔誠，管修第三級塔。集斯勝利，上祝皇王萬歲，文武祿位常居。六親弃有漏之因，四類受無生之託。紹聖元年五月一日，信士張惟晟。第七級。

《隴右金石錄》卷三。《宋代石刻文獻全編》北京圖書館出版社。

《雞山生佛閣碑》　同谷僻在秦隴之一隅，地連全蜀，富於山水。郡城之西南二十里許，一峯屹然獨出，父老相傳，爲雞頭山。舊有羅漢洞，極深邃，不得其底裏。洞之左右有佛像，亦不知始於何時。其中有泉，淵源湛淨，活活然流出洞外，聲滿巖谷，水旱不加損益，眞斯境之勝絕處也。居民之好事者，亦或時往，以爲游觀之所。唯從義郎趙淸臣篤於好善，奉佛尤謹。政和壬辰春，屬以大旱，二麥垂槁，饑歉之患，近在朝夕。君遂同僧□□率衆詣洞請水，至誠所感，越三日大雨。人人歡喜無量，悉心歸依。比其迎返也，幾數千人。然山巔草莽之間，尊像埋沒。風雨剝蝕，歲月滋久。君視之惻然，念念不已。至政和丁酉歲，迺發誓願，捨財出力，建□生佛閣。與僧□慈惠諶寶□共爲經營，閱數月而工畢。閣成之二年，忽一日，畫父母兄嫂身容，背赴峨嵋山，於普賢示現處，力爲懺悔。且復默禱，願於吾州之雞頭山，以顯靈異。是年七月十四日，設大會於洞前。俄頃，布五色圓光，人所共覩。雞山佛現，自茲始也。厥後人益信法，而住持者更五六人，惟善、法義、法證、法用、洪雅之徒，前後相繼。僅三十年，次第而普治之。曰殿曰堂，與夫寮舍廚庫之屬，亦略具矣然。非君倡之於始，則安能成此一段事哉。噫，西方之教，行於中華久矣。其大率以孝慈忠信爲本，濟時拯弱爲心。誘人爲善，恐其淪於惡道，而不自知也。若究其所以然而不泥於末習，則可謂善學矣。趙氏以孝義著名鄉里，是得佛之心法者。來求記於予，遂爲之書其本末云。紹興十四年正月二十八日金臺丁彦師記。

《隴右金石錄》卷三。《宋代石刻文獻全編》，北京圖書館出版社。

《廣化寺記》 西康人勤生而嗇施，蓋其地磽腴皆可耕，絲身彀腹之外，蜜紙枲漆，竹箭材章，旁贍內郡。農桑既盡其力，而發貯鬻材，趨時射利，人棄我取，人取我予者，子孫皆修業而息之。廪藏赤仄，至累世不發，惟冠昏喪葬許用之。地既饒，而習俗如是，雖欲矯揉磨淬，使之急病遜夷，施一錢以濟貧賑乏，且不可得，而況奉佛老者乎。雖然，民知敦本，是亦可嘉也。廣化寺在封泉，距治城二十里。於元豐四年，高氏務成削地捐財以建。門闥雄深，殿廡耽耽。齋庖庫庾，鐘鼓魚螺，無不畢具。而高氏之貲中衰，人皆言曰，高氏未奉佛也富且彊，既奉佛也田且荒，佛之因果，豈可信耶。未幾，務成之姪常擢建炎四年進士第，仕至奉議郎。鄉人始大感悟，知責報於天，固不爽也。寺始於元豐，至隆興初，猶未賜額。遇中原亂離，涇僧宗禦懷賜書，避亂來此。遂請於太守梅公，願以廣化之額補亡。自是高氏之孫德愈念前功，仍像設諸佛，以增廣之。巍巍輪輪，宏敞煥麗。一日，德來請曰，吾祖於是寺，念之深矣。而八十七年之後，始有名稱，若有數焉。願託令辭，昭示來世。顧予非佞佛，姑爲本其土風，申其可言者寵嘉之，使刻示邦人，其有激也。乾道九年中秋日。

《隴右金石錄》卷四。《宋代石刻文獻全編》，北京圖書館出版社。

《慈壽院主重海上人靈塔誌》 上人法名重海，俗姓張氏，西京永寧人。世襲淨業，爲農家。幼便警悟，深樂佛乘。聞汝南龍山有古跡，俗傳爲香山大悲塔者，心所信慕。遂告其父母，懇求出家，禮智元和尚爲師。寶元二年，特勑剃度爲僧。本師死，遂主院□□以先師紹依前跡，創成淨宇，盡力緣事。歷二十年，尚以存留爲名。志願未就而歿，追念付囑之重，思欲繼成其事。適遇前牧天章閣待制太原王公以左遷臨是州部，乃瀝懇，以其師建置之績件狀物目。因上誕節，爲聖躬植福，遂以院額爲請。天章公雅重名相，樂人善事，亟騰奏以聞。制可，遂賜額爲慈壽院。世稱其父爲堂，其子肯構，又善繼其志，善述其事，皆爲名教所許。能如是上人，於院門不爲無力也。上人性方圓，通曉世智。能附貴要，善◇俗流。如有厚於己者，隨高下迎合，各各如其志。故得檀施◇臻，安住清衆，循式守舊，無減師之日。然教門住持，舉天下率如此，若上人之比者希及之，誠得其機會也。噫，此山蜿衍之勢，自汝而西，連屬萬里。耆◇之風，隨大河而來，朝我中土，其氣象豈不靈長也哉。然人不世出，或者終在其後乎。以皇祐三年四月一日，感疾告終於□院。俗壽四十三，僧夏十四。弟子五人，道缺，道顯，道臻，道宗，道堅。今法重信次當院事，遷窆上人之靈于輔城缺序本師元公之次，而建是塔焉。

（嘉慶）《寶豐縣志》卷十五。《宋代石刻文獻全編》，北京圖書館出版社。

《獨修第五級大悲塔記》 葢聞名塔之設，金身所憑。第傾清淨之心，實覩崇高之像。又見良材未備，巧匠難模。特推今日之功，用助千年之固。於是捨已財於有足之誠，護福慶於無瑕之果。伏願皇帝萬歲，重臣千秋。文武百寮，常居祿位。工商樂業，民士安康。餘冀風雨以時，星辰合度。戈鋋寢息，稼穡豐登。四恩三友，七祖先亡。皆乘勝因，同□□覺。時熙寧四年歲次辛亥九月二十五日，郟城縣東望仙村施主吳從吉幷妻趙氏謹記。

（嘉慶）《寶豐縣志》卷十五。《宋代石刻文獻全編》，北京圖書館出版社。

《汝州香山大悲菩薩傳》 碑文不錄，錄贊。

贊曰，香山千手眼大悲菩薩，乃觀音化身，異哉。元符二年仲冬晦日，余出守汝州，而香山實◇境內，住持沙門懷畫遣侍僧，命予至山，安于正寢。備蔬膳，禮貌嚴謹，乘閒從容而言，此月之吉，有比邱入山，風貌甚古，三衣藍縷。問之，云居於長安終南山，聞香山有大悲菩薩，故來瞻禮。乃延館之。是夕，僧缺塔行道達旦已，乃造方丈，謂畫曰，貧道昔在南山靈感寺古屋經堆中，得一卷書，題曰香山大悲菩薩傳，乃唐南山道宣律師問天神所傳靈神妙之語，敘菩薩應化之跡。藏之積年，晚聞京西汝州香山卽菩薩成道之地，故跋涉而來，冀獲瞻禮，果有靈蹤在焉。遂出傳示畫。畫自念住持於此久矣，欲求其傳而未之得。今是僧實攜以來，豈非緣契，遂錄傳之。翌日既而欲命僧話，卒無得處。乃曰，日已夕矣，彼僧何詣。命追之，莫知所止。畫亦不知其凡缺聖耶，因以其傳爲示。予讀之，本末甚詳。但其語或俚俗，豈義常者少文，而失天神本語耶。然至菩薩之言，皆卓然奇特，入理之極談。予以菩薩之顯化香山若此，而未有碑記此者。偶獲本傳，豈非菩薩缺欲予譔著乎。遂爲綸次，刊減俚辭，采菩薩實語著于篇。噫，天神所謂後三百年重興者，豈在是哉，豈在是哉。元符□□歲次庚辰九月朔書。住持缺祖沙門福滿作偈以紀其意云，稽首大悲心，願力無窮已。舊碑風雨殘，故重刊於此，謹識。

（嘉慶）《寶豐縣志》卷十五。《宋代石刻文獻全編》，北京圖書館出版社。

《虔州龔公山西堂勅謚大覺禪師重建大寶光塔碑銘并序》　天不言而授聖人，故聖人彰天之言，俾人知天之大焉。厥教中國曰儒，旁曰道。道始於軒轅，盛於老。儒始於唐虞，盛於孔。西方有聖曰佛，佛始於過去千百億，而盛於瞿曇。教不同始而同末，是則先聖孔子與老佛，俱巨聖人，而其功同。若四時五行，殊功合德，葢昭昭矣。然佛之言，益出天地之外。故從學者髡苦衆信彼，伏膺於三聖之教。國朝中興，偉儒衆多，偉道班班。然佛之徒與儒偕，而尤爲龍爲象者曰大寂禪師，俗姓馬氏，禪師大雄十大弟子不若也。有大覺禪師，又馬禪師之上足也。碑於此者，銘大寂則故相國權文公，銘大覺則故賓護李公渤。相國文，儒者師。賓護諫諍者，或言禪旨空宗，二碑詳之矣。技今碑者，碑其餘與其要者云。

惟大覺師寥姓，智藏號，生南康郡。年廿三，首事大寂於臨川西裏山。又七年，遂受具法。大寂將欲示化，自鍾陵結茆龔公山，於門人中益爲重。大寂歿，師教聚其清信衆。始寂之存，是時太守李公丹，天下名人也，事師精誠，如事孔顔。上都興善寺禪老曰惟寬，勅謚大徹，亦大寂之門弟子也，與師名相差。惟寬宗於北，師宗於南，又若能與秀分於昔者矣。師至元和十二年，年八十，僧臘五十。一旦無疾，告羣弟子以終。後八年，穆宗皇帝詔謚師曰大覺，塔曰大寶光。江西觀察使薛公倣實主其事立。後二十一年，武宗皇帝不惠西方書，勑海内郡縣，悉毁其精祠，師之塔亦廢。後八年，當大中七年十月九日，今皇帝復詔立焉。大寶光之號，遵舊詔也。師上足弟子曰國縱，居州開元寺。國縱之上弟子曰法通，實異人焉。母年七十，如寐而生。幼好釋味，長遂落髮。將復大覺師之塔於舊建之所曰龔公山。法通默會觀音，不食累日。於所止屋山，感其山湧靈泉，遠近瘵老病者飲之輒蠲，由是獲施甚廣，其塔一歲而就。嗟乎，有爲之制，能壯無爲，俾來者知西方法之尊，而望禪師儀形如在焉。技爲是州守，法通錄大覺先師曩行前碑，請余爲銘。予曰，方守厥土，不可。後五十日奉制，授尚書左曹正郎，法通又來請，余對曰，中臺與郡國異，矧相國文公，又予之堂伯舅。今得繼碑龔山，其敢讓耶。銘曰：

大寂於釋　若孟於孔　大覺於寂　猶孟之董　彼儒遠焉　此其接焉　覺之鉅名　江南衆師　在昔生存　厥教巍巍　塔毁武朝　復崇我皇　法通成之　覺像益光　銘茲以文　揭示後人

咸通十五年二月八日建。元豐二年七月十五日，住持傳法沙門釋覺顯重立并書。山門監院僧仲珪，勾當興國縣澄寂院住持第八代法姪立超捨錢開字。彭城劉照鐫。

（嘉慶）《寶豐縣志》卷十五。《宋代石刻文獻全編》，北京圖書館出版社。

《三祖鏡智禪師信心銘》　至道無難，唯嫌揀擇。但莫憎愛，洞然明白。毫釐有差，天地懸隔。欲得現前，莫存順逆。違順相爭，是爲心病。不識玄旨，徒勞念靜。圓同太虛，無欠無餘。良由取捨，所以不如。莫逐有緣，勿住空忍。一種平懷，泯然自盡。止動歸止，止更彌動。唯滯兩邊，寧知一種。一種不通，兩處失功。遣有沒有，徒空背空。多言多慮，轉不相應。絶言絶慮，無處不通。歸根得旨，隨照失宗。須臾返照，勝卻前空。前空轉變，皆由妄現。不用求眞，唯須息見。二見不住，愼莫進尋。纔有是非，紛然失心。二由一有，一亦莫守。一心不生，萬法無咎。無咎無法，不生不心。能隨境滅，境逐能沈。境由能境，能由境能。欲知兩段，元是一空。一空同兩，齊含萬象。不見精麄，寧有偏黨。大道體寬，無易無難。小見狐疑，轉急轉遲。執之失度，必入邪路。放之自然，體無去住。任性合道，逍遙絶惱。繫念乖眞，昏沈不好。不好勞神，何用踈親。欲取一乘，勿惡六塵。六塵不惡，遂同正覺。智者無爲，愚人自縛。法無異法，忘自愛着。將心用心，豈非大錯。迷生寂亂，悟無好惡。一切二邊，浪由斟酌。夢幻虚華，何勞把捉。得失是非，一時放卻。眼若不睡，諸夢自除。心若不異，萬法一如。一如體玄，兀爾忘緣。萬法齊觀，歸復自然。泯其所以，不可方比。止動無動，動止無止。兩既不成，一何有爾。究竟窮極，不存軌則。契心平等，所作皆息。狐疑盡淨，正信調直。一切不留，無可記憶。虚明自照，不勞心力。非思量處，識情難測。眞如法界，無他無自。要急相應，唯言不二。不二皆同，無不包容。十方智者，皆入此宗。宗非促延，一念萬年。無在不在，十方目前。極小同大，忘絶境界。極大同小，不見邊表。有即是無，無即是有。若不如此，必不須守。一即一切，一切即一。但能如是，何慮不畢。信心不二，不二信心。言語道斷，非去來今。

時元豐二年八月十五日，虔州龔公山西堂寶華禪院住持傳法沙門覺顯立石并書。

城下淨衆院住持山主沙門智明篆額，山門監院僧仲◇，句當興國縣新安坊弟子陳定并捨錢開字，苦行劉修本緣化，彭城劉照鐫。

《贛石錄》卷一。《宋代石刻文獻全編》，北京圖書館出版社。

《尚書省牒》 牒奉勑，宜賜靈濟慈祐大師，牒到至準勑，故牒。

嘉熙元年二月日牒

□書樞密院事兼參知政事鄒

知樞密院事兼參知政事鄭

右丞相

左丞相肅國公

《贛石錄》卷一。《宋代石刻文獻全編》，北京圖書館出版社。

《尚書省牒》 勑黃 禮部狀，準成淳二年正月十六日勑部文，中書門下省尚書省送到禮部狀，準行下江西運判奏，贛州雩都縣妙靜寺靈濟慈祐大師，兩次須降勑黃，並已刻碑在院。淳祐辛亥，◇人遭疫癘，死者無數。本縣士庶，迎請大師眞相，遊街灑淨諷經，病者立起。次後水旱頻仍，盜賊竊發，遇有祈禱，如響斯荅。其功德莫可思量。近自寶祐戊午之夏，一路諸縣亢旱，禾苗枯槁，縣官迎引，爲民祈禱。齋事未畢，甘雨連日，百里沾足，遂成有年。次年，寧都廣昌諸邑米價騰踴，民多艱食。而本縣管下倉廩充實，郡境搬運接濟裕如，遠邇之民，拜賜不淺。今春，興國寇徒相◇屢現，本邑縣官密禱佛祠，賊至中途，親見和尚教化，既語之以佛果之因緣，復曉之以雩都之備禦。左右欲兵之，忽已不見。其賊欲前行，則路如梗。視諸炊，則米不熟。相顧失色，止焚一保而歸，是邑得以保有生聚室廬，其拜賜又不淺。靈濟慈祐大師，有此功行，令該赦恩，乞賜保奏，加封施行。本部已勘當，具申朝廷，準擬封中。除已送太常寺擬封靈濟慈祐大師，今欲擬封靈濟慈祐慧應大師，申朝廷取指揮施行。正月十六日奉聖旨，欽奉勑如右，牒到奉行。本部今開具前銜後◇，伏乞朝廷給勑牒執行，伏候指揮。靈濟慈祐大師，牒奉勑，可特封靈濟慈祐慧應大師。牒至準勑，如牒。

牒奉勑，可特封靈濟慈祐慧應大師，牒到至準勑，故牒。

咸淳五年五月日牒

右丞相

左丞相

太傅平章軍國重事魏國公

《贛石錄》卷一。《宋代石刻文獻全編》，北京圖書館出版社。

遼金元分部

《涿州雲居寺四大部經記》 蓋聞嚴相好，具慈悲，師天人，出生死者，諸佛之願力也。開羣迷，入聖道，薰種性，達因緣者，諸法之功德也。佛之願力既如彼，法之功德又若此，佛法之道大矣哉。然則三身應現，資化以談其眞。三學對明，惟經以摽其右。爲聖凡之宗要，濟像末之根本。有緣斯格，無福靡臻。是以周兆不祥，化身以之西滅。漢警宵夢，像教由是東來。遂得貝籍靈文，時臻於近代。就唐譯梵，歲出於諸家。釋教流通，自茲寖盛。若乃一軸一藏，半偈半言。或摸以香檀，或書之緗卷。尚能鐲見苦而滌宿業，締上緣而成妙果。利益廣大，思議其難。矧有勒石傳文，鑿山開室。録寶軸之妙說，藏金口之微言。水火不可漂燒，風雨不可漬壞。以備湊滅，傳之無窮。寔所謂施最上法，盡未來際者也。

燕都之有五郡，民最饒者，涿郡首焉。涿郡之有七寺，境最勝者，雲居占焉。寺自隋朝所建，號自唐代所賜。山在郡之西北五十里，寺在山之陽。掌寺之東望，有峯最高，故曰東峯。峯頂上有石室七焉，經佇是室。先自我朝太平七年，會故樞密直學士韓公諱紹芳，知牧是州，因從政之暇，命從者遊是山，詣是寺，陟是峯。暨覩遊閒，乃見石室內經碑且多，依然藏佇。遂召當寺耆秀，詢以初迹。代去時移，細無知者。既而於石室閒，取出經碑，驗名對數，得《正法念經》一部，全七十卷，計碑二百一十條。《大涅盤經》一部，全四十卷，計碑一百二十條。《大花嚴經》一部，全八十卷，計碑二百四十條。《大般若經》五百二十卷，計碑一千五百六十條。又於左右別得古記云，幽州沙門釋淨琬，精有學識，於隋大業中，發心造石經一藏，以備法滅。遂於幽州西南白帶山上，鑿爲石室，以石勒經，藏諸室內。滿即用石塞戶，以鐵錮之。其後雖成其志，未滿其願。以唐貞觀十三年，奄化歸真，門人導公繼焉。導公沒，有儀公繼焉。儀公沒，有暹公繼焉。暹公沒，有法公繼焉。自琬至法，凡五代焉，不絶其志。乃知自唐已降，不聞繼造。佛之言教，將見其廢耶。公一省其事，喟然有復興之嘆。以具上事，奏於天朝。我聖宗皇帝鋭志武功，留心釋典。暨聞來奏，深快宸衷。乃委故瑜伽大師法諱可元，提點鐫修，勘訛刊謬，補缺續新。釋文墜而復興，楚匠廢而復作。琬師之志，因此繼焉。迨及我興宗皇帝之紹位也，孝敬恆專，真空夙悟。菲飲食，致豐於廟薦。賤珠玉，惟重其法寶。常念經碑數廣，匠役程遙。藉檀施則歲久難爲，費常住則力乏焉辦。重熙七年，於是出御府錢，委官吏佇之。歲析輕利，俾供書經鐫碑之價，仍委郡牧相承提點。自茲無分費常住，無告藉檀施。以時繫年，不暇鐫勒。自太平七年至清寧三年，中間續鐫造到《大般若經》八十卷，計碑二百四十條，以全其部也。又鐫寫到《大寶積經》一部，全一百二十卷，計碑三百六十條，以成四大部數也，都総合經碑二千七百三十條。若夫攝九類四生，歸真寂無餘者，莫尊於《大涅盤》。大乘頓教，方廣真詮，一句之內包法界，一毛之中安刹土者，莫出於《大花嚴》。破有歸無，泯相逐性，作衆經之軌躅，爲諸法之元宗者，莫歸於《大般若》。求佛智見，入佛境界，斷纏縛之愛心，去執着之妄想者，莫如於《大寶積》。如是經典，鐫之以石，藏之以山，四部畢備。壯矣哉，亦釋門中天祿石渠也。噫，竹乾歿而佛聲寢，靈山壞而法不作。後數百年，熾然興者，豈非時有遇，而教有緣乎。

清寧三年五月十二日，《大寶積》初成，郡守蕭公諱惟平，天子股肱，法門牆塹。下車之後，以六條布政，副聖上之倚毗。退公之餘，惟三寶留誠。稟如來之付囑，欣其遭遇。寔謂寅緣，乃請召余謂曰，四大部經今續鐫畢，見聞之下，幸會攸難。願製好辭，以爲刊記。余弓裘未襲，苦塊居憂，又以先父前剖是郡，亦於經事，私積願誠。周任未遷，遽嗟遠逝。敢以順先父之願，遵良牧之請。罔愧孱蕪，直以爲記。大契丹淸寧四年三月一日記。

安國軍節度邢洺磁等州觀察處置等使崇祿大夫撿校太師左金吾衛上將軍使持節邢州諸軍事邢州刺史知涿州軍州事兼管內巡撿安撫屯田勸農等使兼御史大夫上柱國蘭陵郡開國公食邑三千二百戶食實封叁伯貳拾戶蕭惟平

漆水郡夫人耶律氏

西頭供奉官銀青崇祿大夫撿校國子祭酒兼監察御史雲騎尉男佶

司徒娘子耶律氏

女小娘子三寶奴　孫女興哥

碑高四尺一寸，廣二尺五寸。共二十五行，行五十二字至六十五字不等。正書。在房山縣。

《金石萃編》卷一百五十三。《續修四庫全書》。

《暘臺山清水院藏經記》暘臺山者，薊壤之名峯。清水院者，幽都之勝槩。山之名傳諸前古，院之興止於近代。將構勝緣，旋逢信士。今優婆塞南陽鄧公從貴，善根生得，淨行日嚴。咸雍四年三月，捨錢三十萬，葺諸僧舍。又五十萬，募同志印大藏經，凡五百七十九帙，創內外藏而龕措之。藏事旣周，求爲之記。聊叙勝因，俾信來裔。

咸雍四年歲次戊申三月癸酉朔四日丙子記

燕京右街檢校太保大卿沙門覺苑

通天門外供御石匠曹辯鐫

《金石萃編》卷一百五十三。《續修四庫全書》。

《雲居寺續祕藏石經塔記幢》古之碑者，用木爲之，乃葬祭饗聘之際所植一大木，而字從石者，取其堅而久也。後人銘功其上，不忍去之。自秦漢已降，生而有功德政事者亦碑之，欲圖不朽。易之以石，雖失其本，從來所尚，不可廢焉。噫，秦焚書後，聖人經典，多刻貞石，亦類碑而已矣。且浮圖經教，來自西國，梵文貝葉，此譯華言。盡書竹帛，或邪見而毀滅，或瀑水而漂溺，或兵火而焚爇，或時久而蠹爛，孰更印度求請與。由是教壞理隱，行亡果喪。群生蠢蠢，盡陷苦途，實可悲夫。有隋沙門靜琬，深慮此事，厲志發願。於大業年中，至涿鹿山，以大藏經刻於貞珉，藏諸山竇，大願不終而掩化。門人導公，儀公，暹公，法公，師資相踵，五代造經，亦未滿師願。至大遼留公法師奏聞，聖宗皇帝賜普度壇利錢，續而又造。次興宗皇帝賜錢又造。相國楊公遵勗、梁公穎奏聞，道宗皇帝賜錢，造經四十七帙。通前上石，共計一百八十七帙，已厝東峯七石室內。見今大藏，仍未及半。

有故上人通理大師，緇林秀出，名實俱高。敎風一扇，草偃八宏。其餘德業，具載寶峯本寺遺行碑中。師因游兹山，寓宿其寺，慨石經未圓，有續造之念。興無緣慈，爲不請友。至大安九年正月一日，遂於兹寺，開放戒壇。仕庶道俗，入山受戒，叵以數知。海會之衆，孰敢評之。師之化緣，寔亦次之。方盡暮春，始得終罷。所獲施錢乃萬餘，◇付門人，見右街僧錄通慧圓照大師善定校勘刻石。石類印板，背面俱用，鐫經兩紙。至大安十年，錢已費盡，功且權止。碑四千八十片，經四十四帙。題名目錄，具列如左。未知後代，更更繼之。又有門人講經沙門善銳，念先師遺風不能續扇，經碑未藏，或有殘壞。遂與定師，共議募功。至天慶七年，於寺內西南隅穿地爲穴。道宗皇帝所辦石經大碑一百八十片，通理大師所辦石經小碑四千八十片，皆藏瘞地穴之內。上築臺，砌甎建石塔一坐，刻文摽記，知經所在。昔蘇州重玄寺法華院石壁經，請白樂天撰碑，有水火不能燒漂，風日不能搖消等文，乃國手大才。今命余作記，□合抱慙閣筆，奈是讙緣，勉而直書。

通理大師所辦石經小碑四千八十片經四十四帙　《大佛頂如來密因修證了義諸菩薩萬行首楞嚴經》十卷詩一帙　《菩薩地持經》十卷賢一帙　《菩薩善戒經》九卷《淨業障經》一卷剋一帙　《優婆塞戒經》七卷《梵網經》二卷《受十□戒經》一卷念一帙　《菩薩瓔珞本業經》二卷《佛藏經》四卷《菩薩善戒經》一卷作一帙　《菩薩內戒經》一卷《優□塞五戒威儀經》一卷《大乘三聚懺悔經》一卷《菩薩五法懺悔文》一卷《菩薩藏經》一卷《三曼陁羅陁羅菩薩經》一卷《菩薩受齋經》一卷《舍利弗悔過經》一卷《文殊悔過經》一卷《法律三昧經》一卷《十善業道經》一卷聖一帙　《大智度論》一百卷十帙德建名立形端表正空谷　《十地經論》十二卷傳一帙　《彌勒菩薩所問經論》五卷《大乘寶積經論》四卷《寶髻菩薩四法經論》一卷聲一帙　《佛地經論》七卷《金剛般若論》二卷虛一帙　《金剛般若波羅密經破取著不壞假名論》二卷《文殊師利菩薩問菩提經論》二卷堂一帙　《勝思惟梵天所問經論》四卷《涅槃論》一卷《涅槃經本有今無偈論》一卷《遺敎經論》一卷《三具定經論》一卷《無量壽經論》一卷《轉法輪經論》一卷習一帙　《瑜伽師地論》一百卷十帙聽禍因惡積福緣善慶尺　《顯揚聖教論》二十卷壁非二帙　《瑜伽師地論釋》一卷《顯揚聖敎論頌》一卷《王法正理論》一卷《大乘阿毗達磨集論》七卷寶一帙　《大乘阿毗達磨雜集論》十六卷《中論》四卷寸陰二帙　《般若燈論釋》十五卷《十二門論》一卷《十八空論》一卷《百論》二卷《廣百論本》一卷是競二帙　《大乘廣百釋論》十卷資一帙　《成唯識論》十卷盡一帙　《大丈夫論》二卷《入大乘論》二卷《大乘掌珍論》二卷《大乘五蘊論》一卷《大乘廣五蘊論》一卷《大乘起信論》一卷《寶行王正論》一卷命一帙　《摩訶衍論》十卷寧一帙　《大乘本生心地觀經》八卷壁一帙　《大乘理趣六波羅蜜經》十卷杜一帙

道宗皇帝所辦石經大碑一百八十片　《十住斷結經》碑五片　《花手經》碑二十五片　《佛名經》碑二十片　《大威德羅尼經》碑二十八片　《摩訶摩耶經》碑一片　《菩薩瓔珞經》碑一十一片　《大法炬陁羅尼經》碑三十片　《五千五百佛名經》碑一十三片　《不空羂□神變眞言經》碑七片　《賢劫經》碑一十八片　《入法界體經》碑一片　《須眞太子經》碑一片　《佛說德護長者經》碑二片　《超日明三昧經》碑五片　《佛說浴像功德經》碑一片　《未曾有因緣經》碑二片　《不思議功德諸佛所護念經》碑三片　《佛說成具光明定意經》碑一片　《佛說妙法決定業障經》碑一片　《佛說寶網經》碑一片　《過去莊嚴劫千佛名經》碑一片　《未來星宿劫千佛名經》碑一片　《見在賢劫千佛名經》碑二片

天慶八年戊戌朔五月戊午十七日戊戌甲寅時建

燕臺沙門惟和書

夫見古之墓壙得銘石者，其石溫潤，其字分朗。今經碑穿地穴秘藏者，取久固不毀者也。沙門志德鐫。

當寺首座沙門志珂　寺主講論沙門志敏

尚座講經沙門善相　都和講經沙門志興

《金石萃編》卷一百五十三。《續修四庫全書》。

約高五尺。八面，面廣八寸七分至九分不等。前四面皆五行，行卅四字。後三面皆七行，行四十字。其第五面六行，二行屬前，四行屬後。正書。在房山縣。

《慈悲菴大德幢記》　師諱惟脤，俗姓魏氏，灤陰田陽人也。丱歲禮憫忠寺守淨上人落髮，誦《白蓮經》遇恩得度。師志在《雜花》，行依《四分》，其他典論，有□力通。後因遊方，止于上都，別創精藍，掛錫而住。大安九年，會門人覺智大師詔赴闕庭，因遠覲聽，乃特賜紫衣，慈智之號。壽昌四年三月九日，因疾奄化于臨□講院。至五年四月十三日，葬于京東先師塋側。師行也，以精進心，□不退輪。以勇健力，搗無畏鼓。講說群經□□□□讀《雜花》啻一百遍。儀範所攝，惠用所誘，貴高增慢，罔不欽伏，其威重如是。心行禪，身持律，起居動息，皆有常節。雖冱寒隆暑，風雨黑夜，禮佛誦經，手不釋卷。四十餘年，凡十二時，未嘗闕一，其精進如是。師既疾亟，四大將壞，無戀着念，無猒離想。門弟子饋藥數四，師報之云，色身終壞，烏用是爲。言訖，怡然就化，其了悟如是。臨終之日，暴風忽起，晝如暗夜，對面莫覩。洎師遷逝，倏然乃止。門人仰師之德，感師之恩，瘞靈骨於其下，樹密幢於其上。欲存不朽，以示將來。時壽昌五年歲次已卯四月十三日乙時記。

門人管內左街僧錄判官覺智大師賜紫沙門文傑

門人參元沙門文偉　法孫五人圓心　圓仝　圓成　圓翌　圓欽

《金石萃編》卷一百五十三。《續修四庫全書》。

幢高五尺三寸。八面，各廣六寸二分。四行，每行字數三十七八九不等。正書。在京師黑窰廠。

《沂州府普照寺碑》　琅邪之佛祠在郡治者凡六區，其五爲毗尼其一爲禪那，今普照是也。當子□之西南，有□臺巋然出於城隅。臺之西，復有廢池，流潦□焉。耆舊相傳，臺曰◇書，池曰澤筆，其地蓋東晉右將軍王羲之逸少故宅也。昔晉祚中缺，元帝渡河，臨沂諸王去亂南遷，乃捨宅爲梵寺。世祀緜邈，眞僞莫考。往歲嘗得斷碑於土中，字雖漫滅，尚髣髴可讀。按招提復興之代，實自後魏。至有唐孝明皇帝卽位之九年，始賜額曰開元。宋崇寧初，輔臣建言，請詔天下每郡，擇□□寺一，更爲禪林。遇皇上誕彌之月，爲祈延景命之地。制從之。郡以開元應選，自是改稱天寧萬壽禪寺。逮廢齊居攝，專用苛政理國，知衆不附，尤狹中多忌。凡浮屠老子之居，曩日所嚴奉以祈福者，一切□革。遂易天寧之號，榜以普照。開元遺址，因古臺爲基，下偪闤闠，棟宇偪□□□法中所當有者，皆廢缺未備，不稱寶坊之制。

歲在丁亥，妙濟禪師覺海始來住持。入院之四年，乃議改作。衆懼難成，姑欲因陋。經始之初，異論□起，拱手旁觀，待其自敗。師志先定，屹如山立，終不可搖。時奉國上將軍渤海高公召和式適守是邦，與師昔於過去刼在無量佛所，曾植宿因。至是機緣會遇，針芥相投。公命首墮雉堞，以達蔽阻。又架石爲梁，跨望月湖，南臨廣路。於指顧間，已盡闢湫隘爲空曠之境矣。復召百工，授以成規。自當陽聖位次及方丈，下逮僮隸所偃息，皆標立區所，期盡新之。益出資力，往給經費。且示苦忍，降伏偷惰。畚鍾斤斧，所嚮輒以身先。於是郡人感其誠，莫不風靡。遠方檀施，亦破慳捨墮，助作大緣。憧憧往來，相踵於路。以故貲用饒益，魔告其便。寒暑未幾，悉滿初願。師又於大雄殿之北，創立廣廈，聚竺土所傳，調御所說五千四十八卷之經，爲大轉輪藏。發機於地，棲匭於輪。鏤此岸旃檀諸香□須彌山及阿耨池。八方龍鬼，出於光際，各持金革，視護法相。諸天寶宮，彌覆其上。一一天宮，有諸寶欄楯。一一欄楯，有諸寶天女。執妙音樂，歌舞讚佛。復有無數化身如來坐，師子座，爲百億天衆，放光顯瑞，說無言法。機輪一動，聖凡出沒。千變萬化，金碧相錯，耀人心目。如刼初時，風激水□，湧爲七珍，蓮華藏世界不可說宮殿，次第□成，微妙奇巧。工告訖事，師擇九月辛未，集山東十八郡大長老，洎傳戒宿德，建龍華會七晝夜，以落其成。幢蓋鍾鼓，塡溢衢市。緇素數萬人，遐邇咸會。覩是勝相，皆讚歎隨喜。請採石斲碑，紀述希有，傳信無窮。求文於中陶仲汝尙，以記其事。

汝尙曰，先佛世尊□□□樹□□餘歲至東漢二葉，教流震旦。訖於梁氏，始宏闡有爲，出□空術，盡成名相。我達摩初祖自天竺西來，救其末流，俾涅槃妙心，巍巍堂堂，猶星□月，益光耀□像法。自此天下之言禪者，皆以明道說理爲宗，不泥敎律。惟師□□西蜀，棄萬金之產，來爲沙門。親近知識，求無上道。參承咨決，已得法要。固當高提祖印，直指人心。乃建塔廟，嚴像設，同二乘小果，希人天福報，此禪流後學所以竊議致疑於師也。然汝尙嘗聞師之言曰，實際理地，不受一塵。佛事門中，不捨一法。吾以如幻三昧，遊戲世間。雖化大千盡爲佛刹，其中實供最勝第一，種種具足。吾之妙□，未始有作也。昔眞際之住東院，不聽大檀越動一□以廣其居，是誠古佛用心，然不可爲叢林法。吾懼末世比丘喜虚誕者，競爲大以欺佛。遂有假如來衣，竊信施金，視法宇之成壞，若行路之過逆旅，曾不介意。或問其故，輙謬曰，古之人固如是也。以至上雨旁風，覆壓是虞。乃挈鉢囊，逡巡告去，有如諸方建化，率由此轍。則寶莊嚴道場，往往鞠爲茂草。如來遺法，其能久住世乎，敢畏多言。汝尚唯唯，乃序寺之廢興緣起，俾刻石以告來者。時皇統四年十月二十日記。

奉國上將軍行沂州防禦使事兼管内安撫使統押沂海路萬戸兵馬高召和式

沂州普照禪寺住持傳法賜紫□濟大師覺海立石

中陶□□□刊

《金石萃編》卷一百五十四。《續修四庫全書》。

碑不連額高一丈二尺，廣四尺。文二十四行，行六十二字。正書，篆額。在沂州府城普照寺。

《長清靈巖寺寶公開堂疏》 濟南府今請靈巖禪寺寶公長老開堂演法，爲國焚修，祝延聖壽者。竊以丈室駐錫，便知祖道之興。諸天雨花，喜遇禪林之伯。判殺訛之公案，舉最上之因緣。不有能仁，難安勝境。伏惟寶公堂頭和尚，早具鍛金之爐鞲，妙傳出世之津梁。枯木寒灰，宴坐於千峯影裏。騰蛟起鳳，進步於百尺竿頭。茲緣緇素之依歸，有請省廷而允可。唱少林之曲調，踞靈巖之道場。信堂堂龍象之姿，赴肅肅人天之會。白雲堆裏，不妨依舊。經行碧眼胡邊，無惜斬新。拈出永洪睿筭，廣震潮音。謹疏。

皇統九年八月日疏

承事郎濟南府推官權判官李德恭

府判官闕

宣威將軍濟南府少尹完顔沒良虎

安遠大將軍同知濟南尹事南陽縣開國伯食邑七百戸韓爲股

特進行濟南府尹上柱國鞏國公完顔篤化叔

李彦刊字

《金石萃編》卷一百五十四。《續修四庫全書》。

碑高六尺四寸五分，廣三尺八寸五分。十八行，行二十八字。連額並正書。在長清縣靈巖寺。

《靈巖寺記》 名山勝境，天地所以儲靈蓄秀，非福力淺薄者所能棲止，必待僊佛異人，建大功德，以爲衆生無量福田。泰山爲諸嶽之宗□，峯巒拱揖，谿麓回抱。神秀之氣，尤鐘於西北。而西北之勝，莫勝於方山。昔人相傳，以爲希有。如來於此成道，今靈巖是其處也。後魏正光初，有梵僧曰灋定，杖錫而至。經營基構，始建道場。定之至也，蓋有青蛇前導，兩虎負經。四衆驚異，檀施雲集。於是空崖絶谷，化爲寶坊。歷隨至宋，土木丹繪之功，日增月葺，莊嚴爲天下之冠。四方禮謁，委金帛以祈福者，歲無慮千萬人。佛事□興，而居者益衆，分而爲院者凡卅有六。趣嚮既異，遂生分別。

主僧永義，律行孤介，以接物應務爲勞，力辭寺事。時開封僧行□方以圓覺密理，講示後學。衆共推舉，可以住持。乃更命詳實來代義，仍改甲乙，以居十方之衆，實熙寧庚戌歲也。越三年癸丑，仰天元公禪師以雲門之宗，始來唱道。自是禪學興行，叢林改觀，是爲靈巖初祖爾。後灋席或虚，則請名德以主之，而不專□宗。暨今琛公禪師，廿代矣，其傳則臨際裔也。師至之日，屬山門魔起，規奪寺田。四垣之外，皆爲魔境，大衆不安其居。師爲道□猛，卒以道力，摧伏羣魔。山門之舊，一旦還復，衆遂安焉。師以書屬懷英曰，吾寺之名，著於諸方舊矣。繇希有至於定公，則不□計其歲月。繇定至於今，幾七百年，中更衰叔，歷朝刊紀，斷泐磨滅，蕩然無餘。而佛祖之因地，建置之本來，與夫禪律之改□，□派之承傳，後來者鮮或知之。念無以起信心，鎮魔事。雖然，佛灋堅固，與虚空等，而魔者如浮雲。浮雲彈指變滅，而虚空無有□盡，何憂乎魔事。惟是著述銘勒，佛事門中，舊所不廢。子無以有爲誚我，幸爲我一言。余報之曰諾。已乃敘師之所欲言者，書□遺之。若夫山川光怪，靈蹟示現，山中老宿，皆能指其所而詳之，此不復道也。明昌七年炑九月十有九日記。

首座僧卽敏 書記僧普寘 知藏僧蘊奥 知客僧宗徹 知閣僧廣仲 殿主僧宗堅 監寺僧灋敘 副寺僧普遷 維那僧悟寶 典座僧普守 直歲僧志功 庫頭僧覺弘

明昌七年十月十四日當山住持傳灋嗣祖沙門廣琛立石 歷山賈德摸并刊

碑陰

題名二段。第一段詩及僧名，共十行，行十一字。正書，間雜古篆。

遊靈巖留題

天下三巖自古傳，靈巖的是梵王天。羣峯環寺連叢柏，雙鶴盤空湧二泉。此日登臨驚絶景，當年經構仰良緣。停雲初憶寥休子，好伴眞游方公禪師。社白蓮。

丙辰冬至日蓬山劉惠淵識

監寺淨善維那淨悅　典座正寧　直歲善全　住持淸安

野叟提點行實都綱普謹命工刊

又一段題名五行，行書。

冠氏帥趙侯、濟河帥劉侯，率將佐來游，好問與焉。丙申三月廿五日題。

《金石萃編》卷一百五十七。《續修四庫全書》

碑高八尺四寸，廣四尺五分。十九行，行四十八字。隸書，篆額。在長淸縣。

《淵公塔銘碑》　淨徹昭融，精眞冲邃。虛明靈體，曠閒玄微。豈可以闊狹知其邊際，稱量議其深淺。且倏熏亡照之所，覺勞而照性已迷。覩彼太虛之形，翳本圓明之體。四大都起，萬象交羅。夢中重夢，迷裏又迷。故頭無得失之非，見有忽狂之客。自此已往，相去遠矣。因差路殊，非法身大士，奚能破塵出經，安往法界者。我淵公隨緣白地，誕粹于高氏之族。故相國公高太明之曾孫，政國公明量之孫，護法公量成之子也。母則王女，諱成宗。厥考護法公，義武定天下，仁政法乾坤。威行如秋，仁行如春。戎夷棄里而遠遁，朝庭高枕而無虞。中國蒙其恵，異俗震其聲。恩侔造化，而澤潤草萊。德被生民，而模範天下，則公之爲。公之子也，英姿卓茂，氣韻淸遠。昂昂若雲鶴之處群雞也，自有不羈之態。視榮貴如幻炎，執身心我人爲甚倒。慨然有出世之心，不肯爲凡夫。年㠯二十一日，辭父兄出家。知其志不可奪，不得已，壯而許之。公侯將相，朝士大夫，及輿臺皁隸等，皆曰今失命世之才，莫不銜恨者。故尋經論以言之，將入道門，欲得其正，如人造象，先辨眞金。象成之後，體無增減。用眞心修無上菩提，如將金爲器，器器皆金。用妄心修無上菩提，如將瓦爲器，器器皆瓦。故若於因地，以生滅心，爲本修因，欲求佛乘，不生不滅，無有是處。此諸聖之要言，修行者之正因。今公之發菩提心也，可謂得其正矣。如不以喜怒哀樂發菩提心，富貴榮利發菩提心，即當以離前塵分別性發菩提心，稱法界性發菩提心。如此則文殊師利菩薩，不動智佛，主伴明矣。如清涼謂啓明，東廟智滿，不異於初心。寄位南求，因圓不逾於毛孔。則龍女善財，豈迂滯哉。是以鬚髮自茲而落，俗裳自茲而變。戒品冰潔，威儀調順。號智元，字皎淵。衣鉢之外，分寸無餘。猶虛室潁潁，妙用難窮。

因自念創學之流，未諳教跡，執權爲實，迷不進修。不以聖教爲繩墨，明師作指南，菩提涅槃，尚在遙遠。豈能會諸地於先心，短長刧於一念。遂師於元凝尊者，所以崇德廣業，虛心外身。拂傲慢於貴法，除人我於進修。攝漏塵之妄，識缾裏之雀。密遮撿放逸之幻身，井中之虵。深怕緣緣自淨，物物無心。謙尊而光，畀而不可踰。增上慢者，見之而暴慢革。無明固者，遇之而智慧生。爲法修忍，三忍之行圓。爲法除蔽，六蔽之元淨。振古佛之宗風，尋祖師之公案。本分作家，手段量度。鍛佛鉗鎚，毀罵露珠。電掣讚善，水月空花。故當進齊乎佛果，行彌於法界。難能而能，不能於能者也。凝師於是曰，眞個光昭先覺，可謂不忝後昆。自非得恁□人，安能有如是法。乃機緣俱會，遂悟旨於言下。即以證入法界智，如來果。德理體妙慧，爲修行之正因。如王寶印，一時普印，無前後成文也。故乃得生空之総持，除闡提之不信。臻妙有之不極，起萬行以無疲。

利貞皇叔於公世則渭陽之親，近達磨西來之□，祖祖相傳，燈燈起焰。自漢暨于南國，代不失人。至於王弟，甚的見公之於法也機深，於敎門也進求。以身爲逆旅，未曾礙於身。以心爲緣相，豈可滯於心。貪如瘴海而不入，嗔比誅戮而常離。於是相與爲善知識，無二三其心。以無作根本智□□行之因修法空之妙慧行□利以無窮。出聲聞之清水，擢凡夫之淤泥。如彼蓮花，斗頓馨香，無物以喻也。又與戒遵長老求法界之游，爲斷漫之友。以無言之深言，詮言絶之深理。以無爲之妙行，應無作之妙心。融眞俗以無跡，鎔靜亂而不偏。壞其可壞，遠離諸離。智悲拂跡而雙入，行願忘照以競興。五蘊付於雲夢，三界寄於電泡。張四心之仁，羅諸類以無遺。展四攝之義，導生品以咸歸。大哉，生死無以牽其慮，涅槃無以住其心。悲智交羅，自在運用，眞大丈夫之學佛者也。

乃尋經論以符契心無，證微言以俯同玄旨。良以因深果奧，行廣位高。當處發揮，無非佛事。貴與泰山之高，利與滄溟之深。而無以爲心，則其□□□□之善無不爲，塵點之惡無不翦，則其戒深矣。舟本無人，奚司其吝，則其忍廣矣。因果交馳，慣習功濟，則其進大矣。境□□□□□□□□□□□則其定凝矣。妙有昭廓，而臨機變化，靈鑒無極，則其慧明矣。觀其臨時三昧，觸事解脱者。如或有憚公之調深行遠，規矩難摹，故致嬈之不置。公嗒焉似喪其偶，而不知其所也。公之友謂於公曰，此不尊其尊，無禮甚矣，□當叱之。公曰，何謂其然也。彼其之子，焉能使子不類哉。吾之所學者佛也，所貴者法也，可以小不忍而亂法界大謨乎。子不聞乎，菩薩□□，如飲鴆酒，子當怒以怨乎。公之友曰，吾儕闒茸，未能至於此也。然吾不忍見公之修忍也，以餅錫雲游乎。

又有哶婁之役，公之弟公子□戰敗績，而爲人所擒，拘之久矣。而守者依公之友，奏於公曰，當解拘以送之。謂子不信，有如皦日。公曰，無之。文王拘於羑里，而天命有歸，天其有命矣，信則信矣。以吾弟之賢，而汝曹送之，則其事必矣。然非吾佛法中事，菩薩見詐，如畏犲狼，吾可以行詐乎。其萬行芬披，扌蔕窮萌，多類於此，可同日而語哉。抑洒唯心回轉而善成，同時具足而相應。盡如來之境界，同異之性亦滅。淨昭廓而明生，明圓徹而覺滿。異同之所不知，無爲之理分明。盡法界云，一眞如際。發妙用而鑑窮沙界，蔭慈雲而覆涅槃海。非歷刼之功濟，離念之蘊修，豈能以定慧照用，身心如此之圓通也。

公以病故，辭凝尊者，鳳廓諱之元，庚申之冬，栖託於玆山焉，順行而至已矣。由是德行星羅，寶澤雲涌。智周萬法而不爲，悲等衆情而非已。雖修萬行，不染世間。因果交徹，單複互融。如毘楞伽寶，一切皆現其中。如夜夢千秋，覺已隨滅矣。且夫子以經義推其始終之事，行位重重，事理融徹。如此觀之，則文殊初心，普賢萬行，彌勒極果明矣。其家譜宗系者，自觀音傳于施氏，施氏傳于道悟國師，道悟傳于元凝，元凝傳於公。公之族子有慧辯，追蹤景行，唯嗅薝蔔而嚐醍醐者。公器之，因傳焉。嗚呼，公其來也，化身歟。其去也，補處歟。方網三昧之運用歟，非世俗準儀言論云爲之所及耶。以天開十年甲戌歲十月二十四日，端坐泊如也。一念圓融，具德安住法界矣。公以己巳歲生，修行位中四十有六夏，父母之生六十有六年。其嗣法弟子，起塔于山，辦事如法。已帝命禮，號塔曰實際，謚曰頓覺禪師。餘事備如畫贊文具載。孫高明生，姪高善祐，雖妙年而義誘其哀，謂開國已來，一人而已，可以將示來者。故俾公弟高觀音政撿校措意，如公弟扶危撫弱，防巢之義深者。因申奏上聞，琢石立碑，命臣佑軝書其大略也。如公之大者遠者，非吾所與焉。銘曰：

法界之滓　天地是生　法界之靈　聖人是明　高不可仰　深不可撑　緣謝歸無　獨悲衆淸　千秋萬歲　物是人非　松風踈散　苔葉因依　白雲共住　山鳥猶歸　塔以表靈　碑以傳徽。

時天開十六年庚辰歲八月十五日　貴國先生曾孫蘇難陁智奉命書　釋戒護撿校　金襴杜隆義雕書　王長連琢石

《金石萃編》卷一百六十。《續修四庫全書》。

高五尺，廣三尺，厚八寸五分。三面刻。前面二十三行，側五行，後面二十行。行俱五十字，左行，正書。在雲南。

《義井寺崇遠塔銘》　信佛言而觧佛理者，實難其人。解佛理而行佛事者，尤爲難矣。若乃深信其言，善解其理，能行其事，果有所證者，其唯遠公和尙矣。師諱崇遠，姓荆氏，京兆萬年人也。曾高之下，家世業農。積善傳芳，代爲著姓。師居家廉正，閭里稱賢。不喜喧嘩，未嘗戲笑。其性淳厚，其言簡直。居一日，喟然歎曰，塵勞愛網，無有出期。生死大事，如何爲備。遂乃頓捐俗累，決志出家。建中靖國之初，依牛頭山福昌寺傳大乘戒律德沙門惟省爲師，稟教落髮。進具之後，三業無瑕，梵行既嚴，仁風外著。崇寧乙酉歲，有大檀越故贈武義大夫韋公宗禮，率衆具禮，請住神禾原義井寺。仍施田三百畝，以助供僧之用。師應緣而往，隨力經營。三二年間，安衆所須，無不嚴備。韋公又施大藏經五百函，師每焚香披覽，目照心印，三復其文，雖酷暑祁寒，而手不釋卷。寺務之外，閱周三遍。得非信佛言，而解佛理者乎。

師安衆住持二十餘年，興修殿宇九十餘間。供佛延僧，年無虚日。鑄大鍾一頂，起重閣以安之。至於名花甘木，森然行列。每有高道之士，多居師席，四事供承，無不周足。度門人子秀，子潤，子澤，子璋，子昱，子才，子昌，子嚴等八人。師孫宗覺，宗正，宗寶，宗定，宗義等五人。師功德兼濟，利及自他。清淨之風，聞于遐邇。得非解佛理而行佛事者乎。以靖康丙午歲六月示疾，二十三日昧旦，召門人子璋集衆念誦，師即跏趺端坐，合掌正念，於佛聲磬韻之中，寂然入滅。停經四日，顔貌如初，仍有異香，騰于庭宇。嗚呼，唯師末後一著，特奇過人，得非果有所證乎。師享壽七十三，僧臘二十六。即於其月二十六日，門人奉金身葬于寺西，起塼塔以表之。是日也，有雲如蓋，蔽日清涼。葬事既周，雲銷日出，其感應又如此焉。嗚呼，師以正信出家，以正見行道，以正智而興福，以正念而歸寂。於吾佛之門，豈爲小補哉。今講經律論臨壇戒師璋公，即師門白眉者也。持師行狀，來乞其銘。普明素欽高行，義不可辭。但媿非文，直書其實。銘曰：

至哉佛子，性蘊仁賢。頓裂愛網，俄登法筵。戒珠内瑩，德譽遐宣。副彼檀越，興于福緣。闢斯曠土，剏此金田。願力攸濟，殊功自圓。三披大藏，久造深淵。照了心地，光輝義天。一生事畢，端坐歸全。白業隆矣，淸香藹然。雲飛大頂，水瀉樊川。雲水無盡，真風永傳。

自統癸亥，求得其文，至貞元乙亥歲，有長安縣信士邵宣就寺薦親，筵僧供講，遂施刋石。

傳法師孫永淵普遵德瑱祖淳廣淵普來祖月崇敎文傑　師姪監寺僧子皐　師孫住持僧宗寶　孫荆璧　小師前京兆府管内僧正講經律論臨壇傳戒沙門子璋

貞元三年六月十日建　孫文奭刋

《金石續編》卷二十。《續修四庫全書》

縱橫各二尺。二十九行，行三十一字。正書。在陝西長安、咸寧二縣南境神禾原。

《脩昭化院記》　壽陽東北三十五里曰神福山，峯巒秀拔，林木蔚茂。有唐開元間，顯教妙嚴長者李氏，竭來此山，卜土室而居。研精覃思，以著《華嚴論》爲業。神物佑助，不召而至。越十有九載，文成示寂，飛走哀號。環山之民，莫不感激，相與建寺於其所。然而廊宇隘陋，僧徒鮮少。經五百歲，前宋元祐戊辰，本路提刑張天覺學士按行羣邑，自謂有緣於長者，崇像禮之。即勸率檀信，改造今昭化禪院，特奏□僧一員，以供祠祀。及居政府，崇信愈謹，於是乎長者之教興矣。本朝已來，寺雖仍舊，歷一甲子，頽廢輒多，殆無完所。歲在癸酉，行縣廣威公始下車□民以恵，御史以嚴。未幾政理，因尙勸農事，道過祠下，瞻仰者久之。忽見天覺寫眞而悅曰，此賢相□余爲宗姓，十世之上，庸知非同□邪。丞相之志，可不申明。遽命寺僧□□□數月之間，弊者斯新，仆者斯起。公諱忠□，字德裕，□州人。世爲遼東著□少承從伯父太傅中書令□蔭補官。其見賢思齊，樂與人爲善，率皆此類。僧宗廣等，德公甚厚，思有以傳，褒讚稱述，略不去口。太原王革聞而錄之，以爲重脩祠記云。時貞元乙亥十二月十日書。

□信校尉權令張景祥　大定五年六月日住持僧山中立石　盂山宋慶刋

《金石續編》卷二十。《續修四庫全書》

縱橫各二尺三寸。二十行，行十九、二十字不等。行書。在山西壽陽縣方山。

《僧德誠塔銘》　大金故辯才大師誠公戒師塔銘　德順僧師偉撰　古雝講僧有晦題額

詳夫經史載事，碑碣紀人。事無妄而可以書，人有實而可以紀。安可莊德於珉，弄文作錦，徒駭視聽矣。其唯純粹者孰歟，故有我師，諱德誠，字信之。世嗣乾州武功縣田氏之子，幼日聚沙戲之，而猶爲佛塔。長年慕道辭親，而願入僧門。遂於京兆府興平縣寶林院苾蒭善江之庭，侍而不厭，勞而不怨。磨而不磷，涅而不緇。十九歲中，方逢落髮，即元祐四年冬月也。□□乃□質好音，志宏性直。不學守株待兎，便乃訪法擔簦。第歷二京師，參多士，虛而往，則實可歸。德以□，則名可大。隴州潛和尙，亦吾家龍象也。知師聞望，傳戒興之。政和四年，聞丞相種公許師啇古衣□紫□師子辯才大師，于後敎風大扇，佛日增輝，法輪遍轉，關中學士，爭延座下□□□薦領百人□□□識因明等□季不虛□僅三十年矣。每於講暇，口誦蓮經。雖乃詞鋒□□法印□□□功不休□□不□□智囊學海包括，非一丈二文。吼石輸金激問，有千義萬義。廣場之中，多有成名□□拔萃不羣，如□□等□由師而起。陝右講匠僧傑，大半皆師登門客也。於法門寺塔四十年中□□□□建百師會二□師爲檀首二□樞密趙公請住明因院，改故重新。有實相院舊基，前臨官道，後□□□□□車馬□繁思□□□淸超盡遷隘寺，全上高岡。而對南山，眼觀渭水。構屋立像，□□天成偶□赴請□界道過武功郊□□□□□□□□□誤落一牙，主人收惜，覆帛藏之。後取瞻玩，牙生感應□□傍一象豆上□如麻，與玉爭明，緇白歎異。

俗壽七十七，僧臘五十八。度門弟子六人，曰法潤，法雲，法□，法遠，法培。傳戒小師十一人，曰意清，惠通，廣敎，法□，道溥，清惠，海洪，法然，善學，圓爽。天德二年秋夜□□□卧驚失□出戶過閣，小徑徘徊。東有懸崖，約高二丈，飛身誤墜，下坐儼然，語笑淸冷，襟帶完結。儻非神物護衛，安能毫髮無危。是年三月初三日，忽入寂滅之界，靡示少疾之因。觀心無常，絕食□粥半粒。觀身不淨，唯飲淸水。十朝至十二日，索沐浴湯，著鮮潔服，曲肱而卧，掩目而終。當折膠墮指之時，有肌膚柔軟之異。面□桃紅色，還若壯年時。停喪七日，吊客盈門。巾冠緫角之流，摩肩疊足之望。縞緇迅集，悲喜交并。悲則異其人，喜則異其事。將臨宅兆，預請諸師建壇演尸羅之文。靈圍萬象，隔棺傳德□之戒。□後一人夜當黑月三霄，頓現白光二道。自靈堂幕下而來，至佛事場中而住。人人備覩，漸漸潛消。翌日，舉棺葬于寺右，壙深二丈，土起一□。庶俗哀號，□乎感應。掬土在手，尋得戒珠。一人喜躍，騰聲四遠。欣然響應，以□以□。□□爭尋，成坎成坑。培築復陷，晝即臨風。攤土日下，輝生夜即。背月撥埃，手中光出。其戒珠也，若大若小，五色鮮明。其得人也，有少有多，四方不等。墳壠初起之夜，行人驛落之中。望見紅紫數段，曲遶幾盤匝□虛空□然成□煥赫如晝□作大明。驚怪喧呼，聲震村落。寢人攬衣離闥，與客同瞰神毫。問之曰，奚爲爾，奚爲爾。□泣相告，喪我戒師菩薩矣。衆耳旣聞，同音稱善。自後聯綿百夜，示現不同。現其燈則作金作銀，現其光則如旛如旗。有從塋起，來入寺中。有自寺升，去歸塋內。或斷或續，還同截練縫花。或高或低，運似舒霞展錦。異事非一，採略言之。子孫思慕眞風，議乃圖形建□。斯可見有實事，而無纖塵。莊德排諦語而絕，點墨加文，不盡発揚。聊賦銘曰：

秦中法將　慧劍倚天　蕩除妖孽　□輔全僊
敎風浩浩　佛道平平　如何不世　失我巨賢
月沉碧落　珠沒淸淵　山原骨宅　竹帛名編
陵移谷變　嘉譽長傳

大定五年八月十日小師僧法遠立石　管勾助緣僧惟信□

《金石續編》卷二十。《續修四庫全書》。

《大明禪院碑》

尚書禮部牒蓋尚書禮部之長印。大明禪院蓋印同前。

尚書禮部牒　懷州河內縣北道宮村住庵僧廣壽狀告，本庵自來別無名額，已納訖合着錢數，乞立院名。勘會是實，須合給賜者。牒奉勅，可特賜大明禪院。牒至準勅，故牒。

大定二年九月十四日令史向昇押　主事押　中憲大夫行員外郎李押
郎中鎮國上將軍行侍郎阿典　正奉大夫禮部尚書兼翰林學士承旨王

懷州明月山大明禪院　空相禪師自覺述　小師妙先書

靈山初始，插草爲標。植建梵宮，久而爲矣。我爲佛子，依先聖之跡也，乃說行由。山僧自正隆三年九月十一日離南京東明縣報恩禪院，渡水穿雲，到潭懷之郡。海衆象雲集，禮請山僧，住同義之寺，於彼修方丈一座，立碑一通。後遊此山，至此觀看，遠遠望之，朗然無滯，淸淨明白，號爲明月之山。□四下方景□前看銀江二道，正對祖師名越之山。少室嵩峯，靑龍亦帶。至西洛龍門，又以名川地平如掌，冬夏有長靑之竹。花林似錦，浩浩人烟，薗內往來，便是神仙之隊仗。又有羅紋之水，遍地交流，響響潺潺，似歌音之樂。要知明月，在沁南軍內，兩鎭其間。後靠太行，碧水靑蓮。東有靈巖古寺，西有丹水喧喧。中有一座，龍盤鳳繞，虎勢巍莪。峻嶺前橫，靑松後顯，峯巒秀異。東嶺猿啼，西溪洞府，向當陽峯下，翠雲峯前，逍遙林內，湧出甘露之泉，徹骨淸涼。又顯觀音聖水，奇異奇希。白玉嵓中，天然丈室，紅輪正曜，不落於二邊。心懷喜悅，此乃歎言，堪爲聖地。大定二年，幸遇皇王賜額，始乃留心，開山剏葺，方能建立。種栢千株，遶在碧溪嵓畔。於淸風谷內，修一所精藍，大小屋舍，一百餘間。

一十四年，功將了畢，永爲聖跡。將作選佛之場，□前文之景，乃是眼前之浮□。別有宗乘，頋悟無生法忍。從上諸佛，惟傳頓敎，直指人心，了然見性。離相超凡，同悟涅槃，成無上道，證等菩提。釋迦廣宣晉布，令人見性悟理成佛，歸於不二法門。我聞燃燈授記，實無一法與人。各有明珠，本來具足。靈山親付，迦葉方聞，始悟一乘到波羅之岸。維摩無語，深至涅槃。文殊讚歎，各悟心珠。曹溪菓子，特賜呈人。自從六代，傳衣至今，花生滿地，紅爐片雪，無相明珠，悟取這般消息。若是識得金燈，步步登長安之道，見不生不滅之眞。若不錯用，身心隨處證解脫三昧，處處達菩薩道場。向無相光，不妨輕快。幾人會意，好汎雲門餬餅，渴飲趙州之茶。解悶消愁，向無憂國裏，明月輝輝，掃蕩烟塵，到於淨土。無根樹子，永刼長存。瑞草花開，長年不謝。騎着陜府鐵牛，架着新羅鷂子。向孤峯頂上，橫管鐵笛，一任歌謠。

道泰所言得處，山僧續嗣少林和公禪師印證，頓契一乘，了悟眞空，實無有法。師乃知之，以手摩挲撫拍，分付信衣。師又付言，汝名空相，授得空王寶印，今於此處，卻舉光揚，向明月峯前，分花布彩。鐵笛橫吹，虎笑龍吟。歌唱無爲妙曲，說清淨鮮脫之門。一顆明珠，不落偏圓之鏡。紅爐瑞雪，鎭海明珠，不謝底蓮華拈出，誰人趣向。山童撫掌，和者全稀。願聽雷音，光揚四海。一片瑞光，與虛空不二。阿僧秖外，刼壞非災。達磨單傳，憑君看取。金光晃耀，瑞氣輝輝。滿目光生，如似清霄之月。這片光明，是誰人之境界。風光瑞彩，幾箇知音。轉大法輪，超於聖位。人人有分，悟取菩提，性等虛空，明彰大事。月印寒潭，波光自現。如大日輪，無一點相貌，耀古通今，普明法界。人之不識，可惜。一片金光翠耀底紅輪，便是長生之月。願都會意識取，金剛寶山，片玉無瑕。深悟菩提之性，明顯此理，達本還源，清淨法身，不拘文字。人能若識，見性成佛，是最上一乘，稀有之法。不拘內外，亦非中間。朗耀光輝，如似團圓之月。逍遙自在，獨處無爲。體若虛空，一輪孤照，參羅萬像，悉現其中。如似太虛，不霑煙色，眞空佛性，蕩蕩然實普越超登。願一切解悟，神通妙用，顯出無相眞如，清淨明珠，在千輪之外，凡聖之餘。朗耀輝輝，那尋蹤跡。羚羊掛角，氣息不聞。無相無爲，此是毗耶妙理，空王寶印。深悟涅槃，入海泥牛，那留影相。如是悟者，是名清淨，靈光獨耀，孤月輝輝，悉得成佛，名爲得道。十方海衆，共唱太平之歌。三世同宣，從上諸佛，西天二十八祖，六代普傳，遍於天下。人之不識，今復重言，明顯此理，令人悟入，見性成佛。悉願有情，同登彼岸。後頌：

朗耀輝輝不帶塵，一輪孤照大虛眞。紅輪翠耀金光現，月照長空處處明。這朵瑞蓮人不識，今將五葉賜君呈。達磨來開花五葉，至今天下紫枝生。一片閑雲露骨寒，或居天上應人間。從來不落情塵位，獨顯明珠照大千。朗耀一輪清霄月，如似虛空體一般。不拘內外憑君看，悉願人人伴月蘭。大金大定丙申歲九月日，開山刱業住持傳法沙門空相禪師立石記，本州栢山村石匠馮立、懷州清化鎭刊石人張鏞。

《金石續編》卷二十。《續修四庫全書》。

正書，篆額。在河南河內縣。

《金英上人塔記》 師號祥英，俗姓黃氏，世居香河望仙鄉人也。父名公才，母曰董氏。髫專慕道，冠討離俗，于興國院依委上人爲師。皇統二年，蒙恩具戒。迺後於覺山惆忠寺聽習《首楞嚴經》，至第八三漸次修有省處。遊方在念，利物爲懷。遍述名山，訪參師友。心安頓歇寂憺，疎食棍衣忘寢。或與虎豹同行，無別異念。一日冬夜，撥火次，倏然悟道，觸物無異，冥符圓通。覺性澄圓，放曠無礙，一物不爲，可盡林泉之老也。奈何菓能香飄，住緣化導。所居報國，中盤千像，上方三泉水，普爲修葺，匪今淪墜。至承安改元，興國隣村洪智壇信，持疏伏請，塼圍院瓦甓，聊總綱維。不幸承安四年二月十有九日，以疾卧化，猶大覺入圓寂之地，冥然卧雙樹之間。廼俗壽七十有九，夏臘五十有八。於是門徒慟泣，不可勝數也。伏感陰雲靉靆，白霧垂祥。荼毗之時，數千引從，牽攀而行。伏以白蓮瑞現，花雨空中。蟬化金光，香馥滿地。四泉瞻仰，數曷盡矣。門人志空分舍利葬於三泉之寺，建塔而安之。伏與同修於虛明軒祈記，道人曰：

師之衜行　邈乎綿綿　髫齓慕道　冠離俗緣
首刻楞嚴　參曹洞禪　撥火悟道　覺性復圓
韜光林下　三十餘年　一物匪爲　菓熟飄然
盤陽十寺　修葺從緣　末從鄉老　命疊甓垣
噫哉緣盡　以寂歸僊　耶維瑞現　空雨白蓮
金蟬化地　白露彌芊　分奪舍利　處處爲先
三泉之寺　巍巍塔堅　虛明祈記　強以銘焉
筆不可書　文豈能詮　以光虛廊　昭符靈源
來者瞻仰　高鑠寒煙　稽首歸誠　今古明然

門人志周　志定　志成　志譽　志幽　志雲　志琮

承安四年己未歲正月望日　山主小師志空建

劉德明模刻

《金石萃編補正》卷三。《續修四庫全書》。

正書。二十二行，行三十三字。高二尺九寸，廣一尺九寸。

《元宣慰謝公修石壁寺記》 至元甲申三月晦日，縣尹婁君拉余有龍山石壁之遊，因謁瓊公禪師方丈，從容語及寺之興替。師曰，自元魏之初，已有此寺，然亦不知始自何代。有唐碑云，北都甘露壇記，乃李逢吉之交，天下三壇，此其一也。聖朝革律爲禪，此行獨高一格。賜號永寧禪院。寺中有古千佛鐵像，代經喪亂亡失，僅存者百餘尊。金季兵荒，寺爲刼火所燼，散置巖壑間。至眞難滅，恆放光焰，人屢見焉。初，宣慰謝公之先君老相公，及太夫人耶律氏，生平奉佛，精進之心，過於釋子。飰僧之供，曾無虛日。凡在招提，無不施捨。而於玉山萬卦石壁，尤盡意焉。一日以設供詣寺，適見吾佛放光，拜稽嘆異，遂命營閣而安之。凡有缺毀，悉加完補。施以渾金，毫相光輝，粲溢人目，俾見者生恭敬心。功甫三之一，不幸太夫人謝世，而先相公尋亦捐館。勝事多障，長可嘆也。日者宣慰公痛父母之志未終，以俸餘之資，及夫人奩具，完畢金像。朝覲暮閱，惟恐其怠。聖人謂積善之家，必有餘慶，觀公今日之功名貴顯，凡兩爲宣撫，一簽西省，三統大鎮，而復宣慰河南，又復宣慰湖北，仍領工部鈞軸之拜，行有日矣。豈非先相公與太夫人，平昔種諸善根之所致耶。

予應之曰，公之今日云先相公與太夫人之所積誠，如師之言師，特未知公之所以立功名，享富貴者，皆自孝所致耳。夫孝者，善繼人之志，善述人之事者也。公自先相公太夫人送終之日，皇皇焉如有望而弗至。撫心瀝懇，誓終父母功德之願。然方是時，公初起家，以身許國。屬當聖天子即位之初，王事鞅掌，東西南北，良未暇也。三十年之間，曷嘗一日忘於心哉。公今還自江南，有駐車之欵，是以不惜重費，首營佛事。嗚呼，親終既遠，人所易忘，而能追而不忘者，非孝子之至德之厚，而能如是乎。故記曰，德大者必得其位，必得其祿，必得其名，必得其壽。蓋天之生物也，必因其材而篤焉，此其所以然也。孔子曰，夫孝始於事親，中於事君。立身行道，揚名於後世，以顯父母者，於公見之矣。師喜予言，因命書以爲記。予亦喜述公之美轍，不辭而諾之。公諱仲溫，字君玉。天下之士，莫不聞知。其名位勳業，它日勒諸鍾鼎，書諸史冊，必將昭昭焉，玆非淺陋之所能萬一云。

至元二十一年五月十一日　大龍山十方護國石壁永寧禪寺住持嗣祖沙門廣瓊立石

本縣石工楊仲安刊

《金石萃編補正》卷三。《續修四庫全書》。

正書。共二十三行，行四十六字。高四尺，廣一尺九寸六分。

《元法王寺請玉公長老疏》 皇帝聖旨，裏國師下宣授諸路釋教都總統，勸請嵩巖玉公長老住持河南府嵩山大法王禪寺，爲國焚修，祝延聖壽無疆者。

伏以法王大剎，自古名藍，居中嶽之中闕，主中之主，非人心力，諸聖安排。伏惟玉公長老，磊磊落落，巍巍堂堂。得言句之總持，爲叢林之模範。豕當惟論半肯，舉揚無故全提。跳出門裏門外，草慢慢。肯向聲前聲後，浮逼逼。玉峯峯下，拈一注香。嵩巖巖前，祝萬年壽。謹疏。

宣授總

至元十五年統八諸月路日　疏

釋教印

宣授諸路釋教總統正宗宏教大師

宣授諸路釋教都總統慶壽長老

元貞二年七月廿三日

法王住持覺亮提點覺定監寺覺成同建

《金石萃編補正》卷三。《續修四庫全書》。

正書。共二十六行，行字數不等。高一尺一寸，廣二尺三寸。

《元請就公住持少林寺疏》 大都三禪會勸請古巖就公大禪師，住持河南府嵩山祖庭大少林禪寺，爲國焚修，祝延皇帝聖壽萬歲者。

世尊拈花妙心，傳於迦葉。達磨面壁宗旨，付於神光。六葉敷榮，千花嫵媚。枝分派別，代不乏人。伏維古巖就公大禪師，雪庭親孫，足庵首嗣。建心慕遠，清節不群。扣寂寞以窮音，求虛無而責有。論禪道神欽鬼伏，具戒德玉潔冰清。既榮祿以吹噓，求仁師之肯諾。念叢林之凋弊，湏作者之扶持。五乳峰前，重新祖令。單傳堂下，再振宗風。用荷法心，展爲人手。穩稱乘象駕，莫辭千里之勞。高踞猊座，仰祝萬年之壽。謹疏。

皇慶二年　月　日疏

大萬壽寺住持靈峯　思昚

大聖安寺住持雲溪　信喜

大慶壽寺嗣祖西雲
集賢大學士榮祿大夫陳灝
以上第一層，共二十四行。

河南府路總管府勸請古巖就公長老，住持嵩山祖庭大少林禪寺，爲國焚修，祝延皇帝聖壽無疆者。

嵩山少林禪院，達磨祖師道場。分派之淵源，命十成之宗匠。我古巖就公長老，即其人也。胷懷灑落，肯代規撫。人事諧和，叢林標表。槩選人於派下，竟揀月於天心。涇清渭濁必區分，珉表粹中須賞鑒。伏望單傳堂下，續兩來不盡之心燈。立雪庭前，祝北闕無疆之聖壽。謹疏。

皇慶二年　月　日　疏
承務郎河南府路摠管府推官李
府　判　闕
奉議大夫同知河南府路總管府事耶律
通議大夫河南府路總管兼本路諸事奧魯總管管內勸農事郭
大中大夫河南府路總管府達魯花赤兼本路諸軍管內勸農事
延祐五年六月吉日　監寺子安立石
以上第二列，共二十二行。

登封縣勸請就公長老住持少林禪寺，爲國焚修，祝延聖壽無疆者。

伏以帝王天下，得賢聖而國界安寧。法播寰中，藉大僧而佛門昌盛。恭維就公長老，形同槁木，性比秋蟾。得足庵一勺之甘，接方來之英彥。續少室千燈之焰，燭長夜之昏衢。既飄香於天塹之南，宜駐錫於大江之北。慭後輩學人竚望，嗟祖庭猊座久虛。請拈象藏名香，仰祝大元聖壽。謹疏。

皇慶二年　月　日　疏
縣　尉　闕
將仕郎河南府路登封縣主簿趙
忠翊校尉登封縣尹兼管本縣諸軍奧魯勸農事周
保義副尉登封縣達魯花赤兼管本縣諸軍奧魯勸農事脫歡
泰安州長清黃山石匠張克讓　李克堅　蘇八　小張大刊
以上第三層，共二十三行。

《金石萃編補正》卷三。《續修四庫全書》。
正書。共三層，連額共高六尺七寸，廣三尺。在登封。

《元滿公道行碑》　原夫覺皇誕世，始自周初。大教東流，彰於漢代。作苦海之津梁，爲衆生之彼岸。修之者超出輪廻，奉之者脫離塵垢。至於明王聖帝，靡不欽崇。及乎達磨東度，九年面壁。神光立雪，一乘初傳。六祖源遂分五派，千燈相續，代不乏人。故諸路釋教都總統佛慧普通慈濟大禪師汾溪和尚，諱福滿，太原汾洲西河人也，俗姓何氏。師生而岐嶷，姿相豐偉。自居髫齔，清亮不凡。父母奇之，遂送孝義梁家莊之觀音院禮照公爲師，落髮受具。天資超邁，日誦萬言。雖居於童丱之間，已見其大成之量。善根夙著，如羅什之談鋒。至寶含光，待良工之斵削。惟我聖元世祖皇帝堯天廣覆，舜日光輝。識果知因，含眞體道。崇奉三寶，廣濟慈航。以至元丙子，建資戒大會於京師。天下緇流，雲騰雨集。於是師不遠千里，躬詣壇下，受具戒已。師念執此一遇之見，未窮四海之源。於是負笈尋師，遍名山而不厭。鉤深探賾，歷講席而忘歸。既而攬五千四十八帙之琅函，誦十萬一二三乘之妙義。圓融內外，洞達眞筌。演華嚴之秘典，名動多方。開起信之洪宗，道高當代。旁求周孔之書，無幽不達。廣博道家之說，象罔皆窮。至於子史九流，無不通貫。

尙以有爲之學，恐障礙於根塵。非想之心，當求之於物外。遂參磁州大明堂頭理公，一言之下，悟微示之宗風。頃接之間，得無生之妙趣。良以師之玉質金心，一鑿之而成器。珠光惟慧，重映日而尤明。既混融於無我無人，豈滯累於有生有滅。遺塵埃之俗念，契佛祖之眞源。於是棲迹白茅，山居七念。性忘心化，猛虎來馴。夫獸之暴而能使之馴，非忘彼此，滅空有，與造物游者，其孰能與於此。師日課《楞嚴》，坐卧不輟。道通塵外，得如來非想之機。身處山林，流遐邇高人之譽。名既昭於寰宇，雖欲隱而彌彰。至元壬辰，詔舉行業超羣，學高時輩，無室家可充僧官者。萬衆一辭，咸言師氷清其操，如烈日之共秋霜。履德堅貞，若太山之於滄海。淵虛自守，抱璞無求。於是起師，充輝州僧正。師笑曰，吾遺世累居山林，與太虛爲儔，尙不欲友王公而接諸侯，而能促促與州縣吏伍耶。乃報袖去。孤雲倏往，空遺猿鳥之悲秋。杖錫神游，遠邁風煙之路。聞京師萬壽乃禪林之淵藪，實衲子之叢林，是以徑謁焉。時東川讓公大和尚主是席，告香入室，勘辦印可焉。豁塵芥於胸中，義天朗耀。洗微瑕於玉外，珍瑰斯光。於是乎潤含川澤之輝，圓覺菩提之旨。毋固毋必，惟妙用之流通。見性見心，適千門之一致。鎭陽大會虛席，衆以師當代之。師子昌時之法龍，請師主之。歲餘，東川圓寂，師詣都會。葬事訖將還，僉議曰，萬壽京師大刹，朝貢往還，實非易處。師得法東川，四方歛仰。主是席者，非師而誰。遂相與遮留拜請，乃允之。踞方丈，擊大法鼓，提唱宗乘。師報祖恩也聞於上，詔授諸路釋教都總統。師處是職經年，德之所被，不言而化。若明月之中天，群星失彩。如寶珠之藏浦，山嶽增輝。

師壓踊棄功名如脫屣，雲歸遠岫，樂松竹之超塵。然杖錫獨歸，遂隱夾山之野。適汝水之香山，道虛師席，諸僧仰慕師之盛德，不遠千里，求主是刹。師慈仁利物，不遑安于一身。濟衆匡危，惟救時之急務。遂從所請，領略院事。內外安肅，補益甚夥。諸方聞者，咸頂禮讚歎，師之德如是也。立叢林，施慈化。博愛濟衆，功德不可量。傳猷爲正務，拯接群機。凡入室者進道，又加慈訓，俾一衆雍雍然行之，義也。倉庫豐備，希代者之安，智也。由是觀之，豈獨可以主法席，而安衆生。以是道施之於政教，其何遠哉。

嵩陽太室法正，實雒浦之名山，乃古今之勝槩。非其至德，孰能居之。今提點儀公等，以師釋門之領袖，道高德邁，越古超今，禮請者三。從師遠遊，不辭千里之勞。察其誠到，特允三祈之請，來主是席。首捐衣鉢之資一千五百緡，以創藏殿。復以三千五百緡，施之常住。罄己之資，助其不繼，何止一隅。噫，師視金玉如瓦礫，觀外物若塵泥。惟以成就山門，而周其所急爲事。師之用心，大哉溥矣，玆不盡錄。

延祐改元歲舍甲寅，師於寺之艮隅麗塢，起不一小室，移居於彼。衆咸異之，而不知其所謂。至春末，忽示微疾。三月廿七日，平旦起坐，顧侍僧曰，午正否。衆答以未。頃之復問如初，凡三問之，侍僧云，日午矣。素筆書偈云，榮枯夢中事，死生水上漚。絕後重蘇者，逍遙自在遊。擲筆端坐而逝。夫死者人之所畏，而師處之恬然。若棄傳舍，如抛重負。身雖滅而道愈彰，何生何滅。識雖亡而性自存，來去豈殊。入大安樂之涅槃，得無漏心之法忍。師之景行與高高並列，其傳無窮。師之機鋒迅捷，唱高和寡，所以嗣績者，一人而已，曰喜，象質龍章，首住洛之天慶焉。

師將葬之日，會者千人。莫不感涕歎傷，悲法幢之忽委。撫膺疾首，慟道樹之摧陰。將起之際，白氣充室，山谷震蕩。鬼神悽愴，猿鳥驚嗟。荼毗甫畢，微雨沾洽，龍天灑泣，幽顯同哀。靈輿還寺，則天忽開朗，了無纖翳。師之動天地，感鬼神者如此。臘三十七，壽六十四。寺之諸知事輩，同小師惟和等，聚靈骨舍利，起塔藏於寺之東南二里，以旌之。由是惟和且徵文於余，不肖以才力鄙淺，學術荒蕪，辭不敢當。不肖於至大己酉，捧天香至南陽香山，得一識師之風表。觀其議論宏博，見性明心，如秋水之一潭，若月輪之輝耀。眞大溈圭峯之流亞歟。不肖以熟師之德義，不可辞，謹系之以銘曰：

達磨始祖初來東　法中獅子僧中龍　一言見性超億刼　機關打破開盲聾
邇來七百有餘歲　兒孫派別傳家風　曹源洞下多巨象　法王聖者恆流通
汾溪老師東川嗣　非空非有明心胷　香山萬壽兩奇絕　玆山大扣鳴鴻鍾
雲埋靈骨舍利塔　峰環翠壁青玲瓏　水聲似衍大乘偈　樹影如照黃金容
天花雨散維摩室　鈴音遍響雲間銅　虛空著眼請君看　寥寥惟有巖前松
刻之宛炎昭萬代　禪源正派流無窮

大元延祐改元歲次甲寅八月日　嗣法小師住持河南府在城十方天慶禪寺沙門福喜立石

下髮小師　惟嚴　惟本　惟和　惟潭　惟宛　惟簡　惟先　惟愈　惟痊　惟潭　惟明　惟容　惟宣　惟廉　惟寧　惟受　惟惠　惟量　惟善
惟從　惟德　惟昌　惟證　惟祥　惟安　惟策　惟悅　惟行　惟應　惟寬
惟珍　惟淨　惟玘　惟超　惟祐　惟深　惟開　惟成　惟敬　惟勤　惟元　惟揀　惟擇

勸舊　首座覺成　首座覺音　首座福寧首座全朗

本寺知事　當該首座洪安　提點法儀　監寺勝才　維那惟和　修造監寺德慶　書院惟玄　藏主妙偉　副寺印慧　大侍者普宣　副寺思翰　官門洪寶

典座定全　直歲廣全　直歲寶龍　殿主普吉　直歲思遷　直歲圓通
西磨勝惠　錢帛惠秀　東磨主普量　知客主志玉　下庫普妙

嵩山大法王禪寺傳法住持嗣祖沙門法弟思微主緣并書丹

邢臺魏伯川男仲實刊

《金石萃編補正》卷三。《續修四庫全書》。

正書。碑面二十七行，行四十六字。碑陰廿二行，行四十六字。又有小字六行。

連額高四尺九寸，廣二尺三寸。

《元海公道行碑》　萬松一枝，復庵嫡派，正續綿綿之道，密聯葉葉之芳，代不乏人。克當遠繼者孰歟。思微躬仰我師，本貫絳之翼城人也，楊姓也，福海法諱也，月菴自號也。裔積善因，二親明達。爲師值孩時，凝然豐彩，唯樂佛像，容止不凡。遂捨出家，于香雲寺禮誠公講主大和尚爲師。班于行輩，氣清沿襲。日課習經，受無窒塞。灑掃應對，皆合善緣。薙髮訓名，以旌其兆，名曰福海。稟持戒行，孜孜不忘。自兹游方，訪善知識。初詣秦中，投誠伯達老和尚。告香入室，達憫其幼。自是老成，勘辦明了。又舉柏樹子因緣徵之，應捷高邁。蒙記授之，曰，扶持祖道者，他日非子而誰。從之最久，後因省親而還。聞河南嵩巖和尚道價熾然，徑謁得進，叩參累年。節屆重九，得句偶然，曰極目黃花妍嶽岫，滿林紅葉映嵩陽。巖聞之曰，維那異日可當嵩山法主。師乃掩耳潛行，聞復庵老師受燕萬壽寺請命，挑囊而進，告香入室。又經三禩，復承印可，授以衣頌，俾監其寺，凡百增輝。

老師退隱齊河小剎，已因書召之，果符巖讖，於至元庚辰春，開堂于法王。創整叢席，傳猷之外，凡諸修造，輪焉奂焉。海會單寮，一新創建。安居清衆，通貫十方。經七寒暑，歲丙戌，其龍門寶應及汝陽香山，齊命念大悲聖道，應緣切心。欽奉綸旨住持間，出己資竟工運水供衆。十有餘年，舊弊革古，式仍田野。闢倉庫，增單寮，新雲侶會，傳持專務，接待諸方。及疊寺基周圍，巖巖壁立。三門擁路，鑿石刱開，自始歸正矣。於大德戊戌，受山東靈巖命，傾囊兼助，香積彌新，餘諸修造備已，又刱蓋方丈，鑿石定基，功倍於前。一日，因與耆宿輩游山，遂指寺後奇峯曰，予終可骸於斯。大書偈於石上云，層峯爲塔，響谷爲鈴。清風明月，題我之銘。噫，可謂所養高妙也。

又齊僧萬員，通主經五祀，於壬寅退席間，受丹霞請，命開荆榛，除瓦礫，闢正塗而入。出己財，鑄鍾板鍋釜，諸會衆。因及府北竹園蕪甚，漸圜成就。是歲癸卯，香山復命。纔經一周，又蒙萬壽祖剎，不憚迢遙，邈請躬領是剎。已擊大法鼓，震大法雷，焚修傳猷，的爲專務。兼欲補諸修造，值常住齋。然知事輩怵惕而告之，師固不免，仍相爲曰，勝事若行，何患無錢。由是努力復新，無還軒，暨創建後廚廊廡間，於大德丙午春，果應本願，欽承恩，錫一萬五千緡。如渴得漿，其勝緣尅日而成。後累蒙王公大人施利雲委，又創新通玄關店鋪，各嚴備已。嗣法門人開堂□方，亦應化矣。

師閱世七旬，不爲夭。僧臘四十五，有不爲少。將辭於世，凡遇淑人君子，云有河南之行，俱叵測其由。不期於至大□□正月十四日，忽示微恙，儼然終於萬壽方丈之西室。爲僧之道昭然，更無加于此矣。雲空忽開，雪霽風和。時值禁酤，敬奉晉王令旨，遣使以嘉醞百卉，黃香一盒，寶鈔五百緡，來享其祭。其發引之日，南北兩城諸剎，各嚴香花儀式，將又百會送終□□□王府官僚，教禪大德，暨士庶法眷，其觀者無不嗟讚。闍維靈骨，蒙萬壽等剎分之于五，一分建塔，藏於本寺西岡焉。末後□□□□集賢陳大學士主張之力也。嗚呼，思微居學位時，侍師廿有三年。仰師道行，而弗稱愆於我也。故傾囊樹石以告之，爲下缺

稽首復庵　法海舟揖　承繼萬松　茂林枝葉
嫡付我師　月庵先哲　嗣續甡甡　遂成派列
我師之□　□□□□　焚修專務　尅誠昭哉
我師之道　至玄至奥　五位聯綿　正偏兼到
我師之德　坦然明白　伯達□□　□□□□
我師之功　無所不通　五住大剎　三寶興隆
按師行實　言言準的　末後流徽　敬承寵錫
寶醞及香　享於靈堂　發引之日　孰不哀傷
靈骨有歸　建塔翠微　刻銘貞石
願

大元延祐三年歲次丙辰五月　日

首座覺因　首座全朗　首座洪安　首座妙偉　首座文□　□□□□
山主普量　竹園頭思□　□頭福才　□□□□　□□□□　佛門提點法儀
□門提點□□　修造□□□　度　□□□□　維那行□　官門
□□□□　修造監寺□□　□□□□　□主普宣　大侍者福□　□別寺洪

嵓　修造□□□詮　大直歲善妙　小直歲□□　□□□□　小侍者德□
□主正□　□□□□　□□□□　□□□□　菜園□□□　□主建忠
□□全□　□□□□　行園□□
以上分作四行，刻年月之下。
集賢大學士進榮祿大夫陳
碑陰
開列　月庵大和尚法嗣於後
南陽丹霞糹懋禪師　南陽德用庵主
嵩山法王普醒禪師　晉寧顯蜜庵主
汝陽香山思言禪師　膠西清琳庵主
裕州大乘福德禪師　汝陽思謙庵主
洛陽天慶思才禪師　白茅定聰庵主
藏雲慧山禪師　輝州定讓庵主
順德天寧思微禪師今主法王。　晉寧行裕庵主
上都華嚴惟壽禪師　輔城明金庵主
山東龍泉思然禪師　德州惟興庵主
中山乾明寶潤禪師　晉峃思聰庵主
古燕鞍山智藏禪師　古燕圓淨居士
下髮小師思恭思圓　同師孫惟順惟新惟□□□惟澤惟開　重師孫妙聚
等　同興緣　法王當代住持嗣法小師思微謹編立石

《金石萃編補正》卷三。《續修四庫全書》。
正書。共二十九行，行五十字。連額高五尺一寸，廣二尺三寸八分。在登封。

《元請亮公長老疏》　河南府路總管府勸請亮公長老住持嵩山大法王禪寺，爲國焚修，祝延皇帝聖壽無疆者。

伏以虎體元班，何必重添紋綵。驪珠不宂，直湏特地針錐。蓋無師之智，悟必因師。然出鑛之金，餘無重鑛。況法王之師席，寔洛水之間藍。不遇當人，孰宏斯道。伏惟亮公新長老，出窟金毛師子，通江赤尾錦鱗。旣然頭角完全，自是風雲際會。四遠籠渾不顧，崧高一喚便廻頭。振洞山久墜之玄綱，續鼻祖不傳之惠命。行藏出處，時節因緣。但凡有意難求，況乃無心自得。臨機莫讓，見義當爲。拈一炷祖師香，祝九重天子壽。疏。

至元三十一年月　日　疏
承直郎河南府路總管府判官許
奉議大夫同知河南府路總管府事帖木兒
少中大夫河南府路總管盧
武德將軍河南府路總管達魯花赤那兒臧
至元弍年歲次丙子重陽下旬有五日
住持嗣法　無能　了學　立石
山門監寺智湛書
中嶽廟提舉李元進刊

《金石萃編補正》卷三。《續修四庫全書》。
正書。共八行，行字不等。高一尺七寸，廣二尺四寸三分。

《元洞林寺藏經記》　昔釋迦如來，爲衆生說法。普令一切世間，識原達本，發無上菩提妙心。以之療衆疾，以之濟苦海，以之破黑暗，以之開迷惑。其所傳法旨，自東漢時，流入震旦。歷魏晉數朝，以至隋唐，名公大士，潤色敷暢，增衍廣大。曰經曰律，曰論曰疏，浸至五千餘卷。惟是凡愚之人，貪著愛慾，顚倒忘想，以微福免禍爲心。知有是經，而不能讀。讀而不能知，知而不能從，殆與未嘗聞未嘗見者無異。

京師宏法寺素有板本，惟其楮墨之工，爲費不貲，故所在名刹，傾竭資產，有不能致者。佛慧圓鑑雪堂大禪師，厲志勇猛，猖道有緣。始振迹雲朔，來游京輦。儲闈王邸，宗臣世戚，歆挹道譽，爭先尊禮延致，無不得其歡心。都城名刹非一，皆莫肯依止。第求永泰寺彌陀院故基，薙草萊，掇瓦礫，葺而居之。今皇兄晉王駙馬高唐王皆樂爲外護，檀施雲集，蓮宮湧起，相好光明，一一俱足，瞻者無不起敬。諸方同派法屬，傾仰依嚮。若京師之開泰，大名之臨濟，汴梁之慧安，嵩陰之羅漢，豐州之法藏，洛陽之發祥，潞邑之勝覺，京兆之開元，西京之護國，鄭州之洞林，皆禮請住持，書疏迭至，輒忻然受之。雖杖錫未能偏及，凡一寺經畫，必相關白。有所興作，則出夜衣盂之資以助。

初，今上在潛邸，師嘗奉命持香，禮江浙名藍。法航所至，州府寮屬，作禮供養，日積弊賷，購所謂五千餘卷，滿二十藏，爲函一萬有奇。

浮江踰淮，輦運畢至。凡所統十大寺，率以全藏授。仍請衛法璽書，寺給一通，其用心博哉。師之意若曰，與其□利於己，何若利他。與其福惠私屬，何若俾人。人因經識義，即義達理，洞明佛祖傳法心要，其爲功德，詎可量耶。自今爲其徒者，如即山采藥，隨采意得，無病不愈。又如入倉求米，恣其取食，何飢不飽。既飽而安，曾不究其所自，其可哉。

師名普仁，字仲山，許昌張氏子。幼祝髮於壽峯湛公祠西菴賚公，得法於臨濟，爲十八世孫。□堂其自號也。至元三十年，詔授江淮、福建隆興等處釋教總統，力辭不就。其英爽義氣，俠好施予，交接當世名士，葢本天性然。元貞二年四月初吉，野齋記。

時大元至正二年歲在壬午秋七月吉日　洞林大覺禪寺住持沙門慧和大師德現等立石

王安　王文質

石匠郝德溫　郝贇

郝全

碑陰凡五截。

長生天氣力裏大福蔭護助裏皇帝聖旨，軍官人每根底，軍人每根底，城子裏達魯花赤官人每根底，來往使臣每根底，宣諭的聖旨，成吉思皇帝月古歹皇帝先皇帝聖旨裏，和尚每也里可溫先生，每不揀甚麼差發休，當告天祝壽者麼道有來，如今依着在先聖旨體例裏，不揀甚麼差發休，當告天祝壽者麼道，屬雪堂總統的鄭州大覺禪寺裏住持的瑋長老祥，提點福藍寺、璨監寺這的每四箇根底，執把行的聖旨與了也，這的每寺院房舍裏。

羊兒實年正月二十七日，大都有時分寫來。

以上第一列。共廿二行，行十九字。

長生天氣力裏大福蔭護助裏皇帝聖旨，軍官每根底，軍人每根底，管城子的達魯花赤每根底，官人根底，來往的使臣每根底，宣諭的聖旨，成吉思皇帝月可台皇帝薛禪皇帝完者都皇帝曲律皇帝聖旨，和尚也里可溫先生，每不揀甚麼差發休，當告天祝壽，與者道來。如今呵依着在先聖旨體例，不揀甚麼差發休，當告天祝壽與者麼道，屬雪堂總統鄭州有的洞林大覺禪寺，普照寺裏的住持瑛長老，寓提點現監寺等和尚每根底，執把著行的聖旨與了也。這的每寺裏，房子裏，使臣休安下者，鋪馬祇應休拿者。地稅商稅休與者，但屬寺家的水土園林碾磨店鋪席解典庫浴堂，不揀甚麼物件他的，不以是誰，休奪扯要者，休使氣力者。更這和尚每道有聖旨麼道，無體例勾當休做者，做呵他每不怕那甚麼聖旨俺的。

鼠兒年二月二十八日，大都裏有的時分寫來。

以上第二列。共二十六行，行十九字。

長生天氣力裏皇帝福蔭裏皇太后懿旨，管軍官每根底，軍人每根底，管城子裏達魯花赤官人每根底，來往的使臣每百姓每根底，宣諭的懿旨，成吉思皇帝月古歹皇帝薛禪皇帝完者都皇帝聖旨裏，和尚也里可溫先生，每不揀甚麼休着，告天祝壽者，道來依着聖旨體例裏，不揀甚麼差發休，當告天祝壽者麼道。鄭州有的屬總統雪堂長老的洞林大覺禪寺，寺裏住的爲頭兒長老，提點監寺，每執把行的懿旨與了也。這的每寺裏房舍他的，使臣每休安下者，鋪馬休拿要者，商稅休納者，但屬寺家的水土薗林水磨店鋪席解典庫浴堂，不揀甚麼他的，不揀是誰，休使氣力奪要者。這和尚每有懿旨麼道，沒體例裏的勾當做着行，呵他不怕那甚麼懿旨。

鷄兒年八月十五日，五臺行的時分寫來。

皇帝聖旨裏，帝師吃喇思巴斡節兒法旨，軍官每根底，軍人每根底，使臣每根底，城子裏達魯花赤官人每根底，鎭□守每根底，通事每根底，站赤每根底，來往科差的每根底，百姓每根底，教諭的法旨，上位與了的聖旨體例裏，屬雪堂總統的鄭州大覺禪寺裏住持的瑋長老祥，提點福監寺璨監寺四箇執把，告天祝壽，住坐有寺院房舍裏，使客休安下者。差發鋪馬，祇應稅糧商稅休要者，屬寺家田地水土薗林碾磨店鋪浴堂解典庫，不揀甚麼，休爭奪要者，休因而取要東西者，休倚氣力者。交安隱住坐者麼道，執把行者法旨與了也。見了法旨，別了呵追問者，這的每倚有法旨麼道，無體例勾當休做者。

牛兒年三月十八日，大都大寺裏有時分寫來。

以上第三列，兩方，共三十六行，行二十五字。

長生天氣力裏皇帝福蔭裏愛育黎拔里八達令旨，軍官每根底，軍人每根底，城子裏達魯花赤官人每根底，各役下官人每根底，往來使臣每根底，宣諭的令旨，成吉思皇帝月古歹皇帝薛禪皇帝完者禿皇帝聖旨，和尚也里可溫先生，每不揀甚麼差發休，當告天祝壽者，麼道有來如今依着聖旨大體例裏，不揀甚麽差發休，當者告天。與皇帝皇太后喈每根底，祝壽者麽道。鄭州有的屬總統雪堂長老的洞林大覺禪寺，普照禪寺，寺裏住的爲頭兒長老，提點監寺和尚，每執把行的令旨與了也。這的每寺院房舍裏，使臣休安下者，鋪馬祇應休拿者，地稅商稅休納者。但屬寺家的水土薗林碾磨店舍鋪席浴房解典庫，不揀甚麽他的，不以是誰，休倚氣力奪要者。再這和尚每有令旨麽道，沒體例勾當休做者，做呵他不怕那甚麽令旨。

鷄兒年八月十七日，五臺行時分寫來。

長生天氣力裏皇帝福蔭裏晉王令旨，管軍官每根底，軍人每根底，管城子達魯花赤官人每根底，過往使臣每根底，省諭的令旨，大聖旨裏，和尚也里可溫先生，每不揀甚麽差發休著，告天祝壽者。宣諭的聖旨體例裏，不揀甚麽差發休著，告天祝壽者麽道。鄭州有的屬雪堂總統的大覺寺裏，住持的瑋長老，福首座，璨監寺，爲頭和尚每根底，執把行的令旨與了也。這每寺裏，房子裏，使臣休安下者，鋪馬祇應休拿者，稅根休與者，水土薗林水磨，不揀甚麽他的，不揀誰，休奪要者。再這和尚每這般省諭了，呵別了經文體例，寺裏無干礙的水土，爭竟行，呵他每不怕那甚麽令旨俺的。

鷄兒年正月十四日，大都有時分寫來。

以上第四列，兩方。共四十一行，行二十五字。

長生天氣力裏皇帝福蔭裏也孫帖木兒晉王令旨，城子裏達魯花赤官人每根底，軍官每根底，軍人每根底，往來使臣每根底，宣諭的令旨大聖旨裏，和尚每根底，也里可溫每根底，先生每根底，不揀甚麽差發休當，告天祝壽者。道有來如今依着聖旨體例裏，不技術骨干發休當，告天祝壽者麽道，汴梁路鄭州屬司空雪堂總統的洞林大覺禪寺，普照禪寺，王折大明寺，寺裏住的月巖瑛長老，朗首座，詮提舉，海提點，寓提點，現監寺出監寺和尚每根底，執把行的令旨與了也。這的每寺裏，使臣休安下者，鋪馬祇應休與者，地稅休納者，水土薗林碾磨，不揀甚麽他得，不揀是誰，休使氣力扯洩奪要者。這的每更倚着這般說，麽道別了經文體例，沒體例勾當做，呵他每根底那甚麽令旨俺的。

虎兒年十一月二十一日，赤那思有時分寫來。

長生天氣力裏皇帝福蔭裏小薛大王令旨，沒路上有的民戶每根底，城子裏達魯花赤官人每根底，脫脫和孫每根底，管站的每根底，船戶每根底，管和尚頭目每根底，來往的使臣每根底，把城門每根底，皇帝洎每哥哥兄弟每根底，教祝壽的上頭洎每的，鄭州滎陽縣屬雪堂總統的洞林禪寺，住的瑛無瑕庵主爲頭兒三箇和尚每根底，長行馬三疋，爲做好事勾當的，上頭來的時分，去的時分，不揀是誰，休得遮當者。經過的百姓每根底，人嚼的茶飯，馬喫的草料，依大聖旨體例裏與者麽道，沿路上行的金印令旨與了也。這和尚每做沒體例勾當，交百姓每生受，呵他每不怕那甚麽令旨俺的。

馬兒年二月初七日，大都裏有的時分寫來。

以上第五列，兩方。共三十四行，行廿五字。

《金石萃編補正》卷三。《續修四庫全書》。

行書。共二十三行，行四十六字。內有三行多一字者。高七尺，廣三尺零四寸。在滎陽。

《元洞林刻書序》 古無是說，孰傳於今。古無是說，孰信於後。古之人以心傳心，以法正法。千偈翻瀾，不離眞諦。一言中的，超悟玄機。嚮有洞林西堂寶公，以上無智慧，騁無礙辨音。應緣百世之後，契詣於百世之先。思古之人，不可得見。裒遺義，垂示宣揚。古有一說，今立一頌。如龍淵產珠，珠出而淵倍生光。如薝葡花開，本枝不改而香豔重新。當亡金大定初年，道價日重。一時國王大臣，莫不欽敬者。儒若魏道明，張元石，孟友之，皆以之爲莫逆交。及是頌出，人人爭先，覩之爲快。今五世孫釋教總統雪堂仲山，通才具德，振起宗門。戒力山崇，願心海潤。又以公之頌古，傳於古而不傳於今，使今之學者無以證，迺綉梓以廣其傳。嗚呼，聲聲色色，觸目菩提。本本源源，隨心佛土，濟下代有人矣。元貞丙申端月四日，魯人王構肯堂謹序。

又序

大都報恩禪寺傳法住持嗣祖林泉老衲從倫序

昔雲竇頌古，天下禪林，號爲絕唱。萬松寄湛然書云，吾宗雪竇天童，猶孔門之有游夏，詩壇之李杜。世蓋採我花，而不摭我實也。故佛果假陽春白雪，而評唱是頌，《碧巖集》在焉，且免曲高和寡之議。復遇洞林寶公，宗師愍物，垂慈利生。爲念篇篇皆出示衆，句句未嘗支離。提攜後進，有收有放，有縱有奪。或言逆而意順，或以是而爲非。斯皆意不在言，言非有意。若不具金剛正眼，決難覷透。莫使情關固閉，識鎖難開。罯與鉤簾歸乳燕，穴紙出痴蠅。方信洞林潤澤四生，福蔭九有，不虛設也。方今嗣續拔萃者三，少林鑒機鋒罔測，變化無窮，天下衲僧，難出其彀，眞一代英傑之士也。慶壽亨雄文逸翰，咳玉噴珠，有珍重白蘋紅蓼花之句。章廟大稱賞之，故師號爲紅蓼花。竹林藏禪學穩密，道眼通明，頌□方珠玉，極濟孤貧。今四海英流，悉皆富庶，若非青出於藍，氷寒於水，曷能如是光顯一時。國朝崇敬雪堂總統，乃西堂五世孫也。因兵燼餘，失其失頌。一日偶見，不勝忻慰。遂不惜囊資，板行是錄。令天下學者，而知此心，不忘本也。元貞二年月　日，林泉老衲從倫焚香謹序。

洞林太覺禪寺第一代西堂寶公大宗師林溪錄序

翰林直學士朝列大夫知制誥同修國史東明王之綱序

佛示滅後二十八世，菩提達摩始攜其心法來中國。又六傳至曹溪，派而五之，燈燈照耀，久愈光熾，視四家尤演溢者，惟臨濟宗乎。門庭宏峻，其三玄三要，寔緇衲之津梁，藂林之趨嚮。若子若孫，爲龍爲象，不可殫紀。粵有洞林寶公，臨濟七世孫，瑯琊嗣也。生金大定初，性圓融機頴，悟淨名休用，纖微具悉。禪定之餘，憙事翰墨。一時名士，多與往還。如魏雷溪，道明，張竹堂，元石，孟翰友之皆爲方外友，詞章參叩，見於酬唱，名重當世，大宗師也。累主名刹，各有遺跡。其住持鄭州普照爲最久，人率稱鄭州寶公。前後題唱法語甚富，兵後散失無，今止存《林溪錄》一篇。嗣法五世孫釋敎總統雪堂仲山得之，如摩泥珠，如球琳玉，藏諸十襲，不輕以示人。然神光文采，絢爛照灼，終不久韞櫝中，將爲衆目所具瞻。雪堂乃鋟梓，以惠宗門學者。則公之行業，得所傳矣。後之紹述者，爲無負負矣。

時元貞丙申元日，東明王之綱盥手焚香謹序。

又序

大都報恩禪寺傳法住持嗣祖耕泉老衲從倫序

自飲光傳衣以來，可祖安心之後。名喧宇宙者，代不乏賢。故臨濟下出二大宗師，曰慈明圓，曰瑯琊覺。覺下出洞林寶望，瑯琊第六世。洞林下出安閑望，洞林下出安閑望，洞林第三世。安閑出雪堂望，洞林第五世也。莫不門庭孤峻，機辯崢嶸。雲湧星馳，雷轟電掣。施越格超宗之量，運絕聖棄智之籌。雖云七事隨身，那許三元繫綴。若不著寶公大宗師，焉能爲敲磕識情，祛除意路。師有時實際理地，不受纖塵。有時建化玄門，不捨一法。豈非向中原收得，秘在形山。暗中信手拈來，衣內親曾覷破。廣興法施，惠無緣之慈。極濟貧乏，獲有餘之利。□皆名休相稱，使之然也。故與大名竹林，聯錄於世。今寰海藂席，悅服稱贊不已。是知學富才豊，修美文德，掌不世之珍，鼎峙饒益，補□足之足也。嗚呼，累經世變，板冊俱亡。一日正祈禱，有一僧至，持《林溪語錄井頌古》四冊，得之，如暗得燈，如貧得寶。陳根之朽，再發□花。今雪堂總統輸泉鋟梓，用廣其傳。咦，它時字字放光，擲地金聲去在。

元貞　年　月　日，林泉老衲從倫焚香謹序。

特賜圓通普照大師東昌路莘縣應海寺住持講經論沙門惟妙書篆額

前住持嗣祖月巖瑛公大禪師請序

上截高三尺五寸，下截高四尺。廣三尺零五分。行書。

《元靈隱大師長供記》維大元至正閼逢涒灘月旅林鍾，樓生五葉，有釋氏宣公，寂神於鈞州文殊院。師諱普宣普寧，臨汾小榆里人也，俗姓劉氏。生而氣黷，長而溫良，不樂俗榮，而辭父母，投禮本村普濟寺誠公講主以爲師矣。雉髮雖在幼歲，頗有老成風味，而誠甚加垂言，師未嘗有怠也。年至二十，尋師擇友，越天塹之南，而居陝州逢策講肆，飫經論之學矣。趨靈嚴參桂庵，詣香山謁汾溪，擊碎禪關，穿透敎綱，道心堅固，學業精純。于時請汾溪主法王禪寺，師之巾瓶迴桂，錫於嵩懷，復求未聞者也。一日印可，深入證源。師於常年充監寺提點之職，紀綱寺事，輔弼叢林。荷衆量寬，不憚寒暑。至元庚辰，法王致疏，請尸文殊院，轉法輪，安釋子。不三歲，而殿堂華麗，廊廡清新，凡有者咸口備之。日夕無倦，至公之也。師於至正甲申夏六月五日而圓寂矣，乃荼毗訖，仍留衣資，則七千五百之緡也。爰有本山住持仝衆知事，將師之賄，磬入常住，供無盡之三寶。師之日忌，來於癸未十一月五日，去於甲申六月五日也。年設二齋，用垂後世，永永無窮者也。以斯洪因，□嚴覺路，洎諸法界，幽顯存亡，盡獲無窮之妙樂。故立錦石，以傳不朽。仍茲古洛天慶灑掃海印爲記云。

歲次改元至正六年丙戌十月吉立

嵩山大法王禪寺衆知事同立石

當代傳法嗣祖沙門慧燈普照大禪師無極助緣

道士張德澤刊

《金石萃編補正》卷四。《續修四庫全書》。

正書。共二十六行，行十九字。高一尺七寸六分，廣二尺七寸。

《增建大圓濟宮記》 夫我佛之教，頓漸多門。然舉要言之，唯教與禪而已。教者，有三乘三藏五教十二分之異名，盡載于五千余軸之大藏矣。禪者，爲正法眼藏，教外別傳，不立文字，是以釋迦如來密授飲光，而有天竺二十八祖。達摩西來，而有震旦七祖。荊州南傳，而有雲南五祖。傳授證悟，有自來矣。惟大理啓運，禪教之盛，寔與竺漢侔大。幾二百年，有施氏頭陁者，天縱其能，所得之傳，殊爲神妙。諒以觀音大士，親垂指示，機契緣熟，頓證悟於言下。根元直截，即與荊南之傳，若合符節。而大增重於獻宗御試之論，厥後其傳，乃授於道悟國師，道悟授於元凝宗師，元凝授于凝眞等輩。然凝眞嘗以寫經得道，筆法實如神助，其書多至數千萬卷，而名高德重，爲世希有。

竊觀大圓濟宮者，乃宣宗元亨四年戊申，高國公護之所創建，宗師元凝之所住持也。僅歷百有余載，師資傑出，背項相望，爲時所尚。今住持沙門山舟法海者，即慧通長老之門徒也。戒行精勤，道器純熟，三十有余年於此矣。自念圓濟之境，實名德之遺趾。迨昔癸丑歲冬，皇元平定之後，名師繼踵，代不乏人。然而規摸制度，猶有稍闕，若不稍增，無以紹先績，勉後學，及以待嘉賓，延碩德也。於是立後殿一禪堂，一僧房，衆寮前門後閣，莫不雄麗。始於延祐之乙卯，終於至治之癸亥。觀其堂宇深靚，瞻逍遙宴坐之資。花木幽香，備勤進修行之具。法法妙道，物物禪機。是則主張其事者，豈非明正法眼，續佛慧命之助乎，福利其廣大哉。

時至順二年歲次◇未正月十九日，承事郎蒙化州知州段信苴義立石。

《金石萃編未刻稿》卷中。《續修四庫全書》。

行書。石長三尺五寸六分，寬二尺五寸九分。十六行，行三十六字，內惟一行三十七字。

《重修華嚴堂經本記》 至正改元夏四月，有高麗國僧名慧月者，因禮文殊大士於五臺，衲衣錫杖，幽然脫俗。路經房山縣西鄉里東峯古梵剎，名曰小西天華嚴堂。其境清勝奇麗，遠超市井，踈絶塵囂，唯有志者居焉。其堂幷《華嚴經》本等十二部，皆石爲之，蓋有年矣。眞古今祝延聖壽之域，窮歲月綿延，住僧雲至，堂摧經剝者有之，唯存基址焉。寺僧傳曰，三藏經宿之處也。慧月留止於此，不旬日，閱堂戶首刻曰，釋迦如來正法像法，凡千五百餘歲，迄貞觀二年，已浸末法七十五載，時群住者從茲失導者衆。有僧靜琬，隨爲護正法，率諸弟，謹化檀越，共結良緣苦行。即茲山頂刊經板，不勝其數。冀於曠刼，濟度衆生。蓋靜琬肇起于此矣。其境瀟條，時有樵牧者憩焉。經文殘缺者，斯其由矣。慧月憫其石戶摧圮，經本殘缺，□然惜其將來浸泯靜琬之功，而安能復其初。以斯感發化緣之念，志堅而心篤。

幸□□政院使資德大夫龍卜高公，匠作院使大夫黨住申公，慧月拜禮，詳陳其事。公等允其言，興大功德，布施淨財千餘緡，命慧月施勞，董工修石戶經本。不月餘而俱□□得布施，一毫不私於己。聞者咸曰，施財者猶爲易，得人者實爲難，惟慧月則其人也。不□酒，不茹葷，儉衣食而絶物慾。同歸善者幾人焉，慧月寧忘己勞，而不沒人之能。今立石以紀功德，揚人之善，豈慕勤劬，著己之功。願言所過者化，所存者功。嘗謂人曰，事落成而吾適他矣，豈久淹於此哉。若值經廢之緣，興功者如是，處佛門無愧矣。同金玉局提領李持狀，詳其事，刻諸石，來謁其辞。予不獲已，姑依命，摭其實錄一二云爾。

時至正改元夏五月初八日高麗國比邱慧月立石

大功德主　高龍卜院使　申黨住院使　山主斯滿

同緣功德主　也先不花太卿　不花怙木兒揔管　李揔管　五闌古提點　禿滿達

同緣功德主　中政院使伯怙木兒　王丹夫人

同願僧　西域智諦　達而寶

補冩經板高麗國天台宗沙門達牧

金玉局提領李得全　李得　程仲玉刊

《金石萃編未刻稿》卷中。《續修四庫全書》。

正書。碑長四尺六寸，寬三尺。二十三行，行三十五字。

《興教釋源道派之啚》 奉政大夫華州知州劉文暐書

祖師唐三藏國師
大德圓測法師
大慈恩大法師
皇元興教第一代住持
宣授扶宗宏教大師釋源宗主號龍川
宣授眞覺國師釋源宗主文才號松堂
資德大夫殊祥院使僧爽
榮祿大夫大司徒都總攝號月嵓
光祿大夫大司徒釋源宗主法洪
慈恩廣惠大師僧弁
棲雲洪 國師惠淵
至正六年九月上吉日院主惠海等建
大元初功德主兵馬都元帥太師秦國公劉
經律論師興教寺住持惠能
首翙住持 智廣
尊宿 法興
僧衆 法御 惠璟
惠燦 惠
惠昌 行果

碑二面。連額長三尺◇寸六分，皆分兩截書。一面寬一尺二寸。上三行行八字，下十一行行十五字。一面寬一尺一寸五分，上截已磨滅，下七行行十一字。陝西。

《金石萃編未刻稿》卷中。《續修四庫全書》。

《妙觀和尚道行碑銘》 師天水趙氏，諱定，號妙觀，上賜也。其先理人，元祖曰圓興，世家音律，甚寵遇。湞牧高先延居善闡褒□布爽之職。興生祥，充選官。祥生昇，昇三子，師其長也，曰泰。至元丁巳七月十二日，母將誕夕，有彌◇萌筆之夢兆。及甫冠，有閎達之量，妙佮倫能書數。乙酉年，辭親投玉按笻竺寺寶集壇主嫡嗣雄辨大師，而祝髮焉。遂習圓覺四絕，博通內外，乃與母夢而信然也。先師欽制宣教，諭引南荒。師次以廣布法化，湞始有聞大敎之漸也。辛卯春，師勸母登緇，乃飛錫蒼嶺。元帥信苴忠請閲藏於再光寺，而誦習尤勵，數載足不戶外。大德己亥春，遯水目，雲徒望風亦盛。講《首楞嚴》，感金甲冒者現身護法，遂集《楞嚴纂要註》十卷。講金剛經，盈會咸覩白光輪菌而散輝于遠，即譯《金剛方語集觧》兩本。有◇耆德夢峰巒幽邃，非恒所見。中岌寶宇，俄有一老者出，方咨其所尸，老者曰，慈氏菩薩□。既而廓爾見師獨在，不及語而寤。癸卯秋，明威段公政復迓居再光洎圓濟宮，亦集《淨土道場儀》兩卷，并鋟《賢刧千佛名經》板。至大戊□，慰□而之中慶。因遇燕雲游僧淵講師，師率首請開《華嚴大疏》。自此，大敎始翕然比華之盛也。至大庚戌年，母屍殯，遂遵禮葬之。明年，明威公委弟信苴賢，即今八伯司副使奉訓公也，備馭迎還于理，請尸崇恩寺開《華嚴》，就刪定《華嚴心鏡》兩卷。皇慶壬子，中奉參政段公慶請令席於感通淸涼臺，再肄《華嚴大疏》，仍造《玄談輔翼》八卷，《外集》三卷。捐己財伍阡索穀百□□□□常住，凡學完一卷，□□表□而□之，嘉大敎之流布也。

理近有僧門之傑者，如鑑無照□雪溪通元峰智愚溪□尊宿，師門之所出也。雖名公鉅卿，莫不登門而歎服，尊嚴而喜施。洎于四方獻納者，未嘗弭焉。延祐甲寅，捐衣去食，新吉祥殿，繪華嚴法界圖，揮金棲碧，葺成具體，以付高弟德雲公住之。丙辰年，下碧峰，重新舊制，頗有綸緒，亦命德雲公分領之，俾妙峰以恢衆事。師前後九遷名剎，凡增禪湞洱諸山常住者，茲不贅焉。明年還中慶，寓覺照寺。至治癸亥春示疾，進藥石者如林，師拒而告曰，吾歸當月二。果至三月二日午，端然逝也。春秋耳順有八，僧臘三十有九。湞省左轄阿昔思公，曲靖宣慰使按◇前憲簽中慶路總管張元庭等，躬主喪事。留龕三日，哀挽葬于商山之原。舍利瑩然于荼毘之火，覩者悽欷欣踴。如師再世。三公乃分舍利於理，理閡郡人哭泣仰瞻，盡敬且慕，若與師復面會也。德雲公塔舍利于金相南扃，敬大會以慶其事。妙峰十四年間，美觀畢擧。至順壬辰，將之抗，德雲公克振師經始之志，以致大成。至正庚寅，妙峰迴錫于趙州華藏，乃慨然與德雲公而謀曰，師其行跡光且大，使後世不昭□而見之，殆非負法乳之罪歟。乃然之。捐貲樹石，命予書其一二。

予師之裔也，雖不及昇於師堂，亦蒙被其餘烈焉。用辭嘗論之，行爲道本，有其行而大道以隆。教籍人宏，捨其教而至人莫顯。蓋根乎智，發乎悲，窮其理，盡其性，始感人如此也。然彼金甲之衛，白光之凝，耆德之夢追，舍利之瑩然者，唯神而明之，非人之所能議，師道之驗在茲乎。然惜予無長扛巨筆，以發揚妙觀之正眼。正眼則何彼何此，非色非空。豈金甲白光，舍利夢先之形容者哉。且夫師之風軌，微德雲無以續。師法乳恩，微妙峰無以張。予乃稽首而銘曰：

大道淵源　惟師獨挹　義空象忘　筌蹄莫翳　蒼山嵂崒　師行堅密
洱水逆漪　師道清滿　金甲白光　詣理驗術　名公士庶　傾心共揖　耳順
有餘　大事已畢　刦大珠圓　滇洱輝奕　金相遺風　德雲乃繼　妙觀正眼
孰能以筆　師法乳恩　莫報其一　茲惟妙峰　請以書石

至正歲次丁酉菊月吉日　門弟金相前住持妙峯妙善立石

石匠提領楊明刻

《金石萃編未刻稿》卷下。《續修四庫全書》。

行書。額篆書。碑長六尺六寸五分，寬二尺七寸五分。兩面刻，皆十七行，行三十八字至四十五字不等。

《易州淨覺寺碑銘》

當寺前校勘法師沙門志延書幷篆額在前行下。

高陽郡西北四十里，有山聳峙雄壯，亘疊相傾，嵐翠突然而秀出者，太寧峯也。下枕重麓，爽塏疎明，棟宇奐焉而宏麗者，淨覺寺也。本諸經始，乃沙門制止，俗高其悳，稱曰呂上人，暨門弟子等，協力而成矣。初，上人跋履雲山，處基定舍，一造玆境，有嘉遯息塵之意。因周覽舊跡，則□相之書□□□遺址在焉。因顧謂其徒曰，地不終否，興其有時。此山谿嶂且深，而郡城復邇，奔馳勢利者罕至，成集勝緣者易至。實化俗之福庭，忘情之道苑。締構之志，繇此興焉。師與門人等，朂衆勵徒，披榛闢莽，順世度其形勢，占景揆其晦明，申畫經圖，率有規制。然誠修則物應，利久則計從。事既順宜，人皆傾附。故能財悅其施，蓺獻其功。智者慮謀，能者幹事。役者盡其力，作者忘其勞。以至匠無輟勤，材不乏用。崇正殿爲瞻仰之所，營西堂作演道之場。敞其門闉，備遊禮也。高其亭宇，延奇侶也。次有重龕峻室，疎牖清軒，石竇雲庵，松扃薜榻。雖寒暑昏曉，更變迭至，而禪誦安居，人無不適。又引北隅之涸泉，歷曲砌虛亭，滌垢揚清，響透林壑。寺之背迴嶠，層巒隱暎，形狀峭拔，直起而高者曰積翠屏。其下特構小殿，卽馮道吟臺之故地。西北深而復高者，乃柏梯上方也。煙蘿蔭密，蹬陌回盤。古有亻壇，叢柏尚茂。巖壁四向，卓立萬仞，青聳接天，空翠分色。風雷之所吐納，日月之所蔽虧。脫落埃塵，此非常境。西有乳水洞，洞豁而深，石藥疊生。四時凝滴，盛暑或入，凉氣射人。前眎金坡□，卽蔚蘿去來之會。路非帶奇峯嶺，亦山民樵採之危棧。東顧平陸，原野曠然，易水瓔圻，蒼茫在目。槩舉而談其遠致殊覽，幽邃勝絕，若斯之極，餘則不待言而可詳矣。況地無蠆虺，林無豺虎。冬則陽岫留暄，易凝沍之慘。夏則玄巖增凜，祛歊暑之躁。而又積霖不淖，大隧兼塵。衆石潔而清，草木香而異。騰猿馴獸，人狎不驚。太寧之美，其實有焉。

且謂古之僧居，本惟蘭若。寂靜兼雜，遠離俗鄽。近世興修，多名都大邑，併肆兼闠。但以丹雘相陵，奇巧務勝。貪昌之徒，皆奔走之。曾不知雕侈傷□□□害政。茲寺之建，土不金碧，省費也。木不文鏤，全朴也。陛不增高，因地也。栱不重架，循制也。壯麗而亡奢，質素而匪陋。可以歸依，可以長久。是故君子美之，邇來清心高志，暨名行著聞，祈出離者，罔不結廬，爲棲身之宅。今繼呂上人綱紀其事者，有弟子講經興慈大德賜紫諦航，前燕京左街僧錄判官文勝大師賜紫義銖，前燕京三學律遠師崇範大德卽聞、法信、弘福、諦永等，皆象賢蘊素，嗣悳含和。拯濟利生，爲人表式。寺之造始，重□十八年也。告成之時，清寧二年也粵。明年，特以成績，錄之聞天，詔賜淨覺爲額。夫物盛則廢來，事久則弊起。此有爲旋相必至之勢，保乃終吉，存乎其人。後之處者，毋易故以求其新，毋增華以變其本。楹棟毋廣，廣則重補葺之憂。彩繪毋繁，繁爲速渝變之弊。僧□在和，勿限其衆寡。事貴興利，勿辨於自他。尊者主而勿專，賢者來而勿拒。事屏紛諍，心唯宴閑。若是而居，乃物外之大方，人間之出世者也。易郡友人太常少卿中京副留守梁君瑜常盛言太寧登臨之勝，且狀成寺本末願文於石，信諸來者。乃爲銘曰：

古建招提　連峯構溪　塵跡不到　高人所棲　今創精舍　侵鄽接樹
俗利相跙　貪者自暇　贋敞巖扃　且幽且靈　雲林蔚尓　山云太寧　材匪
礱斲　既堅既樸　詹楹廓然　寺曰淨覺　地絕輕埃　祥氣曉開　祺祐玄感
諸天密求　僧戸石磴　蕭條靜勝　清梵傳聲　虛谷交應　事備功殫　成

定既難 美而不述 識者何觀 乃樹貞石 銘奇紀僻 谷岸有遷 芬輝不息

大安二年丙寅八月二十三日建 太原王可久刻

《八瓊室金石補正》卷一百二十二。《續修四庫全書》。高七尺六寸，廣三尺八寸。二十五行，行五十七字。字徑寸許。正書，篆額，失拓。

《勝果院尊勝幢并惠澄銘》 詳夫菩提道場，爲三世之果海。僧伽蘭若，乃九有之福田。亘夷夏以增暉，詠古今而綿□。諒以三幸吐輝，□海彌綸。玉毫高蹈於大千，梵網軒羅於沙界。□若僧稠播運，勝果□□。三昧遊戲於旃檀，萬德調伏於龍象。方其珠岸川明，寶坊挺秀。蓋以激揚道業，継□生□。百福莊嚴，千佛護念者也。何其松籟寒生，賢聖並出者也。稽夫沐澗山勝果禪院，本地□稠禪之所建也。婣維碧嶂村□□陰羣仙隱化□方古佛修行之地。殿閣浮空，不可□□狀。僧徒滿寺，非足□數推。日升師德之尊，歲獲緇童之度。時後代革，近至顯公，貌□神清，聰明辨利。文武藝學以兼俻，內外典籍以俱通。威稜遠近，攝化諸方。開國成□，日臻富盛。桑麻接境，水竹連天。晚鍾夕皷，齋坐千人。夏講冬禪，剃度□千。其澄公□第七子也。

師諱惠澄，俗姓孔氏，風貌清秀，性行端默。常居幽僻，不樂喧嘩。父母奇之，拊其背曰，此兒毛骨異常，舉止閑雅。誓捨其子，定應出家。保綏存亡，以資冥福也。自幼捨送其院，禮事顯公，受業爲師。紺髮禪服，惟訓是聽。巾箒瓶鉢之外，飲食禮念之餘。誦習《法華》，受持無數。逮及二十，蒙皇恩普度，梵壇牽訓，受具戒□僧。由是清淨三行業，嚴肅四威儀。省定溫清，精進□鋭。復乃自磬衣盂，化緣多衆。染碧粧金，梵相極於猊座。剡珉削玉，石槁壓以鯀波。□然後衆生得以皈依，行旅便津涉奉。養老送終，哀毀過禮。試經法嗣，得名而永□□人次有小僧永迂，永定，見行考試。年臘垂幾七千，住持凡經三仕。清音嚦嚦，□□鏘鏘。齋戒誦經，正念無失。臨事堂中果斷，大衆畏服其能。一日持書踵門謂□□曰，山僧頗有奉託，敢以曩昔行事，輙具筆硯，載述大綱。深爲寄託鄉，詎敢□□於己能。直欲警策僧俗，激勵後昆而已矣。僕諾深寄，義不當辭。況澄公行藏事□，耳目所聞見，鄉黨所器重。復能於禪誦之外，修合湯丸，拯拔危困。遠近病苦，皆□安穩。其爲因果，可勝言哉。雖大師隱默不言，藏用功德，光澤鄉里。吁忍掩乎福□，大海酌而難名。齋沐抽毫，勉爲序銘：

尼邱嶽秀兮，晚彰天風。華藏餘波兮，卓稱世雄。伏膺淨典兮，冥遣雙空。棲遲梵律，夫□崇隆。孝終師去燈光同，鵬卯聲侔天帝弓。三仕住持退自公，優曇重開疇継蹤。德挨□壤揭□□，功彌洹沙鑿鼎鍾。慈□含靈九有中，澤及草木并昆蟲。明明千秋月在水，慶流□祚垂无窮。明昌元年七月望曰立石沆水李坦撰鄧杲書李□刊

《八瓊室金石補正》卷一百二十三。《續修四庫全書》。高三尺六寸。四面，四棱。面廣七寸七分，各十行。棱廣二寸一分，各三行。弟一面每行廿五字，上方題尊勝經幢四大字。餘俱三十餘字。行書。在河內。

《靈巖寺祖師聖跡碑》 雲公禪師住持靈巖寺，未越三歲，宗風大振，嚮風而遠近歸之。一日謂濟濵老人陳壽愷曰，夫靈巖大剎，昔自祖師觀音菩薩記相梵僧，曰法定禪師，於後魏正光元年，始建道場，興梵宮。居天下四絶，境中稱最，而世鮮知。其由我祖師其始西來，欲興道場於茲也。前有二虎負經，青蛇引路。捫蘿策杖，窮絶壁而不可登。乃徘徊於南山之巔，面石之久，感日射巔峯成穴，透紅光於數里。師乃躅光而下，羡其山林秀蔚，可居千衆。道遇樵人，亦異人也，顧師而言曰，師豈有意於茲，患其無水耶。回指東嚮，不數里間，可得之矣。師既徐行，則有黄猴頋步，白兎前躍。俄驚雙鶴飛鳴，其下涓涓，果得二泉。又擊山泐，隨錫杖飛瀑迸涌，遂興寺宇，逮今八百餘載。凡祈求應感而福生，民莫可勝紀。然爲我祖師發揚顯聖跡之狀，蔑聞其人，良可太息。乃命工敬圖其像，而刊諸石，庶廣其傳。普觀遐邇，永同供養。皇統七年孟秋旦日，濟濵老人陳壽愷序并書。

住持傳法沙門法雲募工立石

洛陽雍簡畫魯人胡寧鐫

《八瓊室金石補正》卷一百二十三。《續修四庫全書》。高六寸，廣一尺五寸。廿七行，行十四字，字徑四分。正書。圖像未拓。在長淸。

《定林院通法塔銘》 □□□姓米氏，本府獲鹿縣人，世以務本爲業。生有異相，分善惡褓襁間。逮總角，諸童稚戲於壠上，見師至則息喧

力作□□□□特立之操，見於幼年，父母異之。十五歲，捨從釋子游。二十二歲受具，禮天寧昭禪師爲師。一日，謂師曰，汝相貌行藏非常□□諸方叢集，止濼棲蘆之誚，不可不知也。乃之汴，見淨因覺禪師法雲，果道者，丹霞淳禪師皆以法器許之。後參隨州大洪恩禪師，針芥相投，得失俱亡，了無餘事。請充侍者，凡五年，其立規定矩，更數住持，竟不能少易者，師與有力焉。大洪，天下名山也。有二聖者，化□給衆，威靈可畏，瀆之則禍隨至。山門欲改塑其像，衆猶豫不決。師毅然曰，成毀有數，何懼之有。尋擊碎之，衆議乃定。後師有偏游意，遂辭大洪，以偈送行，而印可之意甚明。

師迤邐復還里閈，掛錫金牛。時眞禪師方主法席，請作座元，儀刑雲衆。凡十餘年，終始如一。內外準繩，不約而行。四方參學，咸聞道譽而訪之。本朝天會四年，撫定鎭陽，元帥一見而奇其人，奏賜號曰究理。至七年，定林虛席，諸禪列薦於府，堅請乃從，而果承嗣大洪焉。定林舊無儲積，魚鼓寂然，堂舍頹弊。師住不數年，齋糧盈屋，方丈廊廡，嗳然一新。雲水之士，繼踵而來，清規大振。如負薪汲水，皆身先之。眞禪師僧錄秩滿，當選代者。府僚曁諸僧尼皆曰，非師不可。衆集舉請，累日勉從。奏賜紫衣，易師號曰通法。七年之間，無纖芥煩擾。衆畏公清，不敢犯毫髮。護持敎門，一路賴之。

師範行峻整，器宇寬宏。心剛志堅，性直明敏。自爲僧至出世，未嘗妄許可人。丈室中惟以紙帳蔽風，帋衾禦寒。三事之外，布衣而已。陞堂入室，每舉古人公案，勘問學徒。其聲四達，琅琅如也。天眷三年四月二十日示疾，居士秘孝廉者執侍師疾，夙夜不怠。因發問曰，四大本空，五蘊非有，病從何來。師曰，你病我不病。秘亦領悟。二十四日，師令設無礙大齋，院門簿書，事無巨細，悉決之。嘗置雜役四人，始許之曰，我若不住，汝等從良。是日果釋之。日晚，沐浴更衣端坐。天明，索杖拂而化。二十八日荼毗，士庶送者萬計。靈骨五色舍利，得於焚所。素無信心者，悉歸嚮焉。建塔於城西昭禪師塔之側。俗壽五十九，僧臘三十七。度弟子二人，曰悟徹，悟超。嗚呼，雙林坐化，隻履言歸。從來諸聖，報緣□盡，示生滅法，人知其然，而不知其所以然。雖千佛出興于世，而結舌有分，此又非語默所可及者。師圓寂之後十有餘年，碑□未立。悟超欲廣師之德，以垂□朽，持僧正觀所作行狀，見索紀述。義不獲辭，而系之以銘曰：

梵相堂堂　晴峯聳碧　梵音琅琅　秋濤觸石　一葦渡江　偏遊叢席　三篋束腰　忘軀探賾　悟旨洪山　神珠烜赫　旣露囊錐　獅子返擲　騰聲江左　闡道鎭陽　蘊奧莫測　得喪俱亡　横身爲衆　换骨刳腸　性天烏兎　法宅棟梁　無何天厄　奄爾舟藏　薝蔔花飛　栴檀枝折　緇侶吞聲　波旬起悦　妄情執着　徒自分別　不生不死　無古無今　清風拂塔　朗月穿林　巍峩常山　瀰漫滹水　刻文斯碑　億刼同此

貞元元年四月二十五日　中都仰山棲隱禪寺傳法住持比邱師孫法寶立石

常山段槩男段順段顒婿張顒同刊此行小字。

《八瓊室金石補正》卷一百二十三。《續修四庫全書》。

高五尺三寸，廣二尺四寸八分。廿六行，行五十字，字徑六分。横額四行，題定林通法禪師塔銘八字，字徑二寸八分。並正書。在正定府治西北後寺。

《少林寺西堂法和塔銘》　切以軋維未立，實際居常。一段光明，滕輝無礙。出乎其類，示千聖之梯航。拔乎其萃，現衆生之本覺。圓滿妙體，瑩徹無邊。幽靈絶待之綱，應用堂堂之紹。如此眞機，誰能探賾。唯少林和公顯法於當時，一人而已。師姓李氏，諱法和，道號無跡菴主善應道人，乃許州潁順軍韓城人也。俗壽七十九，僧臘五十七。生而有異，長冠宗倫。母曰陳氏，因夢中覩朱幢絳節，寶蓋華幡，竺土範儀，從門而入，喜不自勝。瞻禮之間，忽然寤竟，氤氳之香，連日不息。感此得娠，後師降誕。岐嶷罕有，姿貌傀偉。門舘緣此昌榮，咸乃師之德蔭。垂髫自悟，竟世路之虛飄。丱歲頓明，省客塵之幻化。悲思欲海，隨浪浮沉。重念愛河，逐波出沒。師知妄本，悟徹法源。勉告二親，願從所好。初而拒抑，久愈堅求。父母知志難遺然，乃從其本願。遂於善財寺大悲院，禮院主僧海潮爲師。自嚴具戒，迥異同流。探竺文心地該通，參禪理性珠瑩徹。曹洞之機立契，芙蓉枯木頓彰。後乃策杖諸方，密符所得。機輪玄焕，神鬼難窺。縱奪施爲，聖凡罔測。後禪流競湊，衲子相依。於俗盡孝，三禮俱周。卜劚卧龍之境，結茅爲菴而自樂。左峙自然，右臨崆峒。屹峪峯巒，湍流若練。韜光冥息，遠革塵寰。

適值四方冗穰，在處聯兵。戎馬生郊，戈鋋滿地。幸賴寰羸稍定，烽火方停。洛京留守閔帥知師隱跡，懇慕宗風。屢遣專使，書疏敦請。師憐誠篤，遂別林泉。因感未悟之徒，發自利利佗之行。少林祖刹，大建禪宗。自後提綱法要，舉唱宗乘。示獅子嚬呻，顯輪王三昧。規儀建立，祖令當行。毳客盈蓆，衲僧竟至。遍施法乳之恩，廣布慈悲之惠。機関酬對，句裏无私。不露鋒鋩，正眼頓現。住持二載，天下知聞。權侯請疏交馳，貴冕牋文竟至。敦命再三，迎帰京府，住持普照。貴胤親依，巨豪仰侍。九載之間，金田崇飾。澍法雨大小蒙滋，震法雷遠近咸　。誼譁師心有厭，煙霞之志頓興。退住天清，宴處空谷。權侯上位，再有折邀。雖像法付囑大臣，祖令還由衲子。瀟然拂袖，返就巖溪。燕處少林，猿棲鶴宿。性同孤月流天，意若白雲自在。

幻身難入，色躰殊堅。忽示微疾，因緣已盡。於丁丑歲仲春二日，師忽沐浴更衣，安然就坐。整儀定息之間，遂乃揮毫作頌，擲筆在地，儼然而逝。其頌曰，不動本覺，豈須名邈。時人眼睛，古今一着。珍重諸人，莫交失錯。師遷化之後，容儀若故，衆視如生。愁雲覆日無光，慘霧凝空晦昧。草木皓然，禽獸叫噪。師徒悲泣，四衆欷歔。遐邇俱聞，悉皆惆悵。若非佛祖後裔，難有如斯之兆。倣西天之火葬，稟聖制以茶毗。煙火爐然，緇素共視，光輝射目，瑩彩凝眸。靈骨舍利爭鮮，特表師之道異。度師四十余人，五人法嗣宗旨。師爲人天眼目，大播眞風。評論先代是非，批判未了公案。兵戈動地，轉法輪於亂中。邪惡奔馳，施慈悲於擾攘。故知大道無力，法流同味。提攜諸子離火宅之中，拯救困窮贈如意之寶。方圓千里，抉膜示人。潛通密契之徒，悟道如麻似粟。撒手長行，特出聖凡歧路。今因衆懇，推以銘題。再三辞之，殷勤見祝。拙於文翰，得歷事實，不得已而輒爲書之。明眼禪流，勿爲哂耳。銘曰：

名相俱絶　三輪淨故　萬法泯然　聖凡罔措　師闡宗風　巍然獨露　一月千江　光輝處□　向上機關　末後一句　三界廓然　歷劫永固　來如着衫　去如脫袴　一段光明　千聖迴玄　具眼禪流　頓興大悟　直下承當　永絶驚怖　師示臨行　不生辜負　以此銘言　播留千古

眞堂智政　前監寺□顯　磨主□純　監眞堂智政　直庫頭法雲　知知客惠深　維直歲惠醋　典座□□座　維那□□　副寺德超　副監寺宗顯

首首座法賢　首首座善忠

住持少林禪寺法嗣沙門祖端立石

正隆二年十月一日盟津守一道人牛本寂書幷譔

河南薛仲刋

《八瓊室金石補正》卷一百二十四。《續修四庫全書》。

高一尺六寸，廣三尺一寸。四十七行，行廿六字。字徑五分。又僧名年月四行，正書。在登封。

《華藏世界海圖》　妙□□世界，狀如寶莊嚴，具二十佛刹𣿬一行。佛號𣿬光□如來。清淨光普照世界，狀如寶花旋布，十九佛刹塵世界圍繞，佛號普□□□虚□□如來。離塵世界，狀如珠瓔，十八佛刹塵世界圍繞，佛號無量方便最勝幢如來。寶莊嚴藏世界，其形八隅，十七佛刹塵世界圍繞，佛號無礙智光明遍照十方如來。清淨光遍照世界，狀如龜甲，十六佛刹塵世界圍繞，佛號清淨功德眼如來。衆妙光明燈世界，狀如卍字，十五佛刹塵世界圍繞，佛號不可摧伏力普照幢如來。寂靜離塵光世界，狀如執金剛，十四佛刹塵世界圍繞，佛號遍法界勝音如來。娑婆世界，四字橫列，在佛像中間。形如虚空，以圓滿天宮殿莊嚴虚空而覆其上，十三佛刹塵世界圍繞，佛號毗盧遮那如來。光明照曜世界，狀如華旋，十二佛刹塵世界圍繞，佛號超釋梵如來。常出現帝青寶光明世界，狀如半月，十一佛刹塵世界圍繞，佛號無量功德法如來。金剛幢世界，其狀周圍十佛刹塵世界圍繞，佛號一切法海最勝王如來。出妙音聲世界，狀如梵天身，九佛刹塵世界圍繞，佛號清淨月光明相無能摧伏如來。出生威力地世界，狀如因陀羅網，八佛刹塵世界圍繞，佛號廣大名稱智海幢如來。衆華焰莊嚴世界，狀如樓閣，七佛刹塵世界圍繞，佛號歡喜海功德名稱自在光如來。淨妙光明世界，其形四方，六佛刹塵世界圍繞，佛號普光自在幢如來。普放妙華光世界，其形普方，多有隅角，五佛刹塵世界圍繞，佛號香光喜力海如來。種種光明華莊嚴世界，狀如摩尼蓮華，四佛刹塵世果圍繞，佛號金剛光明無量精進力善出現如來。寶莊嚴普照光世界，其形八隅，三佛刹塵世界圍繞，佛號淨光智勝幢如來。種種妙莊嚴世界，狀如師子之座，二佛刹塵世界圍繞，佛號師子光勝照如來。最勝光遍照世界，狀如摩尼寶形，一佛刹塵世界圍繞，佛號淨眼離垢燈如來。

此遍照十方熾然寶光明世界，有如是等，不可說佛刹微塵數廣大世界。謂十不可說佛刹微塵數，迴轉形世界，江河形世界等。此二一世界，各有十佛刹微塵數廣大世界，周匝圍繞。一一復有，十佛刹微塵數廣大世界，而爲眷屬。如上所說，一切世界，皆在此無邊妙華光香水海，及圍繞此海香水河中，此之世界，得成就者，略有十緣。謂如來神力故，法應如是故，一切衆生行業故，乃至普賢菩薩自在力故。若廣說者，有世界海微塵數等，以上右方。然世界海，略有十事，所謂世界海起具因緣，所依住形狀躰性，莊嚴清淨。佛出興劫住劫，轉變差別，無差別門。若廣說者，與世界微塵數等，下所列海者，但由世界竪深横廣故也。經中列不可說佛刹微塵數香水海，今取十者，十十以表無盡。上書佛像者是，一佛刹，卽三千大千世界也。《俱舍頌》云，四大洲日月蘇迷盧欲天梵世各一千，名一小千界。此小千千倍，得名一中千。此千箇中千，名爲一大千。碎此世界爲微塵，一塵爲一佛世界也。此在左方。

皇帝萬歲，重臣千秋。二行，分列左右方題字之上，字徑七分。

層上一佛像，是一佛刹，勸禮一拜。願諸有情，若見若聞，同入華藏界。二行，分列左右方題字之下，字徑四分。

出大蓮華，名一切香摩尼王莊嚴有世界種名，普照十方，熾然寶光明。在海波中，弟一層。

此中央香水海，名無邊妙華光。四行，分列左右中間，有一海字較大，周圍有十海字，圍外又有百海字，分列左右。在海波中弟二層。

普光摩尼莊嚴香水海三行，在海波中弟三層。

有大蓮華，名種種光明蘂香幢。三行，在蓮座中間。

風輪最在上者，名殊勝威光藏，能持普光摩尼香水海。在風輪弟一道中間，自右而左。　弟九　次上風輪，名速疾普持能持其上一切香摩尼須彌雲。　弟十　次上風輪，名種種宫殿遊行，能持其上一切寶色香臺雲。二行，在弟二道，奇者自右而左，偶者自左而右。下四道同。弟七　次上風輪，名聲遍十方，能持其上一切珠玉幢。在弟三道。　弟　八次上風輪，名一切寶光明，能持其上一切摩尼玉樹華。　弟五　次上風輪，名種種普莊嚴，能持其上光明輪華。　弟六　次上風輪，名普清淨，能持其上一切華焰師子座。在弟四道。　弟三　次上風輪，名寶威德，能持其上一切寶鈴。

弟四　次上風輪，名平等焰，能持其上日光明相摩摩尼幢王。在弟五道。

弟一　最下風輪，名平等住，能持其上一切寶焰熾然藏。　弟二　次上風輪，名出生種種寶莊嚴，能持其上淨光照耀摩尼王幢。在弟六道。

華藏世界海圖

姑蘇賜紫沙門法圓序

詳夫如來果德雖多統，唯依正正報。則十身圓融依報，乃衆刹相在。今此華藏世界者，乃遮那如來，往昔多劫，修行大願，之所嚴淨。如來初成正覺，普觀一切衆生，雖具斯依正妙用，迷而不證，久處輪迴。由是首唱華嚴，談斯果德。意令衆生，起圓信行，成圓德用，諒不虛哉。其刹最下，有須彌山微塵數風輪。其最下風輪，名平等住。最在上者，名殊勝威光藏，持普光摩尼香水海。此香水海，有大蓮華名，種種光明蘂香幢華藏莊嚴世界海，住在其中。四方均平，清淨堅固。金剛輪山，周匝圍繞。地海衆樹，各有區別。衆妙莊嚴，不可思議。於此蘂香幢蓮華上，有不可說佛刹微塵數香水海，如天帝網，分布而住此。

最中央香水海，名無邊妙華光，以現一切菩薩形摩尼王幢爲底。出大蓮華，名一切香摩尼王莊嚴有世界種，而住其上。名普照十方熾然寶光明，以一切莊嚴具爲體，有不可說佛刹，於中布列。最下一刹，一佛刹微塵數世界，周匝圍繞。此上過一佛刹微塵數世界，至弟二層二佛刹微塵數世界圍繞，乃至弟二十層，二十佛刹微塵數世界圍繞，如倒竪浮圖。其弟十三層，乃此娑婆世界，以金剛莊嚴爲際，依種種色風輪所持蓮華網住，狀如虛空。以普圓滿天宫殿莊嚴虛空，而覆其上。十三佛刹微塵數世界，周匝圍繞。其佛卽是敎主，毗盧遮那如來世尊。此華藏世界，有十佛刹微塵數迴轉形世界等，一一各有刹塵世界圍繞，一一各有刹塵世界眷屬，皆在此無邊妙華光香水海，及圍繞此海香水河中。如是世界，通相連接成世界網，周遍建立。然此世界，先風輪，次香海等者，有二因。一由衆生所具如來藏識，卽是香海，依無住本，是謂風輪，於此海中，有因果相。常住性德，卽是正因之華。世出世間，未來果法，皆悉含攝，故名爲藏。一切衆生，法如是故，行業引故。二由諸佛以大願風輪，持大悲海，生無邊行華令藏，自他二利，染淨果法，重疊無礙。所感世界，相狀如此。

今依《大華嚴經》世界，成就華藏世界二品刊石。普願見聞，心住愛樂，發大行願，莊嚴世界。該攝一切，念念常緣。如是境界，當應成就。

時元祐八年元正一日，東京覺嚴禪院華嚴堂記，平海軍節度使檢校太師駙馬都尉上柱國李瑋篆額并立石。書字僧普完，篆額僧師廣，化緣僧淨遍。

大定五年九月　日，當寺住持僧慧宗摸上石。

修武校尉靜封鎮商酒都監趙子都施俸資伍阡同立石

石匠邢立　賈誠

……

《八瓊室金石補正》卷一百二十四。《續修四庫全書》。

碑高六尺二寸，廣二尺四寸。三截。上截佛象廿層，凡二百十區，左右各有題字。又各一方，方七行，行廿四字。次海波蓮座，次風輪六道，亦各題字。中截序，共三十八行，行廿一至廿五字。下截姓氏，三十四行，行字不一，字徑三分。正書。橫額，題依大《華嚴經》錄華藏世介海圖十二字，篆書。在泰安縣大雲寺。

《幽棲寺廣初塔銘》　昔東坡居士嘗謂，爲佛者齋戒持律，講誦其書，崇飾塔廟，此佛之所以日夜教人者也。而其徒或者以爲，齋戒持律，不如無心。講誦其書，不如無言。崇飾塔院，不知無爲。此則禪律相攻，如矛盾者。曾不知竺乾古先生出法，法要有三，曰戒定惠。戒生定，定生惠，惠生八萬四千法門。故佛以一切種智攝三界，必先用戒。菩薩以六波羅密化四生，不能捨律。如來弟子中，稱優波離善持律，律之用大矣哉。如來滅度後，距今二千五十餘年，其間自漢明已來，像教熾于天下。大都小邑，暨名山勝境，鮮不建梵刹，而聚緇流。有以見大法之光揚，末俗所歸仰也。

果平府平陰縣之東，有山曰陶山，陶朱公所隱之地。有寺曰幽棲，唐懿宗重建之刹。歷古迄今，主持持律者，世不乏人。大師諱廣初，姓張氏，濮州范縣人也。體識深靜，風度端敏。十三歲出家至寺，遂依諒公。宋政和中，剃度，尋受具戒。天資辯慧，講誦《上生經瑞應疏》，發揮幽賾，使疑者信，寧者勤，增上慢者退。僧風驟變，佛事勃興，人皆聞風而悅服。前在持彥公付以山門事，破屋壞垣，無以庇風雨。師既位處當仁，傳授宗主，依山大木，大廈崇成。僧至如歸，受學之衆，恆不破百數，皆大士也。師之於律義，未嘗少懈。後以年邁退□，尚能遠念五臺，崇敬文殊，謂不可不行觀道焉。於是不遠千里，飄然而往。日讀《華嚴經》累千餘部，每遇檀越設供，所獲襯施，未嘗破用，常積於佛前。偶值闕齋，迺散于衆。卓錫之餘，囊無十金。

正隆四年十月十日，寢疾於牀。有大弟子叩以留誡，迺舉首宣揚曰，汝等應思，世間萬物無常，有存必亡。愼護佛戒，進善爲良。衆方讚歎，奄然示滅。莫不悲啼，感念我大師終始持戒，以此律身，以此告人，孰敢忘其規範。遂具涅槃威儀，歸全于寺之北崗。報年八十，僧臘四十三。弟子二十八人，曰惠漸，惠清，惠能，惠端，惠演，惠深，惠寬，惠潤，惠沂，惠溫，惠源，惠洪，惠浴，惠霑，惠海，惠林，惠滿，惠潺，惠淵，惠沐，惠涓，惠連，惠政，惠淨，惠澤，惠濱，惠灑，惠滓。好問先塋實在山下，嘗依寺衆，薦拔幽冥。忽有比丘惠沂，剝啄衡門，請至再三，願勒貞珉。好問遊山之多，議師之久，不敢以辭。迺爲銘曰：

高山巍峩　深林蓊蔚　人天歸依　果異人出　宣揚妙法　大明之律　烈炬破昏　膏澤潤物　法宇方開　魔軍皆屈　欻然示滅　悲辛徹骨　刻銘琬琰　來者善述

大定六年歲次丙戌九月初六日，本縣都管勾當寺住持小師沙門惠沂等立石。

從仕郎東平府平陰縣主簿權縣事王端卿施石。

本縣訾深并弟訾潤刊。

《八瓊室金石補正》卷一百二十四。《續修四庫全書》。

高六尺五寸，廣二尺七寸。廿行，行四十七字。字徑六分，正書。篆額，題故律師初公山主塔銘九字。在平陰。

《清涼院碑》　東平府平陰縣幽棲寺受業僧惠潤狀告，伏爲見住本縣第十都北郭下有草佛堂叁間，未有名額。今納錢壹伯貫文省，承買作清涼院爲額。今來若勘會得稍有不實，情願甘罪，及貼納余上錢數無詞。今照得，本僧納訖錢數，乞立清涼院爲額住持，須合給賜者。牒奉勑，可特賜清涼院爲額。牒至準勑，故牒。

奉直大夫行太常博士權員外郎劉

中憲大夫行員外郎李

宣威將軍郎中耶律押

侍郎

中奉大夫禮部尚書兼翰林院承旨知制誥修國史王下空。右上截。

發賣所

東平府平陰縣幽棲寺受業僧惠潤狀告，伏爲見住本縣弟十都北郭下有草佛堂叁間，未有名額，今納錢壹伯貫文省，承買作清涼院爲額。如勘會得稍有不實，情願甘罪，仍貼納余上錢數無詞。今照得，本僧納訖錢數，乞立清涼院爲額住持，須至給據者，右當所除已書塡外，今出給公據，付僧惠潤收執照會。

大定拾年拾壹月初陸日給

儒林郎泰州膠水縣主簿發賣塩引等呂

承議郎□州豊縣發賣塩引等吳

平陰縣城西清涼院記

大定歲次壬午，天下治平，四民安居。平陰城西十數里閒，人各就己業爲□廬，到處成聚落。依山瀕河，無慮數百家。而去寺院稍遠，其中欲歸依三寶，以植福田者，雖有精進之心，不能無少憚也。於是戒師和尚因衆心所欲，增修是院。及遵依先降聖旨指揮，書塡名額。復承耆老王大進義等，再三之請，遂住持焉。由是開闢舊址，別創新規。具畚揷而興土功，召良匠而慮材用。塡窪下爲爽塏之地，恢狹陋爲壯麗之居。其所創屋宇講堂，僧舍與夫廚庫等室甚衆。兼所成聖像，除古佛堂鐵像釋迦羅漢二堂外，又添塑聖僧、土地、觀音，共三十餘尊。并鑄鍾磬等事，費用不貲。四時起講席，齋僧衆，每日食口，常不下數十人。成就如是勝緣，雖戒師福慧所致，亦諸善知識□助之力也。

戒師俗姓宗氏，法名惠潤，世爲本縣鸞萬村人。自十三歲出家，投陶山幽棲寺，禮僧廣初爲師。年二十，祝髮爲僧。偏歷法會，聽學旣成，至二十五歲，傳持大戒，及講說經論，啟迪群迷。剃度弟子六人，曰定雲，曰定寶，曰定成，曰定悟，曰定瓊，曰定欽，俱肯勤修梵行，共扶敎門。悔塵勞於昔時，樂清淨於今日。蓋欲拔有漏之身，超無量之刼也。彼受檀越供養，不脩福慧，飽食而嬉，晝夜以無爲者，豈可與此同年而語哉。余嘉其師資相得，協心戮力，共成佛事，故樂爲之記云。大定十四年五月十五日，前進士王去非撰。

講經律論傳戒沙門僧　惠潤　立石

住持僧定悟　前住持僧定成　監寺僧定欽

助緣承奉郎前開州酒稅副使飛騎尉賜緋魚袋甲崇之　助緣宣威將軍前益都府益都令騎都尉河南縣開國男食邑三百戶致仕甲申之

北子順馬家莊馬宅施石　里人張彥摹刻并篆額

《八瓊室金石補正》卷一百二十四。《續修四庫全書》。

高五尺，廣二尺五寸。兩截。上截敕牒，十五行。下截公據并記，廿六行，行字大小均不一。正書。篆額，題勅賜清涼之院六字。在平陰。

《幽棲寺重修大殿記并陰》　自佛法入中國，天下名山大川，梵刹所居者十八九，至於千百載，相傳不絕。嘗觀自古貴爲王侯，富可埒國，第宅過制者，往往氣焰自取顛仆。或一傳，或再傳，蕩析無餘，其理安在。蓋因爲梵宇者，以道得之，富貴者，以力取之，固不可同日語也。昔世尊捨淨飯國王之貴，逃於空山無人之境，備諸苦行，累年而後道成。唯以慈悲爲本，於衆生若有利益，雖頭目髓腦，亦皆捨棄，視其身爲何物，安肯自奉耶。及其道著，故天下之人，惟恐奉之不至。此乃心悅誠服，匪由力取，非以其道得之者，安能如是哉。

吾鄉陶山幽棲寺，其來遠矣。因陶朱公昔嘗隱其中，由是得名。其寺廢興，載於前記。其山號爲洞天一福地，竒蹤異跡，徧滿巖谷。是宜靈仙神龍之所居，故臺洞池泉，皆有仙聖之號。歲時水旱，鄉人祈禱輒應。而文殊大士，似經過去刼，於此山有大因緣。時現種種光相，驚人耳目。由是人益信向，奔走靈承之不暇。而寺宇制度甚古，往往土木朽腐，前人久欲更新，而未果也。大定四年，惠沂上人嗣住持事，覩其室宇卑陋，輒欲更刱。而復念工費浩博，未易輕議。姑累小成大，補弊增新。爰自三門廊廡，夾室講位，祖師眞堂，洎大法廈，積歲累月，無不完緝。唯大殿尚仍舊貫，迺集其侶，別議更始。上下聞之，翕然樂從。四方檀越，亦皆願施。方議擇木於原隰，采石於澗壑。涓剛辰，庀工徒。斤築雷動，響振崖谷，不日告成。舊基才三尺，今則增而培之。向來卑陋，今則崇大矣。向來黝暗，今則顯敞矣。向來鄙樸，今則無遺巧矣。迴視舊製，如椎輪之於五輅也。於是中設聖像，金碧煥耀，恍若天成。所費無慮巨萬，人皆樂施。自非沂上人行業信於鄉閭，智略妙於經畫，未易辦此。

寺之始終洎更刱之故，雖已敘述，復有一轉語，敢告清衆。如來遠離世間，一切諸有，而於無所住生心，豈以一室美惡，易其道哉。雖然，弗藉於此，無以開一切信向之門。爲其徒者，宜觀田夫田婦，攻苦食堅，茅屋不庇風雨。而我以佛力故，居則崇基峻宇，食則香積妙饌。夏處清涼，冬居溫密，受人天妙供。何以報佛恩德，荅檀越信施哉。然彼以財施，而我以法施。財施者既盡心，則法施者若非戒律堅持，通悟法眼，未易副彼所希利益之□耳。敢以此告，仍繫以銘。辭曰：下空

煒煒煌煌　法中之王　興慈運悲　廕覆十方　深愍有情　苦海茫茫
誰爲拯濟　賴我法航　炎炎□宅　群子癡狂　方便誘掖　俾就清涼　三車
取喻　牛鹿洎羊　爲其徒者　心宜自量　蒙被慈廕　得大言祥　願報佛恩
烏可□望　戒律精持　勇猛堅剛　因戒生定　發智慧光　財施法施　利
益交相　刻辭貞石　千載流芳

大定二十二年歲次壬寅十月戊戌朔十五日壬子
東平府管內僧錄判官知教門事崇業大德定德立石
勸緣住持沙門　惠沂　講律沙門　祖嚴　同修殿權寺　定道　定先
監寺　定賢　法慶　定太　知庫　道悟　典座　定鑒　知莊　定存　法顯
尊宿　惠清　惠洪　宣秘大德　惠潤　刋字張彥

碑陰

高廣不計。十七行，行四十五字，字徑八分許。正書。

重修大□并聖像碑陰記

藍□聚沙爲塔，童之戲也，猶作入聖之因。捧沙奉佛，物之微也，尚感輸王之報。況乎興建大殿，崇飾聖密，廣起勝心，大興擅施，其□□果，未易敷究。玆者本寺釋迦佛殿，年深積弊，僅至隳壞。惠沂遂與法眷等議，重爲建新。各先以衣盂之資爲施，外化到本縣坊自但歡□到州鸞寧鄉安寧等鎮，永寧、安樂、翔鸞、肥河、居賢、榆城等鄉，及長淸、齊河等縣，遠近檀那，或有施大樑重樑扎樑◇棒枋樽椽柱科栱飛木牌額堦砌□獸塼瓦等。又於殿內，刱改粧塑佛菩薩等像，共四十余尊。其於工費，金箔彩色等物，至縣檀那所施，本寺　畫，一開具姓名，勒石以紀。然恐中間或有脫漏，以此遂已。而況吾門無相布施，最爲第一。今但標記某處，及所化某物，以紀碑陰。緫此功德，伏冀結緣檀信，身嚴福惠，業散冰霜。長幼存亡，俱霑勝利。未來揔遇龍華，人人俱蒙授記者。大定二十四年歲次甲辰夏五月二十有五日謹記。

陶山幽棲寺住持沙門　惠沂
法□僧
定愍　法浩　法善　法悅　法全　定和　定悟　定欽　定安　定興
定喜　惠津
尊宿僧　惠源　惠端
故臨檀崇業大德　惠霧
故臨檀演秘大德　惠能
莘縣聶中議宅人官人

《八瓊室金石補正》卷一百二十五。《續修四庫全書》。

高六尺四寸，廣三尺一寸。廿六行，行四十七字，字徑六分許。正書。篆額，題堂棲寺重修大殿之記九字。在平陰。

《碧落寺溪堂山堂記》　澤以巖邑冠太行之巔，地勢窪而平。自外而望，其中則蒼煙灌木，隱蔽於崖谷之下，不知其有郛郭也。由中而望，其□□□岡疊阜，環合於埤堄之上，不知其有阡陌也。州西有□門，通諸縣，達晉絳，自北弟一門，碧落寺也。距城十餘里洶西且缺澗平路轉曲阿絕澗，緣北崖而西步，益高地益狹，幽深閟邃，人意稍變。殿閣北依山而起，廊廡南邊澗而立。傑然而雲湧，翼然而翬飛。闌檻之外，有地數尺，僅能通輿馬。下瞰深谷，全石爲底，清泉激烈。目西山來南，則崇崖橫起如屏，氣勢與北山相高。南北上下，杉松栝柏，雜衆木爲一。深青淺碧，與夫雕簷畫棟，相錯於煙光日影之間。微風時至，瑟縮澎湃，與泉聲不相辨。使人蕭然有塵外之想，眞入佛界，不知其在人境□□晉景帝輔魏封長平侯，嘗登此山，至今以司馬名焉。唐高宗永淳二年，韓王諸子訓誼諜諶爲妣妃祈福，因石壁刻彌勒像，摩崖碑其事。于側作屋宇佛龕之上，乃寺之經始也。至後周廣順間，有僧普龍者，自臺山來，愛其泉石，作終焉之計。自爾象設日脩，徒衆日廣。迄宋治平間，以年紀賜院額。歲月滋久，土木漸腐敗，丹青益故暗。山之僧慧深者，修二梵之福，以增葺自任。直彌勒殿，刱溪堂。又稍西築山堂，制度如一。取溪山之實，東西相灑焉。僧一日踵門相告曰，山堂成，敢謁文爲記。

因訪澤之儒生故老，檢閱書傳，得磨崖碑之說，謂文體亦當時宏麗

者。辯陳惟玉之僞，必黄公自書，不著其名，以在疾耳，此唐李漢之語也。譔□以文章見知，其文有偸存視息之詞，必公自作無疑。自古鐘鼎器物等銘，皆不自名，澤碑亦不自名，豈在疾耶。又云詞翰出公手雙，美孰可當，此宋胡俛記與詩也。絳州龍興宫有碧落尊像，篆文刻其背，故世傳爲碧落碑。據李璿之以爲陳惟玉書，李漢以爲黄公譔書，未知孰是，此歐陽文忠公集古之語也。譔爲妣妃作天尊於絳，彌勒於澤，各文之於碑，詞異篆同。其書雜大小篆，鐘鼎之款鑄，石室之所藏，與夫石鼓、詛楚、嶧山等刻，囊括殆盡。寫以玉箸法，精深奥隱。夢得記之爲嘉話，李監睹之而心醉。絳有開元中石誌，謂荆人陳惟玉書，考其年紀，與黄尙近，李漢爲州長史，不實此説，謂必黄公自書。胡俛謂漢之言，然無所按據，安知非惟玉也。澤碑在荒山深谷，好事者以爲詭特之觀，亦莫辨其爲何等語。郡儒劉羲叟仲更，有名當世，愛重其碑，恨未通識。會歐陽公奏爲編脩《唐書》官，乃攜楮本之局，因景文宋公子京，始能盡通。卽萠所謂貽澤守宋選，選命其從姪敏求隸書刻石府廨，世人由是判然，此澤之名儒程重之語也。李漢信其書而不信其文，程重信其文而不信其書，歐公無所主名，蓋未見澤州碑時語也。嘗試論之，二碑相□十三年，人生存歿離合，豈黄公自作文，須前書碑人書之，意以胡俛之説爲近，當求陳惟玉石誌爲證。絳州碑當爲碧落，澤州碑爲彌勒，各隨其像，爲得其實。韓王，唐高祖子，元嘉□妃房氏，文昭公玄齡之女也。來者有能繼深之功，斯道場與此山相終。深誠實人也，余故喜爲之書。明昌五年閏十月三十日，□朝□□夫澤州刺史許安仁記幷書。

《八瓊室金石補正》卷一百二十六。《續修四庫全書》。

碑高五尺五寸，廣二尺九寸五分。廿二行，行四十六至五十一字不等，字徑寸。又小字三行，均行書，立石刻人姓名正書。在鳳臺。

《華嚴堂記》　夫乃冥塗路遠，生死海深。若不作舟之因，難到菩提之彼岸。嗟呼人世，似石人以難停。出沒俄然，如風中之短焰。洎有如斯迅速，豈不愴然。三塗路上累累，時逢聖處，天宫無猶得到。蓋爲我等起貪嗔癡慢之心，造殺盜染妄之業。所以沉淪三界，沒溺四生。如蟻迴環，如車碾道，無有休期者也。馮竟全，楊竟資，任竟淸等，朝夕思念，欣然共議。糺集衆善人，向去覷善有歸。各俻己財，遂贖《華嚴經》一部，計八十卷，合論一部，計一百二十卷，以爲經邑，近五十余年矣。請本州僧正寶雲、教授僧智隆主其經邑，每至十月起至三月罷，不妨農務，本邑常住尓彩畫七處九會功德一堂。或人云，何故偏宏其華嚴。智隆云，華嚴性海法界義文，包括十方，含容萬有。處□毗盧藏裏頭□寶月全彰。去來常在妙竟場，動靜不離眞實際。直得象王迴顧，五衆咸臻。樓閣門開，全身普現。人人頓明此理，玄噢交參，義海重宣，法輪常轉。壹百壹十由旬之內，頓悟此心。五十三人同證眞常，更無別法。處□圓明海頭華藏中，全兄宅安置經象。全兄壹日告衆，竟全則老□□像在於□蘆之內，全日夜思之惶怖，恐有不虞，燈火失墜，聖教過咎彌天，乞別置壹所安經像。衆皆諾□□尔□孤獨園項達長者，同祁陁太子買園，興建佛塔，轉妙法輪。又世尊一日領衆遊行，見壹所地□□□□□刹，帝釋拈壹莖草，劄在地土云，建梵刹已。竟全兄等衆人同行，踏躅湯聖廟之西南，有□□地，乃屬訾家。東連郏敖，西枕陸海，南觀汝水，北靠嵩少，堪建立經堂，安置聖教。不勝□喜，各人共捨己物，買地壹所，□□□□建經堂。功五尓芭瓦木植等，各□非動民財，以成經堂三□，陸椽門窗俱俻。慢説夜摩忉利，不若菩提之場，豈羨普光之殿，以至連綿不朽。衆請爲記，號曰華嚴堂。

時泰和八年戊辰歲仲春一十有五日乙卯朔立碑了畢，殿試先生唐□華撰。

馮手讚書

宋順刊石

《八瓊室金石補正》卷一百二十七。《續修四庫全書》。

高三尺六寸，廣二尺。十六行，行三十七、八字，字徑七分。年月題款小字三行，正書。在汝州。

《少林寺興崇塔銘》　夫佛祖妙道，在人宏持。苟非其人，則道不彰。著語云，人能宏道，非道宏人。崇公禪師，宏道之士矣。師諱興崇，俗姓侯氏，汾陽西河人也。幼失其父，篤養於母。在童稚間，屢因母疾，自剔身肉，合母服之，數獲痊愈，因是孝養名動里閭。冠歲白母，願求出家。初不見聽，志亦不移。後感母心，遂捨送本州太平法興院，禮主僧忠上人爲師。大定二十七年，誦《法華經》中選。受具之後，粗歷講肆，究其義理，未愜所懷。首詣嵩山少林寺，參照禪師，機緣相契，有所悟入。果熟香飄，因緣時節，自然至矣。會山陰羅漢禪剎虛位，光祿大夫駙馬都尉蒲察知河南府洎同知許中順，命師主之，開法住持。未久，照公退席少林，駙馬洎治中驃騎紇石列，以師道風清苦，而又得法於照公，由是請師移踵其跡。師之住持也，棟宇頽弊，完補於內。檀越財施，誘化於外。或數月不歸，或經歲忘返。冒涉寒暑，戮力忘倦。十有餘年，山門內外，稍稍就序。泰和四年五月日，南京統軍鎮國徒單，榮祿大夫六駙馬都尉國子司業劉奉直，同知孫中順，治中武奉直，具疏請師開堂。復以条鍾未備，鳩信士，命工匠，卜吉日，一舉而成。朝擊暮撞，警諸迷昧，利益非細。每遇天汗，所祈甘澤，無不應之，皆師道力所致也。

豈料有爲四大，不任其勞，遂縈微疾，乃退閑庵居，以便藥餌。奈何其疾弗瘳，泰利八年九月二十七日，作偈辭衆曰，四十三年一夢中，如今撒手任西東。密密不行凡聖路，綿綿獨步太虛空。偈畢良久，坐逝。俗壽四十三，僧臘二十七。嗣法一人，曰道遺。度門弟曰瑞清，瑞仁，瑞雲，瑞璨，瑞祥，瑞泰，瑞朗，瑞珏，瑞海，瑞安，瑞廣，瑞雲等。依法荼毗，收奉遺骨，并得舍利數百粒，起塔於少林祖墳。嗚呼，師之養母至孝，事師至勤，臨衆以法。薄世味，外形骸。宏道度生，志念深矣。小師瑞雲等，以予與師同鄉閭，故持師平昔事跡請記之。予荒唐粥飰一常僧，文章伎藝，素非所長。義不得辭，姑摭其實，以塞勤厚。銘曰：

道本無象　宏之在人　苟非作者　其道弗神
崇公禪師　幼而奇偉　剔身餌母　孝動閭里
始年弱冠　悟世虛空　誦經中選　躍出凡籠
游歷講肆　識量莫厄　一見照公　傳付正脈
開法住持　檀越鄭重　整弊扶危　魔外震恐
衆生迷昧　久處昏蒙　思有利益　復興巨鍾
緇素門資　日見烜赫　度僧十餘　誘俗千百
嵩前嵩後　兩坐道場　結茅退隱　匿耀收光
小師瑞雲　收奉遺骨　葬之西原　不變如玉
要識師眞　處處不隔　天澹雲閑　風淸月白

時大安元年三月二十八日，小師瑞雲等建。

直歲僧智深　知客僧元江　典座僧瑞璨　維那僧□昭　副寺僧瑞雲
首座僧善富監寺僧□□　都監□僧□粲
都勸緣住持傳法嗣祖沙門我亨
洛汭郭淵刊在首行下。

《八瓊室金石補正》卷一百二十七。《續修四庫全書》。

高一尺七寸，廣二尺九寸。四十四行，行廿四字。弟廿四行多一字。後十四行字不一。字徑五分，末行特大。正書。在登封。

《重修面壁庵記》　屏山居士，儒家子也。始知讀書學賦，以嗣家門。頗喜學大義以業科舉，又學詩以道意，學議論以見志，學古文以得虛名。遂於佛史學，求經濟之術。深愛經學窮理性之說，偶於玄學，似有所得。遂於佛學，亦有所入。學至於佛，則無可學者。乃知佛卽聖人，聖人非佛。西方有中國之書，中國無西方之書也。吾佛大慈，皆如實語，發精微之義於明白處，索玄妙之理於委曲中。學士大夫，猶畏其高，而疑其深，誣爲怪誕，詆爲邪淫。惜哉，龍宮海藏，琅函貝葉，無慮數千萬言，頂之而不觀，目之而不解。且數百年老師宿德，又各執其所見，裂於宗乘，汩於義疏，吾佛之意掃地矣，悲夫。

梁普通中，有菩提達摩大士，自西方來，孤唱教外別傳之旨。豈吾佛教外，復有所傳乎，特不泥於名相耳。眞傳教者，非別傳也。如有雅樂，非本色則不成宮商。如有甲第，非主人則不知庭戶。自師之至，其子孫遍天下，多魁閎磊落之士，碩大光明，表表可紀。劇談高論，徑造佛心。漸於義學沙門，波及學士大夫。潛符密契，不可勝數。其著而成書者，清涼得之以疏《華嚴》，圭峯得之以鈔《圓覺》，無盡得之以解《法華》，潁濱得之以釋《老子》，吉甫得之以注《莊子》，李翶得之以述《中庸》，荆公父子得之以論《周易》，伊川兄弟得之以訓《詩》、《書》，東萊得之以議《左氏》，無垢得之以說《語》、《孟》，使聖人之道，不墮於寂滅，不死於虛無，不縛於形器。相爲表裏，如符券然。雖狂夫愚婦，可以立悟於便旋顧盼之頃。如分餘燈，以燭冥室，顧不快哉。道冠儒履，皆有大解脫門。翰墨文章，亦爲遊戲三昧。此師之力也。

新學晚生，愧無以報。今因少林主人隆公命其侍者海淨問訊屏山曰，照了居士王知非，暨劉菩薩，并其徒儲道人，重修面壁庵。既已落成，請記其歲月。時大金興定四年中元之前一日也。隨喜之餘，又洗手焚香而爲之贊曰：

玄關未啟　玉鎖生苔　靈臺未洗　金鏡塵埋
鐵牛穿鼻　石女懷胎　孰爲具眼　鼻祖西來
舟行萬里　禪心如灰　壁觀九年　梵音如雷
不戒而戒　不齋而齋　一衣一鉢　五葉花開
或杖或拜　或嗔或舞　謦欬揚眉　顰呻舉□
或咄或咦　或吽或普　柏樹藥欄　燈籠露柱
彈指張弓　吹毛擊鼓　趺宕形容　逕庭言□
太漫汗中　剔渾侖處　有者箇在　又恁麼去
津然可口　如甘露漿　薰然入骨　如薝蔔香
如發管鑰　如施印章　金僊海藏　同時放光
竊吾糟粕　貸吾粃糠　粉澤□□　刻畫老莊
八萬四千　清涼道場　屏山說破　誰敢承當

興定六年二月　日監寺僧清□立
都勸緣少林禪寺住持傳法嗣祖沙門志隆□□□石
住持少林志隆施銀五十兩　住持法王智顯施銀廿五兩　前□持寶應定遷施銀一十兩　伊闕信士王彥康施銀廿五兩　前驫州同知焦日隆施銀五兩
曲陽居士安從道施銀一兩

《八瓊室金石補正》卷一百二十八。《續修四庫全書》。

高一尺四寸五分，廣三尺二寸。四十五行，行廿二字，字徑五分餘。又施銀姓氏三行，字較小。均正書。在登封。

《雪庭西舍記》　昔達摩大士面壁九年，神光宿業儒術，且尚玄學，遂見祖師，於此地立雪斷臂，方得西來意。盡發孔老言外不傳之妙，大顯於世。士大夫有疑之者，僕作《面壁庵記》已辨之矣。此記既出，諸儒有譁而攻僕者曰，觀密二師，固學佛者。李翺、王介甫、呂惠卿、蘇子由、張天覺，亦佞佛之徒耳。如伊川、東萊、無垢諸先生，其視佛老如仇讎，然子以爲得佛之道，不亦誕乎。僕笑應之曰，諸先生之書尚在，所謂陽擠而陰助者多矣，眞得祖師掃蕩之意。學者疑其云云，是對癡兒不得說夢也。如致堂先生胡寅，在伊川門下，排佛之尤者。著《崇正辨》七十餘篇，詬罵靳笑，無所不至。雖然，止罵像季以來破戒僧耳。近得其所著《讀史管見》，其言歷詆諸儒，謂荀況正而失之駁，董仲舒粹而失之泥，楊雄潛而失之愌，王通懿而失之陋，韓愈達而失之淺，由秦漢至五代，千三百年，無知道者。至於斲輪操舟之工，雕刻刺繡之功，累丸升竿之習，及其精也，疑於不可思度。況人之所以爲，有大於此者乎。老氏知之，故有眞以治身，土苴爲人之說。佛氏知之，故有不立文字，指心見性之傳。又曰，老莊之言，奧窔宏達，非荀楊諸子所能及。又曰，深讀佛書，其庭戶未易知，其奧窔未易窮，其辨未易折，其精極之地未易到，豈老莊所得擬哉。其說如此，學者當熟思而詳考之。吁，陳無已謂儒者不得其傳，固得罪於儒者。僕謂儒者亦得其傳，又得罪於儒者。然則儒者果得其傳乎，果不得其傳乎。得與不得，相去幾何。嗚呼噫嘻，孔老復生，不廢吾言矣。遂書此言，以爲雪庭西舍記。

興定六年二月日　化緣居士王知非
勸緣住持傳法嗣祖沙門志隆立石

《八瓊室金石補正》卷一百二十八。《續修四庫全書》。

高一尺三寸，廣二尺二寸四分。卅二行，行十九字，字徑六分。正書。在登封。

《大報國圜通寺記》　余嘗以道德扣諸老宿，乃曰，道何物耶，依之而心脩，從之而理順。德何物耶，布之而利博，積之而行圓。返斯二者，則聖賢不取焉。伽藍者，著明道德之大宅也。西竺聖人，目圓覺而爲之充三際，偏十虛，貫一心，成萬德，故在處僧伽藍與天地相爲始終者，無他，蓋道德之自任也。嘉定州在吳郡之東南百里，形勢平夷，早潮暮汐，風颿浪舶，樓臺市井，今古鬱然。大報國圜通寺，際州治之東北，相距咫尺。開山沙門明了，族高氏，壯年極猒塵氛，禮梲州般若寺住持愚叟賢公薙染。至元丙戌，手鋤◇翳，浩然有開拓之志。經營既殷，材力相稱。廣堂邃宇，宛若化成。大德己亥春，欽奉璽書，賜圓通爲額。越七年丙午入覲。明年丁未冬，武宗皇帝加賜今額，錫妙明圓悟佛心之號，及欽受今上潛邸賜旨護持。至皇慶壬子，造物欲大其規制。一夕祝融卷入，無何，明年癸丑，奮志興脩。時定向方，竭匠氏之智，取東山之材，坏墁陶冶，百爾咸臻。延祐丙辰，復奉旨，加賜妙明圓悟普濟佛心大禪師之號。感恩優異，思報無所。三閣暑寒，諸緣悉備。重明突兀，□殿崢嶸。庫院僧堂，儼從地涌。鍾樓經閣，飛跂雲端。庖湢庾廩之整嚴，廊廡寮舍之深靚。朱楹瑩礎，雜影如林。金像寶髻，交光若◇。師資授受，甲乙相承。復建大吉祥皇慶寺於州治之北可二里，命淨行沙門十六員，歲脩《法華》長期。繩繩觀室，井井禪龕。魚鼓燈香，幻成淨土。又建大資福壽寧尼寺於州治之東南隅，蒼松古檜，碧砌朱甍。六窓自虚，纖塵不到。兩寺顛末，具在別記。奚財力之可臻，必願行而乃萃。曉磬鳴而象龍集，夜禪起而聲色空。眞風扇有漏之塵，覺花開無影之樹。締搆之功，什既八九。延祐己未，建大佛寶閣九間于圓通寺後。曇華萬朶，開敷其中。金色光明，照心奪目。三寺瞻衆之士，厚薄悉書碑陰。遠持事狀，請記以文。余聞圓通大士，從聞思脩以至成就不思議無作妙德，其尋聲感應，如鏡照鏡，豈有爲功用所能比哉。吾儒所謂寂然不動，感而遂通之謂也。佛書以道德爲圓通之因，圓通即道德所證之果也。繼繼於百世之下者，苟知道德之可從，則圓通未嘗不久且大矣，余何言哉。是歲十月之望，當寺住持沙門明了立石。

《十二硯齋金石過眼錄》卷十八。《遼金元石刻文獻全編》，北京圖書館出版社。碑高八尺，廣三尺五寸。正書。二十四行，行四十三字。篆額書大報國圓通寺之記。

《香積院涅槃會碑》　原夫釋迦文佛，化導能仁。肇基於姬周，發軔於炎漢。靈光湛寂，戒池水映。心明妙語淵微，定沼花含法淨。願言由在，悲心尚熏。爰從兆率陁天，降自迦毗羅國。弃梵宮三時之娛樂，隱雪嶺六載之羈凄。不知餘閏之年，頂上鵲巢。不知大小之月，膝內穿蘆。御寒泫以鹿裘，塞飢瘡以麻麥。邇后道成覺樹，悟感星精。八萬度門充伋閆浮世界，三千寶剎布濩竺乾提封。由是功成事遂，退藏密機，順天道也，一代之能事畢矣。莫不雙樹潛輝，跋提黜耀，寔周穆王壬申之歲二月十五日也。噫，生從順習，死從變滅，有言哉。直得人天擗踴，釋梵撫膺。三十三天哀音咽而涕泪無從，□八梵天將欲語而沾襟灑血。色無色界，墮泪如雨。人非人等，哭聲如雷。憾慈船以俄沉，痛法燈而遽滅。波卑夜手舞足蹈，釋眾類疾首痛心。倘不委寄聖賢，曷以繼踵苗裔。法法連綿於祖禰，燈燈不斷於靈峯。二十年月照寰瀛，光明烜赫。十萬里星排覺樹，枝葉芬芳，非筆舌所能罄盡也。

且如汾陽梵剎棊布，覺苑星聯。間有犧鼎之禱，不無畜鷹之士。而況當院者昔號如來，光相昭著於聚落。今名香積，穀麥豐腆盈倉箱。虢水當前，晝夜寒聲漱玉。商山入望，春秋翠色參天。密邇城闉，宛同林嶺。衝容鍾梵，上出煙霄。清淺栁塘，植迎秋之菡萏。蕭森竹徑，掃拂曙之莓苔。夕惕宵勤，魚梵徐吟於午講。辰參暮禮，顗音緩送於斜陽。郊扃之望寺也，所謂卧如來像者，乃安生妙手也。梵容奇古，態度威嚴。衆聖抆泪闌干，慶喜沒於憂海。加□淨衆輯穆，泫屬臻齊。非徒倒屣迎賓，抑亦投轄遲客。

頃聞舊宋宣咊年中，有當院講經大德住持任逵里壽聖院惠廣性，地夷而淨心，月朗而明。福祜厚結於鄉邦，身心每存於綏葺。相與諸上善人維那宋釗、張珍、張朝等幾三百餘人，結集涅槃大會。沒齒而已，甫及三年，忽改德士，旣而俄冠，厥事寢廢。然而石刻尚存，眞風不振，誰不嗟惜。至本朝皇統四年二月十五日，有當院主僧初廓相拉廣之高弟洪良，矢誓重議興建，繼而化到會首段和、紐雅、王受、溫理等□□五百餘人。是日也，莫不幡幢蔽日，繒蓋遮空。森列花燈，敷陳茗果。冀申虔恪，同會香羞。唯憑奉佛之因，仍切懇禱之悰。不遠跬步之間，恭命前僧政和眾大德智　前判官三學法師宗裕，施作佛事，大陳懺悔，辦般遮瑟會，講涅槃尊經，數滿三會。時里閈善友等，咸樂適從，罔不抃舞。而況二法師者，雍容和衆，好問謙持。每護法以忘身，唯利人爲己任。廓寺主，良寺主，蘊澄陂之量，無秋毫之私。允合輿情，可副人望。衆維那等，疇昔靈山受記，於今佛會植因。爲像教之金湯，壯法門之柱礎。一日，和衆大德惠書求記於交蘆翁。俯仰之間，誠多媿怍。復念聲同應而氣同求，水流濕而火就燥，不敢以老病他辭，直紀其重建茲會無窮之觀，俾諸方之取則，爲汾上之新聞。辭媿斐然，係之銘曰：

浮法界身　本無生滅　如晴空雲　如水中月　生當周昭　滅當穆滿
死而不亡　孰云脩短　來爲衆生　去亦如是　妄心測度　非狂即醉　虞城
都會　虢水朝宗　有大梵宇　締構其中　龍象安肅　檀施畢集　像法之中
諸方楷式　惠廣成功　拂衣高翔　音隆如在　德譽昭彰　辦集斯事　允
屬良廓　谷變陵遷　名不消鑠　一鄉善士　斯友衆善　福不唐捐　功成果
滿　大唐卧佛　老安奇塑　重建法筵　流方□□　香積梵苑　雄偉祇垣

嘉聲遠播　億刧斯存

當院勸緣賜紫僧洪辯　洪滿　洪寶　洪通

文辯大德汾州管内都僧政講經論賜紫沙門慶靖

汾州管内都僧判官講經論沙門崇珍　知文書僧修智　表白僧宗教

大金皇統六年歲在丙寅四月八日立石

都管句化緣善士孟津白文建任賢孟先

汾陽張莘書并刊

西河任文鐸篆

蒲坂李宗善畫

《山右石刻叢編》卷十九。《遼金元石刻文獻全編》，北京圖書館出版社。

碑連額高四尺二寸，廣二尺二寸。三十行，行字不等，正書。額題香積院如來化像之碑九字，篆書。今在汾陽縣官村三賢廟。

《古賢寺彌勒殿記》　太行之間，山靈而水秀，地幽而勢阻。峯巒繚繞，巖谷深直。中有平原，傳記稱爲古賢谷，蓋古賢聖之所居也。傍有九仙臺，齊雲峯，參圓洞，清涼泉，眞靈聖之福地也。自北齊天保二年，建置伽藍於此，更周歷隋，名景淨寺。殿閣崢嶸，廊廡岑寂。前代高僧惠遠、靈璨相繼居之。至唐太宗，興崇釋敎，貞觀三年，賜熟田五十頃，以爲常住。逮宋太平興國三年，賜名禪林院。大殿傍有彌勒殿，歷歲滋多，風雨摧剝，久未有修葺者。夫彌勒菩薩，字阿逸多。梵音曰彌勒，譯爲漢語乃慈氏也。梵音曰阿逸多，譯爲漢語曰無能勝也。彌勒即今上生兜率天宫，將來下生閻浮提世，以大慈大悲之心，行普惠普濟之德。爲未來一切衆生，作大歸依，成正覺無上之道。當來諸佛，果能勝乎。末代衆生，欲生兜率天宫者，必先修諸六事，一精進修德，二威儀不缺，三掃塔塗地，謂莊嚴修飾佛廟之類。四香花供養，五行衆三昧深入正授，六讀誦經典。

當寺受業僧聞悟，夙有佛性，聰明慧解。遊學遠方，勤苦精進。講說經論，修龍花菩薩之行。閔舊殿之頹弊，乃發虔心，誓願重修。寺主惠圓總統其成，緣事自皇朝貞元三年冬，聞悟乃躬率先結龍花邑衆三十餘人，隨分助其物力。又除自己淨財外，各人分頭敎化，檁材飛椽，并諸瓦木，所向人無難色，喜捨不吝。先是，邑衆誓檁非松材勿用，自近及遠，多方求訪，至縣東雅士坊化松三株，嶺南又化三株，并雜木二條，以大車遠載，雖經山路艱險，人畜無分毫損傷。及陶瓦并鴟尾，其色光瑩異常，皆菩薩之靈護也。自正隆元年季冬坼造，至次年中秋結瓦畢功。丹青繪飾，莊嚴華麗。又刻殿碑，以標表之。使仰瞻彌勒之名者，咸生嚮慕之誠。其瓦木工匠諸費，約千餘緡，多辦龍花邑衆并助緣者，良由悟師率唱誘化，人人肯修崇殿宇，精勤六事。異日想俱往生兜率陀天，奉覲彌勒。當來下生成彌勒佛時，亦得隨從於龍花樹下，三會說法，受無上之記。即知修彌勒殿之功，果非淺淺也。

正隆四年四月八日謹記

進士邢天秩篆額

進士仇天祐書丹

管内都監寺修造主住持院事沙門釋惠圓立

承務郎行主簿兼知縣尉雲騎尉賜緋魚袋周允忠

建威將軍行縣令上騎都尉汾陽縣開國子食邑五百戶郭宗慶

長平李善建男廸刊

《山右石刻叢編》卷十九。《遼金元石刻文獻全編》，北京圖書館出版社。

碑高四尺二寸，廣二尺。二十行，行四十三字。正書。今在陵川縣南九仙臺。

《華嚴寺薄伽藏教記碑》　薄伽藏敎者，乃三世諸佛，十方菩薩，聲聞羅漢，一切聖賢言行之揔錄也。至於六道四生，因果之法，靡所不載。大槩設百千萬種善巧方便，勸誡衆生，遷善遠罪而已，此敎乘之本意也。及乎離拔苦海，超證菩提者，未有不由於斯也。敎之始出，出於西方佛刹之中，來之東土者，因緣運歷所使之然也。雖三皇五帝之初，其道亦已行矣。止以世質人純，未識因果，故不能大興爾。迄至漢明帝之有天下，夜夢金人飛空而至，爰從傅毅之占，遠出天竺之使，委尋佛法。適遇摩騰使，乃具言帝命，要來中國。帝因見而異之，曰，吾之所夢，正以是夫。故崇恩禮以接之，置精舍以處之。起居出入，莫不奉焉。騰乃譯經四十有二章，緘之於蘭臺石室，風以動之，敎以化之，人稍稍而敬信焉。洎夫夜鳴白馬，名改於招提寺。瓶出舍利，塔建於佛陀里。自茲厥後，其道日隆。降及三國之末，聯綿五代之終。其間則有高僧，前後相續繼踵而至者，三十餘輩，率皆踰沙越漢，冒險涉危。心乎濟度，苦不爲難。或自西而東者，挾敎而來。或自東而西者，得法而返。咸依梵本，譯而傳之。故佛之旨意，自此而彰。僧之軌儀，從兹而著。自天子至於庶人，莫不傾耳而聽之，拭目而視之者歟。故能廓含靈之慧眼，通法界之迷津。與夫日月出而昏蒙披，雷雨作而草木解，一何異哉。使知禍福之因，得悟死生之趣。咸云厥道大，可依歸。漸積成俗，久而益著。故梵刹精藍，靡所不有。浮圖佛廟，是處爭興。後世雖有誹謗爲梗之徒若退之者，致辭以攻，愈攻則愈堅。抗力以撲，益撲而益熾。信所謂如山之苞，如川之至，其何動槩哉，此蓋不可思議無邊功德之所致也，异哉。

佛之教化若此以大，興教之簡牘，亦從而浸廣。故纂成門類，印造頒宣，派而別之，則有大小權實頓漸偏圓顯密之類分焉。遂使都城郡墎，山方蘭若，凡有僧尼佛像之所，往往聚而藏之。以其廣大悉備，故謂之藏教。至大唐咸通間，沙門從梵者集成經源錄，以紀緒之。其卷帙品目，首末次第，若網在綱，有條而不紊，可使後人易爲籤閱爾。及有遼重熙間，復加校證，通製爲五百七十九帙，則有太保太師《入藏錄》具載之云。今此大華嚴寺，從昔已來，亦是有教典矣。

至保大末年，伏遇本朝大開正統，天兵一鼓，都城四陷。殿閣樓觀，俄而灰之。唯齋堂廚庫，寶塔經藏，洎守司徒大師影堂存焉。至天眷三年閏六月間，則有衆中之尊者，僧錄通悟大師，慈濟廣達大師，通利大德，通義大師，辯慧大德，妙行大師，洎首座義普，二座德祚等，因遊歷於遺址之間，更相謂曰，曩者我守司徒大師，秀出群倫，興弘三寶。霈教雨而潤民苗，鼓化風而董佛種。豈特人天之仰止，亦惟在上者師之。爰出官財，建兹梵宇。壯麗嚴飾，稀世所有。一旦隳殘，以至於此，誠可以痛乎哉，惜乎哉。爲人之後者，苟不能繼其絕，而興其廢，補已弊而完已隳者，能無愧乎。殊不聞厥父菑，厥子弗肯穫，厥父基，厥子弗肯構，則俗人尚爲之誚爾，況我等之爲釋子，可不念哉。已而玄先出己之淨財，仍化同居之清衆，暨諸外內信心之流，加之援助。乃仍其舊址，而時建九間七間之殿，又構成慈氏、觀音、降魔之閣，及會經鍾樓，三門垛殿，不設期日，巍乎有成。其左右洞房，四面廊廡，尙闕如也。其費十千餘萬，所給甚易爾。奈何天與之始，而不與之終。事見其作，而不見其成。哀哉，不數年，上五人乃化。傾城士庶，舉多哀慟者，皆以此也。嗚乎，昔人之同力，功尙未終，主事者先歸，誰復爲葺。果見星霜屢變，佛宇荒凉，顧左右前後之間，唯瓦礫蒿萃而已。雖有殿堂，豈堪遊禮者乎。

則有故僧錄大師門人省學者，一日慨然念先師等之勤，曰，昔者服勞，興修廢業，其事未終，而奄然長往。我爲之後，寧不痛兹。雖未能嗣續而大成之，盍不務專精而守視爾。于是聚徒興役，刈楚翦茨，基之有缺者完其缺，地之不平者治以平。四植花木，中置欄檻，其費五百餘萬焉。此乃不使前人之功墜，以待將來之緣合，暨得成全，亦今日之力也。而後因禮於藥師佛壇，乃覩其薄伽教藏，金碧嚴麗，煥乎如新。唯其教本錯雜而不完，考其編目，遺失者過半。遂潛運於悲心，庶重興於素教。將弃其遺本，慁家之舊物。擬補以新經，慮字之訛錯。紬繹再三，皆不若擇其一同者，補而全之。俄而具以其事，言於當寺沙門惠志、省涓、德嚴等三人焉。庶幾協力，克成厥功。彼人聞是語已，一意欣而奉之。遂聚其清信家，乃立爲薄伽邑。僉曰，凡事爲之有作，須頭目而後行。然而託之大者易以建効，非其人則勞而無功。反覆諮詢，未知其可。衆乃同聲而唱言曰，有興嚴寺前臨壇傳戒慈慧大師可。是師也，素具慈悲，復修性相。旁施惠力，常轉於法輪。濟拔群生，超登乎覺岸。儻肯爲緣，事無難矣。是時同躋狀而請之曰，願住寺設度，而爲邑長。加之援助，圓滿功德，我等之素願也。師乃荅其衆望，俯而從之。則於正月元日七月望辰，陞座傳演，鳩集邑衆。所獲施贈，以給其簽經之直。然後偏歷乎州城郡邑鄉村巖谷之間，驗其闕目，從而採之。或成帙者，或成卷者，有聽贖者，有奉施者。朝尋暮閱，曾不憚其勞。日就月將，益漸盈其數。歲歷三周，迄今方就。其卷軸式樣，新舊不殊。字號詮題，後先如一。此不亦難哉。

又況難聚易散者，物之常情。惡求喜施者，人之同病。今兹藏教，廢已久矣。苟匪斯人，終爲弃物，其何復完之有。且省學之輩，皆異人也。非止乎進修爲念，亦頗以學行著名。同心勠力，不憚經營。積日累功，圓兹教典，亦佛家之美事爾。原其所用心者，頗有顯奘之風焉。既而以事囑於余，而請銘焉。余亦惜其專精致志，迓續先功，捨其遺而補其闕，眞釋氏之子耶。恐後之來者，不知今日之勤，而忽于寶護，因書以記之，而勒之石。其辭曰：

梵教始生，生於西域。風化旁流，流及中國。肇自摩騰，弟多傳澤。濟拔群生，無邊功德。功德蓋多，依歸爲則。世歷漢唐，傳之不息。地久天長，綿綿罔極。精舍伽藍，寶藏各得。大華嚴家，素有是籍。兵火流離，缺其簡冊。省學之徒，視之愴惻。迨與重興，同心協力。弃其遺編，心無不◇。補以新經，字多訛忒。爰歷諸方，躬勤採摭。能者助之，與給其直。日就月將，纂成嘉績。新舊一同，宛如合璧。目見耳聞，欣然有色。億萬斯年，家風輝赫。

大定二年歲次壬午五月丁酉朔十四日庚戌巽時，沙門省學等立石。同辦圓滿功德立石沙門德嚴，同辦圓滿功德立石沙門省涓，故同辦圓滿功德立石沙門惠志。當寺大衆，同心倡助，成辦人等下項：比丘道潔　比丘惠令　比丘德佶　比丘德存　比丘道震　比丘道延　比丘德璘　比丘義瓊　比丘省奥　比丘德雲　比丘省鑒　比丘省瓊　比丘義洪　比丘省微　比丘省惠　比丘德聲　比丘德雄　比丘省塵　比丘善雲　比丘善淵　比丘道淨　見臨壇淨行大德沙門法融　講經律論沙門惠柔　誦持沙門德祚　善護大德賜紫沙門雲吟　故律主通義大德賜紫沙門覺海　前臨壇傳菩薩戒慈慧大師賜紫沙門思瓊　首座講經律論沙門義普　故都僧錄詮融通悟大師賜紫沙門志昱　居邑衆中諸寺院師德如後：　故都僧錄淨惠大師賜紫沙門德惠　見都僧錄智妙明悟大師賜紫沙門祥均　見都僧錄判通微大德賜紫沙門覺樞　前都僧錄判傳戒淨業大德賜紫沙門圓明　永□寺故長老性□　寶林寺長老行惠　大聖壽寺長老智柔　□法院長老道通　圓修大德賜紫沙門惠文　圓悟大德賜紫沙門惠琮　傳演大德賜紫沙門法善　宣戒大德賜紫沙門文惠　大德賜紫沙門棲靈　臨壇宣戒大德道照　臨壇詮戒大德圓成　臨壇慈度大德性廣　是外仍有薄伽邑衆八百餘名，以其如此浩大，不能具書，故略之耳。鴈門解遵仁刊。

《山右石刻叢編》卷二十。《遼金元石刻文獻全編》，北京圖書館出版社。

《龍巖寺碑》　摩騰入漢，夢符明帝之靈。僧會歸吳，瑞應如來之跡。事蓋聞於西域，化乃顯於東土。由是釋敎大揚，精藍肇建。爰作歸依之地，斯爲清淨之門。茲者古寺，其來久矣。尙有碑刻，事跡宛然。更大齊而蓮宮再立，歷有唐而石像新鐫。干戈之後，年代綿遠，難以備載。有故鄉錄翁秦孝劼，率衆而修飾之。迨皇國開基，修文偃武，海宇謳歌。因此而嚮善之徒，滔滔皆是。衆議欲建大殿，以遺址狹隘，艱於修完。下有桑田，昔爲吾家祖業，至天會九年辛亥，先祖父趙卿暨叔禮施爲金田，繼而我先人慨然而爲首，并維那常祐等十有二人，鳩工裒旅，協力同心，伐木跡左右之林，運土塞往來之路。乃命公輸設矩，匠石揮斤。琢聞橐橐之聲，築有登登之喜。不踰於歲，已即其功。勢極翬飛，威加壯麗。越甲寅，以慶其成。

方今眞主題期，尊崇釋道。乃勅天下郡邑無名額寺院宮觀，許令請買。先人聞之忻然，乃告於衆曰：昔者伊予祖先，嚴飾聖像，迄今方隆。雖歷年而愈久，徒沒世以無名。則爲子孫者，宜乎繼志而述事，可不潤色，以成其勝果哉。遂請靈泉山聖咸院僧普懿，師俗姓秦氏，乃本村秦範之子。自捨俗棄家落髮之後，經論明悟，才識高遠。善誘化人，眞法界之傑出也。方議承買，先人不幸至於大故，未滿斯願。師悵恨不已，發以誠心，得故鄉錄翁常克之子常謹公，且卑辭謙，讓以不獲固拒，乃慰其懃請。復以師爲化緣首，糾衆善友，得維那二十有八人。衆議僉同，請吉祥北院僧惠通爲副院，及本郡洪福院沙門僧智遠住持是寺。同共化人，無不喜捨，咸樂其訓。及自來居民有徙於異鄉者，率皆惠然而來，爲之題疏。去歲飛蝗入境，傷害田稼，◇不穫者太半。兼運司預借三季租稅，咸赴陝西，以輸軍糧。往復驅驅三千五百餘里，比年不登米碩伍千，黎民屢困於飢寒，救死不贍，茲惟艱哉。則人皆鼓舞忻忭，不以歲儉官輸爲辭。至癸未首春，會檀越百餘人，鳩錢三十萬，無一家之或闕，致使官中加以刑罰，則不能也。蓋亦慈悲上聖，所感如此。越二月丁丑，經詣本郡軍資庫，輸錢三十萬，兼經藏堂承買，得賜曰龍嵓寺。

愚謂其鄉名雲川，以雲從龍，而變化不測。又以里名義泉，以龍得水，而出入有時。簷下曰嵓，斬上曰崖。以石嵓在宏堂之内，而金谷居石嵓之中，中選斯名，名當其實。赫爾休聲，配天地以彌遠。昭然顯號，同日月而不襄。種種善根，綿綿福地，蓋有緣矣，不其偉歟。後倚靈池，善滀濟民之水。前瞻仙洞，能爲救旱之霖。東有喬松，勢訝飛龍。西多怪石，形疑伏虎。然雖密邇孤村，而林木陰森，堂宇深邃，如在塵表，則西方世界，不出其中矣。安上久廢詩書，少知學問。不揆斐然，姑紀其年月耳。

于時大金大定三年歲次癸未四月辛酉朔戊辰日立石

承直郎行主簿兼知縣尉飛騎尉賜緋魚袋周允忠

承德郎行縣令飛騎尉賜緋魚袋任宿
石匠秦達甲允刊

《山右石刻叢編》卷二十。《遼金元石刻文獻全編》，北京圖書館出版社。
碑高四尺，廣二尺三寸二分。二十三行，行四十九字。正書。今在陵川縣西南二十里雲川鄉義泉里。

《元融和尚塔記》　師諱元融，姓崔氏，廣陽故驛里人也。自爲兒時，至性穎悟，不喜嬉弄。年將□□，誓求入於佛道。自詣崇勝寺出家，師事僧承悟。至皇統辛酉歲，試經得度，始受具披緇，而後代師承悟管勾□□事。及承悟以老疾告終，師以禮葬畢，迺乞食訪道，逺遊諸方。至于滹陽龍興寺，執弟子之禮，以事都僧錄廣惠大師，而稟業焉。廣惠知師性識通敏，可宣律傳教，舉師充尚座，而攝講事焉。至天德壬申歲，師揭來崇勝本剎，惟以講爲事。有滹陽開元寺都僧判通辯大德來詣崇勝，傳授師大乘戒。是歲，郡豪王忠翊仲等，請師詣故雄猛營天王堂而作佛事，師即往焉。自居是處，迄今二十餘年，講事未嘗少暇。供僧十有餘萬，于被天王堂之南，剪荆棘，除瓦礫，刱建精藍。時見聞者，皆爭捨施。富者助財，佐者出力，巧者獻技。師縮衣節□，化導經營，銖積寸累，以迄于成。堂宇寮廚，生生具備。嚴麗深穩，悅可人意。復作三大士像及畫藥師像，又創置《百法論》并諸抄記，共八十餘部。《華嚴》等諸經五大部。至大定甲申歲，是時，官鬻寺院額，師入錢一百千，其□建之院，特賜名洪濟崇勝寺。僧有元照者，將創建羅漢堂，功未集而身沒。本寺□□復請師□作之，費錢一百餘萬，不日而堂告成。師傳大乘戒二十餘年□之□者，不啻三千。

于大定乙酉歲，闔郡僧衆舉師爲綱首。師非其好也，屢求謝去。其徒相率留之，師卒謝去至。壬辰歲，郡寮乘僧衆而令曰，僧正之職，緫領綱要，實以行解，表衆而已，非清通端雅者，莫任其事，然難得其人。融師則其人也，汝等爲我舉之。衆復樂而推師，師不獲已，而復起視事焉。師雖在此位，神氣澄穆，不見喜慍，淄素□服。行年六十，不知牝牡之欲，不營利欲之私。體無□□，□無文詞，□□律儀而行，蟲米護持，行住坐卧，皆在正受。余與師同郡人也，□師眞有過人者，爲師□門人雲玄等，同欲□□送終之大事，建師之壽塔□求文爲記□□□□□爲浮屠語以問□曰，人□所謂身者，人生之所寄□而所謂居□者，人生之所以寄。所寄也□身□□□尚不得有，而□□□

師□　雲亭　雲□　雲□　試經沙彌雲臻
天寧萬壽禪寺比丘妙湛書丹并題額
尅擇盧瞻
石匠李□弟李□
磚匠趙琦

《山右石刻叢編》卷二十。《遼金元石刻文獻全編》，北京圖書館出版社。
石高二尺七寸，八面，每面廣六寸五分。六行，行三十字。行書。今在平定州。

《慈雲院碑》　石州臨泉縣小上谷村院僧顯京狀告，本院自來別無名額，已納訖合着錢，内見錢伍拾伍貫，粟米貳拾捌石伍斗壹升，準省錢肆拾伍貫，計錢壹百貫文，乞立慈雲院名。勘會是實，須至給賜者。牒奉勅，可特賜慈雲院。牒至準勅，故牒。

大定三年十二月日令史向昇押　主事安假權宮押
奉直大夫行太常博士權貟外郎劉押
中憲大夫行貟外郎李
宣威將軍郎中耶律
侍郎
中奉大夫禮部尚書兼翰林學士承旨知制誥修國史王

慈雲院銘

唯一眞法性，智體圓蝸，萬行齊修。隨緣理事，爰居畲藏。播出鷲峯，道邁百王，邪徒未久。故我世尊，開八萬法門，度百億世界。利樂人間，作大歸依。堪能可信，執詮此理，未之有也。幸釋門子顯京，篤實人也。先出家於石州天寧寺，禮法義爲師。義以法乳兄法理，辨道尊宿，行門無倦，丞慶壽寺，請住持浴室院，兼主大藏，不忘手足之愛。行善相從，將京寄度同理。諸子仰慕，屢爲推許，敎門職事。堅固道心，精懃佛事，務爲修崇。隨方異處，各建道場，力能成就。至如顯京，最爲上首。致爲佛子之因機慕良田，特爲蓮社。臨泉縣小上谷村號雲家山，有古佛堂一所，當天會七八年間，干戈未定，盜賊充斥，屯軍把截，焚毀殆盡。顯京於時尚爲淨人，誘化善士，重興佛堂。落髮受具之後，復修精舍，鑄洪鍾，印藏經，度弟子善登，買墳地，彫《圓覺》、《上生》、《金剛》、《般若》、《法華戒經》等板，並資常住，可度後人。日往月來，修完出力，未嘗且止。既成次弟，恨無名額，終日癡迷。常自念言，正如綵繪西子，未點眉目，何當滿是願也。一日，朝廷有旨，許天下寺院，得以進納。遂其素志，若憂旱成霖，未足爲喜。急速括搜槖囊，所用幻財，及結緣檀越，而進買之，選罕賜額，書曰慈雲，久已成清淨園，同居精舍。所觀聖跡，叨鑿成功。邁古超今，未之有也。乃聖居之異端，一奇殿宇，岫出群峯。祇園聽佛闡梵音，警群生之悟心之一妙門也。稟資禱祝聖皇，感應明朝萬德之尊，樂業千秋，干戈永息，實有顯京，功能已就。衆聖粧嚴，四衆歸依，無不瞻仰，覩照慈雲，迴福未盡善也。誌慕援筆造銘，刊石于不墜焉。

淨覺老人趙爲記

住持管勾院事門人僧善登立石

本州上院慶壽寺掌經藏浴室院前都綱尊宿僧　法理

住持脩經閣門人僧　眞顯　眞善

前住持丞買院額僧　顯京　顯能門人僧善　登善　澄善　慶師孫宗敎　宗炤　宗智　宗宣　宗性　慈心　慈周　慈淵　慈贇　慈輝

前住持臨泉縣普化院歿故先師和尚法義門人僧顯遠　顯才　顯祥　顯珪　普充　普輝　普現　普中

法眷院平夷縣壽峯院僧眞惠門人善遵　善遷

圓明禪院僧眞遠　方山縣福昌院僧眞辯眞喜門人善滿　善蘊

鄉官承奉郎行晉寧軍吳堡寨飛騎尉賜緋魚袋楊庭筠

丞信校尉行臨泉縣主簿兼縣尉韓瓛

朝列大夫行臨泉縣令騎都尉太原縣開國男食邑三伯戶賜紫金魚袋王袞

儒林郎石州軍事判官武騎尉賜緋魚袋范時可

中議大夫同知石州軍事上騎都尉弘農縣開國子食邑五伯戶賜紫金魚袋權州楊侯

定胡縣香嚴禪院僧眞嚴　洪濟院僧　善霖

本州天寧萬壽禪寺僧法閏　法湛　法章　法廣　法德　法演　法順

太平禪院前都綱講經論傳戒沙門　法詮

管內都綱知教門事　釋　喜庸

文水縣孝義村趙時穩書

大金大定十三年癸巳歲十月十五日謹記

玉亭陳裕刊幷篆

《山右石刻叢編》卷二十一。《遼金元石刻文獻全編》，北京圖書館出版社。

碑連額高五尺八寸，廣二尺一寸五分。上下兩截。上截勅牒，十三行，行字不等。下截銘，二十四行，行四十字。正書。額題勅賜慈雲院額六字，篆書。今在臨縣東南五十里。

《慈相寺關帝廟記》　過去陳隋間，有大法師，名曰智顗。一時圓證，諸佛法門。得大総持，辨說無礙。敷演三品，摩訶止觀。是三非一，是一非三，即一是三，即二是一，是二是一，非一非三，隨衆生根，而設初後。至自天台，止于玉泉，冥坐林間，身心湛寂。此山先有，大力鬼神，與其眷屬，特恃憑據，以通力故，知師行業。即現種種，諸可怖畏。虎豹號躑，虵蟒盤瞪，鬼魅嘻嘯，陰兵悍怒，血唇劒齒，毛髮鬅鬙。妖形醜質，倏忽千變。法師怒言，汝何爲者，生死於幻，貪著餘福，不自悲悔。作是語已，迹音悄絕。頎然丈夫，皷髯而出，我乃関羽，生於漢末，值時紛亂，九州瓜裂。曹操不仁，孫權自保，義臣蜀主，同復帝室。精誠激發，洞貫金石。死有餘烈，故主此山。所嗜惟殺，所食惟腥。諦觀法師，具足殊勝。我從昔來，本未聞見。我今神力，變見已盡。而師安定，曾不省視。汪洋如海，非我能測。大悲我師，哀愍我愚，方便攝受。願捨此山，作師道場。我有愛子，雄鷙類我，相與發心，永護佛法。師問所能，授以五戒。神復言曰，營造期至，幸少避之。其夕晦冥，震霆掣電。靈鞭鬼箠，萬壑浩汗。湫潭千丈，化爲平址。黎明往視，精藍煥麗。簷楹欄楯，巧奪人目。海內四絕，遂居其一。以是因緣，神亦廟食。千里內外，同洪雲委。稽違有督，怠慢有罰。捐施金幣，匍匐恐後。玉泉以甲，實神之助。歲越十稔，魔民出世。寺綱頹紊，搥拂虛設。神既不佑，廟亦浸弊。元豐庚申，爰有蜀僧，名曰承皓，行年七十。所作已辦，以大衆請，倏然赴感。有陳氏子，忽作神語，自今已往，祀我如初。遠近播聞，瞻禱逾肅。明年辛酉，廟宇鼎新。

爾時無盡居士，聞說是事，迺其贊之。炎劉之季，天下三分，鼎足而立。主求其佐，臣遇其君。相須盡才智之能，以赴功名之會者，其事班班。至于里巷之童兒，閨窻之女子，亦能言及，其著乎人心也極深。將軍關羽者，爲時名將，以韜略英雄，信義忠貞，臣于蜀主，而諸葛孔明謂髯之逸倫絶群，其才有足稱，卓然所立者，昭昭于國志之書，載之詳矣。大定十三載，寺主澄公新將軍廟貌于法堂東廡之間。予因暇日過慈相寺，有虎溪之會，而問公。公曰，今茲天下伽藍奉此者，爲護法之神。予冥然不知所語，尒後得丞相張天覺無盡居士文集中載《關將軍廟記》云，昔陳隋間，有智顗禪師，宴坐于玉泉山寺之中。以佛之威德，神通三昧，接將軍之靈變，及其部衆，親爲授戒。而將軍與其愛子，誓心歸向，護其佛法，立其寺宇。而文中所記，備言始末，此不幾乎語怪力亂神之事歟。予爲儒者，烏可雷同其說。然而天覺之文，胡爲乎述此。予以張公□賢相之才，德業最高，聳動朝野。言行相副，可爲法則。博物洽聞，有物外超然之見。則于雲長之英烈，豈無所據哉。而法師澄公篤信于是，當禪定之餘，嚴潔祀事，以資冥助。而夢中神游，與將軍相會，有感應者，至于再三。因以遺文，刻諸翠琰，俾佛子之信者，以永其傳。浩然居士郝瑛謹題。

監寺僧福杲　僧福恩書

當寺住持都修造主沙門福澄立石

平陶史榰篆并男偉摹刊

《山右石刻叢編》卷二十一。《遼金元石刻文獻全編》，北京圖書館出版社。

碑連額高三尺六寸，廣一尺七寸四分。二十四行，行四十九字。正書。額題建關眞君廟記六字，篆書。今在平遙縣。

《普恩寺大殿記》　諸佛菩薩之應世也，亦猶哲王之捄弊，或忠或質或文，雖制治不同，其趣一也。世人徇達磨對蕭梁氏之言，遂疑有爲功德，不可復作。而不知指示神地，以直五王之福，補理故寺，當獲二梵之報者，釋迦遺訓，具存貝典。則崇飾塔廟，興建寺宇，以示現佛菩薩境界，蓋將誘接衆生，同歸于善。其爲功德，詎可測量哉。彼達磨大士方以妙元明心，親提教外別傳之印，則於有爲功德，不無抑揚，是亦因時捄弊耳，非實貶也。具願力苾芻，能克遵付屬，而成就兹事，其爲功德，尚何訾耶。

大金西都普恩寺，自古號爲大蘭若。遼末以來，再罹鋒燼，樓閣飛爲埃粉，堂殿聚爲瓦礫。前日棟宇所僅存者，十不三四。驕兵悍卒，指爲列屯，而宣寂頓殊。掠臧俘獲，紛然錯處，而垢淨俄變。殘僧去之而飲泣，遺黎過之而增欷。閱歷滋久，散亡稍還。於是寺之上首通玄文慧大師圓滿者，思童戲於畫沙，感宿因於移礎。發勇猛心，得不退轉。捨衣盂凡二十萬，與其徒合謀協力，化所難化，悟所未悟。開尸羅之壇，闡盧舍之教。以慈爲航，遂其先登之志。以信爲門，咸懷後至之恥。於斯時也，人以須達自期，家用給孤相勉。咸蘊至願，爭捨所愛。彼髓腦支體，尚無所吝，況百骸外物哉。於是輦幣委珠金，脫袍鬻裘裳者，相系于道。累月逾時，殆無虛日。經始於天會之戊申，落成於皇統之癸亥。凡爲大殿，暨東西朶殿，羅漢洞，文殊普賢閣，及前殿大門，左右斜廊，合八十餘楹。瓴甓變於埏埴，丹雘供其繪畫。榱橡梁柱，飾而不侈。階序牖闥，廣而有容。爲諸佛菩薩。而天龍八部，合爪掌圍繞，皆選於名筆。爲五百尊者，而侍衛供獻，各有儀物，皆塑於善工。睟容莊穆，梵相奇古。慈憫利生之意，若發於眉宇。秘密拔苦之言，若出於舌端。有來瞻仰，莫不欽肅。五體投地，一心同聲。視此幻身，如在龍華會上，百寶光明中。其爲饒益，至矣大矣，不可得而思議矣。

圓滿今年七十有四，自惟君恩佛恩，等無差別。成此功德，志實有在，非獨爲前途津梁也。然此功德，爲於治安無事之時，則其成也甚易。圖於干戈未戢之際，則其成也實難。圓滿身更兵火，備歷艱勤。視已財貨，猶身外影。既捐所蓄，又裒檀信。經營終始，淹貫時序，皆予所目覩也。則其成就，豈得以治安無事時比哉。始予築館之三年，歲在庚戌冬十月，乃遷於兹寺，因得與寺衆往來。首尾凡十四年，如一日也。衆以滿之意狀其事，以記爲請。記事之成，要得其實。今予既身親見之，其可辭哉。按寺建於唐明皇時，與道觀皆賜開元之號，而寺獨易名，不見其所自。今樓有銅鐘，其上欵識，乃是清泰三年歲在丙申所鑄造也。其易今名，當在石晉之初，或唐亡以後，第未究其所易之因耳。後之作者，見其闕文，儻得其本末，爲我著之，乃予之志也。非特予志，亦寺衆之所欲聞也。

皇統三年二月丁卯，江東朱弁記。

少中大夫同知西京留守大同尹兼本路兵馬都總管府事上輕車都尉濟陽

郡開國伯食邑七百戶賜紫金魚袋丁暐仁篆額

中憲大夫西京路都轉運副使上騎都尉魯縣開國子食邑五百戶賜紫金魚袋孔固書

通玄文慧大師賜紫沙門圓滿提點

大定十六年丙申八月丁酉初一日癸酉三綱寺主沙門惠蠲尙座行完都維那棲演立石　鴈門解遵一刊

《山右石刻叢編》卷二十一。《遼金元石刻文獻全編》，北京圖書館出版社。

碑高七尺七分，廣三尺三寸五分。二十四行，行五十二字。正書。今在大同縣。

《懸空寺記并詩》　大定拾陸年重九後二日，天晴氣爽，月朗風輕日，□□□同游邑之南六七里石峽梋棧閣，若巴蜀之道，則經商大驛路也。風迴路轉，仰自臨壑之數峰猶美，目不繫捨。信懸空之巘，古之遺迹，迢自建興於何代，又不知棲隱者□也。明巍峩之萬丈，中焉鑿石爲龕，植木爲榭。上不至於山之巔，下不至於陸地。懸空置屋，回山晻映，似慱壁之翠巘。流水潺湲，瀉清聲之淑玉，非丹青而圖畫者哉。嗟乎，一廢一興，迄今幾千百年矣。余閉目想之，昔時游行樂所，了然可數。若比於斯，未之有也。眞物多所韜之地也，居此者以息其心，俱忘物我，久□富貴於浮雲，甘受貧窮不憂戚。弃骨肉似棲枝宿鳥，時□同居。憑檻視，行人往還，有如移蟻。不生七情，屏絕六慾。衣麻布，食可以草木。實爲吾有形已知是患，體輕清而圓同太虛，遺骨骸而復歸地大。遇患難而不屈，臨死生而不懼。然後與天相終，是爲常也。訪二禪者，乃敦朴之人也，係雲中宣□縣石佛院僧也。普慈四十有九，住持不入俗門。行滿七十二歲，荷眞未嘗有懼。相挈八年，水乳難分，順味猶周一日，眞大善知識也。始我樂而忘歸，高述其遊焉，故爲記耳。

識破塵緣萬事休，翛然歸去罷追求。踈人壘壁鑿石磴，厭俗懸崖置屋樓。明月清風眞銜用，皴松瘦栢是吾儔。經年掩戶絕賓客，獨樂玄中玄更幽。

在望村內頭陁僧　行□立石

望岩村施主　王公庭　馬信　馬□□　馬□□

《山右石刻叢編》卷二十一。《遼金元石刻文獻全編》，北京圖書館出版社。

碑高一尺六寸七分，廣一尺九寸。二十四行，行字不一，字徑七分，行書。今在渾源州。

《雄山先師殿記》　我聞過去諸賢聖，抖擻塵勞，脫□□利。麁衣百結，不恥於文繡。糲食一餐，不羨於膏粱。遠則隱曜山林，近則含華朝市。或在獮猴江，或寄脩羅窟。或聽鈴語而居鄴□，或沉珍貨而歸鹿門。或面壁於少林，或投跡於蓮社。玆皆亦與人爲徒也。與人爲徒，則有父子，有昆仲，有師友，有眷屬。所以異者，□□恕癡，持戒定慧，躭虛好靜，萬緣一空，解脫游戲而已。先師有唐之枝屬，名瓊沃。自童□間，雅好恬漠，厭世務之紛華，喜空門之幽寂。悟明心要，遂落髮爲僧。韜晦姓名，浪游雲水。故宗室史傳，無得而聞。中間適因罹難□露門閥，世始知其皇族矣。諸方住處，莫能備紀。忽自沁州崇福院飛錫而來，廬于此山。後人以其遺愛，立方丈之室，琢石爲像，歲時供養。前小有井，去長溪不踰咫尺。寒泉飛液，洋洋甘冽，鄉曲疾疫者取飲之，往往獲安，人以聖井名之。白叟相傳云，此先師瀹茗盥漱之用，故靈異如此。□是遠近求之，絡繹不絕。

至貞元之末，屋老且腐，井渫半摧。牧童作避雨之居，樵夫爲班荆之地。虛簷冷落，古木凄涼。儻欲易而新之，必有待於賢者。次及丙子季冬中旬，夜居人未息，忽覩金燈四五，出於南山，飛騰往來，□屈曲昇降。衆人曰，此聖燈也，不易得。共合□加額，乘高望之。正當丈室之上，光明變現，如火連空，紅日浴海。甫及移刻，積漸收斂。若非賢聖游止，曷致是哉。或曰，非也，山鬼木□，變現亦然。吾應之曰，汝何謬之甚也，先師在焉，鬼魅安敢變現哉。是知琴高乘朱鯉而沉淵，西眞命靑鳥以傳信。佐卿化雲外之鶴，伯陽發眉間之光。金燈熒煌，復何疑哉。李村、李植等，因獻歲送香火，徘徊周覽，顧謂衆曰，先師繼踵，難陁景行。迦葉慈悲救度，有濟於人者。今敝漏若斯，我輩得無愧乎。衆人聞之，翕然風靡。各伐自己林木，銓棟良材，不中度者，求市四方，盡出於囊金。人人贊其誠心，願施穀帛者，頂背相望。故功不踰載，鼎新革故，成輪奐之居，起翬飛之勢。彫欒鏤楶，繡栭雲楣，以致草本生輝，峯巒□色。於井北砌以巨石，廣爲庭除。上下嚴甃，咸與惟新。以向者費用之餘，持待詔李子玉改立師之法像，兼壁塑羅漢五百尊。度物□形，連山布景，觀之者以爲楞伽、清涼在於目前矣。又率村衆，漫崗被麓，種松數千。地靈曕秀，不出十年，鬱爲茂林。加以鞶帶縈紆，翠巘環立，來往游人相謂曰，勝槩幽奇，如行松門道中，使人應接不暇，非復向舊境也。

此殿經營於正隆丁丑季春，斷手於戊寅首夏。予一日以事過蔭城，故人李秉謂予曰，元瑜書記翩翩，致足樂也。公久隱雄山，先師殿首尾，目所親見，請□爲記，立之琬□。予以忘年之厚，不能拒辭，遂筆其實，少加潤色。翩翩而樂，豈敢當哉。系而爲之頌曰：

陶川之東雄山西　先師之殿高□巍　優婆塞夷不思議　一切稽首來歸依　有如世尊説法時　居然遠在摩竭提　我今作記勒隆碣　名與此山俱不隳　東至横石腳　南至大嶺　西至西石門　北至古佛堂南河

大定二十三年歲次癸卯九月一日本村李植立石

天黨董進刊

《山右石刻叢編》卷二十一。《遼金元石刻文獻全編》，北京圖書館出版社。

石高四尺五寸四分，廣二尺三寸二分。二十六行，行五十字。正書。今在長治縣。

《修大雲院記》　蓋聞未始有物，希夷混成，云乎道者，強名而已。故釋氏以凝寂不昧謂之禪定，老氏以有無一致謂之無爲，孔氏以離形去智謂之坐忘。三者戶牖雖殊，其揆一也。我佛如來，自周昭王二十四年，利見迦維，託生王室。是時，光騰星漢，水溢江河。現優曇花，作師子吼。憑五衍之軾，闢八正之門。摧三千大千之世界，碎作微塵。駈九十六種之邪魔，同歸正受。恢弘至道，普濟群迷。馬鳴龍樹，導清源於前。無着天親，振芳塵於後。至秦皇肆虐，十人沙門，自西極而來，獄利房於渭汭。及漢明感夢，二九信使，從東華而往，遇摩騰於月氏。由是京洛創白馬之名，勾吳始建初之美。自後遺文間出，列刹相望。澄什轍接於山西，林遠肩隨於江左。有青眼黃睛之說約，有赤髭白足之談玄。嗚呼，法教之興，自有時矣。

蔭城村大雲寺者，道通大師之首創也。正隆中，自本州千佛院擁錫南來，愛雄山之秀氣，慕先師之勝跡，遂有結茅之志。未幾，遇國家降賣名額，大師笑曰，吾雅志遂矣。以茲詣官，投狀納緡，得賜大雲勅額。既而謂村衆曰，欲化檀越，共評建寺之所，不亦可乎。衆皆雲集，欣然商議，猶豫未決。有李行等，將村南己業地，信心願施。方尅日經營，病而物故。以法眷中淨德上人繼之，貞節苦心，未知所措。本村李植，素修梵學者，一日謂村衆曰，彼僧一旅人耳，單弱無階，乞米哀錢，欲興緣事，難矣。我輩各種善根，共爲那首，與上人纂成前緒。使異日昇堂敷座，因漸入頓，因頓入圓，直超於彼岸者，緣我輩之力也。聞而和者，翕然風靡。遂鳩工僝材，薙草開基。曾不數旬，立法堂廚舍，未及汚墁，淨德復有返初之歎。以道通弟子淨倫嗣之，乃今院主也。復與李植等，勠力化緣，搆成佛殿僧室，蹤横廣袤，各稱其所。瓦木一新，前後完脩。以致丹楹刻桷，雲夢藻井。來往游人，拭目改觀。

茲寺也，左連神嶺，則寒松珠檜而翠惹晴煙。右接畎疆，則杏花菖葉而歌耕春色。壘巘崇巒，村墟井邑，處其南北焉。或曰，公之爲文，首以三教論之，於披文之體，有所迂闊。吾應之曰，責爲疣贅，以釋二家之矛楯也。功起於大定己丑歲，落成於丁酉年。故人李芾屬予曰，請公爲記，以傳不朽，幸垂重諾。予以友愛之仁，又蒙見屬，義不獲已，姑紀其歲月焉。

昔杜元凱以平吳之功，刻諸二石，一立於山，一沉於水，慮陵谷之遷變，古之好名者也。李植等建祠立廟，功德難量。迴視身後之名，期於不墜，故刻諸琬琰，同乎古人而已。

大定癸卯重九日清簡大德管內都僧正賜紫講經論傳□沙門道□勸助緣

天黨□□

《山右石刻叢編》卷二十二。《遼金元石刻文獻全編》，北京圖書館出版社。

碑高三尺一寸，廣二尺六寸。三十行，行三十五字。正書。今在長治縣蔭城鎮。

《寶峰寺記》　處天下之脊，據形勝之隆者，謂之天黨。天黨之北數舍之地，有大蘭若名曰紫巖。在山非山也，無顛峯峻嶺之危。居塵出塵也，有瑞草長松之異。高盤秀氣，南負朝陽。平枕翠微，遠依疊嶂。絕人間之俗濁，有物外之清幽。石泉潄而野鶴鳴，落霞飛而暮煙紫。香風不斷，和氣擴流。樓閣玲瓏，殿堂盤鬱。簷楹縹緲，廊廡回環。凝畫彩以相鮮，粲金碧以相射。瑞光與嵐光爭曜，佛日暨皎日齊明。宛若蓮宮，迨非人世。門外塵勞行客之路，庵中定惠衲子之香。僧行同居，聖凡共處。六几清肅，儀軌高嚴。迹其肇造之功，始自先師之力。神勞形悴，手胼足胝。誅茅築址，撥土建基。經營六載，成是道場。

先師者第一祖法濟大師也，姓卜氏，世業棣州厭次人也。師之遺行，具載前文，此略明始末。自七歲詣五臺山清梵寺出家，禮秀公爲師。一日，差爲磨頭，師憫其異類勞苦，歎曰，透靈別殼，而有如此，良可哀哉。常以己力代之。秀公因夜中退省其私，于窻隙見而竒之，公問，曰汝何若是也。師應曰，形質雖異，佛性一同。公曰，眞法器也。自此不以常人接之。至十五歲，落髪受具。師曰，丈夫削髪披緇，辭親割愛。本以生死大事爲念，豈可區區於細務之間，汩沒形神。乃辭秀公，南邁至霍嶽山漏巖洞，作是思惟，昔如來辭人主之榮，捨國王之位，山居野處。齋時一飰，樹下一宿，未嘗再爾。投身救虎，割肉飼鷹，爲求半偈，而捨全身，希求無上菩提之道。二祖慧可，立雪斷臂，皆以爲法亡軀，有如是苦行，如是勇猛。我觀此身，得之幻化。一聚客塵，四大無主，五蘊本空，非眞實相。地水火風，各歸其體。耳鼻舌身，一無所有。於中緣塵，虛妄和合，假名爲心。亦以消殞，內外尋求，必竟無有，身心可得。凡所諸相，今安在哉。譬如水中浮漚，旋起旋滅，認爲瀛渤，無乃太愚。老子曰，吾有大患，爲吾有身，及吾無身，吾有何患。經云，即佛即心，即心即道，心有罣礙，道從何得。不生厭離，而生愛著，非出家兒。遂斷左手，以示猛厲，事心在道。誓曰，吾此去山林，但以菜食木衣，遇緣則止，逢難則離。

展轉經行，至斯巖畔，喟然歎曰，此福地也，勝緣在兹。周匝相地，地與心合，歡喜踴躍曰，可以建佛廬。由是發大至誠，金石可以貫，神明可以通，況於人乎，況於有識者乎。自此人心影附，凡興一事，成一功，見義爭先，惟恐其後。如身之運臂，臂之使指，罔不率從。以是結大因緣，成大佛事。復架澗上橋一座，長三十間。有若鯨鯢跨海，蝃蝀垂空。以濟不通，其利彌博。後于幷門資聖禪院，創建塼塔一座，高數百尺，計費二十餘萬。嘉祐二年正月十一日，于資聖禪院，示以微疾。一夕，與門徒談笑之間，謂曰，諸法因緣生，緣盡法還滅。天地及日月，時至悉皆歸。吾今時已至矣，謂諸仁者，無常可畏，各各回光反照，如救頭燃，無貽後悔。言訖，怡然而卧逝。至秋八月，凡經半載之餘，膚髪潤澤，儼若如生。所謂去住隨緣，生死自在。門人哀慕不已，裹塑全體，置於法堂西位，事之如在。

無何，天會間，以宋人不庭，命國相爲大元帥，出師南伐。兵由此途出，士卒如林，若熊若羆，威震雷霆，塵飛穹壤。山岳謂之摇動，江河謂之沸騰。相去甚邇，屆寺西北長邪嶺，師恐其兵至，一過寺門，而掃地俱廢。遂以無礙法身，蛻質前途，迺迎其帥至於道，左拱手而立。帥問曰，何人，師曰，老比丘。帥曰，所求何物。師曰，山寺無力，願求護持。應荅之間，忽失所在。帥至，號令王軍，有敢秋毫犯寺者，法從軍令。兵卒晏然，不敢損於一芥，由是得以保全。解鞍之後，帥詢求前路所請救護之人，遍閱寺僧，無相肖者。因循至師影堂，見師曲肱而卧，容止依然，有若存者。帥驚駭曰，此僧乃是與我問對者。如此神力變化，非凡流，眞菩薩大聖人也。伐宋功成，旋師獻凱，申奏朝廷，改賜寶峯寺。

昔梁武帝普通八年十月，菩提達磨至金陵，武帝問曰，如何是聖諦第一義。師曰，廓然無聖。帝曰，對朕者誰。師曰，不識。帝不領悟。至後魏太和十九年十月，達磨祖師端居而逝，葬于熊耳山，起塔于定林寺。後三年，魏宋雲奉使西域，回遇師于葱嶺，見手攜隻履，翩翩獨逝。雲問，師何往。曰，西天去。又謂雲曰，汝主已厭世。雲聞之茫然，别師東邁。洎孝莊即位，雲具奏其事。帝令啓壙，惟有空棺，一隻革履存焉，舉朝爲之驚歎。且師之脫質，以法身前迎大帥，反求以護持佛門，叮嚀付囑。兵作至寺，訪問左右曰，前途所請救護者，詢及衆僧，一一求訪，了不可得。惟見空堂遺體，冥然高卧。則與達磨大師隻履獨逝，無以異也。

今昔雖殊，而法身出入，無礙神通自在者，佛佛一如。且以自東言者，有蔚蘿山金河寺普賢菩薩度，生於一境。自西言者，有鴈門五臺院文殊菩薩，救竟於一方。此二大菩薩，雖出三界，常居世間。起大悲心，接引群迷，回嚮佛道。每至大夏三伏炎酷之際，各於臺上，示現清凉世界。遇有虔誠懇禱，要見祥瑞者，即時爲現圓光，攝身光。或獅子隊仗，或羅漢仙橋，兜羅綿世界，或菩薩眞身。如是種種等神光，若響之應聲，影之逐形，其化人也，有如是聖驗。凡四方之內，上臺遊禮者，耳無不聞，目無不擊。皆發歸依敬信之心，成就無量無邊不可思議廣大因緣。自南言者，則有天黨寶峯寺麻衣大士菩薩，亦示教化于一隅。較其功德，則與文殊、普賢二菩薩因緣福利，相去又何遠哉。

吉甫昔於大定十三年十二月，因奉朝命，審按河東南北兩路重刑。經由是路邂逅，聊以香火，瞻仰諸佛聖像，禮謁麻衣聖者遺迹，粗得緒餘。

今第五代山主宗琛，及諸宿德，逺冒寒色，不憚劬勞。慮以時遷歳逺，滅裂芳塵，使後世不可得而聞焉，謹來求以爲文。吉甫辭謝再三，愈加懇切，志不可奪。吉甫謂曰，保成者易，經始者難。豈不聞《書》曰，父作室，子肯堂，矧肯構。父菑田，子肯播，矧肯穫。此昔人之所切戒也。宜爾後代子孫，祗承先業，繼紹遺基，克念前功，無忘祖德，敬之愼之。聊記云耳。

大定二十三年十一月望日潞州紫巖山寶峯寺住持僧宗琛立石

襄垣韓稀　同姪韓溢摹刻

《山右石刻叢編》卷二十一。《遼金元石刻文獻全編》，北京圖書館出版社。碑高五尺八寸五分，廣二尺六寸五分。三十一行，行七十四字。正書。今在襄垣縣。

《寶雲寺碣》　萬樹陰森蔭寶雲，山如燕尾勢齊分。岀開錦繡春深見，林響笙簧夜靜聞。坐久爐香猶宛轉，梵餘花雨尚繽紛。主人若許來歸老，同伴蒼官與此君。

復用前韻

杖染莓苔衣染雲，勝遊時恰過春分。雄山秀色依欄見，淘水清聲俯岸聞。物外煙霞常寂寂，人間冠蓋謾紛紛。老僧事業眞堪羨，獨坐團蒲養躁君。

過内王村

東山佳致未能忘，細馬雙馳窈窕娘。無數隔籬村舍女，半遮嬌面看紅粧。

離石東溪吳子，承乏潞郡之支邑潞城簿，幸獲時侍教於權鎭張公朝列節副先生，誤蒙見接。一日，有上黨潛龍寺僧淨明者來過，且出先生游招提二長篇、一絶句敬告之，言欲鑱翠琰，而傳不朽，且索跋尾。觀其筆扛鼎挽牛之力，詞源滔滔，如從肺腑中流出。蓋先生天才素學之分，彼苦思牽強，琱琢後成，氣象寒索，欲望其閫域，豈九牛尾也。又味其狀碓山淘水明秀之趣，僧藍梵宇幽曠之境，便若身出塵界，神游靈鷲也。越厥絶句，復及謝安東山之賞，淸尚風流，兩擅其美。非特爲精藍之世珍，抑亦照映千載，將與謝安石伯仲於靑史間也。吳子亦幸附名于其後，輙不揆而書之。大定二十五年四月朔旦，登仕郎潞城縣主簿吳希尹謹書。

主僧淨通立石

上黨祁植刊

《山右石刻叢編》卷二十一。《遼金元石刻文獻全編》，北京圖書館出版社。石高二尺四寸六分，廣一尺六寸五分。十六行，行十四字。末題十二行，行二十九字至三十一字不等。正書。今在長治縣。

《海會禪院法堂記》　蓋聞作善今世者，貴得其門。修福來生者，在知其路。必歸依於釋教，庶不失其本心。昔者時當訖錄于蒼姬，佛始顯相于天竺。心淨行善，識妙通眞。廣化自彼西方，流風及茲東土。門開八正，使人深造於聖門。道謝四流，誘衆咸趨於大道。世拯沉淪之苦，法爲舟筏而施。凡曰有生，普被兼濟。能事畢矣，勝果成矣。國雖毒於無量，權乃息於無機。於是脫屣於金沙池中，挂衣於娑羅樹上。患身染塵劫，故自歸于涅槃。知名籍天宮，復往生于兜率。其質雖盡，其聖彌新。然後畫像並出於多方，寶刹森列於四海。

況此梵王宮宇，面于金谷巖巒。映門之修竹萬竿靑，遶院之茂林千蓋綠。有寒泉湧出勝地，甃堅石甃成曲池。逼砌靈源，吐作瓊珠之顆。迎風細浪，皺爲琉璃之盤。分派則走碧以橫門，激石則成喧而盈耳。故題其額曰海會禪院，茲實古有之精舍，最經年深者舊堂。壞壁暗其丹靑，踈簷摧以風雨。既卑且隘，欲倒而傾。其或崇建道場，嚴作佛事。齋席雖設，延衆實難。使十方香火之人，一會蓮社之友。或露坐於他所，或並立以差肩。解空說法者，烏可遍授于衆人。回心向善者，不能諦聽于經教。大定十年，有住持僧祐公上人，發弘誓願，不憚勤勞，輒毀故以更新，特易小而成大。廣其制度，增其基址。重修法堂伍間，更於次下刱蓋法堂伍間，西挾院子屋陸間。又於正殿後，重葺廚屋，前後共拾間，庫屋伍間，僧堂伍間。棟梁採於他山，躬逾絶巘。柱石取於深谷，身履臨危。人感義而借力相先，工競能而施巧不緩。樂事者衆，不日而成。高低之麗構爭新，上下之層臺聳翠。朱簷飛峻，射曉日而紅照紅。靑瓦連空，凝暮雲而碧生碧。冀弘宣其法教，開後學之迷蒙。

祐公上人者，下佛村人氏，俗姓馬，法名宗祐，字吉老，夏臘六十有二歲。自幼年受業本院，從當日立事空門。經論通明，器識宏遠。其所修建，無不壯麗。費用約及於萬貫，幹辦秪自於一身。推其功豈小補哉，較其美是難能也。余因暇日問禪是宇，公語此苦心竭力之事，深嘉其義，爲之記焉。讚曰：

事業興廢　皆由其人　能立事者　才智出倫　祐公自幼　不染俗塵　作佛弟子　心懷至仁　精舍有舊　孰更以新　公奮厥志　不憚苦辛　建立堂宇　服勞一身　聖賢洞感　必饗而親　紀兹功德　昭示千春　冀爾來哲　相繼善因

監修建僧尊宿宗暉　管勾修建副院崇潭　知庫僧崇明　木匠王俊　結瓦匠劉演琉璃匠張珪　林茂　西封村賈述渾金正面釋迦佛一尊　南劉村暢□并妻李氏粧塑觀音一尊　洗壁村馮氏同男司裕粧文殊一尊迦葉一尊　進義校尉郭谷村馬溫粧普賢一尊　端氏武安村張祐粧阿難一尊

大定二十七年歲直丁未九月望日住持沙門小師崇演立石

馬翼題額

邑人趙潤刊

《山右石刻叢編》卷二十一。《遼金元石刻文獻全編》，北京圖書館出版社。

碑連額高三尺四寸七分，廣一尺九寸二分。二十三行，行字不等。額題重修法堂之記六字。均正書。今在陽城縣。

《慈相寺僧塔記》　嘗謂像敎之興久矣，昔漢明帝以金人丈六之像，形於帝夢，自兹敎法西來，流布中國。故天下在在處處，始建精寺□□緇流而爲崇奉吾佛之所。爾後高僧名德，相繼傳道，闡揚敎風者，代不乏人。然皆於滅度之後，往往爲善知識修建崇塔，以瘞靈骨，崇事不絕。使後人尊之禮之，望而起爲善之心焉，此梵語所謂死建窣堵波者是已。且汾州之平遙縣距城二十里之遠，有冀郭村慈相寺者，自有唐肅宗以來，其設寺額，本名聖俱。而是時主持敎法者，即始祖無名大師也。至皇祐間，改賜慈相之額。其閒傳法之流，雖繼踵而出，然歲月深遠，無復編錄，止以近代祖僧□知其賢者三人爲始。其壹曰惠載，次曰惠灝，又其次曰惠祚。二代相繼者十有一人，而才德超軼，傑然出於法眷之中者，寶量而已。

師俗姓翼氏，侯冀村人也。自二十一歲，捨俗出家，嘗以《法華》大經試中甲選。爾後雲遊諸方，於大講席下，諦聽經論，深悟佛旨。數年，杖錫還鄉，其本寺僧衆請師出世開演敎法，爲衆宗仰，名聲藉藉，著於河東。是時，適遭亡宋之末，兵連火熾，寺宇焚毀，爲之一空。於是復請師爲修造主，師則欣然諾之，不憚艱苦。勵心勸緣，鳩工聚土。不日寺亭完然一新，十倍於前矣。而又創建先師無名大師靈塔九級，高十丈餘。其爲功力，殆非淺淺者所能。□之外法眷一十人，曰善仁，善測，仲英，仲則，仲詵，仲行，仲義，仲證，仲德，獨仲來有紫衣之賜。其間八人轉度門弟子七人，曰福江，福玢，福聚，福靄，福祐，福敎，福恩。僧寶量又度弟子十五人，以經論試中者四人，普度者十有一人。爾時復於侯冀妙法寺住持，以師之受業之所也。未幾，無病而逝，葬於寺塋，爲崇塔。門弟子化者四人，曰福應，福全，福玠，福寧，竝於師塋，各爲歸葬。行腳一人，曰福愈。未還外已化者九人，福詮，福淵，福顯，福現，福肇，福厚，福勍，福澄，福感，悉殯於慈相祖塋。其間福詮創蓋獻殿，福□起《合論華嚴經》板，福肇構塔亭一座，內塑像十六尊羅漢聖像。福勍建羅漢二洞，各三十間。福澄增創堂閣寮舍，仍命畫工作萬菩薩尊像，而又粧飾羅漢聖洞，栽花蓺竹，以爲前後之莊嚴。首尾二十年間，增新完葺，至斯大備，皆澄公住持之力也。

當時鄉官安大夫碑記存焉，今見住持僧福杲暨僧正大師文善共發虔誠，將祖先師兄未行歸葬者，擇定今年四月初六日，卜穴於寺之本塋。其惠載等三人，各爲起塔。善仁等十人，福詮等十有七人，文妙、文意二人，各建塔一所。寺之西北一里許，有塋地二十餘畝。塋北則有清水河之相接，東偏則有祁丘城之相望。其東南則地亘於麓臺山，西南則遠揖於平遙縣。山水抱映，堽勢坦然，眞吉地也。宜乎建塔之後，敎門滋大，法眷叢出，相繼不絕，而永福此方矣。僕自承乏州幕，今兹秩滿，方以客寓於此。忽一日，邂逅僧正喜公，因喻及卜葬之事，且丐文於僕，以叙本末。僕誠不才，安敢固辭。因摭其實，而爲之銘曰：

猗歟像敎尊　非虛亦非安　功德不思議　人天共尊仰　惟兹冀郭村　古寺云慈相祖僧惠載輩　三者皆師行　叢林繼踵出　稱賢先寶量　才望著河東　高出時流上　雲遊亦既歸　講席推宗匠　適經宋之末　兵火驚紛攘　佛宮偶遭焚　一掃如波盪　惟師主營造　堂殿復增創　丹雘絢翬飛　爛金輝聖像　繼葬無名師　起塔踰十丈　云何無所苦　端坐俄長往　卜穴妙法塋　歲時崇供養　逝者三數人　瘞骨同原壤　其餘久未遷　散亂埋蓁莽　杲公僧正師　發願俱弘廣　爲建窣堵波　各就先塋葬　地勢枕高堽　面

亘平於掌　河連清水遠　城與祁丘向　麓臺如對揖　平遙遠相望　山水映抱閒　蔚然含氣象　法神默護持　教門當益旺　願言福此方　永永無災障

泰和元年四月六日

監寺沙門文普　副寺講《唯識論》沙門文覺　知庫講《圓覺經》沙門文慶　都修造住持沙門福杲立石　廣濟大德充汾州管內都僧正講《唯識論》賜紫沙門文喜同立石

奉政大夫行平遙縣令兼管句常平倉事張奎

宣武將軍行平遙縣丞兼管句常平倉事田伯充

武節將軍行平遙縣尉烏烈蕭忠

陰陽人梁棟　汾陽李元甫摸刊

《山右石刻叢編》卷二十二。《遼金元石刻文獻全編》，北京圖書館出版社。

碑連額高四尺八寸三分，廣一尺九寸四分。二十八行，行六十三字。分書。額題僧眾塔記四字，篆書。今在平遙縣冀郭村。

《硤石山福嚴院碑》　澤之硤石山青蓮寺，河東之勝槩也。余爲兒童時，聞之熟矣。蓋華之與澤，相去不遠故也。太和壬戌冬暮，余由右司諫補河閒之獻，乙丑夏五月，自獻移澤。私心喜曰，澤佳郡也，又與余鄉近，向之所聞青蓮寺者，余得而游焉。澤之俗儉而淳，熹儒學，比他州爲易治。不踰月，事理訟息。孟秋中休日，余騎至硤口山，主僧寶賢逆之。硤路險而下，舍騎而步，峰巒回合，窮而復通。杖笻轉側于亂石之閒，路益狹，山益奇。行三里許，雙峰巋然若門。山之陰有二古篆字，曰硤石。余謂寶賢曰，此硤石山乎。賢聞先師珍唯識言，硤石山，蓋取兩山夾路之義也。山陰之刻，不知某氏，實好事者爲之。硤石乃此山之揔稱也。峰之北有嵌巖，巖下有池，深丈餘，廣倍之。巖之奧有罅，高深不能測。夏秋暴雨，罅中若雷鳴狀，湏臾池水滿，寺僧飲食之費，歲仰給焉。峰之西南，孤峰挺然，高數丈。峰頂平若砥，縱廣十餘尺，此遠公擲筆臺也。臺之西八十步，有澗曰彌勒，蓋往時彌勒化現其上。臺之北，石壁峭拔，如環堵然。壁之上，亂峰向背，草樹叢翠。南望珏山，下瞰丹水。屏障橫列，水墨粲然，即青蓮上方也。劉軻謂似廬山黃石巖者，此也。臺之南曲折行二百步，古青蓮寺，寺額咸通八年所賜也。寺之東五里，古藏陰寺，即北齊曇始禪師之所建也。祖師慧遠，器識弘偉，風神爽澈。曇始見而度之曰，子有出家之相，善自愛之。乃禮爲師。既冠，遊學鄴都，回翔十餘年，傳涉經論，無不該貫。乃攜學侶，卜藏陰寺之西丹谷，築室而居焉。弘演大乘教，朝夕不倦，遠近歸依。於是建大阿蘭若，即青蓮寺之權輿也。承光二年，周武帝集沙門于殿庭，宣廢佛教意。衆皆喑默，帝五問，師五對，抗聲厲色，不爲之屈。教之不廢，師力居多。師退隱青蓮，造《華嚴》、《地持》等經疏。一夕，夢登湏彌山頂，瞻禮卧佛像。覺謂其徒曰，吾著述有益，感此靈徵，不敢多讓。遂避紛入谷，結菴孤峰下，製《涅槃經疏》。疏成，擲其筆曰，若疏義契理，筆當駐虛空中。靈應果然，道俗稱慶。師示寂後，遭隋室亂，法席久虛。

太和初，有慧愔禪師，自并汾來。少習《莊》、《易》，晚學天台止觀。見遠公遺跡，歎曰，忍使聖賢依棲之地，反爲墟落。乃闢翳薈，壯棟宇。以空假中通之教，開剔聾盲。是以苾蒭之流，多依附焉。繼有玄依法師，駐錫上方，棲心勝地。駕濟世航，行利他行。開平二年，邑民程行立施山前田二十頃，以充禪悅之湏。逮太平興國三年，賜名福嚴禪院。崇寧間，鑒巒禪師繼主其教。以其寺基久遠，歲壞月隳，雖補罅苴漏，不勝其弊。乃刻意規畫，度越前輩。鑿東崖，陻西澗，培薄增卑，以廣寺址。由是供佛有殿，講法有堂。搆寶藏以貯聖經，敞雲房以栖法侶。賓寮香積，法皷齋魚，渙然大備。皇朝大定初，福裕、惠珍二法師嗣之。福裕補弊易陋，內主寺事。惠珍持戒煉慧，外闡玄風。珍好《因明》、《瑜伽》二大論，晚悟《唯識》之趣。松嶺龍門，開大道場，提耳接人，學者輻湊。寺舊有法堂三楹，不稱殿閣，規而廣之爲五楹。未果謝世。賴寂定二師兄左右輔翼，迺克就緒。

自遠公而來，幾七百餘歲，子孫繩繩經營，堂搆成于今日。寺有藏經五千卷，以爲悟入之階。有山田二千畝，以給齋粥之費。僧不出戶庭，坐以辦道，此皆燈燈相續之力也。寶賢膺老師宿德之蔭，弗蠶弗耕，而服而食。遠離火宅之苦，安受福田之祿，而不知所謝，能無愧乎。此寺經幾廢興，而無刻識可考。俾開山聖賢之迹，晦昧而不彰，難逃弗嗣之責矣。碑石礱之久矣，近年澤守如許安仁子靜、李仲略簡之，皆一時之文士也。法堂未成，不敢以文爲請。今福嚴海會，潤色圓滿，公盍爲我記之，以報祖師之德，以種天人之福。使豐功隱行，傳諸不朽，可乎。余謂賢曰，昔歐陽文忠公赴夷陵，舟次潯陽，舟賈李遷磬石載于舟。公問其故，曰，遷修訖湘潭縣藥師院殿，歸而記其始造歲月也。視其色，若欲得予記而不敢言也。公欣然書之。況寶賢磨礱琬琰，待余之文，余何辭焉。

噫嘻，天壤之閒半山水，潺湲而流，嶄巖而峰者如塵沙，著赫赫之名者無幾。皆自古昔聖賢依棲而稱導之，然後能輝映於後世。水之洙泗，山之為仰是也。硤石去州治遠，懸崖列壑，撐拄哈呀於無人之境。然一經遠公盤桓，使狐虺寢廟，虎狼窟宅，而化為莊嚴寶坊，豈不偉歟。余景仰古聖靈跡，又喜寶賢不忘先師之言，故余摭賢之說，校以僧史，而為之記。

泰和乙丑十一月晦日

泰和六年正月十日住持沙門寶賢立石

副院沙門寶安　法眷青蓮寺主僧洪湛　知庫沙門寶定　尊宿沙門寶順

典座沙門洪涓

府城社李皋刊

《山右石刻叢編》卷二十三。《遼金元石刻文獻全編》，北京圖書館出版社。

碑連額高七尺三寸七分，廣三尺二分。二十九行，行六十字。正書。額題福嚴禪院之記六字，篆書。今在鳳臺縣。

《法輪禪院碑》　澤之西南三十里，雙峰巋然，傑出於群山之外，曰松嶺。絕頂四望，硤石浮山，司馬碧落，凫趨於左，天壇、王屋，盤亭析城，鵠立於右。遠而黃流曳帶，喬嶽聳屏。北邙伊闕，猶培塿然。近而亂峰回環，林麓掩抱，雲煙出沒，不可名狀。奇偉之觀，得未曾有。嶺之陽有佛宇焉，即古之靈巖院也。院之開創，不可得而考也。隋大業中，有慧觀頭陀自終南來，身止一衲，日唯一食，髮長不剪，晦跡叢林。過雙峰下，見山巖幽寂，木古泉清，乃駐錫而歎曰，此古佛棲隱之所也。因即誅茅剗穢，果獲壞礎，乃靈巖之舊基也，遂築室而居焉。師唱導接人，略無怠惰。四方緇素，望風輻湊。李衛公提兵過大行，躬詣禮謁，慰諭嘉歎。靈嵓之名，自此益彰矣。寺僧感念衛公之惠，乃於山頂建祠，迄今存焉。尔後住持未嘗虛席，迄唐之季，日尋干戈，朝粱暮晉，殿宇焚蕩，十無一三。天福五年，有大苾蒭省常禪師，歎恨頹毀，復加營葺。逮乎太平興國三年，更賜額曰法輪禪院。

慶曆間，法師奉教蘊松筠之操，抱經論之學，啓饒益心，有興復志。於是繕修堂宇四十餘間，凡講《大乘》、《百法》、《上生》等經，四時演說，未有虛日。傳大乘戒，度僧俗千餘人。齋僧二十萬，置四大部經。作兆率觀，朝夕行之，未嘗少懈。寺神空中報師曰，師兆率觀成，當捨幻質，往生天宮。師欲捨身，僧徒難之。乃詣千峰山盤亭寺之側，誓焚肉身，以報佛恩。遂裹以麻布，溉以油蠟，縱火然之。但見白光燭天，異香馥鬱。四衆讚歎，煙銷燼餘，競取舍利。唯舌不壞，若紅蓮葉，此師誦經之驗也。建窣堵波，祕而藏之。及宋末年，賊盜蜂起。祖師宗　，悲哀涕泣，誓於佛前曰，寧捨身命，不離山門。雖豺虎縱擴，恬然不畏。皇朝撫定，無纖毫損，以表祖師堅勇之志，聖賢陰助之力也。由是信士劉嚴睹師慷慨，為法亡軀，乃捨安莊社山莊一所，敬施山門，以充常住。天眷初，居民張權誠，勇烈之士，聞師德操，施梨川社田五頃，俾供佛僧，以資冥福。

大定二十九年，沙門定湛繼主其教，嗟悼先師雲仙，法堂後剏，建慈氏閣。累值暴雨，頓爾崩摧。因廣其基，繕淨土堂。未克就緒，遽然謝世。湛之嗣子洪洧謂源師兄曰，昔慈氏閣堂搆弗固，一旦棄捐。今淨土堂恐蹈覆車之轍，師兄其念之。且院門孤僻，人迹罕至，師兄當以淨土觀經，訓誘信士。洪洧殫精畢慮，冀成一簣之功。遠邇聞風，翕然歸嚮。富者施貲，貧者効力。遂壘石為基，高十有四尺，而廣倍之，中塑彌陀三聖像。功將告成，洪源來謁曰，法輪禪院建立也久矣，是院處深山中，四隣民居，近者十餘里。歲或兵饉，則院為寇賊之巢穴，所以興廢者屢焉。今承祖師之蔭嗣主禪林，有山田足以給饘粥，有山木足以取材用，有泉石足以娛目，有經論足以洗心。不見紛華，不聞喧閧。旦旦暮暮，經行燕坐於寂寞煙霞之境，眞休歇之道場也。與夫八達衢頭，架屋養數百閑漢者，故有閒矣。然而開山祖師剏始之跡，吾不得而知之矣。竊聞先師澄公之說，院中舊有壞碑，粗載慧觀禪師興復之績。而觀之後，省常之前，住持宿德，寂然無聞，蓋緣碑刻之闕也。嗣續不傳，良可歎息。此院紹復於觀頭陀，潤色於教禪師，成於愍法師，以至於今，若不刻石紀之，則數老宿之勤勞，亦猶開山祖師之泯泯也。而使後之子孫，將何景仰而考據乎。且松峰之形勝，道場之靈跡，公嘗游歷而徧之矣，幸為法輪誌其始末，以傳無窮，可乎。公郡守也，如郡有草澤隱逸之士，尚舉明而發揚之。况治封之內，有靈跡勝槩，而不蒙紀錄者乎。萬一略而不書，必貽後時之悔耳。余謂源上人曰，余先友許子靖，嘗守是邦，而與上人交。余來，又得從而游。是山之靈跡勝概，子靖已失之於前矣，余寧復遺之於後乎。宜其搜訪捃掇，以爲法輪續燈之錄云爾。

泰和丙寅端午日記

和敬大德前都綱勸緣沙門洪源 住持沙門洪洧立石 前住持僧德進洪漶 知庫僧德蘊 維那僧德蔓 典座僧德和 僧德苑德中

施石田渥 隴西李臯刊

《山右石刻叢編》卷二十三。《遼金元石刻文獻全編》，北京圖書館出版社。

碑高五尺六寸，廣二尺八寸。二十七行，行五十九字。正書。今在鳳臺縣。

《崇慶院記碑》 夫金仙之教，流行中國，積有年矣。至於天子上都，王侯戚里，名家巨族，往往喜於奉事。或割脂田，沐邑篋笥珍藏，邀其福以尊嚴之。故浮圖氏之居與宮室不相高下者，易乎爲力也。凡在荒山艽野間，興崇佛刹，非得其人，得其時，天相於上，人助於下，未易成也。誠一衣一鉢，一手一足，艱乎爲力哉。潞城縣雲巖山崇慶院，創於大唐景雲元年。今有古碑，雖風凌雨剝，字畫漫滅，猶可尋考。潞於五季，用武之地也。干戈之餘，幸而存焉。跨宋迄金，綿綿不絶者如帶。至大定間，歲隳月壞，舊物索然，其居多不克完。僧惠朗會耆艾李貴等商度之曰，此院久廢，非有道者莫能興。遂率緇素，詣鄉垣縣龍建山慈雲禪院，熏香瀹茗，請印公大師住持。師嘉其勤，曰飛錫而駐焉。於是與惠朗等，徐謀幹輯。規其狹而廣之，改其舊而新之。歲無豐儉，來獻施者常滿門。不踰十稔，雲堂中殿，樓閣門廡，下洎廚廩庫廐，靡不完具。及工告成，制作雖壯不踰矩。豈非得其人，得其時，人助於下也。曩以胡兵宼入，侵蝕河東，佛寺禪林，悉爲煨燼。獨此金田，秋毫不犯。豈非神物護持，天相於上也。

師度僧六人，朗其長也。曰深，曰和，今已示滅。曰洪，賜紫宣微大師，營輯轉輪經藏，其費無慮數十萬，不淹歲月，而崇成之。曰遇，於西北隅建大殿三楹，亦蚤世。曰德，賜紫悟明大師，營雄田一百雙，以給堂下歲時饘粥之費。至於凡百所須，不仰給於人，優游自足。凡具戒者，一十有二人，名備紀於碑陰。皆克負荷嗣續玄風，祖師雖已歸寂，其遺恩餘馥，沾匃後人者多矣。噫嘻哉，事不終晦，有時而彰。時不終否，有時而昌。昔斯院之廢也，荒煙白草，荆棘叢生。今天晴日朗，名花珍卉，爭爲容矣。昔頹垣敗屋，半爲荒墟。今雄楹傑桷，金碧爭光，奪人目矣。昔風雨冥晦，鬼嘯梟呼。今梵音唄語，鐘磬和鳴，洋洋乎盈耳矣。昔蟲虵廢廟，狐狸窟宅。今闢其寬衍，化爲蔬圃矣。故父作之，子述之，一門之內，繼有其人，使佛日重輝，頹綱復振，良有可嘉。主僧祝予爲記，備道其廢興始末，將以刊諸翠琰，用傳不朽。回摭其實，而次序之。時興定二年四月望日，古純進士杜飛卿記。栢溪賜紫僧惠初書，慈雲禪院賜紫達理大師惠通篆。

武義將軍行縣尉姚里

廣武將軍行主簿張

宣武將軍行縣令吉

中順大夫守絳州節判姬景文男忠翊校尉寺底鎮酒都監姬協

王禮村都維那何守正妻劉氏 大男忠顯校尉守平涼府錄事何謂何詵何諷何訓孫男銀住

敦武校尉遙授武安縣尉何知微何知剛

賜紫悟明大師見住持僧惠德

賜紫宣微大師尊宿僧惠洪

潞邑南癸 王願 西申莊苗嵩同刊

《山右石刻叢編》卷二十三。《遼金元石刻文獻全編》，北京圖書館出版社。

高二尺九寸五分，廣一尺八寸。二十四行，行四十三字。正書。今在潞城縣。

《華嚴寺明公和尚碑》 緬惟荆山之璧，世稱其寶者，美其無瑕也。太阿之劒，人賞其利者，貴其立斷也。凡海之人，而言即佛者，謂其達性也。未明本覺，認眞性以爲情。體妄元空，即凡心而了道。其有幼具金剛堅重，內韜瑚璉奇材。藴匪席不轉之心，透自肯不傳之妙者，余於圓照見之矣。師諱慧明，蔚州靈丘人。其父李族，沉信佛乘，賑貧濟苦。其母劉氏，雅量弘遠，懿德昇聞。因夢異人，白馬素衣，來乞寄宿，從此有娠。載誕之後，果異恆童。相者覘之，乃曰，此子他日必大空門，非世塵中所能拘戀。纔及佩觿，即習青衿。誦練詩書，傍通黃老。漁獵子史，綜覈篇章。嘗歎曰，周孔名教，未窮有一之詮。莊老重玄，豈達空□之理。稔聞西京崇寧寺崇業大師，籍甚一時，譽流四表。即慈之落髮，受滿分戒。探賾經論，陶冶眞宗。聽習《華嚴》，備淹圓別。未周數載，幽致大通。事理匝於一塵，生佛融於當念。往復千變，動靜一如。星羅心目之間，珠連文句之下。方悟佛教之淺淺，已勝孔老之深深。學者追崇，負帙座下。仍念理居文表，道非語中。尋文難以證眞，循指豈能識月。屢聞教外別傳之旨，每欣離念見佛之談。不歷階梯，徑登覺地。遂決志遊方，遍詢禪匠。

初投冲虛昉公，次依松嵓暉公。退步忘懷，孜日切。備蒙淘汰，指授無遺。雖凝膺之物已，除而見覺之情未泯。後抵燕之慶壽，參海雲老師。一見欣然，便通入室。老師左提右挈，痛下鉗鎚。棒喝交馳，迅機無滯。海雲一日忽問師曰，臨濟三頓棒，汝作麼生會。師震聲一喝，海雲笑曰，此子徹耶。師以手掩耳趍出。自此情忘執謝，更無餘惑。師將辭行，海雲以頌送之曰，古鑑圓明，洞然瑩徹。魔佛容分，虛空撲裂。大用縱橫，雷轟電掣。宛轉無爲，不存軌轍。弄拈日裏浮漚，團撮爐心片雪。倒騎吼月磁牛，驚起追風石鼈。咄，當頭打破絕偏圓，撥轉玄關奚辨別。時當乙巳年七月望日也。

於是遂隱霊丘之曲迴寺，荒藍廢址，重興新之。庚戌中，西京忽蘭大官人府尹總管劉公，華嚴本主法師英公，具疏敬請海雲老師，住持本府大華嚴寺。海雲邀師偕行，既至雲中，海雲抑師住持，代攝寺任。師天資粹美，難違上命，勉就住持，即其年九月十五日。師既主其柄，厚下寬明，勵力公清，宗風大振。先是，德公長老攝持，院門牢落，庭宇荒涼。官物人匠，車甲繡女，充牣寺中。至是並令　之，移句他處。大殿方丈，廚庫堂寮，朽者新之，廢者興之，殘者成之，有同創建。本寺藏教零落甚多，或寫或補，並令周足。金鋪佛焰，丹漆門楹。供設儼然，粹容赫煥。香燈燦列，鍾鼓一新。非師有大因緣，孰能如是成就也。又於市面創建浴室藥局，塌房及賃住房廊近百餘間，以贍僧費。洪規遠慮，固以深矣。

壬子春，今上皇帝未及龍飛，享師名德，特旨令太保聰公述疏，命師陞堂開法，永住大華嚴焉。即其年六月十五日癸丑中，有獨謨干翁主者，太祖之女也，權傾朝野，威震一方。仰師碩德，加佛日圓照徽號焉。乙卯春，慶壽虛席，燕京府僚及海雲疏命師主之。凡百循規，不事邊幅。增完補弊，修葺田菌。丈室蕭淸，門無俗客。今上皇帝及東宮太子，屢於慶壽，作大法會。師厭於將迎，退歸霊丘之曲迴寺。閑庭隱几，終日翛然。小師冲公及西京官僚，知師在彼，扣門堅請，薦移大華嚴寺焉。怡顏永日，貴賤一之。衢罇恒盈，酌而匪竭。踵門造閫，虛往實歸。丈室未開，而戶外之履滿矣。

至元七年二月初，覺有微疾，遂罄捨衣資，作大法會。至六日己未，日薄虞淵，乃謂門人曰，日色晚也。即嗦筆書偈曰，這箇閑家破具，知他販了幾度。翻身踢倒乾城，是處淸風滿路。復云，驀直去，咄。偈畢，擲筆而卧，似若孰眠，然撼之已逝矣。顔色無變，頂煖若生。攀慕追號，來往如市。恨人天之眼滅，傷苦海之舟沉。闍維之際，紅光亘空，蕃漢瞻之，嘆未曾有。俗壽七十二，僧蠟四十五。嗣襲法道者七人，首曰昭冲，奉旨住大慶壽寺，承海雲之道，爲僧門總統。次曰義辯，住西京南關崇寧寺。次曰法鍾，繼住華嚴，堂構先業餘者。各爲一方法主。舍利暐曄，五色皎然。門人兩處建塔，一窆於華嚴寺之墳，一窆於霊丘曲迴寺。

師賦性淳謹，噐宇恬愉。臨事不回，與人謙穆。陞堂演法，泣衆儼然。誘掖後昆，綽有餘裕。平生以第一義諦爲人，未嘗枉道以從物。前後五遷大刹，閱龍藏一終。出家門資，隸名受訓者百有餘人。在家士女，請名稟教者亦千餘數。雍雍肅肅，敬法崇師。上下有倫，良可羨也。一日，慶壽總統冲公使嗣法長老月公，華嚴監寺昭偉，來謂余曰，先師盛德，豈可無文。誨導之恩，孰敢忘卻。假師筆力，庶可發揮。刻諸貞珉，冀其永久。余文慚麗則，學謝博聞。勉力抽毫，勞楊雄之五藏。雕蟲小巧，乏曹娥之□詞。古井引泉，枯梯生肄。昔黃檗示滅，裴相誄其功。佛覺歸眞，蔡珪旌其德。瓊編之下，草綆續之。嘉慶壽之孝誠，美老師之鴻範。義不可讓，謹系以銘。其詞曰：

無位眞人本自全，昭昭出入面門前。一段光明爍大千，六門開豁獨連軒。海雲法道若天懸，異種曇華奪色鮮。栴檀林下師子眠，大用全滅眞可傳。華嚴古刹起因緣，阤址頹簷皆端研。憧憧往來孰後先，結秀人華佛果圓。全身跳出金剛拳，呑卻楊岐栗棘丸。閉門靜掃龍潛淵，乘興閑遊沒底舡。慶壽三年炕未氈，葉落歸根來不言。本自無生復寂然，雲中日月墜深泉。空華落影水歸源，徒令後學增悲纏。亭亭寶塔金玉堅，層層無縫映荒芊。破披盛德幾何年，磨盡蒼崖名愈宣。

時大元國至元十年歲起 昭陽作噩季春月律中姑洗甲寅朔初六日己未巽時立

功德主昭男大將軍西京路總管府達魯花赤禿烈禿古思

功德主昭勇大將軍西京路總管兼大同府尹守菩提心戒佛子蒙古

功德主西京路前達魯花赤守菩提心戒佛子帖木都忽思

紺殿内莊嚴諸供養具雲中大檀越守菩提心戒佛子悟圓居士高至定

本京大華嚴寺住持嗣法歸隱法鐘

提點沙門至遷監寺沙門昭昶同立石

宣授諸路釋教都總統頌海雲後事大都大慶壽寺住持嗣法鈞菴昭冲立石

雲中宋德彰刊

《山右石刻叢編》卷二十四。《遼金元石刻文獻全編》，北京圖書館出版社。

碑高五尺五寸五分，廣二尺七寸。四十行，行七十一字。正書。今在大同府。

《玉皇七佛廟記》 直壺關縣治之南二十五里所，有聚落曰沙窟。其西土山曰古聖，面炎帝之祠，背紫微之崗。翠屏處其左，黄臺處其右。諸峯環合，原野既平。每憑高寓目，勝槩可盡，是誠一方秀絶之地。兵荒而後，本村都統牛成之甥路仲平，小字福童，澤州解莊人也。忘形落魄，如爲神所憑依者。日於其處，鑿地運工，而不以爲勞。歲餘得巨石，高約一丈五尺，廣濶如之。其下石室二所，東西相背。左玉皇，右七佛，石像儼然。於是飾以金碧，外則構以簷楹。凡鄉民之祈請者，雨暘疾疫，無不如願。神異既著，香火踵來。至於鄰邑及他郡，仰其威靈，蒙其利澤者，皆置爲行祠，而奉事焉。澤州高平縣前長官段□次男段紹先，作功德主於通義□□廟。有以見神之庇民者廣。爰有本縣前縣令王公諱全，鳩工伐木，營建小殿於其側。又別爲屋數間，俾主廟者居之。國朝至元五年，洺州肥鄉縣郅公彦明來尹是邑，適以比歲薦罹蝗旱，常於祠下禱請，致膏雨應祈，蝗不爲災。深思所以酬神惠者，於石室之外，上棟下宇，以蘊覆之。又視其故地陿隘，無以重神明之威。於次東□舉武，卜得爽塏之地，經營基址，肇立新廟，爲歲時致祭之所。功未及完，而公移莅武安。迨至元十六年己卯，以承事郎同知路州事，且以前功未竟爲慊。又與敦武校尉壺關縣尹牛天麟有平生之舊，遂同心協慮，謀於衆而營葺之。人樂爲之用，以貲以力，未朞年而厥功告成。輪焉奂焉，壯麗於昔日矣。又設玉皇七佛之像於其中，巍然尊大，極天人之相。不惟新一方之觀望，抑可使祈禳報本者，有所依附。則數君子之敬以事神，義以使民，又可見矣。廟主元妙眞等謁余曰，自路仲平得石像以來，五十餘年於茲矣。初階一簣之勤，終致有成之效。言念此事，上則官長盡規畫之勞，下則鄉社之人多所借力。將刻之於石，以示後人，可乎。余以鄉里之故，不獲終辭，且爲直書其事云。

功德任前縣令王全

主簿兼尉賀福

典史□思溫

司吏焦德賈良□成謙馬琛

敦武校尉壺關縣尹兼管諸軍奥魯牛天麟

敦武校尉壺關縣達魯花赤兼管諸軍奥魯換□

本村施廟地徐智 孫仲 王琛等

承事郎潞州同知郅朗

至元十八年六月中功畢

住持立石人李守眞 睢善友 王子貴 維那化主王德順 同立石人李福善

石匠王恕同孫男王用刊

《山右石刻叢編》卷二十六。《遼金元石刻文獻全編》，北京圖書館出版社。

碑高四尺四分，廣一尺八寸。二十行，行四十五字。正書。今在壺關縣。

《惠珏和尚碑》 嘗聞瞿唐灩澦，非可玩之波瀾。性海汪洋，豈凡情能喻議。惟通玄大師者，爲法源之巨浪，作渡海之舟航。津洛群品，諒多有之。今以不勤之翰墨，而爲詮表。實輕塵足岳，墜露增流。不量靡才，誠多罪矣。

師諱惠珏，姓石氏，嵐州樓煩縣畨明下社人也。大父諱裕，妣母蘇氏。生金朝，名當世。妙年秀拔，七歲辞家，禮石州臨泉小谷上村大慈雲寺登公首座爲師。弱貫試經，早年得度。遊詣庵園，所過稱道。一時往還，與青山白雲開遮自在風，不受然燈記，而自印三昧宗，與歷登祖位者无異。師學問以至甲乙方書，文筆詞翰，百家之言，无不貫穿，大爲賢士所喻。司南既正，所適皆通。後大元剏天下，以河東未歸汝間，天兵南下以臨邑，與大河爲近渡，乃先得臨邑，改臨爲大定總管府，以便接鎮，使一方遺民，早得受職。師以院宇成壞相尋，欲興舊起廢間，一日，有竜虎衛上將軍兵馬都元帥總管任昌推師號通玄大師，充府三教提領。后太原一統，烽□稍寧，汝改爲臨州，充都綱司句當慈雲寺僧，興替此可見矣。其建寺始末，有故碑在。師以鐘皷不鳴，聖像風雨，力求徒眾，開山斬木。再閱廢興，除正堂外，廊廡僧舍，有數十楹，皆刱一新，如娟秀人，在高明處。有下院數十処，皆有土產額號。

師壽六十二，僧夏五十五。示疾于丁未冬，初七日卧寂，葬西南寺之新壙。有門弟子，皆爲釋中名湪，曰淨業大師慈憲，曰輔教普德大師慈應，曰寂照大師慈悅，皆預爲本州綱首。又曰妙嚴大師，今爲本州僧正，法諱慈悳。數昆弟皆英偉人也，鄉黨間可謂豪俠者也，多以禮義接人。其所居寶坊，庖烟不及，可謂一方之勝地也。暇日，悳公僧正與雲閑老仝來謁師之銘，予不得辞，乃爲銘之曰：

於戲大士兮　爲凡爲聖　處甘露門兮　作大圓鏡
八面虛通兮　一門了性　寛猛得所兮　佛魔等並
綱維緇素兮　奚其爲政　雅厚雍容兮　自府大定
詠月吟風兮　言詞蕳靜　礱石金書兮　以表名行

下院飛虎縣白石山講經沙門弘達
法眷　德滿大禪師普化院嗣祖沙門玄懿　崇国大禪師正覺院嗣祖沙門文洛　講經沙門無爲大師玄珍　香嚴院傳戒沙門明現
慈雲院門人　玄起　玄秀　玄鑒　玄開　玄偉　玄英　玄政　玄貴　玄信　玄照　玄安師孫義□

時大元國至元二十二年七月日妙嚴大師臨州僧正慈悳立石
石匠鄧寬

《山右石刻叢編》卷二十七。《遼金元石刻文獻全編》，北京圖書館出版社。

碑連額高四尺八寸二分，廣一尺七寸三分。二十三行，行四十三字。行書。額題通玄大師紀行之碑八字，篆書。今在臨縣。

《請通公疏》　竊以鷲嶺名聞，因如來之一到。廬山價重，得惠遠之常居。維中條千古之棲巖，寔蒲坂一方之勝槩。久虛法席，佇待英流。兹聞通公長老，默提祖印，大轉法輪。咸稱覺海之舟航，獨聳叢林之標準。與其雜稠人而居鬧市，不若伴古佛以住孤峯。絕境軒邊，林麓四時蒼翠合。望川亭上，雲山千里畫圖開。聚石爲徒，磨塼成鏡。薝蔔香中談義諦，毗盧境裏放光明。飛錫一臨，不獨兹山之改色。傳燈普照，寧非闔郡之增光。即冀一行，毋勞再請。謹疏。

至元三十年五月　日
承直郎前四川塩茶轉運使司判官裴居義
朝列大夫四川南道宣慰副使裴居敬

《山右石刻叢編》卷二十七。《遼金元石刻文獻全編》，北京圖書館出版社。

碑高一尺二寸七分，廣一尺七寸四分。十八行，行十四字。正書。今在永濟縣。

《廣裕和尚道行記》　佛以大慈悲隨機說法，爲世舟航。所以付囑其徒者，攝爲五分，曰素呾纜，則阿難受持。曰毗奈耶，則鄔波離受持。曰阿毗達磨，則迦多演那受持。即所謂經律論也。曰般若，曰陀羅尼，則付之文殊、普賢二大士。其教雖殊，其覺悟羣迷，則一而已。

佛滅度後二千餘歲，有脩其教者曰廣裕，實通經律論藏，蔚然爲四衆所宗。世家絳之稷山，俗姓郝氏。幼敏慧，肄講肆，日記三千言。發軔於戒經，決策於衆經論，頓轡於《唯識》、《因明》。年二十，衆推爲座元。講說法要，人服其精詣。出世住壽聖寺，脩千佛洞，佛閣殿堂大門。講席聽衆逾百，檀施雲興。次住華嚴院，且營且講，如住壽聖時。次住十方仁壽寺，肇建夏安居講堂，安衆百五十。又建冬安居靜講堂，安衆五百。重脩佛閣法堂僧堂，視住壽聖、華嚴，日益大以肆。於是移住金仙寺，寺大而廢久，住持者難其人。師立志弘毅，百廢具舉。脩大佛閣，造彌勒大像，高百尺，廣三之一，飾以黃金。置大藏經及《唯識鈔疏》四十部。又脩法堂僧廊香積，簷楹戶牖，金碧輝暎，爲晉偉觀。寺東臨澮，師慮驚濤衝齧，礱石爲岸。高丈又尋，袤八十步。住金仙三十餘年，終師之世，講下常不減百衆。後住勝因寺，刱建法堂廊廡三十餘間。凡常住所宜有者，無不悉備。

師前後受四衆請，更五住持。一日必葺，講亦不輟。四方檀施，金粟幣帛，一委常住。所至有餘積，而已無私焉，以其贏餘，施十方僧。又約其同倫爲上生會，精脩密行，誓生兜術。示寂一日，面如生時。其住持勝因也，陝州聞喜各建大會，請師爲四衆受戒阿闍黎。四方請疏，常以百計。住金仙日，値世祖皇帝設資戒大會，師於大內說法，默契聖心，賜以袈裟。住壽聖日，感聖僧化供，帑廩常溢。是則教中所謂志行精專，有感斯應者矣。

師生九歲，從顯公和尚落髮出家。又十有一年，而受具足戒。又九年，而得法於雲壽和尚。又二年，領衆住持。住持四十又一年，當大德十一年十月廿九日，遷化于金仙寺。越七日，塔葬于寺後。壽七十又二，臘五十又二。嗣其法者七十餘人，曰才，曰頭，爲衆上首，並受璽書，名播諸方。滅度後十又一年，其徒智貞狀其師之行，走京師，請紀師道行，以傳不朽。余謂諸佛妙嚴秘密刹海，等一義味，支分派別，如月在水。非論無以證經，非律無以顯教。究其指歸，則一而已。師能融通三藏，弘佛法於一方而始終焉，則其爲四衆所宗，宜也。其往生兜術陀天，亦宜也。其嗣法上足續燈競爽，亦宜也。乃爲銘曰：

佛以妙法，大啓羣蒙。空有互彰，理事雙融。皇元肇興，大教是宗。裕公之生，適際其隆。聰慧夙稟，博洽强記。曰經律論，等一義味。利生接物，像教攸寄。受法布金，雲蒸霞蔚。層構地涌，金像山密。天與其謀，神獻其功。微言玄論，滂沛心胷。道契聖心，大衣弘賁。慈氏攸歸，佛光逾熾。惟晉之鄙，惟澮之裔。表是堅珉，靈室兹閟。

延祐七年歲次庚申小春日住持僧　智恩　智貞　智信　文勳等立石

太平縣石匠頭目李世英弟李世昌刊

《山右石刻叢編》卷三十。《遼金元石刻文獻全編》，北京圖書館出版社。

碑高七尺八寸，廣三尺五寸。二十二行，行五十四字。行書。今在翼城縣。

《法輪院善法堂記》　法輪即古之靈巖，不知何自本始。隋大業中，僧頭陀慧觀自終南來，睹雙峯歸峙，中夷而外阻，疑異境。翦剃荆棘，將築室，發地得石，迺靈巖遺礎，因治舊基以立殿宇。傳數世，至後唐，燬于兵。晉天福五年，省常禪師重爲繕構。宋太平興國三年，賜以今名。由教愍湛洧源而下，衣鉢相繼，宗風不墜。金大定二十九年，洧源始立石，載其本末云。洧傳茂師，遭寇亂，適幷寺復焚蕩，事寧而歸，但瓦礫耳。逮善公紹業，居然窮蹙，不得復事事。善將終，呼其徒五人而諗之曰，寺燬有年矣，吾力寡財殫，莫克繼事，俾盛蹟鬱堙，久不聞。況吾徒在嚴其所事，無像是無敎也。以是諉汝，勗哉。無爲守窮山，坐孤室而已。於是德蔣、德海、德貴、德寶、德英感憤，散游募緣力，經理數年，至元二十二年，建西羅漢洞。又明年，起前殿，東觀音殿。又二年，修聖僧堂，方丈。

既而蔣等相次化去，獨英上人主寺。至治二年春，余以州倅祀孔子於天井關，遂北陟松嶺，造宇下，周歷游覽。崖壁礀紹，松蓊鬱陰翳，而太行、析城、王屋群山，隱隱可數。英上人方建瀍堂，即前曰，寺有起廢，事難合幷。工垂成而子適至，我比丘之幸歟，願得文以書之。居數月，上人介東平張鉉頻以文來請，固嘗許之。越明年，有元城之命，不果。後九年夏四月，余從察獄使者過澤，上人需于舘，猶以爲言，豈偶然也邪。

堂修於延祐三年春正月，成於泰定二年秋九月。中繪釋迦五十菩薩羅漢等像，又創伽藍像祠。齋廚庫庾，悉見完立。然後像教以明，聖法以尊。撞鐘擊磬，而衆有依歸。土木塗暨之繁，丹艧黝堊之飾，瓦甓鐵石，傭工匠石，凡費中統鈔一萬二千貫文有奇，米麥三百一十有五石，可謂勤至矣。吾聞身毒之瀍深而博，守約而易從。弘而振之，存乎其人。導之以慈悲，示之以因果，宜乎人樂趍向之速也。邇而諸夏，遠而要荒蠻夷嶺海之外，莫不漸其化。誦其言以蘄福利，其學者宗之，尊信而愈固，崇敬而弗怠。無一區之田，十緡之積，視創一殿一閣，裕如也。凡天下名山勝地，又悉已化而爲名刹，斯其教有不可得掩者也。

上人姓王氏，晉城人。生十年而髡緇入寺，又二十六年而受具，依名僧圓公習浮圖法。服勤精力，明悟了釋。究群經，極要奧。業行修潔，登講席者歷年，爲僧衆仰慕，補官通玄妙義大師澤州僧副。事親喪毀瘠，用儒者禮，滋可尚也已。

至順三年秋七月承直郎晉寧路總管府推官厭次劉復亨記幷書丹

《山右石刻叢編》卷三十三。《遼金元石刻文獻全編》，北京圖書館出版社。

碑連額高五尺一分，廣二尺七寸二分。二十行，行四十二字。正書。額題法輪院重脩善法堂記九字，篆書。今在鳳臺縣。

《釋惠才靈岩寺詩刻》　山僧樂道無拘束，破衣壞納臨溪谷。或歌或詠任情足，僻愛林泉伴麋鹿。水泠泠兮寒漱玉，風清清兮動疎竹。閑身悅唱無生曲，石鼎微烟香馥鬱。幽居免被繁華逐，贏得蕭條興林麓。大道無涯光溢目，大用無私鬼神伏。知音與我同相續，免落塵寰受榮辱。浮生夢覺黄糧熟，何得驅驅重名禄。

大定十八年六月旦日，當山監寺僧祖童、首座僧宗元立石。

《山左金石志》卷十九。《遼金元石刻文獻全編》，北京圖書館出版社。

大定十八年六月立。行書。石方廣二尺。在長清縣靈岩寺。

《方山重修定林寺碑》

集慶郡城東南出三十里，有方山焉。敦厚方正，巋然在望，於地勢爲貴重者也。故宋乾道中，蜀僧善鑑築佛寺于山之半，請上定林之名而名之，度弟子以居，二百年于兹矣。世有廣學博聞之士出於其閒，蓋人境相成爲勝者也。國朝至元初，開講席於郡之天禧，眞定德公實來，上稟朝廷之旨，下爲庶民之歸。宣通要言，聞見開悟。居數十年，學者日盛。德公之歿，用其法闍那之，煙熖所及，凡竹石林木，皆成舍利。紺碧圓結，人爭取而奉之，以求福焉。嗣其講者，則瓦官戒壇東魯儒公也。志樂閑退，委而去之。自方山來主其席，宣慈恩之教，沛然於是邦者，則退菴無公其人也。

天歷天子久潛金陵，淸燕之暇，洗心于佛乘。凡行道明教之士，莫不知名。歲己巳，無公與二三大僧同朝于京師，其徒嵩公偕行，召見講法，深稱旨意，寵遇之厚，久留弗遣。明年，俄示寂焉。上加閔悼，思所以繼之者。乎山嵩公簡在上心，卽遣近臣今湖廣行中書省左丞王士宏，浙西廉使伯顏帖木兒，錫命嵩公，主天禧之席。嵩公曰，上恩深重，非所敢當。況我遵行有紹流演公，請以命之上。嘉其能讓，不違其請。又興歎若曰，雖佛氏之言，無所忌諱。無公旣退就寂滅，又以紹流繼之，非所以廣學海而興大乘也。時虞集侍立奎章，詔爲更之。集以上意更之曰道源，于是命士宏傳，詔俾演主講于集慶，而嵩次之。賜伽棃衣，織金爲文，妙麗殊勝。上嘗奉觀音大士香像于内閣，及北還，出付演嵩崇奉之。至是，兩賜錢，凡伍萬餘緡，俾爲閣以居之。日致瓜華之供，皆士宏所傳旨也。旣而衣以重幣，錫以名香，加以美號，恩數之隆，演嵩二公，蓋無異也。及嵩繼演，今上皇帝御極，嘉惠法林，金衣香幣之賜，名號之美，亦一再至。而天禧之盛，洋溢于方山之表矣。定林三出名士，寵光相承，泛觀東南，未有能及之者矣。

嵩公思定林之舊，而受業師妙至在焉，不忍亡其初也。乃出衣盂之資，興土木之役。加意于定林，大修寶殿經藏，傍及修廊，與凡屋之爲羽翼者，弊而圖全，與更新無異。所特作者，寺之僧堂三門，鑄大鐘，建樓以居之。買田得若干畝，取其租以備歲月之完葺者焉。功成，今浙西廉使伯顏帖木兒治中與集皆同朝，過行臺，見嵩之成績，以書相告，請爲之紀焉。其來者，徑山第一坐道甫，蚤受業于定林者也。至于山中相從，易朔而後從容及之，可謂委曲者矣。

集嘗聞之，衆生自無始以來，執著諸有，以受苦極。諸佛悲憫，示以空法。又懼滯于空寂，中道出焉。是故無有亦有，無有亦空，則妙有眞空，無閒然矣。使彼蠢然含靈之衆，日用而不知者，以冰釋疑，須識根本，此吾佛教意。自世祖至于今上皇帝列聖，一心崇是教，以福斯民，有在于是，其可無以記之哉。崇公身任講事之重，不違世法，又廣刹海，以表其初心。道甫分席之山，其所以來告者，不墮于有爲，不滯于無爲，故集得以緒言記之也如此。

《江寧金石記》卷七。《遼金元石刻文獻全編》，北京圖書館出版社。

《松江寶雲寺記》

顧亭林湖在華亭東南三十五里，湖南有顧亭林，顧公野王嘗居此，曰以爲名，具載圖志，可覆視也。其地今爲寶雲寺，本號法雲，在顧亭林市西北。唐時，有大長者吳仁約、楊師厚買地於此，立毗尼精舍，使堅颾。二上士入京請院額，遂賜額爲法雲寺。大中十三年庚辰，寺始成，猶未言顧公斷碑事。天福五年，以水潦遷寺於南。石晉開運元年十二月十日，始畢工。寺之徒二人者，同夢金紫一偉丈夫，云是梁朝侍郎，若有所屬然。明夕，二人又同夢其至，且告以斷碑處。晨起尋舊寺基，果見片石水次，引緪出之，已殘缺，僅有十四字曰，寺南高基，顧野王曾於此脩《輿地志》。衆始駭愕，乃卽寺東偏，立祠奉之惟恪。烏乎，鬼神之情狀蓋難言矣。弗燭厥理，往往推之茫昧之域。

夫精氣爲物，遊魂爲變，《易大傳》之辭也。自其變者而觀之，氣有所感，形諸夢寐，如聞音聲，如見容貌，而夢則有安閒。自夢者曰正夢，恐懼而夢者曰懼夢，二者固不同。彼用物精多魂魄强，或有依憑，使人恐懼，曰爲妖厲，非正也。顧公自梁、陳、隨、唐、後梁、後唐、石晉，朝代隔絶，死而不亡，發於久幽，無所恐懼，而夢近乎正者也，未可以怪誕疑之，略攷其一二。

西漢有馮野王，列九卿，性剛潔，顧公字希馮，蓋慕之也。晚歸陳朝，嘗撰《輿地志》三十卷。此云脩志，意即其時也。陳宣帝時，除黄門侍郎。此云梁朝，不忘梁也。劉漢嘗稱天福十二年，以與石晉異，歐陽公非之。此天福五年，則唐天福也。皆有關於寺及斷碑，因書之，使觀者無疑焉。王金陵分甫、梅宛陵聖俞嘗有詩紀顧公遺蹟，歎其□寒，亦不及斷碑事。蓋一時暫遊，不暇攷《靈鑑》等記耳。

宋垂拱時，邑人胡彥瑫興脩其寺，治平甲辰，始改法雲爲寶雲。淳祐□申，景定庚申，相繼營脩。庚申之役，最爲壯麗。大元陞華亭爲松江，歲逾老，寺多頽圮。淨月師素習台衡教，自霅慈感侍香來歸，寔爲住持，再加整葺。辛丑七月，盲風□□厄罄捐己資，由中徂外，殿堂門廡，大作新之。不煩化施，但見碧瓦雪脊，朱甍穹礎。甃飾其垣墉，砥平其塗徑，翬飛其井□，□亘其石梁，頓異舊觀。而千石巨鍾，春容叩擊，聲震四遠。諸王人，諸菩薩，圓通大士，應眞羅漢，與夫靈山一會，儼然未散□□歡憙，乃莊嚴其相，蠲供具以奉之，復期懺以祝之。其願力所充，有以致此。丁未臘八日，淨月回來求記。夫成之難，繼之尤難。後之人尚毋忘前勞，益加持守。將使寺東顧公之香火，相爲無窮焉。銘曰：

宇宙中間，萬法咸備。此理流通，有一無二。善教曰佛，妙用曰神。雖若不同，厥理則均。顧公有祠，寶雲是依。發幽著靈，殊塗同歸。顧亭之湖，餘潤滲漉。寶雲之雲，奇彩紛鬱。灑爲法雨，普霑沙界。法與理貫，無在不在。

至大元年五月望日　前住持釋淨月立石

松江

住山　妙音　耆舊　師古　處新　行果　文思

(民國)《江蘇省通志稿》藝文志三，金石十九。《遼金元石刻文獻全編》，北京圖書館出版社。

在華亭。拓本。連額高六尺二寸，廣三尺二寸。正書。二十行，行四十七字，字逕寸許。

《三泉福勝禪院　禪師塔銘》洹水西山之陽曰三泉，劍脊諸峯，左右映帶，正與寶山相直。中有梵宮，名福勝，第一代文侃實住持之。師乃澤州晉城賀撥店傅氏子，生有宿緣。總角時，羣兒聚戲，輒作禮佛誦經狀。覩葷血，即惡之。自童眞出家，禮裕州寶泉，出下妙覺寺，住山口，師慧諸明徹，飽習經論，叢林敬服。九齡受具足戒。汴梁亡，北渡河，挂錫廣平之安樂寺，始明禪理。遂參松溪老，繼參雲門下洪濟老。時洞林秀老在成安興化寺，廼往參焉，昏不合共契。聞彰德天寧寺南堂顯和尚機鋒雷震，徑往問道。南堂曰，來何自。曰，興化。曰，興然一句如何。師大笑。南堂又曰，何所學得來。師曰，不從千聖得，豈假萬機求。針芥既投，心地開朗。相隨至洺水太平寺，遂得法，會衆開堂，拈香出世，傳道日廣。

相州三泉舊爲名刹，然未知何代所建。兵燼來，鞠爲墟矣。惟前殿後堂，欹傾踈罅於荊榛瓦礫之中，幾爲頽圮。寺監慶乃請師主瀌，日經月營，曾不三數歲，向之催敗者煥然一新。齋廊庖帑之所，咸法而備。於是朝鐘莫鼓，講席駢闐，恆不下三十餘輩。師談演妙道，諄諄無倦。故四方來者，樂從之遊。無何，開州崇福寺智監聞師之風，具疏敦請。既至，荒疏寂寥，無以供衆養，欲爲置恆產，力弗能勝。忽一老人持白金二百緡來施，亦不通姓字。師喜受不辭，曰吾願足矣。遂買田五百畝，人謂陰相然。

無何，師退席復歸三泉，將終身焉。晨起，鳩門徒告曰，死生常理，吾自知之。昨夢神人召我入火宮，吾其亡乎。援筆書頌而化，故末後有請我三泉入火宮之句，實中統建元八月八日也。壽五十有八，夏臘三十餘載。茶毗之際，牙齒不灰，舍利尤異。襲祖弟子了和以至元廿八年三月廿五日，建塔於南平岡之首，且來乞文，紀師之行。爲作銘曰：

隻履西歸，分流五派。叢林滋蕃，遍十方界。千百餘年，家風宛在。臨濟一支，於今爲最。咄哉此雄，出來捏怪。吹毛利劒，批風迅快。持靜深山，雷音漸大。隨緣皷笛，自家爐鞴。做箇道場，有何妨礙。擺手便行，擲下皮袋。勘破眞空，更出眞外。白塔巍巍，羣山映帶。陵谷變遷，靈骨無壞。

大元二十九年三月十有五日，住持林峯、了和、了彝、了然，法孫普周、普圓等立石

安陽李讓、李鬱鐫。

《安陽縣金石錄》卷八。《遼金元石刻文獻全編》，北京圖書館出版社。

存。正書。至元二十九年三月。在三泉寺。

《重修興陽院碑》　今天下都會州郡縣邑，山水奇勝，富麗之地，盡窮其選，以爲大小梵宫，可謂盛矣。大者因國力，小者資檀越。復有釋氏能宏其道，所以大而能成其大，小而能成其小。惟相之安陽交口村興陽院，無國力檀越之助，以小而能成其大者，由佛之力也。寺之肇基，未省何代，臆其初必有浮圖氏之才者。有云兹陽崦之西南，土腴而石潤，草樹斐亹，光彩照映。有石像之至人，由地中出。望而畏之，慄慄而懼。仰而瞻之，頎頎而長。其靈異也遽聞，遠邇慕嚮者，奔走駭汗，輻湊而竟赴之。皆欲徙置塽塏，屋而居之。扶持將行，確乎不移，屹若山立。廼趨陽崦，雖道有齟齬，反不勞人。然念蕞爾一區，非巍然之閣，不能容其身。無曠兮之地，曷能宏其閣，遂剏塔以覆之。其傍必有室堂齋廚，門戶之具，度財役工，不可勝計。豈不曰以小而能成其大，由佛力焉。

厥後不知幾經刼火，蓋可嘆也。佛瀌之入中國，至梁而後大，至唐而後固。千百年間，纔廢而旋興，稍微而益熾。變瓦礫爲寶坊，化草萊爲金碧。兹寺之廢，由金季喪亂之餘，惟塔存焉。曠日持久，而不能復。蓋嘗有僧來主者，睹無陋垝圮之至，無誠懇堅苦之心。人不爲之感動，輒自引退。逮至元癸酉，里中耆舊呂義、黄進等，稔聞順德大開元寺誘進二師者，皆純一端慤，持律嚴信道篤，願請主之。幸惠然肯來，二師曰，吾素聞古有聖迹，其福地可居。義等忻然以附寺荒田，長林灌木，並施以爲修廢之資。二師乃樂爲勞苦，不憚寒暑，荷鍤負□，薙穢斮枿，掇拾瓦礫，手足胼胝。如是者有年，學徒稍集。方議經度，復以寺基廹隘爲嫌。相彼塔陰，乃陟其砠，土石相戴。廼率其徒，鑱而鑿之，又增廣焉。遂搆瀌堂，序廊廡，起龍祠、土地廟貌，築僧室，爲庫廐，爲齋廚，爲門戶。不數年而復還舊觀，加封賁焉。耆舊輩與二師衆相謂曰，覩道場之形勝，背倚寶峯，左瞰淸洹，通達前帶，右直太行，中有重崗複嶺，以環抱焉。樹林翳薈，煙雲濃，翕張覆露，疏豁扉敞，朝曛獻景。鏡因人勝，可無礱石以紀焉。演也知孝親滿公上人，雅與錶游，暨昶踵門，偕來謁文。余諾而爲之，且繫之以銘曰：

興陽地僻具勝緣，古有聖跡誰其傳。像肖永寧丈八偎，至今聞人指湧泉。未知肇造夫何年，浮圖霄崢猶依然。幾經刼火陵谷遷，棟宇悉作灰飛煙。誘進來嗣忍且堅，果也服勞爭相先。剗削嶮隘宏祇園，榱題雄搆相蟬聯。輪焉奐焉美且鮮，淑景遐邇旅百千。演也承事復益虔，請以盛事靑瑤鐫，其後來者宜勉旃。

功德主承事郎眞定路稾城尹邢德裕

至大之元歲舍戊申五月望住持僧黄洪演立石

張楷安陽郭儀刊

《安陽縣金石錄》卷八。《遼金元石刻文獻全編》，北京圖書館出版社。

存。正書。至大元年五月立。在縣西南，俗名丈八佛寺。

《杲公禪師塔銘》　師諱慧杲，俗姓張。其先河東太原人也，後徙汝陰梁縣。家世尙農，孝養二親，冬溫夏淸，晏寢早起，務勞其形骸。及其壯也，二親既喪，簠簋禮終，一日喟然歎曰，四大本空，身非我有，男女不待婚嫁。遂求出家，依本縣寧國院秀公。於承安閒，祝髪受具，服勤三年不怠。一日，辭師腰包，遍歷叢林，聞其有道者皆訪。末後至乾元，適丁照公住持，請執弟子之禮。摳衣入室，因看法眼捲簾因緣，有省，照遂印可，付以頌拂，請爲座元。照化緣西行，示寂於河中西巖，師潛居如衆，時出一二語不群，因斯囊錐始露，菓熟香飄。衆命繼後，住持石抹。知府孫鐸、劉之昂敦請勸緣，以爲外護。師之皷揚，寺事日興，惟以坐禪爲樂。少語而寡合，無求而樂施。篤實含光，鼎新其德。諸方雲奔海赴，常不啻二千指。與夫洗去蔬筍氣味，彫肝斲腎，搜索竒字，竊用古人之言，合於六藝，求知士大夫，以取詩聲者，故有閒矣。公之住持近十餘年，次住香山二年，退居葉縣講武臺，剏寺一所，僧俗皆帰焉。厥功既成，拂衣長徃，衆莫能挽。

至寶豐大覺，作終焉之計。一日，因疾書頌示徒，怡然坐逝。師之春秋五十有六，僧臘十五。佛事三日茶毗，受具弟子五十有六，其十二分骨建塔。珏鑒狀師之行，求塔銘於僕。僕筆硯久廢，文拙語陋，故不足以發揚令師之美。再三辭，不獲免，故爲之銘曰：

落落杲公　僧中之龍　壯歲厭俗　以道是從
焊雞出湯　澤雉脫籠　祝髪依師　叢林著腳
末後乾元　得法於照　劉君之昂　請師皷揚
寺事日葺　作大道場　雲奔四衆　海赴諸方
佐師子吼　如金剛幢　望之歛衽　其誰敢當

兩處住持，度人已畢，書頌示徒，怡然坐逝。雲散露晞，槁壞蟬蛻，其徒分骨，塔於龍門。山灰水涸，其師獨存。

珇達 珇順 珇通 珇胤 珇昇 珇信 珇珪 珇玘 珇玲 珇常 珇恩 珇因 珇欽 珇成 珇興 珇琪 珇鐸 珇瑩 珇玄 珇圓 珇證 珇嚴 珇昭 珇徹 珇覺 珇定 珇◇ 珇方 珇聰 珇淳 珇敬 珇然 珇融 珇沖 珇嵩 珇旻 珇坦 珇遷 珇珂 珇彥 珇玉 珇堅 珇英 珇休 珇琳

金◇樊 居實刊

興定二年九月十五日 珇鑒 珇廣 珇周 同建

《芒洛冢墓遺文四編》卷六。《遼金元石刻文獻全編》，北京圖書館出版社。

高二尺，廣三尺八寸四分。四十一行，行二十字。末五行題名，行十八字，正書。

《元釋明本懷淨土詩刻》 東海一丸金彈子，流光日日射西林。世間多少奇男子，誰向窗前惜寸陰。

迷時無悟悟無迷，究竟迷時卽悟時。迷悟兩頭俱拽脫，鑊湯原是藕花池。

四十八願水投水，百千億身空合空。法藏慈尊無面目，不須重覔紫金容。

塵沙刼又塵沙刼，數盡塵沙刼未休。當念只因情未撇，無邊生死自羈留。

四大聚成元口角，六根搏住白龜毛。漚花影裏翻筋斗，出沒閻浮是幾遭。

正念阿彌陀佛時，寶池樹影日遲遲。更馳心欲歸清泰，又是重栽眼上眉。

濁水盡清殊有力，亂心不動佛無機。眼前盡是家鄉路，不用逢人覔指歸。

萬刼死生如重病，一聲佛號是良醫。到頭藥病俱忘卻，不用重宣母憶兒。

暗室中藏大黑蚖，未曾駈盡莫躭眠。髑髏壓碎須彌枕，市地香風綻白蓮。

藕池無日不花開，四色光明暎寶臺。金臂遙伸垂念切，衆生何事不思來。

故鄉易到路無差，白日青天被物遮。剔起兩莖眉自看，火坑都是白蓮花。

獨坐幽齋萬慮逃，一團山月上松梢。不將迷悟遮心眼，盡是眉間白玉毫。

八功德水暎金沙，百寶樓臺散曉霞。更有一般奇特事，開致紅藕大如車。

賀了新正看上元，萬家銀燭照金蓮。展開常寂光明上，佛法何曾不現前。

示入泥洹記仲春，風前歌舞恨波旬。誰知自性黃金佛，常共千花轉法輪。

寒食荒郊盡哭天，有誰遙念老金仙。刼初埋向蓮花土，不要人來化紙錢。

初夏清和四月時，九龍噴水沐嬰兒。欒邦化主無生滅，只把黃金鑄面皮。

不懸艾虎慶端陽，惟向西方古道場。一炷鑪薰一聲磬，六門風遞藕花香。

清泰古家無六月，從教火繖自張空。金沙地上經行處，陣陣吹來白藕風。

七月人間暑漸衰，晚風池上政相宜。遙觀落日如懸鼓，便策歸鞭已較遲。

登樓共賞中秋月，回首誰思父母邦。不問多生逃與逝，至今垂念未相忘。

誰知九月東籬菊，便是西方四色花。一個髑髏乾得盡，百千聞見自無差。

人間十月盡開爐，深撥寒灰問有無。金色願王元是火，能燒千刼愛河枯。

羣陰剝盡一陽來，五葉心花當地開。遍界枝條無着處，香風吹上玉樓臺。

臘盡時窮事可憐，東村王老夜燒錢。卽心自性彌陀佛，滿面塵埃又一年。

一串素珠烏律律，百子諸佛影團團。循環淨念常相繼，放去拈來總一般。

四蛇同篋險復險，二鼠侵藤危更危。不把蓮花栽淨域，未知何刦是休時。

深思地獄發菩提，父母家鄉勿再迷。痛策歸鞭宜早到，莫教直待日沉西。

要結蓮花會上緣，是非人我盡傾捐。無時不作難遭想，歡喜同登解脫船。

念佛直須圖作佛，不圖作佛念何爲。但當抱識含靈者，白藕均同有一枝。

老來念佛正相當，去日無多莫蹔忘。南無阿彌陀六字，是名越苦海慈航。

諸苦盡從貪欲起，不知貪欲起于何。因忘自性彌陀佛，異念紛馳總是魔。

勢至曾參日月光，敎令存想念西方。自從親證三摩地，不離慈尊左右傍。

觀經是一卷家書，日落之方有故居。多辦資財期早到，免教慈父日嗟吁。

兄呼弟應念彌陀，要與渾家出愛河。辨得此心常與麼，直教佛不奈伊何。

蓮花國土無金鎖，聞見堆中有鐵圍。透得目前聲與色，百千賢聖合同歸。

船居念佛佛隨船，常寂光搖水底天。兩岸中流如不觸，枝枝紅藕發心田。

破曉移船直過東，滿帆披拂藕花風。一尊自性彌陀佛，出現扶桑照眼紅。

船上西來憶故鄉，四花池上晚風涼。飄零不奈歸心切，一片輕帆挂夕陽。

任運移船過水南，不須向外覓同參。自家屋裏彌陀佛，念念開敷優鉢曇。

船駕天風上北方，風汀月渚暎心光。忽移念入同居土，不覺渾身在藕航。

船往東西南北了，依前不離古灘頭。等閑推轉虛空柂，香氣滿船花滿洲。

若不行船便住家，從教門外拽三車。笑看火宅深深處，陸地純開水面花。

六方佛出廣長舌，俱讚娑婆念佛人。須信白蓮花世界，無時不散刧壺春。

念佛不曾妨日用，人於日用自相妨。百年幻影誰能保，莫負西天老願王。

富貴之人宜念佛，黃金滿庫穀盈倉。世間受用無虧缺，只欠臨終見願王。

貧乏之人念佛時，且無家事涉思惟。赤條條地空雙手，直上蓮臺占一枝。

要結蓮花□□緣，是非人我盡傾捐。無時不作□遭想，歡喜同登解脫船。

盡道少年難念佛，我云年少正相當。看他七歲龍王女，掌上神珠放寶光。

身膺宰輔與朝郎，葢世功名世莫量。自性彌陀如不念，未知何以敵無常。

心中有佛將心念，念到心空佛亦忘。撒手歸來重檢點，花開紅白間青黃。

淸旦黃昏禮懺魔，低頭泣告老彌陀。輪迴六趣知多少，誓欲今番出網羅。

金沙地上無紅藕，赤肉團中有至尊。千聖頂顊移一步，等閒踢倒涅槃門。

念彌陀佛苦無難，入聖超凡一指彈。除卻彌陀存正念，萬般聞見不相干。

現成公案絕商量，曉磬頻敲臘炬長。晝夜六時聲不斷，滿門風遞白蓮香。

動地驚天勲念佛，椎門打戶勸脩行。問渠因甚麼如此，只怕衆生入火坑。

便就今朝成佛去，樂邦化主已嫌遲。那堪更欲之乎者，管取輪迴沒了時。

禪外不曾談淨土，須知淨土外無禪。兩重公案都拈卻，熊耳峯開五葉蓮。

佛與衆生夙有緣，衆生與佛性無偏。奈何甘受娑婆苦，不肯迴頭痛着鞭。

右《懷淨土詩》者，中峯和上之所作也。詩凡一百八首，取素珠之一周也。予嘗爲書全稿矣，兹特采其要者，再爲書之。憫羣生之迷塗，道佛境之極樂，及其成功一也。大德五年春三月戊申，弟子趙孟頫書。

《兩浙金石志》卷十四。《遼金元石刻文獻全編》，北京圖書館出版社。

《元雲居寺中峯和尚札》 正月十九，明本頓首再拜上福壽堂上山翁大和尚尊几。明本自新春而來，□欲上尊履之狀，病衰日積，殊切馳情。卽日孟春，伏惟尊體起居納福，邇者人自城中至，傳聞和尚日昨有意外之擾，又知所問之官皆故舊，信吉人天相之也。方欲拜問，兹以中便武，亟扶病上狀，殊媿草惡。大覺寺訟聲，聞亦少寬。但常住苦於戶役，窘於債負，一清如洗。明本眼不耐見，具述寺門之艱，作一呈子，上禮相之門，以中能言其略，和尚或會禮相之昆玉，更望方便，請其與之主維，則大幸也。餘不多及。仰干尊悉，不備。明本頓首再拜上。

《兩浙金石志》卷十四。《遼金元石刻文獻全編》，北京圖書館出版社。

《元重修飛英舍利塔碑》 飛英舍利塔者，《吳興志》云，凡三十七層，高六十五丈。神光現於絕頂，院周于塔。肇自唐，中和年刱，名上乘石塔舍利院。至宋紹興庚午，燬焉。歲久未復。端平初，沂王夫人俞氏施貲，命錢唐妙淨禪寺比丘尼密印董其事，卒成之。減三十層，高半之。其後海菴重修，遂屬妙淨爲子院。以無常產，主僧弗留，頹圮荒落，不能自振。乃請毗山普光蘭若僧惠日住持，以圖起廢。未遂兹願，復還普光。其徒妙演繼主斯席，立志興修。然赤手視之，歷十數年，一木一甓未加也。迺悉捐衣鉢倡其役，盡瘁營度，不爲私計。爾時施者益衆，佛事大集。然後木塔之闕者復完，山門法堂之仆者復起，像設莊嚴，堁堊明麗。寮居靚深，鈴語清越。自延祐甲寅迄于戊午五年而成，噫勤矣哉。於是演來求記，予辭之而請益力。因謂演塔何所託始，曰以舍利。爲言舍利所從來甚悉，當其靈異奇秘，固不得而控詰。而燬刼之餘，變化莫測，邦之人猶奔走皈慕，信施之不倦，至再廢而再興之，亦可以知人心之樂善矣。故嘗異夫浮屠氏往往持空言，集大緣事，莫不如志。亦其所以能然者，雖其願力，而亦有道矣。夫捐己有以示無我，所用必讐所得以示信。至其勇猛精進，勤懇專一，則又若果於爲義者，是皆有以觸人心之所同。既又怵之以因果，以來其好善惡惡之至情。故坐以來天下之施無難也，是其道也。然則挍其行與名，有不同者矣。嗟夫，生人以來，所賴以存而不可離者，吾觀浮屠氏，益信矣。妙演勤矣，所就亦盛矣，故爲之記。使其徒知所以樹立者，有道焉耳矣。延祐六年十又一月旦日記。

本院徒弟嗣謙嗣敬嗣恭　住山釋妙演立石

《兩浙金石志》卷十五。《遼金元石刻文獻全編》，北京圖書館出版社。

《元重修大妙樂寺碑》 粤若混沌鴻濛一氣，天道未分。清濁升降二儀，人文治著。三才既備，萬物生焉。惟佛刹帝利種，轉輪王孫，因觀四相以催前，不戀皇宮之欲樂。逾春城於八夜，棲雪嶺於六年。降苦降樂以潛心，食麥食麻而慕道。是以捨金輪位，不王四洲。證調御師，高超十地。其爲體也，則不生不滅。其爲相也，則無去無來。說法四十九年，盲聾盡悟。敎談三百餘會，蠢識蒙恩。厥後應誓願心，化質終歸於鶴樹。受波旬請，一眞告滅於雙林。三昧火起，焚化金軀。灰燼滅時，唯餘靈骨。大弟子收舍利八斛四斗，阿育王建寶塔八萬四千。天上無量億處，人間一十九區。卽今古懷州城西聖塔精◇，乃一所也。

係古之阿育王始造窣堵波，曹皇后安置金輪相。仍修大刹，基址猶存。且夫裏城者天塹黃流之北，太行左界之南。厥壤惟黃，厥田惟中。其間竹木參差，桑麻蓊鬱。菽麥豐饒，菓蔌甘美。莫不風氣粹和，民俗淳素。青青衿佩，喜敦詩禮之傳。濟濟衣冠，篤崇因果之敎。此其大較，勝於他邑。自唐以來，塔廟興盛。所崇修者，乃今之大妙樂寺也。

住持宗主達公和尚，公姓張氏，法諱善達，平水臨汾孔郭里人也。天姿卓異，賦性果毅。心樂空寂，不食葷茹。父母異之，捨送於□□□□□出家，禮昭公和尚爲師。自是朝經莫律，不暇勤苦。後於五臺山資戒大會，受具足戒。髫專《魯誥》，一讀而無不成誦。冠討竺墳，宗説而悉皆貫通。一日師召訓之曰，不登泰山，不知天之高。不入深谿，不知地之厚。何不諸方聽◇參禪，了生死大事，乃出家之本也。公曰諾。遂挈衣盂，於諸講學下聽閱經律論三學。僅一十餘年，雖博□□論，獨於《圓覺經》留心久矣。於是一言之下，心地開通。一軸之中，義天朗曜。得圭峰之奥旨，了悟老之深宗。敬授懷孟路録事◇崇壽寺寄憇。宗主上足澄公講主傳嗣曰，講師來於武陟縣小元禪庵寺，住持於諸大刹開演《圓覺經》，講三十餘席，每統聽衆一百餘員。上以祝宗社之隆昌，下以讃斯民之康乂。幽滯之徒，徧與超度。敬授勢都大王令旨，孛魯罕公主懿旨，的斤駙馬鈞旨，有本縣前都綱伊普義狀申，妙樂寺虚席，無人住持。蒙本路前僧録司官署押文疏，敦請住持。是□□欽奉詔旨，傳授帝師金字戒本，歸於懷孟路僧尼，悉受大戒。傳嗣講主二十餘人，詮講主等公住持數載，翻蓋殿堂，羅漢洞，房東西僧堂廚舍，刱建鍾樓三門寮房一所□□□□□□楹，繪塑彌陁大像一堂，羅漢一堂。計置功德經懺法物，常住恆產五頃有餘，店前房舍地基五十餘畝，妙覺院一所，油房枋車車馬什物悉備。噫，□□□□□非吾師道力，安致如此完備乎。

切常論佛法肇自西土，流入中原。故其化人，以戒定慧，斷貪嗔癡。講經律論，誡殺盜婬。以無盡義，談無盡教。闡無盡□□□□□□性相目前技倆，入聖超凡。向上機緣，出生離死。至于蝝飛蠕動，莫不皆獲利益，此非小補哉。予幼習儒書，長通釋典。才寡識微，於出世間法，則不能□□□□□落髮弟子福興等。一日講主智公、秀公等具師功德，囑予述文。智明固不敢辭，以授筆記，樹豐萬古，美譽恆存。其銘曰：

混沌未分一氣萌，三才既著萬物成。西方有大聖人生，立教垂言萬世明。忽有波旬覓戰爭，紛紛戈甲起妖兵。悲心誓不達□□，入滅雙林佛□傾。焚化金軀餘舍利，八斛四斗分三劑。天上龍宮匪遺棄，人間十九寶塔砌。像法東流至漢世，逮及隋唐□□□。達公住持咸利濟，粧飭殿堂甚華麗。講筵大闡扇眞風，且夕二時敬且恭。齋皷粥魚擊磬鍾，汪洋性海理圓融。經律論□□□，當住院門有始終。夕燭晨香禱粹容，祝延聖主壽無窮。

延祐元年二月中旬，當代住持小師福山監寺福濟，維那福和，知庫福貴，直歲福許、福煥等同立石。

内外護功德主懷孟路武陟縣尹兼管本縣諸軍奥魯勸農事李光嗣　武陟縣達魯赤兼管本縣諸軍奥魯勸農事董納思　修武縣承恩店千戶劉成之　懷孟路武陟縣主簿和敬福　典史劉□□　襄城隱士王昌□

（道光）《武陟縣志》卷二十一。《遼金元石刻文獻全編》，北京圖書館出版社。正書。延祐元年二月。共二十八行，行六十一字。高四尺八寸，廣二尺二寸。在張村。

《白瀑院靈塔記》　師諱圓正，俗姓曹，中京乾州人。父諱文用，母田氏。初妊胎，夢一掌鉢僧人入其家。咸雍三年六月十五日午時降生，白光滿室。師生而異相，在孩童閒，不喜葷茹，發言有端，舉措有生知之學。齠齡禮當州大崇仙寺僧闞大師爲師。十五具戒，始習律。次聽《花嚴》大經。未久，有超羣之解。衆推師願爲法主，既順其緣，敷演聖意，座下緇素，靡不服膺。一日，師忽聞同住僧唱苦聲，而有省曰，法離文字語言，講亦奚爲。遂捨法席，徧歷諸方，參尋禪德，往往讃師法器之人也。

壽昌年間，撥草沿流，經遊茲山。覩羣峰秀異，溪水清甘，師默然歎曰，此勝地，可建蘭若。冥與聖合，遂卓庵於此。唯採野蔬充齋，以噎飢瘡而已。僅及月餘，偶因樵者見之，施米二升，自後僧俗稍稍而來。於是道風遠播，仕庶咸歸，所謂果熟飄香者是矣。乾統初，昌平、玉河、礬山、懷來四縣檀信，共請師建當陽大殿。從此庵房廚庫，什物器用之具，翕然就緒，遂成禪刹。天會十二年三月，示微疾。十一日午時，垂誡畢，奄然而終。于是山是日五色祥雲，覆于是山。二十一日，依法荼毗，灰燼中獲舍利三百顆，齒舌如生。塔葬其二，一靈骨者院之外墳山，一舍利者院之内西。師享年六十八，僧臘五十三。度門人崇貴、崇行四十餘人。

余適來斯，瞻禮塔像。山主比丘道淵洎檀信管幹數十人，慇懃禮請余爲記文刻石，庶幾不泯。余曰，吾宗教外別傳，直指人心。見性之法貴其行，弗貴其説。務其實，不務其華。師五十年，食不重味，衣唯一衲。凡訓徒示衆，唯以眞實，終不以曲求人情，妄有干求。檀越所施，或金帛財物之類，苟不合于佛理者，叱而不求。縱合留者，即時分散見前僧衆。凡所施爲，未嘗一事不歸于理。師之種種行解，筆舌安究。摭實一二，以應來命。臨終遺誡，刻諸別石，以永傳之。

皇統六年歲丙寅十月一日，仰山棲隱寺退居嗣祖比丘希辯題。

《昌平外志》卷四。《遼金元石刻文獻全編》，北京圖書館出版社。

《感化寺禪師智辛塔記》　粤惟開示悟入，四義昭然。達此眞乘，深信禪理。心非心所繫，法無法可宣。萬有都亡，一言頓悟。復□糹三祇而精進，觀四智以通明，即我感化寺辛禪師者矣。禪師諱智辛，俗姓王氏，金臺三河人也。昔有成周而分王冑，慶流緜嶺，世保淮源。祖讓積德彌高，厭榮不仕。父從遺風益著，守道居閑。禪師氣稟淳和，性惟沉靜。爰從佩韘，便悟出塵。神穎不群，風鑒高邁。糠粃仲尼之典，錙銖老子之言。考彼兩宗，伏膺大敎。年十有五，憤悱違親，禮栁茲寺降龍大師門人徹禪師，落髮金刀，灰心玉刹。精勤求法，夙夜澄神。乾甯一載，本寺依年受具。夏滿遊方，撿聲聞之密行。情深濟物，運菩薩之慈心。訪眞侶於江南，禮名山於湖外。一參□要，悉悟玄機。繇是覽大藏經，明諸佛行。叵飛金錫，曾屆青州。爲四衆以開禪，乃五侯而請益。歸依轉甚，珍重彌增。禪師洎傳六祖之衣，將付一眞之理。故山卻返，法席重開。而有達人，請居都邑，寓崇國寺。參尋若市，來往如雲。

禪師去天祿五年仲秋中旬末，絕粒數日。忽尔剃髮著衣，告門人曰，吾來也久，其去也當。各了眞空，共成佛道。言訖，示微疾。至廿四日坐化，暝如習定，□似安禪。咸想鶴林，宜歸火葬。至廿九日，幡花犬逆，道俗悲號，闍華於燕城之北。碧岫雲愁，寒郊水噎。門人崇德、崇信、崇美、崇益、崇閏、崇廣，弟子瓊習□□□等九人，並師資恩重，孝敬情深。紹曾子之漿，泣高柴之血。□□舍利，以應曆二年歲次壬子十月甲申朔廿五日戊申，□於茲寺東崐起塔供奉。請書琬琰，俱紀泐九字徽猷而不泯。諸僧泐三字塔下泐

□◇寺以下泐

石匠馬士一刊

《匋齋臧石記》卷四十一。《遼金元石刻文獻全編》，北京圖書館出版社。

石高一尺七寸五分，廣二尺一寸六分。二十七行，行二十二字。正書。

《感化寺孫法師塔銘》　夫禪波元淨也，出沒無妨。鏡像無心也，隱顯何定。悟□王之超言念，了生死之非去來，其唯法師乎。師俗姓孫氏，諱澄方，香河西□侯人也。稚齒之間，不垂髫髮，禮隆安寺慧通尊宿爲師。年十有八，納戒于□□□□□博究群言，因明《百法》、《唯識》、《摩訶衍論》、《花嚴》等經，習學未久，敷□□□□□□□同玉関，既播休名，共旌至德。是以當縣緇素，虔請充部內僧□□抑存懷□聞辞遜。而乃決斷靡私，攝持有範。後探祖道，悟以眞空。而欲投身林□，息慮忘緣。密啓斯願，顯招其應。尋有茲寺尊宿大衆狀請永居，攝度門徒□提控上藍。既果其志，忻然允諾迴稟。都綱諱可立，爲出世師表。以事無獨擅，必從上訓。後於絕頂，特建浮圖，竦耀太虛，路危像大，瞻者興善。嗚呼，月盈還缺，物極有終。於大安五載季冬月二十二日丁疾，卒於本山。俗壽七十，臘四十二。門人士隆嘆曰，神歸凝寂，追無再面。哭哀毀道，封樹爲孝。獨捨淨財，立銘建塔。次歲季春月八日，收遺骸，瘞於石樞。事迹頗多，聊紀實德。銘曰：

火寄塵籠，坌燒莫窮。宿懷善本，幼離其中。演妄談眞，言常意新。持茲法寶，用濟孤貧。德立名揚，爲僧紀綱。人皆敬畏，懲惡旌良。二十年間，韜光隱山。心同槁木，世事何關。生也非有，終兮不空。生隨緣盡，順尔歸終。美矣門資，孝風不隳。立銘紀德，百代無遺。

門人講花嚴經玄祐　建塔門人士隆　利生奴

《匋齋臧石記》卷四十一。《遼金元石刻文獻全編》，北京圖書館出版社。

石高一尺七寸四分，寬一尺四寸四分。十九行，行二十九字。字徑五分，正書。

《金明月山大明禪院記》　懷州河內縣北道宫村住庵僧廣壽狀告，本庵自來別無名額，已納訖合着錢數，乞立院名。勘會是實，須合給賜者。

牒奉勅，可特賜大明禪院。牒至準勅，故牒。

大定二年卯九月十四日文令史向昇

主事安広

中憲大夫行員外郎李

郎中

鎮國上將軍行侍郎阿典

正奉大夫禮部尚書兼翰林學士承旨王

右上列共十三行，每行兩字至二十字不等。

懷州明月山大明禪院　空象禪師　自覺述　小師妙先書

靈山初時，揷草爲標，植建梵宮，久而爲矣。我爲佛子，依先聖之跡也，乃說行由。

山封自正隆三年九月十一日離南京東明縣報恩禪院，渡水穿雲，到潭懷之郡。海衆雲集，禮請山僧住同之寺，修方丈一座，立碑一還。後游此山，至此觀看，遠遠望之，朗然無滯，清凈明白，號爲明月之山。□四下方景□前看銀江二道，正對祖師名越之山。少室嵩峯，青龍亦帶。至西洛龍門，又以名川。地平如掌，冬夏有長青之竹，花林似錦。浩浩人烟，◇內往來，便是神仙之隊仗。又有羅紋之水，徧地交流，響響潺潺，似歌音之樂。要知明月在沁南軍內，兩鎭其間。後靠太行，碧水青蓮。東有靈巘古寺，西有丹水喧喧。中有明月下座，龍盤鳳繞，彪勢巍峩。峻嶺前横，青松後顯，鳳巒秀異。東嶺猿啼，西溪洞府。向當陽峯下，翠雲峰前，逍遙林內，湧出甘露之泉，徹骨清涼。又顯觀音聖水，奇異奇稀。白玉嵓中，天然丈室，紅輪正曜，不落於二邊。心懷喜悅，此乃歎言，堪爲聖地。

大定二年，幸邀皇王賜額，始乃留心，開山剏業，方能建立。種柏千株，遶在碧溪嵓畔。於清風谷內，修一所精藍。大小屋舍，一百餘間。一十四年，功將了畢，永爲聖跡，將作選佛之塲。前文之景，乃是目前之浮□□有宗乘，願悟無生法忍。從上諸佛，惟傳頓教。直指人心，了然見性。離相超凡，同悟涅槃。成無上道，證等菩提。釋迦□宣留布，令人見性，悟理成佛，歸於不二法門。我聞燃燈授記，實無一法與人。各有明珠，本來具足。

靈山親付，迦葉方聞，始悟一乘，到波羅之岸。維摩無語，深至涅槃。文殊贊嘆，各悟心珠。曹溪菓子，特賜呈人。自從六代傳衣，至今花生滿地。紅爐片雪，無相明珠，悟取這般逍息。若是識得金燈，步步登長安之道，見不生不滅之眞。若不錯用身心，隨處證解□三昧，處處達菩薩道場，向無相光中，不妨輕快。幾人會意，好飡雲門餬餠，渴飲趙州之茶。鮮悶逍愁，向無憂國裡，明月輝輝，掃蕩烟塵，到於凈土。無根樹子，永劫長存。瑞早花開，長年不謝。騎着陜府鋨牛，架着新羅鷂子。向孤峯頂上横鐵笛，一任歌謠。

道泰所言得處，山僧續嗣少林和公禪師印證，頓契一乘，了悟眞空，實無有法。師乃知之，以手摩掌撫拍，分付信衣。師又付言，汝名空相，授得空王寶印。今於此處，卻舉光揚，向明月峯前，分花布彩。鐵笛横吹，虎笑龍吟。謌唱無爲妙曲，說清淨解脫之門。一顆明珠，不落偏圓之境。紅爐瑞雪，鎭海明珠，不謝底蓮華，拈出誰人趣向。山童撫掌，和者全稀。願聽雷音，光揚四海，一片瑞光，與虛空不二。阿僧祇外，卻壞非災。達摩單傳，憑君看取，金光晃耀，瑞氣輝輝。滿目光生，如似青霄之月。這片光明，是誰人之境界。風光瑞彩，幾箇知音。轉大法輪，超於聖位，人人有分。悟取菩提，性等虛空。明彰大事，月印寒潭。波光自現，如大日輪，無一點相貌，耀古通今。普明法界人之不識，可惜一片金光翠耀底紅輪，便是長生之月，願都會意識取。金剛寶山，片玉無瑕。深悟菩提之性，明顯此理。達本還原，清淨法身，不拘文字。人能若識，見性成佛，是最上一乘，稀有之法。不拘外內，亦非中間。朗耀光輝，如似團圓之月。逍遙自在，獨處無爲。體若虛空，一輪孤照，參羅萬象，悉現其中。如似太虛，不霑煙色。眞空佛性蕩蕩然，實普越超登，願一切解悟，神通妙用，顯出無相眞如。清淨明珠，在千輪之外。凡聖之餘，朗耀輝輝，那尋蹤跡。羚羊掛角，氣息不聞。無相無爲，此是毗耶妙理，空王寶印，深悟涅槃。入海泥牛，那留影相。如是悟者，是名清淨。虛光獨耀，孤月輝輝，悉得成佛，名爲得道。十方海衆，共唱太平之歌，三世同宣。從上諸佛，西天二十八祖，六代普傳，徧于天下。人之不識，今復重言，明顯此理，令人悟入，見性成佛，悉領有情，同登彼岸。

後頌

朗耀輝輝不帶塵，一輪孤照太虛眞。紅輪翠耀金光現，月照長空處處明。這朶瑞蓮人不識，今將玉藥賜君呈。達摩未開花五葉，至今天下紫枝生。一片閑雲露骨寒，或居天上應人間。從來不落情塵位，獨顯明珠照大千。朗耀一輪清霄月，如似虛空體一般。不拘外內憑君看，悉願人人伴月闌。

大金大定丙申歲九月日　開山剏業住持傳法沙門空相禪師　立石　記

本州柏山村石匠馮立　懷州清化鎭刊石人張鏞

右下列行書，共三十三行，每行四十五字。

（道光）《河内縣志》卷二十一。《遼金元石刻文獻全編》，北京圖書館出版社。

大定二十一年九月。高六尺三寸，廣二尺八寸。在河内。

《金尊勝經幢井澄公大師銘》 佛頂尊勝院羅尼啟請

稽首千葉蓮華藏，金剛座上尊勝王。爲戒七反旁生□，灌頂摠持妙章句。八十萬億如來傳，願舒金王摩□□。流通變化濟含靈，故我一心常□誦。

經文不錄

加句靈驗尊勝陀羅尼經

沐澗山勝果禪院前住持澄公大師銘

詳夫菩提道場，爲三世之果海。生伽蘭若，乃九有之福田。◇夷夏以增暉，詠古今而綿□。諒以◇幸吐輝，敎海彌綸。玉臺高蹈於大千，梵網畊羅於沙界。粤若僧稱播運，勝□□□。三昧游戲於旃檀，萬德調伏於龍象。方其珠岸川明，寶坊梃秀。葢以激揚道業，繼體◇□。百福莊嚴，千佛護念者也。何其◇籟寒生，聖賢並出者也。

稽夫沐澗山勝果禪院，本地□稠禪之所建也。㠁羅碧嶂，樹鎮清陰。羣仙隱化之方，古佛修行之地。殿閣浮空，不□□□狀。僧徒滿寺，非足以數推。日升師德之尊，歲獲緇童之度。時後代革，近至顯公，皃□神清，聰明辨利。文武藝學以兼俻，内外典籍以俱通。威稜遠近，攝化諸方。開國成□，日臻富盛。棐廡接境，水竹連天。晚鐘□□，□坐千人。夏講冬禪，剃度九子。其澄公□第七子也。

師諱惠澄，俗姓孔氏。風皃清秀，性行端默。常居幽僻，不樂喧嘩。父母奇□，拊其背曰，此兒毛骨異常，舉止閑雅。誓捨其子□應出家◇殘存亡，以資冥福也。自幼捨送其院，禮事題公，受業爲師。紺髮禫服，惟訓是聽。巾□□鉢之外，飲食□念之餘。誦習《法華》，受持旡□。□□三十，蒙皇恩普度，梵壇率訓受具戒□□由是清淨三行業，嚴肅四威儀。省定溫清，精進□鋭。復乃自罄衣盂，化緣多衆。染碧粧金，梵相□於猊座。刻珉削玉，石橋壓以鯨波。□然後衆生得以皈依，行旅便津涉奉。養老送終，哀毁過禮。試經法嗣得名□永□□人次有小僧永□、永定，見行考試。年臘垂幾七十，住持凡經三仕。清音嚦嚦，□□鏘鏘。齋戒誦經，正念無失。臨事堂中果斷，大衆畏服其能。

一日，持書踵門謂□曰，山僧頗有奉託，敢以曩昔行事，輒具筆硯，載述大綱，深爲寄託鄉。詎敢□於已能，直欲警策僧俗，激厲後昆而已矣。僕諸深寄，義不當辞。况澄公行藏，悉耳目所聞見，鄉黨所器重。復能於禪誦之外，修合湯丸，拯拔危困，遠近病苦，皆□安穩。其爲因果，可勝言哉。雖大師隱默不言，藏用功德，光澤鄉里。吁，忍掩乎。福□大海，酌而難名。齊沐抽毫，勉爲序銘。銘曰：

尼三嶽秀兮晚彰天風，華藏餘波兮卓稱世雄。伏膺淨典兮冥遺雙空，棲遲梵律夫□崇隆孝。終師去，燈光同，鵬◇聲侔天帝弓。三仕住持退自公，優曇重開疇繼蹤。德□□□揭晴虹，功彌洹沙鑿鼎鍾。慈□含靈九有中，澤及草本并昆蟲。明明千秋月在水，慶□□祚垂旡窮。

明昌元年七月望日 立石 沇水李坦撰 鄧果書 李煥□

（道光）《河内縣志》卷二十一。《遼金元石刻文獻全編》，北京圖書館出版社。

正書。明昌元年七月。共四十七行，行三十一字至三十四字不等。行末泐一字。高二尺五寸，廣三尺九寸。在河内縣沐澗。

《元勅建大興龍寺碑銘》 儀天興聖慈仁昭懿壽元全德泰寧福慶皇太后，既顯受寶冊，大備天下之養，廼皇慶二年七月丙午内，出旨若曰，維兹懷孟，于寡躬暨今天子，昔嘗臨幸其地。既而入正紀綱，登大位。恭稽祖宗故事，卽行殿作大阿蘭若，宅淨信比邱其中，嚴奉二寶。庶幾上報皇天后土，及祖宗之德。明迓國釐，以衍皇祚於無窮。維爾徽政臣，以興以輔，式時底績，俾予翕受成福。命下之明日，大徽工師，經畫基構，計盧尋引，卽市荆揚大木，使就繩削，浮舟以來。廼若鐵石瓴甓，髹丹聖墁之物，像會◇葢，函度鐘磬之儀，費皆時給。越二年，寺成，皇太后賜大興龍寺，命僧廣開主之。斥陸田三百頃，以贍食於寺者。而以碑之文，命翰林序書之。臣孟頫職在記載，謹拜手稽首而獻文曰：

維皇元誕受天命，仍世作德，明配在上。淳恩豐澤，漸含煦育。東西極日所出，大而南北，際於炎荒元朔之地。海壖瘴徼，廣輪不知其數萬里。聲被敎洽，薰爲泰和，度越唐虞三代之盛矣。迹其所以多得於大雄氏之道者，竊嘗觀之。自象敎旁霑，時君世臣，固亦尊信隆事，傾悅企嚮。而徒揣迹於言語文字之間，謂足以殫盡其道。而不知吾佛世尊，大圓悲智，方便聞修，六度俱證。萬有咸宗者。以能一本於仁。求諸吾心而已。今皇帝陛下重純粲熙，而皇太后殿下執坤承乾，前朝後聞，雍雍懌懌。明孝深慈，化覃率普，是維有得於其道，而且全得於其心者矣。宜乎紹聞天地之休，迓績蒸民之生，焯然爲萬世皇極之主也。矧茲覃懷，維昔冀方，舜封禹域，咸在都畿之內。龍光所被，車轍馬迹，澤奕如新。紺宮金刹，雲湧山立。諸佛世尊，固將隨境應現，發祥委祉。翼慈算於萬億，登洪圖於三五。所謂由佛之道，得佛之心者，明徵定保，庶其在是。銘曰：

昔在能仁，出震五天。具正編知，垂教萬年。付累之宏，頒聖乃傳。於維皇元，啟運非后。念茲法印，如手授受。累聖同符，以有九有。仁聞既敷，義聲以鋪。苞山絡海，悉貢悉輸。格於穹昊，肇我今皇。皇侍長樂，聖孝孔彰。太母曰嘻，子有攸得。諸佛應心，在予一德。睠茲河內，帝昔潛龍。宜卽舊邦，塔廟是崇。爾徽政臣，畫堵爲宮。其堅其良，駿發爾功。庶工子來，奔走先後。既畚既斲，亦塗亦釦。豐棟華榱，交網雕牖。珉階珷級，翼映左右。慈顏載豫，瑞慶有開。錫名興隆，聖言大哉。旃檀苾蒭，以道實來。既寧爾居，亦豐爾食。酒割井腴，廼宏經席。花雨繽紛，吹聲晨夕。懷人盈庭，頌言以懽。龍德方中，萬民齋觀。豈惟懷人，有懌其顏。既開化成，□民孔安。濟流湯湯，王屋峙峙。峨眉非遙，五臺非邇。青猊白虎，時戾時止。函香歲來，以格繁祉。降祉既繁，表佛勝相。放種種光，照燭無量。飛潛動植，氷釋罪障。證一切智，歸福于上。皇上孝仁，德並羲軒。纂繩祖武，光裕後昆。兩宮萬壽，與天長存。

大元延祐二年歲次乙卯孟秋吉旦，勅封金紫光祿大夫大司徒領釋教揔統都壇主僧開府儀同三司上柱國邠國公立石。

（道光）《河內縣志》卷二十一。《遼金元石刻文獻全編》，北京圖書館出版社。

《元普濟禪師邠國公塔銘》　大元故金紫光祿大夫大司徒領釋敎總統都壇主贈開府儀同三司上柱國追封邠國公之塔右六行，字徑三寸。

泰定二年歲次乙丑夏四月吉日，懷慶路大興龍寺住持佛慧慈照普濟大師門徒月堂開剏建。右二行，字大寸餘。

本寺提舉德圓提舉德吉寺主普麗□寺普喜□石作頭□□薛信　居政薛全張成李□□鐫右二行，字大半寸。

懷慶路總管府推官程謙書

（道光）《河內縣志》卷二十一。《遼金元石刻文獻全編》，北京圖書館出版社。

《元寶光寺碑記》　佛敎之興，其來久矣。自周魯二莊之世，夜景昭回。漢晉兩明之朝，神形妙績。逮虜馬鳴幽讚，說性海之難量。龍樹虛求，示身月之彌滿。燃正法炬，滅邪見幢。由是遺文善敎，流布塵區。列刹精廬，徧周沙界。大明禪師者，沙門空相禪師之所創◇也。師名廣壽，自幼歲由家禮少林和尚爲師，久居林壑，草衣木食，二十餘歲，殊無厭憚。師知是法器，以法示之，而深◇元理。則得法於穌公，因號空相焉。爾後辭師，遊紫金山，復自汴之東明，住報恩禪院。久之，擁錫北游覃懷，衆請住持同義寺。

一日，歷覽名山，縱步巖岫間，得造茲地。周旋顧視，謂侍者曰，此名區也。南則大川安曠，延袤嵩少。北則羣峯高峙，◇磨霄漢。西綿盤谷，東揖百巖。惜虜，舊無名額，未敢擅興。但卽石基，搆庵以居之。雖徒屬未衆，而叢林之軌度，罔或闕焉。常好靜而臨風，坐以待月。始焉東升峯，林蔽明。及當中天，孤圓莫翳。適與心會，內外瑩然，人莫逾其旨也。故目山爲明月，庵卽清風焉。復因高就下，壘石開庭。廣種松柏，以竢可興之時。常獨嘆曰，道以人宏，緣須時偶。我祖欲誕布化元，使來際不泯迷途，以先覩象敎，而信心乃生。如是閱歷星霜，未◇素志。

至泰定二年，伏蒙聖朝深仁普洽，欲使四海之內，同歸於善，廼詢訪隨處寺院舊無名額者。由是奉勅，特賜大明禪院。師以此得契本心，始敢興葺。及遠近聞者，皆大歡喜，轉相勸率。各賫金幣，願爲檀施，惟恐後時。師用是庀徒揆材，而一新之。首建齋廚，以嚴衆香之供。次興僧舍，用安立雪之徒。法堂崇構。鑿石得泉，其水清醇，味如甘露。仍於泉上，塑觀音像以臨之。凡所見者，生稀有想。若乃以時陞座，廣垂法要。一音演暢，四象歸依。佛殿穹崇，勢如山峙。珠網輝夕露，丹雘爛朝霞。暈飛離立，輪焉奐焉。寶構已成於莊麗，金姿永藉於閑安。三門當其前，不陋不奢。方丈置諸後，實堅實好。乃至經行之處，宴坐之室，下逮圊所，無一不備。凡爲屋大小僅百餘楹，皆未嘗出閫閾，行丐化。歲月曾幾何，而成此大事。其青鴛棟梁，白象儔侶，恍若現前矣。向非道眼足以破四流，法力足以厭衆心，安能臻此哉。師以是順時節因緣，以建大道場。廓慈悲智慧，以轉妙法輪。

議者或曰，昔梁武帝好作有爲，而懵於聖諦。以問菩提達磨曰，朕卽位以，來造寺不可勝紀，有何功德。師曰，並無功德。帝曰，何以無功德。師曰，此但人天小果，有漏之因。帝曰，如何是眞功德。答曰，淨智妙圓，體自空寂。如是功德，不可世求。今者長老興造寺寓，非有爲乎。曰，傳所謂知其一不知其二者，葢有之矣。昔京兆智暉禪師禮圭峯溫和尚，廻至洛下，於中灘創溫室院。繼而復歸圭峯舊隱，欲就玆建寺，以酬昔因。常薙草開基，有祥雲蔽日，屯於峯頂，久而不散，因目爲重雲寺山，後唐明宗賜額曰長興，而事載僧史。由此觀之，則有爲無爲，皆可也。蓋人性有善者惡者，而佛法說二乘三乘，皆緣淺以至深，藉微而爲著。陶冶麤鄙，不得不然，孰得而議之。故此寺未建，佛法無欠。此寺既興，佛法無增。審乎無增，洎虖無欠，雖寺之與師，亦兩忘也。道至於此，而昧者不知焉。則知寺之未興，參學之人無所依。寺之既立，頓悟之者有其漸矣。庶幾見在未來，皆廻光返照。見性自如，實我造寺之本願也。迹此之緣，其重雲之類乎。

故道以人宏，緣須時偶。方其謀始之際，槩乎樂成之時。眞所謂難逢之會，不可不紀。廼遣侍者，踵門相邀，以謀不朽之事。余曰，長老然名寓俘籍，其所游從，皆搢紳賢大夫，奚獨捨彼而取此蕪陋乎。曰，葢山僧駐錫之初，應緣興造，以迄於今，始終之迹，則公備知之矣，其何讓哉。故義不獲已，淪硯奮筆，寓直而書云。

（道光）《河内縣志》卷二十一。《遼金元石刻文獻全編》，北京圖書館出版社。

《元勝公來源銘》　原夫達空門之事，非瑣瑣也，深貴乎息妄，所患者異端。大聖人之道，不可不云乎。正念不失，非凡夫，非離凡夫，非聖人，非不聖人，皇乎哉。葢妙理從眞，出自自心也已。

粵有山主僧諱洪勝，乃許州長社人也，姓傅氏。垂髫時，性純厚，厭華飾。里巷之言，終日素無一字。嘗有懿戚相聘其家，師一見，如百代之過客。至一十歲，父母捨之出家，於香嚴院禮主僧江公首座爲師薙髮。其後卽前朝貞祐元年，受具足戒。從玆日增勤業，納身之園圃畦蔬，四時不輟，寒暑勿憚。幸有餘力，又衝於杵臼之間。有客爲師曰，懺經不覽，應赴不學，務役塵勞，投者將何過日。師大驚愕，張目而直視，吾聞布袋師偈，只箇心心心是佛，十方出界最靈□。蹤横妙用可憐生，萬事不如心眞實。更學箇甚底。汝之之言，吾何以聞之哉。爲衆轉加精進，荷負江公。僅二十年，値壬辰，大朝破汴，僧徒散落。一杖令丁，至太原車輞寺，鶉衣旅食。寺僧酷愛師之心地，苦留止於此也。遂自服其勞，芟其蕪，植之蔬。殿宇階除日灑掃，淨如洗。不覺四經長夏，挑一鉢南歸辞衆，翩翩然孤鶴如也。乙巳秋，策杖經太行之陽，日庸館於河内之東南，山光潑眼，惣是道場。此間宜可普聲佛事，引諸童子，擎五彩幡，高聲舉揚。居無常處，未及三日，而衆相隨，香花接引。師舌無兼味，但一日一食而已。四方求戒之者，數不可記。西向張君請留供養，忽一雞頹肩垂翅，跪於師前。師曰，汝欲受戒否。雞卽應俄，得戒已，舉身斗藪，侍立其傍。衆皆嘆之。此黄腳尚如是，況佛子乎。萬口一詞，號師曰雞兒菩薩。戊申春二月中，詣東向，作湼槃大會。緇素相容，萬衆何啻。其中異言頗多，皎然可見，乃師之德也。

有雲陽山壽聖寺遠公表白，對衆陳書，請住持本寺。師緩緩受其疏也。後至入院人事已，運心重整。匠者並興，施功捨力者日不下千指。僧房廚庫，演法之堂相繼。不五年，百色見成，淨心壇信送香火者若白雲出谷。安居結制，釋侶往還。年長三齋供佛法僧，寔師之行也。歲壬戌冬十二月二十八日，師有微疾。至三十日，謂衆曰，吾自出家至今日，我非禪教師德，唯守意如法城。汝等修心，可善護持。吾朽質可藏於本山。言訖，臥右脇怡然而去矣。壽六十有三，臘四十有九。度祝髮門資九人。於是繼曰佛事梵奏，于天禮以畢焉。目香薪荼毗，收靈骨建塔。孝小師廣全等勿憚迢越，詣古溫求紀於予，刻之琬琰。不維使子孫受之，依□乃雲陽之山，作將來眼。予不佞，是以勉而爲之書。中統四年秋八月有六日。

前住持彰德府天寧禪寺退隱南堂老比丘守顯記

本院門弟子孝小師

廣海　廣慶　廣興　廣端　廣恩　廣超　廣惠　廣聰

時大朝歲次癸亥中統四年十二月三十日孝小師廣全等立石

覃懷任革書丹　石匠達成刊

（道光）《河内縣志》卷二十一。《遼金元石刻文獻全編》，北京圖書館出版社。

正書。中統四年十二月。共三十行，行三十七字。高二尺二寸，廣一尺七寸五分。在雲陽山。

《普玘和尚塔幢》 師諱普玘，字伯玉，五臺縣建安里人也，俗姓陳氏。自小性善仁賢，心樂空門，不愛世榮。父母遂捨，禮五臺山大華嚴寺眞容院山門十寺提點傳大乘戒賜紫僧惠了爲師。公侍師如阿難，無異行孝，似賀□一般。性行溫柔，僧俗嘆美，釋門奇人也。□□金大安三年，買度官壇受戒，節操如同松筠，四時不變，堅持聲聞禁戒□□閑暇。至於貞祐三年小春之月，時遇兵刼犯於中原，玉石俱焚，善惡不分。天下招提，咸從毀廢，□□法侶，悉皆摩滅。師於一日值夭身亡，不幸歸逝。至若憂囚餒喪□骸□□□□因於往世，非師□業所感，□業如然。俗壽四八，僧臘一十九。度門人文珏，此時各自藏竄，師資不顧。遂□時淸歲稔，思□先師之洪恩，擬建葬塔，力無所措，寢饍無忘。忽於一日，卜宅安墓於寺西北隅展地□□欲立尊勝幢□□□工是時□忽染纏痾，不能痊可。到於辛丑年十月末旬有七日巳時歸逝，俗壽四十六，僧臘二十九。度門人義□□亦念先師之厚意，捨己衣盂，建立墳塔。遂與師資，同一葬焉，可謂象王去而象子隨。乃爲銘曰：

師資生處兮，五臺古襄。投師出家兮，紫府眞容。精修煉行兮，六念无虧。仁義道德兮，鄉□讃美。深通三藏兮，□辨才博。不幸歸逝兮，圓寂已周。安葬建塔兮，綿遠暉光。

五臺山大華嚴寺眞容院賜紫沙門普玘門人俊悟大師前監寺僧文珏資門□□正□義□

本院師公講《華嚴》大經沙門普行詳錄　師公講經論沙門普瑞門資講經論沙門□□下有助緣人姓名尚多，不錄。

大蒙古國歲次癸卯年□□□□□□門資義□立石

《定襄金石考》卷二。《遼金元石刻文獻全編》，北京圖書館出版社。

幢高二尺五寸。八面，每面廣五寸。行字不等。首面上刻佛像，下題歿故師翁玘公法師先師珏公監寺之塔十六字，字徑一寸二分，均正書。今在東王村青龍寺。

《普顯和尚經幢》 公諱普顯，郭姓也。世本古襄東劉里人，父諱肇，母姓張氏。公自小聰敏好文學，動而有規，言而向聖。非善地而不履，非慈門而不入。父母見而異之，曰此眞佛法之苗裔也。至年十有五，遂禮五峯山眞容院恩公提點戒師和尚爲師出家。自屆雲庵，務其精謹。手不輟染翰，口不輟讀誦。日就月將，業其精矣。至大定年間，治平日久，大闡眞風。使天下僧員，試其經典。公於稠人中，果拔萃而得戒，顯然光於衆流。遂攜瓶錫，一日遊於江海，住諸法席，涉獵眞宗。登□明□地而玉□□淸，入陁羅尼門而銀河浪息。其高遠如是，四方中闕不婆娑於其下也。逮至承安年，國家闕用，公能捨己淨財，補助□□，遂賜以中闕號俊悟大德。有門人衆多，成名文儒等一十人，今也則亡。見者有四，長曰文定，次曰文炳，次曰文遵，次曰文受。自幼歲出家，公以文業教誨之，不厭不倦，十有餘年，皆具戒成身。或居王進里，或居西力里，或居趙里。其解悟洪深，皆公之力也。公今享年七十有餘歲矣，尙傳道四方，洪法度人。自邇自遐，福無不被。故王進、趙里檀信謂門弟子曰，公有恩德如是，可使傳於後世□然在人之耳目，是所願也。故□以千金，命工刊石。一日，向予求文。予與大德素有鄉黨之舊，故辭不獲，遂錄其行事，而爲之銘。銘曰：

恂恂顯公，生而柔克。性見眞如，敎通唯識。仁播叢林，名尊大德。孝養彌高，威儀不失。衆以其能，命文於石。使百世之後焉，靄聲華而不息。

歲次丁巳五月丙午朔初一日己酉庚午時建

安遠大將軍行九原府元帥樊

《定襄金石考》卷二。《遼金元石刻文獻全編》，北京圖書館出版社。

幢高二尺二寸。八面，每面廣四寸五分。六行，行字不等。正書。首面刻佛像。今在王進村護國寺。

《彫粧聖壽之銘》 夫我佛之教，化導群迷，闡揚宗性。廣傳宏辯，英彥莫能究其旨。精微妙說，庸愚豈可度其源。義理幽玄，眞空莫測。□□萬像，譬喻無垠。縱法網之紀綱，演無際之正教。拔四生之苦海，講三藏之秘言。天地變化乎陜陜，日月盈虧乎寒暑。大則說諸善惡，細則化於恆沙。含識萬端，弗可盡述。

津公講主俗姓段氏，古襄在縣人也。父諱祐，母曹氏。常夢神人捧一寶珠，令吞之，感而孕□。始生之夕，有光燭室。骨相非凡，許令出家，禮本鄉東王里功德院誌公大德爲師。剃度受具之後，慈悲作室，忍辱爲衣。長齋則一食自資，長坐則六時無倦。自發願心，起建冬安居靜講一期，齋僧壹萬有餘。又秉本院詮公講主和尚處，賜法紅衣。至元三年，稟在縣壽聖禪院秀公戒師和尚處，特賜錦衣戒。師莫不懸法鏡于心臺，朗戒珠于性海。誠梵宇之棟樑，實法門之龍像。遂發虔心，請命待詔，彫造粧鑾聖壽牌壹面，上祝一人之萬壽，下祈衆賢之多福。有本院㽞公戒師和尚，爵公講主，實公講主，鑾公講主，有本里檀那人等，輸財運力，糺首李德柔，王秉直，梁伯勝，左德良等，請爲文以傳永久。予固辭不敏，誠意至於益堅。予因盱其言而觀其志，所造工緣，曜古騰今，理合金石之聲，文抱風雲之潤。輒之輕塵足嶽，墜露添流，略舉大綱，以爲銘曰。

陰陽教諭東留里霍從讓

刀木待詔武彥祥

本里都科李仁貴

東力里鐵匠提控劉仲賢男伯讓

劉暉里石匠提控薛泰男彥明刊 以下功德主姓名尚多，不錄。

本里粧鑾待詔梁敬甫

時大元至元六年歲次上章□□律無射丙□日坤時　傳大乘戒洪濟大師津吉祥門資講主德□□□

《定襄金石考》卷二。《遼金元石刻文獻全編》，北京圖書館出版社。

碑高四尺一寸，廣二尺二寸五分。二十六行，行四十八字。正書。額題彫粧聖壽之銘六字，篆書。今在東王村青龍寺。

《創建永聖院功德記》　皇朝統御以來，遷官選士，發政施仁。開闡文風，尊崇佛教。官寮有慈善之德，士庶有禮敬之心。於是天下名寺，多被勅修。至於鄉閭細民，有欲結善緣以徼福利者，雖傾貲布施而不吝也。釋教興隆，莫此爲盛。

永聖院者，則定襄縣令趙侯公沂之所建也。父諱浩，胡桃園人氏。時方離亂，以公明果□，行監軍事，鎭撫胡桃園一帶軍民。時東山嘯聚之徒，雲集風起，居民重受其擾。幸恃公威力，稍得安業。蒙行省大帥嘉公之忠勇，授以金符，委擢帥府事。至乙未年，省併州縣，命公行定襄縣令。時東山餘黨，未盡殄滅，公將胡桃園居民，移於青石芳蘭史家莊等處住坐。至中統元年，侯承襲父職，行定襄縣令。□民以德，御衆以寬。民既奠居，政亦告成。

暇日，少具酒餚，會里中耆舊豪傑，執手而言曰，予不忘先君遺囑之命，蓋爲本里居處散漫，村落間隔，歲月逾遠，人心分異，恐致乖爭陵犯之事。當於此里，別建佛刹，以爲焚祝聚管之所，可乎。都監檀德縣吏□□□皆應之曰可，樂施坱壇，一倡百和。材木山積，陶甓雲屯。簣土雨集，經之營之，不日而成其序。都副維那至於□□帛而□助者，皆次第而書之樑棟，以慰其□□□□□□□□功未備而趙侯卒。自時厥後，無復讚成，亦無苾蒭住持。上雨旁風，日將摧毀□□□□□等，詣五臺山都僧錄司，敦請到炬公講主和尚，永遠住持是寺。又牒餘僧，不得沮壞侵奪。

炬公蓋釋流之先覺者也，探禪□之淵微，守□□之精戒。慈雲廣布，法雨恆垂。迨至元廿年之春，寔始□焉。殿之東先爲僧堂，爲齋廚，然後會諸糺首人等，增修正殿，補鏬以□，撤弊以新。吻脊之搆，堂基之砌，牆壁之飾，戶牖之安，土木之用，無少慊矣。又命良工，塑彌勒□大士，次第而具。後設粧嚴規撫壯觀。丹楹刻桷，翬飛鳥革，光彩陸離，巧奪人目。恍如□□之境，香花燭□□□□蓋供養之儀，莫不畢具。□爲聖上祝無疆之壽，生民開方便之門。來者莫不合掌睢盱，以起敬焉。

炬公一日謂僕曰，建功立業，必有文辭以記之。況此非一朝一夕之□□趙侯之慮始固難矣，莫不與鄉隣共之。則我之易於樂成，皆諸君之力也。將立石以紀招提之始末，仍□□□垂示永久，以爲文飾。吾子其無辭。遂竭其淺陋，摭實以爲書。

至元二十五年夏六月初四日建先住持監院講經賜紅沙門顯通大德炬吉祥化緣立石

都功德主懸帶金符元帥趙浩　監軍檀興

糺首都維那定襄縣令趙公沂弟趙容趙寬都監公佐都監思溫公瑞公澤都監元亨

糺首都維那檀貴姪男都監文德文仲文素文珪瑍文文玘百戶國用國寶

糺首都維那征行千戶懸帶金符趙德弟趙恩男仲武仲威姪男仲瓊仲和

糺首都維那趙勝男鎭□□征行千戶趙容趙寬大谷縣酒稅大使思溫以下糾首都維那姓名沙門法號甚多，不錄。

《定襄金石考》卷二。《遼金元石刻文獻全編》，北京圖書館出版社。

碑連額高五尺三寸，廣二尺六寸。三十四行，行六十九字。正書。額題創建永聖院功德記八字，篆書。今在芳蘭鎮永聖院。

《西力南功德院天下臨壇烏波多耶傳大乘戒講經律論賜紅沙門英辯大師澄公碑銘》　天地之巨麗曰花夏，宇宙之諦崇曰□□，國土之封尚曰并門，郡城之興隆曰九原。東隣□重兮，龍宮之聖境。南聳□嵒兮，勝阜□□。西隣古□兮，治業之無象。北□一水兮，滹沱之上源。西力水秀山名兮，千乘之域。地靈人傑兮，四圍之中。宮殿儼然兮，三聖之異境也。

恭惟師□戒師和尚，世乃壽陽韓里人也，俗姓任氏。幼年習學儒道，示後一攬百家之書，不受世榮，心樂空門。父母見，許之出家。遂禮九原古襄西力南功德院陳公和尚爲師，侍師如阿難無異，行孝如曾子無□。□之後偏歷諸方，經遊講席，造謁叢林。由片月之輝輝，離於大海。數孤雲之冉冉，以自清虛。三載學業，性□俱通。照了般若，似曦光臨於萬象。□□無礙，如清風遊乎太虛。禪通正派，教秉圭峯。欲窮其德，海墨書而不盡。若論其□，空界盡而無窮。□前□後，會古通今，惟下人而已。次後詣於南山廣谷千佛寺才公戒師和尚處，傳大乘戒，廣利人天。講□肆十坐，齋僧一萬餘。傳法剃度門人□□□七，受戒俗徒衆百千餘人。僧臘三十二，俗壽七十柒。大元國至元十五年正月貳十二日，无疾而終。□□□□師孫普瓊等□寔□方之敎海也，淵淪無底，浩渺无涯。應機緣而□百川，震朝□而涵萬象。幸望師翁德業浩大，酤醞福惠之恩。□益弘□，育報勳隆之德。由是特發誠心，謹捨淨財，命工人書丹立石，欲其有益於吾佛道□□□□□耳。

時大元國至元二十柒年歲次庚寅丁亥朔乙未日壬午時講經賜紅沙門普瓊普現普裕普應立石

《定襄金石考》卷二。《遼金元石刻文獻全編》，北京圖書館出版社。

碑運額高七尺二寸五分，廣二尺八寸。二十六行，行四十六字。行書。額題英辯大師澄公碑銘八字，篆書。今在南西力村功德院。

《五臺山洪福院安公講主壽塔記》　粵古襄之陰，滹水之陽，有大聚落曰季莊，中有精舍曰洪福院，乃五臺山蘭若之下院也。有大苾蒭曰文安，公性稟純誠，崇仁尚義，孝友敦睦，人人莫不歎服也。幼失怙恃，夙緣喜佛，屏絕葷醴。九歲出家，禮本寺□公菩薩爲師。朝則汲水採薪，夕則誦經持律，事師之禮，罔不克勤，服勞无斁。甫志學之年，功值官開新渠，欲惠鄉民。師自惟曰，苟不勤力，後何及也。於是入役，艱苦數載，果獲灌溉。土俗忻然，而相告曰，自昔未有無價之珍，非希而得，幸之甚矣。遂滿前志。於是常住增羡，甚有益焉。院衆曰，師利物之心奚不厚也。方二十，登壇受具戒。爾後杖錫雲遊，訪詢名德，苦求釋典。而後承受五峯西南烏蘇院松月道人授之以金剛觀經甘露大疏，遂能弘闡。行孤潔，性寬厚。自恨福門未作，罄己衣盂，建東堂一所五間，粗以完備。又補雕釋迦九士一會。又倡壇那，鑄洪鐘雲板一，剏置《華嚴》大經一部八十卷，日誦爲常。考其實行，无得而稱焉。

師俗姓王氏，本里人也。父諱立，母田氏。昆仲三人，兄曰安，娶張氏，路氏。弟曰詮，禮九原東南七峯山普同寺侑公和尚爲師，鄉人稱賛者。詮既爲戒，性賦賢明，和柔敦重，天資穎悟，戒行精嚴。繼姪孟曰勝，娶李氏。仲曰泰，娶李氏。季曰懿，娶彭氏。次姪正讃，本寺出家姪女田郎婦。孫男王世英，妻荣氏。世甫，妻劉氏。世賢，世良，世顯。宗族既畢，念本師春秌七十有四，神味氣冲，語響步健。一日，慨然嘆曰，人生幻化，若水漚草露，何常之有。□預建壽塚塔銘，以備歸藏之所。噫，死生之義，古人視之，猶反手也，又安可以死爲諱邪。因爲之銘。

銘曰：

師之功行，包含三界。禮松月師，親承訓誨。法眼能傳，眞光不昧。翠琰刻銘，以詒後代。壞不名成，成豈復壞。八風不能搖，此老壽長在。

授玩析大王令旨五臺山天□下洪福院講經律論賜紅沙門通教大師安吉祥　門資講主正暉　正濟　正朗　正知　師孫尚座智津　智福　重師孫道璗

本院師弟講經律論賜紅沙門普安大師浹吉祥　師姪講主通吉祥　堅吉祥　鑑吉祥　尚座正淨　正愛　正讃　正濬　正貴　正□　正演　師孫尚座智添　講主民吉祥　智□　重師孫道遠　道近

維大元國大德元年歲次丁酉孟冬月辛亥朔乙卯日庚時

正暉　智津立石

忻州定襄縣前梅典史男進士梅修己書丹

忻州定襄縣見充教授題學所邢允修校

九原南山普同寺講經律論傳大乘戒賜紅沙門圓融大師□吉祥撰

宣賜紅衣西京臨壇前五臺山僧判陞充五臺等處釋教總攝法照大師眞容院傳大乘戒沙門教吉祥

五臺山大華嚴寺眞容院傳大乘戒前僧判宣密大師松月道人文俊

《定襄金石考》卷三。《遼金元石刻文獻全編》，北京圖書館出版社。

幢高二尺七寸，八面，每面廣四寸八分。六行，行三十五字。首面上刻佛像，下題安公壽塔銘誌六字，字徑三寸，均正書。今在季莊村北。

《宣授五臺等處釋教都總攝妙嚴大師善行之碑》 覺海澄源，因識風而鼓浪。心珠朗耀，由愛水以沉輝。欲期返本，須要回光。時歲在庚戌至大三年季夏，至□有辯義大師智裕，欲酬無窮之恩，用荷昊天之德。惟大雄氏之教，彌漫六合，包括萬有。威神莫測，福慧無方。以慈悲爲主，方便爲門。以法航兼濟一切，以大圓鏡偏炤四方。脱顯迷津，則爲大導來。總藥諸苦，則爲大醫王。其光明藏，足以破無始之□□。其□□□，足以滌有生之愛慾。其寶林花，足以集衆香之妙供。其清蓮花畛，足以□人天之樂國。

由是荅荷深恩者，亮公大德和尚，劬勞□厚，德類昊天，受具足戒。金文廣覽，博學妙聞。研精道悳，出俗超群。節行至潔，□之幸也。□自行思，將欲脱塵勞之因，當捨繫縛之緣。高崇至極，雞足緣忖。恭惟禮到五臺等處釋教都總攝法照大師，爲受業師。師□相契，眞俗俱福，無斁融心。重明佛理，再整法舡。出煩惱海，得無爲樂，蓋因師長教誨之鴻恩也。

師恩既闡，至節洪彰。是以歲在己酉至大二年五月二十日巳時，就大萬聖祐國寺馬踣剌殿前，拜都平章於本寺都總攝大師講主嚴吉祥根底，特奉皇太子特旨，五臺山菩薩眞容院見任僧錄張智裕，五臺山做嘗川僧錄者，你與□會者麽道，總攝折逼時，將照會文字與了僧錄，俱得圓備。福緣既奏，恩意彌彰。又至六月二十二日，有安晉平章奏，奉皇太子特旨，宣至僧錄張智裕，於圓殿内見了，親教元授到聖旨宣命，并臺山諸寺院師德保狀，將親教禪衣直裰僧錄你披着者麽道。七月初七日，銀青榮祿大夫平章政事會福院使安晉并迷撒密同知金界奴，奉御批奏，皇太后懿旨，遣使平章政事忙兀安馳驛赴上都，聞奏皇帝，頒降宣諭。得聖旨，這智裕根底，但屬五臺山和尚海根底，管着交做僧錄者麽道。法恩□□，遐邇咸聞。名傳四海，□振八方。名傳四海，□人人□仰。□振八方，□處處□折。□□清澈，行□芬芳。外揚忠孝之名，内闡大乘之□。□爲至節，精勤護法，僧俗欽崇。研窮理性，妙契本源。天資穎悟，毅然不群。□□操而策□紀綱不爲懈倦，而釋門第一。今則相承恩惠，緣有賜□衣□師五臺等處釋教都總攝妙嚴大師志吉祥，官封二品，禪門□□寶地芝蘭，深通戒律，顔息出群，至誠感格。送供者逐朝恆有，施賄者□日不絶。慈悲護法，邁古超今，未之有也。□□募緣，大殿重閣，繪塑佛像，創刻五百羅漢，渾金粧飾寶藏，以成丈室廊廡百十餘間，師之力也。

裕宗皇帝毓德春宫，遣使有璘眞總管任候詣臺山降香。師以行道精嚴，□臺山都僧錄之職任焉。未幾，世祖皇帝聖神文武旨詔，賜號妙嚴大師，復署前職。以師寬厚，廣演三季，見深玄教門軌則，清潔甚奇。三十一年，皇帝嗣登寶位，體握乾符。有旨，以五臺山金畛寺妙嚴大師志吉祥□□僧録。元貞二年夏六月，皇太后車駕親幸五臺，師仍率領教禪師德，禮念不暇。闡揚經教，現鍾光相。由是特降懿旨，命僧傳法，爾時四衆懽喜。大德元年春三月，以眞定、平陝、太原、大同、五臺等處，用師創立釋教總攝，所以師爲首，特賜銀印兩臺，與眞容總攝法照大師教吉祥皆輩也。是時，定襄安横里通理大師亮公，子男智裕僧中，妙行精勤，建庵立塔，鐫刊祖宗孝行之碑。特捨己財，命良工重立大永安寺祖宗牌額一面，施到渾金佛像一堂。大德七年春三月，金畛總攝妙嚴大師賜法曰辯義大師講主裕吉祥。隨機沛教，□迷途於目下。法演三乘，開慧目而誘引群肓。刹刹坐坐，頭頭□□，入三昧相。欲報師恩，於崇福庵匹佗山之石，發揚功行之萬一云爾。

師諱志，妙嚴其號，殷氏其姓也。因緣既備，永附涅槃。□然妙湛，恆常不辶*重。如智福者，老耄無聞，何異燈光燦爛，豈透妙慧。以恆明月色嬋□，敢對太陽眞火。盡日鐘魚間，嚮幾箇知音。通霄燈月交輝，何人具眼。今者予欲叩妙嚴大師宗跡，知而不盡也。洒爲之銘曰：

玄教風行　緇徒雲會　一叩禪關　□□三昧　變動不拘　縱横自在
雷音方馳　到處通泰　巍巍之寂靜妙明　心鏡之自在　遊戲莊嚴　功成之不壞　顯現師□之妙用　廣談一眞之法畛　無内無外　其眞愈大透脱虚

□是美作一大事之因緣◇無窒礙闡揚功力難掩　勒石刊銘　萬世永賴。

前承事郎定襄縣尹兼管諸軍奧魯勸農事趙德溫

宣授五臺等路釋教都總攝天下臨壇大德傳大乘戒講經律論賜紅沙門□師法照大師教吉祥　通理大師亮吉祥

祖父張文海祖母◇◇氏四男長前經□□□溫次通理大師亮吉祥□前司吏張子浩次□安居士張子□孫仲威智□仲懿仲康前都□智澤□仲□仲珉仲□重孫□□□智宣□□定□□

五臺山眞容院前山門十寺僧統判宣密大師傳大乘戒祖師松月道人俊吉祥　門資降龍大□正□□□十餘人

銀青榮祿大夫平章政事□政院使會福□□領□□事楊安晉　平章政事□元安中奉大夫□□舘大學士善珍司□□□密□□奉御□□□

時大元至大三年歲次上章閹茂南呂月□□□□人大華嚴寺菩薩眞容院僧　宣授五臺山都僧錄辯義大師裕吉祥立石　長子前忻州僧正□提□□□次前定襄縣都□□□□□志孫□□□□□

《定襄金石考》卷三。《遼金元石刻文獻全編》，北京圖書館出版社。

碑連額高一丈二尺六寸，廣三尺七寸五分。三十三行，行八十三字。字徑一寸，正書。額題宣授五臺等處釋教都總攝妙嚴大師善行碑十八字，篆書。今在橫山村西寺。

《洪福寺畫佛記》　蓋聞天運之常，以璇璣而齊七政。地利之分，以區域而別九州。夫縣也推古之迹，歷魏晉迄皇宋，於今名曰定襄。山明水秀，地闢民聚。東連三匯，西望九原。叢蒙峙其南，滹沱逝其北。邑之東南十有除『除』，當作『餘』。里，靈塔之右，聖巖之傍，聚落曰劉暉。地秀而物阜，民蕃而俗淳。梵宇名曰洪福，僧具六和之義，戒修十地之科。有祖師法諱道叢，師係陝西武功縣立楫豆村人也，俗姓李氏。祖院法門寺觀音院，禮竜渠寺寶璨戒師爲師。七歲落髮，宗說俱通。僧臘四十餘夏，元光年，隨南邢張太守住光明院重建法堂行廊，粧塑文殊聖像一堂，刊《金剛經》板一付。有劉暉趙主簿村衆人等，請師住持本里洪福院，施置道贍院莊田三百餘畝，度資徒二十有餘，乃見師之德學矣。

師年方耳順，卻還本鄉，到藍田，有縣尹支僧燈戒師等，與師共請。見師容儀端麗，所揚非凡。衆讚師曰，實爲僧中綱要，法中棟樑。請師住勝因寺法華院，重建法堂行廊，石佛堂，香積方丈，米麥倉庫，靡不畢具。年壽六十有七，忽聞異香滿室，知槃涅至。令資了志設供，命緇素齋畢，結跏趺坐，辭世頌曰，六十七年顛蹶，平生不愛巧說。翻身達破虛空，依舊淸風明月。擲筆坐化。荼毘了，得舍利數十餘粒，靈骨四處建塔，汾州勝因寺，眉縣十煉寺，藍田法華院。門資賜紅衣講主了義，孫賜紅講主行瓊，修造大佛殿，一色新鮮。重孫前平定州僧副傳大乘戒賜錦衣智滿，大佛殿內，惟闕佛像，捐捨衣資，粧塑純金聖像一尊。曾孫傳大乘戒賜錦沙門惠彥，東霍竜泉院，粧鑾佛像一堂。

玄孫崇翼，乃定襄在邑人也，俗姓李氏。丱年落髮，秉性靈明。立志剛克，得法於竜安住持顏公席下，衣畦服而爲浮圖。後遊遠方，意欲遍參知識，不避炎涼。到陝西邠州丑氏弘教院，遇善知識海印禪師會下，投三寶前，自發誓願，啟建華嚴□花水陸大會，安居□講誦念諸品經呪，齋僧燃燈，禮佛放生，念佛行道，各有治期。年踰立志，敬授帝師法旨。廻環本剎，率旅勤績，百堵皆作。又於大雄寶殿內，繪畫四佛十方之像，煥然一新。貨衣盂而謁襄資，遍謁本里賢豪士庶，輪財設□，無不悅從。財用出於富足，功役視於指麾。若一介之僧徒，奮兩臂而能如是大作佛事者也，皆功德主維那、檀越之讚助。禧翼二公來謁其文，僕固辭人微德薄，學淺才疏。前有大尹毛公之記在焉，予豈言哉。丘垤豈類泰山，行潦焉比河海。固辭弗克，聊摭其實，以記云耳。銘曰：

蒙山巖巖，滹水溶溶。流碧千里，疊翠萬重。皇基永固，國祚興隆。惟茲洪福，宗說俱通。道能了悟，行智圓融。法施慈惠，事業惟崇。明於大戒，能闡教宗。優曇瑞應，慶會雲風。偉哉聖像，乃見元功。修則雖殊，理則一同。刻茲貞石，傳之無窮。

國師賜號本院住持妙行通辯大師講經論賜紅沙門雷吉祥

法旨藍田法華院住持傳大乘戒講觀經賜錦沙門訪吉祥

法旨勝因寺住持賜紅沙門河吉祥

光明寺住持賜紅沙門嚴吉祥

功德主承事郎定襄縣尹兼管諸軍奧魯勸農事田遵道舍人田良臣不蘭女姐夫李孟臣施鈔壹千兩

臺州陰陽學正南王里邢朋義　待詔本寺祺秀雲筆門人趙祐順

時大元國至正十六年歲次柔兆涒灘南呂月己酉朔己巳日屠維時妙嚴普

智廣慧明辯大師崇翼下闕。

《定襄金石考》卷四。《遼金元石刻文獻全編》，北京圖書館出版社。

碑運額高四尺八寸七分，廣二尺五寸五分。三十三行，行五十六字。字徑五分。正書。額題繪畫佛記四字，篆書。今在留暉村洪福寺。

《東山清修院耆舊僧捨田碑》　當山比邱仁山澄寂傾己衣資，置到南畝，捨入本院常住，永充國產。所有田段，開具于石。

一段坐落十一都三源，土名墓嶺根，計租壹拾叁秤。東至坑，南至周宅田，西至官路，北至潘馬戸宅田。上項田，爲先俗父葉六四承事，姚毛氏，每遇七月十八日追忌，庫司辦簽麵飯饅頭供養，請葉千一公，千七公，千八公，百十五公，各枝下壹人，拈香作證。

二段坐落十一都三源，土名葉山頭山外。計租捌秤。東至梁宅田，南至李郎山，西至梁宅田，北至任社長田。

一段坐落十四都一源，土名董垮，計租壹拾伍秤。東至葉大八郎田，南至王社長田，西至潘堂錄宅田，北至任社長田。

一段坐落十四都五源，土名葉村新路下。計租伍秤。東至葉萬十六宣田，南至張廿九上舍田，西至本院常住田，北至山及官路。

一段坐落十四都五源，土名周坑口，計租壹拾秤。東至坑，南至潘馬戸宅田，西至張十一宣田，北至潘馬戸宅田。上項田共計三十八秤，爲先師露巖肅和尚并澄寂，每遇十二月十二日追忌，庫司辦頭食簽麵蒸羊餻饅頭飯供養，請葉千一公，千七公，千八公，百十五公，千十七公，千念四公，各枝下壹人，拈香作證。

比邱友仁師輔捐己衣資，置南畝，捨入常住。所有田段，開具于后。

一段坐落十四都二源，土名小洋麻車坳，計租壹拾貳秤。東至吳教授田，南至徐宅田，西至潘馬戸田，北至人行路。

一段坐落十四都二源，土名神道門前，計租陸秤。東南各至潘得三官人田，西至潘桂四官人田，北至潘從四宣田。

一段坐落十四都三源，土名梅莊下演登礓，計租肆秤。東南各至湯宅田，西至湯十五公田，北至張十四郎田。

一段坐落十四都三源，土名下井，計租肆秤。東至人行路，南至水井，西北各至本院常住田。

一段坐落十四都三源，土名吳衕口，計租捌秤。東至潘司戸田，南至人行路，西至張大一公田，北至潘司戸宅田。

一段坐落十四都四源，土名寺後垮，計租柒秤。東南各至張千六公山，西北各至本院常住田。

上項田共計肆拾壹秤，爲先俗父葉八八承事，姚王氏，每遇六月二十七日追忌，照前備齋，食七味供養。請葉千十七公，千念四公，各枝下二人，外請王元六解元作證。

一段坐落十四都四源，土名陳公廍前，計租八秤半。東至潘馬戸田，南至潘得六官人田，西北各至潘司戸田。

一段坐十四都四源，土名季畈，計租肆秤。東至官路，南西各至潘七五官人田，北至官路。

一段坐落十四都四源，土名季畈，計租四秤。東南各至毛公田，西北各至張敬四宣田。

一段坐落十四都五源，土名葉村前，計租壹拾弍秤。東至官路并潘司戸田，南至坑，西至葉八八公田，北至官路。

一段坐落十四都，土名龔衕，計租壹拾秤。東南各至山，西至湯提領田，北至葉六官人田。

一段坐落十四都五源，土名龔衕四過，計租拾秤。東至本院田，南至張公田，西至梁宅田，北至張公田。

一段坐落十四都五源，土名鄭坑石鑊，計租弍秤。東南各至潘宅山，西北各至本院田。

二段坐落十四都六源，土名梅岐庫坑嶺，共計租五秤。東各至季千廿七承田，南各至坑，西各至潘五九官人田，北各至人行路。

一段坐落本都六源，土名庸口洋，計租伍秤。東至鮑郎田，南西各至李通四宣田，北至大溪。

一段坐落本都六源，土名梅岐赤水生根，計租弍秤。東南各至人行路，西北各至水堋。

一段坐落本都六源，土名梅岐楊坑口，計租陸秤。東南各至季千廿七公田，西至潘宅田，北至坑。

一段坐落本都六源都，土名梅岐石磓邊，計租拾肆秤。東至潘宅田，南至溪，西至季郎田，北至李秀才田。

一段坐落本都六源，土名梅岐栗樹灣，計租捌秤。東至本院田，南至張千三四郎田，西至潘堂錄宅田，北至李大十三公山。

一段坐落本都六源，土名梅岐王山頭烏石，計租捌秤。東至坑，南至張秀小田，北至李郎田。

一段坐落本都六源，土名梅岐王山頭葉路下，計租陸秤柒斗。東至李辛十二郎田，南至人行路，西北各至季辛二郎田。

一段坐落本都六源，土名梅岐王山頭，計租叁秤。東至葉進六郎田，南至路，西北各至季郎田。

一段坐落本都六源，土名梅岐王山頭烏石，計租拾叁秤。東至李千三十公田，南至崇和尙田，西北各至李郎田。

一段坐落本都六源，土名梅岐墓樣根，計租壹秤。東至季大廿一公田，南至溪，西至本寺田，北至李辛二郎田。

一段坐落本都六源，土名梅岐塔根，計租二秤伍斗。東至路，南至塔，西至溪，北至葉郎田。

右具田段稞數在前，先師仁山和尙及法俗先親忌辰，已有定式。所是師輔續置田入常住，但取每年清明節日，具斛食壹器，同先師仁山寂和尙，一同饈設。請俗親葉千十七公，千念四公，枝下各弍人，拈香作證。外請俗姪女婿金全一郎枝下壹人，同共證明。師輔生前自收租谷，補洗用度。歿後入塔之後，仰每年當該知事，輪流收租，依例修設，毋致缺典。餘爲供衆修造用度，如有不公，仰住持覺察，同本房師子收租，公同修造。外有沙塆等處田租，共計伍拾捌秤，開具于后。

一段坐落本都九源，土名沙塆溪邊竹園下，計租伍秤。東至葉千四三公田，南至山，西至章進十秀田，北至溪。

一段坐落本都九源，土名沙塆門前望烏礱，計租伍秤。東至山，南至葉千三一太田，西至山，北至謝郎田。

一段坐落本都九源，土名沙塆門前，計租捌秤。東至山，南西各至葉郎田，北至吳秀田。

一段坐落本都十源，土名何村後店後洋嶺邊，計租陸秤。東至何秀田，南至崇和尙田，西至人行路，北至林郎田。

一段坐落本都十源，土名何村塘下，計租拾壹秤。東南北各至山，西至何秀田。

一段坐落本都十源，土名何村直畈，計租叁秤。東西各至山，南至龔郎田。

一段坐落十一都十源，土名杉樹坳嶺頭，計租叁秤。東西各至山，南至坑，北至吳郎田。

一段坐落十一都十源，土名鄭公屋外，計租陸秤。東至山，南至龔郎田，西北各至吳郎田。

一段坐落十一都十源，土名鄭公屋前，計租伍秤。東北各至龔公田，南至章秀田，西至吳郎田。

一段坐落十一都十源，土名鄭公屋下，計租陸秤。東至山，南至章宅田，西北各至龔郎田。

上項田，拔與房下徒弟，比丘俊登，俊材，俊選，俊榮，生前逐年輪流收租補洗。歿後爲各人自己追忌，毋得變易。謹書此，鐫于石，以爲日後不朽之記耳。

時天曆二年歲在己巳孟春月上元日當山比邱歸輔生前立　房下師孫守逸書　里人雲心陳從鐫

《栝蒼金石志》卷十一。《遼金元石刻文獻全編》，北京圖書館出版社。

碑高六尺二寸，廣三尺。三十二行，行六十九字。正書，徑五分。篆額四行行三字，長二寸。在景寧縣。

《白雲山空中禪師舍利塔銘》

前是五十年，高峯和尙妙公卓錫臨安西天目危巔絕頂之上，坐斷生死，一關學人犯險赴之，多不能湊泊。而栝蒼空中師獨依之，度十寒暑，中其蠱毒，終身瞑眩，虎穴生斑，信英特哉。師諱以假，字空中，郡之麗水縣葉氏子。九歲而孤，年十七，去其家，入岑峯禪智寺爲童子。二十薙髮受度。聞高峯道行峻絕，徑往參禮。久居衆底，未有趣向。一日，焚牒然指自誓云，不明大事，不下此山。是益殫苦力，求證本心。峯喜其類己，亦時一勘驗，而亟稱許之。久之，乃始去，依蒙山異公於吳之休休菴，又依及菴信公於婺之西峯。信將挽使就僧職，而師意特欲質其證受，而無別求聞解之志。亡幾，辭歸連雲，毒種曇公知師倦游，作連華菴寺右，延師居之。學者稍來依止，師猶以爲未抵深密，不能截斷世緣，更欲移家辟喧。

栝城北法會寺王子文閒請師曰，距城十里，有白雲山，唐雪峯四世孫澄禪師嘗宴坐其處。院曰福林，廢址猶歷歷可按。邃谷淸泉，境趣幽敻，非師莫宜居。是時有居士吳德大者，悉力經營，以圖起廢。院成，懷香袖疏，請師開山住持。而四方味道之侶，聞風來赴，屨滿戸外。幻住中峯本禪師聞而貽書致問，華頂無見，睹禪師亦躡屩來過，相勉以道。居十年，葉居士順宗又卜城東碧雲山，作佛頂精舍，向師扣頭作禮，求說第一義諦。師於是往來兩山閒，參徒坌集，莫之能禦。而師亦以慈順方便，攝受一切。朝夕單提向上一著，而警勵焉，故登其門靡有不蒙益者。

重紀至元丙子之歲，坐夏佛頂，忽微疾。戒其弟子智度，即死，藏我福林之後，大峯之下。度復請付囑，援筆書偈曰，地水火風先佛記，掘地深埋第一義。一免檀那幾片柴，二免人嫌無舍利。跏趺儼然而化，五月十七日也。葉居士謂師化緣在是，即奉全身，葬精舍東隴，而爪髮迎還福林，遵遺戒建塔大峯山麓。啓函得舍利，如水晶珠，數十顆，圓明璀璨。道俗傳觀，歎未嘗有。即用二甕合而瘞之，重法道也。師閱世六十九年，坐五十夏。度弟子智度等若干人。有《山中樵唱集》若干卷，別刻傳學者。

今繼席福林，乃遣其同參弟子一性自栝來婺女山中，乞予銘。蓋高峰嗣仰山惠朗禪師雪巖欽公，惠朗嗣經山佛鑑禪師無準範公，佛鑑上遡圓悟五世。惠朗婺人，則予宜銘。予聞從上諸師眞諸靈智舍利生於燼餘，而是爪髮所在，精氣既散，舍利何自致哉。眞積力踐，應驗若此，銘乎可誣。

銘曰：

是身夢境，散爲霏烟。是性靈明，如止水淵。三昧力中，輝光渾圓。於一爪髮，隨感現前。所得全□，玉粲珠鮮。蓋其履踐，粹然精堅。死生雖天，卒莫變遷。矯首虛空，白月在天。窣堵如拳，□□□□。

翰林待制兼國史院編脩官柳貫下缺

亞中大夫淛東海右道肅政廉訪使張下缺

大元至正元年辛巳歲秋八月庚申住山弟下缺

《栝蒼金石志》卷十一。《遼金元石刻文獻全編》，北京圖書館出版社。

碑高七尺五寸，廣三尺三寸。文與題欵凡二十四行，行四十四字。正書，徑一寸。

《靈鷲山崇禪師捨田碑》 余辭儒祝髮，南詢知識。癸未間，道過栝蒼，駐錫光孝，獲聞崇禪師而不可得名。時禪師圓寂久矣，甚恨乎不及見其人也。是年冬，余挾襆徧遊名山，越八祀，來戸東山，與璒公僧正爲鄰峯。相見道話，始知禪師乃其師也。璒公一日過余，炷香右遶，叙禪師之行狀，求傳後世語。詳其始末，深知名下無虛人，嘆伏久之。既聞禪師之名，得紀禪師之實，頗以爲喜，故不辭，用以直書之。

禪師姓嵇，名悔。同氣六人，承先，留生，承集，承毅，承彥，弟僧如光，皆已下世。禪師捨俗爲僧，受業靈山，易名慧崇，禮都正圓證講主法□爲師。登崇寧五戒，出入藂林，參究大事，默契吾宗。韜光晦迹，不使外聞。蒲柳浸尋龍參而歸，掃空自牧，諸山訪奇，得禪師於閒房。龎眉怪宇，出語異常，咸勉爲人一出。禪師作色不允，芳躅如此，與近買山攘奪之輩，豈霄壤之間哉。禪師俗壽五十有二，僧臘三十夏。紹興五年二月十日，吉祥臥逝。

度小師三人，長曰祖璿，主掌教門，住三岩崇法洞谿法興逾四十稔。不茹葷酈，蓮經日一過目，其諸細行，不可具述。年六十餘，視聽聰明，狠若瓔孩，眞僧中傑也。度師孫五人，了謀，了月，傅教臨壇，了誠，了日，了詵，皆有道質。仲曰祖瑀，蚤亡。季曰祖璒，即僧正公也。住普明、廣聖二刹，晚爲受業主首十有八年，內外翕然脩葺，供養畧無疎乏。以衰老屢欲就閒，徒不聽許。非果有可伏之道，詎容久據籌室耶。度師孫三人，了猷，了猷，了默，各親道學禪師，道行衆皆推伏。而二袒足偉迹過人，所謂有是父，宜有是子也。

禪師在日，得次僧倫，常切感幸，每謂人曰，國王父母，德恩難報，心非木石，拳拳不忘。乃命兄弟剖其中曲，欲以所分得田租三十畝山五片，莊舍五間，坐落魏衕、筋竹等處，併捨歸常住，飯僧襲福。祝一人壽，報答洪恩，可乎。兄弟樂從之。紹興二年，經官陳訖。至十七年，因有小撓，璿公僧正住本山，以禪師意告，蒙縣宰章承議始給公據爲照。山門得此利益，接待往來，鐘魚不絕，今四十春秋矣。嗚呼，像法將季，服其服者，專逐利養積長，至死而不悔，肯爲是利哉。聞禪師之名，得無汗顏乎。璒公僧正凡所住處，有利人之事，未嘗吝已而不爲眞禪師之徒也。以已之能行，即禪師之已行，將爲後人勸，欲作此述。非余敢文，繫不朽名也。淳熙改元十一月初六日，孤禪比邱子分記，住山小師比邱祖瑬立石。

舊石剝落，往往病觀。皇元復紀至元間，以斯文重勒諸石。後三年辛巳夏，罹烖，獨鍾樓存焉，凡碑記悉灰壤，舊石得不燬。又九年己丑秋，依舊刊石，敬新前人千古不泯之志也。

住山法孫比邱妙相重立

《栝蒼金石志》卷十一。《遼金元石刻文獻全編》，北京圖書館出版社。

碑高六尺，廣三尺。文與題欵凡二十四行，行四十二字。行書，徑一寸。篆額，十字，長四寸。

《圓明普覺大師捨田記》 吾法垂教，六度爲宗。檀波羅密，爲法中最。樹幢建刹，非宏檀度，無以迄于功。聚衆行道，非宏檀度，無以資于食。然教流中夏，蓮宮紺宇，遍於寰區。雖深山邃谷，輪其莊嚴，世運推移，廢墜不一。非明因才謂之士間出作興，則法之與道，萎爾殆甚。栝麗水雲和鄉景德院圓明普覺大師妙用，號若海，院西□氏子。賦性端愨，得度於耆宿鑑公。至元辛卯，稟受具戒。既而孜孜爲道，銖積黍絫，常以興建爲懷。會鄰□興善禪院主僧更替靡常，因循弗治，過門者無卓錫之所。師於至大己酉，應衆領院事，悉□經營，尋復舊觀。復捐□資，繕修景德。凡堂閣山門庫院，咸完舊益新。仍塑飾圓通大士諸天等像，金彩輝映。景德前溪與驛道通，橋梁久廢。迺鑿石運材，跨空結屋。往來輻輳，若履康衢。由是聞望益彰，至順庚午，帝師遠降法旨，褒錫美號。公始經營於兩山之間，造物相之，金穀餘裕。遂增拓畎畝，鄉民售以水傷沙地，悉開爲田，歲入頗饒。公之偉績，膾炙人口。

一日，興善繼席古材梁公訪予於翠微故山，語予曰，若海公與白雲師祖有金石交，比於腴田一百五十秤，歸於受業崇福，助香積供。今以年邁，餘畝欲有所歸。擬以二百秤入景德，半以備修寺修橋，半以添澮堂廚。且每歲十一月二十一日，爲考妣追修。以二百秤入興善，澮衆修造。以一百秤入鄰封諸刹，以五百秤入圓明塔院，爲薌燈日用之需，及異日追遠費。俾傳泒徒衆，輪年掌事其，供饌齋施，並有常儀。公推先師祖之愛，俾紹興善席，託以後傳，輔成厥志。懼寖遠而無傳，丐一言以垂不泯。予辭不獲，請益堅，因從容扣詢其實。遂語之曰，去聖逾遠，古道湮微。據一方之席者，規一方之□□素度時者衆。若海硬豎脊梁，痛自撐節，指畫心計，卒成宏規。復以□畝分施諸刹，平等一觀，了無住相。所謂檀波羅□□修登得不於此一念具足，苟擴而充之，則六度齊修，萬行俱備。揮戈慧日於末運將湮，豈不韙歟。子當以吾言爲若海公告，必蒙首肯。古材唯唯，遂書爲之記。至順□年癸酉夏孟，前法海禪院住持妙峰彌高撰，壽寧禪院住持海空行願書幷篆葢。

普覺大師捨田碑，在雲和某處，爲妙峯和尚撰文。如鈴語空中，歷歷明晳。書爲海空和尚，手筆雄勁遒逸，確肖李北海書葉有道碑，稍遜生趣耳。雲和輪租皆曰秤，迄今尚然。小《爾雅》云，斤十爲衡，衡有半爲秤，秤二爲鈞。又《宋史・律歷志》，太宗淳化二年詔定秤法，以御書三體淳化錢校實，二銖四絫爲一錢者，二千肆百得十有五斤爲一秤之則。是則古之爲一秤者，十五斤也。若海和尚孜孜爲道，銖積黍絫，始以興建爲懷，終以分施爲業，可謂能變易眞如，有善知識者矣。雲舫。

妙峯文筆頗修整，不似釋子。若海興建於始，分施於後，大公爲懷，尤不可及。彼倘不入空門，必能積絫起家，以澤其親族，惜乎不冠其顛也。

《續栝蒼金石志》卷三。《遼金元石刻文獻全編》，北京圖書館出版社。

碑高五尺八寸，廣三尺七寸五分。篆額，十字，長二寸八分。文及前後題欵二十三行，行三十三字。行楷，徑一寸三分。

《思孝庵田租碑》 思孝庵田租數目

本都田段

一土名茭唐礱田六邱，計租貳石壹斗。

一土名茭唐田壹邱，計租肆石。

一土名周村弄上田壹邱，計租肆石。

一土名周村田壹邱，計租叁石。

一土名羅大塢貳邱，計租貳石。

一土名羅大塢田肆邱，計租□石貳斗。

一土名西山同園田貳邱，計租壹石肆斗。

一土名社坑岱頭田壹邱，計租壹石肆斗。

一土名上洋田壹邱，計租叁石捌斗。
一土名弄里田肆邱，計租壹石伍斗。
一土名柳塢田柒邱，計租壹石伍斗。
一土名古令田壹邱，計租肆石伍斗。
一土名古令後田叁邱，計租貳石。
一土名下湯田壹邱，計租壹石。
一土名礱空坑田貳邱，計租□石貳斗。
一土名礱空坑田貳邱，計租壹石伍斗。
一土名礱空礌坵田壹邱，計租壹石。
一土名柳村莊塢田叁邱，計租□石伍斗。
醮清田
一土名武溪沈莊田邱，計租壹拾石。
二十一都
一土名界首上洋田叁邱，計租伍石伍斗。
忌辰田
一土名湯大□山頭田玖邱，計租伍石伍斗。
一土名黃師坑田陸邱，計租伍斗。
一土名甘竹田柒邱，計租貳石。
一土名大塢鍊沒田壹邱，計租叁石貳斗。
一土名潘村下塢田貳邱，計租下缺
麗水廿三都土名滯頭山頭田壹邱，計租叁石。
一土名滯頭上塢田壹邱，計租壹石。
一土名滯頭下塢田壹邱下缺

《續栝蒼金石志》卷四。《遼金元石刻文獻全編》，北京圖書館出版社。
碑據搨本，不完，不計高廣。

《遼高麗智光國師塔銘》 高麗國原州法泉寺講眞弘道明了頓悟戒正高妙應覺探玄道源通濟淵奧法棟具行了性巢首融炤朗徹贈謚智光國師玄妙之塔碑銘并敘

中大夫門下侍郎同中書門下平章事判尚書禮刑部事監脩國史兼太子大傅上柱國臣鄭惟產奉宣撰

承奉郎尚書都官郎中賜緋魚袋臣安民厚奉宣書并篆額

臣聞瞿曇彌敷演妙音，亙三摩地。蘇槃度製成高論，窮八識源。斡開相應之眞宗，寖廣顯揚之正教。斯所以誡我人於筏喻，旌□宰與軌持。雖至理本乎靈玄，等無差別。而諸根由乎利鈍，悟有淺深。然汲引於愚迷，則指陳其權實。暨乎去佛滋遠，遺文漸隳。有如玄奘之儔，念念相續。探彼脩羅之窟，拳拳服膺。崇信寶乘，競騰鋒辯。襲晉翻而覩奧，並振頹綱。沿隋譯以鉤深，俱維絕紐。東流之法法非異，內向者心心自通。玆故間出魁雄，蹱爲嚳胤。播威名於賢刼，研戒定於梵題。效慈氏之分身，降毗粱帝。軼文殊之現跡，□應穆王。普化仁□，丕弘象正。顒祈聖祚，助致鴻均者，唯我國師而已哉。

師諱海麟，字臣龍，俗姓元氏。幼名水夢，原州人也。惟高惟曾，積善積慶。覈犧易安貞之繇，用晦而明。遵彥升儉約之風，不雕其朴。祖諱吉，肩心卜□，首事陰陽。□象何虞，觀變而仰膺軋頋。鑽龜得兆，決疑而無俾世迷。父諱休，職箎衙官，譽先掾吏。思得床喤之嗣，愛聞椒衍之詩。母李氏，利契提壺，恭踰舉桉。無邊善願，宛然光目婦人。最勝姝容，知是妙顏聖□。嘗夢河海澄瀲，井泉涌流。因以有娠，甚於吞氣。履拇之跡，那羨於姜嫄。託胎之期，冥苻於王卲。既彌厥月，爰發其祥。以雍熙元年歲在閼逢涒灘涂月晦日，誕師於私苐歟。故童年號爲水夢也。昔明王即位二十三年，江河泉池，忽然汎漲，是佛生之瑞。比於吾師資始之徵，一無異焉。

師日蔗分精，淤蓮稟性。銳意於斷除貪愛，非心乎資益色身。甫及齠年，勤恁幼學。謁李守謙請業，謙見異之，曰：余則不知碩量，爾宜務擇明師矣。或有一老嫗善相者，見文在手，謂師曰：你若爲僧，必貴於世。師洎聞逵筭，秪事道籌。不覩孔孟之方，尚鄙老莊之槩。錙銖軒冕，糠秕膏粱。遽就法皐寺大師寬雄處，敎學之次，雄公適指京華，俄辭水石。彼則浮杯以渡，纔出五雲。我則負笈而追，匪遙千里。同歸輦下，即占山西。旋接于海安寺俊光方丈，剃髮毀容，出家脩道。蘄展縟儀於函杖，欸窮縹帙於貫花。魏蒼舒秤象之年，解脩眞諦。迦衛國駈烏之類，僉讓金公。其於撿括機緣，廼□激揚宗要。一聞千悟，功倍於嚴師。兩智三明，道存於紹佛。雄公悅而名之海潾。以統和十七年首夏之月，稟具於龍興寺之官壇。洗心離染，如手畫空矣。時年二九，例被崇敎寺開刱之恩，初職爲得名也。仍赴慈雲寺唱薩之場，梵倄向畢。

雄公於法泉寺安寢之頃間，夢見一鷹飛到，則伸左拳以捧之。又兩山君來入於後園，互相踴躍，徹明而去。雄公異而誌之。翊日，師竭來本寺，此其應乜。師夢到海濱手捉小魚呑之，覺而解之曰，魚則鱗也。固以鱗爲名，臣龍爲字矣。春秋二十一，赴王輪寺大選，談經而言近意深，命侶而問同荅異。彼觖望者，如盲之執燭。或醜爭者，止語於銜枚。心息諸緣，敢歎波濤之依水。法離羣動，應嗤槖籥之假風。解議闉而慚梵壘降，喪忍鎧兮尼軋轍亂。捉麈而一趍試可，折床斥之衆許明揚，仍署大德。于時師以謂曰，紛吾慙後於義龍，瑞聖冀先於仁獸。故□以麟改鱗爲名乜。

統和年中，受法號曰講眞弘道。二十□□師將還法皐寺，路値都講眞肇。偕行次，聞肇公會曆筭之法，師請傳之。取則而易於反掌，移謀而明若發矇。賈餘勇於恆流，究多能於鄙事者矣。屬統杯末我聖考顯宗御宇苐五年也，特蒙睿奬，加□□□。太中祥符十□□□號爲明了頓悟。天禧五年，於鎬京重興寺爲夏講說。師談傾法澤，倅火宅以晨涼。炤滿慈燈，底昏衢之夜曉。竺□西意，師每一稱。萁子右都，衆皆三讀。其後見耆宿先公社會詞疏，文理不便，改而製之。忄□□道，翦截浮辞。出語成章，惠璩以之魄褫。分文足韻，曇憑于以顏怩。其適姸敏捷之能，侯誰的對乎。

太平□中，加重大師戒正高妙應覺爲號。住持水多寺十年，有勅，移住海安寺。迄于悳宗臨朝，輔甚重之，特授三重大□，并賜磨衲法服一領，加法稱曰探玄道源。未幾，加授首座，兼賜磨衲田衣一笴者。□□□滋深，寧許井蛙之測。緇流翩賀，卻輕廈燕之投。疑出世之覺王，幸同時於仁主。蓋海之聲無央數，懸河之辯不盡言。重熙年中，加號曰通濟；奧法棟。忽一旦宣許入內，俾演蓮經。師螭陛躡雲，猊床講雨。標眞顯正，牛車之奧旨箕張。剪惑裁疑，龜木之妙詒玉振。曁諧魁　，奚怯珍頒，別賜細繡幢相服二領。十三年，擢授僧統。

迨于今聖上育夏臨民，甄殷布政。洪業已臻於懿鑠，淪誠罙切於那摩。廼召師於琳宮，講唯心妙義，仍賜磨衲僧伽梨一領。漢邦九重，負扆者親迎象步。慧從十百，升堂者謂透龍門。邃公慙在北之精通，僧徹讓流中之寵錫。其年中，薦加具行了性菓首爲號。且或祇園釋胤，寔惟敎所由興。戚里神童，疇不禮聞來學。是以故守大師門下侍中追贈中書令，章和公李諱子淵，遂許苐五男遄令落髮，竚望摳衣，爲神足以服勤，謁法身而鑚仰，何者。今金山寺住持三重大師韶顯是乜大師辭親甲苐，節食卯齋，想椒掖之后妃，悉云同氣。矧蔦樓之兄弟，皆謂此甥。乃如之人，以叛其道。併通儒釋，頓絕等倫。德行文章，夐掩魯堂。十哲慈悲，智恵全超魏寺。千僧資峻，玄班力扶赤世。其壯麗師門之盛，莫之與京乎。

重熙二十三年南呂月，有聖勅，移住玄化寺。師固辭不得，廼捨騮馬一疋，先納于寺。俄有一比丘來申賀謝，湏臾，不知所去，此則聖僧之靈驗也。入院後，夜分魂栩之際，與一僧同遊。則　有神人告曰，而國師也，彼王師乜。寤則言猶在耳，嘉兆首稱於瑞錄，吉音漏溢於環區矣。況國師乜何偏局乎內宗，亦兼贏乎外典。生知衆妙，夙齡欺朱勃才童。強識羣書，時譽冠恵超學士。至若詞峯倚日，筆塚擎天。◇警句之愈工，被鉅儒之寡和。湯開士碧雲雅作，豈是瓌奇。李謫仙白雪清吟，誠爲瑣劣。較於緇素之侶，亦不可同年而語矣。其或期憑梵福，益盛宸圖。傾檀施之財，蔵工依之價。爰徵愷筆，繪出睟容。或鑄凫鐘，兼成法具。新□寶刹，移覩史之天宮。敬造金言，悉拘那之海藏。斯所謂始檀乎發弘誓願，終圓乎締大因緣。其諸善奉行之枲，豈可殫籌乎。

清寧二年十月日，上謂之曰，鵰者則非法無以救迷，鷲聖則非師無以請益。苟能悟法者，可以爲師乎。特降國書諮請，遂差遣工部侍郎張仲英，尚書左丞柳紳，禮部侍郎金良贇等，備行三反之禮。續遣知中樞院事異惟忠，押賜錦□法服，銀黃噐用香舛等。師膠讓不獲命，即以十一月四日，大駕行幸于內帝釋院，備禮拜爲王師。彼其周之同載，吳之同輦者，共在下風矣。三年進法，稱曰融炤。四年五月初一日，上欲宔爲國師，致書三請，以是月十九日，備乗駕親幸奉恩寺，封我所爲國師，封靈通寺主僧統爛圓爲王皁者，涓辰並授，於丕稱兩相合矣。同日秪承，於摯寵二美顯焉。觀其所由，歎未曾有。鄉所夢神人之吉語，必讖此矣。同遊之僧，靈通寺主是也。

五年陽月八日，師赴內殿，爲百座會苐一說主。才宣半偈，薦集丕休。累進法稱曰朗徹。咸雍三年二月日，師欲歸安于法泉寺。幾興暮齒之嗟，縷陳身退。三上需頭之奏，確執懇辞。上優詔從之。以九月二十二日，駕幸玄化寺，特設闔院僧齋，兼置寅餞之莚訖，率□班拜辭。後則遣左承宣中書舍人鄭惟産押上茶藥珤貨等，名數夥多，刪煩不載。皁取是月二十七日發行指本山，上命太子率諸王百僚，於南郊餞別。特差道俗員寮等，慰送于本寺乜。師下山後□□仲夏之月，今王上以延德宮第六王子，許令剃髮，捿息于玄化寺。舊住奉天院特授首座者，斯緣類肖國師之邊幅也。

是歲十月二十三日，晏陰右卧而寢。此夜零雨其濛，師寤而趺坐，謂弟子曰，□□□□。荅曰，雨也。聞言則示化矣。昔鶖子入滅，無色諸天所泣之淚，如春細雨。今之夜雨，豈非諸天之淚乎，嗚呼哀哉。報年八十七，僧臘七十二。即世前夜，有二星見，其大如燈。又有大虹二條，如赤龍之雙卧。此□□□示滅之兆乜。門□首座法雲三重大師韶顯等擗踴，訃聞於彤陛，上則震悼。尋遣左街僧錄崇演保章正全畚蘭等，監護葬事。續差遣專分，往彼殯堂，致其卓祭。贈謚曰智光，併賜茶香油燭，及原州倉穀，以充拔薦之費。十一月九日，選勝于法皐寺之山東，茶毗禮乜。是時人祇憯慟，天地晦冥。鳥獸悲鳴，峯巒慘列。有情無情，皆感德之終乎。上追嘉軌範，敢弗標題。欲使刊黃絹之辭，樹貞珉而不朽。煥赤髭之躅，流歷代以長存。爰命鯫儒，俾甄鴻烈。臣牛涔挍量，兔海寡能。謬奉綸宣，罔由碁讓。挹其風而紀其德，雖堅匪石之心。膚於學而拙於才，自愧無錢之手。輒將狂斐，但罄捧培。謹爲銘曰：

妙法奚自，能仁所宣。西軋首出，東震臚傳。諦分眞俗，理應機緣。機迷歸正，憑實假權。其一

大敎既周，群生胥悅。恵日流光，岸谷皆徹。慈雲灑潤，蒿蘭不別。去聖逾遙，遺風欲絕。其二

其誰紹者，唯我尸之。誕鍾赤氣，端迎明時。辞親割愛，捨素從緇。釋林蓴鳳，靈囿蓍龜。其三

懇發菩提，口修般若。內究空宗，外工儒雅。品匪地前，譽魁天下。福智相嚴，比倫蓋寡。其四

戒賢再出，無著重生。德瓶恆滿，心鑑轉明。來門錬行，藥闥馳聲。瑤皇請益，賨世□榮。其五

爲萬乘師，合諸天道。普祐邦家，永堅懷抱。崢嵗阽危，圜封告老。廬皁于歸，高年是禱。其六

身雖不漏，命也云亡。醍醐輟味，薝蔔歇香。筌宰茹歎，暗斲胏腸。黎夷軫慟，如喪爺孃。其七

吁哲弟之蜂屯，感遺言而孺慕。甄北沒之先芬，勒南刊而後諭。儻海塞以河湮，或人新而代故。庶淑德與雄名，恆將來而有裕。其八

祕書省陪戎挍尉臣李英輔大匠臣張子春等奉宣刻字

碑陰記

高四尺七寸，廣二尺三寸。下截拓本，不足十四行，行存三十字。正書。

故法泉寺主智光國師碑銘後記如左

玄化寺主僧統韶顯俗離寺主王子僧統釋竀首座慶玄三重大師釋缺大師灌雲弘諦占穎融保高幹継相僧鎧眞占尚賢承覺同壽祐翔雙炤秀穎缺釋稱定神覺明冠僧元㝈右賢翫如釋□覺支尚之釋雲邦蘭甫賢釋淋證祥缺釋因稟宗祐承眞領眞鑑世梁等一百三人，大師賢蓋忠㝈等一十七人，大德缺定支眞保等二十二人，受教継業者也□□□僧錄先亮重大師玄占慧宗梁缺濟廣碩慶忠念忠心月應謂敏成慶調元崇元釋等二十八人，大師義雲釋外缺爲顯等二十三人，大惪崇器暹月弘學均善等二十五人，隨職加階者乜重職缺惠燈弘範等一千一百餘人，慕德歸化者乜首座釋虬法雲三重大師占先爲缺現宋光重大師昇炤成現継言安銳道生講雲利眞大師暹現周現神暢貫成缺大德周蘭秀屺單職眞㝈等五十二人，先後師而沒世者也。

右件門徒開座職名彫錄施行

承奉郎尚書都官郎中賜緋魚袋臣安民厚缺

大安元年歲在乙丑仲秋月日樹臣李英輔臣張缺

《海東金石苑》卷六。《遼金元石刻文獻全編》，北京圖書館出版社。

高七尺四寸，廣四尺。四十三行，行八十字。正書。額題贈謚智光國師玄妙之塔碑銘，篆書。

《遼高麗金山寺慧德王師眞應塔銘》臣聞釋氏出世立敎也，爲化羣機，故其言有權實漸頓之殊，豐滿偏圓之別。繇是五天高士，諸夏名緇，墮□墮有者寔繁，宗性宗相者甚衆。惟性與相泯合爲一，而□□道□理者今□□□□師諱韶顯，字範圍，俗姓，李氏其先慶源郡人也。曾高以降，積累彌深。乃子乃孫，列鉉司而挺秀。爲姊爲妹，入椒壼以聯芳。王父諱

翰，光祿大夫同知樞密院事贈□□太傅尚書左僕射□□公，孝以克家，忠以許國。契先朝之際會，參顯列以回翔。象協六符，鵠立乎鈞衡之秩。慶綿七葉，翼飛乎閥閱之□。功與世而莫京，裕垂昆而不絕者焉。顯考諱□□□太師門下侍中□□和公，以文章擢御簾高第，有籌略，爲聖域聞人。力賛萬機，首居四輔。豈止伊尹作殷家右相，天下取以保安。孔光拜漢室三公，海内畏其威震而已哉。外祖諱□□□侍郎平章事□□王室名臣，守誠節以不渝，歷夷險而一致。出則秉旄杖鉞，四方無擊柝之虞。入則論道經邦，萬乘有垂裳之暇。其世家遠系，信牒備言，故略焉。

妣金氏□贈雞林□□□□□□□□□四德，蔚爲公族之嬪。繼念三歸，求得法王之子。果蒙應也，乃有娠焉。以大平紀曆十有七年歲在戊寅七月哉生明，誕師于□□南佛嶺之私第。師生而□異髫齔□□□□□□□□□□勁其骨，黔其膚，若應眞之相也。年甫十一，就海安寺麟公所落髮。麟公即故法泉寺國師，謚智光，諱海麟也。先是，麟公應詔入内，夜方三鼓，夢見瑞鳥，似鳳而紫□□□□玩深□□之和公攜師而至，請爲弟子。麟公見師猥雄傑而衣紫□曰昨夢□資之兆，豈誣也哉。初學《金光明經》、《唯識論》，夙殖聞薫，日新懸解。故麟公意甚多之□云賢哲之才後時□□□□桃李□□□發顯，故以韶顯爲名焉。明年，受具於福興寺官壇。炤世之戒珠自潔，匪假磨礱。出塵之心鏡本清，豈勞拂拭。于時麟公移住玄化寺，師嘗高栖絳帳，親受金言。則何異仲□□□□回善□□□哉。

清寧七年，赴王輪寺大選場，一捷爲大德。咸泰五年，加重大師。洎乎六年夏五月，文宗金輪召統，玉扆凝休。廣斯文而既致化成，向彼佛而兼脩喜捨。聆師之才□□□眷□□□延德宮弟六王子，投師門而出家，即今俗離□法住寺住持導生僧統是也。是年十月十四日，上幸師之所隸玄化寺，齋佛僧以慶之，仍賜磨衲袈裟□□七年□住海□□□□□師。太康五年秋，上命有司於內殿大張法席，請師充說主者，爲大宋回使利涉大洋故也，仍加普利二字。爾後累加□十六字爲法號者，皆所以旌其德行也。是年，詔住全州金山寺，加首座。是歲，文宗升遐，順宗嗣位。未幾而又崩，即宣宗承纂之元年也。上以端拱無爲，坐見中興者，豈非師福利之功耶。下批着爲僧統，其時師年四十七也。始師爲□□□□僧統位由德進，不其偉歟。矧國初已來，凡爲苾蒭者，非有年德，罕能居此職。而師以壯年見擢，緇素榮之。又其年，上命師移住玄化寺，仍於開國、慈雲兩寺選場，再爲都□□□□□會泊大藏道場，主張講席，并蒙賜法服者，其數非一。

師降眞戚里，作主空門，其儀也粲然可觀，其志也確乎不拔。凡所爲事，有異於人。嘗在燕居少選閒，手無釋卷。每於講會一□次，足不□物。以思恭或誨人而忘倦，故得趍廊廡者，崐琮藍璧，盡是殊珍。侍瓶盂者，孔羽翠毛，無非嘉瑞。大寂之學徒累百，智□之聽衆盈千，豈可同日而語哉。

大安初，師以手抆《唯識》，開□意四卷□□初失其本，積有年矣。既得之，尊尚者衆矣。師曾於金山寺選勝于寺之南，走六十許步地，創成一院，額號廣教，仍以□雕經□置于院。院之中□造金堂一所□繪盧舍那及奘基二師象□□其堂。自大康九年至師之末年，搜訪慈恩所撰《法華玄賛》、《唯識述記》等章疏三十二部，共計三百五十三卷。考正其本，募工開板。私具紙墨，印造流通，以廣法施也。謹案大宋《高僧傳》云，□□□識開創之祖，基迺守文述作之宗。奘苟無基，則何□張其學乎。是知凡將入於性相義門者，捨慈恩之學，則罔臻其極矣。◇自唐文皇及新羅王表請宣送《瑜伽論》一百卷，於是□□□漸盛于玆土。曁乎曉法師蘖之于前，賢大統踵之於後。燈燈傳燄，世世嗣興。然而去聖寖遙，遺文訛舛者多矣。師常疚于懷，以其祖門章疏大行於世，使學者知本宗之有坦途□□□□□曉賢而方軌齊驁焉，可勝道哉，其光揚本教也如此。復於傳法之□，雅好仁義之術。博覽經史，至于詩篇筆札，靡不精究。爲人歎詠者，往往有焉。故於首座告身□內□師明訓領徒□□□□結詩社於江山，其才兼外學也又如此。

師以爲欲資盛果於未來，莫若植囙於現在。上生懇願，遠則追無着之蹤。內院脩行，近則慕基公之躅。廼□願逐月畫成慈氏□像，每歲取□□□□集徒侶禮懺歸依。及明，設齋施嚫以罷席。自大康元年乙卯至壽昌二年丙子，首尾凡二十有二稔，而止太康末。宣宗聞其事，特賜諸般彩畫并御書□通其書□當來不□□□盛會，謹隨喜吾師功德。其於月日下國銜稱弟子，有以見師心奉法繼□脩香火之緣□□飛文隨喜賜丹靑之

□，苟非願力甚深，何宸襟信重之如是耶。

師居玄化寺□□□□完補爲急務。尋具狀聞，上可其奏，仍置繕理官。大安已肇其役，壽昌丙子畢其功。締葺宏模，雖因舊址。莊嚴勝概，宛若新成。師又於中□本宗諸□施納淨財□設每年兩度□會□□□名手畫成釋迦如來，及奘基二師、海東六祖像都□幀，各安于其寺。欲令義學者，覩像生敬，自敬生信，自信得慧，日以勸焉。元年乙亥冬十月，聖考肅宗□襲宗□□□□□□□召師爲法主，講《仁王經》者，祈天祚業故也。

洎二年十二月十八日，師於寺之奉天院，深夜看經次，有斯疾。既以聞，即遣御醫診視之。未回，續差中使押送尚乘鞍馬，施納其寺，以□□□內侍少卿池澤厚至，奉傳聖旨，余欲封師爲王師。師頓首言，德薄行庸，豈堪聖獎。夜將深，嚼楊枝漱訖，念彌勒如來名號，洎□□願□與門弟子囑累，蕩蕩然無憂色。中夜更□□□□先一日，白虹夜見，識者以爲師終之讖也。山僮野老，無不號咷。走獸飛禽，互相悽慘。遲明，以入寂聞。上乃震悼，遣內奉御王擬吊慰之。翊日，命右街僧錄繼通攝司天監左諫議大夫金抗等，賷持璽書，封爲王師，謚曰慧德，塔號眞應。幷贈紫□□□象等，監護葬事。二十七日，遣使尚書右僕射陳謂使，副尚書左丞地繡袈裟，洎諸衣□噐玩茶香等物。□申□□未荼毗于寺之西南隅。明年正月旬有一日丙申，遷葬于寺之西北隅，安其骨，遵像法也。

嗚呼，毗尼園內，始則現無生之生。跋提河邊，終則示不滅之滅。其飾終也自初七洎二祥，凡十齋，所□給其在朝廷也，猶若是焉，况其門人乎哉。時有祐聖僧統，實華嚴之宗匠也。聞師之卒，方盡哀而致祭。其文略云，方期沒齒，交臂明眞，今也即亡，吾誰與親。其他宗之見重也，皆是類□□□大師慧珍度海而來，屬于師之講下。珍之於師也，欣然如舊相識，居兩年矣。無何，先於師二旬而滅。其滅也，結跏印手而坐，蓋出於尋常焉。其爲遠人依慕也，又如是類。其□累朝□□□□□他等避繁，故不書。及諸貴臣盛族，豪商大賈，各盡其所可爲而致敬者，無虛日矣。俗壽五十九，夏臘四十八。

粤有門弟上首菓生僧統而下，凡一千餘人等，狀先師者，灑涕伏□□而奉其言□於珊兆，空知哀慕。勒龜趺於實界，願永傳聞。爰□下臣，俾揚遺烈。臣表讓云，臣本惟孤陋，加以老衰。况無賈勇於操觚，□□□辭於寫琰。□回中旨，移授通人。仍降制曰，以□□□□□之景行，勿煩曲讓，勉旃直書。既阻示於都俞，敢不顯於論譔。文非□質，然慙作者之□。道可強名，庶續高僧之史。摭其□□，謹述銘云：

能仁出現，爲大因緣。度衆生界，說諸教詮。或云權實，或云偏圓。起從西域，漸被東壖。其一

祖祖闡揚，師師提唱。談有談空，曰性曰相。苟泯二邊，有何偏尚。其誰融通，唯我宗匠。其二

萬行□儀，生而□闕鷲嶺，譽藹龍墀。應王臣護，爲帝子師。聖牆疊仞，覺樹添枝。其三

締構梵宮，莊嚴佛□。日振法衣，講宣微旨。請益如雲，攝齊成市。道豈遠而，行之即是。其四

欲圓妙果，須種善芽。亻□桂□，□□闕如水月，□也河沙。年踰二紀，念茲靡它。其五

廣敎起院，購書周遍。多葉鏤文，貫花增線。法雨均沾，慈風益扇。擬彼曉賢，重生辰卞。其六

對扆命筆，探景成詩。垂露騰於碧雲，騁奇□之所感。亓□□闕□滿證爲期。其七

白虹告祥，雙林變色。奄促化緣，復歸淨域。大君澍恩，微臣叙德。刻以貞珉，流美萬億。其八

校尉臣李孝金□□奉下渤

《海東金石苑》卷六。《遼金元石刻文獻全編》，北京圖書館出版社。

高七尺五寸，廣四尺五寸。四十一行，行約七十三字。正書。額篆贈謚慧德王師眞應之塔碑銘，六行，行二字。

《普賢寺碑陰探密宏廓二祖師記》 道人向眞、弘侃、賢載、均善、慧炤、演眞、慧觀、應眞、應如、辯雄、暢禪、覺隣等承稟敎訓，相繼住持者也。

明月、元傑、玄悟、慧紹、思慧、善修、資妙、尙俊、探雄、惠探、進元、善應、宗幹、承亮、志圓、顯心、雙妙、南正、眞幹、郎明、暢英、智俊、義貞、令宣、連景、法英、正心、宗惠、霊祐、證元、證明、

宗賢、善清、淸悟、敎資、淸湛、道訓、志堅、令沖、勝聰、俊悟、德沖、守英、尋奥、善元、延壽、淸鋭、玄覺、敎南、暢明、善沖、演元、麗賢、義明、□哲、英悟、釋眞、資元、一如、釋明、□□、眞悟、延妙、義麟、紹觀、善謙、均悟、曉觀、戒元、順隣、覺融、介麟、資敎、善慈、惠知、一先、應觀、惠珠、元信、志南、善含、了空、覺崇、惠先、惠哲、元悟、始覺、億元、戒宣、勝麟、霊彦、定猷、承詧、妙元、應均、含英、尚宗、堅一、霊俊、稟觀、惠雙、彦流、堅信、應先、惠平、覺惠、惠元、智詵、甫元、資均、道惠、之玄、洪敏、義均、玄俊、義宗、霊炤、義可、道宗、了非、了元、霊順、德明、廣崇、昇貫、智□、尚謙、曉宗、承誨、惠如、信□、釋龍、彦清、勝宣、洪俊、惠覺、信先、明戒、成貫、法明、令湛、明大、悟如、演資、善昌、戒升、理景連、理紹、信緣、學初、志良、道賢、祐清、令均、惠良、之赫、彦升、明奥、僧彦、智超、至悟、性眞、承弼、貫清、義赫、神正、資觀、□、義雲、信元、令如、善予、思泉、法惠、宗鋭、海賢、道□、惠敎、至明、景升、之一、崇彦、元炤、洞觀、智如、理心、志修、元道、成□、宗謙、信全、道常、惠然、元清、學眞、性賢、彦卿、道雄、善嚴、彦雄、存正、惠移、學觀、彦猷、誠善、惠牙、正林、特賢、令惠、祐□、義龍、尚賢、宗輔、信守、道均、彦資、學妙、義香、元實、惠思、順心、彦立、勝謙、惠敏、景夫、承曉、正解、性延、信賢、義仁、處□、彦宗、處元、彦升、令周、惠夫、定常、師南、善學、彦惠、謙常、勝延、義池、智宗、承延、惠幢、光善、彦實、彦赫、學純、景□、□□、里奕、惠謙、惠澤、智清、性良、義延、彦素、彦寛、令必、順思、炤南、景素、戒香、景南、寬義、日初、順資、應南、□南、令南、惠嚴、學沖、俊胥、義俊、道碩、釋連、惠明、理若、孝長、彦南、瑩然、性潭、性胥、處神、學英、存義、俊赫、宗必、惠赫、承敏、彦常、正先、純悟、信南、連祐、開惠、俊少、惠心、性赫、達惠、道清、學連、惠妙、少賢、信良、日升、景崇、玄義、承實、炤玄、順仁、日沖等，助揚法化者也。

　宗幹、宗惠、覺融、性覺、善含、尚謙、惠覺等，募集衆緣，助成大事者也。

右件門徒科第彫錄施行

時大金皇統元年歲次辛酉七月日立

文林郎試尚書兵部侍郎兼東宮侍講學士賜紫金魚袋臣文公裕奉宣書

王輪寺大師慧參刻

《海東金石苑》卷七。《遼金元石刻文獻全編》，北京圖書館出版社。

高六尺，廣三尺。二十一行，行四十二字。行書。

《元高麗法住寺慈淨國尊碑》　臣謹按釋氏典，佛出世一大事因緣，騰之於口曰敎，融之於心曰禪。禪或可以心傳，敎尤難於口演。能口講而演義，開發後蒙，爲內三學都壇主，惟慈恩大師□已。師諱子安，後因夢感，改彌授。俗姓金氏，系出一善郡，考皇漢碑追封奉順太夫典客令。妣皇文氏公進之女，追封和義郡夫人。離胎未數日，母遷，隨姊氏以□成。年甫九歲，始就師學《詩》《書》，一聞輒頌，聰敏絶倫。十三，投元興寺宗然堂下剃度受具，習經論。十九，登選佛場上品科，得住國寧寺。二十九，拜三重大師，主講《唯識論》，□宗耆師碩德，咸執經座下，共歎稀代之彦。弱齡博學，荷擔宗乘，爲一時標準。以三重主法，前古未曾有，而師爲之。

　二住熊神寺，別批爲首座。三住莊義寺，又加僧統。四住俗離山法住寺，詣殿下，申聞下山大將軍金子廷出傳王旨，末法大宗匠，曠劫難遇，請撰經論章疏，流通於世，開蒙後進。自承命已來，手不釋卷，講論無閒暇，弘揚一代敎爲己任。撰述經論之解，凡九十二卷。五住重興寺，至太尉。大王即祚之年，戊戌五月，下批爲釋敎都僧統，重興寺住持行智圓明大師。六住瑜伽寺，上之在燕都也，尤信嚮《大般若經》，令宿衛臣僚，常夜頌之。由是殿下一行，皆頌《大般若經》。嘗一日於上國講主請釋《難信解品》，諸講師云，此無釋解者。上遣使於師，請撰解，又請述《心地觀經記》，皆即疏記，附使封獻。諸講觀止，爭相讚美，服其稀有，上心益加崇信。

　七復住莊義寺，戊申四月，下批爲大慈恩宗師，開內三學都壇主，大莊義寺住持。五敎都僧統，廣智妙辯佛覺普明大師，開內三學都壇主七字□□□受。己酉，爲崇敎院敎學。癸丑，下批爲大慈恩宗師三重大匡兩街都僧統菩提薩埵摩訶那伽國一大師，祐世君，別頒一品俸祿。甲寅首春，延慶宮百八萬齋僧日，上手獻兩街都僧統新鑄印。乙卯，封爲內殿懺悔師，三學法主，德慧圓證藏通玄辯國□□師命立懺悔府，别鑄銀印，專管僧政。始差五教二宗，六議寺舍。丁巳，加封佛海澄圓弘慈廣智大導師。戊午，備法駕，邀入大旻天寺講院，講三家章疏。辛酉，以□□寺爲下山所，又移住桐華寺。甲子，封崇爲悟空眞覺妙圓無礙國尊。乙丑，復住法住寺。

至丁卯十二月吉旦，命入室修書上主上，封印付尚州牧使金永煦重封，日將晡，蕭然坐逝。至八日，茶毗于寺之西北□□塔于珊瑚殿東隅。享年八十八，受臘七十五。師爲人略無緣飾，因性循理，□道而行。居常以寅粥午飯，度日過中不食。凡住重興寺十八年，不因邀請，一不踐權□□門，日繙海藏，內書經論，無一不貫穿。乃至餘事外□亦皆涉獵強記，學不猒，敎不倦，恆存誘掖後進之心。雖末學童蒙，請講某經論某書，懽然隨請即講，不問□□酷暑，居處便否。因以四方學者，雲從霧集，冀蒙餘潤。一國公卿士大夫子弟之志□學者，多出堂下，平生事業率如此。上聞訃悼惜，差官庀後事，贈謚慈淨國尊，塔號普明。今上膺內禪之元年秋八月，門人慈恩敎觀元興寺住持都僧統大師居玄，祇□寺住持圓智大師行英，天神寺住持通玄大師沖瑞，玄化寺住持慈眞圓□□□□等三百一十四人，賫師行狀，申乞載珉，乃命小臣文之。臣叔琪聞命恓惶，不知所裁，屏營隕越之至。謹輿卜□稽，爲之銘曰：

法王出世，如優曇花。心燈外燭，智鑑內磨。主張三學，福利王家。七十五臘，霈慈恩波。宗□浮界，歸覩史陁。玉立白塔，青山之阿。骨藏不露，名震瑜伽。命臣勒石，文拙無華。濡毫當撰，周憚孔多。

至正二年壬午九月日門人大慈恩宗師傳慈恩敎觀五敎都僧統重興寺兼天神寺住下闕

明國一大師三重□□□世君　道卓　住持慈明眞覺廣敎大師　坦起等上

《海東金石苑》卷八。《遼金元石刻文獻全編》，北京圖書館出版社。
石高六尺四寸，廣三尺三寸。二十七行，行六十四字。正書。額横列俗離山法住寺慈淨國尊碑，篆書。

《元高麗林州大普光禪寺重刱碑》　昔三韓大浮啚圓明國師謝絶世榮，歸求其志。高麗國王遣宰相張沆，追及於林州。□故有普光寺，溪山幽勝，耆宿惠湛、達閑等，與尚書田冲用，遮留國師於此。其門人三千餘指，室屋不足以容。楊廣道按廉崔君玄佑率其官屬，謀爲增葺。遠近聞風而至，施者雲委。僧僚賓舘，倉庫庖湢，無不畢備，爲屋凡五百間。師之伯氏判典客寺事致仕金君永仁仲氏，重大匡平陽君永純，感激發願，家童百□，有田百頃，歸于寺。久之，蔚然爲大道塲矣。其後師示寂，謂其徒紹珠、惠因等曰，寺既重新，汝等以勿散席，甲乙而主之。於是□徒以受師志，相繼無窮也。因都城禪源報恩禪寺住持宏演來求書其事，宏演之言曰，吾少也受經茲寺，紀述之託，誠不敢後。於是從宏演得師之始終，而幷書之。

始諱冲鑑，字絕照，號雪峰。髫齓時已不茹葷，與羣兒嬉戲，以帛製伽黎衣爲佛事。稍長，稟命父母，祝髪於禪源寺，禮慈悟國師以爲師。年十有九，入選，登上上科。一旦喟然歎曰，雖復傳持十方，如來清淨敎理，如恆河沙，乃益自劳，若脩無漏果。乃舍所事，即拂衣遊諸方。宿留吳楚，聞鐵山瓊禪師道行甚高，迎之東還。師執侍三載，瓊公甚期待之。及瓊公辭歸，師主龍泉寺，始取百丈海禪師禪門清規行之。後住禪源寺者十有五年，弘楊宗旨，爲國矜式。其來普光也，寔再紀至元之二年。越四年八月二十有四日，將入滅，戒門人毋立碑造塔，遽沐浴更衣，跏趺端坐，紹珠進白諸和尚，爲衆說法。師曰，末後一著，汝等有分薦取。言訖，翛然而逝。世壽六十有五，僧臘五十有八，生前至元之十有二年乙亥乙酉朔，辛酉日也。余嘗論佛氏之學，西出於天竺，乃不遠數萬里，被于東海之表，何其盛哉。而其卓然樹立，如圓明師者，宜其敎之益昌而益明。若普光之寺，世□以師爲楷，則尚惡有隳廢之時也耶。庸叙次之，而系以銘。其辭曰：

高麗開國三韓墟，滄海浩渺連東吳。西詹身毒久天隅，何年貝多傳梵書。學者悟明心地初，瓊公飛錫來此都。圜明國師侍起居，曹溪正宗湏力扶。一言妙契萬念除，謂有非有無非無。死生一致不可渝，普光大刹鳴鍾魚。金碧炫晃雲霞鋪，翩翩學者承風趨。優游食息明眞如，精藍欝欝師已殂。勒銘紀述昭楷模，乾坤清夷化日舒。

至正十八年戊戌六月日

門人等立石
刻字懷正

《海東金石苑》卷八。《遼金元石刻文獻全編》，北京圖書館出版社。

高七尺六寸，廣三尺五寸。二十八行，行四十六字。正書。額題高麗林州大普光禪寺碑十字，篆書。

《僧世賢買地券》　維皇統三年癸亥歲五月朔丁巳七日癸亥，高麗國興王寺接松川寺住持妙能三重大師世賢歿故亡人，乞人前一萬萬九千九百九十文，就皇天父、后土母，社稷十二邊，買得前件墓田，周流一頃。東至青龍，南至朱雀，西至白虎，北至玄武，上至蒼天，下至黃泉，四至分明。即日錢財，分付天地神明了，保人張陸，李定度，知見人東王公，西王母，書契人石切曹，讀契人金主簿，書契人飛上天，讀契人入黃泉，急急如律令。

《海東金石苑》卷八。《遼金元石刻文獻全編》，北京圖書館出版社。

高一尺三寸，廣一尺一寸四分。十行，行字不等。正書。

《洪圓寺僧統教雄墓誌》　洪圓寺住持悟空盡性性圓圓證正覺出纏了性見性通炤正觀寂炤法印超悟僧統，諱教雄，字守雌，俗姓康氏，雞林屬郡章山人。考貞白，祖貞攝，母周氏，父周碩，皆郡吏也。師爲人聰敏，器識拔群。年十二，投歸法寺大師戒明祝髮，於其年受具足戒。比壯，就僧統理琦門，樞衣請業，凡學者莫敢與爭能。崇寧二年癸未，赴僧選，一中高弟。其志尚不願顛寘於名路，超然□無礙智國師遊太伯山，遂以盡一性之宗，窮萬相之理，而名益著。屬仁宗以至誠嚮內，問可使弘揚聖教者誰歟，無礙智國師薦之曰，莫如師。由是仁宗甚厚遇，而當時公卿學士大夫，亦莫不敬重，實華嚴一宗匠也。其玄風勝益，所以薰發動植者，豈可思議哉。然達人顯晦，唯變所適，故天德五年四月八日丁卯，卒于興王寺樂寂齋。十四日癸酉，依本教荼毗。越五月十四日壬寅，葬遺骨于進奉山東南麓。春秋七十五，僧臘六十三。門弟三百餘人，皆欲其成德之不朽，誌其墓曰：

普賢行海，浩浩無涯。惟師游泳，物無不滋。文殊智燈，旁燭無外。惟師排明，盲瞽皆會。惟師之德，至大至剛。惟師之壽，死而不亡。門徒三百，墳以葬霊。惟師乃宅，既安且寧。

《海東金石苑》卷八。《遼金元石刻文獻全編》，北京圖書館出版社。

高一尺五寸八分，廣二尺零八分。二十九行，行十四字。正書。額篆□洪圓寺僧統墓誌。

《僧之印墓誌》　大金正豐三年秋，廣智大禪師卒，其門人請予誌其墓甚勤，辭不獲已，乃爲之辭。師諱之印，字覺老，自號霊源。叟考聖祖睿王，母殷氏，爲王之媵。以契丹乾統壬午夏六月二十六日，誕於私第。師生而岐嶷，不喜葷血，體貌言音，酷似睿王，睿王鍾愛之。年九歲，命投慧炤國師，祝髮學禪那法。道機夙成，若天稟然。年十五，中佛選。己亥歲，詔住法住寺。丁未歲，拜三重大師，實仁廟在宥之六年也。壬子秋，加拜禪師。師既得重級，猒其藂華，上書請避住持事，寄身林越。上曰，以道處之，市朝即是青山。乃阻其請。及今上即祚之二年丁卯，別降枇墨，加大禪師。己巳年，上以御札，親灑法號廣智，叢林衲子，无不歆艷。師以謂饕寵而居，非衲子意，乞歸所住智勒寺，上亦不許。己亥歲，以鈴平金剛寺距京不遠，可以託身，乃往居之。上每遣中使餽問，无日无之。師恨其山淺，以丙子春，卜朱溪縣裳山小寺，即欲遯去。上知之，遣近臣徐淳固留之，優加奬諭。師乃留數月，至夏五月，更煩訴，乃遂其請。居无何，上詔赴京師，師牢讓不起。丁丑年，上又遣近臣徵之，辭不獲已，來赴闕下。賜對壽德宮大平亭上，玉色親臨冥示，慈恵寵眷甚渥，无與比者。自法住至智勒，坐道場者五，師之語要，具如別錄。

師器識宏遠，禪學外兼該教觀，又善屬文，尤於古體詩得妙。平生接人，雖至踈賤，必與之鈞禮，以故人皆願爲弟子。雖殊方絕域珍寶，人或求之，即與之□，方丈蕭然，餘經書圖畫尔。嘗以服玩餘貲，營轉輪大藏於雙峯、智勒兩刹，其功德不可殫記。

越戊寅秋七月，遽嬰足疾。八月四日，疾病，剃沐更衣說偈，將欲化去。問是何日，門人報辰日，師曰辰巳爲俗所忌，吾當避之。至十二日，又作偈示衆曰，吾生五十七，返本是今日。性宅周沙界，蘧蘆寧寄質。偈畢，翛然長往。火其柩於鈴平山之西麓。享年五十七，臘四十八。是年冬十一月二十八日，藏其骨于朝陽山之東麓，禮也。其銘曰：

曹溪鏡裏，无一點塵。得其妙明，能有幾人。緊我廣智，密契玄眞。叢林仰止，如星拱辰。爲時之瑞，如五色麟。猒世而去，翛然蛻身。醍醐无味，薝蔔□春。歲月漸遠，草木蓁蓁。恐其偉蹟，遂湮而淪。兹用作誌，勒于貞珉。

文林郎試大廇丞兼翰林院林宗庇撰

《海東金石苑》補遺卷三。《遼金元石刻文獻全編》，北京圖書館出版社。

高二尺四寸七分，廣三尺四寸七分。二十八行，行二十至二十二字不等。正書。

《僧智偁墓誌》 霊通寺住持通炤僧□智偁，字致原，南原人也，俗姓尹氏，其祖父皆郡吏。師幼而好浮圖道，落髪爲僧，謁洪圓寺住持僧統教雄師事之。比年二十七，戊午歲，一中宗選。越□申歲，首住燈□□寺之南有巨海，漁人罩網，日夜雜遝。師始住之三年甲戌春，身自□□至今漁人傳以爲故□不復近寺矣。庚寅歲，除三重。乙未歲，受賜滿衲袈裟。己亥歲，加首座。庚子歲，受賜滿□□。丁未歲，加僧統。己酉□典領中玄。庚□歲，受賜滿繡袈裟。是□□月，會國家設百座會，以師爲空門□□，俾典之。辛亥歲，於内殿大藏道場，亦爲之首□□□領成福選。壬子歲四月，又掌宗玄。是月，始有□□之志，乃下捿三角山圓覺社□是後無所□□所爲如在正定，澹如也。是年十一月，以年八十，上章乞退。十二月戊申，終于圓□社。葬用辛酉，焚身。至明昌四年癸丑歲二月二十三日，移葬遺骨於進奉山南麓。門弟一百餘人，恐師之懿德湮沒而無聞，略記端倪，并附于墓。其詞曰：

師之德，正以直。寬有容，得未得。師之教，攝衆妙。惟後進，所則効。師之壽，老且耇。年八十，入無有。厥徒衆，哀呼號。礱兹石，附于墓。億萬年，長不竆。

明昌四年二月二十三日志

《海東金石苑》補遺卷三。《遼金元石刻文獻全編》，北京圖書館出版社。

高一尺五寸六分，廣二尺四寸八分。二十四行，行十七至二十五字不等。末二行無字。正書。

《遼高麗圓空國師塔銘》 恭聞佛道玄微，了一心而即是。禪源澹寂，與諸法以超然。得之者權實都亡，觀之者色空俱泯。而緣羣生見執，萬種差殊。非階漸無以發其蒙，非筌蹏無以到彼岸。縱靈羊挂角，難可追尋。猶師子嚬申，必須方便。故乃無謂有謂，不聞而聞。迦葉臆對于西乾，達摩臚傳于東震。付衣分座，或示信于衆觀。曲尺剪刀，或強名于諸諭。師師密授，符契尤諧。祖祖相承，綴旒弗絶。洎夫去聖逾遠，光靈漸衰。前覺者瞻之在前，後隨者瞠若乎後。鑿丘求井，都迷阿耨之宗。擿埴索途，盡昧純陁之理。自非空門拂士，季世畸人，將何存意遺言，能得其妙。應機適變，不恆厥居。紐大音之解徽，張倏綱之頹綱紀，其誰尸者，唯我有之。

師諱智宗，字神則，俗姓李氏，全州人也。父行順，抱義戴仁，履謙居寡。愷悌君子，常求福以不回。痾僂丈人，自凝神而有道。母金氏，鴻妻竝譽，萊婦齊名。和鳴美著于鳳占，蕃衍慶摽于淑詠。嘗夢金刹一竿，上揆雲端。有庬眉僧，舉手指之曰，此大威德，你可護持。因即有娠。欲臨彌月，手勤香火，口絶葷腥。脩胎教以惟精，契産經而載誕。師呈姿岐嶷，稟性英奇。爰從襁褓之中，便是風塵之外。松生徑寸，先知搆廈之材。江出濫觴，預識涵空之量。年甫八歲，強抛跨竹，擬駕眞乘。忽罷弄璋，思探法寳。會弘梵三藏來寓舍那寺，踵門而詫，乞主善爲師，便合投針，容令落髪。方依隅座未換，籥灰及梵。尋泛大洋，卻歸中印。既弗同舟而濟，固當送往事居。轉奉廣化寺景哲和尚，更展攝齋，常勤受業。則能師逸功倍，人十己千。青出于藍，其色逾過。石投于水，厥深易臻。衆謂耇成，誰云幼學。

開寶三年，稟具于靈通寺之官壇。瑠璃戒行，三業已清。菡萏慧心，六塵難染。嘗過社省之，有青衣誤取肉櫃中所貯米而炊，俄自顛蹶疾悸，而曰，我是山神，護此上人，汝豈容易弗潔其味乎。聽者驚恐，爭加禮重，其靈驗多此類也。廣順三年，造曦陽山超禪師。時有侍者僧，灑掃法堂，少許地不受水。超問曰，有箇處水不著，你作麽生。僧無對。師代曰，更不要灑，一任掃地。超公乍聆善應，深識道存。謂若醲箴一言，阮瞻三語。因成偈頌，用播褒稱。美價繇是頓高，宸筵以之咸服。

屬顯德初，光宗大王立皇極，崇法門。徵雪嶺之禪，俾伸角妙。選丹霞之佛，明示懸科。師雄入議圍，首探理窟。雜疊雙之絶藝，彰累百之高名。于時因用夏變夷，正契車書之混。陟遐自邇，競追汗漫之蹤。凡是同年，盡遊西國。而獨知足之足，念兹在兹。靡過虎溪，卻爲牛後。未幾魂交故證眞大師曰，弗登山何以小魯，弗觀海何以狹河。事既如斯，汝宜往矣。師覺曰，昔者常啼東請，由聽於神人。善財南求，蓋親於知識。今則時非可失，理與冥符。雖云道阻且長，爭敢人涉卬否。六年夏，徑臻轂下，仰告征期。光宗聞入洛之言曰兪，懇請詠于鄘之什，親置餞筵，既叙暌離，爰遵跋涉。

擊扶搖於九萬，鵬翼橫天。經浩渺於三千，馬銜息浪。得達吳越國，先謁永明寺壽禪師。壽問曰，爲法來耶，爲事來耶。師云，爲法來。曰，法無有二，而遍沙界，何勞過海，來到這裏。師曰，既遍沙界，何妨過來。壽公豁開青眼，優待黃頭。便解髻珠，即傳心印。故得入親近地，修對治門。時時止飽於醍醐，更無他味。日日唯聞於薝蔔，不雜餘香。黙識玄同，神情朗徹。峻豐二年，漸次抵國淸寺，膜拜淨光大師。光亦開連榻，靡間升堂。思欲伯喈書附于王生，重耳經傳於尹令。尋以大定慧天台教授師，師是彝是訓，如切如磋。那同八月之春，似待九年之妙。雖曾宿覺，尙籍時勤。

開寶元年歲杪，僧統知內道場功德事賛寧、天台縣宰任埴等，聞師精研慧刃，足可屠龍。敏發玄機，宜堪中鵠。高山仰止，異口同音。請於傳教院講《大定慧論》幷《法華經》，師率意而從，當仁不讓。以爲行商告倦，闔示化城。蕩子祛疑，頑開寶藏。矢在弦而旋發，刀引鏡以且成。徐陟猊臺，乍麾麈柄。對三根而賈勇，論六慧以抗稜。足使如堵而觀，折牀而聽。荆渚九旬之講，厥風晟然。南徐百日之談，其塗轂矣。既而睡見本國有寶塔橧天，自繫繩挽之，塔隨力俯仰。又申感故證眞大師曰，汝能得意，胡莫詠歸耶。乃謂動在隨緣，濟無臭載。若悟式微之戒，遄迴不係之程。

三年攘袂而興，泛盃而渡。已叶易東之志，人稱居右之才。□光宗視以羅什如秦，摩騰入漢。益厚優賢之意，彌敦獎善之仁。初署大師，延請居於金光禪院。末年加重大師，施磨衲袈裟。自後衆所具瞻，滋多兼濟。雖玄玄之趣，桃李無言。而悱悱之流，稻麻成列。名高㠋壘，譽邁崆峒。歷代寶之，他皆倣此。故至景宗踐祚，除三重大師，賜水晶念珠。成宗朝，遷住積石寺，號爲慧月。淳化中，以特飛芝詔，迎入藥宮。請啟高談，冀聞妙義。寧効少林之觀壁，且同宣室之話釐。載寤宸襟，優承寵貺，仍受磨衲。蔭脊穆宗，繼承先志，亦締勝緣。顧鶴儀而暫不曠時，垂鴻霈以略無虛歲。累加光天遍炤至覺智滿圓黙禪師，贈繡方袍，兼以佛恩寺、護國、外帝釋院等，爲住持之所焉。

曁今上應一千年昌運，奄撫神圖。轉十二行法輪，恢弘像教。召義龍而雲羅，呼律虎以風騰。崇授大禪師，請住廣明寺，進法稱曰寂然。開泰二年秋，有詔曰，朕聞上從軒皇，下逮周發。皆資師保，用福邦家。斯所以崇德象賢，亦不敢倚一慢二者也。今覩大禪師，識超劵內，心出環中。灑甘露於敬田，融葆光於實際。揔持至理，開悟衆迷，朕何不師之乎。羣臣罔有異辭，僉云可矣。乃遣亞相庾方，密使張延祐，執憲李昉等，續奉九重之命，往扣玄關。累伸三返之儀，蘄開絳帳。師以月讓雖固，天心不移。安能道隱無名，止合趣時貴近，遂因循而應之。然後上親詣，拜爲王師。仍獻金銀線織成罽錦法衣，器具茗餴等，數繁不載。故能禮優勝具，情極尸尊。方推請益之誠，勉盡質疑之問。日改月化，言聞斯行諸。師謦欬一音，言提萬行。簴洪鍾而待扣，響應有緣。臺藻鏡以忘罷，炤通無礙。斠定水而資帝澤，廓眞空而導皇風。其利博哉，爲弘濟也。則彼靈裕顯升，於國統誠瑣瑣焉。慧宗稱首，於頭陁是區區者。擬于此際，不可同波。越三年，又加號曰普化，皆所謂有大德者必得其名矣。

後以欻遘風痾，綿留氣序。十全參請，尙傳遺類之言。萬乘疚懷，頻致藥瘍之施。有親串謂師云，夫唯病病，縱曰聖賢，爲是栖栖，何親都邑。況垂暮齒，宜軫歸心。師聞之，聽然而笑曰，庸詎知安道先生與命期而始去，淨名居士因衆疾以且憂。苟未當途，那忙畏足。汝謂予自利耶，蓋欲利他之故也。天禧二年首夏，道之將廢，時然後行。振金錫以告辭，拂衲衣而長鶩。沙洲獨鳥，迢迢而飛入烟波。碧落孤雲，杳杳而旋尋洞壑。止于原州賢溪山居頓寺，方閑宴座，未及浹辰，奈因生也有駃，遽欲復於無物。是月十七日，病而彌亮，顧以眞泠。謂衆曰，昔如來以大法眼付諸弟子，如是展轉，乃至於今。今將此法，付囑于汝，汝當護持，無令斷絕。吾滅後，亦不得喪訃奏聞，有亂規矩。言訖示化。壽八十九，臘七十二。

是晨也，日慘熅焞，雲愁黯黮。髭髵之隊，亂叫乎山椒。鰲肌之羣，悲鳴乎巖窔。並顯颯然之變，咸興逝矣之傷。門徒慶充等，擗踴三號，分崩五內。莫問涅槃之樂，空誣聚崛之香。觀白鶴之林彫，安依芳蔭。卜靑烏之地勝，即樹閟宮。以其月二十二日，旋葬于寺之巽隅，禮也。上比及踰時，方聞遺占。念泥洹之何早，懷震悼以偏深。特降藎臣，代行禮吊。兼舉易名之典，用光傳法之門。贈國師，謚曰圓空，遂立勝妙之塔。因命豎儒，俾揚徽烈。臣也詞慙刻鵠，學謝溲鷄。性類族庖，本乏發硎之利。工非大匠，素憂傷手之譏。既奉頒宣，無由遜讓。披文相質，爭符賦客之言。變谷爲陵，庶續高僧之傳。甘同西笑，用効南刊。謹爲銘曰：

悟性爲佛，忘情曰禪。澹乎境界，離彼言詮。測不可測，玄之又玄。執繩易惑，摸象多偏。其一

迦葉矢謨，達摩肯搆。默而識之，於是乎就。祖祖奉揚，師師傳授。去聖彌遙，承基漸謬。其二

誰與復者，自有其人。天鍾正氣，岳降惟神。孤摽拔俗，偉度超倫。纔從丱歲，即慕弘眞。其三

朽宅罷遊，緇流染學。戒律嚴持，辯才卓犖。道在日新，心由宿覺。肄業精勤，存誠眞確。其四

遐踰淮海，直詣越邦。騰名講肆，寓目經窓。攻堅不輟，覩奧無雙。三乘載車，四衆皆降。其五

箭重迴舟，珠靈返浦。猶奚入秦，似孔居魯。宏敞法門，獨爲慈父。化洽彌天，仁霑率土。其六

曇花再豔，慧鑑重輝。五朝前席，萬乘摳衣。功周救溺，理極知微。汎若而退，侗然以歸。其七

疊嶂臥雲，幽溪漱石。猿鶴相隨，塵埃轉隔。志籍閑安，時當變易。命也非常，觀之自適。其八

無滅而滅，不終而終。釋網如實，宗林復空。龜碑乃斲，鴈塔斯崇。累更浩刼，長播高風。其九

太平紀歷歲在旃蒙赤奮若秋七月二十七日樹

臣僧貞元契相恵明恵保得來等刻字

《海東金石苑》附錄卷上。《遼金元石刻文獻全編》，北京圖書館出版社。

高七尺八寸，廣四尺八寸。四十一行，行八十字。正書。額題贈謚圓空國師勝妙之塔碑銘，六行，行二字，篆書。

《龍興寺重修大覺六師殿記》

竊聞白馬經來，赤烏僧至。聖教興隆，積有年矣。鎮古郡也，其勢雄冠山東。前臨滹水，背倚恆山。燕南趙北之雄藩，東魯西秦之都會。物生異寶，代出奇人。如臨濟普化，慈覺金牛，本寺鈔主通照大師千公，神州論匠之英傑，釋門絶學之上士，接武而興，是皆地位中人也，故天下目之爲選佛場。然列剎相望，而龍興居甲乙。至於寺興始末，閣建因緣。金銅像感應於宋朝，舍利塔呈祥於隋代。度地創基之日，天降異香。安楹定礎之時，花雨金屑。瑞氣呈彩，仙禽翥空。收花者生上善心，聞香者遙宿世疾。載於傳記，備如刻誌。昭如日月，即非所叙。

大覺六師殿者，宋元豐之創建也。罹金正隆，雖補修之，歲月既深，不無摧圮。迨我大元聖朝，萬物惟新。爰有金剛法寶上士摩訶膽巴師父，行符佛行，心實佛心。以慈悲爲本懷，以興修爲行業。捨曰金千兩，資□營建。仍命宣微大師僧錄整公、雄辯眞覺大師僧判安公二人董其事。暨提點講主輪公、寺主寶公，協力而贊成之。繇是智者運其謀，富者輸其泉。長幼竭力，左右惟命。量財計用，揆日興爲。廢者興之，欹者正之。故者新之，缺者補之。榱桷盡杞梓之材，礎甓極燕珉之美。飾以丹青，塗以赭堊。金粧聖像，彩會山龕。相好端嚴，曲盡其妙。規模制度，煥然一新。非向日之◇，可謂盛矣美矣，輪焉奐焉。其所費不啻萬金，皆出檀施。故役不告勞，功用斯畢。經始於至元己丑，落成於癸巳之春。然耆年宿德，無敢窺窬。舉意重修，眞覺之力也。一日，寺綱淨淵輩，踵門而請予紀其始末，欲刻諸石，以垂示將來。

予應之曰，崑崗隱玉，識者還稀。麗水生金，得人亦鮮。鳳之鳴也，稱賢之語誰知。琴之彈也，守正之音孰解。子既知音，復坐，吾語汝。有爲之法，必有生滅。生滅之法，如幻如夢，如影如響。雖剎那住，不久則壞。如斯福利，但是人天花報，非出世寶。果若等曷不發大心，而報佛深恩，胡爲區區於是哉。衆謝曰，我等智識淺暗，未達眞乘。然究佛之説則國王施主，父母師長，乃至衆生，皆報其恩。故知如來設教，不專立空玄，而盡捐世法也。方今聖上有弘護三寶之恩，令我等安身行道，蠲於賦稅，欲報其恩，其如興建伽藍，崇修殿宇，亦萬分之一也。而玆殿再興，誠金剛上士之心，整安二公之力。若不刻石以紀其事，恐千載之後，泯而無所考據，豈報恩之意歟。予聞而義之，於是乎書。時大元大德五年歲次辛丑九月也。住持講主定慧大師普淨等立石。

通玄妙辯大師眞定路都僧判　逺丹偏　勸緣
黄山石匠　楊玉　石秀　刋

碑陰

三十三行，行字不等，正書。

重修大殿外護功德主榮祿大夫甘肅省平章政事阿散相公　幷娘子撒的斤

駙馬位下都總管相公八都魯　幷娘子冉氏

管領怯憐口提領男善人李政慶　女善人趙政妙　女善人周澄慧　男善人澄妙　男善人澄智

闔寺廊下院僧衆，施工運力，頒名于后。

僧名不錄

粧鑾佛像，助營福業，輪財檀信花名于后。

妙行寺堂長尼祖廣，遇修大殿，覩境發心，遂將父母祖業，志道坊街南宅院房舍一所，布施常住，以爲恆產。冀父母以超昇，願自他而獲益者。

宣授諸路釋教都總統休巖　雲南路帖里馬亦哈剌不花　女善人謝氏　男善人孟宣　男善人姜伯源　女善人梨澄惠　女善人元氏

宣慰相公娘子忽都的斤　光祿相公娘子王氏　男善人魏駋　女善人張氏　女善人李氏

男善人李提領　男善人姜清　忽都魯娘子張氏　男善人孟清　男善人孟端　女善人杜氏　女善人梨澄喜

女善人搆氏　女善人趙氏　男善人哈剌不花　女善人王氏　女善人劉氏　女善人梨氏　女善人梨澄德

《常山貞石志》卷十七。《遼金元石刻文獻全編》，北京圖書館出版社。

碑高六尺，廣三尺二寸五分。二十四行，行四十六字。正書。篆額失拓。有陰。

大德五年九月立。今在正定府城大佛寺。

《祁林院聖旨碑》　長生天氣力裏

大福廕護助裏

皇帝聖旨，管軍的官人每根底，軍人每根底，城子裏達魯花赤官人每根底，來往行的使臣每根底，宣諭的聖旨，御寶成吉思皇帝月古歹皇帝薛禪皇帝聖旨裏，和尚每也里可溫先生，每不揀那裏係官差發，休交出者，只交拜天祈福祝壽者麼道。五臺山裏，有大壽寧寺裏，花嚴順吉祥爲頭兒和尚，執把行的聖旨，與來這的每寺院裏，房舍裏，使臣休安下者，鋪馬祗應休與者，倉糧商稅休與者。大壽寧寺但屬他每的大明川寨頭村裏，有的祈林院三尊佛，爲頭兒的下院，田地水例，薗林碾磨，店舍鋪席，浴堂解典庫他每的，不揀甚麼呵，遮麼是誰，休倚氣力奪要者麼道。這和尚每倚着聖旨，麼道沒躰例勾當，休做，做呵他每不怕那甚麼聖旨俺的。

狗兒大德壹年御寶春二月二十七日，大都有的時分寫來。

長生天氣力裏

皇帝福廕裏

皇太后懿旨，軍官每根底，軍人每根底，城子裏達魯花赤官人每根底，過往使臣根底，衆百姓每根底，宣諭的懿旨，皇帝聖旨裏，和尚也里可溫先生，不揀甚麼差發休着者，告天祝壽，有道來聖旨躰例裏，不揀甚麼差發，休着者。告天祝壽有麼道，五臺山裏有的大壽寧寺裏，住持的花嚴順吉祥，執把行的懿旨與了也。這的每寺院裏，房舍裏，使臣休安下者。鋪馬秪應休拿者，稅糧休與者。但屬壽寧寺的大明川，有的三尊佛，祈林院爲頭兒下院，田地水土，薗林碾磨，店舍鋪席，浴堂解典庫，不揀甚麼物件，他每的休奪要者。這的每更有懿旨，麼道無躰例勾當，休做者，做呵他每更不怕那甚麼懿旨俺的。

狗兒大德壹年寶春二月二十九日，大都有的時分寫來。

天地的氣力裏　皇帝福廕裏

皇后懿旨裏，管軍的官人每根底，軍人每根底，城子裏達魯花赤官人每根底，來往行的使臣每根底，衆百姓根底，宣諭的懿旨、聖旨裏，和尚每也里可溫先生，每不揀甚麼那裏係官差發，休着者。只交拜天祈福祝壽者麼道。這的每如今依着聖旨躰例裏，不揀甚麼，係官差發，休交出者。麼道只交拜天，祈福祝壽者，麼道五臺山裏有的大壽寧寺，華嚴順吉祥，寺主□吉祥爲頭兒的和尚每，執把行的懿旨與來。這的每寺子裏，房子裏，使臣休安下者，鋪馬祗應休要者，倉糧商稅休與者。但□□寺家的下院，眞定路大明川寨頭村裏有的三尊佛，祁林院爲頭兒下院，各路裏有的，但屬壽寧寺家的下院，田地水例，薗林碾磨，店舍鋪席，解典庫浴堂，揀那甚麽，不揀阿誰，休倚氣力奪要者。這的倚着懿旨，麽道沒躰例勾當，休做者，做呵他每更不怕那甚麽懿旨俺的。

牛兒大德五年寶春三月十四日，叩列有的時分寫來。

皇帝聖旨裏，吃剌廝巴斡節兒帝師法旨，印軍官軍人，斷事官使臣每，僧官每，本處官人根底，怯列麻赤收斂過往衆百姓根底，曉諭上位與的聖旨躰例裏，五臺山有的大壽寧寺住持的華嚴順吉祥爲頭兒衆和尚每，告天依躰例坐地，這的每寺院房子裏，差發飲食，鋪馬商稅，休要者。但屬壽寧寺的下院，大明川寨頭村祁林院，三尊佛爲頭兒，下院水土薗林碾磨等物，但屬他每的，休奪要者，休倚氣力□要，交他每的僧人安穩坐地者。麽道執把的法旨與來，見了法旨，無躰例做，呵俺不問那甚麽，這的每有法旨，呵不依躰例勾當，依做。

牛兒大德五年四月二十八日，五臺山寫來。

虎兒大德六年二月初八日，住持華嚴僧立石。

《常山貞石志》卷十七。《遼金元石刻文獻全編》，北京圖書館出版社。

碑高七尺，廣二尺八寸。二十八行，行五十四字。額題皇帝聖旨碑，皇太后懿旨，皇后懿旨，帝師法旨，十八字，並正書。大德六年二月初八日立。今在靈壽縣西北祁林院中。

《龍興寺通照大師碑》　太上立德，其次立功，其次立言。蓋德充於身，功著於世，而言垂於後。功德匪言不傳，是知立言之功，有益於德也。後世著述之卍，□皆宗之，推及方外，亦莫不然。釋門著述之事，世恆有矣。鈔主通照大師，亦其人焉。師賈姓，世居槀之北瓦亭。其生也有異岐嶷，而嬉戲無塵俗氣，迥不與常兒同。成童二年，以親命，禮眞定龍興主寺僧崇深於慈氏院，歲中遇恩披剃，受具戒，乃名以守千。既勤時述，機警無倫。前脩疑義，率多剖析。意優言簡，聞者驚愕，喜得未聞。歸校貝文，吻若合符。叢林耆舊曰，妙齡穎脫，姿秉絕人，世間之良璞也，非大匠蒐以成其器。乃共資給之，俾通汴京，禮智千法師。既達，受《唯識》、《曰明》諸論。千訝其敏捷，待以上足。垂終而顧謂之曰，我後可就琳唯識終爾業。既沒而□琳，琳亦與進焉。未幾，恵性赫然，無幽不燭。琳愈重之，請爲衆指決《唯識》、《曰明》等義。即在京義學，大集於會。扣問彙興，從容酬畣，咸見厭服。間有達唯識輩，以疏文淵奥，析製徑捷，以恵後學。師諾而不辭，爰求寥閴，以便述作。

聞京北廣嚴院墓域中有凶室，入輙□怪，人□久矣。師往居其中三年，畢成《唯識顯論鈔》，《隨善改科》，《樞要科》，《了義燈》，《顯正鈔》并科，《曰明羣熖鈔類成事》。嘗有同郡僧江等往省焉，見室中積塵沒足，惟由戶一徑而外，無餘蹤。江三歎師之主一而不他適也。□製既傳，義學宗之，以爲準的。元祐八年九月，宣仁聖烈太皇太后崩，朝貴僧司舉師入內追薦，曰錫紫衣。既罷而出京，慈雲首座自學士王宗具疏備儀，請師復入，廣播玄風。繼之以在京□刹，如陳寺及隆壽院，多儀厚幣懇請，率皆見卻。惟奉先院以賜號勑牒至，師不欲方命，黽勉受之。遂有通照大師之稱，然亦終不止而北還。

知軍府事呂龍圖嘉問慕師道業，齋沐易衣，具疏請敎，師謝不敏。雖懇至再三，卒不見允。嘗居邢州龍興寺釋迦院，杜門兀坐，紬繹玄微。諸方上謁者，悉不與接。太守待制錢某介同寅從行往焉，師諗其誠篤，乃與之語。後數造之，久而懇請受戒。乃依藏敎，集近事戒本一卷付之。師平生秉筆，率非由己，而悉有所請。《幽贊崆峒記》并科，從安平、詔敎二僧請，作於獲鹿崆峒山。《法苑章》、《西翫記》并科，《菩薩戒經》、《欲受記》并科，《上生經》、《時應鈔》并科，從大衆請，作於長慶奉恵寺。《曰明過類疏》，《究源集》，從郡僧江請，作於瑜伽山。《瑜伽□章□鈔揉》、《瑜伽疏參綜》并科，《下瑜伽入倫疏》、《論腳》，從戒師恵照請，作於郭西大悲寺。《倫疏科》，從汴京明僧錄請，作於堯山遵善寺。凡十有五作，兼前作而計之，爲卷者一百五十，皆盛行於世。曰□□主之名，而遠紹慈恩矣。

亡金天會四年冬十月，許王宗傑陷眞定，介重臣之位三公者數人造謁。蓋雖異境已歆聲聞，故下車而投體觸禮，以咨大義，且求新製。遂以欲受記，俾之相與欣戴而歸，於是德馨偏敷於一國。師性枯寂寡合，不混時俗，惟以法義爲心。故交接極簡，凡居處必求□僻專□杜絕。雖然，海上義學四遠，檀信風從雲集，莫可止遏。其不蒙結納者，慚無容所，人亦以此少之。是以雖欲遷避，終亦莫能。後居府中開元寺崇法院，□年雖耆耋，課誦不衰。日以《梵網經》十《上生經》五爲程。

天會五年丁未季夏中旬三日，微示小恙，乃白吾緣盡矣，遂發囊槖，磬竭蓄積，惟存紙衣一襲，餘皆散施設齋以助善業。越六日十九，遺囑曰，此軀深可厭棄，不宜回而枉費。裹以敗席，置之中野，濟諸衆生，以結妙緣，勿令人知。翌日二十八夜，易紙衣，誦《梵網》畢，長卧右側，合掌加額，謝衆而逝。師誕於宋治平甲辰，入道於元豐庚申，脫屣於金天會丁未。爲年六十有四，夏臘四十有七。門資具儀迎歸府西畢家原之祖塋，而火化之燼間，得白色舍利良多，就塔而藏於域中。後世學者，瞻禮不輟。國朝至大初，□滹水犯城郭，塔亦隨圮而勦跡。奉旨住持龍興寺崇琛弘教嗣法之雲仍也，銳意於追復，而沒齒不獲。嗣續住持智心曰，時邁師亡，重任在我。先塋通照祖師之跡泯矣，終不可復。但存餘馥於故居，亦足稍裨不逮。乃礱樂石，持僧厚所狀行跡，謁文于予，乃爲叙而銘之。銘曰：

道本無言，匪言莫宣。寓道於言，猶魚與筌。泝流求源，立言實先。□誰其賢，亶惟師千。提槧懷鉛，如蟻慕羶。既得復傳，雅志彌堅。墓域三年，一徑蜿蜒。凶室無氈，神欽鬼遷。死灰復然，思若湧泉。槁木尃妍，健筆如椽。究竟眞詮，味徹中邊。已事高褰，報往非遄。於耆耋年，謝絕塵緣。遺澤如川，終古綿綿。

朝散大夫眞定路總管府達魯花赤總管府兼本路諸軍奧魯總管府達魯花赤管內勸農事草地里

至正六年八月吉日　龍興寺住持講主智心　幷衆執事等立石

獲鹿石匠郝德聰刻

碑陰

題名七截。第一、第二、第三各二十三行，餘四列二十二行，行四字。題名上橫列闔寺廊下僧衆六大字，並正書。

闔寺大小僧衆

僧名不錄

八月吉日見寺主崇妙等同立石

《常山貞石志》卷二十二。《遼金元石刻文獻全編》，北京圖書館出版社。

碑高七尺五寸，廣二尺七寸。二十八行，行七十三字。行書，篆額失拓。至正六年八月立。今在正定府城內隆興寺。

《龍興寺住持佛光弘教大師碑》　竺乾之教，以斯世爲缺陷，以四大爲假□，故以倫理爲虛妄。然亦有言曰，我不以出世法，害世間相。四恩之報，曰而弗替。其法東流震旦，而師□□義與□□□隆至正丙戌之春孟，奉旨住持眞定龍興寺。智心介諸山來謁曰，我師亡矣，大思未報，將勒高德於貞珉，以圖不朽，庶幾萬一。今玄璞已具，惟子文之。予亦尙其義而不辞。

按其狀曰，師中山人，世居無極之鄰重，傳其俗姓也。甫亂而心存物外，即有空門之盟。童年求遂其志，父命祝髮於眞定龍興寺辯才大師之□，遂諱崇琛，從居法照院。服勞之餘，徧游名勝，以廣見聞。冠歲受具足戒，定力既優，恵根斯植。遑遑求道，不遠千里。乃造汝寧開元寺大德量論主席下，量亦器之。既聞《唯識》等論，心觀澄澈，洞達幽玄。披文了義，一目不遺。遂愽及羣經，探索奧義，孜孜六載，卒傳衣法而還。既至則聲譽日隆，寺衆輪誠禮請主善，遂尸講席。三藏二宗，隨緣指授。請益者百餘，率多開悟。心地灑然，塵消氷釋，悅不自勝，或至抃躍。大德之初，厭棄有漏，乃抗志轉大藏，閱貝章，以期究竟。遂不出院者九年，曰以密巖自號。既終其業，乃逐所有，迎佛寶于七家，大啓法筵，精脩壇□，而行事者七晝晦，垂畢而光景現。覩者謂之有感，從而悉索衣鉢，以葺故居法照院。不足而豪右佽之。殿廡以降，重一粲然。

延祐丙辰，奉璽書住持眞定龍興寺，本宗亦以佛光弘教大師爲號。先是，廊下耆舊以次循環主領，至是而更端，爲第一代矣。既莅叢林，尤攄丹懇，大振宏綱，而略其瑣屑。向公如私，恕人猶己。理財正辭，率循僧律，而不妨世法，衆皆安之。趍事赴功，靡所弗集。於焉興頓起廢，巨細無遺，而莊嚴盡飾。下逮門牆，咸增葩藻。食儲帑積，有贏無匱，蒸徒賴焉。時寺門多故，率皆重難。如勅天寧觀音閣賜金三定，鈔三十五萬緡，朝官董役而務繁功費，僧俗騷然。師周旋其間，曾無失措。未幾，復命功德使阿剌不花增飾大悲像，仍以五千緡置長明燈。使與師言，大被感激，而極輪誠欵。將歸之際，施與良多。至治癸亥，泰定丙寅，再欽新命之光華，趙王之屬山前十路都總管八都魯，以是職來眞定，遇師而深慕之。竭誠景仰，奉供造禮，不虛旬日。恪勤無心，執弟子□者有年。於卒也，傾其恆笥，凡爲財貨珍具容飾者，悉出以市郭西李氏圉，創崇聖報恩寺。仍以畜產財物爲資，贍率族屬。列狀延師爲主，乃受而兼領之。中山慈氏院作資戒會，主僧普定疏請臨壇傳戒，赴之而獲濟者甚衆。

師生平一念勤脩，夙夜匪懈。講席不歛於寒暑，日程則《法華經》、《準提呪》各一，旁及餘品，亦恒有加。至元復號歲次乙亥季冬閏月，疾革，乃集闔府耆德，大建法會。且以浮財二千五百緡，付常住爲終身錢，付報恩之數亦同。六日甲申，儼然坐逝。得年六十有一，僧臘四十有七。越七日庚寅發引，執紼者闐噎。既夕，禮畢，夜雨沛然，在冬爲異。至是而霽，路□盡儘，衆始奇之。荼毗之際，光焰異常，火熄而得舍利五色者百餘。門戒諸資合靈骨四折之，各建塔以藏焉。剃度弟子三十人，嗣法者亦如其數。師豐體而厚貞，內剛而外柔，神□而氣和，言動簡默。其接人也雍容，其持己也介鷙。明律解義，性相兼綜，實四道之果僧也。既披之久，遂爲之銘曰：

明哲應化，本根無虧。夙能返照，願與世違。一變至道，三染成緇。負笈千里，歸有餘師。行脩德立，梵俗歸依。十載敷陳，澤潤羣資。九年披閱，堅闔兩扉。綸音三錫，命使再馳。志行功遂，出緣有期。示疾告終，順適無爲。豐碑紀實，遺範永垂。

朝散大夫眞定路緫管府達魯花赤緫管府兼本路諸軍奧魯緫管府達魯花赤□□勸農事草地里助緣

至正六年八月吉日龍興寺住持講主　智心　并衆執事等　□立石　獲鹿石匠劉守敬刊

碑陰

四截，上截刻記，十九行，行十字。下截題名，三列，共十三行。三截題名，三列，共十二行。四截題名，三列，共二十七行，行字不等。並正書。

眞定龍興寺住持宗緒記

眞定龍興寺，其來遠矣。于今可考，其興造者，惟隋碑有。若門庭規矩，則跨唐歷宋，無跡可稽。國初主寺者以行輩甲乙輪次更代，及延祐丙辰，臨壇大德講經律論沙門佛光弘教大師崇琛始奉璽書住持，蓋重開山第一代矣。凡三傳而至第四代弘聖普照通明圓覺大師智心，慮宗緒之紊亂，乃列其次，而刋諸石，且誌其上，以示永久。時至□丙戌仲秋之上旬也。

右上截

住持講主佛光弘教大師密巖嗣法門資

古城讓講主　獲鹿明講主　槀城圓講主　新樂進講主　南化和講主　慈上量講主木寺妙講主　淸塔濟講主　魯柏亮講主　臺頭□講主　開元萬講主　太原鑁講主　興化貴講主　欒城仁講主　四川玄講主　龍平就講主　三教鑒講主　沁州義講主　冀州榮講主　本寺鏡講主　金佛寬講主　報恩心講主　奉恩運講主　法花秀講主　太原勝講主　平山相講主　奉元路添講主　無極銅講主　法照淸講主　高邑理講主　寧進資講主　高邑嚴講主　寧進仁講主　法華祥講主　下生喜講主　本剎瑞講主

僧名不錄

至正六年八月吉日見寺主崇妙等同立石

碑高六尺七寸，廣三尺一寸五分。二十七行，行六十九字。行書，篆額失拓。有陰。至正六年八月立。今在眞定府隆興寺。

《常山貞石志》卷二十二。《遼金元石刻文獻全編》，北京圖書館出版社。

《封崇寺住持圓明了性大師行業碑》 師姓殷氏，諱祖進，世爲行唐人。生於有元中統之三年，父母以其生不利己，遂捨之於縣封崇寺，禮寺監讓祝髮爲浮圖，修竺乾道。居無何，讓卒，讓之上足潤憫其幼也，訓養之恩禮甚至。年稍長，潤令四方參學。侍眞定福聖照公講席者數年，歲時衣物，皆潤之力。厥後師內典既明，道益進。縣公嘉其領悟，乃賜披紅衣，俾嗣其法焉。至元二十九年，母亡，還鄉里，適潤厭世，師親爲持服營葬，事喪之如慈父，敬之如嚴師。每潤忌日，必致齋飯僧，以資冥福。如此者十年，報其德也。

寺僧福信輩就請爲住持，師性剛方，僧衆莫不俯首聽命。大德七年，創建鐘樓三楹，高若干尺。至大三年，復搆大雄殿五楹，勢位尊崇，金碧絢爛。以至庖舘僧舍，悉嶄然一新。師戒律精嚴，歲轉五大部經，日誦《菩薩戒本》暨《金剛》、《般若》、《藥師》諸經爲課，至老不衰。一日，示弟子疾，屬以後事，奄然跏趺而化。享年七十有七，凡爲僧者六十九年，時至元再元之三年二月初一日也。其徒福資以其師之葬，無文以紀之，遂來乞文。余與師爲方外友者餘二十年，誼不可辭，遂爲銘曰：

惟師之德，既篤且實。浩入性海，空門之特。眞正之見，精進之力。敢用茲文，勒諸貞石。

時大元至正七年歲次丁亥四月吉日門人住持僧悟眞大師講經沙門福資立石

保定等處管民長官徐光祖

保定路行唐縣典史郝禮

保定路行唐縣尉齊思誠

進義副尉保定路行唐縣主簿臧庸

承事郎保定路行唐縣尹兼管本縣諸軍奥魯勸農事趙鼎

將仕佐郎保定路行唐縣達魯花赤兼管本縣諸軍奥魯勸農事馬思忽

曲陽縣石匠作頭劉成刊

《常山貞石志》卷二十三。《遼金元石刻文獻全編》，北京圖書館出版社。碑高五尺，廣二尺。二十二行，行四十四字。正書，篆額。至正七年四月立。今在行唐縣。

《勝公和尚道行碑銘》 至正十有三年春王三月，無礙君□剌實理躬致禮幣，介釋教宗主栖源心公之狀，而言於予曰，理也不天，早失所怙，遂染衣祝髮，歸命佛乘。內奉慈訓，求師甚切，而尤甚擇。越時始得先師妙峯勝公而事之，師亦雅以師道自任，誘掖漸磨，循循弗倦。破惑閑邪，指示正法，旁及儒術，罔不命理究心。今理也粗知趨向，免於牆面，皆先師之賜也。不幸中途滅我慧炬，罔極之恩，無以稱報。謀欲樹石，以壽師行。方今言足以取信者，無逾先生，惟先生有以命之。

予固讓弗獲，迺按其狀曰，師姓史氏，名省吉巴，法諱福勝，世爲唐兀部族。幼異凡兒，稍長，沉靜簡默，不喜俗事。父母知其善根夙植，遂俾爲僧，隸□夏之奉天寺，執弟子禮於大德輝公。服勤盡瘁，夙夜匪懈，以企至道。輝公識爲法器，且憫其精進，卒授以秘密之傳。師既得聞心要，不欲滯跡一方，乃振錫遠游，徧歷叢林，究閱典藏，參請徵詰。猶是心地圓明，中外融一，聞望藹然，爲諸方推重。道愈尊而身愈謙，韜光晦跡，禪觀齋居，人罕見其面。化緣時盡，風燭靡停，以至正十二年十二月十四日，奄然坐逝。觀者歎感交集。閱世凡三十七年，而夏安居者十有八。後七日闍維於鎭府之東法華院，得舍利無筭。順德之開元，眞定之龍興，及臺山名藍，皆以師嘗感，欲建塔以奉。無礙君以師素不違衆□，因四分其骨，則應諸應諸刹之請。一則歸藏寧夏，示不忘本也。無礙君復建祠於天寧閣左，仍入楮幣五千緡，恆居之，而以子錢具燃燈供佛之費，俾寺僧世世主奉祠事焉。

予既悉其狀，始欽師道德之充，終則嗟無礙君之不可及。嘗聞吾儒之言曰，民生於三事之如一，父生之恩，君臨之義，莫大莫厚，而師則兼恩義而有之。是以於其生也，則無犯無隱，歿則心喪是制，尊師之道，其重蓋若是。粤惟西方之教，所以隆教源□□□者，抑不殊乎此。世道日降，人不知本，學未通經，已忘所自。師徒相視，漠然如路人，分義幾絶。有志之士，恆悲且憤。而無礙君迺能自拔於流俗□□□古主治其師之後事，愼終追遠者，纖悉周盡。是則不徒增輝於宗門，其於扶世教，明綱常，豈無補哉。於戲，源澄則流潔，表直則景端。觀無礙君□□□耿介沂而測其從來，則師之由以及人者，又□考見焉。既備載其狀，仍繫之以銘。銘曰：

慧日西沉慈雲興，徧覆九圍周四瀛。法雨普施資□靈，利澤萬有福羣生。變滅倏翕杳無形，神功妙用歸冥冥。遺膏餘潤誰其膺，我崇塔廟存儀刑。幡幢擁護栴檀馨，焰焰相續無盡燈。它山之石豐而貞，螭首龜趺鐫吾銘。惡池滔滔大茂青，山無騫摧川方增。吾銘□□言足徵，綿綿終古人永承。

是歲四月□世日立□

佛日廣照大師住持□□路大龍興寺講　經論沙門　福嚴　志慶

弘聖普照通明圓覺大師□定路釋教宗主講　經論沙門　栖源　智心

《常山貞石志》卷二十四。《遼金元石刻文獻全編》，北京圖書館出版社。碑高八尺六寸，廣二尺九寸。三十四行，行五十八字。正書，篆額。至正十三年四月八日立。今在正定府城內大佛寺。

《金寧國院壽公和尚碑》 佛法流於世久矣，始自釋迦氏闕一字教於西土，哀憫一切有情，降本流末，示一乘之法，權列爲三。妙應無方，眞慈廣被，馨彼利鈍，咸有歸依。至東漢初，法傳於茲土，微言妙旨，始得授。聞達是道，頓超彼岸。後之學者，言性者失於相，言相者失於性。更相訾毀，離爲異門，故其道若隱。殊不知浮圖之道闕一字而一之。

邑人壽公和尚深於是道。師趙姓，本居博陵鄉徐召村，世業農桑。師夙植善根，氣質純厚。天會三年，師年闕一字十，毅然有脫去塵累之志。

因遇深公唯識大法師指陳道妙，深悟至言，遂割愛辭親，歸依三寶，因擇兹隣村漫眞古道院而居焉。寺業田園，躬親給衆，日嚴佛事，定慧爲宗。師心大而行密，體卑而道尊。四方善知識，聞風而至者數十人，日論大乘，釋疑開益。然亦拳拳於得善，孜孜於嗜學。至大定二年，聖朝頒寬大之恩，賜額度僧。師復教弟子禮，師本院傳戒沙門守一大師，訓名曰明壽。所居道院，是年伏蒙賜額，名曰寧國院。師因具戒受業於是院，遠近相慶，無不忭躍。師資相承，佛事繼興。師行業高邁，一性相之説，開發後學。不視文字，懸判深微。指羣迷爲正覺，闕一字大闡爲闕一字明。一日謂居衆曰，體性而行成，因相而教尊，亦相須也。今則寺宇寖久，老而庳。像儀殘缺，心嘗隱忍，欲拓而新之，聿嚴勝事。闕一字語諸鄉人之善者，鄉人亦稔傳師德，景慕既久，相爲勸相。由是遠近不勞祈請，喜捨貨利，委堂下者，不可勝紀。伐木輦土，助闕一字施功。經之營之，三禩而成。佛殿巍峩，聖像嶷然於其中，觀者無不儆心而慕善。左右廊廡二十余間，以備修習燕安之所。寺業相承膏腴三十八畝，圜於寺宇，植雜菓樹百余本，蔬圃百畦。四方遊學而至者，咸有所濟。度門人曰洪固具戒，講《圓覺經》闕一字深於義趣。洪固早殂，有弟子二人，曰福滿，曰福延。二孫服勤，於祖與師無異。

和尚凡春秋六十有九，僧臘十七。大定十九年正月十八日，化於兹室。嗚呼，師之道業偉矣哉，力少而功倍，内逸而外勤。壞衣不飾，菲食不味。精於梵行，洞契眞源。造一乘而得由匪得，歷萬行而修至無修。動無不虚，靜無不應。究兹體用，不可得也。福滿嗣居法會，欲廣其祖師之德，以傳永久，故爲序述始末，俾刊之兹碑。其辭曰：

浮圖之修，釋迦爲宗。教傳西土，世賴其功。奕奕千祀，東震道隆。微言妙旨，垂世無窮。時異道隱，誰繼芳蹤。性相一塗，巧詆相攻。唯師明壽，與道相偶。久猒塵累，擇居林藪。心大行密，仍求師友。洞契玄微，克施訓誘。欽授額名，歌談鄉叟。崇飾佛寺，圜修隴畝。爰有其徒，於世早殂。繼繼二孫，眞風載敷。靈光遍照，終始如如。庶補將來，刻石存書。

里人進士劉叔撰幷書。

承安二年七月三日立。

功德主寧國院住持沙門比丘法孫福滿福延朝請大夫前行深州武強縣令兼管勾常平倉事騎都尉隆平縣開國男食邑三百戸賜紫金魚袋致仕辛居實懷遠大將軍行深州安平縣令兼管勾常平倉事輕車都尉廣平郡開國伯食邑七百戸裴滿松壽

《深州風土記》卷十一。《遼金元石刻文獻全編》，北京圖書館出版社。

《元大德十年重修大洪福寺碑記》　夫迷妄有虚空，依空立世界。想澄清國土，知覺迺衆生。歸元性無二，方便有多門。蓋吾世尊，弘願智悲，大權方便，度衆生於苦海火宅之中。小則遷善遠罪，離惡獲福。大則明心見性，入聖超凡。利人之傳，豈域中之教而擬議哉。

洪福寺者，其來邁已，古今號爲名刹。地形塽塏，岡原雄偉，眞一方之福地也。東接格孫之城，西鄰景桓之廟。孝婦之河來於南，系川之水環乎北。四遠之嘉境，萬古在焉。昔金源氏季年，焚毀蕩盡，荒凉荆榛，三十餘載。迨上元壬辰間，有大講主依故址而營葺焉。公姓張氏，總角歲祝髪，長白老人琮公菩薩，師其師也，諱義寶。有大志，喜學問。海州珂公《唯識》席下，得旨出世。癸卯年，燕京資戒大會，登具，賜慈雲大師。公弘法之暇，恆以興福爲首。創北殿五間，内塑釋迦、文殊、普賢之像，香燈不絶，禮誦罔怠。又捨己長賄，同功德主王七官人，洎伏立輩，闢地二百畝，永爲常住之贍。接待四來緇素賓旅，勤矣哉。後之主是寺者，罔墜丕緒，宜起思齊之志焉。公度量宏遠，洞内外學。精世諦藝，以字行於世。公乃門風孤峻，不妄許可，唯般陽慶公得乎親傳。年六十有一，無疾而逝，識者哀悼，乃至元甲子八月一日也。

由是四衆禮請雲公繼率是寺，卽慈雲之上足也。師諱法雲祖，東齊之營丘人，蓋田文之遠裔也。十五薙髪，年甫平立，始遊燕趙，遍歷講肆，參訪英明。後造鑫州賢公宗主席下，究輸金論。歲強圉大荒落春，公囑以《唯識》妙旨，俾出世演法。未幾，復抵眞定，參黄梅長老。載閲三秋，孜孜究道。自爾嘉聲遠播，復歸祖刹，欲展巾缾之志。不期親教示寂，師大哀慟，收靈骨，塔建於坤隅。而後官豪仰德，緇素欽崇。請演法者，無虚歲焉。凡所到處，幡幢迎接，香火躬參。革惡趍善者，可勝言哉。師以名德召聞於御前，祝延聖壽。又蒙帝師輩眞八合赤傳授近圓三聚儀軌，賜通普通大師，般陽路宗主雲吉祥付與金字戒木。欽奉聖旨，本路僧尼都教授戒者。噫，誠道德所致，非人力也。

至元二十三年，有功德主李總管奏，奉勢都兒□八不沙大王金寶令旨，護持三寶。創修大殿五楹，塑三大士菩薩，八難觀音。據其中彩繪善財五十三參，幷護法神將。皆出名士之手，備盡其妙。金碧交光，丹青互映。見聞瞻仰，無不贊嘆。竊想阿師爲佛弟子，應知佛說莊嚴福德，即非莊嚴福德，是菩薩行。不生貪着，無我人相。然童子聚沙，尚得成佛。善惠獻花，爲無漏施。況復具足種種莊嚴，其福德可思議哉，實不思議也。

吾聞天下之事，非一人而成也。先之以慈雲開創之力，終之以普通修建之功。可謂以誠繼誠，以德繼德者歟。師平昔秉松筠之操，藴利濟之心。建寺五處，飯僧萬員。贖薦福通贊各三十部，續佛惠命。印《上生兜率天經》施五百卷，以酬親恩。雖則塵勞滿前，弗混禪心。境趣千差，非干箇事。衲僧分上，自有長處在。古人云，出家有三緣，一了自己生死，二爲紹隆三寶，三濟六道四生，皆得解脫。師皆兼備。然嗣法各流落，髮僧輩咸刋碑陰，茲不復出。雖然，師之底藴，胡止此也。弟就其明白四知，人所共信者，直而敍之。此乃阿師咳唾緒餘，道之土苴云爾。若據向上一着，千聖不傳，海底泥牛，杳無消息，在乎阿師自信耳，寧容徐山筆舌爲哉，嗚呼懋矣。徐山野叟與師同出於浮萍老師門下，相得甚厚。居同一廬，學同一燈。病則相扶，貧則相濟，十五年矣。自後各以虛名，雲飛鳥散。一日，智海等來丐余斐文，鑱諸翠珉，以壽後世無窮也。故忻然弗辭，泚筆而書。仍系銘曰：

師乎師乎，浩然充乎，衜悳隆乎。雅操氷清，亞於古人乎。隱顯弗渝，進退以衜乎。揭聲名於四海，揚敎化於無窮乎。人膾炙而仰譽，我高其清音乎。縉紳英産，勿謂秦無人乎。已矣乎，狂放荒唐，以爲尤贅者乎。

獨管粧塑八難觀音幷普賢菩薩大像功德主張通男張副使名松　獨管文殊菩薩大像功德主仇贇男仇斌

（民國）《重修新城縣志》卷二十二。《遼金元石刻文獻全編》，北京圖書館出版社。

《靈隱景德寺東嶼海和尙塔銘碑》　人品之分，學力之至，其地位高下，毫釐有間。孝子不能有所加諸其親，弟子不能有所增益於其師也。況乎佛氏之學，以實證實悟爲則，非思慮可以計度，非補葺可以依希。踐履之眞確，有識者望而辨之。歧路之差殊，眞知者有以析之。假借之私，無所逃於凡目，況欲無愧於作者，傳信於將來者乎。達摩之宗，臨濟爲最盛。宋之南渡，豪傑不一出。至其季年來東南，諸大道場率其支流餘裔。或以勢力相加尙，或以係屬相因依，而諸老之遺風殆盡矣。是以執筆之士，考其顚末，揆諸古人，未嘗無臨文之慨焉。

集往以遊吳，與今開元住山悟光訪東嶼海於淨慈，懇款篤實，言不妄發，簡默自處，泊無世情。貌不踰於中人，而說法之際，音吐洪暢。雖弱不勝衣，而步履整暇，秀而有儀。惜乎未久而遂去，不能有以叩其淵微也。今旣歿之十三年，光公自中吳與其門之學者輯其行實以相寄，予觀其初見石林鞏公得法之機，又與橫川珙公勘辨之說，巉絕奇峭，豈以意識緝綴之所能者哉。明年，光過臨川，爲集言曰，海公法席之盛，自其門出世者百餘人。近年諸師之門，以法器相尙者之衆，或未有以過之也。又曰，師之塔在石林塔之左而，未有銘也，子爲我書之。

師諱德海，台州臨海陳氏子。故宋寶祐五年二月六日生。稍長，常端坐，不與羣兒戲，父母心知其不能居俗也。年十二，其母舅知其爲寒山寺僧，挈與俱。十四，從僧安石山落髮。故宋參政鶴山魏公之子浙西安撫克愚，請禮部牒度之爲僧，具受大戒。天兵至浙，有卒逐之，前阻水，師默禱觀音，因超躍十數丈，及岸而止，若有挾之者然，遂免。謁石林鞏公於承天石門，問師如何是汝自己。擬議，林便推出，師乃有疑。一日，爲病僧市藥，忘所向。及歸，値林開室問曰，盡大地是金剛正體，何處著上座。師擬對，林即打。師即微證，呈頌自通。林遷淨慈，命師爲侍者。一日，林舉國師三喚侍者語問之，師答云，不是失卻貓兒，即是失卻狗子。又云，是辜負不是辜負，瞞人自瞞。林以竹篦擊之曰，光吾宗海子也。

且覺庵在承天，請主藏。而珙橫川遷育王，師舍藏而從之。川室中垂語云，南山笙筍，東海烏賊。師遽掩其口。請師更道，川以手托開云，朝看東南，暮看西北。師拂袖便出，川猶以藏鑰留之。師常見通北院論雪竇革徹二門機語峻快，師作長頌以申之。歸天台瑞巖，有寶方山，因夜坐論佛法。授受之際，山駭曰，臨濟宗墜地久矣，其在子乎。至元二十七年，師出世天臺寒巖寺，爲石林燒香。大德乙巳，受請居姑蘇楓橋寒山寺，學徒雲集。郡官脫因有子爲骨鯁，數月醫不愈，師撫之，骨即出。又有朱氏子，患迦摩羅疾，創痍被面，氣息忽忽。來拜師，師摩頂及面，七日而愈。人甚神之，而師淡然無所爲也。至大己酉，遷崑山之東禪寺。至大辛亥，武宗皇帝賜璽書，金襴衣。皇慶二年，遷杭之中天竺。病時學人惑於聲色，作二偈以戒之。

延祐二年，的斤丞相以淨慈大刹衆萬指，屈師領之。室中垂語曰，手握利刄劍，因甚胡孫子不死。曰，咬破鐵饅餡，因甚路上有饑人。又曰，波斯去帽，蔗咬甜頭。又曰，魚以水爲命，因甚死在水中。衆答語皆不契。昔者淨慈災，至師住山而侈備。駙馬肅王將禮觀音於補陀巖，聞師禮觀音千拜，寒暑不易，邀師偕往。及至，終日無所覩。王求師請之，光發巖谷，劃然震動，得見變甚異。王歎曰，非假師道行，吾不能有所覩已。泰定二年，脫歡丞相請居靈隱。師平生說法，作用自如，不假杖拂，諸方委心焉。四年丁卯九月，示微疾，手書謝丞相及所知識。招弟子付囑書頌訖，跏趺而化。僧臘五十七，世壽七十一，賜明宗慧忍禪師。有《六會語》傳於世，此略具一二焉。噫，達摩以直指爲宗，而數百年來，文字轉盛。然而語默動容，皆有所發明，得之者自知，悟之者不怖。然則六會之語，行墨足以盡見之哉。故銘其塔。銘曰：

我觀東南，大清淨海。高山臨淵，上極空界。諸佛賢聖，遊戲自在。光音迴旋，含攝小大。應時出現，其寂不昧。乃作開士，秀映象外。施無畏者，亦其超邁。奮身絕流，如影歷塊。豈假舟筏，將迎計載。穹林千樹，孤鳳無彩。一聞百悟，昭徹元解。佛祖授受，密契真戒。六坐道場，吳越之會。杖拂不施，雲興雨沛。貴人大官，象馬珠貝。三請彌尊，法席之最。成歡久住，略不顧對。弟子分布，說法承派。臨濟遺風，慓然誰待。去來何心，塵影何礙。悲願勝行，猶足垂代。

（同治）《鄞縣志》卷六十。《遼金元石刻文獻全編》，北京圖書館出版社。

《元僧人野衲福和崇興寺院碑》

詳夫至真湛寂，包納太虛。玄道昏冥，混融浩刼。非聲非色，靈然聲色之中。絕謂絕情，卓爾謂情之表。圓明炳煥，本沒去來。純粹充微，靡窮終始。大哉寓德之根原，廓爾蒼生之命脈。大朴分形，清濁異體。爰自三皇五帝，次第統邦□□宣聖□□伯陽遞興其制。故我覺皇御世，瑞應昌峙□□護明迦維示現毗藍九龍奉□誕梵質於周昭，潛棄七寶金輪。修一真於雪嶠，六年道樹，萬德因圓。三大僧祇，一乘果滿。不離菩提座上，擢九十九種之和魔。遍昇切利宮中，爲三十三天之大覺。法演一十二部，門開八萬四千。融通十智，洞古明今。慧別千差，該終括始。法雨遐霑萬倍，慧日普照大千。以至金河息唱，鶴樹停機。藏教付於阿難，心印連於迦葉。竺乾宗裔，派派相傳。震旦師承，光光布彩。曁乎代經聖世，時沿明人。大闡宗猷，恢弘主教。泉石俱爲淨土，京隍亦作道場。繇此瞿曇之道，昭昭然矣。

益都路壽光辛羅營崇興寺主持比丘者，俗姓楊氏，本縣人也。智根宿植，妙慧天然。自童真時，稟性溫儉。志喜佛乘，父母僉聽。遂禮堯溝永安禪院信公戒師，祝髮具戒，持身尚嚴。歷叢林而夙夜克勤，執巾瓶而侍師無倦。一旦辭師，杖屨遊方。至本縣太平寺院，棲遲彷徨多日，不獲本願，佇錫□維。諸緣湊集，遂卜居焉。鄉中耆老李若成、李溫、孔榮等，相與言曰，師之來也，吾輩敬之，鄰人植福有在。師之去也，吾輩依何爲福田耶。不如施地創院，請師住持。於是尸持積年。又蒙釋教總統降以徽號法性英悟之名，後以年邁，慵爲尸持，一切院事，悉付門人道聚。

俗姓王氏，十歲通贊，禮本院淨公爲師，披剔受戒，習教服勤。師以純實，付以院事。竭力慇懃，克荷家業。於至元八年住持，興工之日，黎庶子來，荷畚荷鍤，施力施財。遂修正大殿三間，復建護法□□一座。右安香積，左列衆堂。衛法靈祠，安僧寮舍，所宜備者，咸俱新之。仍塑釋迦五士，聖僧一堂，莫不粹容頎嶷，寶像莊嚴。金碧丹青，燦然耀目。興福之事，可謂隆焉。一方善衆，罔不歡欣。咸稱祈福之□，尚乏開山之記。小師道聚，思老師創建之勤，念檀信捨施之德，恐其湮墜，運石磨礱，躬詣雪宫，懇祈圓明作記。余爲文非所長，再辭不獲已。念祖光寵，採其本末，誌錄貞石。乃爲銘曰：

大哉至理，非色非空。寂然不動，感而乃通。太極未分，大朴尚匿。天地旣形，淳風遂易。三皇五帝，端拱無爲。文宣老氏，以道匡時。猗歟世尊，正偏智識。大藏貝章，覺迷濟溺。正法眼藏，迦葉親傳。西乾東土，葉綴花聯。時值漢唐，光舒復旦。梵刹金文，塵寰溥遍。茲有佛宇，額號崇興。普□創建，不日功成。尸持累年，總統錫號。英悟之名，終身履蹈。道聚小師，侍師無倦。繼踵成□，崇興道院。宮殿廚舍，一□周完。粹容頎嶷，佛像儼然。大□一朝，宏規萬代。四衆依歸，一方勝槩。

酷慮老師，精誠竭力。礱石哀工，丐文紀跡。其道有本，萬古光揚。永增寶祚，地久天長。

（民國）《壽光縣志》卷十三。《遼金元石刻文獻全編》，北京圖書館出版社。

《英公禪師塔銘》　貞懿太后以內府金錢三十餘萬，即東都建清安寺，以祈冥福。乃延四方具眼衲僧，爲之倡導，師其九代祖也。師諱善英，字穎叔。大定興化縣民家子，姓趙氏。生不茹葷。十有九歲，謝父母出家，師事鞍山仁智院僧智遵。□不好小乘縛律之學，自尔求師問道，不見山川寒暑，嘗于薊北霧靈山參一禪衲，蓋有道而隱者也。知師是□器，以言叩之曰，曾到曹溪否。師應曰，曾到。衲曰，曹溪路極崎嶮，何由得到。師曰，路雖崎嶮，不礙道人行。衲大□之後。挂錫于仰山棲隱寺，依長老通公而學道。因入水寮，側盆水有聲，聞而有得。遂告常入室，通公許焉。□□通謂師曰，此非汝住處，萬壽聰公，汝師也，盍往問之。既見，聰大喜，謂侍者曰，此非安州小禪乎。遂許□□□拂子于地曰，兄家本欲求師，山僧亦欲求人。玄言妙句，皆不湏用，便直言兄所得者。師曰，請舉一□公案□□進之，否則退之。遂問荅數四，無不相契。聰密而可焉。會朝廷鬻度牒，遂受具，時師年二十九。

後二載，聰因舉猿心□□死前死，佛法莫於空後空之□廼大徹□□□頌曰，識心不起萬機除，法界家山一物無。貧遇横財難可說，□□千沼一輪孤。聰遂仰□賜法衣幷頌□□□欲退席，以萬壽畀師，師知而逃焉。後聞萬壽得人，方受天香中□□□□衲寺凡二十年，其安衆之心□□□鍾魚而粥，鍾魚而飯，來者息焉。清安隆和尙欲以師代己，凡三致書建疏□受，遂退居海山，宰定由□□□□盤山大定二十有五年秋，隆公歸寂，知事者聞諸皇子曹王，王乃遣屬吏備禮持書，疏請住清安。辭不獲，乃受焉。既至，弘揚祖風，脩飭規矩，寺門爲之□□□犯者皆面數其過而黜之。雖鄉黨舊契，亦未嘗私焉。始，清安寺以太后所建，有資鉅百萬。凡市易者十數，金帛如山，師未嘗留一錢褚中。有僮僕四百人，戒女使不得入□□四百疋，例差僧二人主之。師曰，是豈僧之所爲也，能無敗道心乎。留二十疋，餘皆鬻之。土田之所得不□□，遂分賜臧獲，而使歲入租焉。寄資於庫，而分其利者，皆令去之。不踰□坐，享其利數倍。凡舉措如此者，甚□□可毛舉。初，垂慶寺即太后所居者，其尼盡戚里貴人，舊例皆于清安入室。師至，首拒其請。師天資剛正，面目嚴冷，有雄偉器，胷□□耿，不能容物，故多得謗譽。住寺凡三年，有過而出與不說而去者，三之一焉，師亦不爲少貶。

以大□□□□十二月二十一日，示微疾而終。初疾病，侍者欲與澡盥淨髮，師曰不湏，復曰，吾但欲臥坐亡，立脫。又□□□□荼毗之際，種種異相，舌不灰，有五色戒珠餘數合。師閲世五十四，僧臘二十五。有門徒六人，道喜，道義，道□，□志，道藏，道寬。以二十九年二月辛酉朔，建塔於東都之城北，而來乞銘。予與師友善，故不得辭。其行事皆目□睹者，因詳言之，而且銘曰：

萬壽老聰，一產於莵。狐坐盤山，望隆萬夫。千里無人，草深一丈。呼吸風雷，蹴蹋龍像。既入清安，世界莊嚴。直行無傍，視猶眈眈。金帛山積，一芥不取。慈悲威怒，莫予敢侮。甫及三年，正令斯行。上下交足，方丈肅清。五十有四，珪璋無玷。爲道標準，爲法城塹。仰不愧天，俯不怍人。白首一節，吾師有云。

大定二十九年二月望日監寺廣恵大德賜紫沙門　了揆　立石　直歲小師比丘道義建塔

知藏法弟比丘戒斌　參隨比丘遵恵　楊雋刋石

《滿洲金石志》卷三。《遼金元石刻文獻全編》，北京圖書館出版社。

高三尺六寸二分，廣三尺一寸三分。三十四行，行四十二字。正書。

《靈巖寺碑》　伏聞大雄示化，肇興五竺之邦。像法定期，適屬千年之會。漸流通於震旦，迥超越於古初。三乘遞行，一雨溥潤。我國家右文敷治，偃革濟時。繇數落以取英翹，振儒風於當代。闡二宗而尙禪定，傳佛燈於有生。廣樹仁祠，大弘慈蔭。安德州靈巖寺者，北連龍岫，前俯郡城。溪壑幽深，峰巒掩映。天然勝概，斗絕於一方。宛爾道場，廓開於十地。初，統和中，有山主僧可觀與其同志幼爲縣吏，各負逋租，亡命此山。共逃箠楚，後偕追捕。同付獄中，數日幽囚，桎梏自解。尋免徵錄，因遂出家。卜築結庵。專精戒律，壽考遷逝，靈應肸蠁。太平五年，復有邑里趙延貞、王承遂、張瑩、焦慶等三十有三人，狀施烽台山四面隙地，以廣布金之淨域，遠模靈鷲之豐規。增大給孤之園，益茂耆陁之樹，年禩寖久頽隳。重和初元，有郡人雄武軍節度使太原王公育，與邑人尹節、高聳等，禮請悟開上人住持，經始營葺。僧衆螘附，工徒子來。殿宇嶷爾。以有嚴錢糧，豐衍而不匱，果畢能事，全付後人。僧伽實繁，悉萃六和之淨侶。達摩無覩，固乏三代之祕文。

重和二十二年，有寺僧潛奥與悟開上人鳩集淨財，締結信士，與邑人尹節、李敬、張士禹、高聳等，購經一藏，用廣流通。二十四年，建九聖殿，以龕置焉。繪像煒燁而嶽峙，内藏巋棄而雲矗。經律論學，揚法海之驚瀾。上中愱恨，逗塵機於來哲。清寧四載，特賜淨覺之名。咸雍六年，復錫靈巖之號。居然閟邃，迴出塵表。故得水雲上士，龍像名流，覽境界之清虛，駐瓶錫而棲止。有閭山懺悔守司徒通圓慈行大師志福，遊憩於此，以其闕鐘杵之音，失晨昏之儆。飛奏爲請，天旨下俞。徵良冶于遠方，貿精銅于異域。鑪橐一皷，大器告成。逸韻疊擊而豐隆，林薄四震於幽邃。設虛爲飾，構樓以懸。壽昌初元歲次乙亥，復建大殿，以敞法筵。楹柱撑空，榱桷蔽日。輪奐克成於大壯，清淨特備於寶坊。羣峰巑岏而繚若垣牆，諸塔聳峻而勢同湧現。禪庵自通於幽處，講座屢雨其天花。

今天子即位之二年，有守太師通圓輔國大師法頤者，久藹人天之譽，蔚爲帝王之師。衆僧懇請，遂居是寺。人對境以心冥，地因居而名著。師固精選道行，得長老惠敬，付以寺事。提綜不倦，勤瘁歷年。建置悉覩於周圓，儲蓄益臻於羨積。劭恭膺詔檢，恪守郡符。志慕佛乘，誓求法印。時因暇日，屢扣禪關。有清行大德賜紫沙門奉檀寺主沙門行柔等，語其權輿，見託紀述。學慚博雅，夢無白鳳之奇。詞愧疎蕪，語乏黄絹之句。牢讓不獲，謹爲銘詞。銘曰：

佛承廣運，慧日映時。法膺像季，溥建仁祠。世蒙誘導，教被方維。福濟含識，學法有爲。偉矣靈巖，豁然林壑。斗遠流俗，高視寥廓。境淨心冥，解脱纏縛。以致名流，兹焉棲泊。鐘梵時警，董修有常。覺林並茂，禪苑滋芳。僞山圭峰，聊可比方。居者得趣，世諦頓忘。息乃塵紛，味兹幽閑。清淨悉同，過現無別。直書初終，讚揚洪烈。刻諸貞珉，永告沙刼。

乾統八年歲次戊子九月朔庚申日建

碑陰

伏聞調御開化，如烏曇華。聲敎四流，沃浹萬彙。恆劬嘗啟宿願，趣直林家。雖不能發明心華，密佩祖印。幸以雲水，且樂無事。乾統六年春，甜覺華島。秋露再儘，振錫北游。祇斯精舍，尋沐居僧，狀請棲息。有諸耆耋，議及締構。自統和中，苾蒭可觀，經始其謀，以次肯堂，遂至宏敞。請文于石，庶傳不朽。遽采他山之石，宛具螭首龜趺之狀。於是郡守耶律劭作文，沙門恆劬書篆。時不踰月，岌于中庭。余兄文學之外，尤精小篆。得秦相李斯洎唐李陽冰之法，校其工拙，亦不在下。寺僧有好事者，求少◇跡，留之碑陰云。

《滿洲金石志外編》。《遼金元石刻文獻全編》，北京圖書館出版社。

《釋迦定光二佛的身舍利塔記》 竊聞三千化寶，百億雄尊。復往之迹以無垠，方便之門而莫限。應願榮辭于天界，權儀降誕于王宮。孜孜而示倦龍庭，默默而優游鳳苑。顰眉□返，嚴駕駿迴。老病死苦以因觀，法報化身而是慕。奢華涕厭，午夜逾城。苦行石堅，六年修道。浴泥恆河已，赴菩提樹來。斷障降魔，既登于佛果。垂慈應請，乃轉于法輪。始從鹿苑，終至鶴林。時經四十九年，教演一十二分。所應度者，皆以隨宜方便度訖。其未度者，亦已與作得度因緣。顧此土之緣周，念地方之化益。于是就力士生地之内，詣堅固樹林之間。足南首北，背東面西。以足枕肱，現四儀之究竟。收心住定，示八象之窮終。金口緘以絶言，玉毫掩而□綵。四生乏主，悲摧凡聖之心。三界無依，哀變乾坤之色。堅勞之毒，既已云亡。金剛之身，故亦是壞。闍維訖于寶樹，舍利分以金罌。爰興窣堵波，以利薩達嚩。育王西出，□□八萬四千。隨帝東臨，並造三十六所。于凝固之道體，雖□然不然。而轉變之化身，亦法爾宿爾。是以□□之刹土，咸建多□之塔婆。垂青蔭而廣大，施慧燈以遐延。凡以興一供之因，定尅千生之果。

粤有□□□重和十五年，陶冶甄鑄鐵塔一所。立十三簷，亘二百尺。往往夜晦，屢放紅光。福常住以豐肥，祐上下而和睦。邇後展討殿宇，津置堂廊。每嗟佛壠閃于南隩，大衆僉議欲移中央。即有惠行大德潛資，義倉提點雲敷，共捨淨資一千緡，其諸釋侶，量力施錢，共四百千，用充工費。尋擇良辰，亦得吉卦。坼至十簷，獲定光佛舍利六百餘顆。至地宮内，獲釋迦佛舍利一千三百餘顆。再選定四月八日午時，依舊如法安葬。竊以慧材狼山冗學，龍苑庸夫。赧扣瑣材，聊編盛事。伏願三乘五性，承茲乃共捨臧軒。七趣十生，仗此乃同登鑾駕。更願陵遷谷變，懿範不凋。地久天長，徽猷永固云爾。

天慶二年壬辰四月八日丁亥朔八日午時葬

《滿洲金石志外編》。《遼金元石刻文獻全編》，北京圖書館出版社。

《元善提禪院住持欽公塔銘》 實際理中，本無生滅之名。幻空界內，遂有去來之相。至人應現，觸處無心。洞子眞源，弗存彰迹。爰有眞悟禪師欽公者，鄭圃密縣王氏子也。賦性仁賢，天資重厚。自志學之年，父母捨送本縣法海寺出家，禮進公爲師，訓名永欽。適值大兵南下，民不遑，師乃避亂，渡河北遊。後詣京師，遇聖元世祖啟資戒會，躬受度牒。已而挈徒寶智，遊歷四方，參訪知識。於雲門雪齋席下，入室問道，角出倫輩。未及一載，得安樂地，茹桶底脫。蒙賜印可，齋乃囑曰，汝可徧參，勿於斯住。由是河南無所不往，惜乎雪齋未詳承賜何人，住持何刹，不可得而知也。

後至河南之鞏城羅口保，鄉耆敬師道行超卓，命住嵩蔭白雲庵。一屆所居，喜不自勝，此實山僧終焉之地。於是朝苦暮勤，整廢墓於瓦礫堆中。手胼足胝，理舊地於荆榛叢裹。咸衣食之所須，克力作之費用。堂殿梢新，農桑僅備。晨香夕燭，仰答皇基。寅粥午茶，接延雲水，幾四十年矣。本分事外，尤精醫術，洞達聲名。一日，忽示微疾，索紙筆書偈曰，不剃頭，不洗面，臨行與君通一線，扇子□跳遇新羅，撞破虛空十八片。就書五字後事付寶智，擲筆右脇憨卧，猶熟睡，視之已去年，時至元十九年龍舍壬午孟冬十一日也。小師寶智荼毘，收師竃骨，塔于寺之西南隅。命予敘而銘諸。予不揆荒蕪，憫其誠懇，乃爲之銘曰：

實際理地，本無□塵。幼空界內，有去來今。師生于密，族本王氏。宿植妙緣，悟明眞智。志學之年，舉措仁賢。父母捨送，法海金田。蒙準披緇，遏齋罷問。了三句機，得一字印。尤精醫術，洞達聲名。接延雲水，普利羣生。瓦礫堆中，荆榛叢裹。開懇荒田，經營廢寺。蓮宇未完，遽返先天。遺言付後，寶智踵前。壽終七十，緣化云畢。遷而非遷，崧高岌岌。門人募工，建塔西隅，任勞海變。

延祐六年七月日　師孫福定等立石

門徒　寶智　寶善　寶超　寶慶　寶淳　寶喜　寶滿

（民國）《鞏縣志》卷十八。《遼金元石刻文獻全編》，北京圖書館出版社。

正書。延祐六年。今在縣南六十二里凌溝菩提寺東廊內西壁上。石高二尺二寸，寬一尺八寸。二十五行字。

《大元帝師法旨之碑》 皇帝聖旨裏，帝師公哥羅古羅思監藏班藏□法旨，軍官每根底，□□每根底，□子裏達魯花赤官□每□底，往來的使□每根底，和尚每根底，百姓每根底，教諭的法旨，依聖旨體例，和尚里可溫先生每，可揀甚麼差發休着者，告天祝壽者麼道。大名路濬州大岯山天寧寺裏住持的講主朗吉祥根底，執把行的法旨與了也。這的每寺院裏，房舍裏，使臣休安下者，舖馬秪應休着者，稅糧休與者，但屬寺家的水土百林，碾磨解典，庫店鋪席浴堂，人□頭疋，不揀甚麼他的寺院裏，休奪要者，休倚氣力者。這般教諭了呵，別了的人他更不怕那甚麼這的，每道有法旨，無體例句當休做者，做呵他更不怕那甚麼法旨。雞兒年十月十五日大都有時分寫來。奉定三年正月吉日，當代住持□朗等立石。

《濬縣金石錄》卷下。《遼金元石刻文獻全編》，北京圖書館出版社。

《汝州香山觀音禪院第十代故慈照大禪師塔銘》 昔釋迦文以無上微缺二字密圓明眞實正法眼藏，傳付上首迦缺分派別，要之大概同歸于治慧缺將炬代不乏人。若夫永其悟入，則精進匪缺及其有得缺子三聖諦缺落缺級缺空中之空，象外之象。而因緣時節，關機語言，日用不窮，爲人天導師者，逾四紀缺其缺姓缺氏成都靈泉人也。累缺仕官，父嘗爲郡牧。師生而警悟，不憙偶流俗。年方幼學，卽出家。師缺受其通楞嚴法界觀，乃《起信》等論。年十九，乃遊四方，參善知識，皆承印可。時黨公禪師者，住持缺◇師爲之侍者，立于其側，幾十餘年，未始有惰容。每夜分乃寢，至于脾肉腫潰，流血盈器，而缺隨例入室。黨公問曰，如何是汝自己。師云，皶定生薑呷著酢。又問，錦江濯缺落色缺問，汝先徧參知識，還缺處否。師云，開口見膽。黨公首肯之曰，汝徹矣。於是印缺道源，心地缺澈。遂監其寺，爲之竭力。于寺事種種缺就佛智既退席，寺僧與郡寮士庶，以缺餘三千缺范缺丞者守鄧州，遂請諸朝，錫以紫方袍，號曰慈照。

皇統季年，故參缺韓缺寺，師辭以丹霞緣事有未既者，不往。天德二年，汝守慕師之道，行缺還居丹霞。丹缺天然禪師之後三百年間，能嗣宗風者，缺行具吾死後缺哭泣無衣白四年十二月五日，謂侍者祖缺住缺明缺戶牖無瑕翳，一片虛凝亘古今。置筆而逝。春秋缺法林祖俊等二百三十人，乃奉其靈骨，于丹霞香缺窣缺錚缺十有一人，尼慧深者，偏得師之道，開堂于南都妙慧禪院。深明缺戒缺修著缺上召至都，選居于禁中惠明禪院缺遂摭其實以書，且爲之銘曰：

苾蒭之修行不利己缺粗則缺凡聖缺亦缺龍同波堂堂老禪伯入眞諦第一初無退□亦不落階級缺四象缺務集◇音洞寥廓法缺千遊戲人閒世缺十部三年缺浮雲缺其去脱屣然香山妙高峯丹霞缺利門人卜眞棲巍巍缺塔缺揖遺缺聊說有爲法

大定十九年三月望日缺大內慧明禪院住持嗣法小師比邱尼惠缺建保義校尉缺顯模刊

中奉大夫禮部尚書兼翰林學士承旨知制誥修國史上護軍開國侯食邑千戶食缺壹百戶張景仁立石

（嘉慶）《寶豐縣志》卷十六。《遼金元石刻文獻全編》

明清分部

《思璧道行碑》　二大士生泰安州長清縣長城里宋氏，其家淸白。母趙氏，有淑德，嘗遇異人相曰：是嫗必生貴子。覃於越歲，誕生二子，廼符其言。成童，偕投靈巖寺祝髮。長拜桂菴達公，訓名思璧，自號方山。次拜教公首座，訓名惟贊，自號休堂。璧者既冠而受具，已而發足靈巖，觀光上國，參報恩無爲大老，遂蒙印可。復抵龍沙華嚴禪寺，時住持筠軒名動叢林，待師以殊禮，請爲座元。尋住湯山禪寺。謝事思歸，廻錫京師，奉旨開堂。住香河之定祥。都城奉福，建自元魏，寔京之甲刹，遇災，聞奏，命師住持，大興營造。未數歲，輪奐鼎新。兼住檀州金燈，復請住靈嵓受業寺。未幾，嵩山法王虛席，師補其處。致兵亂迴京師，復住奉福，遂終焉。壽六十有三，蠟四十有三，葬於祖塋。師至孝，在京師，與母相隔千里，其四時衣物飲食，絡繹於路。後住本山，親奉母終。其於生事死祭，遵行如禮。予惟有元崇重釋敎，天下名山大刹鱗次櫛比，大興法施，凡啟官會，師必與其法筵，釋之英聲，龍象無有出其右者。由是王公大人、內府宦官願執弟子禮者，塡咽其門，寔一代之法主也。次曰惟贊者，俱厭世塵，同寺薙落，由靈巖遊京師。時靈峰主曹洞一宗事，師親炙最久，廼蒙印可。出世住香河之定祥，遷南城奉福，遂繼萬壽宗師，於至正間示滅。初師主萬壽也，其寺古僧踈，廊廡堂殿，傍風上雨，梁棟不榰，頒賜膏腴，瓜分權勢。師經營三歲間，其田者復，弊者新，廢者舉，學徒屨滿雲集。歷代住持幹辦權略，弗如也。其爲人聰明雄辯，探賾宗門之玄妙，在諸僧之列，若霽月升空，衆星隱耀，寔有鷄鶴之異。又雅愛士大夫，有支許之風焉。二大士體貌相若，時人莫能上下之，故目之爲合璧。又於動靜威儀，行事始終，亡不相若也。嗚呼異哉，其秉父母之遺體，同胞而生，得佛祖之心傳，同蒙印可。觀光上國，同遇王侯之見知，住持禪林之列刹，同有莫大之洪緣。非願力深重，何其相侔若是者哉。必億劫億生之因，非一朝一夕之故。乃爲聯傳於琬琰，永傳之不朽也。銘曰：

二雄並駕，同驅齊馳。釋天烏兔，昏曉聯飛。溫閏合璧，耀德爭輝。難兄難弟，揭世何稀。未髮取緇，了迷悟歸。精研孔老，王侯是依。不言而化，不猛而威。銘非可頌，仰之巍巍。

師昔謝事，主寺者感師勳德，樹立塔碑，擬文諸石，師謙德止之。不期兵亂，因循迨今，□廿有三年，門人惟裔等慨然發心，專成厥事，請桂嵓師文，謂師與休堂同生同志，有大因緣，作大宗□，誠世之希有。故於師傳而有聯傳之作，俾灑掃前□。

城南奉福禪寺雲石惟泉後敘幷寫。

時大明洪武五年歲舍壬子秋自恣日，門人庵主守緣、庵主覺才、惟仙、惟長、惟裔等同□□。

當代住持廣智成就弘辯大禪師傳濮襄祖沙門管谿慧□，同在寺東西衆知事勸緣。

思璧道行碑　明洪武五年秋自恣日刻。碑在山東長清靈巖寺。僧桂巖撰，僧惟泉正書並跋，僧晦巖篆額。自恣日，舊曆爲七月十六日，新曆爲八月十六日。

《薩哈拶釋哩塔銘》　天竺之國有五，而緫名印度，南際大海，西控波斯，北距雪山，東接林邑。中曰迦毗羅衛，雄據四天竺之會，即我釋迦如來降靈之地也。肇自漢永平間，佛法西來，始與華夏相通，然僧之由中印度而來者絕少，惟竺法蘭首至洛陽。其後若佛陀跋陀羅之於晉，曇無讖之於宋，求那毗地之於齊，般剌密諦之於唐，皆能講譯經論，傳授毗尼，爲義學所宗。至於曇柯迦羅之居魏，則又專於慧學，而直明心要。此皆中印度高行之士。自是以來，遊化中國者不多見。後五百年，隆然特起而繼絕學者，則善世禪師其人也。師諱薩哈拶釋哩，別稱班的達，姓刹帝利氏，生與釋迦同國。幼辭父母，出家于迦濕彌羅國之蘇囉薩寺，禮速拶那釋哩爲師，習通五明，經律論之學，辯析邪正，雖國之老宿，莫或過焉。然自以言說非究竟法，乃復精脩禪定，不出山者十餘年。時有慧學沙門迦麻囉釋哩，爲國人所尊，師往謁之，陳所見，遂蒙印可。嘗慕東震旦國有五臺清涼山，是文殊菩薩應現之處，願欲瞻禮，遂發足。從信度河至突厥，徧歷屈支、高昌諸國，其國王臣喜師至者，無不稟受戒法。凡四閱寒暑，始達甘肅，實元之至正甲辰歲也。元主聞師道行，召至燕京，館于大吉祥法雲禪寺，詔就內花園結壇受灌頂淨戒。賜衣設供，恩禮稠洽。入國朝洪武二年己酉，西遊五臺，獲竟初志，駐錫于壽安寺五載，恆山之民率從師化者甚衆。七年甲寅，師別五臺，至金陵之蔣山，寓居崇禧新寺。今上皇帝嘉其遠來，召見奉天，奏對稱旨，特賜銀印，加以今號，俾統制天下諸山。仍移文各郡，民有從善者許令詣蔣山受菩薩戒法，所司無禁。自是南北緇白之流來集座下，日聽演說，包屨塡委，至無所容。雖武夫捍卒，覩師慈相，咸舉手加額，善心油然而生。囊金匱帛之施，充斥几席，師皆視之漠如，一無所取。或強之受，則隨以濟貧乏。以故有識靡不交譽其賢。明年春三月，駕幸中都，上特遣近臣賜詩慰安之。嘗御製《善世歌》以褒美其德，有笑譚般若生紅蓮之句。至今震耀見聞，爲叢林盛事。九年丙辰秋，師奉旨參禮觀音大士之寶陀羅山，住冬于天目獅子巖。既而泝彭蠡，登廬阜，渡長淮，拜四祖、五祖禪師塔下。十一年戊午，復還蔣山，依止八功德水。住山物先義公、妙雲資公皆盡禮延待之。還山之日，入見主上於華蓋殿，問勞甚至，敕光祿設盛饌，賜以黃金耳環，蓋從西竺本俗也。未幾，有旨遷蔣山舊寺于龍岡之東偏，師乃闢地西麓，卓菴以終老焉。上駕幸蔣山，必造師室，諮問法要，且屢賦詩頌，以贊以規，文多不載。師篤實有行解，不矜名，不崇利，居無服玩，出不騎乘，以是見知于上。每示僧，必以師爲式焉。十四年辛酉夏五月初，師患足疾，近侍以聞，上遣官醫往視之，不可。止廿四日，更衣盥沐，危坐良久，提數珠示衆而化。停龕六日，闍維，獲五色舍利無筭。煙燄所及，皆綴于松枝，若貫珠焉。弟子古麻囉室利等斂其遺骼，函奉于西麓菴。十六年癸亥九月廿有一日，始克葬于天禧寺之後岡，塔而表之。塔之前，別築祠宇以祀師之像焉。師年臘未詳，故不書。有示衆語三卷，及新譯《八支性戒本》一卷傳于世。江、淮、閩、浙之人得法於師者，必繪像于家，尊敬供養，猶如父母。其葬也，門人智光以塔未有誌，乃具行實來謁銘。余與師篤禪悅之好，相知爲甚悉。師示寂日，余往吊焉。今於是銘，誼不得辭。乃爲譔次其說，以示來葉。嗚呼，師以五明之學馳聲西竺久矣，既而踰漠絕嶺，不憚數萬程之險遠，毳衣皮履，翩然爲法東來，此於人情亦難能矣。然而道契聖主，有大因緣，遂致善世統教，爲中國一代碩師，非菩薩、羅漢乘願再來，孰能光顯盛大有如是者哉。

銘曰：金天之西，有國乾竺。高山大河，靈氣紛鬱。曰迦維衛，天地之中。篤生文佛，爲世大雄。維善世師，與佛同里。震旦東來，弘法普施。道契聖皇，賜居崇禧。銀章統教，妙演毗尼。耳貫金環，身被茜衣。出入宸極，煥乎容儀。萬衆趨風，羅拜稽首。三聚八支，重譯而受。有大福緣，祚我皇圖。季運重光，如日斯赫。蒙恩南遊，不驛而馳。朝吳暮越，雲行鳥飛。踰歲乃還，宴息鍾阜。應供諸天，旃檀圍繞。了身是幻，露電星虹。泊然而逝，達此蘊空。仰瞻妙容，設利五色。靈鑑洞然，照而常寂。流沙萬程，鷲嶺天開。不起于定，而示去來。我銘非眞，惟默斯契。一月千江，太虛無際。

前杭州府靈隱禪寺住持沙門釋來復譔，日本沙門釋中巽書。

洪武十六年歲在癸亥九月二十一日，菩薩戒弟子奉御崔安、天使黃福□立。

金陵施士原刻

弟子

□□囉釋哩、□□□釋哩、山□巴□囉、囉的那釋哩、哈薩釋哩、雅□囉釋迷、不塔釋哩、薩陀釋哩。（缺字數不詳）

優婆夷

謝氏善祥、王氏善妙、福光吉祥、劉善成、何善法、汪善堅、張善花、史善護、仁安、仁定、善觀、鄒氏善月、□氏吉祥、陳善惠、□善智、善緣、善果、善保、寶清、善月、張善因、鄭善德、喜田。

薩哈拶釋哩塔銘　明洪武十六年九月二十一日藏於江蘇南京天禧寺。僧來復撰，日本沙門中巽正書，施士原刻。

《慧曇塔銘》　浮圖之爲禪學者，自隋唐以來，初無定止，惟借律院以居。百丈大智禪師，方建叢林規矩。至宋，樓閣寖盛，然猶不分等第，惟推在京鉅刹爲之首。南渡後，始定江南爲五山十刹，俾其拾級而升，黄梅、曹溪諸道場反不預其間，則其去古也遠矣。元氏有國，文宗潛邸在金陵，及至臨御，詔建大龍翔集慶寺，獨冠五山，蓋矯其弊也。國朝因之，錫以新額，就寺建官，總轄天下僧尼。當是時，覺源禪師實奉詔莅其職。夫當興王之運，親受聖皇崇敬，以統釋教事，誠千載之奇逢也。其順寂也，法當勒群行以貽示後世。師諱慧曇，字覺源，天台大族楊氏。母嘗夢吞明珠而有娠，及生，容貌嶷然。幼不與群童狎。長依越之法果寺苾芻大均，咨脩出世法。及冠薙染，尋受具足戒。學律於明慶杲公，習華嚴於高麗教公，聽止觀於上竺澄公，無不貫珠。時廣智禪師訢公弘揚達摩正宗於中天竺，師往造焉。智問曰：何處來。師對曰：遊山來。智曰：笠子下拶破洛浦遍參底作麽生。師曰：未入門時，呈似了也。智曰：即今因甚不拈出。師擬議，智便喝，師當下脱然有省。他日智展兩手，示師曰：八字打開了也，因甚不肎承當。師曰：休來鈍置。智曰：近前來，與汝説。師即掩耳而出。智頷之，乃留侍香。天曆己巳，龍翔新刱，文宗特詔廣智開山，師隨至，掌藏鑰。繼分座，相與激揚祖佛機緣，裨贊法門綱紀，識見出群，聲譽彰著。至順辛未，奉行臺檄，出世牛首山之祖堂。師力行古道，躬役起廢，殿堂廊廡，凡叢林宜有者，悉新備之。至正癸未，陞居清涼，作新一如牛首。道行聞于帝師大寶法王，授以淨覺妙行禪師之號。乙未，遷保寧。丙申，王師定建業，師謁皇上於轅門。上見師氣貌魁偉傑特，歎曰：眞福慧僧也。命主蔣山太平興國禪寺。時丁儉歲，師化食以給其衆。丁酉，賜改龍翔爲天界寺，詔師住持。上親攄睿畫，書天下第一禪林六字揭於門，以旌示極。遠邇學徒，聞風奔赴，堂筵至無所容。祖庭規矩，師備行之，濟濟繩繩，粲然攸叙，觀者喈喈曰：三代禮樂無以加焉。吳元年丁未，大内新成，將登寶位，命師引千二百衆披閱大藏眞經，用嚴清淨覺地。師升師子座，舉揚大法，上親帥群臣臨聽。師法音洪暢，妙契皇情，爲之大悦，出内帑帛三千匹以施。自是每設廣薦法會，師必升座説法，車駕幸臨，恩數優洽。洪武元年戊申春，開善世院，詔師領院事，服紫衣及金襴方袍。御製誥章，其略曰：自予肇業，命汝匡宗，德風振起於法門，景運贊襄于家國。特授演梵善世利國崇教大禪師，住持大天界禪寺，統諸宗釋教事。當是時，遴選有序，銓衡至公，宗社有志之流，山林抱道之士，聯鑣而迭出，咸居名山大刹焉。自古崇尚法門，於斯爲盛。章縫之士以釋子爲世蠹，奏請除之。上以章疏示師，師對曰：孔子以佛爲西方大聖人，以此知眞儒必不非釋，非釋必非眞儒矣。上亦以佛之教陰翊王度，卻不聽。己酉冬，師疾作，不署院事。庚戌春，疾□已，燕處東軒，誘接來學，匡弘祖道，孜孜無少懈。夏六月，廷議西域未臣伏，上以彼域敦尚佛乘，特命師往招，尚書趙某爲之副。師承命，即日登途，自浙閩而之洋，凡歷國邑，布宣天子威德，莫不聞而來歸。辛亥秋，道憩僧伽羅國，其王奉師於佛山精舍，執弟子禮。寅夜參承，王令闔國臣民悉得瞻禮。師隨機開導，咸蒙法益。九月二十一日庚午，示微恙。王命醫進藥餌，師從容謝卻之。王與群臣，惶惶惕惕，若失所恃。乙亥，沐浴更衣，亟命尚書至，謂曰：某幻緣終此，不能復命矣。既而屹然端坐。夜迺半，問云：天明也未。對曰：未也。少頃復問，對曰：日出矣。遂恬然而逝。實是月丙子日也。其王爇香爲龕以事之。師世壽六十有八，僧臘五十有三。留七日，顔貌如生。王加歎異，乃聚香代薪，特築壇而茶毗之。王及百僚哀慕壇下，勑闔國比丘旋繞梵唄。時有白煙一道，上燭于天。火餘，舍利無算，舌根牙齒不壞。迺拾舍利靈骨及不壞者，祔葬其國辟支佛塔。先是彼佛曾亦懸記，今之開祔，適符其言，非偶然也。甲寅冬，尚書趙某還朝，奏陳其事，皇上聞而嗟悼，勑天界、蔣山二寺住持宗泐等，以師之遺衣藏於雨華臺之左云。師廣顙豐頤，平頂大耳，兩臉紅玉色，耳白如珂雪，目光爛爛射人。學者見之，不威而懾。及即之也，盎然春温。嘗示衆曰：春風浩浩，春日遲遲，黄鸝啼在百華枝。箇中無限意，消息許誰知。語未既，遽有僧問曰：心意識遏捺不住時如何。師厲聲曰：是誰遏捺。師室中謂僧曰：二六時無你啗啄分，無你趣向分，會麽。僧罔措。師曰：未明三八九，難免自沉吟。每遇禪徒，隨扣而應，未嘗務爲奇巧，聞見自然有所悟入。師五會説法，門人輯録成書，欲傳後學，師則毅然斥去之。師爲人寡言笑，喜怒任眞，不以貴賤異其顔色。鴻儒碩學，世子勳臣，問道無虚日。遭際昌辰，寵□優渥，凡位居臣列被召必以名，惟師詔勑咸以大禪師爲稱，前所未有也。雖位隆望重，處之恆若寒素。然而荷負大法，無一息敢忘。廣廈細旃之間，從容召對，據經持論，每罄竭其蘊畜。故君子稱重，而宗教有所賴焉。其嗣法弟子天界行椿、育王常在、中竺淨戒、雪竇守初等若干人，皆有聞於時。翰林李證親預入室，狀師遺事，授淨戒謁濂，爲塔上之銘。濂嘗從師遊，知師頗詳，而與證、戒交尤洽，不敢以不敏辭。龍翔禪林實甲天下。刱建之初，非名德之重莫當斯任。是故廣智握眞如印，柄道明宗，嘗使煇光照燭於幽隱矣。及今六合載清，眞人撫運，尊崇大法，錫額建官，以統御其衆，非師乘大願力，亦孰能當其始乎。嗚呼，何其規重矩疊，而一唱一新也。在昔馬駒蹴踏，機用森嚴，出其門者，無非龍象。有是學者，因有是師，先德固亦然矣。方之廣智之傳，實由臨濟正宗，師之所契，親得法髓，固非常情之可擬。然稱人之善，必本其父師之故，厚之至也。濂敢竊取茲義，序其事而爲之銘。銘曰：

金陵有寶刹，昔爲潛龍居。飛翔起中天，樓閣重重現。聖皇握金輪，重御四大海。易爲大天界，以表正法故。惟師乘願力，廣智法會中。惟師乘願力，示現優曇華。帝命作總持，欲符於前烈。弘護法王法，如寶雙眼目。秪恐昏翳蝕，光明不遍照。統率諸僧伽，無不從化者。佛法遍天下，根本中印土。命師宣仁德，以彼尙佛乘。道愬僧伽羅，群羌如見佛。膜拜稽首禮，懇請爲說法。四大本假合，去住兩無礙。笑指空中雲，聚散不留跡。築壇以衆香，付之大火聚。闔國諸沙門，圍繞作梵唄。拾舍利靈骨，祔葬辟支迦。異域王臣衆，瞻禮祈永鎭。睠此行道所，何以慰追慕。四衆諸弟子，假物以顯理。遺衣在故篋，見衣如見師。瘞之雨華臺，當與靈骨同。我知此衣中，何啻千萬縷。絲絲具暖性，性圓即菩提。師性千古存，是有無邊身。辟之虛空相，普現於一切。寧假有漏形，方號爲眞實。實際本眞空，永離於言說。我持不壞筆，太虛以爲紙。銘此無縫塔，了不見一字。若以兩耳觀，始造不二義。

永樂八年歲次庚寅秋，僧錄司右闡敎兼靈谷禪寺住持嗣法比丘淨戒重刻於鍾山幻居。

甬東屠士章刻。

慧曇塔銘　明永樂八年秋重刻於江蘇南京鍾山。宋濂撰，劉基正書幷篆額，屠士章刻。

《姚廣孝神道碑》　朕聞商宗得傅巖之叟以佐中興，漢高用赤松之流以成大業。蓋有命世之才者，必能建輔世之功。其生也，學足以濟時，仁足以澤物，謨謀足以匡國家。其歿也，聲名洋溢流芳于後世，耿耿而不磨。蓋天之生斯人，豈偶然哉。始之隱約，所以善其身。中之達施，所以見諸用。終之清明，所以超其類。凡若是者，惟太子少師姚廣孝有焉。

廣孝，蘇之長洲人。祖菊山，父妙心，皆積善，母費氏。廣孝器宇恢弘，性懷沖澹。初學佛，名道衍。軌行峻嚴，人皆尊仰。潛心内典，得其閫奧。發揮激昂，廣博敷暢，波瀾老成，大振宗風。旁通於儒，至諸子百家之言，無不貫穿。故其文章閎麗，詩律高簡，皆超絶塵俗。雖文人魁士，心服其能，每以爲不及。然蘊蓄至道，而人莫窺其底裏。洪武十五年，僧宗泐舉至京師。朕皇考太祖高皇帝一見異之，命住持慶壽寺，事朕藩邸。每進見論說，勤勤懇懇，無非有道之言。退察其所以，堅確有守，精純無疵，朕益重之。及皇考賓天，奸臣擅命，變更舊章，搆爲禍亂，危迫朕躬。朕惟宗社至重，匡救之責，實有所在。廣孝于時識進退存亡之理，明安危禍福之機，先幾效謀，言無不合。出入左右帷幄之間，啓沃良多，雖古之明智，莫能過也。

內難既平，社稷奠安，深惟天之所以佑我國家而輔成大勳，若廣孝者，實有賴焉。乃召至京師，命易今名，特授資善大夫、太子少師。既又錫之誥命，祖考皆追贈資善大夫，妣皆追封夫人。廣孝之爲宮僚，從容漸漬，忠言匡輔，雖老益盡其心。朕命儒臣纂脩《皇考太祖高皇帝實録》，廣孝爲監脩官，躬自校閲，克勤所事。嘗歸吳中，以所賜金帛悉散之宗族鄉人。其平生樂善好施，天性然也。永樂十六年三月，來朝于北京，仍居慶壽寺。朕往視之，與語極驩，至□十□日，召諸門人，告以去期，即斂趺端坐而逝，享年八十有四。朕聞之，哀悼不勝，輟視朝二日，命有司爲治喪葬，追封榮國公，謚恭靖，贈以勳號。百司官僚，暨畿甸士庶，遠邇傾赴，肩摩踵接，塡郭溢衢。雖武夫悍卒，閭巷婦女，莫不賛歎嗟咨，瞻拜敬禮，惟恐弗及。凡七日，儀形如生，異香不散。卜地於西山，甃石建塔。四月六日發引，靈風飄灑，法雲旋繞。以火浴之，心舌牙不壞，堅如金石，得舍利皆五色，其所養者深矣。於六月十八日遂葬焉。

嗚呼，廣孝德備始終，行通神明，功存社稷，澤被生民。故曰，有命世之才者，必能建輔世之功。若斯人者，使其栖栖於草野之中，不遇其時，以輔佐興王之運，則亦安能播聲光於宇宙，垂功名於竹帛哉。況死生之際亦大矣，廣孝能預燭於事而不惑，其有所見耶。眷惟耆艾，深切朕懷。乃揭其功德不可泯者，勒之金石，以詔來世。銘曰：

天生哲人，輔我國家。有猷有爲，厥德孔嘉。蚤從於佛，潛養器識。洞燭古今，幽微莫測。弘濟于艱，晝若斷金。內難既平，克享天心。崇德報功，位隆師臣。翊善弘化，正笏垂紳。端居養素，壽考惟祺。翩然而來，人莫我知。倏然而逝，儼乎容儀。克全五福，自天佑之。衣冠士庶，遠邇同趨。塡咽都市，瞻拜嗟咨。民失具瞻，誰其蓍龜。西山之丘，神氣所鍾。岡巒迴環，磅礴沖融。妥靈于茲，永固厥封。精英上騰，五色彌空。琢玉示辭，迺勅臣工。於千萬年，流光無窮。

永樂十六年八月十三日立。

（題跋）丙子秋，友人劉君振東自房山來，言境有姚少師塔，建築莊嚴，高可十丈，其神道碑亦巍峨可觀。余因少師學識淵博，顯密圓融，且屬同鄉前喆，特商振東督工馳拓，俾資參考。碑在平西戒臺寺前荒野間，爲士夫遊蹤所罕歷，故考碑者亦悉言曾未經見，此誠不易多覯之墨寶也。王玉樹識。

姚廣孝神道碑　明永樂十六年八月十三日刻。碑在北京門頭溝區戒臺寺。正書，額篆書。附民國二十五年王玉樹題跋。

《妙濟塔銘》　妙濟禪師綽巴扎釋，以宣德四年己酉十月五日順寂。越明年庚戌五月初吉，行在僧錄司左講經兼大隆善寺住持清讓，領灌頂淨覺慈濟大國師命，賫禪師行狀來請銘。按狀，禪師諱綽巴扎釋，俗姓后氏，弘通妙戒普慧善應輔國闡教灌頂淨覺慈濟大國師班丹扎釋之族姪也。其先世居岷地，爲名家，代多顯官。禪師之生也，天姿秀發，聰慧超群，齠齔已有出塵離俗志。即大崇敎寺，禮大國師爲祝髮。甫十歲，往趨西域，禮葛哩麻巴上師受近具圓。復禮大名稱恩德羅藏扎思巴上師，受四灌戒。凡三藏顯密玄言，莫不徧學精究，唯無上瑜伽本□祕密宗乘，尤得其旨要。自爾學博而識廣，論議講解，辯析如流。人咸異之，慕其道而歸敬者衆。宣德乙巳，朝廷遣使以禮幣徃徵之，遂乃翻然仗錫來歸。至丙午秋入覲，上嘉柔之，賜以妙濟禪師之號，銀章紫誥，恩遇甚優，館于京師大隆善寺，俾闡揚其敎，以濟凡品。禪師既承恩命，夙夜兢惕，思無以報萬一，乃日以禪觀聲誦、博施齊衆爲己務。賞賚信施，悉以造像施經爲用，而於資身之具略無所介意焉。嘗謂人曰：出俗之人，不至飢寒足矣。一身之外，復何所求。俄爾微疾，顧諭其徒曰：吾世緣畢矣。乃沐浴更衣，端坐而蛻。時宣德己酉十月五日也。上聞之，遣禮部員外郎易節諭祭，治賻葬之儀。適舉龕，風和景明，至荼毗，天布霞彩。火餘，得舍利五色。勅建塔于都城西北原而瘞焉。世壽二十五，僧臘十五。奉襄之日，道俗相送者奚啻百千萬人，莫不嗟悼盡傷，而復稱嘆希有。銘曰：

於昭大覺生西乾，誕敷妙敎演眞詮。赫赫厥聲亘大千，駿奔龍象羅人天。雙林示滅化事竣，法身常住豈變遷。若顯若密□擅專，應病與藥無不痊。綽巴扎釋生而賢，年方齠齔志出纏。祝髮受具思所先，徧遊西域參玄玄。三藏諸部悉究研，密乘最上擴眞傳。帝遣禮幣徃召宣，翩翩仗錫言來還。玉音褒□妙濟禪，銀章紫誥□回旋。五五之年畢世緣，火中粲爛開紅蓮。燼餘設利五色鮮，留作人間良福田。□山蒼蒼塔巋然，過者頂禮心應虔。

宣德五年歲次庚戌五月吉日立石。

妙濟塔銘　明宣德五年五月刻。石在北京海澱區五塔寺村。僧圓瀞撰，正書。陰藏文刻。

《開化寺碑記》　在霧中山上。南道布政司右參議泰和胡直撰文，副使廬陵陳嘉謨篆額，中書舍人成都梁奕書丹。署云：予登山寺，躋明月池西眺。山自樂道而上，若石圓標，茅坪雪嶺，攢列漢表。左接紅崖，右連金剛，冠子諸山，合成七十二峰，則蓮花藏是也。無蚊蚋虎豹蛇蝎，宜植佳茗，不能穀。僧數千人，以茗易穀，不塗手而食。觀其奇奧，其所稱大光明山，豈其地耶。僧淨談，眞著歷階稽首白予言，自漢永平間，有摩騰、法蘭二大士自西域來駐錫。至晉若佛圖澄，唐若伽護，宋若圓澤諸尊宿，代爲住持，山所從來遠矣。逮我明興，永樂間，西域毘盧國普達舍耶大禪師行化中土，定中感神人挈遊茲山。出定，得大邑葉氏導入，一若前境，於時遂創精舍止焉。至正統年間，奉敕住持，寺名開化。此僧眾近祖也相繼鉄納星等，皆以朝命主敎宗旨，今二百年，未有瓌賢大智爲之表著，誠無以朗幽闃而光化林。而副憲蒙山陳公謂封域奇勝，勉爲之記。予學帝王道者也，而嘗稽於釋氏。蓋中夏有釋法自漢明始。有僧自騰蘭二士始，有寺自洛白馬始。而云二士棲錫是山，則四方之寺，惟茲山始。今夫爲帝王之道者，鮮不曰是黠胡乘五衰相而來，不可不絕。然觀彼法以救迷爲大悲，非若世之爲利者。假令五帝三王不自衰，彼無迷之救奚爲來哉，抑安處之耶。洪惟我神祖聖宗，御極宏化，天覆地載。中外淄流，別域神異，咸巍彼法，俾各得所。內化凶愚，外安四夷，誠得安處之道也。觀於是，益信此帝王所爲大也。予迺因二僧之請，略不辭避，語其粗者紀之。

（同治）《大邑縣志》卷十二。《明清石刻文獻全編》，北京圖書館出版社。

《寶珠寺碑》　正德九年，推官張恆完譔文，州同杜祥篆額，進士蕭斛書丹。文云，寶珠禪寺，距古蜀益州西偏三舍，由洞口沿山麓委蛇而入五六里許，古有一道場。山環水繞，北連霧中剎，南向大邑縣，東接清祥□，西通鶴鳴觀。其朱雀山嶙嶙峋峋，根支交股，如珊瑚狀。其元武山蜿蜿蜒蜒，或凸或凹，如龜蛇形。山之青龍，隱隱隆隆，層峯疊翠，如琉璃然。山之白虎，崋崋崒崒，雪島嵯峩，如虎珀焉。襟倒馬坎，而帶犬子。溪背青城，而面白塔。中聳一島嶼，圓如覆鉢，形如走盤，寶珠半埋於地。周圍篔簹琅玕數十畝，楩楠松柏，橡樟杞梓，計千百章。

昔傳上建一寺，巋然獨立，似魯之靈光者，誠哉。天造地設，造化生成。近而觀之若寶，遠而望之若珠。曩者揭扁先正欲名爲寶光，則不能兼珠。欲名爲珠林，又遺其珤，故兼之曰寶珠禪寺。又不知何年鬼谷鑿，山靈呵護，鳥道盤旋如羊腸，石磴參差如雲梯。自宋元以來，幾經兵燹，尚存古跡遺址。永樂間，因鑿山得斷碑題，額云寶珠禪寺，乃唐之雲遊無名僧開創。原屬嘉定州大邑縣圖經里正葉栄山場，後葉氏芟薙荆莽，翦伐竹木，剷除土苴。見地勢雄偉壯觀，遂募高釋有道行號圓木者，同法派雲乃、碧空、可禪、雲峯、悟海、古燈、悟然、古峯、悟先輩，同心竭力，創建寺院，侍俸香火。宣德初，鄙規制狹隘，迺協功德主葉榮晏氏，戮力幾寒暑，胼胝拮據，勞勩捋荼，漁材鳩工，范金合土。墾拓舊基，高下宏厰。前建山門三間，以寓四天王。中立三間轉五正殿，相塑覺皇世尊丈六金身，左右列諸大羅漢。其瀀堂則鴟埒中楹，其關房則鶚跱後廡。一切佛聖神像，金碧交輝，丹青黼黻，足以駭人心之敬畏。樓閣臺榭，崢嶸突兀，文章燦爛，足以聳眾目之觀瞻。又洎齋堂兩廊，凡庫藏庖湢，黝堊斵輪，莫不跂翼翬翬，燦然一新。其王道拜臺，彤墀阼階，甃以石勒闌干，磨磚砌地。又罔不潔淨晶瑩，紅塵不到也。至天順間落成。

復有五條渠園柏林下院觀音堂□此畢工，萬壽千秋慶賀節，令僧於是乎梵之禱之。菑害患難，旱澇蟲蝗，僧於是乎除之禳之。外此春水溶溶，夏景陽明，散人之落魄。江山弔古尋幽者，見舴艋之頡頏桃浪，奇峯之昭回雲漢，恍如坐天宇而籠蓬萊中境趣也。秋蟾皎皎，冬梅卓約。騷人之探奇覽勝，踏雪尋梅者，覩法界之橫金布地，六出之飛花紺園，宛若憑欄干而觀圖畫中人物也。又時而夜也，耳猿猱嘯月，其聲呱呱然。鴉噪庭槐，其哀啞啞然。而僧之敲門月下者，其聲又丁丁然也。允若茲，眞爲峨眉之附庸，天府之祇園福地。雖蓉城閬苑，不是過也。

由是邑人御史王漢、唐安山東大參尹淳，邀謫宦繡衣魏瀚、成都右衛揮使常輔，與夫鄰境之縉紳士夫，聞此勝概，莫不齊驅並駕，絡繹遊覽。品題唱酬，今古如茲。矧德公禪師有志豎立雁塔題名，隨修而足業，以終天年。其徒住持舟圓，善繼善述，倏爾奄棄。歷至正德，住持舟果，乃率師友暨諸徒眾相謂曰，吾師開造於前，吾儕守成於後。苟不刻石以誌之，可乎。皆曰可。遂謀諸葉公嘉訓其嗣宗敬等，並本寺僧舟泰，捐貲命石工磨礱良礎。詣唐安，浼貢生馮祐、濮州致仕節判杜祥、北京戶部郎中萬斛，較計論量作記，壽諸雲根，以傳不朽。僉謂子州有七十三翁張先生，善屬文。於是舟泰偕洪亮，執筐捧帛，造予館，拜請文以記之。予惟地不自勝，因人而勝。勝不自傳，因文而傳。莫爲於前，雖美弗彰。莫爲於後，雖盛弗傳。予固辭不獲，所請益懇，遂援筆書此以記。

（同治）《大邑縣志》卷十二。《明清石刻文獻全編》，北京圖書館出版社。

《綠雲菴藏經閣前記》　萬歷丙戌，大名知府秣陵姚汝循撰。文云，昔如來以一大事因緣，出現於世。雖說法四十九年，實未嘗道着一字。末後阿難結集，乃始爲經十二部，流傳世間。奈何後代兒孫，抽枝引蔓，遂裒成五千四十八卷，爲一大藏。致令窻蠅衲子，如麻似粟。老死故紙中，不得出頭。我佛出世之心，其孤矣哉，嗚呼。此自不善學佛者過咎，於立言者曷與也。古德有云，佛說一切法，爲度一切心。我無一切心，何用一切法。其言最爲明快，第眾生根器不齊，自無始以來，種種習氣，爲己主宰，顚倒妄執。不知凡經幾千萬刼，安得於一切心，遽能抖擻盡耶。是以諸佛祖師，不免軫於婆心，孜孜饒舌矣。譬世醫師，著論處方，代不乏人。其書至於汗牛充棟，無非爲病者已疾，期世無夭瘥之患，乃其心也。但人病既愈，及本無病人，只須饑飡渴飲，安分度日，若妄餌則因藥致病。故曰，金屑雖貴，入眼則眯，正爲此也。今覽藏者誠知一大藏中所說，元無實法。我今覽藏，祇取遮眼。萬一有潛伏病根，檢得良方，與患相應，不妨時進刀圭。病去藥捐，依然家常茶飰，自然身心安泰。如是乃知諸佛禪師恩施，信有窮刼難言者矣，况可訾議耶。

此言予貶官蜀中時，嘗與峩眉僧鑑燈論之，鑑燈深以爲然。今年，予在里中霧中，僧廣祿者來造藏，乃致鑑燈之意，徵予言作藏經閣記。嗟乎，予又安能爲異說，以副二僧之懇耶因。掇向所論者授之，以爲覽者作牛溲馬勃之備云耳。廣祿，大邑縣人。以十二歲削髮，自艱辛買田構庵於霧中以居，菴名綠雲，志勝也。焚修之餘，則率徒衆，躬自種植，以食其力，不敢虛受四方信施。歲久有積，又不欲爲一身計，念深山邃谷，衆生遘疾，不便療治。又恐值妄庸醫增病，乃發心捐所有，爲是舉。復建閣貯之，經之費凡若干，道路之需與閣費不在是。噫，若廣祿者，可謂於財法二施兼之矣，其功德又烏可泯滅哉，是用併及之。

（同治）《大邑縣志》卷十二。《明清石刻文獻全編》，北京圖書館出版社。

《綠雲菴藏經閣後記》　萬歷丙戌，九江司榷主事成都劉美充撰，雲南知州邑人李翹篆額，生員葉友梧書丹。文云，如是我聞，釋迦文佛於靈山會上，拈花示衆。唯摩訶迦葉，破顏微笑。世尊曰，吾有正法眼藏，涅槃妙心，付囑迦葉。自是有微妙法門，不立文字。雖說法四十九年，其實不立一法。今茲大藏一十二部者，何爲者耶。四祖道信有言，百千法門，同歸方寸。河沙妙法，總在心源。一切戒定慧力，神通變化，不離汝心。信斯言也，直指人心，見性成佛，非欺我矣。卽心卽佛，求佛者更何他務焉。霧中禪寺綠雲庵僧廣祿者，遠自三巴，歷瞿塘、灩澦之險，徑抵金陵，置取大藏經若干卷以歸。道九江，適予司榷此中，以鄉誼謁余。余謂之曰，如來藏經，若能行耶。廣祿茫然。余曰，若能悟心，實無有法傳。况於藏。藏且無有，何况於經。經且無有，何况於閣。雖然，不能悟心，而又不求法，迷而又迷者也。故曰，未登彼岸，捨筏不得。願以是渡苦海可也。不然，泥筏求岸，岸愈遠矣。廣祿唯唯，遂書以歸之。

（同治）《大邑縣志》卷十二。《明清石刻文獻全編》，北京圖書館出版社。

《接王亭塑佛像碑記》　在霧中山接王亭。崇慶州舉人唐養貴撰。文云，山有五嶽，霧山不與。祀有柴望，霧中無聞。接王之名，何自來耶。或云明皇入蜀，鑾輅駐此。或云漢帝昭烈，嘗幸此山。或云孟昶，俱不可攷。第亭因王名，尊王也。王爲佛，至尊佛也，尊王者緣以尊佛，尊佛者益知尊王。况山之寶坊仁祠，金刹梵宇，創自東漢永平間。經南宋淳熙之勅，有明正統之題。接王之名，洵非無自。亭中諸佛像不莊嚴，褻亭耶，褻佛也，褻王也。崇陽人士與大邑巨家，同心協力，捐金聚沙。越明年而毘盧中佛，彌陀左佛，護法韋馱，丈六金身，宛有生氣焉。向余索記，以載碑陰。余維學者之道，雖未參佛氏之宗。一聞亭號，動尊王之心，而起尊佛之念。略爲記載，俾爾時涓滴之士，與前之摩騰、法蘭、伽護、圓澤，後之普達舍耶、鐵納星吉等，爲功於山，同一尊佛尊王，並垂不朽云。

（同治）《大邑縣志》卷十二。《明清石刻文獻全編》，北京圖書館出版社。

《普樂寺香鼎路道記》　井研之北五十里許，有寺曰普樂，自漢唐時蓋已有之。迨至元末兵燹，缺石崩裂，碑文殘斷，考據殘缺。太祖高皇帝龍飛淮甸，混一海宇。敕令天下修建寺觀，祝壽祈祥，勸民爲善，以補風化。是寺殿閣雖廢，遺址尚存，缺二字。誌正統戊午，有僧本寬，敘州南溪人也。飛錫雲遊，抵中峯耆士程宗亨家信宿。詢其原委，宗亨乃曰，殿宇剝落，猶可重修。寬欣然踴躍，同登其上，覩山川之秀麗，峯巒之疊聳。前後拱衛，左右盤旋。路達羊腸，週圍石徑。蓊鬱蒼松，榮茂四時，花木爭妍，百卉競翠。朝焉雲露昇騰，瑞氣衝霄。暮焉禽鳥翺翔，靈物咸集。佛子陡出，可以棲禪禮祖，可以說法談玄，可以雲集方袍，可以迎迓檀越，逃塵離俗，無不在茲也。遂募善士，鳩工刻日，剪其荊棘，芟其萊蕪。不數月，落成佛殿三楹，上下禪堂丈室，與夫鐘鼓磬樂之數，山川擁道之屬，煥然維新。遐邇檀郎，湧進參禮，由是而宗風丕振。弘治辛亥秋，寬一夕沐浴更衣，囑其徒曰，吾年已邁，怠於勤勞，將易簀矣。爾當精成戒行，肅守祖風，無隳先業。言訖，靜坐而脫，時年七十有四。

後宗勝乃寬第四徒也，性資好靜，自入叢林，聲色不變。年來守戒精一，思慮悠遠。嘗與釋輩議曰，先人創業圖艱，我等守成不易。今寺香觀未修，道路未平，皆吾恥也。通路臨大道，往來士夫君子，摩肩接踵，叩謁於斯，歆足瞻仰。寺之舊碑湮沒，不勒石以爲新，則寺之始修蕩然。乃請良工，採精石，彫琢人物，起九級層臺，甃砌階梯，宛然備美。俾朝朝焚獻有具，出入有所。尤求堅石二方，紀寺開建之由，鄉耆舍資之善，僧衆重修之美，於以垂裕千載，耿耿而不磨焉。次德仙迎請《華嚴》《法華》缺二字。經具之寶，善於十方。故徵予文，以貽諸後。

予諾之曰，人生天地間，不立身行道於當時，將何以揚名於後世乎。所謂莫爲於前，雖美弗彰。莫爲於後，雖盛弗傳，正謂此耳。今宗勝爲寺之領袖，樹勒豐碑，匪直爲留名之計而已，將以淑諸後之住持者，使知創業守成之故，有所謹省。以燃燈燈相續，偏祖祖相傳，愈隆而愈遠，於斯尚昜諸。皇明宏治十二年歲在己未仲春之月朔旦，賜進士出身前刑部江西司主事雲南按察司僉事邑人胡榮記。

（光緒）《井研志》卷十六。《明清石刻文獻全編》，北京圖書館出版社。

《李仙澍華巖聖可玉禪師行由碑記》 師蜀北營山王氏子，行二，其先簪笏家也。母劉氏，以戊辰七月十三日誕。先一夕，父夢月墜掌中，光彩滿室，遂產焉。甫三齡，不茹葷。稍長業儒，然嗜釋典，見卽喜誦，超然作出世想。越甲申，年十七，値國家鼎沸，兵戈遍宇內，同父母避亂歌楊寨。寨破，被賊帥所執，欲害之。問師識文，始豢養之，爲師授室，時年二十有二。因計及利害，勉應其命，出塵之志，終不改焉。繼而夜讀於金川楊司馬宅，時夜有老僧問曰，知之者不如好之者，好之者不如樂之者，其義云何。師未及答，忽不見。遂疑之，而百病俱作。一日，乩道人，占得馮唐易老君須誌，早取曇花弟一枝之句。師志始決，乃棄室，禮朝陽道源師披剃，命名曰德玉。蓋稔知師非常人，而取德以玉汝之意也。二十九，具足於澄江和尚。

因念生死事大，志振宗風。初參曉元，以吾無隱乎爾之句問之，未契。又以百丈耳聾機扣，微有所得。知其非著脚處，乃參離旨，聞破祖住金城，乃覲之。祖於入室，以死句活句扣之，師大契焉，祖乃印可之。至解制後，辭祖，偕法兄雪臂等南遊。維時夔關梗塞兼之，欲禮沼祖二祖，竝濟祖塔。借道潼關，歷澶淵之江，南渡錢塘，參天華而洞旨，於是澈焉。乃之天童覲密祖塔畢，返武昌，參密行。往江陵，參蓮月。始遇蜀僧半偈，堅請歸川。抵渝，過慧覺和尚，盤桓未幾，乃度夏大龍山。屆戊申之冬，適松石半偈立玄居士李生蕃、楊繼芳等，迎師住華巖洞，暫以聞結摩場。不意十方雲聚甚衆，奈一石室難以鳩集禪禧。於是楊氏父子捨其祖墓，竝田地山林，爲師創建法席。殿廊甫成，而衆屈三千指矣。遂弘開法席，大振宗風。一時機契而受法者，如巡憲高公，孝廉鄧公，劉公，禪師還初、惟識諸上人，不暇百計。而師拈白捧，服英雄，言下令頑石化玉，生蛇變龍者，殆超佛祖而上之。後禁足季耳關，爰註寶註《道德》《梵網》諸經書，悉披窾導竅，於學者大有裨益焉。且德及禽獸，有俯首之牛，念佛之鵝，聽經之鳩。噫，以難馴之異物，一旦而具佛性，非其盛德，何以致此。後繼席雙桂，復建瀘陽之雲峰，嘉州之淩雲，皆委付得人。至於華巖，則一磚一瓦，一草一木，皆師手澤，故退休乃於華巖焉。其德化廣被，而恬退不矜，寧淡不奢，雖郡守祝公、丁公、陳公，郡副芮公，邑宰陳公、王公，數以安車敦請，師皆堅辭不赴，於斯益徵其養德樂道之深且厚矣。師住華巖三十餘年，接人如一日，撫衆如一身，誠所謂誨不倦，學不厭矣。至若晝夜禮拜，油鹺不入於口，淸修尤人所難也。

迨辛巳冬結制，上堂招大衆云，今日忽是十五日也，生死事大，無常迅速，那有閑工夫說長脚話。看看，閻羅老子請老增喫鐵棒也。汝諸人照顧頂，好，斯言也信，生死在手，不隨他人脚跟作生涯者。暨冬月初一，傳集僧俗二衆，陞座云，虛空無體相，法界亦復然，吾心亦如是，何必更多言。擊拂子下座，歸方丈。交方丈事畢，於是日入關房，不復問人間事。後五日，示微疾。至初九日夜分，集大衆笑云，老僧任世七十三載，接人三十餘年，今日方得自在也。乃書遺囑曰，六祖有云，披麻戴孝，非吾弟子，老僧亦然。遂書偈曰，過去佛祖何曾滅，現在佛祖幾時滅，未來佛祖亦不滅，心心萬里一條鐵。擲筆云，尊重大衆，老僧向無爲鄉提鐵鶴也。合掌微笑而逝。康熙五十二年歲在癸巳季夏月朔日吉旦立。

（民國）《巴縣志》卷二十下。《明清石刻文獻全編》，北京圖書館出版社。

《重刻旭東老人學業叢林原序》 蓋聞佛法無主，要假人宏，得人則興，失人則廢，所以達人不可無也。是人也，非生而知之者也。吾敎建叢林，立規矩，意在養育賢才，陶鑄後學。繼往開來，如日月大明乎天下也。奈何海內叢林，悉忘此意。余不得不犯天下所忌，敢以古今興廢，試一論之。上古叢林聚衆，朝夕激揚，使悟本心。冀各爲一方眼目，輾轉傳化，續佛慧鐙。以故古時穎脫者，不知其數，此佛法得人，所以興也。邇來叢林雖在，古法盡忘。招賢宏敎，杳絕無聞。自愚愚人，輾轉蒙昧。致使初學有志者，無處棲泊，無人薰陶，蹉跎白首，不知佛義。此佛法失人，所以廢也，不思叢林者何所取義。如來無量劫中修行，難得無上菩提，演布三藏，欲後人講誦參討，自見本心。古人知此，所以建禪堂，以安學者身心，使用力於此。卽知是中代出高人，如林內具諸棟木，故以叢林立號。豈如今日，驅賢養愚，忘本務末，以了叢林之事。此非木之叢，實草之叢也。況諸施中，法施爲最。如來爲法降生，爲佛子者不知本末先後，謂之倒置。致佛日不明者，誰之咎歟。故知達人必出，叢林興廢，關乎主者。唯主人權柄在手，指呼是從。蒞是位不行是道，佛祖寧不皺眉耶。

明自參學以來，經歷多載，見今思古，每自傷嘆，何今古相反若此耶。古亦人也，今亦人也。古人何增，今人何減。特因昧本忘恩，不思不行而已矣。若海內叢林，一一皆能體佛心而行佛事，則天下咸成佛國，何今古之閒然。況今教禪律人，各執一邊，互相矛盾，鮮窺大全。豈知無上妙道，出於口爲教，運於心爲禪，軌乎身爲律，三法本一人行。今乃分疆自畫，去佛法遠矣。明不揣薄劣，憂佛道之不行，慮人心之忘古，欲於通津大邵，建一學業叢林。集有志緇流，究性相之深詮，窮離文之妙旨。破目前之堅凝，消歷劫之固執。融五教十元於毛孔之中，會六相五宗於揚眉之處。通變自在，迥異常情。達摩不向東來，釋迦未曾出世。以斯先覺，復教後覺。內外典籍，貴以通融。罷參者休心無事，初進者勵志向前。不計歲月，以澈爲期。圓性達人，必從此出。心包法界，體合眞空。卽一切非一切，雖渡生而無生可渡。佛卽我，我卽佛，雖成佛而無佛可成。佛法之興，安有涯量。故曰，佛法興，莫先於得人，得人莫先整叢林以教後學。舍此而欲佛法興者，吾莫知也。

由是觀之，無賢主則不出達人，無達人則不興佛法。反覆推尋，主人爲最。此位任大，毋自抑小。宜去高去慢，虛心待物。視此身爲天下學人之父母，視天下學人皆我一家之子弟。內則爲之聚糧辦衣供油，以資其歲月朝夕之需。外則爲之請出世名宿，以作模範，薰之陶之，日益日損，方不失爲主人之實。雖然，明更有說焉。如來昔以佛法付囑國王大臣，誠有見於末法之弊，非主持世道者，不能宏揚吾教。願今舉世宰官達士，世道既平，亦宜傍興佛法。蓋三寶乃世間福田，下得一種，收得一斛。世諺云，山中無老僧，朝中無宰相。安知滿朝文武，非皆修行苦行僧耶。惟冀不忘前因，各出手眼，共報佛恩。使天下叢林，俱興佛法。賢者進而愚者化，佛教則煥然一新，王道亦不教而善，此二教兼化竝行而不悖也。願與同志共遵之，無負靈山之付囑也已。大清光緒七年歲次辛巳季夏月，傳臨濟正宗四十三世本寺弟二代住持性源宗同兩序刋立山陰，趙驤書。

宗昔同道友體微至渝，覽志乘所載，此地有醉佛樓、藏經閣遺址焉。係前明篆水法師破雪和尚旭東老人駐錫之處，誠選佛場中一名區也。因過訪焉，則見寺已無僧，闔寺內外，租賃居民，男女雜遝，汚穢滿目，◇然傷之。歸後協商於師。各捐衣鉢◇數百金，贖回舊土，重建叢林。衆乃迎師全公上人爲主法焉，率衆募修西廊，竝大雄殿，開期傳戒，草創矩歸。本宗教律三學，以公同志，此我師中興之大略也。善哉，旭東老人之言曰，出於口者爲教，運於心者爲禪，軌乎身者爲律。師所立條，曰皆遵旭東老人之遺法，不敢一毫增減，貽羞杜撰。故仍將學業原序，以鐫於石，一以見師承之有自，一以誌恪守之不忘云。

（民國）《巴縣志》卷二十下。《明清石刻文獻全編》，北京圖書館出版社。

《何元普德泉禪師重建古佛巖道場記略》 古佛巖者，涪之德泉禪師卓錫道場也。在渝城內，舊名羅漢寺。寺門幽邃，峭石夾岸，壁立丈許。其上石刻羅漢像四百餘尊，鉅細不等。橫空懸巖，勢亦險峻陡絕，深若洞壑。故諺曰羅漢洞，第未審闢於何代，鐫於何人。余聞而奇之久矣。昨遇師於威鳳，師告余曰，衲之傳鉢斯巖，非偶然也。巖前向有藏經閣，西湖池，太湖石，禪藻亭，寶素亭，及東坡、升庵諸先達題詠碑記，半淪風雨，世多莫辨。獨禪喜堂、醉佛樓是篆水法師與破雪和尚之慧業，爲吾叢林一嚆矢。慨自治平荒落，疊貝滄桑。前住持不能守，幾爲居民侵據。幸賴邦人士與守土者之力，始得重建道場。寺有興廢，地無變遷，得非懸巖遺像之靈爽式昭乎。師策行定靜，歷久不懈。精通藏典，宣講諸山。傳法後，飄然遠游，往來錦江桂湖閒，與余談頗胳。余昔駐軍龍門，覩大佛巖天造壁開石像，雕鏤空明，歷歷如繪。竊疑爲鬼斧神工，獨開生面。不啻數千里外，造物更毓秀渝江，隱留其匹。使吾與師，結此一段世外文字緣也。

光緒七年四月，何元普撰，里人傅國藩書幷篆額。光緒十五年己丑歲佛誕日，承繼法嗣等兩序公立。

（民國）《巴縣志》卷二十下。《明清石刻文獻全編》，北京圖書館出版社。

《昭聖寺碑銘》 粤惟大雄之教，所以化民爲善，而人心翕然樂從者，果何謂歟。蓋好善之心，人之所同，由乎主教者能闡揚以感發之耳。苟非得人以闡揚，則教不彰顯，人不崇信。而欲成立大功，流傳永世也幾希。此予於昭聖古刹，所以興廢者見之矣。句容縣治東四十五里望仙鄉龍遊山舊有昭聖古刹，宋進士歷官樞密進階銀青光祿大夫端明殿大學士◇公◇捐俸蓋造，用資冥福，請賜今額。紹興間，福順禪師經始於先，維新鼎建。乾道間，大辨◇公開拓於後，制度益隆。傳至院主和通、普祥、普祐，累代相承，修理不墜，是皆得人闡得其教者也。奈何有元革命，寺厄兵焚，所存惟上山僧舍而已。殿堂廊廡，皆爲荆榛瓦礫之場，過者徒增慨歎，久未得人闡揚其教者也。

天運循環，無往不復。聖朝統御以來，化行天下也久，民知向善也衆。景泰間，大檀越陳景宏氏，好義樂善，憫其久廢，率衆詣縣，請戒行端嚴僧人，住持是寺，以圖興復。邑宰諸城劉侯省令僧司慎加遴選，前僧會心豫遂於緇流之中，獨舉徒孫圓澍往任梵修之責。心豫雖違衆舉親，圓澍亦不負所舉。數載間堅心苦行，夙夜匪懈。故檀信歸依，喜施樂捨。日積月累，以次修舉。外建山門，爲間者三。後建法堂，爲間者七。中殿翼然高峙，內塑四天王。大殿屹然獨尊，內塑三世佛。對建廊廡四十楹，列塑羅漢五百衆。丹堊整飾，金碧輝映。以至僧房廚湢之屬，亦類廊廡之數，皆極完美，煥然一新。要其成功以年論，度其費財以萬計。顧此功業之大，財用之繁，厥惟艱哉。自非大雄之教，得人闡揚，曷能然乎。圓澍猶以爲刱業固難，守成亦不易也，不托文以紀金石，何以示我後人。於是命徒方珍、方恂，持狀拜請。予衰朽，懶於爲文，念彼厥祖象先豫公、厥師大猷隆公，方外之舊，且重圓澍爲人有才，能戒行，故不辭而樂叙其事，而復系之以銘。俾繼圓澍之後者，咸知成立之難，相與維持於永久。銘曰：

容城之東，望仙之鎮。山曰龍游，寺曰昭聖。始於順師，成於才公。紹興鼎建，乾道益隆。和通祥祐，以嗣以續。災燬有元，寥寥誰復。適我圓澍，往濟其顚。恢弘傑構，衍後光先。茂德豐功，宜銘金石。昴彼來裔，是守是式。爲民爲國，祈禱祝延。晨鐘斗鼓，香火萬年。

《句容金石記》卷七。《明清石刻文獻全編》，北京圖書館出版社。

《崇明寺千佛陀紀先宗事實記》 句容崇明寺，乃西晉咸寧中郡人司徒弩捨宅創建，名曰義和。歷世既遠，隆替靡常。至宋始，改賜前額。今爲叢林，祝聖道場，士庶祈福之所也。寺有十八院，而千佛實爲之冠，葉葉以種福田爲心。凡諸寺觀祠宇之修建，佛像天王之裝塑，與夫作橋以通行商，捨田以贍僧衆，義之可爲者，皆樂爲之。嗣孫前住持福能恐泯沒先人之功，乃裒集其事實，來徵予記之。

按本院自遠祖守己大敬，當元泰定元年甲子，各施財裝興教羅漢一尊，普護師堵大範共抽衣資，亦裝一尊。元統二年甲戌，院僧淨觀翻◇本寺天王殿，徒弟方廣庵捐資甃砌天王殿地，并硃漆殿柱、供桌等器。三年乙亥，守己施財鑄造鐵香爐一座，硃漆完美，捨入金華寺。是年，偕徒法海舟施財翻◇佛殿，而法眷道智、道果、道行、道順、道圓、德明、德正、德成、德義、德貴、德能、德淨，皆協相其功。至元二年丙子冬，本院住持募緣比丘惠德縣鐘設齋，慶懺圓滿。守己捨財造橋告成，建大會以慶功緣。五年己卯，方廣庵施財鑄造大殿，前供天鐵鑪一座。并偕有空庵捨財各裝羅漢一尊，捨入本寺南觀音閣。普蘊守廉鑄鐵圓爐一座，供桌一張，捨入移風鄉上眞殿。歷年滋久，桌毀爐存。

至正六年丙戌，守廉、妙法各以其師廣庵方公、半齋己公所遺衣資及衆施，重新建造本寺大雄寶殿，并鑄鐵爐一十二座，以供羅漢聖僧，及造碑亭二座，殿前二石經幢。住持永襲勒碑記之，今存可攷。己公洎其徒妙法、妙慶、永希，嗣法永襲，共鑄大殿鐵爐一座，守廉裝雕大殿龍牌二面。是年，復施財建造靑元觀山門一所。十年庚寅，守廉捐資建造本寺鯨音之樓，徒孫永繼、嗣惟元璡、寶曇咸協力贊成。是歲冬，本寺妙雲建造寶閣，院僧法海舟捐資助緣。十二年庚辰歲，繼雲罡、惟心傳、曇竺芳施財雕裝文殊、普賢二大士，捨入妙雲供養。十四年甲午，妙法永繼捐資市石，建造本邑東門朝宗橋，督工僧德成、嗣惟實贊助之。十九年己亥，大敬置造石香爐，捨入興教大殿。質庵彬公、茅齋己公置淨髮田一頃餘，捨入興教寺，以贍僧衆。

國朝洪武二年己酉，院僧嗣宗偕徒寶曇施財，裝塑本寺三聖王像，及左右侍衛共七尊。今福能與其師弟果茂，念累世之功，紹衣鉢之傳，恆以不墜先人之緒爲心。復雕供桌，鑄鐵方爐，補入上眞庵殿，永充供養。及施財助緣，修葺金華寺殿。成化九年癸巳，福能、果茂施灰萬觔，助建小千橋。其他良緣善果，率多類此。嗚呼，世嘗謂創業易而守業難，今福能號無幾，果茂號大林，同心協力，克守先人之業而不墜者，誠難能也。矧又能不泯前人所作之功，用圖刻諸貞石，傳示永久，尤難能也。非其孝義存於心者，其能然乎。斯人也不惟足以爲吾釋門之貪懦者激，亦且足以啟其來葉而勿懈也，是爲記。

大明成化十二年歲次丙申夏五年吉旦，欽依第一禪林鍾山靈谷寺住持退隱三衢釋印庵文煥用章撰，崇明寺前往持福能同師弟果茂立石，金陵楊佐鐫字。

碑陰題名

《句容金石記》卷七。《明清石刻文獻全編》，北京圖書館出版社。

《華山雪浪大師塔銘》 夫薄伽氏有三戒，有六度，有四禪，有八解，有十地，乃至有八萬四千法門，而要歸於不二，夫二則僞矣。近世教法陵夷，苾蒭道喪。矯誣習僞，漸以熾然。僞而衣懸鶉其衲綺縠爲袓，僞而食蘿菔饗衆珍飶自果。晨昕米汁，以當法喜。僞而語言彌陀大士，多羅闍黎，居不絕吻。退而詖詞讆說，娓娓諸諸。兩舌多口，漫不及戒。僞而居止塞兌閃目，儼然壁觀。與之晝泉刀計，居閒托足朱門，而惟恐或後也。僞而募化口實，造像置刹，寫經飯僧，假以肥橐，橐肥而像刹烏有矣。甚或僞而說法，栴檀百尺，巍然高坐，伽棃列侍，優婆男女，左右環匝，膜拜禮聽。而曾不能析半義，闡片法，祇憑故疏殘釋，蔓衍其說，博衆糧已耳。夫僞若此，而何以把智炬，舉慧刃，移寶筏也。

大師生而開朗，於羣兒時，便知趺坐。十三歲，聽講《法華》，至三界無安，猶如火宅，恍然有悟，白父母出家。父母故舊族，又善知識儔也，方嚄唶間，而髮已落矣。自剃度後，思道本無礙而自礙，本無縛而自縛，誰爲去礙去縛，一意遏牽引，屏營慮，夷城府，紹町畦，忘形骸，外生死，泯是非，委得喪。捐去僞習，獨存眞醇。師所至以緗縑餽，十九施人，而十一自御。必避炫服而求麤，不又一重公案乎，無僞衣。桑門桂蠹施櫬不絕，合受則受，受矣則食。人訝其甘鮮，而師不屑也，無僞食。評騭山川，抵掌人代。六合之內，九州以外，雲梯相次，金湯酬往，何所不斐亹，而獨不能簧口鼓舌，犯綺語之戒，無僞言。師與之譃浪而譃浪，與之選勝而選勝，與之觀歌舞而歌舞。事至不推，事去無戀。至其團焦內照，烱然自如。二六時不啻瞿曇對，而無僞動。師亦曾受部大臣請，修金陵報恩寺塔，不踰歲而塔成。不私一錙，至使人亦不私一錙，無僞募。師於龍函貝藏，無乎不洞徹，而實不鑽故帋，不墮言筌，不落第一義。其講《法華》、《圓覺》、《楞嚴》、《楞伽》、《涅槃》諸經，率敷衍白文，發明了義，義盡而止。亦復不立壇場，設高座，煩幣帛，要人膜拜跪請，一茗一爐，據梧談論而已，不僞而說法。

夫衆人皆僞，而師獨眞。其眞也，非踽踽而涼，膠膠而固，侗侗而蒙也。不甘不苦，不疾不徐，不離不卽。直以天地爲籧廬，四序爲逆旅，人事爲芻狗，七尺爲寄幻。人非人等爲眷屬不知師者，以爲狂也，㥶也，我慢也，多習氣以導其生徒也，而師不知也。知師者以爲眞實也，解脫也，朗暢也，自然而然，無所矯揉也，而師亦不知也。一時與師並豎法幢者，有蓮池師，人或左袓蓮池，右袓雪浪。或朝崇雪浪，夕貶蓮池，而師亦若不知也。

乃其雙目重瞳，高頟廣顴，飢理如玉，則有如來大人相。弱齡治詩，老而不怠。五花不律，久且競吐。所爲韻語，出清江、靈徹數等，則有道林材致。日讒口張皇，有所不㥯於當路。師一瓢一笠，孑然南下，隱獵人以避其鋒，則有六祖智慧。師於望亭結茆飯僧，不煩詔戒，而畚鍤雲興，斧斤麕至，四方芻粟，動以澤量，則有空生福德。師又不徒逍遙擺脫，逌然自在而已。

師素無疾，一日腹瀉，謂其徒曰，日而行，夕而息，未有夕而不息者。吾其息乎，吾其息乎。飯僧大事，汝等勉之。遂坐化於望亭之草菴。遺命葬歸。雪浪徒孫修因，以予與師有支許之契，具狀請銘。師生於嘉靖乙巳九月九日，圓寂於萬歷戊申十一月十五日。報齡六十有四，僧臘五十有一。銘曰：

茫茫三界，誰爲縛之。秩秩坦塗，誰爲礙之。自礙自縛，大道以灕。惟我法師，超邁等倫。揮斤區域，陶鑄洪鈞。執炬不迷，遊刃無痕。吁嗟沙門，習於澆浮。家寶不覓，衣珠失求。狂猿傲象，以嬉以遊。惟我法師，秉德勿滓。華符于實，表洞其裏。貝多瑤帙，探玄握澮。蓮池西匯，雪浪高籤。左右其袒，人言多多。師罔聞知，我自爲我。尸祝在門，雌黃在道。調達之口，如來莫保。師罔聞知，一笑絕倒。我師登席，大法乃興。非搏沙黍，不打葛藤。懵懵長夜，爰有慧燈。我師委化，道不可即。忍草潛輝，雙樹變色。勒之貞珉，詔祀萬億。

時在萬歷三十六年月日

《句容金石記》卷九。《明清石刻文獻全編》，北京圖書館出版社。

《勅建寶華山護國聖化隆昌寺觀音菩薩銅殿碑》

蓋聞染淨融通，託徽猷于法界。根塵泯合，震玄響于支提。道妙無爲，功存有作。故三千寶座，迥出天宮。八萬珍臺，遙臨淨域。撫神機而獨化，攜弱喪以同歸，其來尚矣。然峨嵋之鐵瓦堅固，冶鑄未精。參嶺之金屋煇煌，規恢未廣。若夫瞻其容，備來五梵。崇其居，◇于三品。繩之而爲路，布之而爲園。觸目所成，靡非一色，未有如華山之觀音殿者也。

先是，有妙峰師福登者，爲晉之蒲州人。通達無礙，慧解多能。勤求于八清淨心，成就于五菩提法。曩于西蜀，廣購南金，造大士像三軀，各爲殿以貯之。文殊、普賢，奉安有所，獨觀音大士，擬送補陀，緣事未果。乃徧卜佛前，得華山而定居焉爾。其下控金陵，上纏珠斗。山川磊落，郊圻枕豐鎬之都。島嶼縈迴，烟霧合朝宗之浦。實一方之勝，爲萬國所瞻。于是即寶誌之遺區，爲觀音而兆跡。乘空授矩，揆日端繩。總銑◇之良材，盡梟桃之能事。寶殿設而人天聳，聖容開而緇素集。震動三界，謂彌勒菩薩下兜率之天。照耀十方，若多寶如來涌耆闍之地。倏爾而銅山崛起，須臾而金輪自至。天龍八部羅列于垣墉，動植千名縱橫于戶牖。足使舟遷夜壑，不變度門。劫算墨塵，永垂貞範。豈止衝飇蕩岳，難搖忍地之靈。烈火燎原，不撓堅林之色而已哉。自是接相好觀音，聲可以刜劍鋒，可以濡火宅。入影而三途脫，投地而八難消。指陰界爲妙門，驅塵勞爲法侶。聚沙皆成佛事，合掌而入聖流。即有相之塗，詣無生之理，其功豈微也哉。

聖母慈聖皇太后及今上皇帝，念聖祖龍興之地，闡繹眞乘，羽翼大化，爲功不淺。各賜大藏經一部，滲金塔一座。山名寶華山，寺名護國隆昌寺。弁給金錢，助其修葺，俾守備內監劉朝用董之。是役也，具足三施，積累衆功。爲無算數之妙果，有不思議之神力。不佞嘗因扣寂，屬委擒詞。幻境難留，歎人琴之頓盡。仁慈在望，幸琬琰之可刊。欲書紀事之碑，敢讓當仁之筆。頌曰：

無量智慧火，錬此無明銅。戒定以爲模，鑄成無漏殿。巍巍復堂堂，中坐觀世音。盂水青陽枝，珊瑚大寶珠。如紫金光聚，隨取無弗得。亦如帝釋宮，嚴飭爲第一。然此有爲法，究竟非堅固。如雕氷鏤雪，終歸于烏有。由成乃得住，由住而爲壞。孰知成壞中，有不壞者存。稽首大悲尊，願度恆沙衆。共證金剛身，萬劫長不毀。

時萬歷乙卯仲冬

碑陰

妙峰南宗二師造觀音金殿于華山，即以碑文見托。俛仰十餘載，前諾未踐，而妙峰南宗業生西方矣。頃乙卯之冬，余友黃禮部徵甫遊華山寺，南宗高足喜公以緣事始末，請徵甫記之，而弁以金殿記趣余，令人既感且愧，乃搦管成之。時周旋其間，成此最勝緣者，乃喜公之力也。特書于此，以識不忘云爾。澹翁竑又題。

焦太史讚寶華山金殿記，乞予篆額，爲最勝緣，故無能辭。聞之金殿莊嚴，妙麗殊絕。惜乎無緣一往瞻禮，意有缺然。妙峰發願倡首，南宗堅心協助，雲山乞文立石。三公功業，優劣難分，豈非總是普賢行願中人耶。烏程沈漼漫題。

伐材建剎，其剎莊嚴。鎔金作像，其像妙好。依稀七滿八平，彷佛寶山珠藏。內帑捐貲，掖廷賜額，不稱希有事乎。而焦太史者舒此兎毫，紀彼鴻烈。旃檀海，薝蔔林，若加而雄。金精髮，珠火眉，若增而麗。更成無上義，不作第二觀矣。曾得謂建造是小果，語令非至道耶。南宗上首喜公出堅固心，成廣大果。其爲功德，當亦不在妙峯、南宗二師下。梁谿增上居士鄒迪光題。

碑末戒顯跋云，余髫齡則已聞華山有銅殿矣。時來白下，奔走名場，弗獲入山瞻禮。此焦太史碑文，撰于神廟乙卯歲。自神宗後爲光宗，次熹宗，至我毅宗先帝朝，歷三十餘載，殿宇浸敝矣。南都檀護合詞請先師三昧大和尚鼎興舊業，煥然一新。於中結社宏律，號曰千華，名徧海內。余以甲申，感先帝鼎湖之變，遂哭廟燔書，走華山，從師剃落。因得時時頂禮金殿，精工奇特，實爲希有。顧顯以髫年事佛，便聞此殿，而卒頂禮於出家之日，斯亦異矣。今先師已逝，金殿儼然，焦太史文，亦仰對如新。但得爲後人者，精勤三學，成就棟梁，足以搘拄末法。將見物因人重，金殿光明，照耀無極矣。願與上中下座勉之。戊子六月曝經日，婁東弟子戒顯和南識。

《句容金石記》卷九。《明清石刻文獻全編》，北京圖書館出版社。

《敕建寶華山護國聖化隆昌寺碑》

金陵即支那之王舍城，南朝受歷之主，莫不崇宣梵教，式建伽藍，以鎮皇服，寺宇綦盛。高皇帝開闢大業，君臨萬寓，一洗南朝之陋。金陵其豐鎬之地，所在建刹，助流教化，壯鉅麗之觀。最著者如靈谷之松麓，宏濟之江峰，棲霞之巖壁，天界之林皋，而華山由棲霞上去金陵城七十里，隸句曲，爲梁神僧寶誌公道場。於中誅茆結菴無算，即無林木蓊鬱，蔽虧點綴之趣，然山峻路窅，白石磊塊，星隕棊置，歷奥而衍，浮坎斷滅，巒嶂爲城，羣峭摩天，夐絕人封，斯亦淨名勝境，不讓諸刹。而岸谷歲磨，菴廢僧凋，樵牧雜處，寶公之業幾湮。嘉靖間，有僧普照倣跡尋址，搆廬而居，纂修其緒。萬歷初，其徒明律，稍張拓之。

歲在乙巳，厥運斯新。乃有妙峰登師，液銅爲殿，駐錫金陵。師爲峨嵋、淸涼、補陀三山發願造三銅殿以往。有士大夫謂補陀薄南海，出沒島夷，侈名啟寇，不可。於是留其一，金陵諸大刹，皆願選地，以奉師。總其地而卜之，曰歸華山，三卜三吉。于是普照徒子明慧，率諸眷屬，以菴基山場，約百餘畝獻，請師置殿，聿建梵刹供衆，叢林南內諸監同爲證明。于佛誕日，安置茲殿。是夜，遠近居民，皆見此山放大光明炬，如連珠，若華嚴之帝網。先是山鳴若獅子吼者屢月，至是而止。諸種種徵祥殊異之瑞，不可勝紀。

師念建刹功德匪渺，思得精進幢，弼諧勝業。乃自峨嵋白水寺請南宗深公來，深公許諾。俱詣京師奏請，上施製曰可，施造寺金一千，賚經一藏，滲金毗盧佛一尊，幢幡二首，賜額曰護國聖化隆昌寺，遣御馬監太監張然來。慈聖皇太后施金二千，賚經一藏，及幢幡，滲金寶塔，觀音大士像，遣奉御太監閻鸞來。二師皆蒙賜紫。復請慈壽寺天空祿公爲隆昌總持，當十方雲水緇素之歸，亦蒙慈聖賜紫。臣僚妃嬪，檀施有差。勅南內守備劉公朝用董其事。遂有布金長者，獻蓋童子，諸檀輻輳。深公綜理營造，歲星十周，而佛殿告成。大雄紺殿，鉅麗宏敞，巍巍端臨。左右起閣五十三楹，準五十三參，圓應深廣，幾二百尺。其它若天王無梁，水陸鐘鼓毗盧，爲樓爲閣，爲室爲堂，爲方丈，爲養老，爲◇藏庖湢茶寮廊廡廚廐之屬，凡所宜有，靡不備具。數百武而上，則銅殿在焉。精光煜爚，並映霞日。翼以石臺，左文殊而右普賢。甃磚琢石，矩斮繩界，淨不容唾，煌乎備哉。

於以上祝至尊，萬億斯年。聖母天禧，饗保無斁。皇儲前星，睿業光曜。海宇熙皡，滋濡萬類。高皇帝豐鎬之地，若增而勝焉。以方靈谷、宏濟、天界、棲霞，俱足恢廓浮名，鼎峙江山。寶公之業，千載彌振。然則妙峰之宏肇，南宗之匡弼，天空之軌持，皆寶華之宗臣，法輪之佐運。先後樹功，與山不朽者也。然道存形幻，妙峰、南宗，相次順世。天空零落無常，名跡易墜。乃以山莊若干，請李太史碑，銅殿請焦太史碑，而以隆昌因緣，詣予乞文，以示能嗣三師法者，紹明來葉。予故不敢以鄙儒名教之縛，軫域神埋，掩遏聖化，而湮大乘名勝之蹟，紀述如左，而系之銘。銘曰：

金陵之山，曰帝鎬京。名刹淨業，翼化以行。乃有寶華，聖僧所營。衆山環合，衍◇如城。高岸荒塗，幾爲榛荆。中興工載，道以人宏。範金西來，紺殿維新。疑地湧出，似佛化成。作獅子吼，放大光明。帝實檀越，僧恢法紘。祐靈景祚，滋育含生。千巖雲氣，萬壑鏜聲。式隆且昌，懋實鴻名。

時萬歷乙卯長至日

碑陰

華山隆昌寺新創大殿，以移駐銅殿，而飛成之。妙峰、南宗、天空，茲山三大功臣也。南宗上足喜公，不惜身命，南北燕途，冰◇往復，乞文勒碑，圓成最後功業，建立法幢，乃叢林之幖職也。併爲識之，庶不與幻影作逝耳。若云文章之無窮，則有焦太史在。時丙辰立夏日，寓生黃汝亨題。

同年黃徵甫氏爲華山隆昌寺碑，所謂以北統之筆鋒，契南宗之心印者。雲山喜公，發大精進，不餘年，神工輻輳，兩碑樹立，永鎮山門，以垂不朽，可續華山慧燄耳。江寧顧起元書于歷鴻館。

予友妙峯大師蚤從法界觀入道，故生平建立，皆依普賢行願法界心中流出。無論一生功德，即銅殿因緣可見矣。以峨嵋、普陀、五臺三山，乃三大士菩提爲眞丹利生最勝處，師願各範銅殿一座，以奉尊像。其南海偶以緣阻，遂置金陵之華山。蓋賴聖祖寵靈，故感聖母、聖上洪慈，爲布金檀越，得與三山並，緣亦希有。其莊嚴妙麗，殿堂廣博，予以業力遷訛，未遑瞻禮。適於焦太史、黃儀部二公宰官碑文毫端，三昧具見。一毛端頭現寶王刹，詎不信哉。三災彌綸，而行業湛然。蓋願力所持，當與法界等矣。妙峯遷化，相續南宗、天空二公亦往。付囑南宗上座惟喜，續其緒業，勤求諸大宰官碑文立石，永鎮禪林。不亞靈山佛法，付囑有在。丁巳四月五日，憨山德清題于毗陵舟中。

碑末戒顯跋云，隆昌寶刹，以銅殿興。至懷宗中，法嗣彫零，殿宇塵坌。適先師三昧大和尚阻風龍潭，進山隨喜，慨然鼎興。準形家言，移舊向而新之。不五載，梵宮狀麗，傺若金城，實萬世不朽業也。今慈顔雖逝，殿閣峨然，簡讀前碑，又增一段奇緣矣。婁東弟子戒顯敬書，時戊子夏六月六日。

《句容金石記》卷九。《明清石刻文獻全編》，北京圖書館出版社。

《建造大寶華山護國隆昌寺妙峯三昧見月三大師行略之碑銘》 維我迦文，百千萬刧，日奔走塗泥，妙選端環異舊之行，以建勝法幢。而山川刹宇，乃因以益著於人間。維華山之靈，曰帝師啟居，佛詔我此地，大弘波羅提木叉，示制則後，及衰以興，赫然而隆，曰護國聖化隆昌寺。繇聖天子之至孝，奉皇太后之深慈，捐帑遴材，賜名著額。始於妙峯大師得三昧大師而盛，得今見月大師而他山無不仰首。寶華如月出空，如石壁陡直，敻絕道徑，如豎麾懸牙，車蓋仰止。帝不與赦賞之權，梵光勃窣大江南，會合山川之氣，歸諸茲山。

先是，朝俞妙師之請，冶銅爲殿，得未曾有。金交輝聚而實地妙嚴，頂踵覆載。以堅林土木休閒於退位，窗戶几筵閒，仙禽湧水，異獸呈花。於是諸方欽紫磨之輪，並睹千佛現黃雲之宅矣。三殿鼎立，獨普門、補陀，未果卜送移迎。曰智行信其安居，悲慈逾夫本境，蔔有然歟。慈聖太后、神宗皇帝各賜大藏一部，滲金墖一座，衣鉢稱是。妙峯大師者戒光旭起，定水宵澄。歷諸行如歡喜園花，親羣生等菴摩勒果。避蟲代鴿，入獸隨鷗。是謂僧龍，遂稱國寶，賜紫之典再及。三昧大師乃受四衆之申，爰結千華之社。幢蓋鐘鼓，盈谷彌山。

師古心律祖之嗣子也，先是，毘尼久淹，古和尚中興，至師益廣。王逸少有云，躉廢虛遠之懷，以救倒懸之急。我如來蓋曰，必領茲戒標哉，且無辱吾法。今夫律者，尺寸之事，布帛菽粟之業也。律不顯光，修士起怠，空蝗梁柰柘滅歲華，令人惋怛，不能須臾忘。嘅任其事者，將辭千古之責譴乎。昧公入滅，在側不少龍象，獨以衣鉢付見月大師。取銑於金，擇瑤於玉。昆竹既著，鳳音乃彰。上中下座，昔所未精。方便勸進，至安居自姿之法，晦矢六百餘載。如法躬行，古模廷立，俎豆斯存。又羯磨布薩，因誤襲訛，逐時授而違藏教，深用惜憫。攷軌辨微，僉曰耿耿制止，其不可誣。

師炎暑窮寒，晝夜戒械，從不知枕被何物。午停熄炊，時丁荒歉，粥弗克饘。且過充滿，經旬坐留。又山下窖寶，提抱就食，師皆驢顔分濟，不問次朝之飢。寧自刻減，日閒得一粥，而訓講膜拜之餘，衆務同並，行德震播。卽衣食兩事，已若古大士示化垂蹤。維有放廢懈弛，跡其戶庭，彷彿其聲影，獨憤起立，有去僞適眞，頡頏龍蛇之懷。乃迄市悍荒危，婦人孺子，鮮不咨嗟太息。以爲當吾世一人羣尊，通信知戒，子之不煩攢單丐費，知叢林養老病，不得入金求也。知方丈室不應蓄一食，用長物。衆乃循循，共住革別，同堂食飯，毋敢私取食，毋割方以處也。知後續主持，不異親疏，惟德是司。不得有雲仍孫子踞竊，隨大雄萬衆而廢之，命也。先是，有憚其嚴，詭圖巧祟，激衰老，曾爲師尊證者，覆面載手，騁情破壞。師貌愈和曰，吾面可唾，雞肋可拳，不可衆衲杖缽，祖道之容一人衣食，齊民之適。不可共座尊嚴，下階陶蹤也。不可法等路說，而師無異乎木主也。久之橫戾有加，遂謝去，之宛陵。

余夕聞宵馳，登山安衆，惡始畏避。次之凌晨，肩輿走宛，凡十日，請師以歸。內關之疾既去痊，神明肅淸。余求懺師前曰，此護持過，非他人咎。師爲破顔師。載修般舟三昧，九十日不臥不坐。惟此三昧，一名佛立。詩云仰止，援往興來，即表說宣師昔行，猶足風起。豈現世之光嚴，不若殊代之俯仰，以故聞與。傳聞而遙域勇赴，如渴競泉。遂亦如師初年藺足萬里，求大戒時。攀睿化而升堂，奉鴻規以入室。生平累身匡徒，痛法運在《易》之大過，販舌膏唇，以口詔道，終欲以不言愧之而已。而勢子援闔，爲佛孤子，師猶曰：吾與妙老人吾先師爲山始事，不敢謂後無人也。師文如支遠二公，不以文名。畫佛有吳道玄之遺，不以畫名。寺初創，連閣四周，凡五十三楹，用表南詢。銅殿配位三石殿，表慈悲所在，智行兼融，工皆未畢。大殿牣樸，不數十年，陊圮點落。三昧大師下荆蜀之材，盡礎柱之用，選吉遷向，徵費儆工。殿閣羣寮，舒光耀彩。師益完舊增新，架繡桷於山巔，綴雲楣於林表。寶方慶成，而祇明器界之深因弗譽，桂蘭之綺構修圮。名刹廢興，曷勝數記，古今第以人重且久耳。文不周行，譏訶千載，爲可深懼。妙師諱福登，晉之蒲州人。昧師諱寂光，揚之瓜州人。師諱讀體，滇之楚雄人。銘曰：

天子大孝，梵相乃弘。乃冶其銅，以爲梵宮。誰實啟之，大師妙峯。爰有昧公，爲律之宗。爲人中龍，以是有終。匪懼匪繇，孤立弗嚴。懷霜握冰，竭命以前。惟我見師，寒月在天。應器方服，接餒蔽形。佛立三昧，湛思深冥。數千年來，爰正律經，以返先型。勤義安下，愓智處寡。急忠鞭馬，虛稼死野。弗毅弗獨，鬼嘗其假。調御曰嘻，依於寶華。有嚴其師，高峯嶷嶷。示度規之，愓士之門。盡氣窮時，共永道祺。命我蒙士，暴厥孤子。行若有終，匪此有始。聞可洗耳，言足礪齒。今日之禱，剪爪及肌。維茲行危，無時不悲。請以我詞爲尸，筆騰於碑。

崇禎十七年歲在甲申春正月上澣癸未，進士原任河南道監察御史石城學人陳丹衷涉以氏拜撰。

《句容金石記》卷十。《明清石刻文獻全編》，北京圖書館出版社。

《智光塔銘》　□□賜臺山之大覺寺，寔□□章皇帝奉□□□皇太后慈旨，出内帑所掷者。功德利濟，無間顯幽，特命大國師居之，以佚其老。并勅禮官度僧百餘人爲其徒，恩德至厚，無以加矣。大國師乃出累朝所賜金帛，及衆所施者，倩工累石爲塔於寺側，□□棲神于他日。大國師既歸寂，其徒狀其遭遇之實及出家遊方之詳，求予爲之銘。

大國師名智光，字無隱，姓王氏，山東武定州慶雲人也。父諱全，母董氏。生元至正戊子十二月十六日，自幼聰慧，閱書輒不忘。□十五，至心向善，辭父母出家，爲北京吉祥法雲寺僧，禮西天迦溼彌羅國板的達薩訶咱釋哩國師，傳天竺聲明記論，遂授心印玄旨。洪武己酉，以佛道高深弘廣，未易窺測，遂遊五臺諸山，屢得瞻禮文殊聖相，□□駭異，以爲緣契不淺。歲甲寅，奉□□□皇帝命，於鍾山譯其師板的達《四衆弟子菩薩戒》，詞簡理明，衆所推服。丙辰秋，奉命訪補陀，造天目。明年，寓寧國之水西，泛彭蠡，謁東林于匡廬。江南名勝，蹤跡殆徧，參諸尊宿，語契豁然。甲子春，與其徒惠□□奉使西域，至尼巴辣、梵天竺國，宣傳聖化，衆皆感慕。已而謁麻曷菩提上師，傳金剛鬘壇場四十二會禮，地湧寶塔，其國起敬，以爲非常人，遂併西番、烏思藏諸國相隨入貢。比還再往，復率其衆來朝。□□□皇帝嘉念其往返勞勤，復與論三藏之說，領會深奧，大悅之。乙酉，擢僧錄司右闡教。明年，俾迎大寶法王葛哩麻，及還，敷對多所毗贊，賜圖書、輿服、法供之具，詔居西天寺，陞右善世。丁酉，召至北京，與論□□稱旨，恩遇甚至，俾居崇國寺，賜國師冠、金織袈裟、禪衣諸物。

□□□皇帝嗣位，寵錫封號，賜誥曰：朕惟佛氏之教，以大智慧而成無上之道，以大方便而開普度之門，上以翊衛於邦家，下以利安於品類。自昔有國家者，莫不崇獎褒異，以隆其教。爾智光安心寂靜，持戒精嚴，方□慈悲，弘深利益，克光揚於佛道，式敬事於朝廷，宜有褒榮，以旌善行。今特封爾爲圓融妙慧淨覺弘濟輔國光範衍教灌頂廣善大國師。爾尙益加精進，永丕闡於宗風，懋乃忠誠，式輝光於寵命。欽哉。賜金印冠□，復賜孔雀銷金傘蓋、旛幢及銀鍍金攜爐盆鑵、供器、法樂、几案、坐床、輿馬，諸物悉備。仍廣能仁寺居之。迨事□□章皇帝，寵眷益隆。

□□皇帝即位之初，加封西天佛子，誥詞曰：朕惟佛之道，清淨慈悲，化度萬有，功德高廣，利濟無窮。自昔有國家者，莫不崇獎褒異，以隆其教。今圓融妙慧淨覺弘濟輔國光範衍教灌頂廣善大國師智光，夙究三乘，□嚴戒行，事我□□，始終一誠。肆朕嗣承大統，命倚薦揚之典，上資□考宣宗章皇帝在天之福，益篤精虔，宜有崇獎。茲特頒誥印，加封爲圓融妙慧淨覺弘濟輔國光範衍教灌頂廣善西天佛子大國師。於乎，丕揚宗範，式昭佛道之興隆，普濟有情，用贊皇圖於永久。欽哉。賜玉印、寶冠、金織袈裟、禪衣、時服、棕輿、鞍馬、定器之類。前後遭遇□聖眷待之隆如此。而其性行，純實簡靜，非衆所及。朝廷凡命脩建大齋，惟誠惟恪。每入對□顏，惟以利濟萬有爲說，□宗所賜儀仗，出入屏不敢用。□知之，遣中貴人問故，對以平生但持經戒，非有汗馬之勞，寵錫所臨謹受，藏之足矣，用之豈不益過耶。□嘗御便殿召問，對復如前，深歎異之。故制詞極其褒重。宣德十年六月十三日示寂，享年八十有八，僧臘七十三。

未寂之先十數日，以經詮衣鉢及身後事，悉付其徒，而戒之各勉精進。及期，其徒請留偈示衆，荅□：大乘法門，無法可說。衆復懇請，揚言云：空空大覺中，永斷去來蹤。實體全無相，含虚寂照同。既儼然而化。三日入龕，又三日掩龕，舉體柔和，容貌如生。訃聞，□□歎之，遣官賜祭，文曰：爾梵學精專，毗尼嚴潔，深造妙解，了徹三乘。歷事□□，惟誠惟敬，爲民祈福，爲國祝釐。計其初終，多效勞績，臻于高壽，翛然示化。聞訃興歎，重失老成，靈爽不亡，服斯諭祭。勑有司具葬儀，增廣其塔，并創寺宇，賜名西竺。舉龕之旦，朝貴僧俗，送者塡溢道路。至荼毗□□，至善大慈法王說偈，舉法炬，甫置薪下，其龕頂智火迸出，烟焰五色，光明昭灼。既畢，遺骨皆金色，得設利盈掬，瑩潔如珠。既葬，其徒有進其遺像者，□□製賛詞，書之曰：託生東齊，習法西竺。立志堅剛，秉戒專篤。行熟毗尼，悟徹般若。澄明自然，恬澹瀟灑。事我□□，越歷四朝。使車萬里，有勤有勞。攄瀝精虔，敷陳秘妙。玉音褒揚，日星垂曜。壽康圓寂，智炳幾先。雲消曠海，月皎中天。

師於經藏之蘊，旁達深探，所譯顯密經義，及所傳《心經》、《八支了義》、《眞實名經》、《仁王護國經》、《大□□蓋經》，並行于世。人言其功，不在鳩摩羅什之下。其中外弟子數千人，各隨其器宇引掖之。上首則有僧錄司右講經月納耶實哩禪師、吾巴帖耶實哩、左講經帖納實哩、左覺義吾荅耶實哩、撈耶實哩、衣鉢侍□□覺義納耶實哩，及高僧褒然爲領袖者數十人，及以番字授諸生擢爲美官者亦十數人。壽齡既高，智益精敏，有求而問之者，即懇懇開說，不厭不怠，非養之有素，詎能然耶。特摭其大槩，敘次而銘之曰：

□□□來自西天，慈悲清淨功德全。大善願力廣且淵，法門種種開方便。三千世界復大千，萬有利濟超無邊。乾坤以來至道傳，亘古無後今無前。燈燈有續相緜延，國師出世了眞詮。精嚴戒行息萬緣，遊方偏歷□□□。一朝奉使西翩翩，皇明聖化式昭宣。諸城國土皆周還，往復一再參玄玄。三昧契合何充然，歸來駐錫侍御筵。敬事□□□□曆，純明簡靜志操堅。榮華過眼澹不遷，大齋普度心益虔。但願蒼生離垢纏，翻譯經說紛連篇。廓而授之弟子賢，壽高慧普多福田。宗風大振周八埏，□□□遇孰與肩，榮封厚賚何駢闐。光揚名教由後先，陰翊皇度億萬年。

（缺字數不詳）十年十二月十六日，嗣法弟子禪師吾巴帖耶實哩、左講經帖納實哩、左覺義吾荅耶實哩、撈耶實哩、納耶實哩等立石。

智光塔銘　明宣德十年十二月十六日刻。石在北京海澱區西竺寺塔下。楊榮撰，夏昶正書，程南雲篆額。

《智光墓碑》　法王名智光，字無隱，姓王氏，世家山東之慶雲。宣德十年六月十三日歸寂於大覺寺，預壘石爲塔而棲焉。太學士楊榮爲撰塔銘，其出家遊方之詳，累朝寵遇之榮，與夫戒行之實、弘教之功，莫不畢舉而備言之矣。

天順改元之明年，皇上念其功行，繪像讃曰：圓明淨妙，廣大慈悲。息彼妄念，降心整儀。有相皆虚，深契斯理。既獲本來，湛然止水。六根五蘊，如雲在天。斂之無迹，胸次灑然。諸佛玄文，眞乘密藏。發祕啟扃，功德無量。澄神見性，普度昏迷。遂成正覺，百世光輝。

庚辰春，復追封爲大通法王，遣禮部左侍郎鄒幹行禮諭祭曰：惟靈夙精釋典，克振宗風，事我先朝，積有年歲，榮名洊進，未幾寂歸。茲念疇昔之勤，誠宜隆異數之恩典。特追爾爲大通法王，遣官諭祭，以慰冥漠。靈其有知，欽承嘉命。

乃賜誥曰：朕惟佛氏之教，以寂靜爲宗，慈悲爲用，上以陰翊皇度，下以化導群迷。自昔有國家者，莫不崇奬而褒之。爾圓融妙慧淨覺弘濟輔國光範衍教灌頂廣善西天佛子大國師智光，夙究眞乘，願力洪深，受恩先朝，益篤誠敬。顯號榮名，輝煥遠邇。圓寂既久，眷念良深。特隆恩典，追封爲大通法王，錫以誥命。於戲，宗風丕振，式彰已往之功，慧性圓明，用闡方來之化。法靈如在，尚其欽承。

其徒灌頂廣善國師乃耶室哩等，念其師之歸寂于今二十七年矣，猶荷皇上眷顧之隆。天葩睿藻，極其褒稱，追封諭祭，大施殊典，而其遭逢之盛，自有沙門以來，未或過之者也。苟不託諸銘文，刻于堅石，何以傳示無窮。相與謁予而丐銘焉。固辭弗釋。

竊惟法王中國人也，乃能禮西天板的達大師於法雲寺，而傳其天竺聲明記論，遂得心印玄旨。中國諸僧，蓋已瞠乎其後塵矣。既而遍遊五臺諸山，瞻禮文殊衆相，緣契益深。高廟命於鍾山譯其師菩薩戒文，復命訪補陀，造天目，寓水西，謁東林。乃往西域，至尼巴辣、梵天竺、烏思藏諸國，傳其會禮而還。未幾復往，率其衆來朝。文廟嘉之，授以闡教，尋陞善世，俾講諸經。仁廟進爲大國師。宣德中，恩禮益厚。皇上即位，加封西天佛子。其誥印、冠服、輿馬、幢蓋、供器諸物，前後賚予，莫不悉備。回視西方佛祖，倍有光焉。況其性行純實，儀容簡靜。每遇顧問，惟以利濟群生爲對。所賜儀仗受而藏之，出入不用，以自貶損，而當寧益重之。所度弟子，中外無慮數千人。凡經藏之蘊，必懇懇開說，各隨其才器而誘掖之。以故上首及傳衣鉢者，得人最衆。所譯傳有顯密諸經，並行于世。議者謂：達摩自西天來卓錫少林，而神光承之，大師自西天來卓錫法雲，而法王承之。是皆弘開法席，丕闡祖風，華梵所共瞻依者也，豈偶然哉。

吾聞法王未寂之前，戒其徒各勉精進。及期，示偈曰：空空大覺中，永斷去來蹤。實體全無相，含虛寂照同。遂儼然而化。春秋八十有八，夏則七十又三。上聞訃嗟悼，遣官諭祭，勅有寺具葬儀，增廣其塔，爲建寺宇，賜名西竺。今復荷此，無以尙矣。嗚呼，自非法王功行之大，孰能當之爲之。銘曰：

相彼佛法，邈在西天。迨夫東漢，中國始傳。達摩肇之，大師是繼。自彼而來，乃弘其濟。有卓無隱，生於慶雲。投禮受具，用志惟勤。祕密既聞，名達于朝。戒文克譯，遊訪殫勞。乃入西域，得彼會禮。再往而還，率以貢篚。帝用加之，美秩歷遷。器物之賚，罔有不全。顧於法門，益篤戒行。簡靜純明，志操堅定。三昧玄旨，靈臺了然。懇懇開發，弟子多賢。大振宗風，丕揚範敎。普度群迷，圓光遍照。列聖褒崇，渙散天葩。遭逢之幸，振古無加。示偈告終，達生知命。星斗緇林，不慚其聖。超然彼岸，功德難量。銘以傳之，永貢無疆。

天順五年歲次辛巳八月十五日立。光祿寺署正吳郡楊春鐫。

智光墓碑　明天順五年八月十五日刻。碑在北京海淀區北安河大覺寺西北山。李賢撰，凌耀宗正書，林章篆額，楊春鐫。此本額失拓。

《底哇荅思塔銘》　大明正統三年三月初一日，潭柘山龍泉寺禪師示寂，世壽九十，僧臘八十二。中貴梅公等既捐貲緡構塔于寺前岡之右，卜是月七日以安眞骨，復狀其事而請予銘。

禪師諱底哇荅思，系出西天東印土。自幼穎悟，不習稗行。八歲，師事西竺沙門板的達，學出世法。朝夕勞勤，棲心禪定，飢無豐食，寒不重裘，甚爲師所愛重。洪武初，侍師來游中國，時禪師年方二十有四。至京，太祖高皇帝召至奉天門，親賜度牒，命隨方演教。於是慈雲法雨，所霑被者甚衆。宣德戊申春，來北京，寄迹慶壽寺。壬子秋，謂其徒曰：潭柘山乃吾舊游之地，幽勝寥絕，今老矣，落葉歸根，必於是焉。遂就龍泉寺之右，建菴一區以居。自是足迹不入城市，又罄其私帑，及哀諸布施，重飾寺之大雄殿。禪師隨處化導徒衆，及示寂之日，皆爲涕泣傷悼。

嗚呼，世稱偉人大士，所爲往往異乎常人。夫偉人大士，豈有心於求異哉。蓋由其操履不凡，造詣廣大，而其明效昭著，自不容於不異也。狀又云：禪師終後七日，面容如生。所居菴西山之顚，光見五色，竟日始沒。既而靈軀乘火復出五色祥烟。及燼，而雷雨交作。餘灰中又迸出舍利，大小幾數百顆，亦皆五色。道傍聚觀者爭先取拾，以□敬禮。掩塔之後，又獲百餘顆。今藏於寺云。禪師眞異乎常人遠矣，烏可無言以傳信于將來。爲之銘曰：

系出西域，游於中原。懿行皎皎，道貌溫溫。肇開覺路，爰闢眞門。大明啟運，達于天閽。高皇錫命，師敎孔尊。雄言廣論，破彼愚昏。四衆歸向，心愈謙抑。上壽甫躋，倏然示寂。祥光舍利，聿成五色。乾坤爲棺，六合爲宅。巍巍窣堵，屹乎西極。梅公嗜善，刻銘貞石。

底哇荅思塔銘　明正統三年二月七日刻。石在北京門頭溝潭柘寺。程南雲撰，并正書及篆額。

《德聚禪師行實碑》　師名德聚，號寶峰，姓趙氏，世居金陵。乃祖由金陵戍順天之玉田，因家焉。師生於永樂癸巳九月六日，母夢黃光彌戶，已而師生，人咸駭異。及長，有胡僧摩師頂曰：此兒骨相不凡，將來必當大弘法教，享安樂福，未可量也。甫七歲，嘗見空中隱隱如城池樓臺之狀，遂志慕出世法。每入招提瞻佛像，輒敬禮膜拜。及十歲，父母捨送薊之盤山中盤少林寺爲沙彌，執業於舅氏隨公。宣德戊申，聞僧錄右街大雲興公邃於道，爲時所重，遂往師之。究觀秘義，講求要旨，雖邪寒盛暑，夙夜不懈。或義有未徹，疑有未釋，必究竟乃已。攻苦齧淡，愈久愈篤。於是經範之精粗大小之□，靡不深造閫奥，而又旁通儒書。與公命師典賓客，事雖叢脞，而□□丁，井井有條。由是叢林老宿咸器重之。

正統丁巳，飛錫吳浙，受具戒而還。庚申，御馬監太監劉公順以私第請捐爲寺，英宗皇帝賜額法華，命師主之。師未嘗折節於人，而工役之人不命而獻力，貴戚之家不祈而薦貨。不數年，殿堂宏大，廊廡煥然，緇素歸化者日升川至，而胡僧之言於斯始驗矣。薊陽盤山有感化寺者，乃魏唐以來古刹，毁於兵燹，久不能復。師乃竭力以圖興建。三年之間，崇臺廣殿巋焉奂焉，像設莊嚴，咸臻精妙。事聞於上，賜名廣濟，命師弟白崖森公主焉。盤山中盤有少林寺者，寔師蚤年發身之地，堂室俱毁，基址尚存。師乃率其仵，闢林莽，剗岩巒，即崇嶺以作精室，因龍池而爲竹塢，選□□徒，以俟優老。成化庚申，京師□貴雲遊，緇衆塞道乞食。師乃循本教故事，飯僧十萬，祝髮如之。期月之間，名動中外。於是貴臣咸□施財□□者，接踵而來，閭巷囂然，人皆驚愕。其視彼蠅營狗苟，假佛教以孜孜於名利者，其相去豈直□□什百哉。

徒弟文□等欲□師之德延乎罔極，徵予爲文。予惟師崖岸峻特，機神坦邁，崇搆法宇，則地因而勝，慱究教典，則理因而明。勤於道而有所□□□其心，而無求於人。得三藏之隱賾，究諸宗之源底。功高而不有，行脩而愈謙。其接人也，和氣滿容，其臨事也，剛明有決。使具有位有官，必能立功立事，惜乎在此而不在彼也。宜乎當時推緇流之善者，師則專其首，求敎宗之尤者，師則擅其名焉。因書梗槩，勒之貞珉，億萬斯齡，耿乎不朽。若師興建之成，備載鄢□閻宗元寺記，茲不復贅。

成化七年歲舍辛卯春三月吉日，門徒文箄等立石。

德聚禪師行實碑　明成化七年三月一日刻。碑在北京東城區東四南大街報房胡同法華寺。李觀撰，范階正書，郭登篆額。陰題名，文字漫漶，不可辨識。

《道孚大師行實碑》　於乎，世之所謂豪傑之士者，在家則居仁由義，輔天子以治理天下，出家則運慈悲定慧，佐如來以光大法門，背此烏得爲豪傑哉。若孚公大師者，其出家之豪傑乎。

大師俗姓劉氏，諱道孚，字信庵，别號知幻，世爲江浦望族。父仲賢，梟雄悍毅，不事浮屠。母沈氏，得異夢而娠，遂不喜茹葷。及誕，晝夜啼聲不歇，人皆驚愕，以爲異事。方期月，遂抱送於鄰比接待寺爲沙彌，啼聲乃止。□□鄉□感於爲善。既成童，高額深目，大頤方口，儀表端嚴，眉宇森秀，人相具足，梵音清暢。恆引群兒聚沙爲塔，善習表於兒戲，利根發於童心。釋禮矩儀，動如宿習，人皆疑大師即羅漢之身下生。以是見大師之殊祥奇表，足以紹如來之正覺，開群迷之耳目也。

甫七歲，遣入黨庠，忽言：此書非我所讀，先生亦非我師。其父母駭悟。依京城靈谷寺，禮前堂慶叟爲師，落髮衣緇，參求要旨，昕夕瞻拜觀音，懇求聰慧。未幾，復禮天童觀翁，具威儀，稟持範，傳《唯識》大義，通《涅槃》大旨。曰經曰律曰論，囊括而川注，曰戒曰定曰慧，逢原而委會。群言所涉，一覽無遺。滔滔□莫能窺其□□。以是見大師之聰悟駿發，足以誅茅塞於心胸，雨甘露於法種也。時觀翁緇門獨立，名振天下。

宣廟在潛邸，每承顧問，恩禮特隆。宣德丙午，召至京師，館於慶壽丈室。大師左右朝參，出入禁中，翼翼勤慎，終始如一。丁未受度，賜西服茜衣，大師□讓不服。嘗於文華殿楷書大字齋額，上每俯案視之，有高僧書法勝中書之奬。又嘗設施食於内庭，利濟天人，開法場於秘殿，爲民請福。敷演瑜伽華梵，闡揚三乘眞詮，上爲改容，坐聽擊節，歎賞以爲靈山勝會，今古一時。

己酉，飛錫江浙，秉受戒具，乃言曰：此行不達曹溪路，永不回頭見故鄉。既而遍謁知識，歷覽勝槩。壬子還京，會觀翁指明心要，乃西遊五臺，覩文殊於清凉，辦供養於鷲嶺。或見攝身光相，或見自性虚雲。或見水鳥樹木，皆演梵音，或見溪聲山色，全彰大用。或談不二，或悟前三。乃曰：一翳在眼，空華遍界。遂號知幻。

英廟聞其名召之，一見天顔大悦，呼爲鳳頭和尚。尋升僧錄講經。以是見大師宏才碩德，足以顯大不思議之道，際龍華之會也。自是披榛結軒，扁曰松樾，杜門絕迹，屏息諸緣，攻苦齧淡，不妄交接。時司禮監太監阮公□深仰高風，事以師禮，相與往返，注納偏厚。而大師符彩超邁，詞理嚮捷，凡所論議，皆契眞乘。

先是，太監公得京西馬鞍山寺毀寺，捐貲□□，思得至人以振宗風。乃執贄脩詞，跽進禮請。大師堅辭不許，至於再三。太監公復考諸斷碑，泣且請曰：彼實名山大刹，非師不能復振。大師得文讀之，始知此寺乃大遼普賢大師所建，四衆□□□□，喟然歎曰：釋迦如來三千餘年遺教，幾乎泯絕，吾既爲佛之徒，豈忍視其廢而不興耶。乃翻然而起，往住茲山。於是鏟荒夷險，鬱起層構，散已貲以鳩工，擇幹僧以董役。匠成於心，授規□□，□□□□，雨而不展。悉以崇飾殿宇，窮極彩繪爲心。而□□貴臣盛族莫不薦金帛以致誠，豪俠工賈孰不仰端嚴而禮足。趨風望景者翼如而至，攀危輦重者踵接而來。日以千數，不可殫記。□□□□□□，煥然一新。□梁棟□，金碧相錯。其興作始末，臺殿崇卑，備載大學士楊公士奇所譔碑記，茲不悉贅。

丁丑，黔寧昭靖王以宣武門左所居府第捨爲梵刹，賜額承恩，以爲大師往來遊憩之處。當是之時，法聞四方，徒衆盈庭。而僧中之傑然者，唯大師而已。以是見大師之奇功妙道，足以駕苦海之慈航，濟迷途於彼岸也。景泰丙子夏六月十日飲食訖而敷坐，沐浴畢而更衣，升堂別衆曰：昔本不生，今亦不滅。雲散長空，碧天浩月。端然而逝。當暑而顔色如生，竟夕而異香馥鬱。

訃聞于朝，上爲震悼，遣官諭祭，公侯以下，咸往弔臨。睿詞深切，嘉薦令芳，禮冠群倫，罕能與比。遺命荼毗，得舍利若干，建塔於寺之南原，遵本教也。俗壽五十有五，僧臘四十有九。手度緇流數萬，得戒四衆百億。門弟子比丘約十餘輩，皆脩禪乘，□分作人師。其所著述，有定制戒本戒牒之文，并偈頌詩章若干篇行於世。於乎，大師果出家之豪傑乎。不然，何其學之博，行之修，功之盛，能光大法門如是歟。承襲弟子左覺義德默等繼傳心燈，恪守遺訓，懼徽猷之湮沒，恐後學之無徵，故列其景行，邀予編次，鑱諸堅珉，揭於故山，揚其耿光，用昭來刼。

大明成化九年歲在癸巳夏四月佛誕日，僧錄司左覺義傳戒壇主徒弟德默、右覺義傳戒壇主德育、傳戒壇主宗師德秀、住持德令等立石。歷陽王用鐫。

道孚大師行實碑　明成化九年四月八日刻。碑在北京門頭溝區戒臺寺。胡濙撰，程南雲正書，張寧篆額，王用鐫。

《禪牒塔銘》　大禪師系交南國望族，梵名禪牒室哩，唐言忍吉祥。其父母居北京，□□永樂□□年七月初七日，自幼非凡。甫七歲，送入能仁寺出家，禮誥封圓融妙慧淨覺弘濟輔國光範衍教灌頂西天佛子廣善大國師。（缺字數不詳）沙彌戒，誠□□不懈。暨壯歲，蒙恩得度，愈加精進，受灌頂戒，金剛幔四十二會以及所作所相，脩習大（缺字數不詳）授左覺義，命啟秘密各色壇場，皆其晝壇掌壇，約千餘壇。每壇慶讚祈禱回向，輒將西天字新（缺字數不詳）保國佑民，領衆行持，□□晝夜盡心不怠，凡十四載。

而于甲子，命（缺字數不詳）□□大臣□庶善信之所敬重者亦多。猶嘗受知英廟，屢問秘密，莫不悉心以對。所於天順丁丑，命教中貴百餘員□西山壇場，身受灌頂主戒，甚得師祖薩曷咱板的達之正□□。庚辰，□左講經，既而以其師無隱光上師之遺行具言，伏蒙御讚影像，追封大通法王，皆其□也。其平昔課誦梵語《眞實名經》及文殊大手印成□□得聰明，超越佛衆，則其報身嚴□□圓□□寛□□□善機巧，無□不能，恆□利生濟物，□義踈財，

而所著述總督墨書□□西天字《大般若經》二部共該一千二百□□□裝飾以進，御覽大悅，並行于世。而累所度徒子徒孫□□有餘□□□之功，不忝先衆上師之功矣。方期爲秘密之主，不□於成化八年七月初七日，儼然坐化，其壽五十有七，而臘五十，以□聞，上嗟悼，賜白金□兩，遣中官□□□□。而荼毗日，火焰五色，□舍利盈掬，併靈□三塔于西竺□□塔之右矣。然□□後其□供之梵相、所用之法椀、鈴杵之類，欽□入內供用，蓋乃謂□□□授之物也，幸哉。

癸巳仲春，勑陞其徒都綱啞而耶室哩、衣鉢阿難荅□得囉等謂吾與□同參，足知其實行之詳，請銘其塔。固弗辭，□銘曰：

金天梵教，秘密正宗。祖板的達，昔彼弘隆。親得實受，大通法王。終□□□，曰忍吉祥。方期住世，遂爾示寂。壽享春秋，五十有七。暘臺山下，西竺之原。鐫碑勒銘，立塔祇垣。不滅不生，非遷非改。窣堵嵯峨，名□□□。

大明成化九年四月初八日，都綱啞而耶室哩、衣鉢阿難荅□得囉等立石。

（碑陰）萬世遺芳

（首題）萬世遺芳

惠喜

內官：藍鈞、李彥、鄭隆、福寧、黃□、羅福、羅壽、金衡、金銘、何海、姚華、馬欽、張瑾、張全、趙寧、□貴、江廣、郝□、趙旺、李鮮、陶得、□緯、韋闓、清江、王僮、阮詵、聶信、石□、王□、韋頤、韋昂、羅秀、黃南。

長隨：蕭薔、□□、□聯、伍保、羅亨、覃榮、黃宣、李暉、羅蔭、陳□、□悅、鄭興。

內使：王信、吳泰、周康、□孟、常亨、馬稷、受保、陸承、伍昇、□田、何□、□□、梁顥、壽長、李莊、王賢、錢盛、張續、□籍、□閏、鍾□、孫尙、金瑝、□望、陸望、狄稀、金玉、楊清、李舟、李□、軒敏、陳陶、藍賢、李讓、梁穀、韋端、□□、阿米。

□孫：攝囉□室哩、奔聶薩葛囉、奔□□啞由、孤納塔尼牙、月揆那室哩、米□麻束、塔而麻悉提、奔聶斡納、微不辣室哩、奔聶不囉毗牙、悉提斡□囉、孤□塔□、束提隆牒、羶塔□囉的、束塔兮都、□提室□、束提思牒囉、羶荅啞難合、奔聶尤牙納、奔聶悉提、羶荅癹得囉、不塔麻□。

禪牒塔銘　明成化九年四月八日刻。石在北京海澱區大覺寺北坡上西竺寺遺址。僧道深撰，孫添濟正書，鄒幹篆額。陰題名。石泐甚。

《班丹托思巴塔銘》　誥封禪師諱班丹托思巴，西番堅鄭薩地面隴藏巨族，父壤葛，母無我。降生不凡，異香盈室，瑞氣旋空。有大上師見異相，自來與幼授記。至年八歲，到□郭幹梵□，禮啞旺葛思巴上師，授沙彌戒行，讀習聲明等論十三年，無不通徹。參禮著思吉上師，授具足戒。秘密各佛壇場好事，皆通徹要。訪謁烏思□拔思巴上師處，傳授金剛鬘及四大本續各佛禪定脩習要門戒法，皆蘊適於心。既歷番郡諸國，而彼同侶悉仰爲非常僧也。

於永樂初年間，來朝進貢舍利、佛像，賜表裏等件，不迴還，就遊大明國各聖境。至四川峨嵋山，參禮普賢聖相。蜀王聞知，請入內授戒，深敬供養。至丁酉，遊浦陀等名山。至五臺聖境，參禮文殊菩薩，光相所現，瑞氣藹藹，以乃住坐脩行。年久，晉國聞知，請至國中，臣宰庶民人等俱授戒敬崇。於宣德壬子到京，朝參皇上，見安心寂靜，持戒精嚴，賜領給於大能仁寺住坐脩功課，深有德行，道高感動。於正統年間，本寺國師、禪師、僧官、都綱、辣麻、僧衆、中貴官、大臣宰輔□，悉授戒千餘員。于景泰辛未，上聞忻美，欽陞僧錄司左覺義，賜護持。勅諭曰：皇帝勅諭能仁寺僧班丹托思巴，尒能敬順天道，恭事朝廷，遵崇佛教，化人爲善，勤誠可嘉。今特頒賜護持，聽爾於本處寺院自在脩行。所在地坊諸色人等，務各遵守法度，不許生事，阻當侵害。尒尤須嚴持戒律，用廣慈化，祇循禮法，化道人民。庶幾克振宗風，不負朕寵命。欽哉，故諭。賜金帛，下程仍本寺住坐，脩習密乘。寵眷益隆。

於天順二年歲次戊寅，與四種長隨、比丘、比丘尼、信男信女、大臣百官、庶民，授觀世音菩薩禪定八關齋，精嚴戒行，一切人民讚揚之德。英宗睿皇帝□□加封淨戒禪師，職誥曰：奉天承運，皇帝勅曰：朕惟佛氏以寂滅爲宗，慈悲爲用，化導群迷，同歸於善，有陰翊皇度之功，所以朝廷亦嘉獎焉。尒左覺義班丹托思巴，克承其教，茲特陞淨戒禪師。尒宜益□□修，□揚清範，用廣能仁之化。欽哉。賜白□□寶冠、袈裟、禪衣等件。□行貞純，道德高遠，始終如一。於成化十年七月十二日示寂，享年一百二十有八，僧臘未□之。先數日，以經詮、衣鉢及身後事□付其徒，而戒之各勉精進道行，儼然而化。□□三日，舉體柔和，容貌如生。

訃聞，嗣法弟子誥封顯教禪師三曼荅室哩，同與大功德主中貴官郭聰□悼嘆，精嚴荼毗所，至□竹大國師說偈舉法炬，薪至，其龕頂出五色烟，光明昭灼。既畢，遺骨皆金色，得舍利盈掬，瑩潔如珠。中官、其徒各請置塔供養，□行于世。上首徒弟達□星吉室辣、星葛托巴藏卜等百餘衆，賜臺山普照寺建窣堵，請銘□記，曰：

西來正宗，□所用工。密參□□，一見則通。法身非滅，報身受用。化身無□，不生不滅。百世光陰，一期定中。弟子哀請，□□永久。賜臺□□，□□之□，疊翠嵯峨。翠微之後，窣堵高□。勒石刻銘，曠劫不磨，永垂萬載。

同會授法太監中貴官（缺字數不詳）

欽陞僧錄司覺義嗣法弟子（缺字數不詳）。都綱（缺字數不詳）。住持

（缺字數不詳）。

大明成化十一年七月十五日，嗣法弟子（缺字數不詳）普照寺住持孤納不囉癹等立石。

班丹托思巴塔銘　明成化十一年七月十五日刻。石在北京海澱區大覺寺旁普照寺內。僧道深撰，趙昂正書，鄒幹篆額。

《慈濟塔碑》　夫西天教布入中華，以其道包宇宙，利及洹沙。而在先遭遇當朝弘闡厥教，則有祖薩葛拶板的達上師，而□親傳則有囉釋彌光無隱上師，如今寶受則有三曼荅普雲大士者也。諱係交南國，其父陳姓，母曰黎氏，是族而皆好善。國師應跡于永樂庚寅年二月五日，自幼不凡。長年十四，以甲申歲禮大都、金陵西天寺冊封圓融妙慧淨覺弘濟輔國光範衍教灌頂廣善大國師西天佛子大通法王光無隱猊座下，薙染授具。而天資聰睿，從上首月納講經，習西天梵典，日記千言，尤善書梵天字。已而得度，愈加殷究番漢群詮。

以宣德戊申年以來，節授兮嚕葛主戒，一十八師併金□襄集五十六會，而皆得精通。繼謁誥封五臺靜戒禪師班丹扎思巴，授紅色文殊菩薩大修習。而又參迦隆，結先二大上師，傳授四大本續，莫不貫徹一乘之旨。己卯年，尋奉上命，訓諸僧徒，普覺中圍佛會，俱各精嚴。以正統丙辰年，督啟各色壇場，念誦眞乘，保國祐民。以丁巳年，欽陞僧錄覺義，爲翰林試官翻譯，及教才士習西天梵字。既□擢高官，□督各壇僅十四載，寒暑攄忠，以利物爲心。天順戊寅年，勅於內府番經管教中貴官百有餘員，增授西天各佛壇場好事，舉皆成就。己卯年，陞講經職。成化改元壬辰年，奉聖旨提督衆僧族送擯世誥封灌頂廣善乃國師茶毗。是歲，蒙陞顯教禪師。

誥曰：奉天承運，皇帝勅曰：佛氏以清淨爲教，濟利爲用，上翊皇度，下導群迷，有能闡揚其教者，國家必褒獎之。爾右講經三曼荅室哩，夙承梵教，恪守毗尼，化誘善類，良足嘉尚，今特封爾爲顯教禪師。爾尚益修善行，丕闡宗風，永篤忠誠，式副寵命。欽哉。賜銀章紫，授掌西天教。而其所著典籍及禪觀頓證六十二佛牙曼荅葛，併喜金剛大修習密意，而以道化所備。

成化丁酉年，感司設監太監陳公玹大檀越奏，蒙欽奉聖旨，加封圓修慈濟國師。以其誥曰：奉天承運，皇帝制曰：朕惟佛氏之道，以慈悲爲用，上以陰翊皇度，下以化導群迷。有能承其教者，朝廷褒榮之。爾顯教禪師三曼荅室哩，夙通梵典，恪守清規，弗怠厥氏，良足嘉尚，特封爾爲圓脩慈濟國師。爾尚其宣揚法教，光闡宗風，永篤忠誠，式副寵命。欽哉。賞玉帛、金織袈裟、冠服，所食光祿品饌，道德彌高彌增。而積年所畜衣資，傾囊於京西八十里暘臺山大覺、西竺鄰峰，創建梵刹。殿宇崢嶸，而廊堂雅麗，樓閣巍聳，金碧交輝以莊嚴，請賜額曰普照禪寺。國師凡蓋寺造像，印□誘民爲善者，功行猶多，茲不枚舉。亦致皇王、內外大臣、公侯士庶崇化者，蹌蹌鏘鏘。其所度徒百有餘，皆能解悟。長徒啞即葛囉室哩，欽陞講經。孤納難的葛、孤納不囉癹，皆陞覺義。麻而葛干提、麻而葛思帖囉，亦陞都綱職。此皆國師之慈蔭也。且師壽年六十有八，僧臘五十四代。

今成化丁酉二月□一日□時，香湯沐浴，集衆焚香，□□示寂。上聞悼歎，命中官王□、羅秀、伍保、陳□四員□送□□。□四七日，容顏如生。而茶毗所獲舍利，不伸其數，皆光色無比。其命中貴四員，□□善行，俱嘉陞職祿。所遺靈骨舍利，建窣堵波於普照梵刹。國師若非久植勝緣，何以顯揚斯行。是所謂法性常住，超三光之明，國師福臻，同二儀之固。伏惟菩薩戒弟子中官羅秀、都綱麻而葛思帖囉等，□請記銘，□備知師□之詳。□實騰金，理含金石之聲，文□風雲之潤，□□以輕塵足岳，而墜露添流。略舉大綱，以爲塔銘。曰：

誥封國師，圓修慈濟。譜系交南，陳姓黎氏。天資淳厚，蘊空慧寂。大通法王，親傳□□。六十八年，一期守終。翛然棄世，那伽定中。京都之西，居庸疊翠。天壽之南，渾河已比。暘臺山下，窣堵□□。勒石刻銘，萬載不朽。

太監中貴官：寧□、覃友、王□、張若□、□□□、□□、陳□、張軒、姚華、盧忠、潘玉、楊孜、韋寧、陳京、□□、潘珎、昂壽、鄭隆、福寧、伍勳、吳安、金□、□禮、金銘、覃用、宋成、羅山、回保、李通、李□、黃瑜、梁旺、何海、郝善、宋信、倪成、王榮、□□、□□、蘇勝、□□、□□、梁閔、吳彩、陸銘、李寬、吳其、劉聰、□□、□□、□紳、王玘、□□、□南、韋昂、王□、羅富、□廣、來興、張春、張惠、王□、李鄧、章瑾、（缺字數不詳）張林、高澄、李原、□悅、□□、韋□、楊保、郭□、陳淮、姜章、穆臯、吉秀、張福、劉琚、楊春、龔悅、李輝、黄聯、戴豐、□□、覃□、黄宣、□□、眞保、馬欽、吳□、韋□、□□、□□、秦廣、王敏、趙釧、□義、施福勤、方福定、（缺字數不詳）史信、韋□、黎保、李□、□□、張伍、□□、福□、阮榜、戴名、張□、（缺字數不詳）。

大明成化十五年四月初八日，嗣法弟子講經啞即葛囉室哩、覺義孤納難的曷、孤納不囉發、都綱麻而葛干提、麻而葛思帖囉等立。

慈濟塔碑　明成化十五年四月八日刻。碑在北京海澱區大覺寺普照寺内。僧道深撰，趙昂正書，鄒幹篆額，張純鐫。

《福壽禪師塔碑》　成化辛卯十（缺字數不詳）僧錄司左覺義兼大功德禪寺（缺字數不詳）壽禪師，示寂于□□□之大興隆寺。訃聞（缺字數不詳）上遣禮部員外郎于欽（缺字數不詳）諭祭於是日。（缺字數不詳）一月十有五日，始歸骨於法海禪寺，入塔藏焉。慧義以塔必有銘，乃具師事狀，□□（缺字數不詳）南山，其別號也，廣西横州人，□□之子。生洪武庚辰九月十一日。九歲，慕出世法，辭別（缺字數不詳）釋部離而鮮合，乃偏遊諸方，參知識以□□。正統丙辰抵京，遇恩得度。時有雨菴□禪師□□（缺字數不詳）命□□閩之雪峰，住持大□□寺，宗風敎旨濯然（缺字數不詳）四方緇素之所□望。師遂往依之。雨菴亦□□智能留居前堂，□禮資□。己未，御用監太監李童新刱寺於翠微山，□□□□落成，得賜名法海禪寺，命師住持。師遂□徒領衆，始□□□寺，□□塔之寓也。以師□□指□，故藏此。乙丑，登壇受具足戒。己巳，奉旨住持大功德禪寺，□□兩寺□□□，師所統□綱維樹立，足繼雨菴無忝矣。景泰庚午，陞僧錄司右覺義。無何，遂領司事。壬申，陞左覺義。俱□□□德住持。師既□□寵遇，乃悉心所職，以圖報稱。歲時焚修，必預飭其徒，俾精俾恪，無少瀆慢。□有學徒至，則與之講究經乘，期副所望。且常卑□謙，抑不自驕，縱以故人，益譽之。以老且倦，乃疏□退休。詔許可，仍令慧義代主其事，時成化庚寅九月十一日也。師脫煩就僻，用是悉謝諸緣，□諸影泡，隨所住處，心常清淨。爰於大興隆寺屏夢離想，受大快樂。是蓋知其將化之期，而示人以返眞之幾也。於時師退休已歲餘一月矣。廼是日未刻，微有疾，召慧義輩語之曰：欲清其流，在澄其本。言訖端坐瞑目，衆復叩之，不應，師已化矣。得世壽七十有二，僧臘六十有四。諸徒皆一時名流，慧義其稱首者，字本初，今爲僧錄左善世，住大功德禪寺。其他法嗣若福榮輩總若干人。塔在法海之東，崇丈有九尺。銘曰：

天之生人，匪地則拘。孰近□智，孰遠□愚。彼愚罔恤，智則有孚。維材□規，以作其趨。維横遠州，西廣奥區。山川□□，風氣碩紆。師生其間，神澤而腴。乃慕出世，以脫垢□。謂過量人，繄南□□。□走西北，以迄帝都。堂堂雨菴，適閩西湖。往見而合，遂留與俱。法聞行彰，乃主厥徒。乃進僧錄，以握教樞。宗風載揚，聖澤屢敷。尋以老倦，得返故吾。既熄諸緣，倏委其軀。靈爽不昧，如彼黍珠。神棲峨峨，是名浮圖。何生何滅，等爾一途。師藏載休，我銘不誣。

大明成化二十二年歲次丙午九月十八日，僧錄司左善世兼大功德禪寺住持弟子慧義等立石。閻傑鐫。

福壽禪師塔碑　明成化二十二年九月十八日刻。碑在北京石景山區蟠龍山法海寺。傅瀚撰，姜立綱正書并篆額，閻傑鐫。

《智海塔銘》　嘗聞達摩初祖大師以不立文字之禪，觀乎震旦，俱有大器，自此天竺而來，至見梁之武帝，機意不投，遂渡江，止于嵩少。祖惟趾趺，無所言説。以其無説，神光乞法，立雪斷臂，祖知是相與説心地之法，謂之安其心也。宗門授受之原，始此而矣。

蓋祖之來造，且不言無禪□□可説，皆□□□□之，則不能洞見本地之風光，親登閫奥，祖之造矣。宗門凡出一人，猶天地中之有日月焉，使天下古今之學者□獲佛祖所行之道。無邊海禪師，而得其所以然也。

滇海之西有山碧雞，中有蘭若二處，其一曰文殊巖，其二曰羅漢寺。當元季時，梁王建閣于上，以爲避暑遷善之所。其山巖崖盤峙，屹削雄冠，龍神居止，靈異頗多，非抱道勵志者則不足以庵而棲之。元末兵燹相繼，是山久廢，荒蕪之居。待我□□一，自洪熙、宣德間，禪師奮起大志，以佛祖精勵惟一之抱，搆茆棲止，誓以終身也。禪師首參華亭雪窗和尙，剃落受戒後，徵禮譽山和尙，開發萬法歸一之話，□□孜孜，工夫純實，物境相忘，動靜恆一，久久之矣。忽而心地慧通，發明向上，每謂宗門之禪，研窮性理，則與古人相契。以此不□世務，屏絕聲華，恬養山間，足不越閫者，大有年矣。一旦時緣之至，龍天推出，道化滇中，遐邇之間，不言而信，不化而善。當此文殊、羅漢□□之□，□公達人之往，皆禪師眞履實行感而然也。

嗚呼，禪師之報緣而盡，將後事囑門弟子等，謂覺義、覺明曰：老僧以大事付之爾等，各以己□□□，且道老僧眼上眉毛還在麼。義曰：老師何不問腦後□□。禪師曰：待我問明。明曰：老師若作此見，某甲切忌。禪師曰：雖然□□□了，且作麼是身後事。明近前作哀哀聲，義曰：爾悲我喜。語畢，義、明禮拜傍立。禪師曰：二子知吾，身後事不犯唇齒，吾心畢矣。是歲成化己亥□月十九日也。夜二鼓，禪師□其行用，開示大衆，良久坐脫。可謂末後事盡在斯焉。

義、明乃禪師得法上足，自負天資，所達心法，實禪師平昔之□。天順年，參叩兩京名刹，大方諸老以禪師宗旨之問，而諸老皆忻然肯之。及回滇中，內外檀越亦信向而仰之者衆。以此足見師子之子□□異□。□是義、明二上人將禪師在日行狀，行實請文勒石，以待後之學者知此而脩之。

禪師世姓趙，先祖之官陝右都督，父趙公，母許氏，皆從征南來。洪武□□年□酉七月一日巳刻，禪師生於滇城館舍。壽八十有七，僧臘五十有六。師諱智海，道號無邊。閱世數日津送，光瑞亘天，大衆慟哭，聲振岩壑。□□□于圓宗之塔矣。其爲之銘，銘曰：

教垂千載，匪法相繼。代有其人，以明心地。凡於言說，不立文字。達摩始祖，東土二三。千七百機，一大藏教。宗門正□，不過一笑。靈岳拈花，迦葉諳旨。以心傳心，綿綿而已。猶鏡鑑物，若燈分燄。直言其頓，未局其漸。禪師諱海，字□□□。已悟法法，歸無念念。良哉丈夫，親證祖道。遺囑門徒，炳然眞照。有無不繫，眞忘不蹈。瞑然坐脫，與古人並。開示大衆，寂然禪定。心事已矣，身世了畢。緇白哽噎，泣而弗止。惟師敎束，再難復語。全身瘞葬，立塔供養。刻石以銘，□者依□。滇海而枯，碧雞則朽。禪師之道，天地悠久。

勅賜金陵牛首弘覺東院退隱臨濟第二十三代嗣祖沙門同袍古庭撰。徒孫了純書。

助緣信士張鐸、杜道慶、宋能、盧泥水。

大明弘治二年歲在己酉秋菊月上澣吉日，菴主覺義、覺明、覺清、覺登，徒孫了如、了秀、了性、了純等立石。本□、□□、□□。

智海塔銘　明弘治二年九月一日刻。石在雲南昆明碧雞山。僧古庭撰，僧了純正書。

《智海塔記》碧雞山臨滇池之上，層巒疊嶂，壁立萬仞，佳禾繁陰，野芳幽香。下瞰滇池，一碧萬頃，風帆往來，沙鷗□集，水光山色，蕩人眉捷。千態萬狀，望之而無窮極。誠人寰中天設此境也。有古刹文殊巖、羅漢之界於太華諸招提之右，幽絕清勝，非他山之奇倫擬。

昔元梁王建閣於文殊巖，無邊海禪師結菴林下，授少林鼻祖之秘傳。棲隱入定，悟明直旨禪觀三昧，以戒定慧爲途徑，人咸宗之。禪師於成化己亥四月十九日端坐而終。滇之善士張鐸，字覺傳，常時事海翁之師，敬禮至在，朝夕無倦。禪師□建塔於巖下，葬其靈骨以識其處。起建雲房三間，鑄造觀音聖像，爐缾臺磬，燈供莊嚴，施銀拾兩，治買常住之田，則用心博矣。請余爲文，以彰禪師之志行德譽。

余惟西天有大聖人，尊之曰佛，妙言弘深廣大，貴慈悲，尙清淨，了生死，以爲幻化。明心見性爲悟旨，遵受戒者，號之曰沙門。以感王公貴人，事之不爲過，士庶信之不爲非。自漢明帝，佛始遺教，以迄于今，天下名山勝境，無不有之，而崇奉焉。禪師自幼不茹葷，颯然有出塵之大志，事親孝謹。母終葬矣，遊於雲津，發川流之慨嘆不已，棄人間之榮貴，禮華亭雪窗剃染。洪熙間，白足不入城府，幾五十餘稔。道德高古，心鏡湛然，□如冰壺秋月，無纖芥之翳，非心性圓融者乎。譽山師伯旨示萬法歸一之話，禪師而心契，則徹悟矣。其能哉。復有禪師之徒義、明二上人倡道主席之勝，緇白謹仰，以繼其後，則禪林前後俱得人矣。今覺傳不泯禪師之規戒，而欲廣其所傳，遂誌文刻石，永於不朽，以爲之碑記。

弘治己酉歲秋月穀旦日，文殊巖比丘了純書丹。男張永等同立石。

信士張鐸、陳氏、□氏妙□、□□妙□、楊氏妙旻、婿陳紀、女妙□、孫張昂、孫女妙寧、兄張勝、（缺字數不詳）、義男張□、張成、張保，義女妙順、妙成，孫張□、孫□緣、善慶助造。石匠□□。

智海塔記　明弘治二年秋月刻。石在雲南昆明碧雞山。狄昶撰，僧了純正書，額篆書橫題。

《大興隆塔院歷代住山題名碑》 於□□□寂滅於雙林，天上人間皆有塔。興隆肇建於歷代，城□山裏□□□。大金、大元及大明，有塔有銘，兼有道重磨□石，咸載芳名。噫，昔慶壽而今興隆，始玄冥□□無盡矣。茲所題者，惟慶壽三十九代。

開山第一代玄冥顗禪師、第二代玄悟禪師、第三代虛明亨禪師、第四代舜禪師、第五代朗禪師、第六代中和璋禪師、第七代白澗□禪師、第八代歸雲宣禪師、第九代佛日圓明光天普照海雲佑聖禪師、第十代若愚禪師、第十一代懶牧歸禪師、第十二代沖虛禪師、第十三代松石暉禪師、第十四代慵菴堅禪師、第十五代佛日圓通廣智明覺□□□可菴朗禪師、第十六代□菴□禪師、第十七代崇玄明禪師、第十八代藏春聰禪師、第十九代道通□智機禪師、第二十代總統筠菴沖禪師、第二十一代萬菴滿禪師、第二十二代休菴靜禪師、第二十三代佛光慈照明極淨慧西雲安禪師、第二十四代司空北遼□禪師、第二十五代魯□興禪師、第二十六代□臺亨禪師、第二十七代□峰德禪師、第二十八代妙圓普照鳳嵓儀禪師、第二十九代□空廣禪師、第三十代□□□□禪師、第三十一代左善世□□寶禪師、第三十二代龍嵓彥禪師、第三十三代少師榮國公（缺字數不詳）、第三十四代左闡教如□忠禪師、第三十五代祖燈繼禪師、第三十六代左講經□嵓□禪師、第三十七代右講經性菴擴禪師、第三十八代左善世默菴任禪師、第三十九代右講經空寂遠禪師。欽依開設戒壇傳戒宗師、僧錄右銜善世兼大興隆開山第一代住持默庵旺禪師。僧錄司左闡教兼大興隆寺第二代住持達□通禪師。

於戲，追念舊德，磨刻新珉，乃今大興隆住山宗師眞鑑、滿常兩方丈之良心也。千載之後，重記興隆歷代住山者，又豈無兩方丈今日懷古之心耶。故書以俟之。

敕建大興隆寺住持眞鑑、滿常、道宜。

都寺智□、前堂善淨、提點廣悅、都管法本、書記善俊。都文：定□、□欽、行□、□□。都□□：□□、法祥。慈度住持圓玉、重興住持□□。

賜紫傳法宗師古杭淨慈前住山沙門朽菴宗□□，掌書眞義書。嘉靖四年八月中秋吉旦立石。

大興隆塔院歷代住山題名碑　明嘉靖四年八月刻。碑在北京豐臺區雲崗瓦窑村。僧宗□撰，僧眞義正書。

《華山雪浪大師塔銘》 昔梁肅之論荆溪以爲，明道若昧，煥然中興，聖人不作，其間必有命世者出焉。我明正嘉之際，講肆獨盛於北方。無極和尚起自淮陰，傳法於通泰二公，具得賢首慈恩性相宗旨，歸而演法南都。而其門有雪浪恩公、憨山清公出焉，一車兩輪，掖無極之道，以濟度羣有，而法道煥然中興。向非命世而出，則何以臻此。

謹按憨師所撰雪浪大師傳而序之曰，師諱洪恩，姓黃氏，金陵民家子。爲兒時，雖隨戲弄，遇佛禮足。塾師以句讀課之，領之而已。極師講《法華》規矩於報恩寺，師年十二，從父往聽，傾耳會心。畱旬日，不肯去。母使父趣歸，師袖翦刀，禮玄奘大師髮塔，自翦頂髮，手提向父曰，以此遺母。父慟哭，師瞪視而已。爲小沙彌，頎然具大人相。一日，設齋踞第一座。首座呵之，師曰，此座誰坐得。座曰，通佛法者坐得。師曰，如是則我當坐。座曰，汝通何佛法。師曰，請問。座舉座上講語，師信口肆應，無不了了。一衆驚異，曰，此郎再來人也。

憨師少師一歲，並得度於西林長老，同參極師。比肩握手，如連珠琂玉，見者以爲無著、天親也。師年十八，分座副，講佛法淹通。乃畱心義學，聽極師演《華嚴》大疏，五地聖人於後得智中，起世俗念，學世間技藝，涉俗利生。嘗言不讀萬卷書，不知佛法。博綜外典，旁及唐詩晉字，研朱盆丹，帷燈畫被，不智者以爲滯淫諦中也。憨師從雲谷和尚縛禪天界寺，師見其枯坐，呵以聽講。曰，用如三家村土地作麼。憨曰，古德有言，自性宗通，回觀文字，如開門落臼耳。師曰，果如此，則我兄也。

憨師苦南方輭暖，決計北遊，師苦畱之。憨詒師入城辦嚴，冒大雪，攜一瓢長往。師還寺，痛哭久之。游嵩少，入伏牛，抵京師，上五臺，覓憨師於冰雪堆中，腰包罨飯，誓共生死。憨詒之曰，人各有志，亦各有緣，兄之緣在弘法，以續慧命，不當終老枯寂。江南法道久遷，當上承本師法席，荷擔囑累，爲人天眼目，庶不負出世因緣也。師然之，相與鄭重而別。

極師宏法以來，三演大疏，七講玄談，師盡得《華嚴》法界圓融無礙之旨。本師遷化，次補其處。游泳藏海，囊括川注。單提本文，盡掃訓詁。稱性而談，標指言外，恆教學人以理觀爲入法之門。先是，講肆糾纏教義，如抱椿搖櫓，略無超脫。及師出世，炤遮雙顯，總別交光，摩尼四現，一雨普霑。學者耳目錯互，心志移奪，如法雷之破蟄，如東風之泮凍。說法三十年，黑白衆日以萬計。閒游杖錫，四衆圍繞。徧山水爲妙聲，化樹林爲寶網。東南法席，未有盛於此者也。

嘉靖四十五年，報恩燬於雷火。師與憨師三日哭，誓以興復相肩荷。憨雖在臺山東海，未嘗頃刻忘報恩也。憨罹難赴南海，師見浮圖露槃欹傾，沿門持鉢，行乞都市，高門縣薄，金錢雲委，凡三年而竣事。塔高二百五十尺，安三翰處高七十尺，架半倍之。樞木從空而下，如芥投針，不差絫黍。當塔心未下，師嘔血數升，塊然趣定。風鈴彫角，如有鬼神護持。萬衆驚歎，咸以爲願力冥感也。

晚年接海衆於望亭草菴，日則齋飯，晚則澡浴，夜則說法。二利並施，四衆歙集。未幾，示微疾，集衆告別。弟子乞師垂示，師曰：中空如花，本無所有，說箇甚麼。問：滅後用龕用棺。師曰：坐死龕子，臥死棺材。相錫打瓶，且莫安排。沐浴更衣，端坐而逝，萬歷戊申十一月十五也。俗壽六十四，法臘五十一。弟子奉全身還葬於雪浪山。

師高顙朗目，方頤大口，肌理如玉。講演撤座，方丈單牀，默修壁觀。嘗於長城山中正定二日，林木屋宇，皆爲震動。心下如地，坦無邱陵。不立崖岸，不避譏嫌。論詩度曲，見聞隨喜。鮮衣美食，取次供養。已而飯惟羹豆，臥則蒻秆，捨茶則擔水出汲，飯僧則斧薪執具。人以爲閟現少異，而不知其行已有嘗也。嘗駐嘉興楞嚴寺，愛其池木清嘉，作精舍三楹。經營浹月，手自塗墍。落成三日，飄然而去，終身不再至焉。其逍遙擺脫，皆此類也。

紫柏可公，精持毗尼，心頗易師。憨師以出家因緣告之，可公悚然曰，殆窺基後身也。余自毀齒，即獲侍瓶錫。丁未，偕李長衡扣師望亭，瞻嚮之餘，心骨清瑩，始悔嚮者知師之淺也。傳法弟子申法宗、三明歸、空格空、瑞林光、逝覺法，終隱匡山。歿後講演者，巢松浸、一雨潤，在三吳，蘊璞愚在都下，若昧智在江西，碧空湛在建業，心光敏在淮南。南北法席師匠，皆出師門。信乎，中興之盛也。蒼雪法師徹公，潤公之法子，闡法吳下者也。追惟祖德，請余爲塔上之文。余何敢辭，繫之銘曰：

法道下衰，如世中否。誰其振之，命世蔚起。極師南來，記莂儼然。賢首慈恩，二燈並傳。有兩駒齒，化爲龍馬。拏攫碧落，蹴踏天下。憨往曹溪，經星南流。浪駐江表，斗柄斯昭。智炬高明，德瓶云鮮。經江論海，逢原會委。帝網金相，刹海鑑光。華嚴法界，涌現暗牆。講樹敷花，談叢落實。舍利腹貯，狻猊口出。以其緒餘，莊嚴相輪。雀離浮圖，示見矗雲。歌樓酒坊，禪燈法席。三車一乘，鴻爪牛跡。大布而衣，一牀而居。霜降水落，白月空虛。禪律對待，經論繁興。密師四戰，人無得名。法幢巋然，義天嘗朗。窺基非來，雪浪不往。

《句容金石記》卷十。《明清石刻文獻全編》，北京圖書館出版社。

《創立僧會司記》　明興重儒術，以襄治道。他如佛氏之教，亦併存使不廢。以故郡設綱會司，分給印記，擇其謹厚者，令署其事，與參闔屬蓋，其定制也。余叨令成安，願懷補偏救敝志，凡陰陽醫學，業已相地興建。至圓照寺，亦稍加修葺。有僧名勝根者，曉宗旨，善書法，素爲衆所推舉。會冊立覃恩，遂援例授以冠裳，裨掌記焉。獨其司尚未有也，詢及父老，迺知初創寺時，即于後殿東南隅，除官地一區，有房三楹。迨嘉靖乙卯，僧眞梅等募緣，將原房高敞殿宇，而經籍貯焉。西增對室五楹，設門于中，南北各建翼室三楹，號曰經堂。萬歷丙子，鄉民張文卿捐金二百餘兩之鑄造接引銅佛一尊，高丈二有奇，安置藏經殿。偉麗莊嚴，輝煌耀目。至甲午歲，會正張世光、樊秀齡等，復醵金錢，將經堂翼室重新之，而以僧道箱董其役。故規制雖仍舊貫，而輪奐視昔有加。余謂經堂既坐官地營成，又出衆力，即公所也，況復無礙于藏經乎，故外扁曰僧會司，內扁曰禪林秉鐸。因進勝根，示以立司之由，復諭以掌司之義。自是司教有人，覺衆有地，不爲諸僧得所，依而約束，且其一縣之中，而寺宇羅列，印司互具，俾與陰陽道會，並無遺缺。于曩日補偏救敝之意，亦庶幾其大備矣。因豎石記之，用識歲月。若司宇年深漸就傾圮，則有後之賢牧長在。舊縣志。

（民國）《成安縣志》卷十四上。《明清石刻文獻全編》，北京圖書館出版社。

《顧山觀音院劄付》　禮部爲乞恩事，據直隸常州府申，據江陰縣申備，東順鄉里老周伴叔等呈，勘得顧山觀音院□係宋朝建炎三年，僧淨觀所建。後因兵燹，洪武年閒，有僧良銛，結庵焚颩。宣德年閒，是伊徒本珂，募緣重新，葢造殿宇佛像，山門僧房完備，在內焚颩。相應請給寺額。今將本縣幷僧會司官、吏里老僧衆人等，不扶結狀，申繳到府，轉申到部。案查天順元年十二月初九日，於禮科抄出直隸常州府江陰縣顧山觀音院僧本珂奏前事爲照，恐有窒礙，已行查勘去後。照得近該本部題，爲重請寺觀額名事，除已奏請見行照勘者，候回報至日月行覆奏，其已有額名，許再行奏請。已經奏準，除欽遵外，今據直隸常州府申，稱前因係未奏奉之先，待勘之數，既已江陰縣幷僧會司官吏里老僧衆人等結勘，觀音院僧人本珂所奏前項緣由是實，所據請給寺額，係出特恩，未敢擅便定奪。天順二年七月十九日，本部官於奉天門題奏。次日，奉聖旨，與做觀音寺，欽此。欽遵，擬合通行除外，合行劄付本僧，前去該寺住持，領衆焚修施行，須至劄付者。

右劄付觀音寺住持僧本珂準此

天順二年七月廿一日對同都吏吳暹

劄付

(民國)《江陰縣續志》卷二十二。《明清石刻文獻全編》，北京圖書館出版社。拓本。高四尺九寸，廣二尺六寸。正書。十五行，行三十八字，大小字不等。

《御製龍興寺碑》 寺昔於皇，去此新建十有五里，◇方坤地，乃於皇舊寺也。寺始刹之由，爲因累經兵廢，其焚脩者不一。況前無刋石可稽，故失始刹之由。但知昔宋時，先爲金所廢，後亦爲元所廢。諸僧因兵而雲水，不知何之者，其數無紀。惟一僧名宣者，亦被傷，入鍾離舊城東嶽廟焚颩。後金亡宋終，元定天下，其宣者出城，於瓦礫中建茅宇而度弟子，以成其寺，應供是方。宣在宋末元初，作開山住持。師徒相繼，傳至住持僧德祝，於元至正十二年，群雄並起，寺爲亂兵焚，瓦礫荊棘，三十二年。朕常思之，昔幼時，師高彬者，託身於寺四年。初棲之時，其年蝗旱，寺罷僧飯，師長弗濟。

彼時朕年十有七歲，方爲行童五十日，於教茫然。因師弗濟，且父母兄長不逾二旬旬皆崩逝，家道零落，歸無所恃，出無所怙。◇如是，亦飄然西遊廬六光固汝穎，三年後歸。歸方四年，天下亂，從雄倡義旅，南入矜陽，次入和陽。已而東渡大江，角立諸雄。又十四年，息群雄，即帝位，統寰宇。又十六年，天下太康，召詢舊僧在俗，願復爲僧者許之。惟昔住持德祝座下弟子善犯，去鬚髮，應召而至京師。朕與之議舊寺之基，去呈陡甚近，焚修不便，於是擇地是方。寺成，大臣入奏，更寺名曰龍興，以善犯爲開山住持。是時諸僧經兵日久，失傳授，怠記問。況平昔應供之儀，相傳訛謬，特召儀眞地藏寺闍黎文彬者，講其所以。文彬深通顯密之教，特◇◇林與是僧，將平日繁紊之詞，盡行刪去。定眞析僞，以成科儀，越兩月而成編。時僧甚少，江東諸幼僧聞文彬奉勑官龍興寺，願爲座下弟子者四十有畸。於洪武十六年秋八月，善犯授顯密法師，文彬授善世法師。會集諸方願從焚颩者，大闡瑜伽顯密之教。

是寺之建，非爲求佛積福而建，止因幼託身於寺四年，寺因兵廢。其應供是方者無有，失孝子順孫愼終追遠之道。因此立刹之意，留心歲久，數欲爲之，恐傷民資。若將民資，建寺求佛，福從何來。葢民資勞於筋骨，力爲之而養父母，畜妻子，豈帝王不勞筋骨，以施而求於佛僊者乎。若以是而云，無乃佛僊不可求乎。不然，佛之善，僊之化，世無上者，安有不可求之者乎。所以民供朝廷者，爲求安也。朝廷所以積倉廩者，爲報功賞善，以安天下也。故不敢不謹出納，以應上帝，豈肯恣意而糜費焉。因非帝王已勞而成資，資乃民力也，故不敢輕用，由是不遂建刹之意。洪武初，欲以山前爲京師定鼎是方，令天下名材至斯，後罷建宮室，名材爲積木，因而建焉。今也寺成，佛◇已完。自建之後，凡焚脩者，願祝福於被役軍民，令其已往見存者，獲無量福於身家是辭。每遇晨昏節令，諷經回向。必依是諭而祝，永世無窮，而僧妥焉。故勑記之。

洪武十六年歲在癸亥九月吉日立

中書舍人□廷鉉謹書

《安徽通志稿》金石古物考六。《明清石刻文獻全編》，北京圖書館出版社。在鳳陽縣本寺。拓本，高一丈，廣五尺二寸。二十三行，行四十八字。字徑二寸。正書。

《永樂勑諭香由寺赴會僧官惠旋碑》 朕惟佛氏之道，清淨□□，弘深廣大，包含萬有。貫徹微妙，利益幽明，功德無量。比者仁孝皇后崩逝，舉薦□□科啓無遮之會，廣集僧伽，諷揚經典。百日之間，嘉禎翕集，慧燈降于金刹，法雲覆□紺園。繡絢五紋，煇燦諸品。豪光累現，衆彩畢呈。天花雨空，滿祇林之寶樹。縞鶴飛□，繞碧落之旛幢。佛之舍利，或流輝于梵宮，或騰耀於寶塔間。照空之菡萏爛湧，□□摩尼。動若驪珠，炳煥午夜。晃如虹彩，燭影丹霄。寶殿之前，圓結金梅之果。長干之□，秀產瓊芝之祥。若斯顯靈，難以悉舉。皆由尓衆毘尼克謹，梵行清修。瀾翻八藏之文，悟解三乘之旨。秉至誠以奉朕命，攄精意以叩佛慈。其中亦有至人，道化高妙，飛□變化，隱顯莫測。感朕誠心，來臨法會，證盟善功。朕德薄有未能知，籍茲衆善，遂致□通。睹瑞應之蕃臻，想神靈之濟度。超遊極樂，信有明徵。朕實歡愉，特加褒獎。夫觀□川之流者，必至海硒止。虧一簣之功者，則爲山不成。爾等益勤精進，庶永謝於□□。究竟眞空，□□□於覺地。利生助化，翼我皇家。欽哉，故諭。

永樂五年十月十□□給授直隸寧國府南陵縣香由寺赴會僧官惠旋，欽此。

萬曆三十三年□□□十三日　九世孫僧官明大立石

碑陰

拓本。王音二字平列，字徑三寸。陽文正書。第一山三字字徑一尺八寸，雙鉤正書。

玉音

第一山

《安徽通志稿》金石古物考九。《明清石刻文獻全編》，北京圖書館出版社。

在南陵縣本寺。拓本。連額高五尺零五分，廣一尺九寸七分。十四行，行三十二字，字徑九分。額勅諭二字平列，字徑二寸九分，雙鉤◇正書。

《圓通菴記》　僧之異於俗者，以出家夫。家誰能出也，俗曰俗家，僧曰僧家。如治疇廬，憑媒妁，結金蘭，畜錢幣，俗家是已。至於僧，薙草成叢，亦求田問舍之事。拜師覓徒，亦孝親育子之心。祝釐報恩，◇孤供賦，何一不是在俗事，而曰出家。顧其所以廬是家者，共出一，說語二。置之安處則安，置之危處則危。俗之安也，陰行善以垂統◇，知止足以除殆辱，慈悲清靜，總是禪理。其不能安者反是，是爲自危其家。惟僧亦然。若深言之，則有拈花示笑，面壁傳宗。植杖而化，聞潮而靈。一點不著，半偈全通。處處玄機，不可名狀。種種妙道，無可思擬。嚴君獨坐，自成一家。即淺言之，其搬泥運水，以明勤也。惡草破衲，以示淡也。粒米同飡，以存公也。冤親平等，以存仁也。煮茗焚香，以脩◇也，此孰非理家之法耶。故精於俗便可通禪，何用逃禪。精於禪只是循俗，何所離俗。

拖柴坑舊無菴，菴名圓通，自本族海祥上人始。上人年十五，往池陽石埭杉山寺，從無垢禪師祝髮爲浮屠。嗣后訪名山，遊古剎，歷白砂、棲霞、鴉雀屏、薄刀嶺、九華、三天門，或爲典座，或隨歌務。或一二年，或三四年，一瓢一笠，旋即棄去，蓋圭經中不三宿桑下之意也。其后又至貴池縣，造窩閣一所，聚徒◇居之。土木形骸，雲水踪跡十餘年，又復棄去。轉上書堂記幷白砂等處，于天啟元年，復回故里故山。行至拖柴坑，潯境之僻，爲人間不競之地，取形之高，爲眼前空闊之場。◇去芟茅，即於是年，建佛堂，設聖像，琉璃晝夜心明，五◇◇石爲壁，加磚爲牆，立陪廳。又於崇禎四年，起準提樓於堂之左。六年，脩靜室於堂之後。廚房在堂西北。角門◇古出逋數武，又開一關門，面南，以觀音三山爲翠屏。其餘◇笋頻，揷竹聽濤，多植松，爲給乏續絕，種◇而廣開薄爲供佛◇◇自奉。而多栽茗，隨方就便，規晝潯宜，若《法華》所謂資生等業，不爲實相也者，家道成矣。上人索記鐫石，用昭來茲。

其中因緣遇合，若卿紳孝廉上舍博士弟子及諸居士某，佈金錢若干兩。某施米粟若干石，某助材料若干物，某出傭力若干工，各有其◇，別有具載。特記其菴之始末，即僧爲家，而日日五更起，個個幹辦自家事。於中絲淺入深，是漸教也。即淺即深，是頓教也。在淺成淺，在深成淺，不淺不深，無淺無深，亦淺亦深，是圓教也。圓爲菩提正果，謂在家也可，謂出家也可。家之一字，不礙菩提。出之一字，不長菩提。海內上人，豈以數◇顚毛、去不去分品格哉。謹識之，以俟後之爲僧家者。

時皇明崇禎十一年戊寅歲孟冬月原任河間府同知駐劄宣鎭清軍理刑奉恩進階中憲大夫王綱撰

碑陰

在太平縣五區拖柴坑。拓本。連額高四尺七寸五分，廣二尺三寸六分。二十二行，行四十四字，字徑九分。額四字平列，字徑三寸。均正書。

《三教堂碑》　嘗謂教因乎道者也，道未嘗有三也，而何言乎三教。教而有三，則道釋分，儒非儒，自爲分也。間有謂歸一者，夫道則一矣，何假於歸也。必曰歸焉，無亦逃墨歸楊，逃楊歸儒乎，惡在其不一也。則歸之之力也，惟叛則有歸，而所為叛者，必不善用釋道之過也。釋疑得道之體，倘其體而舍用，則何釋之不為儒也。道疑得道之用，倘由用而運體，則何道之不為儒也。大抵儒者完天道者，釋者分天。完天者固特尊哉，而分天者較之悖天者何如矣，然終不敵吾儒者。且無論奧旨，亦以經綸世運者，彬彬然皆文學客也。然釋道卒未嘗廢於世，則分吾道者，亦不可不謂之道矣，卽不可不謂之教矣，此三教堂所由建於歷代也。

堂中列夫子於右，則古作堂者意乎，不必解矣。而是堂幸不然者，則猶然列佛於中焉，亦不必解矣。然崇佛崇道，例之不尊佛道者何逕庭也。

且知崇吾夫子，則深可嘉矣。蓋歷代尊夫子以素王，雖天子必拜師，吾夫子固不籍此堂以增尊，亦不緣此堂以貶尊也。忍視其圮壞而不為之所乎，則崇佛崇道之不若矣。以故因鄉耆劉君福等而煥廟貌焉，蓋欲人人之仰夫子者，憬然興起於儒，且兼以懲奕世不善釋道者之咎也。若曰以鼎新儌後祿，卽顓蒙不宜操此心，而予諸人敢乎。若曰尊夫子而適以卑之，予不敢謂其不聞崇儒之論矣。惟無駕言之文私也，則非巧叛吾道者也。

（光緒）《吳橋縣志》卷十一。《明清石刻文獻全編》，北京圖書館出版社。

《昌樂縣僧會司重修臥佛寺記》

昌樂縣治西南隅有僧會司，臥佛寺者，其僧會官名司者官所居之處，總一邑之釋教也。臥佛者，臥而不坐之謂也。其意蓋謂以定靜之功，斡旋造化，渾融妙理，默契人天，恆常側臥。像倣龍眠，寺名臥佛，意有在矣。記者，紀其興建始末之實事也。此古青之勝概，臨丹之福地歟。歷代以來□名古刹，元季衰殘，無容議矣。洪惟國朝隆興，亦崇釋教，始有僧祠、僧正、僧會之制。洪武初，為僧會者始居此。殿宇狹□，僧室弗堪，牆不及肩，像不盈尺。器用不備，規矩粗立而已。繼此而有谷峯和尚圓泰者出，通儒書，明釋典，工書法，善吟詠。徒衆多而且賢，曰明浩，曰明悟，曰明妙，曰明達，曰明貫，曰明倣，曰明祥，曰明俊，即□□和尚，俗姓風氏也。崇聞之師僧會行順法祖也，同心協謀，與建大殿五間，天王殿三間。前為三門，殿之左曰伽藍祠，右曰祖師堂。殿之後則為方丈五間也。周圍複道，四起長廊。廊之西多壽木靈草，幽蘭籐羅，蔓延其上，蓋禪僧所居也。佛像羅漢，諸天神主，粧塑咸備。齋饌有廚，常貯有庫，法器有藏，經典有櫃，教攻□□訓□子，誦習五部大經，諳曉三乘五蘊。醮通水陸，□禮梁皇。兼明三昧，清談孔雀，卷講金剛。膏□肥潤，園圃芬芳。畦中多產菠薐莙蓬，薹薹筍薯，瓜瓠葵苢，足以供疏菜。園中李奈杏桃，梨栗核柿，足以薦時鮮。□子植斯時也，□云榮且幸矣。

殆今年逾五紀，霜暑迭更，不免上雨旁風之侵凌，鼠牙雀角之剝啄。殿宇疎漏，棟梁朽腐，聖像剝落，而五釆凋零。牆垣缺壞，園圃荒蕪。釋氏逢斯際也，亦云猥且頹矣。前官崇□僧人行臻，興心未遂而即世。行順新任，覩茲感慨，欲有以新之，□敢輒專，於是謹請命於邑侯金公，以俟允否。公曰，僧會屬官也，因其舊址而葺之，非創也，揆之於理亦宜也，奚云不可。由是僉命弟子重民、重德、重從等，躬持緣簿，遍告多方，共圖勝事。爰謀爰始，所化者皆梗楠櫃梓之材。士農工商，所捨者咸布帛菽粟之珍。矧事乃吾分內事，孰無喜捨之心。且人皆吾性中人，孰無向佛之意。矢斯棘鳥斯革，□看棟宇之落成。聞其經，聽其法，多見塵俗之頓悟。美哉盛哉，釋風由是而益淳。巍然煥然，佛道於焉而丕振。仰之而殿宇嵯峨，望之而高明輪奐。諸天神像，軏軏翼翼，金碧輝煌。昔也覆之以土瓦，今則易之以琉璃。向也築之土階，今則砌之以磚石，所謂木天金地是也。

工已完矣，寺復成矣。行順曰，斯役也，若不勒之於貞珉，必同草木而朽腐。乃偕諸弟子重仙、重昌等，持幣謁予祈文，以誌永久。予弗受辛□言之曰，佛者覺也，佛以大智慧，破一切有。以大圓覺，攝一切空。以大慈悲，度一切衆。性與道合，心與理一而已矣。彼有釋子問於予者曰，吾道細無不入，如卷之而退藏於密者，彷彿乎儒道之隱也。釋道大無不包，若放之而彌乎六合者，脗合儒道之費也。費隱之說何似，吾所惑。予應之曰，隱不離乎方寸之間，費不出乎人道之外，其味無窮。一切勸人為善去惡，趨吉避凶之實學也。其道雖大，莫非化人父慈子孝，兄友弟恭之實理也。君仁臣敬，亦莫不然。費隱之理，如斯而已。聞者唯唯而退，乃再拜而謝曰，耳聆明□，心悟大道。誠三教之正宗，釋道之根底也，安敢不倣效萬一乎。曰孝曰弟，是所願也。曰忠曰信，願所學也。佩服茲訓，自然不離於孝弟忠信，而釋教可行乎。言未既，呼童泄筆而為之記。記之何如，一則紀建□□末之源流，一則明法眷緜延之不墜。俾後之嗣此而為僧會者，以視乎今，正猶今之視乎昔也。可不堅持厥志，而爲之修葺也哉。

弘治十二年歲在己未仲秋吉旦僧會行順弟子重昌等立石

文林郎昌樂縣知縣金茂　縣丞許鐸　主簿張員　儒學訓導陳海　楊恩泰　典史趙誠　致仕張□　崔貞　耿亮　襄城縣主簿劉壽　濬縣主簿孟金　監工劉鉄　田畛　陳賢　呂能　王弼　田增　任□　張廷用　稅課局大使劉鳳　丹河驛驛丞劉潮　醫學訓科臧洪仁　陰陽訓術周佐　道會司道會劉志海　省祭官劉通　劉敬　王孜　南泰　劉貞　張仁　義官趙敔　王玘　趙宣　劉禎　劉清　張循　劉穆　□洪　王美　周義　劉孔昭　叢廷美　主□人陳策　劉瑜　閻□□和□美學吏張勤　陰陽生劉斐　石匠劉欽　姜□

（民國）《昌樂縣續志》卷十七。《明清石刻文獻全編》，北京圖書館出版社。

《重修興福寺關王廟記》　昌樂縣東二十里朱留店興福寺有武安王廟，先是，店居衆正王之神奇，王之氣，仰王之威靈。乙未歲，寺僧元清募緣督侶，建茲廟者。法像森嚴，人起寅畏。顯靈數四，祈應不貲。吾儕居是土，蓺是野，眉龍齒鯢，悉奇是舉。廼辛亥之秋，水洶湧，廟廼圮，神幾褻。居衆有事於廟，喟然嘆曰，廟宇摧毀，不足揭虔妥靈。而又且故制犄樸下窄，梁桷赤白，陊剝不治，圖象之威，暗昧就滅。藩拔級夷，庭木禿缺，祈甿日湯，祥慶弗下。不即不圖，方之羣衆，不獲蔭庥。復命僧因故爲新，衆工齊事，惟月若日，工告訖功。大祠於廟，神威序應，歲無怪風劇雨，穀果充實。衆皆曰，耿耿祉哉，其不可誣。廼相於請記而鑱之石。

時萬歷四十年孟冬吉日

昌樂庠廩生劉如參撰

僧人元清募　石匠劉立、劉同會刻

（民國）《昌樂縣續志》卷十七。《明清石刻文獻全編》，北京圖書館出版社。

《重修白衣地藏兩大士祠碑記》　吾邑固古皮彈丸地，然邑之東◇以外，爲南北大道，市烟熙輳，堪輿家議得建祠宇其北，以留聚風氣。是時，諸子禾叶蘭夢隨謀爲大士祠。夫邑先無是祀，有之自茲始。草創一椽，而奉侍者頗極謹至，大昭靈響。胤其重包，於五印所載寶蘇名人，深相著符。而拘滯之口，指爲適逢之會，借商瞿之言爲解。誠如是也，則是郊媒可以無祀，玄鳥止爲怪誕，履拇者不幾爲荒唐也。夫人精修一竭，靡幽不入，無微不格。沂公之報，信於史冊。矧彼大菩薩，慧光遙燭，靈慈普□。夫□不鑒人之修潔，而忍人之箕裘中□□顯旣著皈依者，日益繁衆。住持寶上人更饒焚修，廣拓其宇。鳥革翬飛，金碧璀璨，大士其增耀矣。而□其舊宇，以妥幽冥主□□帝者，先是亦有殿宇，頗狹隘，茲且一舉而兩奐焉。事告竣，士人思勒珉，而索不佞誌其顛末。

夫大士之大生廣生資生，種種好生，幽冥勸善懲惡因果，鄭廣文社丈已詳哉言之，不佞似無煩再贊一詞。大凡祠宇所以利民，而是祠之立，一切附近廬處，勃然以興，無不家藏露構，第宇雲聯。其視夙昔，另是一番景象。即居其第者忘其利，實是祠之留聚其風氣也。至其抱送麟種，顧諸君子，以暨吾家伯叔諸兄弟，或從來無胤而有胤者，或昔不育而今育者，直令□□之家，終爲血食之族。幾斬之脈，復爲瓜瓞之綿。蓋大士之啟佑，信不可誣。此之無量利益，又豈尋常淫祀可方而埒耶。寶上人其俗緣與不佞有瓜葛之誼，其出世稍晚，而證道最早。言不飾文字，而心□無他◇。其建正殿三間，週以圍牆，益以重門。經始於萬歷庚申歲仲春，落成於天啟丁卯歲孟夏。其工大，其費奢，諸檀信之布金沙功德不可思議，而上人之集其成，一段善果，當於茲石不磨矣。其□紳善士，例得付于碑陰云。

（民國）《南皮縣志》卷十三。《明清石刻文獻全編》，北京圖書館出版社。

《重修悟明祖師祠堂碑記》　余居之莊曰丈二橋，其東南有悟明祖師祠堂。自明萬歷年間創建，至國朝雍正七年重修，乾隆二十年再修。後五十五年秋，住持僧賢泰以廟貌頹落，與其師來請修北堂，乞爲募疏。因歲歉，事未果舉。余遵先大人遺命，於嘉慶二年春經理工程。會首牟中元、湯儀等，相與督率，不以爲勞。吳雲曾、張可理等，樂於奔走，不憚其苦。遂於是年秋告竣。是堂相沿已非一世，其基址規模雖尚由舊，而廟之成也，嚴嚴翼翼，亦復偉然。四壁圖畫，牆垣就理，門楹皆鮮。佳木列其旁，雲團翠陰，與朱戶粉壁相掩映。清流環其北，水光日影，動搖而上下。其鐘磬之音，與誦法之聲，更有以答遠響而生清風。是在祖師諒默鑒衆人之誠，於焉少安。而爲是堂者，亦以工之畢，欣然色喜。其往來瞻仰者，復低徊而流連也。乃沐手援筆爲之記。至祖師生平始末，與得道之由來，道法之顯揚，足以信人心而扶世教者，創建碑文已詳之，茲不復道也。

（民國）《南皮縣志》卷十三。《明清石刻文獻全編》，北京圖書館出版社。

《重修寶陀寺碑》 寶陀寺在靈洲山之上，靈洲在廣東會城西北七十里，踞江中流。嶺南英氣，鍾於會城，而幻秀於靈洲，其溢而出者爲海珠，奇觀相望。郭璞占之曰，南海盛衣冠之氣，蓋後千載而言益徵。寺當孔道，予亟登覽焉。廣基完藩，高甍瞰江。像設之嚴，輝艷金碧。窮其幽林，陰而宇淸。陟其高樓，觀詭傑擁。綽楔於青林之上，佛者之徒曰，吾師定禪之所守而葺之者也。定禪在山中三十年矣，告予以山中之故曰，鬱水靈洲，自古爲名山大川矣。寺不知所始，蓋已見於宋番禺漫尉方公詩語，其曰小金山，諺云也。成化癸卯中，總鎮太監韋公重建寺，而請敕額焉。鄉僉憲蘇公相成之，都憲東山劉公卽超然堂正坡翁之祀。古蹟之存者，則有妙高之臺，德雲之像。其間異聞，不可得而稽矣。臺之外，古之軒亭半荒矣。老僧知重佛事，飾像寫經，發大誓願，願爲往來衆生，廣造福田。往年都憲陳公除豁寺田虛稅，太保郭公鑿井疏泉，今年總鎮王公捐財助修，山中人何敢利焉。苟無饑渴，願以無量飽滿濟衆生耳。

定禪又曰，坡翁妙觀佛諦，恨不留一偈。山中猶有短章，至今光顯。令太史公來，能無意乎。太史公序九流百家，極深洞微，拜瞻坡翁遺像，慨然追見其風烈。太史公幸毋靳辭焉，願秉貞石以待。嗚呼，予安敢擬坡翁哉，顧嘗謂天下山川幽勝處，不可無僧守之。矧此地靈所關，非徒以寄風物。屬之人有爭之者矣，屬之官則關市之矣，二者地靈之蠹也。惟僧守清淨寂滅之敎，無所與競於物。凡一切世界，色相皆空，無一物不可有，乃至一無所有。固宜守此，以俟千百世君子。定禪又能崇而固之，且紀其勤，以詔嗣者，予安可無言。乃銘其石曰：

自有天地，以有山川。百經千緯，磅礴互旋。中州英氣，南傾海壖。海之未壖，有洲中起。萬靈萃脈，羣流逶趾。百粤鍊精，鑄此奇偉。惟大雄氏，來自西崑。乘氣之盡，以控金輪。庶幾混沌，毋損厥眞。恆河沙衆，孰知佛力。我遊江湖，但仰陳迹。恍見坡翁，題詩於壁。觀潮嘯海，登樓款星。鍾聲烟空，古木天青。風檣往來，孰利孰名。孰始爲寺，孰興其廢。惟有前賢，風流百世。我續銘詩，爾功無墜。

時大明正德十五年歲次庚辰仲秋八月初一吉日，當代住持雲山定禪徒弟宗輝立石。

（道光）《南海縣志》卷二十九。《明清石刻文獻全編》，北京圖書館出版社。

《修大藏經序》 佛經自西來入中國，總十二部，而其多至五千卷。見性指心，明覺□證。奧旨微言，之所具在。燈徒常誦《金剛》、《楞嚴》、《如來》、《法藏》、《寶華》、《楞伽》諸卷，與夫佛現世界，山川幻迹，玄步源流，咸悉備焉。尊信表章，代有其人。說者以爲神物之護，然物之久於宇宙，人心爲宗耳。光孝禪寺，本於宋紹興定額，遡其始，則晉隆安以及唐貞觀爲主園，爲乾明，爲法性。卓彼菩提種，自梁唐知佳樹，而知禪宗歷世矣。明興以前，佛經散存，遠莫紀聞。廼正統十年，欽賜全帙爲卷，六百有四爲廚。金朱煥然，置諸大雄殿中。守今百五六十載，而殘缺可嗟。禪師園賜以掛錫光孝，令其徒通軾，萬里京師，購求補墜。適司禮監太監麥公升庵福，曁其弟都督錦衣衛事蘭村公祥，深惟國阜民安，神功錫極於南土者，義不可泯。而重嘉禪師之遠購，各捐金命工，祠部印裝，如式以給付光孝寶藏焉。而都督蘭村公，續復捐金制器，以安貯金經。久圖永飭，心益崇矣。未幾，賜軾俱逝，奉以訖工，則令孫徒鑑虛行新之力也。寺有全經，沙門光重，事成，以屬中憲大夫東臺信爲文，戒今詔後，共守斯藏。

憶昔張文定方平公偶瑯琊僧舍讀《楞伽經》，宛然前身註誦之舊。捐費三十萬，付大師佛印，刊行江淮，蘇文忠公爲序記。殆今尊信如二麥，何啻文定。二三禪衲，今之佛印。而予以望東坡則旣遠矣，予因論之。佛之爲敎，頓悟見性，心印度門，了了爲宗。乃章句至五千卷之繁，何居。故夫雲門罵佛，藥山戒人不得讀經，豈此意也。然會其全以要其歸，如來說經，不離言語，不卽言語，上乘初機，固有漸乎。仰觀孔門論道，二三子者，子夏篤信聖人，曾子反求諸己。以後孟軻氏乃所願，則曾子之守約，且夫一貫之唯，亦於隨事省察，眞積力久之功。曾固宗孔，而謂子夏之未得於道，可乎。斯釋氏全經，所以重斯敎也。是在鑑虛師徒，勉以守之。若夫中多不能以句以字，此西域古文之秘。《尙書》至古文而多艱澀，矧其他乎。於時繹思，當有悟也。佛性無南北，悟了自度者亦旣出矣，無徒爲高閣之東云。

廣州府僧綱司都綱定曉德隱當代住持正記
大明嘉靖丙辰歲仲秋吉旦
錦衣衛冠帶舍人麥春麥安　舊住持徒孫行新同立

（道光）《南海縣志》卷二十九。《明清石刻文獻全編》，北京圖書館出版社。

《觀音殿記》　余昔承乏台州，台之名勝故饒，而天台爲　。余性嗜玄覽，於政事之暇，輒登眺焉。天台石梁眞境，產異茶以供聖僧。故凡黃冠緇服者流，類多道氣云。余既拜荆藩之命，取道南還，則聞台之方廣寺僧眞戒來嶺表，入南華，禮六代祖。及抵省，省之薦紳人士，樂與之游。一夕，僧感異夢，詰旦告於所與遊者，咸愕然奇之。維時中翰浮山梁公、清卿文川梁公倡義爲檀越首，與僧卜善地，爲梵剎，崇奉大士。因謀諸湛文簡公曾孫曰壽魯者，慨然許之。遂捨其地，於新城內晏公里之西。地之有餘隙而屬諸別姓者，僧復購之。拓厥基址，橫直袤深，六丈五尺，闊四丈。以故四方人士，洎善男子善女人，豔慕樂施者，蒸蒸雲集，各捐貲粟無算。於是筮日營度，鳩工庀材。前剏一堂，比部雲寰李公顏其匾曰觀音殿，而祝聖之萬歲牌在焉。後建毘盧一閣，時太史瀔陽趙公題之曰寶光。廊廡寮寢，翼翼可觀。經始於萬歷癸酉正月望日，落成於乙亥正月七日。一時輪奐翬飛，金碧焜燿，豈非地靈之有待，而象教事興者耶。

無何眞戒入涅西歸，而未竟其詒謀之志。迨今，其徒如慶等，尤能廣募良因，完鑄毘盧尊佛金像，日增月益，整飾重新。噫，師之善創於前，而徒之善繼於後，槪可見矣。時慶等詣余浮丘別業，請言爲記。余惟佛弼也，所以宏圓□之法，開善濟之門，度衆生而弼世敎也。觀音大士，大雄皇覺，無上菩提，化身應物，廣大神通。吾粵道場之建，無論方所，則雖遐陬僻壤，祗肅而崇奉之。亦七寶普陁，清淨法界。象敎所臨，如日之無不照，如雲之無不覆。使人觀感興起，而爲善者衆。其於國家政敎，與有裨焉。乃今徒衆之請，良可嘉矣。昔能禪師崛起新州，從事黃梅。釋資負薪之擔，操杵白之勞。傳衣演法，爲六代祖。玆慶輩用能□勵清修，鋭心善果，以丕振其宗風，益大堂構之詒。俾其徒之子若孫，燈燈相續，同躋上乘。其眎八字成佛，亦在於一悟間耳。昔人有言，菩提葉到地，還有聖僧來。諸徒衆其尚勉旃。若夫施予之多寡，果報之遲速，則在神固有默相之也，余無容贅。

萬歷十有六年歲在戊子夏五月吉旦，本山住持比尼如慶如秀如才如隆立石，梁崧刻。

（道光）《南海縣志》卷三十。《明清石刻文獻全編》，北京圖書館出版社。

《修復戒壇碑記》　核僧品者首曰戒行，而定慧猶後也。蓋僧之有戒，猶家之有法。出家兒披如來衣，托如來鉢，食不列鼎，而必日中。臥不重茵，而必樹下。夫豈不知世間深重恩愛，而寧惟是枯情忍慾，守寂躭空，斤斤以如來戒自命。亦曰吾家法固自爾爾，故凡戒衣初受，咸設齊戒而臨之。授者登壇而代金口以宣，受之者北面壇下三匝而稽首焉。於以信受奉持，蓋其重哉。

訶林之有戒壇，所從來矣。經傳宋梁間，求那跋陀智藥三藏自西城來，手持菩提樹，植於壇前，讖曰，後當有肉身菩薩，於此受戒。一時人詫以爲妄，謂讖固有不盡然者矣。厥後六祖果以黃梅授衣鉢，獨領南宗大標心印，祝髮受戒。嗣是戒壇以六祖而重，六祖而下數世諸善知識，凡由曹溪而發脈，莫不致止於訶林，以求□明。蓋生不逢祖之時，會祖之意，則履其地，見其澤，如見其人焉。而諸方名衲，又以戒壇而重。亡何，壇宇虛懸，法鈴絶響，半沒於僧房，半沒於書舍。壇址蕩盡矣，人不復知戒爲何物。幸我大師，以宏法因緣，萬里來粵，首求六祖遺跡。按《壇經》而問初地，無有應者。洎演法數年，而信從者衆。爲之別其根器，比丘中始有持其戒而來請，誰謂機緣偶然哉。於是比丘超逸、通炯等，咸擬欲修復前壇，而奪於主者豪，非重購不可。會社中居士龍璋、馮昌歷、歐文起、梁四相等極力護持，爭效檀越主，圖之五世，而後恢復。故□不昧前因，塑以求那跋陀智藥像。後座又圖以三年而後，恢其制度。惟時工力已竭，而僧明瀚實成復募衆繕治之，供以觀音大士像。總計贖業修創爲貲不下數百緡。前堂後宇，燦然備矣。

落成之日，四衆皈命。內一身心，外齊百行，殷勤啓請大師宣說如來淨戒。爾時大師端坐其上，直舉六祖以來精嚴戒行，廣示比丘以及婆羅受者環堵，得未曾有，人謂肉身菩薩復生云。夫一壇也，悠然而興，倏然廢而又興。當其興也，如日中天焉，肉身菩薩授戒於此。肉身菩薩受戒於此。當其廢而復興也，如長夜昧昧而旦焉，肉身菩薩授戒，讖之所無也，後千餘年，而取償若券。肉身菩薩受戒□有□後數百年，而取償亦若券焉，則識其可盡耶。昔也受戒而五燈以分，□也授戒而五燈以會。吾安知夫受戒者之後身，不卽爲授戒者之前身乎。又安知夫今日授戒之耳孫，不卽爲後日受戒之鼻祖乎，則一壇又爲千古重矣。乃又識之曰，待聖人來。嗟乎，夫使吾不當聖人世而生，誰與攀彌陀之轅，誰與勸彌勒之駕。而貿貿然□想千百世以前，千百世以後，已非豪傑無待而興，祖師直下承當意矣。乃聖人當吾世而生也，而覿面而若忘焉，交臂而若失焉。由聖而不勝其見聖而徒之也，不其守株也耶。故謂卽戒卽定卽慧，有頓漸而無頓漸，是又持戒者不可不知。余時經理其事，故識其詳如此。

萬曆四十五年丁巳臘八日，賜進士第文林郎欽取考選暫擬南京戶部主事王安舜撰并書。

（道光）《南海縣志》卷三十。《明清石刻文獻全編》，北京圖書館出版社。

《重修塔上佛像報本碑記》　仰惟大雄氏出現於世，三寶建立，普利人天，下及旁生異趣，無幽不照。時當正法有緣，悉蒙化度。而於像末法間，尤深垂念。遺戒比丘等四衆，昭然詳備。復以其法，半付國王大臣，所以宏開福田，延續慧燈。慈悲大願，曷有紀極。教入茲土以來，代有名僧。而佛法流傳，至於今日，有能信奉遵行，於靈山會未散之時，豈爲遼遠哉。今出家爲沙彌者，豈非三寶之道賴以護持於後世乎。而梵宇浮圖，儀像龕座，琅函貝葉，敬奉而崇飾之者，囑有攸寄。

穗城有淨慧寺塔，遠年創建，興作之緣，今不具述。比來殿宇多有朽壞，而殿上塔上，諸佛菩薩聖像，金色剝落，未稱遠近瞻禮歸依。於萬曆丙午，寺衆募緣重修塔上九級，而覺皇殿堂，與諸佛像，未有修飾。嗣後本寺沙彌法名紹祖，慨然對佛前立願，因捐己作梵，所得緣錢，併募諸緣，與衆所蓄常住資，重修殿宇龕座，雕造佛菩薩等像，新裝金色，共凡三十餘尊，復寺舊額淨慧，時萬曆丙辰也。尙有塔上聖像未修，佛殿表儭之日，偶遇兩臺，同點塔燈。祖感此勝緣，念思報本，再募同志共修。聞之陶居士法諱起惺，欣然爲之首倡。緣既就於丁巳歲，金飾塔上佛菩薩像八十八尊。至是而入殿登塔者，覩修營之壯麗，瞻像頂禮者，仰金碧之輝煌，耳目一新，神情聳敬，自然而生念佛念法念僧之心。殿後奉供接引導師聖像，祖集諸緇素，念佛迴向西方。又手書《大方廣華嚴》等經，同衆刻金剛、彌陀、普門等帙，暨以經懺佛像齋圖，廣施勸化，共發念，俱爲仰報如來法乳，父母生身，及訓誨供贍恩德。

余觀上人齋戒精虔，願力眞切。種種有事，無非爲今日興隆三寶，於世間出世間，知恩報恩，如此立心，如此作用，可謂不虛出家，庶幾無負如來遺囑矣。性身處俗緣，與沾如來法化，凡此樂觀厥成，寧能不以一念隨喜。故紀述一時勝事，冀見者聞者，普興善念，續修善因於無窮焉。

萬曆戊午仲春之吉，前平南令番禺趙公性撰文，弟子關夢熊施刻，番禺弟子員林穆書丹篆額，募緣紹祖立石。

（道光）《南海縣志》卷三十。《明清石刻文獻全編》，北京圖書館出版社。

《廣東光孝禪寺重興六祖戒壇碑記銘》　佛法入中國，教自白馬西來，從陸而至洛陽。禪泛重溟，由水而至五羊。豈以性海一脈相通，潛流於大地耶。故晉梵師耶舍尊者，乘番舶而抵仙城，相高□地建梵刹，以種訶子成林，故號訶林，此開創之始也。及宋求那跋陀攜《楞伽》四卷，相繼而至。止訶林，觀其地之靈，乃立戒壇於林中。讖曰，後有肉身大士，於此授戒，度人無量。及梁普通間，梵師智藥三藏亦至，攜菩提樹植於壇側。記曰，百七十年，有大智人於此出家。未幾，達麽大師，航海而來，由南海止於嵩少。得二祖神光，以《楞伽》印心，付衣鉢，五傳於黃梅。至唐龍朔中，我盧祖大師起新州，得黃梅衣鉢，回曹溪以避難，隱於獵人隊中一十七年。後法緣將至，適印宗法師講《涅槃經》於樹下。盧祖從獵叢出至會下，偶二僧有風幡之辯，祖因非風非幡一語，囊錐露穎。印宗知是異人，扣之果自黃梅來，請出衣鉢，普示大衆。一時驚喜，請爲大師剃髮於樹下。從智光律師，登跋陀壇，受滿分戒。時衆送歸於曹溪，實禪宗自此發源也。

然戒爲成佛之本，大師開化於曹溪，則以戒壇爲根本地。弟子往來於其中，故今寺僧皆從衣鉢中出，衆與曹溪相若，千百年來，香燈供奉如生。第造化密移，世道無常，而人心不古。久之，僧不知有戒，人不知有壇，故爲俗所侵。由是清淨覺地，化而爲狐窟。歲月更遷，幾易其主矣。萬曆丙申春，予蒙恩從海外寓會城之東郭，開法於壘壁間。時樹下弟子通炯、超逸輩十，皆從受教，而博士弟子，亦多歸焉。先是，人不知有佛，今則皆知有禪道矣。越七年壬寅，時諸弟子相聚而歎曰，戒壇乃吾祖師根本地，奈何湮沒蕪穢，寧忍坐視乎。遂一時發心志重興復，超逸毅然募資鳩材，居士王安舜等，相率而謀，購贖壇基一隅。其餘見侵，必不可得者，難完故物矣。因其所有，而一新之，不期年而落成，居然一道場規模也。□僧□□□提舉褚公施修壇座，予顔之曰待聖人來。此末法重興一大機會也。衆欲請予據座説法，而願未果。

越十二年癸丑，予將去粤，别諸子於樹下。時沙彌明瀚實成稽首而請曰，習聞此壇初制甚宏厰，今雖新，已不能復舊觀矣。其後殿雖隘，亦當新之，以成具美，且恐久而益堙也。願大師一言爲唱導，瀚等實有之。予嘉諸沙彌意，欣然爲疏。行不二年而功就，蓋一時法道之緣也。予去五羊越八年，逸老於匡山，弟子炯逸從遊而未離，猶然依棲樹下時也。一日，二子作禮而請曰，戒壇因緣，賴師始終之，恐無聞於後世。師老矣，願惠一言以紀之。予欣然而爲之言曰，法性海中，本無出沒。常寂光土，安有去來。人世變遷□運，佛國淨穢隨心。所謂道在人弘，法因機感，此千載一時，起廢光前，自有不期而會者矣。安知今日之興者，詎非在昔之人。後之來者，寧無今日之衆耶。此佛種從緣塵刼不昧燈之相續而無盡者也，乃爲銘以銘之曰：

大海潛流，四天下地。禪宗一脈，自南而至。爰有至人，訶林肇開。戒壇創立，待聖人來。菩提無樹，根栽於戒。佛種從緣，枝葉是藾。百七十年，符讖不虚。從獵待出，培此根株。袈裟出現，鬚髮自落。堂堂應眞，光明透脱。法雷一震，法雨滂沱。流潤大千，重長枝柯。覆蔭既繁，集者益盛。凡聖不分，龍蛇乃混。枝柯既批，根本不固。故金剛地，棲此狐兎。大運循環，無往不復。昔人適來，還我故物。寶掌一開，取如探囊。法幢重建，斯道用光。葉落歸根，來時無口。實我祖師，將心自剖。此壇既復，如出鑛金。盡未來際，將傳此心。虚空可殞，心光不昧。惟此道場，如是如是。

泰昌改元歲在庚申孟冬望日，匡山逸老七十五翁憨山釋德清撰幷書。

（道光）《南海縣志》卷三十。《明清石刻文獻全編》，北京圖書館出版社。

《常州天甯寺恆贊禪師塔銘》 道光二十一年閏三月十二日，常州天甯寺恆贊禪師示寂之明年，門人悟潔等奉師金身，塔於京口竹林寺淨祖塔下。悟潔等以師行狀，乞余爲塔上之銘。余聞道晚，不獲與諸禪德遊。而東南人士，稱師德行，遠近無異詞，則師眞有道之士乎哉。余不敏，不敢以不文辭。

按，師諱達如，字恆贊，又字拙菴。廣州南海人，俗姓何。父隱厓，母氏杜。幼聰穎，舉止異常兒，讀書目數行下。年十四去學，賈懷出世志，以父母在不果。十七失恃，哀毁骨立。念非出世學道，無以報親恩，決意出家。父知志不可奪，許之。投城西萬壽菴鏡慧老宿座下，執炊爨三年，始從落髮。未幾師殁，依師兄德贊習頭陀行。年二十一，往鼎湖山如鑑徹公受具。羊城古刹景泰寺，時爲勢家所占，師謀復之。結茅四載，殿宇落成。師以有爲功德，不敵生死大事，尋棄去。省親歸里，勸父脩淨土。父念佛坐逝，師慨然曰，親恩罔極，正我報答時也。遂出參諸方。

初之海幢禪堂坐香，不省看何話頭，維那敏登問曰，一向留心經教，有何疑處。師曰，某甲曾看六祖《壇經》，於不思善惡一則有疑。敏曰，既於此則公案有疑，卽以此作話頭，向留心日久，自有發明。久之，忽覺身心坐脱，了無一念可得，淨裸裸，赤灑灑。如是半載，坐在無事甲裏。一日，敏堂中開示云，今時人參禪，都是騎牛覓牛，自己坐在牛身，上反去問人，好不獃然。師迷悶愈甚，經一載不得開悟，時痛哭自責。敏慰云，甕裏不怕走卻鼈，且放下，再參未遲。遂引師至寮，見壁間張拙秀才偈云，一念不生全體現，六根纔動被雲遮。忽然打失鼻孔，因悟長慶萬象之中獨露身，六祖本來無一物，如是如是，悉皆冥契。敏云，恭喜，者回方是了徹，善自然護。于是放下身心，同住二年。忽思古人悟後更須見人，顯發體用，不然終成杜撰。因與同參夢三結伴出嶺。

初至投子、冶父、香林等處，尋往華山，安居解夏之高明，結冬歷參諸長老，不契，意欲南返。過毘陵，時淨德老人倡道天甯，學徒坌集。參請次，一見相契，安單禪堂，司記錄。未幾，命侍衣鉢，親炙左右。日臻元奥，平時礙膺之物，雪融冰解。師資乳合，卽承記莂。越年，分座領衆，聲華籍籍，起叢林間。嘉慶己未夏，淨公住京口竹林，命師監院事。竹林，古夾山道場，前住僧無行，鞠爲荒院。師日荷鍤往來山谷中，開荒墾穢，手栽松杉數十萬。葺禮堂，安衆坐。香齋廚屢空，晏如也。越四年癸亥，公命師主席。道風扇布，緇素歸敬。京口都統賡公鑑齋重師德望，入山申弟子之禮。遠近聞風而至，不一載。殿宇矗如，法堂森如，藏庫粲如，紅牆碧瓦，掩映江光巖翠間，遂爲南雷名勝。

十六年辛未，天甯席虛，郡士紳僉謂非師無以厭衆心，颺書延請入院，大開鑪鞴，宗風丕著。當是時，潤州金山，揚州高明，門庭高峻，以惡辣鉗鎚相尚，學者多望而卻退。師純以德化，循循善誘。臨衆無操切之訓，嚴厲之色，四方禪客心服景從，如水赴壑。座下龍象蹴踏，萬指圍繞。識者謂大江南北，法筵之盛，百年以來未之有也。師以宏法爲己任，力有餘，興廢補壞。重建大悲閣，九蓮閣，大殿，天王殿。凡宮室之傾仆者起之，缺者補之，黕昧而剝蝕者丹飾之。百廢具舉，山門爲之改觀。

爲人慈和，智度沖遠。人或以事忤之，聲色不爲動。自奉儉約，不如恒僧。見服御華美者，痛叱之。襯施所入，悉歸常住。遇歲歉，躬分衛以食衆。尤能汲引後進，隨資誘掖，多方造就，提唱宗乘，稱性而説，獲證者甚衆。入室開示，至誠懇切。以時丁末法，戒人無逐名利，嚴持木叉。初聽語似平易，終身行之，不盡喜。研經教，兼通老莊，言之爲文，操觚立成，不加雕飾。書法古秀，得晉人風致。一時名重公卿，如左杏莊中丞，趙雲松觀察，王夢樓太守輩，愛師誠實，傾心樂爲外護。

年七十，謝院事，退居一室，面壁澄觀，兼脩淨業。一日，示微疾，戒門弟子，諄諄以進脩爲急。語畢，端坐怡然而逝。生於乾隆二十七年十二月十四日子時，示寂於道光二十年正月初十日巳時。世壽七十有九，僧夏五十有八，法臘四十有九。所著《佛祖心髓》九卷，《和寒山詩》一卷，《學庸竅言》一卷，《語録》十卷行世。嗚呼，禪林秋晚，風教日偷。宗門老宿，彫零殆盡。裨販者流，汲汲焉惟名聞利養是務，不知思惟脩爲何物。如師行解相應，福慧具足，當世仰之如景星鳳凰，所謂正法可無臨濟、德山，末法不可無此老者，惟師足以當之。乃天不憖遺一老，使震旦治幢，忽焉摧折。大雄氏之教，衰替至此，可勝歎哉。銘以昭之，一以傷斯道，一以勗來哲云。銘曰：

粵東靈區，代生良緇。黄梅衣鉢，老盧得之。緬昔獦獠，多天人師。猗歟恒公，禪苑之傑。英年入道，脊梁豎鐵。一念不生，捉敗張拙。南來萬里，淵匠是親。法戰所契，堂奧日臻。夢舟釣海，乃獲巨鱗。衣履寒陋，肉眼輕棄。淨老曰嘻，此大法器。分座領衆，聲光日熾。碧巖青嶂，夾山故墟。楊岐初住，繞床雪珠。追呼四集，盎無宿儲。手提長鑱，衣不及骭。火種刀耕，栽松十萬。參徒雪來，重開竹院。鬱鬱林巒，峩峩殿閣。昔委榛蕪，今成丹雘。或譏有爲，師未嘗作。毘陵巨刹，隻手扶持。大人作畧，本色鉗鎚。法雷震驚，一雨普滋。喫緊爲人，單提向上。無喝不聾，有棒是賞。石女高歌，木童撫掌。檀施紛積，自然而來。扶衰起廢，鳩工庀材。一彈指頃，樓閣崔巍。石磬宗風，世濟其美。大曉曾孫，虛奇鏑子。極盛之下，師能繼起。六傳律學，兩坐道場。宗門圭臬，末法津梁。東南尊宿，巋然靈光。惟師之道，乾坤函蓋。惟師之智，辨才無礙。惟師之才，學通内外。化緣既畢，華臺佛迎。去亦非滅，來本無生。生滅來去，雲影谷聲。夾山蒼蒼，問泉汩汩。關空鎖夢，塔婆建立。我作銘辭，來者是則。

（同治）《南海縣志》卷十一。《明清石刻文獻全編》，北京圖書館出版社。

《新建華林寺五百羅漢堂碑》　華林寺者，吾粵建福舊道場也。自蕭梁普通七年，達摩泛海至粵城西南登岸，後人名其地曰西來，建菴曰西來菴。歷千三百餘載，傳燈弗絶。國朝順治初元，有福建宗符老人卓錫于是，創爲華林寺。傳法者三人，曰離幻，曰鐵航，曰天藏。遞主講席，著有語録。今其後住持僧祇園，持行堅苦，精進上乘。嘗北踰嶺嶠，涉江淮楚越之間，鼓櫂錢塘江，入西湖淨慈寺，瞻禮應眞。發大慈悲願，毅然以建羅漢堂爲己任。既拓基庀材，塑像莊嚴，生面各開。惟肖乃行腳來京師，乞爲之記，以志始末。

按佛書言聲聞四果，曰須陀洹，曰斯陀含，曰阿那含，曰阿羅漢，以與菩薩摩訶薩果位差别。然攷《楞嚴經》，摩訶迦葉等一十四人，皆成阿羅漢道。其所説圓通，乃與彌勒、普賢無優劣。葢離欲無諍人中，最爲第一，其爲人天崇奉也固宜。顧阿羅漢之傳於世，有云十六者，有云十八者，有云五百羅漢者，有云八百及五千者。殆獨佛之稱七，大菩薩之稱八，大曼陀羅義之稱十七，聖旃檀海佛及弟子本起之各稱五百，因時以立數也，而五百之名最著。《羅浮異記》云，黄龍洞西嘗有五百華首眞人遊，會於此。開元間，始建爲寺。空隱禪師所謂一門直入羅浮路，五百重登華首臺是也。又韶州延祥寺經樓有五百羅漢像，後以寺建王府，像無存。東莞資福寺亦有五百羅漢閣，即蘇子瞻薦誠禪院所記者，今斷石猶存。然則吾粵固靈異之所遊化，仙眞之所窟宅乎。

恭遡我高廟，精研梵夾，深入佛智。于萬壽山大報恩延壽寺，築祇樹園、獅子窟諸勝，以奉五百應真。人天環拱，普攝三千大千世界。是豈徒耀搏埴，工藻繪，誇殊形異狀之勝哉。亦惟使普天率土，翹誠悲仰，發菩提心，生正信心而已矣。文俊於乙巳終，乞假閉戶。每晨起焚香盥手，虔書《蓮花經》、《般若經》積一載，得數十冊。非敢妄祈福祐，而佛天鑒誠，沉疴頓起。今夏將南旋，喜善果之落成，瞻寶相之湧現，謹述其緣起。先寄祇公，勒諸貞珉。俾十方衆生皈依瞻仰者，有所覽焉。

（同治）《南海縣志》卷十二。《明清石刻文獻全編》，北京圖書館出版社。

《福龍山明教寺記》 嘗謂有一代高僧之出，必新一代叢林之典。蓋住持明順輩，道行充周，德業昭著。崇嗣宗風，首傳師業，誠僧中傑出者也。茲當厥功聿新之日，苟不勒碑以記之，將何表其功，而永諸傳乎。願徵先生一言，以爲之記。予辭弗獲，遂諾之曰，明教者，天造地設，實古之禪師也。嘉氣鬱葱，山環水繞。自創造以來八十餘載，西去襄城四十餘里，乃梁武帝勅建之所，實我朝重修之場。唐景德年間，古林嵩禪師曾傳教法於斯。宋宣和年間，談成禪師與隱士曾焚修於斯。梁昭明太子仝法慧禪師曾窮究玄元門於斯，法慧禪師與隱士劉虬曾分經於斯。迨及元朝，累遭兵燹，煨燼無遺。由是草萊荆棘生焉，麋鹿虎豹遊焉，率爲荒唐之所，遂爲町畦之場。

傳至永樂初年，得濟舟禪師，歷覽諸方，從汴詣茲，遂與襄陽都綱悟公本源及本處檀越熊普誠同撥草遊，卓錫開山。以後永樂二年，奉朝廷欽取十代高僧之數，纂修校正經律論三藏之文，錄集三載之餘，待至五年之秋，告成歸隱，闡揚聖教，大振宗風。永樂六年創建，重修殿堂廊廡，燦然完備。諸天佛像，煥然裝塑。宣德五年之冬，會集諸山，講道說法。宣德六年之秋，龍鍾已屆，遽爾歸圓。宣德七年，住持潤菴寬禪師建立千佛藏殿一座，雕裝千佛一千餘尊。律論經藏，無一不整。水陸神祇，無一不修。天順元年之冬，豎立鐘樓一座，高七十餘尺。鑄造鴻鐘一口，重五千餘觔。光前裕後，造立僧房寮百五十間。永樂初年，開墾山場田地，四至明白。東抵石河，西抵椰梅，南至官路，北至土門。斯時也，所過者非一時，所修者非一僧。法門寬廣，釋教興隆。夫往者既過，來者不續。招提不由是而傾頹，僧衆不由是而星散。

恭惟我朝太祖高皇帝大登寶位，內設僧錄，以爲僧衆之領袖。外立僧會，以作諸山之管轄。明智竊見福龍山景明教叢林，峯巒疊翠，巖岫巍峩。龍蟠虎距，鶴膝蜂腰。雲罩嶺頭而有龍吐之霧，月移池畔而有兎生之光。樓臺映日，松竹吟風。天曙日朗，而鴉鳴雀噪。伐鼓擊鐘，而鸞飛鶴舞。眞寶坊之所，誠養道之區。明智等一則恐負皇上重釋之誠心，二則恐辜先師造創之艱辛，三則恐墜此山之佳致。終日勤勤，通宵不寤。不修者益修，不飾者愈飾。後殿前堂，實實枚枚，有以伉閟宮之雅。東廊西廡，碧碧窰窰，有以同清廟之幽。橋梁道路，俱已整飾。佛像諸天，悉以裝嚴。新造石爐一副，重修水陸一壇。大功一新，大業一就。灼然煥然，而金碧交輝。幽焉明焉，而神人胥慶。暮鼓辰鐘，朝參夕禮。上祝皇圖之永固，下祈黎庶之咸寧。普報四恩，均資三有。非力量如是，功德如是者，曷克臻茲哉，是爲記。

（同治）《南漳縣志集鈔》卷二十三。《明清石刻文獻全編》，北京圖書館出版社。

《重修如珠寺記碑》 余以涖政之暇，獨坐斗室。俄門役來報云，有故鄉僧求見。余亟命進之，見僧問訊已，余延之坐，僧固辭再三，強坐角席。余曰，敢問鄉貫住持名號。僧稽首曰，山僧南漳縣如珠寺僧，法名通靈。余曰，自楚至蜀，千里跋涉，必有緣因。僧曰，因本寺重修殿宇廡祠佛像落成，皆係諸檀越佈施功德，欲勒諸石，用垂永久，敢請爲文以記之。余曰，記者，記其事也。爾試以本寺創建之原由，修造之年月，與夫諸功德主之姓名，歷代住持之法號，歷歷言之，可乎。僧復避席曰，如珠寺，古名如珠山觀音寺，爲開創道場之始基也。今沿襲已久，縣志所載亦云如珠寺。其源創自東晉孝武帝時，遠公禪師始建觀音殿三間，奉大士佛像於內。其像甚古，他寺鮮儔者。粵自東晉至元，歷代十有四，歷年千有餘，其間興廢修圮，不知幾經艱難。世遠年湮，不可稱述。

至我朝太祖高皇帝，奠安海內，佛日重光。洪武初年，僧能泰禪師偕徒繼仁禪師飛錫來茲至寺，裝嚴古像，焚修頂禮。宣德之元年，僧法照禪師建正殿三間，高三十五尺。於古觀音之殿後，左右建經閣三間，殿前左右建鐘鼓二樓。廚庫齋堂山門，無不俱備。而於諸佛像，一一咸修之。成化二年修之，則有僧規旺也。正德之元年修之，則有僧圓文也，佈施則有山主鄧君谷公，若敬齊公，若柳泉公矣。至於伽藍，乃護持沙門之神，則建祠於殿後以祀之矣。以上功德，僧大材大興已刻石於殿左矣。自嘉隆以至萬歷，又數十年，視其殿則傾頹矣，佛像則暴露矣。幸有山主鄧君可軒諱簡時，任崑山丞，遺書家君佐，於乙未九月，命僧道泰、道忠、大眞募衆鼎建，裝嚴佛像。而功德山主曰笙，曰筵，曰筳，曰篆，俱大佈施。越五載，己亥七月告成。正殿後舊有祖師殿三間，實鄧君、柳泉公建，堪輿以爲太高，乙卯八月，遷於觀音殿之前，而衆姓朔望朝拜便矣。殿前鐘鼓二樓將頃矣，戊午九月，鄧君輔明艱於雲仍，乃改鐘樓爲王母祠，改鼓樓爲禪室，從來鐘鼓移之殿內。至天啓之壬戌年，殿左之梁欲頃，而瓦欲墜也，佛像蒙塵已久。居士閻慧瑩善工師，宗佛有孝行，捐貲竭力募化，修飭其殿宇，裝嚴其佛像，而告成於癸亥之八月矣。若此等等之功德佈施，雖在十方，其提綱挈領，諸凡助不給者，則山主輔明佐之力俱多也。殿後二樓，傾而未修，山門沉而欲升，又有望於後之種福田者。

余曰，有古跡可玩否。僧曰，寺左有山一座，頂平，名鐘鼓山，古徐王建旂之所。山半途名接官亭，遺趾尚在，瓦礫猶存。寺左里餘，有古徐王墳。余曰，亦有高人達士標題否。僧曰，古餘杭沈慶題壁云，如珠深處路迢迢，翠柳蒼松映錦袍。法鼓一撾通地軸，金鐘三叩振天濤。聞經鶴啄堦苔古，聽法龍翻鉢水高。憲節遠持心萬里，憑欄幾度望中朝。余曰，信如上人所言，眞古刹也，眞大叢林也。予何容贅，請以是爲記。

（同治）《南漳縣志集鈔》卷二十三。《明清石刻文獻全編》，北京圖書館出版社。

《重修鳳凰山八仙寺記碑》　南漳南百八十里許，名鳳凰山。八仙寺載在邑志，以八仙洞得名，名刹也。國朝永樂時，禪師鳴鳳卓錫重修，其徒了澄繼續住持，復古開山之業矣。自後歲時流移，僧徒落落，叢林寖廢於齊民，田地寖失於居士。伽藍隤毀，佛像蒙塵。迄至萬歷間，僧圓玉者，本方江氏子，即鳴鳳八代孫。祝髮皈依後，樸實精勤，五戒持身，四心克念。重修蘭若，再振山門。龍像隤毀者塗雘，田地鬻出者贖炊復。先是，本寺有精舍，有香積廚，有選佛房，有鐘鼓樓，有天王殿。祝皇圖於鞏固，晨昏演梵。慶帝道於遐昌，伏臘翻經。幸逢宰護法檀越，合力共成善事，乃圓玉猶懼其有今罔後也，因索文僉父，以貽後嗣，鐫之堅石，以記其蹟。

余惟佛法西來，惟一指單傳之妙。玄風東暢，衍四家五派之宗。至於八仙號金仙之宇，以洞天綴福地之靈。山林蒼蔚，雲霧迴遭。如玆禪林者，沮漳間未易數數也。所諗期者，在高僧毋輕混俗，以香火永保無虞矣。抑猶有說焉。佛有三寳，仙有三寳。故太上曰我有三寳，敬而持之。曰慈，曰儉，曰不敢恚。以仙三寳奉佛三寳，則種種衆生，心是菩提，家皆彼岸矣。慈以厚僧，儉以淡欲，不敢恚以凌弱。以是所望於相隣善男子種福田者，倘冥頑無知，不自省察。毋論維陀執無漏法以問之，冥主操有因果以報之。即漳鄉民宰官賢縉紳，及高明士，獨不共按法以從事乎。謹序。

（同治）《南漳縣志集鈔》卷二十三。《明清石刻文獻全編》，北京圖書館出版社。

《白馬洞新塑諸天記》　嘗謂湛輿形勝之處，多爲僧衆處之。盍二氏鮮家口，境靜而人寂，殆不謀而符也。白馬洞在邑志蠻水之南，創壁中空，曲屈高邃。騷人名公，每愛游觀，吟題充棟，爲南漳一形勝也。洞口夙有元帝像，其后有佛一座，必先僧道雜處，而各宗其尚焉。玆僧了洪居洞經三世，上年白邑侯桂馨於洞北建階置門，今復募有衆，於佛傍新設諸天像二十有四。其神之名號，爲天王者四，曰持國，增長，廣因，多聞。金剛者四，曰密跡，散脂，韋駝，堅牢。文像者四，大梵尊，天日宮，閻魔羅王，娑竭龍王。武像者四，雷神大將，緊那羅王，摩醯首羅，摩利支天。女像者八，帝釋功德大辦於菩提樹，鬼子母，訶唎帝喃，與夫月宮、星宮也。輸泉布，命塑工者，則護法於二門。而鑿穴塑玉帥者，黃宣富、宋萬葵也。貌像既成，儼有生氣，環侍左右，如聆號令，而承唯諾。噫，是像號也，據浮屠云然耳，而皆無所攷，非若堯眉舜目然。夫不可知之謂神，宜諉之冥冥茫茫。今若此幻也，豈吾人倫日用之可指哉。雖然，禪學余嘗學之，大要在止觀定慧，攝伏是心，使萬緣俱息，則至靜無感。而上下神祇，森羅萬像之足爲第緣，若之設心欲感彼有衆，見象則敬畏之心生，可以悛惡而從善也，是記之。作爲俗僧漁利，則一佛而化三四檀越者，斯則神人並著訛斬而意誅也。是爲記。嘉靖丁巳歲。

（同治）《南漳縣志集鈔》卷二十三。《明清石刻文獻全編》，北京圖書館出版社。

《萬善庵碑記》　潯北萬善庵，始于明季啟禎年間。有東明、永遠兩比邱尼皈依弁峰瑞白禪師已久，篤信向上。募潯北隙地于旌節先慈顧孺人，遂建紺殿，稍葺廚湢。辛卯壬辰之交，延陽山崧濟師住持二載，未厎厥績。歲在癸巳，潯鎮善信咸稱嘉禾保壽院常一大師道行高妙，於是金表嫱嚴太夫人同先慈暨皇甫母周孺人具質信，請師住萬善方丈。師係普明二巖和尚法嗣，寔臨濟宗二十九世幻也和尚之法孫也。當是時，先慈與嚴太夫人係中表妯娌，皆信乾竺，稱同志。恆有事于靜修，朝夕淸齋，若雁行焉。以故善功無不舉，舉必有成。如萬善延請高禪，其一端也。人謂大師禪宗傑出，必以拈頌棒喝爲事。而師殊不然，專脩淨土，其儀軌略似雲棲，而仍重參學，以故遠近翕然歸之。不數年，堂宇宏敞，金像煥赫。復闢庵右莆圃，於是香積寮廓咸備，經今三十七年矣。潯之人若不知有大師住萬善方丈者，亦無募冊乞請在鄰近者。師殆所謂禪淨雙脩，堅持密行者歟。

夫禪與淨固兩無礙，且兩相益也。今試拈一句，稱名而直窮落處，則知識絕，思維斷，忽爾漆桶底脫，得大休歇。然後水盡山窮，坐看雲起。彼落日金繩，寶林珠閣，風聲鳥語，如影響現。則成就慧身，不由他悟，是爲萬善具足。較諸莽蕩撥無者，相去不霄淵哉。以故出大師門下者，遵守斯旨，如首座持眞、永寧等十餘人，皆成令器。今師年七十餘，以書抵余，請爲記。余追維先慈捨地敦請之遺志，今幸有成，不可不傳述也，於是乎書。

《南潯鎮志》卷二十八。《明清石刻文獻全編》，北京圖書館出版社。

《極樂庵西偏留嬰堂碑記》　王道無私，靡不覆載。夭喬蜎蠉，尙涵煦之，何況嬰孩之甫離母懷，亟須保抱哉。昔世祖章皇帝，誕敷親仁，既已恩浹四海，嘗諭侍臣，申禁溺女。於是京畿之樂善者，建育嬰堂，分命阿保，專以收養棄孩爲務。於中每月放生，兼惜字紙。月之八日，士大夫畢集，覩斯勝舉者，輒隨量喜捨，福利日崇。愚曾躬與良會，慨然思古之仁覆天下者，幼孤長扶，禁槎蘖，畜鯤鮞，太和在宇宙間，上動飛鳥，下亂沈登瀛按，疑躍字。淵魚，如是其廣大也。諸省直皆遵行已久，吾潯彈丸地耳，既不能附省郡，行大利益。又不能獨剏寬廣屋舍，以容乳嫗，良足太息。幸里中善信十餘友，與沈子匡夏，捐資建三楹于極樂庵之西偏，以集同志。倣吳門現行條例，廣收棄孩，載送吳門之育嬰堂。費省而功宏，其利溥矣。

愚於是願請益焉，一曰廣募助。凡建善功，必集羣力。若使先期募資，儲以有待，則任事者無匱乏之虞，爲善必力矣。一曰廣勸修。善政豈止育嬰，凡民之疾痛無告者，婚喪莫辦者，患難莫救者，二三同志，月中會集，茗接清談，挑剔善事，設勝沈登瀛按，疑法字。方便，次第行之。則仁施洋溢，庸詎知非王道之一助哉。孔子曰，吾觀於鄉，而知王道之易易也。願與同人共勉焉，是爲記。按文中亂字、勝字並不誤，沈氏備志所校非也。

《南潯鎮志》卷二十八。《明清石刻文獻全編》，北京圖書館出版社。

《重修聚星塔記》　南潯之爲鎮，始南宋理宗淳祐之末，前此猶未著焉。古烏程邊境東至平望，自太平興國三年，割潯溪以東五十里之地，隸平江軍吳江縣，於是潯始爲湖州東出之門戶。既爲要地，商賈于此輻輳，人物亦于此殷繁。漸設稅務，置官守，而南潯片土，遂屹然成巨鎮。顧地勢稍平衍，既無邱陵以爲鎮壓，又乏湖匯以爲瀦蓄。運河貫其中，一瀉無餘，論者以爲洩氣太重。此前明嘉靖時，董大宗伯所以建浮圖于東藏寺前，非特爲一鎮壯觀，實爲一府水口計也。第基址建而工中輟，故俗以半塔目之。迨國朝康熙中，其玄孫芝筠徵君重修寺宇，幷爲塔合尖。以其規制未備，故名曰聚星閣。迄今百五十餘年矣，風雨之所剝蝕，霜雪之所侵凌，日損月壞，直有傾圮之慮。

巡檢宜賓胡公次耕見之曰，是入境者觀瞻所係，此而不修，焉用守土者爲。是時虞部溫君文禾適以假歸里，爰與寺僧達會商之，分請董事，各展其力。又得通判漢軍陳公天瑞、把總錢塘陳公遇春，先後勸捐相助爲理，其事始集。於是鳩工庀材，經始於丁酉季春，竣功於己亥孟夏。費白金千五百有奇，凡土木之工，三分居其二，丹漆塑像，鐫字及架木石工，十五分之二，鐵冶之工十之一。雜費亦如之。其下層三丈，則仍其舊。其上層五十五尺，皆易以新材。雖未能上出層霄，爲四方表識，而亭亭卓立，于塔之規制略具，遂稱之爲聚星塔。今而後，東境偏隅，得有關鎖爲吾鎮奠湍流，即爲合郡固門戶，其有關風水，豈淺鮮哉。塔既成，寺僧請書其事于石，以垂永久。余謂是役也，諸君之協力，與寺僧之宣勞，皆不可以不書。應與捐貲者姓名，並刊諸石。故不辭而爲之記。

道光十有九年歲次己亥四月，里人沈登瀛撰，溫文銓書，吳門陳錫祉鐫。

司事姓名附書於後。

生員紀榮炳　例贈奉直大夫工部虞衡司主事生員溫梅　辛酉拔貢甲子

副榜候選復設教諭張鑑　監生俞彬　候選縣丞張永海　監生盛士松　職員蔣坦　戊寅舉人授職翰林院典簿馮鳴盛　恩貢生候選復設教諭董桐儀　監生朱型　監生吳兆澂　監生張墀　文學朱瀠　候選州同知張大年　辛卯舉人揀選知縣董榮椿　生員沈登瀛

住持達曾　悟詮　本善仝立石　搭工姚玉輝

《南潯鎮志》卷二十八。《明清石刻文獻全編》，北京圖書館出版社。

《重修文殊寺記》　古威州文殊寺，宋時之古刹。洪武初，僧會妙深所建也。在縣治東南一里許，其地幽而清，梵宮弘而敞，金像古而慈。歷歲既久，風雨震零，是以堅者朽，正者欹，丹者湮，腐者剝，日征月邁，漸入不競。永樂間，妙深弟子圓興繼僧會，躬主寺事。亦嘗留意，未遠而寂。而圓興弟子有曰覺瀛者，道號大川，乃斯邑蓋村社名族戚二翁次子也。年幼棄家爲僧，既長衆推薦爲僧會。沉靜端謹，風度肅然。顧瞻殿宇，每生咨嗟，志於增改。於是勸檀越，致良材，鳩工匠，興陶冶，琢礱石。先修舊殿，補塑佛及觀音像。方丈禪堂，僧房廚庫，次第而重新。剏建大雄寶殿，天王殿，三門內建伽藍二宇在東西外，起鐘鼓二樓於左右。經費之貲，數以萬計，出檀越者半之。維時贊相則有今清河僧會覺福，督工則有今首僧性安。經始於宣德戊申春，告成於正統癸亥秋。殿宇庭堂，煥然一新。佛像諸天，金光燦耀。其規模壯麗，足以敬仰，視之於前，則霄壤之不作矣。而大川復念成功之難，因走書徵言，以識其不朽。

余觀大川朝暮領衆口，梵香誦經，上答四恩，下濟三有。雖祁寒暑雨，未嘗敢倦。今事已集，願余爲之記。嗚呼，大川亦人子耳，其所以奉如來之教，服如來之衣，誦如來之言，清修苦節，堅持戒律，以致美乎精舍者無他，蓋欲繼其志，秉其教，傳其道於無窮也。其知報本之心，豈淺淺哉。是宜施主爲之欣然，其寺爲之廓然，較之他邑，無與比儷矣。後之居是寺，登是殿，瞻是宇，優游乎方丈，俯仰乎庭堂。得以樂其所樂，志其所志，而無折甓飛甍之慮者，可不知所自乎。然瀛福皆圓興弟子也，而宦至僧會，安以遵教而爲首僧，其師弟之賢與德，可謂無愧於如來之宗派矣。余世家威邑，與大川交游情厚，稔知其詳，故不辭而爲之記。

（民國）《威縣志》卷十八。《明清石刻文獻全編》，北京圖書館出版社。

《龍舒淨土文碑》　予偏覽藏經，及諸傳記，取其意而爲淨土文，無一字無所本，幸勿以人微而忽其説。欲人人共曉，故其言直而不文。予龍舒人也，世傳淨土文者不一，故以郡號別之。淨土之説，多見於日用之間，而其餘功，乃見於身後。不知者止以爲身後之事而已，殊不知其大益於生前也，何則。佛之所以訓人者無非善，與儒教之所以訓人，何以異哉。唯其名言不同耳，故其以淨土爲心，則見於日用之間者，意之所念，口之所言，身之所爲，無適而非善。善則爲君子，爲大賢。現世則人教之，神祐之，福祿可增，壽命可永。由是言之，則從佛之言，而以淨土爲心者，孰謂無益於生前乎。其次爲業緣所奪，而不能專志於此。苟有志焉者，亦惡緣可以自此而省，善緣可以自此而增。惡緣省而不已，終必至於絶其惡。善緣增而不已，終必至於純乎善。惡既絶矣，善既增矣，非爲君子而何，非爲大賢而何。由是言之，則從佛之言，而以淨土爲心者，孰謂無益於生前乎。又其次，不知禮義之所在，不知刑罰之可畏，惟氣力之爲尚，惟勢力之爲趨。苟知以淨土爲心，則亦必知省己而自咎，所爲雖不能皆合於禮義，亦必近於禮義矣。雖不能超乎刑罰，亦必遠於刑罰矣。漸可以脱小人之域，而爲君子之歸。庸人稍知佛理者，世必目爲善人，此其效也。由是言之，則從佛之言而儒教爲心，豈不益於生前，何必淨土哉。

曰此世間法耳，非出世間法。世間法則不出於輪迴，出世間法則直脱輪迴之外。淨土既益於生前，又益於身後者，以其兼出世間法故也。智者《十疑論》云，三菩薩修兜率，一名無著，二名世親，三名師子覺。約云，先生兜率見彌勒者，即來相報。師子覺先亡，數年無報。次世親亡，三年乃來報云，天日長我生兜率，禮彌勒佛，聽其説法，即來相報，已三年矣。問師子覺如何，云生兜率外院，戀着天樂，即不曾見佛。且以菩薩而生兜率，猶有戀着不見佛者，此輪迴之根本。是知兜率難修有墜，非比西方易修無墜也。智者又云，有見釋迦佛而不得道者，若修西方，見阿彌陀佛，無不得道。則釋迦佛與阿彌陀佛，其願力功德，威神小大，固不同矣。故大慈菩薩云，十方三世佛，阿彌陀第一。念其名號，消一切罪，遂生淨土。宜哉。

（民國）《威縣志》卷十八。《明清石刻文獻全編》，北京圖書館出版社。

《明高麗神勒寺石鍾記》　禪覺王師普濟尊者之示寂于驪興神勒寺也，靈異赫然，疑者釋，信者益奮謀。所以起敬於千載之下，則堂而垂其像，鍾而厝舍利，蓋無所不至矣。曰覺信者，實幹石鍾。而曰覺珠者，求燕石，將載其事，而徵記於穡曰，廉政堂在川寧，往來吾寺，珠告其故。公欣然曰，吾如京，當爲上人請一言於韓山子，韓山子必不讓矣，願先生賜之言。予曰，江月軒，普濟之所居也。普濟之身既火之矣，而江與月猶夫前日也。今神勒臨長江，石鍾峙焉。月出則影倒于江□□水色燈影篆香，交雜乎其中，所謂江月軒，雖歷墨刧，如普濟之生存也。今夫普濟舍利，散而之四方，或在崔嵬雲霧之中，或在□□烟塵之內。或頂而馳，或搆而宿。其所以奉持之者，比之普濟生存之日，不啻百倍加矣。況神勒爲入寂之地，宜珠師之盡心於舍利也。神勒寺由普濟大闕道場，將永世不墜。石鍾之固，非獨與神勒爲終始，又將與此江此月爲無窮矣。嗚呼，空華非瞥，墨劫非闊，理也。而世界則一，有成壞焉。世界雖有成壞，而人性自若也。普濟之舍利，將與世界有成壞歟，將與人性爲自若歟。雖愚夫愚婦，亦知所擇矣。後之禮舍利者，歆普濟之高風，歸而求之其心，則始可以報普濟之恩矣。不然，普濟之道自道也，於我何哉。是爲記。

《海東金石苑》卷八。《明清石刻文獻全編》，北京圖書館出版社。

高三尺八寸，廣一尺九寸。二十三行，行四十七字。正書。

《普濟尊者真堂詩并序》 釋志先，予未之相識也。國贐里之老媼引之來，其言曰，吾師禪覺之塔，先生辱賜之銘，先等固已受先生罔極之恵矣。茲又將謁先生一言，以記吾師眞堂，先生幸無麾焉。吾師於五濁惡世，現相應機，譬則佛出也。是以檜巖也，猶祇樹焉。神勒也，猶雙林焉。先等攀呼悶絶，竟何益哉。回視化迹，月墮虛空，餘光已盡。幸有舍利存□，所以奉之者至矣。道貌存焉，所以傳之者廣矣。今神勒石鍾，實所以厝頂骨舍利也。先等以謂後之禮舍利者，無以知吾師之道貌也。歆其風而未知其容儀之如何也，則於歸仰之心，必有所慊然者矣。進瞻道貌，退觀舍利，以欣以慕，夫豈無感悟於分然之頃者哉。此眞堂之所由作也。先生非知吾道者也，執筆記纂，先生之事也，先生其終恵焉。

予曰，先也言也是矣。今夫像設多矣，街童巷婦，豈盡知哉。必從而語之曰，是佛也，其名曰某也。是佛之弟子也，其名曰某也。然後始得展其歸仰之禮，而心冥於其像矣。不然，則禪覺之眞，亦一丹青故物爾，誰從而知之。先等區區之心，無以白於將來，宜其請之厘也，故不辭而系以詩。後之讀者，幸無譏焉。土木工程，常事也，故不書。其詩曰：

道之云妙，匪無匪有。於戲畫像，與衆孰愈。凜然其生，秀色天成。有來拜者，如聞其聲。

推忠保節同德賛化功臣三重大匡韓山君領藝文春秋館事兼成均大司成

輸忠賛化功臣大匡上黨君進賢館大提學臣韓脩奉教書

李穡撰

蒼龍己未五月十五日門人覺珠覺惺覺宏等立石　刻手李仁乢

《海東金石苑》卷八。《明清石刻文獻全編》，北京圖書館出版社。

《明高麗神勒寺大藏閣記》 三重大匡判三司事韓山牧隱先生命崇仁曰，在昔至大庚戌□月初三日，吾祖井邑府君病歿，先君稼亭文孝公年一十三，喪葬無憾。至正庚寅十月二十日，祖母病歿，先君襄事悉以禮，間請浮屠，轉經于鄉之僧舍。先君每嘆，吾今而後，何怙何恃。座元南山聰公曰，公今苟欲以吾法資考妣冥福者，盍成一部藏教乎，吾法盡在是矣。先君即向金仙肖象而立願焉。明年辛夘春正月朔，先君不幸歿於衰絰之中。予自燕奔喪，仍請聰公轉經。語及先君之願，予方讀禮，未暇及也。既免喪，儌倖世科名，載仕版，惟不克供職之是懼，又未暇及也。聰公屢以書來曰，令先之願，其可違乎。則未嘗不對書自傷而已。洪武辛亥秋九月廿六日，先妣金氏又病歿，憂制甫終，吾疾作，莫能興。

甲寅秋九月廿三日，玄陵奄弃群臣，予竊伏念先君爲玄陵潛邸舊臣，積有年紀。予又首擢玄陵□科，驟陞宰府。吾父子蒙恩至渥，曾未有絲毫之報，而弓劍忽遺，可勝痛哉。歲己未，聰公適自山來，曰，吾年七十□□而幸不死，得與公相見，豈偶然哉。吾前所報令先之願，公能記否。予益自傷焉，曰，上以資福於先王□□繼志於□考，不在斯歟，不在斯歟。時予病新起，奉教銘懶翁塔未久也，因自計吾力則不祖矣，可賴以辦此者，惟懶翁徒□□□書告之。有號無及、琇峯二浮屠者，率其徒縱臾始自庚申二月募緣，覺昷於順興，覺洪於寧海，道惠於淸州，海珠於忠州，覺雲於平壤，梵雄於鳳州，志寶於牙州，化楮爲紙，釋幻造墨。至辛酉四月，印出經律論，九月粧褙。十月，覺珠題目，覺峯造複。十一月，性空造函。朝暮匈升斗以飯諸化士，終始不怠者，國贐里之老媼妙安也。

壬戌正月，於華嚴靈通寺轉閱。四月，舟載至于驪興之神勒寺，懶翁示寂之地也。花山君權公僖爲考妣，與室韓夫□考妣既施金盃，主盟題目，復與諸檀施財，同菴順公董役，遂於寺之南，起閣二層。覺修丹雘既畢，庋而藏之。五月又轉九月，又轉今癸亥正月，又轉約歲□次爲恆規，中置花山毗盧遮那一軀。唐城君洪公義龍爲考妣所□□賢一軀，順誠翁主王氏與姜夫人所造文殊一軀，以起四衆瞻禮之敬焉。嗚呼，三十餘年之久，而先君之願始成□□□□□□極功，壽君福國，利生濟物於無窮也哉。□□者謀立石垂示將來，子其代予筆。

崇仁不敢辭，乃言曰，佛氏□□□□□□□□□□一塵超出萬物，賢知者固已□□□□□□又有所謂福田利益者，於是忠臣孝子，所以報君親之至□□□□□□□□者不得不歸焉。其書之盛□□□□□□□先生既作之，牧隱先生又述之，卒能成此法寶，奉福□□□□□□□□君親，斯乃忠臣孝子之無□□□□□□□□孰非臣子哉。自今至于千萬世，其有所感發於□□□□□□□□之也無疑矣。崇仁敢不樂□□□□□□□□□力以相助者，其名氏具列于碑之陰云。洪□□□□□□翊大夫版啚判書藝□□□□□□□教李崇仁謹□前奉翊大夫判典校寺事進賢館提學權鑄□

是□秋九月日下缺

《海東金石苑》卷八。《明淸石刻文獻全編》，北京圖書館出版社。

石高三尺四寸，廣二尺二寸。二十七行，行四十五字。正書。

《明高麗安心寺石鐘碑》

今上守位之十又一年夏五月，釋覺持自香山來，披緇衣躡屬告近臣曰，沙門臣覺持願有奏。吾師之師西天指空，歿有舍利。吾師瀨下闕利持實感慕焉，與義州萬戶張密直侶及其室康氏，樹石鐘香山安心寺，厝二師舍利，略同神勒上院之制焉。鑱石示後，非文無由下闕上命，又無由也，幸爲小僧入奏。近臣無爲持留意者，持奔告于門下侍中曺昌寧。昌寧上言持之志勤，乞上可之。秋八月十二日，右副代言潘德海傳旨于臣穡曰，香山石鐘，汝其文之石。謹妃又使撿校門下評理姜仁富來諭曰，吾於安心寺爲吾兒世子祈福，卿其知之。

持師踴躍而來曰，先生早賜吾文，幸甚。予下闕其告我所欲書者。持師曰，持事吾師，自西京廣法寺，始至正戊戌歲也。吾師爲王師，住檜巖，修造殿宇，持與於方丈室之役焉。下闕玄陵禮陟臺評檜巖密邇國都，士女絡繹，恐廢業，請從之便。於是師行召持曰，汝其從我至驪興神勒寺入寂。丙辰五月十五日下闕覺悟守塔三年，情猶未已，又留數月而後去。吾思吾與吾師相遇於西京，西京以北，吾師所化多矣。而師歿之後，無所瞻□，豈下闕耀其心目，使一方之人，事舍利如事吾師焉。況香山爲普賢菩薩住處，與金剛諸山並稱。而其高也壓遼左，鄰長白獨下闕德之大，彌六合而無所欠，入纖塵而無所餘，何擇於方所哉。然在持肉眼，見此山之形勢，想吾師之風彩，誠不相上下。此吾下闕刂□□中寺院三百餘所，而必於安心寺者。少林故事，吾輩警策也。又曰，指空名禪賢父諱滿，摩竭提國王，嗣法普明尊者下闕□官署丞牙世具嗣法平山處林禪師，先生銘王師浮圖已書之矣。於吾石鐘，幸併著之。獨潤筆菴凡七所，皆爲先生作下闕勝明於雉岳山，覺明於小白山，覺寬於四佛山，志先於龍門山，勝哲於九龍山，覺淸於此山，妙覺舊基是已。吾師法服所鎭下闕帝賜袈裟一瑪瑙拂一，在金剛山正陽寺。玄陵賜袈裟一，直綴一，鉢一，在檜巖寺。袈裟鉢拂並一，在神勒寺。袈裟拂並一，在臺山。袈裟一，在見菴。袈裟杖並一，在威下闕裟直綴杖坐具並一，在此山普賢寺。舍利無筭，散在名山，四衆奉持供養者多矣，何暇枚舉。持之志亦非他也，上報四重下闕主上萬歲，后妃齊年，世子千秋。公卿士庶，益福損災。胎卵濕化，出邪入正。由三韓四境，永絶外侮。盡十方下闕之願也，持之願也。穡曰，大哉願也。自世教衰，倍師畔道者比肩而継踵，天曷故焉，使世教與臣之於君，子之於父，下闕師及其師之師指空也，則家國其庶乎。推此道也，天下平矣。若其舍利也，出於身歟，出於心歟，抑無所從出而自下闕

西天指空，東國懶翁。同心異跡，舍利晶明。世乃大驚，角立碩德。巍巍妙香，壓于衆岡。賢聖之下闕流福罔極。我君永年，我妃祿延，我儲毓德。樂職惟臣，守業惟民，澤洽于國。惟此願下闕　臣作銘詩，重在祝釐，時萬時億。

大明洪武十七年歲次甲子九月日闕

《海東金石苑》卷八。《明淸石刻文獻全編》，北京圖書館出版社。

石泐下截。高存三尺七寸，廣一尺九寸。行存四十三至五十一字不等，正書。

《明高麗太古寺圓證國師碑》

上之十一年正月十日，左代言臣仲容傳旨若曰，國師大古浮圖，汝其銘之。臣謹案，國師諱普愚，號大古，俗姓洪氏，洪州人也。考諱延，贈開府儀同三司上柱國門下侍中判吏兵部事

洪陽公。妣鄭氏，贈三韓國大夫人。夫人夢日輪入懷，既而有娠。以大德五年辛丑九月二十一日生師。師成童，穎悟絶倫。十三，投檜巖廣智禪師出家。十九，參萬法歸一話。元統癸酉，寓城西甘露寺。一日，疑團剥落，作頌八句，佛祖與山河，無口悉呑卻，其結句也。後至元丁丑，師年三十七，冬寓梅檀園，參無字話。明年正月初七日五更，豁然大悟，作頌八句，打破牢關後，清風吹大古，其結句也。三月，還楊根草堂，侍親也。師嘗看千七百則，至巖頭密啓處過不得，良久，忽然捉敗冷咲一聲云，巖頭雖善射，不覺露濕衣。辛巳春，住漢陽三角山重興寺，卓菴於東峰，扁曰大古，倣永嘉體，作歌一篇。

至正丙戌，師年四十六，遊燕都，聞竺源盛禪師在南巢，往見之，則已逝矣。至湖州霞霧山，見石屋珙禪師，具陳所得，且獻《大古菴歌》。石屋深器之，問日用事，師答訖，徐又啓曰，未審此外還更有事否。石屋云，老僧亦如是，三世佛祖亦如是。遂以袈裟表信，曰，老僧今日展脚睡矣。屋，臨濟十八代孫也，留師半月。臨别，贈以拄杖曰，善路善路。師拜受，迴至燕都，道譽騰播。天子聞之，請開堂于永寧寺，賜金襴袈裟，沉香拂子。皇后、皇太子降香幣，王公士女，奔走禮拜。戊子春東歸，入迷源小雪山，躬耕以養者四年。

歲壬辰夏，玄陵邀師，不應。再遣使，請益勤，師乃至。秋，力辭還山。未幾，日新亂作。丙申三月，請師說法于奉恩寺。禪教俱集，玄陵親臨，獻滿綉袈裟，水精念珠，及餘服用。師陞座闡揚宗旨，天子賜雜色段疋袈裟三百領。是日，分賜禪教碩德，法筵之盛，古所未有。師請還山，玄陵曰，師不留，我倍道矣。四月二十四日，封爲王師。立府曰圓融，置僚屬長官，正三品，尊崇之至也。留居廣明寺。明年辞位，不允。師夜遁，玄陵知師志不可奪，悉送法服印章于師所。壬寅秋，請住陽山寺。癸卯春，請住迦智寺。師皆應命。

丙午十月，辞位，封還印章，仍乞任性養眞。玄陵從之，辛吨用事故也。先是，師上書論吨曰，國之治眞，僧得其志。國之危邪，僧逢其時。願上察之遠之，宗社幸甚。戊申春，寓全州普光寺，吨必欲置師死地，百計莫能中。後以師將遊江浙，白玄陵曰，大古蒙恩至矣，安居送老，是渠職也。今欲遠遊，必有異圖，請上加察。其言甚急，玄陵不得已，從之。

吨下其事，雜訊之，誣服師之左右，錮于俗離寺。己酉三月，玄陵悔之，請還小雪。辛亥七月，吨誅，玄陵遣使備禮，進封國師，請住瑩源寺。師以疾辞，有旨，遙領寺事。凡七年戊午冬，被今上命，始至寺，居一年而還。辛酉冬，移陽山寺。入院之日，上再封國師，先君之思也。

壬戌夏，還小雪。冬十二月十七日，感微疾。二十三日，召門人曰，明日酉時，吾當去矣。可請知郡封印，口占辞世狀數通。時至，沐浴更衣，端坐說四句偈，聲盡而逝。訃聞于上，上甚悼。癸亥正月十二日，降香茶毗。其夜光明屬天，舍利無筭。進百枚于内，上益敬重焉。命攸司，謚曰圓證，樹塔于重興寺之東峰，曰寶月昇空。作石鐘藏舍利者凡三所，加恩陽山楊根舍那，是寺浮圖之傍所立是已。作石塔以藏之者，迷源小雪也。臣穡竊伏惟念先王崇信釋教，可謂極矣，而讒說行乎其閒。大古扶持宗教，亦可謂至矣，而患難及于其躬。此所以因緣果報，雖聖人有所不能免也歟。至於聲名洋溢華夏，舍利照耀古今，代豈多見哉。臣穡再拜稽首而銘曰：

惟師之心，海闊天臨。惟師之跡，浮杯飛錫。歸而遇知，王者之師。躬耕小雪，隱現維時。時維鷲城，竊弄刑名。如雲蔽日，何損於明。月墜崐崘，餘光之存。舍利晶瑩，照耀王門。惟三角山，翠倚雲端。樹塔其下，與國恆安。惟師之風，播于大東。臣拜作銘，庶傳無窮。

洪武十八年乙丑九月十一日，門人前松廣寺住持大禪師釋宏立石。

碑陰

門徒

國師智雄尊者　混脩

王師圓應尊者　粲英

内願堂妙嚴尊者祖異

内願堂國一都大禪師元珪

都大禪師廣化君玄乢

右第一列

大禪師、禪師　雲水　達心　可印　守西　信規　法空　省如　雪祥　祖宏　昆皎　定乳　希儼　雪岡　慈紹　德齊　幻如　明會　雪思　旋軫　義瓊　達生　覺田　雪栖　一寧　壽允　省明　善見　了幻　定柔

乃由　中哲　希悟　雪珍　尚聰　乃圭　卜南　可信　可松　惠廉　省岑
定一　可生　可淳　慧深　天亘　祖行　止川　乃寧　慶敦　惟昌　省
因　雪仍　若無　等九　等百　法慈　宣正　等十　十人　七人　法淳
可雲　三人

右第二至第六列

《海東金石苑》卷八。《明清石刻文獻全編》，北京圖書館出版社。

高七尺二寸，廣三尺四寸五分。三十一行，行六十二字。正書。額横題圓證國師塔銘，篆書。

《明高麗彰聖寺真覺國師碑》　洪武十五年夏六月十六日，華嚴浮石國師示寂于彰聖闕十六字朽也。判宗下闕上，上賜謚曰眞覺國師，塔曰大覺圓照，命臣穡文于石。門人等以師行狀來，不甚悉，不敢下筆久矣。有敬南者□□□□□□山今始至徵文，具語其事曰，甲辰秋，吾師航海抵杭，吾執侍，跬步不離側。吾師到休休菴，蒙山眞堂夜有光□□□□□□人衣鉢，心異之，引師至方丈，扃鐍甚固。有三轉語在壁，師逐語下語。鑰有聲忽啓，衆皆肅然，室中有櫝，師□□□□□□□棒拂在此，將以授我耳。啓之，衆益服。又有漆小櫝，無縫□其上曰，時未至而啓者，天必譴。浙省丞相張大尉之弟□□□□□□何物藏□師曰，文書也。又問今可啓乎，師曰可。果有書二秩，其中□言羣盜破壞三寶，乃底滅亡之事。丞相怒□□□□□□海外來，殺之何益，吾謹吾法，爾其收蒙山衣物，放之去。丙午春，參萬峯於聖安寺，三日不出戶。峯曰，高麗老□□□□□□□無入時，豈有出耶。峯曰，我病矣，誰有好眼看我病。師以□安其背，是夜三更，萬峯以袈裟禪棒授之，曰，不聞□□□□□□□至吳江，有僧請留，師固辭。萬峯堂下欲奪其師衣捧，是夜追至吳江僧房，不及而還。僧之姓馬也，聞其鳴而□□□□□□□渡也必矣。嗚呼，蒙山夢之於前，萬峯戒之於後，灼見□□妙堪遺囑，師資之道，無間於古今遐邇，此釋氏下闕玄陵勞慰良渥，國人爭先瞻禮。師隱于雉岳，游于東海□洛山觀音放光之瑞。

丁未正月，還雉岳。上遣使邀師者三，師始至。五月，封爲國師大華嚴宗師禪教都摠攝傳佛心印大智無礙性相圓通福□□□□□□□□圓應尊者，置府設寮屬，賜印章法服。庚戌九月，玄陵請王師懶翁選境內禪教諸僧功夫節目，師爲證明。既罷，居敬□。辛亥，遊金剛山。五月，上遣使請還。其秋，懇乞歸雉岳。歲壬子，住浮石，重營殿宇，悉如舊，蓋爲身後計也。

師諱千熙，號雪山，興海人□□□□□具贈□理判書。妣崔氏。崔氏夢見大艦，群僧梵唄，水漲至門，因而有身。彌月，又夢白□□腹青帖袈裟，一僧躍出。以大德丁未五月二十一日生。師年十三，投華嚴盤龍社主非大師薙髮。十九，登上品選，歷住全生、德泉、符仁、開泰等十餘寺。其衣服飲食與□□小異操志甚高，參究禪旨。在小伯山，夢見蒙山付其衣法，在金剛五臺亦如之，此所以決志南遊也。嘗著《三寶一鏡觀》若干卷，行于世。師年七十六，法臘六十三。臣聞普照國師大鑑，友大慧，侍者每於夢中見之，至今爲藂林美談。今圓應自夢蒙山得傳衣法□釋氏之教，不可得而思議也，信哉，臣穡敢不爲之銘。銘曰：

大道無外，何有古今。苟求其故，曰惟此心。心之不失，夢覺爲一。周流如川，煥赫如日。佛法之傳，妙乎人天。夢中授受，如在目前。昔聞照公，今見圓翁。玄陵崇之，俾師國中。年將八秩，示有生滅。千載斯碑，勿訛勿□。

洪武十九年丙寅正月日　門人開泰寺住持妙智無礙通照大師　□辶

立石　比丘惠岑□

《海東金石苑》卷八。《明清石刻文獻全編》，北京圖書館出版社。

高四尺七寸，廣二尺五寸。二十七行，行五十一字。正書。額横題贈謚眞覺國師碑銘，篆書。

《大庵寺碑記》　佛西域之大覺也，爲道好慈悲，戒嗜慾，息爭鬬，恐恐然懼人作惡孽，以罹殃咎，無非欲人爲善意也。自漢明帝時，金人來夢，遂入中國覺世。世多建寺以崇奉之，歷代皆然。及我朝太祖高皇帝，混一天下，起自興隆寺。登極後，卽詔令天下郡縣，各建寺，且以名僧輔佐藩室。陵縣舊爲平原郡，寺有十八大庵，寺其一也，在城東北四十里許。寺東南有滋博店古鎭遺墟，儼如踞虎。西南有三迴河，長橋横渡，望若伏龍。玆一方之盛地，而寺之始建，未必不因之。中有佛殿五楹，規模則巍煥矣。左有伽藍殿，右有祖師殿，各三楹，制度則壯麗矣。前有天王殿三楹，氣象則肅新矣。伽藍殿南隅有鐘樓、天王殿，南有山門，佛殿後有禪堂三楹，堂之左右有僧房數座。寺之周圍，繞以垣牆，完美永固，足爲一方之偉觀。然寺以僧重，僧以德重。乃若住持廣福，無愧於德，尤能指揮，衆僧服膺佛道，而不遷於外誘。其見慕鄉曲，取重士夫，誠不誣矣。

時有庠生郭四教暨弟四端、四友，皆奇才也。爲東村成化丁酉科舉人郭翁五世孫，值清明祭掃，遇本鄉杖者許輝，好施信善，鄉里之檀越也，遂相與詣寺遊觀。三生謂僧曰，此寺風景殊絶，動人瞻仰，敢問建自何時。答曰，世世供奉香火，無乃國初創始，或亦靖難後永樂、宣德之世所建也。不然，金元之際，吾邑屢遭兵燹，此地盡莽爲邱墟，安能起此禪林乎。三生顧杖者曰，此無他，無石記故也。於戲，如此寺而無石記，雖美弗傳，後將何所述。於今可以立石矣，立石可以作古矣。不然，烏知後之嘆今，不猶今之嘆昔耶。我兄弟後進，弗克是，即邑中先進求之可也。三生誤指予爲先進，踵門懇求之。予以衰老，辭不得已，遂爲之記云。

大明隆慶五年歲次辛未孟春□羽吉山人北海左龍撰　隱士南邱趙琥書

（道光）《陵縣志》卷十七。《明清石刻文獻全編》，北京圖書館出版社。

《大庵寺香火碑記》　余自郯移陵，蒞任後，披覽邑志，知夫大庵寺爲陵東勝蹟。欲一遊歷，瞻拜佛像，而職事鞅掌，未遑也。歲壬午秋，雨過節，躬勘被水地方，到寺下榻，蓋寺前卽河故道也。衲子洪舟奉事維謹，問其寺地若干，以實對。並道其師淮遠和尚刻苦經營，轉就衰之寺而新大之。將採石，勒所置地數，俾住持不得私賣，四鄉不得私買，以爲香火之遠計。而圓寂歸塔，志焉未逮。今碑石已具，叩懇爲文，以示來兹。余嘉其近於繼志述事之孝，因允其請。自時厥後，寺地壹頃貳拾餘畝，許增不許減。供佛贍生，守成與剏業，兩任其艱，斯常盛不衰矣。倘有匪僧，不遵清規，立卽逐出。豪強妄欲吞霸，同鳴諸官。至佛之威靈，予若人以災禍當昭昭，可無瑣言已。是爲記。

勅授文林郎知陵縣事加九級紀錄十二次黄代元撰

儒學增廣生員許景參書並書額

大清道光肆年歲次甲申杏月上浣穀旦

（道光）《陵縣志》卷十七。《明清石刻文獻全編》，北京圖書館出版社。

《甯溪王氏始祖墓菴記》　記曰，禮不忘其本，故柳子厚被謫，惟憂先墓延下缺十餘字祖墓之側，每歲正月，羣族之人拜奠於墓下下缺十餘字億實本於少卿公之一人。墓在金奧之原，舊下缺十餘字林公修葺之。至今三紀，復圮，幾不可居。墓菴與下缺十餘字加藻飾，而始祖墓菴，視其廢壞，是忘其身之所自下缺十數字而能者董其役，計費捐帑，量材鳩工。朽者易之，毀者下缺數字外尚餘隙地，今徙其門垣于外地，內庭可容旋馬。經始於下缺數字文雷敬祭告落成，紀其事。

竊惟宅兆厝之，宗廟享之，二者皆當下缺數字則墓存，此墓重於廟，蓋本根枝葉之辨也。我始祖有祠，創於尚書公◇下缺數字而墓菴圮壞，兹幸再新，則尤我王氏□□也。昔燕人自越還，其本國人告下缺數字哭不自禁。吾願後之子姓，望斯墓，造斯廬，而心燕人之心，以時而護視焉。未下缺數字此菴與祖廟百代如新，蒸嘗弗替，是謂禮不忘本。而少卿公之陰望於後人者下缺數字嗚典汝芾，任事良勤，經營率作，不遺餘力。而興詩欽祖達宗其□禮達皆與有下缺數字廟奕奕，奚斯所作，因拜記之，以爲勤事者勸。

時大明萬歷己酉夏月鄉進士奉政大夫同知直隸池州府事二十一代孫文雷頓首拜識　孫生員下缺

（光緒）《黄巖縣志》卷三十六。《明清石刻文獻全編》，北京圖書館出版社。

《天台祖堂小宗記》　黄邑五峙山古有瑞相禪院，院祀西天辟支佛牙，以多光瑞，故名。神變化，佛牙爲烏有，有力者又負瑞相之名名方山。五峙新厥居，而大檀越鄉大夫侍御澄洲林公，則讓瑞相之名，而更名雲影。以院前有方塘圓池，源頭活水，瑟瑟東注。厥色清湛，可以鑒毛髮，天光雲影，每徘徊於其間。類朱夫子考亭之上，妙高峯頂境狀，故名。若天光雲影八分之顔，則不慧於萬歷甲辰講《楞嚴經》於兹院時所書。今五峙道者住持受能，又欲負瑞相而□□□歸彼瑞相雲影，固晏然不覺有去來之相。瑞相耶，雲影耶，總之皆強名，無足與競也。瑞相舊爲禪院，今更爲教。教與禪，均詮乎道。學者因筌而得魚，尋名以悟道，教□□□禪兩忘。教耶禪耶，總之皆強名，亦無足與競也。

教自智者大師始創於陳隋，盛於唐宋。以天台命家，以《法華》立宗。昔佛以此心印傳迦葉，迦葉傳阿難，而下十三傳缺四字龍樹，樹立《中論》，法流震旦，北齊誤入，以傳南嶽。南嶽傳智者，智者廣之。又十三傳至四明法智，法智大恢擴之，人稱中興。而廣照、神智、南屏，抗爲三宗，教釁遍於宇內，而講香塞乎寰中。傳至皇明，代不乏人。惟近世澆灕，此道懸絕，如來正脈，遺空言於海藏。海內人師，卒無舉天台一字者。

我百松大師，深悟妙宗，遙宗法智。挺身講肆，東征西討。叛教者竄伏，亡家者知歸。復業與夫新厥居爲天台者，不能悉數。余家幽溪，實稱祖堂，是爲大宗有勵志，分講香爲小宗者，不下十餘處。今五峙雲影，亦其一焉。五峙久廢，屬王氏住持受能，勤苦清修，錙累銖積，得數十□□而歸之，侍御公與有力焉。復募檀信，刱大殿，塑尊像。僧堂廚廨，廊廡山門，煥然一新。乃創志捐爲教院，彷余幽溪祖堂，中設釋迦像，左右設文殊、彌勒，兩傍位三□□傳教之祖，爲黃太兩邑宗台教者之祖堂。

嗚呼，斯亦奇矣。方今出家者流，多爲己而不爲眾，爲私而不爲公，爲情而不爲道。甘其樂而深厭乎苦行，觀此道者之爲人□□滿五尺，無奇貌異術以動人，無華言飾禮以邀人，凡舉勝事，人必爭從之。此必有大過人者，忠信道義爲之本也。余獨惜此子之下未有人，人豈無之，天台教觀道脈源流之不明，謂之無人可也。台教之取士，其目有八，余已書之祖堂，今仍書于五峙。曰師座傳宏，曰解行兼暢，曰力行三昧，曰戒行無虧，曰覃精圓解，曰記述所聞，曰輔弼敭化，曰樹立教院。輔弼敭化，樹立教院，子固具體矣。若復餘科，汝既列之以記人，仍復遵之，以養士得士爲得人，此爲眾爲公爲道之效也。子之功德，豈不偉哉。

越明年事竣，而道者亡，遺言弟子靈達曰，是院吾已捐爲天台祖堂，山田無多無得，析居食有不繼，當以苦行爲之本。無得畜養雞豬，以啟殺業，以汙三寶地。惟業淨業，無得冠□□□習應副業，以開葷腥飲酒之竇。達則唯唯是聽，尋薙梁□比□□□能□善繼師志□□復請《無量壽經》於茲院，若檀波，若金城湯池，皆侍御公有之。叢林盛事，法得附書。

皇明萬歷歲次丙辰仲冬中浣之吉

傳天台教觀十九世孫幽溪傳燈譔文

（光緒）《黃巖縣志》卷三十六。《明清石刻文獻全編》，北京圖書館出版社。

《寶峯講院碑記》　寶峯講院，吾邑司寇徐公首建大悲佛殿五楹，後請非城法師談經卓錫於內。時雖有講院之名，而院制實未備也。今甲子秋，其中殿，其山門，巍焉煥焉，孫檢討書院額亦懸於其上。若祖堂，若方丈，客坐僧寮，齋廡庖湢，無不悉具。堂皇結構，居然名刹。余謂體周長老曰，昔賢草創淨地，師擴而大之，經營締造，功非小矣。師歛容而言曰，恆藉前人餘蔭，以完先法師行願，恆又何功之有。先法師非公，本東吳獅林天如老和尚法裔，復受法於永定際明大師，精嚴戒行，傳道經典，諸方推爲教宗碩德。平居惟密修淨土，行念佛觀，爲切實工夫。發誓闡明宗乘，畢生惓惓於西方接引如來。合掌化時，猶以是爲付囑。不謂垂三十年，而始克成之。本師聖和爲先法師入室弟子，持誦無間寒暑，支撐院事，弗遺餘力。教授法子，慈而不廢繩督。其淳修苦行，歷數十年如一日。聖公西歸，恆承舊業，六時禮拜而外，跬步不敢稍逾尺寸。節衣縮食，積二十年之血行，更賴十方法緣輻輳，乃得斯院規模粗整。雖人天感應，皆先法師默佑其成，而在院法子若仁宏，宣揚妙典，克紹祖庭。法席若仁壽，砥礪清規，堪作法門柱石。協力和衷，各殫洒職，亦與有微勞。惜工未竣，而監院仁安已不及見，爲可傷也。繼自今，惟願我佛慈悲，令山院長新。入吾門者，竝徹法源底。不獨無負先法師提唱宗風，懃懃喫緊爲人至意。即大護法徐公興起山院一段因緣，亦可少畣夫涓埃。願乞一言，以誌其事。

嗚呼，信如師言，以隻身仔肩重任，勤於繼述，不數載而法相莊嚴已備。所謂有志者事竟成，師誠弗虛初願矣。而又歸功祖德，其器識不益過人遠哉。余既覩此勝事，而師索不妄語，爰即次其□述而爲之記。里人顧茂拜撰併書，玉嶺孫鼎篆額。

乾隆九年十月念九日刻石。

《崑山見存石刻錄》卷四。《明清石刻文獻全編》，北京圖書館出版社。

《青蓮禪院記》　鹿城爲吳中名勝地，馬鞍山峙其北，琳宮紺宇，突兀相望。其在市廛者，東則有薦嚴禪寺，西則有景德教寺，均極叢林之偉觀。隱隱鐘聲，遍滿香花世界。余承乏新邑，歷有年所。簿書鞅掌，莫或遑遊。近因銜恤卸篆，寓居青蓮禪院，始得與南山上人交，而併稔禪院之所由建。

聞有宏基長老者，嘉定人也。究上乘理，開無量門。自普陀山雲遊到崑，卓錫茅菴。而南山上人，夙稟慧根，居然厭俗，遂從長老剃度。長老乃出資，購得民房一所，改建道場。與上人自鄉遷城，焚修其內。嗣就院旁隙地，鳩工庀材，增建殿宇齋堂。規模方就，而長老旋卽圓寂，蓋其時年已八十餘矣。上人仰承其師未竟之志，增置重修，龍象莊嚴，法輪煥彩。并置飯僧田二十餘畝，以資常住。又於佛殿之旁，供奉其師遺像。經聲梵韻，晝夜不絕。此卽吾儒所謂水源木本之意也。且夫青蓮華者，衆香國中之最上品也。今以名禪院，其爲清淨土，極樂國，《妙法蓮華經》所祕藏可知。從此嗣而葺之，日增日擴，安知不蔚爲叢林偉觀，而名勝甲於吳下也哉。後之◇斯土者，庇覆維持，爲佛門大護法，此尤余之所深望者也。余不文，爰因上人之請，泚筆爲之記。并記其區圖地畝之數於碑陰云。

文林郎知江南蘇州府新陽縣事文水武廷選撰。

直隸武邑縣知縣署祁州知州邑人杜羣玉書。僧南山于嘉慶三年九月十一日，粘開田數具呈，奉特授江南蘇州府新陽縣正堂加五級紀錄五次錢批，該僧經營纘述，香界鴻開。今更慮及來茲，期于永久。承先啓後，厥志彌嘉。允宜勒彼貞珉，長資保護。

計開菴田細數

光區拾貳圖珠字圩貳百貳拾伍號高田壹畝陸分肆厘柒毫，貳百叁拾捌號高田玖分柒厘叁毫，貳百叁拾陸號高田貳畝，同號伍升田貳分叁厘八毫，貳百叁拾柒號高田捌分壹厘壹毫，同號貳斗貳升田壹畝玖分五厘，貳百伍拾柒號高田肆畝柒分伍厘柒毫，貳百伍拾玖號高田捌分肆毫，貳百陸拾號高田叁畝壹分叁厘玖毫，貳百陸拾叁號高田玖分陸厘，貳百柒拾壹號高田叁分陸厘壹毫，貳百柒拾貳號高田捌分壹厘叁毫，貳百柒拾叁號高田貳分玖厘捌毫，貳百柒拾伍號高田壹畝捌分，貳百柒拾陸號高田壹畝貳分捌厘陸毫。以上共田貳拾壹畝捌分叁厘柒毫，俱在宣化莊陸南山戶名完糧。又祭田數天區二圖洪宙字圩壹百叁號田貳畝玖分壹厘八毫，壹百肆號田捌厘貳毫。

皈衣弟子範聖年樂助咸區貳拾叁圖辰字圩伍拾肆號高田伍畝柒分伍厘陸毫，順宣化莊范聖年戶名完糧。繼徒維寧樂助富春莊宙區拾伍圖西才氣圩肆百零柒號高田玖分貳厘柒毫，貳斗貳升田九分二毫，中田八分九厘，肆百零捌號高田貳畝肆分貳厘叁毫，又陶店莊西才氣圩肆百零玖號高田叁畝陸分壹毫，又豐塘莊軍府圩壹百貳拾號高田壹畝伍分。以上共田拾畝貳分正，俱維寧僧戶名完糧。計開養膳田細數光區十二圖珠字圩貳百叁拾陸號伍升田壹分陸毫，貳百叁拾柒號高田壹畝玖分肆厘肆毫，同號貳斗貳升田壹畝玖分伍厘，貳百貳拾號高田叁分玖厘捌毫，同號伍升田柒分伍厘，貳百柒拾伍號高田貳畝肆分貳厘九毫。以上共田柒畝柒厘柒毫，俱宣化莊南山僧戶名完糧。

嘉慶三年九月日　南山勒石剃徒　松汝　繼徒　維寧立

菴鄰顧邦彥　刑錫瑞　葛◇章　畢近仁　朱□鐘　經承　葛錦文　陳裕祥　陳春容　族兄陸井九　廣培□□　姪承業　樹丹　□□　陳景川鐫

《崑山見存石刻録》卷四。《明清石刻文獻全編》，北京圖書館出版社。

《雙塔記》　距縣治而東可十里許，曰太平山。山自古樓連亘聳拔，爲諸山最。橫截如削，中圻一水。渡水陡起，怪石嶙峋，若獅若象，若龜若魚。數峰奔騰逆上，曰神步山。太平祖乎神步，孫乎總，居辰巽之交。縣治左右，雨水分流，環抱而合於兩山之麓，堪輿家所稱水口者是也。天下郡縣水口，類多浮屠氏塔其上，而順德缺焉，毋迺以世未遠乎，抑猶有待乎。余往從伯兄習形家言，稍窺一班，則深以爲茲邑慊。甫下車，而縉紳先生言之，且曰，前令公志也，而遷秩行矣，是在新令公。余曰諾。輒捐俸爲嚆矢，而紳儒父老，協助無後者。於是諏日鳩工，肇於己亥七月初五日，落成於庚子年十一月二十五日。爲級者七，爲洞者二十四。空其中，綴梯緣上，而實其外，以崒嵂當颶風。務令久遠，不爲觀美。

越明年，余以計還，別駕康公、州守郡倅兩陳公、封君羅公，邀余往登，宛若身在霄漢。手捫斗杓，北望三山，東望大洋，紫氣橫轉，銀濤拍空，而西樵、羅浮諸勝，隱隱在目，遂成東粤鉅觀，快哉快哉。而余猶踟躇四顧，謂神步未卓，捍門尚缺，然不欲重煩吾士民。而河清難竢，勝願未酬，安能已已。則又出餐錢爲倡，而專募諸最饒羨者。卽最饒羨而不樂者，不以強也。會諸僚及紳儒者老，各捐橐金。已又諭諸置業者，令之抽毫於氈，而衆各翕然。因於辛丑年十二月二十八日，命工興建。六閲月而神步成，視太平大殺之，高倍之，工緻伍之。中爲空洞，外爲井幹。旋轉而上，梵鈴金頂，凝日飄風。登者隱見出沒如仙人，冉冉行空中。雙雁交翔，祖孫羅立。白虹蜿蜒，斜絡其側，然後神工備而風氣完矣。是兩役也，一切錢穀，悉附州守陳公掌署，而料理精核，不爽毫髮。董工則黎天一、陳章昇分任其勞，而黃紹賢兼之。費總二千六百有奇，大都士民樂助，而余佐以俸鍰云。

余惟謝尚杖頭作塔，異氣隨指，此幻妄之事，儒者不道。郭景純登鰲山，而占南海衣冠之盛，亦第望氣耳，未聞有所助建。迺堪輿之說，則暢於此。余之爲順德也，四新草木，靡一善狀。而區區作長髮頭陀，以求影響，景純氏之餘吻，亦何足爲茲山重哉。但福利何心，敢希謝尚衣冠之盛。或者藉地利以什伯往昔，俾眞才輩出，翊我皇禧億萬斯年。余不佞，庶幾景純之占，遡其盛者指而曰，茲雙塔之與有力也，則余志也夫。因作雙塔記，而系之詩。

兩峰相對鎖江流，雙雁齊飛最上頭。伸手便堪擎旭日，轉身容易跨炎州。聲飄玉鐸驚蛟室，影落金盤結蜃樓。拙宦自慚無寸補，敢將地利借人謀。攀躋忽訝二眸寬，把酒高歌興未闌。舍利微茫雲外得，尼珠蕩漾鏡中看。百年天地誰雙柱，萬刦灰塵我一官。獨有巨靈呵護在，淸標長映月團圓。

（咸豐）《順德縣志》卷二十。《明清石刻文獻全編》，北京圖書館出版社。

《雙塔碑銘》 先是，方比部父母我萌莢，我萌悉矣。萬歷己亥，父老子弟以水口請比部曰，然則浮屠諸。乃議浮屠太平，廣募緣疏，捐粲錢嚆矢之九僝，揆景誅茅伐石，奠基一級。比部之命下矣，則曰人之欲善，誰不如我。我以遺來者，吾愧耳。是年秋，我父母倪侯至，甫下車，父老子弟，請如比部。侯訢然曰，形家言巽位文筆，揆文象也。其鋒刺天，銛銛而上，是浮屠也。成吾子弟之興，倍蓰什伯。前乎會諸緣付植者成，而登之爽然快哉。已又念神步未卓，捍門地形未會，則更爲之捐粲錢嚆矢之。浮屠神步，其費金錢，庀材鳩制，詳侯記中，不具論。乃父老子弟付郵幣函記，辱不佞紀其成。

不佞萬里外，讀侯所爲記及詩，翩翩欲仙。仿身霄漢間，迎雄風，噏沆瀣，汗漫雲將之遊也。《中庸》曰，至誠贊天地化育，夫天攸設，地攸造，常挾其靈地竢諸人。太行王屋掖而投，諸說近幻。究其指，亦積誠致然耳。比部不浮屠於數年之前，直於將遷之頃，亦積之極，而動之時，藉嗣比部而意稍見毫芒乎。方且懸其欲成，矧乎栁所未嘗意者哉。微天之惠，我父母侯深形家言，於順子弟欲利之甚，示比部尤也。百餘年未備之勝，一朝參天，拔地挺起。炎州播東西二樵，兩翼翥天而上。《易》曰，明兩作離，文明象也。昭明朗融，其光燭天，百世拜父母侯之賜。記云有待，蓋待君侯哉，其爲贊也大矣。落之日，會璽書日邊而至，錫我父母，且命我父母。父母如父母，誕膺新命，洊恩疊寵，層纍而上，詎有量焉。次第炎炎，其徵見也。夫屬當癸卯比士拜賢書，吾順譽髦十數輩，裒然首天南桂子月中，天香雲外。明年春風馬駛，看花長安，諸譽髦自此遠矣，其徵又見也夫。或曰，浦江宋太史托焉，淳安商文正挺焉。兩侯以春秋繼體，聯翩振藻，後先作人，不翅鼓語耳，標語目。便是無上兩浮屠，而實以色相浮屠爲夫怒鼁之式，以作氣也。邪許之歌，勸其力也。父老子弟，業利有浮屠，一不得請，輒使阻撓。浮屠之，乃所以乘其氣力，而陰爲鼓之勸之也已。一鼓再鼓，而氣愈充。聞重歌之聲，力愈蓄愈劼，其有造於多方多士，不旣博且厚耶。異時張尚書之淸節，梁元宰之德業，龐都憲之經濟，代不乏人，比肩趾美，願無忘鼓勸之者。父老子弟曰，甚善，請鐫諸貞珉，以告多方多士。比部制嚴，淳安人，己丑進士。倪侯制，金華浦江人，戊戌進士。銘曰：

五嶺蟹度，蜿蜒大良。庸山郭水，爲金爲湯。氣鬱葱哉，南海冠裳。捍門未卓，巨浸莽蒼。比部若萌，首破天荒。明明倪侯，厥心孔長。太平增勝，神步息壤。旣培地紀，亦應天罡。八觚七級，井幹迴廊。摩霄薄雲，鶱翥鸞翔。匪形萌力，官弗糜粻。占曰上達，起草明光。彬彬鬱鬱，炳炳煌煌。於維兩公，惠我無疆。百世之利，萬國之望。於都哉，百世之利，萬國之望。

萬歷癸卯邑人陳其才、羅仁瓚、陳克侯、康圭立石。

（民國）《順德縣志》卷十五。《明清石刻文獻全編》，北京圖書館出版社。

《東堠村淨土禪寺重興記》 寺據縣之東后村，相傳爲東晉康王所建，爲其妃甄氏墳所奉香火、資冥福之處也。寺南有古城一區，卽康王所房者。古塚□丘，卽甄妃之墓也。俗稱后者，訛也。自古王妃無稱后者，就此辨之。唐開元中，村之長者甄八郎之妹女鼎新重以下看不清。植福之地。歷五代宋遼金元，至國朝洪武中，寺尚無恙。永樂乙未，被本縣尹董勤者，拆寺之材，修爲欒城舘驛。殿堂像設，蕩然一空。碑石亦化爲㘯□矣，所存者石佛座二枚爾。故寺之本末，不得其詳。鄉老所言者，彷彿爾。正統五年，官貴李用，信士王林，皆本地名流。爲人好善樂施，慨茲勝地湮毁，有志興修，而力不逮。正統九年，有僧名普文者，鷹門圓果寺桂州登公之弟子也。戒德老成，福緣殊勝。雲遊至此，似有夙契焉者。李冕等素聞其名，乃相議曰，此寺須得文師，庶可成就。即率鄉老炷香留請，尊爲本寺開山主。自爾以來，遠近趨風，施利雲委。由是市材傭工，逐時締搆。殿堂像設，以次而成。前殿則塑三世如來之金容，後殿則造地藏慈尊之聖像。□王金剛之殿，伽藍祖師之堂，鯨音之樓，□吼之閣，曇華之室，□之堂，香積廚，第住庫，左右之廊廡，內外之垣牆，以至供佴幢幡，園林蔬圃，凡招提所宜有者，悉已粗備。仍相吉地，建普同塔一座，以爲衆僧歸藏之所，是亦六和之義耳。經始於正統甲子之歲，落成於成化己丑之年。開山住持普文持狀詣京師，謁予徵文以紀其興建之始末，以□不泯。

予惟吾佛之教，法門無量。欲求其要，則在於傳道。欲傳其道，則在於明性。能明其性，則心本是佛矣，奚假崇飾於外像哉。此上糧之流，方能企及。若夫中下之質，須使覩其像設，而興起其敬信之心。循序而進，以造夫明性之地。斯土本金碧之飾所由作也，故吾結之，崇飾殿宇，莊嚴聖像，非欲誇雄於世，蓋欲誘人爲善爾。況吾佛懸記，有正法像法之説。數之使然，正不能不爾也。近世魔事日興，所在梵宇，率多隳廢。有能興起廢墜，而抵乎成立者幾希。況望其傳道明性，以昌吾宗者乎。適觀普文之淨土寺，亦可謂之興起而成立者焉。雖可嘉矣，勿自足也。益當勵其戒德，擴其行門，致乎一邑之人，觀像設而生敬信，由敬信而演三乘。因事而顯理，從迷以至悟。始則遷善遠罪，終則明性傳道。上助朝□□爲之治，密資佛祖慈化之風。如斯則庶幾乎傳道明性，以昌吾宗者焉爾，勉之。因書以付之，使刻石山中，傳示永久。□乎來者□繼承同遵此意，是予之所願也，是爲記。時成化七年歲次辛卯九月吉日，重開山第一代住持普文立石。

首僧門結洪琳　首座了惠

東鹿戴　刊

（民國）《重修無極縣志》卷十七。《明清石刻文獻全編》，北京圖書館出版社。

《鼎建十方院並郊樓碑記》

余綰符是邑，每公餘遊覽，得東關頭迤北十方院，爲問俗之境。其中住持緇衣子名曰如珠，余見而問曰，何所從來，而駐錫於此。珠俛首答曰，珠，鎮江府人，遍閲天下名山，投禮海島金山寺披剃學禪。既而慕燕冀間賢聖叢集，不惜擔風渥月之孤踪，冀遂披雲覩星之夙願。會見此地倚山環水，泉甘土肥，森然茂樹，蔚然巉崖。可以飲啄，可以盤桓，可以藏修息游，因息肩而處此。余又問曰，地基若而方，廣殿宇若而巍峩，佛像若而莊嚴，向年之營搆，何氏之布施而得此。珠俛首答曰，珠名托大千世界中，抱不貳心源。諸名公身居高位，而心能下人。方珠卓錫市頭，思覔一枝棲。尋蒙有三楚孔明府在神宗庚戌歲，捐財拓地三餘畝許，又置園地二十三畝，爲供養十方之資。至歲壬子，於是結搆前殿三楹，抱廈三楹，兩廊房各三楹。又己未歲，建後大殿三楹，并前山門，鐘鼓樓，共五楹，皆西魯周明府敬止、臨淄姜明府應科、棲霞郝明府守栻、南陽郭明府其量、晉陽張方伯雲翼、建康萬郡丞獻策、中山田刺史于野、安平李明府登瀛、清吏司李主事茂華、中山張遊繫諱鴻勳、安都司諱從孔，諸明公傾心輸金施濟者衆沓也。他如刑部王中台漢傑，當庚申之歲，署篆是邑，亦嘗稅駕於此，命珠設樓觀於院之左方，修複道以虚吐納。又饒輪厚貲，營壘未就而去，明乎遺義於後哉。

余聆珠語，不覺蘧然悟，儼然喜，劃然長嘯曰，有是哉，王中台之爲斯樓，似也。路當東西之衝，一以便行客，一以壯觀瞻。憑虚縱目，則滹陽風景，一俯瞰而畢收矣。盍亦令其致廣大，而極高明乎。乃復命鳩工積材，築臺四丈，樹閣一座，要完王中台未完之局耳。吁嗟樓兮，今天下龍宮梵宇，不知幾倍於國初。而閭閻窘迫，日甚一日。故知修造寺觀，全無福利也。余之來宰，歷四年所，雖不能增民以所無，豈能損民以所有。不能強民以遠且難，豈能忽民以邇且易。嘗循行郊野，勸課農桑，固夙知民間艱難疾苦者。顧肯愚惑小民，令建四丈危樓，妄興土木，糜費民財哉。獨謂東方青龍之地，空缺日久，須得百尺危樓，方可以補塞罅漏，屏翰一方。其利於民不小矣，何也。一縣猶一身然，縣爲腹心之象也，右眺西郊，有西關之郊樓，左顧東郊，亦設東關之郊樓，股肱耳目之象也。人之一身有腹心，又必有股肱耳目，而後爲完人。極之郊樓西峙，而東或空缺，是猶人身之左無股肱耳目也，庸得爲完縣乎。時緇衣子如珠在側，唯唯受而退。遂勒之碑，以垂不朽。

時飛龍天啟甲子歲季夏上浣之吉，敕封文林郎無極縣知縣陞授奉直大夫趙州知州蔚蘿郡王家徵升岩甫撰。

文林郎知無極縣事山西平陽府蒲縣曹崇信懷魯甫校

儒學教諭河間府寧津縣張士賢肖軒甫閱

儒學訓導順天府密雲縣杜幹逵完知甫書

典史南昌府南昌縣吳應祥瑞吾甫篆

邑庠廩膳生員田九區經野甫評

增廣生員岳之峻高華甫督

（民國）《重修無極縣志》卷十七。《明清石刻文獻全編》，北京圖書館出版社。

《勅賜永泰禪寺碑記》 太監韋公欽奉上命，提督廣東市舶司。茲者建寺既成，疏於上，勅賜名永泰，公屬予記之。惟太監公自幼選侍中禁，於茲五十餘稔矣。事體日閑，忠勤日著，巋然爲當時老成。故能遭際聖朝，屢荷寵賚。一旦俛而思，仰而嘆曰，吾致身榮顯，能無一念之誠，以上答聖恩於萬一邪。肆於廣州城東門外四里許姚家岡，市不耕之地，坐震嚮兌，營建佛寺。其址縱豪十八丈有奇，衡禪十六丈有奇。千金山列於左，印山列於右。觀音、彌陀、馬鞍、白雲諸山當其前，州岡山擁其後。前臨白雲溪，後濵珠海水。高明幽雅，一塵不到，眞勝境也。前爲山門，塑二金剛於門外之左右，門之內塑四大天王，左右咸有角門。建立正殿，奉三寶釋迦佛，而阿難、迦葉、護法善神則左右侍立。北藏普庵，十有八羅漢列於殿後以暨左右。左有鐘，右有鼓。殿外周圍有石闌干。正殿之後又建殿以奉三大士，而達摩、六祖、二十諸天，則列於殿後以暨左右。殿之外，左有伽藍堂，右有西歸堂，香華器物，每殿咸具。殿之左右，別爲兩序。僧舍十有六楹，甘露亭立於後殿之右，碑記亭立於後殿之左。井庾廚湢，靡不備具。環以修垣，高厚式稱。刻雕藻繪，像設粧嚴，丹堊鮮明，金碧晃耀。經始於成化丙申冬十月，告成於庚子夏六月。命僧戒玉住持，徒弟定選、定通、定逾、定延、定鏞，番南二縣置田五頃九十畝零，以爲常住。臣子報國之心，無往而不在也。太監公建立佛寺，俾僧徒闡揚教典，祝聖壽於萬年。有生諸物，咸享太平之福於悠久，其報國之心，得不於是乎驗耶。公名眷，字效忠。弟韋泉，字朝宗，錦衣衛正千戶，西廣宜山人。

成化二十一年歲在丁巳秋九月吉日立。

（同治）《番禺縣志》卷三十一。《明清石刻文獻全編》，北京圖書館出版社。

《勅諭護持永泰寺碑》 皇帝勅諭，官員軍民諸色人等，朕惟金仙氏之教，以圓明空寂爲體，利濟慈悲爲用。化導衆生，覺悟羣迷。功德所及，誠有資於治理。肆自漢以來，流行中國。洎朕祖宗列聖，咸崇尚之。而中外善士，尊信崇奉，亦無間焉。總鎮兩廣內官監太監韋眷，先是提督廣東市舶提舉司事時，嘗捐所受累歲賞賚，於廣東廣州府番禺縣永泰鄉，市得善地，創造佛宇一所。陸續置買田園房屋地塘若干區畝，俱與本寺，以供贍僧供佛齋膳香油之費。恐年滋久，被人侵占，樵牧作踐，奏乞璽書護持之。朕念韋眷捐資作寺無罪，爲國祝釐，爲民祈祐，其心善矣。特允其請。既賜額曰永泰寺，復護以勅。俾僧衆自在焚修，凡官員軍民諸色人等，毋得欺慢侵淩，及昏占田土池塘，污毀佛殿僧房，以沮其教。敢有不遵朕命者，論以重法。故諭。

成化二十三年五月二十五日。

（同治）《番禺縣志》卷三十一。《明清石刻文獻全編》，北京圖書館出版社。

《歸元寺記碑》 漢陽郡郭俯瞰江滸，出郭之西數百武，有宮巋然者，曰歸元寺。寺之中，殿宇輝煌，寮廊深邃。凡說法之堂，棲禪之室，香廚僧舍，以及往來賓客憩息之所，無一不備。更三師，普同有墖，鱗介放生有池，而筍園蔬圃，井臼□揄，亦位置秩然，楚楚清潔。四面雲樹，周遭陰晴寒暑，劇饒佳致。晨鐘暮鼓，梵唄泠泠。月白風淸時，恍終身在瑤天矣。江之南爲武昌，雉堞逶迤，陶侃辛勤種柳。鶴樓突兀，崔顥登眺題詩。賈帆上下，迅若鳧鷗。漁笛悠揚，聲浮煙霧。奔濤激浪，雪歕雷殷。草色山光，眉端戶外。其主方丈者，蓋旦升上人。

上人宗風道德，名滿人寰。余聞之有年，奈跡羈塵俗，莫由親炙，切神交。庚午秋，叨春簡書，來典楚試。撤棘淸餘，盥熏而造焉。◇雲氣度質樸冲和◇雲□□忠誠直諒，妙無善知識矜莊規□，並無三空六道一切語錄陳◇。令人對之不惟妄念能消，甚至名心□淡矣。因詢之曰，吾師法鉢誰傳，此剎刱於誰手。謂先師白光明，法叔主峯崑，同嗣克歸宗和尚，本洞山三十一世正傳。由於定藩解俸，商衆□輪，無刱造年月，倫載門前碑碣。額曰歸元者，取乾坤資始資生之義也。余曰，《易》云，元者善之長，善者孝弟忠信仁義之良，而達之爲彝倫綱常之事者也。子輿氏謂，親親仁民愛物。塔奉三師，非親親意乎。次則普同，非仁民意乎。鑿池放生，非愛物意乎。王臨川謂佛老者多寬平而不忮，質靜而無求。不忮似仁，無求似義。昔之命是名者，得毋象之似乎。師以余知言，揮麈確幾，竟日忘倦。但此度相逢，何止慰悵素心，定有因緣夙世。既乏玉帶存鎮山門，豈忍掉臂分襟，一無貽贈。書有《摩利支天陀羅尼經》一冊，蓋臨仿顔魯公筆法者，願留之方丈，用當皈依。俟余事君事親之道致竭有餘，或載入虎溪，領略妙諦。他日吾師耄耋精神，而《摩利支經》亦必宛然無恙也。謹託管城記之，以爲後來重晤之券云。

（嘉慶）《湖北通志》卷九十六。《明清石刻文獻全編》，北京圖書館出版社。

《新建石門佛寺記碑》 乾隆三十七年夏四月之上浣，余以新築施南府城，道經建始縣之石門。石門者，山石中洞如門，往來人必出入門以爲路。人從巴東來，傍石虎山東北，下趨而南三里許，至石景橋。橋稍西乃西南上行而北五里許，至石門。穿門出稍北，列垂如簷，土人依巖結茅屋簷下，市酒飯以待行人。小憩崖下，林木拱立。自石景橋望之，可歷歷數。東西相對，可呼應。而崎嶇上下，經時乃達。當是時，余未至石景橋，卽望見石門高處，有金身螺髻狀，世間所塑如來佛者一。又有白髯公，冠巾而待者一。其林木枝葉間放光，如金丸纍纍。指視從者，曰無見也。至橋，下馬熟視，猶在上。而至石門，無有矣。夜宿施南，二僧見夢曰，衣敝，願舍新衣。許之而覺，此其日之所見，幻而入夢者耶。既歸鄂城，述異於我母太夫人。太夫人曰，是當作寺。卽寺如石門巖屋之右，琢石爲像，如所見，一爲如來佛，一爲伽藍尊者。其傍爲小廳事。官人過客，謁寺可憩息。落成當勒石。

余惟余素不善事佛，佛乃於我現丈六身，枝枝葉葉，放大光明。倘如佛氏言，有所謂因緣者也。石之爲門幾千百年，其地不有佛，佛乃今得寺石門，倘亦有所謂因緣者也夫。使今不視城，無由至石門。不至石門，無由見佛光明，卽無由作寺。子不語神怪，而曰如在其上，如在其左右，今余所見，非直惝恍窈冥如之也，夫豈狂言以惑世。要以歸之，於因緣也云爾。廼作頌曰：

不生不滅是生生，無住無去必有住。佛在人心亦在眼，光明在眼卻在樹。石門石虎相對出，澗水中流無休息。如來也惜草鞋錢，伽藍到此脚一歇。說與路人莫失迷，千秋摩挲此碑碣。

（嘉慶）《湖北通志》卷九十六。《明清石刻文獻全編》，北京圖書館出版社。

《重興羅山法海禪寺碑》 晉安法海寺，亦名羅山堂。五代時叢林號最盛，高衲嗣法，列名《傳燈》者如雲。初道閑禪師參岩頭，言下頓悟，領衆千數，廣開茲山。後□□義因義聰，并以名德衣鉢相承。閩南稱選佛場，久推法海。繇宋歷元，香火不斷。至明肅皇帝時，寺□就衰，豪家因侵爲苑囿。寶座蓮臺，圮于寒雨。□毫金相，棄之土灰。昔時結夢修祝，晨梵夕唄地，一旦化爲酒肉絲竹，淫哇之場，過者悽惻傷焉。更數主而轉屬侍御藍公爲別業，公以直言忤時宰歸，垂橐蕭然。至孫圻，挈八口就棲焉。圻爲諸生，有名□，讀內典，暢曉宗乘，洞明因果。慨然曰，古人舍宅爲寺，以寺爲宅，可乎。雖遞易遞改，以及于我，辠不繇己。顧念鷦斯咏斯，歌斯哭斯，疇昔三寶地也，焉所逃業。且捨復還寶所，予志也。而予別無一茆以蓋頂何。會善士張君思倉、孝廉徐君熥、前將軍張君奇峰、上人精宗，與諸檀衆，共襄緣事。太學洪君士英，以其尊人所祀三寶諸像送供，且捐金焉。藍君遂忻然捨宅，而黄君公鍵施大乘經若干部，而提舉施君天經，文學林君昭錫，各捨百金。一時當路，各捐俸爲助。及鄉宰官長者居士，各量力布金。於是殿宇金像，焕然一新。而戸部陳君□勉復捐百金，莊嚴金身丈六。廷尉曹君學佺、大令陳君一元、□侯蔡君炳，助緣有差。

嗚呼，藍君不難去巢穴而復寶坊，諸賢翕然發弘願，而襄勝事，盛矣。夫佛者，覺也，覺迷則無罪不消。法者，舍也，能舍則無法能縛。諸君子覺矣，舍矣，不獨共躋勝果，抑□□□闡提無閒之業，得從末滅，檀波之所及者弘偉矣。

萬歷癸卯秋九月望日。

《福建金石志》石十三。《明清石刻文獻全編》，北京圖書館出版社。

《重建法海禪寺碑銘》 福州東南羅山法海寺，建於晉開運之二年。時道閑禪師開山闡教，法嗣代興。歷宋元至今七百禩，屢廢屢復，香燈無改。至明嘉靖初，孝廉高敘據爲別業。連雲寶刹，變成歌舞之場。搖日法輪，委籍烟霞之逕。卧毘沙於秋草，沈定水於刼灰。見者傷心，言之掻擘。豈期法不終夷，燈難頓熄。展轉易主，遂屬侍御藍公濟卿，至侍御孫圻，具大智識，發菩提心。悟浮漚之不恆，悼宗風之久墜。慨然盡捨歸寺，以懺罪悔，以祝天子萬年。於是四方慕義雲集，宰官護法長者，布金庀材鳩工，物力咸具。法師悟宗上人，性行堅忍，戒律苦嚴。向在鼓山，闢開洞壑。雪瓢雲笠，處處孤蹤。木屑竹頭，事事得理。不數年間，門廊殿宇，秩然一新。百年寶所，復還舊觀。丈六金身，重開初地。雖空門無相，不滅不生。而起念分頭，卽佛卽鬼。洵無量之法力，曠世之盛舉也。經始於萬曆己亥，而迄壬子。維時郡人謝肇淛嘉其精諦，而樂其成，爲之銘曰：

瞻彼羅山，薈蔚朝躋，頹隍帶川。既闢珠林，雲楣棟楯，爾兆率天。藏丹之壑，狻猊夜吼。金人則遷，酸風射眸。鷲飛於桑，雞棲於蓮。歌斯哭斯，神之聽之。苟亦無然，煌煌驄馬。天篤克世，靡願弗堅。飄如振槁，翛如脫屣。慈割愛鑴，惟宗上人。不遑啟處，草蝕衲穿。累寸爲楹，積銖成堵。石礱陶甄，巍巍峩峩。如鳥斯革，彤牖輝鮮。赫赫金身，日光霞彩。飛動闐駢，扆彼翠巘。山靄爐氣，無雲斯烟。金鐘寶鐸，松濤竹韻，無籟斯傳。譬彼甘露，熄茲火宅，何福不田。聖教大力，侔天極地，永萬斯年。

里人徐𤊹書莆田聯煌勒字

《福建金石志》石十三。《明清石刻文獻全編》，北京圖書館出版社。

《空隱和尚偕法緯定者二禪師塔銘》　自航葦西來，授衣東土。宗雖分五，而實本於一源。閩則雪峯玄沙而後，薪傳不絕，此佛法之所以亘震旦而常輝也。蓋由祖賢而孫復克負荷，父作而子仍善繼述。則法法長衍，如鏡光交羅，川流不息。此法中龍象，必待其人，非可苟也。今觀於怡山長慶空隱和尚，父子孫一堂，創造機緣，則大有足述者。

按和尚諱道獨，字宗寶，別號空隱，廣之南海人。六歲失怙，見佛輒拜。頂戴《六祖壇經》，日禮大士像，求識字。忽夢身騰空中，汗透毛孔。醒而通其義理，數行俱下。年十四，辭母出家。然性至孝，母常病渴，走二十里求山泉，抵城闉始辨掌色。母歿後，恭訪名山，遍禮耆宿。呈倒騎牛頌於博山，大爲所刮目，爲更今名，受具足戒。臨別囑曰，汝八月當再來，無辜負老僧。及期未至，而山已示寂，豈此語遂爲末後付囑乎。和尚由是閉關金輪峰，徙黄巖，堅意不出。然猶慮博山一燈，未續於人閒也。遂應粤東宰官請，住羅浮。宗風大振，人咸傾心。

吾閩聞其風，以鴈湖請。和尚遂航海至閩，値鴈湖爲山寇所據，中丞臺暨諸大夫士延和尚住長慶，蓋長慶爲唐懶安祖師聞百丈之遺風，開山說法處也。和尚欣然就聘，遂使祖席重光，鼓鐘再震。修廢舉墜，煥然改觀。侍和尚者固多高賢，而法緯大師，則尤爲其最先者焉。緯公名函濟，徽州黟縣人。初得戒於博山，與和尚同在禪堂中，片言契合，遂相投如水乳，凡出入必俱。閉關金輪時，採薇篩糠三載，資其困乏。及重修華首，胼手胝足，以供厥事。敦請全藏經文，作鎮山門。蓋師穉年出家，復歸養母。母終，然後出了法門大事。其出處與和尚若合一轍，宜其所需，如左右手也者。長慶重興，雖宰官善信，共襄厥事，然非和尚父子堅深願力，安能鼓舞人心至此。時以院務難其人，衆推緯公和尚，遂從輿論付託之。田午歲，和尚返粤東，緯公亦抵芥庵，侍左右。居數月，和尚以長慶事未完，有偈促其歸曰，佛法無多子，吾仁心久長。始終無變異，堅固等金剛。愈退愈有力，愈明而愈藏。詢君端的處，報道種瓜忙。末句蓋舉緯公當日金輪峰钁地時，答萬里無片雲如何語也。師歸長慶，而遵師命，不敢少怠。復舉其舊者新之，缺者補之。鑄洪鐘，贖田園，足其所未備。且重建法堂，規制莊嚴，庶幾以續懶安當時叢林之盛，是守成而兼開創者。予益服和尚之能知人，而大有造於吾閩也。

緯公高足定者禪師，名今禪，惠州歸善人。幼秉慧資，十歲，隨其祖宦大埔。聞喪母，因發願長齋。年十二，夢佛舒手摩其頂，遂皈依和尚，求立法名。嗣而赴匡山歸宗，求披剃，列於侍者。一日，和尚問，如鏡鑄像，像成後，鏡光向甚麼處去。答曰，不見廬山眞面目，只緣身在此山中。和尚首肯曰，爾應師法緯公。則其斯望定師固深矣。庚寅冬，定師從霜雪中繭足度嶺至，見和尚於方丈，而泣曰，生死事大。和尚曰，汝自東莞遠來，途中辛苦，且向安息去。一日，舉瑞巖問巖頭，如何是本常理。衆多不解，定師反覆經月，忽有省，入室向和尚，和尚頷之。嘗圖和尚像，請題偈曰，這阿師，三寸甚密，不許人知。何期動也露全機，卻被禪兒窺得實。知野老，不相欺。咦，從教露布難藏覆，留與人天作範規。後以西堂許定公，蓋親對緯公言也。詎意和尚歸粵未幾，示寂於順治辛丑七月二十二日。俗壽六十二，僧臘三十二。而定師亦隨於康熙戊申四月八日寂，享年四十有四，僧臘二十有四。

噫，緯師上喪其師，下凋其徒，而獨荷重任於一身，厥維艱哉。然道法爲重，惟願緯師長住世間，爲叢林棟梁也。衆善信暨弟子輩，仍於怡山西邊之楞伽山，鳩緣造塔，葬和尚髮齒，以示不忘所自。左爲緯公壽藏，右以葬定師。他日常寂光中，父子孫相視而笑，不亦休歟。之蕃生而交其人，死而銘其塔。又深嘉緯師守先待後之心，與夫力肩長慶之任，至老不倦，是眞不負空和尚所托，而足以紹懶安之遺者也，故樂爲之銘。銘曰：

蒼鬱怡山，禪林第一。隋唐宋元，慈雲慧日。潙山懶安，創居瓊室。二十九傳，圓通秘密。運當明季，兵燹離披。機緣未就，道德凌遲。華首尊宿，蒞我海涯。宗風廣播，樸實坦夷。相睹莊嚴，物沾餘潤。棟宇翬飛，鼓鐘響振。惟公與卿，布金無吝。維子若孫，努力精進。摩兒智刄，法席重興。山臺道種，謨烈丕承。一堂繼志，淵涵源濬。無分壽夭，豈論秀能。陟彼高丘，荔陰浮碧。不朽者名，所藏者魄。江水迴環，舟車絡繹。億萬斯年，瞻仰片石。

《福建金石志》石十四。《明清石刻文獻全編》，北京圖書館出版社。

《心一禪師塔誌銘》　師諱圓諸，號心一，俗姓林氏，閩縣人也。年十一，剃度于楞伽山轉華禪寶偏公。逮偏公移入越山華林寺，師與其師兄元和公隨焉。華林爲鼎祖師法席，寺建于晉太康元年，歲久且毀。和公竭力重修，師盡捐衣鉢，莊嚴金容，起人瞻仰。博山無異和尚入閩，開法鼓山。師皈依座下，授具足戒。因閉關越山三年，參究本分事。適翰林陳公灃源延公住超山寺，居久之，先中憲復延公住梅花庵。後值玄沙古刹，連遭兵燹，幾至廢墜，歲己亥，余與諸善信士，延師進寺住持。庶鐘鼓再震，祖庭重興，師之功也。師嚴持戒律，修頭陀行。性澹泊，茱根疏糲，破衲敝屨，□然安之。其德宇謙冲，寡言語，異□紛，渾然不見人過。平生諷誦《華嚴》、《法華》、《圓覺》、《金剛》諸大乘經，幾百千遍。且朝夕專持觀世音名號，數十年如一日。以康熙戊申十月初九日巳時，無疾而終，微笑端坐，顔色如生，衆稱異焉。師生萬曆丁酉二月二十七日酉時，世壽七十有二，僧臘六十有一。其徒明時等，徒孫淨在等，卜塔于賢沙之左，以辛亥年四月朔日，奉全身藏之。以予深知師，請銘焉。

法弟林之蕃頓首拜撰。

《福建金石志》石十四。《明清石刻文獻全編》，北京圖書館出版社。

《樂説辯禪師塔銘》　三際本空，二死永寂。乘其志願，示以去來。按公諱令辯，字樂説，廣州番禺麥氏子。家世業儒，公幼爲書生，通達大義。年十九，過雷峰，見僧坐禪，忽悟身世無常，須臾變壞，惟事佛入道是所止之地。即棄俗，禮天然和尚於廬山之棲賢，一見器許。未幾，即爲剃度稟具，命執侍左右。始知有宗門向上事，矢志研窮，期於智證。公事師至孝，苦行精勤，雖祁寒溽暑，未嘗少怠。一日，天和尚舉世尊降生、雲門行棒因緣，公聞之，豁然開解，呈偈，有一條柱杖兩人扶，卻向虛空強打摸之句。天和尚肯之。越八年，隨侍回粵，開山丹霞。公備歷諸職，服勤衆務，心無少懈。與同門阿字、澹歸諸公，同見同行，互相磨礪，最爲莫逆。丁未七月十五日，親承天和尚印記，付以衣法，諸機緣具於別錄。

天老人赴歸宗請，澹公推公主丹霞開法，公不得辭。經數載，天老人涅槃，阿、澹二公亦歸，公復移住海幢、雷峰諸刹。所至四衆皈向，當道紳衿，皆共護持。又若干歲，後因編集三代語錄，送至嘉禾入藏。復念長慶空祖過化之地，取道入閩，衆護法請補空老人法席。上自公卿大夫，下至緇素貴賤，無不人人傾心悦服。公亦攝之以無緣慈，叢林復振，典型俱備，衆滿千餘指。結制解制，上堂示衆，諄諄接引，志不少衰。僅滿三載，至康熙乙亥元旦，無病示衆，預定歸期，有七人八榖之語。至初八日，果別衆而逝。優婆塞弟子陳宗柏者，奉師遺□，□于棱禪師窣堵之右。世壽五十有九，法臘三十有八。乃請予爲之銘。因思公之來也，應緣而來，來無所來。公之去也，機盡而去，去無所去。無去無來，住無所住，此公之無住住處也，銘何以辭。謹銘曰：

怡山祖刹，宗風久隤。寶翁過化，枯木花開。更五十年，鼓鐘寂寞。樂公嫡孫，繼振斯鐸。往者以復，濁者以澄。吹大法蠡，如日東升。葉落歸根，示衆坐脫。翛然無繫，凌空白鶴。巍巍窣堵，稜祖之旁。熾然説法，草木皆香。

《福建金石志》石十四。《明清石刻文獻全編》，北京圖書館出版社。

《長安禪寺碑》 佛世尊以大法眼藏，成無上等正覺于西竺。其法以慈悲廣大爲門，明心見性爲悟。自後漢流入中國，爲世崇尚，歷代靡違。所謂開誘群，迷陰翊皇度者也。昔阿育王建塔寺遍夷夏，雖經刼火焚毁，而遺基故蹟，往往爲後人脩葺復完。燈燈續焰，代不乏人，彌久益彰，廢而復舉，抑豈無所自哉。遼東瀋陽長安禪寺，不知肇自何代。基址砥平，高闕爽塏。國朝洪武中，因築城而始知爲故刹。永樂七年，指揮方盛按舊基而立精舍以居衆僧。十二年，住僧靈源、栢庭二人始創建前殿。宣德三年，有笑庵禪師者，復建後殿。掘地得石羅漢八十餘尊以奉之，靈貺昭答，人皆傾慕。正統十年，住持洪明又建僧舍庖廚倉庫。十二年，僧深泉又建伽藍堂。天順二年，住持僧深潭募緣修造，得都指揮魯全、田進，指揮曹輔，皆出金帛，善士張道誠，協力以助之。遂建天王殿及外山門幷廊廡十餘楹，乃煥然成一大蘭若矣。

奈何經歷年久，其殿堂山門，皆傾欹腐朽。牆垣階壁，皆頽敗荒蕪。今住持僧廣寛慨然興嘆，誓脩復之。適都指揮孫鴻業廣守其處，共捨金，資助以人力，而廣寛寔董其功。不憚勞苦，易朽以堅，飾故以新，傾者直之，頽者正之。殿堂牆壁，完好一新。遂感金佛一尊出見，像貌端嚴，永充供養。既而金碧輝耀，香火連綿，規模大勝於前矣。經始於成化十三年，至今二十三年丁未落成。廣寛恐久而廢弛，以墜前人之功德。復因都指揮郭洪，助以白金，兼礱堅石，來徵予文，以垂不朽。夫寺有顯晦，與物皆然。不有哲人創始於前，則不足以闡金仙之敎。若非賢者興起於後，又豈能續佛慧命於無窮哉。今玆寺也，既廢而復興，已弊而復完。斯固本其僧行之賢能，亦抑賴諸檀越有以力助之也。故記其脩建之始末於前，俾鑱諸石，以告夫來者。尚當繩繩繼繼，用圖不朽於萬億斯年，顧不美歟。

大明成化二十三年歲在丁未夏四月如來誕日，本寺住持僧廣寛立石。

碑陰

碑陰記

此寺爲前代古刹道場，屢經兵燹，寺燬無存，碑文載之詳。及□創建之時，既感□羅出現。追今六七十年，寺多損壞，廣寛發心重脩，又感金佛示應。固知佛敎盛興，法輪常轉，烏得而滅滅邪。由是十方檀越，達官長者，信善大人，共發善心，同聲喜捨。重脩殿宇，築砌牆垣。變腐朽爲堅固，回瓦礫爲金碧。其功其德，莫可稱量。是皆賴諸檀越之所致也，謹具各官職名，勒之碑陰，永垂不朽。既植德本，則福不唐捐矣。

都御史劉潺

欽差鎮守遼東太監韋朗

總兵官緱□

欽差分守遼陽太監洪義　藍永

副總兵韓斌

參將　崔勝　周俊　羅雄

遊擊　佟玉

遼東都司都指揮郭洪　田◇　孫文毅　魯勳

以上第一列。

瀋陽中衛指揮曹銘　王璽　張華　楊洪　李凱　鄭洪　方鎮　費錕

腦玉　孟輔　薛英　鄭璽　崔灝

訓導何璽

以上第二列。

鎮撫郭棨　朱成　□□

衛鎮撫龐源　戴洪

千戶李鎮　劉璽　祝英　盧欽　宗政

百戶田紀　田用

庫使李旼

以上第三列。

長□□住持廣寛

首僧廣達

前住持深智　深濬　深湛

彌陀寺住持廣聰

大林寺住持廣慶

觀音寺住持廣玄

圓通寺住持廣清

善士李杰　馬禮

水寺。郡人及往來官士，暇則多喜覽，登臨者曰榆林一洞天也。歷歲久之，二僧俱無恙圓寂，梵宇不能無廢墜。

正統間，僧人劉正恵，即德新開山之徒，見其零落，同善士滕興，叩白善衆，已遂重脩之。果力薄緣輕，未能立石以誌，後正恵亦無恙圓寂。迄今又數十餘年，殿閣門牆，將復傾頹朽壞。弘治己酉，僧劉継智同龔紹海，即正恵從子，功德主馬雄、沈善敬、芮善通、李明通發心，請命于都閫耿公，蒙允所請，助以人力木料。闔郡向善者，咸施所有，鳩工以脩。朽壞者更之，傾覆者植之。循其舊而新其制，振其墜而益其無。歲周功完，來請予記。

夫創始固難，守成不易。今僧性不定，去住無常。或遊衣遊食，不務祖風。或恣意恣情，不守戒行。如此不過沽僧名而脫俗，假佛力□□□□創始固不能，又何以望能守其□□継智、覺海同善信馬雄，生有善根，行無惡狀。動靜食息，不離乎善。於廢墜未脩者脩之，碑石未立者立之。歷萬□□□□千刼而歸善道，可謂能守其成矣。梵餘無事，晨鐘暮鼓，祝皇圖於永固。焚香誦典，願佛日之常輝。俾郡生蒙福，脫塵□□共拔迷途。衆信霑□，遠波濤而同登彼岸。其流□遠被，爲可見矣。空門之理幽玄，予素未講，姑述此以記歲月云。

大明弘治叁年夏陸月朔旦立。

大清咸豐二年三月吉日，因碑座崩壞，于化龍、王士元捐貲重立，造作匠襄平僧善劉□連。

《滿洲金石志》卷六。《明清石刻文獻全編》，北京圖書館出版社。

高八尺，廣四尺。二十三行，行五十字。正書。額失拓。

《敕賜大金喇嘛法師寶記》 法師斡祿打兒罕囊素，烏斯藏人也。誕生□境，道演真傳。既已融通乎法□，意普度乎群生。於是不憚跋涉，東歷蒙古諸邦，闡揚聖教，廣敷佛恵。蠢動含霊之類，咸沾佛性。及到我國，蒙太祖皇帝敬禮尊師，倍常供給。至天命辛酉年八月廿一日，法師示寂歸西，太祖有勅，修建寶塔，斂藏舍利。緣累年征伐，未建壽域。今天聰四年，法弟白喇嘛奏請，欽奉皇上勅旨，八王府令旨，乃建寶塔。事竣鐫石，以誌其勝。謹識。

時大金天聰四年歲次庚午孟夏吉旦，同門法弟白喇嘛建。

冠帶人李動

以上第四列。

僧人深□ 深□ 廣春 廣遠 廣俊 廣用 廣□ 廣霧 廣□ 廣會 廣賢 廣迪 廣華 廣潤 廣椎 廣□ 廣洗

以上第五列。

廣丘 廣才 廣興 廣傑 廣倫 圓搠 圓□ 圓珫 圓向 圓□ 圓朗 圓□ 圓知 圓迪 圓表 圓旭 圓安

以上第六列。

圓恵 圓荃 圓浩 圓昇 圓□ 圓□ 圓□ 圓□ 圓彪 圓秘 圓朝 圓徹 圓勉 圓昕 圓會 圓富 明興

以上第七列。

廣通 誠□ 恵□ 廣玉 圓□ 圓福 圓輝 圓恕 廣□ 圓□ 圓□ 廣□ 圓□ 圓□ 圓□ 圓□ 明□

以上第八列。

大明成化二十三年歲次丁未夏五月端陽日，本寺住山□□□寬記□。

《滿洲金石志》卷六。《明清石刻文獻全編》，北京圖書館出版社。

高六尺八寸，廣二尺九寸。二十行，行四十四字。正書。額題長安禪寺碑記，篆書。

《重修勝水寺碑》 蓋聞釋教之興，肇自西域。迄漢流慈，遠被東土。微言崇闡，能拯含類於三途。遺訓宣揚，善導群生於十地。是以群迷向化，庸蠢知遵。中國僧寺之設，良由如此。自是以來，歷唐宗及我朝，悉崇斯教。僧寺之設，無處無之。郡城東去二十里，有山一峙，曰大黒山。松栢森欝，凌漢衝霄。翼鳳山，抶鯨海，蒭蕘雉兎者往焉。絕頂有井二眼，山畔有城一圍。昔唐太宗避兵所制，傳所謂卑沙城是已。洪武初，僧人陳德新、方影山遊覽至其山陽，亂石間盤旋而上，將絕頂，見怪石聳披，一壁下有舊刹址，不知爲何時。東有泉一泓，西有洞一穴，前有懸崖。仰觀天近，俯視雲低。松螺擁翠，旭日呈紅。景致幽奇，爲遼左東南一隅之勝境也。二僧曰可上，遂卓錫開山，履危涉險，不憚胼胝之苦。勞心焦思，募券衆善之緣。於怪石下，建殿塑像。左立禪房，右脩石洞。前蓋觀音閣於□□嵳峩一石徑，自麓尋陞其刹。越三載，功乃落成，名曰勝

都總兵耿仲明　元帥孔有德　總兵尚有禧
欽差督理工程駙馬總鎮佟養性
委官備禦蔡永年
遊擊大海　楊于渭撰

碑陰

喇嘛門徒　甕卜　班第　扒必知　閃把　孛代　咱世甲　羅布藏　齊
榜識　率尼榜識戰廝　毛胡賴　布希孩　阿牛　孛治　擺矖　廝害　來福
路子　小保子　二小廝　賈友登　賈友明　重陽　夏永時　王善友　把
大□　□□友　徐計忠　范和尚　朱朝功　王廚子　洪文魁　洪□　王孝
中　王盡中　賈計祖　徐德　王二　小倪子　明□□　祖喜　玄方□
侍奉香火看蓮僧　大成　大塔　金剛保　常會　大士　大召　妙意
寬德　寬伏　□童　祖俊
西會廣祐大寧慈航寺僧　信海　信椿　洪杲　信福　性惠　果正　常
鎮　洪德　成清□正　性宗　信清　鎮龍　洪湛　大常　大京　大玲　大
清　妙本　寬然　□龍　玄樂　妙感　玄維　召貞　信福　惠靜　性朝
遊備郎位　郎熙載　藏國□
總鎮副參遊偹等官　馬登云　黑雲龍　石國廷杜　高鴻中　金勵　佟
延　□□先　祝世印昌
皇上侍臣　李思中　殷廷輅　楊萬朋　佟整　張世爵　李燦　張士彥
李世新　范登仕　庫商　張大猷　高仲邊　吳守進　劉士璋　閆印　楊
可大　崔應太　朱計文　吳裕　鴐哈　金玉和　甯完我　崔名信　楊興國
李光國　金孝容　俞子偉　趙夢豸　段成樑　龍十　殷廷樞　李廷庚
禿占　禿賴　才官　率太　尤天庚　黃雲龍　偏姑　教官高應科　朱　鄭
文炳　冉啟悰　王之哲　馮志祥　曺振彥　蔡一品　張君□　溫台十　李
萬浦　高大功　玄仲魁　韓士奇　薛三　樊守德　陳主治　林友成　◇友
明　木青　千總房可成　李三科　崔進中　周尚貴　木匠趙將　石匠信倪
寬佐　乞力千　金世逵　副將佟一朋　韓尚武　鉄匠潘鉄　書匠明淨
□□□何不利　柯參將　楊旗皷　高應龍　陳五　砲塔泥水匠崔果寶　旅

《滿洲金石志》卷六。《明清石刻文獻全編》，北京圖書館出版社。
高四尺零六分，廣二尺六寸。碑陽滿漢文各十三行，行字不等。額題勑建二字，正書。

《賜崇興寺大藏經敕諭》　皇帝聖旨

朕體天地保民之心，恭成皇曾祖考之志，刊印大藏經典，頒賜天下，用廣流傳。茲以一藏安置遼東雙塔崇興禪寺，永充供養。聽所在僧官僧徒，看誦讚揚。上爲國家祝釐，下與生民祈福。務須敬奉守護，不許縱容閒雜之人，私借觀玩，輕慢褻瀆，致有損壞遺失。敢有違者，必究治之。諭。

正統十年二月十五日

《滿洲金石志補遺》。《明清石刻文獻全編》，北京圖書館出版社。
高八尺，廣三尺八寸。十行，行十六字，正書。額篆書敕諭二字。

《幽遠經堂記》

鯨童時習聞始祖成甫公置望烟樓，察里人貧不能舉火者，密持錢投其家。及長，讀《明州義士傳》，志公多陰德，嘗助錢金某，令弗知，益信所聞不誣。近考望烟樓遺跡，家乘載，公四子分營居第，伯左㫙磯，仲右磚橋，叔隣學宮，季慈谿巷，邐邐東而南約里許，爲別業。負湖環山，濵河而居，然亦郭以內隩區也，而望烟樓莫紀焉。豈公雅意，不欲使後人傳而知之，故遺之耶。其別業則經始于天曆戊辰，落成于元統乙亥。工以歲計，凡八稔。屋以楹計，凡七十有四。厥惟艱哉。堂成，晨夕誦經，以無忘罔極之德。名僧獨一師署曰幽遠經堂，字義蓋取諸《法華經》，亦章往稽來也。乃鄉人遂號吾祖爲幽遠公，吾子孫亦曰幽遠云。

公亡，就其地歸魄堂之中，惟佛之宮室之旁，肖像祠公。茲堂之休侈于無窮，故一世孫爲羅源副使諱恭，再世孫爲德興令諱棁，弋陽令諱樞，相繼以經行起徵辟。三世孫爲國朝名臣謚文定，贈禮部右侍郎，諱敬宗，起永樂甲科。迄茲嘉靖，百五六十年來，克世科第，益振弗替，將非祖德所佑啟，抑斯堂之徵歟。第堂久弗治，勢懼將壓。乃弘治壬子，從伯侍御諱熙延海會寺僧法顯，偕其徒惠楷，俾來住持。楷精錬緝勤，新茲丕構，寔宏遠圖。庖湢廊廡橋梁，亦斬斬就理，靡有遺缺。且增置田二十畝，以待後來。吾宗人不煩費，而堂以永寧，其誰之功也。楷示寂，宗人爲肖像立石，謁甬江趙銀臺君爲之銘。其徒圓忠謂余曰，吾師于斯堂，無負陳氏子，寧少吾師哉。余唯唯，謹志其勞績如右。

大明嘉靖二十八年歲在己酉春三月吉旦立

（光緒）《慈谿縣志》卷五十一。《明清石刻文獻全編》，北京圖書館出版社。

碑高五尺八寸，廣三尺。額篆書惠楷禪師修陳氏幽遠經堂記十二字，六行，徑二寸七分。記十七行，行四十一字。正書，徑一寸。在東郭。

《惠楷上人行蹟碑》　幽遠經堂，陳氏始祖幽遠處士所剏也。在昔處士富而尚義，昌熾康壽，思報鴻濛之德。擇邑東勝地，誅茆結廬。時偕里社善士會齋誦經，以資佛福，故曰經堂。處士卒而埋玉於此，初任道者一人，供埽除役。捐田給費，子孫時掌督之。歲久迄無定畫，堂以不治。弘治壬子，處士九世孫侍御公熙，嘗禮請上虞縣海會寺僧法顯師住之，俾專理其事。而其徒惠楷師，與之偕來。山水佳適，遂爲傳鉢之地。法行堅苦，薰脩勤潔。凡堂之檐宇庖湢，門壝梁道，皆徹舊更新，日益漸理。增置田若干畝，以供香燈接待之費。遠近遊方，至者如歸。享年八十有四，以嘉靖戊申正月十三日寂化，人咸惜之。陳氏尊幼數千指，僉謂祖宗遺魄所在，實厪楷師之勞，經營备至。子孫瞻依，享有寧構。雖稱我先人燕翼流光之澤，而其維持保護，功不可忘也。乃相與刻像立石，俾其徒圓忠輩，徵銘於處士十世外孫趙文華，以傳之後人。銘曰：

惟陳氏，家慈中。祖諱紹，亢厥宗。號長者，德望顒。躬孝弟，履謙沖。寛人急，賑孤窮。不取名，道爲公。長子孫，穀下豐。壽康寧，福佑鍾。謂小子，荷鴻濛。靡報稱，如昆蟲。卜勝區，剏梵宮。名幽遠，栖法朋。炷香燈，作禮恭。白佛言，謝冥功。不背本，德滋隆。没瘞此，相始終。郡邑志，紀載公。天福善，後奮庸。仕皇朝，多顯通。念締造，益表封。惠楷僧，考鼓鐘。勤戒行，悟苦空。勸績著，檀越弘。嗟衆生，何惛懞。嗜利甘，視義凶。爭尋常，虧帝衷。捐一錢，死勿從。苟旦夕，侈豐融。未卒世，如轉蓬。吁長者，趣靡同。紺園輝，馬鬣崇。曠百世，善類從。嚴俎豆，脩垣墉。治杠衢，鳩孱工。誦經卷，起疲癃。愛爲行，利匪豐。教雖異，心乃同。彼衆生，猶下風。著此文，示羣蒙。

嘉靖二十八年歲在己酉三月穀旦立

（光緒）《慈谿縣志》卷五十一。《明清石刻文獻全編》，北京圖書館出版社。

碑高五尺八寸，廣三尺。額篆書惠楷上人行蹟碑銘八字，四行，徑三寸二分。文二十一行，行四十一字。行書，徑一寸。在幽遠經堂。

《重修蔡氏菴記碑》　吾邑秦氏以閥閲推高里中，其先世卜兆於東山之麓。去縣三里而近，有菴曰蔡氏教菴。以秦出於蔡，故仍其名不易。歲久而圮。元至正閒，秦公輔建茅宇一楹守之，而又圮。弘治末，同邑侍御陳公聞上虞海會寺僧稱顯師者有戒行，延至管理幽遠經堂。攜徒二，長曰澄，次曰楷。秦氏乃請諸師，而師以澄來主菴事。至正德三年，改造菴宇，更名存誠。再傳圓琛，三傳智明，四傳眞定，即今靜潭上人也。

上人姓岑氏，乃明進士搏霄公鵬之後。少孤，嘉靖十九年，從白龍寺祝髮。恪守戒律，邑中諸寺僧皆下之。故縉紳巨宗，凡有禱祈，必延禮誦經宣咒。其儀度整肅，音吐明朗，周旋起伏，宛然瞿曇氏之遺風。而以誠將之，所禱必獲徵應，非徒取辦與脣喙閒也。念所居菴宇修廢不常，非久長計。嘉靖乙卯歲，復鳩工聚財，重建屋凡若干楹，堂宇廊廡，内外咸備，中列佛像。亦既莊嚴偉燁矣，慮無田以守，則後人無所憑藉。又出橐中銖積金幾伯，買田壹拾叁畝，于萬曆壬辰歲具籍，歸之秦氏，欲使永永相傳，與菴同不朽也，此其意亦殷厚矣。

嗟嗟，今之人孰不思保有室家，廣營生産，以貽厥子姓。而禪衲之流，私其有者，蓋十人而九。上人獨能蟬脱塵埃之外，不以自利。秦之縉紳父老德之，共徵文以記其事。余自癸丑歲解組歸田，今四十餘禩矣。靜觀時變，咄咄興嗟。思與禪衲共證無生，而西方教衰，鮮通義諦。稍知檢括者，能投體金像之前，啟脣貝文之軸，卽懷能所稱總持矣。今觀上人堅持檀行，而所以修福者又多呈功效，勞于橋梁道路之閒。釋教所謂勉修三業，無負四恩者，非耶。夫釋教以清淨爲基，以修福助道，究竟底于正覺。上人年踰七十，而精力未衰，尚其勉乎哉。余不佞，乃就秦氏縉紳父老所稱述者，稍次序之，以復其請。而系之以詞曰，東山崔巍，哲人所藏。有堂隆如，翼翼相望。伊誰之功，千載勿忘。是爲記。

皇明萬曆二十一年歲在癸巳夏六月吉旦

秦門宗長赤　錄　曉　槃　鉤　鑲　國鍔　尚德　滿　尚質　文滔
尚文　渾　原初　文潛　舜漁　濟元　應麟　大海　應蛟　文溢　淳　應
鵬　沾　文淵　永齡　應鸞　今遇　應龍　涵　一麟　一梁　洪　育大
洽　應麒　洪儒　應鯤　應登　文澄　原禮　必選　沖　星耀　應鷟　應
瑞　洪壽　舜昌　善繼　洪慶　汝舟　汝楫　必進　文美　洪德　原祚
原祉　良驊　國望　東藩　廷杜　學益　廷試　廷槐　廷表　廷美　廷寶

廷誥　廷謙　廷和　東□　廷褒　廷寅　世魁　廷榮　學尹　廷楫　廷震　廷松　廷諒　廷珣　廷拱　學泉　來庭　來學　介臣　廷珪　夢奎　廷桀　可學　可仕　廷詮　紹芳　紹宗　鳳翔　師皋　師伊　化龍　時來　大禮　立石

（光緒）《慈谿縣志》卷五十二。《明清石刻文獻全編》，北京圖書館出版社。

高五尺，廣二尺六寸。額篆書眞定上人重修蔡氏教菴碑記十二字，六行，徑三寸八分。記十九行，行五十一字，徑九分。立石題名四行，行字不等，徑五分，俱正書。在東山。

《紀實師持教經堂碑》　經堂，余始祖幽遠公所治別業也。不越市廛，不染淄垢，而佳山佳水相屬焉。始祖樂善好施，明德懿行，其說在《明州義士傳》。迄今三百餘年，尙膾炙人口。玆堂乃其誦經所，及考終，瘞玉於堂之北。本深末茂，源邃流長。文物衣冠，光昭世美。余伯祖侍御公慮香燈之或替也，延名僧法顯幷其徒楷居之。楷也戒珠靡缺，忍鎧獨操。雖知四諦之必空，猶悟王業之暫住。拮據畜租，以供繕理。置腴廣業，以溥善緣。其有功於玆堂也偉甚，其說在符卿伯父大司空趙公碑中。再傳而得忠上人及誠上人，並法行精嚴，傳燈靡晦。而誠之徒，卽今實師也。

幼捐蹈火，蚤去呑鉤。炳慧燭于昏途，灑香雨于塵路。清梵夜聞，寶鈴朝振。善信皈宗，肯構踰昔。諸凡楷師所未備者，悉修擧而鼎新之。縱像非大莊嚴，井無千葉蓮，而波羅祭斯，維那淨土，宛同脈絡也。毋論宗之子姓，時祭展拜，歸德不忘。卽舟行者彌擢，輿行者憑式，游觀者合十。禮世尊，謁始祖。泉臺籍籍，嘉實師之功勤。嘗聞六祖語云，佛祖似隻船，祖師東來，付與兒孫。大家把纜，要到彼岸。余竊謂始祖發祥之地，世世瞻仰，而屬實師以典守。辟諸萬斛之舟，委之長年。占風測候，揚帆轉柁，皆長年任之矣。勝任則濟，否則覆。實師銳于焚脩，效於付托，何以故。良繇以本尊本則心法，眞以願爲願，則力量大，惟能勝巨舟，卽能登彼岸矣。宗之人以師年且七十，陽月二十日爲出世辰，命余紀其事，蓋藉其功而樂其壽也。余曰不然，夫睿日當懸，天花不散。師固以勤勞爲苦海，尤以濟物爲慈航。况于澄心洗陋之規，莊情束影之制，解網出界之訓，滅惑淨照之旨，綽有眞詮。上承祖鉢，則鹿苑金輪，寉林珠樹，或者將再覯焉，而玆堂終必賴之矣。

萬曆二十二年歲在甲午冬十月旣望之吉

宗長陳諳　房長陳杙　陳茂賢　陳頤謙　等立石

（光緒）《慈谿縣志》卷五十二。《明清石刻文獻全編》，北京圖書館出版社。

碑高五尺二寸五分，廣二尺七寸五分。額篆書紀實師上人符教經堂碑十字，五行，徑三寸。記二十行，行三十九字，正書，徑一寸。在幽遠經堂。

《帷遠自序訓語》　余姓胡氏世，居鄞西之纓湖。生旣不慧，又弗能事家人生業，恆脩然有離塵出俗之想。甫弱冠，渡西江而來，至此寺。蓋漢時所建，其間興而廢，廢而興，不知凡幾。計山門殿宇，不甚高廣，僧衆亦寥寥耳。余謂捨身出家，正以尋淡薄，求清靜，甯事富麗紛擾爲哉。遂禮果禪師爲弟子焉。師素敦朴，毫無世所爲機心機事，浮浪侈靡之習者。余深喜進脩之有地，皈依之得人。時卽洗心立志，卓乎不移。於是焚香埽地，持咒禮佛，作種種侍者之緣。旣而祝髮披緇，搽持愈謹。期無負於父母之所生，師祖之所教。兢兢業業，唯恐遺宗門羞。

已而師旣示寂，則山門轉而屬之余矣。余雖佩服師訓，益嚴自守，罔敢軼越。夫何時逢陽九，禍生肘腋。有異方狂徒，陰蓄異謀，詐爲護法弟子。一夕，斃兩圃人于巨挺之下，遂遭嚚訟。將從前所遺，一洗而空。余復拘於犴狴，回首東山，悲涕欲絕。幸大方伯馮公諗非余罪，極力拯之，得釋。雖免刑僇，而師徒飄零失所，聚散無常。入門則苔錢滿地，蛛網盈空。出門則竹笠凝霜，芒鞋踏月。紺相滿塵埃之色，金爐絕縹渺之烟。至於身衣口食，救貧無計，不知費多少辛苦，受多少淒涼。數年之內，如鳥之爲巢，羽殺毛敝，眞有不可言者。

屬有太常卿馮公，大司空張公，水部郎錢公，咸讀書於此。一日，互發一願曰，吾輩得志時，當爲爾重新斯院。幸天默佑，相繼發跡去。而馮公則召余赴楚，朝襄王殿下。殿下亦折節，禮余甚厚。幷諸嬪妃宗戚，共施金若干，錫衣杖南還，卽鳩工爲鼎建之擧。朝而出，暝而歸，冒雪經霜，餐風沐雨。垂十載餘，甫得建礎立木。殿堂較前擴大不啻十倍，而工費浩繇，不能以緜力支。合邑宰官善信居士，募化旣周，理難再叩。故歷二十餘年，猶未卽竣役耳。余徒性覺，□孫清高，皆先余卒，唯玄孫□□，自幼皈依，儘能受余衣鉢。又覩我十餘年勤勞儉約，饑寒苦楚，成此道場，則山門又轉而屬之□□矣。

余今形憊神衰，不復能如昔之碌碌。欲清一息之念，作它日歸去之資。而塵勞轉息，自顧茫然。第念出家六十餘年，不破齋，不裂戒，兢兢以清規自守。於心亦頗無媿，獨於山門一節，乃余竭盡平生而爲之，得無以後人墜之，是則皇皇而不能釋然。欲保無墜，亦在後人之苦行，敦朴尚誠，使人咸敬之，曰是誠果師法嗣也。庶幾此寺自漢以來，傳燈不滅，卽余亦與有榮施焉。如有破戒律，毀山門者，佛祖龍神，必共殛之。

時天啟壬戌中夏，獨坐禪堂，清風徐來，荷香滿座，茫無一事。亦余一生來所謂偷得浮生半日閒者，此也。因追憶往事，不啻如在目前。然亦不能備述其詳，姑撮其概而書之。願爲吾後者，曰吾祖歷履之苦，開創之勞如此，又奚敢不佩服斯訓哉。是用書之，以見自敘之旨。

龍飛崇禎元年歲次戊辰季冬上浣日穀旦

（光緒）《慈谿縣志》卷五十二。《明清石刻文獻全編》，北京圖書館出版社。

右刻白龍寺碑陰。高五尺二寸，廣二尺八寸。額篆書惟遠自序訓語六字，三行，徑六寸。文二十二行，行五十二字，行書，徑九分。在花嶼湖。

《勝歸山祠院碑》　邑北負勝歸山而城，晉劉牢之擊勝孫恩，歸屯於此，故名。山產宕石，邑人業而採焉，形家以爲非宜。嘉靖間，新安胡公宗憲來令吾邑，捐貲贖之。慕義者有輸契歸官，而辭其值，凡山宕田地若干畝，於是鎚鑿之患絕。後胡公督撫吾浙，過邑尋舊游，低回不能去。云山之麓故有祠祀牢之，邑士就其前建復初書院祀胡公，語具魏都御史有本李太傅本記中。歲久漸圮，舊存佛像數尊，亦爲風雨侵蝕。

釋如清夙嚴梵行，偶以行遊睹之，不勝悽然，卽以修建鼎新爲任。時同遊緇素善友、定慧、性權，居士管情輩，皆勸成之不置。先是，陳氏家有神降於鸞曰，我勝歸神也，有能興我祠者，我能福之。鄉之耆老欲葺之不果，適聞清語，遂白有司，請主其祠。清念非仗三寶願力，無以廣福利，拓營宇，於是謀建爲禪院。規搆既定，而垣堵蕭然，絲粒如罄，負土運石，躬自爲之。朝募一椽焉，夕募一瓦焉。銖累寸積，誓以必成，不足則稱貸益之。工始萬歷甲午歲，勞苦拮據者幾二十年，乃告成。事首爲山門，次爲復初書院，又次爲劉神祠。祠後爲佛殿，殿後爲禪誦堂。東西樓十間，側堂并廊房三十間。薪木堅美，金碧相映。

去歲，余偕眾居士習靜其中。清從容爲余言，是役也，清實竭半生心力而爲之。營造甫成，頤臉如削，乞居士一言記之。清非敢自爲功也，庶示來者，念其苦心，無墜厥緒已耳。余乃愀然思，喟然歎，深感清之有志於三寶也。夫以牢之之義烈，胡公之顯赫，通邑士大夫以爲酬功報德之所。歲月未幾，不足保其數楹之祠院。清以區區一衲，勤渠廿載，不啻廓而大之，且三倍於昔焉，其事有不可泯沒者。益信世界中惟佛法無邊，佛身不壞。一切聲華，轉眼銷歇。余故書之於石，一以告後之居是院者，矢志精修，不負清意。一以告後之君子，樂爲外護，無令是院，舉而復廢。

萬歷乙卯孟冬吉旦立　賜進士刑科給諫邑人楊文煥□　槲園居士葉憲祖□　頡庵居士史可□□　住持僧如清募主□□　徒性恩　性存　性純　孫海珠　海澄

（光緒）《餘姚縣志》卷十六。《明清石刻文獻全編》，北京圖書館出版社。

萬歷四十三年。碑高四尺六寸，廣二尺二寸。分四列，列各八寸。十六行，行十一字。額篆八□，在勝歸山廟。

《重修戒珠寺碑記》　臨邑署北戒珠寺，古寺也。創於何時，年遠無考。其可考者，前明正德八年重修，尚存碑記。然亦斷缺漶漫，不可卒讀。近者殿前亭臺、天王大殿、東西殿宇朔像剝落，頹廢已甚。邑人葺而新之，請記於余。余思釋教自漢明帝時入中國，至今千有餘年。天下之大，四海之遠，莫不崇奉而敬禮之，其故何哉。蓋佛之教，雖虛無寂滅與儒異，而其旨亦與儒合，足以助治化之不及者。如清淨是卽主敬之學也，戒殺是卽惻隱之心也，懺悔是卽改過遷善也，誦經拜佛是卽收放心、勞筋骨也，斷葷茹素是卽忍嗜慾、節飲食也，此其歷千百年而未有艾也。

顧或曰，儒之道自，二帝三王以來，日益昌明，百世不易。今言佛教足以助治化之不及，毋乃佞佛歟。余曰，有說焉。今夫九州之幅員至廣也，天下之蒼生至繁也。人之賢不肖，又相去萬萬也。其淳良謹厚者，奉令承教，誠罔敢軼於法而循其分，可以隨風化爲轉移。若冥頑不靈，兇惡狠戾之徒，瞢瞢然任其性之所之，自陷於大辟而不知。雖其性之不馴，其情殊可憫也。得佛之教爲之說法焉，爲之開導焉。爲善者登之天堂，爲惡者隳於地獄，事雖涉於不經，言實淺而易見，使知渾敦窮奇，不惟顯遭駢誅，益且陰受冥譴。如此，雖強悍殘忍，鮮有不動魂驚心，爲之意沮者。

因以輯其乖戾之氣，而轉其從善之機，未必於治化無補也。是不可以無記。其襄事者，例得書名，俾後人知興廢之由。且冀來者因時修葺，毋使古寺棄爲榛莽也。

臨邑縣教諭前武英殿校録癸酉科拔貢張夢騏　臨邑縣儒學訓導庚申科歲貢劉序三　臨邑汛司廳吳興隆　臨邑縣典史殷達亨　邑增生周通古稀二齡盥手書丹

道光八年歲次戊子四月八日立

（道光）《臨邑縣志》卷十三。《明清石刻文獻全編》，北京圖書館出版社。

《宿安店新建白衣菩薩庵碑記》　蓋吾邑故無白衣庵，有之，自貢生邢善士諱倌建，自宿安店始也。自庵之建，而先後獲嗣子之應者四焉。至準提之奉，則以其室人楊信士遘危病，感菩薩靈顯護佑而奉也。余惟頂禮白衣，生生以啟多男。持戒準提，病病而躋壽域。斯於立天地之大義，生人物之萬殊，備矣備矣。顧不佞守儒家言，寡親内典，未審西來意謂何。第攷之記曰，未有五色，先有太素。太素者，色之始也。則無色之爲色色本也可知，然則白衣蓋垂象示教耳。夫人苟機械不生，純白不虧，其法當自得子。而況守以敦篤，奉以忠信，奕世載德，不忝前人，可以事上帝。其人如善士者，而不獲嗣子之應乎，必不然矣。矧夫弓韣求以禱祝，熊羆求以夢卜，無不應如影響。而我大悲白衣，以嗣子昭應，正惟是。觀自在無畏，施衆生力也，夫復何疑。

所以然者，厥初生民，覃族受姓，以屬于今。繄惟子孫，振振是賴。而我大悲白衣，專用此持世，以示天地設位，人於其間參爲三才。妙義大明，此敎之非寂也。彼以君臣父子爲假合，山河大地爲幻妄，直欲一舉而空之者，庸詎知於立人之道，見眞如哉。至信士自以善病不宜子，微獨樛木逮下而無嫉妬，且虔爲捧誦白衣數千過，則今嗣子之應，力宏多也。若其一患經症而愈，再患背疽而愈，實菩薩用出世間法，盡爲蠲除宿業耳。至所談寤寐菩薩見形之狀，若輕縠素練之瑩徹，若千手千目之化現，種種俱眞實相，非關意想，蓋績誠所感固然也。

第今所最奇於準提者，無論金資寶相，莊嚴異常，不知經幾千億恆河沙功德之所鎔鑄。乃其自故城民間，從地湧出，必於朝列公作令之日，且怖其光照一室，不敢居也，朝列公因以致之家園。今歷五十餘年，始得至心之人，如善士信士者，而降祥焉。憶昔從地湧出，機若有待。自非廣種善根，皈依正果，胡以令契若此。大都菩薩所戾止處，必在樂土宿安，故稱仁里，亦號勝地。北則元武作鎮，龜蛇之所摩盪。東則三義樹赤，忠義之所盤結。且三官廟勢居豐阜，帝天之照臨在焉。水月寺座奠平阜，慈雲之覆露及焉。每至暮鐘晨雞，梵音寶炬，互映交含，上通霄漢，斯固足降天神，出地祇矣。近者邢封公莊惠先生達尊崇祀，專祠南端，萃百代之人心，享數妓之廟食。所謂生爲正人，沒爲明神，非邪。以是保障一方，其福澤尤大且遠已。誠哉天人交會之際，千載一時也。夫邢高山廣川，大藪也，故能生之良材。亦惟是仁厚之所培植，慶源之所濬導，以至於是。彼有剪伐之，壅閼之，蕩以爲魁陵糞土溝瀆，庸有冀乎。《詩》云，永言配命，自求多福，則今日之明徵哉。

計庵建于萬歷辛卯年三月，基址併園二畝有奇。大門一座，白衣法堂三楹。俱丹青藻繢，華香供養。準提蓮座並之，原擬別起高閣，以不便居民，故止。茶房三間，淨室三間。隨庵田地十五畝，給司香火僧人，于時奉法道侶，皆精戒律者，以虔禋祀。邢善士倌爲都諫公第九子，蓋九折之派，河潤獨深，宜其嗣子繩繩也，朝列公其長兄云。其室楊信士爲今諫議，諱士鴻。元妹嫻于女史，工于翰墨，觀準提經卷跋書，暨剞劂精裝，信心傳布，其大願夙慧，可少槩見。人皆以爲漸於諫議詳道之訓，而不知其得之往因者深也。信夫是記也，業有成言三年，今始黽勉如願。要不過就事論事，紀因緣顚末。其于西來妙勝微言，付之不可思議云爾。

賜進士第翰林院檢討徵仕郎邑人張光裕撰文

邑人許用敬書丹

萬歷三十四年歲次丙午三月吉旦

（道光）《臨邑縣志》卷十五。《明清石刻文獻全編》，北京圖書館出版社。

《重修觀音堂併修理橋梁酬天謝地記》　蓋聞人莫大於爲善，爲善莫大於方便，方便莫大於重建聖祠，修理橋梁，酬天謝地而已矣。今臨邑東南隅名曰潘家橋，南有觀音堂，歷年湮久，神棲頹陋，垣壁□比，瓦礫縱橫。有堂側善士梁珮◇□諸公等，首倡鼓舞，聯社一道。預備儲蓄，以便土木瓦石之資。命匠飭材，以爲支工傚巧之費。夙夜惟寅，而殫罄厥心。直哉惟淸，而曲盡乃力。又且飭像增輝，拓隘以廓。敏於集事，完舊益新。建策者固會首指示之功，而鼎新者實諸公輻輳之力矣。重建聖祠，兹其一也。殁堂前有橋，道經四通八達之處，實爲東西兩界之所。往過來緒者多，前擁後拽者廣。昔年皆柴木所資，弗歷年久遠。春旱可以徒行，遇秋水隨以傾圮。屢脩屢壞，每斷每難。求其利涉大川，人人有濟，豈能也。梁公與諸公等，設置礎砧而作柱，選擇巨木而爲梁。庶使徒行者無褰裳之憂，興行者亦無濡軌之患矣。重脩橋梁，又其一也。不惟是也，會首諸賢，目覩年豐國泰，盡心無由。欣行酬天謝地之舉，皇王水土之力。合廟諸神之衛，天齋一供，都疏一統。恭備炷香片楮之忱，以作昊天罔極之萬一。此酬天謝地，又其一也。如是則欽神之心允慰，周行之示允昭。合廟在天之靈，殆潛孚而默佑之矣。一誠舉而三善備焉，非精白之善士，醇德之仁人，曷克以臻此。《書》曰，作善降祥，厥類惟彰。傳曰，吉人爲善，惟日不足。《易》曰，積善之家，必有餘慶。今兹孟春，刻石作序，用以垂遠。碣厚才疎，泛辭匪敢。後人觀之，繼以修之勿贊，引之福以祥之。謹識。

濟陽縣儒學生員金砥書丹併撰

萬歷拾叁年歲次乙酉春正月拾伍日中旬吉旦立

（道光）《臨邑縣志》卷十五。《明清石刻文獻全編》，北京圖書館出版社。

《創建佛塔序》 嘗謂人之爲一事，或本非其心之所樂就，而思及得名於後日，而勉焉以爲之者，比比然也。即不然，或虞人之不知，而務爲表暴者，固亦有焉。惟懷宇朱君，我濟邑之西鄙人也，好善出乎其性。凡事有關於行道者，不惜罄其所蓄，以使之底於成。一日者，握金遠遊，見通衢之地，置一石塔，勒之石者，其詞難以畢述。大約皆願天常生好人，願人常行好事，心竊慕之。已而回家，因結義社。積之三年，亦運石建塔，尤而效之。卜得其地於夏□鎮南里許，土名曰潘家橋者，庶幾往來過客，觸目驚心，皆勸於善乎。議者以爲或沽名於後日，或表暴於一時。然朱君所建立，更有大於此者。而猶任其湮沒，而乃屑屑於片石間，其隱也哉。

青陽郡居士邢爲本譔文　青州劉氏子祝髮於省下濟陽縣西蘇家廟比邱元佩薰沐虔誠書

康熙歲次庚辰姑洗上澣吉旦立

（道光）《臨邑縣志》卷十五。《明清石刻文獻全編》，北京圖書館出版社。

《龍山重建白乳高僧塔記》 洪武己巳歲，予留鄆中。一日，報恩寺前住持宗廣詣予言曰，吾寺在城東南陬，子胥臺之下，故彌勒院也。院有白乳高僧塔，廢久矣。今塔重新，則以朝之大臣曹國李公鎮吾州，而命吾徒以成之，且題此山曰龍山者也。塔宜有記，敢礱石以請。予按《唐史》及鄆志載，僖宗廣明初，黄巢亂中原，剽掠鄆復，高僧遇害，有白乳之異。鄆人瘞骨而加塔焉。高僧無里居姓氏名號，且行業不見於他書。迄今五百餘年，塔不知幾廢興，猶灼灼若前日事。誠以嗣其法者未嘗絕，尊其道者不敢替。塔雖廢而其名在，其名在則其道在。是重建之舉，不亦宜乎。

是舉也，助廣募緣者，前圓通住持果悟，州僧正智，迄今住持〇香也。塔之藏古佛像一，辟支佛舍利二，柏達師舍利二十，碧峯師靈骨一。凡所以崇鎮是塔者，無不具也。塔之高四十有八尺，廣三十尺，爲十有二級。用人之工若干，木石甎堊之費若干。凡所以莊嚴是塔者，無不固也。塔之經始以洪武二十二年八月庚戌，成功以二十三年六月己巳。助是役者，衛僉事彭浩州，太守徐彥誠，制官陳德，及僚屬之賢，士民之樂善者也。予既爲之記，並示之以銘。銘曰云云。

《鍾祥金石考》卷二。《明清石刻文獻全編》，北京圖書館出版社。

《勅賜吉祥寺重修記》 釋教之行乎中夏久矣，今梵宇禪林，遍於海內。然而有遭逢景運，永賴皇恩，如前吉祥寺者，其異數乎。寺在今承天府東之四里，相傳昔在唐鄆州，爲洪山臨濟祖師慈忍靈尊者之菴居也。迨乎元，淪於榛莽。入皇朝，州置安陸。宣德中，仁宗昭皇帝第九子梁莊王封藩於兹，乃訪菴遺址，寺始修建。越正統癸亥，而工成焉。遂請於英宗睿皇帝，勅賜今額。及選取慶壽寺僧覺才者，來寺住持，而偉然爲一大蘭若。事具大宗伯毗陵胡公〇之記，可考也。弘治甲寅，恭遇睿宗獻皇帝肇基興國，賜帑金修葺是寺，爲焚修祝釐之所。繼恭逢慈孝獻皇后命返寺莊田，凡二百九十畝，又寄給寺僧佃種，爲焚修贍養之資，恩至渥焉。

正德辛巳，恭遇我皇上膺天眷命，入承大統，君臨萬方。維念慈龍山舊邸，二聖陵寢安靈於前，爲億萬年皇業根本之地。是以興都天府，典制增崇，鑾輿大狩，霈澤覃布。比古湯沐，神人胥慶焉。故雖是佛寺，亦軫宸衷。初辛巳冬，上既可內監守臣之奏，賜田免租，爲寺僧常住之業。越嘉靖己未春，上復可禮部之請，如寺僧圓珠者所陳，攝僧錄〇左覺義鑄銅記授之，俾主持寺事。皇恩昭垂，永賴勿斁，誠創見之異數也。

先是，寺久弗葺，棟朽桷摧，牆頽礆圮，彩章黯昧，弗稱瞻養。維時司禮監營監印太監龍山黃公，錦衣衛掌衛事後府左都督東湖陸公炳，守備湖廣承天等處內宮太監西河張公方，咸慨焉興感，而議新之曰，惟我輩皆先後供事舊邸者。於茲寺也，追惟二聖遺庥，祇承皇上德意，盍亟圖之。遂各捐俸金若干鎰，以重修焉。乃庀材程役，始作於丁巳仲春，越戊午年季冬，而工告成。凡像設殿宇，堂廡門垣之類，罔不完舊增新，而輪奐之美，莊嚴之妙，莊焉麗焉，爲舊邸亘觀矣。

於是龍山公曁諸公咸喜焉，謂宜勒貞珉，章視久遠。西河公謂渠郡人也，徵記之。渠弗獲辭，乃撮述其事而颺言曰，猗歟，余稔觀吉祥寺之勝。郢山東蟠，漢江西繞。襟抱迴合，靈秀攸鍾。高僧卓錫，宗藩創宇。然又未足以當其應也，必蓄久而昌，至於今，遭逢異數，非偶然者矣。自京師至外郡，凡取錄佛寺，皆以爲天子祝釐，爲佛一大事。蓋令甲所載，典之宗伯，達之天子。我皇朝所以建置之意，固有在也。今諸公致願力於吉祥者，其重爲舊邸一大佛事〇乎。讚〇感通，導天景貺，以永妥二聖在天之靈，以翊贊我皇上萬壽，天保大一統，海內雍熙之治，延億萬年宗社靈長之祚。而諸公忠愛之忱，亦於是伸矣。以俟來者，其勿替引之云。

《鍾祥金石考》卷二。《明清石刻文獻全編》，北京圖書館出版社。

《明金碧峰禪師設利塔碑》 禪師諱寶金，族姓石氏，其號爲碧峰。生於乾州永壽縣之名冑，父通甫，宅心從厚，人號爲長者。母張氏，嗜善弗倦。有桒門持鉢乞食，以觀音像授張，且屬曰，汝謹事之，當生智慧之男。未幾，果生禪師，白光煜煜然照室。幼恆多疾，纏綿衾枕間。父母疑之曰，此兒感祥徵而生，其宜歸之釋氏乎。年六歲，依雲寂溫禪師爲弟子。既薙落受具戒，徧詣講肆，窮性相之學。對衆演說，纍纍如貫珠，聞者解頤。已而撫髀歎曰，三藏之文，皆標月之指爾。昔者祖師說法，天華繽紛，金蓮湧現，尚未能出離死生，況區區者耶。即更入禪林。

時如海眞公樹正法幢於西蜀晉雲山中，亟往見之。公示以道要，禪師大起疑情。三二年間，寢食爲廢。偶攜筐隨公擷蔬於園，忽凝坐不動，歷三時方寤。公曰，爾入定耶。禪師曰然。曰，汝何所見。曰，有所悟耳。曰，汝第言之。禪師舉筐示公，公非之。禪師寘筐於地，拱手而立，公又非之。禪師厲聲一喝，公奮前搘其胸，使速言。禪師築公脇，仆之。公猶未之許，笑曰，塵勞暫息，定力未能深也。必使心絕祖關透，然後大法可明耳。禪師聞之，愈精進不懈。遂出參諸方，憩峨嵋山，誓不復粒食，日採松柏啖之。脇不霑席者又三年，一念不生，前後際斷，照體獨立，物我皆如。自是入定，或纍日不起。嘗趺坐大樹下，溪水橫逸，人意禪師已溺死矣。七日水退，競往見之，禪師燕坐如平時，唯衣濕耳。

一日，聽伐木聲，通身汗下如雨。歎曰，妙喜大悟十有八，小悟無算，豈欺我哉。未生前之事，吾今日方知眞爾。急往求證於公，反覆相辯詰甚力，至於曳傾禪榻而出。公曰，是則是矣，翼日重勘之。至期，公於地上畫一圓相，禪師以袖拂去之。公復畫一圓相，禪師於中增一畫，又拂去之。公再畫如前，禪師又增一畫，成十字，又拂去之。公視之不語，復畫如前。禪師於十字加四隅，成卍文，又拂去之。公乃總畫三十圓相，禪師一一具蓋。公曰，汝今方知佛法宏盛如此也。百餘年間，參學有悟者，世豈無之。能明大機用者，甯復幾人。無用和尚有云，坐下當出三虎一彪，一彪者，豈非爾耶。爾宜往朔方，其道當大行也。無用蓋公之師云。

先是，禪師在定中見一山，甚秀麗。崇樓傑閣，金碧絢灛。諸佛五十二菩薩，行道其中。有招禪師謂曰，此五臺山秘魔岩也，爾前身修道其中，靈骨猶在，何乃忘之。既寤，遂遊五臺山。道逢蓬首女子，身被五綵弊衣，赤足徐行，一黑獒隨其後。禪師問曰，子何之。曰，入山中爾。曰，將何爲。曰，一切不爲。良久乃沒。叩之同行者，皆弗之見，或謂爲文殊化身云。禪師乃就山建靈鷲庵，四方聞之，不遠千里，負餱糧來獻者日繽紛也。禪師悉儲之，以食遊學之僧。多至千餘人，雖丁歲大儉，亦不拒也。

至正戊子冬，順帝遣使者召至燕都，慰勞甚至。天竺僧指空久留燕，相傳能前知，號爲三百歲，人敬之如神。禪師往，與叩擊，空瞪視不答。及出空，歎曰，此眞有道者也。冬夕大雪，有紅光自禪師室中起，上接霄漢。帝驚歎，賜以金紋伽黎衣，遣歸。明年己丑，復召見於延春閣，命建壇，禱雨輒應，賜以金繒若干。禪師受之，即以賑飢乏民。又明年庚寅，特賜寂照圓明大禪師之號，詔主海印禪寺。禪師力辭。名香法衣之賜，殆無虚月。自丞相而下，以至武夫悍將，無不以爲依皈。已而懇求還山。

洪武戊申，大明皇帝即位於建業。明年己酉，燕都平。又明年庚戌，詔禪師至南京。夏五月，見上於奉天殿，且曰：朕聞師名久矣，以中州苦寒，特延師居南方爾。遂留於大天界寺，時召入，問佛法及鬼神情狀，奏對稱旨。又一年辛亥冬十月朔，上將設普濟佛會于鍾山，命高行僧十人涖其事，而禪師與焉。賜伊蒲饌於崇禧寺，大駕幸臨，移時方還。明年壬子春正月既望，諸沙門方畢集，上服皮弁服，親行獻佛之禮。夜將半，勑禪師於圜悟關施摩伽陁斛法食。竣事，寵賚優渥。

夏五月，悉粥衣盂之資，作佛事七日，乃示微疾。上知之，親御翰墨，賜詩十三韵，有玄關盡悟，已成正覺之言。天光昭回，人皆以爲榮。時疾已革，不能詣闕謝。至六月四日，沐浴更衣，與四衆言别。正襟危坐，目將瞑。弟子祖全智信請曰：和尚逝則逝矣，不留一言，何以暴白於後世耶。師曰：三藏法寶，尚爲故紙，吾言欲何爲。夷然而逝。世壽六十五，僧臘五十又九。後三日，奉龕荼毘於聚寶山。傾城出送，香帛積如丘陵。或恐不得與執紼之列，露宿以俟之。及至火滅，獲五色舍利，齒舌若珠，皆不壞。紛然爭取，灰土爲盡。

禪師體貌豐偉端重，寡言笑。福慧雙足，所至化之。故其在山也，捧足頂禮者，項背相望。其應供而出也，持香華，擊梵樂而迎者，在在而是。不翅生佛出現，其行事多可書。弟子散之四方，無以會其同。弟子智宣、慧福等，將以戊午年六月，建塔於文秀山普光禪寺。乃掇其大略，請安次王普爲狀通，徵濂爲之銘。上祀圜丘，宿於齋宫，濂與禮部尚書陶凱實事左右。上出賜禪師詩，令觀之，其稱禪師之德爲甚備。夫聖人之言，天也，因知禪師之道，上與天通，下從人願。雖不獲住名山大刹，要可以無憾。然而月林觀公遠承臨濟正宗，其第五傳曰無用寬公，竺源盛公。竺源之道行於南，無用之道著於北，禪師蓋無用諸孫也。濂近銘竺源之墓，今又述禪師之行，而文諸碑。嗚呼，哲人云亡，奈何不興大法衰微之歎乎。銘曰：

臨濟崇崇，西來正宗。益衍以鴻，三虎怒投。中有一彪，氣可呑牛。性相紛拏，瓜蔓交加。入海算沙，乃易禪衣。乃抵勝師，乃治其疵。棲身孱顔，絶去八還。入第一關，河水浸淫。趺坐樹陰，爰濕我襟。我松我粮，我泉我漿。渴飢兩忘，實相圓通。無物不容，悟其本空。元徵肇胎，陟彼五臺。樓閣門開，南粵北胡。方衣圓顱，水赴雲趨。無間儉豐，香積之充，且妥其躬。其名上聞，便蕃宸恩，來自帝閽。於赫皇明，遣使奉迎，館於神京。龍文成章，日晶月光。欝其寵榮，四衆所依。胡不甯茲，而極其歸。泰山崔崔，□□其頽。靡人不哀，有崇者岡。白虹吐芒，設利之藏。

洪武六年春正月既望，奉議大夫太子贊善大夫金華宋濂撰并書篆。

碑陰

賜金碧峰和尚

沙門號碧峰，五臺山愈崇。因知業已白，此來石壁空。能不爲禪縛，區區幾刧功。處處食常住，善世語淀鴻。神出詣靈鷲，浩瀚佛家風。雖已成正覺，未入天臺叢。一朝脱殼去，人言金碧翁。從斯新佛號，益水益蛟龍。飛錫長空吼，雙履掛高松。年逾七十歲，玄關盡悟終。果然忽立去，飄然凌蒼穹。寄與碧峰翁，是必留禪宗。

（光緒）《繁峙縣志》卷四。《明清石刻文獻全編》北京圖書館出版社。

《具生吉祥禪師舍利塔碑》 天竺之國有五，而總名印度。南際大海，西控波斯，北距雪山，東接林邑。中曰迦維羅衞，雄據四天竺之會，即釋迦如來降靈之地也。肇自漢永平間，佛法西入，始與華夏相通。然僧之由中印度而來者絶少，惟竺法蘭首至洛陽。其後若佛陁跋馱羅之於晉，曇無讖之於宋，求那毘地之於齊，般刺密諦之於唐，皆能講譯經綸，傳授毘尼，爲義學所宗。至於曇柯迦羅之居魏，則又專於慧學，而直明心要。此皆中印度高行之士，自是以來，遊化中國者不多見。後五百年，隆然特起而繼絶學者，則善世禪師具生吉祥其人也。

師諱具生吉祥，别稱板的達。生與釋迦同國，姓利帝利氏。父母初爲絶嗣，每以誠願，禱於佛母之祠。垂至暮年，其願愈確。忽一夕中，坐寐之間，覩佛母於前手携童子祝曰：此子授汝，酬汝志願，汝當護持。他日當拯四生，俱越四流，成妙吉祥。言訖忽覺，遂紀前因，吾今滿願，當名具生吉祥。至期獲師，過七日已，母尋命終，父亦隨滅，乳母贍育。後從沙門出家於迦濕彌羅國蘇囉薩寺，上座部中，禮速拶那室利爲師。薙落受

具，習通五明經律論之學，辯析邪正。雖國之老宿，莫或過焉。然自以言
說非究竟法，乃復精修禪定，不出山者十餘年。時慧學沙門迦嘛囉室哩爲
國人所尊，師往謁之，卽蒙印可。時諸鄰國，爭迎供奉，師皆弗赴。
嘗慕東震旦國，有五臺清涼山，是文殊菩薩應現之處，吾瞻禮。遂發
足從信度河，至突厥，遍歷屈支、高昌諸國。其國王臣喜師至者，無不稟
受法戒。凡四閱寒暑，始達甘肅，實元之至正甲辰歲。元主聞師道行，召
至燕京，館於大吉祥法雲禪寺。師嘗禪餘，則普施法食。仍模佛塔形像，
持花香等呪，願供獻散置水陸。時年季秋，河流結凍，四民汲水，抉冰取
水，隨冰大小，皆具佛塔形像。耆年碩德，皆議歎訝，莫究端倪。傳聞內
庭密詔，詢釋善其吉凶。師嘗答言，國家當以金兵興焉，非我靈異。於時
復就內花園結壇，受灌頂淨戒。賜衣設供，恩禮稠洽。
國朝洪武二年己酉，西遊五臺，獲竟初志。駐錫于壽安寺五載，恆山
之民，率從師化者甚重。七年甲寅，師別五臺至金陵，寓居崇禧新寺。今
上皇帝嘉其遠來，召見奉天殿。奏對稱旨，特賜銀印，加以今號，俾統制
天下諸山。仍移文各郡，民有從善者，許令詣蔣山受菩薩戒法，所司無
禁。自是南北緇白之流，來集座下，日聽演說，包履塡委，至無所容。雖
武夫捍卒，覩師慈相，咸舉手加額，善心油然而生。囊金匱帛之施，光斥
幾席，師皆視之漠如，一無所取。或強之受，則隨以濟貧乏，以故有識靡
不交譽其賢。
明年三月，上駕幸中都，特遣近臣賜詩慰安之。嘗御製《善世謌》以
褒美其德，有談笑般若生紅蓮之句。至今震耀見聞，爲叢林盛事。九年丙
辰秋，師奉旨參禮觀音大士，之寶陁羅伽山，住冬於天目師子巖。既而泝
彭蠡，登廬阜，渡長淮，拜四祖、五祖塔下。十一年戊午，復還蔣山，依
止八功德水，住山物先羲公、妙雲資公，皆盡禮延待之。還山之日，入見
主上，於華蓋殿問勞甚至。勑光祿設盛饌，賜以黃金耳環，蓋從西竺儀飾
也。未幾有旨，遷蔣山舊寺於龍岡之東偏。是五月，命內官鄭興慰問禪
師，居止安好。師卽告曰，聖恩重重，終難以報。奈余老朽，因緣既彰，
欲徑少陵清涼，以歸老矣。興復奏，遂筆勑符，賜師所往。故嘗有飛錫而
往，錫止而禪，樂自然天地之言。是二住山，當部告留，延居蔣山卓庵而
終老焉。駕幸蔣山，必造師室，詩問法要。且屢賦詩頌，以贊以規，文多
不錄。師篤實有行解，不矜名，不崇利。居無服玩，出不騎乘。以是見知
於上，每示僧，必以師爲式焉。
十四年辛酉夏五月初，師患足疾。近侍以聞，卽命官醫往視之，不
可。至二十四日午時，集近侍徒告曰，汝分值下秋，各以如來大法自壽，
毋當懈怠。又囑曰，孤麻囉室利，汝善守奉梵夾貝葉樺皮等經。又曰，尙
擬少陵五臺之歸，未遂。今後汝等敢力前者，則附吾此梵書一帙，洎余遺
骸少分至彼，足我願矣。比丘道琦等荷其言，時內府監丞崔安、常隨、李
琪等官，奉命問法師，略答竟，卽更衣盥沐，危坐良久。提其數珠，示衆
而化，正據未時。停龕六日，門維獲五色設利無算。煙焰所及，皆綴於松
枝，若貫珠焉。弟子孤麻囉室利等，歛其遺骼而塔藏之。師之年臘未詳，
故不載。書示衆語三卷，盛行於世。受授菩薩戒示衆弟子，黃福燈、蔣智
暹等八萬餘人。江淮閩浙川廣至於夷狄之流，得聞法於師者，必繪師像於
家，以崇敬焉。
是年秋八月，其門人智光以師塔石未有志，乃書其行實，來謁銘。余
與師篤禪悅之好，相知爲甚悉。師示寂日，余往弔焉。今於是銘，誼不得
辭。乃爲撰次其說，以示來葉。嗚呼，師以五明之學，馳聲西竺久矣。既
而踰漠絕嶺，不憚數萬程之險遠，毳衣皮履，翩然爲法東，此於人情，亦
難能矣。然而道契聖主，有大因緣，遂致善世統教，爲中一代碩師，非菩
薩羅漢乘願再來，孰能光顯盛大，有如是者哉。謹合掌作禮，而爲之
銘曰：
金天之西，有國乾竺。高山大河，靈氣紛鬱。曰迦維衛，天地之中。
篤生文佛，爲世大雄。惟善世師，與佛同里。震旦東來，宏法普施。道契
聖皇，賜居崇禧。銀章統教，妙演毘尼。耳貫金環，身被茜衣。出入華
蓋，煥乎容儀。萬衆趨風，羅拜稽首。三聚十支，重譯而受。有大因緣，
祚我皇國。象教重興，如日斯出。蒙恩布遊，不驛而馳。朝吳暮越，雲行
易飛。踰歲乃還，宴息鍾阜。應供諸天，旃檀圍繞。了身是幻，露電星
虹。泊然而逝，達此蘊空。仰瞻妙容，設利五色。靈鑑洞然，照而常寂。
流沙萬程，鷲嶺天開。不起于定，而示去來。我銘非眞，而默斯契。一月
千江，太虛無際。
大明洪武十六年歲在大淵獻季春庚午之辰建工，仲夏庚戌之日慶成，

浮圖鎮於清涼山文岫普光禪寺碧峰禪師靈塔之右，天竺苾蒭孤麻囉室利，支那福唐釋寶光、吉祥、道琦等立。

御製善世禪師歌

師生好善善心堅，宿緣曠作今爲禪。出世本在深西域，與佛同居快樂天。定裹忽聞人造業，觀空飛錫來東邊。頂相異，人拜前，笑談般若生紅蓮。化凶頑，從此見，晨昏俯仰皆幽玄。贊佛說法近市鄽，驊騮雜遝擁紛鈿。身何戀，松下坐，機忘甲子不知年。

洪武乙卯端陽後一日賜膳，就崇禧花園製。

（光緒）《繁峙縣志》卷四。《明清石刻文獻全編》，北京圖書館出版社。

《重修金粟菴正殿併新建禪堂記》　蘇文忠公精熟釋家言，機鋒說偈，眞能游戲三昧，爲一時高僧所慴服。以故生平與大覺、實覺、圓通、參寥、寶月輩，往來贈答甚夥。當榮任之日，且爲佛印解玉帶以鎮金山，其豪宕豁達之趣，尤非世俗人所能測識。寓惠時，辯禪師欲通書，而南華淨人皆輕千里，爭請行，猶欲一見東坡翁，求數字，終身藏之。洎乎居儋以來，嶺海遼夏，知交音耗多渴絕，無問方外友矣。然而後之人景仰遺徽，每於過化之地，尸而祝之，併欲有以闡翼公之慧業，此金粟菴之所由附建於祠西也。

乾隆十一年，瓊山家明府既與府憲于公合修蘇祠，復拓左右基址，鼎建蘇泉書院。走幣三千里外，延余掌其教事。居常以此菴庳隘，與祠不稱爲嗛。而余鄉親友之文雅嗜義，客寓此邦者，以余故枉駕過從，相與坐菴中，汲泉瀹茗，披襟話舊，亦慨然有重葺梵宇，改築精舍之意。其明年，明府倡捐，而欣然樂助者，遂得十一人。工料畢集，閱月落成。於是規模宏敞，輪奐燦然。而面城枕崗，連村帶畝，林泉之勝，風物之光，眞堪以衍宗風，而與金山解帶之意頗相彷佛。想蘇公在天之靈，應罔時恫，不獨足供文人墨客之遊覽吟嘯也已。故顏於堂曰玉帶遺徽，用誌景仰之誠云爾。維時襄事者，考授邑佐則陳君國安，明經則林君中鳳，陳君益誇，黃君科先，太學生則黃君祖成，李君珍，陳君士珏，許君飛鴻，黃君大輝，其一則余也，皆潮人。董理土木諸務，則邑人生員鍾君世聖也。是舉也，役浩人寡，例得備書。

蘇泉書院院長大埔楊纘烈撰並書

乾隆十二年歲在丁卯冬月吉日立

（民國）《瓊山縣志》卷十七。《明清石刻文獻全編》，北京圖書館出版社。

《文覺禪師塔院碑》　雪鴻和尚，賜號文覺，蘇州吳門人，姓楊氏。棄儒而歸釋，夙具慧根，弱冠祝髮受戒，□函谷□□□□其師□歷參□陽天柱間，勃窣宗□。迨住越之□松院，十二年不出山，掩室磨竭，杜口毘耶，其□攝□人遠矣。雖（缺字數不詳）暉也度衆證深，是大衆□也。康熙己丑，因來京師，結趺盧溝大彌陀寺，令更名福生爾。時心燈夜炳，意蕊晨飛，旋受知世廟，賜紫賜號，賜□印□□異數特逾常格，使非登六度舟，入三昧海者，豈能若是哉。雍正十一年，承旨往四明天童，順道掃師塔，省親墓而還，命主覺生寺。□□稔，齒逾古稀，引疾乞退，仍歸福生終老焉，蓋今上御極之□年也。溯厥生平行事，孤標峻節，如松□高嶺□印雲漂，衛其操而俗□清者，□衆香國已曾手述梗概，以囑法嗣。其著□□等□悉火之，不留半字滿字於賢劫。噫□，《維摩經》曰，乃至無有文字語言，是眞不二法門，雪鴻庶幾近焉。歲庚午年，八十有七，嘉平六日，示寂茲□□之北原，營塔藏之。從此不壞法雲，徧覆一切，奚啻世尊拈花，妙心傳于迦葉，達摩面壁，正法付于神光也哉。爲之銘曰：

如來云何，自覺覺他。脫離二障，攝伏四魔。緊爾雪鴻，賜號文覺。罔□聲聞，摩尼照□。慈悲爲室，通慧爲門。有功象教，頻沐國恩。之吳之越，□心即佛。載奉□□，□榮花窟。□□盧溝，西山臥遊。壽躋太耋，覺圓莫留。爲誰氏子，伯僑後嗣。名達九重，□□□紫。□□傳衣，律衍毗□。□□□光，師承可稽。營度礱石，雙林永□。佛性常存，宗風無極。

時乾隆十七年歲次壬申五月五日

和碩莊親王□□□士題幷書

法嗣：守峯止、峻愍啟、開山宏、石□□、嵩旨紹、了然乘、惠庵吉、普明昇、□明寬、學海明。

□□陳成□□勒石

文覺禪師塔院碑　清乾隆十七年五月五日題。碑在北京豐臺區張郭莊。莊親王允祿撰幷行書，額篆書。

《文海和尚塔碑》　夫璇源浚炤，衆川馳重潤之波，薪火交傳，昏室得長明之耀。然則律幢初立，道茂拈開，先勝業既垂，義兼於待後，綜斯而論，不其然乎。金陵大寶華山賜紫文海大和尚者，駱賓王後裔，浙東義烏人也。曾蘭擢秀，玉面降影，懷利根而穎出，望德海而游泳。遺俗之韻，表稱初髫，聞道之年，即從早歲。遂洒㪘衣離垢，餉食一麻，揮智刃於情塵，朗戒珠於淨域。翹勤精進，齊龍驥而方行，妙契忘言，冥規矩而圓應。道俗之所咸瞻，人天之所皈仰。遭逢世宗憲皇帝，道闡乾符，德苞坤絡。金繩秘瑞，仍崇元扈之宮，珠笈弢眞，自得襄城之路。常以幾暇，遊心法喜，倡龍樹之□憲，□毗盧之密藏。於是四禪風靡，勝流總至，赤髭白足，蔚然一時。而吾師實以業行淳修，□爲稱首，演戒一音，端淨六根。不以知見證，不以律儀縛。法螺乍舉，三明啟廣路之階，香象高騫，十誦導逢源之岸。當此之時，正法之炬，焜燿於千燈，邪見之幢，破除於羣有矣。弟子天月，親承密諦，嗣席法源，負荷之義，顧律傳而敢忘，法乳之恩，在人情而不免。昔者□□湧現，示妙相於檀車，珠髻光瑩，表崇標於金地，良以證法身之不壞，起信心之瞻禮。豈可使紅爪紺髮，無壒象之□，香杖墨衣，輟龕臺之奉。爾乃循帝城之西郭，啟柳巷之高原，卜吉土而建浮圖，斂弥函而藏舍利。圜基發地，列寶樹而周阿，層構憑霄，迴雲鵬而復路。龍泉下閟，玉鏡於是淪輝，石洞高封，金粟因而留影。於其旁近，仍得積壽，舊矢□於百弓，□賈嬴於六鎰。丹雘稍施，具用秪修祀禮，譬夫尼山弟子，有築室之場，元塚祠堂，依負土之徑。遂乃聯鴈塔於銀龕，接蜂臺於石闕。相望冢□，用高座而□稱，方丈茆茨，緣瓦棺而得號。香筵晝啟，仍棲堅固之林，仙梵宵騰，□接迦陵之韻。固知千羣□馬，躑躅而悲鳴，雙飛梵□，低徊而不去，有□表矣。月師猶復感切，人代牛車喻法，肩承鶴錫□飛，遂想傳衣之願終虛，禮塔之儀亦□。是用遠賫符券，馳送祖庭，條舉教約，勤詔法衆。俾知國名妙喜，有摩詰之前因，場建勝播，匪波旬之可就。假辭雕篆，具著源流，庶幾空林薝蔔，常薰不斷之香，石室梧桐，絕遠羣囂之境。恆河雖淺，源遠流長。銘曰：

猗惟闡士，中興毗尼。修整觀行，開遮止持。三摩靈宗，四靜禪林。優花夜現，忍草冬滋。皓月觀心，青蓮□意。□□□古，功宏道濟。慧水方長，慈舟遽遠。懸解千齡，假滅億禩。崇基玉架，妙域金裁。弥臺欝起，香界周迴。壒樹無□，圓德不灰。鐫詞元石，樹訓方來。殿宇廊房，重新復起。羣牆壒院，始是建立。癸酉開山，乙亥工竣。創業纔成，刹竿已豎。願傳後賢，隨其再立。

外有自置地二十畝，銀一百九十三兩紋，永爲本院春秋祀典。紅契送歸祖山入藏。天月性實識。

乾隆二十年歲在乙亥春十月既望

資政大夫太常寺少卿前禮刑工三部侍郎翰林學士靜海勵宗萬撰并書

契送祖庭碑存瑞應，貪癡妄念，頗患消除，守成之人，永遠傳賢，不許私心剃度爲徒。倘有不肖者，本宗秉公理論。

金陵□虎□、焦國泰、□伯□仝鐫

文海和尚塔碑 清乾隆二十年二月十六日刻。碑在北京豐臺區岳各莊小井村。勵宗萬撰并行書，額篆書，焦國泰等鐫。

《開山喇嘛僧立敘遺言碑》

僧自歸山出俗，先寄鉢於解脫林。至雍正庚戌歲，西土四寶法師前往雞山進香過麗，指點刺是里落水硐岩間有摩迦陀祖師記跡，應於此暢建刹宇，護國佑民，當即捐□銀七百餘金。僧不揣愚昧，已承共任，但興建叢林，工程浩大，一木難勝大廈。僧不辭跋涉，募化十方，凡遇宰官居士，一切善信，隨喜佈施資助，始鳩工庀材，數年成其規模。諺云，人有善願，天必從之，信不誣也。時蒙本府管題名曰指雲寺，於招集大衆，又苦無常住以供日食香火，僧復不辭艱辛募化，陸續置買田莊。今僧年逾七十，朝不保暮，誠恐歸終之後，有冥頑不肖之輩，敗壞山門，種種不法，亦未可定，故茲謹撮數條立碑爲記。

一、寺中先以佛事爲重，早晚功課，俱雲集大殿，務要大小鴈行，齊整威儀。萬有事故，必須告假。倘擅出外，以及在堂□□的□示□。

一、錢糧原係國課，所關最重，所有各處錢糧於開征之後，早爲上納，勿得拖欠絲毫粿粒。

一、本寺內修造殿宇，以及買置常住香火莊田，俱係自身募化，並無祖親族絲毫銀兩，撮土寸木。倘有俗眷以及在寺披剃親族借故把持，妄招己業，許大衆哀籲府主，治以冒詐之罪。

一、寺內立掌教大喇嘛，原爲一寺規模，必選精進持戒，品學兼修者，而大衆亦要敬禮皈崇，勿得輕視。如此，寺中規矩自然嚴肅，亦可鼓勵後人。

一、寺中收管租石，以及出入錢糧，必選正直無私之人，舉其辦理，而善能調度者，亦不得畏勞退縮。勿令貪吝偏私之輩於中染指。

一、寺中有不遵約束，不守清規，以及面是背非，酗酒滋事者，大眾公議，即宜黜退。如此，可警將來，亦免外事干連。

一、寺內有年老殘疾，衣食無措者，於常住內調治供給，生養死葬，大眾分外要加矜恤，不得欺凌。

一、寺內有後來僧眾，如有積蓄私方，必效僧歸入常住，切勿遺與徒僧以及俗眷。

一、大殿兩耳，以及各禪堂房，俱要隨時酌量修補，切莫任傾頹。

以上各條，大眾各宜守持。如此，燈燈相續，成就無量善果，仰答法王之善念，方可令合郡之香火，永重於萬世，不負僧開山之至意也。其所置供寺常住香火田莊契券租石數目，並應□□處錢糧另造載明，□□相傳。夫敢以是爲記。

旹大清乾隆二十一年歲次丙子仲呂月吉旦立

開山喇嘛僧立敘遺言碑　清乾隆二十一年四月刻。碑在雲南。正書，額陽文橫題。

《關帝廟茶棚碑》　茲因恩濟莊關帝廟設立茶棚壹座，秉意普結良緣，覓得劉宅民地壹叚，計地伍拾貳畝，坐落八寶莊村西路南。此地東長澗貳百叁拾捌步，西長澗貳百柒拾壹步，通均寬澗肆拾玖步，南至土崗，北至官道中，東至劉宅，西至劉宅。公同議定價置銀貳百肆拾兩整，立契買定，每年取租價銀貳拾陸兩，以爲關帝廟茶棚年終結緣費用，庶可久遠綿長，不能稍有間斷也。因此立碣存質。

旹大清乾隆歲次戊寅季春月

恩濟莊關帝廟住持僧心緣敬謹持守，傳流後世。

（碑陰榜書）立基永遠　普結良緣

關帝廟茶棚碑　清乾隆二十三年三月刻。碑在北京海澱區阜成門外恩濟莊。正書，陰榜書。

《楞嚴壇會碑》　《楞嚴》爲華藏醍醐，功德不可思議。粵自經乘肇闡，即俱壇儀，如雪山白牛，及以一味栴檀，和合十香，塗方圓丈六地，乃至鏡鉢鑪幡，華水酥蜜，種種莊嚴，供具微妙，皆得未曾有。蓋昔如來涌正頂光，坐七寶華中，宣揚祕密伽陀，振拔阿難，解脫塵障，因示末世苾芻，習四種律儀，從聞思修，證三摩地。若白衣檀越，發菩薩願，就戒淨沙門，於壇場中持誦《佛頂摩訶薩怛多般怛羅神呪》，以二六時攝心正觀，佛即現身化光，而爲護持，作大吉祥，濟諸苦難。此楞嚴壇之所由結也。潭柘，古名刹，自唐時開山以來，禪流持鄔波羅律，最爲嚴淨。寺舊有壇，宣演首楞一□經旨，而道場香積之資，時或不繼，薰聞闕焉。爰有十方善信，以眾因緣，共成勝果，歲哀金錢若干，供養法會。凡香華燈塗，下及齋鐘粥鼓，多所饒益。譬聚微塵而成須彌，挹涓流而盈香海，施不見匱，積則有贏。於是迦陵梵唄，時琅然流響於雲峯露樾間，如經耆闍崛山，普證聲聞妙諦。且鏡光圓聚，上徹善現，諸天應有曼陀羅華，雨遍大千世界，能令諸會眾身心安隱，得福無量。會始於乾隆辛未年，願力圓成，已閱旬甲。若從此以至阿僧祇劫，善念相仍，勿有間斷，人天利益又豈恆河沙數所能算喻哉。董事者將礱石而識之，屬余敘其緣起，并列會眾姓氏，於以告後之信樂福緣者。

旹大清乾隆二十五年歲在庚辰中元日

金壇于敏中撰并書

楞嚴壇會記　清乾隆二十五年七月十五日刻。石在北京門頭溝區潭柘寺。于敏中撰并正書。

《關帝廟碑》　昌平州東門外關帝廟之建也，由來久矣。粵稽其始，則創於前明正德八季。歷歷修葺，碑記昭然。迨我國朝乾隆戊辰歲，開闢後院，創建三代大殿五楹，中院遊廊十有二間，戲樓一座，前殿兩側僧房四間，重修過廳五間，亦可謂殖其庭，覺其楹矣。然棟宇雖峻起而朴陋無華，不足以昭文也。後殿雖告成而左右無輔，不足以壯觀也。遊廊雖建於前而缺於後，不足以容商也。禪堂雖修數間，而風雨滲漏，不足以棲僧也。境地雖坦平，而風埃沙草，不足以示潔也。余山西會眾，詎忍中道而止乎。於是復同心協力，樂輸三百六十餘金，歷年祭祀餘二百餘金，住持僧照祥者募化七十餘金，共得六百有奇。始焉，繪畫前後大殿，抱廈戲樓。次焉，剏建配殿六楹，遊廊十間。次焉，重修前院南北禪堂六間，偏鋪廟地。工始於庚午夾鐘月，至丁丑蕤賓月而告竣，咸屬予爲文以紀之。竊念予材樗櫟，夫豈能文，然予晉人也，工晉人之工也，實有不可辭其□者，因不揣固陋，聊獻雕蟲，以誌帝之神聖文武，赫濯聲靈。凡我三晉一省居民，經營此土者，莫不樂峻其宇，丹其楹，刻其桷焉。此豈人之力哉，實帝之威靈所感然耳。是爲記。

晉翼後學弟子侯效良薰沐敬謹撰文并書

總理閆若瑃、侯祚傑

督工閆周、柴煥、程現剛、侯棟、王家容、侯天增

住持僧照祥，徒普德，孫通來、通福，曾孫心正

大清乾隆三十二年歲次丁亥七月吉日立石

玉工張折桂

關帝廟碑　清乾隆三十二年七月一日刻。碑在北京昌平縣東門外。侯效良撰并正書，額雙勾題，張折桂鐫。

《關帝廟記》　自東安門而北沿銀閘河之西，有關帝廟焉，歲久傾頹，幾飄搖於風雨者數矣。予恭膺簡命，巡視中城，每憑軾往來，未嘗不咨嗟吟望，謂鱗鱗萬棟，善信未必無人，特難乎其倡之者耳。里人楊致和，善士也，所居與廟鄰，歲時禱祀，久而益虔。戊子秋，懼廟貌之日就傾頹也，慨然以鼎新爲己任，首捨重資，親董其役，由是里之善信踴躍相光，解槖傾囊無所吝。爰拓舊址，鳩工庀材，中建大殿三楹，奉安帝君聖像。翼以配殿，楹數如之。以其餘力，爲觀音殿，爲齋堂，爲禪室，次及廩寮庖湢，一皆位置秩如，繚以周垣，繪以異采，皷鐘具備，金碧交輝。雖遠方之求福利而嚮臻雲集者，亦莫不額手慶改觀焉。夫盛衰倚伏，疑若非人事所能預，然使果得其人，或倡之于前，或持之于後，則衰固不難復盛，盛亦不致中衰。試即今之偉麗莊嚴，回思昔日之荒涼寂寞，孰轉移是，固不得不推人事之日起有功矣。廟枕通衢，輪蹄四達，識者謂形勢既便，支幹復宜，自茲靈爽式憑，里人咸受其福。夫里人且受福，況里人之善信者歟，況里人之善信而爲首，捨重貲，親董其役以倡之者歟。廟旁饒隙地，左右各爲列肆者三，應期取值，香積是供，殆將持之于後耶。是役也，經始于乾隆三十四年八月，落成于是年十月，計費料合白金若干有奇。舊碑尚無記，里人請即記其事于舊碑，其碑陰并書捐助姓名以爲勸。

欽命巡視中城察院户科掌印給事中汪新

關帝廟記　清乾隆三十四年十月刻。碑在北京東城區騎河樓。汪新撰，正書，額雙勾篆書。陰刻捐資題名，此本失拓。

《普陀宗乘廟碑》　山莊迤北，普陀宗乘之廟之建，仿西藏，非仿南海也。南海普陀在浙東定海縣境，朝山之舶，歲歲淩越洪濤瀾洐間，擎瓣頂禮唯謹，曰大士道場，舍茲奚屬。是獨震旦緇流方隅所見故然。考之貝夾，普陀有三，一居額訥特珂克，一居圖伯特，一居南海。蓋南海特大士行教至此，偶一示現云耳，庸可以此爲是而彼爲非乎。額訥特珂克即印度是，由此以證西來因緣自印度而西藏，自西藏而南海，了了可識。第印度金剛座遼遠難稽，詎若西藏都綱法式具備，爲天人攝受之閎規，藩服皈依之總滙也哉。乃者歲庚寅，爲朕六袠慶辰，辛卯恭遇聖母皇太后八旬萬壽，自舊隸蒙古喀爾喀青海王公台吉等，暨新附準部回城衆蕃長，聯軫偕來，臚歡祝嘏。念所以昭褒荅，示恵懷者，前期咨將作，營構斯廟。以乾隆三十二年三月經始，至三十六年八月訖工，廣殿重臺，穹亭翼廡，爰逮陶笵斤鑿，金碧髹堊之用，莫不嚴淨如制。夫羣藩信心迴向，厥惟大慈氏之教，而熱河尤我皇祖聖祖仁皇帝撫綏列服，歲時肆覲之區。嚮也西陲內面景從，朕勤思纘述，普寧、安遠、普樂諸刹，所爲嗣溥仁、溥善而作也。今也逢國大慶，延洪曼羨，而斯廟聿成，三乘之宗，實其統會。於焉宣寶鐸，演金輪，闐禽流梵樂之音，塞樹種菩提之果，一切國土善信，膜拜歡喜，以爲得未曾有。而久入俄羅斯之土爾扈特，以其爲外道，非黃教所概，舍久牧之額濟爾，率全部數萬人，歷半年餘，行萬有數千里，傾心歸順，適于是時莅止瞻仰，善因福果誠有不可思議者。是則山莊之普陀與西藏之普陀一如，與印度之普陀亦一如，與南海之普陀亦何必不一如。然一推溯夫建廟所由來，而如不如又均可毋論。即如如之本義，豈外是乎，豈外是乎。先是，羣藩合辭，請進千佛像，懇欵弗可卻，因命就廟中庋閣奉之，別有記，不復詳綴。爲說偈曰：

我聞贍部洲，古德有道場。天龍各護持，名四大結聚。
九華及二峩，五臺亦初地。普陀南海南，觀自在所住。
其言限方所，不出邊邪見。譬如一掬手，眯萬億由旬。
若人證三摩，要令不失故。衛藏妙莊嚴，竺乾祖庭意。
興桓足香界，成此大勝因。百部諸賢王，合十聆唄讚。
塞土黃金色，是處菩薩面。其前羅漢峯，磬石爲犍椎。
舉似象王巖，非離亦非即。其下獅子溝，武列功德水。

舉似鐵蓮洋，無垢亦無淨。能具等正覺，皆作如是觀。

五十三參竟，還叩兩足尊。長現調御相，爲説無量法。

（餘三面滿、蒙、藏文，不録。）

普陀宗乘廟碑　清乾隆三十六年八月刻。碑在河北承德。四面刻，高宗弘曆撰并正書，額篆書。四面分刻漢、滿、蒙、藏文。

《龍王菩薩靈井記》　京師古幽州，辰星位焉，水精也。其宿尾箕，析木之津，漢津也。故其地，負重山，面平陸，引河帶海，潮淤而壤沃。然萬井渾渾，所在瀵湧，恆鹹苦不可以啜。行汲者特以玉泉爲甘，擊轂汗牛，雖遠必致。南城宣南坊憫忠寺，爲唐貞觀十九年所建。至我朝雍正初，新之，易名法源。長老天月大師，始受命住斯刹，啟壇演戒，律行精嚴，緇素嚮臻，宏闡道法，于茲四十有餘年矣，乃不懈而益勤。耆臘且八十，于是息靜退居，繼席以法嗣了升，號遇隆者，禪誦敎肆，肅然一循其舊。勝幡所樹，津逮諸方，香積之廚，日食千指，爨湢燀濯，取水於阜成門外，三車番遞，往往不給。於其寺西南隅別院，治閒地爲菊圃，舊有井，渠疏筧導，用以灌溉，資蔬蓏之利焉。一日抱甕以告，新泉滃然，改其沉斥，曰井有異矣。試之淪茗，質輕而味旨，雖玉泉不殊也。以供客，客皆曰信。遂增鹿盧，罷水遞，齋廚甕盎皆滿，大衆贍足，勞費以除。于時四衆聞者歡喜讚歎，謂天月總持大覺勝因長久，復能得人以衛靈宇，傳慈燈於無盡也，冥符神貺，應期而顯灼乎，詎不偉歟。龍眠張曾敞，因泚筆以記，而系之銘曰：

地之墳閼，神瀵則天猗，良沃自今，濁黕有年猗。舄鹵之化，溟爲桑田猗，冽而勿幕，操瓶是便猗。膏爾萬盎，衆渴胥蠲猗。苾芻之修，精且專猗，慈氏之澤，貺安禪猗。瑞徵潛荅，響斯傳猗。慧遠舉杖，朽壤涓涓猗，曹溪寶積，卓錫生川猗。出由虎擘，或龍與遷猗，甘液弗竭，靈跡俱延猗。刻銘于幹，來者視前猗。

乾隆三十有七年歲在壬辰二月上浣穀旦

前日講起居注官詹事府少詹事張曾敞拜撰

四川夔州府知府華亭徐良書

龍王菩薩靈井記　清乾隆三十七年二月上浣刻。碑在北京宣武區法源寺。張曾敞撰，徐良正書。

《溟波行略碑》　竊惟壁觀九載，少室衍無盡之燈，椽栗七年，溈山開不朽之業。若我溟祖中興雲居，較曩者無多讓焉。祖諱超古，字溟波，世居武靖，俗姓郭。先是，其父文選公，曾削髮於本邑天僊廟。祖母高氏，以繼嗣故，仍令歸宗，生祖，凡兄弟七人，祖最幼。方三歲，父疾昏迷，至冥，冥王責曰：爲僧蒼黄，筭減一紀。左右曰：稽其簿籍，幼子宿有淨根，可令出家以贖父罪。王許之。既甦，具陳冥事，母王氏以是昏晦之辭不從，後更昏乃允。至七歲，仍投天僊廟智庵爲師。但廟屬應赴，腥酒之作，無異俗習。祖每恨之，時於清夜月下繞廚經行，忽覺生死繫紡，不能頓解。年廿五，跪諷《華嚴》，三載足不踰閫。時抱璞禪者見而異之曰：夫人操存高舉，當如垂天之雲，作爲雄狀，必擬滄江之波，不可守些些繩墨，以使儉陋。祖聞之，遂詣愍忠圓具，時年三十有七也。後於天津如來庵，依大博和尚結制。一日入方丈，問如何是某甲本來面目。尚竪拳，祖云除此還有麼，尚便打。從是疑情頓發，坐卧不鮮。後隨尚至楊邨報成寺，尚落堂，云：堂中有個病漢，欠出一身白汗在。祖聞之，疑情愈切。忽於上單脱履有省，遂白尚。尚問本來面目，祖云六六三十六。尚云：不是，更道。祖云九九八十一。尚以掌擊之：這九九八十一，還是六六三十六。祖一喝，便出。自是當機不讓。復侍尚三載，始蒙印可，囑令住山。祖年四十，習靜雲居，雖飯糗茹草，不廢接待方來，而斬棘除荊，每思鼎新故業。因汲灌之維艱，尋滋澤之地勢，遽以杖卓，輒見泉通，既漸導以纖渠，復岐疏而遍供。自爾海衆雲赴，信資風從，十稔之間，□成巨刹。無何，萬葉流潤，芋香透轍，荷蒙多羅惠郡王，洎居士李德雲等請，住朝陽門外南海會寺，爲開法第一祖焉。事訖，仍返雲居，同衆甘苦。曾不以世法接人，唯思以祖道自任。得骨獲髓者，代不乏人，分燈列燄者，化滿塵宇。示寂後，門人明廣等，奉全身，於東案山之柏塢建窣堵而藏之。竟無誌銘，誠爲遺憾。了正秖承先勅，謬參五葉，每乘蔭於喬木，頓興報本之懷，時試茗以清流，輒感立泉之惠。敬按行略，壽諸碣陽，仍稽首再拜，而爲之銘。銘曰：

開拓靈根洞冥神，大經積載日維新。禪岩遍踏晤眞人，廓徹寰中曉露身。

留隱峰巒絶世闉，一朝跡影省王臣。幻縱海會尋龍巾，棒落横穿列祖胥。

乾隆四十三年歲次戊戌夏六月初八日吉旦立

五世法孫了正等仝勒石

江南劉丕然、王世良仝刊

（碑陰碑額）永垂不朽

（派系圖）

本寺重開山第一代傳臨濟正宗第三十三世上溟下波古翁太祖老和尚

本寺重開山第二代傳臨濟正宗第三十四世上圓下通廣公太祖和尚

本寺重開山第三代傳臨濟正宗第三十五世上了下塵福公先祖和尚

本寺重開山第三代傳臨濟正宗第三十五世上雲下光泰公叔祖和尚

本寺重開山第四代傳臨濟正宗第三十六世上萬下安侖公先師和尚

《德悟和尚行實碑》 東安門外二里許豹房巷，有古刹法華禪林，明正統間內監劉通捨宅剏建。天啟時，姚監重加修葺，規模宏敞，紺殿邃延。迄國朝二百餘年，中間迭有廢興。自德悟大師，始更新之，山門、佛殿、廊廡、僧寮之屬，靡不煥然增麗，瞻仰者咸稱善焉。師以髫年祝髮，心性無漏，即具龍象負荷大力，蓄志修舉，不數年而締造經營，克如其願。是時寺分兩廊，西爲別院，僧眾析居，各立門戶，若越鳥代馬然。師迺惻念曰：象教一切平等，苾蒭大眾轉私崖岸，其蔭注大千之謂何。爰力議合爨，俾少長僧徒，同親操作，齋飯衣履，無歧視者。又嘗於冬月煮粥施捨，日炊百斛米，活人以萬計，數十年無間。予昔榜其門曰化城含餔，蓋實錄云。夫清淨寂滅，吾儒□議緇流，然觀處室家者，往往私其似續，祖護其臧獲使令之輩，而手足骨肉間，轉若秦越而不相顧，以視德悟上人之所爲，能無愧歟。師性恬雅，敦交誼，重然諾，長安貴介多與之遊。尤精鑒賞金石，古物不釋手，加以瀹茗焚香，澆花種竹，有處士風，無蔬筍氣。余每過禪房，與之劇談竟日，娓娓不倦，非晚近宗門僅爲法王香火者比也。圓寂時，端坐而逝。哭臨祭奠者，縉紳商賈，素車白馬，塡塞衢巷，更以知師之感人爲深切矣。其徒如元，遵師教維謹。先是，師於寺中百廢具興，惟有後閣數楹未經重葺，如元克繼先志，次第增修。自重建樓閣外，若黝堊丹漆，以及鐫扁懸額，無不金碧交輝，莊嚴寶重。而疏濬溝渠，俾合巷居民受其利益，大善因果，無踰此者。予因溯德悟師之行實，並及其徒如元之克嗣宗風，師若弟開繼之功，洵可同垂不朽，遂援筆而爲之記。

時大清乾隆四十三年仲秋吉日

誥授通議大夫督理貴州清軍糧□□□□陽平越石阡等處地方前任戶部江南司員外郎充日下舊聞纂修官加三級紀錄四次吉林德隆撰

賜進士出身翰林院編修□□□□國史館纂修官功□館四庫館教習庶常館提調官加二級紀錄四次合肥蕭際韶書

德悟和尚行實碑　清乾隆四十三年八月一日刻。碑在北京東城區東四南大街報房胡同法華寺。德隆撰，蕭際韶正書。

《萬安瑜公和尚塔銘》 夫佛法無多子，要在悟與修耳。然兼而有之者誠難，若萬安瑜公者，吾猶及見之矣。公世居青魯，係商河朱氏子也。母沈氏，茹齋奉佛，誕公甚艱，聞佛宇鐘聲遂娩，合掌端坐。父母異之，曰：此子異像，未必爲吾門承禋祀也。八歲隨母禮佛，寒暑無間。十三時，父患惡瘡，群醫束手，請僧就舍看經，公問僧曰：諸供養中，何法最勝。僧曰然燈。公即長跪佛前，乞僧爲然。母憐而止之，父患亦瘳。既長，膂力過人，詞辯服眾，鄉鄰中斷諍鮮紛，無弗從者。魚水情疏，螽斯意淡，菽水承歡，權事耕耘。至於寶貴功名，亦超然有不可束縛之勢。洎三十四歲，竊詣德州法雨寺，禮明如璽公和尚祝髮。尙於是秋受蓮鎭十方院請，公請侍巾瓶，當即依之受戒。壬子冬，於京南白岱邨首謁雲居了祖。乙卯春，於畿西潭柘山，次覲岫雲本公，坐夏安居。權依戒壇憨公避冬結制，仍歸雲居了祖。一日入室次，祖問話頭，公云本來面目。祖曰如何是本來面目，公云隨人起倒。祖曰何不自作主宰。公合掌云：月照長空白，舟行不礙江。祖印可，乃以源流付之。此瑜公之見地澄明，悟處眞實者爲如此也。自是，職受司賓，任兼董造，重修大悲懺室，再新兩壁僧寮。擬建龍華三會，祖疾未允。公乃然燈頂心，祈祖住世。祖聞而誡之曰：孝名爲戒，爾實踐之。第吾報緣止此，勿庸自苦。祖□後，眾推繼席，公曰有雲叔在，自甘以身戮力率眾服勞。此瑜公之眞修實行，無我無人者又如此也。丙寅秋，雲公復逝，眾議主席，公立辭未寢。十月望，乃據室焉。先是，寺左里許，傍山有數泉，匯聚分流，上下常住，內外足用。泉上有龍祠甚小，公命改修，啟址，出青蛇若干，工匠或犯之，神瞋，泉移溝底，徑流越寺，需水須用汲灌。公憂且愧，密於源上誦咒，泉仍如故。又值連歲歉收，僧厨斷炊，公密禱韋天，然一指於像前，遂感太極廠王府總管高公淳賚金五百，詣山飯僧。此瑜公之悟修兼至，效感神人者，事多類如此也。至於種果植園，造橋闢路等偉功盛業，莫可殫述。公距生於康熙戊寅，示寂於乾隆戊子，事在建卯之月五日午時，沐浴更衣，焚香趺坐而逝。世壽古稀，僧臘三十七夏。嗣法門人了正等，奉全身於東案山之柏塢，建窣堵於溟祖塔側。具狀來京，丐余爲銘。余曰：吾與爾師，叨在心契，雖乍往乍來，而常親常近，吾雖不文，猶能道爾師之實。試即無其行略，幷爲之銘。銘曰：

京畿之右，房邑之南。峰巒疊翠，琳宇層函。唯雲居寺，稱古道場。溟祖中振，道播遐荒。裕後光前，運當四葉。預有覺人，潛與密接。如我瑜公，籍出商河。朱父沈母，久奉佛陀。娩師艱甚，乍聞鐘聲。合掌而誕，知不俗縈。雖聯配偶，魚水情疏。爲親事養，權事耕耝。強狀之間，逃塵薙染。受具參方，身心束撿。兩參了翁，漆筩打破。任職精修，始終靡惰。了翁神潛，席應公繼。固讓雲叔，服勞無替。鮮行兼至，咒感神龍。泉涌舊地，汲灌無庸。連值歲歉，僧厨斷炊。默祝韋天，然指瀝悲。倏來王使，賚金飯僧。□動一時，千載肇興。幻軀云歿，眞修無侵。敬爲茲銘，昭示來今。

乾隆四十三年歲次戊戌秋八月初八日吉旦立

嗣法門人了正等仝勒石

江南劉丕然、王世良仝刊

（碑陰碑額）碑陰題句

（碑陰臨濟宗派偈及題名）

臨濟傳法正宗派曰：祖道戒定宗，方廣證圓通，行超明實際，了達悟眞空。

雲居恆朗正杜多復續四十字：杍樾梧槇椌，檈梮栖棫葳，杆株梠桂朴，栢本梅檀榆，榍柔樞機樒，模楷相格樅，藪棽榑樍檍，槳梵樂楨槸。

嗣法門人恆朗了正、魁彰了祿、瑞雲了修、悟徹了惺、寬如了順、休心了融、聖巖了貴、顯璽了璿、慧本了定、珍池了珠、瑞光了英、華然了舒、福山了見、旺山了宏、瑞光了祥、良善了性、大航了明、朴聚了奎、芳林了智、拂機了心、廣慈了度、見雲了海、量寬了覺、慧雲了寬，暨法孫大乘達煥、文質達煒、見安達煜、正本達然、澄印達照、體實達煓、月林達烑、慧如達煉、華然達炆等同建立。

王廷祚了相

皈依信女玉門白氏了明、趙門趙氏了難、関門関氏了聖、孫門鄭氏了性、石門趙氏了心、傅門那氏了通、徐門錢氏了會、侯門金氏了意、金門吳氏悟心、王門福氏了眞、楊門八氏悟善。

三寶信女張門楊氏達福、趙門佟氏達善、李門趙氏達淨、孫門楊氏悟貴、楊門張氏達道、白門劉氏達崐、劉門賈氏達本、韓門王氏達壽、韓門王氏達禮、関門高氏達慧、鄂門周氏達仁、関門汪氏達祥、白門李氏達玉。

劉門閻氏、侯門王氏、魏門劉氏、周門楊氏、李門王氏、劉門張氏、王門孫氏、吳門孫氏、劉門汪氏、孫門孫氏、劉門安氏、闞門韓氏、溫門王氏、白門黃氏、李門劉氏、伊門胡氏、祁門田氏、徐門劉氏、杜門趙氏、陳門蘇氏、佟門曹氏、曹門卜氏、張門王氏、孫門王氏、趙門藍氏、針門陳氏。

張永泰、悟諸璽、長春保、趙世彥、王國良、吞冬阿、韓世興、嘛呢、富興額。

萬安瑜公和尙塔銘　清乾隆四十三年八月八日刻。碑在北京房山區雲居寺北塔院。通理撰，池鳳毛正書，額篆書，劉丕然、王世良鐫。陰刻臨濟宗派偈及題名。

《須彌福壽廟碑》　黃教之興，以宗喀巴爲鼻祖，有二大弟子。一曰根敦珠巴，八轉世而爲今達賴喇嘛。一曰凱珠布格埒克巴勒藏，六轉世而爲今班禪額爾德尼喇嘛。是二喇嘛，蓋遞相爲師，以闡宗風而興梵教。則今之班禪額爾德尼喇嘛，實達賴喇嘛之師也。達賴喇嘛居布達拉，譯華言爲普陀宗乘之廟，班禪額爾德尼居扎什倫布，譯華言爲須彌福壽之廟，是前衛後藏所由分也。辛卯年曾建普陀宗乘之廟於避暑山莊之北山，以祝釐也，亦以土爾扈特歸順也。今之建須彌福壽之廟於普陀宗乘之左岡者，則以班禪額爾德尼欲來觀，而肖其所居，以資安禪，且遵我世祖章皇帝建北黃寺於京師，以居第五達賴喇嘛之例也。然昔達賴喇嘛之來，實以敦請，茲班禪額爾德尼之來觀，則不因招致，而出於喇嘛之自願來京，以觀華夏之振興黃教，撫育羣生，海宇清宴，民物敉寧之景象。適值朕七旬初度之年，並爲慶祝之舉也。夫朕七旬，不欲爲慶賀繁文，已預頒諭旨，而茲喇嘛之來，則有不宜阻者。蓋國家百餘年昇平累洽，中外一家，自昔達賴喇嘛之來，至今亦百餘年矣。且昔爲開創之初，如喀爾喀、厄魯特尚有梗化者，今則重熙休和，喀爾喀久爲世臣，厄魯特亦無不歸順，而一聞班禪額爾德呢之來，其歡欣舞蹈，欲執役供奉，出於至誠，有不待教而然者。則此須彌福壽之廟之建，上以揚歷代致治保邦之謨烈，下以答列藩傾心向化之悃忱，庸可已乎。既爲記，復作讚言：

印度既迴遙，佛教亦式微。梵僧捨天竺，多臨衛藏地。自唐代已然，是爲法源處。一譯猶云近，三乘無舛訛。宗乘向東昌，誠如佛所記。衛藏雖徼外，實在震旦中。達賴及班禪，宗喀巴高弟。前後燃智燈，三車之綱領。眞文與滿字，於是溯軌躅。蒙古衆林林，莫不傾心向。皈依三寶門，神道易設教。茲聞班禪來，如嬰兒遇母。觀化闡宗風，誠爲吉祥事。布達拉既建，倫布不可少。擇向興工作，亦以不日成。都綱及寢室，一如後藏式。金瓦映日輝，玉幢揚風舞。自成動靜偈，朗標色空喻。以是善因緣，資無礙法喜。祝嘏猶其小，所欣象教宏。舉似西域居，無來亦無去。上人演法輪，蠢蠢普超度。佐我無爲治，雨順與風調。衆生登壽世，慧炬永光明。合十作讚言，初非爲一已。如懸大圓鏡，遍照於十方。而鏡本無心，迴向亦如是。

乾隆四十五年歲在庚子夏六月上澣，御筆。

（陽滿文、陰蒙、藏文不錄。）

須彌福壽廟碑　清乾隆四十五年六月上浣刻。碑在河北承德避暑山莊。高宗弘曆撰幷正書，額陽篆書。陽漢、滿文合璧，陰蒙、藏文合璧。

《清淨化城塔記》　蓋聞有爲者非法，法本無爲，常住者非道，道歸無住。大慈氏以宏濟爲願力，自無始劫來，妙明圓覺，普利人天，俾大千衆生，歡喜安隱，各滿願欲。此慧燈所以續於長明，法輪所以資乎善轉也。庚子秋七月丁酉，聖僧班禪額爾德尼，自後藏越二萬里來覲，於是乎山莊有札什倫布之建，肖其所居，以資安禪。逾月，送至京師，供養於黃寺，乃十一月丙子，忽示寂茲刹。辛丑二月丙辰，以舍利送還後藏。計自來覲至示寂，自示寂至還藏，屈指各及百日，其間去來因緣，眞不可思議。因命於寺之西偏，建清淨化城塔院，藏經咒衣履，誌勝因也。初，班禪之來賓也，以海宇清晏，民物熙和，樂觀華夏之振興黃教。而蒙古諸藩一聞是事，無不欣喜頂戴，傾心執役。內地人民，亦延頸企踵，奔走皈依，以爲國家吉祥善事，於震旦國土宣揚宗乘，成就無量功德者焉。豈知指筏尋源者，不可以證覺海，攀梯求極者，不可以陟靈山，生滅同原，去來一法，遂乃入寂，莫非宣教。蓋自飛錫竺乾時，早已了然無礙，故山莊授記之日，即留高弟羅卜藏敦珠布等，於札什倫布傳習經律，宣闡正教，亦猶如來涅槃所說，我有無上心法，悉付摩訶迦葉，爲汝等作大依止也。然則有爲者非法，常住者非道，豈不信然。而清淨化城之與札什倫布，所以闡宗風，揚妙諦，是一是二，亦不待重提絜論矣。讚曰：

黃教成衛藏，鼻祖宗喀巴。達賴及班禪，轉輪廣說法。出世度衆生，如普賢願海。班禪後藏來，震旦最勝因。以無量功德，受無量供養。以無量功德，受無量讚頌。皆以普度故，而作是因緣。是爲大成就，去來本了然。佛說無生法，妙明大寂光。慈悲發宏願，種種示法身。於大千世界，作無量利益。一切有情屬，各各普度竟。善哉菩提心，衆生隨分受。宣布大法音，持受天人師。楞伽照無邊，四諦十二因。功德大成就，湛然歸虛空。虛空非虛空，大乘性體是。得至於涅槃，是爲第一義。即此示涅槃，一歸無爲法。如失瑠璃珠，競覓大海中。其光所照耀，徧滿閻浮提。又如寶髻雲，須臾即消滅。而於空虛中，普覆大千界。舍利歸西天，於此建經幢。法嗣闡宗風，廣示正覺路。讚法揭眞詮，生滅相如是。

清乾隆四十有七年歲在壬寅長至月吉旦，御筆。

（碑陽左滿文，碑陰蒙、藏文，不錄）

清淨化城塔記　清乾隆四十七年長至月刻。碑在北京朝陽區德勝門外黃寺村。高宗弘曆撰幷正書，陽漢、滿文合璧，陰蒙、藏文合璧。

《興善寺藏經殿碑》　《周禮》外史掌四方之志、三皇五帝之書，孔子因百二十國寶書以成《春秋》，蓋書之薈萃藏弆，上古已然。自六經之後，散爲諸子百家，經劉向父子校定，而《藝文志》因之著錄，凡一萬三千二百六十餘卷。隋唐《經籍》所錄，又幾倍之。至於唐宋作者，著述益繁，今統計之，存者不逮百分之一，豈其餘皆不足存歟，抑作者難，傳者不易歟。攷漢以來，開獻書之路，置寫書之官，建藏書之策，又遺求書之使，分校書之職。其儲之也，外有太史博士，內有延閣、秘室、蘭台、東觀，及仁壽閣、文德殿、華林園、觀文殿諸處，搜之不名不力，聚之不爲不專。至士大夫之藏書者，自張華、杜兼、韋述以下，章章可攷幾五六十家，而古書之傳，往往逾時而失之。究其故，蓋未嘗旁搜博取，合經史子集四部，萃爲一書，故遺佚如是其易也。若釋氏不然，大小乘經律論，爲數至四千六百六十卷。其徒或歷數萬里挾以入震旦，或閱數十寒暑而往求焉。比其得，愛護如頭目腦髓，彙而藏之，著其時代，標以譯人名姓，又以支那譔述隨時間入。其徒既自書寫剞劂，復丐宰官長者君子助之，且聳動世主，爲之鏤刻，分貯於名山古寺，故兩漢魏晉五代隋唐譯出之經，無有遺佚者。視吾儒之書，寖傳寖失，豈可同日語哉。夫吾儒經術文章之士，多出於中原，非若印度身毒在西南絕徼之外，必梯山航海，冒絕險，歷流沙積石，而後可得之也。篆隸之後，繼以楷書，因文攷義，智愚共曉，非若西天梵字，必法師重譯執筆潤文，而後可讀也。而遺佚若彼，全備若此，是吾儒之好古，較諸釋氏之寶□，弗如遠甚，明矣。西安大興善寺，剏自晉初，盛於隋唐間，仿西竺之制，建轉輪藏經殿。有明萬歷年間，敕賜藏經。本朝雍正十三年，新藏成，又以賜之。年久殿圮，輪亦敗壞，經有被風雨塵沙所損者。中丞畢公屬同知徐君大文新之，以乾隆甲辰冬日落成。經曰，於一切經能書寫受持，功德無量。□取大藏而覆庇之，俾其永無失墜。世有義學沙門，當以窺見佛乘之全，功德不尤偉歟。雖然，身爲聖人之徒，而於其經典也，篤信之，固執之，乃不如緇衣白足，世之見斯文者，必將皇然而□，蹶然而興，爲久遠寶護之計。庶四部之書，嗣後無或有缺佚不全之憾乎。余之爲記，蓋非獨爲釋氏導揚已也。

大清乾隆五十年歲次乙巳春三月二十一日立石

絳州權善文刊

興善寺藏經殿碑　清乾隆五十年三月二十一日刻。碑在陝西西安。王昶撰，申兆定隸書并題額，權善文刊。此本額失拓。

《城隍廟香火地碑》　本関之有城隍廟也，古矣。國朝乾隆間，雖裁衛歸州，然千層疊巘，百雉崇墉，依然拱衛神京，故秋菊春蘭，所以報祀於廟中者，亦終古無替也。顧歷年既久，香火漸衰。蓋一由於住持之非人，一由於董事之疎懈，以致地畝蒙混，租稅不充。癸卯春，余自涿調延分駐此関，関人正招僧住持，遂具呈於余。余乃與本関父老，博訪旁稽，頗得梗概，因牒請於堂尊紀公。公固恩威兼濟，明而能斷者也，爰委本関紳士楊君溥，協同李君玉賓，吳君文麗，原施王木營之李芳聲、吳彙南，暨僧慧海等，挨戶細查，因糧求地，因地議租。約屆一年，而侵□始復，報命於公。公大喜，以爲此神□靈，不可不將原卷移送分防，以垂永久也。余既服公之治化，不動聲色，而能錫福於無窮，又嘉楊君輩實能不辱公命，俾余之固□亦得假手以告成，因書其顛末，誌之貞珉。並將新舊文約粘連成卷，以詒來者。至此外尚有未□數處，則深有望於後之君子焉。若夫廟北之金櫃山舊祀關帝廟，亦有地一頃六十三畝，坐落虎峪村。近因廟圮僧逃，余恐日久無憑，亦清其界址，附載碑末，以俟將來関廟重修，住持香火之用。此又人心所共樂知，必有大力者以觀厥成也。是爲記。

□授奉直大夫知延慶州事正堂加五級紀聞歌查明立案

調任分防居庸関判州事前定陶縣知縣加三級唐宗鎔統查撰文

□慶州鄉學訓導高天球鑒□

本學歲進士候選儒學訓導楊溥，優生吳文德，生員吳文麗同查

□□道居庸関稅務廳加三級史溱篆額

本學廩膳生員張文耀書丹

居庸洛□□□□之色□□標下中軍千總張紹祖

分防南口城把總張俊傑

經理鐫碑刊字信士銀大興、李克敬、易興柱、李洲、闞進禮、史福、李光宗、張樹、程文煥、□陞，合稅□戶部□班闔□眾等公同誠建

乾隆五十一年歲次丙午春三月吉日闔関紳士軍民六科舖店鄉地驛扛夫役眾善人等公同敬刊

住持沙門祥瑞字本悟、達傳字慧海，□南人氏，秉心立石

（碑陰上截）城隍廟復整香火地，坐落村莊，佃戶姓名，畝數四至，租糧文約，開載於左。計開：

坐落王木營，佃戶李海，按年交租小數二十千文，永種共地五十三畝。內一段二十五畝，大小九塊，坐落方家溝及小山底下二處，言明種地納糧，有約存照。除此外糧銀本廟交納。又一段八畝，坐落石門梁道，東西二至溝，南至□道，北至本廟地。改字號州糧。又一段坐落虎峪溝地，

二十畝，東至溝，西南二至垎埨，北至山。那字號糧。
佃戶楊文珠，按年交租小數錢六千四百文，共地十六畝。內一段坐落虎峪溝口地六畝，東至傳作霖地，西至垎埨，南至王開德地，北至小道。又一段地六畝，四至俱垎埨。又一段地四畝，連上俱坐落寒家山前，東西南三至垎埨，北至楊士寛地。俱御字號糧。
佃戶楊士寛、亮，按年交租小數錢六千文，承種地十五畝，坐落堡東沙河，東至道，西至河灣，南至王開德地，北至吳文德地。御字號糧。
佃戶劉鳳岐，按年交租小數錢六千文，承種地十二畝，坐落堡東沙河，東北二至垎埨，西南二至河灣。阜字號糧。
以上地畝盡東西畛，俱有文契圖樣存照，租錢言明，九月十五日爲期，一準收清。倘有日後佃戶拖欠租糧情弊，許住持稟糧奪地。
呂莊佃戶周之愷，即楊才，按年交租小數錢四千文，承種十五畝，坐落堡西，南北畛一段，東至劉耀地，西至泰山廟地，南至大道，北至小道。御字號糧。
佃戶安起鳳，按年交租小數錢六千文，承種二十四畝，坐落堡西，南北畛。御字號糧。
青龍橋□東溝內佃戶李鴻賓，岔道人，按年交按年交租小數錢七千文，承種三十四畝。外有小牛園地一塊，土房一間。又二段七畝，東至尙秀地，西至廟地，南至山，北至□自立。又開墾山坡地廿七畝，東至劉姓地，西至山坡，南至□牆，北至小道。州糧，有紅契存照。
石佛寺口內佃戶張祥，按年交小數錢六千八百文，共地廿餘畝。四至內俱□菓木樑樹，隨地土房四間，荒坡許其開墾。土木相連，坐落上下菓園地二段，一段東至水零湖，西至野狐嶺，南北二至山。又一段，東至河溝，西至韓姓地，南至高姓地，北至山。禮字號糧，有契存照。
南站佃戶張英，按年交租小數錢二千五百文，承種灰題西山下白菓樹，共地廿畝，大小六段。
北関佃戶劉剛，按年交租小數錢伍百文，承種坐落教軍場玉皇廟地十五畝。
本廟前後週圍地，西至山坡，東至衙門署牆，北至衚衕，南至衚衕及水窖止。御字號□。又太安寺基址一塊。又基下坎地一塊。街東京馬廠空地一塊，晏公廟後地一塊，俱住持自行耕種。
附載重整金櫃山
關帝廟香火地一頃六十三畝，坐落虎峪村南。四至段數，佃戶姓名，開列於左：
佃戶闞宗富，按年交租大錢五千八百五十文，承種上地共六十五畝。內一段六畝，東西畛，東至秦姓地，西至溝，南至張姓地，北至小道。又一段四畝，南北畛，東至闞姓地，西至張姓地，南至闞姓地，北至尤葉二姓地。又一段十八畝，東西畛，東西二至道，南北二至張姓地。又一段二十畝，東至垎埨，西至道，南至葉姓地，北至本村廟地。又一段十七畝，東至道，南西二至白配旗地，北至蘇姓地。
佃戶張從如，按年交租大錢乙千八百文，承種上地一段十畝，東西畛，東至張姓地，西至溝，南至何姓地，北至闞姓地。中地一段十二畝，南北畛，東至何李二姓地，北至闞姓地。
佃戶孫守洪，按年交租大錢乙千六百二十文，承種上地十八畝，東西畛，東西二至道，南至垎埨，北至李姓地。
佃戶蘇應福，按年交租大錢乙千三百七十五文，承種下地二段。一段十六畝，東北二至張姓地，西至道，南至垎埨。又一段九畝，東至何姓地，西至常水峪張姓地，南至本廟地，北至道。
佃戶蘇應富，按年交租大錢四百五十文，承種上地五畝，與闞宗富二十畝地東北角兩相連接。
佃戶楊七，按年交租大錢六百七十五文，承種中地九畝，東西畛，東南二至楊姓地，西至溝，北至何姓地。
佃戶田發□，按年交租大錢五百文，承種下地九畝，南北畛，東北二至何姓地，西至道，南至常家菴地。
佃戶史琰，按年交租大錢四百文，承種下地十畝，南北畛，東西南三至垎埨，北至道。
以上文契正副約各一紙爲照，俱粘連成套□正契呈送本分州交代，副契一套交付本廟住持收執爲憑。
（碑陰下截）資助刊碑工費佈施衆善信士等芳開列於左，計開：
李光宗助銀八兩五錢。劉光前偕妻朱氏助銀五兩。

阮起林助銀三兩。

合居驛扛夫、馬夫班眾等公同助力施工，公助大錢九百七十五文。

王國玉、程建業、程文炳、李芳聲各助銀二兩。

源遠號、日亨局、阮起秀各助銀一兩五錢。

劉有基、源興號、武子連、康萬、耿鳳寶、蕭尙德、張從如、楊錫□、李玉賓各助銀一兩。

苗□、陳馥遠、吳配天、郭敏、米舖、興隆店、元合號各助銀六錢六分。

柳玉龍、雙和號、增興號、隆裕號、豐亨局、劉誠、張起印、李四仲、李舉、□佩澍、劉德、天亨廠、谷萬良、大興館各助銀五錢。

杜蘭、馬宏德、朱秉衡、楊國華、申士吉、蕭門龔氏、婁岑、張懷順、王萬昇、侯天德各助銀三錢三分。

張治宗、王學意、張旺、李國棟、袁維順、申輔、李林貴、路嘉賓、劉仲魁、王朝相、趙自順、陳□善、張成龍、楊春、李國珍、申光有、谷萬義、申登梅、程天庫、孔志學、高士信、姚傑、張萬成、王國祥、趙立廷、王秉德、姚克仁各助銀一錢。

攬工刻碑匠人小□劉天功，仝男劉□玉承辦

城隍廟香火地碑　清乾隆五十一年三月一日刻。碑在北京昌平縣居庸關。唐宗鎔撰，張文耀正書，史溱雙勾額，劉天功、劉萬玉刻。陰兩截刻，上段爲廟產及佃戶題名與租金數額，下段爲助緣題名。

《喇嘛說》　佛法始自天竺，東流而至西番，即唐古特部，其地曰□□。其番僧又相傳稱爲喇嘛。喇嘛之字，漢書不載，元明史中或訛書爲剌馬。陶宗儀《輟耕錄》載，元□□帝□□喇□□□。毛奇齡《明武宗外紀》又作□嘛，皆係隨意對音，故其字不同。予細思其義，蓋西番語謂上曰喇，謂無曰嘛，喇嘛者謂無上，即漢語稱僧爲上人之意耳。喇嘛又稱黃教，蓋自西番高僧帕克巴舊作八思巴始盛於元，沿及於明，封帝師國師者皆有之。元世祖初封帕克巴爲國師，後復封爲大寶法王，並尊之曰帝師。同時又有丹巴者，亦封帝師。其封國師者不一而足。明洪武初，封國師大國師者不□四五人。至永樂中，封法王西天佛子者各二，此外灌頂大國師者九，灌頂國師者十有□。及景泰成化間，□不可□紀。我朝惟康熙年間，祇封一章嘉國師，相襲至今。我朝雖興黃教，而□無□帝師封號者。惟康熙四十五年勅封章嘉呼土克圖爲灌頂國師。示寂後，雍正十二年仍照前□□爲國師。其達賴喇嘛、班禪額爾德尼之號，不過沿元明之舊，換其襲勅耳。黃教之興始於明。番僧宗喀巴生於永樂十五年丁酉，至成化十四年戊戌示寂。其二大弟子，曰達賴喇嘛，曰班禪喇嘛。達賴喇嘛位居首□名曰羅倫嘉穆錯，世□化身掌黃教。一世曰根敦珠巴。二世曰根敦嘉穆錯。三世曰索諾木嘉穆錯，即明時所稱活佛鎖南堅錯也。四世曰雲丹嘉穆錯。五世曰阿旺羅卜藏嘉穆錯。我朝崇德七年，達賴喇嘛、班禪喇嘛，遣貢方物。八年，賜書達賴喇嘛及班禪呼土克圖，蓋仍沿元明舊號。及定鼎後，始頒給勅印，命統領中外黃教□。蓋中外黃教總司以此二人，各部蒙古一心歸之，興黃教即所以安衆蒙古，所繫非小，故不可不保護之。而非若元朝之曲庇諂敬番僧也。元朝尊重喇嘛，有妨政事之弊，至不可問。如帝師之命，與詔勅並行。正衙朝會，百官班列，而帝師亦專席於坐隅。其弟子之號，司空、司徒、國公，佩金玉印章者，前後相望，怙勢恣睢，氣燄薰灼，爲害四方，不可勝言。甚至強市民物，捽捶留守，與王□爭道，拉毆墮車，皆釋不問。並有民毆西僧者截手，詈之者斷舌之律。若我朝之興黃教，則大不然，蓋以蒙古奉佛，最信喇嘛，不可不保護之，以爲懷柔之道□□。其呼土克圖之相襲，乃以僧家無子，授之徒，與子何異，故必覓一聰慧有福相者，俾爲呼必勒罕即漢語轉世化生人之義，幼而習之，長成乃稱呼土克圖。此亦無可如何中之權巧方便耳，其來已久，不可殫述。孰意近世，其風日下，所生之呼必勒罕率出一族，斯則與世襲爵祿何異，予意以爲大不然。蓋佛本無生，豈有轉世。但使今無轉世之呼土克圖，則數萬番僧無所皈依，不得不如此耳。從前達賴喇嘛示寂後，轉生爲呼必勒罕，一世在後藏之沙卜多特地方，二世在後藏大那特多爾濟丹地方，三世在前藏對隴地方，四世在蒙古阿勒坦汗家，五世在前藏崇寨地方，六世在裏塘地方，現在之七世達賴喇嘛在後藏托卜扎勒拉里岡地方。其出世且非一地，何況一族乎。自前輩班禪額爾德尼示寂後，現在之達賴喇嘛，與班禪額爾德尼之呼必勒罕，及喀爾喀四部落供奉之哲布尊呼土克圖，皆以兄弟叔姪姻婭遞相傳襲，似此掌教之大喇嘛呼必勒罕皆出一家親族，幾與封爵世職無異。即蒙古內外各扎薩克供奉之大呼必勒罕，近亦有各就王公家子弟內轉世化生者。即如錫呼圖呼土克圖，即係喀爾喀親王固倫額駙拉旺多爾濟之叔，達克巴呼土克圖，即係阿拉善親王羅卜藏多爾濟之子，諾尹綽爾濟呼土克圖，即係四子部落郡王拉什燕丕勒之子，堪卜諾們汗扎木巴勒多爾濟之呼必勒罕，即係圖舍圖汗車登多爾濟之子，似此者難以枚舉。又從前哲布尊丹巴呼土克圖圓寂後，因圖舍圖汗之福晉有娠，衆即指以爲哲布尊丹巴呼土克圖之呼必勒罕，及彌月竟生一女，更屬可笑，蒙古資爲談柄，以致物議沸騰，不能誠心皈信。甚至紅帽喇嘛沙瑪爾巴，垂涎扎什倫布財產，自謂與前輩班禪額爾德尼，及仲巴呼土克圖同係弟兄，皆屬有分，唆使廓爾喀滋擾邊界，搶掠後藏。今雖大振兵威，廓爾喀畏懼降順，匍匐請命，若不爲之剔除積弊，將來私相授受，必致黃教不能振興，蒙古番衆，猜疑輕視，或致生事。是以降旨藏中，如有大喇嘛出呼必勒罕之事，仍隨其俗，令拉穆吹忠四人降神誦經，將各行指出呼必勒罕之名，書簽貯於由京發去之金奔巴瓶內，對佛念經，令達賴喇嘛，或班禪額爾德尼，同駐藏大臣，公同簽掣一人，定爲呼必勒罕。雖不能盡除其弊，而較之從前各任私意指定者，大有間矣。又各蒙古之大呼必勒罕，亦令理藩院行文，如新定藏中之例，將所報呼必勒罕之名，貯於雍和宮佛前安供之金奔巴瓶內，理藩院堂官，會同掌印之扎薩克達喇嘛等，公同籤掣，或得眞傳，以息紛競。去歲廓爾喀之聽沙瑪爾巴之語，刦掠藏地，已其明驗。雖興兵進剿，彼即畏罪請降，藏地以安，然轉生之呼必勒罕出於一族，是乃爲私，佛豈有私，故不可不禁。茲予製一金瓶，送往西藏，於凡轉世之呼必勒罕衆所舉數人，各書其名，置瓶中掣籤以定，雖不能盡去其弊，較之從前一人之授意者或畧公矣。夫定其事之是非者，必習其事而又明其理，然後可。予若不習番經，不能爲此言。始習之時，或有議爲過興黃教者，使予徒泥沙汰之虛譽，則今之新舊蒙古畏威懷德，太平數十年可得乎。且後藏煽亂之喇嘛即正以法，上年廓爾喀侵掠後藏時，仲巴呼土克圖既先期逃避，而大喇嘛濟仲扎蒼等，遂托占詞爲不可守，以致衆喇嘛紛紛逃散，於是賊匪始敢肆行搶掠。因即令將爲首之濟仲拏至前藏，對衆剝黃正法。其餘扎蒼及仲巴呼土克圖等，俱拏解至京，治罪安插，較元朝之於喇嘛，方且崇奉之不暇，致使妨害國政，況敢執之以法乎。若我朝雖護衛黃教，正合於王制所謂修其教不易其俗，齊其政不易其宜，而惑衆亂法者，仍以王法治之，與內地齊民無異。試問自帕克巴創教以來，歷元明至今五百年，幾見有將大喇嘛剝黃正法及治罪者。天下後世豈能以予過興黃教爲譏議乎。元朝曾有是乎。蓋舉大事者，必有其時與其會，而更在乎公與明。時會至，而無公與明以斷之，不能也。有公明之斷，而非其時與會，亦望洋而不能成。茲之降廓爾喀，定呼必勒罕，適逢時會，不動聲色以成之，去轉生一族之私，合內外蒙古之願，當耄近歸政之年，復成此事，安藏輯藩，定國家清平之基於永久，予幸在茲，予敬益在茲矣。

乾隆五十有七年歲次壬子孟冬月之上澣，御筆。

（餘三面滿、蒙、藏文，不錄。）

喇嘛說　清乾隆五十七年十月上浣題。碑在北京東城區雍和宮。四面刻，高宗弘曆撰并正書。漢、滿、蒙、藏文各刻一面。

《西藏善後事宜詩》　三藏前後中，西藏即古西吐蕃也，自唐至明曰烏斯藏。其曰烏斯者，蓋衛字之分書也。唐古特書法，凡整字下加以斯字，即讀作危韻，如多斯爲堆，挫斯爲催，則烏斯爲衛矣。而唐古特語謂衛，則漢語之謂中，藏則漢語之謂好也。今指其族曰圖伯特，指其人曰唐古特。其地又分爲三部。曰康，即察木多之地，爲前藏。曰衛，即布達拉之地，爲中藏。曰藏，即扎什倫布之地，爲後藏。由來名已久。崇德雖入覲，其地非我有。我朝崇德七年，達賴喇嘛、班禪額爾德尼，咸謂東土有聖人出，遣使達盛京，歲通貢表。至順治初年，達賴喇嘛入覲，亦曾勅賜金冊印。維時其地尙非中國所有也。衆蒙古歸之，凡事商可否。自元朝以來，衆蒙古俱皈依達賴喇嘛。及噶爾丹與喀爾喀交惡興戎，皇祖屢遣使於達賴喇嘛，令其一同遣使，止彼相攻。乃達賴喇嘛轉袒庇噶爾丹。皇祖屢曾勅諭達賴喇嘛，令其從中和息。蓋彼時，凡事尙與達賴喇嘛商酌而行，不似今日之皆爲臣屬，唯命是從耳。其弊自元來，率以難禁取。然而向善多，消亂利兼就叶。明乃踵元蹟，尊崇頗不偶。但未至元甚，非類卻堪醜。明洪武初，以元時攝帝師喃加巴藏卜爲熾盛佛寶國師。其封大國師者，不過四五人。永樂以後，封法王、西天佛子、灌頂大國師、灌頂國師者甚多，但不似元朝之妨政干紀。若武宗之自稱大慶法王，以漢人習蒙古教佞佛，尤可鄙笑。國初付懷徠，通貢無大咎。第巴其官之稱，其人名桑結更奸詭，黨噶爾丹苟，詐稱奉中國，表裏爲奸寇叶。達賴喇嘛亡，隱弗宣諸口。皇祖頻勅諭，兩端持鼠首。煽搖青海衆，甌脫圖恩負。西藏達賴喇嘛以下理事者曰第巴。因藏巴汗威虐部下，毀棄佛教。第巴乞師於青海之固始汗，擊滅藏巴汗。康熙三十二年，即封第巴桑結爲藏王，賜金印。時達賴喇嘛示寂，第巴隱匿不奏者十有六年，任意妄行，暗與噶爾丹相爲表裏。及召班禪額爾德尼來京，第巴又阻之不使來。專國倡亂，煽搖青海之衆。屢經皇祖勅諭，彼但首鼠兩端，負恩黨惡，不知悛改，亦罪魁也。二匪謂噶爾丹及第巳桑結受冥誅，藏乃歸員幅叶。方噶爾丹與喀爾喀搆兵時，皇祖不忍民生塗炭，屢遣使與達賴喇嘛，使人偕往宣諭，仍尋舊好。乃噶爾丹陽順陰違，反肆侵擾。皇祖三番親率六師，聲罪致討，噶爾丹旋即敗亡。而是時固始汗之曾孫拉藏，將第巴殲滅，即封拉藏嗣爲藏汗。於是二匪滅亡，藏地敉寧，歸我幅員矣。策旺刦藏時，發兵驅以走。後準噶爾策旺阿拉布坦生釁，自伊犁遣賊將策冷敦多布率衆至藏，攻殺拉藏汗，擄其子，肆行猖獗，毀滅黃教，蹂躪藏地。皇祖特遣將軍富寧安等，統領大兵，分路進討。康熙五十九年，大兵會合，擊破賊軍，斬獲甚衆。於是賊將策冷敦多布計窮力竭，狼狽遁歸，而藏地底定。其後自相殘，皇考靖紛糾。雍正元年，撤回官兵，以噶布倫貝勒康濟鼐總理其地。五年，噶布倫貝子阿爾布巴、公隆布鼐、台吉扎爾鼐等，復謀殺康濟鼐。辦理噶布倫事務之扎薩克台吉頗羅鼐，走避後藏。遣兵進剿，明年頗羅鼐率後藏衆部落入藏，阿爾布巴等伏誅。遂晉封頗羅鼐爲貝勒，辦理衛藏噶布倫事務，藏地復安輯如故。因之駐大臣，鎮壓計安阜。於是留學士僧格、副都統馬臘、前鋒統領邁祿、散秩大臣周瑛等，駐兵二千名，鎮撫其地。並令提督張耀祖，於察木多帶兵一千名駐劄，以爲聲援。蓋彼時藏地初靖，不得不留兵鎮壓。既而因藏地安輯已久，將官兵裁減所有，輪班駐藏大臣亦不過簡用持重謹慎中材。而伊等乃幸其無事，因循日久，以致忽有近年廓爾喀侵擾之事矣。其奈歷年多，屢易人非舊叶。相幸無事歸，遂致因循紐。諸務付不知，旒綴同瞶瞍。而達賴喇嘛，庇族弟兄陋叶。賞罰率弗公，受賄任分售。或付噶布倫，或偏信左右。向來藏中大小事務，均由噶布倫四人辦理，而駐藏大臣一切付之不問。數年前公班第達，因年老解退噶布倫後，其子丹津班珠爾襲職。達賴喇嘛愚闇無能，一任族中諸人及四噶布倫主持其事，若輩倚勢營私舞弊，至有私增稅銀，食鹽攙土，種種侵擾邊界，以致廓爾喀藉詞來犯藏邊。遂致廓爾喀，侵邊較利藪。遣兵問曲直，所遣人悔忸。未曾示國威，賄和完以誘。前次廓爾喀來擾藏邊時，若果能示以兵威使之知懼，自不敢復萌故智。乃朕所遣巴忠逞其私智，已不露名，惟督促丹津班珠爾等調停了事，遂有許銀賄和之弊。而鄂輝成德又復因循附和，不能統兵深入，苟且完局。繼而藏中復惜費不償，又有紅帽喇嘛沙瑪爾巴其人，在廓爾喀唆使，是以前歲復來擾，至扎什倫布，大肆猖獗。因命福康安等，統率勁旅，深入賊界，七戰七捷。賊人喪膽，旋即哀籲乞降，詳見誌事諸詩，茲不復贅。再來襲藏地，益肆猖獗赳。掄將揚撻伐，歸降乃額叩叶。戰勝屢見詩，不必申論復叶。爰命四賢臣福康安、孫士毅、和琳、惠齡，奠安議善後。茲具疏以來，諸弊去其垢。貿易有節制，疆界慎防守。此次廓爾喀雖已誠心歸降，然善後事宜亦不可不詳加酌定。因令福康安、孫士毅、和琳、惠齡等四人，悉心詳議，以杜後患。如廓爾喀需用唐古特食鹽酥油等物，斷難絕其貿易，但彼此牟利，自必易起爭端。又如唐古特向用廓爾喀銀錢，迨後銀色淆雜，以致互相爭競。因諭令於一歲中準其通市四五次，且俟彼再四懇求方準。其所用銀錢，竟令藏中官爲鑄造乾隆寶藏，漢文、唐古特字樣，使彼不能居奇泉幣，長可流通。至於平日疆界地方，更當慎加防守。今據議定，於前後藏各設番兵一千名，定日、江孜地方各設番兵五百名，令將備及戴琫管束教演，務使兵歸有用，再不致別國妄生覬覦。等級各責成，廩給俾公授。向來藏中管兵番目，如戴琫、如琫、甲琫等，虛有其名，每遇出兵，兵將俱不相識，安能收攻守之效。茲據議定，於戴琫之下，設如琫十二名，每名管兵二百五十名。如琫之下，設甲琫二十四名，每名管兵一百二十五名。甲琫之下設定琫一百二十名，每名管兵二十五名。所有戴琫等缺，以次陞用，庶不致徇私悞公。嗣後四噶布倫，並其餘大小番目缺出，俱統歸駐藏大臣，會同達賴喇嘛，照依等級，秉公揀選。至於番兵及管兵番目，向不給與口糧，無怪臨時退縮。茲酌議每名每年令達賴喇嘛商上，給青稞二石五斗。遇有征調，每日支給糌粑一觔。其管兵番目，除戴琫已有例給莊田，毋庸置議外，每年如琫各給銀三十六兩，甲琫各二十兩，定琫各十四兩，按季散給，以資用度。兵器期精利，將弁嚴凌侮叶。藏中番兵，器械鉛火，向來俱令自備，不能精利。今酌議每兵一千名，五分鳥鎗，三分弓箭，二分刀矛。所需各器械，即將沙瑪爾巴等家產內，及寺廟中收貯之件，略加修整，足資應用。惟是將弁兵丁欺凌番兵，即不能聯爲一體，安望其齊心出力。以後令於滿漢營員內，認眞揀選，駐藏大臣覆加驗看。並令駐防將備，督同大小番目，按期訓練，秉公賞罰，以示勸懲。其番兵三千名，嚴飭該管，將弁及戴琫等，不得擅行役使，有悞操防。再生禁世襲，喇嘛說著手。廓爾喀滋擾藏界，固緣從前噶布倫等舞弊，致彼藉端肇釁，亦由近世藏中風氣日下，大喇嘛等多以廟中貲產爲念，於是轉世之呼必勒罕，率出一族，竟與世襲無異。甚至沙瑪爾巴垂涎扎什倫布財物，唆使廓爾喀滋生事端，乃其明驗。當此國威震疊之際，不可不爲力除其弊。是以製金奔巴瓶，送至藏內，令以後將各指出之呼必勒罕，書籤貯瓶，由駐藏大臣會同簽掣。其各蒙古之大呼必勒罕，一如藏中之例，在城中雍和宮，令理藩院堂官，會同簽掣，以示至公。上年曾著喇嘛說，詳其原委，祛其流弊，使後世知予之保護黃教，迥不同於元代之尊崇喇嘛，不問賢否公私，惟命是從，有妨政典也。事權歸二臣，親巡祛弊狃。從前藏中諸事，駐藏之二大臣並不預聞，毫無管束，殊非整飭之道。嗣後當與達賴喇嘛、班禪額爾德尼平等，自噶布倫以下，俱照屬員之例，事無大小，一切稟知，候示辦理，以除積弊。達賴喇嘛、班禪額爾德尼族屬，一概不準挑補番目，干與管事。每年春秋二季，駐藏大臣二人，親身輪往新定疆址，設立鄂博之江孜定日一帶巡察，以重邊防。並增添辦理糧務文職二員，酌定各衙門聽差兵數，嚴選邊缺營官番目。即大寺坐床堪布缺出，俱由駐藏大臣，會同達賴喇嘛，妥爲揀補。其達賴喇嘛商上銀錢出入，悉照新定數目，畫一收放。如此詳定章程，事權歸一，藏中可以永遠遵行無事矣。昔爲羈以縻，今如臂與肘。謂失反因得，遲速論曾剖。都緣輳時會，莫非天恩厚。藏中雖經廓爾喀此番滋擾，而我武既揚，革心歸順，即乘此機會，不動聲色，辦理妥善，以百數十年羈縻之地，一旦不啻臂指之，使非昊蒼鑒佑不及此。洵知舉大事者，必有其時與其會，而惟明且斷，乃克有濟。予惟兢兢業業，日慎一日，以期中外同享太平之福耳。長歌紀予懷，兢業示不朽。

乾隆癸丑仲春月，御筆。

西藏善後事宜詩　清乾隆五十八年二月題。高宗弘曆撰并行書。此拓係清內府舊藏本。

《關聖帝君覺世真經》 敬天地，禮神明，奉祖先，孝雙親，守王法，重師尊，愛兄弟，信朋友，睦宗族，和鄉鄰，別夫婦，教子孫。時行方便，廣積陰功，救難濟急，恤孤憐貧，創修廟宇，印造經文，捨藥施茶，戒殺放生，造橋修路，矜寡拔困，重粟惜福，排難解紛，捐貲成美，垂訓教人，冤讎解釋，斗秤公平，親近有德，遠避凶人，隱惡揚善，利物救民，回心向道，改過自新，滿腔仁慈，惡念不存，一切善事，信心奉行，人雖不見，神已早聞，加福增壽，添子益孫，災消病減，禍患不侵，人物咸寧，吉星照臨。若存惡心，不行善事，淫人妻女，破人婚姻，壞人名節，妬人技能，謀人財產，唆人爭訟，損人利己，肥家潤身，恨天怨地，罵雨呵風，謗聖毀賢，滅像欺神，宰殺牛犬，穢溺字紙，恃勢辱善，倚富壓貧，離人骨肉，間人兄弟，不信正道，奸盜邪淫，好尚奢華，不重儉勤，輕棄五穀，不報有恩，瞞心昧己，大斗小秤，假立邪教，引誘愚人，詭說昇天，歛物行淫，明瞞暗騙，橫言曲語，白日咒詛，背地謀害，不存天理，不順人心，不信報應，引人作惡，不修片善，行諸惡事，官詞口舌，水火盜賊，惡毒瘟疫，生敗產蠢，殺身亡家，男盜女淫，近報在身，遠報子孫，神明鑑察，毫髮不紊。善惡兩途，禍福攸分。行善福報，作惡禍臨。我作斯語，願人奉行，言雖淺近，大益身心。毀侮吾言，斬首分形。有能持誦，消凶聚慶，求子得子，求壽得壽，富貴功名，皆能有成。凡有所祈，如意而獲，萬禍雪消，千祥雲集。諸如此福，惟善可致。吾本無私，惟佑善人，眾善奉行，毋怠厥志。

（跋） 法源寺，京之名刹也，叢深宇淨。廊左供帝君聖像，遠近瞻仰。乾隆甲寅秋，寓寺讀書，諸同人請曰：《覺世眞經》，垂訓久矣。世奉其訓者，悉能淑身善行。今幸暫依淨舍，願刊經於寺壁，共敦善念。爰焚香盥書以應其請。石門陳萬青謹識。

袁治鐫

桐城李國柄、黃安吳性誠、雹白邵詠、稷山栗光第、大興劉啟元、太谷吳昭、吳川黃文才、黃岡錢周德、江山何咏梅、吳川林懋修、大興俞廷鈺、大埔郭海、漢陽張槐、大埔范紹蕃、懷寧江景綷、絳州張鶴昇仝刊

關聖帝君覺世眞經 清乾隆五十九年秋刻。碑在北京宣武區法源寺。陳萬青正書并跋，袁治刻。此係帖式刻。

《眞存法師碑》 法華寺□□□□名刹也，創於前明，經三百年而就圮。我朝開天廓治，海宇昇平，祝鴻禧而慶寶祚者，金碧交輝，徧諸福地。矧法華一刹，近依紫禁，豈可任其頹壞。主持眞存，早明淨業，思廣勝因，憫棟宇凋敝，深以莊嚴爲己任，於是掩關摩竭，奮臂經營，功寧謝於畏難，志彌堅於復舊。寸誠所感，百堵遂興，歷艱苦者三十有九年。歲壬辰，眞師圓寂，凡相知者，無不聞而嘆息。蓋恐眞師大願力，非其人莫克竟也。其徒如元，能繼遺志，捧旃檀之妙相，種因果以嗣承。迄于今，火宅晨凉，慈雲普蔭，花宮夜皎，慧照晶瑩。而且冬粥夏氷以蘇噤暍，眾生無相，瞻禮益虔。予居近淨宇，每遇齋期，或使旋假沐其寺，與眞師晤語，雅愛其爲人。雖遊心方外，而通達人情，不落空門窠臼，自竊擬昌黎之得粵僧也。如元欲銘其師，知予與善，屢爲請，予又奚辭，因爲之銘曰：

法妙蓮花，湧現何因。琳宮紺宇，修復維新。談經說法，虎踞龍蹲。暮鼓晨鐘，聲徹崇闉。主持者誰，法師眞存。如元繼之，紹佛法門。婆心象力，溯厥淵源。欲識大意，證此貞珉。

賜進士出身誥授光祿大夫經筵講官議政大臣禮部尚書兼理樂部太常寺鴻臚寺事務総管內務府大臣鑲黃旗漢軍都統署理吏部尚書翰林院掌院學士教習庶吉士鑲藍旗蒙古都統前巡撫廣東福建署理漕運総督提督山西山東順天學政德保撰

賜進士出身誥授通奉大夫日講起居注官翰林院侍讀學士教習庶吉士富炎泰書

（碑陰曹洞宗派偈語） 曹洞宗派：

福慧智自覺　了本圓可悟　周弘普廣宗　道慶通宣祖

清淨眞如海　湛寂淳貞素　德行才延恆　妙體常堅固

心朗照幽深　性明鑒崇祚　裏正善禧祥　謹慤願濟度

雪庭爲到師　引孺皈玄路

眞存法師碑 清乾隆間刻。碑在北京東城區東四南大街報房胡同法華寺。德保撰，富炎泰正書。陰刻曹洞宗派偈語。碑無立石年，撰人德保係乾隆二年進士，此碑當建於乾隆年間。

《義學碣》　嘗聞古有釋迦佛者，西方之聖人也，可謂佛門之教主，僧家之領袖也。（缺字數不詳）無我無人之旨，眞千古之絕論，猶聖門之忠恕也。僧誠凜凜於心，雖（缺字數不詳）先師以來，披剃於藥王廟中。所居昌平之南，西沙屯村之內，東靠山河一（缺字數不詳）無不歇足於此。此地雖屬荒村野店，□□□□□（缺字數不詳）彩可觀。所可惜者，未受倉頡之教，孔聖之□。僧誠（缺字數不詳）庠，當時多士濟濟而盈庭，俱秉聖之德，稽古（缺字數不詳）太平之樂，群頌皇王有道之風。我國朝因以遵古帝王之制，崇禮樂，尚詩書，以效法（缺字數不詳）子弟，故此天開文運，群賢畢聚，英□衆多，較古（缺字數不詳）約村中父老，公同商議立義學一事。播廟中香火之（缺字數不詳）曠□之職大而有成者，正可爲國爲民，致身於朝堂（缺字數不詳）容，爭競之私情已免，仁厚之風俗猶存，雖係一村之福田，然亦國家（缺字數不詳）義學之記云。嗟嗟，夫義學已旣立兮，總不曠後生，若請一名士而爲（缺字數不詳）皆精畏永遠而常存兮，爲首者自然當時有名，而後世誰不爲之（缺字數不詳）頭四段坐落丑里墩南，計地柒拾畝。又一段，坐落姜家□村南，計地貳（缺字數不詳）畝。又六段，坐落小寨村東，計地貳拾捌畝。

旹大清嘉慶伍年歲次庚申菊月癸卯吉日穀旦立

義學碣　清嘉慶五年九月二十四日刻。石在北京昌平縣西沙屯。正書，額雙勾題。石下截泐甚。

《了正（恒朗）和尚塔碑》　我房邑古所稱幽燕奧室也，岩谷深邃，林木蔥蘢，其地多隱君子焉。若賈閬仙之往來金山木巖，劉夢吉之憩息雲峯玉室，要皆地以人而效其靈，人以地而昭其傑。而水秀山明，拖青掛碧，踞白帶之名山，挹西天之勝境者，則以西域雲居寺爲最。正公和尚者，徐州府蕭縣之杜家樓杜氏子也。幼有智慧，早結佛緣，剃度于江南，不爲塵累，飛錫于燕北，永闡禪宗。年四十三歲時，補本寺教授之職，善解諸經，深明性戒。至乾隆三十三年二月間，承受師席，爲雲居之五代祖，開堂聚眾，守默傳燈。度苦海之慈航，彷佛天花雨采，燃昏衢之巨燭，依稀貝葉成文。若世所云種菩提樹，廣揭諦門，開正覺路，參大乘法，拈花一笑，使三千比丘齊心贊誦者，在彼自道。其所道吾不具論，獨喜其性嫻翰墨，善畫工詩，溫文爾雅，有士夫彬彬之象，即其揭董思白寶藏遺筆，摹勒石，可見其闡揚古跡，非世俗中講經說法者所可例論矣。斯人也，儻所謂隱君子非耶。師生于雍正三年六月二十八日，享世壽五十八歲。于乾隆四十七年三月示寂，解脫天弢，適彼極樂，斬新日月，特地乾坤。若師者，可謂決一切癡迷膜，到一切功德岸矣。師寂之後，其徒求誌于余。余素有遊癖而性不耽釋，嘗憶幼時有看山忘拜佛，入寺怕逢僧之句。獨于師，喜其墨而儒也，每與之談元移晷，接方外交，故不辭固陋，爲之誌而銘之。銘曰：

莎題之東，范水之陽，有雲居兮倨高岡。
昔我正公，曾此開堂，開堂聚眾兮梵蹤長。
山蒼蒼兮水泱泱，臨流登高兮聞眾定香。
三尺豐碑兮蔓草荒茫，誌遺跡兮俾不忘。

旹大清嘉慶七年歲在元黓閹茂塞月穀旦

嗣法門人達煥敬立

王月順、□□、馬□□仝鐫

《西方接引佛贊》　蓋聞西方有極樂之國，眾生皆隨願而往生，東華有度人之經，我佛亦現身而說法。三乘秘密，意識盡於無明，百福莊嚴，敬喜生於有相。欲求解脫，當矢皈依。唯夫接引佛者，三界總持，十方賢聖，大放光明之力，廣開濟度之門，離色相以歸眞，積因緣而成果。三身皆法，願力在貝葉之中，一指爲禪，世界現蓮花之末。眎冤親爲平等，參凡聖以同歸。拔六道之輪迴，齊離苦海，合四生之靈蠢，並陟亨衢。斯固無上之勝因，如來之正覺也。大都首善之地，法源開士之家，有善知識，發大慈悲，以爲萬法本空，因心乃見，一誠能感，緣（第一紙）象斯呈。乃出寶藏珎財，□畫禪妙手，參不思議法，肖常清淨身，以水墨爲經營，以煙雲爲供養，好相居然具足，正法因而受持。遂使十種普賢，咸入維摩之室，六時禪誦，如游舍衛之城，演妙喜於法筵，結良因於淨土。讚曰：

稽首人天大導師，具大慈悲大願力。
無邊法力照十方，接引羣迷歸覺路。
九品逍搖極樂天，永免輪迴六趣苦。
我今讚歎大功德，能觀一切法性海。
爲諸眾生作導首，常受菩提無上樂。

中憲大夫前日講起居注官翰林院修撰道銜知四川重慶府事吳郡石韞玉撰並書

嘉慶十年歲在乙丑暮春之月刻石

旌德湯香國鐫（第二紙）

（西方接引佛贊　清嘉慶十年三月刻。石在北京宣武區法源寺。張問陶繪，石韞玉撰贊并行書，湯香國鐫。）

《妙湛塔廟碑》　妙湛大墖廟，創於元人楊慶，遷於善士李興賢。其山川形勝，布置方隅，載在前人碑文，茲不復贅。迨至明季永樂間，地大震，民居盡壞，寺宇無存，微雙塔屹立無恙。而碑陰產業，字跡糢糊，不可考也。宣德景泰間，欽差御監羅公諱珪者，出財修治，隨施十甲水田二頃，爲佛火僧食。又於天順成化，造多寶佛塔壹軀，高可數丈，旁列菩薩、辟支、羅漢、輪王四塔，門通四衢，亟合佛制，載在石碣。未經數紀，田遭馮夷，寺被祝融，僅存山門三楹，金剛二尊。由是佃逃僧散，田爲忙詔六鯨霸，寺基竟成荒坵，數十餘年不可問矣。忽守夜人夢聞金剛相語曰：我們主人將臨，不須別往。驚寤偏告，咸以爲妄。俄長幼二僧，瓢笠杖履而來，安住塔下，拾黃菜葉煑食，恆以爲常。里人詢之，長名本悟字眞空，幼名興揚字一齋。即開建邵甸普賢寺，拜獲天賜泉者也。已而天災流行，死者相枕，鑿井令飲，汗出即癒，活者莫算。俗呼曰菜齋，稱井曰甘露，識者爲菩薩化身。師欲恢復斯寺，一時遠近善信，聞而響應，各出金帛，庀財鳩工，首建總持殿五楹，次建妙德閣三楹，左翼通明閣三楹，右翼文明閣三楹。配殿各三楹，東西廂樓各五間，應眞羅漢殿各六間。範銅鑄金像佛菩薩三十餘尊，塑天王護法羅漢二十餘尊。鐘鼓樵磬，瓶鑪法器，無不備具。加以綠踈青鎖，晨鐘夕梵，宛若西方極樂世界。越嘉靖萬曆，厥工始畢。適沐上公詔師重修圓通寺，工竣辭歸，一夕索湯沐浴，跏趺而逝。鄉里感師道化，建塔塑像，供於寺傍。一齋師慮及眾廣食少，勸有力緇素各捐己囊，質買馬村羅衙下小路三甲，中街祿谷登西莊，燒香河毛家塘竹園，普自五臘大耳等村及寺後，共膏腴田七十餘畝。又約街鄰復回忙詔六霸去田產，官撥一半與府學諸生爲膏火，載在寺碑。一齋師歿，葬於菜齋祖墖旁，示生死同龕之意也。至重建施主姓氏芳名，彼時未經勒石，無憑稽考，且年深日遠，不敢昧因錯果，僅錄其概，以示後來。如菜公法裔，有興寬字大海，廣證字碧潭，廣昱字亮如，廣慧字野愚，讀徹字蒼雪，讀體字見月，書眞字□光，以上諸師各有註述，爲天下學佛者仰止。崇禎先後，該寺叠遭災變，始於雷震，終於兵燹，蹂踏不堪。國朝康熙間，住持教卓字與參，叩化兩臺司道大人，重修補葺，題有碑誌。後之住茲寺者，不可指屈。乾隆初，譬喻經公從邵甸普賢寺來主茲寺，接年不無修補，眾所共知。忽大兵征緬，夫馬浩繁，更加水旱不時，佃戶拖欠，難於支應，遂邀鄉黨，同爲辦理，除佛祖香燈、僧眾衣食外，餘爲錢糧夫差修理之費。四十年茲寺不致傾墜，鄉黨之力也。近因大殿朽腐，鄉黨公議重建，升高原基若干，治辦莊嚴合宜，約費銀壹千八九百金。工程告竣，酌議立石。由今溯昔，五百餘年，凡原原委委，惟□□老方師知之最詳，即同紳士街鄰，勒之於石，俾後之住茲寺者，知水源木本，庶不致有美而弗彰，有盛而弗傳也夫。是爲記。

旹大清嘉慶歲在丙寅佛成道日

明經進士呈陽文鴻書撰并書丹

分住九溪嗣祖正定方中氏篆額

紳士街坊暨本寺法裔教敏、教□、教寬、教規、教□、教訓、密照、密瑞、密智、密行、密修、密因、密參、密翰、密□、密烺、密端、密鉅、密俊、密準、悟理、悟定、悟一、悟眞、悟遠、悟量、悟通、悟岷、悟昌、悟常、悟嚴、悟道、悟深、悟融、悟增、悟境、悟慇、悟懃、祖壽、祖高、祖鏡、祖基、祖寧、祖成、祖周、祖康、祖清、祖靜等仝立石

玉案山人叚朝□□

（妙湛塔廟碑　清嘉慶十一年十二月八日刻。碑在雲南昆明官渡。文鴻書撰并正書，段朝麟鐫。四列刻。）

《五顯財神廟碑》　京師廣寧門外五顯財神廟，不詳所自始，都人士之崇祀者眾矣。今年春，以事至廟，周覽廡宇，有斷碑臥草間，碑字剝蝕過半。尋繹文義，大抵皆世俗祈禱之所爲。惟夫財神之祭，不載於祀典，顧司馬遷《天官書》斗魁戴筐六星，六曰司祿，祿者人之所欲也。財神之祀，其亦有自昉歟。京師之眾，地廣人稠，文物聲名，光被四表。聖天子重熙累洽，久道化成，惠養黎元，湛恩汪濊，固已徵四方風動之休，而三時不害，百穀用成，俾民得以安居樂業，熙攘往來，抑亦神所佑也。茲地

距京城不遠十里，風土清嘉，習俗淳厚，勤生務本，家給人足，宜神之靈妥於是，而歲時享祀之相承勿替也。夫王者之政，取法於天，取財於地，所以教民美報者，自山林川澤，以至坊庸貓虎之屬，有其舉之，莫之敢廢。況其爲效財用於天地間者哉。故因舊碑之已泐，重爲斯文，勅之以諗來者。

嘉慶十二年二月日

信士譚熙德、余鎔仝敬立

本廟住持僧心寶

五顯財神廟碑　清嘉慶十二年二月刻。碑在北京豐臺區岳各莊小井東北。正書，額篆書。

《本悟和尚行實并塔銘》

（第一紙）嘉慶丙寅秋，殿工畢，余歸妙湛，重刻建修碑文，見夫祖塔均朽，心甚慨之。謀於法眷，眾皆悅，咸出己資，重爲建立。工竣，乃請誌於余，則余豈敢，□有相如見祖之言，謹畧述以彰不朽。祖諱本悟，字眞空，別號齋，滇之嵩陽邵甸秦氏子也。生於正統庚申，性情純和，志願高邁。童年禮秀嵩白齋和尙剃落，聞出家有十不易十難之道，□請其奧。白齋云：一則人身不易，謂具足□□難。二則出家不易，謂辭親捨妄難。三則□師不易，謂□善知識難。四則受用不易，謂解脫煩惱難。五□大緣不易，謂成就本業難。六值盛世不易，謂魔劫□心（第二紙）難。七受信施不易，謂頓空三輪難。八善友提攜不易，謂因緣種智難。九坐徹生死不易，謂離邪命因難。十從佛口生不易，謂住持法化難。白齋云：復有多種不易，多種倍難，爾其勉旃。祖聞斯道如獲寶，拳拳服膺者三十餘年，厲精匪懈，忽冷灰豆爆，自嘆曰：此事非從外得。祖證於白齋，白齋然之，贈鈯斧，命往象王山開建普賢寺。寺成，其山缺水，祖禮《華嚴經》一部，須臾，水自石峽出，可供寺用。復立常住田畝若干，已足焚修之費，祖遂同一齋祖遊化宦渡焉。先是，妙湛寺被回祿，僅存山門，荒廢日久，故有金剛夜語之謠，果應二祖駐錫之兆。時值災疾，祖鑿井令飲，汗出即愈。次年夏，又值亢旱，祖拜（第三紙）《華嚴經》，飲清水數日，天賜甘霖，合境得其栽種。于時，遠近善信，感祖法化，各布金沙，重輝梵宇，更增膏腴田地七十餘畝，悉載前碑。時沐上公又詔修圓通寺，工竣辭歸，沐浴，跏趺而逝，隆慶正月十六巳時也。四眾建塔塑像，供于寺旁。得法弟子興揚、興寬等四十餘人，其得戒受教者不可悉數。爰爲之銘曰：

萬壽寺正定密因捐銀拾兩。寶宏寺密智悟昌祖周捐銀叁兩。寶宏寺密鉅悟虔捐銀伍兩。普賢寺教規密準捐銀伍兩。紫雲菴密修悟道、悟□捐銀伍兩。□覺菴密參悟堂捐銀伍兩。密烔悟量捐銀貳兩。西華菴源□、廣立捐銀貳兩。

（第四紙）法定寺捐銀拾兩。白衣菴密烺悟融、□捐銀貳兩。五谷寺密端悟愍捐銀伍兩。本寺監院悟一祖基捐銀拾兩。本甲佛弟子敎永捐銀伍兩。本寺闔堂大眾捐銀叁拾兩。

旹大清嘉慶十二年歲在丁卯清和月之吉

分住廣西萬慧寺十世孫正定謹述

法裔密端敬□

玉案山那發祥、段朝林鐫石

（第五紙）靈岳拈花，飲光破容。二十八傳，菩提向東。首矚□祖，繼續僧公。蘄州制虎，黃梅伏龍。曹溪一滴，運化無窮。青原百丈，南嶽稱雄。兩枝并出，各扇覺風。雲門法眼，僞仰洞宗。四山高極，臨濟得中。清祖承命，成祖繁封。一分靈雲，一分秀嵩。三支挺特，全省欽崇。緬吾悟祖，性體圓融。初創普賢，天賜靈淙。既修妙湛，瘟疫潛蹤。禱雨雨降，鑿泉泉通。揚鎭斯地，寬創寶洪。月照慧居，雪覆中峰。舍城雖異，雞足是同。而今而後，法裔昌隆。

（本悟和尚行實并塔銘　清嘉慶十二年四月刻。石在雲南昆明。分拓五紙，僧正定撰，僧密端行書，那發祥、段朝林鐫。）

《菩薩廟碑》

蓋聞六波羅蜜者，菩薩利他之功德。曠劫以來，諸大菩薩，槃盡同揆，惟有奉釋迦牟尼佛之慈旨，□宏揚妙法於中央者，則文殊、普賢二菩薩於是乎在。上溯初劫，阿彌陀佛主敎西方，而位佐大□。至以流傳東度者，則觀世音菩薩爲最著焉。茲三菩薩者，大慈大悲，登此四生於彼岸，救苦救難，現身六道以輪迴，仁恩浩蕩，德合無疆，固宜衍碑文，勒於石上，以同垂不朽矣。今憶夫石廠莊之所由名者，以美石之所自出也，故當重修既竣，爰選美石，鐫之以爲誌。

廂黄旗滿州太學生佐良施捨香火地二段五畝半，一段坐落崔家墳東邁長卅五弓，寬廿七弓，一段坐落莊西南長十八弓，寬十七弓半。

元聖宫僧會司廣壽施地四畝，坐落莊東南北至官道，三至旗地。

本莊何永崇以自置民地一段十五畝，坐落后營莊北東至蔣王，西至旗地，南至水道，北至河灘，糧銀貳錢，兑換香火地一段長十八步半，寬十七步半。

何承嗣有民地一段四畝，坐落廟城村西南，東至官道西至荒堦，南至本□，北至范姓，糧銀六分，兑换廟前香火地一段一畝。

歲進士郭騰蛟撰

庠增生郭騰駿書

闔莊衆善人等敬刊

大清嘉慶十六年歲次辛未孟春穀旦

監工何升、鐘鶴鳴

刻字匠王秉

（中下題記）同治柒年十一月初一日，何學濬以民地一段拾畝，坐落范家墳，東至道，西至横頭，北至崔姓，南至頂頭，今仝衆會首議妥，將此地兑換廟前香火地一段，東西長四十八弓，南北寬八弓，西至山坡，東至官街，南至何姓，北至本莊。隨代錢糧錢壹吊肆伯文。

菩薩廟碑　清嘉慶十六年正月刻。碑在北京懷柔縣石廠村。郭騰蛟撰，郭騰駿正書，王秉刻。尾刻地畝及四至，中下刻同治七年十一月一日何學濬兑换香火地題記。

《宛平縣城隍廟碑》　縣之有城隍者，社稷之義也。宛平隸天子禁城，舊有府城隍廟，而縣故别無專祀。嘗攷縣署西有保安寺一所，廟久不葺。其東旁眞武殿三間，亦日就頹圮。中有殿三楹，民人奉爲城隍神殿。每屆四月二十二日，旗民人等於兹集舉城隍神會，不下數十年。此無他，有其名而不察其義。所謂城隍會者，猶之成羣置社，秋冬報賽云爾。夫明則有賞罰，幽則有鬼神禍福之説，民尤敬而信之。古先王神道設教，有民人則有社稷，以禮防民而即使民自防之，祀事孔明，義至重也。余宰是邑凡三載，民之歲舉神會者，香火日盛，而廟貌未新。寺僧清雲，立願募修。余既嘉僧之志，且從民之欲，捐資首倡，並集邑之老成人，鳩工集事。其自前後神殿，以及廊廡門牆，不匝月而工畢，凡以順輿情，歆神祀也。後之君子，因其舊而潤澤之，是又有厚望焉。

大清嘉慶十七年八月穀旦立

（碑陰碑額）光垂日月

（碑陰題名）□用知州知宛平縣事張步高、宛平縣縣丞□光□、宛平縣□□吳中□、盛□□□□□□、詹事府少詹□□華、陝西□□□道敦、□□□、□□□、莊□經、李□梓、蔡永清、王炳、周永焜、□祥、譚清瑞、李文樞、誠德堂、楊景熙、謝□遠、周藹堂、高尚志、崔玉福、李長春、孫景文、俞國樑、桂野堂周、朱景乾、閻本泰、習嘉斌、郭文傑、□士□、郭有喜、李俊、劉珍、裴運起、潘智、潘浩、潘良、趙鄉鋒、閆天鎧、焦□興、趙廷□、張績、侯興芳、張祿、朱耀宗、陳瑞、吳寬、韓錦、潘同德、陳正泰、鄒光遠、白明義、顧啟盛、賀晉臣、楊守清、張國亮、章銓、邊永慶、胡秉槐、吳則人、邊湧、張文敬、薛廷榕龔□初、王□誠、孫召政、莫濟清、朱廷勳、永泰當、雲益號、□興號、雲裕號、同泰號、隆全號、三陽號、仁義號、定陽號、復興號、振源號、全盛號、聚盛號、隆盛號、天源號、□和號、恆豐號、天德當、西梁莊、前房莊、柳林莊、永發茶店、廣益恆記、□順德記、興盛木廠、東順興□、晉泰□店、天吉□舖、豐裕瑞記、□泰正記、□泰義記、太源侯記、全盛裕記、廣成德記、裕泰義記、恆裕義記、義長信記、鴻□□料店、文煥顏料店、□□顏料店、天成顏料店、公泰顏料店、永裕顏料店、裕盛顏料店、裕□號、寶興號、合盛號、永□號、六必居、六珍號、恆裕號、鏡記、廣元號、秩記、恆順號、潘源記、乾元號、西晉隆、廣順號、恆泰號、東昇齋、復成局、一間樓、成泰號、永興窑、寶豐廠、永昌店、王九成、廣和廠、汪祿、王良德、中和號、公泰永、廣昇舖、興泰店、公億廠、永成廠、豐裕當、雲瑞店、公和廠、源泰號、東雙和、三成店、成德莊、九如莊、曹灰廠、雙成號、泰來號、裕成號、大順號、天盛廠、義誠廠、永順號、裕泰號、清寧堂、萬裕堂、晉昌號、廣成號、會珍店、宏遠號、萬全號、恆盛店、吉成號、義和號、恆升局、同興號、長源號、廣源號、天和號、廣泰號、乾元號、天順號、復泰店、廣和店、全泰公記、□源塩店、人和銀號、亨興木廠、廣義□局、拾窑公局、三元車店、吉祥車店、晉泰車店、同泰車店、天義車店、同茂車店、天元車店、吉祥後櫃、泰和店、合成局、恆慶店、永隆局、興隆局、公信局、廣泰局、日新號、成泰號、廣順號、協成店、復成廠、松□□、徑揚號、裕泰號、如松號、東旭煤鋪、永興公記、復興曉月、成元酒店、萬鑑銀號、東門窰、下菴溝窰、地庫窰、信行窰、常興窰、吉利窰、三星窰、常平窰、永興窰、豐泰當、新露居、元隆當、天瑞當、恆升號、□源號、□□局、萬隆店、永和店、合盛店、大有店、廣盛號、三和店、信成當、義泰當、廣成當、和升號、□香居、和成號、永新局、興盛號、協和號、□成號、恆瑞號、西關塩店郭、萬成店、天□號、德隆號、恆源號、悅來廠、□□號、□□□、義和廠、□太廠、李□□、張裕安、□壽、張永□、馬文興、崔德、王□明、李□□、郭子□。

監修陳廷柱

會稽章大川

宛平縣城隍廟碑　清嘉慶十七年八月刻。碑在北京西城區西黃城根北街保安寺。正書。陰題名。

《通濟禪師自治祭田碑》　夫以天下國家大有功，釋宗沙門重有德，由是生則爵秩顯赫於當時，沒則煙祀烝嘗於後世，故酬功報德，由來章章矣。維我通公老人，性行淑均，因果分明。始於萬壽，印心於蓮祖，兩傳戒法，經之營之，莫不承其力。次則柏林，推誠于先師，三演毘尼，輔之翼之，實亦勞其心。且凡有益於常住大眾者，莫不殫精極思，手足胼胝而爲之，豈非乘悲願力，護法於末世之人乎。又以孤死首丘之義，治壙於蓮祖之西偏，顧乃生則孝養於當時，沒則相依於地下，永言孝思，此之謂也。因占常住地二畝許，且恐侵損，乃治昌平鄉皀甲屯民紅契地八十九畝，實出自己鉢蓄。歲得租錢五十三吊有零，其半爲常住供眾之資，其半爲四時祭祀之費。嗚呼，吾蓮翁生順死安之石，表樹於東，吾叔通公因明果之碣，交映於西，可謂丕顯丕承，興感今昔，是大有功於法門也，故樹石於塔之傍。凡我宗盟住持於斯者，理宜尊而崇之於生前，追而思之於沒世。是爲記。

大清道光二年春三月既望

住持正因敬立

通濟禪師自治祭田碑　清道光二年三月十六日刻。碑在北京海淀區萬壽寺。釋正因撰，正書，額篆書。

《魏進朝生壙碑》　督領侍名進朝，姓魏氏，直隸高陽縣人。乾隆三十六年，入內爲御茶房監。六十年冬，侍皇太子茶房。嘉慶三年，授八品首領。五年，授七品大首領。十七年，授乾清宮等處六品總管，仍兼茶房事。二十三年，擢五品總管。道光二年，擢督領侍，秩四品，蓋內官之長也。督領侍爲人謙謹和通，雖未嘗讀書，遇事能識大義，善體人情。內監自所屬以下，至於奔走給役之人，督領侍與之言，必婉而盡量其甘苦，而愛其力，知其情，是以人有勸心，亦無廢事。督領侍今年六十有六，貴而不驕，知足知上。自念內侍五十餘年，蒙三朝豢養之恩，至深且厚，愧無以抑報萬一，居常惴惴，若弗克勝。道光五年，於覺生寺置墓田，以歲租之所入，爲身後祭掃修整墳墓之用。既與僧錄司立券爲信，乃營生壙，而命進祥爲文記其事。進祥於督領侍爲屬官，自爲殿監時，督領侍不以爲不才，引而進之。數十年來，追隨職事之末，竊感督領侍天性篤摯，愧步趨之未逮，而常援以自勵。今觀此舉，志趣甚高，不營營於田舍貲財，衆人之所欣羡，而獨超然於物外，無生前之累，無身後之憂，可謂曠達有識者已。爰爲書其行事大略，且刻地券於碑陰，俾垂永久焉。

道光七年歲在丁亥春三月

懋勤殿首領愚姪呂進祥撰并書

（碑陰地券）乾清宮殿監督領侍總管魏進朝，與掌僧錄司副印覺生寺方丈大和尚源亮，相契多年，並立以同文書，以昭久遠。

乾清宮總管魏進朝，於道光五年冬季置地一頃二十畝，每年得地租錢七十二吊整，言明係魏進朝百年之後，年年祭掃，并補栽回幹樹木，整修墳墓，需用錢二十二吊。其餘錢五十吊，供養覺生寺代代方丈。現時覺生寺南里許，有魏進朝自置吉地二十畝，係本人作爲塋地。其陽宅已經辦妥，議定看守墳墓之人，係覺生寺方丈斟酌誠實之人，爲妥是幸。如若看守墳墓之人，或不謹愼，或懶惰懈怠，恣生是非，聽許方丈辭退更換。且以上所有墳塋地畝紅契二張，俱交與本寺方丈收貯，不與魏姓族中人等相干。如後日久墳墓不整，樹木回幹，俱係寶剎歷代方丈經管。惟信佛門眞實，決無虛棄，恐後無憑據，立字永遠存照。

督（督字前後皆空十餘格）并列名于後

道光七年歲在彊圉大淵獻季春之月吉日立

魏進朝生壙碑　清道光七年三月一日刻。碑在北京海淀區大鐘寺皀君廟。呂進祥撰并正書。陰刻地券。

《**悟輝和尚塔銘**》　師諱悟輝，字福淵，家山東兗州府汶上縣劉氏。襁褓多疾，父母許以爲僧，投德普尊宿爲剃度師出家，後學經咒，攻子史，若夙習然。年十七，依大乘老人秉具足戒。受戒後，奉侍巾瓶，精嚴戒律。經六載，膺維那之職，理眾有法，穎悟超羣，遂受臨濟心法，爲三十九世焉。自是爲監院，應西寮，開導新學，規範後昆，修持分衛，無不徹法底源。嘉慶十五年，大乘老人示寂，眾所推重，遂繼雲居法席。一住十有五年，苦行卓立，弘法爲眾，三十年如一日，內外無間，始終匪懈，佛法世諦，事事皆眞實不虛。師生于乾隆己丑八月初五日戌時，終于道光乙酉八月二十八日丑時，世壽五十七，戒臘三十七夏，法臘三十有一。臨終正念，倏然面西、端坐、念佛、稱佛名而逝，可謂靈山得記之人，示現比丘中之綱領，爲人天師表之首唱，秉願弘法，代佛接人者也。故爲之銘曰：

悟徹心源，輝光祖道。福庇四眾，淵澄湧茂。涿泉流遠，鹿麈揮毫。
西天東震，域臻靈嶽。大法弘開，雲雨香飄。居然應眞，寺圍林淘。
時當盛世，法運洪浩。地湧眾一，恆沙莫表。垂願化導，沙□彌遙。
性天朗潤，心地圓昭。內秘外現，叵得同朝。惟眞法界，豎遍橫超。

龍飛道光七年歲次丁亥仲秋後有三日

嗣法繼席門人眞達等同鐫石

（碑陰碑額）法脈綿長

（碑陰宗派圖）宗派源流：祖道戒定宗　放光正圓通　行超明實際　了達悟眞空　朾樁梧槇椌　橒椐栖棫蘵　杄株桐桂樸　栢本栴檀棆　檷柔樞機檧　模楷相格樅　棱棽槫槫槵　乘梵樂槇楧

（碑陰題名）

法弟：法參悟妙、智遠悟蘊、景和悟玉、體明悟照、迎喜悟祥、豐田悟傳、滿月悟照、亮寬悟悅、廣如悟眞，

嗣法門人：明文眞達、聚然眞從、定山眞海、法舟眞義、方安眞修、壽安眞福、盛安眞魁、玉輝眞參、泰永眞紹、明達眞興、義長眞仁、天如眞照、常順眞瑞、恆詹眞喜、瑞光眞惺、輝光眞隆、洪山眞福、多學眞榮、慧喜眞達、寬亮眞存、碧天眞瑞、慶林眞祥、弘法眞利、性聰眞立、慧源眞福、濟寬眞順、敬軒眞禮、慧如眞亭、厚安眞誠、□影眞成、禪觀眞宗、瑞天眞亮、泰祥眞安，

法侄：永旺眞貴、聖隆眞全，

法孫空明，

法孫平□（缺字數不詳），

皈依三寶弟子：宗室綿律眞明、趙門張氏眞善、義章眞樂、澄清眞壽，

皈依三寶弟子張步青悟照

三寶弟子：許□、孫學發、孔□□、高□珩、袁洪□，

仝建立

《**李秀碑**》　嘗以張子纘承，珥貂蟬者七葉，楊公丕構，乘朱輪者十人。矧乃地雄一方，鼎貴百代，□武□而□□，絕朔漠而橫行，故能軒蓋六朝，印綬千數，騰趙今昔，飛行去來者，其惟一門歟。公諱秀，字玄秀，范陽人也，《姓苑》曰范陽李者。其先出自隴西，洎前燕太子太保武陵元公產。產子績，濟北郡守。抗，後魏北營州刺史。固安侯崇，崇子儼，遼東太守，因家焉。代爲本官，累登□率，其□□大，其人厎寧。以至於會祖諱溢府君，遼東都督，全德安仁，畢誠大節，臨下以簡，制事以中。祖諱稽府君，左衛大將軍，持節燕州刺史，英算雄舉，武誼超絕，猿臂貫革，鶴陣搴旗。考諱謹行府君，左金吾衛大將軍，牙將□巡，信臣夜拜，忠無二命，義有一心。公幼而英明，壯而特達，碩膚海口，美髯鶱頷。讀書益智，笑三年之爲癖，酌酒行禮，短七賢之過差。意氣論交，平生感義，引弓抱月，淬劍流星。誦習《六韜》，不異人意，尋覽《三略》，殊歎□□。及二九□遼，什伍禦寇，耳以金鼓，目以旌旗，紛紛紜紜，雜雜沓沓，公乃獨出獨入，一縱一橫，飛鏃應弦以陷堅，迴戈隨手以包敵。議者以爲良將之子，名公之家，張遼解圍，蓋其小□，李廣飛將，居然在茲。特拜遊擊將軍。日者犬戎侵邊，虎臣擁節，公以名數見召，義□備行。逮登隴預謀，入幕規畫，公曰：多算少算，惟稟廟堂，□縱七擒，終

期主將。今吐蕃之勝者有五，吾之長者惟一，誠能沮彼勝，用此長，師可濟矣。何者五勝。一曰深入□家之地，二曰大收國家之麥，三曰排甚厚，五兵不能穿，四曰陣甚堅，三軍不能潰，五曰槍長鋒利，短兵不能敵。何謂我之長者，一若練蕃兵，選驍騎，伺其去，誘之來，馬少而人多，甲重而排厚，無陣可整，無地可依，以蕃兵撓其行，以驍騎乘其□，此以一取十，所云必勝也。時議休之，一戰而吐番大敗，恩加忠武將軍，右衛翊府左郎將。累載吐蕃，報東門，掠西牧，眾倍於昔，心銳於茲，蓄糧練兵，設奇乘間。是時也，列藩失稔，諸軍艱食，轉輸不足以□□，倉困不足以曠旬，戰則我單師，彼厚陣，守則我糧絕，彼資多。公乃言曰：不若罷全軍，退就粟麥，用偏卒，薦食牛羊，驅之不難，□之又省，自可持久，邀其墮歸。且吐蕃以大軍回，小敵在，何有備預，必不誡嚴，其或銜枚銷聲，乘夜竊發，攻前擊後，襲東取西，此可□也。兵法曰，以少擊眾，必以日之夜，理符於此。議者多之，聽其言，行其策。旬有七夕，雲霧晦，風沙昏，公乃暗號潛□，深入□振，吐蕃以爲天兵。揔集圍師數重，盡其力以自誅，因其亂以自北。遲明而營壘□踣，亭午而道路系縲者不可勝□。我天子，錄異等，加懋功，特拜雲麾將軍左豹韜衛翊府中郎將，封遼西郡開國公，食邑二千戶，前後降宸翰，賜御衣金銀□□錦服者，至于八□。嗚呼，日有側，時有來，以開元四載四月一日，春秋六十有二，薨于范陽郡之私第，邊鎮奪□，士卒悼心。惟公德禮冠倫，周仁而勇，詩書滿腹，多才而謙，朋執重之，雅推碩友。朝廷許者，僉允長城，祿俸散于戰人，玉帛均於門□。或暮春三日，高秋九辰，或納吉延賓，獻歲聚族。盛禮□樂，撞鐘舞庭，輿馬蹂於郊坰，羅谷照於廊廡。國家方築壇拜將，分□有戎，而魂歸於天，山藏於澤，命也夫。宜室范陽郡夫人班氏，西河郡司馬恩府君之息女，賢和淑慎，靜恭貞白，移□而輔之以德，訓子而教之以方，亦既有成，曾是無愧。以天寶元載，合葬于范陽福祿鄉原，禮也。胤子朝議大夫、使持節□城郡諸軍事、守景城郡太守、兼橫海軍使、仍充河北海運副使、賜紫金魚袋、上柱國偃，智員謀長，體大心正，懿文壯武，廣孝移忠，惟肖前人，克構丕業。形政尤異，公事通明，直繩閑邪，遠量容物。賙懸軍之急，海無驚波，恤亘防之虞，山不舉燧。利倍往昔，功省今茲，名動藩維，福潤河朔，夫子云與其進者也。每泣血桐柏，椎心霜露，恐桑田或變，陵谷仍遷，是題豐石之碑，式表先公之墓。其詞□：

倬彼茂族，赫乎高門。經文緯武，翼子謀孫。岳立邊鎮，風生塞垣。英奇照灼，朱紫頻繁。其一

施及我公，克廣爾祖。敦書悅樂，重規疊矩。受略揔戎，設奇□虜。東征西襲，戰勝攻取。其二

克賞懋功，屢拜榮秩。五色□□，萬里投筆。遼水渺瀰，隴山崇崒。勤勞報主，□遝計日。其三

聖代流渥，昌時樹勳。衣題錦字，札曜天文。方將遏虐，奄苒招魂。悲纏九族，戀切三軍。其四

□河東浮，白日西側。還流不□，倒輪無力。大將未臻，短辰已極。草樹蕭條，雲山慘惻。其五

哀哀令胤，欒欒棘心。築墳則古，紀石非今。訴終天兮痛結，跼厚地兮悲□。□斯人兮至性，伊厥□兮難尋。其六

天寶元載歲在壬午正月丁未朔十□日記

□□（缺字數不詳）慈敏、張昂等鐫

（跋）《墨池編》云李北海爲文，長於碑頌，多自書。杜詩云，干謁滿其門，碑版照四裔。唐人並稱其前後撰碑八百首，今所存者落□晨星矣。《雲麾將軍李秀碑》全文，□簡圃椒堂兩□□，搜輯編次，摹勒貞珉，索余題識，其詳見椒堂記文，不贅述。夫物之顯晦固有時，而人於翰墨□有緣。余向考證化度寺石刻，集諸家藏本，越幾春秋，始得全文，□闕四十二字，可以意會者亦不敢增益，以存其眞，丐詒晉齋重書上石，□公同好。與此舉如出一轍，不自知書生故態復形耳。道光丁亥□月，□□英和跋。

（又跋）道光四年，歲在甲申，余以順天府丞□宋丞相□□□□□嵌壁二石礎，即世所稱李秀殘碑也，搨以歸。因□□□□□□作詩，其末云，華亭曾見全璧來，巖壁□□□□壽。余同年蔣簡圃侍御□見之曰：子誤矣，華亭刻入□□□中止數百字，安所得全璧乎，盍往觀法源寺石刻乎。遂同觀之。其石凡五，乃大理卿楊介坪前輩家藏舊搨，前內閣學士翁覃谿先生手摹勒石者。又數日，謂余曰：廠□書畫樓陳君萬璋有完本，盍往觀乎。余曰：此碑向無完本，近者江右李氏亦有墨刻，僅數百字，安所

得完本乎。簡圃曰：此碑陳君得之於河南□□藏諸家有年矣。遂邀陳君假觀焉，諦審再四，定爲宋末元初搨本。文凡一千五百廿九字，剝蝕者弗計，篆額文九字，洵鴻寶哉。爰與簡圃釐正其裝潢文字之次序顛倒者，居然可讀矣。簡圃迺選善工摹勒貞珉。越三年碑成，用白金若干□，樹之法源寺，竊附覃谿翁石刻之後。□而歎曰：物之顯晦，固有時乎。此碑碎於良鄉，移于宛平，今存僅二礎，乃以余一詩而獲全璧，奇矣。且此二礎之存於今者，吾鄉吳匪庵少京兆之力也。越百三十餘年，而余官此，又得此翰墨緣，豈偶然哉。爰裒集此碑各考證及前人詩歌題跋□一編，付之梓人，因敘爲記，刻于石之下方，以志簡圃好古之篤，即以志我兩人金石之交。後之覽者，或有取焉。道光六年丙戌秋八月朔，當湖朱爲弼。

（三跋）大興陳子崑瑜，多能好古士也。余官京師，數從借觀其所藏碑銘，多可寶者。辛巳□春，崑瑜歸自大□，以所得北海書雲麾將軍李秀碑拓本見示，字數視明代傳本多至數倍，又通體完好，無剝落痕，決知爲兩宋間物，獨惜其裱工不諳文義，次序顛倒錯亂，至不可讀。思欲於閑中一是正之，未暇也。又數載，崑瑜手定一本，以示余曰：此可爲定本乎。余讀□□□□渾然天成，無一字可移易者。因歎崑瑜用□□勤，而□次精審如此，遂使北海此書，更千餘年，復還舊觀，是不可不公諸世也。爰從崑瑜借得其本，依其所定次序，重摹勒石，議建之南城法源寺中，以永其傳。自乙酉歲開雕，更年餘始蕆事。而余適銓守嘉定，亦匆匆去矣。臨行題數語，記其顛末。因念書家好古，古今人□不相遠，此碑建後一二百年間，必有以得見大興陳氏本爲幸，如董□翁所稱海上顧氏本者。而余摹勒之本，流布海內，其視原本風神氣韻，相去幾許，又不知作何□□矣。道光七年歲次丁亥孟夏，□龍蔣策記并書。

（四跋）（此下有小字跋三行餘，行約四十四五字，漫漶不可讀。）

李秀碑　清刻，附道光七年八月後，碑在北京宣武區法源寺。唐李邕撰并行書，郭卓然摹并篆額，□慈敏、張昂等鐫，陳萬璋輯，下載英和等跋。陰爲光緒十七年九月徐琪刻《贈行實和尚詩》。

《真達和尚塔碑》　師諱眞達，字明文，直隸河間府景州王家沙窩人，父王香，號雲霞，母荊氏。幼時即不染□緣，棲心佛道，識者知爲再來人也。至十三歲，父母順其本願，即命于於本州聖會寺投榮安□師剃度出家。經文律儀，寓目悟心，非有夙慧，曷克臻此。至年十七，依本山大乘老人受具足戒。受戒後，即于得戒長住，學習經典。歷充悅眾、知藏、維那、副司之職，所經管處，科理裕如。及至啟發新學，模範後昆，托鉢行乞，分衛修持，無不精嚴增進，徹法底源。至嘉慶二十年，輝公和尚即以臨濟衣法付之，是爲臨濟第四十世。厥後歷參嘉興璨翁和尚及萬壽正翁老人，皆器重之。及道光五年歲次乙酉八月二十八日，輝翁示寂，龍天擁護，大眾推尊，即繼雲居法席。自是苦行精持，弘法利生，克己以約，待人以寬，晝夜勤勞，始終罔替，佛法世諦，皆秉前規，純然自他二利之善知識也。按師生于乾隆五十七年壬子八月二十九日巳時，示寂于道光十二年壬辰二月十八日卯時，世壽四十一歲，戒臘二十五夏，法臘一十八冬。謹爲志。

龍飛大清道光十六年歲次丙申孟夏吉日

嗣法繼席門人空利等同勒石

眞達和尚塔碑　清道光十六年四月一日刻。碑在北京房山區雲居寺塔院。僧明心撰，僧慈海正書，額篆書。陰題名。

《崇公和尚荼毘碑記》　余與崇公相識有年，今老和尚於七月三日圓寂矣。病中余遣人看視，命告余曰：自身毫無痛苦，正念分明，可慰厚望。至圓寂之日，尚可飲食，與門弟子語言不廢。臨去之際，脫然無累，撒手便行。其在彼之僧俗，無不目覩。大眾踴躍歡然，絕不似臨喪之哀痛，感發於人，已可概見，是一生之積誠，平素之本分，不愧爲佛弟子，實是眞實僧人。荼毘之日，初則白煙如雲，漸成五色，燄如蓮形，向西冉冉。揀骨，竟得碧色白色堅固子數顆，光明洞徹，內有羅漢形者一，面目畢具。或有稱奇者，余曰：此眞實修行之所必然，並無奇特。設非眾目所見，幾成妄語。余素最厭虛詞敷演，不過行其私心，與事無益，令識者哂其無知妄作，此往往世俗中有之。此事余雖未親至其地，而僧俗目見者在彼多人。于此又可知實有能超生脫死之道，而修行不負本性之人，眞實發心爲生死者，固皆當如是也。若老和尚之所證，深淺雖不能知，然觀其去住自在，亦可摹擬，已悟本心之所必矣。或尚有作泰首座之譏者，須自審與九峯所證如何。余幼時即有生死之念關心，然毫無所知，只好因循而已。後聞念佛可生淨土，永脫輪迴，欣然從之，至今不斷。又間觀經理，諦審本心，無奈妄深執重，習氣纏綿，於自己身心未能悟徹。無事之時，既未超然，死生之際，尚不知作如何行狀。觀老和尚之修持，豈不可愧忝爲交好之友也。此據事直書，毫無增損，信心者固可不□，不信者聽之，亦可作爲快事，遇人相談，較之無謂之言，稍有可據耳。世間之事，設墮於偏心，則不得其□，況此死生，即或妄言已成佛道，與本人何所繫哉。身後之虛名，非可得而知也。是所謂愚無忌憚，不畏□心，只徒信口空言，實作鄙夫醜態。余深知其弊，何肯蹈其轍哉。因有其事，故書其言，非祖護崇公，故作此炫目違心之筆，以誑于不知者。況有親經眼見之人，可證余言之不謬也。

龍飛道光十六年歲次丙申七月初七日

妙因居士識

《印光和尚塔碑》　印光禪師，楚北恩施縣張氏子也。父繼祥，母氏邱，素有佛緣，生師甫五歲，即遣投雙山寺清靜堂祝髮爲僧。癸酉繼祥公歿，邱母營葬畢，亦出家，奉佛法，號恆隱。時清遠上人在京闡教，命師擔瓢北上，參無生法，梵業精進。浙人士之宦於京者，嘗愛而敬之，延主妙光閣。閣即浙水慈航也。丙申春，因後院寂靜，嚴飾佛堂，迎其母於京就養，雖曰出家，無異在家焉。母終日跪蒲團上喃喃誦經，不見一人。一日謂師曰：汝迎養，以吾爲母也。吾出家人，不當有子。汝出家人，豈宜有母耶。其以師禮事之，可乎。師謹拜受命，乃爲塔於龍泉寺之東南。蓋仿古元秘塔、多寶塔之意，爲其母將來藏眞之所，而已亦祔焉。夫恆隱母也，而印光師之，印光子也，而恆隱徒之，其即釋氏之教乎。塔文稱師，稱弟子，蓋即因其師之徒之之意而云焉爾。或曰媍人既託身清門，不有其子，此釋氏宗風也。若師之奉養□生，於釋氏之義云何。曰佛不云乎，使我疾成無上道者，皆由孝德也，師亦若是耳。余既爲之讚，更詳其始末，以爲不知者告。

賜進士出身誥授奉政大夫戶科掌印給事中巡視西城前翰林院編修興國陳光亨拜撰

賜進士出身翰林院編修國史館協修華陽卓橒拜書

道光十九年歲次己亥臘八日建

（碑陰碑額）臨濟正宗

（碑陰中榜）莊嚴妙光堂上中興第一代傳臨濟正宗第四十二世上印下光顯明禪師之塔嗣法門人密壽、密智，徒廣涵，徒孫續傳、續燈等仝立

印光和尚塔碑　清道光十九年十二月八日刻。碑在北京宣武區龍爪槐南塔院。陳光亨撰，卓橒正書，額陽篆書。陰刻臨濟正宗，額橫題。

《真如禪師塔銘》　蓋聞是法平等，不住色聲香味布施，上下虛空，無有我人眾生壽者。見諸相非相，動是暫機，說微塵非塵，寂爲常境。禪師諱眞如，字清遠，吾鄉利川李氏子也。佛姥誕祥，梵娽鞠瑞。到波羅之岸，兜羅弗傷，投揞身之匡，法身不壞。蓋三祇有徵乎宿命，四畏已絕於童眞矣。萬迴得嫂，頓分東屋之山，百丈尋師，預識西流之水。年剛舞勺，覺路斯通，願遂吹螺，世緣竟謝。依金沙寺僧月公薙染，兼受記莂，心燈接其一點，祖鉢契於三乘。固已名著義龍，號稱律虎，毘尼籍爲揚衛，禪那不昧思維。薄游五臺，菓苫二豎。金剛堅忍，癡雲阻其西歸，布薩精嚴，宗風昌其北漸。入都初，憩鐵山、法華諸刹，嗣留長椿、壽佛二寺。智珠手握，指端儼現浮圖，寶月胸圓，心光淬其明鏡。香魚啓而曇華夜涌，毒龍呪而甘露晨飛。火宅凉生，慧聲飈起。城南有龍泉寺者，鐘唄久歇，榱桷就傾，破竃打翻，淨瓶踢倒。蔡君永清，慨深廢井，力任布金，爲之薙草開林，置經行之室，剗苔補牖，宏禪誦之堂，湧出樓臺，佛生歡喜。道在瓦甓，人助檀那，特以禮延，于焉戾止。一聲清磬，如如覺後之因，半夜霜鐘，的的西來之意。於是迎智慧刃，樹精進幢，謂本色任山，不應以聲音見我，而明心悟道，要必以禪悅爲宗。面壁九年，直追祖範，閉關數載，雅有儒風。瞻法相而見精誠，讀《華嚴》而知富貴，蓋嘗發大願者十事，耽大藏者四年矣。一時如金侍郎光悌，查郎中有圻，張太守問陶，吳司馬嵩梁，朱觀察文翰，蔣閣學立鏞，蔡司馬天培，並皆禪餐酬酢，詩味招邀，賞其說法之精，相喻聲聞而外。而朱文正珪，戴文端衢亨，阮相國元，蔣副憲祥墀，陳侍郎嵩慶，亦偶留玉帶，同聞木樨焉。志詵時聆元理，耳熟鄉音，法乳泉香，伊蒲饌美。暢有文章之好，軾參文字之禪，未嘗不愛其花水澄懷，巾瓶淨契，倜倜乎得世外之旨也。今者經榻已寒，繩牀空在，夢回大覺，情盡前塵已。禪師生於乾隆甲午年六月二十七日，示寂於道光乙巳年三月初九日，世壽七十有二，僧臘五十有七。寺前古檜，今歲忽槁，鵲巢杏樹，鳴聲甚悲。東指長松來去，有關先兆，髻

端眾鴿喑啞，如失依歸。繼席門人空慧、空師等，特爲建塔。全形永秘，應成堅固之林，述德弗文，有愧頭陀之寺。銘曰：

役我者物，織累者心。疇離諸障，疇息凡襟。情岳塵滿，愛海流深。發大智慧，而解曹酖，粵惟清公，聖胎□悟。論必馬鳴，皈即龍樹。八藏全覽，五眼普度。忍土堅持，摩尼且曙。□猛願力，通所不通。指頭見月，衣角藏風。即心即佛，亦教亦宗。地醴味淡，天蓮花紅。以此因緣，打開窠臼。梅子熟時，桃花放後。歸者終歸，有無所有。元言永留，白法不朽。

嗣法繼席門人空慧、空師，率繼席法孫顯仁，嗣法門人空月、空澄，法孫顯明、顯培、顯經、顯定、顯璐、顯霞、顯旭、顯解、顯祖、顯鑑、顯覺、顯徹、顯淨、顯具，法曾孫密清、密靜、密方、密淨、密悟

剃度弟子心燈等監修

皈依弟子呂徹源捐貲建塔

道光二十六年歲次丙午清和月吉旦

眞如禪師塔銘　清道光二十六年四月刻。石在北京宣武區右安門內。葉志詵撰，李樹人正書。

《顧亭林祠記》　道光二十三年十月，何子貞紹基，張石洲穆，創建顧先生祠於廣寧門慈仁寺之西南隅。既訖工，子貞紀以詩，石洲又輯先生《年譜》刊之，大指以先生之學，博綜經史，究極天人王霸古今治亂之故，其載之《日知錄》、《郡國利病》諸書，不爲空言。說者謂先生倡導絕□，庶幾如漢經師，可百世祀者。先生以徵不起，嘗一至京師，憩慈仁寺，爰即其地，規度爲祠，揭虔妥靈，設木主以祀。其祀，春秋及先生生日，歲三舉。又刊先生象壁間，象爲陽湖張仲遠曜孫摹。先生族孫份又出先生中年遺象，別爲長卷寘祠內。歲甲辰二月，始釋奠，自苗夔以次十四人書名卷末，琦亦與焉。爲之主者，何張二君也。於是歲以爲恆，祭必書後。三年，琦謁假歸，未幾子貞以母憂歸，石洲病卒。三十年十月，以石洲附祀先生右夾室。其事邊東石、何願船、黃子壽、陳頌南迭主之，最後則孔君敘仲。然自是與祭者寖希矣，不及曩昔之盛。當是時，海內方厭兵，士夫岌岌，不暇修文，而願船以薦赴軍，東石出爲巡道南陽，琦及頌南先後被命督鄉團。又數年，琦謁選來都，是爲今天子御極之六年。其春大比天下士，英彥輻輳，於是集先生祠，補修禊事，事復盛。會者三十三人，爲詩歌詠之。酒半，感喟今昔。又以先生祠日久陊剝，藩夷級摧，越月，孔敘仲、葉潤臣、汪仲穆諸君議新之。寺僧出子貞書一紙，載建祠事綦覈。先是，祠三楹，兩廡各五。其北以庋《宋元學案》書版，南以備遊讌。東南有小亭，下覆□成石□門庖湢具焉，今皆蕪不治。爰如子貞書，與寺僧約，甃磚爲垣，稍陿前制。其棟桷餘材，悉推以予之。別藏《學案》於寺之側室。工既蕆，屬琦爲記，又丐王君定甫書之石。先生名絳，後更名炎武，世稱亭林先生。其言行之著者，已詳石洲所輯《年譜》中，不復贅云。咸豐六年丙辰十月，後學桂林朱琦記。馬平王錫振書。

顧先生祠，今慈仁寺側西室，東嚮三楹，中龕祀先生主，右夾室以張穆石洲配。如舊規其前庭，大甃磚爲垣，舊左右廡東南開成幷上亭皆隤圮，不復治。餘材棟桷瓴甓，推之寺僧，僧因吾材而爲今垣。其議則記所謂緣子貞手書，與僧約，陿前制而爲之也。祠中吳縣潘曾瑋置祭器，今漢陽葉名澧捐石刻記，皆合書。歎虖，以前賢遊跡所寄，而景祀之罔敢癈焉，後可考已。王錫振記又書。

顧亭林祠記　清咸豐六年十月刻。石在北京宣武區報國寺。朱琦撰，王錫振正書幷跋。

《文雨生紀略》　瓜爾佳氏文霖，字雨生，號子潤，滿洲正紅旗人。祖楚湘公，父蘭舫公，皆顯宦。蘭舫舉丈夫子二。長文輅，字子乘，咸豐丙辰科進士，現工部員外郎。其次則雨生也。誕生時，陰雲罩空，大雨如注，及生後，晴朗如初，家人異之，故名與字皆紀實云。旗俗，於小兒週歲，例陳金銀翫好與一切弓矢筆研，恣兒戲弄，以卜其結習之所存。雨生獨取筆研，他物不顧也。襁褓中見書籍，喃喃作聲，似默誦然，人以是知有宿慧。甫及三齡，教之識字，一覽不忘。即字之有未敎者，舉以試之，輒手指其所在，一無舛錯，祖與父乃益奇之。六歲就外傅，書皆上口，偶命屬對，敏而且工，雖通才亦稱許之。七歲挑官學生，背誦《爾雅》全部，聲清若玉，登時補第一。九歲補優學生。十歲屬文，語多性靈，不假思索。其時尊人蘭舫觀察告悉入都，子乘又新舉賢書，趨庭所授，互有師承，秉燭論文，所藝大進。次年，子乘捷南宮，雨生銳意求試。父尼之曰：汝髮未蓄，遽欲試耶。而雨生嗜學愈篤，於詩文外，兼習古學，一戰

而捷，遂舉茂才。經古試，並擢超等。詩題爲生才作霖雨，有句云：爲霖堪大用，作雨不虛生。宗師擊節，更喜命題與雨生名字暗合。發落日，極蒙獎勵。計其年，甫十三也。同時赴試者，咸以小才子呼之。又明年試優等，補增廣生員，與同人作塾課，泆□其曹，文名益噪。其時問業於余，余方期以遠到，謂他日成就固不能量其所至也。豈意踰年而病，病未久而遽殤哉。嗚呼，惜哉雨生，神清質敏，所作斐然，固不當以凡童論，而其至性更有過人者。居大母喪，拜跪哭泣如成人，而又恐大父之不怡也，嬉弄膝前，問詢文史以博大父歡。夙爲父母鍾愛，而推梨讓棗，處兄嫂姊妹無間言。父母亦不以愛憐之深，遽弛其敎也。每遇呵責，順受無怨容。見尊客，侍立恪謹，仍無纖毫侷促態。及遇單門寒畯，樂與談論，不涉驕矜。嗟乎，文藝若彼，德性若此，此成人之所難，而乃得之髫齔，可不謂之翩翩佳公子哉。奈何竟不年而歿也。歿後，所作詩文□□□□□獨以所用文具爲殉，以其結習之所存也。先是，大母之轉，奉安於城西慈慧寺，寺僧丐雨生書額，諾之而未果也。歿後十日，寺僧忽暈絕，作雨生語曰：公務匆忙，偶游憩此，前云書額，未及揮毫，此諾恐不克償也。言訖復甦，聲容頓異。詢之寺僧，茫然不解。然則雨生其眞死耶，其眞死而不死耶，生天成佛，吾又烏乎知之。案雨生生於道光丙午秋，歿於咸豐庚申春，其年甫十有五。令兄子乘，排纂其生平，求爲立傳，故特誌其梗概云。

同治元年歲次壬戌立

文雨生紀略　清同治元年刻。薛春黎撰，楊秉璋正書。

《反本尋源歸復臨濟正宗碑》　蓋聞事有終始，水遠必尋夫源，理寓循環，人窮則反其本。吾宗支派，向用祖定禪師演出之二十字，相沿既久，傳襲至今，目下字數已完，而繼世者莫知祖述。承吾宗諸大宗匠折衷於信，因思傳教修德，務須反本尋源。舊有海祖永慈禪師衍出一百一十二字，煌煌訓典，前世失傳。與其舍舊而圖新，孰若詘今而述古。於是商諸宗派，從茲緒，復眞傳，庶幾源遠而流自長，支清而宗得正也。謹陳其事如左：

祖道戒定宗　方廣證圓通
行超明實際　了達悟眞空

右乃傳碧峰金禪師派下，祖定禪師入閩，住雪峰寺，另立一支，從祖字起二十字，並非臨濟正宗衍出。及至幻有傳祖下傑出天童悟、磬山修二支，用起圓字，以延至今日，現值空字。以下綿世系者，衆論不一，有欲用龍山祖派者，有欲另立一支者，終非至當。吾宗諸大宗匠，互與衍唱，當思木本水源，務求其寔。自有正宗正派，源遠流長，毋致祖牒混淆而復歸於正系，故名之曰反本尋源。

普永智朗宏勝德　淨慧緣冥正法興

性海澄清顯密印　大乘元妙會心燈

佛恩浩化流芳遠　繼述長修續嗣深

志願彌堅參義理　規成謹守鎭常新
翼善昌榮因本立　貞祥隆盛復傳增
功勛寂照光華蘊　寶鏡高懸體用親
饒益靈文舒景秀　信持靜業濟時珍
邈然無迹誠諸幻　覺樹開敷果自馨

右係傳臨濟正宗派下海舟永慈禪師衍出之一百一十二字。從普字起，與祖定禪師所演之戒字同輩。從戒字到空字，核與海祖所衍性海澄清之清字同輩。凡我同宗諸後賢，至空字以下，宜即從海祖永慈禪師所衍性海澄清顯密印之顯字起，是仍歸復臨濟正宗正派矣。信與諸同宗再三商酌，意見皆同，爰書此以垂後世法，而非信一人之臆斷，願諸宗派諸後賢諒之。若謂門庭熱鬧，因而各出己見，另立支派，致涉岐途，信亦未如之何也。是爲記。

同治三年歲次甲子重陽月中旬六日重刻

法兄貴三空和

法弟松林空和、智林空□、慧□空□、體光空□，

嗣法門人性空顯佳、□本顯林、□□顯□、利□顯□、慧□顯智、澄空顯長、脫凡顯□、文□顯□、德林顯□、寶慶顯□、秀明顯容、景初顯然、性文顯陳、繼□顯□、體繼顯慧、文慧顯□、實□顯具、定性顯□、祥音顯泰、印明顯月、仁□顯禮、輝文顯□、性海顯□、□□顯□、□然顯□、性崇顯法、玉彰顯榮、□□顯□，

法孫□□密眞、瑞林密連、慧安密和、誠敬密深、景和密泰、清雲密

澄、福祥密慶、雲亮密龍、鏡如密沁、□量密寬、雅純密增、□□密□、遍輝密朗、萬□密□、恆遠密福、連□密來、成瑞密祥、瑞峯密山、□如密澄、實然密□，

曾孫果然印□、純桂印亮、□然印悟、心安印□、□□印□、禪□印現、續悟印建、□山印福等仝建立。

反本尋源歸復臨濟正宗碑　清同治三年九月十六日刻。碑在北京房山區雲居寺北塔院。僧了信撰，韓儁正書，國仁篆額。兩截刻，上記下題名。此係重刻本，刻於十月二十九日《空利塔銘》之陰。

《萬壽關帝廟記碑》　京師西大市街新街口大帽兒衚衕巷內有關帝廟，剏自前明，迨今幾四百年，傾圮剝落，過者慨之。內務府堂郎中文公，具菩提心，發廣大願，施金若干，□而新之，屬律師昌公董其事。閱十月工畢，殿廡嚴翼，丹雘燦然。於是奉瓣香以禱祠者，又奔走於廟焉。客□余曰：帝之秩祀甚崇，與尼山比，州郡皆有專祠。帝之凴依，將在於是，何取乎紛紛然營祠於委巷乎。□曰不然，至聖孔子師道也，非學士不敢以祀，彼蚩蚩之氓無與也。帝之威靈，遠矣，大矣，九州之衆，四海之大，肸蠁通焉，若不分建羣廟，則億兆之敬心無由得申。譬之水乎，江淮河漢水也，一泉一井亦水也。故凡□山勝地，崇宮峻宇，固爲帝所鑒臨，即市井闤闠，作尺五之祠，結數椽之屋，愚夫愚婦，瞻禮焉，祈報焉，□□亦必格其誠而加以默佑。子何疑乎。客又曰：緇流奉佛爲本師，他天神雖貴，非所事也，故文昌孚佑位皆□帝，而釋子弗主其祀。今昌師獨拳拳於帝，則何居，毋乃爲佞歟。余曰是又不然，帝自唐末著靈，至□□寖遠，實始於玉泉寺。寺固天下之名藍，精行禪宿之所萃，爰有深入佛海諸大禪師，推帝爲佛家護法之神。今築壇禮懺，誦經持咒，必請帝爲證盟。是帝固與慈氏有緣，爲修苦行者所當奉，非文昌孚佑可比，豈昌師之諂帝哉。且禮有之，有其舉之，莫敢廢也。帝爲梵天尊神，廟爲皇都古剎，舉墜興廢，誰曰不宜。既有善信以財施，自必有龍象以力施，子又何疑乎。客唯唯而去。律師名昌濤，字靜涵，見膺法源寺住持和尚，五戒具足，與余相善。適請余爲文以記其事，遂書以貽之。至於建置之規，緡錢之數，具於別石，不再述。

賜同進士出身誥授榮祿大夫振威將軍總督倉場戶部侍郎歷任安徽巡撫兼提督銜陝西巡撫贊理軍務賞戴花翎加五級晉陽喬松年譔文

誥授光祿大夫階振威將軍前兵部侍郎巡撫山東等處地方兼提督銜節制軍務歷任內閣學士禮部侍郎賞戴花翎加五級長白覺羅崇恩書丹

大清同治九年十月十七日

法源寺住持昌濤立石

（碑陰碑額）永垂不朽

（碑陰上截）大護法功德主信官弟子內務府坐辦堂郎中欽加二品頂戴花翎文公，名錫，字書田，因大帽兒衚衕關帝廟，剏於前明嘉靖甲子，重修於萬歷壬寅，歷多年所，荒廢莫治，乃發大願，鼎力獨成，廣種福田，永垂善果，眞所謂檀度波羅蜜也。猗歟休哉，何功德之盛歟。爰屬戒衲昌濤監造重修，以崇禋祀。凡閱十月而畢工，謹誌貞珉，以告來者。法源寺住持昌濤題記。

（碑陰下截）計開建置殿宇共四十間。山門三間，正向彌勒佛，北向護法韋馱菩薩。南房六間，東西向禪堂六間。中殿三間，供奉協天大帝，關世子平、周將軍倉旁侍赤兔馬。殿後垂花門一座，東西平臺六間。後殿三間，供奉聖帝自在像。東西耳房四間。東西配殿六間。東西露頂二間。

關帝廟碑　清同治九年十月十七日刻。碑在北京西城區大帽胡同。喬松年撰，崇恩正書，額篆書。陰上截僧昌濤題記，下列廟產。

《都土地祠碑》　京師虎坊橋都土地祠塑有十八省土地神像，載在祀典，歷有年所。忽被僧人績寬、商人張朝文私行拆賣，經城憲查出，勒令賠修。奈工程浩大，日久迄無成功。無以供奉香火，何以妥侑神靈。因不獲已，商勸粱家園惜字會館首事程君汝謨，轉募得翰林院彭宅銀六十兩，爲該廟助修。又提水會項下銀六十兩，併交程君，按復舊制，鳩工庀材，將山門一間，神殿三間，配房二間，後房三間，均修得一律整齊，實是足以昭祀典而答神庥。今當落成之日，不鐫詞琢石以揭之，恐無以示來者，非徒壯廟貌之觀已也。是爲記。

兵馬司副指揮程常憲監修

兵馬司吏目黃錫祺立石

同治十二年歲次癸酉二月穀旦

都土地祠碑　清同治十二年二月刻。碑在北京宣武區虎坊橋。正書，額篆書。

《悟璋和尚墓碑》和尙俗姓□氏，祖籍盛京，後遷順天府大興縣，道光甲辰秋九月十一日寅時建生。初爲長春宮御前總管，賞加花翎正三品，後侍壇于杏林。蒙濟祖□度法心，歸於禪門，在京西北安河金仙庵出家，法名上悟下璋，潛心修道，深知佛理。自進廟之後，見梵宇摧殘，發心募化，重□□□建殿庭，改名金仙寺。興修三年有餘，未滿僧願，於光緒二年夏五月二十八日申時圓寂。兹有義弟李樂元、劉誠印，建修壽塔，並立碑記之。□曰：山川神靈，誕彼開士。了身皆空，觀月在水。既得薪傳，明徹妙理。如霧開天，廓然萬里。植杖金仙，重興舊址。山虧一簣，法雲西指。錫跡已遙，禪容在邇。今兹塔成，永鎮河涘。孰襄厥功，惟劉與李。備具顛末，立石以紀。

日講起居注官翰林院侍講南書房行走甲戌狀元陸潤庠題

悟璋和尚墓碑　清光緒二年五月二十八日卒。碑在北京海淀區北安河管家嶺山上。陸潤庠撰并正書。

《關帝廟碑》蓋欲修佛果，廣種人緣，要知後世，先卜其前。所以自古佛聖，未有不躬行善事，普濟人間而能登極樂者也。於是京都西山車兒營關帝廟第一代住持比丘尼志海，募化重修，敬起虔備冠袍、帶履、金銀器皿等儀，關聖帝君聖前，歷今五載。信士弟子王均泰，切思善地喧嘩，荷蒙寬宥，欲進寸誠，無由上報，遂捐己資，將寺內老爺殿、兩佩殿、山門、周圍羣牆等，俱各修理重整，少消素昔之愆尤，永求將來之默佑，仰關聖帝君以垂慈，保各門而無咎，公私順美，諸事優遊。勒碑石，福履不朽。

工□四品職銜信士弟子王均泰敬獻

住持比丘尼志海募化

大清光緒二年六月十一日穀旦

關帝廟碑　清光緒二年六月十一日刻。碑在北京海澱區北安河車耳營。正書。

《勸念南無阿彌陀佛碑》昔有人問六祖大師云，念佛有何利益。六祖答曰：念此一句南無阿彌陀佛，是萬世出世之妙道，成佛作祖之正因，是三界人天之眼目，明心見性之慧鐙，是破地獄之猛將，是斬羣邪之寶劍，是五千大藏之骨髓，八萬總持之要門，十方虛空之無際，廣大一性之圓明，開黑暗之明燈，脫生死之良方，渡苦海之舟航，出三界之徑路，是本性彌陀，是唯心淨土，即是化佛，即是本師，最尊最上之妙門，無量無邊之功德。諸大信善信，但要記得這一句阿彌陀佛在懷，莫敎失落，念念常現前，時時不離心，無事也如是念，有事也如是念，安樂也如是念，病苦也如是念，生也如是念，死也如是念，如是一念分明，又何必問人覓歸程，所謂一句彌陀無別念，不勞彈指，到西方面見阿彌陀佛。

光緒二十四年佛日圓廣寺勒石

（碑陰）是心作佛，是心是佛。三世諸佛，證此心佛。六道眾生，本來是佛。只因迷妄，不肯信佛。智者覺悟，見性成佛。釋迦世尊，開示念佛。彌陀有願，接引念佛。觀音菩薩，頭頂戴佛。勢至菩薩，攝受念佛。清淨海眾，皆因念佛。六方諸佛，說讚念佛。祖師啟教，勸人念佛。捷徑法門，唯有念佛。歷代祖師，箇箇念佛。古今名賢，人人念佛。我今有緣，得遇念佛。念佛念心，念心念佛。口常念佛，心常敬佛。眼常觀佛，耳常聞佛。身常禮佛，鼻常嗅佛。香花鐙燭，常供養佛。行住坐臥，常不離佛。苦樂順逆，不忘念佛。著衣喫飯，無不是佛。在在處處，悉皆有佛。動也是佛，靜也是佛。忙也是佛，閒也是佛。橫也是佛，豎也是佛。好也是佛，歹也是佛。生也是佛，死也是佛。念念是佛，心心是佛。無常到來，正好念佛。撒手便行，歸家見佛。一道圓光，即性空佛。了此一念，是名爲佛。常住不滅，無量壽佛。灋報化身，同一體佛。千佛萬佛，皆同一佛。普勸有緣，一心念佛。若不念佛，失卻本佛。貪瞋嫉妬，自喪其佛。酒色財氣，汙失眞佛。人我是非，六賊劫佛。一息不來，何處求佛。地獄三途，永不聞佛。萬劫千生，悔不念佛。叮嚀相勸，念自己佛。急急回光，休別覓佛。念念不昧，誰不是佛。願一切人，自皈依佛。回向西方，發願見佛。臨命終時，親覩化佛。九品蓮臺，禮彌陀佛。得無礙眼，見十方佛。

此一句南無阿彌陀佛六箇字宏名佛號，是引接人人本心自性彌陀蓮土淨因，如來種子，果然志心誦持一心不亂，即是自性彌陀現前，人人與佛無二，若人因何與佛不同，只因眾生塵緣妄想埋沒本心，令人不識自己靈妙之體，故借佛之名號以表顯，令人不虛眞心，故說是心是佛，是心作佛，心佛眾生，三無差別。心亂是眾生，心靜是佛因。人心妄動起處，必有善惡惑業不停，本當各人返妄歸眞，故曰眞心。《金剛經》云，淨心行善，如玉無瑕，溫潤體和，如水無塵，明月朗現。若人不識見本心，如民無王，如子無母，如家無主。人人不可失卻一念。儒云克念作聖。無量之福，一念修得。無邊之罪，一念造得。無爲妙理，一念證得。所以佛說一切大乘經藏，不出一念。孔聖諸子，家書述作，不出一念。聖王治國，賢臣輔君敎民，不出一念。父慈子孝，兄寬弟忍，不出一念。經云天地本具十法界，佛、菩薩、聲聞、緣覺，此名四聖，天、人、修羅、地獄、餓鬼、畜生，此名六凡，皆不出一念。若人，應當行住坐卧，諦觀省察，語默動靜，喜怒哀樂，識透一念分明，盡此大地眾生，皆可成佛，無遮無礙，無慮無憂，同登彼岸。一念清淨，萬事俱辨。念佛功德，不可思議。今日謹勸善男信女，念此一句佛號，免兵革之難，消飢饉之災，化瘟疫之毒，脱離患難，同登蓮邦壽域，快樂無窮矣。

（碑兩側之一）念佛一聲，福增無量。禮佛一拜，罪滅河沙。經中佛言，世上無一人不堪念佛。若人富貴，受用現成，正好念佛。若人貧窮，家小累少，正好念佛。若人有子，得人替力，正好念佛。若人無子，孤身自由，正好念佛。若人子孝，安享受用，正好念佛。若人子逆，免生恩愛，正好念佛。若人無病，趁體康健，正好念佛。若人有病，知死不久，正好念佛。若人年老，光陰無多，正好念佛。若人年少，精神爽健，正好念佛。若人處閒，心無事擾，正好念佛。若人處忙，忙裏偷閒，正好念佛。若人出家，逍遙物外，正好念佛。若人在家，知是苦海，正好念佛。若人聰明，通經達理，正好念佛。若人痴愚，別無所能，正好念佛。若人持律，律是佛制，正好念佛。若人看經，經是佛說，正好念佛。若人參禪，禪是佛心，正好念佛。若人悟道，悟須佛證，正好念佛。敬勸世人，速急念佛。九品往生，花開見佛。見佛聞法，究竟是佛。識知此心，本來是佛。回頭好，回頭好，世事將來一筆掃。紅塵堆裏任他忙，我心清淨無煩惱。終日貪，何時了，只恨家中財帛少。分明傀儡線牽提，線斷之時身跌倒。無常到，沒大小，不有金銀不要寶。不分貴賤與王侯，年年多少埋荒草。看看紅日落西山，不覺雞鳴天又曉。急回頭，莫說早，小小孩童易得老。才高北斗富千箱，業障隨身何日了。勸世人，回頭好，持齋念佛隨身寶。看來名利一場空，不如回頭念佛好。

（碑兩側之二）念佛好，人生在世如網套。念佛好，免脱地獄三惡道。念佛好，兒女夫妻如水泡。念佛好，天地歡喜修行妙。念佛好，免得人我是非吵。念佛好，富貴男女老合小。念佛好，放下身心莫顛倒。念佛好，貧窮困苦把香燒。念佛好，百年光陰如電繞。念佛好，忙裏偷閒莫放了。念佛好，莫在世間圖熱鬧。念佛好，爲人第一忍讓高。念佛好，幼童不覺容易老。念佛好，黄泉路上無老少。念佛好，要把名利一齊掃。念佛好，不怕無常就來到。念佛好，猶如貧人得了寶。念佛好，智慧安定靜中曉。念佛好，免得閻君來煩惱。念佛好，廣行方便其中曉。念佛好，培得陰功念佛高。念佛好，舍利光明處處照。念佛好，免得冤家把債討。念佛好，生老病死苦脱了。念佛好，免脱四生了六道。念佛好，蓮花化生其中妙。念佛好，齋僧供養敬三寶。念佛好，西方路上無苦惱。念佛好，四恩三有盡已報。念佛好，莫把假的認眞寶。念佛好，洪波之中有岸逃。念佛好，歷劫業障消滅了。念佛好，觀音勢至方便道。念佛好，清淨自在樂逍遙。念佛好，可憐生死如波濤。念佛好，八宮得水四面遶。念佛好，佛光白毫虛空照。念佛好，法船常行不用耗。念佛好，猶如餓人得了飽。念佛好，五色蓮花光毫毫。念佛好，病人得醫神恩草。念佛好，金沙掌平步步高。念佛好，一心不亂眞切要。念佛好，幢旛寶蓋對對繞。念佛好，金童玉女來接到。念佛好，鼓樂音歌佛號號。念佛好，諸佛歡喜把手招。念佛好，本來清淨見佛了。

勸念南無阿彌陀佛碑　清光緒二十四年佛日刻。碑在北京西城區阜成門外南營房圓廣寺。正書。漢、梵文。陽首隸書横題，上記下佛像及梵文眞言，陰、側刻勸念文及念佛歌。

《錫梵大師功德碑》　錫梵大師者，吳郡人也。性好善，棄儒學佛，深入佛海，一切經呪，無不通曉。以其餘力兼及書畫，窮探篆隸，各得其妙。閒或馳怒馬，騁郊野間，以寄其豪興。然猶不自足，乃朝禮天下名山大川，遂乘輪船，游朝鮮，南及日本，徧歷各島嶼，與其賢士大夫游，盡通其語言文字。游既倦，復歸京師，住錫法源寺下院之大悲院，以筆墨自怡，故又號墨禪云。庚子夏，京師亂起。七月，聯軍入城，軍資無所給，則自取之民，往往外兵取其一二，土匪乘之，遂罄所有。高君等質庫曰萬成，向居懶眠衚衕，亦不得免焉。於是求大師爲介紹，展轉以通餽遺於美帥，獲其護照，張之門，以是得漸安。不但已物可免掠取，即萬家所質亦多有存者。苟非我師運大法力，詎能普渡眾生乎。然師謙退不自居，高君愧無以報，屬爲文勒諸石，以俟觀風者采焉，且使後之君子知大師之功德固無量也。是爲記。

總理和碩鄭獻親王奉祀處雙眼花翎頭品頂戴宗室豫錡篆額
大門侍衛處行走不入八分鎮國公爵雙眼花翎頭品頂戴宗室溥多撰文
賞戴花翎內閣學士兼禮部侍郎銜貴昌校字
欽賞花翎應封輔國將軍太廟獻帛爵章京宗室載國書丹
光緒二十九年二月于樹椿、高瞻石、徐長清立石

錫梵大師功德碑　清光緒二十九年二月刻。碑在北京宣武區法源寺前街大悲院。溥多撰，載國正書，豫錡篆額。此本額失拓。

《昱明和尚道政碑》

嘗思修道有立德，其次有立功，其次有立言，此之謂不朽。然葱蒼者天，覆戴者不能知其高遠。蕩蕩者海，渴飲者無以測其淺深。況塵世之視聽若存若亡，佛門之心行如會如解者哉。故掩室摩竭，示寂然而息言，杜口毗邪，現默然而得意。無聲無色，非想非空。似非言之所能得其性相。然非言之，何以見其功修。矧有口法一音，身宗八政，統釋教以崇聖學，無二法自著孤標。言之不可已，其在茲乎。如昱明上人者，順天府大興縣民籍，俗姓張氏，幼而穎悟，長而矜嚴。年十六歲，於武清縣龍泉菴依上德下峯師祝髮。受戒於法源寺，精嚴妙戒，如律行持。經禪之餘，頗好筆翰，得顏柳之體。光緒六年，爲南觀音寺住持，境遇清苦，藉其書法，得爲斧資，衣食所贏，修補是賴。歷二十餘之寒暑，無間一二日之操持。以視面壁九年，功已深矣，用方波迴三折，力無愧焉。彼身入空門，貪嗔未了，口傳仙梵，癡愛猶纏，僞釋之所爲，非眞僧之所恥哉。爰爲之贊曰：

泉之清兮流不濁，山之高兮名爲嶽。士特奇兮森頭角，僧獨眞兮去雕琢。俗緣祛兮道先覺，書法工兮筆常握。證妙果兮塵面撲，雖非兼善兮行卓犖。吾道其實兮，斯言不可駁。

鐵嶺廩貢梁熙拜撰
經筵講官太子少保協辦大學士禮部尚書頌閣徐郙敬書
大清光緒三十一年十二月初八日，繼席法徒悟林募化十方，廣安門內外仕商仝拜敬立

（陣陰碑額）永垂不朽
（碑陰標題）仕商諸山公助芳名
（碑陰題名）孫德昌、□耀庭、梁國泰、李新庭、徐元俊、王春泉、緒□、趙德祿、大佛寺□□、王福山、徐成章、單文榮、呂永才、□山、協成號、同□當、李恆發、拈花寺德明、賢良寺海安、張得海、任良崑、回達勛、劉玉、陳明、董□、董文田、□□□□、□□□□、□□麟、裕盛長、裕盛和、義和永、德泰□、萬盛當、□□□□、□□恆、梅明勳、梅明誠、孫汝方、崔□棠、□□寺□□、李國祥、陳殿忠、劉長海、劉吉軒、寶恆齋、張峻德、□□齋、桂馨齋、增盛號、隆陞廠、永茂盛、丁珍、陶□慶、□廣起、劉寶鈞、恆□□、□□□、王輔□、山□璘、德本恆、寶隆錢鋪、北萬盛、和盛長、天□盛、豐盛昌、瑞盛德、□聚長、義□成、□盛□記、□□□記、天意合、豐聚當、裕豐號、萬聚號、萬利當、萬隆當、萬慶當、慶樂園、瑞蚨祥、泰呂棧、□□廟□□、□□寺□□、□□林瑞□、□□寺綱□、觀音寺□□、華嚴寺瑞山、香界寺□□、□□寺□□、□□□□□、□□寺如、□□寺玉明、□□□□明、□□寺□安、□□廟□如、觀音菴□□、龍王堂明山、恆聚染坊、龐壽昌、天昌棧、益恆德、協和號延壽寺□□、□□寺□安、□□廟□山、□□寺□□、長□寺妙□、王振鑫、天順成、源聚恆、久恆錢鋪、□□寺□修、萬成興、沈九潮、和順德、順成敬、瑞慶長、廣源公、忠興和、源茂恆、泰和成、天順成、隆興號、增泰號、同順當、德和號、德聚公、高華芳、天寶樓、天成信衣鋪、許瑞卿、天慶恆、長盛和、慶順奎、瑞豐德、瑞成亨、瑞生祥、西月盛、清興號、寶□和□、□□堂、萬慶樓、東興居、東昇樓、泰豐居、寶□□□、瑞興香局、任得□、文華、火神廟□□、觀音寺性泉、重興寺榮光、華嚴寺□□、萬長久、□裕號、泰和號、宗□達、丁文采、趙福順、李廣和、王隆、萬源廠、王家賢、□□寺□□、□□寺□□、□□廟□□、七佛寺印海、□□寺□如、□□寺□□、□□□功□、□□寺□□、藥王廟心旺、觀音寺全興、關帝廟心德、觀音寺□□、白衣菴□安、七神廟、□學文、李殿元、葉長安、孫鶴亭、馬□茹、郝玉琳、李得位、李廷俊、李廷儒、李廷璣、李月賢、李蔚、張志俊、□□□堂公會、張晙、張旺、張□齡、張昉、張廷宣、馬德

升、劉永和、張文通、張世傑、陳貴□、劉玉、閆壽山、王鳳文、徐文亮、吳秀廷、吳秉□、□□縉、宋相林、□□仁、□書元、李有□、張□軒、張萬福、張雲卿、張輯五、齊子儀、李鶴軒、羅榮盛、劉永香、羅連城、劉富智、閆學公、朱玉、崔□珠、周德貴、曹玉安、周萬□、趙□魁、張佩□、張佩□、于慶雲、王治安、張青玉、徐仲言、□桐軒、姜德興、姜德旺、姜德祥、姜德峻、姜興文、曹文海、滿國寶、李懋堂、郭文元、□□□山林、全義號、富順成、□□號、瑞盛昌、蕭月亭、火神廟德修、大元緞店、東鴻泰軒、元盛□店、信義□、雲香閣、廣成祥、大□寺□澄、陳仲義、陳毓珍、于文□、段岳、王壽和、于長金、孫國清、悟泰、尹順、永順成號、崔登雲、王殿興、王泰治、王茂臣、崔德祿、楊紹祥、李進福、王德龍、盧德林、董湗昌、蔣湧泉、劉瑞山、松月峯、董潤亭、□聚號、天義號、天興號、天聚號、永聚恒、金輔卿、文源樓、陳壽卿、萬福居、王仙洲、馬壽峯、張□之、劉寶田、胡榮海、周奎昌、觀音菴、萬永順、三義號、□□□、張文彥、湧福坊、復聚興、悅來店、雙順永、田沛霖、席國珍、謝國祥、秦鐘秀、馬瑞、李名、李德福、李□旺、福長、尚祥、韓貴、李春熙、孫德□、趙□寬、王文招、葛茂、趙永明、高德恆、于呈祥、馮順、李□□、□□、徐□輝、郝文明、張縉、楊雲龍、張嵐東、常子明、□□川、福永德、永泰興、永興號、瑞泉永、張國璽、趙增、義隆軒、慶志號、順成車鋪、王富□、杜錫純、遲德魁、李元春、張瑞、呂恕、周仁傑、呂寬、李保安、財保、田永福、六合園、興順德、同順號、王壽祺、吉鹽公、原義永、田玉、徐殿魁、徐殿卿、億合盛、孫敬文、郝成和、孟憲順、魏增輝、曹文和、劉珍、傅汝舟、四路居、蔡斌、王興、紀進元、王德秀、范萬源、靳□□、積成祥、周順軒、郭瑞興、王壽德、廣泰號、張連陞、劉嘉泰、郭廷璧、尹福順、于敬昌、王達、李文田、劉富春、□國榮、劉鳳才、賈奉昌、康永茂、史忠、史□、谷□誠、于德亮、張希榮、張希齡、萬德海、孟立安、孫廷桂、劉文祥、曹沛霖、徐德林、徐玉旺、王□泉、林立元、張立成、劉玉濤、朱鳴鳳、宋懷珍、謝玉山、孟守餘、孫廷樑、邱和明、曹富□、張永和、張問□、多隆武、高永祥、翟□□、金大魁、孫文林、盧□□、趙成順、王得□、孫文太、陳□□、趙□宏、□□、劉瑞□、田□、胡玉崑、杜林、趙得□、□聚隆、趙生龍、楊□寶、林洪玉、金太和、常□亭、蔣壽山、趙□□、張恆山、王德山、□金仁、恆□□、□□□、□□□□、□□□□、□□□□□、□□□□□山、□大□□□、娘娘廟□□、天仙廟□□、□□□□□、王海。

昱明和尚道政碑　清光緒三十一年十二月八日刻。碑在北京宣武區廣安門外南觀音寺。梁熙撰，徐郙正書。陰題名。

《敬安禪師塔銘》　師諱敬安，字寄禪，湘潭黃氏子，父宣杏，母胡氏夢蘭而生。自幼岐嶷，不喜茹葷。甫髫齔，失怙恃。家貧，爲人牧牛。一日見籬落白桃花，爲風雨所敗，戚然對出世之意，投湘陰法華寺東林和尚出家，從南岳賢楷律師受具，參岐山恆志禪師教外之旨。既而遍遊江浙諸刹。駐四明最久，在阿育王寺司灑掃，充知客。就舍利殿禮懺，苦行精修，然左手兩指供佛舍利，因號八指頭陀。光緒初，天童叢林漸以不振，退院廣煜、監院幻人，邀師與議，陳之當道，爲立規勒石，遂充天童副寺。旋謝去，開法於衡州羅漢寺。歷主南岳上封、大善，寧鄉溈山，長沙神鼎、上林諸寺，所至莫不以宏法利生爲主。歲光緒壬寅，天童首座幻人率僧衆公請師由上林重蒞茲寺，至則發遻宗風，百廢具舉，夏講冬禪，靡有虛歲，宗徒翕然來歸者衆。其後，僧教育會佛教總會之設，皆以師主其事，護法衛道，一身任之。師貌奇偉而口吃，慷爽無城府，能忍辱負重，無少畏。其初不鮮世諦文字，作書非篆非隸。後忽有悟，好爲詩，殫精苦思推敲，至廢寢食，久而益進。當代耆宿通人如湘中郭伯琛侍郎、王益吾學士，皆激賞之，爲敘刻其詩。而江右陳散原、閩中鄭海藏兩徵君，樂與唱和，爲方外交。至其秉性之摯，遇事之勇，慈悲捄世，普度群生，則合於六度萬行利生之旨，誠佛門龍象也。改革而後，東南名山古刹岌岌不保。師過余，言之出涕，謂將入都請命。既北行，士大夫見者懽喜讚歎，傾動遐邇。未及十日，示寂於京師法源寺。寔壬子十月二日，世壽六十有二，僧臘四十有五。法源寺嗣法弟子道階等，爲治喪事，奉龕南歸。先是，師就天童青龍崗自營塔院，環種梅華，顔曰冷香，復自爲銘。嗣席淨心，爰於是年十一月九日，啟塔藏眞，永資供養禮也。著有《語錄》二卷，《八指頭陀詩集》十卷，《續集》二卷，《白梅花詩》一卷，《文集》二卷。論者謂天童自明季密雲禪師，以臨濟第三十世開法茲山，六坐道場，號稱中興，後二百八十餘年，惟師能繼其盛。烏呼，如師者，於法宜銘。

銘曰：

蔚彼南岳，鐘毓靈秀，振禪宗兮。惟師篤生，能仁所授，稱大雄兮。耿耿太白，卓錫東來，主天童兮。以詩悟禪，妙想天開，極靈通兮。滄海橫流，佛門擁護，回怨恫兮。大慈大悲，捨身救世，以此終兮。冷香如雪，萬樹梅華，塔當中兮。製詞刻石，昭示幽遐，傳無窮兮。歲在戊午仲秋之月，住持淨心立石。

敬安禪師塔銘 民國七年八月刻。石在浙江鄞縣。蹇道人撰，清道人李瑞清正書。項崇聖、李良楝刻。書人姓名據《室名別號索引》考。五列刻。

《大鑒禪師碑並跋》 扶風公廉問嶺南三年，以佛氏第六祖未有稱號，疏聞於上，詔謚大鑒禪師，塔曰靈照之墖。元和十年十月十三日，下尚書祠部符到都府，公命部吏洎州司功掾，告於其祠，幢蓋鐘鼓，增山盈谷，萬人咸會，若聞鬼神。其時學者千有餘人，莫不欣踴奮勵如師復生，則又感悼涕慕如師始亡。因言曰：自有生物，則好鬭奪，相賊殺，喪其本實，誖乖淫流，莫克返于初。孔子無大位，沒以餘言持世，更楊、墨、黃、老益雜，其術分列。而吾浮屠說後出，推離還源，今所謂生而靜者。梁氏好作有爲，師達摩譏之，空術益顯。六傳至大鑒，始以能勞苦服役，聽其言，言希以究，師用感動，遂受信具，遁隱南海上，人無聞知。又十六年，度其可行，乃居曹溪爲人師，會學奔來，嘗數千人。其道以無爲爲有，以空洞爲實，以廣大不蕩爲歸。其教人，始以性善，終以性善，不假耕鉏，本其靜矣。中宗聞名，使幸臣再徵不能致，取其言以爲心術。其說具在，令布之天下。凡言禪，皆本曹溪。大鑒去世百有六年，凡治廣部而以名聞者以十數，莫能揭其號，乃今始告天子，得大謚，豐佐吾道，其可無辭。公始立朝，以儒重。刺虔州，都護安南，由海中大蠻夷連身毒之西，浮舶聽命，咸被公德，受旂纛節戟，來涖南海，屬國如林，不殺不怒，人畏無噩。允克光於有仁，昭列大鑒，莫如公宜。其徒之老，乃易石於宇，使來謁辭。其辭曰：

達摩乾乾，傳佛語心。六承其授，大鑒是臨。勞勤專默，終揖於深。抱其信器，行海之陰。其道爰施，在溪之曹。龐合猥附，不夷其高。傳告咸陳，惟道之褒。生而性善，在物而具。荒流奔軼，乃萬其趣。匪思愈亂，匪覺滋誤。由師內鑒，咸獲於素。不植於根，不耘乎苗。中一外融，有粹孔昭。在帝中宗，聘言于朝。陰翊王度，俾人逍遙。越百有六祀，號謚不紀。由扶風公，告今天子，尚書既復，大行乃誄。光于南土，其法再起。厥徒萬億，同悼齊喜。惟師教所被，洎扶風公所履，咸戴天子。天子休命，嘉公德美。溢於海夷，浮圖是視。師以仁傳，公以仁理。謁辭圖堅，永胤不已。

唐元和詔謚大鑒禪師碑記

柳宗元譔文

（跋）此碑原石，與蘇文忠公補書石，俱不存。於是劍川趙藩復補書而謄越李根源勒之石，以存曹溪故事。時中華民國八年己未人日也。根源記書。

大鑒禪師碑並跋 民國八年正月七日摹刻。碑在廣東南雄。唐柳宗元撰，趙藩正書，李根源跋。

《深祥（秀光）和尚自敘碑》 師年八十餘，鶴髮童顏，現僧伽之寶相，鷲峯鹿苑，契佛法之眞如。幼歲清修，晚年得果，回思少壯之刻苦，垂爲弟子之規模。述厥生平，壽諸永久。事詳自敘文中，茲不贅焉。本族諸山與甘池村衆居士欽佩已久，公議立石，爰成短引。

身漕溪正宗第二十八世僧也。俗家房山縣十渡里蘆子水村隗氏之子。十二歲披剃於本寺先師全智和尚座下爲徒，賜名深詳，號秀光。明升和尚，則身之祖師也。十六歲，受戒於西域寺。十九歲，先師圓寂，身管領寺院，確守清規。當時，僅荒山一片，惟存佛殿二間。身佛前發願願，不避勞苦，晝夜焚修，香火日盛，重建觀音殿三間，韋馱殿一座，開山置井，種樹墾田，建房屋五十餘間，內外牆垣四百餘丈，皆獨力，未募化。內栽柏柿杏共三百餘株，牆外雜樹不能計數。所缺憾，前後殿未修。前者，弘恩寺來集和尚，係身之法師，傳法傳座於身，主持弘恩寺先後六年。身傳座於法徒壽天，退居本寺。今八十三歲，虔心費盡，精力漸衰，將本寺事務先退與門徒道齡經理數年。又退與涵馥爲監寺、院，涵馥之徒今承、□爲左右護持。老僧去後，徒襲師職。二人觀此，當發虔誠廣大之心，勿興損人利己之意。如不遵者，鄉鄰爲證。爰說偈曰：

平心正己方爲道 萬里青天月必明

損人利己良心昧　神明昭察豈肯容

同邑舉人候選教諭王貽愷元甫甫書丹篆額

光緒二十九年七月穀旦

石窩□□□寬、黑牛水龍溪寺照□、石窩八郎廟本和、惠南莊□□□□□、辛莊□□□□□、本村曹玉海、□□、□榮、陳□儀、□青雲、□登雲、□裕□、張清泰、張良□、陳桂芳、郝振聲、郝振清，北甘池王□、□□、東甘池□□□　□□□□□□□□□□□，□□□□□□□公立

趙福榮鐫□

（碑陰碑額）承世繼緒

（碑陰標題）重續漕溪派序

（碑陰正文）嘗思物各有主，人必有宗。物可以變其主，人豈可以亂其宗乎。僧之先師祖與先師，原係羅睺羅父子兼作師徒。原其剃度之始，奉黑牛水龍溪寺六祖所定漕溪一脈相傳二十八字曰：

大方智廣文思定　覺慧圓明性□心

清淨融通常住果　湛然寂照本源深

至僧，二十八字已竟，恐宗派失傳，因與同族又議續二十八字曰：

道涵今古傳新法　莫契相應達續宗

森羅敷演談眞諦　佛印親承永紹隆

後之漕溪派有不清者，當以此碑爲例，故爲之誌耳。

歲貢生馮尙儉□儕氏書

深祥（秀光）和尙自敘碑　清光緒二十九年七月刻。碑原在北京房山區長溝西甘池玄天寺。深祥（秀光）撰，王貽愷正書并篆額，馮尙儉撰引并正書碑陰，趙福榮鐫。陰刻《重續漕溪派系》，額正書。

《重修彌勒殿碑記》　天下名山勝景，皆有招提蘭若，以踞其勝，以成一方之巨觀。然其增華繼美，必內有住持，外有檀越，以潤澤之，乃足以流傳名於不朽。瓊舊有白衣巷者，地踞城南之勝，前環曲水，後枕高岡。屏面百雉之雄，塔呈七級之秀。院宇精潔，佛像莊嚴，洵爲一郡首刹也。考其志乘，剏於有明，郡伯倪公建，在清惠亭之右。迨我國初，道憲戚公、鎮憲高公、府憲王公，遷建於城南之外，改其額曰圓通寺。至嘉慶丁巳，寺中蓮花並蒂呈祥，總戎西公、道憲俞公、府憲葉公，踵寺游賞，因建景遠亭於寺後。並集紳士商民，葺修大雄寶殿，山門牆垣。丙子，蓮又開並蒂應瑞，中府常公重修亭，而顏曰瑞蓮軒。

丁丑，余膺簡命，來宰瓊山。適逢道憲左公、府憲史公遷建文昌閣於寺左，春秋祀典，每集於兹，得備遊觀。因見彌勒殿自康熙癸未年，經前兩任王公、劉公協力重修，歷今百有餘歲，住持僧契誠，時抱風雨飄播之憂，向余叩爲護法。余維舉墜興廢，亦守土者之責。既有爲之前，亦有爲之後，況乃瓊臺之首刹也哉。隨卽捐俸，并集同寅紳士商民，共成厥事。卜吉興工，規模比前更加壯麗焉。工告竣，計費白金三百有奇，皆僧獨負其事。今余入都，僧乞余言，以記諸石。爰備書顛末，俾後來論世者，得所考據。亦且相與增華繼美，越萬古而益彰云爾。是爲記。

敕授文林郎知瓊山縣事前署海防軍民府加十級紀錄十次壽光李景沆拜撰

署瓊州總鎮王　署海口協鎮劉　瓊山左堂沈　署雷瓊道洪　署儋州知州錢　瓊山石堂尹　瓊州知府史　澄邁知縣黃　金花村溫鴻基拜書

道光二年歲在壬午桂月吉　住持僧意眞誠立石

（民國）《瓊山縣志》卷十七。《明清石刻文獻全編》，北京圖書館出版社。

《重修髮塔寺二碑》　山丹設衛，隸河西帥閫。古刹塔基，衛治東南。考之藏經《廣明集》云，甘肅東百二十里，有山丹南古堆。昔阿育王往天上人間，龍宮海藏，造八萬四千塔，一夜完成。東震旦國一十九所，一所在此，名曰育王塔寺。永樂間，適有鎮守甘肅太監王公安，嘗聞經集所在，尋訪古塔，蓋已有年。宣德間，東巡山丹，訪諮指揮楊公斌，耆舊項文貴輩，中華衣冠族也。建塔歲月既久，無文可考。近聞郡人建此基，伐土得一石甌，啓視之，有髮如新，復瘞於此，因名寺曰髮塔。山丹密邇佛化之鄉，昔有道者建寺無疑。僉謀於衆，皆願捐力施財。時都指揮僉事呂公均董督山丹，備兵營修築，功未遂，呂公回司。厥後，楊公斌升都指揮僉事，倡率官僚耆庶，各捐己資，陶甓取材。工師造之，庶民攻之，不再期落成。髮塔高聳於晴霄，殿宇巍峙於福地。廊廡山門，伽藍僧舍，煥然事新。塑像畫壁未就，楊公終。正統乙丑春，朝命都指揮僉事彭公智鎮守山丹，實襄成之。復延緇流桑爾伽藏卜住持，勤於梵修。是寺作鎮於邊，

壯觀西土。上祝皇圖，高明悠久。爰勒貞珉，以爲法門作善之勸云。

《隴右金石錄》卷九。《明清石刻文獻全編》，北京圖書館出版社。

《重修土佛寺碑》 粵自漢永平間，金天之教，流傳中土。歷魏晉齊梁隋唐宋元間，寰海之內，邦甸郡邑，莫不有寺，以闡善教。逮於明朝，撫有萬邦，開拓邊西，立都閫，分設衛，所以統之。東去都閫百二十里，曰山丹衛，古州名也。面雪山之崔巍，枕龍山之嵯峨。清流激湍，縈環繞潺。度地之勝概，甲於他郡。居人多中華衣冠之族，密邇金仙，習俗嚮善。衛治西十里古刹，因邱陵立佛像。正統庚申，鎮守甘肅太監王公貴，選拔沙門緇流精修其道者，智瑩號秀峯，住持是寺。秀峯，名族後裔，生質敦朴，知識穎拔。投本空師授戒律，傳禪定。焚修無間於寒暑，功行圓覺。都綱沙加捨念重其德，給經符牒。慨感寺宇朴陋，乃請於守備山丹都指揮楊公斌，倡導檀越，儲材陶甓，經營修建。肇自正統辛酉春，訖工於壬戌歲暮。殿宇山門，法堂廊廡廚亭落成。都司指揮張公熊，裝嚴繪塑，金碧流光，煥然聿新。先是，鎮守甘肅太監劉公永誠，巡省於邊，瞻禮喟嘆。歸請於朝，賜額土佛。金書其門，朗昭星月。彼都人士，嚮化聞揚。上視皇圖，奠磐石之安。下祈閭里，登仁壽之域。慈航穩步，永享昇平。銘曰：

金天開化，自被西方。教傳中土，歷代顯揚。甘肅設鎮，鞏固金湯。山丹立衛，俗普循良。巨人表蹟，震叠戎羌。鐫銘勒石，永瞻佛光。

《隴右金石錄》卷九。《明清石刻文獻全編》，北京圖書館出版社。

《建馬喝喇寺碑》 山丹南六十里，有舊古刹。天順初年，始自僧沙迦會發心創建。至弘正間，俱就傾圮。復遇智瑩秀峯再造鴻工，敬修佛殿。後有惠誠，僧行最上，纘承前模，援例題請，奉敕賜馬喝喇寺也。環山帶水，龍嘯虎吟。登高望遠，對景怡情。衛通西極，道接鍾山。修前後正殿，供奉祖師迦藍。方丈廚房悉具，塑像儼然。遂開常住地五十畝，以資香火。詎意隆慶之元，虜酋假迎佛以求款貢，盤住縱牧，踐踏汙穢，僅留地基。萬曆辛巳之明年，狡寇背盟東歸。居人張文、張世龍目擊荒涼，不忍坐視。共發善願，與住持張演玉，募化十方。官士鄉耆人等，捐資鼎新，恢廓舊業，煥然改觀。仍添設兩廊，羅漢、天王、鐘鼓樓、廚房十三間。周圍垣牆，築砌高厚，培植樹株，森森暢茂。弟子張應科來謁求文，以垂永久。予思釋氏之興，淵源遠矣。生於周昭，始於漢明。及晉宋齊梁陳，代代相承。洪惟我宣宗章皇帝二載之初，賜以勅諭，加次護持。二百禩來，荷豐登之慶，享樂利之庥，豈止一方而已哉。兹於烽火之餘，重覩奐輪之美。鳩工於萬曆十九年，落成於二十八年，完葺於三十四年。廟貌莊嚴，佛力浩大。近者悅而遠者來，庶足奠國家億萬年無疆之運耳。爰爲銘以紀其歲月云。

《隴右金石錄》卷九。《明清石刻文獻全編》，北京圖書館出版社。

《樂都瞿曇寺造相碑》 如來千百億化身，慈悲萬有，憫濟三途，作大方便，善哉善哉。總攝羣生，咸登覺道，爲苦海之舟梁，幽冥之日月。有能作福之功德，普利一切，則三界人天，皆所敬仰。香雲彌布，法雨充周。大地山河，皆爲佛國。含靈蠢動，普得濟度。朕主宰天下，愍念蒼生，洪體慈悲。發勸隨喜，鑄金爲佛像，利益羣品。初命工作，範久而不成。一日，工匠退食，闃然無人，模忽自成。莫不驚異贊歎，以爲希有。謂諸佛菩薩顯應，示現神通，遂一鑄而成。乃有異香馥鬱，久而不散，非人間所有。瑞光圓滿，亳相端嚴，具諸種好，是最妙吉祥。持以布施灌頂淨覺洪濟大國師板丹藏卜，歸於西土，濟利羣生，作無量勝果，增長無量福德。俾時歲豐稔，家給人足。老小康寧，災殃殄滅。吉祥如意，永蒙佛恩。

於乎，佛體如如，眞常寂靜，故無感不應。昔優曇王作旃檀佛像，妙感忉利天匠，殊勝特異，利益一切，靡有窮極。朕今用金鑄，而感應復若此，所以利益者，亦復如。是用紀其瑞，勒之於石。永隆佛教，久遠益盛。乃爲贊曰：

道德巍巍兩足尊，超出三界甚希有。廣與衆生作方便，能以一善攝一切。有緣遇者即超悟，不動瞬息證圓融。我今作此勝妙像，亳相端嚴無比好。普利三途與六道，蠢蠕胎溼悉蒙恩。永賴世間諸有情，不纏煩惱感快樂。五濁惡世悉清淨，即求如來寶覺中。大慈大悲現法身，金剛堅固無有壞。不可思議大刼海，一切歸命法中王。

《隴右金石錄》卷十。《明清石刻文獻全編》，北京圖書館出版社。

《瞿曇寺碑》 朕惟佛氏之道，廣大崇深，圓融明淨。至神至妙，不可測知。所謂先天地不見其始，後天地不見其終。德被萬有，利兼顯幽。

以善感者無弗應，以誠求者無弗遂。故自其法入中國以來，歷代崇仰無間，貴賤大小皆持之，爲濟涉之慈航，啓迷之慧炬。而其功之大者，密運化權，陰翊皇度，有不可名言者也。所以有道之主，咸秉信向之誠。我國家自太祖高皇帝，躬膺天命，撫有萬邦。功高百代，道濟天下。無有遠邇，咸囿於春風化育之中矣。而聖人之心，不自滿足，又崇奬佛教，設置官府於中外，專理教事，而官其徒之良者。又頒布教條，俾率其衆於善，蓋欲廣佛之惠利於民生者也。

又念遠邇郡縣，靡不建置寺宇，以嚴崇奉。而西寧接壤天竺，乃佛所從入中國者也。而獨寥寥稀闊焉，豈稱崇奬之意。於是命官相土，審位面勢，簡材飭工，肇作蘭若。高宏壯麗，賜名瞿曇。自是，中國之人往使西域，及西域之人入朝中國者，自此而欲攄誠邀福，有歸依之地焉。我太宗文皇帝，以大德嗣大位，推天地覆載之心，統育萬類。凡日月所照，霜露所墜，其有生之衆，靡不欣欣焉涵濡於德化之内。而聖人達孝，繼志述事，尚日孜孜，惟恐不及。於佛氏益勤崇奬之意，瓊編寶冊，頒布於海内外者，不可紀極。亦惟欲廣佛之利，惠於民生者也。乃於瞿曇寺，重作奉佛之殿，崇高附麗於日星，玉章輝灼於霞彩。瀰深閎偉，超出塵外。香雲繚布，如現鷲峯。四達往來，瞻仰歡悦，起信起敬，佛德其可涯涘哉。

朕祇承大統，君臨億兆。惟祖宗之至仁，佩服無斁。惟祖宗之成憲，率履不忘。重惟慈寺太祖皇帝肇之於前，太宗皇帝紹之於後，二聖功德，與佛不二。表而章之，其在於朕。嗟夫，山可磨也，而法界不隳。海可竭也，而眞境常存。神龍法象，共護四維。亘萬萬年，永奠西陲。

《隴右金石錄》卷十。《明清石刻文獻全編》，北京圖書館出版社。

《瞿曇寺後殿碑》

昔我太祖高皇帝受天明命，奄有天下，四方萬國，悉順悉臣。德化流行，無間遠邇。舉海宇之大，民物之衆，皆已納諸太和雍熙之域矣。重惟佛氏之教，清淨爲宗，慈悲爲用，可以陰翊皇度，弘利衆生，其功德至大，無以加也。而西方乃其教之所自，宜加崇事，宜宣導宗風。於是即西寧之境，肇建梵宇，賜名曰瞿曇寺。以居其徒，俾敷揚教法，徼福下民。大矣哉，高皇帝聖人之心也。皇祖太宗文皇帝，聖神文武，功德崇高，茂闡皇猷，仁育天下。又即寺名，重作佛殿。其間規制閎麗，用極崇奉，嚴敬信而廣利濟焉。皇祖聖心，即太祖皇帝之聖心也。皇考仁宗昭皇帝，道德光華，恩澤孚浹。覆載之内，熙然同春。而惓惓愛民之志，益重能仁之教。皇考聖心，即祖宗之聖心也。

朕恭承天序，嗣守天位，惟三聖之大經大法，欽奉而行之。以制禮興教，若保合太和，陰祐民物，運靈化於沕穆，蓋有資於西方聖神者矣。茲於瞿曇寺，繼作後殿，用修先志。增益閎規，民悦工勸，不勞而成。既成之日，遠邇趨赴，瞻望拜跪，萬衆一心。如仰兆率感應之妙，種種吉祥天花法樂，溢於見聞。金相玉毫，彷佛來止。最勝希有，罔既名言，猗歟盛哉。若朕志所存，惟祖考在天之靈，用資福祐於無窮。惟國家寶祚之重，用隆本支於蕃盛。惟海宇生民之重，用保太平於悠久。此朕之志，亦惟體皇考之聖志也。嗟夫，如天地之大，如日月之明，惟佛暨我國家，永永同壽。用勒貞石，於千萬年。

《隴右金石錄》卷十。《明清石刻文獻全編》，北京圖書館出版社。

儒者論佛部

漢魏兩晉南北朝分部

牟子《牟子理惑》（僧祐《弘明集》卷一） 牟子既修經傳諸子書，無大小靡不好之。雖不樂兵法，然猶讀焉。雖讀神仙不死之書，抑而不信，以爲虚誕。是時靈帝崩後，天下擾亂，獨交州差安。北方異人咸來在焉，多爲神仙辟穀長生之術。時人多有學者。牟子常以五經難之，道家術士莫敢對焉。比之於孟軻距楊朱、墨翟。先是時，牟子將母避世交趾，年二十六歸蒼梧娶妻。太守聞其守學謁請署吏時，年方盛，志精於學。又見世亂無仕宦意，竟遂不就。是時諸州郡相疑隔塞不通，太守以其博學多識，使致敬荆州。牟子以爲榮爵易讓，使命難辭，遂嚴當行。會被州牧優文處士辟之，復稱疾不起。牧弟爲豫章太守，爲中郎將笮融所殺。時牧遣騎都尉劉彦將兵赴之，恐外界相疑，兵不得進。牧乃請牟子曰，弟爲逆賊所害，骨肉之痛憤發肝心，當遣劉都尉行，恐外界疑難行人不通。君文武兼備，有專對才。今欲相屈之零陵桂陽，假塗於通路，何如。牟子曰，被秣伏櫪，見遇日久。烈士忘身，期必騁効。遂嚴當發。會其母卒亡，遂不果行。久之退念，以辯達之故，輒見使命。方世擾攘，非顯己之秋也。乃歎曰，老子絶聖棄智，修身保眞，萬物不干其志，天下不易其樂，天子不得臣，諸侯不得友，故可貴也。於是鋭志於佛道，兼研《老子》五千文。含玄妙爲酒漿，翫五經爲琴簧。世俗之徒多非之者，以爲背五經而向異道。欲爭則非道，欲默則不能。遂以筆墨之間，畧引聖賢之言證解之，名曰《牟子理惑》云。

或問曰，佛從何出生，寧有先祖及國邑不。皆何施行，狀何類乎。牟子曰，富哉問也。請以不敏，畧說其要。蓋聞佛化之爲狀也，積累道德數千億載，不可紀記。然臨得佛時，生於天竺，假形於白淨王夫人，晝寢，夢乘白象，身有六牙，欣然悦之，遂感而孕。以四月八日從母右脅而生，墮地行七步，舉右手曰，天上天下，靡有踰我者也。時天地大動，宮中皆明。其日王家青衣復産一兒，廐中白馬亦乳白駒。奴字車匿，馬曰揵陟。王常使隨太子。太子有三十二相，八十種好。身長丈六，體皆金色。頂有肉髻，頰車如師子。舌自覆面，手把千輻輪，頂光照萬里。此畧說其相。年十七，王爲納妃，鄰國女也。太子坐則遷座，寢則異牀。天道孔明，陰陽而通，遂懷一男，六年乃生。父王珍偉太子，爲興宮觀。妓女寶玩，並列於前。太子不貪世樂，意存道德。年十九，二月八日夜半，呼車匿勒揵陟跨之，鬼神扶舉，飛而出宮。明日廓然不知所在。王及吏民莫不歔欷，追之及田。王曰，未有爾時，禱請神祇。今既有爾，如玉如珪。當續禄位，而去何爲。太子曰，萬物無常，有存當亡。今欲學道，度脱十方。王知其彌堅，遂起而還。太子徑去。思道六年，遂成佛焉。所以孟夏之月生者，不寒不熱，草木華英，釋狐裘衣絺絡，中呂之時。也所以生天竺者，天地之中，處其中和也。所著經凡有十二部，合八億四千萬卷。其大卷萬言已下，小卷千言已上。佛教授天下，度脱人民。因以二月十五日泥洹而去。其經戒續存，履能行之，亦得無爲，福流後世。持五戒者，一月六齋。齋之日，專心壹意，悔過自新。沙門持二百五十戒，日日齋，其戒非優婆塞所得聞也。威儀進止，與古之典禮無異。終日竟夜，講道誦經，不預世事。老子曰，孔德之容，唯道是從，其斯之謂也。

問曰，何以正言佛。佛爲何謂乎。牟子曰，佛者，謚號也，猶名三皇神，五帝聖也。佛乃道德之元祖，神明之宗緒。佛之言，覺也。恍惚變化，分身散體。或存或亡，能小能大，能圓能方，能老能少。能隱能彰，蹈火不燒，履刃不傷。在汙不染，在禍無殃。欲行則飛，坐則揚光，故號爲佛也。

問曰，何謂之爲道，道何類也。牟子曰，道之言，導也。導人致於無爲。牽之無前，引之無後。舉之無上，抑之無下，視之無形，聽之無聲。四表爲大，綩綖其外。毫釐爲細，間關其內，故謂之道。

問曰，孔子以五經爲道教，可拱而誦，履而行。今子說道，虚無恍惚，不見其意，不指其事，何與聖人言異乎。牟子曰不可以所習爲重，所希爲輕。惑於外類，失於中情。立事不失道德，猶調弦不失宮商。天道法四時，人道法五常。老子曰，有物混成，先天地生。可以爲天下母。吾不知其名，強字之曰道。道之爲物，居家可以事親，宰國可以治民，獨立可以治身。履而行之，充乎天地。廢而不用，消而不離。子不解之，何異之有乎。

問曰，夫至實不華，至辭不飾。言約而至者麗，事寡而達者明。故珠玉少而貴，瓦礫多而賤。聖人制七經之本，不過三萬言，衆事備焉。今佛經卷以萬計，言以億數，非一人力所能堪也。僕以爲煩而不要矣。牟子曰，江海所以異於行潦者，以其深廣也。五嶽所以別於丘陵者，以其高大也。若高不絶山阜，跛羊淩其巓。深不絶涓流，孺子浴其淵。麒麟不處苑囿之中，呑舟之魚不遊數仞之谿。剖三寸之蚌，求明月之珠，探枳棘之巢，求鳳凰之雛，必難獲也。何者，小不能容大也。佛經前說億載之事，卻道萬世之要。太素未起，太始未生，乾坤肇興，其微不可握，其纖不可入。佛悉彌綸其廣大之外，剖析其寂窈妙之內，靡不紀之。故其經卷以萬計，言以億數。多多益具，衆衆益富，何不要之有。雖非一人所堪，譬若臨河飲水，飽而自足，焉知其餘哉。

問曰，佛經衆多，欲得其要而棄其餘，直說其實而除其華。牟子曰，否。夫日月俱明，各有所照。二十八宿，各有所主。百藥並生，各有所愈。狐裘備寒，絺綌御暑。舟輿異路，俱致行旅。孔子不以五經之備復作《春秋》《孝經》者，欲博道術恣人意耳。佛經雖多，其歸爲一也。猶七典雖異，其貴道德仁義亦一也。孝所以說多者，隨人行而與之。若子張、子游俱問一孝，而仲尼答之各異，攻其短也，何棄之有哉。

問曰，佛道至尊至大，堯舜周孔曷不修之乎。七經之中不見其辭。子既耽詩書，悅禮樂，奚爲復好佛道，喜異術，豈能踰經傳，美聖業哉。竊爲吾子不取也。牟子曰，書不必孔丘之言，藥不必扁鵲之方。合義者從，愈病者良。君子博取衆善以輔其身。子貢云，夫子何常師之有乎。堯事尹壽，舜事務成，旦學呂望，丘學老聃，亦俱不見於七經也。四師雖聖，比之於佛，猶白鹿之與麒麟，燕鳥之與鳳凰也。堯舜周孔且猶與之，況佛身相好變化神力無方焉。能捨而不學乎。五經事義或有所闕，佛不見記，何足怪疑哉。

問曰，云佛有三十二相，八十種好，何其異於人之甚也。殆富耳之語，非實之云也。牟子曰，諺云少所見多所怪。覩駝言馬腫背。堯眉八彩，舜目重瞳子，皐陶鳥喙，文王四乳。禹耳叄漏，周公背僂，伏羲龍鼻，仲尼反頨。老子日角月玄，鼻有雙柱，手把十文，足蹈二五，此非異於人乎。佛之相好，奚足疑哉。

問曰，《孝經》言，身體髮膚受之父母，不敢毀傷。曾子臨沒，啓予手，啓予足。今沙門剃頭，何其違聖人之語，不合孝子之道也。吾子常好論是非，平曲直，而反善之乎。牟子曰，夫訕聖賢不仁，平不中不智也。不仁不智，何以樹德。德將不樹，頑嚚之儔也，論何容易乎。昔齊人乘船渡江，其父墮水，其子攘臂捽頭顚倒，使水從口出，而父命得蘇。夫捽頭顚倒，不孝莫大。然以全父之身。若拱手修孝子之常，父命絶於水矣。孔子曰，可與適道，未可與權。所謂時宜施者也。且《孝經》曰，先王有至德要道，而泰伯短髮文身，自從吳越之俗，違於身體髮膚之義。然孔子稱之，其可謂至德矣。仲尼不以其短髮毀之也。由是而觀，苟有大德，不拘於小。沙門捐家財，棄妻子，不聽音，不視色，可謂讓之至也，何違聖語不合孝乎。豫讓呑炭漆身，聶政皮面自刑，伯姬蹈火，高行截容。君子爲勇而有義，不聞譏其自毀沒也。沙門剃除鬚髮，而比之於四人，不已遠乎。

問曰，夫福莫踰於繼嗣，不孝莫過於無後。沙門棄妻子捐財貨，或終身不娶，何其違福孝之行也。自苦而無奇，自拯而無異矣。牟子曰，夫長左者必短右，大前者必狹後。孟公綽爲趙魏老則優，不可以爲滕薛大夫。妻子財物，世之餘也。清躬無爲，道之妙也。老子曰，名與身孰親，身與貨孰多。又曰，觀三代之遺風，覽乎儒墨之道術，誦詩書修禮節，崇仁義視清潔，鄉人傳業，名譽洋溢，此中士所施行，恬惔者所不恤。故前有隨珠，後有虓虎，見之走而不敢取，何也。先其命而後其利也。許由棲巢木，夷齊餓首陽，孔聖稱其賢，曰求仁得仁者也。不聞譏其無後無貨也。沙門修道德以易遊世之樂，反淑賢以貿妻子之歡，是不爲奇，孰與爲奇。是不爲異，孰與爲異哉。

問曰，黃帝垂衣裳製服飾，箕子陳洪範，貌爲五事首。孔子作《孝經》，服爲三德始。又曰正其衣冠，尊其瞻視。原憲雖貧不離華冠，子路遇難不忘結纓。今沙門剃頭髮被赤布，見人無跪起之禮，威儀無盤旋之容止，何其違貌服之制，乖搢紳之飾也。牟子曰，老子云，上德不德是以有德，下德不失德是以無德。三皇之時食肉衣皮，巢居穴處以崇質朴，豈復須章黼之冠曲裘之飾哉。然其人稱有德，而孰疣之。信而無爲，沙門之行，有似之矣。或曰，如子之言，則黄帝堯舜周孔之儔，棄而不足法也。牟子曰夫，見博則不迷，聽聰則不惑。堯舜周孔修世事也，佛與老子無爲志也。仲尼栖栖七十餘國，許由聞禪洗耳於淵。君子之道或出或處或默或語，不溢其情不淫其性，故其道爲貴。在乎所用，何棄之有乎。

問曰，佛道言人死當復更生，僕不信此言之審也。牟子曰，人臨死，其家上屋呼之，死已復呼誰。或曰呼其魂魄。牟子曰，神還則生，不還，神何之乎。曰，成鬼神。牟子曰，是也。魂神固不滅矣。但身自朽爛耳。身譬如五穀之根葉，魂神如五穀之種實。根葉生必當死，種實豈有終亡。得道，身滅耳。老子曰，吾所以有大患，以吾有身也。若吾無身，吾有何患。又曰，功成名遂身退，天之道也。或曰爲道亦死，不爲道亦死，有何異乎。牟子曰，所謂無一日之善而問終身之譽者也。有道雖死，神歸福堂。爲惡既死，神當其殃。愚夫闇於成事，賢智預於未萌。道與不道，如金比草。善之與福，如白方黑，焉得不異，而言何異乎。

問曰，孔子云，未能事人，焉能事鬼。未知生，焉知死。此聖人之所紀也。今佛家輒說生死之事，鬼神之務，此殆非聖喆之語也。夫履道者當虛無澹泊，歸志質朴，何爲乃道生死以亂志，說鬼神之餘事乎。牟子曰，若子之言，所謂見外未識內者也。孔子疾子路不問本末，以此抑之耳。《孝經》曰，爲之宗廟以鬼享之，春秋祭祀以時思之。又曰生事愛敬，死事哀慼，豈不教人事鬼神知生死哉。周公爲武王請命曰，旦多才多藝，能事鬼神，夫何爲也。佛經所說生死之趣，非此類乎。老子曰，既知其子，復守其母，沒身不殆。又曰，用其光復其明，無遺身殃。此道生死之所趣，吉凶之所住，至道之要，實貴寂寞。佛家豈好言乎，來問不得不對耳。鍾鼓豈有自鳴者，桴加而有聲矣。

問曰，孔子曰，夷狄之有君不如諸夏之亡也。孟子譏陳相更學許行之術，曰吾聞用夏變夷未聞用夷變夏者也。吾子弱冠學堯舜周孔之道，而今舍之，更學夷狄之術，不已惑乎。牟子曰，此吾未解大道時之餘語耳。若子可謂見禮制之華而闇道德之實，闚炬燭之明未覩天庭之日也。孔子所言矯世法矣，孟軻所云疾專一耳。昔孔子欲居九夷，曰君子居之何陋之有。及仲尼不容於魯衛，孟軻不用於齊梁，豈復仕於夷狄乎。禹出西羌而聖喆，瞽叟生舜而頑嚚，由余產狄國而霸秦，管蔡自河洛而流言。傳曰北辰之星在天之中在人之北。以此觀之，漢地未必爲天中也。佛經所說上下周極，含血之類物皆屬佛焉。是以吾復尊而學之，何爲當舍堯舜周孔之道。金玉不相傷，精魄不相妨，謂人爲惑，時自惑乎。

問曰，蓋以父之財乞路人不可謂惠，二親尚存殺已代人不可謂仁。今佛經云太子須大拏以父之財施與遠人，國之寶象以賜怨家妻子，匈與他人不敬其親而敬他人者，謂之悖禮。不愛其親而愛他人謂之悖德。須大拏不孝不仁而佛家尊之，豈不異哉。牟子曰，五經之義，立嫡以長。太王見昌之志，轉季爲嫡，遂成周業，以致太平。娶妻之義，必告父母。舜不告而娶，以成大倫。貞士須聘請，賢臣待徵召。伊尹負鼎干湯，甯戚叩角要齊。湯以致王，齊以之霸。禮，男女不親授，嫂溺則援之以手，權其急也。苟見其大，不拘於小，大人豈拘常也。須大拏覩世之無常，財貨非已寶，故恣意布施以成大道。父國受其祚，怨家不得入。至於成佛，父母兄弟皆得度世，是不爲孝，是不爲仁，孰爲仁孝哉。

問曰，佛道崇無爲，樂施與持戒，兢兢如臨深淵者。今沙門躭好酒漿，或畜妻子，取賤賣貴，專行詐紿，此乃世之僞，而佛道謂之無爲邪。牟子曰，工輸能與人斧斤繩墨，而不能使人巧。聖人能授人道，不能使人履而行之也。皋陶能罪盜人，不能使貪夫爲夷齊。五刑能誅無狀，不能使惡人爲曾閔。堯不能化丹朱，周公不能訓管蔡，豈唐教之不著，周道之不備哉。然無如惡人何也。譬之作詭之世人，學通七經而迷於財色，可謂六藝之邪婬乎。河伯雖神不能溺陸地人，飄風雖疾不能使湛水揚塵，當患人不能行，豈可謂佛道有惡乎。

問曰，孔子稱奢則不遜儉則固，與其不遜也寧固。叔孫曰儉者德之恭，侈者惡之大也。今佛家以空財布施爲名，盡貨與人爲貴，豈有福哉。牟子曰，彼一時也此一時也。仲尼之言疾奢而無禮，叔孫之論刺莊公之刻楹，非禁布施也。舜耕歷山恩不及州里，太公屠牛惠不逮妻子。及其見用恩流八荒惠施四海。饒財多貨貴其能與，貧困屢空貴其履道。許由不貪四海，伯夷不甘其國。虞卿捐萬戶之封救窮人之急，各其志也。僖負羈以一餐之惠全其所居之閭，宣孟以一飯之故活其不貲之軀，陰施出於不意，陽報皎如白日。况傾家財發善意，其功德巍巍如嵩泰，悠悠如江海矣。懷善者應之以祚，挾惡者報之以殃，未有種稻而得麥，施禍而獲福者也。

問曰，夫事莫過於誠，説莫過於實。老子除華飾之辭，崇質朴之語。佛經説不指其事，徒廣取譬喻。譬喻非道之要。合異爲同，非事之妙。雖辭多語博，猶玉屑一車不以爲寶矣。牟子曰，事嘗共見者可説以實，一人見一人不見者難與誠言也。昔人未見麟，問嘗見者麟何類乎，見者曰麟如麟也。問者曰，若吾嘗見麟則不問子矣，而云麟如麟，寧可解哉。見者曰，麟麕身牛尾鹿蹄馬背，問者霍解。孔子曰人不知而不慍不亦君子乎，老子云天地之間其猶橐籥乎，又曰譬道於天下猶川谷與江海，豈復華飾乎。《論語》曰，爲政以德譬如北辰，引天以比人也。子夏曰譬諸草木區以別之矣。詩之三百，牽物合類，自諸子讖緯，聖人祕要，莫不引譬取喻。子獨惡佛説經牽譬喻邪。

問曰，人之處世，莫不好富貴而惡貧賤，樂歡逸而憚勞倦。黄帝養性以五肴爲上，孔子云食不厭精鱠不厭細。今沙門被赤布日一食，閉六情自畢於世，若兹何聊之有。牟子曰，富與貴是人所欲，不以其道得之不處也。貧與賤是人之所惡，不以其道得之不去也。老子曰，五色令人目盲，五音令人耳聾，五味令人口爽，馳騁畋獵令人心發狂，難得之貨令人行妨。聖人爲腹不爲目。此言豈虚哉。柳下惠不以三公之位易其行，段干木不以其身易魏文之富，許由巢父栖木而居自謂安於帝宇，夷齊餓于首陽自謂飽於文武，蓋各得其志而已，何不聊之有乎。

問曰，若佛經深妙靡麗，子胡不談之於朝廷，論之於君父，修之於閨門，接之於朋友，何復學經傳讀諸子乎。牟子曰，子未達其源而問其流也。夫陳俎豆於壘門，建旌旗於朝堂，衣狐裘以當蕤賓，被絺綌以御黄鍾，非不麗也，乖其處非其時也。故持孔子之術入商鞅之門，賫孟軻之説詣蘇張之庭，功無分寸過有丈尺矣。老子曰上士聞道勤而行之，中士聞道若存若亡，下士聞道則大笑之。吾懼大笑故不爲談也。渴不必待江河，而飲井泉之水何所不飽，是以復治經傳耳。

問曰，漢地始聞佛道，其所從出邪。牟子曰，昔孝明皇帝夢見神人，身有日光飛在殿前，欣然悦之。明日博問羣臣此爲何神。有通人傅毅曰，臣聞天竺有得道者號之曰佛，飛行虚空身有日光，殆將其神也。於是上悟，遣使者張騫、羽林郎中秦景，博士弟子王遵等十二人，於大月支寫佛經四十二章，藏在蘭臺石室第十四間。時於洛陽城西雍門外起佛寺，於其壁畫千乘萬騎，繞塔三帀。又於南宫清涼臺及開陽城門上作佛像。明帝存時預修造壽陵，陵曰顯節，亦於其上作佛圖像。時國豐民寧，遠夷慕義。學者由此而滋。

問曰，老子云，知者不言，言者不知。又曰大辯若訥，大巧若拙，君子恥言過行。設沙門有至道奚不坐而行之，何復談是非論曲直乎。僕以爲此德行之賤也。牟子曰，來春當大饑今秋不食，黄鍾應寒，蕤賓重裘，備預雖早，不免於愚。老子所云謂得道者耳，未得道者何知之有乎大道。一言而天下悦豈非大辯乎。老子不云乎功遂身退，天之道也。身既退矣又何言哉。今之沙門未及得道，何得不言。老氏亦猶言也。如其無言，五千何述焉。若知而不言可也，既不能知又不能言，愚人也。故能言不能行，國之師也。能行不能言，國之用也。能行能言國之寶也。三品各有所施，何德之賤乎。唯不能言又不能行，是謂賤也。

問曰，如子之言，徒當學辯達修言論，豈復治情性履道德乎。牟子曰，何難悟之甚乎。夫言語談論各有時也。蘧瑗曰，國有道則直，國無道則卷而懷之。甯武子曰，國有道則智，國無道則愚。孔子曰，可與言而不與言，失人。不可與言而與言，失言。故智愚自有時，談論各有意，何爲當言論而不行哉。

問曰，子云佛道至尊至快無爲澹泊，世人學士多譏毀之，云其辭説廓落難用，虚無難信，何乎。牟子曰，至味不合於衆口，大音不比於衆耳。作咸池設大章發簫韶詠九成，莫之和也。張鄭衛之絃，歌時俗之音，必不期而拊手也。故宋玉云，客歌於郢爲下里之曲和者千人，引商徵角衆莫之應。此皆悦邪聲不曉於大度者也。韓非以管闚之見而謗堯舜，接輿以毛氂之分而刺仲尼，皆躭小而忽大者也。夫聞淸商而謂之角，非彈弦之過，聽者之不聰矣。見和璧而名之石，非璧之賤也，視者之不明矣。神蛇能斷而復續，不能使人不斷也。靈龜發夢於宋元，不能免豫且之網。大道無爲非俗所見，不爲譽者貴不爲毁者賤，用不用自天也，行不行乃時也，信不信其命也。

問曰吾子以經傳理佛之説，其辭富而義顯，其文熾而説美，得無非其誠是子之辨也。牟子曰，非吾辨也，見博故不惑耳。問曰，見博其有術乎。牟子曰，由佛經也。吾未解佛經之時，惑甚於子。雖誦五經，適以爲華，未成實矣。吾既覩佛經之說，覽《老子》之要，守恬惔之性，觀無爲之行，還視世事，猶臨天井而闚谿谷，登嵩岱而見丘垤矣。五經則五味，佛道則五穀矣。吾自聞道已來，如開雲見白日，炬火入冥室焉。

問曰子云佛經如江海，其文如錦繡，何不以佛經答吾問而復引詩書合異爲同乎。牟子曰，渴者不必須江海而飲，饑者不必待敖倉而飽。道爲智者設，辯爲達者通，書爲曉者傳，事爲見者明，吾以子知其意故引其事，若說佛經之語談無爲之要，譬對盲者說五色，爲聾者奏五音也。師曠雖巧不能彈無弦之琴，狐狢雖溫不能熱無氣之人。公明儀爲牛彈清角之操伏食如故，非牛不聞，不合其耳矣。轉爲蚉虻之聲孤犢之鳴，即掉尾奮耳蹀躞而聽。是以詩書理子耳。

問曰，吾昔在京師入東觀遊太學，視俊士之所規，聽儒林之所論，未聞修佛道以爲貴，自損容以爲上也。吾子曷爲躭之哉。夫行迷則改路，術窮則反故，可不思歟。牟子曰，夫長於變者不可示以詐，通於道者不可驚以怪，審於辭者不可惑以言，達於義者不可動以利也。老子曰，名者身之害，利者行之穢。又曰，設詐立權，虛無自貴。修閨門之禮術，時俗之際會，赴趣間隙，務合當世，此下士之所行，中士之所廢也。況至道之蕩蕩，上聖之所行乎。杳兮如天淵兮如海，不合闚牆之士數仞之夫，因其宜也。彼見其門我覩其室，彼采其華我取其實，彼求其備我守其一，子速改路吾請履之。故禍福之源未知何若矣。

問曰，子以經傳之辭華麗之說，褒讚佛行稱譽其德。高者陵青雲廣者踰地圻，得無踰其本過其實乎。而僕譏刺，頗得疹而中其病也。牟子曰，吁，吾之所褒，猶以塵埃附嵩泰，收朝露投江海。子之所謗，猶握瓢觚欲減江海，躡耕耒欲損崑崙，側一掌以翳日光，舉土塊以塞河衝，吾所褒不能使佛高，子之毀不能令其下也。

問曰，王喬赤松入僊之籙，神書百七十卷，長生之事與佛經豈同乎。牟子曰，比其類，猶五霸之與五帝，陽貨之與仲尼。比其形，猶丘垤之與華恆，涓瀆之與江海。比其文，猶虎鞹之與羊皮，斑紵之與錦繡也。道有九十六種，至於尊大莫尚佛道也。神僊之書聽之則洋洋盈耳，求其效猶握風而捕影。是以大道之所不取，無爲之所不貴，焉得同哉。

問曰，爲道者或辟穀不食，而飲酒啖肉，亦云老氏之術也。然佛道以酒肉爲上戒，而反食穀，何其乖異乎。牟子曰，衆道叢殘，凡有九十六種。澹泊無爲莫尚於佛。吾觀老氏上下之篇，聞其禁五味之戒，未覩其絕五穀之語。聖人制七典之文，無止糧之術。老子著五千之文，無辟穀之事。聖人云，食穀者智，食草者癡，食肉者悍，食氣者壽。世人不達其事，見六禽閉氣不息，秋冬不食，欲效而爲之，不知物類各自有性，猶磁石取鐵不能移毫毛矣。

問曰，穀寧可絕不。牟子曰，吾未解大道之時，亦嘗學焉辟穀之法。數千百術行之無效，爲之無徵，故廢之耳。觀吾所從學師三人，或自稱七百五百三百歲，然吾從其學未三載間，各自殞沒。所以然者，蓋由絕穀不食而啖百果。享肉則重盤，飲酒則傾罇。精亂神昏，穀氣不充。耳目迷惑婬邪不禁。吾問其故何，答曰老子云損之又損以至於無爲，徒當日損耳。然吾觀之，但日益而不損也，是以各不至知命而死矣。且堯舜周孔各不能百載，而末世愚惑欲服食辟穀求無窮之壽，哀哉。

問曰，爲道之人云能卻疾不病，弗御針藥而愈，信有之乎。何以佛家有病而進針藥邪。牟子曰，老子云物壯則老謂之不道，不道早已。唯有得道者不生亦不壯，不壯亦不老，不老亦不病，不病亦不朽。是以老子以身爲大患焉。武王居病周公乞命，仲尼有疾子路請禱。吾見聖人皆有疾矣，未覩其無病也。神農嘗草殆死者數十，黃帝稽首受針於岐伯，此之三聖豈當不如今之道士乎。察省斯言亦足以廢矣。

問曰，道皆無爲一也，子何以分別羅列云其異乎，更令學者狐疑，僕以爲費而無益也。牟子曰，俱謂之草，衆草之性不可勝言。俱謂之金，衆金之性不可勝言。同類殊性，萬物皆然，豈徒道乎。昔楊墨塞羣儒之路，車不得前人不得步。孟軻闢之乃知所從。師曠彈琴俟知音之在後，聖人制法冀君子之將覩也。玉石同匱猗頓爲之於悒，朱紫相奪仲尼爲之歎息。日月非不明，衆陰蔽其光。佛道非不正，衆私掩其公。是以吾分而別之。臧文之智微生之直，仲尼不假者，皆正世之語，何費而無益乎。

問曰，吾子訕神僊抑奇怪，不信有不死之道是也，何爲獨信佛道當得度世乎。佛在異域子足未履其地，目不見其所，徒觀其文而信其行。夫觀華者不能知實，視影者不能審形，殆其不誠乎。牟子曰，孔子曰，視其所以，觀其所由，察其所安，人焉廋哉。昔呂望周公問於施政各知其後所以終，顔淵乘駟之日見東野畢之馭知其將敗，子貢觀邾魯之會而昭其所以喪。仲尼聞師曠之弦而識文王之操，季子聽樂覽衆國之風，何必足履目見乎。

問曰，僕嘗遊于闐之國，數與沙門道人相見，以吾事難之皆莫對而詞退，多改志而移意，子獨難改革乎。牟子曰，輕羽在高遇風則飛，細石在谿得流則轉，唯泰山不爲飄風動，磐石不爲疾流移。梅李遇霜而落葉，唯松柏之難凋矣。子所見道人必學未浹見未博，故有屈退耳。以吾之頑且不可窮，況明道者乎。子不自改而欲改人，吾未聞仲尼追盜跖，湯武法桀紂者矣。

問曰，神仙之術秋冬不食，或入室累旬而不出，可謂澹泊之至也。僕以爲可尊而貴，殆佛道之不若乎。牟子曰，指南爲北自謂不惑，以西爲東自謂不矇，以鴟梟而笑鳳凰，執螻蚓而調龜龍。蟬之不食君子不貴，蛙蟒穴藏聖人不重。孔子曰，天地之性以人爲貴，不聞尊蟬蟒也。然世人固有啖菖蒲而棄桂薑，覆甘露而啜酢漿者矣。毫毛雖小視之可察，泰山之大背之不見。志有留與不留，意有銳與不銳。魯尊季氏而卑仲尼，吳賢宰嚭不肖子胥，子之所疑不亦宜乎。

問曰，道家云堯舜周孔七十二弟子皆不死而僊，佛家云人皆當死莫能免，何哉。牟子曰，此妖妄之言，非聖人所語也。老子曰天地尚不得長久而況人乎，孔子曰賢者避世仁孝常在。吾覽六藝觀傳記，堯有殂落，舜有蒼梧之山，禹有會稽之陵，伯夷叔齊有首陽之墓，文王不及誅紂而沒，武王不能待成王大而崩。周公有改葬之篇，仲尼有兩楹之夢，伯魚有先父之年，子路有菹醢之語，牛有亡命之文，曾參有啓足之詞，顔淵有不幸短命之記，苗而不秀之喻，皆著在經典，聖人至言也。吾以經傳爲證，世人爲驗，而云不死者，豈不惑哉。

問曰，子之所解誠悉備焉，固非僕等之所聞也。然子所理何以止著三十七條，亦有法乎。牟子曰，夫轉蓬漂而車輪成，窊水流而舟檝設，蜘蛛布而罻羅陳，鳥跡見而文字作。故有法成易，無法成難。吾覽佛經之要有三十七品，老氏道經亦三十七篇，故法之焉。

於是惑人聞之，踧然失色。叉手避席，逡巡俯伏曰，鄙人矇瞽，生於幽仄，敢出愚言，弗慮禍福。今也聞命，霍如湯雪。請得革情灑心自敕，願受五戒作優婆塞。

鮑照《佛影頌》（鮑照《鮑明远集》卷一〇）　形生粗怪，神照潭寂。驗幽以明，考心者迹。六塵煩苦，五道綿劇。乃炳舟梁，爰悟淪溺。色丹貌纘，留相瓊石。金光絶見，玉毫遺覿。俾昏作朗，効順去逆。

謝靈運《與諸道人辨宗論》（道宣《廣弘明集》卷一八）　同遊諸道人，並業心神道，求解言外。余枕疾務寡，頗多暇日，聊伸由來之意，庶定求宗之悟。釋氏之論，聖道雖遠，積學能至。累盡鑒生，不應漸悟。孔氏之論，聖道既妙，雖顔殆庶。體無鑒周，理歸一極。有新論道士，以爲寂鑒玄妙，不容階級。積學無限，何爲自絶。今去釋氏之漸悟，而取其能至。去孔氏之殆庶，而取其一極。一極異漸悟，能至非殆庶。故理之所去，雖合各取。然其離孔釋矣。余謂二談救物之言，道家之唱，得意之說。敢以折中自許，竊謂新論爲然。

羅含《更生論》（僧祐《弘明集》卷五）　善哉向生之言曰，天者何，萬物之總名。人者何，天中之一物。因此以談，今萬物有數而天地無窮，然則無窮之變未始出於萬物，萬物不更生則天地有終矣。天地不爲有終，則更生可知矣。

尋諸舊論，亦云萬兆懸定，羣生代謝。聖人作《易》已備其極，窮神知化窮理盡性。苟神可窮有形者不得無數，是則人物有定數彼我有成分，有不可滅而爲無，彼不得化而爲我。聚散隱顯環轉於無窮之塗，賢愚壽夭還復其物。自然貫次毫分不差，與運泯復。不識不知，遐哉邈乎，其道冥矣。天地雖大渾而不亂，萬物雖衆區已別矣。各自其本祖宗有序，本支百世不失其舊。又神之與質自然之偶也，偶有離合死生之變也。質有聚散往復之勢也。人物變化各有其往，往有本分故復有常。物散雖混淆聚不可亂。其往彌遠故其復彌近。又神質冥期符契自合。世皆悲合之必離而莫慰離之必合，皆知聚之必散而莫識散之必聚，未之思也，豈遠乎若者。

凡今生之生爲即昔生生之故事，即故事於體，無所厝其意與已冥。終不自覺，孰云覺之哉。今談者徒知向我非今，而不知今我故昔我耳。達觀者所以齊死生，亦云死生爲寤寐，誠哉是言。

孫盛《與羅君章書》（僧祐《弘明集》卷五）　省《更生論》括囊變化窮尋聚散，思理既佳，又指味辭致亦快，是好論也。然吾意猶有同異。以今萬物化爲異形者不可勝數，應理不失但隱顯有年載。然今萬化，猶應多少有還得形者。無緣盡當須冥遠耳目不復開逐，然後乃復其本也。吾謂形既粉散知亦如之，紛錯混淆化爲異物他物，各失其舊，非復昔日。此有情者所以悲歎。若然，則足下未可孤以自慰也。

羅含《荅孫安國書》（僧祐《弘明集》卷五）　獲書，文畧旨辭，理亦兼情。雖欣清酬，未喻乃懷，區區不已，請尋前本。本亦不謂物都不化，但化者各自得其所化，頹者亦不失其舊體。孰主陶是，載混載判。言然之至，分而不可亂也如此，豈徒一更而已哉，將與無窮而長更矣。終而復始其數歷然，未能知今安能知更。蓋積悲忘言，諸求所通，豈云唯慰聊以寄散而已矣。

鄭鮮之《神不滅論》（僧祐《弘明集》卷五）　多以形神同滅，照識俱盡。夫所以然，其可言乎十世。既以周孔爲極矣，仁義禮教先結其心，神明之本絕而莫言。故感之所體自形已還，佛唱至言悠悠弗信。

余墜弱喪，思拔淪溺。仰尋玄旨，研求神要。悟夫理精於形，神妙於理。寄象傳心，粗舉其證。庶鑒諸將悟，遂有功於滯惑焉。

夫形神混會，雖與生俱存，至於麤妙分源，則有無區異。何以言之，夫形也，五臟六腑四肢七竅相與爲一，故所以爲生。當其受生則五常殊授，是以肢體偏病耳目互缺，無奪其爲生。一形之內其猶如茲，況神體靈照妙統衆形。形與氣息俱運，神與妙覺同流。雖動靜相資而精麤異源，豈非各有其本相因爲用者邪。

近取諸身即明其理，庶可悟矣。一體所資，肌骨則痛癢所知，爪髮則知之所絕，其何故哉。豈非肌骨所以爲生，爪髮非生之本也。生在本邪，生之所本。生在本則知存，生在末則知滅。一形之用，猶以本末爲興廢，況神爲生本，其源至妙，豈得與七尺同枯，戶牖俱盡者哉。推此理也，則神之不滅，居可知矣。

客難曰，子之辨神形盡矣，即取一形之內知與不知精矣。然形神雖麤妙異源，俱以有爲分。夫所以爲有，則生爲其本。既執有本已盡，而資乎本者獨得存乎。出生之表，則廓然冥盡。既冥盡矣，非但無所立言，亦無所立其識矣。識不立則神將安寄，既無所寄安得不滅乎。

荅曰，子之難辨則辨矣，未本諸心，故有若斯之難乎。夫萬化皆有也，榮枯盛衰死生代乎，一形盡一形生，此有生之始終也。至於水火，則彌貫羣生，贍而不匱，豈非火體因物，水理虛順，生不自生而爲衆生所資，因即爲功故物莫能竭乎。同在生域其妙如此，況神理獨絕器所不隣，而限以生表冥盡，神無所寄哉。因斯而談，太極爲兩儀之母，兩儀爲萬物之本。彼太極者，渾元之氣而已，猶能總此化根不變其一，矧神明靈極有無兼盡者邪，其爲不滅可以悟乎。

難曰，子推神照於形表，指太極於物先，誠有其義。然理貴厭心，然後談可究也。夫神形未嘗一時相違，相違則無神矣。草木之無神無識故也。此形盡矣神將安附，而謂之不滅哉。苟能不滅則自乖其靈，不資形矣。既不資形，何理與形爲生終不相違。不能相違則生本是同斷可知矣。

荅曰，有斯難也，形神有源，請爲子循本而釋之。夫火因薪則有火，無薪則無火。薪雖所以生火而非火之本，火本自在因薪爲用耳。若待薪然後有火，則燧人之前其無火理乎。火本至陽，陽爲火極，故薪是火所寄，非其本也。神形相資亦猶此矣。相資相因，生塗所由耳，安在有形則神存，無形則神盡，其本惚恍不可言矣。請爲吾子廣其類以明之。當薪之在水則火盡，出水則火生。一薪未改而火前期，神不賴形又如茲矣。神不待形可以悟乎。

難曰，神不待形未可頓辨，就如子言，苟不待形，則資形之與獨照，其理常一。雖曰相資而本不相關。佛理所明，而必陶鑄此神以濟彼形，何哉。

荅曰，子之問有心矣。此悠悠之所惑而未暨其本者也。神雖不待形，然彼形必生。必生之形，此神必宅。必宅必生，則照感爲一，自然相濟。自然相濟則理極於陶鑄，陶鑄則功存，功存則道行，如四時之於萬物，豈有心於相濟哉。理之所順，自然之所至耳。

難曰，形神雖異自然相濟，則敬聞矣。子既譬神之於形如火之在薪，薪無意於有火，火無情於寄薪，故能合用無窮，自與化永。非此薪之火移於彼薪然後爲火。而佛理以此形既盡更宅彼形，形神去來由於罪福，請問此形爲罪，爲是形邪，爲是神邪。若形也則大冶之一物耳，若神也則神不自濟繫於異形，則子形神不相資之論，於此而躓矣。

答曰，宜有斯問然後理可盡也。所謂形神不相資，明其異本耳。既以爲生，生生之內各周其用，苟用斯生以成罪福，神豈自妙其照不爲此形之用邪。若其然也，則有意於賢愚，非忘照而玄會。順理玄會，順理盡形。化神宅此形。子不疑於其始彼此一理，而性於其終邪。

難曰，神即形爲照，形因神爲用，斯則然矣，悟既由神，惑亦在神。神隨此形故有賢愚，賢愚非神而神爲形用。三世周迴萬劫無算，賢愚靡始而功顯中路。無始之理玄而中路之功未，孰有在未之功而拔無始之初者邪。若有嘉通，則請從後塵。

答曰，子責其始，有是言矣。夫理無始終玄極無涯，既生既化，罪福往復，自然所生耳。所謂聰明誠由耳目，耳目之本非聰明也。所謂賢愚誠應有始，既爲賢愚無始可知矣。夫有物也則不能管物，唯無物然後能爲物所歸。若有始也則不能爲終，唯無始也然後終始無窮，此自是理所必然，不可徵事之有始而責神同於事。神道玄遠至理無言，髣髴其宗相與爲悟，而自末徵本動失其統。所以守此一觀，庶階其峯。若肆辨競辭，余知其息矣。《洪範》說生之本與佛同矣。至乎佛之所演則多河漢，此溺於日用耳。商臣極逆，後嗣隆業。顔冉德行，早夭無聞。周孔之教自爲方內，推此理也其可知矣。請廣其證以究其詳。夫稟靈乘和，體極淳粹。堯生丹朱，頑凶無章。不識仁義，瞽瞍誕舜。原生則非所育，求理應傳美其事。若茲而謂佛理爲迂，可不悟哉。

何承天《達性論》（僧祐《弘明集》卷四）　夫兩儀既位，帝王參之，宇中莫尊焉。天以陰陽分，地以剛柔用，人以仁義立。人非天地不生，天地非人不靈。三才同體，相須而成者也。故能稟氣清和神明特達，情綜古今智周萬物，妙思窮幽賾。制作侔造化，歸仁與能，是爲君長，撫養黎元助天宣德，日月淑清四靈來格，祥風協律玉燭揚輝，九穀芻豢陸產水育，酸鹹百品備其膳羞，棟宇舟車銷金合土，絲紵玄黃供其器服，文以禮度娛以八音，庇物殖生罔不備設。夫民用儉則易足，易足則力有餘，力有餘則志情泰，樂治之心於是生焉。事簡則不擾，不擾則神明靈，神明靈則謀慮審，濟治之務於是成焉。故天地以儉素訓民，乾坤以易簡示人，所以訓示慇懃若此之篤也，安得與夫飛沈蠉蠕並爲衆生哉。

若夫衆生者，取之有時用之有道，行火俟風暴，畋漁候豺獺，所以順天時也。大夫不麛卵庶人不數罟，行葦作歌霄魚垂化，所以愛人用也。庖廚不邇五犯是翼，殷后改祝孔釣不綱，所以明仁道也。至於生必有死形斃神散，猶春榮秋落四時代換，奚有於更受形哉。《詩》云愷悌君子求福不回，言弘道之在已也。三后在天，言精靈之升遐也。若乃內懷嗜欲外憚權教，慮深方生施而望報，在昔先師未之或言，余固不敏，罔知請事焉矣。

顔延之《釋達性論》（僧祐《弘明集》卷四）　前得所論，深見弘慮。崇致人道，黜遠生類。物有明微，事不愆義，維情輔教，足使異門掃軌，況在蕲同，豈忘所附。徒恐琴瑟專一更失闡諧，故畧廣數條取盡後報。

足下云同體二儀共成三才者，是必合德之稱，非遭人之目。然總庶類同號衆生，亦含識之名，豈上哲之諡。然則議三才者無取於氓隸，言衆生者亦何濫於聖智。雖情在序別自不患亂倫，若能兩籍方教俱舉達義，節彼離文採此共實，則可便倍害自和，析符復合，何詎怏怏執呂以毀律。

且大德曰生，有萬之所同。同於所方，豈得生之可異，不異之生，宜其爲衆。但衆品之中，愚慧羣差，人則役物以爲養，物則見役以養人。雖始或因順，終至裁殘。庶端萌超，情嗜不禁，生害繁慘，天理鬱滅。皇聖哀其若此，而不能頓奪所滯，故設候物之教，謹順時之經，將以開仁育識反漸息泰耳。與道爲心者，或不劑此而止。又知大制生死，同之榮落，類諸區有，誠亦宜然。然神理存沒儻異於枯荄，變謝就同草木，便當煙盡，而復云三后升遐精靈在天。若精靈必在果異於草木，則受形之論無乃更資來說。將由三后粹善報在生天邪。欲毀後生，反立升遐，當毀更立，固知非力所除。若徒有精靈尚無體狀，未知在天當何憑以立。吾怯於庭斷故務求依倣，而進退思索未獲所安。

凡氣數之內無不感對，施報之道必然之符。言其必符何猜有望，故遺惠者無要，在功者有期。期存未善，去惠乃至。人有賢否則意有公私，不可見物或期報因。謂樹德皆要，且經世恆談。貴施者勿憶士子，服義猶惠而弗有，況在聞道要更不得虛心而動。必懷嗜事盡憚權邪，曾不能引之上濟，每驅之下淪。雖深誚校責，亦已厚言不代。足下嬰城素堅，難爲飛書。而吾自居憂患，情理無託。近辱褒告，欲其布意裁往，釋慮不或。值顔延之白。

何承天《答顔光禄》（僧祐《弘明集》卷四） 敬覽芳訊，研復淵占，區別三才，步驗精粹。宣演道心，褒賞施士。貫綜幽明，推誠及物。行之於己則美，敷之於教則弘。殆無所閒。退尋嘉誨之來，將欲令參觀斗極，復迷反迳，思或昧然，未全曉洽，故復重伸本懷。

足下所謂共成三才者，是必合德之稱上哲之人，亦何爲其然。夫立人之道取諸仁義。惻隱爲仁者之表，恥惡爲義心之端。牛山之木剪性於鑿斧，恬漠之想汨慮於利害。誠宜滋其萌蘖，援其善心。遂乃存而不算，得無過與。

又云議三才者無取於氓隸，言衆生者亦何濫於聖智。既已聞命，猶未知二塗當以何爲判。將伊顔下麗寧喬札上附，企望不倦，以祛未了。必令兩籍俱舉，宮和符合，豈不盡善。

又曰大德曰生，有萬之所同，同於所方。萬豈得生之可異。非謂不然。人生雖均被大德，不可謂之衆生。譬聖人雖同稟五常，不可謂之衆人，奚取於不異之生，必宜爲衆哉。

來告云，人則役物以爲養，物則見役以養人，大判如此，便是顧同鄙議。至於情嗜不禁，害生慘物，所謂甚者泰者，聖人固已去之。

又云以道爲心者，或不劑此而止。請問不止者將自己不殺邪，令受教咸同邪。若自己不殺，取足市鄽，故是遠庖廚意。必欲推之於編戶，吾見雅論之不可立矣。

又云若同草木，便當煙盡。精靈在天，將何憑以立。夫神魄惚恍，遊魂爲變。發揚悽愴，亦于何不之。仲由屈於知死，賜也失於所問。不更受形，前論之所明。言所憑之方，請附夫子之對。及施報之道必然之符，當謂于氏高門侯積善之慶，博陽不伐膺公侯之祚，何關於後身乎。

又云經世恆談，施者勿憶士子，服義惠而弗有。誠哉斯言。微恨設報以要惠，說徒之所先。悅報而爲惠，舉世之常務。疑經受累劫之罪，勸施獲積倍之報，不似吾黨之爲道者，是以怏怏耳。知欲引之上濟，亦甚所不惜。但丈夫處實者，頗陋前識之華，故不爲也。若乃施非周急，惠存功譽，揆諸高明，亦有恥乎。此吾率其恆心，乆而不化。內慚璩子，未暇有所詢也。何承天白。

顔延之《重釋何衡陽》（僧祐《弘明集》卷四） 薄從歲事，躬斂山田，田家節隙，野老爲儔。言止穀稼，務盡耕牧。談年計耦，無聞達義。重獲微辨，得用昭慰。啟告精至，愈慚固結。今復妄書往懷，以輸未述。

夫藉意探理，不若析之聖文。三才之論，故當本諸三畫。三畫既陳，中稱君德。所以神致太上，崇一元首。故前謂自非體合天地，無以元應，斯弘知研其清慮，未肯存同。猶以兼容罔棄，廣載不遺。篤物之志，誠爲優贍。恐理位雜越，疑陽遂衆。若惻隱所發，窮博愛之量。恥惡所加，盡祐直之正。則上仁上義，吾無間然。但情之者寡，利之者衆。預有其分而未臻其極者，不得以配擬二儀耳。今方使極者爲師，不極者爲資。扶其敬讓，去其忮爭，令虁斧鑄刃，利害寢端。驅百代之民，出信厚之塗，則何萌不滋，何善不援。而誣以不算，未値其意。三才等列，不得取偏才之器。衆生爲號，不可濫無生之人。故此去氓隸，彼甄聖智。兩籍俱舉，占在於斯。若喬札未能道一，皇王豈獲上附。伊顔猶共賴氣化，宜乎下麗二塗之判，易於曠指。

又知以人生雖均被大德，不可謂之衆生。譬聖人雖同稟五常，不可謂之衆人。夫不可謂之衆人，以茂人者神明也。今已均被同衆，復何諱衆同。故當殊其特靈，不應異其得生。徒忌衆名，未虧衆實，得無似蜀梁逃畏，卒不能避。所謂役物爲養見役養人者，欲言愚慧相傾，惛算相制，事由智出作，非出天理。是以始矜萌起，終哀鬱滅，豈與足下芻豢百品共其指歸，凡動而益流。下民之性，化而裁之。上聖之功，謹爲垣防，猶患踰盜。況乃罔不備設，以充侈志。方開所泰，何議去甚。故知慘物之談，不得與薄夫同憂。樂殺意偏，好生情博。所云與道爲心者，博乎生情，將使排虛率遂，跖實莫反。利澤通天而不爲惠，庸適恩止麛卵，事法豺獺邪。推此往也，非唯自已，不復委咎市鄽乎庖廚。且市庖之外，非無御養。神農所書，中散所述。公理美其事，仲彥精其業，是亦古有其傳，今聞其人，何必以刲刳爲稟和之性，爓瀹爲翼善之具哉。

若以編戶難齊，憂鄙論未立，是見二叔不咸慮周德先亡，儻能伸以遠圖，要之長世，則日計可滿，歲功可期，精靈草木果已區別，遊魂之荅亦精靈之說。若雖有無形，天下寧有無形之有。顧此惟疑，宜見正定。仲尼不荅，有無未辨。足下既辨其有，豈得同不辨之荅。雖子嗜學，懼未獲所附。或是曉晦塗隔，隱著事懸，遂令明月廢照，世智限心。知謂必符之言，體之極於罔講。求反意如非相盡。或世人守璞，受讓玉市。將譯胥牽俗，還說國情。苟未照盡，請復具伸近釋。報施首稱氣數者，以爲物無妄然。各以類感，感類之中，人心爲大。心術之動，隸歷所不能得。及其積致于可勝，原而當斷取世見，據爲高證。莊周云莽鹵滅裂，報亦如之。孫卿曰報應之勢，各以類至。後身著戒，可不敬與。慈護之人，深見此數，故正言其本，非邀其末。長美遏惡，反民大順。濟有生之類，入無死之地。令慶周兆物，尊冠百神。安宜祚極，子胤福限，卿相而已。常善以救，善亦從之。勢猶影表，不慮自來。何言乎要惠悅報，疑罪勤施。似由近驗吝情，遠猜德教。故方罰矜功而濫咎忘賢，遺存異義，公私殊意。已備前白，若不重云，想處實陋華者，復見其居厚去薄耳。若施非周急，惠而期譽，乃如之人，誠道之蠹，惟子之恥，丘亦恥之。

何承天《重荅顔光禄》（僧祐《弘明集》卷四） 吾少信管，見老而彌篤。既言之難云，將湮腐方寸。故願憑流颺，以託鱗融厚。故意垂懷，惠以重釋，稽證周明，華辭博贍。夫良玉時玷，賤夫指其瑕。望舒抱魄，野人睨其缺。豈伊好辯，未獲云已。復進請益之問，庶以研盡所滯。

來告云，三才之論，故當本諸三畫。三畫既陳，中稱君德。所以神致太上，崇一元首。若如論旨，以三畫爲三才，則初擬地爻，三議天位。然而遯世無悶，非厚載之目。君子乾乾，非蒼蒼之稱。果兩儀罔託，亦何取於立人。但爻在中和，宜應蓄德耳。

又云惻隱窮博愛之量，恥惡盡祐直之方。則爲上仁上義，便是計體仁義者爲三才。尋又云喬札未獲上附，伊顔宜其下麗，則黃裳之人其猶弗及，雖賾之旨高下無準。故惑者未悟也。夫陰陽陶氣，剛柔賦性。圓首方足，容貌匪殊。惻隱恥惡，悠悠皆是。但參體二儀，必舉仁義爲端。取知欲限以名器，愼其所假，遂令惠人潔士，比性於毛羣。庶幾之賢，同氣於介族。立象之意，豈其然哉。

又云已均被同衆，復何諱衆同，故當殊其特靈，不應異其得生。夫特靈之神既異於衆，得生之理何嘗暫同。生本於理而理異焉，同衆之生名將安附。若執此生名必使從衆，則混成之物亦將在例邪。

又云謹爲垣防，猶患踰盜，況乃罔不設備以充侈志。方開所泰，何議去甚。足下始云皇聖設候物之教，謹順時之經，將以反漸息泰。今復以方開所泰爲難，未詳此將難鄙議，將譏聖人也。

又云市庖之外，豈無御養。神農所書，中散所述，何必以刲刳爲稟和，爓瀹爲翼善。夫醴瘞繭栗，宗社三牲。膮膷豆俎，以供賓客。七十之老，俟肉而飽。豈得唯陳列草石取備上藥而已。吾所憂不立者，非謂洪論難持。退嫌此事，不可頓去於世耳。

又云天下寧有無形之有，顧此惟疑，宜見正定。尋來旨，似不嫌有鬼，當謂鬼宜有質，得無惑天竺之書，說鬼別爲生類故邪。昔人以鬼神爲教，乃列於典經，布在方策。鄭喬吳札亦以爲然，是以雲和六變，實降天神。龍門九成，人鬼咸格。足下雅秉周禮，近忽此義，方詰無形之有，爲支離之辯乎。

又云後身著戒可不敬與，慈護之人深見此數。未詳所謂慈護者誰氏之子。若據外書報應之說，皆吾所謂權教者耳。凡講求至理，曾不折以聖言，多採譎怪以相扶翼，得無似以水濟水邪。

又云物無妄然，必以類感。常善以救善，亦從之勢，猶影表不慮自來，斯言果然。則類感之物，輕重必侔。影表之勢，脩短有度。致飾土木，不發慈愍之心。順時蒐狩，未根慘虐之性。天宮華樂，焉賞而上升。地獄幽苦，奚罰而淪陷。唱言窮軒輊，立法無衡石，一至於此。且阿保傅愛，愼及溷腴。良庖提刀，情怵介族。彼聖人者，明並日月，化關三統，若令報應必符，亦何妨於教。而緘扃羲唐之紀，埋閉周孔之世。肇結網罟，興累億之罪。仍制牲牢，開長夜之罰。遺彼天廚，甘此芻豢，曾無拯溺之仁，橫成納隍之酷。其爲不然，宜簡淵慮。若謂窮神之智猶有所不盡，雖高情愛奇想亦未至於侮聖也。足下論仁義，則云情之者少利之者多，言施惠則許其遺賢忘報。在情既少，孰能遺賢。利之者多，曷云忘報。若能推樂施之士以期欲仁之疇，演忘報之意引向義之心，則義寔在斯，求仁不遠。至於濟有生之類，入無死之地，慶周兆物，尊冠百神。斯旨宏誕，非本論所及。無乃秦師將遁，行人言肆乎。豈其相迫，居吾語子。聖人在上，不與百神爭長，有始有卒焉，得無死之地。

夫辯章幽明，研精庶物，反初結繩，終繁文教。性以道率，故絕親譽之名。範圍造化，無傷博愛之量。以畋以漁，養兼賢鄙。三品之獲，實充賓庖。金石發華，笙籥協節。醉酒飽德，介茲萬年。處者弘日新之業，仕者敷先王之教。誠著明君，澤被萬物。龍章表觀，鳴玉節趨，斯亦堯孔之樂地也。及其不遇，考槃阿澗以善其身。殺雞爲黍，聊寄懷抱。或負鼎割烹，揚隆名於長世。或屠羊鼓刀，陵高志於浮雲，此又君子之處心也。何必陋積善之延祚，希無驗於來世。生背當年之眞懽，徒疲役而靡歸，繫風捕影，非中庸之美。慕夷眩妖，違通人之致。蹲膜揖讓，終不並立。竊願吾子捨兼而遵一也。及蜀梁二叔甘人驛胥之譬，非本義所繼，故不復具云。

顏延之《重釋何衡陽》（僧祐《弘明集》卷四） 聖慮難原，神應不測。中散所云，中人自竭，莫得其端，豈其淺斥所可深抽。徒以魏文大布見刊異世，滕脩蝦鬚取愧當時，故於度外之事怯以意裁耳。足下已審其虛實，方書之不朽，獨鑒堅精，難復疑問。聊寫餘懷，依荅條釋。事緯殊福，義雜胡華。雖存簡章，自至煩文。過此已往，余欲無言。

荅曰，若如論旨，以三畫爲三才，則初擬地爻，三議天位。然而遯世無悶，非厚載之目。君子乾乾，非蒼蒼之稱。果兩儀罔託，亦何取於立人。但爻在中和，宜應君德耳。釋曰，聞之前學，淳象始於三畫，兼卦終於六爻。三畫立本三才之位，六爻未變羣龍所經。是以重卦之後則以出處明之。故遯世乾乾潛藏皆行聖人適時之義，兼之道也。若以初爻非地三位非天，以爲兩儀罔託，立人無取，未知足下前論三才同體，何因而生。若猶受之，繫說不軼，師訓何獨。得之復卦，喪之單象。如羲文之外更有三才，此自《春秋》新意，吾無識焉。且遯世乾乾雖非覆載之名，一體之中未失卑高之實，豈得以變動之辭廢立本之義。又知以爻在中和宜應君德，若徒有中和之爻竟無中和之人，則爻將何放。若中和在德，則不得人。皆中和體合之論，固未可殊越。

荅曰，上仁上義，便是許體仁義者爲三才。尋又云，僑札未獲上附，伊顏宜其下麗。則黃裳之人其猶弗及，雖賾之旨占高下無準。故惑者未悟。釋曰，所云上仁上義，謂兼總仁義之極，可以對饗天地者耳，非謂少有恥愛便爲三才。前釋已具，怪復是問。四彼域中，唯王是體。知三此兩儀，非聖不居。易者同歸，可無重惑。案東魯階差僑札，理不允備。何由上附。至位依西方，準墨伊顏，未獲法身，故當下麗生品。來論挾姬議釋，故兩解此意，冀以取了，反致辭費。聖作君師，賢爲臣資。接暢神功，影響大業。行藏可供，默語亦同。體分至此，何負黃裳。議者徒見不得等位元首，橫生誚恨。而不知引之極地，更非守節之情。指斷如斯，何謂無準。

荅曰，夫陰陽陶氣，剛柔賦性。圓首方足，容貌匪殊。惻隱恥惡，悠悠皆是。但參體二儀，必舉仁義爲端耳。釋曰，若謂圓首方足必同恥惻隱之實，容貌匪殊，皆可參體二儀。蹻跖之徒亦當在三才之數邪。若誠不得，則不可見。橫目之同，便與大人同列。悠悠之倫，品量難齊。既云仁者安仁，智者利仁。又云力行近仁，畏罪強仁。若一之正位，將眞僞相冒。莊周云，天下之善人寡，不善人多，其分若此，何謂皆是。

荅曰，知欲限以名器，愼其所假，遂令惠人潔士比性於毛羣，庶幾之賢同氣於介族。立象之意豈其然乎。釋曰，名器有限，良由資體不備，雖欲假之，疑陽謂何。含靈爲人，毛羣所不能同。稟氣成生，潔士有不得異。象放其靈，非象其生，一之而已，無乃誣漫。

荅曰，已均被同衆云云，特靈之神既異於衆，得生之理何嘗暫同。生本於理而理異焉，同衆之生名將安附。若執此生名必使從衆，則混成之物亦將在例邪。釋曰，吾前謂同於所方，豈得生之可異。足下荅云，非謂不然。又曰奚取不異之生，必宜爲衆，是則去吾爲衆而取吾不異，豈有不異而非衆哉。所以復云故當殊其特靈，不應異其得生耳。今荅又謂得生之理何嘗暫同，生本於理而理異焉。請問得生之理故是陰陽邪，吾不見其異，而足下謂未嘗暫同，若有異理，非復煦蒸邪。則陰陽之表，更有受生，塗趣三世，詎宜堅立，使混成之生，與物同氣，豈混成之謂。若徒假生名莫見生實，則非向言之匹。言生非生，即是有物不物。李叟此說，或更有其義。以無詰有，頗爲未類。

荅曰，謹爲垣防云云，始云皇聖設候物之教謹，順時之經，將以反漸息泰。今復以方開所泰爲難，未詳此將難鄙議，爲譏聖人也。釋曰，前觀本論，自九穀以下，至孔釣不綱，始知高議。謂凡有宰作，皆出聖人。躬爲尸匠，以率先下民也。孤鄙拙意，自謂每所施爲，動必有因。聖人從爲之節，使不遷越。此二懷之大斷，彼我所不同。吾將節其奢流，故有息泰之說。足下方明備設，未知於何去甚。而中荅又云，所謂甚者，聖人固已去之，不了此意，故近復以所泰爲問。荅云未詳誰難，或自忌前報。

荅曰市庖之外云云，夫醴瘞繭栗，宗社三牲。膮膷豆俎，以供賓客七十之老。俟肉而飽，豈得唯陳草石，取備上藥而已。而憂不立者，非謂洪論難持。退嫌此事，不可頓去於世耳。釋曰，神農定生，周人備教。既唱粒食，又言上藥。既用犧牢，又稱蘋蘩。祭膳之道，故無定方。前舉市庖之外復有御養者，捐奪刳淪之滯，以明延性不一。非謂經世之事皆當取備草石。然芻豢之功希至百齡，芝術之懿亟聞千歲。由是言之，七十之老何必謝恩於肉食，但自封一域者捨此無術耳。想不可頓去於世，猶是前釋所云，不能頓奪所滯也。始獲符同，敢不歸美。既知不可頓去，或不謂道盡於此。

荅曰，天下寧有無形之有云云。尋來占似不嫌有鬼，嘗謂鬼宜有質。得無惑天竺之書，說鬼別爲生類邪。昔人以鬼神爲教，乃列於典經，布在方策。鄭僑吳札亦以爲然。是以雲和六變實降天神，龍門九成人鬼咸格。足下雅秉周禮，近忽此義。方詰無形之有，爲支離之辯乎。釋曰，非唯不嫌有鬼，乃謂有必有形。足下不無是同，處有復異，是以比及質詰，欲以求盡。請捨天竺之說，謹依中土之經。又置別爲生類，共議登遐。精靈體狀，有無固然宜報。定典策之中，鬼神累萬，所不了者，非其名號。比獲三論，每來益衆。萬鬼畢至，竟未片荅。雖啟告周博，非解企渴。無形之有既不匠立，徒謂支離以爲通說。若以覈正爲支離者，將以浮漫爲直達乎。

荅曰，後身著戒云云，未詳所謂。慈護者誰氏之子，若據外書報應之說，皆吾所謂權教者耳。凡講求至理，曾不析之聖言，多採譎怪以相扶翼，得無似以水濟水乎。釋曰，慈護之主，計亦从聞。其人責以誰子，將以文殊釋氏，知謂報應之說，皆是權教。權道隱深，非聖不盡。雖子通識，慮亦未見其極。吾疲於推求，而足下逸於獨了，良有惡然。若權教所言皆爲欺妄，則自然之中無復報應，吾儒於擊決足下烈於專斷，亦又懼焉。神高聽卑，庸可誣哉。想云聖言者必姬孔之誥，今之所談皆其信順之事，而謂曾不析之復，是未經詳思。來論立姬廢釋，故吾引釋符姬。荅不越問，未覺多採。由金日磾不生華壤，何限九服之外不有窮理之人。內外爲判，誠亦難乎。若自信其度，獨思耳目習識之表，皆爲譎怪，則吾亦已矣。

荅曰，又云物無妄然，必以類感云云，斯言果然。則類感之物，輕重必侔。影表之勢，脩短有度。致飾土木，不發慈愍之心。順時蒐狩，未根慘虐之性。天宮華樂，焉賞而上升。地獄幽苦，奚罰而淪陷。唱言窮軒輊，立法無衡石，一至於此。釋曰，影表之說，以徵感報。來意疑不必侔，嫌其無度，即復除福應也。福應非他，氣數所生。若滅福應，即無氣數矣。足下功存步驗，而還伐所知，想信道爲心者，必不至此。若謂不慈於土木之飾，有甚於順時之殺者，無乃大負夫人之心。黃屋玉璽非必堯舜之情，崇居麗養豈是釋迦之意。責天宮之賞，求地獄之罰，頗類昔人亞夫之詰，英布之問。有味乎其言，此蓋衆息心之所詳，吾可得而畧之。

荅曰，且阿保傅愛愼及溷腴，良庖提刀情恍介族。彼聖人者，明並日月，化闢三統。若令報應必符，亦何妨於教。而緘扃羲唐之紀，埋閉周孔之世。肇結網罟，興累億之罪。仍制牲牢，開長夜之罰。遺彼天廚，甘此芻豢。曾無拯溺之仁，橫成納隍之酷，其爲不然，宜簡淵慮。若謂窮神之智，猶有不盡，雖高情愛奇想，亦未至於侮聖。釋曰，知謂報應之義，緘羲周之世。以此推求，爲不符之證。羲唐邈矣，人莫之詳。《尚書》所載，不過數篇。方言德刑之美，遑計禍福之源。今帝典王策，猶不書性命之事，而微闕文，以爲古必無之，斯亦師心之過也。且信順殃慶，咸列姬孔之籍。謂之埋閉，如小逕井。但言有遠近，教有淺深。故使智者與此而奪彼邪。夫生必有欲，欲必有求。欲歉則爭，求給則恬。爭則相害，恬則相安。網罟之設，將蠲害以取安乎。且畋漁牲牢，其事不異。足下前荅，已知牲牢不可頓去於今世，復謂畋漁不可獨棄於古，未爲通說矣。好生惡死，每下愈篤。故宥其死者順其情，奪其生者逆其性。至人尙矣，何爲犯順而居逆哉。是知不能頓奪所滯，故因爲之制耳。聖靈雖茂，無以叡懞惛之心。弱喪之民，何可勝論。罪罰之來，將物自取之。事遠難致不由天，廚見遺物近易躭。故常芻豢是甘，拯溺出隍，衆哲所共。但化物不同，非道之異。不盡之讓，亦如過當。子長愛奇，本不類此。

荅曰，足下論仁義則云情之者少利之者多，言施惠則詐其遺賢忘報。在情既少孰能遺賢，利之者多曷云忘報。若能推樂施之士，以期欲仁之疇。演忘報之意，引向義之心，則義寔在斯，求仁不遠。釋曰，情仁義者寡，利仁義者衆。聞之莊書，非直孤說。未獲詳校，遽見彈責。夫在情既少，利之者多。不能遺賢，曷云忘報。實吾前後勤勤，以爲不得配擬二儀者耳。復非篤論所應據正。若樂施忘報即爲體仁，忘報而施便爲合義，可去欲字，并除向名。在斯不遠，誰不是慕。

荅曰，濟有生之類云云，斯言宏誕，非本論所及。無乃秦師將遁，行人言肆乎。釋曰，曾足下論挾姬釋，吾亦荅兼戎周。足下以此抑彼，謂福及高門。吾伸彼釋此，云慶周兆之物。足下據此所見，謂祚止公侯。吾信彼所聞，云尊冠百神。本議是爭，曷云不及。夫論難之本，以易奪爲體。失之已外，輙云宏誕。求理之塗，幾乎塞矣。師遁言肆，或不在此。

荅曰，豈其相迫，居吾語子。聖人在上，不與百神爭長。有始有卒，焉得無死之地云云。釋曰，豈其相迫，一何務德。居吾語子，又何壯辭。凡爲物之長，豈爭之所得。非唯不爭，必將下之。不可見尊冠百神，便謂與百神爭長。無乃取之滕薛，棄之體仁。知謂物有始卒，無不死之地。求之域內，實如來趣。前釋所謂勝類，諸區有誠，亦宜然者也。至如《山經》所圖，《仙傳》所記，事關世載，已不可原。況復道絕恆情，理隔常照。必以於我不然，皆當絕棄，此又所不得安。

荅曰，夫辨章幽明，研精庶物云云。釋曰，逮省此章，盛陳列代。文博體周，頗善師法。歌誦聖世，足爲繁聲。討求道義，未是要說耳。昔在幼壯，微涉羣紀。皇王之軌，賢智之迹，側聞其畧，敢辱其詳。惠示之篤，實勤執事。

荅曰，何必陋積慶之延祚，希無驗於來生。蹲膜揖讓，終不並足。竊願吾子捨兼而遵一云云。釋曰，不陋積慶，已伸信順之條貫。希來生之脫驗，亦具感報之說。藻袞大裘，同用一體。蹲膜揖讓，何爲不俱行一世。理有可兼，無謂宜捨。

荅曰，蜀梁二叔甘人驛胥之譬，非本論所經，故不復具云。釋曰，近此數條，聊發戲端，亦猶越人問布，見採於前談。肆業及之，無相多怪。然二叔爲問，欲以卻編戶之疑。沒而不荅，誠有望焉。足下連國雲從，宏論風行，吾幽生孤說，每獲竊議。此之不侔，事有固然。實由通才，所共者理，欻忘其煩，貪復息心。

范縝《神滅論》（《梁書·范縝傳》四庫全書本）　或問予云神滅，何以知其滅也。荅曰，神即形也，形即神也。是以形存則神存，形謝則神滅也。

問曰，形者無知之稱，神者有知之名。知與無知，即事有異。神之與形，理不容一。形神相即，非所聞也。荅曰，形者神之質，神者形之用。是則形稱其質，神言其用。形之與神，不得相異也。

問曰，神故非用，不得爲異，其義安在。荅曰，名殊而體一也。

問曰，名既已殊，體何得一。荅曰，神之於質，猶利之於刃。形之於用，猶刃之於利。利之名非刃也，刃之名非利也。然而捨利無刃，捨刃無利。未聞刃沒而利存，豈容形亡而神在。

問曰，刃之與利，或如來說。形之與神，其義不然。何以言之。木之質，無知也。人之質，有知也。人既有如木之質，而有異木之知，豈非木有一人有二邪。荅曰，異哉言乎。人若有如木之質以爲形，又有異木之知以爲神，則可如來論也。今人之質，質有知也。木之質，質無知也。人之質非木質也，木之質非人質也。安有如木之質而復有異木之知哉。

問曰，人之質所以異木質者，以其有知耳。人而無知，與木何異。荅曰，人無無知之質，猶木無有知之形。

問曰，死者之形骸，豈非無知之質邪。荅曰，是無人質。

問曰，若然者，人果有如木之質而有異木之知矣。荅曰，死者如木而無異木之知，生者有異木之知而無如木之質也。

問曰，死者之骨骼非生之形骸邪。荅曰，生形之非死形，死形之非生形。區已革矣。安有生人之形骸而有死人之骨骼哉。

問曰，若生者之形骸非死者之骨骼，非死者之骨骼則應不由生者之形骸。不由生者之形骸，則此骨骼從何而至此邪。荅曰，是生者之形骸變爲死者之骨骼也。

問曰，生者之形骸雖變爲死者之骨骼，豈不從生而有死則知死體猶生體也。荅曰，如因榮木變爲枯木，枯木之質寧是榮木之體。

問曰，榮體變爲枯體，枯體即是榮體。絲體變爲縷體，縷體即是絲體。有何別焉。荅曰，若枯即是榮，榮即是枯，應榮時凋零，枯時結實也。又榮木不應變爲枯木，以榮即枯，無所復變也。榮枯是一，何不先枯後榮，要先榮後枯何也。絲縷之義亦同此破。

問曰，生形之謝便應豁然都盡，何故方受死形綿歷未已耶。荅曰，生滅之體要有其次故也。夫欻而生者必欻而滅，漸而生者必漸而滅。欻而生者飄驟是也，漸而生者動植是也。有欻有漸，物之理也。

問曰，形即是神者，手等亦是邪。荅曰，皆是神之分也。

問曰，若皆是神之分，神既能慮，手等亦應能慮也。荅曰，手等亦應能有痛癢之知，而無是非之慮。

問曰，慮爲一爲異。荅曰，知即是慮。淺則爲知，深則爲慮。

問曰，若爾，應有二乎。荅曰，人體惟一，神何得二。

問曰，若不得二，安有痛癢之知，復有是非之慮。荅曰，如手足雖異，總爲一人。是非痛癢雖復有異，亦總爲一神矣。

問曰，是非之慮不關手足，當關何處。荅曰，是非之意，心器所主。

問曰，心器是五藏之心非邪。荅曰，是也。

問曰，五藏有何殊別，而心獨有是非之慮乎。荅曰，七竅亦復何殊，而司用不均。

問曰，慮思無方，何以知是心器所主。荅曰，五藏各有所司，無有能慮者。是以心爲慮本。

問曰，何不寄在眼等分中。荅曰，若慮可寄於眼分，何故不寄於耳分邪。

問曰，慮體無本，故可寄之於眼分。眼目有本，不假寄於佗分也。荅曰，眼何故有本而慮無本。苟無本於我形而可偏寄於異地，亦可張甲之情寄王乙之軀，李丙之性託趙丁之體，然乎哉，不然也。

問曰，聖人形猶凡人之形，而有凡聖之殊，故知形神異矣。荅曰，不然。金之精者能昭，穢者不能昭。有能昭之精金，寧有不昭之穢質。又豈有聖人之神而寄凡人之器，亦無凡人之神而託聖人之體。是以八采重瞳，勛華之容。龍顔馬口，軒皞之狀。形表之異也。比干之心七竅列角，伯約之膽其大若拳，此心器之殊也。是知聖人定分，每絶常區。非惟道革羣生，乃亦形超萬有。凡聖均體，所未敢安。

問曰，子云聖人之形必異於凡者，敢問陽貨類仲尼，項籍似大舜，舜項孔陽，智革形同，其故何邪。荅曰，珉似玉而非玉，雞類鳳而非鳳。物誠有之，人故宜爾。項陽貌似而非實似，心器不均，雖貌無益。

問曰，凡聖之殊，形器不一可也。圓極理無有二，而丘旦殊姿，湯文異狀，神不侔色，於此益明矣。荅曰，聖同於心器，形不必同也。猶馬殊毛而齊逸，玉異色而均美，是以晉棘荆和，等價連城。驊騮騄驪，俱致千里。

問曰，形神不二既聞之矣，形謝神滅理固宜然。敢問經云爲之宗廟以鬼饗之，何謂也。荅曰，聖人之教然也。所以弭孝子之心，而厲偷薄之意。神而明之，此之謂矣。

問曰，伯有被甲，彭生豕見。墳素著其事，寧是設教而已邪。荅曰，妖怪茫茫，或存或亡。彊死者衆，不皆爲鬼。彭生伯有，何獨能然。乍爲人豕，未必齊鄭之公子也。

問曰，《易》稱故知鬼神之情狀。與天地相似而不違。又曰載鬼一車。其義云何。荅曰，有禽焉，有獸焉，飛走之別也。有人焉，有鬼焉，幽明之別也。人滅而爲鬼，鬼滅而爲人，則未之知也。

問曰，知此神滅，有何利用邪。荅曰，浮屠害政，桑門蠹俗。風驚霧起，馳蕩不休。吾哀其弊，思拯其溺。夫竭財以赴僧，破産以趨佛。而不恤親戚，不憐窮匱者何，良由厚我之情深，濟物之意淺。是以圭撮涉於貧友，吝情動於顔也。千鍾委於富僧，歡意暢於容髮。豈不以僧有多稌之期，友無遺秉之報。務施闕於周急，歸德必於在己。又惑以茫昧之言，懼以阿鼻之苦。誘以虚誕之辭，欣以兜率之樂。故捨逢掖，襲横衣，廢俎豆，列缾鉢。家家棄其親愛，人人絶其嗣續。致使兵挫於行間，吏空於官府。粟罄於惰遊，貨殫於泥木。所以姦宄弗勝，頌聲尚擁。惟此之故，其流莫已，其病無限。若陶甄禀於自然，森羅均於獨化。忽焉自有，怳爾而無。來也不禦，去也不追。乘夫天理，各安其性。小人甘其壟畝，君子保其恬素。耕而食，食不可窮也。蠶而衣，衣不可盡也。下有餘以奉其上，上無爲以待其下，可以全生，可以匡國，可以霸君，用此道也。

蕭琛《難神滅論并序》（僧祐《弘明集》卷九） 本論范縝作

内兄范子縝著《神滅論》，以明無佛。自謂辯摧衆口，日服千人。予意猶有惑焉。聊欲薄其稽疑，詢其未悟。論至今所持者，形神。所訟者，精理。若乃春秋孝享，爲之宗廟，則以爲聖人神道設教，立禮防愚。杜伯關弓，伯有被介，復謂天地之間自有怪物，非人死爲鬼。如此便不得詰以詩書，校以往事。唯可於形神之中辨其離合。脱形神一體，存滅罔異。則范子奮揚蹈厲，金湯邈然。如靈質分途，興毀區別，則予尅敵得儁，能事畢矣。

又，予雖明有佛，而體佛不與俗同爾。兼陳本意，係之論左焉。

問曰，子云神滅，何以知其滅邪。荅曰，神即形也，形即神也。是以形存則神存，形謝則神滅也。問曰，形者無知之稱，神者有知之名。知與無知，即事有異。神之與形，理不容一。形神相即，非所聞也。荅曰，形者神之質，神者形之用。是則形稱其質，神言其用。形之與神，不得相異。

難曰，今論形神合體，則應有不離之證。而直云神即形，形即神，形之與神不得相異。此辨而無徵，有乖篤喻矣。予今據夢以驗，形神不得共體。當人寢時，其形是無知之物，而有見焉。此神遊之所接也。神不孤立，必憑形器。猶人不露處，須有居室。但形器是穢闇之質，居室是蔽塞之地。神反形內，則其識微惛。惛，故以見爲夢。人歸室中，則其神暫壅。壅，故以明爲昧。夫人或夢上騰玄虛，遠適萬里。若非神行，便是形往邪。形既不往，神又弗離，復焉得如此。若謂是想所見者，及其安寐，身似僵木，氣若寒灰。呼之不聞，撫之無覺。既云神與形均，則是表裏俱劬，既不外接聲音，寧能內興思想。此即形靜神馳，斷可知矣。

又疑凡所夢者，或反中詭遇。（趙簡子夢童子倮歌，可吳入郢。晉小臣夢負公登天，而負公出諸廁之類是也。）或理所不容（呂錡夢射月中之。又吳后夢腸出繞閶門之類是也。）或先覺未兆（呂姜夢天名其子曰虞，曹人夢衆君子謀欲亡曹之類是也。）或假借象類（蔡茂夢禾失爲秩，王濬夢三刀爲州之類是也。）或即事所無（胡人夢舟，越人夢騎之類是也。）或乍驗乍否（殷宗夢得傅說，漢文夢獲鄧通，驗也。否事衆多，不復具載。）此皆神化茫渺，幽明不測。易以約通，難用理檢。若不許以神遊，必宜求諸形內。恐塊爾潛靈，外絕覩覿。雖復扶以六夢，濟以想因，理亦不得然也。

問曰，神故非質，形故非用，不得爲異，其義安在。荅曰，名殊而體一也。問曰，名既已殊，體何得一。荅曰，神之於質，猶利之於刃。形之於用，猶刃之於利。利之名非刃也，刃之名非利也。然而捨利無刃，捨刃無利。未聞刃沒而利存，豈容形亡而神在。

難曰，夫刃之有利，砥礪之功，故能水截蛟螭，陸斷兕虎。若窮利盡用，必摧其鋒鍔，化成鈍刃。如此則利滅而刃存，即是神亡而形在。何云捨利無刃，名殊而體一邪。刃利既不俱滅，形神則不共亡。雖能近取譬，理實乖矣。

問曰，刃之與利，或如來說。形之與神，其義不然。何以言之。木之質無知也，人之質有知也。人既有如木之質，而有異木之知，豈非木有其一，人有其二邪。荅曰，異哉言乎。人若有如木之質以爲形，又有異木之知以爲神，則可如來論也。今人之質，質有知也。木之質，質無知也。人之質非木質也，木之質非人質也，安在有如木之質而復有異木之知。問曰，人之質所以異木質者，以其有知耳。人而無知，與木何異。荅曰，人無無知之質，猶木無有知之形。問曰，死者之形骸豈非無知之質邪。荅曰，是無知之質也。問曰，若然者，人果有如木之質而有異木之知矣。荅曰，死者有如木之質而無異木之知，生者有異木之知而無如木之質。問曰，死者之骨骼非生者之形骸邪。荅曰，生形之非死形，死形之非生形，區已革矣。安有生人之形骸而有死人之骨骼哉。問曰，若生者之形骸非死者之骨骼，死者之骨骼則應不由生者之形骸。不由生者之形骸，則此骨骼從何而至。荅曰，是生者之形骸變爲死者之骨骼也。問曰，生者之形骸雖變爲死者之骨骼，豈不因生而有死，則知死體猶生體也。荅曰，如因榮木變爲枯木，枯木之質寧是榮木之體。問曰，榮體變爲枯體，枯體即是榮體。如絲體變爲縷體，縷體即是絲體，有何咎焉。荅曰，若枯即是榮，榮即是枯，則應榮時彫零，枯時結實。又榮木不應變爲枯木。以榮即是枯，故枯無所復變也。又榮枯是一，何不先枯後榮，要先榮後枯，何也。絲縷同時，不得爲喻。問曰，生形之謝，便應豁然都盡，何故方受死形，綿歷未已邪。荅曰，生滅之體要有其次故也。夫欻而生者必欻而滅，漸而生者必漸而滅。欻而生者，飄驟是也。漸而生者，動植是也。有欻有漸，物之理也。

難曰，論云人之質有知也，木之質無知也。豈不以人識涼燠，知痛癢，養之則生，傷之則死邪。夫木亦然矣。當春則榮，在秋則悴。樹之必生，拔之必死。何謂無知。今人之質，猶如木也。神留則形立，神去則形廢。立也即是榮木，廢也即是枯木。子何以辨此非神知而謂質有知乎。凡萬有皆以神知，無以質知者也。但草木蜫蟲之性，裁覺榮悴生死。生民之識，則通安危利害。何謂非有如木之質以爲形，又有異木之知以爲神邪。此則形神有二，居可別也。但木稟陰陽之偏氣，人含一靈之精照。其識或同，其神則異矣。骨骼形骸之論，死生授受之説，義既前定，事又不經，安用曲辨哉。

問曰，形即神者，手等亦是神邪。荅曰，皆是神分。問曰，若皆是神分，神應能慮，手等亦應能慮也。荅曰，手等有痛癢之知，而無是非之慮。問曰，知之與慮，爲一爲異。荅曰，知即是慮。淺則爲知，深則爲慮。問曰，若爾，應有二慮。慮既有二，神有二乎。荅曰，人體惟一，神何得二。問曰，若不得二，安有痛癢之知，而復有是非之慮。荅曰，如手足雖異，總爲一人。是非痛癢雖復有異，亦總爲一神矣。問曰，是非之慮不關手足，當關何也。荅曰，是非之慮，心器所生。問曰，心器是五藏之心非邪。荅曰，是也。問曰，五藏有何殊別，而心獨有是非之慮。荅曰，七竅亦復何殊，而所用不均何也。問曰，慮思無方，何以知是心器所主。荅曰，心病則思乖，是以知心爲慮本。問曰，何知不寄在眼等分中邪。荅曰，若慮可寄於眼分，眼何故不寄於耳分。問曰，慮體無本，故可寄之於眼分。眼自有本，不假寄於他分。荅曰，眼何故有本而慮無本。苟無本於我形，而可遍寄於異地。亦可張甲之情寄王乙之軀，李丙之性託趙丁之體。然乎哉，不然也。

難曰，論云形神不殊，手等皆是神分。此則神以形爲體，體全即神全，體傷即神缺矣。神者何，識慮也。今人或斷手足，殘肌膚，而智思不亂，猶孫臏刖趾，兵略愈明。膚浮解腕，儒道方謐。此神與形離，形傷神不害之切證也。但神任智以役物，託器以通照。視聽香味，各有所憑，而思識歸乎心器，譬如人之有宅，東閣延賢，南軒引景，北牖招風，西櫺映月。主人端居中霤，以收四事之用焉。若如來論，口鼻耳目各有神分，一目病即視神毀，二目應俱盲矣。一耳疾即聽神傷，兩耳俱應聾矣。今則不然，是知神以爲器，非以爲體也。又云心爲慮本，慮不可寄之他分。若在於口眼耳鼻，斯論然也。若在於他心，則不然矣。耳鼻雖共此體，不可以相雜，以其所司不同，器用各異也。他心雖在彼形，而可得相涉，以其神理均妙，識慮齊功也。故《書》稱啓爾心沃朕心。《詩》云他人有心，予忖度之。齊桓師管仲之謀，漢祖用張良之策，是皆本之於我形，寄之於他分。何云張甲之情不可託王乙之軀，李丙之性勿得寄趙丁之體乎。

問曰，聖人之形猶凡人之形，而有凡聖之殊，故知形神異矣。荅曰，不然。金之精者能照，穢者不能照。能照之精金寧有不照之穢質。又，豈有聖人之神而寄凡人之器，亦無凡人之神而託聖人之體。是以八彩重瞳，勛華之容。龍顔馬口，軒皞之狀。此形表之異也。比干之心七竅並列，伯約之膽其大如拳。此心器之殊也。是以知聖人區分，每絶常品。非惟道革羣生，乃亦形超萬有。凡聖均體，所未敢安。問曰，子云聖人之形必異於凡，敢問陽貨類仲尼，項籍似虞帝。舜項孔陽，智革形同，其故何邪。荅曰，珉似玉而非玉，鶢類鳳而非鳳。物誠有之，人故宜爾。項陽貌似而非實似，心器不均，雖貌無益也。問曰，凡聖之殊形器不一可也，聖人圓極，理無有二。而丘旦殊姿，湯文異狀。神不係色，於此益明。荅曰，聖與聖同，同於聖器，而器不必同也。猶馬殊毛而齊逸，玉異色而均美。是以晉棘楚和，等價連城。驊騮盜驪，俱致千里。問曰，形神不二既聞之矣，形謝神滅理固宜然。敢問經云爲之宗廟以鬼饗之，何謂也。荅曰，聖人之敎然也。所以從孝子之心而厲渝薄之意，神而明之，此之謂矣。問曰，伯有被甲，彭生豕見，墳索著其事，寧是設敎而已邪。荅曰，妖怪茫茫，或存或亡。強死者衆，不皆爲鬼。彭生伯有，何獨能然。乍人乍豕，未必齊鄭之公子也。問曰，《易》稱故知鬼神之情狀，與天地相似而不違。又曰載鬼一車，其義云何。荅曰，有禽焉，有獸焉，飛走之別也。有人焉，有鬼焉，幽明之別也。人滅而爲鬼，鬼滅而爲人，則吾未知也。

難曰，論云豈有聖人之神而寄凡人之器，亦無凡人之神而託聖人之體。今陽貨類仲尼，項籍似帝舜，即是凡人之神託聖人之體也。珉玉鶢鳳不得爲喻。今珉自名珉，玉實名玉。鶢號鶢鶋，鳳曰神鳳。名既殊稱，貌亦爽實。今舜重瞳子，項羽亦重瞳子，非有珉玉二名，唯覩重瞳相類。又有女媧蛇軀，皐陶馬口，非眞聖神入於凡器，遂乃託于蟲畜之體。此形神殊別，明暗不同。茲益昭顯也。若形神爲一，理絶前因者，則聖應誕聖，賢必產賢。勇怯愚智，悉類其本。既形神之所陶甄，一氣之所孕育，不得有堯睿朱嚚，瞍頑舜聖矣。論又云聖同聖器，而器不必同。猶馬殊毛而齊逸。今毛復是逸氣邪。馬有同毛色而異駑駿者，如此則毛非逸相，由體無聖器矣。人形骸無凡聖之別，而有貞脆之異。故遐靈栖於遠質，促神寓乎近體，唯斯而已耳。向所云聖人之體，指直語近舜之形，不言器有聖智非。矛盾之說，勿近於此惑也。

問曰，知此神滅有何利用。荅曰，浮屠害政，桑門蠹俗。風驚霧起，馳蕩不休。吾哀其弊，思拯其溺。夫竭財以趣僧，破產以趨佛，而不恤親戚，不憐窮匱者，何邪。良由厚我之情深，濟物之意淺，是以圭撮涉於貧友，吝情動於顏色。千鍾委於富僧，歡懷暢於容髮。豈不以僧有多稌之期，友無遺秉之報。務施不關周給，立德必於在已。又惑以茫昧之言，懼以阿鼻之苦。誘以虛誕之辭，欣以兜率之樂。故捨逢掖，襲橫衣，廢俎豆，列瓶鉢。家家棄其親愛，人人絕其嗣續。至使兵挫於行間，吏空於官府。粟罄於惰游，貨殫於土木。所以姦宄不勝，頌聲尙權。惟此之故也。其流莫已，其病無垠。若知陶甄稟於自然，森羅均於獨化。忽焉自有，怳爾而無。來也不禦，去也不追。乘夫天理，各安其性。小人甘其壟畝，君子保其恬素。耕而食，食不可窮也。蠶以衣，衣不可盡也。下有餘以奉其上，上無爲以待其下。可以全生，可以養親，可以爲已，可以爲人。可以匡國，可以霸君，用此道也。

難曰，佛之有無，寄於神理存滅。既有往論，且欲略言。今指辨其損益，語其利害，以弼夫子過正之談。子云釋氏蠹俗傷化，費貨損役，此惑者爲之，非佛之尤也。佛之立教，本以好生惡殺，修善務施。好生非止欲繁育鳥獸，以人靈爲重。惡殺豈可得緩宥逋逃，以哀矜斷察。修善不必贍丈六之形，以忠信爲上。務施不苟使殫財土木，以周給爲美。若悉絕嗣續，則必法種不傳。如並起浮圖，又亦播殖無地。凡人且猶知之，況我慈氏寧樂爾乎。今守株桑門，迷務俗士，見寒者不施之短褐，遇餒者不錫以糠豆，而競聚無識之僧，爭造衆多之佛，親戚棄而弗眄，祭祀廢而弗修。良繒碎於刹上，丹金縻于塔下，而謂爲福田，期以報業。此並體佛未深，解法不妙。雖呼佛爲佛，豈曉歸佛之旨。號僧爲僧，寧達依僧之意。此亦神不降福，予無取焉。

夫六家之術，各有流弊。儒失於僻，墨失於蔽，法失於峻，名失於訐。咸由祖述者失其傳，以致泥溺。今子不以僻蔽誅孔墨，峻訐責韓鄧，而獨罪我如來，貶兹正覺，是忿風濤而毀舟檝也。今悖逆之人，無賴之子，上罔君親，下虐儔類。或不忌明憲而乍懼幽司，憚閻羅之猛畏牛頭之酷，遂悔其穢惡化而遷善，此佛之益也。又罪福之理不應殊於世教，背乎人情。若有事君以忠奉親唯孝，與朋友信，如斯人者，猶以一眚掩德，蔑而棄之，裁犯蟲魚，陷于地獄，斯必不然矣。夫忠莫踰於伊尹，孝莫尙乎曾參。若伊公宰一畜以膳湯，曾子烹隻禽以養點，而皆同趨炎鑊，俱赴鋒樹，是則大功沒於小過，奉上反於惠下。昔彌子矯駕，猶以義弘免戮。嗚呼，曾謂靈匠不如衛君乎。故知此爲忍人之防，而非仁人之誡也。若能鑿彼流宕，豐不在佛，觀此禍福，識悟教誘，思息末以尊本，不拔本以拯末，念忘我以弘法，不後法以利我。則雖曰未佛，吾必謂之佛矣。

曹思文《難神滅論》（僧祐《弘明集》卷九）　論曰，神即形也，形即神也。是以形存則神存，形謝則神滅也。

難曰，形非即神也，神非即形也，是合而爲用者也，而合非即矣。生則合而爲用，死則形留而神逝也。何以言之，昔者趙簡子疾，五日不知人。秦穆公七日乃寤，並神遊於帝所。帝賜之鈞天廣樂，此其形留而神逝者乎。若如論言，形滅則神滅者，斯形之與神，應如影響之必俱也。然形既病焉，則神亦病也。何以形不知人，神獨遊帝，而欣歡於鈞天廣樂乎。斯其寐也魂交，故神遊於蝴蝶，即形與神分也。其覺也形開，蘧蘧然周也，即形與神合也。然神之與形有分有合。合則共爲一體，分則形亡而神逝也。是以延陵窆子而言曰，骨肉歸復于土，而魂氣無不之也。斯即形亡而神不亡也。然經史明證，灼灼也如此，寧是形亡而神滅者也。

論曰，問者曰，經云爲之宗廟以鬼饗之，論云非有鬼也，斯是聖人之教然也。所以達孝子之心而厲渝薄之意也。

難曰，今論所云，皆情言也，而非聖旨。請舉經記以證聖人之教。《孝經》云，昔者周公郊祀后稷以配天，宗祀文王於明堂以配上帝。若形神俱滅，復誰配天乎，復誰配帝乎。且無神而爲有神，宣尼云，天可欺乎。今稷無神矣，而以稷配，斯是周旦其欺天乎。果其無稷也，而空以配天者，既其欺天矣，又其欺人也。斯是聖人之教，教以欺妄也。設欺妄以立教者，復何達孝子之心，厲渝薄之意哉。原尋論旨，以無鬼爲義。試重詰之曰，孔子菜羹瓜祭，祀其祖禰也。記云樂以迎來，哀以送往。神既無矣，迎何所迎。神既無矣，送何所送。迎來而樂，斯假欣於孔貌。送往而哀，又虛淚於丘體。斯則夫子之祭禮也，欺僞滿於方寸，虛假盈於廟堂。聖人之教，其若是乎。而云聖人之教然也，何哉。思文啓，竊見范縝《神滅論》自爲賓主，遂有三十餘條。思文不惟闇蔽，聊難論大旨，二條而已。庶欲以此傾其根本，謹冒上聞。但思文情用淺匱，懼不能徵折詭經，仰黷天照。伏追震悸，謹啓。詔答所難二條，當別詳覽也。

范縝《答曹舍人》（僧祐《弘明集》卷九） 難曰，形非即神也，神非即形也，是合而爲用者也，而合非即也。

答曰，若合而爲用者，明不合則無用。如蛩駏相資，廢一則不可。此乃是滅神之精據，而非存神之雅決，子意本欲請戰而定爲我援兵邪。

難曰，昔趙簡子疾五日不知人，秦穆公七日乃寤，並神遊於帝所，帝賜之鈞天廣樂，此形留而神逝者乎。

答曰，趙簡子之上賓，秦穆之遊上帝，既云耳聽鈞天，居然口嘗百味，亦可身安廣廈，目悅玄黃，或復披文繡之衣，控如龍之轡。故知神之須待，既不殊人，四肢七竅，每與形等。隻翼不可以適遠，故不比不飛。神無所闕，何故憑形以自立。

難曰，若如論旨，形滅則神滅者，斯形之與神，應如影響之必俱也。然形既病焉，則神亦病也，何以形不知人，神獨遊帝所。

答曰，若如來意，便是形病而神不病也。今傷之則痛，是形痛而神不痛也。惱之則憂，是形憂而神不憂也。憂慮痛廢，形已得之，如此何用勞神於無事邪。（曹以爲生則合而爲用，則痛廢同也。死則形留而神遊，則故遊帝與形不同也。）

難曰，其寐也魂交，故神遊於蝴蝶，即形與神分也。其覺也形開，蘧蘧然周也，即形與神合也。答曰，此難可謂窮辯，未可謂窮理也。子謂神遊蝴蝶，是眞作飛蟲邪，若然者，或夢爲牛則負人轅輈，或夢爲馬則入人跨下。明旦應有死牛死馬，而無其物，何也。又腸繞閶門，此人即死，豈有遺其肝肺而可以生哉。又日月麗天，廣輪千里，無容下從匹婦近入懷神。夢幻虛假，有自來矣。一旦實之，良足偉也。明結想霄，坐周天海，神昏於內，妄見異物，豈莊生實亂南園，趙簡眞登閶闔邪。外弟蕭琛亦以夢爲文句甚悉，想就取視也。

難曰，延陵窆子而言曰，骨肉歸復于土，而魂氣無不之也斯即形亡而神不亡也。答曰，人之生也資氣於天，稟形於地。是以形銷於下，氣滅於上。氣滅於上，故言無不之。無不之者，不測之辭耳，豈必其有神與知邪。

難曰，今論所云，皆情言也，而非聖旨。請舉經記以證聖人之教。《孝經》云，昔者周公郊祀后稷以配天，宗祀文王於明堂以配上帝。若形神俱滅，復誰配天乎，復誰配帝乎。答曰，若均是聖達，本自無教。教之所設，實在黔首。黔首之情，常貴生而賤死。死而有靈則長畏敬之心，死而無知則生慢易之意。聖人知其若此，故廟祧壇墠以篤其誠心，肆筵授幾以全其罔已。尊祖以窮郊天之敬，嚴父以配明堂之享。且忠信之人寄心有地，強梁之子兹焉是懼。所以聲教照於上，風俗淳于下，用此道也。故經云爲之宗廟以鬼享之。言用鬼神之道致兹孝享也。春秋祭祀以時思之，明厲其追遠不可朝死夕亡也。子貢問死而有知，仲尼云，吾欲言死而有知，則孝子輕生以殉死。吾欲言死而無知，則不孝之子棄而不葬。子路問事鬼神，夫子云，未能事人，焉能事鬼。適言以鬼享之，何故不許其事邪。死而有知，輕生以殉是也。何故不明言其有而作此悠漫以荅邪。研求其義，死而無知亦已審矣。宗廟郊社，皆聖人之教迹，彝倫之道，不可得而廢耳。

難曰，且無神而爲有神，宣尼云，天可欺乎。今稷無神矣，而以稷配，斯是周旦其欺天乎。既其欺天，又其欺人，斯是聖人之教以欺妄。以欺妄爲教，何達孝子之心，厲渝薄之意哉。答曰，夫聖人者，顯仁藏用窮神盡變，故曰聖達節而賢守節也。寧可求之蹄筌，局以言教。夫欺者，謂傷化敗俗導人非道耳。苟可以安上治民，移風易俗，三光明於上，黔黎悅於下，何欺妄之有乎。請問湯放桀，武伐紂，是弑君非邪。而孟子云，聞誅獨夫紂，未聞弑君也。子不責聖人放弑之迹，而勤勤於郊稷之妄乎。郊丘明堂，乃是儒家之淵府也，而非形神之滯，義當如此，何邪。

難曰，樂以迎來，哀以送往云云。答曰，此義未通而自釋，不復費辭於無用。《禮記》有斯言多矣。近寫此條，小恨未周邪。思文啓，始得范縝《荅神滅論》猶執先迷。思文試料其理，致衝其四證，謹冒奏聞。但思文情識愚淺，無以折其鋒銳，仰塵聖鑒，伏追震悚，謹啓詔，荅具一二。縝既背經以起義，乖理以致談，滅聖難以聖責，乖理難以理詰。如此，則言語之論，略成可息。

曹思文《重難神滅論》（僧祐《弘明集》卷九）　論曰，若合而爲用者，明不合則無用。如蛩駏之相資，廢一則不可。此乃是滅神之精據，而非存神之雅決。子意本欲請戰，而定爲我援兵也。論又云，形之於神，猶刃之於利。未聞刃沒而利存，豈形亡而神在。又伸延陵之言，即形消於下，神滅於上，故云無不之也。又云以稷配天，非欺天也。猶湯放武伐非弒君也。子不責聖人放弒之迹，而勤勤於郊稷之妄邪。難曰，蛩蛩駏驢是合用之證耳，而非形滅即神滅之據也。何以言之，蛩非驢也，驢非蛩也。今滅蛩蛩而駏驢不死，斬駏驢而蛩蛩不亡，非相即也。今引此以爲形神俱滅之精據，又爲救兵之良援，斯倒戈授人而欲求長存也，悲夫。斯則形滅而神不滅之證一也。

論云，形之與神，猶刃之於利。未聞刃沒而利存，豈容形亡而神在。雅論據形神之俱滅，唯此一證而已。愚有惑焉。何者，神之與形，是二物之合用，即論所引蛩駏相資是也。今刃之於利，是一物之兩名耳。然一物兩名者，故捨刃則無利也。二物之合用者，故形亡則神逝也。今引一物之二名，以徵二物之合用，斯差若毫氂，何千里之遠也。斯又是形滅而神不滅之證二也。又伸延陵之言曰，即是形消於下，神滅於上。

論云，形神是一體之相即，今形滅於此即應神滅於形中，何得云形消於下神滅於上。而云無不之乎，斯又是形滅而神不滅之證三也。又云以稷配天非欺天也，猶湯放桀武伐紂非弒君也，即是權假以除惡乎。然唐虞之君無放伐之患矣。若乃運非太平，世值三季，權假立教，以救一時。故權稷以配天，假文以配帝，則可也。然有虞氏之王天下也，禘黄而郊嚳，祖顓而宗堯。既淳風未殄，時非權假而命欺天罔帝也。何乎引證若斯，斯又是形滅而神不滅之證四也。斯四證既立，而根本自傾，其餘枝葉，庶不待風而靡也。

論曰，樂以迎來哀以送往，此義不假通而自釋，不復費於無用。《禮記》有斯言多矣。又云，夫言欺者，謂傷化敗俗耳。苟可以安上治民，復何欺妄之有乎。難曰，前難云迎來而樂是假欣於孔貌，送往而哀又虛淚於丘體，斯實鄙難之雲梯，弱義之鋒的。在此言也，而荅者曾不慧解，唯云不假通而自釋，請重言之曰，依如論旨，既已許孔是假欣而虛淚也，又許稷之配天是指無以爲有也。宣尼云亡而爲有，虛而爲盈，斯爻象之所不占，而格言之所攸棄。用此風以扇也，茲化何得不傷，茲俗於何不敗。而云可以安上治民也，何哉。論云已通而昧者，未悟聊重往諮，側聞提耳。

梁武帝《敕答臣下神滅論》（僧祐《弘明集》卷一〇）　位現致論，要當有體。欲談無佛，應設賓主，標其宗旨，辨其短長，來就佛理以屈佛理。則有佛之義既躓，神滅之論自行，豈有不求他意，妄作異端，運其隔心，鼓其騰口，虛畫瘡痏，空致詆訶。篤時之蟲，驚疑於往來。滯甃之鼃，河漢於遠大。其故何也，淪蒙怠而爭一息，抱孤陋而守井幹，豈知天地之長久，溟海之壯闊。孟軻有云，人之所知不如人之所不知，信哉。

觀三聖設教，皆云不滅。其文浩博，難可具載。止舉二事，試以爲言。《祭義》云，惟孝子爲能饗親。《禮運》云，三日齊，必見所祭。若謂饗非所饗，見非所見，違經背親，言語可息。神滅之論，朕所未詳。

沈约《難范縝神滅論》（道宣《廣弘明集》卷二二）　來論云，形即是神，神即是形。又云人體是一，故神不得二。若如雅論，此二物不得相離，則七竅百體，無處非神矣。七竅之用既異，百體所營不一。神亦隨事而應，則其名亦應隨事而改。神者對形之名，而形中之形各有其用，則應神中之神，亦應各有其名矣。今舉形則有四肢百體之異，屈伸聽受之別。各有其名，各有其用。言神唯有一名，而用分百體，此深所未了也。若形與神對，片不可差。何則，形之名多，神之名寡也。若如來論，七尺之神，神則無處非形，形則無處非神矣。刀則唯刃猶利，非刃則不受利名。故刀是舉體之稱，利是一處之目。刀之與利，既不同矣，形之與神，豈可妄合耶。又昔日之刀，今鑄爲劍，劍利即是刀利，而刀形非劍形。於利之用弗改，而質之形已移與。夫前生爲甲，後生爲丙，天人之道或異，往識之神猶類。與夫劍之爲刀，刀之爲劍，有何異哉。又一刀之質分爲二刀，形已分矣而各有其利。今取一牛之身而剖之爲兩，則飲齕之生即謝，任重之用不分，又何得以刀之爲利譬形之與神耶。來論謂刀之與利即形之有神，刀則舉體是一利，形則舉體是一神，神用於體則有耳目手足之別，手之用不爲足用，耳之用不爲眼用，而利之爲用無所不可，亦可斷蛟虵，亦可截鴻雁，非一處偏可割東陵之瓜，一處偏可割南山之竹。若謂利之爲用，亦可得分，則足可以執物，眼可以聽聲矣。若謂刀背亦有利，兩邊亦有利，但未鍜而銛之耳。利若遍施四方，則利體無處復立，形方形直並不得施利，利之爲用正存一邊毫毛處耳。神之與形舉體若合，又安得同乎刀。若舉體是利，神用隨體則分，若使刀之與利，其理若一，則胛下亦可安眼，背上亦可施鼻，可乎，不可也。

若以此譬爲盡耶，則不盡若。謂本不盡耶，則不可以爲譬也。若形即是神，神即是形，二者相資，理無偏謝，則神亡之日形亦應消。而今有知之神亡，無知之形在，此則神本非形，形本非神，又不可得強令如一也。若謂總百體之質謂之形，總百體之用謂之神。今百體各有其分，則眼是眼形，耳是耳形。眼形非耳形，耳形非眼形。則神亦隨百體而分，則眼有眼神，耳有耳神。耳神非眼神，眼神非耳神也。而偏枯之體，其半已謝。已謝之半，事同木石。譬彼僵尸，永年不朽此半同滅。半神既滅，半體猶存。形神俱謝，彌所駭惕。若夫二負之尸經億載而不毁，單開之體尙餘質於羅浮。神形若合，則此二士不應神滅而形存也。

來論又云，欻而生者欻而滅者，漸而生者漸而滅者，請借子之衝以攻子之城。漸而滅謂死者之形骸，始乎無知而至於朽爛也。若然，則形之與神本爲一物，形既病矣，神亦告病。形既謝矣，神亦云謝。漸之爲用，應與形俱。形以始亡未朽爲漸，神獨不得以始末爲漸耶。

來論又云，生者之形骸變爲死者之骨骼。案如來論，生之神明，生之形骸既化爲骨骼矣，則生之神明獨不隨形而化乎。若附形而化，則應與形同體。若形骸即是骨骼，則死之神明不得異生之神明矣。向所謂死，定自未死也。若形骸非骨骼，則生神化爲死神。生神化爲死神，即是三世，安謂其不滅哉。神若隨形，形既無知矣。形既無知，神本無質。無知便是神亡，神亡而形在，又不經通。若形雖無知，神尙有知，形神既不得異，則向之死形翻復非枯木矣。

沈約《神不滅論》道宣《廣弘明集》卷二二） 含生之類，識鑒相懸。等級參差，千累萬沓。昆蟲則不逮飛禽，飛禽則不逮犬馬。昺明昭著，不得謂之不然。人品以上，賢愚殊性，不相窺涉，不相曉解。燕北越南，未足云疋。其愚者則不辨菽麥，悖者則不知愛敬。自斯已上，性識漸弘。班固九品曾未槩其萬一。何者，賢之與愚，蓋由知與不知也。愚者所知則少，賢者所知則多。而萬物交加，羣方緬曠，情性曉昧，理趣深玄。由其塗求其理，既有曉昧之異，遂成高下之差。自此相傾，品級彌峻。窮其原本，盡其宗極，互相推仰，應有所窮。其路既窮，無微不盡。又不得謂不然也。

且五情各有分域，耳目各有司存。心運則形忘，目用則耳廢。何則，情靈淺弱，心慮雜擾。一念而兼，無由可至。既不能兼，紛糾遞襲。一念未成，他端互起。互起衆端，復同前矣。不相兼之由，由於淺惑。惑淺爲病，病於滯有。不淺不惑，出於兼忘。以此兼忘，得此兼照。始自凡夫，至於正覺。始惑於不惑，不兼至能兼，又謂不然也。

又昆蟲夭促，含靈靡二。或朝生夕殞，或不識春秋。自斯而進，修短不一。既有其短，豈得無長。虛用損年，善攝增壽。善而又善，焉得無之。又不得謂之不然也。

生既可夭，則壽可無。夭既無矣，則生不可極。形神之別，斯既然矣，形既可養，神寧獨異。神妙形麤，較然有辨。養形可至不朽，養神安得有窮。養神不窮，不生不滅。始末相校，豈無其人。自凡及聖，含靈義等。但事有精粗，故人有凡聖。聖既長存，在凡獨滅。本同末異，義不經通。大聖貽訓，豈欺我哉。

何遜《神仙》（南朝梁　何遜《何水部集》） 公子曰，跋烏始照宮槐，遽而欲舒。顧兔裁滿庭英，紛而就落。譬光景於飛浮，比生靈於棲托。擾擾摩肩，轔轔方駕空怵。迫於毁譽，獨殷勤於用捨。嗟向有而今無，歎後榮而前謝。清歌雅舞，暫同於夢寐。廣廈高堂，俄成於幻化。若夫洗精服食，慕道遊仙，尋玉塵於萬里，守金竈於千年。三尸可度，九轉難傳。飛騰水陸，咀嚼靈玄。若乃壁上眞詞，枕中祕要。彈射鬼神，吐納靈妙。既變醜以成妍，亦反老而爲少。虬駕夭矯而出沒，霓裳飖沓而容與。接鶴馭於後乘，追鳳簫於前侶，雨散漂以沾服，雲霏微而襲予。瞰芝闕以窈窕，見玉臺之相拒。蓋排烟而漸滅，旌拖風而未舉。值解珮於江濱，逢弄珠於湘渚。薄遊玄圃，弭節泰華。列神童於羽帳，倚玉女於仙車。潤采兮危實，苑拔兮迴花。聽弱水之晨浪，望昆山之夕霞。窮北辰而比壽，指中嶽以爲家。此神仙之恍惚，豈從我而躅邪。先生曰，捕影之言莫測，繫風之論難盡。未嘗留意於死生，豈復稍論於椿菌。

蕭統《令旨解二諦義》（《昭明太子集》卷一） 二諦理實深玄，自非虛懷無以通。其弘遠明道之方，其由非一。舉要論之，不出境智。或時以境明義，或時以智顯行。至於二諦，即是就境明義。若迷其方，三有不絕。若達其致，萬累斯遣。所言二諦者，一是眞諦，二名俗諦。眞諦亦名第一義諦，俗諦亦名世諦。眞諦、俗諦以定體立名，第一義諦、世諦以褒貶立目。若以次第言說，應云一眞諦，二俗諦。一與二合，數則爲三。非直數過於二，亦名有前後，於義非便。眞既不因俗而有，俗亦不由眞而生。正可得言一眞一俗。眞者是實義，即是平等，更無異法，能爲雜問。俗者即是集義，此法得生，浮僞起作。第一義者，就無生境中別立美名，言此法最勝最妙，無能及者。世者以隔別爲義，生滅流動，無有住相。涅槃經言，出世人所知名第一義諦，世人所知名爲世諦。此即文證褒貶之理，二諦立名差別不同。眞俗世等以一義說，第一義諦以二義說。正言此理德既第一，義亦第一。世既浮僞，更無有義。所以但立世名。諦者以審實爲義。眞諦審實是眞，俗諦審實是俗。眞諦離有離無，俗諦即有即無。即有即無斯是假名，離有離無此爲中道。眞是中道，以不生爲體。俗既假名，以生法爲體。

南澗寺慧超諮曰：浮僞起作，名之爲俗。離於有無，名之爲眞。未審浮僞爲當與眞一體，爲當有異？

令旨答曰：世人所知，生法爲體。出世人所知，不生爲體。依人作論，應如是說。若論眞，即有是空。俗指空爲有。依此義明，不得別異。

又諮：眞俗既云一體，未審眞諦亦有起動，爲當起動自動，不關眞諦。

令旨又答：眞諦寂然，無起動相。凡夫惑識，自橫見起動。

又諮：未審有起動而凡夫橫見，無起動而凡夫橫見？

令旨又答：若有起動則不名橫見，以無動而見動所以是橫。

又諮：若法無起動，則唯應一諦。

令旨又答：此理常寂，此自一諦。橫見起動，復是一諦。唯應有兩，不得言一。

又諮：爲有橫見，爲無橫見。

令旨又答：依人爲語，有此橫見。

又諮：若依人語，故有橫見。依法爲談，不應見動。

令旨又答：法乃無動，不妨橫者自見其動。

丹陽尹晉安王蕭綱諮曰：解旨依人，爲辨有生不生。未審浮虛之與不生，只是一體，爲當有異。

令旨答曰：凡情所見，見其起動。聖人所見，見其不生。依人爲論，乃是異體。若語相即，則不成異。具如向釋，不復多論。

又諮：若眞不異俗，俗不異眞，豈得俗人所見生法爲體，聖人所見不生爲體。

令旨答：即俗知眞，即眞見俗。就此爲談，自成無異。約人辨見，自有生不生殊辨。

又諮：未審俗諦之體既云浮幻，何得於眞實之中見此浮幻？

令旨答：眞實之體自無浮幻，惑者橫構謂之爲有，無傷眞實體自玄虛。

又諮：聖人所見見不流動，凡夫所見自見流動。既流不流異，愚謂不得爲一。

令旨答：不謂流不流，各是一體正言。凡夫於不流之中橫見此流，以是爲論，可得成一。

又諮：眞寂之體，本自不流。凡夫見流，不離眞體。然則但有一眞，不成二諦。

令旨答：體恆相即，理不得異。但凡見浮虛，聖覩眞寂。約彼凡聖，可得立二諦名。

招提寺慧琰諮曰：凡夫見俗，以生法爲體。聖人見眞，以不生爲體。未審生與不生，但見其異。復依何義而得辨一。

令旨答曰：凡夫於無構有，聖人即有辨無。有無相即，此談一體。

又諮：未審此得談一，一何所名。

令旨答曰：正以有不異無，無不異有，故名爲一，更無異名。

又諮：若無不異有，有不異無，但見其一，云何爲二。

令旨答：凡夫見有，聖人見無。兩見既分，所以成二。

又諮：聖人見無，無可稱諦。凡夫見有，何能稱諦。

令旨荅：聖人見無，在聖爲諦。凡夫審謂爲有，故於凡爲諦。

栖玄寺曇宗諮曰：聖人爲見世諦，爲不見世諦？

令旨荅曰：聖知凡人見有世諦。若論聖人，不復見此。

又諮：聖人既不見世諦，云何以世諦教化衆生。

令旨荅：聖人無惑，自不見世諦。無妨聖人知凡夫所見，故曲隨物情，說有二諦。

又諮：聖人知凡見世諦，即此凡夫不？

令旨荅：此凡即是世諦，聖人亦不見此凡。

又諮：聖既不見凡，焉知凡見世諦。

令旨荅：聖雖自無凡，亦能知有凡。自謂爲有，故曲赴其情，爲說世諦。

司徒從事中郎王規諮曰：未審眞俗既不同，豈得相即之義？

令旨荅：聖人所得，自見其無。凡人所得，自見其有。見自不同，無妨俗不出眞外。

又諮：未審既無異質，而有二義。爲當義離於體，爲當即義即體。

令旨荅：更不相出，名爲一體。愚聖見殊，自成異義。

又諮：凡夫爲但見俗，亦得見眞不？

令旨荅：止得見俗，不得見眞。

又諮：體既相即，寧不覩眞。

令旨荅：凡若見眞，不應覩俗。覩俗既妄，焉得見眞。

靈根寺僧遷諮曰：若第一以無過爲義，此是讚嘆之名。眞離於俗，亦應是讚嘆之名。

令旨荅曰：即此體眞，不得言嘆。第一義諦既更立美名，所以是嘆。

又諮：無勝我者既得稱讚嘆，我體即眞，何以非嘆？

令旨荅：無勝我者，所以得稱讚嘆。我體即眞，亦是我眞，故非讚嘆。

又諮：我無過者，所以得稱讚嘆。我是不僞，何得非讚。

令旨荅：不僞只是當體之名，如人體義謂之解義，正足稽其實體，豈成讚嘆。

又諮：此法無能出者，焉得即是讚嘆。

令旨荅：既云無出，非讚如何。

羅平侯蕭正立諮曰：未審俗諦是生法以不？

令旨荅曰：俗諦之體，正是生法。

又諮：俗既橫見，何得有生？

令旨荅：橫見爲有，所以有生。

又諮：橫見爲有，實自無法，實既無法，說何爲生。

令旨荅：即此生法，名爲橫見。亦即此橫見，名爲生法。

又諮：若是橫見，不應無生。若必有生，何名橫見？

令旨荅：既云橫見，實自無生。但橫見爲有，有此橫生。

衡山侯蕭恭諮曰：未審第一義諦既有義目，何故世諦獨無義名。

令旨荅曰：世既浮俗，無義可辨。

又諮：若無義可辨，何以稱諦？

令旨荅：凡俗審見，故立諦名。

又諮：若凡俗見有得受諦名，亦應凡俗見有得安義字。

令旨荅：凡俗審見故諦名可立，浮俗無義何得強字爲義。

又諮：浮俗雖無實義，不無浮俗之義。既有此浮俗，何得不受義名。

令旨荅：正以浮俗，故無義可辨。若有義可辨，何名浮俗？

中興寺僧懷諮曰：令旨解言眞不離俗，俗不離眞，未審眞是有相，俗是有相？有無相殊，何得同體？

令旨荅曰：相與無相，此處不同。但凡所見有，即是聖所見無。以此爲論，可得無別。

又諮：既是一法，云何得見爲兩。見既有兩，豈是一法。

令旨荅：理乃不兩，隨物所見，故得有兩。

又諮：見既有兩，豈不相違。

令旨答：法若實兩，可得相違。法實不兩，人見自兩。就此作論，焉得相乖。

又諮：人見有兩，可說兩人。理既是一，豈得有兩。

令旨答：理不兩而令人成兩。

始興王第四男蕭暎諮曰：第一義諦其義第一，德亦第一不？

令旨答曰：義既第一，德亦第一。

又諮：直言第一，已包德義。何得復加義字，以致繁複。

令旨答：直言第一，在義猶昧。第一見義，可得盡美。

又諮：若加以義字，可得盡美。何不加以德字，可得盡美。

令旨答：第一是德，豈待復加。但加義字，則德義雙美。

又諮：直稱第一，足見其美。偏加義字，似有所局。

令旨答：第一表德，復加義字。二美俱陳，豈有所局。

吳平世子蕭勵諮曰：通旨云第一義諦，世諦褒貶，立名眞俗二諦。定體立名，尋眞諦之理，既妙絕言慮，未審云何有定體之旨？

令旨答曰：談其無相，無眞不眞。寄名相說，以眞定體。

又諮：若眞諦無體，今寄言辨體，未審眞諦無相，何不寄言辨相。

令旨答：寄言辨體，猶恐貶德，若復寄言辨相，則有累虛玄。

又諮：眞諦玄虛，離於言說。今既稱有眞，豈非寄言辨相？

令旨答：寄有此名，名自是相。無傷此理無相虛寂。

又諮：未審此寄言辨體，爲是當理爲不當理？

令旨答：無名而說名，不合當理。

又諮：若寄言辨名，名不當理。未審此寄將作何說？

令旨答：雖不當理，爲接引衆生，須名相說。

宋熙寺慧令諮曰：眞諦以不生爲體，俗諦以生法爲體。而言不生即生，生即不生。爲當體中相即，爲當義中相即。

令旨答云：體中相即，義不相即。

又諮：義既不即，體云何即。

令旨答：凡見其有，聖覩其無。約見成異，就體恆即。

又諮：體既無兩，何事須即。

令旨答：若體無別兩，緣見有兩。見既兩異，須明體即。

又諮：若如解旨，果是就人明即。

令旨答：約人見爲二，二諦所以名生。就人見明即，此亦何妨。

始興王第五男蕭曄諮曰：眞諦稱眞，是實眞不？

令旨答曰：得是實眞。

又諮：菩薩會眞之時，爲忘俗忘眞不？

令旨答：忘俗忘眞，故說會眞。

又諮：若忘俗忘眞，故說會眞。忘俗忘眞，何謂實眞。

令旨答：若存俗存眞，何謂實眞。正由兩遣，故謂實眞。

又諮：若忘俗忘眞，而是實眞。亦應忘眞忘俗，而是實俗。

令旨答：忘俗忘眞，所以見眞。忘眞忘俗，彌見非俗。

又諮：菩薩會眞，既忘俗忘眞。今呼實眞，便成乖理。

令旨答：假呼實眞，終自忘眞。兩忘稱實，何謂乖理？

興皇寺法宣諮曰：義旨云俗諦是有是無，故以生法爲體。未審有法有體，可得稱生，無是無法，云何得有生義？

令旨答：俗諦有無，相待而立。既是相待，故竝得稱生。

又諮：若有無兩法竝稱爲生，生義既一，則有無無異。

令旨答：俱是凡夫所見，故生義得同。是有是無，焉得不異。

又諮：若有無果別，應有生不生。

令旨答：既相待立名，故同一生義。

程鄉侯蕭祇諮曰：未審第一之名是形待以不？

令旨答：正是形待。

又諮：第一無相，有何形待。

令旨答：既云第一，豈得非待。

又諮：第一是待，既稱第一，世諦待於第一，何不名爲第二？若俗諦是待，而不稱第二，亦應眞諦是待，不名第一。

令旨答：若稱第一是待，於義已足。無假說俗第二，方成相待。

又諮：若世諦之名不稱第二，則第一之稱無所形待。

令旨答：第一褒眞，既云相待，世名是待，直置可知。

光澤寺法雲諮曰：聖人所知之境，此是眞諦。未審能知之智，爲是眞諦爲是俗諦？

令旨答曰：能知是智，所知是境。智來冥境，得言即眞。

又諮：有智之人，爲是眞諦，爲是俗諦。

令旨答：若呼有智之人，即是俗諦。

又諮：未審俗諦之人，何得有眞諦之智。

令旨答：聖人能忘於俗，所以得有眞智。

又諮：此人既冥無生，亦應不得稱人。

令旨答：冥於無生，不得言人。寄名相說，常自有人。

靈根寺慧令諮曰：爲於眞諦中見有，爲俗諦中見有。

令旨答曰：於眞諦中橫見有俗。

又諮：俗諦之有，爲實爲虛。

令旨答：是虛妄之有。

又諮：爲當見妄，爲當見有。

令旨答：見於妄有。

又諮：無名相中，何得見有名相？

令旨答：於無名相見有名相，所以妄有。

又諮：於無名相妄見爲有，譬如火熱，惑者言冷。得就熱中有冷相不？若於無名相而有名相，亦於火中應有此冷。

令旨答：火自常熱，妄見有冷。此自惑冷，熱未嘗異。

湘宮寺慧興諮曰：凡夫之惑爲當，但於眞有迷，於俗亦迷。

令旨答曰：於眞見有，此是迷眞。既見有俗，不成迷俗。

又諮：若使解俗，便成解眞。若不解眞，豈得解俗。

令旨答：眞理虛寂，惑心不解。雖不解眞，何妨解俗。

又諮：此心不解眞，於眞可是惑。此心既解俗，於惑應非惑。

令旨答：實而爲語，通自是惑。辨俗森羅，於俗中各解。

莊嚴寺僧旻諮曰：世俗心中所得空解，爲是眞解，爲是俗解。

令旨答：可名相似解。

又諮：未審相似爲眞爲俗？

令旨答：習觀無生，不名俗解。未見無生，不名眞解。

又諮：若能照之智，非眞非俗。亦應所照之境，非眞非俗。若是非眞非俗，則有三諦。

令旨答：所照之境，既即無生，無生是眞，豈有三諦。

又諮：若境即眞境，何不智即眞智。

令旨答：未見無生，故非眞智。何妨此智未眞，而習觀眞境。豈得以智未眞智，而使境非眞境。

宣武寺法寵諮曰：眞諦不生不滅，俗諦有生有滅。眞俗兩義，得言有異。談其法體，只得是一。未審體從於義，亦得有二不？

令旨答曰：體亦不得，合從於義。

又諮：未審就凡聖兩見，得言兩義。亦就凡聖兩見，得言兩體。

令旨答：理不相異，所以云一。就凡聖兩見，得有二體之殊。

又諮：若使凡者見有，聖人見無，便應凡夫但見世諦有，聖人應見太虛無。

令旨答：太虛亦非聖人所見。太虛得名，由於相待。既由待生，竝凡所見。

又諮：凡夫所見，空有得言是一不？

令旨答：就凡爲語，有實異無。約聖作談，無不異有。

建業寺僧愍諮曰：俗人解俗，爲當解俗參差而言解俗，爲當見俗虛假而言解俗。

令旨答：只是見俗參差而言解俗。

又諮：俗諦不但參差，亦是虛妄。何故解參差而不解虛妄？
令旨答：若使凡夫解虛妄即是解眞，不解虛妄所以名爲解俗。
光澤寺敬脫諮曰：未審聖人見眞，爲當漸見，爲當頓見。
令旨答：漸見。
又諮：無相虛懷，一見此理，萬相並寂。未審何故見眞得有由漸？
令旨答：自凡之聖，解有淺深。眞自虛寂，不妨見有由漸。
又諮：未審一得無相，並忘萬有，爲不悉忘。
令旨答：一得無相，萬有悉忘。
又諮：一得無相忘萬有者，亦可一得虛懷窮彼眞境，不應漸見。
令旨答：如來會寂，自是窮眞。淺行聖人，恆自漸見。
又諮：若見眞有漸，不可頓會。亦應漸忘萬有，不可頓忘。
令旨答：解有優劣，故有漸見。忘懷無偏，故萬有並寂。

又《令旨解法身義并問答》（《昭明太子集》卷一）　法身虛寂，遠離有無之境，獨脫因果之外。不可以智知，不可以識識。豈是稱謂所能論辯。將欲顯理，不容嘿然。故隨從言說，致有法身之稱。天竺云達摩舍利，此土謂之法身。若以當體，則是自性之目。若以言說，則是相待立名。法者軌則爲旨，身者有體之義。軌則之體，故曰法身。畧就言說，粗陳其體，是常住身，是金剛身。重加研覈，其則不爾。若定是金剛，即爲名相。定是常住，便成方所。所謂常住，本是寄名。稱名金剛，本是譬說。及談實體，則性同無生，故云佛身無爲，不墮諸法。故《涅槃經》說如來之身，非身是身。無量無邊，無有足跡。無知無形，畢竟清靜。無知清靜，而不可爲無。稱曰妙有，而復非有。離無離有，所謂法身。
招提寺慧琰諮曰：未審法身無相，不應有體。何得用體以釋身義。
令旨答曰：無名無相，乃無體可論。寄以名相，不無妙體。
又諮：若寄以名相，不無妙體，則寄以名相，不成無相。
令旨答：既云寄以名相，足明理實無相。
又諮：若寄以名相，而理實無相。理既無相，云何有體？
令旨答：寄言軌物，何得無體。
又諮：亦應寄言軌物，非復無相。
令旨答：軌物義邊，理非無相。所言無相，本談妙體。
又諮：眞實本來無相，正應以此軌物，何得隱斯眞實，強言生相。
令旨答：眞實無相，非近學所窺。是故接諸庸淺，必須寄以言相。
光澤寺法雲諮曰：未審法身常住，是萬行得不？
令旨答曰：名相道中，萬行所得。
又諮：既爲萬行所得，豈是無相。若必無相，豈爲萬行所得。
令旨答：無名無相，何曾有得。寄以名相，假言有得。
又諮：實有萬行，實得佛果。安可以無相全無所得。
又諮：見有衆生修習萬行，未審何故全謂無爲。
令旨答：問者住心，謂實有萬行，今謂萬行自空，豈有實果可得。
令旨答：凡俗所見，謂之爲有。理而檢之，實無萬行。
又諮：經說常住以爲妙有，如其假說，何謂妙有？
令旨答：寄以名相，故說妙有。理絕名相，何妙何有。
莊嚴寺僧旻諮曰：未審法身絕相，智不能知。絕相絕智，何得猶有身稱？
令旨答曰：無名無相，曾有何身。假名相說，故曰法身。
又諮：亦應假名相說是智所照，何得不可以智知，不可以識識。
令旨答：亦得寄名相，慧眼所見。
又諮：若慧眼能見，則可以智知。若智不能知，則慧眼無見。
令旨答：慧眼無見，亦無法可見。
又諮：若云無見，有何法身？
令旨答：理絕聞見，實無法身。
又諮：若無法身，則無正覺。正覺既有，法身豈無？
令旨答：恆是寄言，故有正覺。正覺既在，寄言法身，何得定有。
宣武寺法寵諮曰：未審法身之稱，爲正在妙體，金姿丈六，亦是法身。

令旨答曰：通而爲論，本跡皆是。別而爲語，止在常住。
又諮：若止在常住，不應有身。若通取丈六，丈六何謂法身？
令旨答：常住既有，妙體何得無身。丈六亦能軌物，故可通稱法身。
又諮：若常住無累，方稱法身。丈六有累，何謂法身？
令旨答：衆生注仰，妄見丈六。丈六非有，有何實累。
又諮：若丈六非有，指何爲身。
令旨答：隨物見有，謂有應身。
又諮：既曰應身，何謂法身。
令旨答：通相爲辯，故兼本跡。覆求實義，不在金姿。

靈根寺慧令諮曰：未審爲以極智名曰法身，爲以全相故曰法身？
令旨答：無名無相，是集藏法身。圓極智慧，是實智法身。
又諮：無名無相，則無身不身。既有法身，何謂無相。
令旨答：正以無相，故曰法身。
又諮：若以無相，故曰法身。則智慧名相，非復法身。
令旨答：既是無相，智慧豈非法身。
又諮：如其有身，何名無相。若是無相，何得有身。
令旨答：於無名相，假說法身。
又諮：若假說法身，正存名相。云何直指無相，而謂法身。
令旨答：既於無相假立名相，豈得異此無相而說法身。

靈味寺靜安諮曰：未審法身乘應以不？
令旨答：法身無應。
又諮：本以應化，故稱法身。若無應化，何謂法身。
令旨答：本以軌則之體，名爲法身。應化之談，非今所軌。
又諮：若無應化，云何可軌。既爲物軌，豈無應化。
令旨答：衆生注仰蒙益，故云能爲物軌。化緣已畢，何所應化。
又諮：若能益衆生便成應化，若無應化何以益物。
令旨答：能生注仰，軌則自成。何勞至人，俯應塵俗。
又諮：既生注仰，豈無應化。若無應化，注仰何益。
令旨答：正由世尊至極，神妙特深，但令注仰，自然蒙祐。若應而後益，何謂至神。不應而益，故成窮美。若必令實應，與菩薩豈殊。

又《和上遊鍾山大愛敬寺》（《昭明太子集》卷一） 唐遊薄汾水，周載集瑤池。豈若欽明后，迴鑾鷲嶺岐。神心鑒無相，仁化育有爲。以茲慧日照，復見法雨垂。萬邦躋仁壽，兆庶滌塵羇。望雲雖可識，日用豈能知。鴻名冠子姒，德澤邁軒羲。斑斑仁獸集，足足翔鳳儀。善遊茲勝地，茲岳信靈奇。嘉木互紛糺，層峯鬱蔽虧。丹藤繞垂幹，綠竹蔭清池。舒華匝長阪，好鳥鳴喬枝。霏霏慶雲動，靡靡祥風吹。谷虛流鳳管，野綠暎丹麾。帷宮設廛外，帳殿臨郊垂。俯同南風作，斯文良在斯。伊臣限監國，卽事阻陪隨。顧惟實庸菲，冲薄竟奚施。至理徒興羨，終然類管窺。上聖良善誘，下愚慚不移。

又《東齋聽講》（《昭明太子集》卷一） 昔聞孔道貴，今覩釋化珍。至理乃悟寂，承稟實能仁。示教雖三徹，妙法信平均。信言一鄙俗，延情方慕眞。庶茲袪八倒，冀此遣六塵。良思大車道，方願寶船津。長延永生肇，庶席諒徐陳。是節朱明季，灼爍治渠新。霏雲出翠嶺，涼風起青蘋。既參甘露旨，方欲書諸紳。

又《僧正講并序》（《昭明太子集》卷一） 僧大正以眞俗兼解，鬱爲善歌。璡師以行有餘力，緣情繼響。余自法席既闌，便思和寂。杼軸二年，濡翰兩器大正，今春復爲同泰建講法輪將半，此作方成，所以物色不同，序事或異。

放光開鷲岳，金牒秘香城。窮源絕有際，離照歸無名。若人聆至寂，寄說表眞冥。能令梵志遣，亦使羣魔驚。寶珠分水相，須彌會色形。學徒均染氎，游士譬春英。伊予寡空智，徒深愛怯情。舒金起祇苑，開筵慕肅成。年鍾倏從變，弦望驟舒盈。今開火林聚，淨土接承明。挔影連高塔，法鼓亂嚴更。雷聲芳樹長，月出地芝生。已知法味樂，復悅玄言清。何因動飛轡，暫使塵勞輕。

又《鍾山解講》 清宵出望園，詰晨屆鍾嶺。輪動文學乘，笳鳴賓從靜。暾出巖隱光，月落林餘影。糺紛八桂密，坡陁再城永。伊予愛丘壑，登高至節景。迢遞覩千室，迤邐觀萬頃。即事已如斯，重茲游勝境。精理既已詳，玄言亦兼逞。方知蕙帶人，囂虛成易屏。眺瞻情未終，龍境忽遊騁。非曰樂逸游，意欲識箕潁。

又《開善寺法會》 栖烏猶未翔，命駕出山莊。詰屈登馬嶺，回互入羊腸。稍看原藹藹，漸見岫蒼蒼。落星埋遠樹，新霧起朝陽。陰池宿早鴈，寒風催夜霜。茲地信閑寂，清曠惟道場。玉樹琉璃水，羽帳鬱金床。紫柱珊瑚地，神幢明月璫。牽蘿下石磴，攀桂陟松梁。澗斜日欲隱，烟生樓半藏。千祀終何邁，百代歸我皇。神功照不極，睿鏡湛無方。法輪明暗室，慧海度慈航。塵根乆未洗，希霑垂露光。

又《講解將畢賦三十韻詩依次用》 法苑稱嘉柰，慈園羨修竹。靈覺相招影，神功共栖宿。慧義比瓊瑤，薰染猶蘭菊。理玄方十算，功深似九築。華水警銀舟，方衢列金軸。微言絕已乆，煩勞多累蓄。因慈闡慧雲，欲使心塵伏。八水潤焦芽，三明啟羣目。寶鐸且參差，名香晚紛鬱。暫舍六龍駕，微祛二鼠蹙。意樹登空花，心蓮吐輕馥。喻斯滄海變，譬彼菴羅熟。妙智方縟錦，深詞同霧縠。善學同梵爪，眞言異銅腹。逶迤合蓋城，葳蕤布金鬱。珠華蔭八溪，玉流通九谷。青禽乍上下，雲鴈飛翻覆。高談屬時勝，寡聞終自恧。日麗鴛鴦瓦，風度蜘蛛屋。落蘤散香霏，浮雲捲遙族。曠濟同象園，中乘如佇獨。後掞難堅明，初心易驚縮。應當離花水，無令乖漆木。投巖不足貴，棘木安可宿。器月希留影，心灰庶方撲。視愛同芥蜂，游善如原菽。八邑仙人山，四寶神龍澳，樂樹永繁稠，禪枝詎凋槭。以茲悅聞道，庶此優馳逐。願追露寶車，脫屣親推轂。

又《謝勅賚水犀如意啟》（《昭明太子集》卷三） 臣某啟：應勅左右伯佛掌奉宣勅旨垂賚水犀如意一柄，式是道義所須，白玉照采，方斯非貴，珊瑚挺質，匹此未珍，雕剖既成，先被庸薄。如蒙漢帝之簪，似獲趙堯之印。謹仰承威神，陳諸講席。方使歡喜羅漢，懷棄鉢之嗟；玉式碩儒，忻驪駒之辨。熊飾寶刀，子桓恧其大賚；犛牛輕拂，張敞慚其舊儀。殊恩特降，伏深荷躍，不任下情。

又《謝勅賚看講啟》 臣某啟：主書管萬安奉宣勅旨，以臣今講，竟曲垂勞問。伏以正言深奧，總一羣經。均斗杓以命四時，等太陽而照萬國。臣不涯庸淺，輕敢奉宣。莫測天文，徒觀玉府。慚悚交并，寢興無寘。仰降中使，俯賚光臨。榮荷殊慈，靡知啟處。不任下情。

又《謝勅參解講啟》 臣某啟：主書周昂奉宣勅旨，垂參臣今解講。伏以至理希夷，微言淵奧。非所能鑽仰，遂以無庸叨茲宣釋。將應讓齒，反降教冑之恩；允宜尙學，翻荷說經之詔。竊以挾八威之策，則神物莫干；服九丹之華，則僊徒可役。臣仰承皇威，訓茲學侶。奉揚聖旨，洞曉羣儒。鼓冶異師，陶鈞乆滯。方使惠施恧其短長，公孫罷其堅白。王生挫辯既盡神氣，法開受屈永隱東峯。中使曲臨，彌光函席。仰戴殊慈，不知啟處。無任下情，謹奉啟事謝聞。

又《謝勅賚制旨大涅槃經講疏啟》 臣某啟：後閤應勅木佛子奉宣勅旨，垂賚制旨《大涅槃經講疏》一部十帙，合目百一卷。寒鄉覩日，未足稱奇。採藥逢仙，曾何譬喜。臣伏以六爻所明，至邃窮於幾象；四書所總，施命止於域中。豈有牢籠因果，辨斯寶城之教；網羅眞俗，開茲月滿之文。方當道洽大千，化均百億。雲彌識種，雨徧身田。豈復論唐帝龜書，周王策府。何待刊寢盤盂，屏黜丘索。甘露妙典，先降殊恩。揣已循愚，不勝慶荷。不任頂戴之至，謹奉啟謝聞。

又《謝勅齎銅造善覺寺塔露盤啟》 是稱邢陽之珍，實亦昆吾之琁。燥濕無變，九市見奇。寒暑是宜，六律成用。況復神龍負子，光斯妙塔。金烏銜帶，飾茲高表。函谷恥其詠歌，臨淄惡其祥應。陽燧含影，還譬日輪。甘露入盤，足稱天酒。辭林本闕，心辯又慚。徒戴重恩，終難陳謝。

又《謝勅賚制旨大集經講疏啟》 臣某啟：宣詔王慧寶奉宣勅旨，垂賚制旨《大集經講疏》二帙十六卷。甘露入頂，慧水灌心。似暗遇明，如饑獲飽。伏以非色非欲，二界同坊；匪文匪理，三詮雲集。四辯言而未極，八聲闡而莫窮。俯應天機，垂茲聖作。同眞如而無盡，與日月而俱懸。但觀寶春山，獲珠大海。臣實何能，恆蒙誘被。章奏俗筆，豈足陳心。抗袖長言，未伸歌舞。不任喜荷之至。

又《荅雲法師請開講書》（《昭明太子集》卷四） 統覽近示，知欲見令道義。夫釋教凝深，至理淵粹。一相之道，杳然難測。不二之門，寂焉無響。自非深達玄宗，精解妙義。若斯之處，豈易輕辦。至於宣揚正教，在乎利物耳。弟子之於內義，誠自好之樂之。然鈎深致遠，多所未悉。爲利之理，蓋何足論。諸僧竝入法門，遊道日廣，至於法師，彌不俟說。云欲見參稟，良所未喻。想得此意，不復多云。

（《四庫全書》本，蕭統《昭明太子集》卷四）

又《又苔雲法師書》（《昭明太子集》卷四） 重覽來示，知猶欲令述義。不辯爲利，具如前言。甘露之開，彌慚末說。若止是畧標義宗，無爲不爾，但媿以魚目擬法師之夜光耳。

徐陵《諫仁山深法師罷道書》（《四庫全書》本，徐陵《徐孝穆集》卷三，吴兆宜箋注。） 竊聞出家閑曠，猶若虚空。在俗籠樊，比於牢獄。（《涅槃經》：在家迫迮，猶如牢獄，煩惱因之而生。出家寛廓，猶如虚空，一切善法因之增長。）非但經有明文，亦自世間共見。曾聞法師覆彼舟航，（《文殊問經》：住家者是煩惱大海，出家者是大舟航。）趣返緇衣之務。此爲目下之英奇，非久長之深計。何以知然？從苦入樂，未知樂中之樂；從樂入苦，方知苦中之苦。（見《涅槃經》）弟子素與法師雖無曩舊，相知已來亦復不疎。夫良藥必自無甘，忠諫者沃乎逆耳。（《漢·淮南王傳》，嚴正上書曰：毒藥苦口利病，忠言逆耳利行。）倚見其僻，是以不忍不言。且三十年中，造莫大之業。如何一旦舍已成之功，深爲可惜。敬度高懷，未解深意。將非惟帳之策，欲集留侯。（《漢·張良傳》，良曰：始臣起下邳，與上會留，臣願封留。詳《與楊僕射書》）形類卧龍，擬求葛氏。（《蜀志》，徐庶謂先主曰：諸葛孔明，卧龍也。將軍豈願見之乎。）黄石兵法，寧可再逢。（《漢·張良傳》，良嘗閑從容步遊下邳圯上，有一父老衣褐至良所，直墮其履圯下。良因跪進，因授一編書，曰，讀是則爲王者師。孺子見我濟北穀城山下，黄石即我已。）三顧草廬，無由兩遇。（諸葛亮《表》：三顧臣於草廬之中。）封爵五等，惟見不逢。（《書》：列爵惟五。）中閤外門，難朱易白。（《世說》：竺法師在簡文坐，劉尹問：道人何以遊朱門？答曰：君自見其朱門，貧道如遊蓬戶。《漢·吾丘壽王傳》：或由窮巷起白屋。）嗚笳鳳管，非有或聞。（魏文帝《與吳質書》：從者鳴笳以啟路。詳《答周處士書》）倡女歌姬，空勞反翫。（《左傳》：晏子曰：撞鐘舞女。）覓之者等若牛毛，得之者譬猶麟角。（《抱樸子》：學若牛毛，得如麟角。）以此之外，何所窺窬。（見《與王僧辯書》）法師今若退轉，（《寶女經》，佛告寶女，吾往古世堅固，勸助而不退轉。）未必有一稱心，交失現前十種大利。

何者？佛法不簡細流。（李斯《上秦皇書》：河海不擇細流。）入者則尊，歸依則貴。（《上生經》：若有歸依彌勒菩薩，當知是人得不退轉。）上不朝天子，下不讓諸侯，獨翫世間，無爲自在。其利一也。身無執作之勞，口餐香積之飯。（《維摩經》：上方有國，佛號香積。如來以一鉢盛香飯，恆飽衆生。）心不妻妾之務，身飾毱摩之衣。（未詳。按《法苑珠林》，衣中有四者：一糞埽衣，二毳衣，三衲衣，四三衣。）朝無践境之憂，夕不千里之苦。俯仰優游，寧不樂哉。其利二也。躬無任重，居必方域，白璧朱門，（《韓詩外傳》：楚襄王遣使者持黄金千斤，白璧百雙，聘莊子爲相。）理然致敬。夜琴晝瑟，自是娱懷。曉筆暮詩，論情頓足。其利三也。假使棘生王路，（《晉·藝術傳》：佛圖澄，天竺人也。本姓帛氏。少學道，妙通玄術。石季龍傾心事澄。季龍太享羣臣於太武前殿，澄吟曰：殿乎殿乎，棘子成林，將壞人衣。季龍令發殿石下視之，有棘生焉。冉閔小字棘奴。明年，季龍死，遂大亂。）橋化長溝。（未詳）巷吏門兒，何因仰喚。寸絹不輸官庫，升米不進公倉。庫部倉司，豈須求及。其利四也。門前擾擾，（鮑昭詩：擾擾遊宦子。）我且安眠。巷裏云云，（李陵《答蘇武書》：而執事者云云。）余無驚色。家休小大之調，門停强弱之丁。入出隨心，往還自在。其利五也。出家無當之僧，猶勝在俗之士。假使心存殺戮，手無斷命之愆。密裏通情，決勝灼然。矯俗如斯，煩垢萬倍，勝於白衣。（《四分律》沙門以世俗法教白衣。）一入愛河，（《法苑珠林》：登常樂之高山，出愛河之深際。）永沈無出，其利六也。聽鐘聲而致敬，（《增一阿含經》：鳴鐘僞福。）尋香馥以生心。朝覩尊儀，（《法苑珠林》：云起千尺之尊儀。）暮披寶軸。剎那之善，逐此而生。（《仁王經》：一念有九十剎那，一一剎那中復有九百生滅。）水滴微功，漸盈大器。（《法苑珠林》寶積云，世尊告言，譬如有人析一毛爲一分，以一分於大海中，取一滴水。喻彌陀佛剎莊嚴。彼大海水，喻普見佛剎莊嚴，復過於是。）未知因緣果報，善惡皎然。就此而言，其利難陳矣。假使達相白衣，猶有埃塵之務。縱令遙寄彈指，（《維摩經》：度百千劫猶如彈指。）遠近低頭。形去心留，身移意往。閑有者得如此，貧苦者永無因。近在目前，不言可見。其利七也。山間樹下，故自難期。（《報恩奉盆經》：一切聖衆，或山間禪定，或得四道果，或樹下經行，或得六神通。）枕石漱流，實爲希有。（《晉書》孫楚曰：當欲枕石漱流。）猶斯之類，不可思議。如此者難逢，一心人悕遇。法師未能不學，交習聽勝之因。一旦退心，於理邀矣。其利八也。開織成之帙，見過去之因，擿琉璃之卷，驗當來之果。（《賢愚經》：時佛姨母摩訶波闍波提佛已出家，手自紡織，預作一端金色之㲲奉上。如來佛令持此往奉衆僧。注：㲲，織成大衣也。《阿育王傳》：王作八萬四千金銀瑠璃玻瓈篋，盛佛舍利。齊竟陵王子良付士淨住子淨行法門云：藉如此之勝因，獲若斯之妙果。衆香偈轉不住心，退無因果。按佛經，佛有過去當來之號。）識因識果，不以爲愆。知福知報，何由作罪。上無舟檝，交見沒溺之悲；下失浮囊，則有沈身之患。（《大悲經》，佛告阿難：有大商主，在海中間，其船卒壞。或有得船版者，或有浮者，有命終者。我於爾時作彼商主，在大海中，用以浮囊安穩而度。）其利九也。曠濟羣品，爲天人之師。（《景德傳燈錄》：周昭王二十八年，釋迦佛生刹利王家，放大智光明，照十方世界，湧金蓮花，自然捧雙足分，手指天地作師子吼聲。年十九欲出家，號天人師。）水陸空行，皆所尊貴。言必闍黎和尚，釋氏要覽：（梵語云阿闍黎，即唐云軌範也。）書輒致敬和尚，遠近嗟詠。貴賤顒仰。法師今必退轉，立成可驗。纔脫袈裟，（《起世經》：剃除鬚髮，著袈裟衣。）逢人輒稱汝我；始解偏袒，（《法苑珠林》：律中但有三衣，通肩被腹，如見長老，乃偏袒之。）姓名便亦可呼。平交者故自不論，下劣者亦恐不讓。薄言稱已，榻席懸異。從來小得自在，（《瑜伽論》：王過有十二不得自在。）便以君爲提封。（漢《刑法志》：提封萬井。）若不屈膝斂手，自達無因。俯仰承迎，未閑合度。如此專專，何由可與。其利十也。略言十事，空失此機，其間諔道，寧容具述。

仰度仁者，心居魔境，爲魔所迷。意附邪途，受邪易性。假使眉如細柳，何足關懷；頬似桃花，詎能長久。（梁元帝詩：柳葉生眉上。又，三月桃花含面脂。）同衾分枕，猶有長信之悲；（《漢書》：趙氏子弟驕妒，倢伃恐久見危，求供養太后長信宮。）坐臥忘時，不免秋胡之怨。（《列女傳》：魯秋胡潔婦者，秋胡子之妻。納之五日，去宦於陳。五年乃歸。未至其家，見路傍有美婦人，以金與之。歸至家，母呼婦至，乃向采桑者也。婦自投河而死。）洛川神女，尚復不惑東阿。（曹植《洛神賦》注：植入朝。帝以甄后遺枕付之。歸途感而入夢，因作《感甄賦》。後改曰《洛神》。按，植封東阿王。）世上班姬，（即班倢伃）何關君事。夫心者面焉。（《左傳》，子產曰：人心之不同，如其面焉。）若論繾綣，（《左傳》：臧昭伯載書繾綣，從公無通外內。）則共氣共心。一遇纏綿，則連宵厭起。法師未通返照，安悟賣花。（《大藏一覽》：悉達多太子妃邪律輸陀羅，即是宿命賣花女也。）未得他心，那知彼意。嗚呼桂樹，（《戰國策》：蘇秦對楚王曰：楚國食貴於玉，薪貴於桂。）遂爲豆火所焚。（《法苑珠林》：乾薪萬束，豆火能焚。）可惜明珠，乃受淤泥埋沒。（《翻譯名義集》：摩尼或云踰摩，正云末尼。即珠之總名也。此云離垢。此寶光淨，不爲垢穢所染。）弟子今日橫諮，必爲法師所哂。世上白衣，可訾何限。（《遺教經》：白衣受欲，非行道人無法自制。）嗔猶可恕。

且一人退道，而不安危。推此而言，實成難解。譬如瓦礫盈路，人所不驚。片子黃金，萬夫息步。正言法師入道之功已備，染俗之法未加。何異金搏赤銅，銀換鉛錫。可悲可惜，猶可優量。能忍難忍，方知其最。願棄俗事，務息塵勞。正念相應，行志兩全。薄加詳慮，更可思惟。悔之在前，無勞後恨。如弟子算，遠即十數年中，決知惻惻。近即三五歲內，空唱如何。萬恨萬悲，寧知逺及。自誤自錯，永棄一生。乃知斷弦可續，（《遺教經》：漢武帝時，西海國有獻膠五兩者。弓弦斷，以口濡香膠續之。以射，終日不斷。因名曰續弦膠。）情去難留。或若火裏生花，可稱希有。（齊《蕭子良集》：經所謂火中生蓮花，此實爲希有。）迷人知返，去道不遙。幸速推排，急登正路。法師非是無智，遂爲愚者所迷。類似阿難，更爲魔之所繞。（《摩鄧女經》：阿難隨水邊行，見一女人在水邊擔水，而阿難從女乞水，女即與水。女歸告母，我得阿難，乃可嫁我。母不得者，我不嫁也。）猶須承三寶之力，（齊《蕭子良集》：照周等覺，謂之佛寶。禮無非法，謂之法寶。至德常和，謂之僧寶。此乃體一義三，同性三寶。）制彼窮兇。豎般若之幢，（佛書有《般若波羅蜜多心經》。按，梵語般若，此云智惠。吳秬臣曰：《龍樹菩薩傳》幷付《法藏傳》：建立法幢，摧伏異道也。）天魔自款。（《因果經》：菩薩將成道時，魔王恐諸衆生皆歸空我境界。令三女供給，以亂定意。菩薩不納三女，忽然咸變陋形。）若此言者，當即便冀棄芻蕘。若不會高懷，幸停諔怪耳。

又《與智顗書》 陵和南。（《法苑珠林》和南者，出《要律儀》，翻爲恭敬。《善見論》翻爲度我，二義俱通。）昨預沈儀同法席，餐奉甘露無畏之吼，衆咸歸伏。然正法炬朗，諸未悟自慶餘年得逢妙說。尋事諮展此不申，心謹和南。

又 陵和南。仰注之心，難可敷具，拔公至蒙，三月二十日旨，用慰積歲。傾心麥冷，體中何如。願一日康勝，山中春夏，無餘障惱耳。遲復存旨。弟子二三年來，溘然老至，眼耳聾闇。心氣昏塞，故非復在人。兼去歲第六兒夭喪。痛苦成疾。由未除愈。適今月中又有哀，故頻歲如此，窮慮轉深。自念餘生無復能幾，無由禮接係仰，何言敬重。□公今還白書，不次弟子徐陵和南。

又 陵和南。放生星聞公家極相隨喜事，是拔公口具，謹不多諮。惟遲拔公廷，出數百里水。全其命根如此，功德算數無盡。隨喜無量。此不委諮弟子徐陵和南。

又《五願上智者禪師書》 陵和南。弟子思出樊籠，無由羽化。既善根微弱，冀願力莊嚴。一願臨終正念成就，二願不更地獄三途，（《婆娑論》：罪人爲獄卒阿傍之所拘刺，不得自在，故名地獄。《法句經》：身死神去，輪轉三塗。自生自死，苦惱無量。）三願即還人中不高不下處託生，（《勝天王經》：佛自說云八十種好者，五十八章下不高不下隨衆生樂。）四願童眞出家如法奉戒，（《道宣律師感應記》：清淨梵行，修童眞業。）五願不墮流俗之僧。憑此誓心，以策西暮。今書丹款，仰乞證明。陵和南。

又《孝義寺碑》（《徐孝穆集》卷四） 臣聞道階八地，猶見后妃。（《淨土論》：二淨穢土，謂淨多穢少。即八地已上。《百緣經》：佛告比邱，此賢刧中，波羅柰國梵摩達王正法治化，惟無子息。禱祀諸神，求索有子。困不能得。時王國中有一池水，生一蓮華，其華臺中有一童子，結跏趺坐。王及后妃見甚歡喜，即抱還宮，養育漸大。隨其行處，蓮華承足，因香立字，名栴檀香。後悟非常，成辟支佛，身升虛空，作十八變。）願生千佛，無非賢聖。（《雜寶藏經》：波羅柰國中有山名曰仙山，有梵志在彼山住。大小便利於石上。有雌鹿來舐，即便有身。生一女子，梵豫國王立爲第二夫人。後時有身，便生千葉蓮華。時大夫人取千葉蓮華盛著篋裏，擲於河中。時烏耆延王接取，見千葉蓮華，葉葉有小兒。長大各有大力。千子即時將諸軍衆，降服諸國。次到梵豫，第二夫人卻之。以五百子與親母，以五百子與養父母。時二國王分閻浮提，各畜五百子。佛言，欲知彼時千子者，賢刧千佛是也。以誓願力常生賢聖。）汲引之義，雖同隨機，之感非一。至如媯汭有禮，皇源所以前興。（《堯典》：釐降二女于媯汭，嬪于虞。）周女斯歸，陳宗所以流慶。（《左傳》：庸以元女大姬，配胡公而封諸陳，以備三恪。）大矣神基帝系，淑聖重光者也。慈訓太后，（《陳・后妃傳》：武宣章皇后諱要兒，吳興烏程人。本姓鈕，父景明，爲章氏所養，因改姓焉。武帝先娶同郡錢仲方女，早卒，後乃聘后。永定元年，立爲皇后。武帝崩，后與中書舍人蔡景歷定計，召文帝。及即位，尊后爲皇太后，宮曰慈訓。）德佐初九，道暉上六。（《周易》：初九曰潛龍勿用，何謂也？子曰：龍德而隱者也。又上六龍戰于野，其血玄黃。象曰：龍戰于野，其道窮也。）居天上天中之極，（見《丹陽碑》）處太任太姒之尊。（《詩・思齊》：太任，文王之母。又，太姒嗣徽音，則百斯男。）蘋藻之化斯深，葛覃之風彌遠。（《詩》：于以采蘋，南澗之濱。于以采藻，于彼行潦。又：葛之覃兮，施于中谷。）皇帝膺茲上聖，契彼援神。（《後漢・翟酺傳》注：《援神契》、《鉤命決》，皆《孝經緯》篇名也。）愛敬在乎一人，德教刑於四海。是以明星皎皎，流半月之光。（孫氏《瑞應圖》：景星者，天精也。狀如半月，生於晦朔。助月爲明，王者不私人，則見。）甘露團團，灑如餳之味。（《晉書》：甘露者，仁澤也。其凝如脂，其美如飴。）嘉禾自秀，（《孝經・援神契》：德下至地，則嘉禾生。）浪井恆清。（《瑞應圖》：浪井不鑿自成，王者清淨，則仙人主之。）天降徵祥，日聞書府。（《左傳》，女叔侯曰：史不絕書，府無虛月。）自大明紹運，（《周易》：順而麗乎大明。）神武應期，（《繫辭》：古之聰明睿知神武而不殺者夫）至道旁通，無思不格。戊己校尉，西關玉門。（《漢書》，元帝初元時，置戊巳校尉，屯田車師故地。《後漢・班超傳》：不敢望到酒泉郡，但願生入玉門關。注：玉門關，在燉煌郡，今沙州。）伏波將軍，南表銅柱。（見《歐陽頠碑》）方使三千世界，百億須彌，（《長阿含》、《起世經》等云，四洲地心，即是須彌山。山外別有八山，圍如須彌。山下大海，深八萬四千由旬。其邊八山，大海初廣八千由旬。中有八功德水，如是漸小。至第七山下，廣一千二百五十由旬，其海鹹海，廣於無際。海外有山，即是大鐵圍山。四周圍輪并一日月，晝夜回轉，照四天下，名爲一國土。即以此爲量，漸至滿千。鐵圍繞訖，名一小千。復至一千鐵圍繞訖，名爲中千世界。即數中千。復滿一千，鐵圍繞訖，名爲大千世界。此中四洲山王，日月乃至頂，各有萬億。成則同成，壞則同壞。是皆一化。佛所統之處，名爲三千大千世界。號爲娑婆世界。）同望飛輪，（《轉法輪經》：佛在鹿野樹下時，空中有自然法輪飛來，當佛前而轉。）共稟玄德。（《舜典》：玄德升聞，乃命以位。）天嘉三年正月二十一日詔旨，（《陳文帝紀》：世祖文皇帝諱蒨，字子華。始興昭烈王之長子也。武帝甚愛之。永定三年六月丙午，武帝崩，皇后稱遺詔，徵文帝入纂皇統，改元天嘉。）仰惟聖德，方被兆民。乃敕有司，改東成里爲孝義里。昔岱山徙號重華，著其受終。（《舜典》：正月上日，受終於文祖。歲二月，東巡狩至于岱宗。）德水移名，秦人表其嘉運。（《史記·秦始皇本紀》：始皇幷天下，更名河曰德水，以爲水德之始。）豈若盡在輿地，書茲里門，仰述天經，（《孝經》：子曰：夫孝，天之經也，地之義也。）光臨父母。（《繫辭》：無有師保，如臨父母。）臣陵稽首，（《周禮》：太祝辨九拜，一曰稽首。）乃作銘曰：

願此良因，（《大寶積經》：樂施於人，獲五種名利。五能爲菩提，作上妙因。）宜資貴親。（《公羊傳》：子以母貴，母以子貴。）三乘並策，（見《與李那書》）四梵爲賓。（《大悲芬陀利經》，佛言：我於林中三十六年，遊四梵處，爲益衆生。故食衆果。《法苑珠林》：大洛那力者，是第四梵王那羅延力是。）紺殿安坐，（《梁元帝集·善覺寺碑》云：寶繩交映，無慙紫紺之宮。白帖：佛寺爲紺園。）蓮華養神。（佛升忉利天，爲母說法經。摩耶夫人兩乳血出，猶白蓮華而入如來口中。）燈前禮佛，（《涅槃經》：若於佛法供養一香燈，乃至獻一華，則生不動國。）地後邊身。（《寶積經》：昔舍衛城有二十人，皆是最後邊身。更有怨家二十人，奪其命根。如來爲調伏是四十人，故告目連言，令此地中出佉遶羅刺，欲刺我足。此刺即長一肘。佛言，我過去世入大海中，持矟刺人，得如是報。彼時二十怨賊欲害二十人者，作是思惟。如來法王尚不免報，況我等輩。即從坐起，向佛悔過。）並濟含識，（《法苑珠林》：梁武帝《捨道文》：引含識於涅槃。）咸歸至眞。（《法苑珠林》，故經中：來至佛所云，南無無所著。至眞等正覺，是名口業稱。歎如來德也。）國家隆盛，同享遐慶。謹勒豐碑，（《檀弓》：公室視豐碑。）陳其舞詠。（潘尼《釋奠頌》：不知手舞口詠。）

又《齊國宋司徒寺碑》 無色之外，方爲化城。非想之中，猶稱火宅。《楞嚴經》：有色無色，有想無想。若非有色，若非無色。若非有想，若非無想。詳《與李那書》）若夫衆生無盡，世界無窮。（《華嚴經》：一切法界虛空界等世界）芬若披蓮，（《關令尹喜傳》：眞人遊時，各各坐蓮華之上。一花輒徑十丈。）遠如散墨。（《法華經》：假使有一磨以爲墨過於東方千國土，乃下一點大如微塵。又過千國土，復下一點。如是展轉，盡地種墨，是諸佛土。若算師知其數否。）善財童子，南行未窺。（《華嚴經》：善財童子問法於五十三參善知識，而德雲比邱乃第一也。又善財童子歡喜頂禮，繞無數匝，殷勤瞻仰，辭退南行。）目蓮沙門，北遊不見。（《盂蘭盆經》：目蓮見其亡母在餓鬼中，即鉢盛飯往餉其母。）一一刹土，皆由業緣。（《觀佛三昧經》：六日出時，此地皆悉煙出。從須彌山乃至三千大千刹土，及八大地獄，靡不燒滅。《未曾有經》：罪業因緣，相續不絕。《百緣經》：以是業緣，五百世中，受毒龍身。）萬萬僧祇，終非常樂。（《藥王藥上經》：衆僧得聞，是五十三佛名者，是人於百千萬億阿僧祇劫，不墮惡道。《大集經》，佛言：休息綺語，獲十種功德，三常樂實事。《隋書·經籍志》：般涅槃，譯言滅度，亦曰常樂。）天宮蹇產，（《起世經》：其天宮城內，雕飾受欲，其歡樂不可具說。《楚辭》：思蹇產而不釋。注：蹇產，詰曲貌。）猶傾四大之風；（樹本曰：《圓覺經》此身四大和合，毛髮爪齒皮肉筋骨腦髓垢色，皆歸於地。唾涕膿血涎沫津液痰淚精氣大小便利皆歸於水。暖氣歸火，動轉歸風。四大各離，今日妄身常在何處。）魔殿崔嵬，（《樓炭經》：在欲色二界中間，別有魔宮。《華嚴經》：如來即於口中放大光明，名無礙無畏，映蔽一切諸魔宮殿。）終懼三災之火。（《長阿含經》：三災上際云，何若火災起時，至光音天爲際。若水災起時，至徧淨天爲際。若風災起時，至果實天爲際。）朱樓寶墖，輝煥爭華。（宣律師《住持感應傳》：樹神即將七寶來至尊所，以神力故，於一念頃即成四墖。高五十由旬。又造眞珠樓觀及白銀臺於此四墖內，各造樓觀具八萬四千。　炯曰：《西域志》：波斯匿王都城東百里大海邊，有大墖。墖中有小墖，高一丈二尺。裝衆寶飾之。夜中每有光耀如大火聚。云佛涅槃百五歲後，龍樹菩薩入大海化龍王，龍王以此寶墖奉獻龍樹。龍樹受已，將施此國地造莊飾嚴好，過佛在時。經百五十年，魔天燒滅，則當此土。）旣義暢中土，道流遐域。顯默同歸，華夷俱慕。自枕石漱流，（見《諫罷道書》）始終一槩。悟智交養，三十餘年。春秋八十三。古人云，道存人亡，法師之謂。凡我門徒，感風徽之緬邈，傷諮悟之永滅。敢以殘見，揚德金石。銘曰：

九流依眞，（《後漢書》：班固九流百家之言，靡不窮究。）三乘歸佛。（見《與李那書》）道住絕迹，慈還接物。（白帖：如來慈心，如彼大雲，蔭注世界。）孰是發蒙，（《易》：初六發蒙。）昭我慧日。（齊王巾《頭陀寺碑》注：慧日，喻明也。）攝亂以定，（《本相經》：年十九踰城出家學道，勤行精進禪定。）闢邪以律。（《齊・尚統師傳》：魏皇初三年，曇摩迦羅譯出戒律。）秦皇雄感，蔽理通情。王孫偏解，遠死滯生。（《太平御覽》，蜀本紀曰：始皇陵有銀蠶金雀，以多奇物，故俗云秦皇地市。《漢書》：揚王孫學黃老之術，厚自奉，養生無所不致。及終，令其子曰：吾學嬴葬，以反吾眞。必無易吾意。班固贊曰：觀揚王孫之志，賢於秦始皇遠矣。）夫子之悟，萬刼獨明。寒暑遞易，悲欣臯壤。（《家語》：孔子出，聞哭聲。至，臯魚也，曰：吾有三哭。少而遊學以後吾親一，高尚吾志間吾事君二，與友厚而小絕之三。立槁而死。《檀弓》：孔子之故人曰原壤，其母死，夫子助之沐槨。原壤登木曰：久矣，予之不託於音也。歌曰：貍首之斑然，執女手之卷然。夫子爲弗聞也者而過之。炯曰：《莊子》：山林與，臯壤與，使我欣欣然而樂與。樂未畢也，哀又繼之。）秋蓬四轉，春鴻五響。孤松獨秀，德音長往。節有推遷，情無遺想。

又《長干寺衆食碑》　昔炎皇肇訓，（《繫辭》：神農氏作，斲木爲耜，揉木爲耒，耒耜之利以教天下。）稷正脩官。（《舜典》：棄，黎民阻飢，汝后稷播時百穀。）信矣民天之言，（見《歐陽頠碑》）誠哉國寶之義。（范子計然曰：五穀者，國之重寶。）自非道登正覺，（《本願經》，佛告阿難：我以十事，致最正覺。）安住於大般涅槃，（《華嚴經》：乃至最後涅槃，分布其身起廟墖。《心經注》：梵語涅槃，此云無爲。）行在眞空，（《觀佛三昧經》：過去久遠，有佛出世，號曰空王。炯曰：《海錄碎事》：如來藏中，性火眞空，性空眞火。）深入於無爲般若。（見《諫罷道書》。）則菩薩應化，咸同色身。（《婆沙論》：佛在世時，色身受用。《奘法師傳》：婆毗吠迦論師於觀自在菩薩立志祈請待見，於是觀自在乃爲現色身立世。《阿毗曇論》：閻浮提衆生色身，種種不同。）諸佛淨土，皆爲摶食。（《法華論》：無煩惱衆生住處名爲淨土。《毗婆沙論》：若以一摶之食起殷淨心奉於僧衆，於當來世決定不達饑饉災起。）證常住者，爰乞乳糜。（《涅槃經》：有人聞常住二字，是人生生不墮惡道。支僧載外國事，佛在貝多樹下坐滿六年，長者女以金鉢盛牛乳糜上佛。佛於水邊啖糜。）補尊位者，猶假香飯。（見《諫罷道書》。）亦有三心未滅，（《菩薩善戒經》：菩薩心有上中下。）七反餘生。（《觀佛三昧經》：金翅鳥王名曰正音，日食一龍王及五百小龍。經八千歲，死相既現，諸龍吐毒，不能得食。從金剛山直下，從大水際至風輪際，爲風所吹，還上金剛。如是七返，然後命終。）應會天宮，（《法苑珠林》，傳云：釋迦受食，四王奉鉢。滅後流行，上升兜率。彌勒見曰：釋迦佛鉢，今來至此。七日供養，還下龍宮。）就齎龍海。（《智度論》：阿羅漢常入龍宮，食已以鉢授與沙彌，令洗鉢。中有殘飯數粒，沙彌嗅之大香，食之甚美。）況復繪居地轉，（未詳。按奘法師《西國傳》：數量之稱謂踰繕那。踰繕那者，自古聖王一日運行也。舊傳一踰繕那四十里矣。）咸憩珠（疑作殊）庭。（《漢書》：上望祀蓬萊之屬，幾至殊庭。師古曰：殊庭，蓬萊中仙人庭。）固以皆種仙禾，並資靈粟者矣。（曹植《社頌》：靈稼阿那，一禾千莖。《拾遺記》：員嶠之山名環邱，上有方湖千里，多大鵲，高一丈。羣飛於湖際，銜禾不周之粟於環邱之上。粟生穟高五丈，其粒皎然如玉也。）法師常願以智慧火燒煩惱薪。（《華嚴經》：智慧火令衆生離障礙苦，皆得具足。《文殊問經》：住家者爲煩惱所燒，出家者滅煩惱火。）普施衆生，同餐甘露。（《四分律》，天帝釋便作是念：我今令王慧燈以此瘡死者甚非，所以當以天甘露灌其身。上瘡即平復。）況復安居自恣，（《經律異相》：精舍告成。白王遣使，請佛安居。）願學高年，或次第於王城。（《法苑珠林》，食中有六者：一乞食，二次第，三不作餘食法食，四一坐食，五一團食，亦名節量食。六中後不飲漿。《雜阿含經》：爾時世尊晨朝著衣持鉢，共諸比邱入王舍城乞食。）猶棲遑於貧里。（《後漢・徐穉傳》，謂茅容曰：爲我謝郭林宗，何爲棲棲不遑寧處。《維摩詰經》：憶念我昔，於貧里而行乞時。）迦留乞麪，若用神通。（《十誦律》：佛在舍衛國時，有長老迦留陀夷得阿羅漢道，持鉢入城乞食。到一婆羅門舍，主人不在，婦閉門作煎餅。迦留陀夷比邱即入禪定。起神通，從外地沒，涌出中庭。乃以指彈。婦即語夷言：縱使眼脫，我亦不與。而以神力即兩眼脫出。復念縱出眼如椀，我亦不與。即變眼如椀。復念，縱若倒立我前，我亦不與。即於前倒立。復念，縱汝若死，我亦不與。即入滅受想定，心想皆滅，無所覺知。即語比邱言：汝若活者，我施與一餅。迦留陀夷便出於定。婦更刮盆邊，即一小麪煎之。迦留語言：我不須是餅。爲説法妙，即於座上得法眼淨，作優婆夷。）須提請飯，致遺豪貴。於是思營衆業，（未詳。《勝天王經》：乃往古世廣修淨業。）願造坊廚。（《涅槃經》：須達長者七日之内成立大房，足三百日，禪坊淨處六十三所。多室夏堂各各別異。廚坊浴室洗脚之處，大小圊廁無不備足。）庶使應供之僧，皆同自然之食。（《百緣經》：佛在世時，王舍城中有一長者，其婦生女，名曰善愛。後求出家。世尊告善愛尼言：汝今可設飲食供養佛僧。尋取佛鉢擲虚空中，百味飲食自然盈滿。如是次第取千二百五十比邱鉢，所飯亦皆滿，都令豐足。）升堂濟濟，無勞四輩之頻。（《大集經》：復有比邱晝夜精勤，樂修善法。誦讀經典，坐禪習慧，不舍須臾。以是因緣，感諸四輩種種供養。）高廩峨峨，恆有千食之糒。（《詩》：亦有高廩，萬億及秭。《水經注》：澆河西南一百七十里，有黄沙望。黄沙猶若人委千糒於地。）其外鐵市銅街，（《晉·石苞傳》：苞爲吏到鄴，乃販鐵於鄴市中。詳《與楊僕射書》）青樓紫陌。（魏曹植詩：青樓臨大道。王粲《獵賦》：倚紫陌而並征。）辛家黑白之里，（未詳。）甲第王侯之門。（《漢書·張放傳》：帝賜甲第。）莫不供施相高，資儲轉衆。（《沐魄經》：給二十歲儲資糧。）法師善巧方便，（《佛本行經》：有釋名爲善覺，其子名羼提提婆，堪教太子兵戎法式。其所解知一切，凡有二十九種。善巧妙術。又淨飯王復白仙言：我意欲令我子常在，云何方便。及令幼年，勿使舍我。）漚合含羅。（未詳。《四分律》：世尊般涅槃後百歲，毗舍離拔闍子比邱行十事，乃至十事非法，非毗尼，非佛所教。已皆在含羅，在毗舍離，七百阿羅漢集論法毗尼，故名七百集法毗尼。又《感應記》：祇垣寺殿内簷下有四銀臺。兩臺内有毗尼藏，黄金爲牒，白銀爲字。毗尼律藏，是龍王書。）教授滋生，隨年增長。假使桑林不雨，（《呂氏春秋》：湯五年不雨，乃以身禱於桑林。）瓠水揚波，（《漢書》：上使汲仁郭昌發卒數萬人塞瓠子決河。）猶厭稻粱，永無饑乏。加以五鹽具足，（《海錄碎事》：五色鹽出安息國。《阿含經》：一切味不過八種：一苦二澀三辛四鹹五淡六甜七酢八不了味。）七菜芳軟。（《荆楚歲時記》：正月七日爲人日，以七種菜爲羹。）夔類天廚，（未詳。沈約《齊尼淨秀行狀》：於彼天上，彼波利餅將還，意欲與今法師。有人問何意將餅去？荅云：欲與今法師，是又不聽將去。烱曰：《星經》：天廚六星在紫微宫東北。）果同香樹。（《梅檀樹經》：維耶梨國有五百人經歷深山，一人卧熱失件。有大梅檀香樹。樹神謂窮人言：可止留此，自相給衣食。到春可去。窮人還至國中，國王病頭痛，惟得梅檀香以護病得愈。王便令匠臣將窮人往，伐取香樹。至到樹所，使者見樹華果，煌煌心不忍伐。）羹鼎之大，殷王未逢。（未詳。按劉向《説苑》：湯時大旱，使人持九足鼎祝山川，而天大雨。）糜護之深，齊都非擬。（見移文。）昆吾在次，皆鳴鷲嶺之鐘；（《感應記》：如來成道已至第三十八年，於祇洹精舍重閣講堂上，佛告文殊師利菩薩，汝往戒壇所鳴鐘，召十方天龍及比邱諸大菩薩衆等普集祇洹。銳曰：《大哀經》：佛在王舍城靈鷲山者，古昔諸佛之所游居，如來威神之所建立。詳《丹陽碑》）暘谷初升，同洗龍池之鉢。（《堯典》：分命羲仲宅嵎夷，曰暘谷。寅賓出日。《道宣律師住持感應》曰：佛告文殊師利，我入王舍城，受彼國王請。我既食訖，即命羅睺先將我鉢還於彼龍池洗之。）

又《東陽雙林寺傳大士碑》（《徐孝穆集》卷五）

夫至人無已，屈體申教。聖人無名，顯用藏迹。故維摩詰降同長者之儀，（《維摩經》：毗耶離城中有長老名維摩詰）文殊師利現儒生之像。（《宣律師住持感應傳》：佛告文殊師利及四天王等，教初流行，彼汝文殊師利分身變爲國王，金剛齊菩薩分身爲大臣，金剛幢菩薩分身爲比邱。汝等三大士共流通我教。）提河獻供之旅，王城列衆之端。（見《長干寺碑》）抑號居士，（《師子月佛本生經》：比邱名蓮華藏，多與國王長者居士而爲親友。）時爲善宿。（《成實論》：八戒優婆塞者，此言善宿男。）大經所説，（《智度論》：有梵志名長爪言，十八種大經，盡欲讀之。）當轉法輪。（釋道安《西域志》：波羅祭斯國佛轉法輪處。）大品之言，皆紹尊位。（《法苑珠林》：晉周閔家有大品一部，以半幅八丈素反覆書之。）斯則神通應化，不可思議者乎。（《法苑珠林》諸德釋云：世界初成，昔古遺迹相似而現，並是佛之神力變化所爲。故五不可思議中，一是佛神力也。）東陽郡烏傷縣雙林寺傳大士者，即其縣人也。（《翻譯名義集》：娑羅樹，東西南北四方各雙，故曰雙樹，方而悉皆一榮一枯。）

昔巖谿蘊徳，渭浦呈祥。天賜殷宗，誕興元相。（《書・說命》：夢帝賚予良弼，俾以形旁求于天下。說築傅巖之野，惟肖爰立作相。）景侯佐命，樊滕是埒。（《漢書》：傅寬景侯與樊噲、夏侯，同爲高祖功臣。）介子揚名，甘陳爲伍。（《漢書》：傅介子與甘延壽、陳湯，俱立功西域。）東京世載，西晉重光。惟是良家，降神攸託。若如《本生》、《本行》或示，緣起千佛。（《因緣經》，梵王言：我見辟支佛，受持五戒。以戒齋法，當行十善，觀諸緣起。按，佛有《本生》、《本行》二經）子長、子雲，自敘元系。（《漢書》：司馬遷，字子長；揚雄，字子雲。俱有自敘。）則云補處菩薩，仰嗣釋迦。法王眞子，是號彌勒。（《大悲經》：佛告阿難，我爲第四次復，彌勒當補我處。《釋迦譜》：善慧菩薩功行滿足，位登十地。生兜率天，一生補處，名聖善白，爲諸天師。《瑜伽論》：若諸國王任持正法，名爲法王。《佛在金棺敬福經》：若受約敕，是佛眞子。《賢愚經》：婆羅門家生一男兒，字曰彌勒。《法苑珠林》：西云釋迦，此云能仁。西云彌勒，此云慈氏。）雖三會濟濟，華林之道未孚。（《賢愚經》：彌勒出家學道成最正覺，三會說法，得蒙度者，悉我遺法種福，衆生皆得在彼。三會之中頌曰：挺此四人，姿映蔚華林園。）千尺巖巖，穰佉之化猶遠。（《彌勒下生經》：身長千尺，圓光二十丈。《眞諦師傳》：彌勒佛出世時，須達爲穰佉國大臣，名須達多。此園地還廣一由旬，純以七寶徧滿布地奉施。如來起爲住處。梵語穰佉，此云貝。）但分身世界，濟度羣生。（《雜寶經》：佛法寬廣，濟度無涯。）機有殊源，應無恆質。自序因緣大宗如此。

按《停水經》云，觀世音菩薩有五百身在此閻浮提地，（《長阿含經》：南方天王名毗瑠璃，此云增長。主領鳩槃茶及薜荔神，將護閻浮提人。）示同凡品，教化衆生。彌勒菩薩亦有五百身在閻浮提，種種示現，利益衆生。故其本迹，難得而詳言者也。爾其烝烝大孝，肅肅惟恭，厥行以禮教爲宗，其言以忠信爲本。加以風神爽朗，氣調清高。流化親朋，善和紛諍。（《維摩經》：善和諍訟，言必饒益。）豈惟更盈毀壁，（未詳）宜僚下丸而已哉。（《莊子・徐無鬼篇》：市南宜僚弄丸，而兩家之難釋。）

至如王戎吏部，（《晉書》：王戎襲父爵，辟相國掾。歷吏部黃門郎，散騎常侍。）鄧禹司徒，（《後漢・鄧禹傳》：光武即位於鄗，使使者持節拜禹爲大司徒。禹時年二十四。）同此時年，有懷棲遯。仍隱居松山雙林寺。棄捨恩愛，非梁鴻之並遊。（見《荅周處士書》）拜辭親老，如蘇躭之永別。（《神仙傳》：蘇躭，郴縣人。少孤，養母至孝。忽辭母云：受性應仙，當違供養。母曰：汝去，使我如何存活。曰：明年天下疫疾，庭中井水，簷邊橘樹，可以代養。至時病者食橘葉、飲井水愈。）自修禪遠壑，（《婆娑論》：人趣中有修禪發智。）絶粒長齋。（《奘法師傳》：馱那羯磔迦國屬南印度，都城東西據山間，各有大寺。其寺有婆毗吠迦論師，於觀自在菩薩絶粒而服水三年，立志祈請，待見彌勒菩薩。）非服流霞，（《抱朴子》：項曼卿修道山中，自言至天上遊紫府，遇仙人，與流霞一杯飲之，輒不飢渴。）若餐朝沆。（司馬相如《大人賦》：吸沆瀣，餐朝霞。《列仙傳》：陵陽子春餐朝霞，夏食沆瀣。）太守王烋言其詭詐，乃使邦佐幽諸後曹。迄至兼旬，曾無假（疑作叚）食。（《增一阿含經》：有四種食。諸入口之物可食噉者，是謂叚食。）於是州郷媿伏，（漢《法本内傳》：明帝置佛舍利及經，放火燒經，並成煨燼。道士等大生媿伏。佛之舍利放五色光，上空如蓋，覆日映衆。）遠邇歸依。（《師子月佛本生經》：比邱即爲彌猴説三歸依。）逃迹山林，（《集一切福德三昧經》：昔過去久遠阿僧祇劫，有一仙人住山林中，名曰最勝，具五神通，常行慈心。）肆行蘭若。（《華嚴經》：願一切衆生常安居，止阿蘭若，處寂靜不動。又《釋氏要覽》：梵言阿蘭若，此言空靜。）

又自序云：七佛如來，十方並現。（《觀佛三昧經》：毗婆尸佛、尸棄佛、毗舍婆佛、拘留孫佛、拘那含牟尼佛、迦葉佛、釋迦牟尼佛，七佛身並紫金色。）釋尊摩頂。（《法苑珠林》：第三身心恭敬禮者，聞唱佛名，便念佛身如在目前，手摩其頂，除我罪業。）願受深法。（《華嚴經》：有諸法師得勝妙法，大乘深法。）每至犍椎應叩，（《增一阿含經》：佛告阿難，汝今速擊犍椎。《釋氏要覽》：梵云犍椎，此云鐘磬。）法鼓裁鳴。（《華嚴經》：普爲衆生擊法鼓。）空界神仙，共來行道。（《菩薩處胎經》：上方七十二億空界，菩薩亦來，雲集入胎中。）其外人所見者，拳握之内，或吐異香。（《婆娑論》：帝釋欲遊戲時，伊鉢羅龍王背上自然有其香手現。）胷臆之間，乍表金色。（《宗門統要》：世尊於涅槃會上，以手摩胸告衆云：汝等善觀吾紫磨金色之身。）時有信安縣（《隋書》：東陽郡領信安縣）比邱僧朔與其同類遠來觀化，未及祇肅，忽見大士身長丈餘。朔等驚慙，相趨禮拜。虔恭既畢，更覩常形。又有比邱智䫻，優婆夷錢滿願等，伏膺累載，頻覩異儀。或見腳長二尺，指長五寸餘，兩眼光明，雙瞳照耀。皆爲金色，並若金錢。（《阿育王經》：阿育王夫人產生一女，一手常卷。掌中有一金錢，隨取隨生。）譬李老而相侔，（《老子志畧》：老子一名李耳，兩目日光，方瞳綠筋。）同周文而等狀。（《孟子》：文王十尺。）姜嫄所履，（《詩疏》：姜嫄履大人迹。）天步可以爲儔；（《詩》：天步艱難。）河流大屐，（祖沖之《述異記》：苻健皇始中，津監寇登於河中流得大屐一隻，長七尺三寸。足迹稱屐，指長尺餘，文深七寸。）神足宜其相比。（《興起行經》：辟支引空七反，回旋飛還。時城內人見此神足，舉國歡喜。）支郎之彥，既恥黃睛；（《海錄碎事》魏高僧支謙博覽經籍，兩眼多白而睛黃。時人謂曰：支郎眼中黃，形軀雖細是智囊。）瞿曇之師，（《涅槃經》：迦毗羅城有釋種子，字悉達多，姓瞿曇氏。）有慙青目。（《寶女經》：如來瞳子如紺青色。）既而四空妙定，（《大寶積經》：菩薩至於空處脩習四禪。）熏脩已成。（《江總集·香贊》曰：熏脩福田。）八解明心，（《菩薩本行經》：今最後身，值釋迦佛捨豪出家，得阿羅漢三明六通，具八解脫。）莊嚴斯滿。（《法苑珠林》：三十二相，微妙莊嚴。）時還鄉黨，化度鄉親。俱識還源，並知回向。（《法苑珠林》：回向者，回諸福德，向無上道。）或立捨鬚髮，如聞善來。（《百緣經》：佛告善來：鬚髮自落，法服著身，便成沙門。）大傾財寶，同脩淨福。（《維摩經》：憶所脩福，念於淨命。）大士熏禪所憩，（《婆娑論》：生彼天者，要是進向那舍身得四禪，發於無漏，起熏禪業，方是得生。凡夫無此熏禪業，故不得生也。）獨在高巖。爰挺嘉木，是名檮樹。擢本相對，似雙槐於夾門。（晉潘岳詩：綠槐夾門植。）合幹成陰，類雙桐於空井。（魏文帝詩：雙桐生空井。）厥體貞勁，無爽大年。（《莊子》：小年不及大年。）置霜停雪，寒暑葱翠。（晉左思《吳都賦》：綠葉翠莖，冒霜停雪。）信可以方諸堅固，（梁元帝《阿育王像碑》云：始遊羅衛，便居堅固之林。）譬彼娑羅。（《涅槃經》：我於此娑羅雙樹大師子吼者，名大涅槃。兆寬曰：支僧載外國事，阿育王起浮屠於佛泥洹處，雙樹及塔，今無復有也。此樹名娑羅樹，其樹華名娑羅法也。此華色白如霜雪，香無比也。）既見守於神龍，（《括地圖》：龍也之山多五花樹，羣龍食之。）將爲疑於變鶴。（《神境記》：滎陽郡南有石室，室後有孤松千丈。常有雙鶴，晨必接翮，夕輒偶影。傳曰：昔有夫婦二人俱隱此室，年既數百，化成雙鶴。）乃於山根嶺下創造伽藍，（《過去因果經》：諸僧伽藍中竹園，僧伽藍最爲其始。《釋氏要覽》：梵語題云僧伽藍摩，此云衆園。）因此高柯，故名雙林寺矣。（按：《傳大士傳》云：大士捨宅於松下建寺，因以樹名雙林。）

大士亦還其里舍，貨貿妻兒，營締支提，（《地持論》：菩薩供養，如來略說十種二支提供養。若菩薩爲如來故，供養優婆若窟若舍若故若新，是名支提供養。銳曰：《僧祇律》云：有舍利者名塔，無舍利者名支提。）繕寫尊法。（《墮願往生經歌贊》：三寶讀誦尊經。）常以聚沙畫地，皆因圖果。（《大威德陀羅尼經》佛告阿難：譬如有大沙聚，將一滴水潤此沙聚，可令徹過。如一婦人以千數丈夫受欲，果報不可令其知足也。《百緣經》：佛將比邱入城乞食，逢一婆羅門以指畫地，與我五百金錢，爾乃聽過。須達長者即與金錢五百，乃聽佛過。佛言：過去善生太子路逢一人，共輔相子樗蒱博戲時，輔相子負彼戲人金錢五百，太子語之，我當代償。彼太子者，我是。輔相子者，須達是。戲人者，婆羅門是。凡負債者，不可不償，乃至成佛，不脫此難。）芥子菴羅，無疑褊陋。（《大悲經》：世尊告阿難：我滅度後，若有人乃至供養我之舍利如芥子等，恭敬尊重，謙下供養，有孝曰小。《未曾有經》：佛般涅槃後，以如芥子舍利起塔，大如菴摩勒果。其刹如鍼上施槃，蓋如酸棗葉，若佛形像如麵麥大，功德滿足百倍。《法顯記》：菴婆羅女家爲佛起塔樹。敏曰：《闡義》云：菴羅是果樹之名，其果似桃。此樹華開生一女，國人歎異，以園封之。園既屬女，故言菴羅樹園。宿善冥熏見佛歡喜，以園奉佛。佛即受之而爲所住。）乃起九層磚塔，（《華手經》：若是塔廟毀壞，當加脩治。若塊若泥，乃至一磚。）形相巍然，六時虔拜。（龍樹《十住論》：菩薩晝夜各有三時。於此六時禮拜十方諸佛。懺悔勸請，隨喜回向。）巡繞斯託，又以大乘（《洛陽伽藍記》：神龜四年，太后遣崇靈寺比邱慧生向西域取經，凡得一百七十部，皆是大乘妙典。）方等靈藥寶珠，（《大志經》：大志至年十七，爲衆生故發意入海取明月寶珠，以濟衆生。）眷言山谷希得傳寫。龍鄉思其燒照，（《後漢·郡國志》：泰山郡有龍鄉城。）象駕乏其流通傳。（《燈錄》：水中龍力大，陸中象力大。故負荷大法者，比之龍象。）復造五時經典千有餘卷。與夫鬻子而葬，同其至誠。（《家語》：孔子聞婦人哭聲，謂顏淵曰，此非獨喪哀，又有離別之苦。問之果然，父死賣子以葬。）嫁妻而隱，無殊高節。（《晉書》：許邁遣婦孫氏，還家後改名玄，偏遊名山，莫知所終。）若寄摶麨，（《阿育王經》：佛在世時入王舍城乞食，見二小兒，一名德勝，二名無勝。以土爲麨，著於倉中。見佛相好，德勝歡喜，掬倉中土名爲麨者，奉上世尊。緣是善根，佛般涅槃一百年後，作轉輪王，王閻浮提。）如因賣花。（《過見因果經》：普光佛出興於世，爾時善慧仙人欲訪花所，忽遇瞿夷持花七莖，畏王制令，藏著缾中。善慧至誠，感花踴上。追呼就買，此女荅言，當送內宮，欲以上佛。善慧告言，五百銀錢雇五莖花，欲以獻佛。瞿夷即曰，我今當以此花相與，願我生生常爲君妻。善慧荅言，我脩梵行，求無爲道，不得相許生死之緣。詳《諫罷道書》。）共詣菩提，（《阿育王經》：如來大覺於菩提樹下覺諸法。）方成親眷。（《大藏一覽》：佛告諸比邱言，然燈如來出興世時，善慧仙人豈異人乎？即我是。今此人之中，迦葉兄弟及其眷屬千比邱是。賣花女者，今耶輸是。）至如有相無相之懷，（《法苑珠林》，奘法師云：依如西域釋迦一代說法，總有三時。第三時中爲大行菩薩雙說有相無相法。爲破有相無相法，令悟中道，究竟圓教。）虛已虛心之德，化雞在臂，方推理於自然；（《莊子》，子輿曰：浸假而化子之左臂以爲雞子，因以求時夜。）樹穀曰：按《佛本行經》，爾時太子具報，使人令王深信因果，不信自然。）毒蛇傷體，終無擾於深定。（《佛本行經》：畢鉢羅耶童子與跋陀羅女爲夫婦，同脩梵行，周歷年載，終不同寢。此女既睡，一手垂地。忽有一蛇，而夫畏彼蛇螫其手，即衣裹手，擎於婦臂，安放牀上。後同投佛出家。《道宣律師住持感應記》，佛告文殊：汝取我法角黃金爲釦，至彼比邱所。吹我出世曲及起深定曲。）門徒肅肅，學侶詵詵，通彼慈悲，（《觀佛三昧經》：如來功德，慈悲無量。）義無偏黨。（《書·洪範》：無偏無黨。）

大通元年，縣中長宿（《雜寶藏經》：恭敬父母者長宿老。）傳普通等一百人，詣縣令范胥，連名薦述。又以中大通四年，縣中豪傑傳德宣等道俗三百人，詣縣令蕭詡具陳德業。夫以連城之寶，照廡之珍，野老怪而相捐，工人迷而不識。（魏文帝《迗玉玦書》：價越黃金，貴重連城。《尹文子》：魏田父有耕於野者，得玉以告隣人。隣人詐之曰：此怪石也。田父置於廡下，光照一室，怖而棄之。隣人以獻魏王。召玉工相之，工曰：五城之都，僅可一觀。）胥等體有流俗，才無鑒眞。亟欲騰問，終成虧怠。梁高祖武皇帝紹隆三寶，（《大寶積經》：菩薩脩定後，有十法十脩定能興正法，紹隆三寶。）弘濟四生（《法苑珠林》：廣興六度，接引四生。）迹冠優塡，（《觀佛三昧經》：時優塡王遙慕世尊，鑄金爲像，是衆像之始也。）神高仙豫。（《毗曇說》：仙譽國王殺五百婆羅門，生地獄中，發生信心，生甘露國。）夫以陳蕃靜室，猶懷天下之心。（《後漢·陳蕃傳》：蕃常處一室，而庭宇蕪穢。曰：大丈夫當掃除天下。）伊尹躬耕，思弘聖王之道。（見《與宗室書》）況我有慧日明炬，（《文選》王巾《頭陀寺碑》注：慧日，喻明也。《法華經》：世尊以智慧爲燈炬。）如風寶車。（《華嚴經》：如風無所礙。）濟是沉舟，能升彼岸。（《智度論》：若能不退，成辦佛道，名到彼岸。《涅槃經》：彼岸者，喻如來也。）固宜光宣正法，（《菩薩本行經》：釋迦佛如來滅後，正法住世五百歲，像法住世亦五百歲。）影響人王者乎。（新翻《大般若經》：擁護天王及人王等，令護正法久住世間。）

於是以中大通六年正月二十八日遣弟子傅暀出都致書高祖，其辭曰：雙林樹下，當來解脫。（《法苑珠林》：三乘名義，解脫體同。）善慧大士白國主救世菩薩，今條上中下善，希能受持。其上善以虛懷爲本，不著爲宗。（《法苑珠林》：由上界樂行寂滅，不著不能發起麤貪恚瞋，故名無苦無樂。）妄想爲因，涅槃爲果。其中善以治身爲本，治國爲宗。天上人間，果報安樂。（《雜寶藏經》：況其果報豈可量也。）其下善以護養衆生，勝殘去殺，普令百姓俱禀六齋，（《涅槃經》：年常三長，月恆六齋，菜蔬節味。）夫以四海之君，萬邦之主，預居王土，莫不祗肅。爾時國師智者法師，與名德諸衆僧等言辭謹敬，多乖釋迦之書。（《佛本行經》：太子復諮蜜多阿闍黎言，此書凡有六十四種，未審尊者欲教我何書。）文牒卑恭，翻豫山公之啓。（《晉書》：山濤在典選，甄拔人物各有題目。奏之時，稱山公啓事。）大士年非長老，（《禪門規式》：西域人凡稱人道老臘長呼爲須菩提，如中國凡具道眼有可尊之德者號曰長老也。）位匪沙門。（《後漢書》：佛慈心爲主，不殺生類。專務清靜。其精進者號爲沙門。漢言息心。蓋息意去欲，以歸無爲也。）通疏乘輿，過無虔恪。京都道俗，莫不嗟疑。暀至都投太樂令何昌，并有弘誓。誓在御路，燒其左手。以此因緣，希當聞達。昌以此書呈同泰寺僧皓師，師衆所知識名稱普聞見書隨喜，勸以呈奏。皇心歡悦，遽遣招迎來謁宸闈，亟論經典。同泰寺前臨北闕，（《漢書》：蕭何治未央宮，立東闕、北闕、前殿。）密邇南宮。（有孝曰：《杜田正謬》云，漢建尙書百官府，名曰南宮。）仍請安居，備諸資給。（見《長干寺碑》。）後徙居鐘山之下定林寺，遊巖倚樹，（見《諫罷道書》。）宴坐經行。（《百緣經》：鸚鵡王見佛比邱寂然宴坐，甚懷喜悦。　樹敏曰：《付法藏經》，迦葉語婦：我若眠息，汝當經行。汝若眠息，我當經行。）京洛名僧，（《樂府》有：煌煌京洛行。）學徒雲集。莫不提函負帙，問慧諮禪。居蔭高松，卧依磐石。於是四徹之中，恆泫甘露。（《穆天子傳》：天子北征至於羣玉之山，河平無險，四徹中繩。先王所謂策府。《普曜經》：太子滿十月已，臨產之時，先現瑞應三十有二。十三諸天玉女持萬金缾，盛甘露住虛空中。）六旬之內，常雨天酒。（《正法念經》：彼夜摩天男共天女中入池游戲，同飲天酒。）豈非神偲影響，示現禎祥者乎。帝於華林園重雲殿，自開講《三慧般若經》，窮須眞之所問，（《佛性論》：要須眞實利益，衆生先自調伏。）御法勝之高堂。（《起世經》：三十三天集會，坐時於中惟論細微善語深義，稱量觀察，皆是世間諸勝要法，眞實正理。是以諸天稱爲善法堂。　兆宮曰：《長阿含經》：一時忉利諸天集善法堂，有所講論。）百千龍像，（《阿育王經》：昔阿恕伽王以金鑄作龍像及以王像，以秤稱之。

尙瑗曰：《道宣律師感應記》：又告婆竭龍王，汝可化身爲八萬四千黃金龍像，頭用七寶成，身以黃金作之。）圍繞餐聽。（《增一阿含經》：千二百前後圍繞，如來在中。）黑貂朱紱，（《史記·蘇秦傳》：黑貂之裘敝。《易》：朱紱方來。）王侯滿筵。國華民秀，（《國語》，季文子曰：吾聞以德榮爲國華。《王制》：命鄉論秀士升之司徒，曰選士。）公卿連席。乃令大士獨楊對揚天扆，（《書·說命》：敢對揚天子之休命。）并遣傳詔及宣傳左右四人接受言論。爾時納揆之於臺內，（《舜典》：納于百揆，百揆時敘。）司隸之在殿中。杜預還朝，（《晉書》：平吳之後，徵杜預爲司隸校尉，加位特進。）馬防親貴。（《後漢·馬防傳》：防貴寵最盛，與九卿絕席。）舊儀縣席皆等庶僚，以大士絕世通人，故加其殊禮矣。及玉輦升殿，（范蔚宗《後漢·輿服志》：天子五路，以玉爲飾。）雲蹕在階。（崔豹《古今注》：秦制，出警入蹕。謂出軍者皆警戒，入國者皆蹕止也。謝朓詩：十載朝雲陛。文，陶潛集聯句：愔之曰雲，駕庶可飭。）晏然箕坐，（《漢書》：郭解出，人皆避。一人獨箕踞視。）曾不山立。（《樂記》：總干而山立。）憲司譏問，愈見凝跱。但荅云，法地若動，則一切法不安。應對言語，皆爲爽異。昔漢皇愛道，欒大不臣。（《漢·郊祀志》：封欒大天道將軍，令衣羽衣立白茅上受印，以示不臣。）魏祖優賢，楊叟如客。（《魏志》：文帝引楊彪，待以客禮。）河上之老，輕舉臨於孝文。（《神仙傳》：河上公，不知其姓氏。結草爲菴於河湄。讀《老子》，漢文帝駕往詣之。）嚴子之高，閒卧加於光武。（《後漢·逸民傳》：太史奏客星犯帝座。帝笑曰，朕故人嚴子陵共卧耳。）方其古烈，信可爲儔。帝又於壽光殿獨延大士講論玄賾。言無重頌，（《彌陀疏鈔》：梵語祇夜多，此云重頌。）句備伽陀。（《祖珽事苑》：梵言伽陀，此言諷誦。）音會宮商，義兼華藻。豈惟寶積獻蓋，文成七言。（《維摩經》云：寶積與五百長者子俱持七寶蓋來詣佛所。佛之威力令諸寶蓋合成一蓋，徧覆三千大千世界。）釋子彈琴，歌爲千偈而已。（《長阿含經》：父王聞四子端正，曰：此眞釋子也。《雜阿含經》：過去世時拘薩羅國有彈琴人名曰鹿牛，有六廣大天宮天女來至拘薩羅國。鹿牛彈琴人所語言，爲我彈琴，我當歌舞。天女於歌頌頌中自說所以生此因緣。彼人即便彈琴，彼六天女即便歌舞。）固非論經於白虎之殿，（《後漢·丁鴻傳》：鴻字孝公。肅宗詔鴻論，定五經同異於白虎觀。時人語曰：殿中無雙丁孝公。）應詔於金馬之門。（《漢書》：東方朔待詔金馬門。）說義雲臺，（《後漢·逸民傳》：周黨伏而不謁。博士范升奏曰：臣願與坐雲臺之下，考試圖國之道。）受釐宣室，（《賈誼傳》：上方受釐坐宣室。）可同年而語哉。自火運將終，民無先覺。雖復五胡內鼎，蒼鵝之兆未萌。（《晉·五行志》：懷帝永嘉元年二月，洛陽東北步廣里地陷，有蒼白二色鵝出。蒼者飛翔冲天，白者止焉。董養曰：步廣周之狄泉，盟會地也。白者金色，國之行也。蒼爲胡象。是後劉淵、石勒相繼亂華。）四海橫流，夷羊之牧匪現。（《汲冢周書·度邑解》：惟天不享於殷。發之未生，至於今六十年。夷羊有牧，飛鴻過野。　樹敏曰：《淮南子·本經訓》：夷羊在牧。許愼曰：夷羊，土神。商之將亡，見於商郊牧野之地。）大士天眼所照，預覩未來。（《雜寶藏經》：羅漢道人尋即入定，以天眼觀。）摩掌之明，夙鑒時禍。（《法苑珠林》：竺佛圖澄，西域人。時石勒與劉曜相拒搆隙，以問澄。澄曰：可禽耳。麻油塗掌，令視見之。曜被執，朱繩縛肘。後果獲之，如掌所見。）哀羣生之板蕩，泣世道之崩淪。救苦爲懷，大悲爲病。誓欲虛中閉氣，（《法苑珠林》：晉長安有沙公者，西域人。虛靖服氣，不食五穀，日能行五百里。）識食爲齋。非服名香，（《正法念經》：餓鬼大數，有三十六種。十四食香鬼。《法苑珠林》：宋釋慧益，廣陵人。憩竹林寺，積勤苦行，惟食香丸。）但資禪悅。（《起世經》：閻浮提人等飯麨豆肉等，名爲麤段食。按摩、澡浴、拭膏等名爲微細食。自外三州及六欲諸天等，並以麤微細爲食。自此以上，色界無色天並以禪悅法喜爲食。）方乃燒其苦器，（《涅槃經》：身爲苦器，憂畏無量。）製造華燈。（《摩耶經》：龍樹善設法，要滅邪見。幢然正法燈。）願以此一光明徧照十方佛土。（《因果經》：無量諸天作諸伎樂，燒衆名香，散天妙華，隨菩薩滿虛空中，放大光明，普照十方。）勸請調御，（《寶性論》：爲六種人故說三寶：一調御師，二調御師法，三調御師弟子。）常住世間，救現在之兵災。（《劫中世界經》：二十小刼中，中間有小三災，二曰兵刀災。）除當來之苦集。（《長阿含經》：諸比邱欲求光明者，當求苦集滅道光明。）於是學衆悲號，山門踴叫。弟子居士，徐普拔、潘普成等九人，求輸已命，願代宗師。其中或馘首而刓鼻，或焚臂而燒手。善財童子重睹知識，（《華嚴經》：彌勒領無量諸大菩薩從他方來，彈指一聲，閣門遂開，善財即入。入已即閉。善財見一樓閣中皆有彌勒，一一彌勒前皆有善財，一一善財悉皆合掌回顧。詳《荅求官人書》。）忍辱仙人是馮相輩。（《新婆娑論》：過去此賢刧中，有王名羯利。時有仙人號爲忍辱，住一林中，勤脩苦行。仙人便伸一臂，王以利劒斬之。王復命伸一臂，即復斬之。次斬兩足，復截兩耳，又割其鼻。《史記・傳靳傳》：陽陵侯傳寬，注引地理志云：馮相，陽陵縣。）大士乃延其敎化，更住閻浮。（見《長干寺碑》。）弘訓門人，備行衆善。於是弟子居士范難陀，弟子比邱法曠，弟子優婆夷嚴比邱，各在山林燒身現滅。次有比邱寶月等三人，窮身繫索，挂錠爲燈。（《說文》：錠謂之燈。《呂靜韻集》：無足曰燈，有足爲錠。）次有比邱慧海、菩提等八人燒指供養。（《法華經》：能然手指乃至足一指供養佛墖，勝以國城妻子及三千大千國土珍寶而供養者。）次有比邱尼曇展、慧光、法纖等四十九人行不食齋法，次有比邱僧拔、慧品等六十二人割耳出血，用和名香奉依師敎。並載在碑陰，書其名品。夫二儀大德，所貴曰生。（《繫辭》：易有太極，是生兩儀。又，天地之大德曰生。）六趣含靈，所重惟命。（《婆娑論》：六趣之中，能止息意，故名爲人。）雖復夢幻影響，同歸摩滅。（《諫王經》：世間榮位如幻如夢，不可久保。《付法藏經》：縱使富貴如天，終歸磨滅。）愛使情迷，惟貪長久。（《法苑珠林》：龍樹菩薩捨離欲愛，出定爲道。《老子》：天長地久。）自非善巧方便，漚和含羅，（見《長干寺碑》。）照以慈燈，（梁陸倕《誌法師墓志銘》曰：慧雲晝歇，慈燈夜昏。）霑其妙藥，（《付法藏經》：法是妙藥，能愈結病。）豈或捨不貲之軀，而能行希有之事。（《大品經》：若我聲聞弟子之中，欲行第一希有之事者，當爲世間廣宣如是大乘經典。）若令割身奉鬼，聞半偈於涅槃。（《涅槃經》，佛言：我念過去作婆羅門，在雪山中脩菩薩行時，天帝釋即下試之。自變其身作羅刹像，住菩薩前，口說半偈云：諸行無常是生滅法。菩薩即語羅刹，但能具足說是偈竟，我當以身奉施供養。）賣髓祠天，能供養於般若。（《雜譬喻經》，噉人王曰：吾本捕人，當持祠天，已得四百九十九人。今得卿一人，其數已滿。殺以祠天，汝何不懼。國王對曰：且出宫時，路逢道人，爲我說偈。即許施物。今未得與，以是爲恨。今王弘慈寬恕，假日施訖還來，不敢違要也。）理當刳心靡吝，（《千佛因緣經》：雪山中有婆羅門名牢度跋提，白夜叉言：我今不惜心之與血，即持利劒破胷，出心與之。）擢骨無疑者乎。（《彌勒所問本願經》：往過世有王太子號曰蓮華王，見一人身體病癩，曰：得王身髓以塗我身，其病乃愈。太子即破身骨以得其髓，持與病者。）

大士小學之年不由黌舍，（《曲禮》：人生十年曰幼學。《漢・儒林傳》序：武帝時，太學生徒動至數萬，郡國黌舍悉皆充滿。）大成之德自通墳典。（《學記》：九年知類通達，強立而不反，謂之大成。《左傳》：左史倚相趨過。王曰：是能讀三墳五典八索九邱。）安禪合掌，（《惟無三昧經》：人求道安禪，先當斷念。《善現論》：禮佛時應繞三匝，三拜四方。作禮合十，指掌叉手於項，郤行而行。）說偈論經。（《三千威儀》云：出家人所作業務，一者坐禪，二者誦經法，三者勸化衆事。）滴海未盡其書，（《大悲經》：如來爾時知彼水滴在大海中，見知住處不與衆水共相和雜。不增不減平等如故。又，滴水者喻一發心微少善根，大海者喻佛如來應正徧知。）懸河不窮其義，（《晉書》：王衍曰：郭象清言如懸河，久而不竭。）前後講《維摩、思益經》等，比邱智瓚傳習受持。所應度者化緣既畢，（新翻《大阿羅漢難提蜜多羅所説法住記》：化緣既畢，將歸涅槃。）以大建元年朱明始獻。（見《爲陳武帝書》。）奄然右卧，（《法苑珠林》：經云仰卧者，是脩羅卧。伏地卧者，是餓鬼卧。左脅卧者是貪欲人卧。若右脅卧者是出家人卧。鶴齡曰：《中阿含經》：如來爾時將詣雙樹四襞鬱多羅僧以爲施坐，僧伽梨爲枕，右脅而卧。足足相累而般涅槃。）將歸大空。（《觀佛三昧經》：有王名曰雜寶，華光子名快見和尚，爲説甚深般若波羅蜜經大空之義。）二旬初滿，三心是滅。（見《長干寺碑》。）爾時隆暑，（晉潘岳《射雉賦》：時暑忽隆熾。）便已赫曦。（李顒《悲四時賦》：悲炎節之赫曦。）屈伸如常，溫暖無異。洗浴究竟，扶坐著衣。色貌敷瑜，光彩鮮潔。爰經信次，（《詩疏》：一宿曰宿，再宿曰信。）宛若平生。烏傷縣令陳鍾耆即往臨赴，猶復反手傳香，（《道宣律師住持感應記》：十方諸佛，各手捻香，付彼爐中。）皆如疇昔。若此神變，無聞前古。雖復青牛道士，（《漢武内傳》：封君達號青牛道士，有病死者，以竹管中藥與服皆愈。）白馬先生，（未詳）便遁形骸，本慙希企。若其滅定無想，彈指而石壁已開。（未詳。《奘法師傳》：婆毗吠伽論師執金剛神所誦金剛咒咒芥子，擊於石壁，豁然洞開。時有百千萬衆觀睹驚歎。論師跨門再三，顧命衆人。唯有六人從入。論師入已，當即石門還合如壁。炯曰：《華嚴經》又《法界品》：爾時善財童子敬繞彌勒菩薩合掌白言，惟願大聖開樓觀門，令我等入。彌勒菩薩即彈右指，門自然開。善財即入，入已還閉。）法王在殯，申足而金棺猶啟。（《傳燈録》：佛滅後有第一祖迦葉至雙林樹間號泣，佛於金棺內現雙足。）非斯矣莫與爲儔。遺誡於雙林山頂，如法燒身。一分舍利（《法苑珠林》：舍利者，西域梵語，此云骨身。舍利有三種：一骨舍利，色白。二髮舍利，色黑。三肉舍利，色赤。若佛舍利，椎打不破。若弟子舍利，椎擊便破。）起墖於冢，一分舍利起墖在山。又造彌勒像二軀置此雙墖。莫移我眠牀。當取法猛上人織成彌勒像，永安牀上，寄此尊儀。（見《諫罷道書》。）以標形相也。（《賢愚經》：此袈裟乃是三世聖人標相。）於是門徒巨痛，遂爽遺言。用震旦之常儀，（《華嚴經》：震旦國有一住處名那羅延窟，從昔已來諸菩薩衆於中止住。《法苑珠林》：東夏九州名西域，爲天竺者是總名也。或云身毒。如梵稱此方爲脂那，或云眞丹，或作震旦。此蓋承聲有楚夏耳。）乖闍維之舊法。（《大悲經》：迦葉以已身火闍維其身。闍維身已灰炭不現。　挺曰：《法苑珠林》：髮爪兩墖衣影二臺，皆是如來在世已見成軌。自收迹河邊闍維林外，八王請分還國起墖及缾炭二所，於是十剎興焉。）四部皆集，（《法苑珠林》：賓頭盧往西瞿耶尼敎化四衆，廣宣佛法。閻浮提四部弟子，思見賓頭盧，佛聽還國。）悲同白車。（《傳燈録》：法達念《法華經》三千部，禮祖不投地。六祖曰：無念念即正，有念念成邪。有無俱不計，長御白牛車。）七衆攀號，（《圓覺經》：比邱、比邱尼、式叉摩、那沙彌、室羅末尼，此出家五衆。優婆塞、優婆夷。此在家二衆。此七衆也。）哀踰青樹。（《梁元帝集·内典碑銘集林序》曰：白林將謝，青樹已列。）弟子比邱法璿、菩提，智瓚等以爲伯陽之德貞，桓紀於賴鄉。（《史記》：老子，姓李名耳，字伯陽。楚國苦縣賴鄉人。《續漢書》：桓帝夢老子，令中常侍左悺於賴鄉祀之。詔陳相邊韶立祠兼刻石。《金石録》：苦縣《老子銘》，舊傳蔡邕文并書。）仲尼之道高，碑書於魯縣。（《祀應記》：孔子廟列七碑，無像，檜柏猶茂。）亦有揚雄弟子，（《漢·揚雄傳》：雄卒，侯芭爲起墳，喪之三年。）鄭玄門人。（《後漢·鄭玄傳》：玄卒，門生相與撰玄荅諸弟子問五經，依《論語》，作《鄭志》八篇。）俱述清猷，載刊玄石。（《水經注》，杜預曰：梁國蒙縣北有薄伐城，城中有成湯冢。今城内有故冢方墳，疑即杜元凱所謂湯冢者也，而世謂之王子喬冢。其後有人著大冠，絳單衣，杖竹立冢前，呼采薪孺子伊永昌曰，吾王子喬也，勿得取我墳上樹也。忽然不見。國相東萊王璋以爲神聖所興，必有銘表。乃與長史邊乾遂樹之玄石，紀頌遺烈。）於是祈聞兩觀，（《何休》曰：天子外闕兩觀。）冒涉三江。（《書·禹貢》：三江既入。）爰降綵綸，（《禮記》：王言如絲，其出如綸。）克成豐琰。陵雖不敏，夙仰高風。輕課庸音，乃爲銘曰：

大矣權迹，勞哉赴時。或現商主，（《佛本行經》：雞尸馬王即我身，是五百人中商主者，即舍利弗是。五百商人，即删闍邪波離婆闍迦諸弟子等五百人是。）聊爲國師，卑同巧匠，（《增一阿含經》：優塡王敕國出巧匠。會以牛頭栴檀作佛供養，晨夕禮拜。）屈示良醫。（《智度論》：菩薩不應遠離諸佛，譬如病苦不離良醫。）猗與開士，（《法苑珠林》：開士應眞，導揚末敎。）類此難思。當來解脫，克紹迦維。（《普曜經》：佛兆率天降神於西域迦維衛國淨梵王宮，摩耶夫人剖右脅而生。　兆騫曰：《因果經》：太子身黃金色三十二色，放大光明。普照三千大千世界。迦維羅衛國，三千日月萬二千天地之中央也。）妙道猶祕，（《法苑珠林》：邪惑問方外對曰：捨搢紳之容，亦何傷於妙道。）機緣未適。（《智度論》：佛成道已，不即說法。於五十七日，今檢括機緣，然後說法。）弗降雞頭，（《法苑珠林》：昔天竺雞頭摩寺五通菩薩往安樂界，請阿彌陀佛，娑婆衆生願生淨土，無佛影像，願力莫由。請垂降許。佛言汝且往去，尋當現彼。）寧開狼迹。（《摩耶經》：摩訶迦葉於狼迹山中入滅盡定。）北地爰徙，東山攸宅。族貴泥陽，宗分蘭石。（《魏志・傅嘏傳》：嘏字蘭石，北地泥陽人，傳介子之後也。）莫測其本，徒觀其迹。邈有蒲塞，心冥世雄。明宣苦苦，（《法句喻經》：佛言天下之苦，莫過有身。身者衆苦之本。離世苦本，當求寂滅。）妙鑒空空。（孔稚圭《北山移文》：談空空於釋部。）汲引三界，（《自誓三昧經》，三界：一欲界，二色界，三無色界。）行藏六通。（《華嚴經》，六通：一天眼，二天耳，三地心，四宿命，五神足，六漏盡。）爰初隱逸，宴處林叢。（《祖珽事苑》：梵語貧婆，此言叢林。譬如大樹叢叢，故僧聚處得名叢林。）食等餐露，齋疑服風。（《求離牢獄經》：此等梵志，服風食氣。）敬禮珍墖，（見《宋司徒寺碑》。）歸依靈像。（《法苑珠林》：故釋伽云，吾今此身，即是法身。由是法身所依持，故如泥木靈像，遠有所表。敬誠殷禮，獲福無量。）未若天尊，躬臨方丈。（《太玄眞一本際經》：運道一切爲極尊，而常處三淸，出諸天上，故稱天尊。　忠柱曰《法苑珠林》：唐顯慶中，王玄策使西域。有維摩詰石室，以手板縱橫量之，得十笏。故名方丈室。讀此碑，則唐之前已有此名矣。）慧炬常照，慈燈斯朗。（《長阿含經》：燈燭之明，不如炬火。）釋梵天仙，（《大悲芬陀利經》：佛言我於此閻浮提爲轉輪王，名曰燈明，即捨詣林求梵仙行。）晨昏來往。濟濟行法，洗洗談講。德秀臧文，（《莊子》：文王觀於臧，見一丈人釣，而其釣莫釣。遂迎臧丈人而授之政，以爲太師。）風高廣成。（《莊子》：黃帝聞廣成子在於空同之上，故往見之。）來儀上國，（《益稷》：鳳皇來儀。《史記》：徐君好季札劍，爲使上國未獻。）抗禮承明。（《漢・汲黯傳》：大將軍青既益尊，黯與亢禮。《嚴助傳》，帝賜助書曰：君厭承明之廬，勞侍從之事。）妙辯無相，深言不生。（《楞嚴經》：除住三昧，是名無生。）撞鐘比說，（《樂記》：善待問者如撞鐘。）擊鼓匭英。樂論天口，（漢劉歆《七畧》：齊田駢好談論，齊人語曰天口駢。天口者，言不可窮。）誰其與京。（《左傳》：懿氏卜妻，敬仲占之曰：八世之後，莫之與京。）乍現仙掌，爰標神足。色豔沈檀，（《楞嚴經》：白栴檀塗身，自能除一切熱惱。）香踰薝蔔。（經云：如入薝蔔林中，聞薝蔔花香不聞他香。　樹屏曰：《華嚴經》：有世界名薝蔔華色。）我有邊際，（《付法藏經》：流轉生死，無有邊際。）隨機延促，誓毀身城。（《法句經》：心意品說偈曰：防意如城。）當開心獄，（《唯識論》：善惡熏心，令心異見，實無地獄。是故心外雖無地獄，惡業成時強自妄見。）忽示泡影。（《金剛經》：如夢幻泡影。）俄如風燭，（《法苑珠林》：命如風燭，難可駐留。）皦皦門人，承師若親。寧焚軟疊，（《涅槃經》：菩薩爲法因緣剜身爲燈，氎纏皮肉，酥油灌之，燒以爲炷。　尚瑗曰：《菩薩處胎經》：八大國王各持五百張白氎，梅檀木蜜盡內金棺，裹以五百張氎纏裹金棺，復五百乘車載香酥油以灌白氎。爾時世尊欲入金剛三昧，碎身舍利於娑婆世界。）弗燎香薪，（《新婆娑論》：是上座觀肉是菩薩肉，共取香薪焚燒其肉，收其餘骨，起窣堵波，禮拜供養，如事佛墖。）合窟爲窆。（《觀佛三昧經》：佛初留影石室，在那乾呵羅國毒龍池側。爾時世尊從石窟出時，龍聞佛還國，啼哭雨淚。佛安慰龍，我受汝請，當坐汝窟中。經千五百歲，佛坐窟中，作十八變，踴身入石，猶如明鏡在於石內，映現於外。諸天百千供養佛影，影亦說法，迄今猶現。）方墳以壍，（《法苑珠林》云，所云墖者，或云墖婆，此云方墳。）須彌據海。（《起世經》：於須彌山佉提羅迦山二山之間，有須彌海，濶四萬四千由旬，周圍無量。）變灰揚塵。（《曹毗志怪》：漢武帝鑿昆明池極深，悉見灰墨，無復土。以問東方朔。朔曰：試問西域胡。至明帝時，外國道人入洛時，有憶朔言問之。胡人云，經云天地大劫將盡則劫燒。此劫燒之餘。詳《與楊僕射書》。）淨土無壞，（《法苑珠林》云，西方常淸淨，自然無一切雜穢，故云淨土。）靈儀自眞。（《法苑珠林》：梁武帝《捨道文》曰，鑠靈儀於象外。）何時涌墖，復睹全身。（《法苑珠林》：阿育王遣使浮海，壞撤諸墖，分取舍利，還値風潮。頗有遺落。故今海族之中，時或遇者。《智度論》：佛問阿難，我在龍宮說法，龍子得道。留全身舍利高一百三十丈，汝知不？）

又《天台山徐則法師碑》（北史徐則，東海剡人也。杖策入縉雲山，不娶妻，常服巾褐。陳太建中，應召來憩於至眞觀，朞月又辭入天台山。太傅徐陵爲之刋山立頌，晉王廣鎭揚州，聞其名，手書召之曰：夫道得衆妙，法體自然，包涵二儀，混成萬物。人能弘道，道不虛行。先生履德養空，玄宗齊物。深曉義理，頗味法門。悅性冲玄，恬神虛白。餐松餌朮，栖息煙霞。望赤城而待風雲，遊玉堂而駕龍鳳。雖復藏名台岳猶且騰實江淮籍甚嘉猷有勞寤寐欽承素道久積虛襟側夕幽人夢想巖穴霜風已冷海氣將寒偃息茂林道體休愈昔商山四皓輕舉漢庭淮南八公來儀藩邸古今雖異山谷不殊市朝之隱前賢已說導凡述聖舍先生而誰故遣使人往彼延請想無勞東帛賁然來思不待蒲輪去彼空谷希能屈已佇望披雲遂詣揚州而死年八十二）

王簡栖《頭陀寺碑文》（**蕭統《文選》卷五九，唐李善註。《四庫全書》本。**）

《姓氏英賢錄》曰：王巾，字簡栖，琅邪臨沂人也。有學業，爲頭陀寺碑文。詞巧麗，爲世所重。起家郢州，從事征南記室，天監四年卒。碑在鄂州，題云齊國錄事參軍琅邪王巾製。

天竺言頭陀，此言斗藪。斗藪煩惱，故曰頭陀。

蓋聞挹朝夕之池者，無以測其淺深。（《家語》：曰孔子觀於魯桓公之廟，有欹器焉。使弟子挹之水。毛萇《詩傳》曰：挹，㪺也。《漢書》，枚乘上書吳王曰：游曲臺臨上路，不如挹朝夕之池。《桓子新論》，子貢諭齊景公曰：臣之事仲尼，譬如渴而操杯就江海飲，飲滿而去，又焉知江海之深乎。挹，於人切。㪺，勾愚切。）仰蒼蒼之色者，不足知其遠近。（《莊子》曰：天之蒼蒼，其正色耶，其遠而無所至極邪。《韓詩外傳》，子貢謂景公曰：臣終身戴天，不能知其高。）況視聽之外，若存若亡；心行之表，不生不滅者哉。（僧肇《涅槃論》曰：視聽之所不暨，四空之所昏昧。管子曰：聖人之道，若存若亡。援而用之，沒代不忘。竺道生曰：心行，心所行之行也。《維摩經》曰：畢竟不生不滅，是無常義也。）是以掩室摩竭，用啟息言之津。（《華嚴經》曰：佛在摩竭提國寂滅道場，始成正覺。《法華經》曰：寂滅，無言也。《僧肇論》：曰釋迦掩室於摩竭。鄭玄《論語注》曰：津，濟，渡水之處。）杜口毗邪，以通得意之路。（至理幽微，非言說之所及。掩室摩竭，示寂滅以息言。杜口毗邪，現默然而得意。《維摩經》曰：佛在毗邪離菴羅樹園，佛告文殊師利：汝行，詣維摩詰問疾。文殊師利問：維摩詰，何等是菩薩入不二法門時。維摩詰嘿然無言。文殊師利歎曰，善哉，善哉。乃至無有文字語言，是眞入不二法門。《僧肇論》曰：淨名杜口於毗邪。《莊子》曰：言者所以在意也，得意而忘言。）然語彝倫者，必求宗於九疇。談陰陽者，亦研幾於六位。（眞諦無言。俗諦借言以明理，故此明言之用也。《尚書》：武王訪于箕子曰：我不知彝倫攸敘。《周易》曰：夫易，所以極深研幾也。又曰：分陰分陽，迭用柔剛。故易六位而成章。王弼曰：六位，爻之文也。）是故三才既辨，識妙物之功；萬象已陳，悟太極之致。（此顯言之功也。《周易》曰：易有天道焉，有地道焉，兼三才而兩之，故六。又曰：神者，妙萬物而爲言者也。《孝經鉤命決》曰：地以舒形萬象，咸載聲類曰悟，心曰解。《周易》曰：易有太極，是生兩儀。）言之不可以已，其在茲乎。（言所以識物，悟太極者皆藉言明之，不可止者，其在此乎。《左氏傳》叔向謂釁蔑曰：子若無言，吾幾失子矣。言之不可以已也如是。）

然爻繫所筌，窮於此域。（爻，六爻也。繫，《繫辭》也。因爻以立辭，亦因辭以明理也。故爻繫之所明，窮生死於此域也。《莊子》曰：筌所以得魚，得魚而忘筌。筌，捕魚之笱。莊子以之喻言。《大智度論》曰：二乘以生死爲此岸。）則稱（去聲）謂所絕，形乎彼岸矣。（至如涅槃妙旨，非言說之所能明，故稱謂所絕，現於涅槃之彼岸矣。《僧肇論》曰：玄極無名，稱謂絕焉。鄭玄《禮記注》曰：稱，猶言也。王逸《楚辭注》曰：謂，說也。《涅槃經》曰：心無退轉，即便前進。既前進，已得到彼岸，登大高山，離諸恐怖，多受安樂。彼岸山者，喻於如來。受安樂者，喻於常住。大高山者，喻大涅盤也。《大智度論》曰：亦以涅盤爲彼岸也。）彼岸者，引之於有，則高謝四流。推之於無，則俯弘六度。（彼岸絕乎稱謂者，若引之而入有，則去四流而現無。若推之而入無，則弘六度以明有。僧釋肇《維摩經注》曰：不可得而有，不可得而無者，其唯大乘乎。何則？欲言其有，無相無名。欲言其無，方德斯行。故雖無而有。無相無名，故雖有而無。然則言有不乖無，言無不乖有也。《魏都賦》

曰：高謝萬邦。《大智度論》曰：欲流，有流，無明流，有見流。《三國名臣頌》曰：俯弘時務。《瑞應經》曰：行六度無極，布施持戒，忍辱精進，一心智慧。諸經以一心爲禪也。）名言不得其性相，隨迎不見其終始。（法離有無，豈名言之所得。法無形象，豈隨迎之可見。《維摩經》維摩詰曰：法無名字，言語斷故。法無形象，如虚空故。法同法性，入諸法故。法相如是，豈可說乎。竺道生曰：法性者，法之本分也。法相者，事之貌也。《老子》曰：隨之不見其後，迎之不見其首。）不可以學地知，不可以意生，及其涅盤之蘊也。（《妙法蓮華經》曰：昔住學地，佛常教化，言我法能離生老病死，究見涅盤。《勝鬘經》曰，意生身無漏，業生依無明。住學地，謂三果。意生，謂菩薩言能變化生死，隨意往生。《法華經》曰：諸佛弟子衆，皆如舍利佛。盡思共度量，不能測佛智。不退諸菩薩，亦復如是不能知。《周易》曰：乾坤其易之蘊耶。韓康伯注曰：蘊，淵奥也。）夫幽谷無私，有至斯響。洪鍾虚受，無來不應。（《周易》曰：入于幽谷，不明也。《尚書大傳》孔子曰：夫山生材用而無私爲焉。四方皆伐無私與焉。《論衡》曰：呼于坑谷之中，響立應。《禮記》曰：善待問者如撞鐘，叩之以小者則小鳴，叩之以大者則大鳴。劉熙《釋名》曰：鐘，空也。內空受氣多，故聲大也。《文子》曰：虚無不受，靜無不持。牽秀《相風賦》曰：故無來而不應兮，何適莫之足嬰。）況法身圓對，規矩冥立。（圓對謂有感斯對，而無不周也。《勝鬘經》曰：涅盤界者，即是如來法身。《僧肇論》曰：法身無像，應物以形。千難殊對，而不干其慮。《禮記》曰：古之君子，周旋中規，折旋中矩。僧肇《維摩經序》曰：冥權無謀，而動與事會。）一音稱物，宫商潛運。（《維摩經》曰：佛以一音演說法，衆生隨類各得解脱。《周易》曰：稱物平施。《尚書》曰：聲者，宫商角徵羽也。）是以如來利見迦維，託生王室。（如來，佛號。謝靈運《金剛般若經注》曰：諸法性空，理無乖異，謂之爲如會如解，故名如來。竺道生《維摩經注》曰：如者，謂如與如冥。無復有如之理從此中來，故曰如來。《瑞應經》曰：菩薩下當世作佛，託生天竺迦維羅衛國，父王名曰靜，夫人曰妙。迦維羅衛者，天地之中央。《周易》曰：利見大人。《左氏傳》曰：會干洮謀王室也。）憑五衍之軾，拯溺逝川。（《僧肇論》曰：騁六通之神驥，乘五衍之安車。五衍，五乘。天竺言衍，此言乘。五乘：一人二天三聲聞四辟支佛五菩薩。今碑本以爲憑四衢之軾，蓋梁代諱衍，故改焉。《左氏傳》曰：楚子玉使鬬勃謂晉侯曰：請與君之士戲，君憑軾而觀之。《説文》曰：出溺爲拯。《論語》曰：子在川上曰，逝者如斯。）開八正之門，大庇交喪。（《維摩經》曰：雖行八正道而樂，行無量佛道是菩薩行。《僧肇論》曰：啟八正之平路，坦衆聖之夷塗。《大品經》說，八正，曰正見正思惟正語正業正命正精進正念正定。《爾雅》曰：庇，廕也。《莊子》曰：世喪道矣，道喪世矣。世與道交相喪也。）於是玄關幽揵，感而遂通。（玄關幽揵，喻法藏也。謝靈運《金剛般若經注》曰：玄關難啟，善揵易闢。戴逵《棲林賦》曰：幽關忽其離揵，玄風暖以雲頽。《字林》曰：揵，門距。《周易》曰：寂然不動，感而遂通天下之故。非天下之至神，孰能與於此。）遙源濬波，酌而不竭。（遙源濬波，喻法海也。《文子》曰：取焉而不滿，酌焉而不竭，莫知其所由也。）行不捨之檀，而施（去聲）洽羣有。（夫心愛衆生而行捨者則增愛，非爲實捨。故大士之捨，見不施之捨者及於衆生，斯爲不捨。以兹而施，故羣有俱洽。《大品經》曰：不施不慳，是名檀波羅蜜。《僧肇論》曰：賢劫稱無捨之檀，成具美不爲之爲也。天竺言檀，此言布施。波羅蜜，此言到彼岸也。羣有，謂有色無色有想無想，以其不一，故曰羣有。僧肇《維摩經注》曰：鏡羣有以通玄，而物我俱一。）唱無緣之慈，而澤周萬物。（夫行慈者，以衆生爲緣。衆生爲緣，則慈無所寄。故大士之慈，離於衆相。離相行慈，名爲無緣。無緣生慈，是爲眞實。以斯而唱，則物無不周。《涅盤經》曰：得諸菩薩無緣之慈。《僧肇論》曰：禪典唱無緣之慈，思益演不知之知。《泥洹經》曰：無緣者，不住法相及衆生相。釋道安曰：解從緣散。《周易》曰：智周萬物而道濟天下。）

演勿照之明而鑒窮沙界，（夫以明照物，明盡則照窮。而勿照之明，猶無得之得。無得而得，斯爲眞得。故勿照之明，斯爲眞明矣。演眞明而廣照，何止鑒窮沙界乎。《僧肇論》曰：至人虚心冥照，理無不統，而靈鑒有餘。《金剛般若經》曰：諸恆河所有沙數，佛世界如是，寧爲多不。）導亡機之權而功齊塵劫。（機，謂機心也。權，方便也。夫以機心導物，物所以機心應之。物有機心，則結累斯起。故誘以無幾之智，何止功濟塵劫乎。《僧肇論》曰：至人灰心滅智，內無機照之勤。《辨亡論》曰：魏氏功濟諸華。《法華經》曰：如人以力磨三千大千土復盡末爲塵，一塵爲一刧，此諸微塵數，其刧復過是。）時義遠矣，能事畢矣。（《周易》曰：天下隨時，隨時之義大矣哉。又曰：四營而成易，十有八變而成卦，天下之能事畢矣。）然後拂衣雙樹，脱屣金沙。（《左氏傳》曰：叔向拂衣從之。《涅盤經》曰：佛在拘尸那國力士生地阿利羅拔提河邊娑羅雙樹間。爾時世尊臨涅盤。《史記》武帝曰：嗟乎，吾誠得如黄帝，吾視去妻子如脱屣耳。拔河，一名金沙河也。）惟怳惟惚，不皦不昧。莫繫於去來，復歸於無物。（《老子》曰：道之爲物，惟怳惟惚。王弼曰：怳惚，無形不繫之貌也。又曰：一者，其上不皦，其下不昧。繩繩不可言，復歸于無物。鍾會曰：光而不耀，濁而不昧。繩繩兮其無繫，汜汜乎其無薄也。微妙難名，終歸於無。《維摩經》曰：法無去來，常不住。故僧肇曰：法若住，則從未到現在，從現在未過去，逕三世則有去來也。以法不常住故也。）因斯而談，則棲遑大千無爲之寂，不撓焚燎堅林不盡之靈，無歇大矣哉。（《荅賔戲》曰：聖哲治之，棲遑大千者，謂一三千界下至阿毗地獄。上非想天爲一世界，千三界爲小千世界，千小世界爲中千世界，至于中千世界爲大千世界。《維摩經》曰：夫出家者爲無爲法。《瑞應經》曰：吾虚心樂靜，無爲無欲。僧肇《維摩經注》曰：寂謂寂滅常靜之道。《廣雅》曰：撓，亂也。《涅盤經》曰：佛以千疊纒裹其身，積衆香木以火焚之。《僧祇律》曰：如《大涅盤經》説，世尊向熈連禪河力士生地堅固林雙樹間般涅盤于天冠塔邊闍維。僧肇《維摩經注》曰：無實相，無法常住，故盡。《法華經》曰：方便見涅盤而實不滅度，常住此説法也。）

正法既没，象教陵夷。（曇無羅讖曰：釋迦佛正法住世五百年，像法一千年，末法一萬年。《論語》曰：文王既没。陵夷，已見上文。）穿鑿異端者，以違方爲得一。（孔安國《論語注》曰：妄作穿鑿以成文章，不知所以裁製。《論語》子曰：攻乎異端，斯害也已。謝宣遠《贈靈運詩》曰：違方往有吝。杜預《左氏傳注》曰：方，法也。云得一者，鍾會曰：一亦道也。）順非辯僞者，比微言於目論。（《禮記》曰：言僞而辨，順非而澤。《維摩經》曰：於衆言中微妙第一。《僧肇論》曰：采微言於聽表。《史記》曰：齊威王使説越王。齊使曰：幸也，越之不亡也。吾不貴其用知之如目見毫毛，而不自見其睫也。今王知晉失計，而不自知越之過，是目論也。）於是馬鳴幽讃，龍樹虚求。（《摩訶摩耶經》曰：正法衰微六百歲已，九十六種諸外道等邪見競興，破滅佛法。有一比丘名曰馬鳴，善説法要，降伏一切諸外道輩。七百歲已，有一比丘名曰龍樹，善説法要，滅邪見幢，燃正法炬。《周易》曰：幽贊於神明而生著。王弼曰：幽，深。贊，明也。）竝振頽綱，俱維絶紐。（陸機大將軍《宴會詩》曰：頽綱既振。謝莊爲沈慶之《荅劉義宣書》曰：皇綱絶而復紐，區夏墜而更維。《説文》曰：紐，系也。）蔭法雲於眞際，則火宅晨涼。（《華嚴經》曰：不壞法雲，徧覆一切。劉虬《法華經注》曰：雲譬應身，則殊形竝現，順機不偏，此則彌布徧覆之義也。《維摩經》曰：同眞際，等法性，不可量。僧肇曰：眞際，實際也。《法華經》曰：三界無安，猶如火宅。衆苦所燒，我皆拔濟之。）曜慧日於康衢，則重昏夜曉。（《法華經》曰：慧日大聖尊久乃説是法。劉虬曰：菩薩圓淨，照均明兩。故曰慧日。又曰：諸子安穩得出，皆於四衢露坐。《爾雅》曰：四達謂之衢，五達謂之康。《頭陀經》心王菩薩曰：我見覆蔽飲雜毒酒，重昏長寢，云何得悟。慈心示語，使得開解。）故能使三十七品有樽俎之師，（言義徒精鋭有樽俎之深謀。《維摩經》曰：於諸見不動而修行三十七品，是爲宴坐。僧肇曰：諸見六十二，諸見妄也。竺道生曰：正觀則三十七品也。羅什曰：三十七品，二乘通。《大品經説》：三十七道品曰四念處，四正勤，四如意足，五根，五力，七覺分，八正道分。樽俎之師，已見上文。）九十六種無藩籬之固。（邪黨分崩，無藩籬以自固。羅什《維摩經注》曰：摩訶，秦言無大，亦言勝大。能勝九十六種論議。《辯亡論》曰：城池無藩籬之固。）既而方廣東被，教肄南移。（《華嚴經題》云：大方廣佛華嚴經。孔安國《尚書傳》曰：被，及也。《周易》曰：君子以教思無窮。）周魯二莊親昭夜景之鑒，漢晉兩明竝勒丹青之飾。（顧微《吳縣記》曰：佛法詳其始而典籍亦無聞焉。魯莊公七年夜明，佛生之日也。《左氏傳》曰：莊公七年四月辛卯夜，恆星不見，夜明也。《史記》曰：周桓王崩，子莊王陀立。十三年，莊王崩。《左氏傳・莊公三年》：葬桓王。然則周莊王魯莊公爲同時。《瑞應經》曰：到四月八日夜，明星出時，佛從右脅墮地，即行七步。牟子曰：漢明帝夢見神人，身有日光，飛在殿前。以問朝臣，傳毅對曰：天竺有佛，將其神也。後得其形像。何法盛《晉書》曰：彭城王紘以肅祖明皇帝好佛，手書形像，經歷寇難，而此堂猶在。宜成作頌。蔡謨云：今發王命，稱先帝好佛，於義有疑。《張綱集》曰：盡功金石，圖形丹青。）然後遺文間出，列刹相望。（遺文，謂經也。《史記》曰：天下遺文，靡不畢集。太史公曰：漢興，《詩》、《書》往往間出。孔安國《尙書傳》曰：三山，言相望也。）澄、什結轍於山西，林、遠肩隨乎江左矣。（《高僧傳》曰：天竺佛圖澄，西域人。本姓帛，少出家。西域人得道。以晉懷帝永嘉四年來適洛陽，以麻油雜茵支塗掌，千里外事皆徹見掌中，如對面焉。後澄死之月，人見在流沙。又曰：鳩摩羅什，天竺人。七歲出家。什既道流西域，名被東川，苻堅遣呂光西伐，破龜兹，乃將什至涼州。姚萇已殺苻堅，光遂王彼。至萇子興，破涼州，始將什至長安。後卒長安。《漢書》文帝詔曰：使者冠蓋相望，結轍於道。班固《漢書》贊曰：秦漢以來，山東出相，山西出將。《高僧傳》曰：支遁字道林，本姓關，陳留人。初至京師，王濛甚重之。年二十五出家，師釋道安。苻丕後還吴入剡，王羲之遂與披襟解帶，留連不能已。又曰：釋惠遠，本姓賈氏，鴈門人。遊許洛，出家師釋道安。苻丕後還吴，入襄陽，南遊荊州，欲往羅浮，屈尋陽見廬峯，遂居焉。三十餘年，影不出山，迹不入俗。晉義熙十二年終。《禮記》曰：十年以長，則兄事之。五年以長，則肩隨之。《晉中興書》元帝詔曰：朕應天符，創基江左。《春秋命歷序》曰：東方爲左，西方爲右。）

頭陀寺者，沙門釋慧宗之所立也。（《瑞應經》曰：太子出北城門，天帝復化作沙門。太子曰：何謂沙門。對曰：沙門之爲道，舍妻子，捐棄愛欲也。釋僧肇《維摩經注》曰：沙門，秦言義訓。勤行趨涅盤也。）南則大川浩汗，雲霞之所沃蕩。（《周易》曰：利涉大川。《海賦》曰：瀇滉浩汗。又曰：濬滐潫滴，蕩雲沃日。）北則層峯削成，日月之所迴薄。（《山海經》曰：泰華之山削成而四方。《蜀都賦》曰：陽烏迴翼於高標。楊雄《反離騷》曰：恐日薄於西山。）西眺城邑，百雉紆餘。（《左氏傳》祭仲曰：都城過百雉，國之害也。鍾會《懷土賦》曰：望東城之紆餘。）東望平皐，千里超忽。（《楚辭》曰：出不入兮往不反，平原忽兮路超遠。）信楚都之勝地也。宗法師行絜珪璧，擁錫來遊。（《毛詩》曰：有匪君子，如珪如璧。《東觀漢記》馮衍說鮑叔永曰：衍珪璧其行，束修其心。錫，錫杖也。《大智度論》曰：菩薩常用錫杖經傳佛像。《莊子》曰：神農擁杖而起。）以爲宅生者緣，業空則緣廢，言身從緣生，緣亦斯廢也。（《維摩經》曰：如影從身，業緣生見。僧肇曰：身，衆緣所成。緣合則赴，緣散則離。《金光明經》曰：所謂無明緣行，行緣識，識緣名，名緣色，色緣六入，六入緣觸，觸緣受，受緣愛，愛緣取，取緣有，有緣生，生緣老死憂悲苦惱滅聚。釋僧肇《維摩經注》曰：諸法之生，本乎三業。既無三業，誰作諸法。）存軀者惑，理勝則惑亡。（惑，煩惱也。言萬法雖廣解，惑則起相受生。解者，身心寂滅。《涅盤經》曰：要因煩惱而得有身。竺道生《維摩經注》曰：戀生者愛身，情也。苟曰無常，豈可愛戀。若能悟不惑，而惑自亡矣。惑者，無復存身也。）遂欲捨百齡於中身，殉肌膚於猛鷙。（《禮記》曰：古者謂年爲齡，齒亦齡也。范曄《後漢書》田巴報馮衍書曰：百齡之期未有能至。《尙書》曰：文王受命唯中身。《莊子》曰：藐姑射之山，有神人居焉，肌膚若氷雪。《漢書》臣瓚注曰：亡身從物曰殉，李尤《七難》曰：猛鷙陸嬉，龍鼉水處。）班荊蔭松者久之。（《左氏傳》曰：伍舉奔晉，聲子將如晉，遇之於鄭郊。班荊相與食。《楚辭》曰：山中人兮芳杜若，飲石泉兮蔭松柏。）宋大明五年，始立方丈茅茨，以庇經象。（沈約《宋書》：孝武皇帝即位，改元曰大明。《淮南子》曰：聖人處環堵之室，茨之以生茅。高誘曰：堵長一丈高一丈，面環一堵爲方丈，故曰環堵。言其小也。《說文》曰：茨，蓋也。《爾雅》曰：庇，廕也。）後軍長史江夏內史會稽孔府君諱覬，（沈約《宋書》曰：孔覬，字思遠，會稽人也。初舉揚州秀才，補主簿。後除冠軍長史，江夏內史，隨府轉後軍長史。覬，音冀。）爲之薙草開林，置經行之室。（《周禮》曰：薙氏下士二人。鄭玄曰：薙，翦草也。《法華經》曰：經行林中，勤求佛道。）安西將軍郢州刺史江安伯濟陽蔡使君諱興宗，（沈約《宋書》曰：蔡興宗，濟陽人也。爲使持節，都督郢州諸軍事。安西將軍，郢州刺史。）復爲崇基表刹，立禪誦之堂焉。（《維摩經》曰：佛言諸佛滅後，以全身舍利起七寶塔，表刹莊嚴而供養也。）以法師景行大迦葉，故以頭陀爲稱首。（《毛詩》曰：高山仰止，景行行止。《彌勒成佛經》曰：彌勒佛讚言，大迦葉比丘是釋迦牟尼佛大弟子。釋迦牟尼佛於大衆中常所讚歎，頭陀第一。通達禪定解脫三昧。《封禪書》曰：前聖所以永保鴻名而常爲稱首者，用此者也。）後有僧勤法師，貞節苦心，求仁養志。（《楚辭》曰：原生受命于貞節。曹植《擬九詠》曰：徒勤躬兮苦心。《論語》：子曰求仁而得仁。《莊子》曰：養志者忘形也。）纂修堂宇，未就而沒。（《國語》祭公謀父曰：時序其德，纂修其緒。）高軌難追，藏舟易遠。（魏太祖《祭橋玄文》曰：懿德高軌，汎愛博容。《莊子》曰：夫藏舟於壑，藏山於澤，謂之固矣。然而夜半有力者負之而趨，昧者不知。郭象曰：方言死生變化之不可逃。）僧徒闃其無人，榱椽毁而莫構，（《周易》曰：闚其戸，闃其無人。高誘《淮南子注》曰：椽，橑也。榱，棟也。）可爲長太息矣。（《漢書》賈誼曰：可長太息者此也。）惟齊繼五帝洪名，紐三王絶業。（蕭子顯《齊書》曰：高帝太祖諱道成，字紹伯。蕭何二十四世孫，受宋禪。《史記》曰：惟漢繼五帝末流，接三代絶業。《封禪書》曰：前聖所以永保鴻名。）祖武宗文之德，昭升嚴配。（《禮記》曰：周人祖文王而宗武王。《尚書》曰：丕顯文武，昭升于上。《孝經》曰：嚴父莫大於配天。格天光表之功，弘啟興復。（《尚書》曰：成湯時，則有若伊尹，格于皇天。又曰：光被四表，格于上下。《毛詩》曰：建爾元子，俾侯于魯。大啟爾宇，爲周室輔。《東觀漢記》博士議曰：除殘去賊，興復祖宗。）是以惟新舊物，康濟多難。（《毛詩》曰：周雖舊邦，其命惟新。《左氏傳》伍員曰：不失舊物。《尚書》曰：康濟小民。《禮記》晉太子申生使人辭於狐突曰：君老矣，國家多難。）步中雅頌，驟合韶濩。（《禮記》曰：步中武象，驟中韶濩，所以養耳。鄭玄曰：韶，舜樂。濩，湯樂也。）炎區九譯，沙場一候。（《十洲記》曰：炎洲，南海中萬二千里。《韓詩外傳》曰：成王之時，越裳氏重九譯而獻白雉於周公。《尚書》曰：西被于流沙。《解嘲》曰：東南一尉，西北一候。）粤在於建武焉，（蕭子顯《齊書》曰：明皇帝即位改爲建武。）乃詔西中郎將郢州刺史江夏王觀政藩維，樹風江漢。（蕭子顯《齊書》曰：江夏王寶玄，字智深。明帝第三子也，封江夏郡王，仍爲持節都督郢司二州諸軍事，西中郎將，郢州刺史。《尚書》曰：以爾友邦冢君，觀政于商。又曰：彰善癉惡，樹之風聲。）擇方城之令典，酌龜蒙之故實。（方城謂楚，龜蒙謂魯。《左氏傳》屈完曰：楚國方城以爲城。又隨武子曰：蔿敖爲宰擇楚國之令典。《毛詩》曰：奄有龜蒙，遂荒大東。《國語》樊穆仲曰：魯侯孝王曰何以知之？對曰：賦事行刑而咨於故實也。）政肅刑清，於是乎在。（《孝經》曰：其教不肅而成。《周易》曰：聖人以順動，則刑罰清。《左氏傳》先軫曰：取威定霸，於是乎在。）寧遠將軍長史江夏內史行事彭城劉府君諱諠，（蕭子顯《齊書》：劉諠字士穆，爲江夏王郢州行事者，謂王年幼，內史代之以行州府事，故稱行事也。）智刃所遊，日新月故。（《莊子》曰：庖丁爲文惠君解牛曰，今臣之刀十九年矣，所解千牛而刀刃若新發於硎。彼節者有間而刀刃者無厚。以無厚入有間，恢恢乎其於遊刃必有餘地矣。《論語》子夏曰：日知其所亡，月無忘其所能也。）道勝之韻，虛往實歸。（《瑞應經》曰：迦葉二弟問迦葉曰：今乃捨梵志道學沙門法，豈獨大其道勝乎。迦葉答曰：言佛道最勝。《莊子》曰：常季問於仲尼曰：王駘，兀者也。與夫人中分魯，立不教，坐不議，虛而往，實而歸。）以此寺業廢於已安，功墜於幾立。慨深覆簣，悲同棄井。（《論語》曰：譬如爲山，雖覆一簣，進吾往也。《孟子》曰：有爲者譬若掘井，掘井，九仞而不及泉，猶爲棄井也。）因百姓之有餘，間天下之無事。（《孫卿子》曰：春耕夏耘秋收冬藏，四者不失時，故五穀不絶，而百姓有餘食。斬伐長養不失時，故山林不童而百姓有餘材。《西都賦序》曰：海內清平，朝廷無事。庀（匹耳）徒揆日，各有司存。（《左氏傳》：宋災，使華閲討右官庀其司。杜預注曰：庀，具也。《毛詩》曰：揆之以日，作爲楚室。《論語》曾子曰：籩豆之事，則有司存。）於是民以悦來，工以心競。（《周易》曰：悦以使民，民忘其勞。《莊子》曰：舜之治天下，使民心競。王隱《晉書》荀勗議曰：君子心競，而不力爭。）亘丘被陵，因高就遠。層軒延袤，上出雲霓。（《楚辭》曰：高堂邃宇檻層軒。王逸曰：軒，樓板也。《聖主得賢臣頌》曰：雖崇臺五層，延袤百丈。《説文》曰：南北曰袤，東西曰廣。司馬紹《贈山濤詩》曰：上陵青雲霓。）飛閣逶迤，下臨無地。（《西都賦》曰：修除飛閣。《楚辭》曰：載雲旗兮逶移。王逸曰：逶移而長，移與迤音義同。《楚辭》曰：下崢嶸而無地，上寥廓而無天。夕露爲珠網，朝霞爲丹雘。九衢之草千計，四照之花萬品。（《山海經》曰：少室之山，其上有木焉，名曰帝休。葉茂，狀如楊，其枝五衢。黄花黑實，服者不怒。郭璞曰：言樹枝交錯，相重五出，有象衢路也。故《離騷》云：靡華九衢。仲長子《昌言》曰：百夫之豪，州以千計。《山海經》曰：南山之首山曰鵲山，有木焉。其狀如穀而黑，其華四照，其名迷穀，佩之不迷。郭璞曰：言有光炎若木華赤其光照，下地亦此類也。仲長子《昌言》曰：以一人之好惡，裁萬品之不同。）崖谷共清，風泉相渙。（《周易》曰：風行水上，渙。）金姿寶相，永藉閑安。（《金光明經》曰：如來之身，金色微妙，其明照耀如金山。王乂曰：光明熾盛，無量無邊，猶如無數珍寶大聚。《楚辭》曰：像設居室靜閒安。）息心了義，終焉遊集。（《大灌頂經》曰：息心達本源，是故名沙門。《勝鬘經》曰：是故世尊依於了義一向說記。班固《終南山賦》曰：固仙靈之所遊集。）法師釋曇珍，業行淳修，理懷淵遠。今屈知寺任，永奉神居。夫民勞事功，既鏤文於鍾鼎。（《周禮》曰：民功曰庸，事功曰勞。凡有功者，銘書於王之太常。《國語》曰：昔克路之役，秦來圖敗晉功，魏顆以其身卻退秦師于輔氏，親止杜回，其勳銘於景鍾。韋昭曰：景公鍾。《禮記》曰：夫鼎有銘，銘者論譔其先祖之德，美功烈勳勞而酌之祭器，自成其名焉。）言時稱伐，亦樹碑於宗廟。（《左氏傳》曰：季武子以所得齊之兵作林鍾，而銘魯功焉。臧武仲謂季孫曰：非禮也。夫銘，天子令德，諸侯言時計功。大夫稱伐。蔡邕《銘論》曰：碑在宗廟兩階之間，近代以來咸銘于碑也。）世彌積而功宣，身逾遠而名劭。（《法言》曰：年彌高而德彌劭者，孔子之徒與。《小雅》曰：劭，美也。）敢寓言於彫篆，庶髣髴乎衆妙。（《法言》曰：吾子少好賦？曰然。童子雕蟲篆刻。《老子》曰：玄之又玄，衆妙之門。）其辭曰：

質判玄黃，氣分清濁。（《周易》曰：玄黃，天地之雜也。天玄而地黃。《列子》曰：輕清者上爲天，重濁者下爲地。）涉器千名，合靈萬族。（《周易》曰：形而下者謂之器，器謂品物也。《南都賦》曰：百品千名。《春秋元命苞》曰：蚑行喙息，蠕動蜎蜚，根生浮著，含靈盛壯。陸機《鼈賦》曰：總美惡而融融，播萬族乎一區。）淳源上派，澆風下黷。（《莊子》曰：德又下衰，及唐虞，澆淳散朴。《淮南子》以澆爲澆，音義同。《說文》曰：派，水別流也。《字林》曰：黷，持垢也。杜木切。）愛流成海，情塵爲岳。（《瑞應經》曰：感傷世間沒於愛欲之海。《百法論》曰：情塵之意合，故知生也。言人皆沈於愛河，則妻子財帛也。言積之多如海。情塵之積爲岳，爲善曰積，亦見多。爲惡曰積，亦多也。）皇矣能仁，撫期命世。（《毛詩》曰：皇矣上帝，臨下有赫。天竺言釋迦牟尼，此言能仁。《不退轉法經》：佗方菩薩曰能仁。如來興此三道之教。《法華經》曰：我釋迦牟尼。劉虯曰：能仁，哀此忍土，俯來拯拔，故曰能仁。《瑞應經》曰：期運之至，當下作佛。《孟子》曰：五百年必有王者興，其間必有名世者。《廣雅》曰：命，名也。）乃睠中土，聿來迦衛。（《毛詩》曰：乃睠西顧。又曰：聿來胥宇。迦衛已見上文。）奄有大千，遂荒三界。（《毛詩》曰：奄有龜蒙，遂荒大東。《法華經》曰：其佛以恆河沙等三千大千世界爲一佛土。又曰：如來以智慧方便，於三界火宅拔濟衆生。）殷鑒四門，幽求六歲。（《毛詩》曰：殷鑒不遠。《瑞應經》曰：太子至十四，啟王出游。始出城東門，天帝化作病人，即迴車。悲念人生俱有此患。太子出城南門，天帝化作老人，迴車而還。愍念人生丁壯不久。太子出城西門，天帝化作死人，迴車而還。愍念天下有此三苦。太子出城，北門天帝化作沙門。太子曰：善哉，惟是爲快。即迴車還念道，清淨不宜在家。又曰：佛既歷深山，到幽閒處，菩薩即拾稾草以布地，正箕坐，月食一麻一麥。端坐六年。）亦既成德，妙盡無爲。（《勝鬘經》曰：唯有如來化就一切功德。無爲已見上文。）帝獻方石，天開淥池。（《瑞應經》曰：佛還樹下，道見棄衣，取欲浣之。天帝知佛意，即頗那山上取四方成理澤好石來置池邊，白佛言，可用浣衣。又曰：明日食時佛持鉢到迦葉家受飯，而還於屏處。食已欲澡漱。天帝知佛意，即下以手指地，水出成池，令佛得用，名爲指地池。）祥河輟水，寶樹低枝。（《瑞應經》曰：時尼連河水流甚疾，佛以自然神通斷水，涌起高出人頭。令底揚塵，佛在其中。《法華經》曰：諸雜寶樹，華菓光茂。《瑞應經》曰：佛後日入指地池澡浴畢，欲出無所。攀池上素有樹名迦和，絕大修好。其樹自然曲枝下就佛，佛牽而出。）通莊九折，安步三危。（《爾雅》曰：六達謂之莊。《漢書》曰：王陽爲益州刺史，行部至邛范九折阪，歎曰：奉先人遺體，奈何數乘此險。《漢書》東方朔誡子曰：飽食安步，以仕易農。《尚書》曰：竄三苗於三危。）川靜波澄，龍翔雲起。（《頭陀經》曰：令身調善，震大法鼓。摧伏異學，外道邪師，入佛性海，煩惱風息，波浪不生。《周易》曰：雲從龍，風從虎，聖人作而萬物覩。）耆山廣運，給園多士。（《法華經》曰：佛住王舍城耆闍崛山中，與大比丘衆萬二千人俱。《尚書》曰：帝德廣運。《金剛般若經》曰：佛在舍衛國祇樹給孤獨園，與大比丘衆千二百五十人俱。《毛詩》曰：濟濟多士。）金粟來儀，文殊戾止。（《發迹經》曰：淨名大士是往古金粟如來。《尚書》曰：鳳凰來儀。文殊已見上文。《毛詩》曰：魯侯戾止。）應乾動寂，順民終始。（《春秋元命苞》曰：乾動川靜。《周易》曰：湯武革命，應乎天順乎人。《孫卿子》曰：生，人之始也；死，人之終也。）法本不然，今則無滅。（《維摩經》曰：法本不然，今則無是，寂滅之義。僧肇曰：小乘以三界熾然，故滅之以求無爲。大乘觀法本自不然，今何以滅，乃眞寂滅。）象正雖闌，希夷未缺。（象法正法已見上文。《史記》曰：酒闌。《漢書音義》文潁曰：闌，言希也。《老子》曰：視之不見名之曰夷，聽之不聞名之曰希。王弼曰：無象無聲無響，無所不通，無所不往。）於昭有齊，式揚洪烈。（《毛詩》曰：文王在上，於昭于天。班固《漢書》述曰：爰著目錄，畧序洪烈。揚雄《解嘲》曰：不足以揚洪烈。）釋網更維，玄津重枻。（僧叡師《十二法門序》曰：奏希聲於宇宙，濟溺喪於玄津。《漢書音義》韋昭曰：枻，櫂也。音裔，翊泄切，叶韻。）惟此名區，禪慧攸託。（禪慧，禪定智慧也。即六度之二行也。）倚據崇巖，臨睨通壑。（《楚辭》曰：忽臨睨夫舊鄉。《說文》曰：睨，邪視也。）溝池湘漢，堆阜衡霍。（言崇巖之高，通壑之大，故以湘漢爲溝池，衡霍爲堆阜也。《史記》曰：屈完曰，方城以爲城，江漢以爲池。）膴膴（武）亭皋，幽幽林薄。（《毛詩》曰：周原膴膴，菫荼如飴。《上林賦》曰：亭皋千里，靡不被築。《毛詩》曰：秩秩斯干，幽幽南山。鄭玄《周禮注》曰：竹木曰林。高誘《淮南子注》曰：深草曰薄。）媚茲邦后，法流是挹。（《毛詩》曰：媚茲一人。）氣茂三明，情超六入。（《維摩經》曰：佛身即法身也。從六通生，從三明生。僧肇曰：天眼宿命漏盡爲三明。《維摩經》曰：六入無積，眼耳鼻舌身心已過。）眷言靈宇，載懷興葺。（《毛詩》曰：眷言顧之。《楚辭》曰：葺之兮荷蓋。王逸注曰：葺，蓋屋也。）丹刻翬飛，輪奐離立。（《左氏傳》曰：丹桓宮楹。又曰：刻桓宮桷。杜預曰：刻，鏤也。《毛詩》曰：如翬斯飛，君子攸躋。鄭玄曰：翬者，鳥之奇異者也。《禮記》曰：晉獻文子成室，晉大夫發焉。張老曰，美哉輪焉，美哉奐焉。潘岳《關中記》曰：未央殿東有鳳凰殿。《春秋元命苞》曰：火離爲鳳。劉邵《魏文帝誄》曰：鳳凰立翥。）象設既闢，睟容已安。（《楚辭》曰：象設居室靜門安。《孟子》曰：君子仁義禮智信根于心，色睟然見于面，盎于背。睟，潤澤之貌。）桂深冬燠，松疎夏寒。（《楚辭》曰：何所冬燠，何所夏寒。《爾雅》曰：燠，煖也。）神足游息，靈心往還。（《瑞應經》曰：佛已神足，適鬱單日界。）勝幡西振，貞石南刊。（《維摩經》曰：降服四種魔，勝幡建道場。禰衡《顏子碑》曰：乃刊玄石而旌之。）

隋唐分部

王勃《彭州九隴縣龍懷寺碑》（《王子安集》卷一三，《四庫全書》本）

粵若眞元混沌，抱一氣於天門，象化童蒙，構三靈於地戶。緜是金城逆順，山河假成器之因，玉燭沉浮，風火兆流形之蘖。懸大明於日月，適滯泉宮，設巨浸於雲雷，終迷爨宅。太極所以散而爲兩，洪飈所以吹而爲萬。雖復卑高異列，俱沉方內之遊，坌集橫流，共失寰中之契。豈夫涅槃深視，不背色以求眞，般若長驅，每乘空而得靜。則知一名同出，陰陽爲破道之墟，萬象皆空，天地即降魔之境。莫見其俯仰，不知其去就，至自於太虛，復歸於無物。其建言立德，開業成務，握大柄而推造化，執洪鑪而詰元始。四門幽闢，顧非相而遲迴，三駕晨嚴，臨有爲而出頓。豈不知羈孤長路，終嬰旅泊之虞，舟楫中流，未釋風濤之苦。將以宅心者，寂虛室所以合符，應物者，神明鏡緜其不倦。故能商榷宇宙，指麾權實，演羣生而非其力，存庶品而非其有。千巒閉景似居蓬艾之間，雙闕臨空若在江湖之上。其釋迦之沖用乎。龍懷山者，井絡之所交會，岷隅之所控帶，攢峰北走，吐香嶂於玄霄，巨壑南馳，歕洪濤於赤岸。香城寶地，左右林泉，碧岫丹岑，往來烟液。

時有法會禪師者，俗姓楮氏，吳郡錢塘人也。金章錫美，河陰傳九命之尊，鉉乘榮，江左受三臺之貴。地靈人傑，自朝野而重光，學府文宗，冠南都而獨秀。法師紫星降彩，紅雲受氣，應積善於高門，契冥緣於累世。果浮觴引，潛圖彼岸之功，聚礫延砂，即挨爲山之業。靈樞密運，闢仁路而長鳴，慧刃高揮，斬邪關而洞照。以爲冥機體化，毫髮莫滯其眞，執數逐微，乾坤不容其算。於是四禪幽觀，破銅堞而出無明，三昧雄圖，排鐵圍而泯非相。法雲自在，吐納龍宮，賢聖不仁，奔馳象域。將使三千塔廟，知眞實之玄津，萬億幡幢，入空虛之秘藏。安心樂土，遯影靈闕，以開皇元年憩于茲嶺。靈墟福地已被神功，玉牓金繩未光朝命。蜀王秀以文昭建國，帝子專征，仗巴服之尊名，裂邛荒之寶命。彤騑僭帝，蹕萬騎於銅梁，皁蓋圖王，警千乘於玉宇。鏡山南望，志狹彭渝，錦水西浮，恥朝江漢。開實沉之壁壘，嘯京叔之風塵，擁龜堞而託殊方，憑爵堂而傲天子。威權所制，勝兵數十州，雄視所臨，經塗五千里。三英賦雪，瞻秋月於梁臺，八叟吟風，傳朝雲於楚館。思弘正法，廣召名僧，振錫雲趨，乘杯霧合。禪師括囊泉石，韜跡烟霞，攀紫桂而同塵，守青蓮而向晦。衝飇蕩岳，寧移忍地之靈，烈火焚山，不撓堅林之色。王心有悟，時加優禮，順風拜道，封山謝失，發淨財於廣內，揆仙室於重幽，因嶂爲壁，憑崕列戶，以開皇五年始賜額爲龍懷寺。地鄰縣左，遂均縣上之恩，山似龍盤，即建龍懷之刹。爾其崇巒經復，複磵縈迴，高丘洩雲，長林翳日，增瓊垣於下麓，揆瑤構於中巖。香闕神行，珍臺妙立，玉虯銜靄，絕游氣而負蒼天，金鳳連甍，排烈風而瞰玄圃。延綠房於疊巘，上拂霞莊，蔓丹闕於重磎下披泉戶。陽開陰闔，變霜露於旋迴，蠖動螟飛，起雷霆於指顧。玉堂朝亘影襲長虹，珠殿宵浮光含列宿。

禪師歿後，爰有孝恭法師、智開法師、弘嚮法師、寶積闍梨四上人者，並禪師之上足，而法門之領袖也。五明衢路控引情宮，八解源流朝宗性海。其深爲寶，投白玉於嶄巖，無礙居眞，得玄珠於象罔。住持眞界，栖息妙塗，俱探寂滅之源，各證菩提之域。雖業定人境，照已極於無方，而道寄生成，功遂覃於有相。演中乘之奧義，增上棟之宏規，萬栱不騫，千門有闔。俄而帝隋大去，皇家小往，天地閉而賢人隱，雲雷屯而巨寶衰。毒龍橫霧，四天沉暗逆之悲，醉象驅風，三界溺崩離之酷。上人慧機幽晤，定識潛融，知佛日之恆明，審王風之尙靜。芝歌商岳，揆雞嶺而同歸，茅藉磻溪，與猴江而共致。遯俗無悶，因時有待。洎丹陵啓秩，赤縣居尊，迦維授手，波旬革面，十千天子新朝帝釋之宮，八萬仙人始向毗耶之國。一音演而荒景服，三聖澄而禮樂備。繇是巴方舊彥，蜀城遺老，仰慈門而知戶牖，升福田而喜畊鑿。雕鞍繡轄，瞻鷲崿而馳魂，黼帶縱裾，指鸚林而騖欸。寶瓶宵注潤浹堯旬，玉塵晨麾風調舜歷。咸以爲假沉其性，迷生安視聽之功，動亂其心，窮子失肌膚之戀。江連巫峽始絆心猿，山對禺同終維意馬。貞觀年中，積闍梨等迺宣昭遺址，發揮精舍，容成按歷，揆日用於天經，隸首陳章，算神功於地籙。迴廊竊窱，自吐風飇，列榭崢嶸，坐含雲雨。圖碣宮之妙質，儼盧舍之眞容，寶珠周映，銀龕備色，逸多垂足，似臨兜率之天，師利分身，若赴維摩之境。靈仙可接，藻繪無施，眞應難微，雕鐫有寄。若乃巡積准，歷森沉，天花照而高月落，地籟驚而幽泉湧，紫蘭花徑，香侵柏葉之爐，綠草紋茵，影入芙蓉之座。眞童鳳策即踐金沙，仙女鸞衣還窺石鏡。巖莊轉梵，杳冥松桂之墟，磵石栖皐，寂寞藤蘿之院。法鼓奏而寒山曠，洪鐘鳴而曉壑靜。頳苔翠薜具不盡之靈衣，石乳瓊漿入無生之妙饌。肅肅焉，遙遙焉，信調御之珠庭而列眞之甲第也。

爰有上座玄鑒法師等，並六塵無我，四諦非他，奉乾越之微言，守楞伽之奧府，法雷潛吼，鼓動風烟，慧日揚明，照臨丘壑。青漢坐定，見心宅之恆靈，丹洞行忘，覺身城之每化。須彌不動，迴鎭閻浮，闍崛安居，下觀忉利。開四生之廣路，敘六趣之彝倫，足以遵揚眞績，恭宣來命者矣。

縣令柳公諱明獻，字太初，河東人也。太玄降氣，中黄授彩，襲周魯之榮基，吐河汾之靈液。四科高第，振風翮於三冬，萬室崇班，蹋雲驂於百里。既而政成黎頌，道洽甿謳，假無上之幽筌，毗不言之景化，絃歌在韻，將寶偈而齊歸，銅墨成章，與梵天而共貫。瓊波湛淡沃蕩雲雷，珠濯蕭條蔽虧煙雨。貞機罕應，良談於好事之游，朗調多奇，高賞盡名山之曲。下走東皐，事失南州，塗窮歎孔席之栖遑，笑楊岐之浩蕩。薄游茲邑，喜見高人，三接而定琴樽，七縱而擒風月。林宗有道，相期清濁之間，平叔能言，見許天人之際。從容宴語，契闊胸懷，欣性情之同冥，感形骸之共遺。雖玄都妙域，已貴於忘言，而義塾文場，竊申於知已。敢作頌曰：

妙象無倪，神功有涉。湛淡名器，崩騰事業。慧路翹車，禪河艤檝。控引羣品，輪迴庶劫。縱橫宇宙，反覆山川。言因境立，道寄形詮。爰稽福地，式揆珍田。丹溪漏日，碧洞栖烟。闍都玉檻，須彌石室。榛灌溟濛，風雲蕭瑟。睟容乃眷，禪徒有謐。葉磴三休，花巖四密。崇巒架殿，疊嶂營樓。千栱鳳起，萬栱鸞浮。星開紺髮，月湛青眸。神宮不夜，邃閣長秋。戶臨重崿，牕分絕嶺。半漢香浮，中天梵響。鶴林聖迹，龍泉佛影。鳥思山空，猿悲峽靜。森森亘柏，落落長松。月出東岫，霞生北峰。山人自狎，野老相逢。白雲屢斷，青溪幾重。彭澤之令，臨邛之客。比德山藪，重規泉石。法宇成言，慈門致役。糠粃吏隱，薜蘿心迹。吾生擾擾，與道遑遑。殷勤頌詠，惆悵津梁。投功翠碣，助化玄場。百年之後，苔蘚蒼蒼。

又《梓州玄武縣福會寺碑》 若夫考龍圖而括運，撫麟筆以傷時。天地閉而賢人隱，周孔逝而微言絕。豈非太階無象，三辰鮮迪敘之。因滄海爲陵，百川有橫流之勢。況乎法身長往，顧糟粕以空存，化迹繁流，仰舟航而遂遠。雖復功推八正，猶迷鶴樹之談，道亞三明，未覩龍宮之籍。則有妙音難遇，瞻雪嶺而投軀，眞諦希聲，仰雲山而破骨。優塡企景，新雕白玉之龕，般若尋風，而化黃金之像，三千寶座迴出天宮，八萬珍臺遙臨淨域。非惠圖之冥感，孰能臻于兹乎。

福會寺者，隋開皇中之所建也。爾其峰巒地列，東分井絡之光，樓雉雲横，西睹禺同之奧。北彌豐邑，里閈千甍，南控平江，波潮萬里。擁亭皐之絕勢，昇林野之殊形，肇開修竹之園，式揆旃檀之刹。法川高闢，慈宮峻啟，文璫寶綴環日月於重廊，翠栱丹楹起虹蜺於複殿。眞容俯映，福衆爰依，梵筵交燭，禪房互啟。山神獻果，還栖交露之臺，天女持香，即遶飛花之閣。輪輝夜滿，抽紫焰於金山，毫相晨臨，發珠華於玉地。

爰有縣令柳邊，河東令族，大業之年，來光上邑。高人奉檄功爲銅墨之先，令宰鳴琴課穆弦歌之最。眷香城而惻念，披道肆而驚魂，示懷延獎，思弘末教。迺於寺內起重閣一所，乘烟置臬，揆日端繩，層樹三休，琱簷四注。奔星掛廡，混珠網而同歸，明月窺軒，雜璿璫而共貫。仍抽麗筆，俯刊貞琰，詞源迅委，振法海之波瀾，義宇宏深，接禪宮之閫奧。昔者陶潛彭澤，罔聞仁祠之風，潘岳河陽，未入菩提之域。兼其美者，著在我柳君乎。俄而帝隋方否，三官失龍鳳之圖，皇業未昌，九野被豺狼之毒。雖復餐砂茹石，窺劍道而迴心，蜂聚梟騰，指銅梁而革面。自非法雲西晻，潛銷火宅之氛，慧日東來，迴朗昏衢之景，則安能冥資福地，顯沮魔軍，波清於振壑之隅，燎息於炎昆之曲。洎乎大鈞無事，神器有歸，清玉戶而帝寰中，轉金輪而王天下，玄場佛境與天壤而惟新，鷲樹雞林共風雲而改旦。功既成矣，時既貞矣，紫宸有裕，蒼甿胥悅。都人狎至，瞻鴈塔而歡心，野老相趨，尋鹿園而頓顙。或至誠冥發，爭知不盡之虛，或道恩旁流，竟委忘緣之施。乃於寺內造菩提塑像一座，實彭氏絕羣之迹。洞參瑤銑，體備丹青，得埏範之奇模，盡陶甄之能事，功分實相，變入冥機。丹果長春，青蓮不染。靈儀若動，似臨王舍城中，神足疑行，即坐菩提樹下。銀牀地湧，寶帳猶懸，珍木天成，金花不落。總章元年，又奉爲皇帝更造八菩薩像，成於淨境，別峻崇堂，而力寄羣緣，功難獨舉。遂令衆情馳鶩，空懷更始之圖，靈座端嚴，未得安居之地。

時有弘演上人自丹鳥下日，昌帝籙於明堂，青鶴乘霄，降仙苗于大室。軒冕將風雲交映，鐘鼎與山河共遠。法師宿持眞諦，幼挺殊姿，拔五翳於長驅，登四禪於迴觀。以爲德因時建，澄什繼踵於西都，道冀人弘，林遠隨肩於南國。痛迷生之詭矯，悲正覺之陵夷，思欲樹眞氣於未萌，緒崇因於已往，遍游淨境，歷騁遐方。至總章二年，憇于茲刹，身持寶印，口出神珠，心動巴南，化行蜀右。法羅潛舉，馴鳥性於慈林，慧鏡旁開，息猿心於定水。亦有情鈎五縛，遙騰解脫之川，想痓六塵，迴拔沉迷之域。名臣長者捐玉珮於銀庭，善女靈姬落金環於寶地。貪機霧滌，法施泉流，林衡掄杞梓之材，班匠獻鈎繩之巧。千欒電糾，萬桷霞張，飛陛綠甍，曾構架景。瓊缸杳照，乘紺壁而宵分，珠箔重華，掩青疏而曉亂。紅葩植井，彩綴河宮，丹桂承梁香交列，肆夭倡梵樂肅然。忉利之天，藻蓋瑚璫，煥若摩伽之殿，豈精力之玄感，而神化之曲成乎。直歲寺主等州閭盛族，鶖鷺榮因，昇慧圃而功成，踐魔庭而戰勝，排四門而獨往，共極邦緣，攀十地而遐征，同趨覺路。縣令虞洽，旌旗百代，劍履三朝，匡帝座而南征，擁台庭而北面。星像垂祉，川岳載靈，豫章七歲，麒麟千里，雄情負俗，鬱王佐之宏圖，英識邁得公門之逸氣。既而拂衣華族，入天邑而觀光，列板仙臺，出靈闕而作宰。泉魚狎夜，多單父之深恩，隴翟游春，嗣中牟之善政。有條不紊，施緩政於繁繩，斷訟有神，下高鋒於錯節。因以激揚大化，潛滋比屋之封，光啟令圖，預積攀輪之慕。縣丞裴休，家接朱欄，譽流丹闕，軒裳照緒，忠孝榮門，鳥鳴有伐木之歌，龍文非刈蓬之具。高材列務，盛德分司，翰墨不足留神，琴罇申其徇性。十旬休沐，奄有泉林，千里邀迎，乃疲風月。青驪蹀躞，終噴玉而懸雲，素鶴徘徊，具銜珠而犯露。加以沉研有地，題橋八解之津，誘勸無方，叱御三乘之路。故能使幽明仰德，法俗依仁，攀海祗而如歸，挹衢罇而下瞰。鄉望等龜靈高族，驥子名家，闢錦室於中堂，分綺疏於甲第。或望雄都鄙，代列歌鐘，或業預雲雷，門藏璽詔。文塲促席，有江漢之英靈，武觀連衡，得岷峨之銳氣。竝能馳心彼岸，欲臨海而褰裳，投足化城，下悲思而反袂。下官薄遊江右，旅寄城隅，懷道術於百齡，接風期於四海。依然梵宇，欣象教之將行，莞爾公庭，惜牛刀之遂屈。雖文殊辯論，妙懸解而忘言，而伯喈雄管，叙眞宗而罔媿。敢巡此義，乃作頌云：

金堤迴邑，玉峽長瀾。城闕紛亂，江山聳盤。雲屯勝邑，霧啟禪壇。右縈層堞，左控崇巒。竹園精舍，檀山香閣。萬栱騰虬，千楣跂鶴。晚星疎翠，朝霞泛艧。鼓奏泉流，鐘鳴霜落。時經失道，代歷交呈。神宮不撓，法衆無驚。金輪邃曉，玉鏡施明。功照佛刹，化被王城。帝圖冥運，眞儀濬發。貝齒含星，流毫推月。鳥離山扃，龍還海闕。寶樹刑留，天宮匠設。爰有眞人，式宣慈主。發迹江甸，馳聲蜀宇。望遠連規，攀澄襲矩。力窮興道，功周廊廡。羣緣肸蠁，衆福氤氳。叢楹列電，高棟銜雲。銀龕曙撫，玉座宵分。瓊璣有爛，藻繪多文。鬱彼巘邑，猗歟上宰。松桂連華，鴛鸞集彩。禪津有裕，至公無待。火宅可辭，舟航斯在。我之飄寓，邈矣來遊。山川俯仰，道義淹留。承風郭外，撰綴江幽。玄機勝筆，天地相周。

又《梓州飛烏縣白鶴寺碑》 原夫玉都瓊室，紫垣光大帝之庭，金闕銀臺，玄壁杜羣仙之域。故能使神明有宅，駕日月以長驅，鸞鳳知歸，撫雲霓而上出。斯則曾巢瑾穴，上皇迷棟宇之尊。考室靈臺，中右識巖廊之貴。然後冕旒前序，提四海以爲家，登步大階，列千門而有閱。况乎嵯山形見，旁行草昧之先，德水源深，光宅乾坤之右。雖鶴臨西闕，龍宮與王法同亡，而象化東流，鴈塔與遺儀繼起。白鶴寺者，蕃菩提寺之餘址，梁武皇之所建也。香城福地之舊，三巴五蜀之湊，裂岷山之奧域，分井絡之榮光，西包玉壘之墟，北瞰銅陵之野，南扃列第，門庭萬家，東戶連峰，岡巒千里，實伽藍之勝跡，得迦衛之英模。憑絕磴以圖規，俯長溪而作固。自金陵不競，玉鏡無章，城池興南露之悲，亭障切北風之候。崩山蹶水，觸地網而三分，墜月奔星，劃乾綱而五裂。中原錯戾，慈門爲虎豹之墟，滄海橫流，定水穴鯨鯢之浦。懷山既蕩，法衆咸淪，林院榛蕪，軒堂委寂，遂使悲生棄井，瘞玉甃於三泉，歎積爲山，移瓊峰於九仞。皇上攝千秋之寶運，緒三聖之宏機，挾宇宙而先神，御雷風而首出，靈功不宰，華夷沾共貫之恩，至道無私，霜露得平分之序。考禎圖於日，愼寤寐同符，稽妙冊於年，刀幽明合貺。然後東巡巨鎮，追六聖而撫寰中，南面天壇，朝萬方而小天下。皇威既暢，寶應齊歸，川岳薦靈，風煙動慶，丹烏抱日，疑增帝閣之華，素鶴低雲，若赴仙庭之會。昔白魚黃竹，業未峻於封崇，赤鴈芝房，名不登於梵宇。爰徵瑞典，肇錫嘉名，重興波若之臺，更起招提之院。金繩夕布，綿秀嶺以開壇，玉牓晨舒，擁回峰而闢戶。

爰有弘演上人者，法門之秀士也。行起常凍，思越恆饑，悲淨域之爲墟，喜皇波之普泛。縱還舟於苦海，驚浪旋夷，比歸馭於邪山，靈關非險。於是淨財雲委，眞衆煙馳，如趨摩竭之宮，似向毗邪之國。縣令梁弘悅首加甄緝，縣丞梁敬一親昭施典。上憑天旨，爭開舍利之壇，俯會衆心，競起須彌之座。禺同故嶺，石鮮堅華，廣漢餘坰，地多疎斥，事闕經始，人懷祗懼。重階不就，空思天室之氓，寶像無資，未獲黎陽之士。豈非冥期肸蠁，功參造化之外，故能果脣間發，運睟周映，貝齒含滋，璿毫起照。三十二相臨玉座以相輝，八十四儀擁金山而圓立。層甍四合，爍奔電於丹楹，複殿三休，絡浮煙於翠幌。因高積磴，疑遷倒景之臺，架嶮連榮，似立迎風之觀。琱簷競注，縈霧道以龍回，繡桷爭飛，傃雲衢而鳳矯。寫歸禽於寶鏡，誤接朝鸞，圖走獸於文璫，疑栖夕兔。雷霆蓄洩，裁臨承霤之間，煙雨飛浮，未出層欒之下。耀丹青於菌壁，妙跡疑存，炳銑鋈於蓮龕，神輝自燭。鏘鏘櫚鐸，聲傳桂葉之風，熠熠山爐，氣結松陰之藹。仰眞容於始旦，滿月晨昭，窺列棟於方宵，長虹夜發。香泉激溜，有符溫淨之池，珍木成行，無忝祗園之樹。信鉤尼之別府，實兜率之殊庭者乎。

爰友上座法師等，情機藻瑩，戒律圓明，披玉笥以研芳，候瓊鐘而肅慮，禪姿曉映，依稀同雞岫之前，梵唄晨臨，髣髴像魚山之曲。縣令獨孤儉等，或鵬垂待運，終變道於中臺，或蠖屈求伸，且毗風於下邑。鄉望儀曹等，或鹽泉錦室，家稱三蜀之豪，或抱樸懷仁，譽擁雙流之美。或以爲山川肆踐，猶紀石於弇州，陵谷生哀，尚沉碑於峴首。况乎德因時盛，慶流封拜之辰，名爲功登，事屬文明之運。豈可使璿猷被物，終昧變於玄機，金字韜華，不題勳於翠琰。敢作頌曰：

睿塗菌藹，靈機翕忽。玉架天都，金裁地闕。法玉利見，香城繼發。鴈塔齊雲，龍宫瘞月。長江近域，廣漢遺居。禪扃共往，梵宇全疎。迹均梁後，義切秦餘。山川牢落，榛莽丘墟。有聖聿興，惟皇降撫。因天因地，爲雲爲雨。日觀龍驤，煙壇鶴舉。肇開嘉號，重光淨土。猗歟上士，道場眞政。物觀成章，子來興詠。土石呈彩，人靈合慶。寶座晨嚴，金山夕映。紫微分殿，青岑曜郭。複岫榮樓，攢峰跨閣。月低璿鏡，星連寶鐸。彩鳳將飛，蟠虹未落。森沉桂宇，肅穆筠壇。花明柳砌，葉暗朱欄。溪留夏雪，澗咽秋湍。山虚梵冷，谷靜鐘寒。法衆爰依，禪徒戾止。望風三蜀，征塵千里。頓首玄墀，歸心翠扆。業超有色，功齊無始。偉哉冥化，妙矣能仁。去來均跡，前後俱身。寂滅爲樂，般若爲因。題芳翠琰，敢詣靈津。

又《梓州通泉縣惠普寺碑》　若夫玄機默運，披睿烈於三精，素鍵潛融，肇神功於萬彙。則有靈期肹蠁，龜龍負河洛之圖，帝緒氤氲，賢哲舉乾坤之策。雖功懸日月，終植軌於寰中，業靜雲雷，未逃規於象外。爾其譯雉林之寶偈，詮鷲嶺之眞圖，抽紫玉於禪山，朗玄珠於智水。不生不滅，光臨妙物之津，無去無來，濬發乘時之契。仗三明而獨運，施洽平分，據二諦而同歸，功超邃古。故能使三千法界向風，知祇席之師，百億大王聞道，失巖廊之貴。非釋迦之神化，其孰能與於此乎。既而正法將隱，微言不嗣，應身既沒，遺儀間起。恆星夜掩，西天銜風霧之悲，夢日宵成，東漢肅壇場之禮。繇是鹿園曾啟，象教旁流，宣妙奬於希夷，範靈蹤於顯晦。瑤龕寶座，光華震旦之墟，鳳刹蜺裳，斧藻閻浮之域。其寺蓋梁大同年中所建，地分彭蜀，嶺對岷峨，憑廣漢之遺墟，籍犍爲之舊壤。西馳峭崿，山連白雉之郊，東赴長川，江走黃牛之峽。崇墉卻峙之勢，庭衢四會，勝里九曲之分，閭閻萬積。危冠袨服，參差軒蓋之前，露渚風畦，隱軫亭皋之望。是惟先鏡，實啟香城，煥若神明，恍同化出。紺壇煙屬，疏絕閣而三休，紫殿雲深，徹迴廊而四注。重欒複棟，霧絹霞張，繡桷琱楣，鸞伸鶴跂。珍臺控景，羲和獲練轡之因，綺樹裁氛，屏翳得停鑣之所。連甍積翠，交玉鎖於星衢，洞戶流丹，綴金鋪於月竇。垂珠網露，傍傾漢浦之琛，列鐸吟飇，上合鈞天之樂。固以輪奐之美，冠眞宰以先鳴，琱範之奇，告靈基而得雋。乃造彌勒下生像一座，相好端足，華姿朗備。貞觀末年，靈暉繼發，房龍叵曜，疑連不夜之城，戶牖皆明，似出重昏之境。自非理參幽贊，道叶冥機。宣佛鏡於無方，演慈燈於已絕，豈能寫丹青於實相，妙色長存，圖銑鋈於眞容，神光不昧。若乃時暄福地，低落照於晴暉，候肅禪房，汎初華於霽景。千千寶樹若在雙林，一一妙香仍清八味。山暉傃脫，跂葉嶼而相鳴，野鷰迎晨，拂花簾而自樂。松楹秀蔓，曲成蘿薜之衣，砌石生蓮，直起芙蓉之座。則有拖身童子戾止巖扃，忍辱仙人來儀磵戶，都人野彥希梵席而投裾，趙美燕餘望齊庭而繼履。莫不青鳧委貫，俱欣不捨之壇，紫貝兼明，共化無緣之力。故能使琱形晝塔，象設年滋，彩帙瑤箱，龍編月夂，豈西周之道備，南國之風成者乎。

爰有寺主等，覃機色外，練迹塵間，浴甘露於心田，集祥風於性宇，栖情不二，忽起初地之權，授手大千，猶擁彌天之具。縣令等，或公侯百代，玄貂列駟之門，或文史三冬，吐鳳迴鸞之客。銅章墨綬，任切臨人，鐵印黃簪，功宣陸漸。局牛烹而待價，肆蠖屈以求伸，揮鋒九仞之隅，作鏡雙流之外。錄事抑元等，丹軒紫紱，家傳方面之勳，驥子魚文，地列膏腴之右。昔承隋運，屢委天書，爰自皇初，顯流帝禮，等賨渝之奉漢，類微濮之匡周，咸申白馬之盟，並受飛龍之託。故能遺風罔墜，代濟其美，望重西南，功宣法俗。咸以爲絃歌小政，猶篆德而垂芳，鐘鼎微榮，尚銘動而作鑒。況乎神威自在，方傳宰匠之功，豈可棟宇常存，不勒山河之贊。爰託幽鄙，奉揚徽猷，敢宣此義。而爲頌曰：

天地定位，君臣作極。道在巖廊，功霑寰域。尚淸皇畛，猶歌帝力。況我能仁，惟神不測。誕生迦室，利見王城。機覃有應，業會無生。長驅定境，振旅魔營。恩兼動植，勢絕隨迎。鷲山傾仞，鶴林埋景。慧日西沉，慈波東騁。競窺靈相，爭參佛影。月殿分城，雲龕動嶺。長江舊域，廣漢遺區。川分潼峽，塞接岷渝。閭閻四會，亭障威紆。爰開寶地，實控名都。霞牆百雉，雲甍四仕。紫闕尋煙，赬樓結霧。波流虹起，雷奔蠖步。網罩星鶉，瑎栖月兔。靈機藻繂，禪室安閒。琱金範玉，舉翠浮丹。神宮不夜，虛室長寒。光超有色，睨出無端。清露花徑，飛泉葉戶。磵綠苔秋，山蒼樹古。茫茫庶類，巍巍淨土。鵝鷺同歸，華夷共聚。第一義諦，寥廓法門。迹離生滅，思舉乾坤。情迷則復，道在爲尊。惟名與器，萬古長存。

又《益州德陽縣善寂寺碑》（《王子安集》卷一五） 若夫玉繩高曜，分寶歷於皇階，金榜洞開，道瓌暉於帝幄。雖復蒼梧北望，湖湘盈舜后之歌，綠荇西浮，江漢積文妃之頌。未有激揚煩蔭，栖妙果於香城，揮發蓋纏，樹冥基於淨域，則紫房丹室猶居燬宅之間，朱紱瑤筐未出塵籠之際。我國家鳳翔元氣，駕黃幄而層飛，龍躍太虛，絕蒼根而止傃。文皇帝以八才御歷，光昇岱野之榮，文德后以十亂乘時，恭贊塗山之業。握仁王之寶鏡，日月重光，驅梵帝之金輪，雷霆靜祲。涅槃甘露承眷而宵流，般若靈音襍祥以晝引。蛟臺蜃閣，俄交震旦之墟，月面星毫，坐照毗邪之國。善寂寺者，蓋舊寺之餘趾，梁武帝之所建也。爾其碧雞仙宇，分絕障於金堤，石兔遙源，控長江於玉峽。封畿四會，龍坰舍衛之壇，里閈三分，鹿野經行之地。洎蒼鵞上擊，銅馬交馳，祇園興板蕩之悲，沙界積淪胥之痛。火炎崑岳，高臺與鴈塔俱平，水浸天街，曲岸與猴池共盡。山川隱嶙，空傳鷲嶺之基，灌莽蕭條，非復鶯林之樹。武德伊始，君子道亨，正皇極而撫寰中，登太階而臨天下，函關雲物更逢眞聖之期，井絡星辰重集會昌之運。雖開基撥亂，獄訟知歸，而繼絕興亡，經綸未暇。先皇統業，貞觀御宸，奉文物於三天，布聲名於十地，參羅上下，充橐籥於襟懷，八部神祇，薦圖書於掌握。皇寶降，地花昇，含生無昏墊之虞，法衆有來蘇之望。俄而後庭搆癘，椒房穆卜，六宮震恐，三靈愕眙，馳瑤展幣有事於羣宗，碧劑玄針無徵於衆術。帝廼降監迴慮，屏璧與珠，追勝跡於靈關，事良緣於福地，爰紆聖綍，重啓禪宮，峙璇刹於將傾，鎖銀繩於已絕。絲綸既洽，棟宇行周，坤德用寧，陰儀再朗。於是林衡授矩，周官詮揆日之工，梓匠揮斤，荆客鍊成風之巧，重楹畫栱，坐出天霄，複樹文闈，俛臨電宇。顯慶中，縣令蕭君道弘，理鈞繩於日用，憑藻繢於天成。仙官之妙匠可尋，盧舍之神模不墜，珝甍鶴翥，曳珠網於星津，繡桷虬伸，吐璿璫於月徑。綠房丹鎖，彩綴晴霞，紫閣青疏，光含薄霧。春風瓊樹，香飄席上之蘭，秋水銀塘，影數軒中之芰，晨光轉卉，翻寶字之龍花，溽露低枝，蕩眞文於貝葉。天童潤色黃珉碧玉之壇，海聖彌縫師子龍王之會。建靈幢於厚夜，琢飾年深，懸法皷於迷津，規模嵗遠。時又於佛堂東壁畫二聖僧，丹青未畢，大啓神光，鄰玉塵之崇輝，發金龕之實相，朱軒夕朗，似遊明月之宮，紺宇晨融，若對流霞之闕。繇是岷英蜀秀，摯講序以雲趨，帶蘤裙鸞，仰齋庭而霧合，貪機大阻，淨施旁流，綺羅分解珮之因，軒蓋得捐金之所。靈妃翳日，捨翠幄於香筵，仙客停雲，落霓裳於寶地。自非沖姿密契，景應潛周，豈能昭義祉於氤氳，動玄機於肸蠁者也。

爰有上座弘一節並沈研性符，隱括仁棠，凝妙律於神珠，肅靈椒於寶印。太昊奉櫬，截苦海而橫流，風伯扶輪，歷邪山而効駕。騰燭龍於慧炬，俯鏡重昏，奏鳴鳳於天歌，下清羣籟。摩珍在握，遙臨七寶之宮，正覺爲心，俯闢三乘之路。湛衢罇於忍地，品藻雞園，推水砥於言河，扶持象化。縣令宇文某，河南人也，帝隋尚書之元孫，皇唐侍中之令子。爾其虹旗萬里，御六氣而鵬飜，霜戟千羣，擁三州而鶚視，帝葉皇枝之重，對越乾坤，金縢石匱之功，光華宇宙。公上流提慶，中和毓祉，見鐘鼎於南鄰，奉軒裳於北闕。雲姿月步，下瑤澤而追風，雪羽霞翎，歷珠田而矯霧。芳蘭公子即以地業高人，幽桂王孫即以琴樽待物。敘黴猷於禮樂，則俎豆縱橫，談賞契於林泉，則烟霞咫尺。自裁聲百里，揆化雙州，收武城之故事，擇中牟之令典。仁風易狎，候丹翟於春坰，惠化難經，佇青鸞於曉野。山巨源之遠量，嘯傲行藏，謝太傅之高風，從容語嘿。縣丞王敬，衣簪舊族，孝友名家，白虹緘抵鵲之光，紫電蓄衝牛之氣。七年高秀，拂層漢以非遙，六月雄圖，擊長波而未遠。鄉耆等少承榮緒，中區勝族，門稱東別之標，地接西隅之嚮，嚴君平之履道，盛德家傳，秦子整之談天，風流代襲。咸以爲妙圖眞諦，事出於無名，翠琰玄碑，道凝於不朽。弇州北跨，猶疏騄驥之銘，文石東區，尚勒元龜之頌。況乎玉衣流慶，事屬於仙幃，金屋延祥，福纏於梵宇，爰求勝筆，載記芳謠。下官弱植少徒，薄游多暇，薜蘿人事空餘江海之心，筆札神交尚有淵雲之氣。相如謝病，訪詩酒於臨卭，夫子栖遲，聽絃歌於單父。羣公以道之存矣，思傳記德之書，下官以文在茲乎，願展當仁之筆。其詞曰：

蜀嶺東漸，岷山西積。月峽星橋，勝金孕碧。肸蠁靈兆，丘墟梵迹。鴈塔推基，鹿苑遺跡。肅肅黃運，英英文母。配乾垂慶，儀坤握矩。寵照香城，仁沾淨土。爰光大壯，聿求多祚。青牛福地，白鶴禪林。重扃霧敞，複殿雲深。龕雕翠玉，刹樹黃金。龜鏡夕照，鳳鐸晨吟。慧樓彌望，化臺出沒。棟列長虹，窗栖明月。果脣周映，蓮眸間發。雨霽猴池，烟生龍窟。肅穆禪衆，優游令宰。方駕康衢，連舟性海。鷲岳增飾，雞林潤彩。藻繪相尋，丹青盡在。我今懷矣，窮路何岐。承風詠德，展義陳詞。百年心事，千載風期。東西南北，栖遑幾時。

又《益州綿竹縣武都山浄慧寺碑》　原夫帝機寥廓，雲雷驅妙有之功，正氣洪荒，清濁構乾元之象。融而爲川瀆，結而爲山岳。五城韜海，接崑閬於大都，八洞藏雲，冠瀛洲於巨闕。造化之所偃薄，靈谷之所啓處。極緹油而縱觀，詠頌寧殫，出宇宙而高尋，風烟罕測。是知玉巵無當，遐荒非視聽之津，金牓所存，城闕盡江湖之致。何必九虬齊騖，直訪銀宮，八駿長驅，遙臨石室。武都山浄慧寺者，梁大清年中之所建也。名山列岳之舊，仙都福地之湊。黄龍負匣，著寶籍於經山，紫鳳銜書，陰榮光於井絡。須彌峯頂仍開梵帝之宫，如意城中即有經行之地。爾其盤基跨險，列嶂憑霄，日月之所竄伏，烟霞之所枕倚。飛泉瀑溜蕩滌崩崖，綠樹玄藤網羅丘壑。飛塵作氣，被萬吹於中巖，帝琰司寒，宅千霜於谷丹。梯碧洞杳冥林岫之間，桂廡松楹寂寞風塵之表。是稱英鎮，實瞰崇岡。閭閻當四會之街，城邑辨三分之地。綿磎錦瀆下浸重巒，玉阜銅陵旁分絶磴。山川絡繹，崩騰宇宙之心，原隰縱横，隱軫亭臯之勢。頃以黄旗夜徙，紫蓋晨傾，九服失圖，三靈在疚。奸臣躍馬，據折坂而吟雲，壯士聞雞，擁陽關而嘯雨。岷峨失險，化爲鋒鏑之場，江漢横流，非復朝宗之國。禪宇緜其覆沒，法衆是以凋淪。國家奄有帝圖，剷平天釁，紫宸反照，皇階即叙。萬國順，百靈朝。幽顯再立，華戎一揆。燭龍韜景，避堯日於幽都，雲鵬斂翼，候虞風於晏海。以爲軒階具美，功窮望祲之臺，漢道兼弘，力盡祈年之觀。爰經寶地，大啓祥宫。撫香象而高視，鳴法螺而再唱。龍垣淨土，連帝道而重光，鶴苑崇基，脱皇居而首出。況乎山精舊壤，下鎮偏隅，天帝遺墟，上干躔次。王舍城之宫闕，白玉猶存，給孤獨之園林，黄金尚在。法物緜其大備，盛德所以相尋。株兵奉天藏之圖，泉女獻山祇之籍。離亭合樹，因岸谷之高低，疊觀連房，執岡巒之曲直。丹崖反照，畫栱相臨，綠障斜烟，雕簾間出。豐隆曉震，次複霤而悽皇，列缺晨奔，望崇軒而愕眙。千香寶樹自起風烟，九乳仙鐘獨鳴霜雪。銀龕佛影遙承鴈塔之花，石壁經文下映龍宫之葉。虹生北澗，即掛新幡，鳳下東岑，還栖舊剎。若乃尋曲阜，歷崇隈，周行數里，直上千仞，蒼松蓄吹，臨絶逕而疏寒，黛篠防烟，繞迴疆而結蔭。春巖橘柚影入山堂，秋壑芙蓉光浮水殿。亦有山童採葛，入丹竇而忘歸，野老紆花，向青溪而不返。山神獻果，送出菴園，天女持花，來遊淨國。實杳冥之秘訣，託幽深之逸境，豈直淮南桂樹暫得仙家，江左桃源終迷故老而已。

爰有寬闍梨者，俗姓楊氏，其先華陰人也。因官徙地，家於綿竹。山分太華，水帶長汾，川岳會同，風雲感召。玄經素論，侍郎居八俊之英，綠綬黄軒，太尉列三台之首。法師玉函降彩，金瓶探色，振八解之遙源，踐三明之廣路。靈機入證，窮象載於初髫，妙諦因心，釋羊車於弱冠。三千法界緜廣位而出無明，十二因緣自普濟而登彼岸。弘宣誓願，大振沈黎，揮覺劍而破邪山，揚智燈而照昏室。彌綸所被，白馬盡於禹同，權漸所開，黄牛至於嶓冢。虔誠樂土，憩影玆峯，迺以貞觀九年，於寺西院立七佛堂一僧舍。星毫動牖，月面分堦，彩鳳銜旒，神龍負塔，飛烟湧座，龕龕切剎之天，香霧成臺，樹樹菩提之果。朝散大夫行縣令清河張楚，親承妙業，俯刊貞琰。林宗有道，伯喈無愧。法師夙機少悟，應變多奇，玉山中斷，瓊林下雜，支道林之好事，語嘿方融，釋慧遠之高居，風埃遂隔。洎乎坐忘遺照，返寂歸眞，城肆颯然若遺，空山黯而無色，豈直巖枝泣血，磵戶摧梁而已哉。縣令劉照，彭城人也。自碭山仗劍，緒鳳歷於雲臺，春郊授鉞，嗣龍圖於白水。玉壘三分之冑，下雜公門，金陵一霸之基，旁參帝緒。翠綏丹紱，歷今古而先鳴，人傑地靈，冠山川而得儁。君膺岳瀆之秀，挺風雲之會。昆溪劍鍔，直照胷襟，楚澤珪璋，潛周履行。魯恭明德，方昇漢輔之階，潘岳能文，且職河陽之縣。仁徽可被，闔境仰其風猷，威德所加，百城疊其霜彩。尙乃康莊妙域，光開不捨之壇，舟檝愛河，昭暢無生之業。痛鷲林之殄瘁，悲象敎之榛蕪，爰命緝興，式光泉藪。虎溪龍澗近分廬岳之圖，金闕瑶臺更討瀛洲之記。銘曰：

武都仙鎮，龍墟粵域。邑動香城，山開淨國。澗流百道，峰雲五色。谷暗藤斜，山高樹逼。千楣鶴列，萬栱星懸。分林構址，接磴開廛。臨階竹樹，遶棟風烟。龕前怪石，塔下秋泉。綠崖疏逕，青岑拒室。霧道相縈，烟房互出。葉濃磎浄，花深嶂密。鳥度難尋，猿驚易失。簷分石竇，地絡金沙。丹丘抗月，碧洞栖霞。松開野路，桂列仙家。仙爐柏葉，寶座蓮花。砌因巖曲，橋隨峯返。果出天厨，香來仙苑。玉鑄啓曙，金璫照晚。谷思鐘張，山悲鐸遠。閻閻踐勝，銅墨高情。聲飛別邑，望動専城。懸金道肆，刻石山楹。千載之後，吁嗟令名。

又《梓州郪縣兜率寺浮圖碑》 若夫仙樓白玉，窈冥崑閬之墟，神闕黃金，寂寞蓬瀛之浦，斯則岡巒髣髴，稽鳳冊而空存，島嶼憑陵，艤龍舟而罕迨。至若按皇軒於夏籙，考瑲構於殷圖，周王北洛之宫，秦帝南山之閣，西京故事下聽雷霆，東國餘基俛臨風雨，莫不陵遷谷變，共榛灌而丘墟，火絕烟沉，與雲雨而坱莽。其有據坤靈之寶位，借神道之冥扶，占象緯而圖基，揆川原而宅址，蜂臺映月，還臨舍衛之城，鴈塔尋雲，即對耆闍之嶺。成而不毀者，將斯之謂與。兜率寺者，隋開皇中之所建也。爾其林泉糾合之勢，山川表裏之制，抽紫巖而四絕，疊丹峯而萬變，連溪拒壑，所以控引太虛，蒸雲駕雨，所以盪洩元氣。涪江千仭，波潮將旭日爭光，都城百雉，甍棟與晴霞共色，信光造化之奇模，盡登臨之妙境。玄房霧轉，抗金樞於桂昷之前，紺殿星開，栖玉刹於梅林之下。巖花落沼，近拂天衣，澗葉低陰，斜籠寶座。宵汀鶴警，乘鼓吹而齊鳴，曉峽猿清，挾霜鐘而赴節。若乃巡碧磴，歷玄階，鎖窗澄彩，瓊鋪洞照，神姿滿月，疑臨石鏡之峯，衆馥揚烟，似對香爐之岳。信可下淸人境，上配天都，爲勝地之先鳴，執名山之右契者也。

爰有信弟子某乙等，夙祛塵網，早植慈根，悲梵室之未弘，悼禪居之猶褊，以爲上棟下宇，河圖避風雨之災，廣樹崇臺，時令著高明之宅，是以菩提長者競潔舍衛之壇，天帝人王爭闢仙宫之塔。則知威容下麗，羣生鮮瞻仰之因，材樸重珊，黎人有子來之地。乃於寺内建浮圖一所。某年月日，鄉望等兆基弘願，繼發淨因，陵轢中天，規模大壯，高列砌架，迴浮輕軒，直上千尋，周迴百步。占氛候景，神祇叶幽贊之功，揆墨端行，班倕逞絕羣之思。收岱宗之杞梓，聚崑山之玉石，土兼五色，金逾百鍊。龍蟠萬拱，策屏翳而高驤，鶴矯千楣，冠扶搖而獨運，重簷藹藹，雲將反覆於櫺軒，洞宇寥寥，風伯栖遑於戶牖。仙娥去月，旅方鏡而忘歸，寶婺辭星，攀圓璫而未返。玄甍湛（雨/對），若鵬飛之戾九天，丹檻聯騫，如鳳翔之據千仭。每至韶光照湛，爽靄晴遙，列郊墟於四野，開雲氣於千里，風恬雨霽，烟霧藻天地之容，野曠川明，風景挾江山之助。則有珊簾繡軸，排淨域而停輪，寶騎銀鞍，指珍臺而聳轡。於是披岫幌，抵巖扃，攀翠複而三休，步玄梁而十憩。廊軒外敞，淑氣長延，陰室中開，鮮飈自激，俯環瀛而極望，積蘇非遙，出雲漢而高踐，靈槎可記。眞福地之殊觀，香城之巨麗者乎。

寺主等沈研二諦，振耀三關，抵蒼璧於邪山，攬玄珠於定水，挹其流者曲成般若之緣，承其風者濬發菩提之願。長史河東裴某，風神朗潤，操履貞勤，蕭條江海之心，磊砢冰霜之節，下岷關而叱馭，寄切全都，臨蜀野而宣條，功深半刺。縣令衛玄，海内高流，河東望族，榮高銅墨，任屈絃歌，浹辰而風化大行，踰月而奸豪屏氣。陶潛彭澤自得高人，王吉臨邛仍延重客。縣丞胡敬仁，三河舊族，一代良材，提鏌鋣而願割，跼驊騮而待步，江湖秋至，方懷縱壑之圖，海浪風高，未接垂天之翼。鄉望等並中和受氣，孝友承家，才稱江漢之靈，地實岷峨之秀，或以時良入選，擢迹鄉鄰，或以朝望來儀，升名郡縣，並沐康衢之化，俱承比屋之封。瞻彼岸而同歸，登春臺而共樂。咸以垣墉遽覆，猶傳路寢之歌，銀鼎俄窮，尚勒靈臺之頌。况乎崇基奕奕，與天地而爭工，層構峩峩，配山川而永固。豈可使弘規在我，空存蔽日之基，雄筆同時，不借淩雲之氣。謹聞命矣，乃作銘云：

二象成紀，三才定位。開剖太虛，導引元氣。紛紛化迹，颺颺聖致。行傑趣約，歸同葉異。法王西眷，教迹東遊。功超道茂，義冠儒流。丹青既備，棟宇旋周。梵宫霞積，香閣星浮。緬想蓬瀛，金臺迥起。曠瞻崑閬，瑤房峻峙。壯矣名都，神居休止。大哉英服，玆峯誕紀。金繩對嶺，玉牓分岑。松扃委鬱，桂幌深沈。雲龕樹晦，烟洞花深。重巒霧結，複磵泉吟。肅肅禪衆，遙遙淨境。鹿野經文，龍宫拂影。梵榛金室，光來石井。峽曉猿清，池曛鶴警。岷峨舊族，江漢英姿。爭開法願，重崇峻基。占雲接廡，揆景分墀。天人合應，幽顯呈期。靈思孤出，神模獨湧。霧積千楹，霞張萬栱。玉牖星羅，瑲璫月擁。複樹龍蟠，重甍鳳聳。峩峩峻昷，奕奕崇標。珊簾切漢，寶綴凌霄。深窗閟景，洞戶流飈。銀釭夕映，珠鐸晨搖。我辭秦隴，來遊巴蜀。勝地歸心，名都憩足。甫逮鄉縣，頻移灰燭。聿從良時，仍尋妙躅。曠望原陸，周流江汜。桃李春風，芙蓉秋水。烟霞四面，關山千里。他鄉寓目，玆焉復幾。

又《梓州郪縣靈瑞寺浮圖碑》　若夫神州括地，寰中分五嶽之圖，巨壑浮天，海上擢三山之秀，造化之所樞紐，靈仙之所窟宅，故得昭灼天漢，發揮雲氣。牛頭山者，即廣漢之名峰也。圓奝幾乎數里，直上逾乎百仞。若乃巖泉銑石之什，風烟草木之狀，傾九圍而得雋，環四時而競爽。蒼岑隱嶙，旁分玉砌之階，碧洞逶迤，下掬金陵之苑。實羣聖之所託也。隋開皇中，王秀作牧益州，來窺勝地，首旌嘉號，仍疏淨域。因危裂戶，就嶺磴之成規，跨險分榮，借岡巒之迴勢，工窮雕鏤，妙出丹青，飛棟神行，迴甍靈搆。又於山頂別建浮圖。隋運告遷，明皇首出，軒疏瑚昧，基砒堙蕪，奄興宣榭之災，施及栢梁之燼。鄉望等馳心妙律，夙契禪居，悲梵宇之摧梁，痛珍臺之絶構，思弘法願，重緝奇功，黨且千家，集惟巨萬，以爲玉樓星峙，稽閬苑之全模，金闕霞飛，得瀛洲之故事。指香城而聳睇，臨火宅而危魂，參妙範於神明，騁良工於宇宙。飛廉按轡，定樞梟於風衢，羲和頓第，揆鈎繩於日路。雕簷晝拱，龍迴紫漢之間，複霤重欒，鳳舉丹霄之外。瓊扉暮啟，推日月於金鋪，繡桷晨開，落繁星於玉砌。每至兩江春返，四野初晴，山川霽而風景涼，林甸清而雲霧絶，沙汀道暖，落花與新燕爭飛，城邑迎寒，涼葉共初鴻競起，則有都人襲賞，憑朱檻而披襟，野客含情，俯丹檽而極睇。窮百年之後樂，寫千里之長懷，信可以澡雪精神，清疎視聽，而息機心於紛擾，置懷抱於眞寂者矣。且勃旅遊岷徼，漂舉涪鄉，年暑一窮，時灰七變。王陽西上，方驚斂轡之心，王粲南征，實動登樓之思。我之懷矣，乃作頌曰：

大塊甄成，名山作寺。發地龍盤，干霄鳳峙。風雪萬邑，岡巒千里。絶域天成，珍臺地起。揆刹玄嶺，圖基丹巘。層棟崢嶸，重簷竅窱。有隋紊歷，重明改照。事與時遷，迹從原燎。義均除舊，事切維新。如或繼者，代有其人。聲飛隴蜀，望動州隣。爭開爭施，競植靈因。控險裁標，循危列構。巖烟接廡，峰雲對霤。鐸運星衢，璫懸月竇。紫軒霧合，丹梁露透。暮春疏節，新秋戒序。照蒲喧郊，氣銷寒渚。樹濃鶯亂，川長鴈舉。流涕寫懷，魂馳意與。偉哉靈宇，壯矣全摹。窮高極麗，遠覽長圖。賞因時合，筆爲神驅。有情君子，誰爲捨乎。

又《廣州寶莊嚴寺舍利塔碑》（《王子安集》卷一六）　昔者萬人疾疫，神農鞭草而救之，四維凋瘵，夏禹刊木以除之，豈非物外其性則道功出，事愆其和則任跡著。傍稽素篆，仰叩玄扉，卽時義而規大覺，因彝倫而佇眞諦。向使三災克殄，八正咸修，人握戒珠，家藏寶印，則三十二相不可得而視也，八萬四千法不可得而聞也。然則聖人以運否而生，神機以道喪而顯，况迦維授手，摩竭推心，高張妙用之功，自極橫流之弊，蓋不獲已，豈徒然哉。故能業擁大千，化形眞一。紛樂推而起七覺，因來蘇而坐三昧。發揮五演，以寂滅爲身常，提挈四流，用慈悲爲化迹。黒風宵遁，波旬忘反噬之心，綠洛晨開，天常識問津之所。括夷塗於九相，蹇步其安，納慧晷於重昏，迷方自曉。大矣哉，應物而起，興運而終。至自於崑冥，復歸於無物。雖金沙宴駕，雙林無可作之期，而玉諜遺文，六塵有經行之俗。象法不可以無主，微言不可以遂喪。六千羅漢競結香緣，五百仙人分開講肆。星龕月殿，俄盈震旦之墟，鳳刹蠅旌，坐遍閻浮之域。屈伸闔闢，其道矣哉。夫寶莊嚴舍利塔者，梁大同三年內道場沙門曇俗法師之所立也。其瑯琊貴族則漢庭峻節，祖德猶傳，梁甫高吟，嘉聲未遠。法師夙登眞地，深入慧門，照果業於三明，拂塵勞於八解。羊車綺歲，懸半月之詞，鳳閣觿年，已振彌天之響。道惟堅固，行乃頭陀。百結斯安，斥羅綃而罷御，十珍雖貴，對藜藿而甘心。於時以石應天人，大弘緇侶。法師至誠幽感，獨步玄宗，豈眞王公欽振錫之風，固亦天子降同輿之禮。寶瓶宵注，則雨露隨軒，玉柄朝撝，則風霜滿席。既而素懷有在，潛營擯俗之圖，爰定我居，首託栖霞之寺。爾乃巖開石霤，邑跨金陵，魚峰多讚唄之懽，虎溪有送迎之限。紫蘿山徑，居藏勝緣，青松磵戶，坐諧幽致，枕石漱流者久之。原夫見化有緣，應身欲謝，昊天罔極，追懷自遠，故有諸天會聚，共位神光，列國交兵，獨超塵劫。譯求其致，豈不深哉。然則麟鳳下靈，猶稱瑞貺，玉石微氤，尚勝精彩。亦有楚鐸淪照，擢紫靄以衝星，周鼎沈華，吐黄雲而噴景。誠浩作者之述，足稱希代之貴，况乎釋迦妙相，如來眞骨，雖八萬四千之寶塔散在羣方，而九十二道之靈虹終聞間出。立誠斯應，瞻庭廡而時逢，非德不鄰，歷山川而罕致。是以優塡頓顙，思存電下之光，波慝投身，願奉巖間之影。粤在梁武，精求不暇，以爲秦登碣石而事止尋仙，漢索瀛洲而心非好善。於是齋筵鳳設，上祈忉利之宮，講帳星隨，下請龍王之藏。輕齎棹海，重賞梯山，庶玉匣之全移，幸金棺之半啟。以法師智遺人我，識洞幽明，思假妙因，冀通靈感，爰承綸紼，載踐滄溟，過石門而右指，歷銅標而左顧。乘桴月沂，戒楫星沼，相彼遐陬，實惟荒裔。一音演說，本承聽受之鄉，五日繼明，素隔照臨之域。珍奇乃萃，聖德攸傳，則知有感必臻，信覃幽境，不行而至，豈隔殊方。法師既達國城，式敷朝命。受銑筐而頂禮，撫瑤緘而跪發。盡收其寶，重載而歸，亦猶珠匿弊衣，須馬鳴而後用，金藏陋宇，待龍樹而方開。梁氏之都妙箕而仰神光家之繇也十四字疑有脫誤。炎涼可質，往反九十旬，楫柁不輟，風潮八千里。以大周三歲屆于茲邑。法師性豐幽澹，質固虛羸，綿歷是淹，疲疴屢積。維摩見柄，蓋伸方便之門，道安謝歸，思遠朝廷之事。顧居此剎，有詔許焉。仍分舍利，俾弘眞福，國惟甌駱，郡實番禺。爾其封疆跨躡之壯，海陸會同之衝，上當星紀，下裂坤維，階百越而鄰三吳，軔雕題而陬交趾。神化氣色，汀洲建不死之鄉，舜禹精靈，原隰現行宮之地。閭閻霧撲，士女雲流，謳歌有霸道之餘，毗俗得華風之雜。蜃樓高峙，猶埋夕帳，螺臺峻績，尚識朝基，信夷夏之奧區，而仙靈之窟宅也。

此寺乃曩在宋朝早筵題目，法師事提神足，願啟規模。爰於殿前更須彌之塔，因緣盛力，人以子來。徵日官而正墨，集風師而舉草，育王奔令，掃地戶而獻神兵，梵事馳心，感天官而下靈匠。崇階遽積，寶樹俄周，不殊仙造，還如湧出。故其粉畫之妙，丹青之要，璿基岌其六時，珊闕紛其四照。仙楹架雨，若披雲翳之宮，綵檻臨風，似遏扶搖之路。散華瑠於月徑，璧合非遙，撥響網於星潯，珠連可驗。玉虬承霤，傃雲竇而將騫，金爵提甍，拂烟衢而待翥。瑤窗繡戶，洞達交輝，方井圓泉，參差倒景。雕鐫備勒飛禽走獸之奇，藻繪爭開複地重天之奕。懸梁九息，良馬駿走而未窮，疊磴三休，的盧騁鞬而知倦。是栖銀榔，用府瓊函，探舍衛之遺模，得浮圖之故事。爰自梁末，以迄皇初，城邑屢新，軒墀若舊，雖復百魔蜩沸，聽皷鐸而懷音，六賊蜂屯，仰椽欒而革面，多迴淨施，罕犯仁宮。則知會吹及遐斯同偃草，慈雲所潤豈直流根。故能比蜀守之祠堂，長爲典制，均魯王之秘殿，若有明徵。而其作鎮一隅，俯窮荒而獨秀，盤基有地，冠終古而長存者乎。

國家業擁神州，建用皇極，高祖以援疑撥亂，伏紫氣而登三，太宗以端拱繼明，自黃離而用九。皇上纘乾坤之令業，振文武之英風，太階平而百度理，中國定而兆人樂，時和歲阜，邑頌塗歌，以五刑不用，六械徒設。舟車四達，誰論貢賦之差，襟帶八荒，非復華夷之隔。天寶降，地符昇，木石甄祉，飛沈効慶。雖叶和制變，實類文思之功，而持盈守成，亦資連帥之助。大中大夫使持節廣韶等州都督李某，早登清貫，夙踐崇軒，嘉猷迴發於天朝，善政果行於朞月。越谿仙鍔，吐光芒而駭人，岱嶺寒松，排風飇以成性。美哉，稱繇功著，鶻響徹於雲霄，方爲時須，熊軾疲於道路。廣陵單轂，如送張綱，渤海亂繩，復思龔遂。王尊早蓋，欣臨折坂之前，吳隱朱軿，更集貪泉之右。高名夙著，佛化橫飛，羣盜屏跡而歸農，姦吏聞風而去職。京坻坐積，囹犴潛迴。汲黯之卧淮陽，直聞清淨，王堂之居汝郡，但舉賢良。用能使檻穽不施，猛獸巡江而遠竄，市廛無擾，商旅倍道而相歡。颶風寢毒，炎埃罷厲，人稱有道，家實無爲，加以援翰寫心，自契眞廉之旨，高談見意，不踰玄嘿之津。學究儒林，眞窮釋部，知通人事，且味禪宗，道可以知歸，物繇其顯會。是歲也，忽於此塔重覩神光，玉林照灼，金山具足，倏來忽往，類奔電之含雲，吐燄流精，若繁星之轉漢，傾都共仰，溢郭周窺，士女幾乎數里，光景動乎七重，實孟冬之日也。

觀夫至道不私，瑞生必繇乎樂國，慶基有會，福至必依於善人。自非化足動微，教非飾迹，何以發眞如之盛契，壯實相之輝華。在昔鳳集潁川，宣后歸功于良守，龍游湘浦，章帝布德於賢臣。歷選前猷，茲爲故實，然後上和下睦，主聖臣良。滅火返風，雖有辭於進讓，毋修子應，亦何愧於當仁。至於百越衣纓，三闕耆老，或代道篁竹，氣推丹桂之城，家擅芝蘭，名動蒼梧之野。出平原而袪甲，擁崇闉以鳴鐘。並爲蕃部之恩，親覩招提之瑞。同祈介福，共潔齋壇，馨龍象於南州，盡衣鉢於西竺。會香方仗，供備盂蘭，法鼓振而沙界肅，洪鐘鏘而鐵圍淨。妙財爰捨，法施爭流，華轂牣於香城，文駟塡於寶廐，鏹藏巨億更入僧田，價直百千還登佛座。豈徒照車十乘，列隨氏之明珠，盈筐萬金，積大顚之寶具而已。

朝散大夫守長史某，地乘華緒，價偃名流，豫章擢而成榦，騏驥生而躡影。山濤天骨，無情吏隱之間，王衍風神，自出塵埃之表。自忝榮嶺海，作式瀛幽，畧其小術，包其大體，振溫良之逸步，得毗贊之弘綱，布道移風，善寵邦政，歸休置驛，獨守家聲。然則野老行歌，雖致功於露辨折文殊。奔螭易失，令鼠難拘。願刊貞琰，永冠康衢。伊我窮途，欣兹勝謁。文休泛海，仲翔遊越。尚想知音，有懷明發。謬惟雅顧，叨陪天骨。爰抽弱翰，式敘高蹤。孤音易竭，獨賞難逢。思起王粲，悲生蔡邕。豈無章甫，誰適爲容。

陈子昂《續唐故中岳體玄先生潘尊師碑頌并序》（《陈拾遺集》卷五，《四庫全書》本）　尊師業尚冲密，勤毖幽深。理心事天，所保惟嗇。絕聖棄智，不耀其光。故眞盛冥期，珍圖秘學。性與天道，不可得而聞也。若乃崇標曠迹，遐情遠意。志摩青雲，蓬視紫闥。高宗每降鑾輦，親詣精廬，尊師身不下堂，接手而已。每歎曰，大丈夫業，於道不能，投身霄嶺，滅景雲林，而疲痾此山，以煩世主，吾之過也。遂欲東求蓬萊，孤舟入海。屬天皇敦篤，斯道祈欵逾深，踟蹰山隅，絕策未往。既而金革有命，鑣轡遺區。於戲，昔姑射有神人，堯輕天下。崆峒有至道，軒屈順風。玄冥高蹤，萬古同德。何其盛哉。尊師有弟子十人，並仙堦之秀。然鸞姿鳳骨，眇愛雲松者，惟潁川韓法昭、河内司馬子微，皆稟訓瑤庭，密受瓊室，專太清之業，遺下仙之儔。谷汲芝耕，服勤於我。蓋歷歲紀也。始尊師受籙於茅山昇玄王君，王君受道於華陽隱君陶公，陶公至子微，二百歲矣。而玄標仙骨，雅似華陽。夫階眞蹈冥，練景遊化者，其必有類乎。

张說《龍門西龕蘇合宮等身觀世音菩薩像頌》（《張燕公集》卷一二）

我聞上古有聖人，心入羣有，身包大空，普觀察一切音聲，其名曰觀音菩薩。日月有盡，光明無際，天地有終，神通不滅。禮其形像，隨願而成功，稱其名號，應時而穫果。龍門西龕等身像者，此都人士思賢令蘇君之所造也。天下之大都有五，而河洛總其中，皇居之赤縣有二，而合宮是其一。四隩輻湊，萬商淀謬，政頗財黠，刑放寵祐，所由然舊矣。故强毅臨之則攫斂猋擾，虓虐不幸以抶撲睚眄，是稱辨吏。寬厚處之則乾沒滛詭，相詐莫禦以息偃簡怠，謂之風流，其傷弊一也。武功蘇君，名頲，字廷碩，隋右僕射邳國公之玄孫，今吏部尚書懷遠公之元子。相門華列，儒庭善訓，雍容文雅，當代知名，通才博藝，於何不可。御史天憲也，抗執簡之雄，郎官星象也，高握蘭之選。帝車西幸，皇眷東遙，四方之極，一臺歸妙。蘇君於是乎始爲政於京邑，籍田戶以衍賦徹，考資畜以程力任，董冕，藩君坐嘯，固藉美於題輿。化成異壤，抑繇同德，故能道揚法教，揮斥葢纓，家懷方廣之恩，人慕韋陀之學。傳燈繼廣，曳組成陰，下逮府僚，旁周縣寀，並志熏修，同希福慧，可謂爾之教矣，何日忘之者乎。時有明威將軍行禺府折衝都尉李公，天子之舊屬，朝廷之夙將也。靈根自遠，聖族多奇，受睇眄於甘泉，奉衣纓於平樂。青龍帶劍，光超殿閣之榮，白虎銜珠，早陟齋壇之寵。自臨閫外，作鎮邊城，湟水樓船遂勞都尉，灞陵車馬尚識將軍。魂驚斷雁之峯，恩盡沈鳶之浦。濡鱗涸轍，處定水而彌勤，撫翼香林，在窮途而更切。頻光法會，薦委珠珍，護持攸仰，招提是屬。其兆基也如此，經綸黼藻，其大矣哉。爰自上座實綸等，並妙根宿植，勝果將圓，翰飛般若之林，高步檀那之舍。慈衿寥洞，散明月於談筵，智鍔相輝，化繁霜於寶刃。思琱琬琰，式播徽猷。弟子家嗣太邱，忝閨門之薄宦，地連雁溴，竊藻繪之餘工。爰託下才，用旌高躅，豈知仲宣旅泊，方銜深井之悲，長卿罷歸，空負凌雲之氣。我之懷矣，乃作銘云：

太息頹運，嗟呼失道。德弊爲仁，物壯則老。縶猿情暗，求鴞計早。赤水沈珠，玄邱墜寶。皇矣妙覺，蒸然應期。宗深微妙，業奧慈悲。燃燈匡俗，捨筏濟時。涅槃不住，般若無思。俯迹見生，和光不滅。色音雖昧，規模尚切。猗歟上人，穆彼惟新。智傾八藏，心超六塵。凄涼燬宅，解脫迷津。鴻冥佇想，龍蟄存身。青蓋遺邦，黃旗故服。原隰形勢，江山重複。碉戶秋明，巖盤夜燭。皷鐘于宮，聲聞于外。聿求紫闥，言尋丹瀨。絕域棲遑，驚濤顛沛。至誠冥感，神珍顯會。甄陶設險，翼軫疏源。尉陀餘國，盧尋舊邊。邑居雄盛，人物殷全。是惟樂土，實曰龍川。護持靈剎，莊嚴寶塔。基構鼎新，亭欒櫨櫱。奔日宵排，歸雲曉納。架壁三休，連甍四合。分惟星紀，境控天池。棟宇綿邈，衡津推移。神機丕應，瑞景潛儀。光合玉瘞，彩動金枝。凡我僚庶，同嗟權實。周顗情勤，王濛思逸。咫尺幽鍵，往來靈室。共蔭法堂，俱歸慧日。四維信受，三明弘益。貝葉紛綸，龍華舄奕。講肆宏敞，齋筵巨翼。供引純陀，飯廻香積。天人合契，幽顯同心。傾家奉賄，破產移琛。軒裳贋鶩，纓珮交臨。蘭薫習遠，檀那意深。偉哉連率，冲乎德化。職重隼裳，秩遵熊駕。酌貪貽則，還淳息詐。道濟香城，禎凝寶舍。琳琅什種，杞梓緇徒。調輕僧會，逋逃以業浮度，詰姦慝以豫焚棼，制事典以示好惡，敦術學以興禮義。省法罪，獄吏無作威，眗郵駟，圉人不敢產。加以躬親足以勵勤，謀始足以作則，端莊足以易暴，淸儉足以息貪。夫如是，簡徃而事行，正身而人慕，輕薄束修而歸厚，流亡襁負而來復。曾未朞月，遷給事中。

既而人吏父老聚而謀曰，咨休哉，明府之惠人也。春風暢之，時雨霈之，心乎愛矣，何以祝之。朝廷豈不念下民之鬱陶乎。奚其爲奪我君而不省留也。《詩》曰愷悌君子，神所愛矣，庶幾乎三珍依憑，百祥臻降云。爾乃購奇匠，俶靈峯，追琢鏡光，鑱鑿電涎，倚高壁，臨懸闕，蹈石趵，戴珉鬘，縹緲雲聳，嬋娟玉立，模宰官之形儀，現輪王之相好。諦視瞻仰，將莞爾而微笑，攝心傾聽，疑傒然而有聲。其左右則福地園林，香城基址，前佛後佛，大身小身，亘岑嶺而相望，遍虛瑩而無數。此身不動，觀大地之衆生，彼佛無來，見河沙之世界。爾其北對宮觀，南馳荆越，闕路豁開而中斷，伊水逶迤而長注，修途交會，車馬川流，帝城風俗，是焉遊覽。如鎭南之峴山，似闞西之灞岸。暮春桃李，上巳淸明，汎法地之滌波，憑靜域之丹檻。揚袂陰景，躧步震山，花散四天，香開八國。以不居之歲月，閱無窮之人代，知妙容之常在，覩永刼之因緣。盛德相傳，與此山而終始，不其偉歟。昔孔子化中都以攝魯相，卓茂理于密以致漢台。夫樹善有基，建功無小，蘇君春秋鼎盛，德業日新，方欲驤首天池，整翮雲漢，致大君於堯舜，紹層構於韋平，是宰也。故以五輅之推輪，九域之覆簣，已重宣此義而說偈曰：

大哉玄聖，心如明鏡。深入禪定，龍飛淸淨。觀我物性，靈相珍飾。精窮妙極，千嵓之側。因空見色，登我願力。不競不絿，不剛不柔。敷政優優，百祿是遒，侑我蘇侯。

又《盧舍那像贊并序》卷一二　《詩》云，哀哀父母，生我劬勞。欲報之德，昊天罔極。是傷不可止也。戀而懷，無所及之，感其有飾。聖以資親，修法以展慕，豈非孝子持明之心哉。武擔山靜亂寺盧舍那丈六鐵像者，沙門履徹爲先妣用無價黃金之裝也。徹師俗姓劉氏，青城眞人知古之弟。道門釋種，守律護戒，了如來廣大之心，達如來加持之力，見虛空界，劃縵茶壇，知定慧手，結金剛印。過去不悟，因後行而追福，當來未聞，指前緣而證道。覩佛相者成一切智，承佛光者壞無始業。張說聞其事而懌之，乃合掌西南遙禮，偈曰：

大雄盧舍那，妙法甚深秘。神變加持力，普昇不動位。孝哉彼沙門，愛母而錫類。法財裝妙色，空色不相異。慧日破金山，慈光觸寶地。善來金剛手，一一見佛事。

又《般若心經序》　萬行起心，心人之主。三乘歸一，一法之宗。知心無所得是眞得，見一無不通是玄通。如來說五蘊皆空，人本空也。如來說諸法空相，法亦空也。知法照空，見空舍法，二者知見，復非空耶。是故定與慧俱空中法立。入此門者爲明門，行此路者爲超路。非夫行深波若者，其孰能證於此乎。秘書少監駙馬都尉滎陽鄭萬鈞，深藝之士也。學有傳癖，書成草聖，迺揮灑手翰，鐫刻心經，樹聖善之寶坊，啓未來之華葉。佛以無依相而設，法本不生，我以無得心而傳，今則無滅。道濟文字，意齊天壤，國老張說聞而嘉焉，讚揚佛事，題之樂石。

又《藍田法池寺二法堂贊并序》（《張燕公集》卷一四）　法池西三歸院二法堂，玆寺長老初上禪師所造也。禪師本姓彭，名至知至，性篤孝，執親之喪七日不食。微言密行，志道探玄，究《易》《老》《莊》太一之旨。善正書，與鍾王同格。其精至點畫宛秀，毫縷必見，如折槁荷，磨文石，筋理灑颯，固非人力所致也。中朝名士，山藪高尙，法流開勝，遠近慕焉。及晚年專意於禪誦，平生藝業，脫若遺塵矣。常歎曰，帝王父母，許我出家，雨露生成，恩猶一揆。依如來教，創是功德萬一乎。獻福二宮，潛祐七祖，將與一切咸登道場。於是三歸堂以長安元年辛丑子月望日癸未立，善法堂以開元元年癸丑丑月望日戊辰建。禪師母弟仁琬，弟子沙門啟疑及沙彌令哲左右斯業，實有力焉。

又《進佛像表》　臣某言，去年行塞至朔州忍辱尼寺，見有高祖太宗造金像銀趺，刻題尊號。彼州士女，屢覩佛光。臣愨思聖心，如在咫尺。伏以皇帝事業，遠存荒塞。拯溺救焚，身勤慮苦，歸誠佛寶，何神不據。信知功遍區域，澤周生人，心憑神靈，躬履危險。故皇天眷命，奄有邦家。後嗣聖人，欽承大寶，當思積德而興帝國，系本艱難而成事業。先聖一心奉佛者，蓋爲百姓求福也。陛下爲繼文之主，實創業之功，再廓氛祲，重安廟社。垂統萬億，同符祖宗。夫惟興王必藉佐命，咸有一德，克享天心。《書》曰，非天私我有商，惟天佑於一德。非商求於下民，惟民歸於一德。功臣同德，可不念哉。物有小而感深，事有微而效遠。臣謹將金像隨表奉進。謹言。

又《謝賜御書大通禪師碑額》（《張燕公集》卷一五） 右內侍尹鳳翔宣示御書大通禪師碑額六字，晝起平雲，點蹲芒玉，戈矛攢倚，鸞鶴交飛，神功發於至想，睿思成於玄德，實謂天龍捧持，虛空稱贊，逝者如在，薦福知歸。臣栖志禪門，撰碑靈塔，幸遇至情崇道，御書假貸，刻星辰於嘉石，爛日月於封丘。感極悲生，恩深無荅。臣無任望外，殊澤之至。

又《唐陳州龍興寺碑》（《張燕公集》卷一八） 觀夫廣大無相者虛空也，四輪倚之而住。精微無體者佛性也，萬法因之以生。聖人有以見三界成壞皆有爲殼，故剖之以戒觳。聖人有以見六趣輪迴是無明網，故決之以定力。爍寶光之慧炬，而沛善利之慈舟。返迷路率於中道，倚橫流登於彼岸。以言乎眞實之要，總攝一乘。以言乎天地之間，曲成萬物。大矣哉，道心包舉，等太虛而無際，法教流通，彌曠刼而常在。則有乘如來方便出應化門，用大士因緣處帝王位。俾庶類咸若謂之光宅天下，令衆生修善名爲莊嚴佛國。龍興寺者，皇帝即位之歲，溥天之所置也。唐祚中微不足道，周德更盛，歷載十六，姦臣擅命。伯明氏有盜國之心，一闡提有害聖之迹。皇上操北斗，起東朝，排閶闔，運扶搖，張目而叱之，殷乎若震雷發地，歘虩翕響以克彼二凶，赫然若太陽昇天，晞照仰象以復我萬邦。返元后傳國之璽，受光武登壇之玉。尊祖繼宗，郊天祀地之禮既洎，修舊布新，改物班瑞之典又備。乃考出世之法，鼓大雄之事。入無功用之品，住不思議之力。一光所燭，庶兆爲之清涼，一音所宣，大千爲之振動。雲蒸風靡不崇朝，而壞衣涌塔偏天下矣。

陳州者，上古太皞之墟，近代淮陽之地，置守則列爲郡，封王則建爲國。本其風俗，豪侈靡麗舊矣。翻東門之下，接袂成帷，鶡宛丘之上，炫服成市，信豫章之郊一都會也。刺史南陽韓府君名琦，其爲邦也，勝殘去殺，聖主之得賢臣。別駕彭城郡王名隆業，其從政也，能肅而恭，高陽之有才子。長史南陽張齊賢，儒林之選也。司馬河南雲盈，公族之良也。士曹從事八人，錄事參軍于璆爲稱首。六屬官人二十五人，宛丘縣令崔修已爲稱首。或以藝榮，或以門進，高車一轍，美利同人，禮舉刑淸於是乎在。因邦甸積稔之蓄，偶日月再旦之初，欽若王言，建立靈寺。上署其趾，下務其終，百工不勸而亟，庶役不徵而會，經始如雲，成之不日。夫其帶四郭五衢之陌，踞重墉闤闠之端，福地砥平，長垣雲矗，高門有閌，大厦斯飛。連廓曲閣，交軒對霤，木磨而不雕，土塗而不飾。壯無僭侈，以約費爲功，儉無偪陋，以淨居爲寶。法王宮殿近寶花之域，菩薩伽藍住金燈之地，亦猶是也。上座處玄、寺主眞度、維那守愼等，戒珠如月，獨潔麒麟之行，法寶如山，普聞獅子之吼。克諧善衆，底定神居，甘露飽而盈滿，天香醉而圍繞。于時，陳項之老褒衣而博帶，皤皤然相造而諏曰：久矣，吾黨之惑也。倥侗顓蒙，情嗜橫放，恚愛我業，聰明不開。日有忘其生生，月無覺其滅滅，一息之漏可勝言哉。而今舉足至於道場，申臂及於淨土，晝則目禪誦之事，夜則耳鍾梵之音，何悞是生，晚臻斯樂。豈不思天子至仁乎。惻下人之昏墊，遹上聖之昭軌，假有相之途，詣無生之理，灑冥澤於已滅，蒂玄根於未始。百靈之所依歸，萬宇之所欣喜，非獨陳而已矣。蓋神闢天，聖開地，世之祖也。纂帝寶，基皇統，孝之主也。殄僑狂，破魔蘗，威無外也。廣正典，紹度門，德無大也。通幽洞明，兼靁該精，滂洋而行，混濩厥成，一收功而四善舉，一推心而羣願立。咨如是，則龍興之化曷有量哉。夫業可大而蕪沒焉不貽於後，事可尊而苞蘊焉不述於世，臣子之罪也。敢請圖之。然言語之不到者心識，心識之不到者眞如，二乘聞之而不見，十地見之而未了，而我云何能知能說。竊比六時之鳥，七寶之樹，是出乎和雅音聲，是讚乎微妙功德，記其在處長者之金園，銘其事因育王之石柱。其詞曰：

聖皇在上，於昭于天。唐雖舊邦，其命維新。龍興返政，滅三暴臣。少康非儗，於舜爲隣。皇王烝哉。

於廓玄敎，生人戶牖。神化灑心，小大稽首。掌擎萬域，潛移仁壽。三代之前，蓋未曾有。最上乘哉。

泱泱陳服，韓侯道之。奕奕寶坊，邦人造之。天龍護持，賢聖熙熙。受福維祺，帝心則怡。正理興哉。

又《唐玉泉寺大通禪師碑》 撰夫總四大者成乎身矣，立萬始者主乎心矣。身是虛哉，即身見空，始同妙用。心非實也，觀心若幻，乃等眞如。名數入焉妙言乖，言說出焉眞宗隱。故如來有意傳要道，力持至德，萬刼而遙付法印，一念而頓授佛身。誰其弘之，實大通禪師其人也。禪師尊稱大通，諱神秀，本姓李，陳留尉氏人也。心洞九漏，懸解先覺。身長八尺，秀眉大耳，應王伯之象，合聖賢之度。少爲諸生，遊問江表，《老》《莊》玄旨，《書》《易》大義，三乘經綸，四分律儀，說通訓詁，音參吳晉，爛乎如襲孔翠，玲然如振金玉。既而獨鑒潛發，多聞旁施，逮知天命之年，自拔人間之世。企聞蘄州有忍禪師，禪門之法胤也。自菩提達磨天竺東來，以法傳惠可，惠可傳孫璨，僧璨傳道信，道信傳弘忍，繼明重跡，相承五光。乃不遠遐阻，翻飛謁詣，虚受與沃心懸會，高悟與眞乘同轍。繕指忘識，湛見本心，住寂滅境，行無是處。有師而成，即燃燈佛所，無依而說，是空王法門。服勤六年，不捨晝夜。大師嘆曰，東山之法盡在秀矣。命之洗足，引之並坐。於是涕辭而去，退藏于密。

儀鳳中，始隷玉泉名，在僧錄寺東七里，地坦山雄，目之曰，此正楞伽孤峯，度門蘭若。蔭松藉草，吾將老焉。雲從龍，風從虎，大道出，賢人覩。岐陽之地，就去成都，華陰之山，學來如市，未云多也。後進得以拂三有，超四禪，昇堂七十，味道三千，不是過也。爾其開法大略，則惠念以息想，極力以攝心。其入也品均凡聖，其到也行無前後。趣定之前，萬縁盡閉，發慧之後，一切皆如。特奉《楞伽》遞爲心要，過此以往，未之或知。久視年中，禪師春秋高矣，詔請而來，趺坐覲君，肩輿上殿。屈萬乘而稽首，灑九重而宴居。傳聖道者不北面，有盛德者無臣禮。遂推爲兩京法主，三帝國師，仰佛日之再中，慶優曇之一現。混處都邑，婉其秘旨。每帝王分座，后妃臨席，鵷鷺四匝，龍象三繞，時熾炭待礦，故對默而心降，時診飢投味，故告約而義領。一雨溥霑於衆縁，萬籟各吹于本分。非夫安住無畏，應變無方者，孰能至爾乎。

聖敬日崇，朝恩代積，當陽初會之所，置寺曰度門，尉氏先人之宅，置寺曰報恩。軾閭名鄉，表德非擬，局厭諠聲，長懷虚壑。累乞還山，既聽中駐，久矣衰憊，無他患苦，魄散神全，形遺力謝。神龍二年二月二十八日夜中，顧命趺坐，泊如化滅。

禪師武德八年乙酉受具於天宮，至是年丙午復終於此寺，蓋僧臘八十矣。生於隋末，百有餘歲，未嘗自言，故人莫審其數也。三界火心，四部冰背，榱崩梁壞，雷動雨泣。凡諸寶身生是金口，故其喪也如執親焉。詔使弔哀，侯王歸賵。三月二日冊謚大通，展飾終之義禮也。時厥五日假安闕塞，緩及葬之期懷也。宸駕臨訣至午橋，王公悲送至伊水，羽儀陳設至山龕。仲秋暨望，還詔乃下，帝諸先許，冥遂宿心。太常卿鼓吹導引，城門郎護監喪葬。是日，天子出龍門，泫金棺，登高停蹕，目盡迴輿。自伊及江，扶道哀候，幡花百輦，香雲千里。維十月哉生魄明，即舊居後岡，安神啟塔。國錢嚴飾，賜逾百萬。巨鐘是先帝所鑄，羣經是後王所錫。金榜御題，華幡內造。塔事尊重，遠稱標絕。

初，禪師形解東洛，相見南金，白霧積晦於禪山，素蓮寄生於坐樹，則雙林變色，泗水逆流。至人違代，同符異感，百日卒哭也。在龍花寺設大會，八千人度二七人，二祥練縞也。咸就西明道場，數如前會。萬迴菩薩，乞施後宮，寶衣盈箱，珍價敵國，親舉寵費，侑供巡香。其廣福博因，存沒如此，日月逾邁，榮落相推。於戲，法子永戀宗極，痛慈舟之遽失，恨湧塔之遲開。石城之嘆也不孤，廬山之碑焉可作。竊比子貢之論夫子也，生於天地，不知天地之高厚，飲於江海，不知江海之廣深。强名無迹，以慰其心。銘曰：

額珠內應，匪指莫效。心鏡外塵，匪磨莫照。海藏安靜，風識牽樂。不入度門，孰探法要。倬哉禪伯，獨立天下。功收密詣，解卻名假。詣無所得，解亦都捨。月影空如，現於悟者。無量善衆，爲父爲師。露清熱惱，光射昏疑。冀將住世，萬壽無期。奈何過隙，一朝去之。嗟我門人，憂心斷續。進憶瞻仰，退思付囑。盡不離定，空非滅覺。念茲在茲，敢告無學。

又《玄識闍盧墓碑》 夫孝者，法象乎天地，感通乎鬼神。故愛敬之中，又有眞報，哀戚之外，更追冥福。玄識禪師，其人也厥姓桑氏。其先長樂人，漢尚書洪之後。曾祖梁州刺史諱千秋，祖貴鄉令韓信，考文林郎名爽。自前代無違德，基於累仁，是生達者。禪師智周萬物而理證本無，願度四生而見滅諸有，以爲空不離色，體念子之慈，業不忘縁，起思親之孝。乃於萬山北陌，滎陽東原，葬先考文林府君，先妣王氏。負土成墳，結廬其域，置義井，取施無求報，鑄洪鐘，取聞而悟道，修古寺，造尊容，取覩相生信。若夫信生攝，攝生靜，靜生定，定生慧，於生滅處得常住心，於虚空中立一切法，其定慧之門乎。禪師昔宴坐介山，羣虎自擾，今經行宰樹，四衆依德。至人凝寂，雖罕見全象，識者餘論，亦時存一隅。篆美豐石，寄詞短偈云爾。

逖矣上德，行密道高。哀哀父母，生我劬勞。禪心護念，神足遊遨。苦河雖廣，曾不容舠。甘井既渫，利物無竭。不增不減，不流不滯。仁靜而鑒，智動而悅，華鍾既鏗，雄雄法聲。如來如去，如滅如生。不有奚得，不爲胡成。寶地嚴飾，金山晃耀。善惡無門，惟人所召。境因心起，理憑思照。懿哉一心，混成衆妙。

辛替否《諫中宗置公主府官疏》（《舊唐書》卷一〇一） 臣聞古之建官員不必備，九卿已下皆有其位而闕其選。賞一人謀乎三事，職一人訪乎羣司。負寵者畏權勢之在躬，知榮者避權門而不入，故稱賞不僭。官不濫，士皆完。行家有廉節，朝廷有餘俸，百姓有餘食。下忠於上，上禮於下。委裘而無倉卒之危，垂拱而無顛沛之患。夫事有惕耳目，動心慮，作不師古以行於今者，蓋有之矣。伏惟陛下百倍行賞，十倍增官，金銀不供其印，束帛無充於錫，何媿於無用之臣，何慙於無力之士。至於公府補授，罕存推擇。遂使富商豪賈，盡居纓冕之流。鬻伎行巫，咸涉膏腴之地。

臣聞古人曰，福生有基，禍生有胎。伏惟公主，陛下之愛女。選賢良以嫁之，設官職以輔之，傾府庫以賜之，壯第觀以居之，廣池籞以嬉之，可謂之至重也，可謂之至憐也。然而用不合於古義，行不根於人心，將恐變愛成憎，轉福爲禍。何者，竭人之力，人怨也。費人之財，人怨也。奪人之家，人怨也。愛一女而取三怨於天下，使邊疆之士不盡力，朝廷之士不盡忠，人之散矣，獨持所愛，何所恃乎。

向者魯王賞同諸壻，禮等朝臣，則亦有今日之福，無曩時之禍。人徒見其禍，不知禍之所來。所以禍者，寵愛過於臣子也。去年七月五日已見其徵矣，而今事無改更，尚因循。棄一宅而造一宅，忘前禍而忽後禍。臣竊謂陛下憎之矣，非愛之也。

臣聞君以人爲本，本固則邦寧，邦寧則陛下夫婦母子長相保也。伏惟外謀宰臣，爲从安之計以存之，不使姦臣賊子以伺之。臣聞微不可不防，遠不可不慮。當今疆埸危駭，倉廩空虛，揭竿守禦之士，賞不及。肝腦塗地之卒，輸不充。而方大起寺舍，廣造第宅，伐木空山，不足充梁棟。運土塞路，不足充牆壁。誇古耀今，踰章越制，百僚鉗口，四海傷心。

夫釋教者，以清淨爲基，慈悲爲主。故當體道以濟物，不欲利己以損人。故常去己以全眞，不爲榮身以害教。三時之月，掘山穿池，損命也。殫府虛帑，損人也。廣殿長廊，榮身也。損命則不慈悲，損人則不濟物，榮身則不清淨。豈大聖大神之心乎。臣以爲非眞教，非佛意，違時行，違人欲。

自像王西下，佛教東傳，青螺不入於周前，白馬方行於漢後。風流雨散，千帝百王，飾彌盛而國彌空，役彌重而禍彌大。覆車繼軌，曾不改途。晉臣以佞佛取譏，梁主以捨身構隙。若以造寺必爲其理體，養人不足以經邦，則殷周已往皆暗亂，漢魏已降皆聖明。殷周已往爲不長，漢魏已降爲不短。臣聞夏爲天子二十餘代，而殷受之。殷爲天子二十餘代，而周受之。周爲天子三十餘代，而秦受之。自漢已後，歷代可知也。何者，有道之長，無道之短，豈因其窮金玉，修塔廟，方得久長之助乎。

臣聞於經曰，菩薩心住於法而行布施，如人入暗即無所見。又曰一切有爲法如夢幻泡影，如露亦如電。臣以減雕琢之費，以賑貧下，是有如來之德。息穿掘之苦，以全昆蟲，是有如來之仁。罷營構之直，以給邊陲，是有湯武之功。迴不急之祿，以購廉清，是有唐虞之理。陛下緩其所急，急其所緩，親未來而疏見在，失眞實而冀虛無，重俗人之所爲，而輕天子之功業，臣竊痛之矣。

當今出財依勢者，盡度爲沙門，避役姦訛者，盡度爲沙門。其所未度，唯貧窮與善人，將何以作範乎，將何以役力乎。臣以爲出家者捨塵俗，離朋黨，無私愛。今殖貨營生，非捨塵俗。拔親樹知，非離朋黨。畜妻養孥，非無私愛。是致人以毁道，非廣道以求人。伏見今之宮觀臺樹，京師之與洛陽，不增修飾，猶恐奢麗。陛下尚欲塡池塹，捐苑囿，以賑貧人無產業者。今天下之寺，蓋無其數。一寺當陛下一宮，壯麗之甚矣，用度過之矣。是十分天下之財，而佛有七八。陛下何有之矣。百姓何食之矣。雖有陰陽爲炭，萬物爲銅，役不食之人，使不衣之士，猶尚不給，況資於天生地養，風動雨潤而後得之乎。

臣聞國無九年之儲，國非其國。伏計倉廩度府庫，百寮供給，百事用度，臣恐卒歲不充，況九年之積乎。一旦風塵再擾，霜雹薦臻，沙門不可擐干戈，寺塔不足穰饑饉，臣竊痛之矣。

李邕《諫鄭普思以方技得幸疏》（《李北海集》卷二）　蓋人有感一餐之惠，殞七尺之身。況臣爲陛下官，受陛下祿，而目有所見，口不言之，是負恩矣。自陛下親政，日近復在九重，所以未聞在外羣下竊議。道路籍籍皆云，普思多行詭惑，妄説妖祥，唯陛下不知，尚見驅使。此道若行，必撓亂朝政。臣至愚至賤，不敢以胸臆對揚天威。請以古事爲明證。孔丘云，詩三百，一言以蔽之，曰，思無邪。陛下今若以普思有奇術，可致長生久視之道，則爽鳩氏久應得之，永有天下，非陛下今日可得而求。若以普思可致仙方，則秦皇漢武久應得之，永有天下，亦非陛下今日可得而求。若以普思可致佛法，則漢明梁武久應得之，永有天下，亦非陛下今日可得而求。若以普思可致鬼道，則墨翟于寶各獻於至尊矣，而二主得之，永有天下，亦非陛下今日可得而求。此皆事涉虚妄，歷代無效。臣愚，不願陛下復行之於明時。唯堯舜二帝，自古稱聖。臣觀所得，故在人事。敦睦九族，平章百姓，不聞以鬼神之道聽天理下。伏願陛下察之，則天下幸甚。

又《嵩岳寺碑》（《李北海集》卷三）　凡人以塔廟者敬田也，執於有爲。禪寂者慧門也，得於無物。今之作者，居然異乎。至若智常不生，妙用不動，心滅法滅，性空色空，喻是化城，竟非住處。所以平等之觀一洗於有無，自在之心大通於權實。導師假其方便，法雨任其根莖，流水盡納於海壖，聚沙俱成於佛道。大矣廣矣，不可得而談也。嵩岳寺者，後魏孝明帝之離宫也。正光元年，牓閑居士廣大佛剎，殫極國財，濟濟僧徒彌七百衆，落落堂宇踰一千間。藩戚近臣逝將依止，碩德圓戒作爲宗師。及後周不祥，正法無緒，宣皇悔禍，道叶中興，明詔兩京，光復二所。議以此寺爲觀，古塔爲壇，八部扶持，一時靈變，物將未可，事故獲全。隋開皇五年，隸僧三百人，仁壽載改題嵩岳寺，又度僧一百五十人。逮豺狼恣睢，龍象凋落，天宫墜構，刼火潛燒，唯寺主明藏等八人，莫敢爲尸，不暇匡輔。且王充西拒，蟻聚洛師，文武東遷，鳳翔巖邑，風承羽檄，先應義旗，輓粟供軍，悉心事主。及傅奕進計，以元嵩爲師，凡曰僧坊，盡爲除剗，獨玆寶地，尤見褒崇，實典殊科，明勑洊及，不依廢省，有錄勲庸，特賜田碾，四所代有。都維那惠果等，勤宣法要，大壯經行，追思前人，髣髴舊貫。十五層塔者，後魏之所立也。發地四鋪而聳，陵空八相而圓。方丈十二，戶牖數百，加之六代禪祖同示法牙，重寶妙莊就成偉麗。豈徒帝力，固以化開。其東七佛殿者，亦曩時之鳳陽殿也。其西定光佛堂者，瑞像之戾止，昔有石像，故現應身浮於河，達於洛，離京轂也。萬輩延請，天柱不迴，惟此寺也。一僧香花，日輪俄轉。其南古塔者，隋仁壽二年置舍利於羣岳，以撫天下，玆爲極焉。其始也，亭亭孤興，規制一絶。今玆也，巖巖對出，形影雙美。後有無量壽殿者，諸師禮懺誦念之塲也。則天太后護送鎮國金銅像置焉。今知福利所資，演成其廣。珠幡寶帳，當陽之鋪有三，金絡花鬘，備物之儀不一，皆光滿秋月，色陵渥丹，窮海縣之國工，得人天之神妙。逍遙樓者，魏主之所構也。引流插竹，上激登樓，菱鏡漾於玉池，金虹飛於布水。食堂前古鐵鐘者，重千斤，函二十石，正光年中寺僧之所造也。昔兵戎孔殷，寇攘偕作，私邑竊而爲寶，公府論而作仇。後有都維那惠登，發夕通夢，遲明獨往，以一己之力抗分衆之徒，轉戰而行，踰晷而止，雖神靈役鬼，風雨移山，莫之捷也。西方禪院者，魏八極殿之餘趾也。時有遠禪師，座必居山，行不出俗，四國是仰，百福攸歸，明準帝庸，光啟象設。南有輔山者，古之靈臺也。中宗孝和皇帝詔，於其頂追爲大通秀禪師造十三級浮圖，及有提靈廟，極地之峻，因山之雄，華夷聞傳，時序瞻仰。每至獻春仲月諱日齋辰，鴈陣長空，雲臨層嶺，委鬱貞栢，掩映天榆，迢進寶階，騰乘星閣。作禮者便登師子，圍繞者更攝蜂王。其所內焉，所以然矣。

若昔以達摩菩薩傳法於可，可付於璨，璨受於信，信恣於忍，忍遺於秀，秀鍾於今和尚寂，皆宴坐林間，福潤宇內。其枕倚也，陰陽所啟，居四岳之宗。其津梁也，密意所傳，稱十方之首。莫不佛前受記，法中出家，湛然觀心，了然見性。學無學自有證明，因非因本末清淨。開頓漸者欲依其根，設戒律者將攝乎亂。然後微妙之義深入一如，廣大之功遍滿三界。則知和雅所訓，皆荷法乘，慈悲所加，盡爲佛子。是以無言之教，響之若山，不舍之檀，列之如市。則有和尚姪寺主堅意者，憑信之力，統僧之綱，崇現前之因，鴻最後之施，相與上座崇泰、都維那曇慶等，至矣廣矣，經之營之，身田底平，福河流注。今昔紛擾，雜事夥多，是以功累四朝，法崇七代，感化可以函靈應，緣起所以廣玄成。故得尊容赫曦，光聯日月，廈屋弘敞，勢蹙山川，回向有足度四生，鐘重有足安萬國。豈伊一丘一壑之異，一水一石之奇，禪林玲瓏，曾深隱見，祥河皎潔，丹臒澄明而已哉。咸以爲表於代者業以成形，藏於密者法亦無相，非文曷以陳大畧，非石曷以示將來。乃命道奐禪師，千里求蒙，一言書事。專積每極，臨紙屢空，媿迷津之未悟，期法主之可通。其詞曰：

西域傳耆闍山，世尊成道于其間。南部洲嵩岳寺，達摩傳法於兹地。天之柱，帝之宫，赫奕兮飛九空。禪之門，覺之徑，密微兮通衆聖。鎮四國，定有力，開十方，惠有功。立豐碑之隱隱，表大福之穰穰。

又《五臺山清涼寺碑》（《李北海集》卷三） 上尊王之分護大千也，甘露以灑之，慈雲以覆之，香風以熏之，惠日以暖之，忽恍乎無相之體，通洞乎有形之類。演正法，降毒龍，在清涼之山，苑經行之地。其山也，左溟渤，右孟津，恆岳揭其前，陰山屋其後，五峯對聳，四望崇崇，蓄陰陽之神秀，含造化之奇特。每至丹霄出日，俯拍雲霞，清漢無波，下看星月，可以侔鷲嶺，可以闢蓮宫。在炎漢時，卜中箭領用肇造我清涼寺。在北齊時，以八州租稅食我緇徒焉。歷代帝王，莫不崇飾。洎我唐開元天寶，聖文神武，應道皇帝，丕弘妙教，大闡玄宗，渥澤浸而恆河流，景福承而鐵山固。仍復舊號，祇苑以修。先是長安年中，勅國師德威供以幡花，文殊應見于代，具大神變，法大光明，儼兮似或存，倏兮無處所。凡稽首咸懷欣懌，傍顧此身，盡在光影，其畢棄咎，乃罔不休。示立諸相而無所立，廣度羣生而無所度。非大聖至神覆護，其孰能如此者歟。

夫其清涼之爲狀也，壯矣麗矣，高矣博矣，靡可得而詳矣。赫奕奕而燭地，萃巍巍而翊天。寒暑隔閡於簷楣，雷風擊薄於軒牖。星樓月殿憑林跨谷，香窟花堂枕峯卧嶺。尊顔有睟，像設無聲，觀之者發惠而興敬，居之者應如而合道。天花覆地，積雪交輝，梵響乘虚，遠山相答，珍木靈草仰施而紛榮，神種異香降祥而聞聽。凄風烈烈，詎辨冬春，奔溜潺潺，不知晨暮。經所謂吉祥之宅，豈虚也哉。開元二十有八載，帝之元女曰永穆公主，銀漢炳靈，瓊娥耀質，發我上願，歸乎大雄。爰捨金錢，聿崇妙力，奉爲皇帝恭造淨土諸像，欽鑄銅鐘一。駢之以七寶，合之以三金。影搖安樂之界，聲振閻浮之國，足以滌除煩惱，足以開鑿聾盲。二沙門淸白懷忠，置陳于禪林之院，樹法幢以供之，聲梵樂以安之。惟時孟秋月望，慶雲出山西北，圓光五百餘丈，有萬菩薩同見其間，前後感應不遽數，意者其福我聖君乎。天寶七載，貴妃兄，銀青光祿大夫弘農縣開國男上柱國鴻臚卿楊銛，奉爲聖主寫一切經五千四十八卷，般若四教天台疏論二千卷，俾鎮寺焉。海墨樹筆，竹紙花書，密藏妙輪千重萬品，置之以寶案，盛之以玉箱，上禳祐于君親，下澤潤于黔庶，善夫。上座曇財、寺主神慶，都維那智詵，入妙覺海，登大空山。大德忠翰、智空、曇開、如岸，玉寶先覺，蓮花不染。高僧清超、淨法、雲光、庭觀、谷蔭、禪枝、巖棲、戒葉，並鸞鳳比德，龍象叶心。豈即舊而增修，亦惟新而起構，備致靈應，昭彰邑郡。以爲智德斯遺，靡籌稱謂，句偈不忘，式圖刊勒。敢承前短，強述斯文。銘曰：

天作五山兮，實曰五臺。山上出泉兮，有龍爲災。大聖喣嫗兮，耽毒徘徊。西南其刹，赫赫枚枚。翠微之上兮，崒嵂崔嵬。金容月滿兮，寶座蓮開。祈我聖皇兮，其至矣哉。以感爲通兮，爲祉爲福。前際後際兮，無去無來。

又《泗州臨淮縣普光王寺碑》 嘻，代人以塔廟者即有象也，儀像者非有相也。邕嘗論之，未始諒矣。其或執之於我，安住爲千刧之場，什之於空，循捨得一如之智。皆所以頌其願，酌其心，必於無作之時，敷弘正法之故，俾或禮或見，能超因因之緣。若我若人盡登果果之業，則曷爲不應，曷道不行，豈空寂之門獨階證入，事相之地遂阻圓明者哉。普光王寺者，僧伽和尚之所經始焉。和尚之姓何，何國人，得眼入地。龍朔初忽乎西來，飄然東化，獨步三界，遍遊十方。烏飛於空，月見於水，泥鍵鐵鎖，降伏貢高。長者錦書，散除文字，深以慾爲苦器，道實法鈞。洎一無於大常，越諸有於眞際。豈徒福河貫頂，慈雲覆身，舉手而安喻四因，動足而興復三見。或以沉香作炭，有枉言者，則誘而進之，沙末求珠，不知其量也，則呵而責之。香象之行雖極水底，神龜之出亦兼陸道。因如法如，自得定力，有作無作，冀是福田。嘗縱觀臨淮，發念置寺，以慈悲眼目，信義方寸，興廣濟心，儀普照佛。光相纔現，瞻仰已多，遠近簦裾，往來舟楫，一歸聖像，再謁眞僧，作禮祈祥，焚香拔苦。觸塵者庇如來之影，牽師子之威，信施駢羅，建置周布，繚垣雲矗，正殿霞開，層樓敞其三門，飛閣通其兩鋪。舍利之塔七寶齊山，淨土之堂三光奪景。於製造也未綴於手，猗德名也已聞於天。中宗孝和皇帝遠降綸言，特加禮數，延入別殿，近益重玄，德水五瓶霑濡紫極，甘露一斗福潤蒼生。乃請寺名，仍依佛號。中宗皇帝以照言犯諱，光字從權，親覩御書，寵題寶額，垂露落于天上，飛翰傳于國中。其來也廣內慶齊，其至也連城歡迓。扇憑筆貴，獨屬右軍，寺爲額高，更因天子。每名晨大衆瞻禮嬉遊，上昇門臺，直視川野。巒阜嶹嶙而屏合，淮水逶迤而帶長，邑屋助其雄，商旅增其大，玆爲勝也，曷以加焉。和尚口雖勿稱，緣乃有以，知變易之道迴軒少留，衆生可悲，菩薩亦病示滅同盡，唯識永在。嗚呼。以景龍三年三月三日，端坐棄代於京薦福寺，跡也。孝和皇帝申弟子之禮，悼大師之情，敬漆色身，謹將法供，仍造福度門人七僧，賜絹三百疋，勅有司造靈輿給傳遞，百官四部哀送國門，以五日還至本處。當是時也，佛像流汗，風雨變容，鳥悲於林，獸號於野，矧伊慈子，降及路人乎。過去僧惠儼等，主僧道堅弟子木義等，並持床有義，失劍無追，施法立齋，知時明物，罔墜舊業，克嗣前修。攀係儀形，建崇塔院，植婆羅樹，表蓮花臺，宛然坐而不言，欻爾感而皆應，懺則殃滅，求則福生。雖日月已綿，而靈變如在，歸依有衆，檀施孔多。鯨鐘萬斤震覺六種，講筵七架開導四生。清淨之身更疏浴室，涅盤之飯別構食堂。可謂能事畢矣，喜願幷矣。宜八部之宅以致諸天迴首，自然樹懸密語，印文地現。五風轉柔潤之音，千燈焰光明之色。構之者罪花彫落，信之者福種萌生。雷響發其六牙，珠彩澄其二水。州牧杜公惟孝，其直如箭，其潔如水，地壓淮上，城遷泗中，民勦於勞，物集其利。長史宋公、司馬盧公，或清節首公，文雅形國，或禮容虛己，堅操動時。臨淮宰薛欽行等，或主諾條流，庭無置對，或子人簡德，邑有歡康。並豎位天車，正信超士，興二道之教，發一師之音，相與累贊經身，長懸覺道，樹不朽之德，弘未來之功。是刻豐碑，以光盛美。其詞曰：

惟普照之大身兮，仗菩薩之右臂。粵靈瑞之可聞兮，固昭成之難值。期一會之來思，雄萬輩之善施。弘住持之信受，廣事相之該備。豁川陸之雲龍，雄城邑之頳雉，辟天師於九重，補人主於十利。嘉寺榜之立名，寵聖札之題字。追已滅之化身，了見在之文義。貯儀形於空塔，存詞偈於金地。災無纖而不除，福何求而不致。副眞僧之貞寶，接羣公之雅器。播永日於山河，刻巨石於淮泗。

又《大相國寺碑》（**李北海集《卷四》**） 夫聖不徒作，作必有因，化不徒開，開必有攝。故大事所會，一法所傳，若天若人，或賢或達。雖萬牙出地而三獸渡河，使不聞者聞，未悟者悟，豈虛也哉。此寺伽藍古廢建國，有濮州之像自安業而來，及逝將復歸，堅守常住，人至萬且千。飛聲殷雷，用壯敵國。坐如淸泰，安如須彌。有若部人郭賓者，生心起謗，雙目失明。有若部人陳振者，興言詆徒，喉腫及舌。皆追悔自昔，痊平在今，或沒身爲奴，或鑄鐘依佛。延和初載，奉詔改爲大相國寺，復置額焉。先天中，內府降財，御書題額。睿宗通夢，靈應肇發，臨遣碩德僧眞諦，載馳載驅，乃慰乃止。昭宣渥命，寵錫神幡，吏人候迎，法侶圍繞，豁廛里羅郊原者不可勝計。夫以金仙聖容之表，先主感之，代邸嘉名之舊，先主摽之，筆精池水之妙，先主躬之。故能鍾乾坤，激日月，景光遐燭，德宇弘覆，曷云比也。

我開元神武皇帝受天元禧，祚國傳寶，睦九族，叶萬邦，功濟而業成，道光而孝理。惠康父子，義結華戎，寰瀛之濱，大輿之上，顒顒而戴，欣欣而懷。逮識路于玆，寓目于玆者，莫不瞻大明，欽聖禮，仰天性而泣遺澤，荷慈氏而歎堅林。形力者罔告勞，檀施者罔辭費。莊嚴不獨於示相，功德何止於無爲。碁布黃金，圖擬碧絡，雲廓八景，雨散四花。國土威神，塔廟崇麗，此其極也。雖五香紫府大息芳馨，千燈赤城永懷昭灼，人門天上，物外異鄉，固可得而言也。上座知隱寺主元深、都維那上智儼，皆妙覺圓常，對境亡境，彌入後地，因如得如，合之不離，混以相濟。咸以爲他方所至廣，法界惟三，虛空所至弘，度門惟一。況乎實相感通之應，聖跡飛動之神，安可默頌聲闕，題紀者已。乃作頌曰：

佛法住持，正教弘益。眞容見寺，先帝書額。藩邸鴻名，建國前跡。我皇孝理，我人光澤。日月明明，家邦赫赫。觀妙追遠，懷恩惟昔。八部莊嚴，四天感激。以式永代，是紀豐石。

又《大雲寺禪院碑》 天也地也，攝生之謂玄造，日也月也，容光之謂神功。然亭育之仁可斡終滅，昭明之力未焯昏霾。故熱惱積薪劫燒難鑠，驚波巨海沃焦自淵。獨有導師空王，禪那宴寂，一念首安住之域，加行證無爲之階。密敎內修，莊嚴外度，雙引相應，並照兩忘，然後生無生，淨名不去，照無照，了義能覺。爇菩提之炬，則枳棘滌除，楫般若之航，則橫流旣濟。湛四體於中道，超三有以上征。精舍攸隮，度門斯盛，其此之謂矣。粵自有寺之艮背，山之前臨，有確師禪房者，武德八年邦守蕭公諱顗護法之所建也。周匝環郭，澄心際海，亦旣一味，寔無衆生。夫憑其高宅，其勝曾近俗諦，或乘法流，且水出於冰。凡作於聖，雖曰醜地，猶是道場。矧乃妙有孤標，寶相靈變，入我室，觀我形者哉。施及貞觀歲，有等觀禪師，繼前心，承後問，分之則別位三事，合之則同列大空，坐於斯，竟於斯。嗚戲。四益風驅，百爲大滅，棟宇崩落，象設傾低。先天中，有慧藏禪師，聞之斯行，居而不住，竗齡彊植，勁節老成，被甲律儀，下帷經藏，方丈之室時歷十年，簞瓢之飡日常一食。信爲法本，悟實如宗，簡珠圓明，紅蓮清淨。剃髮結落，亡境受除，生起了於身，緣覺被於物。是以興補舊塔，建置尊容。彌陀當其陽，菩薩侍其側，四大海水慧眼啓明，五須彌山毫相崇絕。有若稽義摭實，沿名討因，都極樂之大郊，壽無量之景命。借如昔者稱贊，觀厥音聲，克濟斯艱，乃復於遠。則有階地超越，自在神通，發弘願心，得大勢用，皆所以濡火宅，軔劍輪。投地者結業坐開，入影者苦趣以息。粵若殫財竭力，刻桷雕題，積三四年模造化意，寶殿蔚以雲構，金山煥其日臨，豈徒然哉。夫壯麗者將以重威神，儀形者將以攝歸止，或離性解脫，或見作隨緣。藥草寓其根莖，雲雷感其方類。即說非說，若通不通。惟三獸之渡河，庶一子之來學。禪師以爲默則絕教，言則牽文，苟心事於化人，豈迹留於捨法。會議斲石，僉允圓功。邑來守是邦，偶聞茲事，依僧依佛，何日忘之，在家出家，惟其常矣。頃者下櫟湖海，申明捕殺，鱗羽咸若，災疫以寧。救蟻雖尙於沙彌，涸魚每憂於釋種。祁寒則怨，童子何知。率三省於短懷，寄一塵於寶地。別駕弘農楊公守堅字越石，本支鼎貴，胄胤岳靈，直道守公，智印觀法。司馬瑯邪王公元昜字固禮，高閣襲吉，皇士令名，資位升聞，妙意融朗。盛矣美矣，左之右之。時有新羅通禪師，五力上乘，一門深入，利行攝俗，德水浮天。贊而演成，恭而有述。其詞曰：

覆簀之獎始生終滅，昭回之明內昏外徹。陰入不斷，心起難折。靈海慾深，洪爐火熱。倬彼大師，超然正覺。亡境息想，示法流渥。絕生死岸，破煩惱殼。度門光啓，住地玄邈。傳燈三葉，分座一義。象設儀形，莊嚴地位。有爲不染，無相能離。苟曰法乘，莫非種智。古者豐石，抗之高山。紀事標社，銘勳列班。廣茲妙有，運彼玄關。則百伊昔，粵吾無間。

又《**鄭州大雲寺碑**》恭惟黃屋者㫺唐堯之大雅，精舍者曷釋迦之廣乘，將以示崇高，弘誘進，俾夫壯麗加於四海，瞻仰攝於羣情，酌言永圖，即理一貫矣。大雲寺者，鄭國慈緣之所建也。觀其肇允枚卜，爰適底居，所感彌多，光靈滋茂，固以星晷上憲，人統下稽，執天物之大中，合玄宮之妙相，豈止宅豐壤，盤名州，廈屋雲陰，沙門玉立而已。於是象設巨麗，法供魁殊，尊容乃神，靈眷所仗，則有寶座蓮動，現身金光，不同於凡，復歸於靜。至使彌留咸華，遠人孔殷，香饌比肩，花蓋擊轂。一心不起則從願應如，二見無物則隨施逾疾。故能飛名勝出，福履嘉祥，昭升累朝，發宏歷聖。粵高祖神堯皇帝，俟時登庸，縱觀興感，再駕尙軔，五轉欲承，鳳集喬雲，龍睇霄極，馳睿想於幽贊，禱法力於大雄，創建漆象一軀，植淨根也。洎我高宗天皇大帝，纘祖匡業，繼明德暉，萬流澄瀛，八風叶律，齊致功於造化，將有事於岱宗，道繇是邦，言念茲者，寺中留繡像一禎，實也。下厥則天皇太后奉遺托孤，與權改物，毋儀覇迹，闡政神器，追惟乾蔭，永動皇情，明啓度門，宣遊覺路，乃降繡像一鋪，廣也。借如崇建塔宇，附麗朝闕，憑縣官之力，散王府之財，中使相望，匠人經始，則有之矣。未或介在草澤，僻居里閭，發皇明於日中，落寵錫於天上，有如此之盛者也。日者通莊載堙，繚垣式遏，門途弗敞，面勢匪宏，浮雲在天，蝦蟆蝕月，具瞻者渴高明之嘆，歸止者憤翳鬱之心。寺主俗姓李氏，名婆諦，隴西姑臧人也。發趣如因，彌入禪寂，雖獨得斷相，而同人有爲。乃陳詣府庭，移牒省闥，引仍舊之直，矯易恆之枉，申報曠祀，奔走宣勞，終於訟眞，成我道勝。是以穨牆墳塹，焚萊平場，廣途褰開，層構踴出，疑若當陽，豁若捷徑。洛師之道，盪賀泠然，決渠滎波之水，所謂形便。得莊嚴具行李，榮觀郡邑景矣。長史河東柳冲府君，道融至和，性與元德，從心絲譜，遊刃翰林，推轂演成，誓言同事，是刊厥懿，豈伐於功。其詞曰：

鄭之法宇兮，在城一隅。大雄應感兮，休徵有殊累。聖克念兮，象設三鋪。佛身圓對兮，神光發圖。乃奉靈勝兮，至自彼都。面勢推隔兮，穨垣朽株。南望不及兮，鬱然坐拘。觀者佇眙兮，顧履夷途。碩德感發兮，執心匪渝。豈用歷紀兮，茲事乃敷。刻石傳懿兮，表此亨衢。

又《楚州淮陰縣婆羅樹碑》 觀厥好德存樹，愛人及烏，有情不忘，雖小可作，此施及者也。則有宗廟加敬，墟墓增悲，覩物可懷，比事斯廣，此觸類者也。矧乃通感靈變，玄符聖迹，根柢淨土，碩茂佛時。燭金山之秘影，聯玉毫之殊相。至若渥日法會，茶毗應身，妙有雙樹之間，光覆僧祇之衆，安可混曜散木，比列清林，議上茅之挺生，喻堅固之神造者也。婆羅樹者，非中夏物土所宜有者已。婆娑十畝，映蔚千人，密幄足以綴飛飈，高蓋足以轉流景，惡禽翔而不集，好鳥止而不巢，有以多矣。然深識者雖徘徊仰止，而莫知冥識，博物者雖沈吟引稱，而莫辨嘉名。華葉自奇，榮枯常異，隨所方面，頗徵靈應。東瘁則青郊苦而歲不稔，西茂則白藏泰而秋有成。惟南匪他，自北嘗爾，或季春肇發，或仲夏萌生，早光豐隨，晚暮儉若。且槁莖後吐，芬條前秀，差池旬日，奄忽齊同。無今昔可殊，非物理所測，古老多怪，時俗每驚，巫者占於鬼謀，議者感於神樹。證聖載有三藏義淨，還自西域，逮茲中休宿因依，齊戒瞻歎，演夫本處，徵之舊聞。原其始也，榮灼道成之際，究其末也，摧藏薪盡之餘。或森列四方，或合併二體，常青不壞，應現分榮，變白有終，示滅同盡。昔與釋迦蔭首，今爲羣生立緣。夫佛病從人，大慈感故，樹萎因物，深悲理然。化能分身，半枯即是，以有合相，後茂還齊。宜其表正，聖神靈晛，品彙以變見一攝而稱讚十方者也。

淮陰縣者，江海通津，淮楚巨防，彌越走蜀，會閩驛吳，七發枚乘之邱，三傑楚王之窟，勝引飛轡，商旅接艫。每至同雲冒山，終風振壑，宦子惕息，篙工疚懷，魚貫迤其萬艘，霧集岔於層渚，莫不膜拜圍繞，焚香護持，復悔多尤，迴祈景福。於是風水相借，物色同和，挂帆啓行，方舳駿邁，浮山崛起而疏巘，慶雲亂飛而比峰。雖電影施鞭，夸父杖策，罔可喻其神速，曷云狀其豁快者哉。

州牧宗子名仲康，廣孝惟家，大忠刑國，播清政以主郡，議古式以任人，知微知彰，有禮有樂。別駕扶風竇公名誠盈，盛門貴仕，懿德令名，利用以厚生，明略以營道，上交不諂，下交不瀆。司馬宗子名曰景，虛受賢交，幹用柔克，退遜中律，先後自公，且觀《麟趾》之詩，未弘驥子之任。邑宰清河張公名松質，藐自稚節，忽乎博聞，始於能賦而彰，中於成器而立，牧人通志，徇物合權，威肅攝於神明，慈惠安其父母，豈伊政理，自有才名。莫不淨慮一乘，追攀八樹，歎從植而多感，惟化生而永懷，大啓上緣，率心檀施。碩德徐道暉、寺主道玄、上座道約、都維那曇一等，皆妙覺圓常，釋門上首，痛金棺而既往，駭堅林而在茲。鄉望司徒玄簡、戴玄景、王玄珪、張仁藝、王懷儼、劉元隱、沈信祥等，夙悟大師深入眞際，勤行進力，護供莊嚴。揚州東大雲寺法師希玄，廣派清流，固植德本，戒行有以鎭浮俗，利言有以誨蒙求。既憑藉於衆心，亦謀明於獨得。是標靈跡，乃建豐碑。其詞曰：

政化之理兮，甘棠猶存。寶乘之妙兮，婆羅是敦。欽厥道成兮，八相克尊。感乎示跡兮，一歸可捫。與佛合緣兮，榮落同時。歘爾化生兮，感變誰思。休徵咎徵兮，伺察不欺。流俗莫識兮，綿曠驚疑。上人西還兮，覯止增悲。發皇靈晛兮，堅固在茲。方國傳聞兮，想像悽其。迴首正信兮，頂禮護持。優曇千年兮，曷足儀之。

又《越州華嚴寺鐘銘并序》 有同乎源，播厥派者夥哉。沿之惟輪，則終列大輅，革以穴處，則崇構厦屋。譯梵言於華學，象犍椎於景鐘，從來久矣。觀其聆妙音，獎弘誓，文苦趣，警禪門，劒輪在空，法衆斯集，鏞之時義大矣哉。郡司寇北平楊公，沙門師萌抵淨根保耳界妙有，忠爲迦維之業，堅朴象正之鈞，嘗慨靈越樂郊，勾吳通邑，雖經行大壯，塔廟藝釋，訓乃首唱羣吏，傳聞庶氓，合聽悉心，聚糧殫幣，鑠文馬以庀製，驤羣龍以範鐘。撰祥時，歷令日，傾郛鄙，畢緇黃，舉帆雲屯，擊轂雷動，百身勇施，累讚願言者計以萬億。然後陶人事爐，火正疏冶，風伯鼓橐，樂工揚嬉，煥乎鼎陳，蔚焉邱峙。手舞者翳景，稱慶者振林，遲明藏功，亭午卒業。於是層臺大起，雕簴懸列，鯨魚吒怒以震擊，蒲牢跧曲以駭嗷。隱天網，罾地理，刹那昭應，一念信心，有無識生，幽執鬼物，莫不休復淨域，貞觀眞諦矣。有若大者不槬，小者不窕，則州鳩之聽曷以臻其間歟。其詞曰：

大雄立號兮，考彼華鐘。震發三界兮，以覺其聾。俾我羣動兮，不罹厥凶。君子是象兮，載鑠載鎔。彌億斯年兮，罔有天鏞。

張九齡《賀御注金剛經》（《曲江集》卷一五，四庫全書本） 狀。右內侍尹鳳祥宣勅，垂示臣等御注《金剛經》，但佛法宗旨撮在此經，人間習傳，多所未悟。陛下曲垂聖意，敷演微言，幽關妙鍵，豁然洞達。雖臣愚昧，本自難曉，伏覽睿旨，亦即發明。是知日月既出，天下普照，誠在此也。陛下至德法天，平分儒術，道已廣其宗，僧又不違其願，三教並列，萬姓知歸。臣等忝奉天文，不勝荷戴，無任慶躍之至。

御批

不壞之法，眞常之性，實在此經。衆爲難說，且用稽合同異，疏決源流。朕位在國王遠有傳法，竟依羣請，以道元元。與夫《孝經》《道經》，三教無闕，豈茲秘藏，能有探詳。所賀知。

李白《江夏送林公上人遊衡嶽序》（《李太白文集》卷二六） 江南之仙山，黄鶴之爽氣，偶得英粹，後生俊人。林公世爲豪家，此土之秀，落髮歸道，專精律儀。白月在天，朗然獨出，既灑落於彩翰，亦諷誦於人口。閑雲無心，與化偕往，欲將振五樓之金策，浮三湘之碧波。乘杯泝流，考室名嶽，瞰憩冥壑，凌臨諸天。登祝融之峯巒，望長沙之煙火，遥謝舊國，誓遺歸蹤。百千開士，稀有此者，余所以歎其峻節，揚其清波，龍象先輩，迴眸拭視。比夫汩泥沙者，相去九牛之一毛。昔智者安禪於臺山，遠公托志於廬嶽，高標勝槩，斯亦嚮慕哉。紫霞摇心，青楓夾岸。目斷川上，送君此行。羣公臨流，賦詩以贈。

又《金銀泥畫西方淨土變相讚》 我聞金天之西，日没之所，去中華十萬億刹，有極樂世界焉。彼國之佛，身長六十萬億恆沙由旬，眉間白毫向右，宛轉如五須彌山，目光清白，若四大海水。端坐説法，湛然常存，沼明金沙，岸列珍樹，欄楯彌覆，羅網周張。車渠瑠璃爲樓殿之飾，頗黎碼碯耀階砌之榮。皆諸佛所證，無虚言者。金銀泥畫西方淨土變相，蓋馮翊郡秦夫人奉爲亡夫湖州刺史韋公之所建也。夫人藴冰玉之清，敷聖善之訓，以伉儷大義，希拯拔於幽塗，父子恩深，用重修於景福。誓捨珍物，搆求名工，圖金創端，繪銀設像。八法功德波動青蓮之池，七寶香花光映黄金之地。清風所拂，如生五音，百千妙樂，咸疑動作。若已發願未及發願，若已當生未及當生，精念七日，必生其國。功德罔極，酌而難名。讚曰：

向西日没處，遥瞻大悲顔。目淨碧海水，身光紫金山。勤念必往生，是故稱極樂。珠網珍寶樹，天花散香閣。圖畫了在眼，願託彼道場。以此功德海，冥祐爲舟梁。八十一刼罪，如風掃輕霜。諦觀無量壽，長放玉毫光。

又《地藏菩薩讚》（《李太白文集》卷二七） 大雄掩照，日月崩落，惟佛智慧大，而光生死雪，賴假普慈力，能救無邊苦。獨出曠劫，導開横流，則地藏菩薩爲當仁矣。弟子扶風竇滔，少以英氣爽邁，結交王侯，清風豪俠，極樂生疾。乃得惠劍於眞宰，湛本心於虚空，願圖聖容，以祈景福，庶冥力憑助而厥苦有瘳。爰命小才，式讚其事。讚曰：

本心若虚空，清淨無一物。焚蕩淫怒癡，圓寂了見佛。五綵圖聖像，悟眞非妄傳。掃雪萬病盡，爽然清涼天。讚此功德海，永爲曠代宣。

又《魯郡葉和尚讚》 海英嶽靈，誕彼開士。了身皆空，觀月在水。如薪傳火，朗徹生死。如雲開天，廓然萬里。寂滅爲樂，江海而閑。逆旅形内，虚舟世間。邈彼崑閬，誰云可攀。

又《崇明寺佛頂尊勝陁羅尼幢頌》（《李太白文集》卷二八） 共工不觸山，媧皇不補天。其洪波汩汩流，伯禹不治水，萬人其魚乎。禮樂大壞，仲尼不作，王道其昏乎。而有功包陰陽，力掩造化，首出衆聖，卓稱大雄，彼三者之不足徵矣。粤有我西方金僊之垂範，覺曠劫之大夢，碎羣愚之重昏。寂然不動，湛而常存，使苦海静滔天之波，疑山滅炎崑之火。囊括天地，置之清涼，日月或墜，神通自在，不其偉歟。魯郡崇明寺南門佛頂尊勝陁羅尼石幢者，蓋此都之壯觀。昔善住天子及千大天遊于園觀，又與天女遊戲，受諸快樂，即於夜分中聞有聲曰，善住天子七日滅後，當生七反畜生之身。於是如來授之吉祥眞經，遂脱諸苦。蓋之天徵爲大法印，不可得而聞也。我唐高宗時，有罽賓桑門持入中土，猶日藏大寶，清園虚空，檀金淨彩，人皆悦見。所以山東開士，舉國而崇之。時有萬商投珍，士女雲會衆布，蓄沓如陵，琢文石於他山，聳高標於列肆，鑱珉錯綵，爲鯨爲螭，天人海怪，若叱若語，貝葉金言刊其上，荷花水物形其隅。良工草萊，獻技而去，聖君垂拱，南面穆清而居。大明廣運，無幽不燭。以天下所立茲幢，多臨諸旗亭，喧囂湫隘，本非經行網繞之所，乃頒下明詔，令移於寶坊。吁，百尺中標矗若雲斷，委翳苔蘚，周流星霜，俾龍象興嗟，仰瞻無地，良可嘆也。

我太官廣武伯隴西李公，先名琬，奉詔書改爲輔。其從政也，肅而寬，仁而惠，五鎮方牧，聲聞于天帝。乃加剖竹于魯，魯道粲然可觀，方將和陰陽於泰階，致君於堯舜，豈徒閉閣坐嘯，鴻盤二千哉。乃再崇厥功，發揮象教，於是與長史盧公、司馬李公等，咸明明在公，綽綽有裕，韜大國之寶，鍾元精之和，榮兼半刺，道光列嶽，才或大而用小，識無微而不通，政其有經，談豈更僕。有律師道宗，心總羣妙，量苞大千，日何瑩而常明，天不言而自運。識岸浪注，玄機清發，每口演金偈，舌搖電光，開關延敵，罕有當者。由萬竅同號於一風，衆流俱納於溟海。若乃嚴飾佛事，規矩梵天，法堂鬱以霧開，香樓岌乎島峙，皆我公之締構也。以三綱等皆論窮彌天，惠湛清月，傳千燈於智種，了萬法於眞空，不謀同心，克樹聖跡。太官李公乃命門於南垣廟通衢，曾盤舊規，累構餘石，壯士加勇，力侔拔山。纔擊鼓以雷作，拖鴻縻而電掣。千人壯，萬夫勢，轉鹿盧於橫梁，泯環合而無際，常六合之振動，崛九霄之崢嶸。非鬼神功，曷以臻此。況其清景燭物，香風動塵，羣形所霑，積若都雪，粲星辰而增輝，挂文字而不滅。雖漢家金莖，伏波銅柱，擬茲陋矣。或日月圓滿，方檀散華，清心諷持，諸佛稱讚。夫如是，亦可以從一天至一天，開天宮之門，見羣聖之顔，巍巍功德不可量也。其錄事參軍，六曹英寮，及十一縣官屬，有宏才碩德，含香繡衣者，皆列名碑陰，此不具載。郡人都水使者宣道先生孫太沖，得眞人紫藁玉笈之書，能令太一神自成還丹，以獻于帝，帝服享萬壽，與天同休。功成身退，謝病而去，不謂古之玄通微妙之士歟。乃謂白曰，昔王文考觀藝於魯，騁雄辭於靈光，陸佐公知名在吳，銘雙闕於盤石，吾子盍可美盛德，揚中和。恭承話言，敢不惟命。遂作頌曰：

揭高幢兮表天宮，嶷獨出兮凌星虹。神揔揔兮來空，仡扶傾兮蒼穹。西方大聖稱大雄，橫絕苦海舟羣蒙。陁羅尼藏萬法宗，善住天子獲厥功，明明李君牧東魯，再新頽規扶衆苦。如大雲王注法雨，邦人清涼喜聚舞。揚鴻名兮振海浦，銘豐碑兮昭萬古。

又《化城寺大鐘銘》 噫。天以震雷鼓羣動，佛以鴻鐘驚大夢，而能發揮沉潛，開覺茫蠢，則鐘之取象，其義博哉。夫揚音大千，所以清眞心，警俗慮，協響廣樂，所以達元氣，彰天聲，銘勳皇宮，所以旌豐功，昭茂德，莫不配美金鼎，增輝寶坊，仍事作制，豈徒然也。粤有唐宣城郡當塗縣化城寺大鐘者，量函千鈞，聲盈萬壑，蓋邑宰李公之所刱也。公名有則，系玄元之英蕤，茂列聖之天枝。生于公族，貴而秀出，少蘊才略，壯而有成。西逾流沙，立功絕域，帝疇乎厥庸。始學古從政，歷宰潔白，聲聞于天。天書褒榮，輝之簡牘，稽首三復，子孫其傳。天寶之初，鳴琴此邦，不言而治。日計之無近功，歲計之有大利。物不知化，潛臻小康，神明其道，越不可尚。方入于禪關，覩天宮崢嶸，聞鐘聲琅屑，乃謂諸龍象曰：盍不建大法鼓，樹之層臺，使羣聾六時，有所歸仰，不亦美乎。於是發一言以先覺，舉百里而感應。秋毫不挫，人多子來。銅崇朝而山積，工不日而雲會。乃採鳧氏，撰鳴鐘。火天地之爐，扇陰陽之炭，回祿奮怒，飛廉震驚，金精轉涾以融熠，銅液星縈而熣燦。光噴日道，氣歊天維，紅雲點於太清，紫煙矗於遙海。烜赫宇宙，功侔鬼神，瑩而察之，吁駭人也。爾其龍質炳發，虎形躨跜，縻金索以上紘，懸寶樓而迭擊。傍振萬壑，高聞九天，聲動山以隱隱，響奔電而闐闐。赦湯鑊於幽途，息劍輪於苦海，景福肸蠁，被于人天。非李公好謀而成，弘濟羣有，孰能興於此乎。丞尉等並衣冠之龜龍，人物之標準，大雅君子，同僚盡心，聞善賈勇，贊成厥美。寺主昇朝，閑心古容，英骨秀氣，灑落毫素，謙柔笑言。海受水而皆納，鏡無形而不燭。直道妙用，乃如是然。常虛懷忘情，潔已利物，是人行空寂不動，見如來有若。上座靈隱，都維那則舒，名僧日暉、蘊虛、常因、調護。賢哉六開士，普聞八萬法，深入禪惠，精修律儀，將博我以文章，求我以述作。功德大海，酌而難名。遂與六曹豪吏，姑孰賢老，乃緇乃黃，鳧趨梵庭，請揚宰君之鴻美。白昔忝侍從，備于辭臣，恭承德音，敢闕清風之頌。其辭曰：

雄雄鴻鐘砰隱天，雷鼓霆擊警大千。含號烜赫聲無邊，摧慴魑魅招靈仙。傍極六道下九泉，劍輪輟苦期息肩。湯鑊猛火停熾燃，愷悌賢宰人父母。興功利物信可久，德方金鐘永不朽。

又《爲竇氏小師祭璿和尚文》（《李太白文集》卷二九） 年月日，某謹以齊蔬之奠，敢昭告于和尚之靈。伏惟和尚降靈自天，依化遊世，角立獨出，嶷然生知。鳳凰開九包之翼，豫章橫萬頃之陂。始傳燈而納照，因落髮以從師，邁龍象以蹴踏，爲天人之羽儀。紹釋風於西域，迴佛日於東維。若大塊之噫氣，鼓和風而一吹。熱惱清灑，道芽榮滋。走吴楚以宗仰，將掃地而歸之。嗚呼。來無所從，去復何適。水還火歸，蕭散本宅。寶舟輟棹，禪月掩魄。痛一往而無蹤，愴雙林之變白。某早承訓誨，偏荷恩慈，忝餐風於法侶，旋落蔭於禪枝。號無輟響，泣有餘悲。手撰茗藥，精誠嚴思。冀神道之昭格，庶明靈而饗之。

王維《爲幹和尚進註仁王經表》（趙殿成《王右丞集箋注》卷一七）　沙門惠幹言，法離言説，了言説即解脱者，終日可言。法無名相，知名相即眞如者，何嘗壞相。實際以無際可示，無生以不生相傳。非夫自得性空，密印心地，見聞自在，宗説皆通者，何以證玉毫之光，辨金口之義。伏惟乾元光天皇帝陛下高登十地，降撫九天。宏濟羣生，濡蓮花之足，示行世法，屈金粟之身。心淨超禪，頂法懸解，廣釋門之六度，包儒行之五常。老僧空空，復何語語。以無見之見，不言之言，淺智勝疑冰之蟲，微戒愈溺泥之象。以自覺離念，註先聖微言，如人人字疑是蟲字之訛何足盡思，食木偶然成字，豈堪上塵慧眼，仰稱聖心。有命自天，藏拙無地。伏以集解《仁王般若經》十卷，謹隨表奉進，無任慚惶。然本註經，先發大願，釋第一義，開不二門，與四十九僧，離一百八句，六時禪誦，三載懇祈，俾廓妖氛，得瞻慧日，三千世界悉奉仁王，五千善神常衛樂土。令果遂定，無量安寧，緇服蒼生，不勝慶躍。

又《爲舜闍黎謝御題大通大照和尚塔額表》　沙門僧某等言，伏蒙聖札題二大師塔額，及度僧抽僧等並畢。伏喜天心，俯從人欲，恩光至重，抃舞難勝。臣聞聖者正也，住正法者爲聖人，佛者覺也，得覺滿者入佛慧。伏惟光天皇帝陛下登滿足地，超究竟天，入三解脱門，過九次第定，見聞自在，不住無爲，理事皆如，終非有漏，復皇國而御宇，尊白法以教人。百穀順成，六氣時若，不加兵而賊破，不擾物以人和，緇侶勝緣，蒼生厚幸。昨蒙書額，度僧等，龍騰金榜，鳳轉銀鈎，河漢昭回，烟雲飛動。韋誕恥其遺法，梁鵠慚爲古人。降出天門，升于寶塔，玉繩綴于重級，珠斗挂于露盤。以方宸翰，實多慚德，又宿修梵行，願在法流者，覆以慚媿之衣，落其煩惱之髮。冀成寶器，仁王爲琢玉之因，廣運佛心，聖主受恆沙之祐。沙門等叩承禪訓，幸偶昌期，御札賜書，足報本師之德，梵筵邀福，願酬大聖之恩。不勝戴荷之至。

又《爲僧等請上佛殿梁表》　僧某言，天地之大未滿法身，紺殿朱宮豈云光宅。陛下尊崇像教，大捨外財，白法利人，黄金布地，不役一人之力，不費一家之産，崇崇寶坊，雲構將畢。所營某寺，以某月日上佛殿梁，伏望天恩，内賜一繖，庶使大千世界悉入蓋中，六合人天共歸宇下。然後以無礙慧大化羣物，將使四生皆度，豈惟比屋可封。則中天之臺才留幻士，晝雲之觀徒候神人。以古況今，前王何陋。謹詣右銀臺門奉表陳謝，以聞。

又《請施莊爲寺表》　臣維稽首。臣聞罔極之恩，豈有能報，終天不返，何堪永思。然要欲强有所爲，自寛其痛。釋教有崇樹功德，宏濟幽冥。臣亡母故博陵縣君崔氏，師事大照禪師三十餘歲，褐衣蔬食，持戒安禪，樂住山林，志求寂靜。臣遂于藍田縣營山居一所，草堂精舍，竹林果園，並是亡親宴坐之餘，經行之所。臣往丁凶舋，當即發心，願爲伽藍，永劫追福。比雖未敢陳請，終日常積懇誠。又屬元聖中興，羣生受福，臣至庸朽，得備周行，無以謝生，將何答施。願獻如天之壽，長爲率土之君。惟佛之力可憑，施寺之心轉切，効微塵于天地，固先國而後家。敢以烏鼠私情，冒觸天聽。伏乞施此莊爲一小寺，兼望抽諸寺名行僧七人，精勤禪誦，齋戒住持。上報聖恩，下酬慈愛。無任懇欵之至。

又《讚佛文》（《王右丞集》卷二〇）　竊以眞如妙宰，具十方而無成，涅槃至功，滿四生而不庶庶疑是廣字之訛，故無邊大照，不照得空有之深，萬法偕行，無行爲滿足之地。惟兹化佛，即具三身，不捨凡夫，本無五藴，實藉津梁相法，脱落塵容。始于度門，漸于空舍，然後金剛道後，爲三界太師，玉毫光相，得一生補處。左散騎常侍攝御史中丞崔公第十五娘子，于多劫來，植衆德本，以般若力，生菩提家，含哺則外葷羶，勝衣而斥珠翠，教從半字便會聖言，戲則剪花而爲佛事。常侍公頃以入朝天闕，上簡帝心，雖功在于生人，深辭拜命，願賞延于愛女，密啓出家。白法宿修，紫書方降。即令某月日敬對三世諸佛，十方賢聖，稽首合掌，奉詔落髮。久清三業，素成菩薩之心，新下雙鬟，如見如來之頂。綺襦方解，樹神獻無價之衣，香飯當消，天王持衆寶之鉢。惟娘子舍諸珍寶，塗彼戒香，在微塵中，見億佛刹，如獻珠頃，具六神通。伏願以度人設齋功德，上奉皇帝聖壽無疆。記椿樹以爲年，土宇無垠，包蓮花而爲界，又用莊嚴。常侍公出爲法將，入拜台臣，身在百官之中，心超十地之上。夫人以文殊智，本是法王，在普賢心，長爲佛母。郎君娘子等，住誠性爲孝順，用闕德爲道場，將遍衆生之慈，迴同一子之想。又願普同法界，盡及有情，共此勝因，俱登聖果。

又《西方變畫讚并序》　法身無對，非東西也。淨土無所，離空有也。若依佛慧，既洗滌于六塵，未捨法求，猷如幻于三有。故大雄以不思議力，開方便門。我心猶疑，未認寶藏，商人既倦，且息化城。究竟達于無生，因地從于有相。西方淨土變者，左常侍攝御史中丞崔公夫人李氏奉爲亡考故某官中祥之所作也。夫人門爲士族之先，道爲梵行之首。大師繼踵，望塵而理印，命婦盈朝，聞風而素履。心王自在，萬有皆如，頂法眞空，一乘不立，以示見故。菩薩爲勝鬘夫人，同解脱因，天女讚維摩長者，陟岵何至。哀哀縗絰，順有漏法，泣血以居，念罔極恩。滅性非報，唯茲十力所護。豈與百身之贖，不寶纓絡，資于繪素。圖極樂國，象無上樂，法王安詳，聖衆圍繞。湛然不動，疑過于往來，寂爾無聞，若離于言説。林分寶樹，七重遶于香城，衣捧天花，六時散于金地。迦陵欲語，曼陁未落，衆善普會，諸相具美。于是竭誠稽首，隕涕焚香，願立功德，以備梯航。得彼佛身，常以慈悲爲女，存乎法性，還在菩提之家。偈曰：

稽首十方大導師，能于一法見多法。以種種相導羣生，其心本來無所動。稽首無邊法性海，功德無量不思議。于已不色等無礙，不住有無亦不捨。我今深達眞實空，知此色相體清淨。願以西方爲導首，往生極樂性自在。

又《繡如意輪像讚并序》　寂等于空，非心量得。如則不動，離意識界。實無所住，常遍羣生。不捨有爲，懸超萬行。法性如是，豈可説邪。如意輪者，觀世音菩薩陀羅尼三昧門，現方便于幻眼，六臂色身，以究竟爲佛心，一體眞相。隨念即藏，乃無緣之慈，應度而來，斯不共之力。衆生如意，菩薩何心。崇通寺尼無疑道登等，貴族出家，梵筵上首，久積淨業，三世皆空，長在道場，一乘自立。亡兄故河南少尹，雖明世典，深達實相，以不二法處于百官。花萼相連，恩深女弟，栴檀舊繞，望絶仁兄。雖曰如夢，無寧喪我。煩惱性淨，示有同凡之悲，菩提路空，強爲助道之相。選妓惟潔，底功加敬，針鋒線縷，日就月將。五彩相宜，千光欲發，金蓮捧足，寶珠垂髻。原夫審像于淨心，成形于纖手。珊瑚掌內疑現不動如來，頻婆口中同乎無法可説。焚香讚歎，散花瞻仰，有情苦業滅而不生，無上法輪轉而恆寂。願以此福，冥用莊嚴。乃爲偈曰：

菩薩神力不思議，能以一身遍一切。常轉法輪無所轉，衆生隨念得解脱。色即是定非空有，是故以色像觀音。願以淨斯六趣福，迴向過去不可得。

又《給事中竇紹爲亡弟故駙馬都尉于孝義寺浮圖畫西方阿彌陀變讚并序》　《易》曰游魂爲變，《記》曰魂氣則無不之，固知神明更生矣。輔之以道，則變爲妙身之于樂土。大覺曰聖，離妄曰性，克修其業，以正其命。得無法者，即六塵爲淨域，繫有相者，憑十念以往生。西方變者，給事中竇紹敬爲亡弟故駙馬都尉某官之所畫也。天理之愛，加人數等。悲讓侫而無所，痛殞身而莫贖。傾無長之工，不平分于我生，將厚貸于泉路。尚茲繪事，滌彼染業，寶樹成列，金砂自映，迦陵欲語，曼陀未落，墜此中年，登乎上品。池蓮寶座將踰棠棣之榮，水鳥法音當悟鶺鴒之力。讚曰：

生因妄念，沒有遺識。憑化而遷，轉身不息。將免六趣，惟茲十力。

哀此仁兄，友于後生。不知世界，畢意經營。傍熏獲悟，自性當成。

又《大唐大安國寺故大德淨覺師碑銘》（《王右丞集》卷二四）　光宅眞空，心王之四履，建功無旱，法將之萬勝。故大塊羣籟，無弦出法化之聲，恆沙衆形，有土爲寶嚴之色。至如六師兆亂，四諦徂征，開甘露狹小之門，出臭烟朽故之宅，踞寶牀而搖白拂，徐誘草庵，沃金瓶而繫素繒，遂登蓮座。足使天口雄辯，刮語燒書，河目大儒，掊仁擊義，斯爲究竟，孰不歸依。禪師法名淨覺，俗姓韋氏，孝和皇帝庶人之弟也。中宗之時，後宮用事，女謁寖盛，主柄潛移，戚里之親同分珪組，屬籍之外亦綰銀黄。況乎天倫，將議封拜，促尚方令鑄印，命尚書使備策，詰朝而五土開國，信宿而駟馬朝天。禪師歎曰，昔我大師，尚以菩提釋位，今我小子，欲以恩澤爲侯。仁遠乎哉，行之即是。裂裳裹足以宵遁，乞食餬口以兼行。入太行山，削髮受具，尋某禪師故蘭若居焉。猛虎舐足，毒蛇熏體，山神獻果，天女散花，澹爾宴安，曾無喜懼。先有澗泉枯柏，至是布葉跳波，東魏神泉應，聞香而忽湧，北天衆果候，飛錫而還生。禪枝必復之徵，法水再興之象。聞東京有頣大師，乃脱履戶前，摳衣座下。天資義性，半字敵于多聞，宿植聖胎，一瞬超于累劫。九次第定，乘風雲而不留，三解脱門，揭日月而常照。雪山童子不顧芭蕉之身，雲地比丘欲成甘蔗之種。大師委運，遂廣化緣。海澄而龍頷珠明，雷震而象牙花發。外家公主長跽獻衣，薦紳先生卻行擁篲，乞言于無説，請益于又損。天池杯水遍含秋月之輝，草葉樹根皆霑宿雨之潤。不窺世典，門人與宣父中分，不受人爵，廪食與封君相比。至于律儀細行，周密護持，經典深宗，毫氂剖析。窮其二翼，即入佛乘，趣得一毛，亦成僧寶。于是同凡現疾，處順將終，忽謂衆人，有疑皆問。我于是夜，當入無餘。開口萬言，音和水鳥，踊身七樹，光映天人，如蹔出行，泯然趺坐。以某載月日，歸大寂滅。某月日，遷神于少陵原赤谷蘭若。香油細氎，用以茶毗，合璧連珠，爲之葬具。城門至于谷口，幡蓋相連，法侶之與都人，縞素相半，叩膺拔髮，灑水坌塵。升堂入室之徒，數踰七十，破山澍海之哭，聲振三千。則有僧某乙，尼某乙，故惠莊某氏，某郡主，賢者某乙等，各在衆中，共爲上首。或行如白雪，或名詎紅蓮，或爲勝鬘夫人，或稱毗邪居士。二空法外，何處進求，七覺分中，誰當決釋。猶衣舍利，冀獲菩提。身塔不出虎溪，淚碑有同羊峴。表心成相，相非離于眞如，叙德以言，言豈著于文字。乃爲銘曰：

小三千界，後五百年。空乘玉牒，莫覩金仙。無量義處，如來之禪。皆同目論，誰契心傳。

弟在人間，各歸鳳闕。去日留訓，別時剪髮。累賜金錢，將加印紱。忽爾宵遁，終然兩絕。

救頭學道，裹足尋師。一花寶樹，八水香池。戒生忍草，定長禪枝。不疑少父，更似嬰兒。

既立勝幡，併摧邪網。利眼金翅，圓身寶掌。巧撮死龍，能調老象。魔種敗壞，聖胎長養。

四生滅度，五陰虛空。無説無意，非異非同。此身何處，彼岸成功。當觀水月，莫怨松風。

又《能禪師碑》（《王右丞集》卷二五）　無有可捨，是達有源。無空可住，是知空本。離寂非動，乘化用常。在百法而無得，周萬物而不殆。鼓枻海師不知菩提之行，散花天女能變聲聞之身。則知法本不生，因心起見，見無可取，法則常如。世之至人有證于此，得無漏不盡漏，度有爲非無爲者，其惟我曹溪禪師乎。禪師俗姓盧氏，某郡某縣人也。名是虛假，不生族姓之家，法無中邊，不居華夏之地。善習表于兒戲，利根發于童心。不私其身，臭味于耕桑之侶，苟適其道，羶行于蠻貊之邦。年若干，事黄梅忍大師，願竭其力，即安于井臼，素刳其心，獲悟于稊稗。每大師登座，學衆盈庭，中有三乘之根，共聽一音之法。禪師默然受教，曾不起予，退省其私，迥超無我。其有猶懷渴鹿之想，尚求飛鳥之跡，香飯未消，弊衣仍覆，皆曰升堂入室，測海窺天，謂得黄帝之珠，堪受法王之印。大師心知獨得，謙而不鳴，天何言哉，聖與仁豈敢，子曰賜也，吾與汝弗如。臨終，遂密授以祖師袈裟，而謂之曰，物忌獨賢，人惡出已，吾且死矣，汝其行乎。禪師遂懷寶迷邦，銷聲異域。衆生爲淨土，雜居止于編人，世事是度門，混農商于勞侶，如此積十六載。南海有印宗法師講《涅槃經》，禪師聽于座下，因問大義，質以眞乘。既不能酬，翻從請益。乃嘆曰，化身菩薩，在此色身，肉眼凡夫，願開慧眼。遂領徒屬，盡詣禪居，奉爲挂衣，親自削髮。于是大興法雨，普灑客塵。乃教人以忍曰，忍者無生，方得無我。始成于初發心，以爲教首。至于定無所入，慧無所依，大身過于十方，本覺超于三世，根塵不滅，非色滅空，行願無成，即凡成聖。舉足下足，長在道場，是心是情，同歸性海。商人告倦，自息化城，窮子無疑，直開寶藏。其有不植德本，難入頓門，妄繫空花之狂，曾非慧日之咎。常歎曰，七寶布施，等恆河沙，億劫修行，盡大地墨，不如無爲之運，無礙之慈，宏濟四生，大庇三有。既而道德遍覆，名聲普聞，泉館卉服之人去聖歷劫，塗身穿耳之國航海窮年，皆願拭目于龍象之姿，忘身于鯨鯢之口，駢立于戶外，趺坐于牀前。林是旃檀，更無雜樹，花惟薝蔔，不嗅餘香，皆以實歸，多離妄執。九重延想，萬里馳誠，思布髮以奉迎，願叉手而作禮。則天太后孝和皇帝並敕書勸諭，徵赴京城。禪師子牟之心，敢忘鳳闕，遠公之足，不過虎溪，固以此辭，竟不奉詔。遂送百衲袈裟及錢帛等供養。天王厚禮，獻玉衣于幻人，女后宿因，施金錢于化佛。尚德貴物，異代同符。至某載月日中，忽謂門人曰，吾將行矣。俄而異香滿室，白虹屬地。飯食訖而敷坐，沐浴畢而更衣。彈指不留，水流燈焰，金身永謝，薪盡火滅，山崩川竭，鳥哭猿啼，諸人唱言，人無眼目，列郡慟哭，世且空虛。某月日，遷神于曹溪，安座于某所。擇吉祥之地，不待青烏，變功德之林，皆成白鶴。嗚呼。大師至性淳一，天姿貞素，百福成相，衆妙會心，經行宴息，皆在正受，談笑語言，曾無戲論。故能五天重跡，百越稽首。修虵雄虺，毒螫之氣銷，跳殳彎弓，猜悍之風變。畋漁悉罷，蠱酖知非，多絶羶腥，效桑門之食，悉棄罟網，襲稻田之衣。永惟浮圖之法，實助皇王之化。弟子曰神會，遇師于晚景，聞道于中年，廣量出于凡心，利智踰于宿學，雖末後供，樂最上乘。先師所明，有類獻珠之願，世人未識，猶多抱玉之悲。謂余知道，以頌見託。偈曰：

五藴本空，六塵非有。衆生倒計，不知正受。蓮花承足，楊枝生肘。苟離身心，孰爲休咎。

至人達觀，與物齊功。無心捨有，何處依空。不著三界，徒勞八風。以兹利智，遂與宗通。

愍彼偏方，不聞正法。俯同惡類，將興善業。教忍斷嗔，修慈捨獵。世界一花，祖宗六葉。

大開寶藏，明示衣珠。本源常在，妄轍遂殊。過動不動，離俱不俱。吾道如是，道豈在吾。

道遍四生，常依六趣。有漏聖智，無義章句。六十二種，一百八喻。悉無所得，應如是住。

又《大薦福寺大德道光禪師塔銘》 禪師諱道光，本姓李，緜州巴西人。其先有特有流，若實有蜀，蓋子孫爲民。大父懷節，隱峨嵋山，行無轍跡。其季父榮，爲道士，有文知名。禪師幼孤，在諸兒，其神獨不偶。家頗苦乏絶，元詣鄉校，見周孔書，曰，世教耳。誓苦行求佛道，入山林，割肉施鳥獸，鍊指燒臂，入般舟道場百日，晝夜經行，遇五臺寶鑑禪師。曰，吾周行天下，未有如爾可教。遂密授頓教，得解脱知見，舍空不域，既動無眹。不觀攝見，順有離覺，毛端族擧佛刹，掌上斷置世界。不覩非咎，應度方知，得其門者寡。故道俗之煩而息化城，指盡謂窮性海而已。上有闕文焉足知恆沙德用，法界眞有哉。春秋五十二夏。以大唐開元二十七年五月二十三日，入般涅槃于薦福僧坊。門人明空等建塔于長安城南畢原，人天會葬，涕泗如雨。禪師之不可得法如此。其世行遺教，如一切賢聖。維十年座下，俯伏受教，欲以毫末度量虛空，無有是處，誌其舍利所在而已。銘曰：

嗚呼人天尊，全身舍利在畢原。

高適《繡阿育王像讚并序》（《高常侍集》卷九） 阿育王繡像，竇氏女奉爲亡妣太夫人蘇氏所建也。嗚呼，有以蓬首捺行，柴立孝思，仰昊天之茫茫，對高堂而泣血。女之孝矣，將感於神明。婦之義矣，可施於王化。故能塵垢明鏡，住持青蓮。永惟宿因獨見諸淨，以爲霜雪風雨之思。胡寧以報親功德莊嚴之深，冀以益吾親矣。乃自方丈之室，沛然廣大之願。綵翠鮮秀，光華可掬。運夫心眼之靈，盡如相好之美。瞻仰圍繞，涕淚是悲。俾像教之勿墜，如佛身之有在。夫莫大者孝也，不泯者善也。惟孝與善可以導達幽冥，則我太夫人宜歸淨土矣。嗚呼，孝之至也，感人無窮。乃爲讚曰：

佛不可見兮，法亦難知。惟我莊嚴兮，本乎孝思。儻幽冥兮昭乎景福，彼淨土者可得而歸之。

元结《惠公禪居表》（《次山集》卷九） 沂樊水二百餘里有湧溪，入溪八九里有蛇山之陽，是惠公禪居。禪師以無情待人之有情，以有爲全己之無欲。各因其性分，莫不與善。知人困窮，喻使耕織，因人災患，勸守仁信。故閭里相化，恥爲弋釣，日勤種植，不五六年，沮澤有溝塍，荒阜有阡陌，桑果竹園如伊洛間。所以愛禪師者，無全行無全道，豈能及此。鄉人欲增修塔廟，託禪師以求福，禪師亦隨人之意而制造焉。直門臨溪，廣堂背山，庭列雙臺，修廊夏寒，松竹蒼蒼，周流清泉，岑嶺複抱，衆山回旋，斯亦曠絶之殊境矣。吾以所疑咨於禪師，禪師曰，我恐人忘善，以事誘人，及人將善，固不以事爲累。吾以所惑咨於禪師，禪師曰，公若以惑相問，我亦惑於問焉。公若無惑，我復何對。於戲，吾漫浪者也，焉能盡禪師之意乎。縣大夫孟彥深、王文淵，識名顯當世，必能盡禪師之意，故命之作贊。贊曰：

聖者忘跡，達人化心，惠公之妙，無得而尋。如山出雲，如水涵月，惠公得之，演用不竭。無情之化，可洽羣黎，將引天下，同於湧溪。

颜真卿《湖州烏程縣杼山妙喜寺碑》（《顔魯公集》卷四） 州西南杼

山之陽有妙喜寺者，梁武帝之所置也。大同七年夏五月，帝御壽光閣，會所司奏請置額，帝以東方有妙喜佛國，因以名之。舊置在州西金斗山，唐太宗文皇帝升極之六年春二月，移於此山。山高三百尺，週迴一千二百步，蓋昔夏杼南巡之所。今山有夏王村，山西北有夏駕山，皆后杼所幸之地也。晉吳興太守張玄之吳興疏云：烏程有墟名東張，地形高爽，山阜四周，即此山也。其山勝絶，遊者忘歸。前代亦名稽留山。寺前二十步，跨澗有黃浦橋，橋南五十步，又有黃浦亭，並宋鮑昭送盛侍郎及庾中郎賦詩之所。其水自杼山西南五里黃蘗山出，故號黃浦，俗亦名黃蘗澗，即梁光祿卿江淹賦詩之所。寺東偏有招隱院，其前堂西廈謂之溫閣。從草堂東南屈曲有懸巖，徑行百步，至吳興太守何楷釣臺，西北五十步，至避它城。按《說文》云，它，虵也。上古患它而相問，得無它乎。蓋徃古之人，築城以避它也。有處士竟陵子陸羽《杼山記》所載如此。其臺殿廊廡建立年代，並具于記中。

大曆七年，眞卿蒙刺是邦，時浙江西觀察判官殿中侍御史袁君高巡部至州，會於此上。眞卿遂立亭於東南，陸處士以癸丑歲冬十月癸卯朔二十一日癸亥建，因名之曰三癸亭。西北於藂桂之間創桂棚，左右數百步，有芳林茂樹，悉產丹青紫三桂，而華葉異各。樹桂之有支徑，以袁君步焉，因呼爲御史徑。眞卿自典校時，即著五代祖隋外史府君與法言所定切韻，引《說文》、蒼、雅諸字書，窮其訓解，次以經史子集中兩字已上成句者，廣而編之，故曰《韻海》。以其鏡照源本，無所不見，故曰《鏡源》。天寶末，眞卿出守平原，已與郡人渤海封紹高筫族弟今太子通事舍人渾等修之，裁成二百卷。屬安祿山作亂，止其四分之一。及刺撫，州人左輔元、姜如璧等增而廣之，成五百卷。事物婁擾，未遑刊削。大曆壬子歲，眞卿叨刺于湖，公務之隙，乃與金陵沙門法海，前殿中侍御史李崿、陸羽，國子助教州人褚冲，評事湯某，清河泉太祝柳察，長城丞潘述，縣尉裴循，常熟主簿蕭存，嘉興尉陸士修，後進楊遂初、崔弘、楊德元、胡仲，南陽湯涉、顏祭、韋介、左興、宗顏策，以季夏於州學及放生池，日相討論，至冬徙于玆山東偏，來年春遂終其事。

前是顏渾、正字殷佐明、魏縣尉劉茂，括州錄事參軍盧鍔，江寧丞韋寧，壽州倉曹朱弁，後進周願、顏暄、沈殷、李萴亦嘗同修，未畢，各以事去。而起居郎裴鬱，祕書郎蔣志，評事呂渭、魏理、沈益、劉全白、沈仲昌，攝御史陸向、沈祖山、周閬，司議丘悌，臨川令沈咸，右衛兵曹張著兄薈弟薦蔿，校書郎權器，興平丞韋柏尼，後進房夔、崔密、崔萬、竇叔蒙、裴繼，姪男超峴、愚子頍、顧徃來登歷。時杼山大德僧皎然工於文什，惠達靈曄昭於禪誦，相與言曰，昔廬山東林謝客有遺民之會，襄陽南峴羊公流潤甫之詞，況乎玆山深邃，群士響集，若無記述，何以示將來。乃左顧以求蒙，俾記詞而藏事。銘曰：

夏后南巡，山名是因。梁王東睽，寺牓攸詢。形勝天絶，規模鼎新。避它城古，垂釣臺堙。棚以桂結，浦由黃申。二庾迢遰，三癸嶙峋。徑列御史，傳紆逸人。紛吾著書，羣彥惠臻。海韻源鏡，自秋徂春。編同貫魚，學比成麟。幸託勝引，亟倍僧珎。庶斯見傳，金石不泯。

又《東林寺題名》（《顏魯公集》卷一二）　唐永泰丙午歲，眞卿以罪佐吉州。夏六月壬戌，與殷亮、韋桓尼、賈鎰同次于東林寺，則同愔、熙怡二公，惠秀、正義二律師，洎楊鶤存焉。仰廬阜之鑪峰，想遠公之遺烈。升神運殿，禮僧伽衣，覩生法師塵尾扇，謝靈運翻《涅槃經》貝多梵夾。忻慕之不足，聊寫刻于李張二公耶舍禪師之碑側。

又《西林寺題名》　唐永泰丙午歲，眞卿以疎拙貶佐吉州。夏六月癸亥，與殷亮、韋桓尼、賈鎰、楊鶤憇于西林寺。有法眞律師，深究清淨毗尼之學，即律祖師志恩之上足，余內弟正義之阿闍黎也，緬懷遠、見二公之遺烈，導余躋重閣，示余以張僧繇畫盧舍那佛像，洎梁武帝氎線繡鉢袋，因寓題歐陽公所撰永公碑陰。

又《靖居寺題名》　唐永泰二年，眞卿以罪佐吉州。聞青原靖居寺有幽絶之致，御史韓公涉、刺史梁公乘嘗見招，欲同遊而不果。大曆二年十月壬寅，評事韋甫已使將歸，乃與別駕李闞二字，清河房澄，同官主簿陸涓甫男七步，眞卿子姪蔡□沘頤盱等同宿于下坊。明日及僧明則智清而登禮焉。因覩行思天師經始雙泉之靈迹，道契律師纂戎闕路之祕藏，徘徊瞻仰，乃援翰而勒于碑陰。

又《撫州寶應寺律藏院戒壇記》（《顏魯公集》卷一三）　如來以身口意三業，難調伏也，淨尸羅以息其內，行住坐卧四威儀，攝善心也，明布薩以昭其外，故曰波羅提木義是汝之師。則憍陳如之善來，迦葉波之尙法，諸聲聞三歸約衆，十四年以八敬度尼，羯磨相承，其致一也。至漢靈帝建寧元年，有北天竺五桑門支法領等，始於長安譯出四分戒本兼羯磨，與大僧受戒。至曹魏有天竺十尼自遠而來，爲尼受。其後秦姚萇弘始十一年，有梵僧佛他耶舍譯出四分律本，而關內先行僧祇，江南盛行十誦。至魏法聰律師始闡四分之宗，聰傳道覆，覆傳慧光，光傳雲輝願，願傳理隱樂洪雲，雲傳遵，遵傳智首，首傳道宣，宣傳洪，洪傳法勵，勵傳滿意，意傳法成，成傳大亮道賓亮，亮傳雲一，賓岸超恵澄，澄傳慧欽。此皆口相授，受臻于壼奧。

欽俗姓徐，洪州建昌人，蓋漢孺子之後也。二十二尋師于臨川楮山，後五歲削髮，隸于高安龍崗寺，遂受戒。有唐義淨則譯經上足曰洪州之靈傑，其秉宣羯磨者曰兩京滌法舊集與文粹同石本，作兩京清滌使法，下文斷缺，當考。鋭。欽智度冲深，神用高爽，行無權實，身絕開遮，闡律藏而日月光明，騁辯才而龍象蹴蹈，江嶺之外，凜然風生。開元末，北遊京，充福先大德，常誦大《涅槃經》而講之，兼明《俱舍論》《維摩》《金剛經》。每登講座，其下日有二三千人，由是名動輦轂。屬祿山作亂，杖錫南歸，居于西山洪井雙嶺之間。慕高僧觀顯之遺蹤，於寺北剏置蘭若，山泉之美頗極幽絕。欽雖堅持律儀，而志在弘濟。好讀《周易》《左傳》，下筆成章，著《律儀輔演》十卷。嘗撰本州龍興寺戒壇碑，頗見稱於作者。三年，眞卿忝刺撫州，東南四里有宋侍中臨川內史謝靈運翻大《涅槃經》古臺，階庙儼然，軒構摧圮。有高行頭陀僧智清者，首事修葺，安居住持。明年秋七月，眞卿績秩將滿，有觀察使尚書御史大夫趙國魏公，願以我皇帝降誕之辰，奏爲寶應寺，仍請山林高行僧三七人。冬十月二十三日，聖恩允許。於是鼎新輪奐，其興也勃焉。仍請止觀大師法源、法泉，襄陽乘覺，清源、善弘、羅浮、圓覺，佛跡十喻，餘杭慧達，洎當州海通、海岸等，同住薰修，以資景福。僉以爲學徒雖增，毗尼未立。明年三月，乃請欽登壇而董振鐸焉。仍俾龍崗道幹、天台法裔、招提智融、白馬法胤、衡岳正覺、同德義盈、香城藏選、龍興藏志、開元明徹等，同秉法事。於是遠近駿奔，道場側塞，聖像放光，而龍王不雨者四旬。僧尼等三百五十七人，而文士正議大夫前衛尉少卿張延皐脫俗歸眞，其名曰壞網，爲稱首焉。又欽比年已來，爲受具者凡一萬餘人。江嶺湖海之間，幅員千餘里，像法於變，此皆欽教道之力焉。臨川在嶺隅，未嘗弘律，於是二衆三百餘人，請法裔敷演而依止之。後有上都資聖寺高德曰還本律主，偉茲能深辨，嗟嘆而賛美之，請於寺東南置普通無礙禪院，院內立鎭國觀音道場，請善弘居之，以開悟心要。雲一上足曰智融，精持本事，如會尊衆，乃命智光等於普通道場東置律藏院，剏立戒壇，以佇欽公之來儀，且施肇紀之不朽。經營未幾，壇殿鬱興，庶乎渡海浮囊，分毫絕羅刹之請，嚴身瓔珞，照耀有摩尼之光。則入佛位而披伽梨者，名香普薰，神足無極，其可勝紀而無絕乎。有唐大歷辛亥歲春三月，行撫州刺史魯郡開國公顔眞卿書而誌之。

又《撫州寶應寺翻經臺記》（《顔魯公集》卷一四） 撫州城東南四里有翻經臺，宋康樂侯謝公元嘉年初於此翻譯《涅槃經》，因以爲號。公諱靈運，陳郡陽夏人也。祖爵，晉車騎將軍，父瑍，祕書郎。公幼穎悟好學，博覽羣書，文章之美，江左莫逮。以襲祖爵，世人宗之，盛稱謝康樂。初爲劉毅衛軍從事中郎太子左率，出爲永嘉太守。郡有名山水，公素愛好，肆意遨遊。稱疾去職，於始寧縣修營故墅，傍山帶江，盡幽居之美，因著山居賦，并自註之。與隱士王弘之等遊放爲娛，有終焉之志。每一詩至，都邑莫不競寫，宿昔之間，士庶皆遍。徵爲祕書監，再召不赴。太祖使范泰與書敦奬之，乃出就職。尋遷侍中，日夕引見，賞遇甚厚。多疾不朝，賜假東歸，免官。與從弟恵連，東海何長瑜，潁川荀道雍，泰山羊璿之，以文章賞會，時人謂之四友。尋山登賞，常着木屐，上則去其前齒，下則去其後齒。會稽太守孟顗事佛精懇，公謂之曰，得道應須恵業，大人生天應在靈運前，成佛必在靈運後。顗深恨此言，後遂表公有異志。公馳出自陳，太祖知見誣，除臨川內史。公以曇無讖所翻大《涅槃經》，語小小朴質，不甚流靡，品數踈簡，初學者難以措懷，乃與沙門范恵嚴、崔慧觀依舊《泥洹經》共爲潤色，勒成三十六卷。義理昭暢，質文相宣，歷代寶之，盛行於天下。其餘感神徵應，具如《高僧傳》所說，邈乎階庙不改，棟宇具無。眞卿叨刺是邦，玆用愾息。有高行頭陀僧智清，緒發洪誓，精心住持，請以佛跡寺僧什喻、仙臺觀道士譚仙喦同力增修，指期恢復。自是法堂之遺構，克崇先達之高蹤，百里而遙，四山不逼，三休而上，十地方超，經行之業既崇，斗藪之功斯棣。大歷己酉歲四月丙午，都人士庶，相與大會，設嚴供而落焉。以眞卿業于斯文，見咨紀述。後之君子，其忘增修乎。銘曰：

摩訶般若，鮮脱法身。是則涅槃，衆經中尊。曇無肇允，嚴觀是因。實賴同德，弘兹法輪。謝公發揮，精義入神。理絶史野，文兼鬱彬。一垂刊削，百代咸遵。遺跡忽睹，高臺嶙峋。載悲徂謝，曷踐音塵。眞卿愀然，憫故孰新。檀那衣鉢，悉力經綸。不日復之，周邦仰仁。緬懷孰慕，予亦何人。徒願神交，愧非德隣。刻銘金石，永永不泯。

独孤及《洪州大雲寺銅鐘銘》（《毘陵集》卷七）　參變化，孕律吕，和神人莫疾於聲。故天地以雷震萬物，聖人以樂節八風，佛土以鐘警六時。天造聖作，同符異貫。自眞乘開設，其輪三轉，像教不墜，而法鼓之製存。彤彤蓮宫，于江之濱，萬井在其前，善惡興乎人。將欲誕敷我法音，啟迪我善根，我是以作萬鈞之鐘。大其器，所以昭其度也。侯誰尸之，長者杜海，洎此方上士釋法觀精鸞與比丘衆百三十有五人。實果其願，將辨所作。于時火官金工修厥戒令，法陰陽九六之數，以合造化，均薄厚侈弇之齊，以諧清濁，聚精會神，鳩工於其間。弘誓既達，昏疑皆破。故衆心如城，施者如市。大悲之感與萬靈接，況祝融回祿髣髴交應。越五月辛丑，新鐘成。於是此邦民大會，膜拜縱觀，盈川塞衢，億兆諦聽，鯨魚乃發。訇然如扶搖號而萬竅怒，霹靂作而崇山破，在坑滿坑，在谷滿谷，金界岌峇，若震若蕩。既而拗怒散涣，與迴飈俱激，越若大千，周流六虛，經于嚴城，入于梵宫，徘徊乎霜天，凌厲乎清夜，千門徹，萬戸警，魚龍皆奮，蟲豸不蟄。於是聆其音者，貪駭遷善，聾盲知方，識浪安流，地獄清涼，吒王解刑，刀輪摧藏。嚴乎心者，老派聞聲以知受，觀受以悟法，若露清耳根，鏡照身業。彼金皷聲氣，木鐸循路，整衆孚號，方斯陋矣。蓋聖人弘道以勸善，因善以建法，作法器以爲天下利。利者教之果，法者教之因，善者教之宗。我鐘乃懸，是訓是崇。世界有極，大音無窮。

又《唐故揚州慶雲寺律師一公塔銘并序》（《毘陵集》卷九）　公諱靈一，俗姓吳，廣陵人也。神清氣和，方寸地靈，與太初元精合其純粹。聞思修惠，介然生知。九歲出家，三十斷結，嚴持律藏，將紹法寶，示人文學，以誘世智。初不計身中有我，我中有身，德充報圓，緣斷相滅。實應元年冬十月十六日，終于杭州龍興寺，春秋三十有六。臨滅顧命，以香木茶毘爲送終之節，門弟子虔奉遺旨。粤以是月某日，焚身于某山，起塔于某原，從拘尸城之制也。右補闕趙郡李紓、殿中丞侍御史頓丘李湯，嘗以文字言語，遊公廊廡，至是相與追録遺懿，以詒塵刧。謂公貞靜直方，淵遠弘大，而密識洞鑒，天倪道機，注不滿，酌不竭，冲如也。自受生至于出家，貪恚不入念，哀樂不見色。自出家至于涅槃，六根不染欲界之塵。自知道至于返眞，雙履不踐居士之門。公之嚴持也。初，公之先世爲富家，既削髮，推萬金之產，悉以讓諸孤昆季，所取者唯衲衣錫杖，及身而三。捨七界五欲，如棄涕唾，公之純白也。其所底止，必擇山間樹下無塵垢之地。初舍於會稽南山之南懸溜寺焉，與禪宗之達者釋隱空虔印靜虛相與討十二部經第一義諦之旨。既辨惑，徙居餘杭宜豐寺，隣青山，對佳境，以嶺松澗石爲梵宇，竹風月露爲文室，超然獨往，與法印俱。自是師資兩忘，空色皆遣，暴風偃山而正智不動，巨浪沃日而浮囊自安。於是著《法性論》究實諦，公之懸解也。公智刃先覺，法施無方，每禪誦之隙，輒賦詩歌事，思入無間，興含飛動，潘阮之遺韻，江謝之闕文，公能綴之。蓋將朌合詞林，與儒墨同其波流，然後循循善誘，指以覺路。由是與天台道士潘清、廣陵曹評、趙郡李華、潁川韓拯、中山劉穎、襄陽朱放、趙郡李紓、頓丘李湯、南陽張繼、安定皇甫冉、范陽張南史、清河房從心，相與爲塵外之友，講德味道，朗誦終日。其終篇必博之以文，約之以修，量其根之上下而投之以法味，欲使俱入不二法流，公示教之無窮也。內張天機，外與物接，捨法無我，以虛受人，曠焉若空谷之響，止水之像。優而柔之，使自得之，其道樞未始不無爲也。而飲其和者，亦虛而來，實而歸，明徵其所以然，則不得其朕，公應之無涯也。宜豐寺地臨高隅，初無井泉，公之戾止，有靈泉呀然而涌，噴金沙之溜于禪庭左右，挹之彌清，斠之無窮，公精至感物也。嗚呼。自發天啟毒，量彼一刼，住世不極其涯，道不竟其源。豈前以就諸有，可出將轉現他方乎。爲應化之始終，法身之去來，非思議所及乎。凡今學徒戒歸，若涉大水而無梁。抽毫強名，以志陳迹。其銘曰：

茫茫五濁，愛習如債。何以爲師，尸羅之戒。卓爾上士，一念識滅。

萬法懸解，持佛密藏。名離性空，俾道勿壞。破魔結壞。顯脱諸有，獄視三界。上德不器，大道無方。天縱之文，亦和其光。發彼蒙童，啟迪思量。我今令入，直心道場。柰何法船，今也則亡。適來豈逆，適去豈順。施未及普，天胡不愸。飛鳥無迹，法雷罷震。福庭空虛，來者曷問。言之糟粕，留爲秘印。

又《舒州山谷寺覺寂塔隋故鏡智禪師碑銘并序》 按前志，禪師號僧璨，不知何許人也。出見于周隋間，傳教于惠可大師。摳衣于鄴中，得道于司空山。謂身相非真，故示有瘡疾。謂法無我所，故居不擇地。以衆生病爲病，故所至必説法度人。以一相不在内外不在其中間，故足言不以文字。其教大略以寂照妙用攝群品，流注生滅觀四維，上下不見法，不見身，不見心，乃至心離名字，身等空界，法同夢幻，亦無得無證，然後謂之解脱。禪門率是道也，上膺付囑，下拯昏疑，大雲垂廕，國土皆化。謂南方教所未至，我是以有羅浮之行。其來不來也，其去無去也。既而以袈裟與法，俱付悟者。道存形謝，遺骨此山，今二百歲矣。

皇帝後五年，歲次庚戌，及剖符是州，登禪師遺居，周覽陳迹，明徵故事。其荼毗起塔之制，實天寶丙戌中别駕前河南少尹趙郡李公常經始之。碑版之文，隋内史侍郎河東薛公道衡、唐相國刑部尚書贈太尉河南房公琯繼論撰之。而尊道之典，易名之禮，則朝廷方今以多故而未遑也。長老比丘釋湛然，誦經於靈塔之下，與潤松俱老，痛先師名氏未經邦國，爰與禪衆等大律師釋澄俊，同寅協恭，亟以爲請。會是歲嵩嶽大比丘釋惠融至自廣陵，勝業寺大比丘釋開悟至自廬江，俱纂我禪師後七葉之遺訓，因相與歎塔之不命，號之不崇，懼像法之本根墜于地也。願申無邊衆生之弘誓，以抒罔極。揚州牧御史大夫張公延賞以狀聞。於是七年夏四月，上沛然降興廢繼絶之詔，册謚禪師曰鏡智，塔曰覺寂，以大德僧七人灑掃供養。天書錫命，暉煥崖谷，衆庶踴躍，謂大乘中興。

是日，大比丘衆議立石于塔東南隅，紀心法興廢之所以然，及以爲初中國之有佛教，自漢孝明始也，歷魏晉宋齊，施及梁武，言第一義諦者，不過布施持戒，天下感於報應，而人未知禪，世與道交相喪。至菩提達摩大師，始示人以諸佛心要，人疑而未思，惠可大師傳而持之，人思而未修。迨禪師三葉，其風浸廣，真如法味，日漸月漬，萬木之根莖枝葉，悉沐我雨。然後空王之密藏，二祖之微言，始粲然行于世間，浹於人心。當時聞道於禪師者，其淺者知有爲法，無非妄想，深者見佛性于言下，如燈之照物。朝爲凡夫，夕爲聖賢，雙峯大師道信其人也。其後信公以教傳弘忍，忍公傳慧能、神秀，能公退而老曹溪，其嗣無聞焉。秀公傳普寂，寂公之門徒萬人，升堂者六十有三，得自在慧者一曰弘正，弘公之廊廡龍象又倍焉。或化嵩洛，或之荆吳，自是心教之被於世也，與六籍侔盛。

於戲。微禪師，吾其二乘矣，後代何述焉。庸詎知禪師之下生不爲諸佛，故現比丘身以救濁刧乎。亦猶堯舜既往，周公制禮，仲尼述之，游、夏弘之，使高堂、后蒼、徐孟、戴慶之徒可得而祖焉。夫天以聖賢所振爲木鐸，其揆一也。諸公以爲司馬子長立夫子世家，謝臨川撰慧遠法師碑銘，將令千載之後，知先師之全身，禪門之權輿，王命之追崇，在此山也。則揚其風，紀其時，宜在法流，及嘗味禪師之道也久，故不讓。其銘曰：

衆生佛性，莫匪宿植。知誘于外，染爲妄識。如浪斯鼓，與風動息。淫駭貪怒，爲刃爲賊。生死有涯，緣起無極。如來憫之，爲闢度門。即妄了真，以證覺源。啟迪心印，貽我後昆。間生禪師，俾以教尊。二十八世，迭付微言。如如禪師，膺期弘宣。世溷法滅，獨與道全。童蒙來求，我以意傳。攝相歸性，法身乃圓。性身本空，我無説焉。如如禪師，道既棄世。將二十紀，朝經乃屆。皇明昭賁，億兆膜拜。凡今後學，入佛境界。於取非取，誰縛誰解。萬有千歲，此法無壞。

右淮南節度觀察使揚州大都督府長史兼御史大夫張延賞狀，得舒州刺史獨孤及狀，得僧湛然等狀，稱大師遷滅將二百年，心法次第，天下宗仰。秀和尚、寂和尚傳其遺言，先朝猶特建靈塔，且加塔册謚，大師受聖賢衣鉢，爲法門津梁。至今分骨之地，未沾易名之禮，伏恐尊道敬教，盛典猶闕。今因肅宗文明武德大聖大宣孝皇帝齋忌，伏乞準開元中追褒大照等禪師例，特加謚號，兼賜塔額，諸寺抽大德僧一七人灑掃供養，冀以功德追福聖靈。

中書門下牒淮南觀察使牒，奉勅，宜賜謚號鏡智禪師，其塔賜名寂照，餘依牒至準。

勅故牒，大歷七年四月二十二日牒。

中書侍郎平章事元載
門下侍郎平章事王縉
兵部尚書平章事李闕
司徒兼中書令闕

又《山谷寺覺寂塔禪門第三祖鏡智禪師塔碑陰文附録》 嗚呼。至聖者遺名久矣，而司名者必從而與之。其與之何哉。尊其道，行其教，仰不可及，故立其象者所不至，強爲之名。名哉非道之蘊，捨名則道無從得。得不得之際，其名之寄耶。我大師茂其法，蛻其身，去所染，因際世間，有幾千二百甲子，崇巖未改，前川日逝，松栝蒼然，光景如翳。懇乎至誠，有求舍利而建塔廟者，粲乎實録，有徵遺言而立碑頌者，於稽其意，其慕之滋遠而思之滋深，將發明之終然有待歟。

皇唐大曆五年，舒州刺史河南獨孤及字至之，以慈惠牧人，於兹土是唯，無作作則，參於玄妙，躊躕故山，永懷道要，貢善言於閶闔，降吾君之明詔。覺者知其本也，寂者根其性也，鏡者無不照也，智者無不識也。四者備矣，吾師之道存焉。顒顒法侶，如甘露灌。有隋薛内史道衡，及皇朝房尚書琯，與今獨孤使君及三子，慧炬相燭也，文鋒相摩也，嗣爲之碑，森列淨土，如經星五緯，更爲表裏焉。然述者之詞，各因所見，言或踳駁，將貽惑於來世，吾所辨焉。薛碑曰大師與同學定公南隱羅浮山，自後竟不知所終。其銘曰留法服兮長在，入羅浮兮不復還。據此，南遊終不復此地也。房碑曰大師告門人信公曰，有人借問，勿謂於我處得法。遂託疾山阿，向晦寓息，忽大呼城市曰，我於峴山設齋，汝等當施我食。於是邑民咸集，乃齋於楊樹下，立而終焉。今以兩碑參而言之，則薛内史制碑之後，大師從羅浮還，付囑信公，然後涅槃於兹。房公以得於傳記而述之，非徒然也。其餘事業，則三碑載之詳也。今則不書其錫名之詔，與有地者之爵。里行敎護塔者之名號，不可以莫之傳於後也。皆刻于獨孤氏之碑陰。

又《佛頂尊勝陁羅尼幢讚并序》（《畏陵集》卷一三） 道無形相，心離文字，非言無以導引，故諸法生於假名，非智無以調伏，故大音傳於密教。茫茫五濁，客塵覆之，根識相緣，生滅相隨。世未有爲之牢獄，二乘求惠而著空，十地見性而弗了。微我智印侯誰司南，孰如來以大悲自定之惠力，示總持無畏之秘藏，雲覆世界，雷震羣有，淨除我垢，令入法性。設字根本，假文以筌意也。足聲齒舌，因音以見法也。以十四音，攝一切智，雖入無漏，而不捨有爲，即色以證空也。奉之者，惡趣固可使開閉，黑業必爲之清淨，況勝緣乎。初，太保韓國苗公以兩朝秉鈞，所積廣賜，顧命宗子家老曰，喪祭之餘，以庇功德。於是我相國潁川公將演成公弘誓之果也，是以樹因此幢。韓公生代天工，德本植焉，歿無鬼責，蕙芽滋焉。而潁川公猶興哀於絕絃之地，將乞靈於無我之法，度俾法雨，雨公身田。故琢貞石以刊微言，仰之贊之，如揭日月。烏戲。墨點之界有極，鐵圍之山有壞，唯梵音與法印，等空虚而無窮，則公之前際，疇可弘度。其辭曰：

六趣輪轉，根塵相刃。死生變化，如響如瞬。何用拯溺，總持秘印。道網不在，弘之者人。乃經靈幢，公之了因。讚持大力，啟迪迷津。天魔遁形，地獄開門。拔箭解縛，如日破昏。韓公善根，與石長存。

又《觀世音菩薩等身繡像讚并序》 元年建寅月，前相州安陽縣令何昌系，以是月甲子，當受生之辰，痛欲報而罔極，哀見在之無住，顧非大雄之慈，法雲之悲，則莫能救拯我無明苦果，敷祐我弘誓願力。乃彰施五色，以刺繡成文，寫菩薩之眞相，等觀音之全身。於是乎諦觀睟容，瞻仰聖位，知海潮之梵音不遠，蓮花之法座可識。將令功德池水，溉灌其三業，菩提根芽，發生於一雨。至哉，安陽之樹善也弘矣。欲廣其善，利以偈讚云：

法雲垂蔭，光破黑業。五眼周視，四魔怖慴。以色觀空，於相見法。永殖慈緣，恆沙億刼。

又《送少微上人之天台國清寺序》（《畏陵集》卷一六） 或問上人曰，文者所以足言也。言説將忘，文字性離，示入此徒，無乃累一相乎。答曰，稱示入者過矣。以習氣未之泯也，率性修道，庶幾因言遣言，故欲罷之而未能耳。時人謂上人爲知言知道。歲次乙卯，自京持鉢而來，給事中天水趙公涓賦詩抒別，卿大夫已下屬而和者二十七章。既而飛錫濟江，休於晉陵。又東至於姑蘇，將涉震澤，踰會稽，上天台，至國清上方而止。趣靜境者不料遠近，登漸門者不計歲月，則上人還期，詎可知也，上人之文章，可得而聞也。諸公將議遠別，得不以斯文爲贈乎。

又《金剛經報應述并序》（《畏陵集》卷一七） 洪州牧刑部尚書兼御史大夫魏公，身掛玄冕，心冥眞如，昔常奉般若法，以弘正見，雖顚沛造次，必與經俱，十有若干年矣。皇帝中元年冬十月，車駕有避狄之師，百僚蒼黄，南馳商於，公爲盜所攘，而亡其經。其往也，匪家之念，唯經是悼。行與其獲七寶也，寧見經，生與其亡四句也，寧捨身。明年王正月，大駕返正，公爲京兆尹，痛弘誓之未從也，則唯經是圖。末得於玄法寺之藏，人以送。公發函披卷，乃商於所亡之本也。問守藏者，亦曰不知其所自而能得。公瞻禮悲憙，捧持而泣，然後知精專感達，故隨心而至，昭報肸蠁，其疾若荅。頤謂《孟子》太常博士友順志之。或曰，得與喪，偶然爾，何必謂誠感乎。及對曰，誠於此者形於彼，故出其言善，千里之外應之，此以仁義忠信感於物者也。況第一義諦，超貫仁義，自在恵力，不啻忠信。則因發而果，從心誠而經還，是法味幽賛，非思議所及。豈佛以般若之雨，啓公善芽，使因相以獲願，進登乎無願法之法歟。不然，何心境玄合，若律呂相召。歲在乙酉，公以異見告。及跪而述之曰：

上士勤道，精誠若馳。願形於心，報亦隨之。至感無礙，經斯來歸。獲公身田，俾公斷疑。公之善根，疇可度思。

李華《東都聖禪寺無畏三藏碑》（《李遐叔文集》卷二） 惟和尚輪王梵嫡，號善無畏，釋迦如來季父甘露飯王之後。其先自中天迴，因難分八王烏茶。父曰佛手王。以和尚生有聖姿，早兼德藝，故歷試焉。十歲統戎，十三嗣位，睹諸兄舉兵構亂，不得已而後征之。接刃中體，捍輪傷頂，軍以順勝，兄以愛全。乃白母后，告羣臣曰，向者親征，義斷恩也，今以國讓，行其志也。因置位於兄，固求入道。太后哀許，賜以傳國寶珠。南至海濱，殊勝招提，入法華三昧，聚沙建塔，誓一萬區，黑蛇傷指，而不退息。身寄商舶，往中印度，密脩禪誦，口放白光。無風三日，而舟行萬里，與商人同遇羣盜，阽於併命。和尚慰怗徒侶，默誦眞言，七俱眡尊，全現身相。盜果爲他寇所殲，寇乃露罪歸誠，指蹤夷險。越窮荒，踰毒水，至中天境上，乃遇其王。王之夫人即和尚妹也。和尚服凡品，而徒侶以君禮奉之。王問獲其由，嗟稱不足。菩提眷屬，是日同歸，慈雲布蔭，一境不變。於是發三乘之藏，究諸部之宗，品偈章句，誦無遺者。說龍宮之義理，得師子之頻伸，名振五天，尊爲稱首，鄔爛陀寺像法之泉源，衆聖之都會。乃捨寶珠，瑩大像額端，晝如月魄，夜則光耀。僧有達摩鞠多，掌定門之秘鑰，佩如來之密印，顏如四十許，實八百年也。和尚投體兩足，奉爲本師。鉢中非國食，示一禪僧，華人也，見油餌尚溫，粟飯餘煖，愕而嘆曰，中國去此十萬八千里，是彼朝熟，而午時至此，何神速也。會中盡駭，而和尚默然。本師謂和尚曰，中國白馬寺重閣新成，吾適受供而反，汝能不言，眞可學也。乃授以摠持密教，龍神圍繞，森在目前，無量印契，一時受頓。即日灌頂，爲天人師，稱曰三藏。

三藏有六義，內爲戒定慧，外爲經律論，以陀羅尼而統攝之。惟陀羅尼菩提速疾之輪，下脫吉祥之海，三世諸佛，生於此門。夫慧照所傳，一燈而已，慧照殊異，燈亦無邊。由是有百億釋迦，微塵三殊菩薩。金剛總攝於諸定，向月懸同於法身。頓升階位，隣於大覺，此其旨也。和尚遍禮聖迹，周行大荒，不悔艱難。每所三至，爲迦葉剃髮，愛觀音摩頂。嘗結夏於靈鷲山，有猛獸前路，深入山穴，穴明晝。有摩尼立像，左右侍者，色相如生。中印大旱，求和尚請雨，觀音大聖在日輪中，手執淨瓶，注水地中，感咽於雙樹之下，問往昔於佛世之人，爲者不言，十問其一。鍛金爲貝葉，寫大《般若》，鎔銀起窣堵波等佛身相。母后謂和尚已化，泪竭喪明，及寄疏問安，朗然如故。大雄滅後，外道如林，九十六宗，各專其見。和尚皆隨所執，乘喻破疑，解邪縛於心門，捨迷津於覺路。法雨大小而均澤，定水方員而滿器，仆異學之旗鼓，建心王之勝幢，使其以心制狂，即身觀佛。

大師喜曰，善男子，中國有緣，可以行矣。乃頂辭奉下，至迦葉濕彌國。中夜次河，河無津梁，浮空以濟。受請於長者，有羅漢降曰，我小乘之聖，大德是登地菩薩。乃讓席推尊和尚，受以名衣，乃升空而去。烏傷國有白鼠馴遶，日獻金錢，講毗盧於突厥之庭，而可敦了請法。和尚乃安禪樹下，法爲金字，列在空中。突厥之妻，有以手按其乳，乳爲三道，飛注和尚口者，乃合掌端容曰，此我前生母也。或悟舉刃三斫，支體無所傷，破者唯聞銅聲而已。至雪山天池，而和尚不愈，本師自空而至曰，菩薩身同世間，不捨生死，汝久離諸相，寧有病耶。言畢而冲天，則洗然而愈矣。路出吐蕃，與商旅同次，夷人貪貨，率衆合圍，乃密爲心印，而蕃豪請罪。至中國西境，夜有神見曰，此東非弟子界也。文殊師利實護中州，禮足而滅，以駞負經。至西川，涉龍沙，陷駞疋，沒於泉下。和尚入泉三日，止龍宮而化之，牽駞出岸，經無霑濕。睿宗道尊德盛，立契無爲，詔僧若那及將軍史獻出玉門塞表，以俟來儀。開元紹興，重光大化，聖皇夢與眞僧見，其姿狀非常，躬御丹青，圖之殿壁，及和尚至止，與夢合符。天子光靈而敬悅之，飾內道場，尊爲教主。自寧薛二王而下，皆跪席捧器爲師，賓大士於天台，接梵筵於帝座，禮國師以廣成之道，致人主於如來之乘。巍巍法門，於此爲盛。有術者握鬼神之契，參變化之功，承詔御前，効其神異，和尚恬然不動，而術者手足無施矣。其餘秘要，代莫聞也。累請居外，勅諸寺遞送，隨駕至洛京，詔於聖善寺安置。自出內之後，奔走華夷，和尚臨之，貴賤如一。奉儀形者，蓮華開於眼界，稟言說者，甘露降於心源。超然自悟曰，有其人矣。法侶高標，惟尊奉長老寶思，其餘皆接以門人之禮。

禪師一行者，定惠之餘，術窮天地，有所未達，咨而後行。和尚質粹神邁，氣和言簡，不捨律議而身心自在，不離坐席而願力俱圓。有來畢應，觸應無礙，故衆妙懸解，藝能兼於百工，大悲普薰，草木同於一子，不知其極也。於本院鑄金銅靈塔，以此功德，應緣護世，手爲模範，妙極人天。寺衆以銷冶至廣，庭除深隘，慮風至火盛，災延寶坊，笑而言曰，無可爲憂，自當有驗。及鼓鑄之日，大雪蔽空，靈塔旣成，瑞花飄席。前後奉詔，穰旱致雨，滅火返風，昭昭然遍諸耳目矣。從容上請，大庇緇林。正法之興係於龍象，信也。表求還國，優詔不許。開元二十三年十一月七日，右脅累足，涅槃於禪室，享齡九十九，僧臘八十。法界凄凉，天心震悼。詔鴻臚卿李現威儀賓律師護喪事，以某月日葬於龍門西山。涕慕傾都，山川變色。弟子寶思禪師滎陽鄭氏，明畏禪師瑯琊王氏，皆高族上才，超然自覺，息言爲樂說之辨，妙用即禪那之宗，入和尚之室，惟茲二人。而乾元之歲，再造天維，大君心證無緣之悲，躬行不匱之孝。由是釋梵扈蹕，天師濟師，凶穢掃除，人祇清淨，位光付囑，教大興行。二禪教師爰以偈頌，刻諸金石。法離文字，道不可名，以慰門人感慕之心，有同顏子喟然之嘆。其文曰：

釋宮尊種，罷扶出持。捨位成道，爲天人師。度微塵寰，行甘露慈。仁消大怖，辨洗羣疑。法本不滅，今子得之。隨方演教，聿來中國。帝君承迎，天花滿祴。懽喜園花，惟聞薝蔔。百千萬億，調服其心。灌頂在昔，聲聞現今。山王高妙，海月圓深。因於示滅，空悲鶴林。伊水西山，冥冥玄室。金棺此閉，式瞻無日。雙寶昭興，教尊言密。歸我者因，因明悟實。

又《故左谿大師碑銘并序》 百億三昧，無非度門，於覺昭中，而得自在。過去大士，時惟左谿。左谿，傅氏之子，法號玄朗，字惠明。其先北地泥陽人，漢魏大族，隨晉南渡，家於義烏。今爲東陽義烏人也。自江夏太守極梁居士翕，賢達相承，世謂居士爲諸佛化身，杳不可測。左谿則居士六代孫，梵行之門，宜生上德。母葛氏，夢天降靈瑞，而娠左谿，心靜體安，迄於乳育，生九年矣，辭家入道，兼綜羣言曰，此法門之畎澮也。如意年中剃度，隸義烏清泰寺，尋光州岸律師受具戒，就會稽印宗禪師商律部。重山深林，怖畏之地，獨處巖穴，凡三十年，宴居左谿，因以爲號。每言石泉可以洗昏蒙，雲松可以遺身世，吾以此始，亦以此終。於所居一方，建立精舍，約而不陋，跪懺其間。如來諸大弟子，皆菩薩僧，大迦葉之頭陀，舍利弗之智慧，羅睺羅之密行，須菩提之解空，此四者皆最上乘。同趣異名，分流合體。舍利弗先佛滅度，佛以法心付大迦葉，此後相承凡二十九世。

至梁魏間，有菩薩僧菩提達摩禪師，傳楞迦法，八世至東京聖善寺弘正禪師，今北宗是也。又達摩六世至大通禪師，大通又授大智禪師，大智禪師降及長安山北寺融禪師，蓋北宗之一源也。又達摩五代至璨禪師，今南宗是也。又達摩四代至信禪師，信又授融禪師，住牛頭山，今徑山禪師承其後也。至梁陳間，有惠文禪師學龍樹法，授惠思大師，南嶽祖師是也。思傳智者大師，天台法門是也。智者傳灌頂大師，灌頂傳縉雲威大師，縉雲傳東陽大師，左谿是也。又弘景禪師得天台法，居荆州當陽，傳其禪師，俗謂蘭若和尚是也。左谿所傳，止觀其本，祇樹園內，常聞此經，燃燈佛前，無有少法。因字以詮義，因義以明理，因理以同如，定慧雙脩，空有皆捨，此其畧也。菩薩或以性海度，或以普門化，香象至底，彌樓最高，其餘幽賛不知，充滿法界。夫知上法易行，上法難脩，上法易證，上法難明。謂左谿爲有，則實無所行，謂左谿爲無，則妙有常住。視聽之表，巍巍左谿。因恭禪師重研心法，十八種物行頭陀教。厥後奉東陽威大師，得最上乘，詮第一義，現聲聞像，弘大覺心，不可名也。偏袒跪膝，奉觀音上聖，願生兜率天，親近彌勒，殫罄衣鉢，嚴具尊儀。焚香稽首，則舍利降，靈光發。寺非正陽座，屋宇凋落，殿移則像毁，財匱則力難。左谿錫杖指揮，工人聽命，如從舊館，儼若天成。心不離定中，口不嘗藥味，耄期之歲，同於壯齡。告門人曰，吾六印道圓，萬行無得，《全唐文》本作礙。戒爲心本，爾等師之。

天寶十三載九月十九日就滅，春秋八十二，僧夏六十四。四輩號慟，如慕如疑，香木幢幡，雷動山谷。鄉人或夢左谿居寶閣第四重者，寤告其隣，與之夢協。兜率天者，第四天也。願力所屆，廣度人天。既荼毗已，門人分舍利，建塔於左谿，遵像法也。城邑之人，願獲親近，分半舍利，起塔於州某原，申永慕也。左谿僻在深山，衣弊食絶，布紙而綻，掬泉而齋，如繒纊之溫，均滑甘之飽。誦經則翔禽下聽，洗鉢則羣猿來捧。宴坐一室，同法界之大，蕭然一院，等他方之遊。或問曰，萬行皆空，云何苦行。對曰，本無苦樂，妄習爲因。衆生妄除，我苦隨盡。又問曰，山水自利，如聚落何。對曰，名香挺根於海岸，如來成道於雪山。未聞籠中，比大寥廓。至若旱蛙躍流，瞽犬能視，雲雷興而獵者捨弓矢，鱗介絶而漁者壞罾罜，舉其倬然，曷可殫載。弟子衢州龍丘九嵓寺道賓、越州法華寺僧法源僧神邕、本州靈隱寺僧玄靜、淨嵓寺僧法開、蘇州報恩寺僧道遵，皆菩薩僧，開左谿之秘藏。常州福業寺僧守眞、杭州靈耀寺僧法澄、靈隱寺僧法眞、明州天寶寺僧道源、淨安寺僧惠從、本州開元寺僧清辨，純得醍醐，飽左谿之道味。入室弟子本州開元寺僧行宣、常州妙樂寺僧湛然，見如來性，傳左谿之法門。新羅僧法融理應英純，理應歸國，化行東表，弘左谿之妙頤，《全唐文》本作願。菩薩戒弟子傳禮王光福等，菩提惠牙，霑左谿之一雨。清辨禪師等荷擔遺烈，見請斯文。銘曰：

慈石湊金，澄流見月。法與心起，緣隨定設。衆生來度，我爲舟筏。將如趙代，豈望荆越。趨道云何，知之在行。殉煩惱觳，開絶滅城。不住之住，無生之生。兜率天樂，徘徊下迎。潺湲左谿，東入滄海。青松白日，人亡地在。四輩盡哀，時乎不待。頌德空嶺，刼衣無改。

又《潤州天鄉寺故大德雲禪師碑》　東南苾蒭之上首曰長老雲公，報年若干。永泰二年某月日，涅槃於潤州丹徒天鄉寺。人天痛慕，江海寂寥。御史中丞韋公元甫，頃臨潤州，常申跪禮。無何，韋公兼觀察領浙西，按部至京江，來修謁問。長老曰，如來遺教，付囑仁賢。貧道有檀像一龕，敬以相奉。意深言簡，聞者凄然。韋公致別之明日，長老繩床跏趺，無病而滅。嗚呼，至矣哉。昔支遁與謝公爲山水之遊，竺法師與王度爲生死之約，古今同道，如見其人。

長老每言曰，得天師於牧馬，求善法於鬻香，不可不敬。樂羊以食子見疑，苾蒭以草繫成忍，不可不仁。智瑤死於大縣，頂生退於忉宮，不可不廉。留侯先期而黄石悦，玄謀懇乞而觀音降，不可不信。學此四者，以爲教端，內訓緇褐，外化羣品，其餘觸類而長，道遍恆沙。

長老法號法雲，獲度於神龍之歲，俗姓申氏。其先魏都之望，出於姜姓，左右宣王，詩所謂惟岳降神者也。曾祖寧，皇朝考功員外郎。祖靖，睦州遂昌縣令。父儉，不仕，以復楚之忠烈，相韓之勳伐，蓄靈韜曜，鍾美後人。長老童丱入道，誦《法華經》。景龍歲受具於本州龍興寺玄袒律師，由是萬計俱圓，名冠同列。與鶴林絢律師偕往嵩潁，求法於大照和尚。以心眼視，徹見無邊界，果在掌中，隨心舒卷，喻菴羅熟，終當自知，此其端也。道在兼愛，故無棄物。有志於道來問，長老曰，飲甘露者，當淨其身。有涉道未泓來問，長老曰，菩提爲寶耶，無知無德，涅槃爲空耶，常樂我淨。由是江景禪教，有大照之宗焉。至若願力所弘，莊嚴佛教，像飾同日月之照，廚供盡人天之福，積若山川，流於他方，凡聖去來，緇素皆以天鄉爲中路之化城也。

夫三界爲牢，鬼神同死，使桎梏輪轉，無解脱時，佛性在煩惱之中，佛身即衆生之體。大法平等，無所不同，雪山滿月，是爲眞語，同音半字，寧爲妄説。如來毫相，始於東土，菩薩求法，遍在西方，慈悲之間，固非一致。若乃昆明刼灰，夏時同學，化來周穆之歲，星隕魯莊之年，甘泉金人之祀，伊存浮圖之説，謂之爲妄，則常情不測，謂之爲實，則迂濶難明。立定哀之時，書隱桓時事，憑魯史之文，猶未之詳，況超乎視聽之外，出乎名言之域，固宜然也。國史傍錄，往往合符者，則宣尼稱西方有聖，玄老云吾師竺感。厥乾後夢孝明，漸於中國，楚王英尤敦此道，嘗奉縑贖罪，詔曰，王誦黄老之微言，尚浮圖之仁祠，潔齋三月，與神而爲誓，其還縑以助伊蒲塞桑門之盛饌。浮圖仁祠，即塔廟也。潔齋爲誓，即禮儀也。伊蒲塞，則優婆塞也。至魏受禪，洛陽宫中有浮圖，毁除之，沙門以佛舍利擲水生光。由是移於道東，廣開禪室，僧會楊化於三吴，惠持演教於三蜀，震曜聾瞽，無代之。法壞也，因蓋吴同亂之積，其後也，賴曇休堅持之誓。自菩提達摩降及大照禪師，七葉相乘，謂之七祖，心法傳示，爲最上乘。南方以殺害爲事，北方多豪右犯法。故大通在北，能公在南，至慈救愍，曲無不至。其餘則澄公威神，止石羯之虐，惠始定力，悛赫連之暴。淨檢尼部之初，曇柯律藏之始，道安垂範，羅釋詮譯，惠遠道生闡教於廬匡，盃渡寶誌著異於江浙。公之慈靈鎮攝，智者之遵揚眞極，清膺昏季在壞，尋舉稠公之衣而定興廢，馳仲尼之記而崇建立。唐撫運同符聖覺，中州徼外，人智如林，玄莊無畏，繼興夷夏，不可悉數，舉其殊尤。

長老既滅，門人僧某等戒還本原，智人無學，以某月十六日遷定於寉林寺西。江湖晦冥，道路悽慟。初吏部侍郎齊澣採訪江東，見天鄉殿宇傾圯，孰尸完葺。乃請禪師與絢公，當謂寺僧乾最得堅固力，求眞實智。乾元初奏請天下二十五寺，長講戒律，天鄉即其一焉。爾後率同心願善繕理，禮部員外郎崔令欽常爲丹徒，宗仰不怠。於何，吴越震擾，緇侣竄伏，長老挺身於戈劍之間，宴坐於虎狼之口，大浸不溺，大火不焚，天鄉獲全，長老之力也。韋中丞以句容令田少文悦長老之風，弘無生敎，故托句容護辨塋事。刺史韋公損奉善逝甚深之旨，行菩薩廣大之慈。大理司直兼丹徒令史坦惟爭道周如潤州者，長之兄弟之子曰堂搆，爲當代詞人，脩在家梵行，與門人俾華贊德，於萬斯年。其文曰

至哉玄德，高標法流。法而不著，行而不求。輪王自在，象寶調柔。黑夜生月，驚波起州。洲淪大浸，日落中夜。方外常在，人間代謝。性不遷易，法無高下。億萬人天，從吾受化。從受化已，委順知時。諸佛如是，今廼得之。清江朗月，古人仁祠。以我遺法，爲人導師。

又《揚州隆興寺經律院和尚碑》 菩薩調伏身心，具一切智。調伏心者爲定慧，調伏身者爲律儀。假煩惱而後有身心，有身心而後開知見。權衡並用，何莫由之。如來於鹿野苑中，爲五俱輪，始開此法，持律第一。有優波離如來，謂戒爲性源，因定見性，定爲慧本，因慧得常，不依科教，無所成實。乃宣告四輩，攝獲身心。命以優波長老集毗尼藏，以優波無緣此土，摩訶迦葉啓廸當來，而付囑之，興禪同祖數世。去聖滋遠，枝剖條分，今學者所宗，四分爲盛。此間有數息諸觀，以攝亂意，是蓋禪那之濫觴也。

夫沙門奉律，猶世間行禮，若備中和易直之心，而無升降周旋之節。於爲義非，爲義非爲半人。恭惟世間，皆歸佛性，體無分別，俱會一乘。勝妙法蠡，爰傾海水，明徹寶器，方貯醍醐。禪律二門，如左右翼。

和尚執持戒律，兼修定慧，恩制落關，爲人式瞻，六十年矣。和尚法號懷仁，其人也，惟天寶十載十月十四日，晨起盥漱，繩床跏趺，心奉西方。既瞑，就滅於龍興寺，春秋八十三，僧夏六十。緇素弟子，北拒泗沂，南踰嶺徼，望哭者千族，會葬者萬人。其上首曰越州開元寺僧曇一、福州開元寺僧宣一、常州興寧寺僧義宣、杭州譚山寺僧惠鸞、東京敬愛寺僧瑫光、潤州栖霞寺僧法瑜僧乾印、潤州天鄉寺僧法雲、揚州崇福寺僧明幽、延光寺僧靈一、龍興寺僧惠遠等。

天下甘露，正味調柔，人中象王，利根成熟，音樂樹下長流福慧之泉，雪山峯頂仰見清涼之日。金剛決定，煩惱無餘，優曇開敷，香潔盈滿，罔不成實。樂説辨才，得法華三昧，衆所知識，物之依怙。法施之恩重，羣居之感深。哀奉色身，經始靈塔於某原，像敎也。幽公自幼及衰所親侍，靜言玄梵，俯托斯文。試言之曰，先陀姿者分於一名，摩醯目者夾於三點，衆法歸善，羣緣體無，道豈遠人，弘之在我。外離諸相，猶行邪道，內度四生，方爲靈覺。至若調牛良田，唯待天雨，渡馱巨海，何護持囊。喻夫靈藥毒草，同在林中，甘泉淤泥，共生地下，疇能了達，惟我宗師。

和尚太原郭氏，厥後遷於淮左。孩抱之歲，誓齒道門，親慈所鍾，志不可奪，因瑤臺成律師受具戒。律文有往哲所疑，時賢或誤，一言曲分於象表，精理自得於環中。聲振京師，如晞日月。諸寺固請綱領，乃默而東歸。既還揚都，府允羣願，常誦《金剛般若波羅密經》《如意輪陀羅尼》。般若佛心，我得此心。衆生亦如。謂天台止觀，是一切經義，東山法門，是一切佛乘。色空兩亡，定慧雙照，不可得而稱也。寒不加服，暑不攝齊，食不求飽，居不易坐。四方施捨，歸於大衆，一身有無，均於最下。朝廷之士，銜命往復，路出維揚，終歲百數。不踐門閾，以爲大羞，仰承

一眄，如洗飢渴。和尚與人子言依於孝，與人臣言依於忠，與上人言依於敬，佛教儒行，合而爲一。慮學者流誤，故親教經論，延來者聽受，故大起僧坊。將警羣迷，故廣圖菩薩因地，善護諸命，故曲濟衆生壽量。以文字度人，故工於翰墨，法皆佛法，兼採儒流。以我慢爲防，故自負衣鉢，以規範爲任，故綱正緇林。發揮道宗，故上紓睿禮，以感慕遺跡，故不遠他邦。以龍象參議，故再至京國，以軌度端明，故研精律部。

黄門侍郎盧藏用，才高名重，罕有推挹，一見和尚，慕味循環，不能離坐。退而嘆曰，宇宙之内，信有當人。黄門於院内置經，藏嚴以香燈。天地無疆，象法常在。太子少保陸象先、吏部尚書畢構、少府監陸餘慶、吏部尚書崔日用、祕書監賀知章、禮部尚書裴寬、中書侍郎嚴挺之、河南尹崔希逸、太守房琯、中書侍郎平章事崔渙、禮部尚書李澄、詞人氾水尉王昌齡等所瞻奉，願同灑掃。建塔之地，廣狹如素，高卑得中，周臨四衢，平覩千里。門人環侍列相，薦以名香，空曠寂寥，以哀以慰。夫子門人，輕重諸侯之國，如來弟子，皆爲釋梵之師。敬恱其風，以偈銘曰：

佛境無二，佛心皆一。隨其根源，乃起禪律。持戒外獎，觀空内謐。是藏私耶，衆僧秘密。昏醉億萬，求醒者希。如來戒定，與爾爲歸。性空因戒，垢重初微。彼上人者，深乎道機。眞空不生，妙果無得。開明戒定，洗去怨賊。衣染利波，鼻聞薝蔔。白月正圓，如何昏黑。昏黑既已，四輩號咷。不見金襯，空圖白毫。月明江潤，月落山高。迥野孤塔，羣心鬱陶。訓迪眞子，森然朗達。阿難苾蒭，迦葉菩薩。仙髮承足，諸天奉鉢。智火遽燃，獨留緇揭。月苦淮甸，風悲楚川。千株茂樹，百道春泉。佛日長晦，浮圖巋然。哀哀龍象，大芘羣緣。

又《潤州鶴林寺故徑山大師碑銘》 道行無跡，妙極無象，謂體性空而本源清淨，謂諸見滅而覺照圓明。我天人師，示第一義，師無可說之法，義爲不二之門。其定也風輪駐機，其慧也日宮開照，其用也春泉利物。三者備體，誰後誰先。入無量而不動，開法華而踴出。湛兮以有無觀聽而莫測，寥兮以遠近思惟而不窮。智德皆空，爲眞實際，大悲恆寂，遍撫羣迷。月入百川之中，佛匝千花之上。修而證者玄同妙有，應而起者旁作化身。先大師適來此土，化身歟，適去他方，補處歟，不可得而知也。自如來現滅，四魔橫恣，人天無怙，寄命崩崖，勝大敵者，那羅延身，消大毒者，伽陀妙藥，拔陷扶墜，而生大師。

大師延陵馬氏，諱玄素，字道清。崇高紹興於法外，徑緒不繫於人間。慈母方娠，厭患葷肉，長至之日，誕彌仁尊，生有異祥，乳育安靜。既齔，稽首父母，求歸法門，即日獲請，出依精舍。如意年中剃度，隸江寧長壽寺。既進具已，戒光還照，定水澄源，鵝王之不受泥塵，香象之頓除羈鎖，未之比也。身長七尺，體無凡骨，眉毛際臉，口若方舟，目不顧睇，聲侔扣玉。入南牛頭山事威大師，撞鐘大鳴，入海同味。迦葉以頭陀第一，大師亦斗藪塵勞。聞一知十，未嘗請益，觀法無本，觀心不生。喻金剛之最堅，比獅子之無畏。圓月照海，高深盡明，慧風吹雲，宇宙皆淨。威大師摩頂謂曰，東南正法，待汝興行。命於別位，開導來學。於是騶虞馴擾，表仁之至也，衆禽之獻果，明化之均也。接足有繞，百千人俱，大師悉以菩薩呼之，教習大乘，戒妄調伏。自性還源，無漸而可隨，無頓而可入，摩尼照物，一切如之，吾當默然，無法可說。或有信願雙極，懇求心要，於我渴仰，施汝醍醐。問禪定耶吾無修，問智慧耶吾無得。道惟心證，不在言通，壞帝釋輪，終爲世論，自淨而已，無求色聲。既悟者小無微塵，大無三界，當悟者内殊雖隱，猶作來因。藥草萬殊，根莖等潤，貌和言寡，飢至飽歸。或有聞尊稱而遷善，見色身而獨得，我無爾念，道溥慈圓。食不問鹹酸，口不言寒暑，身同池水，飽蚊蚋之飢渴，道離人我，順衆生之往來。貴賤冤親，是法平等，故饋甘味而不辭，同於糗糒，奉上服而不拒，齊於弊褐，俾夫家有道侶，府無爭人。

開元中，本寺僧法密請至京口，潤州刺史韋銑灑掃鶴林，茲焉供養。有屠者恣忍，積骸如山，聞大師尊名，來仰眞範，忽自感悟，懺悔求哀。大師受之。又白言，和尚大悲，當應我供。大師衲衣跏趺，未嘗出戸，公侯稽首，不爲動摇。至是如其懇乞，忻然降詣。夫盜隱其罪，虎慈其子，仁與不仁，皆同佛性，不生不滅，無去無來，今濁流一澄，清水立現，諸佛所度，我亦度之。天寶中，揚州僧希玄密請至廣陵，便風馳帆，白光引棹，楚人相慶，佛日度江，梁宋齊魯，傾都來會，津塞途盈，人無立位，解衣投施，積若丘陵，皆委於所在，行無住捨。禮部尚書李憕時爲揚州牧，齋心跪謁，爲衆唱首。望慈月者，誰不清涼，傳百億明燈，照四維上下，塵沙之數，皆趨佛乘。二州以貪法之心，移牒踰月，均吾喜捨，成汝堅牢，無非道場，還至本處。天寶十一載十一月十一日，中夜坐滅。嗚呼。菩提位中六十一夏，父母之生八十五年，赴哀位者，可思量否。至有浮江而奠，望寺而哭，十里花雨，四天香雲，幢幡蓋網，光蔽日月。以其月二十一日，四衆等號捧全身，建塔於黃鶴山西原，像法也。州伯邑宰，執喪師之禮，率申哀慕，江湖震悼。曩於寺內移居，高松互偃，涅槃之夕，椅桐雙枯，虎狼哀號，聲破山谷，人祇憯慟，天地晦暝。及發引登原，風雨如掃，慈烏覆野，靈鶴徊翔。有情無情，德至皆感。

初達摩祖師傳法，三世至信大師，信門人達者融大師，居牛頭山，得自然智慧，大師就而證之。且曰，七佛教戒，諸三昧門，語有差別，義無差別。羣生根器，各各不同，唯最上乘，攝而歸一。涼風既至，百寶皆成，汝能總持，吾亦隨喜。由是無上覺路，分爲此宗。融大師講法則金蓮冬敷，頓錫而靈泉湧溢，東夷西域，得神足者赴會聽焉。融授巖大師，巖授方大師，方授持大師，持授威大師，凡七世矣。眞乘妙緣，靈祥嘉應，僉具傳錄，布於人世。門人法鏡，吳中上首是也。門人法欽，徑山長老是也。觀音普門，文殊佛性，惟二菩薩，重光道源。門人法勵法海，親奉微言，感延霜露，繕崇龕座，開搆軒楹。時惟海公，永報師訓，盧孔氏之墓，起淨明之塔。世異人同，泫然長慕，僧端等，蔭旃檀樹，皆得身香。菩薩戒弟子故吏部侍郎齊澣、故刑部尙書張均、故江東採訪使潤州刺史劉日正、故廣州都督梁昇卿、故採訪使潤州刺史徐嶠、故採訪使常州刺史劉同昇、故潤州刺史韋昭理、故給事中韓賞、故御史中丞李丹、故涇陽令萬齊融、禮部員外郎崔令欽，道流人望，莫盛於此。弟子嘗聞道於徑山，猶樂正子春之於夫子也，洗心瞻仰，天漢彌高。鏡公門人悟甚深者大理評事楊諳，過去聖賢諸功德，藏志之所至，無不聞知，魯史從告，况乎傳信。其文曰

濁金清境，在爾銷鍊。磨之瑩之，功至乃現。膏潰炷然，光明外遍。陽升律應，草木皆變。啓迪痦聾，惟吾大師。息言成教，捨法興悲。辰極不動，風波自移。境由心寂，道與人隨。杳然玄默，湛入無餘。性本非垢，云何淨除。身心宴寂，大拯淪胥。內光無盡，萬境同如。甘露正味，琉璃妙器。遍施大千，無同無異。度未度者，化周緣備。道樹忽枯，涅槃時至。我無生滅，隨世因緣。吉祥殿上，應化諸天。寂寂靈塔，滔滔逝川。恆沙刼壞，智月常圓。

又《故中岳越禪師塔記》（《李遐叔文集》卷三）　智之深者反照，仁之大者無思。反照而萬類同明，無思而一切咸寂。眞如住乎無住，妙有生乎不生。惟禪師至其極也。禪師法號常超，發定元于大照大師，垂惠用於聖善和上，證無得于敬受闍黎。司徒郭公舉爲東京大德，御史中丞鄭公表敷教于三吳。乃沿漢至黃鶴磯，州長候途，四輦瞻繞，請主大雲寺，浩浩羣醉，願霑醒藥。於是以梵網地，還其本源，楞伽法門，照彼眞性，荆越之俗，五都僑人有度者矣。寶應二年暮春季旬之二日，證滅於禪居，縗杖百千，江哀山悴。凡入諸佛正位三十九夏，存父母遺體五十九年。門人寶藏熙怡等，號捧香氎，建塔東岡，遵像法也。

禪師滄州人，姚姓，靈和應于海碣，弱歲齒於儒者。既而捨孔氏之經，爲釋門之胤，聞西河攝護第一，乃往從師。次諸嵩潁，服勤上法，理妙詞簡，神凝道深，蓋六度之龜麟，人天之海岳也。嗟夫，雨寶之珠伏於泥下，燎原之火隱在木中。開示有期，繼生宗範。摩訶達摩以智月開瞽，法雷破聾。七葉至大照大師，門人承囑累者曰聖善和上，環注源流，含靈福備，乃灌其頂，龍像如林。及強敵逆天，兩京淪翳，諸長老奉持心印，散在羣方，大怖之中，人獲依怙，則不言之教，無爲之益，廣矣大矣，覺之正之，默茲闕照，不爲深乎。弟子司封員外郎趙郡李華，泣舉雙林，敬表仁旨。時廣德二年正月六日。

又《台州乾元國清寺碑》（《李遐叔文集》卷四）　天寶十五載，逆將犯闕，塵翳郊廟，上皇哀蒼生，避狄幸蜀，皇帝誓復君父之恥，理兵于朔方。避狄，仁之盛也，復恥，孝之大也。惟仁盛孝大，故疑不逾年而收京師，奉陵寢。凶孽走而天降之戮，化一作元氣和而人至于道。巍巍乎，堯舜之烈，不足比崇。天子齊心玄默，運行慈昫，爲一作與元吉卿士妙講一作議妙化之宗，以爲五帝三王之道，皆如來六度之餘也。厥初生人，降及中古，君臣父子，日用而不知，故玄聖昇竺乾而師有古。先闕字尼有言，三皇五帝皆非聖者，而西方有聖人，其爲大千之尊，乳育羣聖明矣。夫玉帛非爲禮之本，捨玉帛則無以爲禮，象飾豈施教之源，捨象飾則無以爲教。建塔廟爲禮一作尊威容，履霜堅冰，物有其漸，於是卿士從，兆人從，九圍之中，列刹相望矣。盈川，非古邑也，襟東江西山，因而城之。寺在

遠郊，信者勞止，自官吏耆耋至于商旅，咸以津梁未建，爲媿爲羞。邑城之西有淨名廢寺，背連山而面盈川，杉栝晝暝，緇褐經行，寒潭夕清，車馬無聲，境勝心閑，十金果成。耆壽徐君贊錄事徐知古等，請於縣令隴西李公平，平請于前刺史趙郡李公丹，丹請於河南等五道度支使御史中丞京兆第五公琦，琦聞於天子，墨制曰可。

僧義璿等伏以乾元之初，元惡掃除，國步既清，廟易名牓，因改曰乾元國淸寺，昭睿功也。自所志闕二字天下各州縣之長、僚吏以降，多捨清白之俸，徵梓人，求繪工，爲民儲福，爲佛成宮。高殿倚雲，長廊生風，蓮花出界，開在空中，自江南無有。是刹上座某等至某都維那某，奉前佛之心印，得輪王之髻珠，第五公以上智利國，人登宰輔，李使君以全德公才，持憲爲郎，今刺史陳郡殷公日用忠武傑出，長城江海，專知官司馬隴西李公乾嘉峻一作俊能捺綱，清可匡俗，縣令李令宗室大儒，政之善者，皆易簡詣于眞境，清淨符于度門。醍醐勝闕，甘露妙源，正性無說，弘之在言。其詞曰：

東裔名刹，西方樂土。吳山倚垣，越水當戶。樫松黝藹，下有象潭。龍在泉中，水容眈眈。景象光澈，江湖氣含。天淸寶界，地湧靈龕。大聖蒸蒸，動乎天地。百神奔走，戎服既備。命將誓師，殄殲逆類。奉迎太上，開闢正位。神人什憤，品物咸遂。鼓舞賡歌，上通元氣。闢思不泊，雜沓禎瑞。輪帝御宇，像法昭融。項一作須彌四洲，建大一作大起蓮宮。倬彼盈川，秀冠越中。縣有德政，州有名公。奉宣睿謀，爰度崇工一作爰崇。梵侶開士，慈雲惠風。願言上報，聖壽無窮。建表勒名，堂堂乎鍾。

又《杭州開元寺新塔碑》 漢永平中，佛敎初至洛陽，始置寺度騰蘭二一作三德。古者官之庭府稱寺，蓋敬而尊之，比于曹署，此其源也。杭州開元寺，梁天監四年豫州刺史譙郡戴朔捨宅爲寺，寺號方興，名僧惠圓營建之，後處士戴玄、范貢恭增飾之，至開元二十六年改爲開元寺。庭基坦方，雙塔樹起，日月逝矣，材朽將傾。廣德三年三月，西塔壞，凶荒之後，人願莫展。太常卿兼杭州刺史張公伯儀，忠簡帝心，威靜吳越，駐車跪禮，徘徊感嘆。乃捨清白之俸，爲君爲親，修而復之。兵部員外郎兼侍御史范公倫，人之珪璋，國之俊彥四字一作望者，法師什曇獻，上座什雲卿，寺主什崇遠，都維那什惠達、什法祥，長樂寺什曇景等，戒香扶其永誓，道力護其成功。于是劍南荊揚之巨材，諸郡倕輸之懿匠，竭耗神明，三年畢事。乙栗結仡，穿貫顥氣，晃爚景象，烘若鎔金。距畢疑作卑躋高，凡爲七級，級有佛事，環迴眴轉，幢網盈映，如梵什宮。踐乎上闕，俯視萬井，有若棊布，仰瞻天宇，雲在身下，傍眺江山，列在闕二字，過乎阯謂，傾峯動崖。岌嶪其側，既鏤以丹素，飾以青紫九字一作既雕既鏤以素以青浴綠漬紫。掀腸閃目，百變百移，如有靈物。㠑一作累跪稜層，雷鬼攢欒，摽江壓湖，孤島突天，不可名也。霞照丹戶，如開日宮，風搖和鈴，若下天樂。聲徹有頂，輪蔭空界，影入清江，形鎮大地，所濟者廣，巍巍度門。

先大德什懷亮，住持之固，如山不動，先一作老法師什道貞，華嚴秘宗，香象至底，先法師什藏暉，三藏扃鑰，吾方啓之。過去人緣，在世慈願，不有偈頌，其如佛恩。華嘗官是邦，感深霜露，忝太常一面，與兵部爲寮，敬申其美，以佐法門之宏觀。其文曰：

亭亭揭堅，逈出江甸。秋天泬寥，百里獨見。如海浮來，如地踴現。以壯州邑，以調羣心。餌藥解病，依舟濟深。卿曹郎署，共布黃金。

又《杭州餘杭縣龍泉寺故大律師碑》 大樸既雕，淳源不復，生人溺于迷妄，自拔無由。我梵惟哀之力，現靈東方，雷起羣蟄，間生龍象，調御人天，巍巍乎大明燭幽，而品物知向矣。噫，稠林枝幹，榮枯不息，火宅煙焰，起滅相尋。于衆生速壞之身，有諸佛常存之性。垢衣纏寶而不見，濁水求珠而未得。法無高下，根有淺深。由是啟禪那證入之門，立毗尼攝護之藏。土因水而成器，火得薪而待燃。惟此二宗，更相爲用，律行嚴用，一無此字奉則淨無瑕缺，戒定一無此字光深，照則測見本源，次修定門，而自調伏。云何爲大定，地雖傾而不動，云何爲修我，心雖寂而無住。然後登般若之岸，上楞伽之峯，以此身爲法身，了無得爲眞得。或有默修玄契於文義，受教頓悟於宗師，不由門階，徑造堂室，微塵學者，時得一人，復有大悲空隘而不窮，弘誓海涸而不盡，俯從像法，以導世間，則我大律師其人也。

師諱道一，字法籥，餘杭嚴氏。生族姓之家，是爲因地，作如來之子，寧有本緣。故祖考不書，尊上乘也。禮峻山岳，神閒江海，機對敏洽，應受融明。自襁褓至于成童，顏色無違，視聽皆正。年甫八歲，辭親就師，鴻鵠入冥，自然方外，蓮花出水，不染泥間一作世間。十七預剃度，隸龍泉寺，受具于光州崖律師，行相珠圓，滌流鏡澈。始就山陰聽崖講《涅槃經》，師既歸而爲衆敷闡，同時聽者奉以爲師。恭惟此經，佛最後說，教旨深圓，故草玄著義。《法華經》大事因緣，授聲聞記，口誦心奉，誓盡當來。《金綱經》滅度無邊，悉離諸相，誦《起信論》滌除邪妄。開導心宗，常所受持，皆爲義什，於華嚴入普賢性海，於維摩得不二法門。凡歷見聞，莫非心證，從文悟理也。白日頓明於世界，飛鳥自在于空中，從理乘如也。嘗謂天台觀門，往誓深教，吾所歸也。夫垢因戒淨，惠定以生，未有愛尚存而坐登三昧。每嘆曰，持心繫于剎那，求道本于清淨，使學徒解怠，由軌範不明，教之興衰，在我而已矣。乃護一席闕，信心必隨。嘗講大乘，方攝齊登座，侍者布薦，微爽律文，即命撤席，澣衣以俟明日，其檢身激下，皆此類也。自是江南律學，砥礪彌精矣。

至若齊場星列，談座雲繞，四衆仰山王之高，萬里赴龍宮之會，遠夷逾海而來聽，長老順風而請益。至仁生滅，至辨成簡，判析疑問，若陽和解冰，弘敷妙理，如止水觀月。化童蒙爲上智，伏我慢爲調柔，引諸佛戒定之池，浴衆生輕重之垢，垢自流去，池常湛然。又以儒墨者般若之筌簣，詞賦者伽陀之鼓吹，故博通外學，時復著文，在我法中，無非佛事。故李大理昇期，崔河南希逸嘗撫本州，麾幢往復。故成御史廣業，令盧華州元裕，兵部韓員外賞屈身郡邑，觵舸洄洽，及鄉人故汴州何司戶寒同與叩絕韻于清風，味玄機于永夕，廬山師友，今古一時。誠願密弘，崇修本寺，導容纓綱，高殿棟宇。工人殫其百櫨，信士竭其千金。佛宮嚴麗，一方勝絕。寫大藏經，手自刊校，學者賴焉。席常住因，通給無闕，凡聖均焉。于天竺寺造慈氏變相，憑高爲臺，與衆均福，光靈肸蠁，如在會中，永以報生育劬勞之恩。光先師訓誘之德，不離宴坐，應者如歸。

天寶十三年春，忽灑飾道場，端理經論，惟銅瓶錫仗，留置左右。具見五天大德，十八羅漢，幡蓋迎引，請與俱西。二月八日，恬然化滅。報齡七十六，僧臘五十七。生以其日，滅亦如之。昔同如來捨位之辰，今是菩薩往生之日。古先大士，無此明徵。先時院庭有百合兩本，對發白花，光如月輪，照于昏夜。嗚呼。慈雲既歸，花亦彫萎，物感如是，人哀可知。至某月日，遷厝于寺之西偏。江嶺淮湖，緇廝縞素，茶毗之會，聲動山川，寂寥原野，人亡地古。悲夫，一爲人師，六十年矣。遠名利故不遊京國，樂閒安故不出戶庭，有請方去，故深慈密行，莫得而究焉。門人之冠者一行禪師、惠罕法師、律梁寺乾應律師、蘇州東林寺懷哲律師、湖州開元寺惠燈少明之記，長者寶藏，修身執持，導師化城，無處瞻仰。眷屬之賢，有若族人神都等，如來影中，怖畏都盡，力生今地，哀號不窮。以華悅曾史之風，尙竺乾之道，追書本行，見託斯文。銘曰：

苕溪教源，因戒生定。百千人俱，見性清淨。裂除意網，磨拂心鏡。雖會一乘，終修萬行。說法登壇，天龍諦聽。須彌峯頂，白月孤映。彼迷方者，從我得正。報盡生盡，歸自法身。最朝涕泣，江上門人。炬滅陰夜，舟沉海津。雪山靈草，無復青春。欲報之德，蒼蒼罔極。既斷言語，又非空色。假言喻空，觀我爲則。

又《衢州龍興寺故律師體公碑》　器爲外物，挹泉者器，有以濟饑渴也。身爲妄聚，奉道者身，有以成大覺也。泉不離器，道不離身，器存則饑渴洗除，身修則大覺無礙。故律爲知見根本，開入扃戶，持其要得其宗者，有若長老體公。蓋毗尼之堂室，尸羅之燈炬，三昧之舟筏也。信安有名山名川，山秀川清，家爲將宗，母曰徐姓。地靈開祐，降神而生。徐氏既孕，夢婆羅門告曰，姊當生男，詔興大法。長老既亂，好聚沙起窣堵波，焚草爲香，採花爲供。年十有五，瓊章鶴姿，兄爲淨安寺上首，乃往從學，日誦萬言。兄歎曰，吾祖父昆弟六人，出家受習之速，無其比也。年二十一，通大乘小乘千紙。如意年中，配度淨安寺。遊歷會稽，遇光律師，受其戒。誦戒至三日，屬衆僧布席，登座宣說，無有遺文。住洛京五年，與本州策律師東陽超至法師同講問，爲法門儀表。萬歲元年歸信安，稟受者千人。由是江南律範，端嚴第一。衲衣袒肩，跣足行乞，手蒔松竹，繕造僧房，苦行貫天地，大慈包世界。於辨才得自在，於文義得解脫，于人法得無我，于觀照得甚深。

刺史徐嶠之牽參佐縣吏耆艾以降，請居龍興寺。迎供者多，不知同日，紛然辨鬬，聞于長老曰，吾修無諍三昧，不唯自利，弘願利人，咄因吾身，生彼嗔恨。乃別立一室，闕纔方丈，晏然安居，不踐門閾。刺史李暢跪請移居大方，至於涕淚，俯如其請。因入法華三昧，口不息誦，身不親席，大事因緣，我得心證。請左溪大師講止觀，鑄鐘七千斤。隣州長吏，稽首延請，結艦浮川，幢蓋彌望，瞻禮萬計，行無住悲。建講堂門樓，廚庫房宇，畫諸佛刹，鑿放生池。聞者敬，觀者信，聽者悟，日月無私之照，江湖不言之潤，如來權實之門，其至矣哉。收材江湖，方構佛殿，羣盜據州，寺半爲墟，址如鳥巢，形若枯木，凶猾棄刃，稽首歸仁。

寶應二年六月九日，自升繩床，趺坐而滅。享齡九十二，僧臘七十一。緇素號慟，楚越悽悲。至廣德元年十二月三日，焚于州西某原，起塔安神，諸佛之遺教也。唯長老貌清神遠，仁深行獨，卓爲道器，注爲法源，謙非外儀，質乃內一作哀非至。若調伏住持之固，禮誦跪繞之勤，耄期不衰，寒暑如一。學窮必究，理精必詣，猶自以爲功微道淺，未足爲師。眞金純金，萬寶之最也。趺滅之夕，則異香滿室，閉塔之日，則羣鶴翔鳴。信安王禕，趙太常頤眞，鄭庶子倬，李中丞丹，前相國李梁公峴，皆爲此州，躬往圍繞。趙太常敬因長老立文殊萬聖之象，李梁公增感先人，泣下雙林之間。長老在世，靈徵繁多，日輪降照于梁端，大龍修敬于池上，寒蒲一作笋挺擢于冰下，彩芝炫瑩於禪室，慶雲覆會，仰歎千人，此其盛者。

弟子僧會藏，爰自童蒙，服勤左右四十年矣。惠命阿難，結集如來之言，顏氏之子，鑽仰素王之道。杭州靈隱寺大德惠遠、婺州開元寺大德清辨、本州六度寺大德惠炬一作矩、大乘寺主浩然、本寺上座惠達、寺主法會、都維那神爽等，輪王之位，我敬奉之，妙光之法，我敬行之。爰請伽陁，式播玄烈。銘曰：

付囑戒藏，遵行威儀。光還性靜，翼具禽飛。止法根本，深仁得之。蓮花不濡，性本清淨。彼上人者，無時非定。定不離儀，儀不離性。色身雖滅，此滅皆寂。寂然不動，斯爲正眞。鎔金起塔，哀斷門人。

又《荊州南泉大雲寺故蘭若和尚碑》　肇有含氣，則鷹鸇逐鳥，虎狼噬人，人最靈于其間。嗜欲萌而六根動，利害交而五兵作。文一作雲疑演乾坤，至于性命，老陳道德，循于天下。不究因緣之本，不知大千之廣，而內盜方扇，心塵益悖。長圍合於三界，猛熖流于四生，乘時雷雨，惟佛能救一作救世。于是超六度之岸，轉三乘之輪，馭指南于迷路，建高燈于黑夜，翻海滅焰，擊山潰圍，蒼生既孤，再獲慈母。人天之奉，大矣遠矣，微塵法門，吾道一貫，承此印者，歸乎上仁。

和尚諱惠眞，南陽冠族張氏也。父大禮，銀青光祿大夫坊州刺史，靈降右闕，慶延仁宗。太夫人陳氏，誦《法華經》，屢有祥應。既誕和尚，體益康寧，而衾褥彌潔。每啼，聞誦經，則止而聽之。六歲法言，輒諧經義，七歲誦書，日記萬言，默誦一作尋《法華經·安樂行品》，因捨儒學，專精大乘。年十三剃度，隸西京開業寺，事高僧滿意。意公門人，皆釋侶珪璋，和尚年幼道尊，以爲之冠。十六受十戒，持護峻整，名重京師。進具經旨，遍覽毗尼，意謂未圓，尋文果闕，乃往天竺求梵本。至海上，遇淨三藏自摩竭陀還，淨公謂曰，西方學者，亦殊宗貫，假欲詮正，如異執柯一作就何。因悉授所賫律集，與之俱返。纔二年間，罔不懸解，績成手部，名曰毘尼孤濟蘊。始以五月十六日結夏安居，僧聞盡愕，喧然雷動。門人來問，答曰，迦利底迦星此其候。門人未達。既而無畏三藏以五月十五日至京師，衆僧怪而問故，三藏曰，五視一作是迦利底迦星合時來正當日結夏耳。迦利底迦星，即火星也。由是緇林聳歎，與聖人一無人字合符。梵僧長老尚多初至長安，和尚修謁，膜拜方半，多公喜曰，爾非眞耶。留之座隅，密付心要。當陽弘景禪師，國都教宗，帝室尊奉，欲以上法靈境，歸之和尚，衣疑請京輔大德一十四人，同住南泉，以和尚爲首。昔智者大師受法于衡岳祖師，至和尚六葉，闕種一作鍾荆土，龍象相承，步至南泉，歷詮幽勝，因起蘭若居焉。地與心寂，同吾定力，室與空明，同吾惠照。躬行勤儉，以率門人，人所不堪，我將禪悅。至于捨寢息，齊寒暑，食止一味，茶不非時。嘗遇歲荒，野人茹草，和尚如之。門人勸諭，對曰，順正行事，亦如來教也。中宗聞之，將以禮召。時弘景禪師在座，啟于上曰，此人遙敬則可，願陛下不知強也。撰菩提心記，示心初因，開佛知見，升堂入室者則必親受，此外物一無物字祕之。立教之宗，以律斷身嫌，戒降心過，應捨而常在，無行而不息。離心色一作色心則淨，淨皆亦離，則無生。內外中間，無非實際，要因四攝，成就五身。始以上觀悟入，終于蓮花正受。平等法門，究竟于此。師子國目加三藏來謁，歎曰，印度聞仁者名，以爲古人，不知在世一作界。本國奉持心記久矣，其尊稱微言，冥究佛心，而神扃一作局遐域。一行禪師服勤規訓，聰明辨達，首出當時，既奉詔徵，泣辭和尚，而自咎曰，弟子于和尚法中，痛無少分。後與無畏譯毘盧經，義有不安，日以求正，決于一言，聞者洗心。每謂以法授人，不宜容易，從人受法，鮮克有終。故善來衆生，悉蒙慈覆，至于悟戒承法，千無一焉。或問南北教門，豈無差別。對曰，家家門外，有長安道。又問曰，修行功用，遠近當殊。答曰，滴水下巖，則知朝海。又問，闕無信根，如何勸發。曰，兒喉既閉，乳母號慟一作奚爲，大悲無緣，亦爲歔欷。嚴而一作端嚴簡重，慈而有威，其門能進者寡矣。弟尚書右丞紹眞，行備乎身，德及乎人，元老太保陸公象先、名臣韓京兆朝宗、宋兵部鼎、常刑部虚舟，僉契慈緣，而承善誘，如其仁哉。天寶十載二月既望，北首右脇臥，入禪定，中夜而滅。享齡七十九，經夏六十。報年之限，涅槃之時，同于如來，昔未曾有。遺命門人曰，聖教無服，愼勿行之。弟子正知法璨等，哀聞大千，感動他界。先時雙泉竭，大霧昏，白光照室，半若橫血，法門無蔭之徵也。刑部韋侍郎時臨荆州，躬護喪事。以三月一日，厝于西巖。山林變衰，鳥獸號咽，有意于道者，莫不摧心灑涕。和尚質孤晴山，神瑩澄海，妙聲宣布，而剛強悽感，慈眼運照，而濁惱清涼，使祥光洞明，枯木蕃榮。得舍利于神人，教天龍于冥晦。其玄慈幽護，則病者愈，死者生。高僧遥請而帝夢叶，學徒聽法而天樂下，昭聞殊方，不可殫載。初聞一行終，天子賜謚曰大惠禪師，及和尚滅度，追謚同之。二方如來，皆同一號，此其證也。正知者闍梨持和尚心印，璨法闍利轉和尚義輪。以華聞風永懷，俾強名道。其辭曰：

荆南正法，大士相傳。灌頂尊記，乃吾師焉一作吾師受焉。備修衆善，不染羣緣。法華三昧，惠照無邊。菩薩普門，我願亦然。煩惱牙折，菩提鏡懸。戒比秋月，法若春泉。不動南楚，仁周大千。本來常淨，自性無遷。漸則生頓，光依魄圓。隨順生死，芭蕉豈堅。蕭蕭塔樹，永對爐烟。

顧況《如意輪畫銘并序》（《華陽集》卷下）

《花三昧》《頂輪三昧》等經云，蘇迷盧南有俱露州，州西南面夷羅國俱尸那城，南去八千由旬，至于雪山。玆山純白，厥草肥膩，高六十由旬，周二千二百，拔提河在左，長仙園在右，清熱惱海在南，跋陀海在北，善法堂在上，瞽龍洞在下。日月迴泊在俱物羅奢，半空脇是龍居。此洞地堅牢。恆沙諸佛成道諸所如意輪於此山間。佛言毘勒那鉢奢，無忘無心是，離那奢多，性本空是。祇彌物都思，觀身實相是。悉那鉢多彌，觀佛亦然是。又問何者是陀羅尼相貌。佛言空觀心，無爲心，廣大心，常住心，不變異心，無無心。無無心是恆沙諸佛諸佛摩頂𡨥語也。言在身中，恐人輕教，諸佛不許，內外雙立，非賢不轉。如意輪本名少足少法也。其法滿足，謂之少足。與夫圓滿滿願廣大大悲等慈慈觀智網寶手千手眼得無畏清淨光除業道破諸暗無障礙無等等，與夫普明慈明千光王佛十億之號，猶爲至畧。淨華宿王智佛時所立名記普門願行，此應見聞。隨方說法，法同而名異，固云賢刼中千佛助化此爲一佛，二尊不並，願爲侍者。寶德佛時名安忍童子，請願之後，名如意輪大悲菩薩是。愚於蔭界，畫彼眞形。《法華經》云，一華獻畫像，漸見無量佛。銘曰

同體如來所說總持法，內外雙見爲普門。大悲廣運無邊際，已渡塵沙生滅海。圓滿滿足各如意，破除業暗發光彩。

又《蘇州乾元寺碑》五蘊十二入十八界，此上三科，能包萬法因緣。生爲有無，自性爲空，有融一，則中道義。雖石船渡海，蛟背負山，不爲希有事。僧法珣與和合衆法藏等造乾元寺者，晉高士戴逵子顒之宅也。乾元初，節度使鄭炅之奏立，觀察使李涵李道昌皆有力。大臣求無上道，以心無所願無邊，受者實得，施者實與，雖空不敢。有爲有滅，無爲無滅，無爲有爲之體，有爲無爲之用。無生無滅，無相無名，無相法，無言語說法，以無言語說故。有相大乘，有觀法門，無相大乘，無觀法門。於有所得，有相大乘義，於法無所得，無相大乘義。所得無所得，俱眞一乘之義事也。爲妙因果，譬如種子，依地而生，又如天地，能荷羣有。虚空之體，大於天地，天地有盡，虚空無盡。如來之體，大於虚空，光明虚覺，圓寂萬德。故於無住本建乎諸法，不動眞際，恆沙煩惱，莫不斷除。魚吞鉤，虎落穽，蛾拂火，此衆生自取其毒。道本平坦，樹本清涼。

佛在摩竭提國城等正覺，諸弟子棲乎茂林，藉彼祥草。厥後因時設教，猶著弊衣，行次乞食。及往忉利省摩耶夫人，優填王鑄金刻木，始用膠漆泥布，佛有像自此始也。與佛在時，功德無異。於是給孤長者造祇洹精舍，末由底迦造龍宮精舍，竺乾法蘭造洛陽白舍寺，佛圖澄造鄴中九百七十三寺，釋道安造襄陽一十五寺，遠法師造盧山東林西林寺，度法師造攝山棲霞寺，杯度法師造南陵隱靜寺，傳大士造東陽雙林寺，思大師造衡陽南岳寺，智者大師造天台國清玉泉寺，三十五寺畧也。涅槃無前無後，無般若無新舊。法珣上不重舊德，下不輕新學。門人清瑛請況於經藏中抄

佛心訖，永示無極。文曰：

倬哉毘盧，宏亘大千。百億日月，藕絲貫穿。蛟背負文，飛登梵天。塵勞爲海，般若爲船。截生死流，是曰希有。大哉乾元，寶則不朽。和衆雲臻，珣爲稱首。佛告善來，寶坊崇哉。法雨灑埃，慈雲徘徊。

又《廣陵白沙大雲寺碑》 地輪依水，水輪依火，火輪依風，風輪依虛空，虛空無所依，佛體也。變佛體爲金色界，地輪是也。金色界中有香水海，水輪是也。香水海水中有光明藏，火輪是也。復有寶林香花，瀰漫周遍佛土，風輪是也。上至香積，下至金色，一光明藏，依報正報之因歟。有智爲精界，無智爲器界，佛土爲性界。法身報身，應變之身一也。天親以應化，非眞佛，亦非説法者。其《華嚴》則不然，諸佛同身流入毘盧遮那智藏之海。人有血脈，地有溁鬬。滄島之脅有白沙之墟焉，天塹在南，蜀岡在北，敦彼廣斥，勾攘五林，槽刺元精，猛虎蹲路，螣蛇跛水，氣母毒形。火爐胚物之意，總持相土，曰牛欄河，灘畔堪造漫吒羅，非人乃秩。天寶末，長安僧絢避虜東土，晝爲像宮，以配梵帝。皇猷允塞，景福爰集。善來若干，商主若干，與其眷屬，爭欲奮迅。爰雲構版鍤，定中丕赫，微絢之功，人其捨諸。

於戲。古稅其簿，人猶告困。夫絢不柄刑賞，不驅其人，蓋以天子孝理昭明，並受其佑，霜露怵惕，蓼莪罔極，申以上報，謏儒經之闕聞，此名教君子肝腦而塗地者也。不然，其孰能與於此乎。所作既成，推山斡坎，金翅吞龍之勢，徹乎上天，磅礴乎夜摩，胷開掌坦，綦布箭直，廓乎其崇也哉。洎夫槪師陶師事訖朝夕方等百一嚴身之具，華儉適中，滿而不缺，三草二木，俱霑一雨。昔北山之翁，天帝命操蛇之神，以遂其志。是知慈善根力軍吒胷索口唵火皆聾雹春雷，張曜威，恆保寧剎土。易見底迦，一時生悔，魔軍法將不可以較乎勝負。吹鑼擊鼓，歌唄讚歎，旋和之衆莫不圓通。信乎圂膩停酸，修羅竄迹，菩薩鏡生死海，爲大涅槃，大法現前，了無塵曀。凡有作有證，名有相大乘，無作無證，名無相大乘。體相融一，眞味也。涉入無閡，因中説果，果中説因，此文殊道引之智。羖羊有角，能破金剛，不破如如之相。我於觀照權實，皆如如從心上變起，離心無物，離物無心，因物因，迷盧不動。

有若靈辨禪師者，大照大師之上照足如優曇花，綱首良制利見如薝蔔花，絢上人者，根器清淨如拘物頭花，芬多利花，聿來求我，分別三諦。不有歐和之志，悉地之德焉，難乎決擇。然則嘔陁喃散施有情之義，磁石攝鐵，不攝鴻毛，相應故。作針則沉，作鉢則浮，隨緣故。獸齕堅骨，魚食碎砂，砂骨游舍，託胎弗也，明佛性故。與夫有不染塵，空不斷相，非空有故，若有去來，若無去來，無去來故，若有方所，若無方所，無方所故。佛與衆生，數無增減，無增減故。補得迦羅由來則佛前佛後，同名同號，乃至不同一一微塵之數，微塵數佛，各坐蓮臺，展臂指塵，皆當此説。且修多羅藏八萬在娑竭羅龍王宮中，以龍樹之聰利，受持不盡，海恵盡焉，曾不得夫少分。或以其言河漢，詎知我生一，一生陰陽也。不測之外，更有神速之如此乎。是以聖人神道設教，大哉神乎，若在其上，若在其下。羣玉蔵書之府，比夫現量春秋叙二百餘年，方彼曠刧百千萬億那由他，其數畧也。法從數起，從一剎那至一洛剎，從一洛剎至一俱胝，從一俱胝至一僧祇，從一僧祇至一高出，從一高出至不可轉，無邊無礙，無央無極，重重成住壞空，空不相凌滅，其相去也，不亦遼乎。假使生肇融睿，伊皐稷契，共佐唐虞，我知不相若也。

老聃曰，竺乾國有古先生，西過流沙尋師之旨。孔子對商太宰曰，三五非聖，西方之人蕩蕩焉無得而稱。又曰，聖人，丘不得而見之矣。日月無燭無不燭，聖人無見無不見，般若無知而無不知。周紀有之，昭王二十四年甲寅，天地震動，江河泛溢，王問大史蘇由，此何祥也。對曰，聖人生於西方。穆王三十三年壬申，天地震動，江河泛溢，王問大史扈多，此何祥也。對曰，聖人滅於西方。示有生滅，實無生滅。向使無生之法，格乎戰國，戰國得之，秦不坑儒，趙不坑卒，小國事大國，大國不征小國，含哺鼓腹，無爲之法化也。雖有大夢，然後大覺，塵勞性空，空有常寂，分改遷易，無非法身。而大雄法寶五，迦葉不得當乎付囑，必也當乎，不論前後。此瞿曇所以賛佛法也。文曰：

佛日之曙兮，照乎東方。大雄設法兮，海印發光。獨立世界兮，橫呑八荒。江沙漫漫兮，寺壓其陽。撼谷斡波兮，氣盤中央。

又《虎邱西寺經藏碑》 闔廬之葬海湧也，水銀爲溟渤，黃金爲鳧雁，精氣爲白虎，是名虎邱。東晉王珣王珉，捨山造寺，生公忍死待西國經來之所也。山中塔廟，叔父有功。叔諱七覺，字惟舊，容相端靜。神龍初，八歲剃度。萬言一覽，學際天人。嘗以唵啷林萬法之母，法從數起，乃讀外書，小餘大餘，以爲證據，《維摩》所謂通達善道，《法華》所謂通達大智，况受經於叔父，根鈍智短，曾不得乎少分。至德三年，示終本山，付囑門人澹交曰，此山法事，莫不圓對，而經藏猶闕。

澹交僧瑤俗姓何，廬江次宗，其胄奉佛，不敢廢師之命。自至德貞元，龍在戊寅，紹建方畢，瞿曇教迹，不捨有表，不住無表，般若用中，壇攝其六，頂攝其四，譬如無根，安得有華。故覺華長者得定光如來授記，鹿仙長者得釋迦如來授記，寶手菩薩得空王如來授記，皆因造藏而得作佛。從虛空藏流出一切藏，一切藏流出四大藏，四大藏一億大藏，四億小藏，圍繞湧出，狀如蓮花。灌於四藏，流出十二藏，從十二藏分爲三藏，一聲聞藏，二菩薩藏，三眞如性海藏。海水可量，虛空不可量，虛空可量，菩薩摩訶薩成就衆生變化隨感不可量。菩薩摩訶薩修行地位，有分劑故，故可量。諸佛眞如性海，無分劑故，故不可量。攘於三藏，流出八萬四千藏，修多羅藏摩訶藏爲上首，於是有法藏寶藏，甚深微密藏，妙花光雲等藏無盡，在色究竟天衆生。衆生福薄，不得瞻睹謨呼羅摩海醯首羅大自在神，天樹雲音日輪速疾執金剛神，淨光光香雲最上光嚴身衆神，清淨華髻栴檀樹光足行神，雷音幢相雨花妙眼道場神，淨花普照無等光燄主空神，永斷迷惑普遊淨空主方神，示現宮殿樂勝莊嚴主晝神，普得靜光諸根嘗喜平等護音寂靜海音主夜神。

其摩竭提國有金剛藏，中有摩尼瑤王，變現自在，兩無盡瑤嚴好花，是諸菩薩演說如來廣大境界，慈目瑤髻，發生喜樂。可愛樂正念天王十方海中一切瑤王，吐雲彌覆，流出教綱。其佛號法水覺空如來，嚴持器仗夜叉王，力懷高山夜叉王，毘樓博義，燄口海光龍王等，甚可怖畏鳩槃茶王，美目端嚴鳩槃茶王，日光天子，月光天子，星宿王天子，威德光明天子，各各恆沙恆沙眷屬相與掌護。其南海楞迦山下娑竭羅龍宮，其光明藏大地劫淨諸方等諸經，納於龍宮。其善部州大藏六萬卷，中六千卷，小藏四千卷。大悉地有空有不空，廣畧平等。譬如萬法出一塵中，千輪百疏，又於一塵流出，如帝釋宮殿因陀羅網一珠映八十億珠。法界義中，法身法性，百佛世界，細一毛端，析一毛端，成微塵數世界一一世界，法身演無量百千萬億諸佛法藏，是身爲陀羅尼藏，湧法海藏，衆法瑤藏，舍乘敷藏，花頂衆藏，䆫耶護藏，言頓顯藏。此皆奢摩他毘鉢舍那定惠之力，觀見如來等藏，藏依識攝有舍藏。理發於心而形於藏，內外俱朗，不其然乎。斯文淳一，非敢戲論，光佛相好，賛佛功德，從佛知見中來。頌曰：

雪山紺宮，等虛宮耶。叔父付囑，澹交續耶。妙華光雲，香普薰耶。娑碣所措，摩醯護耶。喝刺呼嚧，歸命護耶。

韓愈《送惠師》（王伯大重編《別本韓文考異》卷二）

惠師浮屠者，乃是不羇人。十五愛山水，超然謝朋親或作同隱淪。脫冠翦頭髮，飛步遺蹤塵飛或作孤。發跡入四明，梯空上秋旻。遂登天台望，衆壑皆嶙峋。夜宿最高頂，舉頭看星辰。光芒相照燭，南北爭羅陳。茲地絕翔走，自然嚴且神。微風吹木石，澎湃聞韶鈞。夜半起下視夜半或作半夜或作中夜，溟波銜日輪。魚龍驚踴躍，叫嘯成悲辛。怪氣或紫赤，敲磨共輪种。金鴉既騰翥，六合俄清新。常聞禹穴奇，東去窺甌閩。越俗不好古，流傳失其眞。幽蹤邈難得，聖路嗟長堙。迴臨浙江濤，屹起高峨岷。壯志死不息，千年如隔晨。是非竟何有，棄去非吾倫。凌江詣廬嶽，浩蕩極遊巡。崔崒沒雲表，陂陀浸湖淪。是時雨初霽，懸瀑垂天紳。前年往羅浮，步戛南海濱。大哉陽德盛，榮茂恆留春。鵬鶱墮長翮鶱或作騫，鯨戲側脩鱗。自來連州寺，曾未造城闉。日攜青雲客，探勝窮崖濱。太守邀不去或作往或作得，羣官請徒頻或作其志信不羣。囊無一金資，翻謂富者貧謂或作爲。昨日忽不見，我令訪其隣。奔波自追及波或作走，把手問所因。顧我卻興歎，君寧異於民。離合自古然，辭別安足珍。吾聞九疑好，夙志今欲伸欲或作願。斑竹啼舜婦，清湘沈楚臣。衡山與洞庭，此固道所循。尋崧方抵洛，歷華遂之秦。浮游靡定處，偶往即通津。吾言子當去，子道非吾遵。江魚不池活，野鳥難籠馴。吾非西方教，憐子狂且醇。吾嫉惰遊者，憐子愚且諄。去矣各異趣，何爲浪霑巾浪或作淚。

又《送靈師》

佛法入中國，爾來六百年。齊民逃賦役，高士著幽禪。官吏不之制，紛紛聽其然制或作禁，紛紛或作紛紜。耕桑日失隸，朝署時遺賢。靈師皇甫姓，胤胄本蟬聯。少小涉書史，早能綴文篇。中間不得意，失跡成遷延。逸志不拘教，軒騰斷牽攣。圍碁鬬白黑，生死隨機權。六博在一擲，梟盧叱迴旋梟或作呼或作楊。戰詩誰與敵，浩汗橫戈鋋。飲酒盡百琖，嘲諧思逾鮮逾或作愈。有時醉花月，高唱清且緜高唱清或作清唱高。

四座咸寂默，杳如奏湘絃。尋勝不憚險，黔江屢洄沿。瞿塘五六月，驚電讓歸船。怒水忽中裂，千尋墮幽泉。環迴勢益急，仰見團團天下團字一作圓。投身豈得計，性命甘徒捐。浪沫蹙翻涌，漂浮再生全。同行二十人諸本二作三，魂骨俱坑填。靈師不掛懷，冒涉道轉延。開忠二州牧，詩賦時多傳。失職不把筆，珠璣爲君編。強留費日月，密席羅嬋娟。昨者至林邑，使君數開筵。逐客三四公，盈懷贈蘭荃。湖游泛漭沆，溪宴駐潺湲。別語不許出，行裾動遭牽。鄰州競招請，書札何翩翩。十月下桂嶺，乘寒恣窺緣。落落王員外，爭迎獲其先。自從入賓館，占悋久能專。吾徒頗被，接宿窮歡妍。聽說兩京事，分明皆眼前。縱横雜謠俗，瑣屑咸羅穿。材調眞可惜，朱丹在磨研。方將斂之道，且欲冠其顛。韶陽李太守，高步陵雲烟。得客輒忘食，開囊乞繒錢繒或作緡。手持南曹敘，字重青瑤鐫。古氣參彖繫，高標摧太玄。維舟事干謁，披讀頭風痊。還如舊相識還如或作頗似，傾壺暢幽悁。以此復留滯，歸驂幾時鞭。

又《送浮屠文暢師序》（《別本韓文考異》卷二〇） 人固有儒名而墨行者，問其名則是，校其行則非，可以與之游乎。如有墨名而儒行者，問之名則非，校其行而是，可以與之游乎。揚子雲稱在門牆則揮之，在夷狄則進之，吾取以爲法焉。浮屠師文暢喜文章，其周遊天下，凡有行必請於縉紳先生，以求咏歌其所志。貞元十九年春，將行東南，柳君宗元爲之請，解其裝，得所得敘詩累百餘篇。非至篤好，其何能致多如是邪。惜其無以聖人之道告之者，而徒舉浮屠之說贈焉。夫文暢浮屠也，如欲聞浮屠之說，當自就其師而問之，何故謁吾徒而來請也。彼見吾君臣父子之懿文物事爲之盛，其心有慕焉。拘其法而未能入，故樂聞其說而請之。如吾徒者，宜當告之以二帝三王之道，日月星辰之行，天地之所以著，鬼神之所以幽，人物之所以蕃，江河之所以流，而語之，不當又爲浮屠之說而瀆告之也。民之初生，固若禽獸然，聖人者立，然後知宮居而粒食，親親而尊尊，生者養而死者藏。是故道莫大乎仁義，教莫正乎禮樂刑政，施之於天下，萬物得其宜，措之於其躬，體安而氣平。堯以是傳之舜，舜以是傳之禹，禹以是傳之湯，湯以是傳之文武，文武以是傳之周公孔子，書之於冊，中國之人世守之。今浮屠者，孰爲而孰傳之邪。夫鳥俛而啄，仰而四顧，夫獸深居而簡出，懼物之爲已害也，猶且不脫焉，弱之肉，彊之食。今吾與文暢安居而暇食，優游以生死，與禽獸異者，寧可不知其所自邪。夫不知者，非其人之罪也。知而不爲者，惑也。悅乎故，不能即乎新者，弱也。知而不以告人者，不仁也。告而不以實者，不信也。余既重柳請，又嘉浮屠能喜文辭，於是乎言。

又《送高閑上人序》（《別本韓文考異》卷二一） 苟可以寓其巧智，使機應於心，不挫於氣，則神完而守固，雖外物至，不膠於心。堯舜禹湯治天下，養叔治射，庖丁治牛，師曠治音聲，扁鵲治病，僚之於丸，秋之於奕，伯倫之於酒，樂之終身不厭，奚暇外慕。夫外慕徙業者，皆不造其堂，不嚌其胾者也。往時張旭善草書，不治他伎，喜怒窘窮，憂悲愉佚，怨恨思慕，酣醉，無聊不平。有動於心，必於草書焉發之。觀於物，見山水崖谷，鳥獸蟲魚，草木之花實，日月列星，風雨水火，雷霆霹靂，歌舞戰鬬，天地事物之變，可喜可愕，一寓於書。故旭之書，變動猶鬼神，不可端倪，以此終其身，而名後世。今閑之於草書，有旭之心哉。不得其心而逐其跡，未見其能旭也。爲旭有道，利害必明，無遺錙銖，情炎於中，利欲鬬進，有得有喪，勃然不釋，然後一決於書，而後旭可幾也。今閑師浮屠氏，一死生，解外膠，是其爲心必泊然無所起，其於世必淡然無所嗜。泊與淡相遭，頹墮委靡，潰敗不可收拾，則其於書，得無象之，然乎。然吾聞浮屠人善幻，多技能，閑如通其術，則吾不能知矣。

又《弔武侍御所畫佛文》（《別本韓文考異》卷二三） 御史武君，當年喪其配，斂其遺服櫛珥鞶帨于篋，月旦十五日則一出而陳之，抱嬰兒以泣。有爲浮屠之法者，造武氏而諭之曰，是豈有益邪。吾師云人死則爲鬼，鬼且復爲人，隨所積善惡受報，環復不窮也。極西之方有佛焉，其土大樂西下或無之字，親戚姑能相爲圖，是佛而禮之，願其往生，莫不如意。武君憮然辭曰，吾儒者，其可以爲是。既又逢月旦十五日，復出其篋實而陳之，抱嬰兒以泣。且殆而悔曰，是眞何益也。吾不能了釋氏之信不，又安知其不果然乎。於是悉出其遺服櫛佩，合若干種，就浮屠師請圖前所謂佛者。浮屠師受而圖之。韓愈聞而弔之曰，哲哲兮目存，丁寧兮耳言。忽不見兮不聞，莽誰窮兮本源。圖西佛兮道予懃，以妄塞悲兮慰新魂。嗚呼奈何兮弔以茲文。

又《論佛骨表》（《別本韓文考異》卷三九） 臣某言，伏以佛者，夷狄之一法耳。自後漢時流入中國，上古未嘗有也。昔者黃帝在位百年，年百一十歲。少昊在位八十年，年百歲。顓頊在位七十九年，年九十八歲。帝嚳在位七十年，年百五歲。帝堯在位九十八年，年百一十八歲。帝舜及禹年皆百歲。此時天下太平，百姓安樂壽考，然而中國未有佛也。其後殷湯亦年百歲。湯孫太戊在位七十五年，武丁在位五十九年，書史不言其年壽。所極推其年數，蓋亦俱不減百歲。周文王年九十七歲，武王年九十三歲，穆王在位百年，此時佛法亦未入中國。非因事佛而致然也。漢明帝時始有佛法，明帝在位纔十八年耳。其後亂亡相繼，運祚不長。宋齊梁陳元魏已下，事佛漸謹，年代尤促。惟梁武帝在位四十八年，前後三度捨身施佛，宗廟之祭不用牲牢，晝日一食，止於菜果，其後竟爲侯景所逼，餓死臺城，國亦尋滅。事佛求福，乃更得禍。由此觀之，佛不足事亦可知矣。高祖始受隋禪，則議除之。當時羣臣材識不遠，不能深知先王之道，古今之宜，推闡聖明以救斯弊，其事遂止。臣常恨焉。伏惟睿聖文武皇帝陛下，神聖英武，數千百年已來未有倫比。即位之初，即不許度人爲僧尼道士，又不許創立寺觀，臣常以爲高祖之志，必行於陛下之手。今縱未能即行，豈可恣之轉令盛也。今聞陛下令羣僧迎佛骨於鳳翔，御樓以觀，舁入大內，又令諸寺遞迎供養，臣雖至愚，必知陛下不惑於佛，作此崇奉以祈福祥也。直以年豐人樂，徇人之心，爲京都士庶設詭異之觀，戲玩之具耳。安有聖明若此，而肯信此等事哉。然百姓愚冥，易惑難曉，苟見陛下如此，將謂眞心事佛。皆云天子大聖猶一心敬信，百姓何人，豈合更惜身命。焚頂燒指，百十爲羣。解衣散錢，自朝至暮。轉相倣傚，惟恐後時。老少奔波，棄其業次。若不即加禁遏，更歷諸寺，必有斷臂臠身以爲供養者。傷風敗俗，傳笑四方，非細事也。夫佛本夷狄之人，與中國言語不通，衣服殊製。口不言先王之法，言身不服先王之法服。不知君臣之義，父子之情。假如其身至今尚在，奉其國命來朝京師，陛下容而接之，不過宣政一見，禮賓一設，賜衣一襲，衛而出之於境，不令惑衆也。況其身死已久，枯朽之骨，凶穢之餘，豈宜令入宮禁。孔子曰，敬鬼神而遠之。古之諸侯行弔于其國，尚令巫祝先以桃茢祓除不祥，然後進弔。今無故取朽穢之物，親臨觀之。巫祝不先，桃茢不用，羣臣不言其非，御史不舉其失。臣實恥之。乞以此骨付之有司，投諸水火，永絕根本。斷天下之疑，絕後代之惑。使天下之人知大聖人之所作爲，出於尋常萬萬也。豈不盛哉。豈不快哉。佛如有靈，能作禍祟，凡有殃咎，宜加臣身。上天鑒臨，臣不怨悔。無任感激懇悃之至。謹奉表以聞。臣某誠惶誠恐。

又《與大顛師書》（《別本韓文考異·外集》卷二） 愈啟方無此二字。孟夏漸熱，惟道體安和熱下或有伏字。愈弊劣無謂，坐事貶官到此。久聞道德，切思見顏切杭作竊方據石本如此切乃懇切之意此下大率多從石本云。緣昨到來，未獲參謁。儻能暫垂見過，實爲多幸。已帖縣令，具人船奉迎。日久竚瞻，不宣。愈白。方據石無愈白字今據石本此下具銜姓名下云上顛師四月七日。

愈啟方無此二字。海上窮處，無與話言，側承道高，思獲披接，專輒有此咨屈。儻惠能降喻，非所敢望也惠字疑衍或下有然字而併在能字之下諸本及石本皆誤。至此一二日，卻歸高居，亦無不可。旦夕渴望，不宣。愈白。方據石本無愈白字今據石本與前書同但云六月初三日。

愈啟方無此二字。惠勻至，辱答問，珍悚無已。所示廣大深迥，非造次可諭。易大傳曰，書不盡言，言不盡意，然則聖人之意，其終不可得而見邪。如此而論，讀來一百遍一字疑衍，不如親見顏色，隨問而對之易了。此旬來晴明，旦夕不甚熱，倘能乘閒一訪，幸甚。旦夕馳望。愈聞道無疑滯，行止繫縛，苟非所戀著，則山林閒寂與城郭無異。大顛師論甚宏博，而必守山林，義不至城郭，自激修行，獨立空曠無累之地者，非通道也。勞於一來，安於所適，道故如是，不宣。愈頓首。方據石本無末三字今據石本與前二書同但云大顛禪師七月十五日不知韓公之於大顛既聞其語而爲禮益恭如此何也。

又《送浮屠令縱西遊序》（《別本韓文考異·外集》卷三） 其行異，其情同，君子與其進可也。令縱，釋氏之秀者，又善爲文，浮遊徜徉，跡接天下。藩維大臣，文武豪士，令縱未始不褰衣而負業，往造其門下。其有尊行美德，建功樹業，令縱從而爲之歌頌，典而不諛，麗而不淫。其有中古之遺風與。乘閒致密，促席接膝，譏評文章，商較人士，浩浩乎不窮，愔愔乎深而有歸。於是乎吾忘令縱之爲釋氏之子也。其來也雲凝，其去也風休。方懽而已辭，雖義而不求。吾於令縱不知其不可也。盍賦詩以道其行。

又《答張籍書》（《别本韓文考異・外集》卷一四）　愈始者望見吾子于衆人之中，固有異焉。及聆其音聲，接其辭氣，則有願交之志。因緣幸會，遂得所圖。豈惟吾子之不遺，抑僕之所遇有時焉耳。近者嘗有意吾子之闕焉無言，僕所以交之之道不至也。今乃大得所圖，脱然若沈痾去體，灑然若執熱者之濯清風也。然吾子所論，排釋老不若著書。囂囂多言，徒相爲訾。若僕之見，者則有異乎此也。夫所謂著書者，義止于辭耳。宣之于口，書之于簡，何擇焉。孟軻之書，非軻自著。軻既及其徒萬章公孫丑，相與記軻所言焉耳。僕自得聖人之道而誦之，排前二家有年矣。不知者以僕爲好辨也。然從而化之者亦有矣，聞而疑之者又有倍焉，頑然不入者，親以言諭之不入，則其觀吾書也，固將無所得矣。爲此而止，吾豈有愛于力乎哉。然有一說。化當世莫若口，傳來世莫若書。又懼吾力之未至，至之不能也。三十而立，四十而不惑。吾于聖人既過之，猶懼不及，矧今未至，固有所未至耳。請待五六十，然後爲之。冀其少過也。吾子又譏吾與人之爲無實駁雜之說，此吾所以爲戲耳。比之酒色，不有間乎。吾子譏之，似同浴而譏裸裎也。若商論不能下氣，或似有之。當更思而悔之耳。博塞之譏，敢不承教。其他俟相見薄晚，須到公府。言不能盡。愈再拜。

又《重答張籍書》　吾子不以愈無似意，欲推而納諸聖賢之域，拂其邪心，增其所未高，謂愈之質有可以至于道者，浚其源導其所歸，溉其根將食其實，此盛德者之所辭讓，況于愈者哉。抑其中有宜復者，故不可遂已。昔者聖人之作春秋也，既深其文辭矣，然猶不敢公傳道之口，授弟子至于後世，然後其書出焉。其所以慮患之道微也。今夫二氏之所宗而事之者，下及公卿輔相，吾豈敢昌言排之哉。擇其可語者誨之，猶時與吾悖，其聲譊譊。若遂成其書，則見而怒之者必多矣。必且以我爲狂爲惑。其身之不能恤，書于吾何有。夫子，聖人也。且曰吾自得子路，而惡聲不入于耳。其餘輔而相者周天下，猶且絶糧于陳，畏于匡，毀于叔孫，奔走于齊魯宋衛之郊。其道雖尊，其窮也亦甚矣。賴其徒相與守之，卒有立于天下。向使獨言之而獨書之，其存也可冀乎。今夫二氏行乎中土也，蓋六百年有餘矣。其植根固，其流波漫，非所以朝令而夕禁也。自文王沒，武王周公成康相與守之，禮樂皆在。及至乎夫子未久也，自夫子而至乎孟子未久也，自孟子而至乎揚雄亦未久也。然猶其勤若此，其困若此，而後能有所立。吾其可易而爲之哉。其爲也易，則其傳也不遠。故余所以不敢也。然觀古人得其時而行其道，則無所爲書。爲書者，皆所爲不行乎今而行乎後者也。今吾之得吾志失吾志未可知，則俟五六十爲之，未失也。天不欲使茲人有知乎，則吾之命不可期。如使茲人有知乎，非我其誰哉。其行道，其爲書，其化今，其傳後，必有在矣。吾子其何遽戚戚于吾所爲哉。前書謂吾與人商論，不能下氣，若好已勝者。然雖誠有之，抑非好已勝也。好已之道勝也。已之道，乃夫子孟軻揚雄之所傳之道也。若不勝，則無所爲道，吾豈敢避是名哉。夫子之言曰，吾與回言，終日不違如愚。則其與衆人辨也有矣。駁雜之譏，前書盡之。吾子其復之。昔者夫子猶有所戲。詩不云乎，善戲謔兮，不爲虐兮。記曰，張而不弛，文王不爲也。豈害于爲道哉。吾子其未之思乎。孟君將有所適，思與吾子別，庶幾一來。愈再拜。

柳宗元《曹溪第六祖賜謚大鑒禪師碑》（《柳河東集》卷六）　扶風公廉問嶺南三年，以佛氏第六祖未有稱號，疏聞于上，詔謚大鑒禪師，塔曰靈照之塔。元和十年十月十三日，下尚書祠部符到都府，公命部吏洎州司功掾告于其祠。幢蓋鍾鼓，增山盈谷，萬人咸會，若聞鬼神。其時學者千有餘人，莫不欣踴奮厲，如師復生，則又感悼涕慕，如師始亡。因言曰，自有生物，則好鬭奪相賊殺，會其本實，誖乖淫流，莫克返于初。孔子無大位，沒以餘言持世，更楊墨黄老益雜，其術分裂，而吾浮圖說後出，推離還源，合所謂生而靜者。梁氏好作有爲，師達摩譏之，空術益顯。六傳至大鑒。大鑒始以能勞苦服役，聽其言，言希以究，師用感動，遂受信具，遁隱南海上，人無聞知。又十六年，度其可行，乃居曹溪爲人師，會學去來嘗數千人。其道以無爲爲有，以空洞爲實，以廣大不蕩爲歸。其教人始以性善，終以性善，不假耘鉏，本其靜矣。中宗聞名，使幸臣再徵，不能致，取其言以爲心術。其說具在，今布天下，凡言禪皆本曹溪。大鑒去世百有六年，凡治廣部而以名聞者以十數，莫能揭其號。乃今始告天子，得大謚。豐佐吾道，其可無辭。公始立朝，以儒重，刺虔州，都護安南，由海中大蠻夷連身毒之西，浮舶聽命，咸被公德。受旂纛節戟，來莅南海，屬國如林，不殺不怒，人畏無噩。允克光於有仁，昭列大鑒，莫如公宜。其徒之老，乃易石于宇下，使來謁辭。其辭曰：

達摩乾乾，傳佛語心。六承其授，大鑒是臨。勞勤專默，終揖于深。抱其信器，行海之陰。其道爰施，在溪之曹。龐合猥附，不夷其高。傳告咸陳，惟道之褒。生而性善，在物而具。荒流奔軼，乃萬其趣。匪思愈亂，匪覺滋誤。由師內鑒，咸獲于素。不植乎根，不耘乎苗。中一外融，有粹孔昭。在帝中宗，聘言於朝。陰翊王度，俾人逍遙。越百有六祀，號諡不紀。由扶風公，告今天子。尙書既復，大行乃誄。光于南土，其法再起。厥徒萬億，同悼齊喜。惟師教所被，洎扶風公所履。咸戴天子，天子休命。嘉公德美，溢于海夷。浮圖是視，師以仁傳。公以仁理，謁辭圖堅。永胤不已。

又《南岳彌陁和尙碑》 在代宗時，有僧法照爲國師，乃言其師南岳大長老有異德。天子南嚮而禮焉，度其道不可徵，乃名其居曰般舟道場，用尊其位。公始居山西南巖石之下，人遺之食則食，不遺則食土泥，茹草木。其取衣類是。南極海裔，北自幽都來求厥道，或值之崖谷，羸形垢面，躬負薪樵，以爲僕役而媟之，乃公也。凡化人，立中道而教之權，俾得以疾至。故示專念，書塗巷，刻谿谷，丕勤誘掖，以援于下。不求而道備，不言而物成。人皆負布帛，斬木石，委之巖戶，不拒不營，祠宇既具，以洎于德宗，申詔褒立，是爲彌陁寺。施之餘則與餓疾者，不尸其功。公始學成都唐公，次資川詵公，詵公學于東山忍公，皆有道。至荆州，進學玉泉眞公，眞公授公以衡山，俾爲教魁，人從而化者以萬計。初，法照居廬山，由正定趣安樂國，見蒙惡衣侍佛者，佛告曰，此衡山承遠也。出而求之，肖焉，乃從而學。傳教天下，由公之訓。公爲僧凡五十六年，其壽九十一。貞元十八年七月十九日，終于寺。葬于寺之南岡，刻石于寺大門之右。銘曰：

一氣迴薄茫無窮，其上無初下無終。離而爲合蔽而通，始末或異今焉同。虛無混冥道乃融，聖神無跡示教功。公之率衆峻以容，公之立誠放其中放本或作教。服庇草木蔽穹隆，仰攀俯取食以充。形遊無極交大雄，天子稽首師順風。四方奔走雲之從，經始尋尺成靈宮。始自蜀道至臨洪，咨謀往復窮眞宗。子弟傳教國師公，化流萬億代所崇。奉公寓形於南岡，幼曰弘願惟孝恭。立之茲石書玄蹤。

又《岳州聖安寺無姓和尙碑》 維某年月日，岳州大和尙終於聖安寺。凡爲僧若干年，年若干。有名無姓，世莫知其閭里宗族所設施者。有問焉，而以告曰，性吾姓也。其原無初，其冑無終，承于釋師，以系道本。吾無姓耶。法劍云者，我名也。實且不有，名惡乎存。吾有名耶。性海吾鄉也，法界吾宇也，戒爲之墉，惠爲之戶，以守則固，以居則安。吾閭里不具乎。度門道品，其數無極，菩薩大士，其衆無涯，吾與之戚而不吾異也。吾宗族不大乎。其道可聞者如此。而止讀《法華經》《金剛般若經》，數逾千萬。或譏以有爲，曰，吾未嘗作。

嗚呼。佛道逾遠，異端競起，唯天台大師爲得其說。和尙紹承本統，以順中道，凡受教者，不失其宗。生物流動，趣向混亂，惟極樂正路爲得其歸。和尙勤求端愨，以成至願，凡聽信者，不惑其道。或譏以有跡，曰，吾未嘗行。始居房州龍興寺，中徙居是州，作道場於楞伽北峯，不越閫者五十祀。和尙凡所嚴事，皆世高德。始出家事而依者，曰卓然師，居南陽立山，葬岳州。就受戒者，曰道顯師，居荆州。弟子之首曰懷遠師，居長沙安國寺，爲南岳戒法。歲來侍師，會其終，遂以某日葬於卓然師塔東若干步。銘曰：

道本於一，離爲異門。以性爲姓，乃歸其根。無名而名，師教是尊。假以示物，非吾所存。大鄉不居，大族不親。淵懿內朗，沖虛外仁。聖有遺言，是究是勤。惟動惟默，逝如浮雲。教久益微，世罕究陳。爰有大智，出其眞門。師以顯示，俾民惟新。情動生變，物由湮淪。爰授樂國，參乎化原。師以誘導，俾民不昏。道用不作，神行無迹。晦明俱如，生死偕寂。法付後學，施之無斁。葬從我師，無忘眞宅。薦是昭銘，刻茲貞石。

又《龍安海禪師碑》 佛之生也，遠中國僅二萬里。其沒也，距今茲僅二千歲。故傳道益微，而言禪最病。拘則泥乎物，誕則離乎眞，眞離而誕益勝。故今之空愚一作空空愚夫失惑縱傲自我者，皆誣禪以亂其教，冒于囂昏，放于淫荒。其異是者，長沙之南曰龍安師。師之言曰，由迦葉至師子，二十三世而離，離而爲達摩。由達摩至忍，五世而益離，離而爲秀爲能。南北相訾，反戾鬬狠，其道遂隱。嗚呼。吾將合焉。且世之傳書者，皆馬鳴龍樹道也。二師之道，其書具存。徵其書，合於志，可以不慁。於是北學於惠隱，南求於馬素，咸黜其異，以蹈乎中，乖離而愈同，空洞而益實，作《安禪通明論》。推一而適萬，則事無非眞，混萬而歸一，則眞無非事。推而未嘗推，故無適，混而未嘗混，故無歸。塊然趣定，至于旬時，是之謂施用。茫然同俗，極乎流動，是之謂眞常。居長沙在定十四日，人即其處而成室宇，遂爲寶應寺。去於湘之西，人又從之，負大木，礱密石，以益其居，又爲龍安寺焉。尚書裴公某、李公某，侍郎呂公某、楊公某，御史中丞房公某，咸尊師之道，執弟子禮。凡年八十一，爲僧五十三朞。元和三年二月九日而沒。其弟子玄覺洎懷直浩初等，狀其師之行，謁余爲碑。曰，師周姓，如海名也。世爲士。父曰擇交，同州錄事參軍。叔曰擇從，尚書禮部侍郎。師始爲釋，其父奪之志使仕，至成都主簿，不樂也。天寶之亂，復其初心。嘗居京師西明寺，又居岣嶁山，終龍安寺，葬其原。銘曰：

浮圖之修，其奧爲禪。殊區異世，誰得其傳。遁隱乖離，浮游散遷。莫徵旁行，徒聽浮言。空有互鬬，南北相殘。誰其會之，楚有龍安。龍安之德，惟覺是則。苞并絕異，表正失惑。貌昧形靜，功流無極。動言有爲，彌寂而默。祠廟之嚴，我居不飾。貴賤之來，我道無得。逝耶匪追，至耶誰抑。惟世之幾，惟道之微。既陳而明，乃去而歸。象物徒設，眞源無依。後學誰師，嗚呼茲碑。

南嶽雲峯寺和尚碑（《柳河東集注》卷七） 乾元元年某月日，皇帝曰，予欲俾慈仁怡愉，洽于生人，惟浮圖道允迪。乃命五嶽，求厥元德，以儀于下。惟茲嶽上于尚書。其首曰雲峯大師法證，凡莅事五十年，貞元十七年乃沒。其徒曰詮曰遠曰振曰巽曰素，凡三千餘人。其長老咸來言曰，吾師軌行峻特，器宇弘大。有來受律者，吾師示之以尊嚴整齊，明列義類，而人知其所不爲。有來求道者，吾師示之以高廣通達，一其空有，而人知其所必至。元臣碩老，稽首受教，髫童毀齒，踴躍執役。故從吾師之命而度者，凡五萬人。吾師冬不燠裘，飢不豐食。每歲會其類讀羣經，俾聖言畢出，有以見其大。又率其仵，伐木蕈土，作佛塔廟洎經典，俾象法益廣，有以見其用。將沒，告門人曰，吾自始學至去世，未嘗有作焉。然後知其動無不虛，靜無不爲，生而未始來，歿而未始往也（二而字下或有知字）。其道備矣，願刻山石，知教之所以大。其詞曰：

師之教，尊嚴有耀，恭天子之詔，維大中以告，後學是効。師之德，簡峻淵默，柔惠以直，渙焉而不積，同焉而皆得，茲道惟則。師之功，勤勞以庸，維奧祕必通，以興祠宮，遐邇攸從。師之族，由虢而郭，世德有奕，從佛于釋。師之壽，七十有八，惟終始罔缺。丕冒遺烈，厥徒蒸蒸，維大教是膺，維憲言是徵。溥博恢弘，如川之增，如雲之興，如嶽之不崩，終古其承之。

又《南嶽雲峯和尚塔銘》 雲峯和尚，族郭氏，號法證。爲竺乾道五十有七年，年七十有八。貞元十七年九月十七日終，十月二十七日葬。凡度學者五萬人，（一有爲字）弟子者三千人。色厲而仁，行峻而周，道廣而不尤，功多而不有，毅然居山之北峯，以爲儀表。世之所謂賢人大臣者，至南方，咸所嚴事。由其內者，聞大師之言律義，莫不震動悼懼，如聽誓命。由其外者，聞大師之稱道要，莫不悽欷欣踴，如獲肆宥。故時推人師，則專其首，詔求教宗，則冠其位。披山伐木，崇構法宇，則地得其勝。捐衣去食，廣閱羣經，則理得其深。其道實勤，而心無求。自大師化去，教亦隨喪。嗚呼。大師之葬，門人慕號，長老愁痛，遂相與以爲茲塔。礱石峻整，植木蓊茂，凡衡山無爲比者，然而未有能紀其事。余既與大乘師重巽遊，巽其徒也，亟爲余言，故爲其銘。銘曰

苞元極兮韜大方，威而仁兮幽以光。行峻潔兮貌齋莊，氣混溟兮德洋洋。演大律兮離毫芒，度羣有兮耀柔剛。棟宇立兮像法彰，文字闡兮聖言揚。詔褒列兮宅南方，道之廣兮用其常。後是式兮宜久長，閟靈室兮記崇岡。即元石兮垂文章，學者慕兮哀無疆。

又《南嶽般舟和尚第二碑》 佛法至于衡山及津大師，始修起律敎，由其壇場而出者，爲得正法。其大弟子曰日悟和尚，盡得師之道，次補其處爲浮圖者宗。世家于零陵，蔣姓也。和尚心大而行密，體卑而道尊，以爲由定發惠，必用毗尼爲之室宇，遂執業於東林恩大師，究觀祕義。乃歸傳教，不視文字，懸判深微，登壇莅事。度比丘衆，凡歲千人者三十有七，而道不慁。以爲去凡即聖，必以三昧爲之軌道，遂服勤於紫霄遠大師，修明要奧，得以觀佛，浩入性海。洞開眞源，道場專精，長跪右遶，不衡不倚（石碑本洞作廓无長跪及不衡字），凡七日者百有二十，而志不衰。

初，開元中詔定制度，師乃居本郡龍興寺。肅宗制天下名山置大德七人，兹嶽尤重，推擇居首。師乃即崇嶺，是作精室，闢林莽碑本闢作斬，剞巖巒，殿舍宏大，廊廡修直。不命而獻力，不祈而薦貨。凡南方人顯念佛三昧者，必由於是，命曰般舟臺焉。和尚生十三年而始出家，又九年而受具戒，又十年而處壇場石本處作居，又三十七年而當貞元二十年正月十七日，化于兹室。嗚呼。無得而修，故念爲實相，不取於法，故律爲大乘。壞衣不飾，揣食不味。覆薦服役，凡出於生物者，擯而勿用，不自知其慈。攝取調御，凡歸於正眞者，動而成羣，不自知其教。萬行方厲，一性恆如，寂用之涯，不可得也。有弟子曰景秀，嗣居法會，欲廣其師之德，延于罔極。故申明陳辭，俾刊之兹碑。銘曰：

像教南被，及津而尊。威儀有嚴，載闢其門。吾師是嗣，增濬道源。度衆逾廣，大明羣昏。乃興毗尼，微密是論。八萬總結，彰于一言。聲聞熙熙，遐邇來奔。如木既拔，有植其根。乃法般舟，奧妙斯存。百億冥會，覲于化元。同道祁祁，功庸以敦。如水斯壅，流之無垠。帝求人師，登我先覺。赫矣明命，表兹靈嶽。于彼南阜，齋宮爰作。負揭致貨，時靡要約。袒奮程力，不呼而諾。是刈是鑿，既塗既斲。層構孔碩，以延後學。出不牛馬，服不絮帛。匪安其粥，亦菲其食。勤而不勞，在用恆寂。縱而不傲，在捨恆得。洪融混合，孰究其跡。懿兹遺光，式是嘉則。容貌往矣，軌儀無極。其徒追思，賡薦兹石。

又《大明和尚碑》　儒以禮立仁義，無之則壞，佛以律持定慧，去之則喪。是故離禮於仁義者，不可與言儒，異律於定慧者，不可與言佛。達是道者，惟大明師。師姓歐陽氏，號曰惠開。唐開元二十一年始生，天寶十一載始爲浮圖，大歷十一年始登壇爲大律師，貞元十三年十一月十一日卒。元和九年正月，其弟子懷信道嵩尼無染等，命高道僧靈嶼爲行狀，列其行事，願刊之兹碑。宗元今掇其大者言曰，師先因官，世家潭州爲大姓，有勳烈爵位，今不言，大浮圖也。凡浮圖之道衰，其徒必小律而去經，大明恐焉。於是從峻洎侃，以究戒律，而大法以立。又從秀洎昱，以通經教，而奧義以修。由是二道出入隱顯，從學以不惑，來求以有得。廣德二年，始立大明寺于衡山，詔選居寺僧二十一人，師爲之首。乾元元年，又命衡山立毗尼藏，詔選講律僧七人，師應其數。凡其衣服器用，動有師法，言語行止，皆爲物軌。執巾匜奉杖屨爲侍者數百，剪髮髦被教戒爲學者數萬。得衆若獨，居尊若卑，晦而光，介而大，灝灝焉無以加也。其塔在祝融峯西趾下，碑在塔東。其辭曰：

儒以禮行，覺以律興。一歸眞源，無大小乘。大明之律，是定是慧。丕窮經教，爲法出世。化人無疆，垂裕無際。詔尊碩德，威儀有繼。道徧大洲，徽音勿替。祝融西麓，洞庭南裔。金石刻辭，彌億千歲。

碑陰

凡葬大浮圖無竁穴，其用於碑不宜。然昔之公室，禮得用碑以葬，其後子孫因而不去，遂銘德行，用圖久於世。及秦刻山石，號其功德，亦謂之碑，而其用遂行。然則，雖浮圖亦宜也。凡葬大浮圖，其徒廣則能爲碑。晉宋尚法，故爲碑者多法，梁尚禪，故碑多禪。法不周施，禪不大行，而律存焉。故近世碑多律。凡葬大浮圖，未嘗有比丘尼主碑事。今惟無染實來，涕淚以求，其志益堅，又能言其師他德尤備，故書之碑陰。師凡主戒事二十二年，宰相齊公映、李公泌、趙公憬，尚書曹王皋、裴公胄，侍郎令狐公峘，或師或友，齊親執經受大義爲弟子。又言師始爲童時，夢大人縞冠素舄來告曰，居南嶽大吾道者，必爾也，已而信然。將終，夜有光明笙磬之音，衆咸見聞。若是類甚衆，以儒者所不道，而無染勤以爲請，故末傳焉。無染，韋氏女，世顯貴，今主衡山戒法。

又《衡山中院大律師塔銘》　衡山中院大律師曰希操，沒年五十七。既沒二十七年，其大弟子誡盈，奉公之遺事，願銘塔石。公咎姓，凡去儒爲釋者三十一祀，掌律度衆者二十六會。南尼戒法壞而復正，由公而大興。衡岳佛寺毀而再成，由公而丕變。故當世之士若李丞相泌，道未嘗屈，覩公而稽首，尊之不名。出世之士若石廪公、瓚公，言未嘗形，遇公而歎息，推以護法。是以建功之始，則震雷大風示其兆，滅跡之際，則隕星黑祲告其期，斯爲神怪，不可度已。故其與物大同，終始無爭，受學之衆，他莫能偕也。凡所受教，若華嚴照公、蘭若眞公、荊州至公、律公，皆大士。凡所授教，若惟瑗、道郢、靈幹、惟正、恵常、誡盈，皆聞人。嗚呼，始終哉。爲之銘曰：

首有承兮卒有傳，革大訛兮持法權。衆之至兮志益虔，雷發兆兮功已宣。星告妖兮壽不延，靈變化兮迎大仙。礱兹石兮垂萬年，世有壞兮德無遷。

又《尊勝幢贊并序》（《柳河東集注》卷一九） 以佛之爲尊而尊是法，嚴之於頂，其爲最勝宜也。既尊而勝矣，其爲拔濟尤大。塵飛而災去，影及而福至。睦州於是誠焉不疑。礱石六觚，其長半尋，乃篆乃刻，立之爲福馬孺人之墓。孺人之生，奉佛道未嘗敢怠。今既没，睦州又成其志，擇最勝且尊之道，文之於石，以延其休。則其生佛所得佛道，宜無疑也。贊曰：

世所尊兮又尊道，勝無上兮以爲寶。拔大苦兮升至眞，靈合賛兮神而神。駕元氣兮濟玄津，誰爲友兮上品人。德無已兮石無磷，延永世兮奠坤垠。靈受福兮公之勤。

又《送方及師序》（《柳河東集注》卷二五） 代之游民，學文章不能秀發者，則假浮圖之形以爲高。其學浮圖不能願慤者，則又託文章之流以爲放。以故爲文章浮圖，率皆縱誕亂雜，世亦寬而不誅。今有方及師者獨不然。處其伍，介然不踰節，交於物，冲然不苟狎。遇達士述作，手輒繕錄復習而不懈。行其法，不以自怠，至於踐青折萌，汎席灌手，雖小教戒，未嘗肆其心。是故異夫假託爲者也。薛道州劉連州，文儒之擇也，館焉而備其敬，歌焉而致其辭，夫豈貸而濫歟。余用是得不繫其說，以告于他好事者。

又《送文暢上人登五臺遂游河朔序》 昔之桑門上首，好與賢士大夫游。晉宋以來，有道林、道安、遠法師、休上人，其所與游，則謝安石、王逸少、習鑿齒、謝靈運、鮑昭之徒，皆時之選。由是眞乘法印，與儒典並用，而人知嚮方。今有釋文暢者，道源生知，善根宿植，深嗜法語，忘甘露之味，服道江表，蓋三十年。謂王城雄都，宜有大士，遂躡虛而西，驅錫逾紀，而秦人蒙利者益衆。雲代之間有靈山焉，與竺乾鷲嶺，角立相望，而往解脱者，去來回復，如在步武，則勤求祕寶，作禮大聖，非此地莫可。故又捨筏西土，振塵朔陲，將欲與文殊不二之會，脱去穢累，超詣覺路，吾徒不得而留也。天官顧公、夏官韓公、廷尉鄭公、吏部郎中楊公、劉公，有安石之德，逸少之高，鑿齒之才，皆厚於上人，而襲其道風，佇立瞻望，懼往而不返也。吾輩常希靈運、明遠之文雅，故詩而序之。又從而諭之曰，今燕魏趙代之間，天子分命重臣，典司方岳，辟用文儒之士，以緣飾政令，服勤聖人之教，尊禮浮圖之事者，比比有焉。上人之往也，將統合儒釋，宣滌凝滯，然後蔑衣裓之贈，委財施之會不顧矣。其來也，盍亦徵其歌詩，以焜耀迴躅偉長德璉之述作，豈擅重千祀哉。庶欲切觀風之職而知鄭重耳。

又《送巽上人赴中丞叔父召序》 或問宗元曰，悉矣子之得於巽上人也，其道果何如哉。對曰，吾自幼好佛一作學佛，求其道積三十年，世之言者罕能通其說，於零陵吾獨有得焉。且佛之言，吾不可得而聞之矣。其存於世者，獨遺其書，不於其書而求之，則無以得其言。言且不可得，況其意乎。今是上人窮其書，得其言，論其意，推而大之，逾萬言而不煩，摠而括之，立片辭而不遺。與夫世之析章句、徵文字、言至虛之極，則蕩而失守，辯群有之夥，則泥而皆存者，其不以遠乎。以吾所聞知，凡世之善言佛者，於吳則惠誠師，荆則海雲師，楚之南則重巽師。師之言存，則佛之道不遠矣。惠誠師已死，今之言佛者加少。其由儒而通者，鄭中書洎孟常州。中書見上人，執經而師受，且曰，於中道吾得以益達。常州之言曰，從佛法生，得佛法分。皆以師友命之。今連帥中丞公具舟來迎，飾館而俟，欲其道之行於遠也。夫豈徒然哉。以中丞公之直清嚴重，中書之辯博，常州之敏達，且猶宗重其道，況若吾之昧昧者乎。夫衆人之和，由大人之倡。洞庭之南竟南海，其土汪汪也土一作士，求道者之多半天下一有而字，一唱而大行於遠者一本作焉字。是行有之，則和焉者，將若居蟄之有雷居一作羣不可止也。於是書，以爲巽上人赴中丞叔父召序。

又《送僧浩初序》 儒者韓退之與余善，嘗病余嗜浮圖言，訾余與浮圖遊。近隴西李生礎自東都來，退之又寓書罪余。且曰，見送元生序，不斥浮圖。浮圖誠有不可斥者，往往與《易》《論語》合，誠樂之。其於性情奭然不與孔子異道。退之好儒，未能過揚子。揚子之書，於莊墨申韓，皆有取焉，浮圖者反不及莊墨申韓之怪僻險賊耶。曰以其夷也，果不信道而斥焉以夷，則將友惡來盜跖，而賤季札由余乎。非所謂去名求實者矣。吾之所取者，與《易》《論語》合，雖聖人復生，不可得而斥也。退之所罪者其迹也。曰髡而緇，無夫婦父子，不爲耕農蠶桑而活乎人，若是，雖吾亦不樂也。退之忿其外而遺其中，是知石而不知韞玉也。吾之所以嗜浮圖之言以此。與其人游者，非必能通其言也。且凡爲其道者，不愛官，不手能，樂山水而嗜閑安者爲多。吾病世之逐逐然，唯印組爲務，以相軋也，則舍是其焉從。吾之好與浮圖遊以此。今浩初閑其性，安其情，讀其書通《易》《論語》，唯山水之樂，有文而文之。又父子咸爲其道以養而居，泊焉而無求，則其賢於爲莊墨申韓之言，而逐逐然唯印組爲務以相軋者，其亦遠矣。李生礎與浩初又善，今之往也，以吾言示之。因北人寓退之，視何如也。

又《送元暠師序》 中山劉禹錫，明信人也。不知人之實，未嘗言，言未嘗不讎。元暠師居武陵，有年數矣。與劉遊久且暱，持其詩與引而來。余視之，申申其言，勤勤其思，其爲知而言也信矣。余觀近世之爲釋者，或不知其道，則去孝以爲達，遺情以貴虛。今元暠衣粗而食菲，病心而墨貌，以其先人之葬，未返其土，無他族屬以移其哀，行求仁者以冀終其心，勤而爲逸，遠而爲近，斯蓋釋之知道者歟。釋之書有《大報恩》十篇，咸言由孝而極其業。世之蕩誕慢訑者，雖爲其道而好違其書。於元暠師，吾見其不違，且與儒合也。元暠，陶氏子，其上爲通侯，爲高士，爲儒先一本下有生字，一本下有賢字，謂晉陶潛。資其儒，故不敢忘孝，跡其高，故爲釋，承其侯，故能與達者遊。其來而從吾也，觀其爲人，益見劉之明且信，故又與之言，重叙其事。

又《送琛上人南遊序》 佛之跡，去乎世久矣。其留而存者，佛之言也。言之著者爲經，翼而成之者爲論。其流而來者，百不能一焉，然而其道則備矣。法之至，莫尚乎般若，經之大，莫極乎《涅槃》經一本作道。世之上士，將欲由是以入者，非取乎經論則悖矣。而今之言禪者，有流盪舛誤，迭相師用，妄取空語，而脫略方便，顛倒眞實，以陷乎己，而又陷乎人。又有能言體而不及用者，不知二者之不可斯須離也。離之外矣，是世之所大患也。吾琛則不然，觀經得般若之義，讀論悅三觀之理，晝夜服習而身行之。有來求者，則爲講說，從而化者，皆知佛之爲大，法之爲廣，菩薩大士之爲雄，修而行之者爲空，蕩而無之者爲礙。夫然，則與夫增上慢者異矣。異乎是而免斯名者，吾無有也。將以廣其道而被於遠，故好遊。自京師而來，又南出乎桂林，未知其極也。吾病世之傲逸者，嗜乎彼而不求此，故爲之言。

又《送璿上人歸淮南觀省序》 金僊氏之道，蓋本於孝敬，而後積以衆德，歸於空無。其敷演教戒於中國者，離爲異門，曰禪、曰法、曰律，以誘掖迷濁，世用宗奉。其有修整觀行，尊嚴法容，以儀範于後學者，以爲持律之宗焉。上人窮討秘義，發明上乘，奉威儀三千，雖造次必備。嘗以此道宣於江湖之人，江湖之人悅其風而受其賜，攀慈航望彼岸者，蓋千百計。天子聞之，徵至闕下，御大明祕殿以問焉。導揚本教，頗甚稱旨，京師士衆，方且翹然仰大雲之澤以植德本。而上人不勝顧復之恩，退懷省侍之禮，懇迫上乞，遂無以奪。由是杖錫東顧，振衣晨征。右司員外郎劉公，深明世典，通達釋教，與上人爲方外遊，始榮其至。今惜其去，於是合郎署之友，詩以貺之，退使孺子執簡而序之。因繫其辭曰：上人專於律行，恆久彌固，其儀刑後學者歟。誨于生靈，觸類蒙福，其積衆德者歟。覲于高堂，視遠如邇，其本孝敬者歟。若然者，是將心歸空無，捨筏登地，固何從而識之乎。古之贈禮，必以輕先重，故鄭商之犒先乘韋，魯侯之贈後吳鼎。今餞詩之重，皆衆吳鼎也，故乘韋之比得序而先之。且曰由禮，而不敢讓焉。

又《送玄舉歸幽泉寺序》 佛之道大而多容，凡有志乎物外而耻制於世者，則思入焉。故有貌而不心，名而異行，剛狷以離偶，紆舒以縱獨，其狀類不一一有也字。而皆童髮毀服以游於世，其孰能知之。今所謂玄舉者，其視瞻容體，未必盡思跡佛，而持詩句以來求余，夫豈耻制於世而有志於物外者耶。夫道獨而跡狎則怨，志遂而形羈則泥。幽泉山，山之幽也。閑其志而由其道，以遯而樂，足以去二患，捨是又何爲耶。既曰爲余來，故於其去不可以不告也。

又《永州龍興寺息壤記》（《柳河東集注》卷二八） 永州龍興寺東北陬有堂，堂之地隆然負墉甓而起者，廣四步，高一尺五寸。始之爲堂也，夷之而又高，凡持鍤者盡死。永州居楚越間，其人鬼且禨，由是寺之人皆神之，人莫敢夷。《史記·天官書》及漢志有地長之占，而亡其說。甘戊盟息壤，蓋其地有是類也。昔之異書，有記洪水滔天，鯀竊帝之息壤以堙洪水，帝乃令祝融殺鯀于羽郊，其言不經見。今是土也，夷之者不幸而死，豈帝之所愛耶。南方多疫，勞者先死，則彼持鍤者，其死於勞且疫也。土烏能神。余恐學者之至於斯，徵是言而唯異書之信，故記于堂上。

又《永州龍興寺東丘記》 游之適大率有二，曠如也，奥如也，如斯而已。其地之凌阻峭，出幽鬱，寥廓悠長，則於曠宜，抵丘垤，伏灌莽，迫遽迴合，則於奥宜。因其曠，雖增以崇臺延閣，迴環日星，臨瞰風雨，不可病其敞也。因其奥，雖增以茂樹藂石，穹若洞谷，蓊若林麓，不可病其邃也。今所謂東丘者，奥之宜者也。其始龕之外弃地，余得而合焉，以屬於堂之北垂。凡坳窪坻岸之狀，無廢其故，屏以密竹，聯以曲梁，桂檜松杉楩柟之植，幾三百本，嘉卉美石又經緯之，俛入綠縟，幽蔭薈蔚，步武錯迕，不知所出。溫風不爍，清氣自至，水亭陿室，曲有奥趣。然而至焉者，往往以邃爲病。噫，龍興，永之佳寺也。登高殿可以望南極，闢大門可以瞰湘流，若是其曠也。而於是小丘，又將披而攘之。則吾所謂游有二者，無乃闕焉而喪其地之宜乎。丘之幽幽，可以處休，丘之窅窅，可以觀妙。溽暑遁去，茲丘之下，大和不遷，茲丘之巔。奥乎茲丘，孰從我游。余無召公之德，懼翦伐之及也。故書以祈後君子。

又《永州法華寺新作西亭記》 法華寺居永州地最高，有僧曰覺照，照居寺西廡下。廡之外有大竹數萬，又其外山形下絕，然而薪蒸篠蕩，蒙雜擁蔽。吾意伐而除之，必將有見焉。照謂余曰，是其下有陂池芙蕖，申以湘水之流，衆山之會，果去是，其見遠矣。遂命僕人持刀斧，羣而翦焉。叢莽下頽，萬類皆出，曠焉茫焉，天爲之益高，地爲之加闢，丘陵山谷之峻，江湖地澤之大，咸若有增廣之者。夫其地之奇，必以遺乎後，不可曠也。余時謫爲州司馬，官外常員一本外字下有乎字。子厚永貞元年貶永州司馬員外置同正員，而心得無事，乃取官之祿秩以爲其亭。其高且廣，蓋方丈者二焉。或異照之居於斯，而不蚤爲是也。余謂昔之上人者，不起宴坐，足以觀於空色之實，而游乎物之終始，其照也逾寂，其覺也逾有。然則嚮之礙之者爲果礙耶，今之闢之者爲果闢耶。彼所謂覺而照者，吾詎知其不由是道也。豈若吾族之挈挈於通塞一本有乎字有無之方以自狹耶。或曰，然則宜書之。乃書于石。

又《永州龍興寺西軒記》 永貞年，余名在黨人，不容於尚書省，出爲邵州，道貶永州司馬。至則無以爲居，居龍興寺西序之下。余知釋氏之道且久，固所願也。然余所庇之屋甚隱蔽，其戶北向，居昧昧也。寺之居，於是州爲高。西序之西，屬當大江之流，江之外山谷林麓甚衆，於是鑿西牖以爲戶。戶之外爲軒，以臨羣木之杪，無所不矚焉。不徙席，不運几，而得大觀。夫室，嚮者之室也。席與几，嚮者之處也。嚮也昧而今也顯，豈異物耶。因悟夫佛之道，可以轉惑見爲眞智，即羣迷爲正覺，捨大闇爲光明。夫性豈異物耶。孰能爲余鑿大昏之墉，闢靈照之戶，廣應物之軒者，吾將與爲徒。遂書爲二，其一志諸戶外，其一以貽巽上人焉。

又《柳州復大雲寺記》 越人信祥而易殺，傲化而偭仁，病且憂，則聚巫師用雞卜。始則殺小牲，不可則殺中牲，又不可則殺大牲，而又不可，則訣親戚，飭死事。曰，神不直我，已矣一本無已字。因不食，蔽面死。以故戶易耗，田易荒，而畜字不孳，董之禮則頑，束之刑則逃，唯浮圖事神而語大，可因而入焉，有以佐教化。柳州始以邦命置四寺，其三在水北，而大雲寺在水南，水北環治城六百室，水南三百室。俄而水南火，大雲寺焚而不復且百年，三百室之人失其所依歸，復立神而殺焉。元和十年，刺史柳宗元始至，逐神于隱遠而取其地。其傍有小僧舍，闢之廣大，逵達橫術，北屬之江。告于大府，取寺之故名，作大門，以字揭之。立東西序，崇佛廟爲學者居，會其徒而委之食，使擊磬鼓鐘，以嚴其道而傳其言。而人始復去鬼息殺，而務趣於仁愛，病且憂，其有告焉而順之。庶乎教夷之宜也。凡立屋大小若干楹，凡闢地南北東西若干畝，凡樹木若干本，竹三萬竿，圃百畦圃一本作囿，田若干塍。治事僧曰退思，曰令寰，曰道堅。後二年十月某日，寺皆復就。

又《永州龍興寺修淨土院記》 中國之西數萬里，有國曰身毒，釋迦牟尼如來示現之地。彼佛言曰，西方過十萬億佛土，有世界曰極樂，佛號無量壽如來。其國無有三惡八難，衆寶以爲飾。其人無有十纏九惱，羣聖以爲友。有能誠心大願歸心是土者，苟念力具足，則往生彼國，然後出三界之外。其於佛道無退轉者，其言無所欺也。晉時廬山遠法師作《念佛三昧詠》，大勸于時。其後天台顗大師著《釋淨土十疑論》，弘宣其教，周密微妙，迷者咸賴焉，蓋其留異跡而去者甚衆。

永州龍興寺，前刺史李承晊及僧法林，置淨土堂于寺之東偏，常奉斯事。逮今餘二十年，廉隅毀頓，圖像崩墜，會巽上人居其宇下，始復理焉。上人者，修最上乘解弟一義，無體空折色之跡，而造乎眞源，通假有借無之名，而入于實相，境與智合，事與理幷。故雖往生之因，亦相用不捨，誓葺茲宇，以開後學。有信士圖爲佛像，法相甚具焉。今刺史馮公作大門以表其位，余遂周延四阿，環以廊廡，繢二大士之像，繒蓋幢幡以成就之。嗚呼。有能求無生之生者，知舟筏之存乎是。遂以天台《十疑論》書于牆宇，使觀者起信焉。

劉禹錫《大唐曹溪第六祖大鑒禪師第二碑》（劉禹錫《劉賓客文集》卷四） 元和十一年某月日，詔書追褒曹溪第六祖能公，謚曰大鑒。實廣州牧馬惣以疏聞，繇是可其奏。尙道以尊名，同歸善善，不隔異教，一字之褒，華夷孔懷，得其所故也。馬公敬其事，且謹始以垂後，遂咨於文雄今柳州刺史河東柳君爲前碑。後三年，有僧道琳率以其徒由曹溪來，且曰，願立第二碑，學者志也。維如來滅後，中五百歲，而摩騰竺法蘭以經來華，人始聞其言，猶夫重昏之見曶爽。後五百歲，而達摩以法來華，人始傳其心，猶夫昧旦之覩白日。自達摩六傳至大鑒，如貫意珠，有先後而無同異。世之言眞宗者，所謂頓門。初，達摩與佛衣俱來，得道傳付，以爲眞印，至大鑒置而不傳。豈以是爲筌蹄邪，芻狗邪，將人人之莫己若而不若置之邪。吾不得而知也。按大鑒生新州，三十出家，四十七年而沒，百有六年而謚。始自蘄之東山，從第五師得授記以歸。高宗使中貴人再徵，不奉詔，第以言爲貢，上敬行之。銘曰：

至人之生，無有種類。同人者形，出人者智。蠢蠢南裔，降生傑異。父乾母坤，獨肖元氣。一言頓悟，不踐初地。五師相承，授以寶器。宴坐曹溪，世號南宗。學徒爰來，如水之東。飲以妙藥，差其瘖聾。詔不能致，許爲法雄。去佛日遠，羣言積億。著空執有，各走其域。我立眞筌，揭起南國。無修而修，無得而得。能使學者，還其天識。如黑而迷，仰見斗極。得之自然，竟不可傳。口傳手付，則礙於有。留衣空堂，得者天授。

又《佛衣銘并引》 吾既爲僧琳撰曹溪第二碑，且思所以辯六祖置衣不傳之旨，作佛衣銘曰：

佛言不行，佛衣乃爭。忽近貴遠，古今常情。尼父之生，土無一里。夢奠之後，履存千祀。惟昔有梁，如象之狂。達摩救世，來爲醫王。以言不痊，因物乃遷。如執符節，行乎復關。民不知官，望車而畏。俗不知佛，得衣爲貴。壞色之衣，道不在茲。由之信道，所以爲寶。六祖未彰，其出也微。既還狼荒，憬俗蚩蚩。不有信器，衆生曷歸。是開便門，非止傳衣。初必有終，傳豈無已。物必歸盡，衣胡久恃。先終知終，用乃不窮。我道無朽，衣於何有。其用已陳，孰非芻狗。

又《唐故衡嶽大師湘潭唐興寺儼公碑》 佛法在九州間，隨其方而化。中夏之人汩於榮，破榮莫若妙覺，故言禪寂者宗嵩山。北方之人銳以武，攝武莫若示現，故言神通者宗清涼山。南方之人剽而輕，制輕莫若威儀，故言律藏者宗衡山。是三名山，爲莊嚴國，必有達者與山比崇。南嶽律門，以津公爲上首。津之後，雲峯證公承之。證之後，湘潭儼公承之。星月麗天，珠璣同貫。由其門者，爲正法焉。公號智儼，曹氏子，世爲郴之右姓。兆形在孕，母不嗜葷，成童在侶，獨不嗜戲，其夙植因厚者歟。生九年，樂爲僧，父不能奪其志。抱經笥入峋嶁山，從名師執業。凡進品受具，聞經傳印，皆當時大長老。我入明門，不住諸乘，我行覺路，徑入智地。居室方丈，名聞大千，護法大臣，多所賓禮。嗣曹王臯之鎭湖南，請爲人師。自是登壇莅事，三十有八載。由我得度者，萬有餘人。人持寶衣解瓔珞爲禮，公色受之，謂門弟子曰，彼以有相求我，我以有爲應之。凡建寶幢，修廢寺，飾大像，皆極其工，應物故也。元和十三年九月二十七日中夜，具湯沐，剃頤頂，與門人告別。即寂而視身與色，無有壞相。嗚呼。豈生能全吾眞，故死不速朽。將有願力邪，余不得而知也。問年八十二，問臘六十一。葬于寺東北隅。傳律弟子中巽道準，傳經弟子圓皎貞璨，與其徒圓靜文外恵榮明素存政等，欲其師之道光且遠，故咨余乞詞。乃作長句偈以銘之曰：

祝融靈山禹所治，非夫有道不可止。中有毗尼出塵士，以津視儼猶孫子。登壇人師四十祀，南方學徒宗奧旨。幼無童心至兒齒，識滅形全異凡死。長沙潭西幾五里，陶侃故居石頭寺。門前一帶湘江水，吁嗟律席之名兮，與湘流而不已。

又《牛頭山第一祖融太師新塔記》 初摩訶迦葉授佛心印，得其人而傳之，至師子比丘，凡二十五葉，而達摩得焉，東來中華，華人奉之爲第一祖。又三傳至雙峯信公，雙峯廣其道而岐之，一爲東山宗，能、秀、寂其後也，一爲牛頭宗，巖、持、威、鶴林、徑山其後也。分慈氏之一支，爲如來之別子，咸有祖稱，粲然貫珠。大師號法融，姓韋氏，延陵人。少爲儒，博極羣書，既而歎曰，此仁誼言耳，吾志求出世間法。遂入句曲，依僧炅，改逢掖而緇之，徙居是山，晏坐石室。以慧力感通，故旱麓泉涌，以神功示現，故皓雪蓮生，巨蛇摧伏，羣鹿聽法。貞觀中，雙峯過江，望牛頭，頓錫曰，此山有道氣，宜有得之者。乃來，果與大師相遇。性合神授，至于無言，同躋智地，密付眞印。揭立江左，名聞九圍，學徒百千，如水歸海。由其門而爲天人師者，皆脈分焉。顯慶二年，報身示滅。道在後覺，神依故山，戒香不絕，龕坐未飾，夫豈不思乎。蓋神期冥數，必有所待。太和三年，潤州牧浙江西道觀察使檢校禮部尙書趙郡李公，在鎭三閏，百爲大備，尙理信古，儒玄交修，始下令禁桑門販佛以眩人者，而於眞實相深達焉。常謂大師像設，宜從本敎，言自我啟，因自我成。乃召主吏，籍我月入得緡錢二十萬，俾秣陵令如符經營之。三月甲子，新塔成。事嚴而工人盡埶，誠達而山神來護。願力既從，衆心知歸，撞鍾告白，龍象大會。諸天聲香之蘊，如見如聞，即相生敬，明幽同感。尙書欲傳信于後遠，命愚志之。夫上士解空而離相，中士著空而嫉有，不因相何以示覺，不由有何以悟無。彼達眞諦而得中道者，當知爲而不有，賢乎以不修爲無爲也。

又《袁州萍鄉縣楊岐山故廣禪師碑》　天生人而不能使情欲有節，君牧人而不能去威勢以理。至有乘天工之隙以補其化，釋王者之位以遷其人，則素王立中區之敎，懋建大中，慈氏起西方之敎，習登正覺。至哉，乾坤定位，而聖人之道參行乎其中。亦猶水火異氣，成味也同德，輪轅異象，致遠也同功。然則儒以中道御羣生，罕言性命，故世衰而寖息。佛以大悲救諸苦，廣啟因業，故劫濁而益尊。自白馬東來，而人知像敎，佛衣始傳，而人知心法。弘以權實，示其攝修，味眞實者即淸淨以觀空，存相好者怖威神而遷善，厚於求者植因以覬福，罹於苦者證業以銷寃。革盜心於冥昧之間，泯愛緣於死生之際，陰助敎化，總持人天，所謂生成之外，別有陶冶，刑政不及，曲爲調柔。其方可言，其旨不可得而言也。惟四海之大，羣倫之富，必有以得其門而會其宗者，爲世導師焉。

禪師諱乘廣，其生容州，姓張氏。七歲尙儒，以俎豆爲戲。十三慕道，遵壞削之儀。至衡陽，依天柱想公以啟初地，至洛陽，依荷澤會公以契眞乘。洪鐘藴聲，扣之斯應，陽燧含焰，晞之乃明。始由見性，終得自在。常謂機有淺深，法無高下。分二宗者，衆生存頓漸之見，說三乘者，如來開方便之門。名自外得，故生分別，道由內證，則無異同。遂以攝化爲心，經行不倦。愍彼南裔，不聞佛經，由是結廬此山。心與境寂，應念以起敎，隨方而立因。居涉旬而善根者知歸，逮周月而帶縛者漸悟。以月倍日，以年倍時，瘖矇洞開，荒憬潛革。邑中長者，十方善衆，咸發信願，大其藩垣，法堂四阿，股引僧舍。身心恆寂，象馬交馳，隨其去來，皆得利益。踰嶺之北，涉湘而南，仰玆高山，知道有所在。此地緣盡，儵然化俱，神歸佛境，悲結人世。自趺坐而滅，至于荼毗，三百有六旬矣，爪髮加長，容澤差衰。眞子號呼，圍繞薪火，得舍利如珠璣者數十百焉。

於戲。肖圓方之形，故寂滅以示盡，入菩提之位，故殊相以現靈。亦猶鳳毛成字，麟角生肉，必有以異，不知其然。於是服勤聞法之上首曰甄升，乃率其徒圓寂道弘如亮如海等，相與抆淚具役，建塔于禪室之右端，從衆也。初，廣公始生之辰，歲在丁巳，當玄宗之中元。生三十而受具，更臘五十二而終。終之夕歲直戊寅，當德宗之後元三月既望之又十日也。後九年，其門人還源以爲崇塔以存神，與建銘以垂休，皆憑像寄懷，不可以闕一。謬謂余爲習於文者，故繭足千里，以誠相攻，大懼其先師德音與時寖遠。且曰，白月中黑，東川無還，颺于金石，傳信百劫。彼墮淚之感，豈儒家者流專之。敬酬斯言，銘示眞俗。文曰：

如來說法，偏滿大千。得勝義者，強名爲禪。至道不二，至言無辯。心法東行，羣迷丕變。七葉無嗣，四魔潛扇。佛衣生塵，佛法如綿。吾師覺者，冥極道樞。承受密印，端如貫珠。一室寥然，高山之隅。爲法來者，千百人俱。裔民嗤嗤，戶有犀渠。攝以方便，家藏佛書。願力既普，度門斯盛。合爲一乘，散爲萬行。即動求靜，故能常定。絕緣離覺，乃得究竟。生非我樂，死非我病。現滅者身，常圓者性。本無言說，付囑其誰。等空無得，後覺得之。像閟虛塔，迹留仁祠。十方四輩，瞻禮於斯。

又《夔州始興寺移鐵像記》　佛薪盡于乾竺，而象敎東行。是法平等，故所至爲淨土，是身應供，故隨念如降生。先是魚復人有以利金爲彌勒像者，重千鈞，睟容瑞相，人天兩足。梟氏卒事，而它工未備，故寓于西偏，不知其幾年矣。寺僧法照，瞻禮發信，赤肩白足，入諸大城，乃至聚落，無空過者。積十餘年，得信財無量，繇是購工以嘗巧，募徒而畢力。四輩增增，工麾以肱，中樞外脈，陰轉陽動，欻如地踴，岌如山行。

大匠無言，尊容嚮明，青蓮承趺，金獸捧持，藻井花鬘，葱蘢四垂，邑人膜拜，如佛出世。法照以願力能就，泣于佛前，因持片石，乞詞以示後。按此寺始於宇文周，初瀕江碑庫，皇唐神龍中爲水所壞，有波那賴耶國僧廣照，浮海而至，頓錫不去，遂移於今道場所，山曰磨刀，嶺曰虎岡。其經始與克修，皆蓄僧是力。後之有志者，豈無人哉。法照夔人，姓穆氏。年十有五出家，依江陵名僧受具。肇自貞元二十年甲申歸此寺，願崇建有爲，凡修大殿立菩薩，大弟子侍佛左右，逮長慶癸卯有成。其善植德本者歟。

又《毗盧遮那佛華藏世界圖讚》 佛說《華嚴經》，直入妙覺，不由諸乘，非大圓智，不能信解。德宗朝有龍象觀公，能於是經了第一義，居上都雲華寺，名聞十方。沙門嗣肇，是其上足。以經中九會，纂成華藏，俾人瞻禮。即色生敬，因請余讚之。即說讚曰：

清淨不染花中蓮，捧持世界百億千。踴出香海浩無邊，風輪負之晝夜旋。大雄九會化諸天，釋梵八部來森然。從昏至覺不依緣，初初極極性自圓。寫之綃素色相全，是色非色言非言。

又《成都府新修福成寺記》 益城右門，衢大逵坦然，西馳曰石筍街。街之北有仁祠形焉，直啟曰福成寺。寺之殿臺與城之樓，交錯相輝，繡于碧霄，望之如崑閬間物。太和四年，蜀帥非將材，不修邊備，南詔君長諜得內空，乘隙坌入，闞于城下。或縱火以駭衆，此寺乃焚，高門修廊，委爲寒燼。如是者再歲，帝念坤維，丞相復來，山川如迎，父老相識，環視故地，寺爲樵墟，載興起廢之歎，爰有植因之願。乃命主倖吏，以吾緡錢三十萬爲經營之基。自公來思，蜀號無事，時康歲稔，人樂檀施。公言既先，應如決川，乃傾囊褚，乃出懷袖。勝因化愚，慧力攝慳，男奔女驟，急於徵令。匠者度材以指衆徒，藝者運思以役衆技。斤鋸磨礱，丁丁登登，陶者儲精，圬者效龍。欻自火宅，復爲金繩，沿故鼎新，因毀成妍，華夷縱觀，萬目同聳。既告訖役，公來慶成，雲鮮日潤，輝映前後。於是都人舞抃而謠曰，昔公去此，福成以爇，今公重還，福成復完。民安軍治，亦如此寺。庸可勿紀乎。公實聞斯言，遂折簡見命。謹月而日之，時太和某年某月日。大檀越具官封爵段氏，其它發大願者，程功董事者，自中貴人及賓寮將吏若僧徒，偕籍之而刻于石。

又《澈上人文集紀》（《劉賓客文集》卷一九） 釋子工爲詩尚矣。休上人賦別怨，約法師哭范尚書，咸爲當時才士之所傾歎，厥後比比有之。上人生於會稽，本湯氏子。聰察嗜學，不肯爲凡夫。因辭父兄出家，號靈澈，字源澄。雖受經論，一心好篇章，從越客嚴維學爲詩，遂籍籍有聞。維卒，乃抵吳興，與長老詩僧皎然游，講藝益至。皎然以書薦于詞人包侍郎佶，包得之大喜，又以書致于李侍郎紓。是時以文章風韻主盟於世者曰包李，以是上人之名，由二公而颺，如雲得風，柯葉張王。以文章接才子，以禪理說高人，風儀甚雅，談笑多味。貞元中，西遊京師，名振輦下。緇流疾之，造飛語激動中貴人，因侵誣得罪，徙汀州。會赦，歸東越。時吳楚間諸侯，多賓禮招延之。元和十一年，終於宣州開元寺，七十有一。門人遷之，建塔於越之山陰天柱峯之陲，從本教也。初上人在吳興，居何山，與晝公爲侶皎然字晝時以字行。時予方以兩髦執筆硯，陪其吟詠，皆曰孺子可教。後相遇于京洛，與支許之契焉。上人沒後十七年，予爲吳郡。其門人秀峯，捧先師之文來乞詞以志。且曰，師嘗在吳，賦詩僅二千首，今删取三百篇，勒爲十卷。自大歷至元和，凡五十年間，接詞客聞人酬唱，別爲十卷。今也思行乎昭世，求一言羽翼之。因爲評曰，世之言詩僧，多出江左，靈一導其源，護國襲之，清江揚其波，法振沿之，如么弘孤韻，瞥入人耳，非大樂之音。獨吳興晝公能備衆體，晝公後，澈公承之。至如芙蓉園新寺詩云，經來白馬寺，僧到赤烏年。謫汀州云，青蠅爲吊客，黃耳寄家書。可謂入作者閫域，豈獨雄於詩僧間邪。

又《贈別君素上人并引》（《劉賓客文集》卷二九） 曩予習《禮》之《中庸》，至不勉而中，不思而得，憮然知聖人之德，學以至于無學。然而斯言也，猶示行者以室廬之奧耳。求其徑術以布武，未易得也。晚讀佛書，見大雄念物之普，級寶山而梯之，高揭慧火，巧鎔惡見，廣疎便門，旁求邪徑，其所證入，如舟沿川，未始念於前而日遠矣。夫何勉而思之邪，是余知突奧於《中庸》，啓鍵關於內典，會而歸之，猶初心也。不知予者，誚予困而後援佛，謂道有二焉。夫悟不因人，在心而已，其證也，猶喑人之享太牢，信知其味，而不能形於言，以聞于耳也。口耳之間，兼寸耳尚不可使聞，它人之不吾知，宜矣。開士君素，偶得予於所親，一麻棲草，千里來訪。素以道眼視予，予以所視視之，不由陛級，擕手智地。

居數日，告有得而行，乃爲詩以見志云。

窮巷唯秋草，高僧獨扣門。相歡如舊識，問法到無言。水爲風生浪，珠非塵可昏。去來皆是道，此別不銷魂。

又《送僧元暠南遊并引》　予策名二十年，百慮而無一得。然後知世所謂道，無非畏途，唯出世間法可盡心耳。繇是在席硯者，多旁行四句之書，備將迎者，皆赤頿白足之侶。深入智地，靜通還源，客塵觀盡，妙氣來宅，內視胷中，猶煎鍊然。

開士元暠，姓陶氏，本丹陽居家，世有人爵，不藉其資。於毗尼禪那極細牢之義，於中後日習總持之門。妙音奮迅，願力昭荅。雅聞子事佛而佞，亟來相從。或問師隳形之自。對曰，小失怙恃，推棘心以求上乘，積四十年有贏，老將至而不懈。始悲浚泉之有洌，今痛防墓之未遷。塗芻莫備，薪火恐滅。諸相皆離，此心長懸。雖萬性歸佛，盡爲釋種，如何入海，無復水名。然其一切智者，豈遺百行，求無量義者，寧容斷思。今聞南諸侯雅多大士，思扣以苦調而希其末光，無容至前，有足悲者。予聞是說已，力不足而悲有餘，因爲詩以送之，庶乎踐霜露者聆之有惻。

寶書翻譯學初成，振錫如飛白足輕。彭澤因家凡幾世，靈山預會是前生。傳鐙已悟無爲理，濡露猶懷罔極情。從此多逢大居士，何人不願解珠瓔。

又《送慧則法師上都因呈廣宣上人并引》　佛示滅後，大弟子演聖言而成經，傳心印曰法，承法而能專曰宗，由宗而分教曰友。坐而攝化者，勝義皆空之宗也，行而宣教者，摧破邪山之友也。釋子慧則，生於像季，思濟劫濁，乃學於一友，開彼羣迷。以爲盡妙理者，莫如法門，變凡夫者，莫如佛土，悟無染者，莫如散花。故業于淨名，深達實相。自京師涉漢沔，歷鄢郢，登熊湘，聽徒百千，耳感心化，法無住道。行而歸，顧予有社內之因，故言別之日，愛緣暫起。時也秋盡，詠江淹雜，擬以送之。前見宣上人，爲我多謝。

昨日東林看講時，都人象馬蹋瑠璃。雪山童子應前世，金粟如來是本師。一錫言歸九城路，三衣曾拂萬年枝。休公久別如相問，楚客逢秋心更悲。

又《秋日過鴻舉法師寺院便送歸江陵并引》　梵言沙門，猶華言去欲也。能離欲則方寸地虛，虛而萬景入，入必有所泄，乃形乎詞。詞妙而深者，必依于聲律。故自近古而降，釋子以詩聞于世者相踵焉。因定而得境，故翛然以清，由慧而遣詞，故粹然以麗。信禪林之蘤萼，而誡河之珠璣耳。初鴻舉學詩於荊郢間，私試竊詠，發於餘習，盍榛楛之翠羽，弋者未之眄焉。今年至武陵，二千石始奇之，有起予之歎，以方袍親絳紗者，十有餘旬，繇是名稍聞而藝愈變。閏八月，余步出城東門，謁仁祠，而鴻舉在焉，與之言。移時，因告以將去。且曰，貧道雅聞東諸侯之工爲詩者，莫若武陵，今幸承其話言，如得法印，寶山之下宜有所持，豈徒衣裓之中衆花而已。余聞是說，乃叩商而吟成一章，章八句。郡守以坐嘯餘詠，激清徵而應之。師其行乎，足以資一時中之學矣。

看畫長廊遍，尋僧一徑幽。小池兼鶴淨，古木帶蟬秋。客至茶煙起，禽歸講席收。浮杯明日去，相望水悠悠。

又《送僧方及南謁柳員外并引》　九江僧方及，既出家，依斤山，一時中頗屬詩。以攄思古詩人，暨今號爲能賦，有輒求其詞吟呻之，拳拳然多多益嗜。影不出山者十年。常登最高峯四望，天海沖然，有遠遊之志，頓錫而言曰，神馳而形閡者，方內之徒，及吾無方間於何者。繇是耳得必目探之，意行必身隨之，雲遊鳥企，無迹而遠。予爲連州，居無何，而方及至，出裓中詩一篇以貺予。其詞甚富。留一歲，觀其行結矩如，敎益多之。一旦以行日來告，且曰，雅聞鳥味之下有賢諸侯，願躋其門，如蹈十地。敢乞詞以抵之。予唯而賦，顧其有重請之色，起於顔間耳。（詩略）

又《海陽湖別浩初師并引》　瀟湘間無土山，無濁水，民秉是氣，往往清慧而文。長沙人浩初，生既因地而清矣。故去葷洗慮，剔顚毛而壞其衣，居一都之殷，易與士會，得執外敎，盡捐苛禮。自公侯守相，必賜其清問，耳目灌注，習浮於性。而里中兒賢，適與浩初比者，嬰冠帶，豢妻子，吏得以乘陵之，汨沒天慧，不得自奮，莫可望浩初之清光。於侯門上坐，第自吟羡而已。浩初益自多其術，尤勇於近達者而歸之。往年之臨賀，侍郎楊公留歲餘，公遺以七言詩手筆于素。前年省柳儀曹于龍城，又爲賦三篇，皆章書。今復來連山，以前所得雙南金出於裓，亟請余賡之。按師爲詩頗清，而奕棊至第三品，二道皆足以取幸於士大夫，宜薰餘習以深入也。會吳郡以山水冠世，海陽又以奇甲一州，師慕道於泉石宜篤，故攜之以嬉。及言旋，復引與共載於湖上，奕於樹石間，以植沃州之因緣，且賦詩具道其事。

近郭有殊境，獨遊常鮮懽。逢君駐緇錫，觀白稱林巒。湖滿景方霽，野香春未闌。愛泉移席近，聞石輟棋看。風止松猶韻，花繁露晚乾。橋形出樹曲，巖影落池寒。湘東架險凡四橋，山下出泉，逗嵒爲池，泓澄可愛者不可遍舉，故狀其境，以貽好事。別路千嶂裏，詩情莫雲端。它年買山處，似此得隳官。

又《送鴻舉師江南并引》　始余謫朗州，爾時是師振厤衣，斐然而前，持文篇以爲僧贄，唧唧而清，如蟲吟秋，自然之響，無有假合。有足佳者，故爲賦二章以聲之。距今年遇于建平，赤髭益蕃，文思益深，而內外學益富。既訊已，探裓中出前所與詩閱之，紙勞墨瘁。與我同來，因思夫苒苒之光，渾渾之輪，時而言有初中後之分，日而言有今昨明之稱，身而言有幼壯艾之期，乃至一謦欬一彈指中際皆具，何必求三生以異身邪。然而視余之文，昔與今有莛楹之別，視余之書，昔與今有鈞石之懸，視余之仕，昔與今乃唯阿之差耳，豈有工拙之數存乎其間哉。蓋可勉而進者，與日月而至矣。彼儻來外物，雖日月無能至焉。是歲，師告余遊江西，復爲賦七言，以爲遊地爾。

禪客學禪兼學文，出山初似無心雲。從風卷舒來處處，繚繞巴山不得去。山州古寺好閑居，讀盡龍王宮裏書。使君灘頭揀石硯，白帝城邊尋野蔬。忽然登高心瞥起，又欲浮桮信流水。烟波浩淼魚鳥情，東去三千三百里。荆門硤斷無盤渦，湘平漢濶清光多。廬山霧開見瀑布，江西月淨聞漁歌。鍾陵八部多名守，半是西方社中友。與師相見便談空，想得高齋獅子吼。

又《送義舟師卻還黔南并引》　黔之鄉在秦楚爲爭地，近世人多過言其幽荒以談笑，聞者又從而張皇之，猶夫束蘊逐原燎，或近乎語妖。適有沙門義舟，道黔江而來，能畫地爲山川，及條其風俗，纖悉可信。且曰，貧道以一錫遊它方衆矣，至黔而不知其遠。始遇前節使而聞，今節使益賢而文。故其佐多才士，摩圍之下，曳裾秉筆，彬然與兔園同風。蓄僧以外學嗜篇章，時或攝衣爲末，至客其來也，約王人乘秋風而還。今乞詞以颺之，如捧意珠，行住坐卧知相好耳。余曰，唯命筆爲七言以應之。

黔江秋水浸雲霓，獨泛慈航路不迷。猿狖窺齋林葉動，蛟龍聞呪浪花低。如蓮半偈心常悟，問菊新詩手自攜。常說摩圍似靈鷲，卻將山屐上丹梯。

又《送惟良上人并引》　以貌窺天者曰乾然健單于然而高，以數迎天者曰其用四十有九，天果以有形而不能脫乎數立象以推莢既成而遺之，古所謂神交造物者，非空言耳。軒皇受天命，其佐皆聖人，故得之。惟唐繼天德，如黃帝有外臣，一行亦聖之徒與。刊歷考元，書成化去。今丹徒人惟良，生而能知，非自外求，以乾坤之莢當十期之數，凝神運指，上感躔次，視玄黃溟涬，無倪有常，絕機泯知，獨以神會。數起於復之初九，音生乎黃鍾之宮，積微本隱言，與化合夫天人之數，極而含變，變而靡不通，神趣鬼儡，不足駭也。惟良得一行之道，故亦慕其爲外臣，謬謂余爲世間聰明，孑孑來訪，初以說合，至于不言，言息而理冥，復申之以嗟歎。曰，師其庶幾乎。信神與之而不能測神之所以付，信術通之而不能知術之所以淺哉。余聞乎，曾井蛙醯雞之不若也。長慶四年冬十一月甲子，語至夜艾，遂爲詩以志焉。

高齋灑寒水，是夕山僧至。玄牝無關鎖，瓊書舍文字。鐙明香滿室，月午霜凝地。語到不言時，世間人盡睡。

呂温《南嶽大師遠公塔銘記》（《呂衡州集》卷六）　原夫法起於無，色生於妄。求離於色者，未得皆空，狥念於無者，斯爲有著。是以至人心無所念，念無所求。利未動而求安，本不然而何滅。然而利根難植，頓詣罕聞，若不有舟梁，孰弘濟度，匪因陛級，莫踐堂塗。必在極力以持其善心，惠念以奪其浮想。不以身率，孰爲敎先，誰其弘之，則南嶽大師其人也。

師諱承遠，漢州綿竹縣謝氏之子。積修妙性，宿起冥因，乘報現身，應期弘道。自天鍾美，因地稟靈，七尺全軀，峨岷興瞻敬之狀，九漏懸解，江漢資清淨之源。殊相夙成，隱照潛發，師甫志學，始遊鄉校。驚禮樂之陷阱，覺詩書之桎梏，忽忽不樂，未知所逃。俄有信士，以尊勝眞言，質疑於學，怡然聳聽，究若前聞，識契心冥，神動意往。遂涕決慈顧，行狥幽緣。初事蜀郡康禪師，禪師學於資州詵公，詵公得於東山弘忍。堅林不盡，祕鍵相傳。師乃委質僮役，服勤星歲，旁窺奧旨，密悟眞乘。既壯遊方，沿峽東下，開元二十三年，至荆州玉泉寺，謁蘭若眞和尙。荆蠻所奉，龍象斯存。歷刦方契其幽求，一言懸會於虚受。爰從剃毁，始備緇錫，昂然古貌，森映喬松。眞公南指衡山，俾分法派。越洞庭，浮沅湘，息於天柱之陽，從通相先師受聲聞具戒。三乘之經教，四分之紀律，八正之倫要，六度之根源，莫不更贊神機，遹歸心術。聞京師有慈敏三藏，出在廣州，乃不遠重阻，星言覲謁。學如不及，求所未盡，一通心照，兩捨言筌。敏公曰，如來付受吾徒，用弘拯救，超然獨善，豈曰能仁。俾依《無量壽經》，而修念佛三昧，樹功慈刼，以濟羣生。由是頓息諸緣，專歸一念。天寶初歲，還於舊山。山之西南，別立精舍，號彌陀臺焉。薙草編茅，僅蔽經像，居靡童侍，室無斗儲，一食不遇，則茹草而過，弊衲莫充，而歲中自若。奉持贊嘆，苦劇精至，恆於眞際，靜見大身。花座踴於意田，寶月懸於眼界。

永泰中，有高僧法照者，越自東吳，遊於廬阜，尋遠公教跡，結西方道場。入觀積旬，至想傍達，見彌陀座下，有老比丘焉，啟問何人。答曰，南嶽承遠，願告吾土，勝縁既結，眞影來現。照公退而驚慕，徑陟衡峯，一披雲水之塵，宛契定中之見，因縁昭晰，悲喜流涕。遂執樞衣之敬，願承入室之顧。大師德因感著，道以證光，遠近聆風，歸依載路。於是大建法宇，以從人欲。輪奐雲起，丹刻化成，走檀記於十方，盡莊嚴於五會。香花交散，鐘梵相宣，火宅之烟焰皆虚，慾海之波瀾自定。加以寶裝祕偈，建幢於臺前，玉篆眞文，揭碑於路左。施隨求之印，以廣銷業累，造輪轉之藏，以大備教典。勸念則徧牓於崖谷，勵學則兼述於縑緗。其欲人如身，慈惠懇至，皆此類也。大師峯栖木下六十餘年，苦節眞修，老而彌篤，夙開戶牖，久啟津途，法界之尊重在焉。人天之瞻仰如是。常陋處方丈，志行平等，食不重味，寒不兼衣。王公之珍服盈廂，甿庶之金錢布地，莫不迴修佛事，贍養孤老。眷言施者，以是報之。期頤將及，志力無替，中鐘會食，到必先衆，夕磬虔念，居恆達晨。其克己鍊心，愼終如始，皆此類也。

大歷末，門人法照辭謁五臺，北轅有聲，承詔入覲，壇場內殿，領袖京邑。託法曇之遠蔭，自感初因，分慧日之餘光，寧忘本照，奉陳師德，乞降皇恩。由是道場有般舟之號。貞元歲，某獲分朝寄，廉問湘中，近照德輝，備探衆妙。况靈嶽直午，先皇本命，宜有上士，斯焉護持。表求興崇，詔允誠願。臺雖舊號，其命維新。寺由是有彌陀之額，度生二七，會供千人，中貴巡香，守臣視饌，瑤圖花捧，寶字烟開，寵降九天，輝映三界。師亦建不壞之塔，以壽君親，修無邊之功，以福邦國。梵王之能事畢矣，法門之榮觀備矣。

貞元十八年，孟秋既望，顧命弟子，申命敎戒，掃室趺坐，恬然化滅。報齡九十有一，僧臘六十有五。先是忽告門人曰，國土空曠，各宜勉力。數月而災火梵宇，周歲而吾師解形。此蓋寶去山枯，龍移水涸。空曠之旨，乃明前知。法衆崩慟，若壞梁木，邦人號赴，如失舟航。以其年九月七日，遷神於寺之南岡，即安靈塔，敎也。前後受法弟子百有餘人，而全得戒珠密傳心印者，蓋亦無幾。比丘惠詮知明道偵超然等，皆奥室之秀者，以瞻奉將遠，經行坐蕪，永懷宗極，見託碑紀。移有道於物外，眞無愧詞，比遺愛於人間，誠當墮淚。銘曰：

浩浩淸塵，茫茫逝川。大雄作矣，救物爲先。明非有照，慈亦無緣。不宰功立，忘機智全。誰其弘之，南嶽命代。習識虚受，應身圓對。理則歸空，敎惟不昧。末摇本靜，形苦神泰。雲跡一滅，天星六周。熱惱就濯，童蒙來求。攝以靜念，驅之力修。我法有戶，誰能不由。甘露晨晞，香雲夕卷。彼岸方濟，慈舟忽遠。鑪烟如在，塔樹勿翦。刊勒豐碑，永想正眼。

又《藥師如來繡像讚并序》（《吕衡州集》卷九）　藥師如來像者，余妻蘭陵蕭氏之所繡也。貞元二十年，余奉德宗皇帝之命，西使吐蕃，辭高堂而出萬死，介單車而馳不測。國故遽至，戎情猜閉，坎險一遇，星霜再周。夫人盥饋之餘，膏鉛不御，日亂蓬首，坐銷舜華。異域無期，良時自晩，始怨冬釭之久，而紅芳已闌，方苦夏景之長，而碧樹將落。書委塵篋，跡淪苔階，漸昧音容，孰知存沒。黷龜不告，因夢難徵，觸慮成端，沿情多緒。黄昏望絶，見偶語而生疑，清旭意新，聞疾行而誤喜。循環何極，刻舟匪尋，浩隔理求，窅非計得。如聞東方有金界極樂大雄，散琉璃之寶光，照恆沙之國土，能度衆生，出諸幽厄，一念必應，萬感皆通。是用濬發慧根，妙求眞像，斷鳴機躬織之素，染懿筐手績之絲，盡瘁莊嚴，彰施綵繡，纆苦心於香縷，注精意於針鋒，指下而露染靑蓮，思盡而雲開白月。然後練時潔室，華設珍供，夕炬傳照，晨爐續烟，齊獻至誠，泣敷懇願。遂得慈舟客濟，覺路潛引，當道場發念之日，是荒裔來歸之辰。幽感冥符，一何昭焯。乃知織迴文之錦，無補離憂，登望歸之臺，空爲廢日。與夫心諧妙理，手結勝因，進則有濟度之功，退不離清淨爲本，從長擇善，豈同日而言哉。余感其志劾，爰用贊序。雖在妻子，亦無媿詞。藏諸閨門，永以傳信。讚曰：

地萬里兮天一極，往無由兮來不得。解脱願兮慈悲力，五色繡兮黃金飾。澄氛昏兮圓相開，湛水月兮蓮花臺。慈眼睠兮獷心迴，死别離兮生歸來。海爲田兮刼爲灰，身念念兮無窮哉。

张籍《與韓愈書》（《張司業集》卷八）　古之胥教誨舉動言語，無非相示以義，非苟相諛悦而已。執事不以籍愚昧，時稱發其善教所不及也。誠相與不間塞於他人之説，是近於古人之道也。籍今不復以義，是執竿而拒歡來者，烏所謂承人以古人之道歟。須承論於執事，嘗以爲世俗陵靡，不及古昔，葢聖人之道廢弛之所爲也。宣尼殁後，楊朱墨翟，恢詭異説，干惑人聽。孟軻作書而正之，聖人之道復存於世。秦氏滅學，漢重以黃老之術教人，使人寖惑。揚雄作法言而辯之，聖人之道猶明。及漢衰末，西域浮屠之法入于中國。中國之人世世譯而廣之。黃老之術相沿而熾。天下之言善者，惟二者而已矣。昔者聖人以天下生生之道曠，乃物其金木水火土穀藥之用以厚之。因人資善，乃明乎仁義之德以教之。俾人有常。故治生相存而不殊。今天下資於生者，咸備聖人之器用。至於人情，則溺乎異學而不由乎聖人之道。使君臣父子夫婦朋友之義沉于世，而邦家繼亂。固仁人之所痛也。自揚子雲作法言，至今近千載，莫有言聖人之道者。言之者惟執事焉耳。習俗者聞之，多怪而不信，徒相爲訾，終無裨于教也。執事聰明，文章與孟軻揚雄相若。盍爲一書以興，存聖人之道，使時之人後之人知其去絶異學之所爲乎。曷可俯仰於俗，嚣嚣爲多言之徒哉。然欲舉聖人之道者，其身亦由之也。比見執事多尚駁雜無實之説，使人陳之於前以爲歡。此有以累於令德。又商論之際，或不容人之短。如任私尚勝者，亦有所累也。先王存六藝，自有常矣。有德者不爲益以爲損，况爲博塞之戲與。人競財乎，君子固不爲也。今執事爲之，以廢棄時日。竊實不識其然。且執事言論文章，不謬於古人。今所爲或有不出於世之守常者，竊未爲得也。願執事絶博塞之好，棄無實之談，弘廣以接天下之士，嗣孟軻揚雄之作，辯楊墨老釋之説，使聖人之道復見於唐，豈不尚哉。籍誠知之，以材識頑鈍，不敢竊居作者之位，所以資於執事而爲之爾。若執事守章句之學，因循於時，置不朽之盛業，與夫不知言亦無以異矣。籍再拜。

又《張籍》《重與韓退之書》　籍不以其愚，輒進説於執事。執事以導進之分，復賜還答。曲折教之，使昏塞者不失其明。然猶有所見，願復於執事，以畢其説焉。夫老釋惑乎生人久矣。誠以世相沿化，而莫之知所以久惑乎耳。執事材識明曠，可以任著書之事，故有告焉。今以爲言論之不入，則雖觀書亦無所得，爲此而止，未爲至也。夫處一位，在一鄉，其不知聖人之道，可以言諭之，不入乃舍之，猶有已化者爲證也。天下至廣，民事至衆，豈可資一人之口而親諭之者。近而不入則舍之，遠而有可論者，又豈可以家至而説之乎。故曰莫若爲書。爲書而知者，則可以化乎天下矣，可以傳于後世矣。若以不入者而止爲書，則爲聖人之道奚傳焉。士之壯也，或從事於要劇，或旅遊而不安宅，或偶時之喪亂，皆不遑有所爲，况有疾疢吉凶虞其間哉。是以君子汲汲於所欲爲，恐終無所顯於後。若皆待五六十而後有所爲，則或有遺恨矣。今執事雖參於戎府，當四海弭兵之際，優游無事，不以此時著書，而曰俟後或有不及，曷可追乎。天之與人，性度不相遠也。不必老而後有成立者。昔顔子之庶幾，豈待五六十乎。執事目不睹聖人，而究聖人之道。材不讓於顔子矣。今年已踰之，曷懼於年未至哉。顔子不著書者，以其從聖人之後，聖人已有定制故也。若顔子獨立于世，必有所云著也。古之學君臣父子之道，必資於師師之賢者，其徒數千或數百人，是以没則紀其師之説以爲書。若孟軻者，是已傳者，猶以孟軻自論集其書，不云没後其徒爲之也。後軻之世發明其學者，揚雄之徒，咸自作書。今師友道喪，寖不及揚雄之世。不自論著以興聖人之道，欲待孟軻之門人，必不可冀也。君子發言舉足，不遠於理。未嘗聞以駁雜無實之説爲戲也。執事每見其説，亦拊几呼笑，是撓氣害性不得其正矣。苟止之不得，曷所不至焉。或以爲中不失正，將以苟悦於衆，是戲人也，是玩人也，非示人以義之道也。

皇甫湜《送簡師序》（《皇甫持正集》卷二）　鳳羽而麟毛，鳥與獸也。經傳以比于聖人，豈非以其心，不以其形者耶。師雖佛名，而儒其行。雖夷狄其衣服，而仁義其心。雖未齒于士，與麟鳳類矣。不猶愈于冠朝冠服朝服惑溺于淫怪之說，以斁彝倫者耶。嗚呼，吾師獨賢也。刑部侍郎昌黎韓愈既貶于潮，浮屠之徒讙快以抃。師獨憤起，訪余求敘行，以資適潮。不顧蛇山鰐水，萬里之險毒，若將朝得進拜而夕死可者。嗚呼悲夫，吾絆不得侶師以馳。

又《送孫生序》　浮屠之法入中國六百年，天下胥而化。其所崇奉，乃公卿大夫。野益荒，人益飢，教益頹。天下將蕪，而始渾然。自上下安之，若性命固然也。孫生天與之覺，獨曉然于厚夜，聰然于大醉，發憤著書，攻而指斥之。其詞骫骳，痛入肝血。乃忘力之不足，以死爲斷，庶幾萬一悟主救人者。嗚呼，不得古人而與之，必也生乎。除古肉刑，一女言也。能移高山，一翁願也。彼髡褐雖翳地，其無足憂乎。西江之涯，值生盡出其說以挐而見余。余既悲而異之，乃約其言。

又《護國寺威師碣》（《皇甫持正集》卷六）　師諱承威，姓劉氏，河南洛陽人也。幼而靜定，病天下無古今無賢愚，大馳於勢利，沒死而無悔，掀然逸發，不懼過正之譏。遂以弱年，奮而獨知，從照師問佛法。次從光師受僧律竟，依同學廣師證師講習其傳。天寶八載，始如敕度居東都敬愛寺。十三載，詔置護國寺於河陰，御題雖挂，一簣未覆，蒼然古原，架構無時。於是千僧百賈，相聚謀曰，將成大功，實資衆力，若非盛名豐富，孰能議而建之。乃相與設金翠雲纓花香之飾，迎請吾師，以至德丁酉歲來爰止。師以爲造作土木，爲尤滋久，就危山無人之境，闢蒿萊不田之地，比之妨閭害穀，不猶愈乎。鏟其榛岨，才容足處，周鄭士庶，翕然依之，多方誘掖，隨機道達，折夸者之鋒，散執者之迷，曉愚者之黒，清貪者之滯，勢聲益張，走集滋遐，靡然而財贍，雅然而院列。軒房互暎，圖象增設，目前千里，足下萬井，方肆而大之，使後不能加。大歷五年正月五日，無疾而殁。其三月，塔城以瘞。厥後恩加院額，僧經寺事，千甍波起，萬金堆聚，孰不感歎。蘖栽成乎合抱，九流源於濫觴，推功歸美，我則無愧。門弟子如岳等，以歲時益深，流輩向盡，懼成蕪滅，後人不知。乃磨好石，託我銘曰：

士不拘敎，矯俗惡兮。人警獨出，掀攣縛兮。能適其靜，既嶢高兮。非約非華，結架牢兮。厥後因之，大而肆兮。門人泣落，紀成事兮。

李翱《去佛齋（并序）》（《李文公集》卷四）　故溫縣令楊垂爲京兆府參軍時，奉叔父司徒命，撰集喪儀。其一篇云七七齋，以其日送卒者衣服於佛寺，以申追福。翱以楊氏喪儀，其他皆有所出，多可行者。惟此一事傷禮，故論而去之。將存其餘云。

佛法之流染於中國也，六百餘年矣。始于漢，浸淫于魏晉宋之間，而瀾漫于梁。蕭氏遵奉之，以及于茲。蓋後漢氏無辨而排之者，遂使夷狄之術行于中華，故吉凶之禮謬亂。其不盡爲戎禮也無幾矣。且楊氏之述喪儀，豈不以禮法遷壞，衣冠士大夫與庶人委巷無別，爲是而欲糾之以禮者耶。是宜合于禮者存，諸踰於禮者辨而去之，安得專己心而言也。苟懼時俗之怒已耶，則楊氏之儀據於古而拂于俗者多矣。置而勿言，則猶可也。既論之而書以爲儀，捨聖人之道，則禍流于將來也無窮矣。佛法之所言者，列禦寇莊周言所詳矣。其餘則皆戎狄之道也。使佛生於中國，則其爲作也，必異於是。況驅中國之人舉行其術也。君臣父子夫婦兄弟朋友，存有所養，死有所歸。生物有道，費之有節。自伏羲至於仲尼，雖百代聖人不能革也。故可使天下舉而行之無弊者，此聖人之道，所謂君臣父子夫婦兄弟朋友，而養之以道德仁義之謂也。患力不足而已。向使天下之人力足，盡修身毒國之術。六七十歲之後，雖享百年者亦盡矣。天行乎上，地載乎下。其所以生育於其間者，畜獸禽鳥魚鼈蛇龍之類而止爾。況必不可使舉而行之者耶。夫不可使天下舉而行之，則非聖人之道也。故其徒也不蠶而衣裳具，弗耨而飲食充。安居不作，役物以養己者。至於幾千百萬人，推是而凍餒者，幾何人可知矣。於是築樓殿宮閣以事之，飾土木銅鐵以形之。髡良人男女以居之。雖璇室象廊，傾宮鹿臺，章華阿房弗加也。是豈不出乎百姓之財力歟。昔者禹之治水害也，三過其門而不入。手胼足胝，鑿九河，疏濟洛，導漢汝，決淮江而入于海。人之弗爲蛟龍食也。禹實使然，德爲聖人，功攘大禍，立爲天子。而傳曰，菲飲食，惡衣服，卑宮室，土階高三尺。其異於彼也如是，此昭昭然其大者也。詳而言之，其可窮乎。故惑之者溺於其敎，而排之者不知其心。雖辯而當，不能使其徒無譁而勸來者，故使其術若彼其熾也。有位者信吾說而誘之，其君子可以理服，其小人可以令禁。其俗之化也弗難矣。然則不知其心，無害爲君子。而溺於其教者，以夷狄之風而變乎諸夏，禍之大者也。其不爲戎也幸矣。昔者司士賁告于子游曰，請襲於牀。子游曰，諾。縣子聞之曰，汰哉，叔氏專以禮許人。人之襲於牀，失禮之細者也，猶不可。況舉身毒之術，亂聖人之禮，而欲以傳於後乎。

又《與本使楊尚書請停修寺觀錢狀》（《李文公集》卷一〇） 伏見修寺疏，閣下出錢十萬，令使院共出十萬，以造石門大雪寺佛殿。翺性本愚，聞道晚，竊不諭。閣下以爲斂錢造寺必是耶，翺雖貧，願竭家財以助閣下成。如以爲未必是耶，閣下官尊望重，凡所舉措，宜與後生爲法式，安可舉一事而不中聖賢之道，以爲無害於理耶。天下之人，以佛理證心者寡矣。惟土木銅鐵，周於四海，殘害生人，爲逋逃之藪澤。閣下以爲如有周公仲尼興立一王制度，天下寺觀僧道，其將興之乎，其將廢之乎。若將興之，是符融梁武皆爲仲尼周公也。若將廢之，閣下又何患其尙寡，而復率其屬合力建置之也。院中判官，雖副知己之命，然利祿遠仕，亦不以貪也。豈無羇孤親友猶未能力及賙之歟，何暇出錢以興有損無益之務，衆情不厭，但奉閣下之命而爲耳。拳拳下情，深所未曉，伏惟憫其拙淺，不惜教誨。若閣下所爲竟是，翺亦安敢守初心以從而不爲也。若其所言有合於道，伏望不重改成之事，而輕爲後生之所議論。意盡辭直，無任戰越。

又《再請停率修寺觀錢狀》 率修寺觀錢事，前後已兩度咨聞，伏請停罷。前奉處分云，要與換寺觀家人院蒲萑屋，以爲火備，此後任停。既已計料支給訖。後奉處分又云，且更待一兩月者。伏以前件錢於公家無補，但實置稅名。公議所非，爲日固久，不厭尙實，但苟思壯麗城池，開化源孰大於此。若閣下尙不改易，則弊終無已。何特愛於此，因循未革。自仲尼既歿，異學塞途，孟子辭而闢之，然後廓如也。佛法害人，甚於楊墨。論心術雖不異於中土，考教跡實有蠹於生靈，浸溺人情，莫此之甚。爲人上者，所宜抑焉。閣下去年考制策，其論釋氏之害於人者，尙列爲高等，冀感悟聖明，豈不欲發明化源，抑絶小道，何至事皆在己，而所守遂殊。知之不難，行乃爲貴。況使司稅額，悉以正名。幸當職司，敢不備舉。伏見朝廷故事，一人所見，或不足以定是非者，即下都省衆議，則物情獲申，衆務皆理。倘翺見解凡淺，或未允從，院中羣公，皆是材彥，伏乞令使院詳議，惟當是從。理屈則伏，不敢徇己。實下情所望，累有塵黷。無任戰慄。翺再拜。

歐陽詹《福州南澗寺上方石像記》（《歐陽行周文集》卷五） 萬物闐闐，各由襲沿。無襲無沿，而忽以然。苟非妖怪，實爲珍慶。斯石像者，其珍慶歟。始孕靈韞質，兆朕未見，則峨峨巨石，巖峭山立，鎮郡城之前阜，壓蓮宮之上界，海若鞭而莫動，天時泐而終固。皇唐天寶八年五月六日清晝，忽騰雲旁涌，驟雨來集，驚飈環駭，輧訇杳冥，雄雄者雷，驍然中震，迸火噴野，大聲殷空，岑嶺□踞，潭洞簸蕩。須臾，風雨散，雲雷收，項劈輪种，斬焉中闢，南委地以柹落，北干霄而碣樹，不上不下，不西不東，亭亭厥心，隱出眞像，三十二相具，八十種好備，列侍環衛，品覺有序，莊嚴供養，文物咸秩，端然慈面，儼矣儀形，似倚雪山而授法，如開月殿以趺坐，異矣哉。不曰博聞乎，未聆於既往。不曰多智乎，罔測其所來。且物之堅，莫堅於石。況高原廣袤，又羣石之傑，一朝瓜剖，中有雕琢。其爲造石之初，致有相而外封乎。其爲有石之後，入無間以內攻乎。意不可以人事徵，請試以神化察。

巍巍釋氏，發輝道精，其身既傾，其神不生，等二儀以通變，齊四大而有力。教於時有所頹靡，人於教有所忸怩，則爲不可思議。以煦以吹，故示此無跡之跡，難然之然，俾知我存，入我之門。經曰，千百億化身，蓋隨感而應。玆身者，則百億之一焉。昔諸佛報見，皆託於有命，有命則有生，有生則有滅，曷若因其不朽之物，憑乎不動之基。形既長存，法亦隨是。與夫爲童男而出世，假長者以來化，玄玄之徼則雖一，永永之利則不侔，可以禮足而悔罪，寄影以安樂。予則求福不回者，焚香跪仰，或從釋子之後。故於巉巉之餘仭，聊書其所由來。貞元六年七月十五日記。

沈亞之《移佛記》（《沈下賢集》卷六） 元和四年三月五日，杭州報恩寺長老與其鄉閭父子，徙故佛像歸復於其寺。佛至乃饗，長老使白其由於亞之而求詳錄焉。沈子曰，西域之有神教流於東域中者，其教像法，其法者名曰佛，自稱曰天人師，又曰世尊。出其言亦曰經，驗其經之說，佛去世而後模其形焉，像其眞與衆瞻仰之，故法之言像由斯也。其或範金鑄以爲之，合土木以爲之，堅之以脂膠，飾之以丹漆五色，然後形神儼然。成其像，舉其數體，有爲尊而坐者，有爲卑而拱立者，有跪而如受教諭者，有執樂而弦者吹者，有具其形怪荷戈而勉強者，有瞋目叱吒者，摸鬼神焉，此爲像之外者也。其性之旨爲戒愼，正邪去惡爲濟渡，力道盲聾，警沈溺，使民無不善，如我仁誼慈惠然，此爲像之內者也。又説有已來之生，來生之後，爲福則福應，爲禍則禍應，因緣化而設。其旨或由是，舉域大敬。自天子達於庶人，一信佛之來，於今八百餘年矣。其間亦時神怪焉。

先天中，其寺之佛事具足如向之稱者，無何，水火災，生民流，沈溺於是邦。其寺之佛事，卑而拱立者，跪如受教諭者，執樂而弦者吹者，衛而荷戈叱咤者，皆毀也散，其宇皆落，唯尊而坐者獨巋焉而存。由是納去，又重其莊敬焉。數歲，其鄉人後生敵惡者，十誡其三四，故此鄉之人思其功力，復求而歸之，與其敵惡誡，而敬順之道明矣。嗟乎。忠信仁誼不舒信于人久矣，而皆以已生來生之後，因緣禍福之説化行焉。今余因長老請余記移佛之由，遂得道敎之所以，意者欲使羣生隨其機以悟之。其機高者其性惠，見其內像而內覺發其心，而能至其正。其機下者其性回，見其外變而外覺反其心，而後歸其正。是故精麁其內外之像以陳之。

又《復戒業寺記》　皇都左輔，其屬縣朝邑，縣令王鄲，言能改作便民。當有緇衣遷寺戒業，民不便，鄲復之。初蒲冦李懷光既虜其屬將，收其散卒，聚之長春宮城，圜朝邑室廬皆殘燼，寺宇益毀。其後緇衣以爲居近郭，苦遊賓，乃聚黨與謀，遷之西堧，縈垣侵社地。又治殿廡，諸墓墳隴當其下者輒平去。是時鄲爲尉，固止之。緇衣之魁得他吏與交通爲助，故尉終不能制。日縱其徒於民間，爲禍福語以動惑之，民無老幼男女，爭相率以奉所欲，顧畏已後耳。及鄲爲令，乃元和七年也。明年召緇衣宿老師弟子與語曰，緇衣之道，非能逾仁誼，以無害故，天子許留國中。前者緇衣無狀，徙其居西堧之上，侵社地，壞丘隴。夫社，國之尊祭也，丘塚，人之反本也。今而曹自爲其居侵壞之，是寧無害耶。某昔爭之不得，身常慄慄抱痛，願得自効以快意。今能亟復之，幸善，不能，亦且論繫矣。民聞之皆大喜。故以其年十一月，悉還其故。九年，余東適邯鄲，走蒲關，朝邑令爲具，既酣，前奉酒於余，因請以其事次于文。

又《答學文僧請益書孺顏上人》（《沈下賢集》卷八）　上人足下，辱書指問，將望於僕。人謂有解達可以梯進之級，猶畏過意，請聽畢説，幸甚。昔之有善煅者，火五金而別器，一日化百狀而智用不竭。然常薄產自給，弟子相率而笑之曰，夫子之於業工矣，然而市售之富，不能當陶之饒，何也。對曰，夫陶者，淺勞而薄利，與俗相用。彼朝市而夕鬻，失其用，復從而市之，無虛日，故能饒。且吾之業，搜其度而運其爲，及其成功，于世終始，彼匹居之人，又安能罄其室而市吾之工哉，故常飢。亞之悞學爲黃金之鍛，且已困矣，上人無乃襲飢於此哉。非敢自重，誠恐以陷其所從耳。幸孰慮焉。亞之再拜。

又《送洪遜師序》（《沈下賢集》卷九）　自佛行中國已來，國人爲緇衣之學，多幾與儒等，然其師弟子之禮，傳爲嚴專，到於今世，益則儒道少衰，不能與之等矣。於其流亦有派別焉。爲之師者，量其性之高下而有授説，故有瞑坐而短行，毀刑而詖談之道，岐於是也。十一年春，予東上會稽，還造江，有緇衣洪遜從余假渡，自言能贊導佛語，嘗與其曹羣居講誦，恆爲宿輩推信。他日復來，言當之閩中，欲余以序之。夫西都輻集之地，居多豪緇，得進於上前者，車服之饒，擬於卿士，而遜得無欲乎。在自勉而已。余不知佛，故序無以備汝曹之事。

又《靈光寺僧靈祐塔銘十一年夏作》（《沈下賢集》卷一一）　釋家之法，以弟子嗣師由子，其事死送葬，禮如父母，由是籍書贊記之，常名而不姓。今通氏言釋者，必祖自佛泒，分諸系於七祖，各承其師之傳，以爲重望。而律師光範者，始爲童子時，事師曰靈祐，且滿歲，師與其曹爲狀喩之語，而律師侍側，輒達其至。既學五年，而通經記。年及冠，遂去髮被褐，言語應引，則老緇不能對矣。大歷中詔度，始成僧儀。初居吳之嘉興空王寺，其後緇衣男女相與誦其能，於是俱使授學，更居靈光寺。遂與其徒講贊微言百流會歸之説，自吳南北郡邑，緇衣咸果受，人人自得，若濡露然。又著《會釋章句》十五卷。貞元十六年十月某日，滅於其寺之居。僧年四十五，壽年七十四。遺言令其子弟曰，當殯我寺之居西園中。其後四年，門弟子相與成塔於其所。元和中，余遊吳，弟子明辯來求銘焉。律師字楷，其家本吳人，其鄉里存吳之崑山縣。曾祖師利，開府儀同三司，食邑三百戶。祖亢亮，於潛令。父君卿，彭澤丞，母河東裴氏。其子與明辯之列凡六人，皆童子受學。是哀事之儀由子也。作銘，其詞曰：

惟寂之門，嗚呼已矣。匪媾匪育，孰後爾已。能傳其心，即繼乃嗣。以圖我銘，以紀萬祀。

李德裕《賀廢毀諸寺德音表》（《會昌一品集》卷二〇）　臣某等伏奉

今日制，拆寺蘭若共四萬六千六百餘所，還俗僧尼幷奴婢爲兩稅戶共約四十一萬餘人，得良田約數千頃，其僧尼令隸主客戶大秦穆護襖二十餘人並令還俗者。臣聞仲尼祖述堯舜，憲章文武，大弘聖道，以黜異端。末季以來，斯道久廢，不遇大聖，孰能拯之。臣某等伏以三王之前，皆垂拱而理，不可得而言也。厥後周美成康，漢稱文景，至化深厚，大道和平。人自稟於孝慈，俗必臻於仁壽，豈嘗有外夷之教，點中夏之風。東漢楚王英，始盛桑門之饌，淪於左道。桓帝更增犀蓋之飾，歸於亂政。魏之三祖，西晉太康，雖君非大聖，臣非上哲，然猶祖尚老莊，斯教未行。至東晉因吳人之佻薄，襲孫權之弊政，始建塔廟，乃譯梵書。宋齊梁陳，其教浸盛，好大不經之說，陋乃詩書，因報拔濟之談，隆於仁孝。運祚浮促，篡奪相尋，二百年間，五變朝市，君無殷宗之福，臣靡衛武之年，感驗寂寥，斯可明矣。高宗祖堯皇帝方欲剗除斯弊，掃刷中區。時屬宰臣蕭瑀，本梁氏之子孫，尋覆車之軌轍，廢格明詔，以迄于今。遂使土木興妖，山林增構，一巖之秀，必極雕鐫，一川之腴，已布高刹。鬼功不可，人力寧堪，耗蠹生靈，侵減征稅，國家大蠹，千有餘年。

伏惟仁聖文武章天成功神德明道大孝皇帝陛下明紹於天，粹合於道，黜覇圖而功盛，入聖域而德優。常欲天下之動，咸貞於一，以一言之蔽，思必無邪，先定宸心，獨發英斷，破逃亡之藪，皆列齊人，收高壤之田，盡歸王稅。正羣生之大惑，返六合之澆風，出前聖之謨，爲後王之法。巍巍功德，煥炳圖書。臣竊位樞衡，莫能裨益，愧無將明之効，徒懷鼓舞之心。千古未逢，百生何幸。不任抃賀踴躍之至。

又《王智興度僧尼狀》（《會昌一品集·別集》卷五） 王智興於新屬泗州置僧尼誡壇，自去冬於江淮以南所在，懸牓招置。江淮自元和二年後，不敢私度，聞泗州有壇，戶有三丁，必令一丁落髮，意欲規避王徭，影庇資產。自正月以來，落髮者無慮數萬。臣令於蒜山度點其過者，一旦百餘人，勘問，惟十四人是舊人沙彌。於是蘇常百姓，亦無本州文牓，尋已勒還本貫。訪聞泗州置壇次，凡髠夫到，人納二千，給牒即回，別無法事。若不特行禁止，比至誕節，計江淮以南失卻六十萬丁壯。此事非細，繫於朝廷法度。下闕文

又《梁武論所論出於釋氏，故全以釋典明之。》（《會昌一品集·外集》卷四） 世人疑梁武建佛刹三百餘所，而國破家亡，其禍甚酷，以爲釋氏之力，不能拯其顛危，余以爲不然也。釋氏有六波羅密，檀波羅密是其一也。又曰難捨能捨，大者頭目支體，其次國城妻子，此所謂難捨也。余嘗深求此理，本不戒其不貪，能自微不有其寶，必不慢人所寶，與老氏之無欲知足，司城之不貪爲寶，其義一也。庸夫謂之作福，斯爲妄矣。而梁武所建佛刹，未嘗自損一毫，或出自有司，或厚斂氓俗，竭經國之費，破生人之產，勞役不止，杼柚其空，閏位偏方，不堪其弊。以徼身福，不其悖哉。此梁武所以不免也。

元稹《永福寺石壁法華經記》（《元氏長慶集》卷五一） 按沙門釋惠皎自狀其事云，永福寺一名孤山寺，在杭州錢塘湖心孤山上，石壁《法華經》在寺之某所。始以元和十二年嚴休復爲刺史時惠皎萌厥心，卒以長慶四年白居易爲刺史時成厥事。上下其石六尺有五寸，短長其石五十七尺有六寸，座周於下，蓋周於上，堂周於石，砌周於堂。凡買工鑿經六萬九千二百有五十，錢經之數。經既訖，又成二石爲二碑。其一碑，凡輸錢於經者，由十而上，皆得名於碑。其輸錢之貴者，若杭州刺史吏部郎中嚴休復，中書舍人杭州刺史白居易，刑部郎中湖州刺史崔元亮，刑部郎中睦州刺史韋文悟，處州刺史韋行立，衢州刺史張聿，御史中丞蘇州刺史李乂，御史大夫越州刺史元稹，右司郎中處州刺史陳岵。九刺史之外，搢紳之由杭者，若宣慰使庫部郎中知制誥賈餗以降，無不附於經石之列，必以輸錢先後爲次第，不以貴賤老幼多少爲先後。其一碑，僧之徒思得聲名人文其事以自廣。

予始以長慶二年相先帝無狀，譴於同州，又明年徙會稽，路出於杭，杭民競相觀睹。刺史白怪問之，皆曰，非欲觀宰相，蓋欲觀曩所聞之元白耳。由是僧之徒誤以予爲名聲人，相與日夜攻刺史白乞予文。予觀僧之徒所以經於石文於碑，蓋欲相與爲不朽計，且欲自大其本術。今夫碑既文，經既石，而又九諸侯相率貢錢於所事。由近而言，亦可謂來異宗而成不朽矣。由遠而言，則不知幾萬千歲而外，地與天相軋，陰與陽相蕩，火與風相射，名與形相滅，則四海九州，皆大空中一微塵耳，又安知其朽與不朽哉。然而羊叔子識枯樹中舊環，張僧繇世世爲畫師，歷陽之氣，至今爲城郭。狗一叱而異世卒不可化，鍛之子學數息則易成，此又性與物一相遊，

而終不能兩相忘矣。又安知夫六萬九千之文，刻石永永，因衆性合成，獨不能爲千萬刧含藏之不朽耶。由是思之，則僧之徒得計矣。至於佛書之妙奥，僧當爲予言，予不當爲僧言。况斯文止於紀石刻，故不及講貫其義云。長慶四年四月十一日，浙江東道都團練觀察處置等使通議大夫使持節都督越州諸軍事越州刺史兼御史大夫上柱國賜紫金魚袋元稹記。

白居易《傳法堂碑》（《白氏長慶集》卷六五） 王城離域有佛寺號興善寺之次也，有僧舍名傳法堂，先是大徹禪師宴居于是寺說法，于是堂因名焉。有問師之名迹，曰號惟寬，姓祝氏，衢州信安人。祖曰安，父曰皎。生十三歲出家，二十四具戒，僧臘三十九，報年六十三。終興善寺，葬灞陵西原，詔謚曰大徹禪師元和正直之塔云。有問師之傳授，曰釋迦如來欲涅槃時，以正法密印付摩訶迦葉，傳至馬鳴，又十二葉傳至師子比丘，及二十四葉傳至佛馱先那，先那傳圓覺達摩，達摩傳大弘可，可傳鏡智璨，璨傳大醫信，信傳圓滿忍，忍傳大鑒能，是爲六祖。能傳南嶽讓，讓傳洪州道一，一謚曰大寂，寂即師之師。貫而次之，其傳授可知矣。

有問師之道屬，曰由四祖以降，雖嗣正法有家嫡，而支派者猶大宗小宗焉。以世族譬之，即師與西堂藏甘泉賢勒潭海百巖暉俱父事大寂，若兄弟然，章敬澄若從父兄弟，徑山欽若從祖兄弟，鶴林素華嚴寂若伯叔然，當山忠東京會若伯叔祖，嵩山秀牛頭融若曾祖伯叔。推而序之，其道屬可知矣。有問師之化緣，曰師爲童男時，見殺生者，盡然不忍食，退而發出家心。遂求落髮於僧曇，受尸羅於僧崇，學毗尼於僧如，證大乘法於天台止觀，成最上乘道於大寂道一。貞元六年始行於閩越間，歲餘而廻心改服者百數。七年馴猛虎於會稽，作滕家道場，八日與山神受八戒於鄱陽，作廻嚮道場。十三年感非人於少林寺，二十一年作有爲功德於衛國寺，明年施無爲功德於天宫寺。元和四年，憲宗章武皇帝召見於安國寺。五年問法於麟德殿，其年復靈泉於不空三藏也。十二年二月晦，大説法於是堂，說訖說化，其化緣云爾。

有問師之心要，曰師行禪演法垂三十年，度白黑衆殆百千萬億，應病授藥，安可以一説盡其心要乎。然居易爲贊善大夫時，嘗四詣師四問道。第一問云，既曰禪師，何故說法。師曰，無上菩提者，被於身爲律，說於口爲法，行於心爲禪，應用有三，其實一也。如江湖河漢，在處立名，名雖不一，水性無二。律即是法，法不離禪，云何於中，妄起分別。第二問云，既無分別，何以修心。師曰，心本無損傷，云何要修理。無論垢與淨，一切勿起念。第三問云，垢即不可念，淨無念可乎。師曰，如人眼睛上，一物不可住。金屑雖珍寶，在眼亦爲病。第四問云，無修無念，亦何異於凡夫耶。師曰，凡夫無明，二乘執著。離此二病，是名眞修。眞修者，不得勤，不得妄，勤即近執著，妄即落無明。其心要云爾。

師之徒殆千餘，達者三十九人。其入室受道者，有義崇，有圓鏡，以先師常辱與予言，知予嘗醍醐嗅薝蔔者有日矣。師既殁後，予出守南賓郡，遠託譔述，迨今而成。嗚呼。斯文豈直起師教，慰門弟子心哉，抑且志吾受然燈記記靈山會於將來世，故其文不避繁。銘曰：

佛以一印付迦葉，至師五十有九葉，故名師堂爲傳法。

又《唐撫州景雲寺故律大德上弘和尚石塔碑銘并序》（《白氏長慶集》卷四十一） 元和十一年春，廬山東林寺僧道深懷縱如建冲契宗一至柔以言語智則智明雲皋太易等凡二十輩，與白黑衆千餘人，俱實持故景雲大德弘公行狀一通，執錢十萬，來詣潯陽府，請司馬白居易作先師碑，會有故不果。十二年夏，作石墳成，復來請，會有病不果。十三年夏，作石塔成，又來請，始從之。既而僧反山，衆反聚落，錢反寺府。翌日而文就，明年而碑立。其詞云爾。

我聞竺乾古先生出世法法要有三，曰戒定惠。戒生定，定生惠，惠生八萬四千法門，是三者迭爲用。若次第言，則定爲惠因，戒爲定根。定根植則苗茂，因樹成則果滿。無因求滿，猶夢果也。無根求茂，猶揠苗也。雖佛以一切種智攝三界，必先用戒，菩薩以六波羅密化四生，不能捨律。律之用可思量，不可思量。如來十弟子中，稱優波離善持律，波離滅，有南山大師得之，南山滅，有景雲大師得之。

師諱上弘，姓饒氏。曾祖君雅，祖公悦，父知恭。臨川南城人。童而有知故，生十五歲發出家心，始從舅氏剃落。壯而有立故，生二十五歲立菩提願，從南嶽大圓大師具戒。樂所由生故，大歷中不去父母之邦，請隸于本州景雲寺。修道應無所住故，貞元初離我我所，徙居洪州龍興寺説法。親近善知識故，與匡山法貞天台靈裕荆門法裔暨興果神湊建昌惠進五長老交遊。佛法屬王臣故，與姜相國公輔太師顔眞卿暨本道廉使楊君憑韋君丹四君子友善。提振禁戒故，講四分律，而從善遠罪者無其數。隨順化緣故，坐甘露壇，而誓衆主盟者二十年。荷擔大事故，前後登方等施尸羅者十有八人會。救拔羣生故，挲婆男女由我得度者萬五千七十二人。示生無常故，元和十年十月己亥遷化于東林精舍。示滅有所故，是月丙寅歸于南岡石墳。住世七十七歲，安居六十五夏。自生至滅，隨迹示教，行止語嘿，無非佛事。夫施於人也博，則反諸己也厚，故門人鄉人報如不及。繇是藝松成林，琢石爲塔，塔有碑，碑有銘。銘曰

佛滅度後，薝蔔香衰，醍醐味醨。誰反是香，誰反是味，景雲大師。景雲之生，一匡苾蒭，中興毗尼。景雲之滅，衆將安仰，法將疇依。昔景雲來，行道者隨，踐迹者歸。今景雲去，升堂者思，入室者悲。鑪峯之西，虎谿之南，石塔巍巍。有記事者，以實眞辭，書于塔碑。

又《唐江州興果寺律大德湊公塔碣銘》如來滅後後五百歲，有持戒見性者曰興果律師。師姓成，號神湊，京兆藍田人。既出家，具戒於南嶽希操大師，參禪於鍾陵大寂大師。志在《首楞嚴經》，行在《四分毗尼》藏，其他典論，以有餘力通。大歷八年制，懸經論律三科策試天下僧，師中等得度，詔配江州興果寺。後從僧望，移隷東林寺，即鴈門遠大師舊道場，有甘露壇白蓮池在焉。師既居是寺，興佛事。元和十二年九月七日遘疾，二十六日反眞，十月十九日遷全身于寺道北祔鴈門墳左。春秋七十四，夏臘五十一。日至乎哉。

師本行也，以精進心，胝不退輪，以勇健力，撾無畏鼓。故登壇進律，鬱爲法將者，垂三十年，領羯磨會十三，化大衆萬數。儀範所攝，惠用所誘，貴高憎慢，罔不降伏。其威重如是。自興果起東林，一盂齋，一榻居，衣麻寢菅，如坐漆室。繇是名聞檀施，來無虛月，盡歸寺藏。與大衆共之，迨啟手足，目前無長物。其簡儉如是。師心行禪，身持律，起居動息，皆有常節，雖沍寒隆暑，風雨黑夜，捧一鑪，秉一燭，行道禮佛者四十五年，凡十二時，未嘗闕一。其精勤如是。師既疾亟，四大將壞，無戀著念，無厭離想。郡太守門弟子進醫饋藥者數四，師頷之云，報身非病，焉用是爲。言訖趺坐，恬然就化。其了悟如是。門人道建利辯元審元總等，封墳建塔，思有以識之。以先師嘗辱與予游，託爲銘碣。初予與師相遇，如他生舊識，一見欣合，不知其然。及遷化時，予又題四句詩爲別，蓋欲會前心，集後緣也。不能改作，因取爲銘曰：

本結菩提香火社，共嫌煩惱電泡身。不須戀戀從師去，先請西方作主人。

又《東林寺經藏西廊記》（《白氏長慶集》卷四三）元和初，江西觀察使韋君丹於廬山東林寺神運殿左甘露壇右建修多羅藏一所，土木丹漆之外，飾以多寶，相好嚴麗，鄰諸鬼功，雖兩都四方，或未前見，一切經典，盡在於內，蓋釋宮之天祿石渠也。初藏既成，南東北廊亦具，獨西未作，而韋君薨，迨今十餘年。風日所飄燥，雪雨所霑濕，西南一隅，壞有日矣。僧坊衆惜之，予亦惜之，非不是圖，才力不足。暨十三年，予作景雲律師塔碑成，景雲弟子饋絹百匹。予以法施淨財，義不已有，即日移用作藏西廊。因請寺長老演公滿公琳公等經之，寺綱維令杲靈達等成之。蓋欲護前功，償始願，非任於布施相功德心也。其集經名數與創藏由緣，詳于李肇碑文，此但書新作西廊而已。十四年月日，忠州刺史白居易記。

又《與濟法師書》（《白氏長慶集》卷四五）月日，弟子太原白居易白濟上人侍右。昨者頂謁時，不以愚蒙，言及佛法，或未了者，許重討論。今經典間未諭者，其義有二，欲面問答，恐彼此卒卒，語言不盡，故粗形於文字。願詳覽之，敬佇報章，以開未悟，所望所望。

佛以無上大慧，觀一切衆生，知其根性大小不等，而以方便智說方便法。故爲闡提說十善法，爲小乘說四諦法，爲中乘說十二因緣法，爲大乘說六波羅密法，皆對病根，救以良藥，此盡方便教中不易之典也。何以若爲小乘人說大乘法，心則狂亂狐疑不信，所謂無以大海內於牛迹也。若爲大乘人說小乘法，是以穢食置於寶器，所謂彼自無創，勿傷之也。故《維摩經》總其義云，爲大醫王，應病與藥。又《首楞嚴三昧經》云，不先思量，而說何法，隨其所應，而爲說法。正是此義耳。猶恐說法者不隨人之根性也。故又《法華經》戒云，若但讚佛乘，衆生沒在罪苦，不能信是法，破法不信故。如此，非獨慮說者不能救病，懼聞者不信，沒入罪苦也。則佛之付囑，豈不丁寧也。何則。《法王經》云，若定根基，爲小乘人說小乘法，爲大乘人說大乘法，爲闡提人說闡提法，是斷佛性，是滅佛身，是說法人當歷百千萬劫，墮諸地獄，縱佛出世，猶未得出。若生人中缺脣無舌，獲如是報，何以故。衆生之性，即是法性，從本已來，無有增

減，云何於中，分別病藥。又云，於諸法中，若說高下，即名邪說，其口當破，其舌當裂。何以故。一切衆生，心垢同一垢，心淨同一淨，衆生若病，應同一病，衆生須藥，應同一藥，若說多法，即名顛倒。何以故。爲妄分別拆善惡法，破一切法故。隨機說法，斷佛道故。此又了然不壞之義也。又《金剛經》云，是法平等，無有高下，是名阿耨多羅三藐三菩提。又《金剛三昧經》云，皆以一味道終，不以小乘無有諸襍味，猶如一雨潤。

據此，後三經則與前三經義甚相戾也。其故何哉。若云依維摩詰謂富樓那云，先當入定，觀此人心，然後說法。又云，不觀人根，不應說法。夫以富樓那之通慧，又親奉如來爲大弟子，尚未能觀知人心，況復五百歲末法中弟子，豈盡能觀知人心而後說法乎。設使觀知人心，若彼發小乘心，而爲說大乘法，可乎。若未能觀彼心，而率己意說，又可乎。既未能觀，與默然不說，又可乎。若云依義又依語，則上六經之義互相違反，其將孰依乎。若云依了義經，則三世諸佛，一切善法，皆從此六經出，孰名爲不了義經乎。況諸經中與《維摩》《法華》《首楞嚴》之說同者，非一也。與《法王》《金剛》《金剛三昧》之說同者，亦非一也。不可遍舉，故於二義中各舉三經，此六經皆上人常所講讀者，今故引以爲問，必有甚深之旨焉。

今且有人，忽問法於上人，上人或能觀知其心，或未能觀知其心，將應病與藥而爲說耶。將同一病一藥而爲說耶。若應病與藥，是有高下，是有襍味，即反《法王》等三經之義。豈徒反其義，又獲如上所說之罪報矣。若同一病一藥爲說，必當說大乘，大乘即佛乘也。若讚佛乘，且不隨應心，且不救病，即反《維摩》等三經之義。豈徒反其義，又使衆生沒在罪苦矣。六者皆如來說，如來是眞語實語，不誑語不異語者。今隨此則反彼，順彼則逆此，設有問者，上人其將何法以對焉。此其未論者一也。

又五蘊者，色受想行識是也。十二因緣者，無明緣行，行緣識，識緣名，名緣色，色緣六入，六入緣觸，觸緣受，受緣愛，愛緣取，取緣有，有緣生，生緣老死病苦憂悲苦惱是也。夫五蘊十二因緣，蓋一法也，蓋一義也。畧言之則爲五，詳言之則爲十二，雖名數多少或殊，其於倫次轉遷，合同條貫。今五蘊中則色受想行識相次，而十二緣中則行識色入觸受相緣，一則色在行前，一則色次行後，正序之既不類，逆倫之又不同。若謂佛次第而言，則不應有此雜亂，若謂佛偶然而說，則不當名爲因緣。前後不倫，其義安在。此其未論者二也。

上人耆年大德，後學宗師，就出家中，又以說法而作佛事，必能研精二義，合而通之，仍望指陳。著於翰墨，蓋欲藏於篋笥，永永不忘也。其餘疑義，亦續咨問。居易稽首。

又《議釋教　僧尼》（《白氏長慶集》卷六五）　問，漢魏以降，像教寖興，或曰足以耗蠧國風，又云足以輔助王化，今欲禁之勿用，恐乖誘善崇福之方，若許之大行，慮成異教殊俗之弊。裨化之功誠著，傷生之費亦深，利病相形，從其遠者。

臣聞上古之化也，大道惟一，中古之教也，精義無二。蓋上率下以一德，則下應上無二心。故儒墨六家不行於五帝，道釋二教不及於三王。迨乎德既下衰，道又上失，源離派別，樸散器分，於是乎儒道釋之教，鼎立于天下矣。降及近代，釋氏猶甚焉。臣伏覩其教，大抵以禪定爲根，以慈忍爲本，以報應爲枝，以齋戒爲葉。夫然，亦可誘掖人心，輔助王化。然臣以爲不可者有以也。臣聞天子者奉天之教令，兆人者奉天子之教令，令一則理，二則亂。若參以外教，二三孰甚焉。況國家以武定禍亂，以文理華夏，執此二柄，足以經緯其人矣。而又區區西方之教，與天子抗衡，臣恐乖古先惟一無二之化也。然則根本枝葉，王教備焉，何必使人去此取彼。若欲以禪定復人性，則先生有恭默無爲之道在。若欲以慈忍厚人德，則先王有忠恕惻隱之訓在。若欲以報應禁人僻，則先王有懲惡勸善之刑在。若欲以齋戒抑人淫，則先王有防欲閑邪之禮在。雖臻其極則同歸，或能助於王化，然於異名則殊俗，足以貳乎人心。故臣以爲不可者以此也。況僧徒月益，佛寺日崇，勞人力於土木之功，耗人利於金寶之飾，移君親於師資之際，曠夫婦於戒律之間。古人云，一夫不田，有受其餒者，一婦不織，有受其寒者。今天下僧尼不可勝數，皆待農而食，待蠶而衣，臣竊思之，晉宋齊梁以來，天下凋弊，未必不由此矣。伏惟陛下察焉。

又《如信大師功德幢記》（《白氏長慶集》卷六八）　有唐東都臨壇開法大師，長慶四年二月十三日，終于聖善寺華嚴院。春秋七十有五，夏臘五十二。是月二十二日，移窆于龍門山之南崗。寶歷元年某月某日，遷葬于奉先寺，祔其先師塔廟穴之上。不封不樹，不廟不碑，不勞人，不傷財，唯立佛頂尊勝陀羅尼一幢。幢高若干尺，圓若干尺，六隅七層，上覆下承，佛儀在上，經咒在中，記讃在下。皆師所囑繫，門人奉遺志也。師姓康，號如信，襄城人。始成童授《蓮花經》於釋巖，既則戒學《四分律》於釋晤，後傳六祖心要於本院先師淨名，《楞伽》《俱舍》《百法》經根論枝，罔不通焉。由是禪與律交修，定與慧相養，蓄爲通粹，揭爲僧豪。自建中訖長慶，凡九遷大寺居，十補大德位，莅法會主僧盟者二十二年，勤宣佛令，卒復祖業。若貴賤，若賢愚，若小大中乘，人游我門，繞我座，禮我足，如羽附鳳，如水會海。於戲。非夫動爲儀，言爲法，心爲道場，則安能使化緣法衆，悦隨欣戴，一至於是耶。同學大德繼居本院者曰智如，弟子上首者曰嚴隱，暨歸靖藏周常貴懷嵩圓恕圓昭貞操等若干人，聚謀幢事。琢刻既成，將師理命，請蘇州刺史白居易爲記。記既訖，因書二四句偈以讃云。

師之度世，以定以慧。爲醫藥師，救療一切。

師之闍維，不塔不祠。作功德幢，與衆共之。

又《華嚴經社石記》 有杭州龍興寺僧南操，當長慶二年，請靈隱寺僧道峯講《大方廣佛華嚴經》，至《華藏世界品》，聞廣博嚴淨事，操歡喜發願，願於白黑衆中勸十萬人，人轉《華嚴經》一部，十萬人又勸千人，人諷《華嚴經》一卷。每歲四季月，其衆大聚會，於是攝之以社，齊之以齋。自二年夏至今年秋，凡十有四齋。每齋，操捧香跪啓於佛曰，願我來世生華藏世界，大香水海上，寶蓮金輪中，毗盧遮那如來前，與十萬人俱，斯足矣。又於衆中募財，置良田十頃，歲取其利，永給齋用。予前牧杭州時，聞操發是願，今牧蘇州時，見操成是功。操自詣蘇，凡三請於予曰，操八十一矣，朝夕待盡，恐社與齋，來者不能繼其志，乞爲記誡，俾無廢墜。予即十萬人中一人也，宜乎志而賛之。噫。吾聞一毛之施，一飯之供，終不壞滅，況田千畝，齋四時，用不竭之征，備無窮之供乎。噫。吾聞一願之力，一偈之功，終不壞滅，況十二部經，常出於千人口乎。況十萬部經，常入於百千人耳乎。吾知操徒，必果是願。若經之句義，若經之功神，則存乎本傳。若社人之姓名，若財施之名數，則列于別碑。斯石之文，但叙見願集來緣而已。寶歷二年九月二十五日，前蘇州刺史白居易記。

又《沃洲山禪院記》 沃洲山在剡縣南三十里，禪院在沃洲山之陽，天姥岑之陰。南對天台，而華頂赤城列焉，北對四明，而金庭石鼓介焉。西北有支遁嶺，而養馬坡放鶴峯次焉，東南有石橋溪，溪出天台石橋，因名焉。其餘卑巖小泉，如子孫之從父母者，不可勝數。東南山水，越爲首，剡爲面，沃洲天姥爲眉目。夫有非常之境，然後有非常之人棲焉。晉宋以來，因山洞開，厥初有羅漢僧西天竺人白道猷居焉，次有高僧竺法潛支道林居焉，次又有乾興淵支遁開威藴崇實光識裴藏濟度逞印凡十八僧居焉。高士名人有戴逵王洽劉恢許玄度殷融郄超孫綽桓彦表王敬仁何次道王文度謝長霞袁彦伯王蒙衛玠謝萬石蔡叔子王羲之凡十八人，或游焉，或止焉。故道猷詩云，連峯數千里，修林帶平津，茆茨隱不見，雞鳴知有人。謝靈運詩云，暝投剡中宿，明登天姥岑，高高入雲霓，還期安可尋。蓋人與山相得於一時也。自齊至唐，兹山寖荒，靈境寂寥，罕有人游。故詞人朱放詩云，月在沃洲山上，人歸剡縣江邊。劉長卿詩云，何人住沃洲。此皆愛而不到者也。

太和二年春，有頭陀僧白寂然來遊兹山，見道猷支竺遺蹟，泉石盡在，依依然如歸故鄉，戀不能去。時浙東廉使元相國聞之，始爲卜築，次廉使陸中丞知之，助其繕完。三年而禪院成，五年而佛事立。正殿若干間，齋堂若干間，僧舍若干間。夏臈之僧，歲不下八九十，安居遊觀之外，日與寂然討論心要，振起禪風。白黑之徒，附而化者甚衆。嗟乎。支竺殁而佛聲寢，靈山廢而法不作，後數百歲而寂然繼之，豈非時有待而化有緣耶。六年夏，寂然遣門徒僧常贄自剡抵洛，持書與圖，詣從叔樂天乞爲禪院記云。

昔道猷肇開兹山，後寂然嗣興兹山，今日樂天又垂文兹山。異乎哉沃洲山，與白氏其世有緣乎。

又《修香山寺記》 洛都四野山水之勝，龍門首焉。龍門十寺觀遊之勝，香山首焉。香山之壞久矣，樓亭騫崩，佛僧暴露。士君子惜之，予亦惜之。佛弟子恥之，予亦恥之。頃予爲庶子賓客分司東都，時性好閒遊，靈跡勝概，靡不周覽。每至兹寺，慨然有葺完之願焉。迨今七八年，幸爲山水主，是償初心復始願之秋也。似有緣會，果成就之。噫。予早與故元相國微之定交於生死之間，冥心於因果之際，去年秋闈之將薨，以墓誌文見託。既而元氏之老狀其臧獲輿馬綾帛洎銀鞍玉帶之物，價當六七十萬，爲謝文之贄，來致於予。

予念平生分，文不當辭，贄不當納。自秦至洛，往返再三，訖不得已，迴施茲寺。因請悲知僧淸閑主張之，命謹幹將士復掌治之。始自寺前亭一所，登寺橋一所，連橋廊七間，次至石樓一所，連廊六間，次東佛龕大屋十一間，次南賓院堂一所，大小屋共七間。凡支壞補缺，壘隤覆漏，杇墁之功必精，赭堊之飾必良。雖一日必葺，越三月而就。譬如長者壞宅，鬱爲導師化城。於是龕像無燥溼陊泐之危，寺僧有經行宴坐之安，遊者得息肩，觀者得寓目。關塞之氣色，龍潭之景象，香山之泉石，石樓之風月，與往來者耳目，一時而新，士君子佛弟子，豁然如釋憾刷恥之爲。

淸閑上人與予及微之，皆夙舊也，交情願力，盡得知之，憾往念來，歡且贊曰，凡此利益，皆名功德，而是功德，應歸微之，必有以滅宿殃薦冥福也。予應曰，嗚呼。乘此功德，安知他刧不與微之結後緣於茲土乎。因此行願，安知他生不與微之復同遊於茲寺乎。言及於斯，漣而涕下。唐大和六年八月一日，河南尹太原白居易記。

又《蘇州重玄寺法華院石壁經碑文》（《白氏長慶集》卷六九）

碑在石壁東次，石壁在廣德法華院西南隅，院在重玄寺西若干步，寺在蘇州城北若干里，以華言唐文譯刻釋氏經典，自經品衆佛號以降字加金焉。夫開士悟入，諸佛知見，以了義度無邊，以圓教垂無窮，莫尊于《妙法蓮華經》，凡六萬九千五百五言。證無生忍，造不二門，住不可思議解脫，莫極於《維摩經》，凡二萬七千九十二言。攝四生九類，入無餘涅槃，實無得度者，莫先於《金剛般若波羅密經》，凡九千二百八十七言。壞罪集福，淨一切惡道，莫急於《佛頂尊勝陀羅尼經》，凡三千二十言。應念順願，願生極樂土，莫疾於《阿彌陀經》，凡一千八百言。用正見，觀眞相，莫出於《觀音普賢菩薩法行經》，凡六千九百九十言。詮自性，認本覺，莫深於《實相法密經》，凡三千一百五言。空法塵，依佛智，莫過於《般若波羅密多心經》，凡二百五十八言。是八種經，具十二部，合一十一萬六千八百五十七言，三乘之要旨，萬佛之秘藏盡矣。是石壁積四重，高三尋，長十有五丈，厚尺有咫，有石蓮敷覆其上下，有石神固護其前後，水火不能燒漂，風日不能搖消，所謂施無上法，盡未來際者也。唐長慶二年冬作，太和三年春成。律德沙門淸晃矢厥謀，淸海繼厥志，門弟子南容成之，道則終之，寺僧契元捨藝而書之，郡守居易施詞而讚之。讚曰：

佛涅槃後，世界空虛，惟是經典，與衆生俱。說有人，書貝葉上，藏檀龕中，非堅非久，如蠟印空。假使有人，刺血爲墨，剝膚爲紙，即壞即滅，如筆畫水。噫。畫水不若文石，印蠟不若字金。其功不朽，其義甚深。故吾謂石經功德，契如來付囑之心。

又《大唐泗洲開元寺臨壇律德徐泗濠三州僧正明遠大師塔碑銘并序》

婆娑世界中，有釋迦如來，出爲上首。如來滅後，像法中或羅漢僧，或菩薩僧，在在處處，出爲上首。佛道未喪，間生其人，故泗州開元寺臨壇律德大師，實一方上首也。大師譙郡酇人，世姓暴氏，僧號明遠。七歲依本郡霈禪師出家，十九從泗洲靈穆律師受具戒，五夏通《四分律》《俱舍論》，乃升講座，乃登戒壇。元和元年，衆請充當寺上座，明年官補爲本州僧正，統十二部。開元寺北地二百步，作講堂七間，僧院六所。又淮泗間地卑多雨潦，歲有害。師與郡守蘇遇等謀於沙湖西隙地創避水僧坊，建門廊廳堂廚廄二百間，植松杉楠檉檜一萬本，由是僧與民無墊溺患。旋屬災焚本寺，寺殲像滅，僧潰者數年。師與徐州節度使王侍中有緣，遂合願叶力，再造寺宇，乃請師爲三郡僧正。奏乞連置戒壇，因其施利，廓其規度，侍中又以家財萬計助而成之。自殿閣堂亭廊庖廩藏，洎僧徒臧獲傭保馬牛之舍，凡二千若干百十間，其中像設之儀，器用之具，一無闕者。長慶五年春作，太和元年秋成。輪奐莊嚴，星環棊布，如自地踴，若從天降。供施無虛日，鐘梵有常聲，四衆知歸，萬人改觀。於是增上慢者起敬，種善根者發心，利喜饒益，巨能具舉。若非大師於福智僧中而得第一，若非侍中於敬信人中亦爲第一，則安能大作佛事而中興像教者乎。故如來所謂我滅後，我法傳授於弟子，囑於大臣，斯言信矣。師以太和八年十二月十九日齋時終於本寺本院。是月二十九日，道俗衆萬輩恭敬悲泣，備涅槃威儀，遷全身歸于湖西塼塔，遵本教而奉先志也。報年七十，僧臈五十有一。始出家訖于遷化，志業行願，道力化緣，引而伸之，隨日廣大。前後臨戒壇者八，登律座者十有五，僧尼得度者三萬衆，江淮行化者四十年。或疑是人，如來所使羅漢菩薩，吾焉知之。初大師以功德爲心，既成而化，侍中以譔錄見託，未就而薨。今按弟子僧僧亮元素行狀，序而銘之。嗚呼。所以滿大師之願，終侍中之志也。銘曰：

平地踴塔，多寶示現。險路化城，導師方便。翳我大師，亦有大願。像法是弘，塔廟是建。佛人交接，兩得相見。法有毗尼，象有僧尼。承教於佛，得度於師。宣傳戒藏，振起律尼。四十餘載，勤而行之。福德如空，不可思議。緣合而來，功成而去。知性不動，色身無住。示有遷化，非實滅度。表塔勒銘，門人戀慕。

又《東都十律大德長聖善寺鉢塔院主智如和尚茶毗幢記》 浮圖教有茶毗威儀，事具《涅槃經》。陁羅尼門有佛頂呪功德，事具《尊勝經》。經文甚詳，此記不載。今但載大師僧行佛事，興建幢義趣而已。大師姓吉，號智如，絳郡正平人。自孩及童，不飲酒，不茹葷，不食肉，不兒戲。年十二授經於僧皎，二十二受具戒於僧晤，學《四分律》於曇濬律師，通《楞伽》思益心要於法凝大師。貞元中，寺舉省選，累補昭成敬愛等五寺開法臨壇大德。由是行寖高，名寖重，僧尼輩請以聖善寺勅置法寶嚴持院處之。居十年而法供無虛日，律講無虛月，使疑者信，墮者勤，增上慢者退，僧風驟變，佛事勃興，實我師傳授誘誨之力也。太和八年十二月二十三日，終於本院。報年八十六，僧夏六十五。明年正月十五日，合都城道俗萬數，具涅槃儀，移窆於龍門祖師塔。陂又明年某月某日，用闍維法，遷祔于奉先寺祖師塔西而建幢焉。

噫，大師自出家至即世，前後講毗尼三十會，度苾蒭百千人，秉律登壇施法行化者五十五載。而身相長大，面相端嚴，心不放逸，口無戲論，四部瞻仰，敬而畏之。矧又以直心坐道場，以密行傳法藏，爲東王城十大德首，爲南贍部八關戒師，名冠萬僧，利及百衆。所謂提智慧劍，破煩惱賊，撾無畏鼓，降内外魔，凜乎佛庭之直臣，鬱乎僧壇之大將者也。初，師之將遷化也，無病無惱，宴坐齋心，領一童詣諸寺，遇像致敬，逢僧與遊，口雖不言，心若默別。後數日而化，識者異之。及臨盡滅也，告弟子言，我歿後當依本院先師遺法，勿塔勿墳，唯造《佛頂尊勝陁羅尼經》一幢，置吾茶毗之所。吾形之化，吾願常在。願依幢之塵之影，利益一切衆生，吾願足矣。今院主上首弟子振公洎傳法受遺侍者弟子某等若干人，合力建幢，以畢師志。振輩以居易辱爲是院門徒者有年矣，又十年以還，蒙師授八關齋戒，見託爲記，附于眞言。蓋欲以奉本教而滿先願，尋往因而集來果也。欲重宣此義，以一偈贊之。偈云：

幢功德甚大，師行願甚深。孰見如是幢，不發菩提心。

又《畫彌勒上生幀讚并序》（《白氏長慶集》卷七〇） 南贍部州大唐國東都城長壽寺大苾蒭道嵩存一惠㬇等六十人，與優婆塞士良惟儉等八十人，以太和八年夏受八戒，修十善，設法供，捨淨財，畫兜率陁天宮彌勒上生内衆一鋪，眷屬圍繞，相好莊嚴。於是嵩等曲躬合掌，焚香作禮，發大誓願，願生内宫，劫劫生生，親近供養。按本經云，可以除九十九億劫生死之罪也。有彌勒弟子樂天，同生願，遇是緣，爾時稽首，當來下生慈氏世尊足下。致敬無量，而說讚曰：

百四十心，合爲一誠。百四十口，發同一聲。仰慈氏形，稱慈氏名。願我來世，一時上生。

又《繡西方幀讚并序》 西方阿彌陁佛與閻浮提有願，此土衆生與彼佛有緣。故受一切苦者，先念我名，祈一切福者，多圖我像。至於應誠來感，隨願往生，神速變通，與三世十方諸佛不侔。噫。佛無若干，而願與緣有若干也。有女弟子弘農郡君，姓楊，號蓮花性，發弘願，捨淨財，繡西方阿彌陁佛像，及本國土眷屬一部，奉爲故李氏長姊楊夫人滅宿殃追冥祐也。夫範銅設繪，不若刺繡文之精勤也。想形念號，不若覩相好之親近也。即造之者誠不得不著，感不得不通，受之者罪不得不滅，福不得不集。爾時蓮花性焚香合掌，跪唱贊云：

金方剎，金色身，資聖力，福幽魂。造者誰，弘農君，受者誰，楊夫人。

又《東林寺白氏文集記》 昔余爲江州司馬時，常與廬山長老於東林寺經藏中披閱遠大師與諸文士唱和集卷。時諸長老請予文集亦置經藏，唯然心許他日致之，迨茲餘二十年矣。今余前後所著文大小合二千九百六十四首，勒成六十卷，編次既畢，納于藏中，且欲與二林結他生之緣，復曩歲之志也。故自忘其鄙拙焉，仍請本寺長老及主藏僧，依遠公文集例，不借外客，不出寺門。幸甚。太和九年夏，太子賓客晉陽縣開國男太原白居易樂天記。

又《聖善寺白氏文集記》 中大夫守太子少傅馮翊縣開國侯上柱國賜

紫金魚袋太原白居易字樂天，與東都聖善寺鉢塔院故長老如滿大師有齋戒之因，與今長老振大士爲香火之社。樂天曰，吾老矣，將尋前好，且結後緣。故以斯文寘於是院。其集也，帙六十五卷，凡三千二百五十五首，題爲白氏文集，納于律疏庫樓。仍請不出院門，不借官客。有好事者，任就觀之。開成元年五月十三日，樂天記。

又《蘇州南禪院千佛堂轉輪經藏石記》 千佛堂轉輪經藏者，先是郡太守居易發心，蜀沙門清閑矢謨吳僧常敬弘正神益等僝功，商主鄧子成梁華等施財，院僧法弘惠滿契元惠雅等蒇事，太和二年秋作，開成元年春成。堂之費計緡萬，藏與經之費計緡三千六百。堂之中上蓋下藏，蓋之間輪九層，佛千龕，彩繪金碧以爲飾。環蓋懸鏡六十有二，藏八面，面二門，丹漆銅鍇以爲固。環藏敷座六十有四，藏之內轉以輪，止以柅。經函二百五十有六，經卷五千五十有八。

藏成經具之明年，蘇之緇白徒聚謀曰，今功德如是，誰其尸之。宜請有福智僧越之妙喜寺長老元遂禪師爲之主，宜請初發心人前本郡守白少傅爲之記。僉曰然。師既來，教行如流，僧至如歸，供施達嚫，隨日而集，堂有羨食，路無飢僧，游者學者得以安給，惠利饒益不可思量。師又日與苾芻衆升堂，焚香合十，指禮千佛。然後啓藏發函，鳴犍椎，唱伽陀，授持讀諷十二部經，經聲洋洋，充滿虛空。上下近遠，有情識者，法音所及，無不蒙福，法力所攝，鮮不歸心，佻然異風，一變至道，所得功德，不自覺知。由是而言，是堂是經是藏之用，信有以表旌覺路也，脂轄法輪也，示火宅長者子之便門也，開毛道凡夫生之大寶也。蔔其然乎。又明年，院之僧徒三詣雒都，請予爲記。

夫記者，不惟記年，月述作焉，亦在乎辨興廢，示勸誡也。我釋迦如來有言，一切佛及一切法，皆從經出。然則法依於經，經依於藏，藏依於堂，若堂壞則藏廢，藏廢則經墜，經墜則法隱，法隱則無上之道幾乎息矣。嗚呼。凡我國土宰官支提上首暨摩摩帝輩，得不虔奉而護念之乎。得不保持而增修之乎。經有缺必補，藏有隙必葺，堂有壞必支。若然者，眞佛弟子，得福無量，反是者，非佛弟子，得罪如律。開成二年二月一日記。

又《蘇州南禪院白氏文集記》 唐馮翊縣開國侯太原白居易字樂天，有文集七袠，合六十七卷，凡三千四百八十七首。其間根源五常，枝派六義，恢王教而弘佛道者多矣。然寓興放言，緣情綺語者，亦往往有之。樂天，佛弟子也，備聞聖教，深信因果，懼結來業，悟知前非。故其集家藏之外，別錄三本，一本寘于東都聖善寺鉢塔院律庫中，一本寘于廬山東林寺經藏中，一本寘于蘇州南禪院千佛堂內。夫惟悉索弊文，歸依三藏者，其意云何。且有本願，願以今生世俗文字放言綺語之因，轉爲將來世世讚佛乘轉法輪之緣也。三寶在上，實聞斯言。開成四年二月二日，樂天記。

又《畫西方幀記開成五年三月十五日》（《白氏長慶集》卷七一） 我本師釋迦如來說，言從是西方，過十萬億佛土，有世界號極樂，以無八苦四惡道故也。其國號淨土，以無三毒五濁業故也。其佛號阿彌陀，以壽無量願無量功德相好光明無量故也。諦觀此娑婆世界，微塵衆生，無賢愚，無貴賤，無幼艾。有起心歸佛者，舉手合掌，必西嚮西方，怖厄苦惱者，開口發聲，先念阿彌陁佛。又範金合土，刻石織文，乃至印水聚沙。童子戲者，莫不率以阿彌陀佛爲上首，不知其然而然。由是而觀，是彼如來有大誓願於此衆生，此衆生有大因緣於彼國土明矣。不然者，東南北方，過去見在未來佛多矣，何獨如是哉。

唐中大夫太子少傅上柱國馮翊縣開國侯賜紫金魚袋白居易，當衰暮之歲，中風痺之疾，乃捨俸錢三萬，命工人杜宗敬按《阿彌陀》《無量壽》二經，畫西方世界一部，高九尺，廣丈有三尺，阿彌陀佛坐中央，觀音勢至二大士侍左右，天人瞻仰，眷屬圍繞，樓臺妓樂，水樹花鳥，七寶嚴飾，五彩彰施，爛爛煌煌。功德成就，弟子居易焚香稽首，跪於佛前，起慈悲心，發弘誓願，願此功德，迴施一切衆生。一切衆生有如我老者，如我病者，願皆離苦得樂，斷惡修善，不越南部，便覩西方。白毫大光，應念來感，青蓮上品，隨願往生。從見在身，盡未來際，常得親近而供養也。欲重宣此願，而偈讚云：

極樂世界清淨土，無諸惡道及諸苦。願如老身病苦者，同生無量壽佛所。

又《畫彌勒上生幀記》 南贍部洲大唐國東都香山寺居士太原人白樂天，年老病風，因身有苦，遍念一切惡趣衆生，願同我身，離苦得樂。由是命繪事，按經文，仰兜率天宮，想彌勒內衆，以丹素金碧形容之，以香火花果供養之。一禮一贊，所生功德，若我老病苦者，皆得如本願焉。本願云何。先是樂天歸三寶持十齋受八戒者有年歲矣，常日日焚香佛前，稽首發願，願當當來世，與一切衆生，同彌勒上生，隨慈氏下降，生生劫劫，與慈氏俱，永離生死流，終成無上道。今因老病，重此證明，所以表不忘初心，而必果本願也。慈氏在上，實聞此言。言訖作禮，自爲此記。時開成五年三月日記。

又《香山寺新修經藏堂記》　先是樂天發願修香山寺既就，迨今七八年，寺有佛像，有僧徒，而無經典，寂寥精舍，不聞法音，三寶闕一，我願未滿。乃於諸寺藏外，雜散經中，得遺編墜軸者數百卷帙，以《開元經錄》按而挍之。於是絕者續之，亡者補之，稽諸藏目，名數乃足，合是新舊大小乘經律論集，凡五千二百七十卷，乃作六藏分而護焉。寺西北隅有隙屋三間，土木將壞，乃增修改飾，爲經藏堂。堂東西間闢四窗，置六藏，藏二門，啟閉有時，出納有籍。堂中間置高廣佛座一座，上列金色像五百，像後設西方極樂世界圖一，菩薩影二，環座懸大幡二十有四，榻席巾几洎供養之器咸具焉。合爲道場，簡儉嚴淨。開成五年九月二十五日，堂成藏成道場成，以香火釁之，以飲食樂之，以管磬歌舞供養之，與閒振源濟釗操洲暢八長老及比邱衆百二十人圍繞贊歎之。又別募清淨七人，日日供齋粥，給香燭。十二部經，次第諷讀，俾夫經梵之音，晝夜相續，洋洋乎盈耳哉，忻忻乎滿願哉。爾時道場主佛弟子香山居士樂天，欲使浮圖之徒，游者歸依，居者護持，故刻石以記之。

又《香山寺白氏洛中集記》　《白氏洛中集》者，樂天在洛所著書也。太和三年春，樂天始以太子賓客分司東都，及茲十有二年矣。其間賦格律詩凡八百首，合爲十卷，今納于龍門香山寺經藏堂。夫以狂簡斐然之文，而歸依支提法寶藏者，于意云何。我有本願，願以今生世俗文字之業，狂言綺語之過，轉爲將來世世讚佛乘之因，轉法輪之緣也。十方三世諸佛應知。噫。經堂未滅，記石未泯之間，乘此願力，安知我他生不復游是寺，復覩斯文。得宿命通，省今日事，如智大師記靈山於前會，羊叔子識金環於後身者歟。於戲。垂老之年，絕筆於此。有知我者，亦無隱焉。大唐開成五年十一月二日，中大夫守太子少傅馮翊縣開國侯上柱國賜紫金魚袋白居易樂天記。

又《唐東都奉國寺禪德大師照公塔銘并序》　大師號神照，姓張氏，蜀州青城人也。始出家於智凝法師，受具戒於惠萼律師，學心法於惟忠禪師。忠一名南印，即第六祖之法曾孫也。大師祖達摩宗神會而父事印。其教之大旨，以如然不動爲體，以妙然不空爲用，示眞寂而不說斷滅，破計著而不壞假名。師既得之，揭以行化，出蜀入洛，與俗人有緣，用開六壇，僅三十載，隨根說法，言下多悟。由是裂疑網，拔惑箭，漸離我人相者，日日有焉，起正信，見本覺，頓發菩提心者，時時有焉。其餘退惡進善，隨分而增上者，不可勝紀。夫如是，可不謂煩惱病中，師爲醫王乎，生死海中，師爲船師乎。嗚呼。病未盡而醫去，海方涉而船失。粤以開成三年冬十二月，示滅于奉國寺禪院，以是日遷葬于龍門山。報年六十三，僧夏四十四。明年，傳教主院上首弟子沙門清閑，糺門徒，合財施，與服勤弟子志行等，營度襄事，卜兆於寶應寺荷澤祖師塔東若干步，窆而塔焉，示不忘其本也。其諸升堂入室，得心要口訣者，有宗實在襄，復儼在洛，道恣在鎮，知遠在徐，建在晉，道光在潤，道威在潞，雲貞在慈，雲表在汴，歸忍在越，會幽齊經在蔡，智全景玄紹明在秦，各於一方，分作佛事，咸鼓鐘鳴吼，龍象蹴蹋。斯皆吾師之教力也，不其盛歟。衆以余忝聞法門人，結菩提之緣甚熟，請於塔石。序而銘曰：

伊之北西，洛之南東，法祖法孫，歸全於中。舊塔會公，新塔照公，亦如世禮，祔于本宗。

又《六讚偈》　樂天常有願，願以今生世俗文筆之因，翻爲來世讚佛乘轉法輪之緣也。今年登七十，老矣病矣，與來世相去甚邇。故作六偈，跪唱於佛法僧前，欲以起因發緣，爲來世張本也。

讚佛偈：

十方世界，天上天下，我今盡知，無如佛者。堂堂巍巍，爲天人師，故我禮足，讚歎歸依。

讚法偈：

過見當來，千萬億佛，皆因法成，法從經出。是大法輪，是大寶藏，故我合掌，至心迴向。

讚僧偈：

緣覺聲聞，諸大沙門，漏盡果滿，衆中之尊。假和合力，求無上道，故我稽首，和南僧寶。

讚衆生偈：

毛道凡夫，火宅衆生，胎卵溼化，一切有情。善根苟種，佛果終成，我不輕汝，汝無自輕。

懺悔偈：

無始刼來，所造諸罪。若輕若重，無小無大。我求其相，中間内外，了不可得，是名懺悔。

發願偈：

煩惱願去，涅槃願住，十地願登，四生願度。佛出世時，願我得親，最先勸請，請轉法輪。佛滅度時，願我得值，最後供養，受菩提記。

又《佛光和尚真讚》 會昌二年春，香山寺居士白樂天，命繢以寫和尚眞而讚之。和尚姓陸氏，號如滿，居佛光寺東芙蓉山蘭若，因號焉。

我命工人，與師寫眞。師年幾何，九十一春。會昌壬戌，我師尚存。福智壽臘，天下一人。靈芝無根，寒竹有筠。溫然言語，嶷然風神。師身是假，師心是眞。但學師心，勿觀師身。

杜牧《燉煌郡僧正慧菀除臨壇大德制》（杜牧《樊川集》卷一七）

勑。燉煌管内釋門都監察僧正兼州學博士僧慧菀，燉煌大藩，久陷戎壘，氣俗自異，果產名僧。彼上人者，生於西土，利根事佛，餘力通儒，悟執迷塵俗之身，譬喻大宅，舉君臣父子之義，教爾青襟，開張法門，顯白三道，遂使悍戾者好空惡殺，義勇者狥國忘家。裨助至多，品地宜峻，領生徒坐於學校，貴服色舉以臨壇。若非出羣之才，豈獲兼榮之授。勉弘兩教，用化新邦。可充京城臨壇大德。餘如故。

孫樵《復佛寺奏》（《孫可之集》卷六） 賤臣樵上言，臣以爲殘蠧於理者，羣髠最大。且十口之家，男力而耕，女力而桑，卒歲其衣食僅自給也，棟宇僅自完也。若羣髠者，所飽必稻粱，所衣必綿縠，居則邃宇，出則肥馬，是則中戶不十不足以活一髠。武皇帝元年，籍天下羣髠者凡十七萬。夫以十家給一髠，是編民百七十萬困於羣髠矣。武皇帝一旦髮天下髠，悉歸平民，是時一百七十萬家之心，咸知生地。陛下自卽位以來，詔營廢寺以復羣髠。自元年正月卽位以來，洎今年五月，斤斧之聲不絕天下，而工未已。訊聞陛下卽復之不休，臣恐數年之間，天下十七萬髠如故矣。臣以爲武皇帝卽不能除羣髠，陛下尚宜勉思而去之，以甦疲民，況將興於已廢乎。

請以開元之事明之。開元之年，大駕還自東封，從以千官之衆，六軍之士三日留於陳留，民猶有餘力。今陛下卽能東封，道次給一食，則民力殫矣。何開元之民力有餘，而陛下之民力不足耶。開元之間，率戶出兵籍而爲伍，春夏縱之家以力耕稼，秋冬聚之將以戒武事。如此則兵未始廢於農，農未嘗奪於兵，故開元之民力有餘也。今天下常兵不下百萬，皆衣食於平民，歲度費率中戶五僅能活一兵。如此則編戶不五百萬，不足以給之，故陛下之民力不足也。今陛下以力不足之民，而欲重困於羣髠，將何以踵開元太平事耶。

貞觀以還，開元戶口最爲殷繁，不能逾九百萬，卽今有問於戶部，其能如開元乎。借如陛下以五百萬給天下之兵，今欲又以一百七十萬給於羣髠，是六百七十萬無羨賦矣。卽令戶口不下於開元，其餘止二百萬，而國家萬故畢出其間，陛下孰與其足耶。卽是鹽鐵不可除，而榷筦加算矣。天下之民，得不重困乎。日者陛下嘗欲營國東門，諫議大夫入爭於前，一言未及終，陛下非徒輟其工，而又賜帛以優之。今所復寺宇，豈特國門之急乎。叢徒嘯工，豈特國門之使乎。寧諫議大夫不以言，而陛下不以聽耶。陛下則不能復廢之，臣願陛下已復之髠止而勿復加，已營之寺止而勿復修，庶幾天下之民尚可活也。今天下最不可去者兵也，尚爲陛下日夜思去兵之術。究開元太平事，冀異日爲陛下言之，況去無用之髠耶。臣昧死以言。

司空圖《送草書僧歸越》（《司空表聖文集》卷四） 傖荒之俗，尤惡伎於文墨者。華民流寓而至，則遽發其橐，焚棄札牘之累以快。既自容矣，又仇沮繼至者，若不勝其怨。噫。是華舌夷心，而又甚之者矣。洎天下將亂，則雖吾里，其風亦變。蓋傖荒之流民亦多矣。倘或未化，亦其益孤，不能自振，苟聞志於吾伎，則必躍而游之，矧踵門而勤請者耶。辯光僧生於東越，雖幼落於佛，而學無不至。故逸跡遒勁之外，亦恣爲歌詩，以導江湖沉欝之氣。是佛首而儒其業者也。雖孟荀復生，豈拒之哉。今其旨古之山林者，必能簡於情累，而後可久。今吾少也，坌然不能自勝於胸中，乃不誠於退者，然亦窮而不摇，辱而不進者。葢審已熟，雖進亦不足於救時耳。彼一飯之罄，或請濟於其隣，雖童子不可以空器紿之也。矧當艱否之運，吾君吾相方以爵秩來天下之賢才，將與之共拯，其可沽虛而自集耶。且自古賢達用舍之際，當俟至公物情而後天意可見。雖宰執大臣之推心，亦不能察天下拒我之意也。況足下一布衣，其可獨私於我哉。《書》曰，龜從蓍從，則人不違天矣。足下所示，勤勤如此，而取舍之間果致失墜，是非有物亦欲沮之耶。始吾自視固缺薄，今又益疑其不可妄進。且持危之術，制變之機，非𩚨懦之所克辨也。愚雖不佞，亦爲士大夫獨任其恥者久矣，其可老而冒之耶。韓吏部激李桂州之不行，責陽道州無勇，雖致二賢，適自困，亦何救於大患哉。其所爲者，或奮而不顧，匹夫匹婦亦可爲之，孟子所謂非不能也。足下粹於道義耳，其間亦有未盡於僕者勿多，繫名內殿，且爲歸榮，足以光於遠矣。永嘉西岑，康樂勝遊之最。是行也，爲我以論詩一篇，題於絕壁。

又《爲東都敬愛寺講律僧惠確化募雕刻律疏》（《司空表聖文集》卷九）　竊以化化無窮，逓成遷染，孜孜不倦，方導沉淪，啟秘藏而演毗尼，熏戒香以消煩惱。風波未息，横智鷁而難超，繩墨可遵，制心猿而有漸。豈容穿鑿，但致紛拏。雖設諭於三乘，同歸覺路，蓋防微於羣品，共稟成規，汎灑六塵，攝持萬行。寧俟空林宴坐，方爲觧脫之門，令必大地周遊，皆詣清涼之境，蓋能仁之警策也。今者以日光舊疏，龍象宏持，京寺盛筵，天人信受。迷後學競扇異端，自洛城罔遇時交。乃楚印本漸虞散失，欲更雕鎪惠確，無愧專精，頗嘗講授。遠欽信士，誓結良緣，所希龜鏡屯缺，津梁靡絕，再定不刊之典，永資善誘之方。必期字字鐫銘，種彗缺而不竭。生生親眷，遇勝會而同聞。敢期福報之徵，願允標題之請。謹疏。

又《澤州靈泉院記》　嚴飭祠宇，乃助敎之方。大雄氏存，亦不固避者，非欲自奉也。蓋不崇不侈，無以聳動羣品，俾堅嚮善之心耳。帝夢可徵，華緣已熟，山川人祇，罔不薦欵。故自京邑以及遐裔，勝槩相望，皆奠厥居。中條發於蒲，趨於良，傑出而爲太行，則天壇不得不冠蓋華嵩，爭勍日觀也。其北川壑會流，盤欝萃自高平，西顧以至，靈泉極矣。泉之爲靈，非惟利物，亦當滋潤所及，不育毒螫也。其院東向顯豁，亘爲大川，端門洞闢，正與旭日相迓，豈梵書之所謂震旦者，此其證哉。且有爲無爲，於我不礙，施之則若涸其中，用之則必滂其外，皆拯濟之大權也。

今禪宿洪密長老，俗姓劉氏，本儒家子，自直詣石霜，契其大指，頓而不擾，動而必周。初自清涼歷覽以至是山，乃納材栖之所，遇太尉李公駐軍高平，首資葺搆，遠近道俗，莫不歸嚮。今蒲留隴西左揆節，常因題紀，亦備贊揚，則密公之道益隆矣。凡制經樓齋堂若干間架，又塑羅漢潔刻之相，以漸化服。而後日集方丈，敷演上乘，自江北渡，以至魏晉之郊，其俗堅悍難誘，今則悉爲佛人矣。且善敎童儒，雖或指摘其書，亦累言反覆曉諭，當自釋矣。若典敎積於前，鞭撻駭於側，將竄匿之不暇，詎肯說而從命哉。

律，刑也。經，詰也。禪說乃誘勸之宗，辨其性而後入人耳。故其道至隱，其功至博，不可廢也。常念蓄役之外，下逮傭隸，雖豢養至豐，莫不苦於受制，殊不知羈靮之勞，或能避免，而方寸之內，不形不聲，牙蘖牢萌，詫其力者，愈不能爭。以此淪陷死生之域，歷刧不能自脫，其苦何如哉。噫。苟非三世之尊，夷山斡海，六祖親授，捩其鉗鐵，長老繼作，磨昏抉聵，則彼爂膏鑊而勇於自浴者，雖糜爛其身，猶未悔也。今乃聚其徒，侈其居，永爲一方虔仰之所，俾福吏皆殖。則密公之績，焉可抑沒哉。耐辱居士病且死，不忍其門人慧依慧海之勤請也。直紀其事，惟以漏略爲愧。

又《觀音懺文》（《司空表聖文集》卷一〇）　伏以聖感至誠，祥符吉夢，久期瞻仰，輒用莊嚴，上以報罔極之恩，下以遂平生之願，亦冀仁滋庶類，福必旁臻。且自叨竊一名，曉夕三省，慮增隱慝，有負深知，以此歸心，誠無愧色。必也行欺暗室，業墮分陰，飾僞沽名，穽機稔惡，於家則崎嶇自奉，忍骨肉之饑寒，於國則苟且求容，啄生靈之膏血，是乃神惟必照，鬼得而誅。敢將瑕釁之身，曲累無私之照。至若見持蹇分，將觸禍機，或不幸以逢尤，或求全而受毀，即常希擁佑，必保孤危。況積疹初平，殊恩有自，置齋生日，用表成功。所期刧盡微塵，不竭依投之懇，慶流末裔，共成香火之緣。粗寫丹誠，仰迴玄鑒。

黄滔《泉州開元寺佛殿碑記》（《黄御史集》卷五）　混沌死而天地生，道德銷而仁義作。情車業網，始脈旋波。天謂洛龜河龍，文有生而不文無生，乃產金聖人於西國，鑽智慧火，乾煩惱海。理不吾吾而一貫生生，其姿電燿於周室，其波派漾於漢代。繇是館移鴻臚，城崇白馬，斯有寺之始也。寺制殿，象王者之居，尊其法也。其後金地蓮宮，周旋四海，烏飛兎走，或故或新，至如神運之靈莫靈矣，亦靡得而歸然。則我州開元寺佛殿之與經樓鐘樓，一夕飛燼，斯革故鼎新之數也。

初，僕射太原公，以子房之帷幄布泉城，以叔度之袴襦纊泉民，而謂竺乾之道與尼聃鼎，宜根乎信而友乎理。矧開元闕宇，五十載之聖容，實寺之冠。洎帥閩也，愈進其誠。繕經三千卷，皆極越藤之精，書工之妙，駕以白馬十乘，送以府僧，迎以郡僧，置之茲樓。既而秦灰等烈，蜀雨不飛，識者以爲物之尤，罕留於世，敬之至，必動乎神，是必爲地祇所搜，龍宮之索。不然者，曷與斯故新之數期，厥理則明，我宜悄然不已。

仲弟檢校工部尚書爲茲郡之秋也，武則拍孫吳之背，文則席夏商於前，而復龍虎之內，以塤以篪，大聳孟龍之旨。乃割俸三千緡，鳩工度木，烟巖雲谷之杞梓楩柟，投刃以時，趨功以隟，食以月粟，付以心倕，不朞年而寶殿湧出，棟隆舊綺，梁脩新虹，八表四隅，悉半乎丈，柱盛鏡礎，方珪叢斗，楣承蟠螭，飛雲翼栱，文榱刻桷，轇轕杈枒。或經緯以開織，或丹雘而纈耀，皛若蟾窟，橥如鼇背。風夏觸而秋生，僧朝梵而谷應，昇者骨冰，觀者目波。而五間兩廈，昔之制也，自東迦葉佛釋迦牟尼佛，左右眞容，次彌勒佛彌陀佛阿難迦葉菩薩衛神，雖法程之有常，而相貌之欲動。東北隅則揭鐘樓，其鐘也新鑄，仍偉舊規。西北隅則揭經樓，雙立嶽峰，兩危蜃雲，東瞰全城，西呑半郭，霜韻扣而江山四爽，金字駢而講誦千來。是知天地日月，鬼神不欲一存其物，將有待於後人也。設使斯殿也，斯樓也，不有之故，其何以新。我公之作之爲，其何以布之哉。三略六韜，流通貝多，戈霜劍雪，爲甘露潔，信英智之所措也。既畢召化內之緇錫，數邁於千齋而落之，累中慈雲五色，慧日重輪，譚者以爲梵天之宇，化於是矣，靈山之會，儼於是矣。

我公之倅試大理評事宋君曰駢，才推博古，識洞眞如，請立貞珉，垂於不朽。公以小儒不佞，俾刻斯文。僧正臨壇大德僧宣一，桑門之關楗者，曰寺有記，亡之矣。垂拱二年，郡儒黃守恭宅桑樹吐白蓮花，捨爲蓮花道場。後三年，昇爲興教寺，復爲龍興寺，逮元宗之流聖儀也，卜勝無以甲茲，遂爲開元寺焉。嘗有紫雲覆寺至地，至今凡草不生，其庭大矣哉。自垂拱之迄開元，四朝而四易號及。諒兆水於木，垂雲薙草，謂桑蓮之與雲草。天啓地靈之如是，則開元實寺之冠，斯又冠開元焉。金聖人無爲也，堯舜亦無爲也，誠參錯其道，巍巍聖儀，永與諸佛如來俱，豈不其然。愚是以謂奮筆於一公之說。乾寧四年丁巳冬十一月日記

又《大唐福州報恩定光多寶塔碑記》

金聖人之教功與德，魯聖人之教忠與孝，以忠孝之祈功德，莫之大也。天復元年辛酉，天子西巡，岐汴交兵，京洛顚顚，我威武軍節度使相府瑯琊王王公，祝天地鬼神，以至忠之誠，發大誓願，於開元之寺造塔，建號壽山，仍輔以經藏，乞車駕之還宮也。其三年甲子，以大孝之誠，發大誓願，於茲九仙山造塔，建號定光，仍輔以經藏，爲先君司空先秦國太夫人元昆故司空薦祉於幽陰也。

大矣哉，赫赫忠誠，懇懇孝思，以國以家，以明以幽，胡天地之不動與。胡鬼神之不感與。釋之西天謂之窣堵波，中華謂之塔。塔制以層，增其敬也，造之獲無量無邊功德。初，我公以宏才妙略之有藩維，以仁智神鑒之謀遠大，謂閩越之江山奇秀，土風深厚，而府城坐龍之腹，烏石九仙二山聳龍之角，屹屹巖巖，孱孱顔顔，兩排地面，雙立空際，怪石如墉，迴崗若揖，東銜滄海以鏡豁，西走建溪而帶縈，氣色蒙茸，風雲蓬勃，非仙宮佛寺，不可以乘龍之角，大龍之腹，何烏石二而九仙曠（烏石山有神光天王二寺），豈非代虛其作，地祕其期，以待我公。況古仙鍊骨之所，昇眞之跡邪。一旦之新城月圓（壬戌歲我公卜築其外城號月城），二山之嘉氣雲連，森上介，掀大旆，或旬或朔，眘於粉堞之上，時行時止，卜於煙巒之堀，得峻中之平，平中之峻，凸而不隆，凹而不卑，樹翳蓊以奇姿，草芊眠而別翠，遂從宏願，啓茲塔之基焉。塔之科也，恐山之偏，憂地之入。將塹平壤，五十尺之深，百有餘尺之潤，杵土積石而上，逮二十尺，瞥然虹見，瑩然穴貯。俄以珠寶之獲，坐以金錢，大不及拳，光能奪目，於時淸風四來，海天擴開，煙霞蓊蔚於城隅，鸞鶴盤旋於林表。舉閩之軍，傾閩之俗，以趨以走，以歌以詠。既而畚鍤投，般倕奮，內甃以塼，凡四十萬口，外搆以木，蓋百其巧。七層八面，玲瓏竅窱，榱桷欄楯，轇轕杈枒，雲楣翼環，珪斗鱗蹙，彫鏤丹雘，曲盡其妙。方七十有七尺，高二百尺，相輪之四十尺參之也。懸輪之鐸一百九十，懸層之鐸五十有六，角瓦之神五十有六。其內也，則門門面面繢以金像，不可勝紀。登之者若身在梵

天，瞻之者覺神離贍部。巃巃然觸圓青而直上，野鶴經之而高翔，疑掠其腹。鱗鱗然壓峭碧而崛起，地祇感之而下捧，疑殫其力。其相輪也，我公誓願之日，仲氏司徒自清源聞而感，鑄而資，雖從人力，悉類神功。謹按《妙法蓮花品》，自地湧塔於佛之前，其幢幡瓔珞，瑪瑙車渠，七盤四懸，乘虛耀日，乃多寶之佛發大誓願之感現也。繇是以斯塔取如來之嘉號，號之曰定光。以其感珠之現，侔於自地之湧，故聯之於多寶，本於孝思薦劬，故冠之以報恩，此其義也。夫如是大雄之力，出死入生，至誠之神，感天動地。若乃沈沈夜壑，浩浩世塵，莫不以茲玄符，承彼惠日，超於三千大千之世，遊乎二十八天者哉。苟不之然，則凡彼經文，悉爲之虛語耳，又焉能垂信於百千年之後哉。

既而巍巍峩峩，金輝鐵牢，其東則翼以經藏焉。其藏也，外搆以扃，八角兩層，刻栴檀，鏤金銅，飾朱漆之炳煥，仍衛華堂七間，名之轉經焉。致其沙門比邱，比比厥跡，以爲拜唱趺讀叢談聚聽之湊，日繫乎月，月繫乎時，軒軒闐闐，奚景福之不幽資乎。又感應天王殿一間兩廈，其天王也，變毗沙之身於感通之年，現神質爲龜城之助，條腰衣褐，屣足乘雲，雙吐目光，兩飛霞彩，乃千百億化身之一爲壽山草木之應，今塑於此，厥感寧亡。其西則翼之別殿曰塔殿，其塔也，我公萌誓願之先，因心以制十有三層之妙形，匪偉而誠，有爲殿斯奇而塔斯處。其北則報恩變相堂九間，潔瑠璃之地，等娑婆之世，七寶叢樹，五色騰光，明明見闍提之心，一一標如來之說。又僧堂五間，上五間，下之，與茶堂五間直聯曲交，冬溫夏涼。又華鐘之樓，迥起清音，下折刀山，長明燈之臺，圓籠孤光，杳輝漆壤。其東南之一臂，復建地藏殿一間兩廈，功德堂五間，張如別構，而制匪異。其殿也，坐以菩薩之麗，若欲飛動。其堂也，駢錯儀象，或金範，或幅繢，千形百質，恐悉諸天之聖侶粵間焉。公廳四間一廈，或備旌鉞之覲止。我公或四季之旦，三旬之八，聚僧設會，拜首追祝，勤勤恪恪，罔所不至，舉閩之高卑，舉閩之少耋，攀之望之，無不動心涕臆，君子謂豈唯冥薦於先，蓋以孝教民也。

又庫廚五間，浴室三間，接之井，井重以樓焉。環周輻輳之行廊，凡三十有三間。惣費財六萬餘貫。如山之疊，如洞之濬，巑巑隆隆，叢爲一宮。其大也，琢文石以爲軒，彫脩虹以爲梁。其小也，取良木於靈山，飾嘉壤於飛塵，雖掩映乎人間，實參差乎象外。其經也，帙十卷於一函，凡五百四十有一函，惣五千四十有八卷，皆極剡藤之精，書工之妙，金軸錦帶，以爲之飾。天祐二年乙丑夏四月朔，我公宿誠於州，束亮於肆，及脇降之辰，大陳法會，以藏其經。緇徒累千，士庶越萬，若緇若士，一而行之，正身翔手，右捧左授，自州之阼，起於我公，傳至於藏。觀者如堵牆，佛聲入霄漢，幡花照乎全郭，香煙連乎半空。雪頂之僧，指西土之未有，駘背之叟，慶東閩之天降。可謂之鴻因妙果者也。

始者我公之登壇也，其一之年，偃干戈，興禮樂，二之年，陳耒耜，均賦輿，三之年，疊貢輸，祗寵澤，萬乘臣其職，四隣覩其睦，百姓天其政。故一川之鏡如，靈臺之月如，融融怡怡，愉愉熙熙。乃大讀儒釋之書，研古今之理，常曰，文武之與釋氏，蓋同波而異流，若儒之五常仁義禮智信。仁者含宏也，比釋之慈悲爲之近。禮者謙讓也，比釋之恭敬爲之近。智者通識也，比釋之聖覺爲之近。信者直誠也，比釋之正直爲之近。而義者殺也，其爲異諸武之七德。至如戢兵保土安民和衆之類，亦猶川陸之徂秦適洛焉，然則皆謂之煩惱。吾父國也，子民也，朝爲社稷之計，暮作稼穡之念，若俾求智慧火，乾煩惱海，則非吾之所能。若建金地，繕金文，陳法會，一衆僧，冀乎不可思議，乃吾之所志也。於是月陳三齋，時或雪峰之僧，圍繞千徒，卧龍之僧，圍繞五百，以至萬錢之膳，或間嘉蔬，五袴之歌，或參雲梵。慈航駕岸，法雨垂空，必致菩薩化身，羅漢混俗以降也。時人謂靈山之會日儼矣。

又以府之寺至於清源，或存或燼，咸抽金積俸，增而新之。而府之開元大中神光，曩塔之數，與寺俱焉。新於大中神光，乃規舊制，而精燿宏壯，則邁前時。開元則輔之經藏，加之轉輪之盛，尊大君也。定光多寶，報恩於劬勞，故以塼。塼者專也，謂山度之材，有蠹朽之日，火化之壤，無銷鑠之期，其本乎土也，資乎火也，及投諸水火，則不歸乎土，不壞於水，歷千秋而其質堅然，乃以專至堅貞之誠寓於是。則斯誠也如是得無感乎。則彼珠之爲符驗矣。且夫珠也，或頷乎龍，或銜乎蛇，或胎乎蚌，故水懷而川媚。今茲珠也，不自乎龍，不自乎蛇，不自乎蚌，匪懷水而媚川，而孕厚地之二十尺，豈非斯之感歟。不然，則始從融結而孕之也。若以始從融結而孕之，則厥初已兆我唐之有我公也。厥初已兆我唐之有我公，則我公之言烏石之有神光天王九仙，代虛其作，地秘其期，以待我信矣。塔之訖功，顧小從事某，有禮官甲科之忝，明主研許之幸，庶幾於聖人立身揚名之道，命爲之記，用旌厥德於無窮。某不敢牢讓，作禮而推之言。夫陶天地爲後時，鎖生死於無朕，其道不可以眞虛求聲影賾，應誓願於有爲，現感通於至誠，其道乃可以精諦至嚴敬致。今我公以精諦嚴敬，積功累德，以泝流于世。斯塔也，嶽嶽崇崇，兼乎仁孝之鴻名，偕天地日月江山之永，遂刻于貞石焉。其詞曰：

金聖人敎德與功兮，魯聖人敎孝與忠兮。巍巍賢傑，二美鍾兮。建茲寶塔，惟追崇兮。祝天瀝懇，先延鴻兮。報劬薦祉，祈幽通兮。仙山之秀，夷且隆兮。曠古爲期，俟仁風兮。月圓珠現，契遭逢兮。融結之初，兆英雄兮。豈徒嶫嶫，懿斑工兮。火壤之貞，積磨礱兮。斧材之取，厥匪同兮。七層八面，相玲瓏兮。金鈴寶鐸，交丁冬兮。影落澄清，馴魚龍兮。頂觸圓碧，分鴻濛兮。繢儀範像，疊其中兮。齊天極地，爲初終兮。金文貝字，搆重重兮。講讀千來，罄西東兮。靈山盛會，日雍雍兮。甘露法雨，常蒙龍兮。鴻名冥祉，偕無窮兮。

又《靈山塑北方毗沙門天王碑》 列藩之業有地，有地之職有民，有民之道，興禮樂惇忠孝以行事，然後謀謀者也，築城池居其一。城既築，進道德以居之，樹神祇以尸之，爲一方之巨防，雖永古而無疑。我相府瑯琊王王公之有閩越也，具列藩之業，脩有地之職，行有民之道。自乾寧四年丁巳至天祐二年壬戌凡六年，禮樂興，忠孝敦，乃謀及城池。城池及謀，乃尸及神祇，於是於開元寺之靈山，塑北方毗沙門天王一鋪。全部落已，鎭于城焉，大矣哉。所謂闡六韜，濬七德，建陽功，配陰騭。夫毗沙門梵音，唐言多聞也。始自于闐刹利之英奇，膺世尊帝釋之錫號，居須彌山北，住水晶宮殿，領藥義衆，爲帝釋外臣，以護南瞻部洲。其道入大乘，得無生法，忍住聲聞，證不還果。謹稽我公之築城也，恢守地養民之本，隆暫勞永逸之策。其名舉一而生三，法陽數也，曰大城焉，南月城焉，北月城焉，周圓二十六里四千八百丈。基鑿於地，十有五尺，杵土積石而上，上高二十尺，厚十有七尺，外甃以磚，凡一千五百萬片，上架以屋，其屋曰廊，其大城之廊也，一千八百有十間。自廊凸而出之爲敵樓，樓之層者二十有三，又角立之樓六，其二者層復層焉，皆欄干鉤聯，參差煥赫。而廊之若干步一鋪，又各以鼓而司更焉。凡三十有六，謂之更鋪。其四面之門八，其南曰福安門，福安之東曰清平門，西曰清遠門，其北曰安善門，安善之東曰通遠門，其東曰通津門，通津之北曰濟川門，其西曰善化門，皆鐵扇銅扃，開陽闔陰。門之上仍揭以樓，三間兩挾兩噏，脩廊雙面遠碧。門之左右，又引而出之，爲之亭，兩間一廈。又匪樓之門九，曰暗門焉。又水門三，其二樹穤篩波，卸帆入舟，鳴舷柳浦，迴環一郭，堤諸萬戶，注之以堰二，渡之以橋九，鏡瑩虹橫，交舫走蹄。斯大城之制也。粵南月城也，東貯九仙，西盛烏石之二山，嘉樹蓄雲，茂草藏獸。城上之廊一千十有三間其中七間謂之徘徊，敵樓四十有九，樓之層者三。其門二，曰登庸門，郭璞記南臺江沙合卽有宰相，而我公膺期今登庸門外橋，名沙合橋。道清門。其上之樓，其下之扉，左右之引亭，建暗門八，水門二，其堰一，其橋五，及廊之更鋪二十，悉與大城類。其外之東西，復距而出之，謂之横城。其東也，城上之廊四十二間五廈，其中兩間是兩面之敵樓。其門一。斯南月城之制也。伊北月城也，城上之廊六百四十二間，敵樓二十有六，樓之層者十。其門二，曰道泰門，嚴勝門。其上之樓，其下之扉，左右之引亭，建暗門四，水門二，其橋一，及廊之更鋪十有四，復與南月城類。又觜而出之，謂之横城。城上之廊五間一廈，其門一。斯北月城之制也。其東畫長川以爲洫，西連乎南，盤別浦以爲溝，悉通海鰌朝夕盈縮之波，底澤鱗介，岸泊艓艘，北截越王之故山，派西湖以爲隍，若鰲之負，如甌之置，軒軒然，翼翼然，眞謂天設之府，神開之地也。

既而我公一旦膝分席校，鱗軍堵臺，陳大會以落之，而言曰，惟閩越之爲藩屏也。建汀二彊束其右，巖千而壑萬，溟海巨流瀕其左，濤雷而浪霆。信乎江山奇險，無以加之。矧今新之以城壁，城壁之以鐵石。古人言得地，又言守地，又言堅壁，豈不以得地而居，守地以城，城以堅壁，信不疑矣。然則吾之戴恩忝土，勤勤懇懇，不以江山奇險之爲奇險，不以城壁鐵石之爲鐵石也，脩道德樹神祇以居之。毗沙門之天王，自天寶中，使于闐者得其眞還，愈增宇內之敬，旋大夫芮國公荆渚之塑也。凡百城池，莫不一之。斯舊城之北，往規也。舊天王在子城北也。斯新城之制，今城也。且勝莫勝於開元寺，尚莫尚於寺之靈山。阜寺之艮，控城之乙，祖僧六葉鴈其下，珉石一拳星其上，廬山灣落星石上有佛舍。劒池徹寫，飛山奔揖，足以象水精而瑩宮殿，掀廟貌以衛城池。爰將擇工之精，捜塑之妙，製乎聖質，俄然化出。身被金甲，手擎鴈塔，地祇下捧，天將前擁，光灼灼而如將動搖，神雄雄而若欲叱咤，觀之者皆謂須彌拔宅於是矣，于闐分身於是矣。而復翼僧堂而右邃，鱄鐘樓而左突，毳錫百萃其夏午，蒲鯨六吼其宵加，信爲塵間之北方，連營之靈域也。訖命小從事某，刊貞石而碑之。某不敢牢讓，齋戒三日，抽毫而書。猗歟天王，因果則釋氏，猛勇則兵權，啓願而願從，云戰而戰勝。至如揮額汗以爲童子，卻脩羅之師，擎手塔以貯彌陀，解天鼓之赴，爰皆肸蠁，克致感通。洎唐有土藩之黷也，豆面以行疹，儀金以現人，嚙戈以生鼠，與彼時之元應，蓋大同而小異。况邇則咸通季蠻之侵蜀，蜀人亟祈，褐衣倏以乘空，目光燿以照地，蛇將奔穴，龜竟全城。如是，則護南贍部洲，豈虚言哉。今我公之至誠通日月，宏願質鬼神，以曠世之功業，託無生之法力，豈昔時之有是，而今日之不然哉。雖體蒼蒼而無言，固乃昭昭而有鑒，輒爲之銘。其詞曰：

受命帝釋，封邑須彌。金甲儼被，藥義雄隨。越七金山，突脩羅師。入大乘妙，與聲聞差。于闐分身，皇唐衛國。若加善禱，咸蒙聖力。雁塞煙塵，龜城戈戟。邊騎猶東，蠻車未北。現以眞儀，忘乎悖德。懿彼閩越，大哉侯王。仗鉞務本，築城爲防。石取他山，壤塹聯崗。疊百厥雉，累千乎廊。卻鐵之觸，疲羽之祥。奔馬轡竝，馳車軌方。巢鳳於樓，蟄龍於隍。如嶽斯立，如翼斯張。不有依憑，曷旋扃鐍。台略俄啓，神驅遽設。鐵鬚卓堅，漆瞳曝映。捧足神俯，持劍將列。月殿巍峩，靈山巀嶭。法逮無生，權唯有兵。昔之若是，今肯忘情。閩山永高，閩江永淸。厥宜識之，盤石斯城。

又《丈六金身碑》 釋氏之稱釋迦牟尼佛，千百億化身，而古今之世以諸佛菩薩，其或鑄成塑成刻成，其或壁繪幅繪乎像，不可勝紀，况多應現感通之，自其非之乎。我公粵天祐三年丙寅秋七月乙丑，鑄金銅像一，丈有六尺之高。後二十有三日丁亥，繼之鑄菩薩二，丈有三尺高。銅爲內肌，金爲外膚，取法西天，鑄成東越，巍巍落落，毫光法相。初我公登壇之三年己未秋，一夕，雨歇天淸，風微月明，瑤兎無烟，銅龍有聲，俄夢天之西際，燿以照物，綵雲罅裂，大佛中座，嶽嶽以覯止，熙熙而啓言曰，斷予一臂，衛之一方。既覺而思，現乎形，昭像也，斷一臂，誓誠也，衛一方，保衆也。始嘉其異，姑默其事。後創其意，乃命自賓席之逮將校，將校之逮步乘，步乘之逮衆庶，其有植信根之深者，暎惠燭之明者，許一以金投吾俸中，將檟于肆，俟以銅易。而後鳩工鴻鑪，卜境擇日，鑄斯佛於九仙山定光多寶塔之右，古仙徐登上昇之地。其日圓空鏡然，江山四爽，㚇龠之上，騰爲烟雲，盤旋氤氳，五色成文。又有羣鳥，或若鴻鵠，或如鷺鶿，交翔而間鳴。自寅而及午，斯佛也一瀉而成。翼日，我公禮閱之，乃與夢中一類。其形儀長短大小無少差，其一臂，工以之別鑄而會。其像大工慮其不就，計以一臂別鑄而會之，乃暗符夢中。我公神之而露其夢。於是迎入府之別亭，磨瑩雕飾，克盡其妙，朝夕瞻拜，時不之怠。冬十有二月丙申，會僧千千，以幡以幢，以鐘以磬，引歸於開元寺壽山之塔院，獨殿以居之，翼二菩薩於左右。三十二相足，八十種好具，螺纍纍以成髻，珠隱隱以炫額，檀信及門而膝地，童耋遍城而掌膠。夫如是，豈非千百億化身之一乎。不然者，焉得入乎夢而如乎神，成乎形而如乎夢，夢不之告，工以之缺者哉。其應現感通，復爲之殊矣，大矣哉。且先天地生之謂道，後天地設之謂象。道者也，以無爲爲志之者，授心印於虚空。象者也，以有爲爲志之者，疊慧力於報應。論者惑，以之爲風馬，曾不謂象猶道之轂也。無象，道不行矣。始者摩騰竺法蘭二梵僧，不愼其像東其道且西耳。惜乎不與三皇五帝同世而出，設與三皇五帝同世而出，必能從容朴素，遲回仁義，詐僞未之亟蠹也。奈何天將後之，豈徒然哉。豈不以仁義之生也，曰堯與舜，仁義之亡也，曰癸與受。至於列國之際，強秦之立，癸受之悖，亹亹其躅，天謂仲尼之祖述堯舜，章文武，終不能獨制之。故東釋迦牟尼於中土，大陳出生入死之理，天堂地法之事，以警戒之，雖人世之風波，萬態逆飜，而幽府之鐵縲，一無苟免。上智聞之，若鏡之磨，中智聞之，若泉之澄，下智聞之，若火之燒。謂之爲有，則河沙芥子之說，虚誕難測，謂之爲無，則應現感通之事，尋常立驗。故能銷嗜慾，更禍福，一貴賤，則爲禪教化之一源，湛然不動，感而遂通者也。而以金厥地，蓮厥宮，張法橋以度人，無刑網以束俗，世之敬之可也，怠之可也，黷之可也。繇是有委之國君，委之大臣之旨。既而委之，則人非常人，道非常道。我公曠代之生也，有神僧識。仗鉞之雄也，應江沙期，合仙人讖。築城之盛也，契菩薩說。初，丙午歲，我公至淸源未仕時，有僧號涅槃，於衆中駭而指之曰，金輪王之弟三子降人間，幸勉之。專生殺柄。又閩之侯未嘗至宰輔。晉時郭璞記曰，南臺江沙合，即有宰輔相。我公之登台席也，江沙契焉。又梁時王霸怡山上昇，山在府城之西五里。光啓丁未歲，衢之爛柯山道士徐景立，因於其仙壇東北隅取土，掘得瓷缾七口，各可容一升水。其中悉有炭，上總蓋一青磚，刻文字云：「樹枯不用伐，壇壞不須結。未滿一千歲，自有系孫列。後來是三皇，潮水蕩禍殃，巖逢一乍間，未免有銷亡。子孫依吾道，代代封閩疆。」其壇東南有皀筴樹，古云眞君於此樹上上昇。其後枯矣。至咸通庚寅歲，復榮茂也。又嫗山僧號大安，頃坐西禪者。乾符中曰，府城之到九仙三橋，其中乃菩薩行化。今之新城及焉。夫神通爲佛，魂交曰夢，神非夢而罕通，夢非神而不感。我公之慶鍾也，其如是矣。

其明年正月十有八日乙未，設二十萬人齋，號無遮以落之。是日也，綵雲纈天，甘露粒松，香花之氣撲地，經梵之聲入空。座客有右省常侍隴西李公洵、翰林承旨制誥兵部侍郎昌黎韓公偓、中書舍人瑯琊王公滌、右補闕博陵崔徵君道融、大司農瑯琊王公標、吏部郎中譙國夏侯公淑、司勳員外郎王公拯、刑部員外郎弘農楊公承休、弘文館直學士弘農楊公贊圖、弘文館直學士瑯琊王公倜、集賢殿校理吳郡歸公傳懿，皆以文學之奧比偃商，侍從之聲齊褒向，甲乙昇第，巖廊顯望，東浮荆襄，南遊吳楚，謂安莫安於閩越，誠莫誠於我公，依劉表，起襄漢。其地也，交轍及館。値斯佛之成，斯會之設，俱得放心猿於菩提樹上，歇意馬於清涼山中。我公乃顧幕下者滔，俾刻貞石以碑之。某以甲科忝第，盛府蒙招，刋勒之職，不敢牢讓，謹推於厥旨。經云，作佛像之功德，斗量海以有盡，塵碎刧以無窮。至若青黛之畫辟支，一金之補毗婆，戲爲之而以草木，思見之而刻栴檀，其猶蛻現其生，羽金其報。而況今乃儼至誠，從靈感，銅乎萬，金乎千，虔鼓鑄於神仙之山，卜貞吉於火土之數，其積功累德，豈可以邊以涯而言之哉。或曰，梁武帝之隆釋氏，今古靡倫，奚報應之昧乎。對曰，梁武帝隆釋氏之教，不隆釋氏之旨，所以然也。夫帝王之道理世也，釋氏之教化人也，理世之與化人，蓋殊路而同歸。彼宵旰於萬有，故一夫不獲，若已隕諸隍中。此濟度於觸類，故欲凡一有情，悉皆成佛。梁武帝則不然，以民之財之力，刹將三百，祈功覬德則歸諸已，啼億兆而不乳，削頂頜以言覺，所以私所以然也。今我公爲邦則忠孝於君親，自興兵之來，天下以三司之泉，皆名直進。獨我公以俸錢爲直進，三司之運悉如舊焉。闕庭大稱其美。牧人則父母於生民。造塔四，其一曰壽山，以昭皇帝辛酉歲西巡，發誓願以祝熊羆，乞車駕之復宮闕。其二曰報恩多寶定光，追薦於先世。其三其四大中神光，爲軍旅也，爲人民也。繕經五藏，其二進於上，其三附於壽山定光大王，意同乎塔。月三其齋，或千僧，或千佛，疏乎誠，首則君親，次則軍旅人民，而已後焉。况斯佛已之而不已，與寘席將校步乘衆庶共成之。故其地出明珠，海出珊瑚，幾於蓮花妙品之繁，車渠瑪瑙，幡幢瓔珞，周乎多寶之湧也。開元定塔基，掘地丈有五尺之深，得寶珠，坐以金錢。又於海中得珊瑚樹，凡二百餘株矣。夫其玄貺之如彼，靈感之若此，則斷一臂衛一方，斯昭昭矣。豈與彼而論哉，某是輒奮筆而無愧焉。其詞曰：

託入佳夢，鑄成鴻鑪。毫光法相，銅肌金膚。恍惚現形，昭彰合符。不有爲也，其如是乎。唐一其宇，越百其區。伊閩之設，於地之殊。西城甌兇，東塹鼇隅。匪德莫處，惟仁靡逾。懿其槖籥，飛作醍醐。焦山草木，不得不蘇。苦海波瀾，不得不枯。仙花罔謝，慧日寧徂。永茲一方，盤石其都。

又《莆山靈巖寺碑銘》 釋波東流，湧爲花宮。花宮之構，咸宅靈秀。靈秀之啓，其或神授。則知融結之始，已有待於金聖人也。粤靈巖寺，乃莆山之靈秀焉，神授焉。懿夫嶽立大山，堆下數峰，面乙臂坤，石嵌松瘦。昔梁陳間，邑儒滎陽鄭生家之，生嚴乎一堂，架以詩書。既而秋，一夕，風月清朗，俄有神人，鶴髮厖衣，丈餘其狀，見於堂曰，誠易茲爲佛宇，善莫之大。生拜而諾，瞬而失。旋以堂居僧像佛，獻其居爲金仙院，即陳永定二年庚申也。鶴髮厖衣，西天之謂，故號金仙。山水推其奇，鶴髮增其異，緇錫日萃，院落日峻。隋開皇九年，昇爲寺焉。左漱寒泉，右擁疊巘，危樓豁壺公之翠，上方覘鮐海之波。唐景雲二年辛亥，寺僧志彥入內，背文講四分律，睿宗嘉之，錫號聰明。彥因獲言所居寺之自。復有僧無際持《妙法蓮華經》，感石上湧白泉，僧歿而泉變清焉。遂賡敕額爲靈巖寺。太和二年，殿中彭城劉公軻幕提泉印，聆寺之勝，不卸而宿，候更不蔬而午，掬泉而漱，隨手以涸。其石今坎於上方之上。其僧復有玄悟、玄準、慧全、省文、靈敞、無了，悉間生祇園，堅持窖行，或臨壇表德，或降虎示眞。厥衆如雲，厥施若市。洎武宗皇帝乙丑之否，邑之東有敬善寺，民井而居之。乾有玉澗寺，民畝而田之。獨玆之奇，豪人互以金輸爲幽宅之卜，若有之衛，竟不克遂。敞公、了公乃除帽首絛腰，沈蹤處晦。逮宣宗皇帝之復，索之於石罅雲根，歸之於蕪基燒址，山靈之感，行羶之慕，投金執斲，匪招匪勸，不越閏而其宇鱗鱗，其徒翼翼。敞公咸通六年秋八月云滅，靡風而大樹折，庭靡觸而大殿傾瓦。了公八年冬十月坐亡，色身不壞，今龜陽之號眞身大師者也。則知僧以行而神，其亦地以靈而感。若乃軒軒月殿，藹藹松門，醍醐雨天，瑠璃鏡地，慧燭九枝而吐燄，慈雲五色以垂陰，推於甌越，居之甲乙。今僕射瑯琊王公牧民之外，雅隆淨土，論及靈勝，以爲東山神泉之比，神泉寺在府城之東山，其泉亦自僧感而湧也。繕經五千卷，於茲華創藏而藏焉，即天祐二年春二月也。初侍御史濟南林公藻與其季水部員外郎蘊，貞元中居茲而業文，歐陽四門捨泉山而詣焉，四門家晉江泉山在郡城之北，其集有《與王式書》云，莆陽讀書。即茲寺也。其後皆中殊科。御史省試珠還合浦賦有神授之名，水部應賢良方正科擅比干之譽，歐陽垂四門之號，與韓文公齊名，得非山水之靈秀乎。元和才子章孝標、邵楚萇、朱可名寄詩以題。大中中，宣宗元年丁卯號大中，凡十三年。潁川陳蔚、江夏黃楷、長沙歐陽碣兼愚慕三賢之懿，躅葺齋於東峰十年。咸通、乾符之際，懿宗元年庚辰改咸通，凡十四年。僖宗元年甲午改乾符。豪貴塞龍門之路，平人藝士，十攻九敗，故潁川之以家寃也與。二三子率不西邁，而愚奮然凡二十四年，於舉場幸忝甲第。東歸之尋舊址，蒼苔四疊，嘉樹雙亞。今東峰雙龍眼樹，即往歲書齋之庭陰也。訪舊僧，雲扃十扣，雪頂一存。於是謹祝金儀，益誓丘禱，以謝茲山之靈秀，刻銘貞石，兼補前賢之未述。其詞曰：

山奇孕神，地勝惟靈。螢窻既夜，鶴髮斯形。一畝請宮，雙蓮建扃。洞深夏寒，林茂冬青。松竹鏗樂，峰巒豁屏。畠迷蟾窟，茫眺鮹溟。持經僧志，湧石泉泠。四分律講，萬乘君聽。勅飛額降，寺以靈名。不有地祥，焉動天庭。大士鴻生，珠明桂馨。良牧聳聞，華構藏經。浩刼不泯，匪茲曷丁。敬祝巉巖，勒石以銘。

又《龜洋靈感禪院東塔和尚碑》　三教之垂萬古也，咸以師弟子授，獨釋氏之師弟子削姓以名，別爲父子之流葉。東塔和尚葉眞身大師，其道偕極，不可思議，以父子言，克盡弓裘之善。和尙法號志忠，俗姓陳，世居仙遊。祖諱璠，父諱笴繼，以好尙山水，崇佛友僧。生和尙，自於乳抱，鼻逆羶辛。九歲詣眞身大師爲童子，一見之，兩如宿契。年十五落髮。初，大師之卜龜洋也，雲木之深，藤蘿如織，狼虎有穴，樵採無逕，俄值六眸之巨龜，足蹋四龜，俯仰其首，如作禮者三，逡巡而失。遂駐錫卓庵，名其地曰龜洋焉。龜洋之泊也，盂不及村，畬不及菑，山產棻號苦蓋，以之充卯而齋。惟大師與和尙，俱歲移月更，名馳迹漏，檀信尋而施，漁獵投而事，時謂之二菩薩僧。其地或來人之稍乖嚴潔，則立有蛇虎驚吼之怍。及武宗皇帝乙丑之否，棄之而絛帽潛匿。大師允檀信之迎，隱於數家，和尙棲於巖穴之內，不離茲山，相伍者麋鹿，馴伏者虎狼。既而靡耕畬，杜施丐，還取苦蓋之卯，至今茲院之逢歉歲，一卯之風不泯。宣宗皇帝復寺之始，議者以靈巖之奇勝，非我菩薩僧不可以宏就，由是都人環乞大師以居，故和尙獨薦龜洋之址焉。松堂揭而覺路喧天，金磬敲而道花滿地，誠以上昇道士不受籙，成佛沙彌不具戒。和尙且不之然，旋將西遊，受具足戒於襄州龍興寺。大中十二年東還，由廬陵與草庵和尙值。草庵曰，來自何山。曰六眸山。曰六通乎。曰慧非重瞳。和尙蓋行高而言寡，是日對答如流。既及本山，人地愈盛，院落則不營而峻，供捨則不化而來。咸通三年，靈巖力圓乃迎大師返於茲。八年，大師坐亡，法身不壞。南北歸敬，闐然無時，和尙以之煩。十三年，遂南五步里之山，得峰之秀，室而禪焉，即今南畬也。廣明元年，弟子智朗惠朗玄鑒藏輝景閑弘幹鴻超，悉以植性祗園，分光慧炬，以謂我大師承法馬祖，親得心印，則和尙焉。今以宿曉而晦，辭煩即靜，不可使六眸靈感之地，留形示滅之異，葉其葉而不之大乎。於是迓乞歸於院，將以弘張法輪，式救迷津，其如感通雖然，現沒有數。中和二年，是時公尙未登甲科。龍集壬寅三月十日示滅。壽年六十有六，僧夏二十有五。後二旬之一日，建窣堵波於東岡焉。嗚呼。和尙之道，不粒而午，不宇而禪，與虎狼雜居，所謂菩薩僧信矣。其三月之朔，語其衆曰，至道之有顯晦，師弟子不欲雙立。昔大師之去也，留形爲之顯，今吾之行矣，速藏爲之晦。故將儀貌若生而蓋棺，晦朔不逾而啓土，從付囑也。其上足景閑弘幹，以凡紀道名，須資詞筆，懇賁行實，扣愚求文。某早訪蓮扃，今悲松塔，敢辭抽思，用刻貞銘。爲之銘曰：

六眸獻山，二葉開蓮。號及菩薩，正眞自然。雲林匿迹，狼虎參禪。

仙花撲地，智月懸天。示滅之滅，顯晦岐焉。布金左岡，建塔開阡。實歸上界，寧曰下泉。松風柏雨，空悲歲年。

又《華嚴寺開山始祖碑銘》 師法號行標，俗姓方，祖榮父安，莆之盛族。師生於建中二年辛酉，齠齓即穎悟異於諸童。九歲投玉澗寺監寺神皎出家，將二年，皎嘉其拔萃，命之落髮。師以梵行未至，不敢預大僧數，至貞元十七年，（時師年二十一。）方薙鬢髭。翼日，遽講所習涅槃經，一寺歎服。既而辭其師北遊，抵京薦福寺受戒品。詣章敎大師法會，章敎奇之，令首其衆，凡十年，士君子之造者，無不聳慕。尋爲功德使推入道場，憲宗善之。元和十一年（丙申，師年三十六。）東歸，復于玉澗焉，法雨隨車，慈雲被物。洎武皇帝（會昌元年辛酉）除佛舍，籍釋子於戶部。師則巾華陽衣縫掖，晦迹樵客，廬于西巖石室，律身守道，如居千衆。及宣皇帝復寺，（大中元年丁卯，師年六十七。）刺史瑯琊王公迎以幡花，舍於郡開元寺，俾爲監領。大中六年，（師年七十二。）師以環足之煩，擁旅之數，乞歸故山。先時玉澗之北巖，泉石之奇也，卜而居之。縣令中山甄宿與莆之士庶，爭沐醍醐，共隆蘭若。煙巒蔽虧，朱碧掩暎，前俯平川，後峙奔嶠，地自人勝，名由道高。刺史河東薛公仰其孤風，復馳開元之僧，衛以入郡，日扣華嚴大義，幾忘食寢。洎解印，與之偕至北巖，題之爲華嚴院，以徹祠部焉。師咸通六年七月五日示滅。壽八十有五，僧夏六十有四。後四十有五日，建窣堵波于西岡。十一年，其徒從紹疏師行實于闕，昇其院爲華嚴寺，有徒三十人，皆肅肅可觀，不忝師門。於戲。師儀梵骯髒，言詞雅直，沖默而明敏，慈恕而剛毅。儒書皆通三皇五帝之道，言未嘗及，而人知其博古也。經論綜貫天堂地法之說，舌未嘗舉，而人皆務崇善也。所至清風凜凜，政所謂釋子之高傑者也。弟子道光道圓令詢，悉器傳師道。愚冠扣師關，壯以隨計，乾寧二年，忝登甲科，東還薦造金地。歲周三紀，膠掌而拜影堂，腹藁而銘遺美，不可使桑門大士泯而無述焉。故銘曰：

智月不缺，乘虛照物。道花不衰，吐艷無時。洞徹照灼，傑然吾師。稟薦福戒，分章敎枝。厥宗得雋，內庭擢之。銜香徹印，雲間資期。數有汙隆，道無磷緇。德風徒襲，法軵寧維。山幽跡高，身沒名垂。松塔雖故，竹毫可追。稽首影堂，敬刻斯碑。

又《福州雪峰山故眞覺大師碑銘》 大師法號義存，長慶二年壬寅，生於泉州南安縣曾氏，自王父而下，皆友僧親佛，清淨謹志。大師生而鼻逆薰血，乳抱中或聞鐘磬，或見僧佛，其容必動，以是別鍾愛於膝下。九歲請出家，叶而未即。十二從家君遊莆田玉澗寺，寺有律僧慶元，持行高潔，遽拜之曰，我師也，遂留爲童子焉。十七落髮，淳朴貞古，了與流輩異。曁武宗皇帝乙丑之否，乃束髮於儒冠，菜中而蓬跡，來府之芙蓉山，弘照大師見奇之，故止其所。至宣宗皇帝之復其道也，涅而不緇其身也，褎然而出，北遊呉楚梁宋燕秦，受具足戒於幽州寶刹寺訖，巡名山，扣諸禪宗，突兀飄飖，雲翔鳥逝。爰及武陵，一面德山，止於珍重而出，其徒數百，咸莫之測。德山曰，斯無偕也，吾得之矣。咸通六年，師歸於芙蓉之故山，其年圓寂。大師亦自潙山擁徒至，坐于怡山王眞君上昇之地。其徒熟熟師已嗣德山纍纍而欵關，師拒而久之，則有行實者，始以師同而議曰，師之道巍巍乎，法門閫逷之所，不可造次。其地宜若鷲嶺猴江之爲，卜府之西二百里有山焉，環控四邑，峭拔萬仭，嶠崪以支圓碧，培塿以覓羣青，恠石古松，棲蟄龜鶴，靈湫邃壑，隱見龍雷山之半。頂之上則先冬而雪，盛夏而寒，其樹皆別垂藤蘿，芊茸而以爲之衣，交錯而不呈其形，奇姿異景，不可殫狀。雖霍童武夷，無以加之，實閩越之神秀，而古仙之未攸居，誠有待於我師也。祈以偕行。秋七月，穿雲躡蘚，陟險昇幽，將及之，師曰，眞吾居也。其夕，山之神果效靈。翼日，巖谷爽朗，煙霞飛動，雲庵既立，月構旋隆。繇是梠法輪於無爲，樹空門於有地。行實乃請名其山曰雪峰，以其冬雪夏寒，取鷲嶺猴江之義。始則庚寅，逮於乙未，師以山而道侔，山以師而名出，天下之釋子，不計華夏，趨之如赴召。乾符中觀察使京兆韋公，中和中司空穎川陳公，每渴醍醐而不克就飲，交使馳懇，師爲之入府，從人願也。其時內官有復命于京，語其道，其儕之拔俗悟空者，請蛻浮華而來剃。僖宗皇帝聞之翰林學士，訪於閩人陳延郊，得其實奏。於是聖錫眞覺大師之號，仍以紫袈裟，俾延郊授焉。大師授之如不授，衣之如不衣。居累夏，辛亥歲朔，遽然杖屨，其徒啓而不答，雲以隨之，東浮于丹丘四明。明年，故府侍中之有無諸，尅，洗兵於法雨，致敬於禪林，馥師之道，常東望頂手。後二年，自呉還閩，大加禮異。今閩王誓衆養民之外，雅隆其道，凡齋僧構刹，以之龜焉，爲之增宇設像，鑄鐘以嚴其山，優施以充其衆。時則迎而館之于府之東西甲第，每將儼油幢，聆法輪，未嘗不移時。餘乎一紀，勤勤懇懇，熊羆之士，因之投跡檀那，漁獵之逸，其或弭心鱗羽。戊辰年春三月示疾，吾王走毉。毉至，粒藥以授。師曰，吾非疾也，不可罔子之工。卒不之餌。其後札偈以遺法子，函翰以別王庭。夏五月二日，鳥獸悲鳴，雲木慘悴，其夜十有八刻時滅度。俗壽八十有七，僧臘五十有九。以其月十五日塔其藏焉。其塔也，其徒僉云，以山之奇堂之峻，法堂也。大師之生也王，是其殁也，不宜捨諸。故坎其中焉，若干尺之高，若干尺之周，皆彫珉石，錯火壤，磷磷然，兼兼然。四隅則環宇以庥，玲瓏竊窱，雲霞時入，風雨罔侵。其日奔閩之僧尼士庶，僅五千人，閩王娣之子降左金吾衛將軍檢校刑部尚書延稟，始陳祭是設齋焉。大矣哉。大師之見世，于是罔量其僧邪。自始及茲，凡四十年，東西南北之夏往秋適者，不可勝紀，而常不減一千五百徒之環足其趨也。馳而愈離，辯而愈惑。常曰，三世諸佛十二分教，到此乃徒勞耳。其庶幾者，若干人。其一號師備，擁徒于元沙。今安國也。其二號可休，擁徒于越州洞巖。其三號智孚，擁徒于信州鵞湖。其四號慧稜，擁徒于泉州招慶。其五號神晏，今府之鼓山也。分燈之道，皆膺聖獎，錫紫袈裟，而玄沙紱宗一大師招慶玄晤大師鼓山定慧大師之命焉。其曹早曰，法雖無說，名以文垂。自少林之逮曹溪，無不刻碑而紀頌，我師其默乎。一旦惣其曹，首曰從智如堵，而扣愚求文。某老且病，刋勒之加，多已辭避，欽師之道，不覺聳然。偉夫。恭聞釋波之東注也，流其象則不流其旨，流其旨則不象其形。厥初大迦葉之垂二十八葉，至于達磨，達磨六葉，止于曹溪。分宗南北，德山則南宗五葉，大師嗣，其今六葉焉。雪峰之分玄沙洞巖鵞湖招慶鼓山，其道皆離貝葉以祗其七，非某之能言也，但美數公葳蕤。其葉衆多，殷勤之請，遂爲之銘而應其求。其詞曰：

曹溪分派，誰繼南宗。一言冠絕，六葉推雄。無物之物，非空之空。不瑩而明，不增而隆。縮靡秋毫，舒靡鴻濛。不有靈鏡，曷揚眞風。懿彼閩越，巍乎一峰。洞壑斯異，雪霜罕同。天之有待，師也云鍾。名將道協，跡與仙崇。奔走厥徒，百千其叢。庶幾幾人，莫不玄通。分燈照耀，樹本玲瓏。聖君寵疊，賢王敬重。不生不滅，曷始曷終。刻貞石於斯文，旌厥德於梵宮。

宋代分部

徐鉉《楞嚴院新作經堂記》（《徐公文集》卷一三）　君子才足以治劇，惠足以安民，見危致命，以死勤事。有一于此，然後可以薦信于無方之神，儲慶于必大之門。噫，楞嚴院經堂之作也，其庶幾乎。平陽柴君諱進思，字昌美，故太尉、中書令、尋陽靖王之孫也。少而爽俊，長而忠恪，尤善騎射，頗曉兵書。靖王愛之，出則典親兵，居則專家政，幹蠱之美，宗族稱之。王薨，始爲公臣，累遷旅師，鴻圖再造，金革寢威。上以其材能可任，故以爲内宴副使，乘軺建節，將命四方，盤根錯節，所至皆治。改鄂岳觀察巡官，知永興縣事。縣有山澤之征，榷管之利，歲終考績，倍于前人。遷泰州軍事判官，兼營田鹽監。平蠹政，決庶獄，勞農督課，潔己律人，民不告疲，公有餘利。除勸農使，復監池、吉二郡，護武昌軍，千里晏安，上流靜謐。會梁人入寇，我武未揚，東畿陷沒，羣情震駭，命君爲行營應援軍使，率舟師數千，鼓行而東，平難濟口，復海陵郡，于是淮泗之地，聲勢始通。乘勝長驅，因逼隋苑，前茅接戰，羣帥後期，振臂奮身，有死無二。雖破竹之勢，敗于垂成，而東道清夷，本由君之一舉也。江都剋復，歸葬京師，天子閔焉，贈左千牛衛將軍，賻贈加等，禮也。嗣子殿前承旨廷遇等，棘心在疚，荼蓼兼倍。以爲苴麻苦塊，飾哀之期有終，蒸嘗封樹，追遠之禮有數。復欲圖不朽之績，徼無邊之福，則金僊之教，世之所崇，宗旨在于經文，威容存乎像設。于是擇奇勝之地，補闕遺之事，構經堂六間，塑地藏菩薩像一軀。几席什器之類，華而備，精而固，耽然其質，煥乎其章。深嚴足以遠世喧，虛明足以味玄旨。其全節之風也如彼，其集靈之所也如此。然則冥冥之祐，綿綿之慶，豈誣也哉？余頃歲左宦海陵，君盡傾蓋之分。感忠臣之事主，嘉孝子之奉親，刻石紀事，以聳善也。援筆悽愴，無心于文。保大丁巳歲春三月，東海徐鉉記。

又《攝山棲霞寺新路之記》　棲霞寺山水勝絕，景象瓌奇，明徵君故宅在焉，江令公舊碑詳矣。高宗大帝刊聖藻于貞石，紆宸翰于璿題，煥乎天光，被此幽谷。先是，玆山之距都也五十里而遙，方軌並驅，崇朝可至。及中原構亂，多壘在郊，野無牧馬之童，歧有亡羊之僕。義祖武皇帝潛龍玆邑，訪道來游，始命有司是作新路。金椎既隱，玉軑言還，桐山之駕不追，回中之道亦廢。於戲，聖人遺迹，必將不泯，微禹之歎，夫何遠哉？保大辛亥歲，時安歲豐，政簡民暇。粵有寺僧道嚴，名高白足，動思利人。百姓莊思悰，家擅素封，積而能散。嗟亭候之不復，閔行旅之多艱，乃相與翦荆榛，疏坎窞，闢通衢之夷直，棄邪徑之迂迴，建高亭于道周，跨重橋于川上，鑿甘井以救喝，立名表以指迷。草樹風煙，依然四望，峰巒臺榭，肅肅前瞻。由是江乘之塗，復識王畿之制矣。余職事多暇，屢游此山，喜直道之攸遵，嘉二叟之不懈，爲文刻石，用紀成功，俾後之好事者以時開通，隨壞完葺。此碣有泐，斯文未湮，不亦美乎？其年八月一日，兵部員外郎、知制誥徐鉉記。

又《喬公亭記》（卷一四） 同安城北有雙溪禪院焉，皖水經其南，求塘出其左。前瞻城邑，則萬井纚連，卻眺平陸，則三峰積翠。朱橋偃蹇，倒影于清流，巨木輪囷，交陰于別島。其地豐潤，故植之者茂遂，其氣清粹，故宅之者英秀。聞諸耆耋，喬公之舊居也。雖年世屢遷，而風流不泯。故有方外之士，爰構經行之室。回廊重宇，耽若深嚴，水瀨最勝，猶鞠茂草。甲寅歲，前吏部郎中鍾君某，字某，左宦玆郡，來游此溪，顧瞻徘徊，有懷創造，審曲面勢，經之營之。院主僧自新，聿應善言，允符夙契，即日而裁，逾月而畢。不奢不陋，既幽既閑。憑軒俯眄，盡濠梁之樂，開牖長矚，忘漢陰之機。川原之景象咸歸，卉木之光華一變。每冠蓋萃止，壺觴畢陳，吟嘯發其和，琴棋助其適，郡人瞻望，飄若神仙。署曰喬公之亭，志古也。噫，士君子達則兼濟天下，窮則獨善其身，未若進退以道，小大必理，行有餘力，與人同樂之爲懿也。是郡也，有汝南周公以爲守，有潁川鍾君以爲佐，故人多暇豫，歲比順成。旁郡行再雩之禮，而我盛選勝之會，鄰境興闃戶之歎，而我賦考室之詩。播之氓頌，其無愧乎？余向自禁掖再從放逐，故人胥會，山水窮游。良辰美景，賞心樂事，有一于此，宜其識之。立石刊文，以示來者。于時歲次乙卯保大十三年三月日，東海徐鉉記。

又《金陵寂樂塔院故玄寂禪師影堂記》（卷二八） 士有切問強記以修其內，和光退節以晦其外，而人自仰之，名自歸之，不知所以然而然，見之于玄寂禪師矣。師名澄玘，姓陳氏，番禺人。既生而孤，天骨奇秀，岐嶷之態，有異常童。常端居靜念，如學道者。七歲復失所恃，母臨終以託其姑曰：此兒幼有奇應，法當出家，儻果斯願，吾無恨矣。年十一歲，遂詣本郡從師，十七歲，韶州南華寺正度。于是造詣先達，請益質疑，歷游名山，無遠弗屆，不違類于顏子，起予同于卜商。丁未歲，來止舒州山谷寺，偏閱經論，師門之學無所不通，然未嘗爲人言也。是時季唐二葉，像法大興，凡聚徒講學者，所在奉之以爲長老。禪師徇狎鷗之志，慕爭席之風，雖眾人與居而羣望自集，道俗敦請，抗志不從。郡守周公，因人之心，封章上啟，嗣君嘉賞，以詔書命之。周公延至郡齋，親爲致禮。師不得已，乃攝齋即坐，音詞宣朗，寮吏屬目，士庶咸歡。還處精廬，宴居如故。丁巳歲，避難南渡，止于廬山。嗣君召致建康，累徵乃至。迭處名寺，咸敷講席，恩禮優渥，賜號玄寂禪師。時之名流，無不景仰。至于誘進後學，開導眞筌，激厲憤悱，皆得所欲。乾德五年冬十一月，終于建康龍光禪院，春秋六十有一。後主遣中使護葬，贈送甚優，葬于都城東南隅鳳臺鄉。門人弟子廬于墓次，誅茅構宇，遂成道場，儼設靈儀，式觀遺愛。鉉頃自禁掖放逐舒庸，閉關卻掃，不豫人事，時游潛岳，因獲覯止。容貌閑暇，議論平淡，言意相得，有若舊交。雖慚方外之期，自叶忘形之契。一生一死，已隔于當年，谷變陵遷，復悲于陳迹。弟子嗣昭等，永懷遺範，願勒貞珉，因述斯文，庶申夙分。年月日記。

又《撫州永安禪院記》（卷二八） 教之大者其行遠，利之博者其報豐。自三代已還，百家並騖，炎靈之後，釋氏特隆。經法之盛，參乎先聖，祠宇之設，廣于虞庠。不知所以然而然，非言象所及已。撫州郡署之左一里而近有禪院焉，乾符中署曰寶國，天祐中改名永安。方志失傳，莫知肇興之始，高人迭處，咸爲宴坐之場。夫經像之所居，苾馨之所薦，必將據郡國之形勝，襲川原之氣象。斯郡也，總楚、越之都會，斯院也，浸章、汝之清流。逸少、康樂，江左名士，而墨池經臺介乎比閭，麻姑、南眞，丹臺上列，而仙壇閑館峙乎封域。閈閎相望，鐘磬交音，神靈之所依憑，烟霞之所韜映。爾其棟宇之狀也，則赫赫乎顯敞，耽耽乎深嚴。黼藻成文，磨礱盡妙。層樓對峙，脩廊四通，列講肆于崇堂，安眾士于奧室。

動有擊蒙之益，靜有寧體之娛。儲峙必豐，器用必給，四方學者至輒如歸。考績程功，則住持禪師義韜之力也。韜公道學精詣，慧心朗悟，以濟衆爲務，以興教爲懷。少游名都，歷訪先達，晚棲臨汝，自闢師門。甲申歲，來詣京華，褐衣請見，對揚玉扆，躬奉天言，論難所及，辭義響答。聖恩嘉矚，贈以紫衣，登門之徒，莫不增肅。韜公以斯院制度崇麗，修奉精嚴，金石闕如，何以示後，惠然見顧，求我以文。辭讓不獲，因爲之記。年月日記。

又《潤州甘露寺新建舍利塔記》　維皇宋二葉，改元五祀，潤州丹徒縣令王紀改築縣牆，掘地得石函，驗其刻文，梁大同五年道人法序瘞眞身舍利于此。函中銅龕一，龕中銀合一，合中銀瓶二，舍利七粒存焉，而銅龕復有刻文，則唐貞觀十二年再加營奉。掌役者張遇獲之以獻。遇也感貞應之在己，念妙道之可修，因投郡之慈雲寺，削髮爲沙門，易名閏眞。精心苦行，誓復前迹，廣募衆施，疇咨協心。數年之間，克果其願，即以端拱元年夏四月八日，遷致于郡之甘露寺東隅，建浮屠焉。獻狀而來，求志其績。粤聖人在上，欽若靈心，政無不修，神靡不舉。玄貺交感，坤元效珍。用能使幽瘞之質，煥然景彰，騫崩之迹，蔚然雲構。然則澤及微隱，福被含生，其可知也。是郡也，揚州之都會，京口之重鎭，六代之風流人物綜萃于斯，三吴之山川林泉肇發于此。高深自改，氣象常存。是寺也，北固山之陰崖，贊皇公之遺迹。崢嶸飛閣，迴闞滄江，邐迤巖房，周行數里。植□之作，遠邇雲臻。故眞師因人之心，相地之勝，獲此空隙，建兹崇封。材用工役，必求善良，規模制度，必據經法。其高七十尺，其周二十步，八隅瑩玉，五級凌霄。冠星珠于觚稜，海日先照，圖雲氣于棼橑，宿霧常棲。中巖睟容，肅然月滿，旁績靈變，煥若霞舒。游居之徒，莫不稱歎。愚嘗見釋氏子爲此役者多矣，如眞師者，其涉道也淺，其居處也卑，上無許、史之託，下無猗、陶之助，苦節以感物，績微而著功，不慁民，不惙素，而能事以立，亦可尚也。故嘉而志之。端拱二年二月一日記。

又《邠州定平縣傳燈禪院記》　乾維巨屏，寔曰邠郊。其地險固，其氣剛勁，被宗周信厚之澤，詠王業艱難之風。是故人知徼福之方，俗嚴慈氏之敎，精廬靜宇，隱轔相望。定平縣傳燈禪院者，帶位署之左方，據郭邑之勝勢，四面環其趾，涇水盪其胸。卻倚崇岡，爰標龍尾之號，上寫寒澗，仍有天河之稱。藹爾鮮原，鬱然佳氣。昔居唐室之季，四海崩離。中和四年，有禪師從一者，挺秀宗門，從師臨海，避難高舉，擇地遐征，萬里而來，稅駕于此，相其爽塏，有志盤桓。羣心翕然，助成其事，買地築室者咸集，橫經跪履者亦臻。十年之間，百堵斯建。守官嘉尚，請命于朝。景福二年，詔賜題署，天光所及，道譽彌高。一公化去，弟子佐範克嗣其業，範之弟子知信復繼其任。守之以恪，加之以勤，感召益多，法事增廣。殿堂像設，靡不莊嚴，儲峙器用，無乏供億。而經典猶闕，講誦弗聞。以爲居今識古者存乎書，觀象得意者存乎言。金匱石室之宏規，名山京師之故事，此而不務，何以爲能？乾德四年秋，肇啟精誠，指期繕寫。邑人石遷等，聞風而悅，叶比其謀，日就月將，惟力是視。卷以緗帙，貯之琅函。邑人高玘，奉其家山，以備構室。采伐未備，夫役未充。俄而暴雨猥至，山溜奔激，屹然巨石自至院前，取以給用，宛契心匠。雖廬岳神運之殿，石頭後渚之梁，感通冥符，無以過也。既而信公復沒，以屬弟子令熙。熙也遵行，弗敢失墜。而民非兆萬，俗空猗、陶，漸以化之，靜以俟之，二十許年猶未訖事。會中使王君名素，分榷莞之職，督關梁之征，歸餘于終，率籲衆力。于是簡牘几閣，即日僝工，俾下帷鑿壁者得肆其勤，研精索隱者不惙其義。眞風無泯，介福來臻。緊高士四世之勤，垂本宗百代之憲，宜其篆刻金石，永示方來。知余有好善之心，專舊史之學，求我以文，是用直書。于時歲次壬辰淳化三年春三月記。

又《大宋重修峨眉山普賢寺碑銘并序》（卷二五）　臣聞賢人闡化，必有胥附之資，賢士膺期，必垂不朽之迹。是以顔回默識，冠師門于洙泗之濱，尹喜受經，應眞氣于峭函之右。故得千載之下，好學之徒，入其國而知其敎，思其人而愛其樹。聖賢相遇，有如此焉。在昔像敎權輿，能仁命世。綜百靈而貫羣動，歸向如流，窮絕國而亘諸天，感通若響。爰有法王之子，來從普勝之方，憑翼眞乘，導揚宗極。具大悲之願行，綜十智之因緣，從我立名，斯爲上首。及乎慈航既濟，慧炬分華，乃暨衆眞，俱承佛敕。乘六牙之瑞獸，降右蜀之靈峰，將以協井絡之會昌，鎭金方之勁氣。猶且潛而勿用，明而未融，闇持摩頂之仁，陰隲含生之命。故使神嬰青縷，肇建國都，路闢金牛，始通華夏。沉犀息沴，李太守之玄功，噀酒救災，欒尚書之妙用。郡開學校，文翁廣治于儒風，樂播《中和》，四子誕揚于帝德。藹爾褒斜之域，穆然周、漢之民，非法力之攸憑，豈人謀之獨得？其後金人既應，白馬斯來，神開顯俗之徵，家識致誠之所。于是祥符煥爛，靈變紛綸。或則銀色浮空，與朝陽而共麗，或則燈光並列，將夜魄以俱明。聖眾盤旋，眞容隱見，奇蹤萬狀，不可勝圖。瞻之者耳目咸新，聞之者身心共肅。一方欣賴，歷代修崇。遂于白水之源，特建普賢之寺。金土交運，開閉不常，白毫之相長存，法鼓之音靡絕。夫以導江遺迹，天漢名區，必有道之見歸，豈三分之能久？太祖神德皇帝，文修內禪，武定中區，正卿揚九伐之威，遠俗致七旬之格。納蜀王之土貢，受劉禪之驛車，重鈕坤維，還銘劍閣。于時王風初被，汙俗尙繁，游魂篁竹之間，假息萑蒲之際，匪輕刑之可禁，顧先甲以徒勤。金地寶坊浸成藪澤，田衣毳褐漸致流離。妖禽既就于焚巢，紺宇終悲于闃戶。雖復葺其撓棟，繕彼垝垣，而陛序猶卑，基扃未廣。尊號皇帝長君嗣統，二聖重熙，覆萬物以如天，廓重昏而比日，聿修成業，欽若靈心。尺書徵懷德之君，折箠定畏威之地。盡炎洲而極玄朔，尉候徒存，亘日域而浹流沙，車書莫二。然後勝殘去殺，反樸斲雕，包干戈以虎皮，鑄劍戟爲農器，定《大護》、《雲門》之樂，舉淹中、稷下之儀。慈衛仁薫，時和俗阜。天地應而慶雲甘醴，律呂調而玉燭景風。猶復成而不居，勤則有繼。一游一豫，表王度之惟常，必躬必親，示庶民之光聖。慮極冰霜之誡，皇綱畢舉，睿思彌精。以爲象外微言，無生妙理，修于心則圓通無滯，被于物則福應來臻，足以助王道之和平，致蒼生于仁壽。乃申明詔，歷選精廬，唯此蛾眉，獨標殊勝。天眞人皇論道之地，楚狂接輿隱景之鄉。封域之間，氣象盤薄。洪源奔注，二江雙流，沱潛之川，峻岊回環，玉壘銅梁，岷嶓之阻。況禪枝擢秀，來自祇園，法海餘波，別疏定水。慈氏所相，疇能廢之？燕哉聖謨，符此玄貺。五年春，申命中使，率將杍人，伐貞石于它山，下瓌材于邃谷。或子來而肆力，或神運以標奇。模制度于鷲峰，極莊嚴于花界。耽耽正殿，巘巘飛甍，玉瓮丹楹，金鋪瑣闥。洞戶順陰陽之候，中宸變寒暑之威。揭以端闈，繞之周廡。鑄鴻鍾之萬石，貫猛簴之千鈞，桀孽凌空，鏗訇震野。其後則層樓入漢，飛陛連雲。彩檻離婁，冠餘霞而上出，璇題玓瓅，綴列宿以旁迴。神明之臺不足以語其高，天梁之宮不足以矜其麗。鑠金爲字，寫大藏之經秘于上，逾五百函，範銅爲像，擬普賢之容設于下，高二十尺。味其文則如來之宗旨可得而觀，禮其相則菩薩之威神于是乎在。將使三蜀之地一切有情皆沖氣以含和，盡革凡而成聖。則知大雄之教漸于世也深焉，元后之仁利于民也至矣。昔者軒皇訪道，歷襄野以猶迷，漢帝祈年，拜竹宮而無得。恭惟盛美，允屬皇猷。若夫事以頌宣，言以文遠，作而不記，後嗣何觀？爰命下臣，式旌不朽。其銘曰：

允矣象教，洪惟法王，如河不竭，比日同光。有情斯應，無遠弗彰。化自八國，聲馳萬方。爰有大賢，是稱達者。異境齊致，同聲協雅。聞道莫逆，瞻顏不捨。乃演眞乘，來儀東夏。蛾眉之阻，群帝之庭，作固作鎮，棲眞宅靈。普賢至止，潛耀千齡。爾未我覿，我疇爾形。經教既孚，神明乃作。瑞相顯晦，圓光欻霍。萬變凌峰，百靈溢壑。信士歸依，輿人駭愕。崇崇梵宇，于此宏開。時遷末運，數偶三災。焚如魯廟，傾若齊臺。淳風必復，聖日斯迴。赫矣皇圖，燕哉二聖。混一區宇，受天明命。與物皆春，得人爲盛。式叙九疇，迭修三正。皇帝曰咨，咨爾西人，助我神化，其惟正眞。爲爾祈福，轉玆法輪。禪林則舊，寶刹惟新。秘殿耽耽，高門奕奕。修廊四注，層樓百尺。尊經聖像，金文寶質。妙善周圜，福釐繁錫。乾光俯燭，慧炬朝焞。同開壽域，共闢重昏。獷民之伍，杜宇之魂，乘是妙果，俱登法門。明明大君，照臨下土。墜典咸修，靡神不舉。彼都人士，式歌且舞。揭此豐碑，永傳終古。

又《洪州延慶寺碑銘》（《徐公文集》卷二六） 若夫名區勝境，眞靈之所徘徊，通都大邑，游居之所走望。故其府朝之制度，里閈之延袤，宮廟墠壇之肅，禋祀薦享之嚴，無不及焉，必可觀也。豫章古郡，通楚要津，萬靈所宗，百寶攸集。龍劍之氣炳耀于列星，金冶之精騰光于峻岊。飛錦帷于仙館，植鐵柱于重陰。方志所傳，奇蹤可見。而故老復言晉元帝即位之歲，郡人有耕于東湖之艮隅者獲璃像焉，其高三尺，其狀殊異。守臣上啟，詔立寺以處之。歲紀迭更，薦奉無絕。至唐大和三年，文宗皇帝以夢寐通感，特詔修崇。有僧普願者，率勵眾力，創造飛閣，極高明之制，盡臨觀之室，瞻仰之徒，勝賞仍在。會昌沙汰，旋更殄夷。時有寺主僧神確，躬奉瑞容，瘗于堂下。大中改制，將復修完，像遂堙沈，求不可得。而靈迹所在，羣心未忘。咸通二年，連帥嚴譔表請重建，因紀誕聖之節，署爲延慶之寺，子來之力，雲構如初。廣明中，巢寇亂常，羣盜蜂起，三災所及，寺復焚如。光啟二年，廉使王師甫即其故基又加營繕。自時厥後，百載于兹。市朝屢更，興廢不及，名人上士增飾相因。國家奄有寰區，普恢教法，人識修心之旨，家懷祈福之誠。此邦之人，素多尚信。千里之地，頻致豐穰，戶有餘貲，居多暇日。監寺僧智清勤行其道，時省其庸，推誠以化人，節用以成務。峻其卑庳，緝其傾頹，改作正殿及廊廡共七間。疏楹廣廈，雕甍藻梲，瑣窗洞戶，珠網金鋪，騫產鴻紛，深沈煥爛，闕政備矣，能事畢矣。觀其康莊旁達，闤伍綺分。西則崇山隱天，煙霞韜映乎其上，前則平湖彌望，魚鳥翔泳乎其中。雖復觀雉接連，車馬回合，蕭然人外，自遠世紛，信乎棲息之場、習靜之地也。僧契緣攝贊其事，不朽是圖，伐石爲碑，以文求我。銘曰：

至哉玄貺，邈矣坤珍。凝爲異像，以祐斯民。靈心所格，精舍攸因。其神或隱，其迹寧淪？廢興在運，啟煥由人。有美清師，勤行其道。彼都人士，服義承教。率是眾力，完斯廟貌。秘殿穹隆，層軒窈窱。勝事精嚴，丹誠至到。名山雄雄，大江溶溶。五侯之國，千里之封。靈場隱軫，道氣明融。神明所相，有感必通。刊名法宇，永播無窮。

又《洪州西山翠巖廣化院故澄源禪師碑銘》（《徐公文集》卷二七）

聖人設教，賢者學之。有能極深研幾，剖疑析滯，不背本以矯激，不沿波而流宕，世人宗仰，時君褒異，斯可以爲君子矣。禪師名無殷，姓吳氏，連江人也。昔泰伯獲讓，肇啟南蕃，至德所及，流光百代，子孫蕃衍，吳越爲多，至今爲著姓焉。累世隱德，鄉曲推重，道氣鍾粹，而生禪師。幼異常童，不染俗態。年七歲，從晉安雪峰眞覺禪師出家。二十，詣開元寺受度。眞覺之道，見重于時，禪師默識微言，盡得要旨。而復博考往行，幽尋勝迹，江浙諸郡，靡不經遊。先達推稱，後生請益，結轍連袂，虛往實歸。禪師以道貴沖用，性復虛靜，所止之處學徒俯千人，輒復捨去。晚歲止廬陵之禾山，其名益彰。季唐先主召見之，特加禮遇，俾居廣陵之祥光院。嗣君踐祚，優禮有加，賜號澄源禪師，命移處豫章之上藍、西山之翠巖院。是皆都邑之勝概、高人之游集，自非密行淳德不能鎮服群情，我迭居之，綽有餘裕。雖身在巖谷而恩注帷良，存省問遺，使者相望。享壽七十有七，建隆元年春二月五日終于翠巖院。甘露被樹，數日不晞，皓鶴盤空，三周而去。門弟子用西域之禮，葬于院之異隅，封于其上。恩旨褒飾，名其丘曰大醫。道俗孺慕會其葬者萬數。鉉也趨捨異術，聲塵致睽。于時釋氏方盛，師門互啟，嘗侍嗣君宴語，從容上言曰：古稱千里一賢猶比肩也，今號長老者十數，無乃多乎？嗣君深以爲善，因曰：惟澄源禪師其殆庶矣。無幾何，以家門情禮，請告至山，會師已沒，瞻仰遺像，參迹行事，乃信名不虛得，亦表君之知臣。今來京都，復與師弟子鑑琮相遇。琮師志性端愨，修習精勤，肅奉成規，博總眾藝，慈惠救物，時人稱之。明詔賜號慧覺大師，錫以紫服，朝恩浹于累世，實教門之榮觀也。于時禪師委順三十年矣，琮也思廣銘頌，庶永遺風，以鉉嘗學舊史，見求直筆。若夫褒善稱伐，翰墨攸先，載瞻西山，實寄松檟。敢抽秘思，以告九原。銘曰：

芃芃東越，武夷之區。時生異人，與古爲徒。禪師出焉，俊邁且都。顯顯南楚，西山作鎮。眞靈所宅，教法斯振。禪師居之，允矣令問。道無不在，法非可名。理超言象，俗仰風聲。豐碑載勒，勝氣長生。猗嗟來者，用此爲程。

又《大宋舒州龍門山乾明禪院碑銘并序》　山岳極天，莫雄于灊霍；川瀆紀地，莫靈于江淮。盤薄縈帶，中畫郡國，幅員數千里，舒皖居其陽，眞聖之所躔次，景福之所興作。必有高士來闢妙門，以導精粹之氣，以恢淳和之俗，則龍門山乾明禪院所以建也。是山東去郡九十里，蓋灊岳之一峰。山有龍井，郡人雩禜之所，靈應昭晢，因以名焉。深巖洞岫，風雲之所畜泄，湧泉清池，璿碧之所隱見。涼颸爽氣，五月可以披裘，修竹茂林，四時未嘗易葉。游方之士，至輒忘歸。有曉遵禪師者，家本宜春，幼捐俗累，從師訪道，歷抵湘沅。探幽洞微，得聖人之宗旨，清心鍊行，踵前作之風聲。向道之徒，靡不宗仰。乾德五載，始來此山，顧瞻林泉，有懷棲息。邑人宋仁瑗，輟其隴畝，以奉宴居。面壑臨流，誅茅穿徑，遠擬闕令草棲之觀，近同焦光蝸牛之廬。歲計有餘，善信來應。廬江人侯霸，大施資賄，以奉經營。數年之間，蔚然崇構，複廟重屋，瑣窗洞戶，藻以丹雘，騈以璧璫，所以重威神也。夐堂講肆，疏楹高座，皓壁月皎，層軒霞舒，所以敷道義也。前則端闈瞰野，旁則修廊納陛，廚廩充牣，居室閑安，閟經籍于巖房，息徒侶于奧寢。棟宇延袤，凡二百區。蓋精誠之所憑，實邑里之勝概也。今上嗣統，像法大興，禪師徒步神京，對揚雲陛，恩旨嘉賞，賜號曰乾明禪院。華題鳳篆，降自慶霄，聖日天光，煥乎幽谷。夫道之行也，時與地并。斯郡山水奇絶，動植茂遂，民情淳樸，聖迹回環。非明主至仁，不能恢清淨之教，非禪師密行，不能化磈礧之人。示之以精修，祐之以戩穀，變魯至道，夫何遠哉？鉉頃歲謫居此地，思過三載，閭里之見待也厚，風物之愜志也深，冥得喪之懷，無憔悴之色。及今三紀，未嘗忘諸，會禪師狀肇興之由，圖不朽之作，受簡秉筆，欣然記焉。銘曰：

教必有象，待時而行，道無不在，因地而靈。灊岳穹崇，皖川清泠，鬱鬱佳氣，宜爲福庭。有美遵師，爲人由己。人應物感，風行艮止。闢此叢薄，化爲金地。雲構中開，靈光四起。君恩啟煥，眞聖回翔。劉、雷永遠，接軫齊芳。玄符靡測，福應無方。刊兹樂石，用配無疆。

又《故唐慧悟大禪師墓誌銘并序》（《徐公文集》卷三〇） 士有佩服聖道，闡揚師訓，進不累于軒冕，退不滯于丘樊，務勤身于濟衆，不養高以絶俗，其唯仁人矣。大禪師名沖煦，字大明，姓和氏。昔者，帝堯光宅天下，我祖世掌天官，保姓受氏，冠冕百代。在漢則調鼎之重，在晉則專車之賢。末葉湮沉，徙居固始。先君從郡豪王氏南據閩方，今爲晉安人也。大禪師生稟異氣，幼挺玄機，年十有五，詣鼓山興聖國師出家，即具戒品。博覽經史，雅好文詞，郡多俊秀，咸見推仰。證無爲之理，演不言之教，綽爲先達，端然妙門。居城北之昇山。于時王氏衰淪，亂臣專恣，淫刑飛語，虐及善人，大禪師杖策去之，適臨川郡。中書令宋公齊丘作鎮南楚，頗尚空玄，聞師之來，遠加延納。言意不合，拂衣而行。下至池陽，郡守王公繼勳，鄉國之舊，賓禮甚渥。時李唐二葉，像教方興，嗣君聞其名，召與之語，移晷而罷，眷矚殊優。命居光睦禪院，復遷長慶道場，俾與儲貳游處，實羽翼也。後主即位，恩旨加隆，特賜法智禪師之號。廬山開先禪院者嗣君所創，眞容在焉，命大禪師居之，精嚴修奉之儀，以申罔極之感。居數年，召還建康，止報恩禪院，加號慧悟大禪師，名其所化曰智度堂。精廬櫛比，選勝而處，禮秩之數，有逾于前。出則居奉先道場，入則居淨德内寺。開寶七載夏六月寢疾，旬餘，乃集大衆，與論生死之理。十九日清旦，上疏告辭，後主遣使問之，至則化矣。享年五十有九，住法四十四年。即其月二十五日，從西域之禮，收靈骨葬于鍾山之陽。禮物官給，中使監護。至某年月日，弟子省才遷于廬山某所，遵理命也。大禪師風骨秀整，機神穎悟，博該衆藝，綜以玄談，王公大人咸所欽尚。鉉非學釋氏者，不能言其道業，徒以傾蓋之分久要不忘，今京師復與才公胥會。才公以文藝精敏，見重于時，永惟嚴師之義，願刊不朽之迹。嘉其偉志，爲作斯銘。銘曰：

慧悟禪師，釋雄之奇。有文飾己，有道膺時。生延世寵，沒有遺思。歸舟翩翩，九江之湄。鑪峰勝境，蓮社餘基。門人稟訓，遷神于兹。哀翁懷舊，勒銘誌之。蘭菊無絶，高深與期。

李瑩《栖巖寺新修舍利塔殿經藏記》（《唐文續拾》卷七） 蒲城東南十五里抵中條山，登山復五里屆栖巖寺，隋武元皇帝藏舍利之塔廟也。邇來因時因事，或廢或興，具諸僧史，此不復載。我國家以聖繼聖，武功成，文德修，恒思驅天下蒼生于富壽間，其術在于擇長吏而已。丙辰秋八月，詔今府主太尉移北庭節度鎮于蒲，蓋北庭之能政聞于天，而蒲之疲民渴于理也。一之歲，省案牘，有節目不利于政者咸去之，二之歲，訪井邑，有風俗而無益于民者盡革之，三之歲，千里之地，遠者近者、公者私者，熙熙閑閑，各遂其所。屢欲揭碑表于九達之衢，以揚府主之化理，府主極詞以止之。然方有暇于宴游出處，用示其成政也。己未春，登中條，憩栖巖，山水形勝，盡于歷覽，顧謂寮佐曰：今之化人，能令終夕之間佩服道德者，甚爲難事。佛之垂教，使無量劫出生死海，登菩提岸，較其功德，實懸天地，而或縱其湮沒，其如何哉？嗟乎，佛之像貌，去世逾遠，其所遺者，有舍利在。今塔廟圮毁，訖爲平地，我將表飭之。佛之言行，箸于經文，今依山架龕，嵐氣腐潤，匪朝伊夕，磨滅無睹，我將嚴護之。于是搜材索匠，揆日僝工。始則構高檻，闢大宇，乃壯乃麗，軒如翼如，所以覆舍利也，中則斲楩柟，佈龕室，乃金乃碧，輪焉奐焉，所以藏經文也。觀其宏敞之狀、固密之功，雖歷永劫無騫崩之憂，次使衆生有歸敬之地。論者曰：佛之大教，屬于正人，事立則民敬，民敬則福生，福生則清淨之緣結矣。今府主以是福力，興斯善緣。復聞以少香少花、一句一偈者，猶獲福無量，而此覆舍利、藏經文之功，諒百千劫之後，永爲供養，豈不以是法力助府主之福，歷百千劫之後如是者哉？瑩幸預賓階，實聞時議，況承嚴命，因敢直書。時大周顯德六年，歲次己未，九月癸卯朔，九日辛亥，稽首謹記。

張邴《潁州開元寺地藏院新修羅漢功德堂記》（《阜陽縣誌》卷一九）

越以春秋迭代，水火交馳，山川無定位之方，陵谷有遷移之恙。乾坤爰列，成佳終歸于壞空，人物既分，輪迴寧逃其生死。惟我空王之出世也，大矣哉。眞際流光，日輪非夢，應法身于百億，運權智于大千。慈雲淸火宅之炎，法炬朗昏衢之暗。煌煌煜煜，照九居而輝萬靈，蕩蕩巍巍，溢宇宙而極沙界。能事畢矣，顯道昌矣。于是含生福盡，大雄韜光。其以法訓遺形，付囑十六大阿羅漢，永令護持，作諸饒益，實謂曜靈西匿以潛輝，素朏東生而繼朗。立言垂範，品物咸資。闢無量之福田，植有情之德本。向使劫火飛焰，壽域復隍，大教仍存，斯文未喪。昨以歷窮木數，鼎遷火隨，區宇大寧，人民胥悅。故有都維那彭城劉公並邑眾等，感悟眞宗，式符妙道，喜逢昌運，乃構良緣。願素既陳，董成其事，同心戮力，嚮應風從，作苦海之虛舟，崇菩提之精宇。良材則豫樟杞梓，巧匠則班爾公輸。榱桷鬬空，欒櫨拱密，龍蹲鳥跂，日觀雲亭，巍然煥然，壯矣麗矣。霧籠丹雘，疑彩鳳以翩翔，煙鎖棟梁，認虹霓之偃伏。殿堂既備，聖相是陳，爰命良工，式模梵質。請京師王延光、莊塑趙守忠等，莊塑釋迦像一軀，螺髻連趺，舉高丈五。文殊、普賢，飲光、慶喜，供養菩薩，掖衛善神，統數一搶九事，並前護法大阿羅漢，及法住記主，慶友尊者，並僕從等，統數三十六事。于是尊居卑侍，師昭資穆，譬山主顯于大海，如朗月晃如群星。而又道具必陳，供養克備，並功絕世美，妙盡物華。安生、吳道玄之奇能，孰謂遠矣？乾德三年正月二十八日，厥功告畢，慶讚云終。風雲聚散以呈樣，羽毛高低而應瑞。凡諸感變，奚可輕殫？爰自備物，迄以立功，辰浹二百旬，金費五百萬。於戲，釋氏宗門，盛事如此。茲院也，即西京講《維摩經》宗公上人之先師普明大師之遺址也。上人以先師遷化之後，就其聽徒溫浴凡數十載，法席無閑。上人以邴嘗棲函丈，每潤情瀾，以文爲託。固辭不暇，姑從質實，用記歲時云。

錢儼《建傳教院碑銘》（《螺谿振祖集》）　聖人之垂文設教，所以舉綱維而示軌轍，使後世之人至乎聖賢之道也。若夫括天地，極陰陽，窮吉凶，審消長，莫尚乎《易》，而伏犧始之，仲尼述之，是垂美利于天下也。以日繫月，彰往考來，正王道，紀人倫，莫尚乎《春秋》，而夫子經之，丘明傳之，是申明誡于萬世也。敢問聖人之垂文設教，極于是乎？殊不知垂褒貶之文，不能等寃親，齊生滅，究否泰之術，不能暢妙性，括眞機。其爲人天之津蹊，越生死之淵奧，則大雄氏之法，莫不大乎，莫不聖乎。若夫鷲嶺之韜玉音，龍藏之傳寶典，去聖逾遠，垂裕後昆，所以廣香海之波瀾，壯大車之輪轂，又莫盛乎天台之教者。故陳、隋國師智者大師，法名智顗，演一花之大旨，立八柱之華宗。以明破昏，太陽之開氣霧，以靜扼動，神龜之抃重溟。藏通別圓，四教斯闡，醍醐乳酪，五味相宣。傳般若之燈光，開方等之門閫。長風破浪，溺群魔于不二之門，大山出雲，茂正法于說三之圃。垂爲妙典，揚我眞風。由是國王大臣，延首丹丘之講肆，城邑聚落，傾心金地之道場。則智者之化人，其利博哉，不可得而言也。傳教院者，即今淨光大師寂公住持之所。師法名義寂，俗姓胡氏，永嘉人也。先是周顯德初，螺谿居民張彥安來詣師曰：家居寺之東南，有隙地，可一里餘。陰晦之夕必有鬼魅吟嘯之聲，亦有鍾磬考擊之響。又嘗夢神龍遊其地，故非愚民所可有也，願奉師以爲僧事。師約之親往閱視，歎其山水秀異，因謂眾曰：此伽藍地也，常以傳續眞乘，思卜講唱之所。又天台一宗稟于龍樹，彼夢神龍之兆，豈非此耶？然而財施不供，莫能遽成其志，但納所捨而營蔬圃耳。尋而法華巖公之門人齊公，願（齊公後亦署崇法禪師，亦師傳法弟子。）以其事聞于本師禪師，禪師大可其議。遂輟所得眾施錢三十萬，以資經始。師雖聆喜捨，頗懼重勞，迺誡齊公曰：今之所營，蓋以學徒爲念，非欲芘風雨以移冢間樹下之志。汝體乃意，當勉成之。齊公乃鑿山肇基，度木興搆，凡建法堂三間，廚屋數舍。覆茅累塊，悉尚樸素，以稱師心。乾德甲子歲秋八月堂成，乃請師居之。默然遂率學徒二十人，以之俱往。點頭之石，行列翠巘，雨新之花，飛颺寶几。師又覩其樸野，協彼安栖，至心之餘，歡喜無量。其後登魚門宇，日競充盈，放鶴園林，人患襲積。師聞之，沮其說者數四。而雲居韶公禪師，以其傳燈之地，未廣函丈之規，乃疏于今漢南國王：智者大師位登諸地，蹐示四依，得總持門，獲無礙辯。所述教法，盈數百卷。淨光大師義寂傳而講之，如水分器，而所居精舍棟宇未豐，願許經營，用安摳衣之眾。王從之，乃命愛子襄、華二師洎于宗藩，各施錢粟以助之。師以草堂之居，雅得便穩，不聽命者久之。三年及丁卯歲，建創始畢，凡重構儼堂、法堂、禪室、經室，及隸寺宇制者，罔不畢備。中間內外總一百三十餘間。林泉相輝，金碧明媚，瓶錫所至，寒暑忘歸。其年國王復命師講《法華經》一座，追福于王妣恭懿太夫人吳氏。自是神龍喜于聞法，鳥獸樂于啣花。供飽純陀，席嚴布薩。隱几捉拂，翼翼小心，海福田衣，濟濟有衆。太平興國二年，元帥府都押衙王君承益、內知客余君德徽，同議本院建造彌陀佛殿，王復命施錢八十萬。又請師講《金光明經》一座，飯僧三萬人，香華旛蓋供佛之具一皆稱足。明年，彤矢常參，金輪大統，教法愈盛，莊嚴益專。屬像設未周，衆望斯鬱，乃遣僧重雲遠來京師，請于襄師。襄師因以陳國夫人徐氏、漢南國王府別駕徐君貴安，共捨錢二十萬，副以金帶。又募郡人李從遇衆率淨財三十萬，同就厥工。于是孔雀頂螺，尊臨中扆，芙蓉冠葉，翊輔崇臺。環衛以之雄稜，侍從以之柔悅。沈沈金口，深類無言，爛爛青眸，眞符不瞬。三寶既具，百福可量。而聞師妙行孔修，慈心止足，衣惟大布，卧止一床。杖頭但掛于缾囊，庭內不施于扃鑰。談女亹亹五十席，非謂該通，樂道熙熙三重閣，未爲高邁。今俗年六十有八，僧臘四十有九。雖春秋已高，而誨誘無懈，實僧史之一奇士也。噫，天台教者，述覺王無說之義，包括寧遺，明衆生有趣之源，環循莫盡。由是三乘迭駕，方析假以入空，十地宏超，遂即凡而成聖。豈必指蓮華于水上，先示從權，自當悟蝴蝶于夢中，了無別體。宣此義者，孰不宗之？而師之學徒通鑑大師知廉，以師崇佛宮祠，開法庠序，將求歲寒之績，請以刊勒爲期。而儼念天台山素足名儒，繼談聖教，竽難濫吹，硯合先焚。然思句偈成因，敢以謏辭爲避。所願草藩肥膩，滋善本以常新，風動毘藍，吹慧光而不滅。謹即齋戒，爲之銘曰：

伏犧往兮仲尼不興，爾《易經》兮爻象何明。宣父亡兮丘明不出，爾魯史兮篇題斯逸。皇皇眞教兮超生死，洋洋梵音兮總權實。鶴樹圓寂兮玉偈秘密，螺谿不談兮花編誰帙。傳光析派兮有赤城，植柰松揮兮宜萬齡。

係曰：

台山巖巖標幾尋，傳教孜孜開寶林。寒猿野鶴盡念法，猊座無言揚妙音。時雍熙三年丙戌歲，十一月十日文。

又《咸平觀音禪院碑銘》（《吳都文粹》卷八）　天下之名郡言姑蘇，古來之名僧言支遁。以名郡之地，有名僧之踪，復表伽藍，綽爲勝概。至于傳法，不泯眞風，則紀之以文，信無愧矣。蘇州觀音禪院，即東晉支公道林所建支硎寺也。伊昔二衆同居，舍宇尤廣。其山有支公馬迹及所居石室存焉。唐景龍中，詔更名報恩。及瑞陵初圮，海內精宇，人祇號咽，茲寺在圮例。獻文纘嗣，佛日再中，旃檀之林，枯荑畢秀。時太原尹盧公簡求方牧是邦，與僧清贇相善，乃勸捨俸錢，復新締架。大中五年請僧洪憲主之，憲即豫章希運禪師之法嗣也。自咸通甲申歲至于乾德甲子歲，凡百餘年，陵谷迭遷，香華中輟。其年二月，有永嘉禪學沙門文謙嘗駐錫姑蘇永光蘭若，頗以佛事結諸衆緣。尋詣天台大寂韶公禪師之法席，願齒入室之列。大寂示之曰：汝雖越人，非越地可居，其當化人于吳地耳。于是遂如大寂之教，復來茂苑。會僧正安公以報恩舊地，辟而住持，是爲今觀音禪院矣。復有本郡都知兵馬使趙承遇及司理判官張仁某等，同經度之，獲石銘于殿基，承遇以下名氏，皆如銘之所記，蓋宿緣符契也。未幾，謙師徙居上方，所度弟子三十餘人。今之恩公上人蓋白眉也，亦禮大寂，得其宗旨。退而闡法席于先師之精廬，昭善繼也。恩公苦行有聞，玄談尤峻，適居放鶴之地，雅契安禪之懷。早歲師嘗入京師，時愚方預常參，一得相面。今師沿前會之邂逅，疏本寺之寅緣，欲愚爲文，以紀其事。愚以向之所言信無愧者，乃紀而銘之云。時大宋咸平六年六月，忠果雄勇功臣、金州管內觀察使、判和州軍州事、光祿大夫、檢校太傅兼御史大夫、上柱國、彭城郡開國公、食邑六千戶、實食封一千一百戶錢儼撰。

張詠《陝府迴鑾寺記》（《乖崖先生文集》卷八）　粵若我佛之教也，以大悲憫拔無量苦厄，大智慧破一切邪見。色相未空，文字流衍，滋法雨之惠施，清火宅之煙焰。茫茫苾蒭，資精進以成果，悠悠兇俗，識嚮善以蒙福。存諸中國者，正由是歟？周天王書懸象之變，漢天子證金人之夢，其源濫觴，寖以成海。吳、魏之后，咸與伸之，廣于晉、宋，盛于齊、梁也。王城郡縣，想象于祇園，名山大川，半同于鷲嶺。靈因聖果，釋典備存焉。迴鑾寺者，唐代宗返正之所建也。天網疎疎，胡羯肆虐，惟陝之休，鑾輿至止。土德斷而復續者，黃帝所以告帝休也，青天裂而再補者，尚父所以戡巨難也。大明始更，帝其念哉。大曆二年，詔陝牧節東諸侯歲貢之貨，爲朕寺之，所以表殊績而謝玄聖也。寶應元年，薦賜名號，所以誌聖感而示無窮也。緇徒雲趨，歎甚希有。洎唐祚告衰，内夷作梗，巢孽蔡盜，揭竿而趨，流毒于陜，彌歲未殄。檀爐靈刹，資爲烽候之具，清磬鴻鐘，翻成鼙鼓之響。殊功勝事，一旦委地者哉。降及有梁，纘天稱帝，宗臣異王，允釐斯土。謂六度可以參五常，存善所以增厚德。眷彼遺堵，遂發誠願。我賂既以雲委，四眾因而影附。民力不匱，功用斯集。猗乎大像中尊，欲示有爲之教，三門外阨，因嚴象帝之居。高閣層樓，若峰之峙，長廊正殿，如翼相附。宴堂食廬，罔不兼備。天祐二年夏四月，門吏告成，王命我先師審志大德主焉。師姓郭氏，當郡沙子人也。幼趨精舍，因成習性之漸，長悟塵累，卓有擺落之志。謂心可傳，禮長智于咸、鎬，歎聖將遠，參文殊于五臺。戒珠不缺，慧炬增照。既兆眞寂之應，終動王侯之請。登堂之後，歎言善哉。静節可以勵俗，有作所以成住。室與磬懸，行亦冰立。顧榛蕪如寇仇，隨意剗落，爲坎塪非心地，與之平坦。日增月衢，以至休哉。言念蒸人，迷遠眞覺，故和其容以附眾，正其詞而行化。惟和與正，其漸民之級歟。于是登師堂者，頑必易慮，誕必守節，瞽用開視，愚或成哲。豈徒超玄邁空，獨利學者，亦使忠、義、仁、孝因由是生。今主院某志本孟浪，心隨昭通，事師如父，禮師如佛。三十年内，一物不遺。寔僧國之能賢，而玄門之宗主也。某器其克肖，覩此盛因，略助援毫，用存實錄。金壇示法，愧引喻于無窮，石柱疏詞，冀存功于不朽。時皇宋開寶七年月日記。

柳開《答陳昭華書》（《河東先生集》卷六）　辱足下之知，過聽我于言譽。自念無所可有報其云，而答其訪諭詢議者也。足下思于道者可也，其取于我者，即未敢的然當而受也。然不可虚費足下之辭，絶無其説，使辜足下之望也。或問：如何人？曰：學，爲人也，不學，雖形貌衣冠若人也，不曰人也。夷狄蠻貊居于四方之外，天地、日月、星辰、山川、草木、風氣無殊焉，不知學，所以夷狄蠻貊也。學以漸之，漸即進，止即退。塲苗生而離離，然秋乃實，漸者也。游遠方者，始出于庭戶，久而至之矣。一曰：將學，孰從焉？曰：從于師，成于友。師者，傳之者也，不師則無以正。琢玉者，必求其工，工能精，器乃成。學，玉也，師，工也。師之不工，則玉毁而器不成。旨哉。七十子之學也，得其師師焉，就其工者也。濟大海，資于巨航，乃不溺，學大道，得其君子，乃不亂。君子之人乎？曰：安見其君子，而得學其大道也？曰：存則從其人，亡則從其書。書者，君子之積者也，完者也，人亡而行存矣。存則由之，悟則知之，達則揮之。土耕而可以稼，書習而可以藝。稼乃植，藝乃立。力勤則獲之倍，心勤則通之奥。利其斤而伐木，木斬而斤愈利，蓋金固剋其木也。心固生其行也，己行修，則知其君子之行也。行也者，君子之先。無其行，則無其君子也。君子行在諸身，用在諸人。能得諸人，與身一也。行全而原于道，道者，君子行之本也。德以則之，義以宜之，仁以伸之，禮以致之，道所謂正者也。曰：觀書而欲其道之正者，何取焉？曰：取于經之正焉。道不夷，故可取，終身不能盡其理。大乎，聖人之經也。數其五。曰：百子皆書也，何獨經？曰：百子，鳥獸也。經，其龍也。鳥獸潜伏其林藪，群生其性命，或毒焉，或鷙焉。龍翔乎天，變化其神哉。霈甘澤，利下上，春夏無之則萬物槁，陰陽是賴之者也。觀宇宙，則知其域中之大矣，誦其經，則知其百子之説亂矣。老、佛之徒，起于夷，夷謂極于教也，至于中國，則莫及其父子君臣之道焉。夷不知其經也，知其經，則老、佛之教何有于夷哉？百子，老、佛之流。老、佛之説能惑，故小人奉之。百子亂，老、佛惑，聖人世不容。霜降而蕭茷死，松柏茂焉，聖人用而百子散，老、佛斃，經明焉。駕而馳者，不出于康逵，則覆而顛于險矣，莫能通諸夏也。曰：子之學何爲也？曰：吾學于經也。曰：經在得其誰人焉？曰：得其孔子者也。曰：孔子者，子盡得之乎？曰：不可盡得也，得其餘者也。飲河之水，盈腹而已耳，負冬之陽，面身而已耳。曰：得之于言乎？于行乎？曰：行不言則質，言不行則詐。與其詐也寧質，孰與其質也寧詐？服其行，用其言，言行相備者也，可稱矣。始者，吾不敢期人之知，將欲視其可否者，自納于聖人之道焉，亦不敢謂遽然至于此也。本在學爲文章，望乎述作者之畛域，脱離浮靡，冀其一二之大者焉。及出交其人，得其數君之贈，褒愛甚厚，克謂若孟軻、揚雄、韓愈之流，安敢冀于斯言哉？每抱惕懼，懼責其生。且聖人之道泯昧也久矣，孤而復危，豈足勝其楊、墨、釋、老眾之爲害哉？孟軻、韓愈尚不能各排闢其二者，況我之能，能總其二君之力乎？徒祗見其不自度量之過也。足下示書，又若數君之言，使我將何處也？不可不爲足下以言之矣。慮其尤數君與足下妄稱于我者，則試使觀其道焉。

又《答臧丙第一書》 吾子遺我之書，辭意皆是也。然我謙謙不致退讓于吾子者，以我之所守非己之私者也，乃先聖人之所公傳者也。故我得直其誠，而不謝于吾子耳。吾子言既止于古，心亦止于古矣。止于古者，是爲公也。得其公，而豈以私責于我乎？乃觀吾子之書，而達吾子之意，使我昭然弗惑于中也。誠爲君子哉。吾子能得此道而行，則寸而日進之，安而時馳之，將見吾子望我之門而入矣。入我之門，則及乎聖人之堂奧，窺乎聖人之室家，是謂吾子達者也。達于此者，固爲難矣，吾子勤而愼重之。我之今日能至于是者，始由吾子之道而來。吾子能如是也，我得以一一而言之耳。嗚呼，聖人之道，傳之以有時矣。三代已前，我得而知之，三代已後，我得而言之。在乎堯、舜、禹、湯、文、武、周公也，執而行之，用化天下，固吾子與我皆知之耳，不足復煩于辭也。昔先師夫子，大聖人也，過于堯、舜、文、武、周公輩。周之德既衰，古之道將絕。天之至仁也，愛其民不堪弊，廢禮亂樂，如禽獸何。生吾先師出于下也，付其德而不付其位，亦天之意，厥有由乎。付其德者，以廣流萬世，不付其位者，忌拘于一時。堯、舜、禹、湯、文、武、周公，皆得其位者也，功德雖被于當時，至于今，則有闕焉。是謂以政行之者，不遠矣。先師夫子獨有其德也，不任于當時之政，功德被乎今日之民。是謂以書存之者，能久矣。先師夫子之書，吾子皆常得而觀之耳。厥後寖微，楊、墨交亂，聖人之道復將墜矣。天之至仁也，婉而必順。不可再生其人若先師夫子耳，將使後人知其德有尊卑，道有次序，故孟軻氏出而佐之，辭而闢之，聖人之道復存焉。孟軻氏之書，吾子又常得而觀之耳。孟軻氏沒，聖人之道火于秦，黃老于漢。天知其是也，再生揚雄氏以正之，聖人之道復明焉。揚雄氏之書，吾子又常得而觀之耳。揚雄氏沒，佛于魏隋之間，訛亂紛紛，用相爲教。上扇其風，以流于下，下承其化，以毒于上。上下相蔽，民若夷狄，聖人之道隕然若逝，無能持之者。天憤其烈，正不勝邪，重生王通氏以明之，而不耀于天下也。出百餘年，俾韓愈氏驟登其區，廣開以辭，聖人之道復大于唐焉。王通氏之書，吾子又常得而觀之耳，韓愈氏之書，吾子亦常得而觀之耳。夫數子之書，皆明先師夫子之道者也，豈徒虛言哉。自韓愈氏沒，無人焉。今我之所以成章者，亦將紹復先師夫子之道也。未知天使我之出耶？是我竊其器以居？則我何德而及于是者哉。吾子之言，良謂我得聖人之道也，則往之數子者，皆可及之耳。求將及之，則我忍從今之述作者乎？今之述作者，不足以觀乎聖人之道也。故我之書，吾子亦常得而觀之耳。吾子能以此期于我，我豈敢輕言報之哉？

又《送陳昭華序》（《河東先生集》卷一一） 王者不出，刑政弛焉，則戎狄蠻夷盛，而交侵于中國矣。聖人既沒，禮樂弊焉，則楊、墨、老、佛盛，而交亂于大道矣。子見治于國乎？由王者在其上也，戎狄蠻夷是能侵之乎？烏乎。大道獨不明乎？聖人沒也久矣，禮樂弊也亦久矣，爲人者，或楊、墨，或老或佛，交亂而滿天下。大道猶中國也，楊、墨、老、佛猶戎狄蠻夷也。國治而道不明，楊、墨、老、佛固侵亂也，孰謂吾無能哉？于數君之言，知吾者無能耶？能力于大道者一日，終身斯足矣。數君之言于吾，曰有是也。子之言于吾，亦曰有是也。吾不自知其己之是與非矣。數君之言何相若也，子之言又何若于數君也。謂吾復于聖人之道，則楊、墨、老、佛之害未去矣，是能果復其道哉。子曰：見義不爲，無勇也。吾爲子當之，力于大道焉。然子聞兵陣乎？能有勇，衆輔之，則勝于戰矣。吾猶戰也，斯有勇焉，先將舉其力而斃其楊、墨、老、佛。子與諸君，苟念其惠我之言而輔于吾，復于聖人之道也，而後必矣。子往見諸君，爲吾告之如是也。※《河東先生集》卷十一，四部叢刊影印舊鈔本，參校明吳氏叢書堂抄本，清彭元瑞校抄本，傅增湘校光緒辛巳碧琳琅館刻《三宋人集》本，文淵閣四庫全書本，《國朝二百家名賢文粹》卷一六四。

又《宋州龍興寺浴室院新修消災菩薩殿壁記》（《河東先生集》卷四） 道隱師居是宮，作是殿，立是像。柳子以王事繫于斯，時任宋州錄事參軍，有轉運使和峴，誣奏予盜庫金，被制降使劾之，以拘于寺中。見而問之。師謂柳子曰：余聞在佛時，有大賢智施功若力，能消除世間一切災苦，故于今傳其道者未嘗廢。予嗣其法，見夫有形有類者，當罹于災禍間，症亦至矣。太虛中，天地或有災變，日月或有災蝕，邦家或有災難，人民或有災患，夷狄禽獸或有災癘，草木蟲魚或有災害。予欲如在佛時，皆使免焉，故以作是菩薩，願能消而除之。予曰：佛之力，師之心，果若是，是亦大矣。紀其言，刊于石，以爲師作記。※《河東先生集》卷四，四部叢刊影印舊鈔本，參校明吳氏叢書堂抄本，清彭元瑞校抄本，傅增湘校光緒辛巳碧琳琅館刻《三宋人集》本，文淵閣四庫全書本。

又《游天平山記》（《古今圖書集成》山川典卷四九）　至道元年，開寓湯陰，未幾，桂林僧惟深者自五臺山歸，惠然見過曰：昔公守桂林，常與公論衡岳山水之秀，爲湖嶺勝絕。今惟深自上黨入于相州，至林慮，過天平山明教院，尋幽窮勝，縱觀泉石，過衡岳遠甚。予矍然曰：予從先御史居湯陰二年，湯陰與林慮接境，平居未嘗有言者，今師詔我，是將以我爲魏人而且欲侫予耶？越明日，惟深告辭，予因留惟深曰：前言果不妄，敢同游乎？惟深曰：諾。初，自馬嶺入龍山，小徑崎嶇，有倦意。又數飯于林慮。亭午，抵桃林村，乃山麓也。泉聲夾道，怪石奇花不可勝數。里，入龍口谷，山色回合，林木蒼翠，透觀俯覽，遂忘筆轡之勞。翊日，山回轉，平地數尋曰槐林。坐石弄泉，不覺日將晡。憩環翠亭，四顧氣象瀟灑，恍然疑在物外，留連徐步。薄暮，至明教院，夜宿于連雲閣。明旦，惟深約寺僧契圓從予游。東遇通勝橋，至蒼龍洞，又至菩薩洞，下而南，觀長老巖、水簾亭，周行巖徑，下瞰白龍潭而歸。翊日，西游長老庵，上觀珍珠泉，穿舞獸石，休于道者庵，下至于忘歸橋，由澗而轉，至于崑閬溪、仙人獻花臺，出九曲灘，南會于白龍潭，捫蘿西山，沿候樵徑，望風雲谷而歸。明日，契圓煮黃精、蒼術苗請予飯于佛殿之北。回望峰巒，秀若圍屏。契圓曰：居艮而首出者，倚屏峰也。予曰：諸峰大率如圍屏，何獨此峰得名？契圓曰：大峰之名有六，小峰之名有五，著名已久，皆先師之傳。又其西二峰，一曰紫霄峰，上有秀士壁，次曰羅漢峰，上有居士壁，以其所肖得名也。又六峰之外，其南隱然者，士民呼爲撲豬嶺，又其次曰熨斗峰。諸峰皆于茂林喬松間拔出石壁數千尺，回環連接，嶄巖峭崒，雖善工亦不可圖畫。予留觀凡五日不欲去，始知惟深之言不妄。又嗟數年之間，居處相去方百里之遠，絕勝之景，耳所不聞，對惟深誠有愧色。明日將去，惟深、契圓固請予留題，予懼景勝而才不敵，不敢形于吟咏，因述數日之間所見云。

又《桂州延齡寺西峰僧咸整新堂銘并序》　桂州西峰僧咸整，淳化元年，不下山十二年矣。整之師洎祖師，悉如整。開與贊善大夫張測，爲整作新堂以居之。有問整之行何爲奇者，對曰：若時入陣戰賊，勇能進，不顧死者，足爲善將矣，況如孫、吳乎？交朋間，視其友無欺者，足爲義士矣，況如管、鮑乎？爲政廉以平，足爲良吏矣，況如龔、黃乎？入朝事君直，能言必盡誠者，足爲賢臣矣，況如伊、周乎？父兄在，視其室無私者，足爲孝子矣，況如曾、顔乎？爲文理勝辭者，足爲大儒矣，況如荀、孟乎？惟整焦然坐一室，足不踐山下寸地，況入豪貴污賤之門，嗃嗃如狗鼠諂竊哉。百善萬惡，心動即生，身遠自藏，幾滅半矣。方之外殊而內同者，止是整能潔其行。與之善將之下商較其輕重，整亦足爲眞僧矣。由湖湘而南，問僧者，語整爲諸先。冬十二月堂成，開詔罷州任，得歸闕，留文堂下，爲整以銘之。

知生爲役兮，無息無利。畏同蹈遠兮，出求以異。復本還元兮，尤耽其味。寧如不殊兮，益增乎累。整之專嚴兮，潔行世世。超然遐邁兮，時誰可洎。窮觀永古兮，何足有貴。萬類千變兮，終焉若是。包極六合兮，未充貪意。精明至止兮，深藏自閉。維堂斯皇兮，猶多餘地。群甡草樹兮，藤榛茂翠。環鄰俯覿兮，勝情與智。祖源師派兮，成流善繼。于家于國兮，有慚名位。晝塵夜燭兮，昏囂若醉。城闉巖岫兮，疑晝相似。渾淪奔紛兮，孰思而議。跬步天違兮，海賒難既。吁嗟整之兮，離垢脫穢。我寧爾及兮，賜塡滓滯。

王禹偁《擬貶蕭瑀出家詔》（《小畜外集》卷一二）　朕聞爲臣之道，主愎諫則去之，爲國之道，臣要君則刑之。朕早舉義師，克成王業，富有四海，亭毒兆民。每得端士正人，必推心以委用，每聞昌言直氣，必伏膺以聽從。固無愎諫之名，翻有要君之報。既干無上，是謂不忠，國有彝章，罪難私赦。事不得已，舉而行之。具官蕭瑀，梁室皇宗，隋朝內戚。昔在草昧之際，來赴風雲之期。國家方在釣賢，尋加好爵，以至位崇師保，權執樞衡，勳庸未多，寵遇斯極。近者言朕大臣朋黨，未見是非，謂予小子昏蒙，輒輕去就。許國之心何在？出家之奏屢聞。若云遠害全身，予且本非于虐主，若云功成名遂，爾亦未及于前賢。且佛教出自胡方，幻惑中土，耗蠹我黔首，雜亂我皇風。豈可輕去君親，不惜膚髮？既失股肱之體，難居廊廟之崇，降從符竹之資，責以苾蒭之請。可貶商州刺史，仍降其封邑。於戲，朕失任賢之道，昧則哲之明，遂令宰執之中，互生猜忌，以致君臣之際，有是睽離。雖正刑章，良多愧恥。勉思省己，以卜自新。

又《左街僧錄通惠大師文集序》（《小畜集》卷二〇）　釋子謂佛書爲

内典，謂儒書爲外學。工詩則衆，工文則鮮，并是四者，其惟大師。大師世姓高氏，法名贊寧，其先渤海人，隋末徙居吴興郡之德清縣。祖珣、考審，皆隱德不仕，母周氏，以唐天祐十六年，歲在己卯，某月某日，生大師于金鵝山別墅，時梁貞明五年也。武肅王錢某專制江浙，後唐天成中出家。清泰初，入天台山受具足戒，習四分律，通南山律。長興三年，武肅薨，文穆王諱嗣位，大師聲望日隆，文學益茂。時錢氏公族有若忠懿王諱、宣德節度使億、奉國節度使億、越州刺史儀、金州觀察使儼、故工部侍郎昱，與大師以文義切磋。時浙中士大夫有若衛尉卿崔仁冀、工部侍郎慎知禮、内侍致仕楊惲，與大師以詩什唱和。又得文格于光文大師彙征，受詩訣于前進士龔霖，由是大爲流輩所服。時錢塘名僧有若契凝者，通名數一支，謂之論虎。常從義者，文章俊捷，謂之文虎。大師多毗尼著述，謂之律虎，故時稱四虎焉。署本國監壇，又爲兩浙僧統，歷數十年，像法修明，緇徒整戢。太平興國三年，忠懿王攜版圖歸國，大師奉眞身舍利塔入朝。太宗素聞其名，召對滋福殿，延問彌日，別賜紫方袍，尋改師號曰通惠。故相盧朱崖，深加禮重。參知政事李穆，儒學之外，善談名理，事大師尤爲恭謹。八年，詔修《大宋高僧傳》，聽歸杭州舊寺，成三十卷，進御之日，璽書褒美。居無何，徵歸京師，住天壽寺。參知政事蘇易簡奉詔撰《三教聖賢事迹》，奏大師與太一宫道士韓德純分領其事。大師著《鷲嶺聖賢録》，又集《聖賢事跡》凡一百卷。制署左街講經首座。至道元年，知西京教門事。今上咸平元年，詔充右街僧録。先是，故相文貞公懸車之明年，年七十一，思繼白少傅九老之會，得舊相吏部尚書宋琪，年七十九，左諫議大夫楊徽之，年七十五，郢州刺史、判金吾街仗事魏丕，年七十六，太常少卿致仕李運，年八十，水部郎中、直秘閣朱昂，年七十一，廬州節度副使武允成，年七十九，太子中允致仕張好問，年八十五，大師時年七十八，凡九人焉。文貞公將讌于家園，形于繪事，以聲詩流詠播于無窮。會蜀寇作亂，朝廷出師，不果而罷。今九老之中李、宋、楊、魏、張已先逝矣，大師年八十二，視聽不衰。于本國，歷武肅、文穆、廢王、忠懿凡四世，于朝歷梁兩帝，後唐莊宗、應順、清泰，晉高祖、少帝，漢高祖、隱帝，周太祖、世宗、梁王，我太祖英武聖文神德皇帝，我太宗神功聖德文武皇帝，通今上凡十五朝，而能受《洪範》嚮用之福，處浮圖具瞻之地，豈所謂必得其壽，必得其位者乎？大師以述作頗多，叙引未立，猥蒙見託，不克固辭。總其篇題，具如別録。凡《内典集》一百五十二卷、《外學集》四十九卷。覽其文，知其道矣。因徵其世家行事，備而書之，使後之傳高僧、銘塔廟者，于兹取信云。

又《濟州龍泉寺修三門記》（《小畜集》卷一六） 古之官府通謂之寺，故今九卿之署，其名尚有存者。浮圖氏之教，來于西國，館于鴻臚，斯得名之始也。莊嚴宏敞，歷代增之。得高其堂，揭以鴟尾，得大其戶，軒如雉門。中心闕然，蓋兩觀之遺制爾。濟州龍泉寺者，唐大曆四年建于鄆州鉅野縣，縣即春秋時西狩獲麟之地，漢初時彭越聚盜之所也。東距任、宿，西接曹、衛，北走汶水，南極芒碭，皆百餘里。其中藪澤深陋，民俗獷戾，揭竿嘯聚，率以爲常。周廣順中，魯侯以曲阜叛，六師薄伐，七旬來格。思欲屏萑蒲之盜，啟符竹之封，乃詔有司，改邑爲郡，緇徒蘭若，從而興焉。雖主者增修，而日不暇給。既而前有殿，儼像設也，後有堂，備說法也，雖廊廡未具，固已甲于他寺矣。唯兹三門，基而弗構，蓋地苦洪水，民無餘貲，殆三十年，編蓬而横木矣。開寶丙子歲，功德主大德某，矢謨締構，勠力經營，聚喜捨之財，節衣盂之費，伐木輦石，鳩工庀徒，凡五年而有成，即以太平興國某年月日遷化。弟子某嗣而葺之，丹青赭堊，焕乎有光。又立二金剛以守焉，望之巍巍，足爲壯觀。夫寺之有門，若人之有衣冠、樹之有枝葉也，不壯不麗，民安仰哉？某生于周，長于魯，興廢始末，皆得而知。舉進士時，見託譔述，游宦靡定，于兹十年。待罪商於，始畢前願，得以事實，總而書之。僧之耆宿、郡之檀越，暨租庸、至向，請書于石陰。時淳化三年某月日記。

又《黄州齊安永興禪院記》（《小畜集》卷一七） 齊安，郡名也，永興，院額也，蓋僧耆故老通而呼之，遂以爲常耳。唐時舊州在齊安河上，院録云因刺史杜僕射，以白雲觀建爲斯院。按唐史，未嘗有官至端揆而刺黄者。疑唐末杜洪據有鄂渚，北結梁人，東抗楊氏，黄鄂之屬郡也，或以宗族典之。于時皇綱弛紊，官紀僭忝，僕射之稱，不爲異矣。其後隨郡遷徙，立院于兹，兵掠火燔，曾無寧歲。乾寧中，楊行密盡有淮南之地。天祐二年，楊公卒，其子渥稱嗣。吴王奉唐正朔，以部將孫彦思爲黄州刺史，始造院宇，崇佛像。彦思母王氏捨粧奩鑄鐘，于今尚在。主院之僧，傳法之祖，喪亂無紀，莫得而知。今所述者，斷自紫陵而下。紫陵者，郢中名山也，山僧曉禪，世謂之紫陵和尚。其後捨茲院，遊鳳翔，從清泰入洛，賜號國師。次曰同一，次曰行忠，次曰節運，次曰延真，次曰自正。此五僧者，自前唐天祐止聖朝。端拱初，有若蘄州三角山龍門禪院僧自南，開堂演法。自南者，合淝人，世姓解氏，住持凡七年，復歸蘄州四祖山。淳化中，有若蘄州白雲山廣教院僧智雨，嗣興院事。智雨者，漣水人，世姓朱氏，以至道三年十一月一日寂滅，俗壽五十一，夏臘二十七。臨終召院衆付囑。今長老仁辯，遂寧人，得法于智雨者也。即以其月十二日，用茶毗之法葬智雨，起塔于長圻村。二十八日，仁辯會大衆，陞法堂，有僧玄資問曰：如何是齊安境？答云：後面青竹連道觀，前頭綠水接武昌。又問：如何是境中人？答云：大似不相見。此之謂住持傳法僧。院舊有堂廚各五間，淳化二年，郡人王福捨錢二百萬造大殿，成再興捨錢一百五十萬造僧堂，郡之衆戶率錢二十萬建老宿堂，又率錢十萬立方丈室，左都押衙丁文燧捨錢五十萬建浴室，蘄州人王眞捨錢四十萬創菩薩殿，塑彌勒像，里人周遇捨菜圃，此之謂檀越。知院元吉掌申牒公府，維那法俊掌提轄堂司，供養主文遇掌化募施利，典座道眞掌庖廚，直歲省愼掌墾種，此之謂知事僧。先是，衆僧請院前閑田一段，又請逋民麥莊一區，由是來麰蔬果豐焉。住持傳法僧無祖禰，道高衆伏則推之，知事僧無資級，才堪心願則爲之，故上下熙熙而忿爭不作矣。夫禪者，儒之曠達也，律者，士之名教也。浮圖氏離而爲二，罕能兼之，其甚者互相矛盾，過于仇讎。唯長老仁辯禪其心以度人，律其行以伏衆。有來斯應，虛往實歸，禪其心也。一裘一飯之外，日誦《法華經》二部，律其行也。某筮仕以來，治僧之訟多矣。獨愛其無親疏，無人我，有賢智則尊而事之，有才力則信而使之，去而不強，推而無競，渾然幾乎道矣。故總而爲之記。至于院宇之至嚮，田園之廣袤，道具經典，租庸什器，請書石陰。時大宋咸平二年八月十五日記。

又《龍興寺三門記碑》（《山左金石志》卷一五） 佛滅度後，後末世一切衆生幷陷業障。法有輪棍而不轉，魔有網結而高張。積覆簣之邪，峰乃峻極，寖濫觴之苦，波乃尾閭。是諸凡夫，煩惱不斷，是諸世界，虛妄大行。地水火風，攻之于外，貪嗔愛慾，寇之于內。大則以金玉滿堂，垂子孫之計，小則以錐刀競利，務衣食之源。末俗于是難移，眞如以之不競。幻身有漏，寧知牛乳之方，火宅將焚，孰信鹿車之諭？則有悟電泡之非久，識生死之有緣，以慈悲喜捨爲身謀，以因果報應爲己任，謂財能賈禍，我則輕之若浮雲，謂福可濟身，我則指之爲彼岸者，其惟京兆杜公乎。公慤願理躬，淳和賦性。出言有信，重于千乘之盟，立事去奢，笑彼三家之僭。自謂處太平之代，飽歌頌之聲，兵革不聞，伏臘自足。上則知其帝力，熙熙常陟于春臺，下則依彼空門，世世期臻于淨土。始念劬勞未報，風樹纏哀，耕山起曾子之歌，陟岵動詩人之歎。堂雖肯構，蓄五牸以成家，養孰弗能，奉三牲而何益。爰思追薦，是用修崇，出茲潤屋之財，飾彼布金之地。龍興寺者，東兗招提之甲也。先是，三門建于大中年，兗、海、沂、密等州連帥劉公莒之所立也。位歷數朝，時踰百祀，風雨所寇，簷楹不完。寺衆羞之，思所整葺，而力未支也。公乃革其舊址，立以新基，易之以金鋪，搆之以重閣，庀徒且亟，蕆事靡遑。丁丁伐褒谷之材，陰疎煙葉，落落輦他山之石，翠斷雲根。役夫憧憧，車輸轔轔，繩墨者，陶人坊人，繼踵接武，其來如雲。因爲揆日之期，特起凌霄之勢。乃曰：夫有其材而無其工，則材將棄矣，有其工而無其首，則工乃惰矣。疇其代我魁以董之？乃得藏主大德洪昭尸其事，且戒季子航以左右之。由是無晦暝，無風雨，是剞是劂，以圬以墁。畚鍤之影齊來，雲生東岱，追琢之聲互動，雷殷南山。板榦畢興，土木交作，惟知日入而息，豈俟定之方中？加以勞來有常，趨督忘倦，匠之哲者，則甘言重賂以誘之，役之賤者，則嘉醪芳味以悅之。工不敢怠，人豈知疲？星灰始周，功績告備，莫不拔地若湧，掀空欲飛。金碧交光，爍亭午之日，欒櫨互映，過崇朝之雲，複道排虛，龍蟠夭嬌之狀，重檐截漢，鵬運扶搖之風。峥嶸而始，謂鼇擎來從碧海，峭拔而終，疑蜃吐飛出紅塵。其或春雨絲紛，秋雲羅散，夏引清飈而凄楚，冬涵皓雪以溟濛。憑欄放懷，望遠送目。前對孤桐之岫，杳靄凝嵐，左連浮磬之川，縈迴靜練。足以作魯邦之勝概，爲法門之雄觀者歟。事既畢，公乃慶良緣，會大衆，且以香花落之，故得觀瞻之衆雲趍，讚歎之音雷動，飛聲走譽，自邇及遐。緣事有成，福德無量。亦何必持長者之蓋，方表修行，捨畫師之金，始爲利益者哉？議者曰：凡人從緣而生，從緣而死。衣食者，治生之器具也，功果者，濟死之津梁也，悟之者，若發箭在空，恆虞力盡，迷之者，若無舟泛海，但見溺爲斯。蓋濁惡染其慾情，聲香觸其根性。遂使捨一毛一飯或至艱難，奉少香少花皆有悟畜。苟非解方便力，有迴嚮心，則孰能棄小徑于迷途，持直心于覺路者耶？公則不然。始乃儉于其身，勤于其家，孝于父母，信于友朋，然後輟能散之財，崇無邊之福，有以見其心也不可思議，其德也不可唐捐。《經》曰，名稱高遠如須彌者，我公有之。又曰，堅固不壞如□□□，斯門比之。公欲紀茲功德，思所銘刊，猥顧非才，俾揚善績。其或叙如來之教法，則內典詳矣，陳伯禽之土風，則《禹貢》具矣。是故書歲時而不敢略，語修建而無媿辭。秉筆成文，尤謝簡栖之作，拂石爲碣，永留寶積之名。時皇宋太平興國七年十三月廿三日記。

又《濟州衆等寺新修大殿碑并序》（《小畜集》卷一六） 漢明以來，像教熾于天下，大都小邑暨名山勝境，鮮不建梵剎而聚緇流，有以見大法之光揚，末俗所歸仰也。按地志，高平鉅野縣，乃斯郡之舊封。周廣順中始剖符竹，命二千石以治之。未改邑時，粵有茲寺之額，院宇弗葺，垣墉半傾，待風雨，避燥濕，外則無觀焉。是知地之興廢，必因其時，法之盛衰，必有所主。我先大師，斯郡人也，世姓徐氏，法名玄應，師號衍正。幼而聰悟，長而博達。始落髮于嵩陽會善寺瑠璃院，戒律既具，精進自苦。謂衆生貪著，我則演法以誘其俗，謂佛性空寂，我則修心以行其道。加以辯若泉湧，捷如響答，有道安之理論，藴支遁之神俊，故當時釋種咸所景附。開運中，天子崇信佛法，廣延僧耆，師以行望素高，屢得召見，于是簾前賜紫。我宋開國，加號演正大師，兼內外臨壇，文章表白，旌宿德也。建隆初，爰自上國，來歸故鄉，仍補管內僧正。師一心住持，勠力完葺。且以斯郡地惟塗泥，木不喬秀，棟梁榱桷，出于西山。由是往來京師，市易材植，雲委山積，桴川而東。約費用殆數千緡，積歲月幾二十稔。勞筋苦骨，曾未知疲。上自國王大臣之捨施，下及一毛一飯之供養，我先師悉籍錄之。冬裘夏葛，盂食盤蔬之外，未始輕擲。非積勤累儉，則曷能奮獨力而成勝緣者邪？先是，無鐘以警昏旭，乃範金以鳴之。茲樓既成，茲殿將構，天不憖遺，師之云亡。徒弟五人，今院主大德無相，克荷先願，用伸孝思。雖居哀苦之中，詎廢經營之力？因垂成之績，竭肯構之心。既成厥功，思誌其美。以某邑人也，辱與先大師遊，見托論譔，申之以銘，其辭曰：

郡之厥初，草創改邑。寺雖有名，殿實未立。我師之來，志在必葺。寂滅有期，大功未緝。天道悔禍，師門代及。弟子無相，孺慕號泣。夕構朝營，歲捃月拾。資用益饒，工徒允緝。紅樓霞舒，紺殿山岌。榱桷棟梁，龍蟠虬蟄。丹雘螟塗，霜凝霧翕。是維莊嚴，豈慮燥濕？厥師經始，因果如彼。弟子善嗣，功力若此。紀事勒銘，永傳厥美。

又《商州福壽寺天王殿碑》（《小畜集》卷二八） 天王之名，在三代時實人君也，故見于《春秋》，載于《禮》文。秦兼三五之號，王爵歸于人臣，由是儒教無之，內典有之。其神異威力具于佛經，此不繁述。今所序者，廢興修建而已。商州福壽寺天王殿者，唐天祐三年所建也，其塑繪金碧，皆當時良工，于今百年，相好無滅。唯殿堂朽蠹，殆將不支。先院主清弁，世姓席氏，房陵人也。後唐天成元年依寺僧戒賢出家，長興初落髮，尋受具戒于興元府王子寺。清泰中繼主寺事，以太平興國四年遷化。凡四十年間，建大殿，立三門，僧堂惟西，僧庖惟左，廊廡環合，亭臺洞啟。樹珍果，植名花。佛事之莊嚴，釋門之儀範，靡不具矣。然後墾山田，造水磑，嘉蔬有圃，柔桑垂陰。茲所以備紺宇之繕完，給緇徒之供養。別建羅漢閣于西偏，頗極宏麗，唯天王殿未暇改作，蓋工用之大也。臨終謂弟子懷省曰：吾始居茲寺，屬兵亂之餘，院宇圮毀。驅其豺虎，剪其荆棘，勤苦無怠，庶幾有成。而商土瘠，商民貧，衣食唯艱，檀施且鮮。吾粗衣糲食，往來竹山、上庸間，得尺布斗粟，負荷而歸，積毫累銖，以至百萬。今僝功雖在，示滅有期，心不滿者，惟天王殿爾。汝能嗣之，吾願畢矣。懷省泣受付囑，勠力經營。始于庚辰，成于辛卯，伐木秦嶺，徵工華陰。宏壯瑰奇，不可殫紀。非先師之理命，弟子之肯構，疇能與于此乎？初，懷省之伐殿材也，在深山窮谷之中。常時度木者，以僻險不取，咸謂虛棄其功，必不能致矣。會天大雨，谿水暴作，一夕吹積于山下，欒植榱桷，以類而聚，若人力之區別然。而寺封尚遠，河流頓耗，非復一雨，不可至矣。懷省乃晝夜環禮，精心禱之。果有風雷吼駭，山谷推蕩漂注，集于郡南。自非神功陰助，曷能若此之易也？某左官商於，見託譔述，得以事迹刻于貞石。寺之原始，舊記存焉。銘曰：

惟唐建都，崤函之右。惟商爲郡，京輔之首。山名兔和，寺曰福壽。

有天王殿，基于天祐。載祀綿遠，棟欹甍漏。先師理言，弟子肯構。事雖人謀，材乃神授。基聳抃鼇，山蟠靈鷲。畫拱丹楹，紅欄青甃。上方古木，南榮列岫。梵宇增輝，晬容益茂。善績可紀，良緣有後。刻茲貞石，用光不朽。

又《揚州建隆寺碑》（《小畜集》卷一七） 唐貞觀中，制以天下戰陣處爲寺，且命虞世南、李百藥、岑文本之徒刊勒碑銘，紀述功業，傳諸簡冊，燦然可觀。蓋聖人不欲無罪而殺一夫，無名而荒寸土。及乎諸侯阻兵，百姓撐后，驅人以戰，事不獲已。矢石之下，死傷則多，狥義效忠，有足哀者。雖復贈官爵，祿子孫，誠有勸于生，懼無益于死。以爲漢明之後，釋教誕興，謂冥寞之中，有輪迴之數，能使精魄復生人天。其道如何？事佛誦經而已。繇是交兵之地，捨爲梵宮，田不耕而有名也，死事之人，盡離鬼趣，士揖生而無恨也。帝王所尙，今古攸同，雖有服儒冠而執名教者，又安知其果不然邪？我太祖皇帝受禪于周，啟封在宋，朱旗所指，黔首乂安。惟李重進作帥江都，嬰城構逆，時建隆元年九月也。乃命故中書令石公，統王師以討之。十有二月，傳于城下，于是建行宮，迎法駕。是月十一日，太祖至大儀驛，距廣陵六十里。夜半而城陷，詔宣徽北院使李公知軍府事。尋以行在立爲梵宮，取僧之有德行者處焉。是時，先寺主道暉本居孝先，眾所推擇。李公列狀以聞，即可其奏，仍改法名爲道堅，以紀年爲寺額，墾田四頃，隸省一莊，咸以賜之，供香積而飯緇流也。道堅既沒，智速嗣之。智速又沒，義幽嗣之。義幽，超化大師也，以淳化二年歸寂，義隆、顥仁監而主焉，皆超化大師之弟子也。自國初至今凡四十載，日供僧不減六十人。像設莊嚴，經教具備，禮佛有殿，演法有堂，齋庖在東，僧寢在右。奧有室供湯沐焉，外有亭給登眺焉。廊廡翼舒，門扉洞啟，修竹交映，碧流縈回，實藩服之勝遊，淮海之福地耳。先是，太祖將返鑾輿，留其御榻，忌晨供帳，于今尙存。嗚呼，戰伐所亡人骨已朽，乘茲善果，皆出冥塗，豈知不再事朝廷，復爲臣子歟？義隆等謂修建已來，碑誌未立，以某出從翰苑，守是郡條，宜爲斯文，理不可讓。是時大行晏駕，聖主承祧，至道三年四月也。銘曰：

神道設教儒所崇，佛法度人釋之宗。王者草昧多屯蒙，乃有征伐揚武功。野必死戰城必攻，出入矢石豈梯衝，殞首喪元爭效忠。聖人念爾心所惘，詔舍戰地爲梵宮，遊魂精氣或感通。拔爾出離冥塗中，恩異文王枯骨叢，事殊楚子京觀封。香燈鐘磬飄天風，四十餘年僧幢幢。止戈偃伯文軌同，三葉重光自建隆，祐我聖祚垂無窮。

又《滁州全椒縣寶林寺重修大殿碑》（《小畜集》卷一七） 寺名花山，縣牒所傳。壞于會昌，緇徒散亡。興于大中，層構崇崇。顯德沙汰，茲名獨在。聚併闔縣，凡十六院。我皇御極，始賜今額。嘉號寶林，用光布金。有莊隸屬，桑柔土沃。歲取稼穡，以供香積。靡夏靡冬，僧來憧憧。大殿歲久，基傾柱朽。有僧德緣，革而修焉。錄事張戩，同茲大願。化于邑郭，施及村落。得錢百萬，吾事斯辦。全椒林麓，材惟樸樕。西走山陽，號大雲倉。伐木編桴，棟梁欒櫨。蕩波而來，厥惟良材。其誰運斧，維曾維呂。翬飛翼張，望之堂堂。既成棟宇，綵繪無取。有曉貞師，先師從依。及鉢遺留，願捨而修。乃備丹雘，晶熒交錯。殿堂肯構，佛事猶陋。戩復化率，能始能卒。塑釋迦像，金容可仰。菩薩善神，各三其身。對侍拱立，金碧耀熠。矢謨雍熙，早夜孜孜。僝功淳化，簷楹秅秅。乃令佐經營，曰殼曰禎。政平訟息，茲出餘力。有范百宗，成名澤宮。爲賊曹掾，舊識吾面。聿來詣郡，再拜恭懇。曰公詞臣，久司帝綸。茲殿之碑，非公而誰？健毫不抽，實寺之羞。顧其勤勤，敢吝斯文。直書事實，辭句魯質。庶幾勝緣，垂乎億年。

《後序》 雍熙中，予爲大理評事，知長洲縣。范以進士見予于姑蘇。今年予自翰林學士出守滁上，范爲屬邑吏。碑之請也，不得而拒矣。因效元相《桐柏觀》體，韻而書之，一揮而成，不復加點，蓋任其俊而不繫乎文也。時至道二年十月日記。

錢惟演《通惠大師影堂記》《國朝（宋）二百家名賢文粹》卷一四五

夫漢世高賢，繪事功臣之右，晉朝名士，寫形巖石之中。蓋道德之可尊，故丹青而是顯。故通惠大師寧公應迹挺生，惟幾將聖。三乘四諦，洞達于本源，六經百氏，深探乎妙域。自攝衣于釋部，已欽譽于邦人。家王恢闡佛乘，旌崇開士，詢以環中之道，待以方外之遊，乃眷香筵，俾爲上首。奉圖請吏，舉國還朝。神宗竊甚高名，訪諸儒梵之義，眞皇翹勤宿德，降以師友之禮。于時學徒駢席，群賢願交。靈運心伏于遠公，商融議推于支遁。既宣賜于鴻教，復總領于法門。而示滅以還，綿祀寖久。法嗣某等，永慕慈蔭，追懷妙相，爰作圖藻，用模冰雪，乃于大中祥符寺賢聖院建影堂，以安大師眞像焉。莫不南榮爽塏，大廈鴻紛，碧樹周阿，金繩界道。珠函玉格，密奉于薰燃，甘酪珍香，肅陳于宵晝。烏乎，光靈未遠，渥彩既章，中含晬和，外峻方格。道安骨秀，叔寶神清。挹止水之澄深，望秋山而標峙。酌焉不竭，仰之彌高。亦猶刻檀像于諸天，鑄金容于百越，宜有傳信，用爲志託。今年春盛，上人遠附郵置，緘詞戎幄，且以世舊之故，見索荒退之文。予昔在髫齡，嘗蒙眞賞，期郭舒于國器，目管輅爲神童。實由空名，冒此高位。承惟忘年之執，願締他生之緣，豈敢牢辭，亟茲厚意。至于氏族之英茂，節行之瑰奇，學際于天人，識窮于繫象，文章之典要，著述之廣博，則有王黄州之《總集序》，邦上人之《絳紗記》，此故略而不書。時天聖甲子歲七月十三日記。

高紳《乞禁僧尼受父母拜禮奏》（《續資治通鑑長編》卷九三） 臣訪聞當州僧尼，既受戒還家，即受父母拜禮。臣責問僧司，具言有實。伏以爲臣爲子，忠孝之道居先，在家出家，怙恃之情匪異。苟乖斯道，是曰亂倫。且子于父母，恩報皆一，在儒書則曰昊天罔極，在釋教則曰恩重莫報，安可用小加大，使卑逾尊？蓋由甌越之民，僧俗相半，溺于信奉，忘序尊卑。竊見太宗貞觀五年嘗禁僧尼受父母拜禮。方今鴻化風行，革除澆弊，望降敕命，特行戒止，奏有違者重決罰。

郎簡《六祖壇經序》（《壇經》） 按《唐書》曰，後魏之末，有僧號達磨者，本天竺國王之子。以護國出家，入南海，得禪宗妙法。自釋迦文佛相傳，有衣鉢爲記，以世相付受。達磨賫衣鉢，航海而來，至梁，詣武帝。帝問以有爲之事，達磨不說。乃之魏，隱于嵩山少林寺。以其法傳慧可，可傳僧璨，璨傳道信，信傳弘忍，忍傳惠能，而復出神秀。能于達磨，在中國爲六世，故天下謂之《六祖法寶記》，蓋六祖之所說其法也。其法乃生靈之大本。人焉，鬼神焉，萬物焉，遂與其清明廣大者，紛然而大異。六祖憫此，乃諭人，欲人自求之，即其心而返道也。然天下之言性命者多矣，若其言之之至詳，理之之至當，推之之至悉，而釋氏得之矣。若其示之之至直，趨之之至徑，證之之至親，而六祖之于釋氏又其得之也。六祖于釋氏教，可謂要乎至哉。今天子開善闡記，謂以本性證乎了義者，未有捨六祖之道而有能至于此者也。是則六祖者，乃三界之慈父，諸佛之善嗣歟？偉乎，惟至聖而能知至道也。然六祖之說，余素敬之。患其爲俗所增損，而文字鄙俚繁雜，殆不可考。會沙門契嵩作《壇經贊》，因謂嵩師曰：若能正之，吾爲出財模印以廣其傳。更二載，嵩果得曹溪古本校之，勒成三卷，璨然皆六祖之言，不復謬妄。乃命工鏤板，以集其勝事。至和三年三月十九日序。

郎簡《永慶院僧知白行業記》（《赤城誌》卷三五） 天台僧獨知白爲可紀。白嘗謂釋書不少，觀者若臨海求濟，茫乎不知其涯，必有維楫之助，然後旁行不難。

楊億《答史館查正言書》（《武夷新集》卷一八） 某再拜正言學士足下：頃者前襄陽張令至，辱示手筆，備形慰誨。躭翫無斁，鄙吝都遣，客塵洞分，神明來舍。涼若醍醐之灌頂，快如靈曜之炙背。苟知識之啟迪，爲昏愚之歸依。幸甚幸甚。然障覆重複，義趣深遠，或所猶豫，固容咨決。竊味雅旨，有簪組非累身之說，蒙有滯焉。蓋念無始輪迴，積劫孤露，偶薰習于種子，獲遭值于仁賢，幸于此生得悟本性。而前塵外境如棼絲亂繩，本覺妙心殆秋毫野馬，舉爲牽制，動即淪胥。先德亦云道力尫微，必處靜而能照，宗門所謂悟解超頓，須漸修而乃成。儻或以初殖之德芽，淪無邊之愛網，浮沉陰入之界，趨走聲利之場，自以了達苦空，脫去事理，謂生死而無怖，謂富貴而儻來，此適足以長無明支，成增上慢。若夫現三十二應，化千百億身，居士王臣，隨方設教，猿猴鹿馬，與物利生。此須功行圓成，福智滿足，登地證果，乃及于斯。自餘涉川救人，未免俱溺，哺糟處世，何能獨醒？載尋善誘之言，蓋有造微之旨，豈非慮鄙夫尚迷眞諦，猶戀榮名，便令捨去，恐致迷悶？然固陋之志，亦小異焉。儻壽量頗延，緣累自薄，當俟夫四五十，須背俗息見，反本循元。脩天台之止觀，專曹溪之無念，庶于此報，必證菩提。俟兜率下生，龍華後會，爲之主伴，請轉法輪，對越人天，親受佛記。雖二乘而弗學，豈三界以能安？慺慺之心，實在于此。足下眾德普會，八部歸依，暫顯宰官之身，常脩菩薩之行。濟度羣品，引翼有情，作十園林，具四誓願。傳受心印，直指不疑，演說色空，辯才無礙。儻矜其可敎，望惠之好音。所期奉以周旋，不敢失墜。或理參邪見，旨失眞宗，未至膏肓，可施鍼石，亦希提獎，無便棄捐，幸甚幸甚。秋氣變衰，王事鞅掌，強食愼疾，副茲仰瞻。

又《答錢易書》 某白：辱示《戒殺生文》，披繹數四，不能釋手。非宿殖德本，深達實相，于十方佛，種諸善根，處五濁世，遠離黑業，信力堅固，心華發明，其孰能形于文詞、垂于勸戒如是之勤切懇至也？某不佞，竊從事于空宗，爲日雖淺，聞道素篤。常服《首楞》之典，獲佩法王之訓，乃知世間輪迴，殺貪爲本。胎化濕卵，強弱相吞，生死循環，互相啖食。始由一念之迷惑，遂致萬化之紛綸。相變體殊，識均形異，而乃取其血肉，以滋牙齒。爨割炮燔，刳剔刲割，是使人羊迭變，各自報讎，火刀殊塗，并淪苦趣。我佛所以爲一事因緣而出世，設十二分教以化人，誘掖羣迷，首舉茲事。乃著五戒，以殺戒而爲先，乃標三毒，本貪毒之所攝。故玉毫光明而顯相，金口鄭重以形言。深念含靈，直指正路。以爲食肉而證法果，寔墮邪魔，好殺而出塵勞，無有是處。借如智慧自足，禪定現前，不過爲大力鬼神，夜叉羅刹。一報既畢，眾苦所叢，墮無間阿鼻，歷僧祇大劫。是以比丘結念，恐踐微蟲，菩薩在塗，不蹋生草。此世尊之清淨明誨，眾生之寃債本原，奉之周旋，豈可失墜？乃至無麛無卵，小戴之遺文，飲水飯蔬，宣尼之素志。《春秋》所記，肉食未能遠謀，《易》象之言，殺牛不如禴祭。餐必方丈，史策罪其奢豪，庭有懸貆，詩人譏其尸素。咸有明訓，載于青編。且夫仁人之用心，常喜以救物。就死地而觳觫，豈忍于牛羊？稟生氣以肖翹，必愛乎螻蟻。而乃屠于刀鋸之際，充乎杯俎之間，競水陸之珍羞，奉口腹之嗜好。至有南朝牧守，所居而飛走輒殫，西晉宰衡，一日而金錢盈萬，蓋厚于味而薄于行。夷吾之劇談，嗜欲深而天機淺，漆園之高論，豈可忽因果報應之說？逐醉飽睡眠之徒，何以爲大丈夫？何以爲法王子？故足下因凡筵號慕之隙，禫祥吉祭之辰，念劬勞之恩，終天莫報，顧追薦之福，惟佛是依。對香火以危誠，託文字以宣意。八部龍天而侍衛，一切聖賢以護持。奮筆不停，移晷而就，金聲玉振，霞駮雲披。淨名談空，蓋助如來而行化，摩耶證果，爰詣兜率以往生。此又豈與刻木丁蘭，瞻形隕泣，圍碁阮籍，嘔血自殘。但能取于毀傷，莫有資于解脫，同日而語，寧易得哉？且奉示言，欲刊方板，俾傳布遠邇，激勵昏蒙，此所謂一燈分爲八千燈，發一言而千里應者也。讚歎踴躍，不知所裁。聊述所聞，用以爲謝。不宣。

又《代僧求薦啟》（《武夷新集》卷一九） 右，某啟：某聞操刀必割，君子慮其失時，括囊不言，先儒譏其有隱。敢傾方寸，上扣高明。蓋恃特達之知，不虞進越之罪。伏念某早參空諦，尚昧眞筌。誦岐伯之方書，勤拳斯久，辯農皇之藥品，區別尤難。名非三折之良，術寡十全之妙。所幸者每趨門仞，庶挹儀形。以桑梓之情，曲垂顧盼，在苾蒭之列，實覺輝光。蓋香火之宿緣，非頂踵之能報，豈合輒披懇素，仰瀆尊嚴？誠際會之有因，亦蘊藏之無及。伏覩聖節俯近，兌澤將流，在計相之大臣，乃空門之外護，并奏緇徒之名字，得沾象闕之恩華。以某法苑微流，醫門末技，結二林之社，豈敢攀緣？瞻數仞之牆，深思提挈。願賜律師之號，仍希廣濟之名，俾塵跡之增華，亦鄉關之改觀。敢不窮青囊之秘訣，以奉指蹤，誦貝葉之眞文，用資壽考。懇激之至，無以喻陳。

又《代僧謝薦啟》 右，某啟：某近蒙侍郎台念，特奏表聞，伏奉敕恩，授前件師號者。絲綸之命，雖薦降于九天，緇褐之蹤，若頓超于十地。祗荷恩獎，伏切兢營。伏念某奈苑微流，曹流末派，偶抛塵累，竊味眞詮。誦岐伯之方書，莫探秘術，開生公之講席，徒慕遺馨。幸以久寓神皐，屢登峻閫。維桑序舊，最承一顧之私，惡石獻能，曾寡十全之効。荷眷憐而實厚，省孱冗以難勝。所希且躋韻海之堂，尚陟龍門之坂。賓階請見，或當休沐之辰，藥劑服勤，永奉指蹤之用。豈謂節臨于載誕，便諧名達于四聰？特加溢美之稱，實滿平生之願。朋儕改觀，價十倍而頓增，頂踵酬恩，身一毛而爲喻。此外精虔香火，祝頌雲天，願憑眾善之因，克遂至誠之懇。台司書考，與郭令以攸同，仙籍延齡，將老彭而爲比。所冀苾蒭之末，永參桃李之餘。託跡有歸，捐軀何惜。

又《謝門下李相公啟》 伏蒙台慈，特示及《蘇州重玄寺彌陀院新大藏經碑》草本者。盥手捧持，洗心諷誦，醍醐灌頂，頓覺清凉，簫韶在懸，自忘滋味。豈嗟歎之所及，固鑽仰以彌堅。恭惟相公以無礙辯才，住第一義諦。千方遊戲，聊現宰官之身，萬行圓成，自是法王之子。蓋以靈山付囑，實託大臣，震旦流傳，雅資外護。受佛眞印，爲世導師。運悲智以濟羣生，體忠貞而翊明主。心如金石，功等塵沙。一念不生，諸相皆離。推求靡得，若環之無端，應接忘疲，猶鐘之待扣。且以十二分之教，五千軸之文，始乃一事之因緣，終由五性之差別。捨文字而非法，深念淨名之言，會權實以歸宗，思闡大雄之旨。因苾蒭之勤請，値廊廟之餘閑，退食晏居，虛室生白，乘興灑翰，湧思如泉。煥乎文章，所以聳動頹俗，歷然境智，所以誘掖迷途。揭慧炬于昏衢，指寶藏于貧宅。祇園四衆，誠所歸依，秦市千金，固難增損。式護持于末法，用佐佑于能仁。又何必內史翻經，廣譯五天之語，長者著論，深談九會之因。諒簡妙之攸資，非擬議之能及。某謬窺教典，殊懵端倪。每咨事于閤中，幸拜塵于牀下。或因更僕之頃，必聆出世之談。既覺悟于輪迴，方咨嗟于孤露。入彌勒之閣，頓獲圓通，升闕里之堂，敢希殆庶。而相公憐其可教，許以知言，雄文纔絕于麟毫，副本遽傳于蝸舍。非子期之善聽，豈辨流水之音？雖野人之至愚，亦識負暄之快。然學道須資于勇猛，至理豈尙于撝謙？況荷印可之私，益勵勤行之志。踴躍無已，得聞半偈之指歸，主伴是期，歸見一生之補處。慶幸之至，倍萬常情。

又《上陳州太尉相公啟》（《武夷新集》卷二〇） 近者伏蒙台慈，特奏建州浦城縣道場觀音禪院僧德威已敕下賜紫衣者。仰荷私恩，伏增榮感。竊以某族惟單緒，門襲素風。清白相承，本從關輔，亂離云瘼，尋徙江吳。更因唐季之稱兵，遂抵閩隅而占籍。堂構已經于數世，松楸皆在于彼方。爰從祖彌已來，雅奉竺乾之教，聿崇象設，式表歸依，乃建精廬，載延開士。捨良田而供給，闢淨土以焚修。僧德威實主仁祠，能邁戒律。雖四衆圍繞，彌天之辯未聞，三界輪迴，出世之緣尙淺，然克稟六和之訓，頗通九部之文。梵宮式藉于主張，相府遂形于陳乞。敢謂太尉相公俯矜懇悃，特賜允俞。奏章遠達于宸嚴，命服遂沾于慶澤。光生鷲嶺，喜動雞園。諒衣錦還鄉，豈讓買臣之故事？在種蓮結社，更修惠遠之良因。顧于鯫生，實受大賜，雖窮毫幅，難叙感銘。

又《送觀道人歸故山詩序》（《武夷新集》卷七） 浮屠依觀師，建安吳興人。少落髮于桑門，棲雲居山，結草茅爲廬，與猿鳥雜處，日中一食，凡數年矣。鄉人慕之，爭攜糗糧、茗荈、鹽酪以詣其所。或稽首膜拜，精意懇禱，迎至其居，作佛事以祈福。師亦不能卻之，然心卻不喜。鄉人以師所居風雨之不庇也，營棟宇，作像設。經始弗亟，輪奐惟新。師外形骸，黜健羨，行不累俗，居無求安，崇臺廣廈非其所樂也。精舍既成，俾其徒糞除之，轉詣窮僻，緝木皮爲方丈室，采草實以食。鄉人聞其徙也，從之如初，凡三徙居，所至成市。豈重華之有羶行，莊周所謂全德，何不言而化，不召而至之如此乎？師徧閱金仙之書，深求祖師之旨，一念懸解，五蘊皆空。雖寓迹禪林，而棲心道要，端居巖石，結志區外。虛室生白，精義入神，乃至授《玉篇》于東華，得《素書》于黃石。驂青虬而翳華芝，神交于肹蠁，餌金膏而咽瓊液，功成于俄頃。步越峻嶺，若履平地，年殆知命，宛然童顔。或天高月明，萬籟俱寂，必攝衣杖策，深入窮山，俯絕壑之傍，坐大石之上。鷙獸訓擾，毒虺屏去。咽氣養和，踰月廢寢，瞑目隱几，彌年不食。忽與俗接，未嘗自異，固已飛名仙籙，高蹈玉晨，豈但蟬腹龜腸，吐納以蠲疾，熊經鳥伸，導引而爲壽哉？予少遊風波之塗，早別枌榆之里，危未脫于羿彀，疾莫造于醫門。淳化末，請告歸寧，師惠然訪我，以長生度世之旨誨予。予正爲利祿所啖，旅火內逼，且辭以未能。去年出守縉雲，師前期未忘，冥感潛契，蓋以收視反聽，未嘗夢想者二十年。及予南轅之夕，師油然欠伸，彷彿假寐，夢遊縉雲、括蒼之間，若有靈仙眞人，授以金簡玉字之訣。蘧蘧形開之後，恍然起薄遊之心。及予莅郡十旬，師即振錫而至，盤桓數日，便爲仙都之行。采靈芝，探隱穴，旬有八日，拂衣言旋，予得再膝席于郡齋。瞻師眸子瞭然，若志已滿，必吉夢是踐，而至理玄同。方內之人，何從請益？丹臺綠檢，非下士之得窺，赤水玄珠，非離婁之能索。心期已畢，歸軺靡留。棹舉若飛，目眙不及。異日世緣既盡，宦遊亦厭，終須挹浮丘之袂，追赤松之遊。大丹若成，當分我半劑，得爲地仙足矣，豈但使雞犬舐鼎乎？嗟歎之餘，復詠歌而爲好。

又《佛祖同參集序》 昔如來于然燈佛所，親蒙記莂，實無少法可得，是號大覺能仁。既而後智滋興，悲心顯發。念四生之沉溺，輪迴六趣之中，爲一事之因緣，出現五濁之世。奈何根器各異，機感有殊，由是開三乘權實之門，設一時頓漸之教。具偏圓半滿之義，分悟證伏斷之差，演之爲十二部經，廣之爲百千萬頌。隨類各解，始雖自于一音，達本忘言，終乃同于二月。故純陀末供之後，鶴林示滅之辰，以正法眼，付大迦葉，內傳眞印，外授信衣。作世導師，爲佛嫡子。凡二十七世，至達摩大師。哀此土之人，昧即心之理。分別名相而不已，類入海以算沙，攀緣生滅而爲因，但認賊而作子。聿來震旦，宴坐少林，不事語言，不立文字。既得人而傳付，乃趣寂以返眞，是爲東方之初祖也。自爾本系相承，旁支別出。敷華結果，五葉之讖可徵，續燄分輝，千燈之照彌廣。至于出離生死一門，證于涅槃，誘導愚迷萬行，以之差別。由二祖而下，迄至于今。以諸夏之利根，叶西土之懸記，得道之者實繁有徒。其或抵掌盱衡，乃了知于風力，搖唇鼓舌，即悟入于言樞。或針芥相投，金鍮力辯，或經塵將破，啐啄同時。示現方便以旣殊，但遭因緣而亦異。咸有軌迹，著爲筌蹄。譬諸三藏之文，結集于鉢羅之窟，七佛所說，秘藏于娑竭之宮。苟撰述之無聞，使後來而安仰？先是諸方大士各立宗徒，互顯師承，迭存語錄。圭山患其如是也，會合衆說，著爲《禪詮》，融通諸家，圓成一味，蓋祖門之能事畢矣。歷歲彌久，《都序》僅存，百卷之文，不傳于世。東吳道原禪師者，乃覺場之龍象，實人天之眼目，慨然以爲祖師法裔，頗論次之。未詳草堂遺編，亦嗣續之孔《易》，乃駐錫輦轂，依止王臣，購求亡逸，載離寒暑。自飲光尊者訖法眼之嗣，因枝振葉，尋波討源。乃至語句之對酬，機緣之契合，靡不包舉，無所漏脫。孜孜纂集，成二十卷。理有未顯，加東里潤色之言，詞或不安，用《春秋》筆削之體。或但存名號而蔑有事迹者，亦猶乎《史記》之闕文，或兼采歌頌，附出編聯者，頗類夫載籍之《廣記》。大矣哉，禪師之用心，蓋述而不作者矣。嗚呼，法界無際，衆生無邊。凡厥有情，莫非同體。終日圓覺，觸目眞如，而迷失妙明，增長虚妄。分別影事，牽制于六塵，積集苦因，流浪于三有。善知識愍其如是也，不歷事相，直指本源。但一念不生，即三際俱斷，十方消殞，諸聖現前。識珠在衣，匪從他得，如金出鑛，豈復重爲？圓頓之門，妙如此矣。稽所證之道，然後知原師也。生如來家，眞法王子。究所詮之理，然後明斯集也。了第一義，眞最上乘。當使末法之年，初心之類，去聖逾遠，開卷得解。一彈指頃，齊肩古佛。不起于座，入般涅槃。雖利益之若斯，于滅度而無取。即知施七寶而滿剎土，徒爲漏業之資，化二乘而等河沙，適重敗根之罪。師之法施，豈思議之所及哉？新集旣成，咨予爲序。輒摭梗概，冠于篇首云耳。

又《處州龍泉縣金沙塔院記》（《武夷新集》卷六）　金仙氏之敎，有自來矣。天毒之國，實紀于《山經》，竺乾之師，嘗聞于柱史。西京名將，得休屠天祭之人，東漢諸王，爲蒲塞桑門之饌。道之行也，源遠乎哉。三吳奧區，控帶閩粵，魚鹽所出，生齒實繁。昔仲雍之翦髮文身，參以殊俗，劉濞之即山煮海，放于末游。加以勾踐之好兵，民性獷悍，益之東甌之事鬼，土風妖訛。自像法西來，漸被諸夏，此方士庶，佞佛尤謹。毁形變服，競爲苾蒭之飾，傾財破産，爭修浮屠之舍。含福畏禍，革音遷善。水火或蹈，徽纆罔懼，而恍報應之說，堅信向之心。姦軌用衰，民德歸厚。《易》所云神道設教者，其是之謂乎？縉雲西鄙之邑曰龍泉，實甌冶子淬劍之地。土田膏腴，居人雜錯，山谷環合，習俗豪舉。版圖所載，提封萬井，舟楫僅通，懸流千仞。縣之南有精舍曰金沙，林嶺襟束，煙霞虧蔽，地形四塞，靡通鳥道。石門中豁，迥非人境，香火不絶，鐘唄相聞。事爲道場，多歷年所，徒衆彌盛，堂構益隆。求之東隅，蓋有隙地，邑人李文進施財百萬，造塔七層。貨泉之費已殫，土木之功未畢。桑門延通，與其徒鴻顯，曁大姓李仁祿，共倡其事，薄斂于人。經斯營斯，載樸載斲，基扃環回而固護，堂陛崛起以穹崇。斲材也必取山木之良，礱之以密石，購匠也必擇雲梯之巧，賞之以兼金。極剞劂之工，加丹雘之飾。築室斯廣，蓋百堵之有餘，爲臺甚高，非三休而能詣。鳥鼠攸去，燕雀是依。名翬軒而欲飛，巨鼇兀以方抃。由余謂之使鬼，士茁疑其勝人。殆歲星之周天，始祇園之訖役。凡堂以陳賓主之次，室以備晏息之所，高門洞啟，回廊翼舒，庖廚載嚴，井榭攸設，舉其成數，凡四十間。湧塔屹于中庭，反宇聳于天半。泛朝日以增麗，蒙夕靄而如失。作鎭茲壤，垂厥方來。且以岳陽王感應舍利，李長者《華嚴合論》，匱而藏之，目之曰華嚴寶塔。舉其一而稱焉，亦取夫百寶莊嚴之義也。夫誠不果者物不應，志不篤者事不集。故霜隕燕地，風擊齊臺，誠之謂也。精衛塡海，愚公移山，志之謂也。若通師者，奮空拳，創曾構。秉心固，必異石席之卷轉，致功微，漸同水索之鑽鋸。于是名豪居士，捐千金而不疑，織婦販夫，拔一毫而無惜。聚財致用，積日累勞。物力告窮，形勢總萃。非夫挺雞鳴不已之操，用蚍蜉時術之功，磨湼靡渝，顚沛于是，固將九年治水，厥功弗成，一簣爲山，中道而止。迹其所自，夫豈偶然？予乃知夫西方之言有益于化，大雄之教不虛其傳。矧于海隅，崇尚尤篤。以通師之善誘，以邑人之悦隨，譬諸靈臺，旣克成于不日，將比棠樹，永見愛于斯民，豈只軒丘之獨神，孔堂之不壞而已？汝南周啟明者，郡之造秀，占數是邦，致書于予，懇請爲記。聊叙始末，以附諸地志焉。

又《連州開元寺重修三門行廊記》 夫荆南之分，上當翼軫，實領于天官，長沙之壤，析爲連山，具載乎地志。桂水千里，詩什之所徵，乳穴十九，方物之攸産。民俗忠厚，土田膏沃。力稼務本，不呰窳以媮生，復性遷善，多齋戒以奉佛。憂深思遠，雅有《離騷》之風，徼福乞靈，靡事淫昏之鬼。殆一變而至道，何必齊魯，豈九州之異宜，見殊楚越者已？開元寺者，兹郡之招提也。俯臨康莊，介于闤闠，崇墉嶽峙，飛觀神行。像素載嚴，梵修彌潔，允爲精舍，居然化城。而苾蒭之徒，頗有開士，香積之供，多出都人。梵唄相續于六時，依止克安于四衆。然締構之始，爰自唐朝。厥初窮樸斲之工，殫匠石之巧。百堵皆作，殆土木之勝人，大廈聿成，幾燕雀之相賀。歲祀寖遠，繕完或虧。高門洞呀，瓦斯解而屋漏，回廊矢棘，棟既折而榱崩。河南丘君穎適典是邦，布政多暇，行春之隙，税駕于兹。顧慕徘徊，精神奮發，乃欲易其隤陊，高其閈閎。遂得常住之餘資，且募邑人之獻力。經始勿亟，庶民子來，出言有章，同聲響應。繇是備物而致用，即舊以謀新。梓人揮蠅翼而無傷，役夫如魚鱗之雜集。修檐重負，狀名翬之斯飛，淨土尊嚴，見黄金之側布。庀徒未幾，厥功告成。前敞三扉，下臨萬井。東西二廡，爰畢于塈塗，崇期八達，亦甃以甎甓。丹楣銅沓，可以方軌并入，砥平繩界，可以結駟而馳足。以攝族姓之歸依，標郡城之壯麗，又何必淨名丈室，紛委四曄，帝釋天宫，莊嚴七寶而已。烏臺御史邵君曄，實生樂國，夙奉仁祠。由委質策名，乃離邦去里，致恭于桑梓，邁德于親鄰，且清識造微，懿文稽古。故兹郡牧，宰彼方人，凡作事謀始，必遣介諮諏，底績僝功，即置郵赴告。予與君接武臺閣，交驩且暮，且述紺園之役，見徵翠琰之文，垂示將來，用圖不朽。靡及牢讓，聊此直書云耳。

又《故河中府開元寺壇長賜紫僧重宣塔記》 師姓趙氏，中條虞鄉人也。由河沙劫來，殖衆德本，未斷後有，復生人中。積習聞薰，童幼穎異，宿機冥契，割愛捨家。十五禮文徹師爲沙彌，二十一依澄暉師受具戒。亦既持乞士鉢，披水田衣，深念善財，徧參知識。尤慕慶喜，具足多聞，振錫遊方，刳心求法。其始以比邱持律，纔許五年，諸佛度生，是爲初教，且從本師，受《四分律》。又以如來出世，蓋一事之因緣，衆生無邊，有萬殊之根器。爰自降神兜率，視滅鶴林，宣説十二部經，震動大千世界。其間具偏圓半滿之義，開權實頓漸之門，雖文字性空，語言相離，然而標指見月，乃理事之兼通，得魚忘筌，始覺照之都泯。師是以從歸一和尚傳《無量壽經》，依行滿法師闡《因明論》，盡達宗旨，咸有師承。終身受持，爲人演説。蓋四句之偈，福利居多，一音所宣，悟解斯衆。又復專持《首楞》秘密之咒，徧閲毗盧方廣之文。八郡歸依，天宫辨香積之供，四衆圍繞，空界雨曼殊之花。凡讀《大藏經》一萬餘通，誦《佛頂眞言》三十萬遍。鎬京蒲坂，實有緣化。前後登甘露法壇，宣尸羅淨戒，得度者僅千餘人。破塵出經，多蒙利益，傳燈分照，豈有窮盡。馬祖門下，皆一時之利根，龍華會中，實當來之眷屬。人天主伴，夫豈偶然？秋官貳卿、上谷寇公，早在先朝，參預大政，重師之行，薦于帝庭。詔賜紫方袍，以旌其德。處六和之衆而天子知名，介三法之微而王臣外護，非蘊空漏盡，神足知圓，爲彼岸之舟航，作釋天之日月者，疇能致是哉？師以咸平四年四月庚戌，示身有疾。迨至彌留，盡召其徒，授之治命。薪盡火滅，神往形留，相好儼然，道俗傾慕。報齡七十有九，僧臘五十有八。甲子，奉金身闍維于南郭之外，得舍利三十餘粒。以某年某月某日遷靈骨于其原建浮屠焉。上足弟子、賜紫令操，入室推賢，傳衣善繼，思欲奉揚遺懿，昭示將來，戾止上都，以塔記爲請。予素服能仁之教，尤欽開士之風，且與上谷公道契無生，心專趣大。樂天綺語，固願贊于佛乘，執戟蟲文，豈能宣于眞諦？聊摭梗槩，幸免枝游云耳。

又《婺州開元寺新建大藏經樓記》 昔如來登菩提坐，爲天人師，萬德莊嚴，十號其足，大千世界，以願力而攝受，十二部經，自悲心而流出。所以宣暢了義，提拯群迷，開方便門，示眞實相。有條不紊，譬以綫而貫花，得象忘言，如標指之見月。自鶴林示滅，大教方行，并龍宫秘藏，所傳無幾。爰暨像法之運，乃流震旦之區。大士繼生，廣繹五天之語，精廬錯峙，并緘三藏之文。于是大雄之法音，雷震于兹土矣。勾吳之域，介于海隅，東陽之墟，上直婺女。蒙太伯至德之化，俗敦廉讓之風，漸初平好道之餘，人稟清眞之氣。有恥且格，見善乃遷。邑居相望，悉奉竺乾之教，弦誦之隙，必閲貝多之言。繇是棄塵勞而爲苾蒭者實繁有徒，闢淨土而崇塔廟者比比而是。開元寺者，兹郡之大招提也。前臨九達，旁接萬井。金碧絢彩，上擬天宮。鐘梵交音，居然福地。土木壯且麗矣，歲祀浸以遠矣。龍象六和之衆，禪律交修，香燈四事之供，檀施總萃。而琅函寶揭，有所缺然。乃有本寺僧文靖，與本州都知兵馬使曹維旭，同發志誠，共營勝利。爰以淳化中，相率詣闕，擊登聞鼓，求借方版，摹印眞文。奏牘上聞，帝俞其請。逮至道初，維旭等始共輦置楮墨之直，聿來京都。詔免關市之征，授以要券。繕造既畢，護持而歸。特給上計之迴舟，俾達金華之本郡。維旭等又相與刻軸以文木，織條以色絲。香囊染籤，丹漆塗匣，崇飾既以備矣，誓願既已圓矣。而經臺舊基，圮毁滋久，軒廡摧撓，墁繪踳駁。維旭等遂請于郡閣，躬詣屬城，徧募有情，共成衆善。鳩工度費，即舊謀新，建重樓，開法藏。其上級置盧舍那、文殊、普賢及十六大阿羅漢之像，中級設虎座，作八神王箕踞捧持，其下象七金山，法四大海。寶地平布，祥雲周繞。締構雕鏤，殫匠石之精能，像設梵修，見天龍之護衛。固使黑白之衆有所歸依，利鈍之根因而起發。皮紙骨筆，學道者靡涉于艱辛，寶藏金言，開卷者幷諧于悟入。廣大利益，豈勝言哉？維旭又嘗于雍熙中，募衆緣累甓爲浮屠，凡七級，直經樓之南十數步。訖役之日，白光燭天，晴空泬寥，久之始滅。行路瞻覩，道俗嗟嘆。斯亦樹善之冥感，殖福之昭報也。予咸平中罷守縉雲，道出兹郡，維旭者捧持事狀，拜于道周，求得片文，以刻貞石。會予入掌書命，不遑官次，而勤請彌篤，踐言是冀。予固從事于空宗者也，隨喜稱讚，豈有恡焉？削簡含毫，兹用無愧云耳。時景德二年，歲次乙巳，十二月朔日記。

又《潞州新敕賜承天禪院記》 景德元年冬，天子巡狩澶淵，駐蹕河上，始議和戎之利，愼柬使乎之才。乃詔西京左藏庫使、蔣州刺史、隴西李公繼昌，奉將信幣，克成盟好。復命行在，不逾浹旬。奏事宸居，沃心稱旨。時黃屋値流虹之慶，帷宮擧稱觴之典。執玉萬國，塗山無後至之刑，舞羽兩階，靈臺有偃兵之議。純嘏之錫，上帝是賚，富壽之祝，率土攸同。公因頓首上言，以上黨舊邦，卜居累世，有環堵之室，乃先人之廬，而自參表著于朝內，占名數于京邑，喬木猶在，高臺未傾，願爲仁祠，以施開士。增飾輪奐，肅奉焚修，庶以衆善之因，仰助無疆之算。上覽奏嘉歎，即命兪之。申錫璽書，旌以懿號曰承天禪院，從其志也。夫箕裘善繼，前典攸稱，桑梓敬恭，先民所重。雖知樂之至，不忘所生，而似續之賢，由于肯構。矧壺關之壤，上應昴畢，羊頭之阨，北當燕趙。國俗尚武，人氣多豪。控山東列郡之衝，乃天下勁兵之處。悲歌慷慨，浸以成風，土厚水深，居之不疾，而公之先正，兹焉挺生。蘊翁歸文武之才，茂荀息忠貞之力。始事周室，迨于皇朝。功濟生民，道合明主。歷計相之劇任，處宣猷之上列，乃至正位機密，允輔大政。當太祖皇帝夙興夜寐，經營四方，料敵伐謀，指縱千里。前席借筯，允集大勳，持節建牙，出臨巨屏。功成身退，高朗令終。惟公經德體仁，象賢濟美，職在清禁，爵爲通侯。門戟鼎銘，昭閥閱之盛，朱轓佩玉，顯車服之貴。誓師邊徼，威肅巴賨，作牧藩垣，政成海岱。單介使虜，通玉帛之驩，三接承恩，居心膂之任。萬乘親倚，羣公傾慕，蓋所謂人倫之佳士，帝右之信臣者也。先是，公之載誕，亦在舊居，指樹尙存，藏環可驗。忝嘗奉祀，履霜露而長懷，井臼思歸，顧枌楡而永感。然而高扉納駟，奕葉珥貂，爽塏不遷，親鄰素擇。褒成徙籍，蓋出主恩，楊僕移關，敢罹特議？且深信內典，勤修白業。念昊天之罔極，報德無階，緊覺海之大雄，歸心有素。恭承明詔，肇開淨土。棟宇之制，侔七寶之莊嚴，苾蒭之徒，極四事之供養。匠石殫巧，天龍薦祥，金碧炫彩于晨曦，鐘梵交音于空界。問安之寢，聿爲道場，學禮之庭，更張法席。足以滋殖德本，發揮善利。香象負重，廣集彌天之流，水鳥談空，更同極樂之國。福祉之盛，豈可量哉？昔者南朝諸公，多割宅而爲寺，西域長者，競捨財以供僧。簡策相傳，風流未遠，貝多所記，報應非虛。訂公之爲，斯一致耳。曩者，太尉先生居顯位，受厚祿，寵錫蕃庶，私帑充牣，奉身甚約，事佛尤謹。生平飯僧七十萬，造千佛像。修紺殿以嚴寶刹，飾琅函以秘金文。又以方牘，摹印《金剛》、《上生》等經，施于四衆。山門禪苑，多所繕完，什器道具，率用營置。深達實相，不滯根塵。盡此報身，當得解脫。君子謂李公詒謀錫羨，源深流長。福履所綏，凡情叵測，何只積善餘慶。啟八世之莫京，定須當來下生，首三會而授記。父作子述，不其韙歟？予職在右曹，心師西竺。辱公之請，至于再三。僶俛揮毫，以謹歲月而已。時景德二年，歲次乙巳，四月八日記。

又《金繩院記》（《成都文類》卷三七） 夫西竺之教，被于震旦，而像運千歲，塔廟之制勃興，東井之絡，主于益部，而沃壤千里，禮俗之化歸厚。矗叢古之建國，銅梁天之設險。帶二江之流，爲一都之會，四民州處，萬商成淵。稽河圖之文，惟福基之憑固，擬雞園之舍，遡壯棟以迭隆。金繩禪院者，舊號龍華院。唐天復，有禪月大師貫休者，通內外之學，爲道俗所宗，風什研精，名聲籍甚。當土德之季，戎車競逐，侯王起于無種，雲雷以之溝屯，拊劍顧盼以稱豪，專閫福威而自出。燕開碣石之館，市駿骨以翹林，秦築逍遙之園，演貝文而重道。縹玉更薦，簦笈四臻，而師方游所泊，久寓荆渚。藩牧致禮，邑子傾向。時王氏掩據蜀上，將爲西帝，延致千里之客，彌豐四時之供。師乃遐冒重阻，往干典謁，叩以空寂之理，嗣以篇題之贄。虞卿既見，殆蒙白璧之頒，湯休能詩，迴繼碧雲之妙。錫之紫服，待以賓友，請住兹院，極其禮遇。師自壬戌游蜀，至丙寅定居，比壬申入滅，凡歲星一周于天矣。上足惠光大師曇域，克紹遺躅，弗忘肯構。其後有正覺、法忍、法寶、演教四大師，繼承世系，無廢先烈。今住持賜紫釋惠聰者，自咸平辛丑始掌院事，迴悟宗諦，煥發覺明，願力攸資，信施彌博。遠者來而邇者悅，輸貨沓臻，即其舊而圖其新，胥宇尤盛。凡作佛殿、齋廳、僧堂、浴室及衆舍二百五十餘間。礱密石以庀材，丁丁畢取，側紫金而布地，盻盻有華。侔天界之莊嚴，爲衆園之依止。香象蹴踏，幷轃霞械之修禪，靈鷲飛翔，無異果脣之住世。大中祥符之祀，詔賜今名，揭彫榜于楣門，燭霄輝于海會。陳跡有煥，名香歇而復熏，惠命增延，祖燄續而無盡。善利之績，疇可擬哉。聰師藉予虛名，謂窺秘典，丐詞紀實，遠不及讓。蜀冥煩之末祛，頗滅裂而爲愧耳。

又《發願文》（《武夷新集》卷一八） 弟子某甲，謹沐首齋心信曰：十方常住，一切諸佛，眞淨妙法，無生聖人，惟願以眞實眼，眞實智，眞實平等，不捨誓願，洞賜哀憐。切念某與法界衆生，從無始曠大劫來，未識佛時，未遇法時，未會僧時，于其中間至于今日，趨塵背覺，迷失本心，閉解脫門，涉輪迴道。蛸張見網，蜂喧妄鄽，懸嗜欲之帆，鼓無明之浪，杯我慢酒，醉苦惱鄉。不憑歸向之誠，是滯因果之迹。如斯過咎，齋佛所知，唯佛所見。若輕若重，等與法界衆生有兹罪者，同共懺悔，願罪銷滅，願罪銷滅。以某甲所集，凡有善根，隨時迴向。願與法界衆生，迴向眞如寔際，菩提寔際。衆生及微塵刹海，諸佛土中，承諸佛本誓願力，大威猛力，勝護念力，盡未來際，直至無上菩提。爲一切依正莊嚴具，爲一切自他解脫門，一切三昧門，一切陀羅尼門，一切安立衆生門，一一稱虛空，等法界，皆有我身。起勇猛心，捨身命財，興大佛事，作大利益，攝化有情。願諸有情，見我身，聞我名，皆發菩提心，與我同共迴向無上菩提，心不退轉。願某與法界衆生未契心者，開佛知見，悟本自心，一念發明，諸境純淨。去來坐立，見覺聞知，咸以如實智相應，不相違背。從今去已盡未來際，憶菩提心，令菩提心相續不斷。所作利益，常得現前，供養諸佛，利樂衆生。衆生成佛盡，然後成正覺。虛空有盡，我願無窮，法界有邊，願心無極。盡入行願海中，一時成佛。摩訶般若波羅蜜。

穆修《蔡州開元寺佛塔記》（《穆參軍集》卷下） 西佛氏法唱中夏，爲寺宇于中夏。先王之遺民樂聞其法尊雄，一旦從而和之，棄世守常義弗顧而爲其徒者，靡然傾天下。西人之業，胡其如是之盛耶？豈佛氏之法，爲能本生人惡欲之情而導之耶？不然，何以能鼓動羣俗之心如趨號令之齊一也？夫生民之情大矣，聖人知其不可充也，爲之著禮明義以節養之，使不流不窘。安其分、盡其常以生死焉，而不及他道者，三代之民也。今佛氏之法，後三代而作，極其說于聖人之外，因斯民所惡欲而喻以死生禍福之事，謂人享有于其身者，皆由死生往復而取之。方于植物者，根夫善，善以之而生于今，種夫惡，惡以之而出于後。其爲貴、爲富、爲壽、爲康寧，皆根夫善者也，而統謂之福，爲賤、爲貧、爲疾、爲夭，皆種夫惡者也，而統謂之禍。福禍之報不移也。世聞其說甚懼，謂死且復生，則孰不欲其富貴康壽而惡其賤貧疾夭？雖君子小人，一其情也。然何如即可以違所惡而獲所欲？曰：非去而爲佛之徒、讀佛之書則不可。人所以悅其法而歸其門者，爲能得己欲惡之心乎？佛亦安能強使人附之哉？如死生禍福之說，使禹、湯、文、武、周公、孔子亦嘗言之，則人亦必從此六聖人而求之。如其聖人所不及，惟佛氏明言之，則人焉得不從佛氏而求之也？予謂世有佛氏以來，人不待聞禮義而後入于善者亦多矣，佛氏其亦善導于人者矣。嗚呼，禮義則不競，宜吾民之皆奉于佛也，宜其佛之獨盛于時也。佛日益盛，徒日益繁，則當有異行之士奮臂而出，力樹塔廟，以廣弼其法之興。就其實而言之，則隆塔廟，誠佛事之末，苟以時觀之，能恢赫顯灼，使人見之，起恭生信，則無如塔廟助佛之大。故雖窮遠僻阻、川塗所在，必有佛之塔廟以瞻嚮于俗也，矧中州近壤之衝會乎。然而佛塔與廟抑有其說。中藏像事而旁棲徒衆者實爲廟，惟佛塔之設，當必親得佛所遺爪髮齒骨一種，或積精力所成如珠璣類者，釋氏皆所謂舍利是也，然後函以金石，竅地而藏焉，因起浮圖于上以表識之，是曰佛塔耳。諸所立者靡不然。蔡州開元佛寺，其踴甓成七級浮屠者，是謂葬佛項骨舍利焉。其始自雍熙四年，故相太子太師呂公爲郡日，其佛骨自京師降。呂公尋而去郡，以屬僧志者，俾後興塔于寺以葬奉之。後志方肇心，會卒，曰僧榮者復上承之。自是迄大中祥符初，榮始再議所舉，得喬、張二豪吏歸入資用，僅獲就事，于時浮屠纔基一級而已。榮終度力難以竟，即又罷去，于是州耆釋叟衆惜其迹已植而止，相與謀其可以終事于塔者，復得寺僧海微而請之。微起應請，實堪其任，今塔之所以獲立，自海微力。塔既立，未致備飾而微歿，時天禧二年也，付其事于門人永昌纂之。永昌紹成師志，罔有暫懈，悉心募力，未幾而闕飾云具。其範鐵塗銀，穎然而擢立其端者，是曰相輪，其棟石甍瓦，翼然而周蔽其址者，是曰散水。計二事役費，于浮屠亦三之一焉，皆永之爲也。永其可謂善繼師之勤矣。較三四釋之功，是則肇于志而基于榮，克成于微而大備于永，雖經始營爲，殊先後鉅細，其因作之蹟則皆有力于塔者，其所謂異行之士歟？塔始于大中祥符初，訖于天聖之六年，出入二十年之際，厥有成績，其糜用財力積劇亦至矣。永師列其本末來請，得以著成于記。

又《亳州法相禪院鐘記》 古之爲鐘，其用大矣，《樂記》稱黃鐘、大呂，又《春秋傳》稱師有鐘鼓曰伐，則是鐘爲禮樂之備，又爲征伐之具。其用之大樂，可以調陰陽，感人神，導天地之和，用之軍旅，可以讐不軌，懼不庭，振邦國之威。考是二者，則鐘爲禮樂之器久矣。三代之際以及秦漢，皆不變其用。今是鐘也，專爲釋氏之器亦從可知也。東漢之運將季，西域之法事來，流晉、宋而益崇，涉齊、梁而大盛。率天下而從其教，擬王者而闢其居。無王公，無士民，無高卑貴賤，豈不從而信奉之，不從而依皈之，以求其福報乎？如是則盛矣大矣。佛之爲法也，既與中國聖人之道並行于時，則所謂禮樂征伐之器，安得不入于佛之宮哉？佛之宮，其徒羣棲而旅集，多者數百人而居之，其朋既繁，不常厥處，將齊彼衆，非言得通，則必聲物以齊之。求物聲宏達而及遠者，莫踰于鐘。是知鐘爲佛宮之用，其在茲乎？亳州法相禪院有主院僧海宣者謹行之僧，乃勤以募衆，崇揭土木門堂殿廡總百餘間，多宣師所及也。聚徒侁侁，資膳悉備，警且暮者，其闕惟鐘。州人時氏豐財，好佛之士也，一日詣宣而謀曰：一鐘之費，其用幾何？願輸其貲，獨營斯善。師即計其用度告之，遂以銅若干斤。師復謂曰：鐘之成也，匪高弗居，則幷請爲居鐘之樓。以此土不產美材，因命僧海眞南抵于舒，鞭其材木，匠爲成器而離之。自舒及譙，使以舟力，雖皆出時氏，然能減費便事者，蓋二師心計運度之謀也。天聖元年春，始召鐘人興其鼓鑄，液彼金錫，一冶而成。鐘事既立，樓材亦至，建于殿南東偏，居鐘于上。層甍翬飛，雙欒鯨震，嶷嶷崇構，上凌煙空，琅琅洪音，遠落霄外。于以壯觀精宇，于以號令羣緇。且叩焉使知所以息，晦明風雨，不迷厥時。據釋氏言，鐘之聲，扣之可以上極天界，下洞幽泉，導死者冥昧之魂，出地獄沈淪之苦，故死者之家，嘗賂金帛衣物求擊其響。若如其說，則非獨用之節昏曉、戒食寢而已，又復能售極苦之資，助釋氏之費焉。鐘不可闕于佛亦明矣。

又《明因院羅漢像新殿記》 去縣治之東南越三十里，有浮屠居曰明因，本淳化中之錫名也。浮屠師業者紹居之，能勤飭其軀靡懈，以哀力于民之里，召塑工爲五百像，釋謂之羅漢者，加新其殿構而納之。辛亥歲夏五月告畢工師，求記之以文。予儒者，稱浮屠之法懼非所能，請以目所嘗覩浮屠者，並緣土木佛事終依之爲姦，以幸其身而敗汙其類者言之，亦足以昭師之善矣。予行天下，往見山墟林野間有級磚以爲佛塔者，其址之豐，若將爲百尋之高，或不數尋而罷，有植木以爲佛廟者，其基之博，若將爲百楹之廣，或不數楹而止。其委甓餘材，猶棄積于下，訪之其側，則曰：始，佛之徒也將欲有爲于是，張其勢甚盛，苦其行甚篤，至能黜衣退食盡用于佛。初，人大爲傾信而悅助之。貲斯萃，欲斯至。自是每十其獲不一入于佛，常私其九以自取。人復覺之，信遂以衰，以故卒無有立而亡去之。予謂此無他也，由始信而終欺也，宜其無成效焉。凡倡事之道，己必先信，猶懼人之莫應，矧已爲不信而欲人之應，世未之聞，又獨釋氏哉？今師營是像，作是殿，必有得于信之術矣，不然，何能遽有就之如是也？嘗聞東南人尤嗜于佛，至有傾貲舉產以爲奉而無愛者。師向後能益謹其術而待之，庸知里人之有力者不盡爲師之奉也。

夏竦《抑仙釋奏》《文莊集》 臣聞舜禹商周之有天下，文以經邦國，武以戡禍亂，政以齊民，教以導俗。故家給人足，元元豐厚。漢氏陵遲，魚目入珠，樹黃老之談，導浮屠之源。歲月滋深，枝派寖茂。蕭梁之佞，象教勃興，李唐之謫，眞風益廣。招藏游惰，蠹耗衣食，誑誑吾民，十室而九。雖間有鉅儒輸誠獻諫，深根固蒂，無以拔去。國家經啟古義，深抑流弊，狹度人之制，峻修崇之禁，九州穆若，有識交慶。而大藩尙踰千人，小郡猶登百輩。訪諸輿議，其倖可知。皆言京城寺觀，每歲頗得度人。或暫考經業，或但聞久次，便受戒籙，即登名籍。四遠之徒，游手之民，皆擔簦負幣，求度輦下。《詩》云：商邑翼翼，四方之極。又曰：率土之濱，莫非王臣。豈有書軌混同，憲章殊異？又聞其徒豪右多聚貨泉，因誕降聖辰，仰望王澤，或徼幸命服，或希覬寵號。仲尼曰：惟器與名，不可以假人。忍使恩耀，光被髡褐？求之典籍，甚爲無謂。伏願陛下恭循典法，錫命司存，省度人之禁，去紫衣之制。庶令驕嫚之民，罕趨浮惰之業。聖朝善政，自可遵行仁義，何必恢崇釋老，而後教化式孚？區區之言，伏待裁擇。

又《重校妙法蓮華經序》（《文莊集》卷二二） 三世諸佛爲衆生出現，證無所證，得無所得者，一大士而已。妙萬化而無象，應羣有而難名，不著世間，猶如蓮華，故竺乾大士集靈鷲遺言，曰《薩達磨奔荼利迦》。魏梵僧支強梁接譯于交阯，初成六卷，翻薩達磨爲妙法，奔荼利迦爲蓮華，是名《法華三昧》。晉燉煌僧竺法護譯爲十卷，名《正法華》，分二十七品。後秦鳩摩羅什益《普門》一品，譯爲七卷，名《妙法蓮華》。隋崛那笈多益《藥草喻品》之半，以《提婆達多品》入《塔品》，名《添品法華》。唐道宣律師叙云：三經文旨互陳，時所崇尙皆用秦本。自漢至唐六百餘祀，受持盛者無出此經。五代以還，諸侯僭據，字音句讀，方言多誤。國家混一寰海，聖上尊用三教。余家世奉佛，乃取世傳諸本及化外舊經，釋文摘句，數自參較。又以悉曇梵夾，傍行右讀，中原傳譯，始創卷軸，討論重複，卷舒繁數。因覩近世圖籍，鏤刻摹印，綴黏成冊，差便于古。由是命工倣則，肇製此經，庶幾學者易爲究覽。此經《序品》至《勸發》十餘萬言，貫穿諸宗，融通萬法。或伽陀孤起，或祇夜應頌。文有廣略，以接三根，機有深淺，以疇衆請。喪實際者爲之譬寶藏，執涅槃者爲之指髻珠，淪世苦者爲之諭污宅，樂小法者爲之演化城。闢甘露之門以來衆軌，均大雲之澤以徧羣生。大方無隅，則有地墨劫塵之談，至神無方，則有眉毫舌相之變。會權實之戲論，設頓漸之假名。使三獸渡河，幷臻其量，五窾憑軾，各應其緣。諷誦可以殖福田，解說可以標慧炬。大慈方便，其在茲乎？至哉，清淨靈覺，廓大虛而含法界，光明寶藏，消幻想以契眞如。境既對忘，心將安寄？見有迷悟，體無去來。妙本圓常，超然獨立。資始萬行，孰除其方？若乃以解脫爲蓋纏，以照覺爲封累，掩室摩竭，杜口毗耶，名言道斷，思惟路絕，則神而明之，在乎其人。然而能趣百善者信也，善度衆苦者解也。信解之初，必由緣感。暾月不能現空器，膏雨不能生槁木，後學菩薩幸精進而求諸。時皇祐三年夏四月乾元節日謹序。

又《楞嚴經序》（《文莊集》卷二二） 夫善言佛者，惟性而已矣。混成不測，况之道乎。無方善應，况之神乎。湛寂精常，圓滿平等。迎之不見其首，隨之不見其後。生生而不生，化化而不化。包裹萬有，含吐十方。資始衆緣，具足萬行。光明密照而非色，靈通潛運而非空。世界變遷而不移，山岳旋偃而常靜。現前而惑者不辨，日用而迷者不知。《易》曰：寂然不動，感而遂通。老氏曰：獨立而不改，周行而不殆。其性之謂歟。無始劫來，一切衆生，攀緣外境，忘失本心。分爲四纏，疊爲五濁。馳而爲妄想，結而爲昏翳。聚而爲煩惱，流而爲生死。累我眞源，枉入諸趣。如來哀之，此《楞嚴》之所以作也。以衆生苦于奔逸，故爲之行三觀，滯于色相，故爲之指八還，誤認塵根，故爲之辯六入，妄計因緣，故爲之談七大。至于屈伸金臂，綰疊華巾，極善巧之喻，拂微細之惑。令瞻寶光者，知見精之不搖，聽鐘音者，悟聞性之常在。若乃本明旋復，靜慧發生。御最上之寶乘，游無邊之性海。顧色身若微塵，視太虛如雲點。彼無始輪轉之根，億劫顛倒之見。我人妄執壽命，浮想若熾炭之燎鴻毛，烈日之晞朝露。不待思惟，已自消釋。大哉，菩提妙圓，本始清淨。既無妄幻翳于眞精，豈有身心受彼生死？水澄滓去，漏盡法除。萬行不脩而自圓，六通不求而自澄。預于此者非至神乎？然而是經攝八藏之精要，窮萬化之根源。譯之者務簡，潤之者尙辭，或使潭研泥于句讀。故有僧可度爲之箋分，詳略有叙，華梵兼該。迨歲再周，能事方畢。後之觀者應當返夢想之緣氣，遺心目之習因。了識精之元，還獨妙之本。雲駛月運，既息于諸旋，木盡灰飛，亦忘于幻法。秋毫不立，眞理自冥。彼求諸佛無漏勝解者，幸精進于斷焉。時景祐四年二月朔日序。※《文莊集》卷二十二，四庫全書珍本初集本，參校乾隆翰林院抄本，孔繼涵跋清抄本。

又《賜杭州靈隱山景德靈隱寺常住田記》（《文莊集》卷二一） 會稽之西部，吳郡之東境，山之美者，武林在焉。晉咸和初，常有梵僧歎其峻極，以爲鷲峰別嶺飛至玆地，由是依山起刹，名曰靈隱，蓋言靈山之隱于此也。奇迹既彰，歷世增葺，繚垣危磴，叢楹鈎檻，樓觀之華，勢勝之美，首于餘杭。善巧啟導之師，若燈炬以相續，精勤憤悱之士，譬雲霧而畢臻。世有人焉，其來尚矣。國家同文區夏，洎聲葱雪，五天飛錫，四海浮盃，訪道而來，解裝相繼。天聖之間，有衆七百，每結趺聚飯，應器如雲。俱羅之施難充，維摩之化靡及。爰有上首，始議墾田。乃獻像于東闕，請播種于南畝。我尊號皇太后恩深外護，心等大慈。授諸佛之記言，布羣生之勝利。威光所照，物成金色，慧力之感，地見寶嚴。若夫平決萬幾，將明百志，動遵法度，愼守典彝。以爲道釋名田，禁于創置，國之舊制，豈敢廢焉。然吾保育嗣皇，紹隆景業，素依佛寶，孚祐帝躬。冀其萬壽無疆，百祥申錫。在諸服玩，予何愛焉？乃賜直百萬，市田二十五畝以施之。歲輸舊賦，天下之爲公也，永充淨供，福田之無極也。彼給孤施園，非續命之要，妙意設食，無宿飽之資。若此因緣，則爲殊勝。乘天時以稼穡，絕水火之虞，治防庸以蓄泄，靡旱潦之患。地種盡墨而可窮，此功德無窮，恆沙皆寶而可盡，此布施無盡。諸菩薩僧觀是田者，應合釋迦如來以信心爲種，以精進耘鉏，因田以悟法，諸大比丘受是食者，應念香積如來以甘露爲味，以大悲普熏，因食而證道。然而悟無所悟者正悟也，證無所證者眞證也。無離塵垢以染于淨，無求寂默以住于空。三界不見于身心，萬法本忘于封境。舉足所之，皆是道場，適意而居，莫非宴坐。夫如是者，始可以享斯田施，消此飯香，報兩宮之慈恩，續諸佛之慧命也哉。臣幸預譯場，叨觀秘藏，遐推往記，切考玆山。能仁出世千載而神僧建寺，七百載而聖人施田。由是知山川龍象抑有冥數，以待聖神乎？奉命昭紀，刻彼靈區。皇太后右序嗣君，崇修妙果，施夫疆畎，教天下之至慈也。皇帝尊事母儀，布宣聖愛，勒于金石，教天下之至孝也。率土之濱，含生之品，一切見聞，得不踴躍于玆辰哉？時天聖四年歲次析木仲夏望日謹記。

又《御書慈孝寺碑額記》 慈孝寺成，朝廷命史官頌故實，將昭銘于金石，永垂耀于文象。聖上穆清之暇，熏祓以觀，且曰：先帝大猷，太后聖德，備在玆矣。非天下之妙翰，孰爲奇麗之觀？非朕躬之親筆，罔罄寅威之禮。由是上自題額，命翰林學士綬書文。百工相趨，萬區載躍，以爲極帝王之能事，敦恭愛之大本，英華聖域，焜燿國經，巍巍乎亘千古而不朽者也。皇太后歎嘉睿志，濬發慈旨，申命史氏，識諸碑陰。臣聞聖人因親嚴以教民，故能感天地，本文治以化下，故能緯風俗。然則召至和之應，成惟幾之務，垂世烈而潤皇業者，必繇斯道。洪惟上聖，天縱多能。厥初啟朱藩，踐震邸，典學時敏，博志大成，及乎集丕統，迪詒謀，益復研精書林，垂思藝圃。探七經之奧賾，鑑百王之治亂。非仁義不圖于政，非禮樂不訪于朝。而又師臣勸講之餘，碩儒進讀之暇，寶跗在御，晝漏移刻。秦峰之篆，頡篇之楷，倒薤之妙，拂素之工，出自生知，動超神品。嘗以爲開元以降，御題碑榜，標桐柏以尊道，揭麗正以崇儒，未足以移雅俗之風，恢至要之體。故是寺之建也，飛白崇貞之額，所以奉先猷，攄永慕，昭定陵之遺烈，以繼文而教天下也，玉篆慈銘之首，所以宣懿鑠，闡慈訓，尊長樂之美業，以愛親而訓四海也。昔羲畫八卦，以啟人文，禹錫九疇，以贊皇極。參之聖功，偕爲盛矣。若乃翔翬結宇，液金塡畫。騰虬龍于螭首，潤雲露于翠珉。映調御之相光，陰詞臣之妙墨。奎躔婉其鈎曲，珠斗煥乎闌干。固將太一下觀，百靈潛衛，爲億祀君臣之法，昭兩宮孝愛之德也哉。臣忝貳近樞，薦拜嘉詔，仰欽累盛之懿，彌負重陳之怯。唯頌次典則，勒諸左右云。天聖六年八月朔日謹記。

又《青州龍興寺重修中佛殿記》 左海瀕，右岱畎，沂蒙亘其南，河濟徑其北，厥壤廣衍，惟青州焉。唐以盧水平地，置平盧軍，其城縈帶山岳，控引川瀆，氣候高爽，風物楙盛，雅俗雜處，脩塗四達，富焉庶焉，東夏之都會也。中有佛圖，實曰龍興寺。舊以爲田文之第。地勢斗絕，堀吻洋水之陰，樓觀飛注，翺翔重闉之表。東踐絕澗，徑度于闤闠，西瞰羣峰，旁屬乎原野。十二之勝，盡于玆焉。寺中有殿，宋元嘉二年建。甲子十周，棟宇隳圮。常坐比丘晝樞，化青人，得錢三百萬以新之。又錮以石階，繚以髹檻。後增二亭，左以蔭銘識，右以藏鼓格。世傳孟嘗飯客，以鼓爲節，其格存焉。載祀寖久，木石刓脱，但上畫飛仙，殆非當時器，而寺僧寶之，以傳疑焉。或曰：佛何爲者邪？夫太始既分，皇衢既遠，舜禹揖遜，湯武干戈，自樸而雕，自淳而瀉，姦宄鋒起，智詐火馳。是以天生聖人于叔世，分三教以救之。九州之載，人性淑均，道德可以化焉，禮樂可以教焉。故商武丁時生老聃于瀨鄉，周靈王時生仲尼于昌平。流沙之外，西戎即叙。非威神攝受，權實開遮，莫能變獷悍，勝殘虐，故昭王時生佛于毗嵐。然今古之論，罔不折衷于仲尼。昔夫子自謂則曰：文王既沒，文不在兹乎。于老氏則曰：其猶龍邪。于佛則曰：西方之人，有聖者焉。以是論之，則釋老皆聖人之救世者也，夫子不之譏焉。或曰：樞之新是殿，有功德邪？夫天地者，煩惱之燬宅也，世界者，生死之業流也。人之生也，與愛俱生，忸忕乎名利，蓋纏者嗜欲。鳥驚獸駭，馳走乎烈焰，龜沉魚躍，出沒乎驚波。翳元明而不知，甘衆苦而不恨。忮忌而得者謂之能，放肆而前者謂之達。其生也與夢寐等，其死也與糞壤俱。聖人哀之，故爲之御三乘之輪，艤六度之航，以接癡冥，以拯昏溺。後之登是殿者，若睹相好以攝心，歎寶嚴而起信，固可以遠謝塵垢，坐空妄幻。若瞻白毫之光，悟見精之不動，聽寶鐸之音，覺聞性之常寂。固可以返照眞際，旋復本初，證菩提心，成無上道。由是觀之，則樞之于兹殿，有無量功德矣。予嘗守兹境，目樞之勤，聊紀勝因以刊石。時景祐四年八月朔日記。

又《杭州寶雲寺記》　寶雲寺者，吳越忠懿王所建千光王寺也。西方之教，東流震旦。盛衰由于祗劫，輕重繫于震歷。五代紛競，諸夏陸梁。妙音阻而不通，法器垂而將墜。惟錢氏之守淛水也，禀天王之正朔，受如來之教戒。是時吳楚間國，號爲有道諸侯。帶江負海，列郡十三，數世百年，干戈不試，益以爲得大雄法力。故竭寶玉，崇塔廟，具香華，鳴鐘鼓以事之。嘗有里人張仁昭者，誦薄伽梵姥陀羅尼，積有年所，感召殊祥。攝衢州刺史翁成起聞之，欲旌其事，乃請于王，以乾德戊辰歲春二月創是寺于錢塘門之西，建千光王像，因以名之。其制則臺門前闢，紺殿中立。高樓東建，鴻鐘屢發，案臺西峙，龍藏常轉。旁儼像設，後引堂搆，經齋方丈，溫室雲廚。四百其楹，再潤而畢。面白傳之湖，負武林之岫。右則鵲巢遺阜，左則星隕派峰。石怒欲飛，松怪如折。梵聲飄海外，香雲蔭空際。清吹時落，纖塵不飛。乃朝貴遊心之境，蒼生祈福之所。始請睦州九峰山僧環省升法堂，談妙義，未幾而終，復請衢州鎮境寺積善禪師義澄登寶座，語眞空，于斯爲盛。是二師者皆學于郡永明寺道潛禪師，悟諸夢幻泡影，無有言語文字，以心傳心，深入圓頓。故其門聽法者，朝夕如市焉。洎我國家受命之十八年，王俶歸朝，奉圖獻地，皇明所及，佛日重光。雍熙二年，寺僧有因請眞命于闕下。太宗皇帝詔以今額賜之，革僞號也，中貴人藍敏正書之，勤佛事也。時法鼓重鳴，金姿再構，讚唄鐘磬，盛于往初。洎淳化改號之明年，積善大師西向右脇而滅，其徒義隆傳衣受法，俄亦圓寂。懿夫禪源未涸，達士挺生。于是法證法師屈知寺住。師神彩高擴，藏識圓明。慈悲以導衆生，貞諒以接朝士。禪誦之暇，務以莊嚴爲意。故咸平三祀，選日庀工，階砌殿堂，悉增前制。化清虛于妙樂，擬莊麗于祇洹。爲南國之名區，作西郊之極觀。有大善知識作是言曰：善哉，寺之興也，有五善焉：張仁昭之感應，翁成起之信重，忠懿王之崇建，僧有因之請命，藍敏正之書法。法之行也，有三達焉：九峰之證入，積善之辯慧，義隆之傳授。足以表名山之昭感，示皇覺之遺休。若夫攝五善之心，證三達之法，景行精進，十四年于兹者，則有法證公焉。浙江東西，其名尚矣。固可書諸金石，垂于不朽者也。某素肄典墳，專談仁義，未窮觀于八藏，難了悟于三宗。奉運使兵部尚書郎江夏黄公世長之命，不敢固辭，但記其興置年月、傳授次第而已。若叙頓漸之宗，開權實之義，破諸有相，以至無生，蓋有格言，請俟能者。

又《台州延慶院記》　臨海濟靈江而西，越萬步至括蒼山，與眞隱山幷。間有垂流千仞，漱石成淵，蛟龍宅之，而雲雨攸生。歲有驕陽亢極，幷禱羣望，寂寥無證，則邦之守臣帥寮屬而禜之，薦牲沉玉以請。常有雲油然發乎湫中，瞑山蹔川，雷震風動，不崇朝而雨足。予佐郡，再祀而兩往。既享既禱，紹澗而返，至于山麓，坦然右平，顧之則有浮屠氏之宮在焉，道出于側，因憇其所。視其榜曰延慶院，問其僧曰全議。考其興替，索其傳記，則梁天監初始建爲龍山寺。至唐會昌五年而廢，未期復興。開平中，刺吏駱延訓親篆榜而改之爲龍潭院。唐祚不永，錢氏據有淛水，忠懿王俶始領此郡，復新其額，爲戲龍院，皆以瀰龍淵而得名也。國家受命，旁宣敎象，我崇文廣武儀天遵道寶應章感聖明仁孝皇帝告成功之歲，有詔賜今額焉。問其授受，則遠者不能詳矣。詰其近，則乾化中有僧常一始旁鑿靈阜，全葺棟宇。次傳慶仁、道進、雲泰、雲興、令逢，至于全議，凡七世矣。其殿宇廊廡，多全議糾檀施所就也。觀其巉崿齟齬，溪流沕潏，古木怪石，偃蹇盤踞，雲物萬狀，融冶凝結，疏篁茂草，挺擢蔓衍，高下嚮背，宛爲靈區。嘉遯之室不築，講學之館未締，竺乾氏方牆華屋，即而有之。於戲，盛哉麗哉。既盛且麗，控引勝絕，四方之中，豈獨于此？予關掌郡事，政不專出，無明誠以感造化，無至仁以召和氣，雨不時至，下民其憂。故再走靈湫，得請于廟，憩于是舍，須雨而旋。噫，豈人至靈而弗神于龍，彼裸壇于齋者獨何人哉？豈脩已行義之有所未至乎？當以日繼月而誠吾志。屬寺僧全議固請作記，因并書而授之，俾勒于石，使後之識者觀斯文，知不徒然而作也。※《文莊集》卷二十一，四庫全書珍本初集本，參校乾隆翰林院抄本，孔繼涵跋清抄本，《赤城志》卷二十七，民國刊本《臨海縣志》卷三十五。

又《傳法院碑銘》（《文莊集》卷二六）　太宗至仁應道神功聖德文武睿烈大明廣孝皇帝，以太平興國七年六月建傳法院于太平興國寺。今上體天法道仁明孝德皇帝，以景祐二年六月特詔史官追頌先烈。史臣某拜手颺言曰：唐氏中微，五代多故。三辰昏祲，九服煨燼。虎爭龍戰，糜沸雲擾。我國家題五精之期，起千歲之統。祛天地之否隔，拯夷夏之塗炭。翦寇劇以靖搖亂，誅僭劇以遏橫驁。太宗皇帝張天弧，順斗極，驅除鄰敵，駕馭髦傑。制禮樂于已壞，振文武于將墜。奉藝祖以造大業，由太弟以纂鴻緒。歸馬論道，投干講藝。覆露所及，轍跡所到，罔不闢皇衢，刬霸軌，一文軫，齊量衡者焉。洎乎六幕謐寧，中宸閒晏，披蠹簡，訪幽經，觀天人之交，探神明之奧，補綴漏遺，講求希闊。朝夕之議必稽于典冊，小大之政咸本乎根柢。嘗謂佛法之至也，百王不易，歷世彌盛。中原之區宇，絕域之種落，戶諷其書，家圖其像，一睇窣堵，一嗅耆蔔。或因受以悟法，或睹相以趣善。感照以應羣動，廣大以攝萬有。裨德教，省威戮，其來尚矣。先朝乾德中監遣僧行勤等一百五十有七人，各賜裝錢訪經西域，今繼有還者。嗟其翻譯之廢，載祀二百。非國家刬平多壘，奄宅四海，通道夷貉，暨聲葱雪，大事因緣，疇能復之？會鄜時守吏王龜從上中天竺印度僧法天、梵學比邱法進所譯經。又北天竺三藏天息災與其受具母弟施護，各持梵夾來獻，符帝雅意，天實啟之。乃遣內侍鄭守鈞肇營茲館，賜息災、法天等宣譯，命光祿卿湯悅等潤文，法進等筆受、綴文，義學苾芻慧達等證義，高品王文壽等監譯。由是憲前軌，稽秘藏，依金剛界，扢種子壇，書字源，布聖位，三成藻飾，四事莊嚴。三藏主譯于壇北，梵僧證梵義、證梵文，義學僧證義，刊定華字于左右，潤文東南，以資筆削，監譯西南，以肅儀律。新經既成，制蹕臨幸，賚物有品，詔賜金額，歲給飧錢一億六十萬，度僧十有一人。翻譯之制，大備于茲。御製《三藏聖教序》以冠經首，息災賜名法賢。又詔擇京寺童子得惟淨等五十人，令肄梵學。每大電紀辰，貝多啟譯，經成奏御，召對賜坐，進見甚寵，觀者榮之。眞廟紹文，鴻徽累盛。舞羽而清河右，再駕而羈幕北。鑾旗駐于茲館，篚幣班于法席。洎乎勒圜，封禪梁阯，上儀交舉，盛節咸備。擁九清之嘉祐，訪三空之眞諦。祗適先訓，布昭睿藻，作《聖教序》以賜之。又詔參知政事趙安仁等，并所降制詔，賜名《大中祥符法寶錄》。復以宰臣丁謂、王欽若充使，以寵重焉。聖上愼徽祖服，光啟宗範。長養容覆，極兩儀之大德，睿哲廣運，總列辟之能事。盡美乎萬幾，宣精乎三教。悟然燈之授記，當彌勒之囑累。以無上之知覺，建大中之教化。述《三寶贊》，以冠藏錄。眾聖歡蹈，羣生依怙。雨花芬都，金光照爛。恩深歸救之本，理極名言之表。無量功德，非思議之可及也。自興國壬午距今乙亥五十四載，龍靈積累，妙因殊勝。有若今右僕射、同中書門下平章事呂夷簡以師臣上衮，博達空理，奉制兼使。今參知政事、尚書吏部侍郎宋綬以宏材碩德，了悟眞際，被詔潤文。有若故樞密使、同中書門下平章事王曙，參知政事張泊、趙安仁，樞密副使楊礪，翰林學士承旨晁迥、李維，翰林學士朱昂、梁周翰、楊億，皆以學通儒釋，繼司譯潤。上哲清流，盡在茲矣。翻宣表率，則有三藏五人，皆賜朝散階，累遷試光祿卿。始法賢，次法天，次施護，并剎帝利氏，深窮秘密，博通華竺，功成順化，卹禮尤異。又次法護，北天竺憍尸迦氏，始隸毗尼，聿修禪誦，先朝以其至自西遐，該明法要，令嗣譯度。次曰惟淨，故吳王李煜之猶子，七歲依師，選習梵業。眞皇以其不游西度，精曉貝文，特命主譯。天聖中法護請還身毒，惟淨求往闕塞，累表不允。今皆際會昌期，宣隆教典者焉。其監譯內侍則自文壽至今內藏庫內常侍陳文一、御藥院入主供奉官閻士良，印經院入内高品朱若水，十有七人，皆簡擢恭恪，以幹院事。其筆受、綴文、證義等僧，則自法進至今文一、法凝、鑑深、慧濤、潛政、清漏、善初、義崇、慧素、存行，及梵學僧文渉、道隆、慧燈，七十有九人，皆妙擇行業，以塞朝選。其貢經，五印度僧則自法軍至法稱八十人，取經還華僧，則自辭潮至棲秘一百三十有八人，皆克遂至願，贊此大緣。寵賚之數，咸有差次。其貢獻并内出梵經無慮一千四百二十八夾，秘之院閣，譯成經論凡五百六十四卷。續于藏室娑婆之界，以語言文字作佛事，原本缺。體貌丞相，寵數尊異。其誕辰翻譯，瑞場啟罷，并命兩府衡弼傳香賜會，著爲永式。夷簡等進詩稱謝，有詔刊石。譯館之榮，于斯爲盛。說者云：譯者釋也，交釋華梵，對傳句讀，辨法樓之筆，簡韋陀之辭，本政因以建之，糅雜句以文之。廣陰入之津梁，續凝冥之燈炬。宣我象敎，功孰大焉。然而擬于法者空，幾于眞者静。染空尙垢，知静猶障。若夫遺照覺，度禪定，應現無方，圓明具足者，豈有髣髴于其間也哉？但以千覺度人，始自言語，八藏垂敎，必假文翰。雙林示寂，鷲嶺罷談，五百年中，皆稱正法。三十四字，廣衍右行，充溢諸天，靡池東土。非傳釋無以達華夏，捨潤色無以足言志。鑿五蘊之牖，破三毒之網。塞顛倒之塗，決苦惱之海。俾衆生竭愛流，灌毀宅，味甘露。以清涼大士悟始覺證，法身護神，通而遊戲，其六度之本源乎，萬行之因地乎。宜固諦方言，練横字，審縁起，正思惟。貫穿宗極，以了密義：涉獵蒼雅，以定華文。備而不繁，直而不略。訶四病之微細，拂二見之邪執。灑之海墨，則諸佛下觀，詠以潮音，則百靈潛聽。使廣劫之下，知朝家崇建之美，歎聖上尊嚮之仁，不其偉歟。臣早遊史閣，嘗預譯場，終以鈍根，求補外職。地如亭歷，有生之累猶多，筆若須彌，衆妙之門難盡。上勤哀舊物，俾圖懿鑠。謹奉宸旨，靡敢固辭。議者以爲聖上之建斯銘也，昭貽厥之謀，周文之追孝也，尙記事之美，陶唐之有文也，光大度門，能仁之悲心也，守護正法，有帝之鴻誓也。宣是四美，垂厥無窮乎。龍天降格，神祇歎譽，永錫百祿，大庇中區，皇哉煥乎。謹爲銘曰：

西方聖人，萬化幽贊。兆啟于周，法至于漢。森沉天祿，古經肇煥。窋窣甘泉，金人聳觀。機緣合應，夢寤通靈。騰蘭東入，愔景西迎。氍像可傳，繪事初形。具偈難解，譯法肇興。魏晉洎唐，正閏十九。變梵成華，翻傳代有。篆隸兼該，典墳旁究。八備咸精，三難盡剖。貞元以降，國步多艱。戎笳沸路，盜戟横關。悉曇罔學，雷嶺誰攀？法器幾墮，慧命將殫。明明上穹，啟我有宋。盡殄殘暴，并蘇愁痛。神武拓跡，聖人垂統。四貉同文，五天底貢。皇靈有赫，法寶增光。精廬再考，譯席重張。半滿交顯，疑僞兼詳。六義垂範，萬頌裁章。竺典歲臻，華經日續。液金賁字，彫瓊麗軸。思文祖禰，尊善導俗。克昌厥後，介爾景福。皇帝孝思，對越無極。碑頌休烈，載刊金石。鋪昭上乘，博濟含識。惟皇壽考，時萬時億。

又《慈孝寺銘并序》　維天聖四載冬十二月，洛苑副使、入内内侍省押班江德明被旨，治故燕國英惠長公主第爲佛寺，資福于眞宗文明武定章聖元孝皇帝。始聖上以皇太后濬發鴻誓，祗迪淨因，圖創美名，永昭慈訓。三事之臣相與進曰：陛下以聰哲廣運承燕翼之謀，太后以寬仁勤儉膺顧託之重，垂簾訪對，齋居聽政。雨露均澤，榮悴畢霑，日月并明，忠邪洞判。陽郊再卜，歲歷五頒，六幕晏清，百嘉楙育。此太后至慈以佑嗣聖，景貺博臨，陛下至孝以事母儀，黎苗歡服。在昔名寺，方冊具焉。或以紀年，或以盛德。今願以慈孝爲名，庶稱道于無窮，暉映于前代。有制可之，仍命近臣銘于樂石。臣聞東漢已還，有天下者繼體承基，尊祖親禰。黄流玉瓚，觀盥之享嚴，高燎清壇，外宥之容備。屬象餘烈，顧慕遺恩。奉先之典有終，欲報之哀無極。或以佛國追福，或以釋像薦靈，旁行不流，厥惟舊矣。唐氏中微，五代短祚。寇劇搖亂，羣雄紛擾。載祀踰于二百，歷世幾乎三十。文輝昏祲，山川圮裂。空廬生荆棘，郛郭成煨塵。大塊之載欲空，下民之命垂盡。我國家天人合應，祖宗重光。并翦鯨鯢，再造纖夏。勝殘去殺，解百王之弊紐，題期立象，擁五精之王氣。憲洪範，順乾則，置國以建永圖，剗霸軌，拓皇衢，納民以遵大道。功有震疊爗燿，格天光表，而太山之高未增，德有旁魄曼羨，蒸雲潤海，而梁父之基未附。上帝儲蓄祉而有待，先聖膺寶命而惟新。其宅藩房，踐儲邸，則三鷄問寢，四時省膳，周文之孝德也，尹正京轂，寵綏都畿，有虞之歷試也。其步天階，御神器，則攸縱多能，宣精道藝，陶唐之文思也，躬案六師，外攘夷狄，成湯之聖武也。大哉，以日躋之美，承天贊之業，仁經之，義緯之，根本于道德，粉飾乎禮樂。信以來遠，忿鷙之兵寢，虛以受人，鯁亮之臣進。萬景以之昭晰，元化以之絪緼。包舉大寧，參倅遂始。故能延飆駕，席蘿圖，萃坤珍，輯天瑞。紀官立制，克稱乎神物，升中降禪，不顯于上儀。郊丘頌祇，曲里尊道。秩無文以拜貺，篆名山而紀跡。均大賚，賜明宥，復太素，宣至和。子黎庶之恩豐，賓萬靈之禮洽。方將祓靖館，齋大庭，而思帝所以甚歡，厭天下之爲累。徹琴瑟而弗懌，倦輿馬而罷游。聖人入侍興居，冠帶不褫，太后親嘗藥石，夙夜必躬。靡愛牲牷，徧走羣望。載罄圭璧，并植三壇。屑瓊藥而無功，誶玉靈而罔效。于是祈竺乾之秘教，捨沁水之名園。行冀有瘳，即程庶役。靡獲夢齡之感，終稽彤日之報。弓遺髯斷，荆山之鼎空成，鐘昧酒清，鈞天之遊不返。宇宙慘怛，人神震動，六宮攀號，萬國縞素。皇帝起初載，臨宸極，章明百度，履德包元，以儀形乎風烈。皇太后恭遺制，保重熙，平決萬樞，博照兼覽，以對越乎威神。以爲能類帝者聖人，善饗親者孝子。乃緣先朝之意，寖講昭事之文。以眞皇之受元符，膺秘記，層宙之顧懷也，始嚴安聖之殿于玉清之廷，奉諄誨，迪璿源，六羽之監觀也，繼作奉眞之殿于靈景之館。又以洛師吉壤，藝祖降靈，有應天之院，睢陽奧區，王業資始，有鴻慶之宮。四範晬容，并安寶宇。盡漢祖龍顏之妙，增開元玉石之華。皆衣冠是游，旒扆如在。薦櫻獻鮪，馳傳相望。濡露履霜，因時增愴。又以爲禴祀極乎禮，異幽贊之宜，哀戚竭乎情，無名助之禮。乃復疇近職，命有司申述緒言，繼成曩志，即鳳臺之餘阯，建鹿苑之精廬。因舊垣而不廣，慮民居也，鳩庶工而惟簡，形人力也。□□□祇植之園，設像兼顧成之廟。巖洞隱飾，疑堂邑之山林，讚唄傳聞，變平陽之歌舞。回廊四注，飛觀相臨。落《斯干》之雅章，成《春秋》之遂事。以五年冬十月詔擇練僧三十以奉重修，置淨人二十有五以給灑掃。設官守之局，俾德明以董之，議尊奉之制，命太常以參之。先置禁中，肖像文考。是月壬申乃率邇臣，戒宗室，導自天章之閣，至于會慶之殿。紫幄奏香，空歌達旦。翌日羣后晨謁，百靈備從。申命上公，奉安于寺之崇眞殿。緇黄先道，儀衛清路。幡華旗旆，左右相見，鍾磬笙簧，前後間作。帷帟設次，簪紱在廷。太史候辰，攸司錯事。言瞻殿牓出于宸翰，飛毫舉鳳，拂素騰龍。孝德聖能，并煥茲日。甲戌，上運法駕，率公卿，以奉馨薦。越翌日，太后御珮輿，總嬪侍，以獻令芳。都人隘塗，軒車擊轂。或鼓舞蹈德，或感泣懷恩。望帝卿之雲，慘淒共色，聽魚山之梵，讚歎相趨。先帝付受之道光矣，後聖恭事之禮至矣。《書》所云克篤前烈，《詩》所云聿追來孝者也。史官奉詔，謹爲銘曰：

有宋赫赫，兩宮明明。慈昭神育，孝總天經。思文眞皇，悲哀罔極。魯館方虛，給園斯闢。斗城北望，廣路東披。采楹叢倚，紺瓦翬飛。寶網羅空，金繩表道。滿月光明，青蓮相好。有殿中峙，實奉先朝。彫雲麗幄，綺棟陵歊。隆準如生，清輝若在。祇薦馨香，疑聞謦欬。供帳咸具，眼御畢陳。履綦雖遠，手澤猶新。閒館旁連，藻扃相屬。庭有寓龍，山多疊玉。嚴衛岑寂，靈游往來。雨華紛馥，飈馭徘徊。日監孝思，永錫純嘏。時萬斯年，在宥天下。

又《大安塔碑銘》（《文莊集》卷二七） 有宋封禪後十祀，建大安塔于左街護國禪院，從尼廣慧大師妙善之請也。今上實元體天法道欽明聰武聖神孝德皇帝在宥之十有七載，詔史臣書其事，從尼慈懿福慧大師道堅之請也。妙善，長沙人，姓胡，字希聖。母既孕，不茹葷。妙善勝衣，志求事佛。馬氏之亂，略爲姬侍。嘗被毀逢怒，憂在叵測，默誦普門名稱，舍利見于額中，馬氏異而禮之。國初，宣徽使兼樞密副使李處耘南定湘川，得之郡邸。嘗以素誓未伸，斷穀謝病。夢異人曰：我文殊也，汝第食，勝緣近矣。明年處耘捐館，遂依洛陽天女寺剃髮受具。往來兩京，高行著聞。太宗皇帝以椒塗之舊，錫以懿名，被之華服。大姓袁溥捨第起剎，賜額妙覺禪院，令妙善主之。自是肅禪儀，練律學，給瑜珈之會，演《華嚴》之說。五陟岱山，一汎泗水，皆中貴護送，傳舍供擬。皇帝巡狩河朔，刺血上疏，璽書褒嘆。是時萬年中參，恩愛異眾，宸闈進見，禮數踰等。贈中書令忠武公李繼隆每以保阿，尊事尤謹。洎元符降格，法御上封，妙善即朝日之郊，卜布金之地，諷甘露法品，祈東禪靈祐，帝意嘉之，賜名護國。天禧元年，湘東邃谷有鉅石，重累數十百丈，屹若浮圖，昔隱今見，詔遣使案視，建寺度僧以旌其異。妙善志往瞻禮，有大弟子道堅以師臘既高，衡陽云遠，懇留不已，先事以聞。翌日，妙善請告南遊，眞宗曰：汝老矣，何遽遠適？如來性海，隨處現前，儻有至誠，皆可供養。妙善遂求建今塔，特詔許之。會江寧府長千塔成，繪圖來上，促召妙善于護國，將賜之。道堅在妙覺，地近先至，訪對稱旨，受圖以歸。首事創規，實始于此。由是涓日置臬，肇基寶甃，冶金礱石，作于地宮，將秘莊獻明肅太后所賜馱都，逮妙善囊得佛骨。會妙善示滅，盡以塔事囑累道堅。妙善享年七十有六，尼夏五十有五。宮闈震嗟，賻贈加品，建坊立剎，賜額寶勝，以道堅兼主之。道堅盡禮蒼皴，入謝扃禁，且陳妙善遺誓云：此塔今世不成，來生願就。先帝惻然，賜以潛邸珍玩三千萬直，仍命內侍分董其役。明年春，法堅製金襯寶函，納前舍利等入奉于內道場。贊唄三夕，兩街威儀導自滋福殿，帝薦香以送之。季商協吉，藏于石室。五年，繼賜乘輿副物貨鏹萬緡，以供餘費。乾興初，又以塔心殿棟須合抱修幹，既選未獲，貫于皇帝。上方以天下爲公，且重違其請，莊太后時爲皇太妃，乃以奩金五百萬輸于內府，市材以施之。天聖改元，內出明德太后寶器價二百六十萬，洎莊獻服用千餘萬付之公帑，易金銅，鑄輪蓋以施之。美哉，四門九級，岌業天中，十盤八繩，晃曜雲際。道堅又以圬墁雖畢丹采，剖劂未完，徧募檀信，獲緡一萬八百。洎法堅稟給餘貲三百二十萬以償其工。上繼志有嚴，奉先惟孝，宅心凝覺，追福太官。由二級而上，命奉安爾廟至宣祖皇帝四室神御，并列環衛，拱侍左右。自餘緣塔功德未具者，皆省服御成之。由是賢劫之象，薩埵之容，五佐星緯，八部人天，分次峻層，罔不成備。七年功畢，詔賜玆額金榜，始嚴闤軿。臨視談贊五尼，賚紫方袍，并賜近院官舍九十區，僦直充供。明道二載，上給白金五十鎰，俾營獻殿。先有陳元虔捨僧伽像，張延澤施羅漢像，頗極精巧精堅，復建二殿，夾峙于塔以奉之。又營諷《法華》、《孔雀經》二殿以次之。景祐中，上賜錢千萬，創二樓于塔前，右安特旨所賜龍藏作香輪以轉千函，左挂莊惠所捨鐘樹彫格以維九乳。其斜廊壁繪羅漢迦文像，亦莊惠之施。粵自營創，逮夫圓成，則有宗藩施三門洎無量壽像，鄧國貴主施報身像，尚宮武氏施法身像，朱氏施藥師像，何氏施下生像，晉國夫人張氏施工繪獻殿壁，穎川郡君韓氏捨圃于西，戈水杜航捨地于東，及其季尙繼獻金錄，壽春王文獻緡錢，義學比丘端琛指教相文字，比丘惟儼著塔錄，吳門應德興爲匠石，皆道堅願力所召，共周能事者也。厥初妙善嘗夢塔相止于雙足，談者以爲上足善繼之祥也。塔成，忽一日遠望如失，靈祇環遶之異也。道堅，故通事舍人杜志儒之女。母，明德從父姨，再適故殿前指揮使、武成軍節度楊信，封隴西郡夫人。道堅生九歲即齋素，十有一求捨家，興國八年剃度得戒，明年賜紫伽梨，十有六授慈懿師名，嗣掌妙覺，月給俸料，三時賜衣，歲度僧薦紫各二。隴西夫人隨子剃染，期月歸寂。道堅天機警悟，資性嚴整，有大丈夫風槩。嘗誦《法華》千卷，《華嚴》、《首楞》、《淨名》、《圓覺》皆數百過，記憶敎藏，該通大義。塔之規模，盡出智匠。總三院之務，安數百之衆，以慈悲攝嗔恚，以精通攝懈怠。故能念舉而物應，身動而衆隨。羣瓮表異，纖鱗示應。作大因緣，終始圓就。明道中，詔加福慧之名。嘗談經于觀文殿，有旨賜尼衆食料。道堅以爲出家分行，折伏驕慢，赴請之飯，猶起諸漏。彷徨移晷，切辭仰給，每院但受月廩作糜米十斛。聞者與之，謂其知分。夫以柔弱之賦，婉嫕之姿，其間具明淑之德，習師傅之訓，不過佩服詩禮，蹈履謙祇，體蘋蘩之柔潔，法山河之容潤而已。其能斷棄愛染，脫離塵垢，以堅固爲佛事，以勇猛趨實際，濬發心華，坐空蘊樹者，何其偉歟。古之后族出入宮掖，憑藉聲勢，狃伙恩澤，外交王侯，旁出姻援，不期驕而自速，靡羨侈而極懷，載之前聞，爲鑑來轍者有矣。其能委遠光寵，杜絕微望，辭榮于宗屬，等志于貧賤，以喜捨化俗，以高潔自持者，抑爲難哉。宜乎萬乘待遇，六宮景慕，成支提之上緣，到無生之彼岸者也。於戲，是塔庀功二十年，規平三百尺，高二引有六丈，經用一億，旁廡佗舍，無慮五百楹。自非景祚和平，累朝信奉，設有大願，烏可成邪？是知諸佛慧命，其待時而興也。夫議者皆以爲聖上于是塔大美者四：中出寶幣，形民力也，日就勝因，暢先謨也，敦勸于下，使趨善也，命書厥勞，庸展親也。所宜鬼神潛衛，海域延仰，永集純嘏，施及懷生者焉。臣早預翻經，嘗更約史，仰被臺札，靡敢固辭。謹按塔者，梵云窣堵坡，此云靈廟。在乎諸天，則藏佛爪髮衣鉢，在于西度，則記佛降生經行演說圓寂之所。一以表人勝，次以生地信，三以報重恩。四果之位，能超三界，故有初級至四級者。如來出十二因緣，故極于十有二級焉。迦葉滅後，婆羅奈王起七寶塔爲作銘記，豈非刻石之識抑有初邪？或問古今哲王之導黎庶，不專講六藝，而參用三乘，豈其大抵同歸于善乎？臣嘗試論之：夫有生之源本始清淨，寂則絕待于一物，感則資始于萬緣。至靈無方，至虛善應。覺者則圓通罔礙，湛寂自然。內不立于寸心，外無累于羣境。不爲世界之所流轉，不爲幻妄之所變移。迷者則奔馳萬有，昏翳五欲。習動而不能靜，入業而不能捨。失本明而不知，沉諸趣而不恨。所以能仁愍之，出現于世。法不廣大，不能包種性，喻不善巧，不能破根蘊。窮理而至命，《象》、《繫》之旨也，率性而達道，《中庸》之意也。好生惡殺，仁義之均也，防非致和，禮樂之則也。聖人以爲外可以扶世訓，佑生民，內可以澡心源，還妙本。所以崇其塔廟，尊其教戒。自東漢以來，歷世多矣。其間執分別之論，起歸嚮之疑，廢之而逾盛，毁之而逾信，豈非言底乎不誣，理冥乎至當者哉？昔有人云：百家之鄉，一人持戒，則十人淳謹，百人和睦。夫能行一善，則去一惡而息一刑。一刑息于家，則百刑措于國。以此觀之，則斯法之來，裨我之治蓋亦多矣。上具大智慧，有大威德。神道以設教，文明以化人。晏坐黼帷，鋪觀貝牒。信解出于天縱，悟入自于生知。指曹溪頓門，則言高達摩，覽竺乾半字，則義中悉曇。實玉毫之化身，託金輪而救物。未階鋪砌，孰望清光？而况投筆端闈，屬韃遠戍。據案受簡，摩盾操觚。但緣外護之仁，少叙重熙之德。謹裁二十有四頌，以勒銘云：

于鑠帝宋氏，睿明繼臨照。百度恢大功，三歸崇正法。辰居憲紫微，東郊配蒼震。有大除饉女，肇營晏坐場。九級締層楹，兩朝施寶玩。八觚回日月，百尋切雲霓。七佛儼金容，四聖崇睟表。瑑刻具千覺，圖繪周萬靈。鉤檻蔭璇題，高簷幕珠網。龍天午來去，煙霞時蔽虧。我聞上帝宮，昔在莊嚴殿。八萬窗牖柱，眾寶極彫飾。曷若佛滅後，隨緣崇廟貌。設利羅如芥，蘇偸婆如果。有盤若棗葉，有像若麵麥。其福已勝彼，無量千百億。况惟此聚相，密邇于國城。樓觀相飛注，康莊四通達。宰官引鐃吹，公侯聯旆旆。都人集袂帷，王姬傳車水。流景啟清旦，行月麗中宵。幡影鋪九衢，鈴風聞百里。我願瞻仰者，應起大乘解，悟此見聞性，充滿于十方。我願供養者，應發菩提心，覺此煩惱燄，本是清涼源。我願掃除者，應生精進力，反此塵勞身，徑度禪定業。我願旋遶者，應作三昧觀，轉此顛倒想，頓入清涼慧。寂念以爲地，般若以爲基。正受爲花鬘，解脫爲寶篋。藏此無價珍，非空亦非色。遠謝修證垢，并祛照覺蔭。水澄滓乃去，火盡灰亦飛。法縛既解除，神通自遊戲。若于權實際，猶有一微塵。欲求見如來，尚隔須彌聚。佛祖秘密印，華梵微妙言。語默及思維，不越于此義。後之登塔者，應知建塔因。蓋表調御德，起發淨信心。掩日不爲多，聚沙不爲少。但能復本覺，即成無上道。朝家光四葉，尊重于寶乘。眞祖創妙緣，鴻禧昌厥後。吾皇授曩記，成此殊勝果。壽考億萬年，永庇大千界。

范仲淹《朝賢送定惠大師詩序》（《范文正公集》卷六） 某典姑蘇郡，一日，有吳僧定惠大師宗秀者，發龍山，渡松江，駐錫于門，出致政侍郎安定公、本道計使太原公二書。偕曰師往無他，有朝中送行詩，請爲序引，以示方來爾。某既不得謝，乃叩其端。師自言生不血茹，七歲持佛事，隱于靈巖，多歷年所。晚歲游名公之門，然亦未嘗及利。天聖中，大丞相東平公、清河公憐其舊，奏賜紫方袍，號定惠。乃告歸故山，又以詩寵之。既而薦紳先生咸有贈章。將勒堅珉，期于不墜。某感其說，志其事，且知上人之隱盛于吾儒之隱遠矣。士有氣吞芝蘭，才奔風雲，精貫乎天人，神馳于古今，燭治亂興亡之機，席法度教化之倫，道通巖廊，跡墜林壑，遺沒于麋鹿之羣者眾矣。如近代之陸龜蒙、陳陶，今朝雍丘刑敦、錢唐林逋，或執節堅介，或放詞雅遠，皆四方之聞人。奈何道未信于三公，名不熟于天子，及其收遺文，旌隱志，而始惜其難得？斯天下義士爲之長太息矣。豈如金仙之流而人懷慕，謝絕堂搆，長揖軒冕。來則談空實相，號天人師，去則指霞嶺，嘯風林，天子有賜，三公有贈。斯以見上人之隱，盛于吾人之隱遠矣。必也均是光輝，以及考槃之際，則聖朝無負于隱君子也，矧將有取焉。子夏曰主文而譎諫，蓋風人之職也。序詩者敢有二事。時景祐二年五月八日，尚書員外郎、充天章閣待制范某序。

又《十六羅漢因果識見頌序》（《范文正公別集》卷四） 余嘗覽釋教大藏經，究諸善之理，見諸佛菩薩施廣大慈悲力，啟利益方便門，自天地山河，細及昆蟲草木，種種善諭開悟迷徒。奈何業結障蔽深高，著惡昧善者多，見性識心者少，故佛佛留訓，祖祖垂言，以濟群生，以成大願。所以隨函類眾聖之詮，總爲大藏，凡四百八十函，計五千四十八卷，錄而記之，俾無流墜。余慶曆初任知政事，時西虜背惠，侵擾邊隅，勞師困民，以殄兇醜。聖人愛民卹士，命余宣撫河東沿邊居民將士。塗中寓宿保德水谷之傳舍，偶于堂簷罅間得故經一卷，名曰《因果識見頌》。其字皆古隸書，乃藏經所未錄而世所希聞者也。余頗異之，啟軸而觀，乃十六國大阿羅漢爲摩拏羅多等誦佛說因果識見悟本成佛大法之頌也。一尊七頌，總一百一十二頌，皆直指死生之源，深陳心性之法，開定慧眞明之宗，除煩惱障毒之苦，濟生戒殺，誘善祛邪，立漸法，序四等功德，說頓教，陳不二法門。分頓漸雖殊，合利鈍無異。使群魔三惡不起于心，萬法諸緣同歸于善。余一句一嘆，一頌一悟，以至卷終，胸臆豁然，頓覺世緣，大有所悟。儻非世尊以六通萬行圓明慧鑑之聖，則無以至此。方知塵世之中有無邊聖法，大藏之内有遺落寶文。謹于府州承天寺命僧歸依別錄藏之，厥後示諸講說高僧，通證耆達，皆未見聞，莫不欽信。後于戊子歲，有江陵老僧慧喆見訪，因話此頌諸聖秘密，世所希聞。喆傳之于武陵僧普煥處，寶之三十餘年，未逢別本。余因求副本，正其舛駁，以示善知。故直序其事，以紀其因。時戊子仲春，高平范仲淹序。

又《天竺山日觀大師塔記》（《范文正公集》卷七） 師，錢塘人也，姓仲氏，名善昇。十歲出家，十五通誦《法華經》，十七落髮受具戒。客京師三十年，與儒者游，好爲唐律詩，且有佛學。天禧中，詔下僧祿簡長等注釋御製《法音集》，師預選中。書畢，詔賜師名。遂還故里，公卿有詩送行。師深于琴，余嘗聽之，愛其神端氣平，安坐如石，指不纖失，徽不少差，遲速重輕，一一而當。故其音清而弗哀，和而弗淫，自不知其所以然，精之至也。予嘗聞故諭德崔公之琴，雅遠清靜，當代無比，如師則近之矣。康定中，入天竺山，居日觀庵，曰：吾其止乎。不下山者十餘年，誦《蓮經》一萬過。皇祐元年，余至錢塘，就山中見之。康彊精明，話言如舊。一日，遣侍者持書謝余曰：吾願足矣，將去人世，必藏于浮圖之下，願公記焉。又一日，侍者來告曰：師化矣。其門人中霫等葬師于塔，復以師之言求爲之銘。銘曰：

山月亭亭兮師之心，山泉泠泠兮師之琴。眞性存兮，孰爲古今。聊志之兮，天竺之岑。

孫復《無爲指下》（《孫明復小集》卷二） 無爲之道，其至矣哉。非虞帝孰能與於此？後之帝天下者，不思虞帝之德，而慕虞帝之無爲，吾未見其可也。三代而下，不思虞帝之大德，而冒虞帝之無爲者眾矣。又世之險佞媮巧之臣，或啟導之，既不陳虞帝之大德，以左右厥治，則枉佛老虛無清淨、報應因果之說，交亂乎其間，敗於君德，吁，可痛也。觀其惑佛、老之說，忘祖宗之勤，罔畏天命之大，靡顧神器之重，委威福於臣下，肆宴安於人上。冥焉莫知其所行，蕩焉莫知其所守，曰我無爲矣。至綱頹紀壞，上僭下偪，昏然而不寤者，得不痛哉？且夫天下之廣，億兆之眾，一日萬機，兢兢翼翼，猶懼不逮，而佛老之說其可惑乎？祖宗之勤其可忘乎？天命之大其可罔畏乎？神器之重其可肆於人上乎？斯何沉惑不開如是甚也。昔秦始、漢武，始則惑於虛無清淨之說，終則溺於長生神仙之事，梁武、齊襄、姚興，始則惑於報應因果之說，終則溺於解脫菩提之事，卒皆淪胥以亡，勢不克救，此簡策具載，可覆而驗也。惟漢賴高祖除秦之暴，功宏德茂，天未厭絕，茲亦幸而已，何足尚哉。吾常求無爲之端，且病歷代諸儒不能揚孔子之言，鋪而明之，俾其炳炳如也。故佛、老之徒得以肆其怪亂之說，廁於其間，爲千古害。故盡擴其所以然，作《無爲指》，庸爲帝天下者戒。

又《儒辱》（《孫明復小集》卷三） 《禮》曰：四郊多壘，此卿大夫之辱也。地廣大荒而不治，此亦士之辱也。噫，卿大夫以四郊多壘爲辱，士以地廣大荒而不治爲辱，然則仁義不行，禮樂不作，儒者之辱歟？夫仁義禮樂，治世之本也，王道之所由興，人倫之所由正，捨其本則何所爲哉？噫，儒者之辱，始於戰國，楊朱、墨翟亂之於前，申不害、韓非雜之於後。漢魏而下，則又甚焉。佛、老之徒，橫乎中國。彼以死生禍福、虛無報應爲事，千萬其端，惑我生民。絕滅仁義，以塞天下之耳，屏棄禮樂，以塗天下之目。天下之人，愚眾賢寡，懼其死生禍福報應。人之若彼也，莫不爭舉而競趨之。觀其相與爲羣，紛紛擾擾，周乎天下，於是其教與儒齊驅并駕，峙而爲三，吁，可怪也。且夫君臣、父子、夫婦，人倫之大端也，彼則去君臣之禮，絕父子之親，滅夫婦之義，以之爲國則亂矣，以之使人則悖矣。儒者不以仁義禮樂爲心則已，若以爲心，則得不鳴鼓而攻之乎？凡今之人與人爭詈，小有所不勝，則尚以爲辱，矧彼以夷狄諸子之法亂我聖人之教耶？其爲辱也，大哉。噫，聖人不生，怪亂不平，故楊、墨起而孟子闢之，申、韓出而揚雄距之，佛、老盛而韓文公排之。微三子，則天下之人，胥而爲夷狄矣。惜夫三子，道有餘而志不克就，力足去而用不克施。若使其志克就，其用克施，則芟夷蘊崇，絕其根本矣。嗚呼，後之章甫其冠，縫掖其衣，不知其辱，而反從而尊之者多矣，得不爲罪人乎？由漢、魏而下，迨於茲千餘歲，其源流既深，其本既固，不得其位，不剪其類，其將奈何，其將奈何。故作《儒辱》。

宋庠《送成上人序》（《宋元憲集》卷三五） 天聖戊辰歲，余嘗過候故內閣中山公，姑與公門友成上人者交臂於席間，微言軟音時落耳界。自是數與之會，而亟飲其和，且慕其畸於人，而不與人異也。既而中山出守淝上，師振錫而從之，藹然風期，深入法樂。一室金粟，有施飯之緣，四海彥威，領彌天之對。勝集未幾，宗工云亡。孤雲匪心，飛鳥隨翼，背淮千里，聿來上都。庚午冬，余茹憂去官，屏處寰內，思文惠然策足，顧我於幽憂之中。悲心所熏，病膜如刮。老龍死矣，空成麥戶之驚，泰山頹乎，彌感負牆之舊。斂容申悼，徘徊久之。示視世緣，益足多者。一日踵門告別，且求贈言。余曰：儒家者流，道詩書，服人倫足矣，安識夫方之外耶？而又京師苾芻方以俗諦罪我，將焉用之？師曰：不也，塵勞之與道愛，其縛均焉。今夫誦貫花之書，服界稻之衣，崇布金之刹，是種種者於我法乃捕魚取兔具耳。苟泥於此，雖吾師猶阿焉，彼求封之仁者何害？今將相造乎忘言之地，乃以言為病耶？余感其勤，因敘其所以而為之贈。

又《台州嘉祐院記》（《宋元憲集》卷三六） 建塔廟，散香華，奉經典，攝受妄迷，而為功德，有為者為之。雖然，佛滅度二千年，世與法交相喪，濁劫下根，詠為愚冥，非廣示像法無以震動而傾駭之，使趨善良。神道化時，叵得而已。沙門長吉，當茲世為功德者也。初，師以釋子之秀來上都，會譯場高選義學僧，敷演祖教，名在籍右。始與龍象為徒，而覺華餘光，注射物境，頗作歌詩雜擬，輒自翼其宗，由是益為人聞。俄詔賜紫方袍，號梵才大師。勝流欽風，多所延供。久之，厭著謝去，復山林之遊。歲在降婁，始還台州。州守悅其風，虛淨名菴以舍之。惟師行嚴而身修，寓曠而氣安，能示方便，悅可大眾。居三年，道益光明，台人異焉，捐金抵璧，踵往瞻事。四方來者，與麻葦俱。乃闢精廬而肆之，刊林衡，鏤巖椒，棘如而堂，蜎如而庭者，且數百筵。朝薰夜祓，供擬尤具。九年，復作一成臺，置《大般若經》三百篇，及刻千劫佛像。彼貨與力，不募自至，弗可貲紀。師復砭膚取血，書《維摩經》，質神為要。又欲推慧命而廣之，乃謀於公卿大人。於是龍圖閣直學士南陽葉君倡始籲謀，分繕寶典。凡臺閣方面知名士數十族，叢喜迭捨，參訖寫庸。閱三年，臺成，約金奉像，庋而安之。黑白相趨，距躍圍繞，以為去聖滋遠，有能駕其說，植德於人，令夫威神巍巍現前，如親炙面命，不在是經乎？因是經讀誦悟入，掊五縕，泯空、色，攬萬異為一眞，其為福又可稱量耶？僕頃與師遊，樂其誓願之就，且枉錫顧我，丐辭以永傳。因宜是義而偈之曰：臺屹而崇，摧我慢而恭兮。經華而精，竦我怠而誠兮。像嚴而顯，破吾魔而善兮。報我四恩，常不滅而存兮。師聞之，謂余言為信。若其營綜之烈，投施之眾，日月之謹，大概具之。至夫筆不可文，言不能宣者，僕與師均寄一歎而已。時慶曆二年八月中旬記。至五年，臺成，刻石。

又《維摩經諸品頌并序》（《宋元憲集》卷一七） 如來之教，有眞語，有實相。語之眞者，不以辯妨道，相之實者，不以物障空。何則？道本無言而應有言，故言之者非我，法本無相而資有相，故相之者自彼。是以聖人鼓羣動，雕萬物，終身搖喙而默理常存，狀六塵，形四大，彌劫利見而虛宗愈寂。此權實所以共貫，空有所以兼融。破物我之長圍，航死生之巨浸。假道于彼岸，托宿于泥洹。倡狂妄行，而蹈乎大。方茲解脫，所以不思議也。維摩詰者，可謂體其眞實矣。若夫毗邪示疾，身同凡品，香積致問，化超神表。歷詰眾聖，則辨均有情，深入法門，則默過無響。精而諸佛不得異，粗而他見不得逃。可以名而名，無所得而得。其眞大乘之高轡，聖域之幽關者焉。而昧者方虢虢然疑淨穢之一區、同異之一轍。且欲遺凡以取聖，封大而擠小。責眞空之所在，求希夷之所到。火馳波蕩，若畏岑而就攻，可不哀哉？故斯經之作，所以救斯患也。議者又謂無緣則無法，有教必有心。淨名現方便以拯羣迷，文殊因酬對而破諸蘊。夫至人者亦有為而然耶？余曰：不也。夫震雷出地，昆蚑奮蟄，長飆薄野，山林效響。彼寧繫懷于震發，而措意于怒號哉？物自爾爾，是則慈心所演。大音所唱，羣生鼓舞。三界歸往，不知所以然而然者，亦猶是焉。余稚齒多艱，中歲銜䘏。煢煢殘喘，廬于都外。每閉戶焚香，呻吟梵帙，升濟先福，是焉攸託。而心之所嗜，復在此書。爰因成誦之隙，竊效重宣之義。且經之所統，品凡十四，始于《佛國》，終于《囑累》。其因緣之本行，證詰之細條，秦園大士注之詳矣，雖欲黽勉強加論辨，是徒飾筌蹄之具，何益魚兔之實哉？然大悲普熏，軟語傍浹，時有悟者，懽然如高燈之破闇，灑然如仙丸之愈疾，視昭毒已，不能無喟然之歎。故略因諸品，各為短頌。每緣短頌，先標總意。嗟夫法藏淵曠，聖心超邈。欲以幻相之文字，強標大道之崖略。知我罪我，將焉避之？含毫洗心，辭不逮意云爾。

佛國品第一

夫大空無倪，而穹隆廓豁之形，生乎障空者也，大塊無畛，而封埒遠近之界，生乎有地者也。然空塊之狀，詎有識其全耶？是以佛國無方，隨感輒報。士之淨穢，由心之迷悟，境之廣狹，視機之大小。萬法取足于我無爲。故舍利佛以土石致疑，梵王以天宮自況。或囂或潔，皆出彼心。妙域湛然，未嘗有異。如來之旨，其在是乎？頌曰：

大明經天，容光必照。隙取圓輝，戶分方皎。方圓雖殊，照乃一區。佛土之應，其由是乎？噫嗟羣生，出沒三界。觸妄成迷，逢塵作閡。行業分鑣，報緣異概。我國無方，隨機小大。心淨則土嚴，智昏則境穢。穢本嚴體，嚴非穢外。譬彼眾生，是即法城。此如可捨，彼亦可營。故曰深心直心，隨意隨行。無入非門，何馳失境？法則萬差，此惟同應。應之者誰？初無有定。稽首能仁，超名離眞。在天而天，在人而人。梵螺依慧，鶖子求因。復攝神足，方如法輪。

方便品第二

天道非言不曉，非道不遣。聖人必立言以示教，故利能及他，及他則方便之術也，終忘言以除累，故法無所執，無執則眞實之體也。今維摩因身以現疾，因疾而談苦痛，自詬病而使求法身。法身本空，吾復何患？非遠覽之士，詎能因末而遠奉哉？頌曰：

非有非無，是惟法妙。不因不緣，法亦無詔。因緣伊何，標宗示兆。標示伊何，方便爲要。皇哉淨名，妙喜之英。來游忍土，將開化城。示身有疾，以質無生。身本無狀，如炎如響。聚沫虛根，春蕉妄想。電影天外，泡影水上。一念不停，四大誰掌。嗟此妄塵，當求法身。滓窮得淨，幻滅逢眞。希微其象，眇莽其神。故吾自故，新吾已新。迎之不見其首，隨之不見其後。暫住非夭，長存非壽。稱謂皆泯，虛空等久。方便之言，當如是受。

弟子品第三

夫萬法以至虛爲宗，至變非一途可應。操此者失彼，專內者忘外，此自然之勢矣。若全人者，烏可以彼此內外而名哉？故聲聞之流，各保偏見。欲無被詰，其可得乎？本經自舍利佛之宴坐，至阿難之總持，凡十弟子。雖所執不同，而受呵一也。今不復偏舉，但會其趣云。頌曰：

大道不器，大方無隅。至人乘化，何德之拘。譬夫百體，兼愛冥符。既非獨毀，亦莫偏譽。萬法萬善，于何作見？道不可取，塵胡足遣？有合皆如，無行不踐。孰爲晏坐？孰爲總持？我將得是，誰復留非？是非一對，物我交疲。故爲者敗之，執者失之。無爲無執，敗失疇依？嗟嗟眾賢，聲聞第一。或欲實于諸空，或欲空于一實。觸憶成呵，臨緣會詰。自疾未除，安能問疾？

菩薩品第四

夫殆庶之士，去道猶一間耳，而羅縠終隔，不亦病哉？故金粟縱忘言之言，辨無得之得，盡破諸相，直造大方。菩薩所以見善必遷，而聞義彌服矣。然彌勒、光嚴、持世、善德四聖人者，皆親炙妙訓，超證上乘。今乃自詘于一時，迭和于幽唱，亦以同獎大教，非優劣之言也。故歷叙本行，而疑其分身云。頌曰：

過去已滅，當來未至。交臂不停，誰爲正位？敢問彌勒，將焉受記？至人投足，莫匪大方。還形法侶，即物眞揚。敢問光嚴，淨土何鄉？至眞無眞，諸有非有。帝釋施女，天魔稽首。敢問持世，胡爲弗受？有施必盡，有報必疲。一法都泯，羣生自熙。敢問善德，何財施爲？聲須叩鳴，道以人博。不有風斤，奚彰鼻堊？超迹示化，分身解縛。大士相資，孰究孰度？

文殊問疾品第五

夫淨名之談，本記于病。其要以謂菩薩與眾生一體，安穩與病惱同源。悟則疾愈而無眾生，迷則病興而累慈父。累本無物，故聖人受大患而弗辭，慈亦無緣，故悲心貫億劫而彌厲。復尋斯要，其權智而已乎。是則一室之談，乃十方之拯溺，四體之苦，誠萬物之良醫。濟度之功，于此爲大。頌曰：

示疾之端，請研妙意。菩薩無疾，衆生有累。累則病始，悲心作矣。譬夫拯溺，先濡厥趾。將度生死，理無獨異。嗟爾有情，相靡相傾。貪愚齊汩，煩惱根英。虺蛇伏篋，怨賊持兵。毒中慘外，何苦能名。至慈匪緣，至眞不有。我病無形，我形非受。即幻爲藥，因生亦醜。彼如有痊，此亦何咎。一牀之卧，一室之空。衆魔作侍，諸見來同。彷徉象外，溟涬環中。善哉此會，澤浸無窮。

不思議品第六

夫心而思，口而議，常人之情也。若思之不得其始，議而不測其終，心口之議已殫，變化之功彌大，則向之思議者，得無惑哉？窮神者不思，極變者不議。神變自爾，于我無爲。至若舉世界于鍼鋒，納妙高于芥子，毛孔受四海之水，丈室包須彌之牀。自神而觀，皆應之粗迹，而昧者挐挐然欲求于忖度之內，不亦左乎？惟虛而融之，然後解脱之門可得而闚矣。頌曰：

心識所到，是可思議。思議非及，乃爲眞諦。眞諦本空，眞空不二。無空之眞，遂超實際。請問此法，將焉寄名？汪汪其大，杳杳其精。不動而無不動，不生而無不生，至虛可實，至晦可明。芥粒藏山，毛根注海。寶坐由旬，陶輪世界。彼入不知，此容無閡。奉相皆如，眞樞詎改。大士惟神，用之靡勤。至權反道，至智同塵。二乘迫隘，惑想紛綸。三世諸佛，同歸此因。

觀衆生品第七

夫昏寢者，非大呼而不覺，狂驁者，非至疲而不復。上聖卓然，哀眞性之自溺，又知諸相之非實，故巧諭以曉其惑，縱苦以疲其心。埃夫昧者之自昭，勞者之自止。則向之譬諭苦惱，同爲一妄。妄既去矣，自然實相。衆生正觀，其在是乎？經曰：如幻師觀所幻人，則眞意明矣。頌曰：

茫茫羣生，本一眞性。少念或差，千波莫定。覺外合塵，迷中認影。三界狴牢，四生檻穽。狂走昏衢，羣嬉苦境。卓爾大士，知物本無。幻人教幻，吾體分吾。權空遺實，假妙損粗。千因藥倦，萬譬針愚。諄諄度人，種種非己。洪纖一吹，幽明一視。惱之非怒，愛而孰喜？無作而緣，無爲而恃。玆名說法，玆謂行慈。天不擇人而覆，雨不擇物而滋。菩薩之惠，平等之悲。我爲是觀，何慮何思？

佛道品第八

夫道非遠人，而人自忘道。此品之旨，以謂塵勞即清淨之體，生死即解脱之根。而羣動糾紛，眞性流宕。先覺之士，乃强名佛道以正之。正之之方，必久處塵勞，而安住生死。然後能功被于無外，智周于無內。一念所及，諸相皆如。非天下之至精，其孰能預于此矣？頌曰：

法無可名，寄之佛道。道無可異，同之法寶。何大弗圍，胡微弗造？萬表賦陰，千聲應考。以善爲善，善則非眞，以垢爲垢，垢則成塵。眞善者因善而離相，無垢者即垢而明因。譬欲寶珠，沈淵乃獲，譬欲青蓮，憑泥後植。狶牧雖下，監之善職，鳥喙彌毒，工之惡石。佛道如是，佛種亦然。羣生共體，諸業同緣。何去何就，隨照隨圓。二聖相發，音流大千。

入不二法門品第九

夫道者何也？至眞妙極，無爲之稱也。常存於算數之表，獨化于有無之外。不可以一，不可以言。一若可言，則一與言爲二，言而可二，則二與一爲三。自此以往，巧歷不能舉其要，而况其流乎？是以聖人知萬法之彌綸，億計之差別，皆出于妙本，而攝以眞乘。眞乘之門，入則無二。二而不得其偶，一斯盡矣，寧必除一而謂之至乎？毗邪默然，義在于此。頌曰：

法有萬門，宗無別諦。妙不可一，眞胡取二？衆聖隨方，聊存遠寄。悟入殊因，圓明共味。茫茫巨浸，赴者百川。到無前後，終爲大淵。夫何淨名，乃曰眞入。性相皆離，思量靡及。仁者辨法，于法有言。言既有矣，名何一焉？文殊雖言，言于無說。無既言矣，攀援未絶。超相踰言，是謂默然。淡弗調而味足，琴無鼓而聲全。玆法門之不二，又何得以稱旃？

香積佛品第十

夫祛近惑者，必標至遠之趣，開常見者，必舉非凡之境。然後解耳目之縛，平智慮之封。內外曠然，始造眞域。此品之旨，以爲香積無上之界，寶飯普重之慈，乃釋累之妙筌，融神之化國爾。使庶幾之士，因茲領解，必能遺其所寄，而涉乎大方。無捨無求，然後爲善矣。頌曰：

巍巍上方，粤有眞場。不立他法，惟聞妙香。河沙四十，道右而長。希微其野，眇莽其疆。淨飯惟馨，寶器惟潔。孰往取之，捐梯泯轍。甘露其味，大悲其熏。孰能銷之，悟法離塵。香界惟何，高遐若彼。返照循元，迷悟而已。香飯惟何，普濟如斯。稱根付飽，粗妙之資。是謂冥權，是稱實智。幽唱無響，孤風超詣。卻顧下方，居然不二。敢告人天，領其標致。

菩薩行品第十一

夫至精而不能犆，至異而不能同，有累之大者也。故此品覆解香土之高妙，乃鄙穢之筌蹄，懼夫聲聞之流，因而取相。且魚獲則筌棄，鳥盡而弓藏。鄙穢之累既祛，高妙之名亦滅。若將舍一而取一，其患寧有既乎？故香國眾賢，悔生劣想。迦文大訓，兼忘有爲。慈音一宣，內外咸濟矣。頌曰：

香國眾行，兟兟大千。聿來下土，將契鴻緣。於穆迦文，奄荒法界。植相觀空，逢言作解。惟彼大士，悔生劣想。祇聽我辯，疑情自蕩。想何爲劣，穢淨是分。靈照一區，浩然無垠。疑何爲蕩，斷常皆去。不盡有爲，無爲不住。有爲而無所有，無爲而無不爲。三乘我出，萬行焉依？法門若是，眞諦胡疑？

阿閦佛品第十二

夫垂至妙之言者，必存至妙之實。聞言覩實，然後學者信而不懈。信而不懈，則道將爲一。道爲一，則言皆妙，而妙皆實矣。故至人神奇于外，深根于內。若妙喜之寶界，無動之尊顏。于彼之所生，于此之所化，未始非實，而昧者不知，必覩相而後欣，造形而後悟，陶冶麤滯，會歸冥極，則示權顯相，其得已乎？此品之宗，義則然矣。頌曰：

洪惟妙果，必有妙因。厥德無上，其功乃神。無動之尊，妙喜之域。萬善所藏，鴻緣所宅。龍象未躋，人天坐隔。無垢是生，維摩詰，無垢稱也。馮儀孔碩。善逝揚稱，欲顯其方。冥權普會，至變交相。不興于坐，不習其祥。斷取淨界，聿來茲疆。不念所臻，萬物咸覩。切理循階，娑娑接武。以空入空，無去無取。清淨現前，莊嚴篤祜。大眾已觀，復歸其所。

法供養品第十三

夫陳玉帛，鳴鐘鼓，事神之末也，具衣食，張室廬，懷民之細也。誠向不至，物將爲累。況希微無上之法，寂滅忘言之精，欲以像刹之粗緣，死生之穢業，求其妙證，不亦難乎？故天帝曉殖福之甚多，月蓋悟深經之最上，賢刦大士，因之受記，則供養之勝，捨法何言哉？頌曰：

道有所寄，心必生恭。人天雖異，歸仰攸同。其歸安歸？歸法實相。其仰安仰？仰法無上。相已實而何歸？上既無而曷仰？其知此者，是名供養。若大千界，若一劫時。稻麻眾聖，香珞多儀。四天樹刹，七寶裁基。施寧有量，福亦無涯。至哉妙音，顯厥眞理。謂相終淪，謂塵曷恃。一念回嚮，福多于彼。寶蓋因緣，提柏踐履。寧異人乎，我身如是。

囑累品第十四

夫道無限斷，世有來今。無限斷，則歷羣聖而一如，有來今，則揭大事以相付。諸篇必以《囑累》爲末者，亦未濟終焉之義乎？頌曰：

教不孤運，心以契傳。源開派萬，照一燈千。丕承慧命，肯構鴻緣。稽昔彌勒，茲無讓焉。

胡宿《常州興化寺記》（《文恭集》卷三五） 晉陵興教院，東南距縣三十里，圖志脫略，了不究創刹之始。按沙門從喜所撰石記，寺本名南蘭。會昌前，寺已有之，厥後例從詔毀。至南唐保大中，始復舊額，易爲禪院。廢址僅在，遺棟蕩然。我之曾門，夙植善奉。往以亂故，洎無宦意，治財以專施，修稼以勤貸。糾合鄉義，捍固生聚，他盜引去，茲境賴安。一旦出橐中百金，聚其族而謀曰：方今國步尚擾，人道未夷，幸而宗門得免亂世。吾聞西竺之教利生接物，因權顯實，使人崇十善、持五戒，去貪離著，尋本究原。復一性之眞常，息萬塗之流競。擺落根境，超出生滅。此神道之極摯，津梁之至妙。無生上法，雖然成於解行，有爲勝業，亦以董於種性。盍興故刹，以勸同閒，且爲香火之集，庶厭金革之難。於是上下恭命，壯幼畢力，即其故處，啟爲蘭若。崇門峨峨，高殿岌岌，齋房環合，步廊周旋，像設具嚴，海會來續。焕焉大壯，號爲中興。國初泛恩，詔賜今額。爲僞唐保大丁未，本朝乾興後元，甲子凡一周有奇矣。年祀寖久，咸安厥成，風雨所漂，弗支其壞，金碧漫滅，棟梁摧頹。有孫曰震，於某爲伯父行，善持門戶之業，深惟堂構之言，率籲諸宗，議建大殿。裒合眾施，凡得錢若干萬，命寺僧自遷、繼巒顯尸其役。工未及僝，而我伯父奄捐館舍。子襄悼先志之不就，痛遺恩之罔極，虔奉治命，誓成夙願。有同里湯見素者，思植善果，樂預能事，亦施五百萬錢，協齊材瓦。復命義圓、法源二僧，關領其事。天聖丁卯十二月，新殿成。觚稜竦峙，欘牙開張。威鳳欲跂，名翬將翔。重簷眈眈，睟容煌煌。左鐘右磬，夜梵晨香。裝嚴百福，鎮茲一方。姝子格跪而前曰：曾大以來，家世樂善，寺已絕而崛起，殿將壓而勃興。宜著文辭，有表後世。復援孔悝銘鼎論譔先祖之意。辭之弗可，因斐然直紀，且以詒諸雲礽云。

又《題湖州西余山寧化寺弄雲亭記》　西余山，東出吳興城十八里。初，二山介溪兩傍，俱名曰余。土人以東西別其稱，而西余特著，單見於地志焉。支水北引，注於山下，有廢寺十餘棟，律徒不寧其宇。景祐中，沙門寶實聿來尸之，崇治僧坊，安集禪侶。慶曆壬午，予假守在雪，客有詫茲山之勝者，始欲一往。仲冬，乘雪初霽，晏溫少寒，因與治中諸僚，洎一二禪老，刺舟而造焉。履莓苔，捫蘿蔦，凡三休，甫達於上方。蔭長松，坐盤石，躊躇四顧，有翛然遐舉之想。然猶恨登覽之差晦，攀躋之良勞，有亟其還，未盡所適。他日再往，則天風自戢，水波沸揚。嚮之荆榛，翦而爲徑途，昔之土石，累而爲磴道。安行百級，遂至於高頂。復又瞰山西面，結宇十楹，通清遐閒曠之觀。坐已，實師前請曰：山去湖十許里。陵谷何常之有，庸詎知千百年後，此山不在湖之中耶？盍與之名，且志其事，以遺來者，使知創寺之始。因以弄雲名其亭。亭之妙處，予能言之。卞山當其西，如蒼龍蟠據，勢欲奮挺。太湖在其北，若元氣磅礴，浩無津涯。洞庭、林屋，綠毛縹緲，諸峰了了在目。遠帆參差，飛鳥凌亂，溪雲往還，野艇出入，百色映見，如在鑑中，此北眺之勝最也。夫眞妄在心，諠靜依觀。上智之用，不泥於物，中人之習，乃牽於境。吾知夫暫登茲山，憩茲亭，可以無諠無妄，惟眞惟靜，境與心俱冥，神與氣俱生。又況長棲巖阿而玩永年者，其眞粹之樂可涯也哉？慶曆癸未三月十八日記。

又《常州太平興國寺彌陀閣記》　昔迦文於舍衛國宣説妙法，稱讚四方之佛，曰阿彌陀，過十萬億刹，居上品勝上。其名曰極樂，其壽曰無量，以莊嚴爲世界，以慈悲爲道場。六時雨於異花，八木涵於奇寶。大光普照，靈風回翔。樹木之聲，皆演眞諦，禽鳥之慧，悉談苦空。含眾妙而巨量，狀羣經而莫盡。斯境也，從萬行而報，彼國也，無三惡之趣。婆娑土穢，眾生根雜，放逸不返，苦惱無安，有生老病死之悲，有丘陵坑坎之污，備造眾惡，牽蹈諸趣。夫境勝則欣跂，情苦則疲厭，故彌陀如來，深愍迷子，爲現淨土，持四十八願，拔濟羣品，令厭濁惡而欣妙嚴也。雖大慈平等，饒益一切，而於閻浮提之人機緣最熟。雖復陵遲末劫，具縛凡夫，決能精誠稱誦名號，修三十六妙觀，臨終之際，眞相締定，乘大悲之接引，隨喜品而往生。境界難思，動念即至，眞實佛語，四眾具聞，廣長舌相，諸聖同表。神者不疾而速，豈謂是哉？及捨畏塗，得依樂國，普董妙行，進登聖果。安不退之智地，證無生之法忍。還入三界，營救羣迷，同嚮菩提，成等正覺。則知迦文之現穢，彌陀之現淨，調柔折伏，同示大權，延促依正，竝歸眞智。輔以觀音之慈悲，勢至之勇猛，悲願參運，象力總持，幽贊咸通，其應不一。常州太平興國寺，蕭齊舊刹，吳土名藍。大江東流，夙擅佳麗，香海右轉，地稱吉祥。大比丘可尊，闡繹圓宗，循持梵行，神栖安養之境，志皈度脱之門。開慕信根，崇修淨業，同結生方之社，以爲即實之基。上首信士傅廣、門人子蘭，與其邑中之良，夙殖善本，勇結勝因，樂聞言音，歸趣信誓。室多忠信之舊，戶興禪頌之風。而又率籲檀那，裒合財施，飭豫章之峻幹，礱他山之密礎。選良剞劂，究奇塑範，營閣於本寺正殿之西偏，造阿彌陀佛丈六金像，居寶蓮華之坐，威德殊勝，相好端嚴。鐘梵落成，金碧宣照，緇素和會，幼艾咸集。大治純陀之具，廣施上妙之珍，咸苦乃心，冀履其域。有通淨名之説者，相與歎言。良匠之依空地，乃成宮室，菩薩之取衆生，以淨利土。觀殖因於即世，知圓果於未來，又若祖師，何二之有？兹閣也，始事於慶曆甲子，成於戊子。衆緣所集，最凡計泉刀五百萬。尊師以宿早參道照，託序緣興。綴文匪工，涉教殊淺，寶嚴所載，聖妙難模。雖殫無量之聲，莫讚甚深之典，矧輕毫燥吻，所能庶幾哉？儻助宣流，默祈回向。至和丙申三月十三日。

又《下天竺靈山教寺記》（《咸淳臨安志》卷八） 粵若能仁出現，圓教流通，觀音機緣密契於中土，善財參禮徧歷於南方。曹溪傳於一心，天台宗於三觀，度門迭啟，叢林相望。異香旃檀居多於此岸，大乘氣象兼茂於他邦。豈非《離》之明、《巽》之聰，性爲般若，尤鍾於東南者虖？天竺寺者，餘杭之勝刹也，飛來峰者，武林之奇巘也。晉有梵僧慧理，指此山乃靈鷲之一小嶺耳，不知何年，飛來至此，挂錫置院，初曰翻經。隋開皇中，法師眞觀增廣之，改爲天竺寺。其後大比丘曇超、道標，領徒唱教，名在僧史。唐末盜起，寺焚略盡，吳越王鏐因即舊址，建五百羅漢院。大宋之興，名山精舍，申易嘉號，錫名曰靈山。祥符中，州人聯牒，業叩府下，請大士遵式領其衆，演天台教觀。式公辯博明解，遠近嚮慕，智者之學，自是益振。天禧初，文穆王冀公臨州，一見加禮，爲奏復天竺舊額。遄承可報，冀公親題其榜，筆力殊勁。且有敕旨，許作十方講院主持。還朝，又表其高行，賜號慈雲，仍施錢萬緡，爲營佛殿。雄盰赫敞，岌然翬飛。未幾，侍郎胡公繼典是郡，又捐己俸，助作三門，分施峻廊，翼其左右。檀施風偃，莫不喜捨。於是裒合衆施，環構衆宇。殿之後曰法堂，其右曰僧堂、曰金光三昧堂、曰老宿堂，其左曰廚、曰庫、曰浴院、曰延壽堂，及東西繚廊六十楹，井匽舂磑之所，最凡百二十餘區。皆匪亟而成，觀感以化。至於金像模肖，莫不奇特。又造旃檀觀音像置三昧堂中，慈相穆如，智者之遺法也。初，寺有檜樹枯死，至是柯葉復茂，衆目之曰重榮檜，乃蘭若中興之兆。慈雲告老，菴於東嶺，傳寺事於明智大師祖韶。韶公亦宿植德本，密資覺力，延棲海衆，宴坐道場，二紀有餘，百事無曠。天聖中，兩宮外護，三寶焉依。清淨之風，大流率土，吉祥之地，首眷兹山。乃詔乾元、長寧二節度僧各一。明道至皇祐間，二遣近璫黄元吉，捨施檀香縷金佛、菩薩、羅漢等像五十二身，釋迦、文殊、普賢、阿難、迦葉琥珀像五身，又施西天靈塔、佛骨、舍利、白氎等。仍賜飛白御書六軸、飛白御書扇子等。且有中旨，每歲增度行者一人。韶公欽承聖施，寅奉墨寶，於法堂後建御書閣三棟，以虔香火。閣之東西，建方丈二十區。北敞虛檻，正面鷲石，名勝游士，多至其下。又於殿之前建鐘、經二臺，東西對峙。三門之左，構五百羅漢院，右建天台教藏院，後曰看經堂。北曰泗洲菩薩殿，後曰茶堂，亭軒房牖之類，亦百有二十餘區，兹又明智續諸檀而續之也。前後輪奐，表裏華潔，鐘梵通於霄漢，金碧照於巖谷。新澗春夏，衆聲睁然，靈峰蚤暮，雲氣馥若。疑神物之有護，信靈仙之所隱。大哉，佛以無生之心，體無邊之行，願應現三界，拔濟衆生。殫土木之莊嚴，未有以稱其德，盛金石之篆刻，不足以究其功。居之者當感被王靈，念承法蔭，思耕鑿之苦，省肯構之勞，開發大心，紹續慧命，以三摩奢爲淨體，以六波羅密爲妙用。渡河沙之衆，圖報佛恩，宣海潮之音，答揚帝力。緒餘妙利，延被有情。則此寺之崛興，與兹山之共敝。韶公以某雅塵禁職，緬慕宗乘，見託以文，且記其事。至於龍潭猿澗，一丘一壑之勝，則有陸鴻漸《山記》在焉，今但記其置寺之本末云。

又《故右街副僧錄普印大師賜紫昕公塔銘》（《文恭集》卷三九） 有宋大士，賜號曰普印，居景德蘭若，以至和丙申四月甲戌，宴坐示滅，容采若生，壽七十有四，臘五十有九。都城緇俗，燎香膜拜者，日盈其室。越仲夏甲申，弟子文顯等，奉其全身，立塔於都門之外，寶慈寺之別園也。師諱昕，姓曹氏，世占數於丹徒。六歲出家，奉金山沙彌幼仁爲師。十五染法衣，明年受具戒。挺然節尚，拔於時類。未幾，臺恩以例賜紫方袍。年二十餘，通《華嚴》、《起信》等經論。雅好《易》學，長誦說山中。晨起講經，午後說《易》，如此累年，未始有懈。已而，聞五祖山戒禪師有佛知見，往求印可，咨決心疑，法要瞥聞，空門遄解。自爾按趾莫非於海印，舉足皆是於道場。一錫隨緣，僑止輦寺。行願純備，名稱普聞。王公大人，傾向其風，以謂挹之彌沖，淵然而粹，莫不服其清遠去疵吝，咸願叩繫表之益，申方外之款。龍潭、潯陽之勝刹也，遣徒迎致，求轉法輪。師承請歡然，業已決矣。會兩街上首與名勝百數，詣京府薦留，願縻以僧職。乃署左街，守闕鑑義。稍遷右街副僧錄。雖居大衆之地，不異寂默之境。定鑑有來而則照，洪鐘隨叩而斯鳴。素琴寶書，蓋泊如也。

晚邃於《易》，參京氏著論三篇，造至韞。常曰：三聖極摯，本無言說。淨名不二法門，乃至無有言語文字。仲尼亦云予欲無言，又曰天何言哉。老子西出關，尹喜曰子將隱矣，強爲我著書，於是述《道德》上下二篇。由此觀之，默指可見。然不離文字而説般若，於是有三教會同之論焉。未圓寂前一月，手疏履迹，見託狀其淨行。緒言猶在而哲人已萎，豈非靈知，逆照其來乎？追踐前言，姑銘其塔云：

有皇庖羲，思索其極。觀化至神，畫而爲《易》。有師少林，妙解甚深。逗機諸祖，印之以心。三極精微，一乘圓頓。孰會其宗，導師普印。覺門耆俊，智地妙明。昔來江域，留舍都城。緇素欽風，王公挹德。定慧參持，威儀孔力。毗耶示疾，趺坐云亡。感深茲土，迹應他方。神明曷之，話言已矣。塔閟全身，狀攜隻履。背宜春兮下苑，即逝迹兮外園。噫，大士兮普印，寧委蜕兮茲原。

宋祁《送賢上人歸山序》（《宋景文集》卷四五）　僧至吳地，始于赤烏之年，法傳震旦，本乎少林之祖。曰五葉付于能者，一枝出于石頭。龍象掎裾，多生江漢之域，稻麻均衆，嗣發海潮之音。故南方勝宗，禪者稱首矣。開士賢公以無礙之辯，偏參之學，深憫俗界之五濁，示現禪那之三輩。不待影策，蹋蹴天下之駒，全提海印，吹散雪山之象。天聖三祀，駐錫澧陽，黑白歸之，所在成市。難拒有情之請，遂唱別行之教。應病與大小之藥，隨扣發春容之音。淨名遺言，眞入法門之不二，亢倉與處，但覺歲計之有餘。衆德普聞，一方蘄嚮。始師與今參豫清源公，實領妙契，爲忘年之交，款茲同風，有命駕之適。戾止京寺，且遇敝廬。予方欲以道里往來而勞苦之，師舉手曰：仁者勿作是念。誰爲煩惱？誰爲菩提？舉中則內外成三，言法則眞妄有二。皆是宴坐，皆是道場。予聞師言，信受珍重。撤席未幾，俶裝告歸。江山白雲，巾鉢飛鳥。春郊蒼然，春柳盎然。送師者自厓而反，師自茲遠矣。寧於韁鎖塵譁、雞鶩仕塗者，可希其轍跡哉。欽風不忘，附贅成說。謹序。

又《雲門錄序》　道之槪及言而麤，言之微至書而略。然槪而不得不強者道，麤而不得不謂者言，略而不得不著者書。忘言之言，未始有言也，可道之道，未始有道也。故雖終日示吾境，鳴吾喙，汙吾簡，我何累哉？若大士永詢者，其有言而無累歟？惟師得於禪師善，善承寬，寬繼雲門，雲門於法最先覺者也。夫得無所得，是名得法，覺無所覺，是名先覺。故師以景祐龍集乙亥，即荆南福昌寺，甫坐道場，天駒玉象，蹴踏群勢，黑白咨求，悦而承風，一緣萬應，無有中畔。故其語非牽合屬綴，非粉澤華藻，順俗悦凡，獨妙逗機。欲令昧者得入，知者徑悟，空文多言者無所旁緣。自唐以來，斯道遂顯。諸老大乘更提而迭唱之，高足上首奔走譔集，蓋別行一趣，不得而闕。今道隆所錄，亦由是乎。若乃憑默遣言，默境已立，用遣遣默，遣情彌熾。如我說者，物至則應。不爲言言，理解而止，不爲默默，一言以交薦，不爲遣遣，圓裹妄眞。以合大方，曩之爲雲門，爲寬，爲善，今之爲師，一用是說，無二道焉。齊安守史館庾君方之，契師道緣，間不容翺，哀錄抵僕，且俾序辭。僕晚聞道，姑著師出世之自，道隆述者之意，方之見託之重，以冠篇端。亦不知言爲錄之肬贅歟？錄且待肬贅而足歟？廣平宋某子京記。

又《相國張公聽普印昕師彈琴詩序》（《宋景文集拾遺》卷一五）　樂家有琴也，於古差近，釋子悟禪也，在法最勝。勝法難喻，古聲難調。二者合以相資，此昕師之鼓琴也。相國清河公鎭許昌之初載，師以領忘言之契，有命駕之行。閒其清靖，參以宴坐。心照云舊，法樂甚歡。於是乘艾夜之閑，投蘭言之隙，思有以音聲佛事，蕭散天弢，竦神承流，深根寧極者，莫尚乎絲桐之樂，乃進而御之。既一再行，相國灑然而喜，顧謂四坐曰：夫聲緣器至，器乃假合，和寓聲現，聲本虛空。若夫據太和以親琴，琴也恃朽株枯木，自解脫而論法，法也皆駛月行舟。道要盡然，吾聽止矣。因爲詩以貺師，其亂章有彈意忘琴之句。所以逗機爐雪，遁迹魚筌，彷徉大方，脗合眞際。師亦躊躇滿志，推琴而褫之。它日，予與觀焉，竊美公以左槐眞宰，回入佛乘，徑登之如此，又嘉師以安弦軟音，動蕩天倪，造適之如彼，是用叙作者之意，以冠其篇云。太常博士、直史館寅平宋某。

又《安州景福寺重修鐘樓記》（《宋景文集》卷四六）　聞夫世雄撫運，親列衆德之本，故員實之相形焉，能仁示滅，載昭夜景之鑑，故像末之教興焉。若乃大事之緣，由應感而出現，無邊之衆，習蒙薰而歸向。宅寶坊之勢勝，當導師之提唱。撤舊以更始，惟新而是圖。堂堂厥謀，鮮哉希矣。是郡也，踞申、息之孔道，掩荆、漢之奧殖。祀無淫昏之鬼，俗躋仁壽之域。漢網疏而不犯，堯民比而可封。欽奉珍祠，樂聞眞諦。赤髭之侶，若稻竹而沓臻，堅材之施，譬輪輅而繼作。聰神由是來舍，紺宇於焉纚屬。即景福寺，今爲郡之大招提也。面通莊之四達，壓城闉之一面。綿寶勢以盤踞，抗飛榮而靜深。煙霓上迴，龍天拱衛。且近西偏以建靜塔，直東位以創層基。引千鈞之洪鐘，締百尋之彫閣。營繕雖廣，制度未隆。祥符末祺，洪霖繼臻，客土彌惡。屋瓦斯墜，瞢誤昆陽之飛，隆棟既顛，幾同《大過》之橈。子產懷將僕之懼，叔孫乖必葺之謀。誰其興之，則智元法師其人也。惟師雅志勇猛，深衷懇到。顧層構之將壞，懼清眾之闕警。聿興旦旦之誓，前諭兟兟之徒。大願躋格，至誠充洽。於是徧詣豪舉，旁詢耆德。周求畝首之富，下逮賈區之微。濬發一言，胥應千里。群心率籲，譬取懷而不疵，喜捨相先，同在陰而皆和。涓日既吉，選工既良。瓌材四湊，踰千章之多，密石載礱，盡一拳之介。郢斤投地，巧無蠅翼之傷，睢杵節音，雜若魚鱗之襲。晉臣之甓皆運，漢帝之陶在茲。因其曩基，煥以新構。鳩僝不已，妙勤咸盡。起敦牂之始歲，逮涒灘之有秋。功惟告成，事不愆素。爾其層檐錯繡，飛宇凌虛。逸倒景而上干，負陰虬而叢倚。行月納題而徐邁，流星奔闥而下覗。鏤文木以裁檻，鏘裹金而綴鈴。朝暾麗乎髹彤，晴煙生乎縹碧。黑白仰止，厘三休而後至，殿閣交映，悅諸天而一同。輪焉奐焉，不可殫述者已。先是，樓之改造也，遷鐘於別所。至是，撫萬楹之高宇，陳兩欒之茂器。峭格挺立，猛簴肅施。贔屭之形，虛中而達遹速，春容之韻，居高而聽彌遠。叩大叩小，警晨暮於六時，不槪不窾，助聲聞於三昧。固以輝映神壤，覺悟含靈。雜霜乳之相鳴，應洛銅而顯發。惡魔屏去，寂默而成道場，檀施雄成，音聲以爲佛事。由茲利益，其可誣哉？若夫靡初克終，《詩》之所貴也，樂成慮始，史之甚憚也。有若元師挺精一之志，當體大之業，指白水以示信，注黃金而不昏。百舍載馳，靡辭於重研，一簣斯進，乃至於成山。輥纖芥以相投，斬緜絲而靡續。可謂有初而慮始矣。日月之所遷引，毫釐之所裒合。斯干之百堵皆作，靈臺之不日告成。儼名翬而若翔，屹華鯨而斯叩。由積累以成大，俾勝利之現前。可謂克終而樂成矣。不如是者，棄井九仞，難免孟軻之譏，作舍三年，或抵漢人之誚。宜乎圖不朽之績，續無量之壽。宣六種以震動，爲三有之歸投。使夫登是樓者，知化城之所，及之非遙，衍法之輪，轉而不廢，聞是鐘者，知金之出礦，無復重爲，聲之度垣，何可有礙。靈心發於佽助，諸方極其讚歎。故當刻鏤螭琰，焜耀雞園。珍地側金，配魯靈而長在，大音震物，與仙石以同澌。而予潤事靡工，落新無取。抉涸流而甫爾，恐綺語以自貽。非敢傳之方來，聊用謹其歲月云爾。

又《衡山福嚴禪院二泉記》 陳有大士曰慧思，得佛法要，始倡而南，乃舍岣嶁之墟，圖揆厥居。黑白其徒，褰裳景從。山阿土厚，汲以勤苦。師曰：吾當食此，神必我相。引仗刺地，靈液仰流。涔滈滲漉，更䠞競注。憔焉熱惱，盪爲清涼。久之，大比丘眾陰計曰：有生濯榦，庸可以已。俄有猛獸，導師踰嶺。攫崖哮闞，檻泉隨之。由是華清交蟠，內周外給，禪和便安，道風流行，乃宇爲大蘭若。師已寂滅，其徒神之，因名二泉，曰卓錫，曰虎跑，所以震顯冥符、收攝信源者。惟卓錫距堂下，深之十扶，其廣八之五，淳而不流，凡瀹者、烹者、飪者、茗者取焉，香以甘故也。虎跑直寺西，廣之五咫，其深四之三。浚而爲沱，刳木函溜，行二千尺，股分脈散。環像館，歷齋房，經廚軒，竝中圜，繚浴廡，逗廁舍，然後淙而出之，注乎下田，凡湔者漱者浸者取焉，寒以潔故也。若乃溯陽弗泮，值陰弗涸，旱焉益深，潦焉益澄。十缶繘之不加餘，千罍挹之不加耗。瀰淪澹淡，蓋源而不委者耶。嗚呼，斯人斯泉，寧獨煩流惡而止矣，亦將昭含天解，覺寤斯人歟？若聞法有譬喻，請借泉爲喻。夫不鑿而浪似頓，澄焉自如似定，受垢弗辭似廣，兼利不言似慈。接物以廣，畜眾以定，息照以頓。即心推而衍之，使自求之，彼挈然而來者，灑然而反，則師之志庶乎幾矣。今大長老省賢，後師四百載，又嗣其位。荷擔惠命，光照前人。周案顯跡，欽如神對。丐文紀實，與此泉偕。余不敏，姑捃前載，以竄今事，款之茲山。時慶曆紀元之初年月日記。

又《復州乾明禪院記》 或稱離一切相，是之謂法，依十方佛，是之謂宗。予曰，不也。夫舍妄求眞，必有二體，擯外修內，則立中間。是擾擾之羣生，執種種之差別。棄大海之水，誤認一漚，舍如意之珠，更求至寶。乃有三僧祇之辛苦，五濁惡之流浪。無縛求解，揑目取華。由是能仁憫憐，正眼提唱。法無可得而名說法，言雖終日而未嘗言。不自階升，徑躋補處。自迦文滅度後二十八祖而茲土傳教，達磨滅度後二百餘年而信衣不傳。雲雷普聞，子孫繁盛，法集禪叢之窟偏天下矣。復州者，揵江漢之北望，古曰景陵郡。乾明院者，直譙門之東趣，唐爲開元寺。會昌之難，翦焉荆棘。劫火沈燼，山靈見鞭。像法中興，改題院額。祀不失物，益作四事之嚴，天定勝人，復會六合之衆。然或外請尊者，以號住持，或即付上首，以爲傳襲。教失厥序，人有其私。金注益殙，但取小乘之愛，井飲相捽，寖隳大事之緣。運之少還，物乃傾否。天禧中，比部員外郎邢若思來領州事，因目勝地，久爲人廢，乃率郡之大檀越及比丘衆，奉公檄詣鄂州靈竹院，請今長老契隱以尸之。惟師逗西竺之上機，紹法眼之昆裔，純熟衆德，摧伏羣魔，應以有情。既詣寶所，至上之日，黑白和會。露味灌灑，象王蹴踏。曾未期月，學徒至者蓋百餘人。猶草之得陽春，如子之和鳴鶴。修復頹範，大興層搆。乃有五臺僧澄岸造僧堂，攝州司馬李遠向禮建三門行廡，長沙僧智亮作浴室，州校陳釗跨波爲橋亭。不出十年，遂臻考室。或施瓔珞，或散香花。園公布金，海人上氎。什器帷帳，罔不周給。千楹攢注，類天宮之化成，百寶莊嚴，疑地神之通現。師之功德，可思議之哉？夫有爲之謂緣，利他之謂廣，無來去之謂妙，即心佛之謂頓，圓裹四者而不見其用之謂第一義。彼上人者，其庶幾焉。宜其爲巨海之舟航，大方之牆塹者已。師以僕嘗任州幕，具知勝因，列狀載勒，刻識爲託。且欲令後付囑者不私於己，其以吾爲玆院之初祖也。矧國有著令，來者得不信受奉行之。時年月日記。

又《福嚴院種杉述》（《宋景文集》卷四八）　福嚴大士嗣居之九年，營復仁祠，以舍大衆。仍山取勝，披巒發奇，雲征鳥革，幾二千室。佛事侈大，邦人歸嚮，望門生信，造壺益虔。收攝懺戾，更爲清靜。又命其徒，環院且百里，廣樹杉焉。師之言曰：嶽之陬，莫杉爲良。今視我居，水火之不可常，堂構之不可怠，苟無其備，謂吾能外助哉？由是日蒔歲營，數盈十萬。順其陰陽，時其上中，築而培之，灌而澤之。沼緣阪險，半散巖藪。望之離離，即之牂牂。搖風之所偃拂，膏雨之所沾洳。春緻其理，秋勁其膚。童而蓋然，黟而帷然。牙葉奮張，枝幹夸肆。於是大者中梁，小者中杙，直者爲棁，枝者爲枅。若乃胥宇儫功，大匠經始。斤斧所度，繩墨所習，從容頤指，萬楹可具。不丐林衡，不綏縣官，玆爲長利，其可嘉已。先是，州將下符，爲申厲禁，又檄院幹，得專護焉。已而衆謀丐文，俾信於後。予聞管仲有言：十年之計以木，百年之計以德。師今爲未來世思患豫防，不直十年計也。樊仲欲作器，先種梓漆，人或嗤之，後得其用，更從假貸。則今之昧者，得無嗤師之遠計乎？亦且異時從師而求假也？師名省賢，以傳付密要，始處藥山，大唱宗旨。旋舍石霜，黑白不釋之，故又居於玆。三坐道場，一用眞諦。今予以有爲之績，可述之言，以美於師，是非謗法也哉。雖然，不謗不足以爲法，師其著，吾文無介焉。州符、衆樹杉者之名，刊於石背。

又《庭戒諸兒》（《宋景文筆記》卷下）　教之持世者，三家而已。儒家本孔氏，道家本老氏，佛家本浮屠氏。吾世爲儒，今華吾體者，衣冠也，榮吾私者，官禄也，謹吾履者，禮法也，睿吾識者，詩書也。入以事親，出以事君，生以養，死以葬，莫非儒也。由終日戴天，不知天之高，終日跪地，不知地之重。故天下蚩蚩，終無謝生於其本者，德大而不可見也。道家所尚清淨柔弱。聞齒以剛而缺，不聞舌以柔而折。以有爲爲末，無爲爲本。故爲者敗之，執者失之。賊莫大於德有心，心有眼。吾有大患，爲吾有身。生生者不生，化化者不化。然其清淨可以治人，柔弱可以治身，若等服而行之，不害爲儒也。佛家自遠方流入中國，其言荒茫參大，多所譬諭。合羣迷爲眞，指生死爲妄，以太虛爲體。其法曰：欲言則差，欲心則謬。如一漚生，一漚滅，還入於海，漚自妄見，海無生滅。無有也，亦無無有，亦無無無。淡然無所得，而止亦不止也。

又《復州廣教禪院御書閣碑》（《宋景文集》卷五七）　昔者上帝冊書，藏群玉四徹之府，神禹秘記，著南方會稽之山。若乃上聖蔚興，含靈皆讋，彌文塞天淵之表，遺章倬雲漢之象。溫瑜鏤翰，崇樹規矱，協三五六經之制，藥函眞本，頒貺方國，鎭七千神靈之封。用能蔽穹壤而相傳，存都邑而有副。鼓之而天下動，舉焉而能事畢。嗚嗚棼棼，而珍圖焜照，在在處處，而神物護持者歟。復州者，古爲景陵郡。棲地敞夷，殖物繁夥。濱帶江漢，嘗被文王之聲詩，蔽虧宿莽，流爲騷人之悽愴。神姦物厲之不作，民風國教之在柔，居然吉祥，是最殊勝。直城西出一里，有院曰廣教，乃唐禪師積公之經始，大士陸生之攸踐。巧歷之算雖往，故府之求多在。邑井不改，寒泉漱玉而仰流，岸谷相爲，洪碑生金而未泐。肇爲寶所，垂乎百禩。觀其面勢盤據，標勝呈露，卻背乎野，前瞰大澤。屈到嗜芰之葰產，幽流不穢，長者揮金而側布，檀施嗣臻。佛事具足以莊嚴，都人讚歎而踴躍。眞宗咸平初，遹追來孝，執競先烈，紬禁中茂陵之聚，備天下名山之藏，乃以太宗皇帝御製御書凡百軸下賜焉。照之天光，震動沙界，成鈎之文焕布，辟惡之香紛郁。霧圖蘭葉，蓋天姥之嘗窺，赤水珠胎，非象罔而誰得。乾興元年，景陵縣史譚顒內發信誓，謀就功德，捐緡錢數十萬，建爲重閣，遷賜書而藏之。木摩而匪彫，棟隆而弗撓，鳴翬斯飛以異狀，陽馬如舞而四承。巍乎覺苑之增雄，凛然天魔之潛衛。奕奕雲構，瞻咫威而如在，灝灝宸懿，賜書文之一同。推而上之，思議安及者已。先是，天禧中，長人邢公若思以寶坊雄峙，睿篇申錫，非大精進，疇克奉行。乃以僧惠嵩爲傳法住持，并幹院事。未幾嵩引去，又以今釋長老智昇次補其位。一滴清淨之流演，普及衆生，四事畢給而薰修，雄成內院。原乎震旦，啟大千之界，皆爲淨土，而積高之隩，或明神之所憑，賢劫示百億之法，待付國王，而大事之緣，有諸聖之時現。帝華撫運筆舌乎五教，而大墳常典傳歸乎東序之秘寶，宸極繼志，粉澤於先業，而冰綃壺墨，分藏乎不死之福庭。蚩蚩之氓，含甘吮滋，迷帝力之所及，沈沈之宇，子來勿亟，歸天保而在兹。俾是書也，幷日月而麗乎天，斯閣也，以香花而散其處。射者不敢西向，如畏共工之臺，從昔未曾得聞，更同如來之藏。祁宿官甫邇，落成斯覿，淳濯至化，頌次成功。銘曰：

寬柔以教兮南方彊，神明來舍兮壽而臧，崇建塔廟兮最吉祥。聰睿撫運兮臻太寧，雲漢章天兮奎鈎明，名山大都兮閟文經。瑤函珠笈兮啟層構，弃勒湯盤兮垂不朽，當來下生兮齊佛壽。

又《乾元節宰相開啟道場齋文》（《宋景文集拾遺》卷二一） 伏以若水開祥，契上聖千年之運，祇園修供，資能仁衆善之因。恭憑無量之福田，仰祝延鴻之睿算。伏惟皇帝陛下體元行健，累洽重熙。荷靈命之睠懷，迪先謨之懿鑠。昭德而誕膺純錫，敷文而交舉上儀。在璿克集於歲功，鳴社爰臨於誕節。萬邦咸乂，九序惟歌。某官翊亮天工，協宣皇極。率勵同寅之志，克申順美之誠。當華渚之令辰，獻堯封之善祝。躬趨寶刹，特敞淨筵。四事香花，羅寶階於兜率，六時鐘唄，演梵唱於魚山。繫勝果之圓成，佑鴻基於悠久。皇帝伏願宸居樂豫，壽域歡康。固守位於金輪，齊卜年於沙刦。法雲溥蔭，將德澤以長周，慧日揚輝，等皇明而久照。某官伏願茂膺戬福，益顯嘉庸。彌宣調鼎之動，上贊垂裳之治。然後願寵均朝著，恩浸寰區。官師咸罄於忠規，黎獻幷躋於富庶。大包瀛表，細及昆跂。仰沐加特，同兹饒益。

又《罷散道場齋文》 伏以薰風叶序，寶月向盈。記祥虹華協之期，著金鑑露囊之盛。虔趨福地，大啟眞筵。罄朝野之歡忻，集人天之瑞福。恭以皇帝陛下茂膺瑞命，祇紹凝圖。待旦垂裳，冒洪禧於海域，彌旬舞羽，偃師節于方陲。順履佳辰，夙標聖旦。旅貢琛而展慶，鄰隸玉以伸歡。某官襄贊大猷，翊宣至化。欣誕彌之佳節，集景祝於羣倫。裒對梵仙，宣揚秘典。光闡佛乘之最，上迎天算之遐。皇帝伏願湯德逾新，堯文增焕。九河開與，五緯循躔。綿周億載之期，長奉萬年之慶。鋪昭惠命，永芘含生。某官伏願穆景三階，凝和九鼎。並翊帝猷之亮，交隆國棟之華。然後願鳴玉翠[毛隹]，藹藹贊清寧之運，游童逸老，熙熙樂仁聖之塲。

余靖《乞罷迎開寶寺塔舍利奏》（《余襄公奏議》卷下） 臣伏見開寶寺塔爲天火所燒，五行之占本是災變，朝廷所宜戒懼以答天意。尋聞遣人於塔基掘到舊瘞舍利，內廷看畢，送還本寺，許令士庶燒香瞻禮者。道路傳言：舍利在內廷之時，頗有光怪，臣恐巧佞之人，因此推爲靈異，惑亂視聽，先自內廷，外及四方，鈔斂錢物，再圖營造。臣忝備諫職，見此事體，不可不言。臣聞帝王行事，但能勤儉修德，感動人心，則雖有急難，後必安濟。臣觀今天下自西垂用兵以來，國帑虛竭，民間十室九空。陛下若勤勞罪己，憂人之憂，則四方之民安居，咸蒙其福矣。如其不恤民病，廣事浮費，奉佛求福，非所望於當今。且佛者方外之教，理天下者所不取也。割黎民之不足，奉庸僧之有餘，且以侈麗崇飾，甚非帝王之事。或有戒臣者曰：若有營造，必不出於府庫，但用內廷無用之物，準其直而與之，亦不誅求於民，任自僧徒化其願施者，積歲累月而成之，庸何傷哉？臣應之曰：天下之民，皆厭賦役之煩，不聊其生，至有父子夫婦攜手赴井而死者，其窮至矣。陛下若恤民之病，取後宮無用之物、內帑有餘之幣出助邊費，勿收中民一年田租，明降指揮，布告中外，此則陛下結天下之心，感召和氣，雖造百塔，無以及此。若爲無用浮侈之事，民益怨矣。又二年以來，減省後宮請給，皆言內有煎迫，不似往前，今一日捨施，則財物無紀，何以取信四方哉？切緣市井之人，有知者少，既見內廷崇奉，則遽相扇動，傾箱竭橐，爲害滋深。若以經火不壞，便爲神異，即本在土底，火所不及，若言舍利能出光怪，必有神靈所憑，此妄言也。且一塔不能自衛，爲火所毁，又何福可庇於民哉？今朽木腐草皆有光，水精及珠之圓者，夜亦有光，況舍利本胡中怪異之物，有光亦非今日之瑞。昔梁武帝造長干塔時，舍利亦常有光，及臺城之敗，何能致福？視此可以監之矣。其開寶寺舍利塔，伏乞指揮更不營造，上以見陛下不惑之明，下以昭國家愛民之意。仍乞更不迎入内中供養。且胡人軍校，皆呼舍利，舍利入宫，不祥之語，尤宜戒之。其然頂爛臂之人，亦乞禁絕。

又《朝賢送寶珪詩序》（《武溪集》卷三）　僧徒裾褫，日擻公卿之門，不可勝數。其宴見而款談者固少矣，來以誠接，去以言贈，又加鮮焉。名高方外，無忝延譽，僅有存耳。湘衡之郊，梵侶尤盛，遊方而歸，主盟禪席，得之嶽麓珪師焉。昔遊雲水，名動京師，息以南還，逾十稔矣。一日，出諸公送行詩一軸，率今之名賢，因其言旋，繼成雅詠，師皆摸其墨迹，勒之翠琰。鸞鵠交翥，金石流潤，前所謂去以言贈，無忝延譽者也。窺玩數四，不能去手。師乃跽請進序所得，遂書之篇首。

又《筠州新砌街記》（《武溪集》卷七）　予至筠州之明年，道者僧體謙袖謁及門，既坐，遂言本永嘉人，寓筠二年，去居廬山。筠之崇善者曰吳太元命之復來，募衆得錢一千萬，召工鑿山陶土，得石與塼若干千萬，砌成大道，北斷於江，其南西繚於闤闠，凡若干萬尺，横渠暗竇，爲橋以通之，凡若干所。喜捨之士以道計者，自五百尺至百尺，凡若干人，以錢計者，自三十萬至一萬，凡若干人，一萬而下，不可勝計。所得錢不以簪毫自私，皆寄某氏之帑，朱出墨入，悉某氏主之。麻衣草屩，以董衆役，暮宿甄舍，飢食於施者家，凡若干年而工畢，乞書其事而誌之。吁，今夫地征物賦，官司列榜笞，謹期會，上監下督，民猶有斬固而逋負者，至以西方之教，一呼於衆，則發畜積割珍愛，欣然無所惜，其故何哉？蓋儒以禮法御當世，使人遷善而去惡，佛以因果誨未來，使人修福而避禍。然世有積善而遇禍，積惡而蒙福者，雖有仁智，無如之何。釋之徒則曰：彼前世之所爲，今獲其報耳，今世之脩，報在來世。又言：沒有天堂、地獄、苦樂之趣，次序纖悉。故無刑而威，無爵而勸，歸之者如川之流，壅之不停，去之不竭。其爲教大抵若是。其有竊佛之權，愚弄於衆，財未入手，先營其私，衣華暖，居宏麗，噉甘脆，極力肆意無畏憚者，十六七焉。彼上人者，獨弊衣糲食，苦其行而外其利，又能得開信同心，成此利益，使夫趨官曹、遊旅肆者，出滓泥，入清淨之境，眞奉佛事、勵戒行而好方便者也，誌之無愧詞。

又《韶州翁源縣淨源山骫石院記》　古之學佛者，内樂空寂以照自性，外作饒益以濟群動，故行颺於己而功施於物，雖巖居穴處，草衣木食，委去浮累，超然獨往。而萬家之城、十室之聚，率有信嚮，仰爲開導。由是攀蘿躡蹻，棧險梁深，異人所居，必立精舍。骫石院者，翁川之列剎也，山川葱鬱，杳絕紛囂，泉石幽奇，足以骫翫。唐大中三年，有僧法光，爰此剪茅，衆爲築室，去華摭實，遂以骫石爲名。劉氏瓜剖，亂離斯瘼，鍾唄之聲幾乎息矣。開寶初，因其故號，遷於上潭，香火僅在，風幡無託。不有廢也，其何以興？天聖中，今住持慧周同檀越巢迪等相與謀曰：佛之示權也大矣，人之起信也久矣。察榮悴者知其果，視禍福者存乎應。崇善者有精進以篤其修，畏罪者有懺悔以寡其過，多藏者有布施以破其惑，念往者有追奉以廣其孝。是知民之閭井，不可一日而違塔廟也。既而同焉者募，異焉者勸，富焉者資，巧焉者力。其相土也，則疊岫賓揖，澄溪帶附，其度材也，則百堵雲搆，四阿翬飛，其設像也，則金璧睟容，天龍善衛，其據境也，則珍木彌望，佳氣襲人。眞崇福之秘宇，絕塵之幽致也。苟非智者創謀，善人協規，孰能與於此哉？巨石如屏，泉淙於下，可以爽情靈，可以滌塵慮，命名之始其在茲乎？就崖礱琢，傳之不朽。皇祐元年八月日記。

又《廬山承天歸宗禪寺重修寺記》　佛氏之權大矣，三乘十二分之教，雖所說不同，同歸於化人爲善，人天龍鬼無不歸仰。故一城邑、一聚落、一川原、一巖岫，未嘗無剎也。俗無華裔，上無沃塉，十室之居，萬里之遠，鍾梵之聲相聞，世人不厭其多。夫惟群動外誘，則其智昏，一念内息，則其心寂。習浮圖者，定慧發光，以戒爲本，故居城廓之憒吏，不若山林之閑曠也。天下溪山之秀，江國爲最，塔廟之嚴，廬阜爲勝。近不接於塵坌，遠弗託於巖嶮，曉參夕問，無非佛事。歸宗田焉，本晉右將軍王逸少之宅也，壇宇雖改，墨池猶存。天竺耶舍尊者，振錫來居，遂作布金之所。江左六代至於隋、唐，總以律儀，莫窮譜系。貞元中，江州刺史李勃與智常禪師爲雲霞之交，兼師友之契，爰開法席，革以禪規。常禪師，馬祖之嗣，風韻殊特。初，有日者言師相有異表，師聞之曰：吾學佛者，異欲何求？遂以沙眯其目，輒有流星之應。時人因其瞼赤，呼爲赤眼道人。四方來學，不下千衆，自是燈燈相繼，於今二十三世矣。皇朝景德三年，以誕聖節名承天賜爲寺額，仍冠歸宗之號。叢林之盛，少能比擬，棟幹之隆，幾及千間。皇祐初，出譆之災，鬱爲煨燼，長老慧南既痛己身逢此壞相，又思成性莊嚴當由我興，於是精勤再造，同於經始。未終厥志，奄先歸寂。妙圓禪師自寶昔嘗衆請在十八世矣，諸方道目推爲禪伯，第以雲居，久隳綱領，徙猊座而振之。及是緇黃共議，還師故處。人之求舊，群情胥悅，智者獻謀，匠者獻藝，富者獻財，壯者獻力。土毛所入，日用所資，衆竭其誠，簪毫無隱。遠者伐山，近者陶土，而紺宇巍然，巧思鋪金，寓形設色，而寶像儼然。惜其能事未終，倏亦避去，道宜紹之，亦才數稔。今長老慧通嗣總清衆，極力興修，凡陂而未平，基而未構，器之未具，像之未完，月綴歲葺，工無暫捨，期於大備，又加飭焉。素不至樸，嚴不及麗。香火所虔，賓主所止，經行作務，群居獨息，各爲區域，莫非僧儀。愚嘗謂臣庶之家，雖五世相韓，七貂仕漢，子孫能保故居者鮮矣。至於禪宗佛宇，或時遷代易，而鍾唄巾蓋不絕者，何哉？選於衆，擇其能而授之，乃克起弊補廢，而永厥世也。必因夫大患難、大災害然後見哲匠之才謀、菩提之願力，古今已然之勢也。故十三年之間，繼擇開士而見寺制周焉。監寺僧松思，寶師之門人也，遺價馳書數千里，丐詞爲記，不獲讓而志之。嘉祐八年十月日記。

又《廣州南海縣羅漢院記》 孔子曰：可與適道，未可與權。則知道者，聖人之中正也，守常而不可變。權者，聖人之輕重也，應變而鄰於譎。權之時用大矣哉。佛氏生於西域，與諸華土壤斷絕，殆將萬里。其滅度後且千歲，摩騰、竺法蘭始持其書逾葱嶺，東土當時未之識也。乃繹漢明秘夢以肖其像，復築鴻臚外館以居其徒，紬其梵音以通華言，諷誦講說，日漸月清，自是迄今又且千歲。天下之俗，雲蒸波委。秀眉之老，毀齒之童，服役其事，惟恐在後，百戶之邑，十家之鄉，鐃鼓梵唄，未嘗可闕。其故何哉？蓋佛以大權寵萬化歸於至理而已。其爲教也，禁殺伐，斷淫妄，崇布施，重懺悔。性命之說，付之通博之士，因果之論，精入鬼神之域。使賢者務修，愚者生怖，同歸於善也。且夫蠉飛蠕動，含生之倫，莫不畏苦而趨樂，圓手方足，最靈之品，莫不跂高而好勝。而況血氣充於內，嗜欲誘於外，不足而後爭，有餘而後肆，欺誣巧僞，皆欲勿爲而不能已也，非權曷以誘之哉？嗚呼，人羊相啗，生死循環，一念作惡，流入胎卵，有知之所同懼也。高貲厚產，逐利不休，暫持所愛，則獲福報，常情之所樂爲也。欺天罔上，造惡者衆，攝心自悔，罪即消滅，衆人之所願聞也。死喪之哀，五情潰亂，聞有遺教，俾其熏修，能餉亡者往生善處，則雖損軀破產，無所靳吝，孝子之不忘其親也。乃知浮屠塔廟相望於野，不爲過矣。南海，諸越之冠邑也，番禺大府，節制五嶺，秦漢已來號爲都會。邑即郡治，俗雜五方，史諜誌之，此無預焉。邑之南有里曰豐衍，村曰平洲，山曰蒡羅，院曰蘿漢。自劉氏歸命，里落荒榛，院之餘基鬱爲茂草，然而名在郡圖未削也。至天禧中，聖化翔洽，逾五十載，國無橫賦，民有常業。生聚既衆，倉廩既實，亡者必有悼也，而不知其所之，存者必有修也，而不知其所嚮。耋艾同議，香火爲歸。爾時檀越麥延紹等五十餘人，列名請今住持僧法宗建剎奠居，以奉西方之教。繇是相山林，視原隰，基爽塏，宅閑曠，令元龜而協謀，仰定星而考室。罄己所有，惟力是視，募衆所得，一簪不私。飾土以寄虔，故斲礱縹碧以極尊崇之數，倚席以待衆，故節棁輪奐以開討論之地。一飯之約，擊鍾而示嚴，四方之來，折床而勿拒。茂松嘉樹，莫非手植，締構繕完，其亦勤矣。卻視城闕，塵囂不來，前瞻海潮，法音如在，眞物外之幽絕也。人地相高，衆所推擇，遂選爲縣僧首。凡僧之董領教門者，國曰統、曰錄，郡曰正，縣曰首，苟非才出輩類，孰能得之？法宗師本郡人，姓陳氏。幼以經業自進，長以戒行自守，遂能闡揚佛事，化其聚落，咸使信嚮，稱爲一邑之首。噫，彼上人者，僻居海嶼，不求聞達，至於志有所立，行有可取，人則戴之，以爲領袖。自修者可以勸人，其信矣乎。康定辛巳歲，予以縞冠南來，得其狀而書之。既誌佛之權，且警夫怠者云耳。

又《韶州樂昌縣寶林禪院記》 上士冥心而履道，其次崇善以濟物。道充於內而迹彰於外，物應於邇而名聞於遠，所以諮事而察其言，尋聲而索其實。一家之譽，必用之於鄉，一鄉之秀，必升之於國。蓋善惡起諸己，毀譽成諸衆，擇賢采異，用此術也。今夫推自稠人之中，陞於高座之上，巍然當室之白，以師道自處，使同袍濟濟，北面就列，拜起趨揖，如事君父，若非深識懸解，領悟性相，舂容一音，發矇去惑者，衆多之心豈易伏哉？越人右鬼，而劉氏尤佞於佛，故曲江名山秀水，膏田沃野，率歸於浮屠氏。郡之屬邑曰樂昌，去縣郛四十里，有院曰寶林，地靈境勝，一邑之冠，遠郊近落，率來瞻仰，故常登延開士，主其熏修。於戲，棲山林以遂其高，遁江海以安其閑，幽人奇士，所以擊節而爭往也。又况有棟宇以資其偃息，有菑畬以奉其饘粥，果能擇得聞人以付之，俾其發揚佛事，開導氓俗，奉行諸善，共避衆惡，此乃因高閒之適，成兼濟之利者也。今長老圓祐師，福州懷德人，姓陳氏，學頓於黄梅山顯宗禪師，服勤二十年，晝問夕參，遂探幽楗。乃曰：未脫自縛，安能度人？即謀南歸，以卜終焉之計。惟兹寶林之衆，屢易師長，而莫能興葺以延四方，於是計使鄭公覃遠聽博采，得師於虔之慈雲，遂迎以來，俾尸其衆，時景祐三年也。先是，院制度狹小，不克稱於其名，殿陛庳下，堂奥淺仄，居才數畝。面臨迴照，影過亭午，則暑氣鬱勃，坐者揮汗，至於未光。師以日廩之餘，悉付營造，易其堂殿，負陰向陽，增築厥基，始逾百堵。伐山陶土，剞劂圬墁之工，百役自具，不假外徇。居者執畚而同力，來者掛錫而如歸，夏開南榮，冬塞墐戶，無復往時之陋也。乃知擇得其人，爲利自博，但無意侵漁，能守厥舊，已足佳矣，矧能指無修之要以悟自性，精有爲之勤以勵後學？此而不記，將孰記哉？康定二年九月日記。

又《韶州開元寺新建浴室記》 釋氏之爲道也，兼濟於人不待乎達，獨善之樂不專於窮，以悲智爲修者也。悲之爲言，仁之端也。能與衆多作大饒益，去大患難，獲大安穩，視物之累，如身之憂，建功而不祈賞，益善而不祈報，此悲者之爲也。智之爲言，介之徒也。守靜默，捨欣厭，居市朝而非顯，宅山林而非晦，身同夢幻，性等空虚，離五蘊，超三有，此智者之爲也。韶於嶺外爲望州，盧祖印心之域，故寺最衆，僧最多。然郛郭之居，初無衆浴。開元寺者，精藍之甲也，比蒭延吉，以頭陁苦行勸募依信，量力出貨，聿圖勝果。乃於寺東南之外壝相善地，市墩材，購梓人，售陶工，積勤營構，用成溫室。八桂僧道夔勾稽其簿，矢謨於康定，落成於慶曆之某年。五日爲期，一具湯沐，熏修者得以涓潔，塵垢者得以滌蕩，至者欣欣，眞兼濟之事也。先是，州跨二江，通以浮梁，夏潦暴怒，歲苦漂泆，人用艱涉，戶煩科督。吉師居河之湄，極力糾率，伐材以橫大航，冶鐵以絡連鏁，新而維之，衆獲其便，方輈并轡，如履康莊，積霖漲波，不能衝齧。非悲智所樂，何以及此？月華琳禪師，叢林之宗工也，以書來抵廬陵，謁詞爲誌。吉師曹溪人，姓侯氏，十六受具，徧遊名山，禪學通悟，琳師稱之，今受衆請爲住持主云。慶曆六年六月日記。

又《韶州重建東平山正覺寺記》 詩人之詠曰：鳶飛戾天，魚躍於淵。蓋言上下至也。翔極於高，潛極於深，則性之適矣。山林之士，豈不樂夫曠遠哉？湘之南、峽之北，山莽連屬，而韶居其交，東平爲其望山，富乎高深者也。剪荆構宇，靡詳厥初，舊傳《韋宙大夫碑》云：劉總尙書出家於此，賜號大覺，較其年名地域，乃與本傳不同。會昌之世，例蒙擯毁。咸通中，知宗大師慧寂再肅僧儀，恢復兹地，四方來學，緇褐千人。寂師前住仰山，時號小釋迦者是也。門人道圓，扣閽奏牘，以東平勝地、知宗名流，興復靈境，願頒敕額。乾符二年，錫名弘祖禪院，改賜澄虛大師并紫方袍以寵之。及其委蛻，謚曰智通，塔曰妙光。劉主因之，嘗割曲江之豐樂、乳源之龍歸三鄉民租以贍堂衆。國家題期五緯，敷佑四海，出日入月，罔不率服，野無屯師，里無暴征，吏良政清，人用休息，故攝心奉佛者，沛然有餘力矣。然而作大饒益，興大功利，建造崇立，顯揚佛事，苟非戒行涓潔、衆所欽矚者，其成之固亦難矣。開寶中，刺史潘公懷裕嘗擇名德，而績用弗成。至道中，火禁弗嚴，鬱攸爲患，尺椽寸瓦，煨燼無餘。本寺徒弟，徙厥基而新之。咸平元年敕賜正覺寺額，然綱領不振，膏腴之土侵牟者殆半矣。天聖初，州命禮僧紹登恢隆祖席，緝復未完而順寂焉。提點刑獄林公升酷好禪學，遂請今禪師得彬開堂續燈，景祐五年也。彬師，化州石龍人。兒童戲玩，即好經梵之聲。少年遊方，徧參尊宿，得法要於廬山羅漢院祖印大師，侍執巾瓶，十有八載。屢齎山儀，中闈進貢，朝士稱其機捷。既受衆請居山也，到山食訖，即召田客具畚插尋知宗故基，斷茆結庵，以聞於州，符報從之。明年，盡復嚚人侵地，籍所餘以募梓人、旅人，伐材埏埴，不煩而備。噫，佛氏之制閎矣，像有鵰屋，堂有猊座，人不以爲忲，晝楹而居，擊鍾而食，人不以爲侈，天爲兜率，山爲補陀，人不以爲誕。施者惟恐不得豐其用，匠者惟恐不能肆其巧，金仙之權，何其盛哉。先是，山去民居三十里，指四峰以爲境，東名靈隱，南曰大雄，西號月輪，北爲獅子。且知宗嘗聚學徒千餘，故其制度得以闔肆，窮毫溢楮，所不能既。若乃禪機祖學，緇素所推，名木奇樹，方俗所異，非關興構，闕而不錄，第誌歲月而已。皇祐元年四月日記。

又《廣州烏龍山覺性禪院草堂記》（《武溪集》卷八） 伽藍之制，寢室曰方丈，十方皆然也。番禺之東，去郡郛十里而近，有山曰烏龍，院曰覺性。長老僧曰法持，剪髮爲頭陀，題其寢曰草堂，視其迹似好異者，察其所爲，則禪心而戒行，衲中之雋也。不遊聚落將十稔矣，語必誠願，人多信向，不祈甘美而鼎飪常豐，不尚華侈而丹素無廢。夫道充諸己，伏之必眾，行敦於內，聞之必遠。曰緇曰素，未有不始於修者也。或者謂無修無證，乃欲屏去因果，混同善惡，則與夫愚暗貪恚者何以異哉？殊不知無散亂心是無思也，無染著心是無爲也，故雖智空境寂而不捨方便，嚴飾佛刹，納入於善，茲所以爲眾所歸也，迹之同異可略矣。嘉祐八年正月丙寅，行春至此，既歸而筆之。

又《江州廬山重修崇勝禪院記》 夫萬寓之大，群動之眾，佛以溥博之教、淵泉之語，廣譬善導無不入。其言含生有知之類，人人物物，皆蘊佛性，猶木中有火，本來無覩，方便鑽鑿，乃見光華，離暗得明，不從外至。故無生之說，以去纏縛，有爲之法，以勗因果。二者并施於世，隨所悟解，歸之等覺。佛去世後，持其說而化於一方者，信向遠近，視其緣之厚薄云耳。大江之南，號爲山水奇勝，廬阜又稱諸方之最，自東晉已來，高人開士，蟬聯不絕。山形磅礴三百里，寶刹之有名於天下者以十數，四方學心之人多歸焉。學人之至，必又能以圓頓一音之教，舉其機而驚於眾者，以登法席。苟得其人，則一言頓解，出生死海刹那頃耳。崇勝禪院，江南李氏乾德二年所建也。遠公蓮社，絕頂相望，淵明栗里，高風接秀。左泉漱玉，可以滌昏煩，前林蔽空，可以樂閒曠，眞遺世觀空者宴息之地也。景祐初，久虛禪席，於是州將而下，僉謀列刹，廣詢法王之器，授之猊座，遂得今禪祖珂師焉。寺之故居庳陋，不足容四方之來。一日，珂師言於眾曰：吾以諸法一味，離去世間染淨，忻厭一切差別境界，無有少法可說，乃能入於如來難思智地。然而一切諸善皆由信起，不有莊嚴，何能起信？若寂然無營，則陷於因任止滅之病矣。眾聞是語，翕然從風，其堂皇殿闥、廡序管庫之不如制者，一皆新之。築基而飭材，陶土而礱石。肖像設色，眾工攸聚，棟宇輪奐，見者起恭。師以善教而流其法，以信而募其貨，以智而役其工。自丙子經營，至甲申落成，軒檻迴合，凡三百餘楹，雕琢金碧，皆極研麗。無有遠邇，賓到如歸。其徒之至者，寢於斯，食於斯，聞於斯，思於斯，覺於斯，夫見宗祊而起孝，覩墟墓而生哀，視塔廟而增信，其理一也。某故史官，且師之同郡人，故得其實而書之。珂師通學敏識，少厭榮進，壞衣削髮而居叢林，不露頭角。遊廬阜若干年，提唱宗乘，集《軸禪錄》七卷，盛行於世，時人服其該洽。噫，自祖法之東流，六世而居曲江，今珂師生曲江，復以心法名於名山，古言孔子之後，鄒魯多儒，信矣哉。慶曆五年某月某日記。

又《潮州開元寺重修大殿記》 金仙氏立空有二教，彌綸人天之際，以三乘四果，開陳漸路。其說曰：一切諸善皆由信起，不造業故，種種諸法皆由戒起，能攝心故，六波羅蜜由布施起，斷貪愛故，百福之報由莊嚴起，無惰慢故。所以群生歸向，如流濕就燥，不可禦者，其有最勝之理乎。潮於嶺表爲富州，開元於浮圖爲冠寺，暢師於僧官爲極選，又以金仙氏福報性學之說，開導於人，故其答者如響之應。先是，寺有羅漢殿者，歲時浸深，基傾棟圮，壓焉是懼，風雨何庇？乃唱是事，鼎而新之。其募資也，毋喜腆，毋羞薄，同焉者懷，異焉者勸，歸於信而後已。繇是伐材於山，埏土於陶，購工於市，而布規矩焉。金碧之飾，雕繪之巧，美梓密石，厥製備焉。自釋迦金人部從至於五百羅漢之容，率飭化而像之，歸於莊嚴而已矣。又爲二樓：一儲本朝累賜太宗睿烈皇帝御書、眞宗章聖皇帝及今皇帝御製，一縣洪鍾而對峙之。康定庚辰乃始基之，慶曆癸未而告厥成。凡寺之制，完者飾之，缺者補之，隳者革之，凡五百楹，爲一郡之表，三者贍焉。既落成，逾嶺渡江，絕淮走輦下七千里，以其狀來請識歲月，乃書之云。

又《韶州白雲山延壽禪院傳法記》 昔者金人見夢，經像始東，而圖繪締構奉遺教者徧於天下。既而漢之宗祀廢於當塗，魏之血食絕於典午，西方塔廟巋然無改，大雄之德何其盛哉。迄今千祺，寅恭益眾，由是王而侯國，商關農井，苟有生聚，必爲浮圖。大抵南方富於山水，號爲千巖競秀、萬壑爭流，所以浮圖之居必獲奇勝之域也。實性大師，始來居之。絕澗高峰，悅出物外，陰谷夏雪，陽崖冬葩，故非區區林麓之所比也。古者謂穹山濬澤，必能興雲致雨，以濟民望，故以白雲名之。觀夫高士遠迹當世，非獨翫雲霞之容、同禽魚之樂而已，蓋將脫去聲利，深入杳靄，目絕塵累，耳忘俗囂，而後眞性湛然，如太虛月，旁無翳障，乃克通照耳。所居高深，所樂曠遠者，以此也。禪那之學，其來尙矣。自南北分宗，思讓異派，雖達空照理，共歸懸解，而臨機接應，各稟師模，言有體用，義有縱奪，互相祖習，曰爲門風。然而無善可求，無惡可去，直指宗門，令其悟入，雲門之敎，最號眞淳。實性即雲門之嫡也。實性者，劉主所賜師號也，名志庠，封州人，姓陳氏。廣主延入府中，親問法要，有名《傳燈錄》。庠既即世，志文開堂嗣之。次曰契本禪師達正，次曰達眞禪師雲端，次曰妙光大師雲福，皆承師嗣法，世賜師名。厥後有惠龍者，鳳翔人，姓趙氏。今長老常簡，永嘉人，姓徐氏。皆什方名德之選也。自實性至今七世矣，棟宇加飭焉，田疇加闢焉，倉廩加入焉，器用加給焉，徒眾加進焉，遠近加信焉。嗚呼，今夫公侯將相之家，不過一傳再傳，或當世而絕者，豈非道家所忌、陳平所識陰謀而害人者耶？至於浮圖氏，託大義以承嗣，而能世廣基構，至於不朽，賢於陰謀者遠矣。其可書也，遂誌其世云。

又《南嶽雲峰山景德寺記》 雲峰者，南嶽五峰之一也。昔大禹登祭此山，得金簡玉字治水之要，故有禹之行宮，科斗古碑，時有見者，遂名其溪曰禹溪。梁天監二年，即其行宮創寺，仍錫近田以資僧食。以巖棲谷隱之士，世所以推而重之者，謂其輕去軒冕，疏外聲利，以全其高者也。矧以釋氏之諦離蘊去著，出生死海以全其性，豈獨脫囂埃、易去就而已哉？自梁已降，代有奇人。簡文帝大寶中有法政禪師，身長八尺，布衣一食，獨宿樹下，虎兕圍繞，每一入定，輒經累月。忽一日，風雷震樹，見神人具衣冠，端笏而前曰：此宜立壇度人。師諾之。遂奏置甘露戒壇，度僧五萬，基址存焉。陳有高僧惠勇，修心於此六十餘年，群虎旦夕侍衛。隋有高僧善伏，習禪智三昧，通宿命，亦能入定，一月乃起，常念幽途多苦飢渴，乃呪食冥飼焉。太宗朝有高僧義本，博通經律，子史百家無不覽者，內外學徒，順風庭謁，至則開納，深得人望。無疾坐亡，葬於南嶺，有雙鶴悲鳴，遶塔三年而去。至廣順中，寺主僧啟仁被訴陷法，籍沒莊土。皇朝建隆元年，楚文昭王馬氏請而復之，爾後甲乙承襲。殆景德中，改爲禪剎，命僧智吉演法領眾，其事上白，遂以年名賜今額焉。自智吉之後曰希順、智宣、懷苟，三世相承矣。慶曆末，僉議請今長老純正紹隆法席。正師，成都人，俗姓李，天聖中遍參知識，深達心要，薦居嶽麓之法潤，寧鄉之善果，及今居雲峰，凡三遷法筵，皆當世名公。今相國劉公，資政孫公，致仕貳卿劉公而下十餘公署疏而請之，所至緇徒雲集。且夫無生之說，用達於根本，有爲之果，蓋勗於精進。故悲、智異途而同歸濟度，福、慧殊報而俱出薰修。所以學心之徒聞言而得要，慕敎之士覩相而生恭，隨其機緣，示以開入。繇是提唱之餘，極力營葺，塔廟之制，華梵相參。扶土而爲像，度材而構廈，壹用常均，不侈不陋。七年中，爲屋三百餘間，至於縣廨莊舍又五十餘間。皆率減歲儲，不外干於檀施，此又人之難能也。以孫公與某嘗同南征之役，又都官黃君稟嶽之秀而聯郡之務，故致書求記。因不克讓，而記其世次云。至和二年六月日記。

又《南嶽山雲峰景德禪寺重修佛殿記》 佛者號爲天人師，故像飾以金，屋爲之殿，極尊崇也。天子五嶽，維南曰衡，一邦之巨鎮，地多勝境，藝林構室，梵剎相望。據五峰之正勢，而旁羅禹迹、密通洞天者，有雲峰焉。晉宋之間，名僧繼起，隋唐而下，世有其人，迨於先朝，始啟禪席。相國劉公之守長沙也，以莫徭之梗，當全才之選，旌麾所指，巢穴皆空，仁翔封畛，威軼聚落，武功既成，民斯安堵。於是禮名士，延高僧，外修禮法之要，中談空性之本，長老純正，嘗前席者。既而從莅方鎮，尹正神都，入參朝政，遂服公袞，直亮嘉謀，弼諧元化，天下蒙福，固爲多矣。第以湘衡舊治，古先靈迹，嶽山之下，景德爲最，乃奏紫方袍以錫正師，復捐俸金以崇像殿。初，正師之居是寺也，量歲之入，約其用而蓄其餘，募良工，伐偉材，相厥棟宇，隳者完之，故者新之。越十稔，其堂皇廡序、庫樓寮閣，鼎盛者幾五百楹。惟茲殿制，締構猶缺，得相君之敎而備焉。以恭謝改元之秋而圖厥始，迨明年冬乃克成之。相君之志，匪以施財而徼福，蓋崇乎外護也，苾蒭之說，蓋欲瞻像而起信，匪徇乎繁飾也。某幸守茲土，且辱相君之舊，及殿成，純正以狀來白，遂誌其歲月云。嘉祐二年十二月日記。

又《廬山棲賢寶覺禪院石浴室記》 大雄氏之爲敎也，即空無著之謂性，攝心自持之謂修。植因成果之說，所以道迷也，施財獲福之論，所以破貪也。茲道坦明，各隨所證。自像法東被，諸華嚮風，塔廟莊嚴，徧我國土。凡所經始，人皆樂成者，非它也，彼既未悟於心，姑欲弛貪而出迷，當有導師掖而趨善使其然也。棲賢寺新成石浴室，募衆而植因也。浴室在寺之西南隅，寺在廬山之陽，山在潯陽郡之左，郡在大江之陰。山川佳麗，棟宇輪奐，梵刹廢興，則寺記存焉。寺之始創於齊，盛於唐，賜名於皇朝。居之者不以昭穆伯仲相繼，自智常至澄諟，皆海内有名高僧統其衆。故建刹啟基，布金流銀，日月天宫，瑠璃地界，霞鮮翼張，翕赩相照。唯兹湢浴，屋老不支。一之日，澄諟言於衆曰：六時讚唱，當務潔齋，若塵垢未除，則七福何聚？欲求精進比丘，備其七物，不亦善乎？時則有浙僧希昱、能湛，行爲上首，願集其事。用因緣相，一唱而就，募得緡錢二百萬，鑿山築基，礱石構堂，仍市美材，續成外室，凡十一楹。其浣濯之所、蘇膏之器，罔不具焉。自天禧庚申歲矢謀，至乾興改元之初，用浮圖舊法飯僧以讚其成。壬申歲，昱師會某於豫章，求文而誌之。噫，佛之性也，開示悟人，各有所因，則知昱、湛二開士，當於水因悟最上乘，入三摩地，豈獨使洗滌前塵、除去七病而已哉？按《十誦律》云：昔舍利弗隆暑行化，執惱所著，有灌園者溉餘之水，請以爲浴，此人獲報，生忉利天。由是觀之，同捐貨財，成此浴具，功又勝彼，如佛所說，其獲福報可思量哉？其靡麗宏壯，則簡而不書，聊記歲時而已。

又《韶州曹溪寶林山南華禪寺重修法堂記》 孟子曰：聖人者，百世之師也。蓋至聖之道，高深廣博，百世而下，遺烈猶存，賢者襲其規模，學者窺其戶牖，此其所以日鑽歲仰，歸之無窮者也。然而道之大者，必久而後隆，事之美者，不一而能具。昔者六祖大鑑禪師初傳信器，歸隱海嶠，混迹弋獵，艱難備嘗，及其建梵宫，登師座，敷陳眞覺，開導人天，其亦勤矣。滅度以來，四百餘載，雖千燈繼照，光徧河沙，而布金遺址，筌蹄寂寞，向非睿哲當天，英材接迹，講求世務，餘力佛乘，曷能恢復宗風以續先軌者哉？天禧四年，前轉運使、起居舍人陳絳上言：曹溪演法之地，四方瞻仰，歲入至豐，僧徒至衆，主者不能均濟，率多侵牟。乞於名山僉選宿德，俾其舉揚宗旨，招來學徒。制詔曰可。於是南陽賜紫僧普遂首膺是命，莊獻皇太后、今皇帝親遣中貴人詣山，迎致信衣，禁闈瞻禮，遂師得於便座召對移刻。陛辭之日，賜號智度禪師，錫以藏經、供器、金帛等，當時恩顧，莫與爲比。歸作衣樓藏殿，以示光寵，餘亦未遑開緝也。遂師即示，中旨付荆湖南路博訪高僧。今長老緣師自南嶽雲臺山再當是選，紹光正念，宣揚了義，居者蒙潤，來者如歸。乃擊鍾而謀曰：嗣其業者爲之子也，誨於人者爲之師也。子之克劭，然後起家，師之不嚴，何以尊道？此世教之所以壯堂構也。日明月暗，牆壅戶通，因分別以見塵緣，視頑虛而識空性，此梵刹之所以崇堂宇也。由是蓄羨餘，廣購募，窮山跨谷，以求棟幹，殫能極藝，以召匠碩。協定星之期，觀大壯之象，材得以呈其美，工得以肆其巧。計廣以席，度深以筵，外像祇陀之居，中施師子之座。尋聲至者，圜立於前，如渴飲河，滿腹而去。嗟乎，聖不世出，故微言易絶。昔仲尼生於鄒魯，去世未久，而楊、墨、申、韓各就其術，爲異同之論，以戕賊教化，所賴荀、孟大儒，開陳仁義，然後君臣上下，大倫以篤，夫子之道不絶如線，況其遠者乎？如來生於西域萬里之外，寂滅千歲，教乃東被。而語皆重譯，書不同文，故翻經着論，得以紛綸其說，昏遇迷妄，貪着福報，淪家耗國，棄實趨權。亦賴諸祖以實際理地密相付囑，然後知佛不外求，見於自性，造惡修善，俱同妄作，所以遣空破有，不陷邪觀者，宗乘維持之力也。不然者，天下嗷嗷奔走，有爲之果，何能已乎？初，大鑑以諸佛大法眼藏傳清源思，思傳石頭遷，如是展轉相傳，至今長老緣師，爲十世矣。佛教之來中國也，達摩最後，諸祖出世，各分宗派，而曹溪之胄最衆，乃知道在乎要，不在乎先後矣。緣師，興元南鄭人，本府出家受具，得大乘之要於漢東祚師，遂振錫至於南嶽，郡將邦伯，悉飲其名，乃於唐興、南臺、雲蓋三啟禪師，稱爲嶽中之冠。及被朝旨，乃克歸紹本統而肯其基構，六祖之道由是中興矣。前所謂必久而隆、不壹而具者，有待而然也。緣師狀其事，請辭鑿石，以圖不朽，且予里閈所託，故於辭爲備云。康定二年十二月日記。

又《潭州興化禪寺新鑄鐘記》 金、鼓，所以警衆也。衆之攸居，非夫疾譟大呼，安能齊一？必以聲宏碩而遠聞者，爲其節焉。京洛之制，睥睨置鐘，節昏曉也，舍衛之法，衆集撞鐘，節進退也。則知鐘之爲用尚矣。興化禪寺，唐景福中所建，其營造之因，景物之美，則寺記存焉。國家承天立極，四聖繼統，日月所照，罔不丕冒，民去兵火之厄將百年矣。由是僧徒之博識雄辯者，得以佛事率導其間。故其金璧莊嚴之像，楩柟輪奐之室，日完月構，時興歲廣，不得不益壯而增華也。凡百供器，還視初制，豈不狹小哉？鐘之當易宜矣。本朝銅禁尤嚴，私無銖蓄，僧坊道具，宮爲製而給之，惟鐘之巨，則許入金而賦銅焉。長老僧紹銑以易鐘事聞州，内閣劉公爲之上白，朝旨從之。乃募信士，得豫章朱氏捨錢二百萬，爲檀施之首，衆遂響從。購良冶於餘杭，積勞數千工，用凫氏之劑，事皆素練。以恭謝改元之明年正月三日，鼓鑄於寺之東隅。群僧讚唄，以俟其成，鄉坊士女，捐金錢以助其緣。自寅訖巳，一鼓而就。越三月，陞之重屋，會闔郡僧俗食而擊之，聲聞數十百里，眞招提之壯觀也。自鎔範及考擊之始，予與群官偕往視之，既嘉其工之巧而賞之，仍鐫名於鉦銑之間，紹銑又伐石乞詞，以誌歲時。嘉祐二年四月日。

又《東京左街永興華嚴禪院記》（《武溪集》卷九）　上都華嚴禪院者，故崇儀使、文州刺史岑君所創也。岑君諱守忠，早侍兩宮，屢使於外，欣慕禪學，遂發洪願。天聖五年，布金易地，於國城之東始建精舍，以待什方緇旅。明年，上賜錢俾之構堂，以安清衆，而後架具焉。章獻皇太后崇其閈閎，而鐘梵全焉，后以資福院燒香鍾賜之。章惠皇太后益其庋閣，而廚庫備焉。越明年，賜額爲永興華嚴禪院，隸於左街，歲度僧二人，仍令長老住持。年逾一紀，三易其人，而瓶盂弗駐，棟宇弗完。康定元年，乃請今明悟禪師主其禪席，師名道隆，潮州海陽人，俗姓黄氏。得心印於汝州璉禪師，衆推通悟，乃膺僉請，輦轂之下，領袖攸矚。道眼既具，衆心悦從，來者如歸，戶外之屨滿矣。購募檀信，日加營緝，演法有堂，安像有殿，紺宇宏壯，寺制恢焉。接物利人，開益既廣，藹然德譽，升聞帝聰。慶曆二年，上始賜《重陽頌》，師即箋注進呈，上覽之大悦，特賜紫方袍以寵之。繇是御書偈頌，提綱語句，動盈卷軸，師悉箋而酬之，聖眷益厚。後三年，復賜《大乘頌》，師亦箋釋和進，上愈嘉之，賜號圓明大師。初，岑君於錢塘雕造盧舍那佛、文殊、普賢等像，布而漆之，工未半而不祿，匠氏淪廢者六年。師乃親詣餘杭，用錢三百萬，命工畢其裝繪，舟挽而歸。師既還闕，上撫問錫賚，頗復優厚，累賜御頌、御書、金帛、香藥等，頻詔入化城殿昇座説法，咫尺天顔，激揚宗要，并賜筆硯，令進禪頌，仍賜御饍、衣物、飛帛書等，就大相國寺西廡賜廨院一區，以爲朝宿之地。尋以聖藻宸翰溢於居室，因構閣以藏焉，示不敢褻近也，因賜瑠璃瓦覆之，并賜御飛白書，額曰龍奎之閣。歲別度僧一名，恩禮加異，緇素榮之。凡募緣成者，由兩序而鍾臺、經閣峙焉。方丈之室，謹宴申也，看經之堂，勵勤修也。異其庫司，愼揀請也，儼其湢浴，尙涓潔也。僧坊供具，罔不輯焉。其外則敞車院，列僦舍，資之給衆，咸有規畫。至和元年，内出水陸畫像五百餘軸賜之，乃即西北隅創造堂，爲供設之所，再蒙御飛白書，賜名洪濟之殿。宣中使押左右街僧道威儀，教坊鈞容班樂，輦卒衛兵，奉迎至院。嘉祐二年，特敕加賜明悟禪師之號，恩無出其右者。師以爲，信之所起必始於莊嚴，故不憚於有爲也，理之所通必去其攀緣，當遺照而無著也。乃具表辭免，不入城闕，於今一紀矣。叢林之衆，至者不下數百，所度弟子百餘人，賜命服總禪衆者三十餘人。於戲，非岑君之崇尙佛事，無以創其基，非禪師之恢宏宗旨，無以廣其制。自國朝已來，以田衣見上者，趨皇闈、瞻黼扆則有之矣，至若對萬乘，昇高坐，談性相之實，指佛祖之心，無如禪師之比者。其箋解聖作，酬繼宸章，間發言機，直趨覺路，宜乎睠賚之頻煩也。而又高謝紛華，超出名相，冥心息迹，歸於無事，眞佛法之總持、禪門之體用也，可記也哉。嘉祐四年十二月日記。

又《韶州善化院記》　仲尼居魯而儒學之風隆於洙泗，秦皇好兵而將帥之材出於山西，六祖開化曹溪而塔廟之興布於曲江。蓋聖賢特出，熏而炙之，故跂高慕遠者與習俱盛也。韶州生齒登黄籍也三萬一千戶，削髮隸祠曹者三千七百名，建刹爲精舍者四百餘區，豈非祖風宏扇、人心偃順而欽崇者夥乎？鄉曰豐樂，里曰長容，北出州治三十里而遥，有院曰善化，唐朝舊額也，五代兵火之後，其名僅存。雍熙二年，始有草茅之室，檀越列名請袁州僧皓隆主其熏修。迄至道中，隆師示寂，上足紹緣尸承厥位。緣師袁姓，亦分宜人，弱歲隨隆來，及其卒而嗣焉。初，院在山椒，垣壝隘陋，自景德初年，緣師乃經始寬平而徙其基，揭舊名而署之，募資購材，斧斤不絕。至天禧之末而考室，凡十八年間，乃得環合。立鴟而名殿，以安其像，度筵而築堂，以崇其法。重樓而擊鍾，以庶乎息苦，連牀而會食，以示其容衆。至於度閣之司，舂炊之所，折衷豐約，罔不具焉。清溪如帶，繚繞前左，長梁下亘，虛亭上覆，徙倚軒檻，可以優遊，眞塵外之嘉致也。又嘗於雍熙、至道間，悉委瓶盂羨餘，市東皋之田，以具饘粥。於戲，能創其基者，父之事也，能繼其志者，子之力也。文王無憂於其國，以王季爲之父也，臧孫有後於其家，以哀伯爲之子也。浮屠氏託大義於父子，而本非骨肉之愛，乃能恢崇堂構，以昭前人之光，又能捐其蓄積，市易田產，以貽後世之利，此其可書以垂勸也。彼滔滔然趨走權貴之門，窺伺常住，以圖割削，用實私橐者，視師之績，得無愧乎？以某嘗帖職於修書之殿，俾詞其實，以示亡窮。既嘉之，因不復讓。康定元年九月日記。

又《惠州開元寺記》 自漢迄今僅千祀，天下郡國之勝遊、雲泉之絕境，精廬居之，迨且徧矣。蓋名僧高士，無世無之，或潛光丘壑，洗心閒曠，山林所以棲息，或應現度人，隨機示化，國邑之所歸仰。日聯歲續，人去迹存，此乃鍾梵相聞，不爲多矣。有唐開元，天子號令，翔於四海，每爲新制，以自張大。乃命祠曹，州擇一最勝寺，易以年名冠之，俾後世知聲教之廣被也。故天下寺以開元名者，必基爽塏，據形便，祠宇最壯，像設最嚴，綱維最親而不苟，制度最古而有序。惠州治城之南二里，則所謂最勝之寺也。古者邑而未郡，山猶林莽，虎狼宅之，肆害民里。東漢之末，有僧曰文簡，掛錫棲此，猛獸馴伏，因爲伏虎臺云。郡本百越之地，漢隸南海，晉爲東管郡，晉武帝咸寧元年，太社青氣屬天，占者云東管有帝王之祥，於是以東管王伯徙封瑯琊。是歲，元帝始生，佃即其祖，中興纂紹，實啟祥應，於此建剎，錫名龍興。隋文帝剷平江左，南北一統，因得西域舍利，徧置名山，俾築塔而藏之，又改曰舍利道場。至開元二十八年，乃賜今號，奉安睿宗皇帝御容，至今存焉。茲寺重崗複阜，隱映巖谷，長溪帶盤，湖光相照，探幽賞異，一郡之絕，故累朝詔擇名藍，錫以嘉號，而常在其選，郡廷精揀經論名德，署爲僧職，以總領緇衣，亦多其人，乃知其名實不相浮矣。咸平三年，以鬱攸之災悉爲煨燼。不有廢也，其何以興？於是即其舊基，沿同革異，或出自私楮，或募於檀信，凡爲棟宇若干間，堂殿若干所。扶土設色，肖像而爭勤，捐金弛貝，不謀而同力。禪徒律學，各有攸居。初，寺之名舍利道場也，有石刻以誌其本末，崑崗之焚，字無完點。及其再造，四十餘年矣，遺緇故老存亡相半，陵谷之變將無紀焉。以某嘗登東壁之府，倦遊而歸，僉來乞詞，以爲後觀。由是詢邦誌，采耆言，筆之於石，以備遺逸。康定二年龍集辛巳六月日記。

又《韶州月華山花界寺傳法住持記》 人之大倫，在乎三本：父者生之，君者治之，師者教之。父子天性至親而不易，君臣同體至一而不可擇，惟師則不然，去就之分，視德之輕重，故無位而尊、無賞而歸者，道之所在云耳。子夏之居西河，康成之處北海，傳經著錄，不異洙泗，豈有督之者哉？金僊之教，被於中國，自漢至梁逾五百祀，但以崇塔廟、勤香火爲事耳。及心法西來，百年之間，傳至大鑑而法斯溥矣。月華山者，招提惠朗禪師演法之地也。招提視大鑑猶曾祖父也，大鑑門人高第者，盧陵思、衡岳讓。讓傳大寂，居江西，世呼馬祖是也。思傳希遷，居南岳之石頭，建中、貞元間，方袍之學心者，江衡千里，道路如織，亦西河、北海之風也。石頭之入室者，有大小朗，招提爲大朗，以其不出招提三十年，故號招提朗焉。其門人劉軻爲之碑甚詳云。朗，曲江人，俗姓歐陽氏。年十三於州鄧林寺出家，二十於岳寺受戒。既而曰：戒豈律我哉？乃往龔公謁大寂，得佛無知見之說，遂歸於岳。晝探井臼之役，夜與其徒發坼幽鍵。石頭即世，終喪乃去。貞元十一年，將遊羅浮，途次曲江之都渚，乃曰：茲地清氣盤鬱，亦足以棲神矣。遂駐錫居之。四方學者，尋聲而至，無虛日矣。招提既沒，衆散而寺亦榛廢，其後百餘歲，當劉氏稱漢於南海也，有實智禪僧清裔者，自範金銅羅漢像十八軀進獻劉主中宗，因得延見，引問之際，器識高遠。劉主乃於碧玉殿備浮圖氏威儀，俾裔升正座說法，其主自處西嚮聽之。仍俾奉羅漢像，自銓勝地，以圖熏修。乃即招提故基置寺，以國命賜名，龕其像，至今存焉。實以癸亥年來，至壬申爲亂兵所害，其徒光政繼主其院三十年。眞宗皇帝即位改元之歲，賜寺額曰花界。四年，光政因衆命以院讓道尋，再爲什方居。傳八世，至今長老琳公，景祐元年以州命而尸之。自貞元十一年至是歲，凡二百四十三年，自招提至琳公，凡十二代，以其屬自相傳、不敢處師座者五，餘則以國命、州命、衆命，凡有所宗者七世焉。然而學徒或來或不來，所謂去就之分視德之輕重也。琳生曲江都渚，鄧姓。祥符初，寺爲外火所延，一瓦無完。琳公時在徒弟中，與知事輩戮力營豎，既而歎曰：識心達本，是謂沙門，何泥於有爲耶？乃優游江淮，徧參師席。初，博通內外典，攻詩屬文，所至推爲文章僧。尋復悔曰：多聞亦病耳。遂諱作詞章。洞山自寶禪師見之，曰：此大乘器也。既印其心，又欲以院讓之。再讓皆不受，還曲江，於方山結庵而居，今所謂白蓮庵也。漕使鄭公載疏名以請之，再辭，不免，升座而學人四至。完舊創新，無物不具，植茶樹果，給衆皆餘，此又餘力於有爲也。因書其始末云，年月日記。

又《筠州洞山普利禪院傳法記》 近世分禪、律爲二學，其所居之長，禪以德，律以親而授之。以德者選於衆，而歸之者亦衆。夫言德者，非世所謂德也，以其等空妄，超漸次，出死生，可以爲天人師者耳。故祖祖孫孫，稱佛嗣焉。筠之望山曰新豐，洞有佛刹曰普利禪院。唐咸通中，悟本大師始翦荆而居之。悟本得心印於藥山儼，儼得於雲巖晟，晟得於石頭遷，遷得於青原思，思得於曹溪能，是爲六祖。自釋迦如來二十九世而至達摩傳中國，五世而至曹溪，又五世而至悟本，凡三十九世矣。及悟本之即世也，得法而去者，道全居中山，道虔居青林，相繼來嗣之。悟本又傳曹山寂，寂傳道延，居鹿頭。及道虔卒，鹿頭又續之。鹿頭延卒，其門人惠敏襲之。惠敏卒，嗣和尚自淨業來繼之。李氏之稱國主也，覺海國尊師啟大道場於金陵之報恩，其嫡曰文坦，被黄紙詔書，賜號大沙門，來統之。雲門眞禪師之上足曰清稟，亦奉主命來後之。稟卒，而豫章彥聞因之。及彥聞而衰矣，輒以院付其徒，檀越不可，乃疏請九峰守詮紹之。九峰亦本境之名藍也，移法席至是山。五年，復爲廬山棲賢所請而去。詮傳曲江曉聰，聰傳合淝自寶，寶又傳曲江鑑遷，繩繩興之。寶師得法於黄梅聰，與遷皆雲門之嗣孫，自悟本主遷，或絕或承，凡十三代。詮徙棲賢，寶徙黄蘗，自聰已上，皆終焉。悟本諱良價，越州諸暨人，姓俞氏。年十二，師事五洩，二十一，受具於嵩山睿律師。慕南宗之學，南遊江湘，得雲巖而事之終其身，畢喪而後去。遇武宗之詔，遂民服隱於箕州。及宣皇御宇，乃復僧儀，南至高安之所豐洞，邑豪雷衡之山也，見其泉石幽奇，乃曰：此大乘所居之地。言於雷氏，雷氏施之。初，山多蛇虎，師庵居一宿，蛇虎盡去，至今山無虎焉。留居十八年，名聲四傳，來學者五百餘衆。坐談立悟，虛來實去者，不可勝數。名聞京師，天子賜咸通廣福寺額幷一鍾焉。尋以咸通十年三月順世。先期其日，期至而去，徒衆環泣，師瞑而復覺曰：心無所依，是眞修行，何有悲喜？勿驚吾也。復令爲齋七日，乃具師食訖，沐浴安坐，斂容而化。葬於山之陽，敕謚悟本大師，塔曰惠覺之塔。師能攻苦率衆，衣無綵，卧無褥，爐無炭，室無燭，故後世以簡約相承焉。集《大乘經要》一卷，行於世。中山全姓宣氏，常州人，以其嘗居雋水之中山，故號中山和尚。中和二年，鎮南節度使鍾傳實召以來。景福二年，避寇於分寧，制置戴尚書迎居龍安院，明年坐亡於龍安，歸葬寺之東。青林虔姓陳氏，杭州餘杭人，初謁悟本，悟本曰：此子向後走殺天下人。廣明初抵南鄭，遇賊巢之亂，駕幸梁、洋，時有中貴人姓第五者，見師，瞻視良久，曰：此是法王，非同龍象也。自漢東之青林，亦鍾鎮南召之。天祐元年滅度，門人錄其語三百節，爲《玄機示誨集》。鹿頭延姓劉氏，福州長樂人，江南武義二年，自鹿頭至，凡三年而示寂，全身瘞於寺南，賜謚洪果大師，塔曰惠光之塔。敏姓李氏，蜀之華陽人，從洪果來，及其終而代焉。保大六年，遷化。嗣姓周氏，同郡高安人，金陵召見，深加信重，乾德二年順寂，塔於惠光之北。坦姓吳氏，建州建陽人，李主以其國命命之，凡四年而終。稟姓李氏，泉州仙遊人，李主召入澄心堂，集諸方語要，凡十年，又俾來繼坦焉。彥聞以疾而間其位，故衰，凡三年而卒。詮，金陵人，自九峰來居，五年，大壯其棟宇而新之。既赴棲賢之請，以首座聰囑檀那及其衆，衆從之，請於州，州從之。聰姓杜氏，大中祥符三年，實應是命，於山之東北，手植松可萬株，凡植一株，坐誦《金剛經》一卷。常自稱栽松比丘，今號其地爲金剛嶺云。聰臨終而讓寶，如聰之始。聰之終也，遺誡於其衆，無服衰絰，哭泣弔慰，一切絕之。其寺之再興也，詮始緝之，聰又能經緯，至寶而紀綱大備焉。寶姓吳氏，開堂十六年，未嘗出院門，自江湖之南及嶺之南，二十餘州聞其名者，歲奉錢共數十萬以供其堂，其爲人信向如此。亦種杉萬株，皆手自培斸。同郡有黄蘗山某院，唐裴丞相休之功德院也，歲入豐而主者侵牟之，衆食不足，思有德者爲之長。景祐四年，自太守而下，列名請其行，又俾其自擇人而付之，得遷焉。居黄蘗未十日，四方至者僅百人，蓋其道可師者邪？遷姓某氏，亦能守寶之規而不敢加焉。某上書失職，來是郡，得其傳法之次叙而記之。景祐五年龍集戊寅正月日記。

又《惠州羅浮山延祥寺記》 名山大川，方域之鎮，必藉異人以光其圖諜，達才通識，稠衆之表，必託有爲以播其績用。二美胥副今爲難。羅浮山者，越之望也。蓬萊一峰，堯波所蕩，附麗於此，《水經》之怪錄也，良常諸洞，吳郊之秀，岫穴相通，眞嗳之秘談也。曰浮屠西來，蔓延中國，塔廟嚴飾，偏宅形勝。茲山精藍十餘，而延祥之基最古。梁朝有頭陀僧景泰，不知何許人，薙草屋之號焉，朝遊南海，暮宿羅浮。大同中始建寺額，以其峰頂二石，望之如樓布金，所居適在南峰之下，故以南樓命之。唐開元二十六年，西域僧乾末多羅以鐵肖釋迦眞像，浮海而去番禺。天寶二年，中貴人何行成以祠事將命，遂迎其像置山。歸，以珍柑入貢，因得御署其門曰延祥之寺，仍開明月戒壇於寺之右。凡嶺之南，落髮壞衣者，悉受具於此。武宗朝例削其籍，咸通恢復，而地歸中閣，別揭南樓之名於山之西。延祥再造苦晚，故久不競，然亦不敢父子私自相傳，必擇什方名德尸之，以俟來學。初，鐵像之來也，扶土以具其四體，及祥符初，住持僧彥課乃購金屋工易之以鐵，而像始完。彥課卒，州以興議請今長老雲達紹隆禪席。達師桂州陽朔人，幼聰悟，師事同郡褫禪師，既削髮，即遊方至筠州洞山，寶禪師付以大乘之要。既而曰：生本無物，何有本鄉，悟在於心，豈須戲論？遂優遊南行，至於海上。有黃龍洞者，山靈絕境，人迹罕到，可以逃聲名，去思慮，於是結茅而居，期於自得而已。俄而學徒推戴以登師座。既尸其徒，則專其憂。括囊而來者，居於我乎安，持盂而求者，食於我乎仰。於是募信心以施其財，召匠指以利其器。審高卑，面子曠，鑿戶牖，陶瓴甓，取於堅完，不務華麗，日廩歲資，悉得其度。康定元年，達公自袖其狀至於曲江，俾予書之，歸爲福地之識。明年，予因經途詣山，於其南得張鷟之碑，而知其名之始，於其側見明月之壇，而知其制之古，於其堂聞達師之問答，而知其言之當。乃曰：道如是，書之無愧詞。康定二年六月日記。

又《循州新修白雲山普安寺記》 大雄氏之教也，國無中邊，俗無同異，人無耆幼，士無愚智，聞其名氏，率用信向，非役而隨，非威而濟，苟有唱導，亡不響答。萬家之都，十室之鄙，必立塔廟以寄瞻仰。誰其尸之？選在賢者，稽其類，拔其萃，推之於衆，無虛授焉。龍川郡者，漢之名部，越之沃野，地近魚鹽之饒，士多江海之樂，故其資奉易足，而慫慂易勸。且浮圖之道也，俾人出貪網，斷愛縛，守淨默，愼熏染，廣方便，重懺悔，俗所以聞聲而樂從者，以捨惡徑而趣善途也。古有蘭若曰普安，居于城之西隅，州人之所崇植也。天禧中，遇鬱攸之災，煨燼無餘，惟老釋曰智珣，相土於閑曠之野，得白雲山焉。掘地數尺，有古石像七十餘軀，亦精廬之故墓也。始鳩工，而珣即世，州將籲衆，以今住持僧德廣承其基焉。鳩其屋以藏像，猊其座以存法，列鬲而烹以示均，擊鍾而食以來衆，皆古之制也。尺椽片瓦，力所收焉，茂材修幹，手所植焉。嗚呼，今夫士庶百族，以天性之篤，血食之重，鮮克數世恢隆丕烈者，亡他術焉，暱於親耳。浮圖氏則不然，邑擇於邑，鄉擇於鄉，超登其良，以紹耿光，綿世而益昌者，此其所長也。廣師本郡人，張姓，受業於聖壽寺，受具於南海之祖壇，出繼珣師於白雲山，擇其良也。歲在閹茂，抨圖逾嶺謁誌，攬其實而書之云爾。慶曆六年七月八日記。

又《潭州太平興國寺新建戒壇記》 儒之所先曰行，釋之所守曰戒。行不修則五常無以立，戒不持則萬法無所依。故曰：行與戒，皆所以制惡趣善，防非止過之本也。西方之教，尤爲精嚴。佛住世時，祇樹園中既有立壇結界之制。摩騰東至，儀軌尚簡，出俗之初，三歸而已。魏正元中，始有律師上言戒法。宋元嘉已後，揚都乃盛甘露之名、方等之義，隨處建立，流布漸廣。嶽瀆要會，南寔長沙，衡湘之旁，緇流剃染，白四羯磨，咸隸於玆，不得不壯其度也。舊有戒壇在明行寺，律衆所居，甍宇櫛比，故於肘量，微爲隘焉。城中寶刹曰太平興國者，占上勝福德之地，有山居閑寂之趣，興化長老紹銑，叢林之選，四方嚮信，所倡響臻，安撫王公俾其新之。由是商榷律儀，講求教旨，宇量既廣，壇塔皆成，得五印經始之規，有四天擁衛之相。俾夫受圓具者，登降之際，知此戒體，衆善所生，七證嚴肅，三業清淨。於戲，惟善知識，常利世間而作種種饒益，不輕末學而示以威儀，不住無爲而長於誘諭，非名譽利養之徒所能及也。既而俾蜀僧齊翾齎書丐詞，嘉其勤修行，願增長成就一切佛事，無有休息，可記也矣，故書其年月焉。

又《南安軍興福院慈氏觀音堂閣碑銘》（《武溪集》卷八） 上古聖人，以中道御物，反於經制，然後濟之以權，西方之教，以大權誘俗，涉其津涯，然後受之於道。西教所以浸淫國土，千載彌盛者，以其權勝者也。且復巧於方便，起人信心，其言過去未來、禍福環轉，顯作而冥報，習異則業殊，故有大人之樂、諸趣之苦，蓋所以警貪癡、悟顛倒也。又所說諸佛菩薩世界名號，咸表行而著稱，見名而知證，河沙算數，不能窮盡。獨以慈悲願力，推賢文殊、普賢、觀音、彌勒四菩薩，能入生死海中，極度群有，同佛智見，登佛果位，超然於無學之徒，爲其上首。觀音以甚深般若，克證圓通，彌勒以最初三昧，故名慈氏。或自在神力，能施無畏，使大千衆生，免諸苦惱，或一生補處，受記成佛，與百億天子，同其安穩。由是贊歎獲福，瞻仰蒙祐，聞名而不墮金剛，繫念而咸生兜率，著在經具，流爲善談。華都夷聚，罔不歸向，損貨竭哀，靡所慳吝。雖事存視聽之表，難以實求，紛起是非之端，或生異論，然而信心所啟，不謀同聽，先已膠固於中矣。南安軍浮石院者，江南李氏保大年中聞僧行高結庵之地也。振錫雲遊，樂兹奇勝，剪荆山麓，以卜終焉。麻麥僅充，風雨纔庇，百年過隙，八世相承，皆卷道巖壑，休心息跡者耳。今住持智應，祥符年中乃結前緒，以謂獨覺小善皆聲聞之果，洪願普濟，寔如來之乘。況今天下至大，含生至衆，十室之邑必有塔廟以奉薄伽之遺像，一剎所建必據溪山以先邑落之勝處。欽崇雖廣，廢興在人，不有莊嚴，何以示教？不有導募，誰能同心？當勤攝受，共令成熟。遂傾私楮，得錢十萬，命工計費，作爲層構。上之爲閣，下之爲堂。其上望慈氏菩薩，擬天宮次補樓閣重重之體，其下爲觀自在菩薩，肖寶陀海岸人龍隱見之狀。皆以大悲含物，萬行利生，大願堅固，佛所稱歎，將舉教以勸修，俾見像而思果者矣。散召檀施，共樹福田，群言響答，量力出貨。堂皇門序，四軒環合。且是院也，楚嶺之通衢，章江之上津，前瞰回波，卻視層阜，修篁叢布，粉解玉立，眞物外之絕境也。香火之緣，泉石之樂，居然兩適矣。工既畢，遺介齎書乞銘，旌其遠誠。乃銘曰：

章江之源，楚嶺之阨。粤有名藍，字之浮石。開榛百年，制度翛然。今得其傳，規模乃全。廣示慈力，衆所悲仰。三十二應，觀音之像。脫門空闊，願海澱深。利益世間，慈氏之心。晬容并列，遺芳克振。庶幾來者，虔恭起信。實義難窮，權言易從。違惡竦善，繫權之功。

又《韶州淨源山定慧禪院思長老自造壽塔銘》（《武溪集》卷七）　夫鴻鵠翔於青雲之上，魚龍潛於深泉之下，安其性也。人之處林野，樂閑曠，棲神養和，保終性命，得其適也。古之達士者，皆自爲秘器壽室，以卜返眞之宅，《周官》有冢人、墓大夫掌其禁令與其位數。然世人尚以死爲諱，獨蒙莊氏昌言矯俗，云：富者苦身疾作，多積財而不盡用，貴者夜以繼日，思慮善否，不若死者無君於上、無臣於下，雖南面王之樂，不能過也。莊生之言，蓋猶佛氏所云厭生死苦、樂涅槃樂者歟？佛之去世，天下之國，分其齒骨爪髮舍利而藏之，爲塔於其上，奉之如其存。後之學佛而終者，皆塔而不墳，從象教也。今淨源長老名邵思，姓李氏，曲江都渚人，於曹溪南華寺出家受具。既而歎曰：身居曹溪，漫不知其門域，當自愧其名。遂起遊方之念，天台南嶽，無不之也。最後見洞山聰和尚，得悟入之要以歸焉。州以近郭名藍宜擇知宗乘者統領其衆，遂召師居之。晝登師座，夕啟虛室，以延學徒，各以其儀。寺之西數百步，有崗蜿蜒盤屈，左右峰巒擁抱，其前平敞可愛，乃即崗之南麓爲竁穴，陶甓以累其傍上，而側設隧道以入。又於其上屋之爲塔之形，曰：吾將歸骨於此。前搆草堂數楹，署曰寶福之庵，日自策杖往來其間。又熾其西北原，樹以松柏。仍得土之可墾者數十畝墾之，取其苗子爲香火之用。屢登吾門乞詞，將伐石而鑱之以自誌云。嘗與朋友私議：今夫啗聲利、爭尋常者，桑榆末光，影撇其氣，然尚身戀珪組，手握牙籌，計生興利，不知止息，苟能解擿外累，以死爲歸而休其心者，亦足嘉矣。孟堅書裸葬，有爲爲之也。自漢已來，文士或自誌以掩幽室。今思師不攻外典，且畏予之去而固求先銘其側。某亡叔葬其西原，故嘗登是崗。乃爲銘曰：

生滅無本，是爲佛性。心境皆遺，同歸於靜。不諱其死，是達眞理。性同虛空，體魄歸此。

又《廬山歸宗禪院妙圓大師塔銘》　禪師諱自寶，廬州合肥人，姓吳氏。生有奇相，幼不同俗，弱齡出家壽州普寧禪院，智柔大師授以經律。初具戒臘，已抱出群之見。躡履遊方，遍參知識，蘄州五祖山戒禪師、駙馬都尉李公遵勗，素所友善。叢林匠石，禪流所宗，見師之來，則曰大乘器也，許其入室。置水投針，理存默識，得彼心要，聲問翕然。尋至筠州洞山，自唐而來謂之洞上，長老曉聰有名江左，韙師通悟，堪囑後事，乃白於州，願以法度傳之。四方禪學，聞風遠至，戶外待次，每至宵分，檀施委積，庫司常餘百萬。黃檗山者，唐相裴休所施莊田，舊贍五百餘衆，近歲僧纔數十，而饘粥弗充，移師總之，清衆日增而資用豐足，其爲人信向如此。江南號爲江山佳麗甲於天下，其巖岫峻拔，磅礴千里者，廬阜爲最。梵剎相照，其間名古佛道場者，山之陽則曰歸宗，據雲水之都要，山之西則有雲居，覽泉石之幽邃。皆學佛者之所輻湊，統領苟非其人，則去者半矣。今麗正直院祖君無擇、河東部憲程君師孟并著好賢樂善之名，繼守南康軍，祖召師臨歸宗，程徒師主雲居。咸率群官列名而邀之。所至選擇名僧自隨，爲其羽翼，故學徒加衆，廚廩加豐。提唱宗乘，言出意表，啐啄之機，不涉名相，或縱或奪，遂至無言。嗣其法而居師席、處名山者，不可勝數，其服人心如此。厥後以舟楫往來，衣冠之士至星子者，咸欲見之，故再涖歸宗，從衆願也。其在洞山時，嘗自甃壽藏，爲終焉之計矣。後二十歲，凡四徙禪席，而終於歸宗。乃知有才德者，無意於隱顯，而人自歸之，名自從之。觀師之出處，眞無求於人，古之有道者也。初以駙馬李公薦其名而賜紫方袍，皇祐中，特恩賜號妙圓大師。至和元年十月二十八日示疾，十一月一日齋畢，辭衆端坐示寂。十八日全身入塔，俗壽七十七，僧臘五十一。既沒六年，門人松思以狀來乞銘。乃銘曰：

彼上人者，叢林獨步。激揚宗旨，慈心廣度。言發其機，俾之自悟。人得其要，直趨覺路。橫杖而來，捨筏而去。吁嗟妙圓，人天仰慕。

又《韶州月華禪師壽塔銘》（《武溪集》卷八） 月華山西堂琳禪師，曲江都渚人，姓鄧氏。少學儒，能談王霸大略，已而學佛，以誦經披剃，乃遊方，猶以詩名往來江淮間，博覽廣記，推爲文章僧。參洞山自寶禪師，寶於江南爲禪宗，叢林無出其右者，見師，以大心器之，遂以心印付焉。息機南還，結庵於舊山之北，曰白蓮。學者聞其名，自遠至者無算。州以衆狀請出世，師遁於大洞累月，衆叩不已，黽勉從之。師既鄉邦之望，遠邇信向，凜有餘糧，人有餘力，棟宇時構，樹藝日廣，江山清曠，甲於州域。由是搢紳緇素，途經江滸，無不艤舟造室，耳高論，目嘉致，人人自得而還。四方衲子奔走於路，達心要去爲人師者數十人。晚年避喧，退居西堂。衆思其道，郡以疏請復恢禪旨者三焉。寶林山者，六祖古道場也。詔擇名德，錫殊名命服以居之。漕臺以師爲舉，堅辭不行，乃即庵自甃壽藏曰：吾當歸骨於此。既而曰：生平交遊之厚者，安道、子元而已。遂以書來云，願以銘誌諉吾執。僕以從官鞅掌，學殖荒落，嘗評古人之言曰：志意修則驕富貴，道義重則輕王公。謂道義內充，志意不屈於王公之尊，富貴之勢不能動其心也。此理誠高，猶是介者之談耳。學於大雄氏者，道以性通，志非外徇，止觀無著，空有俱忘。生死不能汩其眞，況富貴乎？鬼神不能窺其迹，況王公乎？師之行高乎哉，不可跂已。乃爲銘曰：

湛然性相本無爲，涉於形器有時隳。他年幻質此於歸，嘗言無佛，良遺有知。

又《韶州光運寺重修證真照寂大師塔銘》（《武溪集》卷九） 世稱佛爲浮圖氏，蓋即其塔而名之。釋迦在世說法時云：有過去多寶佛塔，從地踴出。則知塔之名制尚矣，所以嚴事古佛之道也。佛去世後，舍利之塔徧於大千，祖師西來，全身之塔布在中土。且夫氣聚而形全，神散而體壞，有生之同患也。佛以自在冥其心，故湛而常寂，以定力持其身，故沒而不朽。此其所以示至虛無著之性，成金剛堅固之體者歟？何其千百年間，造化寒暑，不能奪而變之耶？光運寺塔者，奉安照寂大師坐亡之全身也。大師郴人，朱姓，諱道廣。眞性等空，大慈利物，願力深廣，存亡以之，含識蒙其潤澤，故歸仰亡替。唐天寶二年，禪坐而終，門人瘞而異香滿室，乃奉其全體，覆以香泥，龕而藏之，建塔於寺。歲或大旱，民往誠請，則獲嘉澍，如遠壑之應聲也。是寺以隋初建刹，故名仁壽臺，及大師居之，世呼廣和尙院。至廣明中，刺史謝公惡其斥賢者之號，遂以年名加之曰廣明院。劉氏專制南海，謚大師曰輔聖，又命其塔曰寶元，寺曰光運。每歲同六祖眞容幷以龍舟迎至廣內，又益其謚曰證眞照寂焉。開寶中，王師既克廣州，遂遷其卒於京師，不樂北遷者，相率爲叛，寺塔罹鬱攸之禍，而睟容獨存。厥後雖構緝遺宇，力不足而屋之。天禧初，寺僧嘗欲募衆，興復茲塔，始基之而不克締構。二十餘年，風隳雨蠹，棟幹斯壞。曲江素號山川奇秀，而復熏以南宗之風，由是占形勝、依邑落而樹刹構舍爲精廬者，差倍他境。緇衣之徒，渡江而來，不之衡廬，則之曹溪，故其挈瓶錫、動道路，探幽深者，亦差衆諸部。郡人根性好善者，復以談空樂施爲勝，其緇徒之守戒行、興佛事、了宗乘者，各以其氣相親。今天子以寶元受冊之明年，郡郭耆壽等列名請晉康郡僧德誠、南康郡僧智潤，共主營造之事。誠、潤二開士，遊方十餘歲，常以率導喜捨，所至閈信。既允衆誠，四方聞義，樂出財貨，唯恐在後。凡爲塔三級，藻井黼帳，髹杜繪梁。層簷之上，響以金鈴，綵疏之外，周以廡序。越一歲而工畢。其告成也，乞詞書之。予觀大師石刻行狀云：持盂所得，同之一器，先飼貧病，然始自餐，均以精麤，等其豐鮮。又曰：吾食於人，得不同病？於是感通致雨，以救歲旱。集是二美，推之於仁義之途，則古之博施高行君子，何以尙之？豈獨以佛事爲佞乎？因序而銘之，不憚煩以示於後人：

施無貴賤，飯先貧病。慈悲普濟，十地齊聖。仰食於人，即同其憂。言行相副，千古揚休。性如虛空，無住無去。晬容儼然，金剛堅固。黼座照曰，寶鐸鳴風。深誠感眾，開士之功。

又《韶州南華寺慈濟大師壽塔銘》　天下伽藍，以夏臘繼承，自相統率者，蓋萬數焉。由郡縣之令，選於州鄉，以領其徒者，且千數。其名山福地，奉朝廷之命，擇於叢林，以闡其教者，無數十焉。菩提達磨心法東傳，以衣爲證，止於大鑑，故曹溪之比，又加少焉。今皇帝嗣統之初地，奉母儀內助之慈，尊釋氏西來之教，詔於衡廬擇人紹隆祖席，僉曰：當今雄辯通識，無逾雲蓋禪師者。湖南按察使即以名聞，詔賜命服師號以寵之，俾擇名僧自佐。禪師名寶緣，興元人，遊方至隨州，參智門禪師祚，投針契理，得意忘言，以心印心。不煩機接，遂爲之嗣，即雲門之嫡也。尋領眾居唐興、南臺、雲蓋，皆南嶽之名藍也。黜空破有，不涉名相，臨鋒迅發，直示宗乘，諸方稱伏，謂之禪窟，故詔旨求人，無敢先者。駐錫茲山，殆將逾紀，一音演說，四方流布，眾中得法而去者，多爲人師。其機緣語句，門人各著序錄，此不復記。教門崇建，規制鼎新，可謂祖堂中興矣。既而歎曰：嘻，止矣。佛言世間出世間法備矣，山河大地，有時而盡，況於人乎？雖性空無着，體質當有所歸，愚夫以死爲諱，小乘以涅槃爲樂，皆非中道。吾其自營壽藏，以安時處順，可乎？旁鑿窣道，上爲窣堵，在寺之西南二里而遙。因僧惠實磐石，乞銘以誌之。其銘曰：

拘士煩思，以身爲累。達人靜觀，如幻之寄。花葉盛衰，根性不隳。見聞覺知，豈藏於斯？

又《袁州仰山齊長老壽塔銘》　天下地有形勝，境有清曠，必建佛剎，以爲民福。蓋自漢明已來，像教東被，日崇月衍，棟宇遂繁。及乎心印密傳，宗風寖盛，通人間出，學者雲趨，所以名山奧壤，必安清眾，又常推擇人譽，以崇善繼。凡寺之興衰，眾之多寡，繫乎師德之厚薄耳。袁州仰山者，通智大師之法席也。通智諱慧寂，曹溪之裔孫，溈山之嫡嗣，陸丞相云仰山龍縱於江西是也。躡履來遊者，不下千人，於時號爲小釋迦，學徒之盛，諸方莫比。殆今長老智齊，十五世矣。齊師安州人，俗姓某氏，徧遊名岳，得法於棲賢諟禪師，於是息心居廬阜三十七歲。慶曆中，仰山虛坐，轉運使齊公廓詢於緇素，以師應選。三空四病，示人以要，啐啄之機，間不容息，或縱或奪，至者忘歸。住山凡二十年，悟而去者亦多矣。乃於集雲峰下自爲壽藏，而種松千株，且示世間之法，無所染着，皆如幻住，死生之理，無所厭苦，皆如夢覺，何必語言，然後爲學？惠陽僧智清以其書及其真來，且言師之行也如此，因其歸，以銘寄之：

聖凡一性，死生一息。悟者一言，頓超凡域。湛然常存，無喪無得。千株松下，來者之式。

石介《怪說上》（《徂徠石先生全集》卷五）　三才位焉，各有常道，反厥常道，則謂之怪矣。夫三光代明，四時代終，天之常道也，日月爲薄蝕，五星爲彗孛，可怪也。夫五嶽安焉，四瀆流焉，地之常道也，山爲之崩，川爲之竭，可怪也。夫君南面，臣北面，君臣之常道也，父坐子立，父子之常道也，而臣抗於君，子敵於父，可怪也。夫中國，聖人之所常治也，四民之所常居也，衣冠之所常聚也，而髡髮左衽，不士不農，不工不商，爲夷者半中國，可怪也。夫中國，道德之所治也，禮樂之所施也，五常之所被也，而汗漫不經之教行焉，妖誕幻惑之說滿焉，可怪也。夫天子七廟，諸侯五廟，大夫三廟，士二廟，庶人祭於寢，所以不忘孝也，而忘而祖，廢而祭，去事夷狄之鬼，可怪也。夫法施於民則祀之，以死勤事則祀之，以勞定國則祀之，能禦大菑則祀之，能捍大患則祀之。棄能殖百穀，祀以爲稷，后土能平九州，祀以爲社。帝嚳、堯、舜、禹、湯、文、武，有功烈於民者，及夫日月星辰，民所瞻仰也，山林、川谷、丘陵，民所取財也，非此族也，不在祀典。而老觀、佛寺徧滿天下，可怪也。人君見一日蝕、一星縮、一風雨不調順、一草木不生植，則能知其爲天地之怪也，乃避寢、減膳、徹樂、恐懼責己，修德以禳除焉。彼其滅君臣之道，絕父子之親，棄道德，悖禮樂，裂五常，遷四民之常居，毀中國之衣冠，去祖宗而祀夷狄，汗漫不經之教行，妖誕幻惑之說滿，則反不知其爲怪，既不能禳除之，又崇奉焉。時人見一狐媚、一鵲噪、一梟鳴、一雉入，則能知其爲人之怪也，乃啟呪祈祭以厭勝焉。彼其孫、其子、其父、其母，忘而祖宗，去而父母，離而常業，裂而常服，習夷教，祀夷鬼，則反不知其爲怪而厭勝之，又尊異焉，愈可怪也。甚矣，中國之多怪也。人不爲怪者幾少矣。噫，一日蝕、一星縮，則天爲之不明，一山崩、一川竭，則地爲之不寧。釋、老之爲怪也，千有餘年矣，中國蠹壞亦千有餘年矣，不知更千餘年，釋、老之爲怪也如何？中國之蠹壞也如何？堯、舜、禹、湯、文、武、周公、孔子不生，吁。

又《怪説下》 吾既作《怪説》二篇，或曰：子之《怪説》，上篇言佛、老，下篇言楊億。佛、老、楊億信怪矣，然今舉中國而從佛、老，舉天下而學楊億之徒，亦云衆矣。雖子之説長，又豈能果勝乎？子不唯不能勝夫萬億千人之衆，以萬億千人之衆反攻子，且恐子不得自脱，將走於蠻夷險僻深山中而不知避也，子亦誠自取禍矣。余聞之，輒躍起身數尺，瞋目作色應之曰：孔子，大聖人也。手取唐、虞、禹、湯、文王、武王、周公之道，定以爲經，垂於萬世。夫堯、舜、禹、湯、文王、武王、周、孔之道，萬世常行不可易之道也。佛、老以妖妄怪誕之教壞亂之，楊億以淫巧浮僞之言破碎之。吾以攻乎壞亂破碎我聖人之道者，吾非攻佛、老與楊億也。吾學聖人之道，有攻我聖人之道者，吾不可不反攻彼也。盜入主人家，奴尚爲主人拔戈持矛以逐盜，反爲盜所擊而至於死且不避。其人誠非有利主人也，蓋事主之道不得不爾也。亦云忠於主而已矣，不知其他也。吾亦有死而已，雖萬億千人之衆，又安能懼我也。

又《明四誅》（《徂徠石先生全集》卷六） 《王制》曰：析言破律，亂名改作，執左道以亂政，殺。作淫聲、異服、奇技、奇器以疑衆，殺。行僞而堅，言僞而辯，學非而博，順非而澤以疑衆，殺。假於鬼神時日卜筮以疑衆，殺。此四誅者，不以聽。大哉四誅，誠乎王制也。明王制以用四誅，用四誅以靖天下者，惟舜、周公、孔子乎。舜誅四凶，周公誅管、蔡，孔子誅少正卯，王制明矣。吁，王制絶已二千年矣，而天下皆干乎四誅，無誅之者。夫佛、老者，夷狄之人也，而佛、老以夷狄之教法亂中國之教法，以夷狄之衣服亂中國之衣服，以夷狄之言語亂中國之言語，罪莫大焉，而不誅。夫不以堯、舜、禹、湯、文、武、周公之道事其君者，皆左道也。而有以楊朱、墨翟之言進於其君者，有以蘇秦、張儀之説進於其君者，有以韓非、商鞅之術進於其君者，有以聲色狗馬之玩進於其君者，罪莫大焉而不誅。夫不道先王之法，言而辨詐相勝，不服先王之德，行而奇譎相矜，不爲孔子之經，而淫文浮詞聾瞽天下後生之耳目，罪莫大焉而不誅。夫不誦《詩》以諷，而爲倡優鄭衛之戲以亂君耳，夫不執藝以諫，而爲雕麗淫巧之氣以蕩君心，罪莫大焉而不誅。夫不脩大中至正之福，而託陰陽巫鬼卜筮以惑天下之民，罪莫大焉而不誅。夫天下皆干乎四誅而不誅，吾故明之。※《徂徠石先生全集》卷六，光緒十年濟南尚志書院刊濰縣張次陶所藏影宋本，參校康熙四十九年張伯行正誼堂全書本《石徂徠集》，康熙五十五年燕山石鍵刻本《徂徠石先生全集》，文淵閣四庫全書本《徂徠集》，《國朝二百家名賢文粹》卷二十七。

又《讀原道》（《徂徠石先生全集》卷七） 《書》之《洪範》，《周禮》之六官，《春秋》之十二經，《孟子》之七篇，《原道》之千三百八十八言，其言王道盡矣。箕子、周公、孔子之時，三代王制尚在，孟子去孔子且未遠，能言王道也，不爲艱矣。去孔子後千五百年間，歷楊、墨、韓、莊、老、佛之患，王道絶矣。雖曰《洪範》、曰《周官》、曰《春秋》、曰《孟子》存，而千歧萬徑，逐逐競出，詭邪淫僻、荒唐放誕之説，恣行於天地間，無有禦之者。大道破散消亡，睢盱然惟楊、莊之歸，而佛、老之從，吏部此時能言之爲難。推《洪範》、《周禮》、《春秋》、《孟子》之書則深，惟箕子、周公、孔子、孟軻之功，則吏部不爲少矣。余不敢廁吏部於二大聖人之間，若箕子、孟軻，則余不敢後吏部。

又《辨惑》（《徂徠石先生全集》卷八） 吾謂天地間必然無者有三，無神仙，無黄金術，無佛。然此三者，舉世人皆惑之，以爲必有，故甘心樂死而求之。然吾以爲必無者，吾有以知之。大凡窮天下而奉之者，一人也。莫崇於一人，莫貴於一人，無求不得其欲，無取不得其志，天地兩間，苟所有者，惟不索焉，索之莫不獲也。秦始皇之求爲仙，漢武帝之求爲黄金，蕭武帝之求爲佛，勤已至矣。而秦始皇帝遠遊死，蕭武帝餓死，漢武帝鑄黄金不成。推是而言，吾知必無神仙也，必無佛也，必無黄金術也。

又《中國論》（《徂徠石先生全集》卷一〇） 夫天處乎上，地處乎下，居天地之中者曰中國，居天地之偏者曰四夷。四夷外也，中國内也。天地爲之乎，内外所以限也。夫中國者，君臣所自立也，禮樂所自作也，衣冠所自出也，冠婚祭祀所自用也，縗麻喪泣所自制也，果窳菜茹所自殖也，稻麻黍稷所自有也。東方曰夷，被髮文身，有不火食者矣。南方曰蠻，雕題交趾，有不火食者矣。西方曰戎，被髮衣皮，有不粒食者矣。北方曰狄，衣毛穴居，有不粒食者矣。其俗皆自安也，相易則亂。仰觀於天，則二十八舍在焉，俯觀於地，則九州分野在焉，中觀於人，則君臣、父子、夫婦、兄弟、賓客、朋友之位在焉。非二十八舍、九州分野之內，非君臣、父子、夫婦、兄弟、賓客、朋友之位，皆夷狄也。二十八舍之外干乎二十八舍之內，是亂天常也，九州分野之外入乎九州分野之內，是易地理也，非君臣、父子、夫婦、兄弟、賓客、朋友之位，是悖人道也。苟天常亂於上，地理易於下，人道悖於中，國不爲中國矣。聞乃有巨人名曰佛，自西來入我中國，有龐眉名曰聃，自胡來入我中國。各以其人易中國之人，以其道易中國之道，以其俗易中國之俗，以其書易中國之書，以其教易中國之教，以其居廬易中國之居廬，以其禮樂易中國之禮樂，以其文章易中國之文章，以其衣服易中國之衣服，以其飲食易中國之飲食，以其祭祀易中國之祭祀。雖然，中國人猶未肯樂焉而從之也。其佛者乃說曰：我長天有堂，地有獄，從我游則升天堂矣，否則擠地獄。其老者亦說曰：我長生之道，不死之藥，從我游則長生矣，否則夭死。且又有爲耒耜以便人農也，爲《詩》、《書》以使人士也，爲器材以使人工也，爲貨幣以使人商也，臣拜乎君，子事乎父，弟事乎兄，幼順乎長，冠以束乎髮，帶以繩乎腰，履以羈乎足，妻子以待乎養，賓師以須乎奉，縗麻喪泣之制使人爲哀，禋祀祭享之位使人爲孝，爾之勞也如是，我皆無是之苦。於是人或懼之，或悦之，始有從之者。既從之也，則曰：莫尊乎君父，與之伉禮，無兄以事也，無長以順也，無妻子以養也，無賓師以奉也，無髮以束也，無帶以繩也，無縗麻喪泣以爲哀也，無禋祀祭享以爲孝也。中國所爲士與農、工與商也者，我皆坐而衣食之，我貴也如此。故其人歡然而去之也，靡然而趨之也。噫，今不離此而去彼，背中國而趨佛、老者幾人？或曰：如此，將爲之柰何？曰：各人其人，各俗其俗，各教其教，各禮其禮，各衣服其衣服，各居廬其居廬，四夷處四夷，中國處中國，各不相亂，如斯而已矣。則中國，中國也，四夷，四夷也。※光緒十年濟南尚志書院刊濰縣張次陶所藏影宋本，參校康熙四十九年張伯行正誼堂全書本《石徂徠集》、康熙五十五年燕山石鍵刻本《徂徠石先生全集》，文淵閣四庫全書本《徂徠集》、《聖宋文選》卷十五。

又《論唐武宗滅佛》（《歷代名賢確論》卷九二）　夫仁義之道，大中至正之道也，天下之福也。古者堯、舜、禹、湯、周文王、武王能修仁義之道，故皆受仁義之福。何以驗之？《書》曰：堯在位七十年，享年一百一十七歲。舜在位五十載，享年一百一十二歲。禹傳於子，繼位一十七君，有國四百年。湯傳於子，繼位二十七君，有國七百年。周亦傳於子，繼位三十三君，有國八百年。此其驗也。後世人君仁義不修，而湎淫怠荒，窮奢極欲，竭天下之力，疲天下之力，聚斂生靈之膏血，以信奉佛而望福報，不亦妖言乎？且帝王以生靈爲本，使天下無一夫饑，無一夫寒，無一夫不遂其生，無一夫不得其所，此帝王之福也。天下生民凍餒，轉死溝壑，而不給一尺帛，賜一石粟，使其飽且暖，而乃輦金載貨，塡於寺門，以奉群髡，將以爲萬民求福，何其迂也。且僧徒皆游惰之民人、庸人爾，使之齋，與之錢，不知何由能作福也？若曰奉佛，佛死已千有餘年也，其骨已臭朽腐爛也，其魂已殄滅消散也。以數片金薄塗於面首，用三門高屋覆其身軀，其使能降福於人，臣不信也，臣不信也。王縉之徒以謂國祚流長，皆佛之福報所資。又以爲祿山、思明毒亂方熾，而皆有子禍，僕固懷恩將亂而死，西戎犯闕，未擊而退，實由佛之福力，何厚誣也。高祖、太宗以仁義革亂，提四海之民出塗炭之中，置於富壽之域，登於太平之樂，德化深厚，恩惠及遠，積仁累義，垂慶子孫。不能嗣襲其善，中原屢擾，社稷幾覆。高祖、太宗之德未盡，人神協贊，宗廟祐助，逆兵勤而且死，神器危而復安，延至於三百年，蓋高祖、太宗之靈，天地神人之贊，而乃推於佛，何厚誣也。嗚呼，自佛入中國，蠹壞至於今矣。今髡徒左袵異端之人半中國，古之所謂四民者，流入於佛、老十有六七，天下穀帛貨貝歸於佛、老者亦十有六七。今以天下奉佛、老，佛、老益盛，中國益匱，生民益耗。生民耗，中國匱，雖有天下國家，何以爲國也？佛、老之患也，大矣深矣，非有英睿之君，神聖威武如禹、湯、文、武者，誰能除此弊也？在有唐時，憲宗迎佛骨，刑部侍郎韓愈上疏切諫。至於武宗皇帝，遂折天下寺，盡去天下僧尼，盡毁天下佛像。武皇帝英威如此，謚之曰武，宜哉。古之帝王，以干戈而定天下，而人服，則有周武王，以征伐而威四夷，以來朝，則有漢武帝，以睿智英斷、聰明正直而去佛教，以殄滅，則有唐武宗。臣嘗論三武之功，以謂紂虐無厭，武王憑后稷、公劉、王季、文王之德，乘天下厭亂之心，一戎衣，服天下，漢祖志怯戎狄，輕北易走，武帝驅天下之兵，利天下之甲，以抗一隅，而匈奴臣，其功皆易。至於佛者，深根固蒂七八百年，爲天下大患。如唐太宗之聖神，明皇之仁勇，憲宗之英睿，皆不能除之。而武宗皇帝奮於百王之下，斷自宸智，挺然不疑，一旦盡除去之，其功過於周武王、漢武帝遠甚矣。

又《去二畫本記》（《徂徠石先生全集》卷一九） 留守工部彭城劉公隨嘗親來視學於東庠，謂非聖人書宜悉去之，不可使學者讀之，惑亂其心也。公之心可謂正矣。噫，非聖人書猶不可觀之，況非聖人乎？且自伏羲至於神農，神農至於黃帝，黃帝至於堯、舜，堯、舜至於禹、湯，禹、湯至於文、武，文、武至於周公，周公至於孔子，孔子之時，中國猶一人治也，道由一途出也。有老子生焉，然後仁義廢而禮教壞，有佛氏出，然後三綱棄而五常亂。嗚呼，老與佛，賊聖人之道者也，悖聖人之治者也。公所謂非聖人之書者，老與佛之書也。老與佛之書猶不可使學者見，況使學者見老與佛之象乎？書庫有舊存《三教畫本》，索觀之，則吾聖人與老氏、佛氏等，使學者趨老與佛，亦將同吾聖人也。讀其書猶懼惑亂其心，使趨老與佛同於吾聖人，豈知不易吾衣冠，棄吾夫子，捨吾尊親，廢吾祭祀，相與同歸於夷也？《三教畫本》獨吾聖人，朝夕令學者拜事之，庶幾知吾師之尊，吾教之一，吾道之正。所謂佛與老二者，吾令悉去之，後來者將謂吾不恭職，失二畫本，吾故書以告。

歐陽修《山中之樂并序》（《歐陽文忠公集》卷一五） 佛者慧勤，餘杭人也。少去父母，長無妻子。以衣食於佛之徒，往來京師二十年。其人聰明材智，亦嘗學問於賢士大夫。今其南歸，遂將窮極吳越甌閩江湖海上之諸山，以肆其所適。予嘉其嘗有聞於吾人也，於其行也，爲作《山中之樂》三章，極道山林間事，以動蕩其心意，而卒反之於正。其辭曰：

江上山兮海上峰，藹青蒼兮杳巑叢，霞飛霧散兮邈乎青空。天鑱鬼削兮壁立於鴻蒙，崖懸磴絕兮險且窮。穿雲渡水兮忽得路，而不知其深之幾重。中有平田廣谷兮與世隔絕，猶有太古之遺風。泉甘土肥兮鳥獸雝雝，其人麋鹿兮既壽而豐。不知人間之幾時兮，但見草木華落爲春冬。嗟世之人兮，曷不歸來乎山中？山中之樂不可見，今子其往兮誰逢？

丹莖翠蔓兮巖壑玲瓏，水聲聒聒兮花氣濛濛。石巉巉兮橫路，風颯颯兮吹松。雲冥冥兮雨霏霏，白猿夜嘯兮青楓。朝日出兮林間，澗谷紛以青紅。千林靜兮秋月，百草香兮春風。嗟世之人兮，曷不歸來乎山中？山中之樂不可得，今子其往兮誰從？

梯崖構險兮佛廟仙宮，耀空山兮鬱穹隆。彼之人兮，固亦目明而耳聰。寵辱不干其慮兮，仁義不被其躬。蔭長松之蓊蔚兮，藉纖草之豐茸。苟其中以自足兮，忘其服胡而顛童。自古智能魁傑之士兮，固亦絕世而逃蹤。惜天材之甚良兮，而自棄於無庸。嗟彼之人兮，胡爲老乎山中？山中之樂不可久，遲子之返兮誰同？

又《論罷修奉先寺等狀》（《歐陽文忠公集》卷一〇九） 右，臣近曾上言，爲京師土木興作處多，乞行減罷。尋準敕差臣與三司同共相度減定，續具奏聞次。今又聞聖旨下三司，重修慶基殿及奉先寺屋宇。臣伏見近年政令乖錯，紀綱隳頹，上下因循，未能整緝。惟務崇修祠廟，廣興土木，百役俱作，無一日暫停。方今民力困貧，國用窘急，小人不識大計，不思愛君，但欲廣耗國財，務爲己利，恣侵欺於官物，圖酬獎之功勞，託名祖宗，張大事體。況諸處神御殿，當蓋造之初，務極崇奉，棟宇堅壯，莫不精嚴，雖數百年，未必損動。近年以來，不住修換。昨開先殿只因兩柱損，遂換一十三柱，前後差官檢計，朝廷并不取信，只憑最後之言，遂至廣張物料。蓋緣廣張得物料，即多圖酬獎恩澤。竊以崇奉祖宗，禮貴清淨。今乃頻有遷徙，輕黷威靈，要其所歸，止爲小人圖利。臣見自古人君好興土木者，自《春秋》、《史記》，歷代以來并皆書爲過失，以示萬世。今小人圖且之利，黷祖宗之威靈，置人主於有過之地，誰忍爲之？臣實痛惜。臣因準敕減定，於三司略見大概：開先殿初因兩條柱損，今所用材植物料共一萬七千五百有零，睦親宅神御殿所用物料又八十四萬七千，又有醴泉、福勝等處物料，不可悉數。此外軍營庫務合行修造者，又有百餘處。使厚地不生他物，惟產木材，亦不能供此廣費。自古王者尊祖事神，各有典禮，不必廣興土木，然後爲能。臣竊見累年火災，白玉清昭應、洞眞、上清、鴻慶、壽寧、祥源、會靈七宮，開寶、興國兩寺塔殿，并皆焚燒蕩盡，足以見天意厭土木之華侈，爲陛下惜國力民財，譴戒丁寧，前後非一。陛下與其廣興土木以事神，不若畏懼天戒而修省，其已興作者既不可及，其未修者宜速寢停。況睦親神御殿，於禮不宜作，其事甚明，別無禮典講求，乞更不下太常，便行寢罷。其慶基殿，如的有損漏，只令三司差官整補，不得理爲勞績。其奉先寺，乞勒寺家自修。今垂拱殿是陛下常坐之處，近聞爲無梁木，且止未修。諸皇親自火燒居宅後，至今寄寓他所。陛下尊爲天子，無梁木修一殿，富有四海，而皇族無屋可居。蓋爲將良材美木徇小人，并於不急處枉費，遂致合行修造處卻至乏材。伏願陛下追思累次大火常發於土木最盛處，凡國家極力興修者火必盡焚。且天厭土木而焚之，又欲興崇土木以奉之，此所以福應未臻而災譴屢降也。伏乞上思天戒，下察人言，人言雖狂而實忠，天戒甚明而不遠。伏惟陛下聖德恭儉，不樂遊畋，凡所興修，皆非嗜好，但以難違小人一時之請，自取青史萬世之譏，實爲陛下惜之。伏望聖慈，廣賜裁擇。謹具狀奏聞，伏候敕旨。

又《釋秘演詩集序》（《歐陽文忠公集》卷四一）　予少以進士遊京師，因得盡交當世之賢豪。然猶以謂國家臣一四海，休兵革，養息天下，以無事者四十年，而智謀雄偉非常之士，無所用其能者，往往伏而不出，山林屠販，必有老死而世莫見者，欲從而求之不可得。其後得吾亡友石曼卿。曼卿爲人，廓然有大志，時人不能用其材，曼卿亦不屈以求合，無所放其意，則往往從布衣野老酣嬉淋灕，顛倒而不厭。予疑所謂伏而不見者，庶幾狎而得之，故嘗喜從曼卿遊，欲因以陰求天下奇士。浮屠秘演者，與曼卿交最久，亦能遺外世俗，以氣節相高，二人懽然無所間。曼卿隱於酒，秘演隱於浮屠，皆奇男子也。然喜爲歌詩以自娛，當其極飲大醉，歌吟笑呼，以適天下之樂，何其壯也。一時賢士皆願從其遊，予亦時至其室。十年之間，秘演北渡河，東之濟、鄆，無所合，困而歸。曼卿已死，秘演亦老病。嗟夫，二人者，予乃見其盛衰，則余亦將老矣。夫曼卿詩辭清絶，尤稱秘演之作，以爲雅健有詩人之意。秘演狀貌雄傑，其胸中浩然，既習於佛，無所用，獨其詩可行於世，而懶不自惜。已老，祛其橐，尚得三四百篇，皆可喜者。曼卿死，秘演漠然無所向，聞東南多山水，其巔崖崛峍，江濤洶湧，甚可壯也，遂欲往遊焉，足以知其老而志在也。於其將行，爲叙其詩，因道其盛時以悲其衰。慶曆二年十二月二十八日，廬陵歐陽修序。

又《釋惟儼文集序》　惟儼姓魏氏，杭州人。少遊京師三十餘年，雖學於佛而通儒術，喜爲辭章，與吾亡友曼卿交最善。曼卿遇人無所擇，必皆盡其忻歡。惟儼非賢士不交，有不可其意，無貴賤一切閉拒絶去不少顧。曼卿之兼愛，惟儼之介，所趣雖異，而交合無所間。曼卿嘗曰：君子泛愛而親仁。惟儼曰：不然。吾所以不交妄人，故能得天下士。若賢不肖混，則賢者安肯顧我哉？以此一時賢士多從其遊。居相國浮圖，不出其戶十五年。士嘗遊其室者，禮之惟恐不至，及去爲公卿貴人，未始一往干之。然嘗竊怪平生所交皆當世賢傑，未見卓卓著功業如古人可記者。因謂世所稱賢材，若不啓兵走萬里，立功海外，則當佐天子號令賞罰於明堂。苟皆不用，則絶寵辱，遺世俗，自高而不屈，尚安能酣豢於富貴而無爲哉？醉則以此誚其坐人。人亦復之，以謂遺世自守，古人之所易，若奮身逢時，欲必就功業，此雖聖賢難之，周、孔所以窮達異也。今子老於浮圖，不見用於世，而幸不踐窮亨之塗，乃以古事之已然，而責今人之必然邪？雖然，惟儼傲乎退偃於一室。天下之務，當世之利病，聽其言終日不厭，惜其將老也已。曼卿死，惟儼亦買地京城之東以謀其終。乃斂平生所爲文數百篇，示予曰：曼卿之死，既已表其墓。願爲我序其文，然及我之見也。嗟夫，惟儼既不用於世，其材莫見於時。若考其筆墨馳騁、文章贍逸之能，可以見其志矣。廬陵歐陽永叔序。

又《本論上》（《歐陽文忠公集》卷一七）　佛法爲中國患千餘歲，世之卓然不惑而有力者，莫不欲去之。已嘗去矣，而復大集，攻之暫破而愈堅，撲之未滅而愈熾，遂至於無可奈何。是果不可去邪？蓋亦未知其方也。夫醫者之於疾也，必推其病之所自來，而治其受病之處。病之中人，乘乎氣虛而入焉。則善醫者，不攻其疾，而務養其氣，氣實則病去，此自然之效也。故救天下之患者，亦必推其患之所自來，而治其受患之處。佛爲夷狄，去中國最遠，而有佛固已久矣。堯、舜、三代之際，王政修明，禮義之教充於天下，於此之時，雖有佛無由而入。及三代衰，王政闕，禮義廢，後二百餘年而佛至乎中國。由是言之，佛所以爲吾患者，乘其闕廢之時而來，此其受患之本也。補其闕，修其廢，使王政明而禮義充，則雖有佛無所施於吾民矣，此亦自然之勢也。昔堯、舜、三代之爲政，設爲井田之法，籍天下之人，計其口而皆授之田，凡人之力能勝耕者，莫不有田而耕之，斂以什一，差其征賦，以督其不勤。使天下之人，力皆盡於南畝，而不暇乎其他。然又懼其勞且怠而入於邪僻也，於是爲制牲牢酒醴以養其體，弦匏俎豆以悅其耳目。於其不耕休力之時，而教之以禮。故因其田獵而爲蒐狩之禮，因其嫁娶而爲婚姻之禮，因其死葬而爲喪祭之禮，因其飲食群聚而爲鄉射之禮。非徒以防其亂，又因而教之，使知尊卑長幼，凡人之大倫也。故凡養生送死之道，皆因其欲而爲之制。飾之物采而文焉，所以悅之，使其易趣也。順其情性而節焉，所以防之，使其不過也。然猶懼其未也，又爲立學以講明之。故上自天子之郊，下至鄉黨，莫不有學。擇民之聰明者而習焉，使相告語而誘勸其愚墮。嗚呼，何其備也。蓋堯、舜、三代之爲政如此，其慮民之意甚精，治民之具甚備，防民之術甚周，誘民之道甚篤。行之以勤而被於物者洽，浸之以漸而入於人者深。故民之生也，不用力乎南畝，則從事於禮樂之際，不在其家，則在乎庠序之間。耳聞目見，無非仁義，樂而趣之，不知其倦。終身不見異物，又奚暇夫外慕哉？故曰雖有佛無由而入者，謂有此具也。及周之衰，秦幷天下，盡去三代之法，而王道中絕。後之有天下者，不能勉彊，其爲治之具不備，防民之漸不周。佛於此時，乘間而出。千有餘歲之間，佛之來者日益眾，吾之所爲者日益壞。井田最先廢，而兼幷游惰之姦起，其後所謂蒐狩、婚姻、喪祭、鄉射之禮，凡所以教民之具，相次而盡廢。然後民之姦者有暇而爲他，其良者泯然不見禮義之及己。夫姦民有餘力，則思爲邪僻，良民不見禮義，則莫知所趣。佛於此時乘其隙，方鼓其雄誕之說而牽之，則民不得不從而歸矣。又况王公大人往往倡而驅之，曰佛是眞可歸依者，然則吾民何疑而不歸焉？幸而有一不惑者，方艴然而怒曰：佛何爲者？吾將操戈而逐之。又曰：吾將有說以排之。何其不思之甚也。夫千歲之患徧於天下，豈一人一日之可爲？民之沈酣入於骨髓，非口舌之可勝。然則將奈何？曰：莫若修其本以勝之。昔戰國之時，楊、墨交亂，孟子患之而專言仁義，故仁義之說勝，則楊、墨之學廢。漢之時，百家幷興，董生患之，而退修孔氏，故孔氏之道明而百家息。此所謂修其本以勝之之效也。今八尺之夫，被甲荷戟，勇蓋三軍，然而見佛則拜，聞佛之說則有畏慕之誠者，何也？彼誠壯佼，其中心茫然無所守而然也。一介之士，眇然柔懦，進趨畏怯，然而聞有道佛者則義形於色，非徒不爲之屈，又欲驅而絕之者，何也？彼無他焉，學問明而禮義熟，中心有所守以勝之也。然則禮義者，勝佛之本也。今一介之士知禮義者，尚能不爲之屈，使天下皆知禮義，則勝之矣。此自然之勢也。

又《本論下》　昔荀卿子之說，以爲人性本惡，著書一篇，以持其論。予始愛之，及見世人之歸佛者，然後知荀卿之說繆焉。甚矣，人之性善也。彼爲佛者，棄其父子，絕其夫婦，於人之性甚戾，又有蠶食蟲蠹之弊，然而民皆相率而歸焉者，以佛有爲善之說故也。嗚呼，誠使吾民曉然知禮義之爲善，則安知不相率而從哉？奈何教之諭之之不至也。佛之說，熟於人耳，入乎其心久矣，至於禮義之事，則未嘗見聞。今將號於衆曰禁汝之佛而爲吾禮義，則民將駭而走矣。莫若爲之以漸，使其不知而趣焉可也。蓋鯀之治水也障之，故其害益暴，及禹之治水也導之，則其患息。蓋患深勢盛則難與敵，莫若馴致而去之易也。今堯、舜、三代之政，其說尙傳，其具皆在，誠能講而修之，行之以勤而浸之以漸，使民皆樂而趣焉，則充行乎天下，而佛無所施矣。《傳》曰物莫能兩大，自然之勢也，奚必曰火其書而廬其居哉？昔者戎狄蠻夷雜居九州之間，所謂徐戎、白狄、荆蠻、淮夷之類是也。三代既衰，若此之類幷侵於中國，故秦以西戎據宗周，吳、楚之國，皆僭稱王。《春秋》書用鄫子，《傳》記被髮於伊川，而仲尼亦以不左衽爲幸。當是之時，佛雖不來，中國幾何其不夷狄也。以是而言，王道不明而仁義廢，則夷狄之患至矣。及孔子作《春秋》，尊中國而賤夷狄，然後王道復明。方今九州之民，莫不右衽而冠帶，其爲患者特佛爾。其所以勝之之道，非有甚高難行之說也，患乎忽而不爲爾。夫郊天祀地與乎宗廟社稷朝廷之儀，皆天子之大禮也，今皆舉而行之。至於所謂蒐狩、婚姻、喪祭、鄉射之禮，此郡縣有司之事也，在乎講明而頒布之爾。然非行之以勤，浸之以漸，則不能入於人而成化。自古王者之政，必世而後仁。今之議者將曰：佛來千餘歲，有力者尙無可奈何，何用此迂緩之說爲？是則以一日之功不速就，而棄必世之功不爲也，可不惜哉。昔孔子歎爲俑者不仁，蓋歎乎啟其漸而至於用殉也。然則爲佛者，不猶甚於作俑乎？當其始來，未見其害，引而內之。今之爲害著矣，非待先覺之明而後見也，然而恬然不以爲者何哉？夫物極則反，數窮則變，此理之常也。今佛之盛久矣，乘其窮極之時，可以反而變之，不難也。昔三代之爲政，皆聖人之事業，及其久也，必有弊。故三代之術，皆變其質文而相救。就使佛爲聖人，及其弊也，猶將救之，况其非聖者乎？夫姦邪之士見信於人者，彼雖小人，必有所長以取信，是以古之人君惑之，至於亂亡而不悟。今佛之法，可謂姦且邪矣，蓋其爲說，亦有可以惑人者。使世之君子，雖見其弊而不思救，豈又善惑者歟？抑亦不得其救之之術也？救之，莫若修其本以勝之。捨是而將有爲，雖賁言之勇，孟軻之辯，太公之陰謀，吾見其力未及施，言未及出，計未及行，而先已陷於禍敗矣。何則？患深勢盛難與敵，非馴致而爲之莫能也。故曰修其本以勝之，作《本論》。

又《原弊》（《歐陽文忠公集》卷五九）　孟子曰：養生送死，王道之本。管子曰：倉廩實而知禮節。故農者，天下之本也，而王政所由起也，古之爲國者未嘗敢忽。而今之爲吏者不然，簿書聽斷而已矣，聞有道農之事，則相與笑之曰鄙。夫知賦斂移用之爲急，不知務農爲先者，是未原爲政之本末也。知務農而不知節用以愛農，是未盡務農之方也。古之爲政者，上下相移用以濟，下之用力者甚勤，上之用物者有節，民無遺力，國不過費，上愛其下，下給其上，使不相困。三代之法皆如此，而最備於周。周之法曰：井牧其田，十而一之。一夫之力，督之必盡其所任，一日之用，節之必量其所入，一歲之耕，供公與民食皆出其間而常有餘，故三年而餘一年之備。今乃不然，耕者不復督其力，用者不復計其出入，一歲之耕，供公僅足，而民食不過數月。甚者，場功甫畢，簸糠麩而食秕稗，或采橡實、畜菜根以延冬春。夫糠覈橡實，孟子所謂狗彘之食也，而卒歲之民不免食之，不幸一水旱，則相枕爲餓殍。此甚可歎也。夫三代之爲國，公卿士庶之祿廩，兵甲車牛之材用，山川宗廟鬼神之供給，未嘗闕也。是皆出於農，而民之所耕，不過今九州之地也。歲之凶荒，亦時時而有，與今無以異。今固盡有嚮時之地，而制度無過於三代者。昔者用常有餘而今常不足，何也？其爲術相反而然也。昔者知務農又知節用，今以不勤之農贍無節之用故也。非徒不勤農，又爲衆弊以耗之，非徒不量民力以爲節，又直不量天力之所任也。何爲衆弊？有誘民之弊，有兼并之弊，有力役之弊，請詳言之。今坐華屋享美食而無事者，曰浮圖之民，仰衣而食養妻子者，曰兵戎之民。此在三代時，南畝之民也。今之議者，以浮圖并周、孔之事曰三教，不可以去，兵戎曰國備，不可以去。浮圖不可并周、孔，不言而易知，請試言之。國家自景德罷兵三十三歲矣，兵嘗經用者老死今盡，而後來者未嘗聞金鼓、識戰陣也。生於無事而飽於衣食也，其勢不得驕惰。今衛兵入宿，不自持被而使人持之，禁兵給糧，不自荷而雇人荷之。其驕如此，況肯冒辛苦以戰鬭乎？前日西邊之吏，如高化軍齊宗舉，兩用兵而輒敗，此其效也。夫就使兵耐辛苦而能鬭戰，惟耗農民爲之可也。奈何有爲兵之虛名，而其實驕惰無用之人也？古之凡民長大壯健者皆在南畝，農隙則教之以戰。今乃大異。一遇凶歲，則州郡吏以尺度量民之長大而試其壯健者，招之去爲禁兵，其次不及尺度而稍怯弱者，籍之以爲廂兵。吏招人多者有賞，而民方窮時爭投之，故一經凶荒，則所留南畝者惟老弱也。而吏方曰：不收爲兵，則恐爲盜。噫，苟知一時之不爲盜，而不知其終身驕惰而竊食也。古之長大壯健者任耕，而老弱者游惰，今之長大壯健者游惰，而老弱者留耕也。何相反之甚邪？然民盡力乎南畝者，或不免乎狗彘之食，而一去爲僧、兵，則終身安佚而享豐腴，則南畝之民不得不日減也。故曰有誘民之弊者，謂此也。其耗之一端也。古者計口而受田，家給而人足。井田既壞，而兼并乃興。今大率一戶之田及百頃者，養客數十家。其間用主牛而出己力者、用己牛而事主田以分利者，不過十餘戶。其餘皆出產租而僑居者曰浮客，而有畬田。夫此數十家者，素非富而畜積之家也，其春秋神社、婚姻死葬之具，又不幸遇凶荒與公家之事，當其乏時，嘗舉責於主人，而後償之，息不兩倍則三倍。及其成也，出種與稅而後分之，償三倍之息，盡其所得或不能足。其場功朝畢而暮乏食，則又舉之。故冬春舉食，則指麥於夏而償，麥償盡矣，夏秋則指禾於冬而償也。似此數十家者，常食三倍之物，而一戶常盡取百頃之利也。夫主百頃而出稅賦者一戶，盡力而輸一戶者數十家也。就使國家有寬征薄賦之恩，是徒益一家之幸，而數十家者困苦常自如也。故曰有兼并之弊者，謂此也。此亦耗之一端也。民有幸而不役於人，能有田而自耕者，下自二頃至一頃，皆以等書於籍。而公役之多者爲大役，少者爲小役，至不勝，則賤賣其田，或逃而去。故曰有力役之弊者，謂此也。此亦耗之一端也。夫此三弊，是其大端。又有奇邪之民去爲浮巧之工，與夫兼并商賈之人爲僭侈之費，又有貪吏之誅求、賦斂之無名，其弊不可以盡舉也。既不勤之使勤，又爲衆弊以耗之。大抵天下中民之士富且貴者，化粗稱爲精善，是一人常食五人之食也。爲兵者，養父母妻子，而計其饋運之費，是一兵常食五農之食也。爲僧者，養子弟而自豐食，是一僧常食五農之食也。貧民舉倍息而食者，是一人常食二人三人之食也。天下幾何其不乏也，何謂不量民力以爲節？方今量國用而取之民，未嘗量民力而制國用也。古者冢宰制國用，量入以爲出，一歲之物三分之，一以給公上，一以給民食，一以備凶荒。今不先制乎國用，而一切臨民而取之。故有支移之賦，有和糴之粟，有入中之粟，有和買之絹，有雜料之物，茶鹽山澤之利有權有征。制而不足，則有司屢變其法，以爭毫末之利。用心益勞而益不足者，何也？制不先定，而取之無量也。何謂不量天力之所任？此不知水旱之謂也。夫陰陽在天地間騰降而相推，不能無愆伏，如人身之有血氣，不能無疾病也。故善醫者不能使人無疾病，療之而已，善爲政者不能使歲無凶荒，備之而已。堯、湯大聖，不能使無水旱，而能備之者也。古者豐年補救之術，三年耕必留一年之蓄，是凡三歲，期一歲以必災也。此古之善知天者也。今有司之調度，用足一歲而已，是期天歲歲不水旱也。故曰不量天力之所任。是以前二三歲，連遭旱蝗而公私乏食，是期天之無水旱，卒而遇之，無備故也。夫井田什一之法，不可復用於今。爲計者莫若就民而爲之制，要在下者盡力而無耗弊，上者量民而用有節，則民與國庶幾乎俱富矣。今士大夫方共修太平之基，頗推務本以興農，故輒原其弊而列之，以俟興利除害者采於有司也。

又《御書閣記》（同上，卷三九） 醴陵縣東二十里，有宮曰登眞，其前有山，世傳仙人王喬鍊藥於此。唐開元間，神仙道家之說興，天子爲書六大字，賜而揭焉。太宗皇帝時，詔求天下前世名山異迹，而尤好書法。聞登眞有開元時所賜字，甚奇，乃取至京師閱焉，已而還之，又賜御書飛白字使藏焉。其後登眞大火，獨飛白書存。康定元年，道士彭知一探其私笈以市工材，悉復宮之舊，建樓若干尺以藏賜書。予之故人處士任君爲予言其事，來乞文以志，凡十餘請而不懈。予所領職方，悉掌天下圖書，考圖驗之，醴陵老、佛之居凡八十，而所謂登眞者，其說皆然，乃爲之記。夫老與佛之學，皆行於世久矣，爲其徒者常相訾病，若不相容於世。二家之說，皆見斥於吾儒，宜其合勢并力以爲拒守，而乃反自相攻，惟恐不能相弱者，何哉？豈其死生性命所持之說相盭而然邪？故其代爲興衰，各繫於時之好惡，雖善辯者不能合二說而一之。至其好大宮室，以矜世人，則其爲事同焉。然而佛能箝人情而鼓以禍福，人之趣者常衆而熾。老氏獨好言清淨遠去、靈仙飛化之術，其事冥深，不可質究，則其爲常以淡泊無爲爲務。故凡佛氏之動搖興作，爲力甚易，而道家非遭人主之好尙，不能獨興，其間能自力而不廢者，豈不賢於其徒者哉？知一是已。慶曆二年八月八日，廬陵歐陽修記。

又《河南府重修淨垢院記》（同上，卷六三） 河南自古天子之都，王公戚里、富商大姓處其地，喜於事佛者，往往割脂田、沐邑、貨布之贏，奉祠宇爲莊嚴。故浮圖氏之居與侯家主第之樓臺屋瓦，高下相望於洛水之南北，若奕棋然。及汴建廟社，稱京師，河南空而不都，貴人、大賈廢散，浮圖之奉養亦衰。歲壞月隳，其居多不克完，與夫遊臺、釣池并爲榛蕪者十有八九。淨垢院在洛北，廢最甚，無刻石，不知誰氏之爲，獨牓其梁曰長興四年建。丞相彭城錢公來鎭洛之明年，禱雨九龍祠下，過之，歎其空闊，且呼主藏者給緡錢二十萬，洛陽知縣李宋卿幹而輯焉。於是規其廣而小之，即其舊而新之。即舊焉，所以速於集工，損小焉，所以易於完修。易壞補闕三十六間。工既畢，宋卿願刻於石以紀夫修舊起廢由彭城公賜也，且誌其復興之之歲月云。從事歐陽修遂爲記。

又《明因大師塔記》 明因大師道詮，姓衛氏，并州文水縣民家子。生於太平興國辛巳之歲，終於明道癸酉之正月，壽五十有三年。始爲童子，辭家人，入洛陽妙覺禪院，依眞行大師惠璿，學浮圖法。咸平五年，始去氏，削髮入僧籍。後二十四年，賜紫衣，遂主其衆。又四年，賜號明因，兼領右街教門事。凡爲僧三十有一年。卒之明年，其徒以骨葬城南龍門山下。始道詮未死時，予過其廬，問其年幾何，曰五十有二矣。問其何許人也，曰本太原農家也。因與語曰：《詩·唐風》言晉本唐之俗，其民被堯之德化，且詩多以儉刺，然其勤生以儉嗇，樸厚而純固，最得古之遺風。今能言其土風乎？其民俗何若？信若《詩》之所謂乎？《詩》去今餘千歲矣，猶若《詩》之時乎？其亦隨世而遷變也？曰：樹麻而衣，陶瓦而食，築土而室，甘辛苦，薄滋味。歲耕日積，有餘則窖而藏之，率千百年不輒發。其勤且儉誠有古之遺風，至今而不變也。又言：爲兒時聞長老語，晉自春秋爲盛國。至唐基并以興，世爲北京。及朱氏有中土，後唐倚并爲雄，亦卒以王，既而晉祖又以王，漢又以王。遭時之故，相次出三天子。劉崇父子又自爲國。故民熟兵鬬，饟軍死戰，勞苦幾百年不得息。既而聖人出，四方次第平，一日兵臨城門，係繼元以歸。并民然後被政教，棄兵專農，休息勞苦，爲太平之幸人。并平後二歲，我始生，幼又依浮圖，生不見干戈，長不執耒耜，衣不麻，食不瓦，室不土，力不穡而休，乃并人之又幸者也。今老矣，且病，即死無恨。予愛其語樸而詳。他日，復過其廬，莫見也。訪之，曰死矣，爲之惻然。及其葬，其徒有求予誌其始終者，因并書其常語予者，志歲月云爾。

又《浙川縣興化寺廊記》　興化寺新修行廊四行，總六十四間。匠者某人，用工之力凡若干，土木圬墁陶瓦鐵石之費、匠工傭食之資凡若干。營而主其事者僧延遇。延遇自言餘杭人，少棄父母，稱出家子。之鄆州拜浮圖人，師其說。年十九，尚書祠部給牒稱僧，遂行四方。淳化三年，止此寺，得維摩院廢基築室，自爲師，教弟子以居。居二十有三年，授弟子惠聰而老焉。又十八年，年七十有一矣，乃斂其衣盂之具所餘，示惠聰而歎曰：吾生乾德之癸亥，明年而甲子一復，而又將甲焉。棄杭即浙四十有三歲，去墳墓不哭其郊，聞吳歈不懷其土，吾豈無鄉閭親戚之仁與愛而樂此土耶？吾惟浮圖之說畏且信，以忘其生，不知久乎此也。今老矣，凡吾之有衣食之餘，生無鄉閭宗族之賙，沒不待歲時烝嘗之具，盍就吾之素信者而用焉？畢，吾無恨也。於是庀工度材，營此廊。廊成，明道二年之某月也。寺始建於隋仁壽四年，號法相寺。太平興國中，改曰興化，屋垣甚壯廣。由仁壽至明道，實四百四十有四年之間，凡幾壞幾易，未嘗有志刻，雖其始造之因，亦莫詳焉。至延遇爲此役，始求志之。予因嘉延遇之能果其學也。惠聰自少師之，雖老，益堅不壞。又竭其所有，期與俱就所信而盡焉。夫世之學者知患不至，不知患不能果。此果於自信者也。年月日記。

又《湘潭縣修藥師院佛殿記》　湘潭縣藥師院新修佛殿者，縣民李遷之所爲也。遷之賈江湖，歲一賈，其入數千萬。遷之謀曰：夫民，力役以生者也，用力勞者其得厚，用力偷者其得薄。以其得之豐約，必視其用力之多少而必當，然後各食其力而無慙焉。士非我匹，若工農則吾等也。夫琢磨煎錬，調筋柔革，此工之盡力也，斤斸鉏夷，畎畝樹藝，此農之盡力也，然後所食皆不過其勞。今我則不然，徙幸物之廢興而上下其價，權時輕重而操其奇贏，游嬉以浮於江湖，用力至逸以安，而得則過之，我有慙於彼焉。凡誠我契而不我欺，平我斗斛權衡而不我踰，出入關市而不我虞，我何能焉，是皆在上而爲政者以庇我也。何以報焉？聞浮屠之爲善，其法曰：有能捨己之有以崇飾尊嚴，我則能陰相之，凡有所欲皆如志。乃曰：盍用我之有所得，於此施以報焉，且爲善也。於是得此寺廢殿而新之，又如其法，作釋迦佛、十六羅漢塑像皆備。凡用錢二十萬，自景祐二年十二月癸酉訖三年二月甲寅以成。其秋，會予赴夷陵，自眞州假其舟行。次潯陽，見買一石，礱而載於舟，問其所欲用之，因具言其所爲，且曰欲歸而記其始造歲月也。視其色，若欲得予記而不敢言也。因善其以賈爲生，而能知夫力少而得厚以爲幸，又知在上者庇己而思有以報，顧其所爲之心又趨爲善，皆可喜也，乃爲之作記。問其寺始造之由及其歲月，皆不能道也。九月十六日記。

又《內降補僧官》（同上，卷一一九）　先朝僧官有闕，多因權要請謁，內降補人，當時諫官、御史累有論列。先帝深悟其事，因著令僧職有闕，命兩街各選一人，較藝而補。至是，鑑義有闕，中書已下兩街選一人，未上。而內臣陳承禮以寶相院僧慶輔爲請，內降令與鑑義，中書執奏以爲不可，韓、曾二公極陳其事。臣修亦奏曰：補一僧官，當與不當，至爲小事，何繫利害？但中書事已施行，而用內降衝改先朝著令，則是內臣干撓朝政。此事何可啟其漸？又奏曰：宦女近習，自前世常患難於防制。今小事若蒙聽許，後有大事，陛下必以害政不從。是初欲姑息，而反成怨望，不若絕之於漸。此一小事，陛下不以爲意而從之，彼必自張於外，以謂爲上親信，朝政可迴。在陛下目前似一閑事，外邊威勢不小矣。上遽可中書所奏，令只依條例選試。臣修又奏：事既不行，彼必有言萬事只由中書，官家豈得自由行一事。陛下試思，從私請與從公議，孰爲得失？而韓、曾二公亦所陳甚多，上皆嘉納也。

張方平《禪源通錄序》（《樂全集》卷三三）　《楞伽阿跋多羅寶經》乃先佛所說第一眞實妙義，故謂之佛語心品。祖師達磨以付二祖，曰：吾觀震旦所有經教，惟此《楞伽》四卷可以印心。祖祖相付，傳爲心要。後至東山，以爲《楞伽》義理深微，非淺智粗心所能窺測，故每用《金剛般若經》開示眾等，令其易解。逮于曹溪，以大慈悲一音演說，對答偈句，揭如日月。其所開導，直指本心，未嘗離《楞伽》自證智覺之大旨也。由是領悟者多，法周沙界。初，二祖常言此經四世之後變成名相，深可悲哉。自衣止不傳，諸方分化，地殊南北，名標頓漸，參學之流各相祖述，道場相望，源流寖廣，去聖逾遠，時風益薄，堪任大事根器誠難。然輕重不可欺於權衡，方圓不能出於規矩，但兔角龜毛，泥牛木馬，務爲深隱，巧愈彌甚，名相之言諒非虛示。初，六祖教諸門人說法，必令先定宗旨，雖以三科起用，究竟二法盡除，故知一問一答，豈苟而已？若其具無礙辯才，入淨圓三昧，隨其語默，佛法現前，緣與信合，事實稀有。故黃蘗禪師每謂衆曰：江西會下唱道之師八十餘席，得大寂正眼三兩人爾。則知爲世度門，傳佛法印，大善知識豈易偶哉？自賓鉢羅窟諸聖賢衆相結集多羅等藏，其紀述之來尚矣。至于中華，則有蕭梁《續法》，元魏《付法藏傳》，以至于唐，《寶林》、《心要》、《祖堂》等集，國朝《傳燈錄》，時代師承，本末詳備。近吳興有具壽僧拱辰，道意純熟，禪寂爲樂，再敞法筵，尋復捨衆。雖不顯談說而示人聞修之法，雖無所作受而爲衆利益之事。故閱上以來諸傳集錄，正其差訛，攬其精要，推明統本，總括橫枝，若網在綱，條目不紊。依於義，不依語，依於法，不依人，不離文字，示解脫相，徹照今古，乃無盡燈。又續法眼之後至治平之末達磨法嗣通十有九世，凡二十四卷，題曰《禪源通錄》。時熙寧四年正月望日，樂全居士安道序。

又《食貨論》（節選）（同上，卷一五）

原蠹中篇

彼兼并之族，害農敗法，誠王者之弊民矣，抑庶乎游入於釋道之道者之爲蠹大也。古者聖王域民，分其四業，有大人之事，有小人之事，或勞心，或勞力。勞心者治人，勞力者治於人，治人者食於人，治於人者食人。惟士者勞心而食於人，農、工、商賈皆勞力而相養者也。在昔理古，朝有誠士，野有誠農，肆有誠工，市有誠商。及其下衰，風教薄而民俗壞，於是士飾僞行，農去本業，工作淫巧，商通奇貨，雖末路益開，抑猶四民而已。於後黃老之說出於秦、漢，晚乃更有浮屠氏至焉。魏晉之後，天下傾裂，永嘉之亂，彝倫咸斁，羌胡雜處於諸夏，衣冠流布於荆、吳，寖淫得志，而其教遂大。故《詩序》曰：小雅盡廢，則四夷交侵，中國微矣。至梁氏，其徒益横，民益昏墊，迷不知悟。歷唐至今，浸淫瀰漫，横潰不遏，先王之道不絕如綫，九疇五教、天人之法置而勿論。凡厥庶民，捨君父之尊而事其土木之像，略忠孝之道而誦其謬悠之言，簡律令之法而循其戒咒之説，忽賞刑之命而果其禍福之報，割衣服之用而奉其莊嚴之費，侵貧人之業而資其游惰之徒。上自宮禁戚里公侯，下及士庶，其所以信而嚮之，無間然者。古之教民各執其業，父訓其子，兄勵其弟，少而習焉，長而工焉，僉不見異物而遷焉，故經俗有常，民志不亂，制度而立，邪僻不生。今天下十室之邑必有一伽藍焉，衡門之下必有一愈像焉。異巷朋處，喜相祝，怒相詛，一話一言必以浮屠之言爲證，少而習聞，長而習見，如之何其不淪胥以入其流也。是以源深而脈長，根固而枝茂，其徒滿於天下，而人不知厭苦。國家之帑藏耗於上，百姓之財力竭於下。以人主之威權，發憤而芟夷之，纔息而復熾，以正士之辯智，扼腕而深議之，言出而罪及。是以其徒益張，明無日星，幽無鬼神，前無羲、皇，後無周、孔，以誣惑蠹食於此黔首也。廣殿大廈，制度如帝居，其徒是處，羅紈纖縞，其徒是衣，稷粱滑甘，其徒是羞。而或貯積謀利，坐列行販，賦役不及，兼侵農賈。古之論理國者，以爲一夫不耕，或受之飢，一婦不織，或受之寒。今釋、老之游者，略舉天下計之，及其僮隸服役之人，爲口豈啻五十萬？中人之食，通其薪樵鹽茶之用，月糜穀一斛，歲得穀六百萬斛，人衣布帛二端，歲得一百萬端。竊度國家之制財用也，上以給郊社宗廟百神之祀，百官廩祿，六軍糧餽，其計至大矣。倉庾之積，仰輸東南，然而歲漕江淮之粟，入之太倉，制不過六百萬斛，而莫之登也。則是釋、老之游者，一歲之食，敵國家一年之儲也。而四方列郡邊塞之地，常苦兵食之不足。至於天下不幸，水旱之沴，蟲螟之災，黎氓塡於溝壑，餓莩流於道路，思以賑救之，而計廩積而莫之贍也，則其蠹有自來矣。然則奈何？蓋聖人之制度也，以道變化，與時消息，作事謀始，必順而正。在《易·節卦》之象，故甘節則吉，苦節則凶。若夫已失業之民，驅而復之南畝，毀其廬，籍其産，則所以節之不既苦乎？今誠撙省其傷財害民之事，稍禁其營築土木亡度之費，益峻其姦盜冒法之律，而無下普度霧霈之澤，則不及世而亡其大半矣。幸而省其大半之衣食，以益於民，天下其不加裕乎？《詩》曰：愷悌君子，求福不回。若其賑貧窮，恤孤寡，禮高年，存疾病，蠲逋負，寬賦斂，簡刑罰，振淹滯，此誠人君布德於下，受祿於天之道也。卿大夫事上以忠，行已以正，臨下以惠，則服天休命，克享有家。度人謹身節用，以養父母，則不罹於咎。自然風俗歸厚，上下與足，堂堂乎邦民咸乂，又惡乎釋、老之求哉？孟子曰：吾聞用夏變夷，未有變於夷者也。其是之謂乎？

又《蜀州修建天目寺記》（同上，卷三三） 浮屠氏之教流而至諸華也，迨晉之東，其法益熾。以大設權，實示方便，指因報，明利益，故自世主至於士民，莫不甘心焉。五方異稟，四夷殊類，氣俗之別，慾惡不同，法制所弗齊，禮義所弗加，甚者至有不識父，而大率輒知奉佛。百家之聚，必有一窣堵焉，兩楹之室，必有一龕像焉。矧名都通邑，塔廟固錯落相望矣。晉原在井絡之維，處陸海之沃，玉壘、銅梁之阻，金沙、銀礫之饒，控犍、牂，通滇、僰。即山而鼓，民擁素封之資，厥篚之華，戶贏玩巧之利。即安樂土，知植福田。郡有天目寺，城郭之最形勝，緇素之所萃聚。殿焚寇火，區址莽然。先是，郡之善男女合施鳩材，僝工構締，既已歷載，功緒弗就。至是尚書郎王君略領州，曲臺楊君璵爲之倅。二君敏材，利用周行之彥。獄市平簡，吏民便安，修弊起廢，出於餘力。越皇祐初年季春哉生朏，二君相造而諏曰：按令式，前誕節祓精廬，啟梵會以祝延，而棟宇未完，像設莫備，執事者爲不虔矣，顧何以示遠方？乃移縣大夫杜君濟勾考財簿，部護役事。於是境內四邑之耆老更相勉曰：府君之志，上以恭邦典，下以爲吾屬也。且吾屬廢居射利，墆不知發，譬蟲食蓼而忘其苦。佛言人命在呼吸間，一息不屬，雖至親愛，莫相爲救，何嗟及矣。今此道場，近在闤闠，動步而至淨土，舉首而見化城。壯者游焉，有以生善念，老者依焉，有以發後心。是府君爲之舟航，拯吾屬於溺也。於是樂輸善捨，如趨期令。既群樸斲，且塗塈茨，役效其勤，匠究其巧，歲未云半，仁祠鼎新。爲大殿八楹，環屬四阿，廊廡回合，屹若山，燦如霞，桷雕欒文，欂花鬘藻。蓋中爲大毗盧遮那像，文殊、普賢二大士左右之，相好殊勝，彩飾妙麗，紫金光聚，極於壯嚴，兜羅綿網，依然開合。殿之四周，圖華嚴九會，顯佛國之神化，增法門之壯觀也。寺有阿育王塔，嘗見光相，宜有靈迹，凌空危聳，與殿對峙，自兹寶地，方爲具足。既慶成，邑人大和會，踴躍讚歎，欷歔瞻禮。以爲須彌燈座，寶華嚴飾，菴羅樹園，金色明淨，昔未嘗有，乃今復現，信一方之功德海，四衆之甘露門也。二君皆余舊，置郵以布其事，請有以示之後者。余詳二君之爲，抑可謂仁術也歟？君子之教民，驅而納諸善而已。二君之爲也，本於嚴朝章，因以導民善，是亦仁術也矣。異夫舉土木之役，而事觀游亭榭之娛者哉。斯可以記矣。會中檀越、比丘衆等，蓋著之石陰。皇祐二年六月二十八日記。

又《大宋上都左街景德寺顯化禪師碑銘》（同上，卷三六） 我聞菩薩以方便智行於非道而作佛事，以平等慈不捨衆生而共世業。雖逆順之殊化，於解脫以同歸。此惟自證聖覺之可通，固非常情思議之所及。若顯化禪師者，蓋其人也歟。初，京城景德寺西塔七俱胝院有僧清璲，以誦經爲業，誦《妙法蓮華經》至五萬部，《尊勝大悲陀羅尼》各三百藏。祥符中，有布衣自云姓許，壽春人，造璲作禮，請受經梵。相奇古，目直視不瞬，璲異之，爲受具戒，名之曰志言。動止軒昂，時獨語笑。多行市里，褰裳疾趨，或舉指畫空，佇立良久。間從屠酤游飲，啗無所擇。道俗共目爲狂僧。璲謂其徒曰：此聖人也，佛法有賴矣。衆未之信。久之，士民稍稍斂矚。有意欲爲師具供，曉輒至門，云來赴齋。有欲施諸供具，輒道名件索之。溫人林仲方自其家以摩衲來獻，舟始及岸，已來就取。仁宗皇帝每延入禁中，徑登座結趺，飯畢遽出，未嘗揖也。王公士庶召即赴，然莫與交一言者。或進紙筆，默致所請，揮翰如風，字體遒壯，初不可曉，後無不驗。仁宗臨御久，春秋漸高，深念繼承之重，遣近侍至師所，無他語，惟展紙於前，侍者授筆，須臾滿幅，末云十三郎。近侍以進，不測何謂。後英宗皇帝入纂大統，實濮安懿王第十三子也。大宗正守節請書，師不顧，迫之，得潤州字。未幾，守節薨，贈丹陽郡王。曾在故相張文懿第見童妾，謂爲王家比丘尼。他日以從女適故工部尚書王公素，竟爲尼。僧義懷未出家，師見之，撫其背曰：德山臨濟。後住雪寶，爲衆說法，祖道益明，今南方宗旨盛傳，多懷出也。如是前記，不可悉數。普淨院施浴鳴鐘，時方迎佛，聞浴室中有人聲，僧叔嚴往視，乃師也。語少時，振衣遽去，叔嚴追之，院門尚闔，故詣西塔，欲驗其事。守麗景門啟關而出，師安寢於室，復前語無遺。海船遇風濤且沒，共見一僧操絙引之，商人至都，見師於市，釋然引舟者也。師曰：非我，汝爲魚矣。有具齋饌而薦鱠，師幷進之，過廣濟河，入菜市橋下，或躡而窺之，見臨流而吐，群小鮮泳去。南海有逸人潘晃，衆莫可親近，獨與士人趙棠善，語棠云：我昔見言公於番禺，由是通宿命。師故未嘗往番禺也。棠亦與師偈頌，相從往還，萬里間不浹日。師遺棠偈有太平山上寶珠光之句，又稱棠爲赤溪君。山人劉立常從棠得見其偈，問：赤溪何也？棠曰：太平、赤溪，皆兜率內院山名爾。棠者本曹人，舉進士，從官嶺外，因攝潮州海陽簿，見潘，棄官從之，後坐亡，盛夏身不壞。立後亦爲僧，名行忠，住持傳法云。如是異迹，亦不可具載。丞相呂許公問佛法大意。師曰：本來無一物，一味總成眞。僧問：世有佛否？師曰：寺裏文殊。或問師凡耶聖耶？師舉手指曰：我不在此住。朝士長者、四方耆宿有所咨叩，應聲率爾，直示心要。如是句義，亦不可詳錄。將示化，作遺頌，其旨不可曉也。已而曰：我從無量劫來，成就逝多國土。分身揚化，今南歸矣。語畢，右脇而寂，慶曆戊子十一月二十三日也。有香如蓮華，久之不歇。仁宗遣內璫安奉眞身於院之西殿，金書顯化禪師四字，揭於前楹，度侍者超覺爲僧，今眞淨上人也。異日，進士姜厚攀帷瞻禮，額上有光如螢，得舍利一粒。至是歲寖久，四衆供事益嚴，光靈益顯。其《江東誌》云，唐法雲、僧伽之儔侶歟。嘗試論之：蓋一相淨圓，人各具足。自心見量，非增減於太虛，妙用無方，故通融於萬化。但由根境隔閡，藏識分別，龜毛兔角，空華海浪，習氣迷轉，因物而遷。至於本覺元明，未嘗變失，如漚生滅，水性無虧，如雲去來，日光不昧。若知實無有法，則爲諸佛現前，證惟自心，即是衆生度盡。自然具淸淨眼，入無礙智。弗離當念，超出祇劫之上，不起於座，周遍塵刹之遠。則師前記之明，異迹之顯，句義之妙，故非智之所可知，識之所能識也。太原王鞏少而樂聞道，自其先君，素以眞淨爲善知識。及是，鞏編次其狀，請以續諸隱聖之後。予閱其所紀，皆衆所共聞見者，非傳疑也，故爲略其煩細，而擇其著明者實錄之，而係以銘曰：

佛子云何？號爲顯化。仁宗皇帝，至心淨信。以是名字，留於世間。復次佛子，以正受力。入於塵勞，而作佛事。於一切法，得如實見。轉輪聖王，宰官士夫。若善男子，諸來問我。我爲方便，示其本際。如水中影，如鑑中像。如摩尼珠，衆色自見。無能所取，非生住滅。佛法流世，力願廣大。不見聲光，孰警盲聵？師爲法來，故云有賴。生民有欲，著於好惡。非激而勸，弗沮而懼。我於世教，不其有助。聞名已謝，幻身猶全。法施無盡，金題爛然。太平山上，寶月還圓。

又《有宋南海大士趙君塔銘并序》（同上，卷四〇） 昔祖師達摩大士自南天竺國授《般若多羅記》，當往震旦而作佛事，始以如來所囑付大迦葉正法眼藏，逾海越漠，以至中華。爲法求人，而得大祖鑑智。展轉傳付，四傳而寖章，五傳而其道大光，至於六祖，興於南方，化緣益廣，遍周沙界。祖生新州，終於曹溪，轉妙法輪四十餘載，故於嶺外所被尤深，間有異人世出者，但密行多晦，微言不顯，非流俗情識所能窺測，以是莫可得而知爾。海陽趙君，蓋其人也。君諱棠，其先曹州濟陰仕族。曾祖季良，五代初歷官顯要。後唐莊宗伐蜀，王衍歸命，明宗按蜀計簿，發其積藏，季良以太僕卿充劍南轉運制置等使。至成都，孟知祥已有異志，見其材高可以圖事，因奏辟爲節度副使，留不得還。知祥僭國，遂以爲相，位至太尉。祖元授，從孟昶歸朝，補東頭供奉官。考陶，婺州司理參軍。君幼孤，事母至孝。仲父挈之任南恩州錄事參軍，卒官，母性畏寒，戀南土，因家南海。累舉進士，母老，就攝官，補連州連山尉。母病，瀝臂血和藥，日至數服。疾篤思羊羹，刲股肉進膳，聞有異香，食之良愈。母終，刺血寫佛經，積成卷帙。服除，再調潮州海陽簿。一旦去官，棲止海上禪刹，繙閱藏典。君既素志禪宗，又通經教，常從諸方參問知識，未有以契會於心。番禺有逸人曰潘晃，邑里長老云：自少見焉，不知其飲食宿止處所，冬夏一裘，未嘗易也。日遊於市，莫可與之交言。番禺人呼爲潘盎，俚言盎猶狂也。君聞之，曰：吾可從之游哉。早年或遺君精茶一餅，君默識之曰：他日有無口人可嘗爾。及是令人持茶一甌，以頌四句投之。潘覽頌，啜茶，遣人回語君：今日果遇無口人矣。君遂見潘於州西長林古屋，語三晝夜，都忘寢食。廓然通宿命，具慧眼。從之，三年不歸，親舊以爲惑疾，後乃間至其家。不復避寒暑，毒草惡物，遇輒啗之。或謁問禍福，時爲之言，罔不驗。山林鬼神，往往受教戒。過汀州，抵上杭縣，山寺有神祠，民日薦牲牢。君戒責之，至今惟饗蔬饌，此類甚多。山人劉立久依君，忽謂立曰：京下言法華約我，今當赴之。遂不復食。月餘，留一頌示其子昶，安坐而逝。家人號呼逡巡，復言曰：吾固告汝矣，何戀之深也？起居如平日，家人不復爲慮。無何，妻子有所適，回見公化已久矣。

時四月已熱，因龕而塗之。家人守宿經百日，夜未央，聞叩龕聲，禱焉復叩。翼日發塗，儼然如初。君告寂時，又兩手於膝，至是舉一手疊二指，若實叩者。焚其衣於庭，舍利滿地，傾城瞻歎，巷無居人。初，言公住京城景德寺，人亦以爲狂，不可親近，與君偈頌萬里往來，目君爲赤溪山主。山人劉立後爲僧，名行忠，亦住持傳法，從君最久，故往往能記誦，其義句深矣，大意若云兜率天宮之道侶也。劉立親於君，赤溪何謂也？君曰：內院山名爾。凡此皆非常情所可測者，而事有不可誣也已。君性剛厲，少年事佚遊，母憂形於色，君自悔責，斷左手之小指以謝母，遂杜門不出，以至成學業。與循州舉子鄒起同下第。起貧且病，不能歸，君傾橐雇傭，舁起就路，或自負而行，竟致起歸其家。福州進士翁彥升薄遊嶺表，逼秋賦不能歸，君與梧守善，援彥升得從梧州薦，罄家資其行。彥升登第，後終郎官。因是索然四壁。其風義如此。卒年五十四。再娶鄒氏、黃氏。子三人，昶、鼎、旦。昶今任楚州團練判官，信厚士也。中師淳直，所說君事迹詳實。某年月日，葬於沂州臨沂縣某鄉某里，以君坐而逝，故從浮屠法以瘗焉。所著偈頌，別刻於石。銘曰：

海濱大開士，日光佛化現。君獨常親近，得第一義心。了自覺聖智，觀世悉空寂。以是清淨觀，廣大無礙觀。十方如掌中，視菴羅勒菓。彼愚夫幻夢，殁在種種見。聞是微妙音，則狐疑不信。得法眼淨者，應見此境界。

又《上都故左街僧錄知教門公事宣教大師塔銘并序》　仁宗皇帝在宥天下，慈育含生，萬幾之餘，回向正覺。時則上都左街僧錄、宣教大師智林道行素修，恩眷最厚，咨訪梵學，酬答句偈。師於本教陀羅尼門受持精制，國有祈禱，感通多應，故尤見欽禮。僕早探內典，嘗與師遊，間問師：諸陀羅尼佛秘密藏，華竺異音，類不翻譯，其旨云何？師爲僕發明隱奧，科指條暢，《楞伽》所謂義、句、形身，三和合相，師悉開解，實通其妙。又嘗問師：羂索諸部壇場軌儀，種種莊嚴，不離四諦，無上正等諸佛心印，其用如何？師云：壇有多名，空智爲上。一念淨圓，同法界性。住無所住，如空無依。彼誠之至者，猶可以動天地而感鬼神。妙湛總持，一相三昧，具足神力，豈思議所及？佛以大事因緣，故出現於世，無有二法，惟一乘道。至於隨緣立教，應物利生，百千法門等爲妙用。空智云者，第一義諦也。僕故知師得深般若究竟、諸法空相，非但嚴淨毗尼、專精觀行而已。師姓阮氏，其上世番禺人。既受具禮，廣慶闍黎爲師傳秘密教正，勤四十年，不虛一日。自眞宗時，入內應奉。仁宗樂宗佛事，擇開寶寺西北隅增葺精舍，祓除淨場，神筆親篆成道釋迦之殿，飛白繼昌之閣，金書寶生佛號，而製其像，供具珍華，物皆內出，因賜名寶生院。屬上足住持，師主香火焉。洎今四朝，歷遷兩街主教門事，天下僧籍爲之統首。內由宮省以至宗室貴戚，莫不厚爲之禮，道俗欽嚮，搢紳景重。弟子百餘，紫方袍者十五人。熙寧四年四月十二日，起居如平常，作而曰：吾報盡今日耶？暮而歸寂，報齡七十一，僧臘五十三。即以是年五月某日葬於開封縣褒親鄉東原，爲窣堵而不龕，從本俗也。上首寶印大師惠聰等以僕與師有道緣者，奉師平生所持陀羅尼梵夾來告葬期，願銘塔石。爲之銘曰：

釋尊出世，像教示權。一心之微，教外別傳。百千法門，派分枝出。曰陀羅尼，法中秘密。善慈之意，威怒之容。至於空智，乃會於宗。不動明王，焰鬘清淨。惟師總持，獲是尊勝。金剛寶印，如令之行。祗承四朝，善利群生。幻有起滅，本無去住。累甓東原，表兹空聚。

蘇舜欽《論五事疏》（節選）（《蘇學士文集》卷一二）　臣聞矜孤養老，邦家之大政，卹貧寬疾，冊書之格言。竊見前代皆置悲田養病坊，唐至在長安中，命使專領，亦選名德僧徒兼掌其事，縣官出錢收利，籍而用之。開元中，丞相宋璟上言乞罷，中旨不從。會昌沙汰僧尼，李德裕以悲田院出於釋氏，遂易名而增脩。國家富有四海，生齒實繁，山澤之間，舉無遺利，賦稅之外，復有遠倉。或水旱爲災，則流亡相屬，遇慈惠之吏，必率斂而飼養，逢苟且之政，必枕籍而死亡，本非墮慵，多致歉乏。又京兆之內，丐乞者多，飢寒所侵，往往殘廢。或自折支體，困入泥塗，號呼里閭，呻吟道路，聚爲祲厲，甚傷風化。陛下仁被草木，惠及昆蟲，惟此夭傷，未霑王澤。臣欲乞依有唐故事，創置悲田養病坊，州郡並以曹官領之，仍於高年擇信行可稱者三兩人，與僧官同切管句。三京給田十頃，望鎭州七頃，諸州軍等第給田，以充粥食。有羨餘官錢，置本收利，以備醫藥。十歲以下，八十以上，仰州縣察訪，無家可歸者，亦令看養。如此則大益仁化，無虧國風，頌聲喧傳，上資聖算，和氣浹洽，可召豐年。

又《粹隱堂記》（同上，卷一三） 天之生蓄萬物，紛綸渙散，雖會四時之變而後成，亦已衆矣。必役之以人，然後無所棄。百工衆技，機智纖悉，海瀆之廣，山壑之邃，不能以自藏。放乎其自然，動乎其無知，秘怪異類，判然一出，則必可羈括而就有爲，是生之而不使廢於世也。至於人也，蓋物之大者也，而又自相置次，才者多不得其地，皇皇於用者，何哉？此造物之意，不可以理通也。故耿介剛直之士，一不與細合，則颯然遠舉，遁名匿迹，惟恐有聞於人也。惟儼者，爲浮屠，往來京師三十年，獨喜吾儒氏之書。當年少時，誦數百千言，經營世好，嘗欲衣冠儒間，搖撼當世，取高位以開所蘊。知其聱牙不當，遂閉戶不踐外庭，謝絕過從，有不樂見者，雖貴勢不肯一接與語，務爲異衆之行，求棄於時。自置其室爲粹隱堂，雖在穰穰大衆之中，一室截然斗清，無纖喧微塵之可入，所與往來相知言笑者不過三二人。觀其議論，使盡用其才，故將有補於世，今乃退縮沒沒，以訖其身。嗚呼，其可傷也。余謂造物之意不可理通者，以此道之也。

又《東京寶相禪院新建大悲殿記》 京城之西南，有佛廟曰寶相院。中有層閣，傑然以庇大像，其像高數十百尺，而閣又加是，世傳隋大業中所爲，蓋亦可信矣。大業於今，年祀雖遠，閣與像甚完，是必少壞，後人隨而葺之也。國朝祥符中，有詔葺之，完矣。天聖戊辰歲，浮屠慶祥者又欲於閣之陰，以鐵範像，號大悲，而又閣焉。事暴聞上，上爲命入內押班江德明、入內供奉官、勾當御藥院德用、入內高品鄧惟素三人往司之，又詔有司給鐵及薪炭十餘萬斤。明年夏五月，慶祥卒，德淮嗣之。庚午秋，始作巨冶大橐，一鼓而就。手目千數，較無一闕，侍衛跗坐，嚴正森立，如有神物陰爲之容，雖刻繪之工所不能及。明肅莊獻皇后崩，閣廢不作，已而又命入內供奉官趙用志、朱文用易閣以殿，景祐元年又罷之。德淮隳懈自劾去，衆以今智圓大師方益主之。三年，入內都知王惟忠列章以白，上旨可焉，以諫官言又罷之。四年，方益撾鼓以聞，乃賜禁錢四百萬，以入內供奉官、勾當御藥院張承吉。入內黃門馮正己籍用之，踰年遂就。予始聞之，疑其久而後能成也。及觀其閎豁奧大，然後歎息焉。噫，在昔聖人因人情而制禮也，是故宮室服用必有度，上下等殺各安其分限，而無流暴之患，此三代之所以爲盛也。自漢以下無制作，幸而識其流風，監以自足乎一世，故頗亦有所放矣。佛氏之教入中國，當其無制之世，其宮室服用之作，隘者猶能上王者一等，後世奉之益熾。今民遠於三代，而但見隋唐之事，以爲古可法，奔於夸勝之境，莫知其紀。是以朝廷殺閣以室屋，而又滯留，久之而不亟爲，始於戊辰，而訖於景祐戊寅，十餘年間，三以廢格，是亦監而有意焉爾。非中寺之贊，方益之愨，而事其事，則烏能成之哉。蓋欲識其始以永於後，故求予文，琢於石云。時慶曆二年四月五日記。

又《蘇州洞庭山水月禪院記》 予乙酉歲夏四月，來居吳門，始維舟，即登靈巖之顛，以望太湖。俯視洞庭山，嶄然特起，霞雲采翠，浮動於滄波之中。予時據闌竦首，精爽下墮，欲乘清風，跨落景，以翱翔乎其間，莫可得也。自爾平居，紆然思於一到，惑於險說而未果行，則常若有物膈塞於胸中。是歲十月，遂招徐、陳二君，浮輕舟，出橫金口。觀其洪川蕩潏，萬頃一色，不知天地之大所能并容。水程沂洄，七十里而遠，初宿社下，踰日乃至。入林屋洞，陟毛公壇，宿包山精舍。又泛明月灣，南望一山，上摩蒼煙，舟人指云：此所謂縹緲峰也。即岸，步自松間，出數里，至峰下。有佛廟號水月者，閣殿甚古，像設嚴煥，旁有澄泉，潔清甘涼，極旱不枯，不類他水。梁大同四年始建佛寺，至隋大業六年遂廢不存。唐光化中，有浮屠志勤者，歷游四方，至此，愛而不能去，復於舊址結廬誦經，後因而屋之，至數十百楹。天祐四年，刺史曹珪以明月名其院。勤老且死，其徒嗣之，迄今七世不絕。國朝大中祥符初，有詔又易今名。予觀震澤受三江，吞齧四郡之封，其中，山之名見圖志者七十有二，惟洞庭稱雄其間。地占三鄉，戶率三千，環四十里。民俗眞樸，歷歲未嘗有訴訟至於縣吏之庭下。皆以樹桑梔甘柚爲常產，每秋高霜餘，丹苞朱實，與長松茂樹相參差，間於巖壑間望之，若圖繪金翠之可愛。縹緲峰又居山之西北深遠處，高聳出於衆山，爲洞庭勝絕之境。居山之民以少事，尚其歲時織紝、樹藝、捕采之勞，浮屠氏本以清曠遠物事，已出中國禮法之外，復居湖山深遠勝絕之地，壤斷水隔，人迹罕至。數僧宴坐，寂嘿於泉石之間，引而與語，殊無纖介世俗間氣韻。其視舒舒，其行于于，豈上世之遺民者邪？予生平病悶鬱塞，至此，喝然破散無復餘矣。反復身世，惘然莫知，但如蛻解俗骨，傅之羽翰，飛出於八荒之外。吁，其快哉。後三年，其徒惠源造予乞文，識其居之廢興。欣其見請，攬筆直述，且叙昔遊之勝焉耳。慶曆七年十一月五日記。

李覯《寄上范參政書》（《李覯集》《直講李先生文集》卷二七） 慶曆四年六月四日，應茂材異等科李覯，謹西望再拜奉書參政諫議明公閤下：覯一二年來，竄遯山谷，竊聞明公歸自塞垣，參預朝政，無似之人，辱知最厚，延頸下風，憂喜交戰。喜者何？謂冀明公立天下之功。憂者何？謂恐明公失天下之名。夫以明哲之性，樹剛中之德，裁量古今，愍測衰敝。昔者言之而不得行之，誠無可奈何，今在行之之位矣，蓋當築邦家之基，天不足爲高，地不足爲牢。此所謂冀明公立天下之功也。然塞孟津者，非捧土可足，治膏肓者，非苦口不宜。遺闕之原，豈是眇小？若曰患更張之難，以因循爲便，揚湯止沸，日甚一日，則士林稱頌，不復得如司諫待制時矣。此所謂恐明公失天下之名也。嗟乎，當今天下，可試言之歟？儒生之論，但恨不及王道耳，而不知霸也、強國也，豈易可及哉？管仲之相齊桓公，是霸也。外攘戎狄，內尊京師，較之於今何如？商鞅之相秦孝公，是強國也。明法術耕戰，國以富而兵以強，較之於今何如？是天子有帝王之質，而天下無強國之資，爲忠爲賢，可不深計？《洪範》八政，首以食貨，天下之事，未有若斯之急者也。既至窮空，豈無憂患？而不聞節用以取足，但見廣求以供用。夫財物不自天降，亦非神化。雖太公復出於齊，桑羊更生於漢，不損於下而能益上者，未之信也，況今言利之臣乎？農不添田，蠶不加桑，而聚斂之數，歲月增倍，輟衣止食，十室九空。本之既苦，則去而逐末矣，又從而籠其末，不爲盜賊，將何適也？況旱災薦至，衆心悲愁，亂患之來，不可不戒。明公何不從容爲上言之？國奢示儉，抑有前聞，動人以行，不煩虛語。必也省宮室之繕完，徹服玩之淫靡，放宫女以從伉儷，罷樂人以歸農業。後庭愛幸，使衣無曳地，群下賜予，使賞必當賢。戒逸樂之蕩心，慕淳樸之爲德。不唯惜費，亦足移風。至於昭事神祇，尊奉釋、老，務從中道，無徇末流。郊祀天地，禮之大者，先王立法，實有明文。謂天下之物，無可以稱其德，故牲用繭栗，器尚陶匏，大路越席，以昭其儉。愚儒在野，不覩大祀，聞之道路，有異於斯，費鉅禮煩，願留意也。寺觀所須，未嘗盡見，唯前年在京，值修開寶寺耳。觀其所用，誠難定數，然以意論之，害亦大矣。且時賣官，雖大理評事，無慮一萬緡耳。假如此寺祇費十萬緡，亦當十員京官矣。彼十員京官，以常例任使，數年之後，便當臨民。以爲萬戶縣尹，則十萬家之禍，又以爲十萬戶郡守，則百萬家之禍矣。若輟一寺之費而不賣十員京官，是免百萬家之禍，佛如有靈，豈不歡喜？一寺尚爾，其他可知。孔子曰：禮，與其奢也，寧儉。矯枉過正，此其時也。設謂復於質略，虧損國容，無以觀示於下，則未知瑤臺瓊室，孰若茅茨土階之榮也？若以遠古之道難爲比擬，則近世豈無其事哉？隋之文皇，既可爲吾君法矣，唐之楊綰，亦足作吾相師也。此事尤淺近，蓋在明公術內久矣。然恐富貴娛樂，有以移人，故敢告於左右。嗟乎，人壽幾何？時不可失，無嗜眼前之爵祿，而忘身後之刺譏也。覯才不適時，體復多病，非有望於仕進者也。所願草茅之下，復見太平，瞑目黄泉，蔑遺恨矣。所著《慶曆民言》三十篇，謹錄上獻，伏惟稍賜觀覽。干犯鈞台，寔增慚汗。不宣。覯再拜。

又《答黄著作書》（同上，卷二八） 覯再拜漢傑著作兄足下：前日辱書，以覯所爲景德寺及《邵武軍學記》言浮屠事來討。覯不肖，然其爲文有新意處，恐學者疑，唯欲人問，因詳説之。而譊譊之徒，背憎是務，莫肯告者，吾心恨此久矣。今漢傑乃惠然移書，使之明辨，不勝幸甚。覯排浮屠固久，於《潛書》、於《富國策》，人皆見之矣，豈期年近四十、氣志益堅之時而輒渝哉？惟漢傑觀厥二記不甚熟耳。吾於此言，乃責儒者之深，非尊浮屠也。民之欲善，蓋其天性。古之儒者用於世，必有以教導之，民之耳目鼻口心知百體皆有所主，其於異端何暇及哉？後之儒者用於世，則無以教導之，民之耳目鼻口心知百體皆無所主，將舍浮屠何適哉？漢傑兩執親喪矣，亦嘗禮佛飯僧矣。如使《周禮》尚行，朝夕、朔月、月半薦新祖，遣有奠，虞，卒哭，祔，小祥大祥，禫有祭，日月時歲皆有禮以行之，哀情有所洩，則漢傑必不暇曰七七、曰百日、曰周年、曰三年齋也。吾故曰：儒失其守，教化墜於地，凡所以修身正心，養生送死，舉無其柄，天下之人若饑渴之於飲食，苟得而已。當是時也，釋之徒以其道鼓行之，焉往而不利云云。至於叙其傳法，始卒甚詳，此誠文勢不得不然。吾自無思無爲之義晦而心法勝以下，言儒不能明其道，而釋以其説象之。故嗣迦葉者師子達摩以下，言此衰致彼盛也。非習聞其説，樂其誕而自小如孔子，吾師之弟子之類也。若夫按白居易碑迹景雲大師之事，蓋取其與顏太師眞卿等友善。魯公之大節，古今鮮儷，而善於一浮屠，必若澄觀受知於韓吏部之比，其人材有足稱者也。而景雲乃景德之舊，因使其徒有所矜式焉。然則取信於白居易，何尤哉？又覯所謂及味其言，有可愛者，蓋不出吾《易・繫辭》、《樂記》、《中庸》數句間，漢傑以爲仲尼、子思羣聖人之作述，豈與此等說較論而爭衡邪？是誠漢傑之不思也。且吾謂儒者困於淫僻，恤乎罪疾，欲聞性命之趣，不知吾儒自有至要，反從釋氏而求之，然後乃曰：及味其言，有可愛者，蓋不出吾《易・繫辭》、《樂記》、《中庸》數句間，苟不得已，猶有老子、莊周書在，何遽冕弁匍匐於戎人前邪？請詳此意，豈謂仲尼、子思與之較且爭乎？蓋以釋之言雖有可愛者，亦吾聖人先已言之矣，何必去吾儒而師事戎狄哉？苟不得已，尚不如學老、莊，其意亦昭昭矣。彼釋之書數千百卷，而不出吾數句間，其輕重如何哉？漢傑責於人，無若是之暴也。夫所賤鄭、衛者，非謂全無五聲十二律，不與雅樂相似也，唯其不中正耳。毛嬙、西施，面目亦與人同，豈彼數千百卷書而無與吾聖人一句一字合者哉？九流百家同出於聖人而有所偏耳。聖人之備，其於用也交相濟，故得中焉，諸子之偏，其於用也執一而已，故有過有不及也，亦非謂無一句一字與聖人合者也。譬諸良醫之治疾，實者則瀉之，虛者則補之，熱者使之眼涼，冷者使之服暖，故天下之疾無不治也。聖人之道如此。諸子則不然，見瀉而愈者，則謂天下之疾皆可瀉，見補而愈者，則謂天下之疾皆可補。於熱於冷亦然。故用藥失宜，而療病多死也，非謂其方不與良醫相似也。學者之視諸子若異類焉，是亦過矣。漢傑罪我不如李習之不爲僧作鐘銘。習之之論信美矣，然使唐來文士皆效習之所爲，則金園寶刹，碑版若林，果誰作也？來書謂張景《原道》頗正，漢傑何不視景集中所記浮屠事凡幾篇，其稱述何如？又謂設不得已，猶可謹歲月，誌工用，亦不害於正。若但歲月工用而已，凡人皆能之，何必吾文？吾所是非，灼見如彼，豈嘗害於正哉？聖賢之言，翕張取與，無有定體，其初殊塗，歸則一焉。猶李漢所謂千態萬貌，卒澤於道德仁義炳如也。何須開口便隨古人？漢傑使我效李習之，膠柱矣。今之學者，誰不爲文？大抵摹勒孟子，劫掠昌黎。若爲文之道止此而已，則但誦得古文十數篇，拆南補北，染舊作新，盡可爲名士矣，何工拙之辨哉？覯之施爲，異於是矣。既使明辨，敢不盡言？漢傑察之。十二月十三日，從表弟李覯再拜。

又《富國策十首》（節選）（同上，卷一六）

富國策第五

或曰：釋、老之弊，酷排者多矣。然以脩心養眞，化人以善，或有益於世，故聖賢相因，重其改作。今欲敺緇黄而歸之，無乃已甚乎？曰：夫所謂修心化人者，舍吾堯、舜之道，將安之乎？彼修心化人而不由於禮，苟簡自恣而已矣。昔孟子之闢楊、墨，曰：楊氏爲我，是無君也，墨氏兼愛，是無父也。今山澤之臞，務爲無求於世，呼吸服食，謂壽可長，非爲我乎？浮屠之法，棄家違親，鳥獸魚鼈，毋得殺伐，非兼愛乎？爲我是無君，兼愛是無父，無父無君，不忠不孝，況其弗及者，則罪可知矣。故韓愈曰釋、老之弊過於楊、墨也。然而曰人其人，火其書，廬其居，則言之太暴，敺之亡漸。何者？飽食安居，其習已久，一旦斂數十百萬人而冠之，則驚擾甚矣。故前所謂止度人而禁修寺觀者，漸而敺之之術也。緇黄存則其害有十，緇黄去則其利有十。男不知耕而農夫食之，女不知蠶而織婦衣之，其害一也。男則曠，女則怨，上感陰陽，下長淫濫，其害二也。幼不爲黄，長不爲丁，坐逃繇役，弗給公上，其害三也。俗不患貧而患不施，不患惡而患不齋，民財以殫，國用以耗，其害四也。誘人子弟，以披以削，親老莫養，家貧莫救，其害五也。不易之田，樹藝之圃，大山澤藪，跨據略盡，其害六也。營繕之功，歲月弗已，驅我貧民，奪我農時，其害七也。材木瓦石，兼收幷采，市價騰踊，民無室廬，其害八也。門堂之飾，器用之華，刻畫丹漆，末作以熾，其害九也。惰農之子，避吏之猾，以傭以役，所至如歸，其害十也。果去之，則男可使耕，而農夫不輟食矣，女可使蠶，而織婦不輟衣矣，其利一也。男則有室，女則有家，和氣以臻，風俗以正，其利二也。戶有增口，籍有增丁，繇役乃均，民力不困，其利三也。財無所施，食無所齋，民有羨餘，國以充實，其利四也。父保其子，兄保其弟，冠焉帶焉，沒齒弗去，其利五也。土田之直，有助經費，山澤之富，一歸衡虞，其利六也。營繕之勞，悉已禁止，不驅貧民，不奪農時，其利七也。良材密石，亦既亡用，民得築蓋，官得繕完，其利八也。淫巧之工，無所措手，棄末反本，盡緣南畝，其利九也。宮毀寺壞，不傭不役，惰者猾者，靡所逋逃，其利十也。去十害而取十利，民人樂業，國家富強，萬世之策也，何憚而不爲哉？將以存而勿論乎，則董仲舒以爲諸不在六藝之科，孔子之術者，皆絕其道，勿使并進。邪辟之說滅息，然後統紀可一，而法度可明，民知所從矣，將以爲民祈福乎？則《詩》云：豈弟君子，求福不回。此皆賢人之至論，先聖之法言也，少留神明，孰禦焉？

又《承天院羅漢閣記》（同上，卷二四）　吾爲《承天院記》已二年，丘文遂來言，院之羅漢閣，身所爲也，願復得一辭刻之。始吾童子時，與令佐著作陳微之讀書湖上，丘君乃其鄰，以久游，貫人事，日與笑語，無忤。及此見之，髮色則異，而顏面益壯，問之年，實七十矣。少爲賈人，以上下百越，走兩川而歸。克有貨財，治土田，築室教子孫，終之淑愼，以從士大夫游。又能精信於釋，損其贏以補之。果若釋之云，則雖老而死，死且復生，其得意何有窮耶？噫，漢代初傳佛道，西域人得立寺都邑以奉其神，漢人皆不出家。魏亦循漢制。石季龍僭位，以其出自邊戎，應從本俗，百姓有樂事佛者，特聽之。當是時，謂之何哉？外國之神而已。及東晉、宋氏，其法乃大。蓋慧遠居廬山，名雖爲釋，實挾儒術，故宗少文就之考尋文義，周續之通五經、五緯而事之，雷次宗亦從而明三《禮》、《毛詩》。儒者嘗爲弟子，其人得不尊乎？諸部佛經，華藻爛爛，豈西域之文宜有所助焉者也？今之釋樂乞言於文士者，亦將借助矣乎？文士不必有古人之才，足以埤釋，就令有之，而民耳目日異矣，庸可行哉？丘君以舊故，勉而爲之言。時則皇祐五年秋七月也。

蘇洵《彭州圓覺禪院記》（《蘇老泉先生全集》卷一五）　人之居乎此也，其必有樂乎此也。居斯樂，不樂，不居也。居而不樂，不樂而不去，爲自欺，且爲欺天。蓋君子恥食其食而無其功，恥服其服而不知其事，故居而不樂，吾有吐食脫服以逃天下之譏而已耳。天之畀我以形，而使我以心馭也。今日欲適秦，明日欲適越，天下誰我禦？故居而不樂，不樂而不去，是其心且不能馭其形，而況能以馭他人哉？自唐以來，天下士大夫爭以排釋、老爲言，故其徒之欲求知於吾士大夫之間者，往往自叛其師以求容於吾，而吾士大夫亦喜其來而接之以禮。靈師、文暢之徒，飲酒食肉以自絕於其教。嗚呼，歸爾父子，復爾室家，而後吾許爾以叛爾師。父子之不歸，室家之不復，而師之叛，是不可以一日立於天下。《傳》曰：人臣無外交。故季布之忠於楚也，雖不如蕭、韓之先覺，而比丁公之貳則爲愈。予在京師，彭州僧保聰來求識予甚勤，及至蜀，聞其自京師歸，布衣蔬食以爲其徒先，凡若干年，而所居圓覺院大治。一日，爲予道其先師平潤事，與其院之所以得名者，請予爲記。予佳聰之不以叛其師悅予也，故爲之記曰：彭州龍興寺僧平潤講《圓覺經》有奇，因以名院。院始弊不葺，潤之來，始得隙地以作堂宇。凡更二僧，而至於保聰，聰又合其鄰之僧屋若干於其院以成。是爲記。※《蘇老泉先生全集》卷十五，明刊本，參校經進東萊標注《老泉先生文集》、四部叢刊影宋本《嘉祐集》、嘉靖太原府張鏜刻本《重刊嘉祐集》、崇禎黃燦、黃煒刻本《重編嘉祐集》、清初蔡士英刻本《重刊嘉祐集》、康熙邵仁弘刻本《蘇老泉先生全集》、道光眉州三蘇祠刻本《嘉祐集》。

又《極樂院造六菩薩記》　始予少年時，父母俱存，兄弟妻子備具，終日嬉遊，不知有死生之悲。自長女之夭，不四五年而丁母夫人之憂，蓋年二十有四矣。其後五年而喪兄希白，又一年而長子死，又四年而幼姊亡，又五年而次女卒。至於丁亥之歲，先君去世，又六年而失其幼女，服未既而有長姊之喪。悲憂慘愴之氣，鬱積而未散，蓋年四十有九而喪妻焉。嗟夫，三十年之間，而骨肉之親零落無幾。逝將南去，由荆楚走大梁，然後訪吳、越，適燕、趙，徜徉於四方，以忘其老。將去，慨然顧墳墓，追念死者，恐其魂神精爽，滯於幽陰冥漠之間，而不復曠然遊乎逍遙之鄉，於是造六菩薩并龕座二所。蓋釋氏所謂觀音、勢至、天藏、地藏、解冤結、引路王者，置於極樂院阿彌如來之堂。庶幾死者有知，或生於天，或生於四方上下，所適如意，亦若余之遊於四方而無繫云爾。

蔡襄《乞罷迎舍利奏》（《宋端明殿學士蔡忠惠公文集》卷一四）　臣切聞開寶塔爲天火焚燒，因發塔基，取舍利入宮中。嬪嫱煉臂創髮者甚衆，喧傳滿街，無不驚駭。又聞以二十二日大具僧儀，迎舍利歸寺。臣聞救天下之患，必有濟時之術，施行之事，若憑依神靈，以要福利，是爲非道也。今令僧徒迎舍利，自禁廷歷都市，萬人瞻觀，衆口傳道，下惑民心，上虧聖德，取笑無窮，非細事也。所有迎引舍利，伏乞寢罷。宮嬪煉臂創髮，亦望嚴加禁止。

又《乞罷迎舍利奏》　臣昨日竊聞宮中因取塔基舍利入內，宮嬪煉臂落髮者甚眾。及擬二十二日大具僧儀，迎舍利歸寺。臣已具奏聞，乞賜寢罷，尚慮至誠未能上回聖意。臣聞治天下之道，驅生民於富壽，皆由教化刑政修舉，以臻太平，至於非理之福，不可徼求。況奉佛無効，前世甚多。臣竊見唐代宗時，常令僧百人於宮中念誦，謂之內道場，每有西蕃入寇，令講《仁王經》。以至人事不修，羌戎犯闕，至今言大曆紀綱弛壞，皆由事佛之致也。舍利有光，前世有之，何足爲靈？今天下生民困苦，四夷驕慢。陛下正當修人事，救時弊。若專信佛法，以徼福利，豈可得耶？陛下設置諫官，本爲規正過失。今迎引舍利，事出於中，專損陛下聖德，臣終夕不寐，須至頻煩天聽。伏乞陛下力賜寢停。佛若有靈，必以臣言爲是，如能妄行威福，臣犬馬之軀，全當咎罪。所有開寶塔舍利，伏望指揮送還本寺，不令迎引。

又《乞罷迎舍利奏》　臣等今見左掖門外僧眾廣作威儀，迎引舍利，都人會集，甚駭物聽。臣甫、臣襄自昨夜二更至今日卯時，連入文字，乞賜寢停迎引舍利，免至有損聖德。即今卻見外面廣作次第，臣等切慮必是僧徒交結陛下左右之人，張皇其事，誇惑都人，因此勢力，別圖財利。至於光怪之事，多是妖僧所爲。若果神靈所憑，豈有天災可及？事理甚顯，不足信奉。伏乞陛下速賜指揮，寢罷迎引威儀，只令送還本寺。

又《乞罷修開寶寺塔奏》　臣數日聞迎引舍利歸開寶寺，臣始疑之，必以爲無有此事，屢以爲言，乞賜寢罷，不蒙聽納。今又聞民間傳言，皆謂陛下欲重修開寶寺塔。伏念陛下必以邊事爲憂，必以蒼生爲意，豈肯枉費施於無用？然慮僧徒妄引靈怪，以惑聖聰。臣請悉推意而盡言之。或以舍利有光，引爲靈驗。臣謂浮屠，舍利之所居，不能護惜，天火所焚，一夕而盡，豈可謂之神靈？枯久之物，灰燼之餘，或有光怪，多亦妖僧之所爲也。或以此塔太宗皇帝所造，理須修復。臣謂昭應宮、上清宮皆先朝所置，天火一空，已不復修，孰有非議？若有禁中共出資財，不費於官，不擾於民，臣謂一塔之費數百萬錢，一錢之資皆生民膏血，當此多事匱乏之時，豈可虛費？若施於土木，果有福利，以之助軍須，少寬民力，此豈獨無福利哉？況天災所焚，大示警戒，陛下當修人事以報之。今大興功役，是以人力而拒天意也。伏唯陛下聖喆聰明，必無此議。人言不已，臣實憂疑。所有開寶寺塔如有乞修復者，伏望陛下特加深罪，以絕欺妄。

司馬光《西京應天禪院及會聖宮奉安仁宗英宗皇帝御容了畢德音》（《溫國文正司馬公文集》卷二四）　門下：朕祗紹前烈，寵綏庶邦，率時典常，罔敢墜逸。越茲有雒之汭，自昔令王之都。藝祖之所誕生，迹存遺老，寢園之所安宅，神有餘威。是用即西竺之仁祠，因北邙之勝地，儀刑二后，鎭撫一方。爰命宰司，肅將使指，鴻儀克舉，熙事大成。永惟畿甸之民，能無供億之役，宜敷渙澤，用慰群心。應西京管內限德音到日，見禁罪人，除故殺、劫殺、鬭殺、謀殺、十惡及僞造符印、放火、官典犯贓不赦外，雜犯死罪降從流，內情理切害，奏取指揮。其餘流罪降從徒，徒罪降從杖，杖罪已下并放。見句當修奉天禪院、會聖宮影殿使臣官員已下，并工匠兵士，及迎奉執擎兵，并與等第支賜。應西京城郭內耆老，年八十已上者，勘會詣實人數，仰長吏等賜酒食，仍量支賜每人茶三斤、絹二匹，常加存撫，即不得於村縣追集，致有勞擾。於戲，稱秩舊章，克廣奉先之孝，蠲除有罪，式昭惠下之仁。咨爾群倫，咸體予意。主者施行。

又《論寺額劄子》　臣伏覩近降赦節文：應天下係帳存留寺觀院舍，自來未有名額者，特賜名。其在四京管內者，雖不係帳，今日前已蓋到舍屋及百間以上者，亦賜名額。竊以釋、老之教無益治世，而聚匿遊惰，耗蠹良民。此明識所共知，不待臣一二而言也。是以國家明著法令，有創造寺觀一間以上者，聽人陳告，科違制之罪，仍即時毀撤。蓋以流俗戇愚崇尚釋老，積弊已深，不可猝除，故爲之禁限，不使繁滋而已。今若有人公違法令，擅造寺觀及百間已上，則其罪已大，幸遇赦恩，免其罰罪可矣。其棟宇瓦木猶當毀撤，沒入縣官。今既不毀，而又明行恩命，錫之寵名，是勸之也。臣聞爲人上者，洗濯其心，壹以待民。是以令行禁止，而莫敢不從。今立法以禁之於前，而發赦以勸之於後，則凡國家之號令，將使民何信而從乎？臣恐自今以往，姦猾之人將不顧法令，依憑釋、老之教以欺誘愚民，聚歛其財，以廣營寺觀，務及百間以上，以須後赦，冀幸今日之恩，不可復禁矣。方今元元貧困，衣食不贍，仁君在上，豈可復唱釋老之教，以害其財用乎？事有微而患深，令有近而害遠者，此之謂也。伏望陛下追改前命，應天下寺觀院舍，不係帳者，不以舍屋多少，并依前後敕條處分。其昨來赦文內四京寺觀院舍，雖不係帳亦賜名額一節，乞更不施行。庶使號令爲民所信，而遊惰不能爲姦也。取進止。

張載《正蒙》（節選）（《張子全書》卷二）

太和篇第一

天地之氣，雖聚散、攻取百塗，然其爲理也順而不妄。氣之爲物，散入無形，適得吾體，聚爲有象，不失吾常。太虛不能無氣，氣不能不聚而爲萬物，萬物不能不散而爲太虛。循是出入，是皆不得已而然也。然則聖人盡道其間，兼體而不累者，存神其至矣。彼語寂滅者往而不反，徇生執有者物而不化，二者雖有間矣，以言乎失道則均焉。

知虛空即氣，則有無、隱顯、神化、性命通一無二，顧聚散、出入、形不形，能推本所從來，則深於《易》者也。若謂虛能生氣，則虛無窮，氣有限，體用殊絕，入老氏有生於無自然之論，不識所謂有無混一之常。若謂萬象爲太虛中所見之物，則物與虛不相資，形自形，性自性，形性、天人不相待而有，陷於浮屠以山河大地爲見病之說。此道不明，正由懵者略知體虛空爲性，不知本天道爲用，反以人見之小因緣天地，明有不盡，則誣世界乾坤爲幻化，幽明不能舉其要，遂躐等妄意而然。不悟一陰一陽範圍天地、通乎晝夜、三極大中之矩，遂使儒、佛、老、莊混然一塗。語天道性命者，不罔於恍惚夢幻，則定以有生於無，爲窮高極微之論。入德之途，不知擇術而求，多見其蔽於詖而陷於淫矣。

神化篇第四

氣有陰陽，推行有漸爲化，合一不測爲神。其在人也，知義用利，則神化之事備矣。德盛者窮神則知不足道，知化則義不足云。天之化也運諸氣，人之化也順夫時，非氣非時，則化之名何有？化之實何施？《中庸》曰至誠爲能化，《孟子》曰大而化之，皆以其德合陰陽，與天地同流而無不通也。所謂氣也者，非特其蒸鬱凝聚，接於目而後知之，苟健、順、動、止、浩然、湛然之得言，皆可名之象爾。然則象若非氣，指何爲象？時若非象，指何爲時？世人取釋氏銷礙入空，學者舍惡趨善以爲化，此直可以爲始學遺累者，薄乎云爾，豈天道神化所可同日語哉？

大心篇第七

釋氏不知天命，而以心法起滅天地，以小緣大，以末緣本，其不能窮而謂之幻妄，眞所謂疑冰者與。

釋氏妄意天性而不知範圍天用，反以六根之微因緣天地。明不能盡，則誣天地日月爲幻妄，蔽其用於一身之小，溺其志於虛空之大，所以語大語小，流遁失中。其過於大也，塵芥六合；其蔽於小也，夢幻人世。謂之窮理可乎？不知窮理而謂盡性可乎？謂之無不知可乎？塵芥六合，謂天地爲有窮也；夢幻人世，明不能究所從也。

中正篇第八

儒者窮理，故率性可以謂之道。浮圖不知窮理而自謂之性，故其說不可推而行。

乾稱篇第十七

有無虛實通爲一物者，性也，不能爲一，非盡性也。飲食男女皆性也，是烏可滅？然則有無皆性也，是豈無對？莊、老、浮屠爲此說久矣，果暢眞理乎？

浮屠明鬼，謂有識之死受生循環，遂厭苦求免，可謂知鬼乎？以人生爲妄，可謂知人乎？天人一物，輒生取舍，可謂知天乎？孔孟所謂天，彼所謂道。惑者指游魂爲變爲輪迴，未之思也。大學當先知天德，知天德則知聖人，知鬼神。今浮屠極論要歸，必謂死生轉流，非得道不免，謂之悟道，可乎？悟則有義有命，均死生，一天人，惟知晝夜，通陰陽，體之不二。自其說熾傳中國，儒者未容窺聖學門牆，已爲引取，淪胥其間，指爲大道。其俗達之天下，致善惡、知愚、男女、臧獲，人人著信，使英才間氣，生則溺耳目恬習之事，長則師世儒宗尚之言，遂冥然被其驅，因謂聖人可不修而至，大道可不學而知。故未識聖人心，已謂不必求其迹；未見君子志，已謂不必事其文。此人倫所以不察，庶物所以不明，治所以忽，德所以亂，異言滿耳，上無禮以防其僞，下無學以稽其弊。自古詖淫邪遁之詞，翕然并興，一出於佛氏之門者千五百年，自非獨立不懼，精一自信，有大過人之才，何以正立其間，與之較是非，計得失？

釋氏語實際，乃知道者所謂誠也，天德也。其語到實際，則以人生爲幻妄，以有爲疣贅，以世界爲蔭濁，遂厭而不有，遺而弗存。就使得之，乃誠其惡明者也。儒者則因明致誠，因誠致明，故天人合一，致學而可以成聖，得天而未始遺人，《易》所謂不遺、不流、不過者也。彼語雖似是，觀其發本要歸，與吾儒二本殊歸矣。道一而已，此是則彼非，此非則彼是，固不當同日而語。其言流遁失守，窮大則淫，推行則詖，致曲則邪，求之一卷之中，此弊數數有之。大率知晝夜陰陽則能知性命，能知性命，則能知聖人、知鬼神。彼欲直語太虛，不以晝夜陰陽累其心，則是未始見《易》，未始見《易》，則雖欲免陰陽晝夜之累，末由也已。《易》且不見，又烏能更語眞際？捨眞際而談鬼神，妄也。所謂實際，彼徒能語之而已，未始心解也。

又《橫渠易說》（節選）（同上，卷一一） 釋氏以感爲幻妄，又有憧憧思以求朋者，皆不足道也。※《張子全書》卷十，萬曆四十八年鳳翔府官刻本清初翻刻本。

釋氏之言性不識易，識易然後盡性，蓋易則有無、動靜可以兼而不偏舉也。

釋氏無天用，故不取理。彼以性爲無，吾儒以參爲性，故先窮理而後盡性。

又《經學理窟》（節選）（同上，卷四、五、六）

周禮

天官之職，須襟懷洪大方看得。蓋其規模至大，若不得此心，欲事事上致曲窮究，湊合此心，如是之大必不能得也。釋氏錙銖天地，可謂至大，然不嘗爲大，則爲事不得，若畀之一錢則必亂矣。至如言四句偈等，其先必曰人所恐懼，不可思議，及在後則亦是小人所共知者事。今所謂死，雖奴隸竈間豈不知皆是空？彼實是小人所爲，後有文士學之，增飾其間，或引入《易》中之意，或更引他書文之，故其書亦有文者，實無所依取。莊子雖其言如此，實是畏死，亦爲事不得。

氣質

所謂勉勉者，謂繼之者善也成之者性也，繼繼不已，乃善而能至於成性也。今聞說到中道，無去處，不守定，又上面更求，則過中也，過則猶不及也。不以學爲行，室則有奧而不居，反之他而求位，猶此也。是處不守定，則終復狂亂，其不是亦將莫之辨矣。譬之指鹿爲馬，始未嘗識馬，今指鹿爲之，則亦無猶識鹿也。學釋者之說得便爲聖人，而其行則小人也，只聞知便爲了。學者深宜以此爲戒。

義理

釋氏之學言以心役物，使物不役心，周、孔之道豈是物能役心？虛室生白。

義理之學亦須深沉方有造，非淺易輕浮之可得也。蓋惟深則能通天下之志，只欲說得便似聖人，若此則是釋氏之所謂祖師之類也。

又《張子語錄》（節選）（同上，卷一二） 釋氏之說所以陷者，以其待天下萬物之性爲一，猶告子生之謂性。今之言性者汗漫無所執守，所以臨事不精。學者先須立本。

又《與呂微仲書》（《皇朝文鑑》卷一一九） 浮屠明鬼，謂有識之死，受生循環，亦出莊說之流，遂厭苦求免，可謂知鬼乎？以人生爲妄見，可謂知人乎？天人一物，輒生取捨，可謂知天乎？孔孟所謂天，彼所謂道者，惑者指游魂爲變爲輪回，未之思也。大學當先知天德，知天德則知聖人，知鬼神。今浮屠極論要歸，必謂生死轉流，非得道不免，謂之悟道可乎？悟則有義有命，均死生，一天人，惟知晝夜，道陰陽，體之不二。自其說熾傳中國，儒者未容窺聖賢門牆，已爲引取，淪胥其間，指爲大道。乃其俗達之天下，致善惡知愚、男女臧獲，人人著信。使英才間氣，生則溺耳目恬習之事，長則師世儒崇尚之言，遂冥然被驅，因謂聖人可不修而至，大道可不學而知。故未識聖人心，已謂不必求其迹，未見君子志，已謂不必事其文。此人倫所以不察，庶物所以不明，治所以忽，德所以亂，異言滿耳，上無禮以防其僞，下無學以稽其弊。自古詖淫邪遁之詞，翕然并興，一出於佛氏之門者千五百年，向非獨立不懼，精一自信，有大過人之才，何以正立其間，與之較是非，計得失？來簡見發狂言，當爲浩歎，所恨不如佛氏之著明也。未盡，更冀開諭，傾俟。

又《真像堂記》（《永樂大典》卷七二三八） 關中爲九州奧墟，山水之壯，西自長河隴坻，東屬涇渭八川。太白、終南，負九嵕、嵯峨，表以荆、華，勢盛氣美。至者目悦心甘，過之嘆戀。其秀豪豐潤，蓋必有主奧尤劇，悦人心之甚者焉。盩厔仙遊山，怪石停淵，林泉石壑，爲古偉觀。四方來者繼踵比肩，賞歎之不足，去則踟躕顧慕，以不得久休自恨。豈所悦我心之甚者歟？然考之山經地圖，無美實嘉縱，道爲故事，獨玉女祠前有馬融石室傳於舊，東偏浮圖有吳生佛畫顯於近年，豈名墟勝遊，亦將俟昌明而後顯哉？秘書監致仕趙公，慶曆中以贊善大夫知邑事，樂是石泉之富，志斬家焉。後二十年，以光祿少卿就地，相視境內，得仙遊之東峰，夕陽林戀極邃處，朝莫攜家人、率賓從，徒步登覽，不知有寒暑之倦、高年之勤，愛不能已。乃築居其上，目之曰卧雲堂。又欲著儀形以名諸己，貽後世以久其傳，於是屋卧雲西陲，俯瞰川容，宨然一軒，模賦其象。既成，飄如翛如，鶴髮森如，皃袍襜如。望之足以警民嚚，尊之足以忘軒冕。近世王右丞退居輞川，白樂天老龍門香山，雖素風清韻，爲懸車者之美談，大率惑轉化，私死生，蔽異學猥妄之言，不知安常處順，訓忠義、顯子孫，殆爲公愧焉爾。熙寧庚戌十月九日乙丑，崇文院校書張載子厚記。

范育《正蒙序》（《皇朝文鑑》卷九一） 子張子校書崇文，未伸其志，退而寓於太白之陰、横渠之陽，潛心天地，參聖學之源。七年而道益明，德益尊，著《正蒙》書數萬言，而未出也，間因問答之言，或窺其一二。熙寧丁巳歲，天子召以爲禮官，至京師，予始受其書而質問焉。其年秋，夫子復西歸，殁於驪山之下。門人遂出其書，傳者浸廣，至其疑義，獨無從取正，十有三年於玆矣，痛乎微言之將絶也。友人蘇子季明離其書爲十七篇，以示予。昔者夫子之書蓋未嘗離也，故有枯株晬盤之説，然斯言也豈待好之者充且擇歟？特夫子之所居也。今也離而爲書，以推明夫子之道，質萬世之傳，予無加損焉爾。惟夫子之爲此書也，有六經之所未載，聖人之所不言。或者疑其蓋不必道，若清虚一大之語，適將取訾於末學，予則異焉。自孔孟沒，學絶道喪千有餘年，處士横議，異端間作，若浮屠、老子之書，天下共傳，與六經并行，而其徒侈其説以爲大道精微之理，儒家之所不能談，必取吾書爲正。世之儒者亦自許曰：吾之六經未嘗語也，孔孟未嘗及也。從而信其書，宗其道，天下靡然同風，無敢置疑於其間，况能奮一朝之辯而與之較是非曲直乎哉。子張子獨以命世之宏才，曠古之絶識，參之以博聞强記之學，質之以稽天窮地之思，與堯、舜、孔、孟合德乎數千載之間。閔乎道之不明，斯人之迷且病，天下之理泯然其將滅也，故爲此言，與浮屠、老子辯，夫豈好異乎哉？蓋不得已也。浮屠以心爲法，以空爲真，故《正蒙》闢之，以天理之大，又曰：知虚空即氣，則有無、隱顯、神化、性命通一無二。老子以無爲爲道，故《正蒙》闢之曰：不有兩，則無一。至於談死生之際，曰輪轉不息，能脱是者，則無生滅，或曰久生不死，故《正蒙》闢之曰：太虚不能無氣，氣不能不聚而爲萬物，萬物不能不散而爲太虚。夫爲是言者，豈得已哉？使二氏者真得至道之要、不二之理，則吾何爲紛紛然與之辯哉？其爲辯者，正欲排邪説，歸至理，使萬世不惑而已。使彼二氏者，天下信之，出於孔子之前，則六經之言有不道者乎？孟子常勤勤闢楊朱墨翟矣，若浮屠、老子之言聞乎孟子之耳，焉有不闢之者乎？故予曰《正蒙》之言，不得已而云也。嗚呼，道一而已，亘萬世，窮天地，理有易乎是哉。語上極乎高明，語下涉乎形器，語大至於無間，語小入於無朕，一有窒而不通，則於理爲妄。故《正蒙》之言，高者抑之，卑者舉之，虚者實之，礙者通之，衆者一之，合者散之，要之立乎大中至正之矩。天之所以運，地之所以載，日月之所以明，鬼神之所以幽，風雲之所以變，江河之所以流，物理以辨，人倫以正，造端者微，成能者著，知德者崇，就業者廣，本末上下，貫乎一道。過乎此者，淫遁之狂言也，不及乎此者，邪詖之卑説也。推而放諸有形而準，推而放諸無形而準，推而放諸至動而準，推而放諸至静而準，無不包矣，無不盡矣，無大可過矣，無細可遺矣。言若是乎其極矣，道若是乎其至矣，聖人復起，無有間乎斯文矣。元祐丁卯歲，予居太夫人憂，蘇子又以其書屬余爲之叙，泣血受書，三年不能爲一辭。今也去喪而不死，尚可不爲夫子言乎？雖然，爝火之微，培塿之塵，惡乎助太陽之光，而益太山之高乎？蓋有不得默乎云爾，則亦不得默乎云爾。門人范育謹序。

王安石《城陂院興造記》（《臨川先生文集》卷八三）　靈谷者，吾州之名山，衛尉府君之所葬也。山之水東出而北折，以合於城陂。陂上有屋曰城陂院者，僧法冲居之，而王氏諸父子之來視墓者，退輒休於此。當慶曆之甲申，法冲始傳其毀而有之。至嘉祐之戊戌，而自門至於寢，浮屠之所宜有者，新作之皆具。乃聚其徒而謀曰：自吾與爾有此屋，取材於山，取食於田，而又推其餘以致所無。然猶不足以完也，而又取貨力於邑人以助。蓋爲之以八年而後吾志就。其勤如此，不可無記。惟王氏世與吾接，而衛尉府君之葬於此也，試往請焉，宜肯。於是其徒相與礱石於庭，而使來以請。

又《揚州龍興講院記》　予少時客遊金陵，浮屠慧禮者從予遊。予既吏淮南，而慧禮得龍興佛舍，與其徒日講其師之說。嘗出而過焉，庳屋數十椽，上破而旁穿，側出而視後，則榛棘出入，不見垣端。指以語予曰：吾將除此而宮之。雖然，其成也，不以私吾後，必求時之能行吾道者付之。願記以示後之人，使不得私焉。當是時，禮方丐食飲以卒日，視其居枵然。余特戲曰：姑成之，吾記無難者。後四年來，曰：昔之所欲爲，凡百二十楹，賴州人蔣氏之力，既皆成，盍有述焉？噫，何其能也。蓋慧禮者，予知之，其行謹潔，學博而才敏，而又卒之以不私，宜成此不難也。世既言佛能以禍福語傾天下，故其隆尙之如此，非徒然也，蓋其學者之材，亦多有以動世耳。今夫衣冠而學者，必曰自孔氏。孔氏之道易行也，非有苦身窘形，離性禁欲，若彼之難也。而士之行可一鄉、才足一官者常少。而浮屠之寺廟被四海，則彼其所謂材者，寧獨禮耶？以彼之材，由此之道，去至難而就甚易，宜其能也。嗚呼，失之此而彼得焉，其有以也夫。

又《真州長蘆寺經藏記》　西域有人焉，止而無所繫，觀而無所逐。唯其無所繫，故有所繫者守之，唯其無所逐，故有所逐者從之。從而守之者不可爲量數，則其言而應之、議而辨之也，亦不可爲量數，此其書之行乎中國，所以至於五千四十八卷，而尙未足以爲多也。眞州長蘆寺釋智福者，爲高屋，建大軸兩輪，而棲匭於輪間，以藏五千四十八卷者。其募錢至三千萬，其土木丹漆、珠璣萬金之閎壯靡麗，言者不能稱也，唯觀者知焉。夫道之在天下莫非命，而有廢興，時也。知出之有命，興之有時，則彼所以當天下貧窶之時，能獨鼓舞得其財以有所建立，每至於此，蓋無足以疑。智福有才略，善治其徒眾，從余求識其成，於是乎書。

又《漣水軍淳化院經藏記》　道之不一久矣，人善其所見，以爲教於天下，而傳之後世，後世學者或徇乎身之所然，或誘乎世之所趨，或得乎心之所好，於是聖人之大體，分裂而爲八九。博聞該見有志之士，補苴調胹，冀以就完而力不足，又無可爲之地，故終不得。蓋有見於無思無爲，退藏於密，寂然不動者，中國之老、莊，西域之佛也。既以此爲教於天下而傳後世，故爲其徒者，多寬平而不忮，質靜而無求，不忮似仁，無求似義。當士之夸漫盜奪，有已而無物者多於世，則超然高蹈，其爲有似乎吾之仁義者，豈非所謂賢於彼而可與言者邪？若通之瑞新，閩之懷璉，皆今之爲佛而超然，吾所謂賢而與之遊者也。此二人者，既以其所學自脫於世之淫濁，而又皆有聰明辯智之才，故吾樂以其所得者間語焉，與之遊，忘日月之多也。璉嘗謂余曰：吾徒有善因者，得屋於漣水之城中，而得吾所謂經者五千四十八卷於京師。歸市匭而藏諸屋，將求能文者爲之書其經藏者之歲時，而以子之愛我也，故使其徒來屬，能爲我強記之乎？善因者，蓋常爲屋於漣水之城中，而因瑞新以求予記其歲時，予辭而不許者也。於是問其藏經之日，某年月日也。夫以二人者與余遊，而善因屬我之勤，豈有它哉？其不可以終辭，乃爲之書，而并告之所以書之意，使鑱諸石。

又《廬山文殊像現瑞記》　番陽劉定嘗登廬山，臨文殊金像所沒之谷，睹光明雲瑞，圖示臨川王某，求記其事。某曰：有有以觀空，空亦幻，空空以觀有，幻亦實。幻實果有辨乎？然則如子所睹，可以記，可以無記。記無記，果亦有辨乎？雖然，子既圖之矣，余不可以無記也。定以熙寧元年四月十日、十年九月二十七日睹，某以元豐元年十一月二十三日記。

劉攽《太原府資聖禪院記》（《彭城集》卷三二）　惟元聖以神武撥亂，出民塗炭之域，所乘者時也，惟大雄以慈悲衍法，濟民生死之海，所會者因也。夫治道陵遲，彝倫斁敗，方隅幅裂，聲敎否隔，運極數還，乃復壹統。故西伯崇壘，再駕而後服，武王牧野，一戎而大定。聖人不能先時而亟其欲焉。四生異稟，五蘊殊感，空性迷沒，邪法肆行，德非宿殖，莫聆眞諦。故舍衛吃食，肇沈一音，毗耶問疾，乃至不二。如來不能無因而唱其端焉。在昔僞漢竊號，盜有汾晉，資魏氏河山之寶，倚并州兵馬之盛，曰實夏隸，蘄亢劉宗。及眾正龔行，小腆負固，藝祖無剿民之念，神宗收卒伐之功。而後氛祲清蕩，書軌無外。遷商餘民，用誥多士，本堯舊俗，謂之唐風。自是里閭逸居，田畝昏作，中外一體，遐邇褆福。世歷三紀，重熙累洽。邑具五民，既富而敎，明則禮樂，幽有鬼神。習豆籩而率職者，必惟新於後生，衽金革而強死者，或未悔於前日。益兹象教，用照大迷，上以儲二后之冥祐，下以副兆姓之洪願。蓋資聖禪院，是始權輿焉。然則元聖建功，循斯敎於休命，大雄妙覺，繇信向於方來。乘時會因，不其然乎？故知弁冕端委，莫匪帝力，塔廟莊嚴，則爲佛土。於是中外虛心，甿庶就義，崇兹勝果，底於日新。詔發秘藏，申錫舍利。既而肇建兹廟，儀形天表。軒臺靈威，懍懍如在，帝梵極樂，亹亹現前。嘗試揚搉，以告比丘。惟此晉國，始封叔虞，疆以戎索，啟之夏政，孰若淸淨寂滅，至於無爭。闕鞏密鼓，分器之薄，孰若示現靈迹，持以堅固。九宗五正，域民之陋，孰若四眾招提，十方無礙。而況有先王之別廟，實曰都城，稱使者而侍祠，付之官守，兼是數者，其亦盛哉。自禪院初建，敕選名行僧二十八以充供養，歲度學者，并錫命服。暨舍利之降，始創鴈塔。劫火變壞，更置寶閣。及太宗神御落成，輪奐蜎蠖，金碧照爛，中人營辦，冠蓋相望。爰田上腴之賜，蠲其國征，邸舍廛欵之布，厚厥緡算。上恩賚予，至於再三，歲計會最，始盈千萬。其餘則元臣巨公，競加外護，里豪居士，樂輸檀施。於是高閎大廈，長廊邃宇。經行禪誦，香積宴座，各有攸處。矩模叜然，鱗次翼舒，星陳棋布。始由工度，儼若化城。自天聖初元至元豐紀號垂六十載，能事斯畢。總若干間，以殿名者幾所。鐘樓、經閣、香壇、廳事，凡若干名。於以資薦純佑，弼成鴻化，豈特憂深思遠之俗，益知用禮，權變縱横之士，舍其業結。抑自實沈曠林，悔懺尋戈之咎，負貳盤石，解脫囚械之苦矣。丞相韓公某樞軸均逸，開封作牧，分閫秉鉞，威憺殊俗，惠孚小民。禮賢下士，常若不及，博古求舊，未之或遺。僧正檀江總持淨眾，綿歷歲月，緣化積累之勤，經營卜築之盛，不忝於素，率與有勞。求刻珉石，以垂不朽。公嘉允其意，樂道人善，以愚有志鉛槧，見命刊述。某晚聞道要，無所折衷，能讀書史，豈曰多學？爲之歌唐，竊季子見微之妙，其若有佛，愧靈運先成之知。辭不獲免，因直書云爾。

陳舜俞《太平有爲策》（《都官集》卷二）

厚生二

若曰：今天下田無不耕，而耕者未嘗不貧，土無不毛，狐狸無所處，而官不加賦，何也？曰：名田之敝既已道於前矣。夫民田不節，而望民有餘力，猶奪其餉而問其飽，撥其本而待其華，不可得也。若曰：限田足乎？曰：未也。農不勤則穀不富，本不厚則用不節。百畝之家，雖有豐年，美衣鮮食，則無餘蓄矣。巫覡者敎之淫祀，釋、老者命之棟宇衣食，不幸穀一不登，無餘粟以食，無餘布以衣，至有鬻妻子而償稱債，況求其爲土著之戀邪？是以聖王之於民也，未嘗一日而無敎。故《語》曰：既庶矣，又何加焉？曰：富之。既富矣，又何加焉？曰：敎之。《詩》曰：晝爾于茅，宵爾索綯。亟其乘屋，其始播百穀。言民之纖悉無不敎也。古者卿大夫、鄉先生旦夕坐於里門，而語之如此其至焉。今夫官有勸農之名而無其實，由朝廷尙名而不責實，近民者以能嚴賦役給餉饋爲材，非所以厚生也。今夫聖賢有爲，使流轉傭賃之人還於土著，家有百畝之田爲始，然後在郡設勸農之官，鄉爲三老，使歲時行敎田里，周知耕者之勤怠，舉力田而獎之以布帛牛酒，怠惰者異其衣服以恥之，制爲加賦以罰之。又敎之以節用厚生，凡曰巫覡之欺罔，釋、老之丐乞，禁不使入於田里。夫然後男有餘粟，女有餘布，養生送死而無憾，禮義之化乃可舉也。今夫人患土無不毛，而官不加賦。前此者黠姓大家質劑爲奸，占田累百，賦無一二，貧者以苦瘠之畝，荷數倍之輸，歲既不給，卒以貿易假名，稱報逃徙。故天下逃徙之田不稱其賦者多矣。吏既數易，簿領緣絕，雖有智者，不可考也。使今限而均之，且有勸農三老周知之，豈惟斯民安且富哉，抑亦田賦相與，日加闢矣。

又《太平有爲策》

敦化一

甚矣，民之無敎也，子不知其爲子者有矣，弟不知其爲弟者有矣，臣不知其爲臣者有矣，朋友相爲欺愚者有矣，市井日以矯奪者有矣。此五者，非性也。人生而莫不知愛其父，長而莫不知敬其兄，仕而莫不願忠於君，游而莫不願信於朋友，相生養而莫不願自足於衣食。然而泯然失其本心者，由爍於習俗，陶於無教，驅於不足，久而莫之反也。古之人，孩提則保姆教之，幼而卿大夫、鄉先生教之，長而樂正、大司徒又教之。其自孩提至於老且死，其耳聞皆孝弟、忠信、仁義之說也，其目見皆孝弟、忠信、仁義之習也。先王以六者必待衣食足、力有餘然後弗之叛，故制爲廬井以居之，其稅十而取一，又有山澤以利之，通商旅以濟之。家有餘財，人有餘蓄。水旱又從而賑之，災患又從而恤之。當是時也，一不悅於父母，不得於兄長，不獲於君上，不交於朋友，不善於鄉人，入於一國，一國惡之，入於一鄉，一鄉棄之，奚必待刑戮而後狃於教使邪？故曰成康不式四十餘年，蓋天下常無一人之獄矣，嗚呼盛哉。今之人自孩提至於老死者，上不爲教勗之語以告之。其生而知盡養其父母，盡力於其兄，超然出於鄉人上，且不爲禮以異之。浮屠、老子既從而招之，不惟上之人無有禁之者，又爲之興其能爲浮屠、老子之說、去父母兄弟之道。命之食其食，服其衣，又從而文色之，位號之，命父母兄弟以拜之，命郡邑長官以復之。是欲人不復爲孝悌、忠信之道耳。其餘未及自棄於畎畝市井，樂父母兄弟而歸者，上必有道以苦之。蠶則賦其帛，耕則征其租。纔有以安居，則強之以力役。僅足以相生養，則必從而調發之。樂歲豐年盻盻焉，固未嘗自裕，凶年宜不免於流亡也。嗚呼，孝弟、忠信之行亦幾乎息矣。昔之君子之導民也，雖不爲近古，猶恐民之皆棄於孝弟、忠信也，故閉閣思過者有之，上書自劾者有之。不曰三綱五常，教之重乎？今也三綱不舉，五常不修，民相與終身而去之，或傲狠殘忍，有梟亂之道焉。《語》曰：雖有粟，吾得而食諸？蓋謂是也，可不戒哉？今夫聖賢有爲，必立學官，擇賢師，而使人生而幼有所受教。鄉取道德行誼之人爲三老，使主風化，歲考孝弟優異之人以爵之，其次月與之粟，歲與之帛以獎勵之。刺史縣令，四時爲鄉飲養老之禮以明之。制爲浮屠、老子之力役，奪其衣服之文，位號之貴，反其家，使必拜其父母。然後人人知在天地之間，未出乎中國，不得忘人倫、絕孝弟，庶乎其可也。

又《治說》（節選）（同上，卷六）

說教

說曰：先王治天下，何嘗不以教爲首務乎？天生民，知其無知，而樹之君以教之，不教之，殆不知天矣乎。夫教者，非由天地生，非取諸外而付於民，先王因民有是性而著是教。故《詩》曰：民之秉彝，好是懿德。民生而知愛其父母，故教之孝，知畏其長者，故教之悌，知敦其相親睦之端，而教之仁，即其羞惡之心，而教之義。是以先王之教，不肅而成，其化不言而致。故《詩》曰：爾之教矣，民胥效矣。古之民也，提孩有教，少而識禮義，長而如自然，三代之民是也。發焉而後禁，亂焉而後治，幼而不遜悌，長而知服禮義之化，後王之民是也。目不見善習，耳不聞善訓，生相與爲僞，死而無所知，亂世之民是也。三代之民其爲善也固，後王之民幸以免，亂世之民不幸甚矣，非性然也。古者家有塾，里有序，鄉大夫、鄉先生朝夕坐於其中，而告其人曰：孝而父母，順而長，勤而衣食。子固視其父之孝以事其父，弟固視其兄之悌以事其兄，其所以爲衣食之道皆習見於人。人之所爲教之者既如是，相與日見之者又如是，夫安有非僻詐僞奸其間哉？然猶未也，又爲之冠婚以教其別，爲之養老以教其孝，爲之鄉飲酒以教其順，爲之食饗以教其和樂，爲之宗廟以教其報本。古之於其民，若是其親且厚、勤且至也。故《詩》曰：愷弟君子，民之父母。又曰：飲之食之，教之誨之。命彼後車，謂之載之。嗚呼，今之民其亦不幸於古也甚矣。世非有古之學也，人非有古之鄉大夫、鄉先生也，其爲孝弟、仁義、衣食之道，既非有上之人諄諄教使之，老者曰：從我者神，背我者物，必棄而孝弟、仁義、衣食之道。故其民悅而從之四而五。佛者又曰：從我者天，背我者地，必棄而孝弟、仁義、衣食之道。其民悅而從之四而六。古之人，人自養也，今之人，出乎孝弟、仁義衣食之外，則人養之，其爲安且利如是，故不待教詔而趨也。古者外國而入於中國則驅之，執左道亂政則殺之。今也爲之華館宇以居之，爲之制衣服以文之，爲之設表著以尊之，爲之立師長以主之，爲之復賦役以安之。其所以詔其民而趨之固諄諄矣，奈何天下不胥而爲夷也。然而猶有父子、君臣、兄弟、夫婦之道存焉者，性之善本然也。抑先王之教與天地相爲久，而未之易亡也。然千室之邑，游惰不翅數百家，六親不和，子悖其父，弟犯其兄，天下之獄，嘗居其一二，俗恬不怪。甚者長吏惡而不之詰，又不可勝紀。况奸狡詐僞之出，皆百倍於古而莫之能勝也。莫重乎父，莫愛乎母，而民猶有犯者，非其性也，是生而不聞教勗之語，長而凶狡無攸和。上焉者遂從而殺之，是罔民也，非天之所以樹吾君爲民之意也。然則如之何？曰：在敎之。彼孝弟仁義，民皆有之。火而燃之，泉而達之，莫之能禦也。今夫抱關置吏，百金之利置吏，老、佛之宫塔置吏，又從而殿最勸阻之。至於敎民之官則不然，不可謂敎也。然則又如之何？曰：在尙之。彼老、佛者非獨能呼吾之民而歸之，由上之所以尙之者至也。今夫老、佛之徒則復之，孝弟力田士民則不復也，不可謂尙也。吾君敎之果如此，吾朝廷尙之又如此，則老、佛者不能吾奪也，亦幾乎息矣。臣愚不佞，故爲《敎說》。

說農（同上，卷七）

說曰：嗚呼，生民之困，無甚於農也。古之農，一夫受田百畝，今之農，十夫無百畝之田。古之耕皆爲己，今之耕皆爲人。古者時使薄斂以安之，力田以尊之，今者力役厚租以困之，上不爲科以勵之。古之民四，而農居其一，今之民，士、工、商、老、佛、兵、游手，合爲八，而農居其一。古者士則不稼，大夫不爲園夫紅女之利，今者公卿大夫兼幷連阡陌。古者工商與農，相生養皆有度，今者工商之取於農，詐僞無厭。古之夷狄入於中國則驅之，今者老、佛詔民以養之。古者養生送死皆有常費，今者婚嫁、喪葬淫祀皆無節。古者山澤陂湖之利與民共，其水旱皆利之，今者障筦而皆有禁，槁而不得救，潦而無所泄。古者教民蓄積，又有倉廩以發其匱，今者不制不蓄，凶年無所賴，不免爲流亡。古之天下即今之天下，而異於古者十，奈何農之不困也。古之農常重，其君臣相與講謀，必先及之，今之農常輕，爲吏者聞有勸農之事，則相與非笑之。此古之農雖勞，然悅其利而趨之，故常多而愈富，今之農旣勞又無利以悅之，故常少而愈困。以今天下之口無慮二千萬，躋漢軼唐，可謂盛矣。然籍而爲兵戎者常數百萬，遁而爲老佛者又數萬，琱琢之工，游靡之商，府吏胥徒之類，醫巫工祝聲樂之伎，合而言之，無慮數百萬。此其略也。由是觀之，天下之民，百人而一農，農之人一，而食穀之人百。古以一農養三民，猶患其不足，故命家宰制國用，視年之上下，一有水旱，則命鄉師賙之，均人恤之。今以一而養百，其至於窮且盜也宜矣。嗚呼，農之困未有甚於今也。以漢文之時，天下富庶，衣食蓄滋，尙能賜田租，寵強力，賈誼、鼂錯或勸上敦本以杜游末。然爲漢文者，不求文王之法治之，乃躬耕籍田，以粟賞罰，其爲勸勵之道亦末矣。所謂文王之治何也？五畝之宅，樹之以桑，五十者可以衣帛矣。雞豚狗彘無失其時，七十者可以食肉矣。百畝之田無失其時，八口之家可以無饑矣。昔孟軻爲齊宣言之詳矣。宅不毛者有里布，田不耕者出屋粟，民無職事者出夫家之征，《載師》紀之舊矣。或曰：今可爲乎？曰：未也。十室之夫，耕人之田，食人之食者九，而欲爲勸勵之道，猶無車而教之載，無弓矢而教之射，惑矣。今天下之法，必始於名田，而終於勸農。名田之法，必始於公卿大夫，而終於黎庶。勸農之法，必始於法《孟子》，而終於如《載師》。聖君賢相講求太平之策，無先乎此矣。志不云乎：王法本乎農。臣愚不佞，故爲《農說》。

說工

說曰：工者，天下之末作也。不爲其末，不可以養本，不制其末，本亦從而害矣。古者百工之屬有六，曰陶旊之工，曰築冶之工，曰玉石之工，曰車梓之工，曰韋革之工，曰萑葦之工。工雖多，不過是六者，天下之用蔑不濟矣。先王知後世不能無亂，故分之以不易業，制之以不雜處，禁之以不作淫巧。故《記》曰：異服奇技淫巧以疑衆者，殺無赦。然猶患其末也，不美宫室，不侈黻冕，車不雕幾，器不刻鏤。當是時也，百工之人，持度量繩墨以事其上，無一不在於禮，其爲衣食之道，皆才足以自贍。三代之所以務農重穀者，由斯道也。然三代衰世之君，皆不顧先王之法，窮天下之侈麗以奉一時之欲，末作者從而利之，浸以無已。以至秦漢之君，池臺塗金碧之飾，衣冠增文繡之美，皿器施珠玉之華。君好於上，民好於下，君爲其一，民爲其二，天下紛然，蓋不可禁已。嗚呼，民之不幸，其亦甚矣乎。三代之時，其君義而有刑，其民儉而有禮，其求作僅足以相生養。後世其君侈而無度，其民縱而無節，其末作顧已如何矣。然而浮屠、老子者，何居而來也。其爲衣食棟宇之費，皆非取諸己，是以用而不惜，窮奢靡而無所厭。古之工居民之一，今之工居民之百。古之財君取其一，民食其九。今之財，君取之，浮屠、老子者又取之，轉以衣食於百工，是以百工日富而農日貧。噫，先王務農重穀之道亡矣。今山林斧斤無有休日，天下之財聚於宮塔，而生民之居有暴露者，文繡纂組有被於土木，而生民之衣有藍縷者，金玉雕靡施於服器，而生民之食有蒲葦者。今之所市，古之所禁也。今之所以獲養於上者，古之所殺也。木不得蓄於林，珠不得藏於淵，金玉不得蘊於山，其餘翡翠玳瑁象貝之屬皆不得遂其生。今之所忽，古之所重也。故曰：唯天下至誠，爲能盡物之性。夫百工要利而日僞，上焉者不設經制，又從而好之，求盡其性，不可得也。臣伏以陛下恭儉之德，雖漢之孝文未能及也。惟是承平以來，經國之人不著法度以杜機巧，浮屠、老子又從而招之，所以末游盛而風俗靡，今其可謂甚矣，不可不止也。朝廷以純素之化，先之於六宮，次之於大臣，後之於天下。天下以畫一之制始之於浮屠，次之於郡縣，後之於生民，使人人以約易侈，以質易文。百工之巧無所爲，自然民富而農勸，王道之本立矣。臣愚不佞，故爲《工說》。

說田

說曰：古之聖王在上，而下無不足之患者，非能幷耕而食之也，爲其田之有制也。民不可一日而無食，田不可一日而無制。是以聖人起，必先制田，三代井牧之法是也。計口而授之，凡人之力能勝耕者，莫不有田以耕，故民足於自養，而無貧富強弱之差也。井田一廢，富者連阡陌，貧者無立錐，黎民窮困，逃秦而歸漢。然而漢不爲之制，方輕田租，躬籍田，劭農夫，寵強力，故民莫知勸，且不勝流冗矣，由無制也。此仲舒、師丹、荀悅爲時君言之詳矣。方今之事，不惟無制，又從而亡之者多矣。中國承平，生齒蕃衍，宜無讓於漢，而天下之田，其數纔二百五十萬頃，而廢者又嘗二十萬，校之元始，纔三之一。是制既不立，寖入於兼幷，不唯吾農無所耕，朝廷之賦亦從而亡矣。景德中增田三十餘萬，而歲賦反減七十餘萬，此其驗也。夫天下有兼幷之民，專利之公卿大夫，不耕之釋、老，浸衍之陂澤，而望天下之田日廣，天下之稅日增，不可得也。古之兼幷，兼民利也，今之兼幷，又幷公稅也。其歸十夫之田者，或不受三夫之稅，卒以其餘稱報亡徙，而誠無有一二。由經界不明，吏緣爲姦，不可制也。古者公卿大夫專利，四百頃爲甚多，張禹是也。今之公卿大夫動以千數而不厭，由名田無法，廉恥不立，而風俗不競，不可不制也。今之釋、老，古之南畝之民也，一入游惰而無事，不唯民養之，公家又以田養之，將見民皆棄勞辱而歸游惰矣，不可不制也。古者陂澤之利皆有水官以治之，今水部徒有位號，非有常職。廉刺守長，其名勸農，而未嘗知責。魯有大野，晉有大陸，秦有陽陓，宋有孟諸，楚有雲夢，吳越有具區，齊有海隅，鄭有圃田，周有焦濩，蓋有汪洋演迤，不可得而耕植者矣。不可不知也。嗚呼，《詩》不云乎：普天之下，莫非王土。田之敝如是，而不爲制理之道，主者得無愧乎？租稅可均也，兼幷可限也，游惰可止也，陂澤可治也。在朝廷謹於經制，責於官人，而立法必始貴者，天下之田日闢，天下之稅日起，生民之利可勝言哉。臣愚不佞，故爲《田說》。

又《海惠院經藏記》（同上，卷八）　秀州，檇李之奧壤，華亭縣，唳鶴之名邑。白牛村在其西，有人烟之富，海惠院於其間，爲蘭若之勝。先是賜紫僧奉英智力膚敏，傑爲主者，乃募人書所傳之經，其函八百，其卷五千四十有八。而居人吳氏子行義好施，號爲長者，爲之募財僝工，作轉輪而藏之。其屋若干楹，載礱載琢，飾以金碧。以某年某日落其成也，白牛居士陳舜俞叙其義而贊之曰：天下之險，東有泰、華，南有衡、岷，西有崑崙、龍門，北有太行、羊腸，此天所以限方域也。然而寶貨出焉，而負重者至，草木禽獸生焉，而樵蘇弋獵者往。馮焉蹶而傷，下者踣而死，又生生之大患也。聖人爲之觀轉蓬而作車以載之。嵯峨決而蹊通，崪屼碎而塵飛，視千仞以爲夷，化顛踣以爲安。則車之爲利蓋遠矣。無明之山，慳貪之壑，嗔恚之岡，癡暗之崔嵬，詐妄之叢棘深林，淫亂之坑谷谿澗，而衆生莫之能免也。於是敎之以法爲車，以布施爲輈，以禪定爲軫，以忍辱爲轂，以持戒爲轄，以勇猛精進爲輻，以般若爲輪，度脫諸險，不墮生死，始於自載，終於載人。故此經之輪不爲無意也。況夫我爲法輪，致遠由己，有相雖外，發心必內，心轉輪駛，心止輪柅。舉眞如之性海，一指而遍，盡塵沙之法門，有念斯足。須彌納於芥子，滄海入於毛端。眞體道之樞機，利物之關鍵。作之可謂妙用，施之者不爲無窮之利乎？若夫山澗同平，夷險一致，馳騁乎無傲之駕，遨遊乎無方之機，非作非止，孰溺孰載？吾非斯人之徒，其誰與遊，然殊途同歸，何遠之有。陳舜愈記。

又《秀州資聖禪院轉輪經藏記》天輪左旋，四時不令而行，地輪右旋，萬物不言而生，藏輪北旋，諸法不諭而明。輪之義大矣哉。四時推互，萬物流布，諸法無住，其道一也。然如來出世，惟以一大事因緣，示悟一切，緣諸根異，有二三説，非意本然也。迷塵末路，流蕩忘返，善門百啟，無一入者，朝講暮誦，人其難乎，大智創物，嚴一屋處，以衆經聚，號大法輪。一轉萬遍，能令衆生於一念頃含受諸化，是所以速其歸也。愚者曰：善哉轉輪，植我德本於未來際，獲無上道。智者曰：大哉轉輪，即我自性於當念處，悟無上道。推是而議，院之有斯作也，悲護饒益，可勝言哉。以至和元年三月丁亥營基，十月辛卯落成。贊曰：琅函星環，赤軸金晃。墨寶珍聚，香題金榜。是謂經藏，是非經藏，是名經藏。轂運環循，電走雷振。鐘幢前引，歌唄後陳。是爲轉輪，是非轉輪，是名轉輪。名即是實，實即是名。空華之果，叩寂之聲。爲大饒益，法界含生。

又《明州鄞縣鎮國禪院記》世傳五十九宮之書，鬼瑣不經，其義殆不可得而詰之矣。凡其説者以乾、坎、震、離同凶，坤、艮、巽、兑同吉。持而考諸天下千夫之州、百室之邑，陵園廟塔之負據面勢，往往得其所由廢興者。故上至朝廷，爲立官局，置署丞長，以日相講肄，人著其説爲篇。下至公卿大夫士，雖好古信道之人，猶或畏以信。甚則雜以耕夫野老之言，張福禍之驗如影響，以動蚩蚩之民，使生者不得保其安宅，死者火燔水溺而無以葬。痛哉，賊道禍俗，而莫之能救也。予十五年間，再官於天台、四明之二州，此古所謂天下奇山。復即其雄偉險怪，古今有稱於山者而遊焉，求其所以。凡得不墜者，不獨物象之特出而不可蔽塞，亦必世有材力之人主而起之。一日，鎮亭山鎮國院之僧某乙持其所居之形勝，及興作之歷事，詣予請文爲記。且其僧有殿，其法有堂，其居有室，其廩有廚，鐘臺浴屋，崇扉修廡，煥乎無一不備，而又盛矣。其門之闢則曰丁，其路之行則曰丙，其山水之會則曰巽。考其然，則曰：是本於五十九宮之書所同吉者。嘻，將有是耶？將適然耶？及問其初，則曰：唐貞元六年，其徒曰慈雲，居而基焉。會昌中悉廢。大中九年，曰靈持乃復興葺。中和五年，始得今號。皇朝天禧二年，曰普光、慶成又廣基構。景德三年，曰寶寧主之，及今傳襲不絶，故大成。推而言，廢興圮完，果繫乎時？及其人之能不能，而不在乎吉凶之説者矣。不然，何一吉而中廢，垂二百七十三年而始備？《詩》曰：維其有之，是以似之。因書而授焉，且告惑者。嘉祐庚子十月癸未記。

又《秀州華亭縣布金院新建轉輪經藏記》布金院去邑七十里，居有上人曰清已，其行淳白，善護其法，所謂慈忍精進者。歲既久，閭里莫不嚮焉。邑人曰顏霸，乃首施錢二百萬，書其凡所藏經，又相與謀營大屋，爲輪而環積之。其後工未就，於是無遠近爭投以財，若堂而構。越二年而告成。函以文木，襲以綈錦，載以華輪，瞰以藻閣，繚以珠貝，負以虬龍，覆以隆廈，周以廣廡。方琢圓磨，明怪幽巧，塗金間碧，嚴飾雜繪。總用錢千萬，前後施者略數百人，煥乎盛哉。夫西方之書，生滅之極談也。生滅者，周流而無窮，周流之謂迹，無窮之謂性。迹有去住，性無前後，萬物見義，莫妙乎輪。輪之名有二：一曰法輪，諸佛之所乘也。智慧解脱以動之，戒定悲忍以行之。小而入乎微塵而有餘，大而御乎太虚而不能容。擬諸形容，而莫之能名，法輪也。其二曰苦輪，衆生之所乘也。動之以煩惱貪著，行之以冥亂罪罟。上騁乎天，中騁乎人，下騁乎地，散而入乎鬼神之都、禽獸之鄉，而莫知其歸。擬諸形容，而亦莫之能名，苦輪也。噫，在佛爲法，在衆生爲苦。有衆生乃有佛，非佛不能度衆生。然佛之度衆生也，未嘗脱吾輪而載之。蓋即其所乘而指其所向，故能方軌同轍，而出乎無窮之域焉耳。然則凡所謂輪者，皆可以推止諸苦，令法流轉，亦幾於佛矣。輪之成也，上人以予能善解其義其文，可以申贊嘆，見屬者不遠千里云。時嘉祐辛丑十二月壬辰也。

又《湖州安吉縣靈峰殿記》障南古邑，靈峰在西南，水石甚美。負山爲宇，始五代開平丁卯歲，高僧義璘號明義大師作也。當吳越王重佛尚施，因用褒賜，且名靈峰。長興癸巳歲始作佛殿，以待有像。宗室太傅之夫人劉氏粵通夕夢，喜發檀信，乃損奩金，選工奏技，香塗嚴飾，尊侍列席，蓋已大備。越一百五十有九年，實皇朝治平元年甲辰，追用嘉祐壬寅明堂詔書，改賜令額。雖承平天覆，林泉有光，而風雨歲久，土木壞矣。院之七世法嗣仲賢曰爲上首，游方受道，多所明達，賢首法門，持擅師講。行力既餘，博善兼術。於是徒尊於堂，人嚮其方，歎此傾圮，慨慕興作。俄有邑民施則安、則寅、則寬、彦邦，及嘉禾沈承澧、唐簡，遠近十餘姓人，方企重師學，亦樂植福果，乃聚錢三百萬，共起敝舊。以治平丙午十二月十九日己亥經始，明年春大落成。金椎奠礎，文木繩直，若植其楹，如飛其甍，丹漆内外，紺碧上下，視古有褒，於邑爲勝大哉。薄伽梵之道也，以無邊爲量，故大至於虚空而不容，以無受爲得，故施等於大地而不爲極。以無我爲己，故萬物莫能踰，以無盡爲仁，故群生莫不被其力，顧一微塵之財，施一毛髪之楝宇，烏所以報稱者？然智者之至於斯也，修作之體空而成壞等，慳施之性一而受捨忘，中立於無相之域，而大寓於有爲之時，豈復一事而非道者？使衆人之至於斯也，香火以薦，歌唄以樂，登降旋拜，一合掌，一俛首，類如是者皆生乎無心而致其心，遂即其心而識乎無心，則其報於佛多矣，其利於人遠矣。可不記諸。時治平四年八月初一日丁未記。

又《秀州華亭縣天台教院記》　善哉，天台氏之建化也，以觀心爲法，以念佛爲宗。觀心者觀有心以至於無心，念佛者念彼佛以證乎我佛。或升階納陛，同踐堂奧，或順風乘航，横絶苦海，眞可謂大乘之淵源，導師之方便者矣。原夫清淨本然，無有空假，因緣忽生，萬法以起，河沙妙門，一念而足。所以體同寂照，神冥樂域，丘陵坑坎，悉見嚴淨，衆鳥行樹，皆出法音。用之則然，何遠乎爾？佛隴肇基，神化周浹，諸方向風，緣應如響。則夫來四方之珍聚，肆六時之自白業，楝宇具而神人安，鍾梵作而齋戒修，又可闕乎？秀州華亭縣某寺天台教院者，眞鶴唳之奥園，實龍象之精舍。先是界相東南，地隙草茂。時和年豐，民有餘施，師徒日演，廣廈斯作。講誦未聞，人莫知嚮。法師元湛，台嶺之宗，實爲苗裔，言厭遊方，聿來胥宇。既以知見提撕其新學，亦用方便誘掖於里俗。於是檀供旁午，規模備具。復即淨室，作西方彌陀之像，其高十有六尺，巋然垂臂，若將援溺，以應經量。邦人延宥，善施樂義，乃爲之購金，以極塗飾。然後居者有以係瞻誦之慤，游者以之起師仰之願，揭像運之觀瞻，畢空門之能事矣。嗟乎，誰謂布施爲住於相？衆生不愛頂踵，慳貪無厭，暗覆直覺，集爲苦本，流轉生滅，莫知攸止。故夫信舍作則執著亡，執着亡則空寂見，空寂見則佛性具矣。誰謂聲色不足以見如來？今夫金山之聚不輟乎吾目，和雅之音不息乎吾耳，塵法雖外，其心則我，苟無見聞，則無我佛。故夫樂苦空而斷因果，厭諸相而求解脱，未足與語道者也。院既大成，嚴像且畢，以僕夙體斯道，見囑隨喜云。時熙寧五年正月辛巳陳舜俞記。

又《明教大師行業記》　宋熙寧五年六月初四日，有大沙門明教大師示化於杭州之靈隱寺，世壽六十有六，僧臘五十有三。是月八日，以其法荼毗。歛其骨，得六根之不壞者三，頂骨出舍利，紅白晶潔，狀若大菽者三，及常所持木數珠亦不壞。於是邦人僧士更相傳告，駭歎頂禮。越月四日，合諸不壞者葬於故居永安院之左。其存也，常與其交居士陳舜俞極談死生之際而已，屬其後事，茲用不能無述也。師諱契嵩，字仲靈，自號潛子，藤州鐔津人。姓李，母鍾氏。七歲而出家，十三得度落髮，明年受具戒。十九而遊方，下江湘，陟衡廬。首常戴觀音之像，而誦其號日十萬聲。於是世間經書章句，不學而能。得法於筠州洞山之聰公。慶曆間入吴中，至錢塘，樂其湖山，始稅駕焉。當是時，天下之士學爲古人，慕韓退之，排佛而尊孔子，東南有章表民、黄鏊隅、李泰伯，尤爲雄傑，學者宗之。仲靈獨居，作《原教》、《孝論》十餘篇，明儒、釋之道一貫，以抗其説。諸君讀之，既愛其文，又畏其理之勝而莫之能奪也，因與之遊。遇士大夫之惡佛者，仲靈無不懇懇爲言之。由是排者浸止，而後有好之甚者，仲靈唱之也。所居一室，蕭然無長物。與人清談，亹亹至於終日。客非修潔行誼之士不可造也。時貳卿郎公引年謝歸，最爲物外之友。嘗欲同遊徑山，有行色矣，公亦風邑豪預焉，冀其見仲靈，而有以尊養之。仲靈知之，不肯行，使人謝公曰：從吾所好，何必求富而執鞭哉？凡其潔清類如此。皇祐間，去居越之南衡山。未幾罷歸，復著《禪宗定祖圖》、《傳法正宗説》。仲靈之作是書也，慨然憫禪門之陵遲，因大考經典，以佛後摩訶迦葉獨得大法眼藏，爲初祖，推而下之，至於達摩，爲二十八祖。皆密相付囑，不立文字，謂之教外别傳者。居無何，觀察李公謹得其書，且飲其高名，奏錫紫方袍。仲靈復念幸生天子大臣護道達法之年，乃抱其書以游京師，府尹龍圖王仲儀果奏上之。仁宗覽之，詔付傳法院編次，以示褒寵，仍賜明教之號。仲靈再表辭，不許。朝中自韓丞相而下，莫不延見而尊重之。留居憫賢寺，不受，請還東南。已而浮圖之講解者惡其有别傳之語，而恥其所宗不在所謂二十八人者，乃相與造説以非之。仲靈聞之，攘抉切齒，又益著書，博引聖賢經論、古人集錄爲證，幾至數萬言。士有賢而好佛者，往往詣而訴其冤。久之，雖平生厚於仲靈者，猶恨其不能與衆人相忘於是非之間。及其亡也，三寸之舌所以論議是是非非者，卒與數物不壞以明之。嗚呼，使其與奪之不公，辯說之不契乎道，則何以臻此哉？雖然，仲靈之所以自得而樂諸己者，蓋不預於此，豈可爲淺見寡聞者道耶？仲靈在東南，最後，密學蔡君謨之帥杭也，延置佛日山，禮甚厚。居數年，然言高而行卓，不少假學者，人莫之能從也。有弟子曰慈愈、洞清、洞光。所著書自《定祖圖》而下，謂之《嘉祐集》，又有《治平集》，凡百餘卷，總六十有餘萬言。其甥沙門法澄克奉藏之，以信後世云。熙寧八年十二月五日記。

又《福嚴禪院記》（《至元嘉禾志》卷二六）　佛無二道，未有禪、律，道異徒別，而居亦判矣。崇扉闥然，鐘倡鼓和，圓頂大袖，塗人如歸，環食列處，不問疏親者，謂之十方。人闔一戶，室居而家食，更相爲子弟者，謂之甲乙，甲乙非道之當也。朝廷之法，緣人情而治人，大約不欲擾動，而卒要之以公。故制曰：其徒願爲十方居者，官聽之。近世稍稍有請者，公道之勝而徒之相嚮也。崇德介餘杭、嘉興之兩間，邑東北十里，林木蔚然而美者，福嚴院在其下。院始五代乾符之乙未，邑人鍾離裴置之，地有千乘，因名焉。聖籙重熙，號命不冒，祥符始年，改賜今額。歷年雖多，有徒居之，獨廩自宇。皇祐庚寅歲，主者志洪率其屬僧願爲十方。縣爲之告於郡，郡謹用朝廷之法，即許之。其年七月，縣令命僧曰處成主之。成未幾棄去，而縣亦新令尹矣，又擇主曰繼式。成、式禪者，而皆出於十方居中，論議招納，皆不戾公道，而其徒歸之。人睨其道之勝，而徒之歸如是，而衆亦嚮。鐘鼓而食，斧斤而居，求於人皆樂然與之，惟恐不及。予居嘉興，小舟及其門，不遠二舍。嘗游於院之甲乙時，若像而殿，若聚而堂，苔沿甓隕，圮坍不支。後三年，游於式之時，前之草萊則蘭若矣，前之瓦礫則金碧矣。地非特勝也，人非始尚也，道之公而主之者亦才也。噫，天下之事不獨是，廢興之由未有不繫於公不公、才不才。公道未嘗亡，才固不少，顧擇之舉之之道何如耳。始，成之來，乃見命以記，作而未成。成之後會式，式復以請。院之廢興，則所目擊者，因興感以及人事，遂不愧而爲之辭。時至和二年八月一日，宣德郎、試大理評事、權雄州防禦推官陳舜俞記。

又《施食放生文》（《施食通覽》）　惟一沙界中，微塵國土，一千聚落，萬億伽藍。於伽藍中，有一沙門，以佛誕辰，集諸善侶。以一盂食，召彼餓鬼，水陸空等，隨意搏食。聚諸畜生、羽毛鱗甲類，釋復本處。及爲說法，施清淨戒，而作佛事。時衆會中，見一居士，謂沙門言：聚食於食，眞汝慳貪，取生於生，眞汝殺害。彼餓鬼等，以慳貪故，彼畜生等，以殺害故，不應殺彼而隨彼墮。時彼沙門謂居士言：汝無以此取捨，生死、虛妄諸相，較我眞實所作佛事。所以者何？若有化人，及化餓鬼諸畜生類，化以食施，及令放生。一切世間，取捨生死，不離是相。以實不食，變少分食，作無數食，一切餓鬼，無不能食。以實不生，令無盡生，一切畜生，無不能生。於意云何？一切取捨，非取捨故，一切生死，非生死故。尚不見法，何況能說及諸解脫者？尚不見戒，何況能持及諸說者？爾時沙門作是語已，一切餓鬼、水陸空等皆得飽滿，一切畜生、羽毛鱗甲類皆得自在。於是作記以書之。

范純仁《安州白兆山寺經藏記》（《范忠宣公集》卷一〇）　予自少喜爲山水之遊，凡所至有名山勝概，雖遐險必造焉。治平二年，自侍御史責倅安陸，安之西有金峰山，山有古白兆僧寺。時道人垂素爲之長老，而衆皆稱其名德。寺有本朝列聖御書，歲時郡遣從事檢校。予到官纔數月，遂自求以往。至則愛其林泉幽茂，巖谷深邃，周遊登覽，而邀素從焉。惟法堂土木新，詢之則素所營也，予益嘉其必葺。又至僧堂北隅，有老屋，若殿而小，視其榜則經藏也。素指謂予曰：此雍熙中所建，有龔御史石記在焉。然地址隩僻，蠹腐所滋，遊禮者或不能至，將徙而置於大殿之西爽塏之地而新之。予詢其期，則曰：釋子舉事，待信施而集，雖志於有成，未可必其期也。予移官去後一紀，謫守義陽，距安爲近。地僻少賓友，思得素談老、莊，而聞其老益高介，棄其寺而庵居，罕與俗接。予謾以書招之，書未達而素已惠然見訪矣。語道之暇，因曰：昔者欲徙之經藏，今已成矣。自治平三年冬十月經始，至熙寧四年夏五月告畢，計用檀施之財八十萬，將刻石以記歲月，願公爲我書之。予曰：師嘗自謂傳達摩之宗，不立語言文字，直指心源，見性成佛，奚取五千之書，而復新其藏爲？又以一切有爲皆如夢幻，已則忘之，何用歲月名氏之記，而求知於後人哉？

師曰：不然。夫衆生靜明，眞心與佛齊等。由情著於物，故翳而爲病。佛猶良醫，知病之本，皆稱其淺深緩急，爲藥以治之。今之經，猶對病之藥也。物之感情無窮，故衆生之病無窮，則其所治之藥亦無窮。此五千之書所以必有也。今之經藏，猶藥之府也。則其棲貯不得不嚴，將以應夫病者之求，則亦藥之肆也。其置設不得不顯，此藏之所以必徙而新之也。大凡前人有爲，必告後人以爲之之意，則庶幾其守而不墜矣。此記之所以必作也。予聞師之言，愛其有理，故爲之書。元豐元年冬十有一月壬申記。

沈括《潤州金山二使君祠堂記》（《長興集》卷二二） 江南爲國時，昇、揚、潤宮室邑閭，環江相望。金山能盡有三州山川之盛觀。衣冠往還，非東府西川之貴人大族，則諸侯之重客也。其舊勢餘澤，至本朝爲之借資出力者尚未衰也。慶曆中，錢使君因其徒以罪相訟，訴於有司，擊去其主者，而表以爲禪院，使吳僧瑞新居之。其徒度其勢不能復得所欲，一夕，火其居。比東方明，一山盡赭。新既至，因其殘破，一切刮去故迹，隤高培下，穹山大谷，一日皆變化隳殘。人始莫不怪之，已而爲廣堂複殿，翼然臨無窮之大江。菑巨石梁魚鱉之宅，朝江而暮廬，殆於必完矣。會新死，復中廢爲講舍。久之，鞠使君復召禪者達觀、圓通代居之。或卒或去，至宜覺師相因十餘年，斤斧之聲相聞，而昔之言金山之盛者，今復過之矣。予少時自金陵來潤州，初望見金山纔若鳧雁，渺渺浮沈江波中，順流張帆，不半日至其下。予猶記其室廬略皆鹵莽，非若今之嚴煥也。未三十年而廢興且三四，然每廢輒復加壯。雖任之在其主者，而能使之興，且在二使君也。熙寧四年，實覺師爲二使君之祠於山中，而求予文以記其說，曰：二人之才能，皆爲潤人之所思，不獨寺之所賴者如此云。錢使君名彥遠，官終祠部員外郎。鞠使君名眞卿，今爲太常丞、集賢校理、知普州。寶覺，南漳道人務周也。

又《筠州興國寺禪悅堂記》 嘉祐中，予客宣之寧國。邑溪之西有古佛祠，垣棟顛夷叢薈之閒。披道至其下，僅若有人跡，而學者守靜居之。比三年，則山嘯木偃，複宮曼閣嵬業於溪山之閒既完矣。其所以動其邑人，使之輸財捐力，凡一榱櫨塗藁之細，皆出靜之梱致。已則委之而去，莫知其所抵。後十四年，予自禁廷謫守宣州。一日，典客以佛者見，望其貌則靜也。徐問其所從來，曰：客高安郡之興國寺，即其廬爲浮圖，高數百尺。而又使郡人吳文忠與其弟文讚賦泉二百萬，闢大堂於其下。堂成，榜其目曰禪悅，而未有以傳其績。所以輕千里，蔑山川之阻以至於宣，將予是請，所以侈堂之成功，而願有以告於其後也。予聞之，佛之爲教，凡所爲廟塔器飾，飲食起居，一莫不寓其法於其間。不獨其道有以動人，而學其法者多能自處於得喪勢利之外。以其無待於勢，乃能使不役於勢者爲之用。以其不覰於利，乃能使覰於利者爲之忘其所樂以徇之。此靜之所以屢爲宮廬之壯，而力嘗若有餘者。豈其所操任者，獨能果於衆人乎？靜之言曰：其堂之袤可以飯千人，其廊疏微道麗嚴宏傑，可以獨名於大江之西也。天下之言宮祠之盛者，無越於江西，是堂也，又將闖然獨賢於其閒。至此知靜始棄邑溪之勤不翅若一敝帚，殆不足難也。佛之所爲，寓其法於事物之間，其微至於無所不在，而語言文字爲籧篨，則子復可言。予之所能書，蓋靜之所欲言，而主予以爲之說者，如此而已。元豐三年二月庚午記。

又《泗州龜山水陸禪院佛頂舍利塔記》 龜山西壓大淮，其枝自舒蓼漫衍而北，度盱眙之屼東折。其勢垂盡，而一峰嵬然壁挂，踵曳大淵，縈淮墳，蹂博野，壓奔流之匯，縻大菑不能窮其深也。世傳淮靈伏其下，怪風暴浪翕忽崩怒，山淵投播，飛鳥震落，而覆舟發野，其害被於數州。祥符中，淮南至行師始營佛寺於山之陽，偶像數百，皆煸金爲之，所以鎭淮祇、走龍蜃以爲水暴者。力未就，而門人自信繼其業，相因數十年。江淮之間揭貲幣，轉材簏糧，即工於山下者，相尾於道。慶曆中，詔遣中貴人持佛頂骨舍利，函以金塔，坎於山脇，於是即山爲宮，逶蛇登降，環絡彌布。中爲浮圖十有三成，爲高二百有五十尺。面峙峻閣，而複殿翼其後，廊疏句繚，下濱淮澨。至於天清景明，決流凝湛，彩鏤之飾，浮動波間。鍾梵之聲，飄飆下上於杳渺之際。舟楫出於其下者，莫不爲徘徊翔佯，掇操而仰望躊躇者久之。予往來淮泗之間，經於是山者殆數十。每至必翔集顧慮，無風波之虞，然後敢濟。近歲過之，則舟人鼓氣自若，無復向日危懼恂慄之色。問其居人，則指以語予曰：今之操篙刻舟而濟處，則異時之大淵深潭也。其說以爲汴流之所堙。然汴之始鑿於西漢元成之間，距今濁河之委貫淮而東者千有餘歲。惟審之，淵不於此時泯滅，而乃驟堙於數十年之間，則其謂之禬禳消伏之所爲，固未容辨也。觀龜山之爲袤不能數里，而宮廬像塔美奧之如此，蓋其經營以終其績者，自信師之裔宗衍者。衍主是山且三十年，人信衍，故衍得以發其才於宮廬像塔之美。自至行發其原，再傳至於衍，而後細大之物無一不具。以匹夫之勢，徒步以就萬金之室者，豈易爲力哉？方天下至治極盛，四方朝貢餉鐸於京師，舟車道其下者居天下十分之七。奇風駭浪不作，人得以嘯歌俯偃以濟不測之大嶮，則其爲神靈所擁，而宮廟爲之馮翼，斯亦理之宜有者。況其覺寂之所寓，理相冥絕，詎可以起作之意識而窮其變神者哉？

又《宣州石盎寺傳燈閣記》　凡所謂山川國邑，一切空有動寂諸相，其廣塵若沙之無窮。有大聖人出，曰：是皆妄也。以爲妄者亦妄也。道不二，不二也者，非一也。唯不二與非一，則名尚無所寄，況其爲言也？於是有一乘、三乘、十二分、七拘胝、十二章陁無盡藏法，遣一切妄執。有大聖人出，曰：是亦妄也。法無作無住，至於無說。無說亦妄也，則有一語一默、一眴搖屈伸而具百千億塵沙法門。其爲術可謂至約矣。釋迦以是付之迦葉，世相傳述。其流入於中國，記其說者其積又且數百卷，烏乎多哉？宣州石盎寺有孚師，少遊四方，得禪者學以歸，又欲廣其傳於異時。悉聚其書，營複屋以藏之，曰傳燈閣。或謂書爲道之累，所以釋書而傳之以心，又將收其客智滓粕以寓古人之所棄，豈正法眼之謂也？予以謂無傷也，是欲使人無言者，言何預哉？孚之所欲者傳，夫豈傳書也？苟得其人，雖十二章陁藏相本空寂，苟非其人，毘耶據坐，未易識辯。知其所以爲善巧方便，奚至翦翦計校於理相筌筏之間哉？

又《東京永安禪院敕賜崇聖智元殿記》（同上，卷二三）　道不可見，古人以謂強名之。物之所由而非所止者，道也。止則非道，以此名乎所不能名者，故道爲芻車，名爲寓馬。佛者名其身且三：以體言則曰法身，以智言則曰報身，以用言則曰化身。芻車之行，寓馬之步，體也。照起則智現，事接則用生，此名之分也。慶曆中，佛之徒宗澤刻像佛於成都之西永安禪院，闢廣殿以居之，爲專蓮千房以妥大像。復爲蓮英千苞出於房間，房別一佛絶。千苞皆佛也，而攝於一像，是所謂盧舍那者，始名其殿曰千佛。千佛者報身之所生，而所謂化身者也。今夫所謂盧舍那者，千佛之所自生而以智名者。智所以作聖，而聖者化之積也。於是改賜其名曰崇聖智元之殿，而上親御飛白字以嚴其榜。佛之名體密妙難跡，非上聖超悟境、

昭等融，孰能控搏無形，寫之毫素，一言所標而顯三身差別之慧，辨十萬調御之雄照者哉？觀夫妙相凝湛，神筆飛煥，日月之光鬱蟠於欂櫨之間。神耀相宣，群飾嚴翼，至者赫然若有監其上，有臨其左右。一望璙章，而盧舍那之身具，環視眾色，而千百億之身圓。非由內出，不自外鑠，不墮諸見而見。以此期乎歷堦趨隅以瞻夫表揭者，是不可以無誌也。微臣瞻仰聖製，以偈贊曰：

具足無畏天人師，大毗盧海不思議。妙湛圓澄離諸量，一念不動遍千萬。芬陀一葉一釋迦，眾生差別之所現。無作光明等法界，是明諸佛大報身。因陀羅相不可覩，要假名言顯實際。我此見佛清淨眼，因智元故發妙明。非內非外及中間，文字相空獲自性。前聖後聖嚴此殿，是故此殿最吉祥。是像非像眞非眞，一薩婆若等無二。不墮諸見見眞像，如金剛山坐道場。一毫光相施伽沙，盡諸有情得無漏。

又《隨州法雲禪院佛閣鐘銘》（同上，卷二四）　天封大狐，襄漢之勝。粵浮圖之宮，獨雄於東南，法雲院乃其歧出者。元豐七年，其徒慶璉師建佛閣於院之西壖，欒櫨三因，重橑翼舒，下俯阡陌。中廬杭以軌鍾，方將劑金錫，規良型，以爲欆觮揆怒之巨聲，求予以鳴其于。予時謫漢東，寓於是院，覩其經始。既斲不日，則岌乎買漢矣。曰：偉哉，佛力乎來夫。其合山川之美靈，以成就官貌，則其偉觀巨麗不待召而有，此無足窮者。抑知夫鐘之所寓夫道者乎？夫鐘者，里居類處，則以爲發朝椒夜，群遊族食之節。其聲有疏有數，則心術寓焉。其爲法，初曰速聲四十九發，以四十九功德拯三畏業。次非速百四十聲，以百四十不共法爲出世間因。後經八萬四千聲，普收八萬四千塵勞，極未來際。或曰，聲之遠聞者不過數里，其久不過兼刻，而曰拯三途，出世間，極未來際，得非過與？是不然也。有生之類迷喪本體，奔趣流識，妄現山川國邑，空有美惡一切諸相。相起爲境，則有大小、遠近、多寡、古今、久速一切名色分量，睽其完體，惟照所對。於是聖人以其不可思議神智力緣，建立法明，振提冥謬，無窮方便，遇事指途，因此聲根，乃揭二炬。初終則爲久速之聲，有所拯者利於遠，有所待者利於久。久速境也，以幻境法，順接級緣，中間久速皆非，迴無可名。不壞聲塵，直指非相，群相齊泯，寂用遍含，聲體一貫，非自耳得，復何遠近久速之有哉？異斯道者，乃其自障，非法有

妄也。縱未能反源會體，以力緣故，亦獲世報。何也？凡所謂三超六類，下逮天地國邑、草木蟲豸之悉，一出於有生之妄識。以其霧蔑顛憒之妄見，尚能締結宇宙，淪翳實果。外道幻法，亦能上凌禪境，下軔風持。況不思議神智力緣之所建立者哉？其爲道也，非可以理喻，以言其爲法如是而已者，是之爲銘。銘曰：

衆生法性無有邊，是故鐘聲無有邊。衆生法性無有量，是故鐘聲無有量。非聲非聞離根境，具千二百圓功德。以此聞根妙法身，普施十方作佛事。第一速聲四十九，速拔三界沈淪苦。初終後際一念空，罪性如風如電火。第二非速百四十，顯示諸佛不共門。非速非久破二邊，語言不攝離名相。八萬四千經久聲，舒長爲接未來際。衆生不盡聲不盡，此聲非斷無最後。我今開此觀音門，無凡聖情咸得入。此聲無礙遍河沙，以河沙遍此聲故。即聲即法即衆生，更無衆生聞聲者。了知聲相常寂滅，惟一眞心含法界。

沈遼《邵州立禪師塔銘》（《雲巢編》卷一〇） 禪師名惠立，桂林蔣氏子也，生不食葷血。始九歲出家，依同郡蕩律師求度。五年，遂度爲沙門。入鹿門山，觀三乘經律，深達法相。造龍牙遷公，一言頓徹，若獲亡金，若復故舍，推爲龍牙上首。山盤水渟，還同未悟且三紀。邵陵太守崔侯乃啟西湖之法席以延几舄，始轉法輪，爲四衆師。逾二十年，無爲無作，度度不愛金錢，爲崇飾其道場，舉新之至，尤所用其力。益獻土田廬舍，以供朝夕費。朝廷出使者按夷人所獻地，使者屈禪師先入示信，夷人屈膝受指，使者以爲功，將薦於上，辭不許。轉運使請遷衡嶽之大伽藍，亦不許。識者韙之。元豐四年二月三日，戒侍者具湯沐訖，不示疾，亦不說偈，正坐入滅。問年七十七，問臘六十三。門人善琮荼毗之，且以骨建塔於寺之西南隅。太守關侯杞以書抵余，道其高行，乞偈以贊之。稽首三歸，銘之偈曰：

少林壁觀本無說，至於咄咄蓋已末。造妙顯微參諸佛，不能無心但小黠。大士迅飛出南粵，道化邵陵嗣耆崛。端如亭亭海中月，內含圓明外平澈。不牽名勢事攘奪，不拂因緣爲斷滅。法門浸衰誰可遏？三湘五谿同一筏。巍巍堵波閟靈骨，將與彌勒當來出。南山孤雲自起沒，縛芻布流終不竭。

又《廣照大師塔銘》 廣照大師名慧欽，錢唐人。七歲出家，依寶雲寺惟清上人。惟清以醫名，多賓客，廣照求度時雖甚少，已特然不羣。及落髮，盡能傳老師之術，益通黃帝、扁鵲諸書。其視脈投藥不煩，病者霍然已，即謝不往，不以其技爲工。遇所知即行，貴賤不問也。廣照操心爲善，能以意攝物，無內外，自趣法樂，不爲絕行，不爲苟合。與寶月廣公爲友，士大夫多賢之，言善行必推二人。皇祐中，恩賜紫衣。後七年，加號廣照。中間爲其衆請主寺事也，食者千指，帑無一錢。廣照不祈於人，求獻者相踵。有餘，爲易其摧木圮瓦，進有筵，安有次矣，付其弟子仲猷而去。數語人曰：吾將休吾身於寂寞之場，不爲世累也。方余少時，讀書西山下，與寶雲諸公往來者甚久，其朝夕相從若家也。而廣照每遇余，雖甚盛暑，與閒處，必嚴衣履而後進，動不逾矩。余以是尚之。及吾家翰林公開府，始識廣照，尤加異禮。其有所召，如寶月、圓明、天竺二公，在會者不過數人，廣照必先焉。文通頃語余曰：他日予爲州，當謀屈廣照主其教門以表領也。人或聞者，皆以翰林公言爲然。後三年，卜居青龍。時余將詣京師，送余於檇李，又追於嘉禾之邸，惘惘不去。余固異之。未逾月，余以事復至杭，則寶月既入滅一夕矣。居數日，青龍以廣照訃來，釋氏耆倪與士大夫走哭二道場者道爲壅，皆曰：善人逝矣，善人逝矣。時熙寧元年十一月辛卯也。嗚呼，當末法時，善士常少，而二大士繼去，其可傷也已。其生也，以善攝不善猶不足，況其已乎？入滅後十三日，仲猶奉其棺自青龍去。以明年正月壬申葬北山鮑家田。爲後者，弟子猷、法孫彥賓、彥昌，凡三人，曾孫曇性一人。猷、曇皆紫方袍。廣照善棋，又善書。與其氏族皆不書，非其事也。將葬，余爲之銘曰：

廣照拳拳，不名仁者。以世放行，孰云可捨？其定在心，如調象馬。其慧及物，乃出陶冶。吾昔有志，遠追香社。善人先逝，我懷曷寫？水泡電光，一切皆假。準此窣波，西峰之下。

又《隱居放言》 人在天地間，生死一息爾，孰爲死亡？以生死爲得失者，天下皆是也。生死不脫，是較毫末者也。達者不言，言者不達。是難言耶？言者難也，知者難也。必造乎眇茫，視其身如幻夢者，至人也。影響之至也，是往來也。白黑之判，是利不也。將以生爲妄耶？其死焉往？是死猶生耶？混混於此，其亦不明矣。性猶金也，情猶滓也。

匠氏範金爲器，不窮其滓則器不利。金有利鈍耶？匠有巧拙耶？唯棠谿鏌耶之人得知金之爲利，而天下利器少也。性之明也，至於有亡之際，古人聖賢皆得之。孔子曰：吾得忘，唯顔淵爲殆庶。故曰：用之則行，捨之則藏。唯我與爾有是。蓋有時而忘也，其心在天下者也。佛能忘，我能忘，萬物豈忘而已乎？在乎是者，我乃不可忘，是以爲其眞忘也。三茅之山有仙人遊焉，負琴而行吟，其與人言若人也。調琴以爲曲，狂吟以爲詩，學道者不辨也。至於御風雲，忽焉而超逝，形與物皆化也。東掖之山有高僧焉，其生也，無以靈乎人，既死之五月，或發其棺視之，香氣郁然而形不壞也。彼既往而不遺，此乃遺而不往，則是何耶？將以爲幻妄，則吾知天地爲幻妄矣。是有得於内而不惑外有耶？夫是之謂至妙，茫乎其有得也，戚乎其無有也，發於言也。縱其支離者，將有得乎簡易，據乎其中而運乎四方也。窮支離者，將汗漫而不知止，莊生所以誕也，據其中而不知適，墨子所以愚也。使人知之，孰與不知無爲哉？庶乎知者也。

又《龍華三會啟文》　龍華有會，如來記彌勒之緣，鳳歷無疆，億姓祝聖人之壽。巍巍之盛，蕩蕩難名。仰瞻北闕之崇，咸罄華封之懇。恭惟皇帝陛下纂堯爲德，邁舜成功。推群靈不宰之恩，協諸佛能仁之化。聖人應運，已洽太平之期，文武會朝，丕顯縉紳之列。知郡某官宣揚國化，惠恤民情。上資西竺之因，敢獻後天之算。臣僧某及本州耆艾等虔誠法會，共薦至誠，遥望嚴宸，恭伸半偈：

妙香芬郁望丹墀，咸罄歡誠薦上釐。聖主萬年天祚德，龍華三會佛爲師。四時雨露均天澤，九有山河拱慶基。欲計南山千億壽，直須彌勒下生時。

侯溥《壽寧院記》（《成都文類》卷三八）　儒之心迹，佛之性相，一也。道不以心性爲體，故求道於心性而不可得，然所以冥於道者，心性也。迹相亦然，道不存乎迹相，故求道於迹相而不可見，然所以行於道者，迹相也。宇之殿之之謂廟，層之累之之謂塔。指廟與塔而問人曰：此道乎？雖至庸俚，其答之也，必謂之塔廟，而不謂之道。試反之曰：非道也，則盍摧之？彼其人必將嗚指膜拜，而不敢作摧之之意。推此，則塔廟，其佛之所以行道之迹相乎？釋氏自永平迄今，繇天子、公卿、士大夫或信而愛，或詆而斥，或泥而佞，或毁滅而欲其忘，其爲更閲多矣。蓋周、唐之二武，以君天下之重勢盡力而除之，勢宜不得復興。方是之時，桑門蒲塞，涕目洟鼻，相與齎咨憤戚於隱伏之中。居未幾，而塔廟之嚴復興於天下，而厚費生民之力，不翅膏油之沃炭，雖暫灰死，而卒之逾熾於前也。意者禍福緣報，必有形驗，而生民之震畏忻慕，淪浹肌體，所不可得去邪？佛以靜爲樂，故凡塔廟皆潔精謹嚴，屏遠俗紛。獨成都大聖慈寺據闤闠之腹，商列賈次，茶爐藥榜，逢占筵専，倡優雜戲之類坌然其中，以遊觀之多而知一方之樂也，以施予之多而知民生之給也，以興葺之多而知太平之久也。此固壽寧院荒蕪於昔而盛於今歟？何謂之盛？院莫大乎繼承，而僧患夫寡。今有文皇仁廟之灑翰，章聖之文章，以恩歲補一人，師徒綿綿，日營日修，是故書有完藏，象有宏宇，入其門而杜石潔然，及其中霤而草木修然。其爲殊尤絶勝而得之天人者，有石盈尺，而塔之形影嶠焉發乎蒼穹之表，此得之天也。有孫知微之筆，鬼神恐其暴形，日星恐其運行，林木恐其發生，濤浪恐其奔鳴，瘠者爲僧，僂者爲道，趨翔者爲衣冠之士，此得之人者。其爲生者，有溫江四夫之田，始於張忠定公詠之所畀，而成於馬正惠公知節之所奏，此其所爲日盛也。初，淳化寇竊之後，院爲廢田，吏民植碑乎其中，以頌上德。於是内臣王繼恩領招安而忠定作鎮，乃議蒐擇名行僧，使莞是碑，而得僧希白，遂奏求賜今院名。白，華陽人也，姓羅氏。其教外通吾儒經，善草隸，有詩行於時。安文惠王元傑始封益，見而器之，貽之以詩，奏授師名文鑑。凡院之所繇盛，皆文鑑爲之也。獨完藏經成於其孫文藴大師重巽，而藏經之堂繼成於重復之手。巽、復皆言行謹厚人也。復今爲都僧正，而求予記，因書其本末云。熙寧元年記。

王令《代韓退之答柳子厚示浩初序書》（《廣陵先生文集》卷一六）　子厚足下：相别闊久，時得南方人道譽盛德，甚相爲慰快。又間得子厚文，皆雄辯強據，淵源衍長，世之名文者多矣，未見加子厚右者也。其間亦小有務辯而屈理、趨文而背實者，然古之立言者未必皆不然，亦説《詩》者不以文害辭之一端也。愈比置之。近有傳《送浩初序》來者，讀而駭之，不知眞子厚作否也？雖然，子厚素有之，宜眞子厚作。然反復讀之，益駭而疑，又恐非子厚而他人作然也。不然，何子厚見禍太甚耶？來序稱：浮圖誠有不可斥者，往往與《易》、《論語》合，其於情性，奭然不與孔子異道，雖聖人復生，不得而斥也。子厚亦不思哉。夫《易》自乾、坤以及未濟，皆人道之始終，聖賢君子之出處事業。至於次第配類，莫不倫理。故孔子原聖人設卦之因而繫辭之，則首曰天尊地卑，乾坤定矣，卑高以陳，貴賤位矣之類是也。其中則曰：有天地然後有萬物，有萬物然後有男女，有男女然後有夫婦，有夫婦然後有父子，有父子然後有君臣，有君臣然後有上下，有上下然後禮義有所措焉。夫婦之道，不可以不久也，故受之以恆。主器莫若長子，故受之以震。又其下則曰：《漸》，女歸待男行也。歸妹，女之終也。而皆不若浮圖氏棄絶君臣，拂滅父子，斷除夫婦之說。若《論語》二十篇，大率不過弟子問仁、問政、問爲邦、問患盜之類爾。至於問鬼神與死，則皆曰未能事人，與焉知死之類，又非若浮圖氏誇誕牽合，以塗瞽天下而云也。不識子厚謂爲與《易》、《論語》合者，何哉？借如其中有萬一偶竊吾聖人之言，則君子者遂不思其患而崇好之耶？是猶救桀、跖之誅，以耳聞而目見有類乎堯也。孔子曰：如有周公之才之美，使驕且吝，其餘不足觀也已。況又去父子夫婦，而無萬一於周公之美者耶？且子厚謂：愈所罪者跡也，而不知其石中有玉者。不知子厚之學，果中與跡異耶？夫然，子厚心仁義而手拔劍以逐父兄，謂其爲跡，則亦可耶？子厚亦患愈斥浮圖以夷，反爲之說曰：將友盜跖、惡來而賤季札、由余也？嗚呼，子厚又不思矣哉。昔者孔子作《春秋》，諸侯用夷禮者夷之，若杞侯稱子是也。若愈不得斥浮圖以夷，則孔子亦不得斥杞子以迹，而不思其中也。聖如孔子者，其取捨猶不免子厚之過耶？又不知子厚謂季札，由余者皆若浮圖氏之拂君臣父子耶？不然，則否也。愈嘗探佛之說，以擬議前世盛德者，而皆無一得也。若堯、舜、孔子者，皆佛之甚有罪者也。以智者觀之，不知堯、舜、孔子果當然耶？不然，佛妄人也。自孔子死千數百歲，唯孟子卓然獨立。今讀其書，則皆教人興利除害，驅龍蛇，除禽獸與殺牛牲犬豕，以養老祭死，其大不與佛合者，則若君子之親親而仁民，仁民而愛物。以堯、舜之知而不偏愛物者，急先務也，以堯、舜之仁而不偏愛人者，急親賢也。不能三年之喪而緦小功之察，放飯流歠而問無齒決，是之謂不知務。以是言之，是孟子又異於佛而得罪也，甚矣。且不知子厚之讀堯、舜、孔、孟之書也，將讀而盡信之耶？抑徒取其一二而棄其十百也？不然，則孔、佛之不相爲容亦已較然，何獨子厚能容之也？愈嘗觀士之不蹈道者，一失於君，則轉而之山林，群麋鹿，終死而不悔，乃至有負石而自沈者，以君子觀之，是皆薄於中而急於外者矣。惜夫，何至是哉？今子厚雖不幸擯斥於朝，乃亦不能自寬存，以至於陷夷狄而不悔也。薄於中而急於外，在盛德雖不當然，然智者觀之，不得無過也。必求其不愛官，不爭能，樂山水而嗜安閑者，則浩初之心，尚何完如麋鹿也？心溺於虛高之言，而遺於人倫之大端，其比於負石而沈河者，孰得哉？愈嘗笑今人之謂有智者爲毀釋氏，釋氏非毀之也。譬之器然，舊嘗完而暴礫之，謂爲毀也可矣。其從來不爲器者，是自然耳，豈人毀之耶？此皆不知道者之言也。自釋氏之說入中國，流千數百年，其徒樹其說而枝葉之者衆矣，烏知其有不取此以假彼者耶，況又玩其說者常名儒也。孟子謂矢人豈不仁於函人者，豈盡無意邪？正謂是也。使佛之福可求，其言可信，其教等於堯、舜、孔、孟而或上之，則君子者當先衆民而學且行之矣。伐彼善而固爲我異，謂愈肯自爲之耶？雖然，子厚猶謂愈爲之也。子曰：道不遠人。爲釋氏者，竟不遠人耶？謂爲聖人不得斥者，果信然哉？石中之玉，信何如也。愈白。

又《書墨後》（同上，卷一三） 班固言墨書七十一篇，而今之傳墨者財十三篇耳。又其書多非墨所素心。予嘗按書傳之雜出者合質之，多無得也。然論其大概，亦時時取吾儒裼襲以自出，故同是堯、舜而非桀、紂，無足疑也。自司馬遷之博聞，而猶不知生於何時，故云或先後孔子而未知也。予嘗評之，而謂使翟而先孔子以生，則翟之荒愚，當得先矜哀而後誅，使翟而生後孔子，則元惡何待教耶？予讀其書，至其所謂《絲染篇》，則益憐翟之昏不明，而妄傷人之失習，而不知己將習人以失也，然後亦疑翟實生孔子前也。然翟學之興，雖翟固有罪，而所由亦時然。方周之衰，先王之法禁盡廢，天下之士，爭出而名家者甚衆，然翟亦其一爾。方此之時，先王之道息，天下之士皆不知自爲學，雖仲尼之先之後，而道未盡信天下，故翟於此時出與間會，故從翟者多也。然翟之能偷天下以自名，豈不爲幸耶？而予獨傷翟之不得後孔子，故不能自有知，又其書傳之不幸而會人信，以遲永翟罪，以予觀之，翟乃不幸也。然予獨愛孟子之能第次人，曰：逃墨必歸於楊。今而視之，雖害人者有殊差，而豈能一逃孟子之言？予嘗病世之釋、老者，則思得楊、墨之書，以校比其淺深，故嘗兼求之。而楊氏之言絕矣，豈害輕者去之易耶？而墨之書雖不完在，然要之世傳不盡廢也，其書雖缺，而其道則大概具存爾。夫楊氏爲我，拔一毛利天下不爲，豈老之謂邪？墨氏明鬼、尙同，摩頂放踵而爲之，則佛矣。然老、佛之害當世雖同，然當世之受害，則老輕於佛。以是計之，又豈逃楊歸墨之效耶？至於二夷之荒妄雄猾，所以資禍當世者，計楊、墨則其倍又百矣。然世之學者，多謂孟子之後楊、墨者空矣，而不知老、楊、佛、墨之闔合如此也。嗚呼，道之不行，自文、武而來，其已遠矣。然仲尼之後，數十年而墨，墨數年而秦，秦數十年而老，老數百年而佛。佛今千有餘年矣，而其間特力獨抗，撥邪說而自正者，財孟與韓二人爾。然又身立無由，道不及天下，財空言以待後世，則今其道得不遂絕泯者，抑亦二賢之言耶？而予嘗觀當世佛、老者，徒張誕以射愚，而人不知其爲害者，信亦幸矣。亦不幸吾儒之道不被不爲，卻掃遠棄爾，而亦幸而釋、老之無人，不然則孔不復容於今，而秦不獨暴於古也。然世之學者，獨奮攘兩手，直進不旁顧，以銳於入夷，非唯終自愚，更左右出以牽獵當世，合群庸而助之攻。噫，亦甚哉。予嘗視世之陷老、佛者唯貪與懦，愚不思耳，貪故樂其所誘，懦故易爲之懼，愚不思則自擇不明。合三者於一心，則何適而不入耶？今予之區區，惜翟之不後孔子以生，而惡前孔子者，非徒愛翟也，欲學者之知今而學翟者罪之過翟也，言學翟之罪過翟者，又欲其知釋、老之又甚之也。作《讀墨》。

又《正命》 《語》曰子罕言命，然則命固聖人罕言之矣。自西夷入中國以佛，而性命之說始雜。而孟子嘗謂人之性善，而荀、揚者互出以爭之，自二子之興而孟氏之說益明。而今世言性者，尤多而詳，大要歸孟氏則爲得。而世之好事者，往往偸去以附佛而爲說，然亦言性者未廢也，而命之說尤無言。而佛者盡狀人死生終始之迹，以籠人而爲命，而陰陽之家復推步五行之支幹，日月星辰之經纏遲速，以迎合人之脩短貴賤以爲命。而愚者自思無以出其說而信惑之，其源蓋始出於惡不必斥，賢不必用，而人始惑於貴賤矣。死有脩短，而賢者或丁其短，而愚不肖或老而彌年，而人始惑於死生矣。故佛者包妄以爲談，而陰陽者騁奇以取術，然人之信且惑者，大要不知命也。夫舜賤爲庶人而貴爲天子，是莫之致而至者也，然而舜致之以孝。使堯之時而舜不以孝且聖，則命亦可爲耶？抑堯以丹朱爲不嗣而廢之耶？以無命而廢之耶？而舜避之南河之南，舜何爲不知命？使舜而爲知命，則避亦詐哉。曆者曰：曆之數始於《易》。是伏羲而來，知曆者莫如文王也。然而文王拘於羑里，曷爲不知命？苟爲知命，曷爲憂患而作《易》哉？文王之後，聖且知《易》，又未有如孔子也。孔子曷爲不知命？苟爲知命，曷爲聘七十二國，老而後止哉？如古之文王、孔子，猶且不知命，而謂今之星家曆翁能知、釋者能言耶？借釋氏、陰陽之言之然，則是人無死非命也，人無死非命，則死者命之由然而不在人。則是桀殺龍逢，桀非有罪也，龍逢之命之然也，桀順天而致命者也。紂殺比干，紂非有罪也，比干之命之然也，紂順天而致命者也。如是則桀、紂不必爲善，爲善不免於誅，命之然也。跖、蹻不必不爲惡，爲惡而死不減壽，命之然也。幸而釋氏、陰陽之言不盡信，民財惑而無自立。不幸而釋氏、陰陽之言盡信之，則當死者不死，不得以義責，命之由然也，當生而死之，不得以義正，命之由然也。若是則上無暴誅，誅之者命其時也，下無暴死，死之者命其時也。夫然，則烏是堯、舜，烏非桀、紂哉？嗚呼，其亦不思矣。夫人之學釋氏、陰陽者，謂堯、舜生桀、紂之時，則亦爲桀、紂之暴耶？不然，則人之命死者，何自處之也？謂桀、紂之生堯、舜之時，則亦爲堯、舜之仁耶，不然，則人之命不死者，桀、紂安得而暴哉？使釋氏、陰陽之說行，而天下盡信以爲命，則將見盜殺其父而子不復，曰父命適至然也，盜殺其君而臣不復，曰君命適至然也。不然，則不知命而逆天理矣。故予嘗謂人不可不知命，而不可知非命。不可知非命者，前之謂釋氏、陰陽者之謂是也，人不可不知命者，知其命之自我云也。命之自我云者，天下有道，以道徇身，富貴我命之也，是命在我者也，天下無道，以身徇道，雖窮賤死而不回，亦我命之也，是命在我者也。夫人生之有死，人之終也，死雖有長短，一歸於終爾。故曰死生非爲命，唯其死生之者爲命，貴賤貧富非爲命，唯其貴賤貧富之者爲命。若是則死生有義，我不敢苟死生，亦義之云也，我所以命之云也。貴賤貧富有義，我不敢苟貴賤貧富，亦義之云也，我所以命之云也。故事父有道，事父不敢死，事父之義云也，我之事父之命云也。事君有道，事君不可不死，事君之義云也，我之事君之命云也。如是則子得其子之命，臣得其臣之命，旁推而遠及之，無適而不得命，君子謂之知命。昔者，孔子嘗言命矣。在困之卦曰：君子致命遂志。夫困爲無用之世，有言而不信，君子尙何命以動哉，故君子致而遂志耳。使如人各有命，則雖死何可致耶？又彌子瑕嘗謂子路曰：孔子主我，衛卿可得。孔子曰：有命。然則命者，謂我有義命之也，不可主侫人以求卿也。其傷顏子則又曰不幸短命、伯牛則曰亡之命矣夫者，亦謂二子之死之短，不能盡其所以自命云耳。而孟子亦謂：知命者不立巖牆之下，而桎梏死者非正命。夫然之謂知命。

程顥、程頤《二先生語一 端伯傳師說》（節選）（《河南程氏遺書》卷一）

伯淳先生嘗語韓持國曰：如說妄說幻爲不好底性，則請別尋一箇好底性來，換了此不好底性著。道即性也，若道外尋性，性外尋道，便不是。聖賢論天德，蓋謂自家元是天然完全自足之物，若無所污壞，即當直而行之。若小有污壞，即敬以治之，使復如舊。所以能使如舊者，蓋爲自家本質元是完足之物。若合修治而修治之，是義也，若不消修治而不修治，亦是義也，故常簡易明白而易行。禪學者，總是強生事。至如山河大地之說，是他山河大地，又干你何事？至如孔子，道如日星之明，猶患門人未能盡曉，故曰予欲無言。如顏子，則便默識，其他未免疑問，故曰小子何述，又曰天何言哉，四時行焉，百物生焉，可謂明白矣。若能於此言上看得破，便信是會禪也，非是未尋得，蓋實是無去處說，此理本無二故也。

佛學一作氏只是以生死恐動人，可怪二千年來無一人覺此，是被他恐動也。聖賢以生死爲本分事，無可懼，故不論死生。佛之學爲怕死生，故只管說不休。下俗之人固多懼，易以利動。至如禪學者，雖自曰異此，然要之只是此箇意見，皆利心也。籲曰：此學，不知是本來以公心求之，後有此蔽，或本只以利心上得之？曰：本是利心上得來，故學者亦以利心信之。莊生云不怛化者，意亦如此也。如楊、墨之害，在今世則已無之。如道家之說，其害終小。惟佛學，今則人人談之，瀰漫滔天，其害無涯。舊嘗問學佛者《傳燈錄》幾人，云千七百人。某曰：敢道此千七百人無一人達者。果有一人見得聖人朝聞道夕死可矣與曾子易簀之理，臨死須尋一尺布帛裹頭而死，必不肯削髮胡服而終。是誠無一人達者。禪者曰：此迹也，何不論其心？曰：心、迹一也，豈有迹非而心是者也？正如兩腳方行，指其心曰：我本不欲行，他兩腳自行。豈有此理？蓋上下、本末、內外都是一理也，方是道。莊子曰遊方之內、遊方之外者，方何嘗有內外？如此，則是道有隔斷，內面是一處，外面又別是一處，豈有此理？學禪者曰：草木鳥獸之生，亦皆是幻。曰：子以爲生息於春夏，及至秋冬便卻變壞，便以爲幻，故亦以人生爲幻，何不付與他。物生死成壞，自有此理，何者爲幻？

又《二先生語二上 元豐己未呂與叔東見二先生語》（節選）（同上，卷二上）

昨日之會，大率談禪，使人情思不樂，歸而悵恨者久之。此說天下已成風，其何能救？古亦有釋氏，盛時尙只是崇設像教，其害至小。今日之風，便先言性命道德，先驅了知者，才愈高明，則陷溺愈深。在某則才卑德薄，無可奈何佗。然據今日次第，便有數孟子，亦無如之何。只看孟子時，楊、墨之害能有甚？況之今日，殊不足言。此事蓋亦繫時之污隆。清談盛而晉室衰。然清談爲害，卻只是閑言談，又豈若今日之害道？今雖故人有一初本無一字爲此學而陷溺其中者，則既不可回。今初本無今字只有望於諸君爾。直須置而不論，更休曰且待嘗試。若嘗試則已化而自爲之矣。要之，決無取。初本無此上二十九字。其術初本作佛學大槩且是絕倫類，初本卷末注云：昨日之會大率談禪章內，一本云云，上下皆同，版本已定，不可增益，今附於此。異時有別鋟版者，則當以此爲正。今從之。世上不容有此理。又其言待要出世，出那裏去？又其迹須要出家，然則家者不過君臣、父子、夫婦、兄弟，處此等事，皆以爲寄寓，故其爲忠孝仁義者，皆以爲不得已爾。又要得脫世網，至愚速者也。畢竟學之者，不過至似佛。佛者，一黠胡爾，佗本是箇自私獨善，枯槁山林，自適而已。若只如是，亦不過世上少這一箇人。又卻要周遍，謂既得本，則不患不周遍，要之，決無此理。一本此下云：然爲其學者，詰之，理雖有屈時，又卻亂說，卒不可憑，考之。今日所患者，患在引取了中人以上者，其力有以自立，故不可回。若只中人以下，自不至此，亦有甚執持？今彼言世網者，只爲些秉彝又殄滅不得，故當忠孝仁義之際，皆處於不得已，直欲和這些秉彝都消殺得盡，然後以爲至道也。然而畢竟消殺不得。如人之有耳、目、口、鼻，既有此氣，則須有此識，所見者色，所聞者聲，所食者味。人之有喜、怒、哀、樂者，亦其性之自然，今強曰必盡絕，爲得天眞，是所謂喪天眞也。持國之爲此學者三十年矣，其所得者，儘說得知有這道理，然至於反身而誠，卻竟無得處。佗有一箇覺之理，可以敬以直内矣，然無義以方外。其直内者，要之其本亦不是。譬之贊《易》，前後貫穿，都説得是有此道理，然須默而成之，不言而信，存乎德行（再有德行字處），是所謂自得也。談禪者雖説得，蓋未之有得。其徒亦有肯道佛卒不可以治天下國家者，然又須道得本則可以周遍。

有問：若使天下盡爲佛，可乎？其徒言：爲其道則可，其迹則不可。伯淳言：若盡爲佛，則是無倫類，天下卻都沒人去理，然自亦以天下國家爲不足治，要逃世網，其説至於不可窮處，佗又有一箇鬼神爲説。

今日卓然不爲此學者，惟范景仁與君實爾。然其所執理，有出於禪學之下者。一日做身主不得，爲人驅過去裏。

學者於釋氏之説，直須如淫聲美色以遠之，不爾則駸駸然入於其中矣。顔淵問爲邦，孔子既告之以五帝、三王之事，而復戒以放鄭聲，遠佞人，曰鄭聲淫，佞人殆。彼佞人者，是佗一邊佞耳，然而於己則危，只是能使人移，故危也。至於禹之言曰：何畏乎巧言令色？巧言令色直消言畏，只是須著如此戒慎，猶恐不免。釋氏之學更不消言，常戒到自家自信後，便不能亂得。

告子云生之謂性則可。凡天地所生之物，須是謂之性。皆謂之性則可，於中卻須分别牛之性、馬之性。是他便只道一般，如釋氏説蠢動含靈，皆有佛性，如此則不可。天命之謂性，率性之謂道者，天降是於下，萬物流行，各正性命者，是所謂性也。循其性（一作各正性命）而不失，是所謂道也。此亦通人物而言。循性者，馬則爲馬之性，又不做牛底性；牛則爲牛之性，又不爲馬底性。此所謂率性也。人在天地之間，與萬物同流，天幾時分别出是人是物？修道之謂教，此則專在人事，以失其本性，故修而求復之，則入於學。若元不失，則何修之有？是由仁義行也。則是性已失，故修之。成性存存，道義之門，亦是萬物各有成性存存，亦是生生不已之意。天只是以生爲道。

所以謂萬物一體者，皆有此理，只爲從那裏來。生生之謂易，生則一時生，皆完此理。人則能推，物則氣昏，推不得，不可道他物不與有也。人只爲自私，將自家軀殼上頭起意，故看得道理小了佗底。放這身來，都在萬物中一例看，大小大快活。釋氏以不知此，去佗身上起意思，奈何那身不得，故卻厭惡，要得去盡根塵，爲心源不定，故要得如枯木死灰。然沒此理，要有此理，除是死也。釋氏其實是愛身，放不得，故説許多。譬如負販之蟲，已載不起，猶自更取物在身。又如抱石沉河，以其重愈沉，終不道放下石頭，惟嫌重也。

理之盛衰之説，與釋氏初劫之言，如何到佗説便亂道，又去窺測得些？彼其言成、住、壞、空，曰成、壞則可，住與空則非也。如小兒既生，亦日日長行，元不曾住。是佗本理只是一箇消長盈虧耳，更沒别事。

聖人之教，以所貴率人，釋氏以所賤率人。（初本無此十六字，卷末注云：又學佛者難吾言章，一本章首有云云，下同。餘見昨日之會章。）學佛者難吾言，謂人皆可以爲堯、舜，則無僕隸。正叔言：人皆可以爲堯、舜，聖人所願也，其不爲堯、舜，是所可賤也，故以爲僕隸。

游酢、楊時先知學禪，已知向裏沒安泊處，故來此，卻恐不變也。暢大隱許多時學，乃方學禪，是於此蓋未有所得也。吕進伯可愛，老而好學，理會直是到底。天祺自然有德氣，似箇貴人氣象，只是卻有氣短處，規規太以事爲重，傷於周至，卻是氣局小。景庸則只是才敏。須是天祺與景庸相濟，乃爲得中也。

今異教之害，道家之説則更沒可闢，唯釋氏之説衍蔓迷溺至深。今日（一作自）是釋氏盛而道家蕭索。方其盛時，天下之士往往自（一作又）從其學，自難與之力爭。惟當自明吾理，吾理自立，則彼不必與爭。然在今日，釋氏卻未消理會，大患者卻是介甫之學。譬之盧從史在潞州，知朝廷將討之，當時便使一處逐其節度使。朝廷之議，要討逐節度者，而李文饒之意要先討潞州，則不必治彼而自敗矣。如今日卻要先整頓介甫之學，壞了後生學者。

又《二先生語二下　附東見録後》（節選）（同上，卷二下）胎息之説，謂之愈疾則可，謂之道，則與聖人之學不干事，聖人未嘗説著。若言神住則氣住，則是浮屠入定之法。雖謂養氣猶是第二節事，亦須以心爲主，其心欲慈惠安（一作虚靜），故於道爲有助，亦不然。孟子説浩然之氣，又不如此。今若言存心養氣，只是專爲此氣，又所爲者小。捨大務小，捨本趨末，又濟甚事？今言有助於道者，只爲奈何心不下，故要得寂湛而已，又不似釋氏攝心之術。論學若如是，則大段雜也。亦不須得道，只閉目靜坐爲可以養心，坐如尸，立如齊，只是要養其志，豈只待爲養這些氣來，又不如是也。

浮屠之術，最善化誘，故人多向之。然其術所以化衆人也，故人亦有向有不向者。如介甫之學，佗便只是去人主心術處加功，故今日靡然而同，無有異者，所謂一正君而國定也。此學極有害。以介甫才辨，遽施之學者，誰能出其右？始則且以利而從其說，久而遂安其學。今天下之新法害事處，但只消一日除了便沒事。其學化革了人心，爲害最甚，其如之何。故天下只是一箇風，風如是，則靡然無不向也。

又《二先生語三　謝顯道記憶平日語》（節選）（同上，卷三）　禪家之言性，猶太陽之下置器，其間方圓小大不同，特欲傾此於彼爾。然在太陽幾時動？又其學善遁，若人語以此理，必曰我無修無證。

先生少時，多與禪客語，欲觀其所學淺深，後來更不問。蓋察言不如觀貌，言猶可以所聞強勉，至於貌則不可強。

禪家出世之說，如閉目不見鼻，然鼻自在。

釋氏處死生之際，不動者有二：有英明不以爲事者，亦有昏愚爲人所誤，以前路自有去處者。

又《二先生語四　游定夫所錄》（節選）（同上，卷四）　先生不好佛語。或曰：佛之道是也，其迹非也。曰：所謂迹者，果不出於道乎？然吾所攻，其迹耳。其道，則吾不知也。使其道不合於先王，固不願學也。如其合於先王，則求之六經足矣，奚必佛？

或謂佛之理比孔子爲徑。曰：天下果有徑理，則仲尼豈欲使學者迂遠而難至乎？故外仲尼之道而由徑，則是冒險阻、犯荊棘而已。侍講

道之外無物，物之外無道，是天地之間無適而非道也。即父子而父子在所親，即君臣而君臣在所嚴一作敬，以至爲夫婦、爲長幼、爲朋友，無所爲而非道，此道所以不可須臾離也。然則毀人倫、去四大者，其分於道也遠矣。故君子之於天下也，無適也，無莫也，義之與比。若有適有莫，則於道爲有間，非天地之全也。彼釋氏之學，於敬以直內則有之矣，義以方外則未之有也，故滯固者入於枯槁，疏通者歸於肆恣一作放肆。此佛之教所以爲隘也。吾道則不然，率性而已。斯理也，聖人於《易》備言之。

又《二先生語六》（節選）（同上，卷六）　看一部《華嚴經》，不如看一艮卦。經只言一止觀。

方今有古之所無者二，兵與釋、老也。

又《二先生語七》（節選）（同上，卷七）　禪學只到止處，無用處，無禮義。

又《二先生語十　洛陽議論》（節選）（同上，卷一〇）　正叔言：某家治喪，不用浮屠。在洛，亦有一二人家化之，自不用釋氏。道場之用螺鈸，蓋胡人之樂也，今用之死者之側，是以其樂臨死者也。天竺之人重僧，見僧必飯之，因使作樂於前。今乃以爲之於死者之前，至如慶禱，亦雜用之，是甚義理？如此事被他欺謾千百年，無一人理會者。

程顥《明道先生語一　師訓》（節選）（同上，卷一一）　學要在自得。古人教人，唯指其非，故曰：舉一隅不以三隅反，則不復也。言三隅，舉其近。若夫告諸往而知來者，則其知已遠矣。※佛氏言印證者，豈自得也？其自得者，雖甚人言，亦不動。待人之言爲是，何自得之有？《河南程氏遺書》卷十一，同治十年涂氏刻二程全書本，參校徐必達刻、呂留良刻二程全書本，文淵閣四庫全書本。

程顥《明道先生語三　亥八月見先生於洛所聞》（節選）（同上，卷一三）　楊、墨之害甚於申、韓，佛、老一無老字之害甚於楊、墨。楊氏爲我，疑於仁。墨氏兼愛，疑於義。申、韓則淺陋易見。故孟子則闢楊、墨，爲其惑世之甚也。佛、老一作氏字其言近理，又非楊墨之比，此所以害尤甚楊、墨之害，亦經孟子闢之，所以廓如也。

艮其止，止其所也。八元有善而舉之，四凶有罪而誅之，各止其所也。釋氏只曰止，安知止乎？吳本罪作惡，誅作去。

釋氏無實。

釋氏說道，譬之以管窺天，只務直上去，惟見一偏，不見四旁，故皆不能處事。聖人之道則如在平野之中，四方莫不見也。

釋氏本怖死生，爲利豈是公道？唯務上達而無下學，然則其上達處，豈有是也？元不相連屬，但有間斷，非道也。孟子曰：盡其心者，知其性也。彼所謂識心見性是也。若存心養性一段事則無矣。彼固曰出家獨善，便於道體自不足一作已非矣。或曰：釋氏地獄之類，皆是爲下根之人設此，怖令爲善。先生曰：至誠貫天地，人尚有不化，豈有立僞教而人可

化乎？

又《明道先生語四　亥九月過汝所聞》（節選）（同上，卷一四）　佛氏不識陰陽、晝夜、死生、古今，安得謂形而上者與聖人同乎？

佛言前後際斷，純亦不已是也，彼安知此哉？子在川上曰：逝者如斯夫，不舍晝夜。自漢以來儒者皆不識此義，此見聖人之心純亦不已也。詩曰：維天之命，於穆不已。蓋曰天之所以爲天也。於乎不顯，文王之德之純，蓋曰文王之所以爲文也。純亦不已，此乃天德也。有天德便可語王道，其要只在慎獨。

聖人致公，心盡天地萬物之理，各當其分。佛氏總爲一己之私，安得同乎？聖人循理，故平直而易行。異端造作，大小大費力，非自然也，故失之遠。

伊尹曰：天之生斯民也，使先知覺後知，使先覺覺後覺。予天民之先覺者也，予將以斯道覺斯民也。釋氏之云覺，甚底是覺斯道？甚底是覺斯民？

程頤《伊川先生語一　入關語錄或云明道先生語》（節選）（同上，卷一五）　聖人盡道，以其身所存率天下，是欲天下皆至於聖人。佛以其所賤者教天下，是誤天下也。人才愈明，往往所陷溺愈深。

釋氏之學，更不消對聖人之學比較，要之必不同，便可置之。今窮其說，未必能窮得他，比至窮得，自家已化而爲釋氏矣。今且以迹上觀之。佛逃父出家，便絕人倫，只爲自家獨處於山林，人鄉裏豈容有此物？大率以所賤所輕施於人，此不惟非聖人之心，亦不可爲君子之心。釋氏自己不爲君臣父子夫婦之道，而謂他人不能如是，容人爲之而已不爲，別做一等人，若以此率人，是絕類也。至如言理性，亦只是爲死生，其情本怖死愛生，是利也。

釋氏尊宿者，自言覺悟，是既已達道，又卻須要印證，則是未知也。得他人道是，然後無疑，則是信人言語，不可言自信。若果自信，則雖甚人言語亦不聽。

學者之流必談禪者，只是爲無處撈摸，故須入此。

釋氏之學，又不可道他不知，亦儘極一作及乎高深，然要之卒歸乎自私自利之規模。何以言之？天地之間，有生便有死，有樂便有哀。釋氏所在便須覓一箇纖一作綴姦打訛處，言免死生，齊煩惱，卒歸乎自私。老氏之學，更挾些權詐，若言與之乃意在取之，張之乃意在翕之，又大意在愚其民而自智，然則秦之愚黔首，其術蓋亦出於此。

聖人之言依本分，至大至妙事，語之若尋常，此所以味長。釋氏之說，纔見些，便驚天動地，言語走作，卻是味短。只爲乍見，不似聖人見慣。如《中庸》言道，只消道無聲無臭四字，總括了多少釋氏言，非黃非白，非鹹非苦，費多少言語。

釋氏之說，若欲窮其說而去取之，則其說未能窮，固已化而爲佛矣。只且於迹上考之。其設教如是，則其心果如何，固難爲取其心不取其迹，有是心則有是迹。王通言心迹之判，便是亂說，不若且如迹上斷定，不與聖人合。其言有合處，則吾道固已有，有不合者，固所不取。如是立定，卻省易一作力。

佛、莊之說，大抵畧見道體，乍見不似聖人慣見故，其說走作。

學禪者常謂天下之忙者，無如市井之人。答以市井之人雖日營利，然猶有休息之時。至忙者無如禪客。何以言之？禪者之行住坐卧，無不在道。存無不在道之心，此便是常忙。

又《伊川先生語二　己巳冬所聞》（節選）（同上，卷一六）　趙景平問：子罕言利與命與仁，所謂利者何利？曰：不獨財利之利，凡有利心，便不可。如作一事，須尋自家穩便處，皆利心也。聖人以義爲利，義安處便爲利。如釋氏之學，皆本於利，故便不是。

又《伊川先生語四　劉元承手編》（節選）（同上，卷一八）　問：敬還用意否？曰：其始安得不用意？若能不用意，卻是都無事了。又問：敬莫是靜否？曰：纔說靜，便入於釋氏之說也。不用靜字，只用敬字。纔說著靜字，便是忘也。孟子曰：必有事焉而勿正，心勿忘，勿助長也。必有事焉，便是心勿忘，勿正，便是勿助長。

問：方外之士有人來看他，能先知者，有諸？因問王子眞事。陳本注云：伊川一日入嵩山，王佺已候於松下。問何以知之？曰：去年已有消息來矣。蓋先生前一年嘗欲往，以事而止。曰：有之。向見嵩山董五經能如此。問：何以能爾？曰：只是心靜，靜而後能照。又問：聖人肯爲否？曰：何必聖賢？使釋氏稍近道理者，便不肯爲。釋氏嘗言菴中坐，卻見菴外事，莫是野狐精。釋子猶不肯爲，況聖人乎？

問：惡外物，如何？曰：是不知道者也。物安可惡？釋氏之學便如此。釋氏要屏事不問。這事是合有邪？合無邪？若是合有，又安可屏？若是合無，自然無了，更屏什麼？彼方外者苟且務靜，乃遠迹山林之間，蓋非理明者也。世方以爲高，惑矣。

釋氏有出家、出世之説。家本不可出，卻爲他不父其父，不母其母，自逃去固可也。至於世，則怎生出得？既道出世，除是不戴皇天、不履后土始得，然又卻渴飲而飢食，戴天而履地。

問：某嘗讀《華嚴經》，第一眞空絶相觀，第二事理無礙觀，第三事事無礙觀，譬如鏡、燈之類，包含萬象，無有窮盡。此理如何？曰：只爲釋氏要周遮，一言以蔽之，不過曰萬理歸於一理也。又問：未知所以破佗處。曰：亦未得道他不是。百家諸子箇箇談仁談義，只爲他歸宿處不是，只是箇自私。爲輪回生死，卻爲釋氏之辭善遁，纔窮著他，便道我不爲這箇，到了寫在策子上，怎生遁得？且指他淺近處，只燒一文香，便道我有無窮福利，懷卻這箇心，怎生事神明？

釋氏言成、住、壞、空，便是不知道。只有成、壞，無住、空。且如草木初生既成，生盡便枯壞也。他以謂如木之生，生長既足卻自住，然後卻漸漸毁壞。天下之物，無有住者。嬰兒一生，長一日便是減一日，何嘗得住？然氣體日漸長大，長的自長，減的自減，自不相干也問。

釋氏理障之説。曰：釋氏有此説，謂既明此理，而又執持是理，故爲障。此錯看了理字也。天下只有一箇理，既明此理，夫復何障？若以理爲障，則是己與理爲二。

今之學禪者，平居高談性命之際，至於世事，往往直有都不曉者，此只是實無所得也。

問：釋氏有一宿覺言下覺之説，如何？曰：何必浮圖，孟子嘗言覺字矣。曰：以先知覺後知，以先覺覺後覺，知是知此事，覺是覺於理。古人云：共君一夜話，勝讀十年書。若於言下即悟，何啻讀十年書？

問：明道先生云：昔之惑人也，乘其迷暗。今之入人也，因其高明。既曰高明，又何惑乎？曰：今之學釋氏者，往往皆高明之人，所謂知者過之也。然所謂高明，非《中庸》所謂極高明。如知者過之，若是聖人之知，豈更有過？

問世之學者多入於禪，何也？曰：今人不學則已，如學焉，未有不歸於禪也。卻爲佗求道未有所得，思索既窮，乍見寬廣處，其心便安於此。曰：是可反否？曰：深固者難反。

邵堯夫臨終時，只是諧謔，須臾而去。以聖人觀之，此亦未是，蓋猶有意也。比之常人，甚懸絶矣。他疾甚革，某往視之，因譬之曰：堯夫平日所學，今日無事否？他氣微不能答。次日見之，卻有聲如絲髮來大，答云：你道生姜樹上生，我亦只得依你説。是時，諸公都在廳上議後事，各欲遷葬城中。堯夫已自爲塋。佗在房間便聞得，令人喚大郎來云：不得遷葬。衆議始定。又諸公恐喧他，盡出外説話，佗皆聞得。一人云：有新報云云，堯夫問有甚事？曰有某事。堯夫曰：我將爲收卻幽州也。以他人觀之，便以爲怪，此只是心虚而明，故聽得。問曰：堯夫未病時不如此，何也？曰：此只是病後氣將絶，心無念慮，不昏，便如此。又問：釋氏臨終亦先知死，何也？曰：只是一箇不動心。釋氏平生只學這箇事，將這箇做一件大事。學者不必學他，但燭理明，自能之。只如邵堯夫事，佗自如此，亦豈嘗學也？孔子曰：未知生，焉知死？人多言孔子不告子路，此乃深告之也。又曰：原始要終，故知死生之説。人能原始，知得生理一作所以生，更能要終，知得死理一作所以死。若不明得，便雖萬般安排著，亦不濟事。

季明問：先生説喜怒哀樂未發謂之中是在中之義，不識何意？曰：只喜怒哀樂不發，便是中也。曰：中莫無形體，只是箇言道之題目否？曰：非也。中有甚形體？然既謂之中，也須有箇形象。曰：當中之時，耳無聞，目無見否？曰：雖耳無聞，目無見，然見聞之理在始得。曰：中是有時而中否？曰：何時而不中？以事言之，則有時而中。以道言之，何時而不中？曰：固是所爲皆中，然而觀於四者未發之時，靜時自有一般氣象，及至接事時又自別。何也？曰：善觀者不如此，卻於喜怒哀樂已發之際觀之。賢且説靜時如何？曰：謂之無物則不可，然自有知覺處。曰：既有知覺，卻是動也，怎生言靜？人説復其見天地之心，皆以謂至靜能見天地之心，非也。復之卦下面一畫，便是動也，安得謂之靜？自古儒者皆言靜見天地之心，唯某言動而見天地之心。或曰：莫是於動上求靜否？曰：固是，然最難。釋氏多言定，聖人便言止。且如物之好，須道是好，物之惡，須道是惡。物自好惡，關我這裏甚事？若説道我只是定，更無所爲，然物之好惡，亦自在裏。故聖人只言止。所謂止，如人君止於仁，人臣止於敬之類是也。易之艮言止之義曰：艮其止，止其所也。言隨其所止而止之，人多不能止。蓋人萬物皆備，遇事時各因其心之所重者，更互而出，纔見得這事重，便有這事出。若能物各付物，便自不出來也。或曰：先生於喜怒哀樂未發之前，下動字？下靜字？曰：謂之靜則可，然靜中須有物始得，這裏便一作最是難處。學者莫若且先理會得敬，能敬則自知此矣。或曰：敬何以用功？曰：莫若主一。季明曰：昞常患思慮不定，或思一事未了，佗事如麻又生，如何？曰：不可。此不誠之本也。須是習。習能專一時便好。不拘思慮與應事，皆要求一。或曰：當靜坐時，物之過乎前者，還見不見？曰：看事如何？若是大事，如祭祀，前旒蔽明，黈纊充耳，凡物之過者，不見不聞也。若無事時，目須見，耳須聞。或曰：當敬時，雖見聞，莫過焉而不留否？曰：不説道非禮勿視勿聽？勿者，禁止之辭。纔説弗字便不得也。問：《雜説》中以赤子之心爲已發，是否？曰：已發而去道未遠也。曰：大人不失赤子之心，若何？曰：取其純一近道也。曰：赤子之心與聖人之心若何？曰：聖人之心，如鏡，如止水。

問：務民之義，敬鬼神而遠之，何以爲知？曰：只此兩句，説知亦盡。且人多敬鬼神者，只是惑，遠者又不能敬，能敬能遠，可謂知矣。又問：莫是知鬼神之道，然後能敬能遠否？曰：亦未説到如此深遠處，且大綱説，當敬不惑也。問：今人奉佛，莫是惑否？曰：是也。敬佛者必惑，不敬者只是孟浪不信。又問：佛當敬否？曰：佛亦是胡人之賢智者，安可慢也？至如陰陽卜筮擇日之事，今人信者必惑，不信者亦是孟浪不信。如出行忌太白之類，太白在西，不可西行，有人在東方居，不成都不得西行？又卻初行日忌，次日便不忌，次日不成不衝太白也？如使太白爲一人爲之，則鬼神亦勞矣。如行遇風雨之類，則凡在行者皆遇之也。大抵人多記其偶中耳。

禮云禮云，玉帛云乎哉？樂云樂云，鍾鼓云乎哉？此固有禮樂，不在玉帛鍾鼓。先儒解者，多引安上治下莫善於禮，移風易俗莫善於樂。此固是禮樂之大用也，然推本而言，禮只是一箇序，樂只是一箇和。只此兩字，含畜多少義理。又問：禮莫是天地之序？樂莫是天地之和？曰：固是。天下無一物無禮樂。且置兩隻椅子，纔不正便是無序，無序便乖，乖便不和。又問：如此，則禮樂卻只是一事。曰：不然。如天地陰陽，其勢高下甚相背，然必相須而爲用也。有陰便有陽，有陽便有陰。有一便有二，纔有一二，便有一二之間，便是三，已往更無窮。老子亦曰：三生萬物。此是生生之謂易，理自然如此。維天之命，於穆不已，自是理自相續不已，非是人爲之。如使可爲，雖使百萬般安排，也須有息時。只爲無爲，故不息。《中庸》言：不見而彰，不動而變，無爲而成，天地之道可一言而盡也。使釋氏千章萬句，説得許大無限説話，亦不能逃此三句。只爲聖人説得要，故包含無盡。釋氏空周遮説爾，只是許多。

又《伊川先生語五　楊遵道錄》（節選）（同上，卷一〇）　佛家有印證之説，極好笑。豈有我曉得這箇道理後，因他人道是了方是，他人道不是便不是？又五祖令六祖三更時來傳法，如期去，便傳得，安有此理？若要不學佛，須是見得他小，便自然不學。

學佛者多要忘是非，是非安可忘得？自有許多道理，何事忘爲？夫事外無心，心外無事。世人只被爲物所役，便覺苦事多。若物各付物，便役物也。世人只爲一齊在那昏惑迷暗海中，拘滯執泥坑裏，便事事轉動不得，沒著身處。

又《伊川先生語七上　師説》（節選）（同上，卷二一上）　程子之盩厔，時樞密趙公瞻持喪居邑中，杜門謝客，使侯隲語子以釋氏之學。子曰：禍莫大於無類。釋氏使人無類，可乎？隲以告趙公。公曰：天下知道者少，不知道者衆，自相生養，何患乎無類也？若天下盡爲君子，則君子將誰使？侯子以告。程子曰：豈不欲人人盡爲君子哉？病不能耳，非利其爲使也。若然，則人類之存不賴於聖賢，而賴於下愚也。趙公聞之，笑曰：程子未知佛道弘大耳。程子曰：釋氏之道誠弘大，吾聞傳者以佛逃父入山，終能成佛。若儒者之道，則當逃父時已誅之矣，豈能俟其成佛也？

又《伊川先生語八上　伊川雜錄》（節選）（同上，卷二二上）　伯溫問：祭用祝文否？曰：某家自來相承不用，今待用也。又問：有五祀否？曰：否。祭此全無義理。釋氏與道家說鬼神甚可笑。道家狂妄尤甚，以至說人身上耳目口鼻皆有神。

棣問：孔、孟言性不同，如何？曰：孟子言性之善，是性之本。孔子言性相近，謂其稟受處不相遠也。人性皆善，所以善者，於四端之情可見，故孟子曰：是豈人之情也哉？至於不能順其情而悖天理，則流而至於惡，故曰：乃若其情，則可以爲善矣。若，順也。又問：才出於氣否？曰：氣清則才善，氣濁則才惡。稟得至清之氣生者爲聖人，稟得至濁之氣生者爲愚人，如韓愈所言、公都子所問之人是也。然此論生知之聖人。若夫學而知之，氣無清濁，皆可至於善而復性之本。所謂堯、舜性之，是生知也，湯、武反之，是學而知之也。孔子所言上智下愚不移，亦無不移之理，所以不移，只有二，自暴自棄是也。又問：如何是才？曰：如材植是也。譬如木，曲直者性也，可以爲輪轅，可以爲梁棟，可以爲榱桷者，才也。今人說有才，乃是言才之美者。才乃人之資質，循性修之，雖至惡可勝而爲善。又問：性如何？曰：性即理也。所謂理，性是也。天下之理，原其所自，未有不善。喜怒哀樂未發，何嘗不善？發而中節，則無往而不善。凡言善惡，皆先善而後惡，言吉凶，皆先吉而後凶，言是非，皆先是而後非。又問：佛說性如何？曰：佛亦是說本善，只不合將才做緣習。又問：說生死如何？曰：譬如水漚，亦有些意思。又問佛言死生輪回，果否？曰：此事說有說無皆難，須自見得。聖人只一句盡斷了，故對子路曰：未知生，焉知死？佛亦是西方賢者，方外山林之士，但爲愛脇持人說利害，其實爲利耳。其學譬如以管窺天，謂他不見天不得，只是不廣大。

富公嘗語先生曰：先生最天下閑人。曰：某做不得天下閑人。相公將誰作天下最忙人？曰：先生試爲我言之。曰：禪伯是也。曰：禪伯行住坐卧無不在道，何謂最忙？曰：相公所言乃忙也。今市井賈販人，至夜亦息，若禪伯之心，何時休息？

先生嘗與一官員一僧同會。一官員說條貫，既退，先生問僧曰：曉之否邪？僧曰：吾釋子不知條貫。曰：賢將竟一作作三界外事邪？天下豈有二理？

又《伊川先生語九　鮑若雨録》（節選）（同上，卷二三）　《中庸》之說，其本至於無聲無臭，其用至於禮儀三百，威儀三千。自禮儀三百，威儀三千，復歸於無聲無臭，此言聖人心要處。與佛家之言相反，儘教說無形迹，無色，其實不過無聲無臭，必竟有甚見處？大抵論語間不難見。如人論黃金曰黃色，此人必是不識金。若是識金者，更不言，設或言時，別自有道理。張子厚嘗謂佛如大富貧子。橫渠論此一事甚當。

又《伊川先生語十　鄒德久本》（節選）（同上，卷二四）　釋、道所見偏，非不窮深極微也，至窮神知化，則不得與矣。

又《馮氏本拾遺》（節選）（《河南程氏外書》卷五）　釋氏之學，正似用管窺天，一直便見，道他不是不得，只是卻不見全體。

又《胡氏本拾遺》（節選）（同上，卷七）　或問：《維摩詰》云：火中生蓮花，是可謂希有。在欲而行禪，希有亦如是，此豈非儒者事？子曰：此所以與儒者異也。人倫者，天理也。彼將其妻子當作何等物看，望望然以爲累者，文王不如是也。有生者，必有死，有始者，必有終，此所以爲常也。爲釋氏者以成壞爲無常，是獨不知無常乃所以爲常也。今夫人生百年者常也，一有百年而不死者，非所謂常也。釋氏推其私智所及而言之，至以天地爲妄，何其陋也。張子厚尤所切齒者此耳。

又《游氏本拾遺》（節選）（同上，卷八）　問：佛戒殺生之說如何？曰：儒者有兩說。一說，天生禽獸，本爲人食，此說不是。豈有人爲蟣蝨而生耶？一說，禽獸待人而生，殺之則不仁，此說亦不然。大抵力能勝之者皆可食，但君子有不忍之心爾。故曰：見其生，不忍見其死，聞其聲，不忍食其肉。是以君子遠庖廚也。舊先兄嘗見一蝎不忍殺，放去。頌中有二句云：殺之則傷仁，放之則害義。

又《大全集拾遺》（節選）（同上，卷一〇）　佛畢竟不知性命。世之人相詆曰爾安知性命，是果報知之。

問：古人所謂衣冠不正，無容止爲身之恥。今學佛者反以爲幻妄，此誠爲理否？曰：只如一株樹，春華秋枯，乃是常理，若是常華，則無此理，卻是妄也。今佛氏以死爲無常，有死則有常，無死卻是無常。

周茂叔謂一部《法華經》只消一箇艮卦可了。

要之，釋氏之學，他只是一箇自私姦黠，閉眉合眼，林間石上自適而已。

釋氏之說，其歸欺詐。今在法欺詐，雖赦不原，爲其罪重也。及至釋氏，自古至今，欺詐天下人，莫不溺其說而不自覺也，豈不謂之大惑耶？原釋祖只是一箇黠胡，亦能窺測因緣轉化。其始亦只似譬喻，其徒識卑者得入於形器，故後來只去就上結果，其說始以世界爲幻妄，而謂有天宮，後亦以天爲幻，卒歸之無。佛有髮，而僧復毀形，佛有妻子舍之，而僧絶其類。若使人盡爲此，則老者何養？幼者何長？以至剪帛爲衲，夜食欲省，舉事皆反常，不近人情。至如夜食後睡，要敗陽氣，其意尤不美，直如此奈何不下。

又《時氏本拾遺》（節選）（同上，卷一一）　釋氏談道，非不上下一貫，觀其用處，便作兩截。

又《傳聞雜記》（節選）（同上，卷一二）　問：莊周與佛如何？伊川曰：周安得比他佛？佛說直有高妙處，莊周氣象大，故淺近。如人睡初覺時，乍見上下東西，指天說地，怎消得恁地？只是家常茶飯，誇逞箇甚底？

吾曾歷舉佛說與吾儒同處問伊川先生，曰：恁地同處雖多，只是本領不是，一齊差卻。

謝子曰：吾嘗習忘以養生。明道曰：施之養生則可，於道則有害。習忘可以養生者，以其不留情也。學道則異於是。必有事焉而勿正，何謂乎？且出入起居，寧無事者？正心待之，則先事而迎。忘則涉乎去念，助則近於留情。故聖人心如鑑，孟子所以異於釋氏，此也。

正叔視伯淳墳，嘗侍行，問佛、儒之辨。正叔指牆圍曰：吾儒從裏面做，豈有不見？佛氏只從牆外見了，卻不肯入來做，不可謂佛氏無見處。

問：將孔、孟之言切要處思索如何？曰：須是熟看《語》、《孟》，玩味咀嚼。伊川云：若熟看語錄，亦自得者此也。當時門人有問：且將《語》、《孟》緊要處看如何？伊川曰：固是好，若有得，終不浹洽。蓋吾道非如釋氏，一見了便從空寂去。

伊川嘗言：今僧家讀一卷經，便要一卷經中道理受用。儒者讀書，卻只閒了，都無用處。

明道先生嘗至禪寺，方飯，見趨進揖遜之盛，歎曰：三代威儀盡在是矣。

又《論道篇》（節選）（《河南程氏粹言》卷一）　子曰：佛者之學，若有止則有用。

子曰：聖人以生死爲常事，無可懼者。佛者之學本於畏死，故言之不已。下愚之人故易以其說自恐。至於學禪，雖異於是，然終歸於此，蓋皆利心也。或曰：本以利心得之耶？抑以利心求之而有失也？子曰：本以利心得之，故學者亦以利心失之也。莊生所謂無常化者，亦若是爾。

子謂門人曰：於佛氏之說，不必窮也。苟欲窮之，而未能窮，則已與之俱化矣。曰：然則何以能不疑？曰：曷不以其迹考之？其迹如是，其心何如哉？豈可取其迹而不求其心，探其心而不考其迹也？心迹猶形影，無可判之理。王仲淹之言非也。助佛氏之說者，必曰不當以其迹觀之，吾不信也。

或問：學者多流於釋氏之說，何也？子曰：不致知也。知之既至，孰得而移之？知玉之爲寶，則人不能以石亂之矣。知醴之爲甘，則人不能以蘖亂之矣。知聖人之爲大中至正，則釋氏不能以說惑之矣。

或謂：佛氏所謂定，豈聖人所謂止乎？子曰：定則忘物而無所爲也。止則物自付物，各得其所，而我無與也。

子曰：至公無私，大同無我，雖眇然一身，在天地之間，而與天地無以異也。夫何疑焉？佛者厭苦塵根，是則自利而已。

子曰：釋氏言定，異乎聖人之言止。夫於有美惡因而美惡之，美惡在物，我無心焉。苟曰吾之定不預於物，然物未嘗忘也。聖人曰止，隨其所止而止之，止其所也。

子曰：佛氏之道，一務上達而無下學，本末間斷，非道也。

子曰：楊、墨之害甚於申、韓，佛氏之害甚於楊、墨。

或問：釋氏有事事無礙，譬如鏡燈，包含萬象，無有窮盡也。此理有諸？子曰：佛氏善侈大其說也。今一言以蔽之曰萬物一理耳。夫百氏諸子，未有不善道德仁義者，考其歸宿，則異乎聖人也。佛氏其辭皆善遁。今即其言而究之，則必曰吾不爲是也。夫已出諸其口，載之於書矣，遁將何之？

子曰：佛之所謂世網者，聖人所謂秉彝也。盡去其秉彝，然後爲道，佛之所謂至教也，而秉彝終不可得而去也。耳聞目見，飲食男女之欲，喜怒哀樂之變，皆其性之自然。今其言曰：必盡絕是，然後得天眞。吾多見其喪天眞矣。學者戒之謹之，至於自信，然後彼不能亂矣。

或問：釋氏有言下覺，何如？子曰：何必浮屠氏，孟子言之矣。以先知覺後知，以先覺覺後覺。知者，知此事也，覺者，覺此理也。

子曰：莫大於道，莫妙於神，至大至妙，宜若難言也。聖人語之，猶常事爾。使學者玩而索之，故其味長。釋氏之言夸張閎侈，將以駭人耳目而動其心，意已盡而言未已，故其味短。

子曰：聖人公心盡天地萬物之理，各當其分，故其道平直而易行。佛氏厭苦棄捨，造作費力，皆非自然，故失之遠。

子曰：佛氏求道，猶以管窺天，惟務上見而不燭四旁，是以事至則不能變。

又《論學篇》（節選）（同上，卷一） 子曰：學者以屏知見、息思慮爲道，不失於絕聖棄智，必流於坐禪入定。夫鑑之至明，則萬物畢照，鑑之常也。而奚爲使之不照乎？不能不與萬物接，則有感必應，知見不可屏而思慮不可息也。欲無外誘之患，惟內有主而後可。主心者，主敬也，主敬者，主一也。不一，則二三矣。苟繫心於一事，則他事無自入，況於主敬乎？

子曰：學佛者，於內外之道不備。

或問：夫子有言：昔之惑人，因其迷闇，今之惑人，因其高明。竊有疑焉。夫既曰高明而可惑乎？子曰：語其質云爾。彼深於佛氏之學者，其質開透，亦必加於人數等，所謂智者過之也，非《中庸》所謂極高明者也。聖人極高明而道中庸，其照無偏，何過之有？

或問：學者多溺於佛說，何也？子曰：學而無所得，其年齒老矣，智力屈矣，其心欲遽止焉，則又不自安，一聞超騰侈大之說，是以說而入之。然則可反乎？子曰：深固者亦難反。嘗譬之行人，履乎坦途，其進無難也。山高乎其前，水深乎其下。而進之爲難也，於是焉而有捷徑，則欣然而從之，其勢然也。夫托乎逆旅者，蓋不得家居之要爾。未有人既安於家，而又樂舍於逆旅者也。

子謂門人曰：昨日之會，談空寂者紛紛，吾有所不能。噫此風既成，其何能救也。古者釋氏盛時，尙只是崇像設敎，其害小爾。今之言者，乃及乎性命道德，謂佛爲不可不學，使明智之士先受其惑。嗚呼，淸談盛，晉室衰，況有甚者乎？夫明智之士，中人以上之資也。其才足以自立，則反之難矣。學者必至於自信而不惑，則彼不能亂。不然，猶之淫言美色，戒而遠之，尙恐不免也。

又《聖賢篇》（節選）（同上，卷二） 或謂：佛氏引人入道，比之孔子爲徑直乎？子曰：果其徑也，則仲尼豈固使學者迂曲其所行而難於有至哉？故求徑途而之大道，是猶冒險阻、披荊棘，以祈至於四達之衢爾。

又《心性篇》（節選） 子曰：佛者平居高談，自謂見性得盡，至其應物處事，則有惘然不知者，是實未盡所得也。

子曰：人之性猶器，受光於日。佛氏言性，猶置器日下，傾此於彼耳，日固未嘗動也。

子曰：神與氣未嘗相離，不以生存，不以死亡，而佛言有一物不亡而常存，能盜胎奪蔭，則無是理也。

韓康公曰：今有人頓然明盡者，子信諸？子曰：必也生而知之，然未之見也。凡所貴乎學者，不謂生而知之者也。孟子曰：盡其心者，知其性也，存其心，養其性，所以事天也。言其至也。佛氏於陰陽、生死、古今未之識也，而謂得夫形而上者與吾聖人無二致，可乎？人才智愈明，其所陷溺愈深，可不戒乎？

程頤《答周孚先問》（節選）（《河南程氏文集》卷九） 問：先生舊語門人云：天下至忙者，無如禪客。市井之人，雖曰營利，猶有休息時。禪客行住坐卧，無不在道。存無不在道之心，便是至忙。孚先竊謂此語如孟子所謂必有事焉而勿正，心勿忘勿助長也。若正若助長，即是忙也。或者謂此語非爲學者設，謂以聖人方之禪客未嘗閑，若學者須是行住坐卧在道。

存無不在道之心，便是助長。方其學也，固當有事，亦當知助長之非。

又《答鮑若雨書並答問》（節選） 佛氏輪迴之說，凡爲善者死，則復生爲善人，爲惡者死，則變而爲禽獸之類。雖無此實應，竊恐有此理。何則？凡稟沖氣以生者，未始不同。聖人先得人之所同者而踐履之，故能保全太和。至死，其氣冥會於中和之所，造化之中，自然有復生爲人之理。愚者平居作惡，而沖氣已喪。至死，其氣則會於繆戾之所，造化之中，自然有爲禽獸之理。故曰恐有此理也。

夫子曰：未知生，焉知死？知生則知死矣，能原始則能要終矣。《易》曰：陰陽不測之謂神。又曰：神妙萬物而爲言。觀此，則佛氏所謂鬼神者妄矣。然祖考來格，敬鬼神而遠之之説，則似乎有佛氏所謂。意者，氣類感應處，便是來格，但當致誠，不當褻近，近得卻有也。不知此説如何？潛心久當自明。

又《家世舊事》（節選）（同上，卷一二） 成都寺院皆無高門限，傳云少師腳短，當時皆去之，至今猶不復用。

又《明道先生行狀》（節選）（同上，卷一一） 南山僧舍有石佛，歲傳其首放光，遠近男女聚觀，晝夜雜處，爲政者畏其神，莫敢禁止。先生始至，詰其僧曰：吾聞石佛歲現光，有諸？曰：然。戒曰：俟復見，必先白吾，職事不能往，當取其首就觀之。自是不復有光矣。

王安禮《明仙和尚記》（《王魏公集》卷七） 明仙和尚名道信者，以淨行勝業，調伏一鄉，傳法招提，四衆瞻仰。端明王公以舊德偉望，來殿晉土。鎮撫餘暇，召至齋館，留寓信宿，寵以三頌。辭義奥密，深達實相，固龍天之所贊嘆，大乘之所印可者也。説者以謂生滅無住，何法可言？語默兩忘，方能證道。此諸佛如來所以無示無識，離諸門答也。然而文殊師利從無住本立一切法。法尚應立，豈嘗無言？自非至人，孰與於是？由此觀之，王公之召，明仙之來，一句一偈，至理存焉。若夫斷分別想，現清靜觀，大千妙界，聞之者咸離塵勞，不二法門，悟之者頓超覺路，則慈悲誓願之力，可量也哉？年月日，臨川王某記。

又《夫人進皇太后生辰功德疏》 右，伏以母儀光大，惟海寓之傾心，聖旦誕彌，方人天之薦祉。更資貞教，式罄微誠。伏願寶殿居尊，永享無疆之算，梵宮協祐，益扶累盛之期。妾無任。

右，伏以深恩難報，雖鏤骨以何言，妙法可歸，誓悉心而永嚮。茲有無疆之祝，共憑最上之儀。伏願坤德鴻甯，箕疇遐袞。大千法界，施已浹於無窮，億萬年齡，福益祈於有慶。仰希覺聖，俯照精誠。妾無任。

又《夫人入内進功德疏》 右，伏以植梵天之福，實資最上之乘，瞻堯日之輝，敢頌無疆之壽。妾顧惟微陋，獲望威尊。前即仁祠，具延淨衆，讚揚秘典，締集妙緣。同格純釐，以申至悃。伏願帝圖廣大，與佛常尊，寶算延洪，後天齊久。妾無任。

右，伏以龍光之渥，第極於欣榮，臣妾之誠，若爲而報稱。惟憑佛力，上答聖恩。伏願慧日增輝，法雲垂蔭，恢寶圖之有永，延睿算之無疆。妾無任。

右，伏以大乘之法，眞蔭之多，垂慧日之休光，灑慈雲之芬澤。爰荷寵靈之數，敢依殊勝之緣。肅就仁祠，虔敷秘典，用祈嘉祉，仰報洪私。伏願天步綏安，攬乾樞而至健，睿圖長懋，鞏山壽以無疆。妾無任。

又《夫人入内進皇太后功德疏》 右，伏以華藏妙言，繇一音而演法，私庭善頌，期萬壽於無疆。妾祗奉國恩，獲趨宮掖，豫延緇侶，恭集梵因。伏願帝祚延洪，母儀光大，均慈雲之普蔭，齊慧日之殊輝。妾無任。

右，伏以祗荷聖恩，淪肌膚而莫報，上憑梵教，竭誠意以惟勤。伏願覺苑均休，法雲布潤，延椿齡之綿永，介茨福之蕃多。妾無任。

右，伏以寶法傳心，證眞如之妙覺，祗園演教，集景福於殊因。仰被寵休，共修聖果。伏願永隆慈訓，長固母儀，資梵印之護持，鞏聖圓之綿久。妾無任。

又《夫人入内進皇后功德疏》 右，伏以坤儀厚德，仰頌無疆，佛土眞乘，共修大願。妾親逢休運，叨荷宸恩，憑梵供以薦誠，資貝文而讚福。伏願四星明朗，光承北極之尊，兩殿比隆，共永南山之壽。妾無任。

右，伏以汪洋之澤，所被惟深，感戴之誠，無由自達。爰就梵宮之地，式茲貝葉之文。伏願慧月流輝，慈雲等蔭，介穰穰之景福，對永永之丕圖。妾無任。

右，伏以眞乘立教，妙果爲宗，沛甘露之清言，垂諸天之大庇。幸叨慈渥，寅奉殊緣。爰敷貝偈之文，上祝龜疇之福。伏願延明玉歷，永厚坤儀，膺法寶之護持，輔聖猷於常久。妾無任。

又《坤成節功德疏》 右，伏以夢月儲祥，俔天紀慶，前依靈刹，具集勝緣。伏願寶命延洪，永固南山之壽，母儀光大，長居北極之尊。

又《判府左丞請疏》（《古尊宿語録》卷四五） 伏以施緑野之林園，蔚然華構，立青蓮之場地，寵以嘉名。申祝壽祺，推明美報，必資達識，爲覺迷情。文公長老夙悟眞乘，久臨淸眾。若心數法，非外假於虛名，由聞思修，可內觀於實相。舉揚密義，和會勝緣。謹疏，元豐八年三月日。

又《相國寺罷散道場齋文》（《王魏公集》卷七） 天祐民而作君，必得其壽，臣歸美以報上，惟既厥心。仰籲覺慈，恭攄善頌。恭惟皇帝陛下禹功勤儉，湯德寬仁。寅畏事天，格三靈之眷佑，忠厚及物，孚四海之歡心。貢琛畢來，風雨時若。方萬寶有年之後，適千秋標節之辰。甲觀畫堂，慶逾漢殿，露囊金鑑，事侈唐風。樞密知院、樞密通議、一德寶臣、具瞻元老，運遇景炎之盛，日臨震夙之祥，祗款法筵，肅祈遐福。皇帝陛下接千載之熙洽，御六氣之和平。業固嵩陵，年彌箕翼，明禮興樂，偃革措刑。樞密知院、樞密通議，伏願茂沃嘉猷，益光直道。俾吾民之得所，無一夫之向隅，澤被華戎，俗躋富壽。

電樞星渚，夙符出震之祥，貝葉琅函，仰祝後天之算。投誠紺宇，肸飾梵筵。恭惟皇帝陛下體舜蹈堯，繼文接武，稟籥中天之化，彌綸萬彙之微。運屬隆平，日臨震夙。晝堂文觀，慶蚤肇於先朝，寶鑑絲囊，歡實均於率土。樞密知院、樞密通議，五朝俊老，一德元臣，嘉誕節之浹辰，效封人之善祝。皇帝陛下伏願蘿圖鞏固，寶命延昌。三靈扶不拔之基，萬寓頌無疆之壽。樞密通議，伏願休功益著，輔成晏晏之風，純嘏咸臻，永作元元之福。

蘇軾《議學校貢舉狀》（《蘇文忠公全集》卷二五） 熙寧四年正月某日，殿中丞、直史館、判官告院蘇軾狀奏：準敕講求學校貢舉利害，令臣等各具議狀聞奏者。右，臣伏以得人之道在於知人，知人之法在於責實。使君相有知人之才，朝廷有責實之政，則胥史皂隸，未嘗無人，而況於學校貢舉乎？雖因今之法，臣以爲有餘。使君相無知人之才，朝廷無責實之政，則公卿侍從，常患無人，況學校貢舉乎？雖復古之制，臣以爲不足矣。夫時有可否，物有廢興。方其所安，雖暴君不能廢。及其既厭，雖聖人不能復。故風俗之變，法制隨之。譬如江河之徙移，順其所欲行而治之，則易爲功，強其所不欲行而復之，則難爲力。使三代聖人復生於今，其選舉養才亦必有道矣，何必由學？且天下固嘗立學矣，慶曆之間，以爲太平可待，至於今日，惟有空名僅存。今陛下必欲求德行道藝之士，責九年大成之業，則將變今之禮，易今之俗，又當發民力以治宮室，斂民財以食游士，百里之內，置官立師，獄訟聽於是，軍旅謀於是，又當以時簡不率教者，屛之遠方，終身不齒，則無乃徒爲紛亂以患苦天下耶？若乃無大變改，而望有益于時，則與慶曆之際何異？故臣以謂今之學校，特可因循舊制，使先王之舊物不廢於吾世，足矣。至於貢舉之法，行之百年，治亂盛衰，初不由此。陛下視祖宗之世貢舉之法，與今爲孰精？言語文章，與今爲孰優？所得文武長才，與今爲孰多？天下之事，與今爲孰辦？較此四者，而長短之議決矣。今議者所欲變改，不過數端。或曰鄉舉德行而略文章，或曰專取策論而罷詩賦，或欲舉唐室故事，兼采譽望，而罷封彌，或欲罷經生樸學，不用貼、墨，而攷大義。此數者皆知其一，不知其二者也。臣請歷言之。夫欲興德行，在於君人者修身以格物，審好惡以表俗，孟子所謂君仁莫不仁，君義莫不義，君之所向，天下趨焉。若欲設科立名以取之，則是敎天下相率而爲僞也。上以孝取人，則勇者割股，怯者廬墓。上以廉取人，則弊車羸馬，惡衣菲食。凡可以中上意，無所不至矣。德行之弊，一至於此乎。自文章而言之，則策論爲有用，詩賦爲無益，自政事言之，則詩賦、策論均爲無用矣。雖知其無用，然自祖宗以來莫之廢者，以爲設法取士，不過如此也。豈獨吾祖宗，自古堯、舜亦然。《書》曰：敷奏以言，明試以功。自古堯、舜以來，進人何嘗不以言，試人何嘗不以功乎？議者必欲以策論定賢愚、決能否，臣請有以質之。近世士大夫文章華靡者莫如楊億，使楊億尚在，則忠淸鯁亮之士也，豈得以華靡少之？通經學古者，莫如孫復、石介，使孫復、石介尚在，則迂闊矯誕之士也，又可施之於政事之間乎？自唐至今，以詩賦爲名臣者不可勝數，何負於天下而必欲廢之。近世士人纂類經史，綴緝時務，謂之策括，待問條目，搜抉略盡，臨時剽竊，竄易首尾，以眩有司，有司莫能辨也。且其爲文也，無規矩準繩，故學之易成，無聲病對偶，故考之難精。以易學之士，付難攷之吏，其弊有甚於詩賦者矣。唐之通牓，故是弊法。雖有以名取人，厭伏眾論之美，亦有賄賂公行，權要請託之害，至使恩去王室，權歸私門，降及中葉，結爲朋黨之論。通牓取人，又豈足尚哉？諸科舉取人，多出三路。能文者既已變而爲進士，曉義者又皆去以爲明經，其餘皆僕魯不化者也，至於人才，則有定分，施之有政，能否自彰，今進士日夜治經傳，附之以子史，貫穿馳騖，可謂博矣，至於臨政，曷嘗用其一二，顧視舊學，已爲虛器，而欲使此等分別注疏，粗識大義，而望其才能增長，亦已疏矣。臣故曰：此數者皆知其一而不知其二也。特願陛下留意其遠者大者。必欲登俊良，黜庸回，總覽衆才，經略世務，則在陛下與二三大臣，下至諸路職司與良二千石耳，區區之法何預焉。然臣竊有私憂過計者，敢不以告。昔王衍好老、莊，天下皆師之，風俗凌夷，以至南渡。王縉好佛，捨人事而修異教，大曆之政，至今爲笑。故孔子罕言命，以爲知者少也。子貢曰：夫子之文章，可得而聞也，夫子之言性與天道，不可得而聞也。夫性命之說，自子貢不得聞，而今之學者，恥不言性命，此可信也哉？今士大夫至以佛、老爲聖人，鬻書於市者，非莊、老之書不售也。讀其文，浩然無當而不可窮，觀其貌，超然無著而不可挹，豈此眞能然哉？蓋中人之性，安於放而樂於誕耳。使天下之士，能如莊周齊死生，一毀譽，輕富貴，安貧賤，則人主之名器爵祿，所以礪世摩鈍者，廢矣。陛下亦安用之，而況其實不能，而竊取其言以欺世者哉。臣願陛下明勑有司，試之以法言，取之以實學。博通經術者，雖樸不廢，稍涉浮誕者，雖工必黜。則風俗稍厚，學術近正，庶幾得忠實之士，不至蹈衰季之風，則天下幸甚。謹錄奏聞，伏候勑旨。

又《論高麗進奉狀》（同上，卷三〇）　元祐四年十一月三日，龍圖閣學士、朝奉郎、知杭州蘇軾狀奏：臣伏見熙寧以來，高麗人屢入朝貢，至元豐之末，十六七年間，館待賜予之費，不可勝數。兩浙、淮南、京東三路築城造船，建立亭館，調發農工，侵漁商賈，所在騷然，公私告病。朝廷無絲毫之益，而夷虜獲不貲之利。使者所至，圖書山川，購買書籍。議者以爲所得賜予，大半歸之契丹。雖虛實不可明，而契丹之强，足以禍福高麗，若不陰相計構，則高麗豈敢公然入朝中國？有識之士，以爲深憂。自二聖嗣位，高麗數年不至，淮、浙、京東吏民有息肩之喜。唯福建一路，多以海商爲業，其間凶險之人，猶敢交通引惹，以希厚利。臣稍聞其事，方欲覺察行遣。今月三日，準秀州差人押到泉州百姓徐戩，擅於海舶內載到高麗僧統義天手下侍者僧壽介、繼常、穎流，院子金保、裴善等五人，乃齎到本國禮賓省牒云：奉本國王旨，令壽介等齎義天祭文來祭奠杭州僧源闍黎。臣已指揮本州送承天寺安下，選差職員二人，兵級十人，常切照管，不許出入接客，及選有行止經論僧伴話，量行供給，不令失所外，已具事由畫一，奏稟朝旨去訖。又據高麗僧壽介有狀稱：臨發日，奉國母指揮，令齎金塔二所，祝延皇帝、太皇太后聖壽。臣竊觀其意，蓋爲二聖嗣位數年，不敢輕來入貢，頓失厚利。欲復遣使，又未測聖意。故以祭奠源闍黎爲名，因獻金塔，欲以嘗試朝廷，測知所以待之之意輕重厚薄。不然者，豈有欲獻金塔爲壽，而不遣使奉表，止因祭奠亡僧，遂致國母之意？蓋疑中國不受，故爲此苟簡之禮以卜朝廷。若朝廷待之稍重，則貪心復啟，朝貢紛然，必爲無窮之患。待其已至，然後拒之，則又傷恩。恭惟聖明灼見情狀，廟堂之議，固有以處之。臣忝備侍從，出使一路，懷有所見，不敢不盡，以備采擇。謹具畫一如左。

一、福建狡商，專擅交通高麗，引惹牟利，如徐戩者甚衆。訪聞徐戩，先受高麗錢物，於杭州雕造夾注《華嚴經》，費用浩汗，印板既成，公然於海船載去交納，卻受本國厚賞，官私無一人知覺者。臣謂此風豈可滋長，若馴致其弊，敵國奸細何所不至。兼今來引致高麗僧人，必是徐戩本謀。臣已枷送左司理院根勘，即當具案聞奏，乞法外重行，以戒一路奸民猾商次。

一、高麗僧壽介有狀稱：臨發日，國母令齎金塔祝壽。臣以爲高麗因祭奠亡僧，遂致國母之意，苟簡無禮，莫斯爲甚。若朝廷受而不報，或報之輕，則夷虜得以爲詞。若受而厚報之，則是以重幣答其苟簡無禮之餽也。臣已一面令管勾職員退還其狀，云朝廷清嚴，守臣不敢專擅奏聞。臣料此僧勢不肯已，必云本國遣其來獻壽，今若不奏，歸國得罪不輕。臣欲於此僧狀後判云：州司不奉朝旨，本國又無來文，難議投進。執狀歸國照會。如此處置，只是臣一面指揮，非朝廷拒絕其獻，頗似穩便。如以爲可，乞賜指揮施行。

一、高麗僧壽介齎到本國禮賓省牒云：祭奠源闍黎，仍諸處尋師學法。臣謂壽介等只是義天手下侍者，非國王親屬。其來乃致私奠，本非國事。待之輕重，當與義天殊絕。欲乞只許致奠之外，其餘尋師學法出入遊覽之類，並不許。仍與限日，卻差船送至明州，令搭附因便海舶歸國，更不差人船津送。如有買賣，許量辦歸裝，不得廣作商販。

右，謹件如前。若如此處置，使無厚利，以絕其來意，上免朝廷稍廩無益之費，下免淮、浙、京東公私靡弊之患。不勝區區。謹錄奏聞，伏候敕旨。

又《論高麗進奉第二狀》 元祐四年十一月十三日，龍圖閣學士、朝奉郎、知杭州蘇軾狀奏：右，臣近奏爲高麗僧壽介狀稱：臨發日，奉國母指揮，將金塔二所附壽介前來祝延皇帝、太皇太后聖壽。臣已一面退還其狀，仍令本州所差伴話僧思義只作己意體問所獻金塔次第。其高麗僧壽介，知臣不爲聞奏，方始將出僧統義天付身文字，以示思義，乃是欲將金塔二所捨入杭州惠因院等處，祝延聖壽，仍云隨身收管，不可擅動元封，俟續有疏文到日，方可施納。以此顯見高麗人將此金塔嘗探中國意度。臣既退還其狀，將來必是自將此塔捨在惠因等院，既是夷私捨施僧院，即朝廷難爲回賜，若受而不報，夷虜性貪，或生怨望。伏望朝廷檢會臣前奏，早賜指揮，如壽介等將上件金塔捨施，亦乞只作臣意度，一面答云不奉朝旨，不敢令僧院收留。所貴稍絕後患。謹錄奏聞，伏候敕旨。

［貼黃］臣體問得，惠因院亡僧淨源本是庸人，只因多與福建海商往還，致商人等於高麗國中妄有談說，是致義天遠來從學，因此本院厚獲施利，而淮、浙官私遍遭擾亂。今來又訪聞得，還是本院行者姓顏人，賫持淨源眞影舍利，隨舶船過海，是致義天復差人祭奠。臣見令所司根勘，候見詣實奏聞次，今來若許惠因院收留金塔，乃是庸人奸猾，自圖厚利，爲國生事，深爲不可。

又《乞令高麗僧從泉州歸國狀》 元祐四年十二月三日，龍圖閣學士、朝奉郎、知杭州蘇軾狀奏。臣近爲泉州商客徐戩帶領高麗國僧統義天手下侍者僧壽介等到來杭州，致祭亡僧淨源，因便帶到金塔二所，遂具畫一事由聞奏。已準朝旨，許令壽介等致祭亡僧淨源畢，差人船送到明州，附因便海舶歸國，如淨源徒弟願與回贈物色，即量度回贈。本州已依準指揮，許令壽介等致祭淨源了畢，其徒弟量將土儀回贈壽介等收受。所有帶到金塔二所，據壽介等令監伴職員前來告臣云，恐帶回本國，得罪不輕。臣已依元奏詞語判狀，付逐僧執歸本國照會，及本州即時差撥人船乘載壽介等，亦將米麵蠟燭之類隨宜餞送。逐僧於十一月三十日起發前去外，訪聞明州近日，少有因便商客入高麗國，竊恐久滯，逐僧在彼不便。竊聞泉州多有海舶入高麗往來買賣，除已牒明州契勘，如壽介等到來年卒無因便船舶，即一面申奏，乞發往泉州附船歸國外，須至奏聞者。右伏乞朝廷特降指揮，下明州疾速契勘，依此施行。所貴不至住滯。謹錄奏聞，伏候敕旨。

又《乞賜光梵寺額狀》（同上，卷三四） 元祐七年二月日，龍圖閣學士、左朝奉郎、知潁州蘇軾狀奏：臣伏見本州潁上縣白馬村，有梵僧佛陀波利眞身塔院舍約四五十間，元無敕額。父老相傳佛陀波利本西域僧，唐儀鳳中遊五臺，禮文殊師利，見老人，令復還西域，取《佛頂尊勝陁羅尼經》。佛陀波利用其言，往返數萬里，以永淳中取經而還，至今流布，而佛陀波利於潁上亡沒，里俗相與漆塑其身，造塔供養，時有光景，頗著靈驗，不敢具述。臣於諸處見唐人所立《尊勝石幢刊記》本末，與所聞父老之言頗合。今年正月，大雪過度，農民凍餒無所，祈禱境內諸廟未應。聞父老以佛陀波利爲言，臣即遣人賫香禱請，登時開霽，人情翕然歸向，詣臣陳狀，願得敷奏，乞一敕額，庶幾永遠不致廢壞。須至乞奏者。右謹具如前，欲望聖慈曲從民欲，特賜本院一敕額。如蒙開允，以光梵爲額。謹錄奏聞，伏候敕旨。

又《答畢仲舉》（同上，卷五六） 軾啟：奉別忽十餘年，愚瞽頓僕，不復自比於朋友，不謂故人尚爾記錄，遠枉手教，存問甚厚，且審比來起居佳勝，感慰不可言。羅山素號善地，不應有瘴癘，豈歲時適爾。既無所失亡，而有得於齊寵辱、忘得喪者，是天相子也。僕既以任意直前，不用長者所教以觸罪罟，然禍福要不可推避，初不論巧拙也。黃州濱江帶山，既適耳目之好，而生事百須，亦不難致，早寢晚起，又不知所謂禍福果安在哉？偶讀《戰國策》，見處士顏蠋之語晚食以當肉，欣然而笑。若蠋者，可謂巧於居貧者也。菜羹菽黍，差飢而食，其味與八珍等，而既飽之餘，蒭豢滿前，惟恐其不持去也。美惡在我，何與於物？所云讀佛書及合藥救人二事，以爲閑居之賜甚厚。佛書舊亦嘗看，但闇塞不能通其妙，獨時取其粗淺假說以自洗濯，若農夫之去草，旋去旋生，雖若無益，然終愈於不去也。若世之君子，所謂超然玄悟者，僕不識也。往時陳述古好論禪，自以爲至矣，而鄙僕所言爲淺陋。僕嘗語述古，公之所談，譬之飲食龍肉也，而僕之所學，豬肉也，豬之與龍則有間矣，然公終日說龍肉，不如僕之食豬肉實美而眞飽也。不知君所得於佛書者果何耶？爲出生死，超三乘，遂作佛乎？抑尙與僕輩俯仰也？學佛老者，本期於靜而達，靜似懶，達以放，學者或未至其所期，而先得其所似，不爲無害。僕常以此自疑，故亦以爲獻。來書云，處世得安穩無病，粗衣飽飯，不造冤業，乃爲至足。三復斯言，感歎無窮。世人所作，舉足動念，無非是業，不必刑殺無罪，取非其有，然後爲冤業也。無緣面論，以當一笑而已。

又《與子由弟》（同上，卷六〇） 任性逍遙，隨緣放曠，但盡凡心，無別勝解。以我觀之，凡心盡處，勝解卓然。但此勝解，不屬有無，不通言語，故祖師教人，到此便住。如眼翳盡，眼自有明，醫只有除翳藥，何曾有求明方？明若可求，即還是翳。固不可於翳中求明，即不可言翳外無明。而世之昧者，便將頽然無知，認作佛地。若如此是佛，貓兒狗子，得飽熟睡，腹搖鼻息，與土木同，當恁麼時，可謂無一毫思念，豈可謂貓兒狗子已入佛地？故凡學者，但當觀心除愛，自麤及細，念念不忘，會作一日，得無所除，弟以教我者是如此否？因見二偈警策孔君，不覺悚然，更以問之。書至此，牆外有悍婦與夫相毆，詈聲飛灰火，如豬嘶狗嘷。因念他一點圓明，正在豬嘶狗嘷裏面。譬如江河鑑物之性，長在飛沙走石之中，尋常靜中推求，常患不見。今日鬧裏忽捉得些子，如何，如何。元豐六年三月二十五日夜，已封書訖，復以此寄子由。

又《與子由弟》 明日，兄之生日。昨夜夢與弟同自眉入京，行利州峽，路見二僧。其一僧，鬚髮皆深青，與同行。問其向去災福，答云：向去甚好，無災。問其京師所須，要好朱砂五六錢。又手擎一小卵塔，云：中有舍利。兄接得，卵塔自開，其中舍利粲然如花。兄與弟請吞之。僧遂分爲三分，僧先吞，兄與弟繼吞之，各一兩掬，細大不等，皆明瑩而白，亦有飛迸空中者。僧言：本欲起塔，卻吃了。弟云：吾三人肩各置一小塔便了。兄言：吾等三人，便是三所無縫塔。僧笑，遂覺。覺後胸中噎噎然，微似含物。夢中甚明，故閑報爲笑耳。

又《與參寥子》（同上，卷六一） 某啟：去歲倉卒離湖，亦以不一別太虛、參寥爲恨。留語與僧官，不識能道否？到黃已半年，朋游稀少，思念二公不忘心。懶且無便，故不奉書。遠承差人致問，殷勤累幅，所以開諭獎勉者至矣。僕罪大責輕，謫居以來，杜門念咎而已。雖平生親識，亦斷往還，理故宜爾。而釋、老數公，乃復千里致問，情義之厚有加於平日，以此知道德高風果在世外也。見寄數詩及近編詩集，詳味，灑然如接清顔，聽軟語也。比已焚筆硯，斷作詩，故無緣屬和，然時復一開以慰孤疾，幸甚幸甚。筆力愈老健清熟，過於向之所見，此於至道，殊不相妨，何爲廢之耶？當更磨揉以追配彭澤。未間，惟萬萬自愛。不宣。

又《與佛印》 歸宗化主來，辱書，方欲裁謝，栖賢遷師處又領手字，眷與益勤，感怍無量。數日大熱，細想山間方適清和，法體安穩。雲居事迹已領，冠世絶境，大士所廬，已難下筆，而龍君筆勢，已自超然，老拙何以加之。幸少寬假，使得欵曲抒思也。昔人一涉世事，便爲山靈勒回俗駕，今僕蒙犯塵垢，垂三十年，困而後知返，豈敢便點涴名山？而山中高人皆未相識，而迎許之，何以得此，豈非宿緣也哉？向熱，順時自愛。

又《與大覺禪師》 某啟：人至，辱書，伏承法候安裕，傾向傾向。昨奉聞欲捨禪月羅漢，非有他也，先君愛此畫，私心以爲捨施，莫如捨所甚愛，而先君所與厚善者莫如公。又此畫頗似靈異，累有所覺於夢寐，不欲盡談，嫌涉怪爾，以此，亦不欲於俗家收藏。意止如此，而來書乃見疑欲換金水羅漢，開書不覺失笑。近世士風薄惡，動有可疑，不謂世外之人猶復爾也。請勿復談此。某比乏人可令齎去，兵卒之類，又不足分付，告吾師差一謹幹小師齎籠杖來迎取，并古佛一軸，亦同捨也。錢塘景物，樂之忘歸。舍弟今在陳州，得替，當授東南幕官，冬初恐到此，亦未甚的。詩筆計益老健，或借得數首一觀，良幸。到此，亦有拙惡百十首，閑暇當錄上。

又《與大覺禪師》 某啟：奉別二十五年，幾一世矣，會見無時，此懷可知。到此日欲奉書，因循至今。辱書，具審起居安穩。南方耆舊彫落，惟明有老師，杭有辯才，道俗所共依仰，蓋一時盛事。比來，時得從辯才游，老病昏塞，頗有所警發，恨不得一見老師，更與鑽磨也。歲暮，山中苦寒，千萬爲衆自重。不宣。軾再拜大覺器之禪師侍者。十二月二十日。

又《與大覺禪師》 要作《宸奎閣碑》，謹以撰成。衰朽廢學，不知堪上石否？見參寥說，禪師出京日，英廟賜手詔，其略云任性住持者，不知果有否？如有，卻請錄示全文，欲添入此一節，切望仔細錄到，即便添入。仍大字寫一本付侍者賫歸上石也。惟速爲妙。碑上別作一碑首，如唐以前制度。刻字額十五字，仍刻二龍夾之。碑身上更不寫題，古制如此。最後方寫年月撰人銜位姓名，更不用著立石人及在任人名銜。此乃近世俗氣，極不典也。下爲龜趺承之。請令知事僧依此。

又《與寶覺禪老》 某啟：去歲赴官，迫於程限，不能艤舟。一別中流，縱望雲山，杳然有不可及之歎。既渡江，遂蒙輕舟見餞，復得笑語一餉之樂。慚荷之懷，殆不可勝言。別來因循，未及奉書。專人至，辱教累幅，慰諭反復，讀之爽然，如對妙論。仍審比來法履佳勝。某此粗遣，但未有會見之期。臨書惘然，惟萬萬自重。《至遊堂記》，即當下筆，遞中寄去。近有《後杞菊賦》一首，寫寄，以當一笑。人還，草草不宣。

又《與寶月大師》（《西樓帖》） 軾頓首。昨者累日奉喧，既行，又沐遠出，至刻厚意。即日法履何如？所要繡觀音，尋便召人商量，皆言若今日便下手繡，亦須至五月十間方得了當。如成見賣者即甚不佳，厥直六貫五六。見未令繡，且此咨報，如何如何？借及折枝兩軸，專令歸納，並無污損，且請點檢粧佛，甚煩催督。今令兩僕去迎，且請便遣回，今趁追薦，仍希覷令子細安置結束，勿使磨損，爲祝。其餘者，亦幸與督之，至祝至祝。所借浮漚畫一軸，近將比對壁上畫者，恐非眞筆，然亦稍可愛。前人如相許輟得亦妙。冗事甚聒雅懷，非宗契不至此也。大人未及奉書，舍弟亦同此致懇。珍重珍重。不次。軾頓首宗兄寶月大師。三日早。前買纈一匹，花樣不入意。卻封納換黃地月兒者一匹，厥直同否？聒噪聒噪。昨所說兩藥方，劄去呈大人。近召卌八哥，與說前來事意，他言待歸與一親情計會，此欲與再扣前人，恐要知。浮漚請與挂意圖之。厥費亦請勿令過，前來所說，但量貧宗所辦得，莫作何三輩眼目看也。呵呵。因送寶宰，千萬□及。軾手啟。

又《送錢塘僧思聰歸孤山叙》（《蘇文忠公全集》卷一〇） 天以一生水，地以六成之，一六合而水可見。雖有神禹，不能知其孰爲一孰爲六也。子思子曰：自誠明謂之性，自明誠謂之教。誠則明矣，明則誠矣。誠明合而道可見。雖有黃帝、孔丘，不能知其孰爲誠孰爲明也。佛者曰：戒生定，定生慧。慧獨不生定乎？伶玄有言：慧則通，通則流。是烏知眞慧哉？醉而狂，醒而止，慧之生定，通之不流也審矣。故夫有目而自行，則褰裳疾走，常得大道。無目而隨人，則車輪曳踵，常僕坑穽。慧之生定，速於定之生慧也。錢塘僧思聰，七歲善彈琴，十二捨琴而學書，書既工，十五捨書而學詩。詩有奇語，雲烟葱朧，珠璣的皪，識者以爲畫師之流。聰又不已，遂讀《華嚴》諸經，入法界海慧。今年二十有九，老師宿儒皆敬愛之。秦少游取《楞嚴》文殊語，字之曰聞復。使聰日進不止，自聞思修以至于道，則《華嚴》法界海慧，盡爲蘧廬，而況書、詩與琴乎？雖然，古之學道，無自虛空入者。輪扁斲輪，傴僂承蜩，苟可以發其巧智，物無陋者。聰若得道，琴與書皆與有力，詩其尤也。聰能如水鏡以一含萬，則書與詩當益奇。吾將觀焉，以爲聰得道淺深之候。

又《送通教錢大師還杭詩序》 熙寧十年，始有詔以杭州龍山廢佛祠爲表忠觀，碑具載其事。元豐二年六月，通教自杭來，見予於吳興。問：觀已卒工乎？曰：未也。杭人比歲不登，莫有助我者。余曰：異哉，杭人重施而輕財，好義而徇名，是獨爲福田也，將自託於不朽。今歲稔矣，子其行乎。通教還杭，作詩以送之。

又《六一居士集叙》 夫言有大而非誇，達者信之，衆人疑焉。孔子曰：天之將喪斯文也，後死者不得與於斯文也。孟子曰：禹抑洪水，孔子作《春秋》，而予距楊、墨。蓋以是配禹也。文章之得喪，何與於天，而禹之功與天地並，孔子、孟子以空言配之，不已誇乎？自《春秋》作而亂臣賊子懼，孟子之言行而楊、墨之道廢，天下以爲是固然而不知其功。孟子既沒，有申、商、韓非之學，違道而趨利，殘民以厚主，其說至陋也，而士以是罔其上。上之人僥倖一切之功，靡然從之。而世無大人先生如孔子、孟子者，推其本末，權其禍福之輕重，以救其惑，故其學遂行。秦以是喪天下，陵夷至於勝、廣、劉、項之禍，死者十八九，天下蕭然。洪水之患，蓋不至此也。方秦之未得志也，使復有一孟子，則申、韓爲空言，作於其心，害於其事，作於其事，害於其政者，必不至若是烈也。使楊、墨得志於天下，其禍豈減於申、韓哉？由此言之，雖以孟子配禹可也。太史公曰：蓋公言黃、老，賈誼、晁錯明申、韓。錯不足道也，而誼亦爲之，余以是知邪說之移人，雖豪傑之士有不免者，況衆人乎？自漢以來，道術不出於孔氏，而亂天下者多矣。晉以老、莊亡，梁以佛亡，莫或正之。五百餘年而後得韓愈，學者以愈配孟子，蓋庶幾焉。愈之後二百有餘年而後得歐陽子，其學推韓愈、孟子以達於孔氏，著禮樂仁義之實以合於大道。其言簡而明，信而通，引物連類，折之於至理，以服人心，故天下翕然師尊之。自歐陽子之存，世之不說者，譁而攻之，能折困其身而不能屈其言。士無賢不肖不謀而同曰：歐陽子，今之韓愈也。宋興七十餘年，民不知兵，富而教之，至天聖、景祐極矣，而斯文終有愧於古。士亦因陋守舊，論卑氣弱。自歐陽子出，天下爭自濯磨，以通經學古爲高，以救時行道爲賢，以犯顏納說爲忠。長育成就，至嘉祐末，號稱多士。歐陽子之功爲多。嗚呼，此豈人力也哉？非天其孰能使之？歐陽子沒十有餘年，士始爲新學，以佛、老之似，亂周、孔之眞，議者憂之。賴天子明聖，詔修取士法，風厲學者專治孔氏，黜異端，然後風俗一變。考論師友淵源所自，復知誦習歐陽子之書。予得其詩文七百六十六篇於其子棐，乃次而論之曰：歐陽子論大道似韓愈，論事似陸贄，記事似司馬遷，詩賦似李白。此非余言也，天下之言也。歐陽子諱修，字永叔。既老，自謂六一居士云。

又《錢塘勤上人詩集叙》　昔翟公罷廷尉，賓客無一人至者。其後復用，賓客欲往。翟公大書其門曰：一死一生，乃知交情。一貧一富，乃知交態。一貴一賤，交情乃見。世以爲口實。然余嘗薄其爲人，以爲客則陋矣，而公之所以待客者獨不爲小哉。故太子少師歐陽公好士，爲天下第一。士有一言中於道，不遠千里而求之，甚於士之求公。以故盡致天下豪俊，自庸衆人以顯於世者固多矣。然士之負公者，亦時有。蓋嘗慨然太息，以人之難知，爲好士者之戒。意公之於士，自是少倦，而其退老於潁水之上，余往見之，則猶論士之賢者，唯恐其不聞於世也。至於負己者，則曰是罪在我，非其過。翟公之客負之於死生貴賤之間，而公之士叛公於瞬息俄頃之際。翟公罪客，而公罪己，與士益厚，賢於古人遠矣。公不喜佛、老，其徒有治詩書、學仁義之說者，必引而進之。佛者惠勤，從公遊三十餘年，公常稱之爲聰明才智有學問者。尤長於詩。公薨於汝陰，余哭之於其室。其後見之，語及於公，未嘗不涕泣也。勤固無求於世，而公又非有德於勤者，其所以涕泣不忘，豈爲利也哉？余然後益知勤之賢。使其得列於士大夫之間，而從事於功名，其不負公也審矣。熙寧七年，余自錢塘將赴高密，勤出其詩若干篇，求余文以傳於世。余以爲詩非待文而傳者也，若其爲人之大略，則非斯文莫之傳也。

又《聖散子後序》　聖散子主疾，功效非一。去年春，杭之民病，得此藥全活者，不可勝數。所用皆中下品藥，略計每千錢即得千服，所濟已及千人。由此積之，其利甚博。凡人欲施惠而力能自辦者，猶有所止，若合衆力，則人有善利，其行可久。今募信士就楞嚴院修製，自立春後起施，直至來年春夏之交，有入名者，徑以施送本院。昔薄拘羅尊者，以訶梨勒施一病比丘，故獲報身，身常無衆疾。施無多寡，隨力助緣。疾病必相扶持，功德豈有限量？仁者惻隱，當崇善因。吳郡陸廣秀才，施此方并藥，得之於智藏主禪月大師寶澤，乃鄉僧也。其陸廣見在京施方并藥，在麥麴巷居住。

又《書柳子厚牛賦後》（同上，卷六六）　嶺外俗皆恬殺牛，而海南爲甚。客自高化載牛渡海，百尾一舟，遇風不順，渴飢相倚以死者無數。牛登舟皆哀鳴出涕。既至海南，耕者與屠者常相半。病不飲藥，但殺牛以禱，富者至殺十數牛。死者不復云，幸而不死，即歸德於巫。以巫爲醫，以牛爲藥。間有飲藥者，巫輒云：神怒，病不可復治。親戚皆爲卻藥，禁醫不得入門，人、牛皆死而後已。地產沈水香，香必以牛易之黎。黎人得牛，皆以祭鬼，無脫者。中國人以沈水香供佛，燎帝求福，此皆燒牛肉也，何福之能得？哀哉。予莫能救，故書柳子厚《牛賦》以遺瓊州僧道贇，使以曉喩其鄉人之有知者，庶幾其少衰乎？庚辰三月十五日記。

又《跋赤溪山主頌》　達與不達者語，譬如與無舌人說味。問蜜何如，可云蜜甜。問甜何如，甜不可說。我說蜜甜，而無舌人終身不曉。爲其不可曉，以爲達者語應皆如是，問東說西，指空畫地，如心疾，如睡語，聽者耻不知，從而和之，更相欺謾。昔張魯以五斗米治病，戒病者相語不得云未差也，若云爾者，終身不差也，故當時以張魯爲神。其事類此，然亦不得以此等故疑其眞。余得赤溪山主頌十一篇於其子昶，問其事於樂全先生張安道，知其爲達者無疑，爲書其末。熙寧九年正月望日。

又《跋王氏華嚴經解》　予過濟南龍山鎮，監稅宋寶國出其所集王荆公《華嚴經解》相示，曰：公之於道，可謂至矣。予問寶國：《華嚴》有八十卷，今獨解其一，何也？寶國曰：公謂我此佛語深妙，其餘皆菩薩語爾。予曰：予於藏經取佛語數句置菩薩語中，復取菩薩語置佛語中，子能識其是非乎？曰：不能也。非獨子不能，荆公亦不能。予昔在岐下，聞汧陽豬肉至美，遣人置之。使者醉，豬夜逸，置他豬以償，吾不知也。而與客皆大詫，以爲非他產所及。已而事敗，客皆大慚。今荆公之豬未敗爾。屠者買肉，娼者唱歌，或因以悟。若一念清淨，牆壁瓦礫皆說無上法，而云佛語深妙，菩薩不及，豈非夢中語乎？寶國曰：唯唯。

又《跋荆溪外集》 玄學、義學，一也。世有達者，義學皆玄，如其不達，玄學皆義。近世學者以玄相高，習其徑庭，了其度數，問答紛然，應諾無窮。至於死生之際一大事因緣，鮮有不敗績者。孔子曰：有鄙夫問於我，空空如也，我叩其兩端而竭焉。世無孔子，莫或叩之，故使鄙夫得挾其空空以欺世取名，此可笑也。荆溪居士作《傳燈傳》若干篇，扶奬義學，以救玄之弊。譬如牧羊然，視其後者而鞭之，無常羊也。顏淵死，弟子無可與微言者。性與天道，自子貢不得聞，惟曾子信道篤學不仕，從孔子最久。師弟子荅問，未嘗不唯者。而曾子之唯，獨記於《論語》，吾是以知孔子之妙傳於一唯。枘鑿相應，間不容髮，一唯之外，口耳皆喪，而門人區區方欲問其所謂，此乃繫風捕影之流，不足以實告者，悲夫。

又《論六祖壇經》 近讀六祖《壇經》，指說法、報、化三身，使人心開目明。然尚少一喻。試以喻眼：見是法身，能見是報身，所見是化身。何謂見是法身？眼之見性，非有非無，無眼之人，不免見黑，眼枯睛亡，見性不滅，則是見性，不緣眼有無，無來無去，無起無滅。故云見是法身。何謂能見是報身？見性雖存，眼根不具，則不能見，若能安養其根，不爲物障，常使光明洞徹，見性乃全。故云能見是報身。何謂所見是化身？根性既全，一彈指頃，所見千萬，縱横變化，俱是妙用。故云所見是化身。此喻既立，三身愈明。如此是否？

又《記袁宏論佛》 袁宏《漢記》曰：浮屠，佛也。西域天竺國有佛道焉。佛者，漢言覺也，將以覺悟群生。其敎以修善慈心爲主，不殺生，專務清淨。其精者爲沙門。沙門，漢言息也。蓋息意去欲，歸於無爲。又以爲人死精神不滅，隨復受形，生時善惡，皆有報應。故貴行善修道，煉精養神，以至無生而得爲佛也。先生曰：此殆中國始知有佛時語也。雖若淺近，而大略具是矣。野人得鹿，正爾煑食之爾。其後賣與市人，遂入公庖中，饌之百方。鹿之所以美，未有絲毫加於煑食時也。

又《書正信和尚塔銘後》 太安楊氏，世出名僧。正信表公兄弟三人。其一曰仁慶，故眉僧正。其一曰元俊，故極樂院主，今太安治平院也。皆有高行。而表公行解超然，晚以靜覺。三人皆與吾先大父職方公、吾先君中大夫遊，相善也。熙寧初，軾以服除，將入朝，表公適卧病，入室告別。霜髮寸餘，目光瞭然，骨盡出，如畫須菩提像，可畏也。軾盤桓不忍去。表曰：行矣，何處不相見？軾曰：公能不遠千里相從乎？表笑曰：佛言生正信家，千里從公，無不可者，然吾蓋未也。已而果無恙，至六年乃寂。是歲，軾在錢塘，夢表若告別者。又十五年，其徒法用以其所作偈、頌及塔記相示，乃書其末。

又《書柳子厚大鑑禪師碑後》 釋迦以文敎，其譯于中國，必託於儒之能言者，然後傳遠。故大乘諸經至《楞嚴》，則委曲精盡勝妙獨出者，以房融筆授故也。柳子厚南遷，始究佛法，作曹谿、南嶽諸碑，妙絶古今，而南華今無刻石者。長老重辯師，儒釋兼通，道學純備，以謂自唐至今，頌述祖師者多矣，未有通亮簡正如子厚者。蓋推本其言，與孟軻氏合，其可不使學者晝見而夜誦之？故具石請予書其文。《唐史》：元和中，馬總自虔州刺史，遷安南都護，徙桂管經略觀察使，入爲刑部侍郎。今以碑考之，蓋自安南遷南海，非桂管也。韓退之《祭馬公文》亦云：自交州抗節番禺，曹谿謚號，決非桂帥所當請。以是知《唐史》之誤，當以《碑》爲正。紹聖二年六月九日。

又《書楞伽經後》 《楞伽阿跋多羅寶經》，先佛所說，微妙第一，眞實了義，故謂之佛語心品。祖師達磨以付二祖曰：吾觀震旦所有經敎，惟《楞伽》四卷可以印心，祖祖相受，以爲心法。如醫之有《難經》，句句皆理，字字皆法，後世達者神而明之，如槃走珠，如珠走槃，無不可者。若出新意而棄舊學，以爲無用，非愚無知，則狂而已。近歲學者各宗其師，務從簡便，得一句一偈，自謂了證，至使婦人孺子，抵掌嬉笑，爭談禪悅。高者爲名，下者爲利，餘波末流，無所不至，而佛法微矣。譬如俚俗醫師，不由經論，直授方藥，以之療病，非不或中，至於遇病輒應，懸斷死生，則與知經學古者不可同日語矣。世人徒見其有一至之功，或捷於古人，因謂《難經》不學而可，豈不誤哉？《楞伽》義趣幽眇，文字簡古，讀者或不能句，而況遺文以得義、忘義以了心者乎？此其所以寂寥於是，幾廢而僅存也。太子太保樂全先生張公安道，以廣大心，得清淨覺。慶曆中嘗爲滁州，至一僧舍，偶見此經，入手悦然，如獲舊物，開卷未終，夙障冰解，細視筆畫，手迹宛然，悲喜太息，從是悟入。常以經首四偈，發明心要。軾游於公之門三十年矣，今年二月，過南都見公於私第。公時年七十九，幻滅都盡，惠光渾圜，而軾亦老於憂患，百念灰冷。公以爲可教者，乃授此經，且以錢三十萬使印施於江淮間。而金山長老佛印大師了元曰：印施有盡，若書而刻之則無盡。軾乃爲書之，而元使其侍者曉機走錢塘求善工刻之板，遂以爲金山常住。元豐八年九月日，朝奉郎、新差知登州軍州兼管内勸農事、騎都尉、借緋蘇軾書。

又《書金光明經後》 軾之幼子過，其母同安郡君王氏諱閏之，字季章，享年四十有六。以元祐八年八月一日，卒于京師，殯于城西惠濟院。過未免喪，而從軾遷于惠州，日以遠去其母之殯爲恨也。念將祥除，無以申罔極之痛，故親書《金光明經》四卷，手自裝治，送虔州崇慶禪院新經藏中，欲以資其母之往生也。泣而言於軾曰：書經之勞微矣，不足以望豐報，要當口誦而心通，手書而身履之，乃能感通佛祖，升濟神明，而小子愚冥，不知此經皆眞實語耶？抑寓言也？當云何見云何行？軾曰：善哉問也。吾嘗聞之張文定公安道曰：佛乘無大小，言亦非虚實，顧我所見如何耳。萬法一致也，我若有見，寓言即是實語，若無所見，實寓皆非。故《楞嚴經》云：若一衆生未成佛，終不於此取涅槃。若諸菩薩急於度人，不急於成佛，盡三界衆生皆成佛已，我乃涅槃。若諸菩薩覺知此身，無始以來，皆衆生相。冤親拒受，内外障護，即卵生相。壞彼成此，損人益己，即胎生相。愛染留連，附記有無，即濕生相。一切勿變，爲己主宰，即化生相。此四衆生相者，與我流轉，不覺不知，勤苦修行，幻力成就。則此四相，伏我諸根，爲涅槃相。以此成佛，無有是處。此二菩薩，皆是正見。乃知佛語，非寓非實。今汝若能爲流水長者，以大願力象取無礙法水，以救汝流浪涸涸之魚，又能觀諸世間，雖甚可愛，而虚幻無實，終非我有者，汝即捨離。如薩埵王子捨身，雖甚可惡，而業所驅迫，深可憐憫者，汝即布施。如薩埵王子施虎，行此捨施，如飢就食，如渴求飲，則道可得，佛可成，母可拔也。過再拜稽首，願書其末。紹聖二年八月一日。

又《金剛經跋尾》 聞昔有人受持諸經，攝心專妙。常以手指作捉筆狀，於虚空中寫諸經法。是人去後，此寫經處，自然嚴淨，雨不能濕。凡見聞者，孰不贊歎此希有事。有一比丘，獨拊掌言：惜此藏經，止有半藏。乃知此法，有一念在，即爲塵勞。而況可以聲求色見。今此長者，譚君文初，以念親故，示入諸相。取黄金屑，書《金剛經》，以四句偈，悟入本心，灌流諸根，六塵清淨。方此之時，不見有經，而況其字。字不可見，何者爲金？我觀譚君，孝慈忠信，内行純備。以是衆善，莊嚴此經，色相之外，炳然煥發。諸世間眼，不具正見，使此經法，缺陷不全。是故我說，應如是見。東坡居士説是法已，復還其經。

又《書孫元忠所書華嚴經後》（同上，卷六九） 余聞世間凡富貴人及諸天龍鬼神具大威力者，倏無上道難，造種種福業易。所發菩提心，旋發旋忘，如飽滿人，厭棄飲食。所作福業，舉意便成，如一滴水，流入世間，即爲江河。是故佛説此等，眞可畏怖，一念差失，萬劫墮壞，一切龍服，地行天飛，佛在依佛，佛成依僧，皆以是故。維鎭陽平山子龍，靈變莫測，常依覺實，二大比丘。有大檀越，孫溫靖公，實能致龍，與相賓友。曰雨曰霽，惟公所欲。公之與此，二大比丘，及此二龍，必同事佛，皆受佛記。故能於未來世，各以願力而作佛事。觀公奏疏，本欲爲龍作廟，又恐血食，與龍增業，故上乞度僧，以奉祠宇。公之愛龍如愛其身，祇令作福，不令造業。若推此心以及世間，待物如我，等我如物。予知此人，與佛無二。覺既圓寂，公亦棄世。其子元忠，爲公親書《華嚴經》八十卷，累萬字，無有一點一畫見怠墮相。人能攝心，一念專靜，便有無量感應。而元忠此心盡八十卷，終始若一。予知諸佛，悉已見聞，若以此經，置此山中，則公與二士若龍，在在處處，皆當相見。共度衆生，無有窮盡，而元忠與予，亦當與焉。

又《書李伯時山莊圖後》（同上，卷七〇） 或曰：龍眠居士作《山莊圖》，使後來入山者信足而行，自得道路，如見所夢，如悟前世。見山中泉石草木，不問而知其名，遇山中漁樵隱逸，不名而識其人。此豈強記不忘者乎？曰：非也。畫日者常疑餅，非忘日也。醉中不以鼻飲，夢中不以趾捉，天機之所合，不強而自記也。居士之在山也，不留於一物，故其神與萬物交，其智與百工通。雖然，有道有藝，有道而不藝，則物雖形於心，不形於手。吾嘗見居士作華嚴相，皆以意造，而與佛合。佛菩薩言之，居士畫之，若出一人，況自畫其所見者乎？

又《跋吳道子地獄變相》 道子，畫聖也。出新意於法度之內，寄妙理於豪放之外，蓋所謂游刃餘地，運斤成風者耶？觀《地獄變相》，不見其造業之因，而見其受罪之狀，悲哉悲哉。能於此間一念清淨，豈無脫理？但恐如路傍草，野火燒不盡，春風吹又生耳。元豐六年七月十日，齊安臨臯亭借觀。

又《怪石供》（同上，卷六四） 《禹貢》：青州有鉛松怪石。解者曰：怪石，石似玉者。今齊安江上往往得美石，與玉無辨，多紅黃白色。其文如人指上螺，精明可愛，雖巧者以意繪畫有不能及。豈古所謂怪石者耶？凡物之醜好，生於相形，吾未知其果安在也。使世間石皆若此，則今之凡石復爲怪矣。海外有形語之國，口不能言，而相喻以形。其以形語也，捷於口，使吾爲之，不已難乎？故夫天機之動，忽焉而成，而人眞以爲巧也。雖然，自禹以來怪之矣。齊安小兒浴於江，時有得之者。戲以餅餌易之。既久，得二百九十有八枚。大者兼寸，小者如棗、栗、菱、芡，其一如虎豹，首有口、鼻、眼處，以爲羣石之長。又得古銅盆一枚，以盛石，挹水注之粲然。而廬山歸宗佛印禪師適有使至，遂以爲供。禪師嘗以道眼觀一切，世間混淪空洞，了無一物，雖夜光尺璧與瓦礫等，而況此石？雖然，願受此供。灌以墨池水，強爲一笑。使自今以往，山僧野人，欲供禪師，而力不能辦衣服飲食卧具者，皆得以淨水注石爲供，蓋自蘇子瞻始。時元豐五年五月，黄州東坡雪堂書。

又《後怪石供》 蘇子既以怪石供佛印，佛印以其言刻諸石。蘇子聞而笑曰：是安所從來哉？予以餅易諸小兒者也。以可食易無用，予既足笑矣，彼又從而刻之。今以餅供佛印，佛印必不刻也，石與餅何異？參寥子曰：然。供者，幻也。受者，亦幻也。刻其言者，亦幻也。人幻何適而不可。舉手而示蘇子曰：拱此而揖人，人莫不喜。戟此而詈人，人莫不怒。同是手也，而喜怒異，世未有非之者也。子誠知拱、戟之皆幻，則喜怒雖存而根亡。刻與不刻，無不可者。蘇子大笑曰：子欲之耶？乃亦以供之。凡二百五十，并二石槃云。

又《淨因院畫記》（同上，卷一一） 余嘗論畫，以爲人禽宮室器用皆有常形。至於山石竹木，水波烟雲，雖無常形而有常理。常形之失，人皆知之，常理之不當，雖曉畫者有不知。故凡可以欺世而取名者，必託於無常形者也。雖然，常形之失，止於所失，而不能病其全，若常理之不當，則舉廢之矣。以其形之無常，是以其理不可不謹也。世之工人，或能曲盡其形，而至於其理，非高人逸才不能辨。與可之於竹石枯木，眞可謂得其理者矣。如是而生，如是而死，如是而攣拳瘠蹙，如是而條達暢茂，根莖節葉，牙角脈縷，千變萬化，未始相襲，而各當其處。合於天造，厭於人意。蓋達士之所寓也歟。昔歲嘗畫兩叢竹於淨因之方丈，其後出守陵陽而西也，余與之偕别長老臻師，又畫兩竹梢一枯木於其東齋。臻師方治四壁於法堂，而請於與可，與可既許之矣，故余并爲記之。必有明於理而深觀之者，然後知余言之不妄。

又《清風閣記》（同上，卷一二） 文慧大師應符，居成都玉谿上，爲閣曰清風，以書來求文爲記，五返而益勤，余不能已，戲爲浮屠語以問之。曰：符，而所謂身者，汝之所寄也。而所謂閣者，汝之所以寄所寄也。身與閣，汝不得有，而名烏乎施？名將無所施，而安用記乎？雖然，吾爲汝放心遺形而強言之，汝亦放心遺形而強聽之。木生於山，水流於淵，山與淵且不得有，而人以爲已有，不亦惑歟？天地之相磨，虚空與有物之相推，而風於是焉生。執之而不可得也，逐之而不可及也，汝爲居室而以名之，吾又爲汝記之，不亦大惑歟？雖然，世之所謂已有而不惑者，其與是奚辨？若是而可以爲有邪？則雖汝之有是風可也，雖爲居室而以名之，吾又爲汝記之可也，非惑也。風起於蒼茫之間，彷徨乎山澤，激越乎城郭道路，虚徐演漾，以汎汝之軒窗欄楯幔帷而不去也。汝隱几而觀之，其亦有得乎？力生於所激，而不自爲力，故不勞。形生於所遇，而不自爲形，故不窮。嘗試以是觀之。

又《中和勝相院記》 佛之道難成，言之使人悲酸愁苦。其始學之，皆入山林，踐荆棘蛇虺，袒裸雪霜。或刲割屠膾，燔燒烹煮，以肉飼虎豹鳥烏蚊蚋，無所不至。茹苦含辛，更百千萬億年而後成。其不能此者，猶棄絶骨肉，衣麻布，食草木之實，晝日力作，以給薪水糞除，暮夜持膏火薰香，事其師如生。務苦瘠其身，自身、口、意莫不有禁，其略十，其詳無數。終身念之，寢食見之，如是僅可以稱沙門比丘。雖名爲不耕而食，然其勞苦卑辱則過於農工遠矣。計其利害，非僥倖小民之所樂，今何其棄家毁服壞毛髮者之多也。意亦有所便歟？寒耕暑耘，官又召而役作之，凡民之所患苦者，我皆免焉。吾師之所謂戒者，爲愚夫未達者設也，若我何用是爲？剟其患，專取其利，不如是而已。又愛其名，治其荒唐之説。攝衣升坐，問答自若，謂之長老。吾嘗究其語矣，大抵務爲不可知。設械以應敵，匿形以備敗，窘則推墮滉漾中，不可捕捉，如是而已矣。吾遊四方，見輒反覆折困之，度其所從遁，而逆閉其塗。往往面頸發赤，然業已爲是道，勢不得以惡聲相反，則笑曰：是外道魔人也。吾之於僧，慢侮不信如此。今寶月大師惟簡，乃以其所居院之本末，求吾文爲記，豈不謬哉？然吾昔者始遊成都，見文雅大師惟度，器宇落落可愛，渾厚人也。能言唐末、五代事，傳記所不載者。因是與之遊，甚熟。惟簡則其同門友也。其爲人，精敏過人，事佛齊衆，謹嚴如官府。二僧皆吾之所愛，而此院又有唐僖宗皇帝像，及其從官文武七十五人。其奔走失國與其所以將亡而不遂滅者，既足以感槩太息，而畫又皆精妙冠世，有足稱者，故强爲記之。始居此者，京兆人廣寂大師希讓，傳六世至度與簡。簡姓蘇氏，眉山人，吾遠宗子也，今主是院，而度亡矣。

又《四菩薩閣記》　始吾先君於物無所好，燕居如齋，言笑有時。顧嘗嗜畫，弟子門人無以悦之，則争致其所嗜，庶幾一解其顔。故雖爲布衣，而致畫與公卿等。長安有故藏經龕，唐明皇帝所建，其門四達，八板皆吴道子畫，陽爲菩薩，陰爲天王，凡十有六軀。廣明之亂，爲賊所焚。有僧忘其名，於兵火中拔其四板以逃，既重不可負，又迫於賊，恐不能全，遂竅其兩板以受荷，西奔於岐，而寄死於烏牙之僧舍，板留於是百八十年矣。客有以錢十萬得之以示軾者，軾歸其直，而取之以獻諸先君。先君之所嗜，百有餘品，一旦以是四板爲甲。治平四年，先君没於京師。軾自汴入淮，泝于江，載是四板以歸。既免喪，所嘗與往來浮屠人惟簡，誦其師之言，教軾爲先君捨施必所甚愛與所不忍捨者。軾用其説，思先君之所甚愛軾之所不忍捨者，莫若是板，故遂以與之。且告之曰：此明皇帝之所不能守而焚於賊者也，而況於余乎？余視天下之蓄此者多矣，有能及三世者乎？其始求之若不及，既得，惟恐失之，而其子孫不以易衣食者，鮮矣。余惟自度不能長守此也，是以與子。子將何以守之？簡曰：吾以身守之。吾眼可霍，吾足可斵，吾畫不可奪。若是，足以守之歟？軾曰：未也。足以終子之世而已。簡曰：吾又盟於佛，而以鬼守之。凡取是者與凡以是予人者，其罪如律。若是，足以守之歟？軾曰：未也。世有無佛而蔑鬼者。然則何以守之？曰：軾之以是予子者，凡以爲先君捨也。天下豈有無父之人歟，其誰忍取之。若其聞是而不悛，不惟一觀而已，將必取之然後爲快，則其人之賢愚，與廣明之焚此者一也。全其子孫難矣，而況能久有此乎？且夫不可取者存乎子，取不取者存乎人。子勉之矣，爲子之不可取者而已，又何知焉？既以予簡，簡以錢百萬度爲大閣以藏之，且畫先君像其上。軾助錢二十之一，期以明年冬閣成。熙寧元年十月二十六日記。

又《鹽官大悲閣記》　羊豕以爲羞，五味以爲和，秫稻以爲酒，麴糵以作之，天下之所同也。其材同，其水火之齊均，其寒煖燥濕之候一也，而二人爲之，則美惡不齊。豈其所以美者，不可以數取歟？然古之爲方者，未嘗遺數也。能者即數以得妙，不能者循數以得其略。其出一也，有能有不能，而精粗見焉。人見其二也，則求精於數外，而棄迹以逐妙，曰：我知酒食之所以美也。而略其分齊，捨其度數，以爲不在是也，而一以意造，則其不爲人之所嘔棄者寡矣。今吾學者之病亦然。天文、地理、音樂、律歷、宫廟、服器、冠昏、喪祭之法，《春秋》之所去取，禮之所可，刑之所禁，歷代之所以廢興，與其人之賢不肖，此學者之所宜盡力也。曰：是皆不足學，學其不可載於書而傳於口者。子夏曰：日知其所亡，月無忘其所能，可謂好學也已。古之學者，其所亡與其所能，皆可以一二數而日月見也。如今世之學，其所亡者果何物，而所能者果何事歟？孔子曰：吾嘗終日不食，終夜不寢，以思，無益，不如學也。由是觀之，廢學而徒思者，孔子之所禁，而今世之所尚也。豈惟吾學者，至於爲佛者亦然。齋戒持律，講誦其書，而崇飾塔廟，此佛之所以日夜教人者也。而其徒或者以爲齋戒持律不如無心，講誦其書不如無言，崇飾塔廟不如無爲。其中無心，其口無言，其身無爲，則飽食而嬉而已，是爲大以欺佛者也。杭州鹽官安國寺僧居則，自九歲出家，十年而得惡疾且死，自誓於佛，願持律終身，且造千手眼觀世音像，而誦其名千萬遍。病已而力不給，則縮衣節口三十餘年，銖積寸累，以迄于成。其高九仞，爲大屋四重以居之。而求文以爲記。余嘗以斯言告東南之士矣，蓋僅有從者。獨喜則之勤苦從事於有爲，篤志守節，老而不衰，異夫爲大以欺佛者，故爲記之，且以風吾黨之士云。

又《勝相院經藏記》 元豐三年，歲在庚申，有大比丘惟簡，號曰寶月，修行如幻三摩鉢提，在蜀成都大聖慈寺故中和院，賜名勝相，以無量寶、黄金丹砂、琉璃眞珠、旃檀衆香，莊嚴佛語及菩薩語，作大寶藏。湧起于海，有大天龍，背負而出，及諸小龍，糾結環繞。諸化菩薩，及護法神，鎮守其門。天魔鬼神，各執其物，以禦不祥。是諸衆寶，及諸佛子，光色聲香，自相磨激，璀璨芳郁，玲瓏宛轉，生出諸相，變化無窮。不假言語，自然顯見，苦空無我，無量妙義。凡見聞者，隨其根性，各有所得。如衆飢人，入於太倉，雖未得食，已有飽意。又如病人，遊於藥市，聞衆藥香，病自衰減。更能取米，作無礙飯，恣食取飽，自然不飢。又能取藥，以療衆病，衆病有盡，而藥無窮，須臾之間，無病可療。以是因緣，度無量衆，時見聞者，皆爭捨施，富者出財，壯者出力，巧者出技，皆舍所愛，及諸結習，而作佛事，求脱煩惱，濁惡苦海。有一居士，其先蜀人，與是比丘，有大因緣。去國流浪，在江淮間，聞是比丘，作是佛事，即欲隨衆，舍所愛習。周視其身，及其室廬，求可捨者，了無一物。如焦穀芽，如石女兒，乃至無有，毫髮可捨。私自念言，我今惟有，無始已來，結習口業，妄言綺語，論説古今，是非成敗。以是業故，所出言語，猶如鐘磬，黼黻文章，悦可耳目。如人善博，日勝日貧，自云是巧，不知是業。今捨此業，作寶藏偈。願我今世，作是偈已，盡未來世，永斷諸業，客塵妄想，及事理障。一切世間，無取無舍，無憎無愛，無可無不可。時此居士，稽首西望，而説偈言：

我遊多寶山，見山不見寶。巖谷及草木，虎豹諸龍蛇，雖知寶所在，欲取不可得。復有求寶者，自言已得寶，見寶不見山，亦未得寶故。譬如夢中人，未嘗知是夢，既知是夢已，所夢即變滅。見我不見夢，因以我爲覺，不知眞覺者，覺夢兩無有。我觀大寶藏，如以蜜説甜。衆生未諭故，復以甜説蜜。甜蜜更相説，千劫無窮盡。自蜜及甘蔗，查梨與橘柚，説甜而得酸，以及鹹辛苦。忽然反自味，舌根有甜相，我爾默自知，不煩更相説。我今説此偈，於道亦云遠，如眼根自見，是眼非我有。當有無耳人，聽此非舌言，於一彈指頃，洗我千劫罪。

又《虔州崇慶禪院新經藏記》 如來得阿耨多羅三藐三菩提，曰以無所得故而得。舍利弗得阿羅漢道，亦曰以無所得故而得。如來與舍利弗若是同乎？曰：何獨舍利弗，至于百工賤技，承蜩意鉤，履狶畫墁，未有不同者也。夫道之大小，雖至於大菩薩，其視如來，猶若天淵然，及其以無所得故而得，則承蜩意鉤，履狶畫墁，未有不與如來同者也。以吾之所知，推至其所不知，嬰兒生而導之言，稍長而教之書，口必至於忘聲而後能言，手必至於忘筆而後能書，此吾之所知也。口不能忘聲，則語言難於屬文，手不能忘筆，則字畫難於刻琱。及其相忘之至也，則形容心術，酬酢萬物之變，忽然而不自知也。自不能者而觀之，其神智妙達，不既超然與如來同乎？故《金剛經》曰：一切賢聖，皆以無爲法，而有差別。以是爲技，則技疑神，以是爲道，則道疑聖。古之人與人皆學，而獨至於是，其必有道矣。吾非學佛者，不知其所自入，獨聞之孔子曰：《詩》三百，一言以蔽之，曰思無邪。夫有思皆邪也，善惡同而無思，則土木也，云何能使有思而無邪，無思而非土木乎？烏乎，吾老矣，安得數年之暇，託於佛僧之宇，盡發其書，以無所思心會如來意，庶幾於無所得故而得者。謫居惠州，終歲無事，宜若得行其志。而州之僧舍無所謂經藏者，獨榜其所居室曰思無邪齋，而銘之致其志焉。始吾南遷，過虔州，與通守承議郎俞君括遊。一日，訪廉泉，入崇慶院，觀寶輪藏。君曰：是於江南壯麗爲第一，其費二千餘萬，前長老曇秀始作之，幾於成而寂。今長老惟湜嗣成之，奔走二老之間，勸導經營，銖積寸累十有六年而成者，僧知錫也。子能愍此三士之勞，爲一言記之乎？吾蓋心許之。俞君博學能文，敏於從政，而恬於進取。數與吾書，欲棄官相從學道。自虔罷歸，道病卒於廬陵。虔之士民，有巷哭者，吾亦爲出涕。故作此文以遺湜、錫，并論孔子思無邪之意，與吾有志無書之歎，使刻于石，且與俞君結未來之因乎？紹聖二年五月二十七日記。

又《黄州安國寺記》 元豐二年十二月，余自吳興守得罪，上不忍誅，以爲黄州團練副使，使思過而自新焉。其明年二月，至黄。舍館粗定，衣食稍給，閉門卻掃，收召魂魄，退伏思念，求所以自新之方，反觀從來舉意動作皆不中道，非獨今之所以得罪者也。欲新其一，恐失其二。觸類而求之，有不可勝悔者。於是，喟然歎曰：道不足以御氣，性不足以勝習。不鋤其本，而耘其末，今雖改之，後必復作。盍歸誠佛僧，求一洗之？得城南精舍曰安國寺，有茂林修竹，陂池亭榭。間一二日輒往，焚香默坐，深自省察，則物我相忘，身心皆空，求罪垢所從生而不可得。一念清淨，染汙自落，表裏翛然，無所附麗。私竊樂之，旦往而暮還者，五年於此矣。寺僧曰繼連，爲僧首七年，得賜衣。又七年，當賜號，欲謝去，其徒與父老相率留之。連笑曰：知足不辱，知止不殆。卒謝去。余是以媿其人。七年，余將有臨汝之行。連曰：寺未有記。具石請記之。余不得辭。寺立於僞唐保大二年，始名護國，嘉祐八年，賜今名。堂宇齋閣，連皆易新之，嚴麗深穩，悅可人意，至者忘歸。歲正月，男女萬人會庭中，飲食作樂，且祠瘟神，江淮舊俗也。四月六日，汝州團練副使眉山蘇軾記。

又《薦誠禪院五百羅漢記》　熙寧十年，余方守徐州，聞河決澶淵，入鉅野，首灌東平。吏民恟懼，不知所爲。有僧應言建策，鑿清冷口，道積水北入于古廢河，又北東入于海。吏方持其議，言彊力辯口，慨然論河決狀甚明。吏不能奪，卒以其言決之，水所入如其言，東平以安，言有力焉。衆欲爲請賞，言笑謝去。余固異其人。後二年，移守湖州，而言自鄆來，見余於宋，曰：吾鄆人也，少爲僧，以講爲事。始錢公子飛使吾創精舍於鄆之東阿北新橋鎮，且造鐵浮屠十有三級，高百二十尺。既成，而趙公叔平請諸朝，名吾院曰薦誠，歲度僧以守之。今將造五百羅漢像於錢塘，而載以歸，度用錢五百萬，自丞相潞公以降，皆吾檀越也。余於是益知言眞有過人者。又六年，余自黃州遷于汝，過宋，而言適在焉。曰：像已成，請爲我記之。嗚呼，士以功名爲貴，然論事易，作事難，作事易，成事難。使天下士皆如言，論必作，作必成者，其功名豈少哉？其可不爲一言？

又《南華長老題名記》　學者以成佛爲難乎？累土畫沙，童子戲也，皆足以成佛。以爲易乎？受記得道，如菩薩大弟子，皆不任問疾。是義安在？方其迷亂顚倒流浪苦海之中，一念正眞，萬法皆具。及其勤苦功用，爲山九仞之後，毫釐差失，千劫不復。嗚呼，道固如是也，豈獨佛乎？子思子曰：夫婦之不肖，可以能行焉，及其至也，雖聖人亦有所不能焉。孟子則以爲聖人之道，始於不爲穿窬，而穿窬之惡，成於言不言。人未有欲爲穿窬者，雖穿窬亦不欲也。自其不欲爲之心而求之，則穿窬足以爲聖人。可以言而不言，不可以言而言，雖賢人君子有不能免也。因其不能免之過而遂之，則賢人君子有時而爲盜。是二法者，相反而相爲用。儒與釋皆然。南華長老明公，其始蓋學於子思、孟子者，其後棄家爲浮屠氏。不知者以爲逃儒歸佛，不知其猶儒也。南華自六祖大鑑示滅，其傳法得眼者，散而之四方。故南華爲律寺。至吾宋天禧三年，始有詔以智度禪師普遂住持，至今明公蓋十一世矣。明公告東坡居士曰：宰官行世間法，沙門行出世間法，世間即出世間，等無有二。今宰官傳授，皆有題名壁記，而沙門獨無有。矧吾道場，實補佛祖處，其可不嚴其傳，子爲我記之。居士曰：諾。乃爲論儒釋不謀而同者以爲記。建中靖國元年正月一日記。

又《應夢羅漢記》　元豐四年正月二十一日，予將往岐亭。宿於團封，夢一僧破面流血，若有所訴。明日至岐亭，過一廟，中有阿羅漢像，左龍右虎，儀制甚古，而面爲人所壞，顧之惘然，庶幾疇昔所見乎？遂載以歸，完新而龕之，設于安國寺。四月八日，先妣武陽君忌日，飯僧于寺，乃記之。責授黃州團練副使眉山蘇軾記。

又《廣州東莞縣資福禪寺羅漢閣記》　衆生以愛，故入生死。由於愛境，有逆有順。而生喜怒，造種種業。展轉六趣，至千萬劫。本所從來，唯有一愛，更無餘病。佛大醫王，對病爲藥。唯有一捨，更無餘藥，常以此藥，而治此病。如水救火，應手當滅。云何衆生，不滅此病。是導師過，非衆生咎。何以故？衆生所愛，無過身體。父母有疾，割肉刺血，初無難色。若復鄰人，從其求乞，一爪一髮，終不可得。有二導師，其一清淨，不入諸相，能知衆生，生死之本，能使衆生，了然見知。不生不滅，出輪回處。是處安樂，堪永依怙，無異父母。支體可捨，而況財物。其一導師，以有爲心，行有爲法。縱不求利，即自求名。譬如鄰人，求乞爪髮，終不可得，而況肌肉。以此觀之，愛吝不捨，是導師過。設如有人，無故取米，投坑穽中，見者皆恨。若以此米，施諸鳥雀，見者皆喜。鳥雀無知，受我此施，何異坑穽。而人自然，有喜有慍。如使導師，有心有爲，則此施者，與棄無異。以此觀之，愛吝不捨，非衆生咎。四方之民，皆以勤苦，而得衣食，所得毫末，其苦無量。獨此南越、嶺海之民，貿遷重寶，坐獲富樂。得之也易，享之也愧。是故其人，以愧故捨。海道幽險，死生之間，曾不容髮。而況飄墮，羅刹鬼國，呼號神天，佛菩薩僧，以脫須臾。當此之時，身非己有，而況財物，實同糞土。是故其人，以懼故捨。愧懼二法，助發善心，是故越人，輕施樂捨，甲於四方。東莞古邑，資福禪寺，有老比丘，祖堂其名，未嘗戒也，而律自嚴，未嘗求也，而人自施。人之施堂，如物在衡，損益銖黍，了然覺知。堂之受施，如水涵影，雖千萬過，無一留者。堂以是故，創作五百，大阿羅漢，嚴淨寶閣，涌地千柱，浮空三成，壯麗之極，實冠南越。東坡居士，見聞隨喜，而說偈言：

五百大士棲此城，南珠大貝皆東傾。衆心回春栢再榮，鐵林東來閣乃成。實骨未到先通靈，赤蛇白璧珠夜明。三十襲吉誰敢爭，層簷飛空俯日星。海波不搖颶無聲，天風徐來韻流鈴。一洗瘴霧冰雪清，人無南北壽且寧。

又《秦太虛題名記》 覽太虛題名，皆予昔時游行處。閉目想之，了然可數。始予與辯才別五年，乃自徐州遷於湖。至高郵，見太虛、參寥，遂載與俱。辯才聞予至，欲扁舟相過，以結夏未果。太虛、參寥又相與適越，云秋盡當還。而予倉卒去郡，遂不復見。明年予謫居黃州，辯才、參寥遣人致問，且以題名相示。時去中秋不十日，秋潦方漲，水面千里，月出房、心間，風露浩然。所居去江無十步，獨與兒子邁棹小舟至赤壁，西望武昌山谷，喬木蒼然，雲濤際天，因錄以寄參寥。使以示辯才，有便至高郵，亦可錄以寄太虛也。

又《方丈記》 年月日，住持傳法沙門惟謹，重建方丈，上祝天子萬壽，永作神主，斂時五福，敷錫庶民。地獄天宮，同爲淨土，有性無性，齊成佛道。

又《觀妙堂記》 不憂道人謂歡喜子曰：來，我所居室，汝知之乎？沉寂湛然，無有喧爭，嗒然其中，死灰槁木，以異而同，我既名爲觀妙矣，汝其爲我記之。歡喜子曰：是室云何而求我？況乎妙事了無可觀，既無可觀，亦無可說。欲求少分可以觀者，如石女兒，世終無有。欲求多分可以說者，如虛空花，究竟非實。不說不觀，了達無礙，超出三界，入智慧門。雖然如是置之，不可執偏，強生分別，以一味語，斷之無疑。譬用筌蹄，以得魚兎，及施燈燭，以照丘坑。獲魚兎矣，筌蹄了忘，知丘坑處，燈燭何施。今此居室，孰爲妙與？蕭然是非，行住坐卧，飲食語默，具足衆妙，無不現前。覽之不有，卻之不無，倏知覺知，要妙如此。當持是言，普示來者。入此室時，作如是觀。

又《法雲寺禮拜石記》 夫供養之具，最爲佛事先，其法不一。他山之石，平不容垢，橫展如席，願爲一座具之用。晨夕禮佛，以此皈依。當敬禮無所觀時，運心廣博，無所不在，天上人間以至地下，愁觸智光。聞我佛修道時，芻尼巢頂，霑佛氣分，後皆受報。則禮佛也，其心實重。有德者至，是禮也，願一拜一起，無過父母。乘此願力，不墮三塗。佛力不可盡，石不可盡，願力不可盡。三者既不可盡，二親獲福，生生世世，亦不可盡。今對佛宣白，惟佛實臨之。元祐八年七月中旬，內殿崇班馬惟寬捨。

又《趙先生舍利記》 趙先生棠本蜀人，孟氏節度使廷隱之後，今爲南海人。仕至幕職，官南海。有潘冕者，陽狂不測，人謂之潘盎。南海俚人謂心風爲盎。盎嘗與京師言法華偈頌往來。言云：盎，日光佛化也。先生棄官從盎遊，盎以謂盡得我道。盎既隱去，不知其所終，而先生亦坐化。焚其身，得舍利數升。軾與先生之子昶遊，故得此舍利四十八粒。盎與先生異迹極多，張安道作先生墓誌，具載其事。昶今爲大理寺丞，知藤州。元豐三年十一月十五日，以舍利授寶月大師之孫悟清，使持歸奉院供養。趙郡蘇軾記。

又《書南華長老重辯師逸事》（同上，卷六六） 契嵩禪師常嗔，人未嘗見其笑，海月慧辯師常喜，人未嘗見其怒。予在錢塘，親見二人皆趺坐而化。嵩既茶毗，火不能壞，益薪熾火，有終不壞者五。海月比葬，面如生，且微笑。乃知二人以嗔喜作佛事也。世人視身如金玉，不旋踵爲糞土，至人反是。予以是知一切法，以愛故壞，以捨故常在，豈不然哉？予遷嶺南，始識南華重辯長老，語終日，知其有道也。予自海南還，則辯已寂久矣。過南華，弔其衆，問塔墓所在。衆曰：我師昔作壽塔南華之東數里，有不悅師者，葬之別墓。既七百餘日矣。今長老明公，獨奮不顧，發而歸之壽塔。改棺易衣，舉體如生，衣皆鮮芳。衆乃大愧服。東坡居士曰：辯視身爲何物，棄之尸陀林以飼烏鳥何有，安以壽塔爲？明公知辯者，特欲以化服同異而已。乃以茗果奠其塔，而書其事，以遺其上足南華塔主可興師。時元符三年十二月十九日。

又《記歐陽論退之文》　韓退之喜大顛，如喜澄觀、文暢之意，了非信佛法也。世乃妄撰與顛書，其詞凡陋，退之家奴僕亦無此語。有一士人於其末妄題云：歐陽永叔謂此文非退之莫能。此又誣永叔也。永叔作《醉翁亭記》，其辭玩易，蓋戲云耳，又不以爲奇特也，而妄庸者亦作永叔語，云：平生爲此最得意。又云：吾不能爲退之《畫記》，退之又不能爲《醉翁記》。此又大妄也。僕嘗謂退之《畫記》近似甲名帳耳，了無可觀，世人識眞者少，可歎亦可愍也。

又《龍虎鉛汞說　寄子由》（同上，卷七三）　人之所以生死，未有不自坎、離者。坎、離交則生，分則死，必然之道也。離爲心，坎爲腎，心之所然，未有不正，雖桀、跖亦然。其所以爲桀、跖者，以內輕而外重，故常行其所不然者爾。腎強而溢，則有欲念，雖堯、顔亦然。其所以爲堯、顔者，以內重而外輕，故常行其所然者耳。由此觀之，心之性法而正，腎之性淫而邪，水火之德，固如是也。子產曰：火烈，人望而畏之。水弱，人狎而侮之。古之達者，未有不知此者也。龍者，汞也，精也，血也。出於腎，而肝藏之，坎之物也。虎者，鉛也，氣也，力也。出於心，而肺生之，離之物也。心動，則氣力隨之而作。腎溢，則精血隨之而流。如火之有烟，未有復反於薪者也。世之不學道，其龍常出於水，故龍飛而汞輕，其虎常出於火，故虎走而鉛枯。此生人之常理也。順此者死，逆此者仙。故眞人之言曰：順行則爲人，逆行則爲道。又曰：五行顛倒術，龍從火裏出。五行不順行，虎向水中生。有隱者教予曰：人能正坐，瞑目調息，握固定心，息微則徐閉之。達摩胎息法，亦須閉。若如佛經，待其自止，恐汞不能到也。雖無所念，而卓然精明，毅然剛烈，如火之不可犯。息極則小通之，微則復閉之。方其通時，亦限一息，一息歸之，已下丹田中也。爲之推數，以多爲賢，以久爲功。不過十日，則丹田溫而水上行，愈久愈溫，幾至如烹，上行如水，蓊然如雲，烝于泥丸。蓋離者，麗也，着物而見火之性也。吾目引於色，耳引於聲，口引於味，鼻引於香，火輒隨而麗之。今吾寂然無所引於外，火無所麗，則將焉往？水其所妃也，勢必從之。坎者，陷也，物至則受水之性也，而況其妃乎？水火合，則火不炎而水自上，則所謂龍從火裏出也。龍出於火，則龍不飛，而汞不乾。旬日之外，腦滿而腰足輕，方閉息時，常卷舌而上，以舐懸癰，雖不能到，而意到焉，久則能到也。如是不已，則汞下入口。方調息時，則漱而烹之，須滿口而後嚥。若未滿，且留口中，俟後次也。仍以空氣送至下丹田，常以意養之，久則化而爲鉛。此所謂虎向水中生也。此論奇而通，妙而簡，決爲可信者。然吾有大患，平生發此志願百十回矣，皆繆悠無成，意此道非捐軀以赴之，刳心以受之，盡命以守之，不能成也。吾今年已六十，名位破敗，兄弟隔絕，父子離散，身居蠻夷，北歸無日，區區世味，亦可知矣。若復繆悠於此，眞不如人矣。故數日來，別發誓願。譬如古人避難窮山，或使絕域，齧草啖雪，彼何人哉？已令造一禪榻、兩大案，明窗之下，專欲治此。并已作乾蒸餅百枚。自二月一日爲首，盡絕人事。飢則食此餅，不飲湯水，不啖食物，細嚼以致津液，或飲少酒而已。午後，略睡。一更便卧，三更乃起，坐以待旦。有日采日，有月采月，餘時非數息煉陰，則行今所謂龍虎訣爾。如此百日，或有所成。不讀書著文，且一時閣起，以待異日。不遊山水，除見道人外，不接客，不會飲，無益也。深恐易流之性，不能終踐此言，故先書以報，庶幾他日有慙於弟而不敢變也。此事大難，不知其果然不慙否？此書既以自堅，又欲以發弟也。卷舌以舐懸癰，近得此法，初甚秘惜之。此禪家所謂向上一路子，千聖不傳人，所見如此，雖可笑，然極有驗也。但行之數日間，舌下筋急痛，當以漸馴致。若舌尖果能及懸癰，則致華池之水，莫捷於此也。又言：此法名洪爐上一點雪。宜自秘之。

又《法雲寺鐘銘并叙》（同上，卷一九）　元豐七年十月，有詔大長老圓通禪師法秀住法雲寺。寺成而未有鐘，大檀越駙馬都尉武勝軍節度觀察留後張敦禮，與冀國大長公主唱之，從而和者若干人。元祐元年四月，鐘成，萬斤。東坡居士蘇軾爲之銘，曰：

有鐘誰爲撞？有撞誰撞之？三合而後鳴，聞所聞爲五。闕一不可得，汝則安能聞？汝聞竟安在？耳視目可聽。當知所聞者，鳴寂寂時鳴。大圜空中師，獨處高廣座。卧士無所著，人引非引入。二俱無所說，而說無說法。法法雖無盡，問則應曰三。汝應如是聞，不應如是聽。

又《邵伯埭鐘銘并叙》　邵伯埭之東，寺僧子康募千人爲千斤銅鐘。

蜀人蘇軾爲之銘，曰：

無量智慧火，燒此無明銅。戒定以爲模，鑄成無漏鐘。以汝平等手，執彼慈悲撞。聲從無有出，遍滿無邊空。

又《菩薩泉銘并叙》 陶侃爲廣州刺史，有漁人每夕見神光海上，以白侃。侃使迹之，得金像。視其款識，阿育王所鑄文殊師利像也。初送武昌寒溪寺。及侃遷荊州，欲以像行，人力不能動。益以牛車三十乘，乃能到船。船復沒，遂以還寺。其後惠遠法師迎像歸廬山，了無艱礙。山中世以二僧守之。會昌中，詔毀天下寺，二僧藏像錦繡谷。比釋教復興，求像不可得，而谷中至今有光景，往往發見，如峨眉五臺所見。蓋遠師文集載處士張文逸之文，及山中父老所傳如此。今寒溪少西數百步，別爲西山寺，有泉出於嵌竇間，色白而甘，號菩薩泉，人莫知其本末。建昌李常謂余，豈昔像之所在乎？且屬余爲銘。銘曰：

像在廬阜，宵光燭天。旦朝視之，寥寥空山。誰謂寒溪，尚有斯泉。盍往鑑之，文殊了然。

又《參寥泉銘并叙》 余謫居黄，參寥子不遠數千里從余於東城，留期年。嘗與同遊武昌之西山，夢相與賦詩，有寒食清明、石泉槐火之句，語甚美，而不知其所謂。其後七年，余出守錢塘，參寥子在焉。明年，卜智果精舍居之。又明年，新居成，而余以寒食去郡，實來告行。舍下舊有泉，出石間，是月又鑿石得泉，加冽。參寥子擷新茶，鑽火煮泉而瀹之，笑曰：是見于夢九年，衛公之爲靈也久矣。坐人皆悵然太息，有知命無求之意。乃名之參寥泉，爲之銘曰：

在天雨露，在地江湖。皆我四大，滋相所濡。偉哉參寥，彈指八極。退守斯泉，一謙四益。余晚聞道，夢幻是身。眞即是夢，夢即是眞。石泉槐火，九年而信。夫求何神，實弊汝神。

又《蘇程庵銘并引》 程公庵，南華長老辯公爲吾表弟程德孺作也。吾南遷過之，更其名曰蘇程，且銘之曰：

辯作庵，寶林南。程取之，不爲貪。蘇後到，住者三。蘇既住，程則去。一彈指，三世具。如我說，無是處。百千燈，同一光。一塵中，兩道場。齊說法，不相妨。本無通，安有礙。程不去，蘇亦在。各遍滿，無雜壞。

又《夢齋銘並敘》 至人無夢。或曰：高宗、武王、孔子皆夢，佛亦夢，夢不異覺，覺不異夢，夢即是覺，覺即是夢，此其所以爲無夢也歟？衛玠問夢於樂廣，廣對以想，曰：形神不接而夢，此豈想哉？對曰：因也。或問因之說。東坡居士曰：世人之心，依塵而有，未嘗獨立也。塵之生滅，無一念住。夢覺之間，塵塵相授。數傳之後，失其本矣。則以爲形神不接，豈非因乎？人有牧羊而寢者，因羊而念馬，因馬而念車，因車而念蓋，遂夢曲蓋鼓吹，身爲王公。夫牧羊之與王公，亦遠矣。想之所因，豈足怪乎？居士始與芝相識於夢中，且以所夢求而得之，今二十四年矣，而五見之。每見輒相視而笑，不知是處之爲何方，今日之爲何日，我爾之爲何人也。題其所寓室曰夢齋，而子由爲之銘，曰：

法身充滿，處處皆一。幻身虛妄，所至非實。我觀世人，生非實中。以寤爲正，以寐爲夢。忽寐所遇，執寤所遭。積執成堅，如丘山高。若見法身，寤寐皆非。知其皆非，寤寐無爲。遨遊四方，齋則不遷。南北東西，法身本然。

又《談妙齋銘》 南華老翁，端靜簡潔。浮雲掃盡，但掛孤月。吾宗伯固，通亮英發。大圭不琢，天驥超絕。室空無有，獨設一榻。空毗耶城，奔走竭蹶。二士共談，必說妙法。彈指千偈，卒無所說。有言皆幻，無起不滅。問我何爲，鏤冰琢雪。人人造語，一一說法。孰知東坡，非問非答。

又《澹軒銘》 以船撑船船不行，以鼓打鼓鼓不鳴。子欲察味而辨色，何不坐於澹軒之上，出澹語以問澹叟，則味自味，而色自形。吾然後知澹叟之不淡，蓋將盡口眼之變，而起無窮之爭。其自謂叢林之一害，豈虛名也哉？

又《真相院釋迦舍利塔銘》 洞庭之南，有阿育王塔，分葬釋迦如來舍利。嘗有作大施會出而浴之者，緇素傳捧，涕泣作禮。有比丘竊取其三，色如含桃，大如薏苡，將寘之他方，爲衆生福田。久而不能，以授白衣方子明。元豐三年，軾之弟轍謫官高安，子明以畀之。七年，軾自齊安蒙恩徙臨汝，過而見之。八年，移守文登，召爲尚書禮部郎。過濟南長清眞相院，僧法泰方爲塼塔十有三層，峻峙蟠固，人天鬼神所共瞻仰，而未有以葬。軾默念曰：予弟所寶釋迦舍利，意將止於此耶？昔予先君文安主簿贈中大夫諱洵，先夫人武昌太君程氏，皆性仁行廉，崇信三寶，捐館之日，追述遺意，捨所愛作佛事，雖力有所止，而志則無盡。自頃憂患，廢而不舉，將二十年矣。復廣前事，庶幾在此。泰聞踴躍，明年來請於京師。探篋中得金一兩，銀六兩，使歸求之衆人，以具棺槨。銘曰：

如來法身無有邊，化爲舍利示人天。偉哉有形斯有年，紫金光聚飛爲烟。惟有堅固百億千，輪王阿育願力堅。役使空界鬼與仙，分置衆刹奠山川。棺槨十襲閟精圓，神光晝夜發層巔。誰其取此智且權，佛身普現衆目前。昏者坐受遠近遷，冥行黑月墮坎泉。分身來化會有緣，流轉至此誰使然。並包齊魯窮海壖，懭悍柔淑冥愚賢。願持此福達我先，生生世世離垢纏。

又《大别方丈銘》 閉目而視，目之所見，冥冥蒙蒙。掩耳而聽，耳之所聞，隱隱隆隆。耳目雖廢，見聞不斷，以搖其中。孰能開目，而未嘗視，如鑑寫容？孰能傾耳，而未嘗聽，如穴受風？不視而見，不聽而聞，根在塵空。湛然虛明，遍照十方，地獄天宫。蹈冒水火，出入金石，無往不通。我觀大别，三門之外，大江方東。東西萬里，千溪百谷，爲江所同。我觀大别，方丈之内，一燈常紅。門閉不開，光出于隙，曄如長虹。問何爲然，笑而不答，寄之盲聾。但見龎然，秀眉月面，純漆點瞳。我作銘詩，相其木魚，與其鼓鐘。

又《石塔戒衣銘》 石塔得三昧，初從戒定入。是故常寶護，登壇受戒衣。吾聞得道人，一物不可留。云何此法衣，補緝成百衲。諸法念念逝，此衣非昔衣。此法無生滅，衣亦無壞者。振此無塵衣，洗此無垢人。壞則隨他去，是故終不壞。

又《南安軍常樂院新作經藏銘》 佛以一口，而説千法。千佛千口，則爲幾説。我法不然，非千非一。如百千燈，共照一室。雖各徧滿，不相壞雜。咨爾學者，云何覽閲。自非正眼，表裏洞達。已受將受，則相陵奪。惟回屢空，無所不悦。是名耳順，亦號莫逆。以此轉經，有轉無竭。道人山居，僻介楚越。常樂我靜，一食破衲。達磨耶藏，勤苦建設。我無一錢，檀波羅密。施此法水，以灌爾睫。

又《廣州東莞縣資福寺舍利塔銘並叙》 自有生人以來，人之所爲見於世者，何可勝道。其鼓舞天下，經緯萬世，有偉於造物者矣。考其所從生，實出於一念。巍乎大哉，是念也，物復有烈於此者乎？是以古之眞人，以心爲法，自一身至一世界，自一世界至百千萬億世界，於屈信臂頃，作百千萬億變化，如佛所言，皆眞實語，無可疑者。至於持身厲行，練精養志，或乘風而仙，或解形而去，使枯槁之餘，化爲金玉，時出光景，以作佛事者，則多有矣。其見伏去來，皆有時會，非偶然者。予在惠州，或示予以古舍利，狀若覆盂，圓徑五寸，高二寸，重二斤二兩，外密而中疎，其理如芭蕉，舍利生其中無數，五色具備，意必眞人大士之遺體。蓋腦之在顱中，顱亡而腦存者。予曰：是當以施僧，與衆共之，藏私家非是。其人難之。適有東莞資福長老祖堂來惠州，見而請之，曰：吾方建五百羅漢閣，壯麗甲於南海，舍利當栖我閣上。則以犀帶易之。有自京師至者，得古玉璧，試取以薦舍利，若合符契。堂喜，遂並璧持去，曰：吾當以金銀琉璃爲窣堵波，置閣上。銘曰：

眞人大士何所修，心精妙明舍九州。此身性海一浮漚，委蛻如遺不自收。戒光定力相烝休，結爲寶珠散若旒。流行四方獨此留，帶犀微矣何足酬。璧來萬里端相投，我非與堂堂非求。共作佛事知誰由，瑞光一起三千秋，永照南海通羅浮。

又《醉僧圖頌》（同上，卷二〇） 人生得坐且穩坐，劫劫地走覓什麽？今年且屙東禪屎，明年去拽西林磨。

又《石恪畫維摩頌》 我觀衆工工一師，人持一藥療一病。風勞欲寒氣欲暖，肺肝胃腎更相克。挾方儲藥如丘山，卒無一藥堪施用。有大醫王拊掌笑，謝遣衆工病隨愈。問大醫王以何藥，還是衆工所用者。我觀三十二菩薩，各以意談不二門。而維摩詰默無語，三十二義一時墮。我觀此義亦不墮，維摩初不離是説。譬如油蠟作燈燭，不以火點終不明。忽見默然無語處，三十二説皆光焰。佛子若讀維摩經，當作是念爲正念。我觀維摩方丈室，能受九百萬菩薩。三萬二千師子坐，皆悉容受不迫迮。又能分布一鉢飯，饜飽十方無量衆。斷取妙喜佛世界，如持鍼鋒一棗葉。云是菩薩不思議，住大解脱神通力。我觀石子一處士，麻鞋破帽露兩肘。能使筆端出維摩，神力又過維摩詰。若云此畫無實相，毗耶城中亦非實。佛子若見維摩像，應作此觀爲正觀。

又《阿彌陀佛頌並叙》 錢塘圓照律師，普勸道俗歸命西方極樂世界阿彌陀佛。眉山蘇軾敬捨亡母蜀郡太君程氏遺留簪珥，命工胡錫采畫佛像，以薦父母冥福。謹再拜稽首而獻頌曰：

佛以大圓覺，充滿河沙界。我以顛倒想，出沒生死中。云何以一念，得往生淨土。我造無始業，本從一念生。既從一念生，還從一念滅。生滅滅盡處，則我與佛同。如投水海中，如風中鼓橐。雖有大聖智，亦不能分別。願我先父母，與一切衆生。在處爲西方，所遇皆極樂。人人無量壽，無往亦無來。

又《釋迦文佛頌並引》 端明殿學士兼翰林侍讀學士蘇軾，爲亡妻同安郡君王氏閏之，請奉議郎李公麟敬畫釋迦文佛及十大弟子。元祐八年十一月十一日，設水陸道場供養。軾拜手稽首而作頌曰：

我願世尊，足指按地。三千大千，淨琉璃色。其中衆生，靡不解脫。如日出時，眠者皆作。如雷震時，蟄者皆動。同證無上，永不退轉。

又《觀世音菩薩頌並引》 金陵崇因禪院長老宗襲，自以衣鉢造觀世音像，極相好之妙。余南遷過而禱焉，曰：吾北歸當復過此，而爲之頌。建中靖國元年五月日，自海南歸至金陵。乃作頌曰：

慈近乎仁，悲近乎義。忍近乎勇，憂近乎智。四者似之，而卒非是。有大圓覺，平等無二。無冤故仁，無親故義。無人故勇，無我故智。彼四雖近，有作有止。此四本無，有取無匱。有二長者，皆樂檀施。其一大富，千金日費。其一甚貧，百錢而已。我說二人，等無有異。吁觀世音，淨聖大士。徧滿空界，挈攜天地。大解脫力，非我敢議。若其四無，我亦如此。

又《十八大阿羅漢頌有跋》 蜀金水張氏，畫十八大阿羅漢。軾謫居儋耳，得之民間。海南荒陋，不類人世，此畫何自至哉？久逃空谷，如見師友，乃命過躬易其裝標，設燈塗香果以禮之。張氏以畫羅漢有名，唐末蓋世擅其藝，今成都僧敏行，其玄孫也。梵相奇古，學術淵博，蜀人皆曰：此羅漢化生其家也。軾外祖父程公，少時游京師，還，遇蜀亂，絕糧不能歸，困卧旅舍。有僧十六人往見之，曰：我，公之邑人也。各以錢二百貸之，公以是得歸，竟不知僧所在。公曰：此阿羅漢也。歲設大供四。公年九十，凡設二百餘供。今軾雖不親覩至人，而困厄九死之餘，鳥言卉服之間，獲此奇勝，豈非希闊之遇也哉？乃各即其體像，而窮其思致，以爲之頌。

第一尊者，結跏正坐，蠻奴側立。有鬼使者，稽顙于前，侍者取其書通之。頌曰：

月明星稀，孰在孰亡。煌煌東方，惟有啓明。咨爾上座，及阿闍黎。代佛出世，惟大弟子。

第二尊者，合掌趺坐，蠻奴捧牘于前。老人發之，中有琉璃器，貯舍利十數。頌曰：

佛無滅生，通塞在人。牆壁瓦礫，誰非法身。尊者斂手，不起於坐。示有敬耳，起心則那。

第三尊者，扶烏木養和。正坐。下有白沐猴獻果，侍者執盤受之。頌曰：

我非標人，人莫吾識。是雪衣者，豈具眼隻？方食知獻，何愧於猿。爲語柳子，勿憎王孫。

第四尊者，側坐屈三指，答胡人之問。下有蠻奴捧函，童子戲捕龜者。頌曰：

彼問云何，計數以對。爲三爲七，莫有知者。雷動風行，屈信指間。汝觀明月，在我指端。

第五尊者，臨淵濤，抱膝而坐。神女出水中，蠻奴受其書。頌曰：

形與道一，道無不在。天宮鬼府，奚往而礙。婉彼奇女，躍于濤瀧。神馬尻輿，攝衣從之。

第六尊者，右手支頤，左手拊稺師子。顧視侍者，擇瓜而剖之。頌曰：

手拊雛猊，目視瓜獻。甘芳之意，若達于面。六塵並入，心亦徧知。即此知者，爲大摩尼。

第七尊者，臨水側坐。有龍出焉，吐珠其手中。胡人持短錫杖，蠻奴捧鉢而立。頌曰：

我以道眼，爲傳法宗。爾以願力，爲護法龍。道成願滿，見佛不怍。盡取玉函，以畀思邈。

第八尊者，並膝而坐，加肘其上。侍者汲水過前，有神人涌出于地，捧盤獻寶。頌曰：

爾以捨來，我以慈受。各獲其心，寶則誰有。視我如爾，取與則同。我爾福德，如四方空。

第九尊者，食已襆鉢，持數珠，誦咒而坐。下有童子，構火具茶，又有埋筒注水蓮池中者。頌曰：

飯食已畢，襆鉢而坐。童子茗供，吹籥發火。我作佛事，淵乎妙哉。空山無人，水流花開。

第十尊者，執經正坐。有仙人侍女焚香于前。頌曰：

飛仙玉潔，侍女雲眇。稽首炷香，敢問至道。我道大同，有覺無脩。豈不長生，非我所求。

第十一尊者，趺坐焚香。侍者拱手，胡人捧函而立。頌曰：

前聖後聖，相喻以言。口如布穀，而意莫傳。鼻觀寂如，諸根自例。孰知此香，一炷千偈。

第十二尊者，正坐入定枯木中。其神騰出于上，有大蟒出其下。頌曰：

默坐者形，空飛者神。二俱非是，孰爲此身？佛子何爲，懷毒不已。願解此相，問誰縛爾。

第十三尊者，倚杖垂足側坐。侍者捧函而立，有虎過前，有童子怖匿而竊窺之。頌曰：

是與我同，不噬其妃。一念之差，墮此髦鬌。導師悲愍，爲爾顰歎。以爾猛烈，復性不難。

第十四尊者，持鈴杵，正坐誦咒。侍者整衣于右，胡人横短錫跪坐于左。有虬一角，若仰訴者。頌曰：

彼髯而虬，長跪自言。特角亦來，身移怨存。以無言音，誦無說法。風止火滅，無相仇者。

第十五尊者，鬚眉皆白，袖手趺坐。胡人拜伏于前，蠻奴手持拄杖，侍者合掌而立。頌曰：

聞法最先，事佛亦久。耄然衆中，是大長老。薪水井臼，老矣不能。摧伏魔軍，不戰而勝。

第十六尊者，横如意趺坐。下有童子發香篆，侍者注水花盆中。頌曰：

盆花浮紅，篆烟繚青。無問無答，如意自横。點瑟既希，昭琴不鼓。此間有曲，可歌可舞。

第十七尊者，臨水側坐，仰觀飛鶴。其一既下集矣，侍者以手拊之。有童子提竹籃，取果實投水中。頌曰：

引之浩茫，與鶴皆翔。藏之幽深，與魚皆沉。大阿羅漢，入佛三昧。俯仰之間，再拊海外。

第十八尊者，植拂支頤，瞪目而坐。下有二童子，破石榴以獻。頌曰：

植拂支頤，寂然跏趺。尊者所游，物之初耶？聞之於佛，及吾子思。名不用處，是未發時。

佛滅度後，閻浮提衆生剛狠自用，莫肯信入。故諸賢聖皆隱不現，獨以像設遺言，提引未悟，而峩眉、五臺、廬山、天台猶出光景變異，使人了然見之。軾家藏十六羅漢像，每設茶供，則化爲白乳，或凝爲雪花桃李芍藥，僅可指名。或云：羅漢慈悲深重，急於接物，故多現神變。儻其然乎？今於海南得此十八羅漢像，以授子由弟使以時修敬，遇夫婦生日，輒設供以祈年集福，并以前所作頌寄之。子由以二月二十日生，其婦德陽郡夫人史氏，以十一月十七日生。是歲中元日題。

又《唐畫羅漢贊》（同上，卷二二） 東坡居士，告悟清師：昔紹遠上人寶持唐畫十六大阿羅漢，如護眼目。遠上人亡，今此羅漢在黄梅山常歡喜所。子往，爲我致問常公，欲求是畫，當可得否？若彼常公愛而不捨，則不可得，捨而不愛，則不可取，不愛不捨，則取以來。旬有八日，清師復命，且以畫來。居士升堂，普告大衆，燒香作禮，爲遠上人追福滅罪。衆問居士：是畫羅漢，有何勝相？供養讚歎，得何功德？當以何等，報酬常公？居士言：是畫寔無勝相，亦無功德。彼與我者，卽以報之。乃作贊曰：

五更粥熱聞魚鼓，起對孤燈與誰語。溪邊洗鉢月中歸，還君羅漢君收取。

又《水陸法像贊并引》 蓋聞淨名之鉢，屬饜萬口。寶積之蓋，徧覆十方。若知法界，本造于心。則雖凡夫，皆具此理。昔在梁武皇帝，始作水陸道場，以十六名，盡三千界。用狹而施博，事約而理詳。後生莫知，隨世增廣。若使一二而悉數，雖至千萬而靡周。惟我蜀人，頗存古法。觀其像設，猶有典刑。虔召請於三時，分上下者八位。但能起一念於慈悲之上，自然撫四海於俛仰之間。軾敬發願心，具嚴繪事，而大檀越張侯敦禮，樂聞其事。共結勝緣，請法雲寺法涌禪師善本，差擇其徒，脩營此會，永爲無礙之施，同守不刊之儀。軾拜手稽首，各爲之贊，凡十六首。

上八位

一切常住佛陀耶衆

謂此爲佛，是事理障。謂此非佛，是斷滅相。事理既融，斷滅亦空。佛自現前，如日之中。

一切常住達摩耶衆

以意爲根，是謂法塵。以佛爲體，是謂法身。風止浪靜，非有別水。放爲江河，匯爲沼沚。

一切常住僧伽耶衆

佛既強名，法亦非眞。神而明之，存乎其人。惟佛法僧，非三非一。如雲出雨，如水現日。

一切常住大菩薩衆

神智無方，解脱無礙。以何因緣，得大自在。障盡願滿，反于自然。無始以來，亡者復存。

一切常住大辟支迦衆

現無佛處，脩第二乘。如日入時，膏火爲燈。我說三乘，如應病藥。敬禮辟支，即大圓覺。

一切常住大阿羅漢衆

大不可知，山隨綫移。小入無間，澡身軍持。我雖不能，能設此供。知一切人，具此妙用。

一切五通神仙衆

孰云飛仙，高舉違世。湛然神凝，物不疵癘。爲同爲異，本自無同。契我無生，長生之宗。

一切護法龍神衆

外道壞法，如刀截風。壞者既妄，護者亦空。偉茲龍神，威而不怒。示有四友，佛之禦侮。

下八位

一切官僚吏從衆

至難者君，至憂者臣。以衆生故，現宰官身。以難爲易，以憂爲樂。樂兼萬人，禍倍衆惡。

一切天衆

苦極則脩，樂極則流。禍福無窮，糾纏相求。遂超欲色，至非非想。不如一念，眞法無上。

一切阿脩羅衆

正念淳想，則爲飛行。毫釐之差，遂墮戰爭。以此爲道，穴胸隕首。是眞作家，當師子吼。

一切人衆

地獄天宮，同一念頃。涅槃生死，同一法性。抱寶號窮，鑽穴索空。今夕何夕，當選大雄。

一切地獄衆

汝一念起，業火熾然。非人燔汝，乃汝自燔。觀法界性，起滅電速。知惟心造，是破地獄。

一切餓鬼衆

說食無味，涎流妄噍。眞食無火，中虛妄見。美從妄生，惡亦幻成。知幻即離，既飽且寧。

一切畜生衆

欲人不知，心則有負。此念未成，角尾已具。集我道場，一洗濯之。盡未來劫，愧者勿爲。

一切六道外者衆

陋劣之極，蕩於眇冥。胎卵濕化，莫從而生。聞吾法音，飆起雷動。如夢覺人，不復見夢。

又《海月辯公真贊并引》　錢塘佛者之盛，蓋甲天下。道德才智之士，與夫妄庸巧僞之人，雜處其間，號爲難齊。故於僧職正副之外，別補都僧正一員。簿帳案牒奔走將迎之勞，專責正副以下，而都師總領要略，實以行解表衆而已。然亦通號爲僧官。故高居遠引山栖絶俗之士，不屑爲之。惟清通端雅，外涉世而中遺物者，乃任其事，蓋亦難矣。余通守錢塘時，海月大師惠辯者，實在此位。神宇澄穆，不見慍喜，而緇素悅服，予固喜從之游。時東南多事，吏治少暇，而余方年壯氣盛，不安厥官。每往見師，清坐相對，時聞一言，則百憂冰解，形神俱泰。因悟莊周所言東郭順子之爲人，人貌而天虛，緣而葆眞，清而容物，物無道正，容以悟之，使人之意也消，蓋師之謂也歟？一日，師臥病，使人請余入山。適有所未暇，旬餘乃往，則師之化四日矣。遺言須余至乃闔棺，趺坐如生頂尚溫也。余在黃州，夢至西湖上，有大殿榜曰彌勒下生，而故人辯才、海月之流，皆行道其間。師沒後二十一年，余謫居惠州，天竺淨惠師屬參寥子以書遺余曰：檀越許與海月作眞贊，久不償此願，何也？余矍然而起，爲說贊曰：

人皆趨世，出世者誰？人皆遺世，世誰爲之？爰有大士，處此兩間。非濁非清，非律非禪。惟是海月，都師之式。庶復見之，衆縛自脫。我夢西湖，天宮化城。見兩天竺，宛如平生。雲披月滿，遺像在此。誰其贊之？惟東坡子。※《蘇文忠公全集》卷二十二，萬曆茅維編刻本，參校明成化本《東坡七集》，四部叢刊影印郎曄《經進東坡文集事略》，《甕牖閑評》卷七，《西湖游覽志餘》卷十四，《東坡禪喜集》卷二。

又《朱壽昌梁武懺贊偈并叙》 我觀世間，諸得道者，多因苦惱。苦惱之極，無所告訴，則呼父母。父母不聞，仰而呼天。天不能救，則當歸命，於佛世尊。佛以大悲，方便開示。令知諸苦，以愛爲本。得愛則喜，犯愛則怒。失愛則悲，傷愛則懼。而此愛根，何所從生？展轉觀察，愛盡苦滅，得安樂處。諸佛亦言，愛別離苦。父母離別，其苦無量。於離別中，生離最苦。有大長者，曰朱壽昌。生及七歲，而母捨去。長大懷思，涕泣追求。刺血寫經，禮佛懺悔。四十餘年，乃見其母。念報佛恩，欲度衆苦。觀諸教門，切近周至。莫如梁武，所說懺悔。文既繁重，旨亦淵秘。一切衆生，有不能了。乃以韻語，諧諸音律。使一切人，歌詠讚歎，獲福無量。時有居士，蜀人蘇軾。見聞隨喜，而說偈曰：

長者失母，常自念言：母本生我，我生母去，有我無母，不如無我。誓以此身，出生入死，母若不見，我亦隨盡。在衆人中，猶如狂人，終日皇皇，四十餘年，乃見其母。我初不記，母之長短，大小肥瘠，云何一見，便知是母。母子天性，自然冥契，如磁石鍼，不謀而合。我未見母，不求何獲，既見母已，即無所求。諸佛子等，歌詠懺文，既懺罪已，當求佛道，如我所說，作求母觀。

又《地獄變相偈》 我聞吳道子，初作酆都變。都人懼罪業，兩月罷屠宰。此畫無實相，筆墨假合成。譬如說食飽，何從生怖汗。乃知法界性，一切惟心造。若人了此言，地獄自破碎。

又《僧圓澤傳》（同上，卷一三） 洛師惠林寺，故光祿卿李憕居第。祿山陷東都，憕以居守死之。子源，少時以貴游子豪侈善歌，聞於時。及憕死，悲憤自誓，不仕不娶不食肉，居寺中五十餘年。寺有僧圓澤，富而知音，源與之游，甚密，促膝交語竟日，人莫能測。一日，相約游蜀青城峨眉山。源欲自荊州泝峽，澤欲取長安斜谷路。源不可，曰：吾已絕世事，豈可復道京師哉？澤默然久之，曰：行止固不由人。遂自荊州路，舟次南浦，見婦人錦襠負甖而汲者，澤望而泣曰：吾不欲由此者，爲是也。源驚問之。澤曰：婦人姓王氏，吾當爲之子。孕三歲矣，吾不來，故不得乳。今既見，無可逃者。公當以符呪助我速生。三日浴兒時，願公臨我，以笑爲信。後十三年中秋月夜，杭州天竺寺外，當與公相見。源悲悔而爲具沐浴易服，至暮，澤亡而婦乳。三日，往視之，兒見源果笑。具以語王氏，出家財葬澤山下。源遂不果行，反寺中，問其徒，則既有治命矣。後十三年自洛適吳，赴其約，至所約，聞葛洪川畔有牧童扣牛角而歌之。曰：三生石上舊精魂，賞月吟風不要論。慚愧情人遠相訪，此身雖異性長存。呼問：澤公健否？答曰：李公眞信士。然俗緣未盡，愼勿相近。惟勤修不墮，乃復相見。又歌曰：身前身後事茫茫，欲話因緣恐斷腸。吳越山川尋已遍，卻回烟棹上瞿塘。遂去，不知所之。後二年，李德裕奏源忠臣子，篤孝，拜諫議大夫，不就，竟死寺中，年八十。

又《宸奎閣碑》（同上，卷一七） 皇祐中，有詔廬山僧懷璉住京師十方淨因禪院，召對化成殿，問佛法大意，奏對稱旨，賜號大覺禪師。是時北方之爲佛者，皆留於名相，囿於因果，以故士之聰明超軼者皆鄙其言，詆爲蠻夷下俚之說。璉獨指其妙與孔、老合者，其言文而眞，其行峻而通，故一時士大夫喜從之游，遇休沐日，璉未盥漱，而戶外之屨滿矣。仁宗皇帝以天縱之能，不由師傅，自然得道，與璉問答，親書頌詩以賜之，凡十有七篇。至和中，上書乞歸老山中。上曰：山即如如體也。將安歸乎？不許。治平中，再乞，堅甚，英宗皇帝留之不可，賜詔許自便。璉既渡江，少留於金山、西湖，遂歸老於四明之阿育王山廣利寺。四明之人，相與出力建大閣，藏所賜頌詩，榜之曰宸奎。時京師始建寶文閣，詔取其副本藏焉。且命歲度僧一人。璉歸山二十有三年，年八十有三。臣出守杭州，其徒使來告曰：宸奎閣未有銘。君逮事昭陵，而與吾師遊最舊，其可以辭？臣謹按古之人君號知佛者，必曰漢明、梁武，其徒蓋常以藉口，而繪其像於壁者。漢明以察爲明，而梁武以弱爲仁，皆緣名失實，去佛遠甚。恭惟仁宗皇帝在位四十二年，未嘗廣度僧尼，崇侈寺廟，干戈斧鑕，未嘗有所私貸。而升遐之日，天下歸仁焉。此所謂得佛心法者，古今一人而已。璉雖以出世法度人，而持律嚴甚。上嘗賜以龍腦鉢盂，璉對使者焚之，曰：吾法以壞色衣，以瓦鐵食，此鉢非法。使者歸奏，上嘉歎久之。銘曰：

巍巍仁皇，體合自然。神耀得道，非有師傳。維道人璉，逍遥自在。禪律並行，不相留礙。於穆頌詩，我既其文。惟佛與佛，乃識其眞。咨爾東南，山君海王。時節來朝，以謹其藏。

又《寶月大師塔銘》（同上，卷一五） 寶月大師惟簡，字宗古，姓蘇氏，眉之眉山人。於余爲無服兄。九歲，事成都中和勝相院慧悟大師。十九得度，二十九賜紫，三十六賜號。其同門友文雅大師惟慶爲成都僧統，所治萬餘人，鞭笞不用，中外肅伏。慶博學通古今，善爲詩，至於持律總眾，酬酢事物，則師密相之也。凡三十餘年，人莫知其出於師者。師清亮敏達，綜練萬事，端身以律物，勞己以裕人，人皆高其才，服其心，凡所欲爲趨成之。更新其精舍之在成都與郫者，凡一百七十三間，經藏一，盧舍那阿彌陀彌勒大悲像四，博橋二十七，皆談笑而成，其堅緻可支一世。師於佛事雖若有爲，譬之農夫畦而種之，待其自成，不數數然也。故余嘗以爲修三摩鉢提者。蜀守與使者皆一時名公卿，人人與師善。然師常罕見寡言，務自卻遠，蓋不可得而親疎者。喜施藥，所活不可勝數。少時，瘠黑如梵僧，既老而皙，若復少者。或曰：是有陰德發於面，壽未可涯也。紹聖二年六月九日，始得微疾，即以書告於往來者，敕其子孫皆佛法大事，無一語私其身。至二十二日，集其徒問日蚤暮。及辰，曰：吾行矣。遂化，年八十四。是月二十六日，歸骨于城東智福院之壽塔。弟子三人，海慧大師士瑜先亡，次士隆，次紹賢，爲成都副僧統。孫十四人，悟遷、悟清、悟文、悟眞、悟緣、悟深、悟微、悟開、悟通、悟誠、悟益、悟權、悟緘。曾孫三人，法舟、法榮、法原。以家法嚴，故多有聞者。師少與蜀人張隱君少愚善，吾先君宮師亦深知之，曰：此子才用不減澄觀，若事當有立於世，爲僧亦無出其右者。已而果然。余謫居惠州，舟實來請銘。銘曰：

大師寶月，古字簡名。出趙郡蘇，東坡之兄，自少潔齊，老而彌剛。領袖萬僧，名聞四方。壽八十四，臘六十五。瑩然摩尼，歸眞于上。錦城之東，松柏森森。子孫如林，蔽芾其陰。

又《祭大覺禪師文》（同上，卷六三） 維年月日，具位蘇軾，謹以香茶蔬果，致奠故大覺禪師器之之靈。於穆仁祖，威神在天。山陵之成，二十九年。當時遺老，存者幾人。矧如禪師，方外之臣。頌詩往來，月璧星珠。昭回之光，下燭海隅。昔本無生，今亦無滅。人懷昭陵，涕泗哽噎。我在壯歲，屢親法筵。餽奠示別，豈免凄然？

又《祭龍井辯才文》 嗚呼，孔老異門，儒釋分宮。又於其間，禪律相攻。我見大海，有北南東。江河雖殊，其至則同。雖大法師，自戒定通。律無持破，垢淨皆空。講無辯訥，事理皆融。如不動山，如常撞鐘。如一月水，如萬竅風。八十一年，生雖有終。遇物而應，施則無窮。我初適吳，尚見五公。講有辯、臻，禪有璉、嵩。後二十年，獨餘此翁。今又往矣，後生誰宗。道俗欷歔，山澤改容。誰持一盃，往吊井龍。我去杭時，白叟黃童。要我復來，已許于中。山無此老，去將安從。噫參寥子，往奠必躬。豈無他人，莫寫我胸。

又《惠州祭枯骨文》 爾等暴骨于野，莫知何年。非兵則民，皆吾赤子。恭惟朝廷法令，有掩骼之文，監司舉行，無吝財之意。是用一新此宅，永安厥居。所恨犬豕傷殘，螻蟻穿穴。但爲聚冢，罕致全軀。幸雜居而靡爭，義同兄弟，或解脱而無戀，超生人天。

朱長文《華嚴經讚序》（《圓宗文類》卷二二） 夫《華嚴》者，攄諸佛之心境，瑩萬法之本際也。其爲經廣大溥博，淵邃微妙。以言其性，窮法界之無盡，以言其相，視塵剎之交徹，以言其理，包空色以皆眞，以言其事，攝一多而同現。雖釋天之寶網、海藏之靈珠，不足以喻其光輝照徹也。無往來之異，無古今之辨。無作之作，鼓舞萬類，無言之言，充遍羣有。初心既悟，雖凡夫可入，積學未解，雖聲聞莫覩。速證菩提，而爲功不滯，兼濟六合，而妙用難窺。此誠離權而就實，漸超而即頓也。蓋降神出明，爲一大事，始成正養，即演是經。至於小乘之戒，以善制惡，三乘之教，空談破有，《淨名》之孳佛刹，《法華》之變龍女，咸所以應機接引，隨根示化爾，非《華嚴》之比也。余嘗謂釋典之有《華嚴》，猶六經之有大《易》。《易》列卦以明旨，立爻以通變，設象以盡意，而兩儀之道，萬物之情具矣。《華嚴》陳世以宅性，名佛以筌德，布位以表法，而一眞之體、萬行之果備矣。故學儒而不爲《易》，學佛而不爲《華嚴》，烏足以窮理盡性也。嗟夫，含識之類，自始迄今，爲無言之所覆翳，墮螟焰，觸貪網，揭驕慢，高幢行，諂誰材，入生死大苦海中，波濤飄泊，不求出離者，滔滔皆是也。萬一志樂佛乘，迴向清淨，又多厭苦忻寂，趣求自了，蚩蚩生民，孰敎孰矜。若知夫《華嚴》之域，以無明爲智海，用本智爲法身，仗諸願爲勝緣，擴大慈爲能事。眾生未到彼岸，我不獨登正覺，眾生未脫苦海，我亦輪迴世間。或化如天，或孕如人，或主世導俗，或入塵同行，亦不必蠲飾好，就寥曠，遁山林，籍草石，然後爲得也。是故雖通居五位，而還向文殊之妙智，雖總成十力，而忽捨普賢之至願，神聖極致，安可思議哉？某自嬰禍酷，銜哀持誦，日月如流，祥禫甫迫，親恩罔極，云何可報。經云：亦以無窮偈，稱述供養人。中調御者，是稱讚者。佛事，求福之一端也。於是閱逝多長者論，探其指歸，每品爲讚，併《普賢行願》凡四十篇。其卒章皆薦述親之誠，庶幾助我先君光祿證道超生之因也。噫，秋豈足量太空，勺水未能增巨海，誠之所發，不自知量乎。自繕寫，禮佛以陳。神威洋洋，昭鑑丹悃。長文謹序。

蘇轍《洞山文長老語錄叙》（《欒城集》卷二五） 水流於地，發爲草木，鹹酸甘苦皆水也。火傳於薪，化爲飲食，飯粥羹胾皆火也。心藏於人，見於百骸，視聽言動皆心也。古之達人推而通之，大而天地山河，細而秋毫微塵，此心無所不在，無所不見。是以小中見大，大中見小，一爲千萬，千萬爲一，皆心法爾，然而非有所造也。故其指心法以示人也，有以光明相好化人，有以飲食臥具衣服，有以園林臺觀虛空，有以寂嘿無說無示，蓋事無非法者。然有聞思修法門，眾生由之以入，如大衢路，既徑且易。自達磨西來，諸祖相承，皆因言以曉人，心地既明，出語皆法。譬如古木，生氣條達，花葉無數，顛倒向背，穠纖長短，無一不可。譬如大海，濕性融溢，隨風舒卷，波濤流轉，充遍洲浦，無一不到。觀者眩曜，莫測其故。然至於循流返源，識其終始，可以拊手而笑。有克文禪師，幼治儒業，弱冠出家求道，得法於黃龍南公，說法於高安諸山，晚居洞山，實繼悟本，辯博無礙，從眾自遠而至。元豐三年，予以罪來南，一見如舊相識。既而其徒以《語錄》相示，讀之縱橫放肆，爲之茫然自失。蓋余雖不能詰，然知其爲證正法眼藏，得遊戲三昧者也。故題其篇首。

又《書孫樸學士手寫華嚴經後》（《欒城後集》卷二一） 開府孫公歷仕四朝，與聞國政者再，經涉夷險而不改其度，世皆知貴之矣。至其中心純白，表裏如一，平生無負於物，則世之人未必盡知之。公之守眞定也，聞其覺山僧惠實說法，惻然有契於心，遂以爲善知識。復受詔祈雨此山，能出其靈蛇，以救枯槁。此僧此蛇，豈其用意專精，獨有以識公誠心歟？公亦嘗爲請於朝，得閒歲度僧，又爲實立碑於塔，終身眷眷，若有遇於此。公子元忠復手書此經，藏之山中，以成公遺意。如佛所說因緣不爲妄語，則予兄子瞻所記，可信不疑矣。元祐八年十二月八日。

又《書楞嚴經後》 予自十年來，於佛法中漸有所悟，經歷憂患，皆世所希有，而眞心不亂，每得安樂。崇寧癸未，自許遷蔡，杜門幽坐，取《楞嚴經》翻覆熟讀，乃知諸佛涅槃正路從六根入。每趺坐燕安，覺外塵引起六根。根若墮去，即墮生死道中。根若不墮，返流全一，中中流入，即是涅槃眞際。觀照既久，如淨琉璃，內含寶月。稽首十方三世一切佛菩薩、羅漢、僧慈悲哀愍，惠我無生法忍，無漏勝果，誓願心心護持，勿令退失。三月二十五日志。

又《書金剛經後》 予讀《楞嚴》，知六根源出於一，外緣六塵，流而爲六，隨物淪逝，不能自返。如來憐愍眾生，爲設方便，使知出門即是歸路，故於此經指涅槃門，初無隱蔽。若眾生能洗心行法，使塵不相緣，根無所偶，返流全一，六用不行，晝夜中中流入，與如來法流水接，則自其肉身，便可成佛。如來猶恐眾生於六根中未知所從，乃使二十五弟子各說所證，而觀世音以聞、思、修爲圓通第一。其言曰：初於聞中，入流無所。所入既寂，動靜二相，了然不生，如是漸增。聞所聞盡，盡聞不住。

覺所覺空，空覺極圓。空所空滅，生滅既滅。寂滅見前，若能如是，圓拔一根，則諸根皆脱，於一彈指頃，遍歷三空，即與諸佛無異矣。既又讀《金剛經》，説四果人，須陀洹名爲入流，而無所入，不入色、聲、香、味、觸、法，是名須陀洹。乃廢經而歎曰：須陀洹所證，則觀世音所謂初於聞中，入流無所者耶？入流非有法也，唯不入六塵，安然常住，斯人流矣。至於斯陀含名一往來，而實無往來，阿那含名爲不來，而實無不來。蓋往則入塵，來則返本。斯陀含雖能來矣，而未能無往，阿那含非徒不往，而亦無來。至阿羅漢，則往來意盡，無法可得。然則所謂四果者，其實一法也，但歷三空，有淺深之異耳。予觀二經之言，本若符契，而世或不喻，故明言之。

又《書金剛經後》　經言：如來有五眼：近矚牆宇，遠覽山河，肉眼也。隨其福德，見有遠近，天眼也。知物皆妄，坐而轉物，慧眼也。入萬法，遍法界，法眼也。以慧眼轉物，以法眼遍物，佛眼也。謂如來有慧眼、法眼、佛眼可也，何肉眼、天眼之有？曰：如來爲衆生，故入諸趣。在人則同其肉眼，在天則同其天眼，如聲聞人住無爲法而畏生死，則亦有慧眼而已耳。

又《書白樂天集後》　《圓覺經》云：動念息念，皆歸迷悶。世間諸修行人，不墮動念中，即墮息念中矣。欲兩不墮，必先辨眞妄。使眞不滅，則妄不起。妄不起，而六根之源湛如止水，則未嘗息念而念自靜矣。如此乃爲眞定。眞定既立，則眞惠自生。定惠圓滿，而衆善自至。此諸佛心要也。《金剛經》云：應無所住而生其心。既不住六塵，亦不住靜六塵，日夜遊於六根，而兩不相染，此樂天所謂：六根之源，湛如止水也。六祖嘗告大弟子：假使坐而不動，除得妄起心。此法同。無情即能障道。道須流通，何以卻住心？心不住即流通，住即被縛。故五祖告牛頭亦云：妄念既不起，眞心任遍知。皆所謂應無所住而生其心者也。佛祖舊説符合如此，而樂天《八漸偈》亦似見此事，故書其後，寄子瞻兄。

又《書傳燈録後》（《樂城第三集》卷九）　予久習佛乘，知是出世第一妙理，然終未了所從入路。頃居淮西，觀《楞嚴經》，見如來諸大弟子多從六根入，至返流全一，六用不行，混入性海，雖凡夫可以直造佛地。心知此事數年於茲矣，而道久不進。去年冬讀《傳燈録》，究觀祖師悟入之理，心有所契，必手録之，寘之坐隅。蓋自達磨以來，付法必有偈，偈中每有下種生花之語。至六祖得衣法南邁，有明上坐者追至嶺上，知衣不可取，悔過求法。祖誨之曰：汝諦觀察，不思善，不思惡，正恁麽時，阿那個是明上坐本來面目。明即時大悟，遍體流汗，曰：頃在黄梅隨衆，實不省自己本來面目。今蒙指示入處，如人飲水，冷暖自知。祖知明已悟，敎之善自護持而已。及内侍薛簡問祖心要，祖亦曰：一切善惡都莫思量，自然得入，清淨心體，湛然常寂，妙用恆沙。簡亦豁然大悟。予釋卷歎曰：祖師入處儻在是耶？既見本來面目，心能不忘，護持不捨，則謂下種也耶？譬諸草木種子，若置之虛空，不投地中，雖經百千歲，何緣得生？若種之地中，潤之以雨露，暵之以風日，則開花結子，數日可待。六祖常謂大衆：汝等諸人，自心是佛，外無一物。而能建立，皆是本心，生萬種法。因敎之以一相一行三昧曰：若人於一切處不住相，於彼相中不生憎愛，亦無取捨，不念利益成壞等事，安閑恬靜，虛融澹泊，此名一相三昧。若於一切處行住坐卧，純一直心不動，道場眞成淨土，此名一行三昧。若人具二三昧，如地有種，含藏長養，成就其實。我今説法，猶如時雨，普潤大地。汝等佛性，譬諸種子，遇茲沾洽，悉得發生。承吾旨者決獲菩提，依吾行者決證妙果。一相一行三昧則治地法也。予至此復歎曰：祖師之言備矣，而人自不知，雖知未必能行。如予蓋知而未能行者也。昔李習之嘗問戒、定、慧於藥山，藥山曰：公欲保任此事，須於高高山頂坐，深深海底行。如閨閤中物捨不得，便爲滲漉。予欲書此言於紳，庶幾不忘也。凡諸方妙語，昔人有未喻者，予輒爲釋之，録之於左。凡十二章。大觀二年二月十三日書。

佛説法，有一女人忽來問訊，便於佛前入定。文殊師利近前彈指，出此女人定不得，又托升梵天，亦出不得。佛曰：假使百千文殊，亦出此女人定不得。下方有網明菩薩，能出此定。須臾網明便至，問訊佛了，去女人前彈指一聲，女人便從定而起。潁濱老曰：有心要出此女人定，雖是文殊親托往梵天，也出不得，無心要出此女人定，一彈指便了。

僧問老宿：師子捉兔亦全其力，捉象亦全其力，未審全個什麽力？老宿曰：不欺之力。潁濱老曰：師子捉兔時亦全用一個師子力，捉象時亦全用一個師子力，不爲兔小象大而有差別。若有差別，則物有大於象者，師子捉不得矣。菩薩斷取三千大千世界置右掌中，如持針鋒舉一棗葉，即此理也。

僧舉教云：文殊忽起佛見法見，被佛攝向二鐵圍山。五雲曰：如今若有人起佛見法見，我與點兩碗茶，且道賞伊罰伊，同教意不同教意？潁濱老曰：攝向鐵圍山，令知起見之非，與他茶喫，令他識本來處，與教意異而不異。

保福僧到地藏，地藏和尚問彼中佛法云何，保福曰：有時示衆道，塞卻你眼，教你覷不見，塞卻你耳，教你聽不聞，坐卻你意，教你分別不得。地藏曰：吾問你，不塞你眼，見個什麼？不塞你耳，聞個什麼？不坐你意，作麼生分別？或人問此二尊宿意爲同爲不同，潁濱老曰：六根爲物所塞，爲物所坐，則不見自性，不聞自性，不能分別自性。若不爲物所塞，不爲物所坐，則可以聞見自性，分別自性矣。老子曰：視之不見名曰夷，聽之不聞名曰希，搏之不得名曰微。是三者不可致詰，故復混而爲一。一則性也，凡老子之言與佛同者，類如此。

鄧隱峰在馬師會下，一日推土車，馬師展腳路上坐。峰曰：請師收足。馬曰：已展不收。峰曰：已進不退。推車直進，碾損馬師腳。馬歸法堂，執斧子曰：碾損老僧腳底出來。峰出引頸於前，馬師乃置斧子。潁濱老曰：馬師展腳不收，執斧而問，二者皆以試驗隱峰臨機見解耳。土車進退，於事初無損益，而直推不顧，此隱峰狂直之病也。若執斧問之，而縮頸畏避，則十分凡夫，無足取矣。猶能引頸而俟，則猶可取也。故其終也，不坐不立，倒立而逝，雖去來自在，而狂病猶未痊也。

南泉欲遊莊舍，土地神先報莊主，莊主乃預爲備。泉至問曰：安知老僧來，排辦如此？莊主曰：昨夜土地神相報。泉曰：王老師修行無力，被鬼神覷見。有僧便問：既是善知識，因何被鬼神覷見？泉曰：土地前更下一分飯。潁濱老曰：昔大耳三藏，自謂得他心通，忠國師見而問之曰：老僧心在何處？大耳曰：在西川看競渡。忠再問：心在何處？大耳曰：在天津橋看弄胡孫。及三問，大耳良久莫知去處。忠叱之曰：這野狐精，它心通在什麼處？仰山聞而釋之曰：前兩度是涉境心，故爲大耳所見。後是自受用三昧，故大耳不能見。今南泉欲遊莊舍，而土地知之，亦見其涉境心耳，本無足怪者。南泉自謂修行無力，亦姑云爾。僧因其言而詰之，非識理者也。答之以土地前更下一分飯，蓋言前後皆涉境心耳。

仰山嘗謂第一坐曰：不思善，不思惡，正恁麼時作麼生？對曰：正恁麼時，是某甲放身命處。仰山曰：何不問？老僧曰：恁麼時不見有和尚。仰山曰：扶吾教不起。或曰不思善，不思惡，此六祖所謂本來面目，而仰山少之，何也？潁濱老曰：在《周易》有之：無思也，無爲也，寂然不動，感而遂通天下之故。非天下之至神，其孰能與於此？無思無爲者，其體也，感而遂通天下之故者，其用也。得其體，未得其用，故仰山以爲未足耳。長沙岑和尚嘗遣僧問同參會老曰：和尚見南泉後如何？會默然。僧曰：未見南泉時如何？會曰：不可更別有也。僧回以告，岑有偈曰：百尺竿頭坐底人，雖然得入未爲眞。百尺竿頭須進步，十方世界是全身。蓋亦貴其用耳。

香嚴閑師嘗謂衆曰：如人在千尺懸崖，口銜樹枝，腳無所踏，手無所攀，忽有人問西來意。若開口答，即喪身失命，若不答，又違問者。如何即是？衆無對。潁濱老曰：我若當此時，便大開口答他西來意，不管喪身失命，管別有道理也。

玄沙備頭陀謂衆曰：諸方老宿盡道接物利生，只如盲聾啞三種病人，汝作麼生接？拈槌豎拂，他且不見，共他說話，他且不聞，口復啞，若接不得。佛法安在？明雖有答者，備皆不肯。潁濱老曰：三種病人，若只用諸方拈槌豎拂說話等伎倆接他，眞是奈何他不得。如諸佛菩薩修行功到，虎狼蛇蠍，崖石草木，無物透不得，而況三種病人乎？玄沙之意儻在是耳，非一時老宿境界，故未有能道者耳。

德謙禪師嘗到雙巖，雙巖長老問《金剛經》云：一切諸佛皆從此經出，且道此經是何人說？師曰：說與不說且置，和尚喚什麼作此經？雙巖無對。師曰：一切賢聖皆以無爲法而有差別。既以無爲法爲極，則又安有差別？且如差別是過不是過？若是過，一切賢聖盡有過，若不是過，決定喚什麼做差別？雙巖亦無語。潁濱老曰：佛本無經，此經者此心也。佛惟無心，故萬法由之而出，若猶有心，一法且不能出，而況萬法乎？四果十地皆賢聖也，其所得法各有淺深，然皆非無心則不能得。故曰一切賢聖皆以無爲法而有差別，如扁之斲輪，傴僂之承蜩，皆非無心無以致其功。其以無致功，則與賢聖同，而其功之大小，則與賢聖異。賢聖之有差別，蓋無可疑者也。經所謂以無爲法者，謂以無而爲法耳，非謂有無爲之法也。然自六祖以來，皆讀作無爲之法，蓋僧家拙於文義耳。

杭州報恩院惠明禪師庵居大梅山，有二禪客至，師曰：上坐離什麼處來？曰：都城。師曰：上坐離都城至此山，則都城少上坐，此山剩上坐。剩則心外有法，少則心法不周。說得道理即住，不會即去。二客不能對。又有朋彥上坐訪師，師問：一人發眞歸源，十方虛空，一時消隕。今天台嶷然，如何得消隕去？朋彥亦無措。潁濱老曰：佛身充滿於法界，普現一切羣生前，此理也，一人發眞歸源，十方虛空，一時消隕，亦理也。二理無可疑者。人能達此理，則去來之想盡，山河之礙滅，眞性朗然，物莫能隔。此所以爲充滿法界，消隕虛空矣。達者聞而信之，昧者疑之，則天台嶷然在前，未嘗滅矣。

杭州永明寺道潛禪師嘗訪淨慧禪師。會四衆士女入院，淨慧曰：律中隔壁聞釵釧聲，即爲破戒。見睹金銀合沓，朱紫駢闐，是破戒不是破戒？師曰：好個入路。淨慧稱善。潁濱老曰：隔壁聞釵釧聲而欲心動，安得不謂破戒？金銀合沓，朱紫駢闐而心不起，安得謂之破戒？

又《私試進士策問二十八首》（節選）（《欒城集》卷二〇） 問：孔子與老子同時，孔子以禮樂教人，而老子以清淨無爲爲宗。孔子蓋嘗問禮於老子，未有一言非之者。夫孔、老豈同道者哉？後世孟軻、韓愈皆學於孔子，然孟子之於楊朱、墨翟，韓子之於浮屠氏，皆訟言攻之，嫉之如仇讎。夫韓、孟之賢不過於孔子，而楊朱、浮屠之害無異於老子，或釋而不問，或排而不置，其說安在？

又《梁武帝》（《欒城後集》卷一〇） 《易》曰：形而上者謂之道，形而下者謂之器。自五帝三王以形器治天下，導之以禮樂，齊之以政刑，道行於其間，而民莫知之。文、武之後，雖召公、畢公之賢，君子不以爲知道者。至春秋之際，管仲、晏子、子產、叔向之徒，以仁義忠信成功於天下，然其於道則已遠矣。孔子出於周末，收文、武之遺，而得堯、舜之極，其稱曰：君子上達，小人下達。嘗自謂我下學而上達者。於其門人，惟顏子、曾子庶幾以道許之。一時賢者，若老子之明道，其所以尊之者至矣。史稱孔子既見老子，退謂弟子曰：鳥，吾知其能飛，魚，吾知其能游，獸，吾知其能走。走者可以爲網，游者可以爲綸，飛者可以爲矰。至於龍，吾不能知，其乘雲氣而上天。吾今日見老子，其猶龍邪？老子體道而不嬰於物，孔子至以龍比之，然卒不與共斯世也。捨禮樂政刑而欲行道於世，孔子固知其難哉。東漢以來，佛法始入中國，其道與老子相出入，皆《易》所謂形而上者。而漢世士大夫不能明也，魏、晉以後，略知之矣。好之篤者，則欲施之於世，疾之深者，則欲絕之於世。二者皆非也。老、佛之道與吾道同而欲絕之，老、佛之教與吾教異而欲行之，皆失之矣。秦姚興區區一隅，招延緇素，譯經談妙，至者凡數千人，而姚氏之亡，曾不旋踵。梁武繼之，江南佛事，前世所未嘗見，至捨身爲奴隸，郊廟之祭，不薦毛血。父子皆陷於侯景，而國隨以亡。議者觀秦、梁之敗，則以佛法爲不足賴矣。後魏太武深信崔浩，浩不信佛法，勸帝斥去僧徒，毀經壞寺。既滅佛法，而浩亦以非罪赤族。唐武宗欲求長生，徇道士之私，夷佛滅僧，不期年而以弑崩。議者觀魏、唐之禍，則以佛法爲不可捂矣。二者皆見其一偏耳。老、佛之道，非一人之私說也，自有天地，而有是道矣。古之君子以之治氣養心，其高不可嬰，其潔不可溷，天地神人皆將望而敬之。聖人之所以不疾而速、不行而至者，一用此道也。《老子》曰：天得一以清，地得一以寧，神得一以靈，穀得一以盈，萬物得一以生，侯王得一以爲天下貞。天無以清將恐裂，地無以寧將恐發，神無以靈將恐歇，谷無以盈將恐竭，萬物無以生將恐絕，侯王無以貴高將恐蹶。道之於物無所不在，而尙可非乎？雖然，蔑君臣，廢父子，而以行道於世，其弊必有不可勝言者。誠以形器治天下，導之以禮樂，齊之以政刑。道行於其間而民不知，萬物並育而不相害，道並行而不相悖，泯然不見其際而天下化，不亦周、孔之遺意也哉？

又《策問一六首》（節選）（《欒城第三集》卷五） 問：堯、舜、周、孔之道行於天下，無一物而不由，無一日而不用，而佛、老之教常與之抗衡於世。世主之欲舉而廢之者屢矣，而終莫能，此豈無故而能然哉？諸生皆學道者也，請推言其所以然，辯其不可去之理，與雖不去而無害於世者，詳著之於篇。

又《老聃論上》（《欒城應詔集》卷三） 善與人言者，因其人之言而爲之言，則天下之爲辯者服矣。與其里人言，而曰吾父以爲不然，則誰肯信以爲爾父之是是？故不若與之論其曲直，雖楚人可以與秦人言之而無害。故夫天下之所爲多言以排夫異端而終以不明者，唯不務其是非利害，而以父屈人也。夫聖人之所爲尊於天下，爲其知夫理之所在也。而周公、仲尼之所爲信於天下，以其弟子而知之也。故非其弟子，而天下有不知周公之爲周公、而仲尼之爲仲尼者矣。是故老聃、莊周其爲說，不可以周、孔辯也。何者？彼且以爲周、孔之不足信也。夫聖人之於言，譬如規矩之於方圓爾。天下之人信規矩之於方圓，而以規矩辨天下之不方不圓，則不若求其至方極圓，以陰合於規矩。使規而有不圓，矩而有不方，則亦無害於吾說。若此，則其勢易以折天下之異論。昔者天下之士，其論老聃、莊周與夫佛之道者，皆未嘗得其要也。老聃之說曰：去仁義，絶禮樂，而後天下安，而吾之說曰：仁義禮樂，天下之所待以治安者。佛之說曰：棄父絶子，不爲夫婦，放鷄豚，食菜茹，而後萬物遂，而吾之說曰：父子、夫婦、食鷄豚，以遂萬物之性。夫彼且以其說，而吾亦以吾說，彼之不吾信，如吾之不彼信也。蓋天下之不從，莫急於未信而彊刼之。故夫仁以安人，而行之以義，節之以禮，而播之以樂，守之以君臣，而維之以父子兄弟，食肉而飲酒，此明於孔子者之所知也。而欲以諭其所不知之人，而曰孔子則然。嗟夫，難哉。愚則不然，曰：天下之道，唯其辯之而無窮，攻之而無間，辯之而有窮，攻之而有間，則是不足以爲道。果孔子而有窮也，亦將舍而他之，惟其無窮，是以知其爲道而無疑。蓋天下有能平其心而觀焉，而不牽夫仲尼、老聃之名，而後可與語此也。

又《老聃論下》 天下之道，惟其辯之而無窮，攻之而無間，辯之而有窮，攻之而有間，則是不足以爲道。昔者六國之際，處士橫議，以熒惑天下。楊氏爲我，而墨氏兼愛。凡天下之有以君臣父子之親而不相顧者，舉皆歸於楊氏，而道路之人皆可以爲父兄子弟者，舉皆歸於墨氏也。夫天下之人，不可以絶其相屬之親而合其無故之歡，此其勢然矣。故老聃、莊周知夫天下之不從也，而起而承之，以爲兼愛、爲我之不足以收天下，是以不爲爲我，不爲兼愛，而處乎兼愛、爲我之際。此其意以爲不兼愛，則天下議其無親，不爲我，則天下譏其爲人。故兩無所適處，而泛泛焉浮游其間，而我皆無所與，以爲是足以自免而逃天下之是非矣。夫天下之人，惟是其所是，而非其所非，是以其說可得而考其終。今夫老莊無所是非，而其終歸於無有，此其思之亦已詳矣。楊氏之爲我，墨氏之兼愛，此其爲道莫不有所執也。故爲我者，爲兼愛之所詆，而兼愛者，爲爲我之所毁，是二者其地皆不可居也。然而得其間而固守之，則可以杜天下之異端而絶其口。蓋古之聖人惟其得而居之，是以天下大服，而其道遂傳於後世。今老聃、莊周不得由其大道而見其隙，竊入於其間而執其機，是以其論縱橫堅固而不可破也。且夫天下之事，安可以一說治也？彼二子者，欲一之以兼愛，斷之以爲我，故其說有時焉而遂窮。夫惟聖人能處於其間，而制其當。然兼愛、爲我亦莫棄也，而能用之以無失乎道，處天下之紛紜而不失其當。故曰：伯夷、叔齊不降其志，不辱其身，而柳下惠、少連降志而辱身，言中倫，行中慮，虞仲、夷逸，隱居放言，身中清，廢中權。我則異於是，無可無不可。夫無可無不可，此老聃、莊周之所以爲辯也，而仲尼亦云，則夫老聃、莊周其思之不可以爲不深矣。蓋嘗聞之，聖人之道處於可不可之際，而遂從而實之，是以其說萬變而不可窮。老聃、莊周從而虚之，是以其說汗漫而不可詰。今將以求夫仲尼、老聃之是非者，惟能知虚實之可用與否而已矣。蓋天下固有物也，有物而物相遭，則固亦有事矣。是故聖人從其有而制其御有之道，以治其有實之事，則天下夫亦何事之不可爲，而區區焉求其有以納之於無，則其用力不已甚勞矣哉。夫老聃、莊周則亦嘗自知其窮矣。夫其窮者何也？不若從其有而有之之爲易也。故曰常無欲以觀其妙，而又曰常欲有以觀其徼，既曰無之以爲用，而又曰有之以爲利。而至於佛者，則亦曰斷滅，而又曰無斷無滅。夫既曰無矣，而又恐無之反以爲窮，既曰斷滅矣，而又恐斷滅之適以爲累。則夫其情可以見矣。仲尼有言曰：君子之中庸也，君子而時中，小人之中庸也，小人而無忌憚也。夫老聃、莊周其亦近於中庸而無忌憚者哉。

又《民政策上第三道》（同上，卷九） 臣聞聖人將有以奪之，必有以予之，將有以正之，必有以柔之。納之於正，而無傷其心，去其邪僻，而無絶其不忍之意。有所矯拂天下，大變其俗，而天下不知其爲。其變也，釋然而順，油然而化，無所齟齬，而天下遂至於大正矣。蓋天下之民，邪淫不法，紛亂而至於不可告語者，非今世而然也。夫古者三代之民，耕田而後食其粟，蠶繅而後衣其帛。欲享其利，而勤其力，欲獲其報，而厚其施，欲求其父子之親，則盡心於慈孝之道，欲求兄弟之和，則致力於長悌之節，欲求夫婦之相安，朋友之相信，亦莫不務其所以致之之術。故民各治其生，無望於僥倖之福，而力行於可信之事。凡其所以養生求福之道，如此其精也。至其不幸而死，其親戚子弟又爲之死喪祭祀、歲時伏臘之制，所以報其先祖之恩、而安卹孝子之意者，甚具而有法。籩豆簠簋飲食酒醴之薦，大者於廟，而小者於寢，薦新時祭，春秋不闕。故民終三年之憂，而又有終身不絕之恩愛，慘然若其父祖之居於其前而享其報也。至於後世則不然，民怠於自修，而其所以養生求福之道，皆歸於鬼神冥寞之間，不知先王喪紀祭祀之禮，而其所以追養其先祖之意，皆入於佛、老虛誕之說。是以四夷之敎，交於中國，縱橫放肆，其尊貴富盛擬於王者，而其徒黨遍於天下。其宮室、棟宇、衣服、飲食常侈於天下之民，而中國之人、明哲禮義之士，亦未嘗以爲怪，幸而其間有疑怪不信之心，則又安視而不能去。此其故何也？彼能執天下養生報死之權，而吾無以當之，是以若此不可制也。蓋天下之君子嘗欲去之，而亦既去矣，去之不久，而還復其故。其根之入於民者甚深，而其道之悅於民者甚佞。世之君子未有以解其所以入而易其所以悅，是以終不能服天下之意。天下之民以爲養生報死皆出於此，吾未有以易之而遂絕其敎，欲納之於正而傷其心，欲去其邪僻而絕其不忍之意，故民之從之也甚難。聞之曰：川竭而谷虛，丘夷而淵實。作乎此者，必有以動乎彼也。夫天下之民，非有所悅乎佛、老之道，而悅乎養生報死之術。今能使之得其所以悅之實，而去其所悅之名，則天下何病而不從？蓋先王之敎民，養生有方，而報死有禮。凡國之賞罰黜陟，各當其處，貧富貴賤，皆出於其人之所當然。力田而多收，畏法而無罪，行立而名聲發，德成而爵祿至。天下之人，皆知其所以獲福之因，故無惑於鬼神。而其祭祀之禮，所以仁其祖宗而慰其子孫之意者，非有鹵莽不詳之意也。故孝子慈孫有所歸心，而無事於佛、老。臣愚以爲嚴賞罰，敕官吏，明好惡，愼取予，不赦有罪，使佛、老之福不得苟且而惑其生，因天下之爵秩，建宗廟，嚴祭祀，立尸祝，有以塞人子之意，使佛、老之報不得乘隙而制其死。蓋漢唐之際嘗有行此者矣。而佛、老之說未去，嘗有去者矣，而賞罰不詳，祭祀不謹，是以其道牢固而不可去，既去而復反其舊。今者國家幸而欲減損其徒，日朘月削，將至於亡。然臣愚恐天下尚猶有不忍之心，天下有不忍之心，則其勢不可以久去。故臣欲奪之而有以予之，正之而有以柔之，使天下無憾於見奪，而日安其新。此聖人所以變天下之術歟。

又《光州開元寺重修大殿記》（《欒城集》卷二三） 古之循吏因民而施政，有餘者損之，不足者與之。興其所欲，而廢其所患苦。順其風俗之宜，而吾無作焉。故文翁治蜀，立之學官，龔遂治渤海，督之耕牛，衛颯治桂陽，敎之嫁娶，茨充代颯，誨之織屨。此四人者非其強民也，民之所欲而莫爲之勸，盼盼相視不能以自致，非得賢長吏以時挈持而振理之，使之得其所願，以相生養，則民至老死不見風俗之備。然而蜀之學官施於齊魯之邦則玩，渤海之耕牛試於邠郃之野則厭，衛之嫁娶，茨之織屨，行之華夏之國，亦未免於非且笑也。故爲治者亦觀其俗，乘其時，使民宜之。蓋無所必爲，亦無所必置也。弋陽郡居長淮之西，地僻而事少，田良而民富。朝散大夫彭城曹公受命作守，因俗爲政，安而不擾，誅其豪強而佑其善良，民化服之。始至訪其士民，問其所欲爲，咸曰：吾郡既庶且富，所不足者非財也，而浮屠、老子之宮室，貌象庳陋廢圮，民不信嚮。父兄竊議，以不若四鄰爲愧，而莫或先也。公曰：是無難也，民所不欲，吾不敢爲，苟誠欲之，不成非患也。乃召其徒而語之，故民勸其令，相帥從事，不三年而有成。天慶道士治三淸、北極、聖祖諸殿，淸淨嚴肅，朝謁有所，而開元僧明偕新其大殿，趨功勤力，先告工具。棟楹峻峙，瓦甓緻密，爲佛菩薩眾像，尊嚴盛麗，儼若在世。士女和會，耋孺咸喜，稽首祈福，如慰如慕。蓋殿始作於至道丙申，而復新於元豐癸亥，中間寂寥八十八年，然後民獲就其志。嗚呼，循吏之疏闊而政之難成，其久如此。明偕知民之悅，故以告於公，請記其事而刻諸石。公以書來屬余，余考之《循吏傳》，以爲當書，故記之不辭。五月初五日記。

又《筠州聖壽院法堂記》 高安郡本豫章之屬邑，居溪山之間，四方舟車之所不由，水有蛟蜃，野有虎豹，其人稼穡漁獵，其利粳稻竹箭楩柟茶楮，民富而無事。然以其嶮且遠也，士之行乎當時者不至於其間。元豐三年，余以罪遷焉。既至，幸其風氣之和，飲食之良，飽食而安居，忽焉不知嶮遠之爲患。然以有罪故，法不得釋官而遊。間獨取郡之圖書，考其風俗人物之舊，然後信其宜爲余之居也。昔東晉太寧之間，道士許遜與其徒十有二人散居山中，能以術救民疾苦，民尊而化之，至今道士比他州爲多，至於婦人孺子亦喜爲道士服。唐儀鳳中，六祖以佛法化嶺南，再傳而馬祖興於江西。於是洞山有價，黄蘖有運，眞如有愚，九峰有虔，五峰有觀，高安雖小邦，而五道場在焉。則諸方遊談之僧接迹於其地，至於以禪名精舍者二十有四。此二者皆他方之所無，予乃以罪故，得兼而有之。余既少而多病，壯而多難，行年四十有二而視聽衰耗，志氣消竭。夫多病則與學道者宜，多難則與學禪者宜。既與其徒出入相從，於是吐故納新，引挽屈伸，而病以少安。照了諸妄，還復本性，而憂以自去。灑然不知網罟之在前，與桎梏之在身，孰知夫嶮遠之不爲予安，而流徙之不爲予幸也哉？然郡之諸山近者數十里，遠者數百里，皆非余所得往。獨聖壽者近在城東南隅，每事之閒輒往遊焉。其僧省聰本綿竹人，少治講說，晚得法於浙西本禪師。聽其言亹亹不倦。郡人有吴智訥者，治生有餘，輒盡之於佛，既爲僧堂之後室，又爲聽治其法堂，皆極壯麗，凡材甓金漆皆具於智訥。堂成，聰以余遊之亟也，求余爲記。余亦喜聰之能以其法助余也，遂爲記其略。四年六月十七日。

又《廬山棲賢寺新修僧堂記》　元豐三年，余得罪遷高安。夏六月，過廬山，知其勝而不敢留。留二日，涉其山之陽，入棲賢谷。谷中多大石，岌嶪相倚。水行石間，其聲如雷霆，如千乘車行者，震掉不能自持，雖三峽之嶮不過也。故其橋曰三峽。渡橋而東，依山循水，水平如白練，横觸巨石，匯爲大車輪，流轉洶湧，窮水之變。院據其上流，右倚石壁，左俯流水。石壁之趾，僧堂在焉。狂峰怪石，翔舞於檐上。杉松竹箭，横生倒植，葱蒨相糾。每大風雨至，堂中之人疑將壓焉。問之習廬山者，曰：雖茲山之勝，棲賢蓋以一二數矣。明年，長老智遷使其徒惠遷謁余於高安，曰：吾僧堂自始建至今六十年矣，瓦敗木朽，無以待四方之客。惠遷能以其勤力新之，完壯邃密，非復其舊，願爲文以志之。余聞之，求道者非有飲食衣服居處之求，然使其飲食得充，衣服得完，居處得安，於以求道而無外擾，則其爲道也輕。此古之達者所以必因山林築室廬，蓄蔬米，以待四方之遊者，而二遷之所以寘力而不懈也。夫士居於塵垢之中，紛紜之變日遘於前，而中心未始一日忘道。況乎深山之崖，野水之垠，有堂以居，有食以飽，是非榮辱不接於心耳，而忽焉不省也哉？孔子曰：朝聞道，夕死可矣。今夫騁騖乎俗學而不聞大道，雖勤勞沒齒，余知其無以死也。苟一日聞道，雖即死無餘事矣。故余因二遷之意，而以告其來者，夫豈無人乎哉？四年五月初九日，眉陽蘇轍記。

又《杭州龍井院訥齋記有詞》　錢塘有大法師曰辯才，初住上天竺山，以天台法化吴越。吴越人歸之如佛出世，事之如養父母，金帛之施不求而至。居天竺十四年，有利其富者迫而逐之，師忻然捨去，不以爲恨。吴越之人涕泣而從之者如歸市，天竺之衆分散四去。事聞於朝，明年俾復其舊。師黽俛而還，如不得已。吴越之人爭出其力，以成就廢缺，衆復大集。無幾何，師告其衆曰：吾雖未嘗爭也，不幸而立於爭地。久居而不去，使人以己是非彼，非沙門也。天竺之南山，山深而木茂，泉甘而石峻，汝舍我，我將老於是。言已，策杖而往，以茅竹自覆。聲動吴越，人復致其所有，鑱嶮堙圮，築室而奉之。不期年而荒榛巖石之間，臺觀飛湧，丹堊炳煥，如天帝釋宫。師自是謝事，不復出入。高郵秦觀太虚名其所居曰訥齋，道潛師參寥告予爲記。予聞之，師始以法教人，叩之必鳴如千石鐘，來不失時如滄海潮，故人以辯名之。及其退居此山，閉門燕坐，寂嘿終日，葉落根榮如冬枯木，風止浪靜如古澗水，故人以訥名之。雖然，此非師之大全也。彼其全者，不大不小，不長不短，不垢不淨，不辯不訥，而又何以名之？雖然，樂其出而高其退，喜其辯而貴其訥，此衆人意也，則其以名齋也亦宜。系之以詞曰：以辯見我，既非見我。以訥見我，亦幾於妄。有叩而應，時止而止。非辯非訥，如如不動。諸佛既然，我亦如是。

又《汝州龍興寺修吴畫殿記》（《欒城復集》卷二一）　予先君宫師平生好畫，家居甚貧，而購畫常若不及。予兄子瞻少而知畫，不學而得用筆之理。轍少聞其餘，雖不能深造之，亦庶幾焉。凡今世自隋、晉以上，畫之存者無一二矣。自唐以來，乃時有見者。世之志於畫者，不以此爲師，則非畫也。予昔遊成都，唐人遺迹遍於老、佛之居。先蜀之老有能評之者，曰：畫格有四，曰：能、妙、神、逸。蓋能不及妙，妙不及神，神不及逸。稱神者二人，曰范瓊、趙公祐，而稱逸者一人，孫遇而已。范、趙之工，方圓不以規矩，雄傑偉麗，見者皆知愛之。而孫氏縱横放肆，出於法度之外，循法者不逮其精，有從心不踰矩之妙。於眉之福海精舍爲行道天王，其記曰：集潤州高座寺張僧繇。予每觀之，輒歎曰：古之畫者必至於此，然後爲極歟？其後東遊至岐下，始見吴道子畫，乃驚曰：信矣，畫必以此爲極也。蓋道子之迹，比范、趙爲奇，而比孫遇爲正，其稱畫聖，抑以此耶？紹聖元年四月，予以罪謫守汝陽，間與通守李君純繹遊龍興寺，觀華嚴小殿，其東西夾皆道子所畫。東爲維摩、文殊，西爲佛成道，比岐下所見筆迹尤放。然屋瓦弊漏，塗棧缺弛，幾侵於風雨。蓋事之精不可傳者，常存乎其人。人亡而迹存，達者猶有以知之。故道子得之隋晉之餘，而范、趙得之道子之後。使其迹亡，雖有達者，尚誰發之？時有僧惠眞方葺寺大殿，乃喻使先治此，予與李君亦少助焉。不逾月，堅完如新。於殿堍之中得記曰：治平丙午蘇氏惟政所葺。眾異之，曰：前後葺此皆蘇氏，豈偶然也哉？惠眞治石請記。五月二十五日。

又《墳院記》（《欒城第三集》卷一〇） 旌善廣福禪院者，先公文安府君贈司徒墳側精舍也。先公既壯而力學，晚而以德行文學名於世。夫人程氏追封蜀國太夫人，生而志節不羣，好讀書，通古今，知其治亂得失之故。有二子，長曰軾，季則轍也。方其少時，先公、先夫人皆曰：吾嘗有志兹世，今老矣，二子其尚成吾志乎。轍兄弟雖少而仕，亦流落不偶，年幾五十，乃始得還朝。兄氣剛寡合，已入復出。轍碌碌無能輕重，五年而至尚書右丞，與聞國政，以故事得於墳側建剎度僧，以薦先福。墳之東南四里許，有故伽藍。陵阜相拱揖，松竹深茂，相傳唐中和中任氏兄弟所捨也。轍以請於朝，改賜今牓，時元祐六年也。既三年，兄弟皆以罪廢，南遷海上。又六年，蒙恩北歸。兄至毗陵以病沒。轍中止潁川，不能歸。又五年，前執政以黜去者，皆奪墳上剎。又二年，上哀矜舊臣，手詔復還畀之。墳之西南十餘步有泉焉，廣深不及尋，晝夜瀵湧，清冽而甘，冬不涸，夏不溢。自轍南遷，而水日耗，至奪剎遂竭。父老來告，轍惕焉，疑獲譴於幽明，徬徨不知所爲。而手詔適至，泉亦瀹然而復。山中人皆曰：詔書乃與天通耶？轍聞之，遡闕而拜，以膺上賜。久之，乃爲之記，使世世子孫知兹剎廢興所自，以無忘朝廷之德。政和二年壬辰九月乙卯朔六日庚申，中奉大夫、護軍、欒城縣開國伯、賜紫金魚袋蘇轍記。

又《成都大悲閣記》（《成都文類》卷三八） 大悲者，觀世音之變也。觀世音由聞而覺。始於聞而能無所聞，始於無所聞而能無所不聞。能無所聞，雖無身可也，能無所不聞，雖千萬億身可也，而況於手與目乎？雖然，非無身無以舉千萬億身之眾，非千萬億身無以示無身之至。故散而爲千萬億身，聚而爲八萬四千母陀羅臂、八萬四千清淨寶目，其道一爾。昔吾嘗觀於此，吾頭髮不可勝數，而身毛孔亦不可勝數。牽一髮而頭爲之動，拔一毛而身爲之變，然則髮皆吾頭，而毛孔皆吾身也。彼皆吾頭而不能爲頭之用，彼皆吾身而不能具身之智，則物有以亂之矣。吾將使世人左手運斤，而右手執削，目數飛鴈而耳節鳴鼓，首肯傍人而足識梯級，雖有智者，有所不暇矣，而況千手異執而千目各視乎？及吾燕坐寂然，心念凝默，湛然如大明鏡。人鬼鳥獸雜陳乎吾前，色聲香味交遘乎吾體。心雖不起，而物無不接，接必有道。即千手之出，千目之運，雖未可得見，而理則具矣。彼佛菩薩亦然。雖一身不成二佛，而一佛能遍河沙諸國。非有他也，觸而不亂，至而能應，理有必至，而何獨疑於大悲乎？成都，西南大都會也。佛事最勝，而大悲之像，未覩其傑。有法師敏行者，能讀內外教，博通其義，欲以如幻三昧爲一方首，乃以大旃檀作菩薩像，莊嚴妙麗，具慈愍性。手臂錯出，開合捧執，指彈摩拊，千態具備。手各有目，無妄舉者。復作大閣以覆菩薩，雄偉壯峙，工與像稱。都人作禮，因敬生悟。余遊於四方二十餘年矣，雖未得歸，而想見其處。敏行使其徒法震乞文，爲道其所以然者。且頌之曰：

吾觀世間人，兩目兩手臂。物至不能應，狂惑失所措。其有欲應者，顛倒作思慮。思慮非眞實，無異無手目。菩薩千手目，與一手目同。物至心亦至，曾不作思慮。隨其所當應，無不得其當。引弓挾白羽，劍盾諸械器。經卷及香花，盂水青楊枝。珊瑚大寶炬，白拂朱藤杖。所遇無不執，所執無有疑。緣何得無疑，以我無心故。若猶有心者，千手當千心。一人而千心，內自相攫攘，何暇能應物。千手無一心，手手得其處。稽首大悲尊，願度一切眾。皆證無心法，皆具千手目。

又《六祖卓錫泉銘并引》（《欒城後集》卷五） 六祖初住曹溪，卓錫泉涌，清涼滑甘，贍足大眾，逮今數百年矣。或時小竭，則眾汲于山下。今長老辯公住山四歲，泉日涌溢，眾嗟異之。聞之，作銘曰：

祖師無心，心外無學。有來叩者，雲涌泉路。問何從來，初無所從。若有從處，來則有窮。初住南華，眾集須水。水性融會，豈有無理？引錫指石，寒泉自冽。眾渴得飲，如我說法。云何至今，有溢有枯？泉無溢枯，蓋其人乎？辯來四年，泉水洋洋。烹煮濯溉，飲及牛羊。手不病汲，肩不病負。匏勺瓦盂，莫知其故。我不求水，水則許我。訊于祖師，其亦可哉？

又《筠州聰禪師得法頌并叙》（《欒城集》卷一八） 禪師聰公，昔以講誦爲業。晚游淨慈本師之室，誦南嶽思大和尚口吞三世諸佛語，迷悶不能入。一日爲本燒香，本曰：吾疇昔爲汝作夢甚異，汝不悟即死，不可不勉。師茫然不知所謂。既而禮僧伽像，醒然有覺，知三世可吞無疑也。趨往告本，本曰：向吾夢汝吞一世界、一剃刀。汝今日始從迷悟，是始出家，眞吾子也。乃擊鼓升座，爲衆說此事。聰作禮涕泣而罷。聰住高安聖壽禪院，予嘗從之問道。聰曰：吾師本公未嘗以道告人，皆聽其自悟。今吾亦無以告子，予從不告門，久而入道。乃爲頌曰：

道不可告，告即不得。以不告告，是眞告敕。香嚴辭去，得之瓦礫。臨濟不喻，至愚而悉。非愚非瓦，皆汝之力。有不至此，是非出家。夢吞剃刀，髮落如花。遊行四方，物莫能遮。終亦不告，獨障其邪。弟子度者，如恆河沙。

又《等軒頌》 南豐張君，家有等軒。問我何者，是平等法？我告張君：物之不齊，何所不有？長短大小，淨穢好醜，雜然前陳，參差不等。亂我身心，耳目鼻口。欲求平等，了不可得。忽然覺知，身心本空，萬物亦空。諸差別相，皆是虛妄。無有實性，孰爲不等？等爲一空，倘無平等。何處復有，不平等者？遍觀萬物，無等不等。是謂眞實，平等法已。

又《代李樵卧帳頌并引》（《欒城後集》卷五） 子瞻在黃日，以卧帳遺李樵，以頌問曰：問李儼老：何心居此？愛護鐵牛，障闌佛子？樵不能答。紹聖二年九月，訪予高安。戲代答之：

鐵牛正卧，佛子正渴。奪我與爾，是天人業。爲我害爾，是地獄業。安卧此間，我爾休歇。玆大寶帳，爲降魔設。

又《夢齋頌并引》 曇秀上人遊行無定，予兄子瞻作夢齋二字名其所至居室。爲作頌曰：

法身充滿，處處皆一。幻身虛妄，所至非實。我觀世人，生非實中。以寤爲正，以寐爲夢。忽寐所遇，執寤所遭。積執成堅，如丘山高。若見法身，寤寐皆非，知其皆非，寤寐無非。遨遊四方，齋則不遷。南北東西，法身本然。

又《抱一頌并引》 道士朱元經舊居光州，彭城曹九章演甫少年過光，元經謁之。演甫曰：聞君未嘗求人，今求我何故？元經曰：君後自當知之。後若干年，演甫知光州，復見元經。元經知黃白術，演甫每問之，元經不答。曰：有抱一法，君不問我，問此何用？演甫在光，而元經蛻去。演甫爲治後事，此元經昔見演甫之意也。崇寧甲申歲，予閑居潁川，演甫之子煥爲我道此。因采道書中語，作抱一頌。此非獨道家事，乃瞿曇正法也。

眞人告我，晝夜念一。行一坐一，眠一食一。子若念一，一亦念子。子不念一，一則去子。子若得一，萬事皆畢。饑而念一，一與子糧。渴而念一，一與子漿。寒而念一，一與子裳。病而念一，一與子方。鬥而念一，一與子兵。念一之至，至於忘一。忘一之至，與一爲一。與一爲一，入火不然，入水不溺，是謂念一。

又《香城順長老眞贊并引》 長老順公，昔居圓通，從先子游數日耳。頃予謫高安，特以先契訪予再三。予嘗問道於公，以搐鼻爲答。予即以偈謝之，曰：搐鼻徑參眞面目，掉頭不受別鉗鎚。公頷之。紹聖元年，予再謫高安，而公化去已逾年矣。其門人以遺像示予，焚香稽首而贊之曰：

與訥皆行，與璉皆處。於南得法，爲南長子。成就緇白，可名爲老。慈愍黑闇，可名爲姥。我初不識，以先子故，訪我高安，示搐鼻語。再來不見，作禮縑素。向也無來，今亦奚去？

又《全禪師塔銘》（《欒城集》卷二五） 黃檗斷際禪師之後十有九世，曰道全禪師，洛陽王氏子也。生而不食熏血，父母異之，使事其舅廣愛演師。十有九年而得度，二十年而受具，游彭城，歷壽春，受華嚴清涼說於誠法師。朝授師說，夕能爲其徒講。彭城有隱士董君，識師非凡人也，勸遊南方問無上道。師乃棄其舊學，渡江而南，始從甘露禪師，茫無所見，復從棲賢秀禪師。秀勇於誨人，示以道機。迷悶不能入，深自悔咎，至啗惡食、飲惡水以自礪。凡七年，道不見。舍秀遊高安，事洞山文禪師，五年而悟。告文曰：吾一槌打透無底藏，一切珍寶皆吾有也。文喜曰：汝得之矣。自是言語偈頌，發如涌泉，不學而得。高安太守請師住石臺清涼，已而徙居黄蘗。師爲人直而淳信，不飾外事。元豐三年，眉山蘇轍以罪謫高安，師一見曰：君靜而惠，可以學道。轍以事不能入山，師每來見，輒語終日不去。六年，師得疾甚苦，從醫於市，見我語不離道，曰：吾病宿業也，殆不復起矣。君無忘道，異時見我無相忘也。既而病良愈，還居山中。七年，轍蒙恩移績溪令，十一月將西行，意師必來別我，師遂以病不出。十二月乙丑，升堂與其衆訣，歸而趺坐欲化。衆強之臥，遂臥不動，不復飲食，明日丙寅而寂。體暖香輭，凡十五日而荼毗，得舍利光潔無數。享年四十九，臘三十。明年二月十三日，其徒葬之斷際塔之右。其友人聰禪師與其徒思聰皆以書來績溪，曰：師逝矣，君知之者，以舍利爲信，請爲銘其塔而刻諸石。爲之銘曰：

偉哉菩提心，一切皆具足。云何有不見，迷悶至狂惑。譬如衣中珠，一見不復失。假令墮塗泥，以至大火坑。珠性常湛然，不應作異想。全師大乘師，晚悟最上乘。身病心不病，身滅心不滅。西域師子師，中國惠可師。皆不免厄死，而況其餘人？疾病不能入，刀兵不能攻。非彼有不能，乃我未常受。我今爲師說，智者不當疑。

又《閑禪師碑》 閑禪師者，臨濟玄公九世法孫，而黄龍南老嫡嗣也。南老以道化江西，其徒常數百人，而師爲高第。南每嘆曰：祖師之道，不墜於地，斯人是賴。南雖在世而學者歸之已如雲矣。南既寂，一時尊宿無有居其右者。熙寧年廬陵太守張公鑑請居隆慶。未期年，鍾陵太守王公韶請居龍泉。不逾年以病求去。廬陵人聞其捨龍泉也，舟載而歸，居隆慶之西堂，事之愈篤。居二年，元豐四年三月十三日，浴訖趺坐，以偈告衆以將入滅，遂泊然而化。既化，神色不變，鬚髮鬔而復出。廬陵守與其人來觀者如堵，皆願留事眞相。長老利儼稟師遺言，闍維之。薪盡火滅，全身不散，以油沃薪益之，乃化。是日雲起風作，飛瓦折木，烟氣所至，東西南北四十里，凡草木沙礫之間，皆得舍利如金色，碎之如金沙。居士長者購以金錢，細民拾而鬻之，數日不絕。計其所獲，幾至數斛。師法名慶閑，福州古田卓氏子也。母夢胡僧授以明珠，得而吞之，覺而有孕。及生，白光照室。幼不近酒肉，年十一事建州昇山資慶長老德圓，十七削髮受具。二十辭師遠遊。及其終也，年五十三，臘三十六。余未嘗識師，元豐七年過廬山開先，見瑛禪師，言及師事，且曰：瑛少嘗問道於閑師，願爲文刻石，傳示久遠。余許之。明年，遣其徒請於績溪。余有善知識，本出於南老，將問之益信而作。五月辛亥，得疾寒熱，癸丑益甚，余正臥念曰：四大本空，五蘊非有，今我此疾，何自而至？少頃即睡，夢有告者曰：如閑師復何疑耶？疑即病矣。余聞之矍然，即於夢中作數百言，詞甚雋偉，覺而忘之，病亦稍愈。乃爲之碑而系之以偈曰：

一切諸如來，惟於一性通，具足大神力。或坐微塵裏，而轉大法輪。或於一毛端，普見寶王刹。或於見在土，遍見一切土，彼此無壞相。或於見在土，直上忉利宮。人天相還往，而無有難相。或令土石沙，皆化爲黄金，一切皆得取。或令江河海，皆化爲酥酪，一切皆得食。或近取一劫，而演爲十劫。或遠取百劫，而促爲一劫。一切無礙法，河沙不可擬。閑師得正眼，久爲僧中王。及其滅度時，廣作諸法事。顔色不動搖，爪髮日滋長。薪盡火亦滅，凝然不解散，益薪助以油，爾乃就變滅。是時人天哀，大風吹陰雲，發瓦折大木。煙氣所及處，皆得大舍利，圓明如寶珠，精色如眞金，其數千萬億。是事大希有，聞者以爲疑。我昔忝聞道，亦不免斯惑。病中夢訶者，閑師事何疑？有疑即是病，不當作是見。夢中悔謝客，口作數百言。曾不以意作，已覺不能記。稽首三界尊，閑師不止此，悯世狹劣故，聊示其小者。復以告瑛師，刻石示學人。

又《龍井辯才法師塔碑》（《欒城後集》卷二四） 浙江之西有大法師號辯才，以佛法化人，心具定、慧，學具禪、律，人無賢不肖見之者知尊其道，奉其教。居上天竺，說法齊衆者二十年。退居龍井，燕居行道者十年。元祐六年歲在辛未九月乙卯無疾而滅。吳越之人失其所歸依，奔走號慕，如佛滅度。相與訃於淮南，請於揚州太守蘇公子瞻以志其塔。公曰：吾固知師矣，予弟子由雖未嘗識師，而其知師不在吾後，吾爲汝請。轍以公命不敢辭。師姓徐氏，名元淨，字無象，杭之於潛人，家世喜爲善。客有過其鄉者，指其居以語人曰：是有佳氣鬱鬱上騰，當生奇男子。師生而左肩肉起如袈裟條，八十一日乃滅。其伯祖父歎曰：是宿世沙門也，愼毋奪其願，長使事佛。八十一者，殆其算也，及師之終，實八十有一。師生十年而出家，口不茹葷血，每見講堂坐，輒歎曰：吾願登此說法度人。年十六，落髮受具足戒。十八，就學於天竺慈雲師，雲門人方盛厭，衆欲卻之。雲曰：疇昔吾夢甚異，此子殆法器也，勿卻。師日夜勤力，學與行進，不數年而齒其高第。雲沒，復事明智韶師。韶嘗講《摩訶止觀》，至方便五緣，曰：淨名所謂以一食施一切，供養諸佛及衆賢聖，然後可食，此一方便也。師聞之悟曰：今乃知色、聲、香、味皆具第一義諦。因淚下如雨。由此遇物，中無疑矣。嘗夢與其同門友元素入一寺曰妙樂，有僧出，師問之曰：此非荆溪尊者製《法華文句記》處耶？曰：然。師訪以尊者遺像，相與至東閣，見一梵僧趺坐不動，容貌甚偉，謂師曰：我，汝過去師也。當爲我作禮。師拜，已而覺，忽若有得。年二十五，恩賜紫衣及辯才號，蓋代韶爲衆講說者凡十五年。知杭州呂公溱請師住大悲寶閣院，師嚴設紀律，犯者秋毫皆斥去，其徒畏敬之。居十年，沈公遘治杭，以謂上天竺本觀音大士道場，以聲音懺悔爲佛事，非禪那居也，乃請師以教易禪。師至，吳越人爭以檀施歸之，遂鑿山增室，幾至萬礎，重樓傑觀，冠於浙西，學者數倍其故。有禱於大士者，亦鮮弗答。詔名其院曰靈感觀音。熙寧初，龍圖祖公無擇在杭，言者或不悅其政，遽起制獄，師以鑄鐘事預逮。居其間泰然，擬《金剛篋》撰《圓事理說》。居十七年，有僧文捷者，利其富，倚權貴人以動轉運使，奪而有之，遷師於下天竺，師恬不爲忤。捷猶不厭，使者復爲逐師於潛。逾年而捷敗，事聞朝廷，復以上天竺畀師。捷之在天竺也，吳人不悅，施者不至，巖石草木爲之索然。及師之復，士女不督而集，山中百物皆若有喜色。清獻趙公抃與師爲世外友，親見而贊之曰：師去天竺，山空鬼哭。天竺師歸，道場光輝。然師復留三年，終欲捨去，謂其徒曰：吾祖智者，聖人也，猶以急於化人，害於行己，位本五品，而證止鐵輪，況吾凡夫也哉。固謝去，老於南山龍井之上，以茅竹自覆。吳越聞之，爭爲之築室廬，具像設，甓瓦金碧，咄嗟而就。三年，復爲太守鄧公溫伯請，據南屏一年，鄧公去，乃歸龍井終焉。師於講說，不擇晝夜，常曰：鬼神威德不具，多畏人，晝說或不得至，比夜人靜，庶幾能聽。嘗焚指以供佛，右三左二，僅能以執。其徒有欲效之者，輒禁之曰：如我乃可。平生修西方淨業，未嘗以須臾廢。行成力具，能以其餘見於外者非一也。予兄子瞻中子迨生，三年不能行，請師爲落髮，磨頂祝之，不數日能行如他兒。布衣李生者，習禪觀，甚辯而無行，欲從師出家。子瞻憐之，爲請於師。未言其名，師拒不許，若知其爲人者。秀州嘉興令陶象有子得魅疾，巫醫莫能治，師呪之而愈。越州諸暨陳氏女子心疾，漫不知人，父母以見，師警以微言，醒然而悟。嘗與僧熙仲會食，仲視師眉間有光如螢，遽起攬之，得舍利。師曰：愼毋以告人，不知者，將以妄疑我。自是，常有於其卧起得之者。及其將化，入室燕坐，謝賓客，止言語飲食，召其常與往來僧道潛，告之曰：吾西方業成，如是七日無魔，橫右脅吉祥而逝，吾願足矣。至五日出偈告衆，七日奄然而寂，皆如其言。師度弟子若干人，四方學者不可以數計，頗能以其道教化吳越。至十月庚午，塔成，頌曰：

如來昔在世，心禪語爲教。譬如四大海，惟是一濕性。於其濕性中，變化千萬億。風來爲濤瀾，風去爲湛然。魚龍所游戲，神鬼所出沒。船筏借其力，網罟取其利。其上爲洲渚，諸國所生育。其下爲淵谷，百怪所藏伏。東西出日月，上下屬河漢。觀者不能了，愕眙何暇說。如來知迷悶，隨變爲解釋。因變所說者，是則名爲教。彼善聞教人，當知是幻爾。既已知是幻，則當識眞實。我觀世教師，皆謂教是實。由謂教實故，則爲禪所訶。禪雖訶教乎，終以教致禪。禪若不取教，是杜所入門。教而不知禪，是不識家也。辯才眞法師，於教得禪那。口舌如瀾翻，而不失道根。心湛如止水，得風輒粲然。以是於東南，普服禪教師。士女常奔走，金帛常闐遺。師惟不取故，物來不得拒。道成數有盡，西方一瞬息。西方亦非實，要有眞實處。

又《逍遙聽禪師塔碑》（同上，卷二四） 予元豐中以罪謫高安，既涉世多難，知佛法之可以爲歸也。是時洞山有文，黃檗有全，聖壽有聰。是三老人，皆具正法眼，超然無累於物。予稍從之遊，既久而有見也。居五年，予自高安移宰績溪，未幾，而全委化，文去洞山，聰去聖壽。凡十年，予再謫高安，而文住歸宗，聰退老黃檗不復出矣。聰聞予來，出見曰：吾夢與君遊於山中，知君復來。去來，宿緣也，無足怪者。與予處一年，弊衣糲食，澹然若將終焉。高安之人曰：有如聰禪師而不坐道場者耶？師曰：吾未始不在道場，顧以蘇公一來，餘無求也。衆曰：逍遙唐帝子遺築，賓旅不至，而貲糧可以老，居之無害。師不聽。予告之曰：師豈以我故廢傳法耶？師笑而許之。紹聖乙亥十有二月，始杖策入山。山久茀不理，十方不至，師方治其缺圮以延衆。予亦得《般若》、《涅槃》、《寶積》、《華嚴》四大部舊經於聖壽，補其殘破而授之。明年夏，師得疾，山深無醫，愈而復劇，九月戊申而寂，春秋五十有五。師本綿州鹽泉王氏，幼事劍門慈雲海亮師，年二十三，誦經得度。始遊成都，從講師。捨之，南至吳越，見淨慈大本禪師，久而不悟。本曰：吾疇昔夢汝異甚，汝不勉則死。師茫然不知所謂。常志南嶽思大口吞三世諸佛語，日爲僧伽作禮，醒然而喻。即見本，具道所以然。本曰：汝得之矣。吾夢汝呑一世界，一剃刀，知汝自今始眞出家也。即爲擊鼓告衆。師遊江西高安，人敬愛之，延住眞如、開善、聖壽三道場。師性靜默，與物無牾，所居不問有無，安於戒律，不知持犯之別。平居未嘗談說，叩之輒亹亹不竭。予見之二十年，口不言人過。逍遙祖師曰僖，唐肅宗少子也。出家，事忠國師，忠記之，居逍遙，賜田甚廣。經五代亂，民盜耕之幾盡。前長老文因訴於縣，十得一二，可以居衆矣，而衆未集。因相山之勝，環植松柏，將自爲窣堵波。既沒，或言其不利，改葬他所。及師之寂，即因之以葬。衆皆曰：有德之報。十月庚午而葬。銘曰：

逍遙峻深，帝子道場。百年無人，龍天悲傷。師遊吳中，得法本翁。口呑大千，不蔕於胸。律精不持，道備不言。遊戲諸方，物知其賢。翼然歸之，師卻避之。草庵布衣，逝與世辭。忽來自山，衆迎而喜。爲予而出，予豈堪此？衆曰逍遙，法鼓不鳴。師雖老矣，強爲我行。師入居之，草木欣然。俯仰幾何，寂如蛻蟬。吁嗟前人，度是塔址。成而不居，若有所竢。新塔巋然，松柏離離。匪人所圖，緣則在茲。

又《天竺海月法師塔碑》　餘杭天竺有二大士，一曰海月，一曰辯才，皆事明智韶法師，以講說作佛事，而心悟最上乘，不爲講說所縛。吳越多禪衆，聞其言者皆曰：說敎如是，是亦禪也。故吳越之人歸之，與佛菩薩無異。熙寧中，予兄子瞻通守餘杭，從二公遊，敬之如師友。海月之將寂也，使人邀子瞻入山，以事不時往。師遺言：須其至乃闔棺。既寂四日，而子瞻至，發棺視之，膚理如生，心頂溫然，驚嘆出涕。後十有六年，子瞻守餘杭，復從辯才遊，及其滅也，子瞻守淮南，其徒請爲塔銘，子瞻以屬予。又十三年，予與子瞻皆自嶺外得歸，而子瞻終於毘陵。餘杭參寥師弔予潁川，既而泣曰：辯才既以子瞻故，得銘於公。海月獨未有銘，公以子瞻，其亦勿辭。予亦泣許之。公名惠辯，字訥翁，姓富氏，秀之華亭人也。幼不好弄，其父奇之，以施普照寺。年十有九，受具足戒，從韶於天竺，受天臺敎，習西方觀，復事三衢浮石矩法師，皆盡其學。韶之將老也，命公代之講者八年，學者宗之。及其老，遂領寺事。翰林沈文通治杭，以威猛御物，僧徒嚴憚之，見者惶駭失據，公獨從容如平日。文通異之，遂以泚僧職，卒至都僧正。凡講授二十五年，往來千人，得法者甚衆。西方觀成，與同社人造塔及閣。公容止端靜，不畜長物，有盜夜入其室，脫衣與之，導之出門，使從支徑逃去。熙寧六年十月，有疾，十七日，且起盥濯，與衆別，焚香跏趺而逝，年六十，臘四十一。公初入天竺，及澗，有老人冠帶傴僂，逾梁迎之，入門而失。始代師講，夢章安尊者以金篦擊其口，曰：汝勤於誨人，當得辯惠。嘗苦脾痛，久而不愈。夢天神以金盤盛水，使師瞑目而洗其腸，浣已復內，覺而痛止。公沒之歲，吳越大旱，禱於天竺觀音像，不應。公以疾晝寢，夢老人白衣烏帽告曰：明日日中必雨。問其人，曰：山神也。如期而雨。公學行高妙，報在西方，其以感通者，不可勝言，而聞於人者如此。今住天竺德賢師，實公之高第。以銘授之，俾刻之石。銘曰：

佛本說一乘，無二亦無三。空洞無一物，應物無不在。欲以是敎人，人或不能信。以其不信故，故示以方便。方便皆是幻，惟惠爲眞實。有方便惠解，無方便惠縛。有惠方便解，無惠方便縛。惟惠惟方便，更相爲縛解。縛脫解亦除，然後至佛乘。智者古智人，具惠與方便。示人西方觀，其實則是幻。由幻而得佛，於以度衆生。會歸於一乘，何者非佛法？海月辯才師，智者之孫曾。由敎而得禪，皆僧中第一。我不識其面，知其心中事。作銘書塔石，二公知其然。

又《祭寶月大師宗兄文》（同上，卷二〇）　維紹聖二年歲次乙亥十月癸亥朔十一日癸酉，降授左朝議大夫、試少府監、分司南京、護軍蘇轍，因僧法舟西歸，以香茶果蔬之奠，致祭於故寶月大師宗兄之塔。轍方志學，從先君子。東遊故都，覽觀藥市。解鞅精舍，時始見兄。頎然如鵠，介而善鳴。宗黨之故，情若舊識。屈信臂頃，閱歲四十。性直且剛，纖惡不容。與人盡言，口如病風。惟我兄弟，不見瑕玼。行有利病，勢有隆汙。始終一意，不爲薄厚。交遊之間，蓋未始有。昔我之東，師則有言：遊宦如寄，非可久安。意適忘歸，憂患所由。亟還于鄉，泉石可求。我志師言，未返而顚。師亦不待，與化俱遷。遺舟與榮，萬里來訃。開紙失聲，悔恨無所。彈指西望，卯塔既成。臨絕之言，求我以銘。自我竄逐，憂病相襲。緝綴清風，得一忘十。追懷曩好，徒有此心。心則不忘而病未能。收淚語舟，歸酌流水。一生一死，誠則無已。嗚呼，尚饗。

又《祭逍遥聰長老文》　紹聖三年九月二十九日，降授左朝議大夫、試少府監、分司南京、護軍蘇轍，謹以香茶果蔬之奠，告於故逍遙長老聰公：我生多故，再謫於筠。萬里故鄉，孰爲故人？師自吾蜀，爲筠導師。坦然無心，言直氣夷。顧我如故，彌久而堅。逮茲再來，爲我出山。逍遥無師，衆願師往。師念我獨，爲衆所强。入山幾何，自春徂秋。一病不治，蟬蛻莫留。此心超然，去住不疑。筠人懷思，涕泣嗟咨。山中來告，卵塔將成。一奠之哀，斯未忘情。尚饗。

又《後苑粉壇祈雨祝文》（《欒城集》卷三四）　維元祐五年歲次庚午四月丙午朔，皇帝遣入內內侍省內東頭供奉官、句當後苑譚扆等，請僧三七人，於後苑華景亭開啟粉壇祈雨道場。伏以自冬常暘，涉夏未雨。四方千里，二麥一空。惕焉不德之慚，貽我烝民之病。爰假佛乘之妙力，大啟天竺之淨壇。庶使鍾梵即交，作雲雷於清晝；膏澤普潤，復禾黍於有秋。豈獨微衷之私，實亦衆志之願。謹言。

范祖禹《龍門山勝善寺藥寮記》（《范太史集》卷三六）　龍門距洛城十五里，其西山有浮屠祠曰勝善，興於唐開元，而壞於五代。迄本朝太平百餘年，諸祠稍復葺，而勝善尤古，未能興之。事之興廢，存乎其人。藥寮者，太尉潞國文公之所建也。公閔下民之疾苦，而不得其療者，思有以濟之。相其地，得勝善祠之下方，當闕塞之阨，水陸之衝，南北之通塗，而行旅之所便也。其山出泉，曰眞珠泉，公出俸錢，命工徒疊石以爲址，即泉爲藥井，而建寮於其上，十有三楹。是歲，熙寧六年也。公又以勝善爲功德寺，擇僧之知醫者爲寮主以長之。出醫書數百卷，家之良藥珍劑貯之寮，和藥之器用備焉。凡郊野之民無有遠邇，與道路之往來有疾病者，造寮而請之，其施與無窮，所及者之衆可知矣。寮之上，則泉之所出也，爲堂曰珠淵。其南則三嵁，爲屋以覆大像。又其南曰第四嵁，亦屋之。於是勝善之祠復新，人之至者有游息之所，故樂而忘其勞，而藥寮之地益加勝矣。其東俯視伊水，暉光澄澈，望香山石樓，若屏障圖畫，蓋天下奇偉之觀也。王公大人建祠宇，修福田者有之矣，未有濟民拯疾，誠意之篤如公者也。民受天地之和以生，陰陽寒暑之不時，飲食動作之不節，於是有癘疫之災、札瘥之昏。聖人爲之醫藥，以救其夭死。三代以後，醫師職廢，民之有疾者無所控告於其長上。有志之士雖或能施，而未光也。公視人之疾若己赤子，建長利，圖廣濟，前民之患而爲救以待之，俾民不勞而獲醫，不費而飲藥，古未有也。惟公左右三朝，勤施四方，陰功顯德，被於民物，不可遽數，其著見於洛邑者如此，可謂仁矣。古之君子，思一夫不獲其所，如己推而納之溝中，唯能推己以及人也。孟子曰：有不忍人之心，斯有不忍人之政。後之君子，觀是寮也，則知公之心，知公之心，則知公之政，知公之政，則朝廷德澤之厚從可知焉。來者守之，其勿廢也。某嘗侍坐於公，公語及藥寮，顧曰：子爲我記之。某不敢辭公之命，退而書其事云。元豐六年十月日，奉議郎、同編修《資治通鑑》范某記。

鄭俠《復李君寶知縣書》（節選）（《西塘先生文集》卷六）　雖然，某不出者，其事有三，君寶未之知，故不得不縷縷於左右。何謂三？一者觀書，二者省事，三者治療疾苦。所以老於觀書者，其心以爲三代而上，無有孔、孟、老、莊、釋氏之教，遇帝而帝，遇王而王。衰周以降，乃有三氏之教，其實憂世之溺，而致所以濟之者云耳。故以孔、孟之道，救衰世之弊而不可得，於是有老、莊之教。以老、莊之教，救之而不可得，於是有釋氏之教。三者皆矯一時之枉，而救萬世之淪溺，然不能無得失於其間。竊不自料，欲於其得失間措一二言，使萬世而下無所惑於其說。曰：知夫三者之教，一也。孔、孟之書，則嘗讀之矣，老、莊之文，亦粗覽焉，惟釋氏之書，則百千未及其一。夫欲辨其得失，而不盡其書，猶之欲斷人曲直，而不盡其詞也。

又《大慶居士序》（同上，卷二）　居士，福州福清人。鄭，其姓也，俠，其名也，介夫，其字也。光州司法參軍、監在京安上門，其官也，而英州朱塘之滑，其竄逐所卜居也。居士本儒學，以孔氏爲宗，得老氏之説以明，又得釋氏，而後大明孔子之道，以三人名號不同耳。三氏之外，百家傳記，歷代史載，至於醫方、小説，見必取讀。其於民物，有補毫髮，無不留意，此其學也。以爲父子、君臣、夫婦、長幼、朋友之相與，上下四方俯仰回環，□之直一，蟬之翼合，上下四方通爲一，物亦若是，此其識也。以爲智生於是非而成於毀譽，與祇鬼禍福，朝廷廢黜，相爲表裏也。故雖對妻孥，莫敢溢人美惡，謂幽暗闃寂，此正祇鬼着眼處。是以莫或自欺于方寸，而上不諛公卿，下不原鄉黨，水火可蹈，而議論不可回，此其守也。畦君爲堯舜，民復太古，一飯一衣，而四方萬里同飽煖也，一憂一樂，四方萬里同欣戚也。復古之上，無窮之下，大之天地，細至鱗介，猶若是也。而功無尸，物無府，此其志也。其視先後古今等，人與我等，我與人等，眾生與佛等，佛與眾生等。無一物，乃入於無取無舍，非即非離。以大清淨圓攝爲我住止，是曰居士，而大慶云者，所居之山名也。

又《新修南山聖壽禪寺記》（同上，卷三） 南山，英之望。鼂以律居星散，頹圮敗壞，莫或省顧。荒蹊斷徑，人嗟惜之。元豐壬戌，轉運使孫公，始表其事於朝，請以律爲禪，而獨再易住持。始得海相者，初立僧堂與小茶堂、小廚室三間而已。相寂，乃得今住持守超。而後堂殿、兩廊、內三門等立焉。先是，殿室最高而極，後址于山之半，官廳乃在今殿宇之地，又不立法堂。是以室宇無序，而主客莫立。今太守廖公手爲指畫，移殿於官廳之地，而以故殿址立今法堂，又對僧堂爲香積廚。堂立而後建主僧之寢，殿立而後塑諸佛之像。又山與江對，寺於山之半，去江甚遠。日遣童侍取水於江，往反僕僕，而不給餴饎滌濯也。乃於堂之前偏東近廚，鑿其地而井之。山高江浚，地皆頑石，人人以爲不可井也。乃指其地而鑿，不數丈遇石，決石而泉迸出，遂給寺中之用，而傍及近居往來之人。是井也，錫杖泉之類也，井甃而汲。守僧又化諸有緣，起兩廊及內三門，以次至待賓客之舍。凡三年間，而南山之致完，廖公之力多焉。公篤於好善，樂成人物之美，而性嗜高爽。其於南山，或日至而不勌。殿成，公又力助立諸像，則公之爲心如何哉。夫事患在於人志之不堅與夫暴亟。欲速竣以厲眾而生怨，或下之人，頑狠不可化，負固以違其上，則未嘗有濟者。如南山守僧之願於其事，賢太守爲之助，是皆有堅固不回之志。從容寖漸，堂而後殿，殿而後廚，廚而後井，井而後及兩廊、三門之屬。郡民無小大，皆知修建崇奉，以報君親之爲善，而樂以有餘應超之求，故能上下和而事功立。外人或不知南山有創造。始而堂巍然，再至而殿屹然，又至而廚井、門廊無非完具，若神之所爲者，非有道而能是乎？若夫背山面江，左崖右谷，晞暘舊島，凌烟古嶂，昔帝絃曲，後人鼎月，峰巖具存，址穴尚在。此則南山之勝，眾目之所共見。而露房雨蔦，紛幹丹苞，霜月冷光，風松肅韵。暫來久泊，朝往暮歸，清淡紛華，各有餘趣，此又時物之態度。其情與人合，而自昔已然。至于高堂曠廡，人至猶歸，妙法有傳，鷲峰如在，隼旟時至，賓從翕從，珠璧相連，樽觴間錯，清談淺酌，和以雅篇。下以仁民物爲心，上惟忠社稷是悅，人爲如是，佛說以明。此則今日之事，而可施諸後。前此所未嘗有，而今又有之。魚鳥有羣，烟霞無主。能令苦國變作樂郊，非朝廷清明，守宰忠厚，其何道而致斯？覽景呈心，請觀鄙說。

又《賽謝明化寺土地文》（同上，卷五） 俠以上書論時政闕失，得罪於朝。天子以爲其情可憐，不忍糜以湯火，貸其萬死，而投置於此方。其手攜妻孥，奔走萬里，以來於英。英人上下舉無半面之知者，艤舟江岸，棲棲如也。俄而有室可居，以有明化寺故也。寺前高後卑，無山阜可依，無松竹可庇。言陰陽者，以爲非所以聚人之地。室敝而將頹，過其下者，惟恐壓焉。垣圮而不築，可攘臂以入。叢蒿茂草，蛙蚓之所居，敗壁腐楹，蛇虺之所伏。人而居此，能以久安乎？故某之始居此，人有言某僧以罪死，某人以病去。人久不居，故頹敝至是，殆土地、伽藍之神爲之也。俠應之曰：厚地至大至廣，而神之所主，各領其一方，以伺察善惡，而禍福於人。夫土地之神，以安人爲任，人安而神之所居以完，饗祀以時，神所以治職於下，而歸報其上者此也。豈有擅據是室，不使人得安寧，人亦何求而爲是哉？且夫所謂神者，以其聰明正直而不妄故也。夫惟聰明正直而不妄，故亦惟其類己者是喜。上天后土，之所以使神分此而居，以伺察善惡者，亦謂其惟聰明正直而不妄者是與也。俠雖不肖，不敢自比於聰明正直，抑所以事君親者，不敢不盡其心。知法之於民物不便，屢請而不已，不敢自昧方寸，以苟避權貴而自容，至於與大臣矛相劘也。達官美職，人之所欲，俠不敢分毫覬于心。居有宮室，行有輿馬，祿豐用足，妻孥喜美，親屬交舊賴有取足，人之所樂。俠棄之如涕唾，怡然而來此，神其亦曰：鄭俠者，果何求爲是哉？如俠不正不直，以自叛于道，則神得而殛之，如果在于有道，當力輔大公，祐以龐福，然後可以上稱皇天后土之所以委神于此者。夫豈得悍然固有是室，以與人爭居者哉？是必不然。故力排眾議，與稚妻弱子晏然居此而無畏者，以不自疑，且不疑於神也。既而生徒四來，布滿寺宇。整欹易頹，誅去蕪穢。移堂以室，闢瑾而戶。惟人是便，神未嘗預焉。英之諸公，自太守下至掾尉，及士大夫之道英而南北者，與夫英人無貴與賤，貧與富，凡粗知義者，未始不予識而無一間言。生徒之來學，迷者悟，汙者潔，怠者修，晦者白，雖未大成，而人人嚮方矣。稚妻弱子，與夫不肖之人，内外僕妾以數口，迄三四年，一無災患。然則，前高後卑，無山阜可依，無松竹可庇，非所以聚人之地，與夫人不得以安居，果何謂耶？由是知神果聰明正直而無妄，而鄙之不得以寧居，或以罪死，或病去，非神之爲之，殆人之自災也。抑神不幸而遭於是，使夫不知神者，不得不置疑也。然此佛寺也，而以儒久居之，與夫儒宮而僧居之，亦何異乎？是用不安厥居，而卜室以遷。然則，使得以寧居，而至於有室以遷，神之力也。今夫與俠，始終有力，未有如神，而知神之爲聰明正直而無妄，未有如俠。神與俠，幽明有殊，而爲道則一道也。是用潔其罍樽，佑以肴果，爲文而來謝。惟神饗焉。神其永終斯道，而助天地福善禍淫。

舒亶《翟巖山寶積院輪藏記》（《舒嬾堂詩文存》卷三）　有大寶珠藏於無眹。辯如喫詬，無所措言，明若離朱，莫能寄目。衆生積業，墮在無明，我佛如來，慈悲哀愍。以身圓應，俯視群機，於無相中，發露光影。重重接引，遂有多門。結集流傳，即經律論。護持開示，世不乏人。鄞嶺翠巖，院名寶積，有長老者，曰智才師。於佛事門，不捨一法。廣募檀信，鳩集衆工，繕寫奉安，建爲輪藏。自丙辰歲迄戊子年，凡閱三冬，能事告畢。有一居士，施不及財，目覩勝緣，五體投地。恭敬作禮，而發願言：願諸衆生，覩相生想，令一善念，念念不停。如是輪藏，無暫休歇，以至八部，一切諸天。在家出家，善知識等，若聞若見，發大道心，亦如是輪，永不退轉。則是藏也，無量功德，天上人間，窮劫讃嘆，豈能盡云？

又《香山智度寺新鐘銘》　慈溪香山智度寺作鐘樓，而鐘不稱於是。正覺禪師謀新之，一治而就，實元符改元十一月五日也。是寺，眞應大師眞身在焉，冥感旁通，四走檀施，則是鐘不日而成，豈待人力也哉？亦樂居士舒蔔，聞而贊嘆，爲之銘曰：

三界冥冥，白日夜行。非雷非霆，聞者震驚。是聲非空，破一切聾。十方三世，不離其中。是聲非有，假一切手。復歸於盡，誰作誰受？是大因緣，具大神力，非聲而聲，不德而德。其萬斯年，與世作則。

孔武仲《興國僧房詩序》（《宗伯集》卷一三）　主上稽六典，修廢官，大治新省於西華門外，丞相以下日入焉。於是闢興國寺之北門，以通車馬之道，與省門咫尺相望，而朝士大夫受事於尙書者，皆集於興國矣，稅屋之貲，爲之翔踴。主僧爭飾其廬，以要四方之賓客。其深邃清潔，莫如西法華勝公之房，余幸而得居之。勝公，鄆人，性方嚴，篤於齋戒，善講經論，與余非故人，而特相好也。是時聯舍而居者，開封竹元珍，湛靜好學，雖在逆旅，而所攜書亦數百卷，閉門不治往來，日夜誦說，有繩墨尺度。余得二人者與之處，談笑融怡，足以引日而忘其爲客之久也。於閒暇時，作爲歌詩以自娛。自二月至於五月，得三十八篇，錄于左方。而受牒吏部，得縣爲湖南，繇所館晨出南薰門，以望九江，道途所得，又三十五篇，亦附於後。昔周人爲《采薇》之歌曰：昔我往矣，楊柳依依。今我來思，雨雪霏霏。蓋傷行役之勤，感時物之變也。余之是行也，冒大寒，歷暑潦，凡半歲而後得止鞍馬之勞、筋骸之憊，殆無餘力矣。其感於物，動於心，發於言，不爲譏嘲以忤群衆，從容自道而已，亦詩人之志也歟。元豐七年七月五日某謹序。

又《贈浮屠元正師詩序》　元正師，東平人也。少學浮屠，明於經論。而辨說閎敏，廣席之中，論難鋒出，聽者竦然。已而曰：是未足以盡吾志也。乃徹冊斂卷，漠然靜居，求禪宗之旨。居眞州資福院，久之，遂監其院事。資福學者常數十人，前主計者，形憊心盡，猶苦不給。自師治事，坐乎一室，足迹不歷人門戶，而居人遊賈爭出所有以助之。由是資福大富，下至僕隸，皆衣食有餘，人皆以師爲才。余以爲才之於事，用智與力，而後有得。如師者，不以言約，不以心稽，而人樂爲之用。此其素行足以動人，非獨才高而已也。師年未四十，其進於道，未見其止。異時信之者將益遠，非獨此邦之人也。一日，出陳君佐及余所贈詩，且曰：吾與四方賢士大夫交固多，而二君子往來爲最密，將以此詩刻于石也，不可以無說。余固樂道人之善，況與師相從之久而見請若此之勤耶？乃爲序之，而請君佐書石，庶幾如師之志云。

又《六祖堂題銘跋尾》（同上，卷一五）　六祖之道行於南方，言佛法者必繇之，而中州之人篤於戒律。神宗皇帝召諸老都下，舉揚祖風，自是禪宗之學浸盛。又數年，而浴室畫像，爲諸公所表顯，來觀瞻者，莫不生敬。信道之晦明，固自有時乎？汶公患其蔽障，樂與人共見之，其亦進於此者歟？

又《張公美偈言記》（同上，卷一二）　左藏庫副使張宗旦，字公美，開封人。元豐七年七月二十八日卒于江州。前卒之兩月，以書告訣于親識。病且革，群僧以誦佛爲請。公美頷之。遽問之曰：何謂自在？皆唯莫對。公美大書三十二字以示之，曰：法本心生，心因法味。有覺于此者，名自在。自在眞空，頓然明徹，去住尋常，曉雲春雪。已目瞑，復寤曰：吾意若未釋然者。改其卒句曰：春風曉雪。投筆而絕。明日，余入哭之。視其遺草，皆公美手書也，而辭句灑然，無世俗氣。問其子沔曰：公美嘗學佛乎？曰：往年嘗誦《金剛經》之四句，曰：一切有爲法，如夢、幻、泡、影，如露亦如電，應作如是觀。家人怪而止之，遂不復言，今四十年矣。嗚呼，亦異矣哉。公美者，蓋內有所得，而不資于學問者與？昔公美爲揚州都巡檢使，余爲州學教授，數相往來，實不見其一語及佛書也。其寬厚謹默，不臧否人物，宜能藏其所得，不衒于世俗。則今日之發，豈偶然哉？世之處山林、誦釋、老者，平居之日，飾行而高言，若不可望。然死生之變，或不能自達。而公美屬纊之際，神識不亂，視去其形骸而遊太空，若由東鄉適西里，顧其妻孥號于卧側，如旅人相遇于市而將散也，視其四體託於枕席，如浮雲墮葉役然而止其旁也。不如是，安能出至言乎？公美既卒，九江之人皆能道其事。僧遵邈欲其傳于久也，將刻于石，屬余言其本末，故爲之書。八月十六日，魯國孔某記。

又《碧湘湖錄》（同上，卷一六）　長沙有碧湘湖者，自馬氏始也。僧惠嚴，吳人，自杭州來依馬武穆王，武穆重之。一日思歸，武穆曰：公憶西湖耶？乃爲置寺湖西，有闢湖於寺外，旁引群山，下通湘水。其後惠嚴卒於寺，至今堂中有眞身存焉。馬氏乘唐之亂，竊有一方，恃其兵力，北闕高氏，南盜嶺表，遂爲强國。武穆始稱王，卒，傳子希聲。希聲卒，弟希範立。希範卒，弟希廣立，而湖南亂矣。希範最爲奢侈，事土木，作會春園興諸佛廟，增賦於民，上下彫困。是時，牙將丁思勤力諫不從，遂自殺，其無道如此。獨武穆守節儉，號爲長者，待士有禮。然絕山障水，以奉一浮屠，亦過甚矣。其父子之所爲，豈相遠哉？然至今爲湖西之異觀。余至眞身寺，遂游湘上，憩喬木之陰，觀魚鳥之樂，日暮忘歸。感馬氏之興廢，而慨然於懷也，因錄其本末云。

又《信州祥符院新鐘銘》（同上，卷一五）　元豐五年十一月十三日，祥符院大鐘成。用銅三百鈞有奇。其高九尺有五寸，厚四寸，廣六尺有三寸。主者僧曉儒，鑄者諸杭張孝基。越二十三日冬至擊之，其聲渾鍠，震動城郭。既浹旬，觀者不休。退則歎息，作生善意。於是州將虢略楊亞甫爲之銘，而其屬孔武仲又銘於石以相之。曰：

上下無疆，旁暨八垠。有告必聞，大聲以震。叩之則應，不用則默。既以時動，亦以時息。

陸佃《越州寶林院重修塔記》（《陶山集》卷一一）　於越有山焉，嘗飛而至，其名爲寶林。有靈鰻蚰居，禱旱輒雨。山雖不甚高，而花木蕭閒，自然出于塵垢之外。《吳越春秋》云：范蠡初作月城，缺西北，此峰一夕飛至，實瑯琊東武海中山也。蓋三神山俱在渤海中，其上臺觀皆金玉，而群仙據之，昔嘗有飛者，茲山豈其類耶？疑以仙聖久居，亦舍不死之藥，因以仙去，故能乘風凌虛，輕舉而至此。不然，何以能飛也？越人以儲兹山之粹，固多奇秀，有仙國之餘風。而其陰功著在福庭，煉丹辟穀，幾換金骨，若余大父是也。某獲承遺緒，槩聞其一二矣。故常希跂聖眞，而屢至其寺，觀所謂鰻蚰、錫痕、巨人之迹，爲之躊躇四顧，以想像三神山于此。已而登其塔，高雲不違簷咫尺，俯瞰闤闠，若累塊積蘇焉。越人瞻之，遙以起信。蓋乾德中，漢南王之所造也。熙寧十年八月丙申，其寺與塔俱焚，光影所照，其彤燭天，鳥皆夜鳴。逮曉，一木無遺者。山勢斗輕，更欲飛舉，而城郭氣象爲之荒涼。居無何，廣平侯程公來領州政，目無全事，百廢俱興，而有多餘之閒。升鹿麗龜，望之悵然，且思有以復之，自其塔始。而宰官、比丘與其州人，莫逆公意。于是良木之施雲如，椎鑿雷如，斧斤風如。自春迄冬，費幾萬緡，而嚮之烟爐之餘，已爛然金碧，與日星爭麗矣，何其速也。蓋公自少年，已擢顯科。治外處內，四紀于兹，天下稱其才焉。今雖老矣，而謀國尚壯。如獲興事造業，更以協濟神明之運，某將爲公識其大者，然則一塔之敏尚其餘事也。

又《台州黃巖縣妙智寺記》　佛出西方，不知幾千萬里。其書之契理會道，與中國聖人之言一。又其神靈之寓，光景著見。若今峨眉、天台感觸之異，非獨中州之人聞而趨之，雖西域其徒亦累譯而至也。與道家之說蓬萊、方丈，乃在烟海渺茫荒忽不攷之外異矣。黄巖，遠邑也，其鄰天台，其俗無貴賤，大抵嚮佛。雖屠羊履豨，牛醫馬走，漿奴酒保，洴澼之家，亦望佛刹軾式，遇其像且拜也。以故學佛之徒，飾宮宇爲莊嚴，則𢩤者施財，惰者輸力，傴者獻塗，眇者效準，聾者與之磨礱。而土木之功，蒼黈赭堊之飾，殆無遺巧。然其最佳曰妙智寺。蓋建隆中，僧南惠之所造，迨今百年，繼者非一，而卒成之者如吉也。余聞之也，夫所謂妙智者，佛之所知是也。疏觀泛應，無適而非眞，可得而不可求，可知而不可授，雖母欲以與季，不能也。蓋智難口傳，妙須心解如此。今以名其寺，如吉與其徒託而居之矣，當知是也。彼世之人，舍是弗圖，而逐逐于外，以事莊嚴，則雖飾以金銀，絡以珠玉，譬猶蜃噓成樓，半出霄漢。其彩五色，終非實相。如吉善住持，置田數百畝，延十方衆，以爲無窮永久之賴，邑人多之。而余兄嘗宰是邑，言其善，故與爲記，因附以所聞，使刻諸石焉。

張商英《撫州永安禪院僧堂記》（《宋代蜀文輯存》卷一三）　古學道之士，灰心泯智於深山幽谷之間，穴土以爲廬，紉草以爲衣，掬溪而飲，煮藜而食，虎豹之與鄰，猿狙之與親。不得已而聲名腥薌，文彩發露，則枯槁同志之士，不遠千里，裹糧躡蹻，來從之遊。道人深拒而不受也，則爲之樵蘇，爲之舂炊，爲之灑掃，爲之刈植，爲之給侍奔走，凡所以效勞苦，致精一，積月累歲，不自疲厭，覬師見而閔之，賜以一言之益，而超越死生之岸。烏有今日所謂堂殿宮室之華，床榻卧具之安，所須而具，所求而獲也哉。嗚呼，古之人吾不得而見之矣，因永安禪院之新其僧堂也，得以發吾之緒言。元祐六年冬十一月，吾行郡過臨川，聞水安主僧物故，以兜率從悦之徒了常繼之。常陞座説法，有陳氏子一歷耳根，生大欣慰，謂常曰：諦觀師誨，前此未聞，當有淨侣雲集，而僧堂狹陋，何以待之？願出家貲百萬，爲衆更造。明年，堂成，吾使謂常擊鼓集衆，以吾之意而告之曰：汝比丘，此堂既成，坐卧經行，惟汝之適。汝能於此帶刀而眠，離諸夢想，則百丈即汝，汝即百丈，若不然者，昏沉睡眠，毒蛇伏心，暗冥無知，晝入幽壤。汝能於此跏趺宴坐，深入禪定，則空生即汝，汝即空生，若不然者，獮猴在檻，外覩檀栗，雜想變亂，坐化異類。汝能於此横經而誦，研味聖意，因慚入頓，因頓入圓，則三藏即汝，汝即三藏，若不然者，春禽晝啼，秋蟲夜鳴，風氣所使，曾無意謂。汝能於此閲古人話，一見千悟，入紅塵裏，轉大法輪，則諸祖即汝，汝即諸祖，若不然者，狗齧枯骨，鵄啄腐鼠，鼓啄呀脣，重增飢火。是故析爲垢淨，列爲因果，判爲情想，感爲苦樂，漂流汩溺，極昧來際。然則作此堂者，有損有益，居此堂者，有利有害，汝等比丘宜知之。汝能斷毗盧髻，截觀音臂，刳文殊目，折普賢膽，碎維摩座，焚迦葉衣，如是受黄金爲垣，白銀爲壁，汝尚堪任，何況一堂。戒之勉之，吾說不虚。元祐七年壬申歲十二月十日，南康赤鳥觀雪夜擁爐，書以爲記。

又《撫州永安禪寺法堂記》　臨川陳宗愈於永安常老會中得大法，喜，捐其家貲，爲建丈室，作修廊。方且鳩材以新法堂，而宗愈死。其二子號訴於常曰：吾先子之未奉佛也，安且強，既奉佛也，病且亡。佛之因果可信耶？其不可信耶？常曰：吾野叟也，不足以譬子子弟成父之志，而卒吾堂。吾先師有得法上首無盡居士，深入不二，辨才無礙，隨順根性，善演法音，堂成，當爲子持書求誨，決子之疑。紹聖元年春，常遣明鑑至山陽，以書來言，會予方以諫官召還，未暇。明年，鑑又至京，待報於智海禪刹。爾時居士默處一室，了照幻境，鐵輪旋頂，身心泰定。明鑑雨淚悲泣，殷懃三請：大悲居士令此衆生流浪苦海，貪怖死生，迷惑因果。惟願居士作大醫王，施與法藥。居士曰：善哉，善哉。汝乃能不遠千里，爲陳氏子諮請如來無上秘密，甚深法要。諦聽吾說，持以告之。善男子，太空寂間，妄生四相，積氣爲風，積形爲地，積陽爲火，積陰爲水，建爲三才，散爲萬品。一切有情，水火相摩，形氣相結，以四小相，具四大界。因生須養，因養須財，因財須聚，因聚成貪，因貪成競，因競成嗔，因嗔成狠，因狠成愚，因愚成癡。此貪、嗔、癡，諸佛說，爲三大阿僧祇劫人於百年劫中，或十歲，或二十歲，或三四十歲，或五六十歲，或七八十歲，各於壽量，自爲小劫。於此劫中，而欲超越，不可數劫。譬如蚯蚓，欲升煙雲，無有是處。諸佛悲憫，開施檀波羅密大方便門，勸汝捨財。汝財能捨，即能捨愛，汝愛能捨，即能捨法，汝法能捨，即能捨意，汝意能捨，即能捨身，汝身能捨，即能捨心，汝心能捨，即能契道。昔迦葉尊者行化，有貧媼以破瓦器中潘汁施之，尊者飮訖，踴身虛空，現十八變。貧媼瞻仰，心大歡喜。尊者謂曰：汝之所施，得福無量，若人若天，輪王帝釋，四果聖人，及佛菩提，汝意所願，無不獲者。媼曰：止求生天。尊者曰：如汝所欲。過後七日命終，生忉利天，受勝妙樂。又罽賓國王在佛會聽法，出衆言曰：大聖出世，千劫難逢，今欲發心造立精舍，願佛開許。佛云：隨汝所作。罽賓持一枝竹，插於佛前，曰：建立精藍竟。佛云：如是如是。以是精藍，含容法界，以是供養，福越河沙。鑑來，爲吾持此二說，歸語檀越，善自擇之：汝父所建堂室廊廡，比一器潘得福甚多，生天受樂，決定無疑。若此廚賓國王插一枝竹，及能含容無量法界，汝欲進此，聽吾一偈：一竿修竹建精藍，風捲瞧螟入海南。惡水潑來成第二，鈍根蹉過問前三。於是明鑑踴躍信受，歸告其人，筆集緒言，刻以爲記。

又《隨州大洪山靈峰禪寺記》 元祐二年秋九月，詔隨州大洪山靈峰寺革律爲禪。紹聖元年，外臺始請移洛陽少林寺長老報恩住持。崇寧元年正月，使來求十方禪寺記，廼書曰：大洪山在隨西南，盤基百餘里，峰頂俯視漢東諸國林巒丘嶺猶平川也。以耆舊所聞考之，洪或曰胡，或曰湖，未詳所謂。今以地理考之，四山之間，昔爲大湖，神龍所居，洪波洋溢，莫測涯涘。其後二龍鬥，擗開層崖，湖水南落，故今負山之鄉，謂之落湖村，此大洪所以得名也。唐元和中，洪州開元寺僧善信，即山之慈忍靈濟大師也，師從馬祖，密傳心要，北遊五臺山，禮文殊師利，瞻覩殊勝，自慶於菩薩有緣，發願爲衆僧執炊爨三年。寺僧卻之，師流涕嗟戚，有老父曰：子緣不在此，往矣行焉，逢隨即止，遇湖即住。師即南邁，以寶曆二年秋七月抵隨州，遠望高峰，問鄉人曰：何山也？鄉人曰：大湖山也。師默契前語，尋山轉麓，至於湖側。屬歲亢旱，鄉民張武陵具羊豕，將用之以祈於湖龍。師見而悲之，謂武陵曰：雨暘不時，本因人心口業所感，害命濟命，重增乃罪。可且勿殺，少須三日，吾爲爾祈。武陵亦異人也，聞師之言，敬信之。師即披榛捫石，乃得山北之巖穴，泊然宴坐，運誠冥禱，雷雨大作。霽後數日，武陵迹而求之，師方在定，蛛絲羃面，號耳挃體，久之乃覺。武陵即施此山爲師興建精舍，以二子給侍左右，學徒依嚮，遂成法席。大和元年五月二十九日，師密語龍神曰：吾前以身代牲，輟汝血食。今捨身償汝，汝可享吾肉。即引利刃截右膝，復截左膝，門人奔持其刃，膝不克斷，白液流出，儼然入滅。張氏二子，立觀而化。山南東道奏上其狀，文宗嘉之，賜所居額爲幽濟禪院。晉天福中，改爲奇峰寺。本朝元豐元年，又改爲靈峰寺，皆以禱祈獲應也。自師滅至今三百餘年，而漢廣、汝墳之間十數州民尊嚴奉事，如赴約束，金帛粒米相尾於道。貲強法弱，僧範乃革。前此山峰高峻，堂殿樓閣依山製形，後前不倫，向背靡序。恩老至山，熟閱形勝，闢途南入，以正賓主。鑱崖壘澗，鏟巘補坳，嵯峨萬仞，化爲平頂。三門堂殿，翼舒繩直，通廊大廡，疏戶四達。淨侶雲集，藹爲叢林。峨嵋之寶燈瑞相，清源之金橋圓光，他方詭觀，異境同視。方其廢故而興新也，律之徒懷土而吹呶。會予謫爲郡守，合禪、律而訶之曰：律以甲乙，禪以十方。而所謂甲乙者，甲從何來？乙從何立？而必曰：我慈忍之子孫也，今取人於十方，則慈忍之後絕矣。且夫乙在子孫，則甲在慈忍，乙在慈忍，則甲在馬祖，乙在馬祖，則甲在南岳，乙在南岳，則甲在曹溪。推而上之，甲乙乃在乎菩提達摩，西天四七。則而所謂甲乙者，果安在哉？又而所謂十方者，十從何生？方從何起？世間之法，以一生二，一二爲三，二三爲六，三三爲九。九者，究也，復歸於一。一九爲十，十義乃成，不應突然無一有十。而所謂方者，上爲方邪？下爲方邪？東爲方邪？西爲方邪？南爲方邪？北爲方邪？以上爲方，則諸天所居，非而境界，以下爲方，則風輪所持，非而居止，以東爲方，則弗婆提人，形如半月，以北爲方，則鬱單越人，壽命久長，以西爲方，則瞿耶尼洲，滄波浩渺，以南爲方，則閻浮提洲，象馬殊國。然則甲乙無定，十方無依，競律競禪，奚是奚非？律之徒曰：世尊嘗居給孤獨園竹林精舍。必如太守言，世尊非邪？予曰：汝豈不聞以大圓覺爲我伽藍，身心安居，平等性智？此非我說，乃是佛說。於是律之徒默然而去。禪者曰：方外之士，一瓶一鉢，涉世無求。如鳥飛空，遇枝則休，如龜浮海，值木則浮。來如聚梗，去如滅漚。不識使君將甲乙之乎？十方之乎？予曰：善哉。佛子不住內，不住外，不住中間，不住四維，上下虛空，應無所住。而住持是眞十方住持矣，尙何言哉，尙何言哉。崇寧元年正月上元日記。

又《昭化寺李長者龕記》（同上，卷一四） 予元祐戊辰奉使河東，行太原屬縣，訪方山，瞻李長者像。至則荒茅蔽嶺，數十里前後無人烟，有古破殿屋三間，長者堂三間，村僧一名丐食於縣，未嘗在山。予於破竹經架中得長者修行《決疑論》四卷，《十元六相論》一卷，《十二緣生論》一卷，梵夾如新，從此遂頓悟《華嚴》宗旨。邑人以予知其長者也，相與勸勉，擇集賢嶺下改建今昭化院。予去彼三十年，有住持僧宗悟來言：方山非昔日方山也，松柏林木，高大盛茂，不植而生，皆應古記。又於長者造論處發見龍臺，以磚石瓮砌，前建軒閣，古迹歷然。僧徒粥忭，不求於外，游人庶士，不絕於道。相公開基，始悟亡先師，願得相公隻字，以爲法門之光。予曰：汝持戒人也，必不妄語，可自記其實，以傳後人。政和戊戌十月望日，觀文殿大學士張商英題付宗悟。朝請大夫、直秘閣、權發遣河東路計度轉運使公事、賜紫金魚袋陳知質篆額，迪功郎、前房州司戶曹事圓頓居士高淳并妍志居士范圓惇施石。政和庚子歲七月庚申日，從政郎、前麟州州學教授、權太原府壽陽縣事田孝孫立石。

又《蒙軒記》（《成都文類》卷四四） 成都白馬寺之浮圖敏行，以其所居之軒爲蒙，所著之文爲《蒙編》，其自號爲蒙子，謂予知蒙之說，而求記焉。乃推卦之象，而爲之記曰：山下出泉，受之以蒙。於物爲穉，於人爲童，始乎初筮，卒乎聖功。若知夫泉之所以出於山乎，涓涓以生，源源以行，行之不息，包載無極，沛乎爲江湖，洋乎爲渤澥，湛乎其爲陂澤沼沚，紆乎其爲溝洫川澮。風波不能撓其靜，泥垢不能汙其清。炎之以火，不能變其冽，堙之以山，不能激其平。雨雪沾濡而不益，魚龍噴吸而不涸。順方圓以應物，隨巨細以授器。澤九州而不謂之功，駕萬航而不謂之利。蓋泉之妙用如此，而其所以爲泉，乃自乎山下之蒙。今有人於此，汲泉而缶之，一日而喪其寒，二日而喪其甘，三日而喪其潔，四日而腐，五日而漁，曰泉之性如是，是果泉性乎？曰有泉則有是，無泉則無是，是果有無乎？而王弼之說蒙，又曰山下出泉，未知所適。此特知人之所以適泉，而不知夫泉之所以自適。今吾以泉之本而告於蒙子，若蒙子者，其知本之人歟？

又《洪州寶峰禪院選佛堂記》（《宋代蜀文輯存》卷一三） 崇寧天子賜馬祖塔號慈應，謚曰祖印，歲度一牒，以奉香火。住山老福深即於祖殿後建天書閣，承閣爲堂，以選佛名之，使其徒請記於余。余三辭，而請益堅，余謂之曰：古人謂選佛而及第者，涉乎名言耳。子以名堂，余又記之，無乃不可乎？憐子之勤，漫爲之記。夫選佛者，選擇之謂也。有去有取，有優有劣，施之於科舉，用之於人才，此先王之所以厲世磨鈍之具，非所謂選也。使佛而可選也，取六根乎？取六塵乎？取六識乎？取三六，則一切凡夫皆可作佛，去三六，則無量佛法誰修誰證？取四諦、六度、七覺、八正、九定、十無畏，乃至十八不共法、三十七助道法乎？去之則無法也。去取有無，渺然如水之流於心腹，欻然如埃之入於胸次，在修多羅藏，或謂之二障，或謂之不了意，或謂之戲論，或謂之偏計邪見，或謂之微細流注，取之非佛也，去之非佛也，不去不取亦非佛也，果可選乎？曰：先生之論，相宗也，吾宗之論，禪宗也。凡與選者，心空而已矣。弟子造堂而有問，宗師踞坐而有答。或示之以玄要，或示之以料揀，或示之以法鏡三昧，或示之以道眼因緣，或示之以向上一路，或示之以末後一句，或示之以當頭，或示之以平實，或揚眉瞬目，或舉拂敲牀，或畫圓相，或畫一劃，或拍手，或作舞。契吾機者，知其心之空，則佛果可選矣。余曰：世尊舉花，迦葉微笑，正法眼藏，如斯而已。後世宗師之所指，何紛紛之多乎？吾恐釋氏之教衰於此矣。深，河東人也，甘粗糲，耐苦心，久從關西眞淨游，孤硬卓立，必能宏其道。蓋釋氏之教，枯槁以遺其形，寂滅以灰其慮。戒定密行，鬼神所莫窺，慈悲妙用，幽顯所共仰。迫而後應，則五眾喪其伴侶，不得已而後言，則六聚忘其畛域。生死之變，人之所畏也，吾未嘗有生，安得有死，則奚畏之？利害之境，人所擇之，吾未嘗有利，安得有害，則奚擇之？爲夫如是，則不空於外而內自空，不空於境而心自空，不空於事而理自空，不空於相而性自空，不空於空而空自空。空則等，等則大，大則圓，圓則妙，妙則佛。嗟乎，吾以此望子，子尙無忽哉。

又《黃龍崇恩禪院記》（同上，卷二三） 黃龍、鳳凰、幕阜，三山連屬，皆秀峰翠寶，多靈草仙藥。黃龍古屬武昌，今隸豫章。《吳志》：黃武八年，黃龍見於武昌。《耆老傳》云：此山之頂有湫池，中有黃魚二，能致風雨，歲旱禱之無爽。院自唐乾甯中晦機禪師得法於元泉彥，常游嶽麓，會神僧，謂曰：此去東北行，遇洪即止，逢龍可住。至是因老父遙指高峰名黃龍山，上有雙峰，庵主曰馬和尙。師往謁之，歡若夙契，以庵付師而去。久之，禪侶雲集，宗風大振。天福三年，吴將呂舟嚮師道化，捨俸建寺置田，今小洞莊是也。寺凡三遷，名永安寺。天祐，鄂帥溫公表師道於朝，號超慧大師。盲超慧三世，五代之亂，遂湮廢爲民居。本朝祥符八年，加賜額崇恩禪院。治平中，光祿程公孟爲洪州太守，是時叢林有慧南者，傳石霜之印，行臨濟之令，三關陷虎，坐斷十方。程公以黃龍名剎，敦請居之，於是黃龍宗派被天下。南歿後，祖心嗣之。心退居晦堂，更三代住持，殆名具而實亡。紹聖四年，江西大饑，朝廷遣予守洪，聞肅師者，南之高弟，住百丈山，恢復大智規模。會黃龍主僧求去，予謂繼南者非肅不可，乃持疏山中，檄遣縣令佐敦請，師三辭不聽，不得已而至院。乃召知事僧崇佑計曰：堂宇圮墮，佛事不嚴若是，豈洪守所以屬予之意哉？即建佛牙大閣、東西方丈、堂庫廚寮、石橋水亭二百間有奇。曾未二歲，而視前是基構同於積蘇累塊。廣漢沙門允平曰：初開此山，清河張氏超慧也，再興吴院者，清河張公也。以法考之，豈非願力、時節而外護，以濟吾事邪？遣同參自光子曰：持是說求張公記其本末，此非小因小緣。自光持其說至京，予聞而笑曰：拙哉允平。以超慧爲前清河，予爲後清河邪？自其虛幻而觀之，則有前分後分，自有眞實而見之，則無二清河。超慧開其始，予捄其繼，肅成其終，其眩於名實者，奚足以知之？乃述以系之詞曰：

我行雙井，至於查田。升太平之嶺，望黃龍之巔。如西出鹿頭，而下窺蜀川。聚落烟雲之滅沒，原隰綺繡之連綿。桑陰陰而被野，石鑿鑿而鳴泉。鐘磬螺魚之聲，或出乎杳靄之間。眞所謂化人之國，覩中夜摩天。此方此山，靈水異趣，必得高人之提唱祖意。元肅禪師，慧南法子。非色非空，亦事亦理。隱於大雄，虎踞不起。孰能起之？無盡居士。住山二十年，革陋興圮。於肅之道，乃其糠秕。黃魚在湫，風雨來游。見而不測，胡迹之求。

又《潞州紫巖禪院千手千眼大悲殿記》（同上，卷一三） 智無自性而能分別，有分別然後有癡愛，有癡愛然後有執取，有執取然後有生死苦樂。苦至於極，樂不可得，智者悟苦諦之本空，復而歸於無苦。樂至於窮，眾苦隨之，智者觀樂性之自離，復而歸於無樂。苦樂執盡，則眞智現前，眞智現前，則十方平等，皆吾之智體也，三界蕩然，皆吾之智境也。諸佛諸大菩薩證此之智，出世間矣，而不斷世間之法，非眾生矣，而不壞眾生之象。所以者何？吾之大智無作，而不以大悲運用，入鄽利物，則六趣起沒，誰拯誰拔？且也滯寂沉空，欣眞厭妄，爲聲聞，爲緣覺，爲淨土菩薩而已耳。是故觀世音大士於過去無量億劫，千光王靜住如來所聞，持廣大圓滿無礙大悲心，陀羅尼生大精進，即發誓言：我若當來，堪作利益，願我此身生千手千眼。發是願已，其身即生千手千眼具足。從是已後，所生之身不受胎，藏於金光師子，游戲佛土，蓮花化生。問彼佛言：諸供養中，何者最勝？佛言：以慈心回向菩提，是爲最勝。於是發大誓願，當於萬億劫大悲渡眾生。復次於觀世音佛所得耳門圓照三昧，六根玄用法門。彼佛授記觀世音號，故能現八萬四千母陀羅臂，清靜寶眼，此大悲之因也。唐初，天竺婆羅門僧持細氎圖，繪千手千眼像，及千手千眼陀羅尼梵本來，又北天竺婆羅門蘇伽陀傳壇場印咒之法，自是中國始有千手千眼大悲像。其說大抵以大悲爲觀世之變，而降伏魔怨之迹。或以印咒而入寂滅定，或以印咒而得解脫神通，或以印咒而見百千淨妙剎土，或以印咒而呼召龍鬼，或以印咒而祛除疾癘，或於壇場中現阿難身而說法。商英三復其書而疑之，殆樂著小法者流通之舛也。何以明之？華德藏菩薩問釋伽佛曰：觀世音云何得如幻三昧，以善方便，隨眾形類所成善根而爲說法？佛言：菩薩成就一法，謂無止，不依三界，不依外，不依內。於無所依，得正觀察，正觀察已，即得正盡。由此言之，則壇場印咒，尙何依乎？菩薩以愛語同事利生，三十二應隨類現形，則千手千眼亦何施乎？然則千手千眼者，無千之千，而非一十百千之千也。千手者，示引迷接物之多也，千眼者，示放光照暗之廣也，八萬四千者，眾生塵勞也。眾生塵勞無盡，菩薩慈悲亦無盡。一一塵勞，具一一寶手、華手、香手、普手、無量手，乃至八萬四千手，一一塵勞，具一一智眼、法眼、慧眼、天眼、最勝眼，乃至八萬四千眼。苟無眾，無生塵勞，則一指不存，而況千萬臂乎？一瞬不具，而況千萬目乎？夫智者菩薩之所獨，悲者菩薩之所共。獨而不共，或障則淨，共而不獨，或障則染。故善財問菩薩道於善知識，往見觀世音於金剛山之西阿，而東方正趣菩薩自空中來，與觀世音同會。西方陰慘而爲悲，東方陽舒而爲智，智悲會融，則佛之體用全矣。此觀世音之所以爲大悲也。而索之於殊形異像，千變萬化，何其詭哉。或曰：現未曾有身，以折伏九十五種外道，則維摩詰以一手接妙喜世界，毘耶會中，豈亦有外道乎？會上黨紫嚴寺大悲像殊特端妙，礱巨石以待記者四十年矣。主僧聞商英之判大悲也，合掌讚曰：善哉，眞得佛意。謁官之文，以破俗疑。乃辨其宗，著之於篇。

又《祭眞寂大師文》（《羅湖野録》卷二）　昔者仰山謂臨濟曰：子之道他日盛行於吳越間，但遇風則止。後四世而有風穴延沼。沼以讖常不懌，晚得省念而喜曰：正法眼藏，今在汝躬，死無遺恨矣。念既出世首山，荒村破寺衲子纔三十餘輩，然其道大振天下。師於念公爲六世孫，於雲庵爲嫡嗣。住山規範，足以追媲首山，機鋒敏妙，初不減風穴。余頃歲奉使江西，按部西安，相識於龍安山中，抵掌夜語，盡得其末後大事，正宗顯決，方以見晚爲歎，而師遽亦化去。惜其福不逮慧，故緣不勝，喜其德不可掩，故終必有後。有若疎山了常、兜率慧照、慈雲明鑑、淸溪志言者，皆説法一方，有聞於時，有若羅漢慧宜、楊岐子圓、廣慧守眞、瀨川智宣者，皆逐跡幽居，痛自韜晦。風穴得一省念，遂能續列祖壽命，今龍安諸子，乃爾其盛，豈先師靈骨眞灰燼無餘耶？蓋其道行，實爲叢林所宗向，有光佛祖，有助化風。思有以發揮之，爲特請於朝，蒙恩追謚眞寂大師。嗚呼，余惟與師神交道契，故不敢忘外護之志。雖其死生契闊之異，而蒙被天子之殊恩，則幸亦共之。仰惟覺靈，祇此榮福。

黃庭堅《道臻師畫墨竹序》（《山谷全書·正集》卷一五）　墨竹出於近世，不知其所師承。初，吳道子作畫，超其師楊惠之。於山川崖谷，遠近形勢，虎豹蛇龍，至於蟲蛾草木之四時，日月列星風雨水火雷霆之神物，軍陳戰鬭斬馘奔北之象，運筆作眷，不加丹青，已極形似。故世之精識博物之士多藏吳生墨本，至俗子乃衒丹青耳。意墨竹之師，近出於此。往時天章閣待制燕肅，始作生竹，超然免於流俗。近世集賢校理文同，遂能極其變態，其筆墨之運疑鬼神也。韓退之論張長史喜草書，不治它技。所遇於世，存亡得喪，亡聊不平，有動於心，必發於書，所觀於物，千變萬化，可喜可愕，必寓於書。故張之書，不可端倪，以此終其身而名後世。與可之於竹，殆猶張之於書也。嘉州石洞講師道臻，刻意尚行，欲自振於溷濁之波，故以墨竹自名。然臻過與可之門而不入其室，何也？夫吳生之超其師，得之於心也，故無不妙，張長史之不治它技，用智不分也，故能入於神。夫心能不牽於外物，則其天守全，萬物森然出於一鏡，豈待含墨吮筆槃礴而後爲之哉？故余謂臻：欲得妙於筆，當得妙於心。臻問心之妙，而余不能言。有師範道人出於成都六祖，臻可持此往問之。

又《翠巖眞禪師語錄序》　石霜山中有三角虎，孤游獨坐，萬木生風，至於千里無人，草深一丈。有一人料其頭而得道，是爲黃龍慧南，有一人履其尾而得道，是爲翠巖可眞。南之子孫，江西、湖南，若揭日月，而眞得子晚，所乳之子是爲潙山道人慕喆。林棲谷隱，堅密深靜，霜露果熟。諸聖推出枯木朽株，雲行雨施，然後翠巖之道光明。蓋翠巖之入石霜，適遭一吼，凡聖情盡。參承咨決，徹佛徹祖，行住坐卧，亘古亘今。行川之水，無不盈之科，走盤之珠，無可留之影。十聖三賢當路，亦須草偃風行，四方八面俱來，無不投戈散地。金章玉句，具在可知。然明月夜光，多逢按劍，陽春白雪，難爲賞音。維黃龍罷參之客，必遺之曰：百鍊眞金，直須入翠巖鑪鞴。今坐鎭諸方、龍吟虎嘯者，無不稱翠巖室中之句，以接大根器，凡夫而叢林號爲眞點胸者。蓋同門數老，雖目視眈眈，文采炳煥，似從慈明法窟中來，實不解石霜上樹之機耳。各夢同牀，不妨殊調，冷灰爆豆，聊爲解嘲云耳。

又《雲居祐禪師語錄序》　佛言：我於一切法，無執報得，常光一尋，身眞金色。乃至三十二大人相，八十種隨形好，一一皆對妙因。固知釋迦、老子，不會祖師禪。今有人灰頭土面，而種種光明偏照，卑濕重遲，而進道猛利，超過百萬阿僧祇劫。哆哆啝啝，而法音如雷如霆，慧辯如雲如雨，跛跛挈挈，而十二時中，遍往十方國土，調伏衆生。如來油花脱子，全無用處。不可是超佛知見，倒用如來印也。此語若傳山北山南，必且懷疑起諍。若問是誰，但向道是雲居祐老子。若有人問：言句內識此老子？言句外識此老子？不可道。不即言句，不離言句，對諸方説如來禪也。我觀此老子，雖不設陷虎之機，大空升堂，小空入室，雖不結羨魚之網，鳥鵲遷巢，龍蛇避宅。子湖狗口裏刺得手秘，魔巖叉下有出身路。所以鏡有山鬼之形，妙於不見，骨銜波旬之鏃，本自無瘡。若人信得及，萬株杉裏方藏影，若信不及，五老峰前又出頭。此老子是無爲無事人，何須鄙夫百千偈贊。諸人還會麽：巨鼇莫戴三山去，吾欲蓬萊頂上行。

又《大潙喆禪師語録序》　喆禪師烹佛祖鑪鞴，鍛十地鉗椎，坐大潙山，孤峰萬仞。倒用魔王之印，追大軍於藕絲孔中，全提金翅之威，取毒龍於生死海底。擊毒塗鼓，死卻偸心傳法蝮蛇命，與雪山藥，吐卻室中密語野狐涎。若相如之璧無瑕，不但二十五城，十方一契，盡爲祖業。驢負麟角，羊蒙虎皮，來者崢嶸，皆納敗闕。向潙山去者，合如是去，從潙山來者，吾則有以驗之。昔石霜山中生二虎，其一爲黃蘗南，其一爲翠巖眞。黃蘗之虎乳數子，皆哮吼一方，弭伏百獸，而翠巖之虎生一夔，是爲喆禪師。余不能盡贊其道，而以印於余心者，書之潙山語錄之後。後世僧中有董狐，深知正法眼藏之樞紐，能持直筆，使《雅》《頌》各得其所，必將有取於斯文。

又《翠巖悅禪師語錄後序》　翠巖悅禪師者，青山白雲，開遮自在，碧潭明月，撈漉方知。鐵石霜崖，強弓勞箭。不受然燈記莂，自提三印正宗，假令古佛出頭，須下一椎定當。前則激惠南老子，出泐潭死水，而印慈明，後則勸祖心禪師，撥大愚寒灰，而見黃蘗。看儂兩著，雖天下棋客受先，破此一塵，與四海禪宗點眼。有懷疑者，是不肯山谷道人，擬欲全提，且救取無爲居士。

又《福州西禪暹老語錄序》　佛以無文之印，密付摩訶迦葉，二十八傳而至中夏。初無文字言說可傳可說，眞佛子者即付即受，必有符證，印空同文。於其契會，雖達摩面壁九年，實爲二祖鑄印。若其根器不爾，雖親見德山，棒如雨點，付與臨濟，天下雷行，此印陸沈，終不傳也。今其徒所傳文字典要，號爲一四天下品，盡世間竹帛不能載也。蓋亦如蟲蝕木，賓主相當，偶成文爾。若以爲不然者，今有具世間智、得文字通者，自可閉戶無師，讀書十年，刻菩提印而自佩之矣。故曰神而明之，存乎其人，苟非其人，道不虛行。怡山暹老，初寄瓶鉢於古田，時人不識也。曾福州子固拔於稠人之中，授以西禪，而道俗皆與之，蒲團曲几於今十二年矣。暹之徒淨圓，以其言句求予爲序引。予問淨照禪師，以爲其人有道心。知子莫若父也，聞予此言，必不驚也。至於錄開堂升座之語，以續祖燈，則其門入之志也。

又《跋七佛偈》（同上，卷二五）　予往時觀《七佛偈》於黃龍山中，聞鐘聲，見古人，常願手書千紙，以勸道緣，而世事匆匆，此功未辦。蘇臺劉光國欣然請施石刻之，傳本何啻千紙也。

又《跋七佛偈》　七佛所說偈，蓋禪源也。淺陋者爭騖於末流而不知歸，故余數爲叢林中書此偈。荊州田鈞子平聞是說，請余書而鑱諸石，將以考諸禪濫觴。吳孫氏時有僧道裕，誦出此《七佛偈》，而集大藏者錄爲疑。彼蓋不知當時不具翻譯人，此乃最上乘入理之極談，非能言之流也。

又《書贈俞清老》　清老，金華俞子中也，三十年前與余共學於淮南。元豐甲子相見於廣陵，自云荊公欲使之脫縫掖、著僧伽黎，奉香火於半山宅寺，所謂報寧禪院者也，予之僧名曰紫琳，字清老。清老無妻子之累，去作半山道人，不廢入俗談諧，優游以卒歲，似不爲難事。然生龜脫筒，亦難堪忍。後數年見之，儒冠自若也，因戲和清老詩云：索索葉自雨，月寒遙夜闌。馬嘶車鐸鳴，群動不遑安。有人夢超俗，去髮脫儒冠。平明視清鏡，政爾良獨難。子瞻屢哦此詩，以爲妙也。元祐四年十一月十一日，歸自門下省，書于酺池寺南退聽堂下。

又《跋招清公詩》　草堂，鄭交處士隱處也。小塘芙渠盛開，使鷄伏鴛鴦卵，與人馴狎，不驚畏。老禪延恩長老法安師懷道逐世，雖與慧林本、法雲秀同師，頗以討飯養千百閑漢爲笑也。清公少時蓋依之數年，嘗教誨道俗云：萬事隨緣，是安樂法。清公云：如安禪師，心無簡擇，可愛可欽。舟中晴暖，閑弄筆墨，爲太和釋智興書。

又《題意可詩後》　寧律不諧而不使句弱，用字不工，不使語俗，此庾開府之所長也，然有意於爲詩也。至於淵明，則所謂不煩繩削而自合。雖然，巧於斧斤者多疑其拙，窘於檢括者輒病其放。孔子曰：甯武子，其智可及也，其愚不可及也。淵明之拙與放，豈可爲不知者道哉？道人曰：如我按指，海印發光，汝暫舉心，塵勞先起。說者曰：若以法眼觀，無俗不眞，若以世眼觀，無眞不俗。淵明之詩，要當與一丘一壑者共之耳。

又《書洞山价禪師新豐吟後》　余舊不喜曹洞言句，常懷涇渭不同流之意。今日偶味此文，皆吾家日用事，乃知此老人作百衲被，歲久天寒，方知用處。浮山注解，雖爲報大陽十載之恩，又似孤負新豐老人耳。文會上座乞書此篇，欲刻諸石，與同味者傳之，因書。老夫於此，興復不淺。

又《跋王荊公禪簡》（同上，卷二六）　荊公學佛，所謂吾以爲龍又無角，吾以爲蛇又有足者也。然余嘗熟觀其風度，眞視富貴如浮雲，不溺於財利酒色，一世之偉人也。莫年小語，雅麗精絕，脫去流俗，不可以常理待之也。

又《江州東林寺藏經記》（同上，卷一七） 元豐三年夏四月，提點寺務司言，大相國寺星居院六十區，院或有屋數楹，接棟寄櫚，市井犬牙，庖煙相及，風火不虞。請合東西序爲僧舍八區，以其六爲律院，以其二爲禪坊。詔可之，賜祠部度僧牒二百，給其費。其六年秋七月落成，賜兩禪院名，其東曰慧林，其西曰智海。尙書禮部言，淨因院僧道臻，奉詔選舉可住持慧林、智海院者，今選於四方，得蘇州瑞光院僧宗本、江州東林寺僧常總。詔所在給裝錢，上道聽乘驛。於是常總固稱老病山野，不能奉詔。禮部以聞，詔勿奪其志。總公天下大禪師，門人常數百或千人。方京師虛慧林，智海以擇士也，禪林之子弟皆願其師得之。及總公不出，而道俗傾動，相與謀曰：吾師不肯爲西用，又將棄東林，而追之於窮山。凡可以安總公者，皆盡心力爲之。於是能者致力，巧者獻工，富者輸財，辯者勸施。數年之間，爲夏屋千楹，其廢興則自有記。最後度爲轉輪《蓮華經》藏，屋未及成，而遣其徒永邦來乞予記。予見邦之爲藏經，其物材無苦，調護墨工，是正板籍，積書如山，盡歷邦手，如數一二，予以謂能成總公所商度無疑也。予問邦：夫用力則外畀而不來，用智則物猜而不應。不用智與力，物歸之無極，此其故何哉？邦之言曰：《蓮華》藏，世界海，非人非天，虎嘯於陘，震風薄木，龍鳴于川，大雲垂空，若有召之者，而不知其所從來。吾師之道，芒乎昧乎，物故萃乎。予應之曰：如總公之不應詔而西也，似若有謂，未必直其妙處。然而來者蕓蕓，豈眞知之者邪？子勉之，藏成，予爲若作記。元祐六年某月，既沒總公之世，而經櫝猶在寓舍。及其門人思度時，邦與後來主事者枘鑿有不合，因謝去。久之，度來告曰：轉輪藏及藏殿今有六，乞士發心猛烈，殆將化成。惟是藏經者，邦有勛焉，而先師之手澤也。願終先師之志，刻石記之。黃庭堅曰：方總公盛時，化蟻穴蜂房爲廣廈百區，何其易也。比其晚節末路，度成一經藏，而身不及見，又何其難也。所謂強弩之末不能穿魯縞，行百里者半九十者乎？抑切而有者，其成壞自有數，當成於度之世者，雖總公亦不得切而有之邪？古之得道者，閱世或餘百年，而棲遲蓽門之下，雖有大檀越，不聽增一草。蓋知三界一切法，眾生俱煩惱，即是道場堅固法，在此不在彼邪。

又《南康軍開先禪院修造記》 廬山開先華藏禪院，江南李氏中主所作也。初，中主年十五，先主秉楊氏國柄鎮金陵，留中主與宋齊丘參廣陵政事。中主年少好文，無經世之意，喜物外之名，問舍於五老峰下，欲蟬蛻冠冕之間，鳳鳴林丘之表。有野夫獻地焉，山之勝絕處也，萬金買之，以爲書堂。時方多故，未暇。會先主開國，身任世子，稍駸駸於富貴，然語其舊僚，未嘗一日忘廬山也。其後中主嗣國數年，乃即書堂爲僧舍。蓋方其富盛時，傾國服爲之，亦推野夫獻地爲己有國之祥，故名曰開先，以了山道人紹宗主之，所謂拾枯松、煮瀑布者也。及中主作洪都，蓋嘗弭節雍容，故榻與畫像存焉。太平興國二年，又賜名曰開先華藏，然其主僧率以行義耆老。至善暹時乃有眾數百人，所謂海上橫行暹道者也。於是開先始爲禪林矣。由宗十四傳，而今行瑛出焉。自瑛之前，有道行者或不屑於世務，有幹局者或義不足以感人。故其補敝支傾，僅僅有之，不足言。瑛得道於東林常總，其材器能立事，任人役物如轉石於千仞之溪，無不如意。初苦痰癖，屢求去而不可。臥病坊者餘三年，乃作意一新之，惟表章李氏時佛屋一區，以其壯大簡古，留爲後觀，後人所作僧堂一區亦高深安隱，視佛屋兄弟也，故不毀。開先之屋無慮四百楹，成於瑛世者十之六，窮壯極麗，迄九年乃即功。方來之眾與其勤舊，雖千人宴坐，經行冬夏，無不得其所願。賓客之有事於四方者，雖數百人夜半而過門，無不得其所求。蓋廬山開先、棲賢、歸宗、圓通四禪院，飯游客常居飯僧之半，而瑛以其餘與遺化於四方之所入，興舊起廢。其成功也難，故其落成也，乞記於豫章黃庭堅。庭堅曰：夫沙門法者不任資生，行乞取足，日中受供，林下託宿。故趙州以斷薪續禪牀，宴坐三十年，藥山以三篾繞腹，一日不作則不食。今也毀中民百家之產而成一屋，奪農夫十口之飯而飯一僧，不已泰乎？夫不耕者燕居而玉食，所在常數百，是以有會昌之籍沒，窮土木之妖，龍蛇虎豹之區化爲金碧，是以有廣明之除蕩，可不忌邪？瑛曰：然，有是也。今法王眞子爲世界主，佛母淨聖同轉道樞，泰山之雲雨，天下河海，潤極千里，何憂魔事邪？雖然，廣明之盜，三災彌綸，一切共業影響，豈特末法比丘之罪邪？會昌之詔，吾又有以訂之，其說不過人其人，火其書，廬其居。夫毗盧遮那宮殿樓閣充徧十方，普入三世，於諸境界，無所分別，彼又安能廬吾居？有大經卷量等三千大千世界，藏在一微塵中，彼又安能火吾書？無我、無人、無佛、無眾生，彼又安能人吾人？雖然，妙莊嚴供實非我事，我於開先，似若夙負，成功不毀，夫子強爲我記之。我住此山十有二年，隨緣所作，窮於是矣。我將煮東溪之菜，縣折腳木牀，以待夫子解腰而共飯。黃庭堅曰：此上人者，蓋如來藏中之說客，菩提場中之游俠邪？欲作記者，亦窮於是，因自書使刻之。

又《洪州分寧縣雲巖禪院經藏記》 江西多古尊宿道場，居洪州境內者以百數，而洪州境內禪席居分寧縣者以十數。二十年來，住持者非其人，十室而八也，其有戶籍而單丁住持上官租者，十室而五也。分寧縣中，惟雲巖院供十方僧。山谷道人自爲童兒時數之，未嘗得人，其號十方，名存而實亡矣。元祐末，山谷以憂居里中，有玉山僧法清尸此禪席，而十方僧往來，不得展鉢託宿。清聞山谷嘗道雲巖初無藏經，慨然欲辦此緣。其人才智足以興事，而道行不能感人，論者紛紛而中廢，清亦得罪去矣。韶陽老人得道於黃龍祖心禪師，被褐懷玉，隱約山間，二十餘年矣。自言山野不解世事，無出山爲人意。邑中賢士大夫及其耆宿商度曰：欲興雲巖法席，必得本色道人，若是則莫宜韶陽公。於是逼致之。韶陽公幡然受請，入居方丈之東死心寮中。居數月，粥魚齋鼓，隱隱谹谹，聞者動心，升堂入室，肅肅雍雍，觀者拱手。韶陽公曰：與十方人作粥飯，緣則可矣，非老人爲道而來之意。古人云：我若一向舉揚宗乘，法堂前草深一丈。吾恐雲巖門外荊棘生焉。不得已，眾竭力爲我置藏經，且於末法中作佛事。眾亦不解老人語，而謀爲轉輪《蓮華經》藏，庇以華屋，大爲經堂，嚴以金碧。有山者獻木，有田者獻穀。如此且閱三歲，檀化爲魔，種種沮壞。韶陽壁立，不戰不怖。諸魔所攝，去魔即佛。作大莊嚴，遠近傾倒。魔復爲檀，自謝負墮。鳴鼉伐鼓，相我成功。於是四方來觀者乃曰：江東西經藏凡十數，未有盛於雲巖者也。而此經藏者，發端於山谷，不得不爲之記。山谷曰：物之成壞，蓋自有數。要以有道者爲所依，然後崇成。韶陽所以不得已而置藏經，是中有正法眼句，禪子自當於死心寮中求之。凡此藏經，主工者僧悟機，如京師印經者僧希文。韶陽老人者，大長老悟新，山谷道人者，謫授涪州別駕戎州安置黃庭堅。

又《洪州分寧縣青龍山興化禪院記》 幕阜山之東，黃龍山之下曰青龍山。背山而向溪，有道場曰興化禪院。相傳以爲隋初有頭陀卜築此山，得名曰靈臺院，至會昌而籍沒。大中再許度人，有利相禪師，實化草萊，皆爲金碧，號澄心院。嗣興者曰伏虎禪師，歲遠失其名。蓋常以道行伏虎，鄉民生敬其經行，死奉其塔廟，至今遺基巋然，水旱猶請禱之。此後子孫食其田宅而已。至慶曆中，賜名興化禪院，於今七世，無赫赫可紀。紹聖丙子歲，眾請漳州僧以弼住持。弼嘗入黃龍心、泐潭文之丈室，自以爲聞得力句於東林常總禪師，不能補壞支傾，偷過歲月，銳意興作，必欲自我一新之。尚有東林之規摹，又得長沙僧志秀爲之佐，故七年而大廈彌山，凡所以尊崇經像，安養聖賢，包容作務，館穀賓客，無不稱事，高明顯融。又栽杉十萬，以關盛衰。蓋方事之初，民愼展者，家有古墳櫧林，相其材可大用，而人以爲不可得。已而櫧林之中，夜聞鐘梵，或以告弼，試往喻之。愼氏四十餘院，欣然同施，人歆其祥。於是傾財獻力，遂崇成耳。惟積敝難振，大緣難成，非其時不興，非其人不能。夫更六世，而補破支壞，粗合苟完，可謂積敝矣。空山之間，四旁去州縣遠，徹故作新，費以鉅萬，可謂大緣矣。櫧林鐘梵，非所應有而驚動，此其興之時也。弼以淨行而主此緣，秀又爲之竭力，凡一切作務，病者不悔，死者不怨，皆曰：今我盡心盡力，必將惠我三昧，其人又能也。夫東林千歲之功，發地除之，不遺一像一室，爲屋千楹，成壞無不如意，然未及以道接十方也而化去。今弼尚未老，訖臻厥成，尚行總公之道哉。故爲之記，記其興廢而勸請之。

又《太平州蕪湖縣吉祥禪院記》 太平州蕪湖縣吉祥院者，考之載籍，不知其所本。父老言，曩猶有石刻云，院基於晉承和二年，而忘其名。又言，江南李昪初爲徐溫乞子，時徐知訓不能容昪，置酒伏劍士，欲殺之。行酒吏刁彥能知其故，以手爪語昪。昪悟，起走，伏於此院北山間古松下以免。及昪有國，名院曰永壽云。其後僧紹熙焚巢毀像，掃地幾盡。天聖初，知縣事太常博士董黃中逐紹熙，以授僧自元，而院中興。景祐大饗帝於明堂，賜院名曰吉祥。元之徒繼主事者曰可旻，亦有道行俗緣，以故其佛事崇成。上北山，斬竹開屋，凡數十楹。旻死，其弟可云、可暹，敗隳寺居，略如紹熙時，鐘魚不鳴，像設風雨。云等不能有，乃求以十方人主事，閱知縣事晉陵胡宗質、開封李士高，始以邑中士大夫耆老之願，起宣州廣教禪院僧慶餘傳法住持。蕪湖未嘗有十方院，院又蕪廢，不可措手，人以爲興之難。而餘以元豐八年五月二十八日來就法席，是日竹筍彌山，人以爲瑞。有屠者故凶忍，於是方欲解牛，三夕不能奏刀，已而牛見夢：送我吉祥院。屠以語市中人，市中人則共買牛與吉祥，至今以供麥磑。方念作經藏，而法鼓自鳴。餘亦不知寒暑，日乞於市上，風饕雪虐，道無行人，而夫須襏襫出作佛事，故邑人動心焉。其耆老亦有修禪奉律、信有是道者，以是坐賈行商與田間著姓，破慳捨有，日月至焉。然餘自貧士一錢而乞之，而人有施四十萬者。故歲行八周，興舊起廢，於今可以安方來，禮勤舊，下逮冗從，皆有舍區。又爲大轉輪藏經，其費鉅萬。方歲之不易，居民薦菑於水火，若不可爲，而餘之立志如山，不可回奪。餘之言曰：蕪湖古大縣，嘗爲丹陽郡治所，直中江之會，舳艫相屬，千里連檣，輔我者衆，則吾事當有濟時。百足之蟲，至死不僕，吾以是沒，吾世爲之，以成難成，遂濟登茲。庭堅曰：此山蓋爲永壽院者幾百年，爲吉祥院者又五十年矣，今乃蔚爲禪居，再閱廢興，可爲累歎。物之成壞相尋，憑虛而責實，蓋難爲功。今餘之功緒且終，是必將齋心服形，退藏于密，延四方之有道者爲之法供養，豈使法鼓虛鳴，反爲磑下牛所笑哉？故爲之記其所從來，使後有考焉。餘蓋授法於太平州興國修睦，而其同學弟仲珪實左右之。

又《南康軍都昌縣清隱禪院記》 發豫章下流，略鄱陽之封，據彭蠡上遊，距落星灣輿行一舍，舟行百里，有大聚落，是爲古之梟陽，今爲都昌縣治所。山悠而水遠，能陰而善晴，升南山而望之，如李成、范寬得意圖畫。蓋南山之於都昌，如娟秀人，直其眉目清明處也。其東則謝康樂繙經臺，其西則石壁精舍，見於康樂之詩。石壁之灣洄，古木怪石，又陶桓公之釣臺也。野老巖之下，盤折爲隈隩，其上泉甘而繁松竹，曰清隱寺者，唐泰陵皇帝所賜名也。其後縣令陳杲用咸通赦書，改築於南山之陽。自爾餘百年，閱廢興多矣，守者非其人，至無用庇風雨以食。熙寧甲寅，令王師孟初得廬山僧建隆主之，遂爲南山淸隱禪院。乙卯丙辰而隆卒，長老惟湜自廬山來，百事權輿，願力成就，而僧太奇實爲之股肱。於今八年，宮殿崇成，凡所以安衆作佛事者，靡不斬新。松竹欣欣，安樂雨露，而無斧斤。引高泉以致日用，器械奇巧，如人血脈周流於百體也。陰房蘚壁，戶牖通達。昔者蟲蛇之寢廟，虎豹之燕居，無不畚築丹堊。冀其寬衍以爲園蔬，老者有所休，壯者有所游，少欲而常足，無聚祿而望人之腹。余得意於山川以來，隨食南北二十年矣，未嘗不愛樂此山之美，故嘉歎清隱之心，賞風月而同歸。淸隱曰：吾與子同與不同，付與五湖雲水，惟是艱難以至燕樂，強爲我記之。淸隱出於福淸林氏，飽諸方學，最後入浮山圓鑑法遠之室。浮山，臨濟七世孫，如雷如霆，觀父可以知子矣。

又《吉州隆慶禪院轉輪藏記》 維物外禪師沖日有道行，以江南楊氏順義中築室於廬陵郡之仁山，其言傳，故院不廢，至于今爲隆慶禪院。熙寧乙卯，禪師利儼自黃龍慧南道人所來，樂仁山而駐錫焉。儼器宇重深，才智能任事。其初舉事緣，占邦人心，告以刻《華嚴》經論板書，經費鉅萬，人勸其功，期月而成。儼曰：黃龍知見之香，可以普薰斯人矣。於是安意莊嚴此山，即以其書告衆人曰：吾師云：五十六億萬歲，當有大丈夫來自善足天，於龍華菩提木下三轉法輪，度諸有緣人，稱所有施法佛及僧，是爲將來聽法種子。其會盟以二月十九日。至元豐三年其日，遠近皆會，有異僧來吃飯，忽不知所如，道俗振動。四年六月，會者傾江西、湖南，而僧迦浮圖出光明相照此會，人無不歸心。故儼因此會供施，轉化多人，爲轉輪經藏。木石金碧妙天下之材，百工妙天下之手，閱二歲而崇成。機發於踵，大車左旋，人天聖凡，東出西沒，鬼工神械，耀人心目。其費無慮二千萬，皆人自勸，非機巧智力所能。儼之言蓋如此。豫章黃庭堅曰：夫一缾一鉢，行若飛鳥，而宴坐十年，荆棘草萊，化爲金碧，歲無豐凶，施者常滿門。彼非有大才智鼓舞斯人，安能若是？因其落成爲之記。

又《懷安軍金堂縣慶善院大悲閣記》 直金堂縣南有山如城壁，東西行者，風雨以爲保障，是謂金堂山。有一峰，發於其麓，自北而南，出絕峰上極得地坦平，表裏見其江山，縣之爽塏處也。縣南故有僧房曰天王院，天聖中賜名曰慶善，爲舍五百楹，成於僧化之師文紀。至化之，乃度作千手眼大悲菩薩閣於峰頂。規摹之初，智者笑之，愚者排之，化之意益堅。其求於人，不避寒暑雨雪，其受人施，不計貧富多寡。積十五年而功乃成，於是又即山南北而爲宮，與大悲閣高下相望，爲屋將百楹矣。初，其匠事未能半，而壯麗宏敞，動人心目。於是笑之者皆助之謀，排之者皆借之力。已而檀施傾數州，其用錢至一千萬，然後聖像圓滿，千手所持，多象犀珠金，間見增出，無一臂不用，不以人功歲計所能辨也。觀者傾動，或至懺悔涕泣。於是化之自武其功，因余外兄張子安，乞余文記之。子安亦言：化之醇樸不琱鐫，盡心於佛事，所作殊勝可紀也。按千手眼大悲菩薩者，觀世音之化相也。維觀世音應物現形，或至於八萬四千手眼。昔楊惠之以塑工妙天下，爲八萬四千不可措手，故作千手眼相，曰：後世雖有善工，不能加也。已而果然。今之作者皆祖惠之云。金堂本廣漢郡之新都聚邑，至唐咸亨中，以金堂山而名其縣，化之其縣人也。子安，通直郎，知金堂縣事張君禔也。大悲閣作元祐二年之九月，將落成於新天子改元之某月。

又《瀘州大雲寺滴乳泉記》 瀘州大雲寺西偏崖石上，有甘泉滴瀝，一州泉味皆不及也，余名曰滴乳泉。然寺僧宗惠埋其上，泉滴來不汲汲，似爲死骨所觸。余聞葬書，死而葬泉源者，其子孫皆當病水瘇而死，其毒數世不已。惠若有子孫，可忠告之，遷以避數世之禍。

又《吉州慈恩寺仁壽塔記》 吉州東山慈恩寺，治平皇帝賜名也。寺有江南李氏保大中刻石，曰龍興寺。而《高僧傳》言，仁壽舍利塔在發蒙寺。寺三易名，其歲月皆失款識。其傳曰：隋文皇帝方隱約時，有異人以舍利一掬遺之，曰：以此福蒼生。因忽不見。帝以示僧曇遷，置堂中，閱數日，數有盈縮，遷曰：吾聞法身過於數量，非世智所及，此未可量。有尼智遷數大言，人以爲狂而不信，陰謂帝曰：象敎堙沈，一切鬼神皆西，兒當父母天下。其後周失其牧，隋文受命，仁壽改元，迺詔分舍利三十，置浮圖於天下高爽地，所至皆發祥下瑞。三年，又以所餘舍利五十有三，分置五十三州，皆選有道行僧調護至其州，卜吉地爲浮圖。吉州發蒙寺，其一也，實以西京光明道場僧慧最將命。發地八尺，得豫章板，古瓴甓中置銀甖舍利，觀者皆震動。唐天祐中，夜雷雨大晦冥，厥明視之，浮圖左旋，殆且盈尺，故基宛然，不相函，蓋非人力所及。靈瑞傳聞，崇奉傾數州。由天聖以來，屢見光景，志怪者或過其實，而曲士持議以爲無是。道彼恢詭譎怪，流俗喜傳，無以爲有，寡見淺聞，又裁耳目之外，謂之不然。故曰夏蟲不信冰霜，醯鷄斷無天地，彼何足論大方之家。故咨考實錄，遺主塔僧師慧，以告來者。師惠喜事，有經論學，樂以余言勒之金石。

又《天鉢禪院準禪師舍利塔記》 維東福勝，故號天鉢。有來鎡鎮，在同光之末。令初堂堂，大覺印可。干戈日尋，禪子宴坐。眞人開宋，六合爲家。時維令準，以弟繼初，持臨濟家法，鼓板鐘魚。寂寥百年，有僧父子。父鋤其鄰，子乞于市。文慈重元，海岱維清。如雷如霆，十州震驚。盲者得眼，檀者傾施。日飯三百，猶故不賜。覺海若沖，提印了空。雪山醍醐，法示一味，飲者不同。沖子智航，蓋士夫選。諸根猛利，透出魔罥。昔在天鉢，風雨及牀，瓶鉢三世，冬溫夏涼。有窣堵波，畚築所開，發函得骨，莫詔其誰。稽首摩拂，舍利涌出，銜齒附骨，如珠瑟瑟。迺考圖記，準實藏此，壽七十五，同光之季。累甓莊嚴，鐘唄威儀，使見聞發心，維航智悲。林下家間，得意自足，蒿萊荆棘，不純不緌。因時成文，證德訓俗。如象遇雷，如龜藏六。攻石作銘，閱世陵谷。

又《自然堂記》 佛者惠言，吾同郡人，自豫章來，客於湖陰，將二十年。其居故屋數間，舊開東軒於鄰室之籬角，黝黑漸洳，不堪人居，蝸涎蛛網，經緯几席。有以改作告之者，則應之曰：未遑也。間而徘徊其下，徜徉乎旁，久乃得之。因其舊蓋，不易一瓦，塞故嚮以爲壁，搴故壁以爲明，不加一木而堂成。知言師而來者，莫不粲然油然忘其歸。予獨嘉其意近於自然，爲之名曰自然堂，且爲道其所以名曰：動作寢休，頹然於自得之場，其行也不以爲人，其止也不以畏人，時損時益，處順而不逆，此吾所謂自然也。彼體弱而健強，名辱而羡榮，汩汩然日有是心，然且取混沌之術而假修之者，自然尚能存乎？雖然，凡此者近之矣，而未也。若夫道之妙者，則吾不能爲若言之，而使若得之也，亦不能爲吾言之矣。言師善鼓琴丹青，而不有其能，讀經論多自得其意，不事外飾，如山野人，可與言者也。

又《江陵府承天禪院塔記》（《山谷全書・別集》卷二） 紹聖二年，余以史事得罪竄黔中，道出江陵，寓承天，以補紉春服。時住持僧智珠，方撤舊僧伽浮圖於地，瓦木如山，而囑余曰：成功之後，願乞文記之。余笑曰：作記不難，顧成功爲難耳。後六年，余蒙恩東歸，則七級浮圖歸然立於雲霄之上矣，因問其緣，珠曰：此雖出於衆力，費以萬緡，鳩工於丁丑，而落成於壬午。其難者既成功矣，其不難者敢乞之。余曰：諾。謹按，承天禪院僧伽浮圖，作于高氏在荆州時，既壞，而主者非其人，枝撑以度歲月。有知進者，住持十八年，守舊而已。智珠初問心法於清源奇道者，而自閩中來，則佐知進主院事。道俗欣欣，皆曰：起廢扶傾，惟此道人能之。於是六年，作而新之者過半。知進歿，衆歸珠，而不釋此浮圖，遂崇成耳。僧伽本起於盱眙，于今寶祠偏天下，其道化乃溢于異域，何哉？豈釋氏所謂願力普及者乎？儒者常論一佛寺之費，蓋中民萬家之產，實生民穀帛之蠹。雖余亦謂之然。然自余省事以來，觀天下財力屈竭之端，國家無大軍旅勤民丁賦之政，則蝗旱水溢，或疾疫連數十州，此蓋生人之共業，盈虚有數，非人力所能勝者耶？然天下之善人少，不善人常多。王者之刑賞以治其外，佛者之禍福以治其內，則於世教豈小補哉？而儒者嘗欲合而軋之，是眞何理哉。因珠乞文，記其化緣，故併論其事。智珠，古田人，有智略而無心，與人無崖岸，又不爲翕翕然，故久而人益信之。買石者鄒永年，篆額者黃乘，作記者黃某，立石者馬瑊。

又《成都府慈因忠報禪院經藏閣記》 元祐七年九月，翰林學士范公百祿以中書侍郎與聞大政，追榮其三世，曾大父璲贈太子少保，大父度贈太師，父鍇贈太尉。其兆在成都東北近郊之五里，例得即塋次築佛廟，以極崇奉之意。天子錫之名曰慈因忠報禪院，所以休寧范氏之祖考，而勸之以熙載之功。中書之兄朝散郎百朋，榮家之慶，侈上之賜，相其土田，以基以堂，伐山隨川，阜其材木。凡爲屋二百楹，一出于己，不以累人。又擇僧之有名行者繼隆主之。隆以釋氏法度，其徒爲一姓子者今七人矣，而慈元實協贊其經營。元又度大藏爲經閣，在院西。其土從三十五尺，橫七十七尺，爲複屋，直三而曲四，致飾甚嚴。所藏經五千四十八卷，勸請士大夫四百餘家，皆號稱能書，乃畀之書。其費皆出於范氏。奔走所嚮，積以日月，訖於崇成，皆出慈元。凡此莊嚴之功，朝散不愛其財，慈元不愛其力，故能速成而盡美。成都雖大府，閥閱相望，而用執政尊顯其先隴，以恩得佛寺，度僧以守之，唯范氏，故士大夫家皆欽羡之。閣成，朝散屬元來乞文以記之。余惟中書君輔政未久，而捐館于河中，遂葬于河南，諸子亦不能歸，而朝散公年餘八十，能不懈于崇奉，可謂知本矣。元以灑埽之勞行，度身任其事，可謂不忘本矣。經閣之壯麗，施書之名題，字畫之工拙，來觀者當自得之，故不書。書經藏之所以成，與此院之因起，使廢興之際有考焉，蓋范氏之志也。

又《萍鄉縣寶積禪寺記》 寶積禪寺，本周廣順中以民李氏施宅地梵林寺，寺有僧伽象，顯德中見光怪累日，因改寶積寺。星居六室，以元符二年十二月勅破律爲禪，以僧紹槩主之。而槩于萍鄉無法緣，居十月而里人不施一錢，于是棄而去。三年十月，余伯氏元明爲令也，擇請延慶院山主宗禪來尸法席。禪倦游諸方，號稱得安樂法，其居延慶也，變飲酒食肉處爲菩提坊，開草萊荆棘爲金碧聚，故元明以爲是必能興我寶積。三招而後肯來，至則破六律院爲一叢林，謗者杜口，檀者傾施。六閱歲，盡徹蜂房之屋，鬱爲鷲峰之會。建中靖國之元，方丈、三門、世尊之廟崇成矣。粤明年，樂靜室、德味廚、法堂皆畢工。凡率有錢之家爲五百萬，而所以庇覆安樂道衆冗徒之屋無不具。使嚚訟者口談般若，鄙吝者心悅檀施。若禪者可謂有功於此縣，而其道行之化，或溢於鄰邦矣。伯氏來屬爲禪記之，故叙載如此。崇寧二年十一月丁丑，朝奉郎、管句洪州玉隆觀、雲騎尉、賜緋魚袋黃庭堅魯直記并書。萍鄉縣令黃大臨元明立石。

又《普覺禪寺轉輪藏記》 法界門中無孤單，法起則全起，古人陳迹無壞滅，性用則日新。惟去本之日遠，不知法所從來，遂令色像峥嵘，心目流轉。故說法者濫於邪師，聽法者窮乎不信耳。普覺禪師楚金既作經藏，以書抵山谷道人曰：我初住普覺，破屋數十楹耳，不知何人蠶食吾垣，地闕東北，茅塞吾道，蛇行東西。賴外護之力，皆復厥初。我四垣平直，松竹行列，道出正南，會於四達之衢。由上漏下溼，至於風雨寒暑而不知，由食時乞飯，至於日饍百人而不渴。末後以檀施之餘，建《蓮華》轉輪經藏，百工神奇，輪奐一新，化出幻沒，耀人心顏，佛事莊嚴，自謂愜當。然或譏謗，以謂大老翁當爲十方衲子興法之供養，安用作此機械，隨俗嫮夸耶？於山谷意如何？山谷曰：妙德法界，不容一塵，普賢行門，不利一法。吾聞轉輪藏者，權輿於雙林大士，可謂淺深隨量，巧被三根。今使在俗處廛不知文字性相者捨所積藏，滅慳貪垢，布凈信種，隨此輪轉，示世間生起所因，所作饒益，被譏謗者亦知之矣。若乃此離垢輪圓機時示諸衲子，轉者誰轉，止者誰止，負荷含藏，承誰恩力，一念正眞，權慧具矣。若能如是觀者，即絕衆生生死流，即具普賢一切行。不如是觀，雖八萬四千寶目偏入五千四十八卷，字字照了，虎觀水磨，竟是何物。常坐不動道場，即此以爲佛事，善知諸子回心與未回心，堪入生死與不堪入生死，根器成熟與未成熟，法之供養更於何求？普覺老欣然曰：我今有六十衲子坐夏，而山谷道人爲我轉此法輪，省老翁無量葛藤。幸爲我書之，以告來者。元祐九年四月丁巳，豫章黃某記。

又《幽芳亭記》　蘭生深林，不以無人而不芳，道人住山，不以無人而不禪。蘭雖有香，不遇清風不發，棒雖有眼，不是本色人不打。且道這香從甚處來？若道香從蘭出，無風時又卻與萱草不殊，若道香從風生，何故風吹萱草無香可發？若道鼻根妄想，無蘭無風，又妄想不成。若是三和合生，俗氣不除。若是非蘭非風非鼻，惟心所現，未夢見祖師腳根有似恁麼，如何得平穩安樂去？涪翁不惜眉毛，爲諸人點破：蘭是山中香草，移來方廣院中。方廣老人作亭，要東行西去，涪翁名曰幽芳，與他著些光彩。此事徹底道盡也，諸人還信得及否？若也不得，更待彌勒下生。

又《禮思大禪師題名記》　修水黃某，弟仲堪子枌、梓、椿、相、棁，成都范溫、道人文演同來。禮思大師，閱三生藏，閱貝多梵字經，二錫杖，象刻佛供，僧俗書經夾，有纖靡如蟻，映光不可讀者，及佛牙、舍利，蚌中觀音相。寶玩溢目，爲書觀寶軒三大字。坐獨松軒，觀老松突兀於衆杉間，本無超群之意。崇寧三年正月甲辰。

又《清隱院順濟龍王廟記》（《山谷全書·續集》卷一〇）　諸行無常，一切皆苦。諸法無我，寂滅爲樂。無上兩足尊，初說修妬路，爲海居種性，開此甘露門。娑竭以無耳聞經，無垢以非男成佛。維順濟王，承佛記莂，有大福田，爲世津梁，得自在力。當時十處十會皆聽圓音，今日三江五湖，不忘外護。所以作南山之檀越，應清隱之鑪香，以佛事作神通，化血食爲淨供。雖然，太陽門下，一切徧周，普光法堂，當仁分坐。不妨於法界海，見作魚龍，入觀音門，能施無畏。鐘魚鼓板，釋迦苦口丁寧，雷雨風濤，順濟家常相助。因行不妨掉臂南山，飯在往來船。非唯曲爲今時，亦與後人作古。記歲癸亥，號元豐，月黃鐘，曰己巳，雙井黃庭堅撰幷書。

又《黃龍心禪師塔銘》（《山谷全書·正集》卷三二）　師諱祖心，黃龍惠南禪師之嫡子。見性諦當，入道穩實，深入南公之室。許以法器，爲之道地，雲峰文悅發之，脫略窠臼，游戲三昧，翠巖可眞與之。住持黃龍山十有二年，退居菴頭二十餘年。元符三年十一月十六日中夜而沒，葬骨石於南公塔之東。住世七十有六年，坐五十有五夏。賜紫衣，親賢徐王之請也，號寶覺大師，駙馬都尉王詵之請也。初，南雄州始興縣鄔氏子爲儒生有聲，年十九而目盲，父母許以出家，忽復見物。乃往依龍山寺僧惠全，全名之曰祖心云。明年與試經業，師獨獻所業詩，試官奇之，遂以合格。聞雖在僧次，常勤俗學，衆中推其多能。久之，繼住受業寺不奉戒律，且逢横逆，乃棄去，來入叢林。初謁雲峰，雲峰孤硬難入，見師，慰誨接納。師乃決志歸依朝夕。三載，終不契機，告悅將去，悅曰：必往依黃蘗南禪師。師居黃蘗四年，雖深信此事，而不大發明，又辭而上雲峰。會悅謝世，於是就止石霜，無所參決。因閱《傳燈》，至僧問：如何是多福？一叢竹多福？曰：一莖兩莖斜。僧云：不會多福。曰：三莖四莖曲。此時頓覺親見二師。歸禮黃蘗，方展坐具，南公曰：汝入吾室矣。師亦踴躍自喜，即應曰：大事本來如是，和尚何用教人看話下語，百計搜尋？南公曰：若不令汝如此，究尋到無用心處，自見自了，吾則埋沒汝也。師從容游泳，陸沈於衆，時往諮決雲門語句。南公曰：知是般事便休，安用許多工夫。師曰：不然。但有纖介疑在，不到無學，如何得七縱八横、天迴地轉？南公肯之。已而往謁翠巖，翠巖貶剝諸方，諸方號爲眞點胸，見師即云：禪客從黃蘗師兄處來，未見有地頭者。箇嶺男子卻有地頭，汝能久住，吾亦不孤負汝師。依止二年，翠巖沒後，乃歸黃蘗。南公分坐，令接後來。及南公遷住黃龍，師往就泐潭曉月講學，蓋月能以一切文字入禪悅之味。同列或指笑師下喬木、入幽谷者，師聞之，曰：彼以有得之得護前遮後，我以無學之學朝宗百川。中以小疾，求醫章江院，轉運判官夏倚公立雅意禪宗，見楊傑次公，而問黃龍之道，恨未即見。次公曰：有心首座在章江，公能自屈，不待見南也。公立聞之，亟至章江，見師在僧堂後持經，問曰：非心公耶？對曰：是。揖坐而嘆曰：達摩一宗將掃地矣。因劇談道妙。至會萬物爲自己，及情與無情共一體，有犬卧香案下，師以壓尺擊香案曰：犬有情即去，香案無情自住。情與無情，如何得成一體？公立不能答。師曰：才入思惟，便成髗法，何曾會物爲己？公立於是參叩鄭重。南公入滅，僧俗請師繼坐道場，化俗談眞，重規疊矩，四方歸仰，初不減南公時。然師雅尙眞率，不樂從事於務，五求解去，乃得謝事閑居，而學者益親。謝景溫師直守潭州，虛大潙以致師，三辭不往，又屬江西轉運判官彭汝礪器資起師。器資請所以不應長沙之意，師曰：願見謝公，不願領大潙也。馬祖、百丈以前無住持事，道義相求於空閑寂寞之濱而已。其後雖有住持，王臣尊禮，謂之人天師。今則不然，掛名官府，如有戶籍之民，直遣五百追呼之耳，此豈可復爲也？器資以此言反命，師直由是致書，願得一見，不敢以住持相屈。師遂至長沙。蓋於四方公卿意，合則千里應之，不合則數舍亦不往。其於接納，潔已以進，無不攝受。容有匪人，不保其往，至於本色道人，參承諮決，鑪鞴鉗椎，厥功妙密。故其所得法子冠映四海。雖博通內外，而指人甚要，雖直以見性爲宗，而隨方啟迪。故摭內外書之要指，徵詰開示，使人因所服習，克己自觀，悟則同歸，歸則無教。諸方訾師不當以外書糅佛說，師曰：若不見性，則佛祖密語盡成外書，若見性，則魔說狐禪皆爲密語。南公道貌德威，極難親附，雖老於叢林者，見之汗下。師之造前，意甚閑暇，終日笑語，師資相忘。四十年間，士大夫聞其風而開發者甚眾。惟其善巧無方，普慈不簡，人未見之，或生慢疑謗，承顏接辭，無不服膺。庭堅夙承記莂，堪任大法，道眼未圓，而來瞻寧堵，實深安仰之歎。乃勒堅珉，敬頌遺美。其詳則見於師之嫡子惟清禪師所讚行狀。銘曰：

鹿野孤園，眾千二百，空寂而住，時至乞食。法王啟齒，三界爲家，皆是吾子，實無等差。宴坐經行，無資生物，病而須乳，侍者行乞，溈潭百丈，住成法席，國不入禪，禪不入國。末法住持，以食爲宗，王官作牧，驅羊西東。師嘗一出，歲行十二，鐘魚轟轟，如垢不磧。脫梏以往，娑婆林丘，龍蛇混居，雷藏電收。抱道在旁，不誰不汝，及其震驚，萬物時雨。師之於道，日行太空，譬日之明，勞而少功。

又《福昌信禪師塔銘》　禪師名知信，出於福州閩縣蕭氏。蕭氏以捕魚爲生，師幼則根慧，觸事疏通，無憂恚疑懼，撫會而言，或非里中語。隨父兄在江濱，輒從網中棄所得魚。久之，父兄爲易業。年十三，乞身於親，去家爲釋子。奉持頭陀甚苦，山行，夜逢虎，師祝之曰：使我得披如來衣，作世間眼者，當不害我。虎因背去。年二十有六，乃誦經應格，得僧服。平居與眾勞侶共一手作，眾作少休，師則問道，常有大禪老記師當爲法幢。蓋所游非一師，最後入夾山遵之室。遵，雲門偃之曾孫，含光匿跡，如愚似鄙，惟叢林中行甚深智者可知耳。師之入室，不陟階漸，如石投水，如箭鋒相直，如印印泥。其深禪妙句自有錄，余嘗書其後云：維福昌信老，峭立萬仞壁於夾山，影中印全提般若者也。師之接人，不爲驚濤險崖，關鎖閉距，然非相應者終不得其門而入。今其書具在，可考而知也。在夾山任值歲典座餘十年，蓺杉松滿山，水陸不耕者皆爲田。住福昌寺二十一年，其初草衣木食，寢飯破屋數間，於今廣廈，不知寒暑，齋供數百人。師隨事莊嚴不懈如一日，或勸師：安用苦色身以狥事緣？宴居養道可矣。師曰：一切聖賢，出生入死，成就無邊。眾生行願，不滿不名，滿足菩提。師之密行，不愧斯言云。元祐三年閏十二月己酉，不升堂。庚戌，湯浴更衣。辛亥卧疾，問曰：早晚？曰：正午矣。起坐而逝。閱世五十九，夏坐三十三。以其月庚申，道俗門人數百，葬師於福昌善禪師塔之左。江陵居士劉瓘以狀來請曰：禪師道眼清淨，戒地堅密，願得石文，以告來者。則爲銘曰：

巍巍堂堂，首出萬物，泯泯默默，與眾作息。誰其信之，成有密跡。具此眼者，百世同轍。稱性之印，印空成文。林泉市廛，有子有孫。大行所薰，骨亦不朽。出見世間，千萬年後。

又《圓明大師塔銘》　大師號無演，出於天彭張氏。幼童英烈，不甘處俗。年十五，棄家事承天院寶梵大師昭符，符記之曰：此子他日法中龍象也。年二十，以誦經落髮，受《首楞嚴經》於繼舒。舒沒，卒業於惟鳳文昭，受《圓覺經》、《肇論》於省身，受《華嚴法界觀》、《起信論》於曉顏，受《唯識》、《百法論》於延慶。凡此諸師，皆聲名籍籍，師必妙得其家風然後已。又從諸儒講學，於書無所不觀，於文無所不能，至於曲藝，學則無所不妙解。清獻趙公始請師登法席，師於《楞嚴》了義指掌極談，席下道俗如飲醇酒，無不心醉，如肉貫串，處處同其義味。蓋於此一經，心融形釋，出入內外篇籍，風行電擊，無不如意。又嘗問道於禪師惟迪，惟勝，師默然心許曰：此自在吾術內矣。又作大悲觀世音化相，宇以崇閣，極天下之竘工珍材，二十餘年乃成，人以爲莊嚴之冠，不知師之游戲也。中年喜葛洪《內篇》，延異人譎士，將以丹石伏物，皆爲黃金。或取其金而畔去，師不悔不怒，他日遇之，禮之如初。此可以觀其德性也。寶梵既沒，二親又耄期去世，乃謀南游，曰：吾聞南方大士，有若祖心，有若克文，有若善本，皆命世亞聖大人也，不可不行觀道焉。元符三年五月，道出戎州，始識之。卓乎偉哉，其非凡器也。是歲四月甲辰，憩渝州覺林禪院，不疾而逝化。僧臘三十有七。其法子曰圜、曰雨、曰觀、曰鐙、曰印、曰本、曰顗，以其年十月丙午，奉師遺骨，藏於寶梵師塔之西，而來乞銘。銘曰：

蛻蟬于東，歸骨于西。皆我法界，不憾不疑。諸子矯矯，不尚有造，其能似之。

又《法安大師塔銘》 禪師號法安，出於臨川許氏。幼謝父母，師事承天長老慕閑。年二十誦經，通授僧服，則無守家傳鉢之心，求師問道，不見山川寒暑。初依止雪竇重顯。顯沒，則依天衣義懷。雖蒙天衣印可，猶栖法席數年，同參皆推上之。法雲禪師法秀尤與之友善，以經論入微爲同業，參玄入不二爲同門故也。辭天衣，又探賾鉤深，靡不經歷。年三十有七，歸在臨川。初受請住黃山之如意院，破屋壞垣，無以蔽風雨，師住十年，大廈崇成，僧至如歸。乃謝去，下江漢，杭二浙，上天台、四明，泝淮、汶而還。所至接物利生，未嘗失言，亦未嘗失人。白首懷道，蕭然無侶。倚杖於南昌上藍，又受請住武寧延恩寺。延恩父子傳器，貧不能守之，初以爲十方，始至，草屋數楹，敗牀不簀，師處之超然。縣尹裴士章欲糾合豪右，爲師一新之，師曰：檀法本以度人，今不發心而強之，是名作業，不名佛事。裴以師苦白，因止不爲，師亦住十年。凡安衆之地，冬燠而夏涼，鍾魚而粥，鍾魚而飯，來者息焉。以元豐甲子歲七月，命弟子取方丈文書，勿復料簡，商略爲聚，如共住僧，數人與其一，則示微疾。其八月辛未終于寢室，閱世六十有一年，坐四十有一夏。弟子普觀營塔于後山，距寺百步。師平凡常謂人曰：萬事隨緣，是安樂法。師之居延恩，人視之，不堪其憂。於是法雲秀常有衆千數百，說法如雲雨，所居世界莊嚴，其威光可以爲兄弟接羽翼而天飛也。以書招師云云，師發書，一笑而已。予舊聞禪師爲有道而陸沈者，每歎息其無傳，晚得友道人惟清，清之言曰：我初發心，實在延恩，安公告戒策勵如父母師友，中心以謂凡住山者，法如是爾。及游諸方，罕遇如安公者，以是提耳之誨不忘于心。若安公名稱利養，實不能與天下衲師爭衡，然此自不滿安公之一笑。公可作石，置安公道場，使來者知住山規矩當如是。于是追跡行李，總其化緣起滅如此，而繫之以詞。詞曰：

三際十方，心田一契。威音以來，諸佛所印。其中種子，皆本來法。東西相付，唯證乃知。證得祖契，如是而住。爲萬物主，是故無諍。若有造作，無印之契。妄認界畔，如空如海。維此契心，有無根樹。問其所在，則伏冒佃。由初不知，自本自根。懷藏僞契，算其丘角。一九非九，謂傳密記。目盲爲幻，醫窮子眼。披如來衣，作大妄語。見地不眞，與萬物訟。見境峥嶸，故多諍論。土牛耕石，終不得稻。堂堂安公，是大田主。絕學無爲，終日修行。出入生死，無作無造。法住法位，無有爭地。布慈悲雲，雨一味法。飛蝗蔽天，赤旱千里。而我境界，萬物有年。鑿井耕田，不荷帝力。安公法爾，一切亦爾。安公道場，來者敬禮。

又《智悟大師塔銘》 聖壽禪院僧明教大師慧表、寶月大師慧雲，狀其師懷謹行業始終，來乞銘。予聞謹游王公戚里四十年，委金帛如山，未嘗留一錢褚中。度門人百八十有二，禮其勤舊，而教養其罷不能，内外無間言。其趣操類賢士大夫，是宜銘。故叙而銘之。謹，賈姓，開封民家，母劉氏方娠，夢播干出青囊中，占曰：干出于囊，萬夫之望。兒不爲家人子，去家而有光。及謹生，而骨相與閭里兒異。九歲，依普明道者歸恭出家。經梵禪律無所不學，落髮而左右普明，於緣事盡心力，不受一毫。普明沒，即以謹知院事。謹於經行輒作佛事，皆赫赫成就。治平中，普明所作僧伽浮圖壞，謹力新之。至于躬土木之功，未嘗過人之門，聞者傾施，其半縣官佐之，閱二歲而崇成。繚以周廊複屋，十倍其初，費萬萬計。於是詔廢印經院，以經板十六萬畀謹刻印，賜之。凡謹賜服號名及他錫予，皆以行業聞，不錄因人也。僧夏五十有九，住持二十有八年，如出一日。生以大中祥符辛亥九月丁酉，沒以元豐乙丑十月戊寅，而葬以其十一月庚申，其浮圖在祥符縣樊村之崇臺云。表有謀略，處煩而知務，雲佐謹，夙有力。謹沒，衆皆推院事，莫敢承，曰：非表則雲。而表與雲又孫辟相先，以是益知謹之賢。銘曰：

維智悟，祥於天。爲法器，不家傳。謝斯文，以游刃。維德機，與事會。勞而不伐，丘山其成之。下侚其有，棚載而歸之。以躬爲律，杖履其信之。孔欣孔時，乖寡者順之。以彼易此，士夫或吝之。有似有續，我銘以洵之。

又《祭圓明大師文》（《山谷全書·别集》卷一三） 維元符三年，歲次庚辰，九月甲子朔，初四日丁卯，山谷老人黄某，敬以龍茗水沈、時菓齋蔬，致祭于故圓明大師無演公之靈曰：嗚呼圓明，萬人之傑，千人之英。向使爲儒，師友琢磨，庸詎不爲子雲、長卿，向使爲吏，爲師爲長，庸詎不爲翁歸、張敞？蚤被佛縛，於師有光。筆端舌本，什公支郎。以檀嚴佛，能軒能輊，不作則已，作必驍世。文章記問，圖畫書詩，人一爲多，能獨兼之。一朝棄家，天脱其羈，浮江下漢，訪道求師。譬如蒼龍，蜕其大身，留體一髮，卷藏自珍。往雖出家，日用世法，作無義語，覆不淨業。行求正眼，還我光明，作爲雷霆，以雨四溟。方行萬里，出門折軸，清明粹温，今見朽骨。歸船雨泣，天容涔涔，我羞清供，如公初心。尚饗。

又《發願文》（《山谷全書·正集》卷二九） 菩薩師子王，白淨法爲身。勝義空谷中，奮迅及哮吼。念弓明利箭，被以慈哀甲。忍力不動摇，直破魔王軍。三昧常娱樂，甘露爲美食。解脱味爲漿，游戲於三乘。住一切種智，轉無上法輪。我今稱揚，稱性實語，以身語意，籌量觀察，如實懺悔。我從昔來，因癡有愛。飲酒食肉，增長愛渴。入邪見林，不得解脱。今者對佛，發大誓願：願從今日，盡未來世，不復淫欲。願從今日，盡未來世，不復飲酒。願從今日，盡未來世，不復食肉。設復淫欲，當墮地獄，住火坑中，經無量劫。一切衆生，爲淫亂故，應受苦報，我皆代受。設復飲酒，當墮地獄，飲洋銅汁，經無量劫。一切衆生，爲酒顛倒故，應受苦報，我皆代受。設復食肉，當墮地獄，呑熱鐵丸，經無量劫。一切衆生，爲殺生故，應受苦報，我皆代受。願我以此，盡未來際，忍可誓願，根塵清淨，具足十忍，不由他教，入一切智，隨順如來，於無盡衆生界中，現作佛事。恭惟十身洞徹，萬德莊嚴，於刹刹塵塵，爲我作證。設經歌邏羅身，忘失本願，唯垂加護，開我迷雲。稽首如空，等一痛切。

曾肇《滁州龍蟠山壽聖寺佛殿記》（《曲阜集》卷四） 自先王之迹熄，佛之教始行于中土。學者得其書而傳之，凡數千萬言，要其大旨，云人去惡而趨善，舍邪而歸正者也。後四百餘年，有爲禪學者來而告之曰：彼書所載，皆名相文字，佛之麤迹爾，非道之至也。佛之道，有出于名相文字，可一言而盡者，曰禪。其説以謂直指人心，見性成佛，學者以心傳心，不必外求。其操術甚約，其收功甚速，非若他學之有次第階級也。于是禪學始興，趨之者如水走下，枝分脈引。至于本朝，而其流寖盛。予嘗求其説矣，蓋非出于人心不能使人趨之若是其衆，傳之若是其久也。何以知其然哉？夫心大矣，天地萬物無不具于性中，而心者性之地也，巨無不周，細無不入，增不爲贅，減不爲虧，默爾而自運，寂然而善應，不疾而速，不行而至，方體不能拘，度數不能窮。此心之所以爲神也。道至神則至矣，亡以加矣。佛之爲佛，豈外是哉？夫人皆有是心，而情想汨之，利欲昏之，故忘己以逐物，棄眞而取僞，卒于流蕩不反者舉世皆是，而卓然能盡其材者蓋寡也。盡其材者無他，去心之蔽，復性之本而已。所謂直指人心、見性成佛者，其不幾于此乎？質之吾儒，孔子言：性不可得而聞。孟子則謂：盡其心，知其性。揚雄亦曰：人心，其神矣乎。《詩》《書》以來，言修身以及國家天下，未嘗不以心爲本，其意亦如是哉。惟其所傳出于人心，故自漢、唐以來，有欲闢之而不能屈也。道人曇廣，傳禪學者也。始居龍蟠山之壽聖寺，有僧廬而無佛殿。乃與其徒歸式、元祐、希受、紹安幷力營之。八年而成，極土木之麗。又前爲重門，後爲堂寢，以謹啓閉，以備賓燕。棟宇訦訦，丹碧相發。總其費，爲錢千萬有奇。既事，會予來守是邦，請予爲記。予于佛學，未能周其文、竟其義也，姑誦予所聞大略，不悖于吾儒者，書而予之。

李之儀《重修雲巖壽寧禪院記》（《姑溪居士文集》卷三六） 雲巖壽寧禪院在分寧縣中，據鳳皇山，修水流其前。背山臨流，眞一方歸向之地，而大善知識行道之區也。院廢不治，雖在事者時因禱祈而至，然香火不繼，亦莫之卹。縣人謀曰：苟不得所主，院將終廢乎？乃謀於上，得今黄龍悟新禪師主之。既到，慨然有志於興葺，姑作轉輪經藏，成之甚艱，而新之志愈勵。藏成，新遽遷席，而事亦斷續。已而，通直郎、金陵李君來知縣事。既入院，問其所以興廢本末，而歎曰：是在事者之過也，豈有爲國焚修，爲民植福，爲衆化導，而官不曉諭奬勸而能成者乎？聞者踊躍相告曰：吾令君之語如此，我輩其可緩邪？輸財獻工，肩相穿，足相躡。君乃命蜀僧天游董之。游本儒者，又富家子，有才智，尤敏於是學。遷就更易，凡所以崇奉提唱，安集館待，庖廚儲偫之所，莫不完具。而無一椽一甓之舊。又收其餘，隨景所聚而迎致之，以寄游息。既成，君曰：非本分人不可分付。於是因眾所願，請今長老德逢，以承所付。逢又邀其所厚守宜爲之佐佑。二人者妙悟固相期，而資藉紬繹，互能表發。又於其後作靈源方丈，自黃龍惟清禪師居之，故來學者至無挂搭之次。縣人又曰：微吾令君，不能主兹事。非二三善知識，不能相與維持。苟無以記之，則四方無聞，來者何以取信？殆將委諸草莽矣。乃請於君，遣使至太平求予文以爲記。予以爲天下無難事，顧力行何如耳。謀之而不能行，行之而不能至，與不謀等。吾友黃庭堅魯直，其里人也。於此因緣，尤所寘力。初勸成轉輪藏而爲之記，敘置固已詳盡，是纔新禪師一則語爾，曾不知後來俊功偉績展衍振起如是，豈非默有所託而實待於今日邪？君於魯直則氣類也，靈源與逢、宜二老，皆其平昔所先後者，不獨一新壯觀爲不易得，是亦成吾魯直之素也。興工於大觀四年冬，而落成於政和二年夏。院始於唐，不知其歲月與所因，其賜額則本朝太宗皇帝誕聖節名也，當在其時。李君名孝遵，字道甫，軒闢磊落，可人也。能舉魯直之殯，而葬於其先隴之側，又能周旋諸老，以究竟一時極則之事，是皆可書。其位置之適其宜，參次之應其序，名實不爽，而奢儉得中，非到其地則不能知。要之因人而推之，固不待見而已可信也。成之年七月二十一日，姑溪老農李之儀記。

又《潁昌府崇寧萬壽寺元賜天寧萬壽敕賜改作十方住持黃牒刻石記》（同上，卷三七）　上即位初，有司請以十月十日爲天寧節。是年，潁昌府奏乞以保壽院爲十方住持，仍乞以天寧萬壽禪院爲額，招徠四方學者，以其焚修上祝新天子千萬歲壽。尋報可。復相與謀曰：吾君以調御身應緣示現，爲諸有情作大饒益，非其大威德，步步踏佛階梯，在在處處依佛行道，而蒙覆退藏，如杜口於毗邪，如待時於內院，其出也不遺餘力，以振起萬目，融通一切種智，同底於無上正因者，不足以主之。皆曰：南方有號普覺大師道和者，此其人也。或曰：彼方蔭嘉木，濯清泉，金碧相輝，芬馥翳薈，享天酥陀味，印爍迦羅眼，與諸上善人同會一處，而直曲指迷，自爲津梁，是安得而致哉？曰：是不知普覺者也。既已爲大事因緣而出現，而受如來甚深，付屬固當以古人冢間林下、巡門行乞之心，而捏土成金，變濁惡而爲清涼，使諸隨喜成等正覺，豈有不可致者哉？遂遣使具叢林儀物，走二千八百里，即杭州臨安之徑山，於第一座下申致迎請，果符正驗，臨福一方。比至，都人踏肩累足，夾道如山，香霧氤氳，旛花雜出，歡呼贊歎曰：見未嘗有。入院陞座，潮音一振，百怪頓息。昔之謗者悔罪，笑者革心，疑者釋情，信者加力。若齋若粥，凡可以供者，恨得次之晚，恥在人之後，奔走遠近，殆無虛日。其輪至肩摩而轂擊，其委至露積而不垣，其盛至無地可以容。然棟宇庳陋，舍次無序，莫不病之。竊自謂曰：我師去彼即此，何啻霄壤之異，無乃不堪其居邪？師聞而笑曰：汝等以何事而致我？以何道而待我？既以不可思議，如上所說之念而來，我以不退轉、屹然山岳之心，而以是相契，復何彼此霄壤之異哉？我願與汝等歷阿僧祇劫，日進日勵。阿僧祇劫有限，願與汝等盡未來際，長居此地，同轉大法輪，同建大法幢。此地有盡，此願不窮。既聞此語，皆曰：禪師之願，是我等所興隆莊嚴，上祝吾君聖壽之意也。顧所謂千萬者，可得而強名邪？我等願以師之言以報吾君，願吾君如師之言是爲我等依止。既皆信受奉行，以期必至。即以所賜敕語黃牒刻之石，而謂臣與聞師言，目睹斯事，乃屬筆於臣，使系而記之，蓋所以達師之願，而記來者之歸向也。臣方應其所屬，會臣南遷，遂不果書，而亦竟未刻石。後三年，詔京畿諸州軍監皆建崇寧萬壽禪寺，聽因舊爲新，遂改就今額。久之，普覺以一方所化爲上所知，特加號祖照禪師。已而，移住大相國寺智海禪院，其都人曰：師則去矣，我之念無時而忘。因追借所欲記而未畢刻石者，走奔江上，以書見徵，曰：子昔許我矣，不可以不踐言。師雖改席，其化如師在也。臣報之曰：無所不在者，師之道也，無時可書者，師之願也。尚何待臣言而後傳邪？曰：都人之意也。乃爲之書。姑溪居士李之儀記。

又《代人作褒禪捨田記》　崇寧二年，滎陽鄭公出守和州。既到，訪境內名山勝跡，參考圖經所載，得褒禪由定明禪師而名，其山因得師顯異，報應福臨，一方之跡爲詳。乃曰：吾爲是州，所以承宣牧養之責，實與師均。而吾又被遇主上，入陪法從，出備守臣，推吾及物之心，夙夜不懈。是則爲不愧所遇，知任其責，而上報於吾君矣。於是以師之狀請於朝廷，願以上之誕聖節名冠其院額，而歲度一僧以繼香火。尋報可。公又曰：此特朝廷加被於師，而寵師之恩爾，於我之心則未有所及。即以私義付院僧，命買田，歲收其所得之利以嚴供施，日於師塔前點長明燈一盞，日齋一僧，以其僧誦《金剛般若經》一卷，有餘則爲塔下修葺之費與夫度僧之助。院僧既奉命，則書公命以審於公，而請其所願。公親書點長明燈之因曰：願無盡，法無盡，燈亦無盡。書齋僧誦經之因曰：願一切含生離苦得樂。異時院僧謂公之客某人曰：公所施所命所願既有其目，固足以永藏吾山，嗣守而相勉矣。然翰墨之傳有時而盡，不若刻之石，庶與吾山共垂不朽，能爲我記之否？某常爲公之屬官，辱公知爲厚，而又家於是邦，目擊盛事，其可辭也邪？田有頃，畝有界，至歲有徵收之數，其奉命經始有其人，皆具載於碑之陰。公去和，自翰林學士、金紫光祿入爲同知樞密院事，遂知院事，今爲觀文殿學士、金紫光祿大夫兼侍讀、中太乙宮使。其黼黻斯文，羽儀聖世，名在夷狄，德在生靈。施設固未艾，而報施所享，亦未易可量也。政和二年十月一日謹記。

又《天禧寺新建法堂記》　事正則能立，位正則能安，人正則能舉。事與位相須，而惟其人之正，然後能舉之而正耳。此物理之常，而苟不如是，則未有能成之者。故正者本也，本正則無不正矣。造物者以是付之人，而人由之以應於世，蓋自然之理也。江寧府天禧寺及長於道場，舊葬釋迦眞身舍利。後寺廢，至南唐時爲營，廬舍雜比，汙穢蹂踐，無復伽藍緒餘。國初營廢，鞠爲榛莽。久之，舍利數表見感應。祥符中，僧可政狀其迹并感應舍利投進，有詔復爲寺。政即其表見之地建塔，賜號聖感舍利寶塔。至天禧中，又賜今額。寺據山水形勢，坐乙向辛，以越王臺爲案。塔之後，地勢傾下，政失於遷就，不能培築相因，始以北廊造院，爲安僧之地。雖規摹僅足而狹，陋劣能庇風雨。事既不正，位亦不安，以故事不復振。元符二年，知府事溫陵呂公升卿曰：是一大叢林，特主之未得其人耳。遂請於朝廷，改十方住持。既報可，即迎致大導師永公爲初祖。永，法雲圓通禪師高第，緣契都城，大作佛事，名震四方。朝廷賜方袍，加號慧嚴大師。慧嚴受請入寺，顧瞻太息，曰：眞福地也，所以不振者，正坐不正耳。乃於塔後塔築福增疊，凡下而上，積二丈三尺，深入四十尺，橫亘二十丈。將建法堂，次第以正其位。已而，信士南昌魏德寶同其妻王氏，見而喜曰：如此更易，方見形勝。慧嚴因道歷其詳，而德寶顧其妻曰：此地不植福，更將何之？乃獨許作堂，且曰不計其資，惟成是務。慧嚴即鳩材庀工。未幾堂成，高明靜深，萬象俱發，宏麗雄特，爲一方叢林之冠。俯視疇昔，無異發覆破闇，如出雲霄之外。凡甓甃髹繪，總用錢五百萬。慧嚴又建寢堂方丈，盡所增之深，資藉締構。又建僧堂廚庫，移經藏於故院，隨向展衍，各適其正。煥然一新，直一大叢林矣。異時德寶再至，踴躍稱贊曰：非師正眼照徹，道力超異，則不能有舉。非我信向經始，則衆緣何從而應？遂請僧衆轉大藏經，修水陸齋，落成其事。又曰：叢林既新，將不下五六百衆，其將何以備齋粥？慧嚴曰：子於此地信有緣，而我與子殆非今日相遇者。儻知齋粥必繼，則功德圓滿，亦在子耳。德寶曰：請爲師買田產，買蘆場，收其所入之利以繼之。慧嚴曰：子果有是願，我將爲子記之，以信不朽。乃遣其徒道滋走太平，屬余爲之記。余從慧嚴遊久矣，又始終親睹其事，當抑揚表發，以侈其甚盛之舉。而余老且病，文思衰耗，故直書以報之。自餘興廢本末，則有塔記存焉，茲得以略。政和六年九月十五日，趙郡李之儀記。

又《寧先凝福院鐘銘》（同上，卷一二）　於皇惟覺，務施之博。肆及大聲，以時而作。靡昏不驚，無隱不擢。一聞其舉，振滌踴躍。猶闇逢燈，如病得藥。下徹幽冥，旁周廣莫。濬哲吾君，乃眷忠恪。薦之焚修，爰命橐籥。肇自尙方，表以傑閣。念往既深，圖今尤卓。去識弗昧，孝盡水託。普暨有情，同資利樂。

又《廬山承天羅漢院第九代南禪師塔銘》（同上，卷一四）　師一日晚沐浴，次日早更衣升座，白衆，既歸方丈，即跏趺而逝。其語有倒騎鐵馬逆上須彌、踏破虛空不留朕迹之句，實紹聖元年三月二十四日也。時氣候早熟，居五日乃就木，儼如平時。傳聞四方，爲宗門希有之事。異時師友人上饒子章過余于京師，與之遊久且相好也，有間出其所述師出處經行大略示余，余讀而壯之，茲恨師不得而見也。已而，從余求銘，將刻之石，以詔未來之日。嗚呼，師既不得而見矣，其示寂之際能結信心者如此，其住世抑揚者又如此，余銘其可辭耶？師諱系南，汀州長汀人，姓張氏。甫十歲，告其親，願從學佛者遊。久之方得請，既去，凡三年不歸。其親思之，因攜酒饌就見，命其師同饗。師怒，亟請徹去，曰：汙蟣伽藍，罪入無間。親與其師皆有愧色。其後偶庭下初植柏秀茂可愛，師以一頌示其師，師始異之。遂不復以世諦事累師，尋得度，受具戒。嘗與其屬海評營所事，忽流涕語評曰：吾佛有出妙世法，而我與若反局促于名相間，不求自利利他以達究竟，斯有負于一報身矣。乃相與偏參善知識。初見開元潭，又見隆慶間、仰山偉，三人者一時之所臻湊，皆謂法師器也。雖降意延挹，而師終不契，獨于開元賦中秋月頌會中有百餘衆，悉爲之斂衽。晚遊湖湘，入道林元祐之室，然得密符心印，自是不復遠矣。祐遷羅漢，師超據第一座。祐命立增，就學者日盛，祐退席，師遂繼之，時年三十有九。□□年學者至頃東南，又以其餘力，棟宇敗陋若未及者，皆一新之。壽四十有五，僧臘二十□□奉全身建塔于院之西。昔師與海評□□遊歷，同院惠深者夢二大蛇，一角黑章，長各數丈，遶院三帀，騰躍而去。黎明，師與評別，深以所夢告，且屬之曰：二子善護持，他日吾門龍象也。後評住開元，與師相鄰，俱得名叢林間，號廬山二龍云。銘曰：

作如是因，得如是果。只如是行，成如是事。于大總持，證如是義。不漏絲毫，不落第二。亘古亘今，普天匝地。若乃動着，不雜紛碎。所以倒騎鐵馬，逆上須彌，踏破虛空，不留朕迹。嗚呼，如是如是。

李廌《浮圖論》（《濟南集》卷六） 論曰：臣嘗歷觀前世之弊，及其甚也，必有有爲之主以拯救之。獨千世承襲其弊而安受之者，浮圖而已。浮圖非無可觀也，百氏之家，一家之說也，非不可爲敎也，蠻夷之國，一國之俗也。不幸王者迹熄之後，聖人道微之時，乘間竊入中國，當時君臣辨之不早，制之不剛，俾盤根滋蔓，爲弊于後，東漢明帝之罪也。其間非無英睿剛克之君，忠義正直之臣，欲除其弊，終亦不能者，何哉？蓋銷之不以道，制之不以漸故也。蓋英睿剛克之君灼見非有益於吾民也，必欲掃除之，正如欲華陀之治醫也，將剖膚鑿骨，煎腸洗胃，以去其疾，豈不雄哉？奈何臣下或獻禍福之一言，則惶懼隨之，亟且罷不敢復言矣。必曰：姑且聽之。惟其姑且聽之，此其所以長存也。前日武宗是也。毀天下寺宇四千餘區，冠笄僧尼二十餘萬，豈不快歟？東西京、藩府輔郡，猶量留寺與僧，豈禍福之說已貳於胸中耶？何使絕無而僅有邪？宣、懿之世則一切復之，終令彼勝于此，乃所謂銷之不以道，制之不以漸故乃爾也。忠義正直之臣，極言其有損而無補也，必欲掃除之。正如近時水官之治河也，欲竭太行之土、淇園之竹，以塞怒流，不已疏哉？奈何人主疑禍福之多端，則恚惡及之，遂及誅竄者矣。必曰：爾敢非聖人。惟其謂之聖人，此其徒聞而益盛也。前日韓愈是也。憲宗遣使迎佛骨于鳳翔，王公大人灼體膚、委珍貝以惑其法，愈極詆其道，且欲以佛骨付之水火。憲宗怒，欲誅愈以謝佛。裴度、崔羣力救其死，猶貶海南，濱于死所，令彼盛于此。乃所謂銷之不以道，制之不以漸故乃爾也。初欲抑之，乃所以揚之，初欲沮之，乃所以長之。故根日益大，蔓日益滋，以至于今日，國家不惟安受千世之弊而不知捄，又從而昌大之，遂使賊人乘時所尚，公肆厥姦，與國爭雄。彼華堂大宇，丹楹刻桷，敢踰制于王宮，撞鐘伐鼓，衆黨數千，敢僭禮于朝位，已爲可禁。雖然，彼所以侈其居、盛其徒者，本欲以誘愚夫愚婦而已，奈何王公卿士，競登其門而師之？朝衣朝冠，或立侍於其座，或跪拜於其庭，咸尊之如天神，欽之如父祖。彼有道之士，以學佛隱者固亦有矣，而姦人假學佛以欺人者常多。固不當事之如此，以虧國體。臣恐孔子復生於今日，則羣公卿士忌媢者衆矣，不應如是以奉事之也。孟子曰：用夏變夷，未聞變于夷者也。又曰：未聞下喬木而入于幽谷。今昌大浮圖之敎，豈欲以堂堂之中夏以變于夷乎？凡學孔、孟之道者，相率而入于幽谷乎？可不謂之大惑歟？臣今不復更以傅奕之辨、韓愈之疏言之，直以文中子之言爲信，曰：佛者，西方之聖人也。果爲聖人，豈不惡其徒憑藉其說，以猖狂妄行於今之世哉？爲今之計，不必推罪于佛，惟治其徒。苟惟治其徒之罪，又何難哉？臣願陛下盛言其佛之長，極言其徒之短。臣請叙其說曰：蓋聞佛者，西方之聖人也。以清淨寂滅爲心，戒定慈忍爲行，色空爲道，禪律爲法。凡願學佛者，必當檢身周慎，持法謹嚴，枯槁其形骸，齋戒其心志，自治其身，自求其道，不可輒出戶庭，不可雜交民俗。戒牒之文，其密如縷。苟能此，雖異道不害爲君子。乃者學佛之人，類皆游佚之輩，或惰農之鄙夫，或怠績之愚婦，或好蕩之儇子，或好倡之冶女。居金碧之室，食稻粱之膳，幸災樂禍，自爲風俗，姦非不義，自爲朋黨。訊其何以謂之禪，何以謂之律，則罔聞知者，十常八九。如此，則大設寺宇，乃爲爾等作容姦之地，歲度徒衆，乃爲爾等置畔道之人。既蠹于國，實敗汝德。自今以前，吾一洗之勿問，自今以始，吾將使汝不出戶庭，專治其佛之說而躬行之。所受戒文，令禮部著以爲令，刑部防之以法，期汝必行。如不能然，一聽歸俗。有願如舊，眞能奉其師之說、聽其君之令者也，然後以常住衣食之，可謂待汝之意厚。既仍舊爲僧尼，乃敢尙爲過惡，許人人得以告捕。是不從君之敎，而背其師之説，誅之刑之。齋供禱祠，任民自然，不可以擾親戚故舊，不可以私其所昵。男雖父兄，不可適尼之居，女雖諸母，不可適僧之舍。人人得以告捕抵法。陛下果以此説下詔，假學佛之衣服以藏姦詐，假學佛之衣服以墮農績，皆不能自信而願去，不可勝數。良家子女，觀其法之峻嚴，烏敢違父母之養，舍室家之倫，避妄逸，從枯槁哉？如此，則良民自願爲其奴婢者自寡矣。雖然，固亦有爲之者矣，不加多也。《莊子》言：魯多儒，國君下令，而敢儒服者一人而已，亦是意歟。此乃銷之有道，制之有漸，以歲月之久，俟其自衰而已。譬之以醫，則緩藥石以治之，俟其自平乃止，不必用華陀之術也。譬之以治水，則固隄防以導之，使復故道乃止，不必横塞其怒流也。或曰：子痛詆佛而抑其徒，則吾徒獨不然乎，一皆如孔子耶？臣曰：稂莠與五穀並生於田，爲之農者，當鋤治其稂莠乎？將鋤治其五穀乎？雖未必皆穎栗堅好，要之吾種也。今千萬年無佛，何加何損？一日無吾道，則如之何？或曰：子不畏禍福歟？臣曰：佛既爲聖人，則所當論者道也，於其書而考之，固亦粲然矣。至於禍福報應之論，特後之譯者妄爾。雖或言之，如莊周之寓言乎，鄒衍之談天乎，公孫龍之詭辭乎，皆可稽攷之耶。願陛下勿惑禍福而忽臣之説。

謝逸《佛齋辨》（《溪堂集》卷八） 庖人張宣與浮屠道倚、慕寂募民錢爲佛齋，期年而獲民錢萬緡。宣一日過余，語其故，余謂宣曰：汝庖人也，操刀匕從事于鼎鑊之間，取其資以養親畜妻子足矣，以何道而獲民錢如是之多哉？得非借資于浮屠，以死生禍福之説蠱惑愚民而邀取其利乎？萬緡，中人十家之産也，而以爲一飯之費，何益哉？汝能以其資轉而爲有益之用，斯善矣。余試爲汝畫之：今國家北與契丹講和，饋賂之費歲至數萬，西有靈夏之師，持戟之士仰哺于縣官者日費不貲。汝能以其資輸之大府，以助國家之經費，可乎？汝饑而食，寒而衣，所以禦饑寒之具者，取之農民也。比年水旱爲沴，吴楚之墟，稂莠其稼，荆棘其桑，農民操瓢囊乞食于道路者，肩相摩足相躡也。汝能以其資易粟而賑給之，可乎？兹二者當今所尤急，汝幸然吾言，庶幾有益于用而不負于其求也。宣艴然不悦，曰：宣之所以求其資甚力且勤也，然行之而卒不悔者，將欲飯僧而求福利耳。國家之經費、農民之流亡，何預吾事哉？余既聞之，因深思而嘆曰：嗟乎，若宣者，天下之愚民也。飯僧求福利，異端之説也，賙國用賑窮民，先王之教也。宣一陷于異端之説，雖勤苦而不悔，聞先王之教則怒形于色。嗚呼，異端之説入人也深矣，欲其聞吾言而化也難矣。在位者聞之乎？抑不問之乎？抑亦樂其説，助其資，鼓愚民而從之乎？安得健決之吏，不顧一世之毁譽，斂其資而爲有益之用乎？杖宣于庭，荷其首令之于市，以解民之惑乎？嗚呼，健決之吏世果無之乎？果有之而未發乎？余悲之，故記其説爲《佛齋辨》，庶幾有待而未發者，聞余言而動心焉。

趙鼎臣《戒殺辯》（《竹隱畸士集》卷二〇） 釋之説以人與物爲一概，曰：人各有性，物各有生，殺是生者，必有獲是報。譬如雨澤，起自汙池，斯須離天，復爲池水。以至于爲犬豕，爲牛馬，隨所緣而甘心。其言循環復熟，若執左契，操質劑，對手責償，毫釐不漏。世之儒冠而禪誦者，莫不藉其口矣。余素非學釋者，而亦嘗以殺爲戒。或曰：儒何戒？余曰：物亦生也，人亦生也，物之愛生，猶人之惡死，儒安可以不戒？或曰：儒固不殺生歟？余曰：子謂圜丘之祀，若老婦之祭竈，清廟之歌，猶田鼓之樂神邪？説蓋有所取爾也。郊而享帝，牲用繭栗，君牽臣從，執刀啟毛，神以降格，物不疵癘。吾之殺也以奉天，尚何跂喙之足云哉？王師凱旋，六服會覲，饔餼有秩，殺體必備，禮交意接，下睦上安。吾之殺也以治人，尚何騂犁之足辨哉？若夫方丈之席，數寸之匕，食可享賓，味足薦酒，而復鐫琢鱗羽，刳剔卵㲉，左炰右烹，掉舌待餉：是謂殘百生而快一心，儒又烏可以不戒乎？孟子有言：見其生不忍見其死，聞其聲不忍食其肉。此吾儒者之説也。或曰：夫鼓刀而屠者，日以殺爲事矣。儒則食其肉，奈何？余曰：是又不可以已也。人以穀爲主，肉爲輔，七十而不肉，將有餒而死者。且彼既殺之矣，儒食之，其何尤？或曰：儒者之道，以兼濟博愛爲聖，其教將使人人有士君子之行者也。今吾子曰彼既殺之矣，食之無尤，則夫鼓刀者信有罪焉。儒知之而不能化，則何如？余曰：烏謂是耶？孟子矢人不如函人，謂其惟恐不傷人也。夫矢人又豈可以遂廢而不用哉？特閔其擇術之不至爾。然則鼓刀之不可使爲儒，儒之不可以化鼓刀，非道不足也，勢不可也。儒之論，特辨夫義之當否而已，彼一屠酤者，又奚足以廢吾之説哉？

李綱《三教論》（《梁谿集》卷一四三） 儒、道、釋三家之教，自漢以來，鼎立于天下。爲儒家之學者曰：吾之道，聖人之道也。堯、舜、禹、湯、文、武、周公得其位而行之，孔子推而明之，其德仁義，其文《詩》、《書》、《易》、《春秋》，其法禮、樂、刑、政，其民士、農、工、商，其位君臣、父子、兄弟、夫婦、朋友，其服麻絲，其居宮室，其食粟米、蔬果、魚肉，生者有養，死者有葬。治天下者舍吾之道，天下不可得而治也。爲道家之學者曰：吾之道，亦聖人之道也。黄帝得其位而行之，老子推而明之，尊道德而小仁義，貴精神而薄禮法，以清淨爲宗，以慈儉爲寶，以柔弱爲體，以無爲爲常。秉本而執要，少私而寡欲，以長生久視爲致道之效。治天下者舍吾之道，天下亦不可得而治也。而釋氏之徒亦曰：西方有聖人焉，其名曰佛，以布施攝慳貪，以持戒攝毁禁，以忍辱攝瞋恚，以精進攝懈怠，以禪定攝散亂，以智慧攝愚癡，以慈悲爲心，以寂滅爲樂，以常樂我淨爲法，以菩提涅槃爲至，以因果報應爲化導之術。治天下者用吾之道，可以不言而自化，不令而自行，不待賞罰，使民遷善而遠罪。然則治天下者，果何所適從而可乎？曰：從儒。彼道、釋之教，可以爲輔，而不可以爲主，可以取其心，而不可以溺其跡。何也？七政之所加，五賦之所養，中于天下者爲中國，而儒者之道，治天下之常道也。禮君臣，正上下，綱紀法度之所布，號令賞刑之所施，進君子而退小人，使貴賤履位，仁賢不肖襲情，所以爲太平治之至者，未有不由此也。堯以是傳之舜，舜以是傳之禹，禹以是傳之湯，湯以是傳之文、武、周公、孔子。由周公而上，上爲君，故其事行，由周公而下，下爲臣，故其説明。而後世有爲之主，慨然有志于斯者，未有不即其身而致太平之治也。豈非崇儒之明效乎？若夫道、釋之教以爲輔而取其心，則道家之所謂清淨慈儉、柔弱無爲、少私寡欲者，其説可取，而亦足以助教化矣，釋氏之所謂布施持戒、忍辱精進、禪定智慧者，其説可取，而亦足以助教化矣。至于以爲主而溺其跡，則以道家長生久視之説，變而爲神僊方士之術，昔之人君有行之者，漢武帝、唐明皇是也，以釋氏因果報應之説，變而爲禍福禬禳之事，昔之人君有行之者，梁武帝、唐懿宗是也。漢武帝内建神明、通天之臺，外寵文成、五利之徒，崇奉祠祭，以候神人，然不能消巫蠱之禍。唐明皇獲靈寶之符，致混元之降，章疏舉于空中，夢寐達于帝所，然不能止祿山之亂，是皆溺于道家之跡，以長生久視之説變而爲神僊方士之術之過也。梁武帝祀郊廟社稷，以麵爲牲，親屈萬乘之尊，正坐講説，捨身爲寺家奴，布髮于地，使其徒踐之，然不能救臺城之辱。唐懿宗迎佛骨於鳳翔，歌唄道場，以夜繼日，涕淚悲泣，以躬率其臣民，然不能益年祚之短。是皆溺于釋氏之跡，以因果報應之説，變而爲禍福禬禳之事之過也。治天下者從于儒，則治安之效如彼，溺于道、釋之跡，則禍亂之階如此，亦可觀矣。然則有天下者如之何？治之之道一本于儒，而道、釋之教存而勿論，以助教化，以通逍遥，且設法以禁其徒之太濫者、宫室之太過者斯可矣，又何必人其人、火其書、廬其居，然後足以爲治哉？

朱熹《釋氏論》上（《晦庵集》卷八） 或問：孟子言盡心知性，存心養性，而釋氏之學亦以識心見性爲本，其道豈不亦有偶同者耶？朱子曰：儒佛之所以不同，正以是一言耳。曰：何也？曰：性也者，天之所以命乎人而具乎心者也。情也者，性之所以應乎物而出乎心者也。心也者，人之所以主乎身而以統性情者也。故仁、義、禮、智者，性也，而心之所以爲體也。惻隱、羞惡、恭敬、辭讓者，情也，而心之所以爲用也。蓋所謂降衷于民，有物有則者，儒□□□□也。故其所以盡心知性者，以其窮理而極乎心之所□□□之所有者，無不識也。所謂□□養性□□□□已而不失其本□則性下缺是則情之所發亦無不□□正而可以應物□□餘矣。□□□□□□□□□性不見其分□□别□□□□給之下缺與下缺其□指□□□□者，實在精神魂魄之聚，而吾儒所謂形而下者耳。至其所以識心者，則必别立一心以識此心，而其所謂見性者，又未嘗睹夫民之衷、物之則也。既不睹夫性之本然，則物之所感、情之所發皆不得其道理，於是概以爲己累而盡絶之，雖至於反易天常，殄滅人理而不顧也。然則儒術之所以異其本，豈不在此一言之間乎？曰：釋氏之不得爲見性，則聞命矣。至於心，則吾曰盡之存之，而彼曰識之，何以不同，而又何以見其别立一心耶？曰：心也者，人之所以主於身而統性情者也，一而不二者也，爲主而不爲客者也，命物而不命於物者也。惟其理有未窮而物或蔽之，故其明有所不照，私有未克而物或累之，故其體有所不存。是以聖人之教，使人窮理以極其量之所包，勝私以去其體之所害。是其所以盡心而存心者，雖其用力有所不同，然皆因其一者以應夫萬，因其主者以待夫客，因其命物者以命夫物，而未嘗曰反而識乎此心、存乎此心也。若釋氏之云識心，則必收視反聽，以求識其體於恍惚之中。如人以目視目，以口齕口，雖無可得之理，其勢必不能不相汝爾於其間也。此非別立一心而何哉？夫別立一心，則一者二而主者客，下缺分矣，而又塊然自守，滅情廢事，以自棄君臣父子之間，則心之用亦息矣。夫下缺所指以爲心性與其所以從事焉者乃如此，然則不謂之異端邪說而何哉？曰：然則其徒蓋有實能恍然若有所睹而樂之不厭，至於遺外形骸而死生之變不足動之者，此又何邪？曰：是其心之用既不交於外矣，而其體之分於內者，乃日相伺而不舍焉，其志專而切，其機危而迫，是以精神之極而一旦惘然若有失也。近世所謂看話之法，又其所以至此之捷徑，蓋皆原於莊周承蜩削鐻之論而又加巧密焉爾。然昧於天理而特爲是以自私焉，則亦何足稱於君子之門哉。

又《釋氏論下》　或問：子之言釋氏之術原於莊子承蜩削鐻之論，其有稽乎？朱子曰：何獨此哉，凡彼言之精者，皆竊取莊、列之說以爲之。宋景文公於《唐書》李蔚等傳既言之矣。蓋佛之所生，去中國絕遠，其書來者，文字音讀皆累數譯而後通，而其所謂禪者，則又出於口耳之傳，而無文字之可據，以故人人得竄其說以附益之，而不復有所考驗。今其所以或可見者，獨賴其割裂裝綴之迹猶有隱然於文字之間而不可揜者耳。蓋凡佛之書，其始來者，如《四十二章》、《遺教》、《法華》、《金剛》、《光明》之類，其所言者不過清虛緣業之論，神通變見之術而已。及其中間，爲其學者如惠遠、僧肇之流，乃始稍竊莊、列之言以相之，然尚未敢正以爲出於佛之口也。及其久而恥於假借，則遂顯然篡取其意而文以浮屠之言。如《楞嚴》所謂自聞，即莊子之意，而《圓覺》所謂四大各離，今者妄身當在何處，即列子所謂精神入其門，骨骸反其根，我尚何存者也。凡若此類，不可勝舉。然其說皆萃於書首，其玄妙無以繼之，然後佛之本眞乃□。如結壇誦呪、二十五輪之類，以至於大力金剛、吉盤茶鬼之屬，則其粗鄙俗惡之狀，校之首章重玄極妙之指，蓋水火之不相入矣。至於禪者之言，則其始也，蓋亦出於晉宋清談論議之餘習，而稍務反求靜養，以默證之，或能頗出神怪，以衒流俗而已。如一葉五花之讖，隻履西歸之說，雖未必實有是事，然亦可見當時所尚者止於如此也。其後傳之既久，聰明才智之士或頗出於其間而自覺其陋，於是更出己意，益求前人之所不及者以陰佐之，而盡諱其怪幻鄙俚之談。於是其說一旦超然眞若出乎道德性命之上，而惑之者遂以爲果非堯、舜、周、孔之所能及矣。然其虛夸詭譎之情，險巧儇浮之態，展轉相高，日以益甚，則又反不若其初清虛靜默之說，猶爲彼善於此也。以是觀之，則凡釋氏之本末眞僞可知。而其所竊，豈獨承蜩削鐻之一言而已哉？且又有一說焉，夫佛書本皆胡語，譯而通之，則或以數字爲中國之一字，或以一字而爲中國之數字。而今其所謂偈者，句齊字偶，了無餘欠。至於所謂二十八祖傳法之所爲者，則又頗協中國音韻，或用唐詩聲律。自其唐之稍黠，如惠洪輩者，則已能知其謬，而強爲說以文之。顧服衣冠、通今古，號爲士大夫，如楊大年、蘇子由者，反不悟而筆之於書也。嗚呼，以是推之，則亦不必問其理之是非，而其增加之僞迹狀明白，益無所逃矣。宋公之論信而有證，世之惑者於此其亦可以少悟也哉。

又《朱子語類》卷一二六《釋氏》　孟子不辟老莊而辟楊墨，楊墨即老莊也。今釋子亦有兩般：禪學，楊朱也；若行佈施，墨翟也。道士則自是假，今無說可辟。然今禪家亦自有非其佛祖之意者，試看古經如四十二章等經可見。楊文公集傳燈錄說西天二十八祖，知他是否？如何舊時佛祖是西域夷狄人，卻會做中國樣押韻詩？今看圓覺云：「四大分散，今者妄身當在何處？」即是竊列子「骨骸反其根，精神入其門，我尚何存」語。宋景文說楞嚴前面咒是他經，後面說道理處是附會。圓覺前數疊稍可看，後面一段淡如一段去，末後二十五定輪與夫誓語，可笑。（大雅）（以下論釋氏亦出楊墨。）

問：「佛老與楊墨之學如何？」曰：「楊墨之說猶未足以動人。墨氏謂『愛無差等』，欲人人皆如至親，此自難從，故人亦未必信也。楊氏一向爲我，超然遠舉，視營營於利祿者皆不足道，此其爲說雖甚高，然人亦難學他，未必盡從。楊朱即老子弟子。人言孟子不辟老氏，不知但辟楊墨，則老莊在其中矣。佛氏之學亦出於楊氏。其初如不愛身以濟衆生之說，雖近於墨氏，然此說最淺近，未是他深處。後來是達磨過來，初見梁武，武帝不曉其說，只從事於因果，遂去面壁九年。只說人心至善，即此便是，不用辛苦修行；又有人取莊老之說從而附益之，所以其說愈精妙，然只是不是耳。又有所謂『頑空』、『眞空』之說。頑空者如死灰槁木，眞空則能攝衆有而應變，然亦只是空耳。今不消窮究他，伊川所謂『只消就

迹上斷便了。他既逃其父母，雖説得如何道理，也使不得。』如此，卻自足以斷之矣。」〔時舉〕

宋景文唐書贊，説佛多是華人之譎誕者，攘莊周列禦寇之説佐其高。此説甚好。如歐陽公只説個禮法，程子又只説自家義理，皆不見他正贓，卻是宋景文捉得他正贓。佛家先偷列子。列子説耳目口鼻心體處有六件，佛家便有六根，又三之爲十八戒。（此處更舉佛經語與列子語相類處，當考。）初間只有四十二章經，無恁地多。到東晉便有談議，（小説及史多説此。）如今之講師做一篇議總説之。到後來談議厭了，達磨便入來隻靜坐，於中有稍受用處，人又都向此。今則文字極多，大概都是後來中國人以莊列説自文，夾插其間，都沒理會了。攻之者所執又出禪學之下。（淳）（以下論釋氏出於莊老。）

「老子説他一個道理甚縝密。老子之後有列子，亦未甚至大段不好。説列子是鄭穆公時人。然穆公在孔子前，而列子中説孔子，則不是鄭穆公時人，乃鄭頃公時人也。列子後有莊子，莊子模仿列子，殊無道理。爲他是戰國時人，便有縱橫氣象，其文大段豪偉。列子序中説老子。列子言語多與佛經相類，覺得是如此。疑得佛家初來中國，多是偷老子意去做經，如説空處是也。後來道家做清靜經，又卻偷佛家言語，全做得不好。佛經所謂『色即是空』處，他把色、受、想、行、識五個對一個『空』字説，故曰『空即是色。受、想、行、識，亦複如是』，謂是空也。而清淨經中偷此句意思，卻説『無無亦無』，只偷得他『色即是空』，卻不曾理會得他『受、想、行、識亦複如是』之意，全無道理。佛家偷得老子好處，後來道家卻只偷得佛家不好處。譬如道家有個寶藏，被佛家偷去；後來道家卻只取得佛家瓦礫，殊可笑也。人説孟子只辟楊墨，不辟老氏。卻不知道家修養之説只是爲己，獨自一身便了，更不管別人，便是楊氏爲我之學。」又曰：「孔子問老聃之禮，而老聃所言禮殊無謂。恐老聃與老子非一人，但不可考耳。」因説「子張學干祿」。先生曰：「如今科舉取者不問其能，應者亦不必其能，只是寫得盈紙，便可得而推行之。如除擢皆然。禮官不識禮，樂官不識樂，皆是吏人做上去。學官只是備員考試而已，初不是有德行道藝可爲表率，仁義禮智從頭不識到尾。國家元初取人如此，爲之柰何！」〔明作〕

佛氏乘虛入中國。廣大自勝之説，幻妄寂滅之論，自齋戒變爲義學。如遠法師支道林皆義學，然又只是盜襲莊子之説。今世所傳肇論，云出於肇法師，有「四不遷」之説：「日月曆天而不周，江河競注而不流，野馬飄鼓而不動，山嶽偃僕而常靜。」此四句只是一義，只是動中有靜之意，如適間所説東坡「逝者如斯而未嘗往也」之意爾。此是齋戒之學一變，遂又説出這一般道理來。及達磨入來，又翻了許多窠臼，説出禪來，又高妙於義學，以爲可以直超徑悟。而其始者禍福報應之説，又足以鉗制愚俗，以爲資足衣食之計。遂使有國家者割田以贍之，擇地以居之，以相從陷於無父無君之域而不自覺。蓋道釋之教皆一再傳而浸失其本眞。有國家者雖隆重儒學，而選舉之制，學校之法，施設注措之方，既不出於文字言語之工；而又以道之要妙無越於釋老之中，而崇重隆奉，反在於彼。至於二帝三王述天理、順人心、治世教民、厚典庸禮之大法，一切不復有行之者。唐之韓文公，本朝之歐陽公，以及閩洛諸公，既皆闡明正道以排釋氏，而其言之要切，如傅奕本傳，宋景文李蔚贊，東坡儲祥觀碑，陳後山白鶴宮記，皆足以盡見其失。此數人皆未深知道，而其言或出於強爲，是以終有不滿人意處。至二蘇兄弟晚年諸詩，自言不墮落，則又躬陷其中而不自覺矣。〔僩〕

釋氏書其初只有四十二章經，所言甚鄙俚。後來日添月益，皆是中華文士相助撰集。如晉宋間自立講師，孰爲釋迦，孰爲阿難，孰爲迦葉，各相問難，筆之於書，轉相欺誑。大抵多是剽竊老子列子意思，變換推衍以文其説。大般若經卷帙甚多，自覺支離，故節縮爲心經一卷。楞嚴經只是強立一兩個意義，只管疊將去，數節之後，全無意味。若圓覺經本初亦能幾何？只鄙俚甚處便是，其餘增益附會者爾。佛學其初隻説空，後來説動靜，支蔓既甚，達磨遂脱然不立文字，只是默然端坐，便心靜見理。此説一行，前面許多皆不足道，老氏亦難爲抗衡了。今日釋氏，其盛極矣。但程先生所謂「攻之者執理反出其下」。吾儒執理既自卑，宜乎攻之而不勝也。（説佛書皆能舉其支離篇章成誦，此不能盡記。）〔謨〕

因説程子「耳無聞，目無見」之答，曰：「決無此理。」遂舉釋教中有「塵既不緣，根無所著，反流全一，六用不行」之説，蘇子由以爲此理至深至妙。蓋他意謂六根既不與六塵相緣，則收拾六根之用，反復歸於本體，而使之不行。顧爲有此理！便因舉程子之說：「譬如靜坐時，忽有人喚自家，只得應他，不成不應。」曰：「彼說出楞嚴經。此經是唐房融訓釋，故說得如此巧。佛書中唯此經最巧。然佛當初也不如是說。如四十二章經，最先傳來中國底文字，然其說卻自平實。道書中有眞誥，末後有道授篇，卻是竊四十二章經之意爲之。非特此也，至如地獄託生妄誕之說，皆是竊他佛教中至鄙至陋者爲之。某嘗謂其徒曰：『自家有個大寶珠，被他竊去了，卻不照管，亦都不知，卻去他牆根壁角，竊得個破瓶破罐用，此甚好笑！』西漢時儒者說道理，亦只是黃老意思。如揚雄太玄經皆是，故其自言有曰：『老子之言道德，吾有取焉耳。』後漢明帝時，佛始入中國。當時楚王英最好之，然都不曉其說。直至晉宋間，其教漸盛。然當時文字亦只是將莊老之說來鋪張，如遠師諸論，皆成片儘是老莊意思。直至梁會通間，達磨入來，然後一切被他埽蕩，不立文字，直指人心。蓋當時儒者之學，既廢絕不講，老佛之說，又如此淺陋，被他窺見這個罅隙了，故橫說豎說，如是張皇，沒奈他何。人才聰明，便被他誘引將去。嘗見畫底諸祖師，其人物皆雄偉，故杲老謂臨濟若不爲僧，必作一渠魁也。又嘗在廬山見歸宗像，尤爲可畏；若不爲僧，必作大賊矣。」（廣）

道之在天下，一人說取一般。禪家最說得高妙去，蓋自莊老來，說得道自是一般物事，闃闃在天地間。後來佛氏又放開說，大決藩籬，更無下落，愈高愈妙，吾儒多有折而入之。把聖賢言語來看，全不如此。世間惑人之物不特於物爲然。一語一言可取，亦是惑人，況佛氏之說足以動人如此乎！有學問底人便不被它惑。（謙）

因論佛，曰：「老子先唱說，後來佛氏又做得脫灑廣闊，然考其語多本莊列。」公晦云：「曾聞先生說，莊子說得更廣闊似佛，後若有人推演出來，其爲害更大在！」（拱壽）

謙之問：「佛氏之空，與老子之無一般否？」曰：「不同，佛氏只是空豁豁然，和有都無了，所謂『終日吃飯，不曾咬破一粒米；終日著衣，不曾挂著一條絲』。若老氏猶骨是有，只是清淨無爲，一向恁地深藏固守，自爲玄妙，教人摸索不得，便是把有無做兩截看了。」恪以下雜論釋老同異。

謙之問：「今皆以佛之說爲空，老之說爲無，空與無不同如何？」曰：「空是兼有無之名。道家說半截有，半截無，已前都是無，如今眼下卻是有，故謂之無。若佛家之說都是無，已前也是無，如今眼下也是無，『色即是空，空即是色』。大而萬事萬物，細而百骸九竅，一齊都歸於無。終日吃飯，卻道不曾咬著一粒米；滿身著衣，卻道不曾挂著一條絲。」（賀孫）

問：「釋氏之無，與老氏之無何以異？」曰：「老氏依舊有，如所謂『無欲觀其妙，有欲觀其徼』是也。若釋氏則以天地爲幻妄，以四大爲假合，則是全無也。」（柄）

老氏欲保全其身底意思多；釋氏又全不以其身爲事，自謂別有一物不生不滅。歐公嘗言，老氏貪生，釋氏畏死，其說亦好。氣聚則生，氣散則死，順之而已，釋老則皆悖之者也。（廣）

釋老，其氣象規模大概相似。然而老氏之學，尚自理會自家一個渾身，釋氏則自家一個渾身都不管了。（燾）

佛氏之失，出於自私之厭；老氏之失，出於自私之巧。厭薄世故，而盡欲空了一切者，佛氏之失也；關機巧便，盡天下之術數者，老氏之失也。故世之用兵算數刑名，多本於老氏之意。（端蒙）

老氏只是要長生，節病易見。釋氏於天理大本處見得些分數，然卻認爲己有，而以生爲寄。故要見得父母未生時面目，既見，便不認作衆人公共底，須要見得爲己有，死後亦不失，而以父母所生之身爲寄寓。譬以舊屋破倒，即自挑入新屋。故黃檗一僧有偈與其母云：「先曾寄宿此婆家。」止以父母之身爲寄宿處，其無情義絕滅天理可知！當時有司見渠此說，便當明正典刑。若聖人之道則不然，於天理大本處見得是衆人公共底，便只隨他天理去，更無分毫私見。如此，便倫理自明，不是自家作爲出來，皆是自然如此。往來屈伸，我安得而私之哉！（大雅）

「釋氏見得高底儘高。」或問：「他何故只說空？」曰：「說『玄空』，又說『眞空』。玄空便是空無物，眞空卻是有物，與吾儒說略同。但是它都不管天地四方，只是理會一個心。如老氏亦只是要存得一個神氣。伊川云：『只就迹上斷便了。』不知它如此要何用？」（南升）

問：「釋氏以天地萬物爲幻，老氏又卻說及下截。」曰：「老氏勝。」（可學）

釋氏之說易窮。大抵不過如道家陰符經所謂「絕利一源，便到至道」。〔大雅〕

「奪胎出世」之說有之。釋道專專此心，故神。道出神，故能奪胎；釋定，故死而能出世。釋定，故能入定；道定，故能成丹。〔揚〕

釋氏只四十二章經是古書，餘皆中國文士潤色成之。維摩經亦南北時作。道家之書只老子莊列及丹經而已。丹經如參同契之類，然已非老氏之學。清淨消災二經，皆模學釋書而誤者。度人經生神章皆杜光庭撰。最鄙俚是北斗經。蘇子瞻作儲祥宮記，說後世道者只是方士之流，其說得之。〔榮田〕

有言莊老禪佛之害者。曰：「禪學最害道。莊老於義理絕滅猶未盡。佛則人倫已壞。至禪，則又從頭將許多義理埽滅無餘。以此言之，禪最爲害之深者。」頃之，複曰：「要其實則一耳。害未有不由淺而深者。」（以下論釋老滅綱常。）

或問佛與莊老不同處。曰：「莊老絕滅義理，未盡至。佛則人倫滅盡，至禪則義理滅盡。方子錄云：「正卿問莊子與佛所以不同。曰：『莊子絕滅不盡，佛絕滅盡。佛是人倫滅盡，到禪家義理都滅盡。』」佛初入中國，止說修行，未有許多禪底說話。」〔學蒙〕

佛老之學，不待深辨而明。只是廢三綱五常，這一事已是極大罪名！其他更不消說。〔賀孫〕

天下只是這道理，終是走不得。如佛老雖是滅人倫，然自是逃不得。如無父子，卻拜其師，以其弟子爲子；長者爲師兄，少者爲師弟。但是只護得個假底，聖賢便是存得個眞底。〔夔孫〕

釋老稱其有見，只是見得個空虛寂滅。眞是虛，眞是寂無處，不知他所謂見者見個甚底？莫親於父子，卻棄了父子；莫重於君臣，卻絕了君臣；以至民生彝倫之間不可闕者，它一皆去之。所謂見者見個甚物？且如聖人「親親而仁民，仁民而愛物」；他卻不親親，而地要仁民愛物。愛物時，也則是食之有時，用之有節；見生不忍見死，聞聲不忍食肉；如仲春之月，犧牲無用牝，不は，不卵，不殺胎，不覆巢之類，如此而已。他則不食肉，不茹葷，以至投身施虎！此是何理！〔卓〕

某人言：「天下無二道，聖人無兩心。儒釋雖不同，畢竟只是一理。」某說道：「惟其天下無二道，聖人無兩心，所以有我底著他底不得，有他底著我底不得。若使天下有二道，聖人有兩心，則我行得我底，他行得他底。」〔節〕（以下儒釋之辨。）

儒釋言性異處，只是釋言空，儒言實；釋言無，儒言有。〔德明〕

吾儒心雖虛而理則實。若釋氏則一向歸空寂去了。〔柄〕

釋氏虛，吾儒實；釋氏二，吾儒一。釋氏以事理爲不緊要而不理會。〔節〕

釋氏只要空，聖人只要實。釋氏所謂「敬以直內」，只是空豁豁地，更無一物，卻不會「方外」。聖人所謂「敬以直內」，則湛然虛明，萬理具足，方能「義以方外」。

問：「儒釋之辨，莫只是『虛、實』兩字上分別？」曰：「未須理會。自家已分若知得眞，則其僞自別，甚分明，有不待辨。」〔可學〕

問：「釋氏以空寂爲本？」曰：「釋氏說空，不是便不是，但空裏面須有道理始得。若只說道我見個空，而不知有個實底道理，卻做甚用得？譬如一淵清水，清冷徹底，看來一如無水相似。它便道此淵只是空底，不曾將手去探是冷是溫，不知道有水在裏面。佛氏之見正如此。今學者貴於格物、致知，便要見得到底。今人只是一班兩點見得些子，所以不到極處也。」〔南升〕

吾以心與理爲一，彼以心與理爲二。亦非固欲如此，乃是見處不同，彼見得心空而無理，此見得心雖空而萬理咸備也。雖說心與理一，不察乎氣稟物欲之私，是見得不眞，故有此病。大學所以貴格物也。〔植〕（或錄云：「近世一種學問，雖說心與理一，而不察乎氣稟物欲之私，故其發亦不合理，卻與釋氏同病，不可不察。」）

儒者以理爲不生不滅，釋氏以神識爲不生不滅。龜山云：「儒釋之辨，其差眇忽。」以某觀之，眞似冰炭！〔方子〕

儒者見道，品節燦然。佛氏亦見天機，有不器於物者，然只是綽過去。〔方〕

問：「先生以釋氏之說爲空，爲無理。以空言，似不若『無理』二字切中其病。」曰：「惟其無理，是以爲空。它之所謂心，所謂性者，只是個空底物事，無理。」〔節〕

先生問衆人曰：「釋氏言『牧牛』，老氏言『抱一』，孟子言『求放心』，皆一般，何緣不同」？節就問曰：「莫是無這理？」曰：「無理煞害事。」〔節〕

釋氏合下見得一個道理空虛不實，故要得超脫，盡去物累，方是無漏爲佛地位。其他有惡趣者，皆是衆生餓鬼。只隨順有所修爲者，猶是菩薩地位，未能作佛也。若吾儒，合下見得個道理便實了，故首尾與之不合。〔大雅〕

舉佛氏語曰：「千種言，萬般解，只要教君長不昧。」此說極好。問：「程子曰：『佛氏之言近理，所以爲害尤甚。』所謂近理者，指此等處否？」曰：「然。它只是守得這些子光明，全不識道理，所以用處七顛八倒。吾儒之學，則居敬爲本，而窮理以充之。其本原不同處在此。」

曹問何以分別儒釋差處。曰：「只如說『天命之謂性』，釋氏便不識了，便遽說是空覺。吾儒說底是實理，看他便錯了。他云：『不染一塵，不舍一法。』既『不染一塵』，卻如何『不舍一法』？到了是說那空處，又無歸著。且如人心，須是其中自有父子君臣兄弟夫婦朋友。他做得徹到底，便與父子君臣兄弟夫婦朋友都不相親。吾儒做得到底，便『父子有親，君臣有義，兄弟有序，夫婦有別，朋友有信』。吾儒只認得一個誠實底道理，誠便是萬善骨子。」

問佛氏所以差。曰：「從劈初頭便錯了，如『天命之謂性』，他把做空虛說了。吾儒見得都是實。若見得到自家底從頭到尾小事大事都是實，他底從頭到尾都是空，恁地見得破，如何解說不通？又如『實際理地不受一塵，萬行叢中不舍一法』等語，這是他後來桀黠底又撰出這一話來倚傍吾儒道理，正所謂『遁辭知其所窮』。且如人生一世間，須且理會切實處。論至切至實處，不過是一個心，不過一個身；若不自會做主，更理會甚麼？然求所以識那切實處，則莫切於聖人之書。聖人之書，便是個引導人底物事。若舍此而它求，則亦別無門路矣。『舜人也，我亦人也。舜爲法於天下，可傳於後世，我猶未免爲鄉人也，是則可憂也！憂之如何？如舜而已矣。』『高山仰止，景行行止。』只怕不見得，若果是有志之士，只見一條大路直上行將去，更不問著有甚艱難險阻。孔子曰：『向道而行，忘身之老也，不知年數之不足也，俛焉日有孜孜，斃而後已！』自家立著志向前做將去，鬼神也避道，豈可先自計較！先自怕卻！如此終於無成。」〔賀孫〕

因舉佛氏之學與吾儒有甚相似處，如云：「有物先天地，無形本寂寥，能爲萬象主，不逐四時凋。」又曰：「樸落非它物，縱橫不是塵。山河及大地，全露法王身。」又曰：「若人識得心，大地無寸土。」看他是甚麼樣見識！今區區小儒，怎生出得他手？宜其爲他揮下也。此是法眼禪師下一派宗旨如此。今之禪家皆破其說，以爲有理路，落窠臼，有礙正當知見。今之禪家多是「麻三斤」、「乾屎橛」之說，謂之「不落窠臼」、「不墮理路」。妙喜之說，便是如此。然又有翻轉不如此說時。〔僩〕

佛者云：「置之一處，無事不辦。」也只是教人如此做工夫；若是專一用心於此，則自會通達矣。故學禪者只是把一個話頭去看，「如何是佛」、「麻三斤」之類，又都無義理得穿鑿。看來看去，工夫到時，恰似打一個失落一般，便是參學事畢。莊子亦云：「用志不分，乃凝於神。」也只是如此教人。但他都無義理，只是個空寂。儒者之學則有許多義理，若看得透徹，則可以貫事物，可以洞古今。〔廣〕〔士毅錄云：「釋氏云：『置之一處，無事不辦。』此外別有何法？只是釋氏沒道理，自呀將去。」〕

釋老之書極有高妙者，句句與自家個同。但不可將來比方，煞誤人事！季文。〔道夫〕

先生遊鍾山書院，見書籍中有釋氏書，因而揭看。先君問：「其中有所得？」

曰：「幸然無所得。吾儒廣大精微，本末備具，不必它求」。〔季劄〕

言釋氏之徒爲學精專，曰：「便是某常說，吾儒這邊難得如此。看他下工夫，直是自日至夜，無一念走作別處去。學者一時一日之間是多少閑雜念慮，如何得似他！只惜他所學非所學，枉了工夫！若吾儒邊人下得這工夫，是甚次第！如今學者有二病：好高，欲速。這都是志向好底如此。一則是所以學者失其旨，二則是所學者多端，所以紛紛擾擾，終於無所歸止。」〔賀孫〕（以下論釋氏工夫。）

問釋氏入定，道家數息。曰：「他只要靜，則應接事物不差。孟子便也要存夜氣，然而須是理會『且晝之所爲』。」曰：「吾儒何不傚他恁地？」曰：「他開眼便依舊失了，只是硬把捉；不如吾儒非禮勿視聽言動，戒慎恐懼乎不睹不聞，『敬以直內，義以方外』，都一切就外面攔截。」曰：「釋氏只是『勿視、勿聽』，無那『非禮』工夫。」曰：「然。」季通因曰：「世上事便要人做，只管似它坐定做甚？日月便要行，天地便要運。」曰：「他不行不運，固不是。吾輩是在這裏行，是在這裏運，只是運行又有差處。如今胡喜胡怒，豈不是差！他是過之，今人又不及。」〔幹〕

問：「昔有一禪僧，每自喚曰：『主人翁惺惺著！』大學或問亦取謝氏『常惺惺法』之語，不知是同是異？」曰：「謝氏之說地步闊，於身心事物上皆有工夫。若如禪者所見，只看得個主人翁便了，其動而不中理者，都不管矣。且如父子天性也，父被他人無禮，子須當去救，他卻不然。子若有救之之心，便是被愛牽動了心，便是昏了主人翁處。若如此惺惺，成甚道理！向曾覽四家錄，有些說話極好笑，亦可駭！說若父母爲人所殺，無一舉心動念，方始名爲『初發心菩薩』。他所以叫『主人翁惺惺著』，正要如此。『惺惺』字則同，所作工夫則異，豈可同日而語！」〔友仁〕

佛家有「流注想」。水本流將去，有些滲漏處，便留滯。〔蓋卿〕

僧家尊宿得道，便入深山中，草衣木食，養數十年。及其出來，是甚次第！自然光明俊偉。世上人所以只得叉手看他自動。〔方〕

徐子融有「枯槁有性無性」之論。先生曰：「性只是理，有是物斯有是理。子融錯處是認心爲性，正與佛氏相似。只是佛氏磨擦得這心極精細，如一塊物事，剝了一重皮，又剝一重皮，至剝到極盡無可剝處，所以磨弄得這心精光，它便認做性，殊不知此正聖人之所謂心。故上蔡云：『佛氏所謂性，正聖人所謂心；佛氏所謂心，正聖人所謂意。』心只是該得這理。佛氏元不曾識得這理一節，便認知覺運動做性。如視聽言貌，聖人則視有視之理，聽有聽之理，言有言之理，動有動之理，思有思之理，如箕子所謂『明、聰、從、恭、睿』是也。佛氏則只認那能視、能聽、能言、能思、能動底，便是性。視明也得，不明也得；聽聰也得，不聰也得；言從也得，不從也得；思睿也得，不睿也得，它都不管，橫來豎來，它都認做性。它最怕人說這『理』字，都要除掉了，此正告子『生之謂性』之說也。」僴問：「禪家又有以揚眉瞬目知覺運動爲弄精魂，而訶斥之者，何也？」曰：「便只是弄精魂。只是他磨擦得來精細，有光彩，不如此粗糙爾。」僴問：「彼言一切萬物皆有破壞，惟有法身常住不滅。所謂『法身』，便只是這個？」曰：「然。不知你如何占得這物事住？天地破壞，又如何被你占得這物事常不滅？」問：「彼大概欲以空爲體，言天地萬物皆歸於空，這空便是他體。」曰：「他也不是欲以空爲體。它只是說這物事裏面本空，著一物不得。」〔僴〕（以下論釋氏誤認心、性。）

問：「聖門說『知性』，佛氏亦言『知性』，有以異乎？」先生笑曰：「也問得好。據公所見如何？試說看。」曰：「據友仁所見及佛氏之說者，此一性，在心所發爲意，在目爲見，在耳爲聞，在口爲議論，在手能持，在足運奔，所謂『知性』者，知此而已。」曰：「且據公所見而言。若如此見得，只是個無星之稱，無寸之尺。若在聖門，則在心所發爲意，須是誠始得；在目雖見，須是明始得；在耳雖聞，須是聰始得；在口談論及在手在足之類，須是動之以禮始得。『天生烝民，有物有則。』如公所見及佛氏之說，只有物無則了，所以與聖門有差。況孟子所說『知性』者，乃是『物格』之謂。」〔友仁〕

若是如釋氏道，只是那坐底視底是，則夫子之教人，也只說視聽言動底是便了，何故卻說「非禮勿視，非禮勿聽，非禮勿言，非禮勿動」？如「居處、執事、與人交」，止說「居處、執事、與人交」便了，何故於下面著個「恭、敬、忠」？如「出門、使民」，也只說個「出門、使民」便了，何故卻說「如見大賓？如承大祭」？孔子言：「克己複禮爲仁！」（厲聲言「複禮」、「仁」字）。〔節〕

釋氏只知坐底是，行底是。如坐，交脛坐也得，疊足坐也得，邪坐也得，正坐也得。將見喜所不當喜，怒所不當怒，爲所不當爲。他只是直沖去，更不理會理。吾儒必要理會坐之理當如屍，立之理當如齋，如頭容便要直。所以釋氏無理。〔節〕

知覺之理，是性所以當如此者，釋氏不知。他但知知覺，沒這理，故孝也得，不孝也得。所以動而陽，靜而陰者，蓋是合動不得不動，合靜不得不靜。〔節〕

釋氏棄了道心，卻取人心之危者而作用之；遺其精者，取其粗者以爲道。如以仁義禮智爲非性，而以眼前作用爲性是也。此只是源頭處錯了。

〔人傑〕

釋氏專以作用爲性。如某國王問某尊者曰：「如何是佛？」曰：「見性爲。」曰：「如何是性？」曰：「作用爲性？」曰：「如何是作用？」曰云云。禪家又有偈者云：「當來尊者答國王時，國王何不問尊者云：『未作用時，性在甚處？』」〔榮田〕

「作用是性：在目曰見，在耳曰聞，在鼻嗅香，在口談論，在手執捉，在足運奔」，即告子「生之謂性」之說也。且如手執捉，若執刀胡亂殺人，亦可爲性乎！ 標山舉龐居士云「神通妙用，運水搬柴」，以比「徐行後長」，亦坐此病。不知「徐行後長」乃謂之弟，「疾行先長」則爲不弟。如曰運水搬柴即是妙用，則徐行疾行皆可謂之弟耶！〔人傑〕

問釋氏「作用是性」。曰：「便只是這性，他說得也是。孟子曰：『形色，天性也。惟聖人然後可以踐形。』便是此性。如口會說話，說話底是誰？目能視，視底是誰？耳能聽，聽底是誰？便是這個。其言曰：『在眼曰見，在耳曰聞，在鼻嗅香，在口談論，在手執捉，在足運奔。遍現俱該法界，收攝在一微塵。識者知是佛性，不識喚作精魂。』他說得也好。」又舉楞嚴經波師國王見恆河水一段云云。「所以禪家說『直指人心，見性成佛』。他只要你見得，言下便悟，做處便徹，見得無不是此性。也說『存養心性』，養得來光明寂照，無所不遍，無所不通。唐張拙詩云：『光明寂照遍河沙，凡聖含靈共我家』云云。又曰：『「實際理地不受一塵，佛事門中不舍一法。」』他個本自說得是，所養者也是，只是差處便在這裏，吾儒所養者是仁義禮智，他所養者只是視聽言動。儒者則全體中自有許多道理，各自有分別，有是非，降衷秉彝，無不各具此理。他只見得個渾淪底物事，無分別，無是非，橫底也是，竪底也是，直底也是，曲底也是，非理而視也是此性，以理而視也是此性。少間用處都差，所以七顛八倒，無有是處。吾儒則只是一個眞底道理，他也說我這個是眞實底道理，如云：『惟此一事實，餘二則非眞。』只是他說得一邊，只認得那人心，無所謂道心，無所謂仁義禮智，惻隱、羞惡、辭遜、是非，所爭處只在此。吾儒則自『天命之謂性，率性之謂道』，以至至誠盡人物之性，贊天地之化育，識得這道理無所不周，無所不遍。他也說：『我這個無所不周，無所不遍。』然眼前君臣父子兄弟夫婦上，便不能周遍了，更說甚周遍！他說『治生產業，皆與實相不相違背』云云，如善財童子五十三參，以至神鬼神仙士農工商技藝，都在他性中。他說得來極闊，只是其實行不得。只是諱其所短，強如此籠罩去。他舊時瞿曇說得本不如此廣闊，後來禪家自覺其陋，又翻轉窠臼，只說『直指人心，見性成佛』。」〔僩〕

「昨夜說『作用是性』，因思此語亦自好。雖云釋氏之學是如此，他卻是眞個見得，眞個養得。如云說話底是誰？說話底是這性；目視底是誰？視底也是這性；聽底是誰？聽底也是這性；鼻之聞香，口之知味，無非是這個性。他凡一語默，一動息，無不見得此性，養得此性。」或問：「他雖見得，如何能養？」曰：「見得後，常常得在這裏，不走作，便是養。今儒者口中雖常說性是理，不止於作用，然卻不曾做他樣存得養得；只是說得如此，元不曾用功，心與身元不相管攝，只是心粗。若自早至暮，此心常常照管，甚麼次第！這個道理，在在處處發見，無所不有，只是你不曾存得養得。佛氏所以行六七百年，其教愈盛者，緣他也依傍這道理，所以做得盛。他卻常在這身上，他得這些子，即來欺負你秀才，你秀才無一人做得似他。今要做，無他，只說四端擴充得便是。孟子說『存心養性』，其要只在此。『凡有四端於我者，知皆擴而充之矣，若火之始然，泉之始達。』學者只要守得這個，如惻隱、羞惡、辭遜、是非。若常存得這惻隱之心，便養得這惻隱之性；若合當愛處，自家卻不起愛人之心，便是害了那惻隱之性。如事當羞惡，自家不羞惡，便是傷害了那羞惡之性。辭遜，是非，皆然。『人能充無欲害人之心，而仁不可勝用矣；人能充無受爾汝之實，無所往而不爲義也。』只要就這裏存得，養得。所以說『利與善之間』，只爭這些子，只是絲髮之間。

如人靜坐，忽然一念之發，只這個便是道理，便有個是與非，邪與正。其發之正者，理也；雜而不正者，邪也。在在處處無非發見處，只要常存得，常養得耳。」〔僩〕

佛家作用，引賓王問。某問：「他初說空，今卻如此。」曰：「既無理，亦只是無。聽亦此，不聽亦此。然只是認得第二個，然他後來又不如此說。傳大士云云。」曰：「他雖不如此，然卒走此不得？」曰：「然。」〔可學〕

問儒釋。曰：「據他說道明得心，又不曾得心爲之用；他說道明得性，又不曾得性爲之用。不知是如何？」又問：「不知先從他徑處入，然後卻歸此？」曰：「若要從徑入，是猶從近習求言職。須是見他都無所用。」〔泳〕

佛家說：「會萬物於一己。」若曉得這道理，自是萬物一體，更何須會？若是曉不得，雖欲會，如何會得？恪。

佛氏見影，朝說這個，暮說這個。至於萬理錯綜如此，卻都不知！〔方〕

釋氏先知死，只是學一個不動心。告子之學則是如此。〔端蒙〕

「凡遇事先須識得個邪正是非，盡埽私見，則至公之理自存。」大雅云：「釋氏欲驅除物累，至不分善惡，皆欲埽盡。云凡聖情盡，即如知佛，然後來往自由。吾道卻只要埽去邪見。邪見既去，無非是處，故生不爲物累，而死亦然。」曰：「聖人不說死。已死了，更說甚事？聖人只說既生之後，未死之前，須是與他精細理會道理教是。胡明仲侍郎自說得好：『人，生物也，佛不言生而言死；人事可見，佛不言顯而言幽。』釋氏更不分善惡，只尊向他底便是好人，背他底便入地獄。若是個殺人賊，一尊了他，便可生天。」大雅云「於在傳燈錄爲法嗣，可見。」曰：「然。」〔大雅〕

佛書多有後人添入。初入中國，只有四十二章經。但此經都有添入者。且如西天二十八祖所作偈，皆有韻，分明是後人增加。如楊文公蘇子由皆不悟此，可怪！又其文字中至有甚拙者云云。如楞嚴經前後，只是說咒，中間皆是增入。蓋中國好佛者覺其陋而加之耳。〔可學〕（以下論佛經。）

佛初止有四十二章經，其說甚平。如言彈琴，弦急則絕，慢則不響，不急不慢乃是。大抵是偸得老莊之意。後來達磨出來，一齊埽盡。至楞嚴經，做得極好。柳宗元六祖塔銘有「中外融粹孔習」。〔方子〕

達磨未來中國時，如遠、肇法師之徒，只是談莊老，後來人亦多以莊老助禪。古亦無許多經。西域豈有韻！諸祖相傳偈，平仄押韻語，皆是後來人假合。

問：「心經如何？」曰：「本大般若經六百卷，心經乃是節本。」曰：「他既說空，又說色，如何？」曰：「他蓋欲於色見空耳。大抵只是要鶻突人。如云『實際中不立一法』，又云『不舍一法』此佛經語，記不全。之類，皆然。」問：「劫數如何？」曰：「他之說，亦說天地開闢，但理會不得。某經云，到末劫人皆小，先爲火所燒成劫灰，又爲風所吹，又爲水所淹。水又成沫，地自生五□，天上人自飛下來吃，複成世界。他不識陰陽，便恁地亂道。」問：「佛默然處如何？」曰：「是他到處。」曰：「如何『與灑埽應對合』？」曰：「蓋言精粗無二。」曰：「『活潑潑地』是禪語否？」曰：「不是禪語，是俗語。今有儒家字爲佛家所竊用，而後人反以爲出於佛者：如『寺』、『精舍』之類，不一。」〔可學〕

佛書中說「六根」、「六塵」、「六識」、「四大」、「十二緣生」之類，皆極精巧。故前輩學佛者，謂此孔子所不及。今學者且須截斷。必欲窮究其說，恐不能得身己出來。方子錄止此。他底四大，即吾儒所謂魂魄聚散。十二緣生在華嚴合論第十三禦卷。佛說本言盡去世間萬事。其後黠者出，卻言「實證理地，不染一塵；萬事門中，不舍一法」。〔可學〕

華嚴合論精密。〔閎祖〕

華嚴合論，其言極鄙陋無稽。不知陳了翁一生理會這個，是有甚麼好處，也不會厭。可惜極好底秀才，只恁地被它引去了！又曰：「其言旁引廣論，說神說鬼，只是一個天地萬物皆具此理而已。經中本說得簡徑白直，卻被注解得越沒收煞。」或問金剛經大意。曰：「他大意只在須菩提問『云何住，云何降伏其心』兩句上。故說不應住法生心，不應色色生心，『應無所住而生其心』，此是答『云何住』。又說『若胎生，若卵生，若濕生，若化生，我皆令入無餘涅槃而滅度之』，此是答『云何降伏其心』。彼所謂『降伏』者，非謂欲遏伏此心，謂盡降收世間衆生之心入它無餘涅槃中滅度，都教你無心了方是，只是一個『無』字。自此以後，只管纏去，只是這兩句。如這桌子，則云若此桌子，非名桌子，是名桌子。『若見諸相非相，則見如來』，離一切相，即名佛；皆是此意。要之，只是說個『無』。」〔僩〕

問：「龜山集中所答了翁書，論華嚴大旨。不知了翁諸人何爲好之之篤？」曰：「只是見不透，故覺得那個好。以今觀之，也是好，也是動得人。」道夫曰：「只爲他大本不立，故偏了。」先生默然良久，曰：「眞所謂『詖、淫、邪、遁』。蓋詖者，是它合下見得偏。儒者之道大中至正，四面均平。釋氏只見一邊，於那處都蔽塞了，這是『詖辭知其所蔽』。淫者，是只見得一邊，又卻說得周遮浩瀚，所以其書動數百卷，是皆陷於偏而不能返，這是『淫辭知其所陷』。邪者，是它見得偏了，於道都不相貫屬，這是『邪辭知其所離』。遁者，是它已離於道而不通，於君臣父子都已棄絕，見去不得，卻道道之精妙不在乎此，這是『遁辭知其所窮』。初只是詖，詖而後淫，淫而後邪，邪而後離，離而後遁。要之，佛氏偏處只是虛其理。理是實理，他卻虛了，故於大本不立也。」因問：「溫公解禪偈，卻恐後人作儒佛一貫會了。」先生因誦之曰：「此皆佛之至陋者也，妙處不在此。」又問：「遺書云：『釋氏於「敬以直內」則有之，「義以方外」則未也。』道夫於此未安。」先生笑曰：「前日童蜚卿正論此，以爲釋氏大本與吾儒同，只是其末異。某與言：『正是大本不同。』」因檢近思錄有云：「佛有一個覺之理，可言『敬以直內』矣，然無『義以方外』。其『直內』者，要之其本亦不是。」「這是當時記得全處，前者記得不完也。」又曰：「只無『義以方外』，則連『敬以直內』也不是了。」又曰：「程子謂：『釋氏唯務上達而無下學，然則其上達處豈有是邪！』亦此意。學佛者嘗云：『儒佛一同。』某言：『你只認自家說不同。若果是，又何必言同？只這靠傍底意思，便是不同；便是你底不是，我底是了。』」（道夫）

圓覺經只有前兩三卷好，後面便只是無說後強添。如楞嚴經，當初只有那阿難一事，及那燒牛糞時一咒，其餘底皆是文章之士添。那燒牛糞，便如爇蕭樣。後來也有人祈雨後燒，亦出此意也。（義剛）

楞嚴經本只是咒語。後來房融添入許多道理說話。咒語想亦淺近，但其徒恐譯出，則人易之，故不譯。所以有咒者，蓋浮屠居深山中，有鬼神蛇獸爲害，故作咒以禁之。緣他心靈，故能知其性情，制馭得他。咒全是想法。西域人誦咒如叱喝，又爲雄毅之狀，故能禁伏鬼神，亦如巫者作法相似。又云：「汀州人多爲巫。若巫爲祟，則治之者全使不行。沈存中記水中金剛經不濕，蓋人心歸向深固，所感如此。」因言：「後世被他佛法橫入來，鬼神也沒理會了。」又曰：「世人所謂鬼神，亦多是吃酒吃肉漢，見他戒行精潔，方寸無累底人，如何不生欽敬！」（閎祖）

維摩詰經，舊聞李伯紀之子說，是南北時一貴人如蕭子良之徒撰。渠云載在正史，然檢不見。伯紀子名縝，讀書甚博。（必大）

傳燈錄極陋，蓋眞宗時一僧做上之。眞宗令楊大年刪過，故出楊大年名，便是楊大年也曉不得。（義剛）

因語禪家，云：「當初入中國，只有四十二章經。後來既久，無可得說，晉宋而下，始相與演義。其後義又窮。至達磨以來，始一切埽除。然其初答問，亦只分明說。到其後又窮，故一向說無頭話，如『乾矢橛』、『柏樹子』之類，只是胡鶻突人。既曰不得無語，又曰不得有語，道也不是，不道也不是；如此，則使之東亦不可，西亦不可。置此心於危急之地，悟者爲禪，不悟者爲顚。雖爲禪，亦是蹉了蹊徑，置此心於別處，和一身皆不管，故喜怒任意。然細觀之，只是於精神上發用。」問：「渠既一向說空，及其作用又只是氣。」曰：「作用是心，亦是氣，渠自錯認了。渠雖說空，又要和空皆無，如曰『空生大覺中』之類。昔日了老專教人坐禪，杲老以爲不然，著正邪論排之。其後杲在天童，了老乃一向師尊禮拜，杲遂與之同。及死，爲之作銘。」問：「渠既要清淨寂滅，如何不坐禪？」曰：「渠又要得有悟。杲舊甚喜子韶，及南歸，貽書責之，以爲與前日不同。今其小師錄杲文字，去正邪論，與子韶書亦節卻。」問：「病翁墓誌中說官莆田事，如何？」曰：「佛家自說有體無用，是渠言如此，依實載之。」問：「禪僧有鳴鼓升坐死者，如何？」曰：「世念既去，自知得。只是能偃不臥床席耳，別無它說。」（可學）（以下禪學。）

禪只是一個呆守法，如「麻三斤」、「乾屎橛」。他道理初不在這上，只是教他麻了心，只思量這一路，專一積久，忽有見處，便是悟。大要只是把定一心，不令散亂，久後光明自發。所以不識字底人，才悟後便作得偈頌。悟後所見雖同，然亦有深淺。某舊來愛問參禪底，其說只是如此。其間有會說者，卻吹噓得大。如杲佛日之徒，自是氣魄大，所以能鼓動一世，如張子韶汪聖錫輩皆北面之。（閎祖）

或問：「禪家說無頭當底說話，是如何？」曰：「他說得分明處，卻不是。只內中一句黑如漆者，便是他要緊處。於此曉得時，便盡曉得。他又愛說一般最險絕底話，如引取人到千仞之崖邊，猛推一推下去。人於此猛省得，便了。」或曰：「不理會得，也是一事不了。」曰：「只此亦是格物。」（祖道）

郭德元問：「禪者云：『「知」之一字，衆妙之門。』它也知得這

『知』字之妙。」曰：「所以伊川説佛氏之言近理，謂此類也。它也微見得這意思，要籠絡這個道理。只是它用處全差，所以都間斷，相接不著。」僩問：「其所謂知，正指此心之神明作用者否？」曰：「然。」郭又問：「圭峰云：『作有義事，是省悟心；作無義事，是狂亂心。狂亂由情念，臨終被業牽；省悟不由情，臨終能轉業。』又自注云：『此「義」非「仁義」之「義」，乃「理義」之「義」。』甚好笑。」曰：「它指仁義爲恩愛之義，故如此説。他雖説理義，何嘗夢見？其後杲老亦非之云：『「理義」之「義」，便是「仁義」之「義」，如何把虚空打做兩截！』」〔僩〕

僧家所謂禪者，於其所行全不相應。向來見幾個好僧説得禪，又行得好，自是其資質爲人好耳，非禪之力也。所謂禪，是僧家自舉一般見解，如秀才家舉業相似，與行己全不相干。學得底人，有許多機鋒，將出來弄一上了，便收拾了；到其爲人，與俗人無異。只緣禪自是禪，與行不相應耳。僧家有云「行、解」者，行是行己，解是禪也。〔璘〕

禪僧自云有所得，而作事不相應，觀他又安有睟面盎背氣象！只是將此一禪橫置胸中，遇事將出，事了又收。大抵只論説，不論行。昔日病翁見妙喜於其面前要逞自家話。渠於開喜升座，卻云：「彥沖修行卻不會禪，寶學會禪卻不修行；所謂張三有錢不會使，李四會使又無錢。」皆是亂説。大抵此風亦有盛衰，紹興間最盛，閩中自有數人，可歎！可歎！先王之道不明，卻令異端橫出豎立！〔可學〕

釋氏，須灼然看得他底之非，一出一入不濟事，禪將作何用？〔振〕

禪學一喝一棒，都掀翻了，也是快活。卻看二程説話，可知道不索性。豈特二程，便夫子之言亦如此。「學而時習之，不亦説乎！」看得好支離。

學道又雜佛學者，但歇一月工夫，看誰邊有味？佛氏只歇一月，味便消了。彼漸消則此漸進，此是鈍工夫，然卻是法門也。〔方〕

問德粹：「在四明，曾到天章育王否？」曰：「到。」曰：「亦曾參禪否？」曰：「有時夜靜無事，見長老入室，亦覺心靜。」先生笑，因問：「德光如何？」滕曰：「不問渠法門事，自是大管人事。」先生曰：「皆如此。今年往莆中吊陳魏公，回途過雪峰，長老升堂説法，且胡鶻過。及至接人，卻甚俗，只是一路愛便宜，才説到六七句，便道仰山大王會打供，想見宗杲也是如此。」又問人傑：「如何？」曰：「臨死只是漸消削。」先生曰：「它平日只理會臨行一節，又卻如此！」〔可學〕（雜論。）

釋氏「地、水、火、風」之説，彼所謂地水，如云魄氣；火風，如云魂氣。又説，火風先散，地水後散，則其疾不暴；地水先散，火風後散，則其疾暴。〔德明〕

釋氏地、水、火、風，粗而言之：地便是體，水便是魄，火風便是魂。他便也是見得這魂魄。

釋氏説，法身便是本性，報身是其德業，化身是其肉身。問：「報身是如何？」曰：「是他成就驗驗底説話。看他畫毗盧遮那坐千葉蓮珠常富貴，便如吾儒説聖人備道全美相似。」

魯可幾問釋氏「因緣」之説。曰：「若看書『作善降之百祥，作不善降之百殃』，則報應之説誠有之。但他説得來只是不是。」又問：「陰德之説如何？」曰：「也只是不在其身，則在其子孫耳。」〔道夫〕

佛家不合將才作緣習。緣習是説宿緣。〔可學〕

禪家以父子兄弟相親愛處爲有緣之慈。如虎狼與我非類，我卻有愛及他，如以身飼虎。便是無緣之慈，以此爲眞慈。〔淳〕義剛同。

甘吉父問「仁者愛之理，心之德」。時舉因問：「釋氏説慈，即是愛也。然施之不自親始，故愛無差等。」先生曰：「釋氏説『無緣慈』。記得甚處説：『融性起無緣之大慈。』蓋佛氏之所謂慈，並無緣由，只是無所不愛。若如愛親之愛，渠便以爲有緣；故父母棄而不養，而遇虎之饑餓，則捨身以食之，此何義理耶！」〔時舉〕

問：「佛法如何是以利心求？」曰：「要求清淨寂滅超脱世界，是求一身利便。」〔可學〕

釋氏之學，務使神輕去其，以爲坐亡立脱之備；其魄之未盡化者，則流爲膏液，散爲珠琲，以驚動世俗之耳目，非老子「專氣致柔」之謂也。〔僩〕

因論釋氏多有神異，疑其有之。曰：「此未必有。便有，亦只是妖怪。」〔方子〕

佛家多有「奪胎」之説，也如何見得？只是在理無此。〔淳〕

問説禪家言性，太陽之下置器處。曰：「此便是説輪回。」〔可學〕

問禪家言性「傾此於彼」之説。曰：「此只是『偸生奪陰』之説耳。禪家言偸生奪陰，謂人懷胎，自有個神識在裏了，我卻撞入裏面，去逐了他，我卻受他血陰。他説傾此於彼，蓋如一破弊物在日下，其下日影自有方圓大小，卻欲傾此日影爲彼日影。它説是人生有一塊物事包裹在裏，及其既死，此個物事又會去做張三，做了張三，又會做王二。便如人做官，做了這官任滿，又去做別官，只是無這道理。」或舉世間有如此類底爲問。先生曰：「而今只是理會個正理。若以聞見所接論之，則無了期。」又曰：「横渠説『形潰反原』，以爲人生得此個物事，既死，此個物事卻複歸大原去，又別從裏面抽出來生人。如一塊黄泥，既把來做個彈子了，卻依前歸一塊裏面去，又做個彈子出來。伊川便説是『不必以既屈之氣爲方伸之氣』。若以聖人『精氣爲物，遊魂爲變』之語觀之，則伊川之説爲是。蓋人死則氣散；其生也，又是從大原裏面發出來。」〔夔孫〕

問：「輪回之説當時如何起？」曰：「自漢以來已有此説話。説得成了，因就此結果。」曰：「不知佛祖已有此説否？」曰：「今佛經存者亦不知孰爲佛祖之書。」厚之云：「或傳范淳夫是鄧禹後身。」曰：「鄧禹亦一好人，死許多時，如何魄識乃至今爲他人！」某云：「呂居仁詩亦有『狗腳朕』之語。」曰：「它又有『偸胎奪陰』之説，皆脱空。」〔可學〕

鄭問：「輪回之説，是佛家自創否？」曰：「自漢書載鬼處，已有此話模樣了。元城語錄載，溫公謂『吾欲扶教耳』。溫公也看不破，只是硬恁地説。」〔淳〕

或有言修後世者。先生曰：「今世不修，卻修後世，何也？」〔道夫〕

德粹問：「人生即是氣，死則氣散。浮屠氏不足信。然世間人爲惡死，若無地獄治之，彼何所懲？」曰：「吾友且説堯舜三代之世無浮屠氏，乃比屋可封，天下太平。及其後有浮屠，而爲惡者滿天下。若爲惡者必待死然後治之，則生人立君又焉用？」滕云：「嘗記前輩説，除卻浮屠祠廟，天下便知向善，莫是此意？」曰：「自浮屠氏入中國，善之名便錯了。渠把奉佛爲善。如修橋道造路，猶有益於人。以齋僧立寺爲善，善安在？所謂除浮屠祠廟便向善者，天下之人既不溺於彼，自然孝父母，悌長上，做一好人，便是善。大抵今之佛書，多是後世做文字者所爲。向見伯恭説，曾看藏經，其中有至不成説話者。今世傳一二本經，乃是其祖師所傳，故士大夫好佛者，多爲簧鼓。」某問：「道家之説，云出於老子。今世道士又卻不然。今之傳，莫是張角術？」曰：「是張陵，見三國志。他今用印，乃『陽平治都功印』。張魯起兵之所，又有祭酒，有都講祭酒。魯以女妻馬超，使爲之。其設醮用五斗米，所謂『米賊』是也。向在浙東祈雨設醮，拜得腳痛。自念此何以得雨？自先不信。」某問：「漢時如鄭康成注二禮，但云鬼神是氣。至佛入中國，人鬼始亂。」曰：「然。」〔可學〕

初，西域僧來東漢時，令鴻臚寺寄居，後以爲僧居，因名曰「寺」。寺是官寺，非釋者取之。寺之起自此時。〔雉〕

俗言佛燈，此是氣盛而有光，又恐是寶氣，又恐是腐葉飛蟲之光。蔡季通去廬山問得，云是腐葉之光。云，昔人有以合子合得一團光，來日看之，乃一腐葉。妙喜在某處見光，令人撲之，得一小蟲，如蛇樣，而甚細，僅如布線大。此中有人隨汪聖錫到峨眉山。云，五更初去看，初布白氣，已而有圓光如鏡，其中有佛。然其人以手裏頭巾，則光中之佛亦裏頭巾，則知乃人影耳。今所在有石，號「菩薩石」者，如水精狀，於日中照之，便有圓光。想是彼處山中有一物，日初出，照見其影圓，而映人影如佛影耳。峨眉山看佛，以五更初看。〔璘〕

道謙言：「大藏經中言，禪子病脾時，只坐禪六七日，減食便安。」謙言：「渠曾病，坐得三四日便無事。」

雪峰開山和尚住山數年，都無一僧到，遂下山。至半嶺，忽有一僧來，遂與之俱還。先生曰：「若是某，雖無人來，亦不下山！」〔文蔚〕

王質不敬其父母，曰：「自有物無始以來，自家是換了幾個父母了。」其不孝莫大於是！以此知佛法之無父，其禍乃至於此。使更有幾個如王質，則雖殺其父母，亦以爲常。佛法説君臣父子兄弟，只説是偶然相遇。趙子直戒殺子文，末爲因報之説云：「汝今殺他，他再出世必殺汝。」此等言語，乃所以啓其殺子，蓋彼安知不説道：「我今可以殺汝，必汝前身曾殺我？」〔賀孫〕（以下論釋氏滅人倫之害。）

佛家説要廢君臣父子，他依舊廢不得。且如今一寺，依舊有長老之類，其名分亦甚嚴，如何廢得！但皆是僞。〔義剛〕

問：「釋氏之失，一是自利，厭死生而學，大本已非；二是滅絕人

倫，三是逕求上達，不務下學，偏而不該。」曰：「未須如此立論。」〔人傑〕

次日因余國秀解「物則」，語及釋氏，先生曰：「他佛家都從頭不識，只是認知覺運動做性，所以鼓動得許多聰明豪傑之士。緣他是高於世俗，世俗一副當汙濁底事，他是無了，所以人競趨他之學。元初也不如此。佛教初入中國，只是修行說話，如四十二章經是也。初間只有這一卷經。其中有云，佛問一僧：『汝處家爲何業？』對曰：『愛彈琴。』佛問：『弦緩如何？』曰：『不鳴矣。』『弦急如何？』曰：『聲絕矣。』『急緩得中如何？』曰：『諸音普矣。』佛曰：『學道亦然。心須調□，道可得矣。』初間只如此說。後來達磨入中國，見這般說話，中國人都會說了，遂換了話頭，專去面壁靜坐默照，那時亦只是如此。到得後來，又翻得許多禪底說話來，盡掉了舊時許多話柄。不必看經，不必靜坐，越弄得來闊，其實只是作弄這些精神。」或曰：「彼亦以知覺運動爲形而下者，以空寂爲形而上者，如何？」曰：「便只是形而下者。他只是將知覺運動做玄妙說。」或曰：「如此，則安能動人？必更有玄妙處。」曰：「便只是這個。他那妙處，離這知覺運動不得；無這個，便說不行。只是被他作弄得來精，所以橫渠有『釋氏兩末』之論。只說得兩邊末梢頭，中間眞實道理卻不曾識。如知覺運動，是其上一梢也；因果報應，是其下一梢也。」或曰：「因果報應，他那邊有見識底，亦自不信。」曰：「雖有不信底，依舊離這個不得。如他幾個高禪，縱說高殺，也依舊掉舍這個不下，將去愚人。他那個物事沒理會，捉摸他不得。你道他如此，他又說不如此。你道他是知覺運動，他又有時掉翻了。都不說時，雖是掉翻，依舊離這個不得。」或問：「今世士大夫所以晚年都被禪家引去者，何故？」曰：「是他底高似你。你平生所讀許多書，許多記誦文章，所藉以爲取利祿聲名之計者，到這裏都靠不得了，所以被他降下。他底是高似你，且是省力，誰不悅而趨之？王介甫平生讀許多書，說許多道理，臨了舍宅爲寺，卻請兩個僧來住持，也是被他笑。你這個物事，如何出得他！」或問：「今也不消學他那一層，只認依著自家底做便了。」曰：「固是。豈可學他？只是依自家的做，少間自見得他底低。」〔僩〕（以下論士大夫好佛。）

問：「士大夫末年多溺於釋氏之說者，如何？」曰：「緣不曾理會得自家底原頭，但看得些小文字，不過要做些文章，務行些故事，爲取爵祿之具而已。卻見得他底高，直是玄妙，又且省得氣力，自家反不及他，反爲他所鄙陋，所以便溺於他之說，被他引入去。」〔燾〕

今之學者往往多歸異教者，何故？蓋爲自家這裏工夫有欠缺處，柰何這心不下，沒理會處。又見自家這裏說得來疏略，無個好藥方治得他沒柰何底心；而禪者之說，則以爲有個悟門，一朝入得，則前後際斷，說得恁地見成捷快，如何不隨他去！此卻是他實要心性上理會了如此。不知道自家這裏有個道理，不必外求，而此心自然各止其所。非獨如今學者，便是程門高弟，看他說那做工夫處，往往不精切。〔廣〕

老氏見得煞高，佛氏安敢望他！唐人方說佛。本朝士大夫好佛者，始初楊大年，後來張無盡。又說：「張無垢參杲老，汪玉山被他引去，後來亦好佛。但汪丈爲人無果決，好佛又見不透，又不能果決而退。嘗見汪丈論楊大年好佛，後來守不定，汪丈甚不信。云是蘇子由記此，恐未必是。」〔南升〕

「老氏煞清高，佛氏乃爲逋逃淵藪。今看何等人，不問大人小兒，官員村人商賈，男子婦人，皆得入其門。最無狀，是見婦人便與之對談。如杲老與中貴權要及士夫皆好。湯思退與張魏公如水火，杲老與湯張皆好。」又云：「杲老乃是禪家之俠。」又云：「陳了翁好佛，說得來七郎八當！」〔南升〕

韓退之詩：「陽明人所居，幽暗鬼所寰。嗟龍獨何智！出入人鬼間。」今僧家上可以交賢士大夫，下又交中貴小人，出入其間不以爲恥，所謂「出入人鬼間」也。如妙喜與張魏公好，又與一種小人小辟好。〔璘〕

信州人新鄂州教官龔安國，聞李德遠過郡，見之。李云：「若論學，唯佛氏直截。如學周公孔子，乃是抱橋柱澡洗。」〔方〕

問：「近世王日休立化，如何？」曰：「此人極不好，貪汙異常。」曰：「既如此，何故立脫？」曰：「他平日坐必向西，心在於此，遂想而得。此乃佛氏最以爲下者。」程氏說「野狐精」，正是以如此爲不足貴。〔可學〕

因說某人棄家爲僧，以其合奏官與弟，弟又不肖，母在堂，無人奉養。先生顰蹙曰：「柰何棄人倫滅天理至此！」某曰：「此僧乃其家之長

子。」方伯謨曰：「佛法亦自不許長子出家。」先生曰：「縱佛許亦不可。」〔可學〕

陳福公臨終，親筆戒其子勿用浮屠。林子方力責之。人之卑陋乃如此！〔淳〕

先生說及俗人之奉佛者，每晨拜跪備至；及其老也，體多康健，以爲獲福於佛。不知其日勞筋骨，其他節省運用血氣，所以安也。〔過〕

夷狄之教入於中國，非特人爲其所迷惑，鬼亦被他迷惑。大乾廟所以塑僧像，乃勸其不用牲祭者。其他廟宇中，亦必有所謂勸善大師。蓋緣人之信向者既衆，鬼神只是依人而行。〔必大〕

「本朝歐陽公排佛，就禮法上論，二程就理上論，終不如宋景文公捉得正贓出。見李蔚傳贊論華人增加處。佛書分明是中國人附益。」問：「佛法所以傳至今，以有禍福之說助之？」曰：「亦不全如此，卻是人佐佑之。初來只有四十二章經，至晉宋間乃談義，皆是剽竊老莊，取列子爲多。其後達磨來又說禪，又有三事：一空，二假，三中。空全論空，假者想出世界，中在空假之中。唐人多說假。」〔可學〕〔以下辟佛。〕

問：「胡僧不能害傅奕，只是邪不能干正否？」曰：「是他心不動。」〔胡泳〕

論釋氏之說，如明道數語，辟得極善。見行狀中者。它只要理會個寂滅，不知須強要寂滅它做甚？既寂滅後，卻作何用？何況號爲尊宿禪和者，亦何曾寂滅得！近世如宗杲，做事全不通點檢，喜怒更不中節。晉宋以前遠法師之類，所談只是莊列，今其集中可見。其後要自立門戶，方脫去莊列之談，然實剽竊其說。傅奕亦嘗如此說，論佛只是說個大話謾人，可憐人都被它謾，更不省悟。試將法華經看，便見其誕。開口便說恆河沙數幾萬幾千幾劫，更無近底年代。又如佛授記某甲幾劫後方成佛。佛有神通，何不便成就它做佛？何以待闕許久？又如住世羅漢猶未成佛，何故許多時修行都無長進？今被它撰成一藏說話，遍滿天下，惑了多少人。勢須用退之盡焚去乃可絕。今其徒若聞此說，必曰，此正是爲佛教者。然實謬爲此說，其心豈肯如此？此便是言行不相應處。今世俗有一等卑下底人，平日所爲不善，一旦因讀佛書，稍稍收斂，人便指爲學佛之效，不知此特粗勝於庸俗之人耳。士大夫學佛者，全不曾見得力，近世李德遠輩皆是也。今其徒見吾儒所以攻排之說，必曰，此吾之迹耳，皆我自不以爲然者。如果是不以爲然，當初如何卻恁地撰下？又如僞作韓歐別傳之類，正如盜賊怨捉事人，故意攤贓耳。〔棨田〕

因論釋氏，先生曰：「自伊洛君子之後，諸公亦多聞辟佛氏矣。然終竟說他不下者，未知其失之要領耳。釋氏自謂識心見性，然其所以不可推行者何哉？爲其於性與用分爲兩截也。聖人之道，必明其性而率之，凡修道之教，無不本於此。故雖功用充塞天地，而未有出於性之外者。釋氏非不見性，及到作用處，則曰無所不可爲。故棄君背父，無所不至者，由其性與用不相管也。」時魏才仲侍側，問其故。先生曰：「如今未有此病，然亦不可不知。譬如人食物：欲知烏喙之不可食，須是認下這底是烏喙，知此物之爲毒，則他日不食之矣。若不便認下，他日卒然遇之，不知其毒，未有不食之也。異端之害道，如釋氏者極矣。以身任道者，安得不辨之乎！如孟子之辨楊墨，正道不明，而異端肆行，周孔之教將遂絕矣。譬如火之焚將及身，任道君子豈可不拯救也！」

因說「誠意」，曰：「前輩有謂辟釋氏爲扶教者，安在其不妄語也！」〔閎祖〕

伊川謂「所執皆出禪學之下」，此說甚好。謂攻之者。〔淳〕

今之辟佛者，皆以義利辨之，此是第二義。正如唐人檄高麗之不能守鴨綠之險，高麗遂守之。今之辟佛者類是。佛以空爲見，其見已錯，所以都錯，義，利又何足以爲辨！舊嘗參究後，頗疑其不是。及見李先生之言，初亦信未及，亦且背一壁放，且理會學問看如何。後年歲間漸見其非。〔揚〕

儒之不辟異端者，謂如有賊在何處，任之，不必治。〔揚〕

近看石林過庭錄，載上蔡說伊川參某僧，後有得，遂反之，蜀本作「去」。偷其說來做己使，是爲洛學。某也嘗疑如石林之說固不足信，卻不知上蔡也恁地說，是怎生地？向見光老示及某僧與伊川居士帖，後見此帖乃載山谷集中，後又見蜀本有「文集別本」四字。有跋此帖者，蜀本作「語」。乃僧與潘子眞潘淳，乃興嗣之子也。帖，蜀本云：「其所以載於山谷集者，以山谷載於山谷，而或與山谷帖也。」淳錄云：「其非與伊川明矣。」其差謬類如此。但當初佛學只是說無存養底工夫，至唐六祖始教

人存養工夫。當初學者亦只是說不曾就身上做工夫，至伊川方教人就身上做工夫。所以謂伊川偷佛說爲己使。〔義剛〕

問：「靈源與潘子眞書，今人皆將做與伊川書，謂伊川之學出於靈源也。恐後人以入傳燈錄中，如退之之比。不知可寓於何書注破？」云：「某舊十年前聞此事，則半夜起來爲作文矣！其好辯甚也。」〔振〕

釋氏之教，其盛如此，其勢如何拗得他轉？吾人家守得一世再世，不崇尚他者，已自難得。三世之後，亦必被他轉了。不知大聖人出，「所過者化，所存者神」時，又如何？〔必大〕

陳造《辨異》（《江湖長翁集》卷三二） 聖賢之爲學，務窮天下之理，而不盡必天下之理。天下之理有可必者，有不可必者。可必者必之，聖賢所與天下守是學而共之者也。不可必焉，必求必之，則吾之說窮而吾之學始爲異端勝。異端之勝吾學，自夫趨吾學者之不專，而若疑若信於異端者之衆也。今夫孝也親必悅，忠也君必與，謹懼無禍患，勤儉無空匱，是可必者，聖賢必之，以教天下，天下諭之不勞也。四海之大，九州表裏，耳目之所不際，智識之所不慮，吾必以有無必之，則其說必窮。昔吾夫子古今推之爲大聖，其智博矣，而弟子載其行事，則曰不語怪。子之不語，其意蓋深矣。一語於口，則是形爲有無之說，且以爲有耶，人愈惑，且以爲無也，而一或有焉，則吾言誣矣。孰若不以爲言？不以爲言，則不必其有無，而人皆返而求吾可必者。竊嘗怪傅奕、韓愈之徒忿佛、老之爲害而力排之，深擠痛抵，曾犬彘鬼蜮之不若，其於衛吾道，意則信篤矣。惜其一必之於無有，故不能挽回天下之心。天下之心既已受彼之欺，其涵浸已久，其服從已深，彼二氏之教亦異域之一術，其僞言佞說亦深有以鼓天下之俗而劫其心者，亦孰能的然必其無也？吾必其無是理，無是法，無是事，無是用，不幸而有其一，而吾之說則敗矣。吾之說敗，而彼之說則愈熾矣。孰若專持吾學，置二氏於不言之表，示人以邪正，而不必之於有無。彼或未能去二氏之淫說，吾若不聞焉，如春風之花自開自落，春木之鳥自鳴自止，我輩何有？一君子守之，衆君子繼之。吾所守之卓，彼無得指其有，以質其無，人亦徐而悟其謬悠，趍吾者愈衆而專矣。此不亦吾夫子之意與？昔阮瞻惡言鬼，著《無鬼論》。一旦鬼至其前，瞻懼而病，病而斃。使人言鬼而瞻不言，不害爲無，一以無必之，乃敗於或有。佛、老之說鬼之或有者也，其無以有無必之哉。或問佛於王通，曰：西方之聖人也。欲推其教於世，則不與，彼蓋知佛之爲教可施於西方夷狄之人，以之中國，是中國而夷之也。通之意未嘗以其教爲無，有似矣吾夫子之不語怪。然謂之聖人，則失之太甚，未有謂之聖人而吾徒無取焉者，若佛者，吾何取乎？彼傅、韓必佛、老於無，而人不從，王通以佛爲聖人，而人益惑，相去一間，皆未若夫子之不語，爲後世之慮深，而衛吾道之心密也。

林亦之《浮屠氏論》（《網山集》卷三） 孟子辯楊、墨，而楊、墨之害熄，韓子攻釋氏，而釋氏之學熾。楊、墨之學，儒者之學也，楊墨之賢，孟子之所深知也。偶其所見之偏，故孟子一鍼其蔽，雖楊墨之辯亦且無所容其喙，況學楊墨者乎？韓子之不知釋氏，徒以空言亂人視聽，適所以爲贅也。中國之教，西方之俗，是本不同，此不足辯也，韓子乃合中國夷狄而並論之，宜乎不足破釋氏也。西方之俗，予已置之勿論矣，所可悲者，中國之人而爲西方之俗也。西方之俗，豈無父子，豈無夫婦？浮屠氏者，西方之豪傑也。其始亦有父子、夫婦，如人家室然也，其終則逃父割妻，毀滅形骸，邈如浮雲，不復爲人世之想，雖其鬚髮必且盡去而後已。是浮屠氏之見偶然如是也。彼學浮屠氏者亦去其鬚髮，不娶妻，不長子，此何爲者也？謂鬚髮爲吾之累，則天下百物何者非累乎？謂去鬚髮爲得道，則有鬚髮之人皆謂之害道可乎？西方之俗本無禮樂，故西方之學者一切寓之無禮樂，此不必論也。中國之人亦何所見，乃裂其衣冠，去其鬚髮？其無知也抑甚矣。故常不怪夫浮屠氏，亦不怪夫西方之學浮屠氏者，而深怪吾中國之人學之者之過也。楚狂接輿歌而過孔子，下車欲與之言，是接輿者乃吾儒之所謂狂者，故夫子欲與之語也。六合之外，王者所不治，況以口舌辯之乎？故韓子之強辯，適所以爲贅也。曾子謂如得其情，則哀矜而勿喜，至哉斯言也。吾於浮屠氏亦云。作《浮屠氏論》。

唐仲友《釋老論》（《悅齋文鈔》卷八） 自釋、老之說熾於中國，使吾民人不蓄，田疇不闢，財用不足，兵甲不堅。土木無度，而奇巧之技衆，男女怨曠，而淫辟之罪多。其害比之百家，數十倍矣，然猶不足與之辯，所不可不論者，陷溺人心之甚也。天下有君子、有中人、有小人，而道、釋之說皆有以中其欲。報應禍福足以惑小人，超升解化足以移中人，清淨寂滅足以疑君子。小人曰：吾罪惡貫盈，飯僧可以免，吾釁戾山積，焚章可以禳。不惟可免，又可以致福，不惟可禳，又可以增算。吾何恤于爲惡，何憚于事釋、老乎？中人曰：吾學釋而成，可以出入生死，吾學道而成，可以長生久視。與其溷濁世處塵俗，孰若自在而游樂國乎？與其同朝菌友蟪蛄，孰若蟬蛻而登蓬瀛乎？吾何爲而不從釋老也？至于君子，其識必異于衆人，則又曰：吾不取其教而取其道，吾不觀其外而觀其內。蓋其說深入乎性命生死之際，而周盡乎天地鬼神之理，頗與吾《周易》合。至于披析示人，則又優于儒書，吾學之可以直造其本源，而不勞于積習。此說一立，而道釋之害牢不可破矣。嗚呼，自吾之教化不明，爲士者失其所學，小人、中人既不可以道理深責，而報應禍福、超升解化之說，皆誕幻詭譎，不待攻而自破。至於君子，則吾道之所賴以傳，天下所視以爲法也，乃惑於疑似之際，反引而加諸聖人之上，使斯民從之，蕩然而莫之反。吁，可悲矣。性命生死之理，知之審者不言，而好言者不知也。聖人之知審矣，是以不必多言，道釋之家惴惴焉不能忘懷，故道者欲不死，釋者欲無生，其實皆未之知也。《易》曰：是故知幽明之故，原始反終，故知死生之說。又曰：精氣爲物，游魂爲變。是故知鬼神之情狀。是理也，聖人蓋盡寓於《易》矣，然不諄諄以告人者，慮學者之不能無惑也。子路之遇難也，結纓而死，其不懼若此，非不足語道也，問事鬼神，子曰：未能事人，焉能事鬼？問死，曰：未知生，焉知死？夫子之意，蓋曰事人所以事神，知生所以知死，不欲子路舍其常行而他求也。曾子病，命弟子啟其手足，使曾元起而易簀。子張病，召申詳而語之曰：君子曰終，小人曰死。其啟手足，言全而歸之也。易簀者，欲得正而斃焉也。君子豈必壽？小人豈必不壽？其考終者，形骸也。其澌盡者，精神也。二子平日之言，曷嘗一語若道釋云者？而於死生之際，大過人乃如此，蓋其所得，不離乎日用常行之間也。學者不求之於《易》、《論語》，而好觀道釋之書，不以曾子、子張爲法，而輕受愚夫之誑。平時高談，則曰：吾學道釋有所悟矣。及遇利害事，不能毫釐庇，往往易其所守，幾不能自立於世，乃曰：吾學出世法，求其所謂死而不亡者。噫，亦惑矣。生死一理，晝夜一道，豈有不可於生前而可於死後者？是誠可哀矣，然亦無足怪也。子夏曰：雖小道，必有可觀者焉，致遠恐泥，是以君子不爲也。道釋之學，皆剽儒書之餘，以文飾其說，不可謂無可觀也，故尤足以惑人，此道釋之甚害而君子之所深惡也。昔孟子比楊、墨以禽獸，爲其似是而非，其流弊必至於此。今道釋者爲己則一毛不拔，責人則摩頂放踵，是兼楊、墨而爲之，其爲禽獸也大矣。後之君子信吾說而守之，率天下而歸正道，斯民其少瘳乎。獸之食人，其少止乎。

葉適《温州開元寺千佛閣記》（《水心文集》卷九） 始，開元寺屋以里數，門閣高百三十尺，旁翼二臺，千佛閣在其後，高又過之。鍾梵隔雲雨，欄檻羅網，階陛門戶夸耀甚，不獨爲一郡巨麗也。於時永嘉至僻陋，顯官富民之居，俛眉而入，賄藏好贈，不實於篋而奉佛若此。余頗記僧清了者來，所過空聚落迎拜。金帛之獻，舟衛輿戛，以先至爲幸。造寺洪流中，不日月而成。蓋薄其家而厚佛僧，自唐以來迄於渡江，其俗然矣。紹興庚申歲，火延燒開元皆盡。其僧感憤激發，誓以復起，死則後至繼之。然自是人益以施爲難，烏集其門，側睨橫出，漫不酬對，有終不捐一錢者。辛苦踰一甲子，猶未悉就。已就者，廣崇之度與初寺相百也。所謂千佛閣者，居廣實爲之。廣贍智博習，能誦說，俗所信愛，施之差易。積至三千萬，斧斤不絕聲十年，方之昔爲隘，視今華敞矣。顧他釋、老舍，兵殘火燬，荒基斷礎相望，十不能興一二也，何論復舊美哉。雖然，余觀今之爲生者，土以寸闢，稻以參種，水蹙而岸附，壠削而平處，一州之壤日以狹矣。異木別草爭植於圃，隆棟深宇角勝於家，毳衣卉服交貨於市，四民之用日以侈矣。然則以昔之厚佛僧者而自與，情之所便，抑異以安俗，退夷而進華，又義之所出也。雖然，將充夫先王之道而一由於至順，則固不以吝於人者爲己利，損於外者爲家侈，然後富敎而德正，禮辨而俗樸，此三代之上所以爲治道一而義理明也。故余因廣之請，併今昔之變紀焉。

嘉定元年九月。

陳淳《似道之辨》（《北溪大全集》卷一五） 或曰：今世所謂老、佛之道，與聖賢之道何如？曰：似道而非道也。蓋老氏之道，以無爲宗，其要歸事清淨，令學者修眞煉氣以復嬰兒，誠爲反人理之常。世固有脫事物，遊方外，以事其學者，然其說未甚熾，固不待論。若佛氏之教，則充盈乎中華，入人骨髓，自王公大人至野夫賤隸，深閨婦女，無不傾心信向之，而其所以爲說者大概有二：一則下談死生罪福之說以誑愚衆，然非明識者莫能決，一則上談性命道德之説以惑高明，亦非常情所易辨也。夫死生無二理，能原其始而知所以生，則反其終而知所以死矣。蓋無極之眞，二五之精，妙合而凝，乾道成男，坤道成女，二氣交感，化生萬物，此天地所以生人物之始也。人得是至精之氣而生，氣盡則死，得是至眞之理所賦，其存也順吾事，則其没也安死而無愧，始終生死如此而已。自未生之前，是理氣爲天地間公共之物，非我所得。與既凝而生之後，始爲我所主，而有萬化之妙。及氣盡而死，則理亦隨之，一付之大化，又非我所能專有而常存，不滅於冥漠之間也。今佛者曰：未生之前，所謂我者固已具，既死之後，所謂我者未嘗亡。所以輪回生生於千萬億劫而無有窮已。則是形潰而反於原，既屈之氣有復爲方伸之理，與造化消息闔闢之情殊不相合。且謂天堂地獄明證昭昭，則是天地間別有一種不虛不實之田地，可以載其境，別有一種不虛不實之磚瓦材木，可以結其居，與萬物有無虛實之性又不相符。況其爲福可以禱而得，爲罪可以賂而免，則是所以主宰乎幽陰者，尤爲私意之甚，抑非福善禍淫、大公至正、神明之道也。觀乎此，則死生罪福之説，眞是眞非瞭然，愚者可以不必惑，而明智者亦可以自決矣。夫未有天地之先，只自然之理而已。有是理則有是氣，有動之理則動而生陽，有静之理則静而生陰。陰陽動静，流行化育，其自然之理從而賦予於物者爲命，人得是所賦之理以生而具於心者爲性。理不外乎氣，理與氣合而爲心之靈，凡有血氣均也，而人通物塞，通則理與氣融，塞則理爲物隔。今就人者言之，心之虛靈知覺一而已。其所以爲虛靈知覺，由形氣而發者，以形氣爲主，而謂之人心，由理義而發者，以理義爲主，而謂之道心。若目能視，耳能聽，口能言，四肢能動，飢思食，渴思飲，冬思裘，夏思葛等類，其所發皆本於形氣之私，而人心之謂也。非禮勿視，而視必思明，非禮勿聽，而聽必思聰，非禮勿言，而言必思忠，非禮勿動，而動必思義。食必以禮，而無流啜，飲必有節，而不及亂，寒不敢褻，暑毋褰裳等類，其所發皆原於理義之正，而道心之謂也。二者固有脈絡粲然於方寸之間而不相亂，然人心易危鮠而不安，道心至隱微而難見，以堯舜禹相傳，猶致其精於二者之間，而一守夫道心之本。自告子以生言性，則已指氣爲理，而不復有別矣。今佛者以作用是性，以蠢動含靈皆有佛性，運水搬柴無非妙用，專指人心之虛靈知覺者而作弄之。明此爲明心，而不復知其爲形氣之心，見此爲見性，而不復知性之爲理，悟此爲悟道，而不復別出道心之妙，乃至甘苦食淡、停思絕想、嚴防痛抑、堅持力制。或有用功至於心如秋月碧潭清潔者，遂交贊以爲造到。業儒者見之，自顧有穢淨之殊，反爲之歆慕，舍己學以從之，而不思聖門傳授心法，固自有克己爲仁，瑩淨之境與所謂江漢之濯、秋陽之暴及如光風霽月者，皆其胸中輝光潔白之時，乃此心純是天理之公，而絕無一毫人欲之私之謂。若彼之所謂月潭清潔云者，特不過萬理俱空而百念不生爾，是固相似而實不同也。心之體所具者惟萬理，彼以理爲障礙而悉欲空之，則所存者特形氣之知覺爾，此最是至精至微第一節差錯處。至於無君臣父子等大倫，乃其後截人事粗迹之悖繆至顯處。其爲理之發端，實自大原中已絕之心，本是活物，如何使之絕念不生？所謂念者，惟有正不正耳，必欲絕之不生，須死而後能。假如至此之境果無邪心，但其不合正理，是乃所以爲邪，而非豁然大公之體也。程子以爲佛家有個覺之理，可以敬以直内矣，而無義以方外，然所直内者亦非是，正謂此也。觀乎此，則性命道德之説，眞是眞非，瞭然高明者可以不必惑，而常情亦可以能辨矣。而近世儒者乃有竊其形氣之靈者以爲道心，屏去道、問、學一節工夫，屹然自立一家，專使人終日默坐以求之，稍有意見，則證印以爲大悟，謂眞有得乎羣聖千古不傳之秘，意氣洋洋，不復自覺其爲非。故凡聖門高明廣大底境界，更不復睹，而精微嚴密等工夫，更不復從事，良亦可哀也哉。嗚呼，有志于學者，其戒之謹之。

明清分部

劉基《書劉禹疇行孝傳後》（《閑道録》卷一六）　世之所謂浮屠者，果何道而能使人信奉之若是哉。人情莫不好安樂而惡憂患，故惴之必於其所恆懼，誘之必於其所恆願，然後不待驅而自赴。浮屠設爲禍福之説，其亦巧於致人與。夫四海之衆林林也，而無不爲其所致，何哉。彼固非止惑愚昧而已也。人情無不愛其親，親没矣，哀痛之情未置，而謂冥冥之中，欲加以罪，孰不惕然而動於其心哉。間有疑焉，則群咻之，若目見其死者拘於囹圄，受箠楚而望救者。故中材之人，莫不波馳而蟻附，雖有篤行守道之親，則亦文致其罪，以告哀於土偶木俑之前，彼固自以爲孝，而不知其爲大不孝，豈不哀哉。且彼謂戕物者必償其死，故有牛馬羊豕蛇虺之獄，謂天下之蠢動者舉不可殺也。今夫虎豹鷹鸇，搏擊飛走以食，日不知其幾何，而獨無罪也哉。人之殺物有獄矣，虎豹食人而無獄，何其重禽獸而輕人也。彼又謂婦人之育子者，必有大罪，故兒女子尤篤信其説以致恩於其母。吾不知司是獄者誰與。人必有母，將舍其母而獄人之母與，將並與其母而獄之與。獄其母不孝，舍其母而獄人之母不公。不孝不公，俱不可以。令二者必一居焉，將見群起而攻之矣，雖有獄誰與治之。宰天地者帝也，彼則謂有佛焉，至論佛之所爲，呴呴嫗嫗，若老婦然。有呼而求救，不論是非，雖窮凶極惡無不引手援之，使有罪者勿恆刑，是以情破法也。夫法出於帝，而佛破之，是自獲罪於天也。吾知其無是事也，昭昭矣。以劉子之賢，其不爲所惑無足怪者，吾獨悲夫天下之爲劉子者不多也，故又爲之言，以寤夫知愛其親而不知道者。

曹端《月川語録》　異端非聖人之道，別爲一端者，如老佛是也。吾儒之虚，虚而有。如曰無極而太極，太極生兩儀，兩儀生四象，四象生八卦。自身心性情之德，人倫日用之常，以至天地鬼神之變，鳥獸草木之宜，何往非理之有。老氏之虚，虚而無。如曰道在太極之先，卻説未有天地萬物之初，有箇虚空道理在，乃與人物不干涉。不知道只是人事之理。吾儒之寂，寂而感。如曰寂然不動，感而遂通天下之故。蓋此心方其寂然，而民彝物則燦然具備其中。感而遂通，則範圍之不出一心，酬酢之通乎萬變，爲法天下，可傳後世，何往非心之感。佛氏之寂，寂而滅。如曰以空爲宗，未有天地之先爲吾眞體，以天地萬物爲幻，人事都爲粗迹，盡欲屏除了，一歸眞空。此等烏能察夫義理，措諸事業。朱子謂門弟子曰，佛老不待深辨，只廢三綱五常這一事，已是極大罪名，他不消説。

釋氏本忘父母，他卻説《父母經》。如墨者愛無差等，卻説施由親始。楊氏不拔一毛，卻説天下非一毛所利，若人人不拔一毛，天下自利，便説得回互走作去。

顧璘《尊道篇》（《近言》）　或問天地之道。曰，視太極。問人之道。曰，視天地。問聖人之道。曰，視人道。曰，盡乎。曰，盡矣。然則異端之教紛然譁于天下者何哉。曰，流妄也。

古者包羲氏作，始畫八卦，洩天地之秘，類萬物之情。於是文字興焉，而道統之傳立矣。可以修身，可以治人，可以養生，可以利用，孔子所舉十三卦制器尚象之例是已，烏覩所謂異端哉。其後黄帝堯舜禹湯文武周公迭興，守而傳之，教明法立，無有異説奸乎其間。於時怠棄三正則有誅，讒説震驚則有刑，雖有暴行邪説，不敢起也。周之衰，聖王不作，處士横議，百家衆氏之學始興。孔子、孟軻起而闢之，卒不得絶，無其位故也。

後世之害，佛老爲尤甚。儒者世議而日排之，亦勤且力矣。惜乎，不揣本原，獨舉吾先王之緒言，瑣瑣然與較曲直，彼且嘵嘵然交辯而求勝，卒使聖人之道降而與之爲敵，此吾儒之罪也。盍使之觀天地之所生，包羲氏之所作，果孰始乎。是謂本也。物無二本，則吾儒之道源遠而至當，獨尊而無敵。異端之道，皆後世流妄者也。執斯言也，雖有悍夫不得不屈。雖有孺子，不能不覺。吾何以多言爲哉。且佛老之師，聖人之罪人，道之妄也。今之爲佛老者，又佛老之罪人，妄之妄者也。吾儒者不稍寬其始，而務急攻其末，故其辯滋甚。

聖人曰虚，老氏曰虚而無。聖人曰寂，佛氏曰寂而滅。學道之偏，其流妄固至於此。老氏起於周末，其始或亦本於隱君、畸士、逃山林養性命者之説。佛法當漢之衰始入中國，本生於西夷，無文字之學，直達本原。其始不甚相遠也，百家亦皆有之。申韓之慘刻，儀秦之縱横，其始固亦本於刑名者流、大行人者之説，其流妄之禍，至於殺身滅國而不能已，後之人懼而息焉。二氏之不息者，其禍隱也。秦漢以後，先王之教既衰，塗之民不見吾仁義禮樂之澤，而異言者又無禁。於是其徒駕其寓言，奸智詭術，愚不明之民以罔衣食，廢人倫，竭財用，滅聖誣天，肆行而不忌。顧其師之言則虚無寂滅止耳，其道則苟私其身止耳。豈顧其害若今之甚也哉。

故曰，今之爲佛老者，佛老之罪人也。堯舜禹湯文武氏作，必取而禁之，不息則必誅之。今使其徒但明而心見而性，鍊而神養而生，守其師説不以亂民，則固山澤枯槁自好之匹夫耳，若務光、許由之徒，何山不容，吾又何以多言爲哉。故璘之意曰，佛老非遽可誅者也，其妄者可誅也。去其妄則其說自微，微則息之不難也。

王廷相《道體》（《慎言》卷一） 老氏無爲，正欲有爲，故其道奸。佛氏有見，實無所見，故道愚。

虛者氣之本，故虛空即氣。質者氣之成，故天地萬物有生。生者精氣爲物，聚也。死者遊魂爲變，歸也。歸者返其本之謂也，返本復入虛空矣。佛氏、老莊之徒見其然，乃以虛空返本無爲爲義，而欲棄人事之實，謬矣。嗟乎，有生則生之事作，彼佛氏、老莊，父子君臣夫婦朋友之交際能離之乎，飲食衣服居室之養能離之乎。不然，是生也爲死之道者也，夫豈不謬。古之聖人非不知其然也，以生之事當盡，而萬物之故當治，故仁義禮樂興焉。其虛空返本之義，聖人則禁之，恐惑亂乎世矣。

湛若水《楊子折中》 至道在心，奚必遠求。人心自善自正自無邪，自廣大自神明，自無所不通。孔子曰，心之精神是謂聖。孟子曰，仁，人心也。變化云爲，興觀羣怨，孰非是心，孰非是正。人心本正，起而爲意而後昏。

慈湖立命全在心之精神是謂聖一句，元非孔子之言，乃異教宗指也。不起而爲意，便是寂滅。

四明楊某爲浙西撫屬，淳熙十一年八月朔，既領事而僦宅隘陋，外高中卑，無宴息之所，客至不可留，不可以奉親。偶得在官僧屋于寶蓮山之巓，帥君雅禮士爲更其居，又使某惟意規摩之，乃創書室于高爽之地。東江西湖，雲山千里，幽人騷士來其上，無不曰奇，曰壯哉，快哉。

其曰惟意規摩之，又知于高爽之地，又稱曰奇曰壯曰快，非動意乎。是知天地未嘗一時而不運行，人心未嘗一息而不生生。感應也，安得不動。雖慈湖說不動亦即動也，除死乃不動耳。故佛者終日學死。

昔曾皙暮春沂水之詠，學者熟視，不見泰山之形。恪也請書詠春以銘堂，又請㝠明其旨。予曰，入而事親，其旨也。出而事君，其旨也。兄而友弟而恭，其旨也。夫婦之別，其旨也。朋友之信，其旨也。其視其聽，其旨也。其言其動，其旨也。儆戒兢業，其旨也。喜怒哀樂，其旨也。思慮詳曲切至，其旨也。春秋冬夏風雨霜露，其旨也。風霆流形，庶物露生，其旨也。如是㝠明，可謂至明白至詳盡。

或者猶疑焉。予又曰，其疑者，亦是旨也，樂哉是宜。曾皙曰，暮春者，春服既成，冠者五六人，童子六七人，浴乎沂，風乎舞雩，詠而歸也。

他日，恪又請銘其堂之東房。曰時齋。唐虞而上，道之名未著，惟曰時。堯曰疇咨若時，時是也。以不可得而名，姑曰如是，又詠春之旨也。請銘其西房。曰勿齋。凡動乎意皆害道，凡意皆易。孔子曰，毋意毋必毋固毋我。意之狀大概無踰斯四者。入斯室者，能寂然不動如天地乎，則無庸服是藥矣。又請銘其東院。曰熙光。光如日月之光，無思無爲而萬物畢照。《易》曰知光大也，又曰篤實輝光，又曰動靜不失其時，其道光明，又曰君子之光緝熙。斯道不動乎意，熙和而理，亦詠春之旨也。其左曰昭融，昭明融一，即熙光。其右曰脩永，脩其永永而無息者，即熙光，即昭融，即詠春之旨。又其別室曰喜哉。舜作歌曰股肱喜哉，斯喜不可思也。曰止所，《易》曰止其所也，斯止非止，斯所無所，是謂止得其所，皆詠春之旨也。斯止非難，無勞興意。斯止非遠，無勞索至。斯止在筆端，光照天地。

一篇皆禪之宗指，而一一文之以聖人之言。人徒見其與聖人之言同，而不知其實與聖人之言異。差之毫釐，謬以千里也。佛者每援毋意必固我之說以自附，殊不知意必固我皆人欲之私，是可無也。彼乃以一切意誠心正皆宜無之，非誣聖人之言乎。胡康侯謂五峯曰，佛者與聖人句句合，字字是，然而不同。五峯問，既曰合曰是，如何又說不同。康侯曰，於此看得破，許你具一隻眼。康侯可謂卓有所見矣。

道心大同，人自區別。人心自善，人心自靈，人心自明，人心即神，人心即道，安睹乖殊。聖賢非有餘，愚鄙非不足，何以證其然。人皆有惻隱之心，皆有羞惡之心，皆有恭敬之心，皆有是非之心。惻隱仁，羞惡義，恭敬禮，是非知。仁義禮知，愚夫愚婦咸有之，奚獨聖人有之。人人皆與堯舜禹湯文武周公孔子同，人人皆與天地同。又何以證其然。人心非氣血，非形體，廣大無際，變化無方。倏焉而視，又倏焉而聽，倏焉而言，又倏焉而動，倏焉而至千里之外，又倏焉而窮九霄之上。不疾而速，不行而至，非神乎，不與天地同乎。

首數句詞氣正與《壇經》何其自性數言相類。其引人皆有惻隱之心等語，乃援儒入釋者也。其倏焉而視數語，乃以知覺運動爲性爲道也，豈不謬哉。

天有四時，春秋冬夏，風雨霜露，無非擊磬也。地載神氣，神氣風霆，風霆流形，庶物露生，無非擊磬也。君尊臣卑，父慈子孝，兄愛弟敬，夫婦別，長幼順，朋友信，無非擊磬也。目之視，耳之聽，心之思慮，口之言，四體之運動，無非擊磬也。子曰，二三子，以我爲隱乎。吾無隱乎爾，吾無行而不與二三子者。是皆擊磬之旨也。

此是佛家擊磬以警動人心宗指，何足以知聖人之心。使慈湖在當時聞之，則止於警動其心而已，又豈如荷蕢者於擊磬聲中，知孔子不忘天下之心乎。

人有聖賢之異，道無聖賢之異。孔子曰，心之精神是謂聖。此心初無聖賢庸愚之間，百姓日用此心之妙而不自知。禹曰安女止，本之不動。文王緝熙敬止，即不動。孔子爲之不厭，豈未覺而爲哉。亦緝熙敬止知及之後，觀過精微，用力於仁守也。如鑑中象交錯紛然，而虛明未嘗有動也。

此猶前之說。慈湖意只以不動爲體爲止，而不知循其本體之自然流行，各止其所者之爲不動也。又以孔子爲之不厭，爲已覺而爲他，何惑於老佛無爲之說，而不知聖人之爲，無所造作，非無爲也，異乎老佛之無爲也，可類悟其非矣。《易》：仁者見之謂之仁，知者見之謂之知，百姓日用又不知，故君子之道鮮矣。仁知之偏，日用之不察，皆以爲道，何謂精，何謂一。

《楊子折中》卷一

子曰，吾十有五而志于學，三十而立，四十而不惑，五十而知天命，六十而耳順，七十而從心所欲不踰矩。孔子之學，異乎他人之學。他人之學，冥行而妄學。孔子之學，明行而實學。子曰，吾嘗終日不食，終夜不寢以思，無益，不如學也。孔子於此深省，天下何思何慮，實無可思慮者。經禮三百，曲禮三千，皆吾心中之物，無俟乎復思，無俟乎復慮。至於發憤忘食，雖憤而非起意也。好謀而成，雖謀而非動心也。終日變化云爲，而至靜也。終身應酬交錯，而如一日也。是謂適道之學。

陸然語及何思何慮，而不知同歸一致之實，是禪而已矣。謂發憤非起意，好謀非動心，正如禪謂，終日食飯未嘗咬破一粒粟，終日穿衣未嘗掛一條絲，豈有此理。聖人之學，雖憤雖謀，無非誠意之發，勿忘勿助之間，乃終日動意而未嘗動也，差之毫釐，繆以千里。

學者觀孔子曰君子無終食之間違仁，往往切意飲食之外，自有所謂仁之道。以此求仁，卻行而求也。不知夫舉匙施箕仁也，咀嚼厭飫仁也，別味知美惡仁也。但於其中微起意焉，則心始動始遷，始不仁矣。仁人心也，心清明，澄然如鑑，萬象畢照而不動焉。

慈湖如此穿鑿，至於起意之說，乃終日食飯未曾咬破一粒粟之說。

子曰，朝聞道，夕死可矣。子曰，心之精神是謂聖。精神虛明無體，未嘗生，未嘗死，人患不自覺爾。一日洞覺，則知死生之非二矣，則爲不虛生矣。

慈湖只是終身以這些來擺弄精神虛明無體，皆禪也。至於未嘗生死，何以從古聖人有生死之說，只言有生死而無存亡便是矣。

子曰，士志於道而恥惡衣惡食者，未足與議也。此心在道則不在物，在物則不在道。恥惡衣惡食是墮在事物中，爲事物移換，未能格物而欲致知，是無理也。格物不可以窮理言。文曰格爾，雖有至義，何爲乎轉而爲窮。文曰物爾，初無理字義，何爲乎轉而爲理。據經直說，格有去義，格去其物爾。程氏倡窮理之說，其意蓋謂物不必去，去物則反成僞。既以去物爲不可，故不得不委曲遷就，而爲窮理之說。不知書不盡言，言不盡意。古人謂欲致知者在乎格物，深病學者之溺於物而此心不明，故不得已爲是說。豈曰盡取事物屏而去之耶，豈曰去物而就無物耶。有去有取，猶未離乎物也。格物之論，論吾心中事爾。吾心本無物，忽有物焉，格去之可也。物格則吾心自瑩，塵去則鑑自明，滓去則水自清矣。天高地下，物生其中，十百千萬，皆吾心爾，本無物也。

不言理而言物，便是實理。舜明於庶物，察於人倫，自是實理。舍物而言理，便是虛理，與人倫不關涉。此釋氏所以棄人倫，得罪於聖人也。

慈湖謂有物則格而去之，則亦又起一意。此釋氏所以必要去絕根塵，是又起一根塵，硬把着爲徒勞，非易簡自然之學也。

子曰，君子之於天下也，無適也，無莫也，義之與比。無適無莫，非學而至者也，君子之心本如此也。豈獨君子之心如此，舉天下人心皆本如此也。本如此而或者蔽之，故有偏倚，有適莫，若曰我欲如此，我不欲如此，吾方寸中窒矣礙矣，安能惟義之從。君子之心如太虛，安得有適與莫也。人心皆然，識我之心則識君子之心。

釋氏之無適莫，與聖人之無適莫不同。釋氏之無適莫，無主也。聖人之無適莫，有主也。何謂主。天理渾然，廓然大公也。故能因物順應，義之與比。釋氏去理障，只是空空地，故不能順應，只是一切不動便了。差之毫釐，繆以千里。何啻千里，聖人是生的無適莫，釋氏是死的無適莫。

子曰，誰能出不由戶，何莫由斯道也。聖人如此明告，不知學者何爲乎不省。視聽言動者道也，俯仰屈伸者道也。寐如此，寤如此，動如此，止如此。徒以學者起意，欲明道反致昏塞。若不起意，妙不可言。若不起意，則變化云爲如四時之錯行，如日月之代明，故孔子每每戒學者毋意。

千言萬語只是這箇宗指。以視聽言動爲道，俯仰屈伸爲道，即錯認聖人也。以由戶爲道，是以器爲道矣，運水搬柴無非佛性矣。

《楊子折中》卷四

孔子曰，知及之仁不能守之，雖得之必失之。德即知，知與仁一也，皆覺也。惟常覺而後可以言仁。

知與仁皆言覺，又云惟常覺而後可以言仁，皆禪之宗指。

子曰，吾有知乎哉，無知也。門弟子往往多以孔子爲有知。孔子語之曰，吾無知。人心即道，是謂道心。無體無方，清明靜一，其變化云爲雖有萬不同，如水鏡之畢照萬物而非動也，如日月之溥照萬物而非爲也。世名之曰心，而非實有可執可指之物也。言其無所不通而托喻於道，謂如道路之四通，人所共由而非有可執可指之物也。憤者，憤己德之未純。而憤，融融純純，非思非爲也，故忘食。此惟親履者自知之。此無思無爲之妙，固無始終，無今古，則固不知老之至也。嗚乎，至矣。子又曰我學不厭者，此也。又曰用力於仁者，此也。仁者，道心，常覺常明之稱。常覺常明者，常不昏而已，非思也。

觀此譊譊多言，與孔顏無言如愚之道大異。是何氣象云云，皆是禪宗。

《楊子折中》卷五

羅欽順《語錄》（《困知記》）卷上 釋氏之明心見性，與吾儒之盡心知性，相似而實不同。蓋虛靈知覺，心之妙也，精微純一，性之眞也。釋氏之學，大抵有見於心，無見於性。故其爲教，始則欲人盡離諸相，而求其所謂空，空即虛也。既則欲其即相即空，而契其所謂覺，即知覺也。覺性既得，則空相洞徹，神用無方，神即靈也。凡釋氏之言性，窮其本末要不出此三者。然此三者皆心之妙，而豈性之謂哉。使其據所見之境，復能向上尋之，帝降之衷亦庶乎其可識矣。顧自以爲無上妙道，曾不知其終身尚有尋不到處，乃敢遂駕其說以誤天下後世之人，至於廢棄人倫，滅絶天理，其貽禍之酷可勝道哉。夫攻異端闢邪說，孔氏之家法也。或乃陽離陰合，貌詆心從，以熒惑多士，號爲孔氏之徒，誰則信之。

幽明之故，死生之說，鬼神之情狀，未有物格知至而不能通乎此者也。佛氏以山河大地爲幻，以生死爲輪廻，以天堂地獄爲報應，是其知之所未徹者亦多矣，安在其爲見性。世顧有尊用格此物致此知之緒論，以陰售其明心之説者，是成何等見識邪。佛氏之幸，吾聖門之不幸也。

朱子年十五六即有志於道，求之釋氏者幾十年，及年二十有四，始得延平李先生而師事之。於是大悟禪學之非，而盡棄其舊習。延平既卒，又得南軒張子而定交焉，誠有麗澤之益者也。延平嘗與其友羅博文書云，元晦初從謙開善處下工夫來，故皆就裏面體認。今既論難，見儒者路脈，極能指其差誤之處。自見羅先生來，未見有如此者。又云，此子別無他事，一味潛心於此。今漸能融釋於日用處，一意下工夫。若於此漸熟，則體用合矣。觀乎此書，可以見朱子入道端的。其與南軒往復論辨書尺，不勝其多。觀其《論中和最後一書》，發明心學之妙殆無餘蘊，又可見其所造之深也。誠明兩進，著述亦富。當時從游之士，後世私淑之徒累百千人，未必皆在今人之下，然莫不心悅而誠服之，是豈可以聲音笑貌爲哉。今之學者概未嘗深考其本末，但粗讀陸象山遺書數過，輒隨聲逐響，横加詆訾，徒自見其陋也已矣，於朱子乎何傷。謙開善當是高僧，然未及考。

喜怒哀樂之未發謂之中，子思此言所以開示後學最爲深切。蓋天命之性，無形象可覩，無方體可求，學者猝難理會，故即喜怒哀樂以明之。夫喜怒哀樂人人所有而易見者，但不知其所謂中，不知其爲天下之大本，故特指以示人，使知性命即此而在也。上文戒愼恐懼，即所以存養乎此，然知之未至，則所養不能無差，或陷於釋氏之空寂矣。故李延平教人，須於靜中體認大本未發時氣象分明，即處事應物自然中節。李之此指，蓋得之羅豫章，羅得之楊龜山，楊乃程門高第，其固有自來矣。程伯子嘗言，學者先須識仁，識得此理，以誠敬存之而已。叔子亦言，勿忘勿助長，只是養氣之法，如不識怎生養。有物始言養，無物又養箇甚。由是觀之，則未發之中，安可無體認工夫。雖叔子嘗言存養於未發之時則可，求中於未發之前則不可，此殆一時答問之語，未必其終身之定論也。且以爲既思即是已發，語亦傷重。思乃動靜之交，與發於外者不同，推尋體認，要不出方寸間爾。伯子嘗言，天理二字是自家體貼出來。又云，中者天下之大本，天地之間亭亭當當直上直下之正理，出則不是。若非其潛心體貼，何以見得如此分明。學者於未發之中誠有體認工夫，灼見其直上直下，眞如一物之在吾目，斯可謂之知性也已。亹亹焉戒懼以終之，庶無負子思子所以垂教之深意乎。

鳶飛魚躍之三言，誠子思喫緊爲人處，復言君子之道造端乎夫婦，則直窮到底矣。蓋夫婦居室，乃生生化化之源，天命之性於是乎成，率性之道於是乎出，天下之至顯者實根於至微也。聖賢所言，無非實事。釋氏既斷其根，化生之源絶矣，猶譊譊然自以爲見性，性果何物也哉。

神化者，天地之妙用也。天地間非陰陽不化，非太極不神，然遂以太極爲神，以陰陽爲化則不可。夫化乃陰陽之所爲，而陰陽非化也。神乃太極之所爲，而太極非神也。爲之爲言，所謂莫之爲而爲者也。張子云，一故神，兩故化。蓋化言其運行者也，神言其存主者也。化雖兩而其行也常一，神本一而兩之中無弗在焉。合而言之則爲神，分而言之則爲化。故言化則神在其中矣，言神則化在其中矣。言陰陽則太極在其中矣，言太極則陰陽在其中矣。一而二，二而一者也。學者於此須認教體用分明，其或差之毫釐，鮮不流於釋氏之歸矣。

吾儒只是順天理之自然，佛老二氏皆逆天背理者也，然彼亦未嘗不以自然藉口。邵子有言，佛氏棄君臣父子夫婦之道，豈自然之理哉。片言可以折斯獄矣。顧彼猶善爲遁辭，以謂佛氏門中不舍一法。夫既舉五倫而盡棄之矣，尙何法之不舍邪。獨有誑取人財以爲飽暖安居之計，乃其所不能舍之法耳。

張子韶以佛語釋儒書，改頭換面，將以愚天下之耳目，其得罪於聖門亦甚矣。而近世之談道者，或猶陰祖其故智，往往假儒書以彌縫佛學，律以《春秋》誅心之法，吾知其不能免夫。

《困知記》卷上

格物莫若察之於身，其得之尤切。程子有是言矣。至其答門人之問，則又以爲求之情性固切於身，然一草一木亦皆有理，不可不察。蓋方是時，禪學盛行，學者往往溺於明心見性之説，其於天地萬物之理不復置思，故常陷於一偏，蔽於一己而終不可與入堯舜之道。二程切有憂之，於是表章《大學》之書，發明格物之旨，欲令學者物我兼照，內外俱融，彼此交盡，正所以深救其失，而納之於大中。良工苦心，知之者誠亦鮮矣。夫此理之在天下，由一以之萬，初匪安排之力。會萬而歸一，豈容牽合之私。是故察之於身，宜莫先於性情，即有見焉，推之於物而不通，非至理也。察之於物，固無分於鳥獸草木，即有見焉，反之於心而不合，非至理也。必灼然有見乎一致之妙，了無彼此之殊，而其分之殊者自森然其不可亂，斯爲格致之極功。然非眞積力久，何以及此。

唐宋諸名臣多尙禪學，學之至者，亦儘得受用。蓋其生質既美，心地復緣此虛靜，兼有稽古之功，則其運用酬酢，雖不中不遠矣。且凢爲此學者，皆不隱其名，不諱其實，初無害其爲忠信也。故其學雖誤，其人往往有足稱焉。後世乃有儒其名而禪其實，諱其實而侈其名者，吾不知其反之於心，果何如也。

性無形，雖有善譬，終難盡其妙。孟子、程子皆嘗取譬於水，其言有不容易者。蓋以就下之與在山，淸之與濁，同一物也。然至語其不善，一則以爲搏擊使之，一則以爲泥沙混之。是亦微有不同。必也會二説而同之，性之義庶其盡矣。謝顯道記伊川先生語，有云禪家之言性，猶太陽之下置器，其間方員大小不同，特欲傾此於彼爾。然在太陽，幾時動。伊川此語，足以破禪家之謬，然又言人之於性，猶器之受光於日。受字固與傾字不類，但此譬終覺未親。

《困知記》卷下 嘗讀宋學士《新刻楞伽經序》，具載我聖祖訓詞，由是知聖祖洞明佛學。又嘗讀《御製神樂觀碑》，有云長生之道世有之，不過修身淸淨，脱離幻化，疾速去來，使無難阻，是其機也。於此又知我聖祖深明老氏之學。至於經綸萬務，垂訓萬世，一惟帝王相傳之道是遵，孔曾思孟之書、周程張朱之説是崇是信。彝倫攸叙，邪慝無所容。聖子神孫守爲家法，雖與天地同其悠久可也。卓哉，大聖人之見，誠高出於尋常萬萬哉。

程子言，聖人用意深處，全在《繫辭》，蓋子貢所謂性與天道不可得而聞者，《繫辭》發明殆盡。學者苟能有所領會，則天下之理皆無所遺。凡古聖賢經書微言奥義，自然通貫爲一，而確乎有以自信，視彼異端邪説，眞若蹄涔之於滄海，碔砆之於美玉矣。然或韋編屢絶，而不能辨世間之學術，則亦何以多讀爲哉。

程伯子嘗言，萬物皆備於我，不獨人爾，物皆然。佛家亦言，蠢動含靈，皆有佛性。其大旨殆無異也，而伯子不可其説。愚嘗求其所以不可之故，竟莫能得也。夫佛氏之所謂性者覺，吾儒之所謂性者理，得失之際無待言矣。然人物之生莫不有此理，亦莫不有此覺。以理言之，伯子所謂不獨人爾物皆然，是也。以覺言之，蠢動含靈，與佛容有異乎。凡伯子之言，前後不同者似此絶少。愚是用反覆推究，以求歸於至一云。

國初深於理學者，殊未多見，禪學中卻儘有人。儒道之不融，雖則有數存焉，吾人不得不任其責也。當時宋潛溪爲文臣之首，文章議論，施於朝廷而達之天下者，何可勝述。然觀其一生受用，無非禪學而已。以彼之聰明博洽，使於吾道誠加之意，由博而約，當有必至之理。其所成就，豈不偉然爲一代之鉅儒哉。棄周鼎而寶康瓠，吾不能不深爲潛溪惜也。

禪學畢竟淺，若於吾道有見，復取其説而詳究之，毫髮無所逃矣。

朱陸之異同，雖非後學所敢輕議，然置而弗辨，將莫知所適從，於辨宜有不容已者。辨之弗明而弗措焉，必有時而明矣，豈可避輕議先儒之咎，含胡兩可以厚誣天下後世之人哉。夫斯道之弗明於天下，凡以禪學混之也。其初不過毫釐之差，其究奚啻千萬里之遠。然爲禪學者，既安於其陋，了不知吾道之爲何物。爲道學者，或未嘗通乎禪學之本末，亦無由眞知其所以異於吾道者果何在也。嘗考兩程子、張子、朱子，早歲皆嘗學禪，亦皆能究其底藴。及於吾道有得，始大悟禪學之非，而盡棄之。非徒棄之而已，力排痛闢，閔閔焉惟恐人之陷溺於其中而莫能自振，以重爲吾道之累。凡其排闢之語，皆有以洞見其肺腑，而深中其膏肓之病，初非出於揣摩臆度之私也。故朱子目象山爲禪學，蓋其見之審矣。豈嘗有所嫌忌，必欲文致其罪而故加之以是名哉。

愚自受學以來，知有聖賢之訓而已，初不知所謂禪者何也。及官京師，偶逢一老僧，漫問何由成佛。渠亦漫舉禪語爲答，云佛在庭前栢樹子。愚意其必有所謂，爲之精思達旦，攬衣將起，則恍然而悟，不覺流汗通體。既而得禪家《證道歌》一編，讀之如合符節。自以爲至奇至妙，天下之理莫或加焉。後官南雍，則聖賢之書未嘗一日去手，潛玩久之，漸覺就實。始知前所見者，乃此心虚靈之妙，而非性之理也。自此研磨體認，日復一日，積數十年，用心甚苦。年垂六十，始了然有見乎心性之眞，而確乎有以自信。朱陸之學於是乎僅能辨之，良亦鈍矣。

蓋嘗徧閲象山之書，大抵皆明心之説，其自謂所學因讀孟子而自得之。時有議之者云，除了先立乎其大者一句，全無伎倆，其亦以爲誠然。然愚觀孟子之言，與象山之學自别，於此而不能辨，非惟不識象山，亦不識孟子矣。孟子云，耳目之官不思而蔽於物，物交物則引之而已矣，心之官則思，思則得之，不思則不得也，此天之所以與我者，先立乎其大者，則其小者不能奪也一段，言語甚是分明。所貴乎先立其大者何，以其能思也。能思者心，所思而得者性之理也。是則孟子喫緊爲人處，不出乎思之一言。故他日又云，仁義禮智非由外鑠我也，我固有之也，弗思耳矣。而象山之教學者，顧以爲此心但存，則此理自明，當惻隱處自惻隱，當羞惡處自羞惡，當辭遜處自辭遜，是非在前自能辨之。又云，當寛裕溫柔自寛裕溫柔，當發強剛毅自發強剛毅。若然則無所用乎思矣，非孟子先立乎其大者之本旨也。夫不思而得，乃聖人分上事，所謂生而知之者，而豈學者之所及哉。苟學而不思，此理終無由而得。凡其當如此自如此者，雖或有出於靈覺之妙，而輕重長短，類皆無所取中，非過焉斯不及矣，遂乃執靈覺以爲至道，謂非禪學而何。蓋心性至爲難明，象山之誤正在於此，故其發明心要，動輒數十百言，亹亹不倦，而言及於性者絶少。間因學者有問，不得已而言之，止是枝梧籠罩過，並無實落。良由所見不的，是以不得於言也。嘗考其言有云，心即理也，然則性果何物邪。又云，在天者爲性，在人者爲心，然則性果不在人邪。既不知性之爲性，舍靈覺即無以爲道矣。謂之禪學，夫復何疑。

然或者見象山所與王順伯書，未必不以爲禪學非其所取。殊不知象山陽避其名，而陰用其實也。何以明之。蓋書中但言兩家之教所從起者不同，初未嘗顯言其道之有異，豈非以儒佛無二道，惟其主於經世則遂爲公爲義，爲儒者之學乎。所謂陰用其實者此也。或者又見象山亦嘗言致思，亦嘗言格物，亦嘗言窮理，未必不以爲無背於聖門之訓。殊不知言雖是而所指則非，如云格物致知者，格此物，致此知也。窮理者，窮此理也。思則得之，得此者也。先立乎其大者，立此者也。固皆本之經傳，然以立此者也一語證之，則凡所謂此者，皆指心而言也。聖經之所謂格物窮理，果指心乎。故其廣引博證，無非以曲成其明心之說，求之聖賢本旨，竟乖戾而不合也。

或猶不以爲然，請復實之以事。有楊簡者，象山之高第弟子也。嘗發本心之問，遂於象山言下忽省此心之淸明，忽省此心之無始末，忽省此心之無所不通。有詹阜民者，從游象山，安坐瞑目，用力操存，如此者半月。一日下樓，忽覺此心已復澄瑩。象山目逆而視之，曰此理已顯也。蓋惟禪家有此機軸，試觀孔曾思孟之相授受，曾有一言似此否乎。其證佐之分明，脈路之端的，雖有善辨，殆不能爲之出脫矣。蓋二子者之所見，即愚往年所見之光景。愚是以能知其誤而究言之，不敢爲含胡兩可之詞也。

嗟夫，象山以英邁絕人之資，遇高明正直之友，使能虛心易氣，舍短取長，以求歸於至當，即其所至何可當也。顧乃眩於光景之奇特，而忽於義理之精微，向道雖勤而朔南莫辨，至於沒齒，曾莫知其所以生者，不亦可哀也夫。其說之傳，至於今未泯。尊崇而信奉之者，時復有見於天下。杜牧之有云，亦使後人而復哀後人也。愚惕然有感乎斯言，是故不容於不辨。

近世道學之倡，陳白沙不爲無力，而學術之誤，亦恐自白沙始。至無而動，至近而神，此白沙自得之妙也。愚前所謂徒見夫至神者，遂以爲道在是矣，而深之不能極，幾之不能研，雖不爲白沙而發，而白沙之病正恐在此。章楓山嘗爲余言其爲學本末，固以禪學目之。胡敬齋攻之尤力，其言皆有所據，公論之在天下，有不可得而誣者矣。

胡敬齋力攻禪學，蓋有志於閑聖道者也，但於禪學本末似乎未嘗深究，動以想像二字斷之，安能得其心服邪。蓋吾儒之有得者，固是實見。禪學之有得者，亦是實見。但所見者不同，是非得失遂於此乎判爾。彼之所見，乃虛靈知覺之妙，亦自分明脫灑，未可以想像疑之。然其一見之餘，萬事皆畢，卷舒作用，無不自由，是以猖狂妄行，而終不可與入堯舜之道也。愚所謂有見於心無見於性，當爲不易之論。使誠有見乎性命之理，自不至於猖狂妄行矣。蓋心性至爲難明，是以多誤。謂之兩物又非兩物，謂之一物又非一物。除卻心即無性，除卻性即無心。惟就一物中分剖得兩物出來，方可謂之知性。學未至於知性，天下之言未易知也。

《居業錄》云，婁克貞見搬木之人得法，便說他是道，此與運水搬柴相似，指知覺運動爲性，故如此說。夫道固無所不在，必其合乎義理而無私乃可爲道，豈搬木者所能。設使能之，亦是儒者事矣。其心必以爲無適而非道，然所搬之木苟不合義，亦可謂之道乎。愚讀此條，不覺慨然興嘆，以爲義理之未易窮也。夫法者，道之別名。凡事莫不有法，苟得其法，即爲合理，是即道也。搬木者固不知道爲何物，但據此一事自是暗合道妙，與夫婦之愚不肖與知能行一也。道固無所不在，若搬木得法而不謂之道，得無有空缺處邪。木所從來或有非義，此其責在主者，夫豈搬者之過邪。若搬者即主，則其得法處自是道，得之非義自是非道，顧可舉一而廢百邪。禪家所言運水搬柴無非妙用，蓋但以能搬能運者即爲至道，初不問其得法與否，此其所以與吾儒異也。克貞雖是禪學，然此言卻不差。敬齋乃從而譏之，過矣。

所謂理一者，須就分殊上見得來，方是眞切。佛家所見，亦成一片，緣始終不知有分殊，此其所以似是而非也。其亦嘗有言，不可籠統眞如，瞞旰佛性，大要以警夫頑空者爾，於分殊之義，初無干涉也。其既以事爲障，又以理爲障，直欲掃除二障，乃爲至道，安得不爲籠統瞞旰乎。陳白沙謂林緝熙曰，斯理無一處不到，無一息不運，得此欛柄入手，更有何事。其說甚詳。末乃云，自玆以往，更有分殊處合要理會。夫猶未嘗理會分殊，而先已得此欛柄，愚恐其未免於籠統瞞旰也。況其理會分殊工夫，求之所以自學，所以教人，皆無實事可見。得非欲稍自別於禪學，而姑爲是言邪。湛元明爲作改葬墓碑，並合要理會一句亦不用，其平日之心傳口授，必有在矣。

《白沙詩教》開卷第一章，乃其病革時所作，以示元明者也。所舉經書曾不過一二語，而遂及於禪家之杖喝。何耶。殆熟處難忘也。所云莫杖莫喝，只是掀翻說，蓋一悟之後則萬法皆空，有學無學，有覺無覺，其妙旨固如此。金針之譬，亦出佛氏，以喻心法也。誰掇云者，殆以領悟者之鮮其人，而深屬意於元明耳。觀乎莫道金針不傳與，江門風月釣臺深之句，其意可見。註乃謂，深明正學以闢釋氏之非。豈其然乎。溥博淵泉而時出之，道理自然，語意亦自然。曰藏而後發，便有作弄之意，未可同年而語也。四端在我，無時無處而不發見，知皆擴而充之，即是實地上工夫。今乃欲於靜中養出端倪，既一味靜坐，事物不交，善端何緣發見。遏伏之久，或者忽然有見，不過虛靈之光景耳。朝聞夕死之訓，吾夫子所以示人，當汲汲於謀道，庶幾無負此生。故程子申其義云，聞道知所以爲人也，夕死可矣是不虛生也。今顧以此言爲處老處病處死之道，不幾於侮聖言者乎。道乃天地萬物公共之理，非有我之所得私。聖賢經書明若日星，何嘗有一言以道爲吾爲我。惟佛氏妄誕，乃曰天上天下惟我獨尊。今其詩有云，無窮吾亦在。又云，玉臺形我我何形。吾也我也，註皆指爲道也，是果安所本邪。然則所謂纔覺便我大而物小，物有盡而我無盡，正是惟我獨尊之說，姑自成一家可矣，必欲強合於吾聖人之道，難矣哉。

嘗閱佛書數種，姑就其所見而論之。《金剛經》《心經》可爲簡盡。《圓覺》詞意稍複。《法華》緊要指示處纔十二三，餘皆閒言語耳，且多誕謾。達磨雖不立文字，直指人心，見性成佛，然後來說話不勝其多。亦嘗畧究其始終。其敎人發心之初，無眞非妄，故云若見諸相非相，即見如來。悟入之後，則無妄非眞，故云無明眞如無異境界。雖頓漸各持一說，大抵首尾衡決，眞妄不分，眞詖淫邪遁之尤者。如有聖王出，韓子火攻之策其必在所取夫。

朱子嘗答《金剛經》大意之問，有云彼所謂降伏者，非謂欲遏伏此心，謂盡降収世間衆生之心，入它無餘涅槃中滅度，都敎你無心了方是。此恐未然，詳其語意，只是就發阿耨多羅三藐三菩提心者說，蓋欲盡滅諸相，乃見其所謂空者耳。

《法華經·如來壽量品》所云，成佛以來，甚大久遠，壽命無量，常住不滅。雖不實滅而言滅度，以是方便敎化衆生。此經中切要處，諸佛如來秘密之藏，不過如此，閒言語居其大半，可厭。《分別功德品》偈中所說，若布施，若持戒，若忍辱，若精進，若禪定五波羅蜜，皆謂之功德。及云有善男女等，聞我說壽命，乃至一念信，其福過於彼。蓋於雖滅不滅之語，若信得及即是實見，是爲第一般若多羅蜜，其功德不可思議。以前五者功德比此，千萬億分不及其一。其實只爭悟與未悟而已。

事理二障出《圓覺經》，其失無逃於程子之論矣。經有草堂僧宗密疏畧，未及見，但見其所自序及裴休一序，說得佛家道理亦自分明。要皆只是說心，遂認以爲性，終不知性是何物也。此經文法圓熟，照應分明，頗疑翻譯者有所潤色。大抵佛經皆出翻譯者之手，非盡當時本文，但隨其才識以爲淺深工拙焉耳。

《中庸》舉鳶飛戾天，魚躍于淵二語，而申之云，言其上下察也。佛家亦嘗有言，青青翠竹盡是眞如，鬱鬱黃花無非般若。語意絕相似，只是不同。若能識其所以不同，自不爲其所惑矣。

朱子嘗論及釋氏之學，大抵謂若識得透，應干罪惡即都無了。然則此一種學，在世上乃亂臣賊子之三窟耳。所舉王履道者，愚未及詳考其人，但嘗驗之邢恕，明辨有才而復染禪學，後來遂無所不爲。吁，可畏哉。

《困知記》續卷上 異端之說，自古有之，考其爲害，莫有過於佛氏者矣。佛法初入中國，惟以生死輪迴之說動人。人之情莫不貪生而惡死，苟可以免輪迴出生死，安得不惟其言之聽。既有求於彼，則彼之遺君親滅種類，凡得罪於名敎者，勢不得不姑置之。然吾儒之信之者猶鮮也。

其後有達磨者至，直指人心，見性成佛，以爲一聞千悟，神通自在，不可思議。則其說之玄妙，迥非前日比矣，於是高明者亦往往惑焉。惑及於高明，則其害有不可勝救者矣。何哉。蓋高明之士，其精神意氣足以建立門戶，其聰明才辨足以張大說辭。既以其道爲至，則取自古帝王精一執中之傳，孔門一貫忠恕之旨，克己爲仁之訓，《大學》致知格物之敎，《中庸》性道中和之義，孟子知言養氣盡心知性之說，一切皆以其說亂之。眞妄混淆，學者茫然，莫知所適。一入其陷穽，鮮復能有以自拔者。故內之無以立大中至正之本，外之無以達經世宰物之用。敎衰而俗敗，不但可爲長太息而已。向非兩程子、張子、朱子身任斯道，協心并力以排斥之，吾人之不變於夷者能幾何哉。

惟數君子道德之充備，學術之純深，辨論之明確，自孟子而後莫或過之。故其言一出，聰明豪傑之士靡不心服。近者親而炙之，遠者聞風而起，相與爲之羽翼，以推行其說於天下者，繩繩不乏。迨我聖祖出，位隆君師，興學育才，一以五經四書及數君子之說爲敎，則主張斯道者，又誠有所賴矣。故自朱子沒迄今三四百年，天下之士非聖賢之學不講，而所謂禪學者以之滅息，是豈一人一日之力哉。

夫何近世以來，乃復潛有衣鉢之傳，而外假於道學以文其說。初學之士既莫能明乎心性之辨，世之老師宿儒又往往不屑究心於所謂禪者，故其說之興，能救正者殊鮮，而從之者實繁有徒。其志將以求道也，曾不知其所求之非道也，豈不誤哉。愚也才質凡下，於數君子無能爲役，但以初未學禪，而偶嘗有悟，從事於吾儒之學也久，而性命之理亦粗若有見焉，故於異同之際，頗能辨別。雖嘗著之於策，傳之吾黨，庶幾愛助之萬一，時復披閲，則猶病其說之未詳，懼無以鮮夫人之惑也，《記》於是乎有續云。

佛氏之所謂性，覺而已矣。其所謂覺，不出乎見聞知覺而已矣。然又有謂法離見聞覺知者，豈見聞知覺之外別有所謂覺邪，良由迷悟之不同爾。後來其徒之桀黠者，因而造妖揑怪，百般作弄，神出鬼沒，以逞其伎倆，而聳動人之聽聞。祇爲衆人皆在迷中，不妨東說西說，謂莫能與之明辨也。今須據他策子上言語，反覆異同處，一一窮究，以見其所謂性者，果不出於見聞知覺，別無妙理，然後吾儒之性理可得而明。有如士師之折獄，兩造具備，精加研覈，必無以隱其情矣。其情既得，則是非之判有如黑白。至此而猶以非爲是，不幾於無是非之心者乎。

達磨者，禪家之初祖也。其傳法二祖時嘗謂之曰，吾觀震旦所有經教，惟《楞伽》四卷可以印心，遂併授之。自後其徒皆尊信此經，以爲祕典。則今所宜按據以窮究其所謂性者，無出此經。此經凡四譯，四卷者乃劉宋時譯本，其文頗奧澁難讀，當出自佛口無疑。迨國初高僧宗泐、如玘嘗奉詔註釋，參以唐本，亦頗明白，但經中言語初無次第，散漫不一，觀者猝難理會。今輒聯比而貫通之，以究極其歸趣，遇奧澁處間亦附入註語，以暢其義。高明之士有深於其說者，當知余言之不妄也。

《楞伽》大旨有四，曰五法，曰三自性，曰八識，曰二無我。一切佛法，悉入其中，經中明言之矣。五法者，名也，相也，妄想也，正智也，如如也。三自性者，妄想自性、緣起自性、成自性也。八識者，識藏也、意根、意識、眼識、耳識、鼻識、舌識、身識也。二無我者，人無我、法無我也。凡此諸法，不出迷悟兩途。蓋迷則爲名，爲相，爲妄想，爲妄想緣起自性，爲人法二執，而識藏轉爲諸識。悟則爲正智，爲如如，爲成自性，爲人法無我，而諸識轉爲眞識。所謂人法，則五陰、十二入、十八界是已。五陰者，色受想行識也。十二入者，眼耳鼻舌身意六根，對色聲香味觸法六塵也。加之六識，是爲十八界。合而言之人也，析而言之法也。有所覺之謂悟，無所覺之謂迷。

佛者覺也，而覺有二義。有始覺，有本覺。始覺者，目前悟入之覺，即所謂正智也，即人而言之也。本覺者，常住不動之覺，即所謂如如也，離人而言之也。因始覺而合本覺，所以成佛之道也。及其至也，始覺正智亦泯，而本覺朗然獨存，則佛果成矣。故佛有十號，其一曰等正覺，此之謂也。本覺乃見聞知覺之體，五陰之識屬焉。見聞知覺乃本覺之用，十八界之識屬焉。非本覺即無以爲見聞知覺，舍見聞知覺則亦無本覺矣。故曰如來於陰界入，非異非不異。其謂法離見聞覺知者何。懼其着也。佛以離情遺著，然後可以入道，故欲人於見聞知覺一切離之，離之云者，非不見不聞、無知無覺也，不著於見聞知覺而已矣。《金剛經》所謂心不住法而行布施，應無所住而生清淨心，即其義也。然則佛氏之所謂性，不亦明甚矣乎。彼明以知覺爲性，始終不知性之爲理，乃欲強合於吾儒以爲一道，如之何其可合也。

昔達磨弟子波羅提嘗言作用是性，有偈云，在胎爲身，處世爲人，在眼曰見，在耳曰聞，在鼻辨香，在口談論，在手執捉，在足運奔。徧現俱該沙界，收攝在一微塵。識者知是佛性，不識喚作精魂。識與不識，即迷悟之謂也。知是佛性，即所謂正智，如如。喚作精魂，即所謂名相、妄想。此偈自是眞實語，後來桀黠者出，嫌其淺近，乃人人捏出一般鬼怪說話，直是玄妙，直是奇特，以利心求者，安得不爲其所動乎。張子所謂詖淫邪遁之辭，翕然並興，一出於佛氏之門，誠知言矣。然造妖捏怪不止其徒，但嘗畧中其毒者，往往便能如此。吾黨尤不可不知。

《楞伽》四卷，卷首皆云一切佛語心品，良以萬法唯識，諸識唯心，種種差別，不出心識而已，故經中之言識也特詳。

第一卷首言諸識有二種生住滅，謂流注生住滅，相生住滅。次言諸識有三種相，謂轉相、業相、眞相。又云，畧說有三種識，廣說有八相。何等爲三，謂眞識、現識及分別事識。又云，若覆彼眞識，種種不實諸虛妄滅，則一切根識滅，是名相滅。又云，轉識、藏識眞相若異者，藏識非因，若不異者，轉識滅藏識亦應滅，而自眞實相不滅。非自眞實相滅，但業相滅。若自眞實相滅者，藏識則滅，藏識滅者，不異外道斷見論議。又破外道斷見云，若識流注滅者，無始流注應斷。又云，水流處藏識、轉識浪生。又云，外境界風飄蕩，心海識浪不斷。又偈云，藏識海常住，境界風所動。種種諸識浪，騰躍而轉生。又偈云，凡夫無智慧，藏識如巨海，業相猶波浪，依彼譬類通。

第二卷有云，一切自性習氣、藏意意識、習見轉變，名爲涅槃。註云，自性習氣，謂衆生心識性執，熏習氣分。藏意意識者，即藏識與事識，由愛見妄想之所熏習。轉變者，謂轉藏識、事識爲自覺聖智境界也。有云，識者因樂種種跡境界故，餘趣相續。有云，外道四種涅槃，非我所說法。我所說者，妄想識滅，名爲涅槃。有云，意識者境界分段計着生。習氣長養，藏識意俱。我我所計着，思惟因緣生，不壞身相藏識，因攀緣自心現境界，計着心聚生。展轉相因，譬如海浪，自心現境界風吹，若生若滅亦如是。是故意識滅七識亦滅。註云，境界分段者，六識從六塵生也。習氣長養者，言六識不離七識、八識也。我我所計着者，言七識我執從思惟彼因彼緣而生。不壞身相藏識，即第八識，謂此八識因於六識能緣，還緣自心所現境界，以計着故而生六識，能總諸心，故云心聚生也。展轉相因者，八識轉生諸識，六識起善起惡，七識則傳送其間。海喻八識，浪喻六識，以六塵爲境界風。境界乃自心所現，還吹八識心海，轉生諸識。若生若滅，亦猶依海而有風，因風而鼓浪，風息則浪滅。故云意識滅七識亦滅也。又偈云，心縛於境界，覺想智隨轉，無所有及勝，平等智慧生。註云，現前一念，爲塵境所轉，故有業縛，而本有覺智亦隨妄而轉。若了妄即眞，離諸有相，及至佛地，則復平等大慧矣。

第三卷有云，彼生滅者是識，不生不滅者是智。墮相、無相及墮有無種種相因是識，超有無相是智。長養相是識，非長養相是智。又云，無礙相是智，境界種種礙相是識。三事和合生方便相是識，無事方便自性相是智。得相是識，不得相是智。自得聖智境界，不出不入，如水中月。註云，根塵及我和合相應而生是識，此不知自性相故。若知性相，則一念靈知，不假緣生，故云無事方便自性相是智。相惟是一，而有離不離之異，故云得不得也。又偈云，心意及與識，遠離思惟想。得無思想法，佛子非聲聞。寂靜勝進忍，如來清淨智。生於善勝義，所行悉遠離。註云，得無思想法，則轉識爲智，此是菩薩而非聲聞，智之始也。寂靜勝進忍，即如來清淨忍智，智之終也。

第四卷有云，如來之藏，是善不善因。能偏興造一切趣生，譬如伎兒，變現諸趣，離我我所。不覺彼故，三緣和合，方便而生。外道不覺，計着作者，爲無始虛僞惡習所熏，名爲識藏，生無明住地，與七識俱，如海浪身，常生不斷。離無常過，離於我論。自性無垢，畢竟清淨。常生不斷以上註云，此隨染緣，從細至粗也。若能一念回光，能隨淨緣，則離無常之過，二我之執，自性清淨，所謂性德如來則究顯矣。有云，菩薩摩訶薩，欲求勝進者，當淨如來藏及識藏名，若無識藏名，如來藏者則無生滅。註云，識藏以名言者，由迷如來藏轉成妄識，無有別體，故但有名。若無識藏之名，則轉妄識爲如來藏也。有云，彼相者，眼識所照名爲色。耳鼻舌身意意識所照，名爲聲香味觸法，是名爲相。妄想者，施設衆名，顯示諸相，如此不異象馬車步男女等名，是名妄想。正智者，彼名相不可得，猶如過客，諸識不生，不斷不常，不墮一切外道聲聞緣覺之地，以此正智不立名相，非不立名相，離二見、建立及誹謗，知名相不生，是名如如。有云，善不善者謂八識。何等謂八。謂如來藏名識藏、心意、意識及五識身，非外道所說。五識身者，心意意識俱，善不善相，展轉變壞。相續流注。不壞身生，亦生亦滅，不覺自心現，次第滅，餘識生。形相差別，攝受意識、五識俱相應生，刹那時不住。註云，不壞者，不斷也。攝受意識者，以五根攬五塵，攝歸意識，起善起惡。有云，愚夫依七識身滅起斷見，不覺識藏故起常見，自妄想故不知本際，自妄想慧滅故解脫。註云，愚夫所知，極於七識。七識之外無所知故，因起斷見。而不覺識藏無盡，見其念念相續故起常見，由其自妄想，內而不及外，故不能知本際。然妄不自滅，必由慧而滅也。又偈云，意識之所起，識宅意所住。意及眼識等，斷滅說無常。或作涅槃見，而爲說常住。註云，意由八識而起，而八識意之所住，故謂之爲宅。以是言之，自不容以七識身滅而起斷見。彼又於意及眼識等斷滅處說無常。或作涅槃見者，此皆凡外自妄想見，故不知本際，如來爲是說常住也。

經中言識，首尾具於此矣。間有牽涉他文者，不暇盡錄，然已不勝其多，亦無庸盡錄爲也。其首之以諸識有二種生住滅，乃其所謂生死根也。終之以識宅常住，乃其所謂涅槃相也。然而生死即涅槃，涅槃即生死，此是佛家本語初無二相。故諸識雖有種種名色，實無二體，但迷之則爲妄，悟之則爲眞。苟能滅妄識而契眞識，則有以超生死而證涅槃矣。眞識即本覺也，涅槃即所覺之境界也，由此觀之，佛氏之所謂性，有出於知覺之外邪。雖其言反覆多端，窮其本末不過如此。

然驟而觀之者，或恐猶有所未達也，輒以藏識爲主而分爲數類，以盡其義。藏即所謂如來藏也。以其含藏善惡種子，故謂之藏。其所以爲善爲惡，識而已矣，故曰藏識。藏識一爾，而有本有末。曰眞相，曰眞識，曰眞實相，曰無始流注，曰藏識海，曰涅槃，曰平等智慧，曰不生不滅等是智。曰如來清淨智，曰自性無垢，畢竟清淨，曰識宅，曰常住，此爲一類，皆言乎其本體也。曰流注生住滅，相生住滅，曰業相，曰分別事識，曰識浪，曰樂種種跡境界，曰意識，曰生滅等是識。曰識藏生住地無明，與七識俱，如海浪身，常生不斷，曰識藏名，曰心意意識及五識身，曰意及眼識等，此爲一類，皆言乎其末流也。曰轉相，曰現識，曰轉識，曰覺想智隨轉，此爲一類，言乎本末之所由分也。其言及脩行處，又當自爲一類，如曰諸虛妄滅則一切根識滅，曰見習轉變名爲涅槃，曰妄想識滅名爲涅槃，曰意識滅七識亦滅，曰無所有及勝，曰遠離思惟想，曰離無常過離於我論，曰欲求勝進者當淨如來藏及識藏名，若無識藏名如來藏者則無生滅，曰自妄想慧滅故解脫，凡此皆言其脩行之法也。欲窮其說者，合此數類而詳玩之，則知余所謂滅妄識而契眞識，誠有以得其要領矣。夫識者人心之神明耳，而可認爲性乎。且其以本體爲眞，末流爲妄，既分本末爲兩截，謂迷則眞成妄，悟則妄即眞，又混眞妄爲一途。蓋所見既差，故其言七顛八倒，更無是處。吾黨之號爲聰明特達者，顧不免爲其所惑，豈不深可惜哉。

佛氏分本末爲兩截，混眞妄爲一途，害道之甚無過於此，不可但如此說過，須究言之。夫以心識爲本，六識爲末，固其名之不可易者。然求其實，初非心識之外別有所謂六識也，又非以其本之一分而爲末之六也。蓋凡有所視，則全體在目，有所聽，則全體在耳，有所言，則全體在口，有所動，則全體在身，只就此四件說，取簡而易見爾所謂感而遂通，便是此理。以此觀之，本末明是一物，豈可分而爲二。而以其半爲眞，半爲妄哉。

若夫眞妄之不可混，則又可得而言矣。夫目之視，耳之聽，口之言，身之動，物雖未交而其理已具，是皆天命之自然，無假於安排造作，莫非眞也。及乎感物而動，則有當視者，有不當視者，有當聽者，有不當聽者，有當言者，有不當言者，有當動者，有不當動者。凡其所當然者，即其自然之不可違者，故曰眞也。所不當然者，則往往出於情欲之使然，故曰妄也。眞者存之，妄者去之，以此治其身心，以此達諸家國天下，此吾儒所以立人極之道，而內外本末，無非一貫也。若如佛氏之說，則方其未悟之先，凡視聽言動不問其當然與不當然，一切皆謂之妄。及其既悟，又不問其當然與不當然，一切皆謂之眞。不知何者在所當存，何者在所當去。當去者不去，當存者不存，人欲肆而天理滅矣。使其說肆行而莫之禁，中國之爲中國，人類之爲人類，將非幸歟。

《楞伽》四卷並無一理字，註中卻多用理字訓釋其說，蓋本他經之文爾。嘗見《楞嚴》有云，理則頓悟乘悟併銷。《圓覺》有云，一者理障，礙正知見。二者事障，續諸生死。事理二障，在《楞伽》但謂之惑障，智障爾，非逃儒歸佛者誰能易之。雖其所用理字，不過指知覺而言，初非吾儒所謂性命之理，然言之便足以亂眞，不可不辨。

達磨所尊信者惟《楞伽》，凡其切要之言，余既聯比而貫通之，頗爲論斷，以究極其歸趣，其所以異於吾儒者彰彰明矣。自達磨而下，其言之亂眞者不少。欲一一與之辨明，未免失於繁冗。將一切置而不辨，又恐吾人嘗誤持其說以爲是者，其惑終莫之解也，乃雜取其一二尤近似者，別白而究言之。

達磨告梁武帝有云，淨智妙圓，體自空寂。只此八字，已盡佛性之形容矣。其後有神會者嘗著《顯宗記》，反覆數百語，說得他家道理亦自分明。其中有云，湛然常寂，應用無方。用而常空，空而常用。用而不有，即是眞空。空而不無，便成妙有。妙有即摩訶般若，眞空即清淨涅槃。此言又足以發盡達磨妙圓空寂之旨。余嘗合而觀之，與《繫辭傳》所謂寂然不動，感而遂通天下之故，殆無異也。然孰知其所甚異者，正惟在於此乎。夫《易》之神即人之心。程子嘗言，心一也，有指體而言者，寂然不動是也。有指用而言者，感而遂通是也。蓋吾儒以寂感言心，而佛氏以寂感爲性，此其所爲甚異也，良由彼不知性爲至精之理，而以所謂神者當之。故其應用無方，雖不失圓通之妙，而高下無所準，輕重無所權，卒歸於冥行妄作而已矣。與吾儒之道，安可同年而語哉。

程子嘗言，仁者渾然與物同體，佛家亦有心佛衆生渾然齊致之語，何其相似也。究而言之，其相遠奚啻燕越哉。唐相裴休，深於禪學者也。嘗序《圓覺經疏》首兩句云，夫血氣之屬必有知，凡有知者必同體。此即心佛衆生渾然齊致之謂也。蓋其所謂齊同，不出乎知覺而已矣。且天地之間，萬物之衆，有有知者，有無知者，謂有知者爲同體，則無知者非異體乎。有同有異，是二本也。蓋以知覺爲性，其窒礙必至於此。若吾儒所見，則凡賦形於兩間者，同一陰陽之氣以成形，同一陰陽之理以爲性。有知無知，無非出於一本。故此身雖小，萬物雖多，其血氣之流通，脈絡之聯屬，元無絲毫空闕之處，無須臾間斷之時，此其所以爲渾然也。然則所謂同體者，亦豈待於採攬牽合以爲同哉。夫程子之言，至言也。但恐讀者看得不子細，或認從知覺上去，則是援儒以助佛，非吾道之幸矣。

有物先天地，無形本寂寥。能爲萬象主，不逐四時凋。此詩乃高禪所作也。自吾儒觀之，昭然太極之義，夫復何言。然彼初未嘗知有陰陽，安知有所謂太極哉，此其所以大亂眞也。今先據佛家言語解釋一番，使彼意既明且盡，再以吾儒言語解釋一番，然後明指其異同之實，則似是之非有不難見者矣。

以佛家之言爲據，則無始菩提，所謂有物先天地也。湛然常寂，所謂無形本寂寥也。心生萬法，所謂能爲萬象主也。常住不滅，所謂不逐四時凋也。作者之意，不亦明且盡乎。求之吾儒之書，太極生兩儀，是固先天地而立矣。無聲無臭，則無形不足言矣。富有之謂大業，萬物皆一體也。日新之謂盛德，萬古猶一時也。太極之義，不亦明且盡乎。詩凡二十字，其十七字彼此意義無甚異同，不足深辨。所當辨者三字爾，物也，萬象也。以物言之，菩提不可爲太極，明矣。以萬象言之，在彼經教中即萬法爾，以其皆生於心，故謂之能主，然所主者實不過陰界入，自此之外，仰而日月星辰，俯而山河大地，近而君臣父子兄弟夫婦朋友，遠而飛潛動植水火金石，一切視以爲幻而空之矣。彼安得復有所謂萬象乎哉。爲此詩者，蓋嘗窺見儒書，遂竊取而用之爾。

余於前記嘗有一說，正爲此等處，請復詳之。所謂天地間非太極不神，然遂以太極爲神則不可。此言殊未敢易。誠以太極之本體，動亦定靜亦定，神則動而能靜，靜而能動者也。以此分明見得是二物，不可混而爲一。故《繫辭傳》既曰一陰一陽之謂道矣，而又曰陰陽不測之謂神。由其實不同，故其名不得不異，不然聖人何用兩言之哉。然其體則同一陰陽，所以難於領會也。佛氏初不識陰陽爲何物，固無由知所謂道，所謂神，但見得此心有一點之靈，求其體而不可得，則以爲空寂。推其用而偏於陰界入，則以爲神通。所謂有物者，此爾。以此爲性，萬無是處，而其言之亂眞，乃有如此詩者，可無辨乎。然人心之神即陰陽不測之神，初無二致。但神之在陰陽者，則萬古如一。在人心者，則與生死相爲存亡。所謂理一而分殊也，佛氏不足以及此矣。吾黨之士盍相與精察之。

南陽慧忠破南方宗旨云，若以見聞覺知是佛性者，《淨名》不應云法離見聞覺知，若行見聞覺知，是則見聞覺知，非求法也。南僧因問，《法華》了義，開佛知見，此復何爲。忠曰，他云開佛知見，尚不言菩薩二乘，豈以衆生癡倒，便成佛之知見邪。汾州無業有云，見聞覺知之性，與太虛齊壽，不生不滅，一切境界本自空寂，無一法可得。迷者不了，便爲境惑。一爲境惑，流轉無窮。此二人皆禪林之傑出者，其言皆見於《傳燈錄》，何若是之不同邪。蓋無業是本分人，說本分話。慧忠則所謂神出鬼沒以逞其伎倆者也，彼見南方以見聞覺知爲性，便對其人揑出一般說話，務要高他一着，使之莫測。蓋桀黠者之情狀，每每如此。

嘗見《金剛經》，明有是法平等，無有高下之語。佛與衆生固然迷悟不同，其知見之體即是平等，豈容有二。又嘗見《楞嚴》中有兩段語，其一佛告波斯匿王云，顔貌有變，見精不變。變者受滅，彼不變者元無生滅。其二因與阿難論聲聞，有云其形雖寐，聞性不昏。縱汝形銷，命光遷謝，此性云何爲汝銷滅。此皆明以見聞爲性，與波羅提說相合。若《淨名》則緊要在一離字。余前章論之悉矣。先儒嘗言，佛氏之辭善遁，便是此等處。《傳燈錄》中似此儘多，究其淵源，則固出於瞿曇也。蓋瞿曇說法，常欲離四句，謂一異，俱不俱，有無非有非無，常無常，然而終有不能離者，如云非異非不異，非有非無，非常非無常。只《楞伽》一經累累見之，此便是遁辭之根。若將異處窮着他，他便有非異一說。將無常窮着他，他便有非無常一說。自非灼然看得他破，只得聽他愚弄爾。

大慧禪師宗杲者，當宋南渡初，爲禪林之冠。有《語錄》三十卷，頃嘗徧閱之，直是會說，左來右去，神出鬼沒，所以能聳動一世。渠嘗拈出一段說話，正余所欲辨者，今具於左。

僧問忠國師，古德云，青青翠竹盡是法身，鬱鬱黃華無非般若。有人不許，云是邪說，亦有信者，云不思議。不知若爲。國師曰，此是普賢文殊境界，非諸凡小而能信受，皆與大乘了義經合，故《華嚴經》云，佛身充滿於法界，普現一切羣生前。隨緣赴感，靡不周而恆處此菩提座。翠竹既不出於法界，豈非法身乎。又《般若經》云，色無邊，故般若亦無邊。黃華既不越於色，豈非般若乎。深遠之言，不省者難爲措意。又華嚴座主問大珠和尚云，禪師何故不許青青翠竹盡是法身，鬱鬱黃華無非般若。珠曰，法身無像，應翠竹以成形。般若無知，對黃華而顯相。非彼黃華、翠竹而有般若、法身。故經云，佛眞法身，猶若虛空，應物現形，如水中月。黃華若是般若，般若即同無情。翠竹若是法身，翠竹還能應用。座主會麼。曰，不了此意。珠曰，若見性人，道是亦得，道不是亦得。隨用而說，不滯是非。若不見性人，說翠竹着翠竹，說黃華着黃華，說法身滯法身，說般若不識般若，所以皆成諍論。宗杲云，國師主張翠竹是法身，直主張到底。大珠破翠竹不是法身，直破到底。老漢將一箇主張底、一箇破底，收作一處，更無拈提，不敢動著他一絲毫，要你學者具眼。

余於前記嘗舉翠竹、黃華二語，以爲與鳶飛魚躍之言絕相似，只是不同，欲吾人識其所以不同處，蓋引而未發之意。今偶爲此異同之論所激，有不容不盡其言者矣。據慧忠分析語，與大珠成形顯相二言，便是古德立言本旨。大珠所以不許之意，但以黃華、翠竹非有般若、法身爾。其曰道是亦得，即前成形、顯相二言。曰道不是亦得，即後非彼有般若、法身一言也。慧忠所引經語，與大珠所引經語皆合，直是明白，更無餘蘊。然則其與吾儒鳶飛魚躍之義，所以不同者果何在邪。誠以鳶、魚雖微，其性同一天命也。飛躍雖殊，其道同一率性也。彼所謂般若、法身在花、竹之身之外，吾所謂天命率性在鳶魚之身之內。在內則是一物，在外便成二物。二則二本，一則一本，詎可同年而語哉。且天命之性，不獨鳶魚有之，花竹亦有之。程子所謂，一草一木亦皆有理，不可不察者，正惟有見乎此也。佛氏秖緣認知覺爲性，所以於花竹上便通不去，只得以爲法界中所現之物爾。《楞伽》以四大種色爲虛空所持，《楞嚴》以山河大地咸是妙明眞心中物，其義亦猶是也。宗杲於兩家之說更不拈動，總是占便宜，卻要學者具眼，殊不失爲人之意。余也向雖引而不發，今則舍矢如破矣。吾黨之士夫，豈無具眼者乎。

宗杲嘗謂士人鄭尙明曰，你只今這聽法說法一段歷歷孤明底，未生已前畢竟在甚麼處。曰，不知。杲曰，你若不知，便是生大。你百歲後，四大五蘊一時解散，到這裏歷歷孤明底卻向甚麼處去。曰，也不知。杲曰，你既不知，便是死大。又嘗示呂機宜云，現今歷歷孤明，與人分是非別好醜底，決定是有是無，是眞實是虛妄。前此臨濟亦嘗語其徒曰，四大身不解說法聽法，虛空不解說法聽法，是汝目前歷歷孤明勿形段者解說法聽法。觀此數節，則佛氏之所謂性，亦何難見之有。渠道理只是如此，本不須苦求解悟。然而必以悟爲則者，只是要見得此歷歷孤明境界更親切爾。縱使見得親切，夫安知歷歷孤明者之非性，而性自有眞邪。

杲答曾天游侍郎第二書，說得他家道理直是明盡。渠最善捏怪，卻有此等說話，又不失爲本分人也。書云，尋常計較安排底是識情，隨生死遷流底亦是識情，怕怖慞惶底亦是識情。而今參學之人不知是病，只管在裏許頭出頭沒，教中所謂隨識而不隨智，以故昧卻本地風光，本來面目。若或一時放下，百不思量計較，忽然失腳蹋著鼻孔，即此識情便是眞空妙智，更無別智可得。若別有所得有所證，則又卻不是也。如人迷時喚東作西，及至悟時即西便是東，無別有東。此眞空妙智與太虛空齊壽，只這太虛空中還有一物礙得他否。雖不受一物礙，而不妨諸物於空中往來。此眞空妙智亦然。凡聖垢染着一點不得，雖着不得而不礙生死凡聖於中往來。如此信得及見得徹，方是箇出生入死，得大自在底漢。細觀此書，佛氏之所謂性無餘蘊矣。忽然失腳蹋着鼻孔，便是頓悟之說。

杲《示眞如道人》有云，今生雖未悟，亦種得般若種子在性地上，世世不落惡趣，生生不失人身，不生邪見，家不入魔軍類。又答呂舍人書有云，若依此做工夫，雖不悟徹，亦能分別邪正，不爲邪魔所障，亦種得般若種子深，縱今生不了，來生出頭，現成受用，亦不費力，亦不被惡念奪將去，臨命終時亦能轉業，況一念相應邪。又《答湯丞相》書有云，若存心在上面，縱今生未了，亦種得種子深，臨命終時亦不被惡業所牽，墮諸惡趣，換卻殼漏子，轉頭來亦昧我底不得。此等說話只是誘人信嚮，豈可爲憑。人情大抵多貪，都不曾見箇道理，貪今生受用未了，又要貪來生受用，安得不爲其所惑也。《易》曰，原始反終，故知死生之說。生死輪迴，決無此理。萬有一焉，只是妖妄。爲學而不能無疑於此，則亦何以窮理爲哉。

杲答呂舍人書有云，心無所之，老鼠入牛角，便見倒斷也。倒斷即是悟處，心無所之是做工夫處。其做工夫只看話頭便是，如狗子無佛性，鋸解秤錘，栢樹子，竹篦子，麻三斤，乾屎橛之類，皆所謂話頭也。余於栢樹子話偶嘗驗過，是以知之。然向者一悟之後，佛家書但過目便迎刃而解。若吾聖賢之微詞奧旨，竟不能通。後來用工久之，始知其所以然者。蓋佛氏以知覺爲性，所以一悟便見得箇虛空境界。《證道歌》所謂，了了見無一物，亦無人亦無佛，是也。渠千言萬語，只是說這箇境界，悟者安有不省。若吾儒之所謂性，乃帝降之衷，至精之理，細入於絲毫杪忽，無一非實，與彼虛空境界判然不同，所以決無頓悟之理。世有學禪而未至者，略見些光影便要將兩家之說和合而爲一，彌縫雖巧，敗闕處不可勝言，弄得來儒不儒，佛不佛，心勞日拙，畢竟何益之有。

梁武帝問達磨曰，朕即位以來，造寺寫經度僧，不可勝紀，有何功德。答曰，並無功德。帝曰，何以無功德。答曰，此但人天小果，有漏之因，如影隨形，雖有非實。又宗杲《答曾侍郎》書有云，今時學道之士，只求速效，不知錯了也。卻謂無事省緣，靜坐體究爲空過時光，不如看幾卷經，念幾聲佛，佛前多禮幾拜，懺悔平生所作罪過，要免閻家老子手中鐵棒，此是愚人所爲。嗚呼，自佛法入中國，所謂造寺寫經，供佛飯僧，看經念佛，種種糜費之事，日新而月盛。但其力稍可爲者，靡不爭先爲之，導之者固其徒，向非人心之貪，則其說亦無緣而入也。柰何世之諂佛以求福利者，其貪心惑志，纏綿固結而不可解，雖以吾儒正色昌言，懇切詳盡，一切聞如不聞。彼蓋以吾儒未諳佛教，所言無足信也。達磨在西域稱二十八祖，入中國則爲禪家初祖。宗杲擅名一代，爲禪林之冠，所以保護佛法者，皆無所不用其心，其不肯失言決矣。乃至如上所云種種造作以爲無益者，前後如出一口，此又不足信邪。且夫貪嗔癡三者，乃佛氏之所深戒也，謂之三毒。凡世之造寺寫經，供佛飯僧，看經念佛，以爲有益而爲之，是貪也。不知其無益而爲之，是癡也。三毒而犯其二，雖活佛在世，亦不能爲之解脫。乃欲諂事土佛木佛，以僥倖於萬一，非天下之至愚至愚者乎。凡吾儒解惑之言，不可勝述，孰意佛書中乃有此等本分說話，人心天理誠有不可得而泯滅者矣。余是用表而出之。有丹霞燒木佛一事，亦可以解愚夫之惑。

儒書有五行，佛家便言四大。儒書有五事，佛家則言六根。其蹈襲邪，抑偶同邪，是不可得而知也。然名物雖相似，其義理則相遼絕矣。四大有風而無金木，《楞嚴》又從而附益之，揣摩湊合，都無義理，只被他粧點得好，故足以惑人。朱子嘗言，佛書中惟《楞嚴》最巧，頗疑房融竄入其說。看來此事灼然，無足疑者。且如《楞伽》四卷，達磨最所尊信，其言大抵質實而近乎拙，有若欲盡其意而未能者。佛一人爾，人一口爾，以二經較之，不應其言之工拙頓異如此，此本無足深辨，但既攻其失，則亦不可不知，又以見佛學溺人之深，有如是之才而甘心爲之役，殊可嘆也。

昔有儒生悟禪者，嘗作一頌云，斷除煩惱重增病，趣向眞如亦是邪。隨順世緣無罣礙，涅槃生死是空華。宗杲取之。嘗見杲示人，有水上葫蘆一言，凡屢出此。頌第三句，即水上葫蘆之謂也，佛家道理眞是如此。《論語》有云，君子之於天下也，無適也，無莫也，義之與比。使吾夫子當時若欠卻義之與比一語，則所謂無適無莫者，何以異於水上葫蘆也哉。

韓子之闢佛老，有云其亦幸而出於三代之後，不見黜於禹湯文武周公孔子也。其亦不幸而不出於三代之前，不見正於禹湯文武周公孔子也。善哉，言乎。自今觀之，其幸也未若其不幸之甚。《景德傳燈錄》所載，舊云千七百人，其瑣瑣者姑未論，若夫戒行之淸苦，建立之精勤，論辨之通明，語句之超邁，記覽之該博，亦何下百十人。此其人亦皆有過人之才，要爲難得，向使獲及吾聖人之門而取正焉，所成就當何如也，而皆畢竟落空以死。嗚呼，玆非其不幸之甚而何。

吾儒之闢佛氏有三，有眞知其說之非而痛闢之者，兩程子、張子、朱子是也。有未能深知其說，而常喜闢之者，篤信程張數子者也。有陰實尊用其說，而陽闢之者，蓋用禪家訶佛罵祖之機者也。夫佛氏似是之非，固爲難辨。至於訶佛罵祖之機作，則其辨之也愈難。吁，可畏哉。

程子之闢佛氏，有云自謂之窮神知化，而不足以開物成務。言爲無不周徧，實則外於倫理。窮深極微，而不可與入堯舜之道。即其所言所造，而明指其罪過，誅絶之意，凛然辭氣之表矣。夫既不足以開物成務，則不得謂之神化。倫理且棄而不顧，尙何周徧之有。堯舜之道既不可入，又何有於深微。蓋神化周徧深微之云，皆彼之所自謂，非吾聖人所謂神化周徧深微者也。韓子云，道其所道，非吾所謂道也。德其所德，非吾所謂德也，此之謂也。他日程子又嘗有言，佛氏不識陰陽晝夜死生古今，安得謂形而上者與聖人同乎。夫陰陽晝夜死生古今，《易》之體也，深微者《易》之理，神化者《易》之用也。聖人全體皆《易》，故能範圍天地之化而不過，曲成萬物而不遺。佛氏昧焉，一切冥行妄作，至於滅絶彝倫而不知悔，此其所以獲罪於天，有不可得而贖者。吾儒之誅絶之，亦惟順天而已，豈容一毫私意於其間哉。

程子曰，佛有箇覺之理，可以敬以直內矣，然無義以方外，其直內者，要之其本亦不是。此言雖簡，而意極圓備。其本不是，正斥其認知覺以爲性爾。故非但無以方外，內亦未嘗直也。當詳味可以二字，非許其能直內之辭。

程子嘗言，聖人本天，釋氏本心。直是見得透，斷得明也。本既不同，所以其說雖有相似處，畢竟和合不得。呂原明一生問學，欲直造聖人，且嘗從二程遊，亦稔聞其議論矣。及其晚年，乃見得佛之道與吾聖人合，反謂二程所見太近，得非誤以妙圓空寂爲形而上者邪。以此希聖，無異適燕而南其轅，蔑由至矣。

張子曰，釋氏不知天命，而以心法起滅天地，以小緣大，以末緣本，其不能窮而謂之幻妄，眞所謂疑冰者歟。此言與程子本心之見相合，又推到釋氏窮處，非深知其學之本末，安能及此。

朱子闢佛氏之言，比之二程子、張子尤爲不少。今亦無庸盡述，錄其尤著明者一章。凡今之謗朱子者無他，恐只是此等處不合說得太分曉，未免有所妨礙爾。朱子嘗語學者云，佛家都從頭不識，只是認知覺運動做性，所以鼓舞得許多聰明豪傑之士。緣他是高於世俗，世俗一副當汚濁底事他是無了，所以人競趨他之學。或曰，彼以知覺運動爲形而下者，空寂爲形而上者，如何。曰，便只是形而下者。他只是將知覺運動做玄妙說。或曰，如此則安能動人，必更有玄妙處。曰，便只是這箇。他那妙處離這知覺運動不得，無這箇便說不行，只是被他作弄得來精，所以橫渠有釋氏兩末之論，只說得兩邊末梢頭，中間眞實道理卻不曾識。如知覺運動是其上一稍也，因果報應是其下一梢也。或曰，因果報應，他那邊有見識者亦自不信。曰，雖有不信底，依舊離這箇不得。如他幾箇高禪，縱說高煞也，依舊掉舍這箇不下，將去愚人。他那箇物事沒理會，捉摸他不得。你道他如此說，又說不如此。你道他是知覺運動，他又有時掉翻了都不說時，雖是掉翻，依舊離這箇不得。或曰，今也不消學他那一層，只認依着自家底做便了。曰，固是，豈可學他。只是依自家底做，少間自見得他底低。觀此一章，則知愚前所謂洞見其肺腑而深中其膏盲之病，誠有據矣。

老子外仁義禮而言道德，徒言道德而不及性，與聖門絶不相似，自不足以亂眞。所謂彌近理而大亂眞，惟佛氏爾。

列子、莊子出入老佛之間，其時佛法未入中國也。而其言之相合者已自不少《易・大傳》曰，仁者見之謂之仁，知者見之謂之知。是安有華夷之別，古今之異邪，理固然矣。聖人所見，無非極致。則雖或生於千百世之上，或生於千百世之下，或相去千萬里之遠，其道安有不同。故凡謂佛爲聖人者，皆非眞知聖道者也。

黄老於漢，佛於晉魏梁隋之間。韓子之言是也。然佛學在唐尤盛，在宋亦盛，夷狄之禍所以相尋不絶，何足怪哉。程朱數君子相繼而出，相與推明孔孟之正學，以救當世之淪胥者，亦既諄諄懇懇，而世莫之能用也。直至我朝，其說方盛行於天下。孔孟之道於是復明，雖學者之所得不必皆深，所行不必皆力，然譬諸梓匠輪輿，必以規矩，巧或不足，終不失爲方員，亦足以成器而適用矣。近來異說紛起，直欲超然於規矩準繩之外，方員平直惟其意之所裁。觚哉，觚哉。此言殊可念也。有世道之責者，不遠爲之慮，可乎。

孟子曰，孩提之童，無不知愛其親也。及其長也，無不知敬其兄也。以此實良知良能之說，其義甚明。蓋知能乃人心之妙用，愛敬乃人心之天理也，以其不待思慮而自知此，故謂之良。近時有以良知爲天理者，然則愛敬果何物乎。程子嘗釋知覺二字之義云，知是知此事，覺是覺此理。又言，佛氏之云覺，甚底是覺斯道，甚底是覺斯民。正斥其認知覺爲性之謬爾。夫以二子之言明白精切如此，而近時異說之興，聽者曾莫之能辨，則亦何以講學爲哉。

上天之載，無聲無臭，又安有形體可覓邪。然自知道者觀之，即事即物，此理便昭昭然在心目之間，非自外來，非由內出，自然一定而不可易。所謂如有所立卓爾，非想像之辭也。佛氏以寂滅爲極致，與聖門卓爾之見絕不相同。彼曠而虛，此約而實也。果然見到卓爾處，異說如何動得。

李習之雖嘗闢佛，然陷於其說而不自知。《復性書》有云，情者，妄也，邪也。曰邪與妄，則無所因矣。妄情滅息，本性清明，周流六虛，所以謂之能復其性也。觀乎此言，何以異於佛氏。其亦嘗從禪師問道，得非有取其微旨，而姑闢其粗迹，以無失爲聖人之徒邪。且其書三篇，皆及死生之說，尤可見其意之所主。

又《困知記》續卷下 癸巳春，偶得《慈湖遺書》，閲之累日，有不勝其嘅嘆者。痛哉，禪學之誤人也，一至此乎。慈湖頓悟之機，實自陸象山發之。其自言忽省此心之清明，忽省此心之無始末，忽省此心之無所不通，即釋迦所謂自覺聖智境界也。書中千言萬語，徹頭徹尾，無非此箇見解，而意氣之横逸，辭說之猖狂，比之象山尤甚。象山平日，據其偏見，横説竪説，直是果敢。然於聖賢明訓，有所未合，猶且支吾籠罩過，未敢公然叛之。慈湖上自五經，旁及諸子，皆有論説。但與其所見合者，則以爲是。與其所見不合者，雖明出於孔子，輒以爲非孔子之言。而《大學》一書，工夫節次其詳如此，頓悟之説更無隙可投，故其詆之尤力。至凡孔子之微言大訓，又往往肆其邪説以亂之，剗實爲虛，揉直作曲，多方牽合，一例安排，惟其偏見是就，務令學者改視易聽，貪新忘舊，日漸月漬以深入乎其心。其敢於侮聖言，叛聖經，貽誤後學如此，不謂之聖門之罪人不可也。世之君子曾未聞有能鳴鼓而攻之者，反從而爲之役，果何見哉。

人心道心之辨，只在毫釐之間。道心此心也，人心亦此心也。一心而二名，非聖人強分別也，體之靜正有常，而用之變化不測也。須兩下見得分明，方是盡心之學。佛氏之於吾儒，所以似是而實非者，有見於人心，無見於道心耳。

慈湖之志於道，不爲不篤，然終蔽於所見，直以虛靈知覺爲道心，夫安得不謬乎。集中《己易》一篇，乃其最所用意，以誘進學徒者。滚滚數千言，將斷而復續，左援右引，陽開陰闔，極其馳騁之力，茫茫乎若無涯涘可窺，然徐究其指歸，不出乎虛靈知覺而已。於四聖之《易》，絕不相干。參之佛氏之書，則真如符節之合。試舉一二以槩其餘。其曰，吾性澄然清明而非物，吾性洞然無際而非量。天者吾性中之象，地者吾性中之形，故曰在天成象，在地成形，皆我之所爲。《楞嚴經》所謂山河大地咸是妙明眞心中物，即其義也。其曰，目能視，所以能視者何物，耳能聽，所以能聽者何物。口能噬，所以能噬者何物。鼻能嗅，所以能嗅者何物。手能運用屈伸，所以能運用屈伸者何物。足能步趨，所以能步趨者何物。血氣能周流，所以能周流者何物。心能思慮，所以能思慮者何物。波羅提作用是性一偈，即其義也。其曰，天地非大也，毫髮非小也。晝非明也，夜非晦也。往非古也，此非今也，它日非後也。鳶飛戾天，非鳶也。魚躍於淵，非魚也。《金剛經》所謂如來説世界即非世界，是名世界，説三十二相即是非相，是名三十二相，即其義也。

凡篇中曰己，曰吾，曰我，義與惟我獨尊無異，其爲禪學也固昭昭矣。認紫爲朱，明是大錯，乃敢放言無忌，謂自生民以來未有能識吾之全者，吾不知所謂吾者果何物邪。夫堯舜禹湯文武周公孔子，皆天下之大聖，其遞相傳授，無非精一執中之旨，而所謂中者，決非靈覺之謂，非惟人人有之，乃至事事有之，物物有之。慈湖顧獨未之識耳，誠有以窺見其全，《己易》其敢作乎。閲斯集者，但看得此篇破時，譬之破竹，餘皆迎刃而解矣。

吾聖賢之言，與佛氏之言殊不相入。謂儒佛無二道，決非知道者也。慈湖所引經傳，如範圍天地，發育萬物等語，皆非聖賢本旨，第假之以成就其説。竊恐將來疑誤後學不淺，故不得不明辨之。

程子嘗言，聖人本天，佛氏本心。此乃灼然之見，萬世不易之論。儒佛異同，實判於此。是故天叙有典，吾則從而惇之。天秩有禮，吾則從而庸之。天命有德，則從而章之。天討有罪，則從而刑之。克綏厥猷，本於上帝之降衷。脩道之教，本於天命之在我。所謂聖人本天者，如此其深切著明也。

以慈湖之聰明，宜若有見乎此，何忍於叛堯舜湯孔，而以心法起滅天地，又任情牽合，必欲混儒佛於一途邪。蓋其言有云，其心通者，洞見天地人物，皆在吾性量之中，而天地萬物之變化，皆吾性之變化。又云，意消則本清本明，神用變化之妙固自若也。無體無際，範圍天地，發育萬物之妙，固自若也。此等言語，不謂之以心法起滅天地，謂之何哉。人之常情，大抵悦新奇而慕高遠，故邪説得以乘間而入，學者於此苟能虚心遜志，無所偏主，而執吾説以審其是非之歸，將不爲其所惑矣。

有心必有意，心之官則思，是皆出於天命之自然，非人之所爲也。聖人所謂無意，無私意耳。所謂何思何慮，以曉夫憧憧往來者耳。《書》曰，思曰睿，睿作聖。非思則作聖何由。《易》曰，聖人立象以盡意。意若可無，其又何盡之有。故《大學》之教，不曰無意，惟曰誠意。《中庸》之訓，不曰無思，惟曰慎思。此吾儒入道之門，積德之基，窮理盡性必由於此，斷斷乎其不可易者，安得舉異端之邪説以亂之哉。彼禪學者，惟以頓悟爲主，必欲掃除意見，屏絶思慮，將四方八面路頭一齊塞住，使其心更無一線可通，牢關固閉，以冀其一旦忽然而有省。終其所見，不過靈覺之光景而已，性命之理，實未嘗有見也，安得舉此以亂吾儒窮理盡性之學哉。學術不明，爲害非細，言之不覺縷縷，不識吾黨之士以爲何如。如欲學爲佛邪，慈湖之書宜不忍廢。必欲學爲聖人，則固有五經、四書及濂洛關閩之説在。彼譸張爲幻者，又何足以溷吾之耳目哉。

心之精神是謂聖。此言出於《孔叢子》，初若可疑，及考其全文首尾，亦頗明白。聖字自不須看得重，而其意義亦非此句所能盡也。慈湖獨摘此一句，處處將來作弄，豈有他哉。蓋此句實與佛家即心是佛之言相似。其悟處正在此，故欣然取以爲證，使人無得而議焉，更不暇顧其上下文義何如也。請究言之。

子思問於孔子曰，物有形類，事有眞僞，必審之，奚由。子曰，由乎心，心之精神是謂聖。推數究理，不以物疑。周其所察，聖人病諸。切詳問意，蓋以物理事情，皆所當審，而欲知所以審之之由。夫子遂以由乎心答之，而申言心之妙用如此。蓋聖者通明之謂，人心之神無所不通，謂之聖亦可也。惟其無所不通，故能推見事物之數，究知事物之理，物理既得，夫復何疑。若於形迹之粗，必欲一一致察，則雖聖人亦有未易能矣。玩其辭詳其義，可見能通之妙，乃此心之神。而所通之理，是乃所謂道也。若認精神以爲道，則錯矣。《易·大傳》曰，一陰一陽之謂道。又曰，陰陽不測之謂神。道爲實體，神爲妙用，雖非判然二物，而實不容於相混，聖人所以兩言之也。道之在人，則道心是也。神之在人，則人心是也。若此處錯認，焉往而不錯乎。或疑所通之理爲道，則道乃在乎事物，而不在吾心。殊不知事物之理與吾心之理，一而已矣。不然，何謂一以貫之，何謂合内外之道。

慈湖所引《論語》知及之，以合佛氏之所謂慧也。仁能守之，以合佛氏之所謂定也。定慧不二，謂之圓明。慈湖蓋以此自處。其門人頗有覺者，則處之日月至焉之列，乃慧而不足於定者也。觀慈湖自處之意，豈但與三月不違仁者比肩而已哉。《大哉》一歌無狀尤甚，凡爲禪學者之不孫，每每類此。

《慈湖遺書》不知何人所編，初止十八卷，有月錄可考，皆自諸稿中選出。《續集》二卷，又不知出自何人，自十八卷觀之，類皆出入經傳，不雜以佛氏一語，有以知編者之慮至深。吾雖目爲禪學，人或未必盡悟。及觀至《續集》，則辭證具備，亦其勢終有不可得而隱者。如《炳講師求訓》《奠馮氏妹詞》二首，已自分明招認，尚何説哉。程子嘗論及佛氏，以謂昔之惑人也乘其迷暗，今之入人也因其高明。若慈湖者，天資亦不爲不高矣，乃終身爲禪學所誤，今其書忽傳於世，有識之士固能灼見其非，亦何庸多辨。惟是區區過慮，自有所不能已爾。

程子曰，以吾觀於儒釋，事事是，句句合，然而不同。夫既曰事事是句句合矣，何以又曰不同。此正所謂毫釐之差也。且如吾儒言心，彼亦言心。吾儒言性，彼亦言性。吾儒言寂感，彼亦言寂感。豈不是句句合。然吾儒見得人心道心分明有別，彼則混然無別矣，安得同。天地鬼神陰陽剛柔仁義，雖每每並言，其實天該乎地，神該乎鬼，陽該乎陰，剛該乎柔，仁該乎義，明乎此説，其於道也思過半矣。

佛氏之學，不知人物之所自來，斷不足以經世。儒而佛者，自以爲有得矣，至於經理世務，若非依傍吾聖人道理，即一步不可行。所得非所用，所用非所得，正所謂由其蔽於始，是以缺於終爾。内外本末既不免分爲兩截，猶譊譊然動以一貫藉口。吾聖人所謂一以貫之者，果如是乎。

王守仁《語録》（《王文成全書》卷一） 又曰，專事無爲，不能如三王之因時致治，而必欲行以太古之俗，即是佛老的學術。因時致治，不能如三王之一本於道，而以功利之心行之，即是伯者以下事業。後世儒者許多，講來講去，只是講得箇伯術。

王嘉秀問，佛以出離生死誘人入道，仙以長生久視誘人入道，其心亦不是要人做不好，究其極至亦是見得聖人上一截，然非入道正路。如今仕者有由科，有由貢，有由傳奉，一般做到大官，畢竟非入仕正路，君子不由也。仙佛到極處與儒者略同，但有了上一截，遺了下一截，終不似聖人之全，然其上一截同者不可誣也。後世儒者又只得聖人下一截，分裂失眞，流而爲記誦、詞章、功利、訓詁，亦卒不免爲異端。是四家者，終身勞苦，於身心無分毫益。視彼仙佛之徒，淸心寡慾，超然於世累之外者，反若有所不及矣。今學者不必先排仙佛，且當篤志爲聖人之學。聖人之學明，則仙佛自泯，不然則此之所學，恐彼或有不屑，而反欲其俯就，不亦難乎。鄙見如此，先生以爲何如。先生曰，所論大畧亦是。但謂上一截、下一截，亦是人見偏了如此，若論聖人大中至正之道，徹上徹下，只是一貫，更有甚上一截、下一截。一陰一陽之謂道，但仁者見之便謂之仁，知者見之便謂之智，百姓又日用而不知，故君子之道鮮矣。仁智豈可不謂之道，但見得偏了便有弊病。

只説明明德而不説親民，便似老佛。

問，延平云，當理而無私心。當理與無私心如何分别。先生曰，心即理也。無私心即是當理，未當理便是私心。若析心與理言之，恐亦未善。又問，釋氏於世間一切情欲之私都不染着，似無私心。但外棄人倫，卻似未當理。曰，亦只是一統事，都只是成就他一箇私己的心。

侃去花間草，因曰，天地間何善難培，惡難去。先生曰，未培未去耳。少間曰，此等看善惡皆從軀殼起念，便會錯。侃未達。曰，天地生意花草一般，何曾有善惡之分。子欲觀花，則以花爲善，以草爲惡。如欲用草時，復以草爲善矣。此等善惡，皆由汝心好惡所生，故知是錯。曰，然則無善無惡乎。曰，無善無惡者理之靜，有善有惡者氣之動。不動於氣即無善無惡，是謂至善。曰，佛氏亦無善無惡，何以異。曰，佛氏着在無善無惡上，便一切都不管，不可以治天下。聖人無善無惡，只是無有作好，無有作惡，不動於氣。然遵王之道，會其有極，便自一循天理，便有箇裁成輔相。曰，草既非惡，即草不宜去矣。曰，如此卻是佛老意見。草若有礙，何妨汝去。曰，如此又是作好作惡。曰，不作好惡，非是全無好惡，卻是無知覺的人。謂之不作者，只是好惡一循於理，不去又着一分意思，如此即是不曾好惡一般。曰，去草如何是一循於理，不着意思。曰，草有妨礙，理亦宜去。去之而已，偶未即去亦不累心。若着了一分意思，即心體便有貽累，便有許多動氣處。曰，然則善惡全不在物。曰，只在汝心，循理便是善，動氣便是惡。曰，畢竟物無善惡。曰，在心如此，在物亦然。世儒惟不知此，舍心逐物，將格物之學錯看了，終日馳求於外，只做得箇義襲而取，終身行不著，習不察。曰，如好好色，如惡惡臭，則如何。曰，此正是一循於理，是天理合如此，本無私意作好作惡。曰，如好好色，如惡惡臭，安得非意。曰，卻是誠意，不是私意。誠意只是循天理，雖是循天理，亦着不得一分意。故有所忿懥好樂，則不得其正。須是廓然大公，方是心之本體。知此即知未發之中。伯生曰，先生云草有妨礙，理亦宜去，緣何又是軀殼起念。曰，此須汝心自體，當汝要去草是甚麼心，周茂叔窗前草不除是甚麼心。

正之問，戒懼是己所不知時工夫，愼獨是己所獨知時工夫。此説如何。先生曰，只是一箇工夫，無事時固是獨知，有事時亦是獨知。人若不知於此獨知之地用力，只在人所共知處用功，便是作僞，便是見君子而後厭然。此獨知處便是誠的萌芽，此處不論善念惡念，更無虛假。一是百是，一錯百錯。正是王霸義利誠僞善惡界頭。於此一立立定，便是端本澄源，便是立誠。古人許多誠身的工夫，精神命脈全體只在此處，眞是莫見莫顯，無時無處，無終無始，只是此箇工夫。今若又分戒懼爲己所不知，即工夫便支離，亦有間斷。既戒懼即是知己，若不知是誰戒懼，如此見解便要流入斷滅禪定。曰，不論善念惡念，更無虛假，則獨知之地，更無無念時邪。曰，戒懼亦是念，戒懼之念無時可息。若戒懼之心稍有不存，不是昏聵，便已流入惡念。自朝至暮，自少至老，若要無念，即是己不知，此除是昏睡，除是槁木死灰。

蕭惠好仙釋。先生警之曰，吾亦自幼篤志二氏，自謂既有所得，謂儒者爲不足學。其後居夷三載，見得聖人之學若是其簡易廣大，始自嘆悔錯用了三十年氣力。大抵二氏之學，其妙與聖人只有毫釐之間。汝今所學乃其土苴，輒自信自好若此，眞鴟鴞竊腐鼠耳。惠請問二氏之妙。先生曰，向汝說聖人之學簡易廣大，汝卻不問我悟的，只問我悔的。惠慚謝，請問聖人之學。先生曰，汝今只是了人事問，待汝辨箇眞要求爲聖人的心來，與汝說。惠再三請。先生曰，已與汝一句道盡，汝尚自不會。

又《答顧東橋書》　來書云，但恐立說太高，用功太捷，後生師傳影響謬誤，未免墜於佛氏明心見性、定慧頓悟之機，無怪聞者見疑。

區區格致誠正之說，是就學者本心日用事爲間，體究踐履實地用功，是多少次第，多少積累在，正與空虛頓悟之說相反。聞者本無求爲聖人之志，又未嘗講究其詳，遂以見疑，亦無足怪。若吾子之高明，自當一語之下便瞭然矣，乃亦謂立說太高，用功太捷何邪。

來書云，教人以致知明德，而戒其即物窮理，誠使昏闇之士深居端坐，不聞教告，遂能至於知致而德明乎。縱令靜而有覺，稍悟本性，則亦定慧無用之見。果能知古今，達事變，而致用於天下國家之實否乎。其曰知者意之體，物者意之用，格物如格君心之非之格。語雖超悟獨得，不踵陳見，抑恐於道未相脗合。

區區論致知格物，正所以窮理。未嘗戒人窮理，使之深居端坐而一無所事也。若謂即物窮理，如前所云務外而遺內者，則有所不可耳。昏闇之士，果能隨事隨物精察此心之天理，以致其本然之良知，則雖愚必明，雖柔必強，大本立而達道行，九經之屬可一以貫之而無遺矣，尚何患其無致用之實乎。彼頑空虛靜之徒，正惟不能隨事隨物精察此心之天理，以致其本然之良知，而遺棄倫理，寂滅虛無以爲常，是以要之不可以治家國天下。孰謂聖人窮理盡性之學，而亦有是弊哉。

又《答陸原靜》（同上，卷二）　來書云，佛氏於不思善不思惡時認本來面目，於吾儒隨物而格之功不同。吾若於不思善不思惡時用致知之功，則已涉於思善矣。欲善惡不思而心之良知清靜自在，惟有寐而方醒之時耳。斯正孟子夜氣之說，但於斯光景不能久，倏忽之際思慮已生，不知用功久者，其常寐初醒而思未起之時否乎。今澄欲求寧靜愈不寧靜，欲念無生則念愈生，如之何而能使此心前念易滅，後念不生，良知獨顯，而與造物者遊乎。

不思善不思惡時認本來面目，此佛氏爲未識本來面目者設此方便，本來面目即吾聖門所謂良知。今既認得良知明白，即已不消如此說矣。隨物而格是致知之功，即佛氏之常惺惺，亦是常存他本來面目耳，體段工夫大畧相似，但佛氏有箇自私自利之心，所以便有不同耳。今欲善惡不思而心之良知清靜自在，此便有自私自利、將迎意必之心，所以有不思善不思惡時用致知之功，則已涉於思善之患。孟子說夜氣，亦只是爲失其良心之人指出箇良心萌動處，使他從此培養將去。今已知得良知明白，常用致知之功，即已不消說夜氣。卻是得兔後不知守兔，而仍去守株，兔將復失之矣。欲求寧靜，欲念無生，此正是自私自利、將迎意必之病，是以念愈生而愈不寧靜。良知只是一箇良知而善惡自辨，更有何善何惡可思。良知之體本自寧靜，今卻又添一箇求寧靜，本自生生，今卻又添一箇欲無生。非獨聖門致知之功不如此，雖佛氏之學亦未如此將迎意必也。只是一念良知，徹頭徹尾，無始無終，即是前念不滅，後念不生。今卻欲前念易滅而後念不生，是佛氏所謂斷滅種性，入於槁木死灰之謂矣。

來書云，佛氏又有常提念頭之說，其猶孟子所謂必有事，夫子所謂致良知之說乎。其即常惺惺，常記得，常知得，常存得者乎。於此念頭提在之時，而事至物來，應之必有其道，但恐此念頭提起時少，放下時多，則工夫間斷耳。且念頭放失，多因私欲客氣之動而始，忽然驚醒而後提。其放而未提之間，心之昏雜多不自覺。今欲日精日明，常提不放，以何道乎。只此常提不放，即全功乎。抑於常提不放之中，更宜加省克之功乎。雖曰常提不放，而不加戒懼克治之功，恐私欲不去。若加戒懼克治之功焉，又爲思善之事，而於本來面目又未達一間也。如之何則可。

戒懼克治，即是常提不放之功，即是必有事焉，豈有兩事邪。此節所問，前一段已自說得分曉，末後卻是自生迷惑，說得支離，及有本來面目未達一間之疑，都是自私自利將迎意必之爲病，去此病自無此疑矣。

來書云，《大學》以心有好樂忿懥憂患恐懼，爲不得其正，而程子亦謂，聖人情順萬事而無情。所謂有者，《傳習錄》中以病瘧譬之，極精切矣。若程子之言，則是聖人之情不生於心，而生於物也，何謂耶。且事感而情應，則是是非非，可以就格。事或未感時，謂之有則未形也，謂之無則病根在。有無之間，何以致吾知乎。學務無情，累雖輕而出儒入佛矣，可乎。

聖人致知之功，至誠無息。其良知之體，皦如明鏡，略無纖翳。妍媸之來，隨物見形，而明鏡曾無留染，所謂情順萬事而無情也。無所住而生其心，佛氏曾有是言，未爲非也。明鏡之應物，妍者妍，媸者媸，一照而皆眞，即是生其心處。妍者妍，媸者媸，一過而不留，即是無所住處。病瘧之喩，既已見其精切，則此節所問可以釋然。病瘧之人，瘧雖未發而病根自在，則亦安可以其瘧之未發而遂忘其服藥調理之功乎。若必待瘧發而後服藥調理，則既晚矣。致知之功無間於有事無事，而豈論於病之已發未發邪。大抵原靜所疑，前後雖若不一，然皆起於自私自利、將迎意必之爲祟。此根一去，則前後所疑，自將氷消霧釋，有不待於問辨者矣。

又《語錄》（同上，卷三） 問，儒者到三更時分，掃蕩胷中思慮，空空靜靜，與釋氏之靜只一般。兩下皆不用，此時何所分別。先生曰，動靜只是一箇。那三更時分空空靜靜的，只是存天理，即是如今應事接物的心。如今應事接物的心，亦是循此天理，便是那三更時分空空靜靜的心。故動靜只是一箇，分別不得。知得動靜合一，釋氏毫釐差處亦自莫揜矣。

先生嘗言，佛氏不著相，其實著了相。吾儒著相，其實不著相。請問。曰，佛怕父子累，卻逃了父子。怕君臣累，卻逃了君臣。怕夫婦累，卻逃了夫婦。都是爲箇君臣父子夫婦著了相，便須逃避。如吾儒有箇父子還他以仁，有箇君臣還他以義，有箇夫婦還他以別，何曾著父子君臣夫婦的相。

先生曰，仙家說到虛，聖人豈能虛上加得一毫實。佛氏說到無，聖人豈能無上加得一毫有。但仙家說虛，從養生上來。佛氏說無，從出離生死苦海上來。卻於本體上加卻這些子意思在，便不是他虛無的本色了，便於本體有障礙。聖人只是還他良知的本色，便不着些子意在。良知之虛便是天之太虛，良知之無便是太虛之無形。日月風雷山川民物，凡有貌象形色，皆在太虛無形中發用流行，未嘗作得天的障礙。聖人只是順其良知之發用，天地萬物俱在我良知的發用流行中，何嘗又有一物超於良知之外，能作得障礙。

或問，釋氏亦務養心，然要之不可以治天下，何也。先生曰，吾儒養心未嘗離卻事物，只順其天則自然，就是功夫。釋氏卻要盡絕事物，把心看做幻相，漸入虛寂去了，與世間若無些子交涉，所以不可治天下。

或問異端。先生曰，與愚夫愚婦同的是謂同德，與愚夫愚婦異的是謂異端。

一友問功夫不切。先生曰，學問功夫我已曾一句道盡，如何今日轉說轉遠，都不著根。對曰，致良知蓋聞教矣，然亦須講明。先生曰，既知致良知，又何可講明。良知本是明白，實落用功便是。不肯用功，只在語言上，轉說轉糊塗。曰，正求講明致之之功。先生曰，此亦須你自家求，我亦無別法可道。昔有禪師，人來問法，只把麈尾提起。一日，其徒將麈尾藏過，試他如何說法。禪師尋麈尾不見，又只空手提起。我這箇良知就是說法的麈尾，舍了這箇有何可提得。少間，又一友請問功夫切要。先生旁顧曰，我麈尾安在。一時在坐者皆躍然。

一友舉佛家以手指顯出，問曰，衆曾見否。衆曰，見之。復以手指入袖，問曰，衆還見否。衆曰，不見。佛說還未見性。此義未明。先生曰，手指有見有不見，爾之見性常在。人之心神只在有覩有聞上馳騖，不在不覩不聞上著實用功。蓋不覩不聞是良知本體，戒愼恐懼是致良知的工夫。學者時時刻刻常覩其所不覩，常聞其所不聞，工夫方有箇實落處，久久成熟後，則不須著力，不待防檢，而眞性自不息矣，豈以在外者之聞見爲累哉。

先生起行征思、田，德洪與汝中追送嚴灘。汝中舉佛家實相幻相之說。先生曰，有心俱是實，無心俱是幻。無心俱是實，有心俱是幻。汝中曰，有心俱是實，無心俱是幻，是本體上說功夫。無心俱是實，有心俱是幻，是功夫上說本體。先生然其言。洪於是時尚未了達，數年用功，始信本體功夫合一。但先生是時因問偶談，若吾儒指點人處，不必借此立言耳。

又《朱子晚年定論序》 陽明子序曰，洙泗之傳，至孟氏而息。千五百餘年，濂溪、明道始復追尋其緒。自後辨析日詳，然亦日就支離決裂，旋復湮晦。吾嘗深求其故，大抵皆世儒之多言有以亂之。

守仁早歲業舉，溺志詞章之習，既乃稍知從事正學，而苦於衆說之紛撓疲苶，茫無可入。因求諸老釋，欣然有會於心，以爲聖人之學在此矣。

然於孔子之教間相出入，而措之日用，往往缺漏無歸。依違往返，且信且疑。其後謫官龍場，居夷處困，動心忍性之餘，恍若有悟。體念探求，再更寒暑。證諸五經、四子，沛然若決江河而放諸海也。然後歎聖人之道坦如大路，而世之儒者妄開竇逕，蹈荆棘，墮坑塹，究其爲說，反出二氏之下。宜乎世之高明之士厭此而趨彼也，此豈二氏之罪哉。

間嘗以語同志，而聞者競相非議，目以爲立異好奇。雖每痛反深抑，務自搜剔斑瑕，而愈益精明的確，洞然無復可疑。獨於朱子之說有相牴牾，恆疚於心，切疑朱子之賢，而豈其於此尚有未察。及官留都，復取朱子之書而檢求之，然後知其晚歲固已大悟舊說之非，痛悔極艾，至以爲自誑誑人之罪不可勝贖。世之所傳《集註》《或問》之類，乃其中年未定之說，自咎以爲舊本之誤，思改正而未及。而其諸《語類》之屬，又其門人挾勝心以附己見，固於朱子平日之說猶有大相繆戾者。而世之學者局於見聞，不過持循講習於此，其於悟後之論，槩乎其未有聞，則亦何怪乎予言之不信，而朱子之心無以自暴於後世也乎。

予既自幸其說之不繆於朱子，又喜朱子先得我心之同然，且慨夫世之學者徒守朱子中年未定之說，而不復知求其晚歲既悟之論，競相呶呶以亂正學，不自知其已入於異端。輒採錄而裒集之，私以示夫同志，庶幾無疑於吾說，而聖學之明可冀矣。

又《答黄宗賢應原忠辛未》（同上，卷四）　昨晚言似太多，然遇二君，亦不得不多耳。其間以造詣未熟言之，未瑩則有之，然卻自是吾儕一叚的實工夫。思之未合，請勿輕放過，當有豁然處也。聖人之心，纖翳自無所容，自不消磨刮。若常人之心，如斑垢駁雜之鏡，須痛加刮磨一番，盡去其駁蝕，然後纖塵即見，纔拂便去，亦自不消費力，到此已是識得仁體矣。若駁雜未去，其間固自有一點明處，塵埃之落固亦見得，亦纔拂便去，至於堆積於駁蝕之上，終弗之能見也。此學利困勉之所由異，幸弗以爲煩難而疑之也。

凡人情好易而惡難，其間亦自有私意氣習纏蔽在，識破後自然不見其難矣。古之人至有出萬死而樂爲之者，亦見得耳。向時未見得向裏面意思，此工夫自無可講處。今已見此一層，卻恐好易惡難，便流入禪釋去也。昨論儒釋之異，明道所謂敬以直內則有之，義以方外則未，畢竟連敬以直內亦不是者，已說到八九分矣。

又《與王純甫三甲戌》　得曰仁書，知純甫近來用工甚力，可喜可喜。學以明善誠身，只兀兀守此昏昧雜擾之心，卻是坐禪入定，非所謂必有事焉者矣。聖門寧有是哉。但其毫釐之差，千里之謬，非實地用功則亦未易辯別。後世之學，瑣屑支離，正所謂採摘汲引，其間亦寧無小補，然終非積本求原之學。句句是，字字合，然而終不可入堯舜之道也。

又《與夏敦夫辛巳》（同上，卷五）　不相見者幾時，每念吾兄忠信篤厚之資，學得其要，斷能一日千里，惜無因亟會，親睹其所謂歷塊過都者以爲快耳。昔夫子謂子貢曰，賜也，汝以予爲多學而識之者與。對曰，然，非與。子曰，非也。予一以貫之。然則聖人之學，乃不有要乎。彼釋氏之外人倫遺物理，而墮於空寂者，固不得謂之明其心矣。若世儒之外務講求考索，而不知本諸其心者，其亦可以謂窮理乎。此區區之心，深欲就正於有道者，因便輒及之，幸有以教我也。區區兩年來血氣亦漸衰，無復用世之志，近始奉勅北上，將遂便道歸省老親，爲終養之圖矣。冗次，不盡所懷。

又《寄鄒謙之四丙戌》　道一而已，仁者見之謂之仁，知者見之謂之知，釋氏之所以爲釋，老氏之所以爲老，百姓日用而不知，皆是道也，寧有二乎。今古學術之誠僞邪正，何啻碔砆美玉，然有眩惑終身而不能辯者，正以此道之無二，而其變動不拘，充塞無間，縱横顛倒，皆可推之而通。世之儒者，各就其一偏之見，而又飾之以比擬放像之功，文之以章句假借之訓，其爲習熟既足以自信，而條目又足以自安，此其所以誑己誑人，終身沒溺而不悟焉耳。然其毫釐之差，而乃致千里之謬，非誠有求爲聖人之志而從事於惟精惟一之學者，莫能得其受病之源，而發其神奸之所由伏也。

又《與馬子莘丁亥》（同上，卷六）　良知之外更無知，致知之外更無學。外良知以求知者，邪妄之知矣。外致知以爲學者，異端之學矣。道喪千載，良知之學久爲贅疣。今之友朋知以此事日相講求者，殆空谷之足音歟。想念雖切，無因面會，一罄此懷。臨書悃悃，不盡。

又《别湛甘泉序壬申》（同上，卷七）　顔子沒而聖人之學亡。曾子唯一貫之旨，傳之孟軻終，又二千餘年而周程續。自是而後，言益詳道益晦，析理益精學益支離無本，而事於外者益繁以難。蓋孟氏患楊墨，周程之際，釋老大行。今世學者皆知宗孔孟，賤楊墨，擯釋老，聖人之道若大明於世。然吾從而求之，聖人不得而見之矣。其能有若墨氏之兼愛者乎，其能有若楊氏之爲我者乎，其能有若老氏之清淨自守，釋氏之究心性命者乎。吾何以楊墨老釋之思哉，彼於聖人之道異，然猶有自得也。而世之學者章繪句琢以誇俗，詭心色取，相飾以僞，謂聖人之道勞苦無功，非復人之所可爲，而徒取辯於言詞之間。古之人有終身不能究者，今吾皆能言其畧，自以爲若是亦足矣，而聖人之學遂廢。則今之所大患者，豈非記誦詞章之習，而弊之所從來，無亦言之太詳，析之太精者之過歟。

夫楊墨老釋，學仁義，求性命，不得其道而偏焉，固非若今之學者以仁義爲不可學，性命之爲無益也。居今之時，而有學仁義，求性命，外記誦辭章而不爲者，雖其陷於楊墨老釋之偏，吾猶且以爲賢，彼其心猶求以自得也。夫求以自得而後可與之言學聖人之道。

某幼不問學，陷溺於邪僻者二十年，而始究心於老釋。賴天之靈，因有所覺，始乃沿周程之說求之，而若有得焉。顧一二同志之外，莫予翼也，岌岌乎僕而後興。晚得友於甘泉湛子，而後吾之志益堅，毅然若不可遏，則予之資於甘泉多矣。

甘泉之學，務求自得者也。世未之能知，其知者且疑其爲禪。誠禪也，吾猶未得而見，而況其所志卓爾若此，則如甘泉者非聖人之徒歟，多言又烏足病也。夫多言不足以病甘泉，與甘泉之不爲多言病也，吾信之。吾與甘泉友，意之所在，不言而會，論之所及，不約而同，期於斯道，斃而後已者。今日之別，吾容無言。夫惟聖人之學難明而易惑，習俗之降愈下而益不可回，任重道遠，雖已無俟於言，顧復於吾心，若有不容已也，則甘泉亦豈以予言爲贅乎。

又《贈鄭德夫歸省序乙亥》　西安鄭德夫將學於陽明子，聞士大夫之議者以爲禪學也，復已之。則與江山周以善者，姑就陽明子之門人而考其說，若非禪者也。則又姑與就陽明子，親聽其說焉。蓋旬有九日，而後釋然於陽明子之學，非禪也。始具弟子之禮，師事之。

問於陽明子曰，釋與儒孰異乎。陽明子曰，子無求其異同於儒釋，求其是者而學焉可矣。曰，是與非孰辨乎。曰，子無求其是非於講說，求諸心而安焉者是矣。曰，心又何以能定是非乎。曰，無是非之心非人也。口之於甘苦也，與易牙同。目之於姸媸也，與離婁同。心之於是非也，與聖人同。其有昧焉者，其心之於道，不能如口之於味，目之於色之誠切也，然後私得而蔽之。子務立其誠而已，子惟慮夫心之於道不能如口之於味，目之於色之誠切也，而何慮夫甘苦姸媸之無辯也乎。曰，然則五經之所載，四書之所傳，其皆無所用乎。曰，孰爲而無所用乎，是甘苦姸媸之所在也，使無誠心以求之，是談味論色而已也，又孰從而得甘苦姸媸之眞乎。

既而告歸，請陽明子爲書其說，遂書之。

又《象山文集序庚辰》　聖人之學，心學也。堯舜禹之相授受，曰人心惟危，道心惟微。惟精惟一，允執厥中。此心學之源也。中也者，道心之謂也。道心精一之謂仁，所謂中也。孔孟之學，惟務求仁，蓋精一之傳也。而當時之弊，固已有外求之者。故子貢致疑於多學而識，而以博施濟衆爲仁。夫子告之以一貫，而教以能近取譬，蓋使之求諸其心也。迨於孟氏之時，墨氏之言仁，至於摩頂放踵，而告子之徒，又有仁內義外之說，心學大壞。孟子闢義外之說，而曰仁人心也，學問之道無他，求其放心而已矣。又曰，仁義禮智，非由外鑠我也，我固有之，弗思耳矣。蓋王道息而伯術行，功利之徒外假天理之近似以濟其私，而以欺於人曰，天理固如是。不知既無其心矣，而尚何有所謂天理者乎。自是而後，析心與理而爲二，而精一之學亡。世儒之支離外索於形名器數之末以求明其所謂物理者，而不知吾心即物理，初無假於外也。佛老之空虛，遺棄其人倫事物之常，以求明其所謂吾心者，而不知物理即吾心，不可得而遺也。至宋周程二子，始復追尋孔顏之宗，而有無極而太極，定之以仁義中正而主靜之說，動亦定靜亦定，無內外無將迎之論，庶幾精一之旨矣。

自是而後，有象山陸氏，雖其純粹和平若不逮於二子，而簡易直截眞有以接孟子之傳，其議論開闔，時有異者，乃其氣質意見之殊，而要其學之必求諸心，則一而已。故吾嘗斷以陸氏之學，孟氏之學也。而世之議者，以其嘗與晦翁之有同異，而遂詆以爲禪。夫禪之說棄人倫遺物理，而要其歸極，不可以爲天下國家。苟陸氏之學而果若是也，乃所以爲禪也。今禪之說與陸氏之說，其書具存，學者苟取而觀之，其是非同異當有不待於言說者。而顧一倡羣和，勦說雷同，如矮人之觀場，莫知悲笑之所自，豈非貴耳賤目，不得於言而勿求諸心者之過歟。夫是非同異，每起於人持勝心便舊習而是己見，故勝心舊習之爲患，賢者不免焉。

撫守李茂元氏，將重刊象山之文集，而請一言爲之序，予何所容言哉。惟讀先生之文者，務求諸心而無以舊習己見先焉，則糠粃精鑿之美惡，入口而知之矣。

又《親民堂記乙酉》　南子元善之治越也，過陽明子而問政焉。陽明子曰，政在親民。曰，親民何以乎。曰，在明明德。曰，明明德何以乎。曰，在親民。曰，明德、親民一乎。曰，一也。明德者，天命之性，靈昭不昧而萬理之所從出也。人之於其父也而莫不知孝焉，於其兄也而莫不知弟焉，於凡事物之感莫不有自然之明焉，是其靈昭之在人心，亘萬古而無不同，無或昧者也，是故謂之明德。其或蔽焉，物欲也，明之者去其物欲之蔽，以全其本體之明焉耳，非能有以增益之也。

曰，何以在親民乎。曰，德不可以徒明也，人之欲明其孝之德也，則必親於其父，而後孝之德明矣。欲明其弟之德也，則必親於其兄，而後弟之德明矣。君臣也，夫婦也，朋友也，皆然也。故明明德必在於親民，而親民乃所以明其明德也，故曰一也。曰，親民以明其明德，修身焉可矣，而何家國天下之有乎。曰，人者，天地之心也。民者，對己之稱也。曰民焉，則三才之道舉矣。是故親吾之父以及人之父，而天下之父子莫不親矣。親吾之兄以及人之兄，而天下之兄弟莫不親矣。君臣也，夫婦也，朋友也，推而至於鳥獸草木也，而皆有以親之，無非求盡吾心焉，以自明其明德也，是之謂明明德於天下，是之謂家齊國治而天下平。

曰，然則烏在其爲止至善者乎。昔之人固有欲明其明德矣，然或失之虛罔空寂，而無有乎家國天下之施者，是不知明明德之在於親民，而二氏之流是矣。固有欲親其民者矣，然或失之知謀權術，而無有乎仁愛惻怛之誠者，是不知親民之所以明其明德，而五伯功利之徒是矣。是皆不知止於至善之過也。是故，至善也者，明德親民之極則也，天命之性，粹然至善，其靈昭不昧者，皆其至善之發見，是皆明德之本體，而所謂良知者也。至善之發見，是而是焉，非而非焉，固吾心天然自有之則，而不容有所擬議加損於其間也。有所擬議加損於其間，則是私意小智，而非至善之謂矣。人惟不知至善之在吾心，而用其私智以求之於外，是以昧其是非之則，至於橫騖決裂，人欲肆而天理亡，明德親民之學大亂於天下。故止至善之於明德、親民也，猶之規矩之於方圓也，尺度之於長短也，權衡之於輕重也。方圓而不止於規矩，爽其度矣。長短而不止於尺度，乖其制矣。輕重而不止於權衡，失其準矣。明德親民而不止於至善，亡其則矣。夫是之謂大人之學。大人者，以天地萬物爲一體也。夫然後能以天地萬物爲一體。

元善喟然而嘆曰。甚哉，大人之學，若是其易簡也。吾乃今知天地萬物之一體矣，吾乃今知天下之爲一家，中國之爲一人矣。一夫不被其澤，若己推而內諸溝中，伊尹其先得我心之同然乎。於是名其蒞政之堂曰親民，而曰吾以親民爲職者也，吾務親吾之民，以求明吾之明德也夫。爰書其言於壁，而爲之記。

又《重修山陰縣學記乙酉》　山陰之學，歲久彌敝。教諭汪君瀚輩以謀於縣尹顧君鐸而一新之，請所以詔士之言於予。時予方在疚，辭未有以告也。已而顧君入爲秋官郎，洛陽吳君瀛來代，復增其所未備，而申前之請。

昔予官留都，因京兆之請記其學，而嘗有說矣。其大意以爲，朝廷之所以養士者，不專於舉業，而實望之以聖賢之學。今殿廡堂舍拓而輯之，餼廩條教具而察之者，是有司之脩學也。求天下之廣居安宅者而脩諸其身焉，此爲師爲弟子者之脩學也。其時聞者皆惕然有省。然於凡所以爲學之說，則猶未之及詳。今請爲吾越之士一言之。

夫聖人之學，心學也，學以求盡其心而已。堯舜禹之相授，曰人心惟危，道心惟微，惟精惟一，允執厥中。道心者，率性之謂，而未雜於人，無聲無臭，至微而顯，誠之源也。人心則雜於人而危矣，僞之端矣。見孺子之入井而惻隱，率性之道也。從而內交於其父母焉，要譽於鄉黨焉，則人心矣。饑而食，渴而飲，率性之道也。從而極滋味之美焉，恣口腹之饕焉，則人心矣。惟一者，一於道心也。惟精者，慮道心之不一，而或二之以人心也。道無不中，一於道心而不息，是謂允執厥中矣。一於道心，則存之無不中，而發之無不和。是故率是道心而發之於父子也無不親，發之於君臣也無不義，發之於夫婦、長幼、朋友也，無不別，無不序，無不信，是謂中節之和，天下之達道也，放四海而皆準，亘古今而不窮。天下之人，同此心，同此性，同此達道也。舜使契爲司徒，而教以人倫，教之以此達道也。當是之時，人皆君子而比屋可封，蓋教者惟以是爲教，而學者惟以是爲學也。聖人既沒，心學晦而人僞行，功利、訓詁、記誦、辭章之徒，紛沓而起，支離決裂，歲盛月新，相沿相襲，各是其非，人心日熾，而不復知有道心之微。間有覺其紕繆而畧知反本求源者，則又鬨然指爲禪學，而羣訾之。嗚呼，心學何由而復明乎。

夫禪之學與聖人之學，皆求盡其心也，亦相去毫釐耳。聖人之求盡其心也，以天地萬物爲一體也。吾之父子親矣，而天下有未親者焉，吾心未盡也。吾之君臣義矣，而天下有未義者焉，吾心未盡也。吾之夫婦別矣，長幼序矣，朋友信矣，而天下有未別、未序、未信者焉，吾心未盡也。吾之一家飽暖逸樂矣，而天下有未飽暖逸樂者焉，其能以親乎，義乎，別序信乎。吾心未盡也。故於是有紀綱政事之設焉，有禮樂教化之施焉，凡以裁成輔相，成己成物，而求盡吾心焉耳。心盡而家以齊，國以治，天下以平。故聖人之學，不出乎盡心。禪之學非不以心爲說，然其意以爲是達道也者，固吾之心也，吾惟不昧吾心於其中則亦已矣，而亦豈必屑屑於其外。其外有未當也，則亦豈必屑屑於其中。斯亦其所謂盡心者矣，而不知已陷於自私自利之偏。是以外人倫、遺事物，以之獨善或能之，而要之不可以治家國天下。蓋聖人之學，無人己，無內外，一天地萬物以爲心。而禪之學起於自私自利，而未免於內外之分，斯其所以爲異也。今之爲心性之學者，而果外人倫遺事物，則誠所謂禪矣。使其未嘗外人倫遺事物，而專以存心養性爲事，則固聖門精一之學也，而可謂之禪乎哉。世之學者承沿其舉業詞章之習，以荒穢戕伐其心，既與聖人盡心之學相背而馳，日騖日遠，莫知其所抵極矣。有以心性之說而招之來歸者，則顧駭以爲禪而反仇讐視之，不亦大可哀乎。夫不自知其爲非，而以非人者，是舊習之爲蔽，而未可遽以爲罪也。有知其非者矣，藐然視人之非，而不以告人者，自私者也。既告之矣，既知之矣，而猶冥然不以自返者，自棄者也。吾越多豪傑之士，其特然無所待而興者爲不少矣，而亦容有蔽於舊習者乎。故吾因諸君之請，而特爲一言之。嗚呼，吾豈特爲吾越之士一言之而已乎。

又《博約說乙酉》　南元貞之學於陽明子也，聞致知之說而恍若有見矣。既而疑於博約先後之訓，復來請，曰致良知以格物，格物以致其良知也，則既聞教矣。敢問先博我以文而後約我以禮也，則先儒之說，得無亦有所不同歟。

陽明子曰，理一而已矣，心一而已矣。故聖人無二教，而學者無二學。博文以約禮，格物以致其良知，一也。故先後之說，後儒支繆之見也。夫禮也者，天理也。天命之性具于吾心，其渾然全體之中，而條理節目森然畢具，是故謂之天理。天理之條理謂之禮，是禮也，其發見於外，則有五常百行，酬酢變化，語默動靜，升降周旋，隆殺厚薄之屬。宣之於言而成章，措之於爲而成行，書之於冊而成訓，炳然蔚然，其條理節目之繁，至於不可窮詰，是皆所謂文也。是文也者，禮之見於外者也。禮也者，文之存於中者也。文，顯而可見之禮也。禮，微而難見之文也。是所謂體用一源，而顯微無間者也。

是故君子之學也，於酬酢變化語默動靜之間，而求盡其條理節目焉，非他也，求盡吾心之天理焉耳矣。於升降周旋隆殺厚薄之間，而求盡其條理節目焉，非他也，求盡吾心之天理焉耳矣。求盡其條理節目焉者，博文也。求盡吾心之天理焉者，約禮也。文散於事而萬殊者也，故曰博。禮根于心而一本者也，故曰約。博文而非約之以禮，則其文爲虛文，而後世功利辭章之學矣。約禮而非博學於文，則其禮爲虛禮，而佛老空寂之學矣。是故約禮必在於博文，而博文乃所以約禮。二之而分先後焉者，是聖學之不明，而功利異端之說亂之也。

昔者顏子之始學於夫子也，蓋亦未知道之無方體形像也，而以爲有方體形像也。未知道之無窮盡止極也，而以爲有窮盡止極也。是猶後儒之見事事物物皆有定理者也，是以求之仰鑽瞻忽之間，而莫得其所謂。及聞夫子博約之訓，既竭吾才以求之，然後知天下之事，雖千變萬化，而皆不出於此心之一理，然後知殊途而同歸，百慮而一致。然後知斯道之本無方體形像，而不可以方體形像求之也。本無窮盡止極，而不可以窮盡止極求之也。故曰雖欲從之，末由也已。蓋顏子至是而始有眞實之見矣。博文以約禮，格物以致其良知也，亦寧有二學乎哉。

又《書王嘉秀請益卷甲戌》（同上，卷八）　仁者以天地萬物爲一體，莫非己也，故曰己欲立而立人，己欲達而達人。古之人所以能見人之善若己有之，見人之不善則惻然若己推而納諸溝中者，亦仁而已矣。今見善而妬其勝己，見不善而疾視輕蔑，不復比數者，無乃自陷於不仁之甚而弗之覺者邪。夫可欲之謂善，人之秉彝，好是懿德，故凡見惡於人者，必其在己有未善也。瑞鳳祥麟，人爭快覩。虎狼蛇蝎，見者持挺刃而向之矣。夫虎狼蛇蝎，未必有害人之心，而見之必惡，爲其有虎狼蛇蝎之形也。今之見惡於人者，雖其自取未必盡惡，無亦在外者猶有惡之形歟。此不可以不自省也。夫君子之學，爲己之學也。爲己故必克己，克己則無己。無己者，無我也。世之學者執其自私自利之心而自任以爲爲己，漭焉入於隳墮斷滅之中而自任以爲無我者，吾見亦多矣。嗚呼，自以爲有志聖人之學，乃墮於末世佛老邪僻之見而弗覺，亦可哀也。夫有一言而可以終身行之者，其恕乎。強恕而行，求仁莫近焉。恕之一言，最學者所喫緊，其在吾子則猶對病之良藥，宜時時勤服之也。見賢思齊焉，見不賢而內自省。夫能見不賢而內自省，則躬自厚而薄責於人矣，此遠怨之道也。

又《諫迎佛疏稿具未上》（同上，卷九）　臣自七月以來，切見道路流傳之言，以爲陛下遣使外夷，遠迎佛教，郡臣紛紛進諫，皆斥而不納。臣始聞不信，既知其實，然獨竊喜幸，以爲此乃陛下聖智之開明，善端之萌蘖。郡臣之諫雖亦出於忠愛至情，然而未能推原陛下此念之所從起，是乃爲善之端，作聖之本，正當將順擴充，遡流求原，而乃狃於世儒崇正之說，徒爾紛爭力沮，宜乎陛下之有所拂而不受，忽而不省矣。

愚臣之見獨異於是，乃惟恐陛下好佛之心有所未至耳。誠使陛下好佛之心，果已眞切懇至，不徒好其名而必務得其寔，不但好其末而必務求其本，則堯舜之聖可至，三代之盛可復矣，豈非天下之幸，宗社之福哉。臣請爲陛下言其好佛之實。

陛下聰明聖知，昔者青宮固已播傳四海。即位以來，偶值多故，未暇講求五帝三王神聖之道。雖或時御經筵，儒臣進說，不過日襲故事，就文敷衍，立談之間，豈能遽有所開發。陛下聽之，以爲聖賢之道不過如此，則亦有何可樂。故漸移志於騎射之能，縱觀於遊心之樂，蓋亦無所用其聰明，施其才力，而偶託寄於此。陛下聰明豈固遂安於是，而不知此等皆無益有損之事也哉。馳逐困憊之餘，夜氣清明之際，固將厭倦日生，悔悟日切，而左右前後，又莫有以神聖之道爲陛下言者，故遂遠思西方佛氏之教，以爲其道能使人淸心絕欲，求全性命，以出離生死，又能慈悲普愛，濟度羣生，去其苦惱，而躋之快樂。今災害日興，盜賊日熾，財力日竭，天下之民困苦已極，使誠身得佛氏之道而拯救之，豈徒息精養氣，保全性命，豈徒一身之樂，將天下萬民之困苦，亦可因是而蘇息。故遂特降綸音，發幣遣使，不憚數萬里之遙，不愛數萬金之費，不惜數萬生靈之困斃，不厭數年往返之遲久，遠迎學佛之徒。是蓋陛下思欲一洗舊習之非，而幡然於高明光大之業也。陛下試以臣言反而思之，陛下之心豈不如此乎。然則聖知之開明，善端之萌蘖者，亦豈過爲諛言以佞陛下哉。

陛下好佛之心誠至，則臣請毋好其名而務得其實，毋好其末而務求其本。陛下誠欲得其寔而求其本，則請毋求諸佛而求諸聖人，毋求諸外夷而求諸中國。此又非臣之苟爲遊說之談以誑陛下，臣又請得而備言之。

夫佛者，西方之聖人。聖人者，中國之佛也。在彼西方，則可用佛氏之教，以化導愚頑。在我中國，自當用聖人之道，以參贊化育。猶行陸者必用車馬，渡海者必以舟航。今居中國而師佛教，是猶以車馬渡海，雖使造父爲御，王良爲右，非但不能利涉，必且有沉溺之患。夫車馬本致遠之具，豈不利器乎。然而用非其地，則技無所施。陛下若謂佛氏之道雖不可以平治天下，或亦可以脫離一身之生死，雖不可以參贊化育，而時亦可以導羣品之囂頑。就此二說，亦復不過得吾聖人之餘緒。陛下不信，則臣請比而論之。臣亦竊嘗學佛，最所尊信，自謂悟得其蘊奧，後乃窺見聖道之大，始遂棄置其說。臣請毋言其短，言其長者。夫西方之佛，以釋迦爲最。中國之聖人，以堯舜爲最。臣請以釋迦與堯舜比而論之。夫世之最所崇慕釋迦者，莫尙於脫離生死，超然獨存於世。今佛氏之書具載始末，謂釋迦住世說法四十餘年，壽八十二歲而沒，則其壽亦誠可謂高矣，然舜年百有十歲，堯年一百二十歲，其壽比之釋迦則又高也。佛能慈悲施捨，不惜頭目腦髓以救人之急難，則其仁愛及物亦誠可謂至矣。然必苦行於雪山，奔走於道路，而後能有所濟。若堯舜則端拱無爲，而天下各得其所。惟克明峻德以親九族，則九族既睦。平章百姓，則百姓昭明。協和萬邦，則黎民於變時雍。極而至於上下草木鳥獸無不咸若，其仁愛及物，比之釋迦則又至也。佛能方便說法，開悟羣迷，戒人之酒，止人之殺，去人之貪，絕人之嗔，其神通妙用亦誠可謂大矣。然必耳提面誨而後能。若在堯舜，則光被四表，格於上下，其至誠所運，自然不言而信，不動而變，無爲而成。蓋與天地合其德，與日月合其明，與四時合其序，與鬼神合其吉凶，其神化無方，而妙用無體，比之釋迦則又大也。若乃詛咒變幻，眩怪捏妖，以欺惑愚冥，是故佛氏之所深排極詆，謂之外道邪魔，正與佛道相反者，不應好佛而乃好其所相反，求佛而乃求其所排詆者也。陛下若以堯舜既沒，必欲求之於彼，則釋迦之亡亦已久矣。若謂彼中學佛之徒能傳釋迦之道，則吾中國之大，顧豈無人能傳堯舜之道者乎。陛下未之求耳。陛下試求大臣之中，苟其能明堯舜之道者，日日與之推求講究，乃必有能明神聖之道，致陛下於堯舜之域者矣。故臣以爲陛下好佛之心誠至，則請毋好其名而務得其寔，毋好其末而務求其本。務得其寔而求其本，則請毋求諸佛而求諸聖人，毋求諸外域而求諸中國者，果非妄爲遊說之談以誑陛下者矣。

陛下果能以好佛之心而好聖人，以求釋迦之誠而求諸堯舜之道，則不必涉數萬里之遙，而西方極樂只在目前，則不必糜數萬之費，斃數萬之命，歷數年之久，而一塵不動，彈指之間可以立躋聖地，神通妙用，隨形隨足。此又非臣之謬爲大言以欺陛下，必欲討究其説，則皆鑿鑿可證之言。孔子云，我欲仁，斯仁至矣。一日克己復禮，而天下歸仁。孟軻云，人皆可以爲堯舜。豈欺我哉。陛下反而思之，又試以詢之大臣，詢之羣臣，果臣言出於虛謬，則甘受欺妄之戮。臣不知諱忌，伏見陛下善心之萌，不覺踴躍喜幸，輒進其將順擴充之説。惟陛下垂察，則宗社幸甚，天下幸甚，萬世幸甚。臣不勝祝望懇切隕越之至，專差舍人某具疏奏上以聞。

又《南贛鄉約》（同上，卷一七）　一、父母喪葬，衣衾棺槨但盡誠孝，稱家有無而行。此外或大作佛事，或盛設宴樂，傾家費財，俱於死者無益。約長等其各省諭約內之人，一遵禮制，有仍蹈前非者，即與糾惡簿內書以不孝。

又《答人問神仙戊辰》（同上，卷二一）　詢及神仙有無，兼請其事，三至而不答，非不欲答也，無可答耳。昨令弟來，必欲得之。僕誠生八歲而即好其説，今已餘三十年矣，齒漸搖動，髮已有一二莖變化成白，目光僅盈尺，聲聞函丈之外，又常經月臥病不出，藥量驟進，此殆其効也。而相知者猶妄謂之能得其道，足下又妄聽之而以見詢。不得已，姑爲足下妄言之。

古有至人，淳德凝道，和於陰陽，調於四時，去世離俗，積精全神，遊行天地之間，視聽八遠之外，若廣成子之千五百歲而不衰，李伯陽歷商周之代，西度函谷，亦嘗有之。若是而謂之曰無，疑於欺子矣。然則呼吸動靜，與道爲體，精骨完久，稟於受氣之始，此殆天之所成，非人力可強也。若後世拔宅飛昇、點化投奪之類，譎怪奇駭，是乃秘術曲技，尹文子所謂幻，釋氏謂之外道者也。若是而謂之曰有，亦疑於欺子矣。夫有無之間，非言語可況，存久而明，養深而自得之。未至而強喻，信亦未必能及也。蓋吾儒亦自有神仙之道，顔子三十二而卒，至今未亡也，足下能信之乎。後世上陽子之流，蓋方外技術之士，未可以爲道。若達磨、慧能之徒，則庶幾近之矣，然而未易言也。足下欲聞其説，須退處山林三十年，全耳目，一心志，胷中灑灑，不掛一塵，而後可以言此。今去仙道尚遠也，妄言不罪。

又《答徐成之壬午》　承以朱陸同異見詢。學術不明，於世久矣，此正吾儕今日之所宜明辨者。細觀來教，則輿庵之主象山既失，而吾兄之主晦庵亦未爲得也。是朱非陸，天下之論定久矣，久則難變也。雖微吾兄之爭，輿庵亦豈能遽行其説乎。故僕以爲，二兄今日之論，正不必求勝。務求象山之所以非，晦庵之所以是，窮本極源，眞有以見其幾微得失於毫忽之間。若明者之聽訟，其事之曲者既有以辨，其情之不得已而辭之直者復有以察。其處之或未當，使受罪者得以伸其情，而獲伸者亦有所不得辭其責，則有以盡夫事理之公，即夫人心之安，而可以俟聖人於百世矣。

今二兄之論，乃若出於求勝者，求勝則是動於氣也。動於氣，則於義理之正何啻千里，而又何是非之論乎。凡論古人得失，決不可以意度而懸斷之。今輿庵之論象山曰，雖其專以尊德性爲主，未免墮於禪學之虛空，而其持守端實，終不失爲聖人之徒。若晦庵之一於道問學，則支離決裂，非復聖門誠意正心之學矣。吾兄之論晦庵曰，雖其專以道問學爲主，未免失於俗學之支離，而其循序漸進，終不背於《大學》之訓，若象山之一於尊德性，則虛無寂滅，非復《大學》格物致知之學矣。

夫既曰尊德性，則不可謂墮於禪學之虛空。墮於禪學之虛空，則不可謂之尊德性矣。既曰道問學，則不可謂失於俗學之支離，則不可謂道問學矣。二者之辨，間不容髮。然則二兄之論，皆未免於意度也。昔者子思之論學，蓋不下千百言，而括之以尊德性而道問學之一語。即如二兄之辨，一以尊德性爲主，一以道問學爲事，則是二者固皆未免於一偏，而是非之論尚未有所定也，烏得各持一是而遽以相非爲乎。故僕願二兄，置心於公平正大之地，無務求勝。夫論學而務以求勝，豈所謂尊德性乎，豈所謂道問學乎。以某所見，非獨吾兄之非象山，輿庵之非晦庵皆失之非，而吾兄之是晦庵輿庵之是象山，亦皆未得其所以是也。稍暇當面悉，姑務養心息辯毋遽。

又《答徐成之二壬午》　昨所奉答，適有遠客，酬對紛紜，不暇細論。姑願二兄息未定之爭，各反究其所是者，必己所是已無絲髮之憾，而後可以及人之非。早來承教，乃謂僕漫爲含糊兩解之說，而細繹辭旨，若有以陰助輿庵而爲之地者。讀之不覺失笑，曾謂吾兄而亦有是言耶。僕嘗以爲，君子論事，當先去其有我之私。一動於有我，則此心已陷於邪僻，雖所論盡合於理，既已亡其本矣。嘗以是言於朋友之間。今吾兄乃云爾，敢不自反其殆陷於邪僻而弗覺也。求之反復，而昨者所論實未嘗有是，則斯言也無乃吾兄之過歟。雖然，無是心而言之未盡於理，未得爲無過也。僕敢自謂其言之已盡於理乎。請舉二兄之所是者，以求正。

輿庵是象山，而謂其專以尊德性爲主。今觀《象山文集》所載，未嘗不教其徒讀書窮理，而自謂理會文字頗與人異者，則其意實欲體之於身。其亟所稱述以誨人者，曰居處恭執事敬與人忠，曰克己復禮，曰萬物皆備於我，反身而誠樂莫大焉，曰學問之道無他，求其放心而已，曰先立乎其大者，而小者不能奪。是數言者，孔子、孟軻之言也，烏在其爲空虛者乎。獨其易簡覺悟之說，頗爲當時所疑。然易簡之說，出於《繫辭》。覺悟之說雖有同於釋氏，然釋氏之說亦自有同於吾儒，而不害其爲異者，惟在於幾微毫忽之間而已。亦何必諱於其同而遂不敢以言，狃於其異而遂不以察之乎。是輿庵之是象山，固猶未盡其所以是也。

吾兄是晦庵，而謂其專以道問學爲事。然晦庵之言，曰居敬窮理，曰非存心無以致知，曰君子之心常存敬畏，雖不見聞亦不敢忽，所以存天理之本然，而不使離於須臾之頃也。是其爲言雖未盡瑩，亦何嘗不以尊德性爲事，而又烏在其爲支離者乎。獨其平日汲汲於訓解，雖韓文、楚辭、《陰符》《參同》之屬，亦必與之註釋考辨，而論者遂疑其玩物。又其心慮恐學者之躐等，而或失之於妄作，使必先之以格致而無不明，然後有以實之於誠正而無所謬。世之學者掛一漏萬，求之愈繁而失之愈遠，至有敝力終身，苦其難而卒無所入，而遂議其支離。不知此乃後世學者之弊，而當時晦庵之自爲，則亦豈至是乎。是吾兄之是晦庵，固猶未盡其所以是也。

夫二兄之所信而是者，既未盡其所以是，則其所疑而非者，亦豈必盡其所以非乎。然而二兄往復之辯，不能一反焉，此僕之所以疑其或出於求勝也。一有求勝之心，則已亡其學問之本，而又何以論學爲哉。此僕之所以惟願二兄之自反也，安有所謂含糊兩解，而陰爲輿庵之地者哉。夫君子之論學，要在得之於心。衆皆以爲是，苟求之心而未會焉，未敢以爲是也。衆皆以爲非，苟求之心而有契焉，未敢以爲非也。心也者，吾所得於天之理也，無間於天人，無分於古今，苟盡吾心以求焉，則不中不遠矣。學也者，求以盡吾心也，是故尊德性而道問學，尊者尊此者也，道者道此者也，不得於心而惟外信於人以爲學，烏在其爲學也已。僕嘗以爲晦庵之與象山，雖其所爲學者若有不同，而要皆不失爲聖人之徒。今晦庵之學，天下之人童而習之，既已入人之深，有不容於論辯者，而獨惟象山之學，則以其嘗與晦庵之有言，而遂藩籬之。使若由賜之殊科焉則可矣，而遂擯放廢斥，若碔砆之與美玉，則豈不過甚矣乎。夫晦庵折衷羣儒之說，以發明六經、《語》《孟》之旨於天下，其嘉惠後學之心，眞有不可得而議者。而象山辨義利之分，立大本求放心，以示後學篤實爲己之道，其功亦寧得而盡誣之。而世之儒者附和雷同，不究其實而槩目之以禪學，則誠可冤也已。故僕嘗欲冒天下之譏，以爲象山一暴其說，雖以此得罪無恨。僕於晦庵亦有罔極之恩，豈欲操戈而入室者。顧晦庵之學，既已若日星之章明於天下，而象山獨蒙無實之誣，于今且四百年莫有爲之一洗者，使晦庵有知，將亦不能一日而安享於廟廡之間矣。此僕之至情，終亦必爲吾兄一吐者，亦何肯漫爲兩解之說，以陰助於輿庵。輿庵之說，僕猶恨其有未盡也。夫學術者，今古聖賢之學術，天下之所公共，非吾三人者所私有也。天下之學術，當爲天下公言之，而豈獨爲輿庵地哉。

又《東林書院記癸酉》（同上，卷二三）　東林書院者，宋龜山楊先生講學之所也。龜山沒，其地化爲僧區，而其學亦遂淪入于佛老、訓詁、詞章者，且四百年。成化間，今少司徒泉齋邵先生，始以舉子復聚徒講誦于其間。先生既仕，而址復荒，屬于邑之華氏。華氏，先生之門人也。以先生之故，仍讓其地爲書院，以昭先生之跡，而復龜山之舊。先生既已紀其廢興，則以記屬之某。當是時，遼陽高君文豸方來令茲邑，聞其事，謂表明賢人君子之迹，以風勵士習，此吾有司之責，而顧以勤諸生則何事。爰畢其所未備，而亦遣人來請。

嗚呼，物之廢興，亦決有成數矣，而亦存乎其人。夫龜山沒，使有若先生者相繼講明其間，龜山之學邑之人將必有傳，豈遂淪入于老佛、詞章而莫之知。求當時從龜山遊不無人矣，使有如華氏者，相繼修葺之，縱其學未即明，其間必有因迹以求道者，則亦何至淪沒於四百年之久。又使其時有司有若高君者，以風勵士習爲己任，書院將無因而圮，又何至化爲浮屠之居，而蕩爲草莽之野。是三者，皆宜書之以訓後。

若夫龜山之學得之程氏，以上接孔孟，下啓羅、李、晦菴，其統緒相承，斷無可疑。而世猶議其晚流於佛，此其趨向，毫釐之不容於無辨，先生必嘗講之精矣。先生樂易謙虛，德器溶然，不見其喜怒。人之悅而從之，若百川之趨海。論者以爲有龜山之風，非有得於其學，宜弗能之。然而世之宗先生者，或以其文翰之工，或以其學術之邃，或以其政事之良。先生之心其殆未以是足也。從先生游者其以予言而深求先生之心，以先生之心而上求龜山之學，庶乎書院之復不爲虛矣。

書院在錫百瀆之上，東望梅村二十里而遙，周泰伯之所從逃也。方華氏之讓地爲院，鄉之人與其同門之士爭相趨事，若恥於後。泰伯之遺風，尚有存焉。特世無若先生者以倡之耳，是亦不可以無書。

又《大學問》（同上，卷二六） 吾師接初見之士，必借《學》《庸》首章，以指示聖學之全功，使知從入之路。師征思田，將發先授《大學問》，德洪受而錄之。

大學者，昔儒以爲大人之學矣。敢問大人之學何以在於明明德乎。陽明子曰，大人者，以天地萬物爲一體者也，其視天下猶一家，中國猶一人焉。若夫間形骸而分爾我者，小人矣。大人之能以天地萬物爲一體也，非意之也，其心之仁本若是，其與天地萬物而爲一也。豈惟大人，雖小人之心亦莫不然，彼顧自小之耳。是故，見孺子之入井，而必有怵惕惻隱之心焉，是其仁之與孺子而爲一體也。孺子猶同類者也，見鳥獸之哀鳴觳觫，而必有不忍之心焉，是其仁之與鳥獸而爲一體也。鳥獸猶有知覺者也，見草木之摧折而必有憫恤之心焉，是其仁之與草木而爲一體也。草木猶有生意者也，見瓦石之毀壞而必有顧惜之心焉，是其仁之與瓦石而爲一體也。是其一體之仁也，雖小人之心亦必有之，是乃根於天命之性，而自然靈昭不昧者也，是故謂之明德。小人之心既已分隔隘陋矣，而其一體之仁猶能不昧若此者，是其未動於欲而未蔽於私之時也。及其動於欲，蔽於私，而利害相攻，忿怒相激，則將戕物圮類，無所不爲，其甚至有骨肉相殘者，而一體之仁亡矣。是故苟無私欲之蔽，則雖小人之心，而其一體之仁猶大人也。一有私欲之蔽，則雖大人之心，而其分隔隘陋猶小人矣。故夫爲大人之學者，亦惟去其私欲之蔽，以自明其明德，復其天地萬物一體之本然而已耳，非能於本體之外而有所增益之也。

曰，然則何以在親民乎。曰，明明德者，立其天地萬物一體之體也。親民者，達其天地萬物一體之用也。故明明德必在於親民，而親民乃所以明其明德也。是故親吾之父，以及人之父，以及天下人之父，而後吾之仁實與吾之父、人之父與天下人之父而爲一體矣。實與之爲一體，而後孝之明德始明矣。親吾之兄，以及人之兄，以及天下人之兄，而後吾之仁實與吾之兄、人之兄與天下人之兄而爲一體矣。實與之爲一體，而後弟之明德始明矣。君臣也，夫婦也，朋友也，以至於山川鬼神鳥獸草木也，莫不實有以親之，以達吾一體之仁，然後吾之明德始無不明，而眞能以天地萬物爲一體矣。夫是之謂明明德於天下，是之謂家齊、國治而天下平，是之謂盡性。

曰，然則又烏在其爲止至善乎。曰，至善者，明德親民之極則也。天命之性，粹然至善，其靈昭不昧者，此其至善之發見，是乃明德之本體，而即所謂良知者也。至善之發見，是而是焉，非而非焉，輕重厚薄隨感隨應，變動不居而亦莫不自有天然之中，是乃民彝物則之極，而不容少有擬議增損於其間也。少有擬議增損於其間，則是私意小智，而非至善之謂矣。自非愼獨之至，惟精惟一者，其孰能與於此乎。後之人惟其不知至善之在吾心，而用其私智以揣摸測度於其外，以爲事事物物各有定理也，是以昧其是非之則，支離決裂，人欲肆而天理亡，明德親民之學遂大亂於天下。蓋昔之人，固有欲明其明德者矣，然惟不知止於至善，而鶩其私心於過高，是以失之虛罔空寂，而無有乎家國天下之施，則二氏之流是矣。固有欲親其民者矣，然惟不知止於至善，而溺其私心於卑瑣，是以失之權謀智術，而無有乎仁愛惻怛之誠，則五伯功利之徒是矣。是皆不知止於至善之過也。故止至善之於明德、親民也，猶之規矩之於方圓也，尺度之於長短也，權衡之於輕重也。故方圓而不止於規矩，爽其則矣；長短而不止於尺度，乖其劑矣；輕重而不止於權衡，失其準矣；明明德、親民而不止於至善，亡其本矣。故止於至善以親民而明其明德，是之謂大人之學。

又《書韓昌黎與大顛坐叙》（同上，卷二八） 退之《與孟尚書書》云，潮州有一老僧，號大顛，頗聰明，識道理。與之語雖不盡解，要自胸中無滯礙，因與來往。及祭神於海上，遂造其廬。來袁州，留衣服爲別，乃人情之常，非崇信其法，求福田利益。

退之之交大顛，其大意不過如此。而後世佛氏之徒張大其事，往往見之圖畫，眞若弟子之事嚴師者，則其誣退之甚矣。然退之亦自有以取此者，故君子之與人，不可以不慎也。

又《性天卷詩序》（同上，卷二九） 錫之崇安寺有浮屠淨覺者，扁其居曰性天，因地官秦君國聲而請序於予。

予不知淨覺，顧國聲端人也，而淨覺托焉，且嘗避所居以延國聲誦讀其間，此其爲人必有可與言者矣。然性天既非淨覺之所及，而性與天又孔子之所罕言，子貢之所未聞，則吾亦豈易言哉。

吾聞浮屠氏以寂滅爲宗，其教務抵於木槁灰死、影絶跡滅之境，以爲空幻。則淨覺所謂性天云者，意如此乎。淨覺既已習聞，而復予請焉，其中必有願也。吾不可復以此而瀆告之，姑試與淨覺觀於天地之間，以求所謂性與天者而論之。則凡赫然而明，蓬然而生，訇然而驚，油然而興，凡蕩前擁後，迎盼而接眴者，何適而非此也哉。今夫水之生也潤以下，木之生也植以上，性也。而莫知其然之妙，水與木不與焉，則天也。激之而使行於山顛之上而反培其末，是豈水與木之性哉。其奔決而僕，天固非其天矣。人之生，入而父子、夫婦、兄弟，出而君臣、長幼、朋友，豈非順其性以全其天而已耶。聖人立之以紀綱，行之以禮樂，使天下之過弗及焉者，皆於是乎取中，曰此天之所以與我，我之所以爲性云爾。不如是不足以爲人，是謂喪其性而失其天，而况於絶父子，屏夫婦，逸而去之耶。吾儒之所謂性與天者，如是而已矣。若曰性天之流行云，則吾又何敢躐以褻淨覺乎哉。

夫知而弗以告，謂之不仁。告之而躐其等，謂之誣。知而不爲焉者，謂之惑。吾不敢自陷於誣與不仁，觀淨覺之所與，與其所以請，亦豈終惑者耶。既以復國聲之請，遂書於其卷。

又《山東鄉試録策五道》（同上，卷三一） 問：佛老爲天下害已非一日，天下之訟言攻之者亦非一人矣，而卒不能去，豈其道之不可去耶，抑去之而不得其道耶，將遂不去其亦不足以爲天下之患耶。夫今之所謂佛老者，鄙穢淺劣，其妄初非難見，而程子乃以爲比之楊墨，尤爲近理，豈其始固自有説，而今之所習者又其糟粕之餘歟。佛氏之傳，經傳無所考，至於老子，則孔子之所從問禮者也。孔子與之同時，未嘗一言攻其非，而後世乃排之不置，此又何歟。夫楊氏之爲我，墨氏之兼愛，則誠非道矣。比之後世貪冒無恥、放於利而行者，不有間乎。而孟子以爲無父無君，至比於禽獸。然則韓愈以爲佛老之害甚於楊墨者，其將何所比乎。抑不知今之時，而有兼愛爲我者焉，其亦在所闢乎，其將在所取乎。今之時不見有所謂楊墨者，則其患止於佛老矣，不知佛老之外尚有可患者乎，其無可患者乎。夫言其是而不知其所以是，議其非而不識其所以非，同然一辭而以和於人者，吾甚恥之，故願諸君之深辨之也。

天下之道，一而已矣。而以爲有二焉者，道之不明也。孔子曰，道之不行也，我知之矣。知者過之，愚者不及也。道之不明也，我知之矣。賢者過之，不肖者不及也。嗚呼。道一也，而人有知愚賢不肖之異焉，此所以有過與不及之弊，而異端之所從起歟。然則天下之攻異端者，亦先明夫子之道而已耳。夫子之道明，彼將不攻而自破。不然，我以彼爲異端，而彼亦將以我爲異端，譬之穴中之鬭鼠，是非孰從而辨之。今夫吾夫子之道，始之於存養慎獨之微，而終之以化育參贊之大，行之於日用常行之間，而達之於國家天下之遠。人不得焉不可以爲人，而物不得焉不可以爲物，猶之水火菽帛，而不可一日缺焉者也。然而異端者，乃至與之抗立而爲三，則亦道之不明者之罪矣。道苟不明，苟不過焉即不及焉，過與不及皆不得夫中道者也，則亦異端而已矣，而何以攻彼爲哉。

今夫二氏之説，其始亦非欲以亂天下也，而卒以亂天下，則是爲之徒者之罪也。夫子之道，其始固欲以治天下也，而未免於二氏之惑，則亦爲之徒者之罪也。何以言之。佛氏吾不得而知矣，至於老子，則以知禮聞，而吾夫子所嘗問禮，則其爲人要亦非庸下者。其脩身養性以求合於道，初亦豈甚乖於夫子乎。獨其專於爲己，而無意於天下國家，然後與吾夫子之格致誠正，而達之於脩齊治平者有不同耳。是其爲心也，以爲吾仁矣，則天下之不仁吾不知可也。吾義矣，則天下之不義吾不知可也。居其實而去其名，斂其器而不示之用，置其心於都無較計之地，而亦不以天下之較計動於其心，此其爲念固亦非有害於天下者，而亦豈知其弊之一至於此乎。今夫夫子之道，過者可以俯而就，不肖者可以企而及，是誠行之萬世而無弊矣。然而子夏之後有田子方，子方之後爲莊周，子弓，之後有荀况，荀况之後爲李斯。蓋亦不能以無弊，則亦豈吾夫子之道使然哉。故夫善學之，則雖老氏之説無益於天下，而亦可以無害於天下。不善學之，則雖吾夫子之道，而亦不能以無弊也。今天下之患，則莫大於貪鄙以爲同，冒進而無恥。貪鄙爲同者曰，吾夫子固無可無不可也。冒進無恥者曰，吾夫子固汲汲於行道也。嗟乎。吾以吾夫子之道以爲奸，則彼亦以其師之説而爲奸，顧亦奚爲其不可哉。今之二氏之徒，苦空其行，而虛幻其説者，既已不得其原矣。然彼以其苦空而吾以其貪鄙，彼以其虛幻而吾以其冒進，如是而攻焉，彼既有辭矣，而何以服其心乎。孟子曰，經正則庶民興，庶民興斯無邪慝矣。今不皇皇焉自攻其弊，以求明吾夫子之道，而徒以攻二氏爲心，亦見其不知本也夫。

生復言之，執事以攻二氏爲問，而生切切於自攻者，夫豈不喩執事之旨哉。《春秋》之道，責己嚴而待人恕。吾夫子之訓，先自治而後治人也。若夫二氏與楊墨之非，則孟子闢之於前，韓歐諸子闢之於後，而豈復俟於言乎哉。執事以爲夫子未嘗攻老氏，則夫子蓋嘗攻之矣，曰鄉願德之賊也。蓋鄉願之同乎流俗而合乎汙世，即老氏之所謂和其光而同其塵者也。和光同塵之説蓋老氏之徒爲之者，而老氏亦有以啓之。故吾夫子之攻鄉願，非攻老氏也。攻鄉願之學老氏而又失之也。後世談老氏者皆出於鄉願，故曰夫子蓋嘗攻之也。

韓邦奇《語録》（《苑洛先生語録》卷一） 與楊椒山書曰，心之當養，無間動靜。里居之日，供耒耜，遠服賈，亦養心之時也。臨政之時，詰訟獄，裁檄牒，亦養心之時也。于凡應對賓客，盤桓樽俎，莫非養心之時。孔子曰，出門如見大賓，使民如承大祭。此之謂也。若夫凝然正坐，卻除世事，則佛氏之養心也。吐納導引，使不内耗，則仙家之養心也。三代之士，最爲精粹。秦漢及唐，質美暗合，下此類多禪學矣。考之經史，亦自可見。

釋氏語實際，乃知道者所謂誠也，天德也。其語到實際，則以人生爲幻妄。佛氏以死爲歸眞，生爲幻妄，亦只是主客之意。但幻妄字便有箇無用的意思，須是不用此形骸氣性方無累，所以彼必絶男女之配。絶男女不百年，人消物盡，方是眞誠的道理。殊不知天所以爲天，以其用之不息也。若只混沌一塊氣，要他何用。然此亦自然之理，天與聖人非有意安排。張子所謂是皆不得已而然者也，豈佛氏所能挽而回之。今天下之人，比比趨於佛氏。而遵佛氏之教者，天下無一人也。借使人之靈，佛氏可以誘而敎之，盡絶夫婦之交，至於物之雌雄牝牡，佛氏亦無若之何。此眞終不可歸也，佛氏之敎亦窮矣。

指遊魂爲變爲輪迴，釋氏亦窺見些子造化。夫造化氣聚於形則生，氣離於形則復歸於造化。釋氏乃謂，今散之氣有善惡則復聚，氣之爲人物故有輪迴之説。釋氏亦豈不知無是理哉。彼見聖人謂爲善得福爲惡得禍，然有不盡然者，故人率怠於爲善。釋氏乃謂，生雖不得報，死後亦須報。將驅天下之人使之爲善，然欺之也。聖人之敎以誠，釋氏之教以僞。夫感人以誠猶懼人之不從，况僞乎。古今之人，忠臣孝子義士烈女，比比皆然。或得其一肢，得其一事，或得其全體，皆入聖人之敎者也。遵釋氏之教者，不過誦經食素，削髪捨施，以求免於禍。甚者殺人爲盜，乃修齋誦經以求免。有一人慈悲遣累，如釋氏者哉。古今未見講學會友者之爲亂，假白蓮之敎，聚而爲巨盜以亂天下賊生民者，古今多矣。何也，釋氏以僞立敎，故其徒亦以僞應之也。其學之是非，又烏足辯哉。

胡纘宗《語録》（《願學編》卷上） 心一也，經曰正心，傳曰存心，又曰盡心。釋氏曰明心，亦曰存心，又曰澄心。夫儒者之於心，邪則正之，舍則存之，欲通吾神明而極其全體，則盡之。則此心湛然在內，日昭昭然。然所具之理，窮之盡，明之至，故萬事沓來，一一據理應之，無不曲當。是心也，何虚靈邪。其在腔子裏，不活潑潑地邪。衲子之於心，遏絶念慮，屏除紛擾，執持之，羈制之，不合意馳，不使業障，則此心孑然在中，日冥冥然。然止知明心，不知明理，故弗動弗撓，徒爾端居，事來莫察，事去莫省。是心也，何空寂邪。其在腔子裏，不死帖帖地邪。夫儒正心也，心正矣，惟見其亭亭當當也。釋明心也，心明矣，秪見其閃閃爍爍也。此儒釋之所以頓殊也。

學者力學，當慎之於動，而主之以靜。周子定之以中正仁義，而主靜立極，謂動靜不失其時，不失其宜也，故令人靜坐。後學不察，泥於其説，遂至屏絶思慮，有似禪定，久則未有不空寂者，是以易入於禪，而人不悟也。使學於幼而有小學根本，學於壯而有大學工夫，則定而靜以至於得。我之明德既明，禪何自而生，何自而入邪。

不知性何以知命，不知命何以知道。荀氏、楊氏皆不識性，陸氏亦不識性，微程子吾其異端矣。釋氏誤以心爲性，吾儒惑之，從而疑性，而不知求之心也。名曰學儒，幾何而不逊乎儒，入乎佛邪。求之《大學》者，行吾所學，非王不以尚，非聖不以崇。以之爲治，非周不以法，非孔不以師。

禪學日盛，則理學日微。理學日微，則斯文日晦，正道日乖。不入于老，即入于釋，晉宋之末可鑒也。

只今聖學大明，如日中天也。惜王道未盡行，如水行地爾，而又加之以禪學肆出，豈斯文之幸邪。噫，何偏趨達磨，而不恪遵明道邪。遵明道，學顔也。學顔，學孔子也。學禪而卻曰學孔，是駕指南車而適鴈門爾。吁，亦左矣。

人知霸非王也，然難以亂道。人知禪非聖也，然易以亂學。皞皞如也，王也。驩虞如也，霸也。博文約禮，聖也。明心見性，禪也。王霸所被所感，固自判然。世雖稱管晏，然迹其所就，安敢望伊周，霸能亂王乎。若禪學，惟不知性也，或以生爲性，或以心爲性，或以氣爲性。性不明故見不眞，見不眞故學不正。學者趨向苟不的，鮮有不爲禪所引去者，故曰彌近理而大亂眞。

近有以陸子靜爲上接孟子者。夫孟子願學孔子，姑舍顔子，亞聖也。盡性養氣之論，上繼周孔。若子靜已不識性，更不識氣稟之性，卻止知心，故曰心即理也，而不知性即理也。每云當下便是，如其言則周公之夜思待旦，孔子之發憤忘食皆非邪。然惟生知安行爲能然耳，學知利行而下，既無庸着力，又何以便到聖人地位邪，其流不至於習定廢學不已也。然堯舜之兢兢業業，湯之慄慄，文之翼翼者何邪。又云只差些子，卻又不道破。第恐所謂些子者，正是差處，而彼不自知也。觀楊簡之忽省此心之清明，忽省此心之無所不通，詹阜之忽覺此心之復澄瑩，其以心之靈覺爲性明矣。此可見止知心不知性，於孟子性善之説已相悖。而先立乎其大者，亦止言心而不言心之當思，於孟子思則得之之旨，亦不相投。此其流弊不入于禪定邪。

夫子靜所見甚高，如云天地未闢此理固在，此即邵子所謂畫前元有易也。但知靈覺以爲至道，似是更不須問學，則聖賢之博學辭説，大禹惜分陰，孔子三絶韋編者，何邪。夫當下便是，只差些子。此與禪語絶相類，卻是教學者頓悟矣。□□堯舜周□□□終一以時其以一□□□。嗟乎，子靜本高，今則過於高矣，而何以爲獨接孟子邪，將不屑周程子邪，而何以云吾明斯道邪。於乎，惜哉。

戰國世降，楊墨之徒出，邪説横行。孟子繼子思而有憂焉，不得已而爲之辯。夫孟子豈好辯哉，息邪説以正人心，明周公、孔子之道，以嗣子思而開來學，則孟子固有不得而辭焉者，微孟子吾其異端矣。南宋世衰，佛老之徒出，禪學盛傳，朱子繼周程張子而有憂焉，不得已而與之辯。夫朱子豈故與之辯哉，斥禪學以扶世道，闡周公孔子之道，以嗣周程張子而詔後世，則朱子亦有不得而辭焉者，微朱子吾其他道矣。嗟乎，七篇不作，周公孔子之道何以揭之中天。六經、四書不註，周公孔子之道何以垂之後世。先正云，孟子之功不在禹下。愚亦云，朱子之功不在孟下。

陸子靜用心於内是已，然一於内，學之者不得其學，鮮不墮於禪者。故一傳而得楊敬仲，遂溺於禪矣，其繆何啻千里。嗟乎，不由博約，何能如有所立卓爾。

整菴先生鑒別聖學禪學之不同，至明至切。高明之士猶不舍禪而歸聖，將棄周孔而趨老釋邪，將畔程朱子而取張陸邪。吁，亦左矣。

趨禪者彼自習禪爾，若無預于我，而諸大儒必斥之者，非徒惡其墮於異端，蓋惡其流於禪，入於夷也。入於夷始淪於禽獸矣，而何以立於世哉。若五胡金元，寧復有人紀哉。

釋氏不識性，惟識心。陸子靜亦然。

樂軒曰，儒者恬退，則其心愈細。禪家悟道，則其心愈粗。膚齋云，此看得儒釋骨髓出，前此以來無有也。莊子手腳已粗，是以不能有精一執中景象。愚謂，釋氏本莊子，莊子本老子。是何學術，安敢望精一執中體叚。列子亦然。

釋氏《大藏經》五百四十函，其言皆自莊子紬繹而成卷者。衲子乃借以神出鬼沒，以欺世惑民，則立論迂玄，立言怪誕之啓之也，其責將安歸哉，周其戰國之佛乎。而佛以輪迴死生恐動人，以致金身玉殿遍地，歷世皆然，周曾不得俎豆其間。吁，胡爲乎。不本堯舜文孔之道，而造端貽害至是哉。

又（同上，卷下） 康齋日記，似學日省，但恐徒事標記，罔或實踐，故曰見道於風日花鳥。石齋閉戶陽春臺，穴壁進餐，而教學者誦佛經，不涉於面壁禪定乎。敬齋答門人湯武並出之問，曰以功多年長者爲君，不涉於教湯武不以天下爭乎。夫三先生皆談道，而子傅知樂，公甫知靜，叔心知敬，然敬齋不墮禪。

敬齋云，白沙說物有盡而我無盡，分明是釋氏妄想不生不滅語。然既不知生死，亦不知始終，何以倡道，而以堯舜文孔之道敎天下後世哉。

僧道設官自國朝始，宋但令某官提點某宮觀耳。夫僧坐于寺，何以覺，何以綱邪。道坐于觀，何以典，何以紀邪。且僧不下億萬，道不下萬千，費民財而耗民食，夫何止萬億邪，冗員云乎哉。

釋氏以虛無爲心，心果虛無乎。以靈覺爲性，性果靈覺乎。心虛無也，何以明乎。性靈覺也，何以見乎。心無形乎，性有形乎。

莊周其戰國之釋乎，昌大其說，以貽釋氏而惑百世。而佛又以輪迴死生恐動人，以致金身玉殿遍地，歷世皆然，誣妄甚矣。莊恐不能辭其責也。

達摩高僧也，窺見身心當守，因傍儒敎，倡爲明心見性而神其說，而不知其非是也。使得聞吾羲軒堯舜禹湯文武周孔精一時中之旨之奥，未必不棄其說以歸，于是而爲西方大賢。其謂佛爲西方聖人，不知王仲淹何以言之。蓋善人也，亦自善其身爾，謂爲西方大賢，而爲達摩先覺可也，何得爲聖人。果聖人也，肯背君臣，棄父子，絕夫婦，而爲天地間一獨夫邪。三綱既淪，三統亦斁矣，其何以爲聖人邪。使人皆如佛也，何以爲上下，何以爲親疏，何以爲內外邪。人道不歸於熄邪。

此樹枝折卻，轉投彼樹生枝。此枝花落，卻轉投彼枝生花。有是理否。釋氏輪迴之說，無稽矣。

釋氏以摩訶自大，以般若自覺，以波羅自達，以蜜多自極，要之談空幻虛耳。於戲。天地在上，至高至厚，果孰爲大。聖神在前，至誠至明，果孰爲覺。陰陽升降，至理攸存，果孰爲達。至若地位，莫探底衷，果孰爲極。《心經》若此，他可類推矣。

臣於君，子於父，猶人於天也。夫於婦，猶室於家也。兄於弟，弟於兄，猶手於足也。皆性分之所必具，而倫理之所必全者。釋氏忍於背君棄父，強於絕夫婦，甘於離兄弟。三綱淪，五倫斁，已不得爲人，何以言覺言悟邪，何以言心言性邪。卻拜其師爲父，拜其長爲兄，惑其世人之賢賢愚愚爲禪，悲其路人之生生死死爲慈。抑何爲哉，抑何爲哉。

佛者，覺也。覺之爲言，悟也。蓋悟則爲佛，迷則非佛。然悟乃此心之知覺，虛靈耳，非性也。佛氏每以明心見性誘人者，誤以心爲性而人不知也，故曰釋氏本心。所見不同，所入自殊，安得云儒或同哉。然儒生談道而誤墮于禪者，其失亦同。彼援以爲儒釋同耳，夫何同。

釋氏以勸善引動人，彼辟深山遊遠方，不顧父母之養，至不省其存亡，其心善邪惡邪。且有彼爲法師，而以其父爲師徒間，憐其志免晚參，而彼且善談禪，其人善邪惡邪，此於彼勸善之習不相背邪。又有設爲地獄之說，謂其母入獄受罪，彼每救之。然罪之者何人，救之者何術。況地獄乃誣妄也，何彼母獨多罪戾邪，此於彼獨善之敎不相左邪。彼每言有善男子，有善女人，不知彼父母何偏不善若是邪。

釋氏云，和尙者，云和於衆，尙於君父也。夫君至尊也，父至親也，人仰之如天，事之亦如天，罔敢或貳，而敢云尙之，不知何以尙之也，不臣不子甚矣。有明王作，當迸之四裔無赦也。

讀致堂胡先生《崇正辯》，洞見釋氏之空之寂。讀整菴羅先生《困知記》，洞知佛氏之僞之偏。二先生即佛書中語與之論辯，非臆說非泛論，使達摩、仁贊見之亦當屈服。

致堂先生於仁贊佛說，述其事叚，斷之以理以道。整菴先生於達摩佛經，擇其言亦叚，斷之以心以性。而釋氏之空之寂之繆之妄，舉不能遯矣。

高僧有能呼風喚雨降龍伏虎者，此皆幻術耳。彼自謂驚世駭俗，而不知祗能欺愚昧者爾，賢聖固不能幻也。

岷州僧類能詛呪，亦術也，非佛教也。其所謂佛子者，以其教能降伏諸僧衆，此則其俗尙爾。國家不即廢者，蓋以夷俗治夷種也，非取其教也。

終南上人誦說藏經，若有得焉。堯我中丞書以訊予，曰此可與談禪者，因號以大覺，今住持麥積山寺。予遂以覺之義與談之，爾之覺明邪暗邪，己覺邪人覺邪，有覺邪無覺邪，無覺邪有覺邪。蓋明則通，暗則塞矣。覺則悟，弗覺則迷矣。而爾之覺，佛覺邪菩薩覺邪，三乘覺邪衆生覺邪，其覺同邪不同邪，因聞而覺邪因教而覺邪，有覺無空而成人見

季本《佛老附论儒释道》（《說理會編》卷之一四） 程子言，佛老之害甚於楊墨。此因佛老之書說得微妙，足以動賢士大夫，而賢士大夫之趨其教者，皆所親見故也。然楊朱之教與老氏同，墨翟之教與佛氏同，古今之爲吾道害者，惟此二教而已。當戰國時，楊朱、墨翟之言盈天下，天下之言不歸楊則歸墨。蓋無賢士大夫不爲所動者，必其言亦甚深妙也。但其事已往，其書不盡傳，而後世不及見耳，豈可因所未見，而遂謂其害之未甚哉。

佛氏之教與墨翟同，其法主於普度衆生，然常忽於所厚，非聖人一本之學也。老氏之教與楊朱同，其法主於遺棄事物，然常利於一身，非聖人無我之學也。極其所造，俱能遠嗜欲，不動於心，然不過成就其私見而已，謂之合內外之道不可也。故用物以脩己，則不至於自私。用己以處物，則不至於無別。非成物不可以爲成己，非成己不可以爲成物，此合內外之道也。

釋迦，佛家之至聖也。其教主於捨身利物，故於天下之墊溺，必能拯救之。但視天下皆當厚之人而薄於庇親，則不及帝堯之善推恩矣。老子，道家之至聖也。其教主於愛身自善，故於天下之紛爭必能違避之，但必天下皆難化之人而果於忘世，則不及孔子之無棄物矣。此堯孔之聖所以得時措之宜，而佛老之學所以爲異端之害也歟。

佛氏捨身普施，不論族之善惡，一以濟度爲心，必不肯有其色相。老氏愛身獨善，不論世之治亂，一以斂藏爲事，必不肯勞其形神。然佛氏之學亦有用處，以之待暴客可也，以之居危邦可也。老氏之學亦有用處，以之保衰年可也，以之避亂世可也。要之，其初釋迦生於夷狄，人皆尙殺，法不可得而制也，則以慈悲化俗。老子生於衰周，人方嫉賢，志不可得而行也，則以清靜全身，其學術適與時宜相合，雖有所偏，未見其爲害也。然而不能隨時從道，通變宜民，此二氏所以卒歸於偏，而偏則生害歟。後遂各專一教，別立法門，其徒世守不失，則爲老氏者習於無君，爲佛氏者習於無父，而流禍遠矣。

佛氏之教失於縱，故惡人肆恭而不知懲，雖至親遭其殺戮，則但曰劫數而已，此豈父道哉。老氏之教失於忍，故善人被患而不知救，雖天下墊於危亡，則但曰無爭而已，此豈君道哉。二氏之害，蓋不待其傳流之失而始甚也。

人謂佛氏所見比之老氏爲大，以其普濟之量，周徧廣闊，與萬物同一體而心無所着，至於□□盡，而老氏則但能淸靜無爲，專於自守而已。此由不知聖人誠明之學耳。誠明之學，□□幾，動處知謹，故時行而行，時止而止，無一毫失正處。而佛氏之心，則泊然任其所安耳。佛氏比老氏雖大，其爲失心體之正一也。

佛氏言，空中無眼耳鼻舌身意，無色聲香味觸法，是六根六塵俱淨，一無所着也。然世尊爲四大因緣出世，則欲開佛知見，示佛知見，悟佛知見，入佛知見也。爲是出世，終脫不得濟度衆生之根，難以言不着於兼愛矣。着於兼愛，則以兼愛爲安，而所成就者惟此一見，是亦自私自利而已。

佛氏常感常寂，與吾儒同，其所感而未精處與吾儒異。佛氏慈悲與吾儒之惻隱同，恭敬與吾儒之恭敬同，羞愧與吾儒之羞惡同，知慧與吾儒之是非同。獨其所未精處，如當哀時或有不哀者矣，當喜時或有不喜者矣。吾儒則必精察之，是當哀也，吾何爲而不哀。是當喜也，吾何爲而不喜。其必有蔽乎。於是治其己私，以求當哀當喜之道，惕然常存此心，則當哀

當喜之神藏於中，是爲喜怒哀樂未發之中矣。由是遇當哀自然哀，遇當喜自然喜，則爲發而中節之和。此吾儒學問之功，乾乾不息，正以求未發之中也。若佛氏則遇哀而哀者，從其心而哀之矣，其所當哀而不哀者，亦不復求之心。遇喜而喜者，從其心而喜之矣，其所當喜而不喜者，亦不復求之心。惟一空寂使無擾焉，聽其自然生意之動而已，至於應事而學問以求中，遂謂之外，此即告子外義之學也。異處只是不精。

黄久菴謂，儒釋道三教皆以止爲宗，但其用不同耳。佛氏以出世爲用，老氏以忘世爲用，聖人以經世爲用，其體同一止也。竊謂止處已自不同。蓋佛氏之心主於出世，則以出世之道爲止。老氏之心主於忘世，則以忘世之道爲止。聖人之心主於經世，則以經世之道爲止。體用一源，豈有用不同而體能一者哉。

聶豹《辨中》（《困辯録》卷一） 或問，周子言靜，而程子多言敬，有以異乎。曰，均之爲寡欲也。周曰無欲故靜，程曰主一之謂敬，一者無欲也。然由敬而入者有所持循，久則内外齋莊，自無不靜。若入頭便主靜，惟上根者能之。蓋天資明健，合下便見本體，亦甚省力，而其弊也，或至於厭棄事物，賺入別樣蹊徑。是在學者顧其天資力量，而慎擇所由也。近時有名爲講學，而猖狂自恣，往往以主靜爲禪學，主敬爲迂學，而跳梁呼號，坐作語默，一隨其意之所便，無所顧忌而名爲自得，哀哉。入頭便主靜一段，固是。然程子有言，主一之謂敬。或謂，如何爲一。答曰，無適之謂一。他日又言，心有所向便是欲。然則無所向，適即無所欲也。敬之爲言，非無欲之注腳乎。

或問，佛經云，屏息萬緣，一念不生，見不着性，離諸法相。又云，能所俱泯，凡聖情忘。若是，與吾儒不睹不聞之學同乎。曰，同而異也。吾儒之寂，將以神天下之感。彼則恝然無情，至於冤親平等，一無所愛憎取舍，而自同於草木瓦石也，不幾於寂而枯者乎。又問，道經云，道可傳而不可受，可得而不可名。又曰，道不可見，見而非也，道不可聞，聞而非也。若是，將同乎。曰，同而異也。吾儒之虚，將以效天之動。而彼則嘻然寡情，至於芻狗萬物，一切簡棄厭薄，流而爲申韓之慘刻也，不幾於虚而忍者乎。然則，與聖人之情順萬事而無情又何如。曰，同而異也。聖人以天地萬物爲一體，疾痛疴癢皆切於身，一隨其感應自然之機而順應之。其曰無情，特言其所過者化，無所凝滯留礙云爾。若枯忍斯逆矣，謂順應可乎。無情二字，是佛老自家招認的供詞，而明道先生自私自利四字，卻是無情的斷案。毫釐千里之差，非眞知二氏之蘊者，不免虚喝而嫚罵也。

又《又，辨素》（同上，卷四） 素者本吾性所固有，而豫養於己者也。位之所值，雖有富貴貧賤、夷狄患難之不同，然不以富貴處富貴，而素乎富貴，不以貧賤處貧賤，而素乎貧賤，大行不加，窮居不損，而富貴貧賤，夷狄患難，處之一一，則無入而不自得得者，得其素也。正己居易，皆反求諸身之素，不怨不尤，非有所強也。《易》曰，素履之往，獨行願也。故不願乎外，願外便有不得。怨尤之念興，而徼幸之事作矣。大意全在素字上，素即温故之故，豫立之豫，先天之先，前定之前。故養之有素者，隨其所值，坦然由之而無疑，卒然臨之而不驚，無故加之而不懼。佛書云，悟人在處一般。又云，隨所住處常安樂。悟即素也，悟則智慧廣大，不落輪迴，即登彼岸。佛氏以喜怒哀懼愛惡欲，富貴貧賤，夷狄死生患難爲輪迴，亦謂衆生，亦謂煩惱，普度衆生不落輪迴，斷除煩惱便是自得，自得即彼岸也。佛氏所占地位儘高，豈經生容易闖得。但渠所謂高者，吾儒亦自有得在。以下所叙困、蹇凡九卦，皆言反身脩德之事，所以辯素也。傳曰，困之進人，可以辯德，可以速感。素位一段全是鄙見，不期暗合。

又《辨過》（同上，卷五） 《中庸》首章揭戒懼爲要領，末復引《詩》，拳拳而咏嘆之。蓋必如此而後可以作本體之健，本體明健而後可以言復。而世之學者樂放肆而惡拘檢，喜頓悟而鄙積漸，至有倡言戒謹恐懼爲不見本體之學。引禪家指授，謂只論見性不論禪定解脱，而以戒懼爲禪定解脱第二義。自誤可也，以之誤人可乎。達磨是東來衣法第一祖，惠能亦五祖頓悟高第，面壁斷臂，腰石打碓，而弘忍有爲法亡身之喻，其煞喫辛苦，比之戒懼又增數倍。蓋戒定慧是禪家三字經，乃不以其求悟之功爲則，而以悟後之言爲定本，適中其欲速畏難之心。癡人前不可說夢，信哉。

聶豹《語録》（《研幾録》） 有一毫耽靜厭煩之心即是禪，有一毫好大喜功之心即是霸，有一毫趨避要人稱美之意即是鄉原。

人儒以盡性爲主，佛以出世爲宗，仙以長生起念，此其異也。後儒謂釋空老無爲異，非也。二氏之蔽在遺倫，不在虛無。着空淪無二氏且以爲非，以是罪之故弗服也。聖人亦曰虛明，曰以虛受人，亦曰無極，曰無聲無臭，雖至玄渺，不外彝倫日用，即聖學也，安可以虛無二字歸之二氏。以是歸之二氏，則必落形器，守方隅，泥文義，此聖學之所以不明也。

問儒釋同異。曰，無染無着則同，虛明廣大氣象則同。但於無染無着之中，斬然無情，釋氏所以自私自利也。藹然而有至情者，聖人與物同體者也。與物同體，故物各付物，理一而分殊。斬然無情，故親仇平等，混而不顧。

聖學在倫理，釋氏之學在圓覺，道家之學在神氣。養其神氣以盡倫理，仙而聖者也。全乎圓覺以修倫理，釋而聖者也。然非彼所能也。學聖學者，非養神氣任綱常無力，非得圓覺運化機無神。故倫理者，聖人之至變也。神氣者，聖人之至精也。圓覺者，聖人之至神也。仙釋用其一，聖人得其三，故全也。後儒見不出此，凡涉其言類其意必推而出之，而獨守乎名物文義之間。愚嘗譬之，神州本一統也，至三國而後鼎立，漢承正統反處一隅。夫三代之時，道德一，風俗同，固有爲其學而人其人，不至分門立戶與我抗衡割據于中國者，以上有眞主，下有眞儒，引而歸正，故一也。後之君臣，迷者見其靈通趨而承之，正者厭其遺僻攻而激之。然而圓覺、神氣之在人，誠非可泯者也，故終出而峙立其間，至勢成而不可反，物別而不可化，豈惟二氏之咎哉。孟子曰，君子反經而已矣。經正則庶民興，庶民興斯無邪慝矣。此克復神州之說也。

直甫問，虛無乃老釋之非，先生謂吾儒亦然，終未安。曰，虛者太虛也，太虛原無一物，是虛無也。天下萬物萬事，豈有能外太虛者乎，生生化化皆從此出。爲人子能虛以事親則孝，爲人臣能虛以事君則忠。若實之以慕少艾，私妻子，懷寵計利，則不能矣。曰，老釋之虛，虛而虛。吾儒之虛，虛而實，亦有辯。曰，如子之言，是亦虛矣，何謂不然。且虛而虛，虛而實之言亦未明，須知離乎人倫物理而虛無者，二氏之謬也。不離人倫日用而至虛至無者，吾儒之學也。

無事時用得工夫，一沾事便走，此還是事重。一沾物便搖，此是物重。一沾毀譽利害便動心，此是名利心未淨，是謂賓勝主。當爲不爲必厭事，當接不接必惡外物，當理會處不理會必有推墮不管之病，是謂主勝賓。賓勝主近乎俗，主勝賓近乎禪。匪俗匪禪，常虛而不息，常應而無滯，則聖學明矣。

問，古聖彙出，後來成仙成佛者多，成聖者寡，何也。曰，此在教與學異也。五三之世，執中建極，教簡而學專，故人人君子。後世中極之義未明，孔子申一貫之旨，一以上非顏不聞，一以下遂分兩截，尙謂且學貫，未可學一，其支離不經亦甚矣。學者見其繁艱，皆委心不能。雖周程倡可學之要，再傳復晦。既不得其門而入，而辭章功利之習又從而薰爍之，柰何有成。若佛以見性，仙以超昇，學之者直欲作佛，必求超昇，件件放下，其道雖偏，其教簡徑，其學精專，以此成就者衆。今知其然，盡洗世陋，直以易簡爲學，以聖人爲歸，然而不成未之有也。

二氏之學，致廣大極高明似有，盡精微道中庸即無。後儒之學反是，皆二之也。廣大高明，本體也，惟不盡精微故未致，不道中庸故未極耳。離則空，滯則偏，此聖學之精全也。

又《儒釋辯》 或問陽明先生於侃曰，其學類禪，信有諸。曰，否。禪之得罪聖人也有三，省事則髡焉，去慾則割愛焉，厭世則遺倫焉。三者禪有之，而陽明亦有之乎。曰，弗有。曰，聖學之異於禪者，亦有三焉。以言乎靜無弗具也，以言乎動無弗體也，以言乎用之天下無弗能也。是故一本立焉，五倫備焉。此陽明有之，而禪亦有之乎。曰，弗有。

然則曷疑其爲禪也乎。曰，以廢書，以背朱，以涉虛也。曰，噫，子誤矣。不然，以告者過也。先生奚廢書乎。昔者郭善甫見先生于南臺。善甫嗜書者也。先生戒之曰，子姑靜坐。善甫坐餘月，無所事。復告之曰，子姑讀書。善甫憝而過我，曰吾滋惑矣。始也教慶以廢書而靜坐，終也教慶廢坐而讀書，吾將奚適矣。侃告之曰，是可思而入矣。書果學乎。孔子之謂子貢曰，汝以予爲多學而識之者歟。非也，予一以貫之。學果廢書乎。孔子贊《易》曰，君子多識前言往行以畜其德。是可思而入矣。故言之弗一，敎之因材而篤也。先生奚廢書乎。

然則背朱則何居。曰，先生其遵之甚者爾，豈曰背之云乎。孟子曰，王之好樂甚，則齊其庶幾乎。夫今之樂，非古之樂也。而孟子以爲庶幾，何也。彼其於樂，孰無好。好之而已，聽之而已，稱美之而已，好之弗甚者也。若體其和，推其意，而得乎樂之本，則必妙之乎聲容之外者矣。先生於朱子亦若是焉爾，惡在其爲背也乎。且朱子遵程者也，其爲《本義》多戾《易傳》。孔子、孟子述古者也，其稱《詩》《書》，多自爲說。先生之於朱亦若是焉爾，惡在其爲背也乎。

然則涉虛何謂也。曰，子以虛爲非乎，以偏於虛而後爲非乎。夫以虛爲非，則在天爲太虛，在人爲虛明。又曰有主則虛，曰君子以虛受人，曰聖人虛之至也。今子以虛爲禪，而必以弗虛爲學，則糟粕足以醉人之魂而弗靈矣，骨董足以膠人之柱而弗清矣，藩籬格式足以掣人之肘而弗神矣。曰，若然，則儒釋奚辯。曰，僊釋之虛，離世遺倫，虛而虛者也。聖賢之虛，不外彝倫日用，虛而實者也。故沖漠無眹，而曰萬象森然，是故靜無弗具也。視之不見，聽之不聞，而曰體物不遺，是故動無弗體也。神無方而易無體，而曰通乎晝夜之道而知，斯良知也。致之之極，時靡弗存。是故無方無體，虛之至也。至虛而（復）［後］不器，不器而後無弗能。

黃佐《政教》（《庸言》卷七）　斯道也，其必求諸己乎。將有爲也，將有行也，推之使出，則一者大。天地之昭也，鬼神之列也，上下四方之矩也，先後聖人之節也，符合於彼，而屈者信，闢戶顯諸仁矣，誠之通也。既有爲也，既有行也，收之使入，則大者一。天地之心也，鬼神之會也，上下四方之宇也，往古來今之宙也，歸宿於此，而信者屈，闔戶藏諸用矣，誠之復也。三極流通，無有間隔，孰能異之。苟異乎此則異端也。佛氏圓覺，覺性體之圓，而不知方之以義，遺外者也。老氏致虛，致心體之虛，而不知實之以理，廢用者也。今之陽儒陰釋，取孟氏一語以立門戶者，不思理義，其流也殉欲射利，喪其良心。傳曰，心不在焉，不見不聞，不知其味，其斯人之徒也夫。

天下無道外之器，故先王禮樂政刑皆出於道。應事處物迹雖在外，皆吾心之理之所發見，此所以爲道也。凡雜服安禮，操縵安絃，與干戈羽籥用以爲教者，名物度數之中，天人性命之理存焉。至於刑名律令，皆根於理。內外一致，心迹無二。豈若異端虛無空寂，厭棄事物之理，專事本心虛靈，以弄精神哉。

又《著述》（同上，卷九）　問，象山云，看經書須看註疏及先儒解釋，不然執己見議論恐自是。黃氏震謂，平日以此等爲陷溺，而今日之言乃如此，乃知天下常理終不可逃也，豈自欺者與。曰，釋氏自達磨即心見性，不立言語文字，然語錄、傳燈之類，乃更繁多。昔楚人有鬻矛與盾者，譽之曰吾盾之堅莫能陷也，又曰吾矛之利於物無不陷也。或曰，以子之矛陷子之盾何如。其人弗能應也。談禪者大氐類此。

顏子克己復禮，天下歸仁。孟子集義養氣，當大任不動心。可謂內外合一之學矣。漢初儒者論著，猶不背道。今之陸賈《新語》，贋本也，予得諸《論衡》《文選註》者，有曰，天地生人以禮義之性，人能察己所以受命則順矣。與子貢不受命而貨殖同義。曰順之謂道，與《中庸》率性同義。其後佛老與吾儒混爲一途，《唐文粹》可概見已。白居易曰，天地有常道，萬物有常性。道不可以終靜，濟之以動。性不可以終動，濟之以靜。取諸震而發身，受以復而知命。所以莊（主）曰知養恬，《易》曰蒙養正。梁肅曰，夫止觀何爲也。導萬法之理而復於實際者也。實際者，性之本也。物之所以不能復者，昏動使之然也。照昏謂之明，駐動謂之靜。明與靜，止觀之體也。李翺《復性書》曰，誠者聖人之性也，知本無有思，動靜皆離，寂然不動者，是至誠也。視聽昭昭而不起於見聞，其心寂然，光照天地，是誠之明也。情者，妄也，邪也。曰邪與妄，則無所因矣。妄情滅息，本性清明，周流六虛，所以能復其性也。蓋高宗時，六祖慧能說法曹溪，有語錄，號爲《法寶壇經》，士大夫宗之，故雖名士如翺，亦皆參禪。而僧道多以《老》《易》講授，儒者反師事之，故其論著，大氐以靜覺爲宗。至宋，蘇轍序《老子解》，直以中庸爲佛法。六祖謂不思善不思惡，則喜怒哀樂之未發也。中者，佛性之異名，而和者，六度萬行之總目。致中和而天地萬物生於其間，非佛法何以當之。朱子謂，既合吾儒於老子，又彌縫以釋氏，可謂舛矣。然轍猶云，君臣父子之間非禮法則亂，居山林而心存至道，雖爲人天之師可也，以之治世則亂。豈非以禪心起滅天地，不復知有禮義故與。南渡後，大慧禪師宗杲者，龜山門人張子韶樂其捷徑，嘗師事之。陸象山又師其徒得光。杲教子韶曰，既得欛柄入手，開導之際當改頭換面，隨宜說法，使殊塗同歸。故凡張陸論著，皆陽儒而陰釋，愚人耳目，使入乎禪，雖欲復出而不可得。《傳燈錄》曰，作用是性，在目曰見，在耳曰聞，在鼻嗅香，在口談論，在手執捉，在足運奔。即象山所謂，吾目視耳聽鼻嗅口嘗手執足運，不必存誠持敬者也。嗚呼，顔子所謂非禮，孟子所謂義襲，至是皆悍然不顧矣。宗其説者不求理義，惟談頓悟，大氐曹溪之流派爾。近清瀾陳氏建著《學蔀通辯》，謂吾道蔀障，至杲而極。杲之祕計大類呂不韋，不韋陰以其子易秦，而秦人不覺。杲以其學易儒，而後世亦鮮知之。始皇既立，名號猶襲嬴秦，而血脈則已移于呂。張陸繼作，名號猶襲吾儒，而血脈則已移于禪。二人者其古今之大盜與。

《學蔀通辯》首言儒佛混淆，朱陸莫辨。《易》曰，豐其蔀，日中見斗。深言掩蔽之害也。象山援儒掩佛，朱子終身排之。近世迺謂，朱子初年所見未定，晚始悔悟，與之合。始於趙汸《對江右六君子策》，成於程敏政《道一編》，王陽明因爲《朱子晚年定論》。於是考究朱子早年嘗出入禪學，與象山未會而同。中年方識象山，疑信相半。至晚年始覺其弊，攻之甚力。象山既沒，排之尤明。所據歲月最爲精確，且謂其學遺物棄事，屏思黜慮，專務空覺，完養精神，不思義理，遏定此心，久忽明快，方謂之得，其爲禪顯然。其徒有傅子淵者，象山稱其人品甚高，非餘子比也。忽一日自以爲悟道，明日酗酒駡人。又有顔子堅者，棄儒爲僧。朱子答其書云，所謂古人學問不在簡編，必有所謂統之宗、會之元者，僕愚於此未喻。聖人教人博文約禮，學問思辨而力行之，不可誣也。若曰不在簡編，而惟統宗會元之求，則是妄意躐等，以陷于邪説詖行之流矣。聞已得祠牒，髡鬀有期，顧更思慮，與子靜謀之。然陸子與書，一則曰高明終當遠到，二則曰道非口舌所能辯。嗚呼，髡首而胡服矣，不知所到者何道邪。予謂象山嘗歎朱子泰山喬嶽，可惜學不見道，枉費精神，以道問學之功多也。故其教人務在收拾心之精神，閉目止觀，一朝頓悟，光含萬象，見景自託，反至喪心。佛書云，惟有一乘法，無二亦無三。又云，惟此一事實，餘二則非眞。文殊曰，善哉，無有言語文字，是眞入不二法門也。此謂實際，此謂欛柄。故象山嘗舉禪偈曰，家有壬癸神，能運千斛水。又曰，舉頭天外望，無我這般人。其作詩則有哮吼大嚼無毫全，及始笑從前着意聽之句。眇視聖經賢傳故爾，然則其徒猖狂亦奚怪邪。

程伯子曰，以吾觀於儒釋，事事是，句句合，然而不同。故《二程全書》開卷語韓持國，道即性也，所以辯禪以心爲性則非道爾。濂溪少從鶴林寺僧壽涯，山谷嘗答書，勸其往參高僧。歸文宗老，逃禪歸儒，大類橫渠。故程子嘗曰，周茂叔窮禪客。朱子早年從謙開善下工夫，就裏面體認，延平嘗言之，即僧道謙也。覺其不同，一變至道，豈非天下之大勇乎。

又《天地》（同上，卷一二）　釋氏謂，須彌山四畔有四大部州，北鬱單越，南閻浮提，西瞿拏尼，東汾維岱，皆隔山不相見。日月星辰皆圍繞山腰而行。南晝則北夜，東夕則西旦，是地大於天也。予深究其故，蓋局於所見爾。東夷自稱日出處，而目中國爲日入處。中國月哉生明在每月三日，今西域尋斯干城，則朔夕見之。東極日域，西近月窟，局於所見明矣。

尤時熙《餘言》（《擬學小記》卷二）　三教皆起周末，當時文勝之弊，如積熱發狂，道渴望飲。二氏如寒泉，儒者猶茶湯。學者局方失指，遂各自弊。二氏之弊，外人倫遺物理。而繁文之害至今，儒者迄不能救，或從而益之。所謂深言之近於誣，淺言之無益於戒。立言之難自古然矣。

古之聖賢，期以共明此道，故既不私己亦不私人。如以德報怨之言出於老子，直即德也。當時既失老子之意，以德爲恩惠，則直闢之曰，何以報德。即使老子答此，亦必如此。楊墨之賢，其學流爲無父無君，孟子直闢之曰禽獸，即使楊墨復生，亦必如此説矣。佛老之學，流爲外人倫遺物理，使佛老於此輩，亦必以爲外道而斥之矣。儒者之學流爲記誦詞章，訓詁口耳，其最近似者莫如義外之學，使聖人於此亦必辭而闢之矣。今學者直斥楊墨，闢佛老，而佛老之徒則莫敢相抗者，豈誠有以服其心哉。此可以一笑而自省矣。

儒與佛老之言，今皆並存於世，吾惟驗之吾心而安，可以通行不悖者而從之，不必苟異，不必苟同，庶幾大公之義，而不負古人立教之苦心耳。

三教宗旨，只是行所無事。

又《孔彦私錄》（同上，卷七）　有辨佛教説無眞無妄，儒教説有眞有妄，似於一義未臨者。某曰，子不讀《中庸》乎。既曰不睹不聞，又説甚眞妄。其人無對。某舉以告，先生曰，二説皆是。某請問。先生曰，無眞無妄是告上智，有眞有妄爲初學者説。若初學不教他存眞去妄，卻於何處下手。以此知先生教人不執一方，便是善轉法華處。

王棟《會語》（《一菴先生遺集》卷上） 韓子自以能排佛老，繼聖人之絶，其實未嘗排得分毫。蓋佛老之學皆於心性上有見，故敢與吾儒爭衡。韓子原未嘗理會吾儒心性之所以是，佛老心性之所以非，吾之與彼之所以異，只欲以吾儒之禮樂文章，權衡斗斛，排他棄君臣、離父子處。非惟無以服其心，而實足以貽其笑，所以一遇大顛便輸服了。

佛老之學，出於孔孟之後，故無有能排之者。獨程子云，言爲無不周遍，實則外於倫理。此是在心性當然上責之，可謂約而盡者。陸象山云，佛老之學主於出世，吾儒之學主於經世，斯不謂盡而又盡者歟。

或曰，佛言明心見性，道家言修心煉性，而吾儒亦曰存心養性。三教俱是在心性上用功，但作用不同耳。曰，不然。二氏初未識心性本然分量，原是萬物皆備，原能參贊位育，而妄以清虛寂靜觀心性，卻只見得心性中之一隅。吾儒非但漫然存養而已，然必曰盡其心者知其性也，不盡其心可謂知性乎。必曰唯天下至誠爲能盡其性，不盡其性可謂至誠乎。二盡字當玩味。盡是盡其原初天賦于人本然分量，所謂萬物皆備而參贊位育者也。吾儒所以必主經世爲功業者，亦其心體性分所當然故耳。

今之講學者，不入於老則入於佛，不入於佛則入於告子。不思《論語》《孟子》之書，乃孔孟當時講學語錄，反覆印證，無非人情事變上切實工夫。今何必求高於《論語》《孟子》之說。求高於《論語》《孟子》，乃適混一於異端。諸家推原其故，蓋始於認《大學》誠意爲心之所發，是不免於發後求誠，而去欲防私之弊所由以起。此高明之士所以鄙之，而跳入於老佛場中，亦無怪其然也。《大學》誠意本說心之主宰，主宰一定，自無邪私物欲可干。此先天易簡之眞機，不俟去而欲自不侵，不待防而私自不起者。老佛之超脱，只緣竊得此機括耳。不究其因，反以吾儒之學不如彼之直截超脱，而往往借用其說以補足吾儒教法之全，不亦惑之甚哉。

一友喜言當下精神。答曰，佛家有此教法，本亦吾人爲學切近工夫，未爲不可。但《大學》之旨，必從格物致知，方得止於至善。蓋必絜度於人己之間，使彼此皆安而本末不亂，然後吾之舉動盡出於良知天理，而不混於見聞情識，俗態私心，乃爲至善之地。無怨無惡，無咎無疵，如此則當下精神始有着落。不然則當時佛老諸人，何者不是當下精神，而於此道中正之全終有歉也。又有言日用間只坦坦平平，無所沾滯，自覺一身輕便者。曰，此意本眞，然亦飄蕩無據，亦須隨時隨事，實用反身格物工夫，方見精密。否則見聞情識，皆得與良知牽眞混而難別，雖坦平輕快，終涉糊塗。且捕風捉影之爲，非踏實履平之學也。一云，獲父母兄弟妻子慈愛之徵，遠近鄉邦信與之驗。曰，此是眞能實用反身工夫，故得感應流通效驗，是豈可襲取之哉。更須一以正己格物，盡其在我，莫於效驗上安身着腳，庶無差忒。故嘗曰，反身則樂，責人則憂。反身則一，責人則二。反身則血氣通貫而爲仁，而天下歸之矣。責人則手足痿痺而不仁，而親戚畔之矣。

樊深《異端》（《西田語略》卷九） 儒言人道也，其說明。釋言鬼道也，其說幽。道言仙道也，其說妄。

儒道靜也，釋氏亦靜也。但儒乃有用之靜，釋乃無用之靜。儒乃有主之靜，釋乃無主之靜。

陳建《學蔀通辨提綱》（《學蔀通辨序》） 一、自老莊以來，異學宗旨專是養神。《漢書》謂，佛氏所貴，修鍊精神。胡敬齋曰，儒者養得一箇道理，釋老只養得一箇精神。此言實學術正異之綱要。陸象山講學，專管歸完養精神一路，具載語錄可考。其假老佛之似，以亂孔孟之眞。根柢在此，而近世學者未之察也。故今後編之辨陸，續編之辨佛，皆明其作弄精神，所以異於吾儒之學。至終編，則明吾儒之理學，異於異學之養神，蓋此書樞要只此云。

一、採據諸書【略】

謹按，朱子未出以前，天下學者有儒佛異同之辨。朱子既没之後，又轉爲朱陸異同之辨。此聖學顯晦所由繫，世道升降之大幾也。蓋自周衰，降爲戰國，天下雖有異端，如楊墨申韓之屬非一，然其爲說尚淺，未足以深惑乎人也。迨至東漢而佛學入中國，至南北朝而達磨西來傳禪。其明心見性之論，始足以陷溺高明之士，其本來面目之似，始足以混《中庸》未發之眞矣。嗚呼，禪佛之近似，已足以惑人，而况重以象山之改頭換面，假儒書以彌縫佛學，爲説益精益巧乎。又况重以篁墩諸人，又顛倒早晚，假朱子以彌縫象山，爲謀益工益密乎。常觀程子闢佛氏曰，邪誕妖異之說，塗生民之耳目。塗，言蔀也。朱子排陸氏曰，分明被他塗其耳目，至今猶不覺悟，言益蔀也。孰意近年又爲《道一編》諸書所塗，成三重蔀邪。建無似，究心十年，著成此辨，垂十萬言。其大要明正學，不使爲禪說之所亂。尊朱子，不使爲後人之所誣。撤豐蔀，不使塗後學之耳目而已。君子其尙虛心而熟察之哉。

又《象山師弟作弄精神分明禪學》（《學蔀通辨》後編卷上）　朱子曰，佛學只是弄精神。

又曰，禪學細觀之，只是於精神上發用。并《朱子語類》

又《答潘恭叔書》曰，釋氏之病，乃爲錯認精神魂魄爲性。

又《答連嵩卿書》曰，爲此說者只是於自己身上認得一個精神魂魄有知有覺之物，即便自爲己性，把持作弄到死不肯施舍，謂之死而不亡。釋氏之學本是如此。今其徒之黠者往往自知其陋而稍諱之，卻去上頭別說一般玄妙道理，雖若滉瀁不可致詰，然其歸宿實不外此。并《朱子文集》

按，《漢書》論佛氏之旨云，所貴修鍊精神，以至爲佛。其言正與朱子合。或曰，佛氏直指人心，見性成佛。朱子《漢書》專以精神言，何也。曰精神即心也。心者精神之舍，而虛靈知覺作用運動，則皆精神之發也。故禪學其始也，絕利欲，遺事物，屏思慮，專虛靜，無非爲修鍊精神計。及其積久也，精神凝聚澄瑩，豁然頓悟，則自以爲明心見性，光明寂照，神通妙用，廣大無邊，一皆精神之爲也。《漢書》之言，朱子之論，得其要矣。象山之學，何莫非原於此。

陸子曰，精神全要在內，不要在外，若在外，一生無是處。

初學者能完聚得幾多精神，纔一霍便散了。某平日如何樣完養，故有許多精神難散。並《象山語錄》

按象山講學專管歸完養精神一路，其爲禪學無所逃矣。象山每以孔孟爲辭，今考《魯論》一部，《孟子》七篇，未聞有一言及于及於精神。而爲釋氏之自私自利者乃專務之，象山之情昭然矣。下文反復辨證，益詳益明。

按《孔叢子》云，心之精神是謂聖，陸學宗祖全在此一語。朱子嘗謂，《孔叢子》是後人僞作，鄙陋之甚，理既無足取，而辭亦不足觀。陸學一派乃以與其禪見偶合，尊信而專主之，不亦誤乎。按，莊子曰，神全者聖人之道。又曰，精神，聖人之心。觀此則作《孔叢子》當是莊列者流。

朱濟道與人書云，陸先生所以誨人者深切著明，大概是令人求放心，學者相與講切無非此事，不復以語言文字爲意，令人仰嘆無已。其有意作文者，皆令收拾精神，涵養德性。根本既正，不患不能作文。《象山年譜》

又曰，千古聖賢只是辨一件事，無兩件事。《象山語錄》

佛書云，惟有一乘法，無二亦無三。又云，惟此一事實，餘二則非眞。文殊曰，善哉，無有言語文字，是眞入不二法門也。今陸學專主收拾精神一路，以爲求放心，不復以言語文字爲意，非是眞入不二法門也邪。

陸子曰，顏子爲人最有精神，然用力甚難。仲弓精神不及顏子，然用力卻易。然顏子精神高，既磨礲得就實，則非仲弓所能及也。

謂李伯敏曰，吾友近來精神都死卻，無向來亹亹之意。須磨礲鍛鍊，方得此理明。

窮究磨煉，一朝自省。並《象山語錄》

按，佛氏修鍊精神，陸氏亦磨鍊精神，同歸一致。顏子何人，乃亦以磨礲精神誣之耶。一朝自省，頓悟法也，如下文所陳，下樓之覺，鏡象之見之類是也。

按，象山嘗云，歐公《本論》固好，然亦只是說得皮膚。看《唐鑑》一段，門人曰，終是說骨髓不出。象山曰，後世亦無人知得骨髓去處。又嘗論讀書，謂須是就血脈骨髓理會，今學者讀書只是解字，更不求血脈。愚謂，象山此言雖云矜誇，而實切中後學病痛。蓋象山血脈骨髓全在養神一路，而近世學者爲所遮掩，鮮克知之也。今此編細與拈出，其禪自明。

詹阜民記象山舉公都子問鈞是人也一章云，人有五官，官有其職。某因思是，便收此心焉，惟有照物而已。他日侍坐，先生謂曰，學者能常閉目亦佳。某因此無事則安坐瞑目，用力操存，夜以繼日，如是者半月。一日下樓，忽覺此心已復澄瑩中立。竊疑者，遂見先生。先生目逆而視之曰，此理已顯也。某問，先生何以知之。曰，占之眸子而已。因謂某，道果在邇乎。某曰，然。昔者嘗以張南軒所類《洙泗言仁》書考察之，終不知仁，今始解矣。先生曰，是即知也勇也。某因對曰，不惟知勇，萬善皆是物也。先生曰然。《象山語錄》

按，無事安坐，瞑目操存，此禪學下手工夫也，即象山之自立正坐，收拾精神也，即達磨面壁靜坐默照之教，宗杲無事省緣靜坐體究之教也。一日下樓，忽覺此心澄瑩，則禪學頓悟識心之效驗也。所引道在邇等語，則推援之說也。所謂照物，即佛家光明寂照之照。楊慈湖謂道心發光如太陽洞照，王陽明亦以良知爲照心。

《鶴林玉露》云，子曰，道不遠人。孟子曰，道在邇而求諸遠。有尼悟道詩云，盡日尋春不見春，芒鞵踏遍隴頭雲。歸來笑撚梅花嗅，春在枝頭已十分。亦脫灑可喜。按，此即與禪陸同一推援之見。詹阜民謂考察《洙泗言仁》書終不知仁，即盡日尋春不見春，芒鞵踏遍隴頭雲也。因瞑目澄心而始解，即歸來笑撚梅花嗅，春在枝頭已十分也。愚謂夫子所謂道不遠人，指人倫日用子臣弟友之道而言也，其視阜民之所覺，妖尼之所悟，萬萬不倫，今乃推援牽合，誣之甚矣。論學如此，是何異趙高指鹿爲馬。

《楊慈湖行狀》云，慈湖初在太學循理齋，嘗入夜憶先訓，默自反觀，已覺天地萬物通爲一體，非吾心外事。至陸先生新第歸來富陽，慈湖留之。夜集雙明閣上，數提本心二字，因從容問曰，何謂本心。適平旦嘗聽扇訟，陸先生即揚聲答曰，適斷扇訟，見得孰是孰非者即本心也。慈湖聞之，忽覺此心澄然清明，亟問曰，止如斯耶。陸曰，更何有也。慈湖即北面納拜，終身師事焉。每謂某感陸先生，尤是再答一語，更云云便支離去。已而沿檄宿山間，觀故書猶疑，終夜坐不能寐。天曈曨欲曉，忽灑然如物脫去，乃益明。後居妣喪，更覺日用應酬，未能無礙，沉思屢日，偶一事相提觸，亟起旋草廬中，始大悟變化云爲之旨，縱横交錯萬變，虛明不動如鑑中象矣。《慈湖遺書》

慈湖名簡，字敬仲，浙東慈溪人，象山高第門人也。慈湖頓悟始於太學之反觀，而成於雙明閣之授受。

按鑑中影象之見，慈湖一生言之，其作《昭融記》曰，心之精神是謂聖。此心虛明無體，洞照如鑑，萬物畢見其中而無所藏。其作《臨安學記》曰，日用平常，變化云爲，如四時之錯行，如日月之代明，如鑑中萬象，實虛明而無所有。夫是之謂時習而說之學，夫是之謂孔子爲之不厭之學。其見《訓語》曰，仁人心也，人心澄然清明如鑑，萬象畢照而不動焉。又曰，渾渾融融，如萬象畢見于水鑑之中，夫是之謂仁，又謂之道。愚按，此正佛氏弄精神之故智，所謂識心見性即識此見此也，慈湖烏得妄指爲仁爲道，爲孔子之學邪。吾不識仁與道乃有形影之物，可玩弄如此。謬妄推援，指鹿爲馬，可駭可笑。

按，《華嚴經》言，第一眞空絕相觀，第二事理無礙觀，第三事事無礙觀，譬如鏡燈之類，包含萬象，無有窮盡。《傳燈錄》謂，盡十方世界是自己光明，盡十方世界在自己光明內。謂心如明鏡臺，謂心月孤圓，光吞萬象。觀此則知慈湖鏡象之說之來歷矣。陳白沙謂，一片虛靈萬象存。王陽明謂，良知之體皦如明鏡。亦即此意。

楊慈湖書《炳講師求訓》曰，簡之行年二十有八也，居太學之循理齋，時首秋，入夜，僕以燈至。某坐于床，思先大夫嘗有訓曰，時復反觀。簡方反觀，忽覺空洞，無內外，無際畔，三才萬物，萬化萬事，幽明有無，通爲一體，略無縫罅。疇昔意謂萬象森羅，一理貫通而已。有象與理之分，有一與萬之異。及反觀後所見，元來心體如此廣大。孔子曰，心之精神是謂聖。即達磨謂，從上諸佛，惟以心傳心，即心是佛，除此心外，更無別佛。汝問我即是汝心，我答汝即是我心。汝若無心如何解問我，我若無心如何解答汝。觀此益驗。即日用平常之心，惟起意爲不善，此心至妙，奚容加損。日月星辰即是我，四時寒暑即是我，山川人物即是我，風雨霜露即是我，鳶飛魚躍無非我。如人耳目口鼻手足之不同，而實一人。人心如此神妙，百姓自日用而不知。《慈湖遺書》

按，此即鏡中萬象之見。按此推援，儒佛尤明。象山嘗因宇宙字義之悟，謂元來無窮，人與宇宙皆在無窮之中。又謂宇宙便是吾心，吾心便是宇宙等語，正同此禪機。但象山引而不發，而慈湖始發其蘊。究陸學一派，惟象山工於遮掩，禪機最深，學者極難識得他破。至慈湖輩禪機始露，稍加考證，其禪便自瞭然矣。《傳燈錄》招賢大師云，盡十方世界是沙門眼，盡十方世界是沙門全身，盡十方世界是自己光明，盡十方世界在自己光明內，盡十方世界無一人不是自己。此論即象山、慈湖宗祖。横渠張子嘗謂，佛學蔽其用於一身之小，溺其志於空虛之大，語大語小，流遁失中。此語切中其病矣。

楊慈湖《訓語》曰，子曰，朝聞道，夕死可矣。心之精神是謂聖，精神虛明無體，未嘗生，未嘗死，人患不自覺耳。一日洞覺，則知生死之非

二矣，則爲不虛生矣。《慈湖遺書》

慈湖此語，即佛氏形有死生，眞性常在，即以神識爲不生不滅。象山謂人與宇宙皆在無窮之中，陳白沙謂神理爲天地萬物主本，長在不滅，即此也。

按，象山講學，好說宇宙字。蓋此二字盡上下四方往古來今，至大至久，包括無窮也。如佛說性周法界，十方世界是全身之類，是以至大無窮言也。如說法身常住不滅，覺性與太虛同壽之類，是以至久無窮言也。此象山宇宙無窮之說，吾心宇宙之說，一言而該禪學之全也。陳白沙曰，終日乾乾，收拾此而已。斯理也干涉至大，無內外，無終始，得此欛柄入手，更有何事。往古來今，上下四方，都一齊穿紐收合。會此者天地我立，萬化我出，而宇宙在我矣。此言尤發明象山宇宙之旨，禪學作弄精神至此極矣。程子謂，佛氏打入箇無底之壑。朱子謂，佛氏只是說箇大話謾人。陸學即同此弊。

楊慈湖《訓語》曰，簡行年二十有八居太學，夜坐反觀，忽覺天地內外，森羅萬象，幽明變化，有無彼此，通爲一體。後因承象山先生扇訟是非之答，而又覺澄然清明。一日因觀外書有未解而心動，愈觀而愈動。掩書夜寢，心愈窘不寐。度至丁夜，忽有黑幕自上而下，而所謂窘者掃迹絕影，流汗沾濡泰然。旦而寤，視外物無二見矣。《慈湖遺書》

黑幕之見，奇特之甚。流汗之說，爲禪益彰。羅整菴云，予官京師，偶逢一老僧，問何由成佛。渠漫舉禪語爲答云，佛在庭前栢子樹。愚意其必有所謂，爲之精思達旦，攬衣將起，則怳然而悟，不覺流汗通體。既而得禪家《證道歌》一編，讀之如合符節，自以爲至奇至妙。後潛玩聖賢言語，始覺其非。朱子答吳斗南書云，道只是君臣父子日用常行當然之理，非有玄妙奇特不可測知，如釋氏所云豁然大悟，通身汗出之說也。觀此，儒佛明矣。

慈湖詩云，惜也天然一段奇，如何萬古罕人知。只今步步雲生足，底用思爲底用疑。鏡象之見，分明奇特。

梭山云，子靜弟高明，自幼已不同，遇事觸物皆有省發。嘗聞鼓聲震動牕櫺，亦豁然有覺。其進學每如此。《象山年譜》

按，禪家有聞聲悟道之機。《傳燈錄》記嚴智禪師，一日瓦礫擊竹作聲，廓然省悟，正是如此。然梭山此語，終亦引而不發，觀下文慈湖誌語始發象山之蘊。

楊慈湖誌葉元吉妣張氏墓謂，元吉自言，嘗得某子絕四碑一讀，知此心明白廣大，異乎先儒繳繞回曲之說，自是讀書行己不敢起意。後寐中聞更鼓聲而覺，全身流汗，失聲歎曰，此非鼓聲也，如還故鄉。終夜不寐，夙興見天地萬象萬變，明暗虛實，皆此一聲，皆祐之本體光明變化，固已無疑。而目前常若有一物，及一再聞，某警誨，此一物方泯然不見。元吉弱冠與貢，孺人不以爲喜，聞聲而大警悟，孺人始喜。《慈湖遺書》

按，禪家悟道必以夜，亦是奇怪。昔六祖傳法於五祖也，以三更時。茲慈湖悟法於象山也，以夜集雙明閣。他如慈湖太學山間黑幕諸悟，與葉元吉此悟，一皆是夜，皆夜卧寤寐怳惚之間。羅整菴所說京師之悟亦然，餘不言晝夜者，可類推矣。伊川先生謂，如人睡初覺時，乍見上下東西，指天說地。禪家所見，豈只是此模樣耶。柰何指此爲識心見性，吾斯之未能信。胡敬齋謂，禪家見道，只如漢武帝見李夫人，只是見出一箇假物事以爲識心見性，其實未嘗識心，未嘗見性也。此言深切禪病。蓋漢武見李夫人，正是夜間形影怳惚也。

陸子曰，徹骨徹髓，見得超然於一身，自然輕，自然靈。人爲學甚難。天覆地載，春生夏長，秋斂冬肅，俱此理。人居其間要靈識，此理如何解得。

宿無靈骨人，皆可以爲堯舜。謂無靈骨，是謂厚誣。並象山語錄

陸學師弟鏡像諸見，是謂靈識、靈見，且有靈骨矣。下文慈湖靈明、靈覺、靈光等語即同。宿無靈骨，本禪語。

陸子曰，此道之明如太陽當空，群陰畢伏。《象山語錄》

楊慈湖曰，道心發光，如太陽洞照。又曰，人心至靈至神，虛明無體，如日如鑑，萬物畢照。《慈湖遺書》

朱子嘗謂，浙間有般學問，是得江西之緒餘。只管教人合眼端坐，要見一箇物事，如日頭相似，便謂之悟，此大可笑。正是指此。

通按，禪陸以頓悟爲宗，是故其始之求悟也，有養神之功焉。其終之既悟也，有鏡象之驗焉。如象山每教學者閉目正坐，慈湖亦教人合眼端坐，詹阜民無事安坐瞑目，夜以繼日，皆養神求悟之功也。如宇宙字義之

省，下樓扇訟，反觀黑幕，鼓聲之覺，輕靈之見，靈光之契，皆頓悟鏡象之妙也。凡此皆陸學骨髓所在，皆勘破陸學根本也。從前遮掩術行，雖老師宿儒爲所惑。此編除去遮掩，專究骨髓，其禪不待智者而辨矣。

陸子曰，有一段血氣，便有一段精神。有此精神，卻不能用，反以害之。精神不運則愚，血氣不運則病。《象山語錄》

按，養生家有元精、元氣、元神之說。象山論學亦兼包此意，但含蓄不露。近日王陽明始發其蘊。陽明答人書云，精一之精以理言，精神之精以氣言，理者氣之條理，氣者理之運用，原非有二事也。但後世儒者之說與養生之說，各滯於一偏，是以不相爲用。前日精一之論，雖爲愛養精神而發，然而作聖之功實亦不外是矣。又曰，養德養身只是一事，果能戒謹不睹，恐懼不聞，而專志於是，則神住氣住精住，而仙家所謂長生久視之說亦在其中矣。愚按，陽明此說，實發象山之蘊以誘人也。然象山、陽明俱未及六十而卒，養生之說亦虛妄矣。乃假精一戒懼之旨以文之，其侮聖言誑後學也孰甚。老子曰，谷神不死。谷者養也。又曰，治人事天，莫若嗇。夫惟嗇，是謂早服。早服謂之重積德。重積德則無不克。是謂深根固柢長生久視之道。朱子曰，此語是就養精神處說。莊子曰，至道之精，窈窈冥冥。至道之極，昏昏默默。無視無聽，抱神以靜，形將自正。必靜必清，無勞汝形，無搖汝精，乃可以長生。薛文清公曰，老莊雖翻騰道理，愚弄一世，奇詭萬變，不可模擬，卒歸於自私，與釋氏同。愚按，象山、陽明正是翻騰愚弄，卒歸自私，與釋老同也。

胡敬齋曰，儒者養得一箇道理，釋老只養得一箇精神。儒者養得一身之正氣，釋老養得一身之私氣。按，此言見得極分明，近世學術眞似、是非、同異之辨，決於此。

章仲至云，象山先生講論，終日不倦，夜亦不困，若法令者之爲也。連日應酬，勞而早起，精神愈覺炯然。問曰，先生何以能然。先生曰，家有壬癸神，能供千斛水。《象山年譜》

包顯道云，侍登鬼谷山，先生行泥塗二三十里，云平日極惜精力不肯用，以留有用處，所以如今如是健。諸人皆困不堪。《象山語錄》

按，象山嘗問李伯敏云，日用常行覺精健否。又嘗誦詩云，自家主宰嘗精健，逐外精神徒損傷。愚謂，論學主於精健，正陷釋老自私自利。孔孟何嘗有養精神之說、惜精力務精健之教哉。家有壬癸神二語，佛偈也。

陸子《與涂任伯書》云，某氣稟素弱，年十四五，手足未嘗溫煖，後以稍知所向，體力亦隨壯也。今年過半百，以足下之盛年恐未能相逮。何時合併，以究斯義。《象山文集》

知所向，究斯義，皆是指養神一路。胡敬齋曰，異端人多強壯，是其心無思慮，精神不曾耗損，故魂強魄盛。費一生工夫，只養得這私物事。觀象山正同。

朱子《答程正思書》云，世學不明，異端蠭起，大率皆便於私意人欲之實，而可以不失道義學問之名，以故學者翕然趨之。《朱子文集》

此語切中陸學一派之病。

或言，金溪其學，專在踐履之說。朱子曰，此言雖是，然他意只是要踐履他之說耳。《朱子語類》

按，近世皆以象山專務踐履，不尙空言，一切被他謾過，被他嚇倒。不知其意只是要踐履他養神之說耳。豈可輕信其言，而不察其所踐履何事哉。

朱子曰，聖賢之教，無內外本末上下，今子靜卻要理會內，不管外面，卻無此理，硬要轉聖賢之說爲他說。寧若爾說，且作爾說，不可誣罔聖賢亦如此。

又曰，他所見既如此，便將聖賢說話都入他腔裏面，不如此則他所學無據。這都是不曾平心讀聖賢之書，只把自家心下先頓放在這裏，卻捉聖賢說話壓在裏面。

陸子靜之學自是胸中無奈許多禪何，看是甚文字，不過假借以說其胸中之所見者耳。據其所見，本不須聖人文字，他卻須要以聖人文字說者，此正如販私鹽者，上面須得數片臘魚遮蓋，方過得關津，不被人捉了耳。並《朱子語類》

前二條是說援儒入佛，後一條是說借儒掩佛，總言皆是陽儒陰佛也。

朱子《答孫敬甫書》云，陸氏之學，在近年一種浮淺頗僻議論中，固自卓然，非其儔匹。其徒傳習，亦有能修身治家以施政者。但其宗旨本自禪學中來，不可掩諱。當時若只如晁文元、陳忠肅諸人，分明招認，着實受用，亦自有得力處，不必如此隱諱遮藏，改名換姓，欲以欺人而亦不可欺，徒以自欺而自陷於不誠之域也。若於吾學果有所見，則彼之言釘釘膠粘，一切假合處，自然解拆破散，收拾不來矣。少時喜讀禪學文字，見杲老《與張侍郎書》云，左右既得此欛柄入手，便可改頭換面，卻用儒家言語說向士大夫，接引後來學者。後見張公經解文字，一用此策。但其遮藏不密，漏露處多，故讀之者一見便知其所自來，難以純自託於儒者。若近年則其爲術益精，爲說浸巧，拋閃出沒，頃刻萬變，而幾不可辨矣。然自明者觀之，亦見其徒爾自勞，而卒不足以欺人也。《朱子文集》

張侍郎，張子韶也，名九成，號無垢。後世學術陽儒陰釋之禍，實起于宗杲之敎子韶，所關非小矣。朱子《雜學辨》謂，凡張氏所論著，皆陽儒而陰釋，其離合出入之際，務在愚一世之耳目，而使之恬不覺悟，以入乎釋氏之門，雖欲復出而不可得。按，此言尤發摘深中，陸學一派之弊，俱無以逃此矣。《困知記》曰，張子韶以佛旨釋儒書，改頭換面，將以愚天下之耳目，其得罪於聖門甚矣。而近世之談道者，猶或陰祖其故智，往往假儒書以彌縫佛學，律以《春秋》誅心之法，吾知其不能免夫。

按近世假儒書以行佛學，正猶昔人所謂挾天子以令諸侯。挾天子者，意不在於天子，不過假天子以行其脅制天下之私耳。假儒書者，意不在於儒書，不過借儒書以行其扇誘來學之計耳。朱子《答程允夫書》云，挾天子以令諸侯，乃權臣跋扈，借資以取重於天下，豈眞尊主者哉。若儒者論道而以是爲心，則亦非眞尊六經者。此其心術之間，反覆畔援，去道已不啻百千萬里之遠矣。此言深中近世雜學之病。

《朱子文集》有《讀兩陳諫議遺墨》，謂王安石之於《周禮》，乃姑取其附於己意者，而借其名高以服衆口，豈眞有意於古者哉。今按，象山之援引經書，正是此弊。陽明之集朱子定論，亦是此弊。嗚呼，聖賢之言，何不幸而爲後人飾己欺世之資也。張東海詩云，金釵寶鈿圍珠翠，眼底何人辨眞僞。愚辨陸學，深有感於玆言。

按，有宋一代禪學盛行，一時名臣賢士，不獨晁文元、陳忠肅好之，如富鄭公、呂申公、韓持國、趙閱道諸賢皆好之。然皆是明言而直好之，不爲隱諱改換，不害其爲誠愨也，亦以可爲清心寡欲之助。而好之不敢以聖學自居，以傳道自任，不失其爲本分也。自象山出而後，隱諱改換而誠愨亡。自象山出而後，以聖傳自任而不安其分。《困知記》謂，後世乃有儒其名而禪其實，諱其實而侈其名。吾不知其反之於心，果何如也。嗚呼，此誠世道之降，而孔子所以有古之狂愚之歎與。

又《陸學下手工夫在於遺物棄事屏思黜慮專務虛靜以完養精神其爲禪顯然也》（同上，後編卷中） 吳顯仲問云，某何故多昏。陸子曰，人氣稟清濁不同，只自完養，不逐物即隨清明，纔一逐物便昏眩了。人心有病，須是剝落。剝落得一番，即一番清明。後隨起來，又剝落，又清明。須是剝落得淨盡方是。

陸子問李伯敏云，近日日用常行覺精健否，胸中覺快活否。伯敏答云，近日別事不管，只理會我，亦有適意時。先生云，此便是學問根源也，若能無懈怠，暗室屋漏亦如此，造次顛沛必於是，何患不成。故云，君子以自昭明德。古之學者爲己，今之學者只用心於枝葉，不求實處。並《象山語錄》

所謂只自完養，不逐物，謂別事不管只理會我，即管歸無事安坐閉目養神一路。陳白沙謂，致養其在我者，而勿以聞見參之。去耳目支離之用，全虛圓不測之神。即同此工夫頭腦。

陸子曰，心不可泊一事，只自立心。人心本來無事，胡亂被事物牽將去。若是有精神即時便出便好，若一向去便壞了。

既知自立此心，無事時須要涵養，不可便去理會事。人不肯心閑無事，居天下之廣居，須要去逐外，着一事，印一說，方有精神。

人心只愛去泊着事，教他棄事時，如鶻孫失了樹，更無住處。古人精神不閑用，不做則已，一做便不徒然，所以做得事成。須要一切蕩滌，莫留一些方得。並《象山語錄》

此皆陸學養神要訣，此即佛氏以事爲障之旨。

《慈湖遺書》云，近世學者沈溺乎義理之意說，胸中常存一理不能忘捨，捨是則豁然無所憑依，故必置理字於其中，不知聖人胸中初無如許意度。愚按，象山猶是說事障，慈湖則說理障矣。然理不能外事，事不能外理，二者病則一般。

陸子曰，凡事莫如此滯滯泥泥，某平生於此有長，都不去着他事，凡事累自家一毫不得。

內無所累，外無所累，自然自在，有一些子意便沉重了。

如何容人力做，樂循理謂之君子。並《象山語錄》

按此數條，只是要得閑曠虛靜，恬淡退寂，意念皆忘，絲毫無累，任其自然自在，以爲完養精神之地。朱子嘗謂，看子靜意思，只是禪。誌公云，不起纖毫修學心，無相光中常自在。他只是要如此，然豈有此理。嗚呼，信矣。

朱子《答石子重書》云，許順之留書，見儆甚至，但終有桑門伊蒲塞氣味。云不如棲心淡泊，於世少求。時玩聖賢之言，可以資吾神養吾眞者，一一勘過。似此說話，皆是大病。今按，象山氣味全與許順之同。朱子嘗謂冷淡生活，即此可見。象山所引經言，正是取資神養眞也。

《莊子·刻意篇》云，純粹而不雜，靜一而不變，淡而無爲，動而以天行，此養神之道也。《達生篇》云，棄事則形不勞，遺生則精不虧。夫形全精復，與天爲一。《天道篇》云，水靜則明燭鬚眉，水靜猶明，而況精神。聖人之心靜乎，天地之鑒也，萬物之鏡也。夫虛靜恬淡，寂寞無爲者，天地之平而道德之至。夫虛靜恬淡寂寞無爲者，萬物之本也。明此以南向，堯之爲君也。明此以北面，舜之爲臣也。以此處上，帝王天子之德也。以此處下，玄聖素王之道也。以此退居而閑遊江海，山林之士服。以此進爲而撫世，則功大名顯而天下一也。愚按，今人只疑陸學根本於禪，不知禪陸之學皆根本莊子，觀此明矣。

釋氏《息心銘》云，無多慮，無多智。《安心偈》云，人法雙靜，善惡兩忘。自心眞實，菩提道場。卧輪禪師云，卧輪有伎倆，能斷百思想。對境心不起，菩提日日長。某禪師云，但能莫存知見，泯絕外緣，離一切心，即汝眞性。又曰，無心即是道，莫學佛法，但是休心。達磨謂二祖曰，汝但外息諸緣，可以入道。按，諸說具見《傳燈》。朱子謂，但讀近歲佛者之言，則知其源委所在。此類可見。

羅豫章先生詩云，聖道由來自坦夷，休迷佛學惑他岐。死灰槁木渾無用，緣置心官不肯思。今按，象山每謂心不可泊一事，謂都不起不動，無營求造作引惹，謂須一切蕩滌剝落淨盡，豈非所謂死灰槁木，而置心官於不思乎。至門人楊慈湖，則又明言曰，道非心思所可知，非言語所可及，可覺不可求。又曰，默而識之，覺也，不可思也，不可言也。嗚呼，其視聖賢思睿思誠，九思愼思，學而不思則罔，思之弗得弗措之教，悖戾甚矣。

陸子曰，某觀人不在言行上，不在功過上，直截雕出心肝。

又曰，惡能害心，善亦能害心。如濟道，是爲善所害。《象山語錄》

按，象山此論，不管言行功過，不分善惡而專說心，尤悖道入禪之甚。象山於詹阜民下樓之覺，徐仲誠鏡象之見，皆是不在言行功過而直截觀心也，即佛氏直取無上菩提，一切是非莫管之餘智也。惡能害心，善亦能害心，謂心不可一有所思，不拘善惡，皆勞費精神也，即慧能不思善不思惡，《安心偈》欲善惡兩忘之故轍也。象山嘗謂心不可泊一事等語，皆即此意也。

又按，善能害心之說，亦即佛氏以理爲障之意。

陸子曰，學有本末。顏子聞夫子三轉語，其綱既明，然後請問其目。夫子對以非禮勿視勿聽勿言勿動。顏子於此洞然無疑，故曰回雖不敏，請事斯語矣。本末之序蓋如此。今世論學者本末先後，一時顛倒錯亂，曾不知詳細處未可遽責於人。如非禮勿視聽言動，顏子已知道，夫子乃語之以此。今先以此責人，正是躐等。《象山語錄》

按，四勿之訓，即克己切要工夫，原非兩截事。學者修身入道，莫急於此。象山何得分本末先後，謂未可先以此責人，顏子已知道乃語此耶。蓋其禪見不在言行功過，而直截說心，以克己爲明心根本之功，而四勿爲粗迹事爲之末。妄生分別，亂道誤人也。象山專欲學者明心，而視聽言動非禮不恤，正佛氏直取無上菩提，一切是非莫管也。朱子嘗謂，良心日用分爲兩截，此其爲說乖戾狠悖，大爲吾道之害。又謂，今人論道只說心，不說身外面，有過言過行更不管，卻云吾正其心。正指此也。

愚謂，象山只說一箇心，而以讀書求義爲末猶可。只說一箇心，而以視聽言動亦爲末，甚矣。近世只知陸學不讀書之爲不可，而不知其不泊事，不管言行功過，不分善惡，不恤視聽言動，非禮之尤，大不可也。近世只疑象山偏於尊德性而流於禪，而不知其分明葱嶺帶來達磨、慧能正法眼藏也。嗚呼，陸學至此少明矣。

陸子曰，不專論事論末，專就心上說。《象山語錄》

象山一生論學，總腦在此。愚攷孔門論學，罕言心，專說實事。如說非禮勿視聽言動，居處恭，執事敬，與人忠之類。未聞不論事論末，而專就心上說也。至《孟子》七篇，說心始詳，然究其旨，皆是以良心對利欲而言。若象山之言心，乃對事而言。一主於寡欲存心，一主於棄事澄心，二者言似而指殊，正儒釋毫釐千里之判。

愚嘗究陸學自謂先立其大，甚矣欺人。夫孟子之先立其大也，道心爲主而不使欲得以害心。陸氏則養神爲主，而惟恐事之害心，惟恐善之害心。天淵之別，若何而同也。孟子之先立其大也，曰心之官則思，思則得之，不思則不得也。陸學則曰，不可思也，心不可泊一事也。冰炭之反，若何而同也。象山假此語以飾己欺人，而近世未有能破其說者，故建不得不爲痛辨，終編尤詳。

陸子曰，如今讀書且平平讀，未曉處且放過，不必太滯。

讀書不必窮索。

舉一學者詩云，讀書切戒在荒忙，涵泳工夫興味長。未曉莫妨權放過，切身須要急思量。自家主宰常精健，逐外精神徒損傷。寄語同遊二三子，莫將言語壞天常。

學者須是打疊田地淨潔，若田地不淨潔，則奮發植立不得，亦讀書不得，若讀書則是假寇兵，資盜糧。並《象山語錄》

陸子《與胥必先書》云，常令文義輕而事實重。於事實則不可須臾離，於文義則曉不曉不足爲重輕。《象山文集》

事實二字已見前。謂事實不可須臾離，切身須要急思量，專務完養精神也。讀書不必窮索，不必太滯，惟恐逐外損傷精神也。未曉莫妨權放過，文義曉不曉不足爲重輕，言讀書之無益也。言語壞天常，讀書假寇資盜，言讀書之反害也。嗚呼，象山之旨明矣。

陸子曰，尋常懈怠起時，或讀書，或誦詩歌，或理會一事，或整肅几案筆硯，借此以助精彩。然此是憑物，須要識破。因問去懈怠。曰，要須知道不可須與離乃可。《象山語錄》

陸子《與邵中孚書》云，《告子》一篇，自牛山之木以下等常讀之，其浸灌培植之益，當日深日固也。其卷首與告子論性處，卻不必深考，恐其力量未到，則反惑亂精神。《象山文集》

近世只知象山嘗言讀書，而不知其讀書之故在於借助精彩也，浸灌培植也，皆爲完養精神計也。正許順之謂，時玩聖賢之言，可以資吾神，養吾眞。只此一路也，抑象山於此尤含蓄焉。夫以讀書等爲憑物，須識破，則書可不必讀矣。以孟子論性猶爲惑亂精神，則他書無復可讀者矣。象山之意只在不讀書，而遮前掩後，巧爲辭說也，不若慈湖、白沙雖禪，然質直無隱。

陳白沙《答趙提學書》云，吾始從吳聘君學，其於古聖賢之書，蓋無所不講，然未知入處。比歸白沙，杜門不出，日靠書冊尋之，忘寢忘食，如是者亦累年，而卒未得焉。於是舍彼之繁，求吾之約，惟在靜坐。久之然後見吾此心之體，隱然呈露，常若有物。於是渙然自信曰，作聖之功其在茲乎。又《與賀黃門書》云，爲學須從靜中坐養出箇端倪，方有商量處。未可便靠書冊也。愚按，不靠書冊，惟在靜坐，陸學養神要訣只此八字。呈露、端倪二語，即說鏡象之見。白沙可謂無隱乎爾矣。

白沙詩云，耳目無交不展書，此身如在太清居。此語形容禪會亦切。《崇正辨》記釋神悟謂，典籍皆心外法，味之者勞而無證。今按象山、白沙所見不出神悟範圍。

陸子曰，某自來非由乎學，自然與一種人氣相忤。纔見一造作營求底人便不喜，有一種冲然淡然底人，便使人喜。以至一樣衰底人，心亦喜之。

今人略有氣燄者，多只是附物，原非自立也。若某則不識一箇字，亦須還我堂堂地做箇人。並《象山語錄》

象山嘗謂六經皆我註腳，此又明謂不由乎學，謂不識一箇字亦堂堂做人，其禪尤爲明白。

象山《皇極講義》云，其心正，其事善，雖不曾識字，亦自有讀書之功。象山素論每如此。嗚呼，孔孟曾有不識字之教耶。惟禪佛乃不假言語文字可以識心見性矣。朱子嘗謂，禪家悟後光明自發，雖不識字底人便作得偈誦。陳白沙引吳草廬謂，提耳而誨之，可使不識一字之凡夫立造神妙。正與象山符節契合。

陳白沙詩云，古人棄糟粕，糟粕非眞傳。吾能握其機，何用窺陳編。又曰，吾心內自得，糟粕安用邪。愚按，糟粕之說，出自老莊。王弼、何晏之徒，祖尙虛無，乃以六經爲聖人糟粕，遂致壞亂天下。白沙柰何以爲美談，至教與象山註腳之說相倡和哉。

或問，先生何不著書。陸子曰，六經註我，我註六經。

仰首攀南斗，翻身倚北辰。舉頭天外望，無我這般人。《象山語錄》

按，象山精神心術，氣象言語，無一不禪。味此言，其矜悻自高氣象，婉然在目。自古聖賢曷嘗如此，此正佛氏天上天下惟我獨尊也。近世學者狂誕大言，其弊皆象山始。《傳燈錄》智通禪師偈云，舉手攀南斗，迴身倚北辰。出頭天外見，誰是我般人。又釋氏謂，一大藏教，只是一箇註腳。嗚呼，來歷明矣。

陸子《與姪孫濬書》云，學者之不能知至久矣，非其志識度越千餘年名世之士，則《詩》《書》《易》《春秋》《論》《孟》《大學》《中庸》之篇，正爲陸沉，眞柳子厚所謂，獨遺好事者藻繪以矜世取譽而已。堯舜禹湯文武周公孔孟之心，將誰使屬之耶。《象山文集》

象山只說一箇心，而以經書爲註腳，又爲陸沉，甚矣。

王陽明嘗撰《尊經閣記》，謂聖人之述六經，猶世之祖父遺子孫以名狀數目，以記籍其家之產業庫藏而已。惟心乃產業庫藏之實也，世儒不知求六經之實於吾心，而徒考索於影響，牽制於文義，是猶子孫不務守視享用其產業庫藏之實積，至爲窶人丐夫，而猶指其記籍曰，斯吾產業庫藏之積也。嗚呼，陽明此言，直視六經爲虛器贅物，眞得糟粕、註腳之嫡傳矣。陳白沙詩云，六經盡在虛無裏，萬理都歸感寂中。又曰，千古遺編都剩語，晚生何敢復云云。即與象山、陽明無異旨矣。《困知記》曰，自象山有六經皆我註腳之言，流及近世士之好高欲速者，將聖賢經書都作沒緊要看了，相將坐禪入定矣。一言而貽後學無窮之禍，象山其罪首哉。愚按，近世宗尚陸學者，皆自幼從朱子之敎，讀聖賢之書，理頗明矣。然後厭淺近而好高奇，厭繁難而趨簡徑，其議道述言，高談闊論，雖曰宗陸，而實朱子之敎先有以啓佑培植之也。使其自幼即從象山之敎，而捐書絕學，遺物棄事，屏思黜慮，閉眉合眼，專一澄心，不以言語文字爲意，不恤視聽言動非禮，不知成甚麼人。君子試於此思之，則陸學之是非不難見矣。

朱子《答汪尚書書》云，夫道固有非言語臆度所及者，然非顏曾以上幾於化者不能與也。今日爲學用力之初，正當學問思辨而力行之，乃可以變化氣質而入於道。顧乃先自禁切，不學不思，以坐待其無故忽然而有見，無乃溺心於無用之地，玩歲愒日而卒不見其成功乎。就使僥倖於恍惚之間，亦與天理人心、叙秩命討之實了無交涉，其所自謂有得者，適足爲自私自利之資而已。此則釋氏之禍橫流稽天而不可遏者。有志之士所以隱憂浩歎，而欲火其書也。《朱子文集》

恍惚鏡象之見，陸學以爲至道，朱子乃以爲與天理人心、叙秩命討之實了無交涉，冰炭決此。

《傳燈錄》：南嶽懷讓禪師，見一僧常日坐禪。師曰，大德坐禪圖什麼。曰，圖作佛。師取一磚，於石上磨。僧曰，作什麼。師曰，磨作鏡。僧曰，磨磚豈能成鏡。師曰，坐禪豈能成佛耶。《朱子語類》云，昔日了老專教人坐禪，杲老不以爲然，著《正邪論》排之。愚按，陸學欲靜坐養神以成聖，即與僧家坐禪成佛之說同一機軸也。坐禪之說，浮屠之有識者每非之。陸氏之說使遇懷讓，其能免磨磚之誚耶。朱子答汪尚書，即磨磚之誚也。

朱子《答林擇之書》云，大抵好高欲速，學者之通患，而爲此說者立論高而用功省，適有以投其隙，是以聞其說者欣然從之，惟恐不及，往往遺棄事物，脫畧章句，而相與馳逐於虛曠冥漠之中。其實學禪之不至，而自托於吾學，以少避其名耳。道學不明，變怪百出，以欺世眩俗。後生之有志者，爲所引取，陷於邪妄而不自知，深可悼懼也。《朱子文集》

禪病只是遺棄事物，脫畧章句二端。

朱子曰，子靜尋常與吾人說話，會避得箇禪字。及與其徒，卻只說禪。

子靜雖占姦不說，然說話間自有箇痕跡可見。子靜只是人未從他便不說，及鈎致得來便直是說，方始與你理會。又曰，子靜雜禪，又有術數，或說或不說。並《朱子語類》

朱子此等說話，雕出象山心肝，近世學者未及察。佛書云，初以欲鈎牽，後引入佛智。此禪家牢籠誘致之術。今按，象山假借儒書鈎致後學，正是用此術。

朱子曰，子靜說話，嘗是兩頭明中間暗。或問，暗是如何。曰，是他那不說破處。他所以不說破，便是禪家所謂鴛鴦繡出從君看，莫把金針度與人。他禪家自愛如此。

某嘗說，陸子靜說道理有箇黑腰子。其初說得瀾翻，極是好聽。少間到那緊處時，又卻□了不說，又別尋一箇頭緒瀾翻起來，所以都捉他那緊處不着。並《朱子語類》

此皆禪陸遮掩深機，非朱子未易看得他破。

或曰，此編所採，多《象山語錄》之言，而鮮及其《文集》書疏，何耶。曰，《象山文集》與人論辨書疏，皆翻謄改換，假借遮掩，大言闊論，一味喝罵世學之非。求其指陳下手工夫，則寥寥不及。及閱《語錄》與門人口傳私授之言，然後所謂養神一路工夫始見，此正是象山禪機深處。當時惟朱子識破他。蓋《文集》者，象山之鴛鴦譜，而《語錄》則象山之金針也。《文集》者，朱子所謂與吾人說話會避得箇禪字，而《語錄》則所謂與其徒卻只說禪者也。區區此編，惟欲明其養神一路，以著其爲禪之實，所以詳於《語錄》，而略於《文集》也。近世不知此弊，皆只據信其《文集》，而不究觀其《語錄》，如何不爲所謾邪。

《象山語錄》記李伯敏呈所編語錄，先生云編得也是，但言語微有病，不可以示人，自存之可也。愚按，象山每答人書疏文字，多即傳播四出，惟恐人不知。伯敏所編語錄，乃謂不可以示人，此尤可以識象山之意。蓋語錄具載養神下手工夫，禪病咸在，若以示人則人識破其禪矣，以故不欲示人。乃若答人書疏，則遮掩得密實，難識得他破，以故傳播不憚。此正朱子所謂，鴛鴦繡出從君看，莫把金針度與人，於此尤可驗。愚爲此編，不獨辨明象山學術，并象山心術無所遁矣。昔人謂《論語·鄉黨》一篇，畫出一箇聖人。愚爲此編，分明畫出一箇象山矣。陳白沙亦云，莫道金針不傳與，江門風月釣臺深。

朱子《答呂子約書》云，學者於道，徒習聞於其外之文，而不考其中之實者，往往類此。王介甫所以惑主聽而誤蒼生，亦只是此等語耳。豈可以此便爲極至之論，而躋之聖賢之列，屬以斯道之傳哉。以此等議論爲極至，便是自家見得聖賢道理未曾分明，被他嚇倒也。《朱子文集》

蘇子由《古史》嘗譏司馬遷踈畧而輕信，朱子深取之，此書正說學者踈畧輕信之弊類如此也。蓋假聖言以文其私者，固莫逭其欺誑之咎，亦由遇之者習聞其外之文，而不考其中之實，踈畧輕信，陷於其術而不自知也。王介甫之告君也，一則曰堯舜，二則曰堯舜。神宗信其言而不考其實，於是爲其所陷，而興利殃民之說行矣。陸象山之講學也，一則曰孔孟，二則曰孔孟，後學信其言而不考其實，於是爲其所陷，而明心見性之說行矣。朱子所謂嚇倒一言，深切時弊。

《朱子語類》謂，王安石學問高妙，出入於老佛之間，其政事欲與堯舜三代爭衡，只是本原不正，義理不明，終於遺禍。朱子《答劉季章書》謂，臨川前後二公，巨細雖有不同，然原其所出，則同是此一種見識，可以爲戒而不可學也。近日霍渭厓所著《象山學辨》謂，王安石以自信亂天下，陸子靜以自信誤後世，若二人者其名教萬世之罪人與。斯言皆萬世公案。

許行父謂，陸子靜只要頓悟，更無工夫。朱子曰，如此說不得。不曾見他病處，說他不倒。大抵今人多是望風便罵將去，都不曾根究到，見他不是，須子細推原怎生不是始得。此便是窮理。《朱子語類》

按近世學者辨陸最難。其以象山爲孔孟之學者，固是踈畧輕信，被他嚇倒。其以爲偏於尊德性，亦尚被他遮掩，送箇好題目與他。以爲似禪流於禪者，亦只是知其皮膚而已，至此望風罵去，則亦未知所以辨陸之要也。何謂辨陸之要。養神一路是已。首卷所載養神所得之體段，此卷所載養神下手之工夫，下卷所載養神之患害，皆辨陸之要也，皆推原根究他不是處也。自朱子沒後，無人根究到此。嘗謂象山在當時不合遇一朱子，在後世不合遇一陳某，次第將禪蔀相將發盡了，陸學自此難乎遮掩矣。

近世學者動曰朱陸同異。愚謂欲辨陸學，未須與朱子較同異，緊要直須與孔孟較同異，與禪佛較同異。若陸學果與孔孟同，與禪佛異，則其學是矣，則其與朱子之同不待辨矣。若陸學果與禪佛同，與孔孟異，則其學非矣，則其與朱子之異不待辨矣。若不辨陸學與禪佛同異，而徒與朱子較同異，已落在枝節，非根本之論矣，多此一重辨矣。故今此編專以孔孟、禪佛爲證以此。

或曰，朱子辨陸學，止說到陽儒陰佛，改換遮掩處，未嘗說及養神一路。子於此編始究言之，何也。曰，養神一路，即象山所遮掩而陰佛之實也。當時象山止與門人私授口傳，未嘗形於書疏文字，是以朱子無從知之辨之也。此編據語錄推究，而後其禪實始白也。苟徒曰陰佛，曰遮掩，而不說破養神一路，未免無徵不信。近世學者多疑朱子冤錄緣此而致，強爲早晚之説以通之也。昔達磨將滅，謂某人得吾皮，某人得吾肉，道育得吾骨，慧可得吾髓。愚謂，如近世似禪流禪之議，皆象山皮膚也。朱子改换遮掩之説，始得象山之骨也。此編養神一路，則象山之髓也。是故論人必得其髓，而後無遁情無遺蔀矣。朱子嘗謂象山卻成一部禪，區區此編作，方成象山一部禪矣。

又《象山師弟顛倒錯亂顛狂失心之弊其禪病尤昭然也》（同上，後編卷下） 陸子《與王順伯書》云，兄前與家兄大概謂儒釋同。某嘗以義利二字判儒釋。又曰公私，其實即義利也。惟義惟公，故經世。惟利惟私，故出世。儒者雖至於無聲臭方體，皆主於經世。釋氏雖盡未來際普度之，皆主於出世。從其教之所由起者觀之，則儒釋之辨判然矣。《象山文集》

朱子曰，向見子静與王順伯論佛云，釋氏與吾儒所見亦同，只是義利公私之間不同。此説不然，若是同時，何緣得有義利不同，只被源頭便不同。吾儒萬理皆實，釋氏萬理皆空。《朱子語類》

按，近世論儒佛，多謂本同末異，象山即是此意也。《朱子文集》所論李伯諫亦云，儒佛見處既無二理，其設教何異也。蓋儒教本人事，佛教本死生。此言即與象山合轍，本人事即是主經世，本死生即是主出世也。

按，近世異學同主養神，然老莊則欲主之以長生，禪佛則欲主之以出世，陸學則欲主之以經世。本同而末異，皆非天理之自然，一出於私智之安排作弄，眞胡文定所謂人人各説一般見解，誑嚇衆生而已。

陸子曰，釋氏謂此一物非他物故也，然與吾儒不同。吾儒無不該備，無不管攝，釋氏了此一身，皆無餘事。公私義利於此而分矣。《象山語錄》

此語即同前意。此一物即明心鏡象、本來面目也。王陽明嘗云，佛氏本來面目即所謂良知。格物致知之功即佛氏之常惺惺，體段工夫大略相似，但佛氏有個自私自利之心，所以不同耳。即此一種議論。

按，《道一編》指答王順伯等語，謂陸子亦嘗闢佛。愚謂，篁墩大被人謾矣。朱子嘗謂，張子韶改頭換面，陰予而陽擠之，將以自蓋其跡而幸人之不疑己。《困知記》謂，李翺於佛取其微旨而姑闢其粗跡，以無失爲聖人之徒。又謂，吾儒有陰實尊用其説而陽闢之者，蓋用禪家訶佛罵祖之機者也。象山正是此弊。嗚呼，禪佛已近似惑人，又加以改頭換面，又加以訶佛罵祖，安得不惑人愈甚，而辨之愈難耶。可畏也哉。

問，先生作書攻王順伯，也不是言釋，也不是言儒，惟理是從否。陸子曰然。《象山語錄》

朱子嘗謂依違兩間陰爲佛釋之地，此正陸學心髓矣。《王陽明文錄》或問，

釋與儒孰異乎。曰，子無求其異同於儒釋，求是者而學焉可矣。正同此一種見。

按，象山謂，釋氏了此一身，皆無餘事，而自謂無不該備，無不管攝，爲公私義利之分。愚謂，釋氏聞此言恐未必服，將反唇相譏曰，吾佛之道，先天地而爲萬物主，吾性周法界，吾光明寂照遍河沙，吾之道殆無不該備，無不管攝也。汝之道乃亦只有養神一路，專教人棄事不泊事，以求頓悟鏡象也，專惜精力務精健，求淨潔快活，自私自利也。汝之道殆只是了此一身，皆無餘事也。何得責人則明，恕己則昏也。汝自葉至根，無一而非剿吾之見，襲吾之説，竊吾之宗旨，盜吾之緒餘，以掩取虚名於天下，何得訶佛罵祖，陽離陰合，以求附於孔孟，不知孔孟之徒亦有具只眼者，固將視見汝之肺肝，看破汝之骨髓，豈爲汝所遮掩也。天下之道二，非儒則佛，非佛則儒，無依違中立之理。舍曰欲之而必爲之辭。汝欲學佛全是佛，無陰予陽擠。汝欲爲儒則全爲儒，無陽儒陰佛，始有安身立命處。毋致人謂汝儒不儒，佛不佛，道是龍又無角，是蛇又有足也。毋致人謂汝欲以欺人而人不可欺，徒以自欺而自陷於不誠之域也。使陸子聞斯言也，不知何辭以對。

陸子曰，今世儒者類指佛老爲異端。孔子曰，攻乎異端。孔子時佛教未入中國，雖有老子，其説未著，卻指那箇爲異端。蓋異字與同字爲對，雖同師堯舜，而所學異緒，與堯舜不同，此所以爲異端也。因儆學者攻異端曰，天下之理將從其繁且難者而學之乎。學者何苦於繁難之説而不爲簡易之從乎。《象山語錄》

陸子答薛象先云，異端之説出於孔子。今人鹵莽，專指佛老爲異端。不知孔子時固無佛教。其惡鄉原，《論》《孟》中皆見之，獨未見其排老氏，則所謂異端者，非指佛老明矣。《象山文集》

按，象山前言猶依違兩間，陽離陰合，至此二條則明引孔子之言以回護佛老矣。所云同師堯舜，而所學異緒，而歸於繁難則攻詆朱子矣。回護

佛不爲異端，而詆朱子之教爲異端，顛倒乖戾甚矣。

陸子曰，學者須當有所立，免得臨時爲利害所動。朱季繹云，如敬肆義利之説，乃學者持己處事所不可無者。先生云，不曾行得，説這閑言長語則甚。如此不已，恐將來客勝主，以辭爲勝。朱云，近日異端邪説害道，使人不知本。先生云，如何。朱云，如禪家之學，人皆以爲不可無者，又以謂形而上者所以害道，使人不知本。先生云，吾友直道甚底是本，又害了吾友甚底來。自不知己之害，又烏知人之害。包顯道嘗云，人皆謂禪是人不可無者。今吾友又云害道。兩箇卻好縛做一束。今之所謂害道者，卻是這閑言語。

謂李伯敏云，吾友分明是先曾知此理來，後被異端壞了，異端非佛老之謂，異乎此理，如季繹之徒便是異端。

此二條象山所論尤爲狠悖。夫季繹以敬肆義利爲學者持己處事所不可無，此乃聖賢教人第一義。象山奈何指爲閑言長語、異端害道也。究季繹三轉語，實切箴規，殆有意爲象山忠臣者，而不知象山喜諛惡直，不喜人規，嫉正黨邪，全不睹是也。謂禪學不害道而季繹之言爲害道，謂異端非佛老而季繹爲異乎此理。象山顛倒謬亂，不堪點檢甚矣。

按，霍渭厓《象山學辨》有曰，陸子之學似是而非，其強辨浮斷足以亂正而惑俗。又曰，陸子於佛老，陽叱其名而陰食其實。又借孟子口涎之似以誇張之者也。又曰，陸子者矜悻自高，喜人己諛，不喜人己規。長舌利口，文飾格言，以遂其自滿之陋者也，老佛儒三者混而一之者也。愚按，此言自未嘗識破象山者觀之，未有不疑其冤者，惟閲此編一遍，然後知其句句切中象山骨髓矣。

陸子《贈僧允懷説》云，上人學佛者也，尊其法教，崇其門庭。建藏之役，精誠勤苦，經營未幾駸駸向乎有成，何其能哉。使家之子弟，國之士大夫舉能如此，則父兄君上可以不詔而仰成，豈不美乎。《象山文集》

按，姦僧誑誘愚俗，罔奪民財，以尊夷狄之法，教崇無君無父，淪滅三綱之門庭，此明王之所禁，而聖賢之所必斥也。象山乃亟加褒譽，美其經營，嘉其勤苦，至欲使子弟、士大夫舉效之，顛倒錯亂，尙孰有甚於此。

陸子與顔子堅書云，向在八石時，常納區區之忠，既而子堅遂變儒服，端以爲迂拙之言必蒙見棄。屬者屢蒙見過，每於鄙言，謂有所啟，追念疇昔，爲之慨然。乃知高明終當遠到。向來不求聲名，不較勝負之語，更願加察。道非口舌所能辨，子細向腳跟下點檢，豈能自謾。《象山文集》

按，象山《與詹子南書》云，子堅已去髮胡服。蓋子堅變儒服爲僧矣。夫門人致變服爲僧，象山乃不加斥責，而爲諛辭以相容悦，曰高明終當遠到，猶曰道非口舌所能辨。嗚呼，髠首而胡服矣，不知所到者尙何道耶，淪胥爲夷不自覺也，悲夫。

朱子《答顔子堅書》云，所謂古人學問不在簡編，必有自以爲統之宗、會之元者，僕之愚，於此未喻。聖人教人博文約禮，學問思辨而力行之，不可誣也。若曰不在簡編而統宗會元之求，則是妄意獵等，以陷于邪説詖行之流矣。又聞不念身體髮膚之重，天敘天秩之隆，方將毁冠裂冕，以從夷狄之教，則又深爲憫然。豈亦所謂統宗會元者之爲祟，而使吾子至于此也。聞已得祠曹牒，髠鬀有期，急作此附遞奉報，願吾子於此更入思慮，更與子靜謀之。《朱子文集》

按，顔子堅棄儒爲僧，象山未聞諫止，朱子懇懇然欲救之而不可得也。因統宗會元之爲祟，遂至毁冠裂冕，釋累出家以求之，其喪心良可悲痛。

因坐中有江西士人問爲學。朱子曰，公門都被陸子靜誤，教莫要讀書，誤公一生。使公到今已老，此心倀倀然如村愚拍盲，無知之人，撞牆撞壁，無所知識。使得這心，飛揚跳擲，渺渺茫茫，都無所主，若涉大水，浩無津涯，少間便會失心去。何故，下此一等，只會失心，別無合殺也。傅子淵便是如此。子淵後以喪心死豈有學聖人之道，臨了卻反有失心者，是甚道理。吁，誤人誤人，可悲可痛，分明是被他塗其耳目，至今猶不覺悟。《朱子語類》

按《象山語錄》云，先生於門人最屬意者惟傅子淵。先生臨終前數日見子淵與周益公論道五書，嘆曰子淵擒龍打鳳底手段。又，或問今之學者爲誰。先生屈指數之，以傅子淵居首，邱文範次之，傅季魯、黄元吉又次之。又象山《答陳君舉書》曰，子淵人品甚高，非餘子比也。愚按，子淵爲高弟首稱，而乃至於失心，陸學可知矣。

文公説江西學者自以爲得陸刪定之學，高談大論，略無忌憚。忽一日自以爲悟道，明日與人飲酒如法駡人。某謂，賈誼云，秦二世今日即位，明日射人。今江西學者乃今日悟道而明日駡人，不知所悟者果何道也。《朱子語類》

江西學者即傅子淵。按，象山《與包詳道書》云，朋友自仙里來者，皆云蒙子淵啟發，無不推服。頗有言其酒後言動，殆不可考。吾家長上亦罪其顛狂。又有詩偈，類釋子語，不可以訓。要之瑕瑜功罪各不相掩。按此言，則子淵果有酗酒顛狂之實，而朱子斥之非過矣。顏子堅髠劄效僧徒，子淵詩偈類釋子，其邪趨一矣。嗚呼，以狂邪失德之人，而推爲高第首稱焉，謂啟發無不推服焉，惟取其頓悟而一切言行功過不計焉。象山顛倒至此，奈何近世咸爲所蔀，無人識得他破也，惜哉。

文公說金溪宗旨是禪分曉，如禪家乾屎橛等語，其上更無意義，又不得別思義理。將此心都禁遏定，久久忽自有明快處，方謂之得。此之謂失其本心，故下稍忿慾紛起，恣意猖獗。

朱子《答汪長孺書》云，所喻殊不可曉，既云識得八病，遂見天理流行昭著，無絲毫之隔，不知如何未及旋踵，便有氣盈矜暴之失。復生大疑，鬱結數日，首尾不相應。似是意氣全未安帖，用心過當致得如此。全似江西氣象，其徒有今日悟道，而明日醉酒駡人者。嘗舉賈生論胡亥之語戲之，今乃復見此，蓋不約而同也。

朱子《答汪叔耕書》云，所談儒佛同異，未得其要。至論求乎儒者之學，而以平其出入之息參之，又有忘心忘形，非寐非寤，虛白淸鏡，火珠靜月，每現輒變之說，大不可曉。如此不已，將有狂易喪心之病，竊爲吾子憂之。《朱子文集》

按，陸學聽其言自謂聖學明心，稽其弊乃至顛狂失心，學者豈可爲所欺誤。《伊洛淵源錄》胡文定公曰，自孟子沒，聖學不傳，則有西方之傑，窺見間隙，遂入中國，舉世傾動，靡然從之，於是人皆失其本心，莫知所止，而天理滅矣。按，佛學失心之禍從來如此。

問釋氏有豁然頓悟之說，不知使得否，倚靠得否。朱子曰，某也曾見叢林中有言頓悟者，後來看這人也只尋常，如陸子靜門人，初見他時，常云有所悟，後來所爲卻更顛倒錯亂。看來所謂豁然頓悟者，乃是當時略有所見，果是淨潔快活，然稍久則漸漸淡去了，何嘗倚靠得。子靜渠自說有見於理，到得做處，卻一向任私意做去，全不睹是。人同之則喜，異之則怒。並《朱子語類》

按，近世多以朱子誤疑象山，今觀所云顛倒錯亂，全不睹是。考之象山言行，鑿鑿可徵。是非朱子誤象山，乃後人爲象山所欺而誤朱子也。

又《佛學變爲禪學所以近理亂真爲害吾道之深也》（同上，續編卷上）

朱子曰，佛教初入中國，只是修行說話，如《四十二章經》是也。初間只有這一卷經，其中有云，佛問一僧，汝處家爲何業。對曰，愛彈琴。佛問，緩弦如何。曰，不鳴矣。弦急如何。曰，聲絕矣。緩急得中如何。曰，諸音普矣。佛曰，學道亦然。心須調適，道可得矣。初間只如此說，後來達磨入中國，見這般說話，中國都會說了，遂換了話頭，專去面壁靜坐默照，到後來又翻得許多禪底說話來，盡掉了舊時許多話柄，越弄得來闊，其實只是作弄這些精神。

佛入中國，至晉宋間其教漸盛，然當時文字亦只是將老莊之說來鋪張，直至梁會通間達磨入來，然後被他一切掃蕩，不立文字，直指人心。蓋當時傳教之學既廢不講，老佛之說又如此淺陋，被他窺見這箇罅隙了，故橫說豎說，如是張皇，沒奈他何，人才聰明便被他誘引將去。

佛學其初只說空，後來說動靜，支蔓既甚，達磨遂脫然不立文字，只是黯然端坐，遂心靜見理。此說一行，前面許多皆不足道，老氏亦難抗衡了，今日釋氏其盛極矣。

佛氏初如不愛身以濟衆生之說，此說最淺近，未是他深處。後來是達磨過來，初見梁武，武帝不曉其說，只從事於因果，遂去面壁九年，只說人心至善，即此便是，不用辛苦修行。又有人取老莊之說，從而附益之，所以其說愈精妙。然只是不是耳。並《朱子語類》

按此數條，著佛學變爲禪學之始，而實肇陸學之端矣。蓋浮屠釋迦以來，止謂之佛，自達磨入中國而後禪學興。佛之爲言覺也，禪之爲言靜也，由靜而後至于覺也。其實只是作弄精神，一言而盡異學之綱要矣。

《文獻通考》晁氏曰，佛書自漢明帝以來，至梁武帝華林之集，入中國者五千四百卷，曰經，曰律，曰論，謂之三藏，傳于世盛矣。厥後達磨西來，以三藏皆筌蹄，不得佛意，故直指人心，俾之見性，衆尊之爲祖。雖曰不假文字，而弟子錄其善言，往往成書，由是禪學興焉。

《神僧傳》：菩提達磨南天竺婆羅門種，梁武帝普通初，泛海至廣州。武帝迎至金陵，親問曰，朕即位以來，造寺捨經度僧不可勝數，有何功德。師曰，並無功德。帝曰，何以並無功德。師曰，此但人天小果，有漏之因，如影隨形，雖有非實。帝曰，如何是眞功德。師曰，淨智妙圓，體自空寂。如是功德，不以世求。帝不省玄旨。師知機不契，遂去梁，渡江趨魏境，止嵩山少林寺，終日面壁而坐，九年遂逝焉。愚按，淨智妙圓，體自空寂，此八字形容佛性之體段，開萬世禪學之源。

《伊洛淵源錄》：胡文定公曰，自孟子沒，世無傳心之學。此一片田地漸漸拋荒，無人耕種。佛之徒如達磨輩最爲桀黠，見此間隙，以爲無人，遂入中國，面壁端坐，揚眉瞬目，到處稱尊。此土之人，拱手歸降，不能出他圈套。愚按，近世陸學一派，尤拱手歸降，誠不能出他圈套矣。

朱子曰，佛學自前也只是外面麤說，到梁達磨來，方說那心性。然士大夫未甚理會做工夫。及唐中宗時，有六祖禪學，專就身上做工夫，直要求心見性，士大夫才有向裏者，無不歸他去。又曰，佛學當初只是說無存養底工夫，至唐六祖始教人存養工夫。《朱子語類》

六祖，大鑒禪師盧慧能也。禪家以達磨入中國，爲初祖。六傳而爲慧能，故稱六祖。不思善不思惡時認本來面目，正六祖教人存養之工夫，悟道識心之要訣也。

《傳燈錄》僧神秀書偈云，身是菩提樹，心如明鏡臺。時時勤拂拭，莫遣有塵埃。慧能於秀偈側寫云，菩提本非樹，明鏡亦非臺。本來無一物，何假拂塵埃。五祖因此傳法於能。愚謂，慧能說得高妙如此，烏得不陷溺高明。

又按，《傳燈錄》五祖曰，會中四百九十九人會佛法，惟有盧行者一人不會佛法。他則悟道，謂之過量人，方傳得衣鉢。夫不會佛法而專說心性，說存養，說悟道。彌近理而大亂眞，固如此矣。

朱子曰，汪端明少從學於焦援先生。汪既達時，從宗杲問禪。憐焦之老，欲進之以禪，因勸焦登徑山見杲。杲舉寂然不動，感而遂通。焦曰，和尚不可破句讀書。不契而歸。

杲老所喜皆是麤踈底人，如張子韶、唐立夫諸公是也。汪聖錫、呂居仁輩稍謹願，便被他薄。並《朱子語類》

諸人皆從宗杲學禪者也。杲所舉寂然不動，正嘗教子韶用儒家言語說向士大夫者也。杲嘗答曾天游侍郎書云，今時學道之士只求速效，不知錯了也，卻謂無事省緣靜坐體究爲空過時光，不如看幾卷經，念幾聲佛，佛前多禮幾拜，懺悔平生所作過惡，要免閻家老子手中鐵棒。此是愚人所爲。愚按，宗杲不信看經念佛，而惟急無事省緣靜坐體究，且用儒家言語說向士大夫，是蓋訶佛罵祖之機，轉爲改頭換面之教矣。

按，禪學興於達磨，盛於慧能，極於宗杲。其傳心之要，則達磨不信因果而說淨智妙圓，直指人心。慧能不會佛法，而說本來面目，教人存養。宗杲不信看經念佛，而務無事省緣靜坐體究。近世一種闢佛粗迹而專說養神明心者，其範圍不出此矣。

《傳燈錄》古靈行腳回，參受業師。見師窗下看經，有蜂子投窗求出。靈曰，世界如許闊，不肯出，鑽他故紙。按古靈譏僧看經，即與宗杲同，即與達磨以三藏皆筌蹄同。陸學糟粕註腳經書，其機軸源此。

宋僧常總嘗問一士人曰，《論語》云，默而識之。識是識箇甚。子思言，君子無入而不自得。得是得箇甚。士人無以對。河東侯希聖曰，是不識吾儒之道，猶以吾儒語爲釋氏用，在吾儒爲不成說話。既曰默識與無入而不自得，更理會甚識甚得之事，是不成說話也。朱子《中庸或問》曰，侯氏所辨常總之說甚當。近世佛者妄以吾言傳著其說，而指意乖剌，如此類者多矣，甚可笑也。愚謂，宗杲舉似焦援，及陸學所引儒書，皆是此弊。

《崇正辨》曰，理有至眞，以似而亂之則可惡矣。故惡莠恐其亂苗也，惡紫恐其亂朱也，惡楊墨恐其亂仁義也，惡佛老恐其亂性理也。姦僧猾釋，欲主張其說，恐不能勝，又竊取儒書近似之說以符同之，使愚夫儒士恍惑不能自解，可不戒而遠之哉。

朱子曰，道之在天下，一人說取一般，禪家最說得高妙去。蓋自莊老來，說得道自是一般物事，闃闃在天地間。後來佛氏又放開說，大決藩籬，更無下落，愈高愈妙，吾儒多有折而入之。世間惑人之物，不特尤物爲然，一言一語可取，亦是惑人。況佛氏之說，足以動人如此。

因舉佛氏之學，如云有物先天地，無形本寂寥，能爲萬物主，不逐四時凋。又曰，撲地非他物，縱橫不是塵。山河及大地，全露法王身。又曰，若人識得心，大地無寸土。看他是甚麼樣見識。今區區小儒，怎生出得他手，宜其爲他揮下也。此是法眼禪師下一派宗旨如此。並《朱子語類》

佛氏說得高妙如此，如何不陷溺高明。

朱子曰，釋老之書，極有高妙處，句句與自家箇同，但不可將來比方，煞誤人事。

或論中庸平常之義，舉釋子偈云，世間萬事不如常，又不驚人又久長。曰，便是他那道理也有極相似處，只是說得來別。故某於《中庸序》着語云，至老佛之徒出，則彌近理而大亂眞矣。須是看得他彌近理而大亂眞處始得。並《朱子語類》

按，彌近理而大亂眞一語，非朱子見得親切，不敢如此道。近世惟二程子所見與同，并摘錄其言于卷。

朱子《答吳斗南書》云，佛學之與吾儒，雖有畧相似處，然正所謂貌同心異，似是而非者，不可不審。明道先生所謂句句同事事合然而不同者，眞是有味，非是見得親切，如何敢如此判斷耶。《朱子文集》

謝顯道歷舉佛說與吾儒同處，問伊川先生。先生曰，恁地同處雖多，只是本領不是，一齊差卻。《程氏遺書》

或曰，佛氏與吾儒相似處，其詳可得聞乎。曰，嘗聞之矣。釋氏行住坐卧無不在道，與吾儒道不可須臾離相似也。不解即心是佛眞是騎驢覓驢，與吾儒聖賢無心外之學相似也。赤肉團上有一無位眞人，與吾儒天然自有之中相似也。不思善不思惡，認本來面目，與吾儒喜怒哀樂未發之中相似也。青青翠竹莫匪眞如，總總黃花無非般若，與吾儒鳶飛魚躍相似也。一月普現一切水，一切水月一月攝，與吾儒月映萬川之喻相似也。有物先天地，無形本寂寥，與吾儒無極而太極相似也。千種言萬般解，只要教君長不昧，與吾儒明明德相似也。主人翁惺惺，與吾儒求放心相似也。棄卻甜桃樹，沿山摘醋梨，與吾儒舍梧檟而養樲棘相似也。一棒一條痕，一摑一掌血，與吾儒切實工夫相似也。時時勤拂拭，莫遣有塵埃，與吾儒日新工夫相似也。佛氏說得甚相似如此，非至明誰不惑之。嗚呼，伊川所答謝顯道之言，朱子所述明道之語，學者誠不可不熟察而深省矣。

問，禪者云，知之一字，衆妙之門。他也知得這知字之妙。朱子曰，所以伊川說佛氏之言近理，謂此類也。問，所謂知，指此心之神明作用處否。曰，然。

佛家所謂作用是性，雖無道理，然他卻一生受用快活，便是他就這形而下者之中，理會得似那形而上者。

釋氏專以作用爲性。問如何是佛。曰，見性爲佛。曰，如何是性。曰，作用爲性。曰，如何是作用。曰，在目曰見，在耳曰聞，在鼻嗅香，在口談論，在手執捉，在足運奔。遍現俱該法界，收攝在一微塵。識者知是佛性，不識喚作精魂。並《朱子語類》

《草木子》曰，自釋迦拈青蓮花，迦葉呵呵微笑，自此示機。直至達磨說出能作用即是佛性，自此禪宗皆祖此。又曰，禪宗一達此旨，便以爲了，只知能作用者便是，更不論義理，所以踈通者歸於恣肆，固滯者歸於枯槁。

問，佛氏說性，在目爲見，在耳爲聞，在口爲議論，在手能持，在足運奔。朱子曰，如此只是箇無星之秤，無寸之尺。若在聖門，則在目雖見，須是明始得。在耳雖聞，須是聰始得。在口談論及在手足之類，須是動之以禮始得。天生烝民，有物有則，如佛氏之說，是有物無則了。

佛氏原不曾識得這理一節，便認知覺運動做性。只認那能視能聽能言能思能動底便是性，最怕人說這理字，都要除掉了。此正告子生之謂性之說也。

龐居士云，神通妙用，運水搬柴。佛家所謂作用是性便是如此。他都不理會是和非，只認得那衣食作息視聽舉履便是道，說我這箇會說話底，會作用底，叫喚便應底，便是神通妙用，更不問道理如何。禪老云，赤肉團上有一無位眞人，在汝等諸人面門上出入。他便是只認得這箇，把來作弄。並《朱子語類》

此三條辨佛氏論性之非，極爲明白。奈何近世講學之士猶墮其失，拾朱子所棄以自珍者。

按象山與曾祖道言，目能視，耳能聽，鼻能知香臭，口能知味，心能思，手足能運動，如何更要甚存誠持敬。楊慈湖《己易》說，謂目能視，所以能視者何物。耳能聽，所以能聽者何物。口能噬，鼻能嗅，所以能噬能嗅者何物。手能運用，足能步趨，心能思慮，所以能運用步趨思慮者何物。又慈湖《訓語》云，吾目視耳聽鼻嗅口嘗手執足運，無非大道之用。

按象山師弟，分明佛氏作用之旨。

《傳習録》：王陽明謂門人曰，所謂汝心卻是那能視聽言動底，這箇便是性，便是天理。有這箇性才能生，這性之生理便謂之仁。這性之生理發在目便會視，發在耳便會聽，發在口便會言，發在四肢便會動，都只是那天理發生，以其主宰一身故謂之心。按陽明此言，發明佛氏作用之旨尤明，其爲告子生之謂性之説尤明。

陳北溪《字義》云，今世有種杜撰等人，愛高談性命，大抵全用浮屠作用是性之意，而文以聖人之言，都不成模樣。據此意，其實不過只是告子生之謂性之説，此等邪説向來已爲孟子掃卻，今又再拈起來作至珍至寶説。只認得箇精神魂魄，而不知有箇當然之理。只看得箇模糊影子，而未嘗有的確定見。枉誤了後生晚進，使相從於天理人欲混雜之區爲可痛。嗚呼，讀北溪此言，不能不令人動杜牧之後人而復哀後人之感也。

朱子曰，佛家從頭都不識，只是認知覺運動做性，做玄妙説。或曰，如此則安能動人，必更有玄妙處。曰，便只是這箇，他那妙處離這知覺運動不得。無這箇便説不行，只是被他作弄得來精。《朱子語類》

按宗杲《答曾侍郎書》云，尋常計較安排底是識情，隨生死遷流底亦是識情，怕怖慞惶底亦是識情。而今參學之人不知是病，只管在裏許頭出頭沒，教中所謂隨識而不隨智，以故昧卻本地風光，本來面目。若或一時放下，百不思量計較，忽然失腳，蹋着鼻孔，即此識情便是眞空妙智，更無別智可得。若別有所得有所證，則又卻不是也。如人迷時，喚東作西。及至悟時，即西便是東，無別有東。此眞空妙智與太虚空齊壽，只這太虚空中還有一物礙得他否。雖不受一物礙，而不妨諸物於空中往來。此眞空妙智亦然，凡聖垢染着一點不得，雖着不得而不礙生死凡聖於中往來。如此信得及見得徹，方是箇出生入死，得大自在底漢。愚按，此説正是他妙處，離這知覺運動不得，正是被他作弄得來精矣。

按，達磨説淨智妙圓體自空寂，慧能説本來無一物，宗杲説眞空妙智，此空門授受正法眼藏。

或曰，佛氏以空爲性，又以作用爲性。夫作用則有物而非空矣，不自枘鑿乎。曰，此體用之説也。眞空者性之體也，作用者性之用也，體用一原也。故佛氏謂，眞空則能攝衆有而應變。又謂，即此識情便是眞空妙智，明體用一原也。釋神會《顯宗記》謂，湛然常寂，應用無方。用而常空，空而常用。用而不有，即是眞空。空而不無，即成妙有。妙有即摩訶般若，眞空即清淨涅槃。其言尤作弄得來精，與《中庸》大本達道之説相似矣。

朱子曰，佛氏只是弄精神。問，彼言一切萬物，皆有破壞，惟有法身常住不滅。所謂法身，便只是這箇。曰，然。不知你如何占得這物事住。天地破壞，又如何被你占得這物事常不滅。問，彼大概欲以空爲體，他言天地萬物萬事皆歸於空，這空便是他體。曰，他也不是欲以空爲體，他只是説這物事裏面本空，着一物不得。

儒者以理爲不生不滅，釋氏以神識爲不生不滅。並《朱子語類》

《居業録》曰，釋氏是認精魂爲性，專一守此以爲超脱輪迴。緣他當初只是去習靜坐屏思慮，久了，精神光彩，其中了無一物，遂以爲眞空。這道理只有這箇，極玄極妙，天地萬物都是這箇做出來。得此則天地萬物雖壞，這物事不壞，幻身雖亡此不亡，所以其妄愈甚。

朱子曰，釋氏合下見得箇道理空虚不實，故要得超脱，盡去了物累，方是無漏，爲佛地位。若吾儒，合下見得箇道理便實了，故首尾與之不合。

陸子靜從初亦學佛，嘗言儒佛差處只是義利之間。某應曰，此猶是第二着，只他根本處便不是。當初釋迦爲太子時，出遊見生老病死苦，遂厭惡之。入雪山修行，從上一念，便一切作空看，惟恐割棄之不猛，屏除之不盡。吾儒卻不然。蓋見得無一物不具此理，無一理可違於物。佛説萬理俱空，吾儒説萬理俱實。從此一差，方有公私義利之不同。今學佛者云識心見性，不知是識何心，是見何性。並《朱子語類》

此儒釋不同頭腦處。

問，惡外物如何。伊川程子曰，是不知道者也，物安可惡。釋氏之學便如此，要屏事，不問這事是合有合無。又曰，學佛者多要忘是非，是非安可忘得。《程氏遺書》

朱子曰，釋氏欲驅除物累，至不分善惡，皆欲掃盡，云凡聖情盡，即如如佛，然後來往自由。

吾儒心雖虚而理則實，若釋氏則一向歸空寂去了。《朱子語類》

釋氏不分是非善惡，皆欲掃盡，一歸空寂，所以害道。

有言莊老禪佛之害者。朱子曰，禪學最害道。莊老於義理滅絕猶未盡，佛則人倫已壞，至禪則又從頭將許多義理掃滅無餘。以此言之，禪最爲害之深者。《朱子語類》

《居業錄》曰，禪家只是默坐澄心，絕滅思慮，直求空寂。空寂之久，心能靈通。殊不知空寂之中，萬理滅絕。那些靈通只是自己精神意見，全不是道理。凡所動作，任意爲之，以爲此即神通妙用，不用檢察，自然廣大無邊。其猖狂自恣者以此。按，此言禪學絕滅義理之故明矣。

問釋氏理障之說。伊川程子曰，此錯看了理字也。天下只有一箇理，既明此理，夫復何障。若以理爲障，則是己與理爲二。又曰，《書》言天叙、天秩，天有是理，聖人循而行之，所謂道也。聖人本天，釋氏本心。《程氏遺書》

聖人本天，天即理也。釋氏本心，心即精神知覺也。儒釋之辨，非程朱大儒安能剖判明白如此。

朱子《觀心說》曰，或問佛者有觀心說，然乎。曰，夫心者人之所以主乎身者也，一而不二者也，爲主而不爲客者也，命物而不命於物者也。故以心觀物，則物之理得。今復有物以反觀乎心，則是此心之外復有一心，而能管乎此心也。然則所謂心者，爲一耶爲二耶，爲主耶爲客耶，爲命物者耶爲命於物者耶，此亦不待較而知其謬矣。《朱子文集》

觀此則楊慈湖反觀之說之謬可知。

朱子《釋氏論》曰，其徒蓋有實能恍然若有所睹而樂之不厭，至於遺外形骸而死生之變不足以動之者，此又何耶。曰，是其心之用既不交於外矣，而其體之分於內者，乃自相同而不舍焉。其志專而切，其機危而迫，是以精神之極，而一旦惘然若有失也。其所以至此之捷徑，蓋皆原於莊周承蜩、削鐻之餘論，而又加巧密焉耳。然昧於天理而特爲是以自私焉，則亦何足稱於君子之門哉。《朱子文集》

承蜩、削鐻，見《莊子·達生篇》。仲尼適楚，出於林中，見痀僂者承蜩，猶掇之也。仲尼曰，子巧乎，有道耶。曰，我有道也。吾處身若厥株枸，吾執臂也若槁木之枝，雖天地之大，萬物之多，而惟蜩翼之知。吾不反不側，不以萬物易蜩之翼，何爲而不得。孔子顧謂弟子曰，用志不分，乃凝於神，其痀僂丈人之謂乎。梓慶削木爲鐻，鐻成，見者驚猶鬼神。魯侯問曰，子何術以爲焉。對曰，臣工人，何術之有。雖然，有一焉。將爲鐻，未嘗敢以耗氣也，必齋以靜心。齋三日，而不敢懷慶賞爵祿。齋五日，不敢懷非譽巧拙。齋七日，輒然忘吾有四肢形體也。當是時也，其巧專而外汩消，以天合天，器之所以疑神者，其是與。

朱子曰，禪只是箇呆守法，如麻三斤、乾屎橛，他道理初不在這上，只是教他麻了心，只思量這一路，專一積久，忽有見處便是悟。大要只是把定一心，不令散亂，久後光明自發。所以不識字底人，纔悟後便作得偈頌。

佛者云，置之一處，無事不辨。只是教人如此做工夫。如莊子亦云，用志不分，乃凝於神也。只是如此。並《朱子語類》

禪學工夫，只是要箇專一，無多術也。

朱子曰，宗杲云，如載一車兵器，逐件取出來弄，弄了一件又弄一件，便不是殺人手段。我只有寸鐵，便可殺人。《朱子語類》

朱子曰，釋氏有清草堂者，有名叢林間。其始學時苦無所入，有告之者曰，子不見貓之捕鼠乎，四足據地，首尾一直，目睛不瞬，心無他念。惟其不動，動則鼠無所逃矣。清用其言，乃有所入。彼之所學雖與吾異，然所以得之者則無彼此之殊。學者宜以是而自警也。《朱子文集》

寸鐵之說，言要一也。捕鼠之說，言專一也。朱子講學，多借用禪語以警學者。觀《語類》騎驢覓驢，甜桃醋梨等語，尤可見。朱子借用禪語以勉進吾儒，猶象山借用儒書以彌縫佛學，意頗相類，皆借彼明此之意也。《傳燈錄》曰，正人說邪說，邪說亦是正。邪人說正說，正說亦是邪。此語亦有見識。愚爲之轉語曰，吾儒說禪說，禪說亦是儒。禪家說儒說，儒說亦是禪。識此可與論朱陸矣。

朱子《答吳斗南書》云，所云禪學悟入乃是心思路絕，天理盡見。此尤不然。心思之正便是天理流行，運用無非天理之發見，豈待心思路絕而後天理乃見邪。

朱子《答陳衛道書》云，釋氏見處，只是要得六用不行，則本性自見。只此便是差處。六用豈不是性，若待其不行然後性見，則是性在六用之外，別爲一物矣。並《朱子文集》

宗杲云，心無所之，老鼠入牛角，便見倒斷也。倒斷即是悟處，此即心思路絶，天理盡見之謂。近福州烏石巖，有僧書一偈，末云行至水窮山盡處，那時方見本來眞，即是此意。六用出《楞嚴經》，耳眼鼻舌身意六根之用也。

朱子《答廖子晦書》云，爲佛學者自謂有見，而於四端五典，良知良能，天理人心之實然而不可易者，皆未嘗畧見彷彿。甚者披根拔本，顛倒錯繆，無所不至。則夫所謂見者，殆亦用心太過，意慮泯絶，恍惚之間，瞥見心性之影象耳。與聖門眞知實踐之學，豈可同年而語哉。

朱子《答胡季隨書》云，釋氏只是恍惚之間，見得些心性影子，却不曾子細見得眞實心性。正使有存養之功，亦只是存養得他所見影子。固不可謂之無所見，亦不可謂之不能養，但所見所養非心性之眞耳。並《朱子文集》

胡敬齋曰，釋氏見道只如漢武帝見李夫人，非眞見者也。又曰，禪家在空虚中見出一箇假物事，以爲識心見性，以爲不生不滅，其實未嘗識心，未嘗見性也。愚謂，敬齋直道禪家所見爲假物非眞，極是極是。自朱子没後，無人見得如此端的直截。

老子曰，道之爲物，惟怳惟忽。忽兮怳兮，其中有像。怳兮忽兮，其中有物。窈兮冥兮，其中有精。釋老所見畧同。

朱子《答陳衛道書》云，性命之理不必着意思想，但每事尋得箇是處，即是此理之實，不比禪家見處，只在儱侗恍惚之間也。又曰，儒者之論，每事須要眞實是當，不似異端，便將儱侗底影象，來罩占此眞實地位也。此等差互處，擧起便是，不勝其多，寫不能窮，說不能盡。《朱子文集》

按，陸學以鑑象之見，爲見道，爲知仁，正是將儱侗恍惚底影象，來罩占此眞實地位也。

朱子《答陳衛道書》云，釋氏所見，較之吾儒，彼不可謂無所見，但却只是從外面見得箇影子，不曾見得裏許眞實道理。所以見處則儘高明脱灑，而用處七顛八倒，無有是處，見處行處打成兩截也。《朱子文集》

所論兩截，近世禪陸通病。

問儒釋。朱子曰，據他說道明得心，又不曾得心爲之用。說道明得性，又不曾得性爲之用。又曰，僧家所謂禪者，於其所行全不相應。向來見幾箇好僧，說得好又行得好，自是其資質爲人好耳，非禪之力也。所謂禪是僧家自擧一般見解，如秀才家擧業相似，與行己全不相干。學得底人有許多機鋒將出來弄，一上了便收拾了。到其爲人，與俗人無異，只緣禪自是禪，與行不相應耳。《朱子語類》

此語亦是說禪學兩截之病，觀陸學正然。朱子嘗謂，楊敬仲簡淡誠慤，自可敬愛，而其議論見識自是一般，可見其自是資質好，非禪之力。又謂，子靜常有悟，後來更顛倒錯亂。正只緣禪自是禪，與行不相應耳。

因論《傳燈錄》禪者曰，此迹也，何不論其心。明道程子曰，心迹一也，豈有迹非而心是者也。正如兩腳方行，指其心曰我本不欲行，他兩腳自行。豈有此理。

明道先生不好佛語。或曰，佛之道是也，其迹非也。曰，所謂迹者，果不出於道乎。然吾所攻者其迹耳，其道則吾不知也。使其道不合於先王，固不願學也。如其合於先王，則求之六經可矣，奚必佛。

伊川程子曰，釋氏之說，若欲窮其說而去取之，則其說未必能窮，已化而爲佛矣。只且於迹上考之，其設教如是，則其心果何如。難爲取其心不取其迹，有是心則有是迹。王通言心迹之判，便是亂說，不若且於迹上斷定不與聖人合。其言有合處，則吾道固已有，有不合者固所不取。如是立定卻省易。並《程氏遺書》

按，近世於佛學皆是取其心，取其道，而不取其迹，分爲兩截。非二程子，是非何由折衷。

朱子曰，禪學熾則佛氏之說大壞，緣他本來是大段着工夫收拾這心性，今禪說只恁地容易做去。佛法固是本不見大底道理，只就他本法中是大段細密，今禪說只一向麤暴。又曰，釋迦佛初間入山修行，他也只是厭惡世諦，爲一身之計。觀他修行大故用功，未有後來許多禪底說話。後來相傳，一向說開了。《朱子語類》

西山眞氏曰，自禪教既分，學者往往以爲不階言語文字而佛可得，於是脱畧經教而求所謂禪者，高則高矣，至其身心顛倒，有不堪點檢者，則反不如誦經持律之徒，循循規矩中，猶不至大謬也。今觀《遺教經》以端心正念爲首，而深言持戒爲禪定智慧之本，至謂制心之道如牧牛，如馭馬，不使縱逸，去瞋止妄息欲寡求，然後由遠離以至精進，由禪定以造智慧，具有漸次梯級。非如今之談者，以為一超可造如來地位也。愚按，佛學猶以脫畧經教趨禪為非，吾儒豈可糟粕六經，趨禪弗察。

朱子曰，釋氏書初只有《四十二章經》，所言甚鄙俚。後來日添月益，皆是中華文士相助撰集，如晉宋間自立講師，孰為釋迦，孰為阿難，孰為迦葉，各相問難，筆之於書，轉相欺誑。大抵多是剽竊老子、列子意思，變換推衍以文其說。

宋景文《唐書》贊說，佛多是華人之譎誕者，攘莊列之說佐其高。此說甚好。如歐陽公只說箇禮法，程子又只說自家義理，皆不見他正贓，卻是宋景文捉得他正贓。並《朱子語類》

愚謂，唐以前，中華文士攘竊莊列，以文其說，佐其高。至宋則攘竊孔孟，以文其說，佐其高矣。嗚呼，竊莊列以文佛釋，以異端而佐異端，猶可言也。竊孔孟以文佛釋，遂以夷狄之教而亂吾中國聖賢之學，不可言也。迦葉，釋迦弟子。阿難，又迦葉弟子也。

朱子曰，佛書多有後人添入，如西天二十八祖所作偈皆有韻，分明是後人增加。又曰，西域豈有韻，諸祖相傳偈平仄押韻語，皆是後來人假合。《朱子語類》

此尤捉着正贓。

朱子《釋氏論》曰，凡佛之書，其始來者如《四十二章》《遺教》《法華》《金剛》《光明》之類，其所言者不過清虛緣業之論，神通變現之術而已。及其中間，為其學者如惠遠、僧肇之流，乃始稍竊莊列之言以相之，然尚未敢正以為出於佛之口也。及其久而恥於假借，則遂顯然篡取其意，而文以浮屠之言。如《楞嚴》所謂自聞，即莊子之意。而《圓覺》所謂四大各離，今者妄身當在何處，即列子所謂精神入其門，骨骸反其根，我尚何存者也。凡若此類，不可勝舉。至於禪者之言，則其始也，蓋亦出於晉宋清談議論之餘習，而稍務反求靜養以默證之，或能頗出神怪以衒流俗而已。其後傳之既久，聰明才智之士，或頗出於其間而自覺其陋，於是更出己意，益求前人之所不及者而陰佐之，而盡諱其怪幻鄙俚之談，於是其說一旦超然，眞若出乎道德性命之上，而惑之者遂以為果非堯舜周孔之所能及矣。《朱子文集》

何叔京曰，浮屠出於夷狄，流入中華，其始也言語不通，人固未之惑也。晉宋而下，士大夫好奇嗜怪，取其侏離之言而文飾之，而人始大惑矣。非浮屠之能惑人也，導之者之罪也。愚按，前世士大夫好奇嗜怪，以莊列助禪而文飾之，人已大惑。況後世士大夫又以儒書助禪，而文飾益甚焉，夫安得不為深蔀。

明道程子曰，釋氏之說，其歸欺詐。今在法欺詐雖赦不原，為其罪重也。及至釋氏自古及今欺詐，天下人莫不溺其說而不自覺也，豈不謂之大惑耶。《程氏遺書》

朱子曰，論佛只是說箇大話謾人，可憐人都被他謾，要不省悟。《朱子語類》

胡敬齋亦曰，學釋老者多詐。今觀象山、篁墩、陽明一派欺蔀尤驗，奈何近世都被他謾。古今同慨。

朱子《讀大紀》曰，釋氏始終本末亦無足言，然以其有空寂之說，而不累於物欲也，則世之所謂賢者好之矣。以其有玄妙之說，而不滯於形器也，則世之所謂智者悅之矣。以其有生死輪迴之說，而自謂可以不淪於罪苦也，則天下之傭奴、爨婢、黥髡、盜賊亦匍匐而歸之矣。此其為說所以張皇輝赫，震耀千古，而為吾徒者方且蠢然鞠躬屏氣，為之奔走服役之不暇也。幸而有一間世之傑，乃能不為之屈，而有聲罪致討之心焉。嗚呼，惜哉。《朱子文集》

此言佛氏之所以盛，由其說能舉天下之智愚賢不肖而溺之也。考張子之言尤足徵，併著卷末。

橫渠張子曰，自其說熾傳中國，儒者未容窺聖學門牆，已為引取，淪胥其間，指為大道。乃其俗達之天下，致善惡、知愚、男女、臧獲，人人著信，使英才間氣，生則溺耳目恬習之事，長則師世儒宗尚之言，遂冥然被驅。因謂聖人可不修而至，大道可不學而知，故未識聖人心，已謂不必求其迹。未見君子志，已謂不必事其文。此人倫所以不察，庶物所以不明，治所以忽，德所以亂，異言滿耳，上無禮以防其偽，下無學以稽其弊。自古詖淫邪遁之辭，翕然並興，一出於佛氏之門者千五百年。向非獨立不懼，精一自信，有大過人之才，何以正立其間，與之較是非計得失也哉。

橫渠之言如此，可謂深切著明矣。

通按，此卷所載，雖雜引諸書，然亦有節次統紀。首論禪學興盛來歷，次論禪學高妙近似，次論釋氏作用是性，次論釋氏歸空，次論釋氏掃除事理而專說心，次論釋氏工夫專一，次論釋氏所見影象恍惚非眞，次論釋氏兩截，次論釋氏後來變換增加文飾欺誑，末總論釋氏惑害之深。大綱凡十節，而其文理接續，血脈貫通，則讀者當自得之矣。

又《漢唐宋以來學者多溺於老佛》 朱子曰，楊雄《太玄》曰，潛心于淵，美厥靈根，測曰，潛心于淵，神不昧也，乃老氏說話。又曰，楊子說到深處，止是走入老莊窠窟裏去，如清靜寂寞之說是也。至如《玄》中所說靈根之說，亦只是老莊意思，止是說那養生底工夫爾。

陶淵明古之逸民，所說者莊老。並《朱子語類》

按，自孔孟沒，漢晉學者皆宗老莊，唐宋則宗禪佛，然皆不外養神一路也。《鶴林玉露》記陶淵明《神釋形影》詩云，大鈞無私力，萬理自森著。人爲三才中，豈不以我故。我，神自謂也。人與天地並立爲三才，以此心之神也。若塊然血肉，豈足以並天地哉。末云縱浪大化中，不喜亦不懼。應盡便須盡，無復獨多慮。乃是不以死生禍福動其心，泰然委順，養神之道也。淵明可謂知道之士。愚按，自漢以來聖學不明，士之所謂知道者，知此而已。陸子嘗謂陶淵明有志於吾道，正指此也。

問，唐時莫是李翺最識道理否。朱子曰，也只是從佛中來。曰，渠有《去佛齋》文，闢佛甚堅。曰，只是粗迹，至說道理卻類佛。《朱子語類》

李翺字習之，從韓退之遊，自謂得子思中庸之學，著《復性》三篇。其說曰，人之所以惑其性者情也，喜怒哀懼愛惡欲皆情之爲也，情者妄也，邪也。妄情息滅，本性清明。大要以滅情爲言。此說道理正類佛也。

朱子曰，李翺復性則是，云滅情以復性則非，情如何可滅。此乃釋氏之說，陷於其中而不自知。《朱子語類》

按，釋氏謂，六用不行則本性自見。又云，但能莫存知見，泯絕外緣，離一切心，即汝眞性。此滅情復性，禪宗要旨也。象山云，人只是去些子凡情不得。又云，心不可泊一事，須要一切蕩滌，剝落淨盡。即同此滅情之旨。

《困知記》云，李習之雖嘗闢佛，然《復性書》之言，陷於佛氏之說而不自知。其亦嘗從禪師問道，得非有取其微旨，而姑闢其粗迹，以無失爲聖人之徒耶。

《傳燈錄》李翺爲朗州刺史，嘗問藥山禪師如何是道。師曰，雲在天，水在瓶。翺作偈云，鍊得身形似鶴形，千松株下兩函經。我來問道無餘話，雲在青天水在瓶。

問，韓文公與大顛書，不審有崇信之意否。朱子曰，眞箇是崇信。是他貶從那潮州去無聊，後被他說轉了。如云，所示廣大深迥，非造次可喻。不知大顛與他說箇甚麽，恁地傾心信向。又曰，退之亦多交僧，如靈師、惠師之徒。《朱子語類》

按，韓退之雖闢佛而交僧，晚年乃爲太顛所動，傾心信向。周元公云，不識太顛何似者，數書珍重，更留衣，何與《原道》之言背馳耶。雖然，退之一李習之也，《原道》闢佛亦只是闢其粗迹也。按，柳子厚《送僧浩初序》謂，韓退之病余嗜浮圖言，罪余不斥浮圖。余謂，浮圖之言往往與《易》《論語》合，雖聖人復生不可得而斥也。退之所病者其迹也，而雖余亦不樂也。愚謂，文學如二三子，一代宗工，然皆只知病佛粗迹，而不免爲其微言所惑，他尚何望。

朱子曰，游定夫有《論語要旨》，天下歸仁，引龐居士語。又曰，游定夫以克己復禮與釋氏一般，只存想此道理而已。舊本游氏全用佛語解此一段，某已刪之。若只以存想言克復，則與下截非禮勿視四句有何干涉。又曰，若只是存想天下歸仁，恁地則不須克己，只理會這箇，是有甚麽好處。可惜極好底秀才，只恁地被他引去了。又曰，了翁好佛，說得來七郎八當。《朱子語類》

了翁《金剛經說》曰，佛法之要，不在文字，而亦不離於文字。此經要處只九箇字，阿耨多羅三藐三菩提。梵語九字，華言一字，一覺字耳。《中庸》誠字即此字也。了翁之意亦是見得佛與聖人合也。

朱子辨蘇子由《老子解》云，蘇侍郎晚著此書，合吾儒於老子，以爲未足，又幷釋氏而彌縫之，可謂舛矣。然其自許甚高，至謂當世無一人可以語此者。而其兄東坡公亦以爲，不意晚年見此奇特。以予觀之，其可謂無忌憚者與。《朱子文集》

蘇子由注《老子》，其《後序》曰，《中庸》云，喜怒哀樂之未發謂之中，發而皆中節謂之和。致中和，天地位焉，萬物育焉。此蓋佛法也。六祖謂，不思善不思惡，則喜怒哀樂之未發也。蓋中者佛性之異名，而和者六度萬行之總目。致中和而天地萬物生於其間，非佛法何以當之。觀此則蘇氏彌縫之舛可知矣。按，《文獻通考》宋仁宗時，僧契嵩以世儒多詆釋氏之道，乃著《輔教編》五卷，廣引經籍以證三家一致，輔相其教焉。蘇子由所見正與契嵩合。《崇正辨》曰，爲佛之徒者，所以擁護其道無所不至。衣冠淺士，乃一聞佛說則傾意從之，甘心於僧役而不悔，豈非名教之罪人哉。

朱子《雜學辨》張子韶《中庸解》云，不見形象而天地自章，不動聲色而天地自變，垂拱無爲而天地自成。天地亦大矣，而使之章，使之變，使之成，皆在於我，天地又自此而造化之妙矣。朱子辨之，謂此語險怪不通，若聖人反能造化天地，則是子孫反能孕育父祖。凡此好大不根之言，蓋原於釋氏心法起滅天地之意。《朱子文集》

按，蘇子由謂，致中和而天地萬物生於其間云云，正同此心法起滅天地之意。又按，朱子《雜學辨》蘇張溺佛之失甚詳，今亦不能盡錄，姑摘記緊要一二于此。

朱子曰，張公始學於龜山之門，而逃儒以歸於釋。既自以爲有得矣，而其釋之師語之曰，左右既得欛柄入手，開導之際，當改頭換面，隨宜說法，使殊塗同歸，則世出世間兩無遺恨矣。用此之故，凡張氏所論著，皆陽儒而陰釋，其離合出入之際，務在愚一世之耳目，而使之恬不覺悟，以入乎釋氏之門，雖欲復出而不可得。《朱子文集》

昔人謂，西晉亂亡之禍，起於夕陽亭荀勗教賈充之一語。愚謂，後世學術陽儒陰釋之禍，實起于宗杲教張公之一語矣。然荀勗一語止禍一代，宗杲一語遺禍無窮。上而千古聖賢學術爲所汨亂，下而天下萬世人心爲所蔀惑，不知其禍何時而已。嗚呼，酷哉。

按，宗杲爲人權數陰謀秘計，大類呂不韋。不韋陰以其子爲秦王之子，而秦人不覺。宗杲陰以其學易吾儒之學，而後世亦鮮知之。始皇既立，名號猶襲嬴秦，而血脈骨髓則已移于呂。無垢、象山繼作，名號不殊於孔孟，而血脈骨髓則已移于禪。嗚呼，六國幷兵合力以攻秦，不能得秦人之寸尺，而不韋奪其國於幾席談笑之間。昌黎、伊洛終身闢佛，曾不能少殺其勢。宗杲乃從容一語，而遺吾道無窮之禍。二人者，其古今之大盜與。

通按，有宋一代禪學盛行，然汴宋以前，蘇子由諸人明以儒佛爲同，南渡以後，張子韶輩始陽儒而陰佛。以儒佛爲同，其好佛也直。陽儒而陰佛，其好佛也譎。此世道升降之幾，所關非細故也。孔子曰，古之愚也直，今之愚也詐而已矣。閱歷古今世變，同一令人增慨。

朱子《答石子重書》云，此道寂寥，近來又爲邪說汨亂，使人駭懼。聞洪適在會稽，盡取張子韶經解版行。此禍甚酷，不在洪水、夷狄、猛獸之下，令人寒心。人微學淺，又未有以遏之。惟益思自勉，更求朋友之助，庶有以追蹤聖徒，稍爲後人指出邪徑，俾不至全然陷溺，亦一事耳。《朱子文集》

朱子惓惓爲後人指出邪徑，而近日學者乃有故蹈邪徑而反詆朱子者，其是非識見何相遼乃爾。

朱子《雜學辨》曰，呂氏曰，聞見未徹，正當以悟爲則，所謂致知格物正此事也。比來權去文字，專務體究，尙患雜事紛擾，無專一工夫。若如伊川之說，物各付物便能役物，卻恐失涉顢頇爾。愚謂，以悟爲則，乃釋氏之法，而吾儒所無有，呂氏顧以爲致知格物之事。又云，去文字而專體究，猶患雜事紛擾不能專一，則是理與事爲二，必事盡屏而後理可窮也。顧謂伊川顢頇，豈不惑哉。《朱子文集》

呂氏即呂居仁，亦嘗參禪宗杲。杲以無事省緣靜坐體究爲教，故呂氏有此見解。其去文字屏事尙悟詆伊川，全與象山同見解。象山曰，格物者格此者也。陽明曰，格物致知之功，即佛氏之常惺惺。皆與呂氏同見解。顧頤出佛書，云儱侗真如，顢頇佛性。

朱子曰，信州龔安國聞李德遠過境見之。李云，若論學惟佛氏直截，如學周公、孔子，乃是抱橋柱澡洗。

朱子曰，禪學只一喝一棒，都掀翻了，也是快活。卻看二程說話，可知道不索性。奚特二程，便夫子之言亦如此。學而時習之不亦說乎，看得好支離。幷《朱子語類》

按，前人於孔佛猶有支離直截之論，則夫近世之以支離直截論朱陸者，即前人之餘涎耳。蘇子由謂，後世因老子之言以達道者不少，而求之於孔子者常苦其無所從。呂汲公謂，學者苦聖人之微，而珍佛老之易入，皆同此意。《崇正辨》曰，聖人之道不可躐等，釋氏之教一超直入，故儒生以吾聖人爲迂，以彼釋氏爲徑。今以登十三級浮屠明之。不可躐等者，猶自最下，用足歷級，升而上也。一超直入者，猶自平地，不用足歷，忽飛而至也。此實而彼虛，實難而虛易。士大夫樂於無稽超勝之說，以爲孔子所不到，孟子所不知，而實無所得，使世習日以淪胥，莫可救也。愚按，前世溺禪者必詆聖人，近世溺禪者必詆朱子，孔聖猶不免譏，詆朱固無足怪矣。

朱子曰，今之學者往往多歸異教，何故。蓋謂自家這裏，工夫有欠缺處，柰何這心不下，沒理會處。而禪者之說，則自以爲有箇悟門，一朝得入則前後際斷。說得恁地見成捷快，如何不隨他去。《朱子語類》

朱子《答汪尚書書》云，道在六經何必他求，誠如台諭。然世之君子不免於淪胥者，何哉。以彼之爲說者曰，子之所求於六經者，不過知性知天而已。由吾之術無屈首受書之勞，而有其效。其見解眞實，有過之者，無不及焉。世之君子既以是中其好徑欲速之心，而不察乎他求之賊道。貴仕者又往往有王務家私之累，聲色勢利之娛，日力亦不足矣。是以雖知至道不外六經而不暇求，不若一注心於彼而徼幸其萬一也。至於蘇氏，其言高者出入有無，而曲成義理，下者指陳利害，而切近人情。其智識才辨謀爲氣概，又足以震耀而張皇之，使聽者欣然而不知倦。此其亂人心妨道術，主名教者不得恝然而無言也。狂妄僭率，極言至此，熹之愚昧么麽，豈不知其力之不足，所以慨然發憤而不能已，亦決於此而已矣，天下豈有二道哉。《朱子文集》

此書尤切中世學之病。所稱蘇氏之病，象山、陽明正同。朱子嘗謂伊川快說禪病，今由此編觀之，朱子眞可謂快說禪病矣。李果齋謂，析世學之謬，辨異敎之非，擣其巢穴，砭其隱微，摧陷廓清之功，非近代諸儒所能彷彿其萬一。究觀此編，然後知斯言之非阿所好矣。蓋朱子未出以前，佛學盛行，雖經傅太史、韓文公、二程、張子之辨而不息。直至朱子出，而後邪說退伏，不敢與吾儒爭衡。而後學者曉然知佛學心迹本末之皆邪，而儒佛異同之辨息。而後一切雜學以佛旨釋儒書者，不得以愚後學之耳目。而後士大夫無復參禪於叢林，問道於釋子耳，爲僧役而不耻者矣。是朱子未出以前，一禪佛世界。朱子出而後，復吾儒世界也。魏鶴山謂，朱子之功不在孟子下。不究辨至此，夫豈知斯言之不我欺。

通按，近世溺佛之弊，有以佛氏勝於周孔者，有以佛氏與聖人同者，有以儒佛本同末異者，有陽儒而陰佛者。是數說者，實以漸而變，以佛氏爲高妙徑捷勝於周孔者，其陷溺病根也。以爲與聖人同者，少變其說以誘人也。以爲本同末異者，其說之又變也。至於陽儒陰佛則其變之極，而爲術益精，爲說彌巧也。嗚呼，君子觀於此編，亦可以少窮禪蔀之變態矣。

明道程子曰，道之不明，異端害之也。昔之害近而易知，今之害深而難見。昔之惑人也，乘其迷暗。今之惑人也，因其高明。自謂窮神知化而不足以開物成務，言爲無不周徧實則外於倫理，窮深極微而不可以入堯舜之道，天下之道非淺陋固滯則必入於此。自道之不明也，邪誕妖異之說競起，塗生民之耳目，溺天下於汙濁，雖高才明智，膠於見聞，醉生夢死，不自覺也。是皆正路之榛蕪，聖門之蔽塞，闢之而後可以入道。

伊川程子曰，世之博文強識者衆矣，其終無有不入於禪學者。特立不惑，子厚、堯夫而已。又曰，今日卓然不爲此學者，惟景仁與君實耳。並《程氏遺書》

按，當時舉天下高才明智，醉夢於邪說，而足音空谷，僅張邵范馬四君子焉耳。蓋佛學惑人之害，於此極矣。

明道程子曰，昨日之會大率談禪，使人情思不樂，歸而悵恨者久之。此談天下已成風，其何能救。古亦有釋氏，盛時只是崇設象教，其害至小。今日之風，便先言性命道德，先驅了智者，才愈高明則陷溺愈深。然據今日次第，便有數孟子亦無如之何，只看孟子時楊墨之害能有甚，況之今日殊不足言。此事亦係時之隆汚。淸談盛而晉室衰，然淸談爲害卻是閑言語，又豈若今日之害道。《程氏遺書》

按此言則知，異端之害不獨繫聖道之明晦，尤關繫世道之盛衰。嗚呼，淸談盛而晉室衰，五胡亂華矣。禪談盛而宋室不競，女眞入據中國矣。二代之禍如出一轍，然後知程子之憂深而慮切矣，豈非後世之永鑒乎。

愚嘗因此而通究之。達磨以前，中國文士皆假莊列以文飾佛學，達磨、慧能而後，中國文士則假儒書以文飾佛學矣。假莊列以飾佛者，假儒書以飾佛之漸。假儒書以飾佛者，則陽儒陰佛之漸也。是後世佛學所以日益高妙惑人者，皆中國之人相助爲惑之罪也。不然，則以《四十二章》等經之侏儷鄙俚，《傳燈》一録之誕幻無稽，何能惑人至此之甚哉。故何叔京曰，非浮屠之能惑人也，導之者之罪也。斯言深燭其弊矣。水心葉適氏曰，佛學至慧能自爲宗，此非佛之學然也，中國之學爲佛者然也。今夫儒者於佛之學不敢言，曰異國之學也，於佛之書不敢觀，曰異國之書也，彼夷術狄技，絶之易耳。不幸以中國之人爲非佛之學，以中國文字爲非佛之書，行於不可行，立於不可立。儒者知不能知，力不能救也。蕩佚縱恣，終於不返，是不足爲大惑與。愚按，假莊列，假儒書，陽儒陰佛三者，皆是以中國之人爲非佛之學，以中國文字爲非佛之書，譸張爲幻也。問之則曰，吾學心學也，吾之學非虚空而寂滅也。世衰道微，程朱世不常出，儒者知不能知，力不能救，坐視其蕩佚縱恣，猖狂叫呶而不返也。愚故集程朱遺論，著爲此編以俟後之君子。

又《近年一種學術議論類淵源於老佛其失尤深而尤顯也》（同上，續編卷下） 王陽明答人書云，不思善不思惡時，認本來面目。此佛氏爲未識本來面目者設此方便。本來面目即吾聖門所謂良知。隨物而格是致知之功，即佛氏之常惺惺，亦是常存他本來面目耳。體段工夫大畧相似，但佛氏有箇自私自利之心，所以始有不同耳。

王陽明答人書云，聖人致知之功至誠無息，其良知之體皦如明鏡，妍媸之來，隨物見形，而明鏡曾無留染，所謂情順萬事而無情也。無所住以生其心，佛氏曾有是言，未爲非也。明鏡之應物，妍者妍，媸者媸，一照而皆眞，即是生其心處。妍者妍，媸者媸，一過而不留，即是無所住處。

問，佛氏有常提念頭之説，其猶孟子所謂必有事，夫子所謂致良知之説乎。其即常惺惺，常記得，常知得，常存得者乎。於此念頭提在之時，而事至物來，應之必有其道。但恐此念頭提起時少，放下時多，則工夫間斷耳。雖曰常提不放，而不加戒懼克治之功，恐私欲不去。若加戒懼克治之功焉，又爲思善之事，而於本來面目又未達一間也。如之何則可。陽明先生答曰，戒懼克治即是常提不放之功，即是必有事焉，豈有兩事邪。此節所問，前一段已自説得分曉，末後卻是自生迷惑，説得支離。

此三條謂佛氏與聖人同，下三條謂仙家與聖人同，陽明學術根源骨髓盡在此矣。朱子嘗論陸氏謂，道聽塗説於佛老之餘，而遽自謂有得。蓋嘗笑其陋而譏其僭。使朱子而今生也，當以陽明爲何如。

《傳習録》問仙家元氣元精元神。陽明先生曰，只是一件，流行爲氣，凝聚爲精，妙用爲神。

王陽明答人書云，精一之精以理言，精神之精以氣言。理者氣之條理，氣者理之運用，原非有二事也。但後世儒者之説，與養生之説各滯於一偏，是以不相爲用。前日精一之論，雖爲愛養精神而發，然而作聖之功實亦不外是矣。又曰，夫良知一也，以其妙用而言謂之神，以其流行而言謂之氣，以其凝聚而言謂之精，安可以形象方所求哉。眞陰之精即眞陽之氣之母，眞陽之氣即眞陰之精之父，陰根陽，陽根陰，亦非有二也。苟吾良知之説明，則凡若此類，皆可以不言而喻。不然，則如來書所謂三關、七返、九還之喻，尚有無窮可疑也。

王陽明答人書云，養德養身只是一事，果能戒謹不睹，恐懼不聞，而專志於是，則神住氣住精住，而仙家所謂長生久視之説亦在其中矣。

按，陽明良知之學，本於佛氏之本來面目，而合於仙家之元精元氣元神。據陽明所自言亦已明矣，不待他人之辨矣，柰何猶強稱爲聖學，妄合於儒書以惑人哉。《程氏遺書》曰，神住則氣住，是浮屠入定之法。論學若如是，則大段雜也。朱子《雜學辨》謂，蘇子由合吾儒於老子，以爲未足，又併釋氏而彌縫之，可謂舛矣。愚謂，陽明良知之説，其爲雜爲舛孰甚。近日士大夫乃有以陽明爲眞聖學，尊信傳授而隨聲以詆朱子者，亦獨何哉。

陽明謂，佛氏有箇自私自利之心，所以不同。愚按，良知之説歸於養生三住，無徃非自私自利也。陽明柰何責人而忘己，同浴而譏裸裎邪。使佛氏反唇相稽，陽明其將何辭以對。

《傳習録》問，佛以出離生死誘人入道，仙以長生久視誘人入道，究其極至亦是見得聖人上一截，後世儒者又只得聖人下一截。陽明先生曰，所論上一截、下一截，亦是人見偏了如此，若是論聖人大中至正之道，徹上徹下，只是一貫，更有甚上一截、下一截。

按，陽明講學通仙佛儒，上下而兼包之，謂爲聖人中正一貫之道，誠舛矣。昔朱子辯呂舍人，謂左右采獲而集儒佛之大成。今陽明又廣爲籠罩，而併集仙佛儒三教之大成也，誠雜矣。

王陽明《答人問神仙書》云，吾儒亦自有神仙之道，顔子三十二而卒，至今未亡也。足下能信之乎。後世上陽子之流，蓋方外技術之士，未可以爲道。若達磨、慧能之徒，則庶幾近之矣，然而未易言也。足下欲聞其說，須退處山林三十年，全耳目，一心志，胸中灑灑，不掛一塵，而後可以言此。

陽明一生講學，只是尊信達磨、慧能，只是欲合三教爲一，無他伎倆。謂顔子至今未亡，此語尤可駭，豈即佛氏所謂形有死生，眞性常在者邪。

王陽明《答人問道》詩云，饑來喫飯倦來眠，只此修行玄更玄。説與世人渾不信，卻從身外覓神仙。

《傳燈錄》：或問慧海禪師，修道如何用功。曰，饑來喫飯，困來即眠。一切人喫飯時不肯喫，百種思量。睡時不肯睡，千般計較。考陽明講學，一切宗祖《傳燈》。

王陽明《示諸生》詩云，爾身各各自天眞，不用求人更問人。但致良知成德業，謾從故紙費精神。乾坤是易原非畫，心性何形得有塵。莫道先生學禪語，此言端的爲君陳。

王陽明《送門人》詩云，簦笈連年愧遠求，本來無物若爲酬。又《書太極巖》詩云，須知太極原無極，始信心非明鏡臺。又《無題》詩云，同來問我安心法，還解將心與汝安。

心非明鏡，心性何形，本來無物等語，皆本《傳燈錄》慧能一偈也。安心之說，本於《傳燈錄》達磨示二祖也。故紙之說，本於《傳燈錄》古靈讖僧看經也。皆已見前矣。朱子嘗謂，試取《大慧語錄》一觀，則象山之來歷可見。愚謂，今學者試取《傳燈錄》一觀，則陽明之來歷不容掩矣。

按，象山、陽明雖皆禪，然象山禪機深密，工於遮掩，以故學者極難識得他破。若陽明則大段漏露，分明招認，端的爲君陳矣。今畧與拈出，其禪便自顯然矣。近日乃有以陽明爲聖學而尊信之者，又有以爲似禪，流於禪，而不察其爲達磨、慧能正法眼藏者，區區皆所未喻。

王陽明《示門人》詩云，無聲無臭獨知時，此是乾坤萬有基。拋卻自家無盡藏，沿門持鉢效貧兒。

陽明此詩說禪甚高妙。首句即說鑑象之悟也，第二句心法起滅天地也，後二句皆《傳燈錄》語也。陽明於禪學，卷舒運用熟矣。朱子嘗謂，陸子靜卻成一部禪。愚謂，陽明亦成一部禪矣。

王陽明雜詩云，至道不外得，一悟失羣闇。又云，悟後六經無一字，靜餘孤月湛虛明。又云，謾道六經皆註腳，憑誰一語悟眞機。又云，悟到鳶魚飛躍處，工夫原不在陳編。

朱子嘗謂，以悟爲則乃釋氏之法，而吾儒所無有。又謂，才說悟便不是學問，不可窮詰，不可研究，一味說入虛談，最爲惑人。陽明柰何以爲至道，拾先賢所棄以自珍哉。嘗記昔人作舉用有過官吏判語一聯云，將唾去之果核重上華筵，吹已棄之燼灰再張虐燄。陽明之講學亦當以此語判之。

陽明撰《山陰學記》有曰，聖人既沒而心學晦，支離決裂，歲盛月新。間有畧知其謬而反本求源者，則又鬨然指爲禪學而羣訾之，駭以爲禪而仇視之，不自知其爲非，不亦大可哀乎。愚謂陽明既明宗禪又諱人訾己爲禪，履其實而欲避其名以惑人，何耶。若陽明曾不自知其爲非可哀，而顧以非人哀人，何耶。

王陽明作《見齋說》或曰，道有可見乎。曰，有，有而未嘗有也。曰，然則無可見乎。曰，無，無而未嘗無也。曰，然則何以爲見乎。曰，見而未嘗見也。道不可言也，強爲之言而益晦。道無可見也，妄爲之見而益遠。夫有而未嘗有，是眞有也。無而未嘗無，是眞無也。見而未嘗見，是眞見也。顔子如有所立卓爾，夫謂之如，則非有也。謂之有，則非無也。非有非無，是故雖欲從之，末由也已，故夫顔氏之子爲庶幾也。文王望道而未之見，斯眞見也已。夫有無之間，見而不見之妙，非可以言求也。子求其見也，其惟人之所不見乎。夫亦戒愼乎其所不睹也已，斯眞睹也已，斯求見之道也已。

陽明此說推援儒佛，翻騰作弄，高妙奇詭。禪陸鏡象之見，正是有無之間，見而未嘗見之妙也。《朱子語類》曰，如今所論，卻只於渺渺茫茫想見一物懸空在，更無捉摸處，將來如何頓放，更沒收殺。又曰，古之聖賢未嘗說無形影底話，近世方有此等議論，談玄說妙便如空中打箇觔斗。

《大學或問》曰，今欲藏形匿影，別爲一種幽深恍惚、艱難阻絕之論，務使學者莽然措其心於言語文字之外，而曰道必如此，然後有以得之，則是近世佛學詖淫邪遁之尤者，而欲移之以亂吾儒之實學，其亦誤矣。三復斯言，深中陽明之病。朱子嘗謂，伊川快說禪病。如湖南、龜山之病，皆先曾說過。愚謂，如近日陽明諸人之病，朱子皆先曾說過，朱子眞快說禪病也哉。

老子曰，道可道，非常道。名可名，非常名。玄之又玄，至道之門。莊子曰，夫道不可聞，聞而非也。道不可見，見而非也。道不可言，言而非也。知形形之不形乎。按，此言即陽明議論宗祖。

《傳習錄》問，顏子沒而聖人之學亡，此言不能無疑。陽明先生曰，見聖道之全者惟顏子，觀喟然一歎可見。道之全體，聖人亦難以語人，須是學者自修自悟。雖欲從之，末由也已，即文王望道未見意。望道未見，乃是眞見。顏子沒，而聖學之正派遂不盡傳矣。

此條即同前意。《見齋》一說，皆是說道難語人也。愚按，聖賢言道不外人倫日用，故曰達道，曰道不遠人，曰道在邇，曰道若大路，固非所謂窈冥昏默，何嘗曰道無可見，道難語人也。惟禪學識心鏡象之見，然後窈冥恍惚，見而不見，難以語人。陽明柰何亟援文王、顏子，妄爲印證。其誣道誣聖，誣學誣人，不亦甚乎。惜夫，建生也晚，不得與陽明同時鳴鼓對壘，奉此編竊効箴規，觀陽明何以爲復。不有益于彼，必有益于我。

又按，顏子沒而聖學亡，陽明送湛甘泉文有此言也。信斯言，則曾思孟子皆不足以語聖學，而陽明直繼孔顏之絕學矣。《傳習錄》又謂，堯舜猶萬鎰，文王孔子猶九千鎰，禹湯武王七八千鎰，信斯言，則文王、孔子均未得爲至聖矣，陽明之猖狂無忌憚甚矣。嗚呼，陽明一生所尊信者達磨、慧能，而於孔曾思孟皆有所不滿。顏子非有喟然一歎類其禪見，亦不能免於陽明之疑矣。朱子所謂是猶不敢顯然背叛，而其毀冠裂冕、拔本塞源之心，固已竊發。一種心髓，大抵皆然。

王陽明送門人歸文：或問，儒與釋孰異乎。陽明子曰，子無求其異同於儒釋，求其是者而學焉可矣。曰，是與非孰辨乎。曰，子無求其是非於講說，求諸心而安焉者是矣。

陽明此說，正朱子所謂依違兩間，陰爲佛老之地。如前所陳，皆其求是而學，求心而安焉者也。又按，《朱子語類》云，項平父嘗見陳君舉門人說儒釋，只論其是處不問其同異，遂敬信其說。此是甚說話，原來無所有底人，見人胡說話便惑將去。考陽明溺禪之弊，無一不經朱子之闢，眞拾先賢所棄以自珍矣。

又按，陽明答人書云，夫學貴得之心，求之於心而非也，雖其言之出於孔子，不敢以爲是也。求之於心而是也，雖其言之出於庸人，不敢以爲非也。愚惟求心一言，正陽明學術病根。自古衆言淆亂折諸聖，未聞言之是非折諸心，雖孔子之言不敢以爲是者也，其陷於師心自用，猖狂自恣甚矣。夫自古聖賢皆主義理不任心，故不曰義之與比，惟義所在，則曰以禮制心，在正其心，一毫任心師心無有也。惟釋氏乃不說義理，而只說心。惟釋氏乃自謂了心照心，應無所住以生其心，而猖狂自恣。嗚呼，此儒釋之所以分，而陽明之所以爲陽明與。

王陽明月夜與諸生歌：處處中秋此月明，不知何處亦羣英。須憐絕學經千載，莫負男兒過一生。影響尙疑朱仲晦，支離羞作鄭康成。鏗然舍瑟春風裏，點也雖狂得我情。

按，陽明學專說悟，雖六經猶視爲糟粕影響，故紙陳編，而又何有於朱子。陽明一生尊信達磨、慧能，雖孔曾思孟猶不免於疑，而尙何有於朱子。蓋儒釋之不相能，猶冰炭之不相入。朱子一生闢佛，而陽明以爲至道，欲率天下而趨之。無惑乎牴牾朱子，而亟加詆訾矣。羅整菴謂，拾先賢所棄以自珍，反從而議其後。至哉斯言。

或曰，陽明嘗非朱子解格物，而別釋《大學古本》矣，其是非子亦嘗攷之耶。曰，嘗攷之矣。陽明之訓格物，曰物者意之用也，格者正也，正其不正以歸于正，而必盡乎天理也。此其訓與正心誠意淆複窒礙，乖經意矣。又《傳習錄》云，吾心之良知即所謂天理也，致吾心良知之天理於事事物物，則事事物物皆得其理矣。致吾心之良知者，致知也。事事物物皆得其理者，格物也。如此言，則是先致知而後格物，益顚倒舛戾之甚矣。陽明乃以此議朱子，寧不顏汗。原其失由於認本來面目之說爲良知，援儒入佛所以致此。朱子嘗謂，釋氏之說爲主於中，而外欲強爲儒者之論，正如非我族類而欲強以色笑相親，意思終有間隔礙阻。羅整庵亦云，世有學禪而未至者，略見些光影便要將兩家之說和合爲一。彌縫雖巧，敗闕處不可勝言。弄得來儒不儒，佛不佛，心勞日拙，畢竟何益之有。陽明正是此病。

或曰，陽明講學，每謂知行合一，行而後知，深譏程朱先知後行之說，如何。曰，陽明莫非禪也，聖賢無此教也。聖賢經書，如曰知之非艱行之惟艱，曰知至至之，曰知及仁守，博文約禮，知天事天之類，未易更僕數。而《中庸》哀公問政章，言知行尤詳，何嘗有知行合一，行而後知之說也。惟禪宗之教，然後存養在先，頓悟在後，求心在先，見性在後，磨鍊精神在先，鏡中萬象在後。故曰行至水窮山盡處，那時方見本來眞。此陽明知行合一行而後知之說之所從出也。大抵陽明翻謄作弄，橫說竪說，誑嚇衆生，無一字不源於佛。

或曰，近世爲此說者，夷攷其行而尤多不掩焉，何邪。曰，此有數說，朱子已備言之矣。謂只守此心而理未窮致，有錯認人欲爲天理，謂不察氣稟情欲之偏而率意妄行，便謂無非至理，此尤害事，此一說也。又曰禪是佛家自舉一般見解，如秀才家舉業相似，與行己全不相干，學得底人只將許多機鋒來作弄，到其爲人，與俗人無異，只緣禪自是禪，與行不相應耳，此又一說也。又曰釋氏之學，大抵謂若識得透，應千罪惡即都無了。然則此一種學，在世上乃亂臣賊子之三窟耳。王履道做盡無限過惡，遷謫廣中，剗地在彼說禪非細，此正謂其所爲過惡皆不礙其禪學爾，此又一說也。觀此數說，其故可知矣。故朱子謂，近世爲此說者，觀其言語動作，畧無毫髮近似聖賢氣象。又謂，其修己治人之際，與聖賢之學大不相似。嗚呼，象山且然，而况瞠乎其後者。

程篁墩《文集》有《對佛問》一篇，論辨數千言，謂佛爲賢知之流，使生與孔子同時，當爲孔子所與。謂佛教爲其流之弊，同于夷惠之隘不恭。謂梁武亡國非好佛之罪，謂佛徒奉佛像守佛法爲吾儒忠孝之倫，謂盜賊呼佛免罪爲聖人大改過，謂建齋救度爲《周官》小祝禱禳，謂佛骨佛牙天堂地獄閻羅夜叉之說皆爲非誕，謂佛教歸于爲善，而謂儒者斥其徒爲不仁，闢其妄爲不智。愚按，篁墩素志佑佛，故作此編，惓惓曲爲辨解。推此而《道一編》之作，又何足多怪邪。昔人稱吾儒左右異端者，爲作法門外護，爲張皇佛氏之勢。若陽明良知之說，篁墩佛問之對，眞所謂作法門外護，以張皇佛氏之勢哉。

篁墩《對佛問》設爲問答凡十餘節，今舉一節以見其謬，餘不足盡辨也。或曰，先正嘗病學佛者之髡也緇也，奉佛之居太麗也，以爲勿髡勿緇，而廬其居，則其教可漸虧也。曰，此非子之所知也。古有三年無改于父道者，孔子以爲孝。爲楚囚南冠而不易者，君子以爲忠。父肯堂子肯構者，見稱于先王之世。佛之去今千餘年矣，爲其徒者奉其師，飾其居，守其法而不變，則其立法之嚴明與受教之堅定，固世之所難也。《詩》云，他山之石，可以攻玉。則存其徒以勵吾人，亦無所不可也。按，篁墩此對不以佛法爲非，而以能奉佛爲美，正與象山贈僧允懷同意。至引儒書忠孝之道，以掩飾無父無君詖淫邪遁之教，尤爲非倫。篁墩學識乖謬，大率類此。

昔韓絳、呂惠卿代王安石執政時，號韓絳爲傳法沙門，呂惠卿爲護法善神。愚謂近日繼陸學而興者，王陽明是傳法沙門，程篁墩則護法善神也。二事相類。

陳白沙詩云，元神誠有宅，灝氣亦有門。神氣人所資，孰謂老氏言。下化囿乎迹，上化歸其根。至要云在兹，自餘安足論。又曰，人惟覺便我大而物小，物有盡而我無盡。夫無盡者，微塵六合，瞬息千古，生不知愛，死不知惡。尙何暇銖軒冕而塵金玉邪。愚按，白沙神氣之說，溺於老氏之谷神不死也。無盡之說，溺於佛氏之法身常住，形雖死而神不滅也，視陽明無二轍也。抑豈知吾儒正理，夭壽不貳，修身以俟之而已，更無許多貪想。佛祖戒貪嗔癡，近世爲此說者，墮落貪癡窠臼矣。

近日陽明門人有著《圖書質疑》，附錄專詆朱子，專主養神，至謂神爲聖人之本，而引《易》《孟子》說神處以證者。愚按，神字有三義，有鬼神造化之神，有在人精神之神，有泛言神妙之神。如《易》說神以知來，以神道設教，陰陽不測之謂神，神無方而易無體，皆是說鬼神造化之神。《孟子》說所存者神，聖而不可知之神，此是說神妙之神。《易》說至精至神，精義入神，亦只是說神妙，皆非指人心之精神也。未聞以神爲聖人之本也。惟莊列之流然後說神全者聖人之道，說心之精神是謂聖，其所指與《易》《孟子》自殊，何得混淆推援，借儒飾佛。

胡文定論達磨，謂此土之人拱手歸降，不能出他圈套。愚謂，達磨之說不獨當時之人拱手歸降，不能出他圈套。由唐及宋以來，談道之士皆拱手歸降，不能出他圈套。象山、陽明一派尤拱手歸降，不能出他圈套。孟子曰，吾聞用夏變夷，未聞變於夷也。韓子曰，今也舉夷狄之敎而加之先王之敎之上，幾何其不胥而爲夷也。嗚呼，奈何使世道變於夷胥爲夷，而恬不之覺也。

愚嘗因此而深有感於夷狄亂華之禍之烈也。五胡雲擾，金元迭興，固以夷亂華也。達磨西來，慧能嗣法，亦以夷亂華也。胡元之禍，至於舉中國之人而臣服之。禪佛之禍，至於舉天下之士而拱手歸降之。胡元之禍，以異類而干吾中國帝王之統。禪佛之禍，以異學而亂吾中國聖賢之學。胡元之禍，人莫不知其爲亂華。禪佛之禍，非惟不知其爲亂華，而且尊信以爲聖學。胡元之禍，禍人之身。禪佛之禍，禍人之心。胡元之禍，我聖祖起而驅逐廓清之，而左衽之患息。禪佛之禍，雖以程朱之深距痛闢，昌言顯排，而其流害猶未已焉。是何中原之戎虜易逐，而人心之蔽溺難解耶。嗚呼，安得大聖人復作，行韓子火書廬居之策，一掃明心見性之虛談，使中國無復佛學亂華之禍，豈非世道一大快哉。

又《學蔀通辨終編敘》（《學蔀通辨》終編卷首）　愚著《學蔀通辨·終編》畢，或曰，吾子所著前後續三編，其於三部之辨亦既詳既明矣，乃復有終編之辨者何。曰，前後續三編闢異說也。終一編明正學也。前後續三編撤蔀障也，終一編著歸宿也。前後續三編外攘也，終一編內修自治之實也。苟徒明於議人，而不知正學之所歸以內修而自治，非聖賢爲己之學也。蔀雖辨，無益也。此愚所以於三編之後，而尤不容已於終編之辨也。曰，終編云者，辨至此而始終也。嗚呼，終編之辨，其辭雖約，然而朱子一生所以講學而敎人者，其大要不出於此矣。不獨朱子一生所以講學而敎人者，其要不出於此，雖千古聖賢所以傳道而敎人者，其要不出於此矣，學者欲求儒釋眞似是非之辨，其要亦無出於此矣。一得之愚，不忍自棄，敬哀成帙，繫三編之後，以俟天下與來世知道君子相與正之。東莞清瀾居士陳建謹叙

又（同上，終編卷下）　有帝王之統，有聖賢之統，如漢祖、唐宗、宋祖開基創業，削平群雄，混一四海，以上繼唐虞夏殷周之傳，此帝王之統也。孟子、朱子距異端息邪說，闢雜學正人心，以上承周公、孔子、顏、曾、子思之傳，此聖賢之統也。然究而論之，皆不若朱子之爲難，何也。開基創業，以智力而服一時固難，明道闢邪，不假智力而服天下萬世之人心尤難也。孟子闢楊墨去孔子未遠，至朱子則去孔子幾二千年，而佛氏盛行中國亦逾千載，其陷溺人心已久，舉天下賢智冥然被驅。斯時也非命世豪傑之才，孰能遏其滔天之勢，而收摧陷廓清之功乎。嗚呼，君子不觀此編，無以知禪佛之害之大，君子不觀此編，無以知朱子闢禪佛之功之大。朱子何可當也。

朱子一生釋群經以明聖道，辨異學以息邪說，二者皆有大功於世。然釋經明道之功天下莫不知之，至於闢異息邪，則近世學者未之盡知也。區區述爲此編，然後朱子闢異息邪之功著矣。蓋嘗謂釋經明道，朱子之功也顯諸仁。闢異息邪，朱子之功也藏諸用。

通按，佛學自入中國至今大抵三變，每變而爲障益深。始也罪福輪迴之障，愚者陷之，智者鮮焉，其爲害猶淺也。中焉變爲識心見性之障，則智者亦陷之，蓋彌近理而大亂眞矣。終焉又變爲改頭換面之障，則術愈精而說愈巧，而遂謀即眞而辨之愈難矣。今人只知陸學之爲陸，而不知陸學之即禪。禪學之即佛，佛學之即夷也。嗚呼，周孔之敎不能行於西戎，戎狄之敎乃盛行乎中國，至於拱手歸降，不能出他圈套，可爲痛哭流涕。朱子曰，楊墨只是差了些子，其末流遂至於無父無君，孟子之辨只緣是放過不得。今人於佛，或以爲其說似勝吾儒之說，或以彼雖說得不是，不用管他。此皆是看他不破，故不能與辨。若眞箇見得是害人心亂吾道，豈容不與之辨。所謂孟子好辨者，非好辨也，自是住不得也。又曰，陳君舉謂某不合與陸子靜諸人辨，只是見他不破。愚謂，近世學者通病無他，只是爲他所蔀，看他不破。今輯爲此編，誠欲與天下後世學士大夫同看破此事，無復歸降夷狄之敎之患，一洗近代之惑云。

通按，近世學者之弊，惟以禪佛之道爲高妙，爲簡徑而易造也，以聖賢之道爲粗淺，爲迂遠而難至也，故舍儒而趨佛其本心矣。其後也，乃變爲儒佛同之說，又變爲本同末異之說，又變爲改頭換面陽儒陰佛之說。是蓋屢變其說，而誘人以入於佛也。於朱陸亦然。蓋惟以朱子爲支離，而陸學爲簡易也，故疑朱而宗陸其本心矣。其後也，乃變爲朱陸同之說，又變爲早異晚同之說，又變爲陽朱陰陸之說，是蓋屢變其說而誘人以入於陸也。嗚呼，其蔀重重，日新日巧，其弊至於今日極矣。建行年踰五十，分

毫無補於世。所幸此心之靈不泯，沈潛典籍，究觀今古，於此學頗有所見，此蔀頗有所覺。昔人著書，謂得之於天者，不忍棄且不敢褻。愚爲此辨，實天啓其衷，何忍棄褻，不爲天下後世布之。佛書云，初以欲鉤牽，後引入佛智。與吾儒納約自牖之說相似，陸學正是用此術。象山見世人所信者孔孟也，於是即孔孟之言以誘之，而一語不及於佛。人但知其爲孔孟之言，不可不從也，無不爲所鈎牽而入其佛智矣。陽明見世人所信者朱子也，於是集爲朱子定論以誘之，而一語不及於陸。人但知其爲朱子之言，何疑而不從也，無不爲所鈎牽而入其佛智矣。嗚呼，禪蔀至此，其術精說巧，至矣盡矣，無以復加矣。朱子嘗謂，近世人大被人謾，蓋術精說巧，至此不得不爲他所謾矣。所謂離合出入之際，務在愚一世之耳目，而使之恬不覺悟以入于禪，此言眞取心肝劊子手。愚初未有知，亦頗爲二氏所惑，後來乃察其蔀，著爲此辨。

或曰，近歲胡敬齋、羅整菴、霍渭厓之辨如何。曰，諸君子皆心朱子之心，而有意於明學術矣。然胡敬齋之《居業錄》詳於辨禪，而辨陸則畧，於象山是非得失猶多未究也。羅整菴、霍胃厓目擊陽明之事，故所論著專攻陸學，其言切其辨詳矣，然於象山養神底蘊，與夫近日顛倒早晚之弊，亦未暇究竟，觀者猶未免有冤陸之疑也。此編摘錄諸君子之言，而補其所未備，亦以成諸君子之志也。朱子嘗謂，讀書如猛將用兵，直是鏖戰一陣，如老吏治獄，直是推勘到底。愚爲此辨，眞是與象山、篁墩、陽明諸人鏖戰一陣，直是推勘到底，而三蔀廓如，迷人障自此打開，妖魔變怪自此無所逞其伎倆矣。昔嚴滄浪《詩辨》，自謂參詩精子，而引釋妙喜自謂參禪精子以況。使滄浪見愚此編，得無有辨禪精子之戲耶。

昔人論著書，謂非窮愁不能著。張南軒見朱子諸經解，謂乃知閒中得就此業，殆天意也。由此言之，書非閒居不能著。張橫渠云，天不欲斯道復明，則不使今人有知者。既使今人有知，斯道必有復明之理。由此言之，書非天畀有知不能著。愚也天既畀之窮，畀之閒，又畀以薄有知。三者會矣，此蔀之辨愚所以不得而辭。嗚呼，是豈天厭斯蔀之深，而假手於愚以啓告天下後世與。

或曰，此編闢佛，視胡致堂《崇正辨》異同如何。曰，致堂辨佛下一截，粗迹之蔀也，懼其惑庸愚也。此編辨佛上一截，心性之蔀也，懼其惑高明也。同異大概如此。

朱子《答詹元善書》謂，儒名而釋學，潘張猶其小者，蘇氏兄弟乃以儀秦老佛合爲一人，其爲學者心術之禍最爲酷烈，而世莫之知也。愚謂近世倡爲陽儒陰佛，顛倒早晚，援朱入陸者，正是儀秦老佛合爲一人，其爲學者心術之禍尤烈。嘗閱吾《廣州志》，宋有梁觀國者，生在朱子前，卓識特行，力排釋老。時蘇氏文章擅名天下，獨觀國不與也，謂其雜以禪學，飾以縱橫，非有道者之言。著《議蘇文》五卷以駁之，胡致堂亟稱焉。嗚呼，蘇氏之學，在朱子前無人敢置喙竊議者，而觀國獨議之。陸氏之學自朱子後無人敢昌言顯排者，而霍渭厓亟排之。吾郡若二公，可謂超世豪傑之士。

近見河南崔后渠侍郎銑序《楊子折衷》湛甘泉著，謂佛學至達磨、曹溪論轉徑截。宋大慧授之張子韶，其徒得光又授之陸子靜，子靜傳之楊慈湖，衍說詡章，益無忌憚。詆毀聖賢，重爲道蠹。不有整菴、渭厓諸公，中華其夷乎。按崔公此叙甚確，第未詳得光授子靜來歷出何書，必有明據，恨聞見孤陋，不及見崔公扣之，姑記俟考。

古今天下大都被一箇豐蔀爲害。朝廷有朝廷之蔀，家庭有家庭之蔀，官府有官府之蔀，學者有學者之蔀。朝廷之蔀，姦邪欺蔽人主，如趙高、恭顯、虞世基、李林甫之徒是已。家庭之蔀，溺愛不明，如前史記尹吉甫爲其妻所蔽，《天順日錄》記楊東里爲其子所蔽之類是已。官府之蔀，以下蔽上，如《祥刑要覽》宋祭酒記工獄之枉，歐陽永叔閱夷陵架閣公案見在枉直違錯不可勝數之類是已。蔀于家者害于而家，蔀于國者凶于而國，蔀于學術者亂天下萬世學術。此豐蔀見斗之象，聖人所以著戒之深。是故一蔀除而天下治矣，蔀之所繫大矣哉。愚嘗因此而推陰陽消長之義，究往昔盛衰之故，竊有慮焉。吾儒人道也，陽也。禪佛鬼道也，陰也。孔子生於中國之東，震旦也，陽也。佛生於西域之西，巽位也，陰也。中國陽明之區也，戎狄幽陰之域也。儒道宜行於中國，佛道宜行於戎狄，斯陰陽各止其所，華戎各安其分也。苟中國而尊禪佛之教，華夏而行戎狄之道，則陽失其爲陽，而陰得以乘之，烏得而不啓猾夏亂華之禍乎。西周中葉，西域已有佛矣，然是時文武治隆，孔孟繼作，聖賢道盛，佛無由至也。迨及東漢，聖賢不作，中國道衰，佛於是乘間而入。魏晉繼之，其教益盛，夷狄之道遂大行於中國，馴有五胡亂華之禍。以陰召陰，固其氣類之相感也。梁武帝不鑒，崇奉浮屠益力，於是達磨又自西方而至，明心見性之説惑人益甚。歷唐及宋，至於舉中國之學士大夫而從之，陰氣感召，戎狄益橫，安史禍唐，遼金禍宋，馴及胡元，遂盡四海而左衽之，其效亦可覩矣。今日士大夫奈何猶尙禪尙陸，使禪佛之魂駸駸又返耶。區區《通辨》蓋亦杞憂殷鑒，抱此耿耿云。

或曰，子嘗集爲《周子全書》，又爲《程氏遺書類編》矣，二書何爲而作。曰，二書序備言之矣。周子之書，朱子嘗表章《太極圖》《通書》以傳矣，而其遺文遺詩遺言遺事，猶多散佚。今集爲全書，庶學者得以覩大賢言行之全也。二程講學之詳，朱子嘗集爲《遺書》以行世矣，然皆因諸氏舊錄之本，人爲一卷，言論散見無統。今分門類輯，庶學者便於考閱，而聖賢之旨益燦然矣。愚之著爲《學蔀通辨》者，因朱子之所已明辨者而益明辨之也。愚之編集周程二書者，因朱子之所已表章者而益表章之也。二者皆遵朱子之志，成朱子之志也。非遵朱子也，遵聖賢之正學也。

鄒元標《龍華密證》（《南臯鄒先生會語合編》上卷） 問，佛家輪迴，信否。曰，奈去者不回，無從討實信。予只信孔子未知生焉知死。日間無褋念，夜間夢亦淸。日間憧憧，夜來擾擾。舍生前輪迴，譚死後輪迴，愚矣。先正云，縱使有地獄，不應吾輩入，信然。

問儒佛同異。先生曰，且理會儒家極致處，佛家同異不用我告汝。不然隨人口下説同説異，何益。

人爲聖爲賢，爲仙爲佛，最初一念便是終身結果。吾輩不能成立，只是未有眞志。

求仁會記

塘南先生問，佛法只是一死生動人，故學佛者在了生死。遍問諸人，未答。先生曰，人只是意在作祟，有意則有生死，無意則無生死。

鐵佛會紀

歐陽明卿問曰，釋氏不可以治天下國家。先生曰，子何見其不可以治天下國家。曰，樣樣都拋了。曰，此處難言。有飯在此，儒會吃，釋亦會吃。既能吃飯，總之皆可以治天下國家。子謂釋樣樣拋了，不可以治天下國家。儒者樣樣不拋，又何獨不能治天下國家。

問仁會錄

問，近世儒者，有專祖儒者本天釋氏本心之説以明宗者，其旨然否。先生曰，天外無心，心外無天，不敢異同。

又《鷺洲會紀》（同上，下卷） 問，學貴辨體，近時學問似覺混淆。耽內養者好談玄，遂以玄爲聖學。溺高妙者好談佛，又以佛爲聖學。故昔之二氏，皎皎然在吾儒之外，今之二氏，墨墨然在吾儒之中。又不但二氏，即孔孟之學與宋儒之學，亦似別有蹊徑，今遂以儒者之學即爲孔孟之學矣。《中庸》曰，辨之弗明弗措也，請教如何。先生曰，二氏之學，當別論。若宋儒周程之學，正以發明孔孟之旨，非別有蹊徑也。眞二氏之學，功行亦細密，與世之眞儒體用功夫實無大異。即欲出語著書闢彼，亦不過闢得其僞禪耳，然又非僞儒能闢也，彼未必心服。道路各別，養家一般，存而不論可也。

又《仁文會記》 問，世人講學，參究不到，機緣未熟，動輒以罪性本空，煩惱即菩提，以至流而爲無忌憚。先生曰，煩惱即菩提，是點人尋菩提，非敎人一任煩惱去也。軫曰，煩惱性空，眞菩提路，非知罪性空而故犯之謂也。先生曰，菩提性空，煩惱亦性空，故曰煩惱即菩提。

問屠兒立地成佛。先生曰，放下屠刀立地成佛，是叫人回頭話，不説拏著屠刀立地成佛也。今時流弊，剽竊兩句話頭，屠兒立成佛，煩惱即菩提，甚至淫房酒肆俱是道場。軫曰，有箇笑話與先生道之。昔有一妓喜談禪。人笑之曰，爾既禪，仍何耽于花柳。妓全無慚色，笑而答曰，我色身與交，我法身未嘗與交也。今之學者即此之類。先生大笑曰，此笑話極有警醒。依愚見不拿屠刀更好，若只管殺人，放下立地成佛，還是半路脩行，與不殺者有間。此是提醒人轉殺機爲生機。

軫問曰，若離塵絕俗卻非，吾儒在世出世，正學幾流于二氏，居塵不染方是出塵。先生曰，超得世，然後經得世，若不能經世而曰出世，是壞世間相也，且爾猶有個二氏見在。

問，佛家何以謂不思善不思惡。先生曰，今人胡亂做去，一切善惡都莫管，此儱侗學問也。而佛家之意，以惡念不起，善亦不可得而名。如吾儒渾然至善，于此坐斷路頭，即吾儒知止而定靜安慮得，非求灰斷果，亦非儱侗佛性。

問佛氏輪迴因果之說。先生曰，欲躲輪迴亦是輪迴，欲除習氣亦是習氣。若悟此眞性，則輪迴、習氣一時俱淨。雖曰出離生死，本自無來，何曾有生，亦自無去，何曾有死。此是實語，豈欺我哉。

聖學不言無生，只言知生。恐概引人出世，滅視倫常，不成世界耳。以天下歸仁，即太和元氣之在天地，便是極樂國土。故曰，存吾順事，歿吾寧也。以死生爲常事，其旨微矣。

又《攻乎異端章》（《南泉先生講義合編》卷上）　門人問曰，何以謂之端。先生曰，子讀《孟子》乎，曰惻隱之心仁之端也，羞惡之心義之端也，辭讓之心禮之端也，是非之心知之端也。同乎此則謂之仁義禮智信，異乎此則謂之異端。曰，近世儒者以佛老爲異端，著論闢之，然否。曰，是時佛教未入中國，若猶龍氏，夫子且從問禮，以是爲異端恐未然。近時大儒學從葱嶺路來，又欲著書闢之，分明是竊盜外面作富家翁相，鄰人知其爲竊盜。盜財猶可，盜其道而又欲獨攘其名，則吾不知。

又《言人之不善章》（同上，卷下）　世上只言二氏說報應，此即孟子說報應處。論言人之不善必有後患，何者。人性本善，其有不善，偶一念之差。吾既不能使之無不善，卻又宣揚于人。不知所宣揚者，還是欲其聞而改乎，亦還自己有所忌嫉，而故露其短乎。此等心腸，即天地鬼神且陰加譴責，必有後患。故夫子以樂道人之善，爲益者三樂之一。予嘗謂，言人不善不但有後患，言時即有患。當言時惟恐人知，心中便自有患，言後心中猶恐其人之傳之也，心便不得安逸，患再無已時。吾輩能從不言人不善心，轉到樂道人之善，一味歡欣和暢，即是超鬼趣，入仙路矣。

歸有光《跋佛頂尊勝陀羅尼經幢》（《震川集》卷五）　右《佛頂尊勝陀羅尼經幢》，在邢州開元寺，唐高宗淳化二年始自葱嶺而來。此經能滅衆惡業，廣利羣生，及翻譯始末，經序詳之。幢在西廡下，其西面剝落，故書字與立石之年月皆不可知，計必此經初入中國未久。寺建於開元，當是開元書也。

又《跋大佛頂隨永尊勝陀羅尼經幢》　余既得《佛頂尊勝陀羅尼經》於開元寺，又於寺後院見此幢，題曰《大佛頂隨永尊勝陀羅尼經之幢》。前有序而此無序。前曰罽賓沙門佛陀波利奉詔譯，此曰特進試鴻臚卿開府儀同三司蕭國公食邑二千戶贈司空謚大辯正廣智大興善寺三藏沙門不空奉詔譯。翻譯俱在永淳間，而有此不同，略見序文。此幢梁乾化五年葬僧大德而建。

按，梁太祖乾化元年六月被弒，再歲而末帝誅友珪自立，復稱乾化三年。四年唐莊宗取燕，勢益強。會趙王鎔南寇邢州，楊師厚救之，軍於漳水之東。次年莊宗入魏，梁晉夾河之戰方始。邢州未能一日安枕，而閭竇等尚能及此。蓋自晉宋以來，至於五季，佛教日盛，故雖兵戈俶擾之際，其崇奉不一日廢也。今天下承平而民間佛事乃益衰，由此言之，非必儒者能辭而闢之，蓋其興廢亦有數也。

又《贈大慈仁寺左方丈住持宇上人序》（同上，卷一一）　大慈仁寺在京城宣武門外西。寺蓋孝肅皇后以其弟爲僧故，爲太后時建。此寺憲宗皇帝兩制碑記，順奉母后之志也，舍于寺。

寺左方丈見其長老云，祖師名吉祥，姓周氏，爲兒時好出遊，嘗出不復歸，家亦不知其所在。太后自未入宮，師已與其家不相聞。久之去，祝髮於大覺寺。然常遊行市中，夜即來報國寺伽藍殿中宿。太后亦若忘之，忽夜夢伽藍神來言，后弟今在某所。英宗亦同時夢，夢覺相與言，后同。即日遣諸小黃門以夢中所見神言求之，至則見師伽藍殿中，遂擁以行。小黃門白入見，帝后皆喜。后問所以出遊及爲僧，時爲泣下，因曰何如今日爲皇親耶。吉祥不願也，復還寺。后不能強，厚賜之。

英宗晏駕，太子即位。后爲皇太后，出內藏物，建大慈仁寺。報國寺故小剎也，今爲大寺，其西伽藍殿猶存云。孝宗時，太后爲太皇太后，爲立護勅碑，碑所載莊田無慮數百頃。師以左善世示滅，帝遣官致祭。

師時所招僧至數百人，迨後慶壽寺燬，僧亦來居於此。僧衆矣，惟今道宇獨其九世世嫡也。隆慶元年，余入覲，來見道宇，尚披髮。後三年來，則道宇之師已化去，道宇以年少荷重負，得部劄爲左方丈住持，於是京城內外凡爲其教者，皆來爲道宇賀。而道宇之徒師昂爲之請序於余。余謂祖師脫屣皇舅之貴，而樂世外之教。孝肅皇后在慈宮，二聖隆孝養，恩賜無所不至，而祖師澹寂自若。英廟以來，外戚恩澤侯者不能數世，祖師之賜莊猶存，衣食寺中數百人。此有以見一時富貴之不能久，而澹寂者之長存也。道宇神氣清明，卓爲禪林之秀。吾知祖師之傳不墜，遂序之以爲贈。

又卷一一《贈菩提寺坤上人序》 予昔年讀書吳郡西萬峯山中，舊有《大藏經》在佛閣下，間往觀之，因得盡見所謂五千四十八卷者。而《妙法蓮華經》《維摩詰》諸上品，皆畧究其大旨，雖數萬言，不過一二要言而已，而支辭漫說若此之富，故知佛敎之東來，此佛之衰也，摩騰、竺法蘭之徒之罪也。自是數喜與其徒論說空理，求第一義諦，又欲廢五千卷而後止。

安亭居崑山之東境，有菩提寺，其長老名德坤者，予數見之，亦以是語之云。嘉靖辛亥，予因悼亡，爲延僧誦經，取其疏觀之，往往懺罪求神之語。蓋布施持戒之說下矣，而又如是，失逾遠矣。因以爲亡者之心與佛之心，一而已，即輕舉遐覽，乘雲御風，逍遙於兆率之天，豈有所謂三道六趣云者。於是悉取其語而更之，直著此心達之空王而無怍，使世間有佛，即其理如是。長老唯唯，率其徒誦數十晝夜。予蓋恍然眞見珠宮貝闕生天之處矣。

念長老之勞無以爲報，會是年八月二十三日其初度之辰，里人相率以花果供養，且持文卷謁予爲文以序其事。予不能文也，因思《法華經》第一卷，千萬億種供佛及僧，則不腆之辭，爲亡者供佛及僧可也，遂序其所以與長老之說。又歎吾里土瘠民貧，歲荒賦急，流冗日多。菩提寺建自孫吳，於今數千年，佛土莊嚴，廟宇如故，長老之能守其法可知矣。於是長老僧臘五十，世壽七十矣。是爲序。

又《滄浪亭記》（同上，卷一五） 浮圖文瑛居大雲庵，環水，即蘇子美滄浪亭之地也，亟求余作《滄浪亭記》，曰昔子美之記，記亭之勝也。請子記吾所以爲亭者。

余曰，昔吳越有國時，廣陵王鎭吳中，治南園於子城之西南，其外戚孫承佑亦治園於其偏，迨淮海納土，此園不廢。蘇子美始建滄浪亭，最後禪者居之，此滄浪亭爲大雲庵也。有庵以來二百年，文瑛尋古遺事，復子美之構於荒殘滅沒之餘，此大雲庵爲滄浪亭也。

夫古今之變，朝市改易。嘗登姑蘇之臺，望五湖之渺茫，羣山之蒼翠。太伯、虞仲之所建，闔閭、夫差之所爭，子胥、種蠡之所經營，今皆無有矣，庵與亭何爲者哉。雖然，錢鏐因亂攘竊，保有吳越，國富兵強，垂及四世。諸子姻戚，乘時奢僭，宮館苑囿，極一時之盛。而子美之亭，乃爲釋子所欽重如此，可以見士之欲垂名於千載之後，不與其澌然而俱盡者，則有在矣。文瑛讀書喜詩，與吾徒游，呼之爲滄浪僧云。

又《保聖寺安隱堂記》 長洲東南五十里，地名甫里，天隨先生之故居在焉。今爲保聖敎寺，而郡志又有白蓮講寺，然甫里無二寺，蓋白蓮，保聖之別院也。志云，寺創于唐大中間，熙寧六年，僧惟吉重修。又謂惟吉于祥符間創白蓮寺，今里俗所指以爲白蓮者，僅在西廡，其後即爲天隨先生祠，區宇非廣，不當別稱爲寺也。余少時過甫里，拜先生祠，遊行寺中，尋古碑刻，殆無存者。惟元統二年《法華期懺田記》，輪管懺司知事比丘有親、從政、文選所立，此石存耳。

成化二十二年，時國家累世熙洽，京師崇寺宇，僧司入街，剃度數萬人，醮祠日廣。左善世璇大章住持大興隆寺，方被尊寵。而璇故里人陳氏子，初爲寺比丘，得請馳驛還，省其母，因迎養于寺之愛日堂。明年從四明普陀歸。是歲八月重修此寺，又明年五月落成。明年還京師。凡爲殿堂七，廊廡六十。初壞殿時，梁栱間有板，識紹興、寶祐之年，故知以前修創蓋不一，而無文字可攷也。寺之西北有安隱堂，異時僧每房以堂爲別，如安隱比者，無慮數十房。其後日圮，今東偏無僧（察）〔寮〕矣。主僧法慧懼且盡廢，而慧之徒又絕。先是安隱之房分爲二派，慧乃與同堂之徒復合爲一，誓相與共守之。而請余爲之記。

自成化二十三年丁未，至今嘉靖四十三年甲子，蓋又七十有八年矣。璇之修創宜有記而復闕，慧以爲寺之興或有所待，而文章終不可無，故汲汲求其寺之故，欲余有所記。迹其志，非特區區一堂而已。余既無所于考，獨璇事于所聞較著，是以識之，且以爲彼非托于此，亦不能以傳也。夫文章爲天地間至重也，自大中訖今七百十有九年，世變多矣，而寺嘗存，蓋無廢而不興，而文章之傳獨少也。慧其知所重也哉。

又《亡友方思曾墓表》（同上，卷二三） 予友方思曾之歿，適島夷來寇，權厝于某地。已而其父長史公官四方，子昇幼，不克葬。某年月日，始祔於其祖侍御府君之墓，來請其墓上之文，亦以耋未有期不果爲，至是始畀其子昇，俾勒之于石。

蓋天之生材甚難，其所以成就之尤難。夫其生之者率數千百人之中得一人而已耳。其一人者果出于數千百人之中，則其所處必有以自異，而不肯同於數千百人之爲。而其所值又有以激之，是以不克安居徐行，以遽入於中庸之道。則天之所以成材者，其果尤難也。

思曾少負奇逸之姿，年二十餘以《禮經》爲京闈首薦，既一再試春官不利，則自叱而疑曰，吾所爲以爲至矣，而又不得，彼必有出於吾術之外者。則使人具書幣走四方，求嘗已得高第者與夫邑里之彥，悉致之於家而館餼之。其人亦有爲顯官以去者，然思曾自負其材，顧彼之術實不能有加於吾，亦遂厭棄，不能以久。方其試而未得也，則憤懣而有不屑之志。其後每偕計吏行，時時絕大江，徘徊北岸，輒返棹登金焦二山，徜徉以歸。與其客飲酒放歌，絕不與豪貴人通。間與之相涉，視其齷齪，必以氣陵之。

聞爲佛之學於臨安者，思曾往師之，作禮讚嘆，求其解說。自是遇禪者雖其徒所謂墮龍、啞羊之流，即跪拜施舍，冀得眞乘焉。而人遂以思曾果溺於佛之說，不知其有所不得志而肆意於此。以是知古之毀服童髮，逃山林而不處，未必皆精志於其教，亦有所憤而爲之者耶。以思曾之材，有以置之，使之無憤懣之氣，其果出於是耶。然使假之以年，以至于今，又安知其憤懣不益甚，而將不出於是耶。抑彼其道空蕩，翛然不與世競，而足以消其憤懣之氣耶。抑將平其氣，無待於外，安居徐行，而至于中庸之塗也。此吾所以嘆天之成材爲難也。

顧憲成《劄記》（《顧端文公遺書·小心齋劄記》卷三） 食色性也，當下即是，更有何事。若遇食而甘之，遇色而悅之，便未免落在情境一邊，謂之仁，不謂之性矣。若于食而辨其孰爲可甘，于色而辨其孰爲可悅，便未免落在理路一邊，謂之義，不謂之性矣。故曰，動意則乖，擬心則差。告子之指蓋如此。吾乃知中國之有佛學，非自漢始也。

讀慈湖氏之書，則濂谿、明道亦支離矣，不特朱子也。讀釋迦氏之書，則六經《語》《孟》亦支離矣，不特濂谿、明道也。噫。

五宗昌而虛無寂滅之敎熾矣，所以使天下知有吾儒之道之當來而歸者，周元公也。程朱沒而記誦辭章之習熾矣，所以使天下知有自心自性之當反而求者，王文成也。

卓哉，其元公乎。吾始以爲元公也，而今乃知其宛然一孔子也。《太極圖說》推明天地萬物之原，直與《河圖》《洛書》相表裏，《通書》四十章又與《太極圖說》相表裏。其言約，其指遠，其辭文，其爲道易簡而精微，博大而親切，是故可以點化上士，可以鍛鍊中士，可以防閑下士。未嘗爲吾儒標門戶，而爲吾儒者咸相與進而奉之，爲斯文之主盟，莫得而越焉。未嘗與二氏辨異同，而爲二氏者咸相與退而各守其宗，莫得而混焉。至矣盡矣，誠足以考前聖而不謬，俟後聖而不惑矣。陽明先生開發有餘，收束不足，當士人桎梏于訓詁詞章間，驟而聞良知之說，一時心目俱醒，恍若撥雲霧而見白日，豈不大快。然而此竅一鑿，混沌幾亡，往往憑虛見而弄精魂，任自然而藐兢業。陵夷至今議論益玄，習尚益下。高之放誕而不經，卑之頑鈍而無恥。仁人君子又相顧裹回，喟然太息，以爲倡始者殆亦不能無遺慮焉而追惜之，此其所以遜元公也。然則朱子何如。曰，以考亭爲宗，其弊也拘，以姚江爲宗，其弊也蕩。拘者有所不爲，蕩者無所不爲。拘者人情所厭，順而決之爲易。蕩者人情所便，逆而挽之爲難。昔孔子論禮之弊而曰，與其奢也，寧儉。然則論學之弊亦應曰，與其蕩也，寧拘。此其所以遜朱子也。

又卷四 無聲無臭，吾儒之所謂空也。無善無惡，二氏之所謂空也。名似而實遠矣。是故諱言空者，以似廢眞，混言空者，以似亂眞，予皆不敢知也。

又卷五 有神聖之人，有神奇之人，有神姦之人。何謂神聖，伏羲神農黃帝堯舜文王周公孔子是也。何謂神奇，佛老是也。何謂神姦，鄉原是也。

吾聖人曰，太極生兩儀，兩儀生四象。佛氏曰，迷妄有虛空，依空立世界。想澄成國土，知覺乃衆生。吾聖人曰，寂然不動，感而遂通天下之故。佛氏曰，覺海性澄圓，圓澄覺元妙。元明照生所，所立照性亡。于此求之，儒釋幾微異同之辨，可得而識矣。

一日遊觀音寺，見男女載于道，往過來續，繩繩不已。余謂季時曰，即此可以辨儒佛已。季時曰，何。曰，凡所以爲此，一片禍福心耳，未見有爲禍福而求諸吾聖人者也。佛氏何嘗邀之而使來，吾聖人何嘗拒之而使去。佛氏何嘗專言禍福，吾聖人何嘗諱言禍福。就中體勘，其間必有一段眞精神迥然不同處。曰，此特愚夫愚婦之所爲耳，有識者必不其然。曰，感至于愚夫愚婦，而後其爲感也眞。應至于愚夫愚婦，而後其爲應也眞。

眞之爲言也，純乎天而人不與焉者也。研究到此，一絲莫遁矣。

佛法至釋迦一變，蓋迦葉以上有人倫，釋迦去人倫矣。至達磨再變，蓋釋迦之教圓，達磨之教主頓而容漸矣。至五宗三變，蓋黄梅以前猶有含蓄，黄梅以後法席雲興，機鋒百出，傾囊倒篋，不留一錢看矣。此雲門輩所以無可奈何，而有一拳打殺喂卻狗子之說也。或曰，何爲爾爾。曰，他們畢竟呈出箇伎兩來，便不免落窠巢，任是千般播弄，會須有盡。

又卷六　孔子于原壤曰，老而不死是爲賊。孟子于告子曰，率天下而禍仁義。此是後人攘斥二氏的公案。莊子言，孔子見老子，退而贊之曰猶龍。列子言，孔子與商太宰論三皇五帝，獨推西方聖人。此是後人崇事二氏的公案。蘇穎賓曰，東漢以來，佛法始入中國，其道與老子相出入，皆《易》所謂形而上者，而漢世士大夫不能明也，魏晉以後略知之矣。好之篤者，則欲施之于世，疾之深者，則欲絶之于世，二者皆非也。老佛之道與吾道一而欲絶之，老佛之教與吾教異而欲行之，皆失之矣。李屏山曰，吾讀《楞嚴經》，知儒在佛之下。又讀《阿含》等經，似佛在儒之下。至讀《華嚴經》，無佛無儒，無大無小，無高無下矣。凡此又皆近世論三教異同的公案也。學者無主先入之見，虚心參核，必有箇眞是非湧出來。

按，《列子》云，商太宰問孔子曰，夫子聖人歟。對曰，丘博識強記，非聖人也。又問，三王聖人歟。對曰，三王善用智勇者，聖非丘所知。又問，五帝聖人歟。對曰，五帝善用仁信者，聖非丘所知。又問，三皇聖人歟。對曰，三皇善用因時者，聖亦非丘所知。太宰大駭曰，然則孰爲聖人。夫子動容有閒曰，丘聞西方有聖人焉，不治而不亂，不言而自信，不化而自行。蕩蕩乎，人無能名焉。愚謂，此等議論，都是平空捏出，借以貶抑儒門聖人，亦以自張面目，若信以爲實然，又因佛氏出自西方，遂從而附會焉，眞是癡人前說夢矣。

千古聖學只是箇不動心，佛氏也是箇不動心。告子透得這箇消息，過于楊墨遠矣，卻被孟子一眼覷破，將他根本上病痛一一指點出來，使後之學者得以曉然于幾微異同是非之辨，不至爲他說所惑，走差了路頭，故曰其功尤多。

儒者言仁，墨氏亦言仁，儒者言義，楊氏亦言義，並欲入而附于吾道之中，特失之偏耳。乃告子栝棬仁義，居然駕而出于吾道之上矣。是故楊墨之爲害也著而淺，告子之爲害也微而深。韓昌黎謂，孟子之闢楊墨，其功不在禹下。愚謂，孟子之闢告子，其功又在闢楊墨之上。

明道謂，佛氏之言，視楊墨尤爲近理。伊川謂，佛說直有高妙處。朱子謂，《楞嚴經》做得極好。又謂，佛氏之說如云，有物先天地，無形本寂寥，能爲萬象主，不逐四時雕。如云，撲落非他物，縱横不是塵。山河及大地，全露法王身。如云，若人識得心，大地無寸土。看他是甚麼樣見識，區區小儒怎生出得他手，宜其被他揮下也。三先生之言如此，不爲不知佛矣，然則何爲而闢之。曰，遡其發端，既與吾聖人尚有毫髮之岐，究其末流，又爲不善學者釀成千里之謬，是安得不重爲之防。況崇佛太過，勢必至于卑孔，業已卑孔，勢必至于土苴名教，猖狂無忌。佛氏而不欲拔衆生于苦海則已，佛氏而欲拔衆生于苦海，應不令其墮此矣。然則三先生者謂之有功于儒可也，謂之有功于佛亦可也。管婁江曰，吾嘗謂沙門，程朱何曾謗佛，謗佛自在汝輩。亮哉言乎。

或問，昔王荊公謂張文定曰，孔子去世百年，生孟子亞聖，後絶無人，何也。文定曰，豈無人，亦有過孔孟者。公曰，誰。文定曰，江西馬大師，坦然禪師、汾陽無業禪師、雲峰、巖頭、丹霞、雲門。荊公聞舉，意不甚解。文定曰，儒門澹泊，收拾不住，皆歸釋氏焉。公欣然歎服。乃周元公則謂，讀一部《華嚴經》不如看一艮卦。又謂，一部《法華經》只消一艮卦可了。何也。曰，文定得儒之淺者也，故優釋于儒。元公得儒之深者也，故優儒于釋，蓋各就其所見而言也。曰，然則孰當。曰，文定之說，恰好點著世間一種豪傑意中事。元公之說，非是聰明才辨消剝無餘，眞從澹泊裏討出滋味來，恐亦未能深信也。曰，若是則文定之所謂過處，即元公之所謂不如處也。曰，然。

人言佛氏只是理會生死。愚謂，不但佛氏，即吾儒亦只是理會生死。孔子曰，人之生也直，罔之生也幸而免。又曰，志士仁人，無求生以害仁，有殺身以成仁。又曰，自古皆有死，民無信不立。又曰，民之于仁也，甚于水火。水火吾見蹈而死者矣，未見蹈仁而死者也。又曰，朝聞道，夕死可矣。孟子曰，夭壽不貳，修身以俟之，所以立命也。又曰，莫非命也，順受其正。是故知命者不立乎巖牆之下，盡其道而死者正命也，桎梏死者非正命也。又曰，生我所欲，所欲有甚于生者，故不爲苟得也。

死我所惡，所惡有甚于死者，故患有所不避也。這都是理會生死。或曰，味孔孟兩夫子之言，似看生死甚輕也，何謂理會生死。曰，以生死爲輕則情累不干，爲能全其所以生所以死，而生死重。以生死爲重，則惟規規焉軀殼之知，生爲徒生，死爲徒死，而生死輕矣。然則以生死爲重者，正不免墮生死，而其以生死爲輕者，乃其深于理會生死者也。

天地全而與之，人全而歸之，是謂仁人。父母全而與之，子全而歸之，是謂孝子。善乎，荊川先生之言之也，曰生時一物帶不來，此物卻原自帶來。死時一物帶不去，此物卻要還他去。吾儒之理會生死蓋如此。

又卷七　或問，程子言，聖人本天，釋氏本心。何也。曰，易有太極，是生兩儀，謂之本天。迷妄有虛空，依空立世界，想澄成國土，知覺乃衆生，謂之本心。

或問，聞子少時，有晉陵謝省菴令君貽以《陽明文粹》。子讀而愛之，于是亦遂好言禪。乃今于陽明猶亟稱焉，獨于禪則絶口不言。非直不言而已，察子之意，一似疾之然者，一似厭之然者，一似畏之然者，何居乎。曰，是三者皆有之。曰，然則向者何爲而好之，乃世之好之者又何爲一往而不返也。曰，這也怪不得，他們委自有動人處，有服人處，難以一筆塗抹。曰，何也。曰，他們極肯喫辛苦，眞是日不坐，夜不眠，渴不飲，饑不食，寒不衣。聞那裏有箇善知識，定要去參他。逢山鑿山，逢水截水，便是喪身失命，也不略爲皺眉。幸而摸著箇巴鼻，且不肯草草舉揚，還去藏形斂迹，密切磨鍊，如聾如啞，如醉如狂，更不知天地間尙有何事。他辦了這副精神，人如何不服他。且他既辦了這副精神，如何不透出一箇奇特的消息來，人如何不被他動。吾儒卻只悠悠自在，一月中不知有幾日成得片段，一日中不知有幾刻成得片段，其間稍伶俐的反向他頷下掠取餘沫，認作自己家珍，橫說豎說，曾不慚愧。忽然遇著明眼人，一擊粉碎，濟得甚事，所以遂輸與他。朱子嘗言，他們有人，我這裏無人，以此只是他卻占了一件便宜。曰，何也。曰，他們拚得出家，一切都做，更沒箇東西與他作對，便自空蕩蕩地，于境常處其逸，要得有箇成就也順而易。吾儒日在人倫事物中，有許多情委合與體帖，有許多變態合與調停，便自忙碌碌地，于境常處其勞，要得有箇成就也逆而難，所以又輸與他。曰，他們做便宜的題目，卻肯喫辛苦。我們做辛苦的題目，卻要討便宜，如何使得。曰，誠然。究竟亦只任人耳。進吾往也，止吾止也。而今須豎起兩肩，放開兩腳，努力前去，千不休萬不休，誓做箇大大豪傑，莫被他笑。

又卷八　予始讀韓昌黎《原道》，以爲粗之乎，其闢佛者耳。年來體驗，乃知其妙。蓋佛氏說心說性，儘自精微，幾與吾聖人不異。至其單言片語，能使人立地豁然而頓悟，又或汪洋浩蕩，高入九天，深入九淵，能使人沒于其中而不得出，更若駕吾聖人而上之然者。即欲闢他，何處下口。惟就人倫上斷置，方纔無辭以解。且既于此無辭以解，即心性之說亦不攻自破。何也。吾聖人以人倫爲實際，其所謂心性即在君臣父子兄弟夫婦之中。佛氏以人倫爲幻迹，其所謂心性，乃在君臣父子兄弟夫婦之外。在君臣父子兄弟夫婦之中，是謂體用一原，顯微無間。在君臣父子兄弟夫婦之外，體用顯微，打成兩截矣，即口說一原無閒，其能一原無間乎否也。論至此，彼亦何說之辭。故闢佛者只應如是而止。此堂堂之陣，正正之旗，湯武之師也。若以爲粗之乎闢佛，卻是自家這裏將心性另作一物看，這不免走入他圈子中矣，如何闢他。或曰，釋迦不娶邪輸氏乎，不子羅睺羅乎，曷嘗去人倫。曰，此非其本心也，觀其逃父入山則知之矣。曰，即入山，他門亦自有師父、師兄、師弟、師祖、師孫，曷嘗盡去人倫。曰，丟卻眞者去認假者，正是反常。孟子曰，天之生物也，使之一本，而夷子二本故也。此之謂耳。曰，吾所謂本又有進焉。無極之初，原無一物，自有陰陽而後有男女，有男女而後有夫婦，有夫婦而後有父子，有父子而後有君臣。釋氏欲還人于無極，故特顯無極相耳。子將本陰陽乎，本無極乎。曰，此恐未然。君臣因父子而有，而其所以爲君臣者，不因父子而有也。父子因夫婦而有，而其所以爲父子者，不因夫婦而有也。夫婦因男女而有，而其所以爲夫婦者，不因男女而有也。何者。是皆無極中物也。昔邵堯夫與趙商州論牡丹，謂洛人以見根撥而知花者爲上，見枝葉而知者次之，見蓓蕾而知者下也。如待有君臣而後知有君臣，待有父子而後知有父子，待有夫婦而後知有夫婦，曾不異枝葉、蓓蕾之見，而可以語無極乎。程子曰，沖漠無朕，萬象森然已具。此最善言無極相者。予謂，萬象森然，依舊沖漠無朕，是即所以顯無極相也。必棄而君臣，絶而父子，離而夫婦，然後可無極，其一偏枯之物而已乎。由此言之，佛氏而不本無極則已，佛氏而本無極也，其將何辭以解乎。往嘗謂高存之曰，人言儒佛同體而異用，何如。存之曰，體則寂無朕兆，所以易混。用則全體俱呈，所以易別。予聞之，爲爽然一快。今迹其所易別，核其所易混，信乎，心性之說不攻自破矣。此《原道》之作，似平平無奇，而上下二千年間，關佛家竟未有尙之者也。曰，昌黎之于佛，恐尙落影響間。曰，固是。卻亦正幸其入佛未深耳。如其入之深也，便應向大年、天覺諸人隊裏拈椎弄拂去，何以得稱孔氏之徒。曰，亦有入之深而仍不墮者乎。曰，蓋有之矣，吾未之見也，意中只周元公一人。

又卷一〇　釋家有理障事障之說，便是無善無惡的註脚。試看理是甚麼，喚他是障，或以情識認取，或以意念把捉，或以見解播弄，或以議論周羅則有之矣，卻是人障理，非理障人也。

或問佛氏大意。曰，三藏十二部五千四百八十卷，一言以蔽之，曰無善無惡。試閱《七佛偈》便自可見。曰，《永嘉證道歌》謂，棄有而著無，如舍溺而投火，恐佛氏未必以無爲宗也。曰，此只就無善無惡四字翻弄到底，非有別義也。曰，何也。曰，棄有以有爲惡也，著無以無爲善也，是猶有善有惡也。無亦不著，有亦不棄，則無善無惡矣。自此以往，節節推去，掃之又掃，直掃得沒些子賸，都是這箇意頭。故曰，此只就無善無惡四字翻弄到底，非別有意也。

又卷一一　或問，人以無善無惡四字爲易簡之宗，子以無善無惡四字爲支離之祖，何也。曰，夷善爲惡，銷有爲無，大費力在。善還他善，惡還他惡，有還他有，無還他無，乃所謂易簡也。曰，孟子道性善，更不能說性如何樣善，只道得箇乃若其情則可以爲善矣，乃所謂善也。可見性中原無處著箇善，即今反觀，善在何處。曰，公姑無問我善在何處，我且問公，即今反觀性在何處。曰，處處是性，從何指出。曰，如此我且不必問公性在何處，公試爲我言性與善是一是二。曰，是一非二。曰，如此卻說甚著不著。更有一問，人言目之性曰明，耳之性曰聰，信乎。曰，何也。曰，吾欲問公目中何處著箇明，耳中何處著箇聰。曰，能視色之謂明，明非色也。能聽聲之謂聰，聰非聲也。如何觀他著處。曰，是矣，是矣。公若認善做一件物，有色可視，有聲可聽，會須覓箇著處。若知善非色非聲，正應就不見不聞默默體取，如何說性中無處著箇善。請借禪門一箇公案爲證。李江州問智常禪師曰，敎中所言須彌納芥子，渤即不疑。芥子納須彌，莫是妄談否。智常曰，人傳使君讀萬卷書，還是否。曰，然。智常曰，循首至踵如柳子大，萬卷書向何處著。而今若判得，這公案便自了了。曰，孟子畢竟不曾說性如何樣善，其故安在。曰，體用一原，顯微無間。七篇中何一句不說這箇。識者只嫌漏泄太甚，奚其云。曰，固是，但覺不曾指破源頭。曰，盡其心者知其性也，知其性則知天矣。待公究勘到此，再作商量，未晚也。或憮然而退。

又卷一四　胡廬山曰，二氏止明心未嘗盡心，止見性未嘗盡性。愚不敢知。至曰，聖人先天而天弗違，後天而奉天時，二氏先先天而後後天。卻自有見。雖然，既已先先天而後後天矣，彼所明者何心，所見者何性哉。

又卷一六　始予閱《太極圖》而疑之。河圖［∴一∶十∵］爲太極，周子標〇爲太極，近于老氏之所謂有物混成。河圖［∴一∶十∵］居中，周子標〇居上，近于佛氏之所謂惟吾獨尊。論者謂，周子與東林、鶴林兩禪師友，而是圖也實淵源于陳希夷。其說儘亦有自乎，已而知其非也。蓋周子標〇爲太極矣，而其兩之爲陰陽也，即繫〇于陰陽。五之爲水火木金土也，即繫〇于水火木金土，是混者不嫌于析也。何也。混之以爲體，析之以爲用，體用本一原也。老氏卻曰，失道而後德，失德而後仁，失仁而後義，失義而後禮，失禮而後智。將無于體用之閒自生揀擇，即所云有物混成，亦歸之籠統而已耳。周子標〇居上矣，而其次之以水火木金土也，即繫水火木金土于〇，是上者不離于下也。何也。形而上謂之道，形而下謂之器，道器本一貫也。佛氏卻曰，迷妄有虛空，依空立世界。想澄成國土，知覺乃衆生。將無于道器之間自生取舍，即所云惟吾獨尊，亦歸之孤亢而已耳。由此觀之，周子之爲是圖，正以匡二氏也，其指微矣。

朱子闢禪矣，閱禪書卻多。陸子近禪，自其資有暗合處耳，閱禪書卻少。又曰，惟其閱之多，故其闢之也率中肯綮。惟其閱之少，故以禪呵之者不能得其心服。或曰，何以見朱子闢禪之中也。曰，朱子云，佛學至禪學大壞。只此一語，五宗俱應下拜。

文中子曰，佛聖人也，其敎西方之敎也，中國則否。軒車不可以適越，冠冕不可以適胡，古之道也。說者以爲，古今論佛惟此最當，似矣。愚竊謂，充佛氏之慈悲，行之中國，亦安見其泥。若其離君臣，絕父子，棄夫婦，即夷狄亦未嘗胥而從之也，烏在其爲西方之教哉。卻有一處說得好。程元問，三教何如。曰，政惡多門久矣。曰，廢之何如。曰，非爾所及也。大自可味。

釋氏談心談性，人皆詫以爲奇，畢竟還費了許多話頭，怎如《中庸》此一條不過四十五字，卻說得如此宛轉，如此玲瓏，如此含蓄，如此變化，如此圓滿。是故欲表道之無內，因特徵夫婦之不知不能，而闡其可知可能。欲表道之無外，因特徵聖人之所知所能，而闡其不知不能。一似愚不肖出聖人之上，聖人出愚不肖之下，抑揚顛倒，可喜可愕。讀者試讀到夫婦之愚可知，夫婦之不肖可能，憑他何如人，也應欣然踴躍，精神煥發一番。試讀到聖人亦有不知，聖人亦有不能，憑他何如人，也應茫然自失，意氣收斂一番。此眞子思子喫緊爲人處也。

吾儒以理爲性，釋氏以覺爲性。語理則無不同，自人而禽獸，而竹木，而瓦石，一也，雖欲二之而不可得也。語覺則有不同矣，是故瓦石未嘗無覺，然而定異乎竹木之覺，竹木未嘗無覺，然而定異乎禽獸之覺，禽獸未嘗無覺，然而定異乎人之覺，雖欲一之而不可得也。今將以無不同者爲性乎，以有不同者爲性乎，孰是孰非，可以立決矣。

朱子曰，仁未嘗不覺，而覺不可以名仁。此語極精。至羅文莊又曰，覺非特不可以名仁，且不可以名智。則益精矣。彼認覺爲性者，恐非究竟義也。

又曰，本菴慮世之離善求性者之眩于無，而言不變難也。又慮世之離性求善者之滯于有，而言知變難也。于是舉而齊之性善，其指淵乎微矣。性善原道自孟子，更請以孟子證。夫道一而已矣，是點出性善頭腦。仁義禮智四端，是點出性善眉目。四者變，一善不變，何其與本菴言如合符節也。看來總不出此理，此理參得到時，二氏百家是處，自然一一囊括，其似是而非處，自然一一粉碎，而何畏乎千百世之下，自然不差些子，而又何俟乎安排比擬爲哉。《易》言盡性至命，本之善理。而本菴亦于此惓惓三致意也，有以夫，有以夫。

又卷一八　耿庭懷遺予書曰【略】又謂，今日佛氏之盛極矣，單言片字剔透世人心靈，世人以此翕然赴之，奈何。吾黨終日株守章句，甘拜下風，如保家者盡喪其先世明珠寶玉重藏，而徒守其敝廬荒田也，可謂幹蠱人哉。吾黨誠欲大興吾道于今世，必先有以深服佛氏之心而收之笠。欲服佛氏之心而收之笠，必先有以洞開吾道之門而示之宗。欲開吾道之門而示之宗，非推尊明道不可。言言都是。然而僕非遺明道不推也，推元公即是推明道，推明道而不及元公，猶之推子淵而不及孔子，所以推之者似淺耳。將謂《定性》《識仁》等說，有加于《無極》《通書》之上乎。據鄙意，《無極》《通書》眞儒家之明珠寶玉，而《定性》《識仁》等說，乃明珠寶玉發光處也。于發光處識取明珠寶玉則可，遂認此光爲天下之至妙至妙，沒卻明珠寶玉則不可。故元公三代以下之庖犧也。論道于三代以下不認得元公，猶之論道于三代以上不認得庖犧，《中庸》所謂半途，此耳。欲釋氏之服，恐未能也。

顧憲成《答鄒南皐書》（《顧端文公遺書·南岳商語》）　《秋遊記》多聞發心性語，似不脫西江禪意。此語有病。夫道一而已矣，天下無二道，今古無二學，難道西江是一學，毘陵又是一學。不知諸君以何者是禪，若只以禪無父母妻子，吾儒有父母妻子有髮非禪矣，宜從心性腳下理會。

有髮無髮迹耳，所以有髮無髮源頭何在。一髮千鈞，非是小故。欲理會心性，似宜于此勘箇明白。

丈言吾儕不可避講學之名，避講學之名者常人也，鄉願也。有講學之名者，少年也，名相也，義理也，意見也。老年墮名相意見者不少，非眞正皜皜與愚夫愚婦同體者，未易語此。

有一僧參禪，初間有悟，曰山是山水是水。久之又有悟，曰山不是山水不是水。又久之又有悟，曰原來山是山，水是水也。不知甚處是眞正皜皜，甚處是名相，願爲剖示。

景逸所言收攝保聚，畢竟收得馳散，方是眞現成。念菴先生通上下言之，于學者爲得力。收攝保聚四字，不是離性收攝保聚，離性是與性爲二。透性即收攝保聚亦性。不透性如三伏包火，識神滾亂，熱中何有已時。以禪家話證孔子，語語是病，若眞知者，語語皆合。

禪門話儘多悚發人處，善取之皆足爲吾用。但究到血脈上，便須有商量耳。故明道曰，句句合字字同，然而不同。此透性語也。

《顧瑞文公遺書·證性編》卷二　毘婆尸佛偈曰，身從無相中受生，猶如幻出諸形象。幻人心識本來無，罪福皆空無所住。

尸棄佛偈曰，起諸善法本是幻，造諸惡業亦是幻，身如聚沫心如風，幻出無根無實性。

毘舍浮佛偈曰，假借四大以爲身，心不無生因境有。前境若無心亦無，罪福如幻起亦滅。

拘那舍牟尼佛偈曰，佛不見佛知是佛，若實有知別無佛。智者能知罪性空，坦然不怖于生死。

迦葉佛偈曰，一切衆生性清淨，從不無生無可滅。即此身心是幻生，幻化之中無罪福。

釋迦牟尼佛偈曰，法本法無法，無法法亦法。今付無法時，法法何曾法。

菩提達摩大師偈曰，不覩惡而［生］嫌，不觀善而勤措。不捨智而近愚，不拋迷而就悟。達大道兮過量，明佛心兮出度。不與凡聖同纏，超然名之曰祖。

惠能大鑑禪師偈曰，兀兀不修善，騰騰不造惡。寂寂斷見聞，蕩蕩心無著。

又《罪言上》　告子以無善無惡之説淩跨性善，陽明先生以無善無惡之説描寫性善，兩下語意迥爾不同。然而既曰無善無惡，便總統是箇空體，其相去也亦一間耳。或曰，若是則陽明之見僅與告子班乎。曰，告子恐未可小覷。嘗觀竺經所載《七佛偈》及七十二祖轉相囑付之語，總其大指不越無善無惡四字，而告子業已道破。老子言失道而後德，失德而後仁，失仁而後義。而告子亦曰，以人性爲仁義，猶以杞柳爲桮棬，乃知告子之學正與二氏相表裏。世之學者特以其曾經孟子闢過，不敢與之主張耳。曰，告子何以云食色性也。曰，此語亦未可小覷。波羅提不云乎，在胎爲身，處世爲人，在眼曰見，在耳曰聞，在鼻辨香，在口談論，在手執捉，在足運奔，徧現俱該沙界，收攝在一微塵，識者知是佛性，不識喚作精魂。試看此偈與食色性也之説是同是異。李見羅中丞曰，告子是一箇大禪宗。可謂道著告子。曰，若是則告子之地分亦高矣，孟子何故闢之。曰，從上聖賢費盡氣力，只要扶策這箇善字，告子費盡氣力，只要壓倒這箇善字，安得而不闢。曰，荀子道性惡，不尤甚乎。曰，荀子道性惡，只將惡做不好的看。告子並將善做不好的看。荀子道性惡，還是強人爲善，告子卻是嫌人爲善，其流害之孰大孰小，居然可見矣。曰，然則陽明之視告子，畢竟何如。曰，從上聖賢道性善，都是實實地就本體上指點出來，陽明道無善無惡，卻是虛虛地就光景上形容出來，一邊作平常説，一邊就元妙説，只這些意思便會做病。予不敢以陽明爲告子，至其自以爲傳秘藏，超顔子、明道而上，恐亦未必然也。

無善無惡四字，就上面做將去，便是耽虛守寂的學問，弄成一箇空局，釋氏以之。從下面做將去，便是同流合汙的學問，弄成一箇頑局，鄉願以之。

釋氏高，鄉願低。釋氏圓，鄉願巧。釋氏眞，鄉願僞。其爲無善無惡一也。

釋氏得無善無惡之髓，老子得無善無惡之骨，鄉願得無善無惡之肉。胡氏之中庸，蘇氏之模稜，馮氏之癡頑，得無善無惡之皮。外此，拾無善無惡之唾而已。

浮屠常總與楊龜山先生論性，謂性善之善不與惡對，似矣。只不知有何善可與惡對，又不知舍吾性而外，更有何善也。此處須再下箇註腳。

本體工夫原來合一，是故儒者以性善爲宗，則曰爲善去惡。釋氏以無善無惡爲宗，則曰不思善不思惡。若曰無善無惡心之體，有善有惡意之動，知善知惡是良知，爲善去惡是格物，愚竊疑其二之也。

然則，釋氏不曰諸惡莫作衆善奉行乎。曰，以性善爲宗，則爲善去惡實教也。以無善無惡爲宗，則爲善去惡權教也。此處最宜愼辨。

無善無惡，凡爲釋氏者皆能言之，陽明卻又搭箇爲善去惡來説，蓋曰做得如此工夫，然後我之無善無惡與釋氏之無善無惡，似同而實異，雖儒者不得疑其墮于無耳。爲善去惡，凡爲儒者皆能言之，陽明卻又搭箇無善無惡來説，蓋曰透得如此本體，然後我之爲善去惡與世儒之爲善去惡，似同而實異，雖釋氏不得疑其滯于有耳。此是陽明最苦心處。

《顧端文公遺書・證性編》卷三

又《與管東溟書》（同上，卷五）　伏讀大集，種種超詣，匪夷所思。語教體，則曰祖述仲尼，憲章聖祖。語學術反正之機，則曰朱一變至於程，程一變至于周，周一變至于孔。語三教，則曰不濫不礙。又揭群龍無首之義，表裏群聖，顯異中之同。揭遡太極于無極之義，上下群儒，顯同中之異。翁自謂從三十年苦鑽拈出，憲亦不敢將來作意見議論草草看也。然則憲之于此，但有朝夕孜孜奉以周旋，庶幾千百什一，仰佐下風而已，夫何言哉。惟是固陋之愚，有不能盡了然者，輒劄而存之。自是尋繹久之，而猶不能盡了然也，乃敢條列以請。雖然，卒又不敢以臆與也，第就牘中反覆參伍，每至半合半離之際，爲之俯仰而徘徊焉。竊計我翁必自有說，惟不吝提策，沛然發其非而撤其蒙，俾一旦獲覩于大全。此乃千古道脈所關，憲也敬洗心以俟。

東溟牘曰，釋經云，一切衆生皆以淫欲而正性命，此所謂無明實性，與孟子口之於味等性相合。然釋家言性最活，又有所謂圓成實性、寶明妙性者，則孟子道性善之性也。命字儒家通理氣數言，而釋家則專就死生壽夭言。要之不可思議者爲命，不可移易者爲性，則儒釋所通訓耳。以率性爲統率之率，（耿司徒云，《中庸》不言性之謂道，而曰率性之謂道。學人誠以任情爲率性，而不知率性之率，蓋猶將領統率之率也。目之於色，口之於味，一任其性而無以統率之，如潰兵亂卒四出鹵掠，其害可勝言哉。孟子曰有命焉，所以率之也。）恐不如循字之訓爲妥，豈以氣質之性不可循，故以統率訓邪。竊謂天命之性，正所謂天然自有之衷，禪家謂之本來面目，循之何適非道。若以性兼善惡，循善爲道，循惡爲非道，則釋典有不斷性惡而證菩提之說，何者。惡業可斷，惡性不可斷。若惡性可斷，則善性亦可斷也。性是善惡之統宗處，性譬則水，善惡譬則波，波不離乎水，而水非波也。無善無惡心之體，心之體即是性，循其無善無惡之本體是謂至善。譬如禹之行水，豈不是道。幾一分于善惡，猶水動而爲波，于是有舍惡趨善之敎，則皆修道中事矣。性太極也，善惡陰陽也，陰必與陽對，善必與惡對。謂性有善而無惡，則亦可謂太極有陽而無陰矣。言太極必在陰陽未判之先，言眞性必在善惡未分之始，以善名性，特強名爾。故程伯淳曰，孟子所謂性善，乃是繼之者善也。此善即《大學》之至善，至善無善，善且難名，何況於惡。當于未發之中驗之。

陽明王先生覺世大旨，在所標《大學》四語，曰無善無惡心之體，有善有惡意之動，知善知惡是良知，爲善去惡是格物。于時即有疑後二語非向上一機者，乃宋學餘支，復疑上一語之入于禪，則亦未嘗深究軻書性善之源，而影略以爲公案云爾，二者總屬未融之見。而近有一種浮根，出儒入釋，託上一語以資狂蕩，其瞽世尤甚。是以天臺先生《贅言》中復剖之曰，陽明上一語乃誠者天之道，後二語所謂誠之者人之道也。

天泉問答，至今疑信相半。有執性善之說者，訝無善無惡之旨爲入禪。有執心體無善無惡之說者，病爲善去惡之功爲有漏。敢不揣而爲之斷曰，王子標《大學》四語甚確，而分接上中下根之說則非究竟語也，何也。所謂無善無惡者，正至善之體，而其所謂爲善去惡者，正所以復其無善無惡之體也。斯語徹上徹下，本自無弊。緒山錢子奉爲指南，非過也。而龍谿王子復圓之，以爲心意知物只是一事，若悟得心是無善無惡之心，意即是無善無惡之意，知即是無善無惡之知，物即是無善無惡之物，此宗門之見也。二子執不相下，以質王子。王子兩是之，謂敎法原有兩種。四無之說爲上根人立敎，四有之說爲中根以下人立敎。蓋重于龍谿子之從無處立根基，而亦不廢緒山子之從有處對治也，然而低昂判矣。夫上根人誠不易得，而苟志于道，亦豈甘以中下自處，將必平視錢子之說，而躐等以希上乘矣。愚嘗反復《大學》之書，而知孔門之學，其入處與宗門同，而其垂訓與宗門別。宗門重悟，多從埽人情見上說，故尙空。雖功夫未嘗不實，而亦緣本體之空以空之。儒門重修，多從鍛人習氣上說，故尙實。雖本體未嘗不空，而亦借功夫之實以實之。故宗門之空語，未可便以爲純接上根。而儒門之實語，未可便以爲純接中下根。王子裁成二子，善矣。然亦姑從二子別根基，而不爲《大學》定敎體，滯其語意，將謂《大學》誠意格物之上，另有向上一宗，如大慧之所謂子韶格物，妙喜格物者，而禪宗必駕于聖學之上。狂士一入禪宗，必擡高六祖不思善不思惡之宗以待禪學中人，而抑遏《大學》誠意章有善有惡之旨，以待儒學中人，二本之端起矣。不特此耳，即以天泉問答，參合王子平日所提宗旨亦似稍違。蓋以良知提宗者，爲其知善知惡之端，從無善無惡心體中來也，而意則不無善惡，然則致知近于接上根，而誠意近于接中下根矣，曷爲誠意在致知之後哉。斯言也，殆偶觸于一時之天機，而安可執爲《大學》敎人之斷案也。原其本，則以洙泗、曹谿兩家宗趣並含于方寸中，雖平日以良知提掇，而隱然猶有宗門祕密藏在，故天機一到，滿盤託出，而不自虞其蹈二本之嫌焉。于以望周元公之渾融脫化，尙有一間之未達也。

王子拈出此心無善無惡之本體，可謂重新周子之太極，又謂爲善去惡之功，自初學至聖人究竟無盡，其旨尤爲精密。然爲其學者，每執上一語，而忽下二語，何也。此匪獨風會使然，亦由倡道者知微知彰之哲，不無遜于古人也。稽其弊端有四焉，孔子不納鄉願，亦不與中人以下語上。今不慮僞夫之敗道，而濫于授徒，輕于語上，此殆以神器授匪人也。孔子述而不作，未嘗自有其道，而今張皇千古之絶學，引人心高氣浮，輒擬與作者爭衡，此殆以虚標掩道本也。應世者機欲圓，師世者矩欲方，雖周孔猶難兼顯，今欲合六龍而乘之，立功立言，又樹道標于天下，人必執方矩而議其圓矣，此殆以多取攖物忌也。孔門自顔子而下，賜也達，可與經世，點也狂，可與出世，俱有契于一貫之學。夫子不使子思師之，而所師在參之魯，豈非以其戰兢持一貫，可維道脈于永久歟。今勇于矯宋儒之拘，而疏于防後學之蕩，尚融通尚灑脱，而掩戰兢之脈，將使之爲賜爲點，而不爲參矣，此殆以狂風拂聖軌也。而猶有一大障焉，不知天命而以遷就之中庸移孔的也。夫洪荒遠矣，自有載籍以來，中更斯文兩大變局，而萬世之極乃定，何者。上古君師道合，自天子之不能兼有師道也，而衰周之季，天生仲尼，以匹夫爲世師，而斯文之統移于下，此一變局也。秦漢以後，三教叠爲盛衰，自程朱輩之以道統專屬儒宗也，而元之季天生我聖祖，以天子持三教之衡，而斯文之統合于上，此又一變局也。蓋君師之道分，三教隨之而分，君師之道合，三教亦隨之而合，實有天命行乎其間，而非乘龍御天之至聖，孰與總持而立其極。是故堯文之後，于斯爲盛矣。世儒類□孔子集群聖之大成，而不知聖祖尤集孔子與佛老之大成，其妙在乎以圓宗出方矩，使三教各循其派，因以方矩入圓宗，使三宗同返其源。至矣，萬世不可易矣。故今日之教體，在于祖述仲尼，憲章聖祖，而孟子距楊墨之功，非所施于佛老也。王子獨能拈出無善無惡之性體，以證儒佛之無二心，豈不卓然道眼。然而論到極處，卻又遷就世儒，而詆佛氏倚于無善無惡，不可以治天下國家。夫性非有倚之物也，使無善無惡之體而可倚，曷名爲性。使佛而倚于無善無惡之體，曷名見性。茲言也，亦近乎子莫之中庸矣。吾謂不知天命，而以遷就之中庸移孔的者此也，是以不再傳而弊端叢起焉。吾嘗上下數千年間，凡君子百世之流澤，俱在創始者一念起因發足間，如持左契之必驗。蓋孔子圓千聖以立極，而其後則爲曾爲思。周子圓三教以標儒，而其後則爲程爲朱。皆以圓宗倡，以方矩承，何哉。其防微慮後之深心爲之因也。王子發明《大學》，豈不以爲善去惡教天下，而承學者率以圓應之，三傳而刑戮之民出矣。豈以濂洛關閩之流派，而弊如此其速也，其因亦必有在焉。雖然，微王子揭良知之脈，則今日之岐路亦岐矣。

在今日，救時急務，似不必專向儒釋同異紛紛較量。宦機日趨巧猾，賢士亦逐炎涼，殆賈太傅所謂俗流，失世敗壞恬不知怪者。此其病在儒家乎，在禪家乎。如在儒家，何暇攻禪。如在禪家，則蓋反其本矣。當賈太傅言于漢文似迂，至元成之季而其言益驗。張禹、孔光以經學爲帝師，毫無失德。杜欽、谷永附貴戚而專攻上身，使在今日亦可稱爲讜直之士，徒以其隨波逐流，釀成獻符頌德之釁，故識者鄙之。而朱雲折檻，梅福掛冠，似非談中庸者所尚，然迄今仰之不衰，何也。勢有所趨，道有所重也。假令孔孟處斯時，今日闢異端，明日攻楊墨，將安濟乎。嘗謂自古聖賢未有不通命世之局，而可與于斯道者。孔子生春秋之世，其事莫大于尊天子卑諸侯，強公室弱私門。至于杏壇講學，不過本《周禮》中師儒得民之條，又承魯多君子之國，而相聚切磋云爾。非若後儒，張斯文爲道統，而高標其幟曰，吾以匹夫明明德於天下也。孟子覷破此機，故直以成《春秋》配禹周之匡亂，而其尊王賤霸，放淫距詖，恰合戰國時命世之局。嗣後佛老與儒道鼎峙，然二氏之徒間咀其精實，而孔子之徒僅啜其粗浮。至唐宋而禪宗獨盛，儒術反出其下矣。周元公于是取彼之精實，轉此之粗浮。兩程夫子實得其宗，始直以興斯文闢佛學爲己任。其時佐禪者既多，而禪宗奥義亦自難于窮詣。兩程不能以言勝而能以行勝之，亦賴藝祖開基，專重道學，得借從周之義，以標學孔之宗。而禪門五宗正熾，天亦命眞儒一匡之。兩程應運而生，惜也未竟元公學脈，半途而闢二氏，不無矯枉之過。紫陽夫子守而不變，而才復足以張大之，然亦未能追窮元公源流，間有不該不徧之論，禪者得吹疵而譏之。雖然，求命世豪傑于理學家，微程朱誰與歸矣。至元而綱常不遽泯滅，忠孝節義陰扶未墜之皇猷，皆其力也，肆我朝用其學以治二百年之天下。若今日之以學術名世者，又與程朱稍異矣。程朱當禪宗猖狂之日，禪之勢足以壓儒，故其患在儒道之不尊。今當經學流通之季，儒之勢足以壓禪，故其患在儒習之日僞。所謂僞者，緣飾經史，藉口中庸，而以遷就逢迎之術，行干名媒利之心，外和而内歧，遠交而近攻，勢在則跖可夷，勢去則夷可跖。詭隨以迎合，而曰聖人不能違時也。養交以待遷，而曰既明且哲，以保其身也。緘口以持祿，而曰青苗可且放過也。變塞以狥人，而曰濟大事當以狄梁公爲法也。其勢不至盡埽清議，以釀上書頌德之風不止。此輩非盡從禪學中來，亦非盡逃儒而歸禪者也，蓋多宗孔孟，步程朱，及姚江之遺派焉。故今日之患不在楊墨，不在佛老，而在僞言僞行、無忌憚之小人。今未得孔子誅少正卯之權，則以程朱正己之道帥之。三揖而進，一辭而退，以標出處也。千駟弗視，一介弗取，以標取予也。微顯闡幽，扶直摧佞，以標好惡也。寧介毋通，寧拙毋巧，不諂不瀆，不援不陵，不枉尺而直尋，以標士習也。此程朱之所以厚道脈而軌來學也。必欲執距楊墨之公案以排佛老，有程朱之德行則可，無程朱之德行則穴中之鬭鼠耳。且今之當從者非聖祖之道乎，聖祖統一三教，歸之禮部，曷嘗慮儒之逃禪。《御製心經序》闡色空義最精，謂善用之可治天下，曷嘗詆禪之悖儒。至其頒行天下，必以五經四書及程朱之訓註，則所主又自有在。吾儕今日唯有體聖祖之意，挽風會之流，不與滔滔同下而已。

老子，其猶龍乎。尼父之言不我欺也。論其世蓋在潛見之間，若佛氏則神龍而飛矣。然則，與堯舜孰賢。曰，堯舜誠聖人之位乎天德者，然子思推天下之至聖，至于際天極地，莫不尊親，堯舜其猶病諸。若佛氏以大智洪慈，普化大千塵界，非洞徹先天而滿其乘龍御天之分量者乎。然則，何以不居天子之位。曰，人道以位行德，故德位並崇。至于人天師，則位非所論矣。繹乾元統天之義，而後知六龍之所自來，原不以位而尊也。

天臺耿師嘗云，大雄氏亦自有潛見惕躍飛亢，其時乘御天，大都與尼父同。復云，孟子評品原虛得有地位在，曰聖而不可知之謂神，即此推尊佛氏可矣。此語盡翻宋儒陳說，可謂千古不易之斷案。以命制性，仙學也。分老氏之一宗，而未全也。以性制命，禪學也。印佛乘之初地，而非證也。盡性至命，孔子之學也，越仙與禪，而行三祇劫中，菩薩之道，此蓋分身之佛，而非全體也。性還無始，命還無始，佛地之果也。是謂無極而太極，太極本無極，聖學于此究竟焉。故仙階易陟，而禪宗難透。禪宗易透，而孔矩難成。孔矩易成，而佛果難證。證佛果者，窮未來際，能隨順衆生入生死。

按《中庸》言至誠者三，言聖人之道者一，而即以仲尼承之。若曰以至誠無息之德，而行大哉聖人之道，仲尼其至矣。然仲尼德配天地，而未必極天地之覆載以尊親也。道贊化育，而未必窮盡神化，如最初大覺之能生天地也，進而爲天下之至聖焉，則天覆地載凡有血氣者莫不尊親矣，又進而爲天下之至誠焉，則經綸大經立大本而知化育矣。近世講學家張皇聖學，舉此二章概以爲子思推尊乃祖。夫子思以大道公天下，而豈私一乃祖哉。然則《中庸》前言贊化育，後言知化育，有以異乎。曰，贊化育者，化育宰于天地而我相之，人道之極也。知化育者，我宰化育而天地不能違，天道之極也。人道之極可以前知，可以配天地，仲尼已臻實際矣。天道之極，能役百神，奚但如神能造天地，奚但配天地，其孰能與于此哉。攷諸《列子》書中，載有夫子贊西聖語，意者其若人乎。若吾夫子非十地之順流而至，則如來之逆流而來者也。每笑二氏狂徒輕議孔學，不知吾夫子固已越過禪宗疾趨佛地矣。

素王之稱，蓋謂帝王以位王，而孔子乃以德王。位尊于一時，德尊于萬世。此宰我賢夫子于堯舜之說，而又據軻書中《春秋》天子之事爲公案也。吾觀《春秋》之筆，未嘗易《魯史》一字，但曰其義則竊取之。蓋攷文天子之事，而史官奉之以爲職守者也，匹夫焉得而侵之，是以取其義不敢易其文，然而有筆有削，亦嫌于竊史氏之權焉。而後儒乃謂匹夫可假天子之權加以王號，非所以訓天下萬世也。蓋至于泰州王氏，而素王之僭亦彰。夫子不與禮樂征伐自諸侯出，而王氏則與道統自庶人出，無乃以師道蔽臣道，而啓天下卑君之心乎。或曰，佛稱法王，孔稱素王，庸何傷。則愚請折衷于《易傳》焉。傳曰首出庶物之謂王，吾觀乾龍雖稱無首，而《文言》釋九五大人之義，又若權以飛龍爲首，爲其位乾元以出庶物也。世知五帝三王繼天立極，乘飛龍以王九垓，豈知諸佛說法度生，乘飛龍以王三界。佛一出世，雖聖主亦屈而聽法焉。佛不出世，而聖主出世，即逆流之如來，帶果而入因地，亦不敢爲首而爲輔矣。是故釋迦可稱法王，而孔子不必以素王稱。

孔子學無常師，而發明乾元、坤元之義，直漏盡千古祕設，其遡太極于無極，不賴二氏而已一貫無餘矣，然而適周之問，亦不廢焉。若濂谿之學則實旁通二氏，而銷歸于聖學者也。程伯子得其骨，叔子得其皮，似猶未有得髓之慧可焉。後儒諱言其融會二氏，第贊之曰不由師傳，默契道體。而又以其渾渾立極，不祖距楊墨之公案，則直以道統屬程伯子，謂其得不傳之學于遺經，而不言得統于周子。豈知伯子雖排佛學，而語及身心性命之奥，未嘗不沾禪語。叔子《易傳序》爲一生得理之極談，而其精乃在體用一原，顯微無間二語，實取義于《華嚴經疏》中。此必浸灌于元公，而忘其所自，世儒正不必以濂谿之融會二氏爲諱也。假令孔子生今之世，而從事于韋編三絕之學，必不廢西來之理窟矣，故其立極自有在焉。周子之融會二氏，正其所以遡太極于無極也。

展誦尊牘，其云天然自有之衷，孟子之所謂性也。其云無善無惡，告子之所謂性也。其云有善有惡，荀楊諸子之所謂性也。孟子以告子爲非，告子以孟子爲非，荀楊諸子又以孟子告子爲非，莫能相一，翁兼而收之，可謂圓通矣。雖然，語其無也，不惟無惡而亦無善，將以何者爲衷歟。語其有也，不惟有善，而亦有惡，天然自有之衷，果何物歟。且性而無善惡也，曷云爲善。爲則不可得而無矣，豈慮性之空而實之歟。性而兼善惡也，曷云去惡。去則不可得而兼矣，豈慮性之雜而汰之歟。夫然則性不足率也，率性不足爲道也。或者以性爲亂兵潰卒，無不可也。豈謂氣質之性固然歟。則氣質者惟是昏明強弱，或不能齊，原未嘗有惡在也，似難致疑于氣質。抑謂嗜欲之性固然歟。則嗜欲者縱在大聖大賢亦不能免，並未嘗以爲惡而絕之也，似難歸咎于嗜欲。況嗜欲之性，孟子業已曰君子不謂性矣。氣質之性，張子業已曰君子有弗性矣。即所謂性可知也，如之何其溷而言之歟。伏乞裁教。

詳翁大指，似只在無善無惡四字，何者。惟其無，則見以爲超乎有，故從而標其名曰至善，是告子之說即孟子性善之說所自出也。亦惟其無，則見以爲包乎有，故從而指其實曰善惡之統宗處，是告子之說即荀楊諸子有善有惡之說所自出也。然則無之一言，當爲言性之祖，而語知性者，殆莫如告子歟。雖然，性一也，既以之爲善之至，又以之爲善惡之統宗，何歟。且善惡之相去遠矣，今也以善語性，猶嫌其強名，掃而不有，以惡語性，顧等諸菩提，存而不斷，然則善惡何以別歟。而又曰舍惡趨善也，其將何所趨何所舍歟。白沙先生有一言說得好，色色信他本來。愚謂，善還他善，惡還他惡。有還他有，無還他無。性善還孟子，無善無惡還告子，有善有惡還荀楊諸子，一切因其固然，是曰易簡。若乃彼此調停，左右采掇，通融和會，攬異爲同，盡翻千百年成案，中間費多少安排在。是曰勞攘，不審翁以爲何如。

胡五峰先生曰，性者天地鬼神之奥，善不足以名之，況惡乎哉。孟子道性善云者，歎美之辭，不與惡對。陽明先生所云無善無惡謂之至善，蓋本于此。然而孟子嘗自言之矣，曰乃若其情，則可以爲善矣，乃所謂善也。若夫爲不善，非才之罪也。是孟子之所謂善，正對不善而言，何得謂歎美之辭也。朱子曰，既是歎美，便是箇好物事了，然則就如五峰所言，何得謂無善也。若曰善與惡對，則無與有對，不知孰爲無對也。舊曾有一友論及孟子，因曰孟子不及孔子，只爲見性欠透。余問其故。曰，孔子說性相近，何等渾融。孟子苦苦要爭一箇善字，便死殺了，到底爭不過告子。曰，然則性無善無惡乎。曰，然。余曰，人之生也直，是孔子語否。曰，何也。予曰，孔子不言無直無曲，早是說得死殺了。此友愕然。敢并述之以質于翁

《易》之言陰陽有二，有兩相爲用不容偏廢之陰陽，有兩相貞勝不容並立之陰陽，二義各有攸當。今翁之言曰，性太極也，善惡陰陽也。謂性有善而無惡，則亦可謂太極有陽而無陰矣，是指其不容偏廢者而言乎，是指其不容並立者而言乎。指其不容偏廢者而言，則陰陽即太極也，原自有善無惡，安得以善惡配之。指其不容並立者而言，則陽善也，所當扶也。陰惡也，所當抑也，正欲有善無惡，安得以一有一無詰之。且陽明先生之標無善無惡也，翁以爲重新周子之太極矣。今《太極圖說》具在，試于所言陰陽處，各代以善惡二字，可解乎不可解乎。按，朱子曰，陰陽者造化之本，不能相無而消長有常，亦非人所能損益也。然陽主生，陰主殺，則其類有淑慝之分焉，故聖人作《易》，于其不能相無者，既以健順仁義之屬明之，而無所偏主。至其消長之際，淑慝之分，則未嘗不致其扶陽抑陰之意焉，蓋所以贊化育而參天地者，其旨深矣。又曰，陰陽有以動靜言者，有以善惡言者。如乾元資始，坤元資生，則獨陽不生，獨陰不成，造化周流，須是並用，如履霜堅冰至，則一陰之生便如一賊。這道理在人如何看，直看是一般道理，橫看是一般道理，所以謂之易。又《答王子合書》曰，陰陽之氣相勝而不能相無，其爲善惡之象則異乎此。蓋以氣言則動靜無端，陰陽無始，其本固並立而無先後之序，善惡之分也。若以善惡之象而言，則人之性本獨有

善而無惡，其爲學亦欲去惡而全善，不復得以不能相無者而爲言矣。今以陰陽爲善惡之象，而又曰不能相無，故必曰小人日爲不善而善心亦未嘗不間見，以爲陰不能無陽之證。然則曷不曰君子日爲善而惡心亦未嘗不間見，以爲陽不能無陰之證邪。蓋亦知其無是理矣。且又曰，克盡己私純是義理，亦不離乎陰陽之正，則善固可以無惡矣。所謂不能相無者，又安在邪。大凡義理精微之際，合散交錯，其變無窮，而不相違悖。且以陰陽善惡論之，則陰陽之正皆善也，其沴皆惡也。周子所謂剛善剛惡，柔亦如之者是也。以象類言則陽善而陰惡，以動靜言則陽主而陰客。此類甚多，要當大其心以觀之，不可以一說拘也。凡此三言，所以發明陰陽之義，可謂悉矣。故備錄之，俟高明參焉。

蘇子由曰，六祖所云不思善不思惡，即喜怒哀樂之未發。惟翁亦云，無善無惡，當于未發之中驗之。愚謂，六祖喫緊處全在一思字，而程子嘗曰，既思便是已發，喜怒哀樂一般，則其說猶自可通。如翁之言，無論何者是性，即善惡二字且求其解而不得矣。何也。自吾性而觀，善所有也，不能無也。惡所無也，不容有也。非若喜怒哀樂，以寂感爲有無也。自喜怒哀樂而觀，順性而動，善所由名也，拂性而動，惡所由名也，非可遂以喜怒哀樂爲善惡也。是故《中庸》曰，喜怒哀樂之未發謂之中，不得曰善惡之未發謂之中也。《中庸》曰，喜怒哀樂之中節謂之和，不得曰善惡之中節謂之和也。乃今例而舉之，得無非其倫歟。且果如是，即所謂無善無惡，猶曰無喜無怒無哀樂云耳，不審有何奧旨，而陽明至以爲傳心祕密藏，又曰洩天機也，將無張之太過歟。果如是，即告子之說亦子思之說耳，不審有何大謬而孟子至以爲戕賊人性，又曰率天下而禍仁義也，將無抑之太過歟。此非翁莫能辨。

翁亟稱無善無惡之說矣，及閱翁論時弊一書，似一一與之相反，有不能兩存而無礙者。此殆不可不察也，請陳其略。蓋翁見謂俗流失世敗壞恬不知怪，而特舉程朱爲之標，意若曰如此則爲君子，如彼則爲小人，將令學者審得失之幾，愼所往之路，所以正趨也。及評兩漢士習之敝，而謂今日之患尤在頑鈍無恥，又若曰隨俗易矯俗難，將令學者酌輕重之權，挽極偏之勢，所以救時也。自無善無惡之說出，而兩者均之不免乎戕賊人性。于是朱雲折檻，梅福挂冠，亦與獻符頌德者同科，而翁之說窮矣。則又有解之者曰，所謂無善，非果無善也，惟是不著意于善云耳。審如是，即所謂無惡亦可知也，惟是不著意于惡云耳。彼方以不著意于惡爲無惡，而翁且歷訶其曲學阿世之非，必將曰是迹也，非心也。如其迹聖人之不違時，亦詭隨迎合也。既明且哲以保其身，亦養交待遷也。青苗可且放過，亦緘口持祿也。濟大事以狄梁公爲法，亦變塞狗人也，顧此中謂何耳。彼方以不著意于善爲無善，而翁且一律諸儒者之繩墨。彼將曰，吾非不能，吾不屑也。三揖一辭，是其格套在模擬也。弗視弗顧，是在局面上撇淸也。扶直擢佞，是在氣魄上作用也。寧介毋通，寧拙毋巧，是在世法上妝點也，僅成鄉黨自好而已。若然，則是之而不問，非之而不問，其處身彌下，而其藏身彌高，頑鈍無恥之習牢不可破，而翁之說又窮矣。夫何故緣飾經史，猶得按經史以格之也。至其混善惡爲一途，則非復品隲之所能加。藉口中庸，猶得依中庸以裁之也。至其合善惡而雙遣，則非復道理之所能詰。愚故曰，翁之說與無善無惡之說，不能兩存而無礙也。雖然，此非愚之妄爲億也，翁跋王文成世家曰，近有一種浮根，出儒入釋，託無善無惡一語以資狂蕩，其蠹世特甚。信斯言也，固已洞見弊端矣，亦將何以救之乎。

據云一種浮根，出儒入釋，託無善無惡一語以資狂蕩，則此一語爲釋氏宗旨明矣，似不得以疑其禪者爲未融之見也。如以疑其禪者爲未融之見，則孟子之闢告子亦過矣，似不得舍而移責于宋學餘支也。且翁又引而合諸孟子之所謂性善也，《贅言》又引而合諸《中庸》之所謂誠者天之道也。夫如是儒與釋一而已矣，彼其託于無善無惡者，似不得謂之出儒入釋也。

釋迦舍輪王位逃之雪山，備歷苦行始證大覺。迹其本末，要非草草而已。彼狂蕩者曾何能望影響之萬一，而猥託于佛氏，曰無善無惡。其誰與之可無問也，只無善無惡四字，畢竟欠穩在。《易》曰，天地之大德曰生，又曰，大哉乾元，萬物資始。至哉坤元，萬物資生。又曰，元者善之長也。又曰，一陰一陽之謂道，繼之者善也，成之者性也。孟子道性善，蓋本于此。若謂以善言性猶是強名，則自善而上更有何物，將無視性太高。又謂，善與惡對，一齊抹殺，則自善而下，更有何物，將無視善太卑。視性太高，便未免有矜揚播弄之意，少間會生出種種奇特，奇特不已，必爲詭誕。視善太卑，便未免有厭薄簡忽之意，少間會引出種種虛浮，虛浮不已，必爲放縱。是故始也本欲極意形容以張吾性，卒也反使人茫然入于杳冥恍惚之中，而周章四顧，無所憑依。始也本欲埽盡世法以成就第一等聖人，卒也反使人公然逸于規矩準繩之外，而縱横百出，無所底止。蓋其幾微矣。由前言之，狂蕩非所以爲無善無惡也，是謂假託。由後言之，無善無惡乃所以爲狂蕩也，是謂流弊。假者對眞而名，似是而非之辭也。流者對源而名，相沿而來之辭也。是故曰假託則眞者自在，吾不得以狂蕩爲佛氏之罪。曰流弊須幷發源處一查，即佛氏亦有不得盡辭其責者矣。翁不云乎，今日之弊莫大乎似儒非儒、似釋非釋，而成小人無忌憚之中庸。其説蓋起于憚儒道之拘檢，慕佛學之圓通，故仗佛卑孔以爲己地耳。豈知學佛而不成，必爲類狗之虎。學孔儒不成，猶爲類鵠之鶩。又曰，禪書新奇奪目，而又可借其圓活以藏身。儒道平淡無奇，而又深苦其方嚴以禁欲。詳味此數語，以爲闢佛，則翁之所不滿第指仗佛卑孔者而言，于佛乎何尤。以爲非闢佛，則新奇之與平淡，圓活之與方嚴，其端之所由分當必有在，似又難專歸咎于無忌憚之小人也。愚故緣翁指而爲之廣其説如此。

翁于陽明所云無善無惡謂之至善，則曰與孟子之言性合。于分接上中下根之説，則曰宗門之見。愚竊謂分接上中下根之説，正從無善無惡謂之至善來也。何也。聖學在止于至善，既以無善無惡爲至善，安得不以無善無惡爲上根也。翁于陽明所云無善無惡心之體，則曰重新周子之太極。于四無之説，則曰宗門之見。愚竊謂，四無之説正從無善無惡心之體來也。何也。體用一原，顯微無間。既以心爲無善無惡，安得不以意知物爲無善無惡也。夫如是，又奚所可否于其間也。

吾儒曰性善，釋氏曰性無善無惡，兩者各自爲一宗，其究竟亦各自成一局，不須較量，不須牽合。今曰無善無惡心之體，爲善去惡正所以復其無善無惡之體，何也。試按而評之。既曰無善無惡，當其爲善去惡，善從何來。既曰爲善去惡，當其無善無惡，善從何往。本有而強之無，是截鶴也，豈性可得而損歟。本無而強之有，是續鳧也，豈性可得而加歟。且《楞嚴經》有之，佛告阿難，應審因地發心與果地覺爲同爲異。若于因地以生滅心爲本，修因而求佛乘不生不滅，無有是處。信斯言也，爲善去惡之因，可以求無善無惡之果歟。

翁究觀近世倡道者之弊，一一拈出，可謂知微知彰矣。雖然，陽明所云爲善去惡之功，自初學至聖人究竟無盡，誠爲精密，而何以致此也。竊于陽明之論善惡有異焉，蓋聖賢之所謂善指天理之公而言也，其所謂惡指人欲之私而言也。乃陽明之論則曰，無善無惡者理之靜，有善有惡者氣之動，循理便是善，動氣便是惡。又曰，無善無惡謂之至善。是知陽明之所謂善指無而言，其所謂惡指有而言，而特以理氣二字牽綴于其間。至其喫緊提宗亦曰，無善無惡心之體，居然與宗門之指不異矣。侈談元虚而學者競崇懸解，即欲不厭有而趨無，不可得也。既已厭有而趨無，即欲不尙灑落尙圓通不可得也。既已尙灑落圓通，即欲不掩戰兢之脈不可得也。既已掩戰兢之脈，即欲不成無忌憚之中庸不可得也。翁之所謂因，似當幷于此求之，不識以爲何如。

陽明謂，佛氏倚于無善無惡，不可以治天下。翁疑其遷就世儒，以爲是一大障矣。然而翁亦有曰，聖人智崇而禮卑，理雖互融而教不可以相濫也。帝王所自立之天下，非綱常不可維，非庸言庸行不可率，而語上則非中人以上不可也，故必主孔子而賓二氏焉。信斯言也，佛氏又不必可以治天下也，何歟。夫道一而已矣，聖人之所謂語上，即庸言而在庸言，即庸行而在庸行，其悟與否則存乎人，非庸言庸行之外另有一種奇特也。今詳翁語意，若謂語上佛氏與吾聖人同，庸言庸行佛氏與吾聖人異，將智崇禮卑可岐而二歟。乃翁《與鄒爾瞻書》又曰，近時學者不卑禮而求崇智，不本分甚矣。然後智不極崇，則禮亦不極卑，蓋眼前種種滲漏，俱生于智之不及耳。信斯言也，佛氏似乎不卑禮而求崇知也，其可謂之語上歟。由前之説，佛氏偏于語上，其于治天下僅及中人以上耳，固已不能如吾聖人之全。由後之説，並其語上者而亦有遺憾也，又且不能以其偏爲聖人用。翁之持論如此，豈亦有所遷就而然歟。然則翁所云一大障，即翁亦未之能破也，又何疑于陽明歟。愚既以陽明先生之無善無惡爲疑，而陽明亦曰佛氏倚于無善無惡，不可以治天下。然則聖人不言無乎。曰無聲無臭，《詩》未嘗不言無也，世亦有疑及無聲無臭者乎。無方無體，《易》未嘗不言無也，世亦有疑及無方無體者乎。無意無必無固無我，《論語》未嘗不言無也，世亦有疑及無意無必無固無我者乎。而獨不能不生異同于無善無惡，何也。其故必有在矣。而或者乃爲之解曰，所謂無善無惡即無聲無臭也，即無方無體也，即無意無必無固無我也，是則始而等善爲惡，卒又等善爲聲臭，爲方體，爲意必固我也。夫善亦何負于人也，而不譬之甚如此乎。

釋氏理障、事障之說，總只是無善無惡註腳耳。竊謂理障礙道，視事障更甚。不知喚何者爲理，《易》言窮理盡性以至于命，又不知何以解也。將所謂理者于性命之外另爲一物，而所謂道者又于理之外另爲一物乎。乃翁又曰，不生不滅之理，只在日用飲食間，遺人倫以求道，非上乘之道也。信斯言也，理即事，事即理，雖欲遺之而不可得也，何自而爲障乎。又曰，上士聞道，日用莫非天機。其次多習氣之累焉，不入事障則入理障矣。信斯言也，本之習氣之爲障也，非特與理無干，抑且與事無干也，何必並袪二者而後可以聞道乎。

昔蘇子瞻譏程伊川先生曰，何時打破這敬字。如近世講學家，幾乎打破這敬字矣。翁作六龍解，特拈出一惕字，謂六龍皆從惕中來，最爲有功。李見老揭修身爲本，而曰原是調元之聖劑，今爲補虛之上藥。愚于翁亦云。竊又以爲，即是可以稽儒釋之辨焉。仲尼不云乎，君子之中庸也，君子而時中，小人之中庸也，小人而無忌憚也。佛氏西方之聖也，豈得遂以無忌憚目之。乃其一手指天，一手指地，而曰天上天下，惟吾獨尊，似與所謂惕者有間矣。翁之言曰，學孔而未至，名教猶得而繩之。學佛而灘其眞，則狂慧生而怪行出，其流至于小天地，卑聖賢，蔑君父之倫，而自託于無上之道，雖聖人亦末如之何也已矣。此猶自其流言之也。揆厥所由，合下已埋卻種子矣，故程朱之闢佛也。翁又評之曰，道經云聖人生而大盜起，佛雖至聖，不能禁後儒之不盜佛。盜佛而灘其眞，至于埽六經而侮聖學，則按其本而攻之，雖操戈入室，必且以禦盜之功受上賞焉。所謂本，即愚所謂種子也。靈嶽拈花，少林面壁，暨乎法席雲布，所在風生，訶佛罵祖之徒，喝棒雙呈，機鋒狎出，指天指地氣象，分明宛然在目，其亦可以觀矣。是故從儒門入者，愈有得則心愈小，其失也爲必信必果之小人，聖人且以列于士。從宗門入者，愈有得則心愈大，其失也爲反中庸之小人，行不免誤天下蒼生矣。何者。其種子殊也。象山先生曰，纔一警策便與天地相似。愚始殊有味乎其言，及觀翁《與耿恭簡書》以爲孔子平日未嘗有此快口，不覺悚然自失。蓋翁之深于惕如此，然則惕之一言，所以標聖學之宗在是，所以救釋學之濫在是，信祖述憲章第一義也。愚恐世之盜儒，惡其害己而傷之，至多口實于惟吾獨尊之案，故爲究其弊云。

造化大矣，因果之說豈可謂無之，要亦其中一法耳。若便執殺，恐又不免看得造化太拘也。且信如釋門所言，在昔聖賢只是這幾箇，去去來來天地間，但姓號名氏不同耳，而又欲去則去，欲來則來，一切自爲主張，不由造化。然則羲黃堯舜何不時現而爲天子，稷契伊周何不時現而爲宰官，常使斯世斯民享太平之福乎。此猶自儒家之聖人言之也。至如釋迦，何不時現爲人天導師乎。翁之言曰，佛氏以三祇盡覺道，孔子以一生顯覺道。又曰，見性可能也，知命不可能也。由見性而精義入神，此猶一生之好學可幾。由知命而窮神知化，則非三祇之修證莫竟。是知聖賢出世一番則增進一番，必應重來者勝。縱順流逆流間出不齊，總其大都亦應有以相當耳。何爲孔子之後再不聞有孔子，釋迦之後再不聞有釋迦乎。何爲聖一降而儒，儒遂不復轉而聖。佛一降而禪，禪遂不復轉而佛乎。雖然，吾且不必論至此也。翁爲釋迦本願爲衆生一大事因緣而出矣，謂孔子本願爲天下無王因緣而出矣。然則爲釋迦計，宜莫若現生于居士之家也。爲孔子計，宜莫若現生于王侯之宫也。何爲託非其處，各與願左。一則欲謝輪王位而不得，至于拂君父之命，中夜潛逃。一則欲求爲世用而不得，至于棲棲道路，徒抱無王之戚以老乎。翁惜儒者不信因果，特諷之曰，必破此藩籬而後可窮道妙。愚則曰，必能窮孔釋去來之際，而後可參因果之說，爲儒者破此藩籬也。

老聃以禮爲僞，孔子卻因而問禮。此其意甚微，非凡情所能漫測。聃晚而乘青牛出函谷，闡著《道德經》，卓然另開一宗，豈非異人。第其說半從憤世中來，不平之氣至今猶隱隱可想。猶龍之贊與《列子》載孔子推西聖語略同，其有無眞假亦非凡情所能懸斷也。若原壤者固已叩其脛而賊之矣，試看孔子生平，待人有如此峻絶否。嘗以鄉願爲賊，亦未指名其爲誰，獨于原壤顯然加斥，聲色俱厲，方諸鳴鼓取瑟，尤有甚焉，殆不可不察也。翁謂周元公不闢佛，亦不援佛，蓋實旁通二氏而銷歸于聖學。似矣，只銷歸二字，尚應理會。竊意銷外辭也，歸内辭也，此正元公以身爲標，有合于孟子反經之旨者也。若曰明知二氏之爲是，又恐世之疑其非也，特銷而去之，是謂閃迹抛蹤。明知三教之爲同，又恐世之疑其異也，特逃彼而歸此，是謂捱牆附壁。去陽推陰，入者一間耳，恐非所以語元公者。曰元公嘗師穆修，友壽涯輩，則孔子且問官于郯子矣，問樂于萇弘矣，要其安身立命畢竟何在，殆不可不察也。

愚有感于翁之評元公也，就高雲從而啇曰，元公何以不闢佛。雲從曰，《太極圖說》及《通書》字字與佛相反，便是闢佛。曰，誠若是，程朱之闢佛也，何居。曰，此則又自有說。聖賢因時有作，操縱闔闢，一切循其自然。夫子歿而七十子各以其所得者爲學，及其弊也異端競起，而孟子不得不好辨。千四百年間，儒者不過爲謹身修行訓詁誦習之學，與二氏殆判不相入。及周元公開揭蘊奥而天下始知求之性命之微，巧者因之假合于其間，程朱之不得不闢者，勢也。元公之時明吾之道而已，譬如人之無病，則起居飲食即是衛生卻疾。程朱之時，似是之說雜然並興，必須去其混之者，如六邪外侵，攻去其疾而元氣始復，此皆天理自然之妙，而有意爲闢與有意爲不闢者，皆私也。愚聞其言而韙之。一日讀《易》，至乾之上九，便恍然若有會也，曰湯之革桀也，武之革紂也，伊尹之放太甲也，周公之辟管蔡也，孔子之作《春秋》也，孟子之距楊墨也，程朱之闢二氏也，是皆所謂亢龍乎。亢非聖賢意也，時也。是故，曰有慚德，曰未盡善，曰有過，曰罪我，曰不得已，難乎免于悔矣，而要之無損于龍德。然則尙論元公，當求其所以異于程朱者安在，尙論程朱，當求其所以異于元公者安在，恐未可以闢佛與否爲斷案也。

孔子之道，大中至正，萬世無弊，自此以下，類不能無偏。是故程朱之後之不能不流而支離也，勢也，陽明之所以揭良知也。陽明之後之不能不流而蕩也，亦勢也，翁之所以表程朱子也。是皆互爲補助，以維世道，以覺人心，以贊天地之化育者也。翁猶謂，以陽明救程朱，以程子救陽明。則出入之間，恐不免遞就其偏，非所以秉中正而立人極。且朱子之不能無闢佛也，爲濫佛者防也。陽明之不能無濫佛也，爲支離者激也。孰爲典要，非所以大一統而究聖眞，故特揭祖述仲尼，憲章聖祖二語爲宗，而曰規欲圓即以仲尼之圓圓宋儒之圓，矩欲方即以仲尼之方方近儒之方。又謂，治天下者必主孔氏而賓二氏。至語及岐學之弊，尤惓惓再三致意焉。翁之所以劑量于其間者，其用心最苦，而所以防微矯枉爲萬世慮者，亦最深遠矣，更何能贊一辭。徐而閱翁諸所論著，卻又往往輊孔軒釋，其故何也。翁始致楊宗伯書，嘗不滿羅旴江有庸孔奇釋之意，寧忘之邪。且夫人情希高慕大，未有不欲占第一等事者也。今曰天下之至聖天下之至誠惟佛氏，而孔子不與。聖而不可知之神惟佛氏，而孔子不與。性還無始命還無始惟佛氏，而孔子不與。造天地役百神惟佛氏，而孔子不與。天下宜何從焉。賢孔子于堯舜則反覆明其不可，賢佛氏于孔子則見以爲固然。信斯言也，正應越孔而宗釋耳，揆諸祖述仲尼之指，得無不相似歟。愚又嘗讀御製文集，知佛氏之道，聖祖最得其深，乃其治天下惟是尊事孔子。士子所習惟五經四書，及程朱諸大儒集註。當國學成，謂劉仲質曰，頃議禮者多言孔子人臣也，禮宜一奠而再拜。朕以孔子明道德以教萬世，豈可以職位論哉。昔周太祖謁孔子祠將拜，左右曰孔子陪臣，不宜拜。周太祖曰，百世帝王之師，敢不拜乎。遂再拜。朕深嘉其明斷。今朕君天下，敬禮百神，先師之禮宜特加隆。因議前後皆再拜，其重道崇儒如此。至于佛氏，則存而不廢耳，未嘗使之得與吾夫子班也。諸習其教者，要以上爲朝廷祝釐，下爲兆姓禳禱，比于古之巫祝耳，未嘗使之得與吾夫子之徒齒也。其書具在，經筵不以進講，學校不以課讀，未嘗使之得與吾五經四書並行也。卓哉，聖祖淵謨睿識，度越尋常萬萬矣。今曰，天下有佛，則人天之所尊惟佛，雖天子不得以師道貳法王。天下無佛，則人世之尊惟君，雖聖人不得以師道貳天子。又曰，世知五帝三王繼天立極，乘飛龍以王九垓，豈知諸佛說法度生，乘飛龍以王三界。又曰，佛氏人天師也，佛一出世而天王人王俱遜而就弟子之列，安得不謂之飛龍。吾夫子以臣子之節，明帝王之道，但可謂之見龍而已。是則聖祖以孔爲師者也，翁以釋爲師者也，揆諸憲章聖祖之指，得無不相似歟。雖然，此非自翁始也。聞諸闞德閏曰，孔老二教法天制用，不敢違天。佛氏設教，天法奉行，不敢違佛。李士謙曰，佛日也，道月也，儒五星也。張天覺曰，佛療骨髓，道療血脈，儒療皮膚。其奬佛也如是，凡皆以佛爲宗，不足異也。而元人至號其西域僧，皇天之下一人之上，則彼法固然。又當嘉靖間，有胡清虛者，故師事山陰王龍谿，自言遇異人，授三教混元之說，而意終毀短儒，以爲儒推道極于天，天帝即帝釋，于佛爲弟子。儒推人止于聖神，神不可知，于佛爲入門。要以張皇震耀，譁衆驚愚，快其私而止，亦不足問也。乃翁標宗在此，讚歎在彼，愚誠不能無擬議于其間。況翁生平之所期待何如也，海內同志之所期待于翁又何如也。有如不欲小吾道，而適不免濫吾道，不屑落程朱窠臼中，而反不免落天覺諸人窠臼中，兩者較之果孰爲愈。語云，天下之寶，當爲天下惜之。此又愚之所以反覆躊躇，而不能已于喋喋者也。

願翁于祖述憲章二語細加點檢，仍以牘中所謂寧庸毋奇，寧拙毋巧，寧介毋通，寧闇毋的四語，時時自參自證。夫如是，然後可以孔矩別二氏，可以孔矩攝二氏，可以孔矩裁二氏，可以孔矩防二氏，可以孔矩用二氏，可以孔矩挽二氏，可以無逸而至于蕩，可以無局而至于支離，可以紹隆我仲尼，可以對揚我聖祖，可以不負大丈夫出世一番矣。翁其許之乎。

三教異同，原是兩重見成公案，非一時一人所能創設。要其同也，必有以見其同，其異也，必有以見其異，亦非人各以私意強爲主張也，學者在審所尚而已。誠欲祖述釋氏，即《空空子》一編，往往有豪傑在焉，不謂吾儒之外遂無人品。誠欲祖述仲尼，自應以仲尼爲主，合則取之，離則合之，甚則擯而絕之，不得更有依違，作三教中鄉願也。之兩者，翁何居乎。雖然，翁之于此非苟而已也，亦既三折其肱矣。故曰，昔在明道書院中有悟入處，自省性地欠徹，旁參二氏家言，而尤篤于禪。此初年未定之見也。又曰，至戊子、己丑間，夢兆潛通，若從三家滚身而出者，然後知吾儒斷斷當學孔子，而不可他有所慕。此近年既定之見也。蓋明道、橫渠兩先生，始皆出入于佛氏幾十年，已而有悟，遂反而歸諸吾道。翁之虛心磨勘，了無執著，殆不愧兩先生矣。然而兩先生于歸儒之後，語及佛氏輒喟然咨嗟，惟恐人之或墮其中。我翁于歸儒之後，語及佛氏，依然繾綣不已，以爲是駕燧巢而軼堯舜，莫有能尚之者也，其故何邪。善乎，我翁之言之也，曰末法中士多偷心，或口佞儒而陰慕佛乘，或口佞佛而緣飾儒行，是皆穿窬之類，妾婦之習，非大丈夫之所爲也。今若此，其故何邪。且翁又云，自古聖賢，未有不通命世之局而可與于斯道者。今試相與憑軾而觀，域中之士趨儒者衆乎，趨禪者衆乎。將陽儒而陰禪者衆乎，即陽(儒)〔禪〕而陰(禪)〔儒〕者衆也。將示之異以嚴似是之防乎，將示之同以開方便之門乎，亦可知已。是故德靖以前爲周元公可也，于時孔自孔，釋自釋，老自老，吾不見其礙也。嘉隆以後爲程朱可也，于時談元課虛，龍蛇混淆，狂風恣起，吾不與其濫也。是所謂命世之局也。如但曰三教一而已矣，祖述仲尼合三教爲一而已矣，則自晉而隋而唐而宋，已往往有能合之于上，而何以見我聖祖之爲烈。若大年，若子韶輩，又往往有能合之于下，而濂洛關閩諸君子反不免爲門外漢也。然乎否邪。凡此皆愚之所深思而未得，亦愚之所欲效其芹曝于翁，而不敢不一吐者也。惟翁無厭無忽，再加裁省，灼然求其可以建天地，質鬼神，俟百世，勿執勿隨，一稟至當，曉然令學者知所依歸，不復牽于二三之說。幸甚，幸甚。

又《再與管東溟書》（同上，卷六）　向者漫有所質，辱翁不鄙，悉意剖示，憲受而卒業焉。時而爲一爽然若失也，時而爲一欣然若得也，所以開發頑吝多矣。劄末且諭之曰，如有未愜，不妨再商。而尊牘亦以問辨名，然則問之弗得弗措，辨之勿明勿措，固我翁之教也，因復次第其臆，以俟就正。一日忽自念曰，如此不已，將無落意見議論中乎。以告家弟季時。季時默然者久之乃曰，此事若從軀殼起念，委爲不可。若爲自家性命心切，于無疑生有疑，于有疑求無疑，何往而非實學，恐不得以意見議論爲嫌也。于是忘其瀆而申言之。仲尼不云乎，誨人不倦。憲也敬九頓以請。

東溟牘曰，君子見性之後而言性，直下拈出本體，本不必盡合于前人之言，而意自不相悖。如孔子言相近，已精矣，孟子復從相近之中拈出善字來，不爲悖孔子也，謂之發孔子之未發可也。孟子道性善益精矣，陽明復從善處拈出無善無惡之體來，不爲悖孟子也，謂之發孟子之未發可也。要之，論性體者亦必合此三言而後盡。言相近者，兼氣質而言也。言善與無善無惡，皆不逐于氣質而言也。其說莫精于程伯子，曰人生而靜以上不容說，纔說性時便已不是性也。孟子所謂性善，乃是繼之者善也。又曰，善固性也，惡亦不可不謂之性。論性不論氣不備，論氣不論性不明，二之則不是。其意蓋曰，言性必兼氣質，言氣質必兼善惡，善與惡皆感物而動，性之欲也，非性也。人生而靜乃天之性，爲其雖含善惡之朕，而氣質尚未用事也。此是天性之眞面目，孔子所謂性相近者以此。若說到人生而靜以上，便是繼之者善，而非成之者性矣。蓋孔子性相近之說，但就人生而靜時說，未嘗說到人生而靜以上。孟子則說到人生而靜以上，故曰性善。然其所謂善者，但以已發驗未發，不以未發言未發。陽明則復就人生而靜以上說出未發之中，本色也。故曰合此三言，而性之說始盡。

陰與陽對，善與惡對，而太極無對，性無對也。孟子言性善，亦以仁對不仁，義對不義而說，此言情之性，不言性之性，亦對言之，善非無對之善也，蓋曰性乃純陽之物云爾。然天下未有有陽而無陰者也，則安得執有對之善，而言無對之性哉。究竟至于無極太極，則陰陽無朕而仁義禮智四字亦著不得矣。奚其對，無對。乾元也，所以爲至善也。

元者善之長也，可謂性非善乎。然曰萬物資始，則不但善始，而惡亦始矣。曰萬物資生，則不但善生，而惡亦生矣。善惡從陰陽而分也，陰陽亦太極也，故曰一陰一陽之謂道。陽善而陰惡，陰陽之中又分剛善剛惡，柔善柔惡，一成而不可易。故曰，成之者性也。然其所以生陰生陽，生善生惡，永無間斷者，誰爲之。太極爲之也。太極即乾元、坤元之總名也，故曰繼之者善也。○善者善之長，何以生出惡來。太極一本而萬殊也，以其萬殊，故對惡而稱善，萬殊原于一本，則何對之有。故性善之善不與惡對也。○如以孟子性善之說而參孔子性相近之說，則亦不可謂性果無善惡，若無惡則亦無善，不得謂之相近矣，程子所以云善固性，惡亦不可不謂之性也。又以善惡皆性之說而參周子無極之說，則又不可謂性果有善惡，若有善即有惡，不得謂之無極矣，程子所以云人生而靜以上不容說也。

《易》言陰陽甚活，蓋即健順而爲健順，即淑慝而爲淑慝，取義則在在皆通，執詞則在在皆礙。天下豈有陰陽外之物哉。《太極圖說》曰，五性感動而善惡分。善惡不屬陰陽而誰屬也。兄欲破無善無惡之說，而曰《太極圖說》具在，試于所言陰陽處各代以善惡二字，可解乎不可解乎。則《易傳》嘗言陽卦多陰，陰卦多陽之義，而曰陽一君而二民，君子之道也。陰二君而一民，小人之道也。試于易卦所言陰陽各代以君民二字，其亦可解否。

兄謂無善無惡四字畢竟欠穩，然使不究極于繼善之原，則性善二字亦是欠穩。吾今代爲孟子發疑問而代爲解之，謂人之情必可以爲善不可以爲惡而後性之善乎，則桀紂幽厲之情，未見其可以爲善也。謂桀紂幽厲之惡出于習染而非赤子之初性乎，則楊食我之惡性即從母胎中帶來，不由習染也。謂楊食我之性爲怪性，而孩提之愛親敬長乃常性乎。則嬰孩何以獨戀母而不戀父，戀乳母而不戀生母也，又何以見食則與兄弟爭也，此亦未有以見其果善也。謂孩提之愛欲亦出于感物而動，而非未發之本性乎。則已發即未發之苗也，未有以天機之根而發嗜欲之苗者也。且未發之時，尙無喜怒哀樂之朕，何以知其有善而無惡也。抑謂極不善之人，亦知天地君親之爲大，仁義禮智之爲美，即此便是未泯之良心乎。斯又出于習聞習見之所薰，而非囡地一聲之時即然也。儒先爲之解曰，天命之性無不善，氣質之性有不善。既分二性，則言性者何得舉天命而遺氣質也。又爲之解曰，氣質之性君子有弗性者焉，然君子弗性而小人性之，則言善亦君子之偏辭也。然則孟子之說將無以勝荀楊之說矣，蓋必窮至于資始統天之乾元，與夫一陰一陽之謂道，繼之者善也，而後性善之旨始有著落耳。

陽明曰，無善無惡者心之體。其言大類告子，而意則迥然不同。陽明對意之有善有惡，而言心體無善無惡，此指未發之中言也，其究使人去情見以還性眞。告子對孟子之言性善與或人之有善有不善，而言無善無不善，此指血氣中之識神言也，其究率人殉食色而禍仁義。學貴知言，胡可以辭害意。

均曰生之謂性，而孟子以仁義爲性生，告子以食色爲性生。均曰無善無惡，而陽明通孟子之性善，告子通荀子之性惡。

兄以無與有對，而駁善與惡對，言非不巧，而非所以論性也。蓋有無落二見，則無誠與有對。即不落二見而或狀道之不屬一邊，如云無名天地之始，有名萬物之母，則無亦與有對。至于言到太極無極，言到上天之載無聲無臭，此無豈與有對乎。充斯辨也，則愼獨之獨亦當與不獨對，得一善之一亦當與不一對。凡古人根極理要之言，種種俱戲論矣。

愚前有感于倡道立極之難，故究陽明學門之流弊，而曰知彰而不知微，此亦苛論也。不如鄒爾瞻之言曰，流弊何代無之，終不可以流弊疑其學。兄謂陽明之所謂善惡與吾聖賢之所謂善惡不同，則苛更甚矣。善指天理，惡指人欲，止善惡之大較也。于中拈出性體，剖厥幾微，則各隨所見而說，亦有不必盡符者。孟子曰性善，而程伯子曰惡亦不可不謂之性。《學記》曰人化物而滅天理，而伯子曰善惡皆天理，亦異乎古人之所謂善惡矣，而其意圓語亦圓也。陽明亦有圓語，于善惡有無之際，既曰無善無惡者心之體，又曰無善無惡者理之靜。既曰有善有惡者意之動，又曰有善有惡者氣之動。向非見性親切，豈能七通八透如此。理之靜處即是心，指未發之時言也，故曰無善無惡，非專以善而屬之無也。氣之動處即是意，指已發之時言也，故曰有善有惡，非專以惡而屬之有也。但既以無善無惡言理之靜，而復接言循理便是善，似循乎無善無惡之理，而總之爲天理也。既以有善有惡言氣之動，而復接言動氣便是惡，似動于有善有惡之氣，而總之爲人欲也，此所謂意圓而語滯也。然就其語之滯處，究其意之圓處，則所析善惡之幾爲最精。無善無惡謂之至善，此言可與善惡皆天理之說相參，皆可以意會而不可以言求者也。世儒之知言者寡，往往認陽明爲逞雄心立新說之豪，而不察其悟道之實，似等陽明于姦雄然者，高明如兄而亦有此疑邪。末謂學者既厭有趨無，則不得不尙灑落尙圓通，而掩戰兢之脈。既掩戰兢之脈，則不得不成無忌憚之中庸。此則確論也。

儒家之闢佛久矣，愚獨主孔賓釋，亹亹及之，何也。道必有箇至處，吾人從無量劫來，死死生生，亦必有箇證果處。六經中豈無及于此者，而與中人語，故後世罕聞其說。唯釋迦興于西竺，現出乾元統天境界，然亦語意多含，人所難察，如《易傳》中贊乾元統天，逼眞露出毘盧遮那以上境界，此實聖學之起因證果處，而誰知之。孔子雖微露于傳中，而又不概現其少分耳，其理則滿盤託出，儒者又以其棄家修道，不合中國聖人之矩而外之。言乾元者不曰四時之春，則曰四德之仁，而其所謂仁體，不過見得方寸中有箇昭昭靈靈之物，渾然與物同體，便以爲乾元在是矣。豈知此昭昭靈靈之物，即死死生生之本，非不生不滅之乾元也，乾元固亦不離昭昭靈靈之中，而執此昭昭靈靈求入乾元不生不滅之果，又不可得。然則聖學究竟于何地乎，人道結果于何生乎，此眞一件最大未完公案也。周元公作《太極圖說》蓋已拈出此機，而以五宗昌熾之餘，不得不顯孔而微釋。二程欲張孔學，乃並釋氏所通于大易之理而盡埽之，雖有興起斯文之功，而乾元則落于八識田中矣。昔人有言秦人焚經而經存，漢人窮經而經絕。愚亦妄謂，元公以前聖學掩于禪宗，而孔子之乾元存。元公以後聖學歸于儒門，而孔子之乾元隱也。此非元公之過，程朱之過也。亦非程朱之過，不善學程朱之過也。故愚欲發元公之隱，補程朱之遺，而爲孔門了此一大公案焉。

謂橫渠晚逃佛老則可，謂明道亦從禪歸儒則不可。明道以髫年師元公，即得孔顏樂處，而以興起斯文爲任。其顯孔微釋，元公實導之也。所以涉獵佛書，固欲會其意而涵之，亦欲乘其隙而攻之，故謂佛與儒句句是字字合，然而不同。又覩禪僧之威儀，而曰三代禮樂盡在是矣。其理會蓋深于橫渠，而倡爲淫聲美色而遠之之說，大概以孔子下學上達之規律牟尼也。然察其平日精到之語，半從禪書翻出，而操戈尤甚于橫渠，恐亦質諸鬼神而有疑也。雖然，禪門之狂風盛矣，微元公爲之先，二子爲之後，則宋室純是禪師世界耳。而元公之意尤密，吾嘗參外傳，而元公與壽涯禪師最相友善，壽涯深悼儒門之無人，勸元公以性宗開儒教中人而闢佛說，眞禪門之傑哉。

性，太極也。是太極也，在天爲天，在地爲地，在人爲人，非有二也。是故人生而靜以上如是，感物而動以後如是，縱其陷溺牿亡亦如是，氣稟不得爲之拘也，情欲不得爲之蔽也。《書》言帝衷，《詩》言物則，孔子又闡出乾元、坤元之奧，孟子又拈出仁義禮智之端。上下千載，先聖後聖，更相發明，總之只是道性善而已。乃說者多異辭，何也。或想到人生而靜以上，見其冥冥漠漠，窈然莫窺，似乎無善無惡，便認無善無惡爲性之本來面目也。或看到感物而動以後，見其紛紛紜紜，雜然莫定，似乎有善有惡，便認有善有惡爲性之本來面目也。善與惡之相去遠矣，無則俱無，有則俱有，吾不知性果何物而然也。然則孔子何以曰性相近也。曰，此孔子之道性善也，非以性爲無善無惡，亦非以性爲有善有惡也。無善無惡，指何者爲近。有善有惡，應曰性相遠也，指何者爲習。然則何以不曰同，而曰近也。此朱子所謂兼氣質而言也，兼字下得恰好。專以理言，自聖人至于途人等也，奚啻曰近。專以氣質言，其間或相倍蓰而無算矣，奚得曰近。惟以理爲主，帶氣質說來，所以不曰同不曰相遠，而劑之曰近也。近者，不遠之辭。故曰，此孔子之道性善也。然則程伯子何以云，善固性也惡亦不可不謂之性也。曰，此專以氣質言也。專以氣質言，非性之本色矣，故委婉其辭，曰亦不可不謂之性。隨繼之曰，人生而靜以上不容說，纔說性時便已不是性也，即以埽亦不可不謂性之說也。朱子曰，不容說者，未有性之可言。不是性者，已不能無氣質之雜矣。由此觀之，所謂不是性者，正以其有善有惡。而所謂不容說者，非以其無善無惡也。故又曰，不是性中原有此兩物相對而生。既非兩物相對而生，分明只是箇善也。然則伯子之指可識也。又曰，荀子極偏駁，只一句性惡，大本已失。楊子雖少過，然已自不識性，更說甚道。然則伯子之指益可識也。今翁之言性也，本孔孟乎，本程伯子乎。本孔孟則孔孟之言性善方，翁之言性善圓也。本程伯子，則程伯子之言善惡圓，翁之言善惡方也。再乞裁教。

翁之論性原，援《太極圖說》爲證，故亦據《太極圖說》以請。若就陰陽言，其義甚活，孰謂不得以善惡配也。雖然，謂太極生陽生陰，有陽無陰不足以爲太極，信矣。謂太極生善生惡，有善無惡不足以爲太極也，可乎。如曰有善無惡不足以爲太極，則舍惡趨善亦不足以合極乎。況翁言，陰盡陽純，乃還太初。則極固可謂有陽無陰矣，獨不可謂有善無惡乎。

孟子之言性善，猶曰性乃純陽之物，然則荀子之言性惡，猶曰性乃純陰之物耳，其偏等也。竊惟人稟陰陽以生，闕一不得。至以善惡論，又當活看。若謂天下未有有陽而無陰者，遂謂天下未有有善而無惡者，將無太執。且曰無惡則亦無善，有善則亦有惡，夫是善惡兩者，亦若一陰一陽之互根循環而不已也，然乎否。

翁謂孩提之童戀母而不戀父，戀乳母而不戀生母，未足以徵性善乎。以愚觀之，豈惟是哉。假令是孩提之童也，生而襁褓于人，比其長也可使制梃而撻其父母矣。雖然，誠有人焉于其前呼而詔之曰，是汝之父也，是汝之母也，有不駭然自喪，蹶然自傷，若無所容其身者乎。然則翁將以制梃而撻其父母者爲性乎，將以若無所容其身者爲性乎。如以制梃而撻其父母者爲性也，性善兩字誠欠穩矣。如以若無所容其身者爲性也，種種之疑不亦可以渙然冰釋乎。

翁云，吾代爲孟子發問，而代爲解正，反覆以明性善，非駁性善也。誠然，誠然。惟是中所拈性習二語，尚須擬議。蓋孔子曰性相近也習相遠也，今謂極不善之人亦知仁義禮智之爲美，乃得之習見習聞，而非囚地一聲之時即然也，則是習相近也，性相遠也。且習見習聞之仁義禮智，又從何來，幸再詳之。

翁之意蓋謂，均曰無善無惡，而在陽明言之即得，在告子言之即不得。何也。爲其一以仁義爲性，一以食色爲性也。愚竊謂，均曰無善無惡，而在告子言之即得，陽明言之即不得，何也。亦爲其一以食色爲性，一以仁義爲性也。夫仁義性之德也，是純粹至善者也。食色性之欲也，之于善則善，而不可執以爲善，之于惡則惡，而不可執以爲惡，是無善無惡者也。孟子名仁義之性曰善，告子名食色之性曰無善無惡，各道其實而已。今以仁義爲性，亦云無善無惡，循名揆實，得無爽歟。以仁義爲無善無惡，將以何者爲善歟。告子以仁義爲性之染色，翁亦將以仁義爲性之染色歟。此則就膚見求之，而有未愜也。且孟子道性善，夫人而知其是也。荀子道性惡，夫人而知其非也。乃無善無惡，繫以仁義便通孟子之性善，繫以食色便通荀子之性惡，則其說恰在可是可非之間。是故曰仁義，曰食色，的然各實有所指，而此一語祗爲空頭話。曰性善，曰性惡，判然各自持所見，而此一語卻爲兩頭話矣，其可以語性歟。而翁又曰，性善惡之統宗也。得非以專言善者，必不能通諸惡，專言惡者，必不能通諸善。而惟言無善無惡者乃能善惡兼通，惟善惡兼通，乃能爲善惡之統宗歟。此則就尊見參之，而未有愜也，幸一一裁教。

牘引《中庸》未發之中，證無善無惡，似矣，第不知喜怒哀樂與善惡同否。如以爲同，試曰善惡之未發謂之中，善惡之發而中節謂之和，其亦可通否。愚敢竊取我翁之意而爲之說曰，子思子之所謂未發，指喜怒哀樂而言也。其究使人去情見以還性眞。陽明先生之所謂無，概善惡而言也。其究使人耽虛元而隳實體。蓋兩言微若相類，而意實迥然各別。知言如翁，亦願于幾微之間一審之也。

翁謂性善之善不與惡對，即無善無惡之善與惡對矣。一指其統體而言，所謂大德敦化也。一指其散殊而言，所謂小德川流也。仁義禮智既列四名，便屬散殊，故翁亦指爲有對之善。要之此只就散殊之中，互相爲對。如成己成物之說則仁與智對，如人心人路之說則仁與義對，如制事制心之說則義與禮對。譬諸方與圓對，縱與横對，春夏與秋冬對，不應曰仁與不仁對，義與不義對，禮與不禮對，智與不智對也。且統體之善即散殊之善也，何曾餘卻一毫。散殊之善即統體之善也，何曾欠卻一毫。今以其爲散殊也，不得等于體統，因別而名之，孰爲無對孰爲有對，頗已過于分析矣。然而固有說也，無庸吹疵。若以其爲散殊也，遂抑而夷諸惡，謂與惡對，則凡是非可否邪正淑慝，皆等而爲一，無復區別于其間矣，流弊可勝言乎。

無名天地之始，有名萬物之母，是一有無也。有物混成，先天地生，上天之載，無聲無臭，亦一有無也。孰爲對，孰爲不對，愚竊惟對之爲義不同，有平對有反對。平者均敵之辭，反者懸絶之辭。是故論反對凡善皆與惡對，論平對凡善皆不與惡對。今既主平對而言矣，猶曰善與惡對，則是仁之視不仁，義之視不義亦等也，則是堯舜之仁桀紂之暴，夷齊之讓蹻跖之爭亦等也，則是告子之以湍水東西喻善惡亦無不可也。夫然，雖曰愼獨之獨與不獨對，得一善之一與不一對也，庸足怪乎。

陽明先生中興聖學，其揭致良知簡易直截，于提醒人心最爲有功。至其事業，其節義，其文章，又皆卓朗俊偉，赫然足以名世。此英雄也，何謂姦雄。愚特以提宗一語，不免示姦雄以利器，而世方相與侈而張之。謬不自亮，僭爲推敲，信苛矣，信苛矣。若據陽明所與薛尚謙論花閒草一段公案，委是以善屬無，以惡屬有，非愚敢一字增損也。即如我翁始爲有無之義分疏，而證以未發已發二言，繼爲善惡之義分疏，而證以率性之謂道，纔有所向便是惡一言。其剖析精矣，要亦我翁之意云爾。試合上下文參之，其以善屬無，以惡屬有，固自若也。翁能圓其意，不能不滯其語也，將亦謂之苛乎。而愚則不敢借翁以解也，于是退而再檢原牘，委多疏漏，輒以其未盡者繹而申之，俟兩端之竭焉。蓋翁之言曰，陽明拈出此心無善無惡之體，可謂重新周子之太極，其謂爲善去惡自初學至聖人究竟無盡，尤爲精密。而獨訝爲其學者，往往執上一語，忽下二語。愚竊以爲，惟其執上一語爲心體，雖欲不忽下二語不可得也。何也。學者學以求盡乎其心也。心本有善無惡，故聖賢之教人也，惟曰爲善去惡。爲善因其有而有之也，去惡因其無而無之也。本體如是，功夫如是，其致一而已矣。今以無善無惡語心，以爲善去惡語格物，似已不免判而兩岐。若曰意有善有惡，即爲善去惡但從意上檢點，是又所謂舍源而尋流也。況乎所重在四無，則所輕在四有，究亦不能抗而並行。若曰聊以有始之，徐以無收之，是又所謂煮沙而求飯也，必不幾矣。愚故曰，惟其執上一語，雖欲不忽下二語不可得也。而猶未也，心之體無善無惡，則凡所謂善與惡皆非吾之所固有矣。皆非吾之所固有，則皆情識之用事矣。皆情識之用事，則皆不免爲本體之障矣，將擇何者而爲之。猶未也，心之體無善無惡，則凡所謂善與惡皆非吾之所得有矣。皆非吾之所得有，則皆感遇之應迹矣。皆感遇之應迹，則皆不足爲本體之障矣，將擇何者而去之。猶未也，心之體無善無惡，吾亦無善無惡已耳。若擇何者而爲之，便未免有善在。若擇何者而去之，便未免有惡在。若有善有惡，便非所謂無善無惡矣，將以何者而爲心之體。翁不云乎，心生種種法生，善生惡亦生。心滅種種法滅，惡滅善亦滅也。善惡皆生滅，非不生不滅也，意可知已。愚故曰，唯其執上一語，雖欲不忽下二語不可得也。請得而徵之。往聞陽明弟子稱有超悟者，莫如王龍谿翁，稱有超悟而又有篤行者，莫如王心齋翁。心齋之門人嘗問爲善去惡功夫。心齋謂之曰，見在心地有惡否。曰，何敢有惡。心齋曰，既無惡，更去何惡。良久乃謂之曰，見在心地有善否。曰，不見有善。心齋曰，即此是善，更爲何善。是心齋以無善無惡，埽卻爲善去惡矣。龍谿謂錢緒山曰，先生云無善無惡心之體，有善有惡意之動，知善知惡是良知，爲善去惡是格物，恐未是究竟話頭。心意知物只是一件，心既無善無惡，意知物亦無善無惡。若說意有善有惡，畢竟心亦未是無善無惡。緒山曰，若爾，即工夫亦不消說也。是龍谿以無善無惡，埽卻爲善去惡矣。夫豈惟心齋、龍谿，即陽明亦曰，四無之說爲上根人立教，四有之說爲中根以下人立教。又謂龍谿曰，汝中所見，我久欲發，只恐人信不及，故含蓄到今。此是傳心祕藏，顔子、明道所不敢承當者，今既說破，亦是天機該泄時，豈容復祕。又謂緒山曰，有只是你自有，良知本體原來無有。其于有無之際，低昂如此，是陽明且自以無善無惡，埽卻爲善去惡矣。既已埽之，猶欲留之，縱曰自初學至聖人究竟無盡，彼直見以爲是權教，非實教也，其誰肯聽。既已拈出一箇虛寂，又恐人養成一箇虛寂，縱重重教戒，重重囑付，彼直見以爲是爲衆人設，非爲吾輩說也，又誰肯聽。夫何故。欣上而厭下，樂易而苦難，人情大抵然也。投之以所欣，而復困之以所厭，畀之以所樂，而復攖之以所苦，必不行矣。故曰，惟其執上一語，雖欲不忽下二語而不可得。至于忽下二語，其上一語雖欲不弊而不可得也。愚竊有味乎羅念翁之言之也，曰終日談本體不說功夫，纔拈功夫便以爲外道，使陽明復生亦當攢眉也。愚又有味乎王塘翁之言之也，曰心意知物皆無善無惡，此語殊未穩。學者以虛見爲實悟，必依憑此語，如物鴆毒，未有不殺人者。海內有號爲超悟者，而竟以破戒負不韙之名于天下，正以中此毒而然也，可以觀矣。且夫四無之說主本體言也，陽明方曰是接上根人法，而識者至等之于鴆毒。四有之說主功夫言也，陽明第曰是接中根以下人法，而味者遂等之于外道。抑揚稍失其平，弊竇遂至百出，又可以觀矣。然則陽明非歟。曰，嘗讀翁《與于如菴書》，有曰凡命世聖賢立教，未睹其利先睹其弊，不以一己之超見爲學術，而以天下後世之準繩爲學術，最是確論。竊惟無善無惡陽明之超見也，如遂以之提宗，與天下後世作榜樣，揆諸中庸敎體得無少間。是故尙解悟者就此覓出種種元妙，高標無上之法門，喜脫落者就此覓出種種方便，旁啓無窮之弊孔，誠不勝私憂過計耳。然則陽明不念及此歟。曰，天泉證道，獨于爲善去惡反覆丁寧，殆亦有慨于中而然也。特其見地過圓，矯枉過正，未免將無之一字提掇太重，以致合下便種卻病根，即扁鵲盧醫授以神方，畢竟用力多而收效寡耳。然則陽明再生，目擊茲弊，將有推心扼腕不能一日安者，何但攢眉。又當長慮卻顧，惟恐至于殺天下萬世者，何況肯舉而張諸顔子、明道之上。是故重陽明之功而掩其過，闕而不論可也，所以存厚也。體陽明之心而拯其弊，須於提宗處一照可也，所以救時也。此于翁意不知有當否。此段□以入《東林會約》

正心誠意四字似與無善無惡四字不同，習正心誠意之說而泥，其失也在規矩繩墨之中，猶不害爲君子。影無善無惡之說而流，其失也在規矩繩墨之外，遂不免爲小人。然則兩者之于世道何如也。且正心誠意之說，爲其泥而厭焉者什三，爲其法之最嚴而厭焉者什七。無善無惡之說，爲其流而厭焉者什三，爲其見之最元而喜焉者什七。然則人情之于兩者何如也。是故論道術，正心誠意爲聖學。無善無惡爲空宗。論弊端，來自正心誠意者其患小，來自無善無惡者其患大。論習尙，主于正心誠意者助常少，主于無善無惡者助常多。憂世君子宜于此焉動矣。而或者乃爲之辭曰，識得無善無惡，方能正心誠意。信斯言也，《大學》曷不以無正無邪言心，而必曰正心，不以無誠無僞言意，而必曰誠意乎。

孔子言仁，不無因而託于仁以藏偷者，然而仁無咎也。孟子言義，不無因而託于義以藏偷者，然而義無咎也。陽明先生言致良知，不無因而託于良知以藏偷者，然而良知無咎也。惟是無善無惡一言，原屬險語，咎不專在于託之者矣。翁痛世之糠粃仁義，而謂性善二字亦救不得乎。試思仁義性也，誰得而糠粃之。糠粃仁義從無善無惡之說來，然則揭性善二字縱未必能挽回時弊萬分一，猶可以闕糠粃仁義者之口。若揭無善無惡四字，仁義之爲糠粃審矣。非惟無咎而又佐之，君子于此亦當分任其咎焉。安得上諉諸天而曰有命，下諉諸人而曰道權不在乎。至所謂見性見到微處，修行修到密處，則正本澄源之極論也。

翁謂無善無惡可與善惡皆天理之說相參乎。昔韓持國嘗言道無眞假，伯子謂之曰，既無眞，則是假耳，既無假，則是眞矣，眞假皆無，尙何有哉。今翁言性無善惡，愚亦曰既無善則惡耳，既無惡則是善矣，善惡皆無尙何有哉。以此相參似更分曉，不識翁以爲何如。愚向者頗疑善惡皆天理之說不必果出于伯子，今視其語持國者如此，亦可以三隅反矣。

翁謂原壤夷俟，狎中寓諷。孔子叩脛，狎中寓規。信可謂能求之言語之外矣。只賊之一字，似尙不免費分疏在。試看賊德之賊，與盜賊之賊，此兩人罪案孰輕孰重。蠹物害人，其間相去幾何。此其難爲原壤解者也。夫子于冉求警之以鳴鼓耳，于孺悲警之以取瑟耳，獨于髫齔之交，年高德劭之人警之以杖，而猶未也而賊之，得無刻薄否。且夫子之交原壤久矣，度夷俟是其常態，何爲一旦異而責之。縱異而責之，猶細失耳，何爲歷數其生平之無狀而賊之，又得無刻薄否。此其難爲孔子解者也。然則如之何。曰，原壤老氏之徒也，獨立獨行不帶人間世些子煙火氣，夫子之所奇也。以禮爲僞，至于登木而歌，傷敎敗俗，將何以訓。是又學老氏而失之者也，夫子之所痛也。是故正言以喩之不可，絕之不可，置之不問不可，因借夷俟以致警焉。呼之賊者，甚其辭以示震動激發之意。其曰幼而不遜，長而無述，猶爲有隱乎爾，又寬之使其可受，庶幾退而深思，翻然有悟，非但謂親者無失其爲親，故者無失其爲故也。翁曰，夷俟之意與登木而歌同，近日狂宗正蹈此弊，但原壤眞而狂宗僞耳。愚不知登木而歌如之何而謂之眞，如之何而謂之不僞乎。昔胡文定言，朱子發雖修謹，都是僞爲。范濟美曰，如公輩卻是至誠。文定遜謝不敢當。濟美笑曰，子發是僞爲善，公是至誠爲惡。然則登木而歌，姑以矯俗耳，非眞也猶可，如其眞也，得無有如濟美之所謂至誠者乎。論至于此，乃知壞之爲狂，其關涉世道有大于冉求、孺悲，而夫子之處壤，其始終苦心，有深于鳴鼓取瑟。嘗試想之，箇中無限懇惻，無限委婉，無限眷戀，千載之下，猶脈脈如在也。翁微原壤之顯而闡其幽，愚且微夫子之顯而闡其幽，竊謂此亦當求之言語之外耳。若曰舍其大而警其小，是之謂不知務。若曰因其狎而狎之，是原壤能于孔子之前提出本色，以埽孔子之禮，孔子卻不能于原壤之前提出本色，以埽原壤之狂，且又從而和之，惡在其爲孔子也。無極而太極一語，談三敎者舉不得而外之，以是爲源頭所在也。翁謂周元公出沒三敎，融會而成《太極圖說》，顧謂其隱釋顯孔，其說近于相反矣。至雲從謂

《太極圖說》與佛相反，翁又不肯也。愚未及究雲從所指爲相反者何如，第按尊牘研之，則疑端亦往往見焉，試陳其略。蓋周子自無極而太極，説到陰陽五行，所謂體用一原也。自陰陽五行，説到太極本無極，所謂顯微無間也。若曰不置身陰陽五行之外，曷由返群生于無極，不寓身陰陽五行之中，曷由錫太極于群生。是陰陽五行與無極歧，無極又與太極歧矣。疑一。翁嘗謂，言太極必于陰陽未分之始，言眞性必于善惡未分之始。按，周子曰，太極動而生陽，靜而生陰。一動一靜，互爲其根。分陰分陽，兩儀立焉。所謂分陰分陽，就兩儀言也。是故就兩儀未立，而曰陰陽未分可耳。就陰陽未分，而曰無陰無陽可乎。誠使就陰陽未分而曰無陰無陽，彼其動而靜，靜而動者，果何物乎，而以證性之無善無惡也。疑二。再考翁答雲從簡謂，陰陽五行必有銷歸混沌之時。按，周元公曰，五行一陰陽，陰陽一太極，太極本無極。本則原來如是也，一則混然無二也。今以銷歸爲言，愚不知其銷也于何而銷，其歸也于何而歸乎。疑三。太極理也，陰陽氣也，理氣有何先後。謂之生者，理爲氣主耳。是故太極無乎不在，陰陽亦無乎不在。析言之，天地之開闢陽也，其混沌陰也。合言之，開闢陰陽之出機也，混沌陰陽之入機也。今也一則曰銷歸混沌，一則曰天地萬物其始未有不原于太極者，其終未有不反于無極者，幾于以混沌當無極矣。業以混沌當無極，將不免以開闢當太極矣。豈混沌只光光一箇理，到開闢乃始紛紛氣用事邪。疑四。且父子也，君臣也，夫婦也，凡皆陰陽五行中物也，有來有去者也。至于父子之則，君臣之則，夫婦之則，凡皆無極太極中物也，無來無去者也。翁謂，爲君止仁，爲臣止敬，爲父止慈，爲子止孝。佛氏俱從多生歷過，而現生特顯涅槃相。愚謂，爲君止仁，則爲君清淨，爲臣止敬，則爲臣清淨，爲父止慈，則爲父清淨，爲子止孝，則爲子清淨，便是顯涅槃相，其逃君臣父子而去之，乃顯混沌相耳。若轉來境爲去境，而曰無去無來之本體固然也，得無偏乎。疑五。不寧惟是，就天地而觀，時而自無入有，時而自有入無，混沌開闢，無非是權。就天地之所以而觀，無即太極之藏諸用，有即太極之顯諸仁。混沌開闢無非是實，莫得而欣也，莫得而厭也。譬若人之有死生然，順之而已矣。順之云者，在一日則求一日正當，在百年則求百年正當，如是而已矣。是故以此而生謂之順而生，以此而死謂之順而死，以此而生而死謂之不生不死。假令銷歸混沌乃爲究竟，竊恐混沌之後仍是開闢，由後以遡今，混沌之先原是開闢者，循環曾無窮已。而特于中妄生揀擇，揆以自然之理，何其甚不易簡也。疑六。翁引《楞嚴》印《太極圖說》，似乎句句同，字字合，乃其可疑者又如此，必有以也。

性一乎二乎。如其二也，不名爲性。如其一也，壽涯既勸元公以性宗開儒教中人矣，所闕者又何物乎。而翁亦曰，元公挽釋歸儒，含無極而顯太極也。然則無極太極一乎二乎，願聞其說。

道之至處太極也，起因結果皆于是乎在。翁以乾元爲主，故遂以太極當之，若以太極爲主，乾元自與坤元相對而成兩，元亨利貞又相對而成四矣。此義補在《易傳》中，只看人如何認取，似不必按一說以格之也。如必按一說以格之，則孔子之贊乾元，便繼以亨利貞，何嘗謂元亨利貞之外別有一元，而其所謂元者善之長，亦即四德之仁，四時之春也，將並從而詆之乎。翁謂孔子之贊乾元統天，逼眞露出毘盧遮那以上境界。而求正牘中又謂，天地萬物必有以始之者，三界十方必有以統之者，是矣。然而凡言道必推本于太極，凡言太極必知其爲造化之樞紐，品彙之根柢，橫無邊，豎無際，前無始，後無終也，奚必珍爲獨知之契乎。且佛氏之所謂性覺也，故宗其教者往往只從昭昭靈靈中作生活。吾儒之所謂性太極也，自不至與昭昭靈靈者相混矣，乃以此擬程朱見地乎。即如翁言，乾元不離昭昭靈靈之中，而執此昭昭靈靈求入乾元又不可。凡學者立腳吾道中，有箇入處，會須識得。曾謂賢如兩先生，而智不足以及此乎。

竊惟吾儕學問只是見在，一著于此得力，即過去未來皆在其中，因果之說自應存而不論。必欲論之，所謂孔子之後不聞孔子，釋迦之後不聞釋迦者，業已難乎其爲解矣。若曰衆生根劣，故貶德以從時也。聖賢不能易天下之滔滔，翻爲天下之滔滔所易邪。審爾，則世道升聖人與之俱升，世道降聖人與之俱降，其何以爲聖人，而聖人之去來，又何損益于世道邪。而況孔子之化身廣桑君也，子路之化身韓誇也，其又何所爲而來，何所爲而去邪。此所謂求其說而不得，從而爲之辭也。然則何如。曰，吾中國自有書契以來聖哲代興，其間尚不乏荒唐謬悠之談。如所謂補天射日者，經孔子刪定而後秩如也。佛氏好語神通，又生于西竺，去中國且幾萬里矣，其書寧無附會假託。惜乎，莫有人焉爲之釐正，而好事者又從而益之，掇拾影響，假信譌傳，魑魅魍魎，公然晝語，至于奇幻百出，紛紛藉藉，不可勝記也。無論其他，即如目孔子儒童菩薩，幾于侮聖，信斯語讖自佛口，幾于侮佛。高明如翁而猶數稱之，況庸庸者乎。昔孔子不語怪力亂神，而司馬溫公之論佛，以爲其微言不出吾書，其誕吾不信也。謂之誕則無也，謂之神謂之怪則有也。有者舍之而不語，于以見聖人之慮世爲甚深。知此而後可以讀釋典矣，翁以爲何如。

又《還經錄》（《顧端文公遺書・還經錄》）　《七佛偈》曰，身從無相中受生，猶如幻出諸形像。幻人心識本來無，罪福皆空無所住。又曰，起諸善法本是幻，造諸惡業亦是幻，身如聚沫心如風，幻出無根無實性。無善無惡，淵源可攷。羅整菴先生曰，陽明自不諱禪，爲其徒者必欲爲之諱。可謂頂門一鍼矣。

《易》曰，大哉乾元，萬物資始。曰，至哉坤元，萬物資生。曰，元者善之長也。可見乾坤萬物一齊從善中流出，聖人要範圍天地，曲成萬物，所以欲培植此善字。釋氏要混沌天地，滅絕萬物，所以欲斬斷此善字。故一則曰天地設位，聖人成能，一則曰天上地下，惟吾獨尊，概可覩矣。

陽明嘗曰，孟子說性亦是說箇大概如此。又曰，性無善無不善，如此說亦無大差。故一則曰無善無惡心之體，一則曰無善無惡是謂至善。若曰吾之所謂善，非孟子之所謂善。吾之所謂無，非告子之所謂無也。故其言曰，儒佛老莊皆吾之用，居然欲網羅三教，爲生民以來未有之一人，其亦異矣。

錢一本《黽記》卷一　佛氏不過西竺一神，而以駕之上古巢燧之上，將自有生民以來聖神一筆勾下。又以駕之天帝之上，而曰佛一出世，天主人王俱遜而就弟子之列。以天帝爲弟子，以佛爲師，將天帝亦一筆勾下。學術中之詖淫邪遁肆無忌憚一至于此。

我皇祖陰陽虛實之說，以佛爲陰虛之教，以聖賢爲陽實之教。今之學者乃欲駕陰教于陽教之上，駕虛教于實教之上，奚啻得罪于聖賢，其得罪于皇祖者亦不可贖矣。

僧道不事農業，善爲幻術惑弄愚民。祖宗朝深察其奸，獨嚴其禁，凡府州縣惟令存一寺觀，併居其衆，禁度僧尼，又禁子弟披剃，俱發北京種田。近有推尊佛氏于堯舜上以簧鼓士心，眞是不容于祖宗之世。

孔氏之徒叛而入于釋氏，眞是下喬入谷。

儒生道，釋死道。儒覺語，釋夢語。儒哀人之有鰥寡，釋惟恐人之不爲鰥寡，而多方教人之爲鰥寡。人人斬絕生男育女之事，人物消殺都盡，而釋之能事備矣。其用心亦至慘至刻，而謂之大慈大悲，何居。

自二氏入來，不爲僧即爲道，如天下有十萬僧道，便是十萬人不生育了。如天下有百萬僧道，便是百萬人不生育了。人道生生中，被他暗地裏消了許多。

釋氏務于耳目口鼻淘洗，聖學務于仁義禮智擴充。此端緒所以不同，而末流竟成其異。

釋亦天地所生，直欲打破天地。釋亦父母所生，就行棄絕父母。此成何等學問，而儒者尙忍言之。

神化聖人所有，聖人不言，視如家常茶飯，待人到日自知。釋氏侈言之以驚愚駭俗，導天下于浮誕之歸，此其所以異而卒得罪于聖人。

孔子所稱異端，分明指釋老二氏。異端，端緒毫釐之間之有異也，差毫釐而謬千里，千里之謬只在毫釐上差起，故曰異端。

人人有一箇乾坤，物物有一箇乾坤，不相假借，不相陵奪，此便是乾坤無盡，不可以數量窮。釋典亦窺見到此耳，渠言西方爲極樂國，則說言乎兌之旨也。世人不悟而爲其所愚，東震不出而西兌務入，生果不碩而殺根是植，悲夫。

告子曰生之謂性，全不消爲，故曰以人性爲仁義，猶以杞柳爲桮棬，此即禪宗無修證之說。不知性固天生，亦由人成，故曰成之者性，故曰成性存存。世儒有專談本體而不說工夫者，其誤皆原于告子。

禪本殺機，故多好爲鬪口語。儒者每染其毒而不自覺，何哉。

良心譬之良田，不生禾定生草。生禾謂之熟田，生草謂之荒田。不生禾亦不生草，逸田百土，皆荒類也。故謂本來無一物者，皆異端賊民語。或以設喻本來無一草亦得，然而無此理。或說本來無一禾，這便是不生物之田了，又安得謂之良田乎。

禪說習成一套籠統瞞旰語，弄得天下後世人，下稍都鶻突不分曉，又極善逃避，無處可攔捉。此其大亂，寧在亂臣賊子下。

來氏知德曰，德者德也，以五倫體之于身，躬行心得也。此五倫在天地間，昭如日月。以豎立言，置之而塞乎天地。以縱横言，溥之而横乎四海。以悠久言，施之後世而無朝夕，人人不可離，家家不可背，乃明白顯然之事。非素隱，非行怪，故謂之明。又曰，此明字對暗字言，若釋氏講空虛，講陰間地府，講前生後世，講六道輪迴，則皆幽暗事，人目所不見，不得謂之明。又曰，嘉隆以來，講學之士皆傳葱嶺之心，而文以尼山之言者。

又（同上，卷二） 二氏之生，午中一陰也，豈曰不關天命。而特生孔子以匡扶之，此尤屬天之休命。譬之十二支辰，吾聖人從子發端，而順布以爲道，非無午陰，皆生氣也。二氏從午發端，而逆布以爲道，非無子陽，皆殺氣也，人自弗察耳。

乾坤合德者，人道也，聖學也。就乾言，元亦三極統體之元。老學欲煉色身陰質，化爲純陽輕清之炁。釋學更欲超乾上一等。老猶無坤，釋遂無乾。釋老獨能不戴天而履地乎。

《河圖》七南而九西，《洛書》九南而七西。七九不易，人道不立。聖學絶響而推以予仙釋之流，爲九還七返之秘訣，不亦左之甚乎。

上帝天天之道，聖人有統御先後之能事，而終是尊之在上，與地道同其順承，毫忽不敢慢易，故文王小心翼翼昭事上帝。釋氏以上帝爲弟子，無忌憚莫甚，所以率至于賊道。

一而二，二而四，四而八，便都是綱常倫理。如兩儀便是男女，配合便是夫婦，四象便是父子，八卦便是夫婦、父子、兄弟、君臣、朋友一齊具足。釋氏明是悖棄廢壞了，此聖人所以斷爲異端而明其斯害。緣他見有天人之分量在身，把天都不將爲事，既不將天爲事，怎以君父爲事。他欲掃除輕心慢心，連天也是輕慢，將何所不輕慢。有人道他是輕慢，他又不肯認這罪。朱子斷他彌近理而大亂眞，便是此類。

聖學以震發端，釋學以兌發端。發端原是千里，故聖人異之，而明其斯害。斯害發端處就是害也，何也。天覆地載，天施地生，此人人之心量也。釋氏劈頭幻妄之，而標惟我爲獨尊，不知無了天地，復誰爲我。

異端謂人人同是端，而釋氏故爲異之也。譬如同這一步路，舉足發仭之初，聖人向南，渠腳向北耳。向南步步陽明，步步人道生道，向北步步幽暗，步步鬼道死道。聖學全體幽明，釋學只幽陰半邊事，所以說的都是神通鬼變，連郁白晝裏都做了一場夢也。

小人被禍福恐懼，都去看經念佛。他看經念佛，只要求福免禍，何曾是爲善去惡。此正自私自利明徵之流弊也。小人動輒徼求福利，都是釋氏之教教壞，人的一生心術不好了，如何尙謂之暗助王綱。

千萬億無窮之人，原是一人所化。一既能散爲萬，萬豈不合爲一。人與天地並立爲三，一不爲寡，千萬億不爲多。既能出入造化而與天爲先後，便能進退古今而與天相終始，大明終始之人道原如此。

子曰，年四十而見惡焉，其終也已。又曰，四十五十而無聞焉，斯亦不足畏也已。乃舍當生不證，而以三祇爲證，放寬地步，令人隨時隨處皆可出脫，此其陷溺人心，眞是甚于洪水猛獸之災，慘于夷狄篡弑之禍。

今人莫不以生死爲至大事，聖人以朝苟聞道，夕死即可。死生大事可決，他可知矣，甚言道之不可以不聞也。豈又有朝聞夕死一脈，如釋子驚天動地以爲希有之秘密藏，而張皇以炫愚俗，謂非世之所易聞者哉。

六經四書，聖賢純色一家言，道藏釋典，亦釋老純色一家言，並不相雜相濫。今欲貫三爲一，并天下學校寺觀爲一宫，聚天下士子僧道于一堂，皇家有此法制否，直是不容于堯舜之世。

至誠原是將厚配地，高明配天，悠久無疆。彼氏侈言窮十方三際爲報境，一毛孔能納十方世界，一微塵能轉三世法輪，斯亦何奇之有，而張皇如是。

我高皇帝止重聖人一教，而異端邪說動輙推尊釋老。合三爲一已悖，駕二氏于聖人之上更悖。

我高皇帝之定衡，惟以孔子之道治天下，若釋老則置之巫祝之列耳。五陰、六入、十二處、十八界、七大，極其細析而終無的實之見，由乾君坤藏之大義未之了了耳。

四端不充，六根雖淨，亦奚以爲。

釋氏以清淨言人性便異起。

聖學求仁，仁統四端者也。釋氏求智，智四端之一耳。且求仁而務擴充惻隱之端，求智而先掃滅是非之端，端緒更自不同。

聖學合三才以言太極，以人而參兩天地，極其小心。釋氏以唯我獨尊言大覺，敢于幻妄天地，弟子上帝，極其放肆而略無忌憚，曾得謂之同道否，曾得謂之無害否。

釋氏以外物皆妄，惟性爲眞。然則謂陰陽皆妄，而太極爲眞可乎。太極動而生陽，動極而靜，靜而生陰，靜極復動。一切陰陽無非太極動靜所生，陰陽既妄，太極又安在其爲眞乎。

釋氏起見，動欲超越天帝一等，就發端處便長人虛狂之習，而起人矯誣之心。故聖人明其爲斯害，不必究其末流然後爲害也。

孔子不沒管仲之功，而終小其器，不與其爲仁。我聖祖不滅二氏之教，而止與其暗助，明斥之于治道之外。後儒乃謂孔子仁管仲，又謂我聖祖合三教以立極，其誣孔子誣聖祖孰甚。

中國高明士醉心異教，極其推崇。令其說得行，不百年男胥爲僧，女胥爲尼，人類霎時消滅。天地有此理否，眞詖淫邪遁之尤也。

一腔清淨與一腔絪縕，去以霄壤，即云智悲雙運，是一下又成二見，蓋周遮之說耳。

或謂聖祖不以道釋二典頒學校中，蓋民可使由之不可使知之，中人以下不可以語上也。然則開設學校以造士，其皆不可使知之民歟，其皆中人以下不可語上之流歟，其偏見不倫一至此。

又（同上，卷三） 致知在格物，此正吾儒異端之辨異處。異端侈言此心光明，而于大千世界亦謂無不洞照，乃于人倫物理本末終始先後之序，七顛八倒，七差八謬，不知其何光何明何照，可以言知言覺，與吾儒同類而語也。

《易》內大明凡兩見，乾大明，統天地，合三才，身即太極，太極即身，先天地之始而無始，後天地之終而無終，不第可以天道地道人道分，不第可以大人名。晉大明，中天大明之日已耳。大人凡十三見，見于彖者六訟蹇萃升困巽，見于象者一離，見于爻者六乾九二、九五，否九二、九五，蹇九五，革九五，皆大明之分體。此羲農以降，吾中國相傳以參天兩地爲大，與天地並立爲三之至聖至誠皆其人，合之則六十四象之君子皆其人。彼氏所云大覺，何能越吾大明以爲明，所云無上法王、賢勝、如來、文殊、普賢等，即有其人亦出自西域，說言乎兌之一，曾有吾道不足，羲文周孔四大聖所稱述之大人君子不足，而有事于他求乎哉。

《易》內聖人，乾表于爻，豫觀頤咸恆鼎表于卦。乾上更兩稱之，亢龍聖人尤非人之所易言也。聖人神明不測，然《易》所稱聖人事曰萬物覩，曰進退存亡不失其正，曰刑清民服，曰神道設教，曰養賢及民，曰感人心而天下和平，曰久道化成，曰享帝養賢，曾有一及于神通鬼變否。惟觀所謂神道，乃以巽風深入人心爲神，如所謂君子之德風耳。又豈如彼氏荒誕惑人，而謂之神明不測哉。

寤爲陽精陽魂，寐爲陰精陰魂。二而一，一而二。聖學明明德，寤之事。釋學弄精魂，寐之事。我皇祖陰陽虛實之辨至爲明切，人自不悟而淪于異端，甘爲夜人耳。

以儒爲經世，以釋爲出世，如全盛一統之土宇，強割其半以讓釋氏，此象山投番之見耳。不出世無以經世，惟經世乃能出世。吾夫子《彖·乾》曰，大明終始，首出庶物。其贊大過曰，獨立不懼，遯世無悶等，焉往非出世經世，經世出世之義。

心于何盡，只是盡此理，故曰盡其心知其性。心于何存，只是存此理，故曰存其心養其性。聖人辨異端，爲其亡滅性理，而徒以虛寂言心耳。

郝敬《駁佛書答桑門復支》（《閑道録》卷五） 某再拜，奉書藏六上人足下。今年二月得足下去年九月書，再拜忠告，不勝慚憤。別足下年久，忽聞消息，託一羽贊足下歸，狐死首丘，彼我同情，原非未同而言，妄相扳援也。故舊之誼，天理人心。不謂來諭高自標榜，驕語家門，覼縷十紙，作生人面孔，曰姑舍汝所學而從我，如長沮、桀溺教子路舍夫子從避世之士，豈問津之本意哉。語云，白頭如新。今與足下舍舊而新是圖，足下試垂聽焉。

憶余弱冠與足下同宿趙橫山寺，枕上聞蟋蟀聲，余曰，此莫非般若。足下驚起，許余上智。余私心不受，然不欲逆足下意。聽足下說《楞嚴經》，私心不滿。別後十餘年，稍稍窺見吾聖人戶牖，然尚在適道可立之間。及掛冠歸來，二十餘載，浸潤大道，枕籍聖經，取《易》《詩》《書》《春秋》《三禮》《論》《孟》，鑽堅研微，參互解說，彙爲章句，勒之棗梨，藏之家塾，教吾子孫，崇明正學，少豁流俗虛妄之蔽。而足下謂余熟睡作夢語，死物上活計。夫含經味道者，謂之熟睡，則飽食終日爲惺覺乎。死物上活計誠有之，是莊生所謂古人之糟粕也。然吾讀書內體之身心，外參之經傳，經傳不合又內反之身心，奉聖人文行博約之教，拳拳服膺，久在莊獄，習成齊語，漸覺順逆境齊，強陽氣調。昔蘧伯玉五十知非，余四十年來風波搖拽，今艤舟登岸，始獲所安。而足下以七十之年，方跋山涉水，今年衡浦，明年河源。蠟過古稀，東山擻到，不俟駕行矣。何如熟睡者更覺安穩，反慮我蠟月三十日無抵對，可謂舍己之田而蕓人之田者矣。

爾家蠟月三十日，吾聖人所謂死之日也。死者人物之大歸，而愚人怵惕焉。爾家因愚人怵惕巧肆誆嚇，謂死有陰司，有地獄，有天堂，有刀山劍樹之刑，有牛頭馬面之鬼，欺人以不見，惑人以不知。愚氓聞言震恐，五體投地，哀求解釋，乃遂乘間誅誘，云我佛力廣大，能破地獄，拔餓鬼，登天堂，生淨土。教之施財供養，修齋作福，以求解脫。而猶未也，教之男女削髮，變爲僧尼。父捐其子，妻棄其夫，名爲修行。而猶未也，教之入龕囚坐，終年禁錮，深于圈土，密于叢棘，名爲閉關。而猶未也，教之燃指當燭，刺血寫經，殘肌毀膚，名爲發願。而猶未也，教之斷粒飲水，束腹忍饑，形銷骨立，名爲清齋。而猶未也，教之行繞火坑，七日七夜，不坐不眠，名爲煉魔。而猶未也，教之解剝皮囊，未死活燒，四大分離，名爲坐化。而猶未也，教之死勿衣棺，勿殯埋，焚如棄如，粉骨揚灰，名爲茶毘。種種毒害，生盡其財，死絕其嗣，又燔其屍，慘于三夷，酷于五刑。而愚懵之民，以天堂地獄爲必有，以佛法僧寶爲利益，百令百從，勞不怨，苦不辭，誠可憐憫。而爾家□□牢籠，殺人人不覺，一何其陰險猾賊至此極哉。是以佛陀本名浮屠，謂其浮于屠殺也。桑門本名喪門，謂其爲死喪之門也。自云慈悲，其實殘忍。惡不仁者，惟恐加身，何意足下書來，反相從與。

方今縉紳之士，頭戴進賢，手持槵子，口念南無。生平隱慝，積垢如山，自謂一入空門，則立躋聖果。虎噬狼貪，惡業萬狀，一歸佛法，云大罪蠲除。然則瞿曇乃逋逃之藪，蘭若爲藏奸之林。倚佛作城社，則窮兇極惡，無所不可。是以中人之家破產奉佛，忍饑飯僧。奪祖宗之烝嘗，以修供養，缺八口之衣食，以充布施。儒者之門，僧尼盈室。學宮圮不得推一錢之助，佛寺壞傾囊倒篋而不惜。男女披緇，溷雜無別。鉢聲梵語，比屋相聞。禮教頹宕，風俗陵遲，皆由天堂地獄之迷其心也。然此愚人耳，足下則智者也，今與足下商之。請足下勿面謾，勿迷心，天堂地獄，其的然爲有耶，爲無耶，抑或不知其果有耶，果無耶。足下如不面謾，不迷心，誠不知其果有果無矣。其或者曰，爲善則無，爲惡則有耶。似也，然謂爲善則無，無地獄耳，無則俱無，又豈有天堂。謂爲惡則有，是有地獄也，地獄既有，天堂亦有。蛤即蚌，二五即十，終非歸一之論，請爲足下明之。

夫人生曰陽，人死曰陰。陽動而有，陰靜而無。此理一定，必無可疑。既謂之陰，則是無何有之鄉矣，焉得又有官府稱陰司，又有囹圄稱地獄乎。如有陰司，有地獄，必非自今日始，亦非數十年前始，亦非佛出世始。有天地即有陰陽，有人物即有生死。死入地獄，一死不再死，則一入不再出。從有天地來，不知幾億萬載，地獄罪人擠塞充滿，應無處可容。陽世人多，死則消往陰司。陰司無復可往則鬼多，擠塞充滿，亦應無處可容。一切衆生，死皆向陰司脫胎，牛馬六畜蟲蟻，一日之中病死屠殺不知幾千萬億，如皆往陰司脫換，則陰司簿書期會煩冗萬萬倍于陽世官府，刑名萬萬倍于陽世，器用百物萬萬倍于陽世。億萬年來家家修福種果，搬運寄頓，資財百物亦應無處可容。家家遠祖近宗，父母妻子六親，自上世來無一不在陰司，則陰司中耆老高年無算，井竈門戶無算，車馬六畜無算，金銀泉寶無算。殷軫豐富，喧闐佚樂，交際往來，皆應萬萬倍于陽世。如是則人死如歸家，如登仙，安土樂國，富者可以尋親訪友，貧者可以活計營生，與其遠歷江湖，牽牛服賈，勞碌昏作，不如早往陰司之爲愉快也。若是惟恐蠟月三十日不到，何須抵對之有。由此推之，地獄天堂於事必無。大抵人生從太虛來，死還太虛去，生不知其所從來，死又焉知其所自往。太虛者人物之沃焦，死者尾閭之空穴。生則出而向有，死則入而化無。誰爲敵而思抵，誰爲語而望對。且所謂蠟月三十者，人皆有之，人各隨時俟之。如余與足下現在生前，而汲汲逆料死後，不務尋常本有，而預探將來未然，迂也。蓋先有元旦，然後有除夕，歲苟未除，蠟月三十以前，朝饔夕飧，早起夜眠，春耕秋收，隨時生業，各求料理。苟自元旦以來，一事不營，專等蠟月三十日到，不虛度一生乎。大丈夫百年住世，宇宙皆分內，一事不營，不如無生。如怕蠟月三十日到，商量抵對，是必無新年乃可。蠟盡春歸，人同此日，雖有抵對，其何能免。《易》曰喪羊于易，時行則行，時止則止。無抵對，乃眞抵對。連環不可解，以不解解之。知此義者，如雨不濕空山，河不礙大地，讀書立言不礙生死。如足下登山涉水，不礙修行。不知此義，雖朝參暮修，面壁枯坐，正乃死物上活計。日對閻羅束手結舌，何待蠟月三十日乃無抵對乎。

來書云，三界唯心，萬法唯識。人雖死，心識尙在，焉得還太虛。然則輪迴因果，天堂地獄所必有耳。而余則以爲，識生于心，心托于形。形生則心生，形死則心亦死。如火附薪，薪盡火熄。如膏生明，膏盡明滅。生如燈來暗室，四壁生明。死如燈去明去，存者唯室耳。天地虛空猶室也，人身猶膏也，心識猶火也。聖人正心，以修身爲本。《易》曰不遠復，以修身也。曾子曰三省吾身，死而後已。爾家不務知生，專務知死。既以心爲法界，又以身爲假合，不知無身焉得有心，無天地則時不行物不生，無四體則視不見聽不聞。身死則心亡，形消則識滅，又焉得有輪迴因果，天堂地獄乎。然而盈虛消息，往來相禪，吾聖人惟曰，先甲後甲，終則有始，剝上之果來而爲復，夬滿于上下而生（垢）[姤]。往者詘也，來者伸也，詘伸相感而利生焉。所謂逝者如斯，循環不息，其道如此而已。豈謂人死變獸，獸還爲人，謂之輪迴乎。果若此，黍熟則成棗，梅落則生瓜，人轉爲獸，獸復爲人，造化反復，性命顚倒，有是理乎。據佛言，輪迴有六。一曰天，二曰人，三曰修羅，四曰餓鬼，五曰畜生，六曰地獄，人居一耳。五道皆爲人設，人以一道輪爲五，五道輪迴則人道應減，然而人數亘古如常，何也。人爲不善，墮修羅、餓鬼、畜生、地獄。修羅、餓鬼、地獄雖不可見，而畜生可見。人既輪爲畜生，則畜生應漸多，人應漸減，然而亘古人與畜生數如常，又何也。六道互有輪迴，天與修羅、餓鬼、地獄不可見，而畜生可見。畜生凶惡無如虎狼蛇蠍，惡人死輪爲虎狼蛇蠍，不知虎狼蛇蠍死又輪入何道。人爲不善輪爲餓鬼，餓鬼作祟人間，不聞餓鬼死。餓鬼不死長爲餓鬼，則果報不均，輪迴有時窮矣，又奚取爲輪迴乎。爲善生天，莫如聖人，則自古羲農黃帝堯舜禹湯文武伊周孔孟皆當生天，千萬年來聖賢多矣，一天堂何足以容。佛說六天、十八天、三十三天，然亦不過美麗安樂而已。羲農黃帝堯舜禹湯文武伊周，生爲天子宰相，非不美麗安樂矣，死以天堂處之，何足以明報。且聖人天性貞素，如堯土階，舜禹勤勞，文王卑服，周公、孔子恭儉，皆厭美麗而惡安樂，則佛之所投亦非其所好也。況佛自謂日中一餐，樹下一宿，以廉潔自高，而以佚樂奉他人，是以己之所賤爲他人所貴，以賢者待己，以不肖待人，人豈屑就之。由此以推，輪迴因果於理甚拂。但謂人死陰識未泯，遊魂不散，容或有之。亦如雨後殘雲，頹陽晚照，不久全銷。且如生人，形氣完好，精神強固，心神一昏收拾尙難，況死後形壞神飛，焉能久留心識，長在天堂地獄受諸苦樂乎，此何異追風捕影。況風影俱無，謂其長在，謬矣。

佛法盛行莫如六朝，是時有范子眞者著《神滅論》，謂神即形，形即神，猶刀之有利，捨利無刀，捨刀無利，未聞刀沒而利存，豈容形亡而神在。其論甚辨，以明人死無知，因果爲妄也。要之，人死無知，因果爲妄，何待形神同異始決。雖未有刀沒而利存者，亦頗有刀存而利先亡者，形神終不可言異言同也。《易》曰，神者妙萬物而爲言也。先儒謂兩在無方，合一不測。如以爲兩，則神何不離形而獨顯，形何不離神而獨生，固不得不謂之合。如以爲一，則神去而形尙存，形存而神先亡，又不得不謂之兩。非兩而兩，兩故無方，非合而合，合故不測，故曰神者妙萬物而爲言者也。形即可見之神，神即不可知之形，分而謂形死神在者固非也。形內自有神，神外自有形，混而謂形神同滅者亦未是也。夫神廣矣大矣，微矣妙矣。土石有神又非草木之神，草木有榮瘁而土石無有也。草木有神又非鳥獸之神，鳥獸有知覺而草木無有也。鳥獸有神又非人之神，人有五常而鳥獸無有也。然皆謂之神，千變萬化，異而非兩，合而非一。升降飛揚，洪纖高下，依形暫止，倏忽無端，非定聚于一人一物一形，常住不變者也。故譬人神于人形，如燈寫影，如鏡現像。燈去則影息，不可謂先燈猶帶舊影也。鏡去則像亡，不可謂前鏡猶含舊像也。神在則形存，斯有我像。神散則形亡，誰識前因。形壞歸土，神散還虛，豈可謂人之形滅而人之神終不滅乎。諺云，生不認魂，死不認屍。此邇言當察。蓋人生則魄盛神藏，不自見其魂。死則魂還虛，精華散渣滓銷，誰認己屍。故莊周以死爲休息，佛氏以死爲淨樂。死者生人所悲，而死人不悲，謂之甘瞑。所以甘瞑者，唯其無知也。生人所以勞苦，惟有知也。生有知，故佛謂苦海。若死又有知，是亦苦海也，不自背其說耶。計死者之求生尤甚于生者之哀死，死如有知，誰肯甘死，其經營必且不休。浮生不休，死以休之，萬事所以終盡也，奈何生碌碌而死又營營乎。死不營營，其無知決矣，無知又焉有輪迴因果哉。故謂形神不異，如范子眞之說，因果無也。謂形神異，如佛之說，因果亦無也。然而吾聖人亦曰，冥升，利不息之貞。此不息者何物也。曰，此所謂至誠者也。至誠者即神之妙萬物，周流六虛，以爲貞觀法象，四時百物，小德川流，大德敦化者也。實理貞常，與天地終始，故曰至誠無息。不息則久，久則徵，徵則悠遠，悠遠則博厚，博厚則高明。如此者不見而章，不動而變，無爲而成。易有太極，是生兩儀，兩儀生四象，四象生八卦，八卦變化而庶類繁。故曰，誠者天之道也。此人物之元，心識之本，所謂其物不二者也。人物生則此不二分人物，人物死則此不二還天地。天地再合乾坤毀，則此不二還太虛，非地獄天堂可得而拘系之者也。佛言惟心惟識，欲掃除法界而留心識也。聖人言至誠無息，謂心識有死生，而天地太虛無生死也。掃除法界者，欲留心識以受輪迴因果，不思法界既可掃除，心識安能長在，輪迴因果又安能長在。惟心識不長在，天地萬物不可掃除，故聖人生則以萬物自任，而默識以盡心，死則以心識還太虛，而無心以忘識。

聖人知生而佛知死，死決不可知也。佛事鬼而聖人事人，人事定不可廢也。何者。乾坤所以不毀，世道所以建立，惟此人耳。人所以參天地贊化育，惟此生耳。譬天下一日無天子則不平，國一日無君則不治，家一日無主則不齊，人一日無生則道德廢功業隳，宇宙一日無民物則化育停兩儀毀。故天地之大德曰生，生生之謂易。天生聖人以撫萬民，生人以興萬事，生物以備萬品，故生之于人大矣。孟子曰，拱把之桐梓，人苟欲生之，皆知所以養之。是以子畏于匡，顏淵後，子曰，吾以汝爲死矣。曰，子在，回何敢死。子路問行三軍。子曰，暴虎憑河，死而無悔者，吾不與也。然則聖賢之視身甚重，而衛生甚嚴也。萬事所以經綸，萬物所以發育，萬有所以亨通，萬世所以治安，皆有生之實理，尊生之實事。爾佛何故必誣之以爲苦海，詆之以爲魔障，欲一切破滅歸空而後已。夫生何負于人，必欲其無生。世何負于道，必欲其出世。有何害于事，必欲其空諸所有。實何損于眞，必不欲實諸所無。以生爲苦，將以死爲樂乎。以在世爲幻，將以出世爲眞乎。無論虛誕，就使空矣幻矣，出世矣，無生矣，人世灰滅矣，世界銷亡矣，于佛何利乎，何快乎，而忍爲此乎。足下既知三界惟心，萬法惟識，自知人心識不可滅，世間法不可除，當朝乾夕惕，經理世界，以萬物爲一體，以天下爲一人，吾聖人所謂知生事人者，端在于此矣。而爾佛豈遺落世事，斷滅心識以求出世。夫世豈可出，心豈可滅。若云滅心，唯死乃滅。若云出世，唯死乃出。若云不死而死，無生而生，世界萬法原不隨人生隨人死也，人之生死烏可以準萬法之生死哉。人在天地中不當太倉一粟，其所知見不敵大火一星。生隨波起，死隨波滅，晝夜之道，聖人先後天而弗違也。爾家謂一人發心，十方震動。一人成佛，普度衆生。皆有名無實，荒誕虛渺。所謂三界唯心者，唯務死心而已。所謂萬法唯識者，惟務滅識而已。

吾聖人參三才以盡心，備萬物而成己，言之必可行。而佛言之不必行，專務談空遣有，卒之空者未空，有者終有。天地萬物亘古常在，豈以佛空諸所有而所有遂空乎哉。佛亦人耳，與衆同生同死，未見生爲活佛超出三界者，所稱涅槃證果直待死後，則是子路問死問鬼，夫子教之以不知爲不知者也。生而爲人知也，死而爲鬼不知也。死與鬼非經世之恆業，其所不知非生人之急務。蓋人以血肉載情識，託生天地之間，以天地爲父母，所事所親無復有加于天地者矣。聖人範圍天地，而不能過之爾。佛與人血肉情識同也，而獨欲小天地，謂此世界外復有無量河沙世界，夫世界多如河沙，則此天地不過如佛裩縫中之蟣蝨耳。爾佛何苦屈身處此裩縫之中，生此蟣蝨之腹乎。如曰爲度衆生屈處此，則是宰我所謂井有人焉，其從之者也，自罔自陷，愚者豈爲之。爾家維摩云，佛力能斷取大千國界，著右掌中，擲過河沙國界外。誠若此何不提取此世界打破，令受苦衆生一齊迸出，何爲甘以無量法身處此小世界內，與衆生葛藤。是莊生所謂有五石之瓠，而拙於用大者也，豈不誇誕而可笑也哉。如果有無量世界在天地外，愚人不知，聖人必知之，從古聖人多矣，孔子不知，文王周公不知，黃帝堯舜亦不知，伏羲神農三皇盤古氏皆不知，直待漢以來佛出世，始知天地外有無量天地乎。如謂吾聖人耳，佛神也。然當佛說華嚴大千世界時未涅槃，亦人也。如謂人是佛報身，別有法眼神通，則是聖人所謂鬼神之德之盛，無形無聲體物不遺者也。天地外有此逍遙自在之場，廣大空虛之地，鬼神微妙玄通即當飛騰超越而往，何爲叢聚此小天地內，與外無量天地終古不相往來乎，虛誕可知。是以吾聖人惟曰，大哉乾元，萬物資始。

至哉坤元，萬物資生。高明覆物，博厚載物，悠久成物。而爾佛妄希超脫，大言無稽，不過欲假此以破拘攣之見，豁小乘之觀，然而事本無是，名同烏有，徒使學人鹵莽窮大而失其居，則反害矣。所以吾聖人言貴有物，學主忠信，行遠自邇，登高自卑，豈肯教愚夫狂悖，毁乾坤侮天地乎。

來書又屬余，念西方修淨土。夫西方不在天地之外，是佛所生國，漢之屬夷，一名天竺，即今西番也。班固記其國臨西海，修浮屠道。和帝時入貢，明帝遣使圖佛像，桓帝好之，百姓始有奉佛者。則是東漢以前，上至洪荒，中國未有修西方者也。其所謂淨土，縱使有之，是漢以後新造之國耳，所謂不退菩薩，縱使有之，是漢以後新進之士耳。然則漢以前之西方，縱使有之，亦天造草昧之新國，蓄產未富，物力未充，尚不如陰司舊邦之豐富也，奈何稱爲極樂哉。按，《范曄傳》西域近安息，西臨大海，東距玉門關，纔四萬餘里。爾家稱西方去此世界外，等恆河沙數，與所謂八功德池，九品蓮花，金沙布地，十重寶樹，十重珠網，皆無稽之誕說。所謂日落懸鼓，大水成冰，因西域臨大海近日入處，緣飾以欺愚俗，都非實境也。夫以四海之內，人跡所至，史冊所載，無端修飾，欺世誣民尚如此，況于天地之外，窅冥之途，爲死爲鬼，文獻無徵者，又復何言。大抵華道尚中，戎道尚左。中道尚人，左道尚鬼。故西域有風災鬼難之域，犁靬有吞刀吐火之人。佛圖澄腹孔出光，洗滌五藏。鳩摩羅什吞鍼，唐僧無畏吞蛇。妖習相傳，本其土俗，不足爲異。謂之淨土者，以佛在西域，誇其土淨耳。夫西域有佛，中國自有聖人。佛土既淨，聖人之土獨不淨乎。欲往生西方，爲避地獄耳。西方無地獄，所謂地獄者將盡在中國乎。中國有地獄，西方何獨無。西域亦有地獄，何必外此而往，中國亦有淨土，何必舍此而求。甚矣，愚人之難解也。列御寇亦誇誕士也，其言類佛，曰西方有聖人。夫佛既爲聖人，宜與中國聖人之道同也，今佛道獨與中國聖人之道異者何也。蓋中國人倫之邦，聖人盡倫以立人極，故曰聖人人倫之至。西方則戎狄耳，無一本，無二姓，無三黨，無四親，無五禮，無六樂，無七政，無八紀，無九儀，無十義。有血氣無冠裳，有知覺無禮義，有君長無名法，任放誕漫而無檢押，與禽獸同棲息而無嫌疑，故捨身去家而無愛惜，毁貌變形而無慚悔。其教以無相無色爲眞空，以清淨不二爲本來，以見性明心爲禪宗，因其俗之所宜，順風而呼，故其和也易。

佛以其教教西域，西域便之，翕然以爲聖人，是戎狄之聖人而已。夫戎狄不可以爲中國，而戎狄之聖人遂可以爲中國之聖人乎。聖人教人，有男女然後有夫婦，有夫婦然後有父子，有君臣，有上下，有禮義。此人道所以始，世界所以立。而佛教人，男無室，女無家，愛欲乾，然後成佛。若使舉世皆然，不過數年，生齒絶，人類滅矣，此謬戾之尤甚者。陳仲子齊之廉士，避兄離母。燕太後一婦人，便欲殺之。陳良之徒陳相，從楚人遊，孟子以爲南蠻鴃舌之人，非周公、仲尼之道。若使佛生三五帝王之世，則其欲殺之者何待燕媼。若使足下見孟子而談西方，必以周公、仲尼之道告足下。今不幸佛生西戎，足下與郝生同世，郝生才薄不能相規，天實爲之，于足下何尤。昔越人有慕章甫者，越國無有，東假于齊，西假于楚，本其所無，不得不假。今中國非無聖人也，舍此而遠求之西方，下喬木而入幽谷。《詩》云哲人之愚，亦惟斯戾，足下之謂也。范蔚宗云，佛教清心釋累之訓，空有兼遣之宗，賢達君子多愛之，何意今日充塞如此。今無論下里委巷，雖宮牆之內，孔孟之徒莫不儒身而佛尾，儒貌而佛心，其能卓然自立不爲因果輪迴搖惑者，天下古今能有幾人。自孟子而下，唯韓愈佛骨一表，錚錚吐氣。宋蘇軾父子兄弟，文章節誼非不可觀，而沈淪因果，佞佛齷齪，無異沙門，又況其餘乎。

粤自有生民以來，洪荒開造，繼天垂統者，吾聖人也。觀象治曆，勤民授時者，吾聖人也。封山濬川，平成水土者，吾聖人也。民同禽獸，教以人倫。巢居人處，教以宮室。茹毛飲血，教以水火。無食教之五穀，無衣教之桑麻，無器用教之百工，無書記教之文字，無禮貌教之冠裳。有疾病教之醫藥，有死喪教之棺槨，有遠行教之舟車。細至網罟耒耜釜甑杵臼之屬，無所不盡其經理。而又爲之城郭以居之，爲之武備以衛之，有無貿遷以利之，畫地分野以安之，設官分職以治之，明刑弼教以齊之，制禮作樂以化之。豐功懋烈，在天下萬世，不可枚舉。而佛晚出從異域來，坐叨供養，不耕不織，乞食求捨，自謂解脫。若使舉世皆然，四民廢業，更向何處乞食。怪誕不經，而反詆聖人功業，謂有爲如夢幻泡影。煩惱魔障一切掃除，以寂滅爲樂，無端欺罔，而愚夫惑于因果，謂佛功德無量，爲衆生之父母。視聖人如路人，忘水木之本源，是賈生所謂可痛哭流涕長太息者也。嗟夫。□□□□□□□□□，人民吾聖人教育之人民也，微吾聖人則彛倫斁而乾坤毀久矣。今既資聖人之名教以安生，又背聖人之名教以誣世，竊聖人之文字以飾詐，又畔聖人之文字以亂俗。儒業日隳，而務逃禪者衆。學校日荒，而談叢林者喜。四民日散，而緣南畝者稀。風俗日壞，而挾左道者勝。財用日詘，而爲盜賊者起。遊惰日侈，而作無益者多。孟子所以比之洪水猛獸，韓愈所以欲人其人火其書廬其居，明先王之道以道之也。

而來書稱，白樂天捨宅爲香山寺，文潞公廢家業結西方萬人緣，欲余效之。昔柳下惠謂，伐國不問仁人，此言何至于我。士別三日即當刮目。足下與我別三十五年矣，視我無異嬰孩，作此等語，可謂未見顔色而言謂之瞽者矣。余嘗見近世惡人爲惡愈甚，則其奉佛愈謹，蓋佛言善惡皆空，既可以無相爲善，亦可以無相爲惡，但不著相則無所不爲。吾聖人教人忠信篤敬，即有不材，範圍之而不敢過。是以學儒不成，不失爲硜硜士。學佛不成，放蕩不檢，視天地且如微塵，何有于君親，何畏乎名法。故學佛最精者其膽最大，漢楚王英首學佛法，遂謀大逆而身死國亡。五胡石勒、姚興，師事釋道安、鳩摩羅什，而殺人如麻。北齊高洋放生戒殺，而殘暴如豺虎。梁陳二武，舍身爲寺奴，何但舍宅，而宗社丘墟，福果安在。士君子修身立行，學孔學孟，彼文白二子，孔孟之罪人也，足下爲我願之乎。爾佛雖與孔孟異，必非貪饕無賴如今之桑門比也。彼所云捨，非眞需財，不過如足下三界惟心萬法唯識，扳援心少即是捨，忘想識捐即是施，竊吾聖人懲忿窒欲即是捐之義，小變其名而已。故《金剛經》謂，以無量金寶布施，不如持四句偈，亦此意也。今之桑門貪冒假託，以賺愚民。昏耄士夫，不能裁決，疑西方地獄將無或有，寧捐有餘之物，徼此或然之倖，非眞輕財，有所恐懼而爲此耳。孟子云，如其道，堯授舜之天下不以爲泰。非其道，一介不以與諸人。余家世清貧，一官落拓，衣食粗足。薄田數畝，聊供飦粥。市居一廛，僅芘風雨。隱居棲息，奉四親，養妻子，輸公稅，備交際。小有贏餘，以濟貧乏，周鄉里。豈肯效孟浪之爲，作虛假之事。足下之言，可謂升木而求魚，煎水而作冰也已。

又勸吾讀佛書。夫佛書少年嘗與足下共讀之，低回雞肋者數年，終非心所篤好。晚因先慈奉佛，飯僧寫經。足下所問黃葉庵者，是先慈之意。今先慈見背，未忍即改。佛像在龕，佛書在篋，雖未流覽，而嘗一臠已自知味，大都謬戾者多，近理者少。如《觀音》《彌陀》《救苦》《妙沙》《血盆》之類，齊東野語。《孔雀》《大悲》之類，梵語侏離。其他近理者《楞嚴》《金剛》《心經》《圓覺》《楞伽》之類，不數種耳。《楞嚴》枝葉繁蕪，《金剛》語意重踏，大都佛語瑣冗，千百言不了一義。豈如六經，言語簡當而藴藉，春容而清遠，啓口容聲即著實地。佛言猶藥草，吾聖人之言猶菽粟，終年可以無藥草，一日不可無菽粟。小而事物細微，大而天下國家，守此則治，易此則亂。豈若佛書，焉能爲有，焉能爲無者哉。世謂無佛法則生爲魔障，死爲餓鬼。顧自有佛以來，曾見何人超度于生前，何人拔救于死後。漢以前無佛，世道何損。漢以後有佛，世道何增。風影相蒙，曖昧相欺。舍見在之人事，課無稽之冥果。談本無之虚空，廢實有之生業。所謂出家煉魔坐化，種種無端，既爲鄙拙。至于明心見性，了妄歸眞，本覺妙明，眞空不二，清淨本來，略近理者，皆吾聖人所已言，六經所本有。書契已來，列聖相傳，著之典籍已久，而佛教自西域來，言語不通。吾中國好事之徒，竊吾聖人文字假爲緣飾，故佛書稍馴雅者，皆六經之餘緒。其麗雜鄙俚，則侏離之陋説也。夫以六經明白簡易，各家師承尚有訛傳，況殊方異語，秪憑象胥，何足爲典要。昔之佛書，盡譯人之勦説也。是以鳩摩羅什取而再譯，自知紕謬，借中國聖人言語文飾。腐儒寡識，俗人信耳，愚夫好怪，相與羶悦蟻附，呼朋引類，開場結社，其會如林，遂使正學寥落，逋客勝主，紫蛙奪正，朱雅淪亡。三家分晉，田氏竊齊，何以異此。王陽明謂，聖人之道如大廈三間，俗儒割東以餉，佛割西以餉，老僅守中間爲已宅。不知普天之下，畫爲九州，封爲萬國，列爲十二，本皆一統。是以仲尼祖述堯舜，憲章文武，上律天時，下襲水土，無不覆幬，無不持載，此天地所以爲大也。而爾佛雖欲自爲一家，足下雖欲自違于聖人之徒，何所逃于天地之間哉。

大抵聖教安常，佛敎反常，故夫聖教以生生爲大德，而佛以無生爲法忍。聖人以生人爲安樂，而佛以人生爲苦海。聖人惟恐人不生，佛惟恐人不死。聖人以知爲明德，佛以知爲無明。聖人教人好學，而佛自謂無學。聖人教人誠意，而佛以意爲塵根。聖人默識，而佛以識爲生死本。聖人以事物爲有，而佛以事物爲空。聖人以有物爲誠，而佛以諸有爲妄。聖人以天地爲大，而佛以爲小。聖人憂人無所用心，而佛謂我無一切心。聖人謂思曰睿，睿作聖，再思三思九思，而佛謂不思善不思惡，不可思議功德。聖人終日乾乾，而佛惟終日靜坐。聖人以六親爲人倫，而佛以眷屬爲魔障。聖人所言所行不越現在日用，家國天下之近，而佛所說直在西方世界十萬八千里之外，百千萬億劫之遠。聖人所言人皆可知可能，如指掌如大路，而佛以法爲密義，以言爲機鋒，使人揣摩卜度，謂之參證了悟。聖人教人惟恐人不知，故平其說而使易，佛教惟恐人知，故紆其說而使難。聖人言行相顧，非但恥己不逮，亦欲人皆可行，故言不過子臣弟友，行不過孝弟忠信。佛教荒誕，行不顧言，言不顧行，非但人不能行，佛亦自不能行。願度衆生而衆生竟不能度，欲空世界而世界竟不可空。惟其以空爲教，故議論一切皆空，而竟無一語可憑。惟其以有爲幻，故所指一切皆幻，而竟無一法可得。言不必有物，行不必有常，咨縱誕罔，無所依憑。

其能使中國之人信從者，非自剏爲一道也，初皆竊吾中國聖人義理緣飾其偏，輾轉支吾，遂滑稽而不可窮。故聖人之言生死也，惟曰原始反終，生存死亡，而佛緣飾以四大假合爲生，四大分離爲死，生爲業障煩惱，死爲天堂地獄。聖人之論造化也，惟曰一陰一陽之謂道，往來不窮之謂通。而佛緣飾謂，三世業果，六道輪迴，人爲餓鬼畜生，餓鬼畜生復爲人。聖人之言報施也，惟曰積善餘慶，積不善餘殃。而佛緣飾謂，今生所作爲來生之因，來生所受爲今生之果。聖人之言明德也，惟曰光被四表，格于上下。而佛緣飾謂，三昧火起，白毫放光，照滿三千大千世界。聖人之言知識也，惟曰知之爲知之，不知爲不知。而佛緣飾謂，天耳遙聞，天眼遙觀，過去未來無不覺了。聖人之言大道也，惟曰範圍天地而不過。佛緣飾謂，天地外復有無量天地，如恆河沙數，不可思議。聖人之言隱微也，惟曰莫見乎隱，莫顯乎微。而佛緣飾謂，一毛端上現寶王塔，一芥子中納須彌山。聖人之言無也，惟曰未發之中，寂然不動，感而遂通。佛緣飾謂，諸行無常，寂滅爲樂，一切有爲如夢幻泡影。聖人之言感應也，惟曰二氣相與，天地萬物之情可見。而佛緣飾謂，我按指則海印發光，一人發心則十方世界瓦裂。聖人之言定也，惟曰知止而後定，定而後靜。佛緣飾謂，心如牆壁，方可入道，乃至九載面壁，枯木古錐，七百年一出。聖人之言觀也，惟曰盥而不薦，有孚顒若。而佛緣飾謂，西方淨土三十六觀，觀想成佛，永不退轉。聖人之言像也，惟曰潤身生色，心廣體胖。而佛緣飾謂，金身丈六，白毫五寸，三十二相，八十種好。天上天下，惟吾獨尊。諸如此類，標榜浮夸，不可盡述。大都始皆叨竊聖人之微緒，終乃汗漫自咨，日遠于宗，後雖慚悔，而駟不及舌矣。孟子謂辭由詖而淫而邪而遁，心由蔽而陷而離而窮。窮而無俚聊也，卒乃翻然轉換。始言空而卒不能空，翻然曰色即是空，空即是色。始欲止念而念卒不可止，翻然曰我無伎兩，不斷思想。始以身爲幻，以識爲無明，卒之身在識在，而不可掩，翻然曰無明實性即佛性，幻身空身即法身。夫既知即實性矣，何乃又以爲無明。既知即法身矣，何乃又以爲幻化。果如所言，則是衆生即佛矣，何又言佛異衆生。豈非以能空所有則爲佛，不能空所有則爲衆生邪。是其意本在空，又何得言空即是色。果如所言，則在家即出家矣，何必又棄父母修行，豈非以在家未離俗，離俗須出家邪。既修行必須出家，又何得言色即是空。由此推之，謂幻身即法身，無明即佛性者，皆非卓然一定之見，不過剽竊吾聖人《中庸》易簡之旨，下學上達之意，緣飾爲無相平等，而易其名曰最上乘。此其滑稽利口，可勝道哉。盜劫主人財，還惡主人。畸零下戶，土著不去，遂蔑視故主，由來久矣。司民司土者，來歷分明□□□焉得混我華宗。惟其咨睢流蕩，不畏人檢劫，不顧己躬行。矢口放言，不慚烏有。任意勦說，不求符合。如戲如狂，而難與莊語。倏反倏覆，而不可端倪。雖有善辨，不能通無竅之耳。雖有江河，不能滿無底之巵。吾言止此，孰是孰非，足下自裁之而已。

向語足下，天下學異而道同，道異而心同，足下既以所學自是而非我，我安得不以所學自信而復足下。要之有各是各非之見，終無無是無非之理。誰是誰非，必居一于此。吾與足下皆衰老，門戶各立，款式各定，非始商量之日。足下即是耶，我不能改步相從。足下非耶，亦未必能改步從我。其是其非，各信諸心而已。語雖多而意難盡，悽悽之懷，終于未吐，千里面譚，聊以爲別。雖然，猶有厚望于足下。蓋足下與我故人也，世間町畦由人設，好醜由人定。雖聖人之門亦有不材，未必誦聖人之言者皆聖人所喜也。雖佛門亦有賢者，未必學佛者皆聖人所惡也。倘吾言非，雖媚吾聖人必且憎之，倘足下言是，雖外吾聖人，吾聖人終不絕之爾。佛既聖人，諒其心不與吾聖人異。吾意雖戇，爾佛必見恕。況足下故人，恕我又可知也。傳曰，惟善人能受盡言，余是以猶厚有望焉。某再拜。

吴宗周《廣崇正辨自序》（沈壽民《閑道録》卷六） 天下不可一日而無儒者之功，君天下者不可一日而不重儒者之學。儒者之學何學也。天下古今同謂之正學者是也。其道則仁義禮智信，其倫則君臣父子夫婦兄弟朋友。其文則《易》《書》《詩》《禮》《樂》《春秋》《論》《孟》《庸》《學》，其人則三皇五帝三王之爲君，皐夔稷契伊傅周召之爲臣，孔曾思孟周程張邵朱子之爲師，皆所以爲天地立心，爲生民立命，爲往聖繼絶學，爲萬世開太平者也。此所謂儒者之功也，君天下者豈可一日而不崇重之哉。

捨此而他求，非無老氏之教也，其説以清虚無爲爲本，而專于利己。宋徽宗嘗一試之矣，講經設醮，造觀祈禱，紛紛百出，不用儒者之言，卒之金人寇華，舉族北狩，而存者無幾。老氏之教果足恃乎。又非無釋氏之教也，其説以慈悲不殺爲貴，而專欲利人。梁武帝嘗一試之矣，講經造塔，設齋祈禱，京師白晝殺人而不知禁，不用儒者之諫，卒爲侯景逼死，國亦隨滅。釋氏之教果足恃乎。之二氏者，雜于儒者之間而用之，其取禍之慘，歷歷可驗。後之人主不鑑其失，而每以取敗，假使全用二氏之教以治天下，不出百年而人類絶滅，盈天地間草木禽獸而已。較之純用儒者之道，益乎損乎，又或故知其無用而姑一試之乎。

胡致堂因僧仁贊之言，按其事而折之，爲《崇正辨》一書，二百二十九條，合上下兩卷，有瓊山丘公濬、會稽胡公謐咸序之矣。不肖孤以爲止及佛氏之非，而老氏、莊列楊墨申韓之宗老氏者，與諸曲學邪術之誣世惑民、壞人心術者，均未之及也，迺爲《廣崇正辨》一書，先之以儒者之正學，脩身齊家治國平天下之大道，而次之以老釋無用之言，又次之以世之曲學邪術，使後之爲人君與凡學者咸知所取舍云。

又《廣崇正辨上摘》（同上，卷七） 孔子曰，攻乎異端，斯害也已。范氏釋之曰，異端非聖人之道，而别爲一端，如楊墨是也。其率天下至于無君無父，專治而欲精之，爲害甚矣。謂之如，則非止二氏而已。當時老聃之流倡爲邪説以惑世誣民，莊列宗其教者也，説者又謂與楊墨皆老聃弟子。故朱子曰，孟子闢楊墨，則老聃在其中。公鬱子曰，外人皆稱夫子好辨，敢問何也。孟子曰，予豈好辨哉，予不得已也。昔者禹抑洪水而天下平，周公兼戎狄驅猛獸而百姓寧，孔子成《春秋》而亂臣賊子懼。《詩》云，戎狄是膺，荊舒是懲，則莫我敢承。無父無君，是周公所膺也。我亦欲正人心，息邪説，距詖行，放淫辭，以承三聖者。予豈好辨哉，予不得已也。能言距楊墨者，聖人之徒也。朱子釋之曰，邪説横流，壞人心術，甚于洪水猛獸之災，慘于戎狄篡弑之禍。故孟子深懼而力排之，再言予豈好辨哉，予不得已也，所以深致意焉。然非知道之君子，孰知其所以不得已之故哉。又曰，苟能爲此距楊墨之説者，則其所趨正矣，雖未必知道，是亦聖人之徒也。孟子既答公都子之問，而意有未盡，故復言此。蓋邪説害正，人人得而攻之，不必聖賢。如《春秋》之法，亂臣賊子人人得而誅之，不必士師也。聖人救世立法之意，其切如此，若以此意推之，則不能攻討而又倡爲不必攻討之説者，其爲邪詖之徒、亂賊之黨可知矣。尹氏曰，學者于是非之原毫釐有差，則害流于生民而及乎後世，故孟子辨邪説如此之嚴，而自以爲承三聖之功也。當是時，方且以好辨目之，是以常人之心而度聖賢之心也。昔孟子惡鄉原，則曰君子反經而已矣，經正則庶民興，庶民興斯無邪慝矣。朱子釋之曰，反，復也。經，常也，萬世不易之常道也。興，興起于善也。邪慝，如鄉原之屬是也。世衰道微，大經不正，故人人得爲異説以濟其私，而邪慝並起，不可勝正。君子于此亦復其常道而已矣。常道既復，則民興于善，而是非明白，無所回互，雖有邪慝不足以惑之矣。尹氏曰，君子所惡于鄉原者，爲其似是而非，惑人之深也。絶之之術無他焉，亦曰反經而已。愚謂，孔孟闢楊墨鄉原之屬，其嚴如此。學者于老釋之屬，可不深惡而痛絶之哉。

釋家

周昭王二十四年，釋迦佛生于西域刹利王家。年十九，恨父聽後母讒，見其國人好殺，出家修行，勸人慈悲不殺。後漢明帝永平三年，帝夢金人。時則有傅毅者言，西域有此神。使蔡愔等使天竺求之，攝摩騰等以白馬馱經而來，中國之有佛書始此。其書大抵以虚無爲宗，貴慈悲不殺，以爲人死精神不滅，隨復受形。生時所行善惡皆有報應，故所貴脩煉精神，以至爲佛。善爲弘闊勝大之言，以勸誘愚俗。初止于鴻臚寺，明帝于東都門外立精舍，以處沙門攝摩天、竺法蘭郎。沙門云者，西域得其道之稱，言息也，欲息而歸于無也。精舍名曰白馬寺，以白馬馱經而來得名。中國之有寺始此。沙門之教男曰僧。僧，師也。又曰優婆塞，又曰德士，又曰苾蒭。始于漢明帝聽劉峻出家，中國之有僧始此。晉道安學于佛圖澄，姓帛氏，以其師莫過于佛，遂以釋爲姓。沙門稱釋始此。釋教專師一釋迦，後供奉三金人者，一曰法身，釋迦之本性也。一報身，釋迦之德業也。一曰肉身，釋迦之眞身也。佛之一身今分爲三像而列祀之，已可大笑。而道流遂放傚之，尊老子爲三清，曰元始天尊，曰太上道君，曰太上老君，此又師他人之失，益大可笑矣。佛書只四十二章，是其眞言，厥後釋迦者流，援老莊列子之説以廣其敎。至梁時達摩至，又有坐禪之敎，而吾儒之昧于道者，如蕭瑀、王縉、賈島、白居易、裴休、張説、王安石、張商英、陸子靜之徒，又爲黨惡以助之，卒之梵經《彌陀》《佛頂》《圓覺》《蓮華》《金剛》《維摩》《華嚴》《光明》諸經，汗牛充棟，異教蟠結而不可解。朱子謂此輩爲亂臣賊子之流，愚謂其名雖爲儒，而實老釋之徒，孔門叛賊，世道之大蠹也。雖佛敎不起于莊子、老子、列子之虚無寂滅，其實全與之合。又如《庚桑子》一篇，都是禪學。道家類楊子，僧家類墨子莊列，又皆老氏之流。楊朱老氏弟子也，墨子亦學老氏之學者。其無君父，棄人倫，滅天性，諸神仙等藥，刑名放達，清談陰符之類，非老聃之所啓乎。老子實天下萬世一鉅賊，雖聃亦不自知其流弊至此。滔天之罪，何所逃也。

初，漢明帝永平三年，佛法始入中國。王公貴人獨楚王英最先好之，後以謀逆繫獄。會有詔，聽有罪亡命者贖，英以黃縑白紈贖罪。詔報曰，楚王誦黃老之微言，尙浮屠之仁（詞）［祠］，潔齋三月，與神爲誓，何嫌何疑，當有悔吝。其還贖以助伊蒲塞桑門之盛饌。明帝首倡中國奉佛之謹，楚英之首先崇好，且尙道敎如此，以老釋之敎言，此輩宜萬萬世永受神庇。卒之楚英以貶徙自殺，坐楚獄死者數千人，廣陵王荊又以謀逆自殺。英荊皆帝母弟也，事佛老者不能獲福，反貽大禍，神庇何有哉。

輪迴

鮑雨若問，輪迴之説，凡爲善者死則復生爲善人，爲惡者死則變爲禽獸之類，切恐有此氣，何則。凡稟沖氣以生者，未始不同。聖人先得人之所同有者而踐履之，故能保合太和，至死其氣冥會于沖和之氣，造化之中自然有復生之理。惡者平居作惡而沖氣已喪，至死其氣則會于謬戾之所，造化之中自然有爲禽獸之理，如何。程子答曰，未知生焉知死，知生則知死矣，知原始則知要終矣。按，程子此言引而不發，蓋欲學者深思而自得之，能原其始之所以生，而要其終之所以死，則輪迴之説不辨而自明矣。張九韶

屈伸來往者氣也，其所以屈伸來往者理也。往而屈者其氣已散，來而伸者其氣方生，生生之理自然不窮。若以既屈之氣復爲方伸之氣，則是天地間只有許多來來去去，造化無窮之理不幾于窮乎。釋氏不明乎此，所以有輪迴之説。李果齋

佛之言曰，衆生各因淫欲而正性命，使世人能離此以證無生，其不能然，則愛無根本，死于此，生于彼。或人而爲畜，畜而爲人，轉輪相尋，無有窮已。故人貴脩行不殺，免于報身，隨念之善，即生樂處。欲驗其不然，請有以質之。羽化鱗介，與夫蠕耎肖翅之物，在天地間抑有定數乎。若有定數，則安知人死爲畜，畜死爲人也。若無定數，則自古及今，人與禽獸相爲死生，不過死數。以大較論之，人殺禽獸不可謂少矣，禽獸其殺人者無幾。當禽獸日多，充滿宇宙，人日加少，遂至于無人，然後報復之事信矣。而不然者，太平之際，人得其養，海内之戶以千萬計，于時動物亦不可勝用。若禽獸爲人，則禽獸宜彫耗而反加繁多。喪亂之後，人失其養，或至千里人煙斷絶，于時庶類亦不能獨茂，若人爲禽獸則禽獸宜多，而反以彫耗。此以目睹實事而質之者，一也。人之寐也，氣不離形，識知固在，而不能于寐之中自知其寐也。其將寐也，雖大聖亦不能卓然知寐與寤之分際也。死之異于寐也，以方寤之時，或呼之或觸之，瞿然而覺也，死則不能呼之觸之瞿然而覺，然其寐之熟也，則晦昧冥漠，與死者無異。又況于氣既離形，如光之脱火，知識泯滅，不可復揚，乃曰我有一念，由吾所積，皎皎然隨善惡所感而有所生。此又以聚散眞理而質之，二也。智者即是以思之，則輪迴之有無亦可識矣。胡致堂

精氣聚則爲人，散則爲鬼，散則漸滅就盡而已。釋氏乃謂神識不散，復寓形而受生，是不明鬼之理也。平巖葉氏

按，輪迴之説，起于老佛之徒，儒者非之，是也。然自聖賢之教不明

于天下，世俗之人惟老佛之言是信，故南齊范縝嘗著論以辨之，曰形者神之質，神者形之用也。神之于形，猶利之于刀也。未聞刀沒而利存，豈容形亡而神在哉。張九齡

尹氏曰，甚哉，梁武之愚也。人生天地間，有此生則必有此身，生不可滅則身不可捨。抑不知梁武所謂捨者以何爲捨，若以屏富貴妻子爲捨，則是捨物非捨身。若以委其身于佛爲捨，則爲佛者當取其身而用之可也。今既曰捨而其身猶在，則是初未嘗捨也。身未捨而強曰捨，則固已昧其心于不誠矣。他時諸臣又以金贖其身。不知其捨之之時，孰從而受之。贖之之時，孰從而歸之。梁主身非賣童，而可捨可贖，此不惟愚誑其民，愚誑其身，抑且愚誘其佛。末年荷荷之時，又復戀戀而不能捨，何哉。孟子有言，捨魚以取熊掌，捨生而取義。夫魚與熊掌二物，固可捨一而取一。若捨生取義，則必殺生殉義而後可。萬一其生猶在，則亦不謂之捨矣。梁武長齋斷魚肉，日至二食，菜羹糲飰。或遇事繁，日移中則嗽口以過。身衣布衣，木棉皂帳，一冠三載，一衾二年。貴妃以下，衣不曳地。性不飲酒，非宗廟祭祀大享及佛事，未嘗作樂。多造塔廟，公私費損。老年厭于萬機，專精佛戒，每斷重刑則終日不懌。或謀反者，事覺亦泣而宥之。京師白晝殺人，公行摽掠，溺于慈悲，終不能禁。後幸同泰寺講《三慧經》，是夜寺浮屠災。上曰，此魔也，宜廣爲法事。遂起十二層浮屠，將成，値侯景亂而止。胡氏曰，梁武溺于佛而不知佛也。江南雖小，號爲帝王，則一日二日之間幾事豈少哉。乃留居僧寺至于逾月，必以境内爲晏安，無所闕也，而不知所失多矣。浮屠之變，蓋天火之所以警戒也，方且迷而不復，歸于魔障，窮極土木，以肆狼心，烏在其爲淸心能捨也。卒爲侯景所逼，餓死臺城，國亦尋滅。《歷年圖》言，武帝爲桑門之行，屈身傾國以奉浮屠，恩勝于威，紀綱不立，遂使臺城覆滅，老而餓死，古今愚昧，無出其右者。

魏太武毁佛經像，盡誅天下沙門，後五年爲中常侍宗愛所弑。佛家者流遂以爲毁佛之報，不知佛既神通廣大，何不于要毁佛時即殺之，使不能毁，五年而待宗愛殺哉。後其孫世宗立，專尙釋氏，遠近承風，無不事佛。四五年，州郡一萬三千餘寺。帝作瑶光寺，胡太后又作永寧等寺，皆極土木之美。又作九層浮屠，掘地築基，下及黄泉。浮屠高九十丈，上殺復高十丈，每夜靜鈴聲聞十里。僧房千間，珠玉錦繡，駭人耳目，自佛入中國之盛未之有也。後世宗亦爲其下鄭儼、徐紇等，陰與胡太后謀酖殺之。釋謂太武毁佛，故有宗愛殺逆之報。其孫世宗奉佛甚謹，亦遭儼、紇、胡太後所弑，豈佛于毁之者報以弑逆，奉之者亦報以弑逆哉。胡氏以爲，魏氏之亂始于顯祖奉佛，政事不理，重以世宗幼弱，胡后稱制，穢德彰聞。元澄、雍懌，才薄力弱，劉騰、元文，擅權黷貨。以召六鎭之兵，其間非無忠謀至計排難解紛者，而朝廷惑焉，如元匡、崔光、袁翻、李崇、張普惠、薛叔、元孚、元深、元愼、元纂、辛雄、路思令、楊春、源子邕之言皆不聽也。然則非爾朱榮、高歡能爲魏毒也，魏自亡耳。斯言得之矣。豈佛能禍福于其間，媚佛者何益哉。

唐憲宗元和十四年，迎佛骨至京師。先是，功德使上言，鳳翔法門寺塔有佛指骨，相傳三十年一開，開則歲豐人和，來年應開，請迎之。上從其言。至是佛骨至京師，留禁中三日，歷送諸寺。王公士民瞻送捨施，惟恐弗及。刑部侍郎韓愈上表諫。愚按，憲宗號爲剛果，而所爲若此者，由其聖學不講，素無禮義以養其心，故外物足以移之耳。未幾，金丹燥渴，既不足以享長生之效，而身且不保，佛亦無如之何，則其妄誕之說顯然矣。韓公來諫，幾致極刑，要之排斥異端，正議不屈，讀之凜凜，猶有生氣。據釋氏所言，佛指骨開則年豐人和，是歲正値三十年應開之期。正月迎至京師開之，二月平盧將劉悟殺李師道，七月沂州役卒王弁殺觀察王遂，十月安南酋楊淸作亂，殺都護李象古。朝廷大發江湖兵會邕桂二管討之，士卒多瘴死，天下兵起。歲豐人安之言可驗乎。五年庚子正月，宦官陳弘志弑逆，帝暴崩于中和殿，其黨秘之，託曰金丹藥發，燥渴而崩。嗚呼，憲宗信惑異端，身罹大禍，況望歲豐人和乎。

唐武宗惡僧尼耗蠹天下，欲去之，道士趙歸眞等勸之，乃毁天下僧寺四千六百餘區，招提蘭若四萬餘區，勒歸俗僧尼二十六萬五百人。胡氏曰，一身正氣爲邪氣所傷，必以五穀養生之物輔之，然後邪去而正復。若盜跖伏于室，而召陽虎去之，是重自伐也，庸何愈。此元魏用寇謙之，武宗用趙歸眞，以去釋氏之類是也。釋氏蠹民心而耗其財，誠欲變絶，武宗君臣以公道行，夫豈不可，而待歸眞乎。且佛教行乎中國久矣，非一日所

能廢，又不利其鬻牒之資，持之三十年，則本根掃除，餘風亦殄矣。

唐武宗知廢釋氏，而又不免崇信道教，築望仙臺于宮中，受法籙于趙歸眞，又以道士劉玄靜爲崇玄館學士。次年三月帝崩。在位止六年耳，媚道何益哉。

唐宣宗會昌六年三月即位，四月誅趙歸眞是也，五月詔上京增置八寺，復度僧尼。十月惑于道家長生之說，受三洞法籙，又勅復廢寺，在位十三年而已。若宣宗可謂昏愚之甚者矣。五代時有僧，西域得佛牙以獻，明宗以示大臣。趙鳳言，世傳佛水火不能傷，請驗之。折之以斧，應手而碎。方是時宮中賜佛已及數千，聞鳳碎之而止。若趙鳳者，亦聖人之徒哉。

朱子曰，俗言佛燈，此是氣盛而有光，又恐是寶氣，又恐是腐葉飛蟲之光。蔡季通去廬山，聞得云腐葉之光，云有人以盒子盒得一團光來，且看之乃一腐葉。妙喜在一處見光，令人撲之，得一小蟲，如蛇樣而甚細，僅如布線粗。此中有人隨往，聖錫到娥眉山，云五更初去看，初布白氣，已而有圓光如鏡，其中有佛。然其人以手裹頭巾，則光中之佛亦裹頭巾，則知乃人影耳。今所在有石號菩薩石者，如水晶狀，如日中照之，更有圓光。想是彼處山中有一物，日初出照見其影圓，而映人影如佛耳。娥眉山看佛，以五更初看。愚謂，此類皆僧人巧幻，誘惑愚民者，與胡穎毀佛像腹內享祭祀之蛇同，不足異也。

宋孝武帝大明二年，沙門曇標以妖妄謀作亂伏誅。詔沙汰沙門，設諸條嚴禁之。遊僧入他境者斬，非戒行至精潔者不留。辛酉年，魏代北有沙門法秀之亂。梁乙未年，魏冀州有沙門法度，以妖幻惑衆作亂，以尼惠暉爲妻，自號大乘。討平之。夫以沙門而謀反，則何所不爲。人主之尊信異端者，亦可少悟而妖術竟何益哉。

齊建武三年，魏沙門法秀以妖術惑衆，謀作亂于平城，收掩擒之。加以籠頭鐵瑣，無故自解。魏人穿其頸骨，祝之曰，若果有神當令穿肉不入。魏人穿而透，拘三日而死。所連及百餘家，法當族。王叡請誅首惡，赦其餘黨。太后從之，免千餘人。故愚謂，此足爲誅沙門之法，魏太武盡誅沙門過矣。

尼僧

婦女之從釋者曰優婆夷，曰尼，始于漢明帝聽洛陽婦女阿潘等出家，此尼僧之始也。元魏常聽一寺置一僧一尼，後世不痛絕，至今多于女道士矣。大抵多不安于室淫婦女之所爲，以出家咨其淫污，求其溺于老佛之戒，能絕欲而潔身者千萬中無一二也。至觀世音之稱女佛，藏穢蓄污，徒取僧人誇耀，亦此類耳。夫以婦女出從道釋，孝弟忠信禮義廉恥則絕滅盡矣，比男子爲僧道者尤爲可惡。爲人父母者，愼毋使男女至于此極。爲世道計者，可不加之意哉。

又《廣崇正辨下》

通論

楊墨之害，甚于申韓。佛老之害，甚于楊墨。此程伯子之言也。朱子曰，楊朱即老聃弟子，孟子闢楊墨則老聃在其中。鶴林羅氏言，道家之教宗老莊，其徒乃有神仙形解飛昇之說，煉丹保形之術。然老子云，吾有大患爲吾有身，吾既無身而有何患。莊子曰，予惡乎知悅生之非惑耶，予惡乎知惡死之非弱喪而不知歸者耶。麗之姬，艾封人之子也。晉國之始得之也，涕泣霑襟。及其至于王所，同筐床，食芻豢，而後悔其泣也。予惡乎知死者不悔其始之蘄生乎。又髑髏謂莊子曰，子欲聞死之說乎。死無君于上，無臣于下，亦無四時之事，縱然以天地爲春秋，雖南面王樂不能過也。莊子曰，吾使司命復生子形，爲骨肉肌膚，及子父母妻子閭里之識，子欲之乎。髑髏深矉蹙頞曰，吾安能棄南面王之樂，而復爲人間之勞乎。是老莊以身爲贅，以生爲苦，以死爲樂也。今神仙方士乃欲長生，正與老莊之說背馳矣。佛家所謂以生爲苦，寂滅爲樂，即老莊之言也。歐陽公云，道家乃貪生之論，佛家乃畏死之論。此蓋未深考二家之要旨也，老莊何嘗貪生，瞿曇何嘗畏死，貪生畏死之說僅足以排方士。韓文公、歐陽公皆不曾深看佛書，故但能攻其皮毛。惟朱子早年洞察釋氏之旨，故其言曰，佛說盡出老莊，今道家有老莊書不盡看，爲釋氏竊而用之，卻去放效釋氏作經教之篇。譬如巨室子弟所有珍寶悉爲人盜去，卻去收人家破甑破釜。此論窺見其骨髓矣。唐傅奕曰，佛入中國，孅兒幻夫，摸擬莊老，以文飾之。古人亦嘗有是言矣。愚以爲羅大經執説老莊不曾貪生，釋氏不曾畏死，反謂韓歐不曾深看佛書，但能攻其皮毛，誤矣。但看《老子》一書，無非退避自全之計，與其近生近死等説。《莊子》書緣督爲經，乃可全生等語，釋氏書所貴保養精神以致成佛，又多老莊之言，故治世方士僧道諸作用處，全是老莊眞傳，今反謂歐公貪生畏死之説爲非，正是羅氏未考二家之旨，不知二家千言萬語歸于虛無寂滅，皆是爲此妄誕以欺世，其實只是貪生畏死也。所以與所言全相反，此所以爲異端，固宜深拒而痛絶也。孟子曰，能言距楊墨者，是亦聖人之徒也。羅雖未考二家貪生畏死之論，要其知闢異端，則與王安石、張説諸纖兒之名雖爲儒而反操戈入室者，大不同矣。羅非聖人之徒而何。

《易·序卦傳》曰，有夫婦然後有父子，有父子然後有君臣，有君臣然後有上下，有上下然後禮義有所措。今僧道二家，立教無夫婦，是把三綱五常盡廢了，使人人皆如其法，則不惟人其形而行禽獸，百年之後人類絶滅，天地之間惟禽獸草木而已，縱有佛法何人傳他，卻成甚麽説話，人也信他，惜哉。故朱子云，老佛之説不待深辨而明，只廢三綱五常一事，是已有極大罪名，其他更不消説。中國之有佛書，□□之教得以蔓延天下，爲世大禍者，皆漢明帝求佛書啓此釁端。故愚謂道教之爲害罪不全在道流，而在老聃，佛教之爲害罪不全在佛氏，而在明帝。然則老聃、漢明，其天下後世之首惡哉。

浮圖明鬼，謂有識之死，受生循環，遂厭苦求免，可謂知鬼乎。以人生爲妄見，可謂知人乎。天人一物，輒生取舍，可謂知天乎。孔孟所謂天，彼所謂道。惑者指遊魂爲變爲輪迴，未之思也。夫學當先知天德，知天德則知聖人，知鬼神。今浮圖劇論要歸，必謂生死流轉，非得道不免，可謂知道乎。自其説熾傳中國，儒者未容窺聖學門牆已爲引取，淪胥其間，指爲大道。乃其俗達之天下，致善惡智愚男女臧獲人人著信。使英才間氣，生則溺耳目恬習之事，長則師世儒崇尚之言，遂冥然彼經，因謂聖人可不脩而至，大道可不學而知。故未識聖人心，已謂不必求其跡，未見君子志，已謂不必事其文。此人倫所以不察，庶物所以不明，治所以忽，德所以亂。異言滿耳，上無禮以防其僞，下無學以稽其弊。自古詖淫邪遁之詞，翕然並興，一出于佛氏之門者，千五百年。向非獨立不懼，精一自信，有大過人之才者，何以正立其間，與之較是非計得失哉。張子

聖賢以生死爲本分事，無所懼，故不論生死。佛之學爲他怕死，故只管説不已。下俗之人固多懼，易以利動。楊墨之害今世已無之，道家之説其害終小，惟佛學今人人説之，瀰漫滔天，其害無窮。此程子之説也。愚謂，其謂佛氏怕死，老氏偷生，是也。後人因其説有生有識，皆爲苦惱，直至身死焚化，方爲歸眞，爲息假，爲圓寂，爲涅盤，爲離殼，爲想盡智圓，爲情神亡合。人見其言如此，卻説他要死，不知他二家千言萬語，只是箇貪生怕死。觀其作用，道家寶精氣神以求仙，僧家禪定，皆無夫婦，便見其左道亂眞。諺云，懸羊頭賣狗肉，二家之謂也。其説下俗之人易動以利，卻不道他又易怵以禍，以其有善惡報應之説，使愚昧之人皆貪其利而懼其禍，翕然從之耳。又其所謂爲善爲惡，多是要人供佛飯僧與否等件。若爲了惡，怕入地獄受苦，只消做齋寫經造塔捨財，就懺悔了，便解了厄，使升天堂受快活，來生爲人，富貴享福。道家説禍福亦然。其謂楊墨之害今已無之，而不知道釋正是他那無父無君之教。其又謂佛氏之害滔天，是矣。謂道家之害終小，則猶未必然也。

胡致堂論僧曰，彼其衣食居處無以異于人，獨至于君臣父子以爲非法。其貧賤修短不能違乎命，獨至于凡人所値，則推之因果以爲速報。身受奉養安逸之實利，而談空虛寂滅之空言。世主惑于福田利益之虛名，而受耗國蠹民之實害，使任道憂民之士，深嗟而重歎也。又曰，明白易行而無害者，莫如先罷釋老以紓百姓。斷之以不疑，持之以悠久，使人綱紀漸有可張之道，其爲功不在禹抑洪水放龍蛇，周公膺戎狄驅猛獸，孔子誅亂臣討賊子，孟子距楊墨正人心之下，豈不盡善又盡美哉。愚謂，致堂謂莫如先罷釋老，斯言也，其救世立教之功，誠不在禹周孔孟下。後之聖君賢相，果能一切罷之，唐虞三代之治可復見矣。嗚呼，老矣，安得見此日哉。悲夫。

胡致堂謂，佛氏之教，喪人心，失人身，破人家，亡人國，漂泊陷害，天下溺焉而莫之援也，豈但曰弊而已乎。愚謂，老氏之禍，亦一佛耳。其無益于人，害世之大，明白易見。至使世之昏主愚民，猶奉信而不知拒，其與木石之頑然塊然者，何異乎。惜哉。

吾儒之教，凡脩身與爲家爲國爲天下者，誠不可一日而無。以其步步

著實，而實以成功，耳聞目見。脩己者盡之則爲聖爲賢，治人者盡之則家齊國治天下平。雖篤恭而天下平，天地位萬物育之功，莫非身脩而推之，非空言無補于治者比也。若老釋之教，則妖詐虛無，全無實用。以之脩身則廢綱常滅人道，而身不可脩。以之治人，則壞人心術，破人家國天下，而貽害于世，其功業卒歸于虛無，而無纖毫實用。故觀吾儒之教，人君世主循之則治，違之則亂且亡。老釋之教，違之則治，循之則亂且亡，可見矣。世有邪詖之徒、亂賊之黨，乃欲推老釋與吾儒抗，故有三教之說。嗚呼，彼安得謂之教，豈可與吾儒同年語哉。譬之指鬼燐而謂之曰與太陽一類，指瓦屑而曰與穀粟無殊。雖三尺之童，欲欺之而不可得。丈夫以昂藏六七尺軀而爲之惑，無乃昏愚之甚哉，悲夫。

林都憲見素巡撫江西，毁老佛等祠千餘區。愚方正德初，逆賊奄瑾肆亂時，督儲南民部，毁諸倉淫祠佛塔，易以后土木主。後守臨江，僧道官衙與孔廟並列，前有鄙夫扁曰三教坊。愚廢其扁，易以崇儒坊三字。過此坊有感，賦近體二章，云誰將三教扁臨江，老守俄驚恨滿腔。正道已應傳盛世，異言那復出名邦。乾坤萬象難同德，日月諸明自失光。幸遇明良今際會，尚瞻斯世復虞唐。又云，聖世文風久已敷，頑庸底事更相誣。坐令儒者宫一畝，雜以老釋宅二區。青天尺霧不成障，滄海納污良可吁。安得群迷同領悟，迴欄曲檻盡民居。乃廢其庵院祠廟葺官廨，汰其僧道以尼配之。刊詩說散諸社學訓師，令教童子誦習，思欲驗之一郡。尋以此類忤部使者，去郡，事終寢。

讀五帝書，而後知聖人澤及斯民之遠也。後世有立功于一時，興利于一邦者，猶追思而祀之，是數聖人者有功于天下萬世，曾不得推苗裔立宗子，春秋四時享天下之報也。有天下者，端拱九重之內，治其家國。上之天文，下之地理，中之人倫，衣食之原，器用之利，法度之章，禮樂之則，誰推明之，制作之也。戎狄之人，駕一偏空說，失事理之正，而其神像乃得蟠據中華名山，巍業相望，又聽其雕梁畫棟，群淪沒三綱之人而豢養之，此何道也。其不耕不織，侵漁民利，耗蠹民財，乃細事耳。爲政者恬不以爲慮，豈不可悲之甚哉。此胡五峰之言也。愚謂，此言誠當，獨不思老聃駕一偏清虛無爲之說，失事理之正，其神像亦得蟠據名山勝境，巍業相望，又聽其雕梁畫棟，群淪沒三綱之人而豢養之，又何道也。其不耕不織，侵漁民利，耗蠹民財，乃細事耳。夫老釋之虛無寂滅，其私邪幻妄，無益于世，而不耕不織，耗蠹生民，壞人心術，亡人天下，與佛氏同。爲政者恬不以爲慮，誠可悲之甚哉。

愚謂，自老佛之徒出，僧尼道冠盈天下，其惑世誣民，爲害固大矣，然非僧道之罪也。大抵老佛之教得行于世者，起于王道晦塞，以致民生日蹙，民心滋僞，交相戕賊，浸淫無已，舉世不知有生人之樂，故其虛寂慈悲之教，將乘其厭苦而入焉。使王道果大明大行，而人皆蒙親賢樂利之澤，則雖驅之使邪，其誰從之。故孟子曰，君子反經而已矣。經正則庶民興，庶民興斯無邪慝矣。此衛道探本之至論，而昌黎之《原道》，永叔之《本論》所由作也。任世道之責者，其各隨分位而反身求之哉。

徐鵬舉《僧辨》（《閑道録》卷八）　予始登進士，奉差如四川、云貴。于洛陽道中遇僧人數輩，衝道直來，將責之。一僧問曰，不知小僧有何罪當責。予進之前曰，自京師至此嘗責僧矣，無一僧請問，遂使僧之所以可惡，所以當責之故，不聞于人。若此僧則可教可與言者。汝佛教害吾道之大，惑吾民之深，必與汝佛祖言之終日，方知其罪，汝但可使由俗說之，便曉此道理。如人家生子，即喜曰，祖宗之嗣得以繼，老年之養有所賴。汝一旦削其髮剃其鬚而爲僧也，棄父母而不養，絶宗嗣而不續，不孝孰甚焉，不孝之罪可責乎。僧曰，當責。此當責者一也。

今不以爲官吏盡忠言，但以爲民言之。有身則有役，耕田則納税，汝爲僧也，避徭役而不當，逃租税而不納，不忠孰甚焉。不忠之罪，可責乎。僧曰，當責。此當責者二也。

不忠不孝固當責，又有一事尤可怪可責者。彼佛非中國之人，乃西域之戎，帝王之世無此人此教，四民安業，治隆俗美。至後漢明帝時始入中國，自是我中國始有無業之民，始有不周之文，始有獨袖之衣，始有無妻之夫，乃有不父之子，不君之臣。害我彝倫，賊我義理，敗我風化，以致後世治日常少。自天地開闢以來，戎狄禍未有甚于佛者。汝生爲中國之人，世居中國之地，反變化于戎狄之人，尊崇戎狄之教，不耕而食，不蠶而衣，僞起三途，謬張六道，誑惑天下之人心，耗食四民之財物，率天下之人至于無父無君。無父無君之罪可責乎。僧曰，當責。此當責者三也。

汝有三大罪又不自知避，今見害道之罪人，置而不問，均得罪于聖賢，不責可乎。僧曰，當初從彼教出家，欲生天堂，不入地獄，再生得人身，不爲禽獸，今生爲善而不爲惡，使再生獲福而免禍。今聞明教，始知不忠不孝之罪，願容其責，此回還俗爲民矣。

予又語之曰，汝佛首倡言死死生生禍福之説，足以亂惑天下後世。觀汝所言，惟知有死生禍福，而不知佛教之非。雖知有罪還俗，而不知人性之善。我明告汝，彼人之所以爲人而異于禽獸者，以其全盡五倫之道。五倫者何，父子有親，君臣有義，夫婦有別，長幼有序，朋友有信是也，乃人固有之善性，天下之達道，堯舜禹湯文武孔顔曾思孟所相傳者，在人不可須臾離，如飲食在人不可一日而無者。姑即夫婦一倫爲汝言之。汝出家爲僧，欲絶夫婦，乃不能禁止情欲，之四方不守佛教，竊行奸淫。汝默思夫婦之道，可絶去乎，不可絶去乎。若無夫婦，則生民之種類必至殄絶，天下國家無人平治，雖汝佛教亦無人傳矣，則夫婦之倫又可絶去乎。蓋男女之情，人皆有之，聖賢所不能已，不可絶去者。觀夫婦之倫不可禁絶，則父子君臣長幼朋友之倫，不可絶去可見矣。汝等爲僧，絶去五倫，雖欲不爲禽獸，已久失爲人之道，陷爲禽獸而不知也。況人得天地之氣以生，氣散則死。人之死也，氣歸空則飄散，不知何之，身歸土則朽爛消滅，與木石等，雖有地獄以何身而入乎，雖有天堂以何身而登乎。世人信浮屠，生天堂受諸快樂，入地獄剉燒舂磨，受諸苦楚，誑誘之説，無不以供佛飰僧，爲死者滅罪資福。司馬溫公嘗曰，人生含血氣，則知痛癢，或剪爪剃髮從而燒斫之，已不知苦，況死者形既朽滅，神亦飄散，雖有剉燒舂磨且無所施，而死者豈復知之。即浮屠所謂天堂地獄，其計亦以勸善懲惡爾，苟不以至公行之，雖鬼可得而治乎。是以唐瀘州刺史李舟曰，天堂無則已，有則君子登。地獄無則已，有則小人入。世人親死而設齋醮以禱浮屠，是不以親爲君子，而以爲積惡有罪之小人，何其待親之至薄，其不孝大矣。就使其親實積惡有罪，仁人孝子所不忍揚言，又豈賂浮屠所能免乎。彼天堂地獄若果有之，當與天地俱生。自二帝三王及秦漢自光武千數百年，佛法未入中國，人或死三五七日而復生者亦有之矣，何故都無一人誤入地獄，見所謂十王者耶。此堯舜禹湯文武秦漢之前，無地獄天堂也。自漢明帝時至于今，方聞有天堂地獄之説。其説決無有，不足信也明矣。

僧曰，天堂地獄之説之非，固聞命矣。若人死而再生爲人爲禽獸之説亦非歟。予問僧曰，汝遊食四方，好善者多歟，不好善者多歟。僧曰，小僧遊兩京，過七八布政司，好善者止有一分，不好善者有二分。因又問曰，如洛陽縣之好善者果有數歟。僧曰，小僧嘗偏遊化食，如善者只有十數人而已。予語之曰，汝佛謂作善者再生得人身，作惡者再生爲禽獸。據汝所言，天下好善者甚少，作惡者甚多，只有一分再生得人身，有二分爲禽獸。且洛陽一縣，有十數人爲善，惟十數人再生得人身而已，其餘人死都爲禽獸，宜乎世上禽獸多而人少矣。今天下之人愈見加多，何也。

僧則默然莫能對，而問其故。遂語之曰，汝佛謬爲再生爲人爲禽獸之説，所以恐駭愚民，使爲善而不爲惡爾，豈有人死再生之理哉。惟明理之士深知其非，不被其誑誘也。蓋天地爲萬物之父母，人與草木鳥獸皆得天地之氣以生。同是物也，但人得天地氣之淸，故靈于物，參乎三才。鳥獸草木得氣之偏，雖蠢然無知，而死生之理則同。汝獨不觀草木之爲物，乃衆人易知易見者。蓋草得氣之短，死生甚近，如春得天地之氣，則蕃蕪而生，爲始矣。及秋之時，氣散則枯槁而死，爲終矣。來年春氣之至，又自根下復生，去年枯死之草不復再生。年年自根而生，生生長長不絶。猶人得氣之長，或有七八十歲而死者，或有百歲而死者。人既死則有子，子復生孫，繼繼承承不絶也。即草之爲物，無復生之理，則人之爲物，亦無復生之道，彰彰可見。朱子曰，如這花落，便無這花了。豈是歸去，明年又復來生枝上哉。觀此益又可見。況草之生常爲草，不可變之爲木，猶人之類常爲人，不可變之爲禽獸，亦又明明可見矣。且人之富貴壽考，由于祖宗及已身爲善，故天所以福之，猶草木生于肥地，則枝葉茂盛。人之貧賤夭折，由于祖宗及已身積惡，故天所以禍之，猶草木生于瘠地，則枝葉衰敗。若一世積善，則福及一世。世世積善，子孫世世獲福。《易》曰積善之家必有餘慶，《書》曰作善降之百祥，是也。即草木之盛衰由于地之肥瘠，是人之禍福由于祖宗已身所致，非謂今生爲善爲惡，而再生有此禍福也。大抵人情莫不好長生富貴而獲福，惡夭死貧賤而得禍。其貪心無厭，又欲再生獲福而免禍。此佛教再生之説，能中人心之膏肓，足以惑人之深，率天下至于不孝，決不可從，不可信。張氏九韶曰，自秦漢至今，佛老之説日新月盛，屢有攻之者，然攻之暫破而復興，撲之未滅而愈熾。何也。以其死生禍福之説，足以惑人也。此至論矣。昔宋有僧名德公者，亦謂其徒曰，老僧苦行百年，亦不能作佛，徒爲不孝之人，羞見祖宗于地下。但願小僧革還俗以壽祖宗之嗣。此僧又卓有定見也。

僧又曰，或謂佛之理比儒爲徑，何謂也。予語之曰，程子云，天下果有徑理，則仲尼豈教學者迂遠而難至乎。故外仲尼之道而求徑，則是冒險阻，犯荊棘而已。朱子亦云，佛老之言不待深辨而明，只廢三綱五常一事，已是極大罪名，其他更不消說。予又舉其大者一二爲汝說之。汝佛竊吾儒性道之名，盜老莊之言文飾之，如以天地爲幻妄，人事爲粗迹，是以虛空爲性，非天命之性。以毀人倫去四大，無父無君爲道，非率性之道。以清淨寂滅禪脫慈悲爲教，非脩道之教。又以視聽言動之作用是性，而不知所以作用之理爲性。是以氣以人心爲性，而不知理與道心爲性，性乃心之理。又謂明心是性，而不知能窮理然後能盡其心。又以理爲障，則已與理爲二。是皆外孔子之道，名同而實異，似是而實非，所以彌近理而大亂眞。後世名公高才，皆爲其陷溺，謬于見聞，醉生夢死，不自覺也。故程子曰，楊墨之害甚于申韓，佛老之害甚于楊墨。佛氏之言比于楊墨尤爲近理，所以其害尤爲甚。學者當如淫聲美色以遠之，不爾則駸駸然入于其中矣。朱子亦曰，老莊絕滅倫理未盡，至佛則人倫滅盡，至禪則義理滅盡。觀程朱之辨如此，豈有徑理哉。

僧曰，小僧遍避四方，接見賢人君子多矣，未嘗曉告精切有如此者。所以不聞儒道之正，不知佛教之非，久陷于禽獸。今聞明教，方知昨日之非，決念歸去還俗，勉復人倫之道矣。予復語之曰，今汝的知儒釋之是非邪正，歸去還俗有無窮之利之樂，于以娶妻生子，治家立業，續祖宗之嗣，作起家之祖，孝于父母，友于兄弟，耕田納稅以盡其忠，撫育妻子以盡其慈，出入相友以盡其信。是有夫婦則有父子，有父子則有君臣，有君臣則禮義生而五倫備，斯爲聖賢之徒，不爲戎狄之人，出禽獸之群，是又再生爲人矣。

諸僧聞命，自碎其冠，解其服，再拜稽首，唯唯而退。因記辨論之言，以解吾民之惑。

張信民《會語》（《張抱初先生印證稿》卷四） 愼動曰，異端所言與吾儒似不相遠，但其無父無君之教，與吾儒大不相同，所以吾儒每辟而闢之。先生曰，釋迦亦有妻子，老聃亦有君臣，但其教欲出世，日漸流落不好。恐君臣累便絕了君臣，恐父子累便絕了父子，恐夫婦昆弟朋友累，便絕了夫婦昆弟朋友，一味以虛無寂滅爲高，然究竟不能離此五者。若吾儒君臣還其爲君臣，父子還其爲父子，夫婦昆弟朋友還其爲夫婦昆弟朋友，乃是經世之學，只因物付物，天下國家一齊都理了。故曰，所惡於智者，爲其鑿也。智者行其所無事，則智亦大矣。彼異端者流，豈不自謂明心見性，推之天下國家便行不去。蓋異端以槁木死灰爲心，吾儒以視聽言動爲心，異端以知覺運動爲性，吾儒以萬物一體爲性，此吾儒異端之辨也。

會曰，有奉佛教者亦來聽講。先生曰，汝之教何如。曰，惟持齋誦經。先生曰，吾儒非無齋也，如齋戒神明，心齋坐忘，把世俗名利色心一切都淡，惟澄然保個素心。雖飲酒而不及亂，雖食肉而不使勝食氣。於用酒肉之中，得不困於酒肉之妙，這便是不齋之齋。汝教持齋者，或齋於外，未必齋於內，齋於共見，未必齋於獨知，能有是乎。至於誦經，亦只是口中誦念，求如吾儒六經即我，我即六經者，未之有聞也。其人默然良久，乃曰，我聞父母固當孝順，亦不可不朝夕焚香敬天地。喫著皇王水土，亦不可不敬皇王。不然便惹下罪了。先生曰，汝怕惹罪是求福利耳。不知存心養性，所以事天也，修德砥行，所以敬君也。然亦只孝順足以當之。能盡孝則爲天地之完人，爲朝廷之良民，福利孰大乎。反是而逆天犯君，豈焚香拜禮所能禱而免其罪耶。其人悚然有醒。

日睿曰，見石佛庵有衆手衆目菩薩，果當時有此人歟。見有喜悅彌勒，豈能悅諸心耶。先生曰，佛是西方聖人，於理極明。只是偏於獨善，故不能治天下國家。其寺中塑像，只是假像明理，千手千眼即《大學》十手十目之意，言指示多也。吾心原是悅的，彌勒之笑，欲吾心常常悅豫的意思，明心體也。至金剛亦形容道心之堅白，始能降伏私欲。羅漢亦形容喜怒哀樂之情，當求中節。以此推之，莫不皆然。不但此也，能善看則異道俱吾自修之助。

辛全《五曰驅遊民以務本業》（《衡門芹・治具八目》） 天下之人，原以治天下之事。人人各盡其職，天下無廢事矣。農工商賈各有其職，農爲務本，三者猶以爲逐末矣。況於無所事事，猶欲衣帛食肉者乎。今天下無法遊民太多，或作爲小巧，耗費天物，或專攻邪術，煽惑民心，或逃差而爲僧道，或瀆倫而爲優伶，或造酒而靡費五穀，或賭博而漸習賊盜，遊手遊食者多，務本力田者少。天下猶一家也，一家中一人耕之，衆人坐而食之，欲求不困得乎。坐而食之猶無害事，況諸遊食人所作，于世道人心大有害也。宜將力田務本者，量減徭役，其無田而爲商工者聽有田，而願爲商工者則浮民也，略增其徭以示重本抑末之意。至于僧道，坐食天物，無補民生世道，作亂敗俗者往往有之，宜預先諭以正道，使其還俗。願還俗者即以娼伎之無夫者配之，授之以田，使其男耕女織，爲世道有補之人。一倡一隨，享人間太平之樂。有堅志欲眞爲僧道不願還俗者，聽其山林靜養自修，不得誘惑居民，夜聚曉散，違則繩之以法，並罪所近之人。其貪淫無行僧道，又不還俗又不歸山者，令其充戎。至若師巫厭鎭諸術人，令其力田，不得復施其術，違者罰以充戎。良家子弟有投充世家爲戲子者，許世家放還，焚其戲本戲具，盡令歸農，不則繩之以法。娼優各許從良，有夫婦者躬耕，不得再爲淫亂，違則充戎。其能從良力田者，與良民一體相待。凡作淫巧器物，不關衣食切要，皆令歸農。至若造酒，糜費五穀，無益民生，盡絕亦恐遽難，惟將各處酒家徭役略加之重，則爲者漸次寡矣。又須量于各省絕寬處所，再爲建置州縣。州縣村落少者，多爲建置村落。不惟便于行旅，預消盜賊，則遊民又不患無可耕之田矣。至于流遺孤兒，十三歲以下責令養濟院孤老牧撫，惟每月將常食外多加穀糧。十三以後，敎令生理，勿使遊食，其瞽啞跏跛諸人，十三以上五十以下，能求衣食者不必計矣，惟不能求衣食者，有司設法措置，擇寬閒處所，給以資養。擇識字者數人，令其編爲小詞，凡孝弟勤儉忠上守分之意，令其明明白白，易爲人勸，敎其習學。于厭鎭淫詞，盡行禁止，違者不惟不許供給，尤罪所敎之人。啞跏諸人，敎學打繩織網紡花織鞋刊字諸藝。有能施財供給殘廢者，或作歌詞以敎瞽人學習者，即書德行一次，以備表揚。有司不加意者，許提調官嚴法繩之。如此則不惟無遊民，而殘疾亦無不各得其所矣。此舉大略也，至于細目，當事者更宜再參酌而愼擇之也。

賀時泰《語錄》（《思聰錄》） 佛氏要空此心，將此知之有者，罄盡不用。陽明致知，將此知之良者措之實履，正儒釋之別。

從佛之說者，宗祀一主于佛，不知有老也。從老之說者，宗祀一主于老，不知有佛也。生我者父母，成我者夫子。吾儒尊祖敬宗之外，其朝夕所宜致虔者，宜一于夫子而已矣。身體父母所生，粟布天地所產，禮義師友所誨，爵位君相所與。彼老與佛曾何有纖毫之力，乃世之人一舉而歸之二氏，爲二氏者以爲皆出于吾所予奪，惑矣。

認蒙莊瞿曇精魄，爲堯舜孔顏性命。

此胡正甫語也，聖學異教判若黑白，因賦以詠之。

吾儒無所願，所願惟希聖。希聖有眞傳，性命乃終竟。自從渾濁開，聖哲交相映。唐虞洙泗間，斯道最稱盛。晚有老佛徒，耽空恣縱橫。風敎盡抹摋，流毒及萬姓。世儒計拯援，議論紛然競。惟我廬山翁，隻眼無人並。覷破此關頭，兩語中其病。認二氏精魄，爲孔顏性命。確哉斯言乎，示我顯德行。第苦世已隔，末由一細偵。性命涉微茫，定論誰爲證。倏爾憶舊知，不覺心歡慶。惟皇上帝篇，降衷有恆性。以正天命詞，羲易著爲令。據此互考訂，性命即中正。緣此作工夫，聖功有操柄。我歌匪宣驕，詠我脫坑穽。居正厝時中，小子敢不敬。

章世純《鬼教》（**《章子留書》外集**） 鬼事太衆，陽不昌也。故君子以常祀爲禮，不多興鬼事，其在末世則不廢之。末世之鬼靈，何也。曰，末世之道也，上不能治民，鬼代之治也。日不明則星明，陽不明故陰明也。冥司之說，三代之前無有也，後世有其言，然死而更生，能言其事者時有矣。從聖人之敎而勉正者，或不如跂善果而勉正者之衆也。懼王法而自嚴者，或不如懼鬼神而自嚴者之衆也。章子行于婺源道中，石路如掌，澤有橋梁。謂其僕曰，使我車馬安行者，鬼神之力也。僕曰，何也。曰，天下之人少自動于是非者，常自強于利害者也。平道路，爲橋梁，聖人以仁義之性問之，民不應也。王者所謂用人之心者也。伯者令以法制，民僅而從之。然而不能使私爲者，伯者則用己之法也。佛氏以報應之說懼民，民乃樂爲之。佛氏用鬼之事也，故今之安行者鬼神之力也。

喬可聘《劄記》（**《讀書劄記》卷一**） 朱子謂，禪家最怕人說這理字。楊慈湖說，學者胸中常存一理，舍是則無所憑依。吾儒舍理字不講，更講何事。難道視聽言動喜怒哀樂，豈可漫無主宰乎。

心具衆理，衆理悉具於心，心與理一也。故天下事物之理雖在外，統在吾一心。應事接物之迹雖在外，實吾心之所發見。故聖人以一心之理，應天下之事，內外一致，心迹無二。異端虛無空寂，此理先絕於內，以何者而應天下之事哉。由其專事於内而遺其外，不考諸迹而專求諸心，厭棄事物之理，專欲本心虚靈，離内外，判心迹，爲二本矣。敬齋此段議論最了徹。

夫得於内者，未有不可行於外也。有不可行於外者，斯不得於内矣。《易》曰，智周乎萬物而道濟乎天下，故不過。此聖人所以兩得之也。知足以知一偏，而不足以盡萬事之理。道足以爲一方，而不足以適天下之用。此百家之所以兩失之也。佛之失其不以此乎，則佛之徒自以謂得諸内者，亦可謂妄矣。曾子固文人，此段説理最透。

楊慈湖不起意等語類禪，陳白沙一了一切妙等語類禪。若陽明知善知惡是良知，言知也。爲善去惡是格物，言行也。知行合一，豈得以禪目之。

又（同上，卷三） 或問，儒佛同體異用如何。高存之曰，體則寂無朕兆，所以易混。用則全體俱呈，所以易别。《原道》闢佛惟在人倫上斷，置心性之説，不攻自破矣。

佛家儘有能克己者，卻不曾復得禮。

又（同上，卷四） 龍正謹按，萬法歸一，一歸何處。此千古神奇語，亦千古疑難事。若平平看破，只須曰原非有一，一復何歸，啞然而一笑耳。禪家參話頭，千蹊萬逕，不出此類。彼原謂以妄息妄，但知參之者爲妄用，不知所參者原屬妄設也。終日終年參無理之話，眞是勞而無功。故程子謂，天下莫忙如禪客。先生反其意而用之，使人且於靜中體貼聖賢切要之言，可謂開百世之群蒙矣。大抵釋氏立靜坐一法，與孟夫子平旦之氣一段話頭，意思儘覺相近，吾儒不廢其所長，往往用以入門。程子歎善學，陽明補小學，皆借用。先生體貼要言，是反用。

林胤昌《素菴先生棲緑堂經史耨義》卷五 因論史，東漢明章和三帝。雲將曰，明帝習見光武圖讖，爰感佛夢，《周禮》所云惡夢，所當贈而送之者也，乃至桑門延釋，萬里馱經，此害遂與世界終始。《春秋》有作，宜重作俑于茲矣。存茹曰，所最怪者，是時經學大明，帝親受桓榮《尚書》，又親詣孔子宅講説，乃於攻乎異端之訓悉如充耳，而浸淫于因果報應之言，吾不知太師桓榮所講何經，環橋諸儒所聽何義。雲將曰，茲事爲三百二十八萬年，二百七十主中絶大關目，故不厭詳闢。當年購來佛書，其説膚末，原不足竦聽。如《四十二章經》，佛問一僧彈琴絃緩絃急及緩急得中之説，云可證道，此等見解即中國黄口皆笑其淺。後來宗乘遞傳，皆華人背經畔道者翻弄使深，佛翻受誣耳。先生曰，良然。

又，《素菴先生棲緑堂經史耨義》卷十六：存九曰，憲宗晚年好神仙，又好佛。韓文公諫迎佛而不諫神仙，何也。存悔曰，仙事幻，如白日飛昇辟穀之類，與緱城蓬萊之相遇，皆不可學而至，其勢必自衰止，不必諫也。至於佛之事近，曰寂寞，人主效之以靜攝。曰慈悲，人主效之以放生。曰持齋，人主效之以茹素。其道若可喜，舉斯世淪入于無父無君賊害彝倫而不覺，此昌黎所以急攻而碎其骨也。

又，《素菴先生棲緑堂經史耨義》卷十七：雲將曰，讀天地準章，始知佛家山河大地，輪迴生死，一切冥心見性、乾慧圓覺之爲謬妄。天地，易天地也。生死，易生死也。心性慧覺，易心性慧覺也。彌天塞地之中，何處更容佛教。

顧樞《西疇日抄》卷上 讀《易》方識儒釋之辨，只生生之謂易一句，大藏無開口處矣。

佛氏以死生爲大事，若明《易》，又何足道。

又曰，謂著不足盡占可，謂占不足盡易不可，以發朱子主卜筮之説，精矣。然夫子極贊蓍龜之德，曰聖人以此洗心，退藏於密，曰聖人以此齋戒，以神明其德。由此觀之，蓍豈不足盡占乎。佛氏亦云，一莖草化丈六金身，元是通天徹地。聖人見得何精何粗，何小何大，總只一理，所謂物物一太極也，即此可悟格物之旨。後儒或疑其判心與理而二之，誤矣。

昔一老僧云，十年前，見山是山，水是水。此仰鑽瞻忽時也。十年後，見山不是山，水不是水。此博文約禮時也。又十年後，見山依然是山，水依然是水。此欲從末由時也。

息亦有二義，止息也，又生息也。不止不生，儒家之安慮，禪家之定慧，道家之嘘吸，其理一也。孟子言日夜之所息，夜之息猶長夏之伏乎。《易》云，尺蠖之屈以求信也，龍蛇之蟄以存身也。其理可默會矣。

又（同上，卷下） 大哉先聖道同天，千載程朱得正傳。格致一言括口訣，直方二字示眞詮。不從眞實原非學，纔説虚無即是禪。只在眼前休放過，綱常盡處此身全。

學道須將誠敬先，工夫只在立心堅。且從有主操眞宰，漸到無爲合自然。有主萬端私欲淨，無爲一片太虛圓。乾乾終日緣何事，莫信人間有別傳。

高子二詩昔以示予，集中未載。

三教雖異，而攝心則同，所以並垂。

莊子云，適來時也，喜遇順也，安時而處順，哀樂不能入也。禪家云，山鬼伎倆有限，老僧不見不聞無窮。二家也窺得這個消息，但老氏玩弄，釋氏虛無，便說得驚天動地。儒家只素位而行四字，何等平常。然一切世界，無不統攝於此矣。

陰氣一毫未盡不得爲仙，陽氣一毫未盡不得爲鬼，是道家就一氣字上得力。習念隨情轉，臨終被業牽；惺悟不由情，臨終能轉業。是禪家就一心字上得力。至儒家則云，天全而付之，我全而歸之。直看得天人合一，故能生順沒寧，一切委化，浩然與天地常存，省卻多少勞攘。

佛氏慈悲，老氏三寶，皆陰道也。故佛生於西方，老入於流沙。乾以君之，坤以藏之，方是吾儒全體大用，故聖人南面而治天下。

有物先天地，無形本寂寥。能爲萬象主，不逐四時彫。即竊吾儒無聲無臭之說，所謂無極也。廓落非他物，縱橫不是塵，山河及大地，全露法王身。即竊吾儒萬物皆備之說，所謂太極也。究之身行相違，本色盡露，即瞞天造謊，無有是處。程子所云，句句同，字字合，然而不同。高子申之曰，其同處只無極二字，其不同處只無理二字。可謂剖析無餘蘊。

倫理二字，一刻不可無，二氏欲厭而逃之。至其師弟受授之際，規律至嚴，原有無可逃者。但厚者薄而薄者厚，爲不可解耳，眞倒置也。

君子之道，造端乎夫婦，及其至也察乎天地。佛氏之道，絕端乎夫婦，及其至也滅乎天地。吾儒一團生機，故曰生生之謂易，天地之大德曰生。佛氏一團殺機，故曰護生須是殺，殺盡始安居。觀其生於西域，盛於亂世，可見爲純陰矣。

雪山堅坐，是何等精神，宜其神通廣大，只因起頭一念差卻，便不得爲正宗。以此造端，以此結果。甚矣，起念之不可不慎。

梵志翻著襪詩，竊吾儒尙絅之義，然的然日亡，莫有甚於釋氏者。

高忠憲師最深於禪，如云散漫去即是妄心，收拾來便是良知，即無明即佛性之說也。有不帖帖處，只體認先儒要語，即參話頭之說也。而靜坐主一，俱禪家最得力處，高師常借用之，此皆從大程子來。先端文亦云，惟明道先生看得禪書透，說得禪弊眞，吃緊處只從性理二字，決其毫釐千里之謬。

天何言哉，四時行焉，百物生焉。孔氏之無言也。天何言哉，四時絕焉，百物息焉。釋氏之無言也。

佛氏多言不見不聞者，正是遁辭。亦如道家好言遁術，只瞞不過明眼人。

禪家當頭一喝，使人一切伎倆都用不著。非平日眞有所得，從何捉摸。縱或勉強支吾，至下一轉語，便茫然無措矣，亦治揣摩剿襲第一法。

程子深闢成住壞空之說，此易理也。佛氏生理盡滅，故其謬處得易而明。近乃有以禪說易者，不亦悖乎。

不息則不生，觀於晝夜可見，人之呼吸猶是也。程子闢沃焦之說，云必不以已竭之氣復爲方生之氣。信矣，即此可悟輪迴之妄。

佛教上屬鬼宿，暗則其教衰。今昌熾極矣，星象何若。當以訊之知天文者。

山河及大地，全露法王身。又欲逃世，可乎。畢竟有物先天地，無形本寂寥，是禪家本色語，以其外物言理也。

致知，孔氏之言學也。良知，孟氏之言性也。至陽明直曰致良知，欲合孔孟爲一，以標性學之宗，不欲岐性學爲二，而守朱陸之見，其立意甚高，初不計立說之流弊至此極也。無善無惡，標指一誤，而辭而闢之者至比之異端，流及東溟，且以聖神分儒釋矣。息邪距詖，東林之功，謂非狂瀾一柱歟。

造次顚沛，君子視之，只如終食間耳。古德云，習念隨情轉，臨終被業牽。渠輩看得生死事大，何等張皇，吾儒只是日用飲食。此所以異也，了此便透朝聞夕可消息。

高子云，心如太虛，本無生死，是謂無生。又云，百年之身甫盡，千秋之身伊始，是謂長生。佛老二氏一齊抹殺矣。又云，《西銘》言生順歿寧，謂之寧，必有不寧者矣，聖人不言耳。語皆引而不發，可思也。

古人念念定慧，臨時安得散亂。今人念念散亂，臨時安得定慧。自是禪家覺語。不知吾儒定靜安慮，非爲生死也，如爲生死，畢竟是軀殼上事。禪家此言只是渡江活計。

坡公云，這裏有甚麼歇不得處。此覺語也。程子云，金革百萬之衆，蔬水曲肱樂在其中。亦此意，但說來便有儒禪之別。

佛氏云，無常迅速。此語蓋襲逝者如斯之旨而失之。不知天下事皆常耳，安得無常。惟不舍晝夜，乃通乎晝夜而知耳。

釋迦初發心時，便從生死立腳。後來千迴百轉，畢竟不出此疑團。作法於涼流弊如此，乃知中庸一語，攧撲不破。

人病死時自多痛楚，然與坐脫立亡等死耳。佛氏既云一切俱空，又終日急急波波圖此一大事，欲免此厄，豈非大愚。古德云，坐脫立亡即不無，先師意未夢見在。即彼宗亦未以此爲得手事也

和靖云，天地之性人爲貴。人生天地間，其本甚善，幾曾教你爲惡，作賤他來。得之太虛，還之太虛，我在何處。此全歸之說也。

遠公雖老，講論不輟。弟子或有惰者，遠公曰，桑榆之光，理非遠照。但願朝陽之暉，與時並明耳。執經登座，諷誦朗暢，詞色甚苦。高足之徒，皆肅然增敬。又答王司徒謐云，古人不愛尺璧，而重寸陰。觀其所好，似不在於長年。檀越既履順而游性，乘佛理以御心，因此而觀復，何羨於遐齡耶。合二則觀之，此老自非虛度日月者。

人心惟危，合下便有個不肖的胚胎。罔念作狂，到底有個不肖的坑塹。豈不可畏。要之，惟微克念者，即存乎其中，如反覆手耳，釋氏亦云無明即佛性，聖賢所以有反身之學也。

潘平格《辨清學脈下》（《求仁録輯要》卷二） 舍見在眞心而求心性，又有知意之非心，識之非知，而悮於佛氏之眞空妙有者。蓋既知意識之非心性，又不知見在之眞心恰恰性善，而徒見當下之直達流行者本不自識知，遂以爲原來本空，原來大虛。故曰，紛紛枝節外頭尋，到底根株只此心。莫笑無絃陶靖節，個中三歎有餘音。又曰，良知之虛，如天之太虛。良知之無，如太虛之無形。知求仁之學脈者，見在眞心不自識知，必不以不自識知而謂之當體眞空，無有本體。蓋怵惕於將入井之孺子，恬然於食草飲水之牛，當下亦不自知其安。何以不安也，當不可安則自不安也。何以安也，當可安則自安也。當不可安則自不安，當可安則自安，非性善而何哉。不學而能謂之良能，不慮而知謂之良知，安其所可安，不安其所不可安，各得其本心，謂之仁。人心可得謂之虛無，謂之眞空乎。

舍見在眞心，而指點當體本空之靈知，亦見在日用，則必有悮於情識之弊。蓋吾人眞心與後起之情識，常相間而出。知求仁之學脈者，知見在眞心即是仁，即是性善。自知與情識懸絶，而工夫必擴充四端，情識自不得而用事。若當體本空之靈知，原非吾性之本然。佛氏雪山六載，既絶情識，亦棄眞心，一旦親證眞空，自謂奇特，不知即是見在夷然恬然不自識知之眞心昧，其爲此心之安處恰是性善，而悮以爲性空耳。後之學者，既不知眞心之安與不安本是性善，有擴充工夫。又未嘗如古之高禪，斷命根，去情識，苦參實悟，而遽承認當體本空之靈知，見在日用，非情識而何哉。情識之習慣有如自然，情識之炯然有如知慧。未嘗實悟則必死認爲當體本空之靈知，於是以咨肆爲本色，以流浪爲見成，而蠱人心壞風俗矣。

有見在情識之弊，則又有懲之，而收攝斂聚，歸於虛靜淵寂，乃得情識不汩，而靈知之流行，常感常寂，亦無感無寂者。知求仁之學脈者，只自勉於立志，不俟收攝斂聚，而志常篤切，即心常凝謐，且眞心直達流行，不識不知，是謂眞寂。本體固然，無俟於歸。若用收攝斂聚之功，而歸於虛靜淵寂，則老氏之致虛極守靜篤也。蓋老氏之虛極靜篤，非沈空守寂也。虛室生白，宇泰定者，發乎天光，固未嘗不虛明活潑也。虛靜淵寂而後，靈知之流行，常感常寂，亦無感無寂，其老氏之學乎。嗚呼，透悟四無，則徹底佛氏之眞空妙有，故無所忘而忘，不待存而存。未有悟入，則必謂靜而後不撓，虛而後發光，故息心歸靜，攝知歸止，不自知其入於老氏。徹底佛氏之眞空，則寂滅見前，故指點寂滅亦見前，一經未悟者承認，遂爲情識。靜爲之主，而常感常寂無感無寂者，不失爲老氏之眞人眞知，一有虛靜可安頓，而收攝斂聚，亦便爲識神。蓋眞空無可收攝斂聚，可收攝斂聚者識神也。學術之間不容髮者如此。

舍見在眞心而求心，又有專於靜坐，而靜中養出端倪者。夫靜中養出，則虛能生有矣。故云心之萬感萬應可睹可聞者，皆實也。其爲應感所從出，不可以覩聞及，則虛而已。又云萬感萬應資之不窮，天地萬物罔不流行發育於其中，而不爲天地萬物所攖，豈非有生於無，老氏之學乎。且

謂心之萬感萬應者有所從出之虛，則又非指氣爲心乎。故有云，載籍之中，聖人無所不言，惟此心通塞往來之機，生生化化之妙，聖人無一言及之。夫通塞往來，生生化化者氣也，不虛則生生化化之機或窒，故工夫在致虛。致虛者，密密保護，勿使虛靜之有撓，則生生化化之氣，無刻不流行活潑於腔子之中，而常爲萬感萬應之本也。知求仁之學脈者，知性善眞實，故見爲惻隱羞惡辭讓是非之四端眞實，豈得謂本虛形乃實乎。心性本非二，豈得謂四端之見，有所從出乎。眞心見在，日用不識不知，恰恰渾然一體之仁，焉得有所謂生生化化乎。篤志力行則眞性見前，時時渾然一體，焉得有所謂生生化化者，流行活潑於腔子中乎。行無不慊於心，則氣自浩然，故曰知皆擴而充之，若火之始然，泉之始達，又豈生生化化之氣機流行活潑於腔子者可比擬乎。

不知見在眞心，則不知渾然天地萬物一體，故雖言一體而實非渾然一體。如云人物均受天地之氣而生，所以一體。云人物同稟天地之理，故與天地萬物一體。云穹壤之間與吾並生，莫非同體，體同則性同，性同則情同。云人於天地間須是窮到至纖至悉，十分透徹，則與萬物爲一所無窒礙。云心之德愛之理，若於此處認得仁字，即不妨與天地萬物同體。此皆以理推之，當爲一體者也。

云將身放在萬物中一例看，大小大快活。云公則視天地萬物皆爲一體，而無所不愛。此於虛明無我之際看得一體者也。

云晏坐返觀，忽見我與天地萬物萬事萬理澄然一片。云當極靜時，恍然覺吾此心中虛無物，旁通無窮，有如長空雲氣流行，無有止極，有如大海魚龍變化，無有間隔，無內外可指，無動靜可分，上下四方往來古今，渾成一片。此於寂靜虛通之際見得一體者也。

云渾身透亮，宇宙通明，視盈天地間恰是個水晶宫。此於靈明烱然之頃，會得一體者也。

老氏之天地與我並生，萬物與我爲一，亦是推之於虛氣，而參萬歲而一成純，則虛極靜篤之眞境也。

佛氏之十方無壁落，四面沒遮欄，無邊刹境，自他不屬於毫端，十世古今始終不離於當念，則眞空無依之智，所謂絶滅見前者也。皆非吾渾然一體之仁也。

知求仁之學脈者，見在眞心恰恰渾然天地萬物一體，蓋眞心無對待，無對待則渾然一體。眞心見在日用不自識知，不自識知則渾然一體。如孩提之愛親敬長，渾然親長一體者也。渾然親長一體，恰渾然天地萬物一體。今人之乍見惻隱，渾然孺子一體者也。渾然孺子一體，恰渾然天地萬物一體。夫愛親敬長，此心之安者也。乍見惻隱，此心之不安者也。安固渾然一體，不安亦渾然一體。此豈非性善乎，豈非所謂仁人心乎。若佛老之一體，亦無對待，亦不自識知，而一爲虛無，一爲寂滅。靈明烱然之頃會得一體者，識神之幻景。寂靜虛通之際見得一體者，虛寂之境界。虛明無我之際看得一體者，卜度之影子。以理推之當爲一體者，想像之虛見而已。其於吾性渾然天地萬物一體之仁，誠不啻千里之謬矣。

知求仁之學脈者，始如堯舜之道，實實孝弟而已矣，夫子之道，實實忠恕而已矣。始知強恕反求，恰恰心性工夫。愛親敬長，恰恰渾然心性。故指點只有四端，無別語可指示工夫，只有擴充四端，無別路工夫須補湊。知求仁之學脈者，渾身是心，渾身是性，絶無深微玄妙之見。若未嘗深造自得，則有心性之見，故樂於深微玄妙，而不樂於平常眞實。與之言無知而知，知而無知，則以爲精。與之言愛親敬長，乍見惻隱，則以爲粗。與之言靜養，言凝情，則以爲知性工夫。與之言強恕反求，入孝出弟，則以爲人事粗迹。趨向於聖學，而所疑者聖學，不肯爲異端，而所信者異端。終其身而莫之知，可哀也已。

知求仁之學脈者，渾是平常，渾是平實。而異端之玄微高妙者，毫不能及其萬一。盡力於人倫，綿密於日用，而異端之超脱灑落者，毫不能測其影響。若未嘗深造自得，則必以爲玄微高妙、超脱灑落者勝，又必以爲聖人本玄微高妙、超脱灑落，而以人倫日用平常平實者教人。道眼不明，淄澠莫辨，終其身爲異端之歸矣。

知求仁之學脈者，言惻隱羞惡辭讓是非，即是指明心性。言愛親敬長，乍見怵惕惻隱，即是直示心性。言不忍觳觫，即不忍觳觫已全心性。言徐行後長，即徐行後長已全心性。若未嘗深造自得，則必有粗淺，有深微，粗者淺者非性，深者微者乃性。疑小疑大，疑偏疑全，是盲子論色，聾子論聲也，相去遠矣。

又卷三《致知格物上》　故欲明《大學》格物之旨者，必先明乎知，知即惻隱羞惡辭讓是非之四端，致知即是擴充四端。四端非懸空無事而擴充之也，故孟子曰，人皆有所不忍，達之於其所忍。人皆有所不爲，達之於其所爲。此致知在格物之旨也。後世之學不明乎知之所以爲知，或曰知即是識，或曰知體本空。知即是識，是俗學也。知體本空，是佛學也。昭昭靈靈之識，不待學而後知。雖引市井之夫而詰之，未有不以昭昭靈靈爲知者，故曰俗學。大約以靈明知覺爲內心，以靈明知覺之所照爲外境。立我緣物而與物對待，故內外體用之說起焉。然昭昭靈靈之識，其粗者也。不明吾性之良知，而惑於佛老之學又不能透，則雖當體本空之知，力辨其非識，而仍不脫乎識也，知可冒昧言哉。夫吾性之良知，當惻隱不知是惻隱，當羞惡不知是羞惡，當辭讓不知是辭讓，當是非不知是是非，夫當下不知是惻隱羞惡辭讓是非，則渾然天地萬物一體也，豈立我緣物而與物對待者乎。當下不知是惻隱羞惡辭讓是非，所謂不識不知，順帝之則，孟子所謂不慮之良知也，豈靈明知覺之可言乎。明乎知爲不慮之良知，即惻隱羞惡辭讓是非之四端，則必明致知爲擴充四端。明乎致知爲擴充四端，則必明乎達不忍於所忍、達不爲於所爲爲格物。若以知爲識，則必以致知爲推極知識。以致知爲推極知識，則舍窮至事物之理爲格物無由矣。此以知爲識，而悞認格物之失也。佛氏之道，空有不二而已。於凡境遇事物之當前，未嘗起識心曰眞空，恰恰當機妙應曰妙有。若未嘗起識心而不能妙應，則斷見枯空，非眞空也。當機妙應而有識心，則識神作用，非妙有也。未嘗起識心而恰恰當機妙應，空即不空，有原非有，故謂之空有不二。後世之言良知者曰，良知無知而無不知。曰無知而知，知而無知。曰知是知非而未嘗有是非。曰良知本體，原來無有本體。曰目無體以萬物之色爲體，耳無體以萬物之聲爲體，心無體以萬物感應之是非爲體。爲其學者有悟於此，曰無心之心則藏密，無意之意則應圓，無知之知則體寂，無物之物則用神，豈非空有不二，佛氏之學乎。孟子嘗言不忍觳觫之牛矣，倘見食草飲水之牛，則必夷然若不見。嘗言怵惕惻隱於將入井之孺子矣，倘見含飴鼓腹之孺子，則必夷然若不見。何以夷然若不見也。當可安則安之也。何以怵惕不忍也，當不可安則不安之也。何以當可安則安之也。性善也。何以當不可安則不安之也，性善也。當可安則安之，當下不自知其安。當不可安則不安，當下亦不自知其不安。未嘗起識心而當機恰中天則，所謂不識不知順帝之則也，所謂不慮而知也，所謂渾然天地萬物一體也。豈得以其不自知而謂之當體本空乎。性空之非性善明矣，智慧之非良知明矣，而乃曰，良知之虛如天之太虛，良知之無如太虛之無形。曰老氏說虛，聖人豈能於虛上加得一毫實，佛氏說無，聖人豈能於無上加得一毫有。如是以悞良知。曰圓機，曰妙用，曰無寂感，無閒忙，有無之間不可致詰。曰無中之有，有中之無，有無相生以應乎無窮。曰良知是虛，格物是實，虛實相生，天則乃見。如是以悞格物，又豈得謂《大學》致知格物之旨乎哉。故曰，後世格物之說多端，而究無與於《大學》之旨者，非特悞在格物也，悞在知，故悞在格物也。

問，窮理專於知，固所不取，正事專於行，似與格通，人我無異，何爲而不然。曰，格通人我者，不忍人之心貫注倫物間，遇物接事惟恐或傷之，事自得其正矣。是格通人我則事自正，非但就事正事也。正事者但就事而正之，事雖正而不關於格通人我，一物一事之間，蓋有攸分矣。格通人我者，其本在欲明明德於天下，正事者欲在修身，是志之所發不同也。格通人我者，渾然一體之仁，正事則靈明耳，是當體之所運不同也。曰，物與事如是分乎。曰，物有本末，事有終始，《大學》已分之矣。後世惟物不明，故格之之道不明。然其本又在於知不明，故物不明。曰，良知之說出於孟子，安得謂之不明。曰，孟子良知即是仁義，其根則性善。後世之言良知者，曰無有本體，曰當體本虛空，而其根則無善無惡。一爲吾儒之道，一爲佛氏眞性，相去不啻天淵。曰，然則何以提孟子之良知。曰，《孟子》一書語語皆性善，則語語皆良知，非僅見於不學不慮章也。此章之意全在於愛親敬長之仁義達之天下，而以不學不慮動人固有之良耳。自學絕道喪之後，聖人之心不可得見，而悞認夫不學不慮者，意識不可得有，似乎當體本空，故遂曰良知。良知云耳，豈孟子之良知哉。曰，孟子云是非之心智也，前賢云良知即是非之心，亦不同乎。曰，夫良知者渾言之，四端皆是也。析言之，則是非之一端。是者不忍謂非，非者不忍謂是，謂之智可也，謂之仁可也，故曰性善也。後之言良知，只是非之心者。曰良知知是知非，而未嘗有是非，則佛氏之空慧，非孟子之良知矣。曰，佛氏眞空，離人倫棄事物，後之言良知即空慧，何以致知在正事。曰，今之論學者，不特未明吾儒之道，亦並不深究乎佛氏之言，但謂佛氏離人倫棄事物，而不知大乘圓教，事理不二，色心互融，法法徧周，念念俱足者，蓋未嘗離理去事也。未嘗離理去事，則正事可矣。曰，知異則格物異，何也。曰，知爲渾然天地萬物一體之知，則物本渾然一體之物，致渾然一體之知，在格通其身家國天下本是一體之物。知爲知是知非而未嘗有是非之知，則物即爲其是非而未嘗有是非之物，致知是知是非而未嘗有是非之知，在正其是非而未嘗有是非之事。知異，則其所以格物致知者不容不異也。曰，是非而未嘗有是非，何爲而正之。曰，若是則隨空落無，非大乘圓教矣。未嘗有是非而知是知非爲是去非，知是知非爲是去非，而本無是非，縱橫萬有，當體本空。前賢所爲，得於大乘圓教者也。學者信從久之，一旦覿體相呈，親見無知之面目，則曰心是無善無惡之心，意亦無善無惡之意，知亦無善無惡之知，物亦無善無惡之物。無心之心則藏密，無意之意則應圓，無知之知則體寂，無物之物則用神。其知非致知之知，物非格物之物，意非誠意之意，心非正心之心，與《大學》相去懸絕，又奚待辨哉。夫正事與格通人我，豈非均一力行，即事物之間有不同，亦不過謂毫釐之異耳。而豈知其即爲心性本原之所繫，儒佛出入之所關者耳。故曰，有志於《大學》者，不可以不擇善也。

問，知善知惡是良知，爲善去惡是格物。大中正至之道，豈可目之爲佛氏。曰，天泉證道中謂，上根之人悟得無善無惡心體，即從無處立根基，意與知物皆從無生，一了百當。中根以下之人用爲善去惡工夫，隨處對治，漸漸入悟，從有以歸於無。子但知善知惡爲善去惡，而未嘗漸漸入悟，從有以歸於無，但循中根以下之教，而未知其中根以上之指示，何怪於子。曰，此其門人之言，非其師之說也。曰，子不見提宗四語，首是無善無惡心之體乎。又不見良知本體原來無有本體乎。其他如良知之虛，良知之無，老氏說虛，聖人豈能於虛上加得一毫實，佛氏說無，聖人豈能於無上加得一毫有。目無體以萬物之色爲體，耳無體以萬物之聲爲體，心無體以萬物感應之是非爲體。語語說無，四無之說，豈待其門人而後發耶。但爲師者引而不發，以待學者之自悟。學者一悟之後，非四無不言，謂有違於其師之教則可，遂謂出自門人，非其師之學，則不悟良知本無知，而欲以是護其門望者也，豈實論哉。已上辨陽明之格致。

又卷四《致知格物下》　老氏無情，佛氏冤親平等，不近人情，惟吾儒爲能平情。平情之言似淺近而非老佛之所幾，似平易而實非至聖不能盡。嗚呼，此其所以爲中庸之道也。

又卷五《渾然一體中條理》　一友謂，先生待人有厚薄，不類渾然一體。曰，渾然一體中厚薄自在，有厚有薄，何嘗非渾然一體。《大學》云，於其所厚者薄，而於其薄者厚。《中庸》云，親親之殺，尊賢之等。若渾然一體而無厚薄，只是佛氏平等眞空，去渾然一體遠矣。

堯舜禹湯武，君即師，教即治。至孔子而君師之道二，教治之職分，春秋遂不能爲唐虞三代。再傳至於孟子，而師道亦絕矣。蓋君即師，教即治，則其道常明。君之所以出治者，不由於學，而僅一二布衣之士明之，則其勢必至於淩夷衰微也。自漢以來，佛老之學盛行於天下，佛老出世之學也，在上既無修身齊家治國平天下之學淑善一世，則出世之學盛行，又其勢之所必然，益無足怪矣。

吾人本來性善，明性善之學則人之眞性觸動，惻隱羞惡辭讓是非之良時時見前。愛於親，敬於長，忠於君，慈於下，別於男女，信於友朋，仁於民，愛於物，自知人倫之非外，自知身家國天下之爲一體，人心日正，風俗日厚，治道日興，漸可復於唐虞三代之盛。佛老性空之說行，往往爲其學者不能空嗜欲，而先空人倫，愛親敬長澹而無味，治家訓子毫不經心。間有不得意於倫常，則不知所以自勉而逃之空門。其號爲得法之徒，則重佛法而輕父母，傲然自以爲法王而蔑視人王，愛親敬長之心日空，無忌憚之習日熾，世道未有不日亂，而生民之患未有不日甚者。

又卷六《孝弟》　《孝經》云，先王有至德要道以順天下。又云，夫孝，天之經也，地之義也，民之行也。天地之經，而民是則之。則天之明，因地之利，以順天下。又云，聖人因嚴以教敬，因親以教愛，是以聖人之教不肅而成，其政不嚴而治，其所因者本也。蓋愛親敬長，孩提本然，聖人不過因之順之耳。唐虞使契爲司徒，教以人倫。三代之學皆明人倫，以此爲學，即以此爲教爲治。學教治只是一轍，故人才易成，天下易致太平。後世學術不一，老氏致虛守靜，佛氏出世了生死，前輩見人靜坐，便歎其善學。默坐澄心，觀未發氣象。瞑目靜坐，收拾放心。別事不管，只理會我。宴坐返觀，澄然一片。學須從靜中養出端倪，方有商量。端居澄默，蚤夜參求，調息爲入門，而時時習靜，察識端倪，泠然自照。

以至致虛歸靜，收攝保聚，攝知歸止。又或云，須得一二年閒飯喫，云只因李先生不仕做得此工夫。若然，則爲學是撥冗寬坐之事，是二三少事之人，天下當有不能爲學之人，不可盡收之學問之內者矣。其學不可以爲教，不可以爲治，學教治判作兩三項，故人才難成，天下難致太平。嗚呼，人人爲父母所生，人人與兄姊一本，一出胎而至道已備。苟人人篤其愛親敬長之良，人人擴而充之於人倫日用，則經營藝業，皆聖賢之事，農工商賈，皆聖賢之人。蓋事有閒忙而愛親敬長無閒忙，人有貴賤而愛親敬長無貴賤，家家致謹於事親從兄，則家家復性求仁，家家成其爲孝子悌弟，則家家聖人賢者。嘗見有終日營生之小民，而愛敬眞至者矣。愛敬眞至則必爲善於鄉里，慈心於物命，而取予不苟，非義不爲者矣。此豈靜坐主敬收拾放心而然耶，抑豈靜中養出端倪方有商量處耶。而講學明道之君子，往往重彼而不重此，何也。嗚呼，道在邇而求諸遠，事在易而求諸難，在孟子時已然，又何怪乎後世。今日諸友，毋忽視某之言淺近而不足爲也。吾性見在日用，有何深遠。愛親敬長，事事至道，有何不淺近。諸友但患日用而不知，勿妄疑淺近而未盡。若厭淺近慕高遠，則背聖道入異端矣。異端又豈諸友之所願爲者哉。

吾性渾然天地萬物一體，故孩提之童無不知愛其親，及其長也無不知敬其兄。乍見孺子將入於井，皆有怵惕惻隱之心。惟大人者不失赤子之心，故汲汲於修身齊家治國平天下。堯以不得舜爲己憂。舜以不得禹、皐陶爲己憂。禹思天下有溺者，由己溺之。稷思天下有饑者，由己饑之。今吾人爲學，皆所以復赤子之心，故孝弟也者，爲仁之本，強恕而行，求仁莫近。後之爲儒者之學者，或言定之以中正仁義而歸重主靜，如守靜篤之說，或並提窮理主敬，而窮理乃是推極知識，主敬乃是束住虛靈。或專提不起意，吾心自有其光明，自有其妙用。或專提致虛自然，吾心之體，隱然呈露。或專提靈知知是知非，而未嘗有知。無是無非，而未嘗無知。皆與孝弟爲仁、強恕求仁之學相違，與吾性渾然一體無涉。所以言性者，謂之善固性，惡亦不可不謂之性。人生而靜以上不容說。言心者，謂之心今本虛，應物無迹，謂之虛靈不昧，一片空明。言意者，謂之不起意則有光明妙用。言本體者，謂之至無而動，至近而神。言良知者，謂之原來無有本體。總以佛氏之眞空，亂吾儒之性善。嗚呼，仁人心也，良知即仁也。性善鑿然，而可以眞空亂之乎。孟子云，乃若其情則可以爲善矣，乃所謂善也。所以指示未知性者，極爲委曲而諦當。繼云，惻隱之心仁也，羞惡之心義也，恭敬之心禮也，是非之心智也，仁義禮智非由外鑠我也，我固有之也。所以言性者，最爲親切而詳盡，而可以眞空妙有之說附會之乎。工夫非孝弟爲仁強恕求仁，則必不能以復渾然天地萬物一體之性，必不能灼知性善，而說心說性說仁說良知，總是性空之餘瀋。學者欲復本然之性善，入手工夫其容不細審乎哉。

謂一友曰，孔孟之學脈俱在，但須審明而力行之。孟子道性善，言必稱堯舜，而堯舜之道，孝弟而已矣。孟子稱仁人心也，而仁之實事親是也，親親仁也。孟子言良知不慮而知，而良知之可見，則孩提之童無不知愛親，及其長也無不知敬兄。親親仁也，敬長義也。無他，達之天下也。又曰，強恕而行，求仁莫近。曰，仁者如射，反求諸己。言言皆血脈，字字皆眞宗，孔孟心髓盡於此矣。顏有曾思，命脈明著於此矣。誠能審明乎此而力行之，久久純密，不疎不懈，則渾然眞性，直達流行，自有一旦豁然知性之日。其知性也，自然同於孔孟，不同於佛老，不同於諸賢。蓋愛親敬長，強恕反求，渾然眞心也。一根直達，此眞心恰恰是性善，恰恰仁人心也，恰恰良知。及其知性而言性也，自確確然性善，不得以性空渾。確確然仁人心也，不得以虛靈知覺渾。確確然良知，不得以靈知當體本空混。心性上確確然下虛無等字不得，聖門知字確確然下虛靈寂照虛明湛然等語不得。見之眞則論之定，持之堅，雖刀鋸鼎鑊不能奪也。嗚呼，此其透體灼見之實言，五六年來悲歎徬皇，欲得傳人欲明學脈之血淚，今誰與信此乎。

吾性渾然天地萬物一體，愛親敬長當下渾然一體。故有子曰，孝弟也者，其爲仁之本。曾子曰，愼終追遠，民德歸厚。孟子曰，親親仁也，敬長義也，無他，達之天下也。曰，仁之實事親是也，義之實從兄是也。知性最眞，故指人脈路工夫最切。強恕反求，亦當下渾然一體。故夫子曰，能近取譬，可謂仁之方。曰克己復禮，曰如見如承，不欲勿施，在邦在家無怨。曾子聞一貫，曰夫子之道忠恕而已。孟子曰強恕而行，求仁莫近。曰仁者如射，反求諸己。蓋強恕反求，不過擴充其愛親敬長之良而達之天下，初非有二也。誠勉勉於此，則心專志一，宥密無疵，靜矣。主靜則不過虛靜之靜，非靜也。翼翼小心，日見不足，敬矣。主敬則不過寂寂惺惺，治無記亂想，非敬也。愛敬惻隱，油然盎然，何嘗起意，何嘗不自然。即強恕反求，力盡本分，又何嘗起意，何嘗不自然。愛敬惻隱，乃是良知，強恕反求，即是致良知。而以此心之虛明變化爲不起意，以致虛爲自然，以當體本空之靈知爲良知，則性空之旨、虛無之教，非吾儒之脈絡也。嗚呼，學既失吾聖人之宗，雖字面不改，而旨歸各別，世之學者何爲而不知辨之哉。

聖學止是充長愛親敬長之本然，故學易成而道易明。後世性善之旨不明，俱不知在愛親敬長一根上直達擴充，而以主靜、持敬爲學，不起意、致虛自然爲宗，致靈知爲教，各自以爲心性工夫，而不知去之愈遠。蓋愛親敬長者，吾之眞心也，所謂性善也，所謂仁人心也，所謂良知即仁也。從此一根擴充，則自知性善，始是仁人心也，始是良知即仁也。不從此一根擴充，則主靜、持敬者不過意識用事，致虛自然者不過歸根復命，不起意者，致靈知者，不過智慧圓明，而錯認心性矣。

佛氏有《報恩經》，道家屢申孝弟明王之教，況在前輩諸賢，豈有舍孝弟以爲學者。只不在愛親敬長一根上直達擴充，而重在主靜、持敬、不起意、致虛，靜養當體空寂，故卒與性善之旨絕遠。至於佛氏報恩，有佛氏之見識在。道家孝弟，有道家之見識在。故曰，道不同不相爲謀。

一學佛者見。潘子曰，吾儒之學盡力於人倫，孝是眞孝，弟是眞弟。入孝出弟，強恕反求，毫不放過。學佛者曰，此是事，如何是心上工夫。潘子歎曰，此是天下人通病，豈特吾子之見。

又卷七《讀書》 一友謂，某盡斥二氏，又不喜宋以來講學書，則東書不觀乎。曰，某今日始知《學》《庸》《論》《孟》之味，每一回思，不覺墮淚。四書直是頃刻不可離，直如布帛菽粟。一日無布帛則凍死，一日無菽粟則饑死。若置《學》《庸》《論》《孟》而別看二氏書、諸賢書，正似今窮冬之際不以布帛菽粟爲重，其不凍餒死者幾希矣。

後世學者心巧而見小，故不能舍治心之功、頓悟之路，而專從事於孔孟。巧心小見，遂各自成其學術，以亂聖人之大道。嗚呼，有守先待後之責者，焉得不深論而力辨之哉。

聖學從力行入，禪從疑入。從力行入者，自得其渾然一體之仁。從疑入者，不過身心一如，身外無餘而已。夫孩提之童，無不知愛其親，及其長也無不知敬其兄，即孩提稍長之時而已行矣。所求乎子道以事父未能，所求乎臣道以事君未能，所求乎弟道以事兄未能，所求乎朋友之道先施之未能，行之安得不力乎。以人之道治人之身，力行斷斷必然，而安所用疑也。

禪門是走黑路，聖學是走明路。審知學脈而信之不疑，始能貼體躬行。躬行純密則信愈篤，其信愈篤則其躬行愈純密，愈著實。非如禪門豁然大悟，始有實地可據。

又曰，禪門之悟在於疑，俄頃眞疑即獲實悟，比之吾儒畢生力行者，難易何止十倍。然且禪門徹悟者甚少其人。吾儒之道只重一力行，力行則可以知性，行少不力即不能以必知性。力行無其人，則安得有知性同於孔孟其人者。聖道絕續之關，眞可危也。

知與悟不同。悟是禪門事，禪門一着子是從未嘗省及者，故說作悟。知是人倫中習行有素，不過一覺着而已。聖門言知言覺不言悟，原有意在。

禪門是從未嘗省及者，故不可以言教，一經發洩則不能起疑而悟矣。聖門是印實目前，故無不可以言教。信之篤，行之力，自有一日自得，而居之安，毫不用疑。

一友云，今人俱謂禪宗無用，從來高禪豈是無用。先生曰，禪宗極重作用，但其用與聖人不同。禪宗作用，人不能測，聖人舉動，人皆信服。友動容曰，聖人惟一條邊線，實實躬行，故能如此。先生悚然曰，惟其然，故動而世爲天下道，言而世爲天下法，行而世爲天下則，遠之則有望，近之則不厭也。

禪宗貴乘悟力而行，一切習氣乘悟並消。吾儒亦貴乘悟力而行，一切習氣乘悟並消。其悟處不同，則其乘悟力消習氣處亦自不同。然禪宗能此，而吾儒反不能，是謂不如荑稗也。

禪宗保任之法，只是常提出身子，便恰恰眞空。雖日涉塵囂，而任運無心，決不牽之而去，密雲所謂日抱主人公，力能入三途異類者，如此而已。若吾儒則在體貼眞修，綿密盡分，如爲人君止於仁，爲人臣止於敬，爲人子止於孝，爲人父止於慈，與國人交止於信，方恰渾然一體。

又卷八《問學》 靜坐之說，本於二氏。老氏致虛守靜，復還虛無，蓋以虛無爲性也。佛氏止觀識破，有心皆妄，無心皆眞，蓋以無心即心也。老氏之虛無本與佛氏之眞空不同，而不知吾儒之性善則一，其不用意識亦一。前賢之教人靜坐，則認心爲虛靈知覺，常在於腔子。夫虛靈知覺常在於腔子者，意也識也。意識生於有我，有我則與物對待，而識常緣物。前賢見其緣物，而心常在外也，於是靜坐以攝之，使之常虛常靜，不爲事物之所牽引，而後可以應事接物，爲事物之主宰。不知靜攝者亦意也識也，是以意識管攝意識也。夫吾心渾然天地萬物一體，豈有方所，而欲其常在於腔子乎。惻隱羞惡辭讓是非之心，當下不自識知而謂其靈明炯然乎。嗚呼，豈非以性善之脈有所未養，故不能舍靜坐以爲學哉。

又卷九《篤志力行上》 顏子之如有所立卓爾，在於遵夫子之善誘。曰博我以文，約我以禮，欲罷不能，既竭吾才，聖學昭然，亦可識矣。今乃曰此躬行之事，無當於悟。如此提示，使學者無入頭處。不知聖人之學貴於知性，凡有提示工夫，無不於本體對針。有志之士，正信不惑，遵此工夫，畢竟自能知性，決不走錯岔路。但四書垂訓浩浩，何者是頭腦。亦惟知性之士，與孔曾思孟打得對同，方能提出頭腦。頭腦一提，則四書垂訓浩浩，無不一串穿去。今漫云無當於悟，使學者無入頭處，明是不知聖學，而以禪學爲聖學之病。禪門單重悟，悟後始有操履，故有悟後起修之語。豈知學不從力行入，雖有所悟，不過佛氏餘瀋，與聖人知性迥別天淵乎。其一種是素志性命之學，東卜西度，毫無頭緒。漫欲論心論性，卻似先知了心性方好著工夫在。與之論有論無，說玄說妙，言下似乎了了。與之言人倫日用，愛敬惻隱，便視爲粗淺套語。不知聖賢只說人倫日用，正是徹底言心性。言愛敬惻隱，正是示人知性。修身齊家治國平天下，恰是渾然心性。苟離人而守獨，遺事而覓理，遠人倫日用而做工夫，外愛敬惻隱而言心性，置修齊治平而論一體，縱有所悟，不過異端之見。若不能悟，則添些見解伎倆而已。此爲學之大病，學者所沉沒其中，而不自知者也。

又卷一〇《篤志力行下》 答一生書云，【略】

又書云，生初信主敬之辨，而今仍謂敬之當主，則以強恕反求，但是接物之要，而非立體工夫也。昔東坡嘗嘲伊川云，何時打破敬字。愚嘗謂，東坡若能知何時打破主字，則可救伊川之失。打破敬字，不爲無忌憚之小人乎。夫自古無不敬之聖賢，無不敬之學問，而但非可主。主敬則失敬，而背聖賢之心法，爲學問之弊病，其害非輕。愚嘗辨之最詳，不必再舉。夫敬非可主，而主敬之學其說何昉乎。昉於佛氏之止觀也。佛氏云，止者寂寂，觀者惺惺。寂寂以治亂想，亂想者散也。惺惺以治無記，無記者昏也。寂寂惺惺是，亂想惺惺非。惺惺寂寂是，無記寂寂非。前輩云，整齊嚴肅則心自一，一則無非僻之干。云常惺惺，云其心收斂不容一物，云觀未發以前氣象，云默坐澄心體認天理，皆止觀之法也。皆欲此心寂寂惺惺，惺惺寂寂，不昏不散也。所以然者，爲認心錯。認心錯，故認敬錯。如云心屬火，是個光明閃爍之物。光明閃爍則易散，惟敬束得虛靈知覺住。如火把束緊，燄頭不散。不散則可以明燭事幾，照臨四方。是之謂心存理得，體立用行。嗚呼，認心爲五臟屬火之心，則認敬爲操持存主之敬。操持存主，使虛靈知覺者，常炯炯腔子中也。此所謂弄精魂者也，可謂之存心乎。夫吾心渾然天地萬物一體，而安得拘隅於腔子。吾心眞醇醇，渾渾穆穆，難以名言，惟仁可名言之。故孟子曰，仁人心也。此言心之最諦當者，而安得謂之虛靈。知吾心爲渾然天地萬物一體之仁，則惟盡力於倫常日用之間，強恕反求，格通人我，則渾然一體之心，出見用事。致用也，即所以立體。理事也，即所以存心。事理不二，體用何分。其心爲渾然天地萬物一體之心，其身爲渾然天地萬物一體之身，斯其人爲渾然天地萬物一體之人矣。若認爲屬火之心臟，虛靈知覺，則操持存主，管束此靈明炯炯者於腔子，而弄精魂矣。心非其心，而安云存心。體非其體，而安云立體。嗚呼，又安得不視強恕反求但爲接物之用，而非立體工夫耶。彼誠不知吾心爲渾然天地萬物一體之心，而但屬腔子中之虛靈知覺，則必存虛靈知覺之心，立虛靈知覺之體，斯能強恕反求，而不失接物之用也。

二氏廢心不用，吾儒心思密運，始無罅漏。或者謂，運心思即是落意識。是知性空，不知性善者也。

佛氏枝葉盡脫落，惟有一眞實。所謂眞實，即眞空也。吾儒篤志力行，則枝葉盡脫落，惟有一眞實。所謂眞實者，誠也，忠信也。

張自勳《心書》卷二 文莊鄒氏曰，人心之靈，萬古一日。【略】夫孩提而知愛敬，入井而知惻隱，嘑蹴而知羞惡，豈待教而後能哉。心之靈明，知是知非，若黑白甘苦，井然不爽，自慊自欺，在己而已。

按，【略】惻隱羞惡辭讓，儒釋並同，至是非之心便判然懸絶。釋氏冤親平等，只要無分別。不知是非之心，性所固有。苟無此心，賢否混淆，舉措失中，何以治天下。至其教人必由自悟，非語言文字所能啓迪，安得人人如世尊，覩星見道，盡天下皆佛邪。不能盡天下皆佛，而徒棄妻子叛君父，人類且至於滅，何佛之可作邪。觀天有四時，春生不廢秋殺，人有五倫，仁育必資義正。《春秋》書隕霜不殺草，説者謂失天道，則生殺予奪自是古今帝王不容已之權，而釋氏有生無殺，二本無分，不尤與天道背邪。勳嘗謂，儒者之道順其自然，而釋氏則勉然者也。墨息而佛老熾，皆由孟子之説未明耳。

京山郝氏曰，三才之理統於心，孟子謂盡心則知性知天，存心則養性事天，脩身立命總不外心。又曰，天一氣耳，命即天之流行，性即命之繼成。人物之生，氣也。凝承運化，不外一心。心即性之宅舍，命之凝聚，天之照臨也。性隨天所命，爲人爲物爲殀爲壽者天也，人不得主也。其爲聖爲賢爲仁爲義者心也，人得自盡也。佛空性命，超生死。老脩性命，求長生。要之，佛見性，亦不外明心，老實腹，亦不外虚心。天下無心外之道，學問求其放心而已。心存性定，造化在我，生死猶晝夜，是謂立命。故孟子教人盡其心，至矣。

按，心既盡則無事矣，命不足道也。甚矣，心學不可不講也。人未識心，天蒼蒼耳，性何所自，而不知其皆具於吾心。知天者知吾心也，事天者事吾心也，立命者立吾心也。此心學之大成也。自堯舜以至孔孟，一以貫之者也。

又卷三《心書》 龜山楊氏曰，六經不言無心，惟佛氏言之。亦不言修性，揚雄言之。心不可無，性不假修，故《易》止言洗心盡性，《記》言正心尊德性，《孟子》言存心養性。

按，古德云，吾所謂無心，非無心體。但心中無物，名曰無心。是無塵緣分別之妄心，非無眞實靈明不昧之心體也。此理與儒者正合。龜山概謂佛言無心，特未聞此等語耳。至揚雄脩性之説，顯背經旨。龜山駁正甚確。《孟子》言存心，存眞也。《易》言洗心，《記》言正心，去妄也。安去眞存，則性體顯露，何假修爲，益信雄説非是。

朱朝瑛《罍菴雜述》卷上 釋氏之言性有二，曰空，曰作用。聖門之言性亦有二，曰理，曰氣質。空者釋氏之本旨也，作用者其借資也。故曰，初以欲鉤牽，後引入佛智。理者，聖門之本旨也，氣質者其分支也。故曰，人得其秀而最靈，五性感動而善惡分。

聖人言道德，老氏亦言道德。聖人言心性，釋氏亦言心性。二氏言空虚，聖人亦言空虚，無思無爲，無意無必，無固無我是也。聖人言切實，二氏亦言切實。佛氏曰，一棒一條痕，一摑一掌血。關尹子曰，謀之于事，斷之于理，作之于人，成之于天。二氏言神化，聖人亦言神化，大而化之謂聖，聖而不可知之謂神是也。聖人言卑邇，二氏亦言卑邇。老氏云，不出戶知天下，不窺牖知天道。佛氏云，神通妙用，運水搬柴。顧其本領所以異者，只以人倫斷之而已。二氏亦未嘗曰必棄爾父子，離爾君臣，乃可以明吾道德，見吾心性。然不以愛敬孝慈爲之宗主，而泛言道德，空言心性，遂至薄禮教爲亂首，指形骸爲假合，其弊不至于離君臣棄父子不止也。原二氏之初志，亦不意其至于此也。

顧涇陽先生講學，直以人字喚醒世人，不添設一語，而意見周備。其意本之李見羅，專主脩身之説，較良知二字尤爲平實。蓋良知第指本體，而人則子臣弟友，兼乎工夫而爲言也。近日念臺先生，亦祖此意而作《人譜》。

釋氏言空寂，老氏言清淨，而不務求詳于理，亦安在其能空寂，能清淨也。

董子云，人生天地之中，常以治亂之氣與之流通相殽饌也。由此觀之，積清氣者，清氣以類至。積濁氣者，濁氣亦以類至。積和氣者，和氣以類至。積沴氣者，沴氣亦以類至。故曰積善之家必有餘慶，積不善之家必有餘殃，自是實理。而佛家剏爲因果之説，意亦祖此，後漸流于荒蕩，反啓人疑。

或問輪迴之説。曰，世誠有其事，得之見聞確然不誣者。然此特魂氣無所附，憑于物而動。動植之物皆可憑也，或久或暫，或爲厲或不爲厲，則不可常。如彭生之豕啼，泉宮之蛇出，以及石言于晉，鼎飛于秦，總是鬼神之播弄而已。憑于動物而謂之輪迴，則憑于植物者亦將謂之輪迴乎

□。考輪迴之說，實自左氏啓之，不始于佛氏。《左傳》子產曰，唐之季世曰唐叔虞。當邑姜方震，太叔夢帝謂己，余命而子曰虞，將與之唐。及生而有文在其手曰虞。是雖不言輪迴，已隱然輪迴之事矣。

輪迴之說祖于蒙莊薪盡火傳，而其旨實不同。火可傳亦可滅，輪迴則可傳而不可滅也。

《易》曰，艮止也，時止則止，時行則行。人皆知止之爲止，而不知止之神于所行也。宇宙之間，止于此而無所不周乎彼者，惟思與光而已。在上者得之則無爲而化，在下者得之則不求而應。干羽舞而來格，側陋修而明揚。所云處若無知，應若偶之，是也。故曰，上下敵應，不相與也。陰陽交者應以情，陰陽敵者應以性。應以性者，此亦不往，彼亦不來，如日月行天，天下自被其光明，非有所作而致之，又何人己之見哉。故曰，不獲其身，不見其人。《華嚴》頌言曰，佛以法爲身，清淨如虛空，所現衆色形，令入此法中。又曰，體性本不動，無我無來去。而能寤世間，無邊悉調伏。通乎動靜而不隔，其于止義深矣。八十一卷究竟不越斯義，而種種普現，終屬影響，非有進退得失確然不易之理，如艮之六爻之著明者也。艮之大義，所循者道，所適者時，所守者位，所持者思耳。故程子曰，一部《華嚴》，不如一艮卦。

高忠憲公學術醇懿，去就生死之間頗有聖賢氣象。而平生不甚闢佛，曰釋氏之精微處吾道具有之，不過無極二字。其病處吾黨具言之，不過無理二字。被逮時書本無生死四字以示其子，若有得于禪學者。其遺表曰，臣雖有罪，誼屬大臣。大臣不可辱，辱大臣則辱國矣。謹北向叩頭，效汨羅之遺則。君恩未報，願結來生。末語直是一腔忠愛無所寄泊之言，然觀此語則輪迴之說亦公所不斥也。

祀典不正則神人瀆亂。古者重黎之職，所爲絕地天通也。今常祀之外有釋迦牟尼文佛之祀，有三清三境天尊之祀，有九天應元雷聲普化天尊之祀，有大小龍神之祀，有法師眞君之祀，有梓潼神之祀，有金闕眞君之祀，有玉闕眞君之祀，有神父神母之祀，有崇恩眞君薩眞人之祀，有隆恩眞君王靈官之祀，歷朝相因不革，歲時遣官行禮。弘治中稍稍釐正而分別之，或改正封號，或罷免其祀，頗得其宜。而猶有未正者，亦不必盡正也。凡諸不在祀典者，大都出于道釋二家。有聖人起明正道以化之，淫祀不毀自止矣。不然，毀之也已甚，則復之也必遽。崔浩、李德裕之事其證也。

劉宗周《聖學宗要·濂溪周子太極圖說》（《劉子遺書》卷一） 愚按，《太極圖說》其要歸之知生死何以故，此佛氏所謂第一大事因緣也。但佛氏向父母未生前討分曉，吾儒則向天地未生前討分曉，比佛氏因緣殊大。佛氏討過分曉，便以無生爲了義。吾儒討過分曉，便以生生不窮爲了義。以無生爲了義，只了得一生。以生生而不窮爲了義，幷天地萬物一齊俱了，其爲大小之分更自天淵。夫佛氏之生死本小，而看得以爲極大，便是難了處。吾儒直作等閒看過，生順沒寧而已。周子此言，殆亦有爲而發與。

又《良知問答》 朱子他日曰，涵養須用敬，進學在致知。至陽明子則合言之耳，孰謂其果立異同於朱子乎。【略】或疑子之學近於禪者，乃儒釋之辨直以自私自利爲彼家斷案，可爲推見至隱。學莫先於義利之辨，於此一差，無往而不異，不必禪也。於此不差，雖謂茂叔爲窮禪客亦可也，於子又何疑哉。

又卷二《學言一》 吾人有生以後，此心隨物而逐，一向放失在外，不知主人翁在何處。一旦反求，欲從腔子內覓歸根，又是將心覓心。惟有一敬爲操存之法，隨處流行，隨處靜定，無有動靜顯微前後巨細之岐，是千聖相傳心法也。學者由灑掃應對而入，至於無衆寡，無小大，只是一個工夫。夫子所云異端，即近在吾心，從人欲起念者是。凡從生死起念便是佛，從成毀起念便是老，從名實起念便是申韓，從毀譽起念便是鄉原，從人我起念便是楊墨，從適莫起念便是子莫。四下分消，粹然立中正之極，便當下是聖人體段。

釋氏之學本心，吾儒之學亦本心。但吾儒自心而推之意與知，其工夫實地卻在格物，所以心與天通。釋氏言心便言覺，合下遺卻意，無意則無知，無知則無物。其所謂覺，亦只是虛空圓寂之覺，與吾儒體物之知不同。其所謂心，亦只是虛空圓寂之心，與吾儒盡物之心不同。象山言心，本未嘗差。慈湖言意，禪家機軸一盤托出。

知行自有次第，但知先而行即從之，無間可截，故云合一。後儒喜以覺言性，謂一覺無餘事，即知即行，其要歸於無知。知既不立，一亦難言。噫，是率天下而禪也。

高存之以不許顔子之厚葬，及子路使門人爲臣，爲窮理盡性之至，獨異於佛氏言性處。予謂夫子當日原自説得分明，賣車買槨，無臣有臣，正是一副見成道理，雖夫婦可與知者。此之謂天然自有之理，此之謂天然自有之性，門人輩只爲私意所動，故憒憒。

或曰，君子既嘗戒慎所睹矣，又必及其所不睹。既嘗恐懼所聞矣，又必及其所不聞，方是須臾不離道否。曰，如此則是判成兩片矣。且人自朝至夕，終無睹聞不著時，即後世學者有一種瞑目杜聰工夫，亦是禪門流弊。聖學原無此教法。

又卷三《學言二》 佛氏止言一心，心外無法，萬法歸空，依空立世界，何等説得高妙。乃其教門則忍情割愛，逃親棄君，事事落邊際見。此又何等執著，乃言空耶。流遯既窮，則云空本無空，指一點識神認作本來人，而又不自居識神。起時隨識起，滅時隨識滅，時起時滅，隨起隨滅，即謂之不起不滅，幾何而不認賊作子乎。至是則佛氏之言心可謂喪心之極。

又卷四《學言三》 君子之所謂道者，率性而已矣。盈天地間皆性也，性一命也，命一天也。天即心即理即事即物，而渾然一致，無有乎精粗上下之岐，此所以謂中庸之道也。故學以盡性爲極，則盡性者道中庸者也。療飢者取資於菽粟，禦寒者取適於布帛，而天下之至味異采，反寓於平淡之中，亦率性然也。後之言道者，視平淡爲平淡，於是妄意所謂形而上者，而求之虛無。既遯有而入無，又遯無而入有。有無兩遺，善惡不立，其究歸之斷滅性種以爲神奇，則天下之眞神奇矣。譬之山珍海錯不可以療飢，明珠翠羽不可以禦寒，然且率天下之衆而奔走之，此佛老之教所以惑世誣民，流禍天下無已時也。以上庚辰

後之學者每於道理三分之，推一分於在天，以爲天命之性。推一分於萬物，以爲在物之理。又推一分於古今典籍，以爲耳目之用神。反而求之吾心，如赤貧之子，一無所有。乃日夕乞哀於三者，而幾幾乎其來舍焉，如客子之過逆旅，止堪一宿，所謂疎者續之不堅也。當是時主人貧甚，尙有些子靈明，可恃爲續命之膏，又被佛氏簒據之，則益望望然恐曰，我儒也，何以佛爲哉，并其靈明而棄之。於是天地萬物古今典籍皆闕亡，而返求其一宿且不可得，終望門持鉢以死。嗚呼，悲夫。

本心之學聖學也，而佛氏張大之，諱虛而言空。空故無所不攝，攝一切有無而皆空，有無不受也。又離一切有無而不空，其所爲空自在也。看來只是弄精魂，語下而遺上者與。

佛氏言性而不言天，故性非其性。吾儒則曰，天命之謂性。佛氏言心而不言意，故心非其心。吾儒則曰，欲正其心者先誠其意。

黄道周《語録》（**《榕壇問業》卷二**） 周房仲當時亦問，夫子以乾坤兩義提出克復敬恕，至如咸卦，提出虛字。《繫辭》又提出寂字。老之清淨，佛之妙明，皆從此出。今日如何説不靠信得他。某云，寂感虛受，此是世間人事神明一定道理，豈是佛老割據得去，又豈是夫子陰騭護他。且如仁字，一字，是夫子特呼出來爲五經玉璽，任他説慈説捨，説果説報，説秘密妙義，何嘗有一字頂戴得去，一字滲破得來。即如克伐怨欲四字，隨他五陰六塵，諸垢淨相包裹備盡，此處斷除夫子猶未許他仁字，何況黑白雌雄之間。

朱季乂又問，心性兩字，是聖門常談語，孟多間稱之者。《大學》言心獨不言性，《中庸》言性，竝不言心。豈修齊治平許大事業，皆從心造，不從性造。參贊位育許大學問，皆繇性造，不從心造歟。抑心性是一是二，吾儒所云存心養性，與老氏修心鍊性，釋氏明心見性，遠近異同歟。某云，此是賢考究來問的，抑是賢謄録來問的。如考究來問者，某曾講過，諸賢脩知。如謄録來問者，想先輩自有文章也。季乂云，是俊記得，俊初來實未聞説。某云，看頭日格物、明善意義自曉，是日剖析斯義，於制私一路，不入拘儒，不墜佛老，賴諸賢長助實多，而次藝發皇在諸賢心上，實未盡暢。

又卷三 張元屛云，從來説家亦云，夫子非辭仁聖，子華非贊仁聖。一是指出學人爲仁聖門路，一是悟到至人成仁聖歸宿，是否。某云，便是。此亦不是尋常説家。但説門路歸宿，則微不同。門路是迹，歸宿是室。此是吾輩實歷功夫，擔子上起家也。此處相長無量，成己成物，日月不竭。君璋所云任人見仁任人見智，是也。陽明先生謂，發憤忘食，是聖人之志。樂以忘憂，是聖人之道。豈命志時初不見道，得道時了不見志耶。不過憤樂相宜，如風雷水火，要此兩物生成萬彙。如云天地渾然，更

無憒樂，成甚法界。莫云風雷是志，雨露是道也。佛家只曉得虛空是天，聖人蚤說乾乾兩字。眞龍心骨，勿爲蛇蚓所撓耳。

謝有懷、謝爾載都與《西銘》同意，然疑此處與二氏同旨。謝有懷云，性合外內，則無邊際，無見相，與佛家所說無人我等相，及老氏所云心無其心，物無其物，有何差別。謝爾載云，子瞻亦云，骨節皆髮，毛孔皆身，眞實到此，纔扶得世教，醒得人心。某云，呂而德、羅期生亦是此意。今日辨論此事，雖費筆舌，亦是要義。然自前日歷歷道盡，此印此手不落白屋人家，何須攻擊追討。我說合外內之道，他說中邊皆甜，不是和合，反要籠罩過來，何止應節而已。其實此已不成，物無成處，自己不學，誨從何來。現前只說一君一相，成就不來，天下盜賊兵戈，豈有了日。如吾身中一心不活，百病橫生，取譬得出，良方立現，以此與二氏差別。爾載云，亦只是戒愼恐懼，不然便有虛詐變僞出來。某云，看得世人虛詐變僞，是吾身隱痛，此便是聖人學問。看得吾身變弄幻化，是天地本情，便是外道學問也。爾載云，佛門亦不如此。某云，流將到此。

又卷四　呂而德又問，如坊前日所問，疑墜空門。今日一貫未明，絮絮叨叨，反入禪教了。某云，何繇見得。而德云，老氏五千，瞿曇數萬，竟有何物當他原本。如有一物，則此一物已先凝滯，如何貫得。某云，五千、數萬，祗是貧兒。曰儉曰慈，是他財本。卻走馬以糞，掇拾甚低，還衣腦之珠，珍藏何事。假使虛無可珍，則實有爲贅。須知高堅前後，手腳難齊，卓爾現前，心眼要破也。

王千里問，善人敎民爲邦，要七年纔可即戎，要百年纔可勝殘去殺。此是何義。某云，今人無此心眼，切不要掉臂談兵。夫子一部《易經》，只尊一人，聰明睿智神武不殺，如此人自是羲農一流，如善人者只說不殺，難說是聰明睿知神武也。凡不殺人者，須是洗心極密，藏身極固，如有七年善城善池，任是戎馬蹴踐不得。但是殘殺成風，刑名司化，徒說不殺，未到百年，終是銷他不得。王珪、魏徵在河汾門牆，許他作相，不許他能興禮樂。鳩摩羅什、佛圖澄在劉石面前，救得幾箇百姓。癡頑老子在帝羓面前，救得幾箇城池。夫子三月復齊侵疆，豈是當時俗眼所識。王云，如此不幾看壞善人也。某云，聰明睿智有時壞人，善人無壞亦壞他不倒。千里又云，傳稱善人質美未學。如子羔者，亦是善人，做得成宰，如何做不得費宰。某云，費是殘殺城池，閔子不做，如何教子羔做他。此事已經人道，不消再說。

又卷五　林非著問，夫子不詆猶龍，後人苦攻靈鷲。二氏原本何殊差，只是分流濫觴全倒。如以末流訾他原本，則李斯之學荀卿，介甫之學《周禮》，豈可株連及於尼周。某云，非著相從已久，如何猶要問他淵源。如是後人學仲尼有弊者，只管呼徒以攻自身。如是不然，且依孟氏長長親親，切勿問人佛佛老老也。

又卷六　呂而德曾過尊光所，因與尊光論士人，雖是讀書，到底是個名位。終日披閱，只是得喪利害盤在心上，與聖賢何涉。想在此處定有篤實功夫，纔得壓倒羣動。某云，此事唯有李延平說得好。延平云，古之學者讀書只要明道，道明則生死不動其中，何況得失榮辱。今人讀書只要應世，應世則錐刀皆動其中，何況生死名位。某謂，今人最怕說一道字，說一道字如犯祖宗之諱。泛泛讀書，只是唇吻。既從得喪利害讀書，便就得喪利害結局，何時跳出這箇圈子。而德云，如何跳得。某云，先破生死，後破名位，已破名位，更無得喪。而德云，如此看道，漸落禪虛。某云，吾道之與禪門，只是有學無學之別。

又卷七　時陶文宗方較士，所命題如空空兩端，竭才卓爾，不能不多，夫子自道，皆種種有意，使吾輩思量。諸賢應試之後，略相講求，無復問難者。林朋夔乃舉南靖不貳過一題，問聖門心學，實不乏人，何獨至回，遂稱絕學。譬如曾參愼獨，仲弓居敬，兩賢自是學門鼻祖，豈初少年，未到不遷不貳所在。某云，此則未知。就有此人，亦要堅他神明，壯他魄力。如過怒兩字，是生人之所難免，止一之學是聖賢之所共企。此處淵源，決不在讀書六藝語言之下。從此推求，希聖希天，其實難到。朋夔云，大哉乾元，萬物資始，再無一字落效法一邊，有怒便自遷，有過便自貳了。不遷怒便是無怒，不貳過便是無過。看來只是未發之中，已發之和。某云，此大難言。人生如無喜怒哀樂，便與木石同體。合下便說無怒無過，亦與佛門一般，只從此見學，從此見好。天體不遷於風雷，日月不貳於彗孛兩事，便是聖門效法的大事，莫說不落效法一邊也。朋夔又云，曾點、漆雕開豈亦未見到此。某云，隨他見到實落難言。

呂而德問，紫陽云，知性即窮理之事，窮理便向外去，知性祗從中尋。此語如何領會。某云，紫陽學問得力在此。自濂溪以來，都說性是虛空，人受以生耳。紫陽始於此處討出二五合撰，事事物物皆從此出。如曉得事事物物皆稟於天，自然盡得心量。盡得心量，自然性靈無遺。當時諸賢皆爲禪門所誤，唐仲友便說，朱某尚未解字義，如何說性命上事。看《繫辭》上窮理盡性以至于命，此語極是分明。

又卷九　劉賡穆云，前日嘗云，濂溪未嘗識性，今日許他爲河汾叔度一流人，得無已過。某云，河汾叔度時未有空門，所以識見不差。當時釣徒牧豕者，皆有荷蕢石門之風。濂溪從禪門悟來，才具各別。賡穆云，此事豈有門風。某云，清明穀雨，時日不同。又云，吾輩不要方人，只管本分上事。賡穆因問，前日講一貫是知至對針，今日說忠恕是誠字註腳。兩番拈出，極是分明。不知知至、意誠，亦與此同義不。某云，賡穆極細心。吾每日說此，無人收管。此元本契書，交付兄處也。凡意不誠，總繇他不格物。不格物，所以不明理。謂萬物可以意造，萬理可以知破。如到不造不破去處，生成一箇龍蟠虎踞，不得支離，漸漸自露性地，所以說是物格知至。賡穆云，《大學》爲何說心，說身，說意，說知，不說性字。某云，且喜嬰兒不識果子，便說桃說李說棗說栗，如識桃李棗栗，依舊笑他果子。兄且細細分別此心此身此意此知，果是何物，絕不要說三界唯心，萬象唯識也。

又卷一二　柯魯生云，《大學》言正心，不言心如何正。言不在，又不言心如何在。阿難言，心不在有亦不在無，亦不在根亦不在塵，如是見聞知味，分明心在根裏。老氏所謂綿綿若存，果是何物。不被佛老精說一番耶。某云，試問楊峻人。峻人云，吾門說正心，便是眞實端整之心。他們說者，只是猜謎。某爲許可。又問鄭孟儲。孟儲云，正心之義已盡在誠意章，不須再說。此就身邊發出不正不修樣子，便倒剔分明耳。猶之下章說齊家，不須更說修身，只說不修不齊樣子，亦自明白也。某云，孟儲說得是。凡心正者，只是自慊。不正者，只是消沮閉藏。在者，只是誠存於中。不在者，只是形掩於外耳。峻人又云，著有非有，著無非無，遂使空門說勝。絕內不出，絕外不入，亦爲異學開宗。理會於視聽飲食之間，簡點於喜怒哀樂之際，便是吾儒實落正修學問。不知此處於格致原流，尙有遠近淺深之別不。某云，此處說格致無復遠近淺深，世間多少讀書人博極墳典，正爲身心對簿耳。一事露出肺肝，雖千種學問亦自無益也。

柯威公又問，釋家於心性一路辨之極明，所以差處只是致用不同。吾門卻說他體亦不察，何也。某云，何處是他察別。威公云，世尊告阿難，汝心、汝身暨山河大地，皆圓妙明，此處是他別察。某云，既圓妙明，定是何物。如是汝心，不應另有圓妙明者。如非汝心，此圓妙明又立何處，以照汝身，大地山河，皆成影說。吾門於此要實體認，積精所生，積精所成。出晉入夷，輝輝赫赫。如有一毫虛假，便與鳥卵同下。

唐偉倫云，釋家亦只是頑耐不知痛癢，久之只是不聞不見，不復知味之人。如此不在之心，可便指作頑空看不。某云，頑空的人，是捨身捨宅。不在的人，是逐主出家。若爲吾徒，只管養育，待他成就，宜君宜王。

柯登南亦云，先正常言，此心之體，當求忿懥憂樂所不遷之地，非可就忿懥憂樂求心也。譬如巨石壓草，石下草自潛滋。惟體妙用神，始得情識絕萌，靜正自在。某云，此語極當。人從身上求心，如向國中覓王，終爲權貴所亂。從心上求身，如坐王位覓國，只覺殿宇隨身。忿懥等項所不得其正，只是從身覓心，修檢不上。戒愼恐懼所能得其正，只是從心覓身，隱顯分明也。登南又云，此章先輩雖以身爲心，亦無錯處。惟以見聞知味爲修身之驗，此處微錯。譬如禪家七處徵心，在眼曰視，在耳曰聞，在鼻聞香，在口談論，在手提攜，在足運奔，此已與食色同旨。難道知覺運動便可說心，聞見知味便可說修說正耶。某云，此處只是修身證佐，貞復諸先輩都看得分明。外道七處徵心，只說得意邊諸路，未曾就心中看得。入夷出晉，赫赫如常。

又卷一四　洪兆雲云，前日嘗問善人是何等人，卻道是西域一流人。今日對鄭肇中，又道是老子手段。釋老兩途吾輩不齒，如何得在君子而下，有恆而上。某云，某何敢作此說。某少時曾會薛方伯先生。方伯偶簡佛書，歎云古之聰明睿知神武而不殺者夫。某爲艴然。方伯因問，兄看善人之道，果是如何。某云，不踐迹亦不入於室。方伯歎云，從門入者，不是家珍。某亦愕然久之。去今三十年，方伯長我四十歲，謝世十年矣。乃聞肇中談話，令人懷惑。凡過去諸賢有一種可傳者，都於心性上有四五分了徹。釋老只是不學，無尊道功夫，便使後來譸張爲幻。如當時肯學，踐迹入室，豈能貽害至於今日。兆雲云，論他譸張爲幻，還是無恆一流人。從其道者，當使狐狸貓貉白日噉人。但當時楊墨尙未昌熾，不知夫子何以發此言論。某云，夫子亦有爲而發，吾輩只論聖功，不問緣繇耳。兆雲云，此話亦豈有繇來。某云，備在《春秋》。

又卷一五　沈若木因問，人生而靜，天之性也。人都爲朋從往來，思慮日紛。賢者因之，務外逐末。不肖者因之，縱慾敗度。所以聖賢左銘右箴，都說敬字，如認得初體分明，只一主靜便了，如何又著敬字。某云，純公亦言靜坐獨處不難，居廣居應天下爲難。人都於靜處著動，天都於動處見靜。除是木石，纔得以靜爲體。若木云，若要看誠字，直於靜中看得分明。某云，不是敬了，那看得出。上下鳥獸蟲魚草木，箇箇是誠，箇箇與鬼神同體。要就靜中看他根胎，只有百分之一。若木云，如是敬者，卻把上下鳥獸蟲魚草木都作天地鬼神看耶。某云，自然是如此。若木云，釋家可有此意思不。某云，他看作石火電光，那得有此意思。若木又云，《東、西銘》可有此意思不。某云，他亦說得二三分。從此修持，悟得一半。

又卷一六　黃介俶因問，《尙書》首言安安，道書亦言止止，佛家偏說定靜。此定靜如何與安止不同。某云，聖門說安止，直從至善入手。佛門說定靜，直從無善不善入手。至善者如水就下，百折皆東。無善不善者，直待海枯泉竭，閉門安坐，此中死生，只是能慮不能慮之別。介俶云，《易》稱何思何慮，聖人不慮而知，要此能慮何用。某云，極星不動處纔能轉。爲它能轉，使天下星辰河嶽都有奠麗。如不能轉，日月經緯如廢車釘，何處得明亮來。介俶云，佛亦看到不動處，何爲說無慮得。某云，他是面壁瞪眼，看石牆一縷雲生。眼簾垂放，何處討有星漢回環。學者須先認至善，認得至善自然知止。先認定靜，自然定靜不得也。介俶云，《易》稱窮理盡性以至於命。性自稱盡，命自稱至。孔之安於疏水，顏之安於陋巷，尹之安於有莘，旦之安於赤舄，皆有至命之學。是以到頭定靜，千慮萬變不動於中。如把至善當性，則此性中又如何至得命來。天人之間性命一致，想性盡時命亦自立。聖人明德，決不關事業上事。此處站定，尹旦孔顏一樣明新。所以不爲事物所倒。某云，如此看書，纔得明白，不在紙上。

又卷一八　又舉蔣問云，阿難徵心，似與吾儒不別，只欠戒懼一著耳。吾儒自割卧榻，聽二氏鼾睡。若以心論，統在天命範圍。某云，而德看蔣公論心與二氏論心，果有差別，抑無差別。而德云，吾門說戒懼，伊說無怖，只是此處差別。前輩亦云，不攻二氏，二氏自滅。如鬼打鼓舉槌，與他鼓聲不作。某云，試問洪尊光看。尊光云，月自不殊，因眼異色。既有異眼，亦生異舌。孟子說不動心，告子亦說不動心。同一輪車，有生有死。《詩》說皇皇后帝，佛說衆鬼夜叉。同一空中，有精有怪。吾儒戒懼，只是仁人孝子事親事天之常。如無此心，只是鬼奴風犢之無畏敬。有所恐懼，正是明淨天中辨出雷根雹子。如是無風無雨，何人不說天晴。某云，疾雷破山，晴天自在。漏光滅火，整頓衣冠。終是蔣公看得明悉。尊光云，天命範圍，依然鶻突，此間聞睹，斷不傍人。

又舉蔣問云，聖門七十二子，個個中人。宋儒卻言，佛門祖師，個個奇偉。豈爲澹收不住，正恐耳食者便云，文殊普賢，騎得象王，壓倒四科也。某云，白日衆眼自明，中夜吹燈，莫說此事，不消再論。且問鄭非愈看。非愈云，任他騎得象王，終是獠頭鬼面。吾門三尺，不道桓文。

孫奇逢《重修寶藏寺募疏》（《夏峰先生集》卷七）　予腐儒，不解佛法，聞之顧子涇陽云，告子，禪宗也。性無善無不善一語，括盡千經萬典之蘊，然其得力在不得勿求。故其功徑省，而於世緣一切染著，偏能割棄。羅子念庵亦云，天地之運不息，必有所寓，以顯其神。失於此，得於彼，低昂勝負之勢，不得不有所歸。釋氏爲能遠俗捐累，雖無意專擅，其偏長殊力，已足先物而驚羣。據二子之言，釋氏與吾儒，其本末偏全之大致，可概見也。予嘗謂三教聖人，法各爲用，治世出世正不必相襲。不以相借而加顯，不以相拗而加晦，各有極詣也。吾儒以經世爲業，可以兼收二氏之長。二氏以出世爲心，自不能合幷吾儒爲用。周程諸大儒洞見本末偏全之故，故以備陶漁芻蕘之一得。若夫奪於所勝，中無所主，而甘心爲佛氏作護法者，不獨爲尼山之罪人，雪山當亦不以爲功人也。

北城寶藏寺，創始於元，重修於萬曆八年，此古刹也。自先大父至今日，五世以文會友之地。殿宇將圮，住持僧如通懼毀佛像，發願修葺，釋子本等事莫先於此。念萬曆八年重修之役，先人實與聞其事，故不辭數言，以告我同人。一簣積之可成山，一勺充之可爲水。但求隨心，便是實德。

又《白衣庵記》（同上，卷八）　渥城段村之西，白洋澱口對峙，有白衣庵者，創自趙惟默。工未竣而默沒，其弟惟諫欲竟兄之志。時衲子海明，頭陀露腳僧也，素有善果。惟諫禮請，朝夕募化，建禪堂三楹，韋馱一楹，廚房二楹，又置買香火園地一區。凡庵內水勢凹下者，手爲補戢，巍然稱鉅觀矣。念記事之文缺焉而未備，屬余言敘其概。

余腐儒也，不解無生法，獨喜談本分事。三教聖人各有師，各有徒，各有分。而其徒之不守師說，各爲其師之罪人，總之不守其本分而已。本分二字，亦卑邇，亦高遠，愚不肖可與能，賢知聖人不能盡。余未悉雪山之所謂本分者安在，而尼山之本分則可繹而尋也。最平等最親切者，莫過於視聽言動，子臣弟友一有非禮，未免溢於本分之外。一有未能，未免歉於本分之內。溢與歉兩者皆譏，將士而失其所以爲士矣。以此律雪山之徒，其所謂本分自守者，或亦略可得而比擬與。夫既已絕去子臣弟友，披緇皈空王，稱弟子，而湎淫無忌，薄戒律爲小乘，侈談覺悟，以恣其縱橫流浸之習。其敗破山門，更與庸流俗子加等，法王有知，其謂之何。海明能獨力有成，以終惟諫之志，是必負皎潔自愛之性，抱堅剛能耐之神，洵本分自盡之人哉。白衣始末，余已爲記於靜窗寺東南隅之觀音庵，不再具論。獨有感於海明創造之功，僅僅於衲子中露一斑，是可以愧吾輩之爲聖人徒也。

又《重修大士庵記》　子輿氏曰，能言距楊墨者，聖人之徒也。今世所號爲聖人之徒者，面目全非。求所謂拔毛不爲，摩頂放踵者，蓋寥寥乎難其人矣。楊墨之後，釋老代興。凡知尊信孔孟者，莫不賤而擯之，聖人之道，若大明於世。然究其所得，有若老氏清淨自守者乎，有若釋氏究心性命者乎。吾非爲楊墨釋老之思也，蓋深念夫時移世變，性命既無歸著，形軀已極污穢，人己兩失，身名并喪。既不能如梅福之徒，以生爲我酷，形爲我辱，智爲我毒，身爲我桎梏，的然見身世之爲贅疣。又無才得比於管仲之遇齊桓，孔明之遇先主。遯跡渥水，今已踰年。時與二三同人，聯袂靜窗禪寺，山門左建一祠，特奉白衣大士。

夫楊墨釋老之說俱在，特二氏之見偏，而老氏則入于懸矣，釋氏又疑于幻矣。至如觀音大士變現而爲白衣，則愈益幻矣。其爲說曰，大士以慈悲爲主，爲救苦救難爲悲，以接引眾生皈依西方佛爲慈。如此弘願，佛佛皆然，不獨觀音大士也。夫諸佛菩薩皆其無室家，人倫日用之事，不一再傳而種類絕矣，乃白衣大士何以獨司孕育之柄。此正大士所爲大慈大悲也。奧義微旨，世人莫測。姑就《善慶錄》所載翟楫合家不忍食牛，乃始生子。斯言也，事固難憑，理頗可採。夫食牛小事耳，惟有不忍食牛之念，定無欲害人之心，齊宣足王，取證觳觫。仁者有後，應不獨一楫也。大士指點世人，以信心修行，享多男之報，雖與其宗旨不合，可想見神道設教之意。

余居此地久，士民風俗，直率儉勤，自食其業。然愚夫婦各遵其師說，而號佛奉教者亦不少。惟問其指趣，莫不曰，存好心，行好事，以免罪譴耳。所謂家家堂上有活佛，人人俱於此處著力，則親親長長而天下平矣。有用世之聖人，經正而邪慝自無，間有一二爲我兼愛、清虛寂滅之人，不妨存之，爲出世高人作一借逕。惟聖道湮而王迹熄，則旁門蹊徑，爭鳴置喙，至瀰漫充塞而不可紀極，此諸佛菩薩所以不生於二帝三王之世。今幸從存好心，行好事，幾希不滅之良而擴之，則天地之生機仍可復，而帝王之政教有所始，是亦諸佛菩薩濟渡之苦心也。偈云，願解如來眞實義，意者其在斯乎。

庵始於萬曆乙丑，鍾所先生爲之記。重新于順治乙亥，鄉耆馬某首其事，得余存好心、行好事之說，與其同儕益勉之。自得諸佛菩薩之呵護。有陰德者必有陽報，有隱行者必有昭名，樹黍者不獲稷，樹怨者無報德，此天道必不爽之理也。

又《重修太室法王寺記》　太室之中，有所謂大法王寺者，由來舊矣。自兵燹頻仍，梵刹佛宇，雜之荊榛瓦礫。釋氏適庵自江右經過，駐錫於此，覆土誅茅，蕭然自適。嘗過予夏峰，叩其所學，蓋釋其服而儒其心者也，心竊訝之。辛亥冬，金壇蔣虎臣督學事竣，迂道過，將我渡黃河。問二室之勝，因訪適庵于法王寺，與語連日夜，傾倒之。移書中州學使史君雲次暨藩臬諸使者，共釀金飭其舊剎與入靜接眾之所。規制宏壯，亦云備矣。工既訖，適庵走字乞余言以勒之石。

余迂且老，素守先儒之訓，於佛學未有所窺，烏可以爲此言。因憶高陽孫文正曾爲余言，與一宰官暨一老衲遊西山，坐中老衲講《中庸》，宰官講《楞嚴》，意興勃勃，不自已。兩人謂文正何無一言，文正曰，適見一異事，秀才忽變爲僧，僧忽變爲秀才。兩人大笑而去。虎臣究心内典，所至與方外爲緣。而其行徑，儼然一苦行頭陀，毫無沾滯于去來之故，眞所謂秀才而老僧者。適庵制心和平，皈依儒業。所至與臣言忠，與子言孝，實致力于日用倫常間。其友嘗舉許文正能令老僧歸儒，適庵默然，笑其非知我者，余知其意有在矣。余嘗與友人言，法各爲用，至學術之辨，毫釐千里，不敢稍有馳越，以開後人擬議之端。獨是入世出世之界，天地生生之心分焉。生生者，太極也。物物各具一太極，萬物共分一太極，人日由其中而不自知。聖人見其道于太極流行之際，佛氏見其道于太極寂靜之中。流行之際，理歸于有而實。寂靜之中，理源于無而虛。有無虛實之際，正毫釐之辨也。適庵能從無而見其有，從虛而見其實，此老夫之所望者。至修建始末，雲次已有貞珉紀，不再贅。

黃宗羲《書滄齋事》（《黃梨洲文集》） 滄齋者，武林大佛頭陀寺僧也。金陵人，嘗以殺人入獄，爲獄吏所困苦，久之得脫。以爲人世不堪，無踰於囚，遂舍身爲僧，發願以濟獄中之人。每晨擔粥飯，徧行各獄，聚囚而飯之。旬日則爲具湯沐。夏則竹扇疏巾，冬則席藁拜絮。諸凡菲屨木齒，丸子膏藥，涼水薑湯，驅蚊殺蟲，瑣碎當厄之物，無不曲體備用。囚見其入獄門，歡呼如孺子之見慈母焉。比戶亦憐其志，有所請假，使之應手不匱。蓋數十年如一日也。

歲戊戌四月，余寓昭慶寺，滄齋來求募疏，欲泥金佛首，余作一偈與之。一日，滄齋銜袖，墮一紙，拾之，則兩人姓名。余驚問，此□□妻與子也，汝何自書之。滄齋僞爲不知狀。余固問之，始曰，兩人在仁和獄中，僧因飯囚，故習之，知其爲忠臣家屬也。今開贖例，得四十金，則兩人可出矣。世路悠悠，無可告語，書之以識吾願耳。余曰，此吾輩事也，奈何累子。時錢虞山亦寓武林，余弟晦木往告之，以五十金俾滄齋。過三日，□□之子來告得贖，勸之他往，遷延不決，復見收捕。然滄齋之心盡矣。

滄齋貌樸野，嘗言靈隱具德上堂，某出衆問話，具德棒之。某卻棒，不得打。具德大怒，鞭樸交下，死棄山門外，待夜下火。有菜傭過而識之，負去得活。滄齋雖怨具德，其稱之必曰老和尚。余面謾之曰，子眞不識造化者耶。至是而始敬之。然從此以後，亦遂不相記憶。今歲丙辰，偶見范文園談叢林事，余曰，僧中人物，未必盡在叢林。文園曰，某所交，如悟玄之拾字，滄齋之飯囚，皆以一事終其身，亦異人也。余曰，所謂滄齋者，得非大佛頭寺僧乎。曰，然。余問，近作何狀。文園曰，噫，死矣。滄齋自湖上遷城内小菴，去年鼓樓火，滄齋與焉。又遷而卒，塔臨平山。又曰，先生既識其人，盍一言，不朽其人，俾某刻之塔上。余遂諾之，爲説者曰，令曰獄屋時當完固，厚其艸蓐。家人餉饋，獄卒爲溫暖傳致。去家遠，無餉饋者，悉給廩，獄卒作食。寒者與衣，疾者與醫藥。夫圜土之設，聖人所不得已也。不得已而救之於末流，亦且詳愼哀矜如此。故滄齋之所爲，皆有司之事也，此不爲而彼爲之，可嘆哉。至其救忠義，行任俠，吾不得以浮屠目之矣。

又《蘇州三峯漢月藏禪師塔銘乙巳》 古今學有大小，蓋未有無師而成者也。然儒者之學，孟軻之死，不得其傳。程明道以千四百年得之於遺經，董仲舒、王通顧亦未聞何所授受。釋氏之學，南岳以下，幾十幾世，青原以下，幾十幾世，臨濟、雲門、溈仰、法眼、曹洞五宗，皆系經語緯，奔蜂而化藿蠋，越雞而伏鵠卵，以大道爲私門。豪傑之士生於其間者，附不附皆不可。擎拳撐腳，獨往獨來於人世，則指爲失父之零丁。不然，道既通而後求師，何關于學。爲師者又不曰弟子之學，于吾無與，而必欲其舍吾所未及之學。若是乎，師之爲害，于學甚大也。

萬曆以前，宗風衰息，雲門、溈仰、法眼皆絕。曹洞之存，密室傳帕。臨濟亦若存若沒，什百爲偶，甲乙相授，類多墮窳之徒。紫柏、憨山，別樹法幢，過而唾之，紫柏、憨山，亦遂受未詳法嗣之抹摋，此不附之害也。其後胡喝亂棒，聲焰隆盛，鼓動海岳，開先從而厭之。既飲荊溪，而野祭無祀之鬼，開先亦遂爲唐子逋人，此附而不附之害也。三峯禪師從而救之，宗旨雖明，箭瘢若粟，師弟之訟，至今信者半，不信者半，此附之之害也。所謂宗旨者，臨濟建立料簡、賓主、玄要、照用、四喝等綱宗，雲門建立函蓋、截流、逐浪等綱宗，以竭棒喝之欺僞。曹洞、溈仰、法眼建立四禁、五位、六相、三昧等綱宗，以竭機語之欺僞。

師從寂音遺書悟之。《廣陵散》之絕久矣，師欲推明絕學。太倉慧壽吳門北禪師請師出世，師不正位，不登座，曰，威音以後，不許無師。儼然而踐其位，則未證得謂證得者，將接跡于世矣。已而登匡廬，汎沅湘，獅絃毒鼓，寂寥無聞。密雲悟公以臨濟第十三世開法金粟，師徘徊而就之。雲大喜，上堂告衆曰，漢公悟處眞實，出世先我，所以屈身來此者，爲臨濟源流耳。老僧從來不易第一座，今累漢公。師請來源，雲曰，臨濟出世，惟以棒喝接人，不得如何若何，只貴單刀直入。請言堂奧，雲不應，良久曰，宗旨太密，嗣續難乎其人，不若已之。師曰，不然，黄龍有言，學者欺詐之弊，不以如來知見之慧密煅之，何由能盡。雲以源流付師，師不受，曰，三玄三要，究竟是何等法。法若相符，方敢祗受。時師已登舟，雨雪，未行。雲傳語曰，吾家以拄杖拂子標題種草，汝將謂別有實法，口耳相傳耶。因問云，玄要且置，如何是一句。師答以偈，雪寒江水沍，此是第一句。團也團不圓，劈也劈不破。滚倒牛角尖，無舌舌頭大。深深深處絶古路，若不行，是門戶。若要行，子非父。問取和尙道一句。雲又問，汾陽道三玄三要事難分，如何是難分處。師又偈，若落難分處，顢頇未足談。若還分得是，依舊隔千山。黏頭綴尾倒掀翻，大雪滿湖天。雲又問，得意忘言道易親，如何是得意忘言處。師畫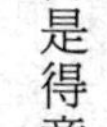相答之。解纜而行，雲又遣人問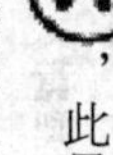，此是圓相耶，三點耶。師答書曰，法門建立之密，千古萬古，不能撲破。宗旨未破，則臨濟猶生也。豈可以一時舉揚之不易，承接之無人，便欲越過此宗。覺範曰，此如衣冠，稱孔子弟子而毁《易·繫辭》，三尺童子皆笑之。雲謂齎書一默曰，我先師不曾說起，彼旣知此，彼自行之。一默謝行宗旨受源流以復師。未幾，應北禪之請，師又上書于雲曰，藏得心于高峯，印法于寂音，和尙一棒血流，三番火滅，瓣香總灶一爐。雲答，祗恐不是玉，是玉眞太奇。當是時，雲雖有憾于師，心服其英偉辨博，非及門所及，姑且牢籠之。而及門者多惡其張皇，讒構間作，於是有《闢妄七書》，天下視其師弟子若水火焉。今之議新會者，謂其從聘君無所得，獨坐十餘年，恍然覺如馬之有勒，其不宗聘君明甚。儒釋同例，則師之齟齬于師門，又何害耶。

師諱法藏，字漢月，號于密，晚改天山。無錫蘇氏子也，父蘭，母周氏。少入鄉校，雨水暴至，失師所在。已而乘大龜出沒濤中，父老奇之。年十五，從德慶院僧爲童子。三年歸家，行冠禮而後落髮。曰，出家豈細事，可輕易爲之耶。嘗自爲《懸記》曰，吾四十悟道，踰六十而死。旣而讀《高峯語錄》，入手恍然，如出己口，始破心參究。受小戒于蓮池，受大戒于古心。入海虞三峯茭舍鹿場，脇不沾席。中夜爲昏沉所苦，小師即分香擊板，佛號徹天。每嘆曰，吾嘗言四十悟道，今三十有九，徒勞若是，豈終負此語乎。泣不能禁。明年，同朗泉閉關，交拜之次，痰眩擲身，一睡五日不醒。適牕外植棱屈竹有聲，師聞若震雷，蹶起枕上，心空際斷。從前文字，但見紙墨，義理了不關懷。端坐終日，如彈指頃。無思惟中，忽于青州布衫，打失鼻孔。即頌曰，一口棺材三隻釘，聲聲斧子送平生。自從薤露悲歌斷，贏得朝朝暮柏青。則萬曆壬子之二月初五日也。師猶不敢自足，深研玄要之旨。又二年，梅花初謝，掩關危坐，不知疽之發背。一日推牕，見黄梅墮地，千門萬戶，即時劃然。取寂音智證傳讀之，不異室中摩頂受記。師道價日高，方外諸老，寒灰、聞谷以徑山迎之，憨山亦以歸宗招之，俱謝不往。又十年，而後嗣法于密雲。天啟末，文文肅、姚文毅、周忠介皆得罪奄人，絶交避禍。師在北禪，相與鉗錘評唱，危言深論，不隱國是。直欲篆面鞭背，身出其間。其在安隱，龍象蹴踏，號爲一時之盛。凡八坐道場，常熟三峯，長洲大慈、聖恩，吳江聖壽，杭州安隱、淨慈，無錫錦樹，嘉興眞如。

崇禎乙亥四月朔，白椎辭衆。七月二十一日風雨，法堂大木皆拔。初夜，侍者濟曬侍疾，問如何是和尙後事。師曰，牀頭老鼠偷殘藥，壁上孤燈照舊衣。漏下二刻，僧問，汾陽頌直出古皇前，如何是古皇。師曰，草衣木食。頃之，跏趺而逝。世壽六十三，僧臘四十五。四月，窆其全身于萬峯祖塔之左。是夕，白虹貫于塔所。門人集其《語錄》十六卷行世。其得法弟子梵依致，一默成，問石乘，在可證，頂目徹，澹予垣，剖石壁，于磐鴻，慧刃銛，潭吉忍，具德禮，繼起儲，碩機聖，劉道貞，凡十四人。今再傳者，亦皆爲世津梁矣。

師儀觀甚偉，其在淨慈時，一時參請入室者聞子將，嚴印持，馮嚴公，張秀初，江道闇，皆羲文字之交。逐隊見之，說《論語》、《周易》，鑿空別出新意，每聽至夜分。師卒後廿九年，羲見儲公于靈巖，出師之《年譜》、《道行錄》讀之。謂羲曰，天童師翁塔銘，前有作者，自子發之，改撰于錢宗伯。吾師之塔銘，董宗伯所撰亦未備，子可引前例爲一通乎。羲曰，敢乎哉。昔柳子厚爲大鑒碑，劉夢得繼之，遂書第二。無已，則有斯例在，乃掇其大者言之。銘曰，

在昔宋元，試經得度。法幢相望，繫此之故。有明罷科，所聚貧子。百年粥飯，香燈而止。間生天童，中興象教。婦人孺子，禪悅喜笑。師起三峯，乃獨憂之。綱宗不立，白晝狐狸。遂拔趙幟，立漢赤幟。趙人未盡，環壘而詈。鄧尉偏衣，太湖金玦。五宗之哭，師有《哭五宗》詩。血淚無竭。黠鼠逢貓，偸心不起。所曰綱宗，亦復如是。維彼黠鼠，不生法門。今始贊嘆，有五宗原。聖學宗傳，亂于萬曆。東林救之，實維無錫。端文忠憲，錢氏啟新。巍巍三公，儒者大醇。師生是鄉，亦生是時。砥柱釋氏，天心可知。孰爲嵩高，錫山高只。孰爲海深，梁溪深只。

附繼起儲書

讀高文，不禁泣下。歎先三峯和尚，道高天下古今，乃遭逢艱苦，非親見面目，心手獨詣者，不能傾吐深痛，以告夫天下古今也。不孝不揣菲薄，非不欲直揭先師光明心髓，同乎日月，超前耀後。而又每以體先和尚千折不磨之孝志，如大論所謂調停忌諱居多。澄江張司農見不孝文字輒曰，和尚爲法門宛轉即得，於三峯老和尚塵刹深心，未免沈屈。今日因高懷激發，覺前言轉深。去夏別時，曾訂木樨香裏放小艇過訪，時以水程阻塞，不能達數行，何論行路。且中回促，聊畧未盡胸臆。《年譜序》高拔出情，總俟《塔銘》，同行世也。

又《清化唯岑嶾禪師塔銘》 湛然成公、博山來公中興曹洞之宗，來公之道，傳於江廣，天然、澹歸爲最著。澄公之道，則吳越爲盛。余生也晚，不及見澄公，其門弟子多得而友之，如瑞白雪公戒珠欵對，爾密澓公東山信宿，三宜盂公則西湖月舫，葛嶺韻臘，往往同之。且從容約誓，火浴之後，揚灰湖水，居士當爲我波上之銘。石雨芳公不道人日每歎其奇險，其能中興曹洞者，豈偶然哉。師爲澓公法嗣，諱淨嶾，字唯岑，荊州松滋張氏。父松隕，母李氏，夢青蓮生於階下，覺而馥郁滿庭，七日不散。師始生七歲而孤，稍長即欲出家。年十三，依邑中靈湖寺僧恆覺祝髮。未幾，慨然有尋師求道之志。抵金陵謁博山，師方入戶，山問，如何大地無寸土。師惘然，山即喝出，疑情愈熾，寢食俱廢。相依二載，乃去而之金粟，參密雲悟公。雲嚴冷孤硬，機鋒不可觸。師兄中憤悱，不能自抑，直前咨叩，累遭痛棒。一夕，夢中聞開門聲，泚然汗下，起而通悟。雲復打，師云，打即任打，要且瞞某甲不得。雲連棒打出。與同學避暑龍居，爲不語關。脇不沾席，如臨鋒鏑。自誓大事不明，終身杜口。偪塞之際，聞堂外碎碗爭詈，胸中豁然，乃爲偈曰，打破常住碗，還從常住討。相逢不相識，空自生懊惱。從此機如電掣，語愈朗烈，遍走諸方，以求印可。雪庭信、磬山修、弁山雪，無不以作家目之。

始進龍須習靜，禪子自外來，問，如何是住山事。師云，爐燒榾柮火。問，客來如何祗待。師云，鐺煮野芹湯。僧云，不虛住山。師打云，者裏無你插脚處。僧禮拜，便去。師聞爾密道價傾東南，所止即成法窟，渡江從之。密問，石傘峯前一溪水，有時波浪滔天，有時涓滴全無，汝作麼生會。師云，情知和尚，有此機要。密打云，前山猶自可，後嶺更峻嶒。師云，白雲來碧岫，明月下遙天。密云，武林禪客，多弄虛頭。師云，不逢別者，終不開拳。密便打，師禮拜，遂依止座下。密以從前公案一一勘詰，謂即今事作麼生，師云，木上座通身是眼。密云，總沒交涉。師云，南山園裏曾刈茅。密云，莫道無事好。打出方丈。於是一往悟迹，潦盡潭清。又數年，始付衣版。密入滅，遂繼席東山。上堂云，天寒古木暮無鴉，風重霜嚴事更加。石女夜來情未歇，隔山舒指弄琵琶。叢林傳之，以爲洞宗本色。

繼住會稽普濟，江陰芙蓉，復返東山。値兵火括地，師以智力綢繆，魚螺無恙，一時失職儒紳，藉爲虎落。移住梅市之彌陀，席未煖而天樂鄉人夜間妙樂之音，發自空山。故老曰，此古清化寺址也，其重興之兆乎。相與迎師開山，四方雲集響應。金穀之施與瓜菓之供養，反有過承平之時。數百年鹿場虎穴，幻爲寶坊。雲門顯聖寺，湛然之祖庭也，三宜退院，繼之者難其人，僉以非師不可。師領衆說法，清規嚴整，五年之內，不失尺寸。退居峽山，築慧華精舍，棲笠以老。康熙甲辰又六月六日示寂，世壽七十，僧夏四十五，奉全身塔於清化寺之後。記莂弟子二十四人。

戊戌、己亥間，師至化安山來見，眞率自然，有山林枯槁之色，初不似從累坐道場來也。去今二十餘年，其嗣法弟子翁元鎧出所著《行狀》乞

銘。今日五家宗派，存者唯臨濟、曹洞，皆起自中衰。而近世禪者，兩相訾謷，然其分濟分洞，不過從源流而言之耳。問其如何而爲濟，如何而爲洞，摘索悟由，刻畫淄澠，恐當身亦未辨也。有問泗州大聖爲什麽向楊州出現，燈頭聰曰，君子愛財，取之有道。祥菴主聞之大驚，曰，雲門兒孫猶在。覺範亦言石霜父子兄弟，語言行履，如形著影出，聲呼谷應。由此言之，各家自有家常茶飯，嫡骨受用也。昔蕭穎士有同舟訝其狀貌類鄱陽王，王乃穎士七世祖，同舟曾盜發其墓，故識之。夫祖孫相似，盜且知之，況其門內乎。余是以疑當世之門戶也。翁元之序，漏泄家風，余是以銘之。銘曰，

宗風之盛，建立五宗。天上人間，海藏龍宫。今亡其三，留者洞濟。初不因此，佛法衰替。中興洞宗，實惟湛然。於爍禪師，是爲再傳。六坐道場，鐘板浹洽。林花水鳥，亦皆説法。不觀清化，誰名天樂。宫商久啞，忽動鼓角。刪除蓬梗，化爲廣蔭。數百餘年，師來應讖。上長松柏，下長髮爪。突兀寒山，不淪空音。

又《東星鑒禪師塔銘》　上虞東山，謝車騎之所經始，靈運因而踵事增華，非安石所謂之東山也。觀靈運《山居賦》，神麗甲於宇内矣。歲庚辰，余至其地，值爾密禪師解制之期，茶話久之而別。戊辰，余復至，則悟公爲住持，方病傷寒，使人扶而出拜，求其師啟明塔銘，甚懇。啟明，蓋爾密師之法嗣也。余於湖海間方外之士，其學有所不能盡知，惟取其同門淨地之狀，檃括而敘之。

師諱淨鑒，字啟明，別號東星，壽春王氏子也。生而近道，聞人誦《華嚴經》，聽之移時，曰，經乃佛語也，佛語可解，佛獨不可爲耶。年十七，即喜與僧遊，欲學其法。僧言知識多在南方，須往依之，此事非杜撰可成。師遂發心南詢，有自博山來者，師問，博山教人作何工夫。云，教看一口氣不來，向何處安身立命。師聞之，茫然自失，此話日橫胸中，無有入處。已遇僧古春，禮之爲師，欲隨出家，父不許，乃與春密約。春候之前途，師午夜踰城，兼程五百里，始與春會於南陽之香嚴山，從之祝髮。首參弁山瑞白，相依四載，得箇自在境界。弁山便欲付之鉢袋，師以爲非住足之地，復從汰如法師，證性相二宗。

爾密講《華嚴》於顯聖，師渡江謁之。密曰，你曾參弁山，乃是禪客，我這裏卻講經。師曰，和尚莫瞞人好。密云，卻是你瞞我。命充維那。上堂，師擬申問，密遽云，你昨日敗闕，今又來何爲。師罔然鈍置者久之，密曰，汝雖到不疑之地，其奈古人全機大用何。師曰，話作兩橛。密舉古人云，若論戰敗也，箇箇立在轉處，爲甚放剝豬狗手腳不出。師屢下語不契。未幾，忽有會處，曰，剝豬狗手腳，這回放得出也。密云，作麽生。師曰，今日放過和尚。自是徧歷江浙諸大老之門，天童、密雲、雙涇、雪嶠，皆有契悟。始返顯聖，解制呈偈云，雲門裏掛瓢囊，舉措如經蠱毒鄉。明月到窗還自照，空庭細草任他長。灰裏冷豆平空爆，雪壓梅花驀地香。將謂回頭別有路，草鞋依舊踏清霜。師未嘗讀書，不諧音律，而矢口偈頌，恰似老於文學者。爾密遂以衣偈授之。師即把茅雙髻，遵養時晦，即爾密招之，亦不輕出。踰年，始爲其師分座秉拂。爾密示寂，出世於山陰之普巖，繼遷武林悲華，歷集善、能仁、國慶，凡五座道場。皆強而後出，非蓋大屋養閒漢，開眼尿牀者比也。康熙戊午十二月初九日示疾，沐浴更衣，書偈云，生死無終始，猶如環上循。到頭霜夜月，任運照乾坤。遂寂。世壽七十一，僧夏四十五，門人奉全身塔於東山鵲峯之北。嗣法二十五人。

宋退谷雲禪師云，鳥道孤危，元關妙密。在曹洞宗旨，亦復奇矣，若較臨濟，直是天地懸隔。以言乎全機大用，惟臨濟有之。師固曹洞子孫，而放出剝豬狗手段，師未嘗無大作用也。豈古之曹洞異於今乎，抑今之濟洞止以源流分別，其宗風實無所異乎。吾恐爲其學者，實昧昧於兩家之門戶，而相習爲口耳之談乎。安得起師而問之。銘曰，

曹洞中興，粵自散木。海門石簣，整其脫輻。所以東浙，法乳電燭。於赫鑒公，起自北陸。律來南方，偏參名宿。果熟東山，人天眼目。遂嗣師席，機鋒箭簇。琵琶無絃，白鵲不啄。活法熾然，非絲非竹。

又《吳山益然大師塔銘》　師諱弘濟，字益然，歙之西石岡人，故孝廉汪休日也，原字扶九。五歲入鄉塾，授《孝經》二十行，即能解其大義，人知其爲再來人。嘗過武林石屋寺，毘盧閣中有僧遺蛻，師謂寺僧曰，此我前身也，我當爲之下火。寺僧不信，師曰，昔我刺血寫《華嚴》某卷，爲人借去，至今未還，有之乎。寺僧曰，然。因召耆年之識故僧者以驗之。師與之話舊，歷歷如昨日事，始聽之荼毘。歲癸酉，與於鄉薦。

中原板蕩，師以策干大司馬，棄之不用。南渡，授職方司主事，歷唐及魯，至少司馬。國亡，祝髮於閩之吳山，以古航爲剃度師。吳山途畏峯澁，人羣罕至，鳥向師掌中取食，虎遇師垂首，如家畜。江漢石司理建寧築天香閣於浦城，將以迎師。野鳥數千，啁噍閣前，驅之不去，江方怪之。師至曰，此吾吳山伴侶也。飯之而散。

己未，新安人以師老矣，勸歸故鄉，欲以黃山處之。途次廣陵，値天中節，師語故人，諸公於五之日送我。及期，黃九烟、楊廓庵、迮旦庵、殷簡堂、王孫、程山尊、畢右萬、汪扶晨來，師曰，老僧於今日作別，諸公各賦一詩，限死字韻。來者愕然，公得無戲語乎。師揮毫曰，五月五日三閭死，今之古之只此耳。自有天地從何來，掩卷呻吟歎豐芑。有君被執不得歸，子蘭上官沒道理。屈原大夫發病狂，要救楚國自我始。進不能戰退不能，三皇五帝費議擬。誓將七尺葬江流，萬古同流江漢水。嗚呼，尼父刪《詩》乃擯楚，紫陽述之以終魯。山高月小，水落石出。千古何人，知我有屈。因謂來者曰，來日當思老僧也。客去，語侍者曰，六月之望，有僧自黃山迎我，當以源流柱杖付之。書其卷曰連雲，不知何所指也。夜半，問夜何其。對者以亥正。遂起坐而逝。厥明，送者皆集，畢右萬議以儒服斂，而衆言淆亂，卒從僧禮。六月望，有僧自黃山來迎，問其名，曰連雲，師已豫兆之矣。連雲與汪扶晨，奉遺殖塔於青鸞峯下。所著有《易通》、《莊質》、《孟子》、《國風》、《黃山志定本》諸書。

師雖出世，然胸中有不可括磨者。燈炧夜闌，無故痛苦。鷗背鷺頂，非其本懷。雪庵之中流讀《易》，義烏之古寺吟《詩》，遙遙追配，自不宜置之傳燈之列。是故甄龍友坐逝，既而開目曰，吾儒無此也。復臥而瞑。王旦末命緇衣祝髮，其壻蘇耆力排而止之，所以正其終也。諸君子徒以形跡見師，指并州之旅邸爲其故鄉，豈不冤哉。或以師之神知已往，懸記將來，固是佛門種草。余曰，不然，伍員定亡吳之歲月，希夷識禪宋之太平，志士仁人，興亡之數，鴻纖億刹，常如視諸掌。瑣瑣身事，豈乞靈於異教乎。余過新安，扶晨爲師之羣從請其銘，銘曰，

三陽失位，孤露臣子。矍相不收，伽藍寄止。始願所及，不過逃死。奈何久之，以爲觀美。大屋聚人，開眼牀尿。上堂普說，市聲俗軌。於鑠吳山，耿耿入髓。許慶牛車，荊卿燕市。泣緒如絲，詎能仰視。佛號常啼，蒼天呼只。山有大苦，澤有芳芷。掉臂佛祖，白首經史。逍遙死生，不異彈指。儒者分內，豈假彼氏。雖曰塔銘，實闡儒理。

魏禧《地獄論上》（《魏叔子文集》卷一） 或問，佛說地獄，有之乎。魏子曰，吾不知佛爲何如人，其說地獄，不悖於聖人，無惑也。曰，然則聖人何以不言。曰，前之聖人未言，後之聖人言之，何必同。且夫孔子作《春秋》，以匹夫賞罰天下諸侯大夫，譏貶天子，事皆出于創說。使非聖人爲之，則衆人懼矣。古之聖人言上帝后土，鬼神善惡，禍福感應之事甚備，而佛氏衍而象之，其何怪焉。且子亦知地獄所以說乎。三代以上，禮明刑平，君相治於上，百姓安於下，故鬼神無所事賞罰。及夫世衰，刑賞亂，善惡淆，人心鬱而不平。或惡極罪重，考終以死，又或一死不足以償罪。天下之人，以爲禍福者，事之適然，不必其善福而惡禍也。于是善無所勸，而惡無所懲。子不見夫宋子業、趙石虎之殺人乎。不見夫曹操、劉裕、華歆、秦檜、崔立、蒲受畊之奸賊乎。曹操、華歆杖殺伏后。劉裕弑甘心禪讓之恭帝。秦檜陷岳忠武。金哀宗在歸德，而崔立送兩宮，請王赴青城。蒲受畊閉泉州城，殺宋宗子數萬。此數事爲古今奸賊之最，特舉以例其餘。不見夫隋楊廣、金完顏亮之淫逆乎。

國家之法，至于凌遲止矣。甚而門誅，又甚而赤族止矣。今夫剛狠之人，愍不畏死。殘忍之人，則立視其父母子姓之死，不以動其心。而又門誅、赤族之刑，濫而無當也。是故人莫痛于身受極刑，刑莫慘于求死不得。求死不得，莫甚于死可復生，散可復聚，肉血糜爛可成體。以展轉于刀鋸鼎鑊之中，百千萬年而無有已。極于是，干請賄賂無所謀，孝子慈孫不能代。惡報極于其身，株連不及于一人。嗚呼，至矣，盡矣，無以復加矣。于是而生人不平之心始平，于是而人勸人懲。

兄善伯曰，以門誅赤族洗發地獄之善，眞是創論確論，至論妙論，足空千古作者。

又《地獄論中》 三代以下，刑賞不足以懼人，於是孔子作《春秋》，以名懼之。曰汝弑君與父而爲帝王，極富貴，擅威福，天下頌神聖，而書之於策，則億萬世亂臣賊子之名不能去。夫名之爲說，可以動天下之智者，而不可警天下之愚人與。羈縻天下之智，而蕩軼非常之人，何則。愚者見目前倡優盜賊爲其實，安其名，不之恥也。蕩軼非常之人，則以名者

身後之事，吾有知乎爾，吾無知乎爾。且吾有身耳，名強而命之。天下姓同名同，何必其是我。天下無姓同名同者，亦何必其是我。不勝私忿之忿，則曰，不能流芳，亦當遺臭。嗚呼，彼固不嫌以亂臣賊子自居矣。苟能執是人而刀之鋸之，鼎之烹之，則未有不叫號哀痛，慘切而求免也。不能刀鋸鼎烹之于其生，而刀鋸鼎烹之於其死，是故刑賞窮而作《春秋》，筆削窮而說地獄也。

溫伯芳曰，文特勁悍，末二語如天柱地維。

兄善伯曰，推出大聰明人，放肆無忌，不顧名義一段心事，如見肺肝，眞有描風鏤影手段。

又《地獄論下》 余篤信地獄爲事理所必有，而誦經崇佛，消災滅罪之說爲事理所必無。葢崇佛可以滅罪，則勢力之家不妨窮兇極惡，但出其十一之資，即可免罪。是閻羅王祗同畏勢狥情之庸吏，而佛乃護黨好諛，干請關說之豪紳。小人恃此，益敢爲惡。如豪貴子弟倚父兄親黨，爲害鄉里，事敗，當有救書至也。世之愚夫愚婦惑此不小。若果是佛意，則佛且當首坐地獄中一席矣。余嘗疑佛經多出譯者，其語意未員處，當是弟子尊師之過，或借以聳人聽從。布施可期，流通易廣，而不知其流弊至此。然執此以廢地獄之說，則又所謂懲噎而廢食者。懺云未作之罪，不敢更作。已作之罪，願乞消滅。此則善於言修齋誦經者矣。自記。

或曰，佛未至中國，三代以上，曾無一人入地獄者。後世死而更生，言地獄事，非誕則狃於習聞，妄生神識耳。魏子曰，漢唐以前，狐突見共世子，荀偃訟厲公，亦既徵其事矣。且即以爲自古無之，三代以下，可造而有，何以明之。天下之事，莫不自無而之有。天地何始，未始以前無天地。萬物何生，未生以前無萬物。人浴而振衣，豈有蚤虱哉，久則蚤虱生，又久之而蚤虱牝牡長子孫。今人自無蚤虱以有蚤虱，而卒不怪者，習於常也。末世賞罰失措，人心僨結，則必有鬼神焉，以洩其不平。久之而人之耳之所聞有是焉，心之所思有是焉，感恩讎讎，祝而詛者有是焉，於是而地獄成矣。蜣蜋之轉丸也，丸成而精思之有螵，而白者存丸中。治金丹者晝夜精思，而神丹生於虛器。故曰心能生氣，氣能致精，精能成形。

而或曰，鬼無形也，庸可執而樸乎。《易》曰，精氣爲物，游魂爲變，是故知鬼神之情狀。夫有狀則有形，有情則有識，有形則可拘而制，有議則可疾而苦。子不見夫夢乎。夢無形也，夢人鞭之，則夢中之身痛焉。夢食珍美異味，則夢中之口甘焉。夫以形制形，故人治人。以無形制無形，故鬼治鬼。辟猶馬鳴雀叫，人不得通，而彼雀馬則能通之。鳥翔空中，人不能鬬，鳥則鬬之。是故鬼可執而樸矣。

或曰，佛說地獄，惡人不息，說之無益，明矣。曰，夫子作《春秋》而後世亂臣賊子不止，則亦將曰，《春秋》可無作耶。是故地獄之說，戒殺生之說，吾謂可補前古聖人所未及。

兄善伯曰，從無証有，確確可據。思理最精最微，而言之顯淺，人人可悟。讀此乃知徒謂借地獄以警人者，猶庸人之見也。

弟和公曰，吾兄信地獄爲必有，崇佛滅罪爲必無。儒者則惡其不經，非正學明道之言。釋氏則惡其謗法，塞衣食布施之路。此論出而儒釋俱拒爲門外漢矣。然生不償罪，死必極償，又決非修齋誦經可免。自是千古至論，眞有見於天地之心，不悖聖人之意者。不儒不釋之間，吾兄自有此等力量，獨立不懼，可以質鬼神而俟百世也。

又《地獄補遺論》 余覽釋氏所論地獄，有鞭撻刳割舂磨，毒蛇猛獸水火之刑，大約皆不忠不孝，傷人害物，生而王法不足蔽其辜，故死報以極刑，使之慘痛于其身，而悔于其心。獨疑有所謂黑暗屎尿地獄者，不知其何所處也。以其罪有害于人耶，則不若鞭撻刳割之痛。以其罪尚無害于人耶，則眚災可肆赦矣。然則是獄也，實處于無罪有罪之間，天下亦安得若人而居之。

吾嘗觀學士大夫被服《詩》《書》，吐納道德，亦既斐然成章，居之不疑矣。子弟以此奉其父兄，門人以此報其先生，僚屬以此貢其長吏，朋友以此贈其交游。著書立說，精微汗漫，布于海內。取古人之能事，被于己之身，而取己身所隱痛深病，入于骨髓而不可療者，鰓鰓然大聲疾呼，以鍼砭天下之人，而自嗚其無病。于是好名者靡然從之，貞脩之士亦側耳延頸，以庶幾其或遇。然間執其鄉里負販之夫，左右近習僮使不識字之人而問之，則與向者書冊所見，士君子所稱譽，葢已較若水火，而不相蒙。且夫人不可爲盜蹠而已矣，不必其盡爲伯夷。日中而趨于市，明明持斗粟疋布以爭尺寸之利，此商賈之行，亦聖人所不禁，王法所不議也。今入市而爭利，以爲此古者納價觀風之遺意。市散而退曰，我伯夷之廉也。其黨之譽之，則且以伯夷爲潔身之常事，必推而進之卞隨、務光之列。而負販僮僕之公論，卒不能勝士君子之文章。夫商賈冒伯夷，初未嘗害于人也，國家之律例亦未嘗有此罪。而人之見之，則忿然興不平之心，若殺越人于貨者之可仇恨。嗚呼，是可以識天地鬼神之情矣。

蓋嘗論之，王法所不議者，地獄所不加鞭撻刳割之刑。既不可施諸其身，而其罪又終不可以赦，則必求乎未嘗慘痛，而生人一日所難堪者，使之處乎其中，幽慢嘔穢，以償其詐僞之高名，而庶幾其本心之動。此黑暗屎尿之獄所爲不可已也。入乎此者，其文章一日未毁，譽之者一日未絶，其名一日未滅，則此獄終不可以一日出。《首楞嚴》曰，賊假衣服，裨販如來。嗚呼，今之裨販孔孟者，竟何如也。

兄善伯曰，嚴刑峻法之際，卻溫柔敦厚，一唱三嘆，議論精奇固不必言。

門人曾彝曰，黑暗屎尿，即令初無此獄，鬼神有知，當特設以待欺世盜名之人。今此獄既具，則爲此種人入之亡疑矣。文中擢筋剔髓，毛髮畢見，是以菩薩心腸現閻羅王相者，可與續續朋黨並讀，有關名教不小。

屈大均《歸儒説》（《翁山文外》卷五）　予二十有二而學禪，既又學玄。年三十，而始知其非，乃盡棄之，復從事於吾儒。蓋以吾儒能兼二氏，而二氏不能兼吾儒。有二氏不可以無吾儒，而有吾儒則可以無二氏云爾。故嘗謂人曰，予昔之於二氏也，蓋有故而逃焉，予之不得已也。夫不得已而逃，則吾之志必將不終於二氏者，吾則未嘗獲罪於吾儒也。逃之而復能歸，得已而歸，則吾之志必將終於吾儒者，則吾亦未嘗獲罪於二氏也。今使二氏以吾爲叛，羣而攻之，吾之幸也。使吾儒以吾爲叛，羣而招之，斯吾之不幸也。又使天下二氏之人，皆如吾之叛之，而二氏之門無人焉，吾之幸也。使天下儒者之人，皆如吾之始逃之而終歸之，而吾儒之門有人焉，則又吾之幸也。

然昔者吾之逃也，行儒之行，而言二氏之言。今之歸也，行儒之行，而言儒者之言，而人以爲未盡合於吾儒也。以爲新會、餘姚之言，猶似夫禪之言也，吾竊以爲不然。夫新會、餘姚，孔門之冢子冢孫也。新會曰致虛，餘姚曰致知，夫非《大學》明德，《中庸》明善之旨耶。世之嘵嘵者以爲似禪，豈惟不知儒，抑且不知禪之爲禪矣。嗟夫，今天下不惟無儒也，亦且無禪。禪至今日，亦且如吾儒之不能純一矣。故夫以儒爲禪，禪者學之，失其所以爲禪。以禪爲儒，儒者學之，失其所以爲儒，皆不可也。知其不可而棄之，能知儒之精，斯知禪之精矣。禪之精盡在於儒，欲知禪之精，求之於儒而可得矣。予誠越人也，知有新會、餘姚而已矣。言新會、餘姚之言，知者以爲儒，不知者以爲禪，亦惟天下人之所指，而何容辯焉。處則以新會爲師，出則以餘姚爲法，誠禪也，而一以立德，一以立功，亦奚傷乎其爲禪也耶，而況於似禪也耶。

王源《佛法論 上》（《居業堂文集》卷九）　立法未有不近人情不亂天下者。聖人立法，教人節其情之過，使不越乎禮。禁止其邪心暴行，使不陷於非。苟取情之當然者禁之，迫以必不可從之事，強之以必從，嗚乎，吾見其亂天下而已矣。飲食男女，生人之大欲存焉。聖人曰，雞豚酒醴肥鱻，吾不禁爾食也，食以禮。非禮食，法無赦。男女，吾不禁爾合也，合以禮。苟合，法無赦。人皆曰聖人範我以禮，而初不絶其情，亦何苦必越乎禮以干聖人之法哉。此王道所以本人情，萬世可行也。立萬人於此，豪傑數人耳，不肖者盡數矣。佛以色與酒亂德也，禁之。鮮食傷生，不仁也，禁之。豪傑邪從其教，相忘爾。不則從其教而未能忘乎情，強制焉，妄焉，久且百倍於恆焉。語曰，作法於涼，其弊猶貪。作法於貪，弊將若之何。所以僧尼之行，師弟子之閒，多不可問。而傷風瀆倫紀，爲王法之大蠹，而莫之禁也。韓文公作《原道》，歐陽文忠作《本論》，皆斥其教之非，未究其害之至於此。欲明先王之道，脩理義以勝之，而未深求乎去之之術，所以千數百年以至於今，其道益大行於天下。而老氏之徒，尤而效之。回回西洋，踵而接之。以至鄉里小民，倡左道以惑黔首者，莫不依倣佛氏，而肆爲無父無君之説。嗚乎，佛法之亂天下如此，有志者奈何而不爲之所矣。

又《佛法論中》　佛法依中國行耳，苟驅中國，盡從其法，而其法不能一日行矣。客有依主以爲生者，出則訾厥主人曰，盍若爲客之無累矣。夫主誠勞，客誠逸。第主盡化而爲客，客將何所依託哉。吾故未暇究乎佛之理，第以其法論。假令佛爲天子，爲卿相諸侯牧者諸菩薩，準人尹伯亞旅者阿羅漢，盡天下之男子以爲僧，女爲尼，而悉去中國之法，絶人事，以從事於虛空寂滅之教。嗚乎，彼所以不耕，不商賈，侈然聚徒眾而無賈乏之憂者，布施耳。盡天下而僧矣，布施者更何人。且佛之存亡吾不得而知矣，即以爲至今存，亦佛已耳，菩薩已耳，固不能使天下皆佛，皆菩薩。不能皆佛，皆菩薩，而男女之道絕，不出數十年，人類滅矣。彼將撫空國，招衆鬼以行其法乎。亦視東土之人盡，而悵然獨返乎西方也。雲出於山，霾天晦日月，大風起，不終朝化無有，而雲未嘗絕於天下者，山爲之也。噫，天竺不能無王，無居士，況中國乎。孟子曰，夷子思以其道易天下。佛法不足以易天下明矣，雖然，滅之實難。

又《佛法論下》 先王之法壞而佛法盛。佛法足以補先王之法之衰，而其法於是乎益盛。蓋三代以上，賢才舉之上位，授農以田，商賈自食其力，工食於官，而老弱疾廢惸獨者有養，舉天下無一失所無告之人。當是時，縱有佛法，而欲人舍其父子夫婦之樂，生養之利，絕嗜慾，毀形異服而從事於冥心參悟，民雖至愚，必不肯爲也。周禮亡而管商用以伯，戰國無湯武，天下歸於秦。雅音不作，而樂歸乎鄭衛。故佛法之興，養民之法廢已久，有常業者饑寒不能免，流亡者轉死莫之恤。一爲僧，則無家無賦役，安居坐食，而無凍餒之憂。且夫素封席貴盛，立視其骨肉死亡，求拔其豪毛，不可得。而種福田求利，則傾家貲，長跽奉之，唯恐其不受。嗚呼，爲民如彼，僧如此，又何怪從其教者日繁，而其教大行於天下也。

儒者有言矣，曰闢之，闢之空言耳。曰立法以禁之。彼之法，公以嚴，可達可久，道高行脩，才智之徒，節義之士，往往出其中。而禍福壽夭輪迴之説，深入人骨髓，而不可療。梵宇緇徒徧天下，王公貴人，販夫販婦，莫不矢心而貞信之。夫不究其所以至此之故，不爲之所，一旦遽絕之於天下，嗚乎，將使此億兆無業之人安歸乎。不推而納諸溝中，則驅之爲張角、韓山童，禍可勝言哉。禹之治水也，注海注江，而疏瀹排決之功可奏。下流無歸而塞其橫，鯀之所以九載而績弗成也。吾故爲之説曰，民無所歸，則佛法不可滅，不制民恆產則民無所歸。是豈一朝一夕之事，迂妄卑陋鹵莽者所能爲乎。而儒者乃欲以口舌爭之，亦已過矣。

又《興國庵碑文》（同上，卷一九） 桐城興國庵，在城東三十里，故柯大中丞所建也。當南北山驛之衝，中丞以癸亥爲藩司江北，數往來其地。僧某者，常結茅施茶，甚謹。中丞見之喜，召語之曰，此眞功德也，吾以千金爲汝結精舍於此，以濟往來困乏，可乎。於是前後共捐與金五十斤，使次第經營。而中丞於戊辰晉副都御史，巡撫湖廣，方數旬，值兵變，死之時，庵尚未訖工。中丞夫人曰，此公志也，又以二百金成之。計屋若干楹，田若干畝。由是山徑盤阻，行者登頓憊紆，得稍息憩。以流覽雲嵐秀變，峰巖巒壑，幽遐聽泉鳥而滌豁其塵襟，則有所謂興國庵矣。且夫世之建梵宇浮圖，飯僧廣布施者，種福田求利耳。彼佛菩薩非聖賢君子邪，福善禍淫，殃慶各以類至，初不存乎區區之閒。苟無實善脩於己，被於物，而媚神以邀福，縱得亦倖耳。謂神祐也，其然乎。若脩己以被乎物者，實有不可沒之善，即所遭大不幸，而神之祐之，有非流俗所能計者。

中丞性寬博有容，篤於骨肉。而居官宣慈，惠和所至，民歌思之不倦。余舊知中丞甚悉。壬申遊江右，其子鉉以庵之碑文請。余雖未過其地，竊以中丞臨大節，授命不苟免。而夫人以宗室女，方二十餘，矢志賦《柏舟》，爲中丞撫孤守節。忠節萃於一門，流芳千百世不泯。其所以獲祐於冥漠中者甚大，固不視此庵爲輕重。而此乃其遺愛所存，即其精靈所聚也，因爲之記，俾勒諸石，用告四方君子。知此庵所由建，而仰止中丞，其有流連慨慕而不能已者乎。若行旅之往來，沐中丞餘惠於無窮，其小焉者矣。

方孝標《韓愈論一》（《光啟堂文集》） 孟子之闢楊墨，與韓愈氏之闢佛，有異乎。曰，無異也。何孟子之後，遂無楊墨，而韓子之後，尚有佛也。曰，其人異也。從來力相敵，勝以人。有一國之人，斯勝乎一國。有天下之人，斯勝乎天下。苟其人之相敵，則或峙爲兩，或分爲三，而欲其勝而一之也固難，此孟子、韓子之辨也。然則韓子之闢未力乎。曰，韓子之闢力矣，雖力而未得其精也。立言者未得其精之所在，而欲驟伸吾説以絀之，不可也。迨程子、朱子，則嘗闢之而得其精矣。闢之得其精，而功亦無加于韓子者，何也。程子、朱子，欲爲孟子之無楊墨也。不知昔之楊墨可以無，而今之佛氏不能無也。蓋昔之時，去古雖遠，而猶有井田學較者，三代之禮樂刑賞未盡失，誦聖人之言者，猶無大悖乎聖人之行也。天下之人習見吾儒之常，而偶惑于楊墨之異，故孟子一析之以爲我兼愛，極之以無父無君，天下遂翻然自釋其惑。至今日，佛之言精矣。楊曰爲我，彼則曰無我之相。墨曰兼愛，彼則曰絕愛。儒曰有父有君，彼則曰正所以報君父。蓋知吾井田學較之不可復也，禮樂刑賞之具存而日就崩壞也。誦聖人之言者，尚不如彼之不悖乎彼之聖人者也。故爲空虛玄妙之言以招天下之賢智，又爲輪迴果報之説以驅天下之庸愚。其教日尊，從之者日眾。是雖孟子復生，亦難爲力也，而況其下焉者乎。

然則宜奈何。曰，勝之。勝之奈何。曰，崇吾之本以化彼之本，收彼之末以助吾之末而已。彼之本即吾之本也，唯吾本之不修，故彼得陰竊之以恣其説。究極其陰竊之説，亦無加吾之本也。傳曰，日月出矣，爝火不息，其爲光也，不亦難乎。夫爝火之光何異日月之光，惟日月不出，其光始張耳。故吾不急急乎爝火之撲滅，而惟日月之自出也。至于輪迴果報，亦彼之所謂末也。《易》曰，精氣爲物，游魂爲變，故知鬼神之情狀。《書》曰，作善降之百祥，作不善降之百殃。聖人未嘗不言之也。第聖人正言之以明人心之理，彼特誕言之以蠱人心之欲。理不勝欲久矣，今執塗之人而告之曰，爾爲善，善必賞。爾毋爲不善，不善必誅。未必懼也。又執塗之人而告之曰，爾爲善，鬼神賞之。爾毋爲不善，鬼神誅之。必惕然恐矣。蓋鬼神者不可知，而王者之權若不足信也。曷收其不可知之機以補吾之不足信，未始非相助爲理也。傳曰，名其爲賊乃可滅。又曰，殺之不能，不如德之。此言雖小，可以喻大。有能名其爲賊者，彼將自滅。若無能名之者，則不若德而勝之之爲愈也。吾是以思其人也。孟子者，則其人也。韓子者，學其人而未至者也。

又《韓愈論二》 或曰，子之論韓愈氏之闢佛也，謂佛至今日不能無。然則佛之言，果無異于聖人之言矣，子其欲從之乎。曰，惡，是何言也。愚聖人之徒也，方恨其學之未至，未能辨之毫釐之間而拒之千里之外，思得有孟子其人者出，而使堯、舜、禹、湯、文、武、周公、孔子之道大著于天下，豈欲從之乎。然而佛説之不能無也，則亦有故。蓋佛之初入中國也，其所謂經教者，率多鄙俚。唯我之闢之者不得其人，而天下聰明才智之士從之日眾，於是陰竊吾儒精微之義，以助逞其辯。故始惟梵唄，而繼且論説矣。始惟天堂地獄之龐，繼且戒律意識之細矣。始惟福田利益，而繼且言明心見性矣。窮之者愈微，故遁之者愈巧。攻之者愈力，故應之者愈奇。是以韓子時之佛法已非漢時之佛法，程朱時之佛法又非韓子時之比。今日之佛法，又豈特程朱之時乎。此非盡從佛法者之過，亦吾儒之有以激之耳。

歐陽子曰，病之中人，每乘氣虛而入。善醫者不攻其病，而務養其氣。氣實則病去，此自然之效也。然則自修其本以勝之者，養氣之謂也。倘不修其本，而惟口角之爭，猶醫不養氣，而惟藥石之投。吾恐病將益甚，而醫者且自疑其術矣。三國之相爭也，昭烈所持，豈孫曹可比。無如其勢之已成，則不得不退而俟其鬬獸之自斃。朱陸之辨，紛爭無已。朱子所持，豈不正且大，而不爲尚口之窮，故曰日斯邁而月斯征，各遵所聞，行所知而已。夫豈朱子之欲從陸氏乎。我之于佛，亦若是而已。

或曰，佛教日熾，人心日疑，不早有以救之，恐將盡亡，奈何。曰，人心不能亡也。秉彝之善，堯惠不加，桀跖不損。即從佛之心，夫豈非善。唯彼未知有聖人之善，而但聞佛之爲善，故從之。雖從之，而亦未嘗不知其非至善。苟不與之爭，而俟其平旦之省，聞見之觸，必且覺聖人之是，而悔從佛之非也。養長其覺之悔之之萌，而使之修于天下，修于國，修于家與身，此即逃佛法而歸聖人之基。苟爭其覺之悔之之萌，而使之強怒于言，弱怒于色，則病入既久，未可猝除。吾恐或反遺之禽，而操入室之戈者有之矣。此我之所以思孟子而不思韓子也。

錢澄之《地獄説》（《田間文集》卷八） 寧都魏凝叔，江右學儒者也。謂佛氏地獄之説，其旨不悖於聖人。其言曰，三代以上，禮明刑平，君相治於上，百姓安於下，故鬼神無所事賞罰。及夫世衰，刑賞不當，人心鬱而不平。有惡極罪重，壽考以死。又或一死不足以償罪，於是幽冥設地獄，使備嘗其苦，千請賄賂無所謀，孝子慈孫不能代，以極其惡報而後已。於是而生人不平之心始平。又曰，孔子作《春秋》而亂臣賊子懼。懼之以名也，而即有不顧名者，方且謂不能流芳，亦當遺臭，則名之説窮矣。是故刑賞窮而作《春秋》，筆削窮而説地獄。魏子之説，蓋感憤於世間刑賞之不平，馴致小人之無忌憚，至於此極，不得已望諸地獄，以紓此憤耳。

而世有執生殺之柄，以制數千里之命。而其所以示天下者，舍法令不言，亦引閻羅天子之威嚴以懼之，而使爲善。及約束羣吏，亦誓之以鬼神果報之事。其意甚厚，然而失政體矣。夫閻羅天子之威權不重於督府也，犴狴之拘囚，鞭笞之狼籍，刀鋸之斬截，其慘痛不減於地獄也。刑誅者，現在必然之法也。地獄者，死後不可知之事也。不懼之以現在必然之法，而懼之以死後不可知之事，其誰聽之。民之犯法者，但得緩數日之刑，猶且悦之，況緩之以至於身死之後。後雖苦更有甚於死者，固所甘也，毋怪乎犯法者日益衆矣。

或曰，然則佛言果報，不足信歟。夫《春秋》所記善惡之報，歷然不爽。《易》曰，積善之家，必有餘慶。積不善之家，必有餘殃。《書》曰，作善降之祥，作不善降之殃。此非果報之最顯者耶。聖人特言其人世可據者而已，不言其死後不可知者也，固與佛言有異。佛生於西方，彼國固不知有先王之禮樂法度，其亂必有甚於中國者。佛思有以教化之，而無禮樂可循，則因事説戒，以止其惡於未明。是故戒律者，所以代中國之禮樂也。思有以懲治之，而法度不備，則設爲因果地獄，以昭其惡報，使勿犯。是故因果地獄，所以代中國之法度也。當其説戒之時，必要之以誓言，臨之以鬼神。其不敢犯戒者，畏鬼神也。生而畏其威，死而受其制，因果地獄與戒律相爲表裏。其與吾儒明則有禮樂，幽則有鬼神之説，何以異哉。佛言之非誑也。

若夫中國之人心之邪妄，則非戒律之所能制也。戒律之條，載諸王章者森然，犯者不赦。而是蚩蚩者一不之遵，而肯遵一無權勢者之空言乎。現因現果猶不之信，而信不可知之地獄乎。佛教不足以治中國，審矣。莊子曰，爲不善於顯者，人得而誅之。爲不善於隱者，鬼得而誅之。以鬼誅補人誅之所不及，使爲惡者一無所逃於幽明。則地獄因果，王者亦樂得之，以輔其法令。明太祖謂之陰翊王綱，大哉言也。魏子之説，則猶是莊子之旨也。使爲惡無顧忌者逃於王法公論，庶幾有萬分有一之後，慮以怵其隱微也。夫魏子固無誅惡之權者，聊以是説紓其疾惡之志耳。若夫有權而足以行法者，人之畏之，甚於鬼神。何則。爲其現在能誅殺之也。今以己之可畏之權讓諸鬼神，則法爲虛設矣。不畏之以法，而畏之以報，大畏民志，固如是邪。法不足畏，則民趨地獄如市矣。

顔元《靖異端》（《存治編》）　古之善靖異端者莫如孟子，古之善言靖異端者莫如韓子。韓子之言曰，人其人，火其書，明先王之道以教之。善哉，三言盡之矣。愚嘗取而詳推之。目前耕耘，皆三代之赤子，第自明帝作俑，無恥之民從而效尤，妄談禍福，侈説仙神，枝連蔓長，焚香講道者遂紛紛，其實猶然中國之民也。一旦收爲左道之誅，豈不哀哉。考古謀今，靖之者有九。一曰絶由。四邊戒異色人，不許入中國。二曰去依。令天下毁妖像，禁淫祠。三曰安業。令僧道、尼姑以年相配，不足者以妓繼之，俱還族。不能者各入地籍，許鬻寺觀瓦木，以易宅舍。給香火地或逃戶地，使有恆産。幼者還族，老而無告者入養濟院，夷人仍縱之去，皆所謂人其人也。四曰清蘖。有爲異言惑衆者誅。五曰防後。有窩佛老等經卷一卷者誅，獻一卷者賞十兩，訐窩者賞五十兩。六曰杜源。令碩儒多著闢異之書，深明彼道之妄。皆所謂火其書也。七曰化尤。取向之名僧長道，令近正儒受教。八曰易正。人給四書、《曲禮》、《少儀》、《内則》、《孝經》等，使朝夕誦讀。九曰明法。既反正之後，察其孝行或廉義者旌表顯揚之，察其愚頑不悟者責罰誅戮之，皆所謂明先王之道以教之也。如此則羣黎不邪慝，家戶有倫理，男女無抑鬱之氣而天地以和，兆姓無絶嗣之慘而生齒以廣，徵休召祥，蔑有極矣。且儉土木之浪費，杜盜亡之窩巢，驅遊手之無恥，絶張角等之根苗。風淑俗美，仁昌義明，其益不可殫計，有國者何憚而不靖異端哉。若惑於禍福之説，則前鑒固甚明也。

又《存人編》　**《存人編》序**

顔先生三存編訖，人將得復性力學蒙治也，快矣哉。而先生怵然慮謂異端鴟張，方舉世而空之虛之，人類行盡，又何學，又何治，而又安所謂性。東比黨翁書幹垣創屨，夜豨穴穿日，築卒不就。昔衛靈公入囿，兩寇肩逐，子夏拔矛，下格而還。周冥氏掌攻猛獸，甌以靈鼓。庭氏掌射國之妖鳥若神也，則以太陰之弓與枉矢射之。韓子曰，如古之無聖人，人之類滅久矣。豈不信哉。先生乃復著《喚迷塗》、《釋迦佛贊解》，并與張京兆議者，類爲《存人編》。於戲，先生之心迫矣。康熙四十四年乙酉四月，蠡吾門人李塨頓首拜識。

《喚迷途》序

《喚迷途》，博陵顔元所著，以勸僧道歸人倫之書也。既成而自序之曰，昔者唐虞三代，聖人疊興代天，子民家給之宅，人分之地。生幼者有助，齒衰者有養，殘疾無告者倍爲矜恤，民生無不遂也。設爲庠序學校，國州黨閭，莫不有學。教以人倫，父子有親，君臣有義，夫婦有别，長幼有序，朋友有信，民性莫不各正也。秦人作俑，將聖人養民教民之具，廢棄殆盡。漢家七制之主，雖曰英君，其於先王之政，曾不能復十一於千百。民無恆產，失其養者多矣。無恆產因無恆心，喪其性者多矣。即使外國之妖邪不入，天朝之化凌俗壞，亦不知何底也。

迨東漢明帝信傳流之詭說，迎妖魔於西域。其言曰，得其道可以治天下。嗚呼，世有滅絶人倫之道可以治天下者乎。其徒沙門數人，隨之而入。明帝與楚王英輩男婦，焚香頂禮，設醮齋僧。創爲清涼臺，以供佛骨，施設衣食，以供沙門，而天朝自是有佛矣。其父光武皇帝以前，天朝固止祭天地、宗廟、社稷，五祀八蠟馬祖，各家祖先，未有所謂庵觀寺院佛菩薩者也。沙門等侈其師說，以念佛看經，可得福利，誘我愚民之欲。以不信三寶，必入地獄，碓搗磨研，油鐺火熬等危言，嚇我愚民之膽。於是信奉者衆，而爲沙門徒者有利，無產無依之民，靡然從之，而我天朝自是有僧矣。前此漢秦以上，我天朝固止士農工商，無所謂僧者尼者，滅絶人倫之人也。

嗟乎，使古聖人養法在，家宅五畝，人田百畝。雖沙門巧說，亂墜天花，誰肯舍我父子兄弟，從彼禽獸乎。使古聖人敎法在，則家有禮義，人知孝弟，寧饑死而不作無父無君之輩。雖沙門巧說，亂墜天花，又誰肯舍我孝慈義順友恭之樂，從彼狠毒空寂乎。惟饑寒切身，或世亂多故，內無義理以自主，遂相陷而蹈於邪。殊不思我一失足爲僧，我祖父以上千萬人之血脈，自我而斬矣。我身以下萬年之生理，自我而絶矣。我父母兄弟夫妻遂爲路人矣。豈不可傷，此心寧忍。正如遊子倉皇，爲強暴所逼，馳入陷阱，仁人之所深憐，而急欲引手也。至於道家者流，禍在佛先。成周之老子、關喜，西漢之文成、五利，雖頗有異說，然尚在君臣父子夫婦倫中，未絶人道也。近世昧於丹法仙術，又染於佛敎，始亦滅絶倫紀，故亦並喚之。

前世大儒守其師道尊嚴之禮，遇問者答之，遇當闢者闢之，未有專立說以勸化之者。聞有明曹月川先生著《夜行燭》一書，惜頒行未廣，鮮有見者。予素抱熱腸，不忍無知迷於邪途，如疾痛之在身。故著爲俚言數欵，以喚我同胞之迷而使返。倘僧道聞予言而猛然醒，幡然改，則寧饑寒，寧患難，而不作無父無君之徒。寧饑寒，寧患難死，而不爲不忠不孝之鬼。奮然出陷阱而就坦途，以已失業之人，一旦復事田園，娛妻子，其心之快，何如耶。以已壞倫之人，一旦復父慈子孝，兄友弟恭，其家之快，何如耶。以已絶於親之人，一旦生者無子，而復有子，死者無嗣，而復有嗣，其親心之快，何如耶。以已絶於祖宗之人，一旦使祖宗無孫，而復有孫，塚墓無祭，而復有祭，其先靈之快，何如耶。以不服事君上之人，一旦賢明者歸儒圖仕，愚樸者租傭奉國，添幾千萬有用臣民，朝廷之快，何如耶。由此而漸引漸大，自天朝而傳外國，皆知去無倫之敎而返之人倫，則昔日西域生一釋迦，害其本國，延及天朝者。今日天朝生一顏元，救正天朝，亦波及外國。去人間千年之蠡蠱，廣天地無已之生，成乾坤之大快，又何如耶。雖然，此非元一口一手之力也。所願同胞中之醒者呼同胞中之醉，同胞中之植者扶同胞中之僕，以天下之同胞救天下之同胞，則邪可正，經可興矣。是爲序。

壬戌中秋十九日，題於習齋。

（《存人編》卷一）喚迷途，第一喚

此篇多爲不識字與住持、雲遊等僧道立說。此項人受惑未深，只爲衣食二字，還好勸他。譬如誤走一條路，先喚那近者回來，我們這裏喚，那近的也先聽得。故第一先喚平常僧道。

凡人做僧道者，有數項，一項是本人貧寒，不能度日，或其父母貧寒，不能度日，艱於衣食，便度爲僧道。一項是禍患迫身，逃走在外，或兵亂離家，無地自容，度爲僧道。一項是父母生子女不成，信佛道，在寺廟寄名，遂舍入爲徒。一項是偶因災禍，妄信出家爲脫離苦海，或目觸寺廟傾倒，起心募化，說是建立功果，遂剃髮爲僧或戴髮稱道人。大約是這幾項人。或有不得已，或誤當好事做，不是要惑世誣民，滅倫傷化。便是聖人出世，亦須哀憐而敎化之，不忍收爲左道之誅也。但你們知佛是甚麼人否。佛是西域番人，我們是天朝好百姓，爲甚麼不做朝廷正經的百姓，卻做那西番的弟子。他若是個好人還可，他爲子不孝他父母，爲臣不事他君王，不忠不孝，便是禽獸了。我們爲甚麼與他磕頭，爲甚麼做他弟子。他若是個正神還可，他是個西方番鬼，全無功德於我們。我們這房屋，是上古有個聖人叫有巢氏，他敎人修蓋，避風雨虎狼之害，我們於今得住。我們這衣食，是上古有個聖人叫神農氏，敎民耕種，又有黃帝元妃叫西陵氏，敎人蠶桑，我們於今得吃，得穿。我們這田地，是陶唐時有個聖人叫神禹，把橫流的洪水都治了，疏江淮河漢，鑿龍門，通大海，使水有所歸，我們於今得平土上居住。我們這世界，是伏羲、神農、黃帝、堯、舜、禹、湯、文、武，周公、孔子合漢唐宋明歷代帝王聖賢，立禮樂刑罰，治得乾坤太平，我們纔得安穩。所以古之帝王聖賢廟食千古，今之帝王聖賢受天下供奉，理之當然。佛何人，有何功德，乃受天下人香火，眞可羞也，眞可誅也。你們動輒說賴佛穿衣，指佛吃飯。佛若是個活的，不忠不孝，尙且不當穿天下人的衣，吃天下人的飯。何況佛是個死番鬼，與天朝全無干涉，你們焉能指他吃穿的。語云，無功食祿，寢食不安。你們又動輒念經宣卷，神要那西域邪言做甚麼，人要那西域邪言做甚麼。白白的吃了人家的，活時做個不妥當的人，死了還做個帶缺欠的鬼。我勸你有產業的僧人，早早積攢些財物，出了寺，娶個妻，成家生子。無產業的僧人，早早抛了僧帽，做生意工匠，無能者與人傭工，擇個妻子，成個人家。上與朝廷添個好百姓，這便是忠。下與祖父添個兒孫，這便是孝。使我上面千百世祖宗有兒孫，下面千百世兒孫有祖父，生作有夫婦、有父子、有宗族親友的好人家，死入祖宗墳墓，合祖宗父兄族人埋在一塊土，做個享祭祀的鬼。思量到此，莫道是遊食僧道，與住持僧道，便是那五臺山京都各寺觀大富貴僧道，也不該貪戀那無意味的財產。你們說，那有錢的僧道像甚麼。就是那内官家富貴，便黃金千兩，位享三公，斷了祖父的血脈，絕了天地生機，竟成何用。思之思之。

老僧人，老道士，見的明白。你們受苦一生，中甚麼用。無徒弟的，再不消度人了，誤了自己，又誤他人，神明也不佑。有徒弟的，早早教他還人倫。你若十分老，便隨徒弟去度日。若不十分老，也尋法娶妻，便不娶妻也還家。家下有房屋田產的固好，雖無田產、房屋，尋個手藝生理的也好。就兩者俱無，雖乞食度日，比做僧道也好。好在何處。現有宗族，合他有父兄子侄情分，便病了，他直得照管你，便死了，他直得埋殯你，便做鬼，也得趁祖宗享春秋祭祀，豈不是好。若做僧道，莫說游僧遊道死在道路，狼拖狗曳的，便是住持的，若無徒弟也苦。雖有徒弟伏侍的，終是異姓人，比不得我兒女，是我骨肉，也比不得我宗族，是我祖宗一派。死了，異姓祭祀也無饗理。況世上那有常常住持的寺院，究竟作無祭祀的野鬼，豈不傷哉。

歸人倫事，最宜蚤圖。第一件，先要知前日由平民做和尙，是朝廷的逃民，是父母的叛子，是玷辱親戚朋友的惡事。古人云，不忠不孝，削髮而揖君親，游手游食，易服而逃租稅。只此四句，斷定和尙不是好人了。今日由和尙做了平民，是朝廷正道百姓，是父母歸宗孝子，是從頭有親戚有朋友的好事。古人云自新休問昔狂，伊尹稱成湯改過不吝，自新便成的君子，改過便做的聖人。我之歸也，不忍我祖宗無後而歸也，不忍我父母無子而歸也，是謂之大仁。不願天下人皆有夫妻，我獨爲鰥夫而歸也。不願貴賤賢愚皆爲朝廷效力，獨我爲猾民而歸也。不願昆蟲草木皆爲天地廣生成，我獨腐朽而歸也。是謂之大義。大仁大義之舉，而世人反以爲不美事，名之曰還俗。夫謂之俗，必以爲作僧道是聖果事，而今還於俗凡也。必以爲是清雅事，而今還於俗鄙也，必以爲新奇事，而今還于俗常也。嗟乎。名不正則言不順，言不順則事不成，此尼父之所大慮也。吾今正其名曰歸人倫，明乎前此迷往他鄉而今歸家也，明乎前此誤入禽獸之夥而今歸人群也，明乎前此逸出彝倫之外而今歸子臣弟友之中也。世人去家鄉數千里，見一本土人，輒涕泣不勝，一旦還鄉，則鄰里皆來看望，心安意樂，今之歸倫，何獨不然。僧道有歸人倫而來見吾者，吾必酒食待之，爲之圖謀生理。吾黨有寄尺書口信於吾者曰，某處某僧道今歸倫於某府州縣某鄉爲某姓名矣，吾必不遠百里，具儀往賀之。人之好善，誰不如我，鼓動天下，救濟生民，同志者共勉之。

你父母生你時，舉家歡喜，門左懸弧。歡喜者，以爲他日奉養口體，承宗繼嗣，有所托矣。一旦爲僧道，生不能養，死不能葬，使父母千萬年無掃墳祭主之人，一思赤子懷抱時，你心安不安。懸弧者，男子生下當爲朝廷應差應甲，平定禍亂。大而爲將，小而爲兵，射獵四方，生人之義也。一旦爲僧道，便爲世間廢人，與朝廷無干，不但不爲朝廷效戰鬪，並不當差納糧以供其上，回思懸弧之義，寧不自愧。

禽有雌雄，獸有牝牡，昆蟲蠅蜢亦有陰陽。豈人爲萬物之靈而獨無情乎。故男女者，人之大欲也，亦人之眞情至性也。你們果不動念乎。想欲歸倫，亦其本心也，拘世人之見，以還俗爲不好耳。今無患矣，我將此理與你們說明了，更不可自己耽誤。

細思來，你們爲僧道，也只爲吃碗自在飯。豈不思上自天子，下至庶人，皆有所事，早夜勤勞。你們偏偷安白吃，就如世間倉鼠木蠹一般了，是甚麼好。試看世上各行生理手藝，命中有飯吃，自然餓不著，你何必做僧道。你命中若不好，做僧道也受饑寒，況有一種赴苦做活種地灌園的僧道，一般受苦，爲何廢了人倫。你們都思量思量，不可胡迷到底也。

四卻子曰，理明情切，可令僧道輩又哭又笑。哭爲何。說的清理透切，自然淚出痛腸，豈不哭。笑爲何。說的情理爽快，自然滿心懽喜，豈不笑。

第二喚

此篇多爲參禪悟道、登高座發偈律的僧人，與談清靜、煉丹火、希飛升的道士立說，較前項人惑漸深，迷漸遠，喚回頗難。然此等率出聰明靜養之人，聰明人易馳高遠，故惑於異者多。僕以爲聰明人易惑亦易悟，靜養人善思又善聽。況吾之俚言，如數一二，如辨黑白，如聞鐘鼓，亦易入者。一悟一思，而猛然醒，幡然改，同快人倫之樂，豈不美哉。

佛道說眞空。仙道說眞靜。不惟空也，並空其空，故《心經》之旨，無無明，亦無無明盡。不徒靜也，且靜之又靜，故《道德經》之旨，牝矣又玄，玄矣又屯屯。吾今以實藥其空，以動濟其靜。爲僧道者不我服也，入之深，惑之固，方且望其空靜而前進之不暇，又焉能聽吾所謂實與動乎。今姑即佛之所謂空，道之所謂靜者窮之，而後與之言實與動。佛殊不能空也，即能空之，益無取。道殊不能靜也，即能靜之，益無取。三才既立，有日月則不能無照臨，有山川則不能無流峙，有耳目則不能無視聽。佛不能使天無日月，不能使地無山川，不能使人無耳目，安在其能空乎。道不能使日月不照臨，不能使山川不流峙，不能使耳目不視聽，安在其能靜乎。佛道之空靜，正如陳仲子之廉，不能充其操者也。即使取其願而各遂之，佛者之心而果入定矣，空之眞而覺之大矣，洞照萬象矣。此正如空室懸一明鏡，並不施之粉黛妝梳，鏡雖明亦奚以爲。曰大覺，曰智慧，曰慈悲，而不施之于子臣弟友。方且照不及君父而以爲累，照不及自身之耳目心意而以爲賊，天地間亦何用此洞照也。且人人而得此空寂之洞照也，人道滅矣，天地其空設乎。道者之心而果死灰矣，嗜欲不作，心腎秘交，丹候九轉矣，正如深山中精怪，並不可以服乘致用，雖長壽亦兩間一蠹。曰眞人，曰至人，曰太上，而不可推之天下國家。方且盜天地之氣以長存，煉五行之精以自保，乾坤中亦何賴有此太上也。且人人而得此靜極之仙果也，人道又絕矣，天地其能容乎。世傳五百年雷震一次，此必然之理，蓋人中妖也，天地之盜也。

請問，若輩聰明人乎，愚蒙人乎。果愚蒙人也，宜耕田鑿井以養父母，以受天子之法制，不應妄爲大言，鼓天下之愚民而立教門。若聰明人也，則以天地粹氣所鍾，宜學爲公卿百執事，以勤民生，以佐王治，以輔扶天地，不宜退而寂滅，以負天地篤生之心。

朝廷設官分職以爲萬民長，立法定律以防萬民欲。人雖賢智，只得遵朝廷法律而行，所謂雖有其德，苟無其位，亦不敢作禮樂也。你們輒敢登高座談禪，使人跪問立聽，輒敢動刑杖，是與天子長吏爭權也。輒敢別定律令，號招士民，謂之受戒，各省直愚民呼朋引類，赴北京五臺受禪師法戒，是與天子爭民也。堂堂皇王之天下，儼然半屬梵王子之臣民，倘朝廷震怒或大臣奏參，豈不可懼。猛醒猛醒。

你們那個是西域番僧。大都是我天朝聰明人。欲求道，當求我堯舜周孔之道，堯舜周孔之道是我們生下來現成的道。此身是父母生的，父母生此身，如樹根長出身幹枝葉。若去父母，是斷了樹根，還成甚麼樹。所以堯舜周孔之道，全在於孝。小而養口體，悅心志，大而顯親揚名，再大而嚴父配天。自庶人上至天子，各隨分量，都要完滿，毫釐不盡，便是缺欠，便不可以爲子，不可以爲人。況敢抛卻父母，忍心害理，視爲路人，還了得。此身合兄弟同生，都要相愛。有兄長，又如樹上生的前一節後一節，若離了兄，正如樹枝斷去前截，定後截都壞了。所以堯舜周孔之道，全在於弟。隅坐隨行，尊父母的嫡子，敬之如嚴君，愛父母的遺體，愛之如嬰兒。無貴無賤，各隨分量，都要完滿，分毫不盡，便是缺欠，便不可以爲人弟，即不可以爲人子。況敢抛卻兄長，忍心害理，視爲路人，還了得。父母生下我，我又娶妻，作子孫的父母，他日子孫又長成作父母，故曰有夫婦然後有父子，有父子然後有兄弟，有兄弟然後有朋友，有朋友然後有君臣。故堯舜之道，造端乎夫婦。此端字，是端倪的端字，如織布帛之有頭緒，如生草木之有萌芽，無頭緒則布帛沒處織，無萌芽則草木沒處生，無夫婦則人何處生。一切倫理都無，世界都無矣。且你們做佛弟子的，那一個不是夫婦生來的。若無夫婦，你們都無，佛向那裏討弟子。佛的父親若無夫婦，佛且無了，那裏有這一教。說到這裏，你們可知佛是邪教了，是異端了。假佛原是正道，原行得，他是西域的師，西域的神，我們有我中國的師，中國的神。自己的師長不尊，爲甚麼去尊人家師長。自己的父母不孝，爲甚麼去孝人家。何況原是邪教，原是異端。由其道，一步行不去，從他做甚。你們最聰明，説到這裏，莫道你們有才料，在世間做的别事，便做個農夫，做個乞丐，也不失爲正人。爲甚麼上高座，闔眼竝手，跟番鬼談邪言，自欺以欺世也。思之思之。

佛輕視了此身，説被此身累礙。耳受許多聲，目受許多色，口鼻受許多味，心意受許多事物，不得爽利空的去，所以將自己耳目口鼻都看作賊。充其意，直是死滅了，方不受這形體累礙，所以言圓寂，言涅槃，有九定三解脱諸妄説，總之是要不生這賊也，總之是要全其一點幻覺之性也。嗟乎。有生方有性，若如佛教，則天下並性亦無矣，又何覺。無所謂昭昭，何所謂暗暗。如佛教，並幻亦不可言矣，又何佛怪哉。西域異類，不幸而不生天朝，未聞我天朝聖人之言性也，未見我天朝聖人之盡性也。堯舜周孔之言性也，合身言之，故曰有物有則，堯舜性之，湯武身之。堯舜率性而出，身之所行皆性也。湯武修身以復性，據性之形以治性也。孔門後惟孟子見及此，故曰形色天性，惟聖人然後可以踐形。形，性之形也。性，形之性也，舍形則無性矣，舍性亦無形矣。失性者據形求之，盡性者於形盡之，賊其形則賊其性矣。即以耳目論，吾堯舜明四目，達四聰，使吾目明徹四方，天下之形無蔽焉。使吾耳聰達四境，天下之聲無壅焉。此其所以光被四表也。吾孔子視思明，聽思聰，非禮無視，非禮無聽。明者，目之性也。聽者，耳之性也。視非禮，則蔽其明而亂吾性矣。聽非禮，則壅吾聰而亂吾性矣。絶天下非禮之色以養吾目，賊在色，不在目也。賊更在非禮之色，不在色也。去非禮之色，則目徹四方之色，適以大吾目性之用。絶天下非禮之聲以養吾耳，賊在聲，不在耳也。賊更在非禮之聲，不在聲也。去非禮之聲，則耳達四境之聲，正以宣吾耳性之用。推之口鼻手足心意，咸若是，推之父子、君臣、夫婦、兄弟、朋友咸若是。故禮樂繽紛，極耳目之娱而非欲也。位育乎成，合三才成一性而非侈也。彼佛，大之空天地君親而不恤，小之視耳目手足爲賊害，惟闔眼内顧，存養一點性靈。猶瞽目人坐暗室，耳目不接天下之聲色，身心不接天下之人事，而方寸率思無所不妙，可謂妄矣，安在其洞照萬象也哉。且把自身爲賊，絶六親而不愛，可謂殘忍矣。及其大言慈悲，則又苦行雪山，割肉餧鷹，捨身餧虎，何其顛倒錯亂也哉。

洞照萬象，昔人形容其妙曰鏡花水月，宋明儒者所謂悟道，亦大率類此。吾非謂佛學中無此意也，亦非謂學佛者不能致此也，正謂其洞照者無用之水鏡，其萬象皆無用之花月也。不至於此，徒苦半生，爲腐朽之枯禪。不幸而至此，自欺更深。何也。人心如水，但一澄定，不濁以泥沙，不激以風石，不必名川巨海之水能照百態，雖溝渠盆盂之水皆能照也。今使竦起靜坐，不擾以事爲，不雜以旁念，敏者數十日，鈍者三五年，皆能洞照萬象，如鏡花水月。做此功至此，快然自喜，以爲得之矣。或預燭未來，或邪妄相感，人物小有徵應，愈隱怪驚人，轉相推服，以爲有道矣。予戊申前，亦嘗從宋儒用靜坐功，頗嘗此味，故身歷而知其爲妄，不足據也。天地間豈有不流動之水，天地間豈有不著地、不見沙泥、不見風石之水。一動一著，仍是一物不照矣。故管道、楊傻，予《存學編》所引，出山便與常人同也。今玩鏡裏花，水裏月，信足以娱人心目。若去鏡水，則花月無有矣。即對鏡水一生，徒自欺一生而已矣。若指水月以照臨，取鏡花以折佩，此必不可得之數也。故空靜之理，愈談愈惑，空靜之功，愈妙愈妄。吾願求道者盡性而已矣，盡性者實徵之吾身而已矣，徵身者動與萬物共見而已矣。吾身之百體，吾性之作用也，一體不靈則一用不具。天下之萬物，吾性之措施也，一物不稱其情，則措施有累。身世打成一片，一滚做功，近自几席，遠達民物，下自鄰比，上暨廟廊，粗自灑掃，精通燮理。至於盡倫定制，陰陽和，位育徹，吾性之眞全矣。以視佛氏空中之洞照，仙家五氣之朝元，腐草之螢耳，何足道哉。

四郤子曰，談仁義、孝弟、心性，如數家珍，明白愷切，不獨可唤僧道，即吾儒皆當各置一通於座右。

第三唤

此篇是唤醒西域眞番僧者。我天朝人誤走迷途，固皆呼之使轉矣，西域番僧獨非同生兩間者乎。他既各具人形，便各有人性。予嘗自謂，生遇釋迦，亦使之垂頭下淚，固以其人形必之也。況今番僧亦不幸而生乎西域，爲其習俗所染，邪教所誤耳，何可不救之使歸人倫耶。你若識天朝字，自讀而自思之。若不識字，能解天朝語，可求人講與你們聽。

你雖不幸而不生天朝，你獨無父母耶。你父母生下你，你便不做人父母生人，可乎。是釋迦誣了你。你求人講上兩喚聽，便惺的釋迦是邪說了。你看天地是個大夫婦，天若無地，也不能化生萬物。天不能無地，夫豈可無婦。你看見婦人，果漠然不動念乎。這一動念，卻是天理不容滅絕處。只我天朝聖人，就這天理上修了禮義，定就婚姻禮法，使天理有節制，以別於禽獸。然禽獸雖無一定配偶，而游牝以時，也是禽獸的天理。若人無配偶，是禽獸的天理也無了，豈非天地父母惡物乎。你們也當從我天朝，行婚禮，配夫婦，有一定配偶，這便是人道了。力不能回家的，便在天朝娶妻，學天朝人手藝，做個過活，成個人家，生下子女，萬萬世是你們後代了。力能回家的，將這《喚迷途》帶去，講解與你國人聽，教他人人知釋迦是邪教，也學我天朝聖人的道理，孝弟忠信，你們就是正道的祖師了，你們就是你國的聖賢了。與你國添多少人類，添多少親戚，添多少禮義，便是大有功德，天神必加福祉。你們子孫爲官爲宦，爲帝爲王，都是有的。你們看我天朝爲帝爲王的，爲國公侯伯的，官宦的，多是羲、農、黃帝、堯、舜、周公、孔子子孫。我教你歸人倫，是慈悲乎。釋迦教你斷子絕孫，做個枯寂的鬼，是慈悲乎。你思量思量。

你們凡往天朝來的，都不是庸俗人。或奉你本國王命進來，妄說做國師的，或差來納貢的，或差來觀天朝虛實的，或彼處豪傑自拔，要到天朝顯才能的，或彼國不得志，求逞於天朝的，大都是聰明人。且說你國也有夫妻否，也有兒女否，也有鄰里鄉人否，也有君臣上下否。夫妻也相配合否，生兒女也愛他否，兒女愛父母否，兒女同生也彼此抬敬否，鄰里鄉人也相交好否，君臣上下也有名分否。吾知其必夫婦相配也，必父子相愛也，必兄弟同生者相敬也，必鄰里相好也，必上下有分也。這便是凡爲人類者自然的天性，必有的道理。我天朝聖人，只因人自然之性，教人必有之道。因人有夫妻相配，便教他以禮相合。夫婦必須父母之命，媒妁之言，六禮備而後成，成後還要相敬如賓，相成如友，夫義婦順，這叫做夫婦有別。那佛斷絕夫婦的好，還是夫婦有別的好。因父子相愛，便教他父慈子孝。父慈不但幼時懷抱養育，大時還教他仁義，管他幹正事。子孝不惟衣食奉養，還要和敬並盡，朔望節令，還行參拜禮文，沒後還有許多喪祭道理，這叫做父子有親。那佛斷絕父子的好，還是父子有親的好。因人兄弟相敬，便教他兄友弟恭。無論男兄弟，女兄弟，都是兄愛其弟，弟尊其兄。一坐一行，都有禮法，不得欺侮，不得僭越，這叫做長幼有序。那佛兄弟無情的好，還是長幼有序的好。因人鄰里相好，便教他同類相交謂之朋，同志相愛謂之友，以實心相與，以實言相告，這叫做朋友有信。那佛棄絕人類入深山的好，還是朋友有信的好。因人上下有分，便教他君使臣以禮，臣事君以忠，這叫做君臣有義。那佛斷絕君臣的好，還是君臣有義的好。我天朝道理，只有這五件，制許多刑政法度之文，禮樂兵農之具，水火工虞之事，都是要節宣這個，維持這個。當東漢時，有幾個沙門傳佛道入天朝，釀成無窮大禍。鳩摩羅什等又翻譯西域經文，傳有許多邪說，以惑天朝之民。這都是天地的罪人，你們更不可效尤。若能醒解我的言語，把我天朝聖人的道理傳往西方，將《喚迷途》翻譯成西方的言語。使人都歸人倫，都盡人倫，莫說父盡父道，子盡子道，君盡君道，臣盡臣道，你西方諸國享福無窮，只人也多生幾千萬，豈不是眞善果。勉哉。

四卻子曰，爲他叫醒，爲他安排，爲他開發。無一處不明，無一處不妥。說五論處，眞錦心繡口。

第四喚

前三篇喚迷途之人已畢，此篇又專爲名儒而心佛者立說。雖在五倫之中，而見涉禪寂。如宋蘇東坡、明王弇州之徒，小有聰明，見聞濫博，啟口成辯，舉筆成文，不惟詞壇之雄，而無識之人且尊爲儒者。其實邪正不明，得罪名教，一生學力，萬卷文章，只此一誤，舉無足觀，惜哉。

歐陽文忠與蘇文忠，人品學問，俱難軒輊，只佞佛一節，蘇斯下矣。佛之爲邪，易明易見。長公之才，把筆何等氣力，立朝何等風節。到《大悲閣記》、《四菩薩記》等文，便卑鄙不堪，迷惑如田間村婦語，何其於堯舜周孔之道頓忘，四書五經之理遽萬里也。必是自幼生長川蜀之地，習見僧人，多讀佛書，入鮑魚肆，不覺其臭矣。文人看書，可不愼哉。

老泉傳家，原是文人伎倆，雖好讀《孟子》，只要討出文法，不是明道。故其夫妻皆佞佛，並其聰明子亦誤之矣，豈不可惜。

歐陽文忠公大有過人論頭，如說聖人教人，性非所先，其識高於程朱一派。蓋聖人教人，只是六德、六行、六藝，端木子明言夫子之文章可得而聞，性道不可得聞。程朱一派好談性道，置起聖門時習事功不做，蓋亦隱爲禪惑，不覺其非，卻說永叔爲誤，異矣。如作《本論》，勝於柳、蘇諸人，但他亦是從文字起見，只作一篇好文字耳，亦不是全副力量衛聖道闢異端的人。公若向此處做工夫，與子瞻相交最深，自可一言而救正之，何至聽其惑迷而不返也。且與鄭公同在政府，若常講明邪正之理，鄭公亦必相感而化。以二公之賢而不能化，亦未聞辯論救正之語，固知其非用功於闢異者矣。且與韓、富二公，三賢秉政，大權在手，正當舉其所謂禮樂者實行之矣，乃亦全不掛口，益見其爲文字之見，非孟子本領矣。

《本論》亦非確當之理。醫書云，急則治其標，緩則治其本。今佛氏之害瀰天漫地，如人遍體瘡瘍。若是而言從容調理血氣乎，抑急須針膏擦洗之方也。佛之害中人，便昏亂狂顛，發作便窒氣絕生。正如風痰急症，風不散則立刻癱瘓，火不解則立刻譫語，痰不吐不下則立刻喪命。如是而言從容補陰陽乎，抑急須湯丸灸薰，散風降火，吐下頑痰之法也。佛之害在一日，則此一日中普天下添多少人爲僧，便斷多少人血脈。如病瘟疫天疱，遲治一日便多傳染幾人。如是而言，采參於朝鮮以補中，斬兕于羌國以解毒乎，抑現用防風、荊芥以汗之，芩連、惡食、金銀花之屬以解之爲當也。公之言曰，幸有一不惑者，方艴然怒曰，將揮戈而逐之，有說而排之。千歲之患遍於天下，非一人一日所可爲。民之沉酣，入於骨髓，非口舌之可勝，莫若務本以勝之。嗟乎。公第甚言當務本耳，不知卻昧醫家急則治標及標本兼治之法矣。是聖人不生，禮樂不興，便任佛氏之滅倫傷化，戕賊民生而不救乎。不幾如朝鮮之參，羌國之兕不至，遂聽瘟疫天疱之死喪傳染而不治乎。何以爲醫也。乾坤中揮戈逐佛、著說排佛者，若傅尚書、韓吏部、胡致堂，其表著者，公亦其一人矣。若非有公輩數人不忠不孝數語，《佛骨表》、《原道》、《本論》數文在，乾坤更不知何底矣。非一人所可爲，雖千萬人亦一人之倡也。非一日所可爲，雖千百年亦一日之積也。救得一人是一人，轉得一日是一日，正得一分是一分。又曰民之沉酣骨髓，非口舌所可勝，亦未之思也。積蚊成雷，累畫成冊。吾儒在上者則興禮樂以化民，在下者則崇仁義以明道，彼佛何所有哉。徒以口舌簧鼓，轉相惑誘，遂亂天下至此，吾獨不得以口舌救之乎。天相吾道，吾人而在上也，一面興禮樂，謹學校，以修其本，一面立法禁，施誥命，以治其標。天不相吾道，吾人而在下也，一面崇仁義，勵躬行，以修其本，一面詳辯論，著書說，以治其標。夫禮樂明，則人才出而操戈排佛者益眾，此本而標之之法也。辯論著，則君相悟而禮樂興，此標而本之之法也。庶幾其善醫矣。

愚蒙人爲禿番所欺固可憐，聰明人未聞堯舜周孔之道，見異而遷，亦無怪。所可惡者，柳、富、蘇、王以絕世之才，讀孔子之書，有目而不分黑白，有耳而不辨鍾磬。時而堂堂正正，談理如海潮河決。時而窒心眯目，迷惑如村婦牧兒。最足以侈愚僧之口，迷俗人之向，此君子所深爲痛恨者也。紙上雄文，立朝氣節，皆孔子所謂其餘不足觀者，功不抵其罪也。明之弇州輩，特一文士耳，未必有大君子與之交也。柳則友韓矣，富、蘇則友歐陽矣。柳、富、蘇之不虛心受益，韓、歐之不極盡規勸，均可憾也。今世而有韓、歐乎。遇友人之柳、富、蘇者，宜極盡其救正，正之不可而再，再之不可而三而四，此非小故也。今世而有柳、富、蘇乎。遇友人之如韓、歐者，則宜虛心受益，改轍自新，勿取誅於君子可也。試看賈島一詩僧耳，從昌黎而歸人倫，尚來千古美談，況吾儒中豪傑，而可自誤乎哉。

三代後，唐之昌黎，宋之程朱，明之陽明，皆稱吾儒大君子，然皆有與賊通氣處，有被賊瞞過處，有夷蹠結社處，有逗遛玩寇處。今略摘一二，與天下共商之。非過刻也，恐佛氏借口，與儒之佞佛者倚以自解也。昌黎誅佛不遺餘力，死生以之，眞儒陣戰將也。惜其貶潮州時，聞老僧太顛，召至州郭，與之盤桓，及其將行也，又留衣服爲別。夫使太顛可教，則一二見可化之歸儒。不可教，則爲不就撫之猾寇，又何久相盤桓，留衣相贈乎，不幾夷蹠結社乎。及孟尚書聞其事，貽書致問，又稱太顛頗聰明，識道理，予閱答書至此，大爲驚異。世豈有爲僧之人而識道理者乎，豈有識道理之人而爲僧者乎。則昌黎所見之道理必尚有微異于孔孟者矣，則昌黎之交太顛必尚有微爲瞞過者矣，不幾逗遛玩寇乎。周子《太極圖說》已多了無極二字。極乃房上脊檁，是最上之稱，又加以太字，是就無可名處強指之矣，又何所謂無極乎。至其言性，又不合加一惡字，故程朱由此皆誤言氣質有惡，又言氣質爲吾性害，是即爲六賊之意浸過儒道分界矣。朱子盡力與象山辯無極二字，是即爲佛之空，老之無隱蔽矣。至程子作詩，說道通天地有形外，思入風雲變態中，又云隔斷紅塵三十里，白雲紅葉兩悠悠。朱子動輒說氣質雜惡，動輒說法門。陽明近禪處尤多。習俗移人，賢者不免。所謂與賊通氣者，此也。

儒之佞佛者，大約是小智慧人看道未貫上下。或初爲儒者，而功力不加，畏聖道之費力，半途欲廢，又恥於不如人，遂妄談空虛，以誇精微者。或貪名利，工文字，名爲儒而實不解聖道爲何物，亦如愚民見異端而驚喜者。至惑地獄禍福之說而從之者，民斯爲下矣。何謂小智慧見道未貫上下者。彼多謂佛之上截與吾儒同，或竟謂佛得其精，吾儒得其粗，此其人學識未大，未能洞見性命之本及吾道體用之全，見宋明儒者之所謂性無能出乎佛氏之上，一聞禪僧之談心性，遂傾心服之，謂上截儒釋原不異也。嗟乎，不幾如吾《存性編》中所云根麻而苗麥乎，天地間豈有此理。有上截本仁而下截不愛父母者乎。有上截本義而下截不敬君上者乎。抑其上截之原非仁義也。吾儒以仁義禮智信爲性，而佛以空虛不著一物爲性。以仁義爲性，故忠孝者仁義之發也，仁義者忠孝之源也。後截之忠孝與上截之仁義，如樹之根與枝一體也。佛之上截總一空，故爲不忠不孝之教，斷絶倫物，下截亦總一空也，又焉得上截同而下截始異哉。此輩猶能見宋明儒者之性者也。至謂佛得其精，吾儒得其粗者，又並宋明儒之性未之聞，平日徒以章句目儒業，即粗聞仁民愛物作用，亦第視爲後起事。不知堯舜之精一執中，三事六府之體也，三事六府，精一執中之用也。周孔之一以貫之，三物四教之體也，三物四教，一貫之用也。如樹之根本枝幹，通爲一體，未可以精粗分也。故無根本則無枝葉矣，無枝葉則非根本矣，梧檟之根，藏土千年，與穢腐同譏。彼佛氏固未可以精言也，又何者是其精乎。以腐穢爲精，愚之愚者矣，何爲以初爲儒功，半途而廢，妄談虛空以誇精微者。人性皆善，雖甚惡人必有善念一動之時，雖甚濁世必有特起作聖之士。但吾儒之道，六歲教名數，七歲教別，八歲教讓，九歲教數日，十歲學書計、幼儀，十三歲學樂舞，十五歲入大學。凡六德、六行、六藝，一切明親止至善者，俱步步踏實地去做。二十歲尚不許教人，到三四十，發揮其幼學者，進見之君民，退式乎風俗。今世全錯了路徑，少小無根本，粗者求之章句，精者求之靜敬，到數年或數十年後，全不見古人充實大化之我貺，全體大用之我疇，再進無工程之可據，回顧無基本之可惜。又恥於奔寶山半生作空手回之漢，遂放達者爲莊周、李贄之流，謹飭者作龜山、定夫之輩。非以欺世也，略以自塗抹其作聖初心，而不染於禪者鮮矣。不知世降學晦，孔徑久荒，即虛花無果，前路弗憑，正宜返求之實地，雖六德之一德，六行之一行，六藝之一藝，不自失爲儒也。即精力已竭，尺寸莫贖，惟當痛自悔恨，如漢武輪臺之詔，亦自千古共諒，何必益爲虛大而背叛於聖道之外哉。君子思之。何以謂名爲儒而實不解聖道，亦如愚民之見異而喜者。自幼惟從事做破題，捭八股，父兄師友之期許者，入學中舉、會試做官而已，自心之悅父兄師友以矢志成人者，亦惟入學中舉、會試做官而已。萬卷詩書，只作名利引子，誰曾知道爲何物。故以官長、進士、舉人，而聽講于村俗僧人，驚道妙而師事者有之。以秀才而信旁門邪說，入焚香會者有之。豈儒者而喪心至此乎，抑原未嘗於儒道參一解，行一步也。況做秀才而貪利肆行，爲官長而染指負上，中氣必餒，中心必懼。明懼朝廷之法，幽懼鬼神之禍，一聞佛者顢頇之說，烏得不悅。一聞空名利之談，烏得不服。一聞懺悔消災之技，又烏得不甘心也。況僧道惑世誣民之巧，網亦密矣。地獄報應之說，僅足惑天朝之愚民，痘疹送生仙妃之說，僅足惑天朝之婦女，士大夫不之信也。又創爲文昌帝君之神，謂司人間科甲貴賤。又恐其教之淡薄苦寂，士夫未必肯受也。又創爲準提菩薩會，每月只幾日不食酒肉。又許那借以遂其口腹之欲。予之以不得不悅，不得不服，不得不甘心之勢，而又開之以不甚苦而易從之門，烏得不莫之禦而從於邪也。雖然，天理自在人心，猛一覺照，愚蒙之夫無不可去邪而歸正，況我輩士夫，聰明傑秀，高出尋常萬萬者乎。急出幽壑，返登喬木，是所望於今之君子。

地獄輪回之說，我天朝聖人全未道及。仲子路才一問事鬼神，問死，便截斷不與言。蓋人之與天地並大者，盡人道也。盡人道者，方且參天地，贊化育，盡幽明上下而自我治之，又焉得舍生人之理而不盡，暇問鬼道乎。故地獄無之乎，君子不道也。有之乎，則君子行合神明，自當上升爲聖，爲賢，爲神。彼滅倫敗類，不作生理之佛、之僧，生時已背叛人紀，脫離人群，不可以爲人矣，死後其可對冥府之神乎。不知神之所欽重福利者，其在忠君孝親者乎，其在無父無君者乎。且不忠之臣，但愧忠臣耳。不孝之子，但愧孝子耳。而猶爲君之臣、父之子也。設冥府果因生前之行而擬之罪，恐視夫舍君而不之臣，舍父而不之子，尚有輕重差等也，先，而祀佛、老，是何神也。況不爲亂臣賊子者乎。故明舍人道而好談幽冥，盡人皆不可，而佛僧更非所當言，奈何反以我輩全人倫之人，而聽彼言之妄，可謂愚矣。

禍福懺悔之理，若聽信僧言，更爲可笑。古人云，積善之家，降之百祥。積不善之家，降之百殃。又云，鬼神福善而禍淫。《詩》云，永言配命，自求多福。此禍福正理也。成湯改過不吝，顔子不貳過，此悔過改過正理也。若能日畏天理，日畏王法，不作虧心事，尙矣。即貪財好色，做出無狀，猛然一醒，痛改昨非，成其今是。孝親敬長，忠君愛民，恤孤濟寡，救難扶危，眞心實力，足以格天地，感鬼神，況於人乎。去卻半生惡，成此半生善，或掃去五分惡，成其五分善。昔伯夷不念舊惡，孔子見人一善而忘其百非，吾以爲神明亦當如是。只眞心自新，便爲君子。自是朝野欽之，鬼神敬之，又何借佛力僧經，作三昧法水哉。今有人，罪惡種種，官府將依律定罪，或有言此人素孝，此人素弟，或有言此人素有大功於國君，有大功於生民，則《周禮》八議之法可行。若空言再不敢了，官其減罪乎。若言出于大聖大賢，或忠臣孝子，或朝廷貴人，官府或因而少減其辜，亦未可知也。今誦西番邪妄之經，依佛氏不忠不孝之鬼，而求以免禍辟，如作竊盜而求強賊爲之請討，罵兄嫂而借弑父母者爲之先容，罪不更加之耶。願熟思之。

四卻子曰，闢後儒佞佛根蒂，道理極眞，識見極透。看至痛切處，快心快心。

第五喚

儒名而心禪者，大足爲世道人心之害，旣呼回之矣。世間愚民，信奉妖邪，各立教門，焚香聚衆者，固皆俗鄙無足道。然旣稱門頭，亂言法道，群男女廢業而胡行，誘惑良民，甚至山野里比皆遍，則其爲害亦不小矣。愚民何知，不過不曉念佛看經之爲非，不知左道惑衆之犯律，妄謂修善而爲之耳。若不急急喚醒，恐他日奸人因以起事，則黃巾、白蓮之禍，恐即在今日之皇門、九門等會，上廑國家之憂，下阬小民之命。新河之事，不已可爲覆車之鑑哉，此篇各因其愚而開明之，庶迷途上個個喚回，共由蕩平之正路，是予之願也。

吾觀當今天下，僧道是大迷途。其迷途中之岐途岔路，或有信佛，或有信仙，或仙佛兼奉，而各立教門，交相誘引，焚香惑衆，各省下蓋多名目，吾未之遍游而全知也。惟就吾之近地眼見者，一一正其誤而喚之回。則他省府州縣，名目雖不同，而凡不遵子臣弟友之道者，便是邪說，不安爲朝廷百姓而名爲道人者，便是左道，皆可類推而急醒改之。大率你們做頭行的，都說是正道，要化人。你們做小道人的，都不肯說是邪，只當是修善。這善字不明，修字不講，是天下大關係也。在位大人，惟《大學》首章三綱領是眞善。實去明德，實去親民而止至善，自格物以至明德於天下，當先者便先加工夫，當後者便後加功夫，這便是眞修善。外此者都不是善，都不是修善。無位的百姓，只今聖諭，朝廷官府立鄉耆鄉約講解教人的，木鐸老人朔望搖鈴曉諭的，便是眞善。實去孝順父母，實去尊敬長上，實去教訓子孫，和睦鄉里，各安生理，勿作非爲，便是眞個修善。若去口中念不忠不孝的佛，聚會講無影無形的經，這不獨犯王法，大是得罪神明。你們聽那邪說久了，迷的深了，如今說是犯王法，你們不解。譬如你們姓張，你們的兒子卻說他不是你兒子，我姓李，你們容他不容他。朝廷以道化天下，我們就是他道中人。你們而今另立門頭，說我別是一教，這便是反了教了，便和你兒子不從你姓從人姓一般，朝廷怎麼容的。今日發文，明日發禁，你們不曾見麼。京中剮了甚麼無生老母，殺了許多倡邪道人，你們不曾聽的麼。你們那頭行哄你們說，上頭不是拏持齋念佛的，是恐怕聚衆謀反。不曉的聚衆謀反是別有律條，不與持齋相干。持齋念佛，叫做左道惑衆，是大犯法的，便是一個人持齋立教，也該問罪。又說，他若是拏我，我便吃酒肉。不知上面不是爲你不吃酒肉，是爲你另立教門。你如今可醒那犯王法的去處了麼，其得罪神明在何處。我說與你深微道理，你們也不解，且就明白的與你說。你們家下供佛的，供仙的，三世再無不得奇禍的，再無不得斷宗絕嗣的，再無不得惡疾的。這是怎說。他是忍心舍世的狠鬼，他是無子無孫的絕魂，你們把那狠鬼絕魂招到宅上，焉得不作禍，焉得有子孫。且如今人請幾個和尚道士來住在宅内，是好不好。且佛亦非以不好事故意加你。辟如一人吃著山藥甜，遇心愛的人，亦必教他吃山藥。又如溺者喜人溺，縊者喜人縊。佛以覆宗絕嗣爲好，你們敬他，以氣相召，也叫你覆宗絕嗣，是必然的了。我們宅上自有當祭的五祀正神，門、戶、中霤、井、竈。古人祭五祀，或令庶人只祭二祀、一祀，至於士庶人各祭其祖先，又是古今通法。今你們不祭五祀，不祭其祖祭祖父，專祀邪神。辟如你們兒子有酒食，只將去與張三李四吃，反不孝父兄，你心下惱他不惱他，責懲他不責懲他。神明自是不容，加禍來，祖先自是不救，此所以得罪神明先靈也。你們如今可醒的了麼。你們當初原是要修好，只差走了路，拏著不好當好修。朝廷官府也還憐憫你們，也還寬待你們，從容曉諭，教你改圖。更有一等可惡的，聽見傳下禁旨，官府告示，反說是刮風裏落病棗，也把怕王法歸正道的好人，反說是病棗不耐風。你們執迷不醒，不遵王法的，倒是好棗。把王法比做狂風，倘朝廷官府聽的此話，眞個拏起來，殺起來，怎麼了得。有識者替你寒心，急醒，急醒。

上一段是大概勸諭天下走邪門的。我直隸隆慶、萬曆前風俗醇美，信邪者少。自萬曆末年添出個皇天道，如今大行，京師府縣以至窮鄉山僻都有。其法尊螺蚌爲祖，每日望太陽參拜，似仙家吐納采煉之術，卻又說受胎爲目連僧，口中念佛，是殆仙佛參雜之教也。其中殊無好奇尙怪，聰明隱僻，大可亂世的人。不過幾個莊家漢，信一二胡謅亂講之人，當就好事做，不知犯王法，亂人道，得罪神明，亦不可不喚醒他。如你們不吃酒肉，古聖人經上說爲此春酒，以介眉壽，又云七十非肉不飽。是聖人制下養老的物，若是不好，聖人便不教人吃了。若有一等性甘淡薄的人不愛吃也不妨，但不當胡說胡道。甚麼是胡說胡道。即如你們喚日光叫爺爺，月亮叫奶奶。那是天上尊神，我們是百姓，最小最卑，那可加以名號。你看，北京才有日壇月壇，天子纔祭的他，便是都堂道府也不敢祭，況我們愚民，每日三次參拜他做甚麼。我嘗教一皇門道人說，你去一日三次參拜你縣官，看何如。他說，怕竹板打。參拜縣官便怕板打，若去輕瀆朝廷，頭也斫了。你終日輕瀆那天神，還是降災不降災。所以你們多大災，多滅門，這個是犯王法，得罪神明的一端。又如你們把日改做晌，把月改做節之類，也只說是尊日月，不敢沖犯之意。不知我聖人書上說，非天子不議禮，不考文。那官府行文都叫日月，沒有改就晌節的禮，沒有改就晌節的文。你們私議私改，是又一天子了，看是小事，卻犯大法。又如你們把天上參宿叫就寒母，又叫三星。不知天官書上是七星，上面還有兩大星叫參肩，下面還有兩大星叫參足。你爲甚麼把天神去了他手足。你們把天上房、心二宿，合成一座，叫就暖母，不知豎四星是房，橫彎三星是心，你們混雜二宿爲一。律上說，妄談天象者斬。這信口胡說，卻犯了大法，你們那裏知道。又如你們男女混雜，叫人家婦人是二道，只管穿房入室，坐在炕頭上。不知我聖人的禮，男無故不入中門，女無故不出中門，叔嫂尙且不通問，父兄於女子既嫁而歸，尙且以客禮待之，至親骨肉，亦必避嫌。那有婦女往異姓無干的人家去上會的禮，那有異姓無干的男子入人內室的禮。這大是壞人道，亂風俗，你們怎麼不顧體面。我不忍細說，你們思量思量。古人云，天地之性人爲貴。我們在萬物中做個人，是至尊貴的，怎麼反以蟲類爲祖師。便成個仙佛，也是人妖，也可羞。況你們見成了多少仙，多少佛。盡是無影妄談，你們從今莫信他了。回頭做朝廷好百姓，省做會的財物，孝父母，敬兄長，養子弟。省上會的工夫，作活計，過日子。只守王法，存天理，便是眞正的善，便受眞正的福。免得官府今日拏，明日禁。免得鄉人這個把持，那個訐告。

直隸去處，皇門道外，九門最多。其犯王法，得罪神明，是一理，何用多言。但你們愚民，若不就名色一一說破那不是處，你們不醒。必有說那門是邪，這門不是邪的，便不肯改邪歸正。九門道是斂錢給神掛袍上供的。你們思量，府縣官長也叫人斂錢做衣穿否，做飯吃否。苟非異樣贓官，斷無此理，況於神乎。神要衣食做甚麼。辟如百姓有人斂錢與官做衣食，必是奸民，官府知道，必是打死。神亦如此，定加你罪。你看你那師傅們，都被惡災，都絕後了，你還不怕麼。又如你們申文上表上帝。你看，知府巡道那樣大官還上不得本，必自巡撫轉本。當初蠡縣道徐某，拏了殺官破城的大寇，以爲有大功，差人上本。差官當時拏赴刑部，將徐問罪，你們聞知否。道官尙且上本有罪，況你百姓上表於上帝，豈不大得罪麼。又如你們擺幾碗豆腐涼粉，請甚麼玉皇上帝、東嶽天齊、城隍土地，我們聽的大爲寒心。你們擺下那等東西，敢請縣官否。縣官且請不得，請許多尊神來做甚麼。褻瀆神明，罪必不赦，思量思量。又如你們供養仙佛在宅上，朝夕朔望焚香叩頭求福。你們思量，人家請幾個和尙道士常住宅內何如，定是不好。佛、菩薩、仙師，都是斷子絕孫，不忠不孝之鬼，凡招這邪氣在宅，自是不祥。看巫蠱鎭魘之術，但埋藏些骨董物件在宅上，便能釀禍，看那邪祟中惡之疾，但占些眚魅之氣在人身，便能爲災。況常常供此惡鬼，豈不發凶。所以你們供邪神三世者，斷無不絕。你們想想，是如此否。

他若十門，專以跪香打七爲修善。你看，世間有錢的，叫人跪他幾炷香，便將錢與他，有這理否。便有之，是好人否。那有神明叫人跪他便給福的，可謂愚矣。世間豈有幾日不吃飯便得了道的，又豈有幾日不吃飯便可得福之理。這都是邪人弄個奇怪，驚哄你們。總不如信奉家宅正神，孝敬自己的祖父，方是正道。又若無爲、大乘、龍華等，名目不一。即如古之黄巾、白蓮，隨時改變名色以欺愚俗。小之哄騙錢財，欺誘婦女，大之貽患於國家，釀禍於生民。前朝白蓮之害，近日新河之事，你們不曾聞乎。何不知懼也。你們陷於邪説者深，初聞吾言，未必不怒。請細細思量，方知我愛你們苦心也。看來也與你們無干，你們本心是修善，我們儒者不自明其道，無人講與你們聽，不知如何是善，卻差走邪路上去，我們殊深可愧也。

聞河南一省白蓮教中人，因自明朝山東謀反，朝廷大禁，又改名清茶會，又叫歸一教，愚民從之者甚衆。其法晝燃燈佛，供室中幽暗處，設清茶爲供獻。閉口捲舌，念佛無聲，拈箸説法，指耳目口鼻皆是心性。你們不知道朝廷法，任你改換多少名色，就如黄門九門，一般都是犯禁的。只做好百姓，孝弟忠信是善人。你們供燃燈佛，比人家念的阿彌陀佛、釋迦佛改了個名色，也不過是西域番人，當不得我天朝聖人，當不得我天朝皇上。我們現爲天朝人，放著我天朝聖人的道不遵，我天朝皇上的法不遵，卻奉西番燃燈佛，這就不是了。我們愚民，只可做莊稼，做買賣，孝父母，敬尊長，守王法，存良心，便是本等，胡講甚麽心性。我們書上説率性之謂道，這子臣弟友便是率性來的。你孝父母，便是爲子的心性，你敬尊長，便是爲弟的心性。你們鋤田的人，胡講甚麽心性，胡説甚麽歸一。大凡邪教人都好説三教歸一，或説萬法歸一。莫道别的歸不得一，只我儒道祭自己的祖父，自家宅神，你們好祭西番死和尚，這歸一不歸一。要説一是性，你們把率性的子臣理都不知，卻尊他不忠不孝的佛，還歸甚麽一。要説一是空，越發不是了。只看我唤參禪悟道僧道的便醒的了，不必重敘。只你們要各人散去，務農，做生意，莫聚會胡説，便是好人。若有高年識字人愛隨個會，就遵朝廷法令講聖諭，大家相勸。年少做子弟的如何孝，如何弟，年老做父兄的如何教子孫，成個孝慈風俗，和睦鄉里，各安生理，勿作非爲，朝廷官府知道也歡喜。第一件要知焚香聚衆，妨你莊農買賣，正是不安生理，正是作非爲了。

歷代帝王優禮儒生，做秀才時，便作養禮貌，一切差徭雜役，不以相煩。下自未入流，上至三公，皆用儒生做，而儒生不能身蹈道義，以式風俗，可愧一也。不爲朝廷明道法，化愚民，可愧二也。不盡力闢辯佛仙二蠹，以救生民於荊棘，可愧三也。今日儒運，恐遭焚坑、清流之禍不遠矣。僕用是憂懼，輒爲俚説，願凡爲孔子徒者，廣爲鈔傳，於以救生民，報國恩，回天意，庶僕懼心少下也。祝祝。

四卻子曰，提明他法門，從好説到不好處，又從不好説到好處，無非欲唤之醒也。費盡胞與心，其如愚人何。

又《明太祖高皇帝・釋迦佛贊解》（《存人編》卷三） 佛之害，至今日尚忍言哉。胥天下之周行而梗塞之，胥天下之人物而斬絶之。家家土偶，而不思野鬼入宅，足以招致不祥，戶戶誦經，而不知覆宗絶嗣之邪教，陰毒浸染，足以害人禍世。甚哉民乎，愚之可憐也。人徒見高皇帝龍潛皇覺，僧道入品，遂謂佛至明朝，實崇信之。不知高皇識見力量，爲三代後第一君，真龍川所謂開眼運用，光如黑漆者，其一時之誤，特倏爾雲翳耳。今觀是贊，放邪衛正，乃益服其識之高，言之切，於世道人心大有功也。而或者謂佛家有謔贊體，太祖以之。予以爲不然。謔伯夷者必謔以陳仲子，斷不謔以盜蹠。謔柳下者，必謔以胡廣，斷不謔以黄巢。況此贊之尾，刀斧森嚴，直使佛逃奸無所。世有鐵案殺人，以爲謔者乎。即使姑從人言，謂太祖而果謔，此謔也亦率性之謔矣。不佞痛世之愚，妄爲注釋，用公天下。至於辭則效訓諭俗説，庶使荒村父老子婦皆可聽覩，而不敢從事於筆墨之文也。

這個老賊，貪心不輟。

自有這個天地，便有這個人。自有這個人，便有這個君臣、父子、夫婦、兄弟、朋友的人倫，佛氏獨滅絶之。自有這個天地人，便有這個生生不窮的道理，佛氏獨斬斷之，真是個殺人的賊了。高皇命名以此，王言何確也。至老之一字，更中其情。賊不老，猶或有悔心，猶或不巧於盜，猶或易撲捉。惟是他老熟於盜，生不回心，死不悔禍，善爲淫詞詭術以欺天下，後世任是聰明伶俐的人，都被他瞞過。吾儒之道，有天地還他個平成，有父子還他個慈孝，有民物還他個仁愛，因物付物，不作自私自利心。釋氏全空了不管，只要自己成箇幻覺的性便了，眞是貪利行私的。又全無悔意，竭力在那幻妄理上去做，盡力在那幻妄途上去走，則此貪心，何時是輟。彼自家卻假説些甚麼清淨慈悲，非聖祖箕大眼，誰能指出他這個貪字。

將大地眾生，偷出三界火宅。

釋氏甘空寂，自謂清涼世界，故指兩間爲火宅。不知乾坤中二氣五行，全賴此火。天地非太陽眞火則黑暗，人非命門眞火則滅絶。忠臣孝子一副熱腸，愚夫愚婦一段熱情，釀成世界，這大地眾生離了火宅，便過不得日子。且釋氏亦自火宅中生出，即結成舍利子，亦是火宅中豆大火光。彼自己且偷出不去，又烏得偷出眾生哉。曰偷出者，聖祖原老賊一種偷出貪心而定罪耳。

火便是世間生生不窮的種子，火宅便是世間君臣、父子、夫婦、兄弟、朋友行走的去處，佛氏盡欲偷出，正名定罪，眞是老賊了。

掩跡則假滅雙林，逃形在微塵剎界。

此是據佛事實而形容老賊之情狀也。謂在雙林之地，託名假死以掩其跡。又逃其形在微塵剎界，使人莫得擒捉也。然佛雖善逃善掩，天地如烘爐，日月如明鏡。彼在中間，終是不能逃得一步，止落了一箇賊害天下之物。

五十年談許多非言，三教中頭一箇説客。

佛説法不足五十年，言五十，舉成數也。其間如棄絶父母之言爲非孝，背叛聖人之言爲非法，如天上地下惟我爲尊之言爲非天地，如耳目口鼻身意六賊之言爲非人，總之皆非言也。三教者，世俗以儒宗孔子，道宗老子，桑門宗釋迦爲三教。我夫子祖述堯舜，憲章文武，躬行六德、六行、六藝，非徒以口説者，而且爲天地肖子，爲眾生父母，至親也，不可言客。即老子玄牝守雌，微異吾儒，然孔子稱其猶龍。老子習於禮，自言以道治世，其鬼不靈，則亦非徒逞口説者。況當時爲周柱下史，亦中國人臣也。生於苦縣，亦中國人子也。凡天下李姓皆祖之，亦中國人父也。不可謂之客。飛霞紫氣之説，乃後世道家者流妄托耳。惟釋迦空天地，空萬物，亦空其身，全無一些行實，專事口説。生於伽毘羅國，行于天竺國，與中國全無干涉，眞是個客。且空天地，則天地孛蝕之客氣。空萬物，則萬物遊魂之客忤。自空其身，則此身追命之客鬼。説客二字，確乎不可易矣。然説客又坐之以頭一箇者，何也。如儒之莊、列、儀、秦，道之五利、靈素，釋之佛圖澄、鳩摩羅什，或以口説，或以筆説，皆説客也，而不若釋迦爲最。

普天下畫影圖形，至今捉你不得。

賊與帝王勢不兩立，有賊則帝王之教化不行，宇宙之民物不安，宜急急捉者，故遍天下畫爲影像，圖爲形色。毬毛跣足，明是老賊之狀。破額裸身，明是老賊之體。閉目趺坐，明是老賊好爲佚逸之態。亦易知易見，可一索而速擒者。乃至今捉之不得，則中國之禍何時已乎。

人民何辜，遭此土偶作祟。太祖獨曰，吾將畫影圖形以捉之也。是大聰明，大手段。故末二句果然捉住。

呵呵呵，沒得説，眉毛不離眼上横，兩耳依然左右側。

此一段便是高皇捉住佛處。呵呵呵，大笑聲也。佛全憑口説，而今笑你將何説乎。你眉毛依然在眼上横着，你何不空此眉。兩耳依然在左右長着，你何不空此耳。蓋五官百骸是開闢來有的，五倫百行是盡人外不了的。佛空父子，必是空桑頑石生的然後可。然縱生自空桑頑石，而空者猶是桑，頑者猶是石，豈是空的。空君臣，則普天之下莫非王土，天地是天子的父母，四夷是天子的手足。佛若説空，則上不得天，入不的地，遁不得山林，逃不得外國，佛將安之。空兄弟、朋友，而又廣度生徒，是去絆而戴枷了，豈止不能空乎。空夫婦以絶生生之道，而自己卻欲結舍利子以長存，誰還説是空的。太祖指其易見處，就眉與耳言之，而老賊情狀畢露，伎倆盡窮，束手就擒矣。唐高祖沙汰一勑以後，錄捉賊之功，太祖其首乎。

又《毁念佛堂議》（《存人編》卷四）　元藏拙草茅，素不慣交顯達。一時君子，蓋多其人，苦愚陋無由知。以尋父游遼左，貶節叩號，無門不入。奉天少京兆東鹿張先生爲吾友尙夫兄，且憐苦子，爲頒佈報帖所屬，是以得侍坐側，聞此議也。謹錄爲喚迷助。

甲子，張子奉簡命督學奉天，既抵瀋，適《通志》成，大京兆以其稿屬爲讐校。見其誌祠祀，錦北關有曰念佛堂者，喟然曰，風俗之不淑，民無禮也。人心之不正，上無教也。子輿氏曰，不以堯之所以治民治民，賊其民者也。堯之所以治民者，何也。勞之來之，匡之直之，輔之翼之。使蚩蚩者氓，日用飲食，曉然於三綱五常而不敢於邪慝，斯已矣。錦州爲我朝龍興地。太祖、太宗曁世祖，皆嘗以堯舜之治治之者也。今上命吾儕來尹茲土，固將曰，爾受茲嘉師，庶勞之來之，匡之直之，輔之翼之，以無負我二三城堯舜之民也。錦民者，竟羣然以念佛爲業，而又肆然鳩工庀材而樹之堂，而又巍然峙於都會之衢，而又煌然登諸《通誌》，以昭示夫天下後世。所謂勞之來之，匡之直之，輔之翼之者，固如是耶。

余竊以爲懼，爰召太守某君而議曰，盍毀諸。辭曰，錦民之習於是也衆，且匪伊朝夕矣，仍之便。予瞿然曰，佛法至漢明始入中國，迄今千餘年，西方聖人之名遍海澨。凡名山大川，靡不有珠宮貝闕以供香火。然聖君賢相雖未能盡去髡髮之侶，斷未有等釋氏於二帝三王之道，迪萬世以祈雍熙者也。即蕭瑀、王欽若之徒，爲聖君賢相所不齒，亦不敢播爲令甲，以合掌當空閉門誦經之事號召乎寰區也。甚而至於佛圖澄之佐石勒，姚廣孝之佐成祖，身本緇衣，而得君行政，奏底定之勳，宜以其術易天下矣。卒亦未敢攙一言於制治之書，俾有室有家者，胥率彼天竺教，作六時梵誦也。子太守當堯舜在御，而乃使錦之民羣然以念佛爲業，肆然鳩工庀材而樹之堂，巍然峙都會之衢，煌然登諸《通誌》以昭示天下後世，爲蕭、王、佛、姚所不爲，將何以無負嘉師而對揚天子之休命。至不矚於非義而諉諸衆且久，則甚矣子太守之飾也。

聞之義州鄉俗，故重佛老及諸不經之神。有豎閭先生者，制祀外神文，祝而悉焚之，一時翕然，無或梗焉者。夫義之民衆矣，其俗亦非一日矣。豎閭不過一謝病鄉先生耳。非其有責也，非其有權也，乃毅然行之，而義州人無敢梗焉者，豈有他歟。躬行以導之，積誠以動之，坦白洞達以曉之，雖甚頑愚，固無不可格之民也。子太守保釐東郊，民之表也。誠破其飾而振其諉，何畏乎徒之繁而淫於俗者之深且久哉。若念錦土瘠涼，其材或可惜，則錦向有遼右書院，爲明樊介福直指所建，借其地而復之，集郡之俊秀實其中，而課之以白鹿洞之規條，救俗育才，均有賴焉，其誰曰不宜。惟子太守勉旃。弗應，默然而退。嗟呼。義，錦屬也。豎閭先生之子若孫猶有存者，寧無聞之而齒冷。

又《闢念佛堂說》 京兆方構前議，未成稿。予適入衙，歡然詔予曰，闢異端，渾然素志也。念佛堂之設最爲不經，盍爲我闢之。予退，草此以進。

昔者聖人之治天下也，惟務生人，其生人也，務厚人之所以生。故父子，人之相生也者，敎之孝慈。兄弟，人之同生者，敎之友恭。夫婦，人之從生者，敎之義順。君臣朋友，維人之生者，敎之令共與信。恐人之未必克盡於是敎也，爲之立學校以宣行藝，鳴韶鐸以警道路，導之也。爲之法度藏諸王府，律令懸之象魏，示之也。入敎者賞于祖，出敎者刑於社，令民知所趨避也。聖人之公卿百執事以及州牧里師，咸奉是以勤其職，聖人亦以是上下其績，此二帝三王之治之所以隆，而風俗之所以美，爲繼天立極之化也。

降及秦、漢，治雖不古，而君臣、父子、夫婦、朋友，凡天下之爲生者，未之有改也。自漢明帝乃西迎以死教天下之妖鬼，入我天朝，其號曰佛。五蘊皆空，是死其心及諸臟腑也。以耳目口鼻爲賊，是死其身形也。萬象皆空，是並死山川草木禽魚也。推其道易天下，男僧女尼，人道盡息，天地何依。是並死世界宇宙也。舉振古來千百聖人所以生天下之道法盡夷滅之，舉千萬載生民所以相生從生、同生維生者盡斬斷之。然人君迎之，親王奉之，歷代風靡，寺庵遂遍天下。仁人君子望清涼台，未嘗不痛心疾首也。然寺庵雖儼然立，僧尼雖公然行，而都鄙不寺不庵之地，閭閻不僧不尼之人，猶未有異名別號以倡邪說者。迨紅巾、白蓮始自元、明季世，焚香惑衆，種種異名，旋禁旋出。至今日若皇天，若九門、十門等會，莫可窮詰。家有不梵剎之寺庵，人成不剃髮之僧尼，宅不奉無父無君之妖鬼者鮮矣，口不誦無父無君之邪號者鮮矣。風俗之壞，於此爲極。猶幸國朝嚴擅建庵觀寺廟私度僧尼之禁，淩遲無生老母，屠夷新河妖人。煌煌顯律，凜凜王章，愚民猶有不辨邪正，不畏生死，相聚會佛者，仁人君子所以聽佛聲，未嘗不痛心疾首，淫淫淚下也。

噫，愚民何知。妄謂念佛可以致福免禍耳。殊不思福者何，子孫昌，家業富之謂也。禍者何，絕子孫，無家業之謂也。彼佛者，有子孫耶。有家業耶。佛已無福，念之其可以致福耶。佛已大禍，念之其可以免禍耶。況天地鬼神昭昭在上，不可以僞言欺。苟不實踐忠孝，篤行仁義，即口稱忠臣孝子之名，日誦大仁大義之語，天地鬼神必且靳之福而降之禍。況口稱不忠不孝之非鬼，日誦賊仁殘義之邪言，天地鬼神其不益怒而加禍耶。以念佛求福，愚且妄矣。念佛已愚且妄，況聚爲羣社，立之室堂，公然建之城市，聞之官長，其干法壞俗，又何等耶。是又愚之愚，妄之妄者矣。今《錦州府誌》有云念佛堂者，世未前聞。官吏非徒不之禁，而且顯登之記載，以長邪俗，污典冊，奈何不知聖人生天下之教而忍於助死天下之教也。仁人君子所以閱錦府祠祀記，未嘗不痛心疾首，淫淫淚下也。噫。

又《擬諭錦屬更念佛堂》 既呈前說，京兆遂出所議示予。予曰，經世之文也。然竊念議之闢之，不若直行文更之。遂草此進。

嗚呼錦守，天生蒼赤，爰賦恆性，敘爲五典，釐爲百善。順之吉，逆之凶。矧其棄之，鮮不殄滅。越自東漢，皇天降割，於我時夏，使西番妖法入，惑我黔首。五典咸墮，百善俱廢，忍絕天性，謬託慈悲，苦戾人情，妄稱極樂。沙門輩復敢恣爲幻灝，創爲十王、陰獄諸危酷，恐栗我赤子。謂呼乃佛號，立致種種福，立脫種種難。嗚呼，惟德動天，非修善克允，福弗倖邀。非改過克允，禍弗苟免。舉口而致，斯民疇不易從。始迷是非，繼反榮辱，終至不畏刑戮，生死是以，呼佛成俗，敢營堂城市，罔知禁忌。嗚呼錦守，小人何知，惟君子心思。小人何識，惟君子耳目。素迪不勤，素戒不飭，今復顯登之誌冊，以翼邪俗。嗚呼，予茲懼上干天子降罰，傳譏於後世。嗚呼錦守，易乃風俗，是責吾儕。其罷堂中所有，更扁額曰鄉約，所仰承天子制，選老成德望，朔望講讀聖諭，訓正斯民，無俾終惡。嗚呼，予聞茲土醫巫閭先生賀子欽易諸佛刹爲書院，講朱考亭白鹿洞規，淑俗明季，當日士夫齊民胥安從之，罔有異。矧予暨汝，實尸名位，孰與鄉先生反掌不變，信無梗。無俾誌冊比觀，取羞賀賢，勗旃錦守。易一時羞，作千古美，錦守勗旃。

又《朱子語類》評（節選） 九 朱子言，釋子之心卻有用處，若是好長老，他朝夕汲汲，無有不得之理。

咳，說到叢林長老，分外精彩，且云他無不得之理。然則元嘗謂朱子爲手執四書五經之禪僧。錢曉城述朱子《瑞巖寺》詩有三生此地記曾來之句，謂是寺僧再生，豈過誤哉。

一〇 朱子言，其弟子學道，此心安得似長老。是此心原不曾有所用，逐日流蕩放逐，無一日在此上。莫說一日，並一時頃刻也無。悠悠漾漾，似做不做，從死至生，忽然無得而已。

此段把朱門弟子都可想見矣，宜朱子之目無一人也。子靜說朱子受病在羣雌孤雄，豈不信然。

八七 朱子謂，吾儒萬理皆實，釋氏萬理皆空。

先生正少箇實。半日靜坐之半日固空矣，半日讀書之半日亦空，也是空了歲月。虛靈不昧，空了此心，主一無適，亦空了此心也。說六藝合當做，只自幼欠缺，今日補塡是難，是空了身上習行也。在朝四旬，無一建白，親民九考，無一幹濟，徒說誠、正兩字，義倉一端而已。其於帝儒之三事治跡，師儒之三物學宗，曾有分毫否。釋氏之萬理皆空，猶可言也。滅絕五倫之釋，不能滅儒道也。講誦五經之釋，不可言也，其萬事皆空，人不覺也，是以天下無一習行經濟之儒矣。

八八 朱子說，禪學熾，則佛氏之說大壞，云云。

咳，先生又於禪學外別見一種佛法，只惜不於訓詁、禪宗外，別思一種聖法。孟子云，詖辭知其所蔽。吾於朱子信之矣。

一〇九 朱子謂，楊墨之說猶未足以動人，胡說。云云。

朱子謂，眞空能攝眾有而應變。

朱子之禪自欺欺世在此，《集註》每見此意。

一一〇 又云，眞空亦只是空，今不消窮究他，伊川所謂只消就迹上斷，便了。是。

誠哉是言也，先生何不向迹上做工夫。

一一一 朱子謂，今之講師後來談議厭了，達麼便入來，只靜坐云云。

朱子半日靜坐，是半日達麼也，半日讀書，是半日漢儒也。試問十二箇時辰，那一刻是堯舜周孔乎。宗朱者可以思矣。

一一二 朱子謂，禮官不識禮，樂官不識樂，學官德行道藝不可爲表率云云。

朱子學術只是禪宗、訓詁、文字、鄉原四者集成一種人，而好問論古今人物事情耳。如其闢佛老，皆所自犯不覺，如半日靜坐、觀喜怒哀樂未發氣象是也。好議人非，而不自反，如此處禮官不識禮，樂官不識樂，學官德行道藝不可爲師表，殊不思皆先生輩也，皆先生輩誤之也。

一一三 朱子言，佛氏齋戒，變爲義學。

吾素所聞於佛氏只撻諢之宗，寂滅之禪耳。自浙儒《錢曉城集》中，始知佛家有義理宗派。今朱子只名義學，隱卻理字，爲其一代理學先生諱也。不知廢卻堯舜三事，周孔三物，不用習行工夫，而只口談義理者，皆禪也。只筆寫義理者，皆文人也。天下知二者之非儒，則乾坤有生機矣。

一一四 朱子言，《肇論》只是動中有靜，如東坡逝者如斯而未嘗往之意，此是齋戒之學一變，遂又說出這般道理來。此是先生一派。及達麼入來，又翻了窠臼，說出禪來，又高妙於義學，以爲可以直超徑悟。此是象山先生一派。其始足以鉗制愚俗，其後遂使有國家者制田給宅，以相從陷於無父無君之域，而不自覺。雖隆重儒學，而選舉之制，終不出於言語、文字之工。此是後世歷代通病，而諸先生與吾輩皆未出其局中也。又以道無越於釋老，而崇重隆奉反在於彼，至於二帝三王之大法，一切不復有行之者。先生何不先自行。

釋氏心靜見理，老氏亦難爲抗衡。

是先生輩庸愚，被他壓倒，未必老子出其下也。

一一五 今日釋氏，其盛極矣，但程先生所謂執理反出其下，吾儒執理既自卑汙，宜乎攻之而不勝也。

先生與二程、羅、李都在他範圍，豈不盛乎。而反言闢之，烏能不出其下乎。又不特下之，且入之，不覺代滅孔子之道矣，吾道之弘範、賈輔也。〇程朱亦別樣禪宗耳，故皆以達麼之靜坐爲下手眞工夫。不知但能習行周孔三物，四教，一切禪宗、訓詁、文字、鄉原諸不可窮詰之邪說曲學，皆如太陽一出，霜露盡消矣。

昔在定州，坐王生楷禮齋，言及程朱滅孔子之道，生遽怒起罵予曰，先生萬世罪人矣。予笑謂曰，坐不一時，使楷禮自言程朱滅孔道矣。生曰，先生百計不能使我如是言。予因約之以有問必答。生曰，唯。予因問曰，王楷禮眞定好秀才乎。生曰，不敢當。予曰，考優等，即好秀才也。發落時同府好秀才皆曾遇見乎。曰，然。皆讀朱某《集註》者乎。曰，然。皆遵程朱註講書者乎。曰，然。皆遵之作文者乎。曰，然。八府秀才同然乎。曰，然。八府童生亦然乎。曰，然。天下生童皆然乎。曰，然。無一不遵宋儒，讀之、講之、作之者乎。曰，然。吾請於吾兄，求一如孔門身通六藝之賢，頗通一二藝之門弟子，如七十人、三千人者誰乎。生仰首沈思久之曰，無之。予又問，不拘目見，耳聞皆可。生又對，無之。予曰，普天下皆宋儒徒，曾無一習行經濟之孔子徒矣。請問誰滅孔子道乎。生拜手笑伏曰，信矣。

一一六 朱子謂，佛氏《四十二章經》，其說卻自平實。

佛氏《四十二章》尤空幻到極處，朱子反道平實，此是禪根先成，胸中不自覺處，正如《論語註》稱佛彌近理，一般病也。

一一八 朱子謂，臨濟若不爲僧，必作大賊。

作大賊殺人命，作僧殺天理，一也。

一一九 朱子謂，道之在天下，一人說取一般，禪家最說得高妙去，何高何妙，朱先生偏見高妙。吾儒多有折而入之者，先生亦折而入之矣。惟有學問底人不被它惑。先生卻惑。

吾謂道之亂，道之亡，病根全在一說字。堯舜之世，道不外六府三事，學不外和其事，修其府。周孔之宗，道不外三物四教，孔之文即周之藝，行即周之六行，忠信即總括周之六德也。此外無道。學即學此，習即習此，時習即時習此也。無行不與，即與三千人同行乎此行義，達道即與四海之民同達乎此也。堯舜周孔豈啞人哉，全不事乎說。至漢人以書說，晉人以口說，聖人之道，亂而亡矣。宋人書、口兼說，開壇虎座，動建書院，曰大明道法也，抑知實晦之盡乎。吾之就聘肥鄉也，仍名書院堂曰習講，實有苦心。剛主猶不取，曰，不如盡掃世套，仍用先生家塾名，曰習齋。

一二〇 朱子謂，厭薄世故，而欲盡空一切者，佛氏之失也。機關巧便，盡天下之術數者，老氏之失也，故世之兵、數、刑名，多本於老氏。

盡空一切者，卻不曾盡空，以吾中夏聖人之遺澤自在人心，自在遺俗，非佛氏不近人情、全無天理之道所能空也。惟先生輩以佛氏之實，滅聖人之業，而我中夏之學術盡亡，無由成人才，而一切乃眞空矣。嗚呼，豈惟吾道哉。雖求老氏之機關巧便，兵、數、刑名，何可得哉。故曰，宋儒爲金、遼、元、夏之功臣。

一二一 朱子謂，釋氏說眞空，卻是有物，與吾儒說略同。

朱子所見之儒道，即釋氏精微處，故說略同。

一二三　朱子謂，釋氏以事理爲不要緊而不理會。

先生輩還欠向事上理會。

一二四　朱子謂，釋氏所謂敬以直內，只是空豁豁地更無一物，卻不曾方外。聖人所謂敬以直內，則湛然虛明，萬理具足，方能義以方外。

吾嘗言宋儒主敬而廢六藝，是假儒門，虛字面，做釋氏實工夫，不知釋氏亦講敬以直內也。觀此，及秦檜一生受用在敬以直內，則敬之一字爲自欺欺世之把鼻，吾非厚誣宋人矣。

一二五　朱子言，儒釋之辨，眞似冰炭。

朱子素不曾見到此，何由忽出此一語。

一二六　朱子言，佛氏亦見天機，有不器於物者。

佛氏果見天機，不器於物乎。朱子所見何氏之天機乎。

一二七　朱子言，釋氏入定，道家數息，只是要靜，但他開眼便依舊失了。

宋儒之異此者幾希。

一二八　或問，釋氏只是勿視、勿聽，無那非禮工夫。曰，然。季通因曰，世上事便要人做，似它坐定做甚。日月便要行，天地便要運云云。

既知世上事要人做，何一事不做。須知宋儒半日靜坐是半日禪，半日讀書是半日漢儒，其能運天地，行日月乎。只大言以自塗抹耳。

一二九　朱子言，禪僧叫主人翁，惺惺著。正若父母爲人所殺，無一舉心動念，方始名爲初發心菩薩。

吾嘗言南北二宋人全無了羞惡之心，又嘗言宋儒滅孔子之道，非是宋儒能滅孔子之道，是佛滅孔子之道也。其陷溺邪說只有淺深，淺者遂自見爲不染耳。如朱子以不觀觀之，見龍川、節夫一流人反厭惡，皆是父母爲人殺，舉心動念不眞不熱也。故吾嘗言晦菴之痛哭沾襟，不如象山之截指甲習射。

一三〇　朱子言，禪家弄精魂磨擦得來，精細有光彩。

朱子凡到闢禪肯綮處，便談禪有殊味，只因其本來有禪根，後乃混儒於釋，又援釋入儒也。故釋、達之禪易辨，而程朱之禪難明。

一三一　釋氏專以作用爲性。

作用爲性四字不差，只佛氏與宋儒偏無作用耳。堯舜之明四目，達四聰，仁如天，智如神，盡一身之性也。克諧以孝，敦睦九族，盡一家之性也。百姓昭明，黎民於變時雍，與天下共盡其性也。天地清寧，萬世永賴，合古今乾坤通盡其性也。今釋氏、宋儒，有伏而無作，有體而無用。不能作之伏，非伏也，無所用之體，非體也。以宋儒言作用，已不免無恥，爲漢唐英雄之所笑，而況敢令七十子、五臣、十亂見也。彼釋氏而言之，眞如木石談飛舞，妖鬼之尤矣。

一三二　朱子謂，佛書中六根、六塵之類，皆極精巧，故前輩學佛者謂此孔子所不及，必欲窮究其說，恐不能得身己出來。

嗟乎。朱先生迷至此乎。稱其說皆極精巧，人謂孔子所不及，他何理即吾儒何理，便是爲他汩沒了。卻說人窮究其說，恐不能得身己出來，尚謂自己窮究其說能自出乎。

一三三　《華嚴合論》精密。

今言朱子信禪，稱其邪說精密，宗朱惑朱者必不信，必爲力辯，豈知種種不一也。吾於是編厭觀直過，不之辨駁者多矣。

一三四　問，《龜山集》中《答了翁書》，論《華嚴》大旨，不知了翁諸人何爲好之之篤。曰，只是見不透，故覺得那個好，以今觀之也是好，也是動得人。

了翁諸人好佛之篤，既云見不透，故覺得他好矣，下面卻云以今觀之，也是好，然則先生也還見未透。只舉堯舜周孔之道一對質，自判然矣，更何處有些子好。

一三五　佛氏偏處只是虛其理，理是實理，他卻虛了，故於大本不立。因問，解禪偈，卻恐後人因溫公言，可惜溫公。作儒佛一貫會了。宋儒卻是儒佛一貫。先生曰，此皆禪之至陋，妙處不在此。咳，先生見佛妙處。又曰，只無義以方外，則連敬以直內也不是了。至言。

宋儒偏處只是廢其事，事是實事，他卻廢了，故於大用不周也。人皆知古來無無體之用，不知從來無無用之體，既爲無用之體，則理亦虛理。釋氏談虛之宋儒，宋儒談理之釋氏，其間不能一寸。堯舜名其道曰三事，周孔名其道曰三物，殆逆知後世有無事之理、談理之學，而預防之乎。溫公似與程門異，而解禪偈，則宋人之不染於禪者，不亦鮮哉。至於朱子識人談禪之陋，謂妙處不在此，自多得其妙處，更可傷。惟又曰，只無義以方外，則連敬以直內也不是了，眞見到語也。

一三六　《圓覺經》只有前兩三卷好。

合你禪宗處便見好耳，番鬼話，有甚好。

一三七　禪只是一箇呆守法云云，把定一心，不令散亂，久後光明自見，所以不識字的人，才悟後便作偈頌。

參禪之久，悟後便能作偈頌。宋家朱、陸兩派敬、靜之久，便能著書講學。予少年從二家入手，且能前知來日事，其實與禪一條路徑，一般伎倆，只名爲儒，手執經不同耳。試觀堯舜修和府事，周孔習行三物，五臣、十亂、七十賢所執之水、火、工、虞、兵、農、禮、樂，曰某事惟汝諧，某事惟汝諧，曰某可使如何，某可使如何，莫道釋、達番子分毫不得肖竊，雖程朱之道學，歐蘇之文字，漢人之訓詁，其可分毫彷佛否。

一三八　僧家所謂禪者，於其所行全不相應云云，如秀才家舉業相似，與行己全不相干，其爲人與俗家無異。只緣禪自是禪，與行不相應耳。

朱子看僧人之禪學與秀才舉業，全與行不相應。不知靜、敬、著書之道學，其與行不相應一也。予嘗言，世有大欺世、大誤人、大亂道者三，而千餘年罔覺，遂致氣數日降，人心日昏，堯舜之道墜不復起，晦不復明者，帖括、禪宗、宋家道學也。帖括聰明只在猶毫水墨上，推之口頭手頭，全不相應。禪宗識悟只在心頭恍忽，口頭打諢，推之身上事上，全不相應。宋家道學見解只在靜言訓詁，推之朝陛疆場、齊治均平，全不相應。而妄自冒稱冒認，動言堯舜周孔，衆皆悅之，自以爲是，殊不思吾身似堯舜孔周分毫否。吾家、吾齋、吾國似唐虞殷周分毫否。三事之修和安在。三物之習行安在。是吾所深懼也，是吾所深悲也。

一四〇　俗言佛鐙，想是彼處山中有一物，日出照見其影，圓映人影如佛影耳。

予嘗見碎柳柴布場中，夜中滿場光明，或云，夜中蚰蜒、狐、蠍皆有光。昔年在都門，夜中聞佛聲起，見群僧合掌向白塔呼佛，云塔放光。予見明氣遊轉，上下不定，彼時亦謂都中鐙火所映，如山中有物，日出見影也。

一四一　禪子病脾，只坐禪六七日減食便安。

陽明嘗言，丹法差可療病。

一四二　雪峯和尚住山數年，無一僧到，遂下山。至半嶺，忽有一僧來，遂與之還。先生曰，某雖無人來，亦不下山。

知晦菴素深於禪定，不下山，但不解不下山有何好處。

一四三　王質不敬其父母，曰，自有物無始以來，自家是換了幾箇父母。其不孝莫大於是。以此知佛法之無父，其禍乃至於此。

王質可殺，佛道換父母之說更可殺。即如其幻說，果是換一層父母，方是此一世人，不得父母一生，便無此一世人，父母便可不敬乎。

一四四　問，釋氏之失，一是自利，厭死生而學，大本已非。二是滅絕人倫。三是逕求上達，不務下學，偏而不該。曰，未須如此立論。

此問不惟闢佛教允當，第三條且正中朱學之弊，不務下學，逕求上達。奈何朱子見藥不受，反言未須如此立論乎。

一四五　佛那妙處離這知覺運動不得，無這箇便說不行。只是被他作弄得來精，所以橫渠有釋氏兩末之論云云。

僕凡見宋人講讀著作處，便頭痛欲嘔，見談禪處更甚，故初間批駁一二處，後全不看。可惜橫渠被範文正、二程誤，亦講這話。

一四六　問，士大夫晚年被禪家引去者，何故。曰，是他的高似你，所以被他降下。

朱子一生肆力訓詁章句，也便晚來看著禪家高，所以臨終有許多禪家故事，也是被他降下了。

一四七　王介甫捨宅爲寺，請兩箇僧住持。

介甫吾所推服，爲宋朝第一有用宰相，乃亦捨宅請僧乎。可笑。

一四八　朱子謂，士大夫溺於釋氏之說者，緣不曾理會自家底原頭，卻見他底高，直是玄妙，又且省得氣力，所以被他引入去。

你也圖省氣力，說少年欠了六藝工夫，如今補填是難，況他人乎。

一四九　今之學者往往多歸異教，只爲自家這裏說得疏略，無藥治他，而禪者之說則以爲有箇悟門，云云。不知自家有箇道理，不必外求，此心自然各止其所。

爲何只論說得疏略，朱子好說。諺云，三句不離本行。此之謂矣。上段論溺佛之由云，因不曾理會自家原頭，不知周、程與先生皆不出禪宗者，正因要理會原頭也。先生所云，不必外求，此心自然各止其所，舍孔門習行三物之學，焉能各止其所哉。

一五〇　朱子謂，佛氏是逋逃淵藪，無問何人皆得入其門，最無狀，云云。又引退之詩云，出入人鬼間，以僧上交賢士大夫，下又交中貴小人，出入其間，不以爲恥也。

朱子好稱述僧人，口角每帶歎羡，此二處便甚卑薄之。蓋朱子之於禪，喜其精，而惡其粗也。

一五一　李德遠云，論學惟佛氏直截，如學周孔，乃是抱橋柱洗澡。

宋明學者皆迷惑如此，吾儕不極力行明吾道，乾坤不將毀乎。

一五二　王日休立化，朱子以爲它平日坐必向西，心在於此，遂想而得此。

王日休之小人，曇陽女之妖詭，眞宋明隱怪之尤驚人者。書生亦隨世人蠱道之，殊不思不盡人道而死，即是不正命。病死立化，有以異乎。

一五三　奉佛者至老體多康健，以爲獲福於佛，不知每晨拜跪，日勞筋骨，運用氣血，所以安也。

先生看人康健之由如此透切，奈何廢孔門學習之功，置禮樂射御等不加時習，竟成畏難而苟安乎。

一五四　伊川參某僧後有得，遂反之，偷其說來做己使，是爲洛學。

好洛學，朱子以潘淳曲辯，抑知自己偷其說者，亦不少乎。

一五五　佛學只是無存養工夫，唐六祖始教人存養工夫。學者只是說，不曾就身上做工夫，伊川方教人就身上做工夫，所以說伊川偷佛說爲己使。

學佛者只是說，不曾就身上做工夫，至伊川方教人身上做工夫，所以謂伊川偷佛說爲己使。吾嘗謂宋儒儒名而釋實，今觀伊川眞做佛家工夫，朱子眞有伊川偷佛說之言，元幸不誣人矣。宋儒之滅孔道，非宋儒能滅孔道，實佛滅之，元之言又幸不誣道矣。

一五六　朱子謂，釋氏之教，其盛如此，吾人家三世之後，亦必被他轉。

口吻亦是投降。

又《評〈答孟尚書書〉》（《習齋記餘》卷六）　僕不與僧道交也，交之必勸以歸倫。從我乎，交斯厚矣，久之挽入人群矣。三語之而不從，絕不復見。今文公不能化大顛，而反許其聰明識道理。彼不察於人倫，何聰明之有。叛常喪心，何道理之有。外形骸，無滯礙，正是禪，公乃喜之乎。往來贈答，是夷、蹠結社矣。且其所遺之衣服，用吾中國平人之制乎，抑從其佛者一袖之裁乎。要之，公但不惑於禍福，尊奉其教法耳，中實未能洞晰其邪慝也。若遇釋迦，恐未保何如。但其一段毅然辯闢，亦足開世人之迷惑，終吾黨之傑也。

陳確《異端論》（《陳確集》文集卷五）　異端而自爲異端焉，不必辯也。吾道而異端焉，斯不可不亟辯矣。異端而人知其爲異端焉，不必辯也。異端之倍道益甚，禍世益深，而人猶未覺其爲異端焉，斯不可不亟辯矣。異端而人知其爲異端焉者，佛老是也。異端之倍道益甚，禍世益深，而人莫覺其爲異端焉者，葬師之說是也。異端而自爲異端焉者，佛之爲佛，老之爲老是也。吾道而異端焉者，《大學》之教是也。吾之辨之，豈得已乎。至夫二氏之說，則有唐以來，諸大儒辨之已詳，後雖有辨者，弗之能過矣，不辨可矣。

然二氏之徒日繁，而其教日益横也，則奈何。曰，此非二氏之罪，而吾儒之罪也。辟夷狄而入處中國，非夷狄之罪，而中國之罪也。中國之大，而無人焉主之，則夷狄入而主之矣。吾儒而無人焉，則二氏之徒日繁，而其教日益横也，亦勢所必至矣，又何尤焉。吾悲學者不已之憂，而憂二氏，曰喋喋焉，曰，爾老也，異端也。爾佛也，異端之尤者也。雖敝而舌乎，奚補于吾道，而奚損于二氏。此何異山海之窮寇，自號爲義師，以殃民毒衆，而倖萬不可畢之功者哉。

然則子之闢葬說、《大學》也，何以異于彼。確曰，然。賊自内出者也，故攻之，猶之自治之道焉耳。雖然，自今以往，敢不惟己之憂，而徒滋夫口。

又《黜佛事議》（同上，卷六）　石丈之母之喪，潮生爲相，而黜佛事。爰立疑之，曰，母生而好佛，死而黜之，事死如生之道然與。曰，然。喪之有相也，知有禮焉耳。禮所有者行之，所無者弗之行也，雖孝子不得過而問焉。且子以查母之好佛事，是耶，非耶。非也，而爲人子未能勸止，猶不免非道事親之譏。況母既死矣，而又無成命，而又託於母以爲之，是益其過而已矣。今雖有儒者，生而好學，不聞死而又使人誦書以樂之也，況佛事之誕妄者乎。且母之好佛，非眞好佛也，惑於浮屠家之言，而姑聽從之也云耳。使知其非道也，則弗之好矣。故惑之與正之，二者功罪之相去遠矣。故生而順之，未能喻親於道。死而黜之，使母得正其終。雖使人子斷行之，吾猶以爲孝也，而況相者之志乎。

又《不用浮屠議》（同上，卷七）　伊川先生家治喪不用浮屠，在洛亦有一二家化之。今吾鄉之不用浮屠者何翅一二家，要有其本，非止不用浮屠也。子言喪禮之本，與易寧戚。非取不易也，然戚尚矣。得無微存矯飾而非用吾情乎。用吾情矣，得毋一往而過，幾於滅性乎。不易猶可，而易之反爲亂，其可乎。是皆不可不察。雖子言之，猶三累而後至於中焉，道固未可以一言盡也。凡事盡然，惟戒懼君子自得之耳。若以用浮屠爲非禮，而即以不用浮屠爲能盡禮，則可笑矣。辟之殺人爲盜固未可，而止於不殺人不爲盜者，亦豈遽有所可耶。

錢謙益《放生說》（《牧齋初學集》卷二六）　放生戒殺，三代以上未有其名，然而未有大於此時者也。何也，《周官》川衡澤虞所掌，凡以共祭祀賓客喪紀之用，其它攻猛獸，除毒蠱，去蛙黽，射矢鳥，各有攸司，皆以生之之道殺之也。國君春田不圍澤，大夫不掩羣，士不取麛卵，田不以禮，曰暴天物，則田而殺焉寡矣。獺祭魚，然後虞人入澤梁。豺祭獸，然後田獵。鳩化爲鷹，然後設罻羅。草木零落，然後入山林。昆蟲未蟄，不以火田。參觀《王制》、《月令》、《夏小正》之所載，則非時而殺焉者寡矣。諸侯無故不殺牛，大夫無故不殺羊，士無故不殺犬豕，庶人無故不食珍，則無故而殺者寡矣。魯隱公，大國之君也，登百金之魚，臧孫以爲亂政。宣公夏濫於泗淵，里革斷其罟而棄之。周德下衰，其凜凜於王制若此，而況其盛時乎，古之帝王，以天地山林川澤爲一家，以鳥獸禽魚羣生萬物爲一體，無地而非放生之地，無物而非放生之物也。辨方正位，體國經野，設官分職，皆放生戒殺之法。親賢遠奸，禁女謁，屏閹寺，攘夷狄，皆放生戒殺之事也。民無夭札，物無疵癘，麒麟游，鳳凰集，衆鳥獸魚鼈咸若，豈其以人主之尊，躬家人之細行，且得一鳥焉而縱之，暮得一魚焉而畜之，至以不取不放，見笑於夷狄，如梁武者哉。唐、宋之世，天下始有放生池。唐乾元中，命天下置放生池，凡八十一所，顔魯國文忠公爲之碑。宋天禧中，王欽若奏以西湖爲放生池，爲人主祈福。蘇文忠公謂西湖不可廢者五，此其首也。唐、宋之置放生池，吾所謂家人之細事也。王欽若之請，則宦官宮妾之愛其君也。然而顔、蘇兩文忠，拱手讚歎，如恐不及者，何也，尊王制，因末法，導揚人主之仁心仁聞，而勸誘天下以好生惡殺，此仁人君子之所有事也。唐用閹人殺天下，宋用新法殺天下，屏棄兩文忠於外，生民日就湯火，而祈福於一魚一鳥，其放生戒殺，不已隘乎，君子亦爲之一喟而已矣。

塘棲張子羽斥菜湖爲放生池，建流水長者閣於池中，延秘密嚴公主其事。其友張秀初、沈不傾共爲唱導。或難之曰，棲水去杭城五十里，西湖故放生池也，何必改作。曰，子不見夫官府之庫藏乎，勾稽會計，密于秋荼，今又重之以嚴旨峻法，然貪官污吏，穿穴而乾沒者，不可勝誅也。富家翁媼，囊金櫝帛，手自扃鐍，中夜取火而視之，不遇胠篋探囊發匱之徒，則其亡失者鮮矣。物公則翫，法久則渝。西湖之放生，官府之庫藏也。棲水之放生，翁媼之囊櫝也。何必西湖之是而棲水之非，顔文忠之碑曰，環海爲池，周天布澤。動植依仁，飛沉受獲。蘇文忠之奏曰，郡人數萬，會於湖上，所活羽毛鱗介，以百萬數。皆西北向稽首，仰祝千萬歲壽。棲水之爲斯，善學兩文忠已矣。衡公自棲水來，敘諸君建置之意，屬余綴以一言。余拱手讚歎曰，斯所謂諸上善人，俱會一處。得廁名其間，幸矣，作是說以廣之。

又《憨山大師廬山五乳峰塔銘》（同上，卷六八）　我神宗顯皇帝握金輪以御世，推慈聖皇太后之志，崇奉三寶，以隆顧養。上春秋鼎盛，前星未耀，慈聖以爲憂，建祈儲道場於五臺山，妙峰登公與憨山大師實主其事。光宗貞皇帝遂應期而生，於是二公名聞九重，如優曇鉢華，應現天際。妙峯不出王舍城，大作佛事。而大師有雷陽之行，其機緣所至，橫見側出，固非凡情之可得而測也。大師之遷化於曹溪也，大宗伯宣化蕭公親見其異，爲余道之。已而南海陳迪祥以行狀來謁余表塔。余曰，有吾師宣化公在，他日請爲第二碑。又明年乙丑，其弟子居廬山者曰福善，奉全身歸五乳，而留爪髮於曹溪。走書來告曰，大師東游，得子而憙，曰剎竿不憂倒卻矣。燈炧月落，晤言亹亹，所以付囑者甚至。塔前之銘，非子誰宜爲。余何敢復辭。謹按。

師諱德清，族蔡氏，全椒人也。父彦高，母洪氏，夢大士抱送而生。七歲，叔父死，屍於牀。問母，從何處去。即抱死生去來之疑。九歲，能誦《普門品》。年十二，辭親入報恩寺，依西林和尚。內江趙文肅公摩其頂曰，兒他日人天師也。十九，祝髮受具戒於無極某公，聽講《華嚴玄談》，至十玄門海印森羅常住處，悟法界圓融無盡之旨。慕清涼之爲人，字曰澄印。從雲谷會公，縛禪於天界寺，發憤參究。疽發於背，禱護伽藍神，願誦《華嚴》十部，乞假三月，以畢禪期。禱已熟寐，晨起而病良已。三月之內，恍在夢中。出行市中，儼如禪坐，不見市有一人也。雪浪恩公長於師一歲，相依如無著、天親。嘉靖丙寅，寺燬於火，誓相與畜德俟時，以期興復。師既巋然出世，而雪浪卒爲大論師，修治故塔，稍酬誓願焉。師嘗聽講於天界，廁溷清除，了無人跡。意主東淨者非常人也，訪之。一黃面病僧，目光激射，遂與定參訪之約，質明則已行矣，即妙峰登公也。師以江南習氣軟暖，宜入冬冰夏雪苦寒不可耐之地，以痛自摩厲，遂飄然北邁。天大雪，乞食廣陵市中，曰，吾一鉢足以輕萬鍾矣。抵京師，妙峰衣褐來訪，鬚髮鬖鬖，如河朔估客。師望其眸子識之，相視一笑。參徧融貞公。融無語，惟張目直視。又參笑巖，巖問，何方來。曰，南方來。巖曰，記得來時路否。曰，一過便休。巖曰，子卻來處分明。遊盤山，至千像峯石室，見不語僧，遂相與樵汲度夏，時萬曆元年癸酉也。明年，偕妙峰結冬蒲坂。閱《物不遷論》，至梵志出家，頓了旋嵐偃嶽之旨，作偈曰，死生晝夜，水流花謝。今日方知，鼻孔向下。峯一見遽問，師何所得。師曰，夜來見河中兩鐵牛相鬭入水去，至今絕消息。峯曰，且喜有住山本錢矣。遇牛山法光禪師，坐參請益。法光發音如天鼓，師深契之。送師遊五臺詩云，雪中師子騎來看，洞裏潛龍放去休。且曰，知此意否。要公不可捉死蛇耳。師居北臺之龍門，老屋數椽，在萬山冰雪中，春夏之交，流澌衝擊，靜中如萬馬馳驟之聲。以問妙峯，峯舉古人三十年聞水聲，不轉意根，當證觀音圓通語。師然之。日尋緣溪橫彴，危坐其上。初則水聲宛然，久之忽然忘身，眾籟闃寂，水聲不復聒耳矣。一日粥罷，經行急立，定光明如大圓鏡，山河大地，影現其中。既覺，身心湛然，了不可得，說偈以頌之。遊雁門，兵使胡君請賦詩。甫構思，詩句逼塞喉吻，從前記誦見聞，一瞬現前，渾身是口，不能盡吐。師曰，此法光所謂禪病也，惟熟睡可以消之。擁衲跏趺，一坐五晝夜。胡君撼之不動，鳴磬子數聲，乃出定。默坐卻觀，如出入息，住山行腳，皆夢中事，其樂無以喻也。還山刺血書《華嚴經》，點筆念佛，不廢應對。口誦手畫，歷然分明。鄰僧異之，率徒眾來相嬲，已皆讚歎而去。嘗夢與妙峯夾侍清涼大師，開示初入法界，圓融觀境，隨所演說，其境即現。又夢登彌勒樓閣，聞說法曰，分別是識，無分別是智。依識染，依智淨。染有生死，淨無諸佛。自此識智之分，了然心目也。師既建祈儲道場，遂遠遁東海之牢山。慈聖命龍華寺僧瑞庵行求得之，遣使再徵，不能致，賜內帑三千金，復固辭。使者不敢復命，師曰，古有矯詔賑饑之事，山東歲凶，以此廣聖慈於饑民，不亦可乎。使者持賑籍還報，慈聖感嘆，率闔宮布金造寺，賜額曰海印。師詣京謝恩，爲報恩寺請藏。上命師齎送，因以便歸省父母。寺塔放光累日。迎經之日，光如浮橋北度，經在塔光中行也。師還，以報恩本末具奏，曰，願日減膳羞百金，十年工可舉也。慈聖許之。歲乙未而黃冠之難作，師住山十三年，方便說法，東海彌離車地，咸向三寶。而黃冠以侵占道院，飛章誣奏，有旨逮赴詔獄。先是慈聖崇信佛乘，敕使四出，中人譏搆，動以煩費爲言，上弗問也。而其語頗聞於外廷，所司遂以師爲奇貨，欲因以株連慈聖左右，并按前後檀施帑金，以數十萬計，拷掠備至，師一無所言，已乃從容仰對曰，公欲某誣服易耳，獄成，將置聖母何地乎。公所按數十萬，在縣官錙銖耳。主上純孝，度不以錙銖故傷聖母心。獄成之後，懼無以謝聖母。公窮竟此獄，將安歸乎。主者舌吐不能收，乃具獄上，所列惟賑饑三千金，有內庫籍可考。慈聖及上皆大喜。坐私造寺院，遣戍雷州，非上意也。達觀可公急師之難，將走都門，遇于江上，師曰，君命也，其可違乎。爲師作《逐客說》而別。師度庾嶺，入曹溪，抵五羊，赭衣見粵帥，就編伍于雷州。歲大疫，死者相枕籍，率眾掩埋，作廣薦法會，大雨平地三尺，癘氣立解。參政周君汝登，率學子來扣擊，舉通乎晝夜之道而知發問，師曰，此聖人指示人，要悟不屬生死一著耳。周君憮然擊節。粵之孝秀馮昌曆輩，聞風來歸。師擬大慧冠巾說法，構禪室於壁壘間。說《法華》至寶塔示現娑婆，華藏涌現目前，開悟者甚眾。居粵五年，乃克住錫曹溪，歸侵田，斥僦舍。屠門酒肆，蔚爲寶坊，緇白坌集，攝折互用，大鑒之道勃焉中興。甲寅夏，師在湖東，慈聖賓天，詔至慟哭，拂剃返僧服。又二年，念達觀法門死生之誼，赴葬於雙徑，爲作荼毗佛事。箴吴、越禪人之病，作《擔板歌》弔蓮池宏公於雲棲，發揮其密行，以示學者。自吴門返廬山，結菴五乳峰下，效遠公六時刻漏，專修淨業。居四年，復往曹溪。天啟三年癸亥，宣化公赴召來訪，劇談信宿。公謂師色力不難百歲，更坐二十余夏，如彈指耳。師笑曰，老僧世緣將盡，幻身豈足把玩哉。別五日，果示微疾。韶陽守張君來問。師力辭醫藥，坐語如平時。既別，沐浴焚香，集衆告別，危坐而逝，十月之十一日也。溪水忽涸，百鳥哀鳴，夜有光燭天。三日入龕，面顏發紅，鬢髮皆長，鼻端微汗，手足如綿。僧徒驚告，謂師復生。蕭公語，余衰老赴闕，跋涉二萬里，何所爲哉。天殆使爲師作末後證明耳。嗚呼，知言哉。

師長身魁碩，氣宇堂堂。所至及物利生，機用善巧，如盰雨潤，加被而人不知。山東再饑。師盡發其种，親泛舟至遼東，糴豆以賑。旁山之民，咸免捐瘠。稅使與粵帥有隙，嗾市民以白糟作難，群噪圍帥府。師緩頰諭稅使解圍，不動聲色，會城以寧。珠船千艘，罷採不歸，剽掠海上。而開礦之役，繹騷尤甚。採使謁曹溪，師以佛法攝受，徐爲言開採利害，繇是珠船罷採，不入海，而礦額令有司歲解。制府戴公詒書謝曰，吾乃今知佛祖慈悲之廣大也。師爲余言，居北臺，大雪高於屋數丈，昏夜可鑑毛髮，堅坐待盡，身心瑩然。遲明，塔院僧穴雪以入，相攜行雪洞中，里許乃出。當詔獄拷治時，忽入禪定，榜箠刺爇，若陷木石。逾年在雷陽，郡丞以礦事被逮，侍者惶遽傳告，毒楚卒發，幾無完膚。此《楞伽筆記》所繇作也。東遊至嘉興楞嚴寺，萬衆圍繞，有隸人如狂易狀，搏顙不已，曰，我寺西仲秀才也，身死尚在中陰，聞肉身菩薩出世，附隸人身求解脱耳。師爲說三皈五戒，問解脱否。曰，解脱竟。懵然而覺。師之樹大法幢，爲人天眼目，豈偶然哉。師世壽七十八，僧臘五十九。前後得度弟子甚衆。從師于獄，職納橐饘者，福善也。終始相依於粵者，善與通炯、超逸、通岸也。貴介子弟，剜臂然燈，以求師道，現大士像於瘡痂中而坐脱以去者，即墨黄納善也。粵士歸依者，馮昌曆爲上首。御史王安舜、孝廉劉起相、陳迪祥、歐文起、梁四相、龍璋，皆昌曆之徒也。師所著有《楞伽筆記》、《華嚴綱要》、《楞嚴懸鏡》、《法華擊節》、《楞嚴法華通議》、《起信唯識解》若干卷，《觀老莊影響論》、《道德經解》、《大學中庸直指》、《春秋左氏心法》、《夢游集》又若干卷。嗟乎，師於世間文字，豈必不逮古人。有不逮焉，亦糟粕耳。師於出世間義諦，豈必不合古人，有不合焉，亦皮毛耳。惟師夙乘願輪，以大悲智入煩惱海，以無畏力處生死流，隨緣現身，應機接物，末後一著，全體呈露。後五百年，使人知有一大事因緣，是豈可以語言情見，擬議其短長者哉。是故讀師之書，不若聽師之言，聽師之言，又不若周旋瓶錫，夷考其生平，而有以知其願力之所存也。謙益下劣鈍根，荷師記莂，援據年譜行狀，以書茲石。其詞寧繁而不殺者，欲以示末法之儀的，起衆生之正信也。銘曰。

人生出没，五濁世間。生死之涂，屹立重關。重關峻復，誰不退墮。師子奮迅，一擲而過。濟河焚舟，縣車束馬。一鉢飛渡，誰我禦者。冰山蟄伏，雪窖沉埋。冰解凍釋，水流花開，光明四照，上徹帝閽。榮名利養，匪我思存。震霆赫怒，我性不遷。桁楊木索，說法熾然。覺範朱崖，妙喜梅州。雷陽萬里，謂我何求。軍持應器，横戈杖錫。毁形壞衣，古有遺則。大鑒重徽，靈照不昧。屈眴之衣，如施畫繢。師之示現，如雲出谷。觸石膚寸，雨必待族。雲歸雨藏，山川自如。孰執景光，以窺太虚。福德巋峨，文句璀璨。視此肉身，等一眞幻。匡山不來，曹溪不去。塔光炳然，長照覺路。

又《聞谷禪師塔銘》

天啟七年丁卯九月朔，常熟幅巾弟子錢謙益謹述。

聞谷禪師印公，以崇禎丙子十二月十七日示寂於瓶匐之眞寂禪院。明年丁丑九月初六日，弟子奉全身塔于孔青之陽。師世壽七十有一，僧臘五十有八，主叢林二十五年，建道場二所，度弟子千有餘人，得戒弟子萬有餘人。師之沒也，傳戒弟子鼓山賢公千里赴弔，補師住處，爲其塔上之銘。既葬，而其上首弟子大堅等扣余山中，復以勒銘爲請。以余於師有支、許之好，假世諦文字，演說實相，爲賢公疏通證明焉，亦賢公之志也。余其忍辭。謹按，

師諱廣印，字聞谷，嘉善人周珊之子。母趙氏，夢玄武神仗劍領甲士擁門而生。師爲兒時，左眼角常見一浮圖住空中。稍長，父攜觀大勝寺浮屠，訝曰，我眼中常見此。此後遂不復見。年十三，祝髮于杭之開元寺，見壁間法界圖，問其師曰，十界從心生，心從何處生。師不能答。往扣西

蜀儀峰和尚于淸平，峰敎看雲門露字。師直下挨拶，至忘寢食。峰舉丙丁童子來求火話詰師，舉拳揮按，痛罵驅出門。白汗津津浹背，益發奮力參。年二十四，入雲棲進具。二十六從介山法師習台宗，期年而臻其奧。雲棲大師開法淨慈，特舉師爲維那。數年來，晝則聽講，夜則縛禪。參無幻禪師，乃謝去講肆，攝靜於西溪法華山。單丁四年，或數日不食，或一坐連朝。參請漸多，乃曳杖而去。上雙徑，結茆白雲峯下，影不出山者六載。看亮座主參馬祖因緣，疑不能釋。一日見黃瑞香花，忽大悟，從茲礙膺之物，咸冰釋矣。出山至雲棲，受菩薩戒，朝夕請益，盡得雲棲之道。至宜陽，參龍池幻有和尚，池謂師曰，何不承當此事，共相唱和。師不自肯。池曰，更欲如何。曰，視圓悟、大慧爲多愧耳。池憮然曰，當今學者未會先會，那能得不自肯如子者乎，老僧當避一頭地矣。北游五臺，還至徑山。時海內禪席寂寥，乃與鬙峯諸師創禪期於蓮居永慶，儀峯老人復來自蜀，因得重徵玄奧，印明臨濟宗旨。峯歸，師隱湖之箐山。瓶匃爲雙徑兩目孔道，行腳往來，無一茅蓋頭。師捐衣鉢，創數椽爲接待之計，法施雲湧，鬱爲寶坊，遂移眞寂廢寺舊額名之。事旣竣，杖笠南遊，隱建州之廢寺凡三載。浙僧始物色得之，迎請絡繹，掉頭不顧。會主院者相繼遷化，師不得已，復歸視事。四方衲子，參請雲集，眾至五千指。禪淨雙提，規重矩疊，稱江南法席之最。久之，復南游，棲建州之寶善四載。年七十，乃歸老於眞寂。次年臘月八日，說戒畢，示微疾逝。前一日，手書與徑山長老，送《仁王經》，勸其展誦報國，索紙書誡語，泊然而逝。蓋賢公之銘師如此。

嗚呼！萬曆中，方內有三大和尚，紫柏可公、雲棲宏公、憨山淸公，各樹法幢，爲人天眼目。三公入滅，魔外橫行，喝棒錯互。吳、越之間，人如中風狂走。當此之時，眞修退藏，密傳三老之一燈者，禪師一人而已。師痛夫世之盲參瞎悟者，以狂易之病，飲塗毒之藥，窮老參究，終不以悟。自居學者，少逞知解，必深錐痛劄，期於爆斷命根而後已。師之砥柱末法者一也。師痛夫世之上堂登座者，以俳優之場，演沐猴之戲。堅辭僧眾，不許開堂。晚歲正告諸宰官，孀居久矣，復肯傅粉墨求嫁耶。師之砥柱末法者二也。師痛夫世之架大屋，養閒漢，榮名利養，市賈相求者。眞寂告成之後，數年退院，七載南游，腰包杖錫，飄然於荒山野水之間。師之砥柱末法者三也。師器宇冲和，神觀閒止，導迎善氣，被褐懷玉，有儒者闇然之風。其持身衛道，苦心危行，如冰之淩霜而益堅，如玉之鍛火而愈栗。擔柱大法，於衰殘充塞之餘，孤行獨往，賁、育不能奪也。賢公所謂蒙眾誚而弗恤，犯眾怒而弗顧者，信乎其知師者矣。師之七十也，余爲文以稱壽曰，傳曰，不有君子，其能國乎。以佛門觀之益信。師讀之，爲之破顏微笑。今師之葬已三年矣，踵賢公之後而銘其塔，慨剎竿之日倒，愧金湯之無人。俛仰法門，有深感焉。乃爲之銘曰，

單傳敎遠，禪席寥寥。師起其衰，如風鳴條。禪風漸扇，魔民蜂起。師砭其敝，如坊止水。師不以禪，置律與經。歷然光明，如谷傳燈。師智愈圓，其心愈密。閟悟顯修，如燈在室。寶炬不然，金鏡式微。誓揮我戈，以指懸車。風霜剝落，冰雪崔嵬。窮冬沍陰，孤陽獨回。樓閣千間，雲堂一宿。何處是師，本來面目。雲棲爲師，永明是宗。巋然一塔，坐斷虛空。閩山浙水，吾師在焉。明明如月，常照百川。

又《洞聞禪師塔銘》 古之得道者，以死生爲如幻三昧，故有謂坐脫立亡，尙未夢見先師意者。世衰聖伏，盲師瞽說，各自稱尊，則非末後一著，不足以勘辨之。蓋亦末法使然也。天啟三年七月，洞聞禪師示寂於破山之禪院。是時天方溽暑，流金鑠石。越三日，余趨視之，垂首趺坐，若入正定。蚊蚋卻避，膚理瑩潔。四眾觀者，莫不歎異。師行解未知其何如。以余所見，亦可謂甚難希有者矣。師吳江李氏子，少出家，入華山。爲默庵和尙侍者。舍而歸紫柏大師，大師改名法乘，號曰洞聞。馮祭酒開之《送似塵洞聞游方序》云，二上人，一脫逢掖，一逃外法，俱奇男子。體質文弱，不耐勞苦。一旦以紫柏師鼓策，遂迸裂牽纏，給侍瓶錫，方出門時，已無萬里。此師行腳因緣也。初居虞山之三峰，徙天目之中雲庵，卒老於破山。師慈和樂易，具大人相。所至住山，誅茅束薪，偕其徒雪庵，拮据庀治。師優遊兀傲，飲石泉而蔭松柏，不汲汲□於榮名利養，其視世相輕也，斯其臨終所得力者歟。師世壽七十二，僧臘五十，墓在破山寺之南凡若干步。銘曰。

師之參訪，踵決履穿。小扣大擊，如石出煙。歸而住山，參粥飯禪。一坐廿夏，不震不騫。開堂說法，千偈瀾翻。究亦何有。空谷窅然。破山嵯峨，龍澗蜿蜒。殘燈初日，師或在焉。

又《鶴林法師塔銘》常熟縣治之巽隅，建聚奎塔，久而未潰于成。衆君子聚而謀住持，咸曰鶴林法師其人也。師遯跡北山之藤溪，幡然而起，率其弟子仁方往涖焉。師律行精嚴，四方歸仰。仁方能捐衣去食，伐木輂土，以專勤者事。不逾年，塔工大興。崇禎三年七月，師示疾於塔院，說偈別衆，堅坐而逝。又一年，仁方亦逝。其徒知通等奉全身塔于拂水巖之西嶺，以仁方祔焉。師諱大寂，嘉定趙氏子。甫丱出家，得度於護國寺永敏和尚，受具戒於雲棲大師，學經論於紹覺法師。單丁行腳，凡十餘年。縛禪於廬山，游少林，禮五臺，歸虞山而老焉。師質貌樸願，志氣專壹。其尊嚴毗尼也，如法吏之守三尺，謹凜科條而已。其講習經論也，如舉子之窮六經，穿穴章句而已。繇定以發惠，因相以契性。遍參諸方，扣擊宗旨。久之，於心地漸有所發明，然不敢高其舉趾，輕言向上事，曰，吾株守吾經律而已。說法爲人，必提唱念佛法門，曰，吾所學於雲棲者，如是而已。坐虞山數夏，空林荒樾，午夜施食，鬼嘯魑吟，與梵唄相應和。日不重食，夜不脇席，篋衍無一錢之藏，徒仵皆化之。仁方病亟，求一故絮藉體，竟不可得。諸方皆曰，此眞鶴林之子也。師之葬，實崇禎五年十一月。其上首弟子曰智妙，即仁方也，墓在師之左方十餘步。銘曰。

柳子有言，儒以禮立仁義，佛以律持定惠。去律小經，佛道斯替。生死海中，風波淫奫。孰是船師，亂流而濟。師之軌行，豈曰滯泥。涉生死流，回翔鼓枻。盲禪魔民，橫奔狂猘。讀吾之銘，其亦思褰裳而揭厲也耶。

又《華山雪浪大師塔銘》（同上，卷六九）　昔梁肅之論荊溪，以爲明道若昧，渙然中興。聖人不作，其間必有命世者出焉。我明正、嘉之際，講肆獨盛於北方。無極和尚起自淮陰，傳法於通、泰二公，具得賢首、慈恩性相宗旨，歸而演法南都，而其門有雪浪恩公、憨山清公出焉。一車兩輪，掖無極之道以濟度羣有，而法道煥然中興。向非命世而出，則何以臻此。謹按憨師所撰《雪浪大師傳》而序之曰，師諱洪恩，姓黄氏，金陵民家子。爲兒時，雖隨戲弄，遇佛禮足。塾師以句讀課之，領之而已。極師講《法華》規矩於報恩寺，師年十三，從父往聽，傾耳會心，留旬日不肯去。母使父趣歸。師袖剪刀，禮玄奘大師髮塔，自剪頂髮，手提向父曰，以此遺母。父慟哭，師瞪視而已。爲小沙彌，頎然具大人相。一日設齋，往踞第一座。首座呵之，師曰，此座誰坐得。座曰，通佛法者坐得。師曰，如是則我當坐。座曰，汝通何佛法。師曰，請問。座舉座上講語，師信口肆應，無不了了。一衆驚異曰，此郎再來人也。憨師少師一歲，並得度於西林長老，同參極師，比肩握手，如連珠珏玉，見者以爲無著、天親也。師年十八，分座副講，佛法淹通。乃留心義學，聽極師演《華嚴大疏》，五地聖人於後得智中，起世俗念，學世間技藝，涉俗利生。嘗言不讀萬卷書，不知佛法。博綜外典，旁及唐詩晉字，研朱釡丹，帷燈晝被，不知者以爲滯淫世諦中也。憨師從雲谷和尚縛禪天界寺，師見其枯坐，呵以聽講，曰，用如三家邨土地作麼。憨曰，古德有言，自性宗通，回觀文字，如開門落臼耳。師曰，果如此，則我兄也。憨師苦南方軟暖，決計北游。師苦留之，憨詒師入城辦嚴，冒大雪，擕一瓢長往。師還寺痛哭。久之，游嵩少，入伏牛，抵京師，上五臺，覓憨師於冰雪堆中，腰包罷飯，誓共生死。憨語之曰，人各有志，亦各有緣。兄之緣在弘法以續慧命，不當終老枯寂。江南法道久湮，當上承本師法席，荷擔囑累，爲人天眼目，庶不負出世因緣也。師然之，相與鄭重而別。極師弘法以來，三演《大疏》，七講《玄談》，師盡得華嚴法界圓融無礙之旨。本師遷化，次補其處。游泳藏海，囊括川注。單提本文，盡掃訓詁。稱性而談，標指言外，恆教學人以理觀爲入法之門。先是講肆糾纏教義，如抱樁搖櫓，略無超脫。及師出世，照遮雙顯，總別交光，摩尼四現，一雨普霑。學者耳目錯互，心志移奪，如法雷之破蟄，如東風之泮凍。說法三十年，黑白衆日以萬計。閒游杖錫，四衆圍繞，偏山水爲妙聲，化樹林爲寶網。東南法席，未有盛於此者也。嘉靖四十五年，報恩燬于雷火。師與憨師三日哭，誓以興復相肩荷。憨雖在臺山、東海，未嘗頃刻忘報恩也。憨罹難赴南海，師見浮圖露槃欹傾，沿門持鉢，行乞都市，高門縣薄，金錢雲委，凡三年而竣事。塔高二百五十尺，安三輪處，高七十尺，架半倍之楅，木從空而下，如芥投針，不差參黍。當塔心未下，師嘔血數升，塊然趣定。風鈴彫角，如有鬼神護持。萬衆驚歎，咸以爲願力冥感也。晚年接海衆於望亭草庵，日則齋飯，晚則澡浴，夜則說法，二利並施，四衆歛集。未幾示微疾，集衆告別。弟子乞師垂示，師曰，中空如花，本無所有，說個甚麼。問滅後用龕用棺。師曰，坐死龕子，臥死棺材，相錫打瓶，且莫安排。沐浴更衣，端坐而逝，萬曆戊申十一月十五日也。俗壽六十四，法臘五十一。弟子奉全身還葬於雪浪山。

師高顙朗目，方頤大口，肌理如玉。講演撤座，方丈單床，默修壁觀。嘗于長城山中正定二日，林木屋宇，皆爲震動。心下如地，坦無丘陵，不立崖岸，不避譏嫌。論詩度曲，見聞隨喜。鮮衣美食，取次供養。已而飯惟羹豆，臥則蒻秆，捨茶則擔水出汲，飯僧則斧薪執具。人以爲閟現少異，而不知其行已有常也。嘗駐嘉興楞嚴寺，愛其池木清嘉，作精舍三楹，經營浹月，手自塗塈。落成三日，飄然而去，終身不再至焉。其逍搖擺落，皆此類也。紫柏可公，精持毗尼，心頗易師。憨師以出家因緣告之，可公悚然曰，殆窺基後身也。余自毀齒，即獲侍瓶錫。丁未，偕李長蘅扣師望亭。瞻向之餘，心骨清瑩，始悔嚮者知師之淺也。傳法弟子耶法、明宗、三明、歸空、格空、瑞林先逝，覺法終隱匡山。歿後講演者，巢松浸、一雨潤在三吳，蘊璞愚在都下，若昧智在江西，碧空湛在建業，心光敏在淮南，南北法席師匠，皆出師門，信乎中興之盛也。蒼雪法師徹公，潤公之法子，闡法吳下者也。追惟祖德，請余爲塔上之文。余何敢辭。繫之銘曰。

法道下衰，如世中否。誰其振之，命世蔚起。極師南來，記莂儼然。賢首慈恩，二燈並傳。有兩駒齒，化爲龍馬。犖攫碧落，蹴踏天下。憨往曹溪，經星南流。浪駐江表，斗柄斯昭。智炬高明，德瓶云侍。經江論海，逢原會委。帝網金相，刹海鑑光。華嚴法界，湧現堵牆。講樹敷花，談叢落實。舍利腹貯，狻猊口出。以其緒餘，莊嚴相輪。雀離浮圖，示見轟雲。歌樓酒坊，禪燈法席。三車一乘，鴻爪牛跡。大布而衣，一床而居。霜降水落，白月空虛。禪律對待，經論繁興。密師四戰，人無得名。法幢巋然，義天常朗。窺基非來，雪浪不往。

又《一雨法師塔銘》　師名通潤，字一雨，姓鄭氏，蘇之西洞庭山人。兒時晝夜啼哭，抱入寺見佛，或出門見僧，即止。嬉戲大樹下，累塼成塔，指爪禮拜。稍長，辭家入長壽寺，去氏削髮，究心大乘經論，旁通義學。宵禮大士，額墳起不休。寺長老源公，從雪浪大師講《楞嚴》於無錫，以書招師。師曰，此經奧義，十師盡之。買棻求益，復何爲乎。源怒，移書譙責，乃往。與雪山杲公、巢松浸公同參於華藏寺。南北講肆，《楞嚴》則會，《法華》則要，如老塾師墨守《兔園冊》，口耳之間，傳遽而已。浪師掃除注腳，敷演妙義，嚬呻咳唾，光明熾然，聞之如檣馬奔馳，風濤回駭，破除宿物，得未曾有。合掌涕洟，向源首座懺悔，向者得少爲足，以大海納牛跡中也。浪師法道烜赫，學人慕羶因熱，輒思炷香分席，爲榮名利養之計。師與雪巢矢心執侍。金陵之花山，京口之焦山，江山高秀，雲水孤清。侍浪師往來棲息，歷十餘夏，相依如形影。憨老聞而歎曰，好學人吾兄一網打盡矣。大師遷化，雪公亦沒。師友淪亡，灰心埋照，以傳燈續命爲計。置鉢於虞山北秋水菴，將終老焉。已而應天界之請，休夏於斷臂厓。睡覺聞遠寺鐘聲，如殷勤啟請，賦詩曰，豈謂帝城虛講席，卻將脣舌累知音。自此遂慨然出世，與浸公分路揚鑣，大弘雪浪之道，諸方皆曰，巢師講，雨師注。又曰，巢、雨二法師，雪浪之分身也。師每慨法相一宗，玄奘傳之西域。自賢首、清涼唱《華嚴》，人皆畏數逃玄，習者益少。本師唱演《華嚴》，實發因於《唯識》，龍藏具在，教海方新，時節因緣，其在斯乎。先有此論標義，藏弆篋衍。王翰林宇泰求之，斬而弗與。翰林購得副本，箋爲旁注，如西明圓測，隱形盜聽，以敵窺基，其爲法良苦矣。師乃復殫精搜緝，作爲集解，積十年而削藁。首披《宗鏡》，斬關抽鑰，偏探《楞伽》、《深密》等經，《瑜伽》、《顯揚》、《廣百》、《雜集》、《俱舍》、《因明》等論，及大經《疏鈔》與此論相應者，靡不疏通證明。昔者纂鈔盛行，輩流首伏，以謂基師正照太陽，忠也旁衙龍燭。求之今日，慈恩中興，庶幾當之矣。師嗣雪浪，出世說法利生者十有六年。講《法華》、《楞嚴》、《楞伽》、《華嚴玄談》、《唯識》者十二座。初從浪師於金山，衣不掩骭，履不納足，臨江喚渡，囊無一錢，自視泊如也。卜居鐵山，爲瓔禪師故庵，面太湖，負西蹟，眠雲臥月，絕影人間者五載。除夕自斧枯樹，罩火煨芋。高足弟子夾坐賦詩。雪消門啟，人徑宛然，則發春已十餘日矣。日過經二十紙，上首白請少減，師呵之曰，汝看我甕中米多少。其精嚴孤詣，皆此類也。師狀貌古樸，風規閒雅，方內名士如程孟陽、李長蘅、邵茂齊、鍾伯敬、文文起、趙凡夫、朱白民，撫塵希風，樂與遊處。嘗自誓生生世世居學地，與士大夫相見。人言師有三有一無，三能耐，一不能耐。有德、有言、有情理，然無因緣，耐學、耐窮，耐交遊，然不耐俗。此可以知師矣。師自稱二楞主人，改鐵山爲二楞庵，于此疏《嚴》、《伽》二經故。移住花山，又移中峯，浹辰出一紙示眾，皆囑累語，遂以是日示寂，天啟四年九月十八日也。世壽六十，僧臘四十六。崇禎元年，葬全身於中峯者，法子明河、讀徹也。注經二十餘種，約法性則有《法華大窾》、《楞嚴楞伽合轍》、《圓覺近釋》、《維摩直疏》、《思益梵天直疏》、《金剛經心經解》、《梵網經初釋》、《起信續疏》、《琉璃品駁》《杜妄說辯謬》若干卷。約法相則有《唯識集解》十卷，《所緣緣論釋發硎》、《因明集釋》、《三支比量釋》、《六離合釋釋》若干卷。師沒後，河、徹二公繼師之席，弘法吳中，而繼師主中峯者徹公也，實來請銘。銘曰：

師之說法，弘演三車。金山粥鼓，金陵雨花。秋水鐵山。師之幻住。古木千章，梅花萬樹。花山別院，中峯古墳。經傳雪浪，論續慈恩。如吳含桃，舍利二七。毫端塚中，湧現則一。

又《汰如法師塔銘》　賢首之宗，弘於雪浪，其後爲巢、雨，爲蒼、汰，皆于吳中次補說法，瓶錫所至，在花山、中峯，兩山雲嵐交接，梵唄相聞。四公法門冢嫡，如兩鼻孔同出一氣，但有左右耳。巢、雨遷謝，蒼、汰與余法乳之契益深，而汰復以崇禎十三年十二月四日順世而去。於是蒼雪徹公作爲行略，而請余銘其塔曰：

汰如法師明河，號高松道者，揚之通州人。姓陳氏。母夢道人手《法華經》一卷來乞食而生師。年十餘歲，善病。父母送州之東寺，依一天長老剃度。寺習《瑜伽》，師究心大乘方等諸經，兼工詞翰。年十九，腰包行腳，徧參諸方。見一雨潤公，如子得母，不復捨離。隨師住鐵山，繼師住中峰。既而說法于杭之皐亭，吳之花山，白門之長干寺。藏海演迤，詞峰迴秀，遮照圓融，道俗交攝。識者以爲眞雪浪之玄孫也。從上諸師，未講《大鈔》，蒼、汰二師有互宣之約。師首唱一期，羣鶴繞空，飛鳴圍繞。訂來春爲三期，與蒼踐更。未幾示疾，怡然化去。惟自念言，心不知法，法不知心，誰爲作者，亦誰受者。直知譚倦欲眠，聲息旋微耳。世壽五十三，僧臘三十餘夏，遺言建塔於中峯。所著有《華嚴十門眼》、《法華楞伽圓覺解》、《續高僧傳》若干卷。徹公之論曰，舉世求一悟人不可得，其惟解人乎。悟解之在人，如水之於味，響之于聲，解豈有乎，悟豈無乎。舍甲認乙，遂有多名。迴面一呼，應聲立至。解有先乎，悟有後乎。師嘗云，念佛人一意西向，參禪人只顧南詢，置東北兩方於無用之地。又自言，不通禪，不習教，無位于法門，亦不知無位眞人爲何義，解乎悟乎。吾安識其庭宇之所際哉。又曰，師事業福緣，未能如古人，亦未可與今之不教不禪，欺世盜名者比。嗚呼，知汰者莫如蒼，信法門之益友矣。銘曰：

雪浪如龍，蟠拏教宗。支分蜿蜒。化爲高松。孤塔亭亭，坐斷中峯。剎海涉入，帝網重重。然則師之說法固未嘗止，而《大鈔》之講肆其可以爲未終乎。

又《竺璠禪師塔銘》　師諱圓淨，蘇之長洲人，姓陸氏。九歲出家，居瑞光寺。師曰寶月，祖曰藍園，十八歲落髮爲僧。卒于崇禎己卯之八月，年五十二，爲僧四十一期。歸骨于寺之西偏。師爲兒時，樂易順祥，遲重不戲。稍長，知衲衣下事，壞衣揣食，發憤參究。腰包行腳，徧扣諸方。瑞光頹圮百年，幾爲廢寺，師然香佛前，捨身修復。日則呼譽唱緣，夕則閔默跪禱。歷江潮，窮寒暑，專勤精一，人鬼叶從。天啟甲子，建七佛閣。崇禎己巳，修天寧浮圖。閣成，建《法華》《梁皇懺》期講演《摩訶止觀》，法席雲委。延頂目禪師住持，不以私其仵，先後建立，感塔光天眼之異。癸酉，修浮圖露盤，市木歸，遇風于荊江，巨木離筏矗立，虢虢有聲。師呵之曰，汝材中塔心，他日應人天瞻禮，何爲興妖作怪耶。言訖，若有物縴之下者。明年，塔工成，師病日劇。三年，遂不可爲，亦所謂以死勤事者也。卒之日，與其徒侶問訊，以宗語相提唱，蓋其平生得力如此。余年十六，寓瑞光後院，師少於余六歲，短小類侏儒，余狎之，墨其面以爲戲。已而拉之游寺經行，廢塔破壁，瓴甓坊塿，兀髡壓人，相與狂奔而返。崇禎初，聞瑞光之修復，訪問所謂竺璠和尚者，追省兒童時事，相見一笑，爲刻記于石。余有急徵之難，師結壇以禳，長跪右遶，涕淚悲泣，迨余歸而後解。余歸未一年，而師順世。此其徒所以謁銘于余也。

嗚呼！師戒法精嚴，慈悲攝受。刳心盡智，專精道場，曰未嘗有取。拔毛布髮，崇構塔廟，曰未嘗有作。招提闤闠，總是禪關。錢刀土木，誰非般若。世之盲師瞽說，互相鼓唱，不曰授某師話頭，則曰經某老印可。

始而問影鏤空，既而中風狂走。師方悲愍之不暇，而顧欲希風逐臭，尤而效之，不亦愚乎，不亦誣乎。余故歷舉其行履，而於其徒所載參訪發悟之語，皆削而不書。銘曰：

善《易》不《易》，會禪不禪。塔廟樓閣，說法熾然。我作塔銘，糞掃藤葛。瑞光西墳，孤縣缺月。

熊賜履《明道錄》卷中（節選） 隱對費言，以云藏也。微對顯言，以云密也。分明有箇物事，非空虛杳茫，全無着落之謂也。

中者天下之定理，庸者萬世之常道。唯中故庸，唯庸故中。鄉願似中而非中，似庸而非庸，竊中庸之名者也。二氏不中故不庸，不庸故不中，反中庸之實者也。

在天曰命，在人曰性。謂之命，必有所以賦於人者。謂之性，必有所以受於天者。原是實實落落，人人具足物事。若云一切都空，一切都無不知，天所賦於人者何在，人所受於天者何在。無所賦無所受，何以謂之性，何以謂之命耶。二字都解說不去矣。

朱子曰，有天地後，此氣常運。有此身後，此心常發。要於常運中見太極，常發中見本性。離常運者而求太極，離常發者而求本性，恐未免釋老之荒唐也。至哉斯言，爲後世學者慮，至深切矣。（略）

老氏竊弄闔闢，芻狗天地。釋氏塵芥六合，土苴萬物。不敬之罪，孰大于是。

老氏要無，到底無他不得。佛氏要空，到底空他不得。吾儒有還他有，實還他實，是曰率性，是曰循理，是曰盡性至命。

明明有，卻要說無，其於有何。明明實，卻要說空，其於實何。

老氏無，只無理，不曾無欲。佛氏空，只空理，不曾空欲。吾儒有的是理，無的是欲，實的是理，空的是欲。

韓子在用上闢佛老，謂其既無用，怎見有體。程朱在體上闢佛老，謂其原無體，安得有用。程朱三夫子皆拔本塞源之論，而昌黎《原道》，亦大中至正之理也。

天下之可知者，即其不可不知者也，吾道是也。天下不可知者，即其不必知者也，佛老是也。

仙家認器爲道，溺于有。佛家離器言道，墮于無。

老氏以氣爲性，無理之氣也。佛氏以心爲性，無理之心也。聖人之學，心學也，即性學也。性者，理也，無無理之性。理者，善也，無不善之理。二氏不明善，焉能窮理。不窮理，焉能知性。無理二字，是他根本上病痛也。（略）

吾儒以二氏爲虛無，二氏亦以吾儒爲虛無。吾儒謂二氏不認自家本來的實有，二氏亦謂吾儒不識自家本來的虛無。大都二氏持彼之虛無以抑吾儒之實有，又借吾儒之虛無以崇彼之虛無。不知吾儒之所謂實有，彼不得而窺測之。吾儒之所謂虛無，彼亦不得而混亂之也。

吾儒曰，易有太極，是生兩儀，兩儀生四象，四象生八卦。又曰，無極而太極，太極生二五，二五流行，化生萬物。老氏曰，谷神不死，是曰玄牝。玄牝之門，是謂天地根。佛氏曰，有物先天地，無形本寂寥。能爲萬象主，不逐四時彫。宗旨迥然不同，不可不辨。（略）

槁木頑石，放在匣膜裡，也是死物。正使捉拿得住，亦安所用。禪客偏要如此。

喫飯着衣，便是莫大勾當，另外有神奇否，有玄妙否。釋子撐眉豎眼，只是謾己謾人。（略）

吾儒言心便是言理，言理便是言心。言理便不離氣，言氣便不離理。故心爲理義之心，而非佛氏空靈之心。氣爲道義之氣，而非老氏精神之氣。蓋吾儒之心，有理之心。佛氏之心，無理之心。吾儒之氣，有理之氣。老氏之氣，無理之氣。吾儒之心之氣，不得在天理之外。二氏之心之氣，不曾在天理之中。吾儒心即理也，氣即理也，與理爲一。二氏心自心也，氣自氣也，判理爲二。二氏不知天理爲何物，吾儒不知天理之外爲何物。

天理者，天然自有之條理，天敘天秩，天命天討是也。天理本有善而無惡，唯有善無惡，故好善惡惡。好惡，情也，好善惡惡，性也。聖人代天理物，經世宜民，是是非非，善善惡惡，辨之井然而不淆，處之秩然而各當。賞罰以持一時之平，褒貶以維萬世之公，皆由此道也。釋氏以無善無惡爲本體，以好善惡惡爲情識，夷是非善惡而一之爲平等，爲圓妙。纔有辨別揀擇於其間，則曰分別心，曰人我相，儱侗混淆，顛倒錯謬。操斯術也，雖接一物，處一事，亦有所不能，況可以宰世經物，而冀其區宇咸當乎。每見世之自命爲豪傑者，其身三綱五常之身也，其位致君澤民之位也。負家國天下之責，而復窮年肆力於若曹之說，而恬不之返。是果無所分別之說，竟可以治萬有不齊之天下而無弊耶。吾不知其所見安在也。

禪家拿來拿去，不過一團空氣。弄來弄去，不過一點靈明。天理二字，未曾夢見。（略）

釋子翻騰萬狀，播弄千般，玄之又玄，妙而又妙。說之可喜可愕，聽之可想可參，儘竦動人，儘鼓舞人。但中間沒些子實理，翻來覆去，只不奈自家一點精靈何耳，先儒所謂虛頭帳也。

禪家不着有，不着無，卻着不有不無。不倚色，不倚空，卻倚非色非空。不思善，不思惡，卻思無善無惡。

天理者，不容一物，而物物咸具者也。不容一物，何以謂之障。不容一物，而實物物咸具，又何以謂之障。

止可以欲爲障，不可以理爲障。欲是本無的，理是本有的。本無的始謂之障，本有的如何謂之障。本無的，添一毫是增一重障，減一毫是撤一重障。本有的，一毫也添不得，何處增得一重障。一毫也減不得，何處撤得一重障。既謂之本有，便不得謂之障。既謂之障，便不得謂之本有。佛家以本無者爲性，以本有者爲障，總是本有者、本無者辨得不明，認得不眞耳。

冲漠無朕即萬象森然，障在何處。萬象森然即冲漠無朕，障在何處。無朕者本自無朕也，無容于障也。森然者本自森然也，無容于障也。豈冲漠無朕之外，另有一物爲冲漠無朕之障乎，或另有一物爲冲漠所障乎。萬象森然之外，另有一物爲萬象之障乎，或另有一物爲萬象所障乎。借曰有之，則寂焉必不能冲漠無朕，感焉必不能萬象森然，以障故也。障冲漠者，非冲漠也。障萬象者，非萬象也。佛氏不以障冲漠、障萬象者爲障，而以冲漠萬象爲障，彼誠不知冲漠萬象之爲本來之物，而欲一切掃而去之。誤以非障者爲障，而以障者爲非障也，亦終其身于障蔽而已。

佛氏論緣業以誘愚氓，其爲害淺。談心性以惑賢智，其爲禍深，所謂彌近理而大亂眞也。

釋氏既不肯認他合下俱有的，又如何肯做他分內當爲的。

心事本一，二之便不是。高者入于釋老，卑者流于申韓，皆是不知循理之故。理者，大中至正，一定不易之天則，若能循理，焉有二者之病。

告子曰，生之謂性。朱子曰，生之理之謂性。儒釋之辨在此。

心外無事，事外無心。心即理，理即心。事即理，理即事。有何內外，有何精粗。一空則都空，一實則都實。一是則都是，一非則都非。釋氏視事爲心外之事，而事無心之事。視心爲事外之心，而心無事之心。夫無心之事，尚可以爲事乎。無事之心，尚可以爲心乎。事無心之事，心無事之心，是果心事有內外之殊，事理有精粗之別，而可以舍此取彼乎。弗思甚矣。

有物必有則，物只是氣，則便是理，與生俱生，一齊俱有，不待安排，無容造作，所謂天則也。如明聰是耳目的天則，忠孝是臣子的天則。若視不明，聽不聰，便欠缺了耳目的天則。事君不忠，事親不孝，便欠缺了臣子的天則。視思明，聽思聰，是復還耳目的天則。事親孝，事君忠，是復還臣子的天則。是之謂復性，是之謂循理，是之謂存心，是之謂踐形，是之謂盡性，是之謂至命。聖人教人，非求其所本無，廼全其所固有耳。釋氏將這天秩天敘，自然恰好的條理，都不承認，只守着他昭昭靈靈的一點靈明，便以爲明心，以爲見性，杳茫空蕩，毫無着落，毫無依處。終日閉眉合眼，都只養成一箇癡呆痲木漢。以至遺棄事物，滅絕倫理，病狂喪心，無所不至。其骨髓上病痛，只是認氣爲性，而不認理爲性。殊不知既無理矣，則其所謂性者，尚得謂之性乎哉。亦誤甚矣。

精的就在粗的上，微的就在顯的上。若無粗的，那精的無處湊泊。無顯的，那微的無處掛搭。佛氏每遺粗言精，離顯語微。夫既無粗矣，又安有精。既無顯矣，又安有微。乃猶侈然自命曰，我但用力于精深微妙之處，而不屑屑于形器之末。沾沾于耳目之前。噫，抑未知微顯之無間，精粗之一致，形而上、形而下之一以貫之也。

無形而有理，無而有。有理而無形，有而無。有而無，不滯于有。無而有，不墮于無。吾儒以有無爲一，即有即無，即無即有。異端以有無爲二，無中生有，有外尋無。

釋氏只是虛，吾儒只是實。釋氏只是無，吾儒只是有。

釋氏言虛，吾儒亦不諱言虛。釋氏言無，吾儒亦不諱言無。但吾儒之虛，非彼之所謂虛。吾儒之無，非彼之所謂無。蓋釋氏離實言虛，虛而虛也。吾儒即實言虛，虛而實也。釋氏離有言無，無而無也。吾儒即有即無，無而有也。吾儒虛而實，虛在實中。無而有，無在有中。至虛至實，無實非虛。無有至無，無有非無也。釋氏虛而虛，虛在實外。無而無，無在有外。實非其實，虛亦非其虛。有非其有，無亦非其無也。吾儒皆是，釋氏皆非。吾儒皆得，釋氏皆失。虛實有無，一以貫之也。若曰禪家悟上而遺下，無用而有體。是二本也。何以爲體用一原，何以爲顯微無間。程子謂釋氏唯務上達而不下學，然則其上達處，豈有是也。誠本原之論。

吾儒以欲爲蔽，只要無欲，廼無其所本無者也。無其本無，實有其本有。禪家以理爲障，只要無理，乃無其所本有者也。無其本有，卻有其本無。

吾儒存的是一點天眞，異端存的是一種妄念。吾儒養的是一團義理，異端養的是一箇精魂。

釋氏以物爲性，吾儒以則爲性。物，氣也。則，理也。理者天理，則者天則。

佛氏曰，放之自然，體無去住。又曰，縱心所如，無不玄妙。吾儒首禁的是放，佛氏首要的是放。吾儒首禁的是縱，佛氏首要的是縱。彼不知這物事操之尚恐至於放，何況於放。存之尚恐至於縱，何況于縱。不患不放不縱，只患不操不存。操則儒，放則佛矣。存則儒，縱則佛矣。一操存，則失者以得，死者以生。由此而賢而聖，而幾於天矣。一放縱，則得者以失，生者以死。由此而愚而狂，而等於獸矣。此其關係豈眇小哉。

心一也，操存便是道心，舍亡便是人心。放的便是人心，求的便是道心。一存一亡，一求一放，道心人心判於此矣。

吾儒得手後只是實落，異端得手後只是虛空。

聖賢悟後纔覺得難，狂禪悟後翻覺得易。

謹言愼行，即是存養之要。

吾儒謂天之所與我者，爲降衷之恆性。本來純粹至善，無有夾雜，即所謂天理也。然或狥於氣稟，蔽於物欲，則不能有善而無惡。聖賢教人以復性之方，存理遏欲，去惡爲善，在在持養，時時省察，以復其賦畀之初衷。使靜焉體全，動焉用著，無非至善之妙而後已。聖賢之明物察倫，盡性至命，無不在此。乃禪家則目之爲麁行，爲外道，爲業識，爲無明，爲生滅心，爲輪廻劫。必要此中頑然，一念不起，不着色，不着空，不思善，不思惡，如槁木，如冷灰。而後爲言思路絕之上乘，爲非想非非想之正果。故其立教也，只要虛空，只要超脫。謂當下便是這箇，一切皆是這箇，不假一毫功力，不須一毫防閑，不必分別是非，不用揀擇善惡。一任靈明圓覺，便是最上法門。慾熾情流，都是道妙。放僻邪淫，都是作用。壞理滅倫，亂常禍道，其爲世道人心害，可勝言哉。此從古有道仁人，每有所大不忍於中，而無能已於爭辨也。

儒者曰，有理有欲，有善有惡，有陽有陰，有君子有小人。要十分分別，要十分揀擇。分別，知至至之。揀擇，知終終之。存理遏欲，去惡爲善，扶陽抑陰，進君子退小人。是之謂大中，是之謂至正，是之謂盡人合天，範圍不過，曲成不遺，皆此道也。佛者曰，無理無欲，無善無惡，無陽無陰，無君子無小人。無容於分別，無容於揀擇。分別是幻想，揀擇是妄念。無分別心，亦無無分別心。無揀擇心，亦無無揀擇心。何存何遏，何去何爲，何扶何抑，何進何退。是之謂兩忘，是之謂平等，是之謂一切圓妙。滅絕倫理，掃除紀法，職此故也。明乎其爲聖爲凡，爲人爲獸，而後知可聖不可凡，可人不可獸。凡知趨於聖，人恐墮於獸，是率天下而聖賢之也。忘乎其爲聖爲凡，爲人爲獸，則將可聖可凡，可人可獸。聖不嫌夷於凡，人不妨侔於獸，是率天下而禽獸之也。儒者之道，井然天秩，粲然天敍。可以治天下，可以垂萬世。佛者之說，一切都幻，一槩都空。不可以行一時，不可以了一身。然則儒佛二者，正自不能辨也。

敎之以堯以舜，人尙不堯不舜。不敎之以堯以舜，人誰肯爲堯爲舜。戒之以桀以跖，人尙爲桀爲跖。不戒之以桀以跖，人誰肯不桀不跖。無善無惡四字，足以禍萬世之天下而有餘矣。

本有的天理斷不可無，本無的人欲斷不可有，這界限要看得極分明，這關頭要守得極牢固，此事非關小可也。

毋意毋必，毋固毋我，只無人欲。無人相，無我相，無前念，無後念，併無天理矣。無人欲實有天理，無天理卻有人欲，此儒佛之異也。

一切超脫，則絕聖棄智，病於空。兩下含糊，又藏垢納污，病於雜。

修身在正心，正心在誠意，吾儒之說也。動意則乖，擬心則差，釋氏之說也。

吾儒謂天理在人事中，理事合而爲一。異端謂天理在人事外，理事析而爲二。

太極生二五，二五生萬物，所謂吾儒本天。依空立世界，想澄成國土，所謂釋氏本心。然吾儒之所謂天，即吾儒之所謂性，而非釋氏之所謂天也。釋氏之所謂心，乃吾儒之所謂意，而非吾儒之所謂心也。釋氏以心爲性，非其性矣。以意爲心，非其心矣。

吾儒之異於釋氏，祇是一性字。吾儒以理爲性，釋氏以氣爲性。

天地人物，一理而已。聖人窮理，故同乎天地萬物之性而爲聖人之性。釋氏滅理，故異乎天地萬物之性而爲釋氏之性。窮理者全其眞，滅理者喪其本也。

妄想戕賊本眞，客慮損傷元氣。

佛家頓漸二法，未爲不是，但其所以頓所以漸者，無有是處。此所以與吾儒不同也。

吾儒言生，指的是生理，言理兼言氣。異端言生，指的是生氣，言氣不言理。異端只言所生，所生只是氣，生之謂性是也。吾儒必言所以生，所以生乃是理，生之理之謂性是也。

吾儒言理，原不曾離卻氣，離卻氣亦無理矣。佛氏言氣，只要丢卻理，丢卻理皆成欲矣。

吾儒言理就在氣上，言氣就在理上。離理無氣，氣不在理外。離氣無理，理不在氣外。無之而非氣，無之而非理。異端言性只是箇氣，言氣只是箇欲。以氣爲性，不以理爲性。以欲爲氣，不以理爲氣。無之而非氣，無之而非欲。

氣一也，有理的氣，氣便是理，無理的氣，氣只是欲。

吾儒以理爲宗，佛氏以欲爲宗。吾儒以善爲宗，佛氏以無善爲宗。善即理也，無善即欲也。

吾儒一點靈明，在天理上說，道心是也。佛氏一點靈明，在人欲上說，人心是也。吾儒以理爲性，以欲爲障，一切作用，都是天理。佛氏以欲爲性，以理爲障，一切作用，都是人欲。吾儒無極是無形，太極是有理。佛氏眞空是無理，妙有是有欲。

知覺一也，覺於理爲吾儒之覺，先知先覺是也。覺於欲爲釋氏之覺，皇覺圓覺是也。吾儒以理爲性，以覺於理爲心，以覺於理之覺爲覺。釋氏以欲爲性，以覺於欲爲心，以覺於欲之覺爲覺。儒釋之所爲覺者不同，所爲心者不同，所爲性者不同也。

吾儒言心，佛氏亦言心。吾儒言性，佛氏亦言性。其言語之相似處甚多。但吾儒之心，仁義之心。吾儒之性，義理之性。佛氏之心，靈明之心。佛氏之性，氣質之性。靈明何嘗不是心，但吾儒之靈明，有所以靈明者，理也，眞心也。佛氏但以靈明爲心，而不知以所以靈明者爲心，心非其心矣。氣質何嘗不是性，但吾儒之氣質，有所以氣質者，理也，眞性也。佛氏但以氣質爲性，而不知以所以氣質者爲性，性非其性矣。故吾儒之靈明皆理，而佛氏之靈明皆欲。吾儒之氣質皆理，而佛氏之氣質皆欲。吾儒心即理也，性即理也。佛氏心即欲也，性即欲也。然則儒佛雖幷言心，幷言性，祇同乎心性之名，而迥異乎心性之實。其所以異者，不過理欲二字盡之。一有理，一無理，一無欲，一有欲，如是而已。

佛氏言靈明，吾儒亦言靈明。佛氏言氣質，吾儒亦言氣質。靈明一也，吾儒見爲吾儒之靈明，佛氏見爲佛氏之靈明。氣質一也，吾儒見爲吾儒之氣質，佛氏見爲佛氏之氣質。吾儒之靈明，有靈明之理，不專是靈明。吾儒之氣質，有氣質之理，不專是氣質。佛氏之靈明，無靈明之理，止謂之靈明。佛氏之氣質，無氣質之理，止謂之氣質。吾儒非離靈明以爲理，而必不離理以爲靈明。非離氣質以爲理，而必不離理以爲氣質。佛氏以靈明本無理，以無理之靈明爲靈明。以氣質本無理，以無理之氣質爲氣質。然則儒佛之差，只爭一箇理字耳。

吾儒一生工夫，一生作用，只在這理字上。往聖先賢，只窮究這天理源頭，千言萬語，都只講明這理字。佛氏一生工夫，一生作用，只在這欲字上。西佛東祖，只參想這人欲根柢，千言萬語，都只翻弄這欲字。

儒曰，易有太極。言有理也。佛曰，覺性本空。言無理也。儒曰，純粹至善。言無欲也。佛曰，眞空妙有。言有欲也。儒曰，一物不容而萬物咸備。言無欲而有理也。佛曰，本來無物而不礙諸物。言無理而有欲也。儒入于佛，佛托于儒，援佛溷儒，借儒談佛，陽闢佛而陰詆儒，明尊儒而暗崇佛，種種議論，紛淆熒惑，得其要而辨之，亦可以類推矣。

佛氏欲空其欲，又欲空其理，併欲空其空，以此爲第一乘，爲善知識，爲大解脱，爲大自在。夫空其欲，似矣，而併欲空其理，是空所不當空也。既空其理，則必不能空其欲。尙不能空其欲，又何以能空其空乎。況彼以氣爲性，是雖云空欲，而實未嘗空也。以理爲障，是即欲不空理，而實不能不空也。空者，無理也，而彼猶以爲頑空，空其空者，并無無理也，而彼自以爲眞空。頑空者，無理盡也，彼之所謂不爲理障，不爲教縛者也。眞空者，無無理盡也，彼之所謂有無不立，脱縛雙遣者也。總而論之，彼之所空者，理也，所不空者，欲也。空而不空者，欲也，空而又空者，理也。彼之所謂眞空，乃彼之所謂眞性。彼之所謂眞空之性，非吾之所謂天命之性也。天命之性，無欲有理者也，天理也，善也。眞空之性，無理有欲者也，人欲也，無善也。隨他閃爍翻弄，千變萬化，只無理有欲四字，總括殆盡，更無處躲藏，無處馳騁矣。

吾儒以實爲宗，實者實有此理也，千言萬語，只是要有此理。循理便是率性，窮理便是盡性。釋氏以空爲宗，空者空去此理也，千言萬語，只是要無此理。眞空以爲眞性，明空以爲覺性。夫此理本至有而不可無，至實而不可空者也。一有則無乎不有，一實則無乎不實，吾儒之所以體用兼全也。一無則無乎不無，一空則無乎不空，釋氏之所以内外俱喪也。

吾儒以理爲性，釋氏以氣爲性。吾儒以理爲心，釋氏以欲爲心。以氣爲性，宗旨只在憑氣。以欲爲心，宗旨只在縱欲。宗旨在憑氣，憑氣則得，不憑氣則不得，是以憑氣爲教也。宗旨在縱欲，縱欲則是，不縱欲則不是，是以縱欲爲教也。以憑氣爲教，學者安得不憑氣。以縱欲爲教，學者安得不縱欲。是故釋氏之徒，率皆污穢不堪，放僻無狀者。非故畔其説而甘於不肖，乃誤信其説而陷於爲非。非粗習其説而流於世俗，正深入其説而墮於禽獸也。

佛氏既以理爲障，所以只要抹煞理字。既以欲爲性，所以只要回護欲字。其説似高出於儒，而實左袒乎流俗。故高者喜其玄妙，可以欺世而盜名。低者幸其放恣，可以棄義而趨利。無智愚賢不肖，咸樂其便而遂其私，所以嗜好者獨多，而陷溺之尤易也。若吾道平平實實，至正大中，高者失之過，卑者失之不及，中庸之鮮能，斯道之不明不行，又何怪焉。

唯不騖玄遠，故不墮情欲，纔涉玄遠，便墮情欲矣。

總而言之，吾儒之虛靈是有理的虛靈，禪家之虛靈是無理的虛靈。吾儒之知覺是有理的知覺，禪家之知覺是無理的知覺。吾儒只是有理，釋氏只是無理。儒釋之分，有理無理而已矣。

孔孟以善爲性，善者，理也，仁義禮智是也。程子以孔孟之性爲性，朱子以程子之性爲性。佛氏以覺爲性，覺者，氣也，精魂靈明是也。象山以佛氏之性爲性，陽明以象山之性爲性。

又《明道錄》卷下（節選）　昔之學禪者，軒禪輕儒，而駕出吾儒之上。今之學禪者，借儒崇禪，而竄入吾儒之中。學儒而流於禪者，以似是亂眞，而儒之名濫。學禪而託爲儒，以眞非滅是，而儒之實亡。

儒而流於禪者，名尊孔孟，而實夷之佛氏之下。禪而託之儒者，陽貶佛祖，而陰擠之聖人之上。假儒諱言禪而儒亂矣，眞禪冒認儒而禪尊矣。

在我曰萬物一本，所以斥二氏之非爲眞是者，正其統也。在彼曰三教一家，所以表二氏之是爲似是者，破其防也。

昔之佛老猶是門庭之寇，今之狂禪則爲堂奧之賊矣。昔之佛老猶是膚骨之疾，今之狂禪遂成心髓之毒矣。

昔之辨，辨其畔儒者。今之辨，辨其溷儒者。昔之辨，辨其佞禪者。今之辨，辨其諱禪者。昔之辨，辨其似禪之儒。今之辨，辨其似儒之禪。昔之辨，辨其歸禪之假儒。今之辨，辨其歸儒之眞禪。昔之辨，正其儒禪之名，使彼不得淆其實。今之辨，剖其禪儒之實，使彼不得竊其名。

昔之儒在儒之中，今之儒在儒之外。昔之禪在禪之中，今之禪在禪之外。昔之儒以儒爲儒，今之儒以禪爲儒。昔之禪以禪爲禪，今之禪以儒爲禪。昔之儒，儒其名而儒其實。今之儒，儒其名而禪其實。昔之禪，禪其實而禪其名。今之禪，禪其實而儒其名。昔之儒，内儒而外儒。今之儒，内禪而外儒。昔之禪，外禪而内禪。今之禪，外儒而内禪。曠觀今日，皆儒也，而皆禪也。名皆儒也，而實皆禪也。非禪之過，而儒之過也。非眞禪之過，而假儒之過也。是烏得不辨，烏得不深爲辨哉。

道之明也，無儒而有儒，有禪而無禪。道之晦也，有儒而無儒，無禪而有禪。（略）

吾儒之學，只是人倫日用，布帛菽粟之常，而窮神達化之妙即在其中。思之而無不可知之理，爲之而無不可見之事。何等明白昭著，何等顯易平實。若老佛之說，幽杳陰暗，怪誕詭僻，不可摸捉，不可方物。詰之而總不可知，求之而總不可見。翻飛播弄，以神其奸。躲閃變幻，以藏其陋。誠青天白日之么魔，明晝大都之魑魅，宜其不可容於唐虞三代之世也。

看三藏十二部五千四百八十卷佛經，不如讀一章《小學》。

寧可數墨尋行，拘泥陳迹，不可談神說妙，翻弄新奇。寧可樸實椎魯，甘爲下士，不可圓熟曠達，號曰聞人。寧可顛斤樸兩，爲狹隘規模之細儒，不可高視闊步，爲蕩軼繩檢之豪傑。寧可爲有破綻之狂狷，不可爲無忌憚之中庸。寧可硜硜自守，爲必信必果之小人，不可閹然媚世，爲無舉無刺之鄉願。寧可摘句尋章，爲聖門之末學，不可擎拳竪拂，爲菩提之上乘。寧可倚識解，墮言詮，斥爲佛祖之外道，不可弄精魂，蔑倫理，目爲孔孟之罪人。（略）

俗學不明心，安能明經。異學不明經，安能明心。心是無形之經，經是有形之心。以經傳經，以心印心。以心治經，以經證心，合內外之道也。

俗學只是要加，異學只是要減。不知這物事，完完足足，停停當當，加也沒處加得一些，減也沒處減得一些。

俗學論性，失之低。異學論性，失之高。俗學滯於有，和人欲也有了。異學淪於無，連天理也無了。皆不知明善之故也。

這物事干係甚大，塞上塞下，亘古亘今，在在充滿，時時周到。取之不得，捨之不得。加之不得，減之不得。無智無愚，無賢無眾，合下皆有，生來各足，不絕不續，不欠不零。所謂本體是也。但俗學一味蔽錮，自家埋倒了自家的。異學一味超脫，自家拋棄了自家的。吾儒只是還他本色，沒一些走作，沒一點攙和，沒一毫虧欠，沒一分夾帶，沒一隙罅滲，沒一刻間歇。乾乾淨淨，圓圓滿滿，適如其賦畀之初，彝秉之良而已。

無聲無臭，言帝載之不墮聲臭也。無思無爲，言太極之不假思爲也。不學不慮，言良知良能之不由學慮也。皆是指這實理，而極言其微妙耳。吾儒之言無者如此，非二氏虛空寂滅，恍惚杳冥之說也。故曰，吾儒以有無爲一，二氏以有無爲二。

無思無爲不在思爲之外，不學不慮不在思慮之外。思只思這無思的，爲只爲這無爲的，學只學這不學的，慮只慮這不慮的。無思無爲，何曾少得思爲。不學不慮，何曾廢得學慮。無思之思，無爲之爲，何害其無思無爲。不學之學，不慮之慮，何害其不學不慮。錯認本體，以無思無爲、不學不慮爲玄空，爲自在，爲不致毫力，爲不起一念。錯認本體，因錯認工夫，以思爲學慮爲鶩外，爲襲義，爲倚靠墮落，爲幫貼障蔽。殊不知聖賢之所謂無思無爲、不學不慮者，果指何物。且既曰無思無爲、不學不慮矣，而復諄諄教人以思爲學慮之方者，豈聖賢立言，自相矛盾，有如是耶。學者所當深長思之也。

吾儒所謂思，只思其無思而已。所謂爲，只爲其無爲而已。世俗思非其思，是曰妄思。爲非其爲，是曰妄爲。佛氏一味無思，一味無爲。一味無思，而勢不能不思。一味無爲，而勢不能不爲。不能不思，不能不爲，究之思非所當思，爲非所當爲，止謂之妄思妄爲而已。此佛氏之所以似高於吾儒，而實同於世俗也。（略）

曰無善，無善非惡而何。曰有善之善，有無善之善。無善之善，非惡而何。無善云者，荀子之見，商韓之祖也。無善無惡云者，告子之見，佛氏之祖也。

道不明，纔在身心上用工，便墮入老佛。道不行，纔在事功上着腳，便流入管商。（略）

吾儒無的是人心，異學無的是道心。吾儒有的是道心，俗學有的是人心。道心本有者也，天理也。人心本無者也，人欲也。本有者不可不有，本無者不可不無。本有者有，則本無者無，本無者無，則本有者自有。若本有者無，則本無者反有。本無者有，則本有者反無。學者亦唯有其不可無者，無其不可有者而已。若一槩都有，可有者有之，不可有者亦有之，吾恐可有者未必有，而不可有者未必無也。若一槩都無，可無者無之，不可無者亦無之，吾恐可無者未必無，而不可無者未必有也。蓋本有者，本無者，無頃刻幷立之理，彼有則此無，此有則彼無也。應無者，應有者，無一切掃除之理。應無者固不可使之有，應有者正不可使之無也。但當明辨其所有所無者之爲何如，而後知槩滯於有者之病於雜，槩淪於無者之墮於空也。

人之應有者，即其本有者也。應無者，即其本無者也。本有者是天理，本無者是人欲。吾儒所恃以能無其本無者，全在能有其本有。能有其本有，則其本無者不期無而自無。既無其本無，則其本有者亦不期有而自有，乃自然之道也。俗學欲有其本有者，并有其本無者。究之本無者有之，本有者不得而有之。異學欲無其本無者，并無其本有者。究之本有者無之，本無者不得而無之。俗學言有，有所不當有，故無所不當無。異學言無，無所不當無，故有所不當有。吾儒有所當有，自無所當無。無所當無，自有所當有。聖學、俗學、異學之辨，耑在於此。然則一有一無之間，顧不重哉。

有其所應有，無其所應無者，吾儒也。有其所應無，無其所應有者，庸衆也。無其所應無，并無其所應有者，佛氏也。是佛氏之説，不特超於庸衆，抑且高於吾儒矣。然而應有者，應無者，遞爲消長，中間不能容髮。二者斷無一時并有之理，亦無一時俱無之理。佛氏既取其所應有者而無之，則其所應無者，即欲無之，而不可得矣。而況乎未必欲其無之也。其所應無者既不得而無之，則其所應有者，即欲有之，而不可得矣。而況乎本不欲其有之也。是佛無其所應有者，不無其所應無者，似超於庸衆，而實等於庸衆，似高於吾儒，而實流於異類矣。

本有是有善，本無是無惡，本體也。有其本有，是爲善，無其本無，是去惡，工夫也。説不得都有，説都有，世俗之見也。説不得都無，説都無，異端之見也。説都有，到底不能都有，依舊只有得惡，不曾有得善。説都無，到底不能都無，依舊只無得善，不曾無得惡。有的自當説有，無的自當説無。只看這有的無的，果奚若耳。若有的是所應有，無的是所應無。應有的不令其一毫不有，應無的不令其一毫不無。爲聖爲賢，配天配地，不外是矣。

熊賜履《異學　釋氏　上》（《學統》卷五一）　唐太宗時，太史令傅奕上疏曰，佛在西域，路遠言妖，漢譯□書，恣其假託，使不忠不孝削髮而揖君親，遊手遊食，易服以逃租稅。僞啟三途，謬張六道，遂使愚迷妄求功德，不憚刑禁，輕犯憲章。且生死壽夭，有命自天，刑德威福，關之人主，而愚僧矯詐，皆云由佛，竊人主之權，擅造化之力，其爲害政，良可悲夫。自漢以前，未有佛法，而君明臣忠，祚年長永。自立□神，羌戎亂□，主庸臣佞，政虐祚短。梁武、齊宣，足爲明鏡。今天下僧尼數盈十萬，請令匹配，即成十萬餘戶。產育男女，十年長養，一紀教訓，可以足兵。下百官議，蕭瑀以謂，佛，聖人也。而奕非之，非聖人者無法，請按其罪。奕曰，人之大倫莫如君父，佛以世嫡而叛其父，以匹夫而抗天子，瑀不生於空桑而遵無父之教乎。瑀不能對，詔汰沙門。帝嘗謂奕曰，佛教至玄妙，卿何不悟其理。奕對曰，佛乃□中桀黠，誑耀彼土，用欺愚俗，中□邪僻之人用老莊玄言傅益之，無益於民，有害於國。臣非不悟，鄙不學也。奕八十五而卒，臨終戒其子，無得學佛書。

憲宗惑於宰相元載、王縉輩報應之言，深信佛法，鳳翔法門寺塔，相傳有佛指骨，特迎致之，留禁中三日，歷送京諸寺，王公士民，瞻奉捨施惟恐後。刑部侍郎韓愈上表言，佛者，□□之一法爾。自後漢時流入中國，上古未嘗有也。昔者黃帝在位百年，年百一十歲，少昊在位八十年，年百歲，顓頊在位七十九年，年九十八歲，帝嚳在位七十年，年百有五歲，帝堯在位九十八年，年百一十八歲，帝舜及禹年皆百歲。此時天下太平，百姓安樂壽考，然而中國未有佛也。其後殷湯亦年百歲，湯孫太戊在位七十五年，武丁在位五十九年，書史不言其年壽所極，推其年數，蓋亦俱不減百歲。周文王年九十七歲，武王年九十三歲，穆王在位百年，此時佛法亦未入中國，非因事佛而致然也。漢明帝時始有佛法，明帝在位纔十八年爾。其後亂亡相繼，運祚不長。宋齊梁陳元魏以下，事佛漸謹，年代尤促，惟梁武帝在位四十八年，前後三度捨身施佛。宗廟之祭，不用牲牢，晝日一食，止於菜果，其後竟爲侯景所逼，餓死臺城，國亦尋滅。事佛求福，乃更得禍，由此觀之，佛不足事，亦可知矣。高祖始受隋禪，則議除之。當時羣臣，材識不遠，不能深知先王之道，古今之宜，推闡聖明，以救斯弊，其事遂止，臣常恨焉。陛下神聖英武，千百年來未有倫比，即位之初，即不許度人爲僧尼道士，又不許創立寺觀。臣嘗以爲高祖之志必行於陛下之手，今縱未能即行，豈可恣之，轉令盛也。今聞陛下令羣僧迎佛骨於鳳翔御樓以觀，舁入大內，又令諸寺遞迎供養，臣雖至愚，必知陛下不惑於佛，然百姓愚冥，易惑難曉，苟見陛下如此，皆云天子大聖，猶一心敬信，百姓何人，豈合更惜身命。焚頂燒指，百十爲羣，解衣散錢，自朝至暮，轉相倣效，惟恐後時，老少奔波，棄其業次。若不即加禁遏，更歷諸寺，必有斷臂臠身，以爲供養者，傷風敗俗，傳笑四方，非細事也。夫佛本□□之人，與□國言語不通，衣服殊製，口不言先王之法言，身不服先王之法服，不知君臣之義，父子之情，假如其身至今尚在，奉其國命，來朝京師，陛下容而接之，不過宣政一見，禮賓一設，賜衣一襲，衛而出之於境，不令惑衆也。況其身死已久，枯朽之骨，凶穢之餘，豈宜令入宮禁。孔子曰，敬鬼神而遠之。古之諸侯行弔於其國，尚令巫祝先以桃茢祓除不祥，然後進弔。今無故取朽穢之物，親臨觀之，巫祝不先，桃茢不用，羣臣不言其非，御史不舉其失，臣實恥之。乞以此骨付之有司，投諸水火，永絶根本，斷天下之疑，絶後代之惑，使天下之人知大聖人之所作爲，出於尋常萬萬也。豈不盛哉，豈不快哉。佛如有靈，能作禍祟，凡有殃咎，宜加臣身，上天鑒臨，臣不怨悔。表上，謫刺潮州。

宋仁宗時，開寶塔災，得舊所瘞舍利，迎入内傳觀，頗有光怪，將復建塔奉之，右正言余靖曰，帝王之道，勤儉惟德，國家之本，先阜成其民。自西陲用兵，國力竭矣，陛下當勤勞罪己，以憂人之憂。而自佛求福，福非所可冀也。若以舍利經火不壞爲神耶，則本瘞土中，火不能及。若以舍利能光有神耶，則一塔不能自衛，於神何有。況凡腐草朽木皆有光，水晶及珠，夜亦有光，烏足異也。會御史蔡襄亦言，事得寢。

歐陽永叔曰，佛法爲中國患千餘歲，世之卓然不惑而有力者，莫不欲去之。已嘗去矣，而復大集，攻之暫破而愈堅，撲之未滅而愈熾，遂至於無可奈何。是果不可去耶，蓋亦未知其方也。佛爲□□，去中國最遠，而有佛固已久矣。堯舜三代之際，王政修明，禮義之敎充於天下，於此之時，雖有佛，無由而入。及三代衰，王政闕，禮義廢，後二百餘年，而佛至乎中國，由是言之，佛所以爲吾患者，乘其闕廢之時而來，此其受患之本也。補其闕，修其廢，使王政明而禮義充，則雖有佛，無所施於吾民矣，此亦自然之勢也。

又曰，昔戰國之時，楊墨交亂，孟子患之而專言仁義，故仁義之說勝，則楊墨之學廢。漢之時，百家竝興，董生患之，而退修孔氏，故孔氏之道明而百家息。此所謂修其本以勝之之効也。今八尺之夫，被甲荷戟，勇蓋三軍，然而見佛則拜，聞佛之說則有畏慕之誠者，何也，彼誠壯佼，其中心茫然，無所守而然也。一介之士，眇然柔懦，進趨畏怯，然而聞有道佛者則義形於色，非徒不爲之屈，又欲驅而絶之者，何也，彼無他焉，學問明而禮義熟，中心有所守以勝之也。然則禮義者，勝佛之本也，今一介之士知禮義者尚能不爲之屈，使天下皆知禮義，則勝之矣，此自然之勢也。

程子曰，聖學本天，佛學本心。

又曰，道之外無物，物之外無道，天地間無適而非道。即父子而父子在所親，即君臣而君臣在所嚴，以至爲夫婦，爲長幼，爲朋友，無非道者，所以不可須臾離也。然則毁人倫，遺四大，其去道也遠矣。

又曰，佛有箇覺之理，是敬以直内矣，然無義以方外。要之，直内者其本亦不是，故滯固者入於枯槁，疏通者歸於恣肆。吾道則不然，此理天命也，順而循之則道也，循此而修之，各得其分則敎也，自天命以至於敎，我無加損焉，有加損則非道。

又曰，佛務上達，無所事下學，要之，下學蔑矣，其上達又安有是也。此徹上徹下之理，有間則非道。

韓持國學佛法，以謂山河大地皆幻妄，而本覺眞性，無所事修治爲也。程子謂之曰，道外無性，性外無道。孔子之道如日星，患門人未能盡曉，曰天何言哉，四時行焉，百物生焉，可謂至明白矣，豈幻妄哉。聖賢論天德，謂是天然完全自足之物，若無所污壞，即當直而行之。小有污壞，即當敬以治之。當修治而修治，義也。不當修治而不修治，亦義也，故常簡易明白而易行。必以爲無事修治，則過矣。持國云，道無眞僞。程子曰，不若言是者爲眞，非者爲僞之爲確也。持國論克復云，道何克之有。程子曰，公之言道也，克己復禮所以爲道也，自非克己，何以體道。然公言克非是道，亦道也，道不可離也，可離非道，克復以爲道，亦何傷乎公之所謂道也。

或謂，釋氏地獄之設，乃佛爲下根說，怖之令爲善爾，庸何傷。程子曰，至誠貫天地，人然且不化，安有立僞敎而能化人者。

又曰，佛氏於陰陽晝夜死生古今闇如也，謂形而上者與聖人同，可乎。

陳經正云，以貫一所見，盈天下皆我，不復知此身之爲我。程子哂之曰，他人食飽，公無餒乎。馬理云，理今有一奇特事。問之，曰，每夜坐室中有光。程子曰，某亦有一奇事。理請問，曰，每食必飽。

又曰，楊墨之害，甚於申韓，佛氏之害，甚於楊墨。苟必盡窮其說而去取之，其說未窮，其心固已化而爲□矣。學者當如淫聲美色以遠之，不爾，則駸駸然入於其中。

又曰，佛設教如此，其心謂何。試觀其外人倫，遺事物，難爲取其心，有是心，此有是迹也。

又曰，道之不明，異端害之也。昔之害近而易知，今之害深而難辨。昔之入人也因其迷暗，今之入人也因其高明。自謂之窮神知化，而不足以開物成務，言爲無不周徧，實則外於倫理，窮深極微，而不可以入堯舜之道。

張横渠曰，釋氏不知天命，而妄意天性，反以六根之微因緣天地，以小緣大，以末緣本，其不能窮也則歸之幻妄。蔽其用於一身之小，溺其志於虛空之大，夫是以語大語小，流遁而失中。其過於大也，塵芥六合。其蔽於小也，夢幻人世，謂之窮理可乎，理有未窮，謂之盡性可乎。理性未之窮，未之盡，謂之無不知，可乎。

又曰，浮屠明鬼，謂有識之死，受生循環，遂厭苦求免，可謂知鬼乎。以人生爲妄，可謂知人乎。天人一物，輒生取舍，可謂知天乎。

又曰，自佛說熾行，世之儒者未嘗窺聖學之門牆，已爲引取，淪胥其間而不振，以是天下無智愚善惡，男女臧獲，靡然而信之。雖有英才間氣生於其間，少則溺耳目恬習之事，長則師世儒崇尚之言，冥然被驅，莫自知覺，咸以爲聖人可不修而至，大道可不學而知也。故未識聖人心，已謂不必求其迹。未見君子志，已謂不必事其文。此人倫所以不察，庶物所以不明，治所以惑，德所以亂。上無禮以防其僞，下無學以稽其弊。而自古詖淫邪遁之辭，翕然竝興，畢出於佛氏之門，蓋千五百年於此矣。噫，自非獨立不懼，精一自信，有大過人之才者，何以能正立其間，而與之較是非，計得失哉。

致堂胡氏曰，佛教至今千有餘年，其徒浸多，治其術益至，而文字浸廣，淺智狹聞之士讀之，如以葉舟泛滄海，誠不知其涯涘。然佛者之言曰，直指人心，見性成佛，則夫婦、父子、君臣茲三者，性耶，非性耶。若以爲非性，佛固人爾，不能舍是三者而有己也。以爲性耶，何乃立敎使天下之人去此三者以爲心也。且自侈其道，以爲廣大慈悲，故毒如蛇虎，微如蚊虻，皆所憐憫，損身以飼之，割肉以啖之，無所顧惜。獨於夫婦、君臣、父子，必斷棄除舍，不得與蛇虎蚊虻爲比，則廣大慈悲又安在哉。

朱子曰，孟子不闢老莊而闢楊墨，楊墨即老莊也。今釋子亦有兩般，禪學，楊朱也，苦行布施，墨翟也。道士則自是假，今無說可闢。然今禪家亦自有非其佛祖之意者，試看古經如《四十二章》等經可見。楊文公集《傳燈錄》說西天二十八祖，知他是否，如何舊時佛祖是西域□□人，卻會做中國樣押韻詩。今看《圓覺》云，四大分散，今者妄身，當在何處，即是竊《列子》骨骸反其根，精神入其門，我尚何存語。宋景文說《楞嚴》前面咒是他經，後面說道理處是附會。《圓覺》前數叠稍可看，後面一段淡如一段去，末後二十五定輪與大誓語可笑。

問，佛老與楊墨之學如何。曰，楊墨之說猶未足以動人，墨氏謂愛無差等，欲人人皆如至親，此自難做，故人亦未必信也。楊氏一向爲我，超然遠舉，營營於利祿者，皆不足道，此其爲說雖甚高，然人亦難學他，未必盡從。楊朱即老子弟子，佛氏之學亦出於楊氏，其初如不愛身以濟衆生之說雖近於墨氏，然此說最淺近，未是他深處。後來是達麼過來，初見梁武武帝不曉其說，只從事於因果，遂去面壁九年，只說人心至善，即此便是，不用辛苦修行。又有人取莊老之說從而附益之，所以其說愈精妙，然只是不是爾。又有所謂頑空眞空之說。頑空者如死灰槁木，眞空則能攝衆有而應變，然亦只是空爾。今不消窮究他，伊川所謂只消就跡上斷便了，他既逃其父母，雖說得如何道理，也使不得，如此卻自足以斷之矣。

又曰，宋景文《唐書》贊說佛多是華人之譎誕者，攘莊周、列禦寇之說佐其高。此說甚好，如歐陽公只說箇禮法，程子又只說自家義理，皆不見他正贓，卻是宋景文捉得他正贓。佛家先偷列子，列子說耳目口鼻心體處有六件，佛家便有六根，又三之爲十八戒。初間只有《四十二章經》，無恁地多，到東晉便有談議，如今之講師做一篇議總說之。到後來談議厭了，達摩便入來只靜坐，於中有稍受用處，人又都向此。今則文字極多，大槩都是後來中國人以莊列說自文，夾插其間，都沒理會了。攻之者，所執又出禪學之下。

又曰，《列子序》中說老子、列子言語，多與佛經相類，覺得是如此，疑得佛家初來中國，多是偷老子意去做經，如說空處是也。後來道家做

《清靜經》，又卻偷佛家言語，全做得不好。佛經所謂色即是空處，他把色受想行識五箇對一箇空字說，故曰空即是色，受想行識亦復如是，謂是空也。而《清靜經》中偷此句意思，卻說無無亦無，只偷得他色即是空，卻不曾理會得他受想行識亦復如是之意，全無道理。佛家偷得老子好處，後來道家卻只偷得佛家不好處。譬如道家有箇寶藏被佛家偷去，後來道家卻只取得佛家瓦礫，殊可笑也。

又曰，佛氏乘虛入中國，廣大自勝之說，幻妄寂滅之論，自齋戒變爲義學，如遠法師、支道林皆義學，然又只是盜襲莊子之說。今世所傳《肇論》，云出於肇法師，有四不遷之說，日月歷天而不周，江河競注而不流，野馬飄鼓而不動，山嶽偃僕而常靜。此四句只是一義，只是動中有靜之意，如適間所說東坡逝者如斯而未嘗往也之意爾，此是齋戒之學一變，遂又說出這一般道理來。及達摩入來，又翻了許多窠臼，說出禪來，又高妙於義學，以爲可以直超徑悟。而其始者禍福報應之說，又足以鉗制愚俗，以爲資足衣食之計，遂使有國家者割田以贍之，擇地以居之，以相從陷於無父無君之域而不覺。蓋道釋之教，皆一再傳而浸失其本眞，有國家者雖隆重儒學，而選舉之制，學校之法，施設注措之方，既不出於文字言語之工，而又以道之要妙，無越於釋老之中，而崇重隆奉，反專在於彼。至於二帝三王述天理，順人心，治世教民，厚典庸禮之大法，一切不復有行之者。唐之韓文公，本朝之歐陽公，以及閩洛諸公，既皆闡明正道以排釋氏，而其言之要切，如傅奕本傳，宋景文李蔚贊，東坡《儲祥觀碑》，陳後山《白鶴宮記》，皆足以盡見其失。此數人皆未深知道，而其言或出於強爲，是以終有不滿人意處。至二蘇兄弟晚年諸詩，自言不墮落，則又躬陷其中而不自覺矣。

又曰，釋氏書其初只有《四十二章經》，所言甚鄙俚，後來日添月益，皆是中國文士相助撰集。如晉宋間自立講師，孰爲釋迦，孰爲阿難，孰爲迦葉，各相問難，筆之於書，轉相欺誑。大抵多是剽竊老子、列子意思，變換推衍，以文其說。《大般若經》卷帙甚多，自覺支離，故節縮爲《心經》一卷。《楞嚴經》只是強立一兩箇意義，只管疊將去，數節之後，全無意味。若《圓覺經》本初亦能幾何，只鄙俚甚處便是，其餘增益附會者爾。佛學其初只說空，後來說動靜，支蔓既甚，達磨遂脫然不立文字，只是默然端坐，便心靜見理，此說一行，前面許多皆不足道，老氏亦難爲抗衡了。今日釋氏，其盛極矣，但程先生所謂攻之者，執理反出其下，吾儒執理既自卑污，宜乎攻之而不勝也。

又曰，釋教中有塵既不緣，根無所著，反流全一，六用不行之說，蘇子由以爲此理至深至妙。蓋他意謂六根既不與六塵相緣，則收拾六根之用，反覆歸於本體，而使之不行，顧烏有此理。

又曰，《楞嚴經》是唐房融訓釋，故說得如此巧，佛書中唯此經最巧，然佛當初也不如是說，如《四十二章經》，最先傳來中國底文字，然其說卻自平實。道書中有《眞誥》，末後有《道授篇》，卻是竊《四十二章經》之意爲之。非特此也，至如地獄脫生妄誕之說，皆是竊他佛教中至鄙至陋者爲之。西漢時儒者說道理，亦只是黃老意思，如揚雄《太玄經》皆是，故其自言有曰，老子之言道德，吾有取焉爾。後漢明帝時，佛始入中國，當時楚王英最好之，然都不曉其說。直至晉宋間，其教漸盛，然當時文字，亦只是將莊老之說來鋪張。如遠師諸論，皆成片盡是老莊意思。直至梁會通間，達摩入來，然後一切被他掃蕩，不立文字，直指人心。蓋當時儒者之學既廢絕不講，老佛之說又如此淺陋，被他窺見這箇罅隙了，故橫說豎說，如是張王，沒奈他何，人才聰明，便被他誘引將去。嘗見畫底諸祖師，其人物皆雄偉，故杲老謂臨濟若不爲僧，必作一渠魁也。又嘗在廬山見歸宗像，尤爲可畏，若不爲僧，必作大賊矣。

又曰，道之在天下，一人說取一般，禪家最說得高妙去。蓋自莊老來說得道自是一般物事，闃闃在天地間，後來佛氏又放開說，大決藩籬，更無下落，愈高愈妙，吾儒多有折而入之。把聖賢言語來看，全不如此，世間惑人之物，不特於物爲然，一語一言可取，亦是惑人，況佛氏之說足以動人如此乎，有學問底人便不被它惑。

又曰，老子先唱說，後來佛氏又做得脫灑廣闊，然考其語，多本莊列。因說莊子說得更廣闊似佛，後若有人推演出來，其爲害更大在。

問，佛氏之空與老子之無一般否。朱子曰，不同。佛氏只是空，豁豁然和有都無了，所謂終日喫飯，不曾咬破一粒米，終日著衣，不曾掛著一條絲。若老氏猶骨是有，只是清淨無爲，一向恁地深藏固守，自爲玄妙，教人摸索不得，便是把有無做兩截看了。

問，今皆以佛之說爲無，老之說爲空，空與無不同，如何。曰，空是兼有無之名，道家說半截有，半截無，已前都是無，如今眼下卻是有，故謂之空。若佛家之說都是無，已前也是無，如今眼下也是無，色即是空，空即是色，大而萬事萬物，細而百骸九竅，一齊都歸於無。終日喫飯，卻道不曾咬著一粒米，滿身著衣，卻道不曾掛著一條絲。

問，釋氏之無與老氏之無何以異。曰，老氏依舊有，如所謂無欲觀其妙，有欲觀其竅是也。若釋氏則以天地爲幻妄，以四大爲假合，則是全無也。

又曰，老氏欲保全其身底意思多，釋氏又全不以其身爲事，自謂別有一物，不生不滅。歐公嘗言老氏貪生，釋氏畏死，其說亦好。氣聚則生，氣散則死，順之而已，釋老則皆悖之者也。

又曰，釋老其氣象規模，大槩相似，然而老氏之學尚自理會自家一箇渾身，釋氏則自家一箇渾身都不管了。

又曰，佛氏之失出於自私之厭，老氏之失出於自私之巧，厭薄世故，而盡欲空了一切者，佛氏之失也。關機巧便，盡天下之術數者，老氏之失也。故世之用兵算數刑名，多本於老氏之意。

又曰，老氏只是要長生節病易見，釋氏於天理大本處見得些分數，然卻認爲己有，而以生爲寄，故要見得父母未生時面目，既見便不認作衆人公共底，須要見得爲己有，死後亦不失，而以父母所生之身爲寄寓，譬以舊屋破倒，即自挑入新屋。故黃蘗一僧有偈與其母云，先曾寄宿此婆家，止以父母之身爲寄宿處，其無情義，絕滅天理可知，當時有司見渠此說，便當明正典刑。若聖人此道則不然，於天理大本處見得是衆人公共底，便只隨他天理去，更無分毫私見，如此便倫理自明，不是自家作爲出來，皆是自然如此，往來屈伸，我安得而私之哉。

問，釋氏何故只說空。朱子曰，他說玄空，又說眞空，玄空便是空無物，眞空卻是有物，與吾儒說畧同。但是他都不管天地四方，只是理會一箇心，如老氏亦只是要存得一箇神氣，伊川云只就迹上斷便了，不知他如此要何用。

問，釋氏以天地萬物爲幻，老氏又卻說及下截。朱子曰，老氏勝。

又曰，釋氏之說易窮，大抵不過如道家《陰符經》所謂絕利一源，便到至道。

又曰，釋氏只《四十二章經》是古書，餘皆中國文士潤色成之。

有言莊老禪佛之害者，朱子曰，禪學最害道。莊老於義理絕滅猶未盡，佛則人倫已壞，至禪則又從頭將許多義理掃滅無餘，以此言之，禪最爲害之深者。頃之復曰，要其實則一爾，害未有不由淺而深者。

或問佛與莊老不同處，朱子曰，莊老絕滅義理未盡，至佛則人倫滅盡，至禪則義理滅盡。佛初入中國，止說修行，未有許多禪底說話。

又曰，佛老之學不待深辨而明，只是廢三綱五常，這一事已是極大罪名，其他更不消說。

又曰，釋老稱其有見，只是見得箇空虛寂滅，不知他所謂見者，見箇甚底。莫親於父子，卻棄了父子。莫重於君臣，卻絕了君臣。以至民生彝倫之間不可闕者，他一皆去之。所謂見者，見箇甚物。且如聖人親親而仁民，仁民而愛物，他卻不親親，而剗地要仁民愛物。愛物時也則是食之有時，用之有節，見生不忍見死，聞聲不忍食肉。如仲春之月，犧牲無用，牝不麛，不卵，不殺胎，不覆巢之類，如此而已。他則不食肉，不茹葷，以至投身施虎，此是何理。

又曰，或言天下無二道，聖人無兩心，儒釋雖不同，畢竟只是一理。某說道，惟其天下無二道，聖人無兩心，所以有我底，著他底不得，有他底，著我底不得。若使天下有二道，聖人有兩心，則我行得我底，他行得他底。

又曰，儒釋言性異處只是釋言空，儒言實，釋言無，儒言有。

又曰，吾儒心雖虛而理則實，若釋氏則一向歸空寂去了。

又曰，釋氏虛，吾儒實，釋氏二，吾儒一，釋氏以事理爲不緊要而不理會。

又曰，釋氏只要空，聖人只要實，釋氏所謂敬以直內，只是空豁豁地，更無一物，卻不會方外。聖人所謂敬以直內，則湛然虛明，萬理具足，方能義以方外。

問，儒釋之辨，莫只是虛實兩字上分別。朱子曰，未須理會。自家身己分若知得眞，則其僞自別，甚分明，有不待辨。

又曰，吾以心與理爲一，彼以心與理爲二，亦非固欲如此，乃是見處不同。彼見得心空而無理，此見得心雖空而萬理咸備也。雖說心與理一，不察乎氣稟物欲之私，是見得不眞，卻與釋氏同病，《大學》所以貴格物也。

又曰，儒者以理爲不生不滅，釋氏以神識爲不生不滅。龜山云，儒釋之辨，其差眇忽，以某觀之，眞似冰炭。

又曰，儒者見道，品節粲然，佛氏亦見天機有不器於物者，然只是綽過去。

問，先生以釋氏之說爲空，爲無理，以空言似不若無理二字切中其病。朱子曰，惟其無理，是以爲空，他之所謂心，所謂性者，只是箇空底物事，無理。

朱子問衆人曰，釋氏言牧牛，老氏言抱一，孟子言求放心，皆一般，何緣不同。或就問曰，莫是無這理。曰，無理煞害事。

又曰，釋氏合下見得一箇道理空虛不實，故要得超脫，盡去物累，方是無漏，爲佛地位。其他有惡趣者，皆是衆生餓鬼，只隨順有所修爲者，猶是菩薩地位，未能作佛也。若吾儒合下見得箇道理便實了，故首尾與之不合。

又曰，佛氏只守得這些子光明，全不識道理，所以用處七顛八倒。吾儒之學則居敬爲本，而窮理以充之，其本原不同處在此。

問，何以分別儒釋差處。朱子曰，只如說天命之謂性，釋氏便不識了，便遽說是空覺。吾儒說底是實理，看他便錯了，他云不染一塵，不捨一法，既不染一塵，卻如何不捨一法，到了是說那空處，又無歸著。且如人心須是其中自有父子、君臣、兄弟、夫婦、朋友，他做得徹到底，便與父子、君臣、兄弟、夫婦、朋友都不相親。吾儒做得到底，便父子有親，君臣有義，兄弟有序，夫婦有別，朋友有信。吾儒只認得一箇誠實底道理，誠便是萬善骨子。

問佛氏所以差，朱子曰，從劈初頭便錯了。如天命之謂性，他把做空虛說了，吾儒見得都是實。若見得到自家底，從頭到尾，小事大事都是實。他底從頭到尾都是空，恁地見得破，如何解說不通。又如實際理地，不受一塵，萬行叢中，不捨一法等語，這是他後來桀黠底，又撰出這一話來，倚傍吾儒道理，正所謂遁辭知其所窮。且如人生一世間，須且理會切實處，論至切至實處，不過是一箇心，不過一箇身，若不自會做主，更理會甚麼。

又曰，佛氏之學與吾儒有甚相似處，如云有物先天地，無形本寂寥，能爲萬象主，不逐四時凋。又曰，撲落非它物，縱横不是塵，山河及大地，全露法王身。又曰，若人識得心，大地無寸土。看他是甚麼樣見識，今區區小儒怎生出得他手，宜其爲他揮下也。此是法眼禪師下一派宗旨如此，今之禪家皆破其說，以爲有理路，落窠臼，有礙正當知見。今之禪家多是麻三觔，乾屎橛之說，謂之不落窠臼，不墮理路，妙喜之說便是如此，然又有翻轉不如此說時。

又曰，佛者云，置之一處，無事不辦，也只是教人如此做工夫，故學禪者只是把一箇話頭去看，如何是佛，麻三斤之類，又都無義理得穿鑿，看來看去，工夫到時，恰似打一箇失落一般，便是參學事畢。莊子亦云，用志不分，乃凝於神也。只是如此教人，但他都無義理，只是箇空寂。儒者之學則有許多義理，若看得透徹，則可以貫事物，可以洞古今。

又曰，釋氏云，置之一處，無事不辦，此外別有何法，只是釋氏沒道理，自呀將去。

或言釋氏之徒爲學精專，朱子曰，便是，只惜他所學非所學，枉了工夫。若吾儒邊人下得這工夫，是甚次第。

問釋氏入定，道家數息，朱子曰，他只要靜，則應接事物不差，孟子便也要存夜氣，然而須是理會旦晝之所爲。曰，吾儒何不傚他恁地。曰，他開眼便依舊失了，只是硬把捉，不如吾儒非禮勿視聽言動，戒謹恐懼乎不睹不聞，敬以直內，義以方外，都一切就外面攔截。曰，釋氏只是勿視勿聽，無那非禮工夫。曰，然。

問，昔有一禪僧，每自喚曰，主人翁，惺惺著，《大學或問》亦取謝氏常惺惺法之語，不知是同是異。朱子曰，謝氏之說地步闊，於身心事物上皆有工夫。若如禪者所見，只看得箇主人翁便了，其動而不中理者都不管矣。且如父子天性也，父被他人無禮，子須當去救他，卻不然，子若有救之之心，便是被愛牽動了心，便是昏了主人翁處，若如此惺惺，成甚道理。向曾覽四家錄，有些說話極好笑，亦可駭。說若父母爲人所殺，無一舉心動念，方始名爲初發心菩薩。他所以叫主人翁，惺惺著，正要如此。

惺惺字則同，所作工夫則異，豈可同日而語。

徐子融有枯槁有性無性之論，朱子曰，性只是理，有是物斯有是理，子融錯處，是認心爲性，正於佛氏相似，佛氏只是磨擦得這心極精細，便認做性，殊不知此正聖人之所謂心。故上蔡云，佛氏所謂性，正聖人所謂心，佛氏所謂心，正聖人所謂意。心只是該得這理，佛氏原不曾識得這理一節，便認知覺運動做性。如視聽言貌，聖人則視有視之理，聽有聽之理，言有言之理，動有動之理，思有思之理，如箕子所謂明聰從恭睿是也。佛氏則只認那能視能聽能言能思能動底便是性，視明也得，不明也得，聽聰也得，不聰也得，言從也得，不從也得，思睿也得，不睿也得，他都不管，橫來豎來，他都認做性。他最怕人說這理字，都要除掉了，此正告子生之謂性之說也。問，禪家又有以揚眉瞬目知覺運動爲弄精魂而訶斥之者，何也。曰，便只是弄精魂，只是他磨擦得來精細，有光彩，不如此麁糙爾。問，彼言一切萬物皆有破壞，惟有法身常住不滅，所謂法身，便只是這箇。曰，然，不知你如何占得這物事住，天地破壞，又如何被你占得這物事常不滅。問，彼大槩欲以空爲體，言天地萬物皆歸於空，這空便是他體。曰，他也不是欲以空爲體，他只是說這物事裏面本空，著一物不得。

問，聖門說知性，佛氏亦言知性，有以異乎。朱子笑曰，也問得好，據公所見如何，試說看。曰，據某所見及佛氏之說者，此一性在心所發爲意，在目爲見，在耳爲聞，在口爲議論，在手能持，在足運奔，所謂知性者，知此而已。曰，且據公所見而言，若如此見得，只是箇無星之秤，無寸之尺。若在聖門，則在心所發爲意，須是誠始得。在目雖見，須是明始得。在耳雖聞，須是聰始得。在口談論及在手在足之類，須是動之以禮始得。天生蒸民，有物有則，如公所見及佛氏之說，只有物無則了，所以與聖門有差。況孟子所說知性者，乃是物格之謂。

又曰，若是如釋氏，道只是那坐底視底，是則夫子之教人也，只說視聽言動底是便了，何故卻說非禮勿視聽言動，只說居處、執事、與人交便了，何故於下面著箇恭、敬、忠，只說箇出門、使民便了，何故卻說如見大賓、如承大祭。

又曰，釋氏只知坐底是，行底是，如坐，交脛坐也得，疊足坐也得，邪坐也得，正坐也得，將見喜所不當喜，怒所不當怒，爲所不當爲，他只是直衝去，更不理會理。吾儒必要理會坐之理當爲尸，立之理當如齊，如頭容便要直，所以釋氏無理。

又曰，知覺之理是性，所以當如此者，釋氏不知，他但知知覺，沒這理，故孝也得，不孝也得。

又曰，釋氏棄了道心，卻取人心之危者而作用之，遺其精者，取其粗者以爲道，如以仁義禮智爲非性，而以眼前作用爲性是也，此只是源頭處錯了。

又曰，釋氏專以作用爲性，如某國王問某尊者曰，如何是佛。曰，見性爲佛。曰，如何是性。曰，作用爲性。曰，如何是作用。曰，在目曰見，在耳曰聞，在鼻齅香，在口談論，在手執捉，在足運奔云云，即告子生之謂性之說也。且如手執捉，若執刀胡亂殺人，亦可爲性乎。龜山舉龐居士云，神道妙用，運水搬柴，以此徐行後長，亦坐此病。不知徐行後長乃謂之弟，疾行先長則爲不弟，如曰運水搬柴即是妙用，則徐行疾行皆可謂之弟耶。

問釋氏作用是性，朱子曰，便只是這性，他說得也是。孟子曰，形色，天性也，惟聖人然後可以踐形。便是此性。所以禪家說直指人心，見性成佛，他只要你見得，言下便悟，做處便徹，見得無不是此性。他也說存養心性，養得來，光明寂照，無所不偏，無所不通，只是差處便在這裏。吾儒所養者是仁義禮智，他所養者只是視聽言動。儒者則全體中自有許多道理，各自有分別，有是非，降衷秉彝，無不各具此理。他只見得箇渾淪底物事，無分別，無是非，橫底也是，豎底也是，直底也是，曲底也是，非理而視也是此性，以理而視也是此性，少間用處都差，所以七顛八倒，無有是處。吾儒則只是一箇眞實底道理，他也說我這箇是眞實底道理，如云惟此一事實，餘二則非眞，只是他說得一邊，只認得那人心，無所謂道心，無所謂仁義禮智，惻隱羞惡辭遜是非，所爭處只在此。吾儒則自天命之謂性，率性之謂道，以至至誠盡人物之性，贊天地之化育，識得這道理，無所不周，無所不偏。他也說我這箇無所不周，無所不偏，然眼前君臣、父子、兄弟、夫婦上便不能周偏了，更說甚周偏。如善財童子五十三參，以至神鬼神仙士農工商技藝，都在他性中，他說得來極闊，只是其實行不得，只是諱其所短，強如此籠罩去。他舊時瞿曇說得本不如此廣闊，後來禪家自覺其陋，又翻轉窠臼，只說直指人心，見性成佛。

又曰，佛家說會萬物於一己，若曉得這道理，自是萬物一體，更何須會。若是曉不得，雖欲會，如何會得。

又曰，佛氏見影，朝說這箇，暮說這箇，至於萬理錯綜如此，卻都不知。

又曰，釋氏先知死，只是學一箇不動心，告子之學則是如此。

又曰，凡遇事先須識得箇邪正是非，盡掃私見，則至公之理自存。或云，釋氏欲驅除物累，至不分善惡，皆欲掃盡，云凡聖情盡，即如知佛，然後來往自由。吾道卻只要掃去邪見，邪見既去，無非是處，故生不爲物累，而死亦然。曰，聖人不說死，已死了，更說甚事，聖人只說既生之後，未死之前，須是與他精細理會道理教是。胡明仲侍郎自說得好，人生物也，佛不言生而言死。人事可見，佛不言顯而言幽。釋氏更不分善惡，只尊向他底便是好人，背他底便入地獄，若是箇殺人賊，一尊了他，便可生天。或云，于頔在《傳燈錄》爲法嗣可見。曰，然。

又曰，佛書多有後人添入，初入中國，只有《四十二章經》，但此經卻有添入者。且如西天二十八祖所作偈皆有韻，分明是後人增加。如楊文公、蘇子由皆不悟此，可怪。又其文字中至有甚拙者，如《楞嚴經》前後只是說咒，中間皆是增入，蓋中國好佛者覺其陋而加之爾。

又曰，佛初只有《四十二章經》，其說甚平，如言彈琴絃，急則絕，慢則不響，不急不慢乃是，大抵是偷得老莊之意。後來達摩出來，一齊掃盡，至《楞嚴經》做得極好。

又曰，達摩未來中國時，如遠、肇法師之徒，只是談莊老，後來人亦多以莊老助禪。古亦無許多經，西域豈有韻，諸祖相傳偈，平仄押韻語皆是後來人假合。

問，《心經》如何。朱子曰，本《大般若經》六百卷，《心經》乃是節本。曰，他既說空，又說色，如何。曰，他蓋欲於色見空爾，大抵只是要鶻突人。如云實際中不立一法，又云不捨一法之類，皆然。問，刼數如何。曰，他之說亦說天地開闢，但理會不得。某經云，到末刼人皆小，先爲火所燒成刼灰，又爲風所吹，又爲水所淹，水又成沫，地自生五穀，天上人自飛下來喫，復成世界。他不識陰陽，便恁地亂道。問，活潑潑地，是禪語否。曰，不是禪語，是俗語，今有儒家字爲佛家所竊用，而後人反以爲出於佛者，如寺、精舍之類不一。

又曰，佛書中說六根、六塵、六識、四大、十二緣生之類，皆極精巧，故前輩學佛者謂此孔子所不及，今學者且須截斷，必欲窮究其說，恐不能得身己出來。他底四大，即吾儒所謂魂魄聚散，十二緣生在《華嚴合論》第十三御卷，佛說本言盡去世間萬事，其後黠者出，卻言實際理地，不染一塵，萬事門中，不舍一法。

又曰，《華嚴合論》其言極鄙陋無稽，不知陳了翁一生理會這箇，是有甚麼好處，也不會厭，可惜極好底秀才，只恁地被它引去了。或問《金剛經》大意，曰，他大意只在須菩提問云何住、云何降伏其心兩句上，故說不應住法生心，不應色生心，應無所住而生其心，此是答云何住。又說若胎生，若卵生，若濕生，若化生，我皆令入無餘涅槃而滅度之，此是答云何降伏其心。彼所謂降伏者，非謂欲遏伏此心，謂盡降收世間衆生之心，入他無餘涅槃中滅度，都敎你無心了方是，只是一箇無字，自此以後，只管纏去，只是這兩句。如這卓子，則云若此卓子，非名卓子，是名卓子。若見諸相非相，則見如來，離一切相，即名佛，皆是此意。要之，只是說箇無。

問，龜山集中所荅了翁書論華嚴大旨，不知了翁諸人何爲好之之篤。朱子曰，只是見不透，故覺得那箇好。以今觀之，也是好，也是動得人。問，只爲他大本不立，故偏了。曰，眞所謂詖淫邪遁。蓋詖者是他合下見得偏，儒者之道，大中至正，四面均平，釋氏只見一邊，於那處都蔽塞了，這是詖辭知其所蔽。淫者是只見得一邊，又卻說得周遮浩瀚，所以其書動數百卷，是皆陷於偏而不能返，這是淫辭知其所陷。邪者是他見得偏了，於道都不相貫屬，這是邪辭知其所離。遁者是他已離於道，而不通於君臣、父子，都已棄絕，見去不得，卻道道之精妙，不在乎此，這是遁辭知其所窮。初只是詖，詖而後淫，淫而後邪，邪而後離，離而後遁。要之，佛氏偏處只是虛其理，理是實理，他卻虛了，故於大本不立也。問，溫公解禪偈，卻恐後人作儒佛一貫會了。曰，此皆佛之至陋者也，妙處不在此。問，《遺書》云，釋氏於敬以直內則有之，義以方外則未也。某於此末安。曰，前日童蜚卿正論此，以爲釋氏大本與吾儒同，只是其末異，某與言正是大本不同。因檢《近思錄》有云，佛有一箇覺之理，可言敬以直內矣，然無義以方外，其直內者要之其本亦不是。這是當時記得全處，前者記得不完也。又云，只無義以方外，則連敬以直內也不是了。又云，釋氏唯務上達而無下學，然則其上達處豈有是也，亦此意。學佛者嘗云儒佛一同，某言你只認自家說，不同若果是，又何必言同。只這靠傍底意思，便是不同，便是你底不是，我底是了。

又曰，《圓覺經》只有前兩三卷好，後面便只是無說後強添。如《楞嚴經》當初只有那阿難一事及那燒牛糞時一咒，其餘底皆是文章之士添底。

又曰，《楞嚴經》本只是咒語，後來房融添入許多道理說話，咒語想亦淺近，但其徒恐譯出則人易之，故不譯。所以有咒者，蓋浮屠居深山中，有鬼神蛇獸爲害，故作咒以禁之。咒全是想法，西域人誦咒如叱喝，又爲雄毅之狀，故能禁伏鬼神，亦如巫者作法相似。

又曰，《維摩詰經》舊聞李伯紀之子說是南北時一貴人如蕭子良之徒撰，渠云載在正史，然檢不見。

又曰，《傳燈錄》極陋，蓋眞宗時一僧做，上之，眞宗令楊大年刪過，故出楊大年名。便是楊大年也曉不得。

又曰，釋氏初入中國，只有《四十二章經》，後來既久，無可得說，晉宋而下，始相與演義。其後義又窮，至達摩以來，始一切掃除，然其初答問亦只分明說，到其後又窮，故一向說無頭話，如乾屎橛，柏樹子之類，只是胡鶻突人。既曰不得無語，又曰不得有語，道也不是，不道也不是，如此則使之東亦不可，西亦不可，置此心於危急之地。悟者爲禪，不悟者爲顛，雖爲禪，亦是蹉了蹊徑，置此心於別處，和一身皆不管，故喜怒任意。然細觀之，只是於精神上發用。問，渠既一向說空，及其作用，又只是氣。曰，作用是心，亦是氣，渠自錯認了。渠既說空，又要和空皆無，如曰空生大覺中之類。

問，病翁墓志中說官莆田事如何。曰，佛家自說有體無用，是渠言如此，依實載之。問，禪僧有鳴鼓升座死者，如何。曰，世念既去，自知得，只是能挹不臥床席爾，別無他說。

又曰，禪只是一箇呆守法，如麻三觔，乾屎橛，他道理初不在這上，只是教他麻了心，只思量這一路，專一積久，忽有見處，便是悟。大要只是把定一心，不令散亂，久後光明自發，所以不識字底人，才悟後便作得偈頌。悟後所見雖同，然亦有深淺。某舊來愛問參禪底，其說只是如此，其間有會說者，卻吹噓得大，如杲佛日之徒，自是氣魄大，所以能鼓動一世，如張子韶、汪聖錫輩，皆北面之。

問，禪家說無頭當底說話，是如何。曰，他說得分明處卻不是，只內中一句黑如漆者，便是他要緊處，於此曉得，便盡曉得。他又愛說一般最險絕底話，如引取人到千仞之崖邊，猛推一推下去，人於此猛省得便了。或曰，不理會得，也是一事不了。曰，只此亦是格物。

問，禪者云，知之一字，衆妙之門，他也知得這知字之妙。曰，所以伊川說佛氏之言近理，謂此類也。他也微見得這意思，要籠絡這箇道理，只是他用處全差，所以都間斷，相接不著。問，其所謂知，正指此心之神明作用者否。曰，然。問，圭峯云，作有義事是省悟心，作無義事是狂亂心，狂亂由情念，臨終被業牽，省悟不由情，臨終能轉業。又自注云，此義非仁義之義，乃理義之義，甚好笑。曰，他指仁義爲恩愛之義，故如此說。他雖說理義，何嘗夢見，其後杲老亦非之，云理義之義便是仁義之義，如何把虛空打做兩截。

又曰，僧家所謂禪者，於其所行，全不相應。所謂禪是僧家自舉一般見解，如秀才家舉業相似，與行己全不相干。學得底人有許多機鋒，將出來弄一上了，便收拾了，到其爲人，與俗人無異。只緣禪自是禪，與行不相應爾。僧家有云，行解者，行是行己，解是禪也。

又曰，禪僧自云，有所得而作事不相應，只是將此一禪橫置胸中，遇事將出，事了又收，大抵只論說，不論行。

又曰，釋氏須灼然看得他底之非，一出一入不濟事，禪將作何用。

又曰，禪學一喝一棒，都掀翻了，也是快活，卻看二程說話，可知道不索性，豈特二程，便夫子之言亦如此，學而時習之，不亦說乎，看得好支離。

又曰，學道又雜佛學者，但歇一月工夫，看誰邊有味。佛氏只歇一月，味便消了，彼漸消則此漸進，此是鈍工夫，然卻是法門也。

問釋氏因緣之說，朱子曰，若看《書》作善降之百祥，作不善降之百殃，則報應之說誠有之，但他說得來，不是不是。

又曰，佛家不合將才作緣習，緣習是說宿緣。

又曰，禪家以父子兄弟相親愛處爲有緣之慈，如虎狼與我非類，我卻有愛及他，便是無緣之慈，以此爲眞慈。

問，佛法如何是以利心求。朱子曰，要求清淨寂滅，超脫世界，是求一身利便。

又曰，釋氏之學務使神輕去其幹，以爲坐亡立脫之備，其魄之未盡化者，則流爲膏液，散爲珠琲，以驚動世俗之耳目，非老子專氣致柔之謂也。

問，釋氏多有神異，疑其有之。曰，此未必有，便有，亦只是妖怪。

又曰，佛家多有奪胎之說，也如何見得，只是在理無此。

問，禪家言性，太陽之下置器處。朱子曰，此便是說輪迴。

問禪家言性，傾此于彼之說，朱子曰，此只是偷生奪陰之說爾，禪家言偷生奪陰，謂人懷胎，自有箇神識在裏了，我卻撞入裏面去，逐了他，我卻受他血陰，他說傾此於彼，蓋如一破弊物在日下，其下日影自有方圓大小，卻欲傾此日影爲彼日影，他說是人生有一塊物事包裹在裏，及其既死，此箇物事又會去做張三，做了張三又會做王二。便如人做官，做了這官任滿，又去做別官，只是無這道理。如橫渠說形潰反原，以爲人生得此箇物事，既死，此箇物事卻復歸大原去，又別從裏面抽出來生人，如一塊黃泥，既把來做箇彈子了，卻依前歸一塊裏面去，又做箇彈子出來。伊川便說是不必以既屈之氣爲方伸之氣，若以聖人精氣爲物、游魂爲變之語觀之，則伊川之說爲是，蓋人死則氣散，其生也，又是從大原裏面發出來。

問，輪廻之說是佛家自創否。朱子曰，自《漢書》載鬼處，已有此話模樣了。《元城語錄》載溫公謂吾欲扶教爾，溫公也看不破，只是硬恁地說。某云，或傳范淳夫是鄧禹後身，曰鄧禹亦一好人，死許多時，如何魄識乃至今爲他人。某云，呂居仁詩亦有狗腳朕之語。曰，他又有偷胎奪陰之說，皆脫空。

或有言修後世者，朱子曰，今世不修，卻修後世，何也。

問，人生即是氣，死則氣散，浮屠氏不足信，然世間人爲惡死，若無地獄治之，彼何所懲。朱子曰，且說堯舜三代之世無浮屠氏，乃比屋可封，天下太平。及其後有浮屠，而爲惡者滿天下。若爲惡者必待死然後治之，則生人立君又焉用。問，嘗記前輩說，除卻浮屠祠廟，天下便知向善，莫是此意。曰，自浮屠氏入中國，善之名便錯了。渠把奉佛爲善，如修橋道造路，猶有益於人，以齋僧立寺爲善，善安在。所謂除浮屠祠廟便向善者，天下之人既不溺於彼，自然孝父母，悌長上，做一好人，便是善。大抵今之佛書，多是後世做文字者所爲。向見伯恭說曾看藏經，其中有至不成說話者，今世傳一二本經，乃是其祖師所傳，故士大夫好佛者多爲簧鼓。問，漢時如鄭康成注二《禮》，但云鬼神是氣，至佛入中國，人鬼始亂。曰，然。

又曰，初西域僧來東漢時，令鴻臚寺寄居，後以爲僧居，因名曰寺，寺是官寺，非釋者取之。

又曰，俗言佛燈，此是氣盛而有光，又恐是寶氣，又恐是腐葉飛蟲之光。蔡季通去廬山問得，云是腐葉之光。云昔人有以合子合得一團光，來日看之，乃一腐葉。妙喜在某處見光，令人撲之，得一小蟲，如蛇樣而甚細，僅如布線大。此中有人隨汪聖錫到峨眉山，云五更初去看，初布白氣，已而有圓光如鏡，其中有佛。然其人以手裏頭巾，則光中之佛亦裹頭巾，則知乃人影爾。今所在有石，號菩薩石者，如水精狀，於日中照之，便有圓光，想是彼處山中有一物，日初出，照見其影圓，而映人影如佛影爾。峨眉山看佛，以五更初看。

又曰，王質不敬其父母，云自有物無始以來，自家是換了幾箇父母了，其不孝莫大於是，以此知佛法之無父，其禍乃至於此，使更有幾箇如王質，則雖殺其父母，亦以爲常。佛法說君臣、父子、兄弟，只說是偶然相遇。趙子直戒殺身，又未爲因報之說云，汝今殺他，他再出世，必殺汝。此等言語，乃所以啟其殺身，蓋彼安知不說道，我今可以殺汝，必汝前身曾殺我。

又曰，佛家說要廢君臣、父子，他依舊廢不得。且如今一寺依舊有長老之類，其名分亦甚嚴，如何廢得，但皆是僞。

問，釋氏之失，一是自利，厭死生而學，大本已非。二是滅絕人倫，三是逕求上達，不務下學，偏而不該。朱子曰，未須如此立論。一日因某解物，則語及釋氏，曰，他佛家都從頭不識，只是認知覺運動做性，所以鼓動得許多聰明豪傑之士，緣他是高於世俗。世俗一副當汙濁底事，他是無了，所以人競趨之。他之學，元初也不如此，佛教初入中國，只是修行說話，如《四十二章經》是也。初間只有這一卷經，其中有云，佛問一僧，汝處家爲何業。對曰，愛彈琴。佛問，絃緩如何。曰，不鳴矣。絃急如何。曰，聲絶矣。急緩得中如何。曰，諸音普矣。佛曰，學道亦然。心須調適，道可得矣。初間只如此說。後來達摩入中國，見這般說話中國人都會說了，遂換了話頭，專去面壁，靜坐默照，那時亦只是如此。到得後來，又翻得許多禪底說話來，盡掉了舊時許多話柄。不必看經，不必靜坐，越弄得來闊，其實只是作弄這些精神。或曰，彼亦以知覺運動爲形而下者，以空寂爲形而上者，如何。曰，便只是形而下者，他只是將知覺運動做玄妙說。或曰，如此則安能動人，必更有玄妙處。曰，便只是這箇，他那妙處，離這知覺運動不得，無這箇便說不行，只是被他作弄得來精，所以橫渠有釋氏兩末之論，只說得兩邊末梢頭，中間眞實道理，卻不曾識。如知覺運動，是其上一梢也，因果報應，是其下一梢也。或曰，因果報應，他那邊有見識底亦自不信。曰，雖有不信底，依舊離這箇不得。如他幾箇高禪縱說高殺，也依舊掉舍這箇不下。將去愚人，他那箇物事沒理會，捉撮他不得，你道他如此，他又說不如此，你道他是知覺運動，他又有時掉翻了都不說時，雖是掉翻，依舊離這箇不得。或問，今世士大夫所以晚年都被禪家引去者，何故。曰，是他底高似你，你平生所讀許多書，許多記誦文章，所藉以爲取利祿聲名之計者，到這裏都靠不得了，所以被他降下，他底是高似你，且是省力，誰不悅而趨之。王介甫平生讀許多書，說許多道理，臨了捨宅爲寺，卻請兩箇僧來住持，也是被他笑，你這箇物事如何出得他。或問，今也不消學他那一層，只認依著自家底做便了。曰，固是，豈可學他，只是依自家底做，少間自見得他底低。

問，士大夫末年多溺于釋氏之說者，如何。朱子曰，緣不曾理會得自家底原頭，但看得些小文字，不過要做些文章，務行些故事，爲取爵祿之具而已。卻見得他底高，直是玄妙，又且省得氣力，自家反不及他，反爲他所鄙陋，所以便溺於他之說，被他引入去。

又曰，今之學者往往多歸異教者，何故。蓋爲自家這裏工夫有欠缺處，奈何這心不下，沒理會處，又見自家這裏說得來疏略，無箇好藥方治得他沒奈何底心，而禪者之說則以爲有箇悟門，一朝得入，則前後際斷，說得恁地見成捷快，如何不隨他去。此卻是他實要心性上理會了如此，不知道自家這裏有箇道理，不必外求，而此心自然各止其所。非獨如今學者，便是程門高弟，看他說那做工夫處，往往不精切。

又曰，老氏見得煞高，佛氏安敢望他，唐人方說佛，本朝士大夫好佛者，始初楊大年，後來張無盡。

又曰，老氏煞清高，佛氏乃爲逋逃淵藪。今看何等人，不問大人小兒官員村人商賈男子婦人，皆得入其門，最無狀，是見婦人便與之對譚，如杲老與中貴權要及士夫皆好，湯思退與張魏公如水火，杲老與湯張皆好，杲老乃是禪家之俠。

又曰，陳福公臨終親筆戒其子勿用浮屠，林子方力責之，人之卑陋乃如此。

又曰，本朝歐陽公排佛，就禮法上論，二程就理上論，終不如宋景文公捉得正贓出。蓋佛書分明是中國人附益，初來只有《四十二章經》，至晉宋間乃譚義，皆是剽竊老莊，取列子爲多。其後達摩來又說禪，又有三事，一空，二假，三中，空全論空，假者想出世界，中在空假之中，唐人多說假。

問，胡僧不能害傅奕，只是邪不能干正否。朱子曰，是他心不動。

又曰，釋氏之說，如明道數語闢得極善，他只要理會箇寂滅，不知須強要寂滅他做甚，既寂滅後卻作何用，何況號爲尊宿禪和者，亦何曾寂滅得。近世如宗杲，做事全不通點檢，喜怒更不中節，晉宋以前，遠法師之類所譚只是莊列，今其集中可見。其後要自立門戶，方脫去莊列之談，然實剽切其說。傅奕亦嘗如此說。論佛只是說箇大話謾人，可憐人都被他謾，更不省悟，試將《法華經》看，便見其誕，開口便說恆河沙數幾萬幾千幾劫，更無近底年代。又如佛受記某甲，幾劫後方成佛，佛有神通，何不便成就他做佛，何以待闕許久。又如住世羅漢猶未成佛，何故許多時修行，都無長進。今被他撰成一藏說話，遍滿天下，惑了多少人，勢須用退之，盡焚去乃可絶。今其徒若聞此說，必曰此正是爲佛教者，然實繆爲此說，其心豈肯如此，此便是言行不相應處。今世俗有一等卑下底人，平日所爲不善，一旦因讀佛書，稍稍收斂，人便指爲學佛之效，不知此特粗勝於庸俗之人爾。士大夫學佛者，全不曾見得力，近世李德遠輩皆是也。今其徒見吾儒所以攻排之說，必曰此吾之迹爾，皆我自不以爲然者。如果是不以爲然，當初如何卻恁地撰下，又如僞作韓歐別傳之類，正如盗賊怨捉事人，故意攤贓爾。

又曰，自伊洛君子之沒，諸公亦多聞闢佛氏矣，然終竟說他不下者，爲未知其失之要領爾。釋氏自謂識心見性，然其所以不可推行者，何哉，爲其於性與用分爲兩截也。聖人之道，必明其性而率之，凡修道之教無不本於此，故雖功用充塞天地，而未有出於性之外者。釋氏非不見性，及到作用處，則曰無所不可爲，故棄君背父，無所不至，由其性與用不相管也。異端之害道，如釋氏者極矣，以身任道者，安得不辨之乎。如孟子之辨楊墨，正道不明而異端肆行，周孔之教將遂絶矣。譬如火之焚將及身，任道君子豈可不拯救也。

又曰，今之闢佛者皆以義利辨之，此是第二義。佛以空爲見，其見已錯，所以都錯，義利又何足以爲辨。舊嘗參究，後頗疑其不是，及見李先生之言，初亦信未及，亦且背一壁，放且理會學問看如何，後年歲間，漸見其非。

又曰，近看石林《過庭錄》，載伊川參某僧後有得，遂反之，偷其說來做己使，是爲洛學。某向見光老示及某僧與伊川居士帖，後見此帖乃載《山谷集》中，後又見有跋此帖者，乃僧與潘子眞，其差謬類如此。但當初佛學只是說，無存養底工夫，至唐六祖始教人存養工夫，當初學者亦只是說，不曾就身上做工夫，至伊川方教人就身上做工夫，所以謂伊川偷佛說爲己使。

又曰，釋氏之教，其盛如此，其勢如何拗得他轉，吾人家守得一世再世不崇尚他者，已自難得，三世之後，亦必被他轉了，不知大聖人出，所過者化，所存者神時，又如何。

朱子《荅汪尚書》書曰，大抵近世言道學者，失於太高，讀書講義，率常以徑易超絶、不歷階梯爲快，而於其間曲折精微、正好玩索處，例皆忽畧厭棄，以爲卑近瑣屑，不足留情。以故雖或多聞博識之士，其於天下之義理，亦不能無所未盡，理既未盡，而胸中不能無疑，乃不復反求諸近，顧惑於異端之說，益推而置諸冥漠不可測知之域。兀然終日，味無義之語，以俟其廓然而一悟。殊不知物必格而後明，倫必察而後盡，彼自謂廓然而一悟者，其於此猶懵然也，則亦何以悟爲哉。又況俟之而未必可得，徒使人抱不決之疑，志分氣餒，虛度歲月而倀倀爾。曷若致一吾宗，循下學上達之序，口講心思，躬行力究，寧煩毋畧，寧下毋高，寧淺毋深，寧拙毋巧，從容潛玩，存久漸明，衆理洞然，次第無隱。然後知夫大中至正之極，天理人事之全，無不在是，初無迥然卓絶不可及者。而幾微之間，豪釐必察，醻酢之際，體用渾然。雖或使之任至重而處所難，亦沛然行其所無事而已矣，又何疑之不決，而氣之不完哉。此其與外學所謂廓然而一悟者，雖未知其孰爲優劣，然此一而彼二，此實而彼虛，則較然矣。就使其說有實非吾儒之所及者，是乃所以過乎大中至正之矩，而與不及者亡以異也。

又《荅汪尚書》書曰，竊觀來意，似以爲先有見處，乃能造夫平易，此則又似禪家之說，熹有所不能無疑也。聖門之教，下學上達，自平易處講究討論，積慮潛心，優柔饜飫，久而漸有得焉，則日見其高深遠大而不可窮矣。夫道固有非言語臆度所及者，然非顏曾以上幾於化者不能與也。今日爲學用力之初，正當學問思辨而力行之，乃可以變化氣質而入於道，顧乃先自禁切，不學不思，以坐待其無故忽然而有見，無乃溺心於無用之地，玩歲愒日，而卒不見其成功乎。就使僥倖於恍惚之間，亦與天理人心，叙秩命討之實，了無交涉。其所自謂有得者，適足爲自私自利之資而已。此則釋氏之禍橫流稽天而不可遏者，有志之士所以隱憂浩歎而欲火其書也。

又《荅汪尚書》書曰，道在六經，何必他求，誠如台諭，亦可謂要言不煩矣。然世之君子亦有雖知其爲如此，而不免於淪胥者，何哉。以彼之爲說者曰，子之所求於六經者，不過知性知天而已，由吾之術，無屈首受書之勞，而有其效，其見解眞實有過之者，無不及焉。世之君子既以是中其好徑欲速之心，而不察乎他求之賊道，貴仕者又往往有王務家私之累，聲色勢利之娱，日力亦不足矣。是以雖知至道不外六經，而不暇求，不若一注心於彼，而徼幸其萬一也。然則何必云者正矣，而熹竊恨其未嚴也，若易不必以不可，倘庶幾乎。蓋不必云者，無益之辭也，不可云者，有害之詞也。夫二者之間，相去遠矣。不審高明以爲如何。

《荅張欽夫》書曰，儒者之學，大要以窮理爲先，蓋凡一物有一理，須先明此，然後心之所發，輕重長短，各有準則。《書》所謂天秩天叙、天命天討，孟子所謂物皆然，心爲甚者，皆謂此也。若不如此先致其知，但見其所以爲心者如此，識其所以爲心者如此，泛然而無所準則，則其所存所發，亦何自而中於理乎。且如釋氏擎拳竪拂，運水搬柴之說，豈不見此心，豈不識此心，而卒不可與入堯舜之道者，正爲不見天理，而專認此心以爲主宰，故不免流於自私爾。前輩有言，聖人本天，釋氏本心，蓋謂此也。來示謂心無時不虛，熹以爲心之本體，固無時不虛，然而人欲己私汨沒久矣，安得一旦遽見此境界乎。故聖人必曰正其心，而正心必先誠意，誠意必先致知，其用力次第如此，然後可以得心之正，而復其本體之虛，亦非一日之力矣。今直曰無時不虛，又曰既識此心，則用無不利，此亦失之太快，而流於異學之歸矣。若儒者之言，則必也精義入神，而後用無不利可得而語矣。孟子存亡出入之說，亦欲學者操而存之爾，似不爲識此心發也。若能常操而存，則所謂敬者純矣，純則動靜如一，而此心無時不存矣。高明之意，大抵在於施爲運用處求之，正禪家所謂石火電光底消息也，而於優游涵泳之功，似未甚留意，是以求之太迫而得之若驚，資之不深而發之太露，《易》所謂寬以居之者，正爲不欲其如此爾。

又《荅張欽夫》書曰，自昔聖賢，不過使人盡其所以正心修身之道，則仁在其中，而性命之理得。伊川先生所謂盡性至命，必本於孝弟，正謂此爾，夫豈以天命全體置諸被命受生之前，四端五典之外，而别爲一術以求至乎彼哉。

又《荅張欽夫》書曰，釋氏雖自謂惟明一心，然實不識心體，雖云心生萬法，而實心外有法，故無以立天下之大本，而内外之道不備。然爲其說者，左右迷藏，曲爲隱諱，終不肯言一心之外，别有大本也。

《與張敬夫》書曰，以敬爲主，則内外肅然，不忘不助，而心自存。不知以敬爲主而欲存心，則不免將一箇心把捉一箇心，外面未有一事時，裏面已是三頭兩緒，不勝其擾擾矣，就使實能把捉得住，只此已是大病，況未必眞能把捉得住乎。儒釋之異，亦只於此便分了，如云常見此心光爍爍地，便是有兩箇主宰了，不知光者是眞心乎，見者是眞心乎。

《荅許順之》書曰，吾友見教，要使天下之人不知有自家，方做得事。且道此一念從何處來，喚做本心得否，喚做天理得否，直是私意上又起私意，縱使磨挫掩藏得全不發露，似箇沒氣的死人，亦只是計校利害之私，與聖門氣象大相懸隔，信知儒釋，只此毫釐間，便是謬以千里處，卻望吾友更深思之。

《荅連嵩卿》書曰，所謂天地之性即我之性，豈有死而遽亡之理。此說亦未爲非，但不知爲此說者，以天地爲主耶，以我爲主耶。若以天地爲主，則此性即自是天地間一箇公共道理，更無人物彼此之間，死生古今之别，雖曰死而不亡，然非有我之得私矣。若以我爲主，則只是於自己身上認得一箇精神魂魄有知有覺之物，即便目爲己性，把持作弄，到死不肯放舍，謂之死而不亡，是乃私意之尤者，尚何足與語死生之說，性命之理哉。釋氏之學，本是如此，今其徒之黠者往往自知其陋而稍諱之，卻去上頭别說一般玄妙道理，雖若滉漾不可致詰，然其歸宿，實不外此。若果如此，則是一箇天地性中别有若干人物之性，每性各有界限，不相交雜，改名換姓，自生自死，更不由天地陰陽造化，而爲天地陰陽者亦無所施其造化矣，是豈有此理乎。

《荅石子重》書曰，心說甚善，但恐更須收斂造約爲佳爾。以心使心，所疑亦善，蓋程子之意，亦謂自作主宰，不使其散漫走作爾。如孟子云操則存，云求放心，皆是此類，豈以此使彼之謂耶。但今人著箇察識字，便有箇尋求捕捉之意，與聖賢所云操存主宰之味不同。此毫釐間須看得破，不爾，則流於釋氏之說矣。

又《荅石子重》書曰，口之於味等事，其當然者，天理也，若槩謂之理，則便只成釋氏運水搬柴之說。

《荅陳明仲》書曰，程氏教人，以《論》《孟》《大學》《中庸》爲本，須於此數書熟讀詳味，有會心處，方自見得。如其未然，讀之不厭熟，講之不厭煩，非如釋氏指理爲障，而兀然坐守無義之語，以俟其僥倖而一得也。

《荅李伯諫》書曰，來書謂聖人以仁爲要，而釋氏亦言正覺，亦號能仁，又引程氏之說爲證，熹竊謂程氏之說，以釋氏窮幽極微之論觀之，似未肯以爲極至之論，但老兄與儒者辨，不得不借其言爲重爾。然儒者言仁之體則然，至語其用，則毫釐必察，故曰，仁之實，事親是也。又曰，孝弟也者，其爲仁之本與。此體用所以一源，而顯微所以無間也。釋氏之云正覺能仁者，其論則高矣，美矣，然其本果安在乎。

又《荅李伯諫》書曰，來書云，形有死生，眞性常在。熹謂性無僞冒，不必言眞，未嘗不在，不必言在。蓋所謂性，即天地所以生物之理，所謂維天之命，於穆不已，大哉乾元，萬物資始者也。曷嘗不在，而豈有我之所能私乎。釋氏所云眞性，不知其與此同乎否也。同乎此，則古人盡心以知性知天，其學固有所爲，非欲其死而常在也。苟異乎此，而欲空妄心，見眞性，惟恐其死而失之，非自私自利而何。是猶所謂廉賈五之，不可不謂之貨殖也。

又《荅李伯諫》書曰，來書謂伊川先生所云内外不備者爲不然，蓋無有能直内而不能方外者。此論甚當，據此正是熹所疑處。若使釋氏果能敬以直内，則便能義以方外，便須有父子，有君臣，三綱五常，闕一不可。今曰能直内矣，而其所以方外者果安在乎，又豈數者之外別有所謂義乎。以此而觀伊川之語，可謂失之恕矣。然其意不然，特老兄未之察爾。所謂有直内者，亦謂其有心地一段工夫爾，但其用工卻有不同處，故其發有差，他卻全不管著，此所以無方外之一節也。故明道先生又云，釋氏惟務上達而無下學，然則其上達處，豈有是也，無不相連屬，但有間斷，非道也。此可以見内外不備之意矣。

《荅林擇之》書曰，如云滿腔子是惻隱之心，此是就人身上指出此理充塞處，最爲親切，若於此見得，即萬物一體，更無内外之別。若見不得，卻去腔子外尋覓，則莽莽蕩蕩，無交涉矣。陳經正云，我見天地萬物皆我之性，不復知我身之爲我矣。伊川先生曰，他人食飽，公無餒乎。正是說破此病。《知言》亦云，釋氏以虛空沙界爲己身，而不敬其父母所生之身，亦是說此病也。

《荅廖子晦》書曰，聖門之學，下學而上達，至於窮神知化，亦不過德盛仁熟而自至爾。若如釋氏，理須頓悟，不假漸修之云，則是上達而下學也，其與聖學亦大不同矣。而近世學者每欲因其近似而說合之，是以爲說雖詳，用心雖苦，而卒不近也。《中庸》所謂喜怒哀樂之未發謂之中，發而皆中節謂之和，只是說情之未發，無所偏倚，當此之時，萬理畢具，而天下萬物無不由是而出焉，故學者於此涵養栽培，而情之所發，自然無不中節爾。故又曰，中者，天下之大本，和者，天下之達道。此皆日用分明底事，不必待極力尋究，忽然有感，如來喻之云，然後爲得也。必如此云，則是溺於佛氏之學而已。然爲彼學者，自謂有見，而於四端五典、良知良能、天理人心之實然而不可易者，皆未嘗畧見彷彿，甚者披根拔本，顛倒錯繆，無所不至。則夫所謂見者，殆亦用心太過，意慮泯絕，恍惚之間，瞥見心性之影象爾，與聖門眞實知見，端的踐履，徹上徹下，一以貫之之學，豈可同年而語哉。

又《荅廖子晦》書曰，蓋詳來喻，正謂日用之間，別有一物，光輝閃爍，動蕩流轉，是即所謂無極之眞，所謂谷神不死，二語皆來書所引，所謂無位眞人，此釋氏語，正谷神之酋長也。學者合下便要識得此物，而後將心想像照管，要得常在目前，乃爲根本功夫。至於學問踐履，零碎湊合，則自是下一截事，與此粗細迥然不同，雖以顏子之初，鑽高仰堅，瞻前忽後，亦是未見此物，故不得爲實見爾。此其意則善矣，然若果是如此，則聖人設教，首先便合痛下言語，直指此物，教人著緊體察，要令實見，著緊把捉，要常在目前，以爲直截根原之計。而卻都無此說，但只教人格物致知，克己復禮，一向就枝葉上零碎處做工夫，豈不誤人枉費日力耶。《論》《孟》之言平易明白，固無此等玄妙之談，雖以子思、周子喫緊爲人，特著《中庸》《太極》之書，以明道體之極致，而其所說用功夫處，只說擇善固執，學問思辨而篤行之，只說定之以中正仁義而主靜，君子修之吉而已，未嘗使人日用之間，必求見此天命之性，無極之眞，而固守之也。蓋原此理之所自來，雖極微妙，然其實只是人心之中許多合當做底道理而已，但推其本，則見其出於人心，而非人力之所能爲，故曰天命。雖萬事萬化皆自此中流出，而實無形象之可指，故曰無極爾。若論功夫，則只擇善固執，中正仁義，便是理會此事處，非是別有一段根原功夫，又在講學應事之外也。如說求其放心，亦只是說日用之間，收斂整齊，不使心念向外走捉，庶幾其中許多合做底道理，漸次分明，可以體察，亦非捉取此物，藏在胸中，然後別分一心出外，以應事接物也。來書又云，洞見全體，而後事無一不善。則是未見以前，未嘗一一窮格以待其貫通，而直以意識想象之爾，是與程子所訶對塔而說相輪者，何以異哉。

《荅汪太初》書曰，近世學者不知聖門實學之根本次第，而溺於老佛之說，無致知之功，無力行之實，而常妄意天地萬物人倫日用之外，別有一物，空虛玄妙，不可測度，其心懸懸然惟徼幸於一見此物，以爲極致，而視天地萬物本然之理，人倫日用當然之事，皆以爲是非要妙，特可以姑存而無害云爾。蓋天下之士不志於學，則泛然無所執持，而狥於物欲，幸而知志於學，則未有不墮於此者也。

《荅詹兼善》書曰，所謂釋氏一覺之外，更無分別，不復事事，而吾儒事事無非天理。此語是也，然吾儒亦非覺外有此分別，只此覺處，便有天高地下，萬物散殊，毫髮不可移易，所謂天叙天秩，天命天討，正在是爾。

《荅潘恭叔》書曰，性固不能不動，然其無所不有，非爲其不能不動而後然也，雖不動，而其無所不有亦曷常有虧欠哉。釋氏之病，乃爲錯認精神魂魄爲性，非爲不知性質不能動而然也。使其果能識性，即不可謂之妄見，既曰妄見，則不可言見。夫性之本空，此等處主語未瑩，恐亦是見得未分明也。

《荅胡季隨》書曰，《遺書》所云釋氏有盡心知性，無存心養性，亦恐記錄者有誤，要知釋氏只是恍惚之間見得些心性影子，卻不曾子細見得眞實心性，所以都不見裏面許多道理。政使有存養之功，亦只是存養得他所見底影子，固不可謂之無所見，亦不可謂之不能養，但所見所養非心性之眞爾。

《荅傅子淵》書曰，大抵賢者勇於進道，而果於自信，未嘗虛心以觀聖賢師友之言，而一取決於胸臆，氣象言語，只似禪家張皇鬭怒，殊無寬平正大，沉浸醲郁之意，荆妙所謂有拈搥竪拂意思者，可謂一言盡之。然左右初不領畧，而渠亦無後語，此愚所深恨也。

《荅吳斗南》書曰，聖門所謂聞道，聞只是見聞玩索而自得之之謂，道只是君臣父子日用常行當然之理，非有玄妙奇特，不可測知，如釋氏所云豁然大悟，通身汗出之說也。如今更不可別求用力處，只是持敬以窮理而已。參前倚後，今人多錯說了，故每流於釋氏之說。先聖言此，只是說言必忠信，行必篤敬，念念不忘，到處常若見此兩事不離心目之間爾。如言見堯於羹，見舜於牆，豈是以我之心還見我心，別爲一物而在身外耶。無思無爲是心體本然，未感於物時事，有此本領，則感而遂通天下之故矣，恐亦非如所論之云云也。所云禪學悟入，乃是心思路絕，天理盡見，此尤不然。心思之正便是天理，流行運用無非天理之發見，豈待心思路絕而後天理乃見耶。且所謂天理，復是何物，仁義理智，豈不是天理，君臣、父子、兄弟、夫婦、朋友，豈不是天理。若使釋氏果見天理，則亦何必如此悖亂，殄滅一切，昏迷其本心，而不自知耶。凡此皆近世淪陷邪說之大病，不謂明者亦未能免俗，而有此言也。

《荅陳衛道》書曰，天生烝民，有物有則，只生此民時，便已是命他以此性了。性只是理，以其在人所稟故謂之性，非有塊然一物可命爲性而不生不滅也。

又《荅陳衛道》書曰，性命之理只在日用間零碎去處，亦無不是，不必著意思想，但每事尋得一箇是處即是此理之實。不比禪家見處，只在儱侗恍惚之間也。所云釋氏見處，只是要得六用不行，則本性自見，只此便是差處。六用豈不是性，若待其不行然後性見，則是性在六用之外別爲一物矣。譬如磨鏡，垢盡明具，但謂私欲盡而天理存爾，非六用不行之謂也。又云其接人處不妨顛倒作用，而純熟之後，卻自不須如此。前書所譏，不謂如此，正謂其行處顛錯爾。只如絕滅三綱，無父子君臣一節，還可言接人時權且如此，將來熟後卻不須絕滅否。此箇道理無一息間斷，這裏霎時間壞了，便無塡補去處也。又云雖無三綱五常，又自有師弟子上下名分，此是天理自然，他雖欲滅之，而畢竟絕滅不得。然其所存者乃是外面假合得來，而其眞實者卻已絕滅，故儒者之論，每事須要眞實是當，不似異端，便將儱侗底影象來此罩占眞實地位也。所謂應事接物時時提撕者，亦只是提撕得那儱侗底影象，與自家這下功夫未有干涉。鄙見如此，幸試思之。

《荅何叔京》書曰，潘君之論異乎所聞矣，其所誦說環溪之書雖未之見，然以其言考之，豈其父嘗見環溪，而環溪者，即濂溪之子，元翁兄弟也與。元翁與蘇黃遊，學佛談禪，蓋失其家學之傳已久，其言固不足據。且潘君者，又豈非清逸家子弟耶，清逸之子亦參禪，雖或及識濂溪，然其學則異矣。今且據此書論之，只文字語言便與《太極》《通書》等絕不相類，蓋《通書》文雖高簡，而體實淵慤，且其所論，不出乎陰陽變化、修已治人之事，未嘗劇談無物之先，文字之外也。而此書乃謂中爲有物，而必求其所在於未生之前，則是禪家本來面目之緒餘爾。殊不知中者，特無偏倚、過不及之名，以狀性之體段。而所謂性者，三才五行萬物之理而已矣，非有一物先立乎未生之前，而獨存乎既沒之後也。其曰執，曰用，曰建，亦體此理以修已治人而已矣，非有一物可以握持運用而建立之也。其後所謂立象示人，以乾元爲主者，尤爲誑誕無稽，大槩本不足辨，以來教未有定論，故畧言之。

《荅汪叔畊》書曰，所論周程傳授次第，恐亦有未易言者，而以太極圖爲有單傳密付之三昧，則又近世學者背形逐影、指妄爲眞之弊也。夫道在目前，初無隱蔽，而衆人沈溺膠擾，不自知覺，是以聖人因其所見道體之實，發之言語文字之間，以開悟天下與來世。其言叮嚀反覆，明白切至，惟恐人之不解了也，豈有故爲不盡之言，以愚學者之耳目，必俟其單傳密付而後可以得之哉。但患學者未嘗虛心靜慮、優柔反覆以味其立言之意，而妄以已意輕爲之說，是以不知其味而妄意乎言外之別傳爾。《不欺論》中所談儒佛同異得失，似亦未得其要，至論所以求乎儒者之學，而以平其出入之息者參之，又有忘心忘形、非寐非寤、虛白清鏡、火珠靜月、每現輒變之說，則有大不可曉者，不知儒者之學自六經孔孟以來，何嘗有是說，而吾子何所授受而服行之哉。所以求之者如是之雜，無怪乎愈求而愈不得也。

《荅許生》書曰，來喻乃謂讀書逐於文義，玩索墮於意見，而非所以爲切己之實，則愚有所不知其說也。夫讀書不求文義，玩索都無意見，此正近年釋氏所謂看話頭者，世俗書有所謂《大慧語錄》者，其說甚詳，試取一觀，則其來歷見矣。若曰儒釋之妙，本自一同，則凡彼之所以賊恩害義，傷風壞教，聖賢之所大不安者，彼既悟道之後，乃益信其爲幻妄，而處之愈安，則亦不待他求，而邪正是非已判然於此矣。

西山眞氏曰，按漢永平初，佛法入中國之始也，是時所得者，佛經《四十二章》，緘之蘭臺石室而已。所得之像，繪之清凉臺顯節陵而已。楚王英雖好之，然不過潔齋修祀而已，英尋以罪誅，不聞福利之報。其後靈帝始立祠於宮中，魏晉以後，其法寖盛，而五□之君，若石勒之於佛圖澄，苻堅之於沙門道安，姚興之於鳩摩羅什，往往尊以師禮，元魏孝文號爲賢主，亦幸其寺，修齋聽講。自是至於蕭梁，其盛極矣，而其源則自永平始，非明帝之責而誰哉。

又曰，魏晉以後，人主之事佛未有如梁武之至者也。夫以萬乘之尊而自捨其身爲佛之厮役，其可謂卑佞之極矣。殫國府藏，朘民膏血，以資塔廟，又可謂尊奉之極矣。以蔬茹麪食而易宗廟之牲牢，恐其有累冥道也。織官文錦，有爲人類禽獸之形者亦禁，反逆赦而不誅，剽盜肆行，亦弗忍禁，凡以推廣佛戒也。蓋嘗論之，使僊而可求，則漢武得之矣。佛而可求，則梁武得之矣。以二君而無得焉，則知其不可求而得也明矣，縱求而得之，戎狄荒幻之教不可以治中夏，山林枯槁之行不可以治國家，况不可求耶。漢武貪僊而終致虛耗之禍，梁武佞佛而卒召亂亡之厄，則貪佞之無補也又明矣。且其舍身事佛，豈非厭塵囂而樂空寂乎，使其能若迦維之嫡嗣，視王位如敝屣，褰裳而去之，庶乎爲眞學佛者。而帝也既以篡弑取人之國，又以攻伐侵人之境，及其老也，雖慈孝如太子統，一涉疑似，忌之而至死，貪戀如此，又豈眞能捨者乎。釋服入道，既可徼浮圖之福，奉金贖還，又不失天子之貴，是名雖佞佛而實以誑佛也。且其織文之非實，猶不忍戕之，彼蚩蚩之氓，性命豈鳥獸比，而連年征伐，所殺不可勝計。浮山築堰，浸灌敵境，舉數十萬衆而魚鼈之，曾不少衂，是名雖小仁，而實則大不仁也。且國所與立，惟綱與常，帝於諸子皆任以藩維，而無禮義之訓，故正德以梟獍之資，始舍父而奔敵國，終引賊以覆宗祊。若綸若繹，或總雄師，或鎭上游，當君父在難，不聞有灑血投袂之意。方其弟兄相仇，叔姪交兵，極人倫之惡，此無他，帝之所學者，釋氏也，釋氏以天倫爲假合，故臣不君其君，子不父其父，三四十年之間，風俗淪胥，綱常掃地，宜其致此極也。使其以堯舜三王爲師，而不雜於方外之教，必本仁義，必尙禮法，必明政刑，顧安有是哉。

又曰，按唐代宗以佛言報應爲問，使其時有儒者在相位，必以福善禍淫、虧盈益謙之理反復啓告，使人主懍然知天道之不可誣，而自強於修德。元載等曾微一語及此，乃以宿植福業爲言，而謂國祚靈長，皆佛之力，毋乃厚誣天道乎。夫唐之所以歷年者，以太宗濟世安民之功不可掩也，而所以多難者，以其得天下也不純乎仁義，綱常禮法，所在有慙德焉，繼世之君，克己勵善者少，恣情悖理者多也。天有顯道，厥類惟彰，此之謂矣。載等舍天道而談佛果，是謂災祥之降，不在天而在佛也，爲治之道，不在修德而在於奉佛也。代宗惟其不學，故載等得以惑之。且夫安史之禍，由太眞蠱於內，楊李賊於外，醞釀而成之也。而所以能平之者，由子儀、光弼諸人盡忠帝室，驅而攘之也。其所以皆有子禍者，祿山、思明以臣叛君，故慶緒、朝義以子弑父，此天道之所以類應者也。回紇、吐蕃不戰自退，則又子儀挺身見虜，設謀反間之力，推迹本末，皆由人事，而載等乃曰此非人力所及，其欺且誣，固不甚哉。方是時，子儀以屢立大功爲大閹魚朝恩所忌，載等以卻敵歸之佛力，旣足以排子儀，又足以媚朝恩，姦邪情狀，豈不灼然，而代宗弗之察也。寇至則飯僧講經以禳之，寇退則厚加賞賚，移爪牙之功歸髡彨之輩，其不激將士之怒而速危亡之厄，直幸而已爾。其後我朝舉兵南伐，孱主李煜亦祖是轍，梵唄未終，而城堞不守矣。吁，是豈不足爲千載之戒哉。

又曰，後世人主之事佛者，大抵徼福田利益之報，所謂以利心而爲之者也，故韓愈佛骨之諫，歷陳古先帝王之時，未有佛而壽考，後之人主事佛而夭促，可謂深切著明者矣，而憲宗弗之悟也。方是時，旣餌金丹，又迎佛骨，求僊媚佛，二者交舉，曾未期年，而其效乃爾，福報果安在耶。

金仁山曰，佛氏之說比告子更精神，然佛氏妙處在此，差亦在此，蓋指視聽言動之氣爲性，而不知所以視聽言動之理爲性也。指人心爲性，而不知道心爲性也。雖其主於收攝，作弄精神，而顚倒錯謬，終不可以入堯舜精一執中之道。

又《異學　釋氏中》（同上，卷五二）　曹月川曰，人氣聚而生，氣散而死，猶旦晝之必然也，安有死而復生爲人，生而復死爲鬼，往來不已，而爲輪迴哉。

又曰，吾儒之寂寂而感，如曰寂然不動，感而遂通天下之故，蓋謂此心方其寂然不動，而民彝物則，燦然具備於中。及感而遂通，則範圍之而不出乎一心，酬酢之而乃通乎萬變，爲法於天下，可傳於後世，又何往非心之感耶。佛氏之寂寂而滅，如曰以虛爲宗，以未有天地之先爲眞體，以天地萬物爲幻，人事都爲粗迹，盡欲屏除去了，一歸於眞空爾。此等之教，不察夫義理，措諸事業，又將何以有實事乎。

敬軒薛氏曰，寂而感，虛而實，此吾儒與釋子不同處。

又曰，《金剛經》只欲說形而上之道，以形而下者爲幻迹，此所以偏於空虛也。聖人則道器合言，所以皆實。

又曰，程子曰，釋氏不識陰陽晝夜死生古今，愚謂惟其如此，故其言誕妄。

又曰，程子曰，有無動靜始終之理，聚散而已，蓋聚則爲有爲動爲始，散則爲無爲靜爲終，生死之說，不過如此。釋氏聚散亦人爾，安能以已散者爲禍福耶，舉前古爲其所惑，理之不明也甚矣。

又曰，陳仲子無親戚君臣上下，其廉爲小節，釋氏滅天理人倫以潔其身，果何道哉。

又曰，釋氏出世法，天地陰陽古今皆世也，而可出乎。

又曰，釋子塵芥六合，然六合無窮，安得塵芥之。夢幻人世，然人世皆實理，安得夢幻之。

又曰，釋子以罪福誘人，豈是公道。

又曰，釋子不問賢愚善惡，只順己者便是。

又曰，自有天地即有聖人之教，西方之學果是耶，伏羲、神農、黃帝、堯舜、三代之世，又何爲不出耶。果非耶，何其旣出而好之者衆耶。西方之學未出而天下之治靡所缺，旣盛而前代之治有所忽，其殆有所乘而至耶，抑氣化消息、邪正相勝而然耶。余皆不知其故也。

又曰，身體髮膚受之父母，不敢毀傷，人之大孝也。夫婦配偶所以承先世之重，延悠遠之緒，人之大倫也。釋氏乃使人禿其髮，絕其配，不孝絕倫之罪大矣。

又曰，聖人順天理而盡人倫，釋氏逆天理而滅人倫。

又曰，釋氏逃世滅倫以爲潔，正猶陳仲子辟兄離母以爲廉也，是安可以其小者信其大者哉。

又曰，天者萬物之祖，生物而不生於物也。釋氏亦人爾，其四肢百骸，固亦天之所生也，豈有天所生者而能擅造化之柄耶。若如其說，則天不在天，而在釋氏矣。萬物始終，莫非陰陽合散之所爲，釋氏乃有輪迴之說，則萬物始終，不在造化而在釋氏矣。寧有是理耶。

又曰，聖人之心如天，物有違忤者，終無私怒也。釋氏極言其神妙無方，慈悲忍辱，至於一有毀謗其書、不尊其教者，即報之以種種之罪，又何量之小而心之忮耶。

又曰，聲香色味觸，佛書所謂五欲，世人之所貪，彼欲滅絶者也，極其論聲香色味之盛，又極人世之所無者而誇耀之，何耶。

又曰，釋氏本是自潔其身，紛紛之言，皆其徒附會之也。

又曰，中夜忽思天下無性外之物，而性無不在，君臣、父子、夫婦、長幼、朋友，皆物也，而其人倫之理即性也。佛氏之學有曰明心見性者，彼既舉人倫而外之矣，安在其能明心見性乎。若果明心見性，則必知天下無性外之物，而性無不在，必不舉人倫而外之也。今既如此，則偏於空寂而不能眞知心性體用之全審矣。程子謂其言爲無不周徧，實則外於倫理，不其信與。

又曰，道無有不到處，亦無有間斷處，釋氏出家修行，是有不到處，專務上達而無下學，是有間斷處，又焉得爲道乎。

又曰，聖人雖澤及四海，功被萬世，而無一毫自滿之意，釋氏動輒言其功德無量，何耶。

又曰，釋氏極論道妙，而以金玉珍寶奇怪之物侈言之，何耶。

又曰，滿眼皆實理，而人不之信，釋氏持一偏空說，舉前古之人皆爲所惑，何哉。

又曰，學者得如周程張朱之爲人亦可矣，四子不好佛，而學者乃好之，則是爲人不求如四子之賢，而好佛乃求過於四子也，惑之甚矣。

又曰，周程張朱，眞儒也，四子辨佛老之非至矣，學者讀四子之書，而乃匍匐佛老之奴隸，是豈眞知四子而能讀其書者哉。

又曰，聖人之心廓然大公，與化無累，異端必求一超出陰陽之外、不生不滅之説，有是理乎。

又曰，聖賢之言皆平易知，後世儒者有作禪語以見於文辭者，雖曰明理，失平易之意矣。

明成化初，以太后誕辰建齋醮，禮部尚書姚夔率大臣醵錢具瓣香，期赴壇助禱祠，給事中張寧上疏曰，釋老之教，邃古所無，下至漢唐，其法寖盛，然三代君主壽考，世運靈長，後世衰亂相仍，年祚少永，釋老無補，較然可知。夫父子、君臣、夫婦、兄弟、朋友、長幼，人之大倫，自古體國立法，修政建事，無非此爲之經理者也，佛老之法，則欲去君臣，廢夫婦，一切歸諸虛無寂滅，使其教盡行，不及百年，人類盡矣。歷代英君誼辟，非不欲深惡而痛革之，特以其禍福輪迴之空譚，頗能以警動愚俗，姑將存之，爲治化之外一術爾，非眞謂其能扶世立教，延國步而爲之崇奉也。比者以皇太后誕日建齋，固皇上百順之孝，慰悅聖慈，無所不用其極之心也。諸大臣及百職事，但當和衷助德，上綏懿祉，則心誠道得，允合舊章，安有身爲儒者，自失其守而從諛於邪也。夫人臣之事君，願其福則當勸其德善，願其壽則當閉其褻淫，願天心向順，則當相以和保小民，康濟四海，以祈永命。今不能然，而欲以瓣香尺楮，具列之銜，宣揚於佛老之宮，相率而拜之曰，爲朝廷祈福也。天地鬼神，山川河嶽，昭布森列，亦安可厚誣矣。臣之於君，猶子之於父，若能以齋醮助國，雖殺身願之，豈敢以儒者門戶之故，爲此崛強，與彼相較量哉。但以無益事情，徒傷大體，於經筵聖學，不無所損，於進講儒臣，難以身勸。不報。

邱瓊山曰，浮屠氏之所言所爲，眞所謂大亂之道，在三代聖王，所必誅而無赦者也。漢明帝爲人之子，乃崇無父之教，居君之位，乃容不拜之臣，爲中□之主，乃黨外□之人，開茲大釁，以爲中□千萬年無窮之禍害。嗚呼，若漢明帝者，豈非名教中萬世之罪人哉。

敬齋胡氏曰，離內外，判心迹，此二本也。蓋心具衆理，衆理悉具于心，心與理一也，故天下事物之理雖在外，統之在吾一心，應事接物之迹雖在外，實吾心之所發見。故聖人以一心之理應天下之事，內外一致，心迹無二。異端虛無空寂，此理先絶于內，以何者而應天下之事哉。由其專事乎內而遺其外，不考諸迹而專求諸心，厭棄事物之理，專欲本心之虛靈，是分內外心迹爲二本矣。愚嘗思之，內外心迹終二他不得，空則內外俱空，實則內外俱實，有則內外皆有，無則內外皆無，是則心迹皆是，非則心迹皆非，正則心迹皆正，邪則心迹皆邪，固未嘗二也。

又曰，老氏雖虛無，然亦終不奈這道理實有何，故滅不盡。禪家素淨打坐，只消一箇空字，把天下道理滅絶掃盡。

又曰，莠之亂苗，紫之奪朱，皆以其相似而難辨，與儒道相似莫如禪學，此最害道者。後之學者做存心工夫不得其眞者，多流于禪，所謂高者入于空虛。蓋天資高邁者多厭世事之汨冗，而樂于靜虛，又好奇妙而忽卑近，又力去做靜中工夫，掃除物欲，屏絶思慮，是在內裏先做空了，不覺流于禪學，只緣在小學四書、《近思錄》不曾實體驗，而於窮理工夫不到，故如此。

又曰，釋氏見道，只如漢武帝見李夫人，非眞見者也。釋氏只想像這道理，故勞而無功，儒者便即事物上去窮究。

又曰，禪伯是懷一箇道理形像在心，不肯放下，故忙得無了時。聖人則退藏於密，遇事時便應，學者則須閑邪存誠，邪既閑，誠自存，亦泰然無事。

又曰，《遺書》言釋氏有敬以直內，無義以方外，又言釋氏內外之道不備，此記者之誤。程子固曰惟患不能直內，內直則外必方，蓋體用無二理，內外非二致，豈有能直內而不能方外，體立而用不行者乎。敬則中有主，釋氏中無主，謂之敬，可乎。

又曰，視鼻端白，以之調息去疾則可，以之存心則全不是，久必入異教。蓋取在身至近一物以繫其心，如反觀內視，亦是此法，佛家用數珠，亦是此法，羈制其心，不使妄動。嗚呼，心之神靈，足以具衆理應萬事，不能敬以存之，乃羈于一物之小，置之無用之所，哀哉。

又曰，今之學道者多入異教，是他做存心工夫上差了，程朱闢異端甚詳，今被他反引其言入異教去用，此風已盛，鼓惑後學，陷溺人心，世道必愈衰，豈天意如此。奈何奈何。

又曰，禪學人易陷溺者，是他做主敬涵養之功不至，無以存其心，不如索性尋箇閑靜，庶不爲物誘。見聖賢有箇存心工夫，遂捉住此心安放在腔子裏，及久也，常若見此心光爍爍在此，自以爲眞能存心。及其遇事，所存之心已靠不得，應得事來，心又失了，存得心來，事又背了。故其顚倒錯亂，猖狂自恣，蓋緣心與事兩不相照，是其所存之心不足具衆理，又滅衆理，不足以應萬事，又害萬事，故禪學之陋如此。殊不知心本在內之物，其體足以具衆理，其用足以應萬事，或爲舊習所繞，物欲所誘而放也，惟戒謹恐懼，齋莊恭敬，若履淵氷，若接賓祭，則固已湛然在內，天下之理已涵具于其中，豈假拘縛捕捉然後入，照看繫制而後存哉。事物之來，此湛然在內之心隨而酬酢之，必能精察詳盡，各得其理，又豈有紛擾錯亂之患哉。《易》所謂敬以直內，義以方外，《中庸》所謂大本達道，此之謂也。然則彼所存之心非心與，抑是心與。謂之不是心亦不可，但被他做差了工夫，將這心來作弄照看，如玩好之物相似，所以如此。

又曰，今人有過去思慮以爲心不放者，有常拘制，看住心在這裏以爲存者，皆非聖賢存心之法，所以流於異學。聖賢只說戒謹恐懼則心自存，何嘗看住此心，不許他走，只整齊嚴肅則心便一，何嘗遏絕思慮以求不雜。主一只是常要整肅，非是尋得箇物事來照管不失，堯曰欽明，只欽則本心自明，亦不是要見得此心光明，如一物在此。儒釋之分，正在此處，宜深察明辨也。

又曰，佛學捷徑，儒學周偏，所謂捷徑者，只專守此心，便會悟道，若悟得萬事皆畢了，不用下學，自能上達。以爲道無不在，凡所動作，無不是道，所以身不用檢，心不用察，任其自恣。儒者則存心以敬，又事事精察無遺，所以窮理力行之功，盡人倫，周事物，其效則三綱正，萬事治。

又曰，禪家存心，雖與孟子求放心、操則存相似，而實不同。孟子只是不敢放縱其心，所謂操者，只約束收斂，使內有主而已。豈如釋氏常看著一個心光明明，如一物在此。夫既收斂有主，則心體昭然，遇事時監察必精，若守著一個光明底心，則只與此心打攪，內自相持既熟，割舍不去，人倫世事都不管。又以爲道都不在，隨其所之，只要不失此光明之心，不拘中節不中節，皆是道也。

又曰，今之禪者說無適而非道，凡所動作，無非至理，所以鼓扇得人起，察其言動，則皆是私意。又其精神氣魄強盛，能鼓動淩駕，小生不敢開口，拱手聽命，又能誘惑人，故人翕然從之。

又曰，朱子言釋氏徒守空寂，有體無用，此記錄之悞，豈有有體而無用者乎。釋氏專守空寂，是無體矣，猖狂自恣，是無用矣。

又曰，見得此心光明，亦是佛學之低者，若高底連心都無了，今陳公甫已到高處，克貞未到。

又曰，釋氏之存心有二，一是習爲虛靜，絕滅思慮，使之無雜擾。一是常照住此心，不令走作。殊不知聖賢教人，自灑掃應對，周旋禮樂，孝悌恭敬，皆是存心之具。如九容九思，亦是存養之法，故心存理得而事治。釋氏之存心，適以壞其心之體，絕其心之用，其害莫大焉。

又曰，儒者敬以存心，其心體湛然，在腔子裏，如主人公在家，便能整治家事，是箇活主人。釋氏默坐澄心，屏去思慮，久而至於空豁，是無主人矣。又有只是繫制其心使之存者，便死煞了他，做主不得。如人家只得騃底主人，全不會整理家事，蓋緣繫制其心，蠢然如一物，此則禪之下者，眞空無心是禪之上者。

又曰，釋氏心亦不放，只是內裏無主。

又曰，禪家不知以理義養心，只捉住一箇死法。

又曰，程子以必有事焉而勿正，心勿忘，勿助長爲敬，是孟子言外之意，主一即此義也。於此會得到，私意不容，天理流行矣，故與鳶飛魚躍同活潑潑地。非如釋氏，其實無見，只是弄精神也。

又曰，釋氏說心，只說著一箇意思，非是眞識此心也。釋氏說性，只說著一箇人心形氣之私，未識性命之正。

或疑朱子言敬者一心之主宰爲非，以爲心能主敬，豈敬能主心。敬齋曰，固是心去主敬，敬卻能做心之主也。心若不敬即放，能敬即存，非心之主而何。問，釋氏默坐澄心，亦是敬也，何以心反無主。曰，似是而非。他只默坐澄心，是死法，敬則該貫動靜，是活法。如居處恭，執事敬，以至動容周旋皆敬之，事能如此，則中自有主，又不合他死殺要澄取此心，亦是助長，以其默坐澄心之久，雖似見得有箇光明意思，亦非眞心，所以無主也。

又曰，自家大本不立，見得道理不分明，未有不入異教者，如陳公甫、婁克貞皆是儒者陷入去，故程子曰，只因無處撈摸，智窮力屈，見他有箇寬閑意思，遂歸之。朱子曰，只爲這裏工夫欠缺，奈何心不下，故如此。

又曰，異教所謂存心有二也，一是照看一心，如有一物常在這裏。一是屏除思慮，絕滅事物，使其心空豁，無所外交。其所謂道亦有二也，一是想像摸索此道如一箇物事在前，一是以直覺運動爲性，謂凡所動作，無不是道，常不能離，故猖狂妄行。

又曰，禪伯行住坐臥無不在道，愈與道離。行住坐臥無不存心，中愈無主。是其未嘗隨事察理，只想像一箇道來懷放胸中，未嘗莊敬嚴肅，只將一箇心來求索捉弄。

又曰，曾點雖見得道理分明，然下學工夫有欠，故無以有諸己，若顏子便拳拳服膺。邵康節見得道理分明，又作弄得熟，反成玩侮天理。釋氏未能眞見，但作弄自己精神。

又曰，心有存主，即能宰制萬物，孟子求放心是本原功夫，釋氏置心於無用之地，曷嘗有主。

又曰，程子發明心有主一句，眞學之要，此便見虛中有實，大本卓然。彼徇於功利者雜擾而無主，溺於空虛者寂滅而無主。只收斂專一便是有主之道，朱子所謂自作主宰，自操自存。今有一等學問，常照看一箇心在內裏，乃異教反觀內視之法，其無主一也。

又曰，學一差，便入異教，其誤認聖賢之意者甚多，此言無爲，是無私意造作，彼遂以爲眞虛淨無爲矣。此言心虛者，是心有主而外邪不入，故無昏塞，彼遂以爲眞空無物矣。此言無思，是寂然不動之中，萬理咸備，彼遂以爲眞無思矣。此言無適而非道，是道理無處無之，所當操存省察，不可造次顛沛之離，彼遂以爲凡其所適，無非是道，故任其猖狂自恣而不顧也。

又曰，釋氏誤認神識爲理，故以作用是性，殊不知神識是氣之英靈，所以妙是理者，就以神識爲理則不可。性是吾身之理，作用是吾身之氣，認氣爲理，以形而下者作形而上者。

又曰，天下古今謬妄以致顛倒錯亂，莫甚于佛氏，老莊又在其次。如以己身爲凡身，要別尋一箇眞身，其愚乃至此，可哀也。又以爲先有我，然後有性有命，其差則一也。以其誤認別有一箇眞身常在不生不滅之中，性命亦由我而後有，故性命亦不足惜，故肯捨身食虎。其意以爲旣有眞身，還有一箇眞性命，所生之身，所生性命，皆是假底，不若捨之以去，必尋著那元初眞底，其謬妄至此，亦有其故。原其初，只是不屑人事而屏絕之，以致空虛無事，心無存主，又無用處，雖要無心，亦不能無心，心無安處，故懸空想出這般假物事來，又要棄了自己所生眞身，眞性命，以就懸空。假底不知其假，反以爲眞，將見棄了眞底，假底又就不得。哀哉，自其說流傳，引取了多少好人陷入那誤門中去。

又曰，程子發心有主之說，擴前聖所未言，破異端空虛之惑。異端心不可謂之放，謂有主則不可，謂在腔子外則不可，亦不可謂在腔子裏。其絕滅思慮，固不可謂放而在外者。其曰空寂，曰無心，又不可謂存而在內。雖曰無心，然亦不能使截然無也，故又有照看一箇心光明常在者，如此則又只照看其心，兩相持攫，如鷸蚌相似，其無主亦甚矣。聖賢則收斂莊敬，其心肅然在此，湛然在內，而心常有主矣。

又曰，異端與吾儒，初然只爭毫釐，其中不啻千萬里。蓋在源頭差了，末流愈正不得，可憐用一生工夫，雖要做好人，終成大罪人。其初只是好高大，喜虛靜，不肯斂心俛首，從事實上學，以致如此。

又曰，人心公便與天地同體，才私便與天地萬物睽隔。釋氏以自私之心強包括天地萬物，故背逆天地，絕滅人物。

又曰，老氏雖背聖人之道，未敢侮聖人，莊子則侮聖人矣。莊子雖侮聖人，未敢侮天地，釋氏則侮天地矣。

又曰，釋氏以爲吾有眞性眞身在天地間，不生不滅，只是人不悟爾。性豈有眞假，人豈有二身，其曰見性，妄也。

又曰，氣則有聚散，有虛實，有生死，以有無言之猶可也，理則不可以有無言，心不可以有無言。老氏以萬物生於虛，是有生於無也，故以虛爲道，以無爲宗，其言理與心，雖皆言氣，猶有近似者。佛氏實者亦言虛，有者亦言無，背亂顛倒尤甚。老氏要長生不死，佛氏生也不要，死也不要，要尋得一箇眞身眞性，不生不滅，超脫輪迴。陳公甫言物有盡而我無盡，即此意也。

又曰，禪學只一箇助長，故壞了道理。

又曰，老氏以有生於無，是不識前一截，佛氏曰空，前一截後一截俱不識，故佛氏背逆顛倒，甚於老氏。

又曰，釋氏要無心，終無不得，故在空中見出一箇假物事，以爲識心見性，以爲不生不滅，其實未嘗識心，未嘗見性也。

又曰，聖人心不離乎理，理不離乎心，所以純亦不已。大賢以下，必操存省察，乃能不離乎理。苟不操存，不省察，則與理違矣。或問，聖人心與理一，不用操，不用省乎。曰，聖人固不待操而存，省而知，然亦無不操，無不省，但聖人心無放逸，人不見其操，誠明徹照，人不見其察，所以神妙不測也。曰，異端亦曰不操而存，又曰無適而非道，何也。曰，異端不事其操，只要心空無物，既空而無，則不用操矣。異端未嘗見道，只想像箇道無不在，以爲無適而非道，故猖狂妄行，常與道離也。

又曰，存養久則理自明，蓋心無雜擾，而本然之善自著。曰異端亦有存養，其滅絕天理，何也。曰，異端只素淨打坐澄心，何嘗有戒謹恐懼，主一無適工夫。儒者雖存養，又窮理，異端不窮理，所以差也。

又曰，吾儒是隨事盡理以存其心，所謂敬者，只是專一謹愼，無事時心專一在此，不敢怠惰，有事時心亦專一在此事上，不敢怠惰。所以無事時心湛然在內，有事時即是這箇心去應察處置，所以動靜表裏本末共此心，只是箇專一畏敬。佛氏只是硬把捉繫縛得住，有事時便亂了。

又曰，釋氏是見得自己一箇精神知覺在光明不昧中，遂指爲心性，然而非眞物。

又曰，天下古今，只著一箇利字害了天理，秀才讀書，便要求中科，釋子誦著經，便要求一箇福祿，禪子坐著禪，便要求自己一箇快樂，那裏尚有天理。

又曰，禪學雖似廣大高妙，其實悖謬窄隘，今日只緣聖學不明，許多好人都尊信之，所以其風盛。

又曰，克己又言復禮，是從實事上持執，使入規矩法度，而天理在我，非如異端，既得之後，空虛無據也。

又曰，釋氏是羈制其心之法，非存心之法，儒者只端嚴敬愼，每事精察，不敢漫爲，則心自存。釋氏則反觀內視，使心動不得，屏絕思慮，使心出不得。或算數珠，念佛號，或視鼻端數息數，或屏絕人事，面壁端坐，或只守一箇念頭，再無他念，皆是制住此心，不使妄動雜思，以致虛靜。及羈制之久，則此心慣熟，亦不走作。噫，心具萬理，應萬事，反被羈制如此，此其所以天理人倫，事物滅絕，一歸于空寂。然心是靈物，既不走作，以至空寂之久，亦有許多聰明光耀出來，只是正理滅絕，故猖狂顛倒。或問，今之儒者多入異教，何也。曰，今之儒者多喜玄妙，愛虛靜，貪快樂，不曾做博文約禮工夫，如何不入去。

又曰，禪學心虛靈，故其機鋒迅速，能驅駕扇動人，但其中天理根源掃滅，故悖謬顛倒，害於世。

又曰，世之愚者莫愚於老佛，至愚之人也曉得箇天地父母妻子，也曉得有箇己身，今禪家以天地爲幻妄，己身爲幻身，離父母，棄妻子，雖天地六合之大也曉不得，故言一粒粟中藏世界。陳獻章又要塵微六合，豈非愚之甚乎。

又曰，聰明人多爲禪學所動，設使韓退之不聰明，大顛也動他不得。

又曰，若窮理到融會貫通之後，雖無思可也。未至此，當精思熟慮以窮其理，故上蔡何思何慮，程子以爲太早。今人未至此，欲屏去思慮，使心不亂，則必流於禪學空虛，反引何思何慮而欲強合之，誤矣。

又曰，佛學心守向一路去，便不去窮究天下道理，所以其學易成。如只守一箇念頭，就要做成佛，是其道隘而捷，其志堅而確，其心一而專，非若儒者，智周萬物，道濟天下，而心常存也。儒者心與理一而存，佛學心與理離而存。

又曰，儒者存此心以應物，心存則處事當理，事得其理則心益存，所謂内外一致，心迹不分。佛氏只去把持一箇心，不去應事，是絶了心之理，當事物之來，不得已而應之，又要把持照看此心在腔子裏，是一邊外面應事，一邊内裏持心，應得外面事，不曾存得内裏心，存得内裏心，又不曾應得外面事，此其所以内外判隔，顛倒猖狂。戒謹恐懼、小心翼翼工夫無所用，一任狂妄高大，凌空駕虚而得罪于聖人也。昔王介甫以高明處己，以中庸待人，便是内外心迹判爲二事，處己待人分爲二理。殊不知所謂高明者，是不爲物欲所累，不淪沒其本心。中庸是事得其理，無過不及也。高明所以爲中庸，中庸即高明之所爲，豈中庸之外，别有一箇高明將來處己，高明之外，别有一箇中庸將去待人。

又曰，朱子言能求放心即是仁，此言最親切。蓋生理渾然具于心謂之仁，而心實主統之，或心爲物欲所誘而逐物于外，謂之放，則此理無所主統，不能具此生理而失之，若能存此心不至放逸，則身有所主，生理自具。或曰，禪學亦能收放心，乃背理如此，何也。曰，聖賢是隨事敬謹以存其心，心有主也，禪學絶滅物理，屏除思慮，以謂心存，是空其心，絶其理，内未嘗有主，何以具天下之理哉。其學亦有數樣，有面壁静坐，絶去人事，使心不與物交，以謂能存其心者。有常常照看一箇心在内裏以爲不放者，有只守一箇念頭羈制其心，使心不能出入，以謂存其心者，皆非聖賢存心之法。或曰，思慮者感于事而心出乎外，豈非放乎。曰，思其所當思，正所以檢點省察，其心惕然而在，若不思，則物交物，心爲所引，其放必矣。或曰，静時有思慮乎。曰，無。曰，有心乎。曰，有而未動也。曰，何謂之有。曰，操也。曰，操則動矣，可謂之静乎。曰，操只是把緊不放縱之謂，事物未交，思慮未萌，不可謂之動。曰，人操其心乎，心自操乎。曰，心，身之主，非身外有心。人與心不可分爲二，人操即心操，我整齊嚴肅即心整齊嚴肅，我主一無適即心主一無適。且主一無適即是操，非主一無適之外别有所謂操也。或曰，主一無適用意否。曰，既曰主一，即用意也。曰，聖人用意否。曰，聖人自然用意，非勉也。或曰，何以謂之有主。曰，在内不放，即有主也，有主則惺惺。曰，釋氏何以無主。曰，釋氏空静，是滅其主矣。羈制其心，則做主不得，照看其心，亦擾亂不能爲主，此儒者之學，所以内外一致，體用全備，釋氏則用絶于外，體空于内，内外離隔顛亂。

又曰，禪家存心有兩三様，一是要無心，空其心，一是羈制其心，一是照觀其心。儒家則内存誠敬，外盡義理而心存。故儒者心存，萬理森然具備，禪家心存而寂滅無理，儒者心存而有主，禪家心存而無主，儒家心存而活，異教心存而死。然則禪家非是能存其心，乃是空其心，死其心，制其心，作弄其心也。

又曰，心存然後能察天下之理，能隨事察理，則心益存，此見心與理非二物。釋氏離乎理以存心，所以終歸空去。

又曰，吾儒則心與理爲一，故心存則理明，心放則理昏。釋氏則心與理二，故心雖存亦無理。儒者用戒謹恐懼而心存，是敬以直内，萬理俱在，而遇事尤加敬慎，故心與理不離。釋氏則屏絶思慮事理，使不撓吾心以爲存。惟無事時如此，做得事來，一撓便亂了。是他心存時已與理離而爲二，因心與理二，故一動便亂。或謂釋氏有體無用，予以爲正是他無體，故無用。

又曰，今之儒者多入釋老者，一則識理不精，二則好虚静高妙之過，三則是助長。

又曰，太極之虚中者，無昏塞之患而萬理咸具也。惟其虚，所以能涵萬理，人心亦然。老佛不知，以爲眞虚空無物，而萬理解滅也。太極之虚是無形氣之昏塞也，人心之虚是無物欲之蔽塞也，若以爲眞空無物，此理具於何處。

又曰，理無形而具於心，心具是理而無迹，故可謂之虚，不可謂之無，不可謂之空，空則無矣。心不虛不能涵具衆理，所以心體本虛也。

又曰，《綱目》書周世宗廢無額寺院，禁私度僧尼，夫聖王之制度皆本於天理之自然而裁成之，以爲天下不易之定準，謂之額，可也。今周世宗既廢無額寺院，必存有額寺院，殊不知寺院乃天理之必無者，豈可立爲定額乎。禁私度僧尼，然則僧尼又可以公度之乎。據事直書，世宗不學之陋自見矣。

又曰，體用一源，非二事，人言老佛有體無用，此不然，豈有有體而無用者。老佛空其體而絕其用，禪學工夫蓋緣體不立，故絕去外物，以求虛靜，使本體不昏。譬如伐去其木之枝榦，而專培養其根，伐之之久，則外之生意既絕，內之根本亦枯，所以培之者適以速其朽壞。故禪學滅絕天理，最速且盡，老氏次之，功利者又次之也。

又曰，收放心只是一箇敬，不主敬而欲收放心，東追西捉，愈見費力，縱使捉得住，亦是箇死物事，其虛靈不昧，所以具衆理應萬物者，俱不能矣。惟整齊嚴肅，主一無適，則隨動隨靜，自然收斂不放，心既不放，則內有主，自然神明不測，體用不虧。此釋老之學空寂無用，儒者之學所以通達萬變也。

又曰，理在物上，故須格物方窮得。釋氏遺物，是懸空求理，故只見差去。

又曰，禪伯要行住坐臥，無不在道，與顧諟天之明命相似，而實不同。禪伯不曾窮理，本不知道，只是想像箇道之模樣，所以晝夜不閒，想愈切，心愈忙。儒者則知此道各各分明，隨處發見流行，只居處恭，執事敬，與人忠，道理無時不在。

又曰，顧諟天之明命，是操存省察，要事事盡理，使天賦之理不至昏失，豈目常看見，光光明明乎。然則參前倚衡是何物。曰，此指忠信篤敬而言，是人做工夫處常不離乎忠信篤敬，則此心常存，天之明命無不在矣。

又曰，釋氏是認精魂爲性，專一守此，以此爲超脫輪迴。陳公甫說物有盡而我無盡，亦是此意。程子言至忙者無如禪客，又言其如負板之蟲，如抱石投河。朱子謂其只是作弄精神，此眞見他所造，只是如此模樣，緣他當初只是去習靜坐，屏思慮，靜久了，精神光彩，其中了無一物，遂以爲眞空，言道理只有這箇極玄極妙，天地萬物都是這箇做出來，得此則天地萬物雖壞，這物事不壞，幻身雖亡，此不亡，所以其妄愈甚。

又曰，禪家害道最甚，是他做工夫與儒家最相似，他坐禪入定工夫與儒家存心工夫相似，他們心空與儒家虛心相似，他們靜坐與儒家主靜相似，他們快樂與儒家悅樂相似，他性周法界與儒家萬物一體相似，他光明寂照與儒家虛靈知覺相似。儒家說從身心上做工夫，他亦專要身心上做工夫，儒家說誠意，他便發誠心做，似是而非，莫過于禪家，所以害道尤甚。愚謂儒釋工夫，在源頭已不同矣。儒者工夫，自小學灑掃應對，周旋進退，《詩》《書》禮樂，愛親敬長，必恭必敬，無非存心養性之法。非僻之心在這裏已無，及長，則主敬窮理，並進交養，戒謹恐懼，誠恐一事有差，則心無不存，理無不在。禪家只是默坐澄心，絕滅思慮，直求空寂。空寂之久，心能靈通，殊不知空寂之中，萬理滅絕，那些靈通，只是自己精神意見，全不是道理，故他之心已與理二矣。既與理二，則凡所動作，任意爲之，以爲此即是神通妙用，不用檢察，自然廣大無邊。又專一守此，以爲至玄極妙，其空豁快樂者以此，性周法界者以此，光明寂照者以此，猖狂自恣者以此，背天逆地者以此。若儒家存心愈熟，則察理愈精，久則心與理一，動靜語默，酬酢舉措，無非天理發見流行，所以家齊國治天下平，天地位，萬物育，是其功效自然之妙，豈禪家顛倒錯亂所能比哉。且禪家以作用是性，是認氣爲理，以形而下者作形而上者，故滅絕天道，亦不自知矣。程子言其以管窺天，直見北斗處，朱子言於天理大本處見得些分數者，蓋人之生都是乾道變化、各正性命處來，人之神識是保合太和裏面底事，他在此處窺見些子，遂守定此物，不令亡失，則可以脫輪迴，再去奪胎出世，遂言他別有一箇眞身，父母所生者只是幻身，故不孝父母。殊不知乾道變化已在父母身上，故氣盛則生子，氣衰則子繼，生生不窮，故此身此理，皆是父母所傳，若由你這箇眞身再去出世，則乾道變化箇甚。

又曰，今人學不曾到貫通處，卻言天地萬物本吾一體，略窺見本原，就將橫豎放胸中，再不去下格物工夫，此皆是助長，反與理二。不若只居敬窮理，盡得吾之當爲，則天地萬物之理即在此。蓋此理本無二，若將天地萬物之理懷放胸中，則是安排想像，愈不能與道爲一。如釋氏行住坐卧，無不在道，愈與道離也。

又曰，釋氏行住坐卧，無不在道，道愈鶻突，只他只管想像把住，不去格物窮理。

《異學 釋氏下》（同上，卷五三） 整庵羅氏曰，格物莫若察之於身，其得之尤切，程子有是言矣。至其荅門人之問，則又以爲求之情性，固切於身，然一草一木，亦皆有理，不可不察。蓋方是時，禪學盛行，學者往往溺於明心見性之說，其於天地萬物之理，不復置思，故常陷於一偏，蔽於一己，而終不可與入堯舜之道。二程切有憂之，於是表章《大學》之書，發明格物之旨，欲令學者物我兼照，內外俱融，彼此交盡，正所以深救其失而納之於大中。良工苦心，知之者誠亦鮮矣。

又曰，幽明之故，死生之說，鬼神之情狀，未有物格知至而不能通乎此者也。佛氏以山河大地爲幻，以生死爲輪廻，以天堂地獄爲報應，是其知之所未徹者亦多矣，安在其爲見性。世顧有尊用格此物致此知之緒論，以陰售其明心之說者，是成何等見識耶。佛氏之幸，吾聖門之不幸也。

又曰，唐宋諸名臣多尚禪學，學之至者，亦儘得受用，蓋其生質既美，心地復緣此虛靜，兼有稽古之功，則其運用酬酢，雖不中不遠矣。且凡爲此學者，皆不隱其名，不諱其實，初無害其爲忠信也。故其學雖誤，其人往往有足稱焉。後世乃有儒其名而禪其實，諱其實而侈其名者，吾不知其反之於心，果何如也。

又曰，吾儒只是順天理之自然，佛老二氏皆逆天背理者也，然彼亦未嘗不以自然藉口。邵子有言，佛氏棄君臣、父子、夫婦之道，豈自然之理哉。片言可以折斯獄矣。顧彼猶善爲遁辭，以謂佛氏門中，不舍一法，夫既舉五倫而盡棄之矣，尚何法之不舍耶。

又曰，張子韶以佛語釋儒書，改頭換面，將以愚天下之耳目，其得罪於聖門亦甚矣。而近世之譚道者或猶陰祖其故智，往往假儒書以彌縫佛學，律以《春秋》誅心之法，吾知其不能免夫。

又曰，國初深於理學者殊未多見，禪學中卻儘有人，儒道之不融，雖則有數存焉，吾人不得不任其責也。當時宋潛溪爲文臣之首，文章議論，施於朝廷而達之天下者何可勝述，然觀其一生受用，無非禪學而已。以彼之聰明博洽，使於吾道誠加之意，由博而約，當有必至之理，其所成就，豈不偉然爲一代之鉅儒哉。棄周鼎而寶康瓠，吾不能不深爲潛溪惜也。

又曰，禪學畢竟淺，若於吾道有見，復取其說而詳究之，毫髮無所逃矣。

又曰，嘗閱佛書數種，姑就其所見而論之。《金剛經》、《心經》可爲簡盡，《圓覺》詞意稍複，《法華》緊要指示處纔十二三，餘皆閒言語爾，且多誕謾。達磨雖不立文字，直指人心，見性成佛，然後來說話，不勝其多，亦嘗畧究其始終。其教人發心之初，無眞非妄，故云若見諸相非相，即見如來。悟入之後，則無妄非眞，故云無明眞如，無異境界。雖頓漸各持一說，大抵首尾衡決，眞妄不分，眞詖淫邪遁之尤者。如有聖王出，韓子火攻之策，其必在所取矣。

又曰，朱子嘗荅《金剛經》大意之問，有云，彼所謂降伏者，非謂欲遏伏此心，謂盡降收世間衆生之心入他無餘涅槃中滅度，都教你無心了方是。此恐未然。詳其語意，只是就發阿耨多羅三藐三菩提心者說，蓋欲盡滅諸相，乃見其所謂空者爾。

又曰，《法華經·如來壽量品》所云，成佛以來，甚大久遠，壽命無量，常住不滅，雖不實滅，而言滅度，以是方便，教化衆生。此經中切要處，諸佛如來秘密之藏，不過如此。閒言語居其大半，可厭。《分別功德品》偈中所說，若布施，若持戒，若忍辱，若精進，若禪定，五波羅蜜皆謂之功德。及云有善男女等，聞我說壽命，乃至一念信，其福過於彼，蓋於雖滅不滅之語，若信得及，即是實見，是爲第一般若多羅蜜，其功德不可思議。以前五者功德比此，千萬億分，不及其一，只爭悟與未悟而已。

又曰，事理二障出《圓覺經》，其失無逃於程子之論矣。經有草堂僧宗密疏畧，未及見，但見其所自序及裴休一序，說得佛家道理亦自分明。要皆只是說心，遂認以爲性，終不知性是何物也。此經文法圓熟，照應分明，頗疑翻譯者有所潤色。大抵佛經皆出翻譯者之手，非盡當時本文，但隨其才識以爲淺深工拙焉爾。

又曰，《中庸》舉鳶飛戾天，魚躍于淵二語而申之云，言其上下察也，佛家亦嘗有言，青青翠竹，盡是眞如，鬱鬱黃花，無非般若。語意絕相似，只是不同，若能識其所以不同，自不爲其所惑矣。

又曰，朱子嘗論及釋氏之學，大抵謂若識得透，應千罪惡，即都無了。然則此一種學在世上，乃亂臣賊子之三窟爾。所舉王履道者，愚未及詳考其人，但嘗驗之邢恕，明辨有才，而復染禪學，後來遂無所不爲，吁，可畏哉。

又曰，異端之說，自古有之，考其爲害，莫有過於佛氏者矣。佛法初入中□，惟以生死輪迴之說動人，人之情莫不貪生而惡死，苟可以免輪迴，出生死，安得不惟其言之聽。既有求於彼，則彼之遺君親，滅種類，凡得罪於名教者，勢不得不姑置之，然吾儒之信之者猶鮮也。其後有達摩者至，直指人心，見性成佛，以爲一聞千悟，神通自在，不可思議，則其說之玄妙，迥非前日比矣，於是高明者亦往往惑焉。惑及於高明，則其害有不可勝救者矣。何哉，蓋高明之士，其精神意氣足以建立門戶，其聰明才辨足以張大說辭，既以其道爲至，則取自古帝王精一執中之傳，孔門一貫忠恕之旨，克己爲仁之訓，《大學》致知格物之教，《中庸》性道中和之義，孟子知言養氣、盡心知性之說，一切皆以其說亂之。眞妄混淆，學者茫然莫知所適，一入其陷穽，鮮復能有以自拔者。故內之無以立大中至正之本，外之無以達經世宰物之用，教衰而俗敗，不但可爲長太息而已。向非兩程子、張子、朱子身任斯道，協心并力以排斥之，吾人之不變於□者，能幾何哉。惟數君子道德之充備，學術之純深，辨論之明確，自孟子而後，莫或過之，故其言一出，聰明豪傑之士，靡不心服。近者親而炙之，遠者聞風而起，相與爲之羽翼，以推行其說於天下者，繩繩不乏。迨我聖祖出，位隆君師，興學育才，一以五經四書及數君子之說爲教，則主張斯道者，又誠有所賴矣。故自朱子沒，迄今三四百年，天下之士，非聖賢之學不講，而所謂禪學者以之滅息，是豈一人一日之力哉。夫何近世以來，乃復潛有衣鉢之傳，而外假於道學以文其說，初學之士，既莫能明乎心性之辨，世之老師宿儒，又往往不屑究心於所謂禪者，故其說之興，能救正者殊鮮，而從之者實繁有徒。其志將以求道也，曾不知其所求之非道也，豈不誤哉。

又曰，佛氏之所謂性，覺而已矣，其所謂覺，不出乎見聞知覺而已矣。然又有謂法離見聞知覺者，豈見聞知覺之外別有所謂覺耶，良由迷悟之不同爾。後來其徒之桀黠者因而造妖揑怪，百般作弄，神出鬼沒，以逞其伎倆而聳動人之聽聞。祇爲衆人皆在迷中，不妨東說西說，謂莫能與之明辨也。今須據他策子上言語，反覆異同處，一一窮究，以見其所謂性者，果不出於見聞知覺，別無妙理，然後吾儒之性理可得而明。有如士師之折獄，兩造具備，精加研覈，必無以隱其情矣。其情既得，則是非之判，有如黑白，至此而猶以爲是，不幾於無是非之心者乎。

又曰，達摩者，禪家之初祖也，其傳法二祖時，嘗謂之曰，吾觀震旦所有經教，惟《楞伽》四卷可以印心。遂併授之。自後其徒皆尊信此經，以爲秘典，則今所宜按據以窮究其所謂性者，無出此經。此經大旨有四，曰五法，曰三自性，曰八識，曰二無我，一切佛法，悉入其中，經中明言之矣。五法者，名也，相也，妄想也，正智也，如如也。三自性者，妄想自性，緣起自性，成自性也。八識者，識藏也，意根，意識，眼識，耳識，鼻識，舌識，身識也。二無我者，人無我，法無我也。凡此諸法，不出迷悟兩途。蓋迷則爲名，爲相，爲妄想，爲妄想緣起自性，爲人法二執，而識藏轉爲諸識。悟則爲正智，爲如如，爲成自性，爲人法無我，而諸識轉爲眞識。所謂人法，則五陰、十二入、十八界是已。五陰者，色，受，想，行，識也。十二入者，眼、耳、鼻、舌、身、意六根對色、聲、香、味、觸、法六塵也。加之六識，是爲十八界。合而言之，人也。析而言之，法也。有所覺之謂悟，無所覺之謂迷。佛者，覺也。而覺有二義，有始覺，有本覺。始覺者，目前悟入之覺，即所謂正智也，即人而言之也。本覺者，常住不動之覺，即所謂如如也，離人而言之也。因始覺而合本覺，所以成佛之道也。及其至也，始覺正智亦泯，而本覺朗然獨存，則佛果成矣。故佛有十號，其一曰等正覺，此之謂也。本覺乃見聞知覺之體，五陰之識屬焉。見聞知覺乃本覺之用，十八界之識屬焉。非本覺即無以爲見聞知覺，舍見聞知覺，則亦無本覺矣。故曰，如來於陰界入非異非不異。其謂法離見聞覺知者何，懼其著也。佛以離情遣著，然後可以入道，故欲人於見聞知覺，一切離之。離之云者，非不見不聞，無知無覺也，不著於見聞知覺而已矣。《金剛經》所謂心不住法而行布施，應無所住而生清淨心，即其義也。然則佛氏之所謂性，不亦明甚矣乎。彼明以知覺爲性，始終不知性之爲理，乃欲強合於吾儒，以爲一道，如之何其可合也。昔達摩弟子波羅提嘗言作用是性，有偈云，在胎爲身，處世爲人。在眼曰見，在耳曰聞，在鼻辨香，在口談論，在手執捉，在足運奔，徧現俱該。沙界收攝，在一微塵。識者知是佛性，不識喚作精魂。識與不識，即迷悟之謂也。知是佛性，即所謂正智如如。喚作精魂，即所謂名相妄想。此偈自是眞實語，後來桀黠者出，嫌其淺近，乃人人揑出一般鬼怪說話，直是玄妙，直是奇特，以利心求者，安得不爲其所動乎。張子所謂詖淫邪遁之辭，翕然竝興，一出於佛氏之門，誠知言矣。然造妖揑怪，不止其徒，但嘗畧中其毒者，往往便能如此，吾黨尤不可不知。

又曰，《楞伽》四卷，卷首皆云一切佛語心品，良以萬法唯識，諸識唯心，種種差別，不出心識而已，故經中之言識也特詳。夫識者，人心之神明爾，而可認爲性乎。且其以本體爲眞，末流爲妄，既分本末爲兩截，謂迷則眞成妄，悟則妄即眞，又混眞妄爲一途。蓋所見既差，故其言七顛八倒，更無是處，吾黨之號爲聰明特達者，顧不免爲其所惑，豈不深可惜哉。

又曰，佛氏分本末爲兩截，混眞妄爲一途，害道之甚，無過於此。不可但如此說過，須究言之。夫以心識爲本，六識爲末，固其名之不可易者，然求其實，初非心識之外別有所謂六識也，又非以其本之一，分而爲末之六也。蓋凡有所視，則全體在目，有所聽，則全體在耳，有所言，則全體在口，有所動，則全體在身，所謂感而遂通，便是此理。以此觀之，本末明是一物，豈可分而爲二，而以其半爲眞，半爲妄哉。若夫眞妄之不可混，則又可得而言矣。夫目之視，耳之聽，口之言，身之動，物雖未交，而其理已具，是皆天命之自然，無假於安排造作，莫非眞也。及乎感物而動，則有當視者，有不當視者，有當聽者，有不當聽者，有當言者，有不當言者，有當動者，有不當動者。凡其所當然者，即其自然之不可違者，故曰眞也。所不當然者，則往往出於情欲之使然，故曰妄也。眞者存之，妄者去之，以此治其身心，以此達諸家國天下，此吾儒所以立人極之道，而內外本末，無非一貫也。若如佛氏之說，則方其未悟之先，凡視聽言動，不問其當然與不當然，一切皆謂之妄。及其既悟，又不問其當然與不當然，一切皆謂之眞，不知何者在所當存乎，何者在所當去。當去者不去，當存者必不能存，人欲肆而天理滅矣。使其說肆行而莫之禁，中□之爲中□，人類之爲人類，將非幸歟。

又曰，《楞伽》四卷，竝無一理字，註中卻多用理字訓釋其說，蓋本他經之文爾。嘗見《楞嚴》有云，理則頓悟，乘悟併銷。《圓覺》有云，一者理障，礙正知見，二者事障，續諸生死。事理二障，在《楞伽》但謂之惑障、智障爾，非逃儒歸佛者，誰能易之。雖其所用理字，不過指知覺而言，初非吾儒所謂性命之理，然言之便足以亂眞，不可不辨。

又曰，達摩告梁武帝有云，淨智妙圓，體自空寂，只此八字，已盡佛性之形容矣。其後有神會者，嘗著《顯宗記》，反覆數百語，說得他家道理亦自分明，其中有云，湛然常寂，應用無方，用而常空，空而常用，用而不有，即是眞空，空而不無，便成妙有。妙有即摩訶般若，眞空即清淨涅槃，此言又足以發盡達摩妙圓空寂之旨。余嘗合而觀之，與《繫辭》傳所謂寂然不動，感而遂通天下之故，殆無異也，然孰知其所甚異者，正惟在於此乎。夫易之神即人之心，程子嘗言，心一也，有指體而言者，寂然不動是也，有指用而言者，感而遂通是也。蓋吾儒以寂感言心，而佛氏以寂感爲性，此其所爲甚異也。良由彼不知性爲至精之理，而以所謂神者當之，故其應用無方，雖不失圓通之妙，而高下無所準，輕重無所權，卒歸於冥行妄作而已矣，與吾儒之道，安可同年而語哉。

又曰，程子嘗言，仁者渾然與物同體，佛家亦有心佛衆生，渾然齊致之語，何其相似也。究而言之，其相遠奚啻燕越哉。唐相裴休，深於禪學者也，嘗序《圓覺經疏》，首兩句云，夫血氣之屬必有知，凡有知者必同體，此即心佛衆生，渾然齊致之謂也。蓋其所謂齊同，不出乎知覺而已矣。且天地之間，萬物之衆，有有知者，有無知者，謂有知者爲同體，則無知者非異體乎。有同有異，是二本也。蓋以知覺爲性，其窒礙必至於此。若吾儒所見，則凡賦形於兩間者，同一陰陽之氣以成形，同一陰陽之理以爲性，有知無知，無非出於一本，故此身雖小，萬物雖多，其血氣之流通，脈絡之聯屬，元無絲毫空闕之處，無須臾間斷之時，此其所以爲渾然也。然則所謂同體者，亦豈待於採攬牽合以爲同哉。夫程子之言，至言也，但恐讀者看得不子細，或認從知覺上去，則是援儒以助佛，非吾道之幸矣。

又曰，有物先天地，無形本寂寥，能爲萬象主，不逐四時凋，此詩乃高禪所作也。自吾儒觀之，昭然太極之義，夫復何言。然彼初未嘗知有陰陽，安知有所謂太極哉，此其所以大亂眞也。今先據佛家言語，解釋一番，使彼意既明且盡，再以吾儒言語，解釋一番，然後明指其異同之實，則似是之非，有不難見者矣。以佛家之言爲據，則無始菩提，所謂有物先天地也。湛然常寂，所謂無形本寂寥也。心生萬法，所謂能爲萬象主也。常住不滅，所謂不逐四時凋也。作者之意，不亦明且盡乎。求之吾儒之書，太極生兩儀，是固先天地而立矣。無聲無臭，則無形不足言矣。富有之謂大業，萬物皆一體也。日新之謂盛德，萬古猶一時也。太極之義，不亦明且盡乎。詩凡二十字，其十七字，彼此意義無甚異同，不足深辨，所當辨者，三字爾，物也，萬象也。以物言之，菩提不可爲太極明矣。以萬象言之，在彼經教中即萬法爾，以其皆生於心，故謂之能主，然所主者，實不過陰界入。自此之外，仰而日月星辰，俯而山河大地，近而君臣、父子、兄弟、夫婦、朋友，遠而飛潛動植、水火金石，一切視以爲幻而空之矣，彼安得復有所謂萬象乎哉。爲此詩者，蓋嘗窺見儒書，遂竊取而用之爾。然佛氏但見得此心有一點之靈，求其體而不可得，則以爲空寂。推其用而偏於陰界入，則以爲神通。所謂有物者，此爾。以此爲性，萬無是處，而其言之亂眞，乃有如此詩者，可無辨乎。

又曰，南陽慧忠破南方宗旨云，若以見聞覺知是佛性者，《淨名》不應云法離見聞覺知。若行見聞覺知，是則見聞覺知非求法也。南僧因問，《法華》了義，開佛知見，此復何爲。忠曰，他云開佛知見，尙不言菩薩二乘，豈以衆生癡倒，便成佛之知見耶。汾州無業有云，見聞覺知之性與太虛齊壽，不生不滅，一切境界，本自空寂，無一法可得。迷者不了，即爲境惑，一爲境惑，流轉無窮。此二人皆禪林之傑出者，其言皆見於《傳燈錄》，何若是之不同耶。蓋無業是本分人說本分話，慧忠則所謂神出鬼沒，以逞其伎倆者也。彼見南方以見聞覺知爲性，便對其人捏出一般說話，務要高他一著，使之莫測，蓋桀黠者之情狀，每每如此。嘗見《金剛經》明有是法平等，無有高下之語，佛與衆生固然迷悟不同，其知見之體即是平等，豈容有二。又嘗見《楞嚴》中有兩段語，其一佛告波斯匿王云，顔貌有變，見精不變，變者受滅，彼不變者，元無生滅。其二因與阿難聲聞有云，其形雖寐，聞性不昏，縱汝形銷，命光遷謝，此性云何，爲汝銷滅。此皆明以見聞爲性，與波羅提說相合。若《淨名》則緊要在一離字，余前章論之悉矣。先儒嘗言，佛氏之辭善遁，便是此等處。《傳燈錄》中似此儘多，究其淵源，則固出於瞿曇也。蓋瞿曇說法，常欲離四句，謂一、異，俱、不俱，有無、非有非無，常、無常，然而終有不能離者。如云非異非不異，非有非無，非常非無常。只《楞伽》一經累累見之，此便是遁辭之根。若將異處窮著他，他便有非異一說。將無常窮著他，他便有非無常一說。自非灼然看得他破，只得聽他愚弄爾。

又曰，大慧禪師宗杲者，當宋南渡，初爲禪林之冠，有語錄三十卷。頃嘗偏閱之，直是會說，左來右去，神出鬼沒，所以能聳動一世。渠嘗拈出一段說話，正余所欲辨者，今具於左。僧問忠國師古德云，青青翠竹，盡是法身，鬱鬱黃華，無非般若。有人不許，云是邪說，亦有信者，云不思議。不知若爲。國師曰，此是普賢、文殊境界，非諸凡小而能信受，皆與大乘了義經合。故《華嚴經》云，佛身充滿於法界，普現一切羣生前，隨緣赴感靡不周，而恆處此菩提座。翠竹既不出於法界，豈非法身乎。又《般若經》云，色無邊，故般若亦無邊，黃華既不越於色，豈非般若乎。深遠之言，不省者難爲措意。又華嚴座主問大珠和尙云，禪師何故不許青青翠竹，盡是法身，鬱鬱黃華，無非般若。珠曰，法身無像，應翠竹以成形。般若無知，對黃華而顯相，非彼黃華翠竹而有般若法身。故經云，佛眞法身，猶若虛空，應物現形，如水中月。黃華若是般若，般若即同無情，翠竹若是法身，翠竹還能應用。座主會麼。曰，不了此意。珠曰，若見性人，道是亦得，道不是亦得，隨用而說，不滯是非。若不見性人，說翠竹著翠竹，說黃華著黃華，說法身滯法身，說般若不識般若，所以皆成諍論。宗杲云，國師主張翠竹是法身，直主張到底，大珠破翠竹不是法身，直破到底，老漢將一箇主張底，一箇破底，收作一處，更無拈提，不敢動著他一絲毫，要你學者具眼。余於前記嘗舉翠竹黃華二語，以謂與鳶飛魚躍之言絕相似，只是不同，欲吾人識其所以不同處，蓋引而未發之意，今偶爲此異同之論所激，有不容不盡其言者矣。據慧忠分析語，與大珠成形顯相二言，便是古德立言本旨，大珠所以不許之意，但以黃華翠竹，非有般若法身爾。其曰道是亦得，即前成形顯相二言。曰道不是亦得，即後非彼有般若法身一言也。慧忠所引經語與大珠所引經語皆合，直是明白，更無餘蘊，然則其與吾儒鳶飛魚躍之義所以不同者，果何在耶。誠以鳶魚雖微，其性同一天命也。飛躍雖殊，其道同一率性也。彼所謂般若法身在花竹之身之外，吾所謂天命率性在鳶魚之身之內，在內則是一物，在外便成二物，二則二本，一則一本，詎可同年而語哉。且天命之性，不獨鳶魚有之，花竹亦有之，程子所謂一草一木，亦皆有理，不可不察者，正惟有見乎此也。佛氏秖緣認知覺爲性，所以於花竹上便通不去，只得以爲法界中所現之物爾。《楞伽》以四大種色爲虚空所持，《楞嚴》以山河大地咸是妙明眞心中物，其義亦猶是也。宗杲於兩家之說，更不拈動，總是占便宜，卻要學者具眼，殊不失爲人之意。余也向雖引而不發，今則舍矢如破矣，吾黨之士夫，豈無具眼者乎。

又曰，宗杲嘗謂士人鄭尚明曰，你只今這聽法說法，一段歷歷孤明底，未生已前，畢竟在甚麼處。曰，不知。杲曰，你若不知，便是生大，你百歲後，四大五蘊，一時解散，到這裏歷歷孤明底，卻向甚麼處去。曰，也不知。杲曰，你既不知，便是死大。又嘗示呂機宜云，現今歷歷孤明，與人分是非、別好醜底，決定是有是無，是眞實是虛妄。前此臨濟亦嘗語其徒曰，四大身不解說法聽法，虛空不解說法聽法，是汝目前歷歷孤明，勿形段者，解說法聽法。觀此數節，則佛氏之所謂性，亦何難見之有。渠道理只是如此，本不須苦求解悟，然而必以悟爲則者，只是要見得此歷歷孤明境界更親切爾。縱使見得親切，夫安知歷歷孤明者之非性，而性自有眞耶。

又曰，宗杲《荅曾天游侍郎》第二書說得他家道理直是明盡，渠最善揑怪，卻有此等說話，又不失爲本分人也。書云，尋常計較安排底是識情，隨生死遷流底亦是識情，怕怖慞惶底亦是識情，而今參學之人不知是病，只管在裏許頭出頭沒，教中所謂隨識而不隨智，以故昧卻本地風光，本來面目。若或一時放下，百不思量計較，忽然失腳，蹋着鼻孔，即此識情，便是眞空妙智，更無別智可得。若別有所得，有所證，則又卻不是也。如人迷時喚東作西，及至悟時，即西便是東，無別有東。此眞空妙智，與太虛空齊壽，只這太虛空中，還有一物礙得他否。雖不受一物礙，而不妨諸物於空中往來，此眞空妙智亦然。凡聖垢染，着一點不得，雖著不得，而不礙生死凡聖於中往來。如此信得及，見得徹，方是箇出生入死、得大自在底漢。細觀此書，佛氏之所謂性，無餘蘊矣。忽然失腳，蹋著鼻孔，便是頓悟之說。

又曰，宗杲《示眞如道人》有云，今生雖未悟，亦種得般若種子在性地上，世世不落惡趣，生生不失人身，不生邪見家，不入魔軍類。又《荅呂舍人》書有云，若依此做工夫，雖不悟徹，亦能分別邪正，不爲邪魔所障，亦種得般若種子深。縱今生不了，來生出頭，現成受用，亦不費力，亦不被惡念奪將去，臨命終時，亦能轉業。況一念相應耶。又《荅湯丞相》書有云，若存心在上面，縱今生未了，亦種得種子深，臨命終時，亦不被惡業所牽，墮諸惡趣，換卻殼漏子，轉頭來亦昧我底不得。此等說話，只是誘人信嚮，豈可爲憑。人情大抵多貪，都不曾見箇道理，貪今生受用未了，又要貪來生受用，安得不爲其所惑也。《易》曰，原始反終，故知生死之說。生死輪廻，決無此理，萬有一焉，只是妖妄。爲學而不能無疑於此，則亦何以窮理爲哉。

又曰，宗杲《荅呂舍人》書有云，心無所之，老鼠入牛角，便見倒斷也。倒斷即是悟處，心無所之是做工夫處，其做工夫，只看話頭便是。如狗子無佛性，鋸解秤錘，栢樹子，竹篦子，麻三觔，乾屎橛之類，皆所謂話頭也。余於栢樹子話，偶嘗驗過，是以知之。然向者一悟之後，佛家書但過目，便迎刃而解，若吾聖賢之微詞奧旨，竟不能通。後來用工久之，始知其所以然者。蓋佛氏以知覺爲性，所以一悟便見得箇虛空境界，《證道歌》所謂了了見，無一物，亦無人，亦無佛是也。渠千言萬語，只是說這箇境界，悟者安有不省。若吾儒之所謂性，乃帝降之衷，至精之理，細入於絲毫杪忽，無一非實，與彼虛空境界，判然不同，所以決無頓悟之理。世有學禪而未至者，畧見些光影，便要將兩家之說，和合而爲一，彌縫雖巧，敗闕處不可勝言，弄得來儒不儒，佛不佛，心勞日拙，畢竟何益之有。

又曰，梁武帝問達磨曰，朕即位以來，造寺寫經度僧，不可勝紀，有何功德。荅曰，竝無功德。帝曰，何以無功德。荅曰，此但人天小果，有漏之因，如影隨形，雖有非實。又宗杲《荅曾侍郎》書有云，今時學道之士，只求速效，不知錯了也。卻謂無事省緣、靜坐體究爲空過時光，不如看幾卷經，念幾聲佛，佛前多禮幾拜，懺悔平生所作罪過，要免閻家老子手中鐵棒。此是愚人所爲。嗚呼，自佛法入中□，所謂造寺寫經，供佛飯僧，看經念佛，種種糜費之事，日新而月盛。但其力稍可爲者，靡不爭先爲之，導之者固其徒，向非人心之貪，則其說亦無緣而入也。奈何世之謟佛以求福利者，其貪心惑志，纏綿固結而不可解，雖以吾儒正色昌言，懇切詳盡，一切聞如不聞。彼蓋以吾儒未諳佛教所言，無足信也。達摩在西域稱二十八祖，入中□則爲禪家初祖，宗杲擅名一代，爲禪林之冠，所以保護佛法者，皆無所不用其心，其不肯失言決矣。乃至如此所云種種造作，以爲無益者，前後如出一口，此又不足信耶。且夫貪嗔癡三者，乃佛氏之所深戒也，謂之三毒，凡世之造寺寫經，供佛飯僧，看經念佛，以爲有益而爲之，是貪也。不知其無益而爲之，是癡也。三毒而犯其二，雖活佛在世，亦不能爲之解脫。乃欲諂事土佛木佛，以僥倖於萬一，非天下之至愚至愚者乎。凡吾儒解惑，不可勝述，孰意佛書中乃有此等本分說話，人心天理，誠有不可得而泯滅者矣，余故表而出之。更有丹霞燒木佛一事，亦可以解愚夫之惑。

又曰，儒書有五行，佛家便言四大，儒書有五事，佛家則言六根，其蹈襲耶，抑偶同耶，是不可得而知也。然名物雖相似，其義理則相遼絶矣。四大有風而無金木，《楞嚴》又從而附益之，揣摩湊合，都無義理，只被他粧點得好，故足以惑人。朱子嘗言，佛書中惟《楞嚴》最巧，頗疑房融竄入其說。看來此事灼然，無足疑者。且如《楞伽》四卷，達摩最所尊信，其言大抵質實而近乎拙，有若欲盡其意而未能者。佛一人爾，人一口爾，以二經較之，不應其言之工拙頓異如此。此本無足深辨，但既攻其失，則亦不可不知，又以見佛學溺人之深，有如是之才而甘心爲之役，殊可嘆也。

又曰，昔有儒生悟禪者，嘗作一頌云，斷除煩惱重增病，趣向眞如亦是邪。隨順世緣無罣礙，涅槃生死是空華。宗杲取之。嘗見杲示人，有水上葫蘆一言，凡屢出，此頌第三句即水上葫蘆之謂也。佛家道理，眞是如此，《論語》有云，君子之於天下也，無適也，無莫也，義之與比。使吾夫子當時若欠卻義之與比一語，則所謂無適無莫者，何以異於水上葫蘆也哉。

又曰，韓子之闢佛老有云，其亦幸而出於三代之後，不見黜於禹湯文武周公孔子也。其亦不幸而不出於三代之前，不見正於禹湯文武周公孔子也。善哉言乎，自今觀之，其幸也未若其不幸之甚，《景德傳燈錄》所載，舊云千七百人，其瑣瑣者姑未論，若夫戒行之清苦，建立之精勤，論辨之通明，語句之超邁，記覽之該博，亦何下百十人。此其人亦皆有過人之才，要爲難得，向使獲及吾聖人之門而取正焉，所成就當何如也。而皆畢竟落空以死，嗚呼，玆非其不幸之甚而何。

又曰，吾儒之闢佛氏有三，有眞知其說之非而痛闢之者，兩程子、張子、朱子是也。有未能深知其說而常喜闢之者，篤信程張數子者也。有陰實尊用其說而陽闢之者，蓋用禪家訶佛罵祖之機者也。夫佛氏似是之非固爲難辨，至於訶佛罵祖之機作，則其辨之也愈難，吁，可畏哉。

又曰，程子之闢佛氏有云，自謂之窮神知化，而不足以開物成務。言爲無不周徧，實則外於倫理。窮深極微而不可與入堯舜之道。即其所言所造而明指其罪過，誅絶之意，凜然辭氣之表矣。夫既不足以開物成務，則不得謂之神化。倫理且棄而不顧，尙何周徧之有。堯舜之道既不可入，又何有於深微。蓋神化周徧深微之云，皆彼之所自謂，非吾聖人所謂神化周偏深微者也。韓子云，道其所道，非吾所謂道也。德其所德，非吾所謂德也。此之謂也。他日程子又嘗有言，佛氏不識陰陽晝夜死生古今，安得謂形而上者與聖人同乎。夫陰陽晝夜死生古今，易之體也，深微者，易之理，神化者，易之用也，聖人全體皆易，故能範圍天地之化而不過，曲成萬物而不遺。佛氏昧焉，一切冥行妄作，至於滅絶彝倫而不知悔，此其所以獲罪於天，有不可得而贖者。吾儒之誅絶之，亦惟順天而已，豈容一毫私意於其間哉。

又曰，程子曰，佛有箇覺之理，可以敬以直內矣，然無義以方外，其直內者，要之其本亦不是。此言雖簡，而意極圓備，其本不是，正斥其認知覺以爲性爾。故非但無以方外，內亦未嘗直也。當詳味可以二字，非許其能直內之辭。

又曰，程子嘗言，聖人本天，釋氏本心，直是見得透、斷得明也。本既不同，所以其說雖有相似處，畢竟和合不得。呂原明一生問學，欲直造聖人，且嘗從二程遊，亦稔聞其議論矣。及其晚年，乃見得佛之道與吾聖人合，反謂二程所見太近，得非誤以妙圓空寂爲形而上者耶。以此希聖，無異適燕而南其轅，蔑由至矣。

又曰，張子曰，釋氏不知天命，而以心法起滅天地，以小緣大，以末緣本，其不能窮而謂之幻妄，眞所謂疑冰者歟。此言與程子本心之見相合，又推到釋氏窮處，非深知其學之本末，安能及此。

又曰，老子外仁義禮而言道德，徒言道德而不及性，與聖門絶不相似，自不足以亂眞。所謂彌近理而大亂眞，惟佛氏爾。

又曰，黄老於漢，佛於晉魏梁隋之間，韓子之言是也。然佛學在唐尤盛，在宋亦盛，□□之禍，所以相尋不絶，何足怪哉。程朱數君子相繼而出，相與推明孔孟之正學，以救當世之淪胥者，亦既諄諄懇懇，而世莫之能用也。直至我朝，其説方盛行於天下，孔孟之道，於是復明，雖學者之所得不必皆深，所行不必皆力，然譬諸梓匠輪輿，必以規矩，巧或不足，終不失爲方員，亦足以成器而適用矣。近來異説紛起，直欲超然於規矩準繩之外，方員平直，惟其意之所裁。觚哉觚哉，此言殊可念也，有世道之責者不遠爲之慮，可乎。

又曰，上天之載，無聲無臭，又安有形體可覓耶。然自知道者觀之，即事即物，此理便昭昭然在心目之間，非自外來，非由内出，自然一定而不可易，所謂如有所立卓爾，非想像之辭也。佛氏以寂滅爲極致，與聖門卓爾之見絶不相同，彼曠而虚，此約而實也。果然見到卓爾處，異説如何動得。

又曰，李習之雖嘗闢佛，然陷於其説而不自知。《復性書》有云，情者，妄也，邪也。曰邪與妄，則無所因矣，妄情滅息，本性清明，周流六虚，所以謂之能復其性也。觀乎此言，何以異於佛氏。其亦嘗從禪師問道，得非有取其微旨而姑闢其粗迹，以無失爲聖人之徒耶。且其書三篇，皆及死生之説，尤可見其意之所主。

又曰，余偶得《慈湖遺書》，閲之累日，有不勝其嘅嘆者。痛哉，禪學之誤人也，一至此乎。慈湖頓悟之機，實自陸象山發之，其自言忽省此心之清明，忽省此心之無始末，忽省此心之無所不通，即釋迦所謂自覺聖智境界也。書中千言萬語，徹頭徹尾，無非此箇見解，而意氣之横逸，辭説之猖狂，比之象山尤甚。象山平日據其偏見，横説豎説，直是果敢，然於聖賢明訓，有所未合，猶且支吾籠罩過，未敢公然叛之。慈湖上自五經，旁及諸子，皆有論説，但與其所見合者則以爲是，與其所見不合者，雖明出於孔子，輒以爲非。孔子之言而《大學》一書工夫節次，其詳如此，頓悟之説，更無隙可投，故其詆之尤力。至凡孔子之微言大訓，又往往肆其邪説以亂之，剗實爲虚，揉直作曲，多方牽合，一例安排，惟其偏見是就，務令學者改視易聽，貪新忘舊，日漸月漬，以深入乎其心，其敢於侮聖言，叛聖經，貽誤後學如此，不謂之聖門之罪人，不可也。世之君子曾未聞有能鳴鼓而攻之者，反從而爲之役，果何見哉。

又曰，人心道心之辨，只在毫釐之間，道心此心也，人心亦此心也，須兩下見得分明，方是盡心之學。佛氏之於吾儒所以似是而實非者，有見於人心，無見於道心爾。慈湖之志於道，不爲不篤，然終蔽於所見，直以虚靈知覺爲道心，夫安得不謬乎。集中《己易》一篇，乃其最所用意以誘進學徒者，滾滾數千言，將斷而復續，左援右引，陽開陰闔，極其馳騁之力，茫茫乎若無涯涘可窺，然徐究其指歸，不出乎虚靈知覺而已，於四聖之《易》，絶不相干。參之佛氏之書，則眞如符節之合，試舉一二，以槩其餘。其曰吾性澄然清明而非物，吾性洞然無際而非量，天者，吾性中之象，地者，吾性中之形，故曰在天成象，在地成形，皆我之所爲。《楞嚴經》所謂山河大地，咸是妙明眞心中物，即其義也。其曰目能視，所以能視者何物。耳能聽，所以能聽者何物。口能噬，所以能噬者何物。鼻能嗅，所以能嗅者何物。手能運用屈伸，所以能運用屈伸者何物。足能步趨，所以能步趨者何物。血氣能周流，所以能周流者何物。心能思慮，所以能思慮者何物。波羅提作用是性一偈，即其義也。其曰天地非大也，毫髪非小也，晝非明也，夜非晦也，往非古也，此非今也，他日非後也，鳶飛戾天非鳶也，魚躍於淵非魚也。《金剛經》所謂如來説世界，即非世界，是名世界，説三十二相，即是非相，是名三十二相，即其義也。凡篇中曰己，曰吾，曰我，義與惟我獨尊無異，其爲禪學也，固昭昭矣。認紫爲朱，明是大錯，乃敢放言無忌，謂自生民以來，未有能識吾之全者，吾不知所謂吾者，果何物耶。夫堯舜禹湯文武周公孔子，皆天下之大聖，其遞相傳授，無非精一執中之旨，而所謂中者，決非靈覺之謂，非惟人人有之，乃至事事有之，物物有之。慈湖顧獨未之識爾。誠有以窺見其全，《己易》其敢作乎。閲斯集者，但看得此篇破時，譬之破竹，餘皆迎刃而解矣。

又曰，吾聖賢之言與佛氏之言殊不相入，謂儒佛無二道，決非知道者也。慈湖所引經傳，如範圍天地，發育萬物等語，皆非聖賢本旨，第假之以成就其說，竊恐將來疑誤後學不淺，故不得不明辨之。程子嘗言，聖人本天，佛氏本心。此乃灼然之見，萬世不易之論，儒佛異同，實判於此。是故天叙有典，吾則從而惇之。天秩有禮，吾則從而庸之。天命有德，則從而章之，天討有罪，則從而刑之。克綏厥猷，本於上帝之降衷。修道之教，本於天命之在我。所謂聖人本天者，如此其深切著明也。以慈湖之聰明，宜若有見乎此，何忍於叛堯舜湯孔，而以心法起滅天地，又任情牽合，必欲混儒佛於一途耶。蓋其言有云，其心通者，洞見天地人物皆在吾性量之中，而天地萬物之變化，皆吾性之變化。又云，意消則本清本明，神用變化之妙固自若也。無體無際，範圍天地，發育萬物之妙，固自若也。此等言語，不謂之以心法起滅天地，謂之何哉。人之常情，大抵悅新奇而慕高遠，故邪說得以乘間而入，學者於此，苟能虛心遜志，無所偏主，而執吾說以審其是非之歸，將不爲其所惑矣。

又曰，愚嘗謂人心之體即天之體，本來一物，但其主於我者謂之心，非臆說也，乃實見也。若謂其心通者，洞見天地人物皆在吾性量之中，而此心可以範圍天地，則是心大而天地小矣，是以天地爲有限量矣，本欲其一，反成二物，謂之知道，可乎。易有太極，是生兩儀，乃統體之太極。乾道變化，各正性命，則物物各具一太極矣。其所以爲太極則一，而分則殊，惟其分殊，故其用亦別。若謂天地人物之變化，皆吾心之變化，而以發育萬物歸之吾心，是不知有分之殊矣。既不知分之殊，又惡可語夫理之一哉。蓋發育萬物自是造化之功用，人何與焉。雖非人所能與，其理即吾心之理，故《中庸》贊大哉聖人之道，而首以是爲言，明天人之無二也，此豈蔽於異說者之所能識耶。況天地之變化，萬古自如，人心之變化，與生俱生，則亦與生俱盡，謂其常住不滅，無是理也。慈湖誤矣。藐然數尺之軀，乃欲私造化以爲己物，何其不知量哉。《文言》曰，夫大人者，與天地合其德，與日月合其明，與四時合其序，與鬼神合其吉凶，先天而天弗違，後天而奉天時，此言便是的確。

又曰，有心必有意，心之官則思，是皆出於天命之自然，非人之所爲也。聖人所謂無意，無私意爾。所謂何思何慮，以曉夫憧憧往來者爾。《書》曰，思曰睿，睿作聖，非思則作聖何由。《易》曰，聖人立象以盡意，意若可無，其又何盡之有。故《大學》之教不曰無意，惟曰誠意。《中庸》之訓不曰無思，惟曰慎思。此吾儒入道之門，積德之基，窮理盡性，必由於此，斷斷乎其不可易者，安得舉異端之邪說以亂之哉。彼禪學者，惟以頓悟爲主，必欲掃除意見，屏絶思慮，將四方八面路頭一齊塞住，使其心更無一線可通，牢關固閉，以冀其一旦忽然而有省，終其所見，不過靈覺之光景而已，性命之理，實未嘗有見也，安得舉此以亂吾儒窮理盡性之學哉。學術不明，爲害非細，言之不覺縷縷，不識吾黨之士，以爲何如。如欲學爲佛耶，慈湖之書，宜不忍廢。必欲學爲聖人，則固有五經四書及濂洛關閩之説在，彼譸張爲幻者，又何足以溷吾之耳目哉。

又曰，心之精神是謂聖，此言出於《孔叢子》，初若可疑，及考其全文，首尾亦頗明白，聖字自不須看得重，而其意義亦非此句所能盡也。慈湖獨摘此一句，處處將來作弄，豈有他哉，蓋此句實與佛家即心是佛之言相似，其悟處正在此，故欣然取以爲證，使人無得而議焉，更不暇顧其上下文義何如也。

又曰，慈湖所引《論語》知及之以合佛氏之所謂慧也，仁能守之以合佛氏之所謂定也，定慧不二，謂之圓明。慈湖蓋以此自處，其門人頗有覺者，則處之日月至焉之列，乃慧而不足於定者也。觀慈湖自處之意，豈但與三月不違仁者比肩而已哉，大哉一歌，無狀尤甚，凡爲禪學者之不孫，每每類此。

又曰，千聖相傳，只是一理，堯舜禹湯所執之中，孔子所不踰之矩，顔子之所謂卓爾，子思之所謂上下察，孟子之所謂躍如，皆是物也。上聖大賢，惟其見之眞，是以執之固而行之盡。其次則博文約禮，吾夫子有明訓矣。蓋通天地人物，其理本一，而其分則殊，必有以察乎其分之殊，然後理之一者可見。既有見矣，必從而固守之，然後應酬之際，無或差謬。此博約所以爲吾儒之實學也。禪家所見，只是一片虛空曠蕩境界，凡此理之在吾心與其在事物者，竟不能識其至精至微之狀爲何如，而顧以理爲障。故朱子謂禪家最怕人說這理字，誠切中其病矣。慈湖訓語有云，近世學者沉溺乎義理之意，說胸中常存一理，不能忘捨，捨是則豁然無所憑依，故必置理字於其中，不知聖人胸中初無如許意度。其怕這理字也，不亦甚乎。聖人胸中固自清明瑩澈，然於中則曰允執，於矩則曰不踰，豈是漠然蕩無主宰，而凡視聽言動、喜怒哀樂，一切任其自作自止，眞如水泡之自生自滅乎哉，必不然矣。且吾儒若除箇理字不講，更講何事。若見得此理眞切，自然通透灑落，又何有於安排布置之勞。爲此言者，適以自狀其不知理焉爾。

又曰，程子曰，以吾觀於儒釋，事事是，句句合，然而不同。夫既曰事事是，句句合矣，何以又曰不同，此正所謂毫釐之差也。且如吾儒言心，彼亦言心，吾儒言性，彼亦言性，吾儒言寂感，彼亦言寂感，豈不是句句合。然吾儒見得人心道心，分明有別，彼則混然無別矣，安得同。

又曰，佛氏之學不知人物之所自來，斷不足以經世，儒而佛者，自以爲有得矣，至於經理世務，若非依傍吾聖人道理，即一步不可行，所得非所用，所用非所得，正所謂由其蔽於始，是以缺於終爾。內外本末，既不免分爲兩截，猶譊譊然動以一貫藉口，吾聖人所謂一以貫之者，果如是乎。

又曰，《朱子語類》云，吾儒只是一箇眞實底道理，他也說我這箇是眞實底道理，如云惟此一事實，餘二則非眞，實只是他說得一邊，只認得那人心，無所謂道心。愚按，此言眞說透禪學骨髓。

又曰，湛元明《雍語》有云，佛之廣大高明，吾聖人已有之，而聖人之中庸精微，佛又何嘗有耶。又曰，中庸精微即是此心感應發用之妙，而廣大高明則心體也。據此言，則是佛氏心體，與吾聖人無異矣。及荅周衝問儒釋之辨則曰，聖人之學，至大至公，釋者之學，至私至小，大小公私，足以辨之矣。夫既許之以廣大高明矣，何爲又有至私至小之議哉。蓋佛氏之廣大高明，即本覺之境界也，此正是元明悟處，其所謂聰明聖知達天德者即此，是以槩之聖人而不疑。殊不知天德乃帝降之衷，非本覺也，本覺何有於中乎。不中故小，不中故私，狹小偏私，蓋先儒之所以議佛氏者，舍此則無以爲儒釋之辨，故不得不援之爾。

又曰，或謂佛氏別是一教，不當以吾儒之心性倫理與之並言，朋友間亦嘗有此說。殊不知鄙意正要將來與之並言，方見得是非分曉，不然，則毫釐差處，無從辨別，終無以服其心而解其惑也。

呂涇野因論佛氏冷心之說，或問告子不動心，是冷心否。曰，這是強制其心，他是寂滅其心，還不同些。問，心畢究可冷得否。曰，這心惟恐他不生不暖，如何要冷。如私心，慾心，躁心，驕心，這樣的心要冷他。孟子那不動心，邵子收天下春歸之肺腑，卻要學，須要必有事焉而勿忘，然後可。

鄧元錫曰，佛之教覺於根清淨，故六塵清淨，塵清淨故四大清淨，以至十方三世八萬四千陀羅門，畢清淨矣。覺性徧滿不動，圓無際矣，乃其行不與法縛，不求法脫，不厭生死，不愛涅槃，不敬持戒，不憎毀禁，不重久習，不輕初學，以爲不即不離，無縛無脫。所證者無得失取舍，其能證者無作止任滅，而終之無能所也。故悟其無矣，而欲以無者空諸所有。致其虛矣，而欲以虛者略諸所實。欲空諸有，則有物有則、有典有禮者畢舉而歸諸幻也。欲空諸實，則明物察則、惇典庸典者畢舉而歸諸虛也。故云爲無不周徧，實則外於倫理，自謂窮神知化，而不足以開物成務，窮深極微，而不可以入堯舜之道也。

又曰，記曰，中國戎夷，五方之民，皆有性也，不可推移。夫南北之極，或祝髮而裸，或羯巾而喪，輒沐之食子，儀渠之焚親，得之素習而成之性矣。彼釋氏者，西方之教也，爲之慈忍以消其忿，爲之澹索以堅其性，爲之戒律以攝其欲，爲果報輪廻之說以恐怖其愚，開空善寂樂上乘之門以安其智，爲之髡緇遊戲以和其俗，爲之偈唄音樂以暢其情，又爲之變現出沒，神咒幻化，妙於其土之術以駭其心。今西域尙多有之，要惟當以異術視度之也，故曰西方之教也。今居中國之地而從西方之教，以之行己，則髡髮緇衣，斥妻屏子，苦節而不堪，矯異而難行也。以之處物，則久習夷於初學，冤仇等於親愛，衆生齊於一子，必外斯世斯生而後其說可通也。以之理財，則施舍盛而農桑本業之教荒。以之用人，則賢不肖淆，而舉措命討之典失。以之垂訓，則好大不經，語怪語神，荒忽罔象之妖作。又焉往而不弊也哉。且夫中國之教，尊尊親親，有等有殺，威儀棣棣，壹不可選，則有物有則之故也。文殊之持刃，而以爲悟無生忍。黃龍之批頰，而以爲見過師。而爲之師者，揚眉瞬目，隨所至棒喝也。以行之中國也，得乎。於教也滋悖。《易》中孚之象曰，信及豚魚，其萃曰，翰音登于天，貞凶。言信非所信，不可貞也。今其教雖童子謏而坐其顛，云爲得證果，焚指割臂，捨身命以布施，云得入地也，於信也滋惑矣。今所居者中□，堯舜禹湯文武之所立也。所業者六經，堯舜禹湯文武之所作，周公孔子之所述也。所與處者人倫庶物，堯舜禹湯文武周公孔之所修而明也。孝弟通於神明，禮樂達於神化，舉其所謂精且元者，不旁給他借而足，而何必諰諰焉悅奇尙異，索元大以相蓋爲哉。孟子曰反經，反之也者，身之也，反之身心性情，章之禮樂教化，順事恕施，於農政王路，舉皆詣其極，然後人其人，火其書，廬其居者，從可議也。此反經之謂也。

顧涇陽曰，釋家有理障事障之說，便是無善無惡的注脚。試看理是甚麼，喚他是障，或以情識認取，或以意念把捉，或以見解播弄，或以議論周羅，則有之矣，卻是人障理，非理障人也。

或問佛氏大意，顧涇陽曰，三藏十二部五千四百八十卷，一言以蔽之曰，無善無惡。試閱七佛偈，便自可見。曰，永嘉《證道歌》謂棄有而著無，如舍溺而投火，恐佛氏未必以無爲宗也。曰，此只就無善無惡四字翻弄到底，非有別義也。曰，何也。曰，棄有，以有爲惡也，著無，以無爲善也。是猶有善有惡也，無亦不著，有亦不棄，則無善無惡矣。自此以往，節節推去，掃之又掃，直掃得沒些子剩，都是這個意頭。故曰，此只就無善無惡四字翻弄到底，非有別義也。

又曰，余始讀韓昌黎《原道》，以爲粗之乎其闢佛者爾，年來體驗，乃知其妙。蓋佛氏說心說性，儘自精微，幾與吾聖人不異，至其單言片語，能使人立地豁然而頓悟，又或汪洋浩蕩，高入九天，深入九淵，能使人沒於其中而不得出，更若駕吾聖而上之然者。即欲闢他，何處下口。惟就人倫上斷置，方纔無辭以解。且既於此無辭以解，即心性之說，亦不攻自破。何也，吾聖人以人倫爲實際，其所謂心性，即在君臣、父子、兄弟、夫婦之中。佛氏以人倫爲幻迹，其所謂心性，乃在君臣、父子、兄弟、夫婦之外。在君臣、父子、兄弟、夫婦之中，是謂體用一原，顯微無間。在君臣、父子、兄弟、夫婦之外，體用顯微，打成兩截矣，即口口說一原無間，其能一原無間乎否也。論至此，彼亦何說之辭，故闢佛者，只應如是而止。此堂堂之陣，正正之旗，湯武之師也。若以爲粗之乎闢佛，卻是自家這裏將心性另作一物看，適不免走入他圈子中矣，如何闢他。或曰，釋迦不娶耶輸氏，不子羅睺羅乎，曷嘗去人倫。曰，此非其本心也，觀其逃父入山則知之矣。曰，即入山，他門亦自有師父、師兄、師弟、師祖、師孫，曷嘗盡去人倫。曰，丟卻眞者，去認假者，正是反常。孟子曰，天之生物，使之一本，而夷子二本故也。此之謂爾。曰，吾所謂本，又有進焉。無極之初，原無一物，自有陰陽而後有男女，有男女而後有夫婦，有夫婦而後有父子，有父子而後有君臣，釋氏能還人於無極，故特顯無極相爾。子將本陰陽乎，本無極乎。曰，此恐未然。君臣因父子而有，而其所以爲君臣者，不因父子而有也。父子因夫婦而有，而其所以爲父子者，不因夫婦而有也。夫婦因男女而有，而其所以爲夫婦者，不因男女而有也。何者，是皆無極中物也。昔邵堯夫與趙商州論牡丹，謂洛人以見根撥而知花者爲上，見枝葉而知者次之，見蓓蕾而知者下也。如待有君臣而後知有君臣，待有父子而後知有父子，待有夫婦而後知有夫婦，曾不異枝葉蓓蕾之見，而可以語無極乎。程子曰，沖漠無朕時，萬象森然已具。此最善言無極相者。予謂萬象森然，依舊沖漠無朕，是即所以顯無極相也。必棄而君臣、絕而父子、離而夫婦、然後可無極，其一偏枯之物而已乎。由此言之，佛氏而不本無極則已，佛氏而本無極也，其將何辭以解乎。往嘗謂高存之曰，人言儒佛同體而異用，何如。存之曰，體則寂無朕兆，所以易混。用則全體俱呈，所以易別。予聞之，爲爽然一快。今跡其所易別，核其所易混，信乎心性之說，不攻自破矣。此《原道》之作，似平平無奇，而上下二千年間闢佛家，竟未有尙之者也。曰，昌黎之於佛，恐尙落影響間。曰，固是，卻亦正，幸其入佛家未深爾。如其入之深也，便應向大年、天覺諸人隊裏拈推弄拂去，何以得稱孔氏之徒。曰，亦有入之深而仍不墮者乎。曰，蓋有之矣，吾未之見也，意中止周元公一人。

又曰，明道謂佛氏之言視楊墨尤爲近理，伊川謂佛說直有高妙處，朱子謂《楞嚴經》做得極好，又謂佛氏之說，如云有物先天地，無形本寂寥，能爲萬象主，不逐四時彫，如云撲落非他物，縱橫不是塵，山河及大地，全露法王身，如云若人識得心，大地無寸土，看他是甚麼樣見識，區區小儒，怎生出得他手，宜其被他揮下也。三先生之言如此，不爲不知佛矣，然則何爲而闢之。曰，遡其發端，既與吾聖人尙有毫髮之岐，究其末流，又爲不善學者釀成千里之謬，是安得不重爲之防。況崇佛太過，勢必至於卑孔，業已卑孔，勢必至於土苴名教，猖狂無忌。佛氏而不欲拔眾生於苦海則已，如欲拔眾生於苦海，應不令其墮此矣。然則三先生者，謂之有功於儒可也，謂之有功於佛亦可也。管東江曰，吾儒謂沙門，程朱何曾謗佛，謗佛自有汝輩。亮哉言乎。

或問，昔王荊公謂張文定曰，孔子去世百年生孟子，亞聖後絕無人，何也。文定曰，豈無人，亦有過孔孟者。公曰，誰。文定曰，江西馬大師，坦然禪師，汾陽無業禪師，雲峰，巖頭，丹霞，雲門。公聞舉，意不甚解。文定曰，儒門澹泊，收拾不住，皆歸釋氏焉。公欣然嘆服。乃周元公則謂，讀一部《法華經》，不如看一艮卦。又謂一部《華嚴經》，只消一艮卦可了。何也。涇陽曰，文定得儒之淺者也，故優釋於儒。元公得儒之深者也，故優儒於釋。蓋各就其所見而言也。曰，然則孰當。曰，文定之說，恰好點著世間一種豪傑意中事，元公之說，非是聰明才辨消剝無餘，眞從澹泊裏討出滋味來，恐亦未能深信也。曰，若是，則文定之所謂過處，即元公之所謂不如處也。曰，然。

又曰，吾聖人曰，太極生兩儀，兩儀生四象。佛氏曰，迷妄有虛空，依空立世界。想澄成國土，知覺乃衆生。吾聖人曰，寂然不動，感而遂通天下之故。佛氏曰，覺海性澄圓，圓澄覺玄妙。元明照生所，所立照性亡。於中求之，儒釋幾微異同之辨，可得而識矣。

又曰，吾儒以理爲性，釋氏以覺爲性。朱子曰，仁未嘗不覺，而覺不可以言仁。此語極精。至羅文莊又曰，覺非特不可以名仁，且不可以名智。則益精矣。彼認覺爲性者，恐非究竟義也。

高景逸曰，佛氏最忌分別是非，如何紀綱得世界。紀綱世界，只是非兩字，聖人因物之是而是之，因物之非而非之，我不與也，此所以開物成務。

又曰，一日克己復禮，無我也。佛氏曰懸崖撒手，近儒亦曰拚，皆似之而實非。何者，以非聖人所謂復禮也。或曰，眞爲性命人被惡名埋沒一世，更無出頭，亦無分毫掛帶。此是欲天下入於無忌憚，其流之弊，弑父弑君，無所不至。

又曰，心之與性，謂之一則不可混，謂之二又不可分。心之用可言，心之體不可言。性者心之體也，可言者仁義禮智爾。仁義禮智之可言者，惻隱，羞惡，辭讓，是非爾，皆心之用也。佛氏之所謂性與聖人不同者，於用處見之。曾有一禪者問余曰，儒者言性，與佛同否。余曰，不同。曰，性豈有二耶。余曰，上人了悟人也，又解儒書，請以二則質。顏淵死，門人欲厚葬之，其厚同列之意甚美，夫子何以深嗟重慨。曰，非我也，夫二三子也。禪家如此否。曰，否也。子疾病，子路使門人爲臣，其尊師之意甚美，夫子何以嚴詞切貶。曰行詐，曰欺天。禪家如此否。曰，否也。余曰，儒家之言性如此，禪者不知所謂也。聖人之學所以異於釋氏者，只一性字，聖人言性所以異於釋氏言性者，只一理字。理者，天理也。天理者，天然自有之條理也。故曰天敘天秩，天命天討，此處差不得針芒，先聖後聖，其揆一也。明道見得天理精，故曰《傳燈錄》千七百人，若有一人悟道者，臨死須尋一尺布裹頭而死，必不肯削髮□服而終。此與曾子易簀意同，了此便知厚葬、爲臣二則。此理在拈花一脈之上，非窮理到至極處，不易言也。

又曰，佛說多端，約其大義，只無聲無臭四字足以蔽之。聖人在人倫庶物中，物還其則，而我無與焉，終日酬酢萬變，實無一事也。畏天命，悲人窮，汲汲皇皇，那有閒工夫在深山浚谷，大家團圞頭，共說無生話也。彼謂孔孟爲才人，謂佛經皆孔孟不及道，其小視孔孟甚矣。吾以爲孔孟道及處，學佛者不能知，其不肯道及處，學佛者不能知，其不屑道及處，學佛者不能知。

又曰，自有開闢以來，聖帝明王，相繼爲治，地平天成，民安物阜，不聞有所謂佛也，不待有所謂佛也。聖人之道，不明不行，而後二氏乘隙而惑人。昔之惑人也，立於吾道之外，以似是而亂眞。今之惑人也，據於吾道之中，以眞非而滅是。昔之爲佛氏者，尙援儒以重佛，今之爲儒者，且軒佛以輕儒。其始爲三教之說，以爲與吾道列而爲三，幸矣。其後爲一家之說，以爲與吾道混而爲一，幸矣。今且擯之爲凡，擯之爲外，而幼之，而卑之，而疎之。然則天下孰肯舍聖人而甘爲凡夫，舍尊長而甘爲卑小，舍親而就其疎也。嗚乎，用夷變夏，至此極矣。斯言不出於夷狄，而出於中國，不出於釋氏之徒，而出於聖人之徒，是可忍也，孰不可忍也。

又曰，余向與東溟管翁語，翁語次，深薄宋儒，余曰，先生必有所見，其灼然處何居。翁曰，只一性字，宋儒便不識。余曰，何謂。曰，性者大覺，宋儒謂性即理也，認做一件鶻突的黑影子。余曰，何以見之。曰，彼以知覺爲心，謂理乃心所包之物，豈非包著一件不覺之物乎。余曰，理有何形，因其心之發見，知其有如是之條例，故謂之理。若謂以覺包理，則理乃在外，宜乎今人以物理爲外，以格物之理爲狥外矣。翁曰，此是公爲宋儒分疏，吾自二十歲時，已見宋儒骨髓。余曰，不然，是老先生有得後看宋儒，故認得如此。若攀龍者，初時一無所見，從程朱夫子討出工夫曲折，一一依他做，並不見有如此癡學問也。因與翁論張子虛空即氣之說，翁但曰，總不是，總不是。余亦不與屢辨而止。因思學問從入之途不同，斷無合并之理。吾儒以秩敘命討自然之天理爲理，其自然之條理毫髮差池不得處，正是大覺。彼徒以此心之精靈知覺爲覺，宜其認理爲鶻突，爲黑影。端緒迥然，安可以口舌爭也。

景逸《荅顧涇陽論管東溟》書曰，管翁篇中大義數十，先生已俱得之，但尚有小曲折，未審可一并說破否。蓋此翁一生命脈，只在統合三教，其種種開闔，不過欲成就此局。拈出一箇周元公，是欲就道理上和合。拈出一箇高皇帝，是欲在時勢上和合。拈出羣龍無首，則欲暗奪素王道統，而使佛氏陰篡飛龍之位。拈出敦化川流，則欲單顯毘盧性海，而使儒宗退就川流之列。其他尊儒者，不過局面上調停，引儒者之言，不過疑似上附合。故無極太極近於虛空法界則宗之，朝聞夕死近於生死大事則宗之，然其所謂太極，所謂道，即所謂毘盧遮那者是也。至於陽尊程朱，陽貶狂禪，而究竟則以程朱之中庸，五宗之佛性並斥，更是其苦心勤力處，欲使闢佛者更開口不得也。然舉要而言，則枉卻一生勞攘，到底三教殊科爾。先生以爲何如。

又《荅涇陽》書曰，某自正月以來，盡取佛書讀之，頗能究竟其旨。今日談學者，都將佛宗來證聖學，實無有知吾聖人之道者。若果知之，自見彼此正如南轅北轍，如何合得。佛氏所謂善，念中善事也，與吾聖人言善，絕不相干。韓子曰，彼以煦煦爲仁，孑孑爲義，其小之也固宜。如佛氏所謂善，其無之也亦宜，乃欲將來混攪聖學，澌滅理義，眞大亂之道也。今日邪說橫流，根株只此四字，先生捉著病源，眞是擒賊擒王也。

又曰，聖人之學所以異於釋氏者，窮理而已。窮理則性爲聖人之性，不窮理則性爲釋氏之性。性豈有二哉，所從入之端殊也。

景逸《與管東溟》書曰，竊窺先生大旨，要在統一三教。所以統一三教，爲欲度盡衆生，此是先生願力，其他種種法門，皆由此起用。蓋先生實見得毘盧性海，本共一家，而三教聖人，原無二性，分吾儒分二氏，總是妄生分別，反使大道自限藩籬。故拈出羣龍無首，破道統之說，使素王不得獨擅其尊。拈出敦化川流，示遮那全體，見儒教不過三流之一。創遡太極於無極之旨，欲學者從此悟虛空法界之體，不然，終落儀象五行。立聖體仁體二宗，見宣聖元公而下儒者，不過究竟仁體，猶未窺見頭顱。先生牘中大義數十，此其最著也。蓋先生於佛氏之學，可謂精詣其體而大宏其用者矣，然於聖人之道，終有不合。某自奉教以來，虛參實體久矣，決不敢以口耳之間求異於長者。但微細體勘，儒釋源頭，相似而實非。佛氏渾淪空體，眞彷佛太極，而實非聖人之太極。得無所得，眞彷佛中庸，而實非聖人之中庸。此處最難下語，最未易信，除是盡置佛學，反求諸六經，切證諸日用，另開眼界，另作思維，自然見之。見則不獨路徑贋殊，直是源流各別。說者曰，儒釋體同而用異，是大不然。道本無體，體本無朕，只就用處見之。由其用處如是，所以知其本體如是。試看儒佛用處何如，便可默識其體。故三教之異，非其川流之別，實是敦化之殊，非二本也，此一理爾。聖人體之，凡民由之，異端背之。然既曰一理，何以有此異端，亦是此理中合有此端。蓋天地間對待之理，有陽便有陰，有晝便有夜，有明便有暗，有□國便有四夷，有吾儒便有二氏。佛氏之教，陰教也，觀其生於西方，宗於□□，所言皆鬼神之事，槩可見矣。自古陽分中極治之世，何嘗有佛氏來。陽極盛則陰生，三代之時，世界已屬陰分。至孔子之時，吾道大明，其盛已極，而佛老遂並生於其間。迨後世運益下，聖道益衰，□□亂□，佛老司教，各以其類也。然陽全陰半，故聖人之道，通於幽明，而二氏之學，不可以治世，又其定分矣。其在今日將奈何，曰使之各得其所而已。儒宗孔，釋宗佛，道宗老，斯不害不悖之義，先生所謂祖述仲尼，憲章聖祖之實也。何則。儒者自應誦法孔子，孔子道無虧欠，本不須二氏幇補，聖祖所以不廢二氏，不過以其陰翊王度，使其徒各守其教，亦未嘗合之使一也。故儒者闢之，扶陽抑陰之人事也。其次分之，觀於陰陽消長之天運也。而先生乃以統合三教爲今日經綸天下之大經，豈其然乎。抑嘗熟玩先生之書，而思得其故矣。人之於道，猶足之於路，只分歧處一步左右，以後便各成路徑。原夫先生從明哲悟入以趨大覺之體，迨後讀《華嚴》見性，益契無倚之智。至於儒者六籍，皆先生悟後印證，故究竟只成佛門見解。觀先生以神武不殺，飛龍大人，至聖至誠，過此以往，未之或知之類，隱隱皆推重如來。而所謂乾元，所謂太極，所謂敦化，隱隱皆指毗盧性海。蓋所見無非是物也。至於尊崇儒矩，排斥狂禪，亦不過謂世法宜然。而窺先生之意，實以一切聖賢，皆是逆流，菩薩本無三教，惟是一乘爾。故某謂先生之學，全體大用，總歸佛門，而後之信先生者，必以牟尼之旨。疑先生者，必以仲尼之道。某謬承先生之教，使推敲其說，以決千古疑信，何敢不直心仰荅。如前縷縷，蓋是千古同然之疑，幸先生一明決之，學者幸甚。

《荅劉直洲》書曰，適奉手札，知足下禪根獨深，欲與某共此美，某獨謂此道其徒自能爲之，非吾曹之所爲也。非獨不可，抑亦不能，何者。釋氏之道始於止，妙於空，其空之妙，即空字更不容著，故至於滅而倫理，棄而事物，絕而思慮。其初雖鬚髮之微，覺爲煩惱，亦削去之。吾曹今日能乎。習其道者，兀坐一室，亦自有餘，一交事物，種種憎惡，至於顛倒錯亂，無可奈何，則強曰不必安排，頭頭是道，不知拂於人情、乖於物理者多矣。吾曹爲孔子之徒，自宜從孔子之教。足下誠取四書，沉潛體驗，篤實力行，無先立己見，強聖賢從吾，每一溫尋，濯去舊見，以求新知，久之自當知釋氏萬般指引，吾儒開口便見。釋氏徹底精微，亦儒家所不屑道者爾。足下又云，近於二程書更覺心適，此足下入門之漸，而吾道得人之幸也。第先入之言主張於內，爲力亦難。倘於高明未合，願姑舍之，萬勿援釋合儒，爲孔門大罪業。今之陽尊儒而陰從釋，借儒名以文釋行者，自陽明以後更大熾。足下才高力強，尤大可慮。與其似是亂眞，則不若淨守禪宗，借此路亦可淡灑世味爾。

愚按，史稱西域人善幻，多桀黠，自周穆王時有化人來，能出入水火，王爲築中天之臺以寵之。列禦寇之書亦稱西域有聖人，不治而不亂，或曰是即佛也。漢劉向校書天祿閣，往往見佛書，然未宣廣。明帝遣使之天竺，得沙門及其書四十章以來，所言皆卑卑苦行，於彼法猶無當，即所謂木叉戒者是也。魏晉以降，訖於齊梁，西僧疊至，佛說大興。而好事者乃剽竊莊老之談，托爲竺典，以譁於世。時則有若佛圖澄、鳩摩羅什與僧肇、慧遠之徒，翻譯論著無虛日。其書有三大藏。曰經，梵云蘇怛羅。曰律，梵云毘尼。曰論，梵云阿毘曇。爲部十有二，爲卷五千餘。嗚乎，吾聖人之書不越跋提河，而彼之說至充滿所謂五印度，可慨也。達摩自西來，則又立爲教外別傳，以救膠縛名相之弊，大言曰直指心地，見性成佛，於是諱佛而言禪，諱義而言元。夫元猶義也，禪猶佛也，止爭繁簡之間爾。六傳至曹溪慧能者，大闡其法於嶺南。曹溪者，彼所謂六祖也，自是五宗雲布，展轉播弄，天下無賢愚貴賤，並皈嚮之，而佛道益大昌。五宗者，南嶽，潙仰，雲門，法眼，臨濟是也。夫佛者，覺也，覺其所覺，非吾之所謂覺也，而顧可以強同乎哉。請試論之。

佛書之多，雖浩如烟海，而所爲法界津梁，宗門寶藏，釋子所奉以爲指南者，曰《金剛》，《心經》，《維摩》，《楞伽》，《圓覺》，《楞嚴》，號爲禪家六籍，亦猶吾儒之六經也。《金剛經》曰，如來所說法，皆不可取，不可說，非法非非法。解曰，非法則不有，非非法則不無，有無並無，法之極也。經又曰，應無所住而生其心。解曰，應於無所住著處生心也。又曰，金剛般若波羅蜜，以要言之，惟在無住相。何爲無住，心地空寂，離種種邊，無所執著。何爲無相，對境無情，善惡俱忘，不生好惡。《心經》曰，色不異空，空不異色，色即是空，空即是色。受想行識，亦復如是。解曰，色不異空，空不異色，如水不異冰，冰不異水。色即是空，空即是色，如冰即是水，水即是冰。此乃一經之要，般若之心也。經又曰，是諸法空相，不生不滅，不垢不淨，不增不減。解曰，色不異空，故不生不垢不增。空不異色，故不滅不淨不減。又曰，生死即涅槃，故不生，涅槃即生死，故不滅。煩惱即菩提，故不垢，菩提即煩惱，故不淨。結業即解脫，故不增，解脫即結業，故不減。又曰，此是大部般若六百卷之文心，此心體寂照虛融，靈明洞徹，凡聖該括，眞妄同源。《維摩經》曰，心不住內，亦不在外，是爲冥坐。解曰，賢聖攝心謂之內，凡夫馳想謂之外，言不內不外者，等心內外也。經又曰，法離好醜，法無增損，法無生滅，法無所歸，法過眼耳鼻舌身心，法無高下，法常住不動，法離一切觀行。又曰，非凡夫非離凡夫法，非聖人非不聖人，雖成就一切法，而離諸法相。解曰，不捨惡法而從善，則一切諸法，於何不成。諸法雖成而離其相，則美惡斯成矣。《楞伽經》，達摩以授其徒慧可，云是如來心地要門，至宋僧正受始注釋之，序曰，經以《楞伽》爲名也，非人非法。以實相爲體也，非空非有。以佛語心爲宗也，非眞非妄。以自覺聖智爲用也，非修非證。以生酥爲教相也，非乳非酪。或又解曰，此經實詮圓頓，八識洞然，號如來藏。《圓覺經》以理教單法爲名，大圓覺性爲體，凡聖平等爲宗，觀行速成爲用，方等大乘爲教相。經首曰身心寂滅，平等本際。解曰，凡聖身心，當體寂滅，平等同居，圓覺本際。經又曰，其所證者，無得無失，無取無舍。其能證者，無作無止，無任無滅。於此證中，無能無所，一切法性，平等不壞。解曰，修證圓覺至此，人法兩亡，心境俱寂，魔佛無二，凡聖一如，平等頓同，永不變壞矣。《楞嚴經》梵語首楞嚴，華言一切事究竟堅固，乃大定之總名也。解曰，得此定時，山河大地，明暗色空，一切事法，當處寂滅，即是常住心性。又曰，無因無行，無修無證，無了不了，大小名相，一切不立，此眞首楞嚴究竟堅固者也。六籍之指，大要不過如是，推之十二部五千餘卷之多，亦無有不如是者，蓋六籍猶三藏也。

即如七佛偈，釋氏以爲三世諸佛傳心要指，可敵華嚴偈十萬之多，而參學家所稱爲禪源者也。毘婆尸佛偈曰，身從無相中受生，猶如幻出諸形象。幻人心識本來無，罪福皆空無所住。尸棄佛偈曰，起諸善法本是幻，造諸惡業亦是幻。身如聚沫心如佛，幻出無根無實性。毘舍佛偈曰，假借四大以爲身，心本無生因境有。前境若無心亦無，罪福如幻起亦滅。拘留孫佛偈曰，見身無實是佛身，了身如幻是佛幻。了得身心本性空，斯人與佛何殊別。拘那舍牟尼佛偈曰，佛不見身知是佛，若實有知別無佛。智者能知罪性空，坦然不怖於生死。迦葉佛偈曰，一切眾生性清淨，從本無生無可滅。即此身心是幻生，幻化之中無罪福。釋迦牟尼佛偈曰，法本法無法，無法法亦法。今付無法時，法法何曾法。又曰，諸行無常，是生滅法，生滅滅已，寂滅爲樂。是則七佛之指，亦皆如是，七偈猶六籍也。

自餘西佛東祖，禪師法嗣，各有語錄流行世間，試就其中所謂古德尊宿，大善知識，所以印心傳法之要，摘其一二以證之。文殊告善住意天子曰，虛空界即是如來，此中無有一物可分別者。無著問天親曰，彌勒於一時中成就五百億天子證無生法忍，未審說甚麼法。天親曰，秖說這箇法。摩訶迦葉偈曰，法法本無法，無法無非法。何於一法中，有法有不法。阿難偈曰，本來付有法，付了言無法。各各須自悟，悟了無無法。馬鳴偈曰，隱顯即本法，明暗元不二。今付悟了法，非取亦非離。龍樹荅人問佛性曰，非大非小，非廣非狹，無福無報，不死不生。寶誌《大乘讚》有曰，一切如影如響，不知何惡何好，更若愛聖憎凡，生死海裏沉浮。《十四科頌》有曰，正道邪道不二，了知凡聖同途。我自身心快樂，翛然無善無惡。南嶽慧思偈曰，天不能蓋地不載，無去無來無障礙，無長無短無青黃，不在中間及內外。布袋有歌曰，非聖非凡復若何，不強分別聖情孤。無價心珠本圓淨，凡名異相空妄呼。清涼澄觀荅某問心要書有曰，若一念不生，則前後際斷，照體獨立，物我皆如，直造心源，無智無得，不取不捨，無對無修。然迷悟更依，眞妄相待，若求眞棄妄，猶棄影勞形。若體妄即眞，猶處陰影滅。是以悟寂無寂，眞知無知，以知寂不二之心，契空有雙融之道，無住無著，莫攝莫收，是非兩忘，能所雙絕，斯絕亦寂，則般若現前。故眞妄物我，舉一全收，心佛眾生，渾然齊致。達摩荅太守楊衒之曰，須明他心，知其今古，不厭有無，於法無取，不賢不愚，無迷無悟。若能是解，故稱爲祖。衒之請益，乃說偈曰，亦不睹惡而生嫌，亦不觀善而勤措，亦不捨智而近愚，亦不拋迷而就悟。達大道兮過量，通佛心兮出度。不與凡聖同躔，超然名之曰祖。僧璨著《信心銘》有曰，至道無難，惟嫌揀擇，但莫憎愛，洞然明白。圓如太虛，無欠無餘，良由取舍，所以不如。迷生寂亂，悟無好惡。一切二邊，良由斟酌。夢幻空花，何勞把捉。得失是非，一時放卻。宏忍偈曰，有情來下種，因地果還生。無情既無種，無性亦無生。印宗問慧能如何是佛法不二之法，能曰，佛言善根有二，一者常，二者無常。佛性非常非無常，是故不斷，名爲不二。一者善，二者不善，佛性非善，非不善，是名不二。蘊之與界，凡夫見二，智者了達，其性無二，無二之性，即是佛性。慧能上座告眾曰，心量廣大，猶如虛空，無有邊畔，亦無方圓大小，亦非青黃赤白，亦無上下長短，亦無嗔無喜，無是無非，無善無惡，無有頭尾。諸佛剎土，盡同虛空。世人妙性本空，無有一法可得，自性眞空，亦復如是。又曰，自性能含萬法，萬法在諸人性中，若見一切人惡之與善，盡皆不取不捨，亦不染著，心如虛空，名之爲大。又作頌有曰，邪來煩惱至，正來煩惱除。邪正俱不用，清淨至無餘。正見名出世，邪見是世間。邪正盡打卻，菩提性宛然。又告眾曰，但識自本心，見自本性，無動無靜，無生無滅，無去無來，無是無非，無住無往。又說偈曰，兀兀不修善，騰騰不造惡。寂寂斷見聞，蕩蕩心無著。道一告眾曰，心外無別佛，佛外無別心。不取善，不捨惡，淨穢兩邊，俱不依怙，達罪性空，念念不可得，無自性故。又曰，自性本來具足，但於善惡事上不滯，喚作修道人。取善捨惡，觀空入定，即入造作。雲居荅繼宗曰，汝即應念，清淨性中，無有凡聖，亦無了不了人。凡之與聖，二俱是名，若隨名生解，即墮生死。若知假名不實，即無有當名者。又曰，此是極究竟處。百丈懷海上堂告衆曰，善惡是非，俱不運用，亦不愛一法，亦不舍一法，名爲大乘人。不被一切善惡、空有、垢淨、有爲無爲、世出世間福德智慧之所拘繫，名爲佛慧。是非好醜，是理非理，諸知見情盡不能繫縛，處處自在，名爲初發心菩薩，便登佛地。又曰，本來不是凡，不是聖，不是垢淨，亦非空有，亦非善惡，與諸染法相應，名人天二乘界。若垢淨心盡，不住繫縛，不住解脫，無一切有爲無爲，縛脫心量，處於生死，其心自在，畢竟不與諸妄虛幻塵勞蘊界生死諸入和合，迥然無寄，一切不拘，去留無礙，往來生死，如門開相似。黄檗告裴某曰，此心無始已來，不曾生，不曾滅，不青不黄，無形無相，不屬有無，不計新舊，非長非短，非大非小，超過一切限量名言，蹤跡對待，當體便是，動念即乖，猶如虛空，無有邊際，不可測度，惟此一心即是佛。利蹤告衆曰，自古及今，未曾有一箇凡夫聖人出現汝前，亦無有一善語惡語到汝分上，爲甚麽故。爲善善無形，爲惡惡無相，既已無我，把甚麽爲善惡，立那箇是凡聖。臨濟告衆曰，外不取凡聖，內不住根本，見徹本法，更不疑謬。德山告衆曰，我這箇虛空，道有且不是有，道無且不是無，凡不凡，聖不聖，一切處安著他不得。延壽荅人問眞心曰，心非有無，有無不染。心非垢淨，垢淨不染。乃至迷悟凡聖，行住坐臥，並是妄識，非心也。心本不生，今亦不滅，若知自心如此，於諸佛亦然。佛果告衆曰，若向箇裏倜儻分明，目前無法，胸中無心，上不見諸聖，下不見凡夫，外不見一切境界，內不見眼耳鼻舌身意，便能通同一切。宗杲荅曾天游曰，此眞空妙智，與太虛空齊壽，只這太虛空中，還有一物礙得他否。雖不受一物礙，而不妨諸物於空中往來。此眞空妙智亦然。生死凡聖垢染，著一點不得，雖著不得，而不礙生死凡聖於中往來。又告衆曰，平等心者，善與惡等，背與向等，理與事等，凡與聖等，量與無量等，體與用等，這箇道理，惟證者方知。是則諸師之指，亦無不如是，蓋諸錄猶七偈也。

統而論之，彼雖敎有頓漸，乘有大小，法有顯密，義有廣略，證有先後，機有淺深，而其無上究竟之處，不過曰無而已矣，無無而已矣，無無亦無而已矣。無之云者，所謂無善無惡，與無淨無垢，無凡無聖，無是非，無生滅等說是也。無則幻，幻則空，空而不空，是曰眞空。空則妙，妙則有，有而不有，是曰明妙。菩提正覺，覺此也，大方圓覺，覺此也，頓悟，悟此也，漸修，修此也，三世諸佛之所證，證此也，如來爲一大事出現，爲此也，三藏十二部一切修多羅之說，詮此也，西佛東祖十地菩薩一切善知識之參學付授，印此也。此者何，無善無惡是也。然則無善無惡一語，非禪門統會之一大宗指而何哉。若吾儒，則第曰繼善，曰性善，曰明善，曰止至善而已。嗚乎，釋氏之與吾儒，同耶，異耶，其亦可以不辨而較然矣。若夫天堂地獄，利果福田，與夫三途六道十二種生等說，不過以誑惑愚俗爾，鄙俚荒誕，尤不足置喙。

應撝謙《性理大中》卷二四　釋氏（節選）　程子明嘗曰，昨日之會，大率談禪，使人情思不樂，歸而悵恨者久之。此說天下已成風，其何能救。古亦有釋氏盛時，尚只是崇設像教，其害至小。今日之風，便先言性命道德，先驅了知者。才愈高明，則陷溺愈深。在某則才卑德薄，無可奈何他。然據今日次第，便有數孟子，亦無如之何。只看孟子時，楊墨之害能有甚，況之今日，殊不足言。此事盍亦繫時之汚隆，清談盛而晉室衰，然清談爲害，卻只是閒言談，又豈若今日之害道。今雖故人有爲此學而陷溺其中者，則既不可回，今只有望於諸君耳。其術大槩且是絶倫類，世上不容有此理。又曰，他有箇覺之理，可以敬以直內矣，然無義以方外，其直內者，要之其本亦不是。

〇明道之不明，異端害之也。昔之害近而易知，今之害深而難辨。昔之惑人也乘其迷暗，今之入人也因其高明。自謂之窮神知化，而不足以開物成務。言爲無不周徧，實則外於倫理。窮神極微，而不可以入堯舜之道。天下之學，非淺陋固滯，則必入於此。自道之不明也，邪誕妖妄之説競起，塗生民之耳目，溺天下於汚濁，雖高才明智，膠於見聞，醉生夢死，不自覺也。是皆正路之蓁蕪，聖門之蔽塞，闢之而後可以入道。

〇佛氏之理，比之楊墨，尤爲近理，所以其害爲尤甚。學者當如淫聲美色以遠之，不爾，則駸駸然入於其中矣。

朱子《答吳公濟書》曰，來書言，儒釋之道，本同異末。熹謂本同則末必不異，末異則本必不同。正如二木，是一種之根，無緣卻生兩種之實。

○《答詹養善》曰，示喻儒釋之分，益見潛心之力。所謂釋氏一覺之外，更無分別，不復事事，而吾儒事事無非天理。此語是也。然吾儒亦非覺外有此分別，只此覺處，便自天高地下，萬物散殊，毫髮不可移易。所謂天叙天秩，天命天討，正在是耳。

○《與呂伯恭書》曰，向來見人陷於異端者，每以攻之爲樂，勝之爲喜。近來惟覺彼之迷昧爲可憐，而吾道不振之可憂，誠實痛傷，不能自已耳。此不知年老氣衰而然耶，抑亦漸得性理之正也。

○或問儒佛同異。某子曰，公本來處，還有儒佛否。朱子辨之曰，天命之性，固未嘗有儒佛也。然儒佛是非之理，則已具矣。必以未嘗有者爲言，則奚獨儒佛也，固亦未嘗有堯桀也。然堯之所以爲堯，桀之所以爲桀，則豈可以莫之辨哉。今某子之言乃如此，是欲以無本末有無者，混儒佛而一之也。此禪學末流淫遁之常譚，俗學之士，從風而靡，有不足怪。獨某子自謂親承有道，而立言如此，則爲不可解耳。

○一書有曰，釋氏之言曰，在目曰見，在耳曰聞，在鼻齅香，在口譚論，在手執捉，在足運奔，偏現俱該法界，収攝在一微塵。識者知是佛性，不識者喚作精魂。他說得也好。所養者也是，只是差處便在這裏。吾儒所養，是仁義禮智，他所養者，只是視聽言動。

○又曰，黄蘗一僧有偈與其母云，先曾寄宿此婆家。止以父母之身爲寄宿處，其無情義，絕滅天理可知。當時有司，見渠此說，便當明正典刑。

○或問佛與莊老不同處。曰，莊老絕滅義理未盡，至佛則人倫滅盡，至禪則義理滅盡。佛初入中國，止說修行，未有許多禪的說話。

○又曰，某見名寺中所畫諸師祖人物，皆魁偉雄傑，其氣貌如此，則世之所謂富貴利達，聲色貨利，如何籠絡得他住，他視之亦無足以動其心者。或問，若非佛氏收拾去，能從吾儒之教，不知如何。曰，他亦也未是那無文王猶興的，只是做箇特立獨行的人，所爲必可觀。若使有聖人收拾去，可知大段好。只是當時吾道黑窣窣地，只有些章句辭章之學，他如龍如虎，這些義解，都束縛他不住，必決去無疑也。然被他引去了好人，可畏可畏。

以上諸條疑是朱子說，附入朱子諸條之下。

撝謙曰，佛法自漢明帝時始入中國，傳經四十二章。聞西竺國有佛名瞿曇，生於周昭王時，其教大抵以清淨寂滅爲常，無學爲道。至晉而其說大行，神州陸沉。自後人主常有欲滅其教者，然終不能。有崇其教而捨身爲奴者，國亦尋滅。至南北朝顏之推作《家訓》，以爲周孔遠不逮佛氏。唯唐傅奕闢之於前，昌黎韓子繼之。自韓文盛行，而學者始有所依據，然好之者固日甚也。至宋，如呂氏、韓氏諸大家，皆崇之不衰。得二程夫子力崇正道，而朱子大其傳。明興二百年，無敢以佛老之單言隻字入於經義者，可謂盛矣。於是天下之禪者痛心疾首於朱子，欲得而甘心焉。而陽明氏之興，則禪者翩然不戒以孚，亦其勢也。

竊嘗原其本而論之。天地之至陰，成於西南，而西竺正當其地。極南大暑，極北大寒，故中國至交廣，炎暑鬱蒸，已大異河洛。而況復南去，幾至赤道之下，則其地四時暑燠，使中國之人移居此地，當如魚遊沸鼎，無可久安。唯佛以至陰之性，降生此地，教之以虛空不壞。以搖動者名之爲塵，以不住者名之爲客，以至靜常住者爲眞心。而彼身家念重，淫殺紛紜，一聆其說，即時身心，泰然安穩。此如大暑渴行之人而得哀梨，何可非也。當時使聖人生於其地，亦不能不從無學矣。今中國則不然。暑往寒來，寒往暑來，其人能動能靜。以中和爲教，以生生爲本，偏動則不成，偏靜則不生。故唯時中之聖人能盡其道，此所謂布帛菽粟，何可一日廢也。故西方之佛不可闢，而中國之佛可闢也。

然中國當唐虞三代之時，方內乂安，生民和樂，鰥寡孤獨，皆有所養。父慈子孝，夫義婦從，室家和睦，兵革不試。此其民雖驅之從佛，亦必不從。至於後世，生養不遂，教化不行。有父而不養其子者，有子而不養其父者，有室家相棄而無所歸者。兵革繁興，有連州屠戮者，有辱及母妻者。民當此時，不復有生人之樂，而歸於空門以盡其命。因以其說化世人之貪淫殺奪，妄欲不已者。苟有是人，吾猶將禮之方外，而安得闢之。但中國之所以至此者，皆由聖人之道，不明不行。少而不學，長而無聞，遺棄人倫物理，以狥其私欲，任其偏見。甚者則掊克百姓之膏脂，以飾佛宮之金碧，而自以爲功德。是以天下大亂，四民失業。故釋氏之徒，其崇佛者不可闢。而孔氏之徒，其崇佛者深可闢也。

然使世之學者，雖讀書婚宦，而終日周旋於伽藍之宇，喜誦佛號，精研釋典，而號召鄉里，勤爲護法，此不過爲釋氏之檀越施主居士而已。如人之好食水品，或病清冷，亦未嘗有害於聖教也。唯是有人焉，誦聖人之《詩》《書》，以致宦達，成大名。欲招聚天下之生徒，以爲天下之師表矣。而於庶物猶未明，人倫猶未察也，遽取《楞嚴》、《金剛》之説，以附會於聖訓之一二語，而以爲天下之理有不必學者。凡後生小子，欲從事於孔氏之學者，往而問道焉，皆告之以不思不勉之妙，以爲凡聖人之博學審問、慎思明辨者，但以求至於心空之地。而吾苟至於心空，則天下之事物，可以不必審察，從心所欲而無不得其當。於是天下之問途於東魯者，莫不奔趨於西竺。而先聖人之所謂不偏於動，不偏於靜者，莫不詆爲支離未瑩之談，而孔子之道熄矣。於是天下雖有渾然質厚之君子，一入其説，則莫不師心自是，而不可以入堯舜之道。故儒而好佛者不必闢，而以釋而爲儒者深可闢也。

然中國之人，性本明通，辨於是非。若竟以西方本教施之中國，必不能行。自達摩之入也，變靜爲動，不立語言文字，以棒喝爲教。凡儒士之與之言者，皆無所用其辨説，則莫不訝然失其所恃。夫俗儒於中庸之道，本行不著，習不察，所恃者《詩》《書》耳。至其聞見不足恃，於是以吾之所學者果非也，乃俛首而入其教。凡梵音咒語，不可解説之談，敬若神明。而大聖人平正通達，千萬年垂訓之典謨，不以爲章句，則以爲糟粕，而六經雖存而實廢。羣天下少年之士，一志於道，即進參□□喫茶□□竹篦之説，以亂其是非，而鶻突其心志，亦已甚矣。

又中國之人，本好婚宦生養，有功有名，不樂槁寂。而先儒之闢佛者，每以爲清淨寂滅，不足開物成務。於是禪伯之欲雪此言者，不講出世，而講入世。侃侃而談者，皆機權作略，反詆吾儒之迂疎無用。爲吾儒者，亦未知聖人之道，以忠信爲主，以事功爲卑。亦欲效鉛刀之一試，而那移其心術，以就功利。又聖賢經濟，雖當就事上歷練，然必學古入官，尚友論世，方通於古今而無弊。今乃鄙薄學問之士爲章句之儒，而所見所聞，不過末俗機變傾危之習。於是曹操、桓溫，駸駸乎登孔堂而講學。故以禪爲禪者不必闢，而以霸爲禪，以禪爲儒者，深可闢也。闢之何如，明其在我而已矣。

○人性有神有鬼，能識者神，能記者鬼。遷流者神，確靜者鬼。今釋氏賤識神，惡輪轉，去眼耳鼻舌身意，悉歸於無，鬼之盛也。

○佛以無生爲樂，萬物不足以動其心。極其性，永無生理，但陰性大慈，孳孳救物。以此一念，遂時煅於猛火之中，成西金之質，而爲萬物之母。

○天下之靜物，至剛而至順者，莫若金也。百煅而不變，可不謂剛乎。唯人所革，無不從笵焉，可不謂順乎。天下之動物，至剛而至順者，莫若牛也。力舉千斤，可不謂剛乎。唯人所役，無不從欲焉，可不謂順乎。佛道如是。

○老氏内守中，外不見可欲。滅外故入幽而不息，生内故保陽而續生。釋氏於内外無不滅也。

○老與釋皆陰也。然老柔而釋剛者，何也。水陰中有陽，故柔也。冰陰中無陽，故剛也。

○佛謂眾見皆爲眚妄，吾試問佛，目眚之人，夜見燈光，别有圓影，五色重疊。既有眚妄，何不夜見燈光，别有卉木，灼豔紛華。由此言之，眚病之中，亦有誠理。

○神以知來，智以藏往。神出於魂，智出於魄。佛知魄而不知魂，故曰，識性無源，由於六種根塵妄出。其所言智，皆是藏往。故曰，聲銷無響，汝説無聞，若實無聞，聞性已滅，同於枯木。鐘聲更擊，汝云何知。又曰，如重睡人，夢中聞舂搗聲，别作他物，或爲擊鼓，或爲撞鐘。即其夢時，自怪其鐘，爲木石響。其形雖寐，聞性不昏。所謂寤通來事，寐緣夙心，堅守記性，以爲眞常。棄諸識性，不使流轉。

○《中庸》言至誠無息，故生物不測，於穆不已。《楞嚴》言大地山河，因虚妄，終而復始。一以爲誠，一以爲妄。儒言父慈子孝，資於事父以事母，而愛同。佛以父母子孫，相生不斷，以欲貪爲本，乃欲滅之。維偏方所生，成此偏性。一生一滅，乃欲合而一之，惑矣。

○人不可生，物不可殺。禁人倫生育之源，滋異類日長之勢，使普天之中，如此者五十年，則往來者唯禽獸矣。

○佛之禁殺，非貴獸也，謂人獸相變，嫌其同類也。吾儒則不然。所貴人性者，貴其異禽獸也。聖人誅奸除寇，豈非人哉。以禽獸之心食禽獸之肉，則不可以服禽獸。

○聖人不廢殺，所以成生生之大德。佛氏諱言殺，極其成就，乃至於不生。

○佛教之入也，止陽之過也。萬物皆致養焉，其變而爲宗也，所謂東北喪朋，乃終有慶者歟。

○聖人徵人不徵鬼，故所言皆其長也。佛氏明鬼而不明人，故所言皆其消也。何謂徵人不徵鬼。三綱五常，陽道也，人道也。何謂明鬼不明人。三塗六道，陰道也，鬼道也。以人道前民，則萬物日伸。以鬼道前民，則萬物日屈。

○聖人哀諸鬼之在於冰室，佛氏哀衆人之在於焚室。

○佛言大地山河，皆見妄所生。而其書所謂面放日光，頂出寶蓮，世人則從而信之，非見妄之尤者乎。

○佛經多妄僞，由於譯者欲其教之速行耳。

張伯行《續近思錄》卷一三　辨別異端（節選）

此卷辨異端。蓋異端不辨則正學不明，故必於其彌近理而大亂眞者，嚴析之於毫釐，然後人心不爲所惑，而世道庶乎其日隆也。

朱子曰，今人容易爲異說引去者，只是無見識。聖人之書，非細心研究不足以見。觀理既明，卓有定見，則他歧自不能惑我。今人容易爲異說引去者，非有他故，只是胸中全無見識耳。蓋聖人之書，皆所以明道理，苟非平日細心研究，實下體認工夫，則茫無所得，不足以見聖人閫奧。一聞異說，便主宰不定，遂不覺悅而入之矣。故學者必以致知爲急務也。

朱子曰，佛老之學，不待深辨而明，只是廢三綱五常這一事，已是極大罪名，其他更不消說。此朱子斷佛老之罪，而使之無所逃也。蓋其爲學，異端誠不待深與之辨而自明者。如人生在世，有夫婦然後有父子，有父子然後有君臣，是謂三綱。三綱既立，而仁義禮智信之德行於其間，是謂五常。今佛老既無夫婦，則並無父子君臣，又何有於仁義禮智信。而三綱五常，廢棄盡矣。夫人所以得爲人者，以有三綱五常也。而佛老盡廢之，世閒之惡，孰有過於此者乎。故即此一事，罪名已是極大，不必更論其他。盡若彼教，將生民幾無噍類，必亦安得有其徒耶。誠知人類不容終絕，則三綱五常，決不可一日無。此理甚明，人所易見。大本既失，其餘可知。何世之尙爲所惑也，不亦重可怪哉。

芮國器嘗云，天下無二道，聖人無兩心。如何要排佛。朱子曰，只爲無二道，無兩心，故著不得他佛法。道者，事物當然之理，天下之所共由。心者，維皇降衷之良，聖凡之所同具。芮國器既知天下無二道，聖人無兩心矣，而又謂不必排佛，則是一心以爲儒道，又一心以爲佛道，非二道兩心而何。故朱子曰，只爲無二道，出乎是則入乎非。無兩心，出乎正則入乎邪。故著他佛法不得，而必欲排而斥之也。夫是非不容並立，邪正難以並行。佛法不排，則聖道不著，豈吾儒之好辨哉。亦有所不得已耳。而何得作參和渾同之見也。

朱子曰，學者往往多歸異教，何故。蓋爲自家這裏工夫欠缺，奈何這心不下。見禪者之說有箇悟門，一朝得入，則前後際斷，恁地見成捷快，如何不隨他去。若知自家這裏有箇道理，不必外求，此心自然各止其所。學者既從聖道，宜其見異不遷。而往往多歸異教者，何也。蓋人只爲於自家這裏聖賢道不肯一力向前，實落用功，學無進益。工夫既已欠缺，此心遂沒定主，東馳西逐。因奈何他不下，忽見禪者之說有箇悟門，與吾道有次第、有積漸者大別，一朝得入，則前後際斷，覺得恁地見成快捷，省卻許多工夫，如何不□然隨之而去。若知自家這裏原有箇平平正正，倫常日用，穩實可行道理，人人各足，不待外求，則此心自有定向，各止其所，而不爲他歧所惑矣。蓋中不足，然後遷於外物。佛教非能引人，多是自家工夫不到耳。可不察諸。

朱子《答徐彥章》曰，老釋說於靜，而欲無天下之動，是猶常寐不覺，而棄有用於無用，聖賢固弗爲也。今說於動而欲無天下之靜，是猶常行不止，雖勞而不得息，聖賢亦弗能也。蓋其失雖有彼此之殊，其倚於一偏而非天下之正理，則一而已。此答論動靜體用之說也。吾儒之學，動靜無閒，體用一原。故寂然未發者，動之體所以立。而感而遂通這，動之用所以行。二者相須，未有靜而無動，動而無靜者。老釋專以清淨寂滅爲宗。說於靜矣，而屏遺一切，欲無天下之動。猶人常寐不醒，而以有用之精神棄於無用之地，故聖賢所不爲也。今也欲反其弊，而晝度夜思，一息不停，則又說於動，而欲無天下之靜。猶人常行不止，日勞勞於道途，而終不得休息，聖賢亦豈能若是哉。蓋一則偏倚於靜，有體而無用。一則偏倚於動，有用而無體。其大雖彼此不同，而均非天下正理。學者誠知動靜互根，而惟以主靜立人極，則得矣。烏可矯之之過，而反自蹈一偏之失耶。

朱子曰，學佛者嘗云儒佛一同。某言若果然是，又何必言同。只這靠傍的意思，便是不同。爲學自有一定主見，理苟至是，不必求異，亦不必求同，決不倚傍他人。今學佛者動輒推佛而附於儒，以爲儒佛一同。夫凡事有不是處，方有同處。若佛果無不是，自信得過，則直行彼教，何必引儒爲重而言同也。只他這靠傍儒教的意思，便是大不同矣。雖日向人言，其誰信之。矧吾儒萬理皆實，佛氏萬理皆虛，判若天淵，有目者所共見乎。彼學佛者流，想亦自疑其非，而欲援儒以解免也，無如終不可以欺人，祇成其爲自欺而已。噫。

或云，莊列釋氏，皆有大過人者，但爲從別路去，故不可與校是非。朱子曰，既云別路，則須自有正路。只此正路別路之間，便有是非可校，何言不可耶。莊，莊周。列，列禦寇。與釋氏皆異端也。或云是一樣人，皆有大過人之才，但爲從別路去，不向儒教。然彼亦自行其學耳，不可與校是非也。朱子曰，不然，天下古今所共由之路，原無兩條。既以彼爲別路，則須自有箇正路。祇此正路別路之閒，是非顯然，難以寬假，便自不容不校論矣。何云不可耶。蓋非不明則是不出，吾儒正欲直斥其非，以講明吾是耳，非好爲辨難之見也。

朱子《答李伯諫》曰，來書云，形有死生，眞性常在。某謂性無僞冒，不必言眞。未嘗不在，不必言在。蓋所謂性，即天地所以生物之理。所謂維天之命，於穆不已。大哉乾元，萬物資始者也。曷常不在，而豈有我之所能私乎。釋氏所云眞性，不知其與此同乎否也。同乎此，則古人盡心以知性知天，其學固有所爲，非欲其死而常在也。苟異乎此，而欲空妄心見眞性，惟恐其死而失之，非自私自利而何。佛氏之說謂形死而性不死，欲求其所爲眞性常在者，故朱子因李伯諫之言而明辨之。夫物有僞始有眞，性惟一理也，原無假冒，何眞之可言。物有不在始有在，性具於人也，未嘗不在，何在之可言。蓋性之大原出於天，乃天地所以化生萬物之理。如《詩》云，維天之命，於穆不已。《易》云，大哉乾元，萬物資始是也。天以是賦於人，人以是受於天，其理無乎不在，同出一原，非有我所得私也。若釋氏所云眞性，吾不知其同乎否也。果其同也，則必如古人盡心知性以知天，此中自有許多窮理格物，反躬實踐工夫。其學固有所爲，非欲其死而常在也。苟其異也，則不知天之所以與我者何事，而但欲明心見性，惟恐死而失之，其自私自利甚矣。豈天命之初所爲大公無我者哉。殊不知人之生也，則當踐形以盡性，安能一無所事。其死也，則當體受而歸全，又何有於眞性之不滅乎。多見其幻妄而已矣。

或問，今世士大夫何以晚年都被禪家引去。朱子曰，是爾平生所讀許多書，許多記誦文章，所藉以取利祿聲名之計者，到這裏都靠不得了，所以被他降下。士大夫固嘗學問，則當明義理，乃晚年多入於禪，故或人疑而問之。朱子曰，此無他故，總由平日未嘗實用致知格物工夫，見理不甚明徹。所讀許多書，許多記誦文章，全無實得。所藉以取利祿聲名之計者，到得日暮途窮，覺這裏俱屬無用，靠不著他，所以被他那些清淨了悟話頭降服下來。若素於綱常名教道理，心解力行，見得此生做不盡，離不得，一息尚存，難以少懈。任彼雖有便捷途徑，亦何能以引我哉。是在士大夫自知其病，而返求之可也。

朱子曰，世學不明，異端蠭起，大率皆便於私意人欲之實，而可以不失道義問學之名，以故學者翕然趨之。然諺有之，是眞難滅，是假易除。但當力行吾道，使益光明，則彼之邪說，如雪見晛爾。故不必深與之辨。世學不明，聖教寖衰，異端之流蠭起而亂天下。其所爲說，大率皆便於私意人欲之實，令人易從，而可以不失道義問學之名，又有所得。其功易而效捷，以故學者爲彼所惑，翕然從之，而卒難挽回也。然而眞假之辨，久當自明。俗語有云，是眞終覺難滅，是假總容易除。學者但當操守堅定，力行吾道之所當然，使綱常名教，益以光明於世。則人皆知趨向正道，而彼之邪說，自無所容其奸。如重陰積雪，見晛而即消耳。故不必與之深辨，而徒煩口舌爲也。朱子端本之論也。（略）

朱子曰，釋氏謂人死爲鬼，鬼復爲人。如此則天地閒常是許多來來去去，更不由他造化生生，必無是理也。凡人之生，受氣於父，成形於母，皆從造化源頭發見出來，所謂自無而之有也。及乎氣盡形散，則歸而爲鬼，所謂自有而之無也。此屈伸消長之理主宰於天地者也。今釋氏謂人死爲鬼，鬼又復生爲人，是天地閒來來去去，常是許多人鬼自爲輪迴，而生生無窮，其權更不必由造化矣。揆之於理，寧有是乎。且人既死而爲鬼矣，彼何由知其鬼復爲人也。不過欲肆其幻妄，而以輪迴之說誑無識之愚民已耳。其誰能逃君子之明鑒哉。

朱子曰，必有親切懇實，可以循序而進者，乃爲吾儒之學。如其不然，恐未免陷於佛老之邪說。理本切近而精實，而用功則有次第。故學者必於日用之閒求其親切懇實，可以循序漸進者而爲之，方爲吾儒正大之學。不則窮高極渺，虛無幻妄，恐未免陷於佛老之邪說而不自知。此之不可不察也。（略）

朱子曰，釋氏只是恍惚之閒，見得些心性影子，卻不曾仔細見得眞實心性，所以都不見裏面許多道理。政使有存養之功，亦祇是存養得他所見影子。固不可謂之無所見，亦不可謂之不能養，但所見所養，非心性之眞耳。心者人之神明，所以具眾理而應萬事者也。性則心之所自具之理也。聖賢之學，眞見得吾心性中眞實道理，萬物皆備，而加以存養之功，故能造到達天知命地位。若釋氏所爲明心見性者，止是清淨空寂之處，大略見些影子，遂謂靈通了徹，參悟入微。卻不曾眞實見得心性中許多道理若何也。他亦嘗做靜坐存養功夫，然亦止是存養其素所見些影子耳。蓋彼之見，見其所見，非吾儒所謂見也。彼之養，養其所養，非吾儒所謂養也。烏足與心性之眞乎。而安得竊吾儒之說以立言也。

朱子曰，近世學者溺於佛學，本以聖賢之言爲卑近而不滿於其意，顧天理民彝，有不容殄滅者，則又不能盡叛吾說，以歸於彼。兩者交戰於胷中，而不知所定，於是因其近似之言以附會而說合之。凡吾教之以物言者，則挽而附之於已。以身言者，則引而納之於心。苟以幸其不異於彼，而便於出入兩是之私，至於聖賢之本意，則雖知其不然，而有所不顧也。此朱子直窮僞學之心術，而指其失也。聖賢之言，平淡無奇，不過此大中至正，日用常行道理。近世學者，溺於佛學高妙，心實喜之，而厭吾道爲卑近，不滿其意。特以君臣、父子、夫婦乃天理民彝所在，難容泯滅，又不能盡反吾說，以歸於彼。因之顧彼顧此，兩者交戰胷中，迄無定主。於是陽避叛儒之名，陰爲從佛之實。乃取兩邊近似言語而牽合之，作調停附會之說。凡吾教言物者，則混挽之於己。言身者，則混引之於心。但求幽深虛渺，與佛不異，以便其出此入彼，依違兩可之私。雖知非聖賢本意，而不顧也。其爲術亦詭矣。蓋其心自以爲吾之所見，已高於聖賢，可以咄嗟指顧而左右之矣。又況推而高之，鑿而深之，使其精神氣象，有加於前，則吾又爲有功於聖賢，何不可者。而不自知其所謂高且深者，是乃所以卑且陋也。此近世雜學之士，心術隱微之大病，不但講說異同之間而已。且其心自以爲是，而所見高出聖賢之上，不難驅之因而從我。又況我於卑者推之使高，淺者鑿之使深，覺精神氣象，較前有加，以此爲功於聖賢，奚不可者。而不知彼之自謂高深者，正其卑陋之□，而背謬不可爲訓者也。此則援儒入佛，其病在心術隱微之閒，爲害甚大，又不但講說異同而已。所以嘗深知之，而欲與學者明辨之也。夫朱子未出以前，王安石、張子韶以佛旨釋諸經，蘇子瞻以佛旨解《易》，游定夫以佛旨解《論語》，呂居仁以佛旨釋《大學》，程門諸子以佛旨釋《中庸》。自朱子出，而其書始廢。蓋惟深知雜學心術之大病，故辨之極力，此其所以上承孔孟，而集羣儒之大成與。

朱子曰，釋氏之捨身飼虎，雖公而不仁矣。仁者雖以萬物爲一體，然推之有本，行之有方。豈漫無所差等，而至視身爲輕，視物反重哉。若釋氏之捨身飼虎，彼意以爲至公，而不知仁者必先自愛其身。身之不愛，何能愛物，其爲不仁甚矣。夫吾儒無從井救人之仁人，而墨子有摩頂放踵利天下之兼愛，若釋氏者，墨之流亞，而儒之罪人歟。此爲吾徒者，不可不闢異端也。

朱子《答陳衛道》曰，嘗見龜山先生引龎居士說神通妙用，運水般柴話，來證孟子徐行後長義。竊意其語，未免有病。何也。葢如釋氏說，則但能般柴運水，即是神通妙用，此即來喻所謂舉起處，其中更無是非。神通妙用，搬柴運水，此龎居士佛家話也。龜山引以証孟子徐行後長之義，以釋解儒，其說不能無病。蓋釋氏不知有理，惟認知覺運動爲性，故謂運水搬柴，即是神通妙用。而一味率意妄行，盡將理字掉卻一邊，全沒分別，但求其所爲作用者。此即所謂舉起處，其中更無是非者也。若儒者則須是徐行後長方是，若疾行先長，即便不是。所以格物致知，便是要就此等處微細辨別，令日用間見得天理流行，而其中是非黑白，各有條理，是者便是順得此理，非者便是逆著此理。胸中洞然，無纖毫疑礙，所以才能格物致知，便能誠意正心，而天下國家可得而理，亦不是兩事也。若吾儒則須講明道理。如徐行後長則是，疾行先長則非。是故用格致工夫即要從此處微細辨別，常見日用閒天理流行，是非昭著。是者便是順理，非者便是逆理。胷中洞徹明白，絕無纖毫疑礙。所以才能格致，便能誠正，而家國天下可理。此孟子即徐行一端而謂堯舜之道，盡此者是也。凡古聖賢說性命，皆是就實事上說。如言盡性，便是盡得此君臣父子、三綱五常之道而無餘。言養性，便是養得此道而不害，至微之理，至著之事，一以貫之，畧無餘欠，非虛語也。凡古聖賢所言性命，非□空虛渺茫，皆就君臣父子、三綱五常實事上說。盡性便是盡得此道理，而不令有留餘。養性便是養得此道理，而無所作爲以害之。其理至微，其事至著，一以貫之，略無餘欠。所謂體用一源，顯微無閒，非虛語也。彼釋氏之自以爲神通妙用者，不過知覺運動之能，豈知吾性中自有實理實事，必知之明而行之當，不是空空作用可了者哉。而何可以佛說證儒修也。然則龜山此論，想亦在未受業程子之前歟。（略）

朱子曰，向來見子靜與王順伯論佛云，釋氏與吾儒所見亦同，只是義利公私之閒不同。此說不然，如此卻是吾儒與釋氏同一箇道理。若是同時，何緣得有義利不同，只彼源頭便不同。吾儒萬理皆實，釋氏萬理皆空。陸子靜，名九淵，學者稱象山先生，其學近於禪者也。嘗與王順伯論佛，謂其所見與吾儒同，特義利公私之閒，不能無少異耳。夫義者天理之公，利者人欲之私。吾儒之學，正誼不謀利，至公而無私。若果其同也，則儒釋止此一箇道理，又何有義利之不同乎。所以然者，只爲源頭處便自不同。吾儒踐形盡性，事事著己，故萬理具足於心而皆實。釋氏虛無幻化，希心頓悟，故萬理一切遺棄而皆空。相去奚啻霄壤，烏得援儒入釋，混釋於儒，而作此自相矛盾之論哉。此朱子所以深闢之也。

朱子曰，陸學固有似禪處。然婺州朋友專事聞見，而於自己身心，全無功夫。所以每勸學者，兼取其善，要得身心稍稍端靜，方於義理知所決擇。非欲其兀然無作，以冀一旦豁然大悟也，陸子靜之學，遺卻格致工夫，專以靜坐頓悟敎人，固有近似禪處。但邇來婺州朋友則又專事見聞，馳情外騖，而於自己身心，全無存養工夫。恐其徒道問學而不知尊德性，故每勸學者兼取彼之善處。返之身心，稍稍端靜，不致妄動。然後安詳整暇，方能於義理之閒，知所決擇。此則因病發藥，矯其太過而進其不及。非欲其學陸之兀然靜坐，無所作爲，以希一旦之冥悟也。觀於此言，則知陸學之非，固朱子所深斥。而世之學陸者，正不得有所藉口，而作調停傅會之說也。

問，釋氏有豁然頓悟之說，不知倚靠得否。朱子曰，某也曾見叢林中有言頓悟者，後來看這人只尋常。如陸子靜門人，初見時常云有所悟，後來所爲，卻更顛倒錯亂。看來所謂豁然頓悟者，乃是當時略有所見，覺得果是淨潔快活，然稍久卻漸漸淡去了，何嘗倚靠得。叢林，釋氏所居也。釋氏之說，專以頓悟爲主。或問其所得力處，不知可倚靠得否。朱子曰，某也曾見叢林中常爲此說，後看此等人，俱只尋常，非能眞知性命者。如陸子靜之學，亦尙頓悟，差與禪同。門人學其學者，初見時常云有悟，到後來觀其所爲，卻更顛倒錯亂，茫然無以自主。似此看來，彼之所謂豁然頓悟者，大抵是靈覺光影，略有見地。當下一時如此，稍久漸漸淡去，終是毫無實際。向之所見，不過如電光石火，恍惚爲象而已，安能倚靠得長久耶。若吾儒性命之理，至精至微，細入毫芒，無一非實。苟有所見，自終身用之不盡，豈釋氏可同日語哉。

朱子曰，近年以來，乃有假佛釋之似以亂孔孟之實者。其法首以讀書窮理爲大禁，常欲學者注其心於茫昧不可知之地，以僥倖一旦恍然獨見，然後爲得。蓋亦有自謂得之者矣，而察其容貌辭氣之間，修已治人之際，乃與聖賢之學有大不相似者。聖賢之學全在讀書窮理，以求深造自得。小之容於容貌詞氣，大之見於修己治人，莫不有眞實工夫存焉。乃近來一種學問，直假佛釋之似，以亂孔孟之眞。其法專以讀書窮理爲禁，惟令學者瞑目靜坐，常注心於藐茫闇昧不可知之域，以僥倖於一旦恍然獨見而有得焉。而學其法者，亦有自謂已能得之，宜必有大過人者矣。至察其容貌詞氣之閒，修己治人之際，乃與吾聖賢之學，背謬已甚，而絕不相似。吾不知其所得者，果安在也。夫廢格致之功，而空腹高心，妄希冥悟，古今來豈有是學乎。此名爲儒，而實逃入於禪者，得不斥之爲異端哉。

朱子《答吳公濟》曰，來書云，夫子專言人事生理，而佛氏則兼人鬼生死而言之。某謂不知生死人鬼爲一乎，爲二乎。若以爲一，則專言人事生理者，其於死與鬼神固已兼之矣，不待兼之而後兼也。若須別作一頭項窮究，則是始終幽明，卻有閒隔也。人鬼死生，原無二理，非誠敬足以事人，則必不能事神。非原始而知所以生，則必不能反終而知所以死。此夫子專言人事生理之意也。今佛氏兼言之，其視死生人鬼爲一乎，爲二乎。若以爲一，則知生之道即知死之道，盡事人之道即盡事鬼之道，不待兼言之，而其理已無不在其中，則固兼之矣。若思別作一項窮究，則是分而爲二，而始終幽明，卻有閒隔也。夫佛氏地獄輪迴報應之說，皆言死言鬼，好爲怪誕不經，而於人事生理，反茫然全無理會。其爲誣世惑人甚矣。豈吾儒所樂道哉。

朱子曰，異端之學，以性自私，固爲大病。然又不察氣質情欲之偏，而率意妄行，便謂無非至理，此尤害事。近世儒者之論，亦有近似之者，不可不察也。性即理也，降衷各足，萬理皆備，固大公無私者也。但人自有生以後，或爲氣質所拘，情欲所蔽，則必用知行交進之功，以全乎天所以與我之理。此吾儒盡性之學也。今異端以性自私，不知有理，惟欲冥心見性，其病爲已大矣。又不察氣質情欲之偏，據其所見，一味率意妄行，便謂無非至理，則其害事，尤有甚焉。其大悖於吾道者，正在於此。乃近世儒者之論，亦有指空虛爲性，而全無窮理工夫，忒近似其說者。陽儒陰釋，最爲惑人，學者不可不察也。朱子此言，蓋爲象山而發歟。

朱子稱李延平先生曰，異端之學，無所入於其心，然一聞其說則知其詖淫邪遁之所以然者，蓋辨之於錙銖眇忽之閒，而儒釋之邪正分矣。言延平先生平日，其於異端之學，非聖人之道者，既無所入於其心矣。然邪說橫流，無所不至，而先生一聞其說，即能知其詖淫邪遁之所以然，而直窮其受病源頭。且辨之於錙銖杪忽之閒，毫不爲所蒙混。而儒釋之邪正，判然分別。蓋其心事光明，常如冰壺秋月，瑩徹無瑕，故能如此。其衛道之功，良匪小矣。

問，昔有一僧，每自喚主人翁，惺惺著。謝氏亦有常惺惺之說，是同是異。朱子曰，謝氏之說，於身心事物上皆有工夫。若禪家所見，只見得個主翁便了，其動而不中禮者，俱不管矣。且如父子天性，父被他人無禮，子須去救，他則不然。子若有救之之心，便是被愛牽動，便是心昏。主人翁若如此惺惺，成何道理。主人翁，指心也。惺惺者，常提醒之，使不至於昏昧也。禪家以明心爲教，故一僧每自喚主人翁惺惺。而上蔡謝氏亦有是說，或人疑之，而問是同是異。此儒釋相似而實不同者。朱子因辨之曰，謝氏所謂常惺惺者，是平日存誠主敬，於心身事物上念念戒懼，時時省察，欲其不至懈怠昏昧，皆有實落工夫。非如禪家所見，只是冥然寂守，撮弄精神，得箇主翁，便謂一了百了。此外人倫日用，許多事務，動不中禮者，以爲俱可遺棄而不管矣。即舉一事言之，且如父子天性至親，若父被人加以無禮，子須往救，方是心理之安。彼則不然。謂一往救，便被愛所牽動，即是心昏。必也寂守此心，聽之不顧，方可。夫所貴乎主人翁者，以能處事順理，寂然不動，感而遂通也。若但如此惺惺，則滅絕天性，一槁木死灰而已，成何道理。此儒釋大相懸處，正學者所當深察，而不可誤認爲同也。

朱子曰，禪學最害道。莊老於義理絕滅猶未盡，佛則人倫已壞，禪則又將許多義理掃滅無餘，故其爲害最深。老莊禪學，俱係異端，並與吾道爲敵。而其害之最大者，則惟禪學最甚。蓋老莊雖主清淨無爲，然猶託於道德之說，於義理未盡滅絕。佛則棄君臣、父子、夫婦，已大壞人倫矣。及一變而之禪，則更詭祕幽渺，名爲明心見性，而實則虚無寂滅。將天地間許多當然道理，一切掃蕩無餘。其說彌近理而大亂眞，不特可以愚庸衆之耳目，欺其不知。而且可以惑賢智之心思，迷而不悟，爲害最深，所當深拒之，以爲衛道計也。

或有言修後世者，朱子曰，今世不修，卻修後世，何也。既爲今世人，即當修今世之事。臣忠子孝，兄友弟恭，夫義婦隨，皆此生不可不爲者也。而今乃從釋教□而去之，必欲種因果，爲來生計，曰吾以修後世也。夫後世茫茫，不可知矣，舍其眼前現在之事，而圖爲未來無影之修□，何惑之甚耶。朱子所以深闢之也。

朱子曰，某於釋氏之說，蓋嘗師其人，遵其道，求之切至矣，然未能有得。其後以先生之教，校夫先後緩急之序，於是暫置其說而從事於吾學。其始蓋未嘗一日不往來於心也，以爲俟卒究吾說而後求之，亦未甚晚耳，非敢遽絀絕之也。乃一二年來，心獨有所自安，雖未能即有諸已，然欲復求之外學，以遂其初心，不可得矣。朱子自言，當在少時，於釋氏之說，亦嘗奉其人而師之，學其道而尊之，求之可謂切至矣。然究竟疑而無得。及從延平先生之教，校夫學問先後緩急之序，於是知聖賢大中至正道理，暫置其說，而從事於吾儒之學。其始緣爲異說先入，雖閒或有疑，而未嘗一日不往來於心，以爲俟吾卒學於正道，而後求之，亦未敢遽以彼爲非而絀之也。乃一二年來，服習吾道者久，識見漸明，心思獨有所安，始知此之爲是，彼之爲非。雖於聖賢學業未能即有諸已，而志向既定，不爲異說所移。欲復求之外學，以遂向之初心，不可得矣。此可見人之惑於異端者，必其未嘗有得於吾道。誠返而自得其大中至正之歸，則彼之說自不難於立辨而拒之惟恐不至矣，尚何惑之有哉。噫，經正則庶民興，庶民興斯無邪慝。有志斯道者，尚其各務反經之學也夫。

勞史《論寂滅之學興》（《餘山遺書》卷七） 君子曠觀宇宙，而見世運升降之間，一治一亂，氣機相尋，而佛氏之所由興，不勝低徊而三嘆也。蓋予嘗聞邱濬云，周東遷而夫子生，宋南渡而文公興。世運升降之間，天必生大聖大賢以當之者，誠以三綱五常之道所繫也。世運之小治小亂，與世運之大治大亂之機，反覆相因，乃天道之常。三代以上，世運雖屬參差，要皆聖王極治之世也。自孔子道義宗盟之後，五百餘年而至於漢，天運乖張極矣。至煩至劇之後，無怪乎至寂至滅之學興焉。

又《戒殺問答》（同上，卷八） 或有問於予曰，古聖王謂人性與物性有異，所以不戒殺。有宰牛烹羊之舉，割雞宿賓之事也。今朱子云，人物之性，亦我之性。程子亦云萬物一體，謂萬物之性，皆一體也。若然，則佛氏謂性均天倫，物我一體，豈可利己殺物，其說眞不爲謬矣。柳宗元謂佛說有與《論語》、大《易》相合處，果亦非無因矣。今程朱二子既謂人物同具一性，欲殺同性，以充口腹，一體之謂何論，人物之性宜於何辨之。且孟子云，見其生不忍見其死，聞其聲不忍食其肉，是以君子遠庖廚也。抑惑滋甚。既云聞其聲不忍食其肉，徒遠庖廚爲言，是與借刀殺人者等也。借刀殺人與自用其刀殺人者，惡尤甚也，君子勿爲之矣。且庖有肥肉，廄有肥馬，孟子謂之率獸食人，推情度理，識何深也。今既食其肉，遂以遠庖廚，而不審情推理，而妄食乎。禽獸將死，故鳴哀何等悽愴，豈可掩耳盜鈴，竟忘殺死之慘，且以見牛未見羊謂之仁術乎。故殺生之事，古聖王必有以處此矣。

予答曰，天地者，萬物之父母也。父母者，一人之天地也。人物同出天地，各本陰陽，特人直而物横，人仰而物俯，具形爲有殊耳。所謂理同而氣異者，此也。有生之後，蠢然之知覺運動，人物似同。粹然之仁義禮智，人物迥殊。即其間若烏之反哺，羊之跪乳，雉之耿介之類，亦不過衆物最著之一二，一物終身内之偏明也。守其一節，不克擴充，豈能性具衆理，情應萬事，若人之千變萬化，無所不知，無所不能，而極其靈哉。所謂氣同而理異者，此也。程朱一體之説，因人物同出一本，故云然耳。非謂犬牛之性猶人之性，畧無區別也。然則佛氏之所謂一體，非二子之所謂一體也明矣，安得謂其戒殺之事不謬哉。

試問同出天地者，即謂同性，不可傷矣。而草木之無知罔覺，根生土養，雖其知覺運動并不及禽獸，然亦能自蘖而榮，自榮而悴，先小後大。溉之則茂，傷之則枯，應乎時，出乎土，獨非天地所生乎。充佛氏之說，不惟禽獸之性猶人，即草木之性亦猶人矣。彼桑門輩，豈獨不可飲酒茹葷，勢必食稿壤，飲黄泉，穴居野處，同身於蚯蚓，然後可。安得伐林木而有梵宫蘭殿之巍峩，咬菜根而爲刈蔬烹茗之飲食乎。其說可一辨而立窮矣。且鼓用皮，鐘釁血，硃紅殿宇種種，塗膏血爲之，所謂不戕物者安在。

至遠庖廚之說，雖因觸目傷心，食不下咽而然，推孟子之意，亦欲以愛物一端，引王到仁民地位。充此不忍一念，可以保民致王，將曲成其德，故節取取美，謂之仁術者。如好貨好色，只欲引君當道志仁，故如此説耳。若論其制，先王制是禮，即當行是事，舉之則爲宜，廢之反爲過。設牽牛堂下者，令聖人見之，必以爲釁鐘之禮制，自先王大典宜舉，斷無舍牛易羊之姑息也。且庖廚之設，始自羲皇，若必當遠，聖人亦不創立是制矣。倘人人遠庖廚，則牲殺無人，而禘嘗之義廢，宰割無人，而燕饗之禮置，不且中國同爲貉道乎。烏乎可哉。先王神明普照，心思徧及，垂典禮以昭示來茲，獨不念起殺傷之慘於不可問乎。

總之，先王親疎有殺，輕重有等，不失絲毫。親親，仁民，愛物，三者雖皆一仁之事。然古者粒食未興，黎民苦饑，益奏鮮食，僅鳥獸魚鱉之肉於民，使食以充饑者，豈聖人止有仁民之心，而略無愛物之意耶。夫亦以仁民之事重於愛物，不能兩全之中，不得不伸此而屈彼也。況用繭栗以郊天地，殺特牲以享宗祖，比之仁民之事，爲尤重者乎。由此觀之，則物之殺也，宜也，非過也。雖然，先王殺物之中，又未嘗無仁物之恩也。《禮》曰，諸侯無故不殺牛，士大夫無故不殺羊，士無故不殺犬豕。下此凡庶民之家，類可知矣。孟子曰，七十非肉不飽。可知食必食肉，必養老始然。若七十以下，幸免饑寒足矣。吾於此嘆先王之制眞盡善也。必有故始殺，則敬天尊親之意虔。無故不殺，則愛物好生之心摯。是牲禽之殺，必爲養與祭及燕享始舉也。無他，所重在此，而所輕在彼也。不然，後世之以麵代牲，反勝先王之犧牲肥腯矣，豈其然哉。

又《與孝義庵禪僧書》　儒釋源頭迥異。儒者洗心退藏於密，齋戒以神明其德，寂然不動，感而遂通天下之故。佛氏寂滅，屏去一切事物，即道理二字亦無之。其能照應者，是亦屈而伸之之理也。試看天下之蟄物，未有不伸者。腐草之飛而爲螢，蘸麥之飛而爲蝶，糞土之飛而爲蟬，凡屈蟄者，其後無不伸而能飛，是亦感應屈伸之理。佛氏即使有神通，未必能身自察之，而知其理，何也。佛氏非吾儒格物窮理之學也。夫其有心屈抑之，坐禪出定，能普照遊神，乃播弄心神之法，非大道體用之本然也。若吾儒之所謂寂然者，感之體。感通者，寂之用。一感一寂，莫非大道體用之自然，初非以有心與也。故曰，源頭迥異。

昔柳宗元喜與釋氏遊，乃曰釋氏有與大《易》、《論語》合。嗚呼，他只見佛氏寂滅照應無方，與《易》中寂然不動，感而遂通，以至齋戒神明其德等語，率爾觀之，儼若相同。不知通乎性道者，從中細分之，實有黑白之異。夫儒釋之源頭異，故感應亦異。蓋一層一層推至極處，必窮究物理，乃能致吾心之知也。釋氏於應事接物，一切踈漏，其平日不能權衡事理，視道義爲魔障。是以湛然禪師號稱聖僧，能寂滅脱化，不能避推官之杖責。杖責之後，及脱化時乃曰，前世孽緣來到。嗚呼，以事理論之，何謬之甚。夫身爲山野中人，高官顯宦，願拜服門下者，似可受其禮。如不心願信服者，豈可以山野中人，而敢屈天子之命吏乎。杖責受報，正乃法律所宜，明明現在報應，豈得云前世孽緣，再作欺人語乎。湛然杖責受報，正是不能權衡事理，故曰，釋氏若應事接物，一切踈漏，豈能任事乎。

他既怕事累他，必不能行義達道，出來作事。試看釋氏所云佛祖甚多，從沒有一人挺身出來，以定世之禍亂。吾儒當揖讓時則揖讓，當征誅時則征誅，何所不能。豈如釋氏，緇衣大袖，徒説此因果，足以濟世與。前者老禪兄云，昔有一僧，割肉餧虎。吾説此身當爲君父死，不宜妄與虎食。老禪兄不以爲然。夫吾之意，此身乃父生之，君養之。使君父遇難，即宜以此身奉君父，當爲君父死也。徇平人之難，尚不得爲義，況以父生君養之遺體而餧餓虎，是誠何心哉。老禪兄何不細察良心，而徒隨人口傳述乎。

祝洤《下學編》卷一三　辨異端（節選）　老子浮屠之説，固有疑於聖賢者矣。然其實不同者，則此以性命爲眞實，而彼以性命爲空虛也。此以爲實，故所謂寂然不動者，萬理粲然於其中，而民彝物則，無一之不具。所謂感而遂通天下之故者，則必順其事，必循其法，而無一事之或差。彼以爲空，則徒知寂滅爲樂，而不知其爲實理之原。徒知應物見形，而不知其有眞妄之别也。是以自吾之説而修之，則體用一原，顯微無間，而治心修身，齊家治國，無一事之非理。由彼之説，則其本末橫分，中外斷絶，雖有所謂朗澈靈通，虛靜明妙者，而無所救於滅理亂倫之罪，顛倒運用之失也。《戊申封事》（略）

《遺書》所云，釋氏有盡心知性，無存心養性。亦恐記録者有誤。要之，釋氏只是恍惚之見，卻不曾見得眞實心性，所以都不知其中無窮道理。政使有存養之功，亦只存養得他所見底影子。《答胡季隨》原本要之釋氏以下，作只是恍惚之間，見得些心性影子，卻不曾子細見得眞實心性，所以都不見裏面許多道理，政使有存養之功，亦只是存養得他所見底影子，固不可謂之無所見，亦不可謂之不能養，但所見所養，非性之眞耳。

李翺復性則是，云滅情以復性則非，情如何可滅。此乃釋氏之說，陷于其中而不自知。

性命之理，只在日用間零碎去處，無往不是。但每事尋得一個是處，即是此理之實。不比禪家見處，只在儱侗恍惚之間也。釋氏見處，只要六用不行，則本性自見。六用豈不是性，若待其不行，然後性見，則是性在六用之外，別爲一物矣。只如絕滅三綱，無父子君臣，還可言接人時權且如此，將來熟後卻不須絕滅否。道理在人，無一息間斷，但有須臾之離，總無可補塡處也。原本作，此個道理無一息間斷，這裏霎時間壞了，便無補塡去處。《答陳衛道》。節。（略）

張無垢始學于龜山之門，而逃儒以歸于釋。既自以爲有得矣，而其釋之師語之曰，左右既得欛柄入手，開導之際，當改頭換面而隨宜說法，使殊塗同歸。則世出世間，兩無遺恨矣。然此語亦不可使俗輩知，將謂實有恁麼事也。用此之故，凡張氏所論著，皆陽儒而陰釋。其離合出入之際，務在愚一世之耳目，而使之恬不覺悟，以入乎釋氏之門。本末指意，略如其所受于師者。其二本殊歸，蓋不特莊周出于子夏，李斯原於荀卿而已也。《張無垢中庸解辨》下同。（略）

向見人陷於異端者，每以攻之爲樂，勝之爲喜。近來唯覺彼之迷昧爲可憐，而吾道不振之可憂。不知年老氣衰而然耶，抑亦漸得情性之正也。兄于儒釋之辨，不甚痛切，此固爲深厚。然不知者便謂高明有意陰主之，此利害不小。學者若於此處見得不分明，便使忠誠孝友，有大過人之行，亦須有病，爲正道之害。正當力救此弊，乃是吾黨之責耳。《答呂伯恭》

呂公家傳，深有警悟人處，前輩涵養深厚乃如此。但其論學殊有病。如云不主一門，不師一說，則博而雜矣。如云直截勁捷，以造聖人，則約而陋矣。舉此二端，可見其本末之皆病，此所以流於異學，而不自知其非也。程氏之門，千言萬語，只要見儒者與釋氏不同處。而呂公學於程氏，意欲直造聖人。盡其平生之力，乃反見得佛與聖人合，豈不背戾之甚耶。夫以其資質之粹美，涵養之深厚如此，疑若不叛于道，而窮理不精，錯謬如此。流傳於世，使有志於道而未知所擇者，坐爲所悞，蓋非特莠之亂苗，紫之亂朱而已也。《答林擇之》

大抵好高欲速，學者之通患。而爲此說者，立論高而用功省，適有以投其隙。是以聞其說者，欣然從之，唯恐不及。往往遺棄事物，脫略章句，而相與馳逐於虛曠冥漠之中。其實學禪之不至者，而自託於吾學，以少避其名耳。道學不明，變怪百出，以欺世眩俗。後生之有志者，爲所引取，陷於邪妄，而不自知，深可悼懼也。《答林擇之》

大抵近世學者，溺於佛學，本以聖賢之言爲卑近，而不滿於其意。顧天理民彝，有不容殄滅者，則又不得盡叛吾說，以歸於彼。兩者交戰於胷中，而不知所定，于是因其近似之言，以附會而說合之。凡吾教之以物言者，則挽而附之於己。以身言者，則引而納之于心。苟以幸其不異於彼，而便於出入兩是之私，至於聖賢之本意，則雖知其不然，而有所不顧也。蓋其心自以爲吾之所見已高于聖賢，可以咄嗟指顧而左右之矣。又況推而高之，鑿而深之，使其精神氣象，有加于前，則吾又爲有功於聖賢，何不可者。而不自知其所謂高且深者，是乃所以卑且陋也。此近世雜學之士，心術隱微之大病，不但講說異同之間而已。《答江德功》

又《格物問答》上卷（節選） 《格物問答》自敘云，蜀嚴湛冥著《道德指歸論》，其義專宗老氏，然單行千古，人多誦之。《黃檗法要》，近屠緯眞《佛法金湯》，皆義起送酬，析理微妙，亦猶儒書之有《或問》。余故不逮昔人，而間有論作，反覆紬繹，探抉殆久。余說格物，頗招掊詰，應而筆之，蔚乎語長，是亦自信于大道，眞不倍己。余持此論既確，決定無疑，恪欲專一守此，以爲自修自證之學。其語已在《滇書》、《匡林》者，茲不復載。

或謂，子以此單提聖學，既爲羣咻，而又攙入二氏，不更病乎。曰，非攙也，理之契也。余說亦皆行所無事，未嘗強爲合同，而落戲論。昔子曰攻乎異端，《王制》執左道以亂政殺。所謂異端左道，不定何指，意當時自有妖邪亂化，惑眾之類。爾時佛法未入中國，而聃乃周守藏室史，夫子所從而問禮者也，記多引之，豈得目爲異端左道。後儒求其人不得，則姑取佛老實之耳。亦既見之眞，又何庸曲避也。子貢曰，夫子之言性與天

道，不可得聞。二氏者，倘亦參於性天道之旨者歟。（略）

客曰，非意無禮之言相加，奈何。曰，竟直付不答妙。顔子不較。孟子曰，於禽獸又何難焉。老曰大白若辱。佛言，重以惡來者，吾重以善往，福德之氣常在此。有愚人故來罵佛，佛默然不答，愍之。罵止，曰，子罵我，我不納，子自持歸，禍子身矣。《梵網經》云，菩薩應代一切衆生，受加毁辱。惡事向自己，好事與他人。若自揚己德，隱他人好事，令他人受毁者，是菩薩波羅彝罪。然而必須自修身，爲顔爲孟，爲老爲佛。晉人云，褚季野不言，而四時之氣已備，亦豈不佳。又曰，以言語勝人，爲討便宜。我卻見人都不善討便宜。譬如人有毆父，而我嘗罵兄。罵兄之罪，薄於毆父遠矣。彼人若指我罵兄，我即許其毆父，蔑不勝矣。然我都不曾有便宜在，且喫虧。何者。無實益故也。不自克己，惟求勝物。舌鋒雖若便宜，而性分已虧矣，此之謂眞吃虧。善取益者，竟置不答，但因其言而反躬自克。改罵之失，爲恭爲愛，做成一箇悌弟，則眞大討便宜矣。彼之毆父，于我何與焉。（略）

稚黄子曰，凡一切煩惱悔恨，冤仇患禍，皆從愛根中生來。能斬卻愛根，則一切皆消除矣。是故欲學道者，先斷愛根。愛根不斷，欲學道者，都無是處。

客問，斷愛根即是格物欲之意否。曰，然。然則古人所云，因親敎愛，合敬同愛，仁者愛之理，皆非與。曰，愛有二種。孝慈惻隱之愛，道也，不可無也。迷溺貪著之愛，邪也，不可有也。所謂斷愛根，斷邪愛也。夫邪愛妨道愛。

客問，《記》云，飲食男女，人之大欲存焉。飲食姑亡論，即男女居室，亦便是欲，豈得去之。答，《禮》謂，夫婦，牉合也。太極生兩儀，一牉爲二。夫婦之道，牉而復合，雖名曰欲，卻本是道。耽溺淫邪，方爲物欲。物欲當格，道豈應違。雖然，《大傳》云，天地絪緼，萬物化醇。男女搆精，萬物化生。此生生之理所由始也。聖人看得此生理從仁愛來，故即從仁愛以化物。使百姓親，五品遜，此治世法也。佛氏看得此生理從情慾來，情慾非善物，故欲一切空之。所以空五蘊，斷八識，此出世法也。天地之大德曰生，若佛氏，將謂天地之大欲曰生。《楞嚴經》云，想愛同結，愛不能離，則諸世間，父母子孫，相生不斷，是等則以欲貪爲本。汝愛我心，我憐汝色，以是因緣，經百千劫，常在纏縛。然生理畢竟是德是欲，從仁愛來，從情慾來。且情慾仁愛，是二是一。老子亦曰，天地不仁，以萬物爲芻狗。又曰，大患爲吾有身。試參之，試參之。

稚黄子曰，耳目鼻口舌及下溺竅，此七物之朦朧欲動處，政是人鬼之關，亦是人禽之界，危乎，不可以不驚也。

稚黄子曰，可欲之事，一過便如嚼蠟，而苦更隨其後，人特別能作事後觀耳。常作事後觀，情淡過半矣。事後且然，況身後乎，況百千萬世後乎，況窮未來際劫後乎。佛言，睹天地，念非常。覩山川，念非常。覩萬物形體豐熾，念非常。執心如此，得道疾矣。

老子云，萬物竝作，吾以觀其復。或問，老子吾以觀其復之復，與《易》卦之復，爲同爲否。曰，否。老子復是始而終。《易》之復是終而始。即此兩復字，可以通乎陰陽晝夜，輪迴劫運，死生人鬼之理。

稚黄子曰，萬事皆假，何事爲眞。萬物皆暫，何物爲久。審此，知聖人之所孳孳者，必非無其故耳。

又《格物問答》中卷（節選） 客詰，子解格物，何乃闌入乎二氏之學。毛子曰，格去物欲，義通二氏，政是包括二氏，非間雜二氏也。去欲之極，便了生死，佛法無生，谷神不死，眞該之矣。

余好讀書，而苦病目。自覺于六經未能了徹，而佛老書又性所好。恆念吾生有涯，恐日不暇給，及觀《大學》格物語，是格去物欲，體驗久之，了然自信。格去物欲四字，不但聖人之學，俱在所括，直併可以該攝二氏之學。乃悟瑯函竺典，儒書具之。目營所及，便覺簡省。片言領要，深慶同歸。顧力行何如耳。客問，是說徵邪。曰，徵。儒家曰格物欲，道家曰斷情根，佛家曰盡凡心，總是一理。

又曰，三教所說之學，不過斂情欲以歸性命而已。子曰，非禮勿視，非禮勿聽，非禮勿言，非禮勿動。孟子曰，口之於味也，目之於色也，耳之於聲也，鼻之於臭也，四肢之於安佚也，性也，有命焉，君子不謂性也。《樂記》曰，使耳目鼻口心知百體，皆由順正以行其義。黄帝禁重敎云，聲禁重，色禁重，香禁重，味禁重，室禁重。老子曰，五色令人目盲，五音令人耳聾，五味令人口爽，馳騁畋獵使人心發狂，難得之貨令人行妨。莊子曰，失性有五。一曰五色亂目，使目不明。二曰五聲亂耳，使耳不聽。三曰五臭薰鼻，困憹中顙。四曰五味濁口，使口勵爽。五曰趣舍滑心，使性飛揚。《心經》云，無眼耳鼻舌身意，物色聲香味觸法。《金剛經》云，不住色布施，不住聲香味觸法布施。又云，不應住色生心，不應住聲香味觸法生心，應生無所住心。若心有住，即爲非住。

佛家有云，直指人心，見性成佛。予謂格物爲格去物欲，是直指人心，見性成聖。佛家有云，放下屠刀，立地成佛。予謂格物爲格去物欲，亦是放下屠刀，立地成聖。是故以格物爲窮至事物之理者，其病有三。一失古聖人之旨。二誤後學，難於入道。三反驅聰明才智之士，使入二氏。其故非小。以爲去欲，三病免哉。

客問了生死之説曰，脱輪廻，輪廻果否。曰，果。何知其果。曰，子而亥，亥而子，即是劫運。醒而睡，睡而醒，即是死活。夢而覺，覺而夢，即是人鬼。夢之所感，多且晝之所想所爲，或平生之所想所爲，則知死去之所受，即生時之所想所爲，或多生以來之所想所爲也。客詰，子語皆依佛，儒者未嘗道之。曰，儒者固嘗道之矣。子曰，朝聞道，夕死可矣。何也。蓋通生死于朝夕也。通生死于朝夕，即通生死于晝夜也。通生死于晝夜，即通生死于寐寤也。客問，何徵。曰，仍徵諸夫子之言。《易·繫》云，通乎晝夜之道而知。《本義》云，晝夜即幽明生死鬼神之謂。程子云，晝夜猶生死，生死猶古今。此理可信，不必儒書，然據儒書，乃益徵其信。

客問，去欲何以便能了生死。曰，去欲之極，便純乎天理矣。純乎天理，宛然太極矣。天理安得有生死，太極安得有生死。

客謂，昔季路問死，夫子何不明言其故，而乃以不了語答之，遂留千古不決公案。曰，夫子已明答之矣。蓋人知其所以生，自然知其所以死。辟如算數，除法原從乘法悟出。旅寓者迷歸家之路，則當詰其所從來。忽然省得，熟路依然。儻不自省，旁人即代爲詳説程途，茫然而已。他日夫子翼《易》云原始反終，能原始自能反終，直截有何不了。若作佛法會，二語與父母未生前，在何處安身立命意略同。不作了語，即謂此是夫子話頭可也。

余嘗謂祭義，唯聖人爲能饗帝，孝子爲能饗親，此是未能事人，焉能事鬼注腳。《繫辭》原始反終，故知死生之説。精氣爲物，游魂爲變，是故知鬼神之情狀。便是未知生，焉知死注腳。

客問，去物欲以致良知，良知既至，亦能知生死否。曰，知。何以徵之。曰，《四十二章經》云，惡心垢盡，乃知魂靈所從來，生死所趣向。是去欲果足以知生死也。且去欲之極，便了生死，其于知乎何有。

客問，子謂聖人之學，了生死，請聞其方。曰，聖人了生死處不一，只就《中庸》説，慎獨便是了生死工夫起手處。上天之載，無聲無臭，便是了生死工夫得手處。客問，戒慎不睹，恐懼不聞，是存天理，慎獨是遏人欲。今止舉慎獨，豈其了生死只須遏欲，不須存理。曰，遏欲則理斯存矣，元非二事。即戒慎二語，與下文義同。莫見乎隱節，只是申明上文要戒慎恐懼所以然之故。隱微獨三字，即是不睹不聞，慎獨之慎即是戒慎恐懼。語雖兩層，義實一貫，不應分屬存理遏欲爲二也。即上天之載，載字當作始字解，不應作事字解。上天之始，政謂天地未生以前也，太極也，故無聲無臭。子劉子《遺書》論太極圖云，吾儒向天地未生前討分曉。正是此意。若云上天之事，夫亦既有天，亦既有事，當不止于聲臭矣，安得物聲臭也。客曰，《書》云，熙帝之載，載解作事。曰，《書》獨不云乎，既載壺口。《孟子》，湯始征自葛載。又曰，朕載自亳。今總以《中庸》文義揆之，自應解作始耳。客曰，是皆然矣，敢問何以便能了生死。曰，慎獨是遏欲而存理，馴至純理而無欲，則了生死。夫欲故爲生死根耳。上天之載，無聲無臭，不過是純理無欲境界。上天之始者，天且未立，生死何著。無聲無臭者，聲臭且無，生死何著。客問，《中庸》既始終是一了生死，中間又説出許多帝王政治，何故。曰，了生死者，去欲存理，天地民物，亦皆在乎此理之中。内聖外王，元是一事。雖然，内聖，聖人事也。外王，聖人時也。故無不了生死之聖人，有不必治國平天下之聖人，《中庸》兼及之耳。總之不能了生死者，便非聖人之學，便是俗學。然工夫只是格去物欲而已。（略）

佛爲一大事因緣出世，只是了生死，人固不必苦鬬之也。你只不願無生，不慮多生，即佛亦勉強你不得。袁宏《後漢紀》言，佛以爲人死，精神不滅，隨復受形。生時所行善惡，皆有報應。觀此説，則人亦只要行善修道，永不亡失，生生世世，益加培植，則縱受後有現身，皆登好境界，而不墮入惡趣矣。如此輪廻中，亦儘可過得。但恐他生汩沒，不能自保，永不失善道耳。然聖人之學，亦可了生死，不必定是佛法。

客問，朱子補格物致知，以爲竊取程子之意。乃程子有云，致知在格物，非由外鑠我也，我固有之也。因物有遷，迷而不知，則天理滅矣。故聖人欲格之。觀此語，則程子亦作格物欲，致良知解矣。曰，然。然程語固不止此。

客曰，果爾，則考亭何故泥之。曰，考亭已見之矣。故曰，學者喫緊，是理會這一箇心。那紙上說底，全靠不得。即其《答呂子約》云，涵養本源，而察于天理人欲之判。此處見得分明，自然不入權謀功利裏去。熹近方見得。向日支離之病，雖與彼證候不同，然忘己逐物，貪外虛內，則一而已。此語與莊子臧穀亡羊之喻相符。老子云，絕學無憂。云多則惑。佛氏以法爲塵，又謂絕學無爲閒道人，亦此意。阿難多聞總持，積歲不登聖果。息緣反照，暫時即証無生。故《首楞嚴》云，一向多聞，未全道力。且子語子貢，女以予多學而識之者與，非也。又曰，君子多乎哉，不多也。

客問，去欲莫落空否。曰，去欲所以存理，定不落空，空竟大妙。客曰，此純是二氏語。曰，非純乎二氏也。即聖人亦未嘗不空。聖人心體本空，故曰，吾有知乎哉，無知也。曰空空如也。語政相應。叩鄙夫之兩端而竭，政如明鏡照影，空谷傳聲，因物應物，于我何有。則仍還其空空無知之體而已。此是夫子自道其眞，非謙辭也。客謂，空空故屬鄙夫。曰，若將空空屬鄙夫，何以又有兩端。鄙夫既有兩端，則不空矣。客謂，兩端故屬夫子。曰，既云我叩其兩端，則兩端明屬鄙夫矣。即《中庸》執其兩端，兩端亦屬邇言，不屬舜，可徵也。況執猶可以屬己，叩焉可以屬己。以杖叩其脛，叩原壤歟，抑夫子自叩歟。《學記》，叩之以小者則小鳴，叩之以大者則大鳴。叩鐘歟，抑撞鐘者之自叩歟。況其字義，亦復指他居多。客謂，亦既無知，何以又能叩鄙夫之兩端而竭。曰，《易·繫》，無思也，無爲也，寂然不動，感而遂通天下之故。數語政是此章注脚。《南華經》云，未聞以無知知者也。《列子》云，無知也，無能也，無不知也，而無不能也。佛氏大覺無覺，而無不覺。蓋後儒以空字之同于佛，故皆曲避而別爲之解。然聖人之旨晦已。蘇子瞻云，世無孔子，莫或叩之，故使鄙夫得挾其空空，以欺世取名。然則誤以空空屬鄙夫，其來久矣。子瞻且不能辨，況其他乎。

回也其庶乎，屢空。亦是說心體之空，故庶幾近道。若作空乏，則貧固士之常，未足爲近道矣。程子亦云，顔子屢空，空中受道。或謂，顔子屢空，對子貢貨殖，豈非是貧。曰，兩人元不必定相對照，然政可與屢中對照耳。億則屢中，是用智數。若顔子則此中時已靜虛，幾于因物應物，不復懷智任數，以爲億逆，是屢空也。然曰空空如也，是常空也。曰屢空，則有時乎猶未空在，猶之三月不違仁，時乎猶有違在。違者，稍去之而不甚相遠之意。故曰，顔氏之子，其殆庶幾乎。有不善未嘗不知，知之未嘗復行也。《易》曰，不遠復，無祇悔，元吉。

客問，顔子得一善則服膺弗失，然夫子又云其心三月不違仁，是過三月尚有與仁相違之處，違仁便是失善，奈何。曰，一善小，而仁之道大，服膺者勉強，不違者自然。顔子勉持其善，自能不失。自然依仁時，或猶違。客問，顔子心體既空，何故又得一善拳拳服膺，善以服膺，便不得空。曰，空即是善。客曰，若然，則服膺弗失，是常空矣，何以又云屢空。曰，此當是道力先後淺深之殊耳。

客問，若心體以空爲妙，何乃孟子云充實之謂美。曰，空是無欲，充實是存理，是集義。如醫病然，空是消沴氣，充實是養元氣，正自相濟不相妨也。

顔子之空，政是他學問大得力處，故曰，願無伐善，無施勞。以善與勞之本無客矜伐也。空也，是故以能問不能，知能元未嘗勝于不能。以多問寡，知多元未嘗勝于寡。有若無，其有也原無。實若虛，其實也元虛。其犯之也者，如虛犯空，虛之于空，原無可校。夫子贊之曰屢空，不亦宜乎。

客問，子謂屢空者，時乎未空，不違仁者，時乎猶違，兩者相擬。然則空豈即是仁耶。曰，空者無欲，無欲是仁。子語顔子曰，克己復禮爲仁。

客問，如虛犯空，謂顔子爲空則可，彼犯之者，豈其虛乎。曰，自我視之，則虛耳。莊子虛舟觸人，而人不怒。若舟中有人，則叫呼隨之。此爲觸人之舟言之也。若被觸者，雖有人亦以虛舟視之而不怒，豈不大妙。顔淵喟然嘆曰，仰之彌高，鑽之彌堅，瞻之在前，忽焉在後。既而曰，雖欲從之，莫由也已。大奇大奇。

客問，聖人之心體皆空，何以《虞書》曰中，夫子曰矩。曰，中無成中，矩無成矩，隨境因物，而中與矩生焉，故曰時中。孟子曰，執中無權，猶執一也。子亦云，可與立，未可與權。又曰，義之與比。又曰，無可無不可。中果有一成之中乎哉，矩果有一成之矩乎哉。

客問心。曰，心也者，無而有，有而無。心也者，不在不得，有所在不得。心也者，不在內，不在外，不在中間。心也者，覓之了不可得。是故忘之斯存矣，死之斯惑矣，無所住斯生矣。

又曰，氣即是火，火即是氣。木生火，然在木中時，渾而是氣，乃以生木。及鑽燧，則氣即聚而成火，遂能焚木。人之心屬火，心忘則火化爲氣，以資其生。心有則氣即聚而爲火，以傷其生。養生者，于此可以悟之。《内經》云，壯火之氣衰，少火之氣壯。壯火食氣，氣食少火。壯火散氣，少火生氣。

客問不動心。曰，只是格去物欲。孟子曰，養心莫善於寡欲。莊子曰，聖人之靜也，非曰靜也，善故靜也，萬物無足以鐃心者，故靜也。

（略）

客問，何以能不動心。曰，要以我爲主，不容心主我。客問，心，我之心也，我與心何以成二。曰，意識情想，心形之也，幻也，非我也。我有眞我，眞我一現，便自有以主宰此心。而意識情想，俱無所用事矣。然必先須強制其心，意識情想，勿使之動，則眞我漸現。眞我既現，則意識情想，益以靜矣。久而久之，自然而然，便到心空及第歸時候，快活快活。（略）

客問，足下以窮至物理爲山中趁野雞，將毋太甚。余曰，昔潘待制良貴依佛燈，久不契，一日，問南泉斬貓話。師曰，你秖理會別家貓兒，不止走卻自家狗子。潘於言下，如醉而醒。

王平甫見蔣山元禪師，問佛法，師曰，佛祖能自護心念耳。岑樓本於毫末，滔天原於濫觴。清淨心中，無故動念，岌乎危哉。平甫曰，如斯已乎。曰，申公謂爲治不在多言，顧力行何如耳。

客問，念之危，即君所謂欲否。曰，念不竟是欲，而根於欲。能淡其欲，則念亦自然漸就靜矣。故空念須空欲。昔賢云，若源頭潔淨，天理時時現前，識念自然污染不得。蓋人心無欲則剛，剛斯定，定斯靜。有欲則不剛，故妄念得而生焉。金石之所以不蠹者，剛也。

客問，是則然矣。然亦有本無所欲，而游思浮想不已，何故。曰，此念雖是無所欲，卻亦從有欲之念而來。蓋人惟欲濃而念叢，久之機活徑熟，遂有無故而自生出念者。譬如人元因有事行路，既慣後，雖無事亦不耐閉門靜坐耳。有欲之念既靜，則無欲之念亦不生矣。且惟有欲之念難遏，若無欲之念，生亦易掃。辟如人之有所之也，若果動於歆豔而往，勢莫得遏。若無故偶爾閒行，要止而止，便自不難。

客問，欲無念，無奈一靜坐，一切念頭湧上來，如何。曰，政要於此處勇猛拼命，與他廝殺。此處必須戰退得他，便大得力。如此多番，自當克底平定。譬如遇勍敵，政是大將敗喪首領、勝取封侯之時，豈容狃玩，豈容姑縱。且此湧上來之物，是惡物，卻即是妙物。平定得他，他即大能有造於我。蓋其能擾亂我者，即能安靜我者也。能戕賊我者，即能滋養我者也。譬如能殺人者便能活人，若不能殺人之人，又安能活得人。我要活人，政要在能殺人者身上去做工夫。蓋大盜能爲上將，亂民正是勁兵，惟我之善爲之耳。所以做工夫人，正要趁念頭遏不下時做，方有功效。若已到念頭不能起時，則雖欲做工夫，亦晚矣。曰，然則反要念頭起，不欲其不起耶。曰，不能起與不起有別。不起者有得，不能起者無力。

妙哉，意識即智慧，煩惱即菩提，生死即涅槃。此釋氏之談也。老子曰，唯之與阿，相去幾何。善之與惡，相去幾何。若皆是絕妙，通乎太極。客聞之，憮然曰，然則理欲是二是一。曰，人心惟危，道心惟微。秖是此心。性相近，習相遠也。秖是此性。誠其意者，毋自欺，如惡惡臭，如好好色。誠此好惡于臭色，與誠此好惡於善惡，秖是此意。譬如人欲往南，誤而之北。地有南北之殊，而此能行之足力，故無殊耳。悟而返南，亦仍用著此足力。口中之氣，急即爲風。風之與氣，元是一箇。然而氣便成濕，風便成燥。濕便成水，燥便成火。火便炎上，水便潤下。此其相去，判乎絕遠。原其本來，一箇而已。了此者，可與之言性命，可與之言天人，可與之言生死。

稚黄子曰，息字之義甚妙，爲休止之義，又爲生生之義。人能休止此心，即生生之機也。又呼吸出入亦曰息，息亦生也。蓋人與物之一呼一吸，與天道之一闔一闢，皆所以爲生者也。又文爲自心，但能止卻妄心，便還自眞心。但明息字之義，養生之理盡矣，佛亦在焉。佛書云，寂滅者，名爲一心，謂無念也。自一起念，即爲二矣。晁文元因謂人二心爲念字，此與余解息字，理政相符。

曰，人有大勇四，而戰退百萬雄兵不與焉。勇於遏欲，勇於忍辱，勇於改過，勇於止念，此四者，天下之大勇也。

毛子嘗作《貧箴》云，救貧無策，秪有儉嗇。嗜欲之開，誕無紀極。我思古人，緼袍蔬食。徑荒室陋，婦爨子役。省事寡交，尊志抱德。心期有恆，作戒無益。紛華不瞬，靜約爲適。所以能固窮而不及於濫者，良此道之自得也夫。

或謂，夫人亦有當快欲者。如富貴人飲食被服，宮室聲色，他具此福量，自應享之，豈得曰過。曰，即具福量人，亦宜自惜，罔敢或多。古人堯禹，天子且爾，況福量之未必具者乎。佛氏云，享福如受罪。蓋言享福處，即是造業也。如殺一肥雞充饌，美味悅口，便是享福，殺業即造於此。然適口之味，過而莫留，殺業之罪，留而不赦，則享福如受罪，吾猶以爲福假而罪眞。《素問》云，高粱之變，足生大丁，受如持虛。說者以爲滯熱所變，余謂其取物血肉，滋我血肉，血肉生病，亦是業報。即非殺生，而享美味，雖無殺報，享便是業。嗚呼，況恣欲之過者哉。何得不畏。耽于清福，古人猶呵，況乎造業，何得不畏。（略）

先舒嘗作《死心說》云，心只怕不死，不怕不活。心會死，自然會活。人身死後，此心尚活。豈慮身活而心竟死，念佛者要念到能所雙忘，參禪欲離卻心意識參，都政是此。此了生死之大關頭也。世之談禪者，或謂心不許死，念不許斷，以頑空斷滅相是佛家所呵。夫心能空，則心空及第。心能滅，則寂滅爲樂。覓心不得，便是安心，心未悄然。八十行腳，故黃蘗云，人不敢忘心，恐落空無撈摸處。不知空本無空，惟一眞法界耳。又云，凡人多不肯空心，恐落於空。不知自心本空。又云，無心是道。夫人亦政患不能無心耳，豈慮其頑空斷滅者乎。夫心之動也，猶火之燎於原也。豫憂心死而入頑空，猶豫憂撲滅其火，而火種之遂絕矣。晁光祿云，無念有覺，聖人境界。蓋但能無念，自然有覺。但得萬緣俱滅，一念不生，廓然太空，我無其我。如嬰兒在母腹時，如睡著無夢時，則眞主人翁自現。學人但須以斷念空心爲主，愼勿爲饒舌人所誤，反滋眩惑，不得專一做工夫也。至於昔人所謂對境心數起，菩提日日長，莫謂無心便是道，無心還隔一重山，及不墮悄然機等語，或掀翻掃除，或應機設法，或竿頭進步。且到爾時機候，自然會得，亦何必豫爲躊躕計畫。或問，憂無心而入頑空斷滅相，亦猶憂去欲而入於槁木死灰者乎。答曰，然。然難者云，若無心便以爲道，則木石死屍，皆是佛邪。答曰，非公境界。

客問，《南華》哀莫大於心死。《性命圭旨》云，迷復則心死。劉念臺先生云，意必固我四者，有一端則心死。子何以反說要心死。曰，心死不同。有無知之死，有無良之死，有有著之死。《南華》、《圭旨》云者，無良之死也。四者有一端云者，有著之死也。吾之所說，無知之死也。道家亦云，心死則神活。（略）

《論告子》二，昔人亦有以蠢動含靈，皆有佛性義非孟子之闢告子者，雲棲駁之，以爲極本窮源，則螻蟻與佛性平等。據見在，則人通萬變，畜惟一知，何容竝觀。且犬能司夜，而牛即無之，犬牛之性，果不齊也，況人乎。余謂蓮池此說，義卻未盡。其所云犬牛之不齊，犬牛與人尤不齊只就稟受形氣處言之耳，未足以明性之極。明性之極，則自應極本窮源也。若從稟受而論，豈惟犬牛與人不齊，即犬與犬，牛與牛亦不齊，人與人亦不齊。譬如至孝如虞舜、曾參，則神明可通。大逆如商臣楊廣，則禽獸不若。是人之互爲不齊，且不翅犬牛之於人也。若以爲齊，人物故齊，齊不齊又何常之有。雖然，不常有而有其常矣，而奈何必謂人與物之果不齊乎。是見其不齊，而不見其所以齊。見末流之殊，而昧其本源之合已。然蓮池仍謂蟻佛平等，又曰異而未嘗不同，則本源之合，亦終不得昧耳。（略）

客問，既云格物是格去物欲，則何不云格欲，而云格物。曰，物欲二字，義本相通。物即是欲，無殊也。故孟子云，物交物。《祭統》云，不齊則於物無防也，耆欲無止也。及齊，防其邪物，訖其耆欲。雖然，又有說。欲者對理言之，若從最初論，則不但欲之名不立，併理之名亦未嘗立。此中元自無物，不但不著欲，併不著理。著欲是物，即著理亦是物。直是理欲俱化，善惡雙泯，太虛同體，方現本眞。故曰，不思善，不思惡，還我未生時面目。此聖人所以不曰欲，而曰物，蓋該一切而言之者也。老子云無物，《日用經》云，靈臺無物，謂之淸。六祖云，本來無一物。內典六根有意，六塵有法。法即是物，亦該一切言之。客謂，此終是佛老語，聖人之道，恐不然。曰，子絕四，又曰空空如也。《中庸》曰，德輶如毛，毛猶有倫，上天之載，無聲無臭，至矣。此亦是佛老語否。夫此德豈不善之物，而嫌其有倫邪。昔伊川嘗指盆水云，淸淨中一物不可著。

稚黃子曰，《大學》格物，格即《殷本紀》手格猛獸格字，物即《樂記》物至而人化物物字。此即是《孟子》之寡欲，《中庸》之戒懼愼獨，夫子之克己，《易》之閑邪是也。格物到極盡處，便是夫子之無意必固我也，空空如也，子思子之無聲無臭，《易·繫》之無思無爲也。即懸家之谷神不死也，虛極靜篤也，無念以爲常也。佛家之五蘊皆空也，無所住也，盡凡心也，空見聞覺知也。此政是吾人下手工夫，政是徹下學上達，表裏始終工夫，政是不落空眞工夫也。夫客難皆非。

客問，子言心空屢矣，而乃云無物非心，則心豈得空。曰，無物非心者，渾心於物，而相化者也，是無我之極也。無我之極，豈非是空。

或問，旣云無物非心，何以又要格去物欲。曰，此物不是物欲之物。

或謂，子說理旣通二氏，則何不於高妙處竪義，而乃規規於去物欲，平淡何奇。曰，去欲乃徹始徹終工夫，亦淺亦深，亦近亦遠。學者必須事此，以爲確有持循之地。且學者工夫必要自實以造虛，自有以造無，自勉強以造自然，自象迹以造脫化。若入手便去窮神極懸，必且自誤，非善學者也。凡事總皆然耳。敬小愼微，不斷不輟，眞積久久，自應有大得力處。客曰，子云下學而上達，今足下所說切實之理，而懸微在焉，意猶是乎。余默然不敢應。

又《格物問答》下卷（節選） 記與客語戒殺，其辭曰，予作《戒殺三說》成，客或過我，觀之笑曰，足下胡爲爲佛出鉅力如此。予曰，非爲佛也，爲萬物也，不忍其日受屠刲烹炙之慘，則爲請命也。《商書》曰，與爾有衆請命。蒯生亦云，西鄉爲百姓請命。予賤士，安能爲民請命，則庶幾乎爲物請命。且爲物請命，即亦爲民請命。何也。人但日殺一物，歲即戕三百六十物，積數十年中，所殘凡幾何。夫人貴物賤，微但人知之，天亦知之。而天之愛人，亦甚於愛物。今恃貴虐賤，而一生所殺者數千萬物，如此，則天亦怒矣。人之子貴而奴賤者也，使子過虐奴，曰慘礉是加，則父母雖甚愛子，亦必怒子。天即甚愛人，豈能過溺於父母之愛子乎。孟子曰，天下之生久矣，一治一亂。予謂治亂起於生殺。夫天豈不欲天下常治而不亂，而無如人之好殺何也。一人一歲戕三百六十命，積一人之身，至數十年，又積子孫至數百年，爲其所殺，當積幾何。天心旣怒，而聚百物冤苦毒懟之氣，亦上干天和，而沴於是作，兵於是起。則有若疾癘流行，夭折札瘥。又威之以愆陽伏陰，盲風怪雨，雹冰震霆，以隕物傷稼。或大地震石崩，水溢折屋，破塚墓出屍，殺人。人不改，則馴至大亂，必有驅之冒鋒鏑，赴水火者。首斷身裂，肝腦塗野草，妻子就繫纍，嬰兒絓於槍纛之上，宛轉而呼叫。試思人殺物時，亦有一弗肖此者乎。磨牙吮血，人且相食，不於其身，於其子孫，報反灼灼，不爽而甚邇。然則戒殺之說雖爲物，廼爲人。夫豈其專助佛法也。且夫不殺何害。客默默久之曰，然。然人之積不善也，豈殺生一端邪。余曰，然。客旣去，遂筆記之。《戒殺三說》，具《匡林》云。（略）

張習孔《護法論》（《雲谷臥餘》卷一九） 宋張丞相商英著《護法論》一篇，虞集、宋濂序。論凡一萬二千三百四十五言，謂人當尊信佛法，語極爽切。文繁，不能載，撮其大概。謂世儒欲排佛教，則當盡讀其書，深求其理。摭其不合吾儒者，與學佛之見，折疑辨惑，而後排之，可也。今不通其理，而妄排之，則是斥鷃笑鯤鵬耳。佛本淨飯國王太子，捨其至貴極富，爲道忘身，何求於世。苟爲造妄，何所圖哉。若謂造妄乘裕，其徒則凡夫，尙知我躬不閱，遑恤我後，而佛豈不知耶。古今世人有稍挾欺紿者，必爲衆人所棄。若使佛有纖毫妄心，則安能俾其敎綿亘千古，周帀十方。天龍神鬼，無不傾心。菩薩羅漢，更相弘化。試此論之，有詐妄心者，求信於卑凡下愚，尙不可得，況能攝伏于具神通之聖人哉。又曰，歐陽修曰，佛爲中國大患。何言之甚歟。豈不爾思。凡有害於人者，奚不爲人所厭而天所誅絕哉。安能深根固蒂於天下也。桀紂爲中國天子，害跡一彰，而天下後世共怨之。況佛遠方上古之人也，但載空言，傳於此土，人天向化，若偃風之草。苟非大善大慧，大利益大因緣，以感格人天之心者，疇克爾耶。又曰，今之浮屠，千百中無一能髣髴古人者，其人之罪，非佛法之罪也。雖然，禮非玉帛而不表，樂非鐘鼓而不傳。非藉其徒以守其法，則佛法殆將泯絶無聞矣。若夫濫其形服者，誅之自有鬼神，譬之自有果報，滅之自有刑憲，律之自有規矩，吾輩何與焉。且孔子之時，已分君子小人儒，後世儒服者，豈皆孔孟顔閔者哉。歷觀自古巨盜姦臣，强叛猾逆，率多高才博學之士，豈先王聖教之罪歟。豈經史之不善歟。又曰，韓愈言，如彼言可憑，則臣家族合至灰滅。此亦自蔽之甚也。佛者，大慈大悲，大喜大捨，自他無間，冤親等觀。如提婆達多，種種侵害於佛，而終憐之，受記作佛。後世若求喜怒禍福以爲靈，則是邀祭祀之小小鬼神矣，安得位置大慈悲之父乎。世間度量之人尚能遇物有容，犯而不校，況心包大虛、量廓沙界之聖人哉。又曰，議者深嫉其徒不耕而食，亦人知其一，而莫知其他也。豈不詳觀，通都大邑，不耕而食者十居七八。以至山林江海之上，草竊姦宄，市廛邸店之下，娼優厮役，僻源邪徑之間，欺公負販，神祠廟宇之中，師童巫祀者，皆然也。何獨于守護心城者而厭之哉。又曰，議者皆謂梁武奉佛而亡國，蓋不探佛理者，未足與議也。國祚之短長，世數之治亂，吾不知其然矣。堯舜大聖，而國止一身。其禪位者，以其子之不肖而後禪也。其子之不肖，豈天罪之歟。自開闢至漢明帝以前，佛法未至於此，而國有遇難者，何也。聖人創法，本爲天下後世，豈爲一人設也。孔子曰仁者壽，而力稱回之爲仁，而回且夭矣。豈孔子之言無驗歟。蓋非爲一人而言也。梁武之奉佛，其類回之爲仁乎。又曰，姦雄氣燄，足以塗炭於人，而有時不敢爲者，以地獄報應不可逃也。若使天下之人，事無大小，以有因果之故，遂不敢自欺其心，善護衆生之念，各無侵凌爭奪之風，則豈不刑措而爲極治之世乎。謂佛無益於天下者，吾不信矣。其所言宏義妙法，余非夙習，未敢縷舉，姑錄所知者，固亦未可非也。

又《梁武帝》（《雲谷臥餘續》卷二）　梁武帝奉佛而得禍，人謂果報不足信，非也。夫捨身茹素，誦經建寺，功德固爲不小。然其生平罪孽深重，豈奉佛所能解耶。東昏淫虐，其取滅亡宜矣。至若忌湘東王之好學，乃誣以反，并其弟寶覽、寶宏而殺之。又殺邵陵王寶攸，晉熙王寶嵩，桂陽王寶貞，此皆無罪，祇欲剪齊親屬，以遂其簒逆耳。和帝既禪以位矣，乃信沈約虚名實禍之言，而復殺之。罪大惡極，萬劫難泯，雖捨身空門，佛豈受之乎。餓死臺城，得全要領，尚不足蔽辜，是或佛鑒其信奉之誠，姑畀以寬典耳。

又《焚佛骨》（同上，卷四）　明朝禁内，舊有大善佛殿，中有金銀佛像并金銀函貯佛骨佛牙等物。世宗欲撤其殿建太后宫，命侯郭勛等入視基址，言請勅有司，以佛骨瘞之中野，以杜愚惑。世宗曰，朕思此物，智者以爲邪穢，必不欲觀。愚者以爲奇異，必欲尊奉。今雖埋之，將來豈無竊發。乃燔之于通衢。燬金銀佛像凡一百六十九座，佛頭牙骨凡一萬三千餘斤。予謂唐憲宗一迎佛骨，韓愈即爲切諫。明朝佛骨，至于如此之多，度非一朝所致，何前此未聞諫阻者耶。至于所爲佛者，其神甚靈，其道甚大，乃不能保其既死之骨，爲人焚棄于路衢，則亦何羨于其教，而從者之衆也。

姚文田《佛法論》（《邃雅堂集》卷一）　佛者，西域之一法耳，求其說不可明，用其教不可行。六經之書，垂世立教，聖人惟恐言之不詳，而不能以遍喻也。乃彼則了悟爲宗，故爲難解之辭以日相問難，應者得如其旨，卽爲大慧。今讀其書，多不可曉，故曰求其說不可明。天生人而卽有君臣、父子、夫婦、昆弟、朋友之倫，此非聖人之多事也，生理不可息。而苟非尊卑有制，貴賤有等，則相賊相夷，而人類何以能久。今如佛者，乃滅而君臣，棄而父子，瘝絶人事，以求所謂清淨寂滅。然則由是以推，不數十年，宇内且無人矣。故曰用其教不可行。

然佛自入中國已千七百餘年，波流蔓延，充塞天下，非無明智之士悉力攻之，而卒不勝者，何也。凡物之有功於人者，聖人不能廢。農圃醫卜之事，小道耳，然用其術可以利人，禮是以有先嗇先卜之祭。佛之爲法，其說至麤鄙，然爲下愚設法則，猶足以濟正教之窮，何以言之。鄉曲婦孺，惷愚冥頑，貪妄成性，有聖人者出，告之以如此爲仁，如此則爲不仁，如此爲義，如此則爲不義，而彼曾不喻也，且曰人何必爲仁，何必爲義，多爲之坊而愈苦於不適，則惟有畔去而已。佛之言曰，人能爲善，則生可以致福利，而死可以致安樂。若其不然，卽有水火盜賊以戹其生，刀山劍樹以苦其死。其說詭譎萬變，而皆足以聳人聽聞，於是愚夫婦者有所冀幸畏懼而不敢肆，此直因其貪妄而利導之耳。而於遏惡勸善，則時亦有助焉，夫是故攻之而不勝，行之而愈遠，殆亦以其功歟。若夫明心見性，以自修爲極詣，其功力亦與吾儒相埒，然持此以教人，吾未見其法之能流衍於天下也。

惲敬《金剛經》書後一（《大雲山房文藁》初集卷二） 金剛經凡六譯，今多行鳩摩羅什本，通五千二百八十七言。敬嘗誦言及之，張皋文以敬言爲儒墨混，敬何敢然邪。且佛氏非墨也，凡敬之爲言，以明孔子之道如是，佛之言與後之爲佛者，竊孔子之言以爲言，皆莫外乎孔子之道而已。因書于是經之後，以考其出入焉。

經曰，應如是住，如是降伏其心。曰，應無所住而生其心。曰，應無所住行于布施。三言而已。《中庸》之言曰，經綸天下之大經，立天下之大本，知天地之化育，夫焉有所倚。所謂無所住，非邪。曰，肫肫其仁，淵淵其淵，浩浩其天。所謂生其心，非邪。子貢曰，如有博施于民而能濟衆，何如。孔子曰，何事于仁，必也聖乎。所謂行于布施，非邪。《大學》之言曰，心有所忿懥則不得其正，有所恐懼則不得其正，有所好樂則不得其正，有所憂患則不得其正。所住之過如此。曰，心不在焉，視而不見，聽而不聞，食而不知其味。不生其心之過如此。蓋天之生人，均是髮膚耳目心志，其于道也，皆一本焉，故心之本然，聖人能知其故而言之者。佛與爲佛者亦能知其故而言之，特不能如聖人之中且正而得實。譯者又多以意比附，故諸經之言或明或晦，或詭或法，而是經亦多覆沓卑褻之辭。至其精審，未有不與聖人之言相當有如此者。慧可曰，我已息諸緣，曰不成斷滅，亦此義也。若其誑誘之術，矯僻之行，汪洋寥廓之談，愈遠而愈歧，則未有所抵也夫。

又《〈金剛經〉書後二》 《金剛經》曰，若有善男子，善女人，以七寶滿恆河沙數三千大千世界，以用布施，得福多否。須菩提言，甚多。世尊佛告須菩提，若善男子，善女人，于此經中，乃至四句偈等，爲他人說，而此福德，勝前福德。此言財施也。又曰，若有善男子，善女人，初日分以恆河沙等身布施，中日分復以恆河沙等身布施，如是無量百千萬億刼以身布施。若復有人聞是經典，信心不逆，其福勝彼，何況書寫，受持，誦讀，爲人解說。此言身施也。孟子曰，中天下而立，定四海之民，所性不存焉。《金剛經》言受持卽所性也，言施財施身，卽中天下而立，定四海之民也。故其福德不侔如此。雖然，猶有進于布施，必言無住，于受持《金剛經》，必言無一法可得。孔子曰，巍巍乎舜禹之有天下也而不與焉。蓋于道庶幾矣，其異于聖人者，聖人以能充本然之知爲用，故循性以達情，而五倫序，萬事備。佛以不撓本然之知爲體，故返情以合性，視五倫爲外附之物而決去之，而萬事解渙矣。聖人言物言事，而至微至幽者在焉。佛以言理言道爲大障，而求其無障者，故自言而自非其言，且自非其非言之言，如脫縶虓而縶益堅，如推拳手而拳益酷，教乘宗乘，未有能出乎此者，此不可不知也。

又《〈楞伽經〉書後一》 周萬載伯藹，前令星子，于廢招提得《楞伽經記》，明沙門德清戍粵東時所著也。其記漫衍，頗有不附經旨者，敬假之伯藹，自南昌至甯都輿中讀之訖一過，書後歸之。凡佛經之說，其辭旨無甚大異，此經不立一義，而諸義皆立，悉與《金剛經》相比，惟艱晦過當。達摩至中國埽除一切文字，以此經付慧可大師，蓋艱則難入，晦則難出，難入則意識無所用，難出則怡然渙然者皆得之自然，乃卽文字中斷文字障法也。至鴻忍大師易以《金剛經》，簡直平易，人皆樂從，故道法大行，而禪復流于文字，此五宗語錄之所以歧互也。經中開卷斥百八句皆非，則全經語句無著爲最勝處，蓋《金剛經》先說法，後說非法，此經先說非法，後說法，一而已矣。其言不離妄想卽見正智，與《楞嚴》無始生死根本、無始元清淨體義同，與《法華經》是法非思量分別之所能解，惟有諸佛乃能知之，義亦同。佛法豈在多求邪。德清記此經有四千卷，此十分之一，以驚愚者耳。

又《〈楞伽經〉書後二》 德清曰，《楞嚴》以阿難入淫舍，故唱斷淫。《楞伽》爲夜叉王說法，故唱斷肉。今檢經語疏斷肉之故十有七，其義皆陋，而最妄者謂一切衆生從本已來展轉因緣，常爲六親，不應食肉，使生怖懼。夫親想肉不應食，非親想肉應食耶。展轉因緣，有色無色、有想無想皆有之，而佛聽穀食幷食蔬果，何也。蓋佛經多爲無識者附益，故陋而且妄如此。

洪頤煊《〈牟子〉序》（《筠軒文鈔》卷六） 《隋書·經籍志》，《牟子》二卷，後漢太尉牟融撰。新、舊唐志同。梁僧祐《宏明集》有漢牟融《理惑論》三十七篇，前有自序云，一名《牟子理惑》。劉孝標《世說新語注》、李善《文選注》、《太平御覽》諸書引《牟子》數條，雖字句異同，皆在《理惑論》三十七篇中，知隋唐志所載《牟子》，卽是書也。《後漢書・牟融傳》，融代趙熹爲太尉，建初四年薨。是書自序云，靈帝崩後，天下擾亂，則相距已百餘年，《牟子》非融作，明矣。《宏明集》題下注云，一云蒼梧太守牟子博傳，子博之名不見于史，據自序云，先是，牟子將母避世交阯，年三十六歸蒼梧，娶妻。太守聞其守學，謁請署吏，不就。太守以其博學多識，使致敬荆州，會被州牧優文處士辟之，復稱疾不起。是牟子本蒼梧人，未嘗爲蒼梧太守。自序又云，是時州郡相疑，隔塞不通，又云，牧弟爲豫章太守，爲笮融所殺。時牧遣騎都尉劉彦將兵赴之，遂不果行。久之退念以辨達之，故輒見使命，方世擾攘，非顯己之秋。疑牟子避亂交州，未嘗居官。《宏明集》作蒼梧太守牟子博，豈從其後而署之耶，抑別有其人耶。是書雖崇信佛道，尚不悖於聖賢之旨，故隋志列于儒家。吾師淵如觀察愛其爲漢魏舊帙，錄出別行，屬頤煊考校其事，因識其始末於卷首，仍題曰漢太尉牟融撰者，因隋唐之舊，亦疑以傳疑之意云爾。

又《書〈洛陽伽藍記〉後》（同上，卷七） 《洛陽伽藍記》云，京師東西二十里，南北十五里，戶十萬六千餘，廟社宮室府曹以外，方三百步爲一里，里開四門，門置里正二人，吏四人，門士八人，合有二百二十里。寺有一千三百六十七所。頤煊嘗取見於記者，繪爲圖，宮內唯式乾殿、光明殿、建始殿、徽音殿、凝閑堂、乾明門、東華門，城內唯永安里、昭義里、般若寺、承光寺、禪林寺、靈覺寺不知所在，餘皆可列而知也。此書世無善本，今本五卷，題後魏撫軍府司馬楊衒之撰。晁公武《讀書志》作羊衒之，《新唐書・藝文志》作陽衒之。據《廣弘明集》，陽衒之，北平人，元魏末爲秘書監，見寺宇莊麗損費，王公相競侵漁百姓，乃撰《洛陽伽藍記》。《水經》鮑丘水注，無終有陽翁伯，《玉田陽氏譜敘》言，翁伯是周景王之孫，食采陽樊，春秋之末，爰宅無終，因陽樊而易氏焉。陽氏爲北平望族，羊、楊皆傳寫之譌。《法苑珠林》、《洛陽伽藍記》五卷，元魏鄴都期城郡守楊衒之撰，其官位亦多不同云。嘉慶己巳二月廿五日。

嚴可均《重建湖州永福寺碑》（《鐵橋漫稿》卷七） 永福寺在湖州城青銅門外之西偏，舊名永欣寺，宋大觀中，欒安薛嗣昌爲鐵門限跋尾云，智永禪師寫眞草千文，江南諸寺各施一本，住吳興永欣寺，求書者如市，所居戶限用鐵葉裹之，人謂之鐵門限。據此，則永欣寺隋以前刱建，至宋未改名，其以欣爲福，不知始何時。明季以來，爲比丘尼所居，破瓦積垣，香火歇絕。乾隆五十三年，邑子潘加慶等迎浮屠智行住持數載，重建大殿，埭佛像，發願恢閎，中涂圓寂。其徒鎭興能闡三寶，締萬緣，遂建大悲閣、地藏殿及禪堂。方丈外爲山門，左右爲樓房，南爲萬骨塔院，北爲涼亭，東爲迎禧橋，經營者廿餘載，次第落成。寺舊多文石，邑子陳豐爲召巧工，重加黏疊，嵌空玲瓏，種柏蒔花，可游觀憩坐。今鎭興年將老矣，而其徒皆守清規，傳戒律，蔚然爲叢林焉。余因思湖郡名僧，智永後首數皎然，居城南之妙喜寺，刺史顏魯公于此修《韵海鏡源》三百六十卷，其書不傳，而《皎然詩集》具存，然問所謂妙喜寺者，但見荒烟蔓艸焉耳。而永福寺去智永一千餘年，煥焉復新，規模閎敞，視妙喜不侔矣。微智行與鎭興繼世功行，詎能及此。彼法有人，宜乎興且盛也。夫興廢若循環，盛衰相倚伏，新新不已，存乎其人，願其徒終勉之，益擴而大之也。

又《朗空大師塔碑》（同上，卷一一） 顯德元年七月。

右碑幷陰，金石家未著錄，吳學士鼐得之高麗使臣。碑撰于梁貞明末，刻于周顯德元年，碑陰則刻石時所記也。兩《唐書・新羅傳》皆訖會昌，鄭麟趾《高麗史》所載新羅事，從貞明末至後唐清泰二年，略可尋究，前此闕焉。《舊五代史》明紀長興三年四月，新羅王金溥遣使貢方物，新史增多一事。莊紀同光元年十一月，新羅國王金樸英遣使者來。《高麗史》作昇英，蓋姓樸名昇英，新史誤加金字。又新史《四夷附錄》，長興三年誤作四年，又言自晉已後不復至，不知晉時已無新羅國矣。其會昌至貞明末，八十年間新羅世次，僅見此碑，可補史傳之闕。碑陰有元聖王，當在會昌閒，爲樸氏代金之始。數傳至大順、景福閒，新羅政衰，羣賊競起，眞聖王六年，甄萱叛，據南州，稱後百濟。弓裔據高句麗之地都鐵圍，國號泰封，見《高麗史》，即碑所云時當尼運，世屬此蒙，災星長照於三韓，毒霧常鋪於四郡也。碑陰及《高麗史》有憲康王，當在乾寧、光化閒。天祐三年，孝恭王立。貞明元年，神德王立。皆見碑文。碑又稱，神德爲聖考大王貞明四年，景明王昇英立碑。謂之今上，是年王建逐弓裔而據其地，建元天授。碑陰云，唐新羅國景明王之天祐年中，則以後唐同光前皆稱天祐也。同光二年九月昇英薨，弟魏膺立。天成二年，甄萱入都城索王，令自盡，立金溥爲王。金溥者，景明王之表弟，憲康王之外孫，是金又代樸。清泰二年六月，甄萱子神劍作亂，萱奔投王建。十月，金溥納土于王建。十二月，除新羅爲慶州。事詳《高麗史》，即碑陰所云後高麗國，凡平四郡，鼎正三韓也。金溥，《高麗史》作金傅，未審孰是。碑撰後，久乃上石，因有脱誤。海東古刻，向來僅見平百濟碑，此與忠湛碑，余最先著録，且可補史，何快如之。

又《開福寺佛塔鐵柱文》（同上，卷一二） 淳化元年。

右鐵柱發願文并陁羅尼眞言，進士董護書，淳化元年鑴。在長沙北門外鐵佛寺門東佛塔中。寺舊名開福，其塔以鐵柱爲心，柱高五六丈，圍二尺許。其字皆陰文，徑寸，餘凡十四段，段五六行不等。鐫手甚精，鐵不生繡。嘉慶壬申歲二月，余親至塔中觀之，天晚，不及手拓，同鄉沈三隨父宦楚，藏有舊拓本，出以贈余。余收輯金石多矣，鐫鐵工緻，必此爲最。

又《左山寶乘塔碑》 至和二年十一月廿一日。

右碑錢明逸撰。明逸，吴越王鏐五世孫，《宋史》附《惟演傳》。碑首行題曹州左山興化禪院重修寶乘塔碑銘，左山命名，未知始何時。《曹州志》，興化禪院，在州南五十里左山上。《一統志》，在菏澤縣南五十里。又言，左山在曹縣西北五十里。引舊志，即陶丘之別阜，與曹州及定陶接界，相傳左丘明父葬此。又言，墓前有祠，宋盛琳撰碑。今祠與碑皆失。錢達道《登左山記》引邑乘春秋，左太史瘞骨此山，左山者，因左太史而名。則又與《統志》異。按，左山南即舊州治，《元和志》州理中城，蓋古之陶丘也，一名左城。《寰宇記》，左城，亦名之曰葬城，蓋恭王之陵寢。是左山即陶丘，其墓乃定陶恭王，非左丘明父。《禹貢》，導沇水東出于陶丘北，或因陶丘在沇水左，故稱左山也，然未敢定。碑云，諭守臣資政殿學士任中師，中師，曹州人，《宋史》與其兄中正皆有傳。中正嘗通判濮州，濮、曹鄰也，中師亦上書言，臣老矣，家本曹人，願得守曹。遂以知曹州。蓋自漢至宋，得爲本州守牧，近始回避。方志名宦，但載任中正，而中師失載。碑末署名有推官辛叔清等七人，竝失載。又錢明逸知曹州，而方志作知濟陰縣，微石刻，何由正其譌漏哉。

又《三教碑》 嘉祐五年四月一日。

右碑在鄒縣西南五十里，地名石里。其廟有隋開皇六年石裏村造橋碑，則村甚古矣。所刻爲《大悲經呪》，而題三教，又書庚作庾，寅作寅，鄙謬可哂。惟稱安平鄉石裏村，修方志者當有取焉。

又《賜廣濟寺僧文海紫衣牒》 熙寧八年閏四月。

右碑《關中金石記》所未載，文海亦非名僧，牒後署名右諫議大夫參知政事呂，即呂惠卿也。禮部侍郎參知政事王，即王韶也。吏部侍郎平章事韓，即韓絳也。吏部尚書平章事王，即王安石也。以《宰輔年表》及紀傳校之，年月皆合，則《宋史》精密，當在《新唐》、《新五代》之上，竹垞等輕詆之，殆非定評。碑上方刻元豐二年賜慧照大師勅，多闕文。

又《皆慶寺感通塔碑》 天祐民安五年正月。

右碑在涼州大雲寺，西夏崇宗天祐民安五年立，撰人名泐缺，張政思書并篆額，金石家未著録，劉孝廉師陸始訪得之。碑兩面刻字，正面西夏國書，不可識，以碑陰之正書互較，而行字微有參差，亦難照釋。女直、蒙古、番部、回部文皆從左而右，西夏文獨從右而左。碑陰云先后之朝，又云二聖臨御，按，崇宗爲惠宗長子，惠宗七歲即位，梁太后攝政，是先后也，崇宗三歲即位，母后梁氏臨朝。天祐民安五年當宋紹聖元年，崇宗才十二歲，母后尚未歸政，是二聖也。先后時西羌寇涼，《宋史·西夏傳》略而不書。

又《永慶寺鐵鐘款識》 貞元二年四月廿九日。

右鐘金貞元二年四月鑄，連鈕高丈餘，圍二丈餘，在德州永慶寺。寺有景泰七年重建永慶禪寺碑銘，禮部尚書張惠撰，文云永慶寺舊在衛河之西，元季鞠于兵燹，古峯禪師既獲署任，或謂城內州治後有地若干畝，足以相當，古峯是之，作意興復。余親至碑下，節録如此。州人吴楚椿《桑梓圖考》作永樂十年，誤。碑不言州治後地是何廢址，據鐘文，知爲金時延壽三門院，可補方志之缺。鐘在大悲閣東平地，景泰建寺，或因重不可遂，故未起鐘樓。土人乃言此鐘因大水從他縣浮來，吴楚椿又引鐘文云，唐貞元元年建，因傳會永慶慈氏二寺爲王武俊造。鐘文顯有大金國字，且多女直姓，而指爲唐，豈非瞽説。鐘文，景州將陵縣，攷金之將陵，即今德州，舊德州治安德，即今陵縣。唐志、《太平寰宇記》將陵屬德州，宋志屬景州，金志景州將陵置河倉，有永濟渠鉤盤河。按永濟渠，隋所作，卽古清河，元明以來曰御河。沿河置屯衛，故又曰衛河，以通漕運，亦曰運河。金之河倉，卽今北倉，金鉤盤河經今德平縣南，一經西北，葢將陵舊界贏東北矣。乃將陵治所隋唐宋初又與今異，《寰宇記》將陵縣鬲津枯河在縣北二十里，王莽枯河在縣東十里，漳河水西去縣二十五里，永濟渠在縣西十里，是將陵舊治在今州治東十里，今州治本長河廢縣，《舊唐》志，隋于舊廣川東八十里置長河縣，爲水壞。唐元和四年，移就白橋，于永濟河西岸置縣，東去故城十三里。十年，又移置于河東岸小胡城，卽今州治也。《舊五代》志，德州晉天福五年移就長河縣，爲治所。《一統志》，五代周時省長河爲鎭，入將陵。宋志，將陵縣，景祐元年移于長河鎭，金因之，元爲陵州，治屬河閒路。明洪武初，復爲縣，屬濟南府。永樂七年，改德州爲陵縣，以故陵城爲德州，則今州治卽小胡城，從唐元和十年以來，皆在永濟河東岸。近修德州志，爲吳楚椿等所惑，乃不復覈實，何也。《山左金石志》節錄鐘文多誤。

汪紱《合性与知覺有心之名論》（《雙池文集》卷二）　自異學徒以知覺言心，而不知夫心固有知覺，然知覺不足以盡心。外知覺無所爲心，而心不域於知覺。而於是空諸所有以全其本覺，而心寂於無。任其知覺以自謂圓通，而心流於放。而於是空寂之說興，而於是色即是空、空即是色之說起，而心之名以不明於天下。善乎，張子之言曰，合性與知覺，有心之名也。

夫張子未始不以知覺言心也，然心有知覺，而有所以爲知覺者。氣化之流行，賦予萬物，而人得其秀，靈則知覺所從出，又非徒氣化之流行也，有氣化之所以流行而爲之主宰者。太虛之體，一理渾然，而相與爲體於氣化之內，則知覺所爲主。合虛與氣，有性之名，而知覺即氣之靈也。知覺非氣化無所從出，氣化非理無所主宰，理非氣化無所寓其體，氣化非知覺無所顯於用。是故理寓於氣而爲性，理氣動於知覺而爲情，而心統性情。則性與知覺於是乎合，而心之名在是。知覺之動無方，而性之理有則。率其無方者以動，則形氣之私，所謂人心也。本其有則以居，則性命之正，所謂道心也。合性與知覺，以道心爲人心之主，則人心不流於放。以人心爲道心之用，則道心不寂於無。

乃老氏有見於道心之微，而不知道心之即人心而著，故離形氣以言道，而其說入於虛無。入於虛無則其道非道，而徒爲遺棄形骸，滅蔑仁義。佛氏有見於人心之危，而不知人心之以道心而安，故空萬有以言心，而其說歸於寂滅。歸於寂滅則其心非心，而徒爲滅絕人倫，戕賊性命。是皆不知乎合之義也，不知夫合性與知覺有心之名，而心學之殊途爲害於人心者乃遍天下矣。

汪紱《與鄭朝選書》（《雙池文集》卷三）　釋氏之說可得而知矣，大要以知覺言心，以作用言性，以四大爲假合，以萬有爲空虛，以寂滅爲旨歸，以圓通爲究竟。夫心之所以不寂，而覺之所以不圓者，以萬有爲之緣也，六塵爲之障也。故必舉聲、色、香、味、觸、法而悉空之，然空之而不能空，則益滋其擾。是以又併空其空之見，使萬有雖變幻於予前，而予心可以如如其自在。是故寂守其心而外乎天下國家，此釋氏之本旨然也。然釋氏能外乎人倫，而不能外乎衣食，不能外乎衣食，則安得無是非之辨。佛固猶乎人也，而安能充其類也乎。

若釋氏者，固槁木死灰而后能充其操者也，至今日禪和之子，則又有異焉者。依託鬼神，剽竊仁義，惑民以福利，而誑民以不可知之事焉已矣。若求有暢釋氏之旨而通其源，則未一二見也。夫釋氏本旨，本欲空萬有以寂守其心。而今復遷就其端，以爲汎愛之說，更設爲天堂地獄以依附於福善禍淫之道，亦可見釋氏之屢變而窮矣。又創爲宣律之科，以謂人之獲罪於天也，可以懺悔而免其罪。而於是天下之作非犯順、內有不慊者，皆莫不膜拜而乞憐於佛焉。以釋迦之高慕空寂而棄國違親也，則身且不有，何有於人。國且不暇理，何暇於天下之衆。今率天下暴戾之人而群然乞憐於其前，當亦釋迦之所深厭也。如曰，佛，慈悲者也，人苟能誠以求之，當無不援之也者，則是佛以婦人之仁，不顧理之是非，而肆情以狥物也。以小仁而長大惡，其爲不仁也抑又甚矣。且釋迦不愛其身，不愛其親，不愛其國，而能愛天下之人物，此理之必無者也。天下之人顧群然而膜拜之，何不明之甚也。然天下之群然而事佛者，非必其見之盡不明也，內有不慊，而儌幸於萬一之援也云爾。

要之，天與人以身心，而佛置之空寂，是棄天也。天與人以人倫，而佛委之假合，是暴天也。天生物有不齊之數，而佛作平等觀，是逆天也。天尊無對，而佛氏肆爲夸大放逸之辭，竊其禍福予奪之柄以蠱惑乎天下之人心，錯亂顛倒，無所不至，是悖天也。故天下古今之獲罪於天者，莫有如佛。是必宜投之水火，以絕其迹，而何況俯首事之。

昨論未暢厥旨，故復作書以達，惟朝選慕義彊仁，內無不慊，且賦性高明，當閱此能了，然必不以僕言爲背謬也。

又《寄鎮衢王遊府書節選》（同上，卷四） 舊冬率爾晉謁，荷蒙不棄疎狂，縱談竟日，更錫以詩箑聯句，感謝何盡。承惠教留意治心之學，紱敬佩，終歲不忘。竊思天地生人，其所以異於萬物者，只有此心耳。顧心同，而治心之學不同，故莊周逍遙，釋迦般若，皆各爲治心之學。然必遊其心於寥□廓，與寂其心以觀自在，則是皆以有用之心置之無用之地，豈不辜負天地生人而與以此心之意乎。竊謂此心不可不用，而效庸人之役役則傷。此心不可不養，而效異說之空虛則廢。事理甚平常，怪奇可以不慕。生世有定分，富貴可以勿求。惟是盡心於其所當爲與可爲，而不馳心於其所不當爲與不必爲，則此心休休而得其所養。至於面壁九年而一旦徹悟，齋心閉門而一日千里，此則吾心之虛靈以靜而有所見，理或有然，然而偶有奇中，未必其所見之眞矣。鄙意如此，不知其有合不。（略）

又《答洪霖雨書節選》 張、程少年皆嘗濫於禪學，朱子之始爲禪學，且得其說以成進士，朱子嘗自言之，不足諱也。惟其初之所得於禪者深，故其後之辯之而闢其邪不遺餘力者亦最爲詳明親切，《語類》可考矣。其僧之爲妙喜，愚少時於他書亦曾見之，而今忘其爲何書，然其所得於禪者，則或幷不止得之一人。要之，朱子秖自言所會一僧而不言其名，蓋鄙之爲不足名也。以朱子所鄙爲不足名者，而今人又必求其名以實之，殊可不必也。毛奇齡、李紱等所著之書，皆宜急付之秦火，否則亦宜比之於姦色淫聲以遠避之，無置案頭，以汚學者心術。

又《送止齋和尚遊杭州序》（同上，卷六） 止齋自六七齡，其父母已舍之僧舍矣。及長，通戒律科敎，遂善屬詩文，工筆札，以與都人士交。又常居積貨賄，與時低昂，以廣蓄聚。其二兄乃反來依之，獲其餘貲以贍養老母。止齋亦能孝，會母病痛，則不寐，食不下咽。佛氏之敎，戒貪痴，無父母親戚，而止齋所行，乃適與之反。然誰無父母，則嗣股肱，牽車服賈，亦人事之常，止齋於佛法似有背馳，而於人心則未始不愜也。止齋亦束縛於其法，而不能充之以愜其志耳。己亥孟夏，止齋方蓄買茶筭，以將爲杭、紹之遊。杭固多文人學士，而天竺、靈隱，尤爲釋氏叢林，吾知止齋其必將廣爲交遊以廣知慧，則於是且有是止齋、非止齋者難於抉擇，願以吾言質之，是邪，否也。

又《偎霞嶺天雨庵戒碑》（同上，卷八） 佛氏本無親之敎，僧徒爲法外之民，而天地兼容幷包，聽其散處天下，又或爲之建剎置產以養之，亦以其誠能堅忍嗜欲，空諸聲色，眾生物我作平等觀。是以邨墟窅遠或山嶺險峻之區，亦賴其住持，資其香火以憩息行人。使之廣爲接待，時濟饑渴，非徒使飽暖逸居，坐擁厚利，居積貨賄以厚其私親私人故也。

偎霞嶺爲浙閩通衢關嶺，盤回嶚峛，登陟維艱，而行人絡繹不絕，故前此部院諱之芳李公總督浙閩，駐節三衢之日，於偎霞嶺中樓建設天雨庵，招僧住持。關嶺前後，置有田地山場，爲畜養僧眾、伏事香火、接濟行人之用，意甚盛也。歷年滋多，常住日富，邇姦僧文奇等竊其肥潤，假貸居賄，刮金佛面以遂私謀。名爲出家，實則室家饒足，託身空寂，實則欲海沉迷。猶復恣行凶橫，多作不法。前經邑令宋覈實其罪，追牒徒配，而一時漏網縱得復還，潛住庵宇。其徒效之，皆以營私逐利，厚其私藏，爲異時還俗娶妻之謀。其與建庵置產之意，大相左矣。適前部院李公之族孫大總戎某公鎮撫三衢，廉其僧眾非法，乃逐去之，而更招僧介誠住守庵宇。介誠所守泊然，庶幾無蹈前轍矣。

夫佛氏之法，身世皆夢幻泡影露電，而所戒惟貪嗔癡。所丐之食，滴水難消，且無許廣招生徒，無得沿門抄化。所置田產，僅許優給衣食，躬耕自贍而已。此皆律令森嚴，天語煌煌，而住持僧眾，敢於借奉佛以營私，託空門爲利藪，此豈惟國法之所不許，亦釋迦之罪人也。我大總戎李公自涖鎮衢嚴，秉鑑清明，存心仁恕，釐剔弊端，令行禁止，軍民咸被其惠，謳歌遍矣。茲更於天雨庵留心革蠹，以嚴事神，以廣接濟，是亦不忘其先德之一端也。吾等欲指此庵以識李公之德，又以示住持此庵者之永知所戒也，因勒之石。

杭世駿 《理安寺志》序（《道古堂文集》卷六） 理安寺緣始有唐，絕續之關綿延迄今，約有三變。吳越開基，一也。法雨鼎建，二也。磬宗荷兩朝不世之遇，法域宏開，恩膏疊沛，三也。龍象護持，興替有運，不有紀載，後將何稽。向有《寺紀》四卷，法雨大師所手定也。斯時規條初設，銓次未周，抱殘守闕，留以有待。智朗上人承諸尊宿之後，節縮衣食，誓發宏願，欲以世出世間之文字成佛法之金湯禮幣。及門請余秉筆，小友周進士辰告、湯孝廉韓齋爲余先撰長編，芟薙繁冗，別爲八門，釐然完備。

既輟簡，或設主客之辭以相難曰，阿難號多聞，而文殊又欲離語言文字，斯志之作，其爲選事耶，抑亦有大不得已於其中者耶。余應之曰，奚爲其選事也。善則歸君，臣子之義。矧其君有善，而可以恝置之。茲寺之興，出自天家締造。內府之金錢，尚方之巧匠，錫賚便蕃，古無倫比。天章下賁，照耀山谷。大眾安居飽食，宜如何仰答高厚，而不努力以竟成前人之緒，與夫蚩蚩貿貿而忘所自來，即違淨明忠孝之旨。每一念及，通身汗下。此上人惟日孜孜，不遑暇逸，葺完是書之本末也。

嗚呼，創寺難也，創志亦難也。前人爲其難，上人不肯獨居于易，勞心焦思，首尾十年，而後乃潰於成，其用力勤而志亦堅且確矣。余生長是邦，食毛踐土，與上人同在帡幪之內。思報國恩，惟有文章，鬱忠孝之忱，借寺志略一見端。後有覽者，或亦鑒其志而深許之也夫。

沈大成　光福寺重修賢首寺塔記　代家宮傳作（《學福齋集》卷一〇）

光福鎮之賢首寺，梁大同時高士某捨宅所建。自南朝至明，代有興廢。嘉靖間，潯陽董尚書與郡人申文定公、王百穀、張幼于、趙凡夫諸名士相率勸修，詩文疏引，裝成巨軸，迄今又二百二十餘年矣。寺日就圮，佛像頹落，賴鎮之諸善信喜捨重葺，而寺前之塔，相輪欹敗，桄級全夷，力不能復，過者病之。吾友顧君慕山、徐君友竹同時發心願，爲出募。慕山先請於鹺使高公時則，揚之賢士大夫勸鐲二千金，而工猶未足。復請于今使普公，又勸鐲一千金，總爲白金三千，而友竹實董其事。庀材鳩匠，易朽以新，既麗而正，卓立雲表。經始於乾隆某年月日，迄某月日塔成。是役也，二君可謂勤矣，然非高、普兩臺長率之於上，揚之賢士大夫佽之于下，其何以底于此哉。

塔峙太湖之濱，虎山橋之側，方春梅開之候，橋之東西堰皆花，花之外爲太湖。波光雲氣相盪摩，若瑤林，若雪海，若蓬壺之影、眾香之國，而此塔高出于億萬梅花之頂。晝則鈴鐸梵唄應和，夜則禪鐙交映，粲然無際。倚欄而望湖中之七十二峰，風檣沙鳥，若來附之，洵天下之奇觀也。則其秀靈之所鍾，人材之輩出，不待形家而知之矣。則兩臺長暨揚之賢士大士有造于光福也，豈止一塔之復哉，是皆可書也。

二君之出募也，余曾作疏，今茲貞珉之刻，不能辭，爰爲記其緣起。而賢士大夫之姓氏與夫檀施之各數，別列于碑之陰，庶幾有徵焉。

盧文弨　《唐濟度寺尼惠源和上神空誌銘跋　癸卯》（《報經堂文集》卷一五）　惠源，俗名蕭氏，唐司空宋國公瑀之孫也。瑀好浮屠法，捨宅爲沙門。比邱尼法願，其女也，而惠源又繼之。其曰神空者，非塔也，而又別於常人之墓，故立爲是稱也。誌述其遺命云，於少陵原爲空，遷吾神也。又云以某月日從事於空，遵理命也。空讀如匿空，旁出之空，此二字頗新異，誌銘楊休烈撰，侄定書，眞行相雜，頗有渾樸氣象。開元二十五年九月二十有三日鐫，中間空四字，蓋言受戒於某寺尼也。某寺下空二字，尼下空二字，不能審知，故闕而不書。捨此則無一字闕者，甚可貴也。

又《唐王居士塼塔銘跋　癸卯》（同上，卷一五）　此銘一字不損，蓋近時重摹者也。居士姓王名公，其人篤信釋氏，但未出家耳。其歿也，遂從浮屠之法，曰收骸起塔，蓋火化也。其文則上官靈芝所製，敬客正書。中間早標先覺，於先覺上空二字，不解何意。塼字從專，誤。又煩惱之惱作惚，臆撰無理，不可以誤後人。

又《宋龍泉山普濟禪院碑銘跋　癸卯》　碑在汧陽，知隴州閻仲卿撰文，沙門善儁行書，自署廣慈禪院文學沙門習王右軍書。《關中金石記》云，古有集書，無稱習書者。習書應是依仿爲之，筆畫雖近，卻甚拙陋。如閣字作門內陷，右軍時必無此體。余案，碑中譌字尚多。如虔字似庋，門右似岡，迎字從卬，肽字左胃右友，奢字從夾，範字從几，至冠絕作貫絕，容可通用。樊籠作煩籠，殆不可通矣。閣字內，左作阝，右作少，下日似陷字，而亦非也。

又《元重立開化琺巖閣記跋　癸卯》　石晉時劉知遠爲北平王河東節度重修蒙山開化寺琺巖閣，判官蘇禹珪爲文記之，支使蘇曉書丹篆額。今碑乃元至正八年重立者，後署御史郭方亨謄書。字甚醜惡，且多譌別。文云謬塵郄桂獲廁庾蓮，今作庚蓮，元本當不如此。蒙山在今太原縣西，記云開化寺爲北齊天保末所建，唐高宗及晉王李克用皆重修，文於前代帝王亦皆提行，其用意頗近厚也。

又《幽州昭仁寺碑跋　庚子》（同上，卷一六）　此碑在明正德時都南濠所榻本，缺者僅三字，今此本在嘉靖以後全缺者廿餘字，然猶未至如近榻之剝泐更多也。《金薤琳瑯》中載此文，亦尚有可疑者。如云得兵鈐於玄教，呑戎韜於黃石，今碑中教字已莫辨，而起筆猶在隱見之間，則疑是女字之首。又云軒轅五十一伐，殷后二十一征，案，碑二十實作廿字，而讀爲二十也。又云豈止菌鶴短獨，西鶼東鰈之貢而已哉。案，菌鶴短狗，見《周書・王會篇》，今碑狗字已全缺，意元敬時其匡郭尚在，故誤以爲獨也。又云杖錫四禪之林，攝齎三朗之路，今朗字亦唯月字尚可辨，余意必是三明用彼家語也，凡此皆都氏傳錄之誤也。若碑有云坐夿扈遊翠爲，則翠嫣也。置璽陳謙避河爲讓，則撝讓也。此或皆可省文。至於詳觀郡帝則群帝也，高烽罷昭則罷照也，白梃作挺，僧祇作秖，得無筆誤有不及檢者乎。書法端重而無板滯之病，剛健而無險峭之失，乃唐初正書之佳者，以爲永興，則未必然。乾隆庚子在京師，金氏出此見示，臘月六日乃爲題而歸之。

又《答彭允初　丁酉》　年兄精於古人行文義法，彈射不少假借，誠余亮直之益友也。則所自爲文，必矜愼可知已。乃去年寄來《二林居制義》一冊，開卷見自序，即有大不慊意者。夫年兄之深於禪學，夫人而知之，即己亦不自諱也。僕自相識以來，至今已二十餘年，交情益熟，而未嘗與年兄論禪，亦未嘗砭年兄之爲禪，誠以造化之奧，鬼神之秘，未能研究洞徹，而於彼家之言又素未嘗參討。夫人之質性，固有各適其所適而不能自反者。古來禪學中之爲忠臣、爲孝子者，亦復何限，不必概行抹殺也，吾但取年兄之恬潔直諒而已。

今者以時文詮孔子、孟子之言，而序乃託於夢中之二境，以標明旨趣，固已褻越而不尊矣。乃一則夢爲老師，擁臯比，闡羲、文、周、孔之教，圜而聽者百千人而樂之已。又夢爲衲子，空山趺坐，六根蕭寂，五蘊廓然，則又樂之。何年兄此中之紛而不靜也。夫夢成於因年兄有自賢之見，而以爲百千人皆莫己若也，是以夢之中有此一境也。若衲子，殆似所云夙根者，今但未祝髮耳。使於斯而詮《金剛》、釋《楞嚴》也者，吾又何責。乃今以冠四書義之篇，豈其倫哉。援儒而入墨且不可，況抑大聖大賢而使之皆出於西方氏之教，則得罪於名教甚大。

今年兄書來，乃以爲此祇指點文境，顯出虛實二機，不可以實爲是，以虛爲不是。至其自得之實，一且不立，安得有二云云，則愚更所未喻也。夫吾儒有吾儒之虛實，彼家有彼家之虛實。吾儒非執有，彼家亦自謂非頑空也。今年兄乃如鴻溝之截然畫界，而以實歸儒，以虛歸釋，無論儒不任受，即彼家恐亦非正諦也。聖人曰，吾道一以貫之，既以詔曾子，又以喻子貢。吾人爲學，自當於萬事萬物之理，即身體驗，而尋其所爲一者何在。今云一且不立，安得有二，則明明是彼家所爲萬法皆空之說，而義仍未了，更當於此句下又進一轉，才許悟徹耳。

僕在鐘山，不得已而看時文，講時文，實非性之所樂。以年兄之才，沈潛於義理之中，以輔經而翼傳，何不可自成一書。既幸而早離場屋之累矣，及髮將頒白，顧復矯首以效舉業家之面貌，何屑屑也。如欲自喻所樂，則吟風弄月亦何在不得吾與點也之趣，而必爲是乎。年兄欲兼有其樂，政恐坐是交喪也。

文凡若干篇，實不能遍讀。但首一篇題爲學而時習之，文則既見之矣，未必先知所爲學者何在，因而時時習之。今年兄但有見於時，無見於學，祇欲教人常惺惺耳，中間唯不可離一語似少近之。然云不可離者，時也，而吾以不可離者習之，則仍然捕風捉影，專一玩弄精神，而未有實地。其後自記云，開宗明義，不應以小儒臆說參之，則太猖狂無忌憚矣。開宗明義四字，梁皇侃始以標《孝經》之首，而唐人即因仍之。亦由當時習釋家之言久，不復知所持擇。聖賢安有所謂開宗也。

學以明倫爲主，自書契以來，未之或改也。而言語動作，自幼儀以至於動容周旋中禮，無時而可廢學。朱子《集注》自是顛撲不破。今年兄所云小儒、所云臆說者，何人乎。是明明指朱子而已矣。朱子大儒，古今駁難不一，其於朱子無傷也。而年兄乃肆筆逞臆，不顧所安如此。即以前輩而論，意見各殊，尚當婉約其辭，寧謂朱子，而可橫詈若斯也。首篇如此，是以未及遍觀，蓋雖有他作之合理者，而亦無救於此之離經而畔道矣。

及得年兄書，自舉數題，謂樸實說理，正發明洙泗之傳、程朱之奧，僕因取而覆閱。如自古皆有死，篇後自記云，惟此一事實，餘二即非眞。

案此二語本出《法華經》，事本作法字，所謂一法，彼蓋即指趺坐而坐，引而不發，爲學徒作指點語。今改法爲事，列之文後，便令人百思不解。齊景公篇從聖人老於匹夫不得一民寸土說起，聖人豈有此胸襟也。夫作四書義代聖賢語氣細意體認，猶恐粗而不精，有負當代文明之盛。乃年兄駁雜而堅於自信，加之貴公子有才學，友朋間非素直諒不撓者，孰肯以言賈人之怒。僕觀所載評語，皆仿年兄詞意而爲之，安知非陽是而內實不然。既不欲因此取憎，又恐言出而爲士林中所責誚，故作此種筆墨，使見者皆曉然於有所不得已而出於此也。

今爲年兄計，莫若擇其大害理者，亟火之。能決然舍其舊習，而唯吾儒是從，斯大勇也，否則愼無爲騎牆之見。《詩》有之，涇以渭濁，湜湜其沚，知言者自能辨之。惜年兄以有用之財災梨禍棗，爲此不急之務，而轉取不韙之名，是以面晤時微露其端，而不欲著之於文字之間。今既見詢，不可以不盡其所懷，故輒陳之如右。

汪縉《讀淨土三書私記》敘（《汪子文録》卷二）　予以丙子歲往金陵應鄉試，於時値盛疫之後，予心憫焉，意欲以淨業消之，遂持百八念珠而往。既出京口，翹首雲天，開口持誦，江聲佛號，吼動空碧。既至金陵，持誦不輟。同應鄉試者目笑，予怒斥之曰，若知過否。彌陀出口，上帝在紫微宮中聞之，亦當站起。若秀才來金陵，僥幸一名舉人耳，何施施也。已而入矮屋，得題爲文，予僥倖心忽發，用力過猛，至三場而四大若欲解散者。然於倉皇中忽提一念彌陀，色身頓爲究竟堅固。因歎曰，《易》所謂首出庶物、萬國咸寧者，其阿彌陀之謂與。

予於是時已知佛法，然意在究竟程朱、陸王實地，爲來者一車兩輪坐進孔孟大道，未暇及佛法也。已而知歸子歸心淨土，以書來招予，予漠然不應，一意儒先書，究心於是者，前後幾三十年。至庚寅歲，乃得二録書成。二録者，尊朱而內河汾、永康、金谿、餘姚也。先儒實地，庶幾在是。於是從事於宗淨書，於辛卯正月《讀四十偈私記》成，遂取《無量壽經》、《觀無量壽經》、《佛說阿彌陀經》觀之，作而歎曰，釋迦氏住世四十九年，說法如恒河沙數，其清淨法眼，則付之大迦葉。其度盡衆生，去凡入聖，爲泥洹之次者，淨土諸經是也。

衆生本來成佛，實無衆生可度者，其本願也。實相無相，正念無念者，其實相正念也。是爲清淨性海也。衆生不守自性，於無相中起相，無念中起念，遂迷而爲衆生。爲相所轉，爲念所繫，三界升沈，六道輪回，流浪不息。迷其本願，忘實相而喪正念，凡以是也。釋迦氏悲之，爲說阿彌陀。四十八大願，爲衆生發大願也。大啟觀門，開實相也。專提念力，增正念也。逮得往生，則去凡入聖矣。逮得本願無願，實相無相，正念無念，則遊乎性海矣。一泥洹而已矣。爲度衆生說淨土，故曰次於泥洹，及其歸則一，實以衆生本來成佛故也。

衆生本來成佛，必以淨土爲歸者，何也。則以阿彌陀爲萬佛之師，《易》所謂大哉乾元。淨土爲阿彌陀所攝，《易》所謂至哉坤元也。乾坤合撰，萬物之所以資始資生也。身土交融，衆生之所以去凡入聖也。於是前因頓現，發無量歡喜心，將爲我釋迦氏演淨土三門焉。

知歸子學佛已有至性，予喜與之遊。嘗同入中峰，山徑窈窕，多泉石草樹，知歸子持數珠蔭長松下，藉草坐石，誦佛號，與泉聲相和也。是書成，當舉以畀之，爲敘其原起若此。

又《〈無量壽經起信論〉後敘》（同上，卷三）　知歸子撰《無量壽經起信論》既成，予得而讀之，爲之讚歎曰，是能旋轉萬流，歸於淨土者乎。知歸子邀予宿其家，屬筆點刊，翼日而竟。是夜，夢乘人輿度大橋梁。既歸家，室中忽聞佛香。滿二日，予之於知歸子法事中出聲誦阿彌陀佛也，先夢入一金地，禮拜七佛像。翼日，偕知歸子入文昌禪院，殿中供佛七，柱上揭七佛偈。予出外，嘗夢衆星聚爲寶塔，橫亘天中。比歸，乃知先妣爲予誦阿彌陀佛，硃塡畫塔，滿而焚之，即是夜矣。

予之默誦阿彌陀佛凡三度。初度以四大若欲解散時，一念佛名，色身頓得堅固。再度於萬人如海中，以拙應酬故，回光念佛，一念佛名，人我相頓入平等。三度以刊定《起信論》歸，發歡喜心，一念佛名，頓證入前念不生、後念不滅三昧。因知念佛法門，但得一念相應，有不可思議功德，況念念相應者哉。知歸子以予識淨土香氣，既屬予刊定，復屬予敘之，予諾爲後敘。敘曰：

知歸子本願以度生故，述此論。或有衆生，忽起妄見，以爲由知歸子之願，其將空卻此方衆生邪。予解釋之曰，文殊師利不云乎，十方諸佛世界，一一諸佛說法敎化，各度恒沙衆生，皆入涅槃，於衆生界亦不增不滅。何以哉。眾生定相不可得故。或有眾生不通文字般若，自慚不能讀知歸子《起信論》得開悟，予安慰之曰，文殊師利有偈曰，一念淨心是菩提，勝造恆沙七寶塔。寶塔究竟碎爲塵，一念淨心成正覺。實能精研此一偈，有所信入，知歸子起信之指盡在是矣。偈見賢首宗無著禪師傳中，流傳未廣，望見者聞者持誦書寫，爲修淨土人作眼目，知歸子之願也。是爲敘。

又《〈居士傳〉敘》 知歸子現居士身說法，著《居士傳》，屬予爲之敘。敘曰，知歸子學佛，歸心淨土，發決定往生之願者也。究論往生之因，因於一念之淨。一念之淨，即成往生之因。況念念相繼，有不決定往生得覲彌陀者乎。知歸子修淨土，念念相繼，其學佛也，可謂密矣。仰前修之匪遠，表萬法之同歸，自度度人，度人自度，著書之心可謂切矣。若知歸子，可以現居士身而說法矣。予故歡喜敘之，以告今後世之讀《居士傳》者。

又《彭秋士詩稿敘》 予少耽禪，由禪入詩，於唐人詩獨推王維入禪，愛維詩過于李、杜。後於禪學少有知，始悟維詩之入禪，其佛說內守幽閒，猶是法塵影事乎。白、甫無一字入禪，然佛說如我按指，海印發光者，白、甫近之矣。及予讀儒書，知向往，益有味於甫詩。甫詩無一儒門糟粕語，然風騷以降，未有忠厚如甫者。予自是不敢輕爲詩，且不敢輕言詩，獨於彭子秋士詩不能無說也。

秋士，吾友允初族父也。予過允初家，嘗見其贈允初四言詩，心愛之。已而偕瑞金羅臺山宿允初家，允初出秋士詩揃燭共讀，歎賞無已。秋士詩如泉石相激，喧寂之理不可齊。其可齊者，不失爲清音而已。臺山、允初以秋士氣味近禪，意欲以入禪動之，然秋士故介然欲爲儒者也，豈易動哉。予敘秋士詩，因以予所論王維、李白、杜甫者質之，秋士以爲何如也。

又《畫禪師杲徹禪師語錄敘 代允初作》 楓橋汪秀才遊乎儒釋，好言儒釋之趣。嘗言學儒宜於冬，學禪宜於夏。夏則長帬博帶，散要徒跣，放曠人天。冬則狐裘，黃黃以居，不亦快哉。又說學釋氏歸於淨土者，獨冬夏皆宜。冬作日觀，可以禦寒。夏作水觀，可以滌煩清暑。予知秀才說之無當於佛，然不能折其鋒穎也。長夏苦熱，學佛暫得清涼，思秀才言，亦復有理。檢案頭書數種，寄與秀才勘定。中有長髮僧杲徹禪師語錄，師既歿，其徒宏通上人乞予爲敘者也。寄語秀才，此君之所謂宜於夏者邪，其爲我揮汗讀之。

秀才嘗爲予言，雪峰訪有髮僧，才相見便問，道得即不薙汝頭。高峰之爲斷厓薙髮也，大有人道你拖泥帶水在。二老皆非上上機也。予詰之曰，如何爲上上機。秀才笑而應曰，長夏苦熱，伏惟薙頭。秀才之鋒穎若此。嘻，使長髮僧在，其能佐予以挫其鋒者邪。長髮僧精心淨土，脅不至席者二十餘年。信口說偈，往往契西來大意，蓋末法中精進幢也，豈可以秀才戲論參之。予雖不敏，然學乎儒釋，概有所聞，亦豈爲秀才戲論所動哉。

秀才性故傲睨，尤傲睨世間學道人。殆若杜少陵之視俗物，茫茫而已。其於予也亦然。及勘長髮僧集既畢，閱其評，其傾倒於斯集者頗至。予喜，謂秀才，世間人固不可測，願秀才勿一概茫茫視之也。予聞秀才有園在角里，明中書舍人許自昌故宅，所謂梅華墅者也，割其半爲海藏寺。而長髮僧駐錫地爲師林，其地亦半爲園，半爲寺。師林、梅華墅者，吾吳名地，何爲乎師林之名日以著，梅華墅之名日以淹沒也。又何爲乎許舍人居之，梅華墅之名日以著，秀才居之，梅華墅之名日以淹沒也。秀才可不思其故乎。惜乎，長髮僧之已往也。長髮僧在，吾知其必有以喻秀才矣。

又《送羅臺山歸江右後敘》（同上，卷四） 羅子臺山將歸江右，偕彭子允初過予，予爲出《記客語》文，客語異僧之得拳法於少林，已而溫溫不復試矣，興發一試。臺山閱之，顧謂坐客曰，此僧亦殊可悲。遂言曰，聞之少林僧，少林拳法精之可以入神，入神則斷習，斷習則證道。然有一絲許未斷，觸境風而動，轉爲業滓，吾是以悲此僧也。

復言曰，客有以拳勇蓋鄉國者，意殊不厭，念欲得法少林蓋天下，遂往少林。及寺門，見有魁乎其形者三僧門焉，客拳之，三僧皆僕地，遂入寺。殊自喜，吾其拳蓋天下乎，少林僧乃出吾下。入見知客僧，文瘠殊甚，客易之，遽告以慕少林拳法，欲入方丈謁大師。知客笑曰，試言若技。客遽自述其長。知客復笑曰，可矣，吾爲若入告。遂入丈室，久之不出，出則不顧客，徑入所居之室。客怒，踵而入，知客終不顧，徑上蒲團，合掌誦佛號。客怒殊甚，遂拳之，知客合掌上向而客僕室外，客起大服，跪求法，欲謁方丈。知客曰，若尙不能與吾交，謁方丈何爲哉。且入廚下見某小師。客不敢逆，逡巡至廚下。既至，見某小師穢矮甚，客意殊恨之，謂知客之侮客也。然不敢逆，謹告以知客命。小師笑曰，若之技，我已知之矣。若欲進於是，若去漕廠碓米，若視碓上下，目睛晝夜不動，乃可進於是，乃繼見我。客如其言，久之，目睛不動，見小師。小師曰，可矣。遂見知客，知客曰，可矣。遂與之見方丈大師。既至方丈，無所謂大師也，空中置一大圜鏡而已。客見鏡中影，忽大悟，遂拳知客。知客僕，起大叫曰，若拳蓋天下矣。客遂奮迅而出。

汪生曰，彼視天下人猶鏡中影，拳之所之，其孰能礙焉。

坐客遂言曰，客有自恃其勇者，拳之所之無鐵石。因游少林寺，寺僧笑之曰，一條繩即礙卻汝路矣。客不服，因縣繩室中拳之，拳東繩東，拳西繩西，無如之何也。客怒曰，吾拳無鐵石，乃爲繩困，何哉。僧笑曰，吾爲若拳之，何如。拳之，繩絕，客駭而逃。

汪生曰，去其鐵石之見，而繩可拳矣。去其繩之見，而繩可斷矣。

坐客又言曰，客有善槍法者，身著白綾襖試槍法，人則以藍入水揮之，藍滿地，身無一點藍。又有善刀法者，試刀法時，四面以水揮之，水滿屋，身無一點水。

汪生曰，密之至也，故無漏。凡有漏者，密未至也。

汪生遂言曰，有言射法者，曰善射者目之所視，手之所向，無全的焉，發則矢及於的矣。不善者反是。其目之所視，手之所向，有全的焉，發則矢不及於的矣。是說也，予嘗得之，以告允初。

於是臺山復閱予所作《酒人記》，喟然歎曰，大紳之怪於文也，其東都施先生後身乎。施先生文，則固少林拳法也。閱罷，掩卷而別。予病，不能出門，書此爲敘以送。曰後敘者，送臺山歸江西，至是三度矣。初歸有敘，今復爲敘，故後之。

王昶《羅臺山墓志》（《春融堂集》卷五八）江西羅君臺山以乾隆丁酉與余定交于京師，相過從者歲餘。明年戊戌五月，君會試報罷，別余南歸。己亥聞其訃。又明年庚子，余爲江西按察使，乃檄寧都州知州趣其子之明赴南昌問故。於是之明以遺集來，且云將卜地以葬，而請余爲志墓之文。

臺山少穎悟，英雋絕人。年十六，補博士弟子，慕古豪俠奇偉之行，習技勇，治兵家言。頃之，雩都宋道原授以持敬、主一二銘，贛縣鄧原昌勸讀儒先書，乃由程朱、陸王諸子之訓上泝六經、《論》、《孟》之旨。年二十餘，又受業於通政使雷公鋐，公故儒者，誡曰，子聰慧，吾懼其流也。於是歸眞守約，務爲實踐。壬午，以優行貢入太學。至京師，與彭進士紹升友善，始以性命之學相劘切。其秋，中順天鄉試。明年癸未還，過蘇州交汪君縉。汪君深于禪悟解脫無礙，臺山素習《楞嚴》，至是，遂長齋，遍讀大乘經以求所謂密因了義者。既還瑞金，率子弟入山講肄，導之爲善，興起者頗眾。尋游廣東，爲恩平縣知縣李君文藻客，李君耽經誼，臺山與之上下議論，又於注疏小學之書益以博而精。

甲午，至揚州，寓高旻寺。時照圓貞公主席，機鋒簡捷，能以片語折服人。臺山晝夜參究，積疑盡豁。居半載，辭去。渡錢塘江，止奉化之西峰寺，縣胥疑爲盜，集眾捕之，臺山手僕三人，餘駭走。乃自詣縣，縣令羈之。同年邵主事洪以白令，乃得釋。遂登天童，拜密雲圓公像。明年甲午，渡海禮普陀山。已而至蘇州，偕彭君游洞庭。石公愛之，儗僧舍以居。丁酉，偕邵君入都。都中士大夫相從問學，今吏部尙書蔡公新尤器重之。明年四月得疾，七月南歸。余寓書于南雄太守，請主書院。抵蘇州復病，居數月，行。己亥正月歸家，逾旬而歿。

臺山名有高，瑞金人也。曾祖萬博、祖遇封，縣學生，父讓，太學生，配某氏。距生于雍正癸丑某月日年四十有六。子一之明，女二皆幼。

往余官京師，以事繁，輒與臺山作夜語。置酒瀹蔬果，陳說生平所得于師友及貞公者。時已病，猶必至夜分乃去，因以得悉臺山之學。於儒也，宗宋五子書，而群經主注疏，小學主《說文》、《史記》主裴氏、張氏、小司馬氏，皆參稽古訓，句櫛而字比之，歸于一是。於釋也，皈心宗乘，心折磬山語錄，而禪不掩教，尤以淨土爲歸。外服儒宗，內宗梵行，於世出世法，非同而同，非別而別，非緣而緣，非相而相，廣大圓滿，默識其所以然。疏通證明，以遏末學之惛呶排詆。古如梁補闕、白文公、晁文元、蘇文忠、宋文憲，皆以通內外教典稱，至於覃思搆精，神悟妙賾，蓋未有如臺山者。

臺山素貧，又家庭時時有拂逆，故不能以家食。人或以是恨之，而臺山處之怡然，其所得力可知矣。之明以遺集見示，未幾，余遭太夫人之喪，因以是集授彭君，俾論次而傳之。臺山爲文章，陋摹擬，絶依傍，旁通曲鬯，務抒其所獨契，後世當有知之者，故不具論。銘曰：

生也莫測其所爲，逝也莫識其所歸。嗟，臺山止于斯，微至人，孰知之。

又《振華長老塔銘》（同上，卷五九）　圓津禪院歷代諸長老皆以能繪事、工篆刻世其傳，流風餘韻，蓋昉語石。語公歿，貞朗、蕉士繼之，以及旭林，而名益盛。余少及見旭公，其畫本諸家世，益以王翬爲師。旭公老，授筆法於振華，而篆刻尤工。然樸質沈靜，退然不自見所長，是以其畫雖散落四方，友人且梓行其印譜，而世之知之者絶少。院瀕於漕溪，精舍皆清迥幽絶，爲東南名士游賞地。振華飾其所未備，興起所已廢，又取名士詩文書畫裝潢藏弆，無損蝕遺佚，以供來游者之玩。筆墨稍暇，率其徒侶從事於耕作，不以勞勩自解。又嘗受歙人方楚厓醫法，間出以應病者之求。縣令稔其誠慤，命司僧錄，意故翛然不屑也。嗚呼，觀此足以知師矣。

振華童姓，名本曜，蘇州吳縣人。生康熙六十一年某月日，滅以乾隆四十九年十一月十三日，僧臘五十有六，世壽六十三。弟子二人，曰覺安、覺銘。師寂時，余方由西安移任雲南，覺銘以書來，云吾師將以五十二年某月日葬吳縣之堯峰，願有以銘於塔。余童丱時常往來於院，蓋交于師者五十餘年矣，銘何可辭。銘曰：

弗問禪，弗縛律，唯藝事之能以窮日也。勤農功，兼醫術，事理如如，亦權亦實也。堯峰之山，雲林蒙密，用爲供養，永安其室也。

朱筠《聖駕西巡奉皇太后幸五臺山頌》（《笥河文集》卷三）　皇帝陛下即位之二十有六年，歲在辛巳，恭逢聖母七旬萬壽之期，普天稱慶，迺以仲春奉懿旨諏吉日，皇帝侍大安輦西幸五臺之山。皇哉，堂哉，甚盛典禮乎。五臺山者，清涼之福區，曼殊之靈跡也。中臺巋然，上成紫氣，雨花飯仙，池飛岸峙。大羅東眺以涌醴，洗鉢西溶而發籟。七佛南連于金閣，二麓北俯乎斗峰。其中則金蓮千花，珠樹七寶，夏冰瑩五色之光，寒泉挹馨冽之味。諸福上瑞，歆祥降嘏，所謂襟帶三晉，肩頏五嶽者矣。昔者周崇不言之祀，漢肇大孚之宇，後魏環靈鷲寺置院十二，初唐設清涼齋勅期七日，宋賜太平興國之額，元有祐國普門之建。于時三百玉書，十二寶刹麗矣。列閣晃若臨鏡，歷代并表此山，號爲極盛。國家聖聖相承，益隆祀事。聖祖仁皇帝嘗幸其地，爰制豐碑，龍蟠鳳拏，焜耀山麓。往歲天子親奉慈宮，一豫西土，既而再至，今且三焉。夫豈惟率舊典之所陳，考省方之所至，恩澤旁溢，德化大成而已哉。

竊見皇帝承先意之志，極無方之養，本之以深愛，申之以祈天。居則侍膳，出則捧輪，方將爲聖母祝釐于是，億萬年與天無極，夫非所謂聖人之孝無以加者，此乎。于斯時也，皇帝奉太后以天下養，西極之外，闢地二萬餘里，以供玉食，上假皇天，福應來輳。今年春正月朔，七政之光璧合珠駢，會於陬訾之次，適當聖母萬壽歲始，意者天其以是示錫我皇帝，用以上怡壽康。宮中之歡，薄海中外，雍雍如也，愉愉如也。臣生際昌期，籍隸山右，恭逢鑾輿西幸，仰見大體之備、聖孝之至，謹作頌十二章，頓首以獻。其詞曰：

大哉孝德，惟我皇帝。愉悦慈宮，推錫庶類。天之所覆，地之所暨，日月嶽瀆，照爛允乂。奉于無方，承於先意，侍皇太后，視聽之際。其一

惟皇太后，至德坤元。篤生我皇，作師作君。自四極所，咸尊咸親。咸曰聖母，萬壽無垠。惟萬壽初，今七十年。萬物熙熙，若歲在春。其二

穆穆我皇，奉養宮中。壽康問安，初日正紅。陪京詣北，岱宗狩東。自重光歲，再巡江南。金根之車，先以六龍。曰聖人孝，愉色婉容。其三

自昔文殊，在五臺曲，高居清涼，神光四燭。惟聖祖來，勒石祗告。皇帝再至，既齋既沐。曰爲聖母，祝嘏祈福。詔以仲春，吉日諏卜。其四

廼載青旗，帝車先路。楊柳天風，披拂展布。帝侍安輦，來遊來豫。野多壽民，老氓老婦。婆娑拜跽，咸樂賜予。白雲平睇，五峰西露。其五

東臺高高，曰研伽羅。南臺覆盂，春飛仙花。西台挂月，懸鏡初磨。北臺仰視，斗柄下坡。中臺當中，靈鷲形模。文殊師利，神棲其阿。其六

中有沸泉，三珠冽馨。七寶珠樹，上合一莖。瑞萊如盤，其瓣百層。金蓮鉢花，服之長生。帝奉聖母，用養潔清。孝德之應，蓮蒲華平。其七

帝奉聖母，來五峰上。神燈錯落，開揭層嶂。帝在左右，撰靈壽杖。祝我聖母，萬壽無量。既康既寧，永我孝養。蕃釐自天，諸聖是相。其八

帝周五峰，爰揆天文。鉢池飛玉，髮塔涌雲。浴經萬聖，跡留二眞。山川靈氣，蕩漾欱歕。効命我皇，羅列布陳。天章所留，爛於星辰。其九

舒舒六飛，鑾轉谷趨。自天降福，祥雲導輿。奉皇太后，顏色既娛。皇帝至孝，應誠感孚。所過恩澤，咸使沾濡。曰聖母壽，天下樂胥。其十

惟皇帝孝，格於皇天。登我仁壽，廣我幅員。闢地二萬，至西極偏。先春降雪，六花繽翻。五穀成熟，歲大有年。上供玉食，合萬國歡。其十一

非惟闢地，天瑞孔厚。正月朔日，合璧當晝。五緯相生，亥子左右。萬有億年，値聖母壽。皇帝曰俞，敬拜天祐。小臣獻頌，道左瞻就。其十二

又《游青山記》（同上，卷七） 出太平府城南門大成坊，天微雨，溯姑溪而上，舟行十五里至龍山橋，泊舟早飯，雨不止。望山石如古銅然，斑剝漬綠而蠕蠕，志謂山如龍之蟠也。挽舟再上，雨密勢瀟瀟，懼挽者滑而僕，少前入上高岸，土堅乃行。平望絲絲入空，林綠未深，送舟欹泛，極煙水之趣矣。廿里至山麓，冒雨上肩輿，之字折而上，石徑如線，相引可三里，則亂石齒齒齶呀欲嚙輿。載上載險，步步柴虎，命若探虎穴然。回顧則高偪下，下隰畛湖畫青青者麥，黃者爲菜花，白雲回互，一掩一露，此心飄然，所謂江南春者，庶幾所聞耶。輿仰若厎，口鼻甘雨，僕夫手油蓋承之，左右飛受盤辟重累，狀蝪之負，行態可想。

自此二里許，入松下，松小而清翠，綠林側石繞而南，東得寺門。行樹中，復折而西行，過寺正門，上謝公池，池方而□屯，當門碧泉一滃，池上小杉木直上，池西銀杏樹二相依，大百圍，近千年，略見乾也。銀杏前爲小竹林，其西爲大竹林數百竿，幾肩及銀杏。雨中綠色琅琅，戞雲破之也。下輿，歷石級到寺門，門有書曰保和庵，齊謝眺所捨宅也。僧名聚客，字佛海，年二十一，現主是寺。問之，云近歲爲其卑行惡僧敗寺業，斫樹累百，謝公元暉之故宅當小厄。佛海爲古愚師九世孫，年少，能獨持此山，其志尚加於他僧一等已。

入庵爲正殿，殿砌下牡丹二，芍藥三，辛夷、黃楊、荼蘼各一。穿殿西閣，閣奉轉輪佛。繞閣而南，閣之對有南牕當池之上，俯視銀杏及竹，有桃數株，灼灼於銀杏之外。山中較遲，坐啜茶頃，白雲自北牕入，如綿，微風蕩之漫漫。起憑牕去，樹竹田湖，深視盡白，如熱蒸汽，覆視釜底物矣。賈生云，造化爲工，陰陽爲炭，言則宜然。

下閣，過正殿後，上數十級，折而西上，爲地藏殿。殿后再上數十級，爲石佛殿，李明睿署其上曰古愚禪師居此，石佛迸出，且有句曰，池集南齊水，石生西竺身。石佛立，垂一手，爲接引佛，色相莊嚴，布金塗體，異哉，惜不記其石出年月也。

復下至閣，天漸昏黑，燭至，雨聲入耳，寂坐密聽。余與同游張方海、邵二雲、章實齋、洪稚存、黃仲則縱談，念人生若浮，歎息此會之不易，他日當思青山今夕雨也。漏下三十刻，即寢。明日雨止，同遊者臥未起，稚存出庵去。及余起，日出，半竹林雲氣片片飄落，急盥漱出門，偕僧繞庵西上。草深半尺，踏之沒履。石磽衣滑坳垤觸行，蒙霧露坡坨橫走，莽蹐山脊，且蹐且顧，瞰燒雲滅，姑溪臥其內，江走其外，千渠萬溝，注泉爭沸。王維云樹杪百重，斯語不妄，不及不知也。山脊石顚倒反側，荒古所棄，或疑星隕，石根石葉，舛汨倫次。中一石正立，土人曰謝公石。又一石在謝公石西，正中方有苔如松毬，直鍼如毛髮。有小石耳，狀甚古樸。旁有刻字，首書一初字，餘漶漫不可識。謝公石東面刻曰，長松磨煙傲寒色，玉梅高枝一池碧。遙憶餘霞散綺日游謝元暉池作，淳熙十三年六月八日安陽張子某同當塗令黃涵來，後刻某州道人某某。按，府志職官，當塗縣淳熙中任者黃涵，一作涵來，作志者未嘗見此宋人石刻，故疑不能明也。又西下一石，明萬歷十三年題名，八分書。

又東行，登此峰顚，望棋盤石，北爲獅子山，山半有松林，僧指云白雲庵也。其外爲萬家諸山，變滅雲表，跛倚遂下，早飯庵中。闕門側之東爲古愚禪師影堂，丙戌柳郁畫，徐遠題。題云，師年九十五，僧臘七旬餘。又一軸辛丑僧宏通作偈。按，丙戌，順治三年，辛丑，十八年也。丙戌年九十五，則古愚之生當在明嘉靖間，二十餘爲僧，石佛迸出之年當在萬歷以後。又庵門少東，崇禎十一年施果子田題名，李明睿撰記。庵東樹左一塔，亦崇禎十一年季冬浴佛日古愚等造。略云，了境生智，智生境了。　簷間滴水，林端飛鳥。葢藏舍利塔也。（略）

茲遊以初五日往，初六日返，乾隆壬辰莫春之月也。

又《重刻興復潭柘古剎十方常住碑記》（同上，卷一〇） 原碑略云，

京西諸剎獨潭柘道場最古，據西山之勝，時則有朗日本智和尚者，滇海頭陀，人天宗仰。朗公與余爲方外之交，余稱十方常住之義爲之記，萬歷三十三年九月重陽日，賜進士第翰林院國史檢討直起居注編纂官黔南邱禾實撰。

右碑爲明新添邱檢討禾實撰，在三聖殿右，其左爲餘姚謝文正遷撰碑，二碑竝漫漶，寺僧磨其舊文請余重書，闕者仍之。按，《進士題名碑錄》，邱禾實，貴州新添衛官，籍山東萊州府即墨縣人，萬歷二十六年戊戌賜同進士出身，名在第三甲九十四。碑云賜進士第，進士諱書同，明人之陋久矣。《貴州通志》，禾實，新添人，才高學博，著有《經筵進講》、《循陔園》諸集，與碑直起居注文合，而《通志》失載其所歷官，且誤書編修，當以碑檢討爲正也。

潭柘自晉曰嘉福寺，唐曰龍泉，金曰大萬壽寺，明時謝碑仍稱嘉福，或曰仍賜寺以龍泉名。我朝康熙中，賜名岫雲寺。粵自晉時開山師名不可考，唐之華嚴師致潭龍聽法，風雨湧出，兩鴟吻飾在殿角，號稱最著。謝碑所謂唐從實師示寂于華嚴祖堂者，或即其人，未定也。

金皇統中，有廣慧通理師碑額見存，贊者比邱善誨。大定中，有奇和尙塔，稱第七代。又有言公塔，明昌中，僧重玉有詩碑在寺塔下壁上。泰和中，有了公塔幢，稱第九代。元初，有妙嚴大師塔及拜甎，足跡宛然，世祖女也。明宣德中有觀宗師，正統中有底哇答思師塔，天順中有說戒道源師碑，嘉靖中有際公碑，凡碑塔竝在寺外塔院中，森立可瞰。萬歷中，則有朗日本智和尚名見此碑，後有眞可達觀師，所謂紫栢尊者也。今大士閣前雙栢木理中正紫色，師所以號也。師爲妙嚴拜甎作讚，華亭許炎書，刻之紫檀木匱上。蓋其匱則神宗母慈聖明肅太后自宮中貯甎以送寺者。太后，當時所稱九蓮菩薩者也。元世祖及后及子及妙嚴公主相凡四，竝侍立在大士龕中，其龕當寺最高處。

今寺僧圓瑞靜觀號第八代和尚，監院來琳琮璋，副監院明覺亮修，住寺數十年，能致十方眾力，興復道場，修築楞嚴壇一，攻石之工精鏤窮相，與唐武德戒壇匹。比歲大安之輦、翠鳳之旗數蹕茲山，泉石林卉，爲之改容，寺中一切滯廢，靡不舉者。于時眾善汪瀁滂濞，寺僧具刻施泉者姓名於碑陰以詔後，利哉德乎。

按，孫承澤《春明夢餘錄》，燕人諺曰，先有潭柘，後有幽州。蓋寺古出於潭，而上宜柘，寺中枯柘一見存。寺當寶珠峰之心，四圍十餘峰環之矗天。自寺左沿峰要而上行五里，至正北一峰，南望則峰峰菡萏瓣飛擘，寶珠峰當中央，喻菡萏房，但培塿耳。寺塔在峰前不可見，則蓮房之的意也。自峰巔庵繞右上至龍潭，櫻桃樹盈峰巔，根根葉葉，滴泉若蚌珠，匯于石龍之口爲潭，伏流山腋，汩汩再見，泉入於寶珠峰腹，周眾僧寮，遍響曲廊，琤瑽穿度竹林而下，乃歕於雲霫沄汲之穴，溉園激石，山中之人就汲以濯。又行里餘而伏不見，人言北土燥而茲山獨潤，北風冬霽發，無所障蔽，夏無所逃暴，而寺中四序恆若佳春秋然，所謂靈山福地，非邪。用附書以告遊茲山者，亦以闡碑所稱潭柘道場最古，據西山之勝云爾。

又《重刻明謝文正潭柘寺碑記》 右謝文正篡碑云，孝宗大漸，司禮太監戴義請召內閣諸大臣，付以托孤重計。按《明史·宦官傳》無戴義名，《孝宗本紀》弘治十八年夏五月庚寅，召大學士劉健、李東陽、謝遷受顧命，而不書義請召事，史省文也。碑建于武宗正德六年，是時，義不與劉瑾等八虎者導帝遊戲，而托隱築于此，殆寺人之賢者。

碑又云，上登位，直言正色，大政多所裨益，斯舉也，豈福田利益之謀，其亦感時懷昔，有餘不盡之心也。據《武宗本紀》，劉瑾以五年八月伏誅，其六年則當遷本傳復職致仕家居之時矣。按，謝文正非妄言者，其稱義如此，然則義果賢，惜乎史不載，而其事竟以此碑而著也，人亦烏可以不力善哉。

書碑者周文通，無可考。《明史》及《山東通志》及《進士題名碑錄》並無之，或當時以書供奉得官者邪。篆者張懋則河間王玉之孫，定興忠烈王輔之子。《玉傳》，玉祥符人，故懋占籍京師，猶古汴耳。《懋傳》不列所歷官，云官至太師，與碑合。《傳》又云，正德十年卒，年七十五，贈寧陽王，謚恭靖。然則篆碑時懋年七十一，越四年卒矣。寧陽王墓在潭柘東四十里金霞山之下呂村之原，祔父忠烈王葬，其右石翁仲、騏麟尚存。此碑四字闕，不補。

陶元藻《游普賢山寺記》（《泊鷗山房集》卷三） 余無佞佛之愚，而有游山之癖，每出郊，遇一邱一壑，即欣然忘返。寺者，山之導、游之郵也，故入山又強半從寺。始友人劉章亮家閩清六都，屢屢爲余言其鄉之十五都有普賢寺在象山中，擅林泉勝，余爲塵冗所羈，入閩先後凡九年，未遑陟歷，然心竊識之，不能忘。

壬辰九月，在榕城旅舍，鄉書闊絕，秋氣感懷，爰命僮僕挈鑪橐風爐，由臺江買舟作象山遊。而石尤風作，雨腷膊打篷聲甚厲，促舟師牽挽行二日，經一百四十里抵梅溪口，溪水奔騰拒舟，舟不能進，逾二日，始易小舟泝梅溪而上，雨雖霽，激石驚湍，餘怒未息。行六十里，始抵十五都，而象山猶在煙雲縹渺之間。夫世稱善遊者，大率趁天宇之晴和，樂中流之容與，茲乃冒犯風雨，衝突波濤，必欲刻期以赴於薝蔔林中，固非慕之深與好之篤者，不能如是專且勇也。

既維舟，西陽半規已沒遙巘，乘肩輿復行七八里，寒火數星出迎暗綠，始聞鍾磬音，而身已在萬山深處。越宿晨起，步山門，見林木蓊翳，鳴禽上下，僧寮左右繞以五峰，雙澗清泠，斜分燕尾，幾不知村落人煙成何色相，況城市哉。雖其殿堂廊廡之崇閎，龍象世尊之雄麗，經典旛幢衣錫魚板之詳備森嚴，遠不及吳越叢林，而岡巒回互，泉石周遭松竹楓杉千本萬個，掩映於禪榻佛龕之內，即靈隱、韜光、雲門、廣孝亦何多讓焉。

考《省志》，寺建于梁貞明二年，內有放生池、雙溪堂。雙溪者，即雙澗也。余徘徊澗上，求所謂池與堂者，皆變爲耕植地。相傳池中有珠石，形家有五峰相聚爲五龍爭珠狀，吉壤也，寺之盛以此。尋有與僧爲難者，劖其珠，池涸堂圮而寺亦毀於火，今之寺非昔之寺矣。其說近於妄誕，不足信。

居數日，章亮從六都來，相與掃葉煮蕣，顧盼煙巒，指前言之匪謬，快茲游爲不虛。住持日永樸質近古，恐松下清齋非客性所柰，時遣頭陀向村市買彘肩雞鶩作余供養。復留兩日乃別，夫一勺之泉、一卷之石尚足怡情，矧複水重山、煙霞雜沓，探之彌出，攬之不窮，則余眷戀徘徊不忍遽釋也，豈無謂哉。

又《三角埕觀音院碑記》 世之琳宮梵宇，藏匿幽遐，僅足供養人天，爲闍黎挂搭地，而不克利便於十方，無關於世用者。雖高閈閎厚，牆垣極鳥革翬飛之狀，君子勿取焉。閩縣三角埕在烏龍江上，地居衝要，爲會城南下興、泉、漳、永、龍諸州郡所必經之地，而囂塵湫隘，無一椽一棟暫駐幨帷，其地有小禪院鞅掌，勞人往往投之，以避風雨炎歊，由來已舊。觀自在菩薩向在前院，因慁冠蓋，遷於後，落塵生十笏，跼蹐何堪。彼莊嚴相發慈悲願則有之矣，生歡喜心恐猶未也。

汀漳龍觀察金竹蔣公曾由福郡遷守漳南，過而感焉，已捐貲架屋，略具規模。乾隆三十三年，重守福州，適住持僧復悟以募金請，遂先爲唱導，及諸善信同結勝因。周覽其處，審方拓地，鳩工庀材，新築三楹，俾九品蓮臺頓見大光明界。又建別院，搆僧房，廣闓高甍，悉更故制，而丹黃金碧，輝映于江村野市之間。今年冬十月，溫陵徐明府將抵三山，取道於此，而公亦以公事赴省，相遇院中，具言顛末，且云秋閒吾又購得院左隙地，將增建一廳，以爲賓僚授餐之所。院右尚有數弓小圃，亦當購之，可藝蔬以佐苦行清齋之供。徐明府聞言悅，捐俸，詔其民售焉而院之，經營乃備。

嗟夫，祇林之盛遍四大部洲，即施捨之緣亦極恆河沙數，而公獨於此院三顧惓惓，有加無已者，豈非以長明鐙洵足普照大千，其便於人者、宏而用於世者亦遠更大歟。後之賢士大夫能踵其事增華，俾無傾圮，則藉佛力以庇行旌者，雖千百年猶如今日。而凡衝要之區，能推廣此心，尤而傚之，則選佛場皆可作寅賓館視也，又何慮北轍南轅者悵停驂之無地哉。

金兆燕《建隆寺募化齋糧疏》（《棕亭駢體文鈔》卷六） 蓋聞維摩舍裏，堪邀香積如來，忉利天中，必遇能仁大士。三千世界，十二因緣，以無所住而得法清淨身，必廣所施而獲檀多羅蜜。所以銀錢五百，便拈善慧之花。寶蓋千人，盡禮藥王之佛。鉢塞莫持來浩劫，不如喜捨在心。鞞鐸法灑向須彌，無過化慳爲善。

揚州府城北壽寧街建隆寺者，毘尼勝海，布薩叢林。面江甸以開基，繞淮流而立刹。地近謝安之宅，水木清華。天連吳□之城，山川秀麗。吊重進干戈之壘，毅魄猶存。訪道堅鍾磬之堂，妙香斯在。雕甍繡桷，招怖鴿以高棲。珠絡金繩，振法螺而萃響。展趙宋御容於舊榻，猶想英風。誦參寥逸詠於虛龕，尚懸明月。逮皇朝之奠宇，尤佛日之增輝。羽葆霓旌，牆外即六飛之輦路。松風水月，堂前皆七祖之禪宗。八正門通，三明道廣。看花客到，無非支許之流。聽講人來，盡是宗雷之彥。檐前鈴語，留秀支替戾之音。枝上禽聲，遍格磔鉤輈之調。優婆提舍，祇夜修多，聚八百之應眞，得一生之補處。

然而繞門翠浪，無法琛可種之田。滿座緇流，少宏忍堪舂之米。一麻未飽，半偈空持。齋廚則當午無煙，禪室則連朝謝客。伊蒲饌缺，便煨芋以何從。粥飯僧多，欲吞鍼而不敢。瞿曇之面皺矣，圖澄之腹枵然。某僧卓錫有年，點金無術。笑衣內之珠安在，悵鉢中之飯難求。伐鼓撞鐘，猶作無遮之會。擔柴汲水，空居不二之門。未見桃花，但焚柏子。得句雖堪呈佛，忍饑何以誦經。伏願植福宰官，布慈長者，共發菩提之念，同依舍衛之城。既現優曇，甯無達嚫。減庭前之鶴料，便是僧糧。脫身上之寶衣，堪爲佛事。功無退轉，何拘施法施財。福不唐捐，詎別乞貧乞富。必圖種慧，請各書貞。謹疏。

又《爲寶筏寺募戒衣疏》 蓋聞嚴淨毘尼，心持五戒，精勤布薩，體被三衣。祇夜修多，優波提舍，不有羯磨之度，安能彼岸之登。茲寶筏寺方丈守中大和尚，智珠在手，慧劍橫腰。以精進而獲上乘，願解脫以超眾有。乃于丁酉之春，立壇傳戒。大眾雲集，諸天雨花。成就有學無學之人，俱入不生不滅之境。惟是戒衫未就，應器無資。不有善知識緣，誰結檀波羅蜜。伏願護法吉人，修心居士，隨緣喜捨，但數足夫百單，證教昌明，即禪通夫八解。看茲木叉可住，如遊兜率之天，定知窮子知歸，盡超龍溪之劫矣。謹疏。

弘曉《重修金山寶藏寺記》（《明善堂文集》卷二） 西山蜿蜒數千里，琳宮梵宇不可紀極，或因人以立名，或以地而標勝。雖廢興有時，顯晦不一，要皆仰佛之靈佑，而爲斯人之所憑藉也。金山寶藏寺者，爲前明永樂九年道深國師所刱建也。師播州人，少習舉子業，長通梵敎。既遊京師，遂受封賜，乃開山於此，築立精舍，以爲禪觀之所。《青箱堂集》載師爲西域人，特未深考之耳，觀其自記可知。

寺在萬壽山之西北，距禁垣未及由旬。岡巒翠阜，曲折深邃，雄峰峙前，峭壁倚後。遠而望之，覺草木之畏佳，初不知中有禪境也。自左側逶迤而上，始見寺之南向焉。入天王殿，次即寶藏殿，中奉金像三軀，周以十八應眞，妙相端好。左右兩廂爲配殿，其西又小殿，供藥王藥上二法王子，而以諸天龍神配之。其堦側石洞窅然，僅容一人。有泉渟泓，味殊甘冽，冬不凝，夏不涸，可供數十人庖湢之需，寺僧寔俯給之。其東入小院，靜室三楹，中供毘耶像。又東三楹，乃諸檀那憩足之所也。憑軒啟牖，洞覩百里，有風泠然，雖盛暑無異清秋，余嘗窠顏其室曰清涼廠。東拱宸居，威嚴氣象，歷歷可數。昆明湖縹碧遠映，而香山、萬壽、玉泉三山相峙，如蓬萊弱水之不可即焉。

寺有八景，爲深公命名，今尚能髣髴以誌其處。而廟宇年久，漸至傾圮。寺僧將起而增修之，迺原任左副將軍和碩親王桑寨多爾濟遂贊成其事。先是，王之官屬名常保住者，因患沉痾，靜攝於此，六時虔禱，願蒙佛佑。未幾獲痊，故捐資爲起衰扼敝之舉。而王之皈心慈氏，善果最深。其下化之，咸樂助。予爰鳩工庀材，以蕆厥事。未期而丹碧輝映，廟貌聿新，實實枚枚，煥赫而改觀矣。吾知王之福德，獲報亦將有厚焉。王與余有渭陽之誼，謬以余能綴文，囑余敷陳巓末，勒石以紀，將啟後之能信心者，永爲護持象教云爾。時乾隆丙戌六月撰。

又《普覺寺同戒錄前序》（同上，卷三） 蓋思釋教津梁，先專戒律。禪門階級，首重行持。世尊出世，初演于千華臺上，繼示於鹿野苑中。自是而下，闡揚於西竺者，則波離爲首。廣敷於東土者，則宣律爲先。故五篇三聚，爲萬世不易之規，諸佛慧命之本也。我世祖章皇帝大闡宗風，聖祖仁皇帝廣興象敎，迨於世宗，尤稱古佛現身，聖神首出。曼殊未足盡其智，如來方足比其德。大放戒律，得一千八百餘人，何其盛也。

今上登極以來，敬天尊祖，崇儒重釋。貫通於五經、廿一史之學，誕登闕里高堂。研精於三藏十二部之文，究徹圓明的旨。海內昇平，盡洗心而向化。四方風動，咸去妄而歸眞。俾予小子親承列聖之嘉庥，克紹王考之餘緒。至優至渥，恩莫大焉。但念幼稚無聞，童髫末學，若不省躬克己，究心嚴戒，何以仰答皇仁，敬承天眷。遂於賜紫沙門青崖和尚錘拂之下，親聞妙諦，得受淨戒。雖不足以窺厥精微，亦復粗通性地。

夫樂善不倦，非爲一身。凡諸緇流，皆堪提策。斯請青公於乾隆七年春特啟戒筵，誘茲來學，實在壽安山之麓十方普覺禪寺。娑羅樹下，即是祇園，香海樓頭，何殊鹿苑。飲冷泉之水，滴滴歸源。游五華之峰，人人證果。用以廣皇仁而闡秘密，由持律而悟宗乘。得使毘尼久住正法，昌隆諸禪，德其勉之。旹乾隆壬戌佛誕日序。

李文藻《南漢二鐵塔考》（《南澗文集》卷上） 乾隆甲午，國家開局續修鄭樵《通志》，部檄郡縣拓碑刻編入金石略。予適有事羊城，許南海鈞屬爲搜輯。先是，光孝寺東鐵塔刻文，寺僧以灰實之，而飾黄金，題名半爲所掩，予屢至，不能拓。四月十六日，率工胥持刃往，剔其金而搨之。西面陰識行書八行，字徑寸，凡八十五字。其文云，大漢皇帝以大寶十年丁□屆《新語》作卯字歲敕有司用烏金鑄造千佛寶塔一所翁《金石略》誤作座七層，並相□屆作輪蓮花座，高二丈二尺，保龍□屆作躬有慶祈鳳歷無疆，萬方咸使屆誤作底於清平，八表永承於交泰，然後善資三有，福被四恩，於四月乾德節設齋慶讚，謹記。

其北面西隅題名二行云，內殿大僧録教中大法師金紫光祿缺檢校工部尚書曉眞大師沙門臣道口。其東隅題名二行，教中大法師內供奉講經首座金紫缺夫檢校工部尚書寶法大師沙門臣缺。已上三段，向有拓本，其東南二面則新出者，東面北隅無刻文。其南隅題名二行云，教中大法師缺約十字大夫檢校缺。其南面東隅題名二行云，教中大法師內缺約八字大夫檢校工部尚書缺法大師沙缺。觀沙門下是臣字，臣字下或有道字，餘皆蝕泐。蓋沙門之名，屆皆實以監造二字，不可信。

其南面西隅題名三行，每行二十餘字，漫漶不可盡識。首行可辨者，造塔字，軍營字，陽宮字，使字，秀字。第二行，宮使字，指揮使字，宮門字，點檢字。第三行，將軍字，開國伯食邑七百戶臣字。以西鐵塔文推之，或是內侍董其事者。西塔先此塔四年，意其人即龔澄樞也。乳源雲門山有大寶七年僧文偃碑，至今完好，亦龔澄樞奉敕建也。結銜斷非沙門，屆譯有住持字，誤矣。又誤以七百戶爲十萬戶，皆顯而可見。西面兩隅剔之，皆無字，或以記文有皇帝字刻于中央，諸臣不敢列名於其旁也。朱錫鬯謂列名皆宦者，蓋僅見南面西隅之題名。而翁學士謂皆沙門，則又未見及此耳。

西塔刻文向止見其一，是日未拓而歸。二十八日，往觀塔，自石趺已上高丈九尺六寸，石趺伸縮凡四重，刻獅獸鐵趺四重。一作瓦檐形，二作龍戲三珠，縮其地，廉外爲四人首戴，第三重如贔屭狀，三重亦刻花紋。四重周作蓮花，四面各闊四尺六寸，爲瓣九，其中一瓣字彻焉。七行，行十許字，參差不齊。西面文云，玉清宮使德陵使隆德宮使開府儀同三司，行內侍監上柱國龔澄樞同女弟子鄧氏三十二娘以大寶□年歲次癸亥五月壬子朔十七日戊辰鑄造，永充供養。共六十二字，向謂盡於是也，繞塔諦眎，東北南三面中瓣鐵縮隱現有字形，錐出之，文皆與西面同，而每行字數有多寡，非一笵也。

蓮花瓣上七重以次而狹，皆鑄佛像。其最上闊不過二尺。又上爲蓮花頂，每層大佛一，而眾小佛環之。每面七層，計二百五十佛，四之得千。下二重佛旁有字，梯而眎之，第一層東曰釋迦佛，西曰彌勒佛，南曰彌陀佛，北曰藥師佛。藥師佛者，釋家謂之功德佛，其造塔者自況乎。第二層東盧遮那佛，南盧舍那佛，西牟尼佛，北毘舍浮佛。他佛名皆刻佛左，而此獨刻佛右。塔頂似有字，勢甚危，不可梯也。

復詣東塔，度之石趺上，輔以木几，鐵趺三重。第一重西面正中刻文，餘題名俱在此重。第二重形方，與第三重蓮瓣形一伸一縮。再上塔，七重佛像每面多於西者六，四之多十有六。第一重每面闊三尺七寸，自鐵趺已上，高於西塔尺四寸。予所用工部營造尺。

又《游光孝寺記》 乾隆三十九年四月二十五日，與欽州馮魚山敏昌、順德張藥房錦芳要二十八日遊光孝寺。至期大雨，辰刻雨止，予先至觀西鐵塔，度高闊。其西南龔澄樞《鑄塔記》，數椎拓矣，諦視東南北三面蓮花瓣，皆有字，亟爲剔洗，則三面刻文與西同。又得其刻佛名八，皆曩所未及見者。方命拓而魚山、藥房至，二君未見貫休羅漢，因同至僧圓德室索觀。慨然出一軸，爲貝葉寫經，朱秀水所題。自準以下，祇半形色，殆元人筆。然應眞座石下隱隱有字數行，末行云，延祐三年十一月月日題，顯可辨。像持竹杖，閉目坐，神靜如水，有顧正謙、吳元治詩書其上。予問伏虎羅漢所在，圓云，藏東院，但不知落何僧手。

寺自前明孝宗時僧分十房，各收田租，營衣爨，今祖失去且大半，僧亦寥寥，而非同房者不相聞。致和者，東院僧也，予曾贈以句，欣然來迎，邀予三人至大殿觀米元章佛牌。又東至一殿觀元人飯鑊，大可容米十石。又東過達摩井，至風旛堂，堂前一池蓮盛開。又東至塔殿，度塔較西塔高尺四寸。十日前，許南海鈞屬予攜胥匠拓塔記以應部檄，予命以刃去灰金，多得題名三段。今觀殿外辛檢討昌五碑，乃知塗金自乾隆二年始也。轉至致和室，索伏虎羅漢，致云，先藏顯林所，顯死，而其弟子弃之，偶不在寺。予索益力，致曰，姑尋之。去良久，持軸至，懸視。則一僧白鬚髮，衣蕃錦，趺坐枯樹根，雙履在地。履綠色，袈裟錫杖挂樹上。前一著巾人倚虎立，虎低首，馴如守夜犬，尾出人肩上。絹直三尺七寸，較寫經圖長一寸，横一尺六寸二圖同，顧彼有殘破而此完好。

藥房云，昨相約爲菩提紗詩，尚未就，今一日而得三圖，患題太多。魚山云，幸新城、秀水諸公未見伏虎圖，不然，無我輩下筆地矣。予曰，俗吏日衝泥趨大府，詩未卜何日成，姑記之，可乎。未刻，雨作，予先歸。

又《游廣州西郭二寺記》　乾隆甲午端陽，羊城舍館招集馮魚山敏昌、張藥房錦芳。藥房，西郭人也。予憶《光孝寺志》載西郭外蘭湖精舍藏畫浮海羅漢，與貫休寫經諸圖無異。寫經圖庚寅歲見之，伏虎圖數日前始見而爲之記。未見者，惟面壁圖與此耳。藥房謂蘭湖精舍在法性寺，寺僧不相識。適門人馮生經至，亦西郭人，許導游。明日午刻，藥房書至，云與經先至寺矣。予邀魚山俱，魚山病酒，不能行，乃獨往。

出大西門數十武折而北，又西過高低巷，入蘆荻巷，寺在焉，寺亦光孝分房而襲法性之名。僧朗濤出迎，殿額華嚴□□四字，爲嚴檢討繩孫書。殿后一樓，樓前多盆卉，樓中懸一畫，即浮海羅漢也。絹高闊與寫經圖同，畫一僧閉目合掌坐一褥大水中，褥青綠不方整，形似荷葉。面前著一鉢，以布裹之。僧下左方一持叉者，兩角圓目而鋭，下背有翅肩出，長帶綠色，腰結白帶，半浮浪中，不見足。其形非人非禽獸，葢衛僧者。僧褥在平波，此物左右水微躍如雪。問畫所以來，朗云世世相傳，不知其始也。

藥房導東至一堂，則蘭湖精舍。有梁藥亭書借甕堂額，甚怪偉。堂前一池，所謂湖也。巷内有報資寺，經嘗讀書地，距此僅百步，乃同往。寺甚幽敞。穿房數折，至一所，面大池，可泛舟，池中半浮蕹菜，周植以水松。池北大榕樹欹處一柱，即根之自上而下者，甚可玩。樸樹蔚然，清風謖謖，頓不知是暑□。一堂有潘次耕題聯兩句，字形不相類。寺多閑舍，授徒者託焉。偶至一室，其師出，而架有東坡集，因憶《光孝寺志》謂東坡與開元明座主尺牘有云，近過南都見致政太保張公，以所藏禪月羅漢十六幅見授，今吾師來別，敬以奉贈云云，以此定光孝羅漢爲東坡以贈明座主者。檢集内與明座主九首，此其第七，而其他首多言石橋事，又有約在棲賢之語，疑石橋即三峽橋。明座主爲廬山開先寺僧，而開先譌開元也，與此無涉。

集又有《羅漢》贊十六首，第七尊者云梵書旁行，俛首注視，不知有經，而況字義，是讀經寫經也。又有《自海南歸過清遠峽寶林寺敬贊禪月所畫十八大阿羅漢》贊，第一賓度羅跋囉尊者云，白氎在膝，貝多在巾，目視超然，忘經與人。面顱百皺，不受刀鑷，無心埽除，留此殘雪。與寫經圖頗相似。第十半託迦羅尊者，語多犯梵書旁行一首。又有《羅漢贊》一首，序言紹上人持十六大阿羅漢如護眼目，紹上人亡，今在黄梅山常歡喜所，俾清師求而得之。贊作七言，皆羅漢以贊見者。

又有《十八羅漢頌》，有序有跋。序云，金水張氏畫十八阿羅漢，軾謫官居儋耳，得之民間。海南荒陋，不類人世，此畫何自至哉。久逃空谷，如見師友，乃命過，躬易其裝標設鐙，塗香果以禮之。張氏以畫羅漢有名唐末，葢世擅其藝。今成都僧敏行，其玄孫也，梵相奇古，學術淵博，蜀人皆曰此羅漢化生其家也。軾外祖父程公少時遊京師還，遇蜀亂，絶糧，不能歸，困卧旅舍，有僧十六人往見之曰，我，公之邑人也，各以錢二百貸之，公以是得歸，竟不知僧所在。公曰，此阿羅漢也。歲設大供四。公年九十，凡設二百餘供。今軾雖不親覩至人，而困厄九死之餘，鳥言卉服之間，得此奇勝，豈非希闊之遇也哉。乃各即其體像而窮其思致，以爲之頌。跋云，佛滅度後，閻浮提眾生剛狠自用，莫肯信入，故諸賢聖皆隱不現，獨以像設遺言提引末悟，而峩眉、五臺、廬山、天台猶出光景變異，使人了然見之。軾家藏十六羅漢像，每設茶供，則化爲白乳，或凝爲雪花、桃花、芍藥，僅可指名。或云，羅漢慈悲深重，急於接物，故多現神變，儻其然乎。今於海南得此十八羅漢像，以授子由弟，使以時修敬。遇夫婦生日，輒設供以祈年集福，并以前所作頌寄之。子由以二月二十日生，其婦德陽郡夫人史氏以十一月十七日生，是歲中元日，題其頌，每首先著其狀數語。是又羅漢之以頌見者。而別卷又有《書羅漢頌後》一則，即指寶林所藏。

反覆考之，光孝之羅漢不能定爲張太保之物自東坡持來也。而寶林及海南與此地甚近，予所見寫經諸圖，安知非十六、十八之僅存者邪。行篋苦無書，乃錄集內所載以歸，俟覓各畫錄，與魚山考焉。

吴騫《記放龜》（《愚谷文存》卷八）　寧波鎮海縣地瀕海，漁者遇潮退，獲巨龜于沙墠，大若駟馬車之輪，用十二人舁歸，蓄涔池中。十二人者，皆漁也，思居之爲奇貨。西湖淨慈僧破迷游方至四明，聞而往觀焉。見龜方蜷伏沮洳，脊穹然不沒者數尺，宛轉若不勝其困。破迷惻然思買而放之，就漁議，直許青蚨萬二千，眾以久不售，請如約。復募眾漁出之池。顧池深而龜重，合數十人挽之，不能動。將委而散去，俄岸一人大呼曰，龜不欲生乎，是將買而放之也，何冥頑不靈耶。言未既，一躍而起，昂足奮池水，飛立數仞，觀者衣爲之濡。回視蹣跚，已半踞涔池之滸。遂力挽登陸，仍用十二人舁置海舶，載之招寶山下。前望大洋，午潮適至，破迷合十誦往生之咒而送之。龜既入潮，巡舶數匝，叩舷以元，作拜舞狀。風旋浪舉，眾皆惕息。須臾視之，則悠然逝矣。破迷還，傾其槖，僅有錢六千，眾受之，亦不責其餘也。無何，有吳估懷三百金，欲往買龜，取其珠，知已放生，快悵以去。時在乾隆甲寅歲。破迷本平湖人，爲人樸誠，守戒行。秦小峴廉使官浙時，嘗引爲方外交。

兔床外史曰，嘗觀《剡源集》，宋咸淳間，揚子漁人網江得龜，長一尋，櫝之以進，蓄水櫝中，養小魚千百飼之。魚皆群湊於龜，忽若拱伏聽令者然。今是龜之巨，度不在揚子亞，惜未有小魚試之者。然吾聞麟鳳龜龍爲四靈之長，昔白龍魚服見困豫且，是龜不遇破迷，幾何而不爲刳腸之甍哉。是以西狩獲麟，夫子傷之，又曰鳳鳥不至，河不出圖，吾已矣。夫然則其出也，世皆知其瑞，其處也，莫能羅而致之以相困辱，其惟鳳乎。而楚狂接輿猶且歌之以諷聖人，多見其不知量已。

又《興福禪院戒浮上人塔銘》（同上，卷一一）　浮圖曰戒浮，海寧人也，俗姓宓氏。幼性惇慤，不履蟻垤。七歲習白業於興福禪院，院在小桐溪之上。明季新安之商于䃅者始刱其基，以祀漢前將軍。國朝康熙中，更拓而新之，僧徒由是衣食於商。或假因果說法以鼓動氓俗，惟師守清淨，持戒律甚嚴。凡三藏十二部之文，能通其大略，以故早歲即知名方外。乾隆乙未邑人士延主安國講席。寺故唐齊安法師道場，安嘗識宣廟于龍潛時，東坡所謂天眼識天人者也。師至，禮其遺塔，翦其蒿萊，登臺說法，暢演玄風，而山門益振。歲餘，復還興福。

嘗慕海鹽雲岫之勝，遂駐錫焉。雲岫孤峰陡絕，大海環其前，朝潮夕汐，一瞬千里。每風雨晦冥，煙濤四合，奔霆裂地之聲震撼山岳。斯時一龕搖搖，若危巢之綴木末，雖林猨谷鳥，莫不啾嘈慘栗，凜乎忧坤軸之掀，師嗒焉危坐，其神直超于八極之表，而與造物者遊。自是，月必數往，一瓢一笠，寒燠不爲之益損。辛丑夏，偶示微疾，尅期召眾，端坐而化，無爽晷刻。時五月朔也。僧臘三十有八，以某年月日荼毘而葬之蕭家橋之原。其徒某來謁銘。銘曰。

象教陵遲，昆邪杜口。迢遞馬鳴，寂寥獅吽。華雨幢移，飈輪電掣。齊安以還，智燈未滅。

翁方綱《跋鄜州寶室寺鐘銘》（《復初齋文集》卷一九）　右鄜州寶室寺鐘銘，嚴道甫侍讀拓其文見寄，其序曰，大唐貞觀三年，攝提在歲，蕤賓御律，己巳司辰。唐太宗貞觀三年己丑，四年庚寅，此以攝提屬三年，誤也。然三年八月己巳朔，則己巳當在五月之末，是其爲貞觀三年無疑，但不知何以誤丑爲寅耳。鄜州本曰上郡，武德元年復爲鄜州，貞觀二年加爲都督府，此銘正在其時也。

銘陰款完好，字頗古拙可愛。載考昔之著錄金石者，就其所錄，今文最多。若陳思《寶刻叢編》鐘銘凡八，王象之《輿地碑目》鐘銘凡五，皆在此銘之後。若近今諸家，竹垞所見止二種，郭允伯所見止一種，亦皆在此後。獨此銘爲從來著錄者所未及。中以鄜爲鄜，而曰字作日，尚有古意。以悠爲悠，亦足證洪氏隸續急就之文。蓋唐初之蹟，存者寡矣，可不寶諸。

又《跋吴越金塗塔字》　吴越錢忠懿王宏俶金塗塔，瓦高三寸，闊二寸許。其陽面作三層，上層圓光中佛一，旁二人，下一人，又二犬豕之屬。下層佛三，其陰款云，吴越國王錢宏俶敬造八萬四千寶塔，乙卯歲記。昔秀水朱竹垞書錢武肅造金塗塔事，錄周晉仙詩證之，謂其鄉白蓮寺僧藏一版，作放下屠刀、立地成佛相。今錢塘黃小松上舍得拓本，因錄周詩朱跋於後，疑此即是，未可知也。朱未見瓦，并未見拓本，故不言其陰有款文。而是瓦則忠懿，非武肅也。忠懿名二字，宋人避諱，但曰俶。是瓦仍上有一字，蓋乙卯是周顯德二年，尚在其歸宋之前二十三年也。歐陽公見吳越制書稱寶正，王象之《碑目》又有吳越玉碑稱乾化者，又有稱寶正、寶大者，皆武肅王鏐時也。是瓦則正稱干支，讀史者可以考矣。上舍寄此本屬題之明日，苕溪張芑堂文學適又寄贈一本，因附詩於後。

昔宋姜堯章得此塔，繪如來捨身相，見周紫芝詩。明周青士見其一繪放下屠刀事，近日趙味辛亦得其一，櫝之，予爲作銘，皆塔之一版也。宋曹勉記淨慈山寺僧嘗請於錢忠懿王，求塔下金銅羅漢像，王夢十六大士從師而行，與所請符，遂如所求，歸於寺僧，則未知是其全塔否也。此是全塔，四面連頂爲朱石君閣老所得，石君已進入秘府矣。予篋亦有此拓本，而錢梅溪爲忠懿裔孫，復訪其式，造墨以傳之，皆足資藝林詩話者耳。

又《跋北齊祁林山寺碑》（同上，卷二一） 右靈壽祁林山寺，北齊趙郡王高叡建寺之碑，天保八年立，不著撰書人姓名。按史，叡以天保二年出爲定州刺史，此云下車迄今初歷七祀是也。碑云，先公佐世皇弟分陝，蓋謂叡父琛嘗爲定州刺史也。叡以是年徵赴鄴都，除北朔州刺史，此碑立在三月，而後有荊峴望拜之詞，前有恐須正台階，載馳綸綍，借君請帝云云，則是時叡初應詔赴鄴，尚未知其除刺朔州也。碑字延隸變楷，以勾爲句，以舊爲奮，是六朝之習如此，不可勝舉。獨其以□爲年，則知唐時武則天之造字固亦略有所承，蓋年本從禾千聲，而千萬相衍則成於則天之時，不獨唐碑筆法多本之六朝也。此碑以地僻多虎，不可再拓，而無軒兄精摹是本以傳之。憶小松去年以此碑相贈，謂此碑拓致之艱，仁人君子必當有以處之也。蓋意欲方綱重爲摹拓，以廣其傳，而鹿鹿至今，未暇爲也。展對是本，能無慙感。

李調元《盤山十六寺紀序》（《童山文集》卷六） 盤山在通永道之薊州，距京師百八十里，出京四十里，至通州，渡惠河二十里至燕郊，二十里至夏店，三十里至三河縣，二十里至叚象嶺，五十里至公樂澗，歷長嶺至亂石邨，入山，山北面最峭，無路可登。路在山南，有東西中三路。東路由亂石邨經晾甲石，至甘露庵後岐爲二，西北折爲青溝，迤東則由多寶佛塔，過版鋪，上舍利塔，中路由蓮花池入山，望天成寺，逾歡喜嶺，至衛公庵，東折與青溝匯，上舍利塔。西路有大嶺，入山，經雙峰寺，歷茶子庵，過將軍石，上舍利塔。凡各路皆止于舍利塔者，蓋山之絕頂處也。山舊名四正，一名徐無。魏田疇隱居於此，故又名田盤山。不曰田盤山而曰盤山者，亦猶匡廬之謂廬山，太華之謂華山也。其山西連太行，南際滄溟，北負長城，東距碣石。瓣襲蠭攢，開豁呈露，實仙佛之勝區，乾坤之雄觀也。舊云七十二座有名庵，今已半廢，最著者惟十六寺。十六寺者，感化寺，千相寺，少陵寺，古中盤雲淨寺，東竺庵，上方寺，雲罩寺，盤谷寺，萬松寺，青峰寺，法藏寺，雙峰寺，西甘澗淨土庵，東甘澗觀音庵，天成寺，皆皇上臨幸盤山時駐蹕之所也。寺各踞山之勝。此外庵院雖多，可領其要矣。

今年春三月三日，恭逢聖駕重臨，薊爲余所屬地，凡道路之掃除，橋梁之修葺，以及寺觀丹漆黝堊之觀，例得督同領辦，先期閱視，遂得周旋十六寺間者累日。恭遇宸章，敬謹登記，其他古蹟名勝碑碣物產，亦隨令小吏鈔之，分綴本寺之下。至行宮八景，係內府司掌，非外吏所能到，故不具例。

按盤山新舊各志，於諸地里人物，分門別戶，閱者茫然，不得其要，今以寺統之，以便觀覽，或觀斯土者所有事乎。

又《什邡羅漢寺新建五百阿羅漢碑記》（同上，卷八） 什邡北郭有羅漢寺，肇造於唐中宗時，馬祖出家之處也，一時名勝爲蜀中冠。迨元末而寺毀，明洪武四年僧會了恩重修前中後三殿，正德初，邑人判簿曹城復植栢三千株，今山門外猶存黛色參天者是也。嗣是重修者，嘉靖中則御史李之珍建大藏經樓，萬歷中則庠生徐應聘建大悲閣，皆邑人也。于是巍峩炳煥，既完且美矣。崇正末，遭獻賊之亂，復燬於火。本朝康熙初年，雲林明地禪師始修殿三層，規模麤備。然所謂羅漢寺者，徒有其名，而無其實，即有亦不過如他寺十八尊而已，無所謂五百羅漢也。

乾隆中，有僧月容禪師自新都寶光寺飛錫於茲，始謀募修五百尊者相，以符其實。適有工人持順治年間浙江嘉興府楞嚴寺重刻南宋江陰軍乾明院羅漢尊號碑記，將欲募塑，未幾圓寂。禮江和尚者，丹徒人，月容之衣盋弟子也。自嘉定凌雲大佛寺來主是寺，感師志未遂，又於工人處覓得五百羅漢圖錄，大喜曰，是可成師之志矣。立將記錄刊行，以爲塑像張本。

時什邡令貴州懷陽任公舒軒諱思正者，素含夙願，極力慫成。功未半，不意任公即世，後無不慮其難爲者，而禮汀遂毅然決計，不憚勞瘁募化，前後得八千餘金。乃於兩廊舊基起造羅漢殿，延成都塑工曹志偉等照記圖形狀，分塑兩廊，共五百一十八尊。於戊申年八月起至嘉慶丁巳年四月告竣，於是名與實符，眞爲羅漢寺矣。是役也，固由禮汀誠意感孚，所到樂輸，而亦由現任會稽甯公湘維名錡者繼任公後，一力贊襄，其事乃克有成。禮汀以衆善不可沒也，欲立碑爲記，並泐輸金各紳士男女及諸山宿德姓名於碑陰，以垂永久，屬余爲記。

竊考佛家有四果，一曰斯陀洹，二曰斯陀含，三曰阿那含，四曰阿羅漢。又有三乘，一曰聲聞，二曰圓覺，三曰菩薩。聲聞者，悟四諦而得道也。圓覺者，悟十方圓覺而得道也。菩薩者，行六度而得道也。羅漢得道，全由佛敎，故以聲聞爲名，而凡有佛寺，皆有之也。初，佛既由無上法授迦葉，又屬十八大阿羅漢並眷屬等令共護持，所云住世十八尊者是也。按佛經十六應眞，自第一尊者賓度羅跋囉隋闍起，至十六尊者注茶半任迦止，又合提密多羅尊者及賓頭盧尊者，爲十八羅漢。按今圖錄，賓度列第九，而以九尊戍博迦列第一，自當以賓度爲是。

所云五百阿羅漢者，皆佛弟子，今圖錄所云石橋五百尊者是也。《涅槃經》曰，昔有五百商人出海採寶，值千盜擄去，並剜其目。有人告曰，靈鷲佛氏能救汝苦。引至大林精舍，佛爲說法，證阿羅漢果，分形顯化。按五百名位具經中，繁，不備錄，但相傳亦有異詞。《西湖游覽志》所載杭州淨慈寺塑五百阿羅漢像，其第四百二十三位阿濕毘尊者，獨設一龕，側身傴蹇，斜目覷人而笑。婦人祈嗣者，必禮此炷香，不知何說。今圖錄四百二十三作最勝藏幢尊者，而阿濕毘尊者位次在二百三十一，毘又作卑，蓋不可深考矣。又《一統志》言外夷火州有靈山，在吐魯番西北，石紋如髮，番人稱爲十萬羅漢削髮涅槃之所。據此，則又不止五百阿羅漢矣。

總之，阿羅漢尊者永離諸惡，不受三生界也。佛法所化，如十大弟子，十六沙彌，其眷屬自九百以至九千，皆得阿耨多羅三藐三菩提。今禮汀爲此舉也，充其善行，雖自百萬俱胝阿庾多以至阿僧祇萬萬可也，其功德尚可量乎。其所供養又豈止什邡五百阿羅漢而已哉。殿既成，禮汀又取所遺募金並馬祖殿臺井而培補之，於是百廢俱興，巋然爲一縣之大叢林矣。

馬祖者，達摩祖師傳入中國之第八祖大寂禪師也，名道一，什邡人，父以賣簸箕爲業。生於景龍三年己酉，容貌奇異，出家於羅漢寺。後聞七祖讓大師道行甚高，因往南岳詣之。初至，獨坐一庵，惟習坐禪。讓師觀其神宇有異，聞其姓馬，忽憶六祖有脚下出一馬駒，踏殺天下人之偈，乃多方引導。一日，將磚於庵前磨，馬祖問師，磨作甚麼。師云，作鏡。馬祖云，輒何能成鏡。師云，輒既不成鏡，坐禪豈能成佛。馬祖云，如何即是。師云，譬牛駕車，車若不行，打牛即是，打車即是。汝若坐佛，即是殺佛。馬祖言下大悟，遂以心印付祖，復歸什邡羅漢寺，築說法臺，臺角穿一井，爲衆說法。大闡宗教，邑人稱爲活佛。中有老媪來觀云，此吾並舍馬簸箕子也，何云活佛。祖聞之，作偈云，學道不還鄉，還鄉道不香。遂往江西開元寺演教。於貞元四年二月庚辰忽謂入室弟子百丈山大智曰，吾至二月當還，爾其識之。至期委化，春秋八十。唐左僕射權文公德輿爲撰墓志銘，即今祖殿也。明庠生葛登名所建，應聘又與僧大才捐銅千金，鑄馬祖眞像，由此遂爲馬祖道場。今禮汀復爲此舉，建五百阿羅漢，殿後復繼馬祖道場，千萬世後，祖燈其長明矣乎。余故備載其事，使天下後世仰馬祖道場者，皆知爲月容弟子禮汀之力也。

沈叔埏　聖主四幸清涼恭擬五臺斂福賦　謹序　代（《頤綵堂文集》卷一）

臣謹案，舜巡四岳，封十有二山。周官職方氏辨九州之山，鎭冀州曰霍山，并州曰恆山。王肅云，舜爲冀州之北太廣，分置并州。夏省并州，合於冀州。至周復置并州。《釋名》曰，并，兼也，言其州或并或設，因以爲名。《太康地記》曰，并州不以恆山爲名，而言并者，其在兩谷之間乎。《晉書·地理志》亦言冀北創并部之名，據此則蔡傳所云分冀東恆山之地爲并州者，可參互也。

五臺山界冀、并間，迴還五百餘里，與霍、恆爲伍。顧往策闞焉，厥迹顯於釋典，見《華嚴經疏》。柳宗元所謂與竺乾、鷲嶺角立相應者也。考臺之列爲五者，說者謂爲五方如來之座，又言表大聖五智已圓，五眼已淨，總五部之眞秘，洞五陰之性源，故首戴五佛之冠，頂分五方之髻，運五乘之要，清五濁之災。其東西南北四臺，皆自中臺發脈，蜿蟺纚屬，勢挾龍行，提婆達多，陰巖積雪，芳草蓊薆，嘉木蔥蘢，刹瑟蘭闍，煥若列宿。鐘魚法鼓，響答雲外。洵宇內之勝境詭觀也。夫精一傳心，至仁修己，洞矚物理，德被黔黎，謂之御世之聖。解脫塵劫，證大涅槃，慈育四生，光濤八嶽，謂之出世之聖。

昔聖祖仁皇帝以佛教清淨慈惠，有裨勸善遠慝，數經駐蹕茲山。我皇上以生安之姿，兼賅藏海，即佛長世，率祖攸行，溯自丙寅之冬，初巡臺岳。洎庚午辛巳，再幸靈山。茲辛丑二月乙丑二十二日皇上省耕畿表，遂由眞定隆興寺瞻禮大士後，四巡代州，重登五峙。

臣惟佛土以五臺爲震邪，方諸群嶽，不少遜，而人主以五福爲皇極，以嘏萬年爲尤宜，矧夫以古稀之天子，詣希有之名山，於以受釐祇陀，錫福兆庶者哉。又案《十洲記》，蓬山鎭於寅丑，《史記・天官書》，歲星右轉居丑，五臺爲右輔藩屛，高居辛位。是役也，日馭歲紀，自然符合。布德和令，諸福駢臻。臣備員詞垣，疊蒙恩命，忝三晉持衡，因獲就近祇迎鑾輅，仰覲天顏，曷勝慶幸。職在校士，用敢竊取經義，將有箕疇衍之，以至於那由他度洛叉阿僧祇，乃至算數譬喻所不能及，而后富樓那此云滿願，是則微臣區區祝願之誠也。不揣檮學，敬獻古體五臺斂福賦一篇，臣某拜手稽首颺言。

繫清涼之名山，峙仙都於全晉。亙紫塞以環基，屛皇輿而作鎭。鄰元嶽以侔崇，接天池而瀉潤。標龍藏以多奇，聳雁門而望幸。溯白馬之東來，遂青獅之西振。豁摩騰之具眼，寫勾龍之畫管。超寶界於三乘，冠珠林於五印。留自在之天宮，彙眞如之法苑。顧非首出之至人，奚以契群眞於一貫。我皇上嘗三至焉，法祖而鑾輿屢駐，即曼殊師利之隨時應現也。章天而篇什倍增，即華嚴陀羅之敷宣妙藴也。而躬勤玉趾，祈福元元，則猶是三千大千康濟眾生之宏願也。歲赤奮若，月陽在辛，乙丑諏日降婁，値辰粤聖壽，初開乎八秩，乃雲代懋舉夫四巡，望支那之國土，遵鉅鹿之川原，詣隆興之紺宇，禮大士於法雲。於是滸滱水道，祁山儼伊耆之封邑。揭堯臺之嶙峋，睇豐壘之蒼巘，經蹉䟶之古村。過鞍之之橫嶺，駐龍泉之雄關。踰昴畢之天街，歷井參而可捫。蓋相距一章七閏，而翠華乃今四造其巓，帝登南臺，以介景福，則有洞光之珠樹焉。金閣光閃以橫空，錦峰綺紛而彌布。佛燈隱現於洞中，神鐘飛鳴於巖路。問龜石以何來驗。龍堆之既去。循螺城盤旋之蹊，泝虎陽發源之處。梵琯琅琅而谷鳴，澗雪皚皚而峰素。恍然見列聖之紛迎駕，狻猊而暫駐。執貝字以陳疇擎，摩尼而獻璐。爰登東臺以膺瑞福，則有離岳之火球焉。敞鳳林之春望，抗鰲脊而獨高。同海岱之觀日，列滄瀛之數州。挂扶桑而瞰出，匯般若之源頭。迴紫瀾之浩淼，混青顥而沈浮。立禪占青螺之頂，引勝來白鹿之遊。笠子藏眞於窣堵，竹林變幻而森修。聚天城之與化寺，擁紺殿而眩珠樓。莫不雲蒸而霞蔚，競秀而爭流。

洎登西臺而受豐福，則有麗農之瑤室焉。水捐痾而潤霄，峰攀蘿而挂月。石流影於對談，池映光於洗鉢。泥饌佳習定之僧，木叉稱秘魔之衲。崖標婉孌之飛昇，洞識之而之出沒於焉。躡馬跡而訪獅蹤，跨鳥門而探龍窟。斯即蓮井之千華，香山之交樾。無非初地之金繩，聖涯之寶筏。

更望北臺以承戩福，則有玉澗之瓊枝焉。舄履自生夫雲氣，峰巒上協乎斗魁。北臺名葉斗峰。當春雪之新霽，凌青霄而可梯。浣衣餘九女之泉，挂甲剩五郎之祠。藏三世諸佛供養之器，留十六應眞顯化之臺。

往者皇上恤民力而省役，賡舊韻而寄題。彼方延頸而企踵，思覲龐□與方頤。將見秦戲之山，珠玉呈其氣，李牛之谷，花果狃其時。旣而陟翠巖，臨峩谷，與西北二臺駕肩疊跡。南俯晉陽，東拱畿服。我皇登之，以綏多福。則有自明之金，環光之璧焉。一峰翔起於單椒，千嶂鬱盤於巨麓。五溪分注於蒼崖，雜花幡纚於淨域。藻澄太華之池，苔繡寒山之石。萬獅游戲而成窩，九龍蜿蜒而隱曲。

際聖主之停鑾，領眾峰之旒嫿。瑩古沼之玉花，粲仙山之金菊。用是萬年冰孔，吐其祥葩。大寶浮圖，騰其瑞色。他如山有四埵，水名八度。傳前王逭暑之蹤，署古德棲禪之阜。環神皋與奧區，遍精藍而丹雘。珍木異卉，不可悉疏。仙茆神藥，惟人所取。香滿旃檀之林，種別娑羅之樹。花或雨以曼陀，枝或贈於調御。或藉同兜羅之綿，或化自鉢囊之布。釘仙菌於銀盤，皪金蓉於珠露。一莖有大吉之稱，一瓣有祛邪之譽。亦知呈媚茲於天臨，胥欲効迎禧於舜步。

若乃宸儀既展，帝車言旋，聖主方循行燕晉，流覽郊甸。則明庶而施惠，散陽和以字人。予蠲租而給復，重聆風而采言。摛天藻之瑰麗，疊睿作之百篇。懷唐風於蟋蟀之詠，協虞狩於渾源之濱。繩祖武於迴龍之嶺，仰神弧於射虎之用。顧八陘之綿亙，翕滹沱而軌循。眺太汾與勾注，衛近塞以爲藩。樂繁時之饒富，嘉阜平之賑殷。

惟時康衢耆艾，咸聯襻抃額於雁代之間，搆僧盧曰益壽，斸仙草以延年。於以繼嵩呼而申華祝，臚晉問而洽天歡。然則羅五峰以供一人之斂福，又孰有廣於茲土而崇於茲山者歟。敬作頌曰。

五巒豁邃翊神京兮，頂若覆盂犖苞桑兮。又如閣道泰階平兮，縈紆磅礴祉祚長兮。層巖穹山鴻庥昌兮，卿雲晻靄放佛光兮，徯后四至載篤其慶兮。

又申頌曰。

靈仙遊止數臺懷兮，蔚有倒刺蜀葌帽兮，未若茲境萃眾奇兮。時巡婁止邇皇畿兮，降福夤紘用祈禠兮。堯民擊壤眾熙熙兮，巍然五臺皆春臺兮。

又《精嚴寺重建殿堂廊廡方丈房寮及新置常住田碑記》（同上，卷五）

吾郡城有兩晉刹，而精嚴爲尤古。蓋自咸和迄今，千六百餘年矣。余童丱時，先贈公課餘游息，則攜以來。見殿已將頹，爲僂數其蹟曰，此唐泗州僧伽行化至禾，現身救旱，出其指藏懶龍者也。此宋長水法師開演上乘，感諸天散花者也。蹋鐘樓基則曰，曩時學之巽隅，闕一邑人文明，兵使者車公改百八鐘聲爲十八者也。顧惟山門以韋馱神香火最盛，巋然僅存。門側二舍利墖，則梁岳陽王所傳，轉以金鐸，歷劫不壞。其他梵宇，大半委諸榛墟，每太息遲迴而後去。

乾隆三十五年庚寅仲秋，釋紹塵者偕今瑑三結茅告募，矢志重興。寺之瑜伽僧各願捨房捨地，恢拓是圖。用是遠近檀那，信施雲集。遂市材儥工，次第營繕。明年冬，大殿鼎新，而紹塵示寂。至三十八年，成東西廊廡各九間。雖連甍不聳，而翼以重棼，佛事固煥且儼矣。繼以藩溷庖湢芻薪之房，二年工畢。庫有扃也，以嚴出納。供有寮也，以謹蓋藏。四十四、五兩年，禪堂既作，緇素以容，而上首之居尚缺。又五年，而丈室始完，宏敞靚深，雅與堂稱。然后齋堂以序其眾，影樓以祠其先，而念佛堂終焉。布金所積，儘有贏餘，前後買東縣上腴二百三十餘畝，上以輸貢賦，下以贍僧祗，作爲齋田，永存常住。嘉慶改元，重鑄二鐘，補寫全藏，而寺之規模大備矣。瑑三以其餘力新香嚴寺二殿兩廂。香嚴者，寺之下院，即北郊之懶石庵也。既又哀衣盂之羨，自築福生庵爲棲老之寄。

余惟興廢相仍，即空有迭用。猶四時之代換，乃萬化之幹流也。故釋氏謂事之成就，時與緣實制之，然使不得其人爲之仔肩擔荷，則雖時節因緣適逢其會，亦焉能強道謀者使潰於成也哉。是舉也，紹塵開其端，瑑三殫其勤，未嘗持疏叩人之門，而善緣輻湊，有不啻家到而戶說者，總繇其人願力之堅爾。經始某年月日，落成某年月日，歷二十年之久，糜萬千貫之貲，乃能與大比邱眾受戒於羯磨，仰食其香積焉。嗚呼，豈不難哉。

記曰，苟或行之，必見其成，言誠爲物之終始也。然則學人精進工夫，翹勤不懈，不當作如是觀耶。若瑑三者，非臨濟之克家，溈山之肯構歟。先是，寺成四三年，未有紀載，瑑三不自矜誰，而又難其人。昨歲庚申，介所知丐記於余，念斯寺爲贈公舊遊地，而未覩厥成，因諾之。會有江右之行，不果作。迨余歸，而瑑三已退居所築之庵。瑑三名正勤，德清許氏子，系出儒家，余懼其有諸責也，亟書之，以諗來者。若檀施姓氏及田之都圩與糧佃戶名，有碑陰在茲，不綴焉。

又《法源寺看菊記》　辛丑秋，聞法源寺僧藝菊幾於吾浙報恩寺之萬菊軒，如宋劉蒙、史正志鑄、范成大、胡融、高濂、沈兢、馬伯升、文保雍諸譜，索其種，未嘗不有。同年趙味辛、言皐雲語於直次，欣然約予往觀，且訂持螯賞之。九月二日，予出城赴其約，遂偕莊二亭叔編修同遊。至則扣關入西偏，葦葺爲圃，羅列盆盎，春時海棠院也。秋陰作寒，有滿城風雨意。花已離披，高不及三四尺，無所謂萬鈴嘉菊者。問諸畦丁，則大半餉貴人矣。予笑曰，花亦不逮所聞耶。亭叔目一種曰舊朝衣者，深紫淺緋，有如黝點。爲諦玩久之。

菊無足觀，相與登高閣，眺雙塔，都人以爲憫忠高閣，去天一握是也。味辛後至，指石壇曰，中有千人萬人骨。予曰，此詠哀忠墓句也。厥後元結泌南之哀邱，劉昌平涼之旌義，懷忠二家，即倣此爲之者，距寺十餘里，今不可考矣。考唐太宗紀，貞觀三年閏月癸丑詔爲義士勇夫殞身戎陣者各立一寺，命虞世南、李百藥、褚亮、顏師古、岑文本、許敬宗、朱子奢等爲之碑銘。至今可僂數者，如呂州霍邑之普濟寺則破宋老生，邠州長武之昭仁寺則破薛仁杲，晉州之慈雲寺則破宋金剛，汾州之宏濟寺則破劉武周，洛州印山之昭覺寺則破王世充，鄭州汜水之等慈寺則破竇建德，洛州永年之昭福寺則破劉黑闥，而此則二十年征遼回所立。

先是，十九年四月癸卯，誓師於幽州，城南度即其地，蓋與二年令埋瘞所在暴骨、五年毁高麗所立京觀葬隋人骸骨同意。顧其時褚、李致仕，虞、顔、岑、朱已卒，惟亮子遂良從征，而敬宗於破遼駐蹕山立馬前草詔，詞彩甚麗，深見嗟賞。寺碑非河南繼譔，必屬高陽或其孫彦伯所爲。許敬宗孫彦伯，昂子也，頗有文，敬宗晚年不復下筆，凡大典冊，悉彦伯爲之。如《老學庵筆記》載肅王樞與沈元用晦誦唐碑，偶儷二千餘言，歸，取紙追書，不遺一字，惜未之見也。《集古録》載李百藥正解寺碑，《金石録》載許敬宗普濟寺碑，今傳世者，顔師古等慈寺碑，朱子奢昭仁寺碑。

阜雲曰，有蘇靈芝寶塔頌在。偕入方丈，於門右得之，碑文左行多深陷，類磨去重刊者。考頌爲史思明掌書記張不矜撰，建自至德二載，碑稱御史大夫史思明奉爲大唐光天大聖文武孝感皇帝敬無垢淨光寶塔頌，吾鄉竹垞太史斷以是碑之建，在思明未降之先，范陽郡三字，其初必東都二字。大唐一行，其初必祿山父子僞號。文中唐字，其初必燕字。而至德二載，其初必祿山父子僭號之年。安慶緒襲位，賜思明姓安名榮國，然則碑之原文，蓋東都憫忠寺安榮國奉爲云云。而其餘陷文，則皆諛僞逆之詞而改刻者也。孫侍郎《春明夢餘録》、顧處士《金石文字記》並考之未的，不足以瑩吾疑也。

又考靈芝本武功逸士，行書遒密，與安定胡霈然齊名，名蹟多在畿近。高陽有實諦寺碑開元二十六年，易州爲王端書盧暉鐵像頌二十七年，爲徐安貞書田琬德政碑二十八年，爲趙履信書夢眞容勅二十九年六月，爲梁德裕書郭明肅候臺記二十九年十月。契丹以記詣榷場，易絹十端，模本爲世所重如此，而乃汙於安、史。其《達摩銘》藏宣和御府，爲賈秋壑乞請得之，非同一不幸耶。

言噓間見牆陰薜荔殷紅欲滴，夕陽催人，覓路偕返。聞尚有唐人采師倫及僧知常舍利記，未及觀。過味辛寓齋，烹蟹三十輩，出蘭陵酒共飲。味辛乞予作歌張之，客去，予醉臥其齋。夜半，雷雨忽作，念遊此寺屢矣，曾未有以文字永之者，非吾黨相於之雅，因退而疏所誦憶者於篇。

顧宗泰《遊報國寺記》（《月滿樓文集》卷一三）　京師報國寺，近廣寧門。余聞寺有古松，爲元代舊植，前人每歌詠之，欲訪焉而未逮，今始駈車造寺。入其門，廊如也。歷其殿，曠如也。求所爲偃蓋二株，蚴蟉曲屈，鳳展龍蟠者，無有也。問諸僧，云凋絕久矣。嗚呼，余昨陟泰山，秦松漢栢，欝然如故。而茲松者，蒼涼人代，不獲久存耶。松亦有幸有不幸耶。抑托處高者，雨露滋培，而卑者少封植，而余弗及見耶。

爲悵然久之，僧乃導余至閣，曰毘盧閣也。禮大士像，曰窰變也。寶冠緑帔，暝倚晏坐，手持梵字輪。意匠玲瓏，化身天造，非智巧所設施也。由是遂梯閣而上，閣之高且迥也，凌虚渺然，繡栱丹簷，飛立雲表。余望遠而慨乎有思焉。趙北燕南，宋遼割據，而河山一統，乃帝王之州也。西山之横接者，聳翠浮嵐，千峰萬樹，想佳氣之欝蔥焉。鳳闕嵬峩，觚稜麗日。郊環甸繞，春滿重城，其又漢京之宏者乎。而回瞰薊邱高臺，仿髴黄金駿骨，更慷慨而慕遺風矣。

是時也，雲散風起，蒼茫將夕。攜僧下閣，眷憶孤景，恍然有得，又嗒然若失，自覺神之倦止焉。當年佛殿雙松貫時不改，終古欝茂，余不將憩而樂之，置酒賦詩，希前人志耶。惜乎無有存者，而陟閣以還，冥冥乎不能復留也。余不得已，拂衣揖僧，竟出門上車而去。

又《定慧寺蘇書記》　吾吴定慧寺舊有嘯軒，近垣牆隤壞，出蘇文忠公書陶靖節《歸去來兮辭》碑。蓋公謫居惠州時，書付寺僧卓契順者也。公於紹聖初，御史摭爲譏斥先朝，貶惠州安置。以幼子過自隨，弟子由在高安，長子邁留宜興，音問阻隔。寺僧卓契順遠持邁書，渡江踰嶺，徒行瘴霧，謁公于惠，時紹聖二年三月二日也。公感其誠，爲書《歸去來兮辭》。

所書凡二本，一刻於彭澤，一墨本，世藏定慧。明正統五年冬，住持妙玹呈於中丞周公忱，周命鐫石，時距紹聖初已三百四十有六年矣。今己卯，距正統又三百十有二年，乃出於頹垣，歷久復見，若有數然，知爲文忠呵護之靈也。

或疑與彭澤本不相類，未必爲文忠所書，然結體清奇，字字遒古。況文忠兩官杭州，復守湖州，往來蘇州，未嘗不造定慧。契順之之惠也，長老守欽寄《擬寒山十頌》，公報詩，有請判維摩憑，一到東坡界之語，正不獨黄州定慧僧爲公開竹下嘯軒爲足稱也，此書其眞舊蹟與。

近寺住持成訥，搨公書，請記于余，余爲記其緣起。時爲之立碑者，沈歸愚尚書，爲之詩者，彭芷庭司馬，爲之序者，金定濤觀察，和詩者則萬恬怡布衣、王岡齡、卞培基處士也。

戚學標《募修威神古刹疏》（《鶴泉文鈔》卷下） 蓋聞法傳震旦，宏開利益之場。地廣由旬，都仗檀那之力。是以感空中之塔，普意誓心。聞地下之鐘，段暉推宅。由來喜施不乏蘭陀，自昔樂輸豈惟須達。切緣太平澤國，有威神寺者，道居黃邑之衝，境據方城之勝。松林石墜，則臺記鄭公。竹塢烟升，而莊連盛判。白光瀉雨，兩條飛鶴之泉。黑氣噓雲，十丈遊鰻之形。原其建剎，肇自有唐。佛祖唱緣，人天胥喜。收山河於十笏，雲室初開。轉風雨於一輪，露槃自具。琉璃夜照，始知偌大乾坤。寶鏡晴開，遂覺嶄新日月。一一青鴛之像，現出西方。時時白馬之經，馱來東土。此則惠公一至，便成廬阜奇觀。寶誌初來，即顯鍾山勝會矣。

然而劫凡歷十，梵宇寧存。災或逢三，琳宮非舊。時有奇木師者，踐諸羅之宿記，爲摩詰之再來，螺鈿一吹，鵝錢爭擲。七重欄楯依然，纓絡之垂。五色樓臺爛矣，珠幢之漾。蓋信古先生之有力，亦由善男子之助成也。無何，平陂不測，興懷靡常。續以風伯之侵，未有雷音之護。修多羅之重閣已飽紅塵，阿蘭若之舊觀旋成黑土。鴿王古座，幾有撤糞紙嫌。鹿女貞經，又見漂流之患。華宮之粥鼓不復雷鳴，法苑之氍衣因而星散。衲胸無智刃，口媿言泉。第以苔蝕蘚封，十方亦爲減色。風長雨甚，萬眾莫不傷心。雖本屬空門，不礙老僧在此。但並無坐處，只恐內翰何來。叩心發願，諏吉重修。

然銀殿未必飛來，玉梁豈從空下。徒噓蜃市，詎便成臺。即有龍宮，何曾製寶。蒲團獨坐，有時像菩薩之愁眉。香積屢空，奚處試比邱之花手。因懇檀越，專望宏興。種柰可以成林，擲花自能盈鉢。長者之布金滿地，何敢多求。大商之載寶傾船，詎妨略贈。惟願慨施羅筏，不勒金錢。俾歡喜園中，再植菩提之樹。清涼宅裏，仍開薝蔔之花。則貧尼補塔之功，在衲固酬其願。而牧女獻糜之意，我佛亦鑒其誠矣。嗚呼，三緣四諦，眷屬誰則非親。七滿八平，功德實爲無量。若爲五臺有諾，直須驀地前行。倘從七祖求禪，但發菩心自見。不辭饒舌，共樂修因。

又《度死保生道場疏》 蓋聞欲度迷津，全憑寶筏。冀超苦海，端藉慈航。起滯魄於九泉，庶登彼岸。奠狂瀾於澤國，永利居民。六道霑恩，三塗脫難。惟法力之洪深，知佛功之廣大。茲有太邑廝車橋，地方水道咽喉，海邦門戶。狼山近東，河身僅一帶之流。鯨浪前通，潮信若千雷之發。偶篙工不戒，輒有覆溺之虞。或舟舸爭來，動致顛危之患。慘以零丁洋畔，鬼哭時聞。險過惶恐灘頭，人行不測。風號月黑，年年傷精衛之填。浪駭波驚，夜夜聽鮫人之泣。彼死者身墜黑風之國，未免伯有爲災。在生者魂銷白水之鄉，又恐昭王不返。痛之極矣，傷何如哉。爰是弟子某等各矢虔衷，廣延僧眾，謹諏十一月十五日至十八日恭奉釋迦遺教，起建梁皇道場。仗三寶之恩光，幽途普照。憫十方之呼籲，大力宏施。冤沉不滯，長沙之怨鬼盡令生天。惡祟全消，淮水之凶神不敎出世。眞經一部，下品共證於蓮臺。法號三通，危途盡變爲樂國。至誠有感，大法無邊。佛發慈悲，人生歡喜。謹疏。

邵晉涵《重建襄陽鐵佛寺碑記》（《南江文鈔》卷五） 自東漢象教入中國，館於鴻臚寺，而後世僧刹，遂以寺名。始著於載籍者，白馬寺也。嗣是爲教漸廣，其習靜之所曰精舍，其說法者曰方丈，述其言曰經，守弆其書曰藏，胥借儒者之名而用之。用之既久，其創造彌多，其保而守之也彌固。舉《遺教》所謂空虛寂滅者，祇託諸寓言，而龍象之嚴，紺碧之飾，范金泐石之巧麗，窣堵雲級之整肅高閎，制惟恐其不備，基唯恐其不堅，傳之唯恐其不久且遠。雖其科律條教，別自爲宗，而要不能舍聖人利用永貞、有基勿壞之訓而踰越之也。

湖北襄陽城西，舊有鐵佛寺，相傳昉自東晉，習彥威、戴安道遺迹存焉。歷歲滋久，軒宇剝落。守其教者月聞來京師，輦轂諸公多重其人，遂能以普及之願力歸新其寺，務使蘭若制度復其舊，屬余爲之記。

余惟《周官》宅工之法，邦國都鄙有委積，城市有思次，所以惠行旅之登涉以振滯通利者，里爲之經，而時爲之度。漢以後，古制日淪，凡達衢順軌所集，無復有廣舍以相納引者。惟鐵佛寺之鼎新因造，爲能傳永久而弗替。襄陽固東南之都會也，近而大堤峴首之彙聚，遠而三湘九澤之往來，屏翰之所依，控帶之所及，是宜有琳宮法宇以肅其觀瞻，而況于鐵佛之存其靈蹟也。又況于習參軍、戴高士之風徽儒雅爲可慕也。又況于月聞之世守其傳，當爲廓業而保經也。

予考《寰宇圖志》，下邑偏州，祠廟庵觀之私創，日以增益，而古刹之見于前賢歌咏者，轉易至圮廢。然好古者稽往蹟之遷移，搜吉金貞石之文字，參史傳之異同，多流連於古寺，冀有得焉。則鐵佛之傳自江左者，更不可以無重建。獨是月聞以慧定聞于都下，飛錫行腳，任所往而安，而必惓惓於祖居之山，以承前垂後爲念，可謂知所本矣。傳曰，萬物本乎天，人本乎祖。枝葉之扶疎也，而陳根爲當庇。原泉之盈達也，而始源爲宜濬。五都舟車之駢會殷豐也，而故居爲可戀。月聞能念厥本，其亦知所尚哉。

趙良霨《見明上人傳》（《肖巖文鈔》卷四）　巧嶺山中古刹有僧曰見明，是韓公所謂大顛者也。當見明祝髮時，適吾弟台巖寄讀刹中，喜其幼而聰慧，試之以六書四聲之學，輒能解悟。徐以詩古文詞爲之口講指畫，孜孜焉篤嗜不倦。積有歲時，得于心而形諸筆，則已居然能詩矣。台巖讀書之暇，間及蘭竹，見明亦喜學之。吾姪琴士極其獎譽，謂此筆有不僅長于小景者。遂出家中所藏古畫，使之臨摹，不一二年而能作大幅山水，點染淋灕，幾欲與石田、麓臺諸公爭勝。見明既以詩畫播于遐邇，而巧嶺又當徽寧孔道，一時文士之往來嶺下者，皆慕其名而假宿山中，與相酬唱。嘗自繪巖關古刹圖，就過客索詩。新安曹宮保竹虛先生爲作五律二章，而大江南北之能詩者，續有題贈，遂彙爲一冊，梓而藏之。其自刻巖石詩鈔，吾家嬾雲採置《蘭石集》中，以附覺文寰宗後。蓋數十年以來，涇之詩僧，罕有其匹者。

予嘗怪大顛爲韓公所喜，但稱其頗聰明，識道理，而未見有一藝之長。設其時有齊己之詩、巨然之畫如見明者，則公之驚喜稱歎，又當何如也。今台巖捐館久矣，見明年踰五旬，老而多病，常閉戶獨居，足跡不及城市。間至幕山小天竺，則與予及琴士焚茗敘談，而一言及台巖，輒爲之慘沮不樂，吾以此愈重其爲人矣。見明識趣通達一切，能空所有，何慕于名。其徒錦石出清照屬題，故爲敘其梗概，恐見明之將訾其徒爲多事也。見明姓胡氏，名照，號巖石。

沈赤然《廣放生錄序》（《五硯齋文鈔》卷五）　客有問戒殺生與放生，斯二者功孰多。余曰，戒殺生者，以此腹爲唐園而已，其惠於物也少。放生者，一日之間或活數命，或活數十百命，月積歲累，不可計量，其爲澤也大矣。

客曰，戒殺生者或不能放生，放生者或不能戒殺，斯二者宜何從。余曰，毋寧放生。夫食味別聲被色，賢愚之性同。人苟非說食如膏肓，則一歲中，不過父母羞膳之奉，祭祀賓客之需，其用物可約略計也。誠能所生之數倍蓰於所殺，則功大而罪小。即有輪迴報復之說，顧不足以自贖乎。

客又曰，昔賢之著論垂誡者多矣，世卒莫之從，今高君秋崖又廣其說，復附以釋疑五觀諸條，直欲舉世相率，不敢食一蝸一蠃，無乃強人以所難歟。余曰，必如是，彼婪酣殘忍之徒方怵然知懼也。懼則縱不能改，必稍稍節之。夫天下口腹之人多，而儉於自奉者少，使一人日少戕一物，即一物生矣。千人百人日各少戕一物，即千物百物生矣。況因是而充其不忍之心戒殺者，亦勉於放生，放生者亦漸能戒殺，則高君之論，適所以化人於不自覺，安在其強之以所難耶。

客既退，高君聞之曰，是吾心也，請即以此言題其書之端。

石韞玉《接引佛讚并序》（《獨學廬二稿》文卷上）　蓋聞西方有極樂之國，眾生皆隨願而往生。東華有度人之經，我佛亦現身而說法。三乘祕密，意識盡於無明。百福莊嚴，敬喜生于有相。欲求解脫，當矢皈依。唯夫接引佛者，三界總持，十方賢聖。大放光明之力，廣開濟度之門。離色相以歸眞，積因緣而成果。三身皆法，願力在貝葉之中。一指爲禪，世界現蓮華之末。視冤親爲平等，參凡聖以同歸。拔六道之輪迴，齊離苦海。合四生之靈蠢，並陟亨衢。斯固無上之勝因，如來之正覺也。大都首善之地，法源開士之家，有善知識，發大慈悲，以爲萬法本空，因心乃見，一誠能感，緣象斯呈。乃出寶藏珍財，募畫禪妙手，參不思議法，肖常清淨身。以水墨爲經營，以煙雲爲供養。好相居然具足，正法因而受持。遂使十種普賢，咸入維摩之室。六時禪誦，如游舍衛之城。演妙喜于法筵，結良因于淨土。讚曰。

稽首人天大導師，具大慈悲大願力。無邊法力照十方，接引群迷歸覺路。

九品消遙極樂天，永免輪迴六趣苦。我今讚歎大功德，能視一切法性海。爲諸眾生作導首，常受菩提無上樂。

又《北魏楊大眼造像記跋》（同上，卷下）　右碑楊大眼爲孝文帝所立，碑以孝文爲先皇，而碑末有一武字，當是立於武泰改元之歲，故欲題武泰年號而未畢者也。文既簡略，書亦拙謬。如以含爲唅，以清爲彰，以分爲紛，以鯨爲鰞，以旅爲㫃，以覽爲覽，種種杜撰。而其中揮光也存侍納等語，尤不可解，足見爾時北方文學之敝。又稱孝文皇帝處，提空乃在孝文之下，皇帝之上，尤可笑。維時典午南渡，王、謝諸賢辭翰之妙，敻絕古今，而中原喬野若此，則板蕩之感，又見於斯文之墜地矣。

周錫溥《遊衡山祝融峰記》（《安愚齋詩文集》卷四）　惟山之曉氣多陰少霽，故是日遂不克登臺而觀所謂日出者。予惟至此之難，而以未獲盡觀爲歉，顧謂山僧是可待而觀乎。僧曰，夫將與造物者遊，造物無待也，遊亦無待也，兩相遭於泊然而不知所以然。今子智慮未絕於心，風塵未絕於迹，且不能待也，又焉能無待。予曰，有是哉。子以造物爲無待者，幻也。以遊亦無待者，玩也。崇幻者墮實，積玩者佁心，是子所以棄於浮屠也。今以一日之積言之。朝夕中昃，晷剖刻分，以爲人事興作起居之節，何者之爲幻，而何者之可玩乎。以爲幻耶，則一時一事之成毀，不可意而推，何況於太虛。以爲可玩耶，則山中之浮光伏景，猿鳥麋鹿，皆將玩焉，而子之無待，恐無以加於一物。且夫觀日出者，莫近於海隅，正日晷者，莫中於陽城。君子其將拊髀雀躍以從事乎，抑修其人事之至寶而有不暇於此也。僧敞罔自失，予亦辭而去。

嗟乎，彼二氏者之遺外人士，而習爲河漢無極，以詫於人人，是何足與言。然其取於造物者甚廉，其避遠禍害者亦甚智。以視夫熱中榮利而有累於人，卒亦自戕其性者，相去較然矣，故君子有時引之以激末俗。或者慕其頹放，而反以迂聖賢之說，則豈不惑哉。昔朱、張兩夫子之遊於此也，敘記其所爲詩，而申以玩物喪志之戒，君子之隨時檢制其心如此。

予五十解組，自念無以效於國，猶當有以效之於身。榮利吾謝之，山水吾姑寄焉。今日之遊，遇諸外而無所膠，返諸心而有以自考，是又予之所得於茲山者，而非徒向時聞見之迹也。棹既返，舉斯義以示兩兒，因命書之以爲記。嘉慶七年秋月。

趙懷玉《遊西山記》（《亦有生齋集》卷六）　乾隆甲辰春，寓京師城東之白衣精舍，同年生言起霞、朱屏之居元極觀，相距尺咫，晨夕過從，因及西山之勝，邀洪稚存與遊。稚存固夙有此志者也。四月朔，出西直門未數里，風大作，埃壒蔽天，不能開目。余感寒歐泄，頹臥車中。人有勸余歸者，然意益堅。驅車四十里，至花犁坎，少憩，覘林際隱隱有金碧浮現。又十里許，抵戒壇寺，僧數輩出迎。余困甚，不能飯，襆被臥，聞枕邊松聲謖謖，心魂爲之一淸。侵曉即起，遍遊寺中諸勝。

戒壇在西山最深處，寺肇唐武德中，舊名慧聚。明正統間，如幻律師說戒於此，乃易名萬壽。司禮監高玉重修，肖像以祀，至今尚存。西向一坊曰選佛場。壇在殿中，以白石爲之，凡三級，周遭皆列戒神。出壇而南，有遼石幢二，下即幻師衣鉢塔在焉。殿墀多古松樹，最異者，俗所稱活動松，支以赤闌，稍搖撼之，則作咿啞聲，通體俱振。餘皆離奇夭矯，數百年物。往年登岱，松非不多，然求其一株似此者絕少，遠在報國、宏恩之上矣。（略）

次日黎明，肩輿過羅睺嶺，嶺頗高，山半李花正開，望之若月。約二十里至潭柘。潭柘於諸寺最古，晉曰嘉福，唐曰龍泉，燕諺所謂先有潭柘，後有幽州是也。以柘得名，今已無有。殿宇宏麗，倍於戒壇。蓋蹕路經臨，常爲御宿之所。繞寺皆泉，琤琤之聲不絕。山僧甃石引之，飲食沐浴，取給於此。聞寺趾本青龍潭，有柘樹。祖師開山，潭龍避去，因而爲寺。基不甚高，以一培塿當群山之心，九峰辰而拱列，登閣攬之，歷歷在目。右有流杯亭，近日所搆。石甃一池，中爲曲水，以杯置之，則旋轉不已。殿後爲金釋重玉《從顯宗幸龍泉寺》詩碣，相與摩挲久之。山僧曰，龍所徙潭，在山後不遠，可遊也。因挾策往。（略）

過此則石景山麓，余賈勇而登，徑甚險仄，巖壁鑿洞，纍纍如蜂房。其上有石闕雙峙，最高曰金閣寺，有舍利塔，可望渾河。寺爲正德間朱寧營建，窮極壯麗，今荒廢殆盡，銅容剝蝕，露坐荊棘中，無一椽之庇矣。西巖有殘石經數版嵌厓間，其可辨識者，《佛本行集經》卷第三十一，幽州盧龍兩節度使劉相公敬造，元和十四年四月八日建數十字，餘多漫漶。按，憲宗五年七月，幽州盧龍節度使劉濟卒，其子總自稱留後，總既毒父殺兄，數見父兄爲祟，乃衣食浮屠數百人，晝夜祈禳。晚年益慘悴，上疏願奉朝請，拜天平節度使，時總已自髡祝，衣浮屠服，行及定州，卒。然則亂臣賊子果可邀佛力以獲令終耶。山名石景，一名石徑，因有此經，亦名石經。經版不知何年嵌壁，秀水朱氏所著《日下舊聞》，素稱賅博，竟不一載，何也。（略）

又《再遊西山記》　乾隆甲辰四月，嘗與同年生洪亮吉、言朝標、朱文翰爲西山之遊。是年冬歸里，壬子入都，欲重遊而未果。今年秋，伍堯侍講倡之，且云有孫孝廉可爲東道主，於是去者頗衆。月之三日，予五更起，入正陽門，出阜城門，遲同人於慈悲院。院爲潭柘分寺，潭柘僧盈科在焉。既登車，行四十里，至渾河，有板橋長數丈，狹僅容人步行。及半，風忽大作，波濤震撼，橋岌岌欲動，殊有戒心。又十里許，飯奉福寺。車不能進，易籃輿，度羅睺嶺約三十里，抵岫雲寺，即潭柘寺也。寺有銀杏，極高，枝葉扶疎。每駕幸寺中，輒旁長一幹，人咸以爲瑞。時薄暮，夕陽照之，其色可愛。徘徊庭中，久而就舍。風泉之韻，終夜不絕，蓋十七年不聞此聲矣。

次日登山，先過少師庵，中塑姚廣孝像，內襲蟒玉，外披壞色衣，紹無所謂病虎形、目三角者。再上爲龍潭，危亭俯焉。亭下亂石縱横，泉流其間，潺潺可聽。各擇石據坐，良久始下。遂遍遊寺中諸勝。柘樹已不可得，唯廡下一枯枝以座承之，云是舊遺物。入觀音殿，觀篋中蛇，蛇長四尺許，蟠伏不動。汪庶子爲誦大悲咒，昂首，若有所會，居人呼爲龍子。又有禮佛甎，相傳爲元世祖女妙嚴公主遺蹟。考史，世祖四女皆下嫁，無妙嚴名，亦無禮佛事，豈以其方外而略之耶。是晚，仍宿潭柘，中夜大風，迨曉甫息。

作詩别方丈月朗，復由羅睺嶺至戒壇慧聚寺。甲辰夏來，即襆被於此。戒壇以松勝，九龍與活動二松尤奇，予嘗作歌紀之，並有贈度博上人詩。今度博已化去，壁間詩亦久失。同人尋太古化陽洞，余與老友韓君皆熟遊，且爲明日惜足力，留未往。歷選佛場登千佛閣，望渾河如一綫。其右丹黄滿山，爲霜葉最勝處。尋遼金碑，得之荒圃荊棘中。遼碑已剥蝕，惟殿前太康二年兩石幢尚無恙。僧蓄二鹿，一老者頗解人意，與之食，以角叩地，作稽首狀。甚矣，食之能役物也。既而同人自化陽洞還，余與韓君先至西峰寺。寺極荒寒，十年前有村嫗假左道占之，香火頗盛，事敗遂廢。是晚宿奉福寺。

次日登車，至龍泉庵小憩，因訪皇姑寺，寺創明英宗時。英宗出關，有呂氏尼諫，復辟，念之，故爲建此。尼陝人，或云山東人，未知孰是。還至龍泉，舍車而徒，遍遊三山、大悲、香界諸刹。時天氣晴暖，春花爭放，忘其爲深秋。香界爲古平坡，寺尤宏整，上即寶珠洞。洞石有黑白色珠，以此得名。平坡山亦名翠微，高出衆嶺，望盧溝，車馬歷歷可見。崖間有碑，額曰大金中都內管故左街僧錄聽慧圓明大師靈塔記二十字，書頗工，而全碑已失。是晚宿龍泉庵，初見新月，坐亭上聽泉，有出世想。

次日早起，登盧師山，遊證果寺。寺前峭壁特起，後爲祕魔厓，厓石嵌空，約二丈許。中有盧師及二童子像，二童子即師所馴伏二龍。有青龍潭，禱雨頗應。《唐書・韋挺傳》，挺遣燕州司馬王安德行渠作漕，艫轉糧，自桑乾水抵盧師臺，《北平古今記》以爲盧師山即盧師臺之誤，然垂拱中，宋琪疏已有盧師神祠之稱，則其所由來漸矣。既還，車已候於塗。過八里莊，遊慈壽寺，觀九蓮菩薩畫像，即明孝定李太后也。乾隆己卯，寧邸曾爲潢治，今已脱落，同人許爲重裝。庭中娑羅樹子可療心疾，向僧索得三枚以歸。左爲摩訶庵，有明太監趙政朝服像及張堯臣忠墓，白皮松數株離立荒煙中，墓前所植也。蓋前朝璫豎，上者擅威福，次亦侈土木，乞靈於鬼神，士大夫爭爲文字，頌其功德。故西山寺廟碑碣，大半爲中官所遺。（略）

張雲璈《品蓮上人遺藁序》（《簡松草堂文集》卷五） 東坡贈惠通詩云，語帶煙霞從古少，氣含蔬筍到公無，語人曰，頗解蔬筍語否，謂無酸餡氣也。夫以蔬筍爲酸餡，坡之言亦不達於理矣。僧詩而無蔬筍氣，則思必出位，語將離宗。不惟五衍八正之旨無所幽求，即四始六義之藴亦同外道。嘗見世之披紫衣、持金鉢，卓錫名山，而遊心塵世，膠膠擾擾，無異凡流。下此或結緣於豪門貴室，藉鐘魚梵唄以希布地之金者，比比然矣。此其人未必知吟詠，即有吟詠，亦不過供官設客之緒餘，塵羹塗飯，豈復有蔬筍之味在其胸次也。

品蓮上人道行澄澈，詩雖不多，皆清絕滔滔，意在雲表，煙霞之氣縈繞筆端，何處更容埃堨，此正蔬筍味也。蔬筍，味之清而腴者也。予嘗襆被入山，止於野人之家，煮葵燒筍以爲供，引羹御飯，如享太牢。東坡《種菜詩序》云，味含土膏，氣飽霜露，二語蓋深得蔬筍之眞者，即以論上人之詩，誰曰不宜，豈酸餡之謂哉。上人既寂，弟子將謀諸梓，介予戚好屬爲點定，既卒業，因識於簡端。惜乎未嘗一坐己公茅屋，同賦詩於茶瓜枕簟之間也。

又《無錫九峰庵牡丹記》（同上，卷六） 九峰庵在惠山塘之左，小而潔，有老僧某善莳花。嘗以十金購牡丹一本，高可隱人，花重疊如錯彩。僧植於庭之中，承以石臺。凡帷幕闌檻之屬，悉手疏募成之，日事灌溉。初時花百餘朵，後乃至三百，花時傾城往觀。先是，西鄉許氏莊牡丹最盛，人稱爲許牡丹。自有九峰庵，而許氏之名頓減。一歲，藥槖槖將放矣，邑令彊買之，欲爲供張具，僧堅不允，令怒，將以勢篡取。僧知不免，一夕，盡翦落其蘂，無一留者。令大怒，欲中以法，賴搢紳某解之。令見花已失，亦無如何，遂釋焉。至來春，花益繁，大且如斗。當僧芟蘂時，人莫不爲花惜，且懼令怒之不測，而怪僧之愚且戇也。不知僧固逆料令不過爲一時計，無事於深求，舍暫時之娱目，而保其終爲己有，且蓄其力以待來歲之倍償也。一舉而堅忍之力，知識之定，智慧之深，悉於是乎見焉，彼法中迨所謂龍象者歟。

又《金山重建念佛樓記》　金山踞大江中流，江天寺在其巔，魚龍萬變，涌現闌檻之下。翠華數幸其地，千櫨百栱，虹拖蜿垂，霞開鳥翥，實天下名山之一，不獨東南巨觀也。故緇流至此輒駐足焉。大雄殿之北爲大徹堂，乃方丈法座講戒之所。其後向有念佛樓三楹，在慈壽塔下，玉帶橋，操江樓之西，背江面山，與七峰閣相望。善緣之翁嫗，皈依之士女來，宣誦佛號於其上，魚音梵唄相雜。松濤篁吹之間，海潮殷空，江風送遠，往往繞出雲際，洵知識薰修之勝地，而法侣清淨之樂土也。

乾隆癸卯十二月，樓忽爲祝融所收，時值六飛南幸，未暇重葺，僅改平屋。善流栖止，多以湫隘爲嫌。幽求之心或移，經行之意多阻。戊申，方丈滄海和尚卓錫於此，募修禪堂，功業方盛，而於茲樓誓發宏願，謀興版築者，非一朝夕矣，終未克就。嘉慶紀元，江陰高某來遊，慨其久廢，立施千餘金，俾重建於舊址。並於樓中增塐佛像，流丹聳翠，壯於前規。

自樓燬至今，終一星而始仍其舊，甚矣哉，恢復若是其難也。設無高君，何以得此。所謂不昧前因，益修後果，高君有焉。使擔經躡屩而至者，如獲故物，不誠佛氏之金湯，釋家之龍象哉。工甫興而滄海遽示寂，葢知善功可成，而夙願已畢，解脱無礙，亦可異也。今方丈不空董厥成功，懷募修勤苦之難，感檀施行能之盛，介山之提舉王君熙臺來乞一言記其事，不揣固陋，爲書顛末。後之人知輪奐之觀，其來有自，咸歡喜讚歎於不能自已者矣。

汪學金《皇上七旬萬壽讚冊擬班禪祝釐讚九章》（《井福堂文稿》卷二）　爾時大寶法王在扎什倫布，都綱與大苾芻大聲聞衆俱諦觀震旦國土有五色雲，如青蓮華冉冉而起，須臾遍滿三千大千世界。爾時法王即從座起，伸眉合掌，遍告衆等，震旦國土有大聖人，具大乘性體，成就不可思議功德，有百萬億壽，如恆河沙數無量無邊，非是算數之所能知。彼時人民生於其地，即是極樂國土，我當發願至其國土，以廣長舌，爲三千大千世界衆生稱讚無量功德，使衆生皆知生極樂國土，各大歡喜，以是因緣爲調御聖人作百萬億無量福壽勝果。作是言已，來至震旦，有灌頂國師，以香花樂器七寶金幢具伊蒲塞饌來詣供養，稽首頂禮而白法王曰，中國聖人與世尊各具大乘性體，是一是二。法王曰，佛性在西土，具大乘性體，成就不可思議功德，爲三千大千世界之所尊信，故名世尊。現帝者身，爲震旦國土成就不可思議功德，是爲聖人。聖人與佛，非一非二。我今告汝以故，汝廣爲三千大千世界衆生説法。

聖人御世，德心廣運，爲生民所未有，是爲大功德，作大功德讚第一。

大道在一心，心法在無住。性相本湛然，包含德用是。包含攝内外，能深復能廣。有五須彌山，及四大海水。以一手承當，不費絲毫力。無爲非無爲，無相非無相。一心應萬幾，巍巍大廣運。以此誠敬心，遂示眞實義。以此睿智心，遂示妙明義。以此強固心，遂示精進義。是爲心傳心，是爲法印法。越千聖百王，其量同覆載。

聖人天亶聰明，照臨在上，是爲大光明。作大光明讚第二。

性體空明中，本來無一物。於無一物時，其妙應萬物。無上第一義，是爲大智慧。以此智慧因，擴充大圓光。坐照無量際，遍大千世界。譬如大圓鏡，於物本無著。而物去來時，自然眞假別。鏡唯不逐物，乃盡物之理。妙光含其如，四大一無我。

聖人深仁厚澤，惠濟群生，是爲大慈願。作大慈願讚第三。

種種示法身，萬物同一體。於十方衆生，廣作大利益。一切有情屬，蠢蠢普度中。如饑之得食，如渴之得飲。如寒之得火，一舉念即是。皆悉爲籌量，發我菩提心。使歸安樂土，開我甘露門。使歸仁壽世，一雲之所雨。須臾遍六合，流澍普清涼。是爲大醍醐，各生歡喜心。宏願當如是。

聖人景員式廓，六合一家，是爲大遍覆，作大遍覆讚第四。

昔聞大乘法，以五百寶蓋。合成一寶蓋，遍覆於大千。百萬億由旬，包容無妨礙。是爲大神力，隨法輪所轉。凡有血氣者，皈依調御師。各得生長理，一一隨分受。三千大千心，至心成一念。其念所傾向，如臂之使指。四大一毛孔，如來最勝因。無内亦無外，廓然具聖諦。

聖人武功耆定，是爲大威力。作大威力讚第五

般若金剛法，威震天人界。現大神勇相，降伏諸魔衆。諸魔聚陰山，負險育醜類。蠻觸或相爭，狼狽亦相附。彼時諸衆生，延頸乞解救。勅八部天龍，及衆獅象力。飈忽雷電繞，縛魔向空擲。即時大震蕩，震蕩掃魔軍。衆生皆踴躍，同時拔火宅。如吹雷山藥，一一眼開明。善哉普救心，威力故無敵。

聖人文教覃洽，是爲大開化。作大開化讚第六

大乘闡宗風，種種微妙義。説初中後善，四諦十二因。悦可衆生心，皆得未曾有。宣布大法因，其義最深妙。天人悉受持，讚頌一乘法。楞伽照無邊，八萬四千藏。作三摩大會，廣示正覺路。恆河施寶筏，普濟諸衆生。譬如芬陀利，榮曜七寶光。遍滿閻浮提，具無上功德。

聖人天日之表，萬國瞻仰，是爲大莊嚴相，作大莊嚴相讚第七

世尊丈六身，十方所欽仰。以眞實權應，示三十二種。圓滿周四大，通慧具三明。震動天人界，威德光明曜。樓閣及臺殿，闌楯十二重。香風吹幢蓋，瓔珞摩尼光。如是妙莊嚴，現希有殊因。三千大威儀，悉具尊仰心。如日在中天，照世生光輝。

聖人天人協應，萬福攸同，是爲大福聚，作大福聚讚第八

梵天大福聚，最勝故無量。以最勝功德，受無量供養。以最勝功德，受無量讚頌。是爲諸福聚，百千億萬品。種種吉祥事，日月所升恆。風雨所調順，皆以福聚故。普遍於十千，在物爲豐亨。在人爲仁壽，福量所分給，無不獲饒益。宏願大成就，福德盡無量。

聖人具大乘性體，成就大乘功德，與佛同原，是爲無量壽，作無量壽讚第九

如來壽量品，性體大根源。億萬阿僧祇，無住故常在。如造化旋轉，一氣周四序。運無上法輪，壽身而壽世。若人行籌數，過於恆河沙。雖摩醯首羅，猶不能盡知。巍巍大功德，大光及大慈。大遍覆威力，開化莊嚴相。具此大福聚，各各大成就。成就無量諦，壽是故如是。

又《南朝得失論》（同上，卷八） 自司馬氏渡江以後，偏安建業，以訖梁、陳盜竊之餘，覆轍相循，三百年間，名教墜地，幾爲識者齒冷。惟晉元之恭儉，梁武之慈恕，君德稍可節取。而論其失者，以爲祖玄談、師佛法，一時公卿士庶，靡然從風，卒至亂亡而莫之救。後人甚其辭，遂以佛、老爲厲階。嗟乎，佛、老豈禍人家國者哉。

夫老氏之書，以清淨無爲爲宗。佛氏之書，以慈悲不殺爲教。於先王之道，無所悖謬。苟得其體而善推其用，雖致時雍之化，底刑措之治，宜亦無難。乃晉梁君臣，舉不足以語此，徒襲其虚説，泥其末迹，轉相稱慕。遂致以曠誕爲養資，信受爲邀福。其貪鄙之風，甚且賊棄其君親而不顧，與佛、老之説，幾如南轅而北轍者矣。

善乎，文中子之言曰，虚玄長而晉室亂，非老莊之罪也。齋戒修而梁國亡，非釋迦之罪也。故爲治之道不尚多言，顧力行如何耳。苟爲不然，如漢武帝之表章經學，可謂盛矣，而卒無解於輪臺之悔。宋理宗之尊崇聖教，亦云至矣，而究難緩於蒙古之禍。然則六經、孔孟之説，豈亦不足以致治而速之亂亡者哉。其亦不辨而自明矣。

雖然，予之爲此言者，非遂欲以佛老之説治天下也。蓋嘗譬之，佛老之書如藥草然，良醫取療諸病，不可勝用也，然而疾愈則已。聖人之教則蔬穀也，一日不再食則饑矣。今有人於此，採芝茹朮，休糧辟穀，其將爲山澤之臞，斯可耳，使必率四民而效之，吾恐槁形枵腹，儽然不能以終日，徒令腸肥腦滿之徒，竊竊議其後也。

劉大紳《宿海源寺記》（《寄庵文鈔續》卷一） 海源寺，余嘗一至矣，匆匆去來，金碧紺朱皆不辨爲何事，風雲月露無問矣。今年秋冬之際，始有登覽之懷，迺於十二月十一日由妙應、嚴淨，一路尋梅花過正覺至海源投宿。是時，天已暮，同游者皆饑乏，就舫屋飲食竟，山月已明。行止坐臥喧寂偕，獨隨影所之，各適其適。山高地西，夜甫半，月已下嶺，次第就寢。

夢寐中聞庖人燃濕薪，爆聲轟烈，遽驚寤，方恚瞋間，牕隙中則瑩然生白，銅鐘石磬，陸續到枕簟邊。急起開門，見臺閣亭樹參差從昨夜宿煙中出，竹樹映帶如繪，禽鳥翩翩欲動。初日光亦迤邐入，飛金耀彩，近遠異觀。凝立既久，相與歷石磴，上寫雲亭，坐來青軒，傍梵王宮，瞰大士

閣，境在世間，神游天際，不復作塵埃中想矣。已而縱目山外，城郭村落白雲掩覆，隨風隱見，倏有倏無，變化百狀。化機不測，即一山一時之所睹，有如此者。歲序之推遷，群彙之轉移，又可勝數耶。歸舫屋，書於紙，誌一宿之所得，前此者無有也。其佛寺之建置，海源之潤被，巖壑之開闢，亭軒之經營，意古今人已立文字，可勿煩予輩。

爲同游者，倪進士梅岑，謝孝廉□□，及門張亮工、楊蝌谷二孝廉，諸生武尚賓、唐丕基、馬惟一、戴古村、鄧壽之，吾孫官保蘇□□邑屋近夜歸去，馬似房與其友及兒子家齡亦先歸，而朱麗川以病酒不能來，李即園次早始至。海源一宿，遂少此數人，人與地之離合久暫，其固有時耶，其固有數耶。

法式善《重裝慈壽寺明孝定李太后像記》（《存素堂文集》卷四） 此爲明孝定李太后像，后，神宗生母也。千秋節，神宗出庫藏吳道子所畫觀音，仿而爲之，像贊所云加大士像是也。其云九蓮菩薩，則夢中授后經者。慈寧新宮銅盔產蓮，命閣臣申時行、許國、王錫爵作賦紀瑞，後遂相沿以九蓮屬太后，謂即菩薩後身云。

嘉慶五年九月自西山歸，憩慈壽寺，因獲覩此像。像於乾隆己卯曾經寧邸潢治，近又脫落，孫君仲清乃重裝之，且製櫝付寺僧廣瑤謹藏，而別裝墨搨本張壁間，俾朝夕供奉。孫君之用心可謂厚矣。寺僧告余曰，茲寺乾隆十四年，工部官以廢廟請毀，僅留後樓。二十年，高宗純皇帝幸香山，見塔間有光，重爲修整。然垣墉雖葺，殿宇已非舊觀。今又四十年，荒榛莽棘遍滿左右，惟窣堵波巋然獨存，兩碑亭如故耳。夫有明帝后之像，在當時固不少矣，惟此像傳留至今，且得香火供養，豈后之賢明異於諸后，靈爽式憑，久而不朽，故屢遘好事者護持之也耶。聊記始末，俾覽者考焉。

錢大昕《輪迴論》（《潛研堂文集》卷二） 嗚呼，始爲輪迴之說者誰乎，其欺天誣神，驅斯世而入于禽獸者乎。夫天地之生人與生物同，而人獨靈于萬物者，以其有人倫也。五倫以孝爲先，人無愚不肖，未有不愛其父母者，以其身爲父母之身也，故終其身而不敢忘父母。自有輪迴之說，而有今生之身，有前生之身，又有前乎前生之身，推之至于無可窮，皆即我之身，即各有父母。身死之後，又有來生之身，又有後乎來生之身，亦推之至于無可窮，亦即我之身，而又各有父母。於是乎視父母如路人，不以爲恩，而轉以爲累。必出家學佛，而後可免于輪迴之苦。此其惑人，計甚狡而言甚巧矣，而人之習其教者，昧其可孝、可弟之心，甘爲不孝、不弟之事，靡然從之，千有餘年而不悟，可不爲大哀乎。

夫生死者，人之常，猶草木之春榮秋落也。形神合而有身，若色香合而爲花，未聞花落而香留，安得身亡而神在。自眾庶悔生，方士以長生誘之，久而不驗，釋氏後入中國，乃謬悠其詞，以爲形有去來，神無生滅，不受吾法，即墮輪迴之苦。驟聽之，似亦導人爲善，而不知其教人以不孝、不弟之爲禍烈也。或曰，神氣歸于天，形魄歸於地，形與神既非一物，則神亦可不滅。曰，始死之際，魂魄相離，雖有升降之殊，終無久而不散者。先王知鬼神之情狀，故制祭祀之禮，使有所歸而不爲厲。承祭者必其子孫，子孫與祖父氣相嬗也，非其族弗祭，氣不屬也。若如釋氏所言，昔爲張甲之父，今爲李乙之子，風馬牛不相及矣，何以祭爲。

《易傳》曰，積善之家，必有餘慶，積不善之家，必有餘殃。禍福皆人所召而作，不善者禍及其身，甚則及其子孫，感應之理，昭然可信也。今其言曰，前生作惡，今生受苦，是張甲之惡，移禍於李乙之家，顛倒孰甚焉。此非導人爲善，乃勸人爲惡耳。且輪迴之權，誰實司之，將穹蒼自主之耶，抑將設官分曹，具簿籍，置胥徒，一一校其違失，視下界官司繁劇且百倍耶。此其說難以欺三尺童子，而世之粗讀儒書者，亦或妄聽而深信之，是誠何心哉。

先儒言老氏近於楊，釋氏近於墨，以予觀之，釋氏亦始終爲我而已，惡睹所爲兼愛者。彼其棄家而學道，并父母亦不暇顧，而唯求己之不入輪迴，是視己重於父母也。就使果證上乘，亦唯一己得大自在，於眾生何與焉。一生受人供養，自覺素餐，乃借普度眾生爲辭，以誑惑檀越，詭言兼愛，實則爲我也。楊之爲我，不肯損己以利天下，而釋則并取天下之利。墨之兼愛，猶曰施由親始，而釋則冤親平等，是其害尤甚于楊墨也。

聖賢之求道，以明人倫也，棄人倫以求道，則非吾所謂道。聖賢之存心，存其孝弟之心也，捨孝弟以言心，則非吾所謂心。人生天地間，只有見在之身，夭壽不貳，修身以俟之。身存則道存，身沒則名存，名存道亦存也。前生後生，於吾何與，安有輪迴之患哉。本無輪迴而輒自恐怖，是爲妄想，以輪迴恐怖人，是爲妄言。蔑倫之人，天所不祐，忘親而求免墮落，乃眞墮落也，雖日談心性，奚益。且夫田鼠爲駕，爵入大水爲蛤，物或有之，唯人獨否，人所以異於禽獸也。自有輪迴之説，而人且入于畜生矣，畜生亦轉而爲人矣，人雖甚不肖，豈有甘心儕于禽獸者。禽獸知母而不知父，出家者并父母而遠之，其知識亦何異於禽獸哉。吾故曰是不足與深辨也，去其輪迴之想，可矣。

趙翼《蒙古尊奉喇嘛》（《簷曝雜記》卷一） 蒙古俗最重喇嘛，即僧也。非特近邊諸部落也，凡喀爾喀、準噶爾及土魯番、青海、西番、西藏等處，無不虔奉恐後。喇嘛之首號胡土克圖，猶內地所稱大和尚也。尤以西藏之達賴喇嘛爲大宗，謂之活佛，相傳即如來後身世世輪迴者。將死，則自言托生處，其弟子如期往奉以歸，謂之瑚畢勒罕。至十六歲始放參，則又爲達賴喇嘛，其實僞也。喇嘛死，弟子號諦巴者訪某家生子，輒托言喇嘛後身而迎以歸，幼即教以經典。至放參後，有來謁者，諦巴先爲述其家世，令喇嘛見之，一二語道著，輒共驚爲前喇嘛轉世也，故崇信尤甚。

然西藏路遠，西北各部不能往參，則各有胡土克圖掌佛教於國中。大者其王亦執禮惟謹，小亦各嚴重於一方。每胡土克圖出行，無不膜拜道旁，以金寶載於首獻之，但得其一摩頂，便以爲有福，歡喜無量。并不必胡土克圖也，即凡爲喇嘛者，諸番亦無不尊奉之。所至讓穹廬與居，宰羊馬，奉酮酪。夜則妻妾子女惟所欲，謂之供養，惟恐不得當，其俗然也。

雖愚而可憫，然千百年來習尚如是，故國家於西北諸部，亦因其俗而加禮於胡土克圖，有時竟得其用。如乾隆十五年，西藏王朱爾墨特那木扎爾有異志，駐藏大臣傅清及拉布敦誘而手刃之，其番眾咸挺而爲亂，達賴喇嘛出諭，遂止。三十一年，喀爾喀部青滾雜卜斷驛道而叛，鄰部將應之，其地有哲卜尊丹巴胡土克圖，恍於定邊將軍之言，獨不從亂，遂皆戢，其明驗也。是以上亦有國師，號章嘉胡土克圖，住京師之栴檀寺。每元旦入朝，黃幰車所過，爭以手帕鋪於道，伺其輪壓而過，則以爲有福。其車直入東華門，蓋尊崇章嘉正所以怗服外夷，乃長駕遠馭之深意。余嘗見章嘉，顏狀殊醜劣，行步需人扶。然蒙古經及中土大藏佛經皆能背誦，如瓶瀉水。汪文端嘗叩一佛事，輒答以某經某卷，檢之，果不爽，則其人亦未可淺量矣。

又《洛陽伽藍記》（《簷曝雜記》卷六） 佛教之入中國，已見《陔餘叢考》。今按楊衒之《洛陽伽藍記》，晉永嘉中，洛陽僅有寺四十二所，今城內外共一千餘寺，其最雄麗者爲永寧寺，後魏靈太后胡氏所造，浮圖九層，高九十丈，刹又高十丈。西域沙門達摩遍歷諸國，謂閻浮提所無也。按白馬寺，漢明帝遣人向西域求得《四十二章經》，以白馬馱來，因以爲名，此一寺最古。後魏顯祖好浮屠之學，國俗化之，故梵刹之盛，實自後魏始。報德寺，孝文帝所立，爲馮太后薦福。景明寺、永明寺、瑤光寺，皆宣帝所立。秦太上君寺，胡太后爲其父母追福。胡統尼寺，太后姑所立。景樂寺、融覺寺、沖覺寺，皆清河王懌所立。明懸尼寺，彭城王勰所立。平等寺，武穆王捨宅所立。龍華寺，廣陵王所立。宣忠寺，城陽王徽所立。高陽寺，高陽王雍之宅，雍爲爾朱榮所害，故爲寺。追光寺，東平王略之宅。建中寺，樂平王爾朱世隆所立。長秋寺，劉騰所立。景寧寺，司徒楊椿所立。又河陰之役，諸元殲盡，王侯第宅，多題爲寺，故列刹相望。龍華寺，眾羽林所立。菩提寺，西域人所立。法雲寺，西域烏傷國沙門摩羅所立。又胡太后曾遣比丘惠生及燉煌人宋雲向西域取經，惠生有《行記》，亦載《伽藍記》內。

按，佛教既無益於身心性命，又無益於國計民生，不知何以風行若此。今且更千百倍焉，此固愚民易爲所惑，然其始亦必有奇異動人之處，是以所至皈依。如《晉書·載記》內所誌誦經解難、臨刑枷鎖自脱之類，大概或竟有其事。即如《伽藍記》所謂盤陀國王捨位與子，向烏傷國學婆羅門咒四年，盡得其術。還，復登王位，就池咒龍，龍變爲人，向王悔過。實足駭人觀聽，是以人皆信嚮，到處崇奉。烏傷國有如來曬衣處，龍王寺有如來履石之跡，婆樓城有如來投身餵虎處，王城南摩休國有如來剝皮爲紙、拆骨爲筆處。再西行五日，有如來捨頭施人處，辛頭河有如來作摩竭大魚以肉餵人處，有如來挑眼施人處，雀離國有如來爲尸毗王救鴿處，那竭城有如來浣衣處，雖皆出於附會，然能使天下人人附會，必非無因。蓋佛教多在咒語、偈語，如張道陵在鶴鳴山造符咒，傳之至今，猶有驗者。并里俗之祝由科、圓夢等技，雖不識字人習之，亦能驅使鬼神，不可盡以爲誕妄也。世間萬事無不有，豈可以方隅之見概之哉。

又《元時崇奉釋教之濫》（《陔餘叢考》卷一八） 古來佛事之盛，未有如元朝者。邵戒三謂，元起朔方，本尙佛教，及得西域，世祖欲因其俗以柔其人，乃即其地設官分職，盡領之帝師。初立宣政院，正使而下，必以僧爲副，帥臣而下，亦必僧俗並用，于是帝師授玉印，國師授金印，其宣命所至，與朝廷詔敕並行。自西土延及中夏，務屈法以順其意，延及數世，寖以成俗，而益至於積重而不可挽。今以諸書考之，每帝將立，必先詣帝師，受戒七次，方正大寶。后妃公主，無不膜拜。正衙朝會，百官班立，帝師獨專席隅坐。或降詔褒答，則字以絡珠爲之，御寶以珊瑚印之。奉使而出，乘傳累百，所過供億無敢慢。比至京，則假法駕半仗爲前導，省院臺官並往迎，禮部尙書專督祇候。此體制之僭，雖親王太子不及也。自世祖崇帝師八思巴，即於殿上置白傘一頂，泥金書梵字于其上，每歲二月望日迎繖周遊皇城，撥鼓手百二十人，殿後軍五百人，雜用五百人。宣政院所轄官寺三百六十，掌供幢幡寶蓋，凡三百六十壇，每壇擎執二十六人，鈸鼓僧十二人。大都路掌供金門大社百二十隊，教坊司雲和署掌供大樂四百人，興和、祥和二署掌雜扮男女角戲三百人，儀鳳司掌漢人、回鶻、河西三種細樂各三隊，凡三百二十四人。諸執役者，皆官給鎧仗袍服，出宮由西宮門外垣海子南岸至厚載門，由東華門過延春門而西。帝及后妃公主結綵樓觀焉。夏六月，上都亦如之。此仗衛之侈，雖郊壇鹵簿不過也。

至元七年，建大護國仁王寺於高良河。十六年，建聖壽萬安寺於京城。二十一年，立大法輪於大內，高百尺。二十五年，萬安寺成佛像，牕壁皆用金爲飾。二十六年，萬安寺置栴檀佛像。元貞元年，用薄斂等庫爲皇太后建佛寺於五臺山。至大三年，以大都城南建佛寺立行工部，命丞相脫脫兼領。皇慶元年，大崇恩福元寺成，置隆禧院。英宗初，給鈔千萬貫，建壽安山佛寺，又冶銅五十萬斤，作佛像於其內，命拜住董其役。又作金浮圖於上都。泰定三年，建大天源延聖寺，又建殊祥寺於五臺山。天曆二年，建大龍翔集慶寺，給鈔萬錠，命阿榮、趙世安督造。至順初，命修鐵幡竿佛寺，賜金百兩，銀千兩，鈔萬錠。後至元二年，改燕帖木兒居第爲大覺海寺，塑千佛于其內。至正六年，復立大護國仁王寺，凡貸民錢二十六萬餘錠。十四年，建大壽元忠國寺於淸河。此土木之費，雖離宮別館不過也。

中統三年，作佛頂金輪會于聖安、昊天二寺，七晝夜，賜銀萬五千兩。至元二年，詔各路設三禪會。七年，大修佛事於瓊華島。九年，集都城僧誦大藏經九會。十三年，設資戒大會於開元寺。十六年，勅僧一百八人即聖壽萬安寺設齋圓戒。二十二年，集諸路僧四萬於西京普恩寺，作資戒會七日夜。二十三年，命西僧蒇佛事于萬壽山。二十四年，作佛事於五臺山三十三會。二十五年，命亦思麻等坐靜于大護國仁王寺，凡五十四會。二十六年，詔天下梵寺所貯藏經集僧看誦，仍給所費。二十七年，繕寫金藏字經成，凡用金三千二百餘兩。元貞元年，以國忌飯僧七萬人。至大元年，啟水陸大會于昊天寺。延祐五年，敕書金字藏經，用金三千九百兩。至治元年，修寧夏欽察魯佛事，給鈔二百十二萬貫。三年，詔天下諸司集僧誦經十萬部，又于京師萬安、慶壽、聖安、普慶等寺及金山寺、五臺山萬聖祐國寺建水陸大會。泰定元年，命西僧修佛事于壽安山，三年乃罷。又以順宗皇后忌日飯僧萬人，造金寶蓋藏舍利。至順元年，作佛事於仁智殿，歲終乃罷。又命江浙印佛經二十七藏，遣使賚黃金二千兩，詣杭州書佛經。尋又詔以泥金畏吾字書《無量壽佛經》千部幷大乘經一藏。至正七年，興聖宮作佛事，賜鈔二千錠。十四年，命加喇嘛選僧百八人，修朵思哥兒好事。先是，至元中內廷佛事之目，每歲僅百有二，大德七年再立功德司，其目增至五百有餘。延祐四年，宣徽院會計歲供以斤計者，麪四十三萬九千五百，油七萬九千，酥二萬一千八百七十，蜜二萬七千三百，他物稱是。延祐五年，以各寺作佛事日用羊萬頭，詔易以蔬食。則未改制以前，每作佛事，日用萬羊。此供養之費，雖官俸、兵餉不及也。

中統初，賜慶壽、海雲二寺陸地五百頃。至元六年，置大護國仁王寺總管府。二十七年，立江南營田提舉，專掌僧寺貲產。元貞初，勅上都、大都從前所撥賜大乾元寺、大興教寺、大護國仁王寺酒店湖泊，官爲征收分給。改大承華普慶寺總管府爲崇祥監，立規運都總管，領大崇恩福元寺錢糧。大德五年，賜興教寺地一百頃，上都乾元寺地九十頃，萬安寺地六百頃，南寺地百二十頃。皇慶初，賜大普慶寺腴田八萬畝、邸舍四百間。置汴梁、平江等處田賦提舉司，專掌諸寺貲產。賜崇福寺河南田百頃，上都開元寺江浙田二百頃，普慶寺益都田七十頃。至治初，大永福寺成，賜金五百兩，銀二千五百兩，鈔五十萬貫，雜綵萬匹，置都總管府司其歲入。又賜西番撒思加地僧金千兩、袈裟二萬襲。泰定三年，賜殊祥寺田三百頃，大天源延聖寺吉安、臨江二路田千頃。省臣言，世祖建大宏文宣赦等寺，賜永業已屬虚費，成宗又構天壽萬寧寺，較前更倍。若武宗之崇恩、福元，仁宗之承華、普慶，抑又甚焉。天歷二年，市故宋全太后田爲大承天護聖寺永業，市故瀛國公田爲大龍翔集慶寺永業。括益都、般陽、寧海閑田十六萬二千九百頃，賜大承天護聖寺。遣大禧院監蔚州廣靈縣銀礦歲入，歸大承天護聖寺。至順二年，詔景東府歲出金五千兩，供上都洪禧崇壽寺。後至元七年，又撥山東地十六萬二千餘頃，給大承天護聖寺。此則産之富，雖藩王國戚不及也。

至楊璉眞珈發掘宋諸帝陵寢，庇平民不輸公賦者二萬餘戶，幷占民五十餘萬爲佃戶。大德中，始放爲民。白雲宗總攝沈明仁强奪民田二萬頃。上都開元僧强奪民薪，民訴諸留守李璧，璧方詢其由，僧遽率黨持白梃入公府，隔案引璧捽諸地，曳歸，幽之空室，久乃得脱，奔訴於朝，僧竟赦免。其徒龔柯等與諸王合兒八剌妃爭道，拉妃墮，箠撲交下，事聞，亦釋不問。而宣政院方取旨，凡毆西僧者截其手，詈者斷其舌。仁宗時在東宮，奏罷之。又每作佛事，輒得賄奏釋罪囚，如元貞初釋大辟三十人，杖以下百人。凡奴婢殺主，妻妾殺夫，皆得夤緣倖免，率以爲常。皇祐中，御史臺言其弊，始禁之。此其威勢之横，雖强藩悍相不過也。由此觀之，朝廷之政爲其所撓，天下之財爲其所耗，説者謂元之天下，半亡於僧，可爲炯鑒云。

按，《北史》，後魏孝文帝時，沙門統曇獻奏，平齊戶有能歲輸穀六十斛入僧曹者，即爲僧祇戶。又請民犯重罪者，以爲佛圖戶，供諸寺灑掃。詔許之。此又有元僧寺占田脱罪之濫觴也。

《叢考》卷十八，《續修四庫全書》。任文利標點。

又《行香》（同上，卷二六） 外省文武官，每朔望，例向文武廟行香。按，行香之名起于六朝。《南史》，何尚之于宅設八關齋，自行香。南齊魚復侯子響誅後，武帝心悔之，百日于華林園作齋，親自行香。岑敬之于重雲殿法會，梁武帝親自行香，見之，遂除博士。此行香之見于六朝者。唐宋以來，則皆以國忌日行香。程大昌《演繁露》謂國忌行香，本起於後魏。《通鑑記事》，唐太宗崩，武才人出感恩寺爲尼。忌日，高宗詣寺行香，見之，才人泣，上亦泣。《唐摭言》云，相踪有門下客郭薰應試，踪爲之地，主文趙騭無計拒之。會列聖忌辰，宰執已下俱於慈恩寺行香，忽有綵帖千餘隨風飄至，皆有新及第進士郭薰一事。公卿相顧驟然，騭因是得黜薰。《遼史》，統和中，詔景宗忌日，諸道遣官行香飯僧。《燕翼貽謀錄》，眞宗大中祥符二年九月，詔宣祖、昭武帝、昭憲后忌日前一日不坐朝，羣臣進名奉慰，寺觀行香，禁屠廢務，著于令。《王文正遺事》云，舊制，國忌迭命宰相、參知政事一員，率文武常參官，赴佛寺行香，內職不與焉。景德中，陳堯叟、王欽若爲樞密使，率內職同赴，乃聽。《文昌雜錄》云，大忌，百官集相國寺，俟宰相至，百官班立于庭中，揖訖，然後行香。後改景靈觀行香。《道山清話》云，溫公在永興，一日因國忌行香，幕客有事欲白，誤觸燭臺，污公衣。公不動，亦不問。《容齋隨筆》云，景德二年三月，元德皇后忌辰，中書樞密院文武百官並赴相國寺行香。據此數事，則行香唐宋時皆以國忌，非必朔望也。《西溪叢語》，朱梁時，大明節百官行香祝壽。則又有行之祝壽者，然皆未定有朔望之制。若朔望朝拜，則宋雖有之，而不曰行香。錢文僖留守西都，應天院有三聖像，去府十里，每朔望，集衆官朝拜。未曉而往，拜畢，飲三杯而退。文僖戲爲句曰，正好睡時行十里，不交談處飲三杯。是朔望朝拜亦是舊制，而與行香爲兩事。王棠《知新錄》謂，洪武十七年，詔朔望日郡縣官以下詣學行香。則朔望朝拜及行香幷爲一事，乃洪武制。

又《塑像》（同上，卷三二） 自佛法盛而塑像遍天下，然塑像實不自佛家始。《史記》，帝乙爲偶人以象天神，與之博。則殷時已開其端。《國語》，范蠡去越，越王以金寫其形而祀之。《國策》，宋王偃鑄諸侯之像，使侍屏廁。則幷有鑄金者。《孟子》有作俑之語，宋玉《招魂》亦云像設。魏文侯曰，吾所學者，乃土梗耳。又《國策》，秦王曰，宋王無道，爲木人以象寡人而射其面。又孟嘗君將入秦，蘇代止之曰，土偶與桃梗相遇，桃梗曰，子西岸之土也，挺子以爲人，歲八月雨降，則汝殘矣。土偶曰，吾西岸之土，土殘則復西岸耳。今子東國之桃梗也，削子以爲人，雨下水至，漂子而流，吾不知所税駕也。則泥塑木刻，戰國時皆已有之矣。又《韓非子》記桓赫削之道，鼻莫如大，目莫如小。鼻大可小，小不可大也。目小可大，大不可更小也。此又塑像之秘訣。至佛像，自漢武擊休屠，始得其祭天金人以歸。然則佛像本用金鑄，其後有用土木者，則轉從入中國後，以中國之法爲之耳。《宋史·方伎傳》，僧志言盛夏死，身不壞，仁宗命以其眞身塑像寺中。此又後世眞身塑像之始。

又《燒香》（同上，卷三三） 趙彦衛《雲麓漫抄》謂古無燒香之事，《尚書》至于岱宗柴望，大告武成，《禮記》焚柴於泰壇，《周禮》升煙燔牲首，皆是焚柴升煙以降神。後世燒香，蓋起於佛道云。李相之《賢已集》因謂燒香始於佛圖澄。襄國城塹水源暴竭，石勒問澄，澄曰，今當敕龍取水。乃燒安息香，呪數百言，水大至云。然燒香實不自此始。《三國志》，孫策謂張津著絳帕頭，燒香讀道書，又《江表傳》，道士于吉來吳會，立精舍，燒香讀道書。則漢末道家已用之。又按《漢武故事》昆邪王殺休屠王，以其衆來降，得其金人之神。其祭不用牛羊，惟燒香禮拜。則燒香之始於佛家可知也。高似孫《緯略》亦云。

又《放生池》 放生本於佛家戒殺之義。唐乾元中，命天下置放生池八十一所。顔魯公碑云，環地爲池，周天布澤。動植依仁，飛潛受獲。宋天禧中，王欽若奏以杭州西湖爲祝聖放生池，郡守王隨記之。東坡奏西湖不可廢者五，此其一也。其狀云，郡人數萬會於湖上，所活羽毛鱗介以百萬數。然考《藝文類聚》梁元帝時荊州有放生亭碑，則唐以前已有之。又《南史》梁武時謝微爲《放生文》，見賞於世。蓋梁武帝奉佛戒殺，至以麵爲犧牲，則放生起於是時無疑也。據魯公飛潛受獲及坡翁羽毛鱗介云云，則其池不特種魚。宋人生辰多以放鳥鴿爲壽，坡翁詩記取金籠放雪衣，自注，杭人以放鴿爲太守壽。又《倦遊錄》云，王丞相生日，羣籠雀鴿以獻，開籠一一放之。皆與天禧祝聖事相類，蓋放生池兼放鳥獸，今人亦尚有捨豢六畜者。

又《佛》（同上，卷三四） 佛教入中國，始於後漢明帝。按衛宏《漢紀》，帝夢見金人，頂有日月光，以詢朝臣。傅毅對，西方聖人，其名曰佛。袁宏《後漢紀》云，浮屠者，佛也。佛者，漢言覺也，將以覺悟羣生也。於是遣郎中蔡愔等使天竺，得佛經四十二章，及釋迦之像，並沙門迦葉摩騰、竺法蘭以來。此爲中國有佛之始。然許觀《東齋紀事》謂明帝以前已有之，而引劉向《列仙傳序》得仙者一百四十六人，其七十四人已見於佛經，則西漢時已有佛經矣。《翻譯名義集》，周穆王時，文殊目連來化，穆王從之，即《列子》所謂化人者也。魚豢《魏略·西域傳》曰，哀帝元壽元年，博士弟子景盧受大月氏王使伊存口傳《休屠經》。隋《經籍志》亦云，景盧，隋《志》作秦景。是皆西漢時也。羅壁《識遺》引《列子·仲尼篇》曰，西方之人，有聖者焉。則列禦冠在戰國時已知有佛也。《論衡》記周昭王二十四年甲寅歲四月八日，井泉溢，宫殿震，夜恆星不見。太史蘇繇占，西方聖人生。金履祥因之修入《通鑑前編》。則又西周時已知西方有聖人矣。故《隋書·經籍志》云，其書久已流布，遭秦湮沒。其說必有所據。《論衡》作昭王二十四年，隋《志》作昭王二十二年。蓋西、東周時雖知有西方異人，而其像其教固未入中國。自漢武時霍去病破匈奴，獲休屠祭天金人。張晏曰，佛徒祀金人。顔師古曰，今佛像是也。又《漢武故事》昆邪王殺休屠王，以其衆來降，得其金人之神，皆長丈餘。其祭不用牛羊，惟燒香禮拜，帝命依其國俗祀之。于是中國始有佛祀。然其時天子未之信，臣民亦少有習其術者，及明帝遣使求經，而楚王英即信其術，圖其形像，齋戒禱祀，於是臣下始有奉佛之事，而天子尚未躬自奉佛也。桓帝于宫中立浮屠之祠，《後漢書·襄楷傳》云，聞宫中立黄老、浮屠之祠。然則不特奉佛始此，即立老子廟亦始桓帝矣。於是上及宫禁矣。《後漢書·西域傳》論謂，佛道神化，興自身毒，而二漢方志莫有述者。張騫但云地多暑熱，班勇雖列其奉浮屠，而精文善法未傳，豈道閉往運、數開叔葉乎。則佛法俟時而興，蓋亦有數焉。

至雕刻佛像，李綽《尚書故實》謂自戴顒始。顒嘗刻一佛像，自隱帳中，聽人臧否，隨而改之，如是十年，厥功方就。其創立寺宇，《古今原始》謂自趙石虎時始。漢魏惟聽西域人立寺都邑，至石虎敬事佛圖澄，國人化之，始造寺廟云。石虎時，王度疏言，漢魏惟聽西域人立寺，漢人皆不出家，今宜禁趙人爲沙門者。虎曰，朕生自邊鄙，享祀應從本俗。其夷、趙百姓樂事佛者，聽之。其後姚興以鳩摩羅什爲國師，大營塔寺，由是州郡化之，事佛者十家而九。然《後漢書·陶謙傳》，笮融大起浮屠寺，上界金盤，下爲重樓堂閣，周迴可容三千許人，黄金塗像，衣以錦綵，招致旁郡好佛者五千餘户。每浴佛，輒多設飲飯，布席於路，凡就食及觀者且萬餘人。亦見《吳志·劉繇傳》。則後漢之末，佛像、佛寺已極莊嚴，不自戴顒及石虎始也。《南史·戴顒傳》亦云，自漢世始有佛像，形製未工，顒特精其事。宋世子鑄丈六金身於瓦官寺，既成，恨面瘦，工人不能改，迎顒視之。顒曰，非面瘦，乃臂胛肥耳。及減臂胛，果相稱。據此，則佛像不始於顒。

惟聽中國人出家爲浮屠，前代無明文。按，晉明帝時，聽民劉峻出家，又聽洛陽婦女阿潘等爲尼，此則中土人爲僧尼之見於史者也。佛姨母瞿曇彌欲出家，如來不許，謂阿難言，若聽女人出家，乃令佛法清淨，梵行不得久往。譬如莠生稻田，善穀復敗。又言，我之正法，千載興盛，以度女人故，至五百歲而漸衰微。王阮亭引之，以爲比邱尼之始。然此乃彼國中人，而非中國人爲尼之始。隋《志》又謂，魏黃初中，國人始依佛戒，剃髮爲僧。蓋其時民間已私有此風，而其後遂著爲令甲耳。《七修類稿》又謂，俗以四月八日爲釋迦生辰，誤也，周建子，當以夏正，爲二月八日矣。

又《佛經字數》　《妙法蓮花經》六萬九千五百五言，《維摩詰經》三萬七千九十二首，《金剛般若波羅蜜經》五千二百八十七言，《佛頂尊勝陀羅尼經》三千二十言，《阿彌陀經》一千八百言，《觀音普賢菩薩法行經》六千九百九十言，《實相法蜜經》三千一百五言，《般若波羅蜜多心經》二百五十八言。此八種經具十二部，合一十六萬六千八百五十七言，見白香山所作《蘇州重元寺法華院石壁經碑記》，謂三乘之要旨備於此矣。

又《〈諫佛骨表〉有所本》　昌黎《諫佛骨表》專以自古人君事佛不事佛享國久暫爲言。按，此亦有所本，《唐書》傅奕上疏詆浮屠法，謂五帝三王未有佛，君明臣良，年祚長久。漢明帝始立佛祠，然惟西域桑門自傳其教，西晉以上不許中國人髡髮，至石、苻乃弛厥禁，而政虐祚短，梁武、齊襄尤足爲戒云云。又姚崇《戒子令》曰，今之佛經，羅什所譯，姚興與之對翻，而興祚不延，國亦隨滅。梁武身爲寺奴，胡太后以六宫入道，皆亡國殄家。近孝和皇帝發使贖生，太平公主、武三思等度人造寺，身嬰夷戮，爲天下笑。五帝三王未有佛法，其臣則彭祖、老聃皆得長齡，豈抄經鑄像力耶。此二事又昌黎《表》所本也。

又《觀音像》　胡應麟《筆叢》、王弇洲《觀音本紀》皆謂古時觀世音無婦人像，而歷引《法苑珠林》、《太平廣記》諸書以證之。晉義熙十一年，梁州刺史楊收敬以罪下吏，其友郭宣及父處茂同被桎梏，念《觀世音經》十日，夜夢一菩薩，慰以大命無憂，俄而枷鎖自脫。張興妻繫獄，晝夜念觀音經。一沙門蹴之曰，起起，俄而枷脫。然戶閉無由出，又夢向沙門曰，門已開矣，果得出。王球在獄，念《觀音經》，夢一沙門以一卷經與之，又見一車輪。沙門曰，此五道門也。既覺，鎖皆斷脫。畢覽隨慕容垂北征，陷敵入深山失路，念《觀音經》。見一道人法服持錫，示以途徑，遂至家。沙門法義得病，念《觀音經》，夢一道人爲刳出腸胃，洗畢還納之，遂愈。又一仕宦妻爲神攝去，因作觀音像虔奉之，夢一僧救之得蘇。據此數事，當時夢見者或沙門，或道人，明乎其非婦人像也。王、胡二説固辨矣，然亦有不儘然者。

南宋甄龍友題觀世音像云，巧笑倩兮，美目盼兮。彼美人兮，西方之人兮。洪景盧《夷堅志》，董性之母素持《觀音普門品經》，忽病死，其魂呼救苦觀世音。恍若有婦人瓔珞被體，相好端嚴，以右手把其臂，挈之偕行，遂瘳。許洄妻孫氏臨產，危苦萬狀，默禱觀世音，恍惚見白衣婦人，抱一金色木龍與之，遂生男。又壽涯禪師咏魚籃觀音詞，有窈窕豐姿都沒賽，提魚賣，堪笑馬郎來納敗。《夷堅志》，徐熙載母程氏虔奉觀音，熙載舟行將覆，呼菩薩名得免。既歸，母笑曰，夜夢一婦人抱汝歸，果不妄。則觀音之爲女像，宋元間已然。不特此也。《北史》，齊武成帝酒色過度，病發，自云初見空中有五色物，稍近成一美婦人，食頃變爲觀世音，徐之才療之而愈。由美婦人而漸變爲觀世音，則觀音之爲女像可知。又《南史》陳後主皇后沈氏，陳亡後入隋，隋亡後過江，至毗陵天靜寺爲尼，名觀音皇后。爲尼不以他名，而以觀音爲名，則觀音之爲女像益可知。此皆見於正史者，則六朝時觀音已作女像，王、胡二公尚未深考也。又今世所持誦《高王觀世音經》，亦見《北史·盧景裕傳》。景裕之敗也，繫晉陽獄，至心誦經，枷鎖自脫。又有人責罪當死，誦經千遍，臨刑刀折，主者以聞，赦之。此經遂甚行，號曰《高王觀世音經》。此經本景裕爲高歡開府屬時所譯者也。

又《天王堂》　僧寺多有名天王堂者，按《談藪》記唐天寶間，番寇西安，詔不空三藏誦咒禳之。忽見金甲神人，不空云，此毗沙門天王第二子獨健往救矣。後西安奏捷，亦云西北有天王現形，勝之。朝廷因敕諸道立像。郎瑛謂，今佛寺有天王堂，始此也。又《括異志》，宋建炎中，敵將屠秀州，天王現於城上，大若數間屋，遂懼而引去。因建天王樓於城西北隅。

又《僧稱》（同上，卷三八） 僧之稱釋家，從釋道安始。道安謂，佛氏釋迦，今爲佛子，宜從釋氏。帛尸因請學佛者皆姓釋氏。此僧家稱釋氏之始。其曰比邱者，《臞仙原始秘書》云，稱佛爲牟尼，謂德同仲尼也。沙門爲比邱，謂德同孔子也。女沙門曰比邱尼，謂德同孔子仲尼也。葉石林《避署錄》云，晉、宋間，佛家初行，其徒猶未有僧稱，通曰道人。按《齊書》，莊嚴寺有僧達道人講座。東昏至蔣山定林寺，一沙門病不能避去，藏草間，帝將殺之。韓暉光曰老道人可念是也。僧之自稱，則曰貧道。《顔竣傳》釋僧舍謂竣曰貧道常見讖記是也。僧之稱和尚，本于釋典，羅云出家，即羅睺羅。佛命舍利佛爲其和尚，大目犍連作阿闍黎，故沙門以和尚爲尊貴之稱。亦見《香祖筆記》。

又《葛嶺大石佛》（同上，卷四一） 杭州葛嶺有大石佛一軀，泗水潛夫所撰《湖山勝概》謂，宣和中，僧思淨發願鑿成者也。而陸雲士《湖壖雜記》則謂，宋時有喻彌陀者，兒時指多寶山大石發願云，異時當鐫此爲佛。及出家，精於畫佛。方臘之亂，獨請以一身代一城之命，賊爲稍戢。垂老鑿此石爲佛，以償夙願。或曰，彌勒在天，何用鑿此頑石。師曰，咄哉頑石頭，全憑巧匠修。只今彌勒佛，莫待下生求。按，《輟耕錄》，喻彌陀即思淨也，錢唐人，喻其姓，思淨其僧名也。嘗建妙行院於北關，接待供僧三百萬。畫阿彌陀佛，入於神妙，楊侍郎傑贊爲喻彌陀云。然《輟耕錄》謂彌陀鐫石爲大佛頭，乃石所鑿成。余丙戌至杭州，見大石佛雄偉壯麗，曾作長歌一首，亦以爲全石所成。及己亥再至杭州，正值裝修石佛，乃如肩以下就山石鑿成，而佛頭乃是草泥所爲，非山石也。

又《少林寺僧兵》 僧兵起于少林，《日知錄》已詳之，並列舉古來僧兵十數事。然尚有未盡者，今補之。《後周書》，齊主緯既被擒，任城王湝猶固守，沙門來應募者亦數千人。《唐書》，李罕之少爲浮屠，後去爲盜。《北夢瑣言》，高駢在蜀，忽召開元寺僧千人，遍笞之，曰，此寺十年後當有禿丁作亂，是以厭之。其後土人果髡髮執兵，號大髡小髡，據寺爲逆。曾達臣《獨醒志》，廬山圓通寺，南唐時賜田千頃，養之極厚。曹彬等渡江，寺僧來抗，金陵陷，乃遁去。金主亮死，山東豪傑皆起兵，有僧義端亦聚衆千餘，欲遁。辛棄疾知其將奔金，追殺之。《金宣宗紀》，夏人犯積石州，羌界寺族多陷，惟桑逋寺僧看逋、昭逋、斯沒及答那寺僧奔鞫等拒而不從。詔賞諸僧鈐轄、正將等官。明成化中，劉千斤之亂，康都督募紫微山僧惠通勦之。通直入賊營，獨與千斤斗，千斤乃降。崇禎中，史記言知陳州，以流賊充斥，乃募士，聘少室僧訓練之。此又皆僧兵故事，足以補《日知錄》之缺。

又《男娼、尼站、和尚教坊》（同上，卷四二） 比頑童之訓見於《尚書》，可見三代已有此風。後有彌子瑕、鄂君、龍陽君，以及漢之籍孺、閎孺、鄧通、韓嫣、董賢之徒，至於傅脂粉以爲媚。漢惠帝時，黃門侍中皆傅脂粉。沖帝時，有飛章告李固胡粉飾貌，搔頭弄姿。魏曹子建亦好傅粉。晉何晏動靜自喜，粉白不去手。唐張昌宗得幸於武后，又薦其兄易之，傅粉施朱，俱承辟陽之寵。後唐莊宗嘗自傅粉，與伶人戲。此皆傅粉故事。史臣之贊曰，柔曼之傾國，非獨女德，蓋亦有男色焉。《癸辛雜識》謂，東都盛時，有經此圖衣食者。政和中立法，告捕男子爲娼者，杖一百，賞錢五十貫。南渡後，吳俗尤盛，皆傅脂粉，盛粧飾，善針指，呼謂亦如婦人，其爲首者號師巫行頭。凡官府有不男之訟，則呼使驗之。敗壞風俗，莫此爲甚云。按，此風相習，歷代皆所不免，然如宋時之傅脂粉，並有師巫行頭之類，則罕矣。《癸辛雜識》又記，臨平明因寺，尼刹也，往來僧官每至，必呼尼之少艾者供寢，寺中苦之。於是專作一寮，貯尼之有違濫者，以供不時之需，名曰尼站。曾三異《同話錄》，唐元和中，有僧文淑者，聚衆論說內典，托言鄙褻之事，同輩爭爲歌曲，呼所居爲和尚教坊。此皆事之不經者也。

又《妻肉僧》 呂藍衍《言鯖》謂陝西邊郡山中，僧人皆有家小，以爲異。不知其地近蒙古風俗，凡喇嘛多娶妻食肉，毋足怪也。元人馬祖常《河西歌》，賀蘭山下河西地，女郎十八梳高髻。茜根染衣光如霞，即召瞿曇作夫壻。正是甘涼一帶舊俗也。《唐書·李德裕傳》，蜀先主祠旁有猱村，民皆剃髮若浮屠者，而畜妻子自如。鄭熊《番禺雜誌》，廣州僧有室家者，謂之火宅僧。呼僧之妻曰梵嫂。房千里《投荒雜錄》謂，南人不信釋氏，間有一二僧，皆擁婦食肉，土人以女配之，呼曰師郎。或有疾，請僧設食，宰殺羊豕以噉之，目爲除齋。陶穀《清異錄》，京師大相國寺僧有妻，曰梵嫂。曾三異《同話錄》，僧鑒虛作煮肉法，行於世。是僧之妻肉，由來久矣。又《古今原始》，宋太祖時，始禁道士不得畜妻孥。是古來道士亦皆有妻室矣。今世俗亦尚有一種火居道士，有妻子，與民人無異。

又《世界》（同上，卷四三） 世界見《首楞嚴經》，佛告阿難，言世爲遷流，界爲方位。東、西、南、北、東南、西南、東北、西北、上、下爲界。過去、未來、現在爲世。方位有十，流數有三。猶《淮南子》所云，往古來今謂之宙，四方上下謂之宇也。揚子雲《太玄》則謂，闔天謂之宇，辟宇謂之宙。陸績云，闔，天地晝夜之稱，辟謂開天地晝夜之稱。

沈濤《瑟榭叢談》卷上 唐初懷戎浮屠高曇晟因縣令具供，與其徒襲殺令，僞號大乘皇帝，以尼靜宣爲耶輸皇后，建元法輪，尋爲高開道所幷。見《唐書·高開道傳》。曇晟以僧人爲天子，與明太祖同，而成敗事異。余《上谷詠懷古蹟》云，紛紛割據到懷戎，嬀水縈廻繞故宮。不見龍潛皇覺寺，漫將成敗論英雄。

宣興儲龍光《上谷雜詩》注，首座寺有笵銅秘密佛像六軀，形容醜穢，趺下鐫字一行云，烏斯藏大慶法王譜占班丹發心造。康熙中，某縣令毅然欲毀之，嘗將惑於邪說，謂可辟兵，竭力護持，竟不毀。舊志，首座寺在城北五虎街。儲雍正朝口北備兵，是爾時佛像猶存，則幷寺俱毀，土人無復知之者。余《上谷詠懷古蹟》云，秘法空傳演揲兒，橫陳嚼蠟味誰知。如何亦墮金人淚，歡喜諸天少護持。（略）

元迺賢《金臺集·居庸關》詩注，關北五里，今敕建永明寶相寺，宫殿甚壯麗，有三塔跨於通衢，車騎皆過其下云云。今三塔已亡其二，寺亦改名。塔下刻經咒甚多，有漢字，有梵字，有蒙古字，有畏吾字。顧亭林據《元史·泰定帝紀》以爲指揮使兀都蠻所刻。余嘗盡拓以歸，皆不著刻經人名。內惟一條云，至正五年，歲在乙酉，九月吉日，西蜀成都寶積寺僧德成所刻。非一時一人之筆矣。（略）

《金史·列女傳》，哀宗寶符，李氏國亡，從后妃北遷，之宣德州，居摩訶院，日夕寢處佛殿中。作幡旆會，當赴龍庭，將發，即於佛像前自縊死，且自書其門紙曰，寶符御侍，此處身故。余《上谷詠懷古蹟》云，大節從容淨土留，幽蘭殉國共千秋。不須更羨梁園死，金水河頭弔玉鉤。

陳其元《庸閒齋隨筆》卷一 報施輪迴之說，豈盡無憑哉。先大父毅堂公嘗爲子孫言，高祖耑南公諱鑣，官雲南首府時，總督某公貪暴無藝，稍忤意旨，即加以白簡，諸官奉令惟謹。一日者，飭雲南守購赤金二百兩，公承命向肆中買金，每金兩十六換，賫金開價投入。總督大怒，不受。自是指瘢索垢，呵責萬端，公擬即掛冠矣，會總督爲言官列款糾劾，天子命諸城劉文正相國來按是獄。公上謁，相國以首府必總督私人，拒勿見，而使緹騎圍督署，搜索，得通賄簿，某若干，某若干，錙銖無漏。而于雲南守名下，則大書曰：「某日送赤金二百兩，索價十六換，發還。」等字。遂大重公。總督拘于請室，昔時趨附輩無一人過問者，公乃爲之納橐饘，供衣履。比奉命鎖拏進京，又饋白金千資其行。總督大感愧，搶首于地曰，某無眼，不識君。此行若得生，必矢報。倘罪不赦，來世爲子孫以報君。比入都，則賜自盡。越十餘年，公以養親歸里，久忘前事矣。一日者，坐書室假寐，忽傳言某總督來。方起迎之，總督已至前，珊瑚冠蟒玉如故狀，向公跪曰，來報恩。欲掖之，已直走入內室。驚而醒，正疑訝間，則報生第四孫矣。即先大父也。彌月後，乳媪抱之出，見公即莞然笑，公撫其首曰，兒他日不患不作官，但不可再貪耳。即噭然哭。先大父自言平生涖官行法膽極大，獨一見貨財，則此心惕惕然懼，其懲於前世之夙根耶。耑南公晚居石門，見近鄰二童子，奇其貌，招之來家，俾與先大父共讀，即陳學士萬青、侍郎萬全也，故名大父曰萬森。

袁枚《迎佛不始于漢明帝》（《隨園隨筆》卷二〇） 《通鑑》以迎佛始于漢明帝，按《正字通引》、《帝王世紀》，秦時西域沙門寶利房聘秦始皇，囚之，房竟飛去。《漢書》，武帝得西域祭天金人，置甘泉禮拜。皆佛之先聲。又《大事記》以漢哀帝元壽元年月氏使者伊存口授弟子秦景浮圖經爲佛入中國之始。《拾遺記》，尸羅朝周穆王左耳出青龍，右耳出白虎，則更在前矣。

又《還魂因果不始于佛法》 前漢《五行志》女子趙秦死六日而活，見其亡父，告以二十七歲不死。其時尚無佛法，已有還魂之說。或云，左氏晉獲秦諜，殺之，絳市七日而蘇，亦此類矣。至于因果報應之說，左氏所載尤多。

又《廟像不始于佛家》 《三國志》笮融爲廣陵都督，起浮圖，以銅爲人，黃金塗身，衣以錦采，疑爲佛像之始。然《華陽國志》文翁守蜀，造講堂，作石室，安帝時烈火爲災。獻帝興平元年，太守高聯復造周公禮殿。《全蜀藝文志》云，二人皆有石像石室，中有孔子坐像。其坐斂蹠向後，屈膝當前，七十二弟子侍于兩旁，此後世廟像之始也。《隸續》載孔子見老聃畫像，弟子侍者一人，車上一人。又金鄉山司隸校尉魯君家有石祠，四壁青石隱起，皆刻古忠臣孝子烈女之像，載《水經注》。顔魯公書《東方朔畫像記後跋》云，捏素爲之。霍去病得休屠祭天金人以歸，則是外國所爲，非中國也。

洪亮吉《喪葬篇》（《卷施閣集》文甲集卷二）　又古人喪葬之所飾，不過芻靈楮幣而已，今則更增僧尼道士、簫鼓鐃吹。于是而死喪之家，則一室皆滿。絲麻袒免之親，不及僧尼道士之衆也。袒踊哭泣之哀，不及簫鼓鐃吹之喧也。甚至有爲附身附棺之具，力不及者，尚可從減，而必借此以飾觀者矣。夫鐃吹，軍中之樂也，鐘鼓管籥，吉嘉之禮也，而行于喪家，可乎。尤可恨者，僧尼道士所誦之經，又必爲解冤釋罪之語。是眞視吾親爲愆尤叢集之身，不如此則罪莫可釋，冤莫可解也。何其以君子之道待僧尼道士，而以至不肖者待吾祖若考乎。其始愚民爲之，其後士大夫踵而行之，孔子曰，始作俑者，其無後乎。作俑之害，尚至無後，吾不知始創延僧尼道士、簫鼓鐃吹者，又將何如也。

又《寺廟論》（同上，補遺）　戶口至今日可謂極盛矣，天不能爲戶口之盛而更生財，地不能爲戶口之盛而更出粟，則一州一邑之知治理者，唯去其糜費而已矣。糜費之道有二，一則前議所云飲食衣服是也。然即以江南而論，除一二府而外，一二府又除城邑以外，所謂服食侈靡之習，在窮鄉小民者尙少。其害最偏而費最甚者，其惟神廟及佛寺乎。今率計之，一城之寺廟，大率百所，一鄉一聚之寺廟，大率數十，最少亦不下七八所。最久者十年一修，暫者不過三四年。又因其制而廓大者，十率七八。一所之僧徒道士，大者數百人，次數十人，最少者亦一二人。大率以江南大府而論，一縣之轄，寺廟至千。一府之轄，寺廟至萬。寺廟至千，是僧徒道士常十萬人也，而其修築及徒衆之費，出于富人之金錢者，不過什四，出于小民典衣損食之錢者，常什六，是所謂不耕而食，不織而衣者也。而使小民用典衣損食之錢以養之，不敢吝惜。夫人情于至親望其相助，不過視其所有十分其一二，而已出于過望矣。而僧徒道士之食小民也，若以爲固然，甚者或假禍福以怵之。稍値歲稔，即又借此爲募化之資。其徒衆又甚閒，僻壤窮鄉，可以排戶而至，遂使小民所夙儲以備水旱年歉者，必說法盡出之以爲快，故其害最甚。

夫道釋之教，行之千年，勢非能一日而廢，第不可不爲之限制耳。其法當斟酌其有田產可以贍徒衆者，裁留一二所，其地稍廣闊者，或裁留二三所，大率不得過五所。其他則廟之應祀典者，一邑當不過十餘所，此不過置香火，一二人守之足矣。而其徒衆及田產之過盛者，則又當如明虞謙所奏，一僧之田，無過五畝，一寺之衆，無過數十。凡民之欲立一寺及一廟者，必請之縣官，縣官裁其應祀典及合例者，始許之。其私修及私創者，有明禁。又必以其合例者申于大吏，年終則彙以報禮部，使天下之一寺一廟，皆犂然有可考正。在君子既可以知祀典之重，而小民即以隱杜其糜費之端，其事易行而務至急者也。

夫寺廟之設，尋其初，不過里巷好事之民借以爲遊觀之所，而使耕夫織婦，隱受其害，不已舛乎。上之于下，覆冒之，樂育之，然其取之也，不過什一，而僧徒道士之取民也，反得恣其意之所至，不爲之限，將何所底止耶。東南之患，在土狹而人衆，民之無業者已多。而又積此數百萬人，使耕夫織婦，奉之如父母，敬之如尊長，罄其家之所有而不惜，俗安得不貧，而民安得不困。往嘗見江以南大寺，有田滿數千，衆滿數百者，後皆以作姦犯科，罪至誅徙。則所以福之者，適所以害之也。用耕夫織婦之錢以養無業之人已不可，況用耕夫織婦之錢以養作姦犯科之徒衆，非官其地者之責耶。小民之怵于禍福，其性然，無足怪也。使不爲之限制，而又有好事者相煽動，其狂惑失次，不已宜乎。且所爲裁者，又非裁其神與佛之數也，不過裁其寺廟之數耳。寺不過此數佛，廟不過此數神，而何用一邑之中疊出百處，則又豈爲彼教中所爲清淨自尙者耶。誠使一州一邑之知治理者如吾法以行之，將見民志不惑，而民俗亦可稍阜也。

盧文弨《師子吼》（《鍾山札記》卷四）　蘇東坡《戲陳季常》詩，忽聞河東師子吼，拄杖落手心茫然。相傳季常之妻柳氏頗妒，然與其良人皆篤好釋典，故蘇之意雖主於勸，而所謂師子吼者，實用禪門語，竝未嘗斥其隱也。偶閲內典，《佛說長者女庵提遮師子吼了義經》云，舍衛國城西有一村，名曰長提，有一婆羅門，名婆私膩迦，有女名庵提遮，佛告舍利弗，是女非凡，已値無量諸佛常能說如是師子吼了義經。蓋師子吼雖佛家常語，而此則女人事用來尤切。注家但引杜詩證河東之爲柳，是已，而此尙失援引。今人率以河東師子作見成語，不知四字本不相連也。

王鳴盛《西域記》（《蛾術編》卷一二） 《新唐書・太宗女合浦公主傳》，降房遺愛，御史劾盜得浮屠辨機金寶神枕，自言主所賜。初，浮屠廬主之封地，會主與遺愛獵，見而悅之，具帳其廬，與之亂，更以二女子從遺愛私餉億計。至是，浮屠誅死，殺奴婢十餘。《玉海》，《唐西域記》十二卷，貞觀中玄奘譯，辨機譔。玄奘徧歷西域一百三十八國，因記其山川聚落風俗古跡之詳。一云玄奘所歷一百一十國，傳聞二十八國，山川風俗釋氏事迹皆錄。案《西域記》十二卷，予得自釋藏，每卷首題三藏法師玄奘奉詔譯，大總持寺沙門辨機譔。前有序，不署何人譔。文云，玄奘輒隨游至，舉其風土，不有所敘，何記化洽。今據聞見，于是載述。據此，似玄奘述之，辨機記之。又言，編錄典奧，綜覈明審，立言不朽，其在茲焉。竊意斷無同時僧有兩辨機之事，以一淫亂沙門，乃意在譔述，亦理所無。然載在正史者，不可不信。

而又有尚書左僕射燕國公張說製序，稱法師諱玄奘，姓陳氏，潁川人。與令兄長捷法師蔥山矯迹畢究方言，于是詞發雌黃，飛英天竺，文傳貝葉，聿歸振旦。太宗文皇帝製《三藏聖教序》七百八十言。今上昔在春闈載述聖記五百七十九言，奉詔翻譯梵本凡六百五十七部。而紹無一言及辨機。攷今《聖教序》，玄奘周游西宇十有七年，窮歷道邦，詢求正教，總持三藏要文，凡六百五十七部，譯布中夏，宣揚勝業。與張說《序》合，《西域記》國數亦與《玉海》所言一百三十八國合。而其書究係玄奘作乎，與辨機同作乎。荒虛誕幻，吾何由而知之。鶴壽案，《新唐書・藝文志》有程士章《西域道里記》二卷，王元策《中天竺國行記》十卷。高宗遣使分往康國、吐火羅訪其風俗物產，畫圖以聞，詔史官譔《西域圖志》六十卷。裴矩《西域圖記》三卷。達奚通《海南諸蕃行記》一卷。以上五書，編在地理類，而玄奘《大唐西域記》十二卷，注云姓陳氏，緱氏人，辨機《西域記》十二卷，則皆載在釋氏類，本不以當地理志也。

梁玉繩《瞥記》卷四 《釋老志》，趙郡沙門法果誠行精至，太宗授以輔國宜城子、忠信侯、安成公之號，卒，贈老壽將軍趙胡靈公。法果四十始爲沙門，有子曰猛，詔令襲果所加爵。僧封公侯，奇。僧有子而襲封，更奇。時有沙門曇證，亦加老壽將軍號。

《釋老志》，沙門道登卒，高祖詔，朕師登法師，奄至徂背，痛怛摧慟，不能已已。比藥治慎，喪未容即赴，便準師義，哭諸門外，績素之。案，唐釋道宣《廣弘明集》引作緇素榮之，監本譌脫。

又《沙門授官》（《庭立記聞》卷一） 唐代宗時，胡僧不空官至特進大鴻臚開府儀同三司肅國公，歿，贈司空。宋時僧官有授光祿鴻臚卿少卿者。遼時憫忠寺題名，僧官有授崇祿大夫守司徒及檢校太師行鴻臚卿者。元仁宗延祐六年，特授僧從吉祥榮祿大夫大司空加大司徒，僧文吉祥開府儀同三司，吉祥，僧之美號。順帝以西天僧爲司徒，明太祖以鍾山僧吳印爲山東布政使，見《方正學集・張孟兼傳》。他若元劉秉忠、明姚廣孝乃僧之還俗者，又無論矣。唐高宗以天水尹尊師文操爲宗聖觀主，授銀青光祿大夫行太常少卿，固辭，乃受散官。睿宗拜葉法善鴻臚卿，封越國公，贈其父慧明歙州刺史。玄宗拜道士馮道力銀青光祿大夫鴻臚卿冀國公，拜其父太元朝散大夫，使持節沁州諸軍事沁州刺史。拜尹愔諫議大夫集賢院學士，兼修國史，以道士服視事。又相州刺史韋濟薦張果入宮，制以爲銀青光祿大夫，賜號通玄先生。緇黃之流，輒玷清班，何其濫也。唐敬宗以道士劉從政爲光祿少卿。

又《庭立記聞》卷一 僧以夏臘紀年，或稱僧夏，或稱僧臘，亦有作納者，何義。曰王蘭泉侍郎云，《金正隆二年京兆府重修府學記》有云，進納落髮，又云，僧納四十六，納即衲字，謂其著衲衣四十六年也。又師兄弟謂之法眷，《乾德四年京兆府重修清涼建福禪院記》末題仝學法眷僧名。竝見《金石萃編》第四十一卷。（略）

世間塑繪觀音皆女像，果女身否。曰此變相也。釋藏有《十一面觀世音經》，唐李儼撰《益州多寶寺道因法師碑》，師與玄奘仝譯經。歐陽通書，碑中述師將詣洛中，感觀音之靈異，云杖錫出山，孑焉孤邁，恐罹刑憲。時禁僧游涉。靜念觀音，少選之間，有僧欻至，皓然白首，請與俱行。迨至銅街，暨於金地，俯仰之際，莫知所在。則非女身可知。王蘭泉跋云，天竺夢泉供出山觀音，是男像，亦白首老人，與碑所紀合。六朝、唐、宋，名手寫像，無作婦人者。（略）

僧元應《一切經音義》聞有二本各異，然未之見。曰非二本，乃兩書也。釋家《一切經音義》唐元應撰，道家《一切經音義》唐史崇著，世罕傳之。兩書徵引甚博，畢秋帆尚書嘗欲與陸氏《經典釋文》合刊之，惜

未果。

又《庭立記聞卷二》 或問佛字之義，曰佛字經凡三見。《周頌》佛時仔肩，《毛傳》，佛，大也。《曲禮》，獻鳥者佛其首，畜鳥者則勿佛也。鄭注，佛，戾也。《學記》其求之也佛禮，《釋文》又作拂，則佛、拂可通。《周頌》鄭箋訓佛爲輔，朱子謂佛、弼通，則與《孟子》法家拂士仝。唯《詩》疏云佛之爲大，其義未聞。曰錢竹汀云，《說文》，奔，大也，讀若予違汝弼，即此佛字，與釋氏以佛爲覺之義異。李日華《六研齋三筆》云，闢佛者曰，佛教之背戾，固已自號矣。宜其滅棄倫常，毀壞形體，事事反常，不可施於中國也。近時臨川李穆堂侍郎有《僧佛說》，以爲佛者弗人，人而爲僧，則曾爲人者也。至於成佛，則弗可爲人矣。語亦解頤。諸靄堂云，明人有對句云，人曾爲僧，人弗可以佛。女卑爲婢，女又可以爲奴。李說想本此。（略）

僧尼喫素，宜然也，婦女喫素，無識也。近日士夫多效之，欲作顧歡、周彥倫一流人，眞不可解。曰心怯則易惑，障重則增妄。佛居之國，蔬菜不生，故經言菩薩元制食三淨肉，謂不見爲我殺，不聞爲我殺，不疑爲我殺。復益之以二，自死鳥殘，號五淨肉。又言，淨肉除人、蛇、象、馬、驢、狗、獅子、狐、豬、獼猴十種，是佛未嘗食素，亦不能食素也，何關福利乎。東魏檄梁曰，毒螫滿懷，妄敦戒業，躁競盈胸，謬治清淨。切中蕭皇之弊。梁溪《漫志》載梵志數頌，有云，心裏爲欺謾，口中佯念佛，說盡佞佛人情態。至韓退之作《博士李于墓銘》，譏其二筵之饌禁忌十常不食二三，乃因餌丹藥之故。朱竹垞言姜西溟先生平生不食豕，兼惡人食豕。此食性之異者，皆非茹素也。

佛法以殺、盜、淫、妄言、飲酒爲五戒，乃鳩摩羅什之飲醇酒，妻龜茲王女。又姚興進宮人生二子，置伎女十人。曇無讖之與鄯善王妹私通，復以邪術授沮渠、蒙遜婦女以及師郎，見唐房千里《投荒雜錄》。梵嫂見宋陶穀《清異錄》。陣毯見元周達觀《眞臘風土記》。元萬寧寺之秘密佛見《元史·成宗后伯岳吾氏傳》。番僧之演揲兒法，亦名雙修法，見《順帝紀》及《姦臣哈麻傳》。明憲宗時，番僧劄巴等以秘密術得幸，見《明史》。三巴寺以納陝婦爲懺悔，見方密之《物理小識》。何淫邪至於如此。曰窮其斷欲之弊，必至如此，乃魔道也。《楞嚴經》云，上品魔王，中品魔民，下品魔女。彼等諸魔亦有徒衆，各各自謂成無上道。末法之中，多此魔民，熾盛世間，廣行貪淫，令諸衆生落愛見坑。《宋史·太宗紀》雍熙二年，禁僧人置妻孥。

又卷三 西湖淨慈寺運木井，傳是宋嘉定時道濟大師遺跡，果可信否。曰事固難信，然神力奇幻，有不可以常理測者。明包汝楫《南中紀聞》，東林寺遠公募造，木植俱從一小池中浮出，號出木池。遺趾尚在。何燕泉《餘冬序錄》，永樂四年，肇造帝京宮殿，工部尚書宋禮承命取材於蜀，得大木若干於馬湖。一夕，木忽自行，所過聲吼如雷，巨石爲開，膚寸不損。事聞，詔封其山爲神木山，建祠，歲月祭享。觀此二事，濟師運木，不得爲誕。

文廷式《純常子枝語》卷一 印度語歧異最多，故其種人不相聯屬。余案，佛說中已有種種語，如《十誦律》卷二十六云，佛以聖語說四諦法，苦集盡道，二天王解得道，二天王不解，佛更爲二天王以馱婆羅語說法。是二天王一解一不解，佛復作彌梨車語，摩舍兜舍那舍婆薩婆多羅毗比帝伊數安兜頭卻婆阿地婆陀，四天王盡解。是佛有三種語。宋釋贊甯《高僧傳》卷三云，聲明中一蘇漫多，謂汎爾平語言辭也，二彥底多，謂典正言辭也，佛說法多依蘇漫多，意住於義，不依於文。若彥底多，非諸類所能解故。按，此即中國雅言、方言之別也。

又卷二 《高僧傳》卷六《釋道融傳》，師子國有一婆羅門，聰辯多學，西土俗書，罕不披誦，爲彼國外道之宗。聞羅什在關大行佛法，乃謂其徒曰，寧可使釋氏之風獨傳震旦，而吾等正化，不洽東國。遂乘駝負書來，入長安。按，婆羅門教遠來中國，僅見於此，惜其書不傳。《隋書·經籍志》小學類有《婆羅門書》一卷。歷數家有《婆羅門算法》三卷，《婆羅門陰陽算歷》一卷，《婆羅門算經》三卷。天文家有《婆羅門天文經》二十一卷婆羅門捨仙人所說，《婆羅門竭伽仙人天文說》三十卷，《婆羅門天文》一卷。醫方類有《婆羅門諸仙藥方》二十卷，《婆羅門藥方》五卷。又五行家有《竭伽仙人占夢書》一卷，亦婆羅門書也。今北印度亞格喇城內有答闌城，英吉利人以爲婆羅門舊都云。

《十誦律》卷十四，佛遺婆羅門王阿耆達說偈云，一切天中祠，供養火爲最。婆羅門書中薩毗帝爲最。卷二十六同，惟一切天中祠作若在天祠中，又薩毗作薩鞞。此婆羅門之大旨。又卷二十六云，有諸天祀，象走所極，馬走所極，烏飛所極，閃摩娑羅薩祀，尼羅伽羅祀，天祠中，非天祠中，分陀利華以彼中祠天，祠肉不淨，沙門釋子不應噉。此即所謂一切天祠也。《大智度論》卷五十六云，昔摩伽陀國中有婆羅門，名摩伽，姓憍尸迦，有福德大智慧，知友三十三人，共修福德，命終，皆生須彌山頂第二天上。摩伽婆羅門爲天主，三十二人爲輔臣，以此三十三人，故名爲三十三天。佛喚其本姓，故言憍尸迦，或言天主，或言千眼等。案此，知婆羅門教即天主教。又卷七十云，有人言天主即是世界，始造作吉凶禍福天地萬物，此法滅時，天還攝取。此天主教之要說，西洋各國至今行之。（略）

張湛注《列子》序云，列子所明，往往與佛經相參。今案，處度所注，尤精佛理，略錄數事，以備晉人談禪之一家。如云，有何由而生，忽爾而自生。忽爾而自生，而不知其所以生。不知所以生，生則本同於無。此即佛家即色即空義也。按，《列子》云，有形者生於無形，與老子有生於無義同，而注云，謂之生者則不死，無者則不生。故有無之不相生，理既然矣。是明與列子相反。又云，有形必有影，有聲必有響，此自然而並生，俱出而俱沒，豈有相資前後之差哉。此佛家即妄即眞之義也。按，《列子》引黄帝書曰，形動不生動而生影，聲動不生聲而生響，明言所生，不言俱生，處度此注雖□竺乾之說，實異□□之旨。又云，人之神氣與衆生不殊，此佛家佛與衆生不別之說也。又云，神凝形廢，無待於外，則視聽不資眼耳，臭味不賴鼻口。此佛家一心處處能緣之說也。又云，因心以刳心，借智以去智，心智之累誠盡，然所遺心智之跡猶存，明夫至理非用心之所體，忘言之則，有餘暇矣。此佛家言語道斷，知行處滅之說也。又孔子博學多識注云，示現博學多識耳。此佛家三乘十二部無非權教之說也。推其所言，多資般若，大抵求深於列子，兼涉於玄門。晉人說經，尚多此弊，處度以注道家，尚爲善用所長。明釋德清之注莊老，說理尤實而華詞，遜此多矣。

又卷四 日本釋圓通《佛國歷象編》不信地圓地動之說，於天算所得甚尠，惟論回歷出於梵歷，乃確不可易。其言曰，回歷所用十二宮，其名與象，全同梵歷。其名曰白羊，金牛，陰陽曰夫婦，巨蟹，獅子，室女曰少女，天秤，天蝎，人馬又曰弓宮，魔羯，寶瓶，雙魚，此十二宮名義原出《大集日藏經》，曰昔在殊致羅婆菩薩受龍王請，始說十二宮及星象歷數，其他《摩登伽經》、《孔雀經》、《宿曜經》等往往說之，回歷全據之。又回歷法周天度三百六十而無餘分，每度六十分，每分六十秒，微纖以下咸準之。每宮三十度，宮度起白羊。節氣以春分爲歲首，推步七曜，及羅計以七曜紀日，不用甲乙，皆是梵法。又《唐書・歷志》云，九執歷者，出于西域，九執者，梵歷中之一，蓋是瞿曇氏歷也。以開元六年詔太史監瞿曇悉達譯之，斷取近距，以開元二年二月朔爲歷首。立表測景，斷取近距，不用上元甲子，回回、西洋、授時歷等皆據之。其以二月春分爲歲首，與回歷同。度法有六十，回回、西洋並用之。月有二十九日七百三分，日之三百七十三，歷首有朔，虛分百二十六。朔策及日周分者，印度諸歷、回、西歷等並皆不同，是由古今步算之疏密、里差等之異故也。周天三百六十度，無餘分，回、西並用之。日出沒分九百分，度之十三，二月爲時，六時爲歲。印度諸國有六時、三時，則時不同，蓋如中、南二竺，大抵近乎赤道之下，春秋二分，日在人之頭頂，所以有三時、六時。三十度爲相，是即此耳。宮又名相，每宮三十度，回、西並用之。《歷學疑問補》二以周歲日躔匀分三百六十度，但彼以春分爲太陽年第一月第一日。其注云，今回歷之太陽年，既以春分爲歲首，則以仲春後半月爲正旦。又云，然以其時春分正在白羊，此即據《宿曜》、《大集》等所說梵法也。《宿曜經》云，二月春分朔，于時曜躔婁。日躔婁也既隨太陽宿度以立正朔，故知以節氣朔爲朔，回歷太陽年之法求太陽白羊宮第一日中心行度者是也。道齊太陽在赤道最中，景正赤道下之國，當二至日中無影，月中日夜停分故，氣和陰陽停分，庶物漸榮，一切增長，故梵天折爲歷元印度回回以春分爲正旦，其義如是。《大集日藏經》云，正月支那二月。合角宿滿是故印度呼二月爲角月。此正月白羊之神主當其月，回歷蓋據之矣。又回歷推步羅睺計覩以測交食，此法亦起於印度。羅睺，支那翻曰障障日月義，計覩，譯曰旗表幟於蝕義，是中印度之語，而非回回西洋之語也。回回、支那皆非其本創法則，第因循守其名，不能以標譯名，故《大集》、《大日》、《熾盛光》等諸經，《攘災訣》、《梵天火羅》等宿歷之書，並皆存梵語，不翻轉之。及回回、西洋、支那元以來之諸歷，盡沿襲之，不能復變改也。又十二宮中磨羯宮亦存梵語，餘悉譯以爲其邦語，蓋其邦無其物，不得以餘名當之，可見已。凡上數條歷法之肯綮，而皆寫梵法，則回歷即梵歷，不皦如白日哉。余按，佛國所用即婆羅門歷，遠有淵源，宜爲

回回、西洋之所宗矣。（略）

中國儒書與天竺之梵典，其理截然不同，而自晉以來，以儒爲釋，沙門多先通儒籍而後出家，故譯經講義，多用六經諸子之字，而天竺之梵典，其本意或不可知矣。自宋以來，以釋爲儒，賢人君子往往先習禪宗而後講學，故語錄、文集每雜三藏五宗之義，而中國之儒術，其淹別益不可知矣。余嘗欲取釋藏中用儒籍與儒門中雜禪學者，詳搜廣集，勒成一書，以著其變易之迹，惜人事紛冗，未暇爲之，度辯章學術者，必有樂乎此也。

梁慧皎《高僧傳》卷四，竺法雅，河間人，少善外學，長通佛義，時依雅門徒並世典有功，未善佛理，雅乃與康法朗等以經中事數擬配外書，爲生解之例，謂之格義，及毗浮曇相等亦辯格義，以訓門徒。

《朱子語類》卷□云，張無垢九成始學于龜山之門，而逃儒以歸于釋。宗杲語之曰，左右既得把柄入手，開導之際，當改頭換面，隨宜說法，使殊塗同歸，則住世出世間，兩無遺憾矣。用此之故，凡張氏所論著，皆陽儒而陰釋，其離合出入之際，務在愚一世之耳目。

以上二條，儒釋相混之顯然者，錄之以著其概。

《肇論》旋嵐偃嶽而常靜，嵐字已見於此。《大藏音義》謂始於後魏，非也。然《肇論》嵐字似作大風解，與後世山色之義不同。又《左傳》僖三十二年杜注兩山相嶔，《釋文》云，嶔，許金反，本或作嵐，力含反。則嵐字實嶔之別體，從山風聲。《後漢書·宦者張遜傳》有掖庭令畢嵐，又《水經》沔水注云，漢水又東，逕嵐谷北口，嶂遠溪深，澗峽險邃，氣蕭蕭以瑟瑟，風颼颼而颾颾，故川谷擅其目矣。是後魏解嵐字仍謂風也。《文選》謝靈運《晚出西射堂》詩，夕曛嵐氣陰，李善注，夏侯湛《山路吟》曰，道逶迤兮嵐氣清，埤蒼曰，嵐，山風也，嵐，綠含切，此後人用山嵐字之所本。

又卷五 宣城吳肅公《五行問》不信五行生剋之說，其詞辯慧，有一條云，乾坤六子，聖人之說賅矣，佛氏言地水火風，利西氏言水火土氣，皆窺見水火土乃天地之大者，猶差勝五行之說。但佛之見未全，利西氏不知水火即是氣也。按，此不特不信五行生剋，直不信五行耳。其云乾坤六子乃門面語，實則暗襲西說以駁古書耳。不知中國聖人言五行，行者，日用行習之行，所以前民用也。不言地而言土者，地者，大塊之全形，土者，生人之日用也。不言風而言金木者，風發於天地而不可知，金木制於人而得其利也。此世間法也。佛言四大，但言其大而不可窮，謂四大之足以生人，而不言人之足以用四大，此出世間法也。吳氏不明儒書，不諳佛理，妄意揣量，欲盡蔑前人之典籍，所謂愚而好自用也。度後世無知之人必有衍其說者，故明以辨之。（略）

宋釋贊寧《高僧傳》卷三云，雪山之北是胡山之南，名婆羅門國，與胡絕書，語不同，從羯霜那國字源本二十餘言，轉而相生，其流漫廣，其書豎讀，同震旦歟。至吐貨羅言音漸異，字本二十五言，其書橫讀，度葱嶺南迦畢試國言字同吐貨羅。已上雜類爲胡也，若印度言字梵天所製，本四十七言，演而遂廣，號青藏焉。有十二章教授童蒙大成，《五明論》大抵與胡不同，五印度境彌互既遙，安無少異乎。（略）

北齊造像各種中有象主竹捌，象主竹花，象主竹祕，象主竹興達，象主竹副，象主竹萬歲，象主竹蓋，象主竹玉羅，象主竹承伯，竹字疑即竺字，按，竹承伯有妻，阿名，則竹實其姓。象主以當是似字，與姒通。天寶，象主甑生，象主縱小娘，菩薩主延保榮，象主驢馱，此疑是小名，不書姓也。象主表常，象主達訶梵，象主遣日車，按，遣疑即衛字。象主苙按，或即竺字。菩提，象主孤黃苟，象主皇府按，當即皇甫之異文。楨居眷侍仏時，時仏，疑即侍其之異文。象主須昌，象主禮標，縱、表、孤、禮等，皆希姓也。

又卷三〇 自衛元嵩作《齊三教論》，後宋明以來，愚昧學者好言三教同原，此不足辯之說也。理之是者，固或不異，然其大旨之別，又安得同。近世乃有以丹經附入釋典，且有援《中庸》以作證者。吳支謙譯《佛說法律三昧經》云，好學外道，習邪見人，反持異術，比佛深經，言道同等，用此意故，後世轉退，去大道遠。此之謂也。明人書如《四書小參》之類，近人書如《中庸丹訣》之類，皆可謂亂道也。

佉盧虱吒爲婆羅門教主，佛亦甚重之。《大集經》卷四十二云，佉盧虱吒仙人說法已，諸龍在佉盧氏山聖人住處，尊重恭敬。卷四十六云，佛在佉羅帝山牟尼諸仙所依住處，與大比邱眾有學無學說日藏經已，即時西方現大華雲，所謂優波羅華乃至婆利師迦華，其華光豔，照牟尼仙所依住處，七寶五柱重閣講堂，甚奇微妙。按，佉羅帝山當即佉盧氏山之異譯。

《婆伽婆所說吉祥章句大力神呪云》，過去諸仙之所宣說，月藏菩薩所說偈有云，吉祥勝地精，一切處充滿。又云，吉祥令衆生，而得勝菩提。殆皆就勝論師言而用其遺說歟。

佛教燒身然指之事，久爲世俗所譏。按釋延壽《完善同歸集》卷三云，問，身爲道本，縛是脱因，何得然指燒身，背道修道。《高僧傳》内小乘律中，貶斥分明，奚爲聖典。答，亡身沒命，爲法酬恩，冥契大乘，深諧正教。大乘《梵網經》云，若佛子應行好心，先學大乘威儀經律，見後新學，菩薩應爲說一切苦行，若燒身燒臂燒指。若不燒身、臂、指供養諸佛，非出家菩薩。大乘《首楞嚴》云，佛告阿難，我滅後，其有比邱發心修三摩地，能於如來形像之前，身然一燈，燒一指節，及於身上爇一香炷，我說是人無始宿債，一時酬畢。又問，五熱炙身，投巖赴火，九十六種，千聖同訶。而答者云，執即成滯，了無不通。若云總是，泥乾成正眞之道，諸佛錯訶。若說俱非，藥王墮顛倒之愆，諸佛錯讚。余按，此所引《梵網》、《楞嚴》二經，《楞嚴》西土所無，未爲堅證。夫捨身飼虎，久著佛緣，節節支解，豈仇哥利。且視身如幻，何有然燒。大乘圓通，諒無不可，而垂爲教指，竊恐未然。《梵網》所謂燒身、臂、指，蓋即受戒之時，爇香表信之類，非以戕身害性，自失大利也。小乘經教，傳授昭顯，既無此事所當遵守。或五天風俗，多從苦行入門，釋氏特留此派，廣化外道，不必以震旦人情妄加評議也。《緇林寶訓》卷四辯燒身指大小相違云，資特云，義淨三藏《寄歸傳》廣斥世人燒身然指，意謂菩薩大士之行，非出家比邱所宜知。不知機有淺深，教分化制。小機急於自行，期報盡以超生。大士專在利他，歷塵劫而弘濟。是以小律結其大過，大教歎其深功。大小俱是聖言，抑揚豈容乖異。然有勇暴之夫，情存矯誑，邀人利養，規世聲名，故壞法門，乃佛教之大賊。自殘形體，實儒宗之逆人，直是惡因，終無善教。今時頗盛，聾俗豈知。則義淨之誡，亦有取矣。（略）

小乘經典有極平實之說，如《佛說滿願子經》云東晉譯本，佛告邠耨比邱，假使邠耨比邱目見色者，可眼之物不以歡樂，心不處中，惱患則除。耳鼻口身意，亦復如是，是爲粗舉要法。此與《論語》非禮勿視一節，《老子》五色令人目盲一章，大旨相近。言三教合一者，若舉此種訓世，固無可非，乃鑿而深之，歸諸心性之源，天人之表，則支離附會，無有是處矣。（略）

仁非平等之學，必有仁之者。義乃平等之學，萬物各得其分也。鄭君以相人偶釋仁，則仁亦平等矣。《瑜伽師地論》釋大慈大悲，以爲大慈容有不受，大悲則無不普。其意至精，仁固兼慈悲二義歟。孟子言惻隱，是悲之義。（略）

謝承《後漢書》，佛以癸丑七月十五日託生於淨住國摩耶夫人腹中，至周莊王十年甲寅四月八日始生。韓鄂《歲華紀麗》三，《路史發揮》注三。顧微《吳地記》曰，佛法未詳其始，而典籍亦無聞焉。魯莊公七年夜明，佛生之日也。《左氏傳》曰，莊公七年辛卯夜，恆星不見，夜明也。《文選》王屮《頭陀寺碑》注。按，顧微當作顧廣微，此當是隋人舊注，避煬帝諱，而李善仍之。（略）

黄楙材《印度劄記》下，廓爾喀風俗無異唐古忒，喇嘛亦多。又云，布魯克巴部，一名布屯，西南距獨吉嶺二日程，俗重紅教喇嘛，有唐時賜印篆曰，唐師國寶之印。又云，大吉嶺按即獨吉嶺居民數百家，語言風俗與唐古忒相似。

謝齊民《西北域記》曰，渡黑水，行十餘日，至達賴喇嘛所居，曰烏斯藏，唐吐蕃國都也，大招門外劉元鼎會盟碑在焉。藏中向有椀，試毒香，辟邪萊菔，巨棗，旄牛，猞驢，石青，硼砂，琥珀，氆氌，鑄金爲佛，其長寸餘。鑄銀爲錢，其重二銖。又云，蒙古奉喇嘛舊矣，考《元史》可知也。自西藏之達賴喇嘛出，而信之尤篤，稱曰活佛。佛何知，知前身。（略）

元敕修《百丈清規》卷一云，始山隋開皇三年詔天下，正、五、九并六齋日，各寺建祈禱道場，不得殺生命。取藏經中有毘沙門天王，每歲巡按四大部洲，正、五、九月治南贍部洲，故禁屠宰。而唐之藩鎮每上任，必犒士卒，須大烹宰，故以正、五、九不上官爲禁殺也。而俗之爲忌者，非據此，則唐人正、五、九月禁屠宰，蓋沿隋制也。

又卷三一　《釋門事物紀原》，推古天皇二十三年三月，高麗國僧惠灌來弘三論宗。

西人書言阿彌陀佛譯即頂上圓光，余問之南條文雄，云此說誤也，阿彌陀佛按梵文意義，當作阿彌陀阿引庚斯，阿訓無，彌陀阿訓量，庚斯者壽，譯言無量壽也。一作阿彌陀阿引婆，譯言無量光也。一佛有二名，以顯光明壽命之無量也。又云，西人信阿彌陀佛者，夙所未見。二十年前，傳梵文《阿彌陀經》於倫頓，讀之者以爲非佛說，日本人亦往往疑之，但以阿彌陀佛爲理佛，則多有首肯者。然淨土門固稱指方立相，故某不敢枉其說云。南條爲本願寺僧，親鸞之宗派，本於南齊曇鸞，阿彌陀義可謂不背家法矣。

《般若心經》呪語，南條文雄爲余譯之云，行揭諦，行揭諦，過行波羅揭諦，過皆行婆羅僧揭諦，覺菩提莎婆訶。此語不可譯，純密句也。此四語皆形容覺道者也。余問以《楞嚴》呪，南條言，此在五種不翻之列，故亦未能明解。余以《楞嚴》晉、宋譯本與房相本迥異詢之，南條云，梵本同題異文者極多，如淨土三經中，《無量壽經》現有漢、吳、魏、唐、宋五譯，此中漢、吳一類，魏、唐一類，宋全異其撰。而已所得於英國梵本，又與前五譯不同。如《法華經》亦然。蓋印度人本尚記憶，後世各地各人筆記之，故有詳略異同之別。平日所攷如是，恨漢譯梵本，中土未有全存者矣。

余問南條，印土有密宗否，婆羅門呪語與釋典呪語有相通處否。南條云，密宗之事，今時印度殆無其傳，密宗所傳呪，往往有與婆羅門同一者。西人以呪語爲佛說，此以哲學眼視佛，故曰佛不可說如此不明之語也，此其機緣未熟歟。高楠順次郎云，經呪中有可解者，有不可解者。其可解者，義甚容易。島田蕃根曰，呪術門本婆羅門所建立，南天鐵塔之說，即點鐵成金之喻也，其事玄妙，不可以理解說。

南條文雄曰，佛經卷初舉同聞眾之數曰，大比邱眾千二百五十人，此數在梵本直譯當曰半三十百，解曰，此三十非滿數，以三加十者，故非三十，而十三也。梵語及歐洲語，十三及三十，其以三數置十數前，以爲一語，而二語全別。今梵本所謂三十百是十三百，即千三百也。其上有半字者，示減半百，故千三百中減半百，即五十，是爲千二百五十。按德意志人稱兩點半鐘爲半三點鐘，正同此例。

英人遮末士司溫珀《北支那戰記》云，喇嘛廟迴廊內有青綠色菩薩數個，其一三頭一軀，云此菩薩能守護男女大倫，婦女羣詣，禱生子。堂旁甚多私室，皆祭喇嘛神者，西藏沙門數輩往焉。第二堂有菩薩數個，屋背畫髑髏皮肉剝脫者，壁挂衣服數十領，堂內有經函，稱白馬美函，底有樞軸，可以旋轉。凡善男女禱告，口唪呪一句，手轉此經函，云一轉之功，足抵誦全經也。余就僧徒問所念呪文，其文曰，唵麻奈波拖爾吽。又曰，唵攣薩剌巴乃吽嚩脫。此禱守護天地眾生傷害及苦難之義，向大小菩薩誦此呪文。菩薩寶座上置鐵板籤子數十條，上寫西藏文字，支那莊嚴喇嘛教殿堂，蓋將合幷西藏入版圖也。聖祖遠略，亦可畏，其關新疆，亦用此術也。（略）

《大唐西域記》云，自佛涅槃，諸部異議，或云已過九百，未滿千年，當赧王時。或云一千二百餘年，當周靈王時。或云一千三百餘年，惠王。或云一千五百餘年，平王。《鷲嶺聖賢錄》云，說佛生時，凡有八別。一夏桀時，二商末武乙時法顯議，三西周昭王時《法本內傳》。案，釋家多引《周書異記》以爲佛生於昭王二十四年甲寅，《上統傳》、《阿含經》並同。四穆王時，五東周平王時王玄策，六桓王時道安，七莊王時王簡栖，八貞定王二年甲戌趙伯林《眾聖點記》。隋唐以來，紛然聚訟。近時日本撰述家詳攷佛教，村上專精佛教史林，則取舊說，謂佛生於周夷王之世，先於耶蘇紀元八百七十六年。姉崎正治則據錫蘭傳說，以爲在耶蘇前五百四十三年，以阿育王與佛滅之間證之。富永仲基《出定後語》則據趙伯林遇律師弘度語，以爲生於貞定王二年甲戌。然《佛教小史》、《佛陀論》則據《眾聖點記》，以爲佛滅於周敬王三十五年丙辰，則在耶蘇紀元前四百八十五年。而南條文雄考之西方各書三十二種立說，亦與之同。藤井宣正《佛教小史》則用《善見律毘婆沙》之說，以爲佛滅度在西曆紀元前四百七十九年，則生於靈王十四年癸卯，涅槃於敬王四十一年壬戌，後于孔子四年。藤井所引四十八說，文中原武八郎《佛陀論》所引五十五說，然每混生年爲滅年，今采其異同，更博引諸書補正之。

《西藏語文典》有謂佛滅在西曆紀元前二千四百二十二年者，有謂二千一百四十四年者，有謂二千一百三十九年者，有謂二千一百三十五年者，有謂一千三百十年者，有謂一千六十年者，有謂八百八十四年者，有謂八百八十二年者，有謂八百八十年者，八百三十七年者，七百五十二年者，六百五十三年者，五百七十六年者，五百四十六年者。以上十四說，皆南條文雄所譯蒙古史家沙南先逞所傳。則先於西曆紀元二千五十三年，見《蒙古源流》，巴列士達士蒙古士的錦倭路卡則謂一千九百六十四年，多列巴邦《歐洲人文發達史》引迦溼羅所傳，則云一千三百三十二年。《文獻通考》卷二百二十六云，在殷紂王辛未，則當西曆紀元前一千一百三十年。《聖賢錄》言周武王即位之頃，則先於西曆紀元千一百二十年。《法顯傳》言周成王三十二年丁巳之頃，則先於西曆紀元千八十四年。庫索脈《亞細亞探求》卷二十，其記蒙古及西藏所傳則在穆王二年辛巳，先於西曆紀元一千年。《法琳別傳》定爲周穆王五十三年，《聖賢錄》又以爲周懿王十三年，或厲王十一年，或莊王六年，或襄王十一年、十二年，或頃王一年癸卯，或二年甲辰，或定王四年。《蘭銑》第二卷以爲先於西曆紀元八百五十二年。汲古士麥多難穆喀《蒙古佛教史》以爲先西曆機緣八百三十五年。《五運圖》以爲東周平王四十八年戊午歲佛生，見贊甯《僧史略》。《像正記》以爲佛滅於周惠王八年壬子。《拉紫珊》第二卷以爲先西曆紀元六百五十二年。道安《羅什年紀》及《石柱銘》以爲佛生於周桓王五年乙丑，則滅於襄王十五年甲申，先西曆紀元六百三十七年。費長房《歷代三寶記》定佛生於周匡王四年甲午，先西曆紀元六百九年，以恆星不見爲徵，多列巴《歐洲人文發達史》引暹羅、錫蘭所傳，則在周定王六年辛酉，先西曆紀元六百年。緬甸人所傳則在定王十一年壬申，先西曆紀元五百八十九年。又云靈王二十三年壬子，先西曆紀元五百四十九年。《西域記》第六卷，印度傳說五百五十二年，又云三百五十二年，又云二百五十二年。巴資《亞細亞探求記》載佛陀伽耶緬甸碑文，五百四十四年。泰西人依據暹羅、錫蘭所用佛滅紀元，則先於西曆紀元五百四十三年。阿自沙厤敎師《法持梵志說》則五百二十年。不茹列兒《敎學論》之說則四百八十三年，或四百七十一年。緬甸《佛傳記》佛陀伽耶碑文則四百八十一年。堪揑富哈默之說則四百七十八年。厤苦士希科列兒之說則四百七十七年。苦列之說見《佛陀傳序說》則四百七十年。緬甸《佛傳》又云在西曆紀元前五世之末印度史家之說，又云四百四十二年。利士大比自據錫蘭古貨幣，謂佛入滅在西曆紀年前四百十二年。荷蘭人開倫《佛滅年代考》云三百八十八年。愛士達加兒多氏及挖比兒氏兩家之說，或三百七十年，或三百六十八年，見《西藏佛敎》及《佛滅年代考》。以上各說，遠者及於帝嚳，近者生於周末，相距逾二千年，而證以東西各書，則與孔子同時，而先於耶蘇五六百年者，爲得其實。至佛住世之年，則《佛般泥洹經》及《佛祖通載》等書皆以爲七十九歲。《西域記》、《緬甸佛傳》等書皆以爲八十歲，今定從八十歲說。

西藏之十四說，南條文雄所著《佛涅槃年代攷》引之《西藏語文典》，乃匈牙利人曲莎麥所著。曲莎麥探險西藏佛敎，以西厤一千八百四十二年再赴西藏，歿於大吉嶺途次。其說采自西藏人敎典中，未詳所由來。藤井宣正云，其第九說與玄奘《西域記》佛涅槃諸部異議之第三說近，其第十三說與第一說近。又蘇拉筋托歪脫所著《西藏佛敎》第七頁佛滅年代之異說，自西厤紀元前二千四百二十二年至五百四十四年，與曲莎麥所錄，雖未知同異何如，而五百四十四年之說與錫蘭所傳同，故南條以爲曲莎麥之十四種，非盡西藏所傳之異說也。

又卷三二　釋贊甯《僧史略》卷中云，東晉何充始捨宅爲寺，安尼其間，不無神異，義解道明之者，雄飛傑出矣。宋寶賢爲京邑尼僧正，文帝四事供養，孝武月給錢一萬，尼正之俸，寶賢始也。姚秦命僧䂮爲僧正，秩同侍中，定僧正之始。

宋儒注經多用釋家句語，余曾論之，日本太田元貞《疏證宋儒雜語》曰，虛靈不昧出《大智度論》，明鏡止水出《圓覺經》，事理對言出《華嚴法界觀》，體用一源、顯微無間出《華嚴大疏》。余謂宋儒用佛理說經，此不必諱。用佛理而又立說以攻佛，則似可不必也。（略）

南天鐵塔之事，世多疑之，龍樹菩薩所箸各書，亦未有言之者，故世人於密宗往往疑焉。然鳩摩羅什所譯《龍樹菩薩傳》云，更求異經，都無得處，遂入雪山，山中有塔，塔中有一老比邱，以摩訶衍經典與之。此則大乘之法，龍樹得之於塔中也。又更求餘經，大龍菩薩接之入海，發七寶華函，以諸方廣等深奧經典無量妙法授之，此則方等諸經，龍樹得之於海底也。其不言鐵塔呪術者，或時節因緣未至，故作傳者略之。然又云，龍樹亦因呪術化作六牙白象，行池水上，則龍樹固密敎之宗祖矣。

沈明遠《寓簡》卷七云，西方聖人之書十二部大典之外，有雪山如來梵天蓮華仙人南天竺所說書，吉祥疏勒，天龍天音聲人非人苦活不飲酒地居天金剛，未曾有諸仙苦行觀地觀虛空一切藥草內總覺西園韋駄典，其名雜見諸經，又數百品，皆未至中華，其間必有說妙法者。近世取經來南洲者，絕不聞問，恨未盡見也。余讀釋典，亦往往留意諸經之未來者，如

《阿毘達磨順正論》第六十九引《藍薄迦經》，《瑜伽師地論》卷十三引《邊塵經》，七十六引《伐地迦經》，六十八引《乞食清淨經》，八十一引《鸚鵡經》，《彌勒所問經論》第二引《娑伽羅龍王經》，陳眞諦譯《四諦論》卷一引《娑羅訶馬王經》，隋達磨笈多譯《緣生論》引《迦旃延經》說蓋即迦旃延所結集者，正見及空見，《破邏具膩經》注張宿名，均未見譯本。

（略）

元柳貫護國寺碑摩訶葛剌神，漢言大黑神也。《輟耕錄》云，今上謂順帝初入戒壇，見馬哈剌按即摩訶葛剌之異譯佛前供羊心，上曰，曾聞用人心肝者，有諸。帝師答曰，有之。凡人萌歹心害人者，事覺，則以其心肝作供耳。上曰，此羊曾害人乎。帝師無答。錢辛楣《潛研堂詩集》《寶成寺觀元人所鑿麻葛剌佛石像》詩，云何番僧作變相，卻塑魔王喚菩薩。祝釐漫說朵兒禪，梵語或訛馬吃剌。纍纍髑髏懸胸前，吮血磨牙澹生活。按，大黑神即釋典所謂大黑天。又楊瑀《山居新語》云，元累朝於即位之初，須受佛戒九次，方登大寶。而同受戒者，或九人，或七人，譯語謂之暖答世。一日，上入戒壇，見馬哈剌佛前以羊心作供，上問沙剌班學士曰，此是何物。班曰，此羊心也。上曰，曾聞用人心肝爲供，果有之乎。班曰，聞有此說，未嘗目擊，問之剌馬可也。剌馬即帝師。余按，即今之喇嘛字。上命班叩之，答曰，有凡人萌歹心害人者，事覺，則以其心肝作供耳。遂以此言覆奏。上曰，人有歹心，故以其心肝爲供，羊何曾害人，而以其心爲供耶。竟無以答。《永樂大典》一萬三千一百三十一亦引此條。此所載較《輟耕錄》爲詳。

又卷三三 宋日本僧道元《寶慶記》，道元問，《首楞嚴經》、《圓覺經》，在家男女讀之，以爲西來祖道，道元推尋兩經文之起盡，不同大乘諸經，有劣於諸經之言句，無勝於諸經之義勢，頗有同六師等之見，畢竟如何。法定天童淨云，《楞嚴經》自昔有疑者也，謂此經後人構歟，先代祖師未曾見也，近代癡暗之輩讀之愛之。《圓覺經》亦然，文相起盡頗似也。余嘗攷《至元法寶勘同錄》及沈氏《西清筆記》，知《楞嚴經》實竺土所無，而《圓覺》則傳自西方，未有異義，今乃知宋時並有疑之者，故錄存其說，以質後人。

《純常子枝語》，《續修四庫全書》。任文利標點。

余金《熙朝新語》卷一 長洲宋維新懋禧，順治癸巳補博士弟子員，秋闈報罷，即絕意進取。多智略，三遇暴客，俱以計脫。晚耽禪悅，受戒退翁和尚。常作八悔警言，曰，幼不習學老時悔，富不惜福貧時悔，酒不節飲醒時悔，賭不戒貪輸時悔，建不養生臥病時悔，貧不顧身傾家悔，善事因循臨回悔，惡念纏綿墮落悔。眞見道之言也。

又卷二 歸安嚴侍郎我斯嘗夢至一山僧舍中，見座師及房師諸同年俱僧服，訝之。諸公曰，寧忘卻此地耶。因問山何名，僧云崧山。忽悟曾曬鞋於階，視之，尚未燥。尋寤，數日卒。口占偈云，誤落人間七十年，今朝重返舊林泉。崧山道侶來相訪，笑指黃花白鶴前。（略）

宣城孫榜眼卓之父彙，故給事中也。父孫翁艱于嗣，一日，見市中一僧以火然指。問之，曰，願得一茅庵，足供大士像，旁可坐臥誦經。足跡不出門，而免持鉢之苦。久之無一檀越辦此者，故然指耳。翁曰，吾爲師了此願。僧即罷爇，延至其家，爲結茅如僧言。居三年，一日送客，忽見僧入後堂。問之，則夫人臨蓐得一子矣。方駭異間，庵中人來云，僧已坐化。子一指然痕宛然。劉吏部體仁客鳳陽，一日，同友人蘇茂遊銘過龍興寺訪老衲，流連竟日始別。蘇歸邸中，夢劉來，笑吟詩云，六十年來一夢醒，飄然四大御風輕。與君昨日龍興寺，猶是拖泥帶水行。覺而異之。忽聞剝啄聲，則劉僕至，云已坐脫矣。

又 松江錢少司寇艱於嗣，偕夫人祈子于天童。大師爲集衆僧，問誰願隨錢居士往。衆未應，一飯頭老矣，自言願往。已而司寇果生子。初名鼎瑞，易名芳標，中丙午順天鄉試，官中書舍人，既而假歸。一日與客坐齋中，有僧持一緘至門，云自天童來。舍人拆視，殊不駭訝，但云倉卒奈何。明日晨起，索筆書一偈云，來從白雲來，去從白雲去。笑指天童山，是我舊遊處。擲筆而逝。

梁章鉅《慶城寺碑》（《歸田瑣記》卷三） 福州慶城寺有二碑，一則瑯琊德政碑，一則宋開寶七年刺史錢昱重修廟碑，皆備載王氏事蹟。按，歐陽《五代史》謂審知字信通，而碑云字詳卿。考審知兄弟三人，長潮，次審邽，審知其季也。故軍中呼審知爲白馬三郎。《新唐書》列傳，潮字信臣，審邽字次都，其兄弟既不以信字爲行，且信之義通於潮，詳之義通於審，知當以碑爲是。道光癸卯，余回福州祭掃，暇日至慶城寺，與僧滋亭談禪。滋亭頗通內典，並喜詢地方故實，且覼縷慶城寺源流。余告之曰，爾聞乾隆二十七年此寺一奇聞乎。是年五月七日午時，郡城東北慶城寺釋迦大像頭忽斷落墜地，拜石為之碎裂，且肩項皆削平，儼如刀斫。好事者蜂擁聚觀，不知其故。陳畏民先生曾以詩紀之云，漫道金剛不壞身，空門色相本非眞。恆河沙內無窮劫，得賣頭顱亦渡人。寶月圓光笑故吾，茶毗原不判禪狐。想因未了涅槃債，更遇無情廣額屠。無有餘乘最上乘，心風動處滅傳燈。太平早付雲門棒，鼻孔於今摸着曾。豈眞億萬化身多，伎倆寧殊墨頂摩。思議已教人着落，猛回頭亦奈如何。

又《承天寺》 泉州承天寺異跡甚多，寺中有九十九井，相傳一僧畜異志，欲掘百井以為兆，後功虧一而止。井上築石塔數處，凡蒼蠅飛集塔上，無論多少，頭皆向下，無有小異者。山門口有梅花石，石光而平，中隱梅影一枝。每年梅樹開花時，影上亦有花，生葉時，影上有葉。遇結子時，影上有子。若花葉與子俱落之時，則影上惟存枯枝而已。寺中又有魁星石，近視無物，遠望如一幅淡墨魁星圖。至天將雨時，石上綻出水珠，亦儼然結一魁星形也。此繆蓮仙《塗說》所載，惜屢晤蘇鼈石，皆忘卻一問之。

齊學裘《董糧差聞雞言悟道》（《見聞隨筆》卷一） 婺源董糧差下鄉收糧，到某家坐索錢糧，晝覩蚯蚓食螻蟻，又見母雞啄蚯蚓，夜宿堂前，聞隔壁夫婦商議，明日無錢買菜待客，不如殺雞食之。糧差俄聞雞謂雛曰，主人要烹我食客，汝等從今以後無母覆翼，汝宜在家，勿妄外出，水邊多鷹，籬邊多犬，路邊多乞人，汝宜愼之。糧差聞雞言，恍然大悟，今日親見蚓食蟻，雞啄蚓，主人又要殺雞食我，我倘食雞，食我者必有其人。冤冤相報，何時得了，到不如入山修行去。天明，聞捉雞聲，糧差急止殺雞曰，我昨夜聞雞言如此，我心大悟，從此入山修行矣。將汝家錢糧劃免，望將母雞、雞雛一籠交我帶去放生。言畢，攜雞籠而去，直入深山，尋師出家。師見雞雛，便欲食之，徒心疑，修行人如何好食雞，師笑曰，一齊帶汝西方去，免在人間受一刀。徒遂大悟。糧差之子八十歲，為其父作佛事，倩僧七人誦經，或來八僧，其一則其父也。張榮春述其事，余歎曰，糧差不過粗識書筭之人，一聞雞言，便能大悟入道，吾儕讀書數十年，日在雞蟲爭食之間，亂兵食人之際，仍然昏昏醉夢，不知所止，蜂鑽窗紙，不知世界之甚大也。其相去何啻天淵之隔哉。愧甚，愧甚。

又《夜光觀世音》 無錫侯宦家有枯木一段，安插瓶中，供養淨室，焚香虔禱，門窗緊閉，夜分時向窗隙窺之，枯木上現出蓮花寶座，立着觀音大士，放大光明，如同白日。逾時乃滅，名曰夜光觀世音。又有璞玉一大塊，如饅頭，兩手捏之，玉流指縫，拏長便長，按扁便扁，放手，徐徐復圓，名曰輭玉。余亡室張孺人言其外祖家有此二寶，後被火神收去云。

又《夢為僧》（同上，卷二） 道光辛丑十月，裘丁父憂，來蘇謝孝，左腿患疽，誤食豬肚，氣閉臥床，夢見山水深幽處現一小庵，顏曰寂照禪院。不如中堂，見二三十僧合十團繞佛座，朗念阿彌陀佛，旁有老僧見我來，喜謂我曰，汝亦來矣，汝衣尚掛東壁。取衣衣我，我自顧，儼然僧也。解衣摺好，搭於左臂，對長老曰，我願未了，書帖未完工，未便還山，他日再會去。驚寤發汗，汗止，坐起食粥。明日，疽自消，一瀉而愈。

又《蓮谿禪師蓄義犬》（同上，卷三） 揚州蓮谿和尚善畫，蓄二犬，一名小午，一名小興，小而靈，同宿一榻。性愛潔，視茶有色水不清者，則不食也，粥飯亦然。蓮谿吸鴉片烟，人以潤筆番銀十元投烟盤中，蓮谿送客出門，許久始歸，視盤中銀，不見所在，正倉皇間，犬從枕底一一啣出，如數置盤中。知犬恐為人竊銀，代匿枕底，為蓋藏也。鎮江營官來，見二犬，甚憐之，向蓮谿索一犬，蓮谿肯與而犬不願從，奔號跑齧，堅定不去。營官回鎮，思犬不置，後遣兵數名，船一隻，禮物數色，重到蓮谿處送禮索犬。蓮谿好言慰犬，命犬從之去，犬垂淚大哭，勉強從之。下船，絕食數日，唯哭而已。至鎮，營官見犬淚漬滿面，絕食悲啼，憫而放之歸。歸見蓮谿，作孺子慕，始就食焉。時蓮谿寓興化禪院。余聞沈旭庭言，因有感於世人受養育之恩，不圖報德，而反謗害者，眞義犬之所不齒也。俗語云，眾生好度人難度，只度眾生不度人。良不誣也。

刁包《答南僧書》（《用六集》卷四） 承惠論難數則，參玄悟妙，直臻上乘。披閱數四，知為方外人物，不可於風塵中得之。但佛教清淨寂滅，以之藏身則可，以之究心則不可。韓之《原道》，歐之《本論》，蓋亦粗識其端。若夫發明天理民彝之本，辨別毫釐千里之差，至程朱三夫子始□□□，豫章尤為婉妙，其言具在，不可不取而讀也。先子斂屣功名，優游天里，以寺塔爲山林，曲行其濟人利物之心，非眞溺志於佛也。憶過庭時，屈指古今，若顔魯公、富鄭公、鄭太學振古豪傑，未免以此爲依歸，他尚何說哉。蘇子瞻天才敏妙，徒以文章凌駕古今，其於孔門格致誠正之說，槩乎未有聞也。是以躬逢佛印之穎慧，而不能談三綱，說五常，偕之大道，此蘇氏之學，所以見棄於考亭，而不得與韓歐分孔廟之席也。不佞奉父兄之訓，銳意斯道，斷不敢以旁蹊曲徑，亂我正趨。奈日存天理，而天理究未能存，日去人欲，而人欲究未能去，兩念交戰胸中，每惴惴焉。半塗是懼，且孤立無徒，雖切攘臂之呼，終來按劍之視。偶承手教，具見學識宏（此下原缺）

又《重修開元寺寶塔碑記》（同上，卷一〇）　燕趙間稱奇觀者，輒嘖嘖中山塔云。丁卯之冬，嘗偕吳友盤旋而上，登其巔，恍置身雲霄中。俯視一切，燦若列眉，迄於今二十有五春秋矣。每欲興歌寄懷，以誌名勝，而未果。一日，定之人踵門來告曰，盍往觀乎。邇者補罅漏，治圮壞，一舉而重新之矣，君其爲我一言以旌功。予惟韓退之之記滕王閣也，羨其雄偉壯麗，深以列名其上爲榮，而又惓惓然以便獲遊覽爲恨也。無其恨而有其榮，敢謝不敏乎。

按，塔之建肇自宋眞宗咸平四年，方是時，天書未降，君德淸明，不應興此大役，且以太祖太宗之英武，版圖所及，自中山而北，不三百里則敵國也。假令省此億萬金爲開疆闢土之資，豈非朝廷勝筭，而乃作無益害有益，何爲者也。雖然，以言乎經國之計，誠左矣，以言乎堪輿之家，則往往有取焉。嗣是而後，韓魏公琦、司馬文正公光、蘇文忠公軾接踵官其地，其功德之實錄，吟咏之大章，俱不可得而考，豈其佩服儒者之教，不肯向佛地一操筆與。此在稚圭、君實或然，坡公恐未能也。觀大悲閣、四大菩薩諸記，皆侈談樂道，不遺餘力，吾嘗以此覘公學術之不醇，安能置佛教於勿問也哉。或者偶未爲文，或爲之文矣，而世遠失其傳，則運會遷流，文獻湮沒，又增予一翻感慨矣。噫，往者不可追也，來者固可繼，請舍佛而言塔，可乎。

其高亙天，其金碧輝煌耀日，辟如正人君子，亭亭直上，而文采著見，近爲一世儀刑，遠爲萬代瞻仰，此一快也。其勢峻則使人不可攀附，其光盛則使人不可嚮邇，茲則寬平坦易，階梯歷□可循，安步而升，裕如也。辟如道德高厚，不以已甚絕人，雖狂夫愚子，皆可接引而同登彼岸。此又一快也。然豈一朝一夕之事哉，寔煩五十載之經營，豈一手一足之事哉，實殫億萬姓之財力。辟如進德修業，銖銖而積之，寸寸而累之，而又必尋大匠之繩墨，需同人之倡和，然後可以告厥成功，此又一快也。天下事無所基而崛起則難，有所因而底績則易，繼作者雖云費出不貲，視經始之初，則有間矣。辟如事業經古人做過，俾勿壞之而已，再加振刷，則益著所謂事半而功倍也，此又一快也。然則明乎塔之義者，格物之學，思過半矣。是役也，越三年而告竣，捐俸金倡首者，前定州道備兵使者劉公興漢也。舍身募化，克襄厥事者，故茂才彭天祥妻李氏也，例得併書。

又《重修鎮安塔寺碑記》　塔寺以鎮安名載在州乘，其所繇來者遠矣，不知經始何時，經之營之者何人也。先子隱君不仕，教學之暇，以其地爲山林，凡桑梓間疑待釋，難待解，是非曲直待剖者，往往於是乎至止焉，或不之長吏而之隱君也。先子無貴賤賢愚，至則披肝膈，殫智計，因物付物，俾其人意折而去。嗣是，往來其地以爲常。一日，聚族而謀曰，此我翁他日之甘棠也。目擊殿宇傾圮，寶塔晦蝕，盍治之。以故富者捐貲，貧者効力，熙熙乎予來焉。或仍其舊而振飭之，或創其新而點綴之。左右前後，煥乎改觀，共推祁陽第一勝槩云。歲辛巳，大無麥禾，人相食，先子復即其地，煮粥以飼饑者，所全活無慮數十百家。目相地寺旁置義塚，掩骼埋胔，在先子爲造福之人，而鎮安亦遂爲造福之地。爾時同事者，有以誌其盛也。伐石於山，輦而致之，磨礱以待能言者，誰意昊天不弔，不憖遺一老也哉。讀禮甫終，倏焉易代，抱病杜門，不覺廿有三春秋矣。往來其地者，輒爾徘徊四顧，興甘棠之愛，矧予小子，知而不（此處原缺一頁）聽鄉之人出其貲力，告厥成功者，豈有他哉，敬其人故也。余不肖，繼志述事，竊願推慈悲之心以易殘忍之俗，明普濟之理以移刻薄之風，然後鼓勵同人，講明濂洛，上遡鄒魯，相率而登唐虞三代之隆焉，豈不休哉，惜也有志而未逮也。

黃之雋《釋大涵傳》（《居堂集》卷一五）　釋大涵，號喫雪子，既而合雁宕、黃山以自號曰雁黃，雁黃之號著而喫雪隱。俗姓潘，蘇州吳江人也。九歲時年饑，父母曰我不能活汝，於是出爲沙彌就食。既長入靈巖，事月函爲弟子。月函善詩，繼起禪師首座也。當是時，督撫大吏皆崇佛，凡大師率眾弟子，所至輒張具供行李。繼起從其徒四十人遊南岳，大涵與焉。繼起歸，而南嶽之師，獨器大涵，留之。大涵居南嶽漸有名，其徒媢之，讒於師，謀折其足。大涵覺，乘夜亡。雪深一尺，至明，僅走數里，僵臥雪中，煦氣自溫。復強起匍匐行，饑則搏雪食之，其號喫雪以此。抵麓某蘭若，相識僧憐而留之。南嶽亦以大雪不能追，故大涵得從容自楚歸靈巖寺。大涵時已學爲詩，未工而精於禪，遂參師於溫之雁宕山。時閩寇入溫，縱殘殺，顧亦崇佛，婦女避居佛寺，孩穉繼名於僧者，輒勿殺。大涵左右手抱，又襁負及牽衣裾而行，所全活甚眾。

聞徽之黃山，勝地也，往遊焉，得所謂軒轅臺者居之。古屋三間，中堂東廚西臥室，峰巒迴環長勝。一侍者棄去，獨畊自食其力，釋耒則與麓之叢林釋談禪。大涵之耕黃山也，土堅，斸之有聲，忽聞半空有答響者。仰視之，樵伐木也，因吟云，築土登登，伐木丁丁。遂大悟，詩從此進。後以語人，人曰，何乃竊《詩經》語。大涵實未誦《詩》，索觀之，笑曰，彼疊二字，實不如三字肖也。有富人某者，一見大涵，敬禮之，欲就臺爲菴，輸銅鑄佛像，以次設鐘磬鐃鐸。有汪某，與其隣來某者窮無賴，歲除乃相約夜上軒轅臺盜銅，謂大涵獨處可制。而是日叢林釋遣僮來餽歲，日暮，止僮廚舍宿。大涵夜臥，一盜攬其衾，覺而起，則梃擊其右臂折，方急，聞廚舍中大聲曰，爾來，來十十死，百百死。擊大涵者遽驚逸，則僮持炬至榻前，手皆血，曰，我擊殺一盜矣。掖大涵起，往視之，駭曰，此來某也。嘗傭耕，識之。於是大涵爇香誦《往生咒》畢，偕僮奔叢林。明日，叢林釋呼眾舁盜尸掩之，負擔鐘磬歸，遂留大涵而虛其臺。是夕也，大涵不死盜，以僮力也。而僮猶童年，又病羸無力。大涵云，當僮之持炬至也，恍惚如見王眞君。眞君者，黃山相對之九華山神也。其鬚髮面皆赤，豈僮之手血被面耶。而人以是神大涵，謂其道力所致云。明年春，雷擊汪某廬，爇其右臂，不死，乃以繩絡臂。先是，大涵右臂折，亦以繩絡臂。人謂雷報復，益神大涵。叢林釋者，故住持海寧安國寺。既居黃山麓，善大涵，久之，亦頗媢大涵。會海寧人欲迎釋歸安國寺，從沈翰林宗敬入黃山趣之。釋不肯歸，而盛稱大涵道力，宗敬遂迎大涵主安國寺。

久之，陳詹事元龍假歸里，善大涵。上南巡，名浮屠爭自獻其能，以顕御題。詹事數勸大涵出，勿聽。及以吏部侍郎巡撫廣西，書招之。大涵遂游粵，泛灕江，適羊城，縱觀羅浮歸，至肇慶，微疾，說偈而逝。年六十七，僧臘五十九。撫軍葬之桂林棲霞山，而銘其墖。

大涵長身魁梧，食兼人，不飲酒。其學禪一詩二，能畫老松怪石。輕財好施予，檀越餽遺，隨手散，饑寒者以爲常。所居必設像以祀其父母，歲時不廢。所著語錄未刻。詩已刻者，《黃山草》十二卷，《西湖草》二卷，《補陀南參集》一卷，《禪指集》一卷，《桂羅壯遊集》四卷，《鹽官剩草》一卷。

黃子曰，予嘗問雁黃曰，何不有弟子。雁黃曰，無足爲吾弟子者也。吾視天下穎悟可爲弟子者，唯君耳，盍從吾學佛。予不應，乃與予論詩。其適粵也，予偕行，日倡和。其《桂羅集》，則予選而序之者也。時兒子元度在側，雁黃書子字示之曰，子爲人子，知子字之象乎。父母俱存，子也，一不存則孑矣，俱亡則孓矣。是以孝子愛日。又曰，篆文色字，象如蛇，故君子遠色。嗚呼，考雁黃行事議論，儒也，故不有其弟子。又以不能爲人子，故終身所至，必攜負米圖自隨，是豈學佛哉。

又《修寺論》（同上，卷一六） 路舒馭聞郡人欲修普照寺，乃著論，以爲不必修者三。大意謂佛本空也，而釋氏藉以蠹民，曰，吾言何如。黃子曰，唯唯否否，姑與子論蠹。蠹於書者曰蟫。蟫也者，簡編以藏其身，肥其口。而書壞，則愛書者拂拭而整葺之，非爲蟫計也，而有似乎藏書以藏蟫。蠹於樹者曰蝎。蝎也者，穿穴輪囷，以聚族而長子孫。而樹壞，則愛樹者爬梳培灌焉，非爲蝎計也，而有似乎培樹以培蝎。何也。蟫不能不書居，蝎不能不樹居，猶之釋不能不寺居也。居寺而寺壞，則愛寺者傷名勝之不復，懼古蹟之就湮，從而修之，非爲釋計也，而有似乎留寺以留釋。南朝諸寺，歷唐宋元明以至於今，誌輿地者且與山川城郭竝傳，而聽其壞而不修，子能盡天下之寺而改爲闔閭以居農乎，爲肆以居工乎，爲闤闠以居商賈乎，爲庠塾以居士乎。不能也。能盡天下之寺而築爲場圃乎，鞠爲茂草乎。不能也。前壞而後修，此壞而彼修，必然之勢也。子意以爲口唄而手鉢，圓頂而偏衣，以愚天下之人，而實於佛無毫髮益，於世無毫髮益。然而儒者之借聖賢以盜世名也，而實於聖賢，於世俱無毫髮益者豈少耶。於釋乎何尤。

按，吾郡普照寺爲晉陸機別業遺址，機祖父世食吳祿，而機入臣於晉。昧幾見戮，然史稱其文章冠世，服膺儒術，勤學好禮，固所謂儒者也。唐乾元中，即其址爲寺，一修於宋，再修於明。記寺者必引機以爲重，入寺者顧井甃而思平原，蓋見寺如見機焉。匪直此而已。亭林寶雲寺，梁顧野王之故宅也。蕭塘崇福寺，宋衛涇之第也。皆境內嚮微，廛之使佛棲，宮之使僧守，而爲閭肆，爲闤闠，爲瓦礫區，爲荒榛蔓草，誰復過廢址躑躅而憑弔曰，某人之園亭第宅哉。顧陸子孫不能長守先人之一椽，而釋氏爲之守，奈何而不修。韓非子之論五蠹，逮於儒俠工賈，而儒俠工賈不廢於世，唯天地能容蠹，不容蠹，天地不大。

又《送雁黃上人遊羅浮序》（同上，卷二八）　蓋聞耆闍窟裏，皆似鷲之峰。祇洹林中，所廕龍之樹。法輪長現，每借巖巒。淨土流香，最宜岑蔚。故廣長之舌寫以溪聲，病業之身行如雲影。佛門飛錫，必遵嶇嶸之區。儒者樂山，不逮苾芻之跡。羅浮山者，震旦之仙宮，竺乾之化域也。合離風雨，崖巘爲兼。指掌山川，洞天莫大。青嵐翠岫，四百餘峰。璇室珠房，七十二所。廣袤五百里，高出三千丈。龍坑鵝嶺，花首之所往來。鳳谷羊巖，景泰之所棲託。嘉祐藏經之閣，懷迪受戒之壇。羅漢名巖，阿耨有塔。是則蜜多爲岸，彼處堪登。般若成航，此中可泊。特以僻峙南海，遠棲東粵。蒲團箬笠，無糧之行腳難遊。峻嶺崇山，有累之色身不至。一隅南瞻，似隔甌甀。萬里博羅，誰爲豎亥。於是雁黃上人飄然往遊焉。

上人系由擲菓，胎寄落楓。繼起傳衣，月函授記。慧由定出，奚襲鸚鵡之車。道入山修，曾迫芻尼之頂。故乘筏而參南嶽，豎拂而入天台。其在南嶽也，噉冰雪而得生。其在天台也，蹈兵戈而不死。因以看雲雁宕，大搜康樂之囊。既而移屐黃山，爰掃軒轅之席。而後撮合兩阜，自署其呼焉。若夫泱泱黃海，鋪山之雲萬重。矗矗丹臺，蓋頭之茅一把。兩函經卷，鍊得鶴形。獨榻松枝，巢於鵲側。披忍辱之鎧，綠林困之而不傷。賁折腳之鐺，緇侶遭之而不識。支那撰述，吟徧林巒。唱曲宗風，禿盡毫穎。所撰刻《黃山草》，雖貫休之《西岳》十卷，可朋之《玉壘》千篇。較此非精，方之未富。時則海昌古刹，安國叢林。苦慾界之五禪，飭空門而求法。上人隨身竿木，趁腳葦枝。擔榔栗而下天都，振犍椎而臨海邑。優婆夷等大衆皈依，阿蘭若邊名流往復。蓮開慧遠，長攢處士之眉。芋熟懶殘，肯拂俗人之涕。

予之得交上人，在此時也。墨名儒行，文暢流風。四品三偷，皎然配式。《鹽官》集，《彈指》詩。或寸晷十篇，或單題百咏。《補陀》兩卷，闡風幡動處之心。《西湖》一編，出釵釧聲中之路。細其卓詣，兼厥詩禪。論禪則僕病未能，說詩則公能備衆已。少宰陳公，交同支謝。六波羅蜜布施金田，四大禪牀解留玉帶。於是撫茲廣右，招入楚南。予與上人，實同水渡杯，竝舟駕葉。汎彭蠡湖，溯瀟湘而來也。一瓶一鉢，甫攬灘江之雲。千水千山，便鼓羅浮之櫂。突黔不暇，隴望何貪。曩者翠輦南巡，赤髭雲集。三吳乞士，兩浙沙門。靡不呈謳頌以邀榮，授縉紳以藉寵。圖澄比比，綾錦賜衣。文秀紜紜，文章應制。上人閒雲野鶴，不染觸塵。息影潛蹤，遠離世諦。達官願爲推轂，檀越代之趣裝。師直行乎，笑而不答。及其尋洞壑，訪名勝。龍虵蟠結之墟，風雨泬寥之域。則趨之若鶩，一往無前。枯株創掌而不懲，白水充腸而忘餓。此其勝緣迴俗，佛性超凡。即在吾儒，亦稱狂猥。

夫羅浮距桂林一千□百里耳。蓮花長史，非無笻屐之懷。鸞府參軍，亦有煙霞之痼。而恍違弱水，若望岱輿。上人躡不借以高飛，荷軍持而驀去。不慮石頭路滑，奚畏懸崖足酸。見其行也，能無妒也。夫惠能擇居，徒奔嶺外。大顛寄跡，□返潮陽。皆密邇於靈山，未闡揚夫鐵佛。上人遠攜兔角，廣撒蜂窗。騎蝴蜨而拚飛，看鳳凰之出浴。貍奴白牯，皆知有師。翠竹黃花，無非是法。坐佛衣之閣，木樨香乎。飲錫杖之泉，梅子熟矣。豈不儼登毗舍之堂，直現優曇之瑞哉。公如惠越，枕虎股而忘歸。我笑師雄，夢梅花而未醒。

又《安國寺晤雁黃上人》（同上，卷四三）　信步隨春入化城，遠公相見勝聞名。座唯一佛爲賓主，詩更無僧與抗衡。聽講龜魚池裏住，經行山水筆頭生。拈花欲笑終頑石，禪榻茶煙此動情。

又《修建李塔匯延壽院碑記》（《居堂集續》卷三）　天蕩蕩，缺則補之。山峩峩，塞則開之。人力之大，何所不舉，矧宮室土木哉。然松詣駁娑，帝綈皇造而灰滅景絕，毘耶給孤之遺蹟，雖至淺近，亦五六百歲。則唯佛之力，能役人之力於不能已。婁李塔匯之延壽院，其一也。

宋寧宗嘉定六年，定海僧元信至，里人通直郎錢某建澄庵居之，又曰圓通庵。度宗咸淳間，僧如霑易今額。元武宗至大中，里人知宣州事錢大信有記。後兵燬，僧照重建。明神宗萬曆間，里人錢大復新之，相國龍錫父也。國朝世祖順治十六年，郡守祖永勳重修，逮今又八十稔矣。其地夷曠平衍，一水環之。非有穹巖邃壑，深林奥境棲幽而宅靈。而巋然居江浙水道之通津，五兩百丈，往來其滸者必泊遊，而攬浮圖蘭若之勝，埒於峰泖諸名刹。中有古柏一，歲月深遠，大如一間屋。舟行遙見之，洵怪特奇，古物也。而僧寮閴寂，菜畛衡縱，墖鈴鳥語相答響而已。相傳唐太宗子曹王明爲蘇州刺史，故以姓其塔，蓋塔先於院云。雍正二年，院僧矢願修塔暨山門，起禪堂靜室一新矣。里人楊文龍復傾家財，屬其戚沈君建圓通、大雄諸殿，置香火田若干畝。而迎寄舟上人主法席，則乾隆五年也。

儒者恆因泮宮衰而慨梵宇之盛，奚庸哉。佛者之居，夫安得而廬也。晨曦升而各操業，以繇乎萬塗而不相礙。宵魄生而各偃牀，以成萬夢而不相襲。事之盛衰廢興，因運會適然而相遭。時其時，事其事，豈能執我見以彊勉氏印之哉。是故諸錢相紹以有此院也，寖而衰，開士倡之，檀施任之，涫而興，其適然而相遭耶。天一補不復缺，山一開不復塞，是縱不能絜霄壤於終古，而補往昔，開來禩，圓滿通達，則力與媧丁等。寄舟名實如，謁記者三四，至感其動，故饒舌不辭。

又《超果寺重修大殿碑記》　超果寺自唐至今，垂九百年，郡志綦詳，然尚有闕疑。志載，寺基本澤河，有異僧曰慧其上，使羣兒以瓦礫投己，不中，盡入河，遂滿。因覆土結庵，後爲巨刹。則在藏奐創寺之先，未詳異僧何代人也。寺建於唐咸通十五年。咸通，懿宗年號，止十四年。方外傳奐以咸通七年卒，則未詳寺實咸通何年建也。寺始名長壽，宋英宗時改今額，東爲天台教院。似院與寺分，未詳何年合也。理宗書額曰超果靈感觀音教寺，今曰超果天台講寺，未詳何年易也。志載，元時寺有塔，未詳何年廢也。宋景定五年寺災，元至正十六年再燬，中間九十三年，未詳重建何時，興修何人也。寺之大殿，俗稱鴛鴦殿，以形制兩殿合一而名，非鴿王鸜鵒匊尼之謂。元明以來，楊、錢、夏、王諸記，顧、陳、郭諸志，原委可考。沿入國朝又百年，殿之不修久矣。

康熙二十一年，寺僧通源一爲整葺。聖祖南巡時，僧明穹乞御書虹光勝蹟扁額，駕軼前代。而歷時既深，日漸荒圮。乾隆八年，隱錫庵僧明智過而心動，倡諸善信，或解橐，或募貲，或給匠，風馳雲集，勞與費偕。肇工閏四月之望，迄十月之望而圓通大殿告成。重屋飛甍，層梯陟降。中奉大士諸法像，宏麗莊嚴，慈雲布濩，人天瞻禮，歡喜踴躍。十二月之朔，雨華殿亦一新矣。寺之西來堂僧理徹介顧明淨思照來求爲記。

夫帝王之政，利民爲急。修宮室，達溝瀆，壞垣牆，除道成梁之屬，興廢舉墜，輒程以歲月，政所不逮，士庶私以財力爲之，則以好善稱。梵王帝釋，教殊而理同。空覺以爲體，而靈感顯應，拯災濟難以爲用，其利於民也亦切。則夫像設漶漫而金碧之，廟貌剝落而丹雘之，所以棲神佐治，普度世人，非他宮室垣牆之比，而曷其可緩。且夫造化乘除，天地理數之自然。無而有之者，造也。招提可以基於澤，而青虎之巖不存，則有不盡有。有而無之者，化也。窣堵末由，尋其影而金鰻之井猶在，則無不盡無。巋然斯殿，一寺之觀聽繫焉，因其有而有之，如創如造。沙門檀施以其財力爲功德，善矣。琢石鏤辭，用昭示於將來。全寺之勝，次第興復，咸自此始也。

又《素農庵記》　韓子言古之民四，今之民六。蓋事有大小，道有同異，是故士學稼，儒入墨，孔孟譏之。然而窮達繇乎遇，變通因乎時。寄託於農，以樂其詩書。交遊於釋，以守其田廬。則君子亦未嘗厚非，抑深有取焉。

南匯石筍里之南，故處士姚樹棠居之。以儒爲業，教授里中，敦孝友，修身砥行，自食其力。晚無子，蓄館粲所入，買田數畝，築室所居之旁，若浮屠氏所謂精舍者，榜曰素農庵，耕讀其中，以老邑宰陳君書聯及扁爲贈。然則斯庵也，其即儒者之畝宮環堵乎。《甫田》之詩曰，或耘或耔，又曰，烝我髦士，厥兼而有之者。帶經而鉏，持竿而誦，澹然龐鄭之清風，而可訾其學稼哉。迨其沒也，以至于今，歲月深矣，庵漸荒圮，幾何而不墟。其及門楊維忠捐貲葺修，以完以固，延釋駐錫焉。十笏可棲，一犁可耕，以保永久。學博徐君既爲文勒石，又以予壻衛太學浩書來求記。

慨夫俗之瀉也，孰師死而克捐己財，俾不廢墜其堂搆者。人見佛燈幡刹之色煥而新，聞梵唄鐘魚之聲穆而深，食者積伊蒲之味甘而芬，謂開士感召，檀越嚮應。豈知處士讀書授業，能造就其生徒，故不忍忘淵脈以成斯美也。梓材曰，既勤垣墉，惟其塗塈茨，言能繼也。作室者而有知，魂魄不猶戀此乎。予觀其前揤後因，師弟間皆合於儒者之道，未可與援儒入墨同日語矣，故不辭衰倦而記之。夫亦有取乎爾。

又《六孩戲彌勒畫贊》（同上，卷五）　眼耳鼻舌身意，費盡智巧機關。六賊伎倆有限，彌勒安坐如山。確然有個定力，但未免著迹防閑。假如拋下箬笠，不顧掉卻布袋。不還腳底之鞋，不踏腰間之帶。不擐一切，空諸所有，無從落手牽攀。看汝曹何處使氣力，逞刁頑。只須捧腹呵呵笑，餘事糾纏付等閒。

王植《釋教論》（《崇雅堂稾》卷一）　聖人以人性爲極，以人情爲田，而因以爲教。故有以暢天下之性，而非以空虛爲性。有以治天下之情，而非以矯誣爲情。釋氏之道則不然，先儒辟而闢之者詳矣。大抵曰無父無君，虛無寂滅，正學之蟊賊。談神談鬼，經懺咒頌，世俗民風之鴆毒也。予以爲姑不必深論，今但即其所以爲教者還一問之。

彼其人皆曰出家也，曰托鉢也，曰茹素而居梵刹也。嗚呼，此果爾之性乎，果爾之情乎哉。事之拂乎其性者，返之本然之心而必有不安。事之逆乎其情者，充其嗜欲之感而或難自制，無論人所不能從，必有若後世之陽語空寂，陰恣色穢者。即令舉而從之也，而人人如爾出家，則人類絕矣。人人如爾托鉢，則衣食匱矣。人人如爾茹素，則禽獸逼人矣。人人如爾聚居梵刹，則土木繁興，而工作者亦復何人也。非特此也。彼其證道而稱頓悟者曰，不生不滅，以免輪迴。夫果有輪迴之事，則生滅非人所能爲，而當有主之者。如於輪迴之中，又有人焉，可以自主，則自羲農堯舜以至周孔之至聖天縱，竟未聞其超離死生。更以巢父、許由輩之夷然世外，葆眞巖穴，亦未聞其脫略形骸，而釋氏何以獨能爲之。且使人人如爾不生不滅，不幾造物無權，而輪迴之說，又且自相矛盾乎。陂辭之蔽，將難遁矣。則又必變其說曰，吾以自完爾，原非以之治世，亦非可概之人人也。吾又即而問之曰，如若所言，則爾之性情既與人殊，亦何不潛蹤空谷絕人之境，以自全虛寂之本體。而世傳衣鉢，廣收徒屬，所居非山嶽名勝之地，即都會市廛之區。演說因果，爲福田利益之詞以動世者何爲。且既無益人家國事，則歷代之所爲崇奉於爾者，亦何取於爾諸髡而坐享之不辭也。彼之辭雖百變，而其理必窮。

又《正異教之失》（《權衡一書》卷三一）　宋元嘉八年，西域求那跋摩至健康，文帝引見，問曰，常欲持齋不殺，不獲從志，何以教之。跋摩曰，道在心不在事，且帝王與匹夫異。匹夫身賤名劣，無可及物，若不克己苦躬，將何爲修。帝王以四海爲家，萬民爲子，出一嘉言，則士庶咸悅。布一善政，則神人以和。刑不夭命，役無擾民，如此持齋，亦已大矣。寧在闕半日之餐，全一禽之命，然後爲道耶。帝撫几稱善。《荔山外史》

齊竟陵王子良精信釋教，范縝盛稱無佛。子良問曰，君不信因果，何得有富貴貧賤。答曰，人生如樹花同發，隨風而散，自有拂簾幌，墜於茵席之上。自有關籬牆，落於糞溷之中。墜茵席者，殿下是也。落糞溷者，下官是也。貴賤雖復殊途，因果竟在何處。子良不能屈。縝退，論其理，著《神滅論》，以爲形者神之質，神者形之用。神之于質，猶利之于刀。未聞刀沒而利存，豈容形亡而神在。《南史》

梁武帝天監十六年，罷宗廟牲牢，薦以蔬果。大通元年，舍身于同泰寺。中大通元年，舍身于同泰寺，羣臣以錢一億萬奉贖還宮。大同三年，修長干寺阿育王塔，出佛爪髮舍利，幸寺，設無礙食，大赦。中大同元年，講佛書于同泰寺。太清元年，舍身于同泰寺。梁主常蔬食，至太清三年，侯景圍城，蔬茹俱絕，乃食雞子。○宋胡寅曰，古之時，禽獸嘗逼人矣。聖人教之網罟佃漁，則爲民除患，而因以制禮。然其教戒甚備，則愛物之心，亦可見矣。自佛以不殺爲教，謂犬豕牛羊，皆吾宿世祖考眷屬也。信而行之，莫甚于梁武。果有報應福利，則梁之國祚靈長，臣忠子孝，叛亂不作，壽考無期，斯爲驗矣。乃一切不然，禍亂既興，骨肉相圖，太平之民，十喪八九。然則向者茹蔬不殺之功，果何在耶。梁武行事，殆天啟之，使破敗昭著，以警後世歟。又曰，佛固爲賢，然亦人耳。即其心有道，其骨毛爪齒，若何而能神。其徒乃云，有五色珠琲，附而生焉，名曰舍利子，云是精氣所結也。是物也，飢不可食，寒不可衣，病不可療，無益生人。梁武敬信之篤，至幸寺設齋，冀得護持，然不免餓死，佛力果安在哉。

唐武德九年，太史令傅奕上疏曰，佛在西域，言妖路遠。漢譯胡書，悉其假托。使不忠不孝，削髮而揖君親。游手游食，易服以逃租賦。僞啓三途，謬張六道。遂使愚迷，妄求功德，不憚科禁，輕犯憲章。且死生壽夭，由于自然。刑德威福，關之人主。乃謂貧富貴賤，功業所招。而愚僧矯詐，皆云有佛。竊人主之權，擅造化之力。其爲害政，良可悲矣。自漢以前，初無佛法。君明臣忠，祚長年久。今天下僧尼，數盈十萬，請令匹配，即成十萬餘戶。産育男女，十年長養，一紀教訓，可以足兵。詔百官議之，乃命有司，沙汰天下僧尼道士女冠。其精勤練行者，遷大寺觀。庸猥麤穢者，勒還鄉里。京師留三寺二觀，諸州各留一所。（略）

唐中宗以來，貴戚爭營寺度僧，富戶彊丁，削髮避役。姚崇上言，佛圖澄不能存趙，鳩摩羅什不能存秦。齊襄梁武，未免禍殃。何用妄度姦人，使壞正法。玄宗從之，沙汰萬二千餘人。及崇卒，遺令曰，佛以清淨慈悲爲本，而愚者寫經造像，冀以求福。昔周毀經像而修甲兵，齊崇塔廟而弛刑政，一朝合戰，齊滅周興。汝曹勿効兒女子，終身不寤，追薦冥福。道士見僧獲利，效其所爲，尤不可延之于家。

唐憲宗時，功德使上言，鳳翔法門寺塔，有佛指骨。相傳三十年一開，開則歲豐人安。來年應開，請迎之。上從其言，元和十四年，佛骨至京師，留禁中三日，歷送諸寺。王公士民，瞻奉舍施，惟恐弗及。刑部侍郎韓愈上表諫曰，佛者，夷狄之一法耳。自黃帝禹湯文武，皆□壽考，百姓安樂。當是時，未有佛也。漢明帝始有佛法，其後亂亡相繼，運祚不長。宋齊梁陳元魏以下，事佛漸謹，年代尤促。惟梁武帝在位四十八年，前後三舍身爲寺家奴，竟爲侯景所逼，餓死臺城。事佛求福，乃更得禍。由此觀之，佛不足信，亦可知矣。佛本夷狄之人，不知君臣之義，父子之恩。假如其身尚在，來朝京師，陛下容而接之，不過宣政一見，禮賓一設，賜衣一襲，衛而出之于境，不令惑衆也。況其身死已久，枯朽之骨，豈宜以入宮禁。乞付有司，投諸水火，永絕根本，斷天下之疑，絕後代之惑。佛如有靈，能作禍福，凡有殃咎，宜加臣身。上得表大怒，將加愈極刑，裴度、崔羣救之，貶潮州刺史。五條《綱目》。

唐元和中，白居易出守杭州，入山禮謁道林禪師，問，如何是佛法大意。師曰，諸惡莫作，衆善奉行。白曰，三歲孩兒也解恁麼道。師曰，三歲孩兒道得，八十老人行不得。《悅心集》。（略）

植按，釋老之教，前哲力排而深屏之者，勿論已。即以其徒之言考之，如那跋摩所謂帝王四海爲家，不在闕半日之餐，全一禽之命。知此則梁武蔬食之惑可破也。司馬承禎云，順物自然而心無所私，天下可理。則《軒轅集》云，王者屏慾崇德，自然受大遐福，何處更求長生。陳希夷云，假令白月上昇，亦無益于世。知此則寇謙之、趙歸眞導引錬藥之妄可析也。是其人皆深知二氏之無益治道，特有所托而逃焉。而入告之言如此，殆所謂現身說法者耶。即以其言還訂其書，而悠謬之說，荒邈無稽者衆矣。至道林所云諸惡莫作，衆善奉行者，似爲得之，然其言不無遺憾。夫惡不可作，而或以非惡爲惡。善所當行，而或以似善爲善。殉名昧實，得無多誤乎。此君子所以大居敬而貴窮理也。

宋太宗時，詔求直言。王禹偁上疏言五事，四曰沙汰僧尼，使疲民無耗。夫古者惟有四民，兵不在其數。蓋古井田之法，農即兵也。自秦以來，戰士不服農業，是四民之外，又生一民，故農益困。然執干戈，衛社稷，理不可去。漢明之後，佛法流入中國，度人修寺，歷代增加，不蠶而衣，不耕而食。是五民之外，益一而爲六矣。假使天下有萬僧，日食米一升，歲用絹一疋，是至儉也，猶月費三千斛，歲用萬縑，何況五七萬輩哉。不曰民蠹，得乎。臣愚以爲，國家度人衆，造寺多矣，計其費耗，何啻億萬。先朝不豫捨施又多，佛若有靈，豈不蒙福。事佛無效，斷可知矣。願陛下深鑒治本，亟行沙汰。如以嗣位之初，未宜驚駭此輩，且可二十年不度人修寺，使自銷鑠，亦救弊之一端也。《宋史》。

宋司馬光于學無所不通，惟不喜釋老。曰，其微言不能出吾書，其誕吾不信也。《宋史》。又曰，世信浮屠誑誘，凡有喪事，無不供佛飯僧，云爲死者滅罪資福，使生天堂，受諸快樂。不爲者必入地獄，剉燒舂磨，受諸苦楚。殊不知死者形既朽滅，神亦飄散，雖有剉燒舂磨，且無所施。又況佛法未入中國之前，人固有死而復生者，何故都無一人，誤入地獄，見所謂十王者耶。此其無有而不足信也明矣。《小學》。

慶曆中，士大夫多好佛學，往往作偈頌，以發明禪理。溫公爲《解禪偈》六篇云，文中子以佛爲西方聖人，信如文中子之言，則佛之心可知矣。今之言禪者，好爲隱語以相迷，大言以相勝，使學之者倀倀然，益入於迷妄。故予廣文中子之言而解之，作《解禪偈》六首。若其果然，雖中國可行，何必西方。若其不然，則非予之所知也。偈曰，忿怒如烈火，利欲如銛鋒。終朝長戚戚，是名阿鼻獄。顔回甘陋巷，孟軻養浩然。富貴如浮雲，是名極樂國。孝弟通神明，忠信行蠻貊。積善來百祥，是名作因果。仁人之安宅，義人之正路。行之誠且久，是名不壞身。道德修一身，功德被萬物。爲賢爲大聖，是名菩薩佛。言爲百世師，行爲天下法。久久不可揜，是名光明藏。當時稱其精理。《賢□》。

宋明道程子曰，通天地之間，無適而非道也。即父子而父子在所親，即君臣而君臣在所嚴，以至爲夫婦，爲長幼，爲朋友，無所爲而非道，此道所以不可須臾離也。然則毁人倫，去四大者，其戾于道也遠矣。釋氏之學，于敬以直内則有之，義以方外則未之有也。故滯固者入于枯槁，疏通者歸于肆恣，此佛教所以爲隘也。又曰，釋氏本怖死生爲利，豈是公道。唯務上達，而無下學，然則其上達處豈有是也。孟子曰，盡其心者，知其性也。彼所謂識心見性是也，若存心養性一段則無矣。彼固曰出家獨善，便于道體自不足。或曰，釋氏地獄之類，皆是爲下根之人，設此怖令爲善。曰，至誠貫天地人，尚有不化，豈有立僞教而人可化乎。（略）

程伊川先生云，某家治喪，不用浮圖，在洛亦有一二人家化之。

謝顯道歷舉佛説與吾儒同處，問伊川先生，先生曰，恁地同處雖多，只是本領不是，一齊差卻。上四條《近思錄》。

宋胡致堂氏寅曰，佛何以謂之邪耶。不親其親，而謂異姓爲慈父。不君世主，而拜其師爲法王。棄其妻子，而以生續爲罪垢。是淪三綱也。視父母如怨仇，則無惻隱。滅類毁形而不恥，則無羞惡。取人之財，以得爲善，則無辭讓。同我者即賢，異我者即不肖，則無是非。是絶四端也。三綱四端，天命之自然，人道所由立。而釋氏丕單掃除，自以爲至道，安得不謂之邪。人，生物也，佛不言生而言死。人事皆可見也，佛不言顯而言幽。人死然後名之鬼，佛不言人而言鬼。常道所以然者，理也，佛不言理而言幻。生之後，死之前，所當盡心也，佛不言此生，而言前後生。見聞思議，皆實證也，佛不以爲實，而言耳目所不際，思議所不及。至善之德，盡于乾坤也，佛不知其盡，而言天之上，地之下，與八荒之外。若動若植，無非物也，佛不恤草木之榮枯，而憫飛走之輪轉。百骸内外，無非形也，佛不除手足而除髮須，不廢八竅而防一竅。等慈悲也，佛獨不慈悲父母妻子，而慈悲虎狼蚍虺。等棄舍也，佛獨使人棄舍其財以與僧，而不使僧棄舍其所取之財以與人。河山大地，未嘗可以法空也，佛必欲空之，而屹然沛然，卒不能空。兵刑災禍，未嘗可以呪度也，佛必曰度之。而伏屍百萬，烈焚淪沒，卒不獲度。此其説之疎漏舛戾，而無據之大畧也，非邪而何。世儒所以相與推尊之者，無乃有三蔽乎。一曰惑，二曰懼，三曰貪。賢智之士則曰，吾豈有惑貪懼，如愚夫之所期歟。蓋將求佛所謂無上法，第一義者，悟徹此心耳。嗚呼，堯舜禹湯文武之德，衣被天下。仲尼子思孟軻之道，昭覺萬世。其原本于一心，其效乃至于此，不可禦也。今乃曰，是未足以盡吾本心。豈不猶食五穀而曰不足以飫，登太山而曰不足以崇者乎。假曰孔孟有未言者，故佛言之。佛言其妙，所以出世。而孔孟言其粗，所以應世耳。其心則一也。然則以耳聽，以目視，以口言，以足行，飢而食，渴而飲，冬而裘，夏而葛，旦而動，晦而息，皆孔孟日用之常。佛者何不一槪反之，而亦與之同乎。名曰出世，而其日用與世人無異，烏在其能出乎。或者曰，如子所言，皆僧之弊，非佛本旨也。則應之曰，黃河之源不揚黑水之波，桃李之根不結松栢之實。仲尼父子君臣之道，經紀乎億千萬載，豈有弊邪。惟彼之妄作而有弊也，是故曼衍其説，張皇其法。防以戒律，而詛以鬼神。侈以美觀，而要以誓願。托之于國王宰官，刼之以禍福苦樂。其害源之所達，而禍波之所浸，千有餘年。喪人之心，失人之身，破人之家，亡人之國。漂泊滔懷，而莫之援也，豈曰弊而已乎。或者猶曰，佛之意，亦欲引人爲善道，使人畏罪而不爲，慕善而爲之，豈不有助于世，何闢之深也。則應之曰，善者無惡之稱也，無父無君者，惡乎善乎。自非喪心者，不以爲非惡，孰與有父有君之爲善乎。子悦其言而不覈其事，過矣。○又曰，釋氏之書，五千四十八卷，吾嘗閲其目，則曰論，曰戒，曰懺，曰贊，曰頌，曰銘，曰記，曰序，曰録。多雜出于僧人所爲，而以經稱者，纔一千餘卷。僧人所常誦味舉唱者，又亦六七品而止耳。蓋其論心，則謂耳目口鼻之用，喜怒哀樂之變，皆非本體之妙也。論身，則謂假暫聚，生老病死，無非苦惱，雖以食狼虎，飽鵰鳶而可也。論生死，則謂有前世之來，後世之往，人與狗彘羊牛相爲輪轉而不息也。論世界，則謂天之上有堂，地之下有獄，日月之中有宮囿，星辰之域有里數。而宇宙之衆，如河沙微塵者，葢不可勝計也。論庶物，則謂羽毛介鱗，皆前生之親愛宗族。而含靈蠢動，蚊蚋螻蟻，與佛不殊，亦欲化之，使登正覺也。其于秉彝天命，則以爲愛欲所鍾，因而滋續，無足貴者。故視父母兄弟妻子，猶讐毒之可惡也。其所親厚，則以他人爲慈父法嗣，凡九州四海，殊根異質，不問賢否，苟同于我者，皆眷屬也。其論覆載之內，可見之物，可名之事，則等之寐夢幻詭，漚影電露，舉非堅久眞實，不必爲也。其論鬼神，則記其狀貌，叙其種類，知其嗜慾年壽，得其居處名數。縱口而論，極筆而書，不自以爲怪也。佛既言之，又付囑之，僧遂演說而推廣之，所以其書至五千四十八卷之富。夫既以空虛寂滅爲道之至矣，雖人倫之重，乾坤之大，照臨之顯，山河之著，猶將掃除殄絕，洞然不立。則凡見于形象，當一毫無有焉。今乃建大屋，聚徒衆，又以其遺書營置儲貯，烏在其爲空乎。不能空其言說之迹，而欲空並育之萬有，烏知其可乎。《文獻通考》。

宋朱子曰，釋氏書其初只有《四十二章經》，所言甚鄙俚，後來日添月益，皆是中華文士相助撰集。如晉宋間自立講師，孰爲釋迦，孰爲阿難，孰爲迦葉，各相問難，筆之於書，轉相欺誑。大抵多是剽竊老子、列子意思，變換推衍，以文其說。《大般若經》卷帙甚多，自覺支離，故節縮爲《心經》一卷。《楞嚴經》只是強立一兩箇意義，只管疊將去，數節之後，全無意味。若《圓覺經》本初亦能幾何，只鄙俚甚處便是，其餘乃增益附會者爾。佛學其初只說空，後來說動靜，支蔓既甚，達磨遂脫然不立文字，只是黙然端坐，便心靜見理，此說一行，前面許多皆不足道，老氏亦難爲抗衡了。今日釋氏，其盛極矣，但程先生所謂攻之者，執理反出其下，吾儒執理既自卑汚，宜乎攻之而不勝也。〇又曰，老氏保全其身底意思多，釋氏又全不以其身爲事，自謂別有一物，不生不滅。歐公言老氏貪生，釋氏畏死，其說亦好。氣聚則生，氣散則死，順之而已，釋老則皆悖之者也。〇《釋氏論》曰，釋氏言之精者，皆竊取莊列之說以爲之，宋景文公于《唐書》李蔚等傳既言之矣。蓋佛之所生去中國絕遠，其書來者，文字音讀，皆累數譯而後通。而其所謂禪者，則又出於口耳之傳，而無文字之可據。以故人人得竄其說以附益之。其《四十二章》、《遺敎》、《法華》、《金剛》、《光明》之類，所言不過淸虛緣業之論，神通變見之術而已。及惠遠、僧肇之流，乃始稍竊莊列之言以相之。如《楞嚴》所謂自聞，即莊子之意。而《圓覺》所謂四大各離，今者妄身，當在何處，即列子所謂精神入其門，骨骸反其根，我尙何存者也。凡若此類，不可勝舉。然其說皆萃於書首，其玄妙無以繼之，然後佛之本眞乃見。如結壇誦呪，二十五輪之類，以至于大力金剛，吉盤荼鬼之屬，則甚粗鄙俗惡之狀，校之首章重玄極妙之指，蓋水火之不相入矣。至于禪者之言，始亦出于晉宋淸談議論之餘習。而稍務反求靜養，以默證之，或能頗出神怪，以衒流俗而已。如一葉五花之讖，隻履西歸之說，雖未必實有是事，然亦可見當時所尙者，止于如此也。其後間有聰明才智之士，自覺其陋，于是更出己意，益求前人之所不及者，以陰佐之，而盡諱其怪幻鄙俚之談。于是其說超然，直若出乎道德性命之上，而惑之者遂以爲果非堯舜周孔之所能及矣。然其虛夸詭譎之情，淫巧儇浮之態，展轉相高，日以益盛，則又反不若其初淸閑靜默之說，猶爲彼善于此也。且佛書本皆胡語，譯而通之，則或以數字爲中國之一字，或以一字而爲中國之數字。而今其所謂偈呪，句齊字偶，了無餘欠。至于所謂二十八祖傳法之書，則又頗協中國音韻，或用唐詩聲律。自其徒之稍黠如僧洪輩者，則已能知其謬，而強爲說以文之。以是推之，則亦不必問其理之是非，而其增加詭僞，迹狀明白，益無所逃矣。《全書》。

宋朱子《崇安縣學田記》曰，崇安縣故有學而無田，淳熙七年，知縣事趙侯始至，即圖所以爲飲食久遠之計者，而未知所出也。一日，視境內浮屠之籍，其絕不繼者凡五，而其田不耕者凡若干畝。乃喟然嘆曰，吾知所以處之矣。于是悉取而歸之學，歲入租米二百二十斛。而士之肄業焉者，得以優游卒歲，而無乏絕之慮。余惟浮屠氏之說，亂君臣之禮，絕父子之親，淫誣鄙詐，以驅誘一世之人，而納之於禽獸之域，固先王之法之所必誅而不以聽者也。顧乃肆然蔓衍于中國，豐屋連甍，良疇接畛，以安且飽，而莫之或禁。是雖盡逐其人，奪其所據而悉歸之學，使吾徒之學爲忠孝者，得以毋營于外，而益進其業，猶恐未足以勝其邪說。況其荒墜蕪絕，偶自至此，又欲封植而永久之，可乎。趙侯取之，可謂務一而兩得矣。《斯文正統》。（略）

元廉希憲，世祖拜中書平章政事。時方尊禮國師八思巴，帝命希憲受戒，對曰，臣受孔子戒矣。帝曰，汝孔子亦有戒耶。對曰，爲臣當忠，爲子當孝，孔子之戒，如是而已。

元吴澄爲翰林學士，有旨集善書者，粉黄金爲泥，寫藏經，詔澄爲序。澄曰，福田利益，雖人所樂聞，而輪廻之説，不過謂爲善之人，死則上通高明，其極上與日月齊光。爲惡之人，死則下淪汚穢，其極下與沙蟲同類。其徒遂爲薦拔之説，以惑世人。今列聖之神，上同日月，何庸薦拔。且自國初以來，凡寫經追薦，不知幾舉，若未效，是無佛法矣。若已效，是誣其祖矣。撰爲文辭，不可以示後世。

英宗時，拜住爲丞相，有言佛教可治天下者，帝問之。對曰，清淨寂滅，自治可也。若治天下，舍仁義則綱常亂矣。四條《元史》。

明劉基曰，浮屠氏設爲禍福之説，亦巧於致人者。人情無不愛其親，而謂冥冥之中，欲加以罪，孰不惻然動心。故中材之人，波馳蟻附，若目見其死者拘于囹圄，受箠楚而望救。雖有篤行守道之親，則亦文致其罪，以告哀於土偶木俑之前。彼固自以爲孝，而不知其爲大不孝，豈不哀哉。《偶鈔》。○植按，佛之所謂經咒，亦不過道其所道耳。何以梵口諷誦，遂謂足以懺罪資福。況吾儒之六經四書，其精微廣大，孰不知之。若聚醇學之士，端坐而諷誦之，豈反不如梵書之利益。而未聞其説者，何也。況彼之梵曲鄙歌，自唱自和，且飲食謔浪于其中，于人亦有何關涉。而靡靡者陷溺而不返，豈不惑哉。

明永樂中，大儒吴與弼高弟鄭伉謂，釋氏毁支體，滅人倫，罪即不容誅，何待讀書，而後辨其謬哉。

明成化時，南京兵部尚書王恕言，天地止一壇，祖宗止一廟，而佛至千餘寺，一寺立而移民居且數百家，費内帑且數十萬，此舛也。二條《明史藁》。

明胡居仁曰，老氏既説無，又説杳杳冥冥，其中有精。混混沌沌，其中有物。則是所謂無者，不能無矣。釋氏既曰空，又説有箇眞性在天地間，不生不滅，超脱輪廻。則所謂空者，不能空矣。此老釋之學，所以顚倒錯謬，説空説虚，説無説有，皆不可信。《廣近思録》。

明弘治十七年二月，有旨，朝陽門外修建延壽塔，並殿宇廊廡，命内閣撰勑，令太監監造。大學士劉健等言，佛老之事，無益于世，有損于民。祖宗朝僧道有定員，寺觀有定額，所以治天下者，堯舜周孔之道而已。今寺觀相望，僧道成羣，齋醮不時，賞賚無筭。謂其能祈福消災，庇民護國。近年以來，災異遞見，不知其所祈者何福，所消者何災。護國庇民，其功何在。乃造爲延壽之名，上惑聖聽。嘗聞堯舜之壽，皆過百歲，當時未有僧道塔寺，不知誰與延之。況塔寺之費，動以數萬，若省修建之財爲賑濟之用，即可以活百萬生靈之命，豈非延壽一大功德哉。伏望陛下收回成命，將前項塔寺，即爲停止。其勑書免令臣等撰擬。上曰，卿等言是，其即停止。

明世宗欲撤太善佛殿，建太后宮。夏言請勑有司，以佛骨瘗之中野。世宗曰，朕思此物，智者以爲邪穢，必不欲觀。愚者以爲奇異，必欲尊奉。今雖埋之，將來豈免竊發。乃焚之於通衢，毁金銀佛像凡一百六十九座，佛骨佛牙凡一萬三千餘觔。二條《日下舊聞》。

明魏校嘉靖初爲廣東提學副使，悉廢諸佛寺，斥其產。過曹溪，焚大鑒衣，取鉢碎之。曰無使惑後人。（略）

明莊烈帝頗崇信二氏，御史劉之勃言，仙佛之道，大要清淨慈悲。陛下取其清淨者以治心，慈悲者以救世，是則大聖人作用。非眞向緇流羽客祈福祐也。近者傳聞爲營殿閣，修齋醮。方今天下兵荒流移滿道，土木齋醮之費，實足救億萬人身命。乞斥以養飢民，佐軍需。疏出，時論韙之。三條《明史藁》。（略）

本朝韓菼曰，禪學之所以盛，非禪者能然，皆吾儒之爲之也。傅奕言于太宗曰，佛入中國，孅兒幻夫，摸象莊老，以文飾之。蓋唐人取經至京，使僧人翻譯，必使文士潤色。如《心經》後注玄奘譯，于志寧、許敬宗、薛元超、李義府等潤色。潤色者，羣集寺中，某爲佛，某爲阿難，設爲問答，一改再改。取莊列之言，更加幻杳而止。然其所攘者莊老，猶未敢顯然以周孔佐之也。而沉溺已久，恣無忌憚，至有宋而益不可制矣。如蘇轍註《老子》，後序曰，喜怒哀樂之未發謂之中，發而皆中節謂之和，致中和，天地位焉，萬物育焉。此佛法也。六祖謂，不思善，不思惡，則喜怒哀樂之未發也。蓋中者，佛性之異名。和者，六度萬行之總目。其説一出，軾極贊之，以爲奇特。而一時程門高弟，如呂大臨之論未發，游酢之論歸仁，楊時之從僧常總問性善，謝良佐之言知覺，皆不能篤于其師説，以入于禪。僧杲黠者也，窺吾儒之意已動而易入也，則語楊之門人張九成曰，左右既得把柄在手，開導之際，當改頭換面，隨宜說法，使殊塗同歸，則世出世間，兩不恨矣。自此凡張氏所論著，皆陽儒而陰釋。視蘇氏之顯然以儒佛爲同者，其機尤工而隱矣。至陸九淵闢釋氏，以爲自私自利，而其學以收拾精神，自作主宰，窮究磨鍊，一朝自省，亦禪學也。蓋南渡以前，士大夫之好佛也顯，不諱其爲佛。南渡以後，士大夫之好佛也譎，諱其爲佛，而隱主之。然而周惇頤言誠，程頤言敬，張載言禮，朱熹言涵養致知力行，皆直揭聖學之統宗，刊落異端之紕繆。如江海之有原委也，如日月之麗于天，而螢爝之光息也。明初曹端、薛瑄、胡居仁，皆循循誦法先王，服膺程朱。陳獻章江門之學一倡，而禪學興矣。自程敏政《道一編》出，而釋儒又混矣。至王守仁起，而其說乃大盛，其指一陸氏也。然終賴程朱之說具在，故一時後先起而闢者，有章懋、羅欽順、呂原、魏校、崔銑、顧憲成、馮從吾、高攀龍諸君子。而王氏之學，訖不能相勝。《孝經衍義》。〇植按，釋氏之學，無論其無父無君，言清行濁，爲正學之蟊賊。今但即其教，還一明之。使人人如爾出家，則人類絕矣。人人如爾托鉢，則衣食匱矣。人人如爾茹素，則禽獸逼人矣。人人如爾聚居梵刹，則土木煩興，而工作者亦復無人矣。人人如爾不生不滅，則造物無權，而神鬼輪迴之妄說，又自相矛盾矣。若曰，吾以自完耳，原非以之治世，亦非可概之他人也。則爾何不潛踪空谷絕人之境，以全其虛寂之本體，而溷跡朝市爲。且既無益人家國事，則歷代之所爲崇奉于爾者，亦何取于爾諸髡爲，而坐享之不辭也。彼僻淫邪遁之詞，雖百變而其理必窮。

補錄

明王圻曰，浮屠氏設立天堂地獄之說，葢嘗考之，實非中國有此陰府之事。佛國在極西之境，其所居謂之天堂，猶後世天朝天闕之稱。其犯法者，皆掘地爲居室以處之，謂之地獄。亦猶南宋王子業囚其諸王，爲地牢之類。其法有剉燒舂磨之刑，如《書》所載九黎三苗之爲者。閻羅則其刑官也，金剛則其衛士也，皆番國壓人之制。學佛者不察，謂施于已死之後。其所謂夜叉羅剎鬼國者，皆西方之土名。如史所稱狗果、羅施鬼國者。世相流傳，不考本始，予故爲表見之。《稗史》。

李煥章《竹林寺記》（**《織水齋集》**） 中夏之九日，余自法慶北歸織水，至漆室女家，迷失道，走煙樹中十餘里，竹林寺也。寺介東西道旁，郡往來者不得至，無禪智可參，雖列志乘，恆置之弗問也。入寺，寥寥數僧，聞人聲，從籬落間出，蓬首垢面，弗能作禮。視其田地，則廓然大碑二，苔蘚剝蝕，皆碑陰，無字識。數老人向余曰，寺在宋元間爲大刹，竹數畝夾寺左右，故以竹林名。萬曆初，村人魏觀察濬新之，游人續續。遇此喪亂后，愈荒寂。相與歎息者久之。奈嘗南之吳會，西之秦隴，東之三晉兩河，北抵瀛海薊門，諸大刹如雒陽伽藍者，皆蔓艸平蕪，荒陂斷壠。按圖經索之，而故址無一存者。況茲眇眇禪棲，寔在僻壤，何足爲有無輕重耶。內典豫章之匡廬，浙東之天台，山右之五台，皆有竹林寺。而五臺寺百里外見竹木周布，三塔凌空。迫近之，無所有，人云文殊瑞光示現。由斯以觀，昔宋元時號戒壇，古德所依止，魏公濬得徘徊俯仰于幽篁逸篨，是見之於百步外。我輩今日，則迫近無所有時也。相與大笑，策衛足，渡洋水，宿楊家邨。

又《想菴記》 今監院育大師，余十餘年世外交也。每謂余曰，吾欲闢一菴，中仁王殿一，前一殿供韋大將軍，后爲堂供大士。別爲二齋，一貯書畫，一享賓客。一靜室，宿臥其中。一香積廚，一行者寮，倉囷牲房。垣之外爲禾場蔬圃，田四五十畝。與三五禪人鼓鐘木魚，朝夕誦佛號終身焉。奈日鹿鹿塵勞中，不悉何時可得，付之一想而已。余遂告師曰，師欲了此想乎。不了此想乎。了此想不如不了此想之爲愈也。

師謂吾家桓台之北，故轅固里，李譚延鄉侯舊踪在焉。築菴其地，挹錦秋之湖光，對苑牆之野色，快矣。倘師轉生他想焉，曰，業已出家矣，此吾家也，未可居。通郡巨邑，知識眾多，于大刹之旁築菴以居，日聞所未聞，見所未見，快矣。倘師轉生他想焉，曰，深山空谷，水邊林下，禪人所宜也。何戀繁華，爲當卓錫荷杖，遍參名勝，如晉之巨臺，蜀之峨眉，越之天臺，吳之九華，中州之太室、少室，齊魯之靈岩、二勞，豫章之匡廬，杭之西冷，蘓之具區，楚之九嶷、三湘，粵之羅浮，結茆于其間，快矣。倘師又轉生他想焉，曰，昔之人席帽芒鞵，百城煙水，木槵蒲團，跏趺一室，各愜其心，適其願，不相謀也。今吾所處法慶與臨淄之廣化，皆轡和尚在焉，人天皈仰道場也，諸大知識，諒不過斯。舍此而圖彼，遺近而就遠，不亦勞乎。故師了此想不如不了此想之爲愈也。了此想復不了此想，是所謂狙公之羣，朝三而暮四，暮三而朝四也。育大師曰，命之矣。吾存此想，東西南北，至不可紀極之地，皆吾菴也，可自署曰想菴。今之后，當稱想菴師。眾禪人曰，如是如是。

又《法慶堂上和尚傳》 師直隸任邱胡氏子，累世皆名公卿。父庭璠，天啟甲子舉人，母徐姓。師生有異徵，七歲就學，問學師曰，讀書能不死乎。師叱而大異之。九歲，父殉難，慟怛，每有出世之志。至十九，母歿，服闋，辭家之武定濟北寺脱白，隸照菴師。踰歲，詣陽信，受淵源師具足戒。淵源師每中夜見師經行廊下，持咒不輟，曰，汝法器也，當求向上事。師謂，律五夏，方習教習禪。淵源曰，汝根器利，律不爲汝設。期滿，同都黎往長白，以新戒，宜依閣黎上座住也。昌邑密菴師開講長山九蓮菴，師往叩《金剛經》。隨密菴之萊州毘盧閣，至阿難不知心處，大疑，寢食俱廢，終日默然。眾勸之，師曰，吾輩修行，不知心落處，當何處著力也。眾乃服。

無何，辭密菴南參大知識。抵膠州，欲渡海，適病，入大勞。聞弘覺和尚住青州大覺院，求入堂結制。和尚開示不是心不是佛不是物，經一七日，大惑不解，哭泣竟日。維那勸曰，汝不聞絃急則斷耶。師遂放下。時本師岸和尚爲首座，落堂問師，汝向父母未生前道一句看。師方答語，岸和尚急掩師口，道道，師不領旨。問師曰，不是心，不是佛，不是物，是個甚麼。師無對。和尚便打，曰，鈍置殺人。師遂有省。每著語，契岸和尚意。弘覺南還，屬岸和尚住大覺院，師爲侍者三載。師南覲弘覺揚州興化龍津禪院，弘覺再往天童，屬首座鑑和尚主龍津，師又爲龍津侍者。一夕，參鑑和尚，問師，百丈豎拂子，甚麼意旨。師震威一喝。又問，掛拂子于舊處，又作甚麼。生拂袖而出。鑑和尚頷之。依龍津三載，省本師岸和尚，回青州大覺爲書記，歷西堂，佛法事遂付屬焉。時年三十三歲矣。久之者，首座又三載，岸和尚南省弘覺金粟，晉師權法慶。時御額大覺爲法慶寺，緇徒日眾。師住十載，岸和尚主金粟示寂，監院□樹師捧遺囑來，命師主法慶，蓋康熙十三年甲寅五月日也。郡守崔公俊，同知徐公欐，通判杜公必擢，參府周公于仁，知縣陳公食花，鄉官布政房公之騏，僉憲鍾公諤，督都何公政，七品京職馮公治世，通判房公金星，知縣房公星聚，知縣王公承露、王公道鳳，今進士陳公時夏，舉人房公星著，守府馮公虎臣，暨曹君長孺，楊君涵、王君璵似見新命，諸護法設齋，請上堂開示，釋迦不出世，達摩不西來，佛法遍天下，談玄口不關。恁麼恁麼，眼裏栽龜毛。不恁麼不恁麼，兔馬頭上生角。恁麼中不恁麼，不恁麼處卻恁麼，魚行水濁，鳥飛毛落。南堂靜禪師爲約法三章，一者日裏飡，二者夜裏寢，三者山門頭佛殿裏東行西行，不許踏破常住磚。南堂條律森嚴，凜不敢犯，易令人作太平奸賊。法慶亦有約法三章，一曰吃飯不許咬著一粒米，二曰著衣不許掛著一縷絲，三曰山門頭佛殿裡東行西行，不許動著腳根。若依如是行持，萬兩黃金也合消，違犯毫釐，十方一粒，重似須彌。卓拄杖下座。兩立大悲期場，學者雲湧川赴，比弘覺隅菴時。

師天性篤孝，孝廉公抗節殉難，屬余作傳入家譜。躬詣濟北寺，荼毘剃度照菴師入普同塔。岸和尚滅跡金粟，建塔餘姚之鹿岩崗棲雲院，蓋其薙髮處也。師念法慶爲和尚勅命說法地，乃築法塔寺西北隅，貯語錄諸書，余爲碑銘。師又自著岸和尚本傳。師廉潔，方丈不蓄一錢。常閱《素問》、《脈經》諸書，方藥活人。眾謂師得勿褻。師曰，大醫入土，上醫醫心，下醫醫身，匪褻也。先是，師隨弘覺赴召京師萬善殿結制，章皇帝賜紫衣。今大學士馮公謂師宗風道力，嗣弘覺、天岸和尚，滹沱津梁，在吾青矣。師爲人坦易和平，不尚峻厲。踞猊坐，機鋒迅發，眾難湊泊。得法者西堂模，今西堂榑，首座樾，皆明眼知識。其示榑偈曰云，平空大地虛空碎，始信從前不汝欺。擔子千斤須珍重，法門況值晚秋時。付樾偈云，帶角擎頭噴浪來，金鱗透網果奇哉。而今聊借雲門棒，爲雨爲霖遍九垓。其諸報事，如浦德、道蓮等，各當其任。剃度弟子成欽、成脈等，並戒子數百人。今年五十，傳臨濟三十三代。諱中元，號靈轡。所著有《法慶語錄》、《劉裕詩集》。

論曰，岸和尚付法者，古翁、靈壁、中牧，并師而四云。古翁峻烈似楊岐，靈壁醇謹似神秀，中牧有口似慈明。師出入而離合之，不施不伐，履道坦坦。至天童法守祖庭，而普照清涼十方刹，豈不辟支國土哉。

又《法慶寺首座奚林榑禪師傳》 師諱成榑，字奚林，別號隱西，臨濟三十四世法嗣也。姓蔡氏，順天武清人，家河西務，舊朝指揮家也。性慧甚，幼業儒，亂後脱白立名。師南之曆下，聞青州法慶轡和尚開法，徒參焉，父之。有勸向它處者，師偈曰，師子兒肯向狐狸穴耶。一日，着居深契宗旨，和尚欣然謂，正法眼藏，終當付子矣。至六載，師號和尚曰，請爲弟子說破。和尚輒叱之。請愈力，和尚厲聲曰，斷吾舌，將甚麼說。塞吾耳，將甚麼聽。師佇思，和尚震威一偈，師拂袖出，曰，求人不如求己。和尚笑曰，認取從前還不是。師回作禮曰，和尚太□爲其說也。和尚以脚踢倒。師曰，恩大難酬。一日，和尚落堂，問，如何是你諸人着力處。師方坐斷野狐法，和尚云，作麼生是獅子吼。師便偈。和尚云，金毛跳入野狐隊。師云，和尚不得壓良爲賤。和尚示偈，平沉大地虛空碎，始信從前不汝欺。擔子千觔須珍重，佛法況值晚秋時。遂付囑焉。

師爲普照和尚所推重，嘗語人曰，吾弟座下有抖擻漢子，上掠隱光家私，下奪大鑒衣鉢，超然獨立不流轉。蓋寔籙也。己未夏，師遊淄川，訪高侍郎公，適侍郎與康濟武內翰對弈，侍郎問，黑白未分一句，請師速道。師云，極好一着子。侍郎又指庭前竹云，青青翠竹，盡是眞如，令人難信。師云，棒打石人頭。侍郎提起衣角云，若然，這箇也是。師云，先生又恁麼去也。師遂成一偈，杖履無端夾谷遊，相逢林下二維摩。不須更問西來意，棋子敲殘月落河。

棋子敲殘月落河句，挾仙致，大抵詩文人，再能涵養心性，有飄飄出塵之意，琢句斯靈。

又《轡大和尚遊勞山序》 順治甲午春，余涉膠水而東，之即墨南，二勞在尺五，宜遊矣，未遊也，余負勞哉，余負勞哉。後續續見陳公泝、陸公鉽、吳公維嶽、高公出、張君鹿徵諸記，勞在吾鄉，而遠方之人杖焉履焉，意悔甚。今春轡大和尚東過渠，過密，過膠，兩閱月始還，蓋以勞故。爲詩歌種種，崇崗之屴崱，巨海之噌吰，五色雲霞，二時潮汐。入溪囊，入梵篋，寧不心怡神曠，逍遙自得也哉。余非謂轡和尚以山重，蓋山以轡和尚重也。名勝之在域內者，曰五臺，曰匡廬，曰峨眉，曰普陀，達摩、大鑒諸賢聖，鉢具所及，與耆崛隣眞爭勝，覺自無懷葛天來。七十二君之封禪，金簡玉冊，宛委岣嶁，瞠乎其後矣。二勞雖列圖經，那羅延窟爲西域所稱說，一辱於齊景之牧馬，再辱於秦皇之乘傳。山靈欝欝，抱恨千載。迨前朝憨山老人得一至，又見辱於黃冠之尤無良者，至今海印遺跡，若韓陵片石，微茫於雲嵐出沒中，忞後人之憑弔。明僧紹之紀述，戒自化之棲止，比之少室、曹溪，未免有間。而區區文人之筆墨，何足爲茲山軒輊乎。轡和尚聽寒鐘，聽晚潮，覩島雲，覩嶺月，將有天龍爲之呵護，凡聖爲之依歸。一偈破鴻濛，萬古長春矣。余則曰，非轡和尚以山重，蓋山以轡和尚重也。和尚詩若干首，從行首座奚大師詩若干首，附於後。

又《贈古峰師序》 榆林，故廬芳反地，孤懸塞外，沙磧環繞，以戍土雲屯，頗號繁。自邊防既撤，而人跡罕至焉。其地鮮知《詩》《書》，而仁王之徒，尤爲稀絕。古峰師以宿生因緣出塵世，舞象時渡河至汾州，薙法隸空門。厭山陝無學者，復渡河而南，歷懷孟京雒嵩少唐鄧，至櫱子□，圖經所名武當山也。以其中皆黃冠，厭之，自武當泝江東下，住九華數閱月。自天門采石石城，經蕪郡，涉錢塘，而及天童，皈依曉和尚，服役三年。一日，忽自嘆曰，今天童住者千百人，寧少一塞上兒耶。余初厭北地無學者，來天童，即天童多學者，與北地終無異也。余見香至之在少室，臨濟之在滹沱，諗和尚之在趙城觀音院，四方之學者雲湧川赴，當倍蓰今天童時。余奚必戀戀於大江之南，余其歸矣。遂至維楊，至淮上，而至吾青之法慶。轡和尚見而悅之，謂可使與賓客言也，遂應客寮。遠近衲子，飡法乳、扣金錍法慶者，先及於師，而一時之得人，於師爲盛。

余既與師游處，退而語諸禪人曰，吾青自辨和尚百問後，咸音響絕。達法師自天童還，誅茆開舍，遂有弘覺、偶菴兩聖人，開示人天。今轡和尚又大暢弘覺、偶菴之教，地之爲少室，爲滹沱，爲趙州觀音院，豈不以其人哉。古峰師它日破木漆桶，踢曲盝床，得轡和尚之旨而西，向之自梁楚而吳越，自吳越而青齊，蓋所稱虛往而寔歸。吾見榆林塞上地，以師而獲無生法忍，誅茆開舍，又若達法師之於吾青者矣。

胡世安《創建報恩寺記》（《秀巖集》卷二九） 太原城東北隅舊有裴侍御園亭一區，今巍然招提矣。何以招提也，自侍御晉卿始。侍御何以招提也，痛母氏之殉節斯園，不忍復宴耽於斯，且以終其嫥修樂教之夙志也。甲申春，寇薄晉陽，范夫人率子姓遯跡幽墅，郡城不守，矢歸寒泉，是斯園保有夫人令名者一朝，夫人旌斯園者且千古矣。今其子侍御君招提之，以資冥福，化景物而象教，貿絃歌以梵音，移閒適即精嚴，仁人孝子之錫類固淵溥哉。于是進衲子而定厥議，以中三楹迎廢寺頹像，莊嚴其內，殘毀金身，補鑄于亭。飭後樓以祠白衣大士，而香陀淨業，次第以舉。復念夫人迎養堂邑時，感異兆全城，其所謂太陽天子暨雲道人者，擬崇祀于堂而未果。周視樓後，搆殿故臺，以居太陽天子，中楹之左，築臺而廬之，以居雲道人，成先志也。是臺自後升而斗其前最後垣表有甃泉，冽濬而芬汲者，即夫人貞魂所自託也。侍御卓楔臺上，以志孺慕，榜曰存澤。又別搆淨室，以妥先靈。夫古人篤念父母，于手澤口澤所存，尚終身不替愛敬，矧潔身全德，尤百世不斷之澤係之乎。斯園之有待夫人而招提之也，豈偶然哉。余既嘉侍御孝之能終，而幷慶斯園之脫浮穢而證勝因也，爰記其始末，以告來者。

又《重修普度寺碑記》 世界積空也，成毀積事也，嘗聞其語矣。從事則空可頑，觀空則事曰贅，嘗諦其義矣。今之崇空者，莫瞿曇氏若，乃祇園布金，指授規則，白馬梵夾，爰肇精藍，曾不以省事明空，抑獨何與。蜀衲如德，幼入沙門，思勤參學生涯，瓶鉢辭巴渝而遠驅。選佛名山，靡不經歷，以學空往，非以學事往也。甘荼卒歲，捨筏疲津，謂帝里雄都，或逢大導。於是策杖來燕，遁跡行腳，息心止觀，卓錫隨緣。涿流之北，廢刹一區，古像雖存，習凌風雨，興懷覆笠，矢願建幢。以丙午歲棲眞斯地，緇徒漸集，繕葺有加。度地鳩材，儲贏食力。蓋欲空諸所有，有事法輪。先是辛巳歲經始創營，功成不日。殿名者，中曰大雄，前天王，後毘盧，東西曰配。象教有其地矣。禪堂名者，方丈名者，若千方袍至止，有其居矣。樓名者二，曰鐘曰鼓，昕夕動眾，有其具矣。而且香積餘供，周垣整固，寺仍普度之舊。耳目頓新，僉曰四十餘年之攻苦，以畢茲鴻構也。德公曰，百千萬億之檀越，以合尖浮圖也，行所無事，功而不居，事焉而礙於空哉。寺處孔道，自創建以迄於今，罹兵戎者不一矣。邇者世變滄桑，堅城巨鎮，茂鞠頹隍，不勝枚舉，此寺獨能保有輪奐，糞蓮座而止苾芻，焉知丙午前之崢嶸，不如辛巳後，而來者之需作，不猶辛巳前乎。德公空諸所有，於成毀世界，曾不芥蔕於胸，余記不既贅乎哉。

又《重修笑巖禪師龕壚記》 蓋聞息心標領，齊法界於空虛。淨行斡輪，振宗風於似續。燈傳有焰，不照盲師。珠本在衣，徒求罔象。是以泥洹邈矣，寧知月映萬川。大導歸然，豈致亡羊岐路。雖去來之乘化，亦顯晦以有時。惟月心寶師派衍曹溪，敎弘燕國。笑以易喝，眞七事之分明。秋而歷春，信三花之永茂。浮屠西墅，彈指烟蕪。衣鉢南流，建幢泡影。強敷文字，嗤嚼蠟者紛呶。接引招提，詢奕葉而闃寂。西蜀友蒼庭公，妙悟三玄，秘窮五位。辨菴羅生熟，憐碩果之孤存。譬沙礫沉埋，簡眞鏐於百鍊。運回陽九，誼切在三。迺於丁亥之春，遍訪老人之蹟。謂有壇壚者，壇必不即荒淪。但無法法人，法或偶爾悠昧。跡諸淨土，目斷平原。□剔遺鐫，事符掵獲。爰就廣輪之舊，特加繕葺之功。寶所重開，奚啻探竿影草。曇華蕣放，咸知出手蓬蒿。在寶師遂磁珀之呼，於庭公等芝蘭之合。烈惟手足，既搆勝因。眼正人天，用宣宗旨。炳琅四偈，寒光閃爍祖堂。突兀千秋，照用齊行實地。可謂克終如始，百了千當者矣。鄙人遠溯高風，近嘉曠舉。節書原末，代諗來茲。相嗣表章，冀有同志云爾。

湯來賀《梵宇論》（《內省齋文集》卷一） 邇來多興創梵宇，或復古刹，而增爲壯麗，爲之者以此見其功，竊以爲謬矣。予雖不知佛敎，然觀其絕類離羣，飄然世外，而拳拳以濟世爲心，夫豈自私自利，求田問舍之流哉。聞諸友人曰，佛盡空諸有，故心無罣礙。今乃多爲之像，又巍煥其居，則與人之峻宇雕牆，堂高數仞者，何以異。噫，一宮室之美且不能空，其爲罣礙多矣，不大戾其敎乎。或曰，小民無知，惟見像皈依，故必尊崇之，斯可起人敬信耳。余曰，不然，使其果可敬乎，則雖無寺宇，而人自信之。若謂非此不足以動人，則是土堦茅茨，不能使於變時雍，而卑宮室者，不能敷文命於四海也。若謂需此而後可以動人，則是瑤臺瓊室，阿房隋苑，必能令天下歸心也。夫人主之好興土木，猶失人心，而況遊方之外者乎。以秦隋之富，猶取之而斂怨，況當民力既竭之時乎。或曰，彼強取於民，故爲築怨，今則眾皆樂助，庸何傷。予曰，不然。今之樂助多金者，其所取諸民間，果皆出於道義乎，抑有倚勢作威，非所當取而得之者乎。朘民膏以興梵宇，固超然塵外者所不屑，亦有心悲憫者所不忍也。至若持冊募貲，必假要津之序，而持當路之書，然後士民勉應之，非其所樂從也。梁武帝以造寺寫經爲功德，而達摩已有並無功德之對，今習其敎者，獨未之聞乎。常思佛道崇虛，而心切救人，乃括有限之民財，擴其居而隆其像，所謂作無益害有益也。嗚呼，此豈佛之所樂爲哉。

又《銅佛像論》 豫章之西山，新造銅佛，極高而大，蓋某僧所募，得諸東粵二藩之所施也。銅像重大，道遠難致，分爲數段，乃底西江。聞其過梅嶺時，僧督之遄行，有司怖藩王勢，捶楚力役之，人因而斃命者百餘。嗚呼慘矣，予素不知佛法，然聞其道以無生爲貴，雖眞身猶以爲幻，而況於像乎。既空諸色相矣，又何取金碧輝煌而奢侈壯麗之爲尚乎。又聞佛道以戒殺爲慈，今因一己之假身而累無辜之衆命，佛其忍爲之乎。吾知其不然矣。噫，彼募緣者，但思尊崇像教，以聳人觀聽而致其皈依，豈知其流毒之慘，遂至於斯哉。然則當如之何。曰，宜毁其像，而取其銅鑄錢，以利百姓，又彰明其理，以戒將來，庶幾白佛之冤，而解衆人之惑。噫，佛其有靈乎，無靈乎，如或有靈，其必以吾言爲是乎。

又《重建金樓峯寶輪寺記》（同上，卷一二）　甲寅春初，寶輪寺知予禪師命其徒宜上來謁予記。予于寺觀諸文，平生未作，然聞知予之爲人也，待物以誠，而好誘人于善。自陵谷變遷，特用功于世道，凡拯人之危，周人之急，解人之訟，息人之爭，往往不遺餘力，是以遐邇德之。予昔年訪友，曾過其地，聽輿人之頌，而深敬之。今茲所屬，其可不爲之記乎。

按，峯曰金樓，在盱郡之東，距城七十里，崇岡疊嶺，蒼翠迴環。峯之下，古有蘭若曰寶輪者，始於唐，改於宋，而興復於近代。其或爲寺爲觀，遷變有時，而殘碑漫漶，弗之能考矣。萬曆間，有無明禪師者，命其徒元賔居焉。元賔克承師訓，踐履篤實，爲元公先生所器重，以寶輪古剎，志圖興復，而猶未逮也。知予即元賔弟子，名道達，苦行數十年，弗遺師志，遂圖創建。謀諸僧衆，皆協力同心，拮據匪懈，而荊榛廢址，遂煥然一新矣。未幾，燬於兵燹，而知予弗已也，又偕諸弟子結茅於其下，勤勞自勵。而同鄉之人，嘉其素行，皆踴躍捐貲，故未踰三載，而寺宇復成。其建後殿也，則自癸巳始也，於是左右皆爲客廳。其建大殿也，則自乙未始也，惟梁棟戶牖以木爲之，而榱題等具，咸易之以磚，冀垂久也。飾以丹雘，儼然如木，觀者不知其非木也。大殿之前爲三門，左齋堂，右禪堂，齋堂之前爲庖，又前爲庫。禪堂之前爲韋馱殿，又前爲寮居，於旁爲護廬，爲碾房，爲浴室，爲舂，爲廩，爲畜牧之區，而規模於是乎大備。西北有靜室，可以潛修，且購田園池沼，以資他日飯僧之費。經籍供器，舉禪林所必需者，纖悉靡遺，恢恢乎其大觀也已。嗟乎，天下事亦爲之而已矣，然而非智不創，非勇不行，非誠則智勇不生。茲寺之創而改也，廢而興也，興而燬，燬而復創也，與桑田滄海何以異。昔之荒烟蔓草，一旦而棟宇巍然，輪奐斐然，豈非人力之所致哉。然不有知予之誠，與弟子諸人之協力，其能經營迅速，若是其可觀哉。予於寶輪之創，而慨然有所思矣。

又《犀照和尚詩序》（同上，卷一二）　犀照禪師爲諸生時，有文名，痛甲申之變，遂棄舉子業而隱于禪。予雅慕其人，未能覯止，偶遊廬峯觀瀑布，溯濂溪考亭之勝跡，而詢義門之遺址，與夫靖節之故居。盤桓月餘，寓古承天寺，欲訪犀照，而犀照已爲逝波矣。予拊膺長嘆，悵然不已。會其徒灝菴與語相得，遂持犀照詩文請序，適予將發棹，未能詳閱，祇讀扇頭數韻，生氣凜然，低徊吟咏，遂覺有神交矣。噫，犀照以冰玉爲心，始終弗易，能避繁華之境而托疾以辭，此豈世俗之高僧所能望其肩背哉。予雖不覯其面，而已得其心矣。既見其心，則千古亦若同堂，何必把臂暢談而後爲聲氣哉。獨惜犀照雖屬方外，而依然儒行，使天假以年，則所造何限，乃溘然朝露，予能無今昔之感耶。灝菴居其舊寓，若不忍離，雖境遇凄楚，而適然安之，且珍其遺稾而必欲彰之，可謂不忘本矣。嗟乎，滄桑既改，轉瞬遂若路人，安得世皆灝菴，俾父兄師友之倫，猶存于此日哉。

謝文洊《日錄一（節選）》（《謝程山集》卷一）　禪家頓悟，將從前粘縛處忽爾空卻，若再生一遭。然當其參究時，是用何等□力，方有此一日。今我習氣種種，無由脫去，日用之中，須要與彼參究時，一般誠切，覺隱微稍動，即與斬截，不可稍爲因循，聽其自然消隕。即今便要斬然一變，與從前是兩截人物，方是猛烈丈夫手段。不然只若存若亡而已，恐終身坐在蕪穢窠中，不更羞苦可哀也哉。（略）

禪家參話頭，實是縛得此心住，今日工夫須要似參話頭一般纔好。然彼是死工夫，此是活工夫，所難就在活處。孟子必先苦其心志一段，亦是要人向死邊求活，習氣已成橫決之勢，天理只微芒而已。要將這微芒的充長出來，將這橫決的排抑他去，非是大死一番，未見其得力也。（略）

明道先生闢佛曰，自謂之窮神知化，而不足以開物成務，言爲無不周徧，實則外於倫理，窮深極微，而不可與入堯舜之道。數語透且盡，後來精於其道者，又說出是法住法位世間相常住一段道理來，不消住靜出世，只在事物倫理之中，無處不是。有老宿問一僧曰，爾在這裏做甚。僧曰，我這裏一事不爲。老宿曰，然則只是靜坐。僧曰，若靜坐則爲矣。此是何旨。蓋彼意要在無事不爲之中，有一事不爲者在，方是見到。身雖在倫理事物之中，心卻居倫理事物之外，空寂之體，無物不映，卻了不相礙。隨緣發遣，了沒交涉。彼又有數語說得極明白，雁過長空，影沈寒水。雁無遺跡之意，水無留影之心，彼視倫理事物，只雁過長空而已。要巴攬者固妄，要屏除者亦妄，所謂人法雙融，事理無礙，是其到家處。若吾儒在事物倫理之中，便有一段至誠惻怛相貫，又要知之精而處之當，方是至誠經綸，方了得性分内事。即到大舜無爲而治境界，只是一循天理，易知簡能，如北辰居所，天體無不自這裏運旋，德盛化神，不見其作爲之迹耳。譬如大力之人，將百鈞之物提在手裏，移掇頓放，無不得所，雍容自在，並不見其勞動。非是終日手去摸摸，身去挨挨，便說我何等自在，不爲他所累也。以此校之，說事物倫理則一，說無爲則一，卻有毫釐千里之謬。故曰窮深極微，而不可與入堯舜之道也。（略）

又《日錄二》（節選）（同上，卷二）　吾儒致中，較釋氏致空倍難，致空只是忍決掃除，又且離境掃除。致中則須細密涵養，又且即境涵養，所以倍難。及其成功，空者可以隨緣赴感，涉而不有，只討得箇一己自在。中者便能經綸宰制，盡情盡理，使萬物各得其所。致中難則難矣，其位育之功爲何如也。

又《日錄三》（節選）（同上，卷三）　禪教中豈無英敏子弟，實可敬畏者，只是主見一差，便陷於異端而不足觀，良爲可惜。所以人家子弟務先擴清根基，方可不爲邪說所搖惑。

王文成言，吾儒幷包二氏，後儒不察，僅得一偏，猶之一室三閒，割左以與釋，割右以與老，不知三閒俱是我一室所有。愚謂始亦何嘗有三閒，又不知是誰割以與之，總之只是一室，釋老乃於此中妄自穿穴耳。既有三閒，則釋自不妨居左，老自不妨居右，三教之說，乃原初定局矣。謂此語無病，吾不信也。

僧燦《信心銘》云，一種平懷，泯然自盡。此語甚似儒者，然而不同。吾儒所謂自盡，盡此固有之理。彼所謂自盡，隨其世相，了其世相而已，此中原無有也。如不別白，焉得不謂儒佛一家。又如龐居士偈云，有男不婚，有女不嫁，大家團圞頭，共說無生話。宋時一士夫久參得悟，亦有偈曰，男大須婚，女大須嫁，有甚閒工夫，共說無生話。如不識破，便說士夫偈是正話，與龐偈不殊，不知只是一家，毫無差別，婚即不婚也，嫁即不嫁也，不話即話也，隨其世相，了其世相而已。（略）

閲《五燈會元》，其與吾儒異處益明，但其中消息，儒者亦不曾實究其底裏，其排他處雖正，然儘有道他痛癢不著處。如羅文莊可謂深入矣，然亦未盡澈。儒者腳跟穩，看得自己血脈眞，則此理亦不可不窮，窮得他到，纔呑得他下。不然，終是吐進吐出，含糊在口，不得溜亮。

諸儒辨禪處，大段已說盡，只尙有細微未瑩處。後來整菴所論，亦出不得宋儒範圍，但更加洗發耳。某今日所窺，似又有洗發處，蓋洗發不細，則未免枉他，枉則不服。非是要爲彼求伸，只窮他不精，令他有躲閃處，反說我窺他不到。最是不可埋沒奇妙處，要將他奇妙處一一挑出來有箇總關處，一總剖判，纔算傾巢倒穴。

又《禪根說》（同上，卷八）　吾觀佛者之言曰，釋迦爲大事因緣，慈悲度世。其所謂大事因緣者，死生是也。嗟乎，死生而可度，則彼佛何以不至今存也，而以無生爲教，則彼既空其生死，又何以有於人之生死乎。世之所以惑者，由其私念拘牽，欲惡沉溺，昧其公理眞機，以自累其身，於是釋氏得假以最上法，學無生道，以愚惑人，而人遂妄信其說之可以超生死，脫輪迴，還其身於一空。蓋譬諸昏昧者之孤行失道，目迷神惘，方悵悵然皇皇然懼其墮於厓阱而死也，忽有人投之以美食，誘之入別徑，因而貨之異域，而亦不悟，噫嘻，豈不大可哀也夫。夫吾儒之道，行者則必先詢道里之次第歧正，自然舉足康莊，坦蕩優游而歸於其室。且彼惟其纏固於私欲，喪失其公理眞機，日以死生輪迴爲懼，疑其身之重累，避之無可避也，捨之無可捨也，空之無可空也，於此而忽聞有頓超頓悟頓空之教，可以置其身成佛作祖，安得不絕情禁欲以學之，又安得不棄父母，離妻子，而甘心絕情禁欲以學之乎。嗚呼，此滅倫絕類之教之所由興也。

嗚呼，夫惟不明生死之道，而遂爲空生死之說所惑，以至於此。不知生死爲天地之公理，造化之眞機，何用超之脫之空之爲哉，且人亦誰能空之脫之超之。夫陰陽感而萬物茁，情欲通而精氣會，生生之理，鼓鑄之機，有不得不然而然者。人既幸有此身，惟宜愛此身之從生，與身之所由成，身之所與配，身之所同生，身之所與交。而父子之親，君臣之義，夫婦之別，長幼之序，朋友之信，皆其所不容已。一人如是，人人如是，往古來今之人皆如是，而曾無一人之不如是者。至於身死，則公理眞機之盡耳。陰陽之氣，有凝聚必有解散，雖所聚之氣有多寡偏全清濁堅脆之不同，因之智愚剛柔修短延促之各異，要亦二氣之理之機所必然，夫亦何足以縈吾心。

或曰，人死即死耳，何以有游魂之說。今夫天地之氣，一陰一陽而已矣，從其未分而言之，爲一太極，已分而言之，則爲陰陽。從太極以至陰陽，從一以至萬，從無以至有，從微以至顯，從小以至大，從不可見以至可見，其閒漸形漸現，漸張漸著。其聚爲是物也，是可見者也，而不可見與至不可見者必具備，而後有原有委，有本有末。其盡也，可見之氣盡也，而不可見之氣或有不與之俱盡者。譬之聲之有音，花之有香。聲叩而有也，叩可見者也，乃叩息矣，而音尚裊裊而如接。花，木之所發也，發可見者也，乃花摘矣，而香尚馥馥而如襲。是故聲之大者音彌長，花之盛者芬乃遠。人之有游魂也，亦猶是也，是精氣之餘也，是亦二氣之所凝聚而爲體也。故張子以二氣之良能爲鬼神，朱子以爲，鬼者陰之靈，神者陽之靈。鬼神之靈，日摩蕩於乾坤之內，無日不造，無日不化，誰能逃此洪爐之鼓鑄哉。聲不能禁之使無音，花不能禁之使無香，人不能禁之使無死，死不能禁之使無游魂，此天地公理眞機所不容息者，如之何而能超而脫之，還之於空也。故聖賢忠孝節義之士，得氣之精，死而不死。其下者冤憤莫伸，癡迷莫覺，爲厲爲祟，亦一念之未化。可知二氣之未盡，不以君子而必無，不以小人而必有。第君子雖有而不爲累，小人則或流於虐，而久之終同歸於化也。

今夫草化而爲螢，爵化而爲蛤，龜化而爲蛇，螟蛉化而爲蜾蠃，不待其死而以魂化，而且生而以形化。蓋化者，陰陽鼓鑄之妙也。天地之生物，太極爲性，陰陽爲體，則性與體，天地皆公以與之，而爲聚爲散，爲聚散之久速，此亦自然而不得不然者，奚必喜散而惡聚，喜散之速而惡聚之久乎。且聚亦聚於陰陽太極之中，散亦散於太極陰陽之內。太極陰陽不能一日不造，則不能一日不聚，不能一日不化，則不能一日不散。世雖有無窮之聚散，而總歸之太極陰陽之中。彼佛之死而還之空，其能空之於太極陰陽外耶。而太極陰陽之生物，又豈能因彼教而別用一太極陰陽以爲之性之體耶。噫，生死之爲天地公理，造化眞機，其亦顯然眾見矣。人固無用超，無用脫，無用空也，且又誰能超脫而空之於兩間之外，則超死生、脫輪迴與還空之爲釋氏謬說，又豈不顯然眾見也哉。

儒者學聖人之道，奈何尚不知生死爲天地之公理，造化之眞機，而游移馳逐於其畔理逆機之教乎。吾惟灼然不惑，而於此公理眞機，爲所當爲，盡所當盡，而不使彼邪說，毫末閒雜於中，而後學爲正學，道爲正道。夫自堯舜禹湯以至孔子孟子，其閒君臣交儆，師友切磋，惟在人心道心，子臣弟友，人倫德性之閒，絕未聞有超脫還空之語。自漢時佛氏竄入吾中土，乃持此說以誘人於迷途，貨之異域，而人亦遂甘心爲其誘而貨之。歷今千餘年，踵相效尤，如癆瘵之中於膏肓，遞相傳染，而不可救藥。雖其閒大智大勇，卓然知此正而彼邪，欲扶而抑之，以正人心者，未嘗無人，而要於此受病之根，終未能了然，毅然拔而出之，斷而絕之，猶曰，我將以我道還空，何必彼道。則彼釋氏之徒必將曰，汝道未能還空，必遵我道而後可。夫豈知執一還空之說，已是彼道之根深錮於吾心，久且終爲其誘而貨之矣，又安能以彼排彼也。惟明乎生死爲天地之公理，有生有死爲造化之眞機，無用彼超之脫之空之，則凡世之棄父母，離妻子，舍所當務，而悉心學佛，以生死爲大事者，不亦可以翻然悔悟也哉。若夫功德懺悔，福利果報之說，先儒辨之已詳，即彼教談上乘禪，亦所不道，故不具論，而論其禪之爲病根者，以爲高明之誡。

歲己丑初講學，傅子同人即作是論，其大體規模亦得吾儒正理也，但其文奇幻過《楞嚴》，非儒者氣象，而辨之亦太急，務爲安頓，有強探力索之狀，而鮮寬舒融釋之懷。因陶鎔其意，而成是篇。今越十數載，反復觀玩，重加校勘，適髻山宋子未有來訪程山，舉以就正，極意欣賞，頗信所見之不差。傅子見解超卓，膽力俱到，實吾儕所罕匹，惜其墓木已拱，而不得長爲吾道干城也，噫。乙巳夏五約齋自記。

宋未有曰，公理眞機，吾人所以爲人，即吾道所以爲道，彼滅其理，絕其機，而自謂還空，不知空向何處。先生謂其不能空之於太極陰陽之外，眞是拔其根而斬之，千秋道脈，端賴斯文而永存。

魏叔子曰，釋爲吾儒大蠹，辨之者每傷激烈，究於其根源未能剔搜盡淨。讀斯文何其平易，而幽隱之畢燭也，所以學貴識高，尤貴養醇。

門人甘京曰，同人每講學，必力闢禪宗，所以爲吾輩樹之防者，意甚摯，而文苦於期期難達，得先生暢言之，斬荊棘，揮利斧，心目閒頓然開爽。

門人黄采曰，儒禪之辨，最是爲學第一關頭，前儒未嘗不極力分判，然見地未清，又欲以奇奧角勝，猶以魔洗墨，有相著而黑耳。惟就人所明，向易曉處平實指點，則不攻自破，而禪根更無萌櫱。

後學張伯行曰，至淺至近，至平至易，卻自漢以來，未有說得如此雪亮，如此精析者，學人熟此，則入手歸宿，自然不墮於旁門外道。

後學葉新曰，《西銘》而後，僅見此篇，所謂雖與日月爭光可也。

又《戊子答李淑行書》（同上，卷九） 所貴乎會友講學者，將求一是，以去衆非耳。人各抱其是，不相與質證，則祇成其私是，而非大公至正之一是。認私是而不顧一是，其病固重，雷同附和於一是，而隱隱各護其私是者，其病尤重。今文洊與先生總欲明道，原非爲護儒護釋起見。來書云，證有未安，不如不證，各相安於無言，以兩存其是。若強證之，反生疑謗。文洊以爲如此，不惟無益於儒，亦無益於釋，無益於文洊，亦無益於先生。夫理有未明，不妨數辨。辨理既明，然後心安，而非僅安於迹象。如以迹象之相安爲是，則是世俗情面之見，豈學道人虛公求理之謂。不忍故異，不敢苟同，彼此問難，徵色發聲，亦非動氣，意有未釋，百折不回。及至沛然無礙，如冰雪之投水，豈有疑謗之嫌哉。

前承賜教陽明四言宗旨，謂下三句只括在首句之中，學者只當於首句下手，參得透徹，一了百當。文洊則謂首句只在下三句內，若於首句下手，令人蕩然無歸，於下三句下手，自然不離首句，用功之久，默相契會。且與孔子子臣弟友之道，顏子克己復禮，不遷不貳，孟子乍見時怵惕惻隱，孩提愛敬，及陽明《傳習錄》中諸說，無不脗合。如先生言，不惟違戾孔孟，即陽明宗旨，原不如是，惟與龍谿四無之說相似。乃龍谿又云，明道、顏子所不敢道，以顏子、明道之資既不敢道，則道之亦復何益。要之，吾儒原無此說，龍谿亦不過從禪宗剽竊得來耳。禪宗頓悟之說，文洊昔年所枉用信慕者，大慧語錄亦曾細閱，中峰廣錄亦所嗜讀，其餘禪集及《楞嚴》、《維摩》、《圓覺》諸經，俱已約畧揣摩。至於參公案，看話頭，亦曾用過極力苦功。其瞥爾省悟處，亦獲兩次。及今醒悔，始知吾儒康莊大道，自與旁途小徑，迥不相侔。若必謂致良知工夫與禪宗頓悟相合，則謬甚矣。

且無論孔孟只從孝弟倫理上誨人，並無頓悟本體之說，即如《傳習錄》中，亦是言見父自然知孝，見兄自然知弟，見孺子入井自然知惻隱。此即是良知不假外求，若更無障礙，即所謂充其惻隱之心，而仁不可勝用矣。然在常人，不能無私意障礙，所以須用格致之功。又云，良知在人，隨汝如何，不能泯滅。雖盜賊，喚之以賊，亦必忸怩。又云，灑掃應對就是物，童子良知惟知此，教之灑掃應對就是致。又曰，我言格物，自童子至聖人皆是此等工夫，但聖人熟耳。凡陽明所語，大率簡易直切，何常別卻格致，如先生所云，曉夜皇皇，於本體上參得透徹，便自一了百當。且先生之旨，雖本自禪宗，究於頓悟法門，亦尚未徹。試取釋典證之，自見也。

來書又疑文洊爲冤佛，文洊之所論，在當下入手處，先生所舉，乃在歸宿處。如佛身充滿法界之偈，豈可論於入手時乎。蓋入手，即釋迦亦須雪山六年，以後諸祖工夫，俱從大死中得活，然其教皆置卻應與用，而單拈本體爲要。若吾儒則不然。四子書固具在也，象山云，汝目自明，耳自聰，見父自能知孝，見兄自能知敬。與前所引《傳習錄》中語，無非指應心上工夫，即說到極到中與一，及無聲無臭，皆不離此。所以陽明詩云，無聲無臭獨知時，必獨知，然後無聲無臭不至認爲斷滅。夫此獨知，人誰不有，但爲習染沉痼，甘於自欺耳。必曰獨知不是本體，須於獨知之前，更求無善無惡之體，則大失陽明之旨矣。即此獨知便是無善無惡，試觀乍見孺子入井時，有善惡否。純是一段眞機，神感神應而已。龍谿教人，亦只從一念獨知入微處自省自訟，其四無之說，雖若超妙，然云從無處立根基，不知從有處立根基，即是從無處立，有不離無，無不離有，此處若分兩種，則其爲悟，亦意見耳。蓋吾儒工夫決與頓悟之說不同，即孔子默而識，孟子欲其自得，亦從日用常行內積累而來，非懸空求悟也。否則是不集義而正心，與忘助者同病矣。先生教人，專欲從此下手，豈不鈍塞學人良知乎。

文洊切竊先生，總是儒禪入手處分別未下。譬之射者，支離俗學，是無革亂射，致良知者，是懸革習射，久之操鍊純熟，發處即中正鵠。禪家頓悟，則不與爾以革，亦不許爾射，要爾平白地討出正鵠來。噫，欲求其弗歧也，豈不難哉。文洊每傷人心囂頑，儒學中衰，惟賴此良知不滅，昭示眞機，庶霍然有起色。若又從禪宗頓悟教人，從無善無惡處懸空參取，則法堂前草深一丈矣。且身爲儒者，但當從儒學儒。先生曾云，功到處與禪無別，則禪愈可不必矣。若云三教並傳，廢一不可，此陋儒鄙儒之見，不謂先生亦復爾也。象山云，異端能惑人，自吾儒敗績而入，使唐虞時道在天下，愚夫愚婦皆有渾厚氣象，即活佛活老子出，亦開口不得。大儒高識巨論，眞足以破愚立頑，又何釋之足以煩人辨論哉。文洊今幸附諸君子後，講學伊始，願諸君子俱從大道仔肩，以求同歸於大公至正之一是。語言之間，微有不合，決不至因此介意。昨於會講時請教，先生便賜督過，今此絮聒，極知不遜，伏冀以明道爲念，特賜原宥。靜中有得，勿惜垂示，幸甚。

李仲闇曰，昔鄭康成於任城何休所著三傳，發其墨守，鍼其膏肓，起其廢疾，休見而嘆曰，康成入吾室，操吾矛，以伐我乎。斯文於淑行亦然。

傳同人曰，禪學經宋儒大闢之後，又已五百餘年爲吾儒患，約齋爲搜抉根芽而芟剔之，不獨陽明之幸，亦吾道干城也。

門人黃熙曰，此書是吾師初脫禪窟，從姚江著腳。是時，年才及壯，而志識高超，已自如此，宜其循至於濂洛之室也。然非從禪窟翻身，亦不能洞悉其弊。語語皆身親歷鍊，故不似他人游移話頭。

又《癸巳復南城劉子淳書》　風俗淪喪，賢者不免，子淳獨立頹波中，強毅不僕，可謂難矣。第恐正學垂絕，人心錮蔽，雖有熱腸，將窮於無所施。況彼教所稱善知識者，半生積學，機鋒甚銳，樹幟之人，僅欲以口舌爭，適自取僨而已。細讀四論及評語，巨識正議，卓偉不羣，敬服敬服。但辭句氣象，閒尚有傷於躁迫，少恬雅莊厚之處，此豈有未充耶。其中辨難曲折，亦有未能瑩徹者，蓋由於儒釋大綱領闡明未詳也。

今夫釋氏之爲教也，主於出世，夫既同爲斯人，何爲忽有出世之想。蓋天地間自有一種世緣淡薄之人，如唐虞有巢、許之流，其時王化翔洽，斯民沕穆，故能不爲所惑。迨至春秋，遂有以此爲學術者，孔子所謂素隱行怪是也。其後去聖愈遠，風俗浸陋，澆瀉薄惡，往往見之倫理之閒，世俗如此，眞苦海矣。而清淨恬淡之人，胸臆閒自隱隱有一厭而去之之思，於此而誘之以出世之學，眞熱惱場中清涼散也。則鼓舞蕩搖，相趨相效，棄父母妻子，不事人閒生業，相聚於山谷閒，潔身自適，一切是非風波之險，杳不相及，豈不自以爲遊方之外乎。然身雖解脫，而心尚未免繫戀。於是遣之以梵誦，導之以經懺，齊之以戒律規矩，制之以禪定止觀，且幻爲極樂國誘之於前，輪迴地獄怖之於後，然後不惟此身求解脫，即此心亦不得不解脫矣。雖然，八識田中，根株猶在，一日觸發，依舊滋長。於是有達摩者出，教之以不立文字，直指人心，見性成佛之法，謂之教外別傳。令人將此心追究到危苦困迫之境，專切既久，頓悟身心世界，一片虛寂，才見父母未生前本來面目，然後爲眞解脫也。自此以降，機鋒棒喝，呵佛罵祖，無非拈弄此旨，所謂見道方修，道不見復何修也。禪宗既行，佛學益精，視義學戒律，俱屬下乘。然究其蠹之所入，總起於一念厭而去之之想，由此而迷焉，自不容不有背父母，捐妻子之教，又不容不有見空寂，證涅槃之宗，內外本末，自成其爲出世之學而已矣。

若吾儒之學也，學以經世。世有君臣父子兄弟夫婦朋友之天倫，即有親義序別信之達道，聖人非有所強也，不過順此天倫之道，一爲之經綸焉爾。蓋人得氣不能皆純，習俗不能不染，聖人特爲發其固有之良知，如孟子所謂孩提之愛敬，使之察識擴充，著其是而去其非，以復還乎天命之本然。然後倫理各當其則，而參天地，贊化育，即此而在，無俟他求者，豈若釋氏，離棄五倫，泯息四端，而躭空悅寂，以爲道乎。但吾儒言心言性，彼教亦以爲言，世遂疑其相似，又疑無思無爲、無聲無臭之旨，亦與彼教彷彿。殊不知吾儒所貫於萬事萬物之中者，惟此至平至實之天，則聖人所不能加，眾人所不能損也。如孺子入井，何人乍見不生其怵惕惻隱，此際更有何思爲聲臭之可言。誰無是心，誰無是性，即此是中，即此是和，豈彼如幻三昧所可同日而語哉。朱子曰，釋氏見得道理俱空，吾儒見得道理皆實，所以首尾與之不合。是眞能辨理者也。且彼所謂虛而靈，寂而妙者不過在眼曰見，在耳曰聞，在鼻辨香，在舌談論，在手執捉，在足運奔而已矣，未嘗視聽言動，一合於禮。夫天敘天秩天命天討，三百三千，吾儒精密之條理，皆自情分中本色平鋪而出，而所謂見父知孝，見子知慈，尤其著者也。若彼教則惟求夫知覺運動之源，而於知孝知慈，民彝物則之良，率皆泯然。嗚呼，世盡如其教，則將何以謂之人，又將何以復見有人乎。後世士大夫爲其陷溺者，既不敢顯然畔儒，而又竊其影似之語言，擬議附和，以爲殊途同歸，以自蓋其愆。噫，亦惑之甚矣。

今日所不得不辨者，正爲同輩爲其疑似所牽，莫知決擇，亟當爲之救援也。若已陷溺，則辨之無及矣。雖然，予昔泛覽宋元禪集，覩其精進攻苦之力，確然不爲利害得喪毀譽稱譏所摇動，未嘗不悲正道不明，令此英材，失足左途。今吾輩遊於堂堂正正之門，反因循悠忽隱微之地，不得自慊，亦大可愧也矣。願吾兄鼓勵而前，一日千里，文洊策蹇以追，絕學之興，庶幾有望否。即邪正明析，我伸彼屈，於道究何裨哉。

章宏自曰，洋洋灑灑，一氣呵成，而恬淡不矜，昌黎《諫迎佛骨表》，猶覺火氣未平。

門人甘京曰，他人闢禪，都是皮膚語，此文尋源剔根，語語入骨，譬之身從荊棘中出，乃能指示其牽刺之叢密，而盲者仍墮陷不悟，眞未之何矣。

後學徐乾學曰，吾人不能離五倫，泯四端，即不能不爲儒身，不離儒心欲學佛，兩失之矣。莊誦斯文，三嘆不置。

又《戊戌與密菴書》 儒禪徑路之别，諸家聚訟紛紛，後學久莫識所歸，吾輩幸獲講學，不有以剖析分明，將歸宿何所也。大抵禪者以知覺爲性，吾儒則以天則爲性。仁敬孝慈信，以及動容周旋中禮，無往非天則也。所謂降衷，所謂秉彝，所謂中和，皆是物也。至於見聞覺知，則心之虛靈爲之，所以乘載敷施此性者也。是佛氏之所謂性，正吾儒之所謂心，吾儒之所謂性，正萬物統體一太極，一物有一太極是也。《論語》其心三月不違仁，從心所欲不踰矩，仁與知，性也，心則其不違不踰者也。張子性無爲，心有覺，尤爲顯切。至下手之法，又迥然各異，禪者用逆，儒者用順。彼法以意識念慮遷流不息，總爲前塵，故六祖語惠明以不思善、不思惡時覓本來面目爲眞諦，只是絕卻思路，從無可思處逆轉一觀，瞥爾見全體也。後來參公案，機鋒棒喝，截斷意識，皆是逆法。吾儒入手，曷常有此。人心眞機，安可抑遏。縱梏喪之極，亦有不能昧沒者，何必更逆向杳無朕兆之所，方爲用功之地。如孔子答諸門人問仁，孟子舉乍見之怵惕，孩提之愛敬，嘑蹴之不屑，皆是發明下手用功處。故朱子明德注云，當因其所發而遂明之。《大學》、《中庸》扼要處，只在愼獨，獨即幾也。周子曰，寂然不動者，誠也，感而遂通者，神也，動而未形有無之閒者，幾也。又曰，誠無爲，幾善惡。蓋誠爲實理，即本體也，謂之曰無爲，即張子無爲之旨也。感而遂通，則舉動酬酢之屬，無所不該，即張子心有覺之旨也。大《易》謂極深研幾，蓋研幾之功，乃徹上徹下扼要之方，而學者或以此爲未足，更欲於幾前進而求之靜，求之無爲，不惟悖先儒之訓，即溯之孔孟成法，實未嘗遺人以險艱孤僻之術，以塞此道蕩蕩平平之正路。

聞疑陳白沙先生取徑於靜坐，似用禪家逆法，其流弊將使後學輕彝倫日用爲不足務，而慕高遠，抵虛寂以爲歸，其爲世道人心之害，恐不淺也。文洊後生末學，豈敢妄議前儒，惟是途徑一差，毫釐千里，深爲可懼，故敢即昔所自爲疑信者一陳諸左右，惟先生憫其愚昧，賜之裁決，如得大道昌明，則繼往開來之功，將於先生是賴，又不僅文洊一人之受益已也。

彭習生曰，心性二字，辨晰如分水犀，深味斯旨，禪風自息。

門人黄采曰，此是學人第一關頭，識得眞，自無歧途之泣，故采之教陶生成，先爲作心性圖以授之，實本之師訓。

又《辛酉復吉安劉六謙書》（同上，卷一一） 吾儒之道，自有大中至正之歸，學者急迫求之，每多誤入歧途，文洊之初失足，而旋自轉悔者，已不啻再三矣。及後體究《西銘》與程子《識仁説》，始知聖學本自周行，進而正之《學》《庸》《語》《孟》，源流一綫，浩然無礙，與二氏之學，根株迥别。蓋吾儒之根株在誠，彼教之根株在空，非誠不能經世，非空不能出世，涇渭了然，何之可混。其以爲宗同教異者，亦道聽塗説耳。若虛心體玩，叩求其所以之故，則自能知所止矣。今先生以心空一着，可以該貫三教根株，未免歧而不悟。以先生之英才，不爲先聖任絕學，而甘心歧於二氏，安所不當安，恐亡羊終未有歸期也。幸亟反而求之四子之書，愼思明辨，以思夫誠之所在，必有霍然解而歸正之一日也。文洊愚駑，非任道之才，但於安身立命，力求穩地，以無負爲聖人之徒耳。承教韋弦之喻，此特爲氣質矯偏者言，至於爲學大本，乃千聖心法，不容以剛柔異趨，更不容以紫色蠅聲，雜接於心。斯世向道者寥寥欲絕，今既遇先生，不吐赤衷，更復何望。維冀虛平俯察，澄本析源，反復相商，斯不負相値之雅也。

彭中叔曰，如分水犀，如示諸掌，而猶弗能領悟，致屢煩筆札。此道本平易，卻偏難爲好高務外者說，眞有末如之何之歎。

又《再答劉六謙書》　昨兩接大教，以文洊於此境未到透露，故不能相知，誠然。但即來書所自述，文洊於此皆身嘗試之，亦非不悉也。所云敬中見心體之澄瑩，澄瑩即虛靈之謂，而虛靈非心之眞主宰也。先生得此，即以爲眞主宰，遂謂心空，遂謂主敬在是，此所以誤入岐途也。夫心之所主者，性也，性者，虛靈中所具之生理，虛靈則生理所發之外著者也。程子曰，心如穀種，其生之苗如性焉。由秀而實，實仍穀也，如心焉，實雖同謂之穀，而可以謂之種，謂之米，則分焉。認精鑿之米爲穀種，則生理絕矣。孔門諄諄言仁，仁也者，性也，《中庸》之率性，率此生理也。顏子之不違仁，亦不違此生理也，舍生理而言虛靈，不猶之舍穀種而言米乎。米之精鑿，未始非穀，猶心之虛靈，未始非性也，然生與不生，則自此分也。夫心體自然虛靈，然虛靈中有至實者在焉。至實者何，性也，仁也，空之則禪也，老氏之玄宗也。

洊竊窺先生之所以差此毫釐者，大都由泥於朱子之解明德爲虛靈也。羅整菴曰，《大學》所謂明德，即《中庸》所謂德性，朱子《章句》似舉心而言，與孟子盡心之解無異，恐當與德性同解爲是。洊昔著《大學切己錄》，深以爲疑，及得整菴之說，而覆按之朱子德性與盡心之注，然後知立言之未可偶疎也。德性注云，性者，所受於天之正理。盡心注云，心者，人之神明，所以具衆理而應萬事者也，性則心之所具之理。將心性二字分得了然，各有著落如是，何《大學》之明德，不以性訓，而以心訓，而自相鑿枘也。蓋朱子因德字上有一明字，遂以虛靈爲言。其語錄又自更說具衆理應萬事，保體用在中，實而不爲虛。洊即而思之，必言具言應，則仍是虛而非實，終屬隔一層，而非本體也。觀明德傳內引明命爲言，則明德分明本之明命，《太甲》章蔡注云，明命者，上天顯然之理而命之我者。在天爲明命，在人爲明德，其言確有根據，非以意強解也。洊於是益知明德之明當作顯著之意解之，不宜以虛靈爲訓。且以明德爲虛靈，則與彼教明心見性之說相類。

先生之以明心一著，該三教根株，謂非由此而誤乎。不知米原出於穀，認米之精鑿以爲穀種，雖三尺童子，亦笑其誤矣。或曰，米可炊而食，穀不可得而即食也。然則明性不如明心之爲功之捷也。洊則以爲，米非穀何以爲米，心非性何以爲心，誠知心之有性，則自然識仁，而所主之敬，方可於定靜安慮，修齊治平，而一一徵其實，不猶之乎知米之由於穀，則栽培灌溉，生生不已，而米不可勝用乎。洊生平談學，以畏天命爲宗。《西銘》曰，於時保之，子之翼也。《識仁說》曰，識得此理，以誠敬存之。蓋敬必如是，而後知眞主宰而得所主也。獨惜先生之主敬，不主乎指歸，豈於敬尚有所疑議耶，即前札亦曾言以《西銘》及《識仁說》爲秉彝降衷之實理，乃一主乎澄瑩以爲眞主宰。程子曰，禪亦有一覺之理，可謂敬以直內矣，然無義以方外，其雖云直內，要之其本亦不是。蓋深見其本只是以虛靈爲悟，非眞能直內者。夫內外本末，原爲一貫。吾儒之以性以仁爲本，則經綸大經，自如影之隨形，響之應聲，有不爽者，斷不致離倫而絕物。此吾輩察識貴愼於毫釐，庶幾免夫千里之謬之爲可嘆也。洊今茲之嘐嘐，無非爲道，原無人我之見，願高明平心商論，知此爲天下萬世公共之理，凡有血氣者皆可與知與聞，然後可以不厭往復，以歸於一是。伏惟垂察而詳教之，幸甚，幸甚。

彭中叔曰，將心性二字合併分析，解千古未了之惑，發先儒未盡之秘，有功斯道，大文字也。

門人黃采曰，禪家以鏡喻心，心鏡雖明，終無生理。程子以穀喻種喻心得之矣，而仍含而不露，吾師爲引伸分別，使心性二字，劃然昭著，發蒙起昧，斯道天下萬世之利也。

柴紹炳《駁范縝〈神滅論〉》（《柴省軒文鈔》卷二）　按，史稱齊范縝著《神滅論》，以爲形者神之質，神者形之用，神之於形，猶利之於刀，未聞刀沒而利存，豈容形亡而神在哉。此論出，朝野喧譁，難之終不能屈。及觀沈約難縝一篇，頗有析疑，猶未曉暢，予故重爲此論，以相駁正，雖未能起九原而質之，要令後之君子毋惑於斯云。

形者何，人之軀體是也。神者何，人之性靈是也。凡人有生，必具是性靈，而寄於軀體以爲用，其死也，軀體雖壞，而神不泯，故形有去留，神無存滅，此理昭然，非徒釋氏之言也。《書》曰，惟人萬物之靈。《記》

曰，人者，其天地之德，陰陽之交，鬼神之會，五行之秀氣也。夫靈秀所鍾謂之神，實與天地陰陽鬼神五行同體，故又曰，陰陽不測之謂神，神而明之，存乎其人。豈區區形質之所能囿哉。而縝曰，神之於形，猶利之於刀，未聞刀沒而利存，豈容形亡而神在。嗟乎，此蓋比擬失倫矣。利之於刀，猶視聽持行之於官骸也，故有耳目則能視聽，有手足則能持行，有刀則有利，刀沒而利去，猶人之手足耳目壞，則視聽持行廢矣。若神則存乎性靈，能爲視聽持行主，而不於手足耳目憑著也。人見人之赫然死也，謂其耳無聽，目無視，手足無持行，而並疑神亦泯焉，可乎。故謂刀沒而利亡也可，謂形亡而神滅也不可。何者，神本於性，藏於心，雖寄形爲用，而超其上。若疑形亡神滅，則形闕者神亦宜虧，然世有眇目跛足，半身不遂之流，神亦遂以偏廢耶。又非徒此也。如人形臥得夢，其耳目手足未嘗動，覺而夢中見聞了了，起居自如，是形爲之耶，抑神爲之耶。夫人之終始去來，大言之生死，小言之夢覺，夢中有神在，不得謂死後無神也，決矣。

故《易》於生死曰，原始要終，於鬼神曰，精氣爲物，游魂爲變。假令生死無去來，何始可原，何終可要。人死無鬼神，則所言游而變者，爲何物歟。且觀之《詩》曰，維嶽降神，生甫及申。是生有來也。文王陟降，在帝左右，是死有去也。鄭子產曰，匹夫匹婦強死，能爲厲。漢賈誼曰，生爲明帝，歿爲明神。是死而確乎有鬼神也。此數者皆載諸經籍，信而有徵，是則佛教未東，吾儒原有此理焉，烏得以異端目之哉。況使如縝之說，則死者無知，鬼神俱屬子虛，而先聖王所爲郊社禘嘗五祀國厲之設，幾於誕妄矣。故其時太原王琰譏之曰，嗚呼，范子曾不知其先祖神靈所在。而縝乃對曰，王子知先祖神靈所在，而不能殺身從之。此則理窮詞遁者耳。孔子稱，神之格思，不可度思，洋洋乎如在其上，豈必殺身以從，乃能事神奉先歟。然則史曰難之終不能屈，蓋世儒拘墟，左袒范氏之言，非君子篤論也。予故置釋典不辨，而聊即經指以折之如此。

又《子奉出家父母說》（同上，卷四）　客問於余曰，人子於父母，古稱就養無方，即有出家離俗者，養生喪死，子不得廢事親之禮。予答之曰，情固不可已也，而禮則有變焉。何則，古無出家之事，故傳記不載，近代迺有之。學佛修道，欲超脫生死，要非世間法也。世間法自以儒者爲正，故人子遇父母之有是舉，必涕泣固止之。固止而不獲，則凡可以致其問，省其養者，多方從事，庶無遺憾。然母在家，父出，有就僧寮修敬而已。父在母出者亦然。倘父亡矣，或可暫還，俾子婦瞻拜，其居常宜聽所止，或別築室以奉之。子縱欲盡孝所生，別嫌明微，不可不謹也。至於送死，出家者自用彼法，子不得專。三年服衰，可以自盡，其餘禮制，固當變常。如設位受弔，不得在堂，主不得入廟，葬不得同穴。

客曰，似子言，天下豈有亡親之子耶。曰，否。子無絕父母，而大義所格，有時不得顧其私親。蓋人之有生，男女作配，皆所以承宗祏而繼百世也。如男不有室，女不有家，而飄然出世以捐棄先祀，是其剃染之日，業告絕於祖禰矣。《記》曰，事死如事生，事亡如事存。爲子孫者，不能挽之於生前，而於死後復引而近之，一旦使圓頂方袍之屬，復得與於同宮祔食，先人有知，不貽之恫且羞乎。

客又曰，子論近正矣，然稽古於何徵之。曰，禮由義起，可以引伸觀之。昔者泰伯欲讓國於王季，逃之荊蠻，斷髮文身，及聞太王喪，乃歸而哭於門，示蠻夷不可入王庭也。卒去，返居勾吳。子思之母死於衛，哭於廟門，人曰，庶氏之母死，奈何哭於孔氏之廟。子思引過，哭諸寢。夫桑門薙頂，何殊斷髮文身，捨俗稱法嗣，其視適異姓者有間歟。況禮有子放婦出之條，未有生前放出，死後還歸者。以釋子比放出，孰曰不宜。故予謂人子於此，當執喪死，所葬無首丘，制服廬居，設主別室，稱考妣而不得，仍書故官位封號以別之，庶幾亡於禮者之禮耳。

客又曰，禮固然矣，設有父母遺命，曰身雖入道，而子奉我宜如家人禮，則奈何。曰，出家所爲何事，誠欲脫生死，空諸一切，紹隆佛種，號祖稱尊，將盡人天供養，惡用俗子香火情，戀戀不捨哉。假令道林仍續闞氏宗祧，慧遠復備賈家禰廟，非惟爲釋教所斥，婦孺亦唾之矣，首尾橫決，直登亂命可也，人子又以從之爲孝也夫。

又《放生會小引》（同上，卷七）　放生何昉乎，《論語》曰，君賜生，必畜之，蓋即不殺而放之之意也。是時佛教未東，仲尼已代能仁說法矣。嗣是而鄭子產之畜魚，齊宣王之易牛，不忍一念，俱爲孟氏所亟稱。秦漢以來，史傳諸賢以放生談美者，尤難悉數。是故推親親仁民之意而及於愛物，本不嗜殺之意而廣爲放生，雖未敢云博施濟眾，而隨其見聞所逮，稱情以施一時仁術，此固儒者之所嘉與而樂書也。至宰官居士以佛菩薩心，方便救濟眾生，所在垂慈，萬無疲厭，安得藉口不取亦不放，而嗤爲多事哉。某今擬鳩同志者，於每歲四月之朔，舉放生會。是日，輪一司事者部署，各醵齋，分五分，以供午餐，不飲不多品，取簡可繼。其放生貲自五分以至一金，隨力輸之，若買贖禽魚牲畜之類，擇地設法，屆期任便，不爲預訂，以免射利傷生也。善信君子，惠然不棄，共登會約，相助爲理，幸永矢勿諼焉。

又《慈源寺募化施粥引》 原夫歲有豐凶，鄉師期於賙阨，人殊盈歉，國典貴乎通窮。魯經垂乞糴之文，戴記著行糜之令。凡以憫饑虛而廣賙濟，古先聖王，未之有改也。至廼名卿發廩，達士捐貲。公叔惠施，丐饘國邑。南陽厚意，賦粥都亭。降而王慈卿之爲糧，富鄭公之設廠。並緣時絀，輒救民飢。正輔王道之窮，稍釋天工之憾。嗟乎，儒林所務，莫匪哀矜。豈必象教以來，始有布施之喻耶。然而聖肇西方，靈昭震旦。恩霑甘露，化被慈雲，每以平等之心，行利益之事，故儒稱博濟，釋號大悲，其指究一也。廼者時方歲暮，候屬嚴寒。頗有貧身，良艱餬口。嗚哀霜雪之間，計絕糟糠之望。名非靈輒，多忍餓於翳桑。家異於陵，莫咽餘於螬李。徘徊陌上，疇遺公子之餐。躑躅城陰，罕進王孫之飯。念休糧而靡策，求續命以胡因。寓目腐心，興言酸鼻，不其然歟。先是，畿輔歲祲，朝廷旰食。輒散水衡之錢，用代興平之廩。苟於此時，而慮切己饑，政先無告。尚父進器，侍中作糜。庶符急病之規，式備卻寒之具。職在有司，誰云不可。顧以□分自上，格於嫌疑。推食繇公，難爲嗣續。莫如假方便法，開科濟門。布給孤之金，散香積之供。利存老寡，量可普同。孰非所以補造物，廣皇仁者哉。

今慈源寺主某者，桑門精律，開士勝流。業脫躧於有爲，欲轉輪於常住。恆念闡教者猶憑色身，鏡宗者不斷慧命。伊蒲設饌，當憶羣生。迦留乞餅，寧忘下界。爰次第於王城，乃周旋於凡眾。施粥之舉，三臘於茲。植願彌堅，締緣滋廣。所賴檀越引手，宰官見身。量移方丈之須，小損十千之直。魯家困裏，許賑孤貧。阮氏杖頭，堪充善信。於是粟阜漢倉，糜深齊鑊。如開王井之廚，請任羅闍之啜。龍池洗鉢，但勸加餐。鷲嶺鳴鐘，無慚後飯。蒙袂道旁之子，不恨嗟來。吹簫市上之倫，寧羞蹴爾。總令哀此以還，皆可果然而去。詎非施仁當陀，慕善無窮者歟。夫許詢捨宅，道取破慳。龐公散財，心惟普度。實則不議之德，寧唯有漏之因。彼事出緇流，理乎名教。施者匪冀於福田，受者無援於冥報也。予故不辭，而樂爲之引云爾。

張能鱗《三教說》（《西山集》卷四） 人不知學，由不知教，不知教由不知道，不知道者，不知性也，不知性者，不知天也。天者理而已，人之學者學此，教者教此，乃自聖人道衰，斯楊墨道興，生心害政，流弊佛老，其道愈熾。夫道一而已矣，焉有所謂三教哉。後世崇尚異端，推尊邪說，恐其不能傳於天下後世，遂混聖道於佛老之中，謂之儒釋道三教。嗚呼，聖如孔子，帝王尊之爲師，而僅以儒稱之，是豈知道之言哉。且孔子之道，何道也，君臣父子夫婦兄弟朋友之道也，格致誠正修齊治平之道也。自古及今，由其道則治，不由其道則亂，一本而萬殊，萬殊而一本，天性之理，如此而已矣，又何常有怪異奇邪之行，乃以無父無君之佛老，等而列之爲三，豈不誣聖道而惑天下萬世乎。

世俗習而不察，謂佛能了生死，有果報，家尸而戶祝之，尤甚於老。此猶曰非儒者也，至學儒者之學，猶不免爲釋氏所惑，有取藏經而窮年累月翻閱者，有取《楞嚴》、《法華》，以儒者之言注解者，有與空門參悟作偈子語錄以表揚者，有喜其機鋒棒喝而附和其詩詞者。人見儒者尚信其言，從其說，即安得不家尸戶祝耶。程子曰，學者於釋氏之說，直須如淫聲美色以遠之，不爾，則駸駸然入於其中矣。況佛經二十四卷，自漢明帝始入中國，皆西域之梵音，今且敷衍其詞，汗牛充棟。歷考事佛惟謹者，得禍甚慘，其於生死果報之說，究屬荒唐，生心害政，確乎不易之言矣。彼世之佞佛者不足論已，愚願學儒者先明聖人之道，知五常由於天性，五常之性未盡，則獲罪於天。成己成物，方爲完人，成物之道未盡，則於人有虧。是儒者之道，終身學之而難滿其量，乃復雜以滅絕人倫，毀棄性命之佛老，而共尊之爲三教，豈不惑世誣民也哉。孟子曰，楊墨之道不熄，孔子之道不著。愚謂後之學者不能如孟子之言，姑爲下一轉語曰，孔子之道不著，楊墨之道不熄。

又《佛光解》（同上，卷七） 覽峩眉者，每以佛光爲神異。峰頂有光相寺，前爲覩佛崖，下臨絕壑，深不可測，時有白霧蒸然鬱然，遊者至此，或遇光如虹，而小紅綠間雜，而白色居多，中有黑影，若人狀，寺僧因神其説爲普賢現身。或又曰，此各人本來面目，雖觀光者如堵，而止見己身，此攝身光也。顧有數日而不遇光者，僧復以爲佛光靈異，非有緣者不輕遇。故衆相傳，遂謂眞佛光，眞普賢現身，眞佛子攝身光矣。嗚呼，此皆爲寺僧所愚耳。余於辛丑六月登峯，是日自白水寺朝發，至巓則午，過未初矣。僧衆急趨曰，光現矣，此虔誠所格，請睹之。余從臺上俯視，其光果如前無異，而予獨回頭仰視日光，正在西移，與壑對照，且日旁雲氣掩映于上，則其光或大或小，或有或無，倏忽變幻于其下，此非日光穿雲，影而射出，下與霧交映，安得有此光耶。至密雲掩日，昏曉午前俱不得光，可知矣。而僧即以不遇光爲無緣，不大可笑哉。光有五彩，即虹霓相映之理，若以光中黑影爲普賢現身，余令從者張蓋，而影中亦張蓋，其非普賢也明甚。群睹而止各見一身者，此日影穿雲，非比普照，故止見一人，而不及衆，何攝身之足異。嗟乎，天下至奇者莫如日，又莫如蝃蝀，人不以爲奇者，見之常耳。不常見而見之，遂以爲奇，而卒痼于寺僧之說，則請以余解破其惑。

熊伯龍《擬御製西域大藏經序》（《熊學士文集》卷中）　朕惟治天下必儒者，然理有同歸，教則多術。凡立教者，苟可以助流政化，幽贊皇綱，雖其事爲儒者所不道，不妨因人情而尊信之，亦期于理之無所不窮心之無所不存而已。大雄氏成道周初，教流後漢，不幸而不見正于孔孟之門，然有謂《簡兮》之詩所思西方之美人，即其人者矣。今觀其書，上乘妙典，不可思議，其可得而聞者，大抵謂生生之類，皆具佛性，應報果因，歷劫不爽。在于積仁順，蠲嗜欲，習虚靜，而成通照。其視仁義禮智信之説若相師，不相悖焉。自昔願治之君，白馬駿奔，蘭臺什襲，紹興講經于軍旅，永樂表剎于雍熙，彼豈不知佞佛之足以貽譏哉。有見于四十九年人天之主，豎幢演法，其道必不可廢，而非墨守儒先者所能測其萬一也。

我昭聖慈壽恭簡安懿章慶敦惠溫莊康和太皇太后母儀萬國，身教兩朝，憫生濟世，天下歸仁。亦既比善事于塵沙，變人間爲兜率矣，然猶香炷琳宮，葉繙玉軸，冀以利益有情，紹隆三寶，其爲宏願，豈非廣長莫磬，海墨難書者乎。朕嗣服沖年，未臻上理，思報慈恩，亦惟佛力，謹以國書譯成佛說大藏寶經，爲卷若干，爲函若干，名曰一藏，勾稽是正，妙好莊嚴，天龍人鬼，歡喜讚歎，亦是經之時節因緣也。自今以始，銷融業識，戢彼刀兵，屏棄貪嗔，回茲水旱，俾佛日光明，皇風宣暢，以迓太皇太后康寧壽耇之休，以綿我國家億萬年無疆之歷。朕所爲荅揚懿訓，永世克孝者，其在斯乎，其在斯乎。君舉必書，是或其可書者也，爰序以永其傳云。

又《重建觀音閣記》　武昌府治之西爲黄鵠磯，其上有觀音閣，在劉宋有國時爲頭陀寺，郢州刺史蔡興宗所剏立，以居沙門慧宗者，屢興屢廢，以逮明初，敕更爲觀音萬壽講寺，蓋千有餘歲禪誦勝地也。不幸而燬于崇禎癸未之兵，頹垣斷礎，瓦礫叢積，二十餘年矣。康熙甲辰，予適在籍，過其地，有閣巋然，莊嚴淸閟，人忘其燬，實我大參艾石宋公發願修復，無所佽助，成以不日，爲之歎息留連，不忍去。公聞予之樂斯舉也，因屬之書其事。

予嘗謂天下事有可廢而不可廢者，名花珍樹，何關于居室，而無之則不足以美園囿之觀。梵宮寶地，何關于立國，而無之則不足以表山川之勝。二莊兩明之後，列剎相望，盛衰不一。其盛也未嘗不乘乎寬博有餘之氣，而其衰也，亦未嘗不預爲擾攘急迫之徵。是以唐初洪福經像，致有瑞氣徘徊之異，而其後毁寺四千六百，招提蘭若四萬，其時勢何敢望貞觀，豈必勝幡不振乃爲有道之世哉。公下車敷化，風動雷行，郵傳鹽筴，咄嗟可了。即大役大災，各有司存，人可秦越視者，亦必矯首奮袂，楷柱調劑，務期有濟于物，而後止民之德。公固不啻救湯鑊于幽途，息劍輪于苦海矣。乃以其餘力，恢宏像教，首新斯剎，因洪水之橫流，寓救荒于興葺，薙草開林，因仍笏地，則無掘山穿穴損命之傷，一錢斗粟，斥自庋囊，則無殫府虛帑費，人之虐，人之稱，斯役也何譏焉。且天不吊楚，始亂後治，民生其間，感時歎物，如覊人旅客，牢愁而無所告，將有如張魏公所云，欲愛貪忿，是謂無明，輾轉交攻，激爲鬭亂者，識者有隱憂焉。而斯剎湧樓飛殿于都會之間，據崇巖，睨通壑，鐸鈴夜語，鼓魚更荅，則又必有頓悟浮生，回心歸善，蔭法雲而火宅晨涼，瞻慧日而重昏夜曉者矣。其愈于空山窮谷，架大屋，養閒漢，如古德之所呵者，不萬萬乎。

或者曰，蕭梁廣崇佛寺，達摩以爲有漏小果，公子有其大者，此曷足爲公書乎。嗟乎，今之居官者，考課所載，飭城垣，興學宮，其名可謂美矣。一抔之土，三版之牆，猶必按賞格以赴公家之急，公特以願瞻廢墜，人天憯悽，一念悲憫，舉贏于絀，是誠無所爲而爲之者。天下吉祥善事，使得公等數十輩無所爲而爲之，生民之福，邦家之慶，其可量乎。然則自今以往，世道日乘乎寬博有餘之氣，而吏治無復以擾攘急迫爲憂，未必不于此一事卜之也，是尚不足爲公書也哉。公名某，山東膠州人，與予同舉己丑進士。閣成，遷山西按察使司按察使以去，楚人如有所失焉。

又《大悲殿記》 浮屠法盛于吾邑久矣，飛樓湧殿，所在都有，皆出自赤髭白足之徒，開發勸化，求其心之利養名聞，二者俱斷，未必然也。郊西五里而近，有大悲殿，爲吾邑某君所建者，則異乎是。君母蔡孺人，皈依淨土，年甫四十，戒律精嚴，願捨財造大悲觀世音菩薩一軀，垂成而癸未之變作，母子播遷，其像貯雙眉菴，蔽風雨而已。久之，孺人歿，君客辰州，城破，羈旅于黔，每念母輒及雙眉菴，未嘗不淚下也。黔平歸里，亟詢菩薩像無恙，眾善亦稍稍塗餙之，體雖未全，私喜母願有緒矣。會君爲經略洪公、總漕蔡公彊之入淮，入燕，踰年乃還，是爲癸卯歲，大水大役，公私之業都廢，君獨縮衣節口，傾倒皮囊，以次圓滿慈容，旃檀金碧，表裏莊嚴。因而剪荊棘，興土木，奉以廣殿，繚以長廊。甲辰冬，告成事焉，而屬余爲之記。

余惟事親與事君不同，事君以理勝，事親以情勝。子之未免于父母之懷也，視其所欲，必多方以遂之，惟足以殺其生者則弗許耳。子之于親，何獨不然。古人不忘其親，至不食蕈，不踐石，不登嵩華。蓋至愛根心，非由義理，君子不以求諸人，然亦憐其志而聽之，莫之止也。今之事親者以爲禮法如是，而至性不屬。或儉其親于日用之當然，苟其所爲稍遠于儒者之道，則皆指爲亂命。又或生則從之，死則違之，舉冥冥之中不忍以負良友者，而忍之于親，安乎，不安乎。彼承不知事親之主于情，而不主于理，而事無大小，必求有以順其親之心則一也。

孺人具悲憫性，感念佛言，一切國土，種種災難起時，當造千眼大悲像，誦持神咒，能使敵國來降，雨暘時若。時當壬午，喪亂已成，以玆宏願，爲民請命。不幸中道隕棄，人天慘悽，水旱刀兵，靡有寧日，亦若與之相應，孺人之志，亦可悲矣。卒之機緣輻輳，荷擔辛勤，種淨因于井臼未離之前，振勝幡于宰木已拱之後。甚矣，人之貴有子也。方君銜恤入辰時，語雙眉僧曰，母願未酬，是某重任，某一日在，必不可令他人圓滿其功。悲哉斯言，神聽之矣。有志竟成，不亦宜乎。且君之從大軍而還也，恢奇辯博，善與人交，人人皆以爲親己，席豐沛之勢，可立致通顯，君謝弗爲，顧乃隱其身于桐君葛氏之術，爲人蠲除疾苦，所全活無算。視所稱菩薩以八萬四千臂目遍入微塵國土，拯度一切有情，離諸苦惱者，亦既奉其教而見之躬行矣。微像與殿，詎不足稱是母是子乎，而猶必懃懃于此，此孺人所以無不遂之情，而君之所以爲孝也。樂正子有言，自吾母而不得吾情，吾惡乎用吾情。推君之所爲，而人人以忘親爲恥，風俗其有瘳乎。爰合掌讚歎而作是記。

蔣中和《二氏》（《半農齋集》卷八） 夫道一而已矣，自有二氏，而吾道亂矣，吾道賊矣。嗚呼，此聖人所以特嚴左道之誅也，雖然，有辯焉。人皆謂釋氏之學爲墨氏之學，予按墨氏所以爲教者，主於兼愛，主於尚同，雖不可以爲訓，要亦矯世勵俗之意，其書具在，固可考而知也。孟氏恐後人溺其說，一往而莫返，故預爲無父之言以甚其罪，不意未五百年，果有無父之教，有所謂釋氏者，來自西域，而孟氏之言遂驗，是誠孟氏之不幸耳。後人不察其原，遂以釋氏之學爲墨氏之學。復墨氏之學，本是學仁而誤者，然苟裁之以正，猶可進於吾儒。自釋氏附會其中，而曲爲之說，遂致墨氏之面目全非。試取其書而讀之，而謂墨氏本於天之兼愛，遂同於釋氏本於人之兼愛乎。是賊吾道者，釋也，非墨也，安可以無辯。人皆謂道之教昉於老子，考老子之爲柱下史也，孔子一見而有猶龍之嘆。其所雖本於列子，然大要出處進退亦不甚異於吾儒，特其所著五千言，皆調息養生之事，其新奇足以動眾，於是莊列之徒，踵起而互相唱和，各創爲不可稽之寓言，以自成一家，雖未足以式化，要亦因緣吾道，未敢直與吾道角也。自秦漢以後，巫祝之流妄逞奸邪，懼無以取信於俗，於是附會老子而曲爲之說，以致老子之面目全非，而又非古之所爲巫也。古之所爲巫者，以幽明之故，非一其志，精其義者，不能導迎二氣之和，故設有專職。後之人特假其名，以爲欺世誑俗之媒，而其所譔符呪，又皆方士之所僞爲。大抵遠祖張道陵，近宗林靈素，推之上古設巫之旨，已盡失其傳，而況妄引老子，置之三清之列，以爲其教之所從出，不亦乖妄之甚耶。是賊吾道者，巫也，非老也，又安可以無辯。雖然，苟非墨老啟其端於前，巫釋又烏得恣其禍於後。聖人惡作俑，是以不得不連類以共示誅絕之爲快，嗚呼，是豈得已哉。

儒家有未發之中即有已發之和，故曰體用一源。釋家但求之未發之中，不復參之已發之和，是離用以爲體矣，又安在而爲中，安在而爲性。儒家言正心即言誠意，故有欺慊之分，釋氏列意於六根，不復問誠意爲何事，是賊其本矣，又安在而爲正，安在而爲慊。

儒有人心道心之判，佛則混而爲一。儒有爲善去惡之功，佛則混而爲無。

無聲無臭，儒氏之空也，無法無倫，釋氏之空也，無仁無義，老氏之空也。惡二氏之空，而并諱吾儒之空，吾儒之過也。喜二氏之空，而并亂吾儒之空，二氏之過，亦吾儒之過也。

合萬物而言性者，儒也，空萬物而言性者，釋也，離萬物而言性者，老也。

道家有性命雙修之說，愚於儒家亦云，耳之於聲，目之於色，口之於味，四肢之於安逸，非修命乎。視思明，聽思聰，味思正，四肢思盡瘁，非修性乎。第道家以命爲性，故有斂精畜欲，聚氣凝神之術。儒家以性爲命，故有殺身成仁，舍生取義之時。即謂道家修命不修性，可也，儒家修性不修命，可也。

順則成人，逆則成仙，此丹家言也。吾謂佛家亦用逆，親親而仁民，仁民而愛物，順也。佛家於父母昆弟妻子則以爲愛河而斷之，於禽獸草木蟲魚則以爲平等而溺之，非逆乎。素富貴行乎富貴，素貧賤行乎貧賤，素患難行乎患難，順也。佛家則舍見在而言過去，舍見在而言未來，非逆乎。遇惻隱則惻隱，遇羞惡則羞惡，順也。佛家必欲離諸法緣，即大地河山亦以爲幻，非逆乎。

逃墨必歸於楊，逃楊必歸於儒，此其常也，乃後世逃於儒者，反歸於楊，逃於楊者，反歸於墨，此其變也，然亦吾儒之過也，何也。吾儒窮而在下，達而在上，惟知自私自利，以溫飽豪華爲得計，至於民胞物與，全不知爲何事，是名雖儒，而實無異於楊氏矣。於是愚夫愚婦見吾儒徒竊儒者之名，而陰蹈楊氏之私，遂掉臂而入空門，反得借其緒論，以攻吾儒之有愧於萬物一體之仁也，豈非吾儒之過乎。

蘇穎濱曰，東漢以來，佛法始入中國，其道與老子相出入，《易》所謂形而上者，漢世士大夫不能明也，魏晉以後畧知之矣，好之篤者則欲施之於世，疾之甚者則欲絕之於世，二者皆非也。老氏之道與吾道同，而欲絕之，佛氏之教與吾教異，而欲行之，皆失之矣。甚矣，蘇子之失言也。夫治世者，道也，既不可施之於世，又安在而爲道。形而上，形而下，合之乃道也，如視寓於目，合之乃有明也，聽寓於耳，合之乃有聰也，今欲舍形而下者而別求形而上者，是舍耳目而求視聽矣，又安在而爲道。且率性之外無道，修道之外無教，本非二物，既云佛法與老子相出入，又云與吾道同，與吾教異，豈道自道，教自教乎。甚矣，蘇子之失言也。

張子曰，虛者天地之祖，天地從虛中來，雖是儒家語，卻似道家語。佛書云，不怕念起，但怕覺遲，雖似儒家語，終是釋家語。學者須於此等處剖悉得分明，方不是假本體，亦不是差工夫。

聞道者，吾儒之學也，所謂博之以文，約之以禮，合外內之道也。悟道者，佛氏之學也，所謂有見於心，無見於性，岐內外而二之也。

問，吾儒言存心，佛氏亦言存心，其異同如何。曰，佛氏所云存，但令日用之間眼前常見光爍爍地，至一切物則盡廢。吾儒於所當思者未嘗不思，於所當爲者未嘗不爲，固有公私之別也，烏得同。

問，吾儒言存心，道家亦言存心，其異同如何。曰，吾儒所云存，是心常惺惺如火，但收住在這裏，不使之延蔓。道家則欲死其心，如畏火發焰，直將水潑息而已，烏得同。

千百年來，有一斷案，未經人道破者，謗佛二字是也。甚且爲之說曰，謗佛者，讚佛者也。夫顛倒是非，毀譽亂眞，謂之謗。彼佛氏來自東漢，本聖帝明王所不道，直當比之周公之驅猛獸耳，安在而爲謗乎。昔白香山文名滿天下，獨不爲李贊皇所喜，每寄文，李緘之一篋，未嘗開。或以爲請，曰，恐見文則迴吾心耳。今佛氏之可愛未必過於香山之文，而儒家之廻心則迥異於贊皇公，何也。曰上之貪奇好博，下之畏禍愛福。

以頓悟入者，釋氏之禪宗也，以工夫入者，釋氏之律宗也，或禪或律，雖有異同，而總歸於棄君親，滅人倫，即欲不謂之異端，不可也。吾儒自誠明，猶禪宗之以頓悟入也。吾儒自明誠，猶律門之以工夫入也。頓悟入、工夫入雖有異同，而總歸於事君親，明人倫，即欲不謂之學道，不可也。

孟子曰，人皆可以爲堯舜，卻無人肯認。佛氏曰，我已發菩提心，卻有人肯認。無人認則舉世皆爲僞君子，有人認則舉世皆爲善知識。

人有氣則質存而生，無氣則質毀而死，是謂陰根於陽。人必有形骸而後呼吸有所施，有臟腑而後飲食有所寄，是謂陽根於陰。道家欲盡去其陰，而獨存其陽，是無根之陽矣。佛家欲盡去其陽，而并空其陰，是陰陽兩無根矣，此眞所謂妄也。其所以妄者，何也，貪使之也。貪死之勝於生，遂以涅盤爲上乘。貪生之勝於死，遂以煉氣爲化工，不知軀殼無久存之理，西方亦六合之中，雖貪亦奚以爲。

天圓而地方，天地一桎梏之形也，釋老欲欺人於耳目之外，遂騰說六合以外之事，謂惟六合以外，而後可以欺人，而後可以脱於桎梏之外。不知身既爲六合以內之人，又安能脱於桎梏，而知六合以外之事乎。善乎邵子之言曰，凡言知者，謂其心得而知之也。凡言言者，謂其口得而言之也。心既不得而知之，口又烏得而言之。以心不可得知而知之，是謂妄知。以口不可得言而言之，是謂妄言。然則釋老之所以爲知，所以爲言者，妄乎，不妄乎，曾不足以當康節之一笑。乃吾儒甘墮其彀中，非果二氏之遂能欺人，亦吾儒之甘於自欺耳。

道自開辟以來至於今，凡三變焉。東周而下，變在楊墨，東漢而下，變在佛老，兩宋而下，變在門戶，三變雖互相因，要皆佛氏階之以厲也。異端中之有墨，即佛氏之先驅，門戶中之有禪，即佛氏之餘波。甚矣，佛氏之爲患酷也。雖然，吾儒急急攻異端矣，然自聖門觀之，即吾儒亦未嘗非異端，何也。夫聖賢諄諄教人，無非欲全其萬物一體之仁，進則兼善，退則獨善。今儒家徒習其説，至於出身加民之際，有賣菜傭之所不屑爲者矣，乃急急抄紙上陳言，與二氏爭短長，曰吾攻異端也，誠無異燕伐燕矣，豈非吾儒是亦異端哉。

老子言道不言仁，言心不言性，佛氏既言心又言性又言仁，凡吾儒所言者，無勿言也，是以老學不行而又易辯，禪學盛行而又難辯，然則辯之弗明弗措也，又安得不難其人哉。

風俗莫重於廉恥，廉恥莫重於婚喪，至後世而弊極矣。余嘗有感焉，而謬爲之說曰，二氏本吾道之賊，然亦足以濟吾道之窮，何也。勢家養生送死，男婚女嫁，勞勞攘攘，終歲不絕，充其貪愛無忌憚之心，何施而不可。勢且大地山阿，盡爲高堂大塚，農夫無置鋤之處，行人無立錐之所矣。幸仙釋兩家懲忿窒欲，斷絕了許多子孫，火化了許多軀殼，於是農夫席其餘剩，稍有養生送死之具。然又不如兵火之横而尤遍也，仙釋兩家雖能自絕其子孫，不能禁天下之人各自絕其子孫，無如治亂循環，一旦泰極否來，舉富貴貧賤壽夭，悉驅而納諸水火鋒鏑，昔之所謂高堂大塚者，悉焚而爲稼穡笙歌之地。故即以唐玄、宋徽，極螽斯之盛，而卒多横死，至於馮跋百有餘子，而迄無遺種。嗚乎，此宋儒所以有混沌之說也，即此是混沌矣，何必復求混沌哉。

王鉞《二氏說》（《世德堂文集》卷二） 道家之說本於老氏，釋家之說原於浮屠，其敎既尊，其流浸遠，不可得而詰已。歷世以來，羣奉而不衰，甘往而不復者，言老則妄冀長生，佞佛則心希不滅，是二說也，愚者信之，智者疑焉，疑與信均未有當也，嘗試取而論之。人秉陰陽之氣以生，而有精有神，神者魂之庭也，精者魄之舍也。魂主動，故善散，魄主静，故近愚。世有黠者，若仙與佛，取其散者使之常聚，取其愚者使之常惺，故養其魂之清者爲僊，養其魄之清者爲佛。魂爲神，魄爲鬼，神之靈者謂之僊，鬼之靈者謂之佛，此其大較也。其在人則得之天者有强弱，稟之性者有豐嗇，故魂旺者可與學仙，魄旺者可與學佛。世之人不悟内求諸己，而望蓬萊而訪藥，向西竺以求書，亦已惑矣。若推原而論，則其拂陰陽之性而亂天地之常，與爲異而已。今夫天若地，其魂則日星也，風雷也，其魄則河海也，山嶽也。生而爲人，以其清者與日星風雷應，以其濁者與河海山嶽應。洎其變也，君然動者還於大造，放之無垠。塊然凝者合於黃壚，下付有象，復而後通，無而爲有，此天地所以長久，而人物所以蕃滋也。蓄而不行，滯而不流，閟之已而黄輿無權焉，造物之性，或幾乎息矣。實則和者同於物而化爲異類，寂者枯於境而幻爲頑石，又其弊也。聖人則不然，居仁由義以彰身，制禮作樂以及物，是故以其神章之爲道德，以其精著之爲謨訓。夫苟億萬世而道德常存，是則聖人之魂常存天壤也，億萬世而謨訓不朽，是則聖人之魄不朽人寰也。生而爲正人，沒而爲正氣，其在大化與其在物我，無以異也，是之謂大公。豈必歛歛焉葸葸焉，虛其心實其腹，合羣迷而爲眞，指生死以爲妄之爲得耶。

趙士麟《荅汪涵齋二氏說》（《讀書堂文集》卷七） 二氏言虛言無，言空言寂，言不二，皆竊吾儒精要之言，變動不拘，周流六虛，無思無爲，空空、屢空之義，與夫寂然不動之說，一以貫之之旨，皆孔子之言也。二氏以之立宗，吾儒遂恬然棄之，又從而諱避之。一言觸犯，群駭爲禪，徒守書冊而泥典要，執形器而守方隅，兢兢乎罔敢正視。是自處於卑而拱二氏以高，自處於下而讓二氏以上，豈不惑焉。蓋吾儒至虛而妙天下之實，至無而盡天下之有，至空而一天下之紛，至寂而通天下之感。如無極而太極，而生兩儀，而四象，而八卦。自身心性命之德，人倫日用之常，以至天地鬼神之奧，鳥獸草木之宜，裁成輔相之大，範圍曲成之用，可傳天下，爲法後世。譬之太虛之中，萬變紛紜而實虛也，萬象呈露而實無也，疾風迅雷齊施並作而實寂也，陰霾曀露橫交直塞而實空也。二氏之虛則竟虛矣，無則竟無矣，空則竟空矣，寂則竟寂矣，且滅矣，且天地萬物皆幻矣。又欲養生，留形住世，坐化成佛，又往來不已，有輪回欲超脫，又何虛何無何空寂之有哉。

又《二氏說寄汪涵齋》 今世談道者夙疾尚未普消，分內事未能清徹，不自攻而攻二氏，實取訾於二氏耳。若論吾道，如天地之無不覆載，日月之無不照臨。二氏生於其間，特自渺小者耳，何啻金玉瓦礫之不相等類也，何啻黑白高下之相去懸殊也。二氏自知不敢與吾衡勢而敵體，天下之人亦知之不敢與吾並視而齊觀，即有一二惑於其說者，亦何嘗肯捐爵位，棄妻子，祝髮執鉢，飄然以從者幾人哉。而吾之佐天子，講治理，出政令，明三綱，立大法，以和萬民，育品彙，乂安社稷，刑暴禁亂者自若也。乃競競焉角之較之，辨之爭之也，何爲歟。

李良年《古南禪寺新建丈室記》（《秋錦山房集》卷十七） 虞山牧大師以妙齡聞道，發源天童，自崇禎之季始來古南。中間應四方之請而赴者，蓋亦相半。余自齠齔得覲師顏，更二十年如一日也。然於師之還，亦往往而左，則又以師之不常處于是鄉，而致憾於杖履之不憚煩也。今年師復還，慮室處之將圮，而徙築於曩軒之南。既成，適上元之夕，張燈而樂之。吾黨之從師遊者，轉相傳告，以爲慶，曰今而後，師殆將久於是而不去矣，子盍記焉。予曰，唯唯。

自聖人沒而儒教衰，法王邈而梵風息，此亦世道之所由隆替也。今之以佛法尊於世者，吾師、金粟兩人而外，未數數也。師之道盛於吳越，傳播於京輦，散見於中土。五方之人，無相識與否，其間聞師之風，無不奔走恐後。師雖暫處於是，容有未能情於師者，則是吾鄉之人，終不得而私之矣。雖然，師之意則或有在也。自古帝釋高人，其所託跡多在名山大澤間，而其遊處必有遺世獨立之人，淡然相與於塵埃之表。以吾鄉僻處郊外，非有山川爲之棲宅，而師顧有不釋然者，毋亦以十室之邑，不乏陶潛、許詢之流出於其間而不忍棄邪。五方之人至於延首跂足，懼不得一見，而吾鄉之所得若此，意亦足矣。吾因之有感也。方師之始至，我先子首定交，當是時，又有范處士遵甫、屠處士昜齋、朱孝廉欠菴，今方伯王君數人相樂也。今其人或遊四方，或化爲異物，而吾先子之墓，宿草芊芊矣。然則往來代謝於丈室之間者，可勝道哉。語成，以質之靑士，靑士曰，是可記也。嗟乎，後之視今，其必有慨然而興嘆者矣。

又《懸崖禪師行狀》（同上，卷二一） 師諱行筏，號懸崖。薙度於天童密雲和尚，而古南牧雲和尚之法子也。明萬曆己未正月某日生嘉興梅里陸氏，爲次子。八歲始就塾。稍長，父令棄書習賈，荅曰，是孳孳爲利，非丈夫事。過僧舍，聞經聲，徘徊不能去。一日，父母爲之議婚，亟告曰，兒不願娶。弗聽，諏吉有日矣，即不告獨行，詣天童，徑造丈室。天童訝曰，非汝住處，來云何。曰，爲生死重大，願出家。時未之許也。母悲思甚，哭失明。未幾，兄追得之，具爲天童白所以，乃弗遣，俾執爨事。旋授僧服，師年二十有一，崇禎己卯歲也。後隨行至天台通元寺。壬午七月，密和尚入滅，師依龕歸天童。持心喪畢，適武康報恩寺，矢明向上一着。參究廢寢食，久之有得，渙然如釋鉅負。玉林和尚欲付以大事，竟辭去，結茅菁山。趣者將命益力，曰，不返報恩，茅且火。乃去，之皐亭山依耆宿靈公。

亡何，時際鼎革，道路多梗。師聞父即世，兄食貧，嘆曰，時艱若此，何以慰老母。故鄉可隱，吾其歸與。于是里中道侶感師出世勇決，孝不忘親，相率敬信。爲買屋里之西溪，稍稍增葺，左橋右圃，漣漪環匝，竹樹蔽遮，市闤煙火頓隔。師愛而名之曰觀瀾精舍。距古南僅一牛鳴。師在西溪十有二年，足跡罕入市，惟省母及參侍古南，或二三道侶所，一報問而已。戊戌，遭母喪，兄已前沒，師黽勉畢事，即決意腰包。牧老人招之赴院，茶次，出信器相授云，此雪竇所貽，藏之久，不輕畀人，其識之。是歲八月十五日也。師再入萬山中，往來雲鷲、銅官、白雲堂之間。山中人患虎，且晝戒嚴，而白雲堂在山頂，有古泉久涸，託跡者憚遠汲，席不暖輒去。師至，泉水湧發，虎不知所之，人多夜行，父老歎詫，得未曾有，皈仰嚮頌。師偶出，至遮杖屨，懼弗返也。

先是，牧老人赴鎮江鶴林寺，適西堂彝公往侍，即命公及師遞攝古南席，歲三而代。以己亥元日書名鬮之，師當後。老人以三絕句寄師，其次云，涓涓不塞遂江河，熟處難忘古聖訶。暫把腳跟翻一轉，還鄉好曲出青蘿。蓋惓惓于師，深以古南相付託云。辛丑，期且及，手書招師住山。久日啗筍蕨，弗良于脾，固以謝。踰二年甲辰秋，始報前命，攝院務數月。用荼毗法葬其親于西溪之圃，已，復入山。自是，或間歲一返西溪，未數數然也。辛亥冬，牧老人示寂于震澤之息廬，師聞，亟往奉龕至秀峯，于諸嗣法中，篤弟子誼允謹。比入塔，慕思之切，如守天童塔院時，居一年乃去。丙辰，入主古南，以仆紳耆舊敦請故。

當是時，里中護持寥落，物力嗇艱，香積斷炊，雲水卻步。方伯王公謂非師不可，博詢僉同，馳書絡繹，師累辭不克，亦自念生緣之地，以振興自任，翻然泣止。初入院，雷音一震，聞者竦服。問答載法語中。釐整廢墜，莊嚴歡喜，數月而善信肩摩，緇禪踵集，漸復舊觀。持鉢過硤石里，硤人士相謂曰，此眞善知識也。法俗稠互，頂禮塡溢。其明年歲首，屆師生辰，以病肺辭祝。三月二十三日，命副寺肅伊蒲待諸來祝者。翼日，士庶咸集造謝，師吐詞琅琅，色笑靄靄。客既出戶，侍者報師趺坐逝矣。世壽六十，僧臘三十有九。

師秉性誠樸，遇物平等眞率，無客氣。破衲灑然，食甘麤惡。知師不深，則謂是苦行頭陀，而莫識爲法門偉器。即雅知師者，嘆其截斷眾流，孤行直上。藉令以山棲歲月，挈祖印，坐道場，縱橫殺活，鉗錘煅煉，佛法之再興也何有。乃堅臥巖壑，晚而始出，如優鉢曇花，瞥爾一現邪。蓋所以重師甚至。猶記師嘗語予，法門淩替，至今而極。譬之無年，嘉禾不登，稂莠徧野，從而溉之獲之，謂五穀在是，世無此農。今乃比比，吾不爲稂莠助長。時節因緣，操耒耜俟之可矣。此則師之善喻，乃其卓識苦心，青山白雲，重佛法也，時使然也。知師者抑未見及此矣乎。師本脫畧文字，既有得于中，繙閱內典，了如夙誦。所作偈，證明宗旨，蹴踏公案，智眼獨出。登臨贈荅，禽魚草木之微，見諸吟草，皆爲活句。其薰習佛性，殆非一世然矣。

嗣法弟子爲與參傑公，岷源濬公，咸體師意，克自寶惜。每以師未葬爲汲汲，合志殫心區畫。于嘉興縣永昌古剎之震隅，某年月日窆而塔焉。師省視傑公于永昌，曳杖行阡陌間，村人聚觀殊肅。塔之成，老幼雀躍趨事，曰佛骨在吾土矣。其感人如此。于是濬公疏其事，將乞銘于方伯王公，而屬予次第之。予久從師遊，每有叩質，蒙師首可。髮覩就衰，蹉跎慚負，執筆而不禁慨然。既次濬公語，幷牽連所聞，謹述之，以俟採而銘焉。

又《與古雲和尚》（《秋錦山房外集》卷一） 某頓首。往返吳山，不侍法席久矣。今復有都下之行，沙白塵紅，長爲勞者，回首清涼境界，自嘆緣疎。昨者走候，會飛錫遠臨震澤，不獲面盡款曲，僅留數語而歸，想蒙清聽。春間南院掩龕，某適滯玉峯，杖履南貢，闕焉迎侍。比悉種種涵覆之弘，與有榮藉。數月以來，副寺後人瘁一手足之力，撐持茶苦，諒久在和尚明鑒之中。但祖席不可久虛，善信依依懷舊，咸翹首願慈航再渡，不止院中切雲霓之望也。昨晤方伯王先生，亦同此意。肅請非遙，某何人斯，敢先諸公而有言。第以皈依有素，遠遊在即，不得不預布區區之私。十月歸來，冀相見於梅溪丈室中，則幸甚矣。

朱奇齡《重建東明禪院記》（《拙齋集》卷二） 錢塘縣治之北五十餘里，有山曰橫山，橫山之下有寺，建於唐，圮已久矣。明永樂初，白公卓錫於此，遂復建之，號其山爲東明。東明者，白公字也。閉關三十年，緇流雲集，四方豪俊有托而逃者往往從之。時建文君既遜國，流離播遷，足跡徧天下，而遯於茲山者且十載。至今有殿曰無塵，蓋建文嘗所灑掃於其中，而遺澤猶有存者。白公相與晨夕講論，以消釋其無聊不平之氣，則白公之爲禪，固有大過人者。一傳而爲海公，再傳而爲寶公，法嗣相傳三世，皆爲臨濟正宗。越二百年，而又有山茨、孤雲相繼來主此山，而東明道場，爲之復振。會世變，荊棘被塗，孤雲乃重理廢緒，臺殿門廡，渙然一新。於是譜其山川形勝，諸祖法行法言，及茲寺廢興源流之故，彙爲

《東明山志》，以垂諸不朽，更屬余爲之記。

余曰，孤雲之志則旣詳矣，余復何言哉。吾獨因建文之事而竊有感焉。夫建文之遜國也，流落江湖，藏形匿影，奔走于滇黔川蜀之間，不遑煖席。而其從行諸臣，亦復棄妻子，變姓名，號泣徒跣以周旋於禍患者。或爲傭，或爲樵，或爲僧，或披葛而悲歌，或讀《騷》而痛哭。則其君若臣所以感傷於廢興存亡之際者，必有大不平于中者乎。然處勢之窮，遭遇之阨，雖復有心，亦復如之何哉。故不得已而逃諸禪，亦其情也。吾意白公者，必爲之闡無生之敎，明妙覺之原，則知吾生本無一物，千古瞬息也，勢位過影也。堯舜之揖讓，湯武之征誅，浮雲也。其幽怨離憂，憤恨無聊，不平之素，當有雪消而冰釋者矣。夫以天下國家廢興存亡，古今莫大之故，舉不足入其胸中。則凡人世得喪榮辱毀譽之來，又焉往而不可空哉。嗚呼，此佛之教所爲有托而逃者眾歟。吾故特取而志之，以明佛教之不可廢云。

又《異僧傳》 異僧者，不知其姓名，號水月。鼎革之初，避兵來杭，結茅舍一椽居城外。每出遊，則累歲月，莫知其所往。歸則趺坐斗室中，未嘗誦經禮佛。與里人言休咎輒驗，里人異之，然而未知名也。閱三十年，撫軍范公蒞浙，首訪僧，得之，嘗與往來不絕。于是杭人嘖嘖嗟異，遠近聞之，無貴賤賢愚，皆願得一見以爲幸。而此僧往往避跡，候者盈門，罕所接納。予聞而亦造焉，適相值，坐而語，所居僅容膝。見其貌樸而性粗，似非有道者。及與論古今，事理頗晰。因自敘其生平曰，予嘗偏遊四方，南抵滇黔，北極燕趙，出居庸關，留瀋陽三年，知王氣所在。相見者皆王侯將相，范公之先人，予舊遊也，故范公知予。今四方將有兵起，范公當其厄，而浙地則宴然無事，福地也。但今秋有蟲食苗，小飢耳。時同坐者問禍福，輒厲聲直視，答曰，吾弗知，吾弗知，吾豈星相者流耶。問其年，曰嘉靖年生。里人相傳，以爲百五十歲云。既別去，問諸其鄰，鄰之老者曰，僧之始來也，鬚眉交白，已甲子再週矣。今歷數十年而貌如故，約而計之，當百五十歲矣。予復問曰，果前知乎。老者曰，其驗如神。予未之信也。

已而晤友人於湖上，知此僧甚詳，述其一二軼事曰，太倉有周孝廉標者，嘗爲予言，甲申之春，有異僧來吳郡，趍之若狂。予心竊以爲誕，約同志者數人欲往辱之。其夕方寢，夢一老僧排闥入，呼曰，難至矣，猶熟睡耶。驚覺，怪之。明日往見，觀其狀，適如夢中僧，目逆而問曰，若以夢故來乎。予更怪之，詭曰，未嘗有也。僧曰，無誑予，子來則難解矣。子不信佛，吾今強子塑佛像一尊，可以脫禍矣。予尤怪之曰，如果禍至，豈佛像可脫乎，此妄言也。且貧士謀生不給，寧有餘貲及此。僧曰，子歸而謀之，則有金矣。予終以爲妄，遂拂衣出。歸家，語諸內子，內子曰，姑嘗多病，吾以紡績累數金，將塑佛像以爲禱，知子之不信佛也，故不敢言。予聞之，不覺嗒然屈服。更往見之，以實告之。僧喜曰，此子轉禍爲福之機也。予因請問塑像者何人，曰王姓者。召而問其費几何，曰須二十金，予歸而計其費，恰二十金。適鄰有善塑像者，召而問之，曰十金足矣。予喜省其半，往覆僧。僧曰，此非王姓者不可，子誤矣。何惜乎十金，而不以脫此大難乎。予更訝而疑之，然業已許其塑像，無以易也，遂從之。酉戌間，干戈方起，所在騷然，而太倉已平定。母家故居婁縣，老母適往婁未返，突有倡亂者閉城拒守，老母在危城之中。予倉皇往探，爲偵者所獲，縛至城下，幾被害。有守門者坐城樓望見，忽大呼曰，救人，救人，此非太倉周秀才耶。遂釋其縛。予亦不解其故，問救我者何人，乃前塑佛像王姓者也。王姓者謂予曰，吾前塑佛像，費不過數金，以二十金誑子，子信之勿疑，長者也，故釋之。子其速行。于是得奉老母以歸。然後知塑佛像之果可以脫禍也。後數年而訪之，則在杭州矣。

友人述此言于予，予猶未之信。至是年秋，田果有蟲，歲少祲。其明年癸丑，吳三桂果稱辭，諸逆蠭起，民受其毒，而吾浙宴然。且范公之撫浙也，嘗造其室問行藏，僧曰，公有大患，恐不能免。范公曰，然則吾謝病去，可乎。曰，求去不得。范公謝病之疏三上，果不得行。遷八閩總督，果死于耿逆之難。又其時太守嵇公嘗往候之，三返不得遇，卒乃遣從事遺之以米問休咎。僧曰，爲我語嵇公，某月某日勿坐聽事堂。他亦無言。至期，堂忽傾，門屏几案皆碎，而太守無恙。諸所言奇驗類如此，予始異之。欲更叩其所以，而僧嘗往來吳門，去輒相左。甲子秋，始聞其死，好事者以爲尸解。吾竟不知其所以推測者何術，年壽幾何，以何疾而終。或曰，僧本越人，嘗爲明季武臣，有邊功。天啟中，忤逆璫，懼禍及，故有托而逃，隱者也。

又《募建天台名剎下院引》（同上，卷五） 余嘗聞之，天台，天下之名勝也。其地有赤城、桐柏、寒石諸山，華頂、玉霄、天姥諸峯，桃花、括蒼諸洞，皆與天台相望，奇峯絕壁，人世罕有，而惟天台爲尤勝。道書稱其上應台星，高一萬八千丈，周八百里。曇華亭右麓視石梁，若在天半。上有瓊樓玉闕，醴泉瑤草，神奇莫可名狀，眞仙佛之所居也。昔文殊、普賢、豐干、寒山、拾得諸大乘皆托跡于其間。而名剎則國清、桐柏最著，余雖未能至，心嚮慕之。

粵自智者大師開闢道場，歷隋唐以來，歲久傾頽甚矣。康熙三十二年間，有中洲大師者卓錫於此，竭蹶而更新之，巍然煥然，殿宇重建。襄其事者，其首座岸雲也。岸雲爲名門子，自幼乳素，度爲僧，少有大志。與余居同鄉，生同年，余弱冠時，訂爲方外交，往來甚密。自岸雲參學四方，余又宦遊京師，不相見者二十年。去年，余省覲南還，岸雲來謁，因敘生平，謂余曰，間關以來，北遊徽歙，南走台巖，所至皆有建立。普法施之會，開象教之堂，大眾雲集，法緣普滿。然最不能忘者，天台、黃山之勝。余將式廓前模，廣營下院，建大悲壇，莊嚴法象，以廣大普門舊業。遂出天台邑侯某公募文示予。予曰，岸雲之志壯哉。山川之奇，莫奇于天台。道場之盛，莫盛于天台。今岸雲能重修古剎，擴而大之，將文殊、普賢、豐干、寒山、拾得、智者大師及普門之傳燈復繼于今，而中洲與岸雲之名並垂不朽矣。今既有邑侯爲之主持，而諸大檀那，十方善信，必有感慕而協助者，其相與以有成，可知也。是爲引。

姜宸英《二氏論》（《湛園未定稿》卷一） 朱子謂佛氏之書，其徒採取老莊之旨爲之，其後道家既失其傳，反竊取佛氏經教之最膚淺者爲道經。譬如巨室子弟亡失其先世所遺珍寶，乃從其人竊得破釜甕之器，誇之以爲己有。由是言之，佛與老雖異，而其言初不異也。其說精矣。然自東漢至宋，未有分佛與老爲兩人者也。袁宏《漢記》，西域天竺國有佛道焉，其敎以修善慈心爲主，不殺生，專務清淨。其精者爲沙門。沙門，漢言息也。蓋息意去欲，而歸於無爲。此佛敎初入中國之言也。而所謂清淨無爲者，則老氏之說矣。東漢楚王英傳，晚節更喜黃老，學爲浮屠齋戒祭祀。桓帝立黃老浮屠祠於宮中。言黃老即曰浮屠者，明其爲敎本一也。至襄楷上書桓帝，始言老子入夷狄爲浮屠。道經亦云，老子入關之天竺，托生維衛國王夫人。晉顧歡《夷夏論》亦云，又于闐西五百里，有比摩寺，云是老子化胡成佛處。其言固怪誕，然楷東漢人，時佛敎流傳中國尚未久，其言當必可徵。

孔子思行先王之道於東夷，老子悲周衰，去之西域爲浮屠，亦其類也。而或執所聞見，以爲難信。吾意老子出關之後，其去留存沒，當不至寂然無考。使其一無所傳述，既以屛棄老死，長爲戎羌之鬼矣，則孰與其以柱下終也，而自崎嶇於流沙萬里之外，此何爲者。太史公書言，老子即老萊子，年百六十歲，又云二百餘歲，又疑爲太史儋。夫老子一人耳，一以爲李耳，一以爲老萊子，一以爲太史儋，當其在中國時，已難定其蹤跡如此。則去之西域，一變而爲浮屠，亦理之無足疑者也。孔子曰，龍，吾不知其所變化。此爲深知老子者。至其徒始髡，而自私其敎曰吾佛也。彼老之徒，方瞀然不能復名其師之說，然後二氏之黨始判然其不可一矣。予謂今之爲老之學者，譬之老氏之嫡子也。爲佛之學者，譬之老氏之庶子也。嫡失其世守，而丐貸於庶子之家，則今之道家之謂矣，然而其本固一也。

尤可異者，若今之儒家者流，剽取釋氏虛無幻妄之言，一舉而附之孔子。講解傳習，流染蔓延，是眞所謂竊人之餘以爲己寶，而不知愧者也。然而道家之惑，以其先世之失傳耳。至吾孔子之敎，五經六藝之文，燦如日星之垂列，江河之流衍，蔽之而愈明，淆之而愈清。一舉正之，斯昭昭然白黑分而邪正別矣，是其寶固未嘗一日亡也。舍其家千金之璧，而羨人之瓦缶釜甕以爲美，然且不惜穿穴而求得之，今之儒者，是二氏之徒之所竊笑者矣。

又《贈永樂寺僧序》（同上，卷三） 從弟友棠讀書邑西龍山之永樂寺，至京師，數爲余言寺中之勝，嘗賦十詠以志之。余因是每思從南歸之暇，得杖策其間，以覽其所爲十詠之勝者。比還里，粗料理人事，三四月間無停晷。少間，復謀北上，將懼不果遊，而寺中住持月潭上人，予族叔祖也，來訪余。且言曰，寺創於宋淳佑中，迄今殆五百年。其間廢而興，興而復廢者屢矣。今從燼餘初復之後，殿宇宏敞，齋廊靚飭，鐘魚梵誦之音交出於林樾，而足以聳遠近之觀聽者，皆吾師德聚之力也。師自十九薙落來山中，清齋蔬布，脩行勤苦，數十年如一日。而今僧臘七十有一，且老矣。竊念此寺尊宿在明洪武間，有西曙禪師以博學召理典籍，歸，新寺宇僧寮至三百間，田畝十倍之，飯僧如田之數。宋學士景濂贈之以詩，戴九靈避地山中，爲《二蘭軒記》。先是，柳道傳與僧正宗契厚，棲止於寺之水竹居，其爲《上福龍山記》猶存集中也。至今寺產蕩析大半，住僧纔二十餘人。所謂水竹居者，雖故趾不可復識，然諸道人名字得不與兵燹之劫灰俱燼，而猶傳播於人口者，徒以數公之文字足留也。吾受師恩，慮無以爲報，私謂惟托於文字，足以垂之久遠。而西曙、正宗之間，後有以位置吾師者，非吾子之文，其誰屬與。予雖恨未得一從寺中遊，而猶樂道師之賢。且以寺之故事，不可以無紀也，於是乎有贈。

帥我《擬與客論學書》（《帥氏清芬集》書五）　昨夜妙談，深領大教，眞勝讀十年書矣。以今士俗學，隨波不返，所謂讀書，不過錮帖括、取科名而止。而高明者流，又或墮異端之阱，即無論參學提闡，膜跽咿吟，甘心異類，顯與名教爲敵。即儼然自附儒者之列，開講席，箸語錄，噓姚江、白沙之燄而張之，陽儒陰釋，畔聖侮經，至于李贄而極。以愚所聞，近日廣濟陳奠國自標理學之名，而實皈依大臧綠雨。其所爲說，眞無忌憚之小人，此又今日一李贄也。況復相爲唱和者，不止一奠國乎。斯道絕續之關，正在今日。先生獨慇然以爲慮，毅然以爲任，眞斯道之歸也。恨不得亟讀全書，以開聾瞶耳。昨聆箸述大指，令人心開目明，聞所未聞。如五要六部之説，其合于聖人之道者固多，其不合者，則智者之過也。即五要中空字一篇，愚當聞其說，未及深究，不能無疑，故敢張口置辨。及聞先生所論無極太極、未發已發之說，其中不能無牴牾者。彼時雖略爲問難，然竊恐獲罪長者，未可以口舌爭，故不敢復進。歸而不寐，細思當席往復之論，一一紀錄，因出其臆見，請教左右。商榷斯道，非有異同，想大人君子不以爲牾，進而教之也。

尊論空字一篇，大意謂天地未有，萬物未生之寿，太虛無象，以狀方寸靈明，不箸義理然後可受義理。愚彼時即以龐道藴空諸所有之説相難，先生謂此是異端之學，有本體而無工夫，不如吾儒本體即工夫也。愚竊謂工夫所以全體，聖賢所謂格物致知，所謂戒懼慎獨，所謂盡心知性，所謂主敬存誠，此工夫也，所以全本體也。今曰本體即工夫，此宗門頓悟之說，不假修爲，眞性如如，非吾儒之所謂工夫也。且謂太極爲空，未發爲空，不睹不聞爲空。彼時愚謂太極雖無所見，然陰陽動靜之理已含，然後爲兩儀，爲四象，爲八卦，以其藴之皆備也，故出之不竭也，非空也。未發雖無所見，然喜怒哀樂之理已具，故能當喜而喜，當怒而怒，當哀而哀，當樂而樂。雖隨竟出，非由外假，以其內之各足也，故發之皆當，非空也。至不睹不聞正是靜存工夫，紫陽謂存天理之本然，不可使離于須臾之頃，非空也。如以爲空，則戒慎者何物，恐懼者何物乎。

乃先生又以爲空如虛舟也，惟舟本空，而後載鹽則鹽，載米則米。此又告子義外之說也。將以太極爲空而陰陽動靜皆後起乎，未發爲空而喜怒哀樂皆後起乎，不睹不聞爲空而戒慎恐懼皆後起乎。且宇宙內原無空竟也，日星河嶽，百昌萬類，皆二氣五行相爲流行。盈虛消息，變化不窮氣之所至，理亦存焉。惟有此氣，而日星河嶽，百昌萬類，終古不竭。亦惟有此理，而日星河嶽，百昌萬類，終古不變。氣運而無形，理實而可徵。有此理以爲之根，故氣常充塞而無息。此即乾元資始，各正性命，坤元資生，品物咸淳也。故聖人之論鬼神，曰體物而不可遺，又曰誠之不可揜。可見宇宙原無虛空之地。譬之人身然，有一肢一節血氣不流，則爲痱爲痹。譬之樹木然，有一枝一葉生氣不周，則爲枯爲焦。如曰皆空也，則必刻木象人，剪采爲花耳。

即以心論之，虛靈不昧固是心，而五悳具備則性也。性爲心所具之理，仁義禮智信，皆實理也。心雖虛而理實，故盡性所以治心。《易》曰，繼之者善也，成之者性也。又曰，成性存存，道義之門。未有舍性而專言心者也。蓋吾儒之學本天，異端者學本心。所謂天者，非蒼蒼之謂也，指天所賦之理而言也。董子曰，道之大原出于天。故曰仁曰義曰禮曰智曰信，根于心，暢于四肢，發于事業，莫非天理也。本天則不厶，本天則不妄，本天則不亂。故帝王師相所爲天成地平，禮樂刑政，以及《易》、《詩》、《書》、《禮》、《春秋》，皆本天也，其道一也。惟異端本心，而不知天理具于心，故視吾儒之格致爲粗，戒慎爲拘，總以直截痛快爲宗。所謂放下屠刀，立地成佛，所謂心空及第，皆本心所致也。先生乃謂禪宗有本體而無功用，此語亦膚。有體必有用，對待之義也。以其理足于中則謂之體，天德是也。而後業彰于外則謂之用，王道是也。豈有行王道而不本之天德者乎。豈有天德備而不足致王道者乎。禪既已空諸一切矣，何處更有體乎。豈眞以空爲體乎。

即先生所云直看窮之于天，吾身非小，此一莖草化作丈六金身之謂也。橫看窮之于海內外，吾身非隘，此法身徧滿大千世界之謂也。極之千萬世，吾身死而不死者，此不生不滅之謂也。先生極力排異端，而不知陰移之而不覺，蓋其所排者在其麤，而其所賞者在其精也。而且曰吾所謂空，非空也，空即實也。空之與實，理竟各殊，不待知者而後知之，此必不可溷者也。至引空空如也，爲吾儒不廢空之證。殊不知此特指鄙夫無知之貌，非聖人自謂也。有謂夫子無知，鄙夫亦無知，相忘於空空之天，是又出萬歷年間，不通講章，果可據爲講學宗旨乎。

嗟夫，自姚江之唱良知，白沙之唱主靜，以禪篡儒，寖淫已久，習而不察耳。且先生五要，始于空，次天，次地，又次𦵏有千古，又次後有萬年。豈以天地、千古、萬年果可以空統之乎。先生已自知其不可，而欲尋一字替換不得，彼時愚即以誠字進，而先生不見肯。夫誠之一字，可以貫天地，統古今，而先生猶不之肯，則知先生陷于邪說之深也，即欲辭禪而不尻，其誰信之。至所論種種，俱有可商，然不槩論者，以未讀全書，恐不得其肯綮，反爲得罪。若空字一篇，即不必深究，而其號固不可也，故不敢不辨。伏惟先生以聖賢爲規榘，以宇宙爲胷襟。使以愚說爲可采，或謂孺子可教而教之，幸甚。即以孺子爲狂瞽，冒犯尊者，則當負荊請罪，以求開示，亦幸甚。伏惟照察，不宣。

方東樹《辨道論》（《攷槃集》文録卷一） 佛不可闢乎，闢佛者闢其足害乎世也，佛可闢乎，害乎世者其人未可定也。世之闢佛者夷佛於楊墨矣，孟子之罪楊墨也，爲其無父無君也。由無父無君而馴至弑父弑君，故曰辨之不可不早辨也。則以罪楊墨者罪佛，亦將如是云爾。春秋之事可攷而知矣，其時楊墨猶未有也，而亂臣賊子已接迹於魯史之書矣，故孔子懼而作《春秋》也。商臣趙盾、崔杼之禍，固非由楊墨而致也。漢之事可攷而知矣，傳言明帝時，佛法始入中國，而王莽已生乎其前矣，其後若董卓，若曹操，可謂無父無君之尤者矣，而莽與卓與操固不習乎佛之教也。今郡縣小者不下數十萬人，此數十萬人貞邪不一，而極其行惡至於無父無君、弑父弑君，蓋不多有焉，今謂不多有之無父無君之人之必在於學乎楊墨與佛之人，而習儒者無不出於忠孝也，雖好爲異者，亦莫敢主其說。漢高之甘心烹父以取天下也，以爲爲民則固已倒矣，以爲爲富貴則狗彘之不若也。其後若楊廣，若劉守光，若李彥珣，或手刃其父，或親集矢其母，皆漢高之實啟之，佛固不忍爲此矣。儒者不以風俗人心之壞罪漢高，而以蔽於佛，是謂眞蔑其君父者爲可原，而以其迹之疑於是者爲必誅，此不知類之患也。

鄉有富人，積財貨萬億，阡陌廬舍，不可籍記。俄而富人死，其子弗能偏稽也，其奴之黠姦者日相與蕩覆之，其子弗知其奴之所爲也，則以爲其鄰實盜之，而亦無以明其盜之實也，但以其迹也而疑之，因苦訟之外，盜之實不可定，而其奴之盜日益甚。士不明乎道，而以闢佛爲名者，皆富人之子之類也。君子者，理之平也，富人之奴蕩覆其主之財而無罪，而以刑書誅鄰人，非聖人之法也。天下之物，有其極至者，則必有其次至者以與之爲對，月之與日是也。彼佛者，亦聖人之月也，莫得而加也，亦莫得而去也。

佛本西國王子，捐其位勢而弗貪，去其富貴而弗處，苦身積行，林棲木處數十年以求至道，有大人之誠而不以立名，與天合而未始有物，鬼神無以與其能，帝王莫敢竝其位。使聖人見之，亦且禮之，況未至乎聖者乎。且佛之爲行甚苦，其爲教甚嚴，椎拍輐斷，冷汰於物，故曰非生人之行而至死人之理，非夫豪傑剛忍道德之士莫能由也。今人頡滑顚冥，懾勢榮利好色，雖佛招之，固莫從之，而奚待於闢。

山之東有國焉，曰齊，山之西有國焉，曰晉，江之南有國焉，曰楚，關之中有國焉，曰秦，其餘濟清河濁，裂采限封，各固畺圉。其水土不齊，其言語不齊，其風俗好尚政教不齊，自王者視之，皆以共理乎吾民而已。列國者務相爭相寇，日尋於難，勢不能服，而兵爭不已。及至於秦，惡其爭也，悉罷其封建而郡縣之，然後天下統於一。老莊楊墨佛者，秦楚齊晉也，言語風俗之不齊，則道術之各異也，自其一而言之，皆大道所分箸。而儒者特爲罷封建之秦，然封建雖廢，天下雖一，而列國風俗言語不齊如故也。天能覆而不能載也，地能載而不能覆也，耳目鼻口，各有所明，不能相通，必欲比而同之，其勢固有所不可也。既天下皆知有王，則列國之俗，各有所習，皆有所宜，固無庸革也。既學者皆知有聖，則百家之說，各有所明，時有所用，固無庸廢也。

曰，孟子曰，能言距楊墨者，聖人之徒也，然則孟子非與。曰，孟子之時，世衰道微，邪説横作，充塞仁義，楊墨之道不熄，孔子之道不箸。譬齊楚秦晉而侵弱乎周也，諸侯彊，天子弱，其勢足使天下不知有王，故曰，吾爲此懼，閑先聖之道，豈好辨哉，不得已也。由周而來至於唐，千有餘歲，聖人之道不明。唐承魏晉梁隋之敝，自天子公卿皆不本儒術，士大夫之賢智者惟佛老之崇。韓子懷孟子之懼而作《原道》，蓋猶之孟子之意也。及至五代，王道不行，君臣父子之綱幾絶。宋興，佛學方熾，聖教未明，歐陽子憂其及於後世也，故作《本論》以闢其教，蓋亦猶韓子之意也。故在戰國之世，不可無孟子，在程朱之前，不可無韓子、歐陽子。今生程朱之後，而猶執韓子、歐陽子之言以闢佛老，必爲達者笑矣。故君子乎佛者，闢其法也，吾今所爲闢乎佛者，闢其言也，其法不足以害乎時，其言足以害乎時也，則置其法而闢其言。其言亦不足以害乎時，而爲其言者陽爲儒陰爲佛，足以惑乎儒，害乎儒，其勢又將使程朱之道亂而不復明也，則置其佛之言，而闢其立乎儒以攻乎儒之言。

以孔子爲歸，以六經爲宗，以德爲本，以理爲主，以道爲門。旁開聖則蠢迪，檢押廣而不肆，周而不泰，學問之道有在於是者，程朱以之。以孔子爲歸，以六經爲宗，以德爲本，以理爲主，以道爲門，以精爲心，以約爲紀，廣而肆，周而泰，學問之道有在於是者，陸王以之。以六經爲宗，以章句爲本，以訓詁爲主，以博辨爲門，以同異爲攻，不概於道，不協於理，不顧其所安，騖名干澤，若飄風之還而不儻，亦闢乎佛，亦攻乎陸王，而尤異端寇讐乎程朱，今時之敝蓋有在於是者，名曰攷證漢學。其爲説以文害辭，以辭害異，弃心而任目，刓敝精神而無益於世用。其言盈天下，其離經畔道過於楊墨佛老，然而吾姑置而不辨者，非爲其不足以陷溺乎人心也，以爲其説麤，其失易曉，而不足辨也。使其人稍有所悟而反乎己，則必翻然厭之矣。翻然厭之，則必於陸王是歸矣。何則，人心之蕩而無止，好爲異以矜己，廸知於道者寡，則苟以自多而已。方其爲漢學攷證也，固以天下之方術爲無以加矣，及其反己而知厭之也，必務鋭入於內，陸王者，其説高而可悦，其言造之之方捷而易獲，人情好高而就易。又其道託於聖人，其爲理精妙而可喜。託於聖人，則以爲無詭於正，精妙可喜，則師心而入之也無窮，如此則以爲天下之方術眞無以易此矣。故曰，人心溺於勢利者可回，而溺於意見者不可回也。吾爲辨乎陸王之異以伺其歸，如弋者之張羅於路岐也，會鳥之倦而還者，必入之矣。

曰天下之是非亦無定矣，陸王既以其道建於天下，而吾方從而是非之，其謂吾之是非爲足以定乎彼之説邪，雖定其説矣，庸距有毫末增損於道乎哉。然而不得已而辨之者，君子之立言，爲救乎敝而已。揚雄有言，吾於荀卿見同門而異戶也。彼其非之固莫同也，此其宗之奚以異乎。孔子曰，天下同歸而殊塗，百慮而一致。所從入之塗不齊則不謀，故小人在利若水，君子在勢若水，水也者，其源異，其委一也。陸王、程朱同學乎聖，同明乎道，同欲有以立極於天下，然而不同者，則所從入有頓與漸之分也。何謂頓漸，佛氏言化法四，教有頓漸，猶箕子所云高明也，沈潛也。程朱者，取於漸，陸王者，取於頓，頓與漸互相非而不相入，而不知其原於三德也。人之生得全於陰陽之性者，聖人耳，惟聖生知，似頓而不可以頓名也，其次不毗於陽則毗於陰。其性如火日之光而無不照也，而稍速則毗於陽者也，是頓也。其性如金水之光而無不照也，而稍遲則毗於陰者也，是漸也。則皆次如生知者也。傳曰，自誠明，謂之性，自明誠，謂之教。以其學而言曰性曰教，以其候而言曰頓曰漸。回其頓乎，參其漸乎，然而孔子立教，頓非所以也，孔子立教，必以漸焉。《論語》曰，吾十有五而志於學，三十而立，四十而不惑，五十而知天命，六十而耳順，七十而從心所欲不踰矩。《中庸》曰，君子之道，譬如行遠必自邇，譬如登高必自卑。其列誠之目五，曰博學之，審問之，愼思之，明辨之，篤行之。顏子之照，鄰於生知矣，而夫子教之必曰博文，必曰約禮，及顏子既見卓爾而追思得之之功，歎以爲循循然善誘人，則夫子立教，不惟頓之以，而惟漸之以，亦明矣。竝曾子而聞一貫者惟子貢，而子貢之言夫子曰，性與天道不可得而聞也。故以實則顏淵、子貢賢於陸王，以迹則陸王賢於顏淵、子貢。且夫由顏淵、子貢而至陸氏，是千年而後生也，由陸氏而至王氏，是數百年而後見也。古今學者不絕於中，則漸之所磨以就者多也。漸者，上不至顏淵、子貢，而不至欲從而末由，下不至下愚，亦可攀援而幾及。是故程朱之道爲接於孔孟之統者，惟其漸之足循而萬世無弊也。

且夫頓之所得者，心悟也，悟心之妙，上智所難明，今爲衆人法。而以上智者所難明，則中人不得與焉矣，爲其德之弗明也而教之以明德，令以德之不明而絕於明之望也，則其於教亦反矣。故聖人之教如天，陸王之教亦如天。聖人之教如天云者，蒼蒼然，東面西面南面北面，立於地而無不見也。陸王之教如天云者，天不可階而升，則將永爲凡民焉以沒其世耳矣。雖然，成陸王之過者，孟子也。子貢之偁夫子曰，夫子之不可及者，猶天之不可階而升也。公孫丑之偁孟子曰，道則高矣美矣，宜若登天然，何不使彼爲可幾及而日孶孶也。公孫丑之言則適孔子之意，而孟子引而不發，余故曰，成陸王之過者，孟子也。

孟子學孔子而正其統，陸王學乎孟子而流於佛。夫孟子於孔子，不可謂有二道也，而其流已如此，則百家所從分之異路，往而不返，何怪其然也。耳目之官不思而蔽於物，物交物，則引之而已矣。心之官則思，思則得之，不思則不得也。此天之所與我者，先立乎其大者，則其小者不能奪也。此孟子之言也，而陸氏之學執之以爲之術。人之所不學而能者，其良能也，所不慮而知者，其良知也。孩提之童，無不知愛其親，及其長也，無不知敬其兄也。親親，仁也，敬長，義也，無他，達之天下也。亦孟子之言也，而王氏之學執之以爲之術。陸氏王氏，學乎孟子，則可不謂有大揚搉乎，奚遽入於佛。入於佛者，非允蹈之也，說不免焉。

夫有官而後已職，有職而後有事，事舉而職修，則立之說也，爲思言之也。今其言曰，墟墓生哀，宗廟欽敬，是奚待於思乎。而先立之又非也，直指心體，先立乎此，然後下學若是，則知行之序已倒也。《易》曰，知至至之，可與幾也，知終終之，可與存義也。程子以知至爲致知之事，知之在先，故可與幾。知終爲力行之事，守之在後，故可與存義，此學之終始也。知食之足以已飢，而後農夫耕稼以繼之。知衣之足以禦寒，而後紅女織紝以繼之。陸氏基址之說是也，惜所以爲之基址者非也。先行而後學，以補其知，故曰其序已倒也。

且先明乎善，而後能實其善，《中庸》之恉也。明乎心而無不明，而無事下學者，佛氏之敎也。若夫明乎心而猶有未明，猶待於下學，此陸氏之刱言，本於佛氏帶果修因之說，非《中庸》之恉也。《書》曰，人心惟危，道心惟微。人心道心，竝舉爲辭者，堯舜之言也。程子之言曰，人心即人欲，道心即天理。朱子之言曰，道心常爲主，而人心聽命焉。二子之言，一家之說耳，今王氏於程子則是之，於朱子則非之。是乎所是，吾既知其是矣，非乎所非，吾亦知其非也。嗚呼，是所謂未成乎心而有是非，將欲是其所非而非其所是也。道心即天理，人心即人欲，道心人心，不容竝立，故道心常爲主，而人心自聽命焉。今其言曰，人心之得其正者爲道心，道心之失其正者爲人心，安有天理既爲主，而人欲復從而聽命。嗚呼，是欲明人心道心之非二，以就其轉識爲知之指，直所言之迂晦有不可解耳。儒者之於心也，見爲二而主於一。見爲二，故有聽命之說。佛氏之於心，亦主於一而見爲一，見爲一故有迷悟之言。王氏之於佛，則可謂同與。蓋佛之敎，端末雖異於儒，至其論心之要，退羣妄，箸一眞，精妙微審，非聖人弗能辨也。然則儒何以不由之，固不可也。且夫王氏之學，既以全乎佛，而又必混於儒。全乎佛，而凡說之羽翼乎佛者，吾不復闢焉。混於儒，而凡說之冒乎儒，害乎儒者，吾方且論之。

人之情有七，曰喜，曰怒，曰哀，曰懼，曰愛，曰惡，曰欲，七者有一不節則失其中，失其中而人心肆焉矣。故曰，有所亡，有所甚，直情而行之也。聖人者，動而處乎中。賢人者，求而合其中。故曰，雖有上聖，不能無人心，惟退而聽命焉，斯發而中節耳。且夫動而處中者不數數也，古者謂之天而不人，今欲以此爲學者率，使天下法則是，是性無三品也。夫不攷性之有三品者，亦孟子之過也，何以明其然也。孟子曰，人皆可以爲堯舜。人皆可以爲堯舜云者，是瓦石亦有佛性之說也。以實言之，孔孟及佛及陸王，其等不同，其皆得乎性之上也同，惟聖人知人性之不能皆上，亦不能皆下，故不敢爲高論，而恆舉其中焉者以爲敎，此所以爲中庸也。孟子陸王則不然，以己之資謂人亦必爾，雖曰誘之以使其至，而不顧導之以成其狂。故觀於孟氏之門，檢押斧械，蔑如也，攀龍附鳳，巽以揚之，益寡矣。陸氏方河決而天踔，御心猶役奴隸也，然扇訟發明，止於心之精神一語，可謂率矣。及王氏一傳而離，再傳而放，不亦宜乎。故自孟子陸王至今，遠或千年，近者數百年，而不聞復有孟子及陸王者，則孟子及陸王固自由天授焉。夫以千年數百年而止有一孟子陸王，則是孟子及陸王，固不能人人皆爾，而孟子及陸王必謂人皆可以爲己者，其意甚仁，而其實固莫得也，則皆過高而失中焉之過也。

陸氏王氏，其取於孟子也同，其流而入於佛也亦同，而王氏之失彌甚，惟其人心道心之辨執之者堅也。吾爲辨其異，指其失，而其是亦出焉，無任來者瞀乎以智孽爲雷同也。夫謂心惟一心，非有二心，佛氏之指不可謂非妙契也。斯而析之，古今之明，吾未見議之所止也。吾嘗致思焉，而略能語其故矣。夫所謂一心者，與生俱生，人皆有之，然固失之六合之裏，四方之內，往古來今，放而不知求者，幾千年矣。堯舜也，孔孟也，程朱也，是廸明者也。若告子，若老莊，若佛及陸王，亦克尸而享之，因號而讀之，是故尊言之曰道心，實言之曰明德，要言之曰仁，質言之曰本心，徑言之曰生之謂性，悟言之曰本來面目，邂逅於墟廟而謂之基址，省識於親長而謂之良知，則皆此物也，則皆常親覿而有之也。顧孟子以上，所覿者有四端之物也，告子及佛，所覿無一物者也，故一以爲義外，一以爲一絲不挂也，是以其說不可由也。孟子所覿，告子及佛終身不覿。告子及佛所覿，數千年覿之者未數數也，陸王者，有以及於告子及佛所覿矣，而又望見聖人而未審，故猶影響未底於眞也。雖然，又有辨。

孟子言本心云者，指道心而言之也，其言放而不知求，則人心也。人心乍出乍入，實止一心也。宋有女子讀《孟子》出入無時，莫知其鄉，曰，是孟子也，殆未知夫心者邪，夫心烏有所出入邪。程子聞之曰，是女子也，雖未知孟子邪，其殆庶幾能知夫心者也，夫心固不可謂有出入也。女子者，習於佛之學，直指夫道心而因蔑其人心，故謂心無出入也。程子之意，則謂出入也者，以操舍而言之也，心固無出入也。心之在人，名實昭然，然自佛釋氏以來至於今，儒者辨說百端，卒未有識其爲何物焉者，昧昧然，罔罔然，蓋數千年弗著弗察焉也。故或以體言，或以用言，或以合性與知覺而有其名，其言心之名象，精至於此而止矣，而卒莫能著其實相爲何物焉者。是故達摩欲安之而無可安，神光欲覓之而不可得，阿難七處徵之而莫能定，皆同此昧昧罔罔焉耳。

吾嘗深體之，夫所謂心無出入者，謂肉團心也。彼析其義而未得，又以肉團心無出入，其言近癡，非精妙不能動人，因誣以被之神明之心，而謂其無出入，欲使人求之，以爲至道之所在。莊子之若有眞宰而不得其眹也，蘇子瞻之凡思皆邪也，子由本覺自明也，文信國、高景逸之放大光明也，皆同此昧昧罔罔也。是故女子及王氏所見，無以異此，而世之小儒方將掀其脣而吹其燄，是烏足與語眞知之契乎。是故心之爲號，一言者實體也，而堯舜二言之，何也。曰儒與佛所言心，皆謂神明也，神明有出入則有人心道心之分，而佛氏直指道心，因誣謂無人心，遂誣謂無出入，甚而竝心亦誣之謂無，而相與苦守一空，而尊謂之曰眞如。嗚呼，此求聖人從容中道而不得，因歧而迷惑之至如此可憐哉，其莫有覺而已其迷者也。堯舜孔子以道心人心出入言之，其爲解至確，而且爲方甚密，惟不敢忽乎人心也，有人心而後有克治，有克治而後有問學，有問學而後有德行，勤而後獲，及其獲之也，貞固不搖，歷試而不可渝。

若夫所謂一心者，轉乎迷悟而爲之名，轉者一，其不轉者又一也。頓悟者，廸乎悟而爲之名也。轉乎迷悟而爲之名，悟者頓，其不悟者頓不頓終莫可必也。然則所謂頓者未嘗頓，所謂一者未嘗一也，雖然，此其大介也。若夫彼學行業名實之所立，又非小儒麤學所能歷其藩，了其義也。吾嘗學其道而略能語其故矣。蓋彼所謂頓悟云者，其辭若易，而其踐之甚難。其理若平無奇，其造之之端，崎嶇窈窕，危險萬方，而卒莫易證。其象若近，其即之甚遠。其於儒也，用異而體同，事異而致功同，端末異而砥乎無妄同。世之學者弗能究也，驚其高而莫知其所爲高，悅其易而卒莫能證其易，徒相與造爲揣度近似之詞，而影響之談或毗之，謂吾能知之，或呵之，謂吾能闢之，以是欲坿於聖人之徒而以羽翼乎大道也，而其說愈歧矣。夫惟不能無人心，故曰危，惟不能常道心，故曰執。今曰道心之外不可增一人心也，又曰天理在吾心本完全而無待於存也，嗚呼，談亦何容易邪。未嘗反躬，故其言誣，未嘗用力，故其言僭而不可信。顏淵問仁，子曰克己復禮，及請其目，則告之以非禮勿視聽言動，今曰學者但明理，理純則自無欲，嗚呼，爲此言者，是求勝於堯舜孔子也，不辨乎此，則天下之眞是何所定哉。

自記云，此仍即《原道》、《本論》之恉，但韓歐所闢，特佛之麤，其失人人皆知，在今日無容更言。吾所闢爲佛學精微，宋明以來，學者之敝在此，雖非今日切害，然吾以今時漢學麤末之轉步，必入於此，故豫爲防之。其兩引孟子，固以陸王公案所在，亦本程子言孟子才高，學之恐無把柄意發揮之，如此首尾一綫貫穿，但行文太播弄，恐不爲人所察，聊復自言之。

又《原我》　子絕四，無意無必無固無我，意，私意也，妄想也，必則漸執著而重矣。固則彌堅，總之成於有我之私，聖人不待克而自無，學者必用力而後庶幾。朱子曰，意必常在事先，固我常在事後，至於我又生意，物欲牽引，循環不窮。至哉言乎，可謂推見至隱矣。屈子偁漁夫之言，謂聖人不凝滯於物，而與世推移，似矣，而未盡也。何也，聖人但不必固於有我之私耳，至於義之在我者則守之不易，故曰，無適無莫，義之與比。嘗論佛老與聖人皆無我，迹同而實不同。夫所謂我者，謂己私也，住著也，有所也，非義非道也。而佛氏務爲解脱，無智無得，一切空之，雖其黠者，知有不可，特爲轉調，謂不墮煩空，曰來，曰念，自矜大乘，而祈嚮一差，又入斷滅，何也。蓋於《中庸》去修道之教，則於禮樂刑政，一切品節俱廢，若是，則豈能輔世長民，長治久安邪。老氏乃近陰賊，知雄守雌，欲取姑與，名曰無我，其實有我之至者。惟聖人以權執中，達變通理，壹主精義，而又或爲小知之言蔽晦之，謂其與世推移，不凝滯於物也。析義不精，使鄉原流俗之輩，借聖人以行其圓通自便之計，無論誣聖，何以服狂狷之心哉。

又《原真》　六經無眞字，眞字名義，始見於《莊子》，其後佛經遂用爲密諦玄旨，曰眞如，曰自用，一眞一切眞，至矣哉，雖後起而無以易之矣。夫人之爲行，順理爲覺，順事爲迷，故《詩》曰，有覺德行，此儒佛兩家之極致微言，亦儒佛兩家所同修共證之實義也。儒之言曰，道二，仁與不仁。佛之言曰，心二，曰眞曰妄。眞者難見，妄者易迷，二者恆糅，如油著麪。所以《書》貴精一，《記》貴別嫌疑，斯而析之，非天下之至精弗能揀纚顯微，密察鑒覺也。是故孔子於微、箕、比干，皆偁其仁，而於由、求、賜、令尹子文、陳文子皆不許之。孟子曰，聖人之行不同也，或遠或近，或去或不去，歸潔其身而已。其論夷、惠曰，三子者不同道，其趨一也。於曾子、子思、禹、稷、顏子則曰，易地則皆然。豈非求眞哉，豈非求眞哉。孔顏皆無命，而所垂修己治人淑世之理，則萬古不易。佛不能滅定業，償債遇難乃至老病死苦，一同於衆生。而所説降生離妄之理，則萬古不易，無他，眞理所在，故能先天而不違，後天而奉天時也。僻儒小生，執無權之中，憑虛妄之見，滯有著空，惡足與語至道哉。莊子曰，萬世之後而遇一大聖，知其解者，是旦莫遇之也。是故吾之爲行，衆人以爲如是而乃合於道，而其中有弗眞焉，雖爲人之君子，或爲天之小人矣。吾之爲行，衆人以爲如是大不合於道，而其中有眞焉，雖爲人之小人，而實爲天之君子也。故曰，君子之所爲，衆人固不識也。雖然，是眞與否，非必若世俗小人，欺世作僞詐諼之爲也，聞道百，自以爲莫己若，析義不精，仁未熟，知未盡，毫釐未合，而以邊見顛倒爲正知，故遂認賊爲子，而不覺入差別。然則是眞者，非特衆人不及知，即以己智内證，實亦所未了。聖人語言文字具在，古今智賢莫不以是求之，而卒不易得一識眞者焉，悲夫。

張澍《梵淨山記》（《養素堂文集》卷七）　黔之郡凡十三，而山接蠶叢，江通雲夢，扼百蠻之要害者，以銅仁爲最。銅仁之山凡數十，而巖谷幽異，峯巒陗別，壯三江乜江，峀羅江，銅仁江。之形執者，以梵淨山爲尤。玉屏與銅密邇，余恨局於墨綬，不得逞一問辟支佛之遺蹤，然數數輒聞其奇，默想其景，髣髴其境界，不啻目擊之也。聞絶巔有寺，風厲，不可瓦，冶以鐵。疑蚩廉爲之歈炭，屏翳爲之鼓爐也。寺側有崇臺三，曰拜佛，曰説法，曰煉丹。疑鴻衣羽裳、練精餌食之夫所宅也。有井曰定心，水寒沁肌骨，清鑒毛髮，疑飲之者可洗躁進之懷也。山後有池，曰九龍池，皎焉沖照，淨無斥草，疑有翠鳥銜其淪蘀也。登之者先由金刀峽而上，峽之高千仞，中如斧劃。隔五六尺許，有飛橋相接，疑巨靈之所開鑿也。左右皆立梵宇，廣潤可容數千人陟者，攀絙上下，若蹈空而行，疑上落雁峰千尺之幢也。至其椒，千里風煙，可一覽而盡，疑登岱宗曰觀可小天下也。然周圍僅四丈，突兀陡絶，疑猿徒喪其捷巧，鼯族謝其輕工也。有香爐峰，繇絮巖，藏經巖，羅列競秀，下有九十九谿，紆折環繞，疑匡廬、武當之勝，天台、雁蕩之奇，亡以逾也。余於黔之錦巖珠壑，秘洞靈淵，亦幾遍踏矣，疑此山不獨銅仁之壯觀，且爲全黔之勝槪也，何必泛螺舟而渡海，乘毛車以翔風，登孽搖頵，抵于大荒，探榆次錢，來于泰遠，然後詫語殊靈，栞標怪秀，以爲異乎。

又《登多寶墖記》　晴雲擘絮，暖日生煙。波綠水喧，峰青山笑。尋芳草而蹀馬，擕雙柑以聽鸎，此其時矣。多寶寺者，唐宋古刹也，鼠跳敗瓦，鴟嘯摧梁，樹禿如鶖，僧窮似匃。伊蒲饔冷，梵唄音沈。山空谷靜兮絶晨鐘，花落鳥嚦兮寂莫鼓。蒼涪碧蘚兮無人到，寶地香城兮又日荒。余偕少尉蔡雲往游焉，語燕隨旋，春風護幰。岡曲桃開，谿橫柳卧。泥滑石路，炊熟煙邨。童叟聚觀，苾芻導迓。至則踞磐石而憩之，蜀筍堆盤，巴清瀉琖，垂虹倒飲，吠犬斜窺。漫説覺皇，縱譚指帝，三明三昧，六趣六根。神耀無師，檀特證道。二莊瑞雨，三武劫灰。蘭闍廢興，羅刹漂墮。妙義破銅，鑠英詞排。鐵圍蔡子聞之，幾至晌顛，遂與褰衣袂，躡磴梯，炬火雙，童僕掖，盤蝸緣壁，偃鼯攀枝，逶迤十一層，髣髴三千界，已造多寶墖之頂矣。

詮諸殘碣，建於乾寧壬子，脩於紹興壬申，殆千餘年，雄莪如故。菩薩低眉，金剛怒目，青蓮獅吼，紫竹鸚飛。難陀呪龍，迦葉馴虎。竭宫妙質，盧舍眞容。瓔珞垂光，寶珠漾色。蓋法象如是其精也。則有寶幢卐字，貞珉梵文。瞋目刹那，驚心阿鼻。慈門瞻仰，福海鄭斟。證最上乘，生極樂國，欲求果報，用是檀施。是爲瀘南安撫使馮大學施錢之碑，昌州玉谿井劉傑夫捐鐵之記。由是遠望，烟霞往來，林泉左右，崇巒聳陗。複澗縈迴，耳聆天言。皆決鳥背，朝棲羲駕。宵駐娥軿，法雨飛簷。恆星耀栱，飆吟鳳鐸。霓綴虯幡，軒皇城樓。阿育窣堵，此亦可以廁之。乃牽連而下，復爲北山之遊。路險蟻封，徑通鳥道。泉聲殷地，石色遮天。聖跡留崖，佛影在水。毒龍驅霧，醉象掃風。八萬仙人，毗耶布路。十千天子，帝釋來朝。迴視浮圖，如在空際也。

又《游北山記》（同上，卷八） 嘉慶歲己卯正月初五日，余卸篆無事，聞北山有佛灣，琱鐫法象，儀態俶詭，意或有殘碑斷碣，沈霾于蔓草荒煙，遂往尋之。出北門二里所，路漸危聳，有石磴古道，似歷年無人行者。又里所，造山臯，見峰巒層疊，洞壑窈窕，巨石拔起，如樓屋。鐫觀音、彌陀、金剛諸像，甚奇壯。山胛中開一綫路，兩壁悉雕西竺諸佛，尤甚精巧。其巖左峭壁，赤如霞駮，卽而睎之，乃唐乾寧二年金紫光祿大夫、檢校司空、使持節、都督昌州諸軍事、守昌州刺史、充昌普渝合四州都指揮靜南軍使、兼御史大夫、上柱國、扶風縣開國男、食邑三百戶韋君靖建寨之碑，軍事判官、將仕郎、前守靜南縣令胡密篡文。其文自後而前，與梁相孔耽神祠碑同。意其爲梵氏之學者，雖有駁落，大率可讀。蓋以乾寧壬子歲春正月，于龍崗山建永昌寨。碑言築城牆二十餘閒，建敵樓二百餘所，又于寨內西缺三字翠壁鑿出金仙。又言施缺四字舍迴祿俸，以建浮圖。乃知天人諸像並白墖，皆始於君靖也。

循巖而北，邃洞怪后，千百其狀。所鏤天王菩薩羅漢，亦千百其形。有乾寧三年四年造者，有王建永平時造者，天漢時造者，有孟知祥乾德時造者，有孟昶明德廣政時造者，有宋咸平、紹興、乾道、元祐、大觀、淳熙、淳化、嘉泰時造者。一洞甚空濶，就山刻碑形，乃上柱國、天水郡開國侯、食邑一千二百戶、食實封三百戶、贈右銀青光祿大夫、謚懿簡公趙瞻神道碑，纂文者爲左朝散郎、試尚書禮部侍郎兼侍講范祖禹，書並篆額者爲左朝散郎、龍圖閣待制、知永興軍府事蔡京。字極秀媚，饒勁挺之氣。洞內外石壁刻古文《孝經》二十二章，字徑二寸許。循巖再進，有石壁巉削，高十餘丈，刻文殊詣維摩問疾像，像下截稍有磨泐，旁題字均無損蝕。其佗游賞題名者，或文字全存，或僅存半，不復覼縷矣。復沿山紆行至白墖寺，墖建山椒，高二百尺，周圍廣六十步，切漢摩雲，飛鳥不到。爾時埜煙漠漠，暝色迷雅，林樹蒼茫，畧辨邨舍。俛睎城郭，形如盤蛇，乃緣石梯下，于峰迴路轉處，鐫大佛二尊，高與山肩，雄偉不常。下輿步行，復有石洞，鐫山神像，獰醜如忖留。迨返署聽譙樓鼓聲，已初更矣。

又《前游寶頂山記》 久欲躡寶頂山巔，尋幽探異，問毗盧佛之遺蹤，以牒訴倥傯，未暇捫壁。旋因涔蘙陰月，路甚濘淖，不便肅驂，乃雷鼓北巖，宣陽排陰，天乃晛霽，于十月十八日載塗焉。出東門十餘里，漸折而北，路漸艮坎。將至寶頂山五里許，有孤峯斗絕在外，鐫白衣觀音像，上鐫小佛三尊，縣崖覆之。遠望西北諸山，如狻猊蹲踞，伺攫行人。及抵山隅，路側有石屋，鐫林林央央，狀生獰堪當。轉而東，至山門。門外大石池，方圓三畝許，池中左側豎一碑，碑左右石上有雙足跡，大如箕，惜水深，不得至碑所摩挲。整衽入，則石坊高峙，橫書西竺仙境四字。循階上，内爲韋馱殿。再進，卽維摩殿，像極莊言，令人秖竦。再進爲觀音殿，由維摩殿之右而行，有大寶樓閣，卽寶頂也，內藏毗盧肉身。閣三層，以石砌成。下層鐫達摩，中層爲迦葉，上層釋迦，周圍鐫經，閒以佛像。閣後石壁下截鐫八字，大如斗，僅存末大寶樓閣四字。

由右側陟石級而升高丈許，爲平臺，建石屋。屋亦高丈餘。自東壁抵西壁，長三十步。後壁鐫小佛，數盈萬。凡柱梁窠栱，罔非佛者。或向或背，或坐或臥，或行或立，或曲膝，或申臂，或瞑目，或歡笑，或悲戚，靡不生動曲肖。所執香花寶珠，鈸鉢瓔珞之屬，亦復精巧寡倫。西壁多鐫女菩薩像，東壁上鐫毗沙天王像，怒氣鬱勃，陰森逼人。旁鐫佛數百，妙麗端嚴，天人俱足。屋檐外左側有毗盧石庵，左右壁外均鐫佛，又鐫天神，彎弓拔劍禽祆，極威猛之狀。庵後壁外畫寶塔圖，圖上鐫佛，横書釋迦舍利寶塔禁中應現之圖十二字。佛下畫寶塔，像旁刻嘉定十年僧道權記，敘事雅潔有體。庵前楣横刻毗盧庵三字。庵之下有石洞，內鐫佛像，門前立二力士，手執杵鉞，怒目可畏。右石壁亦鐫二力士像，厥狀復慈良，喜色可掬。

由觀音殿右出，沿緣而上，約十弓許，爲聖壽寺。寺踞山頂，巍峩宏敞，老松幽篁，宗生族攢。殿中塑如來，上有樓，木刻曉山和尚臥像，俛眎羣峯，羅列環拱，如小兒孫，洵此山獨秀矣。寺側石佛數十，立叢艿閒，悉斷裂，土人云係張獻忠所毀。東南小阜有白塔，下狹上廣，無頂，土人云，國初時飛至瀘州，爲鐵索鎖住，不能飛來矣。乃返禪堂少憩，出山門折而西百許步，至佛灣縱觀，右巖腰鐫猛虎下山，勢極奔逸。折而東，巖高百尺，鐫金剛十尊，三世佛三尊，各高五丈許。有轉輪佛，口銜金輪，霞光萬道，狀極雄偉。少進孱顔，横鐫寶頂山三字，末署銜朝請大夫、權尚書兵部侍郎、兼同修國史、兼軍缺錄院官修纂杜孝嚴書。下鐫大佛，尤爲奇特，頂上圓光配蓺于廠際。再進則爲千手大悲殿，慈憫之懷，溢于眉睫，眞鬼工也，杜覰龜畫所不到。稍轉，至巖曲，鐫睡佛，首大如屋，身長九丈。旁鐫弟子十餘向佛，若悲泣者。又折而西，至北巖，爲九龍口。有九龍，口噴清泉，飛灑益壽，始生之兒，流于方池，九曲入澗。旁有孔雀明王洞，明王騎孔雀，勢欲陵虛。旁有毗盧閣，像靜閟，若有思者。再進，則鐫佛牙六賊圖，又鐫地獄變相，鬼怪紛沓，暨兜率天宮，諸佛拈花微笑。又雪嶺鷹崖，釋迦苦鍊，令觀者神游其境。

復返至南巖之左，沿崖而西，凡鐫牛九頭，牧童十。牛或齕草，或飲水，或跧臥，或倚樹，或仰首鳴，或控勒不可制。其牧童或用力牽拽，或揮鞭，或倚石臥，或坐石吹笛，或宿，嚴加禁約也。後半乃成化十年六月十三日蜀府長史梁能安奉蜀王令旨，著僧超禪住持焚獻，並禁軍民，毋得欺侵。榜示一通，中敘蜀獻王曾臨此寺，見石像儼然，殿宇傾積，缺僧脩理，令旨差百戶彭善新送本司惠妙住持，以超禪雖蒙府縣帖委，未奉國恩，難以護束也。

出至維摩殿之右，建大寶樓閣，周遭皆刻佛經。閣後石壁首刻勅賜聖壽寺院等字，下截磨泐。又横刻唐瑜伽部主摠扭王八字，下刻煥章閣學士字，下磨泐。次行刻昌州字，下亦磨泐。旁刻文大半消蝕，就其存字繹之，乃係趙本尊智鳳事實也，末存承直郎三字，蓋知昌州軍事判官席存著所作者。下横刻八大字，尚存大寶樓閣四字，字大如箕。旁有勅賜聖壽寺傳燈記碑，明隆慶五年住持悟朝立。碑陰刻寶頂山四字頌，凡二十二句，獨末二句六字係李開先作也。開先，康熙時舉人，長壽籍。遂至佛灣之左巖，中閒刻三世佛，上横刻寶頂山三字，末署銜云朝請大夫、權尚書兵部侍郎、兼同修國史、兼軍缺錄院官修撰杜孝嚴。按，孝嚴，安岳人杜孟之子，登慶元五年己未科曾從龍榜進士。大佛腳側有一碑，刻七絕一首，末題云寶頂趙智宗刻石，追孝心可取焉，目成絕句，立諸山阿，笙鐘鱗甲，事見坡詩，調爲神杉呵護之意也。署銜云朝散郎、知昌州軍州事、兼管內勸農事、缺二字二江宇文屺書。屺，雙流人，崎之弟。又有靈湫泉七絕詩碑，末署忠州刺史楚人戰符。符，蘄人，曾官南京戶部司務。

循崖轉至北巖，所刻天竺諸佛地獄變相，千儀萬態，不可名狀。其上刻云，假使熱鐵輪於我頂上旋，終不以此苦退失菩提心。凡數十處。又刻云，假使經百刧所作業，不忘因緣會遇時，果報還自受。亦數十處。其佗所刻佛經，無慮百數也。至巖盡處，隔澗見圓覺洞。仍返至南巖之左，崖口刻朝奉郎、知潤州、賜紫金魚袋楊次公得道牧牛頌十九字。旁刻頌云，突出欄中不奈何，若無繩絡聽由他。力爭牽尚不回首，只麼因循放者多。無作者姓名，想即次公作也。次公名傑，濡須人，箸《無爲集》十五卷，《別集》十卷。官禮部郎，平生好佛，其成仙事蹟不詳。沿崖皆刻牧牛，狀態生活，戴嵩之圖不能踰之。

入圓覺洞，洞內右石壁刻南無大般若經、南無大寶積經、南無大華嚴經、南無大涅槃經，共二十四字，字徑五寸，凡四行。又刻忠州刺史戰符《題圓覺洞》五律一首，蓋用左壁康圭韻也。末直刻寶頂山三字，字徑八寸，筆極清健，末刻云，邛州魏了翁書。左石壁刻偈一首，亦釋子語有意義者。上横刻寶嚴二字，字徑二尺餘，係隸書。旁刻嶺南康圭五律一首，題爲《秋日同馮羅二齊長游圓覺寺》。末刻門生馮臣虞、羅如綸八字。下刻湖南黄朝記十數語，大約言其父爲重慶二尹，渠搆木爲洞門，以蔽風雨也，係正德時。

出洞而西，有洪熙元年大足縣教諭江西鄱畋人之碑。碑敍趙智鳳生於宋高宗紹興二十九年七月十四日，五歲出家，十六歲雲游，還，建聖壽本尊殿，因名山曰寶頂。聖壽本尊生於唐宣宗大中九年六月初五日，出于柳瘿，中州吏見之，收爲子。比長，修苦行。明宗賜其院額曰大轉。至宋神宗熙寧間，勅賜聖壽本尊，智鳳持其教，亦以是爲號也。旁有康熙庚午歲大足縣令史彰碑，碑言，圓覺洞佛像爲魯班所造，唐大中九年，柳本尊出而重修。宋嘉熙年，趙本尊復爲建修。元明香火震耀川東。歲久，大悲像爲樹根侵裂，毗盧洞爲猛虎拔木所損。圓覺洞内石鉞爲盜賊撬傷，寺内正殿天堂暨僧廊山門，俱遭火毁，僧性超募修之也。

仍返至山門，尋所謂雙足跡者。池中左側樹一碑，碑左右石上有雙足跡焉。架木至碑所諦眎，乃永樂丙午歲正月所立，文大半磨滅。尋其義，禁居民毋得網魚采菱藕也。舊碑言昔時有亭覆石，今無之矣。復循眎兩廊，見明侍御曹瓊所作碑敍，弘治癸亥秋，僧錄義成完公領捧内賜水蓮觀音畫像，安置雁堂，爲釋弟子供侍。甲子秋九月，完公駐大足，與邑官薦紳來游，嘆以爲崖跡迥異，不在五臺、補陀下也。飰畢，因搜藏經，見數千函，皆殘缺零亂，爲整理數弓，命僧人于夏課之暇分類排次，勿供鼠嚙，將來或不至散佚，亦此游之力也。時夜已半，明月在天，寂無人聲，鐘磬時作，揮豪疾書，得詩二十首，粘之僧壁，爲異日雪泥鴻爪云。

又《多寶墖石記》（同上，卷九） 多寶墖，今呼白墖，余登其巔，乃知原名多寶墖也。弟六層佛龕内兩壁有嵌石，左刻云，敷文閣直學士、左中奉大夫、潼川府路兵馬都鈐、轄瀘南沿邊安撫使、知瀘州軍州提舉學事、兼管内勸農使、文安縣開國伯、食邑九百户、賜紫金魚袋馮，今於昌州多寶墖内施錢四百貫文，足造弟六層墖一級，全用銀，合内盛華嚴感應舍利一百二十粒安於其中。祈乞祿壽縣遠，進道無魔，眷屬安康，子孫蕃衍，盡此報身，同生極樂。紹興壬申歲仲春旦日脩墖，化首任亮琹石。右刻云，敷文閣直學士、左中奉大夫、潼川府路兵馬都鈐、轄瀘南沿邊安撫使、知瀘州軍州提舉學事、兼管内勸農使、文安縣開國伯、食邑九百户、賜紫金魚袋馮大學，年七十八歲，男右承奉郎、瀘南安撫使司主管機宜文字馮覺，男右廸功郎、前成都府路提刑司幹辦公事馮覺，年三十歲，以下皆子婦孫男女暨其子孫孀母之名與年歲也。

考大學，南部人，登景祐元年甲戌科張唐卿榜，與蘇舜欽、鮮于侁、青陽楷等同年。官爲安撫，竝非末秩，而《通志》竟無其名，但載紹興時瀘南安撫使馮檝。案，檝幼喪父離母，寄養於人，後官瀘，求其母不得。會誕日，羣丐聚乞署門外，内一瞽目老媪曰，吾兒生同今日，若在，老身不至流離如此也。家人入告，檝進媪問曰，汝子生年月日能記憶否。媪一一言之不爽。又問曰，身中有記否。曰，二子共胎，連背而生，以刀分之，一死一生，生者脊有長痕。檝下拜泣曰，是吾母也。扶起，薰沐焚香告天，跪舐其目，其目復明，因建墖曰報恩，今在瀘州開福寺中。是檝爲安撫使在紹興時。大學爲景祐元年進士，不應至紹興尚在。又考《遂寧志》有馮覺，慶元五年己未曾紹龍榜特奏名，或卽大學子。而父子乃異籍，蜀人風俗向如此者。蓋是墖原爲唐乾寧時韋君靖所建，宋紹興時重脩，馮撫特捐錢脩弟六級耳。其化主則任亮，其砌墖者，則道人邢信道也。亦見墖内石記。

又《登邠州石佛寺記》 邠州二十里，有石佛寺，余數往來，未之游。今春三月，將入都補官，道經豳風閣下，乃躡石級登焉。覽舊碑，謂此寺創於唐貞觀年，州志載興工者鄂國公也。其石佛像高八丈五尺有奇，浩哉工乎，當日亦甚勞民力矣。原佛法以施舍因果爲説，其心主於憫眾生苦難，而淺者謂以象爲教，往往廣造精舍，以紫磨爲身，頗黎爲眼，珊瑚爲舌，飾紺青之髮，豎光明之拳，龍蛇虎豹之區化爲金碧，卽謂之慧門，而佛遂俛首，以寶珠與盜，無乃妄之甚與。夫三昧四禪，五戒八空，豈有異解，要歸於清淨而已。倘世之人不使六龍驚軫，二鼠馳光，卽可以度愛河，可以褰欲網，豈非昏衢之巨燭，苦海之慈航乎。今則誕其金剛不壞，積薪不焚，薦以伊蒲，飯以香積，卽能貫其宿辜，是般若臺上，眞有陳文達矣。昔丹霞禦寒，則燒木佛，德山説法，則撤塑像，空門之有識者尚不以土木爲事，而儒者反或信之。余平生不喜何充之佞佛，亦不作范縝之《無佛論》，而犇走塵途，煩惱殆甚，思於婆羅樹下一蔭清涼，詎必向苦行林中飽𪌭蜜哉。然三獸渡河，而喻有淺深，吾甚鄙夫蕭瑀之聖之也。試詰佛曰，子疲于津梁，以身世爲妄，是選佛不如選官也。恐如毘羅之石，亦不能量畜。逌然一笑，登車而去，宿旅次而爲之記。

錢儀吉《釋南潛傳》（《記事稾》卷七） 釋南潛者，董説字雨若，又字月函，又自號漏霜。湖州烏程人，年十七，撰《夕惕篇》以自厲，嘗受三《易》之學於漳浦黄子。已爲僧，問法於嘉興黄葉老人智舷。後從繼起大師受佛戒，焚其少作。繼起者，興化理宏儲退翁也，本李氏，父嘉兆，恥與盜同姓，而命之曰，吾祖咎繇，爲大理氏所由出也，其復氏理。退翁早歲出家，會明亡，諸亡命者多主之，爲畫計策，連染，幾及禍。於時徒衆皆走，而南潛獨從不去。南潛所與共事繼起者，若檗庵、大瓠。檗庵者，明大學士嘉魚熊開元。大瓠者，宣城沈麟生，其父壽嶽，以故監司死節者也。南潛雖爲僧，顧癖耆文字，老益篤。相與賞析者，若江夏黄周星，九煙吴徐枋，昭法金俊明，孝章顧苓云美，吴江顧有孝，茂倫徐崧松之，烏程韓曾駒人穀，嘉興巢鳴盛端明，桐鄉張履祥考夫，皆耆老遯跡而與南潛善。

南潛所箸書甚衆，志乘稱其目，有《易發》八卷，《河圖掛版》、《詩律表》各一卷，《周禮緯》、《律呂攷》、《歲差攷》、《分野發》、《六書發》、《甲申野語》、《補船長語》、《夢史》、《殘雪録》、《埽葉録》等，及《堯封》、《寶雲》諸語録，《豐草庵》、《寶雲》諸集。凡三十餘種。予嘗得其手稾數百葉，又皆志乘所未及舉者，《樵堂説略》、《箋屋記》、《樵堂法頂拈承雨録》、《研雪録》各一卷，《周易十八爻未濟通輪表》、《周易三十爻參天兩地表出震三易合表》、《史記脈表》、《臨濟兩宗世次表》、《七法頂》五篇《西荒詩》三卷《佛烟集》一卷，他序論書説若干篇。稍次第之，合題曰《補樵書》。補樵者，亦南潛自號也。南潛往來潯溪、堯峯閒，不常住持。述退翁之言，欲其無所繫而道行教立也。南潛之詩，清滄荒遠，有云，孟郊不在唐，聲在吴山雨。又云，沈珪對膠法，象先澌絹理。侯其物性窮，始得浮氣死。蓋自評其詩云爾。南潛又嗜草書，今《研雪録》中論草書法甚備，其手稾皆奇逸可喜。予又於卓氏《遺民詩集》中別得南潛《首陽詠》一篇，其詞曰，草笠古鬚眉，首陽一樵子。擔柴入都城，閒話青峯裏。云有兩男兒，飢死西山趾。白髮齊太公，淚滴青蘋水。還顧召公言，采薇人已矣。董氏故世家，其族人有爲詩萃者，傳南潛，但稱其工詩，予爲箸其大節，及其交遊雅故，書於《補樵書》之前，俾後人有以見其志焉。

路德《勸戒篇》序（《檉華館全集·文集》卷二） 《書》曰，惠迪吉，從逆凶。又曰，天道福善禍淫。又曰，作善，降之百祥，作不善，降之百殃。釋氏之所謂因果，大指不出乎此，獨地獄畜道之説，儒者所不道，而其理則明明有之。世人之所畏者，刑也，刑之所加，皆罪之昭彰者也。盜有刑，盜之巧者無刑。姦有刑，姦之隱者無刑。殺人者有刑，殺千萬人者反不得加以刑。大奸大惡將何所忌憚哉，且殺人有刑，殺鳥獸蟲魚者無論，物不得例以人也。恣口腹者，一飲一食，屠割無算，計一生所殺，不知幾萬億。而其人醉飽終身，晏然無恙，何憚而不爲饕餮哉。地獄畜道之説，正所以濟刑法之窮，而人之畏地獄畜道也，更甚於畏刑法，何也。人世之刑，加於血肉之身，身死則無所知矣。雖極痛楚，特須臾耳。地獄之刑，皆人世所謂非刑也，不加於血肉，而加於精魂，稱其罪之多少，展轉以施之，更番以受之，有求其速死而不可得者夫。而後大奸大惡，盈量而罰，愈慘酷乃愈平允，此天道之自然而無可疑者。至於鯀爲黄能，蜀帝爲杜鵑，牛哀爲虎，彭生爲豕，趙王如意爲犬，人而畜者，雜見於經史，不可勝紀。吾惡知毛者、羽者、鱗者、介者，遊鼎鑊、供匕箸者，非卽食前方丈終身醉飽之人哉。人以地獄爲不足信，而墮地獄者多矣，以畜道爲自生自滅，而墮畜道者益多矣。

余偶得《歸元直指》四卷，爲國初戒僧性聞所梓，中多釋氏之言，刪而汰之，擇其辭旨明切有關勸戒者，重爲梓行，爰易其名曰《勸戒篇》。

又《别峰禪師墖銘并序》（同上，卷六） 禪師名際桂，號別峰，南宗臨濟三十六世法孫也。俗姓王氏，長安人。童身不壞，苦空自持，博觀內典，通幽洞微。與之談，惑端立解。有《禪餘詩》一卷，余敘而梓之。初爲行脚僧，名山寶刹，履迹幾徧。後卓錫金勝寺，參珉辨礫，禪徒日增。將退院，先期葺梵宇，餘皆黝堊之，藏經於匱，登麥於囷。別法朋，徑入清華山，草鞵一雙，蒲團一箇，山深寺僻，塵蹤罕通，晦迹埋名，歷十有三載，遽棄恆幹，言歸西天。僧臘八十有六。聞師將入山時，丈室窗外連夕聞鬼哭聲，師向空喝曰，我法不住，爾形已離，何悲何戀，學兒女爲。言訖，哭聲頓止。師處無生之鄉，著離塵之服，開搴緣障，翛然往來，樂壽哀天者，惡乎測之。既營方墳，將嵌貞石，珠網奚用，銀函匪珍，舊史氏路德爲之銘曰。

寶積神鐙，達摩革履。釋家所云，欺人語耳。如如我師，梵行誰擬。意樹剔根，心蓮敷蘂。視茲百骸，穅粃糟滓。不知悅生，豈其畏死。生也若行，死也若止。昔在崇仁，欀函試啟。人得其皮，師得其髓。座對賓朋，門羅弟子。遙指南山，吾老於此。不挂一絲，飄然去矣。坐禪對虎，說法驅鬼。廚有香積，室有法喜。淸暉乍殂，衆生安企。爰建浮圖，雜植松梓。上有危岑，白石齒齒。下有幽壑，泉齧其趾。千齡之後，此墖亦圮。地有滄桑，法無成毀。智鐙不火，性海非水。

黃本驥《觀我圖說》（《三長物齋文略》卷三）　儒家之言曰觀我生，佛家之言曰觀自在，不知我之所以生，卽不知自之所由在，其說雖殊，其義一也。南溟朱君以觀我名其圖，圖中一人獨立，引鏡自照，其面與雯山闕翁之圖略同，而名特異。一日，持以示余，且指圖中人曰，似我否。余笑而復之曰，君方不知圖中之人似我，又安知鏡中之我可觀耶。夫我有我之眞，以心而不以迹也，以神而不以形也。心與神，百年不敝之我也。形與迹，易化速朽之我也。圖中之我，鏡中之我，皆形也，迹也，非眞我也。世有能強記者，半面之識，一日之緣，雖歷數十寒暑，於稠人廣坐中，一望而知其爲某某。至於我之面目口鼻眉耳腮頰，則生初備具者，其相聚之久，非翅半面一日已也，設有人焉，與我絕相類，旁觀者皆曰某似君，我反懵然不知其人之似我也。觀人以貌，不能無失。觀我以貌，其又可據耶。曰，吾恃有鏡在。夫鏡亦安可恃哉。孔子、陽貨，貌之相似者也，使陽貨而臨鏡，必不曰我似孔子，陰險之心異，而不知其貌同也。西施、嫫母，貌之絕不相似者也，使嫫母而臨鏡，必將曰我似西施，嫵媚之心同，而不知其貌異也。夫鏡亦安可恃哉。故古之儒者，由觀我以觀民，是爲成己成物之學。而佛家於觀自在之外，亦有所謂觀世音者，觀世卽觀民也。朱君善用其觀，裂圖去鏡，而眞我出焉，愼無使鏡中之我爲孔子、爲西施，而恃鏡者爲陽貨、嫫母焉，則庶幾矣。

又《跋鄧鹿岩》《輓一念和尙》詩蹟（同上，卷四）　鹿岩，名祥麟，字子與，武岡人，詩作於康熙十年。

嘉慶己卯，與修省志，一日，偕共事者游嶽麓寺，於方丈案頭見有朱筆批注《妙法蓮華經》廿冊，書用王逸少法，絕工。問之，寺僧云，此康熙間阿諾和尙手蹟也。因摘其自序，爲撰傳，入《方外志》，而以經目編入《藝文志》。阿諾之名，由是遂顯。湘皋學博得其宗人鹿岩片紙於夫彝僧舍，力爲表揚，而鹿岩及所輓之一念和尙，遂因湘皋而傳。一念、阿諾，皆世外逃名之士，其傳不傳無足輕重。百餘年後，尙有見其手蹟、輓詩，愛護而傳之，如余與湘皋者，則士君子閉戶著書，特患不工，毋患不傳。而急急於鏤板行世者，何爲哉。然工詩能書，其人品又爲勝國遺民，如鹿岩其人者，宜若可傳矣。乃百五十餘年後，問之鄉人，已不能舉其姓名。使非荒庵片紙流落人間，又得有心人如湘皋者爲之表揚，而欲其名之傳也，蓋亦難矣。然則士君子者，書雖工，安能保其不散。則鏤板行世，亦有不能不急急自謀者。嘻，可慨也。

潘德輿《佛論》（《養一齋集》卷一二）　僊者，僞其事者也。佛者，僞其心者也。僞其事者惑人淺，僞其心者惑人深。夫僊本無其人，小夫妄託其事耳。其黃白丹汞，入山絕粒，人猶病其事之難而不從焉。若佛，則家奉而人說之矣。何者，佛有其人，有其教，又以論心爲宗，無黃白丹汞之詭辭，入山絕粒之苦事。乍視之，飲食生死猶夫人，而其論別理致于人心，探幽索微，道體極高窈遠，雖讀書學道、聰明絕特之士，一不差別，則往往入其環中而不能解。

今觀其論心也，空虛者體，寂滅者用，世皆恐懼好樂忿懥憂患不得其正之人，一聞此言，皆謂果能滅心，卽諸不得其正之患可以免，而心之樂將大。故至于佛之前，而貴者忘其貴，賤者忘其賤，雖國家天下莫大之憂，而習于佛則皆可以躅之，殘身破家，亂國害天下，而奉之不敢二。蓋其制人者，中人之要害也。讀聖賢書三四十年不得其解者，聖人之論心踐實而難盡，庸常而有準也。朝聞佛言，夕則依歸，不需時者。佛之論心，凡聖所有者，佛皆以爲空。以爲空則無所不至，而皆可以證道。君臣、父子一舉而棄之，而法無所可施焉。故嗜僊者敗于術而悔，嗜佛者終身由之，至于老死，尙不知其畔岸，徒以爲己不能盡，而決非佛之過。佛之惑人也，較僊尤黠，則較僊尤酷，故去僊易，去佛難。

今之欲去佛者，必論其因果報應輪回之妄，此佛之餘論也。使佛徒以因果報應輪回之說致人，此可惑愚夫婦耳，無能統賢智愚不肖而兼致之也。佛先持心示人，而賢智俯首矣，世不皆賢智，而論心者或愚不肖所不解，則由心而生因果報應輪回之說，而愚不肖又俯首矣。兩設其塗，以動人之心，而總以空虛寂滅收其窮，曰爾不從，則將有因果報應輪回之慘。從則億萬之因果報應輪回一歸于空虛寂滅，而無所拘攣係戀以苦其身與心，既束縛之，又馳驟之。而不懼報應者樂其論心，昧于論心者懼其報應，東西各布一陳，而佚寇鮮矣。非天下之至黠者，不能有此周密之算，鑱深之謀也。

夫黠者售其術于前，則人相與戒于後，而佛之久，何也。曰，佛假人生而靜之言以論空虛，假克己無欲之言以論寂滅，假惠吉逆凶之言以論因果報應，假終則有始之言以論輪回，意有所微竊而貌有所迥殊，微竊其意，則可藉之以動人于始。迥殊其貌，使人既入之後，不可復歸，而其教乃可顯，而與聖人相持。故賢智者既蹈于空寂，而果報輪回之煩，雖賢智亦莫得而非之，故愚不肖之信益堅，而其教遂以不朽。至細儒之聾瞶而無忌憚者倡之曰三教，而佛之禍眞不可救矣。

曰僊養生，爲我者也，近于楊。佛度人，兼愛者也，近于墨。然乎。曰，楊氏爲我，其言歸于絜身，僊則穢雜甚矣。墨之無差等，卽佛之平等也，然貴同上賢，猶近乎人世之爲，若佛之空虛寂滅，則人之類絕矣。絕人之類，猶曰佛于三代後，可爲養濟院，其理愈近似，其患愈深遠。故楊墨之禍不及秦，而佛之害遂二千載。然則何以去之。曰知其僞則去之矣。空虛寂滅，無以爲人，因果報應輪回，無以爲天。人生而靜，該萬善也，非空虛。克己無欲，皆中節也，非寂滅。惠吉逆凶，氣之相孚如影響也。因果報應瑣而遲，終則有始，聚散剝復，不相襲也。輪回無終，焉有始。是故假聖人之言者，卽以聖人之言鏡之，千年老魅，能幻其術于人，而不能逃其形于鏡也。惜乎，鏡日在人之側，惑之者不一持而照焉，又從而文飾之，譯布之，解釋之。

嗚乎，佛心不僞，不惑人，人心不僞，不惑于佛。《易》曰，可用行師，征邑國也。君子自治而後治人，必使下自治其身，上自治其國，聖道粲然，著于人之心，而後佛可去，佛去而僊從之矣。不然，今日盡滅其教，明日或有以佛爲不可去者，夫天下尚有以佛爲不可去者，則佛之教眞去邪，否邪。

余近爲《黜邪家誡》一書，雜引成說之闢佛者而折衷之，以示吾子孫，較此作頗賅悉，然意初不外是也。此作成于庚午九月，《家誡》成于丁亥二月，前後相距十有八年。自記。

又《駁佛言前後身》（同上，卷一四） 凡佛之所言，無一合乎聖人之道，而其大惑人，使不可拔去者，則莫如前後身之說。彼其敢于無父無君者，非其立論之敢于無忌憚如此也，彼將以爲吾一人也，而父母已萬焉矣，吾今生之所受于父母者，特驛舍客館云爾，而何不可背之有。此其所以使人敬而畏之，而不敢復被以無父無君之名也。夫前後身之說雖戰國、秦漢之衰亂爭悖，而皆未有聞也。自晉以來，正史已有之，則修史者信佛書焉爾。夫此說也，至于編入國史，垂諸萬禩，而後世之學者，其又何以剗除之。曰無難也。人而詈人曰，汝二父，則彊者以刃陷其胷，弱者以手批其頰矣。今佛之言前後身也，匪止于二而已，直以爲一人之身，而父母之改易不常，不可指數如此也，是其當陷其胷而批其頰也，豈待其辭之畢哉，而人特未之思耳。

卽以其說衡之，前身之前，復有前身，開闢之始，其誰先乎。先有鬼乎，先有人乎。未生之前一日，前身之身，未來母腹之中，何以知運動乎，飲食乎。草木春生秋凋，而春復生，要之，其根未死也。若幷其根而斬之燒之而復生，則果有前後身之說也，而不能也。夫此皆立竆之說，而佛乃冥然不顧者，彼將以惝怳不可知之境自文，其佗說之謬而已，而頑且惰者則便于其說，以爲今生乃前身之賞罰，而爲無可爲，遂使作善者蒙福祚而非己德，作不善者被誅殛而非己罪，日以恣其無所顧忌之心，而王法將寘之無用之地焉，何其悖也。由前之說則無父，由後之說則無君。

學者日取佛說而信之，告以無父無君，而不之信也。卽取前後身之一說而思之，有父與君焉否也。韓退之，唐之闢佛者也，李翺作其行狀，首卽云，能記佗生之所習，以此邪說而狀退之之所爲，甚矣，其妄也。然李翺欲去佛者也，彼豈謂佛宜去，而前後身之說不可去乎。亦汨沒于所聞見而未之思耳矣。今有不信佛而信前後身者，皆李翺之惑之類也。

又《駁佛言因緣》 自前後身之說興，而因緣之說遂相繼而竝興。因緣者，前後身之用也。前後身者，因緣之體也。一體一用，相爲推禪，而佛之居人心也，遂深固不可搖。吾既以佛之言前後身者爲蔑視君父而痛斥之，而又取因緣之說而議之者。蓋前後身之荒怪，稍涉義理者猶弗道也。

因緣之爲義也，其根柢在乎前後身，而其習而傳之者，衆且久也，遂離乎前後身之言而若有可解者，于是乎明者亦道之，而不知其害人。夫因緣之義，亦似感應也云爾，然而感應實而因緣幻，有感則有應，無感則無應，可知者也。因則無所因而亦因，緣則無所緣而亦緣，不可知者也。不可知而公然成不可破之例，則將不以義合而亦聽之，久之卽并其以義合者亦舉而歸之。在君臣之閒，則爵不足賞，而刑不足懲。在父子之閒，則慈孝不足嘉，而不慈不孝不足罪。在夫婦，則男女之正缺。在朋友，則比匪之徑開。皆因緣而已矣。人心苟一息不死，聞此言而有不發憤太息者哉。

昏昧苟且之夫，樂言因緣，取其無所坿麗于義，而可以適己事焉。明者被服聖人之教矣，乃或謂佛都不足信，而因緣則信而有徵。或守此因緣之名目，而倡言隨緣之法有合于聖人素位之旨。嗚呼，佛專假因緣以致人，今謂佛一無可取，而獨取此，是入佛之彀中也。若援佛以合聖經，又宋以來學者佞佛之長技，而聖教之所以決裂，佛之所以横也。且夫位也者，止諸躬者也。富貴貧賤，有確乎不易之位，則有確乎不易之道，故正己而不求人。緣者，何物乎，則亦空洞杳冥之鄉焉耳。空洞杳冥之鄉，將何以隨之，則亦相隨爲圓熟軟美之行徑，以與物浮沈，取苟容而已矣。

然則隨緣也者，脅肩面柔，避嫌省事之別名也，胡伯始之《中庸》也。是故素位之心直，隨緣之心曲。素位之理一定而無不通，隨緣之術無定而無不滯。在倡之者誠未細思其禍，苟一思夫隨緣之必將失身，而君臣、父子、夫婦、朋友諸大倫，一以因緣概之，卽汎汎焉如滄海之萍，偶然聚散于其閒，而奸臣賊子，淫人燕朋，遂得以奮臂叫呼于世而莫之懼，是尚可倡哉。夫奸臣賊子，淫人燕朋，苟有一焉，卽佛之所以不可去。然使佛自計之，第言前後身而不言因緣，則猶未足爲奸臣賊子、淫人燕朋之淵藪，而藏身不固也。故世皆能信吾言而一埽所謂前後身因緣者，佛不去而已無所容，而特無如世人之惡夫奸臣賊子、淫人燕朋者之不能深且遠也，其奈之何哉，其奈之何哉。

又《與王靜山書》（卷二二） 靜山二兄足下，今歲再東行，獲足下益至厚，每思足下性質朗邁，求之今人，實鮮儷偶，論緝熙愼獨，皆闡前賢所未及。緝熙欲人擴充微明，義無可疑。獨之確詁，僕反覆進敏，足下終不能以一二字櫽括之，乃謂艮其背，不獲其身，行其庭，不見其人卽獨之義已，又以佛語無我相，無人相證之，僕疑究不釋。今思之，殆足下誤也。夫指艮背之學爲獨，理則精矣。然誠至于此，則已得聖學要領，尚何愼之與有，揆諸經文，語未貫洽。若佛之無我相、人相者，脫離萬境，埽而空之，與艮彖教人止所當止大異，以注《易》，亦不相入。《禮》之愼獨四見，尤非此義，灼然明白。足下高蹈逸情，縱觀內典，僕豈敢拾昌黎、程朱唾餘，攘臂攻擊。然足下持以解經，則大不可。且足下信聖經乎，信佛語乎。必不曰篤信佛語，駁異聖經也，必曰信聖經，以佛語輔之。聖經佛語，一貫二貫。

僕生平深不喜二氏說，遂未暇多覽。然如《心經》、《金剛》、《楞嚴》、《華嚴》、《法華》、《圓覺》諸爲佛之精言者，皆頗旁涉。其文辭幽晦複沓，乃六朝初唐才人祖襲莊列，不能整治其氣體者耳，然此末事，不足論。既就其理審之，亦多險譎荒侈，萬萬不可測。又以彼自爲一方教，亦無暇深詰，若必以解經，則僕于經得數說焉。從經必不信佛，從佛必不信經，其不可彊同，塗人知之焉。一曰天地定位，何出世。二曰天敕有典，何出家。三曰乾道變化，各正性命，何輪迴。四曰天有顯道，厥類惟彰，何地獄。五曰其交也以道，其接也以禮，因不失其親，亦可宗也，何因緣。六曰老吾老以及人之老，幼吾幼以及人之幼。以直報怨，以德報德。何平等。七曰天生烝民，有物有則，何眞空。八曰誠者物之終始，不誠無物，何假合。此數說者，聖經佛語，水火冰炭，百世不相能。若以儒釋之言，浩瀚如大海，安知其佗不合。然此實經與佛語至精要者，此尚不合，何問佗端。

嗟乎，以塗人能知之者，而如顏淸臣、白樂天、柳子厚、蘇子瞻、黃魯直、歸熙甫、王元美之流，節概文學，逴躒可稱道，轉有所不知者，未嘗就聖經、佛語對勘之，互勘之。以經而異，則非獨不可以解經，雖取而摧燒之，可也。足下果能融會兩說，確然使爲一，僕雖盡弃舊學，匍匐佛前，亦無不可。否則，願足下之屏絶內典，終身不與目也。僕敬愛足下數十年，惟此事不慊鄙懷，然不以言者，足下未用佛言解經，故及此不言，甚負足下，且負經。蘄憫其區區而加察焉，不宣。

姚瑩《罪言》（**《東溟文集》卷一**） 姚子讀書，至二氏之徒，經律典論逾數千，既覽其大義，詳觀終始，深惡世俗荒謬誣悖之非，更反覆諸儒辯正之說，喟然歎曰，嗟乎，道之不一，有自來矣。天意所在，非可以人力強也。夫豪傑不虛生，矧命世宏智，立言垂教，歷數千百年而不沒者。此甯謂非天意乎哉。昔者三代既衰，去聖久遠，百家雜說，異塗爭鳴，然皆原本於道德，其異同在大小純駁之閒耳。傳之已久，卽莫不各有所失，孔子嘗言之矣。《詩》之失愚，《書》之失誣，《樂》之失奢，《易》之失賊，《禮》之失煩，《春秋》之失亂。學六經猶不能無失也，況其他哉。孔子之修六經也，天人之理明，古今之事備矣。當時小知之徒，析言破道者，不知凡幾，孔子皆有所受之，隨時折中，因材成德，未嘗偏有所廢。故曰，吾道一以貫之。七十子皆豪傑之士也，其閎材絕智，足以各成一家言。孔子既沒，彼此或不相能矣，所聞受異也，然何害於孔氏乎。

老子浮屠之生先後於孔子，亦以其道傳之至今。夫春秋戰國之閒，諸子著書者百數，然自孔子之書行，皆飆逝火滅，獨二氏之書久而愈昌，此殆非盡人之私也。今夫天之數一而成三，而復太極以一函三，故備天地人爲三才。陽極於九，參其三者也，陰極於六，兩其三者也，自是而千變萬化生焉。變化云者，非其故也。老之後，流而爲刑名，服食導引，鑪火符籙。釋之後，流而爲律門宗門，經典懺禮，皆其變而化者也。或得焉，或失焉，猶之乎儒之後，流而爲訓詁考訂辭章小學雜術，亦其變而化者也。亦或得焉，或失焉。立乎其本，以論其失，則同病焉耳。儒者之言，必滅去二氏以爲快，夫惡其失而救之可也，滅而去之，惡有是理哉。水之淵淵也，火之炎炎也，金之利斷而木之曲直也，土之壅淤也，是相害也，造物者揉而用之，使相生而不可斯須去。故大小相維，長短相就，高下相承，前後相繼，白采相受，一足之跂不能行也，一夫之智不能明也。堯舜相讓而石戶逃之，紂武相伐而夷齊恥之，天下以爲高矣。然而舜不爲石戶而去位，武不爲夷齊而反師者，何也。道固有不同而一者也。

天下有無爲而得者矣，未有有爲而無失者也。利之所在，害必歸之。見一夫寒，爲制重裘以禦冬也，六月服之不去身，則病矣，服者之昧也，非制裘過也。古之立教者，皆非無爲而然也，相其時而救之。三皇之世無兵刑，五帝作之，民乃相殺。五帝之世無盟誓，三王作之，民乃相疑。非帝王之德薄不慮其失也，使舜慕三皇而釋四凶之誅，啟慕五帝而罷有扈之誓，則虞夏不治，何也，時不可也。必執其末以咎其本，則黃帝之造兵爲禍始，皋陶之明刑爲酷先矣。於老子浮屠乎何有。《春秋》有孔子集聖之大成也，於伯夷則賢之，於柳下惠則又賢之，二子之道不同也。老子同世，絕聖棄智之說必有聞也，獨無一言非之，何哉。故我喋喋而人益爭，仲尼不辯，化者七十，非聖人之大也，道不相傾也。

二氏之徒，流及後世，怪誕誣妄甚矣，吾以爲其徒之失耳。夫老子者惡夫文爲之敝，詐譌相滋，故反純歸樸，以清靜無爲救之。莊子推而放之，至於一死生，齊萬物，凡欲使民無役此心，喪其天眞而已，非使之長生也。後世服食鑪火之書，變而愈下，何有老氏之豪末哉。釋氏之生，本在荒裔絕域，其俗貪淫殘忍而好鬼神，故爲禍福生死報應之說以化其頑很之性。其教大旨，五戒盡之矣。而爲其徒者，轉益附會，務爲駭異以欺世。至於寫經造寺，窮極奢靡，以奔走愚眾。其文者又張皇幽渺，漫衍支離，糾紛於語言文字之閒，是皆浮屠氏之罪人也。爲吾儒者，不尋考其本末，惟就所惡，以與二氏者辯，是六月服裘而病，不咎服者之昧，而責其始不當爲裘也，此所以辯之愈深而人莫之從也。今夫善醫者因病而藥，則牛溲馬通，枯骨敗草，皆有扁盧之用。故藥之毒烈者，可以起死，庸醫見其殺人也而棄之不畜，必有待是不得而死者矣。世之儒者好爲拘執不通，何以異此。嗟乎，天地之道亦大矣，必生其人以畀之南北異宜，剛柔異用，所以爲人萬殊，則教之之道必不可以一端盡。彼二氏者，其生豈偶然哉。世無孔子，宜乎莫能折其中也。

又《藏經書後》（同上，卷二） 始吾讀釋氏書而疑之，釋迦牟尼文佛出世說法四十九年，說盡苦空無我無量妙義，爲彼教至尊聖人矣。乃以三世考之，名已第八，自釋迦前則已有七佛矣。七佛以前，則又有九百九十七人，其說似乎駴聽，而諸經所著有名諸佛，又動以千數，豈盡無稽歟。及尋其始末，推以吾儒之理，乃悟其容或有之，要不足怪也。夫釋氏之有釋迦，猶吾儒之有孔子也。孔子，聖集大成，生民未有，猶釋迦之超出諸佛，爲世所尊也。孔子生周敬王之世，釋迦生周莊王之世，皆周人也。孔子以前，則有堯、舜、禹、湯以至文、武、周公諸聖人矣。釋迦以前，何必無毘婆尸、尸棄以至拘那含、牟尼、迦葉之諸佛乎。刪《書》斷自唐虞，吾聖人之可考者也。七佛始自毘婆尸，亦其始有可說者耳。夫自堯舜至孔子，蓋二千八百餘歲矣。彼毘婆尸至釋迦，何必不數千年乎。若堯舜以前至三皇之世，則又有包羲、女媧、神農以至黄帝、顓頊、高辛諸聖人矣。三皇以上，至天地開闢，吾不知其幾千萬年也，然最初有盤古氏之名矣，若無懷、葛天諸君，未嘗不尚存於傳記也。彼毗婆尸以前，豈獨無天地世數乎，則何必無華光以下之九百九十八人哉。儒者不談荒遠，故孔子删《書》自堯舜始，非謂堯舜以前無聖人也。若庖犧、神農、黄帝則見於《繫辭》矣。釋氏既不厭爲荒渺之談，其有傳記與否，吾不得而知，固不可以吾儒之不傳謂彼不當傳也。

儒者推世運之數，如《春秋元命苞》言天地開闢至魯哀公獲麟之歲，凡三百二十六萬七千年。《命歷敘》云，二百六十七萬六千年分爲十紀。《易乾鑿度》云，十紀合二百七十六萬年，每紀二十七萬六千年。《列子・楊朱》云，伏羲至今，三十餘萬歲。《帝王世紀》云，自天地開闢，人皇以來，迄魏咸熙二年，凡二百七十二代，積二百七十六萬七百四十五年。所説不同，大約不甚相遠也。世儒以其緯書私記而不信，若漢《律歷志》云，上元至伐桀之歲，十四萬一千四百八十年，則見於正史矣。而邵子《皇極經世》斷以天地之始終，止十二萬八千年，則出於大儒矣。夫吾儒之云世者，卽彼教之所云劫耳。彼所云成住壞空，轆轤增減者，亦何必不猶吾儒之元會運世，章蔀紀元者乎。

吾儒有聖有賢，有大人有君子，有善人信人之稱，各以其德行名之。彼釋氏者，則有佛，有菩薩，有阿羅漢，阿羅含，金剛，比邱之稱，亦各以德行名之。佛不一佛，猶聖不一聖，菩薩不一菩薩，猶賢不一賢也。其人依然有死有生，有少有老。過去者，猶吾之謂既往耳。見在者，猶吾之謂今日耳。未來者，猶吾之謂後世耳。中國有孔子著書講學，服其教者，不知幾千萬億也。彼國有釋迦説法勸世，服其教者，又何必不幾千萬億也。世以爲怪而妄之者，是不辯其理之是非，惟其事之有無也。如實有其事，則將從之乎。吾以爲怪而妄之，不若不怪而聽之也。惟吾不以爲怪，則雖有其事，莫之惑矣。雖然，有説焉。

夫亂臣賊子，奸兇淫惡，暴虐貪殘者，此儒者之所惡也，聖人立法，思以化之而已。釋氏者，亦將以化夫此輩者也。彼夷狄者無《禮》《樂》《詩》《書》之教，道德仁義之意，惟以殺奪爲事，强陵弱，衆暴寡，兇淫殘忍，不可勝言矣。自釋氏之徒出，以其地獄、因果、三生之説教之，勸化癡愚，摧滅魔怪，於是夷狄之人有所悔懼，此其爲功，於彼甚大，與孔子之救中國一也。中國自三代而下，先聖之道，或存或亡，其大經大法，所以維繫乎綱常名教者，徒以使人知善善惡惡，有所勸戒而已。若仁義道德之微，身心性命之奥，非聰明睿知不足以知，不能責諸愚夫婦也。去古逾遠，風俗人心日壞，傲佷頑淫，爭奪鬬殺，中國之去夷狄幾何矣。又濟之以巧詐深文，博學强辯，三綱五常之説，皆習聞而厭聽之。於此有人焉，獨以其地獄、因果之説進，言之鑿鑿，怵目洞心，使兇淫殘佷之人皆回心而聽命，當斯時也，爲吾儒者，方深憂之不暇，乃必以其人非儒，力破其説而爭驅逐之乎。世有好醫者，黄帝岐伯之書，神農本草之經，少而研習，究古方不遺餘力。已而室中人病，投以劑不效，而鬻奇方者過室，人就試之，一服而愈，人皆往慶之，此醫獨大怒，以爲非古方，不自己出也，亦可謂迂矣。世之攻二氏者，何以異此。

然則二氏不可攻乎。曰，曷爲其不可攻也，彼黄冠羽衣、燒鍊鉛汞以求飛昇，金闕瓊樓，妄譔奇異以眩耳目，禹步咒水、造作符籙以爲妖邪者，老氏之罪人也。造塔建寺，刺臂寫經，靡費金帛，妄希福利，口語機鋒，高座説法，誑惑士女，陰爲姦利，遺棄骨肉，附會空虚，不行實事，若此者，亦釋氏之罪人也。

又《説鬼》（《东溟文集》外集卷一） 南人好鬼，有溺人，曰鬼之祟也，爲浮屠鎮之，曰鬼畏，是果少溺。或笑之曰，鬼豈能禍人者，抑豈眞畏浮屠哉，是人偶溺，衆恐之，而見怪異焉，則以爲祟。俗固謂浮屠有神，鬼所畏，藉以鎮之。其始也，心有所怖而氣衰，怪異得以乘之。其既也，心有所賴而氣盛，邪不敵其正，故無所見。非鬼之能祟而浮屠果能神也。姚子曰，鬼亦猶人耳。生畏鬼，謂其能祟，故死即以所畏者祟人。生畏浮屠，謂其有神，故死即以所畏者自畏。而不知鬼與浮屠自若也，人之知不愈於鬼，豈鬼顧知於人耶，則謂鬼畏浮屠也宜，故君子觀人則知其鬼。

又《戒殺文》（同上，卷四） 人雖殘忍，不能生而殺人，其始必有所由，以漸至於日滋月長，而後殘忍之性成。蓋機之萌也蚤矣，殺物者，殺人之機也。苟充無欲殺人之心，則吾有取於釋氏矣，戒殺放生之説是也。世之好辯者，有三難焉。一則曰物無知也，一則曰婦人之仁也，一則曰此浮屠氏法，非先王之敎也。噫，可謂不思其本矣。天下之物，惟死則無知耳，苟蒙血氣而生，未有無知者也。然卽使無知，而我不惟其義，惟其知，是天下之蠢蠢者皆可殺歟。夫知之有無，物非得已也，業不幸而無知，又從而加之以殺，何物之重不幸也。所謂婦人者，謂其知愛而不知勞，能養而不能教耳。或縱惡養姦，噬臍貽患，故謂之婦人之仁，豈必殘忍而後爲丈夫乎。世之殺生者，殺之吾不知其罪，舍之吾不知其害也。至以戒殺爲浮屠氏法，非先王之敎，則尤有不得不辨者。

亦嘗觀天地所以生人物之本乎，原夫乾坤端倪，陰陽兆基，氤氳摩盪，黄白萌芽，天地之亭毒，本無心於人物，猶父母之胎孕，本無意於男女也。及其既生，而脂者、膏者、羸者、羽者、鱗者，類分焉，謂之大獸之屬。外骨内骨，卻行仄行，連行紆行，以脰鳴者，以注鳴者，以旁鳴者，以翼鳴者，以股鳴者，以胷鳴者，類分焉，謂之小蟲之屬。其於天地，皆父母而子育之耳，於是蠢蠢蠕蠕，各求自飽，弱者肉之，強者食之，互相吞噬，血走肉飛。當斯時也，人以虚靈之性，獨含二五之精，固已得氣至清，秉生特厚矣。然倫紀未立，政教未開，則亦混混沌沌，無以大異庶物。故食肉衣皮，木居穴處，爭奪相殺，同類相仇。逮乎後聖有作，立之君臣、父子、兄弟、夫婦、朋友以紀其倫，定之上下、尊卑、貴賤、長幼、親疏以辨其分，城郭宫室以安其居，水火金木以備其用，七禮以制其節，六律以導其和，而特憫其戕生殺物之慘也，故敎之種五穀以爲食，治絲麻以爲衣。政敎既開，民物大定，然後跂行喙息、蠉飛蝡動之倫，各得其所而不相害。

自是，萬物皆賤而人獨貴，天心亦有所歸矣。然彼萬物者，同受天地之氣而生，特以蠢頑不如人道之立，固猶然天之所憫惜而同在字育者，如父母然。有賢子，俾立室家，爲之長帥，其愚不肖者，有益矜之矣，豈得賤惡而殺之哉。《虞書》曰，若予上下草木鳥獸。《商書》曰，鳥獸魚鱉咸若。《詩》曰，王在靈囿，麀鹿攸伏。王在靈沼，於牣魚躍。又曰，敦彼行葦，牛羊勿踐履。自古聖帝明王，皆能體天地生物之心，仁及庶類，萬物各得其所，夫然後天心順而風雨時，地氣暢而蕃育息，人情洽而四國和，萬物得而鳳凰降，麒麟遊，龜龍假，瑞草挺，夫惟好生之德有以洽乎上下幽明之際也。

然則古者祭祀賓客與夫饗飱之饋，先王不免牲殺，何也。曰，此先王之不得已也。蓋血肉之食，可以充養氣體。人非有清心内養者，十日不肉食，則面有槁容。百日不肉食，則體或骫骳。聖人不強人以所難，故爲酌中之制，食有常牲，物有常品，取有常時，製有常法，不求遠物，不珍異味。其於祭祀賓客也，於己之養有所加，以致孝敬也。推聖人之意，豈不以爲有餘憾哉。故《禮》曰，君無故不殺牛，大夫無故不殺羊，士無故不殺犬豕，庶人無故不食珍。其撙節也如此。獺祭魚，然後虞人入澤梁。豺祭獸，然後田獵。鳩化爲鷹，然後設罻羅。草木零落，然後入山林。昆蟲未蟄，不以火田。不麛不卵，不殺胎，不殀夭，不覆巢。其愛養也如此。

且以聖人之功德於民物大矣，其口體之奉，祭饗之儀，所必不能廢者，天地民物亦皆樂有以供之。而聖人猶撙節愛養之如此，故天下咸被其仁而感其誠，但見其生而不見其殺。今無聖人之功德，徒藉口古禮以濟其貪殘，豈仁人之心也哉。甚矣，人之惑也。惟其不惜物命，果於殺戮，日習既久，不覺其慈祥愷惻之意漸以牿亡，而剛強暴戾之心潛以滋長，一旦殺人，不難矣，爲其機之先動故也。嗟乎，禮始諸飲食，古聖皇敎民稼穡，其功最盛於萬世者，非徒穀食之良民以無病也，自農事興，而天下萬世之物命賴以全者鉅矣。儒者誦法先王，不能從其最盛而爲撙節愛養之，斯亦可矣，顧不察天地所以好生之心，而以戒殺爲浮屠氏病，是所謂好辨其名而忘其實者也，亦終於不仁而已矣。

梅曾亮《金山寺藏鼎記》（《柏梘山房文集》卷一一） 吾友葉東卿先生得古鼎於岐山之農，徵文實事，定以爲周宣王時物，其臣遂啓諆伐玁狁，歸賜以酬庸者也。於是詩以張之，寄置於丹徒之金山寺，屬曾亮爲之記。夫萬物所樂者，成也，久也，自聖人不能違之。銘物必祝其壽，子孫永寶用，至莊周、列禦寇之徒一切齊得喪成虧，浮屠氏興，而其說加厲。今以古人欲世守之物，而寄之浮屠氏，豈古人製是器之意哉。曾亮曰，守之善者，蓋莫有善於是也。夫物之易失者，以己獨有之而人不與有之者也。夫獨有是物，而不使人與有之，雖有蓋世之威，不足以持其後，況守是物者之爲吾人也哉。然則孰能守之，曰惟不自有者能守之。今浮屠氏之法，其身之不自有，而何有於居，其居之不自有，而何有於所寄之物。雖其重樓傑觀之地，途之人游焉，莫之禦也。雖其所甚寶貴之物，途之人觀焉，莫之非也。夫然，故天下之忮有是物者，皆釋然曰，彼且不能專之，吾又烏容競之。天下之欲有是物者又釋然曰，吾未嘗不與有之，吾又烏容專之。故曰，守之善者，莫有善於是也。昔東坡以吳道子畫捨僧惟簡，而曰吾自度不能常守是也，故以與子，子將何以守之。此豈眞慮其不能守也哉。使慮之，則亦不捨之矣。且惟簡之能守與否，卽未可知，而東坡以一捨之故，道子畫至今不亡，則雖謂善守是物者莫如東坡，可也。

袁翼《木刻十八羅漢像記》（《邃懷堂文集》卷三）　寶山縣西郭外辰州娘娘廟，不知何神，故老相傳，元朝海運糧艘椓杙廟前，疑水神也。建廟時，有少年病丐攘臂其閒，運磚甓，取鋸斧，若服勤者然，匠人憫之，給以餘食。廟將成，議於殿檐橫檔上刻十八羅漢像，病丐曰，諸君日給餘餐，無以報德，某素習此技，願代雕鏤。衆訶爲妄。明晨，病丐不至，其視檔木上十八羅漢像已成，狀貌奇古，坐立俯仰，瞑目合掌，袒肩跏趺，栩栩欲活。龍虎象犼，袈裟蒲團，貫珠布袋，瓶缽杖笠，精微細密，俱如鬼工。於是遐邇譁傳，焚香頂禮，始知病丐卽羅漢化身。迄今五百餘年，風摧雨浥，日漸陊剝，廟僧用木板冪之，不令人觀，人亦罕有求觀者。

昔貫休善畫羅漢，脫畧庸人骨相，所繪十八尊者。五季喪亂，眞蹟散亡，惟摹本傳於世。凡範金坯土爲應尊像者，皆仿畫本以肖形。《清波雜志》載蘇後湖居廬山下，聞黃山谷先生在廬山，攜家藏羅漢畫像求題法號。時心死禪師住歸宗，迎謂曰，昨夜夢十八僧來掛褡，乃灑掃沐浴拜觀，偕詣山谷請題焉。意蘇氏所藏，實貫休眞蹟歟。夫名畫通神，如僧繇之龍，摩詰之石，皆能飛去。迦葉弟子滅度，忉利不難示夢，以顯其靈異。乃世無金水張元，忽於數尺之木現三十二種幻相，眞所謂佛法不可思議者也。記之以告後人。道光元年五月。

又《重修護生菴碑記》　天下寺觀之興廢，不關乎氣數，而繫乎人心之存亡。惑於福田善果之說而崇奉梵教，此士大夫之儒名而墨行也。其人亡，其心已死，其遺跡存焉者少矣。識滄桑之將變，懼君父之淪胥，棄其妻子，隱於浮屠，此忠臣志士之墨名而儒行也。其人亡，其心不死，其遺跡亡焉者少矣。前人之心之不死，卽後人之心之不死，而於區區數椽之宇何與焉。會昌縣南郭外護生菴，明崇禎戊寅僧蓋元所建，巋然爲一邑巨剎。四圍隙地數十畝，悉栽竹樹。菴門南枕江脣，石磴如梯，下接波面。隔岸翠崖壁立，屹若方屏。湍流帘悍，伏磧橫縱，風晨雨夕，往往舟觸破碎，則被難者得緣磴以上，遷貨菴中，此護生之所由名也。相傳蓋元鳩工創造，白金數千，出諸私橐。康熙初，妻子物色得之，蓋元閉門不納，乃於菴旁買田若干，供其香火，痛哭而去。後稍稍傳聞，第知爲廣州廩膳生，而姓名家世，莫可詳考。是則予所謂其心不死，如輪園蒼雪之徒，墨名而儒行者也。蓋元既化，菴旋圮旋葺。乾隆初，有粵客載木筏數萬夜繫菴前，聞菴中鐘磬嚽唄之聲徹夜不絕。曉入視之，蓬蒿遍地，惟佛像存焉，乃捐綃修廢，奐還舊觀。是則予所謂後人之心之不死，而感召之理莫之致而致焉者也。

父老告予曰，童時記潮寇滋事，贛兵赴筠嶺防堵，二百餘人駐宿此菴。道光戊子後，江水屢漲，牆垣淹塌，寺僧以佃租逋負，捲單他徙，則此菴之廢，不獨蓋元衣缽無傳，而山城斗大，廛市湫隘，萬一潮汀有事，征調往來，有司亦無峙粻之館也，予於是慨然有修治之志。而善士歐陽大仁首捐若干，以爲嚆矢，環境咸願集裘，其布施之數，材木丹雘之值，屬歐陽君筦其事，經理公正，人無閒言。工俶於乙巳三月，告竣於丙午八月，邑人請予爲記。予待罪年餘，撫字催科，兩無成效，惟惓惓於此菴，亦以心之不死而已。古今仁賢仙釋遺跡之在寰閒者，陵谷變遷，烟雲起滅，雖廢，無不旋興，此菴可以例觀焉，則猶望後人之善爲護持也。

又《鶩峯禪師墖銘》（同上，卷四）　師號鶩峯，寶山人，陸氏子。年二十餘，業海舶水手，溺於普陀山側，浮沈迷悶中，有金人以手援之，得附木柹以免。歸家，至藥師殿，見金身觀音像，如前援之者，遂祝髮住持焉。殿在城之東北隅，地偏境寂，無金穀之布施，瓜果之供養，堅忍淸苦，鬻菜自給。既而士夫稍稍知其高行，封香製衲，築花雨山房以居之。師復出其銖積，於殿右築廬五楹，纍石蒔卉，風雅之客，觴詠聯翩，不十餘年閒，荒菴枯剎，幾成勝地。每歲春仲一朝普陀山，歸則冥心趺坐，未嘗如世之緇素設死關，燃指臂，亦未嘗打包行腳，如所謂笠重吳天，缽香楚地者。

予弱冠時，隨先君子相與過從。及訓蒙士於淞口高氏，師亦移錫眞武菴。菴當淞口水陸之衝，鯨氛初熄，戍兵未撤，遐邇來瞻仰者，因宗門之尊宿宏願，力於檀施。於是鎮人高子廉、子琴、劉孟眉、陳訥夫、印古琴等集資鳩工，建關帝殿於其旁，繚以廊榭，圍以崇垣，華嚴境界，彈指改觀。蓋非師之正直感動，蔑由至此矣。予與高、劉五君，當年華壯盛，太平熙洽之日，花晨月夕，命雙僮攜牋穎，挈樽榼，苧衫筍屨，雅集庵中。狂歌酣飲，顛倒淋漓，漏三下，始罷去，一月中率五日爲常。而師知予輩將至也，躬自灑埽，爇香篆，煮佳茗以待，數年無倦容。繼而家弟秋巖孫君鄭香來庵讀書，少年跌宕，過客日多，數君者興益豪邁，分曹鬬韻，積詩成巨軸，嗚呼，可謂盛矣。豈意風流雲散，社中之人，至今日而屈指寥寥哉。

師嘗謂予曰，和尚不識字，不知有南北二宗，清規百丈也。心最難死，惟自視此身已死以死其心而已。予謂此即初祖直指人心之諦，拔釘斬楔，了徹大乘，何處再覓涅槃三昧。言猶在耳，委席以去。而吾邑藥師、眞武二庵，亦無復有辯才福德嗣其衣鉢者矣，能無感慨係之乎。師化於道光某年某月日，僧臘若干歲。其徒不從火浴法，範陶器爲龕，瘞於某原。銘曰。

楞伽密諦，穿根躡窟。千偈瀾翻，不如緘訥。勞辱穢惱，莫破棖楔。臨濟汾陽，自轢枝葉。師墮迷津，佛援以楫。認茲妙相，爰翦其髮。以心叩心，根源直截。龍天寶光，不生不滅。俄歸大寥，遂旋西轍。精藍巋存，鼓魚並撤。昔年斯地，琴樽羅列。吾弟吾友，倡酬更迭。日月幾何，音塵銷歇。青山埋玉，白墖閉骨。渺瞻梓里，川瀠岫屼。頭陀之銘，思舊之碣。

夏炘《朱子出入於老釋者一〇餘年攷》（《述朱質疑》卷一） 朱子幼孤，以遺命稟學於籍溪胡公、屏山、白水兩劉公之門，三先生之學皆不純，而屏山、籍溪爲甚。朱子既與屏山比鄰而居，又事籍溪最久，聰明絕世之資，網羅百家之學，一旦得聞所爲虛靈元妙之說，遂不直入其闉不止。迨銓選得簿以後，始見延平，復年餘而後返。總而計之，蓋十一年矣。朱子《荅江元適》書所謂出入於老釋者十餘年，蓋謂此也。其實此十餘年之中，沈思經訓，潛心理學，未嘗一日不精研吾道。特其齊頭竝進，二氏亦在所不遺耳。茲攷其可見者，著於篇。

輔廣錄，某年十五六時，在病翁所會一僧，屏山晚號病翁。與之語，其僧只相應和了說也，不說是不是，卻與劉說某已理會得箇昭昭靈靈底禪。劉後說與某，某遂疑此僧更有要妙處在，遂去扣問他，見他說得也煞好。及去赴試時，便用他意思去胡說，是時文字不似而今總密，由人粗說，試官爲某說動，遂得擧。時年十九。

包揚錄，某舊時亦要無所不學，禪道、文章、楚詞、詩、兵法，事事要學，出入時無數文字，事事有兩冊。一日，忽思之曰，且慢，我只一箇渾身，如何兼得許多，自此逐時去了。

《荅汪尚書》書云，某於釋氏之說，蓋嘗師其人，尊其道，求之亦切至矣。然未能有得。

《荅許順之》書云，大氐舊來之以佛老之似亂孔孟之眞，故每有過高之。

《荅孫敬甫》書云，少時喜讀禪學文字。

壬申朱子二十三歲《讀道書》詩云，巖居秉貞操，所慕在元虛。清夜眠齋宇，終朝觀道書。忘形氣自沖，性達理不餘。於道雖未庶，已超名迹拘。至樂在襟裏，山川非所娛。寄語狂馳子，營營竟焉如。六首，錄一首。

又《齋居誦經》詩云，端居獨無事，聊披釋氏書。暫釋塵累牽，超然與道俱。門掩竹林幽，禽鳥山雨餘。了此無爲法，身心同晏如。

癸酉二十四歲春，《誦經》詩云，坐厭塵累積，脫躧味幽元。靜披笈中素，流味東華篇。朝昏一俛仰，歲月如犇川。世紛未云遣，伏此息諸緣。

炘按，《讀道書》、《誦經》皆借異學以自遣，亦出入釋老之事，自癸酉春後無是作。

鄭可學錄，初師屏山、籍溪。籍溪學於文定，又好佛老，以文定之學爲論治則可，而道未至，然於佛老亦未有見。屏山少年能爲擧業，官莆田，接墖下一僧，能入定數日，後乃見了。老歸家，讀儒書，以爲與佛合，故作《聖傳論》。其後屏山先亡，籍溪在，某自見於道未有所得，乃見延平。

《年譜》，癸酉夏，始受學於延平李先生之門。

輔廣錄，後赴同安任時，年二十四五矣，始見李先生，與他說，李先生只云不是。

包揚錄，佛學舊嘗參究，後頗疑其不是，及見李先生，聞其言，初亦信未及，亦且背一壁放且理會學問看何如，後年歲間，始覺其非。

《荅江元適》書云，某自幼記問言語，不能及人，以先君子之餘誨，頗知有意於古人爲己之學，而未得其處，蓋出入於釋老者十餘年。

炘按，出入於老釋者十餘年，此朱子《荅江元適》書乃其鐵憑。輔漢卿所錄，十五六歲在病翁所會一僧云云，則出入釋老，自十五歲始矣。二十四歲始見延平，又年歲間始覺其非，則二十四五矣，所謂十餘年者是也。朱子見延平實在二十四歲，而自云二十四五者，非眞記憶之不清也，實以此兩年間乃師弟授受之大淵源，學問轉關之大節目，《年譜》只據二十四計之，故云泛濫於釋老者幾十年。朱子自敘必兼二十四五言之，故云出入於老釋者十餘年也。後人紛紛揣度之議，皆可以置之不論矣。

朱子荅江元適、薛士龍書攷

《荅江元適》書云，某天資魯鈍，自幼記問言語不能及人，以先君子之餘誨，頗知有意於爲己之學，而未得其處，蓋出入於老釋者十餘年。近歲以來，獲親有道，始知所向之大方。竟以才質知識未離乎章句之間，雖時若有會於心，而返而求之，殊未有以自信。

炘按，《大全集》載《荅江元適》書三首，此第一首也。書中云，日者誤蒙收召，造朝之際，輒以所聞於師友者一二陳之。是癸未入對垂拱殿後書也。王白田以爲甲申，非。是年十月十五日，延平先生卒，此書當在其前。朱子自癸卯至壬午，十年之間，四謁延平，故曰，近歲以來，獲親有道也。

又按，朱子早歲留心釋老不過十餘年之久，此書最爲可據。朱子自敘幼學，恆從十三四歲數起，《論語要義序》，某年十三四歲時，受其說於先君。李方子錄，某年十四五歲時，便覺得這物事是好底物事。敘留心釋老，則自十五歲數起，輔廣錄，某年十五六時，亦嘗留心於此。自十五至二十四，始見延平先生，剛足十年。又包揚錄云，佛學亦嘗參究，後頗疑其不是，及見李先生，聞其言，初亦信未及，且理會學問看何如，後年歲間，始覺其非。故朱子見延平，實在二十四歲，而朱子自言赴同安任時，年二十四五矣，始見李先生，必多敘一年者，以明見延平後，又年歲間，始盡覺其非，非朱子自忘其見延平之歲，記憶不清如此也。

又輔廣錄，始見李先生，與他說，先生只說不是。延平之學雖有小偏，然儒釋之辨最明。延平初以書求道於羅仲素，羅示詩五首，第一首云，聖道由來自坦夷，休從佛學惑他歧。死灰槁木渾無用，緣置心官不肯思。其師門傳授之正如此。某初倒疑李先生理會此未得，再三質問，李先生爲人簡重，卻是不甚會說，只教看聖賢言語。某遂將那禪來，權倚閣起，意中道，禪亦自在，且將聖賢書來讀。讀來讀去，一日復一日，覺得聖賢言語漸漸有味，卻回看釋氏之說，漸漸破綻罅漏百出。按此段敘次宛轉，接續分明，云倒疑李先生理會此未得者，疑延平未讀釋氏之書也。云只教看聖賢不語者，不告以釋學，而告以聖經也。云遂將那禪來倚閣起者，當下便受延平之教也。云意中道，禪亦自在，且將聖賢書來讀者，雖猶有禪之見在，且專意於聖賢之書，以奉延平之訓也。云讀來讀去，日復一日，聖賢之書漸覺有味，釋氏之說破綻百出者，爲時未久，年歲間已覺其非也。乃王氏懋竑以倒疑李先生理會此未得爲癸卯初見之事，將禪權倚閣起爲戊寅再見之事，回看釋氏之說漸漸破綻爲庚辰受學之事，一時之言分作八年以當之，果何憑何據乎。

《荅薛士龍》書云，某自少愚鈍，事事不能及人，顧嘗側聞先生君子之餘教，麤知有志於學，而求之不得其術，蓋舍近求遠，處下窺高，馳心空妙之域者二十餘年。比乃困而自悔，始復退而求之於句讀文義之閒，謹之於視聽言動之際，而亦未有聞也。方將與同志一二友朋并心合力，以從事於其間，庶幾銖積絲累，分寸躋攀，以幸其麤知義理之實，不爲小人之歸，而歲月侵尋，齒髮遽如許矣。

炘按，此書陳清瀾列之庚寅，王白田列之壬辰，書中云雖昨來奉親之日急於甘旨之奉，猶不敢自強其所不足，以犯世患，矧今孤露餘生，形神凋敝，誠不敢復爲彯纓結綬之計，以重不孝之辜。是己丑丁母憂以後書也。薛季宣卒於七年辛卯九月戊申，《呂東萊集·薛常州墓銘》可攷，則壬辰不得有書，似通辨庚寅爲有據。然即以爲壬辰之書，自癸卯至壬辰，亦廑二十年，無二十餘年，況白田氏堅執庚辰爲受業之始，又祗十三年乎。言受業則曰庚辰，言受教則曰癸卯，亦進退之失據矣。

又按，此書與《荅江元適》書相表裏，篇中先生君子句，生字係衍文。二十餘年句，二字亦衍文。何以明之，朱子從延平受業，自癸卯至壬午，十年之久，不得謂之餘教。惟十四歲失怙，《論語要義敘》云，十三四歲時受其說於先君子，可以謂之餘教。《荅江元適》書明云，先君子之餘誨，乃其鋏憑。若《荅汪尚書》書則云先生君子之教，荅《龔參政書》亦云側聞先生君子之教，不着餘字矣。觀此一字，則生之爲衍文何疑。朱子自見延平後，教以看聖賢言語，有何空妙，卽涵養體驗，求喜怒哀樂未發之中，不免小有所偏，亦與釋老空妙之域判若天淵。況自癸酉至庚寅，僅十八年，無二十餘年乎。《荅江元適》書明云出入老釋者十餘年，則二字之爲衍文，又何疑。明乎此書之與《荅江》書相表裏，而羣疑盡釋矣。

又按，求之不得其術，卽《荅江》書之未得其處也。比乃困而自悔，卽輔廣錄之自見於道未有所得也，始復退而求之於句讀文義之間，謹之於視聽言動之際，而亦未有聞者。隱括見延平以後言之，卽《荅江》書之知識未離於章句之間，雖時若有會於心，而反而求之，殊未有以自信也。未有得，未自信兩句，皆指未達喜怒哀樂未發之旨言也。方將與同志一二友朋幷心合力以從事於其間，指南軒、東萊、擇之、廣仲諸君言之，正朱子此時相與切磋之交也。

又按，朱子於異學之士，多本身示教，殷殷引誘，不憚爲謙已誨人之語，非獨施之於汪尚書之齒悳俱尊也。江元適，名泳，衢州人，齒亦最尊，朱子書首自稱孤陋晚生，未嘗得親几杖。遺朱子書幷文三編，中有髣髴強名叚狀之語，朱子以爲近乎老莊溟涬鴻濛之說。又有老兮釋兮，付之大鈞範質之初等語，朱子以爲隱奧未喻，則學之不純可見矣。俱見本書。薛士龍，字季宣，永嘉人，年十七卽從袁溉遊，溉受學於蜀釁香薛叜，蹤迹甚祕，溉諱其學，絕不爲人道，獨於士龍傾倒，無所靳。呂東萊《薛常州墓誌銘》言之甚詳，然則朱子之於二公，傾吐平生之學，一無所諱者，用意至爲深遠。亦考古者所當知也。

附考荅許順之程欽國何叔京陳正己書

《荅許順之》書云，所寄諸說，求之皆似太過，若一向如此，恐駸駸然遂失正途，入於異端之說，爲害亦不細。差之豪釐，謬以千里，況此非特豪釐之差乎。當且以程先生、范尹二公之說爲標準，反復翫味，只於平易慤實之處認取至當之理，凡前日所從事一副當高奇新妙之說，竝且倚閣，久之見實理，自然都使不着矣。蓋爲從前相聚時，某亦自有此病，所以相漸染成此習尚，今日乃成相誤，惟以自咎耳。

炘按，書首云，承在縣庠爲諸生講說，甚善甚善，則順之戊寅歸同安以後書也。王白田列之庚寅，可從。

又書云，大氐舊來多以佛老之侶亂孔孟之眞，故每有過高之弊，近年方覺其非，而亦未能盡革，但時有所覺，漸趨平穩耳。順之此病尤深，當痛省察矯揉也。按，此書之年無上下文可攷，大約與前書先後相去不遠耳。

炘按，順之名升，同安人，朱子爲主簿時從遊，溺於釋學，朱子屢致規諫，不從。順之戊子《與祝康國》書猶有謗釋氏之語。不得已，引咎自責，以爲誨導之不善，委婉之詞，嚴於譴責矣。兩書所云前日舊來者，皆指出入十餘年之內，二十四五歲時言之，與《荅江》書亦足相印證。

又按，順之不惟怡悅釋理，而且陷穽佛迹。始不食葷，亦不娶妻，直至乾道八九年間，始食肉有室。俱見《大全集》。其逃釋入儒之功，未必非朱子殷殷引誘之力也。

又荅書云，此間窮陋，夏秋間伯崇來，相聚得數十日，講論稍有所契。幸秋間老人靈健，心閒無事，得一意體驗，比之舊日，稍覺明快，方有下工夫處。日前眞是一盲引衆盲耳，其書在石丈書中，試取觀之。更有一絕云，半畝方塘一鑑開，天光雲影共裴回。問渠那得清如許，爲有原頭活水來。舉以似石丈，何如。

炘按，此書所指，與前二書不同，此書係丙戌，以伯崇過此，及書末湖南一行勸止者多，知之。在未往潭州前，朱子自悟未發已發渾然一致，以爲能得向日西林未契之旨，而范伯崇極口贊歎，以爲抽關啟鍵時也。書中云比之舊日明快，有下工夫處，卽指中和舊說而言。日前一盲引衆盲，卽《荅何叔京》書所謂未及卒業，而山頹梁壞，倀倀然如瞽之無目耳。半畝方塘一鑑開，乃悟中和舊說之詩。下更有一絕云，昨夜江邊春水生，蒙衝巨艦一毛輕。向來枉費推移力，此日中流自在行。丙戌《與張敬夫》書云，從前是做多少安排，沒頓著處，今覺得如水到船浮，解維正舵，而沿洄上下，惟意所適。與第二首意尤吻合。

《荅程欽國》書云，近見延平李先生，始略窺門戶。大槩此事以涵養本原爲先，講論經旨，特以輔此而已。向來泛濫出入，無所適從，名爲學問，而實何有，亦可笑也。

炘按，程欽國卽程允夫洵，朱子之內弟。書首云，某頓首，一別數年，懷想無已。《大全集》無，朱程荅問有。朱子庚午至婺源省墓，與欽國見，至癸酉見延平，凡四年，則此書必在癸酉以後也。王白田以爲在庚辰後，不知何證。若庚辰則別十二年矣，不得云數年。向來泛濫出入，指二十四五歲前言之，與江書亦足相印證。

《荅何叔京》書云，某少而魯鈍，百事不及人，獨幸稍知有意於古人爲己之學，而求之不得其術。晚親有道，粗得其緒餘之一二，方幸有所向而爲之焉，則又未及卒業，而遽有山穨梁壞之歎，倀倀然如瞽之無目，擿埴索塗，終日而莫知所適也。

炘按，此書王白田列之甲申，細核之，乃丙戌五月十八日也。五月十八日見書首，末云許秋涼見過，何幸如之。下又一書云，昨承不鄙，惠然枉顧。則本年之事。中間有天性人心，未發已發，渾然一致，更無別物之語，與丙戌《荅張敬夫書》同。又書末云，近成都寄得橫渠書數種來，成都，謂汪尚書也。《續集·荅羅參議》書，汪丈寄橫渠三書來。甲申汪尚書尚在閩，至丙戌始帥蜀，則爲丙戌無疑。

又按，此書與荅江、薛書語句多同，而恉趣大異。江、薛皆溺異學，朱子欲救其失，先以身曾經歷爲引導。叔京名鎬，邵武人，父名兌，與韋齋爲同年進士，受《中庸》程氏之說於馬公伸。叔京世其學，淵源甚正，不染異學，故朱子自敘，但云不得其術而已。晚親有道以下，言雖受學延平，而中和之旨仍未達也，此朱子初次與叔京通書，至下書則敘及中和舊說，蓋交至是漸深矣。

《荅陳正己》書云，某自年十四五時，卽嘗有志於此，中間非不用力，而所見終未端的，其言雖或誤中，要是想像臆度，所幸內無虛寂之誘，外無功利之貪，全此純愚，以至今日，反覆舊聞而有得焉。乃知明道先生所謂天理二字，卻是自家體貼出來者，眞不妄也。按書末云，近來浙中議論蠭起，不知伯恭若不死，見此以爲何如，則王白田以此書在甲辰以後，可從。

炘按，朱子之學大定於己丑之春，此書在甲辰以後，去《荅江元適》書二十餘年，《薛士龍》書十五六年矣，中間非不用力，而所見終未端的，其言雖或誤中，要是想像臆度，自甲子至戊子二十五年包括在內，反覆舊聞而有得，專指己丑之春言之。末以明道之言作收者，見己之學雖出於延平，而延平言敬字不分明，終是自己體貼而得之，非延平所能盡也。內無虛寂之誘，外無功利之貪，專爲正己言之，正己始學於陸子靜，頗雜禪宗。後遊呂東萊之門，慕用才術，見陸子靜《與陳止齋》書。馱道德而喜功名，見朱子荅書。故朱子以是規之。

讀朱子《荅汪尚書》第二書

某於釋氏之書，蓋嘗師其人，尊其道，求之亦切至矣，然未能有得。其後以先生君子之教，校夫先後緩急之敘，於是暫置其說，而從事於吾學，其始蓋未嘗一日不往來於心也，以爲俟卒究吾說而後求之，未爲甚晚耳，非敢遽絀絶之也。而一二年來，心獨有所自安，雖未能即有諸己，然欲復求之外學以遂其初心，不可得矣。又曰，某於釋學雖所未安，然未嘗敢公言詆之，特以講學所由，有在於是耳。

炘按，《文集》載《荅汪尚書》書十一首，此雖第二首，實第一首之別紙也。前書專論經史諸子，此專論釋氏，故開首卽云別紙示及釋氏之說也。旁注云，癸未六月九日，則朱子未入對之先，自崇安寄至京師者也。書中語特謙抑，疑過其實。攷朱子幼年之學，求之最切至者，無如《學》、《庸》、《語》、《孟》、程、蔡諸書，見錢木之、郭友仁諸錄。至於禪道二氏，不過與文章、楚詞、詩、兵法同在無所不好之中，見楊方錄。究不如理學諸書之篤。在劉病翁所見一僧，與之語，卽用其言以得舉，此偶爾之事，朱子原不諱。然觀輔漢卿所錄，語氣抑揚，一則曰只相應和說了，也不說是不是，再則曰，見他說得也煞好，便用他意思去胡說。豈師人尊道之謂乎。至於篇中所云不敢公言詆之，王白田遂有詞未甚決，與壬辰癸巳見道益親，其詞益厲不同之疑，不知汪尚書聖錫與呂居仁、張子韶皆從僧宗杲遊，又勸焦援登徑山見宗杲，其於釋氏之學，眞所謂師其人，尊其道也。聖錫長朱子十二歲，不惟締交延平，聖錫請延平至閩帥治講學，遂卒於閩。兼與韋齋爲友，朱子祭胡籍溪、汪尚書文皆稱先友，又自稱曰表姪。十八歲以進士第一人及第，朱子時甫六歲。歷官中外，已數十年，氣節文章爲一時之望，朱子以後生晚學與之辨論，勢不能不委婉曲折，以寓納約自牖之意。必欲據迹以求之，是刻舟而求劍也。嗚呼，朱子初識金谿之時，尚欲集短取長，多方接引，而況齒德爵位俱尊之汪尚書哉。

讀《荅汪尚書》第三書

大氏近世言道學者，失於太高，讀書講義，率常以徑易超絕、不歷階梯爲快，而於其間曲折精微、正好玩索處，例皆忽略猒棄，以爲卑近瑣屑，不足留情。以故雖或多聞博識之士，其於天下之義理，亦不能無所未盡，理既未盡，而胸中不能無疑，乃不復返求諸近。顧惑於異端之說，益推而置諸冥漠不可測知之域，兀然終日，味無義之說，以俟其廓然而一悟。殊不知物必格而後明，倫必察而後盡，彼既自謂廓然而一悟者，其於此猶懵懵也，曷若致吾一宗，循下學上達之序，口講心思，躬行力究，毋猒煩而略，毋猒下而高，毋猒淺而深，毋猒拙而巧。從容潛翫，存久漸明，衆理洞然，次第無隱。然後知夫大中至正之極，天理人事之全，無不在是，初無迥然超絕不可及者。而幾微之間，豪釐畢察。疇酢之際，體用渾然。雖或使之任至重，而處所難亦沛然行其所無事而已矣。

炘按，此書旁注云，甲申十月二十二日。篇首云，某茲者累日侍行，得以親炙。或九月朱子送張魏公匱至豐城，汪尚書亦自福州送魏公匱，途中相值同行也。前書因聖錫以齒德兼尊之大老迷於釋學，猝然荅書，不便徑直規諫，故貶抑謙沖，語多從容而不迫。此書又因聖錫謙虛好問，容受盡言，見書首數行。故抉摘近世儒者所以入釋之由，癥痞瘕結，無所不露，所謂不直則道不見也。然後知前書之詞未甚決者，非所見未親之故明矣。篇首又云，不勝拳拳，每以儒釋邪正之辨爲說，王白田反謂其不言釋氏，何哉。自曷若致吾一宗以下，言入道階梯，明豁詳細，慤實精微，豈馳心空妙所見未親者之所能道其隻字。學者參互攷之，可無惑於諸儒之論矣。

讀《荅汪尚書》第七書

竊觀來意，似以爲先有見處，乃能造夫平易，則又似禪家之說，某不能無疑也。聖門之教，下學上達，自平易處講究討論，久而漸有得焉，則日見其高深遠大而不可窮矣。顧乃先自禁切，不學不思，以坐待其無故忽然而有見，無乃溺心於無用之地，翫歲愒日，而卒不見其成功乎。就使僥倖於恍惚之間，亦與天理人心敘秩命討之實了無交涉，其所自謂有得者，適足爲自私自利之資而已。此則釋氏之說，橫流稽天而不可遏者，有志之士，所宜隱憂浩歎，而欲火其書也。

炘按，此書不知何時所荅，篇首云，足見閒居味道，所造日深，則庚寅以後書也。《續通鑑綱目》，乾道六年，罷吏部尚書汪應辰。書中又云，《太極圖》、《西銘》，近因朋友商確，嘗竊私記其說，現此鈔錄未畢云云。據《年譜》，乾道八年，《西銘解義》成，九年，《太極圖說》、《通書解》成，則必在壬辰癸巳間無疑。聖錫交朱子以後十餘年來，反覆辨究，漸明儒釋之分，已逃釋而入於儒矣。其先有見處，乃造平易之論，仍未脫釋氏窠臼，故朱子箴之曰，則又似禪家之說，某不能無疑也。下極言釋氏之禍，比於橫流稽天者，乃爲汪氏盡抉藩籬，徹其邕蔽，故不嫌言之嚴厲如此。若謂朱子之見道至是而益眞，豈第三書之所言，猶有未眞之見乎。

劉白水勉之論

朱子十四歲而孤，以韋齋遺命，稟學於籍溪胡公，屏山、白水兩劉公之門，三君子雖皆傳河南之學，然史稱屏山少喜佛氏說，歸而讀儒書，卽渙然有得。《墓表》載，屏山官莆田時，以疾病始接佛老之徒，聞其所謂清淨寂滅者而心悅之。比歸，讀儒書而有契焉。籍溪爲文定公從父兄之子，少從文定學，又好佛老，以文定之學爲論治則可，而道未至。見鄭可學錄。是兩公之學皆雜於二氏明矣。

白水之學無可攷，惟《墓表》有二條，其一云，聞涪陵譙天授嘗從程夫子遊，兼邃《易》學，適以事至京師，卽往叩焉，盡得其學之本末。又云，歸道南都，見劉忠定公，留語數十日，告以平生行己立朝大節以至方外之學，他人所不及聞者，無不傾盡。先生拜受其言，精思力行，朝夕不怠，久而若有得焉。按，《宋史·譙定傳》，定少喜學佛，析其理歸於儒，後不知所終。樵夫牧僮，往往見之，世傳以爲仙。始學《易》於郭曩氏，從見乃謂之象一語悟入。後見程子於洛，盡棄其學而學焉。朱子《與汪尚書》書云，胡、劉二丈說親見譙公自言，識伊川於涪陵，約以同居洛中，及至洛，則伊川下世矣。問以伊川《易》學，意似不以爲然。至考其他言行，又頗雜於佛老子之說。譙公學之不純如此，不識白水之盡得其學之本末者，果得其不純中之純者乎，抑并其不純者而盡得之乎。元城劉忠定公學於司馬溫公，力行一誠字，自不妄語始，不可謂非聖賢之學矣。然馬永卿所輯《元城語錄》，頗雜禪理，與蘇子瞻之學相出入。白水留語數十日之久，幷方外之學人所不及聞者而亦聞之，久而若有得焉者，果僅得温公之所謂誠乎，抑幷其所談禪理而兼得之乎。總之，三先生之學皆不能裨益朱子，而朱子少年之出入二氏，實自三先生之門始。後自知於道未有所得，乃見延平。然則未見延平以前，早自覺其非矣，豈既見延平以後，而猶有所陷溺哉。

朱子出入二氏論上

朱子窮理之學，實得之於性生，其喜讀禪學文字，凡出入二氏十餘年，與讀聖賢書齊頭並進者，雖不免爲高明之累，然亦即朱子格物致知之功也。格致之學，自身心性命以至天地之高深，鬼神之幽隱，一草一木之瑣細，皆所當格，而况釋老之學，溺之者以爲空靈元眇，迥出吾儒之上，闢之者以爲虚無寂滅，大異吾儒之教，苟不讀其書，不究其説，則所謂空靈元眇與夫虚無寂滅者，又烏足以知之。朱子嘗説，程子書無所不讀，觀其平日辨異端、闢邪説如此之詳，是豈不讀其書而以耳剽決之耶。又曰，金谿之學，眞正是禪，欽夫、伯恭緣不曾看佛書，所以看他不破，只某便識得他。試將《楞嚴》、《圓覺》之類一觀，亦可粗見大意。是朱子所以能辨釋老之學，正以其曾讀釋老之書故也。使不讀其書，而徒深斥其學，近於道聽塗説，不惟無以服釋老之心，即返之吾心，亦有大不安者。故曰，此即朱子格致之功也。後世因此遂謂朱子早年出入禪學，與金谿未會而同，豈所以論朱子哉。

朱子出入二氏論下

或者曰，朱子格致之功不遺二氏之學，既得聞其説矣，前此者亦有徵乎。荅之曰，子不讀伊川先生之譔《明道行狀》乎。先生自十五六歲時，聞汝南周茂叔論道，遂厭科舉之學，慨然有求道之志，未知其要，泛濫於諸家，出入於老釋者，幾十年，返求諸六經而後得之。夫未知其要者，非不得其門也，謂斯道之要奥未能知至至之也。泛濫出入乃格致之功，求其心之所安耳。其見濂溪以後，與見延平以後亦大約相同。然則朱子之自謂後年歲間，漸覺其非者，豈得謂之晚乎。且亦不獨程子爲然也。呂與叔譔《張横渠行狀》云，年十八，范文正公勸讀《中庸》，先生讀其書，雖愛之，猶以爲未足。於是又訪諸釋老之書累年，盡究其説。是横渠窮理之學亦不遺釋老之説如此，彼程張者，又何嘗有所陷溺哉。且又不獨程張爲然也，孔子不嘗云，吾嘗終日不食，終夜不寢，以思乎。夫日夜廢寢食以思，眞不免馳心於空眇之域矣，聖人於異端之學，必身親其地，足履其庭，實知其無益之弊，以求其心之所安，其用意之微密，豈末學所能測。倘移陳氏陷溺高明之説以疑聖人，其可乎，其不可乎。朱子《困學》詩云，舊喜安心苦覓心，捐書絶學費追尋。困横此日安無地，始覺從前枉寸陰。亦與孔子終日不食，終夜不寢以思，無益，不如學也同意。蓋朱子曾有一日二日之間捐書絶學，講求安心覓心之法，後因困横而知其枉寸陰也，《通辨》遂謂禪學近似亂眞，能陷溺高明，朱子初稍捐書絶學，馳心二十餘年，不亦誣乎。

彭蘊章《佛法論一》（《歸樸龕叢稿》卷三） 聖人之教，譬如以五穀養人，其味淡然，而不可一日廢。有饕者焉，厭其淡而廢之，酣酒嗜肉，得臟疾將死，聖人之五穀不能救也。佛以大黄芒硝藥之，起將死之疾，而五穀得復進。夫大黄芒硝，食五穀之人不可食也，而酣酒嗜肉者宜之。然則佛法之來中國，不在三代，而在漢晉，豈非天哉。三代而上，庠序修明，微言未絶，聖人之五穀可得而食也。秦人驅民於酒肉，而秦卒以臟亡。漢代崇儒，聿尊聖教，於時有伏勝、董仲舒、公孫宏、轅固諸人，掇拾三代遺秉滯穗，而稍稍播種之，然未能復三代之風。魏晉以來，天下洶洶，載胥及溺，干戈交於中原，禮樂委於草莽，雖使聖人復起，修先王之學校，明孔氏之《詩》《書》，非畢世百年，不能更化。一旦聞西方之教，使人瞿然如夢之覺，貪易而廉，暴易而仁，詐易而忠，逆易而順，生於其心，不假督責，因而保其天良，全其令名者不少也，非所謂神道設教者乎。夫神道設教，所以濟教之窮，原非教之常法。酣酒嗜肉之人絶迹於天下，則大黄芒硝，安能與五穀爭功至此哉。今自宋以來，大儒蔚起，正學昌明。惟秬惟秠，惟穈惟芑，誕降嘉種，耋然在目。厭棄弗食，窮極水陸，或臟毒已深，而惡投藥石，痼疾於是乎成。或服藥病瘳，而弗進五穀，元氣於是乎傷。是兩失之矣。

又《佛法論二》 或聞而難曰，使天下之人皆禁嫁娶、斷肉食如今之所謂僧者，不及百年，生民之類已絶，禽獸塞乎兩間，吾不知其可也。聖人之教，可胥天下而共由，佛之教，能胥天下而共由乎。應之曰，佛教之在西域，自周已有之，至今二千餘年。西域之人類未嘗絶，禽獸未嘗充塞也。故知禁嫁娶，斷肉食，佛之行則然，本未嘗執西域之人而共由也。夫潔身之行，未可與世共由者，不必西域之教也。當佛法未入中國時，豈無巢父、許由、伯夷、叔齊之徒，蟬蛻富貴之中，鴻舉塵埃之外，彼豈學佛而然，夫亦各行其志而已。今使胥天下而皆爲巢許，則唐虞早已無君。胥天下而皆爲夷齊，則武周亦已無民。其不可胥天下而共由也，審矣。然而如夷齊者，孔子稱爲仁，孟子稱爲聖，未聞因其道之不可共由而少之也。吾謂佛之超然絶俗，亦如中國之有巢許夷齊，特不若堯舜周孔中庸之聖，故其道不可推之一世。其在西域已然，正不必在中國也。

又《佛法論三》 或又曰，今之僧尼繁衍天下，不士不農，不商不工，安其居，美其食，潔其服，是非民之游惰與。人其人，火其書，廬其居，昌黎之言，不亦快與。應之曰，僧尼之患，孰如盜賊、餓莩乎。彼皆非嗜佛者也，飢寒迫其身，而假是爲淵藪焉。非是，則強者爲盜賊，弱者爲餓莩矣。與其使天下多一盜賊，多一餓莩，孰若使天下多一僧尼之爲愈乎。故火其書不難也，必欲人其人，廬其居，則必鰥寡孤獨廢疾者有養而後可，此亦昌黎之言也。夫父母莫不愛其子，苟力能俯畜，誰肯捨其子爲僧者。人亦莫不自愛其身，苟力能自贍，誰肯捨其身爲僧者。以余所見，或有所憤激而捨身，不因乏食者，不過千百人之一二耳。使天下之人皆足自贍其身，則僧尼必處日少之勢，不待禁而自絶，此非聖人先富後教之意與。若因其游惰而嫉之，則夫服儒服，冠儒冠，受高爵厚祿而無補於世者，其爲游惰，庸愈於彼乎。故《論語》曰，見不賢而內自省也。

又《佛法論四》 或曰，子之論佛，皆其淺者也。今之釋典，足以亂吾心性之學，凡在儒門，不當深惡而痛闢之哉。應之曰，佛法之傳於世，所共見共聞者，惟禁嫁娶，斷肉食，修慈悲之行，怖輪迴之説，如是而已。若心性之學足以亂吾儒之教者，愚未之聞焉。先儒言，釋典皆惠遠、僧肇之流，竊莊列之言而爲之，非眞從西域來。蓋西域與中華文字不同，釋典皆出重譯，但堪得其大畧，何能析及精微。唐時《金剛經》初入中國，房融在廣州，患其文俚，改而進之。其他幽渺之論，惝怳之説，皆六朝及唐學佛者之所作也。至所謂禪者，乃晉人清談之餘緒，原本莊老，而託於佛氏，故其言與儒理相似。吾未入其中，何知而辨之哉。今欲從心性立辨，是與後之造釋典者爭是非，不切於佛。夫佛法之來中國，吾自求之而自信之，又慮其言之不工，而更造之，佛未嘗欲以其教亂吾儒之教也。而百家異説之亂吾儒者，日出不窮，而人弗察也。

又《遊西山記》（同上，卷五） 道光癸未三月既望，余應禮部試畢，權石景山同知徐君鉎邀往遊西山，與其叔燮堂偕。先至盧溝橋，宿於官廨，次日遊焉。行十餘里，漸覺山徑逼仄，車輪顛簸於犖確中。陟一山，見廢寺，相傳爲康熙時尼庵，尼有穢行，提督某公帥兵燬之者也。循庵之右得一徑，盤紆上不數里，爲潭柘寺，山木蒼秀，有似杭之天竺，爲北地所罕見，故都人士稱爲勝區。山多泉，連筒引注，亦與杭同。寺中簷下皆以甎石爲溝形，引水下巖，蓋跬步皆泉也。有堂高曠，堂後曰流杯亭，鑿甎深廣各數寸，回旋於盈丈之地，窟亭西牆，引泉入，浮數杯於中，觀其盤旋往來，至東牆窟處，泉出而杯皆止焉。旁有方池，池上鑿石爲龍頭形，使泉從口出，歕薄不息。下有游魚，時聞潑剌聲。佛殿之前有屋如塔，戶凡八面，初入，環之見佛像八，比進一層亦然，如是者三。其壁皆嵌以琉璃，故雖至深處，仍光明如故。又一殿庭中銀杏一株，蔭可五畝，虬蛇蜿蜒乎其上，夏日不可憩也。山去市遠，僧所供饌無適口，惟水清冽，飲茶爲宜。日未晡卽迴車，已而夕陽在山，見一野獸大如驢，屹立數步外，眈眈視行人，僕夫驚加鞭叱，馭至數里外，始少息。比至盧溝，則已戴星矣。

丁晏《僧慧朗傳》（《頤志齋文鈔》） 嘉慶丙子，山陽民人裴廣妻周氏以節旌表建坊。初，廣爲縣役，宿於外，妻周氏不得於姑，有所逼迫，不從，遂以烈殉。事白，聞於朝，奉旨旌門，其姑繼歿，廣不知所終，或云薙髮爲僧，莫能詳也。道光庚子初夏，余往東鄉車鎮，憩草菴，有戒行僧，芒鞋布褐，見客至，徑至爨下然草瀹湯，煮柳芽爲茗，將以飲余。余時渴甚，坐佛殿旁待飲，問其徒曰，汝師何許人。其徒曰，吾師卽裴廣是也。又搖手，戒勿言。村中問吾師俗氏者，皆不答，或謬以他姓名對。昨有素識者自城中來，忽驚視曰，裴某在此耶。吾師淚下如雨，然終不答言，其人亦不敢固問也。余聞而嘆曰，廣其合於義乎。周之姑，廣之母也。欲明其婦之賢，則無以掩其母之惡，是以涕泣而不忍言。婦無二志而殉節，廣不再娶而逃禪，廣之所爲，情至而義盡矣。道光癸卯，余於城南準提菴再見廣，廣見余卽避去。次日訪之，已擔簦入寶華山矣。廣爲僧名慧朗，尋卒。

論曰，周氏以彤管淑姿而配白衣小吏，宜若非類，以至溘亡。及觀廣之所爲，節婦義夫，合之兩美，天道無私，洵爲嘉耦。余性不喜浮屠氏，每見俗僧，輒爲作惡，獨於廣肅然起敬。自世敎淩夷而夫婦之道苦，厚風俗而篤人倫，釋子有至性焉。嗚呼，微矣。

吳敏樹《荷塘寺僧譜》序（《柈湖文集》卷四）　余家洞庭東岸，其南有枝湖二道，水漲時，湖之入山閒漫村落而爲浸者，各十餘里，名曰上下荷塘湖，而荷塘寺居下湖之北，在余家南僅五里許。嘉慶乙亥，余方十一歲，隨先兄石林先生讀書寺中。寺有僧數十人，分爲八九家，余時雖幼，見僧中每自言房分親疏近遠者，怪問之，僧曰，往時吾寺僧非若今止一徒相傳接也，常有一師而兩徒者，故有房分，而亦自有衰旺續絕，與凡人家不異。因爲余道其世次所以然者。而僧徒有常修者，本余族人，幼養於寺，時亦童子，年與余相若，余尤親而識之。又僧於人家延請齋誦事例有分主，謂之施主，而余族爲常修家所主，故余長大後，雖不常至寺中，而數數見常修，如族中人也。常修之徒曰果明，敏慧過於其師，余又喜之。今年咸豐辛酉，果明乃疏其寺僧之世爲譜，而請序於余。於是去余之讀書寺中之時，四十七年矣，往時之僧數十人者，大都化去，其幼者至今僅存，如常修者，蓋少矣。余不能以無感也。

夫人家之爲譜，所以不忘其先祖而親近其宗族。若佛之敎，則舍棄其家，而以其法相授者爲宗派。乃今之僧徒，又皆自幼乞養，如人子孫，無問其法與否也。果明之譜，其猶親親之意與。余嘗喜遊僧寺，往往遇古刹而詢其所起，則其僧茫然失傳。岳州城南有塔矗然湖上之雲中者，唐時慈氏寺塔也，累甎實土爲之，至今完固不壞，爲郡城之傑觀。而荷塘開山，乃在唐高祖之年，自慈氏而分。果明之譜云然，然則其爲譜也固遠，而此寺更歷廢興凡幾矣。余之所慨於身世閒四五十年者，直不足道也。

又《募建君山北渚亭湘靈廟引》　余居君山聽濤閣下，一日，僧前請曰，此故崇勝寺佛閣基也，咸豐初，寺燬於兵夷，爲瓦礫場，會退菴居士建設敦善堂船局，改爲洞庭龍君廟於此，吾衲徒幸得取資焉。雖然，衲也而無奉佛之宮，奚以名。且此有大鐘及巨鐵水器數事，宋時物也。寺若不復，客之游而訪古者，皆將以爲僧尤，其謂之何。先生幸在此，儻爲具一募疏，以謀復舊寺於此旁閒地，可乎。余曰，子知佛之所以爲佛乎。佛者神而善救人，故人爭事之。今以此江湖之大，有神者司其水土，而爲敦善救生之事者，嚴像而祈焉，茲其爲佛也多矣，奚必如來、迦葉之有定名乎哉。且此山唐世道者居之，見於唐人之詩，僧寺之興蓋後，而今僧徒食於他廟，亦隨世轉移耳已。雖然，吾猶有意焉。

君山者，古稱湘君帝子之居是也，雖神靈本原，非人所究知，而著在《山經》爲最古。其秩於明祀，發揮詠歌於學士之文章尤多。蓋自洞庭神祀興，而行舟利涉之禱移，今山之東盡處亦有湘廟，而久廢未復，而此閣中題奉君山之神，尚未足以稱明靈也。此左旁有阜，稍狹而長，草樹翳之，常披徑登望其上，則後之諸峯屏倚其前者，翼張而合其口，殆山水之聚耶。蓋《楚辭》云帝子降兮北渚，渚者，水中可居，君山其北渚矣。而《山經》言帝女之出入必以飄風暴雨，飄風暴雨，非神爲之，而神以之出入。祀之不修，宜有懼焉。若亭於此阜之前標以北渚之名，而中阜爲廟以祀湘君湘夫人，於以發山水之勝勢，明古神之食於茲者，客之來此，恭者盡其瞻，而雅者得其意，豈不備與，而奚以舊寺爲。且此山茶名天下，歲修茶貢，僧實承事，而官使人監之，亦宜有精潔焙治之所，又可附而爲也。僧聞余言，善之，遂欲以請於官，而募諸善士，因爲之引。

又《定香室記》（同上，卷一一）　湘中山故多產蘭，山中人以其常有也，不能奇重之。余來淨居假一室，灑埽頗潔，而惜其無花以娛。主僧告曰，山有蘭。余喜，與僧偕覓之不得，有老僧知其處，而往得之，且盈十本，乃皆以瓦盆蓺之，供室中皆滿，而名其室曰定香之室。余嘗聞佛之爲說，有所謂定者，余未能通曉其旨。顧以爲蘭之爲香與諸草木異者，其香幽以遠，微而不可執，恆使靜者聞之，穆然有神明之意也，豈非以其定耶。香，浮氣也，雖有浮而若無動者，其本固不同也。余以是識之。儻可謂佛者機耶，今之室，固佛者之室也。而余老，且讀書於此，猶欲斂閟其氣，時有發聞，如與靜者，期之如蘭也者，而豈果佛之說哉。蓋辨物名者曰蘭有山澤草木之不同，今非古所謂蘭者，而今之云蘭，又有一花數花之異，乃其形類而香同者，皆蘭之屬也，可無辨。僧又曰，此蘭中有四時花者，葉尤狹而長者是其種。余又異之。淨居北去余家百里，其山以寺名，曰寺洞，平江之西境，余以兵警常避家洞中，江氏因來此寺云。咸豐六年三月既望。

鄭珍《甘秩齋《黜邪集序》》（《巢經巢文集》卷四） 唐宋來闢佛者二，傳韓諸子，闢其行者也，程朱諸子，闢其言者也。佛之行，背倫棄常，廣張罪福，以資誘脅，禍僅足以亂天下。至其言，彌近理，彌大亂理，力足使命世賢豪甘心納身爲夷狄，而猶揚揚曰大儒，而終身不知，則禍且亂學術矣。學術正，天下亂，猶得持正者以治之。至學術亦亂，而治具且失矣。程朱諸子之言佛也，抉摘隱微，剖析近似，使不得絲毫與吾道亂，厥功鉅哉。顧世之信佛者，十而九皆浹肌淪髓於口耳之佛，徒爲禍福死生所震嚇耳，究於彼氏之粗淺未聞也，又烏識其與吾道判幾希者乎。是故傳韓諸子闢佛之文，能使讐佛者志益堅，氣益壯，信佛者口雖強，而其色必赧赧然。蓋止就其亂天下之易知者闢之，故無論智愚，皆足以醒天良，生感悟，功又詎出程朱下哉。然而爲程朱更難矣。唐之時，儒自儒，佛自佛，僅闢其行，卽足壯斯人之尊聽，不俟究其言也。至宋以後，佛假儒爲佛，儒亡儒以培佛，程朱更暇論其行哉，亦各因時致力也。噫，夷言夷行之日增狡譎，顧卒不能肆其毒以易中國君父之教，而彼氏反就衰者，非唐宋諸儒之力歟，謂空言果無補歟。

鄰水甘公家斌，性剛介絕俗，嘉慶初，由詞館歷大理寺卿，老歸教於鄉，自集平生涉佛文字，名曰黜邪，余獲其稾讀之，或莊論，或詰辯，或喜笑怒罵，隨筆暢書，件足懲惑。歎其有傳韓程朱之遺也，因刊翦複緟，次爲一卷，付其族子岱雲大令鋟以傳之。嗟夫，佛教於今衰極矣，然終不能芟絕之者，欲人其人，廬其居，其人其居先無所歸，而人之居之者，又不能甘也。欲火其書，而學士大夫又先不能舍也，將焉得而芟絕之。能使其行不亂周孔之行，其言不亂周孔之言，斯已善耳。余於斯集，尤願爲口強色赧者詔也，故書於其端。

又《書韓集與大顛三書後》（同上，卷六） 韓文公元和十四年潮州謝表云，以正月十四日授潮州刺史，卽日上道，以今月二十五日到州。今月無實證，洪興祖治韓集或本鱷魚文維年月日作維元和四年四月二十四日之誤，定爲三月，方崧卿辯其決非三月，朱子深然之，而又云與大顛第一書，石本云四月七日，似實爲三月二十五日到郡，復以洪氏爲是。是洪氏者，必欲以此三書爲眞韓氏作也，必欲實韓子之崇信佛教也。得此書以實韓子爲崇信佛教，而韓子之人品學問，乃始大裂，此朱子之心也。噫，朱子之心亦私而隘哉。蘇文忠公謂此書凡鄙，雖退之家奴僕亦不作。朱子亦誠見其凡鄙，謂有不成文理處矣，乃以舊本亡逸，僧徒所記不眞，致有脫誤當之。

韓子由刑部侍郎貶潮，三書石刻後俱銜吏部侍郎潮州刺史上顛師，歐陽文忠意此官稱之謬，當因流俗，但知爲韓吏部重刻者，遂以己見臆改。朱子則謂時既謫刺，亦未必更帶侍郎舊官。推朱子之意，蓋止云妄改刑部爲吏部，猶與人以疑閒，不若直以吏部侍郎四字爲後人妄增，使之僞迹盡滅，然後得人人信爲韓作耳。余謂此書之僞，但觀其詞鄙銜謬，已可斷爲庸妄人所假託，朱子雖堅與彌縫，而第一書之四月七日，萬萬不能彌縫也。

考公《瀧吏》詩云，南行逾六旬，始下昌樂瀧。瀧在韶州樂昌縣，公以正月十四日啟行，行逾六旬始下此瀧，則公之過樂昌，已是三月望後，去月之二十五，計多不過七八日，由此而韶而廣，而始至潮，《瀧吏》詩云，下此三千里，有州始名潮。三千里豈七八日可到。謝表云，臣所領州，去廣州雖云才二千里，然來往動皆經月。此公初到郡，據所新歷以上告天子者，程期明白可據，由廣至潮，已須經月方到，韶之距廣又一千里，其至亦必經旬日，公之到潮，爲四月二十五日，確無可疑。四月七日何由書召大顛也。方氏正洪譜三月到潮之非，亦據韶以後道里計，惜道之不詳，使朱子得依違洪譜以全此書之僞，然方氏卽道之詳，朱子亦將不信，蓋其心甯以此書之僞證日程之眞，斷不使以日程之眞正此書之僞也。夫朱子豈不知此書出僞撰者哉。

又《僧尼哀》（《巢經巢詩後集》，卷四） 僧尼皇皇不得休，暮叩團總朝團頭。借問爾曹何爲者，荅言昨日新令下。詔書令核常住田，一僧三斛養一年。餘穀盡輸作官用，官爲護法調其閒。但過十石十抽五，常平縣倉待填補。令條誰抗況僧徒，格外寬仁倚田主。不求報，冊中產，未及十石但求畧減半，賕謝非所惜。噫吁嚱，朝廷未聞有此旨，縱有亦行樂安里。爾曹平時飽欲死，固應香飯供國侍。但惜官之所獲能幾何，貓翻甑盎狗飫多。

陳澧《說佛》（《東塾集》卷一）　余讀《南齊書》顧歡《夷夏論》曰，佛是破惡之方，破惡則勇猛爲貴。吾於是知佛之說焉。蓋佛者，勇猛之至也。吾聖賢之書曰無故不殺，此飲食之道也。佛慮人之不能然也，於是不肉食焉，人學之而不能至，則雖肉食而不敢濫殺，然而合於飲食之道矣。吾聖賢之書曰樂而不淫，此男女之道也。佛慮人之不能然也，於是不婚配焉，人學之而不能至，則雖婚配而不敢縱慾，然而合於男女之道矣。吾聖賢之書曰殺身成仁，舍生取義，此死生之道也。佛慮人之不能然也，於是無故而捐其首，割其肉焉，人學之而不能至，則於其當死，而不敢愛死，然而合於死生之道矣。夫人之情，甘食悅色，愛生惡死，佛亦豈有異焉，而獨矯其情，爲人所不能爲，絕人所不能絕，故曰猛也。且佛非不知人之不能學也，亦未嘗必欲人之學之也，使人人學之，則人類死絕，佛顧物之生，必不願人之死絕，明矣。以爲使人與物各安其生，則我自甘於死絕焉耳，故曰猛也。是故聖賢所以爲聖賢，以其能爲人人所可學也。佛所以爲佛，以其能爲人人所不可學也。故聖人之道曰中庸，佛之道曰勇猛。《二程遺書》入關語錄有云，釋氏自己不爲君臣、父子、夫婦之道，而謂他人不能如是，容人爲之而已不爲，別做一等人。若以此率人，是絕類也。竊歎先賢先得我心矣。自記。

又《書僞韓文公與大顛書後》（同上，卷二）　韓文公以諫迎佛骨貶潮州，而與僧大顛來往，此實公之過也。宋人遂僞作公與大顛三書，刻於石。歐陽永叔《集古錄》云，其以《繫辭》爲大傳，謂著山林與著城郭無異等語，宜爲退之之言。其後書吏部侍郎、潮州刺史，則非也。退之自刑部侍郎貶潮州，流俗但知爲韓吏部，謬爲附益爾。歐公既知其官銜之謬，而不知其書之僞，殊不可解。豈有以眞跡刻石，而附益其官銜四字者乎。朱子《韓文考異》云，當時既謫刺遠州，未必更帶侍郎舊官，亦以其官銜爲附益也。大傳二字及山林城郭之語，豈必韓公乃能言之耶。《考異》又云，最後一書實有不成文理處，或是舊本亡逸，僧徒所記不眞，致有脫誤。又云，決爲韓公之文，非他人所能作。朱子之說，尤不可解也。舊本既亡逸，但以後人所記不眞者刻之，猶可決爲韓公之文、非他人所作乎。朱子又引洪氏辨證云，吳源明曰，徐君平見介甫不喜退之，故作此文。方氏又云，周端禮曰，徐安國自言年二十三四時戲爲此。但君平字安道，而方云安國，未知便是君平否耳。此朱子引吳周二說，既有作僞者姓名，惟安道、安國兩字不同，則猶爲疑詞，其意仍謂非他人所作耳。然人有兩字者甚多，朱子字元晦，亦字仲晦，何疑之有。韓公與孟簡書，述與大顛來往事云，與之語，雖不盡解，要自胸中無滯礙，以爲難得。所謂與之語雖不盡解者，韓公與大顛語，大顛不盡解也。胸中無滯礙者，大顛無滯礙也。此文義甚明，朱子則以爲，大顛之語，韓公雖不盡解，亦豈不足暫空其滯礙之懷，此尤於文義不合矣。總之，責韓公不當與大顛來往則可，必欲以僞爲眞，則雖歐公、朱子，不能掩後人眼目也。

又《觀佛書偶記》　中國語順外國語倒，佛氏書《金剛般若波羅蜜》篇首云，如是我聞，猶言我聞如是也，將記所聞而先云如是，其如是二字，即指下文所記之事也。其弟子問佛曰，云何應住，此亦倒語，當云應云何住。云何降伏其心。佛言，汝當諦聽，當爲汝說，應如是住，如是降伏其心。此將說住與降伏，而先云如是，其如是二字，即指下文所說之語也。中國文義，如是二字必指上文，佛書則倒指下文，此類甚多。俗僧不識文義，遂謂如是二字爲妙諦，殊可笑也。

魏源《淨土四經》總敘（《魏源集》，中華書局）　世宗憲皇帝御選語錄，輯蓮池大師淨土諸語御製序文，闡揚宗淨合一之旨。高宗純皇帝南巡，親詣雲棲，拈香禮佛，御製詩有由來六字括三乘之句。大矣哉，西方聖人之教，得東方聖人而表章乎。夫王道經世，佛道出世，滯迹者見爲異，圓機者見爲同。而出世之道，又有宗、教、律、淨之異。其內重己靈，專修圓頓者，宗教也。有外慕諸聖，以心力感佛力者，淨土也。又有外慕諸聖，內重己靈者，此則宗淨合脩，進道尤速。至律則宗、教、淨之基址，而非其究竟焉。然宗、教、律皆發心童眞出家，動經久劫，由初地至十地，方稱等妙覺。即不蒙佛記，亦自成佛，此是何等根器，但從無一生了辦之法。此我佛無量壽世尊，淨土往生之教，橫出三界，較豎出三界者，其難易遠近，有霄壤之分。此永明壽禪師所謂，有禪無淨土，十人九錯路。無禪有淨土，萬修萬人去。有禪有淨土，猶如戴角虎也。

雲棲師中興淨土，乃專宏小本《彌陀》，而于大本《無量壽經》，及十六《觀經》、《普賢行願品》，皆不及焉。夫不讀《無量壽》，何以知法藏因地願海之宏深，與果地之圓滿。不次以十六《觀經》，何以知極樂世界之莊嚴，與九品往生之品級。大心既發，觀境親歷，然後要歸于持名，非可以持名而廢發願觀想也。持名至一心不亂，決定往生，而後歸宿于《普賢行願品》。以十大願王，括《無量壽》之二十四願。以每願末，念念相續，無有間斷。身語意業，無有疲厭，括《彌陀經》之一心不亂。故現宰官長者居士身者，持誦是四經。熟讀成誦之後，依解起行，須先發無上菩提之心。大之則無邊煩惱誓願斷，無盡眾生誓願度，無量法門誓願學，無上佛道誓願成。邇之則廣行布施，供養三寶，多刊大乘經典，及淨土諸經論。使叢林皆于禪堂外，別開念佛堂，使出家者皆往生西方，固極順之勢。即在家白衣，未悉朝聞夕死之義，驟覩四經，未必聽受。然疑佛謗佛，皆種信根。況蠢動含靈，固皆具佛性乎。夫勸化一人成佛，功德無量。況勸化數十百僧，輾轉至千百萬，皆往生西方成佛，功德可思議乎。古德有言，己先自度，而後度人者，如來應世。未能自度，先願度人者，菩薩發心。然後閉七日念佛之關，以求一心不亂。再閉七日觀佛之關，以求親見西方極樂依正。蓋入門必次第修而後圓修，圓莫圓於《普賢行願品》。故爲《華嚴》之歸宿矣。此天然之次第，修持之定軌。故合刊四經，以廣流通，普與含靈，同躋正覺。

咸豐四年菩薩戒弟子魏承貫謹敘。

又《〈無量壽經〉會譯敘》　蓮池大師舍大本《彌陀》及《觀經》，而專宗小本《彌陀》，固已偏而不全矣。及雲棲法彙刊大本《彌陀經》，又專用魏譯。且謂四十八願，古今流通。夫天親菩薩《無量壽偈》，已言誓二十四章，是西域古本如是。故漢吳二譯宗之，爲二十四願。自魏譯敷衍加倍，重複沓冗，前後雷同，是以唐譯省之，爲四十六願。宋譯省之，爲三十六願。是古不流通，今亦不流通也。加之五痛五燒，冗複相等，惟《寶積經》唐譯無之。故《無量壽經》，至今叢林不列于日課。使我佛世尊，因該果海，果徹因源之大願，不章于世，豈非淨土經教之大憾哉。謹會數譯，以成是經，無一字不有來歷，庶幾補雲棲之缺憾，爲法門之善本矣。

或謂據子別本經注，仿雲棲《彌陀疏》，一一銷歸自性。且愛不盡，不出娑婆。彼玻璨硨磲，珊瑚瑪瑙，黃金白銀，眞珠寶樹，瓔珞天樂，何預性分中事。而經言極樂世界，津津道之者何。曰，此法身報化之自然也。娑婆世界，本華藏世界第十三重，眾生視爲坑坎土石者。世尊以神足躡之，立地皆爲琉璃寶地。及攝神足，還復如故，此生佛因果之異感也。眾生無不有六根，有六根即有六塵六入。是以目欲極天下之色，耳欲極天下之音，舌欲極天下之味，鼻欲極天下之香，身欲極天下細滑之觸，心欲極天下快意之法。其求而得之者，爲諸天福報，不知天福享盡之易墮也。其次爲人道。人道終身爲形骸妻子所役，苦樂相半。且富貴溺人，易入三途也。在家之難如此。即出家之僧，宗教二門，自智者永明宗淨合修而外，餘皆大乘自命。欲由初地以登十地，動經長劫。且菩薩有隔陰之迷，雲門青草堂，五祖戒其前車之鑒，此豎出三界之所以難也。是以大聖覺王憫之，故于豎出三界之外，創橫出三界之法。即妄全眞，會權歸實。攬大海水爲醍醐，變大地爲黃金。一聲喚醒萬德洪名，人人心中有無量壽佛，放光動地。剖塵出卷，自衣獲珠。乃知欲爲苦本，欲爲道本。欣不極則厭不至，厭不極則三界不得出。如是嚮往，如是取舍，如是出離，而後一禮拜，一觀想，一持名，念念仰彌陀如慈父，如疾苦之呼天，如逃牢獄而趨寶所，雖欲心之不專，不可得矣。不然者，口持洪名，心懸世樂，欲其竟出三界也，不亦難哉。

菩薩戒弟子魏承貫謹敘。

又《〈觀無量壽佛經〉敘》　蓮池大師之不疏十六《觀經》，以有智者之疏，四明尊者之鈔也。天台以三觀三諦釋一切經，而於是經尤切。一心三觀者爲能觀，一境三諦者爲所觀。然即佛即心，即心即境，則所即是能，能即是所，初無彼此之別。台宗一色一香，無非中道，所謂即妄全眞。況我佛依正，無上勝境乎。但在行人根器不同，修持有序，則有次第三觀，一心三觀之別。次第三觀者，從空入假，從假入空，從空入中。此經先觀依正，日水冰地，寶樹樓臺，以漸及觀金容，因以漸契心源也。一心三觀者，即假即空即中。諸佛正徧知海，從心想生，故行者觀佛時，此心即是三十二相，八十相好，則無次第之可言矣。《徹悟禪師語錄》曰，《觀經》是心作佛，是心即佛。此言較之宗門見性成佛，尤爲直捷。何者。以成佛難而作佛易也，見佛時即成佛時，知此則以彌陀之自性，念自性之彌陀，以淨土之惟心，念惟心之淨土，而淨業純是第一義諦矣。古德曰，諸佛心內眾生，塵塵極樂。眾生心內諸佛，念念證眞。自非用志不分，絕利一源者，豈易語此哉。但需依經次第，諦審觀境，如對目前。自然定中夢中，默爲感應。心境圓融，入不思議。略述指歸，以告持誦是經者。

菩薩戒弟子魏承貫謹敘。

又《〈阿彌陀經〉敘》 《彌陀》一經，得雲棲大師《疏鈔》，可謂大涵細入，盡美盡善矣。大師以乘願再來之人，爲淨業中興教主，後學仰鑽不暇，何敢置議。惟科判太多，初心難入，故爲《疏鈔節要》，刪繁就簡，于大師之精華，實一字不遺焉。夫念佛之聲，或默持，或金剛持，或經行閉關時持，其聲至近也。去阿彌陀佛極樂世界十萬億剎外，豈能得聞。乃念者往生，不念者不得往生，豈非無邊剎海，自他不隔于毫端乎。又念佛之念，惟自知之，何故一心不亂者往生，散心不一者不得往生。豈非十世古今，始終不離于當念乎。蕅益大師《彌陀要解》，自十方佛贊以後，即判爲流通。良爲直捷，可以並行。惟其弟子成時作《淨土十要序》，專主持名，而斥觀想參究之非。其言譬如魘人，不可照以燈燭，照則失心。止宜喚其本名，自然醒寤。夫魘人待他人喚醒，與醒人之觀佛依正，即心即佛者，何可同年而語。又斥參究之人曰，纖兒得此活計，急須吐棄無餘。此謂參念佛是誰話頭，難起疑情，故有是詞。若其他話頭公案，多可逆流而入，直徹眞源者。上品上生，即契無生法忍。上品中生，亦必契第一義諦。雲棲師禪關策進，以制心一處，無事不辦，爲參究之要。其《疏鈔》中言言歸性，昔有人問雲棲師者曰，參禪與念佛二事，還可通融否。師應聲曰，若言是兩事，用得通融著。請舉之以告持誦是經者。

菩薩戒弟子魏承貫謹敘。

阮葵生《蘇軾不溺於佛》（**《茶餘客話》卷一四**） 唐以前文章之本儒學者推退之，宋以後文章之通釋典者推蘇長公。王阮亭詩云，慶曆文章宰相才，晚爲孟博亦堪哀。淋灕大筆千秋在，字字華嚴法界來。予謂長公不過藉爲文境波瀾耳，非溺於彼教者。今人讀《子由行狀》，遂以公爲禪學之宗。按，公議學校貢舉書，極斥士大夫主佛老之非。又策云，天子有七廟，今人餔佛老宮而爲之祠，固已過矣。又使大臣兼官領之，歲費鉅萬，此何爲者。其言與《佛骨表》何異。又作《勝相院記》，謂沿其學者，大抵設械以應敵，匿形以逃敗。窘則推墮滉漾中，不可捕捉。此數句說盡禪學自欺欺人之弊。公於釋理至熟，而其言如此。蓋公與世不合，姑以消其不平，聊資以爲文。莊子云，因之以曼衍，所以窮年也。殆坡公之謂乎。又《賀坤成節表》云，放億萬之羽毛，未若消兵以全赤子。飯無數之緇褐，不如散廩以活飢民。觀此乃知放生戒殺，不過節口腹之欲，以安素位之常。非有惑於彼教之言，偶有引據，皆藉彼言以證吾說。世人讀忠孝節義之大文，而不信古人之爲聖賢，讀悅恍譎衍之贍語，輒斥君子之爲異端，此學者所當戒也。長公作《司馬溫公行狀》、《富鄭公神道碑》，如萬斛水銀，隨地湧出，蒙叟謂有得於《華嚴經》，稱性而談，無所不有，無所不盡，法界事理，開遮湧現。無門庭，無牆壁，無差擇，無擬議，世諦文字，固已蕩無纖塵。何自而窺其淺深，議其工拙乎。蓋公之學深斥釋教之非，而公之文又深得《華嚴》之妙也。

李元度《輪迴》（**《天岳山館文鈔》卷三八**） 輪迴之說，儒者所不言，然理實不可易。天地萬物皆在輪迴中，何獨疑於人哉。今夫日，生於東，沒於西，且復從東出，此日之輪迴也。今夫月，繇朔望而弦而晦，而復生魄生明，此月之輪迴也。今夫雨下爲水，雲上於天復爲雨，龍汲水亦爲雨，此雨之輪迴也。繇是推之，自春夏而秋冬，冬復爲春，爲天時之輪迴。自元亨而利貞，貞下復起元，爲天命之輪迴。繇暑而寒而大寒，寒復爲暑，爲氣候之輪迴。繇治而亂而大亂，亂復反爲治，爲世運之輪迴。他若薪盡火傳，薪有窮時，火傳無盡，是火之輪迴也。水發於西而注於東，入海以後，仍復西還。蓋諸水泉脈，皆與海通，故海受衆流，終古不溢，非果有尾閭沃焦之洩，是水之輪迴也。春生夏長，秋萎冬枯，及春而復生，是草木之輪迴也。春耕夏耘，秋收冬藏，即春夏復耕且耘，是百穀之輪迴也。人周身營衛，自踵至頂，復自頂至踵，日行三百六十度，是血氣之輪迴也。田鼠化鴽，雀化蛤，雉化蜃，鳩化爲鷹，鷹復化爲鳩，是物類之輪迴也。高岸爲谷，深谷爲陵，滄海變桑田，桑田復變滄海，以元會運世之說推之，是天地之輪迴也。人生天地間，萬物之一耳，然則繇生而長而壯而老而死，死而又生，固其常也，何足訝哉。

且夫言輪迴，不自二氏始也。《易》象陰陽九六，老變爲少，正輪迴之實。禹曰生寄也，死歸也，歸必有其所，則寄必有自來矣。《詩》曰，惟嶽降神，生甫及申。明言神降而爲人也。推之蕭何應昴宿，傅說爲列星，來去益彰矣。蘇子曰，其生也有自來，其逝也有所□，幽則爲鬼神，而明則復爲人，此理之常，無是怪者。烏虖，此皆儒者之言也。世之陋儒，自附闢佛老，必從而非之。信斯言也，則人死必泯然無知，且泹然同盡而後可。古聖人曷爲有廟饗之禮乎。若謂不泯滅，亦不輪迴，則自開闢以來，死者不止恆河沙數，將何地以容之。

昔者孔子之繫《易》也，曰仰以觀於天文，俯以察於地理，是故知幽明之故。然則觀日月雨水及滄桑陵谷之有輪迴，而幽明之故可知也。曰原始反終，故知死生之說。夫終而曰反，則死必有所歸。始而曰原，則生必有所自，可知也。曰精氣爲物，游魂爲變，是故知鬼神之情狀。夫既能爲物變，則出入往來，自不出陰陽之外。既有情狀，則非一死即澌滅以盡，可知也。然則人之死爲鬼，鬼之生復爲人，正猶寒暑晝夜之遞嬗於前，無二理也。人蓋日在輪迴中而不悟耳。且聖人何以不言。曰，觀《繫辭》，則聖人未嘗不言也，人自不察耳。且聖人重人事，但使人各盡其道於五倫五事中，固不必索諸生前生後也。蓋知死即在知生中，事鬼神即在事人中。民可使由之，不可使知之也。不寧惟是，即造物者亦但使人各盡所當爲而已，曷嘗使之悉悟所從來哉。然其理固塙不可易也。

又《因果》 因果之說，本於聖經賢傳，不自道釋始也。《易》言餘慶餘殃。《書》言思吉逆凶，惟影響。又言作善降百祥，不善降百殃。又言皇天無親，惟德是輔。《詩》言永言配命，自求多福。左氏言禍福無門，惟人自召。《論語》言羿奡不得其死，禹稷有天下。《孟子》言仁則榮，不仁則辱。禍福無不自己求之，凡此皆因果之炳著者也。人生一飲一啄，莫非前定，所謂果也，命之不易者也。而其所以致此，則因也，命之所從來也。聖賢言義理，鬼神言吉凶。然言義理而吉凶在其中矣，言吉凶而因果在其中矣，言吉凶之因果，而義理在其中矣。聖人知善者必吉，惡者必凶，猶夏之必暑，冬之必寒，而世人不知也。於是諄諄然教以爲善去惡，教以趨吉避凶，所以救其焚而拯其溺。故曰，吾凶與民同患，而世人不信也。則且以神道設教，而因果之說著焉。

若夫道家以清淨無爲爲宗，釋家以了生死爲宗。彼方遺棄一切，若吉凶禍福殃祥，何足關其慮哉。故因果實儒家之言，釋氏至末流始暢因果。然其說晚出，後六經且二千年。不察其緐來，猥以因果爲二氏之言而擯之，可乎。且夫天之愛人甚矣，人之求富貴壽考安樂者，情也。均是人也，何以此富而彼貧，此貴而彼賤，此壽而彼夭，此安樂而彼困苦。然且富貴壽考安樂者少，貧賤夭折困苦者多，造物之不公不平甚矣。不公不平，是不仁也。且以天之權力，何難生善人而不生惡人，爲治世而不爲亂世，而卒也善惡並生，治亂相倚，豈天心果不仁哉。彼各有所以致此之故，造物無如因果何也。孟子曰，莫之爲而爲者，天也。莫之致而至者，命也。言天命似不言因果矣，然莫之爲而固已爲之，莫之致而固已至之，豈漫然哉。爲之至之者，果也。所以爲所以致者，因也。因果正天與命之所以然也。

人惟不明因果之理，於是怨天之說起。《詩》曰，何辜于天，視天夢夢。又曰，昊天不平，昊天不惠。而屈原至作《天問》以抒其怨懟。莊周曰，人之小人，天之君子。又曰，竊鈎者誅，竊國者侯。司馬遷曰，儻所謂天道，是邪非邪。柳宗元曰，天道有功禍而無賞罰。是皆以天爲不仁而無知也。天之有禍福，猶國家之有賞罰。賞罰無定準，則不能爲國。曾是臨下有赫之天，獨漫無綱維主宰，悉聽人之自爲而自致邪。世之號稱儒者，明知其理不可違，其事亦衆著不可掩，但以其言近二氏而擯之，抑思語神怪之失，視怨天之失，果孰輕而孰重邪。況因果之說，悉本聖賢之義理，并不自二氏始邪。雖然，因果有定而無定者也。今日之果本乎前日之因，有定者也，自天爲之也。今日之因又爲後日之果，無定者也，自我爲之也。人定可以勝天，聖賢所以有立命之學，有造命之權，然則學者正宜盡人事以合天命。是故知因果而後可以知天，知天而後能畏天事天奉天，而不敢有一念之怨天。

陳壽祺《七塔攷》（《左海文集》卷三） 七塔者，閩都之雄勝也。淨光塔，唐貞元十五年觀察使柳冕建，庾承宣撰碑銘，尚存僧寮。晉天福六年閩王延羲重建石塔十級，曰崇妙保聖堅牢塔，今之石塔是也。神光塔故在報恩院南澗寺南，大中十一年觀察使楊發命僧鑒空造，咸通九年勅號者也。定光多寶塔在萬歲寺，天祐元年閩忠懿王建，明年始賜名也。定慧塔故在大中寺，梁開平四年閩王建，宋天聖中復造者也。崇慶塔故在安福院，梁乾化二年忠懿王建，今塔崎是也。育王塔故在文興里北，《三山志》云，閩王時有之，佛殿題瑯琊安遠使募緣蓋造，宋康定二年重建者也。開元塔故在太平寺後，唐同光元年建，後併入開元寺，宋天禧元豐重建者也。《三山志》云，閩之浮圖，始於蕭梁，高者三百尺，有倍之者。乾符五年，巢寇焚殄無遺，忠懿王復其二，定慧、神光是也。然定光、崇慶、開元，亦王所造。定慧，梁志又以爲延羲建，延羲自立在晉天福六年，而是塔建於梁開平，則梁志誤也。志引謝郎中泌詩，城裹三山千簇寺，夜閒七塔萬枝燈。七塔之名見於此，閩書引是詩爲宋末安撫徐經孫，恐何書亦誤也。然安福院之崇慶塔，元豐後，寺災遂廢，非謝詩所指。宋熙寧閒，建普光塔於甘棠坊五級，明洪武閒，增爲七級。甘棠坊，今入滿洲駐防地，謝詩蓋謂此也。今城中獨淨光、定光二塔巋然存，餘並毀也。

唐季閩中佛寺甚繁，王氏復增二百有奇，窮極土木，國隨以亡。況浮圖雄麗，若鬼神爲之，存之誠不如其毀之之爲愈也。然而詞人墨客，流連風景，猶不能不以之俯仰慨懷，古今一致，其意趣殆出乎埃𡎺之表者也。道光九年冬十月，何生廣華昆季搜訪金石，得古殘甎於東南城堞，有眞書陽文三，曰九仙塔，字大徑寸，類晉甎字也。甎長八寸二分有半，厚一寸八分，博僅五寸五分，蓋方形而缺其半也。九仙塔於傳記無徵，或曰，今塔崎巷外有街通焉，俗呼仙塔街，疑九仙塔即安福院之崇慶塔也。《三山志》云，安福院塔號新塔。《閩都記》云，俗呼新塔，疑土音新、仙相近，故譌仙爲新。而志從之，不知仙塔之名，乃沿於古也。塔崎屬丁戊山，丁戊山者，九仙之支，則是塔之以九仙名可也。或曰，即定光塔也，定光與九仙尤密邇，自山上望之，若尋仞間，且于山東有九仙觀，通津門外有九仙坊，寧越門外有九仙橋，皆以相隣襲其號，九仙塔猶是也。初造塔時，未有定名，旅人笵甓，即以九仙字之，此其遺也。之二說者，咸若可取，姑識之以俟博古者之辨之也。

又《唐天祐四年琅邪王師子銅鑪銘釋文》　鑪以漢建初慮虒尺校之，高三寸七分，内深如之，口徑八寸九分，圍二尺九寸七分，脣如葵葉，徑一尺二寸四分，圍三尺九寸，厚二分，底廣八寸七分弱。蓋高四寸六分，廣九十四分。紐爲蹲師，帶環於頸，綴以小鈴，豎前足，詘後足，尾覆於背，自耳至足，高四寸九分，廣二寸九分，哆其口以吐煙。下有五足，足高七寸四分，各爲師首而曲其足。師首之裹有距以嵌其脇，有欂以固其穿。大凡銅重十六觔一兩十一銖，其一足缺，今所補鑄也。繞脣銘曰，弟子鹽鐵出使巡官、主福建院事、檢校尚書、禮部郎中、賜紫金魚袋王延翰奉爲大王及國夫人大王、國夫人上並空一字。鑄造師子香爐壹口，捨入保福院，永充供養。天祐四年九月四日題。

案《唐書・食貨志》，貞元初，德宗以崔造爲相，奏廢諸道水陸轉運使，及度支巡院，既而詔諸道有鹽鐵處，復置巡院。乾元元年，鹽鐵鑄錢使第五琦初變鹽法，就山海井竈近利之地置監院鹽鐵使，劉晏以出鹽鄉，因舊監置吏亭戶，有嘉興海陵鹽城新亭，臨平蘭亭，永嘉大昌侯官富都十監，自淮北置巡院十三。宣宗即位，戶部侍郎判度支盧宏正遣巡院官，司空興更立新法。然則諸道有鹽鐵巡院官，福州侯官有鹽監，唐末未改。銘所謂鹽鐵出使巡官者，即鹽鐵巡院官也。主福建院事者，即侯官之監院也。唐制，大小官多加檢校兼銜，如《百官志》稱長孫無忌檢校中書令，張行成檢校刑部尚書，張敦禮檢校太子詹事，許圉師兼檢校左庶子，檢校尚書兼檢校納言，李道廣平章事兼檢校洛州長史，婁師德爲隴右諸軍大使，兼檢校河西營田事是也。尚書、禮部郎中，秩從五品上也。賜紫金魚袋者，《唐書・車服志》云，隨身魚符者，以明貴賤，應召命，左二右一，左者進内，右者隨身。庶官以銅，皆題其位、姓名，皆盛以魚袋，三品以上飾以金，五品以上飾以銀。景龍中，令特進佩魚散官，佩魚自此始也。然員外、試檢校官猶不佩魚。景雲中，詔衣紫者魚袋以金飾之，衣緋者以銀飾之。開元初，駙馬都尉從五品者，假紫金魚袋，都督、刺史品卑者，假緋魚袋，五品以上檢校試判官，皆佩魚。中書令張嘉貞奏，致仕者佩魚終身。自是，百官賞緋紫必兼魚袋，謂之章服，當時服朱紫佩魚者衆矣。太宗時，命以紫爲三品之服，緋爲四品之服，淺緋爲五品之服，綠爲六品之服，淺綠爲七品之服，深青爲八品之服，淺青爲九品之服，黃爲流外官及庶人之服。延翰郎中，秩從五品，宜服緋。五品以上檢校宜佩魚，而賜紫金魚袋，則假三品之服也。大王，謂父瑯琊王，國夫人，謂母樂安任氏，魏國夫人也，見張文寶《閩王墓志》。昭宗天復四年四月始改，天祐元年八月哀帝立，在位四年，仍稱天祐。其年四月甲子，哀帝避位，徙於曹州，號濟陰王。此銘云，天祐四年九月，是時唐已亡矣，蓋琅琊及延翰後，自王皆猶稟唐正朔也。

保福院，在仙游北門外，《十國春秋》，僧從展，福州人，游吳楚閒，復歸雪峯。貞明四年，漳州刺史王某創保福院迎居之，此又一保福院也。久圯。紹興十一年，知縣陳致一爲御史王回建祠於保福院西。嘉定間，知縣樊泰之重葺。仙游舊志載泰之記與陳讜跋可證，是南宋時，是院猶存也，不知燬於何年矣。道光戊子，其鄉圬者數人掘地得鑪，瓜分之。王生懷佩聞以告余，余屬亟訪之半載，展轉購得，而缺其一紐一足。余甥林詠荃主其邑書院敎事，亦遣人求之，又踰月，得紐，而一足卒不可得，因命工如式鑄補，乃成完物。惜古綠半遭磨刮，漬之水，沙泥既脫，金碧班爛，可寶耳。

王氏世重佛法，天祐元年，琅邪建報恩、定光多寶塔於福州，薦考司空妣秦國太夫人、伯兄司空。二年夏四月，藏佛經於壽山，凡五百四十一函。三年秋七月，鑄金銅佛像一，高丈有六尺，菩薩像二，高丈有三尺。冬十二月，迎像于開元寺壽山塔院，黄滔所爲撰《丈六金身碑》也。四年春正月，設二十萬人齋於開元寺殿後。唐同光元年，鑄釋迦、彌勒諸像，唐賜額曰金身報恩之寺，又作金銀字四，藏經各五千四十八卷。于兢《德政碑》所謂奉大雄之教，崇上善之因，象法重興，道師如一，頑豔迴向，遠邇歸依。則以是爲美談也。終王之世，增佛寺凡二百六十七，其後子孫奢靡，益溺於梵教，不可紀極。保福院之鑄鑪供養，亦猶琅邪之于定光多寶塔薦司空秦國，延羲之于崇妙保聖堅牢塔祝自身家室男女眷屬，乞保平安之意也。然延翰繼體主器，弗克儉約仁明，紹先志以勤於政事，而建國稱王，驕淫敗禮，爲閨壼所制，卒自取禍，區區一鑪，徒媚佛以求福，焉足爲孝。雖然，當時琅邪尚在，延翰之惡未肆，則所以事其親者，固無惡於志也。且閩越吉金，渺不可覯，況唐器乎。今都會方開局重纂志乘，玆鑪應期而出，安可不首登歐趙之錄。余以爲它日當送之忠懿王祠，以存王氏一家故物，且使父子慈愛之恩千載如見，忠懿有知，其亦相慰於幽冥之中也。

又《〈伊闕石刻錄〉序》（同上，卷六） 造像鐫石，昉於元魏，暨唐中葉。五代及宋，雕鎪漸熄。而龍門伊闕之老君洞、賓暘洞、萬佛洞，古刻最夥，金石家多未箸錄。非特世尠耆古之士，亦以崖壁千仞，攀陟險巇，故千數百年遺蹟，湮棄於荒煙敗蘚之中，而莫之省視也。非夫好之專而求之勇，則其志與力，均未足以致此。大興方君彥聞，博雅君子，襟期伉爽，擅晉宋駢偶之製，善篆隸，尤好金石文字，片珉零鏐，珍若瑰寶。嘗游龍門，宿六十日，窮搜巖壑，獲石刻若干種，自魏太和七年至宋元豐二年，所錄皆造像記及佛經也，末附元豐脩石道記，元符政和題名五事，釐爲八卷，可謂富矣。君嘗自言，始平公、姚公夫人兩像記，辨訂最覈。按，君據《十六國春秋》，夏勝光三年，魏有平西將軍始平公隗歸規，武虛谷指元修義父子之乖。據兩唐書《姚崇傳》及《宰相世系表》，崇子彝墓碑，析此碑稱崇父名字，封爵，子孫之互異，誠精碻蔑以加。然其它博稽前史，及諸傳記，疏通證明，難更僕數。余謂君之爲此編，厥美宏博，請略陳之。

儒者觝排釋氏，其文詞擯弗道，况流俗緇徒，侫佛祈福之作哉。然自典午以降，南北瓜分，干戈雲擾，大鼎屢遷。迄於安史之亂，下民昏墊，靡有甯宇，困窮而誰聞控告，富貴而日履危機，莫不幸生畏死，傷離亂而思太平，相率歸依彼教，籲芘大雄。其賢者則如駙馬都尉赫連義之願王事無犯募兵，李子贇之願蚤還相見，情良苦矣。其妄者則覬生西方樂土，又欲下生人閒王侯長老，甚則欲與彌勒同生蓮花樹下。其祈禱則上自宮廷，下及累世父母師僧，且願恆河衆生，拯脫貧乏，由仁人君子觀之，惻然憫世道之變，人禍之亟，哀而錄之，未嘗不足以戢凶虐之萌，垂戒往牒也。

郡縣析併，寓目易紛，輿地之學，土訓所重。君攷下桂即下邽，比陽即泌陽，明唐即明堂，郟城之屬汝州，爲城之屬趙州，招義之屬豪州，陽信之屬棣州，分風擘流，如指諸掌，此非《地形志》之支流乎。歷朝官秩，史家疏漏，又或紀傳踳駮，罔有是正。君攷楊大眼爲安戎開國子，非安成也。袁翻爲安西將軍，非安南也。戎昭將軍輕車都尉，非魏官也。左藏令之即諸署令之一也，水衡監之即都水監使者也，雍州豐潤府之爲雍州三十一府之一也，伏虎都督之如飛鴻將軍也，城門郎也，禦侮副尉也，立義都督也，皇子侍醫也，東臺主書也，皆《官氏志》之所不備者也。紀王愼之爲雍州刺史也，鬻味道之爲同州司戶參軍也，高光復之爲太常主簿也，阿史那暕之領左玉鈐衛也，路敬潛之爲兗州戶曹也，鄭令同之爲滑州參軍也，趙諫之爲左威衛東都副留守也，韋利器之守秘書少監也，姚意之封長沙郡公也，皆《列卿傳》之所不備者也。姚彝之爲嵩子也，劉元意之爲政會子也，武崇正之爲攸暨子也，崔元榮、元祉之爲清河大房元譽、元敬昆季也，崔暉之即崔佶叔父也，皆世系之不見於史者也，補其闕而糾其謁，此非知人論世之所必資乎。

何氏《姓苑》，賈執《姓氏英賢錄》，久經亡佚，氏族靈落，東晉以後，裔姓尤棼。君攷程道卻等題名有荷道成，彔祖憐安定王記有閭散騎，思順坊老幼碑有餘愛及蓋珉妻，釋呵色欲經末有元爽，退昌如意薩琛長某敦郎子允，文殊碑有凋殊毒里可某，皆僻姓也。州思九之州，與《魏書》州泰而二，藍田縣馬某妻騰，與《隸釋》騰述而二，《淨土堂銘》之貴慕思，與《風俗通》貴遷而二，爨君協之爨，斯怯才之斯，與《吳志》爨習、斯徒而二。歌扇之歌、謇思歸之謇見《姓苑》，竹宏懿、竹普頭之竹見《廣韻》，此皆史墨所不能詳，叔孫豹所不能辨，倘增林寶鄧名世之書，不足以資多識乎。

東京碑版，名手如林，昭明操選，預列寥寥。君所錄文章之美者，孟廣達以《孫秋生像記》箸，王友方以《漁陽郡君佛龕記》表，淳于敬一以《洛陽鄉望父老像記》顯，孟利貞、李孝倫以《敬善寺石龕銘》壯，洛陽縣某以《婁氏像記》炫，許乾左中孚以《徐氏薛氏像銘》艷。其鉅公鴻筆，袁翻則《皇甫公石窟銘》，岑文本則《魏王三龕記》，邱悅則《大彌陀等身像贊》，張九齡則《牛夫人像龕銘》，白居易則《能禪師石室銘》，此與《魏靈藏齊郡王洛州佛碑》《陽信縣令沙門琮惠燈靈覺和上》諸篇，皆詞采瑰麗蔥蒨，遠宗任沈，近轢王楊。李昉、章樵、陳仁子之所未收，傳之奕禩韻留簡中，且象靖既徂，褚雲未出，筆精墨妙，雄秀絕倫。而唐自文皇工染翰，文學名家比肩，朝寧貴近鏤造，鈎畫通神，尤使釵股漏痕，爲之色減者也。至如大同之末，譌替滋生，北朝書跡鄙陋，甚於江南，洎乎金輪操柄，僞制新體，篆楷狂草，雜錯行閒，印以魏齊僞周諸刻，紕僻橫生，不可殫舉，觀其變怪，亦足以見一時風尚之惑也。

兩宋以來，譚石墨者無慮數十家，近日《青浦萃編》之纂，《陽湖訪碑》之錄，耳目旁羅，纍責尤廣。然如魏潛養之誤替卷，法琮之誤汪琮，周大益之誤同夫蓋，慕客之誤慕容，敏佛弟子其之誤驅西，都仲容之誤殷仲容，洛州老人佛碑之誤繫於魏太和，性繆相仍，烏焉互舛，君一一諦審之。其餘譌脫暗炬一明，蓋嘗竭離婁之目，察蚊睫之毫，而後抉摘無遺，絲髮畢具焉。其爲昔人所未見，而君獨覓得者百餘通，得拓本而未見其刻者又數通，猶自以爲尚多遺珠，恨不及見古人，亦恨古人不及見今，非所謂好之專而求之勇者能之與。嗟乎，世人耽金玉玩好，博徵奇麗，貪忮並生，曾不知多藏之爲災，而璆琳琅玕，山靈秘匿，高峙翠巖，鬼祇呵護。出諸鐀笥，神采煥發，琦瑋呈露，流播文苑，希世之寶，固當與天下共之，懷之者無罪，傳之者不朽，庸非貞石之功臣，蓺林之勝韻哉。夫歐陽、趙、洪諸公則往矣，後之君子，其亦有樂乎此也。

又《重修泉州安平石佛寺碑記》（同上，卷八） 佛法行乎中國而象設興焉。然而鏤玉刻檀，勤丹青，飾瓔珞，金姿寶相，耗靡天下，則不如因山攻石，離生滅而示靈，泯色空而現相，足以歷刧不壞者也。吾聞龍門之山，夾伊水東西壁閒，鐫石爲佛像，無慮萬計，往往後魏及唐所造，而賓暘洞尤偉。泉州石佛寺於龍門，蓋百分之一耳，然其示靈現相，歷刧不壞，則均也。寺在郡之安平東南十里許，岱山之陽，宋嘉定間，浮屠一菴睹石壁夜有神光，異之，募鑿三佛像，高數仞，因搆寺焉。元明屢興廢，國朝順治丙申，海氛熾，寺燼於兵燹，而石像巋然獨存。康熙丁丑、庚子，乾隆壬辰，嘗三葺之。踰四十餘年，昔之丹刻翬飛，今復爲穨垣敗宇矣。嘉慶丙子，天津徐使君來守茲郡，感神跡之息游，憫慧照之暫晦，捐俸檀施，倡修善願，庀徒揆日，民咸悅來。使君爲政，善摘伏恤民，隱有趙子都、韓長公之風，治泉十餘載，泉人畏而愛之，禮俗整齊，海隅恬謐，其於佛法，譬諸猶仁舟之拯溺，智炬之排昏也。乃復酌遙源於法海，耀慧日於康衢，以振頽綱而維絕紐，豈不偉哉。既落成，使君屬余言勒石，因樂爲之記。

蔣湘南《經咒本旨》（《七經樓文鈔》卷三） 役鬼神驅禽獸之術始于黃帝，而舜放四凶于四裔，以禦魑魅，當必有術以禦之也。釋氏自修多羅至優波提舍，各有神咒。小者禁制鬼神，作諸幻術，大者諸佛出興，或卽中國上古之術流及荒夷，而中國反失其傳。夫天生萬物，惟人爲貴，鬼神禽獸，聽令于人，非聽令于術。其所以必用術，術必用咒者，聲音之道通于萬物之神明。浮屠持咒專恃音準，中國僧徒，咒不盡靈，由于音不準也。《周官》大司樂合樂以作動物，一變而致羽物及山澤之示，再變而致羸物及山林之示，至于六變，而鱗羽、毛物、介物、象物以及邱陵之示、墳衍之示、土示、天神相率偕來，皆以聲音爲之感召。然則浮屠演咒，幻出天龍女樂、青獅白象者，在成周盛時，中國六官皆能爲之，不足爲異也。

釋敎初至，祗《四十二章經》及各咒，魏晉以後，漸興禪學，則華人之譎誕者假莊列之書而爲之，所以達摩東來，謂中國經論不得佛旨也。其本旨重在戒殺，因果報應皆以濟其戒殺之意，而其用在咒。蓋中國聖敎所不到之地，其人習于殺戮，天特生釋迦氏以敎之。《後漢書》謂天竺修浮圖道，不殺伐，遂以成俗，又謂不率華禮，莫有典書，若微神道，何恤何拘是也。今刺麻頌咒，靈于蒙古人，不靈于中國人，可知天命所在，專以化戎狄矣。

大概中國之佛經竊諸莊列，西方之佛經本諸婆羅門，釋迦文之稱第七佛，正以繼婆羅門六佛之後也。四緣六根之說，皆婆羅門之緒餘，佛敎盛而婆羅門衰，佛敎衰而婆羅門復盛。穆罕默德、耶穌，皆傳婆羅門之正法者也，釋迦文則傳婆羅門之正法而兼末法者也。故曰正法五百年，末法三千年，末法卽役鬼神、驅禽獸之術也。中國之行佛敎，不重咒而重經，唐玄奘繙經于慈恩寺，高宋特勅儒臣爲之潤色，于是文義愈精，而佛之本旨愈失。宗喀巴演大乘法，而黃敎肇興，其制伏唐古忒四衛拉特之人者，亦恃乎咒。咒有音而無義，自來繹經者皆不繙之，僧徒託爲秘密，非也。朱子謂咒語淺近，其徒恐譯出，則人易之，亦非也。唐以來闢佛者迂，佞佛者愚，吾讀《周官》大司樂而有悟于浮屠立敎之本，作《經咒本旨》。

又《西法非中土所傳論》（同上，卷四） 西法初入中國，當時驚爲神奇，久之而見其與回回法合也，則以爲本於回回。又見其與中法合也，則爲本於中土。烏知西人固自有其祖法耶，其祖法見於釋藏，有《婆羅門捨仙人所說天文經》二十一卷，《竭伽仙人所說天文經》三十二卷，《婆羅門天文》一卷，《算法》三卷，《陰陽秝說》一卷，《算經》三卷，《五通仙人九執秝》三卷，《文殊師利菩薩所說宿曜經》二卷，皆隋代沙門法經所譯，唐人修《隋書》，皆見之者也。

婆羅門爲西方之敎之最古者，天地初開闢時，第一出世之聖人曰毗婆尸佛，回回書謂之阿丹，太西書謂之阿當，中中國謂之盤古，其所傳之敎曰婆羅門，所有經卷皆云自天降也。太西之祖師曰耶穌，生當中國漢哀帝時，回回之祖師曰穆罕默德，生當中國隋文帝時，其所傳皆婆羅門之敎，故其秝術皆婆羅門之法。婆羅門以三百六十爲度，以下皆以六十遞析，回回、太西亦然。婆羅門每日九十六刻，回回、太西亦然。婆羅門有閏日無閏月，回回、太西亦然。婆羅門命度起春分，命日起午正，回回、太西亦然。婆羅門七政有最高，加減有中心行度，回回、太西亦然。婆羅門□太陰有第一加減，第二加減，回回、太西亦然。婆羅門有五星緯度，算交食有九十度限，回回、太西亦然。婆羅門無支干而以七曜紀日，回回、太西亦然。所異者，婆羅門恆星天只二十七宿，起畢軫女，而不用牛宿，而回回、太西則二十八宿，與中法二十八舍同。婆羅門有十二相，而無金牛、白羊等宮名，而回回、太西之十二宮名無不同。蓋婆羅門爲西方最古之術，回回、太西皆因之而加精者也。

回回法以穆準默德遷都之年爲元，其年正直隋開皇十九年己未，此爲廢積年而用截元之始。太西卽用耶穌降生之年爲元，故中國入後仍上溯於漢代，此又回回與太西不同者也。儒者因西法之三角卽《周髀經》之句股，遂援《史記》疇人子弟散在四夷之說，以西法爲中土所傳，而不知其祖法乃在釋藏。或疑釋家書乃竊儒書而僞爲者，則陋儒夜郎自大之見也。五通仙人卽文殊師利菩薩，其《九執秝》爲瞿曇悉達所傳，一行作《大衍秝》，多采其法。

龍啓瑞《皮韈和尚傳》（《經德堂文集》卷四） 和尚不知何處人，嘗居黔之桐木嶺，無冬夏著皮韈，世謂之皮韈和尚云。桐木嶺者，黔貴築之西北鄙也，地故有聚百餘家，雍正乾隆間，荒旱夭札，十去七八，存者戶十數，亦且夕徙去。和尚至止破寺中，與其父老子弟約，若能聽吾言，一年可人飯一盂，二年衣食完，三年後可大富。衆窮促，則俱聽命和尚，乃案戶籍其老壯婦稚，其家之歲入者幾何，用者幾何，馬牛雞犬之蓄，犂鋤機杼之具，養若存者幾何，既則令男力於田，婦織於室，老人年六十以上日織屨二雙，而令孺子持入市。和尚朝則出督其衆，夜歸，然藁炬，閱諸家出入帳簿，計口授食。有餘則各爲之肩鑰而加封識焉。衆不敢以請，亦不之給。暇則自植茶樹徧山坡下，山土燥，故宜茶。穀雨前採獲若干筩，筩售錢二百四十。黔人以桑皮紙爲筩，一筩蓋一觔也。和尚始爲約時，衆姑信之。久之，覺其言驗，愈久，則深信不疑。和尚亦樂爲經紀，無少倦。閒時輒聚其衆，敎以孝弟忠信勤儉之道，使老者無相虐，壯者無相陵。其童子授以《孝經》、《四書章句》，口講指畫，若老學究。數年後，計其所入，食浮於人，財餘於用，乃召其尤富者指所藏而授之，以其籍令自爲謀。其稍歉者，則又緩之。不數年，亦各持其籍去，則皆已成富室矣。和尚不持偈呪，不傳徒，自初往至其卒，顔色未嘗衰老，衆呼之爲祖公。嘉慶某年月日，祖公死，衆卽其寺立廟，其茶之植於陂隴閒者，蓋至今爲利云。

贊曰，余聞之黔劉慶埏曰，方和尚卒時，人有自楚來者，云自其爲童子時，見之辰沅，寶慶間年八九十歲，計其卒，可年百餘歲矣。劉君長者，述其鄉里事，當不妄。余獨謂和尚煦謀人家室，有古循吏父母斯民之風。世固有甚惡於僧徒，嘗欲掊而去之者，其於和尚當何如也。

左宗棠《法華寺碑跋後》（《左文襄公文集》卷二） 北海法華寺碑世稱孤本，道光初，先仲兄景喬先生從勞文毅公許借得一本示余，蓋賀耦耕尚書所藏者，愛玩不置，未久，勞復索還。光緒三年，余持節酒泉，督諸軍平西域，疏勒既定，餘威仍震，王霞軒觀察贈我是本，屬從事李佐興鉤泐諸木，以廣流傳。溯自創見至今，蓋五十又四年矣。頭白臨邊，追維曩昔，髫鬌長沙夜讀時也。刻成，拓一本貽霞軒，并原拓還之，識此。

又《天竺冷泉亭》（《左文襄公聯語》） 同治三年秋，兩浙平定，游冷泉亭，山僧語余，亭舊有泉自幾時冷起，峰從何處飛來一聯，燬於兵燹，乞補書之。余因題此，蓋欲爲彼氏作一了語也。

在山本清，泉自源頭冷起。

入世皆幻，峰從天外飛來。

又《漳州芝山書院》 開元寺建自唐時，佛事之盛，志諜詳之。朱子嘗講學寺右，北溪、勉齋諸先生從之遊，後人卽其地立祠，并建芝山書院，而址小於寺，諸生出入，必由是門，儒者病之。當時北溪先生曾有開元寺改建試院之議，然有其舉之莫敢廢也。咸豐三年，寺毁於寇，棟宇尚有存者。同治三年，粤寇陷城，盡付一炬，僧徒逃散殆盡。昔之連屋絫棟，并遺址不可復識矣。余督師過此，結營寺後山頂，適漳人議修復試院，因令卽寺故址爲之。且示以北溪舊議曰，陳先生命我矣。五年春，余自梅州班師過漳，試院工已逾半，觀察夏君、太守劉君乞余題柱，因遂書此。芝山書院舊有石刻一聯云，五百年逃墨歸儒，跨開元之頂上。十二峰送青排闥，自天寶以飛來。相傳爲朱子遺蹟，此固無可考，然不啻爲今日言之也。

經始問何年，果然逃墨歸儒，天使梵王納土。

籌邊曾此地，大好修文偃武，我從瘴海班師。

郭嵩燾《神鼎法嗣譜》序（《養知書屋文集》卷七） 佛法至菩提多羅而法印徧及東西土，至黄梅而法派又分南北二宗，世嗣紛歧，南宗曹溪之傳爲盛，北宗微矣。曹溪一傳而衍爲二派，曰懷讓，曰青原。懷讓一傳爲馬祖，其傳尤盛，自是有五宗之名。馬祖一傳至百丈，爲溈仰宗。再傳至黄檗，爲臨濟宗。三傳至雪峰、益衍，爲雲門宗、法眼宗。青原一派，傳者獨曹洞宗。昔黄檗語臨濟，吾宗至汝大興於世，傳至今，臨濟宗爲尤盛。臨濟之宗又益歧分爲法嗣，曰興化，曰風穴，曰南院，曰首山，曰汾陽，曰石霜，曰黄龍，曰禾山，曰報恩。吾湘神鼎洪諲禪師爲臨濟五傳法嗣，是故湖以南宗派繁多，神鼎亦其一宗也，至於今七百餘年矣。夫印道者心，衍道者法，心契乎淵微之境，千聖之音響，感通寐寤猶一堂也。法周乎天人之界，一脈之流傳，空虚聲欬猶同氣也。蒙莊之言曰，指窮於爲薪，火傳也，不知其盡也。道無盡，遞衍之爲法遂亦無盡，徧十方三界天人之果，參諸佛所以參者，法也。何名佛，心清淨是。何名法，心光明是。光明普照，法之所由衍以昌也。

光緒戊子之年，化成松雲、敏機諸長老先後住持神鼎，相續修輯法嗣譜，諸佛法諦本無參別，遞相付授，各有契悟，是名禪宗，是名參別。洪諲禪師之言曰，三界惟心，萬法惟識，惟識能通，惟通能印。但以法論，是無分別。以法嗣論，是有分別。輯是譜者，歷二十八傳，上溯開山之始，下訖無窮，其爲分別，自法乎，自心乎，其自坐朽牀說法之枯淡僧乎。既舉其世次，又與參之佛諦，以爲序，時光緒十有四年冬有一月。

又《款冬禪室詩鈔》序 鶴傭隱於僧，激昂伉爽，不事小節，與西枝皆以年少能詩有聲。老友吳槤臺尤善鶴傭，授以詩法，偶有所作，雄直豪邁，意氣岸然，人不知其僧也。嗚呼，使二僧者生長富貴詩書，得名師友陶成其所學，豈非佳士哉。西枝耽禪悦，罕與人接。鶴傭周旋士大夫，下至屠販，務盡其歡，氣日益豪，詩亦日益工。年三十死矣，且死，以詩授吾弟志城曰，惟公爲能傳我，志城乃屬序而存之。吾既喜二僧之多文詞，而益悲夫鶴傭者早死不盡其才爲可惜也。

又《跋僧寄凡集方外帖》（同上，卷八） 唐世自貞觀、永徽之際，虞世南、褚遂良尤工書，時人宗其書跡，自後罕繼者。而《虞世南傳》謂其學書於浮屠智永，究其法，有唐一代書法，智永實開之先，而吾湘人最重懷素書，拓本盛行於時，世謂張長史草聖，今傳者不逮懷素遠甚。自後名僧閒出，而鮮以工書聞者。寄凡上人裒輯元明以來諸僧法書，得數十家，積數年資力泐之石，國初諸尊宿爲前明遺老隱於僧者所收存爲多。往讀昌黎《高閑上人序》，稱其書比張旭，閑書固不傳，賴昌黎是文使閑名與旭並重。寄凡既輯諸僧書刊而傳之，又求當世能文者記之，使高閑當日有若一寄凡者，其書必且大顯。明僧有《古今禪藻集》之刻，表章僧詩爲盛，寄凡之爲此，其用心尤勤，而爲功尤鉅，僧門六藝之傳，其遂將以是爲法派哉。

又《記戒壇僧》（同上，卷二六） 度羅睺嶺而南，山峻削，沙石赬黝相間，折徑斜險，稍逶而西，有峯嶢然離立眾表，馬鞍山也。望戒壇當山坳，北達獅子巖，繚曲盤鬱，若隱若見，出入高下取徑焉。又西極樂峯，益奇峭。明如幻律師說法，爲戒壇，左右多古木，壇外數武，白菓松一本，高七八丈，九榦相糾結，寺僧名之九龍松。其右毘盧千佛閣，松栝林立，尤奇者活動松，樛枝交重蔭，垂一堀，橫盤如龍，引其一枝，旁俱動搖，如靡天風，蒼陰猗移，波濤自盪。

余笑以爲戒壇怪特，於松尤勝，自餘無取乎爾。寺僧超塵進曰，人亦有怪特，若吾石山僧者，豈願見乎。乃道余上毘盧閣，閣半接木爲飛橋，達山南麓一淨室，有僧披髮繞肩三帀，敝衣不襪，貌獰惡，獨坐一榻。一高足桉庋諸經，說十餘事，以手導客坐。使之年，立五指以對，而左右指火毀其四，禿且盡。兩臂然炬百數十，焦臘可辨。超塵言其里居，故長安市上石工也，三十六五時，入某寺爲僧，所師僧死，守塔三年，遂蓄髮。忽立戒，戒不語十年矣。初不知書，漸通文字，能誦經，其靜極慧生者與。夫佛氏之說，斷情欲、外形骸生死謂之堅忍，爲有不能忍於心而忍之者也。然指、蓄髮、不語言，何爲者乎。非有迫之，而有誘之，強伏其心以讐傷其肢體，甚哉愚也。而惟用其愚，強固不可動搖，乃使其心澹然泊然，無役於體膚，無營於寢處，無所爲而爲，其難不少餒焉。吾儒之爲道也易矣，而流蕩以失所歸，抑何多也。是游也，既睹諸松之奇，又得是僧焉，孰謂京師之大，堅強傀特，伏一世而無所爲者，獨在是山閒哉。

鄭觀應《僧道》（《增訂盛世危言新編》卷一四） 二氏者，佛老之名也，學佛者僧之徒，學老者道之徒。佛自漢明帝時始由天竺入中國，於時九重敬禮，公卿膜拜，流俗見而榮之，乃有求奉佛教者，明帝準其披剃，給度牒爲沙門，女僧亦同，名曰尼，此僧徒之肇端也。老則中國所自有，相傳始於老子，關尹子、河上公、魏伯陽皆其高足，由來尚矣。然徒雖代傳，而實無道士之名，至秦初猶曰方士而已，其許民人出家度爲道士者，亦始自漢晉，而盛之唐，婦女皆得入道，曰女道士，唐時多有以宮主縣君之尊而爲之者，此道徒之極軌也。

夫二氏之教忽焉昌熾者，皆由於聖道之衰，儒術之蔽。自東周息迹，明王不興，孔孟淒皇，世主莫能宗尚，於是泰山頹，梁木壞，麟筆絕，明辯窮。至呂秦之暴，燔《詩》《書》百家，坑儒者，延盧生徐福之徒，其機已兆。降及漢武，侈然泰然，求神仙作宣室，極仙掌露臺之奉，而文成、五利等輩風發而蠭起，乘勢利爲炫誘，及下詔輪臺，途窮知悔，方士之風，始少熄焉。夫仙道貴長生，佛法貴無生，彼其世主，始以一念之貪，欲永享萬世之奉，故學仙求長生，及長生不可得致，而猶有畏死之一念者存，則佛法之皈依回向，解罪釋厄，又其所希慕爲功德者。於是金人入夢，白馬馱經，佛老並峙，竟與吾儒之教鼎足而三矣。

歷代以還，二氏互有盛衰，清時亦嘗有沙汰僧道之詔，而卒至多方扞格，良法美意終不行，天下亦遂習與相處，視爲固然。雖宋儒極力闢之，亦靡見廓清之效，抑又何也。獨不思僧者何，凡以求學佛者也。道者何，凡以求學仙者也。而試推求佛仙命名之旨，則佛者，弗人也，絕類離羣，不與凡人儔也。仙者，山人也，隱遯空山，超人世而獨立者也。攷佛祖釋迦當日舍一國之富、世子之尊而不爲，而決然舍父母，背妻子，趺坐靈山，六載成道。老子當周衰，棄柱下史官，舍中國而不居，騎青牛出函谷，遠辭人境而隱。其獨善其身，視舉世繁華富貴，聲色貨利，莫可浼焉者，仙佛悉同，不可謂非希世之畸人，猛烈之丈夫也。故佛號大雄，仙稱大覺，良有以矣。

間嘗博覽二藏，窮究丹經，則見夫佛之宗旨，以絕欲出塵爲始基，以忍辱受苦爲功行，積久而能明心見性爲入門。百尺竿頭，再須進步，則又以粉碎虛空，眞如妙有爲般若波羅密多，譯云大自在也。至此乃能照見五蘊皆空，度一切苦厄，必至六塵六識滅盡不生，始能直超彼岸，立見如來，名曰脫離垢境。向上猶有精進不已之功，功德圓滿，乃能成佛，未易悉數也。仙之宗旨大同小異，亦有頓漸之分，三乘之別。其要旨亦以絕欲離塵爲始基，積德累行爲功果，以通關築基、煉己純熟、長生不死爲入門。向上力追大乘，以結丹還丹、結胎脫胎、出神直返到胞中渾沌之天爲七還九返，更進而益上，面壁還虛，自有入無，無無亦無，始能與天合體，歷刼不磨。其功程之次第，無一非大難事也。

要之，仙佛同源，佛法詳言性而略言命，然《金剛經》、《心經》、《六祖壇經》則已微露其端。道經詳言命而略言性，然《關尹子》及《清淨經》、《心印經》、《悟眞外編》亦頗略闡其妙。總此二家，胥不離心性二字，彼夫巢由之高遠，淵明、宏景輩之曠達，庶乎近之。若瑣瑣焉、屑屑焉謀衣食，求安逸，驕氣多欲，貪色淫志之徒，其去此不啻天淵之隔，譬之染緇求白，摶沙作飯而已。雖然，仙佛尚矣，後世之求學仙佛者，自必酷慕乎仙佛之超卓，希追隨乎仙佛之高躅，如是，斯不愧其徒也。

顧何以今之學仙佛者，則又有大謬不然者，何耶。其名則是，其實則非，名曰我明心見性也，而實則利欲薰心，豺狼成性。名曰我修眞鍊性也，而實則疏懶爲眞，色食爲性。失志則打包雲水，乞食江湖，得志則登壇說法，聚衆焚修。於是逞其才智，募化十方，輪奐而居，重裀而坐，膏粱而食，錦繡而衣。其善者則結納名流，怡情詩畫，其不善者則附託權門，夤緣當路，通聲氣，市權利。或且聚狂徒，逞邪說，竊盜寇，干法令，與夫奸淫邪盜，凡鄉黨自好之流所斷斷兮不忍爲者，而一切身犯之，猶哆哆曰，吾體佛法慈悲廣大法門也，吾得神丹秘訣普度羣生也。此所以彌勒、白蓮、金丹諸教匪因風吹火，乘勢蠭興而未已也。是直以害世爲勸世，殺人爲生人也，謂覺人迷，而一己之迷轉甚，謂解人罪，而一身之罪誰憐。卽以二氏之宗旨治之，亦所必屏諸門外者矣，尙何學佛老之有，尙何得稱爲佛老之徒哉。

況僧道兩門，所聚徒衆不下數十萬，或衆至百萬人，男婦混雜，老少不倫，此其中愚若鹿豕、毒比蛇蝎者居多，而謂此輩乃能見發光地之焰慧，煉三花聚頂之陽神，與夫一切窮究陰陽造化之機，脫離生死輪迴之秘，是則上智猶難一二覩，而固謂此輩蠢頑盡能晰茲妙諦耶。且其中雛尼少僧，道童侍者，類皆買自貧家，或爲愚父母所舍棄，襁褓纔離，緇羽已著，三乘莫窺其灝瀚，九等奚識其淵源。人世之趣，靡所弗貪，二氏宗門，悉其厭苦，刖足受履，其何以行，刓方就圓，其何能器。是聚數十萬曠夫怨女而爲盛世之災癘也。借使由此極其曠怨，決裂隄防，垢穢壇場，滓污淨地，是又爲治世之妖孽也。卽皆不然，無故聚此數十萬、數百萬有用之人，而習此一無所用之業，安居而逸處，男不秉鋤犂，女不治絲布，能文字者不列士林，工會計者不操商賈，而衣食宮室，百物之取給皆不能，上叩之天，下資之地，是仍以有業之民爲其外府而已，供其朘削而已，吁嘻，此後世王政之所以不能復興者，良有由也。

且夫數十萬、數百萬之游民而無衣食，竊傍二氏之門戶爲生活者，非盡游民無生計，實乃惰民而不勤生計者也。其中眞肯苦行希仙學佛者，百不得一，千不得百。又其中工文字者有書可讀，習田事者有力可耕，習書算者有商賈之業可操，或有習拳勇、能技擊者有兵額之可補，行伍之可歸，女冠及尼，習女工者有蠶可絲，有布可織，就而揀汰之，三去其一矣。擇其眞心求仙佛，確有所得，不肯再踏塵境者，深山穴居，茅棚獨處，任其高遯。今之僧道祇知建醮超幽，斂人財物，未聞有行一善舉，如耶穌、天主教士設學校以教人，創醫院以治疾者。卽使獨善其身，自修其性，亦當布衣素食，棲隱山林，何必於市朝酬應也哉。其年老力衰、多病殘疾、幼弱未成丁者，改各州邑大寺爲恤貧院以處之，三去其二矣。所餘一者，勸之不改，汰之不去，則不外昌黎之言，人其人，廬其居，革其衣冠，配其男女，少長必均，卽以佈施之莊田爲計畝授耕之，用宮觀之園圃爲種菜、種樹、蠶桑之區，設員督監，勤則賞以誘之，荒惰則刑以儆之，蔑不濟矣。

然後明頒教令，使至今以後，有學仙佛者，除其獨身隱遯，巖居穴處，與木石居，無關王化外，其餘四民家居喜奉其教，讀其書，茹素潛修者，亦聽。惟斷不得創宮觀寺院，召徒衆，募佈施，蓄財貨，登臺說法，衣冠歧異，以惑斯民之視聽。誠如是，則惰者不能獨逸，黠者不能獨智，愚者不致犯法，強者不致干令。僧皆授室，尼盡宜家，無怨女亦無曠夫，王化之行，郅治之隆，端自茲始。獨不見夫回教乎，彼族雖奉其教，誦其經，而人倫執業，不異四民，日用衣冠，悉遵王制。惟不食豬肉等事，彼教自伸其私禁，故在上者亦安之而已。安見處二氏者，獨不可以如是治之耶，世有通人留心治術者，當不河漢斯言。

張之洞《設學》节选（《勸學篇》外篇） 或曰，府縣書院經費甚薄，屋宇甚狹小，縣尤陋，甚者無之，豈足以養師生，購書器。曰，一縣可以善堂之地、賽會演戲之款改爲之，一族可以祠堂之費改爲之，然數亦有限，奈何。曰，可以佛道寺觀改爲之。今天下寺觀何止數萬，都會百餘區，大縣數十，小縣十餘，皆有田產，其物業皆由布施而來，若改作學堂，則屋宇、田產悉具，此亦權宜而簡易之策也。方今西教日熾，二氏日微，其勢不能久存。佛教已際末法中半之運，道家亦有其鬼不神之憂，若得儒風振起，中華又安，則二氏固亦蒙其保護矣。大率每一縣之寺觀取什之七以改學堂，留什之三以處僧道。其改爲學堂之田產，學堂用其七，僧道仍食其三，計其田產所值，奏明朝廷旌獎，僧道不願獎者，移獎其親族以官職，如此則萬學可一朝而起也。以此爲基，然後勸紳富捐貲以增廣之。昔北魏太武太平眞君七年，唐高祖武德九年，武宗會昌五年，皆嘗癈天下僧寺矣，然前代意在税其丁，廢其法，或爲抑釋以伸老，私也。今爲本縣育才，又有旌獎，公也。若各省薦紳先生以興起其鄉學堂爲急者，當體察本縣寺觀情形，聯名上請於朝，詔旨宜無不允也。

王韜《各國教門說》（《弢園文錄外編》卷七） 天下皆有一教以爲綱維，蓋牖世教民之所不廢也。考自佛教行於印度，回教盛於天方，天主、耶穌教被於西洋，而語其支派，各有不同。印度佛教分而爲三，一曰墨那敏教，卽印度國有教也。一曰喇嘛教，卽西藏之黃教也。一曰墨魯赫教，卽西藏之紅教也。天方回教亦分爲三，一曰由斯教，卽婆羅門舊教也。一曰穆罕默教，卽穆罕默德所刱行於阿丹者也。一曰北阿厘教，則其兄子所傳行於巴社者也。天主耶穌教亦分爲三，一曰加特力教，卽天主舊教也。一曰波羅特士敦教，卽耶穌新教也。一曰額利教，卽希臘古教也。言乎各教所行之地，則自中南東三印度，而緬甸，而暹羅，而西藏，而青海，而南北蒙古，皆佛教也。自西印度之巴社阿丹而西之阿非利加洲，而東之葱嶺，左右哈薩克、布魯特諸游牧，而天山南路諸城郭，以及歐羅巴洲之土耳其國，皆回教也。其大西洋之歐羅巴各國，外大西洋之美利堅各國，則皆天主耶穌教也。其與我中國、安南、朝鮮、日本之儒教，屹然共立爲四。此外又有火教，神教，散處於各方，亦有土蠻之流俗尙祀鬼，無所謂教者。

當我中國未通於外，所行者惟堯、舜、禹、湯、文、武、周、孔之道，所謂人道也，言爲人不能出乎此道之範圍也，本無所謂教也。印度自佛未出世以前，皆婆羅門教，以事天治人爲本，卽彼方之儒也。自佛教興而婆羅門教衰，佛教衰而婆羅門教復盛，一盛爲耶穌之天主教，再盛爲穆罕默德之天方教，皆婆羅門之支變。蓋歐州之學，其始皆根於印度，由漸而西，故天主、天方有時皆不出乎儒教之宗旨。卽我中國自古至今，道術分裂，儒分八，墨分三，老莊之道亦分爲數支，蓋與佛教、回教、天主教之分門別戶，同源異流，無以殊也。嗚呼，自教術多端，同中立異，門諍堅固，於一教中自相胡越，其有能幷包殊族，泯其畛域，會其大同，此必不然之數也。故聖王在上，因其敎不異其俗，齊其政不易其宜。今中國各教皆備，雖其教旨各殊，而奉天治人則一也。安知昔之以遠而離者，今不以近而合乎。將來必有人焉，削繁覈要，除僞歸眞，汰華崇實，去非卽是，而總其大成者。前見《申報》言西國無佛教，故有感而言之。夫西國固無佛教，然西國亦有道教，其人散處各國，孑身修鍊，名曰巴柳士艮教，歐羅巴、阿非利加兩洲皆有之，特不及各教之紀年建朔耳。因論教而幷及之。

王先謙《水月禪林記》（《虛受堂文集》卷一三） 水月禪林者，不詳其建造之始，湘陰李文恭公昔處幽仄，茲焉授徒，既貴矣，而微時誦讀攻苦之地不能忘也。迨歸自江南，結宇東城，密邇斯寺，崇構爰基，淨域來屬，儻所謂情照既動而因果隨之者與。公自未爲諸生時，名山館曰芋香，嘗以鐫之印章，後遂爲居宅之額。聞諸長老言公洪音偉幹，識者許爲非常人。吾意在禪林時，亦或嘗有高僧往來相贈答，如唐世鄴侯遇明瓚故事，因爲山館之名以寄意邪。惜乎年世已邈，無能述其軼事者也。公嘗有《禪林夜坐》詩，清曠閒適，爲人傳誦，今存集中。昔唐王播、段文昌貧困寺居，爲僧所侮，有詩題寺，木蘭曾口，異地同符，貴顯後流爲嘉話，王定保、孫光憲猶紀述之。公少厲固窮之節，未有失色墜言，貽人口實，已非王段輩所敢望，及居峻秩，勛業爛然，其遺集亦流行宇宙，斯寺又爲李氏永業，香火之供與世澤俱長，區區題寺韻事，又不足言矣。公孫幼梅觀察瞻顧祇林，眷懷先蹟，思託於文字，俾無泯沒。觀察才望隆懿，足以繩其祖武，匪直善述之美而已，余故樂爲之記。

又《珠暉塔記》　靈塔經始，蕭元爲盛，隋安舍利，遂徧諸州。迨像法陵夷，而形家言起，託茲實相，有同卓筆，可以裨助文事，贊發科名。空色之理自如，仁智之見各異，豈非道無定體，與世推移者與。珠暉塔者，今安徽巡撫衡州王爵棠中丞所建，湘水過郡城而北，耒水入焉，《水經注》云，西北至臨承縣而右注爲耒口者也。兩岸山巒宛延，無聳特之觀，郡人觀流泉而相陰陽，咸謂承耒匯湘之所，得塔爲宜。諮於中丞，捐奉獨任，爰擇拜亭山之陽，奠庳累崇，閲晦歷稔，落成於光緒丁酉，費金六萬有奇，高十丈五尺。層構既章，嘉名用顯。郡北里所承湘來同，前明有塔，建自曾文恪公，楗此雙流，題曰來雁。中丞名業絜媺，文恪斯塔巍然，東西並峙，郡人喜樂，奔走來登。覩形勝之畢赴，卜人文之效靈，歎想嘉績，不遺鄉邦，卓立一軀，永昭萬禩。可謂崇福自邇，樹因無窮者矣。塔址故陳產，陳宗器謀諸其族，感斯義舉，咸樂捐舍。度地班材，積勤終事，程觀察龢祥之力爲多。捐貲任歲時埽灑修葺者，周吉云、朱宗勝。庚子夏六月記。

廖平《知聖篇》卷下（節選）　漢高祖初定天下，遷豪傑於關中，以消亂也。唐宋元明初得天下，開文館，招致隱逸名宿於其中，此師漢高遷豪傑之故智而變其局者也。國朝崇尚黄教，蒙古藏衛熬茶入貢，所以馭天驕，消外患，明效大驗，可計數者也。老子與孔子善，孔子留駐中國，老子自任出關，一居一行，一精一粗，互相爲用。孔子爲老子之統帥，佛教爲聖門之前鋒。中國沿邊所有夷狄，今悉化歸孔教，皆由佛教開其先，而後徐引之以進於聖人之道。蓋四夷風尚，喜爭好殺，強悍出於性生，若驟語以倫常尊親之道，勢必悍格不入。必先以守貞使其生育不至繁衍，以慈悲戒殺消其狂悍之氣，然後可以徐徐羈縻之，此一定之勢。攷列子著書，昔人稱爲中國之佛，是釋出於道，既有明徵。凡各教之盛行，皆由與其地性情風俗相宜，然後能推行不絕，盛衰存亡，皆視乎此。故教通行數百年，少有窒礙，必有豪傑爲之因時變通，以順人情，始能歷久不絕。由道生釋，由釋生天方，由天方生羅馬，由羅馬生天主，由天主生耶蘇，近今之釋、道、天方、天主、耶蘇，與前百年或數百年，莫不各有變通。始則立教以繩人，後乃因人情而改教，明效大驗，又一定之勢也。凡各島地開刱，其民情風俗不甚相遠，中國當開闢之初，與今西國同，孔子未生以前，中國所尚之教與海外亦無大異。天不生孔子於中國開闢之初，而必生於春秋之世者，開闢之始，狉狉獉獉，以能興利除害、治器利生爲要務，不暇及於倫常。語曰，衣食足，禮義興。《孟子》曰，飽食煖衣而無教，聖人有憂之。中國必待帝王捍災禦難，人民繁庶，天乃生孔子，進以倫常之道。海外必先之以天方、耶蘇、天主開其先，而後徐引之以進於孔子，此又一定之勢也。海外開闢在後，以今日形勢觀之，大約如中國春秋時之風尚。孔子曰，百世可知。《中庸》曰，百世以俟聖人而不惑。孔子去今二千五六百年，正當百世之時。釋家自云佛滅之期，亦近在一二百年内，荀子禮三本發明聖人君親師三本，而斥異端一本。尊天之非一本，卽西人尊天主而不用君親師，是孔教已行之後，中國尚有襖教一本，故荀子攻之。孔子與老子分道揚鑣，六藝所言，實中國之新教，化胡所用，乃帝王之舊教。開闢之初，《舊約》爲宜，新教已立，舊無所用，故移中國之舊教以化西方初開之國。孔子爲生民未有之聖，世界中一人已足。神州先開，不能不特生於中國，百世以下，天心作合，海外航海以求教於中國。卽如各國各生一孔子，釋教與孔子所定法滅大通期會皆在此時，曦陽一出，星月無光。佛法絶滅之期，卽聖教洋溢海外之日。凡有血氣莫不尊親，此世界中盡用孔子之教以歸大同，老釋舊教無所用之，不得不烟消火滅。天方、耶蘇、天主爲釋教之支流，佛教之滅，統此數教而言，非如今之外教攻擊佛教，耶蘇、天主盛行而釋教獨滅也。《中庸》云，天之所覆，地之所載，日月所照，霜露所墜，凡有血氣莫不尊親。六合以外，道一風同，老子雖有開刱之功，陳涉吳廣不過爲眞主驅除，然謂陳吳無功於漢高則非也。

中國舊所僻異教，曰道曰釋，今以道爲皇帝之學，歸於《詩》《易》所統。佛釋雖爲聖教驅除，然謂其別爲一派，不屬六藝則非。攷佛實出《列子》，其推測民物，譚空說有，皆出於《易》。天堂地獄輪迴，一切游魂爲變、方生方死之說，其善談名理，皆出於名家，卽《論語》《孟子》堅白異同之說。至於不婚戒殺，特因地制宜，所以消淫殺之風。其精微宗旨，流爲宋人道學，於樂教尤近，故宋人喜言《樂記》。蓋佛書皆梵語，其宗派亦不止一端，昔人謂經由譒譯，皆中人以老莊之說參入其中，然其議論實多出莊老之外，亦非譯者所能僞造。總其會歸，源出老子，與道家之說大同小異。《中庸》云，萬物並育而不相害，道並行而不相悖。知其爲因俗立教，不必與中國強同，聖教大明，自消歸無有，則又不必攘臂相爭矣。

章炳麟《大乘佛教緣起考》（《太炎文錄初編》別錄卷三，《章太炎全集》第四冊） 大小乘教，自龍樹、提婆、無著、世親時，既有爭論。凡小乘師，皆以大乘爲非佛說，而近人更演其義，則以南方佛教悉用波黎文字，惟北方則用梵文，用波黎者，近摩揭陀國語言，是阿輸迦王時所集，用梵文者，爲印度全國正書，是迦膩色迦王時所集。阿王在前，迦王在後，而錫蘭佛典，小乘皆用波黎，至北方所傳大乘則無一用波黎者。故以大乘在後，小乘在前，其爲佛說以否，就此決定。然案迦王在時，惟有五百羅漢造《毗婆沙論》之事，未嘗結集大乘。據《世親傳》眞諦譯。則馬鳴亦參與造論者。馬鳴中年以後常在迦濕彌羅之地，而提倡大乘與結集《婆沙》，固非同事，未可牽合爲一。且梵文、波黎文，迻書雖有先後，至迦葉、阿難、優波釐等初集小乘，所用何文，本不可曉，佛語固非是梵文，亦非是波黎。所以者何，佛教本平民宗教，與婆羅門異撰，應化五天，所至說法，自必用其方俗。試舉一例，則《出曜經》第二十三云，昔佛世尊與四天王說法，二人解中國之語，二人不解。二人不解者，與說曇密羅國語，宣暢四諦，雖說曇密羅國語，一人解，一人不解。所不解者，復與說彌黎車語，時四天王皆達四諦。其言四天王者，雖近神話，而世尊說法不用一方之語，於斯可見。《大毗婆沙論》七十九引毗奈耶說略同《出曜》，且設問答決了其事云，問，如有頌言，佛以一音演說法，衆生隨類各得解，皆謂世尊同其語，獨爲我說種種義。一音者，謂梵音。若至那人來在會坐，謂佛爲說至那音義，如是磔迦葉筏、那達剌陀、末瞸婆佉、沙覩貨羅、博喝羅等人，來在會坐，各各謂佛獨爲我說自國音義。如何可說，佛以聖語說四聖諦，不令一切所化有情皆得領解。答，有所化者，依佛不變形言而得受化。有所化者，依佛轉變形言而得受化。依佛不變形言得受化者，若變形言而爲說法，彼不能解。如說佛在摩揭陀國爲度池堅，步行十二踰繕那，故七萬衆生，皆得見諦，彼皆依佛不變形言而得受化。若變形言爲說法者，彼諸衆生應不見諦。依佛轉變形言得受化者，若不變形言而爲說法，彼不能解。是故世尊作三種語爲四天王說四聖諦。復有說者，世尊雖有自在神力，而於境界不能改越，如不能令耳見諸色，眼聞聲等。問，若爾，前頌當云何通。答，不必須通，非三藏故。諸讚佛頌，言多過實。復次，如來言音偏諸聲境，隨所欲語，皆能作之。謂佛若作至那國語，勝在至那中華生者，乃至若作博喝羅語，勝在彼國中都生者，以佛言音偏諸聲境故，彼伽佗作如是說。復次，佛語輕利，速疾迴轉，雖種種語，而謂一時，謂佛若作至那語已，無間復作磔迦國語，乃至復作博喝羅語。以速轉故，皆謂一時，如旋火輪，非輪輪想，前頌依此，故亦無違。是《婆沙》雖用梵文，而不說佛語純用梵文，亦不說佛語純用摩揭陀語，證據較然，無可非間。

又《佛本行集經》言，太子說六十四種書，是知本語必非執守梵文，亦非執守波黎，阿難結集，亦必雜用諸文。試舉一例，則《根本說一切有部毗奈耶雜事》第四十云，時阿難陀與諸苾芻在竹林園，有一苾芻而說頌曰，若人壽百歲，不見水白鶴，不如一日生，得見水白鶴。時阿難陀聞已，告彼苾芻曰，汝所誦者，大師不作是語。然佛世尊作如是說，若人壽百歲，不了於生滅，不如一日生，得了於生滅。彼聞教已，便告其師，師曰，阿難陀老闇，無力能憶持，出言多忘失，未必可依信。假令集時只用一種文字，何緣讀成訛別。縱令誦者是異方人，聞阿難訶止已，亦應懃服，何因更有疑義。故知雜用諸文，致斯惑亂。今專據南方所迻書者，以爲佛語本爾，阿難結集之文本爾，烏足爲極成之證據耶。

夫大乘現世，後于小乘，此於歷史爲有明驗，然必以爲非佛說者，則於小乘經典，亦可反唇相稽，所以者何。阿含亦列阿輸迦王名號，此豈佛語固然。昔堅意作《入大乘論》，嘗詰小乘家云，此大乘中亦說三乘，即名三藏，如汝意謂非三藏者，汝今但以《增一阿含》、《中阿含》、《長阿含》、《雜阿含》百千等偈以爲一藏，《毗尼阿毗曇》二百千偈名爲二藏，盡具修習名爲三藏，若如是說，雜藏《含頭羅經》、《胎經》、《諫王》、《本生》、《辟支佛因緣》，如是八萬四千法藏，尊者阿難從佛受持者，如是一切皆有非佛語過。又佛未涅槃以前，經典已有結集，如《阿毗達摩法蘊足論》爲目乾連所造，而引《大因緣經》及《教誨頗勒窶那經》。卷十一。即小乘初次結集，亦非止阿難集經，優婆釐集律，迦葉集論而已。《西域記》九云，諸學無學數百千人，不預大迦葉結集之眾，更相謂曰，如來在世，同一師學，法王寂滅，簡異我曹，欲報佛恩，當集法藏。於是凡聖咸會，賢智畢萃，復集素呾纜藏、毗奈耶藏、阿毗達摩藏、雜集藏、禁呪藏，別爲五藏。凡聖同會，因而謂之大眾部。是則《阿含》以外，大眾部又有所集可知。此大眾部乃佛弟子，非佛滅百年大天破教以後之大眾部也。又今所見《阿含》，亦未具備。據《善見律毗婆沙》第一云，有五阿含，一者《長阿含》，二者《中阿含》，三者《僧育多阿含》，四者《鴦崛多羅阿含》，五者《屈陀伽阿含》。又云，《梵網經》，爲初四十四修多羅，悉入《長阿含》。初根牟羅波利耶二百五十二修多羅，悉入《中阿含》。烏伽多羅、阿婆陀那，爲初七千七百六十二修多羅，悉入《僧述》。多折多、波利耶陀那修多羅，爲初九千五百五十七修多羅，悉入《鴦崛多羅》。法句喻、嫗陀那、伊諦、佛多伽尼波多、毗摩那早多、涕羅涕利伽陀、本生尼涕婆波致參毗陀、佛種姓經，若用藏者，破作十四分，悉入《屈陀迦》。而今中土所譯小乘，分計經名，不過三百餘種，何有七千、九千之多。然則阿含經典，卷帙猥眾，其詳雖不可知，必有諸聖弟子所敷衍者，於小乘諸部中，亦或互相攻擊。如《順正理論》一云，由經有別，宗義不同。謂有諸部誦七有經，彼對法中建立中有如是建立，漸見觀等讚，學根本異門等經說。一切有部中，不誦撫掌喻等，眾多契經，於餘部中曾所未誦，然其名句互有差別。謂有經說，汝阿氏多於當來世成等正覺，非黑非白，非黑非白，異孰業等，無量名句，諸部不同。又《順正理論》四云，若謂此經非聖所說，違餘經故，法處不說無色言故。如舍利子《增十經》中，唯作是言，有十色處。故知此經非入結集，但是對法論師，愛無表色，製造安置阿笈摩中。若爾，對法諸師豈不亦能作如是說。譬喻部師，憎無表色，製造安置《增十經》中。足知小乘雖奉揚佛法，而恢張其義，曼衍其辭者多矣。

夫大乘者，亦猶是也。《瑜伽師地論》八十一云，論議者，謂諸經典循環研核摩呾理迦。且如一切了義經，皆名摩呾理迦，謂於是處，世尊自廣分別諸法體相，又於是處，諸聖弟子已見諦迹，依自所證，無到分別諸法體相，此亦名爲摩呾理迦，亦名阿毗達摩。猶如世間一切書算詩論等，皆有摩呾理迦。當知經中循環研核諸法體相，亦復如是。《法苑義林章》引此云，由此文故傳受釋云，許佛滅後，十二分中，論議一分，三藏文內，對法一藏，通弟子說。不許餘之十一分教并餘二藏，通弟子說。是則大乘經典之中，如般若、法相諸宗，皆有循環研核之語。餘方等中類此者，亦甚不少。本是佛滅度後，大乘諸師尋理緒言，本隱之顯，敷暢其義而爲之，非一一出自佛口，此固大乘所不諱者。然則大小乘經皆本佛語，至於轉相推演，二教等無有異，又烏足以相非乎。

至於十二部名，古所本有，尋阿毗達摩集《異門足論》，是聖弟子舍利弗所親造，而云多正法者，謂契經、應誦、記別、諷頌、自說、因緣、譬喻、本事、本生、方廣、希法、論議，聞此諸法，故名多聞。卷十四。是舍利弗時，已許有論議經，又言方廣，斯非大乘，則何經也。《大毗婆沙論》第一百二十六云，譬喻云何，謂諸經中所說種種眾多譬喻，如長譬喻、大譬喻等，如大涅槃持律者說。方廣云何，謂諸經中廣說種種甚深法義，如五三經、梵網、幻網、五蘊、六處、大因緣等。脇尊者言，此中般若說名方廣，事用大故。是脇尊者時，《涅槃》、《般若》諸經已有萌芽，特未經推演耳。至如大小二乘，義有牴牾，不相和會，小斥大爲魔說，大以小爲鈍根，而近人常盤大定作《馬鳴菩薩論》，則一一舉其同者，其文如左。

一、世人多謂小乘自利，大乘則自利利他，然如舍利弗、目犍連、大迦葉諸聖弟子，助佛宣化，皆有明徵，豈專爲自利者。

二、或謂大乘說他方佛土，十方諸佛如來，小乘不說，然今求之原始經典，則殊不然。中阿含《大因經》，亦譯《大生義經》。有諸佛根本法、諸佛眼、諸佛歸趣之文，中阿含《因品念處經》有過去諸如來、未來諸如來，我今現在如來之文，長阿含第一有過去七佛之文，長阿含第八《散陀那經》有諸佛如來之文，《增一阿含·六重品》有目連往東方七恆河沙土，見奇光如來之文，《增一阿含·馬血天子品》有三乘之文，有將來彌勒佛之文，有過去寶藏如來之文。章炳麟案，中阿含第十三《王相應品》說本經亦云，尊者彌勒向佛白曰，我於未來久遠人壽八萬歲時，可得成佛。世尊回顧，告曰，阿難，汝取金縷織成衣來，我今欲與彌勒比丘云云。又《根本說一切有部毗奈耶破僧事》第十云，世尊告諸苾芻，汝等應知提婆達多，善根已續於一大劫，生於無隙大地獄中，其罪畢已，後得人身，展轉修習，終得證悟。鉢剌底迦佛陀，名爲具骨，則純與《法華》提婆授記之說同。《法華》言，提婆達多當得成佛，號曰天王如來，而此謂之具骨，名號不同，又知其不相沿襲。彼文又云，爾時世尊既具爲彼未生怨王廣說法要，令無根性，得生起已，是則無性闡提，終得成佛。又與《法華》、《涅槃》合如符契。《根本說一切有部毗奈耶藥事》第十二又說，佛記施燈乞女，當成正覺，亦號釋迦牟尼如來，勝光王不蒙授記。其十三、十四又說，善財童子，爲賢劫菩薩，爲求緊那羅女悅意，精勤威力，第一超越，即佛前身。此等並與《法華》、《華嚴》相會。又《根本說一切有部毗奈耶》第三十五云，舍利子伏盧迦曳多外道論師鄔陀夷，令受圓具，證阿羅漢，諸來大衆敬信倍常。時舍利子當機說法，遂令十二億有情，或證煖、頂忍法，世第一法。或得豫流果，乃至出家獲得阿羅漢果。時諸大衆，或發聲聞心，或發獨覺心，或證無上大菩提心。又《根本說一切有部毗奈耶雜事》十八云，尊者舍利子從見目連被打之後，心生悲戀，遂嬰疾苦，將欲涅槃時，有無量百千衆生，悉皆雨集，尊者順其根性，方便說法，令彼衆生，或得煖法，或得頂忍，世間第一。或得豫流，一來不還。或復出家，得應供果。或植無上菩提種子，或植獨覺聲聞種子。若舍利子是阿羅漢，煩惱已斷，云何心生悲戀。若舍利子非菩薩者，已是聲聞，豈能令人植無上菩提種子。是則三乘本是一乘，亦同《法華》義矣。

三、或謂大乘說眞如法性，小乘不說，然今求之原始經典，則殊不然。《雜阿含》第二十一及四十四皆有一乘道眞如法之文，《增一阿含》第七《火滅品》亦有眞如法之文。

四、或謂小乘以涅槃爲寂滅，乃是灰身滅志，大乘以涅槃爲圓寂，乃是常住安穩，求之原始經典，則殊不然。《阿含》言涅槃，無不說常住安穩，今舉其一，則《雜阿含》第二十三，優婆掘尊者說偈，有於有得寂滅，大悲入涅槃，如薪盡火滅，畢竟得常住之文。

此四者外，如《增一阿含・序品》有菩薩發意趣大乘之文，有六度布施、持戒、忍、精進、禪定、慧力之文。《增一阿含・等趣四諦品》有彌勒菩薩問、世尊、菩薩摩訶薩成就幾法，具足檀波羅蜜，具足六波羅蜜之文。《增一阿含・序品》及第四十四《十不善品》皆有法身之文。《長阿含》第二《遊行經》有大乘之文。《雜阿含》第二十八有我正法律乘、天乘、婆羅門乘、大乘之文。《增一阿含》第十有大乘行之文。《雜阿含》第二十二有毗盧遮那之文。皆與大乘相契。

常盤氏舉此諸證，謂經典成立，蓋有五期。初，大小未分經典成立。次，大小類似經典成立。次，小乘論成立。次，大乘經典成立。次，大乘論成立。而大小類似經典及小乘論又有出於大乘後者，其義據誠無間然矣。余據有部諸證，明其契當《法華》，又與《華嚴》相類，是《法華》、《華嚴》二部，亦容原始小乘。部僧所傳，云《華嚴》得自龍宮者，印度龍、象同名，或得之象窟耳。雖然，《阿含》縱有眞如法身諸佛之文，而其辭義幽微，包藏不露，其後小乘諸師，甚多忽略。且生空眞如，小乘所信，法空眞如，則小乘固無其說。是雖言眞如，猶未得爲了義。若謂大乘經典只就數句微文紬繹而出，有以知其不然也。

余謂佛在世時，所宣教旨，非專及羅漢弟子而已，其攫伏外道，使生信心者，經典中常記其事。阿含之言，簡質蓄藏，論證未盡，足以教導，而不足以辯詰。《入大乘論》云，十二部中說毗佛略，即是大乘。《汝聲聞經》一部所說，終無百千偈讚文句，況復當有億萬廣說。如來世尊教諸聲聞，唯示無常，令厭生死，便知苦本，速求涅槃。從初如是，乃至奉行，句味鮮少，則無甚深廣大之義。誠如斯論，阿含所說，不足以折伏外道明矣。又外道中亦多龍象，觀馬鳴本出家外道，世智聰辯，善通論議，至使比丘不敢打椎。《馬鳴菩薩傳》。又通《八分毗伽羅論》及《四皮陀六論》。《世親傳》。龍樹亦本梵志，能誦四章陀典各四萬偈，及諸道術，無不悉練。《龍樹菩薩傳》。後此並爲大乘宗師。佛在世時，寧無慧了如此輩者。尋《佛說菩薩行方便境界神通變化經》，此求那跋陀羅所譯。其菩提留支所譯，則作《大薩遮尼乾子所說經》。佛告文殊師利，一切外道上首，皆是住於不可思議解脫，從般若波羅蜜出，游戲方便，亦不捨離念佛法僧，教化衆生，到於彼岸，如來受持化衆生故。又云，是薩遮善男子，當得作佛，號實意相王如來。彼佛臨欲入滅度時，授於大相菩薩記已，後乃滅度。此大相菩薩，當得成於無上正眞道，號大莊嚴如來。是薩遮善男子前坐外道小童子。是知外道諸師，小乘所仇，而大乘非不尊奉之也。又長阿含《初小緣經》云，佛告婆悉吒，汝今當知，今我弟子，種姓不同，所出各異，於我法中出家修道，若有人問汝誰種姓，當答彼言，我是沙門釋種子也。亦可自稱我是婆羅門種，親從口生，從法化生，現得清淨，後亦清淨，所以者何。大梵名者，即如來號。如來爲世間眼，爲世間智，爲世間法，爲世間梵，爲世間法輪，爲世間甘露，爲世間法主。大乘《入楞伽經》第五云，大慧，我於娑婆世界有三阿僧祇百千名號，諸凡愚人，雖聞雖說，而不知是如來異名。其中或有知如來者，知無師者，知導師者，知勝導者，知普導者，知是佛者，知牛王者，知梵王者，知毗紐者，知自在者，知是勝者，知迦毗羅者，知眞實邊者，知無盡者，知瑞相者，知如風者，知如火者，知如俱毗羅者，知如月者，知如日者，知如王者，知如仙者，知戍迦者，知因陀羅者，知明星者，知大力者，知如水者，知無滅者，知無生者，知性空者，知眞如者，知是諦者，知實性者，知實際者，知法界者，知涅槃者，知常住者，知平等者，知無二者，知無相者，知寂滅者，知因緣者，知佛性者，知教導者，知解脱者，知道路者，知一切智者，知最勝者，知意成身者。所説梵王毗紐自在因陀羅、迦毗羅等，或爲外道所奉天神，或爲外道所奉本師，而佛亦得是名。是則佛與外道，互相涉入，是知以外道爲名者，所説勝義，若不異佛，即是大菩薩矣。《入大乘論》云，假令魔説，能除惑障，不違正法，雖曰魔説，即是正法，與佛語不異。何以故，如佛所説，法不依於人，是以我今但從正理，不取名字。是則外道上首，所説果與勝義相應，即亦同之内法，此則大乘所見然也。且以優樓頻螺迦葉兄弟甥舅四人事火，所將弟子，凡千二百五十人，自從佛後，彈指即超無學，知外道本不可薄。夫以事火教徒，理解甚短，而實行猶能如彼，彼數論、勝論、明論、聲論之徒，義趣甚深，一聞佛語，或以自心慧力，展轉向上，則自成地上菩薩，斯無足致疑者。至於耆那一教，尤近佛門。如前所引尼乾子事，既有明徵。又據《西域記》三云，僧訶補羅國有白衣外道，本師悟所求理，初説法處，其徒苦行，晝夜精勤，不遑寧息。本師所説之法，多竊佛經之義，隨類説法，擬則軌儀。大者爲苾芻，小者稱沙彌，威儀律行，頗同僧法，唯留少髮，加之露形，或有所服，白色爲異。是知二教展轉相薰，比之餘師，尤爲親切矣。其他復有仙人隱士，不以外道標名，如大迦葉出家先於世尊，惟修杜多功德，不名爲佛弟子，亦不名爲外道弟子，向令迦葉不入佛門，則始終是佛良友。就此類中，亦必有地上菩薩，不將徒眾，不入僧伽者。然諸聖弟子親見佛者，感恩無二，必不肯以外道隱士爲善知識。故阿含雖有是説，而小乘諸師，卒顯取資於外道隱士者。大乘諸師，所見閎遠，則不必專守一家。

綜觀佛在世時，有佛與外道上首對談者，有外道上首爲佛弟子説法者。其佛與外道對談者，大乘本之，爲佛與菩薩對説。其外道爲佛弟子説法者，大乘本之，爲菩薩與佛弟子説法。然而小乘經中不概見此者，則以諸大比丘從佛披鬀，感恩無二，稽首歸命，唯一釋迦，尚不遠及十方諸佛，何論外道。其間如舍利子、目犍連輩，智慧神足，並世無雙，即是化身菩薩，而結集小乘之時，二公已寂，微言隱没，職此之由。雖然，外道書中，必有記録，馬鳴、龍樹，先從外道出家，無著、世親，亦皆博通墳典，所見既廣，其智復深，則取此而演暢之，宜也。不爾，大乘經中所舉彌勒、文殊、普賢、觀自在等，除天宫説法、入定説法而外，其餘《般若》、《方等》諸經，多在此土所説，且與諸聖弟子長者居士親相問答。若彼諸大菩薩，悉皆大乘妄造，來無所從，去無所至，虚指眇不可識之人而認爲他方菩薩，斯與寓言何異。豈特小乘諸師視爲戲論，一切不定根人，亦必無有置信者矣。《中阿含》雖言彌勒比丘，然游行乞食，稱爲比丘，本婆羅門舊號，則彌勒非佛弟子也。又《智度論》説，彌勒、文殊，將阿難於鐵圍山間，集大乘三藏爲菩薩藏，此則徵實之言，不容恣意妄造。若其奮筆構虚，適足受人指摘，豈以龍樹而愚至此。惟一切諸大菩薩，非是外道論師，即是林中隱者，故可以徵實耳。此大菩薩，在小乘師視之，或爲天愛邪定，在大乘師視之，則爲十地大師，由其所見有殊，故其稱號亦異。是故小乘之詆大乘，以爲魔説，以爲空華外道而已，未嘗云諸大菩薩當時實無其人也。

至所謂鐵圍結集者，非必躬爲述録，良由彌勒、文殊現身爲外道論師，所録佛説，或恐詞語差訛，令阿難證文耳，當日阿難亦未必亦聖典視此也。然鐵圍結集而外，亦有傳在民間，與一二比丘所受持者。如《根本説一切有部毗奈耶雜事》第四云，時諸苾芻誦經之時，不閑聲韻，隨句而説，猶如寫棗，置之異器。彼諸外道，諷誦經典，作吟詠聲。給孤獨長者白世尊，聽諸聖眾做吟詠聲，而誦經典。世尊意許，默然無説。《根本説一切有部毗奈耶藥事》第三云，圓滿與商人共入大海，彼諸商人，晝夜頌《嗢柁南頌》、《諸上坐頌》、《世羅尼頌》、《牟尼之頌》、《眾義經》等，以妙音聲，淸朗而誦。圓滿問曰，是何言辭。商人報曰，是佛所說。《根本說一切有部毗奈耶》第四十四云，勝光王宣告國人，不得夜中輒然燈火。長者善與於其夜中然明燈，讀佛教，將置獄内，四天王、帝釋、大梵來聽妙法，爾時大王遙見光明，王問長者，仁有大力，今何願求。長者曰，我願於夜尋讀佛經，唯願大王勿禁燈火。王曰，隨長者意。乃至餘人，亦皆隨意，夜中然火，爲讀佛經，悉免其罪。四十八云，紺容夫人夜讀佛經，復須鈔寫，告大臣曰，樺皮貝葉，筆墨燈明，此要所須，宜多進入。大臣依教奉進，於樺皮内密安火炭，置在宮門，夜被風吹，火便大發。紺容夫人與五百采女皆悉投身火聚，同時命隕。如上四事，則是佛在世時所說，已編成經典，偏行僧俗，事在阿難結集以前。其或數人暫錄，非阿難所與知者，又甚多也。《入大乘論》云，佛成道二十年後，方於僧中自言，我年老大，須供給人，若能爲我作給，侍者當自言能。爾時大眾和合，即差阿難爲佛侍者，阿難便語同梵行人，如來有八萬四千法聚，我今悉能受持。唯先二十年中，有二比丘所受持者，皆悉不了。以是義故，當知阿難所受持者，不名多聞，佛所說法中，阿難實有不任器者。如《中阿含》說，釋提桓因語鬱多羅言，尊者，我得他心智，觀閻浮提一切眾生，無有盡能受持佛法，唯除尊者，餘不能了。以是因緣，當知阿難非悉能持一切佛法。是此種義證，雖小乘師亦言之。《大毗婆沙論》第十六云，曾聞尊者商諾迦衣大阿羅漢，是尊者阿難陀同住弟子。是大德時縛迦親教授師，彼阿羅漢般涅槃時，即於是日，有七萬七千本生經，一萬阿毗達摩論，隱沒不見。一論師滅，尚有爾所經論隱沒，況從彼後，迄至於今，若百若千諸論師滅，經論隨沒，數豈可知。是則阿難一人於小乘法必非盡曉，況大乘耶。

佛在世時，比丘、商人、善與、紺容所誦，豈無大乘經典，然逮阿難結集小乘之時，唯以一人憶力，口說著錄，餘諸上坐，唯有證成，初無增益。而彼所受持，昔時已著在貝葉者，或則傳之其徒，或則密自藏弆。加以已寂諸師及商人、居士所傳寫者，殘存貝葉，一切不在阿難結集之中。代異時移，稍稍現世，則大小乘之別行宜也。以此土成事例之，孔父緒言，著在《論語》，而《詩》傳、《禮記》，旁出者多。乃至莊周、韓非錄其故言，或與儒家絕異。夫外道經中之錄佛語，亦猶莊周、韓非之記孔說也。若在純儒，必不信此爲諦實，此爲正道，亦猶小乘諸師之見也。然達者則知孔、老一原，與佛初出家時嘗訪阿羅、邏鬱、陀羅諸仙同例。佛與外道，互有通途，孔與莊、韓，亦非隔絕。故錄在彼書者，轉可信爲勝義，通儒大乘所見，亦相符矣。佛語錄入外道書中，及滅度千百年後，忽錄入佛經中，猶此土薛據、孫星衍輩，皆去孔子千有餘歲，而摭取諸子所載，以爲《孔子集語》也。若夫比丘、商人、善與、紺容先所著錄者，其間容有大乘，而小乘師亦未嘗屏絕。至如《法華》、《涅槃》雖由後人敷衍，然其原本必不爲小乘所抵排，此則猶《詩》傳、《禮記》所存孔說而已。

詳觀佛在世時，與外道隱士之屬，議論閎多，所說《悉曇》，必有彼此互證之處。今以大乘經論證之，則因明取於足目，即尼夜耶學派。法相名爲《瑜伽師地》，雖與瑜伽一派有殊，然《楞伽》已有瑜伽師有幾之文，《大乘入楞伽經・集一切法品》。此則提婆以前，已取瑜伽之名。提婆有《釋楞伽經論》。《無垢稱經》有引發善修《瑜伽師地》之本，《菩薩品》。亦在西歷二世紀末。《無垢稱經》，吳支謙譯作《佛說維摩詰經》，梁《高僧傳》言，支謙本月支人，漢獻末亂，避地于吳。從黃武元年至建興中，收集眾本，譯爲漢語。是則支謙攜經入漢土時，尚在建安之世。費長房《歷代三寶記》有古《維摩詰經》二卷，云臨淮淸信士嚴佛調，當靈帝世，在洛陽出。彼所據者，爲朱士行《漢錄》，朱乃曹魏時人，言必可信。靈帝末年己巳乃西歷一百九十年，《無垢稱經》之結集，又必稍在前可知。又追求之，則《般若經》已有《勝義瑜伽品》。復追求之，則《大毗婆沙論》作于迦王之世，而其第三卷云，諸瑜伽師於此淪沒，見道，拔彼置聖位中。第六卷云，聽聞正法者，謂屬耳聽聞，如理所引，訶毀流轉，讚歎還滅，順瑜伽法。第九卷云，隨有經證，或無經證，然決定有緣，一切法非我行相。謂瑜伽師於修觀位，起此行相，則小乘亦有此文。此皆與法相大論無關，而獨取瑜伽以爲禪定之名，則知必不反對瑜伽派矣。以此相證，足明大乘經典必有取於外道，而佛說亦從彼經轉采也。《瑜伽師地論釋》云，復有二緣，故說此論，一爲如來甘露聖教已隱沒者，憶念採集，重開顯故。未隱沒者，問答決擇，倍興盛故。所謂已隱沒者，即是淪入外道書中。所謂憶念採集，即亦由彼外道書中掇取之耳。

問曰，若爾，近世所見外道諸經，何因無佛說耶。答曰，外道經典，散亡者多，諸師舊籍，百無二三。方今印度所傳，唯吠檀多派略爲完具，然其書已無多餘，則存者絕少，何由知其源委。且所謂大乘經典者，非必佛與外道本師對說也，或有智慧絕人而不作上坐者，亦有屏處深山而不入教團者，梵志若提，其數何限。今所見者，只其根本教義之經，宜無大乘可見也。外道根本教義之經，說雖精妙，猶與大乘有殊，當知此大乘者，非即外道，非即二乘，非離外道，非離二乘，非和合外道二乘。直以外道二乘相較，而又有跨居其上者，如是乃爲大乘耳。故不可於二乘根本經典求之，亦不可於外道根本經典求之。惟閎覽博識如馬鳴、龍樹、無著、世親諸公，於別錄偈論之中，能知其源委耳。

問曰，若爾，云何佛當摧伏外道，云何大乘經論訶斥外道。答曰，凡摧伏、訶斥者，皆其固執根本經典之徒，若乃聞一知十，自在證悟，別錄偈論，叢集成篇，則何摧伏、訶斥之有。

問曰，大乘教義，世多謂其出大乘部，其說信否。答曰，大衆部說，近於空觀，誠有與《般若》相近者，然推求大乘所起，非出大衆，而實由上坐促之，所以者何。如《異部宗輪論》云，大衆部說，諸如來語，皆轉法輪，佛以一音說一切法。世尊所說，無不如義，佛所說經，皆是了義。說一切有部及雪山部說，非如來語，皆爲轉法輪，非佛一音能說一切法。世尊亦有不如義言，佛所說經，非皆了義，佛自說有《不了義經》。說一切有部即上坐部分宗，雪山部即上坐部異名。凡大乘所謂圓音一演，異類等解者，則同大衆部說，然惟分別了義與不了義，故欲尋求隱沒諸書，以得大乘。若執佛說皆是了義如義，則但當墨守《阿含》，而大乘經亦不須結集矣。凡大乘人持誦佛經，皆依義不依文，依法不依人。惟不依文，故《阿含》非所墨守也。惟不依人，故外典亦可採摭也。斯則大乘結集，實由上坐發端，上坐既云佛自說有《不了義經》，則所謂了義經者，必是《法華》、《涅槃》之屬，又可知也。若大衆部，則議論稍殊，而於結集大乘，非有實力。佛身諸論，說者謂其出於大衆，然大乘勝義，在先立如來藏識，非在先立法身。藏識是佛之因，法身是佛之果，因既成立，果乃可知。而此藏識之名，本由小乘無我、數論、神我相較而成究竟。《二乘實性論》第三云，一切外道，執着色等非眞實事，以爲我有，而彼外道，取着我相，無如是我相，虛妄顛倒，一切時無我。以是義故，說言如來如實知一切法無我，到第一彼岸，而如來無彼我，無我相，何以故。以一切時如實見知，不虛妄故，非顛倒故。此以何義。以即無我名爲有我。即無我者，無彼外道虛妄神我。名有我者，如來有彼得自在我。今尋佛在世時，與數論師出入最數，若專立無我者，現見世人皆證有我，而說爲無，即有世間相違之過，非建立藏識，其能服數論之心耶。故知如來藏、阿賴耶識諸宗，原惟佛說也。又如勝論建立極微，有地、水、火、風、空、時、方、我、意九種，而佛家小乘，如有部、經部，亦皆建立極微，以說四大，但不說空、時、方、我、意五者，亦有極微耳。若佛說止此，則勝論猶今黎布涅知輩，說心物皆有原子。佛說如理化諸師，說實質方有原子，二者固無以相過也。非建立法空眞如，亦何以鉗勝論之口耶。故知雙破二執，原惟佛說也。又如吠陀之說，以人爲梵天所生，路歌夜多論說，即順世外道。鵝之白色，鸚鵡綠色，孔雀雜色，皆自然生，我亦如是。見《金七十論》。佛說既破自然，又破作者，而立因果鉤鎖之說。然作者易破，自然難破，因果相追，必有無窮之過。若建立一因爲始，更無他因者，即與自然說同，非說萬法因迷而起，復何以難彼耶。故知三界惟心，原惟佛說也。又大乘《入楞伽經》第六云，路迦耶等諸外道輩，尚有遮禁，不聽食肉。《根本說一切有部毗奈耶破僧事》第十說，提婆達多於其徒衆，別立五法，中有一事云，沙門喬答摩，聽食魚肉，我等從今更不應食。何由，緣此於諸衆生爲斷命事。案，佛制，聲聞本許食三淨肉，惟大乘則全遮。若無大乘律者，則佛所制律，猶不如耆那順世，廣有慈悲，故知斷肉功德，原惟佛說也。不然，佛與諸師，往來頻數，若議論校軫，各執一端，而戒律又相形見短，何能聲震五天，遠出諸師之上。以是證之，則大乘本爲佛說，其非馬鳴、龍樹、無著諸師僞作明矣。

問曰，據小乘經律，目犍連、舍利子皆先佛入涅槃，而《法華經》爲佛將入涅槃時說，目連、舍利皆在。又如來滅度，摩訶迦葉七日方知，而《涅槃經》爲佛入涅槃時說，乃與迦葉反覆問答，迦葉果知佛將滅度，何故捨之遠去，待七日後方始聞知。有琉璃王即毗盧釋迦，乃波斯匿王子，波斯匿王即勝光王。盜位以後，方誅釋種。而《首楞嚴》爲波斯匿王在位時說，乃有琉璃誅釋，陷入地獄之文。種種事迹，舛謬橫生，猶得云大乘本實錄乎。答曰，豈不已說大乘本佛緒言，而由後人敷暢其義，故事實往往失眞。然即此觀之，非特大乘爲然，即小乘亦有斯弊，所以者何。《法華》、《涅槃》本通大小乘者，《法華》云，如來但以一佛乘故，爲衆生說法，無有餘乘，若二若三。舍利弗言，我常作念，我等同入法性，云何如來以小乘法而見濟度，今日乃知得佛法分。此明是小乘師自相推重語。《涅槃》傳本各殊，而法顯所譯《大般涅槃經》三卷，錄在小乘，至曇無讖、慧嚴所譯，乃爲足本，而南方波黎三藏亦有其書。然彼本佛受純陀所奉豚肉，則明有食肉之文，經中雖言禁遮食肉不如《楞伽》之甚，若非小乘師食三淨肉者，必不以佛噉豚肉爲言。大乘律中《文殊師利問經》亦云，欲噉肉者，當先說咒。文殊師利白佛言，世尊，若得食肉者，《象龜經》、《大雲經》、《指鬘經》、《楞伽經》等何故悉斷。佛告文殊師利，以衆生無慈悲力，懷殺害意，爲此因緣，故斷食肉。若能不懷害心，大慈悲心，爲教化一切衆生，故無有過罪。此又特許食肉，與餘大乘律不同，蓋亦通大小乘者。至《大毗婆沙論》一百九十引《掣迦經》云，昔有釋迦名掣迦，以畋獵爲事，取家所有乾湮淨肉，調和香味，以奉世尊。爾時世尊告言，止，止，諸佛如來不食血肉。是小乘經亦有說佛不食淨肉者，要皆特別之文，非常說也。則知《法華》、《涅槃》本通大小乘矣。其間事迹舛訛，即是二家同過。如此土秦漢諸書，述孔老事，亦有差訛，何足怪也。若《首楞嚴》則是密部經典，密部猶儒書之讖緯，斯不可與一切大乘同觀矣。

又《〈大乘起信論〉辯》 《起信論》譯于眞諦，本西印度人。隋時法經所撰《衆經目錄》，以《起信論》入疑惑部，而《薩婆多記》、《南海寄歸傳》、《馬鳴菩薩傳》、《付法藏因緣傳》皆不說馬鳴造《起信論》。又《續高僧傳》云，《起信》一論，文出馬鳴。彼土諸僧思承其本，奘乃譯唐爲梵，通布五天。則唐時印度已無《起信》之書。舉此數證，是故疑其僞作。尋法經云，《大乘起信論》一卷，人云眞諦譯，勘眞諦錄無此論，故入疑。此但疑其譯人，非是疑其本論。且費長房與法經同時，其所撰《歷代三寶記》列《十七地論》五卷，《大乘起信論》一卷。並云太清四年眞諦於富春陸元哲宅出，更有《起信論疏》二卷。眞諦既歷梁、陳二代，梁時所譯，或爲陳錄所遺，故法經因之致惑。今據費長房所證，足以破斯疑矣。其後實叉難陀復有新譯，則本論非僞，又可證知。蓋馬鳴久居西北，晚歲著書，或未及流傳中印。惟《莊嚴論經》、《佛所行讚》，文體流美，近于詩歌，宜其偏行五竺。《起信論》立如來藏，義既精深，非詩歌比。又迦濕彌羅之地，世爲上坐所居，既承迦葉之傳於僧衆，尤重資格，與大衆部絕殊。故其經論亦多緘藏不泄。《世親傳》謂迦旃延子造《發慧論》，令學者不得出罽賓國。《西域記》謂迦膩色迦王緘封《毗婆沙論》於石函，不得出窣堵波。此皆西北風習，嚴重論文，不易流傳之證。則馬鳴之《起信論》不入中印，宜也。于闐近北印度，實叉難陀或從師門受學得之，故得有此新譯。而《續高僧傳》言，彼土諸僧思承其本，則中印固不以《起信》爲僞書也。若謂諸家傳記不及此書，則馬鳴造《莊嚴論經》、《佛所行讚》，三傳《付法藏傳》、《馬鳴傳》、《世親傳》。豈嘗言及，亦可以彼爲僞耶。《尼乾子問無我義經》，至宋方譯，前代未見其書，傳記未列其目，今不信《起信》而信《尼乾》，又何其自相矛盾也。若以《起信》一篇與馬鳴他書有異，疑其非出一人，此尤可笑。《賴吒和羅之歌》與夫《莊嚴佛讚》，此並傳記、詩歌之作，不甚關于學說，使馬鳴所得止此，無過文學之雄，豈得爲大乘導師耶。至《十不善業道經》、《六趣輪迴經》，只以誘化顓愚，所謂人天乘者，尚不足比于小乘，以是窺馬鳴，末矣。《大宗地玄文本論》，隋唐目錄所無，必是僞作。縱令信以爲實，亦只秘密曼衍之辭，豈有義解可得。至《事師法》、《五十頌》，則猶此土《曲禮》、《弟子職》輩，非妙解勝義之書也。惟《尼乾子問無我義經》，意稍高遠，而語甚簡略，未爲了義。且無我本小乘舊說，未若《般若》、《中觀》之深，馬鳴有此，亦豈足爲大乘法將。然案其文有云，若說無者，云何見見，從因緣生，啼笑等相，或說爲有，或說爲無，二皆邪妄，非其正理。是純言無我者，馬鳴亦未嘗以之爲是。此與如來藏說何相背之有乎。且據《付法藏因緣傳》云，馬鳴計實有我，甚自貢高。則知馬鳴初執，本與神我相類，其後學佛必非盡捨故見，正以有我無我相較，而立如來藏緣起之說。若專主無我者，必不能見是義。世人但據《尼乾子問無我義經》，以爲與《起信》所言相背。若尋此傳記實有我之文，則其疑自解已。此傳又云，富那奢言，佛法之中，凡有二諦，若就世諦，假名爲我，第一義諦，皆悉空寂。如是推求，我何可得。爾時馬鳴，心未調伏，自恃機慧，猶謂已勝。富那語曰，汝諦思惟，無出虛語，我今與汝，定爲誰勝。於是馬鳴，即作是念，世諦假名，定爲非實，第一義諦，性復空寂，如斯二諦，皆不可得，既無所有，云何可懷，無於今者，定不及彼。是則無我之說，本富那奢之緒論耳。然富那奢不得爲大乘師，不得爲菩薩大士，而馬鳴成就，遠過其師，豈非以所見高于無我乎。有我無我，反覆研核，而如來藏之説出焉。若無《起信》，馬鳴亦何以異于諸羅漢也。

或謂自思想系統言之，《起信》必當在龍樹後。此亦不然。般若中觀雖多舉六識，不甚舉阿賴耶識，而阿賴耶識之名，説一切有部《增壹經》中已有之，謂愛阿賴耶，樂阿賴耶，欣阿賴耶，喜阿賴耶。見《成唯識論》卷三所引。又且如來藏名，尊婆須蜜菩薩所集論已有之。云或作是説，如來藏身。卷六。案，婆須蜜是佛弟子，遠在馬鳴之前。馬鳴從有部出家，其立阿賴耶識，有所承受，復何多怪。至龍樹以後，無著、世親諸師，能爲境空心有之説，誠與《起信》相似，然其名相繁密，則與《起信》絕殊。《起信》以業相、轉相、見相、智相、相續相、執取相、計名字相、起業相，分配第八第六二識，與世親舉五偏行境以配第八，舉五別境以配第六者，名相迥殊。況於《起信》八種識中，舉阿賴耶，而不説末那意根，又未説三性三無性等。若《起信》出於龍樹以後，必不至簡略至此。又提婆是龍樹弟子，《起信》果出龍樹以後，即與提婆同時，提婆已釋《楞伽》，作《起信》者亦應見《楞伽》全帙。《楞伽》有九識三性三無性等，而《起信》名相簡練特甚，知其非承《楞伽》。賢首以《起信》與《楞伽》同宗，後人遂謂《起信》爲釋《楞伽》，此皆武斷之説。則不必在龍樹後矣。故以思想系統言之，正見《起信》在龍樹前，何以云在後耶。若謂自空入有，有必後空，則不知空有二宗，當分南北，而不必分古今。龍樹、提婆皆南方之教，馬鳴、無著皆北方之教。原其異義，則以上坐大眾，據地各殊，故後此所集大乘，亦不離其臭味，此不容以古今相限者也。或謂《起信》卷末，有涉及淨土之文，疑其出於龍樹以後。無論淨土諸經何時結集，今難質言。且《起信》與《十住毗婆沙論》所異者，《起信》但言西方阿彌陀佛，《十住》有十方諸世尊耳。然《起信》云，其心怯弱，當專意念佛。《十住》亦云，若有易行道疾，得至阿惟越致地者，是乃怯弱下劣之言，非是大人志榦之説。汝若必欲聞此方便，今當説之。《第五易行品》。此皆以念佛爲怯劣之事，而於《十住》復有般舟三昧之説。《第十二助念佛三昧品》。是龍樹嘗稱詡淨土，而《起信》未嘗視之甚重也。至於或舉阿彌陀佛，或舉十方世尊，此則方土不同，傳説各異。且專舉西方者，其語單純，偏舉十方者，其名廣大。以繁簡之序言之，適可見《起信》在前，《十住》在後。而世人誤信西藏之傳説，輒以馬鳴置龍樹後，斯又妄矣。

又《法顯發現西半球説》　近法蘭西《蒙陀穆跌輪報》言，始發見亞美利加洲者，非哥倫布，而爲支那人。自來考歷史者，皆見近不見遠，徒以高名歸哥氏。案，紀元四百五十八年，支那有佛教僧五眾，自東亞之海岸，直行六千五百海里而上陸，其主僧稱法顯，紀元五百二年，公其旅行記于世，今已傳譯至歐洲。據其所述上陸地點，確即今墨西哥。今考墨西哥文化，尚有支那文物制度之蛻形。現有婆羅門裝飾，又有大佛像等，不知何年制造。今案，所謂旅行記者，則法顯《佛國記》，其發現美洲之迹，當在東歸失路時。錄其原文如左。

弘始二年，歲在己亥，與慧景、道整、慧應、慧嵬等同契至天竺尋求戒律，初發長安，六年到中印國，停經六年，到師子國。同行分披，或留或亡。即載商人大舶上，可有二百餘人。得好信風，東下三日，便值大風。舶漏水入，商人大怖，命在須臾。如是大風，晝夜十三日，到一島邊。潮退之後，見船漏處，即補塞之，於是復前。大海彌漫無邊，不識東西，唯望日月星宿而進。若陰雨時，爲逐風去，亦無所準。當夜闇時，但見大浪相搏，晃若火色黿鼉水性怪異之屬。商人荒遽，不知那向。海深無底，又無下石住處。至天晴已，乃知東西，還復望正而進。若值伏石，則無活路。如是九十許日，乃到一國，名耶婆提。其國外道婆羅門興盛，佛法不足言。停此國五月日，復隨他商人大舶上，亦二百許人，齎五十日糧，以四月十六日發，東北行，趣廣州。一月餘日，夜鼓二時，遇黑風暴雨，于時天多連陰，海師相望，僻誤，遂經七十餘日，即便西北行求岸。晝夜十二日，到長廣郡界，牢山南岸，得好水菜，知是漢地。或言未至廣州，或言已過，莫知所定。即乘小舶入浦覓之，得兩獵人，即將歸，令法顯譯語問之，答言此青州長廣郡界，統屬晉家。是歲甲寅，晉義熙十二年矣。

案師子國，即今錫蘭。本欲自錫蘭東歸廣州，乃反爲風所播，東向耶婆提國。耶婆提者，以今對音擬之，即南美耶科陀爾國。尋審地望，值墨西哥南，而東濱太平洋。科音作婆者，六代人婆、和兩音多相溷。如婆藪槃豆，一譯作和修槃頭，是其證。耶婆提正音耶和提，明即耶科陀爾矣。

世傳墨西哥舊爲大國，幅隕至廣。則耶科陀爾之在當時，爲墨西哥屬地無疑。所以知耶婆提必在美洲，非南洋羣島者，自師子國還向廣州，爲期不過四十六日。據《唐書・地理志》言，廣州東南海行二百里至屯門山，乃帆風西行二日至九州石，又南二日至象石，又西南三日行至占不勞山，山在環王國東二百里海中，又南二日行至陵山，又一日行至門毒國，又一日行至古笪國，又半日行至奔陀浪洲，又兩日行至軍突弄山，又五日行至海硤，蕃人謂之質，東行四五日至訶陵國，又西出硤，三日至葛葛僧祇國，四五日行至勝鄧洲，又西五日行至婆露國，又六日行至婆國伽藍洲，又北四日行至師子國。故法顯失道之後，商舶亦齎五十日糧，蓋仍依師子、廣州之水程爲準，是則由師子國至廣州，最遲不過五十日也。今據法顯所述，遭大風晝夜十三日，始至一島，又九十日而至耶婆提國。合前三日計之，已得一百六日，是東行倍程可知。況南洋與師子國間，途次悉有洲島，往往相屬。當時帆船，皆傍海岸而行，未有直放大洋者。今言海深無底，不可下石，而九十日中，又不見駙海島嶼。明陷入太平洋中，非南洋羣島可知。逮至耶婆提國，猶不知爲西半球地，復向東北取道。途中又行百餘日，始折而西。夫自美洲東行，又百許日，則還繞大西洋而歸矣。當時海師，不了地體渾圓，惟向東方求徑，還繞泰西進行。既久，乃軼過青州海岸之東，始向西北折行，十二日方達牢山南岸。是顯非特發現美洲，又旋繞地球一匝也。不然，由師子國至廣州，程途只五十日，而東行一百六日乃至耶婆提國，復由耶婆提國東行一百餘日，始達中國近海，是爲期已二百餘日，不應迂回至此。由此知《蒙陀穆跌輪報》所說可信。哥倫布以求印度，妄而得此，法顯以返自印度，妄而得此，亦異世同情哉。然據《佛國記》言，耶婆提國已先有婆羅門，特無佛法，則法顯以前，必有印度人遇風漂播至此者，故婆羅門教得傳其地。特所謂大佛像者，或法顯停留五月時所遺耳。又觀美洲山脈橫貫南北者，在北美曰落迦，落迦云者，界山也。至南美則曰昂底斯，亦界山也。而落迦本印度稱山之語，如補陀落迦、怛落迦、彈多落迦、揭地落迦是也。落迦義本爲見，引伸爲世界，彼富蘭那言山盡落迦。落迦岡底斯爲西藏大山，即葱嶺所支分，以緜亙萬里得名。美之山脈莫長于昂底斯，正與葱嶺等。明昂底斯亦即岡底斯之音轉，斯皆以梵語命山益明。婆羅門嘗先至美洲，特以性命不著，而尸其名者，獨在法顯，斯可爲梵土前哲悲，亦爲漢土耆宿幸矣。

又《頻伽精舍校刊〈大藏經〉序》 《大藏經》八千餘卷，譯文始漢終元，而東方古德著述附焉。諸經本以《般若》發端，今從晚明旭大師所定，自《華嚴》始，則日本弘教書院印本也。故書文字參錯，主以麗藏，記其異同，校讎之功備矣。金山宗仰上人向以禪定蟄居退閒，愍今之沙門喜離文字而談實相，末流猥雜，不自墮於啞羊，則恣意爲矯亂論。弟子頻伽舍主承其師意，發憤庀工，重摹是本，經始弗極，彈指而成。雖處末法之中，而羣情歸慕如此，知正信之未衰也。夫牟尼出世，人天之師，次有馬鳴、龍猛、無著三大士，窮幽體玄，發揚勝義，蕩蕩乎固無得而稱焉。教戒不可以發智，故開玄學以導迷。玄學不可以見心，故依靜慮以求證。靜慮不可以接物，故廣萬法以應機。或乃次之宗教，云與基督、天方同班，高者亦云，徒爲倫理，斯所謂以牛蹏測大海也。夫佛陀者，譯言覺，般若者，譯言智，瑜伽者，譯言相應。本所以趨道者，爲斷爾炎而證眞如，其眞蹩躠以爲仁義哉。徒以大悲觀佛，斯已淺矣。所證者無境界可言，現身者無自依之性。故云心、佛、衆生，三無差別，亦云佛當在心中說法。明以此方老聃之言，則衣養萬物而不爲主，夫何有宗教之封執乎。明其無主，故小乘、大乘，孰爲佛說，可以無爭也。明其求證，故六趣升沈之談，苦樂酬業之事，可以勿語也。余向以三性、三無性決擇東西玄學，諸有凝滯，砉然理解。若夫末世緇衣之林，窮大失居，多遠致而違近義。斯由不習五明，疏於文史，其過猶小小耳。觀今居士長者之流，始隨陸王，終委蛇以趨佛乘，或有比合景教，而言博愛、大同之趣。不然，則傳合眩人幻術，稱以靈智。最下者惟言酬報，情希福田，語皆非量，意惟大迷。此蓋米齊、僧佉之所標落，王輔嗣、何平叔之所不言，況三乘諸大論師乎。大懼正法之衰，不在謗佛，而在昌言宗教，轉相隱蔽，障惑愈深，則圓因或幾乎息矣。往者經論不宣，學者以寡聞爲懼。縮印已成，流通始廣，然則密意了義，佛不自言，依義依文，定於比量，聞熏之士，其超然自悟於斯。佛涅槃後二千三百八十七年，震旦白衣章炳麟序。

又《〈初步梵文典〉序》 佛典自東漢初有譯錄，自晉、宋漸彰，猶多皮傳。留支、眞諦，術語稍密。及唐玄奘、義淨諸師，所述始嚴栗，合其本書，蓋定文若斯之難也。宋初，施護、惟淨亦轉譯大乘經論，無慮數十。宋子京與二師時代相接，顧疑方等、般若諸部，並由此方僞造，其源出于老莊，誠妄。要之，譯述不善，使人疑。殆當漢世，安世高、支婁迦讖等已譯《華嚴》、《寶積》、《般若》之篇，支婁迦讖譯《兜沙經》一卷，即《華嚴》中品目，又譯《道行般若經》十卷，即《般若》中品目。安世高譯《佛說寶積三昧文殊師利菩薩問法身經》一卷，即《寶積》中品目。世謂漢時無譯大乘者，其言甚妄，龍藏現存，盍往檢之。其人既出安息、月氏，於梵、漢語則兩閡。漢朝儒先，經術雖通明，獨短哲學，斯筆授者亦拙，名身尚疏，何有於持論。故於全部特抽數卷譯之，而其文近於《論語》、《孝經》。及晉宋間，士大夫喜老莊，言談始利。老莊於釋典，其術語誠弗能密切，時有相似，則僧肇、道安諸師，又往往傅以清言。然觀童受所譯《智度》、《中》、《百》、《十二門》、《華嚴》、《成實》諸論，其本文固弗取道家，反覆徵詰，能如其意。疏家或以老莊相傅，故前有成世英之疑，見《慈恩傳》。後有宋子京之惑。然則論次梵文，蓋其要哉。夫求大義者，慮弗能離訓詁，內典之有《翻譯名義》，若儒書有《說文》、《爾雅》也。唐人說悉曇者多至百餘家，今皆晦蝕不可見。始湛然著《輔行傳》，已多支離，及宋世法雲撰《翻譯名義集》，謁舛尙眾，余每恨奘公不爲斯錄，而令疏犢者皮傅爲之也。廣州曼殊比丘既憂之，聞英人馬格斯牟邏、圍林斯輩，皆有梵語釋文，雖簡略不能盡大乘義，然於名相切合不鑿，乃刪次其書，爲《初步梵文典》四卷，余亦以爲可覽觀也。私謂內典所論，四無礙解，故非一途。於言音展轉訓釋，總持自在，斯名詞無礙解，音義、釋文是也。於能詮總持自在，斯名法無礙解，文法、句度是也。往者震旦所釋，多局於文身名身，而句身無專書。欲知梵語，必將尋文法。曼殊比丘既發露頭角，幸轂充之，得令成就矣。抑大乘經論，以般若、瑜伽二宗爲上，其於外道六師，非直相攻，蓋攝取者亦多矣。六師雖偏執，其深細遠在柏拉圖、亞里斯多德上，惟獨逸諸哲，庶幾游於其藩。不窺六師之書，不知大乘所以閎遠。吾土所譯，獨僧佉有《金七十論》，鞞世師有《十句義》耳。前者諸師有優波尼沙陀，後此商羯邏有吠檀多哲學，皆闕不傳。大乘孤行，無外道與之校，則辯論廢，而義漸微。曼殊比丘既知梵語，異日益進以譯諸師之說，得與大乘相夾輔，亦幸自厲，無安肆逐浮名，呥呥而已。章炳麟序。

梁啓超《論佛教與羣治之關係》（《飲冰室文集》之一〇）　吾祖國前途有一大問題，曰中國羣治當以無信仰而獲進乎，抑當以有信仰而獲進乎是也。信仰必根於宗教，宗教非文明之極則也。雖然，今日之世界，其去完全文明尚下數十級，於是乎宗教遂爲天地間不可少之一物。人亦有言教育可以代宗教，此語也，吾未敢遽謂然也。即其果然，其在彼教育普及之國，人人皆漸漬熏染，以習慣而成第二之天性，其德力智力，日趨於平等。如是，則雖或缺信仰，而猶不爲害。今我中國，猶非其時也，於是乎信仰問題，終不可以不講。參觀《宗教家與哲學家之長短得失》篇。因此一問題，而復生出第二之問題，曰中國而必需信仰也，則所信仰者，當屬於何宗教乎是也。吾提此問，聞者將疑焉，曰吾中國自有孔教在，而何容復商搉爲也。雖然，吾以孔教者，教育之教也，非宗教之教也。其爲教也，主於實行，不主於信仰，故在文明時代之效或稍多，而在野蠻時代之效或反少。亦有心醉西風者流，覩歐美人之以信仰景教而致強也，欲舍而從之以自代，此尤不達體要之言也。無論景教與我民族之感情枘鑿已久，與因勢利導之義相反背也。又無論彼之有眈眈逐逐者楯於其後，數強國利用之以爲釣餌，稍不謹，而末流之禍將不測也。抑其教義非有甚深微妙，可以涵蓋萬有，鼓鑄羣生者。吾以疇昔無信仰之國而欲求一新信仰，則亦求之於最高尙者而已，而何必惟勢利之爲趨也。吾師友多治佛學，吾請言佛學。

一　佛教之信仰乃智信而非迷信

孔子曰，知之爲知之，不知爲不知，是知也。又曰，吾有知乎哉，無知也。又曰，及其至也，雖聖人亦有所不知焉。又曰，未知生，焉知死。蓋孔教本有闕疑之一義，言論之間，三致意焉，此實力行教之不二法門也。至如各教者，則皆以起信爲第一義，夫知焉而信焉，可也，不知焉而強信焉，是自欺也。吾嘗見迷信者流，叩以微妙最上之理，輒曰是造化主之所知，非吾儕所能及焉。是何異專制君主之法律，不可以與民共見也。佛教不然。佛教之最大綱領曰悲智雙修，自初發心以迄成佛，恆以轉迷成悟爲一大事業。其所謂悟者，又非徒知有佛焉而盲信之之謂也，故其教義云，不知佛而自謂信佛，其罪尙過於謗佛者。何以故，謗佛者有懷疑心，由疑入信，其信乃眞。故世尊說法四十九年，其講義關於哲學學理者十而八九，反覆辨難，弗明弗措，凡以使人積眞智求眞信而已。淺見者或以彼微妙之論爲不切於羣治，試問希臘及近世歐洲之哲學，其於世界之文明，爲有裨乎，爲無裨乎。彼哲學家論理之圓滿，猶不及佛說十之一，今歐美學者，方且競採以資研究矣，而豈我輩所宜詬病也。要之，他教之言信仰也，以爲教主之智慧，萬非教徒之所能及，故以強信爲究竟。佛教之言信仰也，則以爲教徒之智慧，必可與教主相平等，故以起信爲法門。佛教之所以信而不迷，正坐是也。近儒斯賓塞之言哲學也，區爲可知與不可知之二大部，蓋從孔子闕疑之訓，救景教徇物之弊，而謀宗教與哲學之調和也。若佛教則於不可知之中而終必求其可知者也，斯氏之言，學界之過渡義也，佛說則學界之究竟義也。

二　佛教之信仰乃兼善而非獨善

凡立教者，必欲以其教易天下，故推教主之意，未有不以兼善爲歸者也。至於以此爲信仰之一專條者，則莫如佛教。佛說曰，有一眾生不成佛者，我誓不成佛。此猶自言之也。至其教人也，則曰，惟行善菩薩行者得成佛，其修獨覺禪者，永不得成佛。獨覺者何，以自證自果爲滿足者也。學佛者有二途，其一則由凡夫而行直行菩薩，由菩薩而成佛者也。其他則由凡夫而證阿羅漢果，而證阿那含果，而證斯陀含果，而證辟支佛果也。辟支佛果，即獨覺位也，亦謂之聲聞，亦謂之二乘。辟支佛與佛相去一間耳，而修聲聞二乘者，證至此，已究竟矣。故佛又曰，吾誓不爲二乘聲聞人說法。佛果何惡於彼而痛絕之甚，蓋以爲凡夫與謗佛者，猶可望其有成佛之一日，若彼輩，則眞自絕於佛性也。所謂菩薩行者，何也。佛說又曰，己已得度，回向度他，是爲佛行。未能自度，而先度人，是爲菩薩發心。故初地菩薩之造詣，或比之阿羅漢、阿那含尚下數級焉，而以發心度人之故，即爲此後證無上果之基礎。彼菩薩者，皆至今未成佛者也。其有已成佛而現菩薩身者，則吾不敢知。何以故，有一眾生未成佛，彼誓不成佛故。夫學佛者以成佛爲希望之究竟者也，今彼以眾生故，乃並此最大希望而犧牲之，則其他更何論焉。故舍己救人之大業，惟佛教足以當之矣。雖然，彼非有所矯強而云然也，彼實見夫眾生性與佛性本同一源，苟眾生迷而曰我獨悟，眾生苦而曰我獨樂，無有是處。譬諸國然，吾既託生此國矣，未有國民愚而我可以獨智，國民危而我可以獨安，國民悴而我可以獨榮者也。知此義者，則雖犧牲藐躬種種之利益以爲國家，其必不辭矣。

三　佛教之信仰乃入世而非厭世

明乎菩薩與獨覺之別，則佛教之非厭世教可知矣。宋儒之謗佛者，動以是爲清淨寂滅而已，是與佛之大乘法總成反比例者也。景教者，衍佛之小乘者也，翹然日懸一與人絕之天國以歆世俗，此寧非引進愚民之一要術。然自佛視之，則已墮落二乘聲聞界矣。佛固言天堂也，然所以祈嚮者，非有形之天堂，而無形之天堂，非他界之天堂，而本心之天堂。故其言曰，不厭生死，不愛涅槃。又曰，地獄天堂，皆爲淨土。何以故，菩薩發心當如是故。世界既未至一切眾生皆成佛之位置，則安往而得一文明極樂之地。彼迷而愚者，既待救於人，無望能造新世界焉矣。使悟而智者，又復有所歆於他界，而有所厭於儕輩，則進化之責，誰與任之也。故佛弟子有問佛者曰，誰當下地獄。佛曰，佛當下地獄。不惟下地獄也，且常住地獄。不惟常住也，且常樂地獄。不惟常樂也，且莊嚴地獄。夫學道而至於莊嚴地獄，則其悲願之宏大，其威力之廣遠，豈復可思議也。然非常住常樂之，烏克有此。彼歐美數百年前，猶是一地獄世界，而今日已驟進化若彼者，皆賴百數十仁人君子，住之樂之而莊嚴之也。知此義者，小之可以救一國，大之可以度世界矣。

四　佛教之信仰乃無量而非有限

宗教之所以異於哲學者，以其言靈魂也。知靈魂，則其希望長，而無或易召失望以致墮落。雖然，他教之言靈魂，其義不如佛教之完。景教之所揭櫫也，曰永生天國，曰末日審判。夫永生猶可言也，謂其所生者在魂不在形，於本義猶未悖也。至末日審判之義，則謂人之死者，至末日期至，皆從塚中起，而受全知能者之鞫訊，然則鞫訊者仍形耳，而非魂也。藉曰魂也，則此魂與形俱生，與形俱滅，而曾何足貴也。故孔教專衍形者也，則曰善不善，報諸子孫。佛教專衍魂者也，則曰善不善，報諸永劫。其義雖不同，而各圓滿具足者也。惟景教乃介兩者之間，故吾以爲景教之言末日，猶未脫埃及時代野蠻宗教之迷見者也。埃及人之木乃伊術，保全軀屍殻，必有所爲，殆令爲將來再生永生地也。又按，景教雜形以言魂者甚多，即如所言亞當犯罪，其子孫墮落云云，亦其一端也。如耶氏之教，則吾輩之形雖受於亞當，然其魂則固受諸上帝也，亞當一人有罪，何至罰及其數百萬年以後之裔孫。此殆猶是積善之家有餘慶，積不善之家有餘殃之義而已，仍屬衍形教，不可謂之衍魂教也。〇耶氏言末日審判之義峭緊嚴悚，於度世法門，亦自有獨勝之處，未可厚非。特其言魂學之圓滿，固不如佛耳。夫人生也有涯，而知也無涯，故爲信仰者，苟不擴其量於此數十寒暑以外，則其所信者，終有所撓。瀏陽《仁學》云，好生而惡死，可謂大惑不解者矣，蓋於不生不滅瞢焉。瞢而惑，故明知是義，特不勝其死亡之懼，縮朒而不敢爲，方更於人禍之所不及，益以縱肆於惡，而顧景汲汲，而四方蹙蹙，惟取自心快已爾，天下豈復有可治也。今使靈魂之說明，雖至闇者，猶知死後有莫大之事及無窮之苦樂，必不至於生前之暫苦暫樂，而生貪著厭離之想。知天堂地獄森列於心目，必不敢欺飾放縱，將日遷善以自兢惕。知身爲不死之物，雖殺之亦不死，則成仁取義，必無怛怖於其衷。且此生未及竟者，來生固可以補之，復合所憚而不亹亹。嗚呼，此應用佛學之言也。西人於學術，每分純理與應用兩門，如純理哲學、應用哲學，純理經濟學、應用生計學等是也。瀏陽仁學，吾謂可名爲應用佛學。瀏陽一生得力在此，吾輩所以崇拜瀏陽，步趨瀏陽者，亦當在此。若此者，殆舍佛教末由。

五　佛教之信仰乃平等而非差別

他教者，率眾生以受治於一尊之下者也，惟佛不然。故曰，一切眾生皆有佛性。又曰，一切眾生，本來成佛，生死涅槃，皆如昨夢。其立教之目的，則在使人人皆與佛平等而已。夫專制政體固使人服從也，立憲政體亦使人服從也，而其順逆相反者。一則以我服從於他，使我由之，而不使我知之也。一則以我服從於我，吉凶與我同患也。故他教雖善，終不免爲據亂、小康世之教，若佛教，則兼三世而通之者也。故信仰他教，或有流弊，而佛教決然無流弊也。

六　佛教之信仰乃自力而非他力

凡宗教必言禍福，而禍福所自出，恆在他力，若祈禱焉，若禮拜焉，皆修福之最要法門也。佛教未嘗無言他力者，然只以施諸小乘，不以施諸大乘，其通三乘、攝三藏而一貫之者，惟因果之義。此義者，實佛教中小大精粗，無往而不具者也。佛說現在之果，即過去之因。現在之因，即未來之果。既造惡因，而欲今後之無惡果焉，不可得避也。既造善因，而懼後此之無善果焉，亦不必憂也。因果之感召，如發電報者然，在海東之動其電機，長短多寡若干度，則雖隔數千里外，而海西電機之發露，其長短多寡若干度與之相應，絲毫不容假借。人之熏其業緣於阿賴耶識阿賴耶者，八識中之第八識也，其義不可得譯，故先輩唯譯音焉。欲知之者，宜讀《楞伽經》及《成唯識論》。也，亦復如是。故學道者必愼於造因，吾所已造者，非他人所能代消也。吾所未造者，非他人所能代勞也。又不徒吾一身而已，佛說此五濁惡世者，亦由眾生業識熏結而成。眾生所造之惡業，有一部分屬於普通者，有一部分屬於特別者。其屬於普通之部分，則遞相熏積相結而爲此器世間。佛說有所謂器世間、有情世間者，一指宇宙，一指眾生也。其特別之部分，則各各之靈魂，靈魂本一也，以妄生分別故，故爲各各。自作而自受之。而此兩者自無始以來，又互相熏焉，以遞引於無窮。故學道者，（一）當急造切實之善因，以救吾本身之墮落。（二）當急造宏大之善因，以救吾所居之器世間之墮落。何也，苟器世間猶在惡濁，則吾之一身，未能能達淨土者也。所謂有一眾生不成佛，則我不能成佛，是實事也，非虛言也。嘻，知此義者，可以通於治國矣。一國之所以腐敗衰弱，其由來也，非一朝一夕，前此之人，蒔其惡地，而我輩今日，刈其惡果。然我輩今日，非可諉咎於前人而自以解免也，我輩今日而亟造善因焉，則其善果或一二年後而收之，或十餘年後而收之，或數百年後而收之。造善因者遞續不斷，而吾國遂可以進化而無窮，造惡因者亦然。前此惡因既已蔓茁，而我復灌溉而播殖之，其貽禍將來者，更安有艾也。又不徒一羣爲然也，一身亦然。吾蒙此社會種種惡業之熏染，受而化之，旋復以熏染社會，我非自洗滌之而與之更始，於此而妄曰吾善吾羣，吾度吾羣，非大愚則自欺也。故佛之說因果，實天地間最高尚完滿、博深切明之學說也。近世達爾文、斯賓塞諸賢言進化學者，其公理大例，莫能出此二字之範圍。而彼則言其理，而此則並詳其法，此佛學所以切近於人事，徵於實用也。夫尋常宗教家之所短者，在導人以倚賴根性而已，雖有天助自助者一語以爲之彌縫，然常橫天助二字於胸中，則其獨立不羈之念，所減殺已不少矣。若佛說者，則父母不能有所增益於其子，怨敵不能有所咒損於其仇，無歆羨，無畔援，無罣礙，無恐怖，獨往獨來，一聽衆生之自擇。中國先哲之言曰，天作孽，猶可違，自作孽，不可逭。又曰，自求多福，在我而已。此之謂也。特其所言因果相應之理，不如佛説之深切著明耳，佛教洵偶乎遠哉。

以上六者，實鄙人信仰佛教之條件也。於戲，佛學廣矣，大矣，深矣，微矣，豈區區末學所能窺其萬一。以佛耳聽之，不知以此爲讚佛語耶，抑謗佛語耶。雖然，即曰謗佛，吾仍冀可以此爲學佛之一法門，吾願造是因，且爲此南贍部洲有情衆生造是因，佛力無盡，我願亦無盡。

難者曰，子言佛教有益羣治，辯矣。印度者，佛教祖國也，今何爲至此。應之曰，嘻，子何闇於歷史。印度之亡，非亡於佛教，正亡於其不行佛教也。自佛滅度後十世紀，全印即已無一佛跡，而婆羅門之餘燄，盡取而奪之。佛教之平等觀念，樂世觀念，悉已摧亡，而舊習之喀私德及苦行生涯，遂與印相終始焉。後更亂以回教，末流遂極於今日。然則印之亡，佛果有罪乎哉。吾子爲是言，則彼景教所自出之猶太，今又安在也。夫寧得亦以猶太之亡，爲景教優劣之試驗案也。雖然，世界兩大教，皆不行於其祖國，其祖國皆不存於今日，亦可稱天地間一怪現象矣。

又《余之死生觀》（節選）（同上，卷一七）　（略）自昔野蠻時代之宗教，皆言靈魂，即號稱文明宗教在今世諸文明國中最有勢力如景教者，亦言靈魂，孔教則不甚言靈魂，佛教則反對外道六大論師之言靈魂。近世歐美哲學家，就中如進化論一派，亦反對景教之言靈魂。靈魂之果有果無。若有之，則其狀態當何若，是數千年來學界一最大問題，辯爭至劇烈，而至今未嘗已者也。雖然，無論爲宗教家，爲哲理家，爲實行教育家，其持論無論若何差異，而其究竟必有一相同之點，曰人死而有不死者存是已。此不死之物，或名之爲靈魂，或不名之爲靈魂，或語其一局部，或語其全體，實則所指同而所名不同，或所證同而所修不同，此辯爭之所由起也。吾今欲假名此物，不舉其局義，而舉其偏義，故不名曰靈魂，而名曰精神。精神之界説明，然後死學可得而講也。

佛教之反對印度舊教言靈魂者，何也。舊教言輪迴，言解脱，佛教亦言輪迴，言解脱，讀輪迴、解脱之主體，舊教惟屬諸么匿，佛則么匿與拓都並言之，而所重全在其拓都，此其最異之點也。故此主體者，佛教不名之曰靈魂，而名之曰羯磨。舊教言靈魂雖各各不同，然皆言有一神我，我爲所輪迴體，神我爲能輪迴體。佛教以爲若此沾滯於小我，是求解脱而反縛繫也，故排之而立羯磨。佛之排舊教説，此不能具徵，余近別著《死不死》一書，當詳言之。佛説以爲，一切衆生自無始來，有眞如、無明之二種性在於識藏。而此無明，相熏相習，其業力總體，演爲器世間，是即世界也。其箇體演爲有情世界，即人類及其他六道衆生也。以今義釋之，則全世界者，全世界人類心理所造成。佛説不限人類，今舉狹義耳。一社會者，一社會人之心理所造成。箇人者，又箇人之心理所造成也。今之箇人，由有生以前之心理所造。今之心理，又造成死後之箇人，全世界乃至一社會，亦復如此。佛説一切萬象，悉皆無常，剎那生滅，去而不留，獨於其中，有一物焉。因果連續，一能生他，他復生一，前波後波，相續不斷，而此一物，名曰羯磨。佛説經汗牛充棟，語其指歸，不外發明此義，今舉其最淺顯者一段示證。《首楞嚴經》云，佛告大王，汝身現在，今復問汝，汝此肉身，爲同金剛，常住不朽，爲復變壞。世尊，我今此身，終從變滅。佛言，大王，汝未曾滅，云何知滅。世尊，我此無常變壞之身，雖未曾滅，我觀現前，念念遷謝，新新不住，如火成灰，漸漸銷殞，殞亡不息，決知此身，當從滅盡。（中略）佛告大王，汝見變化，遷改不停，悟知汝滅。亦於滅時，知汝身中，有不滅耶。波斯匿王合掌白佛，我實不知。佛言，我今示汝，不生滅性，汝年幾時，見恆河水。王言，我生三歲，慈母攜我，謁耆婆天，經過此流，爾時即知，是恆河水。佛言，大王，如汝所説，二十之時，衰於十歲，乃至六十，日月歲時，念念遷變，則汝三歲見此河時，至年十三，其水云何。王言，如三歲時，宛然無異。乃至於今，年六十二，亦無有異。佛言，汝今自傷，髮白面皺，其面必定，皺於童年。則汝今時，觀此恆河，與昔童時，觀河之見，有童耄不。王言，不也，世尊。佛言，大王，汝面雖皺，而此見精性未曾皺。皺者爲變，不皺非變。變者受滅，彼不變者，元無生滅。云何於中，受汝生滅，而猶引彼末伽梨等，都言此身死後全滅。羯磨爲物，殆如然電燈者，電雖消去，而其遺漬，緣表筒中，銖黍不爽。今各國然電燈、煤氣燈者，燈局皆置表於然者之室，每月視其表而量其所然之多寡，因以取價。又如人食物品，品中土性鹽質，除穢洩外，而其餘精，偏貫血管。以上設譬，粗而不類，特舉淺近以示證耳。於是乎有因果之律，謂凡造一業，必食其報，無所逃避。《法句》一二七偈云，汝雖復至，大洋中央，乃至深山，洞窟之下，舉此世間，終無能逃，汝所造業，結果之處。人之肉身，所含原質，一死之後，還歸四大，固無論已。四大者，謂地水火風也。中國言五行，而印度言四行。《圓覺經》言，死後骨肉歸土，血唾歸水，動力歸火，氣息歸風。今此肉身，更在何處。就其生前，亦既刻刻變易，如川逝水，今日之我，已非故吾，方見爲新，交臂已故。《首楞嚴經》云，若復令我，微細思維，其變寧惟，一紀二紀，實爲年變。豈惟年變，亦兼月化。何直月化，兼亦日遷。沈思諦觀，刹那刹那，念念之間，不得停住。此其爲説，證諸今日科學所言，雪輪肌膚體循環代謝之理，既已確然，無所容駁。故夫一生數十年間，至幻無常，無可留戀，無可寶貴，其事甚明。而我現在，有所行爲，此行爲者，語其現象，雖復乍起乍滅，若無所留，而其性格，常住不滅，因果相續，爲我一身，及我同類，將來生活，一切基礎。世界之中，有人有畜，乃至更有其他一切眾生。人類之中，有彼此國，有彼此家，有彼此族，彼此社會，所以者何。皆緣羯磨，相習相熏，組織而成。是故今日我輩一舉一動，一言一話，一感一想，而其影象，直刻入此羯磨總體之中，永不消滅。將來我身及我同類受其影響，而食其報。此佛説之大概也。

吾受其義，而歎其與今日進化論者流之説，若何符契也。侯官嚴氏括引晚近生學家言，謂官品一體之中，有其死者焉，有其不死者焉，而不死者，又非精靈魂魄之謂也。可死者甲，不可死者乙，判然兩物。如一草木，根荄支干，果實花葉，甲之事也。而乙則離母，而轉附於子，緜緜延延，代可微變，而不可死。或分其少分以死，而不可盡死。動植皆然。故一人之身，常有物焉，乃祖父之所有而託生於其身者。蓋自受生得形以來，遞嬗迤轉，以至於今，未嘗死也。《天演論》下一案語。此所謂乙者，何物乎，其名曰 Character，譯言性格。進化論家之説遺傳也，謂一切眾生，當其生命存立之間，所受境遇，乃至所造行爲習性，悉皆遺傳於其子孫。今日眾生，其類種種，其族種種，各族類中，各各有其特形特性，千差萬別，殺然不齊，所以者何。即其族類，自無始來，以迄今日，生存競爭之總結果。質而言之，是即既往無量歲月種種境遇，種種行爲累積結集，全量所搆也。夫所謂遺傳者，固非徒在無形之性格，即有形之肢體，其種種畸異之點，亦皆稟傳焉。而有遞變，顧前體已滅，而後體仍相襲者，故知於粗幻之現體外，必更有精實之別體存也。夫形體，則精中之粗，實中之幻者耳。而遺傳之跡，顯然不誣也。則既若是，況更有其精中精、實中實者，其遺傳力之鉅，益可知矣。故至今日而所謂國民心理、社會心理之一科學，日以發明。國民心理者何，社會心理者何，即前此全國、全社會既死之人以不死者貽諸子孫也。

遺傳既可識矣，但其傳焉而必遞變者，何也。我祖我父之業力，我既受之，而我自受胎而出胎而童弱而壯強而耄老，數十年間，日日自所受現世社會之種種熏習者，我祖父未嘗受也。我兼秉二者，於是乎我復有我之一特性，我數十年間，日日舉其特性而發揮之，以造出或善或惡、或有意識或無意識之種種事業，還復以熏習現社會，及吾之死也，則舉吾所受諸吾祖父者一，吾所受諸現社會者二，及吾所自具之特性三，和合之以傳諸我子，我子之所以傳諸其子，我孫之所以傳諸其孫者，亦復如是。乃至前世、現世、來世之人，所以傳諸其子孫者，亦復如是，此所以雖不滅而有變也。前引《首楞嚴經》佛説謂變者受滅，彼不變者，原無生滅，此指能緣之本體也。若所緣之作用，雖不滅而有變也。彼聖賢豪傑乃至大罪惡之人，其所以於一國、一社會之歷史，皆有大影響，歷千百年而食其果未艾者，皆以此。又不徒彼等爲然也，即全社會多數之庸人，其微細羯磨，亦相結而浸潤社會之空氣，能以自力屢屢變易之。吾所謂過去億兆京垓無量數不可思議之人類，無論智愚賢不肖，皆有其不死者存，蓋謂是也。

夫佛説主解脱，將厭離此世間而滅度之，故其教義在不造諸業。進化論主爭存，將緣飾此世間而莊嚴之，故其教義在善造諸業。其結論之相反亦甚矣。若其説一切眾生皆死而有不死者存，則其揆若一，而絲毫無所容其疑難也。佛説之羯磨，進化論之遺傳性，吾皆欲名之曰精神。今吾將據此以溝合羣哲微言，以縱論死義。

景教言靈魂，以視佛及進化論者之説，其義似稍局矣。雖然，景教有最精最要之一言焉，曰三位一體。三位者，此譯聖父、聖子、聖靈，聖父謂上帝，聖子謂景尊，聖靈即精神，通於帝與尊與一切人類之間者也。以拓都體言之則曰聖靈，以么匿體言之則曰靈魂。靈魂何以能不死，以其通於帝也。故景教言人類之軀殼爲第二生命，其上更有第一生命者存，雖進化論家極謗景尊者，或未能難也。（略）惟其爲尋常鈍根眾生説法，則專表其么匿體，不表其拓都體，故不能如佛説之奧達焉。至其精義，則一而已。佛説之羯磨，通於眾生，景教之靈魂，限於人類，此其大異之點。

孔教不言靈魂，《易·繫》言精氣爲物，游魂爲變，《禮記》言焄蒿悽愴，非不言之，特不雅言耳。顧亦言死後而有不死者存。不死者何，一曰家族之食報，二曰名譽之遺傳。所謂積善之家，必有餘慶，積不善之家，必有餘殃，又曰，君子疾沒世而名不稱焉，是也。此二義者，彼此渺不相屬，其與佛教、景教及近世泰西哲學家之論死生問題者，更渺不相屬。雖然，吾以爲此所謂不死者，究無二物也。物何名，亦曰精神而已，綜諸尊諸哲之異說，不外將生命分爲兩界，一曰物質界，二曰非物質界。物質界屬於么匿體，箇人自私之。（么匿體又非徒有物質界而已，亦有屬於非物質界者存。）非物質界屬於拓都體，人人公有之。而拓都體復有大小焉，大拓都通於無量數大千世界，小拓都則家家而有之，族族而有之，國國而有之，社會社會而有之。拓都不死，故吾人之生命，其隸屬於最大拓都者固不死，即隸屬於次大、又次大乃至最小之拓都者皆不死。今請以佛說之名詞釋之。佛之言羯磨也，箇人有箇人之羯磨，何以能集數人至十數人以爲家，則以有其家特別同一之羯磨。乃至何以能集千萬人以爲族，集億兆人以爲國，集京垓人以爲世界，則以有其族、其國、其世界特別同一之羯磨。箇人之羯磨，箇人食其報。一家之羯磨，則一家食其報，一族一國乃至一世界之羯磨，則全族、全國、全世界食其報。由此言之，則言家族之餘慶餘殃者，於佛說豈有違異乎。特佛說就其大者言之，極之全世界乃至他世界。就其小者言之，則專論箇人。而孔教則偏言家族之一方面而已。（略）

一家之善業惡業，餘慶殃於其家，一羣之善業惡業，餘慶殃於其羣，理無二也。故我族數千年來相傳之家族報應說，非直不能以今世之科學家破之，乃正得今世之科學，而其壁壘愈堅也。問者曰，孔教言報之身後，佛教言報之後身，寧得云無異。應之曰，不然。佛固言有么匿之羯磨，有拓都之羯磨，則受報者必不僅死後輪迴之么匿體明矣。然則佛之不廢家族報應說，與家族報應說之不戾於眞理，其可以類推也。故謂孔不如佛之備可也，謂孔佛殊別也不可。問者曰，既報之身後，又報之後身，毋乃重乎。應之曰，詗諸遺傳之說，則吾之本體，固有傳焉者，有不傳焉者。其傳焉者，則報之於其拓都。（拓都與么匿並報，蓋雖傳去，而我身固尚有此業存也。）其不傳者，則報之於其么匿。報諸么匿之義，此則孔教與進化學家所不言，而佛說邃密者也。若夫名譽之說，其理亦同一源。夫一羣羯磨即遺傳性之總體，亦集其羣中箇人羯磨之別體而成耳。合無量數人同印此羯磨於其羣中，而其間業力較大者，則其印象必較顯，此即所謂名譽也。顯著之印象，以視尋常普通之印象，其影響於總體之變化者，能力必倍蓰焉，故名譽能鑄社會。一聖賢一豪傑出，而千百年後猶受其感化，而社會之幸福賴之，由斯道也。以比例之語明之，則亦可謂積名之羣，必有餘慶也。孔子以名爲教，所以勸人爲一羣造善業也。（略）

今吾請檃括前言而勦演之曰，我之軀殼，共知必死，且歲月日時，刹那刹那，夫既已死，而我乃從而寶貴之，罄吾心力，以爲彼謀，愚之愚也。譬之罄吾財產之總額以莊嚴輪奐一宿之逆旅，愚之愚也。我所莊嚴者，當在吾本家。逆旅者何，軀殼是已。本家者何，精神是已。吾精神何在，其一在么匿體，將來經無量劫緣，以爲輪迴，乃至入無餘涅槃，皆此物焉。苟有可以爲彼之利益者，雖糜其軀殼，不敢辭也。其一在拓都體，此羣焉，此國焉，此世界焉，我遺傳性所長與以爲緣而糜盡者也。苟有可以爲彼之利益者，雖糜其軀殼，不敢辭也。夫使在精神與軀殼可以兩全之時也，則無取夫戕之，固也。而所以養之者，其輕重大小，既當嚴辨焉。若夫不能兩全之時，則寧死其死者，而毋死其不可死者。死其不可死者，名曰心死，君子曰，哀莫大於心死。

西藏戡亂問題（節選）（同上，卷二五） 西藏宜討之日久矣，國家多故，日不暇給，群駭生心，益復自恣。宣統二年春王正月既望，天子赫然震怒，詔褫革達賴喇嘛阿旺羅布藏吐布丹甲錯濟寨汪曲卻勒朗結名號，黜爲齊民。命訪尋靈異幼子，照案籤掣嗣法以掌教務，而責駐藏大臣以輯和其民。於是西藏儆孽戎，始知天威不可以久干，而寰海友邦，亦瞠目相視，竊竊焉思覯後效之何如。嗚呼，事有牽一髮而動全身者，今茲之役，非細故也。是用鑑往察來，以造斯論，冀躬其事者一省覽采擇焉。

（一）最近馭藏政策兩度之大失機（略）

此機既失矣，未幾而有光緒三十四年達賴入覲之事，使當時能以術羈縻之於京師，則我之馭藏策猶可以厲行，而決不至有今日之禍。蓋藏民舍迷信外，毫無所知，故畏威懷德，兩皆無藉，因勢利導，則必以其所信者爲樞機。列祖列宗之治藏，其操縱之術，布在方策矣。已革達賴勒朗結，其冥頑陰鷙之迹，既已見端，而藏民視爲神聖，彼在藏一日，則藏一日不安。彼去藏而適他國，他國利而用之，則藏之不安將滋甚。故當時吾嘗警政府，謂宜圈留之，勿使逸。其法則別搆一宏壯之刹於京師，而使之住持，或更崇以國師之號，乃大誥於蒙藏之民曰，皇帝敬禮三寶，國師宜以時入侍說法，不得去輦轂。凡蒙藏之民欲禮國師者，其詣京師。達賴既錮於京師，則選才士任駐藏大臣，率一旅之師以鎮撫其民，其有不率，則以皇帝之命、達賴之教並督責之。如是則羣堪布堪布者，西藏之行政官也。凡西人名雖輔翼達賴，實則權在其上。無所假威，而藏民將戢戢聽命。吾謀不用，自達賴之出，吾固已知西陲之無復甯歲矣。

（二）處置達賴喇嘛政策之當否

已革達賴喇嘛勒朗結，辜恩毀法，情眞罪著，天譴之加，洵由自取。雖然，就政策上論之，則政府此舉，過嘗於事前而籌及事後處置之法與否，吾實不能無疑。蓋達賴之地位，與衛藏回部乃至內外蒙古及青海回部之人民有密切之關係，而此諸地，實居我大清帝國幅員之半，故所以善其後者，不可不計之至熟也。大地迷信宗教之民，雖平時柔馴若羔羊，而遇有犯其迷信者，則其抵抗力之爆發，往往出於言思擬議之外。觀於回教、耶教之人民，緣宗教上之爭，至於以血染其歷史者千餘年，從可見也。今此次諭旨，雖明稱保護黄教，而以彼諸部之人民之心理視之，其能心悦誠服與否，吾所未敢言也。蓋彼輩所信者，謂後達賴為前達賴之烏畢拉罕所託生，烏畢拉罕者，譯言化身也。故非一達賴死，則他達賴斷無自發生。而後達賴之發生，純由前達賴之默示，而絕非他人之力所得左右。此其誕妄不經，固不俟論，然其深入人心者，已三百餘年矣。故此狡黠之勒朗結彼等所認為宗喀巴之第十三次呼畢勒罕者也。宗喀巴者，黄教之初祖也，勒朗結，第十二代之喇嘛也。而宗喀巴，則彼等所認為觀世音菩薩之呼畢勒罕者也。故據彼等所信，乃竟至合觀世音、宗喀巴、勒朗結為一人，牢不可破。故就吾輩之心理觀察之，則以大皇帝而黜罰其一臣民名勒朗結者，有何奇異。就彼輩心理觀察之，則曰雖以轉輪聖王，不能黜觀世音而別指一人為觀世音也。夫其愚雖至可憫乎，然正惟其愚一至此極，何術復足以喻之者。夫以我聖祖、世宗、高宗之天亶聰明，豈不知呼畢勒罕為愚民之具，而於此荒誕不經之僻說猶有所惑焉，顧列朝之待達賴恆有加禮者，此禹入裸國之義。聖人之知幾其神也，而又非徒為西藏一隅計也，所以役蒙古、定青海，綏回部厄魯特，皆操是術。列聖為國家計，欲結合國內各種族之人民成為一體，以厝諸長治久安，不惜紆降尊貴以禮一狡童，用心蓋良苦也。今茲之事，則取數百年來列聖相傳之政策，一舉而擲之矣。夫時勢有變遷，而政策當隨之，吾非敢謂變列聖之政策即為不敬也，然揆諸蒙藏諸部現在之情形，實覺此政策有未能遽擲者。今茲之舉，吾一念其後，懍乎若朽索之馭六馬焉也。

今明詔既已降矣，在勢固無反汗之理，即反汗，則國體愈損，更何足以臨諸部。處此騎虎難下之勢，惟有力與迷信戰而已。然戰之又決不能破壞其全部也，惟求先破壞其一部分而已。考宗喀巴之經記，謂達賴六世、班禪七世後，不復再來，見魏源《聖武記》。其說固亦深中人心，且自前明永樂至乾隆中葉凡三百五十餘年，僅更達賴六人，自乾隆末至今百餘年，已更達賴六人，前老壽而後短折，其眞贋本易見。而自第六代以後，所報之呼畢勒罕，往往歧異，以致有大昭寺瓶卜之事，此其全為諸噶倫卜、諸堪布所假託，跡已歷歷。謂宜將此等故實，詳細敘述，為一極懇切之上諭，譯以蒙古、唐古忒文，頒諸各部。明前此諸噶倫卜欺君愚民之罪，曉以自第六代以後，無復眞達賴，而此次朝廷所黜者，實為勒朗結，而非宗喀巴，非觀世音。然僅恃一詔之力，尚恐無效也，駐京之章嘉呼圖克圖者，其歷史參觀本號之調查門。其為蒙藏人所信仰，亞於達賴，而與班禪埒，謂宜結以恩義，使之入藏主持教務，宣布朝廷護法之盛意。其達賴一職，則從宗喀巴之豫言，非惟不認勒朗結，並第七世以下皆不認之，達賴之名號，即從此廢不用。此或是一種辦法，然其效果如何，非吾所能決也。若如今日之政策，別立一幼童以為達賴，則蒙藏之民，必謂達賴未示寂，其呼畢勒罕從何而來。而外人且居勒朗結為奇貨，日行其煽惑，則蒙藏自此無甯歲矣。要之，今茲之役，其第一失機，在放勒朗結出京。其第二失機，在川兵入藏時，不急挾勒朗結為重，而聽其潛逃。其第三失機，則在不籌全局，而遽褫其法號。一誤再誤，今既不可收拾矣，吾之所陳，乃於焦頭爛額之時，作無可如何之想，實策之下下者也。雖然，政府之舉措，則直謂之無策耳。

頃聞藏中報告，謂藏民已相安無事，政府聞此，應如釋重負，夫以吾未履藏地，豈敢謂其報告之必屬子虛，然以理度之，此事斷不能如此之易了。即曰藏中無變，而西北諸蒙古之間接受其影響者，爲禍方長。且所謂變動者，豈必其斬木揭竿以起，但使生心外向，無形中以漸即於敵，則我康雍乾三朝廷所費之國力，已全擲於虛牝矣。《書》曰，若考作室，厥子乃不肯堂，矧肯構。當局者若輕心掉之，盍亦淸夜自思，何以見祖宗於地下也。

佛道論衡部

老子化胡分部

《後漢書·襄楷傳》　「又聞宮中立黃老浮屠之祠（浮屠即佛陀但聲轉耳並謂佛也解見楚王英傳）此道清虛，貴尚無爲，好生惡殺，省慾去奢。今陛下嗜慾不去，殺罰過理，既乖其道，豈獲其祚哉。或言老子入夷狄爲浮屠。（或言，當時言也。老子西入夷狄，始爲浮屠之化。）浮屠不三宿桑下，不欲久生恩愛，精之至也。（言浮屠之人寄桑下者，不經三宿便即移去，示無愛戀之心也。）

裴松之《三國志注》卷三〇　浮屠經云，其國王生浮屠。浮屠，太子也。父曰屑頭邪，母云莫邪。浮屠身服色黃，髮青如青絲，乳青，毛蛉赤如銅。始，莫邪夢白象而孕，及生，從母左脅出生，而有結。墮地能行七步。此國在天竺城中。天竺又有神人名沙律。昔漢哀帝元壽元年，博士弟子景盧受大月氏王使伊存口受浮屠經，曰，復立者，其人也。浮屠所載臨蒲塞，桑門，伯聞，疏問，白疏聞，比丘，晨門，皆弟子號也。浮屠所載，與中國《老子》經相出入。蓋以爲老子西出關，過西域之天竺，教胡。浮屠屬弟子別號，合有二十九，不能詳載，故畧之如此。

道世《法苑珠林》卷七一　時有人姓李名通，死而更蘇。云見祖（帛法祖）法師在閻羅王處，爲王講《首楞嚴經》。云講竟應往忉利天。又見祭酒王浮，一云道士基公次被鎖械，求祖懺悔。昔祖平素之日，與浮每爭邪正，浮屢屈，既瞋，不自忍。乃作《老子化胡經》以誣謗佛法，殃有所歸。故死方思悔。孫綽《道賢論》以法祖匹嵇康。論云，帛祖釁起於管蕃，中散禍作於鍾會。二賢並以高邁之氣，昧其圖身之慮。栖心事外，輕世招患殆異也。其見稱如此。

《舊唐書·中宗本紀》　（神龍元年）九月壬午親祀明堂，大赦天下。禁《化胡經》及婚娶之家父母親亡停喪成禮。

《新唐書》卷五九　《議化胡經狀》一卷。（萬歲通天元年，僧惠澄上言，乞毀《老子化胡經》。敕秋官侍郎劉知璿等議狀。）

趙希弁《郡齋讀書後志》卷二　《老子化胡經》十卷。右魏明帝爲之序。經言老子歸崑崙化胡，次授罽賓，後及天竺。按裴松之《三國志注》，言世稱老子西入流沙，化胡成佛。其說蓋起于此議。［略］萬歲通天元年，僧惠澄上言，乞毀《老子化胡經》。秋官侍郎劉知璿等議狀，證其非僞。此是也。

羅泌《路史》卷三四《老子化胡説》　《德經》曰，出生入死。生之徒十有三，死之徒十有三，人之生，動之死地十有三。（嘗謂道陽而德陰。老氏歸陽，釋氏歸陰。分道德爲二經。其義斯在，昔未有知此者。惟道君皇帝以僧爲德士，蓋體之矣。）夫一性之元，湛然虛徹。曾何有于生死哉。其所以生死者，出則爲生，入則爲死而已矣。生之徒十有三，謂十之中生者居其三也。死之徒十有三，謂十之中死者亦居其三也。而人之生動之死地十有三者，則是一性本生而顧不能靜，每以物動而自趣于盡者，十又處其三也。蓋生者居其一，而死者處其二也。既已十管其九矣，而其一置而不顯者，是何邪。非出生而入死者邪。乃不生而不死者也。是生死之道九，而不生不死之道一也。佛者之教不出于此矣。老子之所以化胡，惟此道爾。謂之德經事可見矣。（詳五千文意，蓋留猜後人者，而韓非以爲四肢九竅三生，李宿以爲之食神祿與倒食陽干。前一陽干爲食神，後一陽干爲倒食。互相食伐皆在干十三數。以是爲所言生死之徒，溺于術矣。）

然釋氏之無知者輒諱其事，又從而誣罔之，固非毗幡尸之意。（釋氏推過去毘婆尸佛。）而老子者不知出此，乃復羣起而較其容儀之盛衰與夫出世之先後以爭之，祇見其不能勝爾。雖然，釋子之無耻，豈惟誣老哉，羲媧孔顏之聖且弗免也。彼腐儒者既莫之能謫，又從而怖之，吁！（釋有所謂《造天地經》云，寶歷菩薩下生世間，號曰伏羲。吉祥菩薩下生世間，號曰女媧。摩訶迦葉號曰老子，儒童菩薩號曰孔丘。復有《清靜法行經》云，眞丹國乃能從化，其見侵侮，迦葉往爲老子，淨光童子往爲孔丘。又遣月明儒童往爲顏回三弟子者，出生其國，乃能從化。其見侵侮如此。故唐杜嗣先有吉祥御宇儒童衍教之說，而韓愈曰，佛者云，孔子吾師之弟子也。釋者遂有詆韓論。甚矣，其無忌憚也。雖然，道家者流亦有記莊王癸巳之歲一陰之月，老君遣尹眞人喜乘月精白象，下天竺於靜飯夫人口中託生佛者。嘻，事亦善于報復矣。夫天下之事，豈有二道。老釋之教，其初則一。第其立教，各開戶牖，以自爲異，而末遂至于不相涉爾。今溧水縣南七十五里有儒童寺者，本孔子祠。唐景福二年遂以爲孔子寺，以孔子適楚經此。南唐改曰儒童寺，故予嘗謂江南之亡，非文之罪，用浮屠之過。）

王磐等撰《聖旨焚毀諸路僞道藏經之碑》（念常《佛祖歷代通載》卷二一）　至元二十一年三月初三日詔，遣資德大夫總制院使兼領功德使司事桑格諭翰林院，戊午僧道持論，及至元十八年十月二十日焚毀道藏僞經始末，可書其事於石。臣磐等謹按，釋總統哈達薩哩所錄事迹，昔在憲宗皇帝朝，道家者流出一書曰《老君化胡成佛經》及八十一化圖，鏤板傳布。其言鄙陋誕妄，意在輕蔑釋門而自重其教。罽賓大師喇嘛總統少林長老福裕以其事奏聞。

時上居潛邸，憲宗有旨，令僧道二家同詣上所辯析。二家自約，道勝則僧冠首而爲道，僧勝則道削髮而爲僧。

僧問道曰，汝書爲論化胡成佛，且佛是何義。道對曰，佛者覺也。覺天覺地覺陰覺陽覺仁覺義之謂也。僧曰，是殆不然。所謂覺者，自覺覺他，覺行圓滿，三覺圓明，故號佛陀，豈特覺天地陰陽仁義而已耶。是時上特語近侍曰，吾亦先知仁義是孔子之語，謂佛爲覺仁覺義，其說非也。

道士又持《史記》諸書以進，欲出多說傲倖取勝。帝師班迪達帕克斯巴曰，此是何書。道曰，前代帝王之書。上曰，汝今特論教法，何用攀援前代帝王。帝師曰，我天竺亦有此書，汝聞之乎。對曰，未也。帝師曰，我爲汝說。天竺頻婆羅王贊佛偈曰，天上天下，無如佛十方世界，亦無比世間所有。我盡見一切，無有如佛者。當其說是語時，老子安在。道者不能對。

帝師又問，汝《史記》有化胡之說否。曰，無。又問，老子所傳何經。曰，《道德經》。曰，此外更有何經。曰，無。《道德經》中有化胡事否。曰，無。帝師曰，《史記》中既無，《道德經》中又無，其爲僞妄明矣。道者辭屈。

尚書姚樞曰，道者負矣。上命如約行罰。遣近臣托歡將道者樊志應等十有七人詣龍光寺，削髮爲僧，焚僞經四十五部，天下佛寺爲道流所據者二百三十七區，至是悉命歸之。道教提點甘志泉所據吉祥院其一也，據而弗歸。

至元十七年夏四月，僧人復爲徵理長春宮道流謀害。僧錄廣淵聚徒持梃毆擊，僧衆自焚廩舍，誣廣淵遣僧人縱火，且聲言焚米三千九百餘石，他物稱是。事達中書省辯其誣。甘志泉王志眞欵伏。詔遣樞密副使博囉及諸大臣覆按無異詞，志泉志眞就誅，劓刵流竄凡十人。仍徵所聲言米物，如其數歸之。

僧衆有道家僞經尙存爲言者，聞諸皇太子。十八年九月，都功德使司托音小賽音齊奏臺，徃年所焚道家僞經板本化圖，多隱匿未毀。其《道藏》諸書，類皆詆毀釋教，剽竊佛語，宜皆甄別。於是上命樞密副使與前中書左丞文謙，秘書監友直釋教總統哈達薩哩，太常卿呼圖克伊蘇，中書省客省使圖嚕，在京僧錄司教禪諸僧及臣等，詣長春宮無極殿，偕正一天師張宗演，全眞掌教祁志誠，大道掌教李德和杜福春，曁諸道流考證眞僞。翻閱兼旬，雖卷帙數千，逾其本末，惟《道德》二篇爲老子所著，餘悉漢張道陵，後魏寇謙之，唐吳筠杜光庭，宋王欽若輩撰造演說，鑿空架虛，罔有根據。詆毀釋教，以妄自尊崇。復愛慕其言而竊爲己有，假陰陽術數以示其奧，裒諸子醫藥以誇其博，徃徃改易名號，傳註訛舛失其本眞。又所載符呪，妄謂佩之令人商賈倍利，子嗣蕃息，伉儷諧和如鴛鴦之有偶，將以媒淫亂而規財賄。至有教人非望，佩符在臂則男爲君相女爲后妃，入水不溺入火不焚，刀劍不能傷害之語。其僞妄駁雜如此，留之徒以誑惑愚俗。自《道德經》外宜悉焚去。臣等同辭以聞。

上曰，道家經文，傳訛踵謬非一日矣。若遽焚之，其徒未必心服。彼言水火不能焚溺，可姑以是端試之，俟其不驗，焚之未晚也。遂命樞密副使博囉守司徒哈喇哈遜等諭張宗演祁志誠李德和杜福春等，俾各推擇一人，佩符入火自試其術。四人者奏言，此皆誕妄之說，臣等入火必爲灰燼，實不敢試。但乞焚去道藏，庶幾澡雪臣等。上可其奏。遂詔諭天下，道家諸經可留《道德》二篇，其餘文字及板本化圖，一切焚毀。隱匿者罪之。民間刊布諸子醫藥等書，不在禁限。今後道家者流，其一遵老子之法。如嗜佛者削髮爲僧，不願爲僧者聽其爲民。乃以十月壬子，集百官於憫忠寺，焚《道藏》僞經雜書，遣使諸路俾遵行之。

臣磐等聞，老氏之爲道也，以清淨爲宗，無爲爲本。謙冲以處己，損抑以下人。非有貪欲好勝之事。厥後枝分派別，徒屬寖盛。襲訛成僞，誇誕百出。清淨一變而爲汚穢，無爲一變無所不爲。如漢之文成五利，致身求仙，恍惚誕幻。帛書飯牛之詐，黃金可成之妄，一旦敗露，爲武帝所誅。三張之徒，以鬼道惑衆，倡亂天下，爲皇甫嵩曹魏所滅。宋王浮昔居上清寶籙宮，與女冠爲姦。林靈素自稱神霄紫府僊卿，禳大水不驗，並爲徽宗誅竄而死。迨金末年，復有麻被先生銕笠李二人，以姦謀秘計出入時貴之門，肆爲滛汚之行，咸受顯戮。歷代以來，若此之類不可勝數。追惟禍亂之源，姦宄之本。率皆假符籙以神其教，託僞經以警其俗。橫肆巧誣，倡爲詭狀，詆毀聖教，冠攘內典，固已悖老氏不爭不盜之禁矣。及陷刑辟，皆是孽自內作，復將誰咎哉。

且夫釋氏之教，宏闊勝大，非他教所擬倫。歷百千世聖帝明王，莫不尊崇。東冒扶桑，西極昧谷。氷天桂海，山河大地，昆蟲草木，胎卵濕化，有情無情，百千萬類，皆依佛蔭生息動止於天地之間，故天上天下惟佛爲尊。超出乎有生之表，歸極乎無礙之眞。智周三界，神妙諸方。澤及大千，功用不宰。其大有如此者，慈航所至，無溺不援。法雨所霑，有生皆潤。憫世人之沉淪幻海，顚覆迷津。展轉多生，流連累刼。將使之脫凡企聖，蠲弊崇眞。故神光破沉晦之門，大覺指無生之路。其仁有如此，何意狂謀輒形妬忌。雖積毀銷骨，衆煦漂山，法體圓成，初無小玷。譬如盲人之毀日月，何傷日月之明。井蛙之小河海，奚損河海之大，多見其不知量也。

欽惟聖天子識超四諦，道慕三乘。參無象之眞空，傳法王之心印。所以尊崇之禮皈向之誠，矯百僞以從眞，黜羣邪而歸正，有不容不嚴者焉。況乎筆墨勸媱，妖術誤世，恣爲欺誑，皷蕩羣愚。若不大爲改革，則邪說肆行，狂道惑衆，其如天下後世何。凡天下之理，有善有惡，有正有邪，有眞有僞。常混然而同處，雜然而並行。自非稟上聖之資，誕生知之性，智出庶物，明照羣情，則紅紫之亂朱，洼滛之變雅，是孰得而辯明之哉。由是言之，聖天子匡濟眞圖，翼扶大法之功，至矣。槩諸聖不可有加矣。於以鑿含靈之耳目，開正途之荒穢，使般若之光永乎無際刼，遍滿恆河沙界。延洪聖壽於無疆，衍緜儲君之福利鼎祚於億萬年之久者，庸有旣乎，是可述也。臣磐等敬爲之書，以貽後人。俾爲老氏之學者有所警焉。

張伯淳《大元至元辨僞録隨函序》（念常《佛祖歷代通載》卷二一）

天無私覆，地無私載，日月無私照。《辨僞錄》之所云，良有以也。洪惟聖朝繼天立極，論道經邦，以佛心子育萬方，以正法澤被四海。至元辛卯之歲孟春，大雲峯長老邁吉祥欽奉皇帝明命，撰述《至元辨僞錄》，奏對天顔，睿覽頒行，入藏流通。原其所自，乙卯間，道士丘處機、李志常等毀西京天城夫子廟爲文城觀，毀滅釋迦佛像白玉觀音舍利寶塔，謀占梵刹四百八十二所，傳襲王浮僞語老子八十一化圖，惑亂臣佐。時少林裕長老率師德詣闕陳奏。先朝孟克皇帝玉音宣諭登殿，辨對化胡眞僞。聖躬臨朝，親證李志常等義墮辭屈，奉旨焚僞經，罷道爲僧者十七人，還佛寺三十七所。黨占餘寺流弊益甚。丁巳秋，少林復奏。續奉綸旨，僞經再焚。僧復其業者二百三十七所。由乙卯而辛酉，凡九春，而其徒竄匿未悛，邪說謟行，屛處猶妄，驚瀆聖情。由是至元十八年冬，欽奉玉音，頒降天下。除《道德經》外，其餘說謊經文，盡行燒毀。道士愛佛經者爲僧，不爲僧者娶妻爲民。當是時也，江南釋教都總統永福嘉木揚喇勒智大弘聖化，自至元二十二春至二十四春凡三載，恢復佛寺三十餘所。如四聖觀者，昔孤山寺也。道士胡提點等舍邪歸正，罷道爲僧者，奚啻七八百人，挂冠於上永福帝師殿之梁拱間。故典如南嶽山之劵，爲事僞者戒。試嘗考之。

自大敎西來，漢明帝迎摩騰竺法蘭二師於洛陽，五嶽道士褚善信等上表議毀佛法。當時築壇，以佛道二經焚之，道經悉爲灰燼，佛經放光無損。尊者踴身作十八變，有狐非獅子類，燈非日月明之至言。道士爲僧者不可勝數。如寇謙之矯妄，崔浩惑魏太武，而崔浩卒以族誅。曇謨最之挫屈姜斌，斌流於馬邑。齊曇顯之愧陸修靜。唐總章元年，法明辨化胡之僞，勑搜聚天下《化胡經》，抑嘗火其書矣。由古而今，歷代帝王之制，斯可忽諸。葢世尊等視三界衆生，猶如一子。棄背大覺，是子背其父也。子背其父，是自昧其所天也。

且師老子者，《道德》二篇，以清虛澹泊，絕世棄聖立其宗，隱居以求其志。翛然無爲爾。今盜名之徒，叢嘯黨援，假立冠褐，峻侈宮觀，苟世利養，豈老氏之用心哉。況老氏謂大辨若訥，大巧若拙。辨者不善，善者不辨。勿矜勿伐，抱一爲天下式。而占毁佛寺，竊經扇化胡之僞，是若拙若訥歟，是善者不辯歟。師老子而違其術，亦復違其自宗矣。若嫡師於老子者，則弗爲也，過歸末流爾。雖然，麒麟之於走獸，鳳凰之於飛鳥，蘭蕙之於薫蕕，旃檀之於穢壤，則世未有舍鳳凰麒麟之瑞，蘭蕙旃檀之馨，而慽走獸飛鳥之常，薫蕕穢壤之垢者。人心天理愛惡之所同也，奈何菽麥未析而甘事於僞妄不實之教，復矜誕其浮辭，侮慢大覺，訕毁至聖，而弗憚三塗之淪溺乎。斯《辨僞録》之正名教，造理淵奥，排難精明，凜乎抗凌雲之勁操，坦然履王道之正塗，而隄備後世之溺於巨浸者，其爲言也至矣。

蓋有僞則辯，無僞則無辯，豈好辯哉。弘四無礙之辯者，邁公之德歟。言之者無罪，聞之者足以戒。故我皇金言喻辭曰，譬如五指，皆從掌出。佛門如掌，餘皆如指。信乎王言如絲，其出如綸。明逾日月，堅逾金石。爲萬世之龜鑑，則斯録豈小補哉。

贵吉祥《辯僞録序》（念常《佛祖歷代通載》卷二一） 蓋聞五運未形，元無人物之號。三才既立，乃叙尊卑之名。肇分六爻，始畫八卦而有書契，定乎訓章，鳳篆龜圖，金縢玉字。百家之異轍，萬卷之分區，雖理究乎精微，言殫乎物範。紀情括性，未出乎域中。原始要終，詎該於化内。況乎法身無相，高超於象帝之先。眞諦絶稱，迥出乎思議之表。英猷茂實，代有人焉。

如意者俗姓呼延氏，太原人也。世傳纓冕累葉，播遷代郡，因爲家焉。九歲落絀，隨師請業。玉離荆岫，價重之德彌彰。桂生幽岩，馨香之風遠通。阿師内窮三藏之奥，外覈九流之源。名冠於中華，聲聞於朝野。運談天之口，施不世之才。郁郁間綺錦之文，雄雄聳凌雲之氣。班馬之珠玉未可同年，顧陸之文章寧堪並駕。至若莊生墨生之學，黄老李老之書，三清謗道之文，十異九迷之録，混元隱月之秘，靈寶赤書之儀，煥若智膺，明猶指掌。加以禪參於五派，傍閲於羣書。既有雄才特專，著述運思之外，汲引無窮。挫邪則有吼石之功，扶正則具鞭屍之德。固以才侔安遠，學邁生融。實覺海之龍鱗，乃佛門之柱礎。

切見全眞道士者，丘處機李志常史志經令狐璋等，學業庸淺，識慮非長。並爲鄙辭，排毁正法。擊兹布鼓，竊比雷門。使中下之流咸生邪見。欽奉色辰聖明皇帝，發大悲心，愍其盲瞽。恐墮泥犁，敕令製斯論耳。震蕩法海，摧彼詞鋒。碧鷄之鋭竟馳，黄馬之駿爭騖。狀鴻爐之焚纖翼，猶炎日之煉輕氷。負勝之儔，於斯可見。暫歸慈定，已破魔軍。至元十八年十月二十日，復欽奉先皇帝聖旨，勅令天下僞經一時焚盡。由是佛日重暉於碧漢，法雲廣布於閻浮。右如意所作文賦注解四經序韓文別傳性海賦等，在世已傳。然兹論五卷二百餘紙，窮釋老之淵源，分邪正之優劣。蓋唱彌高而和彌寡，深可媿焉。

余文慚綺麗，學匪通圓。覩斯論之嘉言，欽吾皇之鴻護，不勝手舞，勉爲斯引。輒以藤綆，聯彼珪璋，庶博雅君子詳其致云爾。大雲峯住持襲祖沙門雪谿野老貴吉祥述。

《老子西昇化胡經序説》：是時太上老君，以殷王湯甲庚申之歲建□之月，從常道境，駕三氣雲，乘于日精，垂□九耀，入於玉女玄妙口中，寄胎爲人。庚辰□二月十五日誕生于亳。九龍吐水灌洗其形，化爲九井。爾時老君鬚髮皓白，登即能行，步生蓮花，乃至于九。左手指天，右手指地，而告人曰，天上天下，唯我獨尊。我當開揚無上道法，普度一切動植衆生，周遍十方及幽牢地獄。應度未度咸悉度之。隱顯人間，爲國師範。位登太極無上神仙。

時有自然天衣桂體，神香滿室，陽景重輝。九日中，身長九盡，衆咸驚議，以爲聖人。生有老容，故號爲老子。天神空裏，讚十號名。所言十者，太上老君，圓神智無上尊，帝王師，大丈夫，大仙尊，天人父，無爲上人，大悲仁者，元始天尊。此后老君凝神混跡，教化天人，兼説治身中外法。百有余載，王道將衰，殺戮賢良，枉定無數。忠臣切諫，及被誅夷。天降洪災，曾無覺悟。如是數載，爲周所滅。康王之時，歲在甲子。亦同俗官，晦跡藏名，爲柱下史。師輔王者，至于昭王。其歲癸丑，便即西邁。過函谷關，授喜《道德》五千章句，并説《妙眞》《西昇》等經，乃至太清上法三洞眞文靈寶符圖太玄等法，使其教授。至精仁者羽化神仙，令無斷絶，便即西度。經歷流沙，至于闐國毘摩城所。爾時老君舉如來節，招諸從人。［略］

如是等八十余國王，及其妃后，并其眷屬，周匝圍遶，皆來聽法。爾時老君告諸國王，汝等心毒，好行殺害，唯食肉血，斷眾生命。我今爲汝說《夜叉經》，令汝斷肉，專食麥□，勿爲屠殺。不能斷者，以自死肉。胡人佷戾，不識親疏，唯好貪淫，一無恩義。鬚髮拳鞠，疏洗至難。性既羶腥，體多垢穢。使其修道，煩惱行人。是故普令剔除鬚髮，隨汝本俗而衣氈裘。教汝小道，令漸修學。兼持禁戒，稍習慈悲。每月十五日，常須懺悔。又以神力爲化佛形，騰空而來，高丈六身，體作金色。面恆東向，示不忘本。以我東來，故顯斯狀。令其見者，發慈善心。汝等國王，所有朝拜一像吾面，東向政事。如是不久，過蔥嶺山。中有深池，毒龍居止。五百商旅，宿於池濱。爲龍所害，竟不遺一。我遣其國渴叛陀王傳祝與之，就池行法。龍王恐怖，乃變爲人。謝過向王，請移別住，不復於此更損人民，令后往來絕其傷害。次即南出，至于烏場。遍曆五天，入摩羯國。我衣素服，手執空壺。置精舍中，立浮屠教，號清淨佛。令彼剎利婆羅門等而奉事之，以求無上正真之道。

曆年三八，穆王之時。我還中夏，使入東海。至于蓬萊方丈等洲，到於扶桑。暫過大帝之所，校集仙品稱位高下。又經八王二百余載，幽深演之時，歲次辛酉，三川震蕩，王者將亡。數遭百六，非人可制。我更西度，教化諸國。次入西海，至于聚窟流麟等洲。總召十方神仙大士及初得道地下主者，并未授任游散仙人，至孝至忠適經曆度者，如是等輩八萬余人。挍量功德行業輕重，授其職位。五等仙官二十七品仙真上聖岳瀆三天，咸悉補擬如是。又經六十余載，桓王之時，歲次子一陰之月。我令尹喜，乘彼月精。降中天竺國入乎白淨夫人口中，託廕而生，叼爲悉達。捨太子位，入山修道，成無上道，號爲佛陀。始建悉曇十二文字，展轉離合三萬余言。廣說經誡，求無上法。又破九十六種邪道。曆年七十，示人涅磐。

襄王之時，其歲乙酉。我還中國，教化天人，乃授孔丘仁義等法。爾后王誕六十年間，分國從都。王者無德，我即上登崑崙，飛昇紫微。布氣三界，含養一切。后經四百五十余年，我乘自然光明道氣，從眞寂境飛入西那玉界蘇鄰國中。降誕王室，示爲太子，捨家入道，號末摩尼，轉大法輪。說經誡律定慧等法，乃至三際及二宗門。教化天人，令知本際。上至明界，下及幽塗。所有眾生，皆由此度。摩尼之后，年垂五九。金氣將興，我法當盛。西方聖象，衣彩自然，來入中洲是效也。當此之時，黃白氣合，三教混齊，同歸於我。仁祠精舍，接棟連甍，翻演后聖大明尊法。中洲道士，廣說因緣，爲世舟航。大弘法事，動植含氣，普皆救度。是名總攝一切法門。

夷夏論分部

《南齐书·顾欢传》 顧歡字景怡，吳郡鹽官人也。祖赳，晉隆安末避亂徙居。歡年六七歲，書甲子有簡三篇，歡析計，遂知六甲。家貧，父使驅田中雀。歡作《黃雀賦》而歸，雀食過半。父怒，欲撻之，見賦乃止。

鄉中有學舍，歡貧，無以受業。於舍壁後倚聽，無遺忘者。八歲誦《孝經》《詩》《論》。及長，篤志好學。母年老，躬耕誦書。夜則燃糠自照。同郡顧顗之臨縣，見而異之。遣諸子與遊。及孫憲之，並受經句。歡年二十餘，更從豫章雷次宗諮玄儒諸義。母亡，水漿不入口六七日，廬於墓次，遂隱遁不仕。於剡天台山開舘聚徒，受業者常近百人。

歡早孤，每讀《詩》至哀哀父母，輒執書慟泣，學者由是廢《蓼莪篇》不復講。太祖輔政，悅歡風教，徵爲揚州主簿，遣中使迎歡。及踐阼，乃至。歡稱山谷臣顧歡，上表曰，臣聞舉網提綱，振裘持領。綱領既理，毛目自張。然則道德綱也，物勢目也。上理其綱則萬幾時序，下張其目則庶官不曠。是以湯武得勢，師道則祚延。秦項忽道，任勢則身戮。夫天門開闔，自古有之。四氣相新，絺裘代進。今火澤易位，三靈改憲。天樹明德，對時育物，搜揚仄陋，野無伏言。是以窮谷愚夫，敢露偏管。謹刪撰老氏，獻治綱一卷，伏願稽古百王，斟酌時用。不以芻蕘棄言，不以人微廢道。則率土之賜也，微臣之幸也。幸賜一疏，則上下交泰。雖不求民而民悅，不祈天而天應。應天悅民，則皇基固矣。臣志盡幽深，無與榮勢。自足雲霞，不須祿養。陛下既遠見尋求，敢不盡言。言既盡矣，請從此退。

是時員外郎劉思效表陳讜言曰，宋自大明以來，漸見凋敝。徵賦有增於徃，天府尤貧於昔。兼軍警屢興，傷夷不復。戍役殘丁，儲無半菽。小民嗷嗷，無樂生之色。貴勢之流，貨室之族，車服伎樂，爭相奢麗。亭池第宅，競趣高華。至于山澤之人，不敢採飲其水草。貧富相輝，捐源尙末。陛下宜發明詔，吐德音，布惠澤，禁邪僞，薄賦歛，省徭役。絶奇麗之賂，塞鄭衛之倡。變歷運之化，應質文之用。不亦大哉。又彭汴有鵄梟之巢，青邱爲狐兎之窟，虐害踰紀，殘暴日滋。鬼泣舊泉，人悲故壤。童孺視編髮而慙生，耆老看左衽而耻沒。陛下宜仰答天人引領之望，下弔甿黎傾首之勤，授鉞衛霍之將，遺策蕭張之師。萬道俱前，窮山蕩谷。此即恆山不足指而傾，渤海不足飲而竭，豈徒殘冦塵滅而已哉。

上詔曰，朕夙旦惟夤思弘治道，佇夢巖濱。垂精管庫，旰食縈懷，其勤至矣。吳郡顧歡，散騎郎劉思効，或至自邱園，或越在冗位，竝能獻書金門，薦辭鳳闕。辨章治體，有協朕心。今出其表外，可詳擇所宜，以時敷奏。歡近已加旍賁思効，可付選銓序以顯讜言。

歡東歸，上賜麈尾素琴。永明元年，詔徵歡爲太學博士，同郡顧黯爲散騎郎。黯字長孺，有隱操，與歡俱不就徵。歡晚節服食，不與人通。每旦出戶，山鳥集其掌取食。事黃老道，解陰陽書，爲數術多効驗。

初，元嘉末出都，寄住東府。忽題柱云，三十年二月二十一日，因東歸後太初弑逆，果是此年月。自知將終，賦詩言志云，精氣因天行，遊魂隨物化。剋死日，卒於剡山。身體柔軟。時年六十四，還葬舊墓。木連理出墓側。縣令江山圖表狀，世祖詔歡諸子撰歡文議三十卷。

佛道二家立教既異，學者互相非毀。歡著《夷夏論》曰，夫辨是與非，宜據聖典。尋二教之源，故兩標經句。道經云，老子入關之天竺維衛國，國王夫人名曰淨妙。老子因其晝寢，乘日精入淨妙口中。後年四月八日夜半時，剖左腋而生。墜地即行七步，於是佛道興焉。此出《玄妙內篇》。佛經云，釋迦成佛，有塵刧之數。出《法華》《無量壽》。或爲國師道士，儒林之宗，出《瑞應本起》。

歡論之曰，五帝三皇，不聞有佛。國師道士，無過老莊。儒林之宗，孰出周孔。若孔老非佛，誰則當之。然二經所說，如合符契。道則佛也，佛則道也。其聖則符，其跡則反。或和光以明近，或曜靈以示遠。道濟天下，故無方而不入。智周萬物，故無物而不爲。其入不同，其爲必異。各成其性，不易其事。是以端委搢紳，諸華之容。翦髮曠衣，羣夷之服。擎跽磬折，侯甸之恭。狐蹲狗踞，荒流之肅。棺殯槨葬，中夏之制。火焚水沈，西戎之俗。全形守體，繼善之教。毀貌易性，絶惡之學。豈伊同人，爰及異物。鳥王獸長，徃徃是佛。無窮世界，聖人代興。或昭五典，或布三乘。在鳥而鳥鳴，在獸而獸吼。教華而華言，化夷而夷語耳。

雖舟車均於致遠，而有川陸之節。佛道齊乎達化，而有夷夏之別。若謂其致既均，其法可換者，而車可涉川，舟可行陸乎。今以中夏之性，効西戎之法，既不全同，又不全異。下育妻孥，上廢宗祀。嗜欲之物，皆以禮伸。孝敬之典，獨以法屈。悖禮犯順，曾莫之覺。弱喪忘歸，孰識其舊。且理之可貴者，道也。事之可賤者，俗也。捨華効夷，義將安取。若以道邪，道固符合矣。若以俗邪，俗則大乖矣。屢見刻舷沙門，守株道士，交諍大小，互相彈射。或域道以爲兩，或混俗以爲一。是牽異以爲同，破同以爲異。則乖爭之由，淆亂之本也。尋聖道雖同，而法有左右。始乎無端，終乎無末。泥洹仙化，各是一術。

佛號正眞，道稱正一。一歸無死，眞會無生。在名則反，在實則合。但無生之敎賒，無死之化切。切法可以進謙弱，賒法可以退夸強。佛教文而博，道教質而精。精非麤人所信，博非精人所能。佛言華而引，道言實而抑。抑則明者獨進，引則昧者競前。佛經繁而顯，道經簡而幽。幽則妙門難見，顯則正路易遵。此二法之辨也。

聖匠無心，方圓有體。器既殊用，教亦異施。佛是破惡之方，道是興善之術。興善則自然爲高，破惡則勇猛爲貴。佛跡光大，宜以化物。道跡密微，利用爲己。優劣之分，大畧在茲。夫蹲夷之儀，婁羅之辨，各出彼俗。自相聆解，猶蟲讙鳥聒，何足述効。

歡雖同二法，而意黨道教。宋司徒袁粲託爲道人通公駮之。其畧曰，白日停光，恆星隱照。誕降之應，事在老先。似非入關方炳斯瑞。又老莊周孔有可存者，依日末光，憑釋遺法。盜牛竊善，反以成蠹。檢究源流，終異吾黨之爲道耳。西域之記，佛經之說，俗以膝行爲禮，不慕蹲坐爲恭。道以三繞爲虔，不尙踞傲爲肅。豈專戎土，爰亦茲方。襄童謁帝，膝行而進。趙王見周，三環而止。今佛法在華，乘者常安。戒善行交，蹈者恆通。文王造周，大伯創吳。革化戎夷，不因舊俗。豈若舟車，理無代用。佛法垂化，或因或革。清信之士，容衣不改。息心之人，服貌必變。變本從道，不遵彼俗。教風自殊，無患其亂。孔老釋迦，其人或同。觀方設教，其道必異。孔老治世爲本，釋氏出世爲宗。發軫既殊，其歸亦異。符合之唱，自由臆說。又仙化以變形爲上，泥洹以陶神爲先。變形者白首還緇，而未能無死。陶神者使塵惑日損，湛然常存。泥洹之道，無死之地。乖詭若此，何謂其同。

歡答曰，案道經之作，著自西周。佛經之來，始乎東漢。年踰八百，代懸數十。若謂黃老雖久而濫在釋前，是呂尚盜陳恒之齊，劉季竊王莽之漢也。經云戎氣強獷，乃復略人頰車邪。又夷俗長跽，法與華異。翹左跂右，全是蹲踞。故周公禁之於前，仲尼戒之於後。又舟以濟川，車以征陸。佛起於戎，豈非戎俗素惡邪。道出於華，豈非華風本善邪。今華風既變，惡同戎狄。佛來破之，良有以矣。佛道實貴，故戒業可遵。戎俗實賤，故言貌可棄。今諸華士女，民族弗革，而露首偏踞，濫用夷禮。云於翦落之徒，全是胡人。國有舊風，法不可變。又若觀風流教，其道必異。佛非東華之道，道非西戎之法。魚鳥異淵，永不相關。安得老釋二教，交行八表。今佛既東流，道亦西邁。故知世有精粗，教有文質。然則道教執本以領末，佛教救末以存本。請問所異，歸在何許。若以翦落爲異，則胥靡翦落矣。若以立像爲異，則俗巫立像矣。此非所歸，歸在常住。常住之象，常道孰異。神仙有死，權便之說。神仙是大化之總稱，非窮妙之至名。至名無名，其有名者二十七品。仙變成眞，眞變成神。或謂之聖，各有九品。品極則入空寂，無爲無名。若服食茹芝，延壽萬億，壽盡則死，藥極則枯，此修考之士，非神仙之流也。

明僧紹《正二教論》以爲，佛明其宗，老全其生。守生者蔽，明宗者通。今道家稱長生不死，名補天曹，大乖老莊立言本理。

文惠太子，竟陵王子良竝好釋法。吳興孟景翼爲道士，太子召入玄圃園。衆僧大會，子良使景翼禮佛，景翼不肯。子良送十地經與之，景翼造《正一論》。大畧曰，《寶積》云，佛以一音廣說法，老子云，聖人抱一以爲天下式。一之爲妙，空玄絕於有景，神化贍於無窮。爲萬物而無爲，處一數而無數。莫之能名，強號爲一。在佛曰實相，在道曰玄牝。道之大象，即佛之法身。以不守之守守法身，以不執之執執大象。但物有八萬四千行，說有八萬四千法。法乃至於無數，行亦達於無央。等級隨緣，須導歸一。歸一曰回向，向正即無邪。邪觀既遣，億善日新。三五四六，隨用而施。獨立不改，絕學無憂。曠劫諸聖，共遵斯一。老釋未始於嘗分，迷者分之而未合。億善遍修，修遍成聖。雖十號千稱，終不能盡。終不能盡，豈可思議。

司徒從事中郎張融作《門律》云，道之與佛，逗極無二。吾見道士與道人戰儒墨，道人與道士辨是非。昔有鴻飛天首，積遠難亮。越人以爲鳧，楚人以爲乙。人自楚越，鴻常一耳。

以示太子僕周顒。顒難之曰，虛無法性，其寂雖同。位寂之方，其旨則別。論所謂逗極無二者，爲逗極於虛無，當無二於法性耶。足下所宗之本一物爲鴻乙耳，驅馳佛道無免二末。未知高鑒緣何識本。輕而宗之，其有旨乎。往復文多，不載。

歡口不辨，善於著筆。著《三名論》甚工，鍾會《四本》之流也。又注王弼易二繫，學者傳之。始興人盧度亦有道術，少隨張永北征。永敗，虜追急，阻淮水不得過。度心誓曰，若得免死，從今不復殺生。須臾見兩楯流來，接之得過。後隱居西昌三顧山，鳥獸隨之。夜有鹿觸其壁，度曰，汝壞我壁，鹿應聲去。屋前有池養魚，皆名呼之。魚次第來，取食乃去。逆知死年月，與親友別。永明末，以壽終。初，永明三年，徵驃騎參軍顧惠胤爲司徒主簿，惠胤，宋鎮軍將軍覬之弟子也。閑居養志，不應徵辟。

朱昭之《難顧道士夷夏論（并書）》（梁僧祐《弘明集》卷七） 見足下高談夷夏，辨商二教。條勒經旨，冥然玄會。妙唱善同，非虛言也。昔應吉甫齊孔老於前，吾賢又均李釋於後。萬世之殊塗，同歸於一朝。歷代之疑爭，怡然於今日。賞深悟遠，蠲慰者多。益世之談，莫過於此。至於各言所好，便復肝膽楚越，不知苦甘之方。雖二而成體，之性必一。乃互相攻擊，異端遂起。往反紛類，斯害不少。惜矣。初若登天，光被俗表。未如入淵，明夷輝淪。夫導師失路，則迷塗者衆。故忘其淺昧，遽相牽拯。令先布其懷，未陳所恨。想從善如流者，不惜乖於一往耳。山川悠遠，良話未期。聊寄於斯，以代暫對。情旗一接，所釋不淺。朱昭之白。

夫聖道虛寂，故能圓應無方。以其無方之應，故應無不適。所以自聖而檢心，本無名於萬會。物自會而爲稱，則名號以爲之彰。是以智無不周者，則謂之爲正覺。通無不順者，則謂之爲聖人。開物成務，無不達也，則謂之爲道。然則聖不過覺，覺不出道，君可知也，何須遠求哉。

但華夷殊俗，情好不同。聖動常因，故設教或異。然曲禮淨戒，數同三百。威儀容止，又等三千。所可爲異，政在道佛之名形服之間耳。達者尚復以形骸爲逆旅，兗冕豈足論哉。所可爲嫌，秖在設教之始，華夷異用。當今之俗，而更兼治遷流變革一條宜辨耳。

今當之言，聖人之訓，動必因順。東國貴華，則爲兗冕之服，禮樂之容。屈伸俯仰之節，衣冠簪佩之飾，以弘其道，蓋引而近之也。夷俗重素，故教以極質。髡落徽容，衣裳弗裁。閉情閑照，期神曠劫以長其心，推而遠之也。道法則採餌芝英，餐霞服丹，呼吸太一，吐故納新。大則靈飛羽化，小則輕強無疾，以存其身，即而効之也。三者皆應之一用，非吾所謂至也。

夫道之極者，非華非素，不即不殊。無近無遠，誰舍誰居。不偏不黨，勿毀勿譽。圓通寂寞，假字曰無。妙境如此，何所異哉。但自皇犧已來，各弘其方。師師相傳，不相關涉。良由彼此兩足，無復我外之求。故自漢代以來，淳風轉澆，仁義漸廢。大道之科莫傳，五經之學彌寡。大義既乖，微言又絕。衆妙之門莫遊，中庸之儀弗覩。禮術既壞，雅樂又崩。風俗寖頓，君臣無章。正教陵遲，人倫失序。於是聖道彌綸，天運遠被。玄化東流，以慈係世，仁衆生民，黷所先習，欣所新聞，革面從和，精義復興。故微言之室，在在並建。玄詠之賓，處處而有。此可以事見，非眞布之空談。將無物不可以終否，故受之以同人故邪。意者夫聖人之撫百姓，亦猶慈母之育嬰兒。始食則餌以甘肥，甘肥既厭，復改以脂密。脂密既厭，則五體休和，內外平豫，爲益至矣。不其然乎。理既然矣，而橫厝非貶，妄相分別，是未悟環中，不可與議。二賢推盪徃反解材之勢，縱復得解，非順理之作。順理析之，豈待推盪。

足下發源開端，明孔老是佛，結章就議，則與奪相懸。何搢紳擎跽爲諸華之容，稽首佛足則有狐蹲之貶。端委罄折爲侯甸之恭，右膝著地增狗踞之辱。請問若孔是正覺，釋爲邪見，今日之談，吾不容聞。許爲正眞，何理鄙誚。既虧畏聖之箴，又忘無苟之禮。取之吾心，所恨一也。又云全形守祀，繼善之教。毀貌易性，絕惡之學。是商臣之子有繼善之功，覆障毀落有絕惡之志。推尋名實，爲恨二也。又云下棄妻孥，上廢宗祀。夫鬼神之理冥漠難明，故子路有問，宣尼弗釋。當由生死道殊，神緣難測。豈爲聖不能言，良恐賢不能得。三達之鑒，照之有在。足下已許神化東流，而復以喪祭相乘，與奪無定，爲恨三也。又云切法可以進謙弱，賒法可以退夸強。三復此談，顛倒不類。夫謙弱易回，可以賒和而進。夸強難化，應以苦切乃退。隱心檢事，不其然乎。米糠在目，則東西易位。偏著分心，則辭義舛惑。所言乖當，爲恨四也。又云抑則明者獨進，引則昧者競前。夫道言眞實，敬同高唱。覆載萬物，養育衆形。而云明者獨進，似若自私。佛音一震，則四等兼羅。三乘同順，天龍俱靡。而云昧者競前，亦又近誣。探賾之談，而妄生瘡疣。游辭放發，爲恨五也。又云佛是破惡之方，道是興善之術。破惡之方，吾無間然。夫惡止善行，乃法教所以興也。但未知興善之術，術將誰然。若善者已善，奚用興善。善者非善，又非興善。則興善之名，義無所託。今道者善也，復以興善，取之名義，太爲繼富，不以振惡，爲教褊矣。大道兼弘，而欲局之，爲恨六也。又云殘忍剛愎，則師佛爲長。慈柔虛受，則服道爲至。夫摧伏勇猛，迴靡殘暴，實是牟尼之巨勲，不乖於慧旨。但道力剛明，化功彌遠，成性存存，恩無不被。梟鴆革心，威無不制。而云唯得虛受，太爲淺畧。將無意淪偏著，不悟狹劣傷道邪。披尋第目，則先誡臆說，建言肆論，則不覺情遷。分石難持，爲恨七也。又云八象，西戎諸典，廣畧兼陳，《金剛》《般若》，文不踰千。四句所弘，道周萬法。麤妙兩施，繁約共有。典法細誡，科禮等碎。精麤橫生，言乖乎實，爲恨八也。又云以國而觀，則夷虐夏溫。請問炮烙之苦，豈康竺之刑。流血之悲，詎齊晉之子。刳剔之苦害，非左衽之心。秋露含垢，匪海濱之士。推檢性情，華夷一揆。虛設溫嚴，爲恨九也。又云博奕賢於慢遊，講誦勝於戲謔。尋夫風流所以得傳，經籍所以不廢，良由講誦以得通，諮求以成悟。故曰學而不講，是吾憂也。而方之戲謔，太爲慢德。請問善誘之筌，其將安寄。初未得意，而欲忘言，爲恨十也。有此十恨，不能自釋。想望君子，更爲伸之。謝生亦有參差，足下攻之已密。且專所請，不復代匠。

朱廣之《諮顧道士夷夏論（并書）》（梁僧祐《弘明集》卷七）

之叩頭。見與謝常侍徃復夷夏之論，辯章同歸之義，可謂簡見通微清練之談也。至於聃尙端冕之飾，屏破翦落之素。申以擎跪之恭，辱以狐蹲之肅。桎束華人，杜絶外法。舟車之喩雖美，平恕之情未篤。致會之源既坦，筌寄之塗方壅。然則三乘之悟，㝠望茲土。六度之津，於今長訣。披經翫理，悵怏良深。謝生貶沒仙道，褒明佛教。以羽化之術爲浮濫之説，殘形之唱爲履眞之文。徒知己指之爲指，不知彼指之無殊，豈所以通方得意善同之謂乎。

僕夙漸法化，晚味道風。常以崇空貴無，宗趣一也。蹄網雙張，義無偏取。各隨曉入，唯心所安耳。何必龍袞可襲，而瓔珞難乘者哉。自貧來多務，研斆沈廢。緘卷巾牘，奄逾十載。幼習前聞，零落頓盡。藴志空年，開瞻靡階。每獨慷慨遙夜，輒啓旦忘寐。而淸心遠信，纓苦彌篤。若夫信不治理，則輕汎無主。轉惶之寘，因斯而起。是以罄率狂管，書述鄙心。願重爲啟誨，敷導厥疑。廣之叩頭。

論云，擎跪罄折，侯甸之恭也。狐蹲狗踞，荒流之肅也。

疑曰，夫邦殊用隔，乆自難均。至於各得所安，由來莫辨。侯甸之容，所言當矣。狐狗之目，將不獨傷。

論云，若謂其致既均，其法可換者，而車可涉川，舟可行陸乎。必不可也。

疑曰，夫法者所以法情，情非法也。法既無定，由情不一。不一之情，所向殊塗。剛柔並馳，華戎必同。是以長川浩漫，無當於此矣。平原遠陸，豈取於彼邪。舟車兩乘，何用不可。

論云，既不全同，又不全異。下棄妻孥，上廢宗祀。

疑曰，若夫廢祀於上，不能絶棄於下。此自擬異入同，非同者之過也。寧可見犁牛不登宗廟之用，而永棄於牢餼之具邪。

論云，嗜慾之物皆以禮伸，孝敬之典獨以法屈。悖德犯順曾莫之覺。

疑曰，若悖德犯順，無施而可。慈敬從和，觸地而通。是以損膳行道，非徵凶之宅。服冕素餐，非養正之方。屈伸之望，可相絶於此矣。

論云，理之可貴者道也，事之可賤者俗也。今捨華效夷，義將安取。若以其道邪，道固符合矣。若以其俗邪，俗則天乖矣。

疑曰，至道虛通，故不爵而尊。俗無不滯，故不黜而賤。賤者不能無累，尊者自然天足。天足之境既符，俗累之域亦等。道符累等，又誰美誰惡。故俱是聖化，唯照所惑。惑盡明生，則彼我自忘，何煩遲遲捨效之際，耿介於華夷之間乎。

論云，無生之教賖，無死之化切。切法可以進謙弱，賖法可以退夸強。

疑曰，無生即無死，無死即無生。名反實合，容得賖切之別邪。若以跡有差降，故優劣相懸者，則宜以切抑強，以賖引弱。故孔子曰，求也退，故進之。由也兼人，故退之。致教之方，不其然乎。

論云，佛教文而博，道教質而精。精非麤人所信，博非精人所能。

疑曰，夫博聞強識，必緣照遠廣。敦修善行，必因理入微。照明則理無不精，理精則明無不盡。然則精博同功，相爲利用。博猶精也，豈麤人所能信。精猶博也，豈弘通所獨闕。

論云，佛言華而引，道言實而析。析則明者獨進，引則昧者競前。

疑曰，夫華不隔理，則爲達鑒所陶。實未屈虛，故爲鑽賞所業。陶業有序者，爲質昧邪，爲待明邪。若其質昧則明不獨進，若必待明則昧不獲前。若明昧俱得，何須抑引。妙況難章，所宜更辯。

論云，佛經繁而顯，道經簡而幽。幽則妙門難見，顯則正路易遵。遵正則歸塗不迷，見妙則百慮咸得。

疑曰，簡則易從，云何難見。繁則難理，豈得易遵。遵正則歸塗不迷，可以階道之極。雖非幽簡自然玄造，何假難明之術代茲易曉之路哉。

論云，若殘忍剛愎則師佛爲長，慈柔虛受則服道爲至。

疑曰，夫邪見枉道法所不存，慈悲喜捨，是所漸錄。喜心則能受，捨亦必虛。虛受之義，㝠然復會。未知殘愎之人，更依何法。若謂所受者異，則翻成刻舩，何相符之有乎。

論云，佛是破惡之方，道是興善之術。又以中夏之性不可傚西戎之法。

疑曰，興善之談美矣，勿傚之誨意所未安。請問中夏之性與西戎之人，爲夏性純善戎人根惡，如令根惡則於理何破，使其純善則於義何興。故知有惡可破未離於善，有善可興未免於惡。然則善惡參流，深淺互列。故羅雲慈惠非假東光，桀跖凶虐豈鍾西氣。何獨高華之風鄙戎之法邪。若以此善異乎彼惡，殊乎此惡則善惡本乖，寧得同致。

論云，蹲夷之儀婁羅之辯，猶蟲讙鳥聒何足述效。

疑曰，夫禮以伸敬樂以感和。雖敬由禮伸而禮非敬也，和因樂感樂非和也。故上安民順則玉帛停筐，風淳俗泰則鐘鼓輟響。又鍾帛之運不與二儀並位，蓋以拯頓權時不得已而行耳。然則道義所存無係形容，苟造其反不嫌殊周全。祇蹲虔跪孰曰非敬，敬以伸心孰曰非禮。禮敬玄符如何徒捨，含識之類人標其所貴。貴不在言言存貴理。是以麟鳳懷仁見重靈篇，猩猩能語受蚩禮章。未知之所論義將何取。若執言捐理則非知者所據，若仗理忘言則彼以破相明宗。故李叟之常非名欲所及，維摩靜默非巧辨所追。檢其言也彼我俱遣，尋其占也老釋無際。俱遣則濡沫可遺，無際則不負高貴。何乃遠望般若名非智慧，便相挫蹴比類蟲鳥。研復逾日未愜鄙懷。且方俗殊韻豈專胡夏，近唯中邦齊魯不同。權輿俶落亦古今代述。以其無妨指錄故傳授世習，若其非也則此未爲是，如其是也則彼不獨非。既未能相是則均於相非，想茲漢音流入彼國，復受蟲讙之尤鳥聒之誚，婁羅之辯亦可知矣。一以此明莛楹可齊，兩若兼除不其通乎。夫義奧淵微非所宜參，誠欲審方，玄匠聊伸一往耳。傾心遙佇，遲聞後裁。

釋慧通《駁顧道士夷夏論并書》（梁僧祐《弘明集》卷七）　余端夏有隙亡事忽景，披顧生之論昭如發蒙。見辨異同之原，明是非之趣。辭豐義顯文華情奧，每研讀忘倦慰若萱草，眞所謂洪筆君子有懷之作也。然則察其指歸，疑笑良多。譬猶盲子採珠，懷赤菽而反，以爲獲寶。聾賓聽樂聞驢鳴而悅，用爲知音。斯蓋吾子夷夏之談以爲得理，其乖甚焉。見論引道經益有昧如。昔老氏著述文指五千，其餘淆雜並淫謬之說也。而別稱道經從何而出，既非老氏所創寧爲眞典。庶更三思，儻祛其惑。

論云，孔老非佛誰則當之，道則佛也佛則道也。以斯言之，殆迷厥津。故經云摩訶迦葉彼稱老子，光淨童子彼名仲尼，將知老氏非佛，其亦明矣。實猶吾子見理未弘，故有所固執。然則老氏仲尼佛之所遣，且宣德示物禍福，而後佛教流焉。然夫大道難遵小成易習，自往古而致歎，非來今之所慨矣。老氏著文五千而穿鑿者，衆或述妖妄以迴人心。或傳淫虐以振物性，故爲善者寡，染惡者多矣。僕謂搢紳之飾磬折之恭殯葬之禮，斯蓋大道廢之時也。仁義所以生孝敬所以出矣。智欲方起情僞日滋，聖人因禁之以禮教，制之以法度。故禮者忠信之薄取亂之首也。既失無爲而尙有爲寧足加哉。夫剪髮之容狐蹲之敬永沈之俗，僕謂華色之不足吝，貨財之不可守，亦已信矣。老氏謂五色所以令人目盲，多藏必之後失，故迺剪髮玄服捐財去世讓之至也。是以泰伯無德孔父嘉焉，斯其類矣。夫胡跪始自天竺而四方從之。天竺，天地之中，佛教所出者也。斯乃大法之整肅，至敎之齊嚴。吾子比之狐蹲，厥理奚徵。故夫凶鬼助惡強魔毀正，子之謂矣。譬猶持瓢以減江海，側掌以蔽日月。不能損江海之泉，掩日月之明也。

至夫太古之初，物性猶淳，無假禮教而能緝正，弗施刑罰而自治。死則葬之中野不封不樹，喪至無期哀至便哭，斯乃上古之淳風，良足效焉。子欲非之其義何取。又道佛二教喩之舟車，夫有識聞之莫不莞爾而笑。僕謂天道弗言聖人無心，是以道由人弘非道弘人。然則聖人神鑒靡所不通，智照寧有不周。而云指其專一不能兼濟，譬猶靈暉朝覯稱物納照，時風夕灑程形賦音。故形殊則音異，物異則照殊。日不爲異物而殊照，風不爲殊形而異音。將知其日一也，其風一也，稟之者不同耳。吾子以爲舟車之喩，義將焉允。然夫大教無私，至德弗偏。化物共旨導人俱致。在戎狄以均響，處胡漢而同音。聖人寧復分地殊教，隔寓異風。豈有夷邪，寧有夏邪。昔公明儀爲牛彈淸角之操，伏食如故。非牛不聞，不合其耳也。轉爲蚉虻孤犢之聲，於是奮耳掉尾，蹀躞而聽之。今吾子所聞者，蓋蚉虻之音也。夷夏之別，斯旨何在。又云下棄妻孥，上廢宗祀，嗜欲之物，皆以禮伸。孝敬之典，獨以法屈。

夫道俗有晦明之殊，內外有語默之別。至於宗廟享祀，禘祫皇考。然則孝敬之至，世莫加焉。若乃煙香夕臺，韻法晨宮，禮拜懺悔，祈請無輟。上逮歷劫親屬，下至一切蒼生，若斯孝慈之弘大，非愚瞽之所測也。

夫國資民爲本，君恃民而立國，之所以寧民之力也。推如來談，似爲空設。又云刻船桑門守株道士，空爭大小互相彈射。披撫華論深釋久滯，尋文求義於何允歸。夫外道淫奔彌齡積紀，沈晦弗遷淪惑寧反。遊涉墟鄉泛越鄽落。公因聖術私行淫亂，得道如之何斯可恥。昔齊人好獵家貧犬鹿，窮年馳騁不獲一獸。於是退而歸耕。今吾子有知歸耕得穽，又云大道既隱小成互起，辯訥相傾孰與正之。夫正道難毀邪理易退，譬若輕羽在高遇風則飛，細石在谷逢流則轉。唯泰山不爲飄風所動，磐石不爲疾流所迴。是以梅李見霜而落葉，松柏歲寒而不凋。信矣，夫姪妖之術觸正便挫，子爲大道誰爲小成。想更論之，然後取辨。若夫顔回見東野之馭，測其將敗。子貢觀邾魯之風，審其必亡。子何無知若斯之甚，故標愚智之別，撰賢鄙之殊，聊舉一隅示子，望能三反。

又云泥洹仙化各是一術，佛號正眞道稱正一。一歸無死眞會無生。無生之教賒無死之教切，斯蓋吾子聰辯能言鄙夫蔑以加之。然則泥洹滅度之說著乎正典，仙化入道之唱理將安附。老子云生生之厚必之死地，又云天地所以長久者以其不自生也。夫忘生者生存，存生者必死。子死道將屈故謂之切，其殊切乎。諺曰指南爲北自謂不惑，指西爲東自謂不蒙。子以必死爲將生，其何反如之，故潛居斷糧以修仙術。僕聞老氏有五味之戒而無絕穀之訓矣，是以蟬蛾不食君子誰重，蛙蟒穴藏聖人何貴。且自古聖賢莫不歸終，吾子獨云不死，何斯濫乎。故舜有蒼梧之墳，禹有會稽之陵，周公有改葬之篇，仲尼有兩楹之夢，曾參有啟足之辭，顔回有不幸之歎。子不聞乎，豈謬也哉。

昔者有人未見麒麟，問常見者曰，麟何類乎。荅曰，麟如麟也。問者曰，若嘗見麟則不問也。而云麟如麟何邪。荅云，麟麏身牛尾，鹿蹄馬背。問者乃曉然而悟。今吾子欲見麟邪，將不見告。又云道經簡而幽，幽則妙門難見。僕謂老教指乎五千，過斯以外非復眞籍。而道文重顯愈深疑怪，多是虛託姸辭，空稱麗句。譬周人懷鼠以貿璞，鄭子觀之而且退斯之謂矣。尋此而言，將何克允。

又云殘忍剛愎則師佛爲長，慈柔虛受則服道爲至矣。故老子云強梁者不得其死，吾將以爲學文。故人所以敷行誡籍顯著文教，將爲愚瞽之故，非爲賢哲之施矣。違之者必凶順之者必吉。夫強梁剛愎之人下愚之類也。大教慈愍方便，爲之將非虛邪學文邪。慈柔虛受，僕謂宜空談。今學道反之。陳黃書以爲眞典，佩紫錄以爲妙術。士女無分，閨門混亂。或服食以祈年長，或婬姣以爲瘳疾。慈柔之論於焉何託。又道迹密而微，利用在已。故老子云，吾所以有大患者，爲吾有身也。及吾無身吾又有何患。老氏以身爲大患，吾子以軀爲長保，何其乖之多也。夫後身而身先，外身而身存。惟云在已，未知此談以何爲辯。

又云婁羅之辯各出彼俗，自相領解猶蟲諠鳥聒，何足述效。僕謂餌辛者不知辛之爲辛而無羨於甜香，悅臭者不覺臭之爲臭而弗躭椒蘭，猶吾子淪好淫僞寧有想於大法。夫聖教妙通至道淵博，既不得謂之爲有亦不得謂之爲無。無彼我之義並異同之說矣。夫言猶射也。若筈之離弦非悔恨所及。子將愼言乎。而云蟲諠鳥聒意則何依。近者孫子猖狂顯行無道，妖婬喪禮，殘逆廢義。賢士同志而已，愚夫輒爲迴心。姦儔盈室，惡侶塡門。墟邑有痛切之悲，路陌有羅苦之怨。夫天道損盈鬼神福謙，然後自招淪喪。

僧愍《戎華論折顧道士夷夏論》（梁僧祐《弘明集》卷七）　昔維摩者內乘高路，功亮事外。龍隱人間，志揚淵海。神灑十方，理正天下。故乃跡臨西土，協同幽唱。若語其靈變也，則能令乾坤倒覆促延任意。若語其眞照也，則忘慮而幽凝言絕者也。如此之人可謂居士，未見君稱居士之意也。君今七慢之岳未摧五欲之谷未塡，慧陽之日未曜無明之雲未晴，永冥之風未息夜遊之迷未旋。君既解猶常品而山號居士乎。貧道遙餐器量知君未堪斯據。然此雖大法之淺號而亦未易可當矣。

省君《夷夏論》，意亦具照來心。貧道踐學天壇希矚茲況，而此所論者才無玩文之麗，識無鑒幽之效。照無寸光澤無露潤，萬塗斯闕有何義哉。而復內秉茫思獲心闇計，輕弄筆墨仰卜聖旨。或混道佛合同，或論深淺爲異，或說神邦優劣，或毀清正眞實。夫苦李繁子而枝折，欒大謬唱而受梟。此皆是上世之成制後賢之遠匠矣。今將示君，道佛之名義異也。夫佛者是正靈之別號，道者是百路之都名。老子者是一方之哲，佛據萬神之宗。道則以仙爲貴，佛用漏盡爲姸。仙道有千歲之壽，漏盡有無窮之靈。無窮之靈故妙絕杳然，千歲之壽故乘龍御雲。御雲乘龍者生死之道也，杳然之靈者常樂永淨也。若斯者故能琁璣並應，跡臨王城。宮踈遶闕，細委重軒。故放彼萬國誓越三空，龍飛華館整駕道場。於是初則唱於鹿苑，次則集於天宮，中則播於靈鷲，後則扇於熈連。故乃亘光遐照白日寢暉，華軒四蓋梵駕天垂。九天齊歌羣仙悟機，敢預有緣莫不雲會歸焉。唯有周皇邊霸道心未興，是以如來使普賢威行西路，三賢並導東都。故經云大士迦葉者，老子其人也。故以詭教五千，翼匠周世。化緣既盡，回歸天竺。故有背關西引之邈，華人因之作《化胡經》也。致令寡見之衆詠其華焉。君未詳幽旨輒唱老佛一人乎。

聞大聖現儒林之宗，便使周孔莊老斯皆是佛。若然者君亦可即老子邪，便當五道羣品無非是佛，斯則是何言歟。眞謂夸父逐日必渴死者也。君言夷夏論者，東有驪濟之醜，西有羌戎之流，北有亂頭被髮，南有剪髮文身。姬孔施禮於中，故有夷夏之別。戎華者，東盡於虛境，西則窮于幽鄉，北則弔於溟表，南則極乎牢閻。如來扇化中土，故有戎華之異也。君責以中夏之性效西戎之法者，子出自井坂之淵未見江湖之望矣。如經曰佛據天地之中而清導十方，故知天竺之土是中國也。周孔有雅正之制，如來有超俗之憲。雅正制故有異於四夷，超俗憲故不同於周孔。制四夷故八方推德，憲加周孔故老子還西。老子還西故生其羣戎，四夷推德故踰增其迷。夫正禮叵易眞法莫移，正禮叵易故泰伯則於吳越而整服，眞法莫移故佛教則東流而無改緣。整服故令裸壤氈裳，法無改故使漢賢落髮。氈裳故使形逼中夏，落髮故使仰齊西風。形逼中夏故使山藏而空慢。逺齊西風故使近見者莫不信也。若謂聖軌無定應隨方異者，泰伯亦可裸步江東，君今亦可未服裳也。故雖復方類不同，聖法莫異。君言義將安取者，謂取正道也，於是道指洞玄爲正，佛以空空爲宗。老以太虛爲奧，佛以即事而淵。老以自然而化，佛以緣合而生。道以符章爲妙，佛以講導爲精。太虛爲奧故有中無無矣，即事而淵故觸物斯奧矣，自然而化故霄堂莫登矣，緣合而生故尊位可升矣，符章爲妙故道無靈神矣，講導爲精故研尋聖心矣。有中無無故道則非大也，觸物斯奧故聖路遐曠也，霄堂莫登故云云徒勞也。尊位可升故智士亡身也，道無靈神故傾顔何求也。研尋聖心故沙門雲興也。爾乃故知道經則少而淺，佛經則廣而深。道經則尠而穢，佛經則弘而清，道經則濁而漏，佛經則素而貞。道經則近而闇，佛經則遠而明。君染服改素實參高風也，首冠黃巾者卑鄙之相也，皮革苦頂者莫非華風也，販符賣籙者天下邪俗也，搏頰扣齒者倒惑之至也。反縛伏地者地獄之貌也，符章合氣者姦狡之窮也。斯則明闇已顯眞僞已彰，君可整率匹侶徊涉淸衢，貧道雅德内顧同奉聖眞，豈有惡乎。想必不逆允於往示耳。

《旧唐书・傅奕传》 傅奕，相州鄴人也，尤曉天文歷數。隋開皇中，以儀曹事漢王諒。及諒舉兵，謂奕曰，今茲熒惑入井，是何祥也。奕對曰，天上東井黃道經其中，正是熒惑行路所涉，不爲怪異。若熒惑入地上井是爲災也。諒不悅。及諒敗，由是免誅。徙扶風。高祖爲扶風太守，深禮之。及踐祚，召拜太史丞。太史令庾儉以其父質在隋言占候忤煬帝意，竟死獄中。遂懲其事，又恥以數術進，乃薦奕自代，遂遷太史令。奕既與儉同列，數排毀儉，而儉不之恨。時人多儉仁厚而稱奕之率直。奕所奏天文密狀，屢會上旨。置參旗井鉞等十二軍之號，奕所定也。

武德三年進漏刻新法，遂行於時。七年，奕上疏，請除去釋教。曰，佛在西域，言妖路遠。漢譯胡書，恣其假託。故使不忠不孝削髮而揖君親，遊手遊食易服以逃租賦。演其妖書述其邪法，僞啓三塗謬張六道。恐嚇愚夫詐欺庸品，凡百黎庶通識者稀。不察根源信其矯詐。乃追旣往之罪，虛規將來之福。布施一錢希萬倍之報，持齋一日冀百日之糧。遂使愚迷妄求功德，不憚科禁輕犯憲章。其有造作惡逆身墜刑網，方乃獄中禮佛口誦佛經。晝夜忘疲規免其罪。

且生死壽夭由於自然，刑德威福關之人主。乃謂貧富貴賤功業所招，而愚僧矯詐皆云由佛。竊人主之權，擅造化之力。其爲害政，良可悲矣。案《書》云惟辟作福威，惟辟玉食。臣有作福作威玉食，害于而家凶于而國，人用側頗僻，降自犧農至于漢魏，皆無佛法，君明臣忠祚長年久。漢明帝假託夢想始立胡神，西域桑門自傳其法。西晉以上國有嚴科，不許中國之人輒行髡髮之事。洎于苻石羌胡亂華，主庸臣佞政虐祚短，皆由佛教致災也。梁武齊襄足爲明鏡。昔褒姒一女妖惑幽王尚致亡國，況天下僧尼數盈十萬，翦刻繒綵裝束泥人而爲厭魅迷惑萬姓者乎。今之僧尼請令疋配，即成十萬餘戶，產育男女，十年長養一紀教訓，自然益國，可以足兵。四海免蠶食之殃，百姓知威福所在。則妖惑之風自革，淳樸之化還興。

且古今忠諫鮮不及禍。竊見齊朝章仇子他上表，言僧尼徒衆糜損國家，寺塔奢侈虛費金帛，爲諸僧附會宰相，對朝讒毀。諸尼依託妃主，潛行謗讟。子他竟被囚執，刑於都市。及周武平齊制封其墓，臣雖不敏竊慕其蹤。

又上疏十一首，詞甚切直。高祖付羣官詳議，唯太僕卿張道源稱奕奏合理。中書令蕭瑀與之爭論，曰，佛聖人也。奕爲此議，非聖人者無法，請寘嚴刑。奕曰，禮本於事親，終於奉上。此則忠孝之理著，臣子之行成。而佛踰城出家，逃背其父，以疋夫而抗天子，以繼體而悖所親。蕭瑀非出於空桑，乃遵無父之教。臣聞非孝者無親，其瑀之謂矣。瑀不能答。但合掌曰，地獄所設，正爲是人。高祖將從奕言，會傳位而止。

奕武德九年五月密奏，太白見秦分，秦王當有天下。高祖以狀授太宗。及太宗嗣位，召奕賜之食，謂曰，汝前所奏幾累於我。然今後但須盡言，無以前事爲慮也。太宗常臨朝，謂奕曰，佛道玄妙，聖迹可師。且報應顯然，屢有徵驗。卿獨不悟其理，何也。奕對曰，佛是胡中桀黠，欺誑夷狄，初止西域，漸流中國。遵尚其教，皆是邪僻小人。模寫莊老玄言，文飾妖幻之教耳。於百姓無補，於國家有害。太宗頗然之。

貞觀十三年卒，年八十五。臨終誡其子曰，老莊玄一之篇，周孔六經之說，是爲名教，汝宜習之。妖胡亂華，舉時皆惑。唯獨竊歎，衆不我從。悲夫。汝等勿學也。古人裸葬，汝宜行之。

奕生平遇患，未嘗請醫服藥。雖究陰陽數術之書，而並不之信。又常醉卧，蹶然起曰，吾其死矣。因自爲墓誌曰，傅奕，青山白雲人也。因酒醉死。嗚呼哀哉，其縱達皆此類。注《老子》幷撰《音義》。又集魏晉已來駁佛教者爲《高識傳》十卷，行於世。

《新唐書·傅奕傳》　傅奕，相州鄴人。隋開皇中以儀曹事漢王諒。諒反，問奕，今玆熒惑入井，果若何。對曰，東井黃道所由，熒惑之舍，烏足怪邪。若入地上井，乃爲災。諒怒，俄及敗。弈以對免。徙扶風。高祖爲扶風太守，禮之。及即位，拜太史丞。會令庾儉以父質占候忤煬帝死，懲其事，恥以術宦，薦弈自代。弈遷令，與儉同列，數排毀之，儉不爲恨。於是人多儉仁，罪弈遽且忿。時國制草具，多仍隋舊。弈謂承亂世之後，當有變更。乃上言龍紀火官，黃帝廢之。咸池六英，堯不相沿。禹弗行舜政，周弗襲湯禮。《易》稱已日乃孚，革而信也。故曰，革之時大矣哉。有隋之季，違天害民，專峻刑法，殺戮賢俊。天下兆庶，同心叛之。陛下撥亂反正，而官名律令一用隋舊。且懲沸羹者吹冷虀，傷弓之鳥驚曲木。況天下久苦隋暴，安得不新其耳目哉。改正朔，易服色，變律令，革官名。功極作樂，治終制禮。使民知盛德之隆，此其時也。

然官貴簡約。夏后官百，不如虞氏五十。周三百，不如商之百。又曰夏有亂政而作禹刑，商有亂政而作湯刑，周有亂政而作九刑。衛鞅爲秦制法，增鑿顛抽脅鑊烹等六篇，始皇爲挾書律。此失於煩，不可不監。是時太僕卿張道源建言官曹文簿繁總易欺，請減之以鈐。吏姦公卿舉不爲然，弈獨是之，爲衆沮訕，不得行。

武德七年，上疏極詆浮圖法曰，西域之法，無君臣父子。以三塗六道嚇愚欺庸。追既往之罪，窺將來之福。至有身陷惡逆，獄中禮佛。口誦梵言，以圖偷免。且生死壽夭本諸自然，刑德威福繫之人主。今其徒矯託，皆云由佛。攘天理，竊主權。《書》曰，惟辟作福，惟辟作威，惟辟玉食。臣有作福作威玉食，害于而家凶于而國。五帝三王未有佛法，君明臣忠，年祚長久。至漢明帝始立胡祠，然惟西域桑門自傳其教。西晉以上，不許中國髡髮事胡。至石苻亂華，乃弛厥禁。主庸臣佞，政虐祚短。事佛致然。梁武齊襄尤足爲戒。

昔褒姒一女營惑幽王，能亡其國。況今僧尼十萬，刻繪泥像以惑天下，有不亡乎。陛下以十萬之衆自相夫婦，十年滋產，十年教訓。兵農兩足，利可勝既邪。昔高齊章仇子他言僧尼塔廟外見毀，宰臣內見疾妃嬙陽讒陰謗卒死都市。周武帝入齊，封寵其墓。臣竊賢之。又上《十二論》，言益痛切。帝下弈議，有司唯道源佐其請。中書令蕭瑀曰，佛聖人也，非聖人者無法。請誅之。奕曰，禮，始事親，終事君。而佛逃父出家，以匹夫抗天子，以繼體悖所親。瑀非出空桑，乃尊其言。蓋所謂非孝者無親。瑀不答，但合爪曰，地獄正爲是人設矣。帝善奕對，未及行。會傳位止。

初，九年，太白躔秦分。奕奏秦王當有天下。帝以奏付王。及太宗即位，召賜食，謂曰，向所奏，幾敗我。雖然，自今毋有所諱而不盡言。又嘗問卿拒佛法奈何。奕曰，佛，西胡黠人爾。欺誑夷狄以自神。至入中國，而孅兒幻夫摸象莊老。以文飾之，有害國家而無補百姓也。帝異之。貞觀十三年卒，年八十五。奕病未嘗問醫。忽酣臥，蹶然悟曰。吾死矣乎。即自誌曰，傅奕，青山白雲人也。以醉死。嗚呼，遺言戒子。六經名教，言若可習也。妖胡之法，慎勿爲。吾死當倮葬。

奕雖善數然，嘗自言其學不可以傳。又注《老子》，幷集晉魏以來與佛議駁者爲《高識篇》。武德時所改漏刻，定十二軍號，皆詔奕云。

智昇《開元釋教録》卷八上　沙門釋法琳姓陳氏，潁川人。遠祖隋官，寓居襄陽。少而出家，游獵儒釋，博綜詞義。金陵楚郢，從道問津。

自文苑才林，靡不尋造。而意存綱梗，不營浮綺。野棲木食於青溪等山，晝則承誨佛經，夜則吟覽俗典。故於內外詞占，經緯遺文，精會所歸，咸肆其抱。而風韻閒雅，韜德潛形，氣揚采飛，方陳神略。隋季承亂，入關觀化。流離八水，顧步三秦。每以槐里仙宗，互陳名實。昔在荆楚，梗槩其文。而祕法奇章，猶未探括。自非同其形服，陳其本情，方可體彼宗師，靜玆紛結。乃權捨法服，長髮多年。外統儒門，內希聃術。遂以義寧初歲，假被巾褐，從其居舘。琳素道莊老，談吐清奇，道侶服其精華，膜拜而從遊處。情契莫二，共叙金蘭。故彼所禁文詞，並用諮琳取定。致令李宗奉釋之典，包舉具舒。張僞葛妄之言，銓題品錄。

武德初運，還莅釋宗。擁帙延光，栖遑問道。以帝壤同歸，名教是則。鼓言鄭衛，易可箴規。乃住京師濟法寺。至武德四年，有太史令傅奕，先是黃巾，深忌佛法。上廢佛法事十有一條，云釋經誕妄，言妖事隱。損國破家，未聞益世。請胡佛邪教退還天竺，凡是沙門放歸桑梓。則家國昌大，李孔之教行焉。

武皇容其小辯，朝輔未能抗也。時謂遵其邪徑，通廢宏衢，莫不懼焉。乃下詔問曰，棄父母之鬚髮，去君臣之章服，利在何間之中，益在何情之外。損益二宜，請動妙釋。

琳憤激傳詞，側聽明勑。承有斯問，即陳對曰。琳聞至道絕言，豈九流能辨。法身無象，非十翼所詮。但四趣茫茫，漂淪欲海。三界蠢蠢，顚墜邪山。諸子迷以自焚，凡夫溺而不出。大聖爲之興世，至人所以降靈。遂開解脫之門，示以安隱之路。於是中天王種，辭恩愛而出家。東夏貴游，厭榮華而入道。誓出二種生死，志求一妙涅槃。弘善以報四恩，立德以資三有，此其利益也。毀形以成其志，故棄鬚髮。美容變俗以會其道，故去君臣華服。雖形缺奉親，而內懷其孝。禮乖事主，而心戢其恩。澤被怨親以成大順，福沾幽顯豈拘小違。上智之人依佛語故爲益，下凡之類虧聖教故爲損。懲惡則濫者自新，進善則通人感化。此其大略也。

而傅氏所奏，在司猶未施行。奕乃多寫表狀，遠近公然流布。京室閭里，咸傳禿丁之誚。劇談酒席，昌言胡鬼之謠。佛日翳而不明，僧威阻而無勢。於時達量道俗，動毫成論者非一。各陳佛理，具引梵文。委示業緣，曲垂邪正。但並是奕之所廢，豈有引廢證成。雖曰破邪，終歸邪破。琳情出玄機，獨覺千載。器局天授，博悟生知。睹作者之無功，信秉權之有據。乃著《破邪論》二卷，用擬傳詞。文有三十餘紙。自琳之綴採，貫絕羣篇。野無遁賢，朝無遺士。家藏一本，咸誦在心。並流略之菁華，文章之冠冕。茂譽於是乎騰廣，昏情由之而開尙矣。琳又以論卷初出，意在弘通。自非廣露其情，則皂隸不塵其道。乃上啟儲后諸王及公卿侯伯等，並文理弘被，庶績咸嘉，其博詣焉。故奕奏狀因之致寢，遂得釋門重敞，琳實其功。

東宮庶子虞世南詳琳著論，乃爲之序胤。而傅氏不愜其情，重施密譖，構扇黃巾，用爲黨類。道士李仲卿上《十異九迷論》，道士劉進喜上《顯正論》。皆貶量佛聖，塵黷釋宗。昏冒生靈，炫曜朝野。薰蕕既涉，時所疑焉。

武德九年春下詔，京置三寺，唯立千僧。餘並放還桑梓。嚴勑既下，莫敢致詞。五衆哀號於槁街，四民顧嘆於城市。於時道俗蒙然，投骸無措。賴由震方出帝，氛祲廓清。表襲啟聞，博究宗領。登即大赦，還返神居。故佛日重朗於唐世，又由琳矣。

琳頻逢黜陟，誓結維持。道挫世情，良資慕學。乃探索典籍，隱括玄奧，撰《辯正論》八卷。潁川陳子良注之，幷製序。良文學雄伯，羣倫仰戴。誘勸成則，其從如雲。

貞觀初，文帝捨終南山太和舊宮，置龍田寺後卻爲翠微宮，即今翠微寺是。琳性欣幽靜，就而住之。衆所推美，舉知寺任。從容山服，詠歌林野。三年勑波頗三藏翻《寶星經》及《般若燈》等論，召琳令執筆承旨。兼詳覆名義。至十三年冬，有黃巾秦世英者，挾方術以要榮，遂程器於儲貳，素嫉釋種。陰陳琳論，謗訕皇宗，罪當罔上。帝勃然下勑，沙汰僧尼。見有衆侶，宜依遺教。仍訪琳身，據法推勘。

琳扼腕奮發，不待追徵，獨詣公庭，輕生狥理。乃縶以縲絏，下詔問曰，周之宗盟，異姓爲後。尊祖重親，寔由先古。何爲追逐其短，首尾兩端。廣引形似之言，備陳不遜之喻。犯毀我祖禰，謗黷我先人。如此要君，罪有不恕。琳荅曰，文王大聖，周公大賢。追遠愼終，昊天靡荅。孝悌之至，通於神明。雖有宗周，義不爭長。何者，皇天無親，竟由輔德。古人黨理而不黨親，不自我先不自我後。雖親有罪必罰，雖疏有功必賞。

賞罰理當，故天下和平。老子習訓，道宗德教，加於百姓。恕已謙光，仁風形於四海。又云吾師名佛，佛者，覺一切人也。乾竺古皇，西昇逝矣。討尋老教，始末可追。曰授中經，示誨子弟。言吾師者，善入泥洹。綿綿常存，吾今逝矣。今劉李所述，謗滅老氏之師，世莫能知。著茲《辨正論》有八卷，略對道士六十餘條，並陳史籍前言，實非謗毀家國。自後辨對二十餘列，並據琳詞，具狀聞奏。勑云，所著《辨正論·信毀交報篇》曰，有念觀音者，臨刃不傷。且赦七日，令爾自念，試及刑決，能無傷不。

琳外纏桎梏，內迫刑期。水火交懷，訴仰無路。乃緣生來所聞經教及三聖尊名，銘誦心府，擬爲顯應。至於限滿，忽神思飄勇，橫逸胸懷。歡慶相尋，頓忘死畏，立待對問。須臾勑至，云今赦期已滿，當至臨刑，有何所念，念有靈不。琳援筆荅曰，自隋季擾攘，四海沸騰。疫毒流行，干戈競起。興師相伐，各擅兵威。臣佞君荒，不爲正治。遏絕王路，固執一隅。自皇王弔伐，載清陸海。斯實觀音之力，咸資勢至之恩。比德連蹤，道齊上聖。救橫死於帝庭，免淫刑於都市。琳於七日已來，不念觀音，唯念陛下。勑治書侍御韋琮問琳，有詔令念觀音，何因不念。乃云惟念陛下。琳荅，伏承觀音聖鑒，塵形六道。上天下地，皆爲師範。然大唐光宅四海，九夷奉職，八表刑清。君聖臣賢，不爲枉濫。今陛下子育恆品，如經即是觀音。既而靈鑒相符，所以惟念陛下。且琳所著正論，爰與書史倫同。一句參差，任從斧鉞。陛下若順忠順正，琳則不損一毛。陛下若刑濫無辜，琳則有伏屍之痛。具以事聞，遂不加罪。勑徒於益部僧寺。行至百牢關菩提寺，因疾而卒，時年六十九。

沙門慧序經理所苦，情結斷金。曉夕同衾，慰撫承接。及命將盡，在序膝上序，慟哭崩摧，淚如駛雨。乃召諸關旁道俗，葬於東山之頂。高樹白塔，勒銘誌之。行路望者，知便下淚。琳所著詩賦啟頌碑表章誄，大乘教法并諸論記傳，合三十餘卷。並金石擊其風韻，綺錦繪其文思。流靡雅便，騰焰彌穆。又善應機說導，即事騁詞。言會宮商，義符玄籍。其秦英竟以狂悳被誅，公私怪其死晚。劉李傳氏相從化往，故其遺文往行，可爲萬代宗轄矣。

唐代論衡分部

《皇太子集三教學者詳論事第五》：《集古今佛道論衡》卷丙　貞觀十二年，皇太子集諸官臣及三教學士於弘文殿，開明佛法。紀國寺慧淨法師預斯嘉會。有令召淨開《法華經》，奉旨登座，如常序胤。道士蔡晃講道論好獨秀時英，下令遣與抗論。晃即整容，問曰，經稱序品第一，未審序第何分。淨曰，如來入定徵瑞放光，現奇動地雨花假近開遠。爲破二之洪基，作明一之由漸。故爲序也。第者爲居，一者爲始。序最居先，故稱第一。晃曰，第者第也。爲弟則不得稱一，言一則不得稱弟。兩字矛盾，何以會通。淨曰，向不云乎。第者爲居，一者爲始。先生既不領前宗，而謬陳後難。便是自難何成難人。晃曰，言不領者，請爲重釋。淨啟令曰，昔有二人，一名蛇奴，道帚忘掃。一名身子，一聞千解。然則蛇奴再聞不悟，身子一唱千領。此非授道不明，但是納法非俊。晃曰，法師言不出脣，何以可領。淨曰，菩薩說法聲震十方，道士在坐如迷如醉。豈直形骸聾瞽，其智抑亦有之。晃曰，野干說法何由可聞。淨曰，天宮嚴衛理絕獸蹤，道士魂迷謂人爲畜。

有國子祭酒孔穎達者，心存道黨潛扇斯玷曰，承聞佛家無諍，法師何以構斯。淨啟令曰，如來存日已有斯事。佛破外道，外道不通。反謂佛曰，汝常自言平等。今既以難破我，即是不平，何謂平乎。佛爲通曰，以我不平破汝不平，汝若得平即我平也。而今亦爾。以淨之諍破彼之諍。彼得無諍，即淨無諍也。於時皇儲語祭酒曰，君既勦說，眞爲道黨。淨啟，常聞君子不黨，其知祭酒亦黨乎。皇儲怡然大笑，合坐歡躍。今日不徒法樂以至於斯。

淨頻入宮闈，抗論無擬。殿下目屬其神銳也，尋下令曰，紀國寺慧淨法師，名稱高遠，行業著聞。綱紀伽藍，必有弘益。請爲普光寺主，仍知本寺上坐事。復下書與普光及以淨所廣述寺綱住持惟人在寄等事也。

《文帝詔令奘法師翻老子爲梵文事第一〇》：《集古今佛道論衡》卷丙　貞觀二十一年，西域使李義表還奏，稱東天竺童子王所未有佛法，外道宗盛。臣已告云，支那大國未有佛教已前，舊有得聖人說經在俗流布。但此文不來。若得聞者，必當信奉。彼王言，卿還本國，譯爲梵言，我欲見之。必道越此徒，傳通不晚。登即下敕，令玄奘法師與諸道士對共譯出。

於時道士蔡晃、成英二人，李宗之望，自餘鋒穎三十餘人，並集五通觀，日別參議，詳覈道德。奘乃句句披析，窮其義類，得其旨理，方爲譯之。諸道士等並引用佛經《中、百》等論，以通玄極。奘曰，佛教道教理致天乖，安用佛理通明道義。如是言議往還，累日窮勘，出語濩落的據無從。或誦四諦四果，或誦無得無待。名聲雲涌，實質俱虛。奘曰，諸先生何事遊言，無可尋究。向說四諦四果，道經不明。何因喪本，虛談《老子》。且據四諦一門，門有多義，義理難曉。作論辯之。佛教如是，不可陷倫。向問四諦，但答其名。諦別廣義，尋問莫識。如何以此，欲相抗乎。道經明道，但是一義。又無別論，用以通辯。不得引佛義宗用解老子，斯理定也。

晃遂歸情曰，自昔相傳祖承佛義，所以維摩三論晃素學宗，致令吐言命旨無非斯理。且道義玄通洗情爲本，在文雖異厥趣攸同。故引解之理例無爽。如僧肇著論，盛引老莊。成誦在心，由來不怪。佛言似道，如何不思。奘曰，佛教初開，深經尙擁。老談玄理，微附虛懷。盡照落筌，滯而未解。故《肇論》序致，聯類喻之。齊謂比擬，便同涯極。令佛經正論繁富，人謀各有司南，兩不諧會。然老之《道德》，文止五千。無論解之，但有群注。自餘千卷，事雜符圖。蓋張葛之咠附，非老君之氣□。又《道德》兩卷，詞旨沈深。漢景重之誠不虛。及至如何晏、王弼、嚴遵、鍾會、顧歡、蕭繹、盧景裕、韋處玄之流，數十餘家，注解老經，指歸非一。皆推步俗理，莫引佛言。如何棄置舊蹤津釋府，將非探賾過度，同夫混沌之竅耶。於是諸徒無言以對。遂即染翰綴文。

厥初云道，此乃人言。梵云末伽，可以翻度。諸道士等一時舉袂曰，道翻末伽，失於古譯。昔稱菩提，此謂爲道。未聞末伽以爲道也。奘曰，今翻《道德》，奉敕不輕。須覈方言，乃名傳旨。菩提言覺，末伽言道。唐梵音義，確爾難乖。豈得浪翻，冒罔天聽。道士成英曰，佛陀言覺，菩提言道。由來盛談，道俗同委。今翻末伽，何得非妄。奘曰，傳聞濫眞，良談匪惑。未達梵言，故存恆習。佛陀天音，唐言覺者。菩提天語，人言爲覺。此則人法兩異，聲采全乖。末伽爲道，通國齊解。如不見信，謂是妄談。請以經語，問彼西人。足所行道，彼名何物。非末伽者，余是罪人。非唯惘上，當時亦乃取笑天下。自此衆鋒一時潛退。便譯盡文，河上序胤闕而不出。

成英曰，老經幽祕，聞必具儀。非夫序胤，何以開悟。請爲翻度，惠彼邊戎。奘曰，觀老存身存國之文，文詞具矣。叩齒咽液之序，序實驚人。同巫覡之婬哇，等禽獸之淺術。將恐西關異國，有愧卿邦。英等不愜其情，以事陳諸朝宰。中書馬周曰，西域有道如李莊不。答，彼土尙道，九十六家，並厭形骸爲桎梏，指神我爲聖本。莫不淪滯情有致使不拔我根。故其陶練精靈，不能出俗。上極非想，終墜無間。至如順俗四大之術，冥初六諦之宗，東夏老莊所未言也。若翻老序，彼必以爲笑林。奘告忠誠，如何不相體悉。當時中書門下同僚咸然此述，遂不翻之。

《今上召佛道二宗入內詳述名理事第一》《集古今佛道論衡》卷丁　顯慶三年四月下敕，追僧道士各七人入內論義。時會隱法師豎五蘊義，神泰法師立九斷知義。道士黃□李榮黃壽等次第論義，並以莫識名體，茫如夢海。雖事往返，牢落無歸。次下敕，遣道士豎義。李榮立道生萬物義。大慈恩寺僧慧立登論座，先敘云，皇帝皇后神功聖德，遠夷順化宇內肅清。豈直掩映軒羲，亦乃牢籠周漢云云。又嘆仰佛化戢濟黎元，文多不載。便問榮云，先生云道生萬物，未知此道爲是有知爲是無知。答曰，道經云，人法地，地法天，天法道。既爲天地之法，豈曰無知。難曰，向敘道爲萬物之母，今度萬物不由道生，何者。若使道是有知，則惟生於善，何故亦生於惡。據此善惡昇沈，叢雜總生，則無知矣。如不通悟，請廣其類。至如人君之中開闢之時，何不早生今日聖主，子育黔黎與之榮樂，乃先誕共工蚩尤桀紂幽厲之徒而殘酷群生，授以塗炭。人臣之中何不惟生稷偰夔龍之輩，而復生飛廉惡來靳尙新王之侶，諛諂其君令邦國危亂哉。羽族之中何不惟生鸞鳳善鳥，而復生梟鷲惡鳥乎。毛群之中何不惟生騏驥騮馬，而復生豺狼豪蝟乎。草木之中何不惟生松柏梓桂蕙蓀蘭菊，而復生樠櫪樗棘葶艾蒺茨乎。既而混生萬物不蠲善惡，則道是無知不能生物，何得云天地取法而爲萬物皆之宗始乎。據我如來大聖窮理盡性之教也，天地萬物是衆生業力所感。善業多者，則琉璃爲地黃金界道，瓊枝蔭陌玉葉垂空，甘露充糧綺衣爲座。惡業多者，則沙壤爲土瓦礫爲衢，稗飯充虛麻衣被體，泥行雨宿霜穫暑耘，日夜驅馳以供公府。皆自業自作，無人使之。吾子心愚不識，橫言道生。道實不生，一何可愍。

李榮得此一徵，愕然不知何對。立時乘機拂弄，榮亦杜口默然。於是□然下座。

次道士黃壽登座，豎老子名義。會隱法師將事整容，與其抗論。立唯論難之體，褒貶爲先。恐難道名，有所觸誤。即奏云，黃壽身預黃冠，不知忌諱。城狐社鼠，徒事依憑。國家遠承龍德之後，陛下即李老君之孫。豈有對人之孫，公談祖禰之名字。至如五千文，內大有好義。不能標列而說聖人之名，計罪論刑黃壽死有餘。及於是蒙敕云，是更豎別義。壽因此挫銳，流汗失圖，雖事言對次序乖越，遞相擊論遂至逼暝。

僧等見將燭來，便起辭退。敕曰，向來觀師等兩家論義，宗旨未甚分明立。遂奏云，向來兩家議論，宗旨不明，誠如聖旨。何者，眾僧豎義，道士不識其源。既恥無言，遂鎧闐漫語。至如僧豎五蘊義，黃賾以蔭名來難。且蔭以覆蓋爲宗，蘊以積聚爲義。如色有十一聚，在色名之下。識有八種聚，在一名之下。舉統以收，稱爲蘊義。若以蔭名來難，義理全乖。又神泰豎九斷知義，道士生來未聞此名。雖上論座，不知發問之處。無以遮羞，遂浪作餘語。眞可謂欲適南越，而總轡北冥。馬足雖行朔方，終非趣越之步。李榮浪語，亦復如是。由是宗旨不明，塵黷聖聽。過在道士。然佛法大宗，因緣爲義。故論云，未曾有一法不從因緣生。且如眼見殿柱，須具五緣。一識心不亂，二眼根不壞，三藉以光明，四有境現前，五中間無障。必具此緣，方得見柱。若使羲光沒龍燭未明，縱有朱楹何由可見。又如季穀子陽和之月，遇水土人功則能生芽。夏盛甕裏冬委地中，緣不具故畢竟不生。人亦如是。內則業惑爲因，外則父母爲緣，身方得生。父母乖各終不得生。如是禽魚鳥獸萬物皆爾，從因緣生。故經云，深入緣起斷諸邪見，有無二邊無復餘習。以佛智慧窮法實相，是故號佛爲無等覺，爲天人師。外道之輩則不如是。皆悉邪網覆心，倒針刺眼。或言，諸法自然而生，即是此方老莊之義。或言，諸法從自在天生，韋紐天生，冥性生。或言無因，或言宿作。此並西方異道之計也。皆不知法本不識因緣，信意放言誑誤蒙俗，致使天人惑其飾詐。又對聖上說三性義，一遍計性，二依他起性，三圓成實性。外道所立遍計性收，事等空花由來非有，廣解三性言多不具。自上起來經過食頃，僧及道士陪侍臣僚佐兩行立聽。時既夜久，息言奉辭。

敕云，好去。各還宿所，經停少時。敕使告云，語師等因緣義大好，何不早論。于時三藏已下，莫不欣慶。斯則無勞廟略碎蕩高旗，不藉軍威堅城屠陷，見之今日矣。于時以道士不識蘊蔭斷知等義，莫允帝情。散席之後承內給事王君德云，敕語，道士等何不學佛經。因斯以言，釋李宗人，學業優劣，辯給通塞，實錄如前。貧富之懷，亦具瞻矣。

《上以西明寺成功德圓滿佛僧創入榮泰所期又召僧道士入內殿躬御論場觀其義理事第二》《集古今佛道論衡》卷丁　顯慶二年六月十二日，西明寺成道俗雲合幢蓋嚴華，明晨良日將欲入寺，簫鼓振地香華亂空，自北城之達南寺，十餘里十街衢闐闔。至十三日淸旦，帝御安福門上，郡公僚佐備列于下。內出繡像長旛，高廣驚於視聽。從於大街□路南往，並皆御覽，事訖方還。尋即下敕，追僧道士各七人入。上幸百福殿。內官引僧在東，道士在西。俱時上殿。

帝曰，佛道二教同歸一善。然則梵境虛寂，爲於無爲。玄門深奧，德於不德。師等栖誠碧落，學照古今。志契寶坊，業光空有。可共談名理，以相啟沃。

慧立奉對。陛下叡性自天，欽明纂曆。九功包於虞夏，七德冠於嬴劉。遂使天平地成，遐安邇肅。既而宇內無事，垂慮玄門。爰詔緇黃，考覈名理。但僧道士等輕生多幸，濫沐恩光。遂得屢入金門，頻昇玉砌。所恐聞見寡狹，詞韻庸疏。虛煩聽覽，不足觀採。伏增悚汗。降敕云，好。師等依位坐。又敕云，師可一人上座開題。

時淸都觀道士張惠元奏云，周之宗盟異姓爲後，陛下宗承柱下。今日豎義，道士不得不先。又夷夏不同，客主位別。望請道士於先上座。帝沈默久之。立遂奏曰，竊尋諸佛如來，德高眾聖，道冠人天，爲三千大千之獨尊，作百億四洲之慈父，引迷拯溺惟佛一人。此地未出娑婆，即是釋迦之兆域。惠元何得濫言客主，妄定華夷。伏惟陛下，屈初地之尊，光臨瞻部。受佛付囑，顯揚聖化。爇慈燈於暗室，浮慧舸於苦流。《書》云，皇天無親，惟德是輔。蓋此之謂歟。惠元邪說，未可爲依。敕云，好。更遣上仍僧爲先。

爾時會隱法師昇座，竪四無畏義。道士七人，各陳論難。無足敘之，事在別傳。次道士李榮開六洞義，擬佛法六通爲言。立昇論席，問榮六洞名數。答訖。徵云，夫言洞者，豈不於物通達無擬義耶。答云，是。難曰，若使於物通達無擁名洞未委，老君於物得洞以不。答云，是。老君上聖，何得非洞。徵曰，若使老君於物通洞者，何故道經云，天下大患莫若有身，使我無身吾何患也。據此則老君於身尙礙，何能洞於萬物。榮云，師緩莫過相陵轢。榮在蜀日，已聞師名。不謂今在天庭，得親談論。共師俱是出家人，莫苦相非駁。立報曰，觀先生此語似索孤息。古人云，黄麈之下，不許借槊。乍可出外，別敘暄涼。此席終須，定其邪正。向云與立同是出家，檢形討事焉可同耶。先生鬢髮不剪褌褲未除，手把桃符腰懸赤袋。巡門厭鬼歷巷摩兒，本不異淫祀邪巫，豈得同我情虚釋子。李榮大怒云，汝若以翦髮爲好，何不剔眉。立曰，何爲剔眉。榮曰。一種毛故。立曰，一種是毛，剔髮亦剔眉。卿亦一種是毛，何爲角髮不角髭。榮遂杜默無對。立調曰，昔平津困於十難，李榮死於一言。論德立謝古人，論功無慚往哲。於即避席，主上解頤大笑。

次後諸僧與論。時熱，坐久恐勞主上，且辭。敕云，好。遂散還寺。

觀三藏玄奘在西明寺度僧，不在論席。

十四日平旦，敕使報奘。云七僧入內與道士論議，五人論大勝，幽州最好。兩人雖未論議，亦應例是勝也。

《帝以冬旱內立齋祀召佛道二宗論議事第三》《集古今佛道論衡》卷丁

顯慶三年冬十一月，上以冬雪未零，憂勞在慮。思弘法雨，雩祈雪降。爰構福場，故能靜處中禁，廣嚴法座。下敕召大慈恩寺沙門義褒，東明觀道士張惠元等入內，於別中殿講道論始于斯時也。內外宮禁，咸集法筵。釋李搜揚，選窮翹楚。即斯榮觀，終古無之。天子親問褒所來邑，於座具答。

時道士李榮先昇高座，立本際義。敕褒云，承師能論義，請昇高座共談名理。便即登座。問云，既義標本際，爲道本於際名爲本際，爲際本道名爲本際。答云，互得進。難云，道本於際，際爲道本。亦可際本於道，道爲際元。答云，何往不通。並曰，若使道將本際互得相通，返亦可自然與道互得相法。答曰，道法自然，自然不法道。又並曰，若使道法於自然，自然不法道。亦可道本於本際，本際不本道。於是道士著難，恐墜厥宗。但存緘默，不能加報。褒即覆詰難云，汝道本於本際，遂得道際互相本。亦可道法於自然，何爲道自不得互相法。榮得重並既不領難，又不解詰。便浪嘲云，法師喚我爲先生，汝則便成我弟子。褒應聲挫云，今對聖言論，申明邪正，用簡帝心。芻蕘之嘲，塵黷天聽。義須棄置，誠不可也。雖然無言不酬，古有遺誥，聊以相答。我以事佛爲師，我爲佛之弟子。汝既稱爲先生，汝應先道而生。我爲弟子，佛是我師。汝若先道而生，汝則應爲道祖。道士當時忸怩無對。麈尾垂頓，聲氣俱下。褒因調曰，麈尾已萎，鹿巾將折。語聲既耎，義鋒亦摧。李榮無對，逡巡下席。

尋即有敕，令褒依法登座。便辭讓曰，義褒江表庸僧，山中朽擁。天下道邁軒羲，德隆堯舜。遊刃萬機，弘顯三寶。皇后懋績宮闈，皇太子聲光遠被，漏影林泉。輕枉絲綸，親臨御覽。然則佛法僧寶，無上福田。梯蹬欒山，津梁苦海。法身常住，跡示興亡。像教住持，取資帝力。伏惟陛高啟頌。今爲膏雨不降，瑞雪未零。憂勞黎庶，設齋祈福。紫庭之內，建立勝幢。黄屋之中，安施法座。欲使道風常扇，佛日連輝。爰詔緇黃，各陳名理。玉階闡玉京之教，金闕揚金口之言。以斯景福，莊嚴聖御。伏願皇帝金輪永轉，玉鏡恆明。等敬北辰，慶隆南嶽。皇后心明七耀，體洞二儀。垂訓六宮，母儀萬國。皇太子凝神望苑，作睿春坊。布彩前星，披圖下武。義褒海隅遺隱，忽厠嵩華。以有怯之心，登無畏之座。用木訥之口，釋解頤之談云云。然則聖旨斯臨，課虚立義。今示義目，厥號摩訶般若波羅蜜義。此乃大乘之象駕，方等之龍津。菩薩大師，如來智母。摩訶，大也。般若，慧也。波羅蜜者，到彼岸也。夫玄府不足盡其深華，故寄大以目之。水鏡未可喻其澄朗，假慧以明之。造盡不可得其崖極，借度以稱之云云。

道士張惠元問曰，音是胡音，字是唐字。翻胡爲唐，此有何益。答曰，字是唐字，音是梵音。譯梵爲唐，彼此俱益。又難曰，胡音何能益人。答曰，佛出天竺，梵音爲正教。流中夏，利見甚多，云何無益。彼進無難，返唱不通。褒體之曰，道士年耄，今復發狂。答義若此，頓不思量。張曰，我那忽狂。褒調曰，子心不狂，那出狂語。退亦佳矣，抒軸何爲。張遂復座。姚道士次論義曰，般若非愚智，何以翻爲智。答曰，爲欲破愚癡，歎美稱爲智。張責云，何者是愚癡，而將智來破。答曰，愚人是道士，將智以破之。張曰，我那忽是愚。答曰，般若非愚智，破愚嘆爲智。道士若亡愚，我智藥亦遣。如是覆卻數番。張遂飲氣吞聲，周憚失守，無難坐默。褒因總調云，張生則逃狂無所，姚道又避愚無地。狂愚既退，李可進關。榮因問曰，義標般若波羅蜜，斯乃非彼非此，何以言到彼岸。答曰，般若非彼此，歎美爲度彼。李曰，非彼非此歎度彼岸，亦應非彼非此歎到此岸。答曰，雖彼此兩亡歎彼令離此。李曰，歎彼不歎此，亦應非此不非彼。答曰，歎彼令離此，此離彼亦亡。李榮更無難，乃嘲曰，僧頭似彈丸，解義亦團欒。褒接聲曰，今一彈彈黃雀，已射兩鵶鶵。彈彈黃雀足，射射鵶鶵腰。于時李既發機被彈，張元乃拔箭助之。褒又調曰，李不自拔。張狂助亡。姚生一愚，那不見助。姚即發言云云。褒合調曰，兩人助一人，三愚成一智。昔聞今始見，斯言無有從。于時，天子欣然，內宮諠合。李榮俛首有已。便云，作如此解義，何須遠從吳地來。褒云，三吳勝地本出英賢。橫目苟身，舊無人物云云。言訖下座。

當斯時也，獨御黃老無敢抗言。可謂振論鼓於王庭，不異提婆之日。灑法音於帝掖，何殊身子之秋。事罷相從，還栖公館。褒謂諸道士曰，駟不及舌明言非易，天下清論何有窮涯。等星曜之在天，類河山之鎮地。須便引用未待鄙言，何有面對天顏輕爲謔論，脫付法推罪當不敬賴。聖上慈弘恕其不逮不敬之罪，終難可逃。道士等大慚。張元曰，不須述也。褒曰，往不可咎來猶可追，請廣義方統詳名理。豈非釋李高軌不墜風流，勝負兩亡情理雙遣者也。筆者詳略褒之義道可曰，脫穎當時，準的萬代。碎黃巾於黃屋，不藉漢師。列帝網於帝前，無勞秦陣。是以雲梯嬰帶，徒聞姚主之談。吞併合從，成祖宋君之美，信矣。

《上幸東都又召西京僧道士等往論事第四》《集古今佛道論衡》卷丁

顯慶五年，車駕東都。歸心佛道，宗尚義理。非因談敘，無由釋會。下敕，追大慈恩寺僧義褒，西明寺僧惠立等。各侍者二人，東赴洛邑，登即郵傳，依往至合璧宮奉見。敘論義旨，不爽經通。下敕，停東都淨土寺。褒即於彼講《大品》三論，聲華崇盛，光價逾隆。褒姓薛氏，常州晉陵人。蓋齊相孟嘗鵶君之後，大吳名臣綜瑩之胤也。而天體高邈，履性清明。少染緇衣，長遊聽釆。初在蘇州明法師所。服勤敎義，具美清涼。《大品》《華嚴》開明巖穴。又往縉雲山婺州曠法師所。經于多載，備問幽求。會體素誠，爽拔玄致。於是周流禹穴三十餘年，傳經述論學侶奔從。每惟大乘至敎元在渭陰，播蕩淳源乃流楊越。嗟乎高軌中原失蹤。後住東陽金華山法幢寺，弘道不倦終日坐忘，思契伊心長懷卒歲。會慈恩申請宇內搜揚京邑髦彥，承風仰德以名聞奏。下敕徵延。既達京師，幽憂頓蕩。三藏玄奘不以形隔致猜，共敘大綱護法爲務。請所學經論通講十遍。顧謂門徒，並往聽之。時在慈恩創開宏理，有空雙遣藥病齊亡。于時執有毘曇存空成實。分河飲水之客，別部說戒之徒。人我鏗然欻然驚視，皆謂空見外道，或曰空花道人。遂即負氣衝天，莫不承風摧轍，喪魂陂膽失路迷歸。褒乃誨以謗法之愆，示以信首之路。責以三關則周樟無計，導以五過則負罪彌天。辯給之口引用飛流，能使答對無前，翔集雲雨。自戾止日，下光問德音。宰輔傾城，道勝嗟賞。中興大法，斯人在斯。纔有一月，即蒙敕召。中禁明道，躬闡清言。如前略述，不爽華望。晚巡洛下，重復徵延。聲榮藉甚，彌隆今古。不意法柱忽崩，仁舟淪沒，因疾卒於洛邑。幽明結慘，道俗悲涼。下詔流問，并給賻贈，令葬鄉邑。自餘道勝，未獲其文。隨得編之，恐有遺逸故耳。

《今上在東都有洛邑僧靜泰敕對道士李榮敘道事第五》《集古今佛道論衡》卷丁

顯慶五年八月十八日，敕召僧靜泰，道士李榮。在洛宮中，帝問僧曰，《老子化胡經》述化胡事，其事如何，可備詳其由緒。靜泰奏言，詳夫皇王盛事，其跡不同。或闢明堂以待賢，或臨衢室而問下。或賦清文於柏殿，或延雅論於蓬山。並驅名敎之場，未踐眞玄之肆。豈若我皇德靜兩儀，道清八表。巖廊多暇，二敎融襟。控方外之輪，高昇惠日。理域中之躅，暢引玄風。爰詔緇黃，對揚賓主。但靜泰編學謏聞，雕水鑄木。肅承疏寧，斧鉞交襟。聖旨問道士《化胡經》，云老子化胡爲佛，此事如何。靜泰奏言，《老子》二篇，莊生內外。或以虛無爲主，或以自然爲宗。固與佛教有殊，然是一家恬素。降茲以外，制自下愚。靈寶創起張陵，吳時始盛。上清肇端葛氏，齊代方行。亦有鮑靜，謬作《三皇》被誅，具明晉史。大唐貞觀之際，下詔普焚此《化胡經》者。泰據晉代雜錄及裴子野《高僧傳》。皆云道士王浮與沙門帛祖對論每屈，浮遂取《漢書·西域傳》，擬爲《化胡經》《搜神記》《幽明錄》等。亦云王浮造僞之過。

道士李榮云，靜泰無知浪爲援引。榮據《化胡經》云，老子化胡爲佛。又《老子序》云，西適流沙。此即化胡之事顯矣。靜泰奏言，李榮重引化胡，靜泰前已指僞。縱令此經實錄，由須歸佛大師。《化胡經》中，老子云。我師釋迦文，善入於泥洹。又榮引《老子》經序，竟無西邁流沙之論。但云尹喜謂老子曰，將隱乎據。榮對詔不實，請付嚴科。又《莊子》云，老聃死，秦失弔之。又《西京雜記》云，老子葬於槐里。此並典誥良證。又道士諸經，唯有莊老。餘皆僞誑。偸竊佛教，安置縱橫。首尾蹈機，進退惟咎。假令榮經改無歸佛之語。陛下祕閣亦有道經，請對三觀學士以定是非，即源眞謬。李榮云，道人亦浪譯經。據白馬將經唯有《四十二章》，餘者並是道人僞作。近亦有玄奘，浪翻經論。靜泰奏言，李榮苟事往來，莫知史籍據。騰蘭初至此地，大譯諸經。其後支迦提之徒，康僧會之輩，曇摩提之屬，鳩摩羅之流。翻譯皆有年月，詳諸國史。亦有俗士聶承遠謝靈運等，皆翻譯，備詳群錄。豈比汝之僞經。或云朱鳥咮銜，或道青鳥吻噬。終散失於龍漢，卒改易於赤明。並涉憑虛，未聞崇有。又榮所云近有玄奘亦浪翻經。竊謂不可據。玄奘久遊五印，妙盡梵言。考之風雅，理無倫奪。又玄奘所譯，契我聖朝。藻二帝之天文，煥兩皇之宸照。無知祭酒，輒事毀謷。案榮之罪，已合萬死。李榮奏云，老釋二教，並是聖言。非榮靜泰即能陳述。靜泰奏言，榮自不能，泰即能矣。李榮重云，榮據《道劫經》云，道生於佛，佛還小道。化胡之事，斷亦不虛。靜泰奏言，道士語稱檀越，已竊僧言。經引劫文，還偸梵語。蹶角受化，尙戴黃巾。既漸佛風，不披緇服。食我桑椹，不見好音。人之無良，胡不遄死。劫是梵語，豈是道言。邊境有人，其名竊矣。李榮云，大道空同，何佛何道。靜泰奏言，李榮體中無物，固是空同。李榮自云，可無糞屎耶。靜泰奏言，聖人之側，帝者之前。用鄙俚爲樞機，將委巷爲雅論。古人請尙方馬劍，今時可拂彼驢頭。刑於可刑，仁固仁矣。李榮云，我莊子曰，道在糞屎。靜泰曰，汝道在糞屎。此據縱下而言。汝道本清虛，何不據極上而說。又責榮云，汝面對宸極而云，我莊子耶。李榮曰，汝經中亦云如是我聞。阿難亦復稱我，我亦何妨。靜泰曰，經云如是我聞，結集之語。又阿難無我，假言我我。汝我未除，不得我我。又阿難稱我，以對後人。爾今稱我，親承嚴扆。此而不類，何以逃辜。李榮辭窮。遂嘲云，靜泰語莫樟惶，我未發汝剩揚。靜泰云，李榮烏黠，何異蛣蜣。先師米賊，汝亦不良。李榮遂云，汝頭似瓠蘆等語云。靜泰奏言，此對旒冕，宜應雅論。幸許劇談，敢欲問作。亦請嘲李榮頭。聖旨便曰，可令連腳嘲。泰曰，李榮道士，額前垂髮已比羊頭，口上生鬚還同鹿尾。纔堪按酒，未足論文。更事相嘲，一何孟浪。泰又奏言，向承聖旨，令連腳嘲。便曰，李榮腰長，即貌而述。屢申駝項，亟蹙蛇腰。舉手乍奮驢蹄，動腳時搖鶴膝。李榮頻被嘲急不覺云，靜泰不長不短。靜泰奏云，靜泰加之一分則太長。李榮云，向共相嘲，便誦《洛神》之賦。靜泰云，此關宋玉之語，未涉陳王之詞。義屈言窮，周樟迷妄。李榮是蜀郡詞人。泰云，泰是洛陽才子。榮云，賈生已死才子何關。靜泰奏云，嚴楊不嗣，江漢靈衰。榮爲蜀郡詞人，一何自枉。李榮無詞。又轉語云，箇是靈衰，那得靈輝。靜泰云，夷歌嬥曲自謂成章，鳥韻左言用閑音賞。李榮又轉語云，何意喚我爲李王。因言大唐天子，故是李王。靜泰云，汝此語爲自屬耶，爲屬帝耶。如其自屬，爾是何人。如其屬帝，言王非帝。李榮云，我經云，域中有四大，王居一焉。言王何過。靜泰云，《管子》曰，明一者皇，察道者帝，通德者王。汝言域中有四大者，汝教自淺。汝復不閑，以帝爲王。汝過之極。李榮既急不覺直云，靜泰言是。靜泰奏言，李榮既稱泰是，伏乞宸鑒。李榮又轉語云，大道老君，皇帝所尙。何物綠精胡子剃髮小兒，起自西戎而亂東夏。靜泰云，如來出現彼處爲天中，我皇御宇此間爲地正。佛法有囑，委以皇王。有感必通，何論彼此。若限以華裔，恐子自斃於杜郵。老是楚人，未知何地。又榮向云綠精胡子，自是蔥嶺已東。榮仲卿之鄙辭，亦無關於佛事。雖然無言不酬，請商略汝家之穢法。無知鬼卒，可笑顚狂。或灰獄圍身，或牛糞塗體，或背擎水器，或背負楊枝。或解髮卻拘交繩反繫，以廁溷而爲神主。將井竈而作靈師，自臣奴僕之辭。又引頑愚之稱，醮祭多陳酒脯。求恩唯索金銀，禮天曹而請福，拜北斗而祈壽。淫禮之黨充斥未亡，銜惑之徒罝罔綱紀。加又扣頭捕頰，銜板纏緋。三點九閟之方，丹門玉柱之術。既無慚於父子，寧有愧於弟兄。並是汝天師之法，豈非汝之教耶。李榮不覺云是。靜泰云，李榮既屢云泰是，如何不伏重乞宸鑒。

李榮又奏云，靜泰所言榮疑宿構，請共嘲獨，即是臨機之能。靜泰奏言，泰雖無德，言若成誦。又語李榮云，汝欲嘲獨，汝宿構耶。獨與李榮，無情是同。獨明勝汝。李榮奏言，道之與佛，非榮泰等之所言。委時又請休。靜泰奏言，李榮知難而退，重乞天鑒。夜久更闌，恐疲聖旨。帝令休，榮遂走下。基云去也。于時靜泰腳痹未行，少選停立。泰自奏言，靜泰先患風痹。帝令人扶之。榮於階下云，靜泰已死，兩人扶侍。泰云，帝者之前，理須戰慄。辭而復語，一何失敬也。

明日，帝令給事王君德責李榮曰，汝比共長安僧等，論激連環不絕。何意共僧靜泰論義，四度無答。李榮事急報云，若不如此，恐陛下不樂。辯見知。上幸東都，多營法祀。晝覽萬機，夜通論道。禮誦餘暇，偏重義宗。道士李榮，老宗魁首。恃其管見，親預微延。屢遭勍敵，仍參勝席。由是先厝，令還梓州。形色摧沮，聲譽頓折。道士之望，唯指於榮。既其對論失言，舉宗落采。泰本洛陽人，素有遠識之量。雖略通玄理，而以才故泰爲眾樂推，登鋒奮擊，挫拉若摧枯，潛聲如舌結。面陳泰是，斯即心伏魂飛。況對天顏褒貶，足稱晝一。此則千載之龜鏡也。初以言辯見知，具問才術。東臺侍郎上官儀云，又能賦詩。上令作之。應命便上，帝重之。欲令觀國登庸。問欲還俗不，須何等官。泰答，夙昔素心，常懷出俗。遠同法王之棄俗，近喻巢許之解網。俗榮非其所慕，伏願不虧發趾之心。上大幸之，便敕所司。東都敬愛寺，大德未臨，可以泰居之。其所須侍者，任取多少。諸餘大德，例止一人。泰別敕垂顧，使將五人入寺。爾後頻登榮觀，事多不錄。

《大慈恩寺沙門靈辯與道士對論第六》《集古今佛道論衡》卷丁　龍朔二年十二月八日，於蓬萊宮碧宇殿。靈辯奉詔，開《淨名經》題目。問曰，難思之道，唯凡不測，聖亦不知。答，凡聖俱不思。難，至理玄微，凡流容可不測。聖心懸鑒，妙智寧得不知。答，法性虛融，道無不遍。物理平等，何法可思。難，山芥無容入之義。於凡故是難思。大小有苞含之理，在聖寧非不測答。難思之道，物無不遍，何必山芥有納。凡聖分思不思。難，凡智聖智不分思不思，凡力聖力不分納不納。答，凡聖跡殊，容有納不納。凡聖本一，不分思不思。難，凡聖本無二，不分思不思。凡聖跡有殊，應有議不議。答，本跡雖殊，不思議一也。難，此是聖者本跡殊，何預凡夫事。答，一切眾生即涅槃相。難思之道，詎簡聖凡。難，難思無有二，可使凡聖本無別。難思既不殊，凡聖跡寧兩。答，不二處說二，二亦何所二。難，亦可不思處說思，思處說思，何得聖人亦不思。答，不二處說二，無二不二。若存二可使不思處說思，不思得有思，不二處說二，無二不存，二無思處說思，不立思不思。難，此乃何止不立思，亦不存不思，何得經首稱不思。答，絕思慮故言不思，非謂有不思。故《華嚴經》云，如是不思議，不可得深入。不思議思，非思寂滅。

三年四月十四日於蓬萊宮月陂北亭，與道士姚義玄等五人，西明寺僧子立等四人講論。其日晚，敕放道人道士各還觀寺。別敕留僧靈辯及道士二人，至十五日乃放還。初，十四日，道士方惠長開老經題。靈辯問曰，向陳道德，唯止老教，亦在儒宗。答，道經獨有，儒教所無。難，《孝經》曰，有至德要道。《易》云一陰一陽謂之道。此則已顯於儒家，豈獨明於老氏。答，自然之道爲本，餘者爲末。難，自然之道不攝在陰陽，老氏可爲本。陰陽亦苞於自然，《周易》豈爲末。答，元氣已來大道爲本，萬物皆從道生。道爲萬法祖。難曰，道爲物祖不異前言，《老》《易》同歸若爲遣難。惠長不能答。因嘲之曰，昔列子纔遇季咸，怳然心醉。黃冠暫逢緇服，不覺魂迷。上大笑，令更難。

靈辯奏曰，向者纔申短略，黃巾以成瓦解。今若更憑神算，赤舌將必冰銷。上又笑。重問曰，向云道爲物祖，能生萬象，以何爲體。答，大道無形。難，有形可有道，無形應無道。答，雖復無形，何妨有道。難，無形得有法，亦可有形是無法。有形不是無，無形不有道。答，大道生萬物，萬法即是道，何得言無道。難，象若非是道，可使象外別有道。道能生於象，既指象爲道，象外即無道。無道說誰生。答，大道雖無形，無形之道能生於萬法。難，子外見有母，知母能生子。象外不見道，誰知汝道生。又前言道能生萬法，萬法即是道。亦可如母能生子，子應即是母。又前言道爲萬法祖，自違彼經教。老子云，無名天地始，有名萬物母。母祖語雖殊，根本是一義。道既是無名，寧得爲物祖。惠長總領前語不得，因嘲之曰，既非得意，何爲杜默。已倒縠皮，答吞米賦。

又難曰，道無有形，指象爲道。形亦可道無有祖，指象爲物祖。答，道爲物祖，象非物祖。難，道別有形，不得象即道形。答，大道無形。

難，大道非祖。答，道本無名。強爲立名，爲物之祖，那得非祖。難，道本無名，強爲立名。亦可道本非祖，強爲物祖。答，然。難，道本非是祖，非祖強說祖。亦可大道無有形，無形強說形。又難，離象無別道，象未生時有道生。亦可離眼無別目，未有目時有眼見。答，道是玄微，眼爲粗法。二義不同，安得爲類。難，象是質礙，道本虛無。有無性乖，若爲同體。惠長又無答。辯奏曰，靈辯忝預玄門，實懷慈忍。雖逢死雀，不願重彈。上大笑，稱善。

五月十六日，於蓬萊宮，又與道士論難。其道士對答不相領，當無可記錄。至六月十二日，於蓬萊宮蓬萊殿論義，靈辯與道士李榮同奉見。上謂榮曰，襄陽道人有精神，好交言，無令墮其圍中。榮奏曰，孔子尚畏後生，況榮不如前哲。辯奏曰，靈辯誠爲後生，李榮故當是老（以榮住在蜀中故有此譏）。上大笑曰，榮已被逼。榮開《昇玄經》題曰，道玄不可以言象詮。辯問曰，玄理本寂，思慮情智不可度量。妙道既絕言詞，若爲得啟題目。答，玄雖不可說，亦可以言說。雖復有言說，此說無所說。難，玄若可言詮，即當云可詮。如實不可詮，當云不可詮。何得向云不可詮，今復言可詮。榮領難不得。辯謂榮曰，求魚兔者必藉於筌蹄，尋玄旨者要資於言象。在言既其蹇棘，於理信亦迷矇。又更爲述前難。答曰，玄道實絕言，假言以詮玄。玄道或有說，玄道或無說。微妙至道中，無說無不說。辯曰，此是《中論》龍樹菩薩偈。偈云，諸佛說我，或說於無我。諸法實相中，無我無非我。安得影茲正偈，爲彼邪言。竊菩薩之詞，作監齋之語。榮曰，佛道何殊。西域名爲涅槃，止是此處死滅。辯曰，螢光日光不可一，邪法正法安得齊。西域名涅槃，唐翻爲滅者，此乃玄寂之妙境，恬澹之虛宗。絕患累於後身，證無爲於極地，詎得以生死變謝而相擬乎。子聞涅槃亦是滅，生死亦是滅，兩滅即是齊。烏鵲亦有聲，鸞鳳亦有聲，二聲應可一。二鳥俱出聲，清雅猶來別。二法雖同滅，冥寂本不均。因呵曰，足下若不情昏菽麥，止闇玄黃。何爲以至人涅槃，同庶類生死。上大笑曰，向者道士標章，今乃翻是道人豎義。令難。

問，玄理是可詮，可使以言詮。玄理體是不可詮，如何得言詮。答，曉悟物情，假以言詮。玄亦可詮。難，玄體不可詮，假言以詮玄。玄遂可詮者，空刺不可拔。強以手來拔，空刺應可拔。反問，空是玄不。反答，非是玄。反難，是玄可並玄非玄。若爲得並玄。正難，空既不並，玄空體非是玄。言既可詮，玄可並玄非玄，若爲得並玄。正難，空既不並玄，空體非是玄。言既可詮玄，言應得是玄。言雖不是玄，言亦可詮玄。空雖不是玄，何妨空並玄。答，玄是微妙，如何以空來並。難，玄是微妙，如何以言來詮。又汝玄理不可詮，玄理亦可詮。空雖不可並，空亦應可並。空體不可並，非並不得並。玄體不可詮，非詮不得詮。榮不能答。直抗聲曰，明王有道，致使番僧入貢。辯曰，日磾生於塞外，爲忠臣於漢朝。道陵長自蜀中，作米賊於魏日。榮默然不答。又謂之曰，得嘲急解，何事踟躕。榮曰，既得玄旨，所以杜默。辯曰，魚目不類明珠，結舌何關杜口。上大笑。令更難。

難曰。玄理幽深，至人可測。道士庸昧，若爲得知。答，玄雖幽奧。至人深知，凡則淺知。難，道士學玄理，至人能深知。道士得淺知，道士學仙法。仙人能高飛，道士應下飛。仙飛有高下，道士高下俱不飛。玄理有淺深，道士淺深俱不測。榮不能答。辯嘲之曰，《老子》兩卷，本末研尋。莊生七篇，何曾披讀。頭戴死榖皮，欲似鈍啄木。榮未及對。又嘲曰，聞君來蜀道，蜀道信爲難。何不乘鳧遊帝里，翻被枷項入長安（敕追榮入京日著枷）。榮曰，死灰其慮，槁木其形。行忘坐忘，著枷何妨。辯曰，行忘坐忘，終身是忘。亦可行枷坐枷，終身著枷。仍嘲之曰，槁木猶應重，死灰方未然。既逢田甲尿，仍遭酷吏懸。榮未答。又嘲曰，杜枷異支策，擎枷非梱梧。閉口臨枷柄，眞似濫吹竽。榮恚曰，天子知有榮，乃與榮枷著。如汝道人之流，主上何曾記錄。辯曰，天子今年知有榮，來年亦應知有榮。今年既與榮枷著，來年亦與榮枷著。聖恩方復未已，著枷豈有了時。又謂曰，詳刑抵羅，天子未必皆知。道士著枷，聖人何曾記識。又謂曰，李榮著枷，聖人必不承意。儻若因枷被識，亦猶以醜見知。

榮慚怒，厲聲曰，道門英秀，蜀郡李榮。何物小僧，敢欲相輕。辯曰，李榮李榮。先乏雄情。爽氣何勞，瞋目勵聲。仍嘲曰，區區蜀地老。竊號道門英，已摧頭上角，何用口中鳴。榮不能酬。但曰，道人何所知，怒力加□飯。辯曰，眾僧本來齋潔，故當□飯進蔬。道士唯重醮祭，應須酌醴焚魚。榮曰，天宮清淨，何意論魚。辯曰，向已同齋，何爲語飯（當論時在中後）。榮曰，蠢爾荊蠻，詎堪爲敵。辯曰，周德未被，往日暫有荆蠻。皇澤遠覃，今時猶見蜀□。榮曰，心裏若無存烏泥，袈裟何爲得黑。辯曰，心中既有柴棘，頭上遂裹木皮。末席辯嘲榮曰，道士當諦聽，沙門贈子言。鴻鶴已高逝，燕雀徒自喧。已前雜嘲甚多，不能盡記。每嘲，上皆垂恩欣笑。

《茅齋中與國學博士范贇談論序》《集古今佛道論衡》卷丁　昔毘城長者遊談里巷之中，今皇邑先生迂駕蓬門之內。以今況古，夫何異哉。范先生洞曉儒宗，兼精李釋。未嘗不覈玄微於道肆，談空理於法筵。小僧往遊江左，遐想風流。適至關中，彌欽道德。尙未披敘，邂逅相逢。深適鄙懷，是所願也。既而光陰易失，嘉會難留。豈可使慧遠仲堪獨論象繫，道林玄度自解逍遙。請各據宗塗，標牓題目。以申考擊，共敘幽微云爾。

范曰，莊子之書頗曾披攬，其間旨趣，待問當酬。問曰，七篇繁廣，一問無由得窮。請更別舉，章門以申往復。范曰，齊物之理。今古以爲難。法師可依此義，以開宗轍。問曰，今古若難，誠如所論。命開宗轍，未敢輙當。聯復竭愚，試陳短句。秋毫太山，儒墨咸稱大小。莊生以爲不爾，豈非孟浪之談。范曰，俗滯情於是非，莊生遂忘於大小。難曰，但忘俗見之情，應不齊彼山毫之質。范曰，意在忘情。難曰，不須齊質。范曰，不論齊質，情詎得忘。難曰，秋毫既無陵霄之峰，太山未有入塵之細。逼令均等，其可得乎。范曰，毫有入塵之細，不羨陵霄之峰。山有陵霄之峰，不鄙入塵之細。各冥自性，故說爲齊。難曰，物雖各冥，其極大小之體不無。莊周雖貴捐情，不覺翻迷物理。至如空虛本無質象，不可論有差殊。山毫既有形容，安得談其均等。范曰，談其齊等，本貴忘情。若欲均形，豈非爲蛇畫足。難曰，前言形均始可，情喪未是悟他。今持畫足，過人翻爲自因。更並曰，山大毫小，莊書遂可齊其大小。天尊地卑，《周易》應可混其尊卑。莊生安得齊其大小。范曰，二教所詮，由來是別。均齊之理，本自不同。難易本是，別不得同。山毫本不齊，不齊應説異。異物既不異，不異得説異。別物應可同，何得說不同。

白居易《三教論衡》（《白氏長慶集》卷六十八）　太和元年十月，皇帝降誕日，奉勅召入麟德殿內道場，對御三教談論。畧錄大端，不可具載。

第一座　秘書監賜紫金魚袋白居易，安國寺賜紫引駕沙門義休，太清宮賜紫道士楊弘元

序

中大夫守秘書監上柱國賜紫金魚袋臣白居易，言談論之先，多陳三教讚揚演說，以啓談端。伏料聖心飽知此義，伏計聖聽飫聞此談，臣故畧而不言。唯序慶誕，贊休明而已。聖唐御區宇二百年，皇帝承祖宗十四葉。太和初歲，良月上旬，天人合應之期，元聖慶誕之日。雖古者有祥虹流月，瑞電繞樞，彼皆瑣微，不足引諭。伏惟皇帝陛下，臣妾四夷，父母萬姓，恭勤以修己，慈儉以養人，戎夏乂安，朝野無事。特降明詔，式會嘉辰，開達四聰，闡揚三教。

儒臣居易學淺才微，謬列禁筵，猥登講座。天顏咫尺，隕越于前。竊以釋門義林法師，明大小乘，通內外學，靈山嶺岫，苦海津梁，於大衆中能獅子吼，所謂彼上人者，難爲酬對。然臣稽先王典籍，假陛下威靈，發問既來，敢不響答。

僧問

義休法師所問，《毛詩》稱六義，《論語》列四科，何者爲四科，何者爲六義。其名與數，請爲備陳者。

對：孔門之徒三千，其賢者列爲四科。《毛詩》之篇三百，其要者分爲六義。六義者，一曰風，二曰賦，三曰比，四曰興，五曰雅，六曰頌。此六義之數也。四科者，一曰德行，二曰言語，三曰政事，四曰文學。此四科之目也。在四科內，列十哲名。德行科則有顏淵、閔子騫、冉伯牛、仲弓，言語科則有宰我、子貢，政事科則有冉有、季路，文學科則有子游、子夏。此十哲之名也。四科六義之名數，今已區別。四科六義之旨義，今合辨明。請以法師本教佛法中比方，即言下曉然可見。何者，即如《毛詩》有六義，亦猶佛法之義例有十二部分也。佛經千萬卷，其義例不出十二部中。《毛詩》三百篇，其旨要亦不出六義內。故以六義可比十二部經。又如孔門之有四科，亦猶釋門之有六度，六度者，六波羅密。六波羅密者，即檀波羅密、尸波羅密、羼提波羅密、毗梨耶波羅密、禪定波羅密、般若波羅密。以唐言譯之，即布施、持戒、忍辱、精進、禪定、智慧

是也。故以四科可比六度。又如仲尼之有十哲，亦猶如來之有十大弟子，即迦葉、阿難、須菩提、舍利弗、迦旃延、目乾連、阿那律、優波離、羅睺羅是也。故以十哲可比十大弟子。夫儒門、釋教，雖名數則有異同，約義立宗，彼此亦無差別。所謂同出而異名，殊途而同歸者也。所對若此，以爲何如。更有所疑，請以重難。

難：法師所難，十哲四科，先標德行。然則曾參至孝，孝者百行之先，何故曾參獨不列於四科者。

對：曾參不列四科者，非爲德行才業不及諸人也，蓋繫於一時之事耳。請爲終始言之。昔者仲尼有聖人之德，無聖人之位，栖栖應聘七十餘國，與時竟不偶。知道終不行，感鳳泣麟，慨然有吾已矣夫之歎。然後自衛反魯，刪《詩》、《書》，定禮樂，修《春秋》，立一王之法，爲萬代之教。其次則叙十哲，倫四科，以垂示將來。當此之時，顔、閔、游、夏之徒，適在左右前後，目擊指顧，列入四科，亦一時也。《孝經》云，仲尼居，曾子侍。此言仲尼閑居之時，曾參則多侍從。曾參至孝，不忍一日離其親。及仲尼旅游歷聘，自衛反魯之時，曾參或歸養於家，不從門人之列，倫擬之際，偶獨見遺。由此明之，非曾參德行才業不及諸門人也。所以不列四科者，蓋一時之闕耳。因一時之闕，爲萬代之疑。從此辨之，又可無疑矣。

問僧

儒書奥義既已討論，釋典微言亦宜發問。

問：《維摩經・不可思議品》中云，芥子納須彌。須彌至大至高，芥子至微至小，豈可芥子之内入得須彌山乎。假如入得，云何得見。假如卻出，如何得知。其義難明，請言要旨。僧答不録

難：法師所云芥子納須彌，是諸佛菩薩解脱神通之力所致也。敢問諸佛菩薩以何因緣證此解脱，修何智力得此神通。必有所因，願聞其説。僧答不録

問道士

儒典、佛經討論既畢，請迴餘論，移問道門。臣居易言，我太和皇帝祖玄元之教，挹清淨之風，儒素、緇、黄，鼎足列座，若不講論玄義，將何啓迪皇情。道門楊弘元法師，道心精微，眞學奥秘，爲仙列上首，與儒爭衡。居易竊覽道經，粗知玄理，欲有所問，冀垂發蒙。

問：《黄庭經》中有養氣存神長生久視之道，常聞此語，未究其由。其義如何。請陳大畧。道士答不録

難：法師所答，養氣存神，長生久視之大畧，則聞命矣。敢問黄者何義，庭者何物，氣養何氣，神存何神，誰爲此經，誰得此道。將明事驗，幸爲指陳。道士答不録

道士問

法師所問，《孝經》云敬一人則千萬人悦，其義如何者。

對：謹按《孝經・廣要道章》云，敬者，禮之本也。敬其君則臣悦，敬一人則千萬人悦。所敬者寡，而悦者衆。此之謂要道也。夫敬者，謂忠敬盡禮之義也。悦者，謂悦懌歡心之義也。要道者，謂施少報多簡要之義也。如此之義明白，各見於經文。其間别有所疑，即請更難。

難：法師所難云，凡敬一人則合一人悦，敬二人則合二人悦，何故敬一人而千萬人悦。又問，所悦者何義，所敬者何人。

對：《孝經》所云一人者，謂帝王也。王者無二，故曰一人。非謂臣下衆庶中之一人也。若臣下敬一人則一人悦，敬二人則二人悦。若敬君上，雖一人，即千萬人悦。何以明之。設如有人盡忠於國，盡敬於君，天下見之，何人不悦，豈止千萬人乎。設如有人不忠於國，不敬於君，天下見之，何人不怒，亦豈止千萬人乎。然敬即禮也，禮即敬也。故傳云，見有禮於其君者，事之如孝子之養父母也。如此則豈獨空悦乎，亦將事而養之也。見無禮於其君者，誅之如鷹鸇之逐鳥雀也。如此則豈獨空不悦乎，亦將逐而誅之也。由此而言，則敬不敬之義，悦不悦之理，了然可見，復何疑哉。

退

臣伏惟三教談論，承前舊例，朝臣因對敭之次，多自敘不能及平生志業。臣素無志業，又乏才能，恐煩聖聰，不敢自叙。謹退。

引用書目

引用書目

一　藏内書目

書名	譯者　作者	時代	版本
佛說轉法輪經	安世高　譯	後漢	中華大藏經
佛說寶積三昧文殊師利菩薩問法身經	安世高　譯	後漢	中華大藏經
阿含口解十二因緣經	安玄、嚴佛調　譯	後漢	中華大藏經
佛說七處三觀經	安世高　譯	後漢	中華大藏經
佛說罵意經	安世高　譯	後漢	中華大藏經
佛說四諦經	安世高　譯	後漢	中華大藏經
佛說八大人覺經	安世高　譯	後漢	中華大藏經
佛說大安般守意經	安世高　譯	後漢	中華大藏經
佛說十八泥犁經	安世高　譯	後漢	中華大藏經
長阿含十報法經	安世高　譯	後漢	中華大藏經
受十善戒經	失譯人名	後漢	中華大藏經
佛說興起行經	康孟詳　譯	後漢	中華大藏經
(佛說)般舟三昧經	支婁迦讖　譯	後漢	中華大藏經
佛說無量清淨平等覺經	支婁迦讖　譯	後漢	中華大藏經
佛說阿闍世王經	支婁迦讖　譯	後漢	中華大藏經
禪要經	失譯人名	後漢	中華大藏經
佛說無量壽經	康僧鎧　譯	魏	中華大藏經
僧伽吒經	月婆首那　譯	魏	中華大藏經
入楞伽經	菩提留支　譯	魏	中華大藏經
阿毘曇甘露味論	佚名　譯	魏	中華大藏經
佛說菩薩本業經	支謙　譯	吳	中華大藏經

續表

書名	譯者　作者	時代	版本
佛說阿彌陀三耶三佛薩樓佛檀過度人道經	支謙　譯	吳	中華大藏經
佛說太子瑞應本起經	支謙　譯	吳	中華大藏經
菩薩本緣經	支謙　譯	吳	中華大藏經
佛說維摩詰經	支謙　譯	吳	中華大藏經
六度集經	康僧會　譯	吳	中華大藏經
光讚經	竺法護　譯	晉	中華大藏經
諸佛要集經	竺法護　譯	晉	中華大藏經
佛說如來興顯經	竺法護　譯	晉	中華大藏經
度世品經	竺法護　譯	晉	中華大藏經
持心梵天所問經	竺法護　譯	晉	中華大藏經
修行道地經	竺法護　譯	晉	中華大藏經
生經	竺法護　譯	晉	中華大藏經
佛說胞胎經	竺法護　譯	晉	中華大藏經
佛說摩訶衍寶嚴經	失　譯	晉	中華大藏經
寶女所問經	竺法護　譯	晉	中華大藏經
普曜經	竺法護　譯	晉	中華大藏經
賢劫經	竺法護　譯	晉	中華大藏經
正法華經	竺法護　譯	晉	中華大藏經
佛昇忉利天為母說法經	竺法護　譯	晉	中華大藏經
文殊師利普超三昧經	竺法護	晉	中華大藏經
放光般若經	無羅叉　譯	晉	中華大藏經

續表

書名	譯者 作者	時代	版本
菩薩受齋經	聶道眞 譯	晉	中華大藏經
大樓炭經	法立法炬 譯	晉	中華大藏經
阿毘曇心論	僧伽提婆 惠遠 譯	晉	中華大藏經
鳩摩羅什法師大義	慧遠	晉	大正藏
大智度論抄序	慧遠	晉	中華書局
肇論疏	慧達	晉	卍續藏經
大方廣佛華嚴經	佛馱跋陀羅譯	晉	中華大藏經
增壹阿含經	僧伽提婆 譯	晉	中華大藏經
中阿含經	僧伽提婆 譯	晉	中華大藏經
三法度論	僧伽提婆 譯	晉	中華大藏經
大小品對比要抄序	支道林	晉	大正藏
大般泥洹經	法顯 譯	晉	中華大藏經
沙門不敬王者論	慧遠	晉	中華書局・弘明集
維摩義記	慧遠	晉	大正藏
更生論	羅君章	晉	中華書局・弘明集
答孫安國書	羅君章	晉	中華書局・弘明集
達摩多羅禪經	佛陀跋陀羅 譯	晉	中華大藏經
五苦章句經	竺曇無蘭 譯	晉	中華大藏經
佛說長阿含經	佛陀耶舍 竺佛念 譯	後秦	中華大藏經
釋摩訶衍論	筏提摩多 譯	後秦	中華大藏經
百論	鳩摩羅什 譯	後秦	中華大藏經

續表

書名	譯者 作者	時代	版本
大智度論	鳩摩羅什 譯	後秦	中華大藏經
十二門論	鳩摩羅什 譯	後秦	中華大藏經
妙法蓮華經	鳩摩羅什 譯	後秦	中華大藏經
成實論	鳩摩羅什 譯	後秦	中華大藏經
金剛般若波羅蜜經	鳩摩羅什 譯	後秦	中華大藏經
摩訶般若波羅蜜經	鳩摩羅什 譯	後秦	中華大藏經
小品般若波羅蜜經	鳩摩羅什 譯	後秦	中華大藏經
佛說仁王般若波羅蜜經	鳩摩羅什 譯	後秦	中華大藏經
中論	鳩摩羅什 譯	後秦	中華大藏經
禪法要解	鳩摩羅什等 譯	後秦	中華大藏經
持世經	鳩摩羅什 譯	後秦	中華大藏經
十住毗婆沙論	鳩摩羅什 譯	後秦	中華大藏經
十住經	鳩摩羅什 譯	後秦	中華大藏經
燈指因緣經	鳩摩羅什 譯	後秦	中華大藏經
大莊嚴論經	鳩摩羅什 譯	後秦	中華大藏經
文殊師利問菩提經	鳩摩羅什 譯	後秦	中華大藏經
坐禪三昧經	鳩摩羅什 譯	後秦	中華大藏經
梵網經盧舍那佛說菩薩心地戒品	鳩摩羅什	後秦	中華大藏經
梵網經	鳩摩羅什 譯	後秦	中華大藏經
發菩提心經論	鳩摩羅什 譯	後秦	中華大藏經
百論	鳩摩羅什	姚秦	中華大藏經

續表

書名	譯者 作者	時代	版本
佛說首楞嚴三昧經		鳩摩羅什	中華大藏經
自在王菩薩經	鳩摩羅什 譯	後秦	中華大藏經
禪祕要法經	鳩摩羅什 譯	後秦	中華大藏經
維摩詰所說經	鳩摩羅什 譯	後秦	中華大藏經
思益梵天所問經	鳩摩羅什 譯	後秦	中華大藏經
諸法無行經	鳩摩羅什 譯	後秦	中華大藏經
佛說華手經	鳩摩羅什 譯	後秦	中華大藏經
肇論	僧肇	後秦	社會科學出版社
論主複書釋答	僧肇	後秦	中華書局
注維摩詰經	僧肇	後秦	大正藏
寶藏論	僧肇	後秦	中華大藏經
金剛般若波羅蜜經注	僧肇	後秦	卍續藏經
劉君致書覈問	劉遺民	後秦	中華書局・弘明集
十住斷結經	竺佛念 譯	後秦	中華大藏經
出曜經	竺佛念 譯	後秦	中華大藏經
菩薩瓔珞本業經	竺佛念 譯	後秦	中華大藏經
菩薩瓔珞經	竺佛念 譯	後秦	中華大藏經
鼻奈耶	竺佛念 譯	後秦	中華大藏縒
菩薩處胎經	竺法念	姚秦	中華大藏經
鞞婆沙論	僧伽跋澄譯	後秦	中華大藏經
舍利弗阿毘曇論	曇摩耶舍 曇摩崛多 譯	後秦	中華大藏經

續表

書名	譯者 作者	時代	版本
阿毘曇八犍度論	僧伽提婆 竺佛念 譯	後秦	中華大藏經
釋摩訶衍論	筏提摩多 譯	後秦	中華大藏經
最勝問菩薩十住除垢斷結經	竺佛念 譯	後秦	中華大藏經
黑白論	慧琳	劉宋	中華・宋書
大乘寶雲經	曼陀羅仙 僧伽婆羅 譯	劉宋	大正藏
勝鬘師子吼一乘大方便方廣經	求那跋陀羅 譯	劉宋	中華大藏經
眾事分阿毘曇論	求那跋陀羅 菩提耶舍 譯	劉宋	中華大藏經
央掘魔羅經	求那跋陀羅 譯	劉宋	中華大藏經
大法鼓經	求那跋陀羅 譯	劉宋	中華大藏經
雜阿含經	求那跋陀羅 譯	劉宋	中華大藏經
楞伽阿跋多羅寶經	求那跋陀羅 譯	劉宋	中華大藏經
菩薩善戒經	求那跋摩 譯	劉宋	中華大藏經
相續解脫地波羅蜜了義經	求那跋陀羅 譯	劉宋	中華大藏經
申日兒本經	求那跋陀羅 譯	劉宋	中華大藏經
佛說菩薩行方便境界神通變化經	求那跋陀羅 譯	劉宋	中華大藏經
阿難陀目佉尼呵離陀經	求那跋陀羅 譯	劉宋	中華大藏經
雜阿毘曇心論	僧伽跋摩等 譯	劉宋	中華大藏經
五門禪經要用法	曇摩蜜多 譯	劉宋	中華大藏經
智度論疏	慧影	劉宋	續藏經

續表

書名	譯者 作者	時代	版本
佛說觀無量壽佛經	畺良耶舍 譯	劉宋	中華大藏經
神不滅論	鄭道子	劉宋	中華書局《弘明集》
神不滅論	宗炳	劉宋	中華書局《弘明集》
無量義經	曇摩伽陀耶舍 譯	齊	大正藏
月燈三昧經	那連提耶舍 譯	齊	中華大藏經
阿毘曇心論經	那連提耶舍 譯	齊	中華大藏經
百喻經	求那毗地 譯	齊	中華大藏經
隨相論	眞諦 譯	梁	中華大藏經
中邊分別論	眞諦 譯	梁	中華大藏經
大乘起信論	眞諦 譯	梁	中華大藏經
顯識論	眞諦譯	梁	中華大藏經
轉識論	眞諦 譯	梁	中華大藏經
三無性論	眞諦 譯	梁	中華大藏經
大宗地玄文本論	眞諦 譯	梁	大正藏 50
決定藏論	眞諦 譯	梁	中華大藏經
十八空論	眞諦 譯	梁	中華大藏經
如實論反質難品	眞諦 譯	梁	中華大藏經
佛性論	眞諦 譯	梁	中華大藏經
金七十論	眞諦 譯	梁	中華大藏經
攝大乘論	眞諦 譯	梁	中華大藏經

續表

書名	譯者 作者	時代	版本
攝大乘論釋	眞諦 譯	梁	中華大藏經
佛說立世阿毘曇論	眞諦 譯	梁	中華大藏經
四諦論	眞諦 譯	梁	大正藏 50
佛說無上依經	眞諦 譯	梁	中華大藏經
律二十二明了論	眞諦 譯	陳	中華大藏經
阿毘達磨俱舍釋論	眞諦 譯	梁	中華大藏經
經律異相	僧旻、寶唱等	梁	中華大藏經
文殊師利所說摩訶般若波羅蜜經	曼陀羅仙 譯	梁	中華大藏經
舍利弗陁羅尼經	僧伽婆羅	梁	中華大藏經
名僧傳抄	寶唱	梁	卍續藏經
出三藏記集	僧祐	梁	中華大藏經
大般涅槃經集解	寶亮	梁	大正藏
妙法蓮華經義記	法雲	梁	大正藏
文殊師利問經	僧伽婆羅 譯	梁	中華大藏經
解脫道論	僧伽婆羅 譯	梁	中華大藏經
文殊師利所說般若波羅蜜經	僧伽婆羅 譯	梁	中華大藏經
立神明成佛義記	梁武帝	梁	中華書局·弘明集
難神滅論	蕭琛	梁	中華書局·弘明集
難神滅論	曹思文	梁	中華書局·弘明集

續表

書名	譯者 作者	時代	版本
重難神滅論	曹思文	梁	中華書局・弘明集
勝天王般若波羅蜜經	月婆首那 譯	陳	中華大藏經
諸法無諍三昧法門	慧思	陳	中華大藏經
菩薩地持經	曇無讖 譯	北涼	中華大藏經
大般涅槃經	曇無讖 譯	北涼	中華大藏經
大方等大集經	曇無讖、那連提耶舍 譯	北涼	中華大藏經
金光明經	曇無讖 譯	北涼	中華大藏經
優婆塞戒經	曇無讖 譯	北涼	中華大藏經
佛所行讚	曇無讖 譯	北涼	中華大藏經
大方等無想經	曇無讖 譯	北涼	中華大藏經
悲華經	曇無讖	北涼	中華大藏經
阿毗曇毗婆沙論	浮陀跋摩 道泰 譯	北涼	中華大藏經
入大乘論	道泰等 譯	北涼	中華大藏經
阿毘曇心論經	那連提耶舍 譯	北齊	中華大藏經
大乘同性經	闍那耶舍 譯	北周	中華大藏經
十地論義疏	法上	北周	大正藏
入楞伽經	菩提留支 譯	後魏	中華大藏經
大薩遮尼乾子所說經	菩提留支 譯	後魏	中華大藏經
佛說不增不減經	菩提流支 譯	後魏	中華大藏經
金剛仙論	菩提流支 譯	後魏	大正藏

續表

書名	譯者 作者	時代	版本
勝思惟梵天所問經論	菩提流支 譯	後魏	中華大藏經
深密解脫經	菩提流支 譯	後魏	中華大藏經
佛說法集經	菩提流支 譯	後魏	中華大藏經
大薩遮尼乾子所說經	菩提流支 譯	後魏	中華大藏經
金剛般若波羅蜜經論	菩提流支 譯	後魏	中華大藏經
奮迅王問經	菩提流支 譯	後魏	中華大藏經
金剛般若波羅蜜經	菩提流支 譯	後魏	中華大藏經
妙法蓮華經憂波提舍	菩提留支、曇林 譯	後魏	中華大藏經
妙法蓮華經論憂波提舍	勒那摩提、僧朗	元魏	中華大藏經
十地論	菩提留支 譯	後魏	中華大藏經
提婆菩薩釋楞伽經中外道小乘涅槃論	菩提流支 譯	後魏	中華大藏經
唯識論	般若流支 譯	後魏	中華大藏經
佛說佛名經	菩提流支 譯	後魏	中華大藏經
無量壽經優波提舍願生偈	菩提留支 譯	後魏	中華大藏經
如來莊嚴智慧光明入一切佛境界經	曇摩流支 譯	後魏	中華大藏經
文殊師利菩薩問菩提經論	菩提流支 譯	後魏	中華大藏經
信力入印法門經	曇摩流支 譯	後魏	中華大藏經
方便心論	吉迦夜 譯	後魏	中華大藏經
僧伽吒經	月婆首那 譯	後魏	中華大藏經
究竟一乘寶性論	勒那摩提 譯	後魏	中華大藏經
轉法輪經憂波提舍	毗目智仙 譯	後魏	中華大藏經

續表

書名	譯者 作者	時代	版本
雜寶藏經	吉迦夜 曇曜 譯	後魏	中華大藏經
順中論義入大般若波羅蜜經初品法門	般若流支 譯	後魏	中華大藏經
涅槃論	達磨菩提 譯	後魏	中華大藏經
無量壽經優婆提舍願生偈註	曇鸞	後魏	大正藏
正法念處經	般若流支 譯	後魏	中華大藏經
彌勒菩薩所問經論	菩提流支 譯	後魏	中華大藏經
菩提資糧論	達摩岌多 譯	隋	中華大藏經
金剛般若波羅蜜經論	達摩岌多譯	隋	中華大藏經
金剛般若論	達摩笈多	隋	中華大藏經
合部金光明經	寶貴	隋	中華大藏經
華嚴五教止觀	杜順	隋	大正藏
華嚴一乘十玄門	杜順	隋	大正藏
大智度論疏	慧影	隋	大正藏
法界次第初門	智顗	隋	中華大藏經
妙法蓮華經文句	智顗	隋	中華大藏經
維摩經玄疏	智顗	隋	大正藏
妙法蓮華經玄義	智顗	隋	中華大藏經
摩訶止觀	智顗	隋	中華大藏經
金光明經文句	智顗	隋	中華大藏經
六妙法門	智顗	隋	大正藏
四教義	智顗	隋	大正藏
觀音玄義	智顗	隋	中華大藏經

續表

書名	譯者 作者	時代	版本
禪門章	智顗	隋	卍續藏經
仁王護國般若經疏	智顗	隋	中華大藏經
金光明經文句文句記會本	智顗	隋	卍續藏經
修習止觀坐禪法要	智顗	隋	中華大藏經
菩薩戒義疏	智顗	隋	中華大藏經
維摩羅詰經文疏	智顗	隋	續藏經
維摩詰經三觀玄義	智顗	隋	續藏經
金光明經玄義	智顗	隋	中華大藏經
四念處	智顗	隋	中華大藏經
起信論一心二門大意	智顗	隋	卍續藏經
觀無量壽佛經疏	智顗	隋	中華大藏經
禪門要略	智顗	隋	卍續藏經
釋禪波羅蜜次第法門	智顗	隋	中華大藏經
佛說觀無量壽佛經疏	智顗	隋	中華大藏經
維摩經略疏	智顗 湛然	隋 唐	中華大藏經
力莊嚴三昧經	那連提耶舍 譯	隋	中華大藏經
法華玄論	吉藏	隋	大正藏
中觀論疏	吉藏	隋	大正藏
三論玄義	吉藏	隋	大正藏
仁王般若經疏	吉藏	隋	中華大藏經
淨名玄論	吉藏	隋	中華大藏經
金光明經疏	吉藏	隋	大正藏

續表

書名	譯者 作者	時代	版本
百論疏	吉藏	隋	大正藏
法華義疏	吉藏	隋	大正藏
勝鬘寶窟	吉藏	隋	大正藏
大乘玄論	吉藏	隋	大正藏
涅槃經遊意	吉藏	隋	大正藏
維摩經義疏	吉藏	隋	大正藏
維摩經義記	吉藏	隋	大正藏
法華統略	吉藏	隋	卍續藏經
大乘三論略章	吉藏	隋	卍續藏經
添品妙法蓮華經	闍那崛多、笈多	隋	中華大藏經
二諦義	吉藏	隋	大正藏
法華遊意	吉藏	隋	大正藏
金剛般若疏	吉藏	隋	大正藏
十二門論疏	吉藏	隋	大正藏
起世經	闍那崛多等　譯	隋	中華大藏經
隨自意三昧	慧思	隋	卍續藏經
大乘止觀法門	慧思	隋	中華大藏經
隨自意三昧行威儀品	慧思	隋	卍續藏經
涅槃義記	慧遠	隋	大正藏
無量壽經義疏	慧遠	隋	大正藏

續表

書名	譯者 作者	時代	版本
大乘義章	慧遠	隋	大正藏
維摩義記	慧遠	隋	大正藏
地持論義記	慧遠	隋	大正藏
大般涅槃經義記	慧遠	隋	大正藏
地持論義記	慧遠	隋	卍續藏經
大乘起信論義疏	慧遠	隋	大正藏
觀心論疏	灌頂	隋	中華大藏經
大般涅槃經玄義	灌頂	隋	大正藏
大般涅槃經疏	灌頂	隋	大正藏
佛說諸法本無經	闍那崛多　譯	隋	中華大藏經
商主天子所問經	闍那崛多　譯	隋	中華大藏經
大威德陀羅尼經	闍那崛多　譯	隋	中華大藏經
大法炬陀羅尼	闍那崛多　譯	隋	中華大藏經
佛本行集經	闍那崛多　譯	隋	中華大藏經
大乘(方等)大集經賢護分	闍那崛多　譯	隋	中華大藏經
方廣大莊嚴經	地婆訶羅	隋	中華大藏經
攝大乘論釋論	笈多　行矩等　譯	隋	中華大藏經
三論遊意義	碩法師	隋	大正藏
為首迦長者說業報差別經	法智　譯	隋	中華大藏經
大乘起信論義疏	曇延	隋	卍續藏經
占察善惡業報經	菩提燈	隋	中華大藏經

續表

書名	譯者 作者	時代	版本
大乘起信論略述	曇曠	唐	大正藏
大乘起信論廣釋	曇曠	唐	大正藏
金剛般若經旨贊	曇曠	唐	大正藏
大乘百法明門論開宗義決	曇曠	唐	大正藏
大乘入道次第開決	曇曠	唐	大正藏
佛説十地經	尸羅達摩 譯	唐	中華大藏經
藥師琉璃光如來本願功德經	玄奘 譯	唐	中華大藏經
分別緣起初勝法門經	玄奘 譯	唐	中華大藏經
般若波羅蜜多心經	玄奘 譯	唐	中華大藏經
瑜伽師地論	玄奘 譯	唐	中華大藏經
成唯識論	玄奘 譯	唐	中華大藏經
攝大乘論釋	玄奘 譯	唐	中華大藏經
顯揚聖教論	玄奘 譯	唐	中華大藏經
解深密經	玄奘 譯	唐	中華大藏經
佛地經論	玄奘 譯	唐	中華大藏經
五事毘婆沙論	玄奘 譯	唐	中華大藏經
辯中邊論	玄奘 譯	唐	中華大藏經
大乘百法明門論	玄奘 譯	唐	大正藏
大乘成業論	玄奘 譯	唐	中華大藏經
大乘廣百論釋論	玄奘 譯	唐	中華大藏經
大般若波羅蜜多經	玄奘 譯	唐	中華大藏經

續表

書名	譯者 作者	時代	版本
大乘掌珍論	玄奘 譯	唐	中華大藏經
本事經	玄奘 譯	唐	中華大藏經
因明正理門論本	玄奘 譯	唐	中華大藏經
因明入正理論	玄奘 譯	唐	中華大藏經
阿毘達磨大毘婆沙論	玄奘 譯	唐	中華大藏經
阿毘達磨發智論	玄奘 譯	唐	中華大藏經
入阿毘達磨論	玄奘 譯	唐	中華大藏經
阿毘達磨俱舍論	玄奘 譯	唐	中華大藏經
阿毘達磨順正理論	玄奘 譯	唐	中華大藏經
大乘阿毘達磨集論	玄奘 譯	唐	中華大藏經
阿毗達磨品類足論	玄奘 譯	唐	中華大藏經
阿毘達磨集異門足論	玄奘 譯	唐	中華大藏經
大乘阿毘達磨雜集論	玄奘 譯	唐	中華大藏經
瑜伽師地論釋	玄奘 譯	唐	中華大藏經
緣起經	玄奘 譯	唐	中華大藏經
攝大乘論	玄奘 譯	唐	中華大藏經
説無垢稱經	玄奘 譯	唐	中華大藏經
阿毘達磨法蘊足論	玄奘 譯	唐	中華大藏經
阿毘達磨藏顯宗論	玄奘 譯	唐	中華大藏經
大乘大集地藏十輪經	玄奘 譯	唐	中華大藏經
唯識三十論頌	玄奘 譯	唐	中華大藏經

續表

書名	譯者 作者	時代	版本
金剛般若經贊述	窺基	唐	大正藏
金剛般若論會釋	窺基	唐	大正藏
般若波羅蜜多心經幽贊	窺基	唐	大正藏
因明入正理論疏	窺基	唐	中華大藏經
成唯識論述記	窺基	唐	中華大藏經
說無垢稱經贊	窺基	唐	大正藏
大乘法苑義林章	窺基	唐	大正藏
說無垢稱經疏	窺基	唐	大正藏
大般若波羅蜜多經般若理趣分述讚	窺基	唐	大正藏
妙法蓮華經玄贊	窺基	唐	中華大藏經
阿彌陀經疏	窺基	唐	大正藏
阿彌陀經通贊疏	窺基	唐	中華大藏經
成唯識論掌中樞要	窺基	唐	中華大藏經
瑜伽師地論略纂	窺基	唐	大正藏
唯識二十論述記	窺基	唐	大正藏
成唯識論掌中樞要	窺基	唐	大正藏
大乘阿毗達磨雜集論述記	窺基	唐	卍續藏經
辯中邊論述記	窺基	唐	大正藏
勝鬘經述記	窺基	唐	大正藏
大品遊意	窺基	唐	大正藏
大方廣佛華嚴經普賢行願品別行疏鈔	澄觀 宗密	唐	大正藏

續表

書名	譯者 作者	時代	版本
大方廣佛華嚴經疏演義鈔	澄觀	唐	中華大藏經
大方廣佛華嚴經綱要	澄觀 德清	唐 明	卍續藏經
大方廣佛華嚴經隨疏演義鈔	澄觀	唐	卍續藏經
大方廣佛華嚴經疏	澄觀	唐	卍續藏經
新譯華嚴經疏	澄觀	唐	卍續藏經
五蘊觀	澄觀	唐	卍續藏經
華嚴法界玄鏡	澄觀	唐	中華大藏經
新譯華嚴經疏	澄觀	唐	卍續藏經
華嚴遊心法界記	法藏	唐	大正藏
般若波羅蜜多心經略疏	法藏	唐	大正藏
華嚴經旨歸	法藏	唐	大正藏
十二門論宗致義記	法藏	唐	大正藏
大乘法界無差別論疏	法藏	唐	大正藏
華嚴經探玄記	法藏	唐	大正藏
華嚴經義海百門	法藏	唐	大正藏
華嚴一乘教義分齊章	法藏	唐	中華大藏經
大乘起信論義記	法藏	唐	大正藏
入楞伽心玄義	法藏	唐	大正藏
華嚴經明法品內立三寶章	法藏	唐	大正藏
梵網經菩薩戒本疏	法藏	唐	大正藏
述修華嚴奧旨妄盡還源觀	法藏	唐	中華大藏經
大乘密嚴經疏	法藏	唐	卍續藏經

續表

書名	譯者 作者	時代	版本
華嚴經問答	法藏	唐	大正藏
大乘起信論疏略	法藏 德清	唐 清	卍續藏經
金剛經疏記科會	宗密 子璿	唐 宋	卍續藏經
金剛般若經疏論纂要	宗密 子璿	唐 宋	中華大藏經
原人論	宗密	唐	中華大藏經
圓覺經大疏釋義鈔	宗密	唐	卍續藏經
大方廣圓覺經大疏	宗密	唐	中華大藏經
圓覺經略疏之鈔	宗密	唐	卍續藏經
注華嚴法界觀門	宗密	唐	中華大藏經
大方廣圓覺修多羅了義經略疏	宗密	唐	大正藏
禪源諸詮集都序	宗密	唐	大正藏
圓覺道場修證禮懺廣文	宗密	唐	卍續藏經
中華傳心地禪門師資承襲圖	宗密	唐	卍續藏經
慈氏菩薩所說大乘緣生稻芊喻經	不空 譯	唐	大正藏
大樂金剛不空眞實三昧耶經般若波羅蜜多理趣釋	不空 譯	唐	大正藏
普賢金剛薩埵略瑜伽念誦儀軌	不空 譯	唐	大正藏
受菩提心戒儀	不空 譯	唐	權書
大集大虛空藏菩薩所問經	不空 譯	唐	中華大藏經
大乘密嚴經	不空 譯	唐	中華大藏經
大乘瑜伽金剛性海曼殊室利千臂千鉢大教王經	不空 譯	唐	中華大藏經
金剛頂瑜伽略述三十七尊心要	不空 譯	唐	大正藏

續表

書名	譯者 作者	時代	版本
聖迦柅忿怒金剛童子菩薩成就儀軌經	不空 譯	唐	中華大藏經
瑜伽集要救阿難陀羅尼焰口軌儀經	不空 譯	唐	大正藏
九品往生阿彌陀三摩地集陀羅尼經	不空 譯	唐	大正藏
仁王護國般若波羅蜜多經	不空 譯	唐	中華大藏經
大樂金剛不空眞實三麼耶經	不空 譯	唐	中華大藏經
金剛頂瑜伽千手千眼觀自在菩薩修行儀軌經	不空 譯	唐	大正藏
金剛頂瑜伽金剛薩埵五祕密修行念誦儀軌	不空 譯	唐	大正藏
金剛頂瑜伽中發阿耨多羅三藐三菩提心論	不空 譯	唐	中華大藏經
毗盧遮那成佛神變加持經義釋	一行	唐	卍新纂續藏經
大毘盧遮那成佛經疏	一行	唐	大正藏
佛說陀羅尼集經	阿地瞿多	唐	中華汏藏經
因明入正理論義纂要	慧沼	唐	大正藏
因明義斷	慧沼	唐	大正藏
勸發菩提心集	慧沼	唐	大正藏
能顯中邊慧日論	慧沼	唐	大正藏
成唯識論了義燈	慧沼	唐	大正藏
大乘法苑林章補闕	慧沼	唐	卍續藏經
金光明最勝王經疏	慧沼	唐	大正藏
大方廣佛華嚴經	實叉難陀 譯	唐	大正藏

續表

書名	譯者 作者	時代	版本
大乘入楞伽經	實叉難陀 譯	唐	中華大藏經
大乘起信論	實叉難陀 譯	唐	中華大藏經
楞伽阿跋多羅寶經會譯	實叉難陀 譯	唐	大正藏
大乘入道次	智周	唐	大正藏
因明疏抄	智周	唐	卍續藏經
成唯識論演祕	智周	唐	大正藏
法苑義林章決擇記	智周	唐	卍續藏經
梵網經疏	知周	唐	大正藏
解深密經疏	圓測	唐	卍續藏經
仁王經疏	圓測	唐	大正藏
佛說般若波羅蜜多心經贊	圓測	唐	大正藏
四分律鈔批	大覺	唐	卍續藏經
成唯識論疏抄	靈泰	唐	卍續藏經
法華玄贊決擇記	崇俊	唐	卍續藏經
華嚴一乘成佛妙義	見登之	唐	大正藏
華嚴一乘法界圖	義湘	唐	大正藏
菩薩戒本疏	義寂	唐	大正藏
天台宗未決	最澄	唐	大正藏
大佛頂首楞嚴經	般剌蜜帝 譯	唐	大正藏
俱舍論疏	法寶	唐	大正藏
無依無得大乘四論玄義記	均正	唐	卍續藏經

續表

書名	譯者 作者	時代	版本
搜玄錄解四分律刪繁補闕行事鈔錄	志鴻	唐	卍續藏經
四分律搜玄錄	志鴻	唐	卍續藏經
大乘百法明門論開宗義決	曇曠	唐	大正藏
金剛般若經旨贊	曇曠	唐	大正藏
大乘起信論略述	曇曠	唐	大正藏
大乘起信論廣釋	曇曠	唐	大正藏
釋淨土群疑論	懷感	唐	大正藏
理門論述記	神泰	唐	大正藏
頓悟入道要門論	慧海	唐	卍續藏經
廣百論疏	文軌	唐	大正藏
六祖惠能大師於韶州大梵寺施法壇經	惠能	唐	山西古籍出版社
最上乘論	弘忍	唐	大正藏
法華玄義釋籤	湛然	唐	大正藏
十不二門	湛然	唐	大正藏
止觀輔行傳弘決	湛然	唐	中華大藏經
止觀義例	湛然	唐	中華大藏經
止觀輔行搜要記	湛然	唐	卍續藏經
維摩經疏記	湛然	唐	卍續藏經
法華文句記	湛然	唐	中華大藏經
五百問論	湛然	唐	卍續藏經

續表

書名	譯者 作者	時代	版本
金剛頂瑜伽理趣般若經	金剛智 譯	唐	中華大藏經
釋門自鏡錄	懷信	唐	大正藏
大毘盧遮那經供養次第法疏	不可思議	唐	大正藏
大佛頂萬行首楞嚴經	般剌蜜帝 譯	唐	中華大藏經
金剛三昧經論	元曉	唐	大正藏
起信論疏	元曉	唐	大正藏
大乘起信論別記	元曉	唐	大正藏
大慧度經宗要	元曉	唐	大正藏
無量壽經宗要	元曉	唐	大正藏
中邊分別論疏	元曉	唐	卍續藏經
註華嚴法界觀門	裴休	唐	大正藏
黃檗山斷際禪師傳心法要	裴休集	唐	大正藏
瑜伽論記	遁倫	唐	大正藏
大寶積經	菩提流志等 譯	唐	中華大藏經
文殊師利所說不思議佛境界經	菩提流志 譯	唐	中華大藏經
廣大寶樓閣善住祕密陀羅尼經	菩提流志 譯	唐	大正藏
不空羂索神變真言經	菩提流志 譯	唐	中華大藏經
大乘本生心地觀經	般若 譯	唐	中華大藏經
大方廣佛華嚴經	般若 譯	唐	中華大藏經
大乘理趣六波羅蜜多經	般若 譯	唐	大正藏
大乘密嚴經	地婆訶羅 譯	唐	大正藏

續表

書名	譯者 作者	時代	版本
金剛般若波羅蜜經破取著不壞假名論	地婆訶羅等 譯	唐	中華大藏經
大乘廣五蘊論	地婆訶羅 譯	唐	大正藏
俱舍論記	普光	唐	大正藏
觀經正宗分散善義	善導	唐	大正藏
般若波羅蜜多心經疏	慧淨	唐	卍續藏經
大毘盧遮那佛說要略念誦經	菩提金剛 譯	唐	大正藏
四分律開宗記	懷素	唐	卍續藏經
肇論疏	元康	唐	大正藏
仁王護國般若波羅蜜多經疏	良賁	唐	大正藏
法門名義集	李師政	唐	大正藏
金光明最勝王經	義淨 譯	唐	中華大藏經
南海寄歸內法傳	義淨	唐	中華大藏經
根本說一切有部毘奈耶	義淨 譯	唐	中華大藏經
根本說一切有部毘奈耶藥事	義淨 譯	唐	中華大藏經
根本薩婆多部律攝	義淨 譯	唐	大正藏
藥師琉璃光七佛本願功德經	義淨 譯	唐	中華大藏經
佛說三轉法輪經	義淨 譯	唐	中華大藏經
大毘盧遮那成佛神變加持經	善無畏 一行 譯	唐	中華大藏經
千手觀音造次第法儀軌	善無畏 譯	唐	大正藏
三種悉地破地獄轉業障出三界祕密陀羅尼法	善無畏 譯	唐	大正藏

續表

書名	譯者 作者	時代	版本
續華嚴略疏刊定記	慧苑	唐	卍續藏經
法華經玄贊要集	栖復	唐	卍續藏經
大乘法界無差別論	提雲般若等 譯	唐	大正藏
大乘莊嚴經論	波羅頗蜜多羅 譯	唐	中華大藏經
般若燈論釋	波頗蜜多羅 譯	唐	中華大藏經
破邪論	法琳	唐	大正藏
華嚴經內章門等雜孔目章	智儼	唐	大正藏
華嚴五十要問答	智儼	唐	大正藏
大方廣佛華嚴經搜玄分齊通智方軌	智儼	唐	大正藏
釋觀無量壽佛經記	法聰	唐	卍續藏經
大乘百法明門論疏	大乘光	唐	大正藏
薩婆多宗五事論	法成 譯	唐	大正藏
瑜伽師地論分門記	法成	唐	大正藏
大乘稻芊經隨聽疏	法成	唐	大正藏
佛頂尊勝陀羅尼經教跡義記	法崇	唐	大正藏
解迷顯智成悲十明論	李通玄	唐	大正藏
新華嚴經論	李通玄	唐	大正藏
淨名經關中釋抄	道掖	唐	大正藏
一切經音義	慧琳	唐	中華大藏經
金剛般若波羅蜜經解義	慧能	唐	卍續藏經
法華疏義纘	智度	唐	卍續藏經

續表

書名	譯者 作者	時代	版本
依觀經等明般舟三味行道往生讚	善導	唐	大正藏
觀經正宗分定善義	善導	唐	大正藏
首楞嚴經	般剌密 譯	唐	大正藏
六祖壇經	法海集記	唐	中華書局
法苑珠林	道世	唐	中華大藏經
般若波羅蜜多心經疏	靖邁	唐	卍續藏經
俱舍論頌疏論本	圓暉	唐	大正藏
禪宗永嘉集	玄覺	唐	大正藏
永嘉證道歌	玄覺	唐	大正藏
維摩經疏記鈔	道暹	唐	卍續藏經
四分律刪繁補闕行事鈔	道宣	唐	大正藏
廣弘明集	道宣	唐	中華大藏經
四分律含註戒本疏行宗記	（唐）道宣、（宋）元照	唐宋	卍續藏經
成唯識論演秘釋	如理	唐	卍續藏經
四分律飾宗義記	定賓	唐	卍續藏經
金剛暎	寶達	唐	大正藏
十門辯惑論	復禮	唐	大正藏
大周新譯大方廣佛華嚴經序	武則天	唐	大正藏
天台止觀統例	梁肅	唐	大正藏
刪定止觀	梁肅	唐	卍續藏經

續表

書名	譯者 作者	時代	版本
涅槃經疏私記	道暹	唐	卍續藏經
淨名經集解關中疏	道液	唐	大正藏
佛說寶雨經	達摩流支 譯	唐	大正藏
仁王護國般若經疏法衡抄	遇榮	唐	卍續藏經
大唐大慈恩寺三藏法師傳	慧立 彥悰	唐	大正藏
四分律鈔簡正記	景霄	唐	卍續藏經
鎮州臨濟慧照禪師語錄	義玄	唐	中州古籍出版社
無量壽經記	玄一	唐	卍續藏經
俱舍論釋頌疏義鈔	慧暉	唐	卍續藏經
天台涅槃疏私記	行滿	唐	卍續藏經
安樂集	道綽	唐	大正藏
淨土論	迦才	唐	大正藏
守護國界主陀羅尼經	般若 譯	唐	中華大藏經
俱舍論頌疏論本	圓暉	唐	大正藏
大般涅槃經後分	若那跋陀羅 譯	唐	中華大藏經
六門教授習定論	義淨	唐	中華大藏經
妙法蓮華經入疏	導威	宋	卍續藏經
龍舒增廣淨土文	王日休	宋	大正藏
佛說大阿彌陀經	王日休	宋	中華大藏經
淨土全書	王龍舒	宋	卍續藏經
肇論新疏游刃	文才	宋	卍續藏經

續表

書名	譯者 作者	時代	版本
肇論新疏	文才	宋	大正藏
華嚴經金師子章註	承遷	宋	大正藏
金師子章雲間類解	淨源	宋	中華大藏經
大方廣佛華嚴經疏註	（唐）澄觀、（宋）淨源	唐宋	中華大藏經
銷釋金剛科儀會要註解	宗鏡	宋	卍續藏經
佛說信佛功德經	法賢 譯	宋	中華大藏經
佛說眾許摩訶帝經	法賢 譯	宋	大正藏
佛說佛母寶德藏般若波羅蜜經	法賢 譯	宋	大正藏
佛說四品法門經	法賢 譯	宋	大正藏
佛說決定義經	法賢 譯	宋	中華大藏經
佛說人仙經	法賢 譯	宋	大正藏
佛說最上根本大樂金剛不空三昧大教王經	法賢 譯	宋	中華大藏經
讀教記	法照	宋	卍續藏經
天聖廣燈錄	李遵勖	宋	卍續藏經
華嚴一乘教義分齊章復古記	師會	宋	卍續藏經
般若心經略疏連珠記	師會	宋	中華大藏經
斥謬	善喜	宋	卍續藏經
閑居編	智圓	宋	卍續藏經
維摩經略疏垂裕記	智圓	宋	大正藏
涅槃經疏三德指歸	智圓	宋	卍續藏經

續表

書名	譯者 作者	時代	版本
涅槃玄義發源機要	智圓	宋	大正藏
首楞嚴經要解	戒環	宋	卍續藏經
大方廣佛華嚴經要解	戒環	宋	卍續藏經
四明尊者教行錄	宗曉	宋	大正藏
華嚴懸談會玄記	普瑞	宋	中華大藏經
大方廣佛華嚴經海印道場十重行願常偏禮懺儀	普瑞	宋	卍續藏經
大乘寶要義論	惟淨 譯	宋	大正藏
大乘中觀釋論	惟淨等 譯	宋	大正藏
佛說大乘入諸佛境界智光明莊嚴經	法護等 譯	宋	大正藏
佛說海意菩薩所問淨印法門經	惟淨等 譯	宋	大正藏
分別善惡報應經	天息災 譯	宋	大正藏
佛說大乘善見變化文殊師利問法經	天息災 譯	宋	中華大藏經
集大乘相論	施護 譯	宋	中華大藏經
佛說大集法門經	施護 譯	宋	中華大藏經
佛說了義般若波羅蜜多經	施護 譯	宋	大正藏
集大乘相論	施護 譯	宋	中華大藏經
佛說法印經	施護 譯	宋	中華大藏經
佛說護國尊者所問大乘經	施護 譯	宋	大正藏
集大乘相論	施護 譯	宋	大正藏
集諸法寶最上義論	施護 譯	宋	中華大藏經

續表

書名	譯者 作者	時代	版本
佛說大乘不思議神通境界經	施護 譯	宋	中華大藏經
佛說法集名數經	施護 譯	宋	中華大藏經
佛說息諍因緣經	施護 譯	宋	中華大藏經
佛母般若波羅蜜多圓集要義釋論	施護 譯	宋	大正藏
佛說大生義經	施護 譯	宋	中華大藏經
廣釋菩提心論	施護 譯	宋	大正藏
佛說給孤長者女得度因緣經	施護 譯	宋	中華大藏經
佛說輪王七寶經	施護 譯	宋	中華大藏經
大乘舍黎娑擔摩經	施護 譯	宋	大正藏
佛說大乘不思議神通境界經	施護 譯	宋	中華大藏經
佛說大迦葉問大寶積正法經	施護 譯	宋	中華大藏經
圓頓宗眼	法登	宋	卍續藏經
律宗會元	守一	宋	卍續藏經
釋門正統	宗鑑	宋	卍續藏經
祖庭事苑	善卿	宋	卍續藏經
五燈會元	普濟	宋	卍續藏經
宋高僧傳	贊寧	宋	大正藏
禪林寶訓	淨善	宋	大正藏
景德傳燈錄	道原	宋	大正藏
宏智禪師廣錄	集成等	宋	大正藏
諸法集要經	日稱等譯	宋	大正藏

續表

書名	譯者　作者	時代	版本
父子合集經	日稱　譯	宋	中華大藏經
大方廣圓覺修多羅了義經心鏡	智聰	宋	卍續藏經
正法眼藏	宗杲	宋	卍續藏經
佛說觀無量壽佛經	畺良耶舍　譯	宋	中華大藏經
大方廣圓覺修多羅了義經夾頌集解講義	周琪	宋	卍續藏經
禪林僧寶傳	惠洪	宋	卍續藏經
楞嚴經合論	德洪　正受	宋	卍續藏經
嘉泰普燈錄	正受	宋	卍續藏經
楞伽經集註	正受	宋	卍續藏經
佛說大乘菩薩藏正法經	惟淨　法護等　譯	宋	卍續藏經
佛說除蓋障菩薩所問經	法護等　譯	宋	中華大藏經
金色童子因緣經	惟淨　譯	宋	大正藏
施設論	法護　譯	宋	大正藏
大乘集菩薩學論	法護　譯	宋	大正藏
佛說大悲空智金剛	法護　譯	宋	大正藏
大佛頂如來密因修證了義諸菩薩萬行首楞嚴經釋	惟慤	宋	大正藏
大乘寶要義論	法護等　譯	宋	中華大藏經
佛說如來不思議祕密大乘經	法護　譯	宋	中華大藏經
佛說海意菩薩所問淨印法門經	惟淨　法護等　譯	宋	大正藏
續一切經音義	希麟	宋	大正藏

續表

書名	譯者　作者	時代	版本
觀音玄義記	知禮	宋	中華大藏經
觀無量壽佛經疏妙宗鈔	知禮	宋	中華大藏經
佛說觀無量壽佛經疏玅宗鈔會本	知禮	宋	卍續藏經
金光明經文句記	知禮	宋	大正藏
金光明經玄義拾遺記	知禮	宋	中華大藏經
十不二門指要鈔	知禮	宋	大正藏
四明十義書	知禮	宋	大正藏
觀音義疏記	知禮	宋	大正藏
起信論疏筆削記	子璿	宋	中華大藏經
首楞嚴義疏注經	子璿	宋	大正藏
金剛經纂要刊定記	子璿	宋	中華大藏經
密菴和尚語錄	崇岳　了悟	宋	大正藏
宗鏡錄	延壽	宋	三秦出版社
萬善同歸集	延壽	宋	中華大藏經
中峰國師三時繫念佛事	延壽	宋	卍續藏經
註心賦	延壽	宋	卍續藏經
觀心玄樞	延壽	宋	卍續藏經
禪宗頌古聯珠通集	法應	宋	卍續藏經
翻譯名義集	法雲	宋	中華大藏經
佛說大乘隨轉宣說諸法經	紹德　譯	宋	中華大藏經
菩薩本生鬘論	紹德　慧詢等　譯	宋	大正藏

續表

書名	譯者 作者	時代	版本
四分律隨機羯磨疏正源記	允堪	宋	卍續藏經
翻譯名義序	唯心	宋	大正藏
金剛經疏記科會	長水	宋	卍續藏經
佛果圜悟眞覺禪師心要	子文編	宋	卍續藏經
佛果圜悟禪師碧巖錄	重顯 克勤	宋	大正藏
圓悟佛果禪師語錄	紹隆	宋	大正藏
禪宗無門關	宗紹	宋	大正藏
人天眼目	智昭	宋	大正藏
楞伽經纂	楊彥國	宋	中華大藏經
天台四教儀	高麗 諦觀	宋	大正藏
釋氏要覽	道誠	宋	大正藏
注大乘入楞伽經	寶臣	宋	中華大藏經
僧寶正續傳	祖琇	宋	卍續藏經
大慧普覺禪師普說	蘊聞編	宋	大正藏
大慧普覺禪師書	蘊聞	宋	大正藏
虛堂和尚語錄	妙源編	宋	大正藏
佛鑑佛果正覺佛海拈八方珠玉集	祖慶	宋	卍續藏經
叢林公論	惠彬	宋	卍續藏經
止觀義例隨釋	處元	宋	卍續藏經
金光明經玄義順正記	從義	宋	卍續藏經
止觀義例纂要	從義	宋	卍續藏經

續表

書名	譯者 作者	時代	版本
金光明經文句新記	從義	宋	卍續藏經
古尊宿語錄	頣藏主	宋	中華書局
華嚴法相槃節	道通	宋	卍續藏經
華嚴一乘分齊章義苑疏	道亭	宋	卍續藏經
大寶積經論	菩提流志 譯	唐	中華大藏經
大乘止觀法門宗圓記	了然	宋	卍續藏經
注肇論疏	遵式	宋	卍續藏經
無量壽佛讚註	元照	宋	卍續藏經
論慈滑三藏集書	元照	宋	卍續藏經
佛果園悟眞覺禪師心要	子文	宋	卍續藏經
證道歌注	知訥	宋	卍續藏經
法蓮華經入疏	道威	宋	卍續藏經
佛祖統紀	志磐	宋	中華大藏經
續刊古尊宿語要	師明	宋	卍續藏經
大般涅槃經	慧嚴等	宋	中華大藏經
大方廣佛華嚴經呑海集	道通	宋	卍續藏經
梵網經菩薩戒注	慧因	宋	卍續藏經
大方廣圓覺修多羅了義經心鏡	智聰	宋	卍續藏經
父子合集經	日稱等 譯	宋	大正藏
般若心經略疏連珠記	師會	宋	中華大藏經
佛說未曾有正法經	法天 譯	宋	中華大藏經
外道問聖大乘法無我義經	法天 譯	宋	中華大藏經

續表

書名	譯者 作者	時代	版本
佛說嗟襪曩法天子受三歸獲免惡道經	法天 譯	宋	
毘婆尸佛經	法天 譯	宋	大正藏
首楞嚴經集注	思坦	宋	卍續藏經
芝苑遺編	道詢	宋	卍續藏經
鐔津文集	契嵩	宋	中華大藏經
傳法正宗定祖圖	契嵩	宋	中華大藏經
六祖大師法寶壇經	契嵩	宋	大正藏
百法論顯幽鈔	從芳	宋	卍續藏經
妙法蓮華經弘傳序	祥邁	宋	卍續藏經
圓覺經類解	行霆	宋	卍續藏經
法界無差別論疏領要鈔	普觀	宋	卍續藏經
首楞嚴經義疏釋要鈔	懷遠	宋	卍續藏經
首楞嚴經集解熏聞記	仁嶽	宋	卍續藏經
法華經玄籤備撿	有嚴	宋	卍續藏經
法華文句記箋難	有嚴	宋	卍續藏經
楞伽阿跋多羅寶經通義	善月	宋	卍續藏經
佛說仁王護國般若波羅蜜經疏神寶記	善月	宋	大正藏
台宗十類因革論	善月	宋	卍續藏經
大毗盧遮那成佛神變加持經義釋演密鈔	覺苑	宋	卍續藏經
上生經瑞應鈔	守千	宋	卍續藏經

續表

書名	譯者 作者	時代	版本
金剛般若波羅蜜經采微	曇應	宋	卍續藏經
建中靖國續燈錄	惟白	宋	中華大藏經
律宗新學名句	惟顯	宋	卍續藏經
佛祖統紀	志磐	宋	中華大藏經
翻譯名義集	法雲	宋	中華大藏經
注法華本跡十不二門(並)序	宗翌	宋	卍續藏經
妙法蓮華經解	戒環	宋	卍續藏經
肇論新疏遊刃	文才	宋	卍續藏經
正法眼藏	宗杲	宋	中華大藏經
石門洪覺範林間錄	慧洪	宋	卍續藏經
妙法蓮華經句解品	聞達	宋	卍續藏經
佛說法乘義決定經	金總持 譯	宋	中華大藏經
註四十二章經	眞宗皇帝	宋	大正藏
大毗盧遮那成佛神變加持經義釋演密鈔	覺苑	宋	卍續藏經
銷釋金剛科儀會要註解	宗鏡 覺連	宋 明	卍續藏經
科註妙法蓮華經	守倫 法濟	宋 明	卍續藏經
大毗盧遮那成佛神變加持經義釋演密鈔	覺苑	遼	卍續藏經
大方廣佛華嚴經疏談玄決擇	鮮演	遼	卍續藏經
華嚴原人論合解	圓覺 楊嘉祚	元	卍續藏經
唯識開蒙問	雲峰	元	卍續藏經
圓覺疏鈔隨文要解	清遠	元	卍續藏經

續表

書名	譯者 作者	時代	版本
釋氏稽古略	覺岸	元	大正藏
彰所知論	沙羅巴　譯	元	大正藏
淨土或問	如則	元	大正藏
六祖大師法寶壇經	宗寶編	元	中華大藏經
天如惟則和尚語錄	善遇編	元	卍續藏經
禪宗頌古聯珠通集	普惠	元	卍續藏經
禪林類聚	道泰	元	卍續藏經
華嚴原人論解	圓覺	元	卍續藏經
師子林天如和尚語錄	善遇	元	卍續藏經
肇論新疏	文才	元	大正藏
廬山蓮宗寶鑑	普度	元	大正藏
楞嚴經圓通疏	惟則　傳燈	元　明	卍續藏經
楞嚴經如說	惟則	元	卍續藏經
華嚴懸談會玄記	普瑞	元	卍續藏經
佛祖歷代通載	念常	元	中華大藏經
妙法蓮華經科註	徐行善	元	卍續藏經
楞伽阿跋多羅寶經宗通	曾鳳儀	明	卍續藏經
金剛般若波羅蜜經宗通	曾鳳儀	明	卍續藏經
大乘起信論捷要	正遠	明	卍續藏經
在家律要廣集	智旭　儀潤	明清	卍續藏經
金剛三昧經註	圓澄	明	卍續藏經

續表

書名	譯者 作者	時代	版本
歸元直指集	宗本	明	卍續藏經
般若波羅蜜多心經直說	眞可	明	卍續藏經
八識規矩頌解	眞可	明	卍續藏經
禪宗直指	天基	明	卍續藏經
菩薩戒本經箋要	智旭	明	卍續藏經
教觀綱宗釋義	智旭	明	卍續藏經
重治毗尼事義集要	智旭	明	卍續藏經
八大人覺經略解	智旭	明	卍續藏經
靈峰藕益大師宗論	智旭	明	嘉興藏
大乘起信論裂網疏	智旭	明	大正藏
大乘百法明門論直解	智旭	明	卍續藏經
成唯識論觀心法要	智旭	明	卍續藏經
大乘止觀法門釋要	智旭	明	中華大藏經
佛說梵網經菩薩心地品合註	智旭　道昉	明	卍續藏經
佛說梵網經菩薩心地品玄義	智旭	明	卍續藏經
楞伽阿跋多羅寶經疏義	智旭	明	卍續藏經
妙法蓮華經台宗會義	智旭	明	卍續藏經
唐奘師眞唯識量略解	智旭	明	卍續藏經
因明入正理論直解	智旭	明	卍續藏經
般若波羅蜜多心經釋要	智旭	明	卍續藏經
首楞嚴經文句	智旭	明	中華大藏經

續表

書名	譯者　作者	時代	版本
唯識三十論直解	智旭	明	卍續藏經
八識規矩直解	智旭	明	卍續藏經
占察善惡業報經疏	智旭	明	卍續藏經
楞伽阿跋多羅寶經玄義	智旭	明	卍續藏經
佛說阿彌陀經要解	智旭	明	大正藏
楞嚴經文句	智旭	明	卍續藏經
絕餘編	智旭	明	嘉興藏
憨山老人夢遊集	德清　福善	明	卍續藏經
觀楞伽阿跋多羅寶經記	德清	明	卍續藏經
肇論略注	德清	明	卍續藏經
紫柏老人集	德清	明	卍續藏經
百法論義	德清	明	卍續藏經
首楞嚴經通議	德清	明	卍續藏經
大乘起信論直解	德清	明	卍續藏經
八識規矩通說	德清	明	卍續藏經
首楞嚴經懸鏡	德清	明	卍續藏經
大乘起信論疏略	德清	明	卍續藏經
大方廣佛華嚴經綱要	德清	明	卍續藏經
妙法蓮華經擊節	德清	明	卍續藏經
大方廣圓覺飈多羅了義經直解	德清	明	卍續藏經
觀楞伽阿跋多羅寶經記	德清	明	卍續藏經

續表

書名	譯者　作者	時代	版本
肇論略注	德清	明	卍續藏經
金剛般若波羅蜜經註解	宗泐　如玘	明	中華大藏經
楞伽阿跋多羅寶經註解	宗泐　如玘	明	大正藏
楞伽阿跋多羅寶經會譯	員珂	明	卍續藏經
永覺和尚廣錄	道霈	明	卍續藏經
佛祖三經指南	道霈	明	卍續藏經
大佛頂首楞嚴經疏解蒙鈔	錢謙益	明	中華大藏經
憨山老人夢遊集	福善　通炯	明	卍續藏經
妙法蓮華經知音	如愚	明	卍續藏經
佛說阿彌陀經疏鈔	袾宏	明	卍續藏經
淨土資糧全集	袾宏	明	卍續藏經
修設瑜伽集要施食壇儀	袾宏	明	卍續藏經
佛說阿彌陀經疏鈔	袾宏	明	中華大藏經
禪關策進	袾宏	明	大正藏
維摩詰所說經無我疏	傳燈	明	卍續藏經
大佛頂首楞嚴經玄義	傳燈	明	卍續藏經
淨土生無生論	傳燈	明	大正藏
永嘉禪宗集註	傳燈	明	卍續藏經
傳佛心印記註	傳燈	明	卍續藏經
觀無量壽佛經圖頌	傳燈	明	卍續藏經
性善惡論	傳燈	明	卍續藏經

續表

書名	譯者 作者	時代	版本
彌陀略解圓中鈔	傳燈	明	卍續藏經
成唯識論自攷	大惠	明	卍續藏經
法華大意	無相	明	卍續藏經
緇門警訓	如巹	明	中華大藏經
大方廣佛華嚴經合論簡要	李贄	明	卍續藏經
大方廣佛華嚴經綱要序	觀衡	明	卍續藏經
楞伽阿跋多羅寶經參訂疏	廣莫	明	卍續藏經
首楞嚴經直解	廣莫	明	卍續藏經
大乘百法明門論贅言	明昱	明	卍續藏經
成唯識論俗詮	明昱	明	卍續藏經
因明入正理論直疏	明昱	明	卍續藏經
三支比量義鈔	明昱	明	卍續藏經
唯識三十論約意	明昱	明	卍續藏經
八識規矩頌	廣益	明	卍續藏經
淨土指歸集	大佑	明	卍續藏經
阿彌陀經略解圓中鈔	大佑　傳燈	明	卍續藏經
西方合論	袁宏道	明	大正藏
法界安立圖	仁潮	明	卍續藏經
金剛經註解	洪蓮	明	卍續藏經
首楞嚴經述旨	陸西星	明	卍續藏經
四分律名義標釋	弘贊	明	卍續藏經

續表

書名	譯者 作者	時代	版本
佛說梵網經略疏	弘贊	明	卍續藏經
般若波羅蜜多心經添足	弘贊	明	卍續藏經
沙彌學戒儀軌頌註	弘贊	明淸	卍續藏經
成唯識論集解	通潤	明	中華大藏經
首楞嚴經合轍	通潤	明	卍續藏經
成唯識論集解	通潤	明	卍續藏經
大乘起信論續疏	通潤	明	卍續藏經
大方廣圓覺颫多羅了義經近釋	通潤	明	卍續藏經
妙法蓮華經大窾	通潤	明	卍續藏經
金剛經註解鐵鋑錎	屠垠	明	卍續藏經
注解鐵鋑錎	屠垠	明	卍續藏經
得遇龍華修證懺儀	如惺	明	卍續藏經
成唯識論自攷	大惠	明	卍續藏經
教外別傳	黎眉等	明	卍續藏經
雲門麥浪懷禪師宗門設難	許元釗	明	卍續藏經
仁王護國般若波羅蜜多經科疏	眞貴	明	卍續藏經
大佛頂首楞嚴經臆說	圓澄	明	卍續藏經
思益梵天所問經簡註	圓澄	明	卍續藏經
大佛頂首楞嚴秘錄	一松	明	卍續藏經
首楞嚴經講錄	乘時	明	卍續藏經
首楞嚴經纂註	眞界	明	卍續藏經

續表

書名	譯者 作者	時代	版本
大乘起信論纂註	眞界	明	卍續藏經
因明入正理論集解	眞界	明	卍續藏經
八識規矩補註	普泰	明	大正藏
大乘百法明門論解	普泰增修	明	大正藏
大乘百法明門論纂釋	廣益	明	卍續藏經
成唯識論證義	王肯堂	明	卍續藏經
因明入正理論集釋	王肯堂	明	卍續藏經
心經槩論	林兆恩	明	卍續藏經
彌陀經疏鈔演義	古德	明	卍續藏經
物不遷正量論	鎭澄	明	卍續藏經
楞伽阿跋多羅寶法經精解評林	焦竑	明	卍續藏經
圓覺經精解評林	焦竑	明	卍續藏經
金剛略疏	元賢	明	卍續藏經
弘戒法儀	法藏集	明	卍續藏經
楞嚴宗通	曾鳳儀	明	卍續藏經
慶忠鐵壁機禪師語錄	幻敏 編	明	嘉興藏
明靈峰澫益大師宗論	成時 編	明	嘉興藏
華嚴原人論合解	楊嘉祚	明	卍續藏經
大佛頂首楞嚴經疏解蒙鈔	錢謙益	明	卍續藏經
紫栢尊者別集	錢謙益	明	卍續藏經
心經釋略	林兆恩	明	卍續藏經

續表

書名	譯者 作者	時代	版本
楞伽阿跋多羅寶經註解	宗泐 如玘	明	大正藏
般若波羅蜜多心經註解	宗泐 如玘	明	大正藏
金剛般若波羅蜜經補註	韓巖 程衷懋	明	卍續藏經
佛說梵網經直解	寂光	明	中華大藏經
心經開度	弘麗	明	卍續藏經
般若心經注解	何道全	明	卍續藏經
依楞嚴究竟事懺	禪修	明	卍續藏經
八識規矩頌略說	正誨	明	卍續藏經
首楞嚴經講錄	乘旹	明	卍續藏經
弘戒法儀	法藏	明	卍續藏經
大佛頂首楞嚴經正脈疏	眞鑑	明	卍續藏經
續傳燈錄	居頂	明	大正藏
銷釋金剛科儀會要註解	覺連	明	卍續藏經
大方廣佛華嚴經合論纂要	方澤	明	卍續藏經
會稽雲門湛然澄禪師語錄	明凡	明	卍續藏經
鼓山為霖和尙餐香錄	為霖	明	卍續藏經
御選語錄	世宗皇帝	清	卍續藏經
金剛般若波羅蜜經郢說	徐發	清	卍續藏經
天台四教儀註彙補輔宏記	性權	清	卍續藏經
楞嚴經指掌疏	通理	清	卍續藏經
金剛新眼疏經偈合釋	通理	清	卍續藏經

續表

書名	譯者 作者	時代	版本
法華指掌疏	通理	清	卍續藏經
圓覺經析義疏	通理	清	卍續藏經
妙法蓮華經演義	一松	清	卍續藏經
毗尼日用切要香乳記	書玉	清	卍續藏經
羯磨儀式	書玉	清	卍續藏經
大懺悔文略解	書玉	清	嘉興藏
佛說梵網經初津	書玉	清	卍續藏經
金剛般若波羅蜜經註講	行敏	清	卍續藏經
般若心經如是義	行敏	清	卍續藏經
金剛般若波羅蜜經釋	雲峰	清	卍續藏經
壇傳戒正範	讀體	清	卍續藏經
曇無德部四分律刪補隨機羯磨	讀體	清	卍續藏經
金剛經彙纂	孫念劬	清	卍續藏經
方廣圓覺修多羅了義經句釋正白	羅峯	清	卍續藏經
宗範	錢伊庵 編	清	卍續藏經
大乘本生心地觀經淺註	來舟	清	卍續藏經
大佛頂首楞嚴經寶鏡疏	溥畹	清	卍續藏經
金剛般若波羅蜜經心印疏	溥畹	清	卍續藏經
悲道場水懺法隨聞錄	智證	清	卍續藏經
金剛經如是解	無是道人	清	卍續藏經
楞嚴說通	劉道開	清	卍續藏經

續表

書名	譯者 作者	時代	版本
徑中徑又徑	張師誠	清	卍續藏經
萬法歸心錄	超溟	清	卍續藏經
相宗絡索	王夫之	清	船山遺書
紫竹林顓愚衡和尚語錄	觀衡	清	嘉興藏
醒世錄	徐昌治	清	嘉興藏
金剛經彙纂	孫念劬	清	卍續藏經
佛說四十二章經疏鈔	續法	清	卍續藏經
佛說八大人覺經疏	續法	清	卍續藏經
觀無量壽佛經直指疏	續法	清	卍續藏經
大乘起信論疏筆削記會閱	續法	清	卍續藏經
佛說阿彌陀經摘要易解	眞嵩 槃譚	清	卍續藏經
阿彌陀經注	鄭澄德 鄭澄源	清	卍續藏經
毗尼關要事義	德基	清	卍續藏經
沙彌律儀毗尼日用合參	戒顯 濟岳	清	卍續藏經
大佛頂經序指味疏	諦閑	清	卍續藏經
徹悟禪師語錄	了亮	清	大正藏
列祖提綱錄	行悅	清	卍續藏經
妙法蓮華經科拾	佛閑 智一	清	卍續藏經
金剛般若波羅蜜經闡說	存吾	清	卍續藏經
金剛般若波羅密經易解	謝承謨	清	卍續藏經
佛說阿彌陀經要解便蒙鈔	達默	清	卍續藏經

續表

書名	譯者 作者	時代	版本
淨土生無生論會集	達默	清	卍續藏經
在家律要廣集	儀潤	清	卍續藏經
水懺科註	西宗	清	卍續藏經
毗尼止持會集	讀體	清	中華大藏經
金剛三昧經通宗記	諴又震	清	卍續藏經
金剛經直説	迹刪鶩	清	卍續藏經
無量壽經起信論	彭際清	清	卍續藏經
師子林天如和尚語錄	善遇	清	卍續藏經
金剛經石注	石成金	清	卍續藏經
禪宗直指	石成金	清	卍續藏經
金剛般若波羅蜜經註講	行敏	清	卍續藏經
佛説阿彌陀經直解正行	了根	清	卍續藏經
金剛三昧經通宗記	誅震	清	卍續藏經
淨土警語	行策	清	卍續藏經
角虎集	濟能	清	卍續藏經
萬法歸心錄	超溟	清	卍續藏經
宗統編年	紀蔭	清	卍續藏經
大佛頂經序指味疏	諦閑	清	卍續藏經
首楞嚴經觀心定解	靈耀	清	卍續藏經
地藏菩薩本願經卷上科注	靈椉	清	卍續藏經
地藏菩薩本願經綸貫	靈椉	清	卍續藏經

續表

書名	譯者 作者	時代	版本
宗範	錢伊庵	清	卍續藏經
妙法蓮華經演義	一松	清	卍續藏經
首楞嚴經正見	濟時	清	卍續藏經
佛説高王觀世音經註釋	周上智	清	卍續藏經
禪林重刻寶訓筆説	智祥	清	卍續藏經
妙法蓮華經授手	智祥	清	卍續藏經
金剛般若波羅蜜經懸判疏鈔	性起	清	卍續藏經
妙法蓮華經大成	大義	清	卍續藏經
雲棲淨土彙語	虞執西 嚴培西	清	卍續藏經
淨土紺珠	德眞	清	卍續藏經
圓覺經句釋正白	弘麗	清	卍續藏經
阿毗曇甘露味論	譯者不詳	不詳	中華大藏經
三慧經	譯者不詳	不詳	大正藏
薩婆多毗尼毗婆沙	譯者不詳	不詳	中華大藏經
別譯雜阿含經	譯者不詳	不詳	大正藏
佛説大乘稻芉經	譯者不詳	不詳	大正藏
大方便佛報恩經	譯者不詳	不詳	中華大藏經
金剛三昧經	譯者不詳	不詳	中華大藏經
佛説五王經	譯者不詳	不詳	中華大藏經
維摩疏釋前小序抄	作者不詳	不詳	大正藏
毘尼心	作者不詳	不詳	大正藏

續表

書名	譯者 作者	時代	版本
攝大乘論抄	作者不詳	不詳	大正藏
藥師經疏	作者不詳	不詳	大正藏
唯識三十論要釋	作者不詳	不詳	大正藏
無畏三藏禪要	作者不詳	不詳	大正藏
南天竺國菩提達摩禪師觀門	作者不詳	不詳	大正藏
大乘無生方便門	作者不詳	不詳	大正藏
法華經玄贊釋	作者不詳	不詳	卍續藏經
持誦金剛經靈驗功德記	作者不詳	不詳	大正藏
少室六門	作者不詳	不詳	大正藏
維摩經疏	作者不詳	不詳	大正藏

二　藏外書目：正史

書名	譯者 作者	時代	版本
漢書			中華書局本
後漢書			中華書局本
三國志			中華書局本
晉書			中華書局本
魏書			中華書局本
宋書			中華書局本
齊書			中華書局本
梁書			中華書局本
陳書			中華書局本

續表

書名	譯者 作者	時代	版本
北齊書			中華書局本
北周書			中華書局本
隋書			中華書局本
舊唐書			中華書局本
新唐書			中華書局本
五代史			中華書局本
宋史			中華書局本
遼史			中華書局本
金史			中華書局本
元史			中華書局本
明史			中華書局本
清史稿			中華書局本

三　藏外書目：其他史书

書名	譯者 作者	時代	版本
東都事略	王稱	宋	四庫全書本
唐大詔令集	宋敏求 編	宋	四庫全書本
宋大詔令集	不詳	宋	中華書局本
禮部志稿	官修	明	四庫全書本
文襄奏疏	靳輔	清	四庫全書本
唐會要	王溥	宋	四庫全書本
五代會要	王溥	宋	四庫全書本

續表

書名	譯者 作者	時代	版本
明會典	官修	明	四庫全書本
大清律例	官修	清	四庫全書本
欽定大清會典	官修	清	四庫全書本
欽定大清會典則例	官修	清	四庫全書本

四 藏外書目：文集

書名	譯者 作者	時代	版本
鮑明遠集	鮑照	晉	四庫全書本
何水部集	何遜	梁	四庫全書本
昭明太子集	蕭統	梁	四庫全書本
文選	蕭統	梁	四庫全書本
徐孝穆集	徐陵	梁	四庫全書本
王子安集	王勃	唐	四庫全書本
文選注	李善	唐	四庫全書本
李北海集	李邕	唐	四庫全書本
陳拾遺集	陳子昂	唐	四庫全書本
張燕公集	張說	唐	四庫全書本
曲江集	張九齡	唐	四庫全書本
李太白文集	李白	唐	四庫全書本
王右丞集	王維	唐	四庫全書本
高常侍集	高適	唐	四庫全書本
次山集	元結	唐	四庫全書本

續表

書名	譯者 作者	時代	版本
顏魯公集	顏眞卿	唐	四庫全書本
毘陵集	獨孤及	唐	四庫全書本
李遐叔文集	李華	唐	四庫全書本
華陽集	顧況	唐	四庫全書本
別本韓文考異	韓愈著，王伯大編考	唐	四庫全書本
柳河東集	柳宗元	唐	四庫全書本
劉賓客文集	劉禹錫	唐	四庫全書本
呂衡州集	呂溫	唐	四庫全書本
張司業集	張藉	唐	四庫全書本
皇甫持正集	皇甫湜	唐	四庫全書本
李文公集	李翺	唐	四庫全書本
歐陽行周文集	歐陽詹	唐	四庫全書本
沈下賢集	沈亞之	唐	四庫全書本
會昌一品集	李德裕	唐	四庫全書本
元氏長慶集	元稹	唐	四庫全書本
白氏長慶集	白居易	唐	四庫全書本
樊川集	杜牧	唐	四庫全書本
孫可之集	孫樵	唐	四庫全書本
司空表聖文集	司空圖	唐	四庫全書本
黃御史集	黃滔	唐	四庫全書本
徐公文集	徐鉉	宋	四庫全書本

續表

書名	譯者 作者	時代	版本
乖崖先生文集	張詠	宋	續古逸叢書本
河東先生集	柳開	宋	四部叢刊本
小畜集	王禹偁	宋	四庫全書本
武夷新集	楊億	宋	浦城遺書本
穆參軍集	穆修	宋	四庫全書本
文莊集	夏竦	宋	四庫全書本
范文正公集	范仲淹	宋	歲寒堂刻本
孫明復小集	孫復	宋	民國二十四年校印本
宋元憲集	宋庠	宋	四庫全書本
文恭集	胡宿	宋	四庫全書本
宋景文集	宋祁	宋	湖北先正遺書本
余襄公奏議	余靖	宋	廣東叢書本
徂徠石先生全集	石介	宋	影宋本
歐陽文忠公集	歐陽修	宋	宋周必大編刻本
樂全集	張方平	宋	四庫全書本
蘇學士集	蘇舜欽	宋	四庫全書本
李覯集	李覯	宋	中華書局本
嘉祐集	蘇洵	宋	四部叢刊影宋本
端明集	蔡襄	宋	四庫全書本

續表

書名	譯者 作者	時代	版本
傳家集	司馬光	宋	四庫全書本
張載集	張載	宋	中華書局本
臨川先生文集	王安石	宋	四部叢刊本
彭城集	劉攽	宋	四庫全書本
范文正公褒賢集	范純仁	宋	宣統重雕歲寒堂本
長興集	沈括	宋	四庫全書本
雲巢編	沈遼	宋	四庫全書本
廣陵先生文集	王令	宋	四庫全書本
二程集	程顥 程頤	宋	中華書局本
王魏公集	王安禮	宋	四庫全書本
蘇文忠公全集	蘇軾	宋	萬曆茅維編刻本
圓宗文類	朱長文	宋	四庫全書本
欒城集	蘇轍	宋	明清夢軒本
范太史集	范祖禹	宋	四庫全書本
西塘先生文集	鄭俠	宋	四庫全書本
舒嬾堂詩文存	舒亶	宋	四明叢書本
宗伯集	孔武仲	宋	四庫全書本
陶山集	陸佃	宋	四庫全書本
山谷集	黄庭堅	宋	四庫全書本
曲阜集	曾肇	宋	四庫全書本

續表

書名	譯者 作者	時代	版本
姑溪居士文集	李之儀	宋	四庫全書本
濟南集	李廌	宋	四庫全書本
竹隱畸士集	趙鼎臣	宋	四庫全書本
梁谿集	李綱	宋	四庫全書本
晦庵集	朱熹	宋	四庫全書本
朱子語類	朱熹	宋	中華書局本
江湖長翁集	陳造	宋	四庫全書本
悦齋文鈔	唐仲友	宋	續金華叢書本
水心集	葉適	宋	四庫全書本
北溪大全集	陳淳	宋	四庫全書本
明太祖文集	朱元璋	明	四庫全書
閑道錄	劉基	明	四庫存目叢書
月川語錄	曹端	明	四庫存目叢書
近言	顧璘	明	四庫存目叢書
慎言	王廷相	明	四庫存目叢書
楊子折中	湛若水	明	四庫存目叢書
困知記	羅欽順	明	四庫全書
王文成全書	王守仁	明	四庫全書
苑洛先生語錄	韓邦奇	明	四庫存目叢書
願學編	胡纘宗	明	四庫存目叢書
説理會編	季本	明	四庫存目叢書

續表

書名	譯者 作者	時代	版本
困辯錄	聶豹	明	四庫存目叢書
研幾錄	聶豹	明	四庫存目叢書
庸言	黄佐	明	四庫存目叢書
擬學小記	尤時熙	明	四庫存目叢書
一菴先生遺集	王棟	明	四庫存目叢書
西田語略	樊深	明	四庫存目叢書
學蔀通辨	陳建	明	四庫存目叢書
南皋鄒先生會語合編	鄒元標	明	四庫存目叢書
震川集	歸有光	明	四庫全書
顧端文公遺書	顧憲成	明	四庫存目叢書
黽記	錢一本	明	四庫存目叢書
閑道錄	郝敬	明	四庫存目叢書
閑道錄	沈壽民	明	四庫存目叢書
張抱初先生印證稿	張信民	明	四庫存目叢書
衡門芹·治具八目	辛全	明	四庫存目叢書
思聰錄	賀時泰	明	四庫存目叢書
章子留書	章世純	明	四庫存目叢書
讀書劄記	喬可聘	明	四庫存目叢書
素菴先生棲綠堂經史耨義	林胤昌	明	四庫存目叢書
西疇日抄	顧樞	明	四庫存目叢書
求仁錄輯要	潘平格	明	四庫存目叢書

續表

書名	譯者 作者	時代	版本
心書	張自勳	明	四庫存目叢書
曇菴雜述	朱朝瑛	明	四庫存目叢書
劉子遺書	劉宗周	明	四庫全書
榕壇問業	黃道周	明	四庫全書
夏峰先生集	孫奇逢	清	中華書局
黃梨洲文集	黃宗羲	清	中華書局
魏叔子文集	魏禧	清	續修四庫全書
翁山文外	屈大均	清	續修四庫全書
居業堂文集	王源	清	續修四庫全書
光啟堂文集	方孝標	清	續修四庫全書
田間文集	錢澄之	清	續修四庫全書
顔元集	顔元	清	中華書局
陳確集	陳確	清	續修四庫全書
牧齋初學集	錢謙益	清	上海古籍出版社
明道錄	熊賜履	清	四庫全書存目叢書
學統	熊賜履	清	續修四庫全書
性理大中	應撝謙	清	四庫全書存目叢書
續近思錄	張伯行	清	四庫全書存目叢書
餘山遺書	勞史	清	四庫全書存目叢書

續表

書名	譯者 作者	時代	版本
下學編	祝洤	清	四庫全書存目叢書
雲谷臥餘	張習孔	清	四庫全書存目叢書
邃雅堂集	姚文田	清	續修四庫全書
大雲山房文藳	惲敬	清	續修四庫全書
筠軒文鈔	洪頤煊	清	續修四庫全書
鐵橋漫稿	嚴可均	清	續修四庫全書
雙池文集	汪紱	清	續修四庫全書
道古堂文集	杭世駿	清	續修四庫全書
學福齋集	沈大成	清	續修四庫全書
報經堂文集	盧文弨	清	續修四庫全書
汪子文錄	汪縉	清	續修四庫全書
春融堂集	王昶	清	續修四庫全書
笥河文集	朱筠	清	續修四庫全書
泊鷗山房集	陶元藻	清	續修四庫全書
椶亭駢體文鈔	金兆燕	清	續修四庫全書
明善堂文集	弘曉	清	續修四庫全書
南澗文集	李文藻	清	續修四庫全書
愚谷文存	吳騫	清	續修四庫全書
復初齋文集	翁方綱	清	續修四庫全書
童山文集	李調元	清	續修四庫全書

續表

書名	譯者 作者	時代	版本
頤綵堂文集	沈叔埏	清	續修四庫全書
月滿樓文集	顧宗泰	清	續修四庫全書
鶴泉文鈔	戚學標	清	續修四庫全書
南江文鈔	邵晉涵	清	續修四庫全書
肖巖文鈔	趙良霨	清	續修四庫全書
五硯齋文鈔	沈赤然	清	續修四庫全書
獨學盧二稿	石韞玉	清	續修四庫全書
安愚齋詩文集	周錫溥	清	續修四庫全書
亦有生齋集	趙懷玉	清	續修四庫全書
簡松草堂文集	張雲璈	清	續修四庫全書
井福堂文稿	汪學金	清	續修四庫全書
寄庵文鈔續	劉大紳	清	續修四庫全書
存素堂文集	法式善	清	續修四庫全書
潛研堂文集	錢大昕	清	江蘇古籍出版社
簷曝雜記	趙翼	清	中華書局
陔餘叢考	趙翼	清	續修四庫全書
瑟榭叢談	沈濤	清	續修四庫全書
庸閒齋隨筆	陳其元	清	中華書局
隨園隨筆	袁枚	清	續修四庫全書
卷施閣集	洪亮吉	清	續修四庫全書
鍾山札記	盧文弨	清	續修四庫全書

續表

書名	譯者 作者	時代	版本
蛾術編	王鳴盛	清	續修四庫全書
瞥記	梁玉繩	清	續修四庫全書
庭立記聞	梁玉繩	清	續修四庫全書
純常子枝語	文廷式	清	續修四庫全書
熙朝新語	余金	清	續修四庫全書
歸田瑣記	梁章鉅	清	續修四庫全書
見聞隨筆	齊學裘	清	續修四庫全書
用六集	刁包	清	四庫全書存目叢書
居堂集	黃之雋	清	四庫全書存目叢書
崇雅堂藁	王植	清	四庫全書存目叢書
權衡一書	王植	清	四庫全書存目叢書
織水齋集	李煥章	清	四庫全書存目叢書
內省齋文集	湯來賀	清	四庫全書存目叢書
秀巖集	胡世安	清	四庫全書存目叢書
謝程山集	謝文洊	清	四庫全書存目叢書
柴省軒文鈔	柴紹炳	清	四庫全書存目叢書

續表

書名	譯者 作者	時代	版本
西山集	張能鱗	清	四庫全書存目叢書
熊學士文集	熊伯龍	清	四庫全書存目叢書
半農齋集	蔣中和	清	四庫全書存目叢書
世德堂文集	王鉞	清	四庫全書存目叢書
讀書堂文集	趙士麟	清	四庫全書存目叢書
秋錦山房集	李良年	清	四庫全書存目叢書
拙齋集	朱奇齡	清	四庫全書存目叢書
湛園未定稿	姜宸英	清	四庫全書存目叢書
帥氏清芬集	帥我	清	四庫全書存目叢書
攷槃集	方東樹	清	續修四庫全書
養素堂文集	張澍	清	續修四庫全書
記事稾	錢儀吉	清	續修四庫全書
檉華館全集	路德	清	續修四庫全書
三長物齋文略	黄本驥	清	續修四庫全書
養一齋集	潘德輿	清	續修四庫全書
東溟文集	姚瑩	清	續修四庫全書

續表

書名	譯者 作者	時代	版本
柏梘山房文集	梅曾亮	清	續修四庫全書
邃懷堂文集	袁翼	清	續修四庫全書
述朱質疑	夏炘	清	續修四庫全書
歸樸龕叢稿	彭蘊章	清	續修四庫全書
頤志齋文鈔	丁晏	清	續修四庫全書
梓湖文集	吴敏樹	清	續修四庫全書
巢經巢文集	鄭珍	清	續修四庫全書
東塾集	陳澧	清	續修四庫全書
魏源集	魏源	清	中華書局
茶餘客話	阮葵生	清	中華書局
天岳山館文鈔	李元度	清	續修四庫全書
左海文集	陳壽祺	清	續修四庫全書
七經樓文鈔	蔣湘南	清	續修四庫全書
經德堂文集	龍啟瑞	清	續修四庫全書
左文襄公文集	左宗棠	清	續修四庫全書
養知書屋文集	郭嵩燾	清	續修四庫全書
盛世危言新編	鄭觀應	清	續修四庫全書
勸學篇	張之洞	清	續修四庫全書
弢園文錄外編	王韜	清	續修四庫全書

續表

書名	譯者 作者	時代	版本
虛受堂文集	王先謙	清	續修四庫全書
知聖篇	廖平	清	續修四庫全書
章太炎全集	章炳麟	清	上海人民出版社
飲冰室合集	梁啓超	清	中華書局

《中華大典》辦公室

主　任：于永湛
副主任：伍　傑
　　　　姜學中
編　審：趙含坤
　　　　崔望雲
　　　　馮寶志
　　　　宋志英
　　　　谷笑鵬
裝幀設計：章耀達

《中華大典·宗教典·佛教分典》

責任編輯：李大星
特邀責任編輯：曹月堂
責任校對：王　行
特邀校對：江蘇鳳凰制版有限公司校對組
美術編輯：李　欣

圖書在版編目(CIP)數據

中華大典. 宗教典. 佛教分典/任繼愈主編. --石家莊:河北人民出版社,2016. 12
ISBN 978-7-202-11537-4

Ⅰ. ①中… Ⅱ. ①任… Ⅲ. ①百科全書-中國 ②佛教-研究-中國 Ⅳ. ①Z227②B948

中國版本圖書館 CIP 數據核字(2016)第 292446 號

中華大典・宗教典・佛教分典

編纂:《中華大典》工作委員會
《中華大典》編纂委員會
出版:河北出版傳媒集團
河北人民出版社
(石家莊市友誼北大街 330 號　郵政編碼　050061)
發行:河北人民出版社
郵政編碼　050061
排版:江蘇鳳凰制版有限公司
(南京市玄武區百子亭 34 號　郵政編碼　210009)
印刷:河北新華第一印刷有限責任公司
(保定市競秀區隆興西路數字印刷產業園　郵政編碼　071000)
開本:787×1092 毫米　1/16
印張:306　　字數:9 243 千字
2016 年 12 月第 1 版　2016 年 12 月第 1 次印刷
印數:1 000 册
書號:ISBN 978-7-202-11537-4
定價(全五册):2450.00 圓